陈鸿宇／主编

李宏新／副主编

李宏新／执笔

潮汕经济史稿 上

新华出版社

图书在版编目（CIP）数据

潮汕经济史稿.上 / 陈鸿宇主编. -- 北京：新华
出版社, 2023.5
　ISBN 978-7-5166-6804-7

　Ⅰ.①潮… Ⅱ.①陈… Ⅲ.①经济史—潮汕地区
Ⅳ.①F129.965.2

中国国家版本馆CIP数据核字(2023)第074972号

潮汕经济史稿（上、中、下）

主　　编：陈鸿宇

责任编辑：蒋小云　　　　　　　　　装帧设计：李爱雪

出版发行：新华出版社
地　　址：北京石景山区京原路8号　　邮　　编：100040
网　　址：http://www.xinhuapub.com
经　　销：新华书店
　　　　　新华出版社天猫旗舰店、京东旗舰店及各大网店
购书热线：010-63077122　　　　中国新闻书店购书热线：010-63072012

照　　排：刘　艳
印　　刷：固安县保利达印务有限公司

成品尺寸：170mm×240mm　　　1/16
印　　张：97.25　　　　　　　字　　数：1635千字
版　　次：2023年9月第一版　　　印　　次：2023年9月第一次印刷
书　　号：ISBN 978-7-5166-6804-7
定　　价：599.00元（全三册）

顾 问

陈春声　林伦伦

"潮汕文库"序

　　我常常回忆三十年前，同样是"四厢花影怒于潮"的初春季节，在周恩来总理的亲切关怀下，老舍、曹禺、阳翰笙先生等一行十几人，专程来访潮汕。潮汕的山山水水和那古老独特的文化艺术，深深打动了客人们的心。在这里，老舍先生写下了满怀深情的诗：

　　　　莫夸骑鹤下扬州，渴慕潮汕数十秋。

　　　　得句驰书傲子女，春宵听曲在汕头。

　　我奉命来汕头迎候他们，老舍先生等回北京前，一再握别叮咛："要珍重潮汕的文化遗产，要好好发掘和整理呀！"可惜时隔不久，一场"史无前例"的大灾难铺天卷地而来，一切都无从说起了。

　　党的十一届三中全会后，改革开放政策的实行，使国家的经济从濒于崩溃的边缘走向兴旺发达的大道。弘扬中华文化、增强中华民族凝聚力已成为举国上下共同重视的课题。随着汕头经济特区的建立，潮汕地区的经济建设取得了有史以来所未有的繁荣发达。和全国一样，潮汕地区如何继承和发扬本地的优秀文化遗产，为社会主义的两个文明建设服务，也引起海内外各方面的重视。1990年11月，中国历史文献学会第十一届年会暨潮汕历史文献与文化国际学术讨论会在汕头大学召开。1991年9月，在法国巴黎召开的第六届国际潮团联谊年会，又议定着手筹建"国际潮人文化基金会"。与此同时，汕头大学成立了"潮汕文化研究中心"，汕头市也成立了"潮汕历史文化研究中心"。这两个专门机构密切配合，组织协调有关的研究工作。最近，他们商定了学术研究规划，决定推出"潮汕文库"，准备在今后若干年内陆续整理出版一批丛书，包括"潮汕历史文献丛编""潮汕历史文化研究"等十个项目，每个项目又分出若干细目和专题。这是一项浩大的工程，是一件很有意义、很有远见的工作。

　　潮汕地区的文化历史悠久，源远流长。古代特别是两宋以后的文化，内容十分丰富。它是浩瀚的中华文化中一支富有特色的细流。自唐、宋开始，潮州的陶瓷远销海外。随着岁月的迁移，潮州与海外的交往也愈加密切。潮人对开拓海上丝绸之路做出了不可磨灭的贡献。明末清初之后，大量的潮人移居东南亚。近几十年来，又散布到世界各地。数千万的海外潮人与当地人民和睦相处，把中华文化传播到五湖四海，又不断地把海外的先进文化引进桑梓故园。中外文化在潮汕融聚化合，经过历代潮汕人民的创造、探求和推陈出新，形成了具有鲜明特色的潮汕文化。海外潮人对传播和丰富中华文化做出了重要贡献。认真研究潮汕的历史和文化，对于增强中华民族凝聚力、增强与世界各国人民的友谊和文化交流，对于推动潮汕地区的两个文明建设、提高人民群众的思想和文化素质，都具有深远的意义。

　　在"潮汕历史文化研究中心"成立时，大家议定，研究潮汕历史文化一定要坚持实事求是的科学态度。为了坚持实事求是，严谨治学，使研究工作取得踏实丰硕的成果，首先应该做好历史资料的搜集、整理、考证和出版工作。现在准备出版的"潮汕文库"，就是按这一要求迈出的第一步。

　　潮汕的历史文物、文献或记载，流传下来的为数不少，但得以完整保存的也不算多，这给研究工作造成了一定的困难。但是，现存还有相当数量的文物、文献，有待我们去整理、研究，埋藏在地下的还可能陆续出土，地方上熟悉掌故的老人们的口碑也相当丰富，散布在民间和海外的文物、资料和古籍也有一定的数量。只要各方重视，抓紧发掘、采集，一定会有可观的收获。

　　有一个很能说明上述观点的事例：1956年初，梅兰芳先生和欧阳予倩先生率领艺术团到日本访问，日本友人赠送了两份明代戏曲刻本的摄影本，不知是哪一个剧种的。当梅先生等全团经香港回到广州时，刚好潮剧团正在这里演出《荔镜记》。梅先生等观看演出后，一查对才知道两份刻本都是潮剧的古本。这两份刻本，一是嘉靖四十五年（公元1566年）的《重刊五色潮泉插科增入诗词北曲勾栏荔镜记戏文全集》（附刻《颜臣》），现藏于日本天理大学；后又发现，同一刊本的又一印本现藏于英国牛津大学。二是万历刻本《重补摘锦潮调金花女大全》（附刻《苏六娘》），此件无刊刻年份，可能是万历初年刊本，现藏于东京大学东洋文化研究所。在这之后又八年，即1964年，再发现有万历九年（公元1581年）潮剧刻本，卷一首题"潮州东月李氏编集"的《新刻增补全像乡谈荔枝记》，现藏于奥地利维也纳国家图书馆。更令国内外学术界瞩目的是，1958年在揭阳县明代墓葬中出土的嘉靖年间戏曲手抄本《蔡伯皆》（即《琵琶记》），戏文中夹杂潮州方言，现藏于广东省博物馆。1975年12月又在潮安县的明初墓葬中出土了宣德年间手写本《刘希必金钗记》，文中先后写明书写时间是"宣德六年六月十九日"和"宣德七年六月"（即公元1431年、1432年），这是我国目前所见最早的戏文写本，现藏于潮州市博物馆。这些都是稀世之宝。上面这些事例充分说明了潮汕文化有丰富的遗产，也说明了还有一定数量的宝贵文物、文献或埋藏在地下，或散藏在海内外，有待我们去发现。这方面，有大量的工作正在等待我们和后人去做。

显然，"潮汕文库"的出版，对于唤起海内外人士重视发掘、搜集潮汕文物、文献的热情，对于系统地积累潮汕历史文化资料，顺利地开展有关的研究工作，都将起到积极的作用。我想，这也是编辑出版"潮汕文库"的目的。

主办这项工作的同志们要我为"潮汕文库"写篇序言。我在历史文化研究工作的面前，只是一个渴望学习的小学生，说不出什么。但往事历历在目，老舍先生和历代众多的名贤学者们的期望，今天终于能够开始实现，我从心底感到高兴，因而乐于借这个机会，祝愿"潮汕文库"早日问世，祝愿研究潮汕历史文化的工作顺利进展，尽快取得丰硕的成果！

吴南生

1992年2月15日于广州

前　言

一、《潮汕经济史稿》是汕头市潮汕历史文化研究会、潮汕历史文化研究中心委托的课题，是《潮汕文库》的重点选题。全书分为上、中、下三册，按照学术界目前惯用的历史分期，上册为《潮汕经济史稿》的古代部分，叙事自先秦时期始，至第一次、第二次鸦片战争前后止。中册为《潮汕经济史稿》的近代部分，叙事自1860年汕头开埠始，至1949年止。下册为《潮汕经济史稿》的现代部分，叙事自1949年中华人民共和国成立始，至2010年止。

二、潮州是国家历史文化名城；汕头是中国最早的"条约开埠"口岸之一，是改革开放后设立的第一批经济特区；潮汕地区是中国著名的侨乡；潮汕经济是中国东南沿海与国内外经济联系最为密切的地域经济体。由于影响潮汕经济发展的内外因素错综复杂，文献资料汗牛充栋，就我们的研究基础和资料准备而言，尚不具备编撰一部较为规范、完备的潮汕经济史的能力。本书尽量按照历史时序简要叙述潮汕经济发展的背景、动因、过程，与国际、国内经济贸易往来及与周边经济圈之间的关系，并选择若干重要问题和重大事件进行专题分析。

三、本书系集体写作，书稿由多人撰写，最后由主编逐章修改定稿。各册及各章的主要观点力求一致，避免出现大的疏漏，个别观点可能存在分歧，个别资料数据也可能重复引用，有些重要问题还需要深入研究。书中缺点错误在所难免，期盼读者不吝指教，得以匡正。

四、本书的分工和执笔人如下：

全书主编：陈鸿宇

全书顾问：陈春声、林伦伦

上册著作者：李宏新

中册主编：陈鸿宇；副主编：陈荆淮、吴二持。执笔人：第一章，陈鸿宇；第二章，曾旭波；第三章，陈雪峰；第四章，陈雪峰；第五章，胡少东；第六章，吴孟显；第七章，陈海忠；第八章，欧俊勇；第九章，胡少东；第十章，

欧俊勇；第十一章，陈鸿宇；第十二章，陈鸿宇。

　　下册主编：陈鸿宇；副主编：陈汉初、廖小平。执笔人：第一章，陈鸿宇；第二章，陈嘉顺、倪晓奇；第三章，陈嘉顺、倪晓奇；第四章，谢也苍；第五章，谢舜龙；第六章，吴启铮；第七章，林遍青、李必豪；第八章，柯锡奎；第九章，柯锡奎；第十章，黄晓丹、廖伟南。

　　五、本书叙述的"潮汕地区"的地理范围和书中称谓：

　　上册（古代部分）和中册（近代部分）：一般指清朝时潮州府所辖地区，叙述中侧重于1992年后的汕头市、潮州市、揭阳市所辖行政区划范围，书中称谓为"潮汕地区""潮州府"或"潮州"。

　　下册（现代部分）：（1）1954—1965年的汕头专区所辖行政区划范围，包括海丰县、陆丰县、兴梅地区，一度包括河源县、紫金县、龙川县，书中称谓为"潮汕地区""汕头专区"。（2）1965—1983年的汕头地区所辖行政区划范围，包括海丰县、陆丰县，书中称谓为"潮汕地区""汕头地区"。（3）1983—1991年的汕头市所辖行政区划范围，书中称谓为"潮汕地区""汕头市"。（4）1992年后汕头市、潮州市、揭阳市所辖行政区划范围，书中称谓为"潮汕地区"。

目　录

第一章
历时背景

潮汕这个地方，在不同的历史时期有不同的称呼，其地域幅员也盈缩不齐。本书主要按现行行政区划进行界定，即1991年潮汕分市之后的汕头、潮州、揭阳（含广东省委托代管的普宁市）三个地级市所辖地域。这个地方自纳入中央政权版图以来，基本上同处于一个行政区划内，即"核心潮汕地区"，这也是目前被广泛认可的潮汕地区。同时，不属于核心潮汕地区的梅州、汕尾市，尤其是梅州地区的大埔、丰顺等地，由于在某段历史时期曾与潮汕同处一个政区，在介绍时难免会有所述及，这一部分，如有清晰史料可以厘清的，会随文加以说明。

古代潮汕经济史，是古代潮汕经济领域的发展历史和经济状态的变迁史。本书的"古代"，参照目前国内史学界的惯用分期方法（以1840年鸦片战争为界，之前为古代），并从潮汕经济社会演化的实际情况出发，将其时限界定为起自先秦、止于1860年汕头开埠之前的这个时间段。

鉴于古代经济的类目难以细分，本书依照此前经济通史的较常见做法，按工、农、商等分块，又由于早期史料有限，不少材料需同时应用于各块，为免累赘，本书从实际出发，在本章之后，分为"城市和人口""商业和交通""农业""工业"四章介绍。

第一节　自然环境

自然环境与一个地方的社会经济发展有着显著的关联性，尤其是生产力发展相对低下的时期，经济发展更是极大地依赖于自然条件。譬如气候，不仅仅干预着农牧工商业等整个社会经济的状态，而且影响到个人乃至整个社会心理，进而又对某些行业的兴衰起到决定性作用。

一、现状概述

潮汕地区地理坐标为东经115° 36′ —117° 19′ 、北纬22° 53′ —24° 14′ ，北回归线穿过中部。地处中国东南隅，广东省东部，东北与福建省的诏安县、平和县接壤；西北同广东省梅州市的丰顺、大埔两县为邻；西部接梅州市五华县和汕尾市陆丰市；东南濒临南海，北东海域与福建省东山县相连。地形大势为西北高而东南低，东北、西北多高山，东南面海，内部分布约占总面积63%的丘陵台地，若以丘陵山地计，则占总面积的70%。

目前潮汕平原的地带性植被为季雨林或季风常绿阔叶林。群落的组成有Sterculia（梧桐科苹婆属）、Litsea（樟科木姜子属）、Meliosma（青风藤科泡花树属）、Ficus（桑科榕属）、Artocarpus（桑科波罗蜜属）、Syzygium（桃金娘科蒲桃属）等属。其中：河口海湾分布有桐花树、白骨壤和老鼠勒为主的红树林；山地丘陵一带，则显示出常绿季雨林向山地常绿阔叶林过渡的特点，群落组成以Castanopsis spp.（壳斗科锥属）、Schima crenata（钝齿木荷）、Altingia（金缕梅科蕈树属）等乔木类占优。[1]根据孢粉分析，潮汕地区自晚更新世以来的植

---

[1]　宏新按：本段的植物名依《潮汕平原近五万年来的孢粉植物群与古气候》原文，如果原文仅有英文，则参考中国科学院中国植物志编辑委员会主编、科学出版社出版的《中国植物志》括注中文翻译，依序如下：Sterculia，见《中国植物志》（第49卷第2册），1984年，第116页；Litsea，见《中国植物志》（第31卷），1982年，第261页；Meliosma，见《中国植物志》（第47卷第1册），1985年，第96页；Ficus，见《中国植物志》（第23卷第1册），1998年，第66页；Artocarpus，见《中国植物志》（第23卷第1册），1988年，第40页；Syzygium，见《中国植物志》（第53卷第1册），1984年，第60页；Castanopsis spp.，见《中国植物志》（第22卷），1998年，第13页；Schima crenata，见《中国植物志》（第49卷第3册），1998年，第222页；Altingia，见《中国植物志》（第35卷第2册），1979年，第61页。

物群面貌，经历了一系列变化，而气候和环境的改变，是导致植被变迁的主要因素。

潮汕处于地震带。自福州至茂名之中国大陆贴近海岸线的地方，大多处于烈度Ⅶ度或以上的地震区划带。潮汕地处其中，大概表现为：汕头市绝大部分区县和潮州市的大部分地区，以及揭阳市的部分地方，均处于地震烈度Ⅷ度区域内，其余部分则处于地震烈度Ⅶ度区域内。在地质史上，潮汕曾多次发生地壳运动，断裂较为发育，多组裂交错，又处于环太平洋地震带，是地震活动频繁区。

潮汕目前年均气温为22℃，1月平均气温为12—13℃，年降水量约为1600毫米。气候上有两大特征：一是日照足，气温高，夏长冬暖；二是雨量丰沛，降水集中，深受台风影响，但真正登陆的，相对闽粤沿海各地来说数量较少。后者可从粤东区（沿海"粤东区"指的是潮州饶平—惠州惠阳，潮汕区域的饶平—惠来海岸线只占其中的一部分）1949—1982年科学记录中略见一斑：粤东区共有太平洋台风23个、南海台风6个，合计台风29个（其中强台风17个、台风11个、热带低压1个），年均0.85个；粤东区各类台风总量占广东（包括海南岛）总数的14%，而真正形成强台风并登陆的，与闽粤沿海其他地方对比，相对较少。

潮汕江河分布较为发达，有集水面积100平方公里以上的河流31条，其中独流入海的有9条。韩江、榕江、练江、龙江、黄冈河，是潮汕的主要河流，它们灌溉着大片土地，是当地人民生产、生活所依赖者，也是物资交流的重要通渠，但上游暴雨时，这些河流不时造成洪涝灾害。

潮汕海岸线东起潮州市饶平县的大埕镇上东村，西止揭阳市惠来县的岐石镇华清村，长265.6公里。沿海域分布有大小岛屿76座和南澎、勒门2个列岛，其中汕头市的南澳为最大的岛屿，面积128平方公里。潮汕的海岸线与岛岸线共长389.3公里。历史上，潮汕有很多出海良港，包括南澳诸港、潮州港、庵埠港、柘林港、樟林港、汕头港等数十处，而南澳岛、妈屿岛、达濠半岛和柘林湾、大埕湾等多数地方，以及面积达3.8万平方公里的汕头湾的沿岸，无不是适宜停泊海船之处。

潮汕海域海流和潮流属于南海海洋水文的一部分。在东北季风期（以2月为代表）和西南季风期（以8月为代表），南海表层海流变化很大。4—8月的西南季风期内，大部分海区为东北向漂流；来自爪哇海的海流穿过南海南部大陆架（巽他陆架）沿南海西南部北上，通过巴士海峡和台湾海峡流出南海，它在粤东海区之平均流速为0.3—0.5节。9—10月东北向流随西南季风消退而减弱，西南向流开始出现并逐渐加强。10月至翌年2月东北季风期，盛行西南向流，粤东海区沿岸平均流速为0.5—0.8节。3—4月为季风转换期，海流主要为东北向，但流速随西南风的加强而增大。至4月底，则基本转为东北向流。

潮汕各港湾潮汐情况。汕头港以东，属不正规半日潮港；以西，自海门港至神泉港属不正规日潮港。东部潮差大于西部。各港涨潮时间比落潮时间长1—2小时，最大潮差为4米左右。各港口、岛屿附近的潮流，随地形略有不同。南澎列岛附近的潮流，受风力的影响很大，东北季风强烈时，涨潮流较强，西南季风强烈时，落潮流较强。在东经116°以东，海流终年流向东北，流速0.5—1节，最大的1.5节。东经116°以西，海流随季风而变，东北季风期流向西南，流速0.7节，最大2节；西南季风期流向东北，流速一般为0.5节，最大为1.3节。

潮汕海域的海浪。汕头港，自表角至鹿屿的一段海面（包括港外航道），因东北方、东方及东南方没岛礁阻挡，受海洋风浪影响，每年10月至翌年4月的东北季风期中，遇北方冷空气南下而港外有6级东北风至东风时，赤屿附近海浪高为2.30米，波长为15—30米，波行方向偏北，强风持续24小时之后，则浪高及波长随之增大。饶平三百门港，风浪较为稳定。南澳前江，则稍有东风或东北风，如逢涨潮，浪高可达2米以上，波长达10—20米。澄海莱芜岛，在吹西南风或东风、东南风时，波浪也较大，5级以上风力，船靠码头便有点困难。海门、靖海、神泉、柘林各港，在港湾外面的海上，6级以上风力可令浪高2—3米，但避风港湾内则相对平静。柘林湾大金门口的西、南、东3面，有海山岛、黄梦岛、南澳岛、西澳岛掩护，北面陆域有大北山、青山、妈宫山、了望山等天然屏障，因此，湾口地方有影响的主要是小风区生成的浪，除直袭台风外，一般风浪较小。

潮汕简况如下表：

表1-1　2019年潮汕简况表

编号	地级市	县级政区	户籍人口（万人）	土地面积（平方千米）	地区生产总值（亿元人民币）
1	汕头市	金平区	73.50	2199.15	2688.30
2		龙湖区	47.22		
3		澄海区	78.91		
4		濠江区	30.41		
5		潮阳区	185.33		
6		潮南区	148.69		
7		南澳县	7.63		
8	潮州市	湘桥区	51.65	3146.11	1080.15
9		潮安区	117.68		
10		饶平县	106.53		
11	揭阳市	榕城区	100.27	5265.84	2101.26
12		揭东区	111.84		
13		揭西县	98.28		
14		惠来县	148.38		
15		普宁市	248.31		
合计			1554.63	10611.10	5869.71

注：

①本表数据截至2019年末，数据来源为《汕头统计年鉴2020》《潮州统计年鉴2020》《揭阳统计年鉴2020》《广东统计年鉴2020》。

②户籍人口的统计时点为2019年12月31日24时，这里均按四舍五入、保留小数点后两位计，三市人数分别是：汕头市571.69万人，潮州市275.86万人，揭阳市707.08万人。

③普宁市是广东省辖县级市，由地级市揭阳市代管。

潮汕的大潮期。正常情况下，一般为农历每月的初一至初四日，特别是被沿海人民称为"潮父"的农历九月初三和"潮母"的十月初四日，要比其他月份的大潮期涨水的时间更长，水位更高。[1]

---

[1]　广东省海岛资源综合调查大队，广东省海岸带和海涂资源综合调查领导小组办公室.广东省海岸带和海涂资源综合调查报告［R］.北京：海洋出版社，1988：8-24，33-41，544.广东省汕头市地方志编纂委员会.汕头市志（第一册）［M］.北京：新华出版社，1999：355，374-393，400-408.广东省地方史志编纂委员会.广东省志·海洋与海岛志（光盘版）［M］.广州：广东省科技音像出版社，2007：64-66，123-125，130-136.郑卓.潮汕平原近五万年来的孢粉植物群与古气候［J］.微体古生物学报，1991（4）.

二、历史概况

潮汕山体水系之基本格局，与广东一样，在新生代第三纪末期大致奠定。[1]

新生代自同位素年龄67"百万"年前起，是地球历史上最新的一个地质时代。新生代分为第三纪和第四纪。一般认为，第四纪自同位素年龄200万年起，是哺乳动物和被子植物高度发展的时代，而人类的出现是这个时代最突出的事件。因此，以前也有人称第四纪为"人类纪"或"灵生纪"，但目前这两个称呼已较为少用。第四纪包括更新世和全新世两个世。更新世从距今200多万年前开始，结束后进入全新世；大致从1万年前开始，包括现在都为第四纪全新世的时间范畴。[2]

第四纪的韩江三角洲，被列为广东"海相及滨海三角洲相"中之海陆交互相（三角洲相）的两个代表例子之一，划为9个考察组进行考察，有科学报告的若干特征和情况，分别如下：揭阳白塔鹅岭村在中更新世末到晚更新世初，存在大熊猫、剑齿象动物群；潮州浮洋，存在咸水藻类植物；澄海东里南社村，以河流粗砂层为主，平行不整合覆盖于上述浮洋之上；潮州沙溪贾里村存在海相生物碎屑，碳十四年龄测定值为26470±840—18990±60年，属于晚更新世中期；汕头鮀浦，晚更新世晚期由白色沙砾层夹杂泥炭土、污泥组成，碳十四年龄测定值为16720±470年（与陆丰甲子的老红砂古土壤年龄测定值16450±325年接近，为同期异相沉积）；汕头澄海莲下，含海相化石的砂层和污泥，碳十四年龄测定值为12390±370—8330±170年，已经进入早全新世；潮州钻孔代表取样显示，是由深灰色淤泥、含泥粉细砂夹薄层细砂，含咸水藻类、海绵骨针，为海相沉积，碳十四年龄测定值为5710±130年，属中全新世早期；以汕头澄海一带的贝砂壳堤为代表，堤内为海湾淤泥或砂质淤泥，碳十四年龄测定值为3940±120—3190±85年，属于中全新世晚期；汕头澄海东里钻孔代表取样显示，由淡黄色中细砂组成，含海相贝壳及腐木，碳十四年龄测定值为1840±85年，属晚全新世的海陆交互相沉积。[3]

潮汕平原主体的第四纪沉积，应该是开始于晚更新世中期。此后，中更新

---

[1] 广东省地质矿产局.广东省区域地质志［M］.北京：地质出版社，1988：262.广东省地方史志编纂委员会.广东省志·地理志（光盘版）［M］.广州：广东省科技音像出版社，2007：2.

[2] 地质部地质辞典办公室.地质大辞典（三）·古生物、地史分册［M］.北京：地质出版社，2005：308-309.

[3] 广东省地质矿产局.广东省区域地质志［M］.北京：地质出版社，1988：267-268.

世断块差异运动的加剧，逐渐形成了断隆与断陷相间的格局，在断陷区中发育了数个三角洲——河海冲积平原。[1]

在距今4.5万年至2.8万年时，韩江三角洲平原面积较小，山地丘陵较靠近海岸线，沿海一带的气候条件与全新世应该比较接近，只是地貌环境和沉积环境有一定的差别。2.3万—2万年前，气候又相对转暖，潮汕平原普遍见有海相层，其中含有较多的海相贝壳和孔虫。在珠三角和福州平原，晚更新世海相层也主要集中在2.5万—2万年。[2]

第四纪全新世前期，进入冰后期，潮汕气候转暖湿，海平面迅速回升，开始了范围遍及全境的海侵。韩江、榕江、练江三角洲均出现了本次海侵留下的三角洲前缘及前三角洲相淤泥层，海侵的盛期为距今9000—4500年。该时期的红树林在种类和分布面积上均超过现代，气温可能比现代略高，海水的分布直至潮州和揭阳以北，在练江流域则可达潮阳司马浦地区。

海侵盛期过后，随着海平面的稳定，韩江三角洲又开始了高建设性推进阶段，沿澄海东北部的樟林，经数个残丘山脚，直至桑浦山东南山角，断续发育为一条北东向的贝壳堤，使其向陆地区形成半封闭的潟湖环境，逐渐带来泥沙，并淤填成沼泽。堤外侧的三角洲前缘地区长期受到中等强度的潮汐与波浪作用，令海沼沙岭系统不断向海推进。

榕江三角洲地区则在大规模海进后形成了一个喇叭状的河口湾，主要是接受河口前缘潮滩的不断淤高以及陆上泛滥平原的冲淤填积作用，向前扩展。由于榕江是源短沙少的河流，加上榕江河口湾牛田洋的潮汐作用较强，因此三角洲向外部淤进的速度比较慢，至今榕江口仍然处于牛田洋之内。

练江三角洲地区在全新世海侵盛期间的地貌特点，与榕江三角洲相似，大约是一个向陆深凹的长条状河口湾，同时，练江主流带来的泥沙量也较少。但在随后的填积过程中，由于存在西南侧大南山麓冲积扇，加上滨岸沿岸流在海门湾堆积了拦湾沙堤，令原来海水占据的地带逐渐为障壁沙堤后发育的潟湖，为河流泛滥平原的沉积物所填淤，迫使河口湾和潮道不断退缩至盆地东南隅，由此形成河海填积平原。

冰后期的海面上升使中国东部沿海平原普遍遭受海侵，潮汕滨海地区情况

[1] 王建华，郑卓，吴超羽.潮汕平原晚第四纪沉积相与古环境的演变［J］.中山大学学报（自然科学版），1997（1）.

[2] 郑卓.潮汕平原近五万年来的孢粉植物群与古气候［J］.微体古生物学报，1991（4）：477.

也是一样的：在韩江、榕江和三角洲，不但发现有全新世的海相沉积物，而且还找到了多处海蚀痕迹。

潮汕这次海侵期间较剧烈，大约始于6000年前，当时的海水分两支进入：东支海水从澄海进入韩江三角洲，距今5000年前左右，海水已经到达今潮州，大约在"樟林—江东—潮州—登岗"一线以南地区；西支海水经牛田洋涌入榕江三角洲，直抵榕城以北，当时桑浦山是一个向东南突出的半岛。海水退出的时间，可能始于距今2000—3000年前，此后，延续退出的状态。

《韩江和榕江三角洲全新世海水进退的初步认识》对海水退出速率有一个估测（见图1-1）：秦汉距今2200—1800年前，意溪的位置在潮州北侧约两公里处，现潮州离海约30公里，据此推算出海退速率平均每年为10—15米；明嘉靖年（1522—1566）澄海县樟林还处于海边，该镇之东的"沙脚"现已离海约6.5公里，据此求得海退速率为14—15米/年；1910年汕头小公园还处于海边，现已离海600多米，总的来说，陆地的推进速率每年为10—15米。[1]

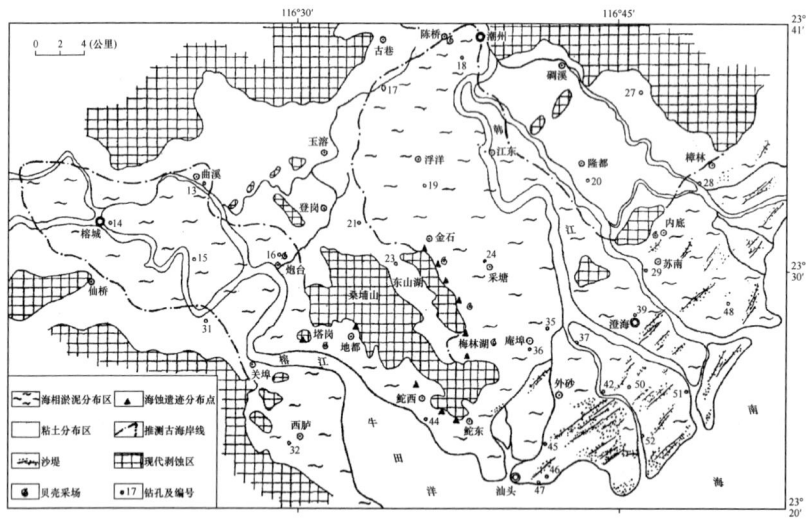

图1-1　韩江和榕江三角洲全新世海侵图[2]

这次海侵事件较受注目，它是形成如今潮汕面貌的最近一次的自然演变。

---

[1] 王建华，郑卓，吴超羽.潮汕平原晚第四纪沉积相与古环境的演变［J］.中山大学学报（自然科学版），1997（1）.陈国能.韩江和榕江三角洲全新世海水进退的初步认识[J].海洋通报，1984（6）.

[2] 陈国能.韩江和榕江三角洲全新世海水进退的初步认识［J］.海洋通报，1984（6）.

以韩江三角洲为例，这个仅次于珠江三角洲的华南第二大三角洲，它的发育始于新生代第四纪晚更新世，现在的轮廓则在中全新世海侵之后逐步形成。

据《六千年来韩江三角洲的滨线演进与发育模式》和《韩江三角洲》的研究（见图1-2），韩江三角洲最近6000年来的滨线演进和发育模式，梳理如下：

距今6000年前后，潮汕地区的中全新世海侵现象至盛，海进达到最大范围，韩江三角洲最北端可抵潮州竹竿山山麓，但未达潮州以北的意溪镇，海水大致沿着韩江三角洲周围的山麓线分布，海浪已直抵韩江三角洲南部边缘山地。

距今5000年前后，滨线的最北端在潮州池湖附近，位于池湖稍南的浮洋。

距今4000—2500年的滨线，以"仙洲—盐鸿—樟林—上华—庵埠—举丁"一线的贝壳堤为标志。

距今2000年及其后几个时期的滨线，均以滨岸沙堤的形式显示。在不同历史时代，存在着4列基本连续并且横亘于韩江三角洲之上的滨岸沙堤，代表了滨线发展4个相对稳定时期，分别是：距今2000年左右的汉代滨线，为"南砂—莲阳—澄海—岐山"沙堤线，而在"南砂—莲阳—澄海—外砂—下蓬—岐山"一线以西，至前述贝壳堤之间的地区，汉代已经成陆；距今约1400年的唐初滨线，为"海后—白沙—新溪—陈厝合"沙堤线；距今约700年的宋末滨线，为"凤洲—坝头—九合—龙眼"一线；距今150多年的清代后期滨线，为"福建围—北港—小莱芜—金狮喉—珠池"沙堤线。

清代后期沙堤线，正是本书的内容下限。此后1964年、1983年的滨线均为实测，由于韩江三角洲地区地少人多，人均耕地0.3亩（1983年数据），遂在沿海进行大规模人工开垦（共27.55万亩），1964—1983年的三角洲滨线迅速推进，很大程度是出于人为因素而加速的。[1]

---

[1] 李平日.六千年来韩江三角洲的滨线演进与发育模式［J］.地理研究，1987（2）.李平日，黄镇国，宗永强，等.韩江三角洲［M］.北京：海洋出版社，1987：152-164.

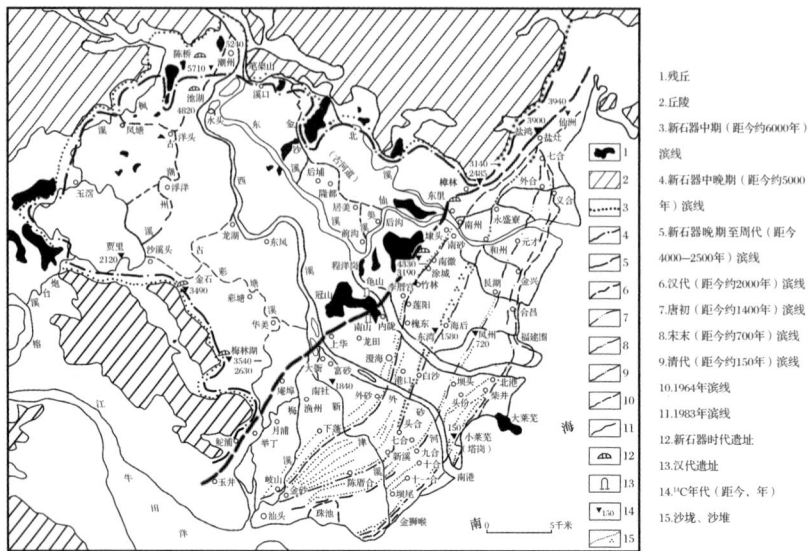

图1-2　韩江三角洲的滨线演进图[1]

古气候、生物环境（植物群）方面，潮汕地区也经历了一系列演变。

下面以《潮汕平原近五万年来的孢粉植物群与古气候》为主，参引《中国植物志》《韩江三角洲第四系沉积旋回》《潮汕平原全新世孢粉分析与古环境探讨》做个概述。

距今5.5万—5万年，潮汕的植被与现代的中低山常绿阔叶林或中亚热带常绿阔叶林较为相似，群落组成成分以Castanopsis—Lithocarpus（栲属）占主要优势，如果与现代分布的季雨林气候条件相比较，则当时的气温比现代略低。

距今4.5万—5万年，常绿阔叶林的主要类型Castanopsis—Lithocarpus（栲属）大幅度减少，栎属以及许多阔叶落叶成分明显增加，热带区系的成分几乎完全不存在。此阶段潮汕平原的年均温为16—18℃，1月平均气温为0—7℃。

距今4.5万—2.8万年，孢粉植物群的包含成分混杂了由沿海至中山山地各植被带的植物类型，如海滩红树林Sonneratia（海桑科海桑属）、Bruguiera（红树科木榄属）、Rhizophora（红树科红树属）、季风常绿阔叶林或季雨林以及中低山常绿阔叶林等，还发现有部分热带—亚热带的山地针叶类型，如Dacrydium（罗汉松科陆均松属）、Podocarpus（罗汉松科罗汉松属）等。根据中国东部红

[1]　李平日，黄镇国，宗永强，等.韩江三角洲［M］.北京：海洋出版社，1987：153.

树林分布的情况判断，当时潮汕平原的年平均气温在20℃以上，接近于现代，降水量则高于现代，总体上较为湿热。[1]

距今2.8万—2.3万年，潮汕植物群特征反映为：落叶阔叶及针叶成分比上一阶段增加，可达总数的20%左右；植物种类繁多，其中以亚热带分布的常绿类型最多，次则为亚热带—热带的分布属种；草本层不太发育；未见红树林；热带山地雨林成分陆均松属消失。又大约这段时期的降温，在中国有一定的普遍性，同期气温下降幅度南方比北方低。综合判断：潮汕距今2.8万年起气候开始变冷，距今2.8万—2.3万年，年平均气温大约为18℃，比现代低4℃。

距今2.3万—2万年，栲属重新占有较大优势，落叶成分如Fagus（壳斗科水青冈属）、Carya（胡桃科山核桃属）、Quercus（壳斗科栎属）、Pterocarya（胡桃科枫杨属）、Liquidambar（金缕梅科枫香树属）[2]等含量较低。此阶段潮汕气温略低于现在，但较上一阶段的18℃年均温有所上升。

晚更新世末2万—1万年前的沉积物几乎缺失，这个现象广泛存在于整个潮汕，由于风化层不含任何化石，因此缺乏生物证据。其中，距今2万—1.2万年，潮汕地区普遍遭受剥蚀与风化，韩江三角洲以冲积层为主，也未能找出孢粉作为寒冷气候的标志；"距今约1.9万年至1.2万年，海水退出韩江三角洲地区，除了古河道带有砂砾沉积外，全区普遍初露。"[3]由于此期气候变冷，海平面下降，红树林一度消失。

进入全新世，近1万年来潮汕平原的地带性植被一直是南亚热带季风常绿阔叶林，其优势科有壳斗科、金缕梅科、樟科、桑科、紫金牛科、大戟科、桃金娘科、松科等，这些表征科自全新世以来变化不大，总体上反映出气候变化的幅度

---

[1] 宏新按：本段的植物名依《潮汕平原近五万年来的孢粉植物群与古气候》原文，如果原文仅有英文，则参考中国科学院中国植物志编辑委员会主编、科学出版社出版的《中国植物志》括注中文翻译，依序如下：Sonneratia，见《中国植物志》（第52卷第2册），1983年，第112页；Bruguiera，见《中国植物志》（第52卷第2册），1983年，第135页；Rhizophora，见《中国植物志》（第52卷第2册），1983年，127页；Dacrydium，见《中国植物志》（第7卷），1978年，第420页；Podocarpus，见《中国植物志》（第7卷），1978年，第399页。

[2] 宏新按：本段的植物名依《潮汕平原近五万年来的孢粉植物群与古气候》原文，如果原文仅有英文，则参考中国科学院中国植物志编辑委员会主编、科学出版社出版的《中国植物志》括注中文翻译，依序如下：Fagus，见《中国植物志》（第23卷第1册），1998年，第66页；Carya，见《中国植物志》（第21卷），1979年，第39页；Quercus，见《中国植物志》（第22卷），1998年，第213页；Pterocarya，见《中国植物志》（第21卷），第21页；Liquidambar，见《中国植物志》（第35卷第2册），1979年，第54页。

[3] 宗永强.韩江三角洲第四系沉积旋回［J］.热带地理，1987（2）.

较小。从孢子粉带分析，大抵可分为几个海滨植被演化阶段。

淡水沼泽阶段，相当于10000—8500年前。此时三角洲平原除了广泛发育莎草、香蒲沼泽群落外，以河流作用为主，河道分叉多，河床不稳定。大致呈热暖偏湿的气候特征。

红树林沼泽阶段，距今8500—7000年。汕头一带的红树林发育十分充分，在滨海岸线或潮间带附近，淡、咸水相互作用的地区，红树林的分布广泛，但此时的红树植物种类与更新世者有所不同，而更接近于现代种属。其间的距今8500—7500年，海水上溯到三角洲中下部，庵埠、彩塘、店市以南可能已经处于潮汐的影响范围内，常绿林中含大量热带分布属种。整个阶段则呈现出热而温湿的气候特征。

口外滨海阶段，相当于7500—4500年前。潮汕平原普遍遭受海侵，汕头一带的有孔虫组合反映为20米以内水深的海湾环境。滨岸有红树林，期间的距今6000年左右，由于海平面上升，上一阶段仍局限在庵埠—澄海—东里一线以南的红树林，已经分布上溯至浮洋及潮州以北，地带性植被为季风常绿阔叶林，沟谷中还存在小面积的雨林。呈现热湿的气候特征。

蕨类草丛阶段，为距今4500—3000年。由于海水迅速退出，三角洲平原起初以蕨类及草本群落为主，但一些潟湖或内河湾沉积孢粉组合表明沿海低山丘陵的季风常绿阔叶林仍分布广泛。大致呈现热暖略湿的气候特征。

次生性草地、针叶林阶段，距今3000年至现代，是人类活动逐渐加强的时期。常绿阔叶林成分的大幅度下降，森林面积的减少导致了次生马尾松林的生长，平原地区的开垦使农田和草地面积进一步扩大，森林减少和水土流失可能还导致了沿海地区湿度的下降，气候较大西洋期偏干，呈现热暖略干的特征。[1]

在古气温方面，另有几个时段的估值，分别为：距今10000—8500年，年均气温不小于或较为接近现代的22℃；距今8500—5000年，年均气温一度上升，估计高于现代1—2℃，达23—24℃；近4000—3000年，气候特征已经接近现代，但湿度略低于前一时期。[2]

竺可桢先生对中国近五千年来的气候史有过4点结论：1.在我国近5000年中

[1]　郑卓.潮汕平原近五万年来的孢粉植物群与古气候［J］.微体古生物学报，1991（4）.郑卓.潮汕平原全新世孢粉分析与古环境探讨［J］.热带海洋学报，1990（2）.宗永强.韩江三角洲第四系沉积旋回［J］.热带地理，1987（2）.

[2]　郑卓.潮汕平原全新世孢粉分析与古环境探讨［J］.热带海洋学报，1990（2）.

的最初2000年（即从原始氏族时代的仰韶文化到奴隶社会的安阳殷墟），大部分时间的年平均温度高于现在 2 ℃左右。1月温度比现在高3—5℃。其间上下波动，目前限于材料，无法探讨。2.在那以后，有一系列的上下摆动，其最低温度在公元前1000年及公元400年、1200年和1700年，摆动的范围为1—2℃。3.在每一个400至800年的期间里，可以分出50至100年为周期的小循环，温度升降范围是0.5—1℃。4.上述循环中，任何最冷的时期，似乎都是从东亚太平洋海岸开始，寒冷波动向西传播到欧洲和非洲的大西洋海岸，同时也有从北向南传播的趋势。[1]

以上的几种科学结论展示出来的趋势，在大的时空范围来检讨，大体上并不相悖。尽管中国幅员辽阔，各地的高、低温的绝对年份或会些微不同，但将之校对文献，可发现竺可桢先生所得出的气候演变趋势，也基本适用于潮汕。这种趋势与当地一些物种的存亡、行业的兴衰有着很大的相关性。

譬如潮汕的桑蚕业，在可见的史料中，唐代大盛、质量上佳，宋元默默无闻，明代逐渐复兴，嘉靖时质量开始下降，清乾隆时产品（原料）低劣，行业衰落。这些与上面的几个冷暖时间节点是大体符合的，综合各方面材料，该行业受气候演变的影响是显著的，这个可以下结论。而潮汕历史上，类似桑蚕业这样的例子还有很多。本书相关环节还会论及。

第二节　社会环境

远古中国同时存在着众多发展水平参差有别之早期文明，散布在四面八方，犹如天上群星之星罗棋布，苏秉琦先生将之形象地概括为"满天星斗"模式，遂为目前考古界普遍共识。先秦潮汕文明，正是这满天星斗中之一颗。尽管在黄河流域出现中原王朝时有商文化流入，两周战国时有越人殖民，但先秦潮汕与中原并没有统属关系。

秦灭六国，征百越，中原政治势力才开始进入岭南，从此潮汕地区作为岭南的一部分纳入华夏版图。早期中央势力在潮汕的体现极其有限，但其影响力随着时间的后移而逐步层累、扩大，终至覆盖全域。潮汕的经济发展，遂在各王朝

---

[1] 竺可桢.中国近五千年来气候变迁的初步研究［J］.考古学报，1972（1）.

制定的政经政策以及与当时相适应的环境中进行着。

一、先秦时期

远古潮汕便有人类居住。当地迄今发现有数百处先秦遗存，是闽粤区域中数量比较多的。最古老的疑似遗物，是揭阳采集到的两件手斧形砍砸器，有考古学家推测其年代为旧石器时代晚期，[1]但尚未获得普遍认可。而其是否是人类石器工业产品，也存在着一定程度的不确定性。

汕头南澳象山遗址，是已知的潮汕最古老的人类遗址，存在时间大约距今8000年前，当时有着原始的采集和捕捞经济。遗物中的1片夹砂陶片，面积大约2.5×3厘米，厚0.4厘米，是迄今潮汕最古老的陶片，它与78件刮削器、10件尖状器、3件石钻、2件雕刻器一起，成为潮汕原始工业的见证物[2]。

以潮州的陈桥村[3]、池湖凤地[4]、海角山[5]三处遗址为代表的陈桥文化，显示出距今6000余年的潮汕已存在原始的农业，并屡被农业考古学科当成华南较早的农业遗址代表之一所引用。经比对，陈桥村遗址出土的骨器遗物，是迄至2016年发表的东亚、东南亚10000—5000年前诸多典型考古遗址报告、报道中，无论数量还是种类之最多者。同时，陈桥遗存暴露出连贯之骨器生产环节，证明该处形成了骨器工厂，其产业之先进，为距今10000—5000年的东亚、东南亚遗址所未见。[6]成批量的牛、鹿、猪、鲨鱼、龟鳖骨骸等，显示陈桥人食物丰富，大量的磨光陶器、石锛、手斧、骨针、头饰以及人头骨上的红粉等，更透露出陈桥人具有较高的审美意识和宗教式原始崇拜。然而，6000年前的激烈海进，彻底淹没了陈桥遗址，此后约1000年里，尚未有断代明确的文化遗存发现。

————————

[1] 邱立诚.广东旧石器考古的几个问题［M］//董为.第十届中国古脊椎动物学学术年会论文集.北京：海洋出版社，2006.邱立诚，曾骐，张季怀.广东揭阳先秦遗存考古调查［J］.南方文物，1998（1）.

[2] 南澳县海防史博物馆，中山大学韩江流域考古课题组.广东南澳县象山新石器时代遗址［J］.考古与文物，1995（5）.

[3] 广东省文物管理委员会.广东潮安的贝丘遗址［J］.考古，1961（11）.杨式挺，邱立诚，冯孟钦，向安强.广东先秦考古［M］.广州：广东人民出版社，2015：362-370.

[4] 潮安博物馆.潮安池湖凤地新石器时代遗址［M］//广东省汕头地区文化局.汕头文物简讯（第4号）.内部出版，1977.潮州市文物局.潮州市文物志.内部出版，1995：2-4，2-5.

[5] 杨式挺，邱立诚，冯孟钦，等.广东先秦考古［M］.广州：广东人民出版社，2015：366-367.广东省文物管理委员会.广东潮安的贝丘遗址［J］.考古，1961（11）.

[6] 李宏新.先秦潮汕研究［M］.广州：暨南大学出版社，2019：56-69.

新石器时代晚期，距今5000—4000年的汕头潮南左宣恭山遗址[1]下文化层，发现了竹木支架建筑以及混杂木炭、陶片的硬土堆烧积遗迹，这拉开了潮汕制陶业的帷幕。随后，虎头埔—后山文化遗存大量出现，仅考古工作较为彻底的揭阳市境内之榕江流域片，便有新石器时代晚期遗存的40处、后山类型遗存的37处等，大抵都是虎头埔—后山文化遗存。[2]诸多遗存中出现房址、烧坑、窑址和各类生产生活的陶器石器、鹿角、16个以上文化陶符，以及带有鸡（鸟）、蛇图腾之器物等，无不体现了距今5000—3500年，潮汕地区原始农业、工业面貌。其中，最为引人瞩目的是虎头埔—后山文化之制陶业，无论工艺还是规模，都被确认为岭南之最，"就窑炉结构和陶器的实际烧成温度而言，虎头埔与黄河流域的同期窑业技术相比，丝毫不逊色，甚至有过之而无不及"，[3]晚近科学发掘的普宁龟山遗址陶窑群更为本阶段之发达陶瓷业提供了佐证。[4]虎头埔陶器密集分布于榕江流域并由此扩散，近至练江中上游地区、东江上游及梅江流域，远达北江流域的曲江石峡和珠江三角洲地区的东莞圆洲、南海鱿鱼岗、三水银州豆兵岗，以及深圳海滩、香港屯门涌浪南等遗址。[5]这便较为确切地显示出早期潮汕的商业路线。

大概在虎头埔—后山文化的中后期，中原的夏朝（公元前2070—前1600

[1] 广东省博物馆.广东东部地区新石器时代遗存［J］.考古，1961（12）.中山大学榕江流域史前期人类学考察课题组，潮阳市博物馆.广东潮阳市先秦遗存的调查［J］.考古，1998（6）.

[2] 宏新按：此数据经笔者梳理。若按2003年的复核报告，则计揭阳先秦遗址共86处，其中新石器时代晚期及后山类型的遗存，有的是单一文化性质的，有的是包含多种文化性质的，后者分计遗存，如揭阳营灯山遗址含有新晚、后山类型遗存，则同一个遗址计为两处遗存。参见：揭阳考古队，揭阳市文化局.揭阳的远古与文明--榕江先秦两汉考古图谱［M］.香港：公元出版有限公司，2003：19-40.

[3] 刘成基.普宁虎头埔陶窑的初步研究［M］//揭阳考古队，揭阳市文化广电新闻出版局.揭阳考古（2003-2005）.北京：科学出版社，2005：226-227.

[4] 广东省文物考古研究所，普宁市博物馆.广东普宁龟山先秦遗址2009年的发掘［J］.文物，2012（2）.

[5] 揭阳考古队，揭阳市文化局.揭阳的远古与文明——榕江先秦两汉考古图谱［M］.香港：公元出版有限公司，2003：50.广东省博物馆，和平县博物馆.广东省和平县古文化遗存调查［J］.考古，1993（3）.广东省文物考古所，梅州市文物管理委员会，梅县博物馆.梅县山子下新石器时代晚期墓地［M］//中国考古学会.中国考古学年鉴（1994）.北京：文物出版社，1997：250-251.黄玉质、杨式桢.广东梅县大埔县考古调查［J］.考古，1965（4）.广东省博物馆，曲江县文化局，石峡发掘小组.广东曲江石峡墓葬发掘简报［J］.文物，1978（7）.广东省文物考古研究所，东莞市博物馆.广东东莞市圆洲贝丘遗址的发掘［J］.考古，2000（6）.广东省文物考古研究所，北京大学考古系实习队.广东南海市鱿鱼岗贝丘遗址的发掘［J］.考古，1997（6）.广东省文物考古研究所，北京大学考古学系，三水市博物馆.广东三水市银洲贝丘遗址发掘简报［J］.考古，2000（6）.

年[1]），以及首个有同期文字记载的王朝——商朝（公元前1600——前1046年）接踵诞生，但它们与潮汕地区并没有政治、经济联系。也就是说，中原王朝与潮汕在各自历史轨道上发展，互不统属。不过，到了商代中后期，我们还是觉察到微弱的文化输入痕迹：商势力远未达到岭南，但其强大的文化或如涟漪，已经荡至粤东。

浮滨文化之兴起时间，大约在商代中后期。以潮汕为核心区的浮滨文化，大部继承了虎头埔—后山文化，同时也受到包含着商文化之江西吴城文化的影响，两者融合，遂形成一种分布于今粤东、闽南地区的青铜文化。而潮汕也是广东发现青铜器实物较早的地区。

浮滨文化崇尚武力，拥有石璋等礼器，仅饶平塔仔金山和顶大埔山两处遗址便出有17个具备原始文字性质的文化陶符，其等级分明，存在着君王般的领袖，故被称为"浮滨王国"。而大量的施釉陶器、凹刃石锛、石戈、铜戈等典型浮滨遗物，都透露出其先进于岭南的工业水平。在交通方面，珠海淇澳亚婆湾出土的釉陶豆、博罗横岭山248号墓葬采集到的釉陶豆、中山翠亨出土的陶圈足壶、增城石滩围山出土的大口尊残片、香港大屿山蟹地湾出土的釉陶豆、香港马湾东湾仔编号"C1044"墓葬随葬器釉陶壶、腹部刻有"‖"釉陶盂（原报告作"杯"）、鸡形壶等都应该是由浮滨文化所输入，香港发现的石戈、石矛和南海大沥、珠海前山发现的长颈大口尊，都可肯定受到浮滨文化之影响，结合著名的"石璋之路"，揭示出当时潮汕海路流通情况。[2]

相当于两周至秦统一六国的时期（公元前1046—221年[3]），浮滨文化逐渐在考古上不见体现。同时发生的是，潮汕地区经历了前所未有的文化冲击，外来文化的输入由温和而至暴力，当地遗存数量大为减少，原来的潮汕居民及土著文化大部消失。这个过程大抵可分为三个阶段和两个时间节点：一开始尚能保持原有的土著文化；西周早期稍晚或西周中期之后，源自吴越的文化逐渐渗透，与原

---

[1]　宏新按：本书夏、商、周的起讫年代，都依据《夏商周断代工程1996—2000年阶段成果报告（简本）》的结论，下不再注。参见：夏商周断代工程专家组.夏商周断代工程1996—2000年阶段成果报告（简本）[M].北京：世界图书出版社北京公司，2000：86-88.

[2]　广东省博物馆，饶平县文化局.广东饶平县古墓发掘简报 [M] //文物编辑委员会.文物资料丛刊（第8辑）.北京：文物出版社，1983：104.邱立诚，曾骐.论浮滨文化 [M].揭阳考古队，揭阳市文化广电新闻出版局.揭阳考古（2003—2005）.北京：科学出版社，2005：260-262.杨式挺，邱立诚，冯孟钦，等.广东先秦考古 [M].广州：广东人民出版社，2015：657-663，672-676.

[3]　夏商周断代工程专家组.夏商周断代工程1996—2000年阶段成果报告（简本）[M].北京：世界图书出版社北京公司，2000：88.

潮汕土著文化渐呈分庭抗礼之势；至迟自战国时期起，吴越文化强势涌入，令先秦潮汕被称为文献所载的"百越"之一。也就是说，原本比较独立进行的潮汕文明进程，在战国春秋被外来越文化彻底打断，占当地主流的是越文化了。

外来的越文化也给当地带来了新的文明。笔者梳理迄2017年止的发掘报告、考古调查和文物报道，明确为"两周战国阶段"潮汕所出（不含下限或至西周的浮滨文化遗存）的考古发现，如青铜器，便在15处遗址发现了74件，包括鼎、盘、罍、铙、钟甬、铃（铎）、剑、矛、戈、镞、斧（钺）、锄、削、篾刀（刮刀）、镜及残件，乐器、礼器、兵器、农具、工具等皆具备；如原始瓷器，则在8处遗址发现75件，包括原始瓷盅、原始瓷碗、原始瓷匜、原始瓷杯、原始瓷盒、原始瓷豆。这两种代表时代水平之工业品数量，在岭南中仅次于粤中地区。

此后，潮汕地区进入了各王朝统治的时代。

二、秦—清

秦汉时期。

公元前221年，秦灭六国。嬴政称帝，并创立以三公九卿为代表的中央官制，推行车同轨、书同文、行同伦等以统一各地文化风俗，加强凝聚力，奠定了中国大一统王朝的统治基础。公元前214年，潮汕随岭南纳入秦版图，这是潮汕纳入华夏中央政权版图之始。

公元前207年，秦亡。公元前204年，秦南海郡尉赵佗兼并桂林和象郡后自立南越国。潮汕纳入南越国版图。

公元前202年，刘邦建立汉王朝，史称西汉。公元前112年，刘彻对有分庭抗礼之意的南越国用兵，翌年南越国亡。潮汕纳入西汉版图。

公元8年，王莽代汉称帝，史称新朝。尽管新朝政区设置缺乏连贯性和严肃性，且岭南未必通行新朝政令，但潮汕法理上仍属于新朝版图。

23年，刘秀起兵灭新；25年，刘秀称帝，史称东汉。潮汕纳入东汉版图。

208年，孙权、刘备联兵破曹操于赤壁，奠定三国鼎立基础。大约在211年，孙权征服岭南，潮汕遂为孙权实际掌握。

220年，曹丕称帝，东汉亡；221年，刘备称帝；229年，孙权称帝，史称孙吴。潮汕纳入孙吴版图。

本书的"秦汉时期"，指的是从秦开始至汉亡前的这个时间段，包括上述的南越国时期以及三国初定时期。

秦汉时期，中国的经济重心位于北方，主要在关中，后也蔓延至中原。长江以南的经济则十分落后，人口相对不多。在文献缺载的情况下，从考古看，潮汕地区的经济比较原始，遗存的数量比起先秦大幅减少，也是人口稀少的表现。综合看来，当地显示出来的是荒蛮之地。

此期间各政权都有对僻壤蛮邦实行优惠政策的记录，作为当时的蛮夷之邦，岭南和潮汕也在政策施行范围之内。

秦代的优惠政策。考古上，如秦墓出土的《属邦律》《法律答问》残简，透露出当时出台有若干优惠蛮夷的政策。如蛮夷首领犯罪可以赎免从轻，量刑可从轻；随同秦使臣出使的随员，倘若留在当地不回，使臣不受连坐；奴隶必须忠诚于蛮夷首领，交纳粮食，否则没收为官奴等。文献上，《后汉书》载秦惠王对蛮夷"民爵比不更，有罪得以爵除"和税赋优惠，秦昭襄王时"刻石盟要，复夷人顷田不租，十妻不算，伤人者论，杀人者得以倓钱赎死"等，都可说明秦一统天下后仍延续秦国时优待"四夷"的政策，包括蛮邦土著犯罪可用货物抵罪，蛮邦君长缴纳税负较低，民户可用货物抵税赋，一户可免交一定数量的田租，可娶十房妻子也不用缴纳口算之钱等。[1]

汉代的优惠政策。考古上，如汉墓出土的《奏谳书》竹简，其中一件蛮夷徭赋的案例，涉及"蛮夷律"，透露出汉中央政权对蛮夷有特定的规定："蛮夷大男子，岁出五十六钱以当繇徭赋，不当为屯""南郡尉发屯有令，蛮夷律不曰勿令为屯"等。[2]文献上，也有对南越施行优惠的记录，如《汉书》载汉平南越后"且以其故俗治，无赋税。……不敢言轻赋法矣"[3]。《史记札记》称"诸初郡无赋税，而取给于旁郡，各视地近处为之转输，吏卒之费，车马之需，皆取给也"[4]。这至少说明几个问题：首先是南越旧俗是没有赋税的，入汉后也是如此；其次是中央政权对这些蛮夷边区的要求比较简单，基本上只要能满足当地办公支出以及驻守、过道兵马费用等就可以了；最后，出于对蛮夷地区"时时小反、杀吏"的担忧，中央政权实行了多项宽松政策，包括税赋服役都有优惠。

[1] 睡虎地秦墓竹简整理小组.睡虎地秦墓竹简［M］.北京：文物出版社，1990：前言1-3，正文65，93-144，后记.范晔.后汉书［M］.李贤，等，注.北京：中华书局，1965：2841，2842.

[2] 张家山二四七号汉墓竹简整理小组.张家山汉墓竹简〔二四七号墓〕（释文修订本）［M］.北京：文物出版社，2006：前言1-2，正文91-92.

[3] 班固.汉书［M］.颜师古，注.北京：中华书局，1962：1174.

[4] 郭嵩焘.史记札记［M］.北京：商务印书馆，1957：165.

六朝时期。

266年，司马炎取代曹魏称帝，史称西晋。280年，西晋灭孙吴。潮汕纳入西晋版图。

316年，匈奴汉国灭西晋，中国北方进入十六国时期。317年，司马睿在南方重建晋朝，史称东晋。潮汕纳入东晋版图。

420年，刘裕代东晋称帝，史称南朝宋或刘宋（本书一律以"南朝"加朝代名称呼南朝四个政权）；479年，萧道成取代南朝宋称帝，史称南朝齐；502年，萧衍代南朝齐称帝，史称南朝梁；557年，陈霸先代南朝梁称帝，史称南朝陈。潮汕先后纳入这四个交替政权之版图。

孙吴、东晋和南朝宋、齐、梁、陈一样，都城都在今南京一带，其疆域虽然时有盈缩，但大致都在南方、东南，因此被合称为"六朝"。本书所用的"六朝时期"，指的便是这个时间段，也包括西晋灭孙吴后一统南方的三十余年。

六朝时期，南方的发展十分迅速，中国经济重心逐渐南移。由于东汉末开始，北方兵火不断，关中和中原经济受到严重破坏，促成了孙吴统治时期的江南开发。永嘉南渡，更为长江以南带来了大量的人口和先进的技术。南朝政权频繁更迭，纷乱之下，避乱者继续南迁，直至沿海地带。其间，潮汕地区先后有了义安郡、瀛州、东扬州等郡、州一级的政区建制。

六朝之初，各政权对边远地区或南蛮异族等仍有一定的优惠政策，不过，自南朝宋后期开始，这种优惠渐渐减少，反而加紧编户征收，这说明各政权自信对边区的统治渐告稳固，以及岭南、潮汕等原蛮夷地区的汉化程度逐步加深。

两晋对边远土著有特殊规定。《晋书·食货志》载："丁男之户，岁输绢三匹，绵三斤，女及次丁男为户者半输。其诸边郡或三分之二，远者三分之一。夷人输賨布，户一匹，远者或一丈。男子一人占田七十亩，女子三十亩。其外，丁男课田五十亩，丁女二十亩，次丁男半之，女则不课。男女年十六已上至六十为正丁，十五已下至十三、六十一已上至六十五为次丁，十二已下六十六已上为老小，不事。远夷不课田者输义米，户三斛，远者五斗，极远者输算钱，人二十八文。"[1]潮汕属于边远地区，且是第三级别的"远者"，因此，编户岁输仅仅相当于内地的三分之一，若是少数民族户则更少。此外，丁男、丁女、次丁男等都必须领一定的田地耕种并纳税，但是边远的少数民族可不用耕种而仅交米

[1]　房玄龄，等.晋书［M］.北京：中华书局，1974：790.

谷，而"极远"的如潮汕地区土著者，也可折算成铜钱。

南朝宋。一开始"如蛮人顺附者，一户输谷数斛，其余无事。宋人赋役严苦，贫者不复堪命，多逃亡入蛮。蛮无徭役，强者又不供官税"，大约是"南蛮"等如果承认南朝政权，归顺入编，则仅仅需要数斛谷子，其他再无赋税和徭役，强悍豪强者甚至不用缴纳，潮汕地区更为僻远，也当如此。但元嘉二十七年（450），"北狄南侵，戎役大起，倾资扫蓄，犹有未供，于是深赋厚敛，天下骚动"，则是天下各地都加重税赋，南朝宋末更是"绥讨蛮、濮，辟地征租"，已经不论哪里，都必须辟地征租了。同时，南朝宋开始镇压不服蛮夷，如大明五年（461）规定：在大明三年（459）以前归编的全部不计，自发布诏令起，鳏夫贫户残疾老人，只要上报便可减免租税，参与征伐蛮夷的，蠲除租税一半。[1]

此后更多的是蛮夷不服、不缴而被灭杀的记载。如南朝齐时便有多宗记录，说明了征收之严苛，同时，潮汕所在的义安郡辖有6县，监管齐备，已不是此前边远可比，更没有优惠政策可言。[2]又如南朝梁，更多的是升级、增设郡县政区以利收取赋税，显示出各政权对各边区加强管理的决心和趋势。[3]

总而言之，大抵上自南朝宋的后期开始，由于汉族人口的增加以及开发的加深，此前秦汉晋等所给予的政策倾斜，包括农业社会最为重要的税赋优惠，已经逐渐失去，各政权转而对潮汕实施直接管理，虽然此后特定时期可能尚有部分特殊经济政策，但是，已经与此前的半自治状态不可同日而语。

隋唐时期。

581年，杨坚代北周称帝，史称隋；589年，隋南下灭南朝陈，成大一统王朝。潮汕纳入隋版图。

618年，隋炀帝亡，同年李渊代隋恭帝称帝，史称唐；619年，隋皇泰主杨侗被废，隋亡。此时，岭南先后由林士弘、萧铣军事集团占领，潮汕地区则为听从于林士弘的杨世略（唐太宗后的文献避讳称为"杨略"）集团所实际掌握，时间大约在616年始，至唐兵南下止。

[1]　沈约.宋书［M］.北京：中华书局，1974：127，2201，2261，2396.

[2]　萧子显.南齐书［M］.北京：中华书局，1972：263，405，489.

[3]　宏新按：南朝梁大同十二年（546）便有至少107个州，是西晋大一统王朝19个州的近6倍；潮汕所在的瀛州、东扬州也是南朝梁时设；义安郡王萧大昕食邑2000户，朝阳（潮阳）县伯食邑500户，其封地都有指向潮汕的痕迹。参见：姚思廉.梁书［M］.北京：中华书局，1973：107，109，613，618.魏徵，令狐德棻.隋书［M］.北京：中华书局，1973：881.李延寿.南史［M］.北京：中华书局，1975：1636.

621年，唐军南下；622年3月14日[1]，杨世略献上循州、潮州归唐。潮汕纳入唐版图。

唐末大乱，902年或稍前，卢光稠军事集团实际控制潮州；907年，朱温代唐称帝，唐亡，史称后梁；911年，奉后梁为正朔的刘岩[2]击败卢光稠，实际掌握潮州。潮汕纳入后梁版图。

917年，刘岩自立，国号大越；918年，大越改国号汉，史称南汉，是为五代十国之一。潮汕纳入南汉国版图。

这段时间，本书称为隋唐时期，实际包括隋、唐两代，以及刘氏南汉国等统治时期。

宋元时期。

960年，北方的赵匡胤代后周称帝，后周亡，史称北宋；971年，北宋军入岭南，南汉政权亡。潮汕纳入北宋版图。

1127年，北宋在与金政权的长期斗争中失败，北宋亡。赵构延脉江南，史称南宋。潮汕纳入南宋版图。

1206年，铁木真建立蒙古国，1271年，忽必烈定国号为大元，史称元；1276年（元至元十三年，南宋德祐二年、景炎元年），元兵破临安，南宋上降书，南宋亡；1276—1279年，文天祥、张世杰、陆秀夫等在东南沿海拥立赵昰、赵昺抗元，南宋余部和元兵先后进入潮汕，当地土豪各有所属；1278年，奉元为正朔之"陈五虎"集团实际掌握潮汕；1279年，元兵击败南宋最后抵抗势力。潮汕纳入元版图。

这个阶段，本书称为宋元时期，实际包括了宋元更迭时的几年混战时间。

明清（1860年止）时期。

1364年，朱元璋建立西吴政权；1368年，朱元璋称帝，史称明。而早在元末，潮汕便呈现土豪割据之势，至1367年，明军实际掌握潮汕；1368年，明中央政权正式派兵守御，标志着潮汕纳入明版图。

1616年，努尔哈赤建立大金政权；1636年皇太极称帝，史称清。此时天下已乱，1644年，李自成集团攻克北京，明亡；同年，清兵击败李自成，北京易手。明亡后，余部拥宗室延脉，史称南明。清兵快速南下追击，直入包括潮汕在

---

[1] 宏新按：此处时间据《新唐书》，武德五年（622）正月己酉，杨世略以循、潮二州降。参见：欧阳修，宋祁.新唐书［M］.北京：中华书局，1975：14.

[2] 李焘.续资治通鉴长编［M］.北京：中华书局，1979：264.

内的南方各地。潮汕自明末便兵燹不断，南明、清等外来势力加入争夺，令当地呈现出前所未有的混乱局面，马楚坚先生"明清易代前后潮州兵燹表"对1607—1665年间的统计，这类兵燹达到近200次。[1]当时潮汕土豪众多，时而奉清，时而奉明，即不清不明。

1663年，南明系统之明郑政权南澳守将易帜降清[2]，宣告清政权真正全面掌控潮汕，也标志着潮汕完全纳入清版图。

1840年6月（道光二十年五月），英国军舰封锁广州珠江口，第一次鸦片战争正式爆发。战后，中国领土、领海、司法等主权遭到破坏，旧有的社会性质发生根本性变化。由此，主流认为，这是中国近代史的开端。

这个阶段，本书称为"明清时期"，具体时间段为1368—1840年。1840年也是本书内容的截止时限。当然，时间不是静止的存在，事件总有连续性，为了更好地说明问题，本书偶会引及1840年后的史料（尤其是1860年汕头开埠之前），一般会厘清年代。

隋唐、宋元、明清（1840年止）三个时期，除了朝代更迭之外，中国的经济体量长期居于世界之首，其中几个"盛世"更是如此，而即使综合实力相对较弱的南宋，其经济实力依然被广泛认为突出于同时代全球各国。

在中国版图内，继上阶段经济重心南移之后，隋唐的大一统令北方经济大为恢复，整体形势大致南北均衡，而经济区则更向岭南深入扩散。凭借发达的海外贸易，唐代广州已成国际性大都会，潮州则于中晚唐成为岭南大郡。唐亡，岭南的南汉国与东南沿海的吴越国一样，并为五代十国最长政权，依靠的都是强大的经济实力，而外贸更是南汉强项，身处两地交通要道，潮汕经济随之发展。北宋起，中国经济趋于前所未有之鼎盛，南宋衣冠南渡，从此奠定了大体上南方经济盛于北方之局面，潮汕社会则全面发展，至少在文化教育、商品经济方面，俨然居于岭南第二大州位置。明清至近代以前，中国较长期地维持着强盛的综合国力，整体经济发达，在巩固原有工农业的基础上，商品流通更为发达，对于海内外主要联络点的潮汕而言，则大约在明中后期开始，便逐渐形成海洋文化为主的

---

[1] 马楚坚.试析吴六奇之保土捍民及其对明郑集团的打击［M］//潮汕历史文化研究中心，汕头大学潮汕文化研究中心.潮学研究（第2辑）.汕头：汕头大学出版社，1994.

[2] 宏新按：此处按清兵上南澳岛，杜辉正式逮捕明臣时间，大约在康熙二十二年（1683）十一月十五日或稍前几天。参见：吴六奇.招抚南澳题疏［M］//葛曙，许自济，吴鹏.（乾隆/光绪）丰顺县志.台北：成文出版社，1967：967-978.庐若腾.避氛南澳，城中有虎［M］//左树夔，刘敬.（民国）金门县志.北京：九州出版社/厦门：厦门大学出版社，2006：479-480.

商业社会，清康熙开海以及雍、乾时期之稳定的政局，则为潮汕全面发展奠定了基础。

政策方面，如前所说，自南朝宋之后，各王朝已经开始将岭南、潮汕等视同汉地，而不再有根本性的税赋方面的政策优惠。到了隋代，更是视百越同汉人而全额收取赋税，将岭南"皆列为郡县，同之齐人"[1]。不过，历代中较为注重民族政策的唐代则有所例外，如唐初便定下律令，中原编户以丁定额，岭南则以户定额，而且土著还可从半，"若岭南诸州则税米，上户一石二斗，次户八斗，下户六斗。若夷獠之户，皆从半输"。[2]

其他的王朝，也在某些时期对岭南有特殊的规定。有的是起到推动性作用，如宋雍熙元年（984）要求江浙、荆湖、广南民输税钱时，规定"六十入老，并身有残疾者免之"，大中祥符四年（1011），"诏除两浙、福建、荆南、广南旧输岁钱，凡四十五万四百贯"[3]。也有的起到破坏性影响，如明清针对沿海的禁令，以及康熙初期的迁海政策等，都严重打乱了包括潮汕在内的沿海社会秩序和经济发展。这些，我们在下文涉及时，再行介绍。

[1] 魏徵，令狐德棻.隋书［M］.北京：中华书局，1973：1831.

[2] 刘昫，等.旧唐书［M］.北京：中华书局，1975：2088.

[3] 马端临.文献通考［M］.北京：中华书局，1986：113.

第二章

城市和人口

文明诞生的标志，一般认为，至少应包括城市的出现、文字的产生和国家制度的建立三个要素。城市对地方建设和发展的重要性，于此可见一斑。

城市，即所谓"城，以盛民也""市，买卖之所也"[1]，最初是一种具有防御和商品交换功能的人类定居点。除了天灾人祸而遭废弃外，中国古代的城市，总体上都经历了一个从无到有，逐步扩张和再建设的过程。其形成与人口因素密不可分。

古代潮汕也是如此，由零星聚落点开始，逐步交集成片，随着历时人口的增加以及生产力的发展，聚落点的城市功能不断完善和膨胀，其周边再产生若干的市镇。经过持续的积累和建设，到了近代之前，潮汕大地已经出现了同时期闽粤区域中较具规模的城市群。

第一节 秦汉六朝时期

先秦时期，潮汕居民曾在不同时期形成了大小不一的聚落，这些聚落的建设，我们仅能凭借有限的材料进行猜测：譬如新石器时代中期的陈桥文化，综合斧、锛等遗物以及文化遗迹信息，也许意味着当时存

---

[1] 许慎.说文解字（附检字）[M].北京：中华书局，1963：110，286.

在类似"巢居"的干栏式竹木建筑，类似《礼记》所载的上古之人"冬则居营窟，夏则居橧巢"[1]；又如新石器时代晚期的潮阳左宣恭山下文化层出现了竹木柱、硬土面和坑窑等，竹木架构建筑清晰可判，虎头埔陶器在潮汕的广泛分布则透露出各聚落点有着联系；且如青铜器时代的浮滨文化，其中的饶平塔仔金山墓群等级分明，从两座主墓二层台设计以及规整的造型，可窥探出，当时房屋等建筑物已然具有一定的水平；再如浮滨文化后期至先秦发现的遗址，都透露出人们已经有意识地将生活生产区与墓葬区分开，这是存在着建设规划并走向成熟文明时代的重要标志之一。

随着时间的后移，各种材料有所递增，潮汕的聚落和人口概况逐渐有迹可循。

一、汉式建筑的出现

纳入华夏中央版图之初，潮汕的遗存发现大为减少，这多少反映出，继两周战国时期越人南下[2]之后，更为强悍的外来文化再次强势打断潮汕地区此前相对独立的文明进程，也影响到当地的建筑文化。这在澄海龟山汉代遗址中便得到体现。

澄海龟山遗址包含汉代和宋代的两个大的文化层，其中绝大部分是汉文化层，因此，多称为"澄海龟山汉代遗址"。遗址虽然仅残存一部分，但仍是广东首现的达到2万平方米的汉代遗址，也是经科学发掘的中国十大汉代遗址之一。其建筑物级别高于广东同期关隘城堡军事设施，低于宫殿式建筑，是汉代岭南一处较具规模的建筑群。在迄今没有稍具说服力反证，又2003—2005年考古学家们对揭阳榕江流域更为彻底考察而未有发现的情况下，本史稿认同邱立诚先生等考古学家的猜测及说法，澄海龟山汉代遗址极大概率是南越国延至汉代的古揭阳县治所。[3]

该遗址位于汕头市澄海区内称为"龟山"之小山丘，地理坐标为116°45′，北纬23°31′，地处韩江两大出海口之一的东溪河（亦称莲阳河）

[1] 杨天宇.十三经译注·礼记译注［M］.上海：上海古籍出版社，2004：268.

[2] 李宏新.先秦潮汕研究［M］.广州：暨南大学出版社，2019：233-238.

[3] 揭阳考古队，揭阳市文化局.揭阳的远古与文明——榕江先秦两汉考古图谱［M］.香港：公元出版有限公司，2003.揭阳考古队，揭阳市文化广电新闻出版局.揭阳考古（2003—2005）［M］.北京：科学出版社，2005.邱立诚.澄海龟山汉代遗址［M］.广州：广东人民出版社，1997：136-149.

西岸，韩江自西北向东南流经。按《广东澄海龟山汉代建筑遗址》的结论：第一期可能为西汉前期后段；第二期有测年数据，综合判断大致为西汉中后期，主要建筑遗迹有F3和F4；第三期为东汉时期，主要建筑遗迹有F1和F2。[1]

其中第二期的F3是已清理的四座基址中规模最大的一座。该建筑坐北朝南，方向201°，呈三合庭院式。东西两侧为廊房，中间为庭院，庭院北面有踏步台阶通向殿堂；殿堂面宽5.5米、进深6.2米，殿堂两侧为配房，面宽3.25米、进深6.2米；殿堂、配房的后面是一片空地，应是F3的后院。建筑物多处使用瓦当，布局严谨，其出土遗物中铜铁器略多，有箭镞、鼎，陶器次之，基本不见釜、鼎之类的炊具，只有一些容器和盛具，还有作为衡器的瓷权等。种种迹象显示，F3是较高规格的建筑，应是供上层统治者使用的公共活动场所。

第三期的F2，平面形状为圆形，直径3.4米，南面有门道，方向169°，门道屋檐上装饰有瓦当，墙基用花岗石垒砌，厚约0.04米，墙壁高度不明。基址内出土遗物很少，仅见几件陶器和铜器，陶器有盆、盂、瓮和小罐，施釉很好，但不见釜类炊器。综合分析，这座基址面积不大，建筑形式特别，使用小而精美的器皿，与其他几座基址显然不同，应该属于祭坛一类的建筑物。

龟山汉代遗址所出的汉代板瓦、筒瓦、瓦当、铺地砖、墙砖，是目前所见潮汕地区年代最早的瓦房建筑构件，也就是说，这是潮汕地区目前所见最古老的瓦房，但较之全国"战国时代的屋面已大量使用青瓦覆盖"的情况[2]显然迟得多。其样式则是仿自中原地区的高台榭建筑形式。而较之广东，用石块垒砌墙基者，可见于乐昌洲仔秦汉时期的城墙和始兴罗围汉代城堡遗址的城墙，但它们均系采用河卵石，龟山汉代遗址则是岭南首见用石块垒筑墙体的遗址。

除了上述建筑材料，澄海龟山汉代遗址还出土有288件陶器（仅计器形可辨者），瓷、玛瑙、石器合10件，铜器32件（未计细小铜渣），铁器90件（未计细小铁渣），以及一批动物遗骸。其中的铜钱，以及玛瑙、铜镜等明显为区外流入之物，都透露出当时潮汕的商业气息。

龟山汉代遗址是利用低矮山岗自然环境，修筑三至四级平台，以天然的高出地面处为台基，作为承受房屋整个荷载的基础而营造的建筑物。它依稀为我们

[1] 广东省文物考古研究所，澄海市博物馆，汕头市文物管理委员会.广东澄海龟山汉代建筑遗址［J］.文物.2004（2）.邱立诚.澄海龟山汉代遗址［M］.广州：广东人民出版社，1997：124-129，171-172.

[2] 建筑科学研究院建筑史编委会，刘敦桢.中国古代建筑史（第二版）［M］.北京：中国建筑工业出版社，1984：65.

展现这样一幅图景：山上的祭坛、三合院式的办公衙署、长官起居的房屋，室内相应配套严格而齐全，外观汉瓦覆顶，居高临下，威严壮观；逐级而下，是成列状的排屋，皆依山而建，夯土垒筑，这些应是普通居民们或者士兵的居住地。不远处，则生活着大型食草动物水鹿和中型哺乳动物猪、獾等，居民们从事农业种植，渔猎补充。

龟山为距今2000年左右之"南砂—莲阳—澄海—岐山"滨线上的一个点，既可以出海，也可以沿着江河水网深入潮汕腹地，然而陆路则难以走得长远。总体来说，它出入区外更为迅捷，沟通腹地则相对迟缓。这也许暴露出，揭阳县执政者实际施政范围及手段都颇为有限，正如《三国志》追述汉平南越后置郡设县时，称各县"长吏之设，虽有若无"[1]。而需要集权才能较好得以体现的城建规划和基建工作，也便只能是局限于澄海龟山附近：依山筑屋，靠水为港，整体营造几乎都是依赖自然地貌进行。

其他的秦汉六朝遗存，都没有具规模的建筑发现。但自晋代开始，则较为明显显示出聚落增多、人口分布点更为深入潮汕腹地的情况。有些晋代民居不见得比中原差多少，譬如揭阳新亨晋代小木屋遗址，便是如此。

揭阳新亨九肚村发现的晋代四方形小木屋，颇为精致，该建筑物坐北朝南；长、宽各约7.5米，总面积56.25平方米，地面至屋面通高3.5米；以削成长约3米、方约1.5米的木柱为四周墙体，左、右各5段，后墙三段，前墙二段，右侧留一段空隙为门；木体竖直入土各0.5米，墙基以石块填实；房顶以宽1.5米、长7.5米的5条方木为盖，用黏土填缝，再横铺一层木板，上面又加盖一层严实黏土，四周出檐作滴水；墙木顶端用长度与墙相等的木板，环以竹篾扎实作垫木；室内有木或木材支架为主制成的壁橱、壁灯、甬道、棂窗、壁龛、睡铺等。[2]

按寥寥无几的传世文献所载，两晋一般民众和中下级官吏的住宅还相当简陋。譬如西晋大文人潘安，居处既简陋且狭小，自称"伊余馆之褊狭，良穷弊而极微。阁了戾以互掩，门崎岖而外扇"[3]；又如东晋隆安年间广州刺史吴隐之，居住茅屋，即"数亩小宅，篱垣仄陋，内外茅屋六间，不容妻子"[4]；再如未建

[1] 陈寿.三国志［M］.裴松之，注.陈乃乾，校点.北京：中华书局，1959：1251.

[2] 广东省文化厅.中国文物地图集（广东分册）［M］.广州：广东省地图出版社，1989：274.揭阳博物馆.揭阳文物志［M］.内部出版，1985：28-29.

[3] 潘岳.狭室赋［M］//严可均.全上古三代秦汉三国六朝文.北京：中华书局，1958：1987-1988.

[4] 房玄龄，等.晋书［M］.北京：中华书局，1974：2342.

南朝宋之前的刘裕，出身农家，其故居土壁上挂有灯笼，后来其孙子孝武帝称"田舍公得此，已为过矣"[1]，对于农人来说，壁灯较为奢侈。

这样看来，以揭阳木屋样式及木石黏土等繁杂工艺之混合使用，在同时代对比也显得比较考究。而它们既然出现于民居，自然也可能会应用于"城建"等方面。

二、外来人口的增多

人口方面，潮汕居民由秦、汉初的大幅减少，至六朝时期的逐渐恢复，主要是多场中原战乱导致移民流入造成。其中，晋政权南渡带来的中原移民人口，以及南朝数次兵燹中二次流入的情况比较突出。

较早的批量人口流入岭南记录，来自《淮南子》《史记》等的记载，秦兵50万军出征岭南，其后有"谪徙民，与越杂处"的行为，秦军还曾上书求"女无夫家者三万人，以为士卒衣补"，秦皇同意了15000人。这些人口有士兵、犯罪官吏、商人、贫民等。[2]现存较早的普通人口流入个例记录，则是秦长安人王道平"被差征伐，落堕南国，九年不归"[3]。但是，秦代迁至岭南者，有没有以及有多少流入潮汕并定居于此，实际上难以考实。[4]

南越国时期，原籍中原的赵佗立国后沿袭秦汉制，实行"和辑百粤"的政策，仍用土著出仕，又赞成汉越通婚，如末代国王赵建德是南越王婴齐与越妻所出的庶子等，都说明南越国的民族融合政策是比较好的。[5]马王堆三号汉墓

[1]　李延寿.南史［M］.北京：中华书局，1975：28.

[2]　司马迁.史记［M］.北京：中华书局，1959：253，1963，2967.何宁.淮南子集释［M］.北京：中华书局，1998：1290.

[3]　干宝.搜神记［M］.汪绍楹，校注.北京：中华书局，1985：178.

[4]　宏新按：据称民国时期，传教士曾于揭西南森山麓买到当地出土的刻"秦"字符铜刀（实物、照片早佚），被载入《文物志》后更为多种论文引用，但就笔者所寓目材料，迄2017年全国范围未见有刻"秦"字的铜刀的公开考古报告，而秦俑坑已出武器中刻铭文者不少，没有刻"秦"字者，即是说，揭西的"秦"字铜刀未必代表是秦兵器；又2003年，广东省文物考古研究所等曾对该地及附近进行彻查并采集一批遗物，综合判断该地与越式遗存更有可比性，可确定者，更是典型的越式遗物。参见：黄盛璋.秦俑坑出土兵器铭文与相关制度发复［J］.文博，1990（5）.蒋文孝.秦俑坑出土刻铭纪年兵器初探［J］.中国国家博物馆馆刊，2010（3）.魏峻.揭西县赤岭埔遗址调查报告［M］//揭阳考古队，揭阳市文化广电新闻出版社.揭阳考古（2003—2005）.北京：科学出版社，2005：190-197.

[5]　班固.汉书［M］.颜师古，注.北京：中华书局，1962：3851.司马迁.史记［M］.北京：中华书局，1959：2697，2972.

出土的驻军图，证之《汉书》的记载，透露出南越国后期曾多次袭击相邻的汉诸侯国，劫掠长沙汉人入岭南。[1]这也是南越国惹怒中央政权，导致亡国的因素之一。

汉武帝平南越，迁入部分人口，如"徙中国罪人杂居其间，稍使学书，粗知言语，使驿往来，观见礼化"，[2]又有向往岭南可"不出田租"而主动南下者[3]。新朝及东汉末大乱，岭南仍然是相对宁静之地，迁移者也有不少，如东汉末执掌交广军阀士燮，其上溯七先祖便是在新朝时迁入岭南的。[4]

南越国、汉统治时期，流入潮汕的人口已经有一定数量。潮汕汉代遗存中可确认含汉文化面貌的至少有5处，最典型的便是上述龟山汉代遗址。文献上又有疑似实例，如汉末举孝廉的安成长吴砀，事迹见诸《三国志》，较早称其为"揭阳人"的可见文献，则应是明代的《百越先贤志》，后者参修自佚书的《交广记》，《汉唐地理书钞》认为《交广记》成书于晋代之后不久，则该条记载的史源也颇为久远。[5]吴砀无疑是南来名门大族的后人，问题是，《交广记》所称的"揭阳县"是指汉还是指孙吴设的"揭阳"？如是前者，则说明吴砀家族是流入潮汕的汉人；如是后者，由于孙吴曾于今江西境另置"揭阳县"，则吴砀与潮汕无关。

孙吴时期，出现了一条涉及人口数据的记载。孙吴赤乌五年（242）之前的十余年，揭阳县被曾夏等数千人所占据，[6]由于这十余年揭阳县脱离了孙吴的监管，因此，孙吴于嘉禾五年（236）在扬州庐陵郡下设置一个揭阳县（位于今江西石城附近）。孙吴亡后，江西这个揭阳县在西晋太康三年（282）属南康郡、太康五年（284）废入陂县。大约同时，西晋将潮汕所在的原揭阳县更设为"海阳县"，原揭阳县从此消失，至宋代方另立。[7]上述的数千人口反孙吴，即意味着当时潮汕人口至少有数千人，而且这肯定不是全部潮汕居民。

[1] 马王堆汉墓帛书整理小组.马王堆三号汉墓出土驻军图整理简报［J］.文物，1976（1）.班固.汉书［M］.颜师古，注.北京：中华书局，1962：3849.

[2] 陈寿.三国志［M］.裴松之，注.陈乃乾，校点.北京：中华书局，1959：1251.

[3] 范晔.后汉书［M］.李贤，等，注.北京：中华书局，1965：2459.

[4] 陈寿.三国志［M］.裴松之，注.陈乃乾，校点.北京：中华书局，1959：1191-1192.

[5] 欧大任.百越先贤志校注［M］.刘汉东，校注.刘顺霞，孔繁士，合校.南宁：广西人民出版社，1992：95.陈寿.三国志［M］.裴松之，注.陈乃乾，校点.北京：中华书局，1959：1384.王谟.汉唐地理书钞［M］.北京：中华书局，1961：151-152.

[6] 宏新按：见裴松之引佚书《会稽典录》注《三国志》。参见：陈寿.三国志［M］.裴松之，注.陈乃乾，校点.北京：中华书局，1959：1392-1393.

[7] 沈约.宋书［M］.北京：中华书局，1974：1091，1199.房玄龄，等.晋书［M］.北京：中华书局，1974：462.乐史.太平寰宇记［M］.王文楚，等，点校.北京：中华书局，2007：2183.

西晋末，"永嘉之乱"导致晋室南迁，伴随而来的是中国历史上第一次大规模北人南下移民潮，其主流的移民潮路线，大致以淮河、秦岭两侧为界，从北向南迁徙，流入南方东晋政权掌握之境内。按《中国移民史》的梳理，自西晋末直到大约南朝宋泰始元年（465）移民潮告一段落时，见于记载的南迁人物及其后裔，一共得1019家，这些大族名士大都是以宗族为单位，连带部曲手下、私人武装等可以百千计，往往达成千上万人。[1]

这些人中，有的便可能进入潮汕，譬如饶宗颐先生便认为永嘉之乱中，南下的不在少数，并称潮阳范氏便是在此期徙入潮汕的。[2]又如《太平寰宇记》引《南越志》，称东晋义熙九年（413）置义安郡，下设五县，则从侧面反映出了潮汕人口的增加。而义安郡辖下的义昭（义招）县，大致在今梅州大埔一带，其本身便是流民营发展起来的县。[3]

更多的移民，则是南朝的几次战乱，令南来者更向南方行进的二次移民。如侯景之乱后，有大批移民到达潮汕所在的义安郡避难，以致南朝陈平乱后于天嘉六年（565）下诏书，昭告"侯景以来，遭乱移在建安、晋安、义安郡者"，只要返回本土，将分配或发回土地，若被掠为奴、为婢的，可释为良民。[4]

这显示，多次政权更迭以及兵燹动荡，已经令南朝的中心地带大为减员，南朝陈才会许诺优惠政策，要求流民们返回原籍。而被点名的义安郡，则应该是最主要的流民聚集地之一，其时潮汕人口数量可能达到秦汉六朝时期的顶点。

人口流入之多，从语言学和民俗学研究方面也可找到旁证。《潮汕方言历时研究》中指出大量潮汕话词汇出现于汉魏六朝文献，尤其是那些最贴近日常生活的"亲属称呼类"词汇更是如此，是见于4个历史时期文献中之最多者，例如称父亲为"大人"、称母亲为"阿姨"、称儿子为"阿奴"、称婆婆为"大家"、称媳妇为"新妇"等几乎一整套至亲称谓。[5]民俗方面，除了"七样羹"、"鼠麴粿（粄）"等食俗之外，据笔者初步研究，目前若干潮汕婚聘习

---

[1] 葛剑雄.中国移民史（第二卷）·先秦至魏晋南北朝时期［M］.福州：福建人民出版社，1997：340-375.

[2] 饶宗颐.福老［M］//黄挺.饶宗颐潮汕地方史论集.汕头：汕头大学出版社，1996.

[3] 乐史.太平寰宇记［M］.王文楚，等，点校.北京：中华书局，2007：3037.

[4] 姚思廉.陈书［M］.北京：中华书局，1972：58.

[5] 宏新按：《潮汕方言历时研究》将"潮汕方言保留的历代文献中的词语"分为"先秦""两汉六朝""唐宋""元明清"4个时期。参见：林伦伦.潮汕方言历时研究［M］.广州：暨南大学出版社，2015：12.189.217-257.

俗，也可在六朝文献找到痕迹。

还有不少文献可以窥探南朝的潮汕人口。譬如南朝陈天嘉初年，坐镇建安、晋安的陈宝应反陈，义安太守张绍宾积极响应诏令，主动请缨，随后会合东来的广州军水陆出击，兵入福建。天嘉四年（563）平乱后，张绍宾却马上率部"据郡反"，独自举兵反南朝陈，当年兵败。[1]

这个潮汕史上较早的、地方主官率政府军反朝廷的事件，透露出一些信息：亲历前车之鉴，张绍宾仍然敢在无外应的情况下以一郡之力对抗朝廷，自然有其个性等主观因素，但也客观反映出，潮汕社会经济状态以及人口数量都具备一定的积累，足以给予他独立的自信。此时，可能是秦汉六朝潮汕社会积累的顶点。

总而言之，永嘉之乱后进入潮汕的中原移民，已经逐步改变了潮汕风俗。正如《通典》之潮阳郡"风俗"所载："永嘉之后，帝室东迁，衣冠避难，多所萃止，艺文儒术，斯之为盛。"[2]

此外，秦汉六朝有一个关于潮汕的人口数据，即《宋书》所载，在东晋义熙九年（413）设置义安郡时，义安郡有1119户，5522人。[3]

这条记载是传世文献中关于潮汕的较早的有具体数字的数据，被历代地方志书所引用。但东晋潮汕并非秦汉六朝人口最多者，也不宜代表本时期潮汕人口而予以测算。参考上引天嘉六年（565）的急招义安郡民回流的诏令，我们可以判断，在南朝陈初潮汕人口达到顶峰，要比义熙九年（413）多得多。而南朝陈诏令的诚意和许诺，想必会吸引不少流入潮汕的居民回流原地。

综上所述，可以做个探讨：秦汉六朝时期，潮汕社会各方面，包括城市建设状态以及人口数量积累等，可能在南朝陈天嘉年间达到顶点。至天嘉四年（563）自立失败、天嘉六年（565）诏令之后，则有一定程度的削弱，人口反而流出，入隋之前人口数量要比天嘉六年（565）少。

第二节　隋唐时期

隋唐时期，潮汕与中原地区的联系比以前更为密切，城乡建设初步成型，

---

[1] 姚思廉.陈书［M］.北京：中华书局，1972：318，487-491.

[2] 杜佑.通典［M］.王文锦，王永兴，刘俊文，等，点校.北京：中华书局，1988：4850.

[3] 沈约.宋书［M］.北京：中华书局，1974：1199.

建筑技巧等有所进步，人口继续流动，总体人口素质得到提升。

一、初步成型的城乡建设

隋代，潮汕地区所在的义安郡升格为潮州，州、县治之处，应有着一定的规划建设，官署府第类建筑，自然比澄海龟山汉代遗址的建筑更为可观。而随着入唐之后中原文化的加速传播，城市建设更为接近中原面貌。

城市管理方面，唐代已将"坊里制"发展至极限。《唐六典》载有开元令："百户为里，五里为乡。两京及州县之郭内分为坊，郊外为村。"[1]朱熹称唐代城市的功能区设置及管理制度等最有条理："城中几坊，每坊各有墙围如子城然。一坊共一门，出入六街。凡城门坊角有武侯铺，卫士分守。日暮门闭。五更二点，鼓自内发，诸街鼓城振，坊市门皆启。若有奸盗，自无所容。盖坊内皆常居之民，外面人来皆可知。"[2]

当时居民区的"坊"与官署等建筑井井有条，而乡、村等的管理建设也颇为分明。我们不清楚潮州情况是否一样，但远至安南、僻至安西，最基本的城乡布局也是如此，因此，很难有理由说潮州便能独立于中央政令之外。

城市建设方面，本时期的州治之处山有亭，湖有景，不乏营造拓展的景观。如金山，已有高官名人游览，潮州刺史常衮在山顶题字"初阳顶"，可知是观日之处[3]；又如东山，至迟自韩愈治潮时便是一处胜景，韩愈经常登临驻足处，后来被称为"侍郎亭"，据载，韩愈还种植树木，后被当成能预兆科举成绩的神木；[4]再如西湖，据南汉大宝三年（960）的《拓路碑记》，[5]今潮州市区，至迟在南汉国时期路道曾有过整修，如西湖等，已经是城市观景。

距离中心较远之处，也存在一些聚落建设，这从考古发现上也能得出佐证。

譬如澄海的外砂大衙发现有唐代生活遗址，当时挖掘面积31米×17米，发现31条石条垒砌的老墙基，在面积分别约3、4、5平方米的三片火烧土中出现内

---

[1] 李林甫，等.唐六典［M］.陈仲夫，点校.北京：中华书局，1992：73.

[2] 朱熹.御纂朱子全书［M］.文渊阁四库全书本卷四十：2-3.

[3] 吴道镕.（光绪）海阳县志［M］.卢蔚猷，修.台北：成文出版社，1967：300.解缙等.永乐大典（精装十册）［M］.北京：中华书局，1986：2459.

[4] 王大宝.韩木赞［M］//解缙等.永乐大典（精装十册）.北京：中华书局，1986：2473.

[5] 吴道镕.（光绪）海阳县志［M］.卢蔚猷，修.台北：成文出版社，1967：301.

含残碳粒的灶位，中有7个唐代陶罐，现场还采集到宋代的碟、盘、碗、钵等残件，这处遗址应是延续于唐宋者。[1]澄海溪南董坑，发现有年代为后晋天福三年（938）的墓志铭一方，则是南汉国时期，这周边也有人居。[2]

又如考古工作较为深入的揭阳，渔湖发现有居住遗址和墓葬，曲溪出土有唐代瓷器，玉湖采集到唐代烧结的铁块一千多斤，曲溪、锡场等处，发现有铁斧、浇铸犁头，其他地方还在含唐代遗物的泥炭土层中，采集到人工砍伐的大小树干。[3]可见揭阳境内的唐代聚落有着一定的数量。

民间瓦屋至迟在唐代已经兴起并流行，这体现出城建方面有很大的进步。

潮汕官署建筑早在汉代便使用了瓦构件，而民间的建筑物，有可能迟至隋唐仍利用竹木框架、茅草铺盖等方式营造，相对牢固并且有防火功能的瓦屋，可能要到唐代才流行。但在开元（713—741）前期，民间瓦屋应是比较普遍了，而且技术先进，已经有了较好的美观装饰。

按《旧唐书》的记载，宋璟被谪广州（约开元初年713年）之后，民间瓦屋方在岭南流行，[4]潮汕地区民间瓦屋的流行，想必迟于广州。苏轼在与潮州吴子野的通信中述及此事，大意为：在宋璟开始教化广州居民营建瓦屋后，此风才蔓延到唐代岭南道各州郡；潮州是较早盛行这种风气的地方，不久便广泛应用，而不是始于韩愈的推广；当时潮州瓦屋林立，"而潮尤盛"，且"鱼鳞鸟翼"，观感极佳。[5]

考古材料上，也有瓦屋、砖瓦作坊的发现。如1975年，揭阳新亨新岭矿场落水金狮处发现有唐代的瓦房遗址。瓦屋遗址位于落水金狮前坡的地下，深约5米处，有7间房屋相连，呈横排状，屋顶连前后檐都用木柱做支架，属于前后檐悬山顶泄水的横脊式瓦屋。墙壁树顶梁柱，次架顶梁，再盖顶，铺瓦面。遗址的瓦砾层中，出现四耳罐、两耳罐、注子十余件和一些饼足残碗。虽然此遗迹未详确切唐代何时，但结合文献来考察，也可见唐代潮汕瓦屋民居较广泛存在。同

[1] 澄海县博物馆.澄海县文物志［M］.内部出版，1987：9-10.陈跃子.澄海出土铜钱概说［J］.汕头文物，1987（13）.

[2] 黄伟雄.从文物考古看澄海历史的发展［M］//邱立诚.澄海龟山汉代遗址.广州：广东人民出版社，1997：240.

[3] 揭阳博物馆.揭阳文物志［M］.内部出版，1985：29.

[4] 刘昫，等.旧唐书［M］.北京：中华书局，1975：3032.

[5] 苏轼.答吴子野七首·之七［M］//苏轼.苏轼文集.孔凡礼，点校.北京：中华书局，1986：1736-1737.

时，在该瓦屋的前面有人工开辟的空阔坪场，地坪表面皆有碾压痕迹，瓦屋一侧尚留有未经烧过的砖瓦坯，意味着该处大概率是砖瓦作坊。[1]

二、人口素质的提升

隋唐时期，中原流入潮汕的人口继续增多。流出的人口，则有潮汕汉人视为蛮夷者，他们有的流向海外，数量不可小视。

按《中国移民史》的说法，始于天宝十四年（755）安史之乱爆发，止于五代，是继晋室南渡后的第二次北人南移浪潮，涉及人数约758万，其间的唐末战争和五代十国两个时期，是岭南接受人口较多的时间段。[2]

岭南可以避难，是因为除了黄巢军南下时有过一定的骚乱之外，长期相对宁静。这大约是唐末士人的共识，"中朝士人以岭外最远，可以避地，多游焉"[3]，弃官携家来岭南者不在少数，而有大志者如刘隐便礼招人才"王定保、倪曙、刘浚、李衡、周杰、杨洞潜、赵光裔之徒"，刘岩也是"多延中国士人置于幕府"。其他的，既有外籍军得不到轮换便长期驻守岭南，又有谪官任职岭南不得还，"唐世名臣谪死南方者往往有子孙，或当时仕宦遭乱不得还者，皆客岭表"，此外还有大批普通流民等。[4]

潮州，则早在开元时便有移民流至附近。如开元二十一年（733），官方在"潮州北、虔州东、福州西光龙洞，检得诸州避役百姓共三千余户"。[5]此后，有更多流民进入腹地，如《永乐大典》引《三阳志》，载潮州郡城东的五六里处，语言和州城不同，修志者认为是唐代韩愈所教，[6]但韩愈在潮州仅有半年多时间，不可能教育出连续400多年均操北方语言的大批人群，这些人估计是唐末入潮的。

晚出的地方志书中，有若干大族名人流入记录。譬如来自福建兴化莆田的

　　[1]　揭阳博物馆.揭阳文物志［M］.内部出版，1985：29-30.

　　[2]　吴松弟.中国移民史（第三卷）·隋唐五代时期［M］.福州：福建人民出版社，1997：265.

　　[3]　欧阳修.新五代史［M］.徐无党，注.北京：中华书局，1974：810-811.

　　[4]　司马光.资治通鉴［M］.胡三省，音注.标点资治通鉴小组，校点.北京：中华书局，1956：8104-8105，8120-8121，8742.

　　[5]　李吉甫.元和郡县图志［M］.贺次君，点校.北京：中华书局，1983：722，734.

　　[6]　解缙，等.永乐大典（精装十册）［M］.北京：中华书局，1986：2450.

潮阳洪氏、潮阳吴驹等，[1]释大颠"世为颍川人也。开元末产于潮"，而从释惠照是"本邑人""旧亡里氏"等行文看，其先人也来自中原。[2]唐陈元光招募来的五十八姓军校，可能先祖也源自中原移民，在闽粤边区作战后，一些也留潮汕，如邹牛客的后代便居住于饶平"邹牛客墓"旁。[3]

此外，还有一些尚待深入探讨的海外异族流入人口。

如晚唐李商隐经潮州鳄鱼滩时，船坏而宝玩书画沉水，"遂召舶上昆仑取之"，[4]昆仑奴是一直随李德裕南下的私奴，还是居于潮汕的专业船夫，则不得而知。无独有偶，隋陈稜由潮汕出海击台湾时，军中也有南方沿海募集来的、可以与台湾土著沟通语言的"昆仑人"等。[5]这两则有关潮汕的唐人记录，都出现昆仑人，也许并非偶然。

从语言的历时演变上，也可略窥流入人口的增加趋势。如《潮汕方言历时研究》的结论，隋唐尤其是唐代之后中原人士带来的语言，逐渐在潮汕生根，"唐末至宋代，逐步形成（潮汕方言的）文读系统"，这种文读系统为读书讲学等所用，区别于日常的谈吐聊天，有些词汇直到现在还有使用。[6]

潮汕地区流出的人口，主要是被当奴隶下人卖出的、土著不服管理出走的、战争动乱期间随军往来并应募而去的、贬谪官员回调带走的，等等。他们有的流向北方、中原，有的流向海外，也有的流向潮汕周边地区。

流向北方的人口。元和十二年（817）任岭南节度使的孔戣，其未出京城，便有不少京师权要托他买奴婢，具有责任感的孔戣到了岭南，干脆"禁绝卖女口"[7]。类似这样的记载很多，并发展至掠夺、转卖人口，以至中央政府连发诏令禁止，较接近此时的便有《唐会要》所记的大历十四年（779）、元和四年（809）、元和八年（813）与大和二年（828）[8]四道诏令，特别提及岭南。这充分说明包括潮汕在内的岭南买卖人口十分严重。

[1]　潮阳市地方志编纂委员会.潮阳县志［M］.广州：广东人民出版社，1997：928.潮阳文物志编纂小组.潮阳县文物志［M］.内部出版，1985：39-40.

[2]　林大春.（隆庆）潮阳县志［M］.上海：上海古籍书店，1963，卷十四：1-4.

[3]　林杭学.（康熙）潮州府志［M］.潮州：潮州市地方志办公室，2000：466-467.

[4]　刘恂.岭表录异校补［M］.商壁，潘博，校补.南宁：广西民族出版社，1988：146.

[5]　魏徵，令狐德棻.隋书［M］.北京：中华书局，1973：1824-1825.

[6]　林伦伦.潮汕方言历时研究［M］.广州：暨南大学出版社，2015：14-17.

[7]　刘昫，等.旧唐书［M］.北京：中华书局，1975：4098.

[8]　王溥.唐会要［M］.北京：中华书局，1955：1569-1573.

具体例子，譬如潮汕人林存古、阿罗夫妇，作为奴仆流向洛阳，说见《林存古墓志》：林存古自16岁起在杨授家当贴身奴仆25年，866年4月12日逝去；其妻子阿罗也是潮人，她在杨家为乳母，哺养杨授的长女；林存古夫妇育有两男一女，大子胡作非为被赶出杨家门，次子及女继续在杨府当奴婢。[1]唐代高官专门为奴、婢写墓志的情况十分罕见，目前出版的著录唐代墓志集大成之作《唐代墓志汇编》《唐代墓志汇编续集》合计5171方碑，都没有此类内容[2]。杨授为奴仆林存古志碑，本身便是一种褒扬，而称赞林"谨厚小心，忠孝皆有"等更见感情流露。综合早出正史及潮汕地方志书考察，杨嗣复在潮州任职时间为840—848年（出入潮州路程之耗时不计），林存古大约在845年进入杨家。[3]

流向海外的人口。譬如长庆三年（823），韩愈好友郑权出任岭南节度使，韩愈因曾经在潮州任职，便为其介绍了一些包括潮汕地区在内的岭南情况，称当地土著"易怨以变""飘风一日踔数千里，漫澜不见踪迹"，而外流目的地遍布东南亚、东亚地区。这种情况很普遍，不见踪迹，则必有从此不回者，就算有回故籍，也须待季风回转之时，其间必寄寓海外。这依稀透露出，当时潮汕土著的外流，数量不可忽视。[4]

流向附近的人口。主要发生在南汉国统治时期，因"刘氏暴残其民"而出走，南汉亡后，有部分回流。景德二年（1005）及第的钱冶履任海阳县令期间，回籍海阳县的便有千余户。[5]按，南汉的暴政主要发生在南汉末期，当时人口外流是普遍现象，又，纳入宋版图后，海阳即被列为主户超过4000户的望县，[6]而回流便达1000余户，加上没有回流的，可知南汉国后期所流出的规模比较可观。

人口素质的提升，主要得益于时代因素，是中原人口大量流入的结果。而南来人士中，一批贬官更是发挥了极大的作用，他们大兴教育，倡导生产等，为

[1] 赵振华.洛阳发现唐代林存古墓志［J］.考古，2005（9）.

[2] 周绍良，赵超.唐代墓志汇编［M］.上海：上海古籍出版社，1992.周绍良，赵超.唐代墓志汇编续集［M］.上海：上海古籍出版社，2001.

[3] 刘昫，等.旧唐书［M］.北京：中华书局，1975：4555-4561.欧阳修，宋祁.新唐书［M］.北京：中华书局，1975：5238-5242.吴颖.（顺治）潮州府志［M］//中国科学院图书馆.稀见中国地方志汇刊（44）.北京：中国书店，1992：1407.

[4] 韩愈.送郑尚书序［M］//韩愈.马其昶，校注.马茂元，整理.韩昌黎文集校注.上海：上海古籍出版社，1986：283-284.李宏新.潮汕华侨史［M］.广州：暨南大学出版社，2016：47-50.

[5] 欧阳修.尚书屯田员外郎赠兵部员外郎钱君墓表［M］//欧阳修.欧阳文忠公文集.上海涵芬楼景印元刊本，卷二十五：1-3.

[6] 王存.元丰九域志［M］.王文楚，魏嵩山，点校.北京：中华书局，1984：411.宋会要辑稿［M］.刘琳，刁忠民，舒大刚，等，校点.上海：上海古籍出版社，2014：9319.

社会经济的良好发展带来正面的影响，潮汕文化史、思想史等由于他们的到来而得到空前的丰富。

谪官的由来，与唐代实施"仁政"有关。唐太宗时将死刑、肉刑等减轻为流放，"改为加役流三千里"，连谋反大罪都未必必死，唐玄宗更颁布"令应绞砍首者皆重杖留岭南"，同意亲人随行，"父祖爷孙欲随者，勿禁"等，[1]都是谪官产生的时代背景。

谪官们大多数为潮汕带来新气象，譬如张玄素，除了"兴建学校"外，"不鄙夷远民，抚摩困穷""以勤民事"传播仁义道德，推广经济。[2]又如常衮，"兴学教士，潮俗为之丕变"，[3]在岭南"捐赀垦田，以供罗浮游士。莅州兴学教士，潮俗为之丕变。士类尊敬之"，[4]对社会经济的发展大有促进作用。再如韩愈，其治潮期间重视教育，关心民瘼等，都是功在当代、利在千秋的大事，而其予以历代潮人激励和鞭策作用，则在当时便已开始。

隋唐时期有关潮汕的人口数据，主要有以下几条传世记载：《隋书》载"义安郡。梁置东扬州，后改曰瀛州，及陈州废。平陈，置潮州。统县五，户二千六十六"；《元和郡县图志》载"潮州，潮阳。下。开元户九千三百三十七。乡一十六。元和户一千九百五十五。乡一十六"；《太平寰宇记》载潮州"唐开元户一千八百户"；《新唐书》载潮州"户四千四百二十，口二万六千七百四十五"；《通典》载潮州"户一万三百二十四，口五万一千六百七十四"；《请置乡校牒》称潮州"今此州户万有余"；《永乐大典》转《三阳志》载初入宋时潮州府户口"宋朝开宝初，有户三万余"。[5]

这些数据中，有的系年不清，如《隋书》《新唐书》的数据。有的系年清晰，但不同文献同年代记载中差距极大：如开元户，应是开元年间的数据，《元

[1] 欧阳修，宋祁.新唐书［M］.北京：中华书局，1975：1408，1410，1416.司马光.资治通鉴［M］.胡三省，音注.标点资治通鉴小组，校点.北京：中华书局，1956：1464.

[2] 郭棐.（万历）粤大记［M］//日本藏中国罕见地方志丛刊.北京：书目文献出版社，1990：196-197.

[3] 郭春震.（嘉靖）潮州府志［M］//北京书目文献出版社.日本藏中国罕见地方志丛刊（第13册）.北京：书目文献出版社，1992：220.

[4] 郭棐.（万历）粤大记［M］//日本藏中国罕见地方志丛刊.北京：书目文献出版社，1990：197.

[5] 魏徵，令狐德棻.隋书［M］.北京：中华书局，1973：881.李吉甫.元和郡县图志［M］.贺次君，点校.北京：中华书局，1983：894.韩愈.请置乡校牒［M］//解缙，等.永乐大典（精装十册）.北京：中华书局，1986：2470.杜佑.通典［M］.王文锦，王永兴，刘俊文，等，点校.北京：中华书局，1982：4849.乐史.太平寰宇记［M］.王文楚，等，点校.北京：中华书局，2007：3035.欧阳修，宋祁.新唐书［M］.北京：中华书局，1975：1097.解缙，等.永乐大典（精装十册）［M］.北京：中华书局，1986：2455.

和郡县图志》载9737户、《太平寰宇记》载1800户，差幅达6倍；又如《元和郡县图志》载元和户为1955户，《请置乡校牒》载10000户有余，这两者的数据都应该是元和年间，差幅却逾5倍。

造成这样的差距，古代的修史官也觉大惑不解，如《图经志》在照录多条数据之余，连称"何哉"。[1]

实际上，除了潮州，其他州郡也多有类似情况。笔者认为，这既可能是统计口径不同而造成，也可能是史料误植、流传过程中产生错讹，更可能是语境不同的后果。目前学界普遍共识是：隋唐官方掌握的编籍数据，少于当时实际存在的数量；边远及少数民族地区未入编籍者尤多，差幅更大。潮汕情况正是后者。

不过，这些数据倒可以反映人口发展趋势。如几个较可以确定者：《隋书》中的数据，按《地理志》的总序及行文，应系年于隋大业五年（609），即使不是，退一万步，也可说隋代潮州有2066户；《请置乡校牒》是韩愈刺潮时所撰文章，其系年应是元和十四年（819）或稍前；《三阳志》的数据为宋开宝初，按开宝四年（971）南汉亡，潮州入宋，则南汉国末有30000余户。

这样，可以明确：自隋代的2066户，至元和十四年（819）的10000多户，再到南汉末的30000多户，随着时间的后移，潮汕人口越来越多。其中，中晚唐至南汉末时期增加的人数最多，约150年间增加了20000户，也与前述移民流入集中期的大势是一致的。

第三节　宋元时期

宋元时期，潮汕的开发更见深入，州治以及若干聚集区的城乡建设颇具规模，总体人口增长较快，人口规模起伏比较显著，人口素质全面得到提升，尤其是科举应试方面。

一、颇具规模的城市建设

10世纪至13世纪下半叶，中国古代城市的发展出现了一场革命，这就是城市

---

[1]　永乐大典方志辑佚［M］.马蓉，陈抗，钟文，等，点校.北京：中华书局，2004：2612.

结构从里坊制转化为巷坊制。[1]

至迟在宋代中期，潮州城已完成从里坊制转向厢坊制的进程。宋元时期的潮汕地方文献中，便出现多处厢坊名：以方位命名的，如《图经志》所载的"南厢"，潮州的社稷坛便在南厢三阳门外的西侧；与军队有关的，如《三阳志》所载的"威武坊"，是禁兵厢兵的营地；与物品有关的命名，如《三阳图志》所载的"制锦坊"，海阳县公署便在此坊；与其他物事有关的，如《三阳志》所载的"就义坊"，咸淳三年（1267）之后，都税务公署便搬到就义坊的南边。北宋时郡城之北有"凤鸣坊"，南宋时郡城之东有"登云坊"，分别是旧贡院、新贡院所在，这些充斥"市厘欢嚣之声"的坊杂处于民居闹市，以致官方有该处不宜作贡院之虑。[2]

厢坊制是随着商业的发展而形成的，厢坊制取代里坊制，既是时代的进步，也是历史发展的必然。而潮州紧随时代步伐，打破了此前的封闭模式，商业活动更加自由，整个社会之高速发展态势是可以预见的。

潮州州治城池的建设，在宋代进行升级。这一方面是因为年久失修，另一方面是大势使然。按，大约10世纪，传统的攻防石炮以及新兴火药已经在战场上配合使用[3]，此前修筑的普通土城难以承受前所未有的防御压力，因此各地多有城池升级的记录。同时，宋代各州乃至县一级城池的修筑，也分内城、外郭，这与此前有较大的不同。

北宋第一次潮州城池的修整记录便是修筑内城。皇祐五年（1053）五月，因广南西路侬智高作乱，遂诏令必须注意广南各地城垒情况，恰逢潮州故城也已破旧，故当年九月履新的州官郑伸主持修城，由于农事耽搁，到了至和二年（1055）才告竣工，但实际上耗时不足半年。熙宁十年（1077），内城又进行第二次整修，这一次，是广东官员视察沿海城池时主持，工程完善了城壕，加盖了门楼亭台等设施，并绘图上报。外郭的情况，现存文献未见北宋修筑记录，可能自前代，便一直没有具规模的修整。元祐五年（1090）知潮州王涤曾有修筑的想法，但被上级否决。《宋史全文》称南宋绍兴三年（1133），反宋的黎盛集团攻

[1] 郭黛姮.中国古代建筑史（第3卷）：宋、辽、金、西夏建筑［M］.北京：中国建筑工业出版社，2009：17.

[2] 解缙，等.永乐大典（精装十册）［M］.北京：中华书局，1986：2452，2454，2460.真德秀.潮州贡院记［M］//马蓉，陈抗，钟文，等，点校.永乐大典方志辑佚.北京：中华书局，2004：2642-2643.

[3] 脱脱，等.宋史［M］.北京：中华书局，1977：10121.

入潮州时重创了城池，这应是指外城，《永乐大典》引《三阳志》也有类似记录，同时指出内城颇为坚固，经一月兵燹仍不倒。此后，仅《永乐大典》转《三阳志》所载，潮州外城便有数次拟议或实际上的修整。其中淳祐六年（1246）有一次较大规模的工程，包括内城、外城都得到完善。[1]

宋元更迭，《三阳图志·城池》明确记载至元二十一年（1284）元政府主动推平城池"不复兴筑"，大德年间出于御洪的需要才修了一段"堤城"。不过，《三阳图志·营寨》又称："元革命。制度一新。……如守城门，往来负贩者受祸。……万户侯、千户、镇府、百户衙皆在子城之西。"[2]却清晰出现了"城门""子城之西"字眼，则似乎元代潮州城仍然存在。究竟如何，具体情况尚待探讨。此后，直到明军进入潮州后，才有整修城池的具体记载。[3]

元代潮州的综合城市建设及规模在广东仍算是比较突出的。元初天下各路总管府或路治城市，均设有录事司，后来不少地方因人口稀少、经济薄弱而罢去，中统二年之后，"若城市民少，则不置司"。录事司行政建制上大约平行于县（或路属府、路属州），隶属于路，但主官品秩为正八品，则低于县（或路属府、路属州）。录事司的设置，主要是以人口和城市规模为主要指标。按材料看，今广东境内的，只有广州路［至元十六年（1279）立］、韶州路［至元十五年（1278）立］、潮州路［至元二十二年（1285）立］设立有录事司，可一定程度反映出这三州在岭南的地位。[4]

城市景观方面，宋元时期比前更有发展。上一时期，西湖景观已经形成，西湖山上也有观稼亭的建设等。到了宋代，类似的建设更不乏见，并且档次及规模有了大幅度的提升，配套设施也颇见齐全。

譬如金山景区，《永乐大典》引《图经志》载："盖是州之胜概，皆萃于金山。"[5]宋咸平二年（999），潮州通判陈尧佐在金山南坡建"独游亭"，观

[1] 郑伸.潮州筑城记录［M］.佚名.许彦先阙碑［M］.王涤.拙亭记［M］//黄挺，马明达.潮汕金石文征.广州：广东人民出版社，1999：39-41，44-46，58-61.脱脱，等.宋史［M］.北京：中华书局，1977：234.解缙，等.永乐大典（精装十册）［M］.北京：中华书局，1986：2451-2452，2482.佚名.宋史全文［M］.李之亮，校点.哈尔滨：黑龙江人民出版社，2005：1113.

[2] 永乐大典方志辑佚［M］.马蓉，陈抗，钟文，等，点校.北京：中华书局，2004：2760-2761.

[3] 吴颖.（顺治）潮州府志［M］//中国科学院图书馆.稀见中国地方志汇刊（44）.北京：中国书店，1992：1331.

[4] 宋濂，等.元史［M］.北京：中华书局，1976：1514-1522，2317.

[5] 解缙，等.永乐大典（精装十册）［M］.北京：中华书局，1986：2459.

景之余慨叹"潮州处越之南，实声教所被"[1]，大中祥符五年（1012）开始，金
山景区的开发大规模扩大，知州王汉新辟路径，当时已至少有12处命名景点，又
增建了4个亭，此后又有多次拓展，仅《金山亭记》所载，便透露出翁子礼主持
的金山完善工程中增建了5个亭及新砌石道等。[2]

又如东山景区，宋元时期是莅潮名人雅士所必至之处。该处胜迹多以韩愈
为依托，山上的侍郎亭（韩文公亭）、韩木自不待言，乃至"东山"的称呼逐步
被"韩山"取代。大量文人留下文章诗句，诗如杨万里"侍郎亭下草离离"，文
如陈余庆"山有韩亭"等。州官又把城南韩祠迁建并加以完善，再添官方纪念色
彩，"山曰韩山，亭曰韩亭，木曰韩木"基本已被认可。[3]韩山更具有类似如今
"文化游"的味道。

再如西湖景区。宋代西湖湖光山色相互映衬，极目远眺，更为可观。从不
少诗文可窥见当时景象。诗如薛利和"一泓泉色涨漪涟，窃号西湖几百年"，文
如许骞"西湖，古放生池，有山嶻然处湖傍，古号湖山。……为南州杰观"。不
过，随着人口的增长和城市的发展，居民占田和西湖埋塞等现象屡有发生，庆元
五年（1199）州官疏治并筑湖心故亭、瀛岛，淳熙六年（1179）重建放生亭，都
是时间一长便埋塞颓废，开庆元年（1259）再浚旧湖，开新湖，复为胜景。[4]

州治之外，本时期的其他地方也得到前所未有的开拓和建设。

这可从政区沿革略见端倪。如揭阳县的设置。宣和（1119—1125）间[5]，海
阳县拆出光德、太平、怀德三乡，以消失八百年左右的"揭阳"名设置新政区，
县治隍（今属梅州丰顺隍镇）；绍兴二年（1132）废入海阳，"以刘花三作
乱析置，至是省之"[6]；绍兴八年（1138）八月八日诏复拆海阳的永宁、延德、
崇义三乡置揭阳县，设县治于吉帛村（今属揭阳榕城区），绍兴十年（1140）移

[1]　陈尧佐.独游亭记［M］//解缙，等.永乐大典（精装十册）.北京：中华书局，1986：2474.

[2]　王汉《始开金城山记》，郑厚《金山亭记》。参见：黄挺，马明达.潮汕金石文征［M］.广
州：广东人民出版社，1999：10，86-89.

[3]　杨万里《登韩文公亭》，陈余庆《韩山亭记》，赵孟仆《重建潮州韩文公庙记》。参见：解
缙，等.永乐大典（精装十册）［M］.北京：中华书局，1986：2491，2474，2487.

[4]　薛利和《西湖亭》，许骞《重辟西湖记》，林光世《浚湖铭》。参见：解缙，等.永乐大典
（精装十册）［M］.北京：中华书局，1986：767，2484，2491.

[5]　宏新按：宋宣和置揭阳县的时间有三说，《舆地纪胜》载"宣和中"《文献通考》等载宣和
三年（1121）、《记纂渊海》等载宣和六年（1124）。参见：王象之.舆地纪胜［M］.北京：中华书
局，1992：3106.马端临.文献通考［M］.北京：中华书局，1986：2503.潘自牧.记纂渊海［M］.文渊阁
四库全书本卷十五：19.

[6]　李心传.建炎以来系年要录［M］.上海：商务印书馆，1936：921.

县治于玉滘村（今属揭阳榕城区）。此后海阳、潮阳、揭阳并称为"三阳"。[1]设立揭阳县的主要原因是刘花三作乱，附近居民多躲进山林，为便于管理而为，[2]但无论是否自愿，光德等三乡之山区的开发，是客观存在的，后揭阳请求复置并成功获准，则说明具备自立的条件，隔隍、吉帛、玉滘等拥有一定的经济实力以及建设成果，才能成为局部中心。而玉滘寨头、曲溪路苈、桂岭南畲等村发现有一些宋代建筑遗存，亦可佐证当时聚落已多。揭阳县在元至正十二年（1352）便修筑有外城和内城，外城为土砌，八百余丈，内城为石甃，二百余丈，同时浚通内濠为池。[3]

宋代潮阳县的开发也颇为充分。

潮阳县在入宋之初便被列为"紧"县。北宋县级政区的等第分为赤、畿、望、紧、上、中、中下、下，共八等，主要是以"主户"的数量多寡来区分：建隆元年（960）之制是，超过4000户为望，超过3000户为紧，超过2000户为上，超过1000户为中，超过500户为中下，不足500户为下；政和五年（1115）之制是，超过10000户为望，超过7000户为紧，超过5000户为上，超过3000户为中，不足3000户为中下，不足1500户为下。[4]潮阳县在宋元祐元年（1086）之后颁行的《元丰九域志》载为"紧"级之县，领有四乡；[5]宋政和（1111—1118）间纂的《舆地广记》同样载为紧县。[6]这并不是说潮阳人口没有发展，而是建隆元年（960）诏令每三年一核查之制度，没有执行，因此全国政区等第没有调整。[7]因此，较具可比性的年代，只能是元祐元年（1086）的数据。

则将潮阳县元祐元年（1086）的等第（主户超过3000户），分别放在北宋

[1] 脱脱，等.宋史［M］.北京：中华书局，1977：2236-2237.王象之.舆地纪胜［M］.北京：中华书局，1992：3106.解缙，等.永乐大典（精装十册）［M］.北京：中华书局，1986：2448-2449.郭春震.（嘉靖）潮州府志［M］//北京书目文献出版社.日本藏中国罕见地方志丛刊（第13册）.北京：书目文献出版社，1992：165.

[2] 宋会要辑稿［M］.刘琳，刁忠民，舒大刚，等，校点.上海：上海古籍出版社，2014：9413-9414.

[3] 陈瑄.城池记［M］//冯元飚，郭之奇.（崇祯）揭阳县志，清抄明崇祯四年（1631）刻本（国图藏残卷影印），艺文志.阮元，陈昌齐，等.（道光）广东通志［M］//续修四库全书编委会.续修四库全书·六七二·史部·地理类.上海：上海古籍出版社，2002：27.

[4] 宋会要辑稿［M］.刘琳，刁忠民，舒大刚，等，校点.上海：上海古籍出版社，2014：9319，9419，9421-9422.

[5] 王存.元丰九域志［M］.王文楚，魏嵩山，点校.北京：中华书局，1984：前言1-6，410-411.

[6] 欧阳忞.舆地广记［M］.李勇先，王小红，校注.成都：四川大学出版社，2003：1091.

[7] 周振鹤，李昌宪.中国行政区划通史·宋西夏卷［M］.上海：复旦大学出版社，2007：104-105.

版图、广南东路来考察：同期北宋有望县50个、紧县67个、上县89个、中县115个、中下县110个，潮阳县称得上是一个大县，其县治建设应该不会太差；同期广南东路的15个州40个县中，有9个望县（其中潮州海阳、广州南海、韶州曲江、循州龙川、连州桂阳、南雄州保昌、英州真阳7个望县是州治，韶州翁源、循州兴宁2个望县不是州治），3个紧县（潮州潮阳、贺州临贺、惠州河源），此外都是"上县"等低等第的县，即是说，潮阳在含16个州城（广州治有南海、番禺两个，故16个，番禺等第为"上"）在内的40座县城中，比7座州城的等第还要高，列广南东路的第十至第十二间的位置，堪称广东大县，则其城市建设在广南东路范围内来比较，应是比较突出的。[1]

考古材料也能显示出问题。仅以《中国文物地图集》中的潮阳境（该书指的是今潮阳、潮南两区，县域远小于包括今惠来、普宁、濠江等的宋潮阳地）文物来衡量，宋元时期便有：生产遗址华里盐灶，河溪十八古井水渠，交通遗迹龙津港、和平桥、贵屿桥，墓葬黄詹墓、大峰墓、陈文晦家族墓、姚鼎墓、张鲁庵墓，景观东岩、东山、莲花峰摩崖石刻，体现生活聚落的和平里碑、文天祥词碑，共计15处。[2]

这15处仅是当时被列为文物（群）者，只占潮阳宋元古迹的一部分，如被列为明代建筑的灵山寺便没在其中，但实际上它在宋代便颇具规模了。

灵山寺现存有许申于北宋景祐元年（1034）所撰的残碑"敕赐灵山开善禅院记"[3]，该碑清末湮没于田野，光绪年间寺僧始挖出，遂嵌于大颠殿西廊前壁至今，丘逢甲等游灵山寺时便有见。残碑显示，北宋灵山寺与当时数个名山大寺可相提并论，"寰海耸闻""堂宇巍然，坊饰云备""远迩蚁慕"，金碧辉煌，十分宏伟。排除掉这些有夸大嫌疑之修饰词，仅就陈述性描述来说，则自惠阳徙来并成活的松树数百本，以及寺庙的一部分便有垣数百丈、周室百余间等，可知潮阳之交通货运、栽培工艺、山上基建以及日常配套等都非比寻常，一所寺庙尚且如此，宋代潮阳县城乡建设想来不差。

总而言之，宋代潮州之城市建设是潮汕史上的一个高峰，其反映出来的是

[1]　王存.元丰九域志［M］.王文楚，魏嵩山，点校.北京：中华书局，1984：399-472.

[2]　广东省文化厅.中国文物地图集（广东分册）［M］.广州：广东省地图出版社，1989：224-284.

[3]　宏新按：敕赐灵山开善禅院记现存断为两段，残损已多，其内容多种志书有载（碑名叫法各异），但多有讹误，这里依据《潮汕金石文征》考证。参见：黄挺，马明达.潮汕金石文征［M］.广州：广东人民出版社，1999：18-22.

城市的繁华与社会建设之发达。不过，宋元迭代之际的社会破坏也是严重的，其间存在三十余年的停滞恢复期。这从宋末馆驿毁于兵燹，一直到纳入元版图十余年之后，州治始修有上档次的"三阳驿"等，便可见端倪。[1]

二、人口规模的起伏

宋元时期，潮汕人口继续增长，移民流入仍然是主要因素，其中又以福建移民为主，衣冠南渡造成史上第三次大规模北人南迁浪潮，也有若干流入潮汕的。本时期人口的流失，则主要发生在宋元更迭时间段，部分人口随宋室倾覆而消亡，也有若干远走海外。

福建人入潮，在宋代表现得十分突出。北宋福建人口已多，而宋室南渡裹挟而来的中原移民，更令福建人口过剩，相对而言，宋元潮汕人多地少，尚有不少可供开发的资源，因此闽人退休不归者有之，携家带口者来者有之，以致同期地理总志称潮州"土俗熙熙，有广南福建之语"[2]"虽境土有闽广之异，而风俗无漳潮之分"[3]。

《潮汕地区人口的发展（唐—元）》梳理了唐至元代移民潮汕的氏族大家，其中宋元移入的，大部分为福建。如下表。[4]

表2-1　唐至元代迁潮氏族统计表

单位：户

迁入时代	唐五代	宋	北宋	南宋	宋元间	元	合计
数量	3	2	13	28	10	11	67
占总数	4.5%	3%	19.4%	41.8%	14.9%	16.4%	100%

除了福建之外，还有不少人来自其他地方，如衣冠南渡之后，"江浙湖湘闽广，西北流寓之人遍满"，元代开始，还有了一些异族人流入的记录。

列举几例：宋代，浙江的袁琛居海阳、河南固始的陈汤征居潮阳等，都是

---

[1] 黄刚大.三阳驿壁记［M］//解缙，等.永乐大典（精装十册）.北京：中华书局，1986：2486.

[2] 王象之.舆地纪胜［M］.北京：中华书局，1992：3120.

[3] 祝穆.方舆胜览［M］.祝洙，增订，施和金，点校.北京：中华书局，2003：649.

[4] 黄挺，杜经国.潮汕地区人口的发展（唐-元）［J］.韩山师范学院学报，1995（1）.

任职潮州不归原籍，揭阳牛屎山宋墓（M5墓）形制与浙江地区墓葬有较大可比性，墓主原籍很可能与浙江有关；宋元之际，随宋帝入潮、兵燹之后不得归的不在少数，较闻名者有陆秀夫后人，便在潮汕开枝散叶，繁衍后代；元代，流入潮汕的人口不可忽视，至元二十七年（1290）的记录，便有包括北方汉人、少数民族在内的"北人户"154户，又有个例，蒲德茂任职潮州，其子孙袭潮州路判，遂世居海阳，蒲氏先人来自西域（可能是回族裔），南宋已定居江浙福泉，"潮州房"一支是从南海辗转而来，不过，在明中期"潮州房"裔的子孙和具体分布都已不详。[1]

本时期还有部分回流人口。如南汉末期暴政较多，有成规模的潮人流出，潮州纳入宋版图，宋采取了宽松的政策，遂致这部分人陆续回流潮汕，前述钱冶履任海阳县令期间，便有千余户回籍海阳县。

宋元迭代时期，作为直接战场的潮汕社会动荡不安，人口数量剧减，流失的人口，除了没于战火外，自然有幸存者流落于外。

潮汕人口的流出，主要的流向是海外。尽管没有十分明确的早期文献可提供具体个例，但这很大一部分原因，是早期文献罕有涉及移民海外的情况，如有，也多是不分籍属。如元代的《真腊风土记》，全书一共出现17处"唐人"，从"近亦有脱骗欺负唐人，由去人之多故也"句，可知"唐人"到达真腊人数之多，但并没有再叙及唐人是何籍属。这里，真腊约今柬埔寨地区，位于中南半岛，按唐时已有安南渡口，宋元航路成熟，在"岸海介闽，舶通瓯吴，及诸蕃国"已经充分说明潮商已长往外洋的情况下，潮州引入交趾米稻等的信息无不指向该处。因此《真腊风土记》所指的"唐人"，里面想必是有潮人的。而迄今印支三国潮人后裔中，仍存在不少潮州屠城、先祖离乡的说法，则相信因宋元兵燹而流出，亦有一些。而考古材料上，12—14世纪苏门答腊岛东北海岸的"中国城"（Kota china），也存在着包括潮人在内的闽粤人口。[2]

宋元潮汕人口素质得到很大的提升，与人口素质息息相关的教育文化事

[1]　庄绰.鸡肋篇［M］.萧鲁阳，点校.北京：中华书局，1983：35-36.郭子章.潮中杂纪［M］.1585（明万历乙酉）刊本，卷八：4，卷九：16-19.南海甘蕉蒲氏家谱［M］.丁国勇，标点.天津：天津古籍出版社，1987：46-50，87.永乐大典方志辑佚［M］.马蓉，陈抗，钟文，等，点校.北京：中华书局，2004：2612.广东省文物考古研究所.广东省揭阳牛屎山宋代砖石墓发掘简报［J］.南方文物，2015（4）.

[2]　周伯琦.肃政箴［M］//解缙，等.永乐大典（精装十册）.北京：中华书局，1986：2473.周达观.真腊风土记校注［M］.夏鼐，校注.北京：中华书局，1981：174.李宏新.潮汕华侨史［M］.广州：暨南大学出版社，2016：68-70.

业，更是堪称发达。如藏书，见诸宋元记载之潮州藏书场所并不罕见，宋代有"御书阁""万卷堂"等，元代则有"万卷楼"等，因此，遂有时人赋诗"潮州书楼天下稀，摩插云汉吞秋晖"。[1] 又如科举情况，北宋潮州正奏进士据广南东路第一，占广南东路总量20%—26%，南宋潮州正奏进士居广南东路第二，占广南东路总量20%左右，长期与广州互为雄长。[2]

当时的名人高官对潮州人口素质的评价十分高，北宋的如苏轼称"潮之士皆笃于文行，延及齐民，至于今"，南宋的如梅尧臣诗"潮虽处南粤，礼义无遐陬"，直至元代，时人眼里的潮汕仍然是"民淳俗熙，昔称易治"。[3] 似此类同期诗文还有一些，无不是潮汕重教文化氛围以及人口素质的反映。

宋元潮汕的人口数据，早期文献中有所记载的是：《太平寰宇记》[4]《元丰九域志》[5] 及《永乐大典》引《三阳志》、引《三阳图志》[6] 和《元史》[7]。晚出的文献也有一些记录，譬如《（乾隆）潮州府志》载有自称来源"无所考"的宋开宝中记录，称当时"潮州户七万四千六百二十口"。[8]

参考《潮州隋唐宋代方志史辙考》《元代潮州路总管王玄恭事略》[9] 有关《三阳志》《三阳图志》系年的考证，将上述数据梳理如下表。

[1] 王象之.舆地纪胜［M］.北京：中华书局，1992：3112.解缙，等.永乐大典（精装十册）［M］.北京：中华书局，1986：2462，2463，2493.

[2] 宏新按：《宋元潮州研究》以《粤大记·宋进士科》为主，参考《（嘉靖）广东通志·选举表》并有所辨析删减，计得两宋广南东路正奏进士总数、潮州数、广州数分别为：北宋138人、36人、25人，南宋299人、59人、107人。参见：陈占山.海滨"邹鲁"的崛起：宋元潮州研究［M］.北京：中国社会科学出版社，2015：140-141.

[3] 苏轼.潮州韩文公庙碑［M］//苏轼.苏轼文集.孔凡礼，点校.北京：中华书局，1986：509.梅尧臣.送胡都官知潮州［M］//北京大学古文献研究所.全宋诗.北京：北京大学出版社，1998：3024.李复.府官续题名记［M］//解缙，等.永乐大典（精装十册）.北京：中华书局，1986：2488.

[4] 乐史.太平寰宇记［M］.王文楚，等，点校.北京：中华书局，2007：3035.

[5] 王存.元丰九域志［M］.王文楚，魏嵩山，点校.北京：中华书局，1984：411.

[6] 解缙，等.永乐大典（精装十册）［M］.北京：中华书局，1986：2455.

[7] 宋濂，等.元史［M］.北京：中华书局，1976：1516.

[8] 周硕勋.（乾隆）潮州府志［M］.台北：成文出版社，1967：302-303.

[9] 马楚坚，赖志成.潮州隋唐宋代方志史辙考［M］.香港：香港大学饶宗颐学术馆，2010：87-97.黄挺，杜经国.潮汕地区人口的发展（唐—元）［J］.韩山师范学院学报，1995（1）.马明达.元代潮州路总管王玄恭事略［M］//潮汕历史文化研究中心，汕头大学潮汕文化研究中心.潮学研究（第2辑）.汕头：汕头大学出版社，1994.

表2-2　宋元潮州人口数据

年代	数据	出处（备注）
宋开宝四年（971）	30000余户	《三阳志》
宋开宝（968—975）中	74682户	《（乾隆）潮州府志》（应误）
太平兴国（976—983）后期	5831户	《太平寰宇记》（数据存疑）
元丰（1078—1085）间	74682户	《元丰九域志》
淳祐六年（1246）稍前	135998户	《三阳志》
咸淳三年（1267）	116743户	《三阳志》
至元二十七年（1290）	63650户/445550口	《元史·地理志》
至顺三年（1332）稍前	70070户	《三阳图志》

这些数据有不少问题难以解决。如《太平寰宇记》的记录，与其他文献之数据便差之甚远，该书主体成于太平兴国（976—983）后期，但出现了雍熙、端拱年间才有的政区名（如袁州宜县、宁边军）等，而雍熙、端拱年间所有的政区又未全录，又出现有天禧五年（1021）改桢州而置的"惠州"一名，因此肯定有后人植入的内容。类似的问题在《元丰九域志》上也有出现。为何如此，至今难以有令人满意的解释。又如《（乾隆）潮州府志》的数据，应该是来自《元丰九域志》，但系年有误。

我们暂时不理会《太平寰宇记》的数据，可得出几点认识：宋元时期的人口顶点在南宋淳祐年间；宋元迭代时期，编户损失严重，导致元代的编户数字一直没有恢复到北宋元丰之后的水平。

这些官方掌握的数据，仍然少于实际人口。

尤其是元代。纳入元版图的至元十六年（1279），依然是"土豪各据其要"，至元二十二年（1285）广东调兵讨平潮惠45寨后，考古材料显示潮漳交界山区、澄海临江山寨等仍存在多个据点。元后期更见混乱，如揭阳县轮番处于当地土豪与元守将以及外来陈友谅集团所部的武力争夺中，又如整个潮阳县"元末多为土人所据"。动乱地区的人员显然长时间没被列入编户，是"山泽溪洞之民不与焉"。其实，整个元代，元政府的势力范围并不完全覆盖潮汕。[1]因此，上

　　[1]　宋濂等.元史［M］.北京：中华书局，1976：274，1346，4422-4423.澄海县博物馆.澄海县文物志［M］.内部出版，1987：23.黄一龙，林大春，等.（隆庆）潮阳县志［M］.上海：上海古籍书店，1963，卷六：12-13.

述元代数据的准确度，笔者认为比之宋代要差得多。

第四节　明清时期

　　元明更迭，官方顺利交接。此后，潮汕逐步开始了政区调整和城市建设，遂在明清形成了具规模的粤东城市群，今天潮汕政区的基本基层格局，正是在本时期大概奠定。

　　本时期潮汕人口发展的主要特点，包括人口总量大增，人口流动更为频繁，人口素质提升（更多体现在商贸、技能方面）等，其中较为显眼者，是大规模外出的潮汕人，令东南亚若干国家和地区出现了类似"海外潮汕社会"的雏形。

一、粤东城市群

　　明初，梅州被降格为程乡县，并入潮州府，当时潮州府也仅辖有海阳、潮阳、揭阳、程乡4县，到了明末，则激增至11县，县数几乎相当于原来的3倍。这种增长情况在全国极为罕见。时人有论："潮（州）国初止领县四：海阳、潮阳、揭阳、程乡，今增设澄海、饶平、平远、大埔、惠来、普宁六邑，此他郡所无。"[1]新县设置的时间，各类史志记载稍有出入，应该是中央颁诏令与地方执行的时间差造成的。《潮汕史稿》梳理有《明代潮州府增设各县年代表》[2]，如下。

表2-3　明代潮州府增设各县年代表

	《明实录》	《明史·地理志》	《（万历）广东通志》	《（嘉靖）潮州府志》	《（顺治）潮州府志》	年代较近之旧县志
饶平	成化十二年十月	成化十三年	成化十四年	成化十四年	成化十四年	成化十四年
惠来	嘉靖三年十月	嘉靖三年十月	嘉靖四年	嘉靖四年	嘉靖四年	嘉靖四年
大埔		嘉靖五年	嘉靖五年	嘉靖五年	嘉靖五年	嘉靖五年

---

　　[1]　王士性.广志绎［M］.吕景琳，点校.北京：中华书局，1981：101.

　　[2]　李国平，吴榕青.明代粤东的中心--潮州府［M］//李宏新.潮汕史稿.汕头：汕头大学出版社，2016：320.

续表

	《明实录》	《明史·地理志》	《（万历）广东通志》	《（嘉靖）潮州府志》	《（顺治）潮州府志》		年代较近之旧县志
澄海	嘉靖四十二年正月	嘉靖四十二年正月	嘉靖四十一年		嘉靖四十二年		嘉靖四十二年
普宁	嘉靖四十二年正月	嘉靖四十二年正月	嘉靖四十三年		嘉靖四十三年		嘉靖四十三年
平远	嘉靖四十一年	嘉靖四十一年（隶赣）	嘉靖三十八年；嘉靖四十一年		嘉靖三十八年设通判府	嘉靖四十一年	嘉靖四十三年隶潮州府
镇平		崇祯六年五月			崇祯六年		

　　兹以《明实录》所载为主要依据，参考明清各种府县志材料等，略述潮汕区饶平、惠来、澄海、普宁4个新置县之情况。

　　饶平县。

　　成化十二年（1476），析海阳县东、北部的大半疆域置饶平县。县治设于下饶堡（三饶），初辖有弦歌、宣化、信宁、隆眼城、滦洲、清远、秋溪、苏湾共8都。初设时饶平县疆域超过海阳县，大约包括今饶平、大埔2县和澄海区的隆都、莲华、盐鸿、东里、溪南、莲上、莲下、湾头8镇，以及潮安县的磷溪、官塘、铁铺3镇，还有丰顺县的东部。[1]

　　嘉靖五年（1526），饶平县析出北部的滦洲、清远2都，凑置大埔县。嘉靖四十二年（1563），饶平县再拆苏湾都1个都凑置澄海县。不久，饶平县割秋溪都还海阳县。[2]

　　惠来县。

　　嘉靖三年（1524），析潮阳县西南部及惠州府海丰县的东边一角置惠来县。县治在今惠来县城。辖有原属潮阳的惠来、大坭、酉头都、隆井都的三分之一及原属海丰的龙溪都。疆域相当于今惠来县和普宁市西部的云落、梅林、船埔、高

　　[1]　明宪宗实录［M］.台北："中央研究院"历史语言研究所，1962：2895.郭春震.（嘉靖）潮州府志［M］//北京书目文献出版社.日本藏中国罕见地方志丛刊（第13册）.北京：书目文献出版社，1992：165.刘怵.（康熙）饶平县志（四卷抄本）［M］.潮州：潮州市地方志办公室，2001：9.

　　[2]　吴思立.（嘉靖）大埔县志［M］.梅州：大埔县地方志办公室，2000：6.饶相.重修大埔县儒学记［M］//刘织超，温廷敬.（民国）大埔县志.民国三十二年（1943）铅印本，卷五：12-14.明世宗实录［M］.台北："中央研究院"历史语言研究所，1962：8490-8491.郭棐，等.（万历）广东通志［M］.1602（明万历壬寅）刻本，卷三十九：4.

埔等若干镇。[1]

澄海县。

嘉靖四十二年（1563），由海阳的上、中、下外莆3都，揭阳的蓬洲、鳄浦、鮀江3都，以及饶平的苏湾1都凑置。当时澄海县的疆域，大概包括今天汕头市的澄海区（除隆都镇外）、龙湖区和金平区。[2]

普宁县。

嘉靖四十二年（1563），由潮阳县的洑水、洋乌、黄坑3都分置；万历十年（1582）后，普宁只存黄坑都，另2都归还潮阳。普宁县治起初未建城，寓治在潮阳县贵屿，后来才筑县城于厚屿（今揭阳普宁市洪阳镇）。[3]

入清之后，这7县之地域仍有变化。雍正十年（1732），潮阳割出洑水都全都、贵山都半都，以及洋乌都的三分之一给普宁，这样，潮阳和普宁纠缠争吵了110余年的县域问题终于解决。乾隆三年（1738），海阳县割去光德乡整乡，揭阳县割去崇义乡蓝田都的九、十两图，并大埔、嘉应部分地方合置丰顺县。[4]

至此，海阳、潮阳、揭阳、饶平、惠来、澄海、普宁7县之地域，加上当时闽粤共管的南澳，便大约是核心潮汕地区的疆域，今天的潮汕三市的政区格局，实质上是这7县的再分配。

州城及县城的修筑已很完善，《（万历）广东通志》《（道光）广东通志》和《读史方舆纪要》，录有各城池至明末、清道光的综述，[5]这里不赘述。其中，清代的潮州城规模颇大，在近代之前，是广东省内仅次于省会广州者，

[1] 明世宗实录［M］.台北："中央研究院"历史语言研究所，1962：1147.黄一龙，林大春，等.（隆庆）潮阳县志［M］.上海：上海古籍书店，1963，卷一：9.郭春震.（嘉靖）潮州府志［M］//北京书目文献出版社.日本藏中国罕见地方志丛刊（第13册）.北京：书目文献出版社，1992：166.

[2] 明世宗实录［M］.台北："中央研究院"历史语言研究所，1962：8490-8491.王楚书.（康熙）澄海县志［M］.王岱，修.1686（清康熙二十五年）刻本，卷二：1.

[3] 明世宗实录［M］.台北："中央研究院"历史语言研究所，1962：1147.阮以临，黄秉中.（万历）普宁县志略［M］.1610（明万历三十八年）刻本旧钞本（国图残本），卷一，建置.明万历元年（1573）立"去思"碑，碑存于汕头潮阳区贵屿镇北林村；郭子章.请城普宁县议［M］//郭子章.潮中杂纪.1585（明万历乙酉）刊本，卷六：15-16.

[4] 蓝鼎元.论潮普割地事宜书［M］//蓝鼎元.鹿洲初集.台北：文海出版社，1982：143-152.周硕勋.（乾隆）潮州府志［M］.台北：成文出版社，1967：53-56.

[5] 宏新按：《（万历）广东通志》《（道光）广东通志》和《读史方舆纪要》录有各城池至分别明末、清道光的综述，以下分述主要依据此两书，不再注出，另参考其他文献者，则随文加注。参见：郭棐，等.（万历）广东通志［M］.1602（明万历壬寅）刻本，卷三十九：20-28.顾祖禹.读史方舆纪要［M］.贺次君，施和金，点校.北京：中华书局，2005：4713-4734.阮元，陈昌齐，等.（道光）广东通志［M］//续修四库全书编委会.续修四库全书·六七二·史部·地理类.上海：上海古籍出版社，2002：25-32.

"粤东城之大者，自省会外，潮郡为大，次则新会也，他郡县皆不及"[1]。

乡村市墟的发展，是城市建设的重要体现，我们以传统旧县揭阳县以及新设置的澄海县，在清初和乾隆年间的比较[2]，来略窥梗概，如下表。

表2-4　顺治、乾隆间揭阳、澄海村市统计表

单位：个

	揭阳县			澄海县		
	都	村	市墟	都	村	市墟
顺治十八年（1661）	8	217	5	7	91	5
乾隆二十七年（1762）	8	886	21	7	130	10

从上表可以看出来，无论是原有的县，还是新设置的县，其城市建设都是十分迅速的。旧县揭阳县，其村数是原来的408%，市墟数是原来的460%，百年间有惊人的增长〔其间揭阳乾隆三年（1738）拆出蓝田都的一部分给丰顺县，如加上则更多〕；新兴的澄海县，虽然增长相对缓慢，但两个数据的对比，仍录得142%、200%，也是十分可观。

二、频繁的人口流动

明清时期，人口的输入与流出继续进行。与前不同的是，在总体人口数量大增的基础上，本阶段人口流动表现得更为频繁，最为显著的特征，是潮人大规模外出，终至东南亚不少国家和地区，初步形成了海外潮人社会。

本阶段人口的流入，主要发生在明代，清代较少。流入的人口中，以福建籍的居多，是谓"潮属海（阳）、潮（阳）、揭（阳）三邑，故家右族多自闽漳、泉二郡"，[3]其他地方的，又有海外人口流入。

一般来说，村寨越多，说明人口数量越多，我们以《潮汕地区人口的发展（明代）》梳理的几个当代的调查统计数据为例，可略窥本期人口流入之

[1]　林星章，黄培芳，等.（道光）新会县志［M］.1841（清道光二十一年）刻本，卷三：4.

[2]　吴颖.（顺治）潮州府志［M］//中国科学院图书馆.稀见中国地方志汇刊（44）.北京：中国书店，1992：1332-1333，1335-1336.周硕勋.（乾隆）潮州府志［M］.台北：成文出版社，1967：144-151，157-159，173，175.

[3]　金廷烈.（乾隆）澄海县志［M］.1765（清乾隆三十年）刊本，卷十九：16.

概况。[1]

《揭阳县人口志》对1985年该县域内236个村寨的调查，结果如下表。

表2-5　揭阳县村寨建村年代统计表

建村时间	宋及宋以前	元代	明代	清代	合计
村数量（个）	61	30	107	38	236
占比	25.85%	12.71%	45.34%	16.10%	100%

注：20世纪80年代调查。

表2-6　揭阳县村寨建村者的迁入地统计表

建村者来自	福建	本省	本地	不明	合计
村数量（个）	100	42	13	81	236
占比	42.37%	17.80%	5.51%	34.32%	100%

注：20世纪80年代调查。

揭阳县位于榕江流域核心地带。这236个村，是20世纪80年代存在于该县的村寨。

表2-5显示出明清两代建设的村寨比宋元以前所建要多得多，在本阶段内对比，明代又是清代的近3倍。该片地域：明清时期增加的人口，较之宋元时期增幅大，其中明代所增加者，又比清代所增加的多。这自然是人口流入的结果，仅靠自然增殖，则是越往后人口越多，不会发生此种情况。

表2-6则透露出，这些村寨的初创者，大多来自福建，排除掉不明流出地的，真正为本地人所迁创者仅占5.51%。尽管此表没有分年代的数据，但结合两表，我们仍然可以知道，明清阶段福建人迁建村寨的占大多数，即本阶段福建流入人口最多。

1989年印行的《浮洋镇志》，介绍了全镇94个自然村的相关情况，如下表。

[1] 黄挺，杜经国.潮汕地区人口的发展（明代）［M］//潮汕历史文化研究中心，汕头大学潮汕文化研究中心.潮学研究（第4辑）.汕头：汕头大学出版社，1995：65-88.

表2-7　潮安浮洋镇乡村建村年代统计表

建村时间	宋代	元代	明代	清代	合计
村数量（个）	25	7	61	1	94
占比	26.60%	7.45%	64.89%	1.06%	100%

注：20世纪80年代调查。

表2-8　潮安浮洋镇乡村建村者的迁入地统计表

建村者来自	福建	本省	本地	不明	合计
村数量（个）	50	3	21	20	94
占比	53.19%	3.19%	22.34%	21.28%	100%

注：20世纪80年代调查。

浮洋镇位于韩江西溪西岸三角洲地带，各村建村年代基本上在明代以前。该镇两表揭示出来的情况，与前述榕江流域类似。这说明这种以福建人流入为主的情况，具有普遍性。

同时，也有海外流入的人口。如永乐四年（1406）三月明政府诏令海外华人还乡复业，不久，便有潮州卫卒劝招聚居于白屿洋的林来等归国，随林来者共计365户，800余人，于1407年2月27日受到明政府奖励，并被安排入籍潮州。这是永乐招归诏后较早的回归实例，也是传世文献中，海外移民批量落籍潮州的较早记录。[1]

本时期人口的流出，主要是流向海外，也有流向周边的。潮人的漂洋过海几乎贯穿了整个明代，滞留、侨寓、寄居海外者一直持续不断，是为批量化海外移民阶段，清代开海掀起了更大规模的海外移民潮。

其间，明嘉靖中后期、明清更迭时期是较为集中的时间段，清康熙开海之后则已经形成一股海外移民浪潮。

明政府实行海禁政策，洪武四年（1371）十二月诏令"仍禁濒海民不得私出海"，又连续数次诏令"片板不得入海"，并基本延续至整个明代，但自洪武二年（1369）"倭寇惠、潮诸州"，洪武五年（1372）潮州"山海盗寇"据揭阳、潮阳，流连沿海开始，便罕见没有犯禁行为，清代仍然如此。海禁政策有

---

[1]　明太宗实录［M］.台北："中央研究院"历史语言研究所，1962：787，905.

严有松，严厉时，出海的潮人只能是一去不归，或者组织抱团以更有力量来回倒货，大致上，明、清政府视前者为"狡黠"刁民，视后者为"海寇"。[1]

流向海外的人口，自明前期便出现。明正统九年（1444）二月，潮州官员查获潮州人为主的"亡赖""私下海，通货爪哇国"案件：以潮人为主的55位海商无视禁令而通商爪哇，有22人留在爪哇；回来者，在1444年准备再次出行时，被官方查获4人。明宪宗诏巡按御史同按察司官逮捕那些"未获"者的家属，进行审讯，果然有"叛附爪哇"这回事。[2]这便透露出，至迟在此时，流向东南亚人口已有不少，海禁环境中，不回的更多。

历代潮人出洋经商，必有留异乡者，如这次55人出海，就有22人留爪哇，比例高达40%。宣德年间"广东海洋广阔，海寇屡出为患"，成化年间"南澳港泊界在闽广之交，私番船只，寒来暑往，官军虽捕，未尝断绝"等记载甚多。而同期的记录，显示居留爪哇的杜坂约千家广东、漳州人，爪哇新村全村有千余家、村主广东人，爪哇国有三等人，其中的唐人，皆是广东人，漳、泉籍；旧港"国人多是广东、漳、泉州人逃居此地"，"国人多富，（爪哇）皆用中国铜钱"，对应上条，可知爪哇岛上的潮人移民已有一定数量。在新加坡发现的，刻有"达豪赤港乡"的程朝元墓，则说明新加坡也有潮人定居。[3]

嘉靖开始，海禁政策更为严厉，小股的海商逐渐聚集成大型集团，随后便与政府军进行无休无止的追逐战，林道乾、林凤、张琏、许栋、许朝光等数十股潮汕武装海商集团活跃于中国东南沿岸，范围遍及东亚、东南亚，其事迹在同期文献屡见不绝，以至在南洋出现他们的殖民据点。这些集团多者数万人，少者三四千，都有踏足海外的记录，如林凤集团的船队上便有各种工匠、农人及其他技术人员，又如林道乾，纵横海上三十年，东南亚多的是他们的传说。

明末清初近40年战火中，催生了数波移民潮。明郑台湾政权对峙清政府，郑成功屡屡在潮州劫粮之余"略其边民"，每次少者亦有数千人，潮汕史上最不

[1] 明太宗实录［M］.台北："中央研究院"历史语言研究所，1962：787，905，1000.明太祖实录［M］.台北："中央研究院"历史语言研究所，1962：1325.吴颖.（顺治）潮州府志［M］//中国科学院图书馆.稀见中国地方志汇刊（44）.北京：中国书店，1992：1561.

[2] 明宪宗实录［M］.台北："中央研究院"历史语言研究所，1962：2278.

[3] 明宣宗实录［M］.台北："中央研究院"历史语言研究所，1962：1997.彭韶.边方大体事疏（停止两广进献）［M］//陈子龙.明经世文编.北京：中华书局，1962：710.马欢.瀛涯胜览［M］.北京：中华书局，1985：16-20，25-26.巩珍.西洋番国志［M］.向达，校注.北京：中华书局，1961：7，10.饶宗颐.星马华文碑刻系年（纪略）［M］.新加坡：新加坡大学中文学会，1969：9.李宏新.潮汕华侨史［M］.广州：暨南大学出版社，2016：75-82.

人道的罪犯丘辉，更是沿海劫掠十余年，"流劫海阳、潮阳、揭阳、澄海、惠来、普宁数百十乡寨，掳去妇女前后不啻数万，以貌之好丑估价听赎，否则卖台湾为婢妾，男子则卖为奴，或以代牛，病者立杀之"，其离开大陆时，还席卷达濠整埠人口、财物，并绕道惠来、海丰劫掠妇女千余人，仅仅丘辉集团劫去台湾的潮州妇女，按记载粗计可达5万以上。而明郑政权劫掠"前后诸乡男妇米谷出海"，转运台湾的记载，更是多不胜数。[1]

清代开海之后，束缚潮人三百余年的海禁政策基本结束，遂形成潮人大规模海外移民潮。这主要系由海上商贸所带动，商人占绝大多数，但也包括从事其他职业者。移民潮的主要目的地是泰国，也扩散至东南亚各国，并且在若干地方出现了潮人移民社会。如泰国，嘉庆年间居暹罗的潮人，保守估计也在三四十万人，"华人驻此娶番女，唐人之数多于土番，惟潮州人为官属，封爵，理国政，掌财赋"，[2]可见道光前期，潮人已经很好地融入当地，并形成潮人移民社会。如马来西亚，自18世纪末起，便存在并活跃着潮人为主或与潮人关系密不可分的潮郡义兴、大伯公会等社团组织。如新加坡，在开埠前便有潮人劳作，至1840年左右，澄海人佘有进等已经具备良好的社会实力。如印尼，清嘉庆二十一年（1816）荷兰人接管邦加岛后，到香港、澳门和汕头招募华工前往开采锡矿，包括潮人在内的"印尼泗水惠潮嘉会馆"的前身也于1820年成立。如越南，1814年，当地政府已将华侨分为广肇、福建、潮州、海南4帮（后又增加客家帮合为5帮），各设帮公所。这些，都宣告着俗称的"海外一潮汕"，在此阶段已经初步形成。[3]

人口素质方面。

本阶段的人口素质，可以就教育科举状况略窥一斑。依据《（康熙）广东通志·选举》的数据统计（下均不计武进士数目），明代潮州府进士151人（如仅计处于核心潮汕区域的海阳、潮阳、揭阳、饶平、澄海、普宁6县，则共142人），此时广东进士总数888人，潮州府约占17%，虽然数量远少于广州府的477人而列第二位，但也比第三位琼州府的61人多了一倍有余。在重商的社会氛围下，潮汕的文化教育水平仍未落后。[4]

---

[1] 林杭学.（康熙）潮州府志［M］.潮州：潮州市地方志办公室，2000：179.张其翮.（光绪）潮阳县志［M］.周恒重，等，修.台北：成文出版社，1966：175.

[2] 魏源撰.海国图志［M］.陈华，常绍温，等，点注.长沙：岳麓书社，1998：399.

[3] 李宏新.潮汕华侨史［M］.广州：暨南大学出版社，2016：105-127.

[4] 金光祖.（康熙）广东通志［M］.广东省地方史志办公室，辑.广州：岭南美术出版社，2006：1014-1178.

同时，此时期的人口素质，更多地体现在经商贸易、手工技能等方面。

明代初期，潮商已经崛起，上述的海上武装集团，便是因为违禁出海而被视为"盗寇""潮州贼"的。其时商业之盛，在记载中大量出现，几乎全民皆商，"广之惠，潮、琼、崖狙绘之徒，冒险射利，视海如陆，视日本如邻室耳，往来交易，彼此无间"[1]"闽粤滨海诸郡人驾双桅，挟私货，百十为群，往来东西洋"[2]。这些亦寇亦商的武装集团中，尽管有的首领或者主要成员并不识字，但必然具备商业胆识和谋略。到了清代开海，所谓"盗寇"已不存在，潮商更是纵横四海、东亚、东南亚等处均有他们的履迹。潮汕商帮迄今仍然辉煌，与至迟盛于明初的商业文化氛围是分不开的。

人口数据方面。

明清时期的人口数据记录比较多，目前国内外已有不少研究成果。一般认为，明初的数据，较可反映当时的人口。但"明代后期某些地区和清代前期全国的所谓人口统计数只能看作为纳税单位"[3]。《潮汕史稿》梳理有一份明代官方记录户口数据，[4]如下表。

表2-9　明潮州府户口官方记录一览表

序号	年份	户数	口数	户均口数
1	洪武十年（1377）	60097	214404	3.6
2	洪武二十四年（1391）	80979	296780	3.7

[1]　谢肇淛.五杂组［M］.上海：上海书店出版社，2009：28.

[2]　郭春震.（嘉靖）潮州府志［M］//北京书目文献出版社.日本藏中国罕见地方志丛刊（第13册）.北京：书目文献出版社，1992：180.

[3]　何炳棣.明初以降人口及其相关问题（1368-1953）［M］.葛剑雄，译.北京：生活·读书·新知三联书店，2000：4.

[4]　宏新按：辑录出处分别为：序号1、3见《永乐大典》引《图经志》［解缙，等.永乐大典（精装十册）［M］.北京：中华书局，1986：2455.］；序号2、6、7、8、12据《（嘉靖）潮州府志》和《（万历）广东通志》计得［郭春震.（嘉靖）潮州府志［M］//北京书目文献出版社.日本藏中国罕见地方志丛刊（第13册）.北京：书目文献出版社，1992：202-210.郭裴，等.（万历）广东通志［M］.1602（明万历壬寅）刻本，卷四十一：1-4.］；序号4、10据《（嘉靖）潮州府志》［郭春震.（嘉靖）潮州府志［M］//北京书目文献出版社.日本藏中国罕见地方志丛刊（第13册）.北京：书目文献出版社，1992：202-210.］；序号5、11、14据《（万历）广东通志》［郭裴，等.（万历）广东通志［M］.1602（明万历壬寅）刻本，卷四十一：2.］；序号9据《（嘉靖）广东通志初稿》［戴璟，张岳，等.（嘉靖）广东通志初稿［M］//北京图书馆古籍出版编辑组.北京图书馆古籍珍本丛刊（38）.北京：书目文献出版社，2000：405.］；序号13据《（嘉靖）广东通志》［黄佐.（嘉靖）广东通志［M］.广州：广东省地方史志办公室，1997：532.］。

续表

序号	年份	户数	口数	户均口数
3	永乐元年（1403）	80691	284457	3.5
4	永乐十年（1412）	83947	286123	3.4
5	永乐十年（1412）	83947	286177	3.4
6	弘治十五年（1502）	90249	483513	5.4
7	正德七年（1512年）	90249	483422	5.4
8	嘉靖元年（1522年）	80549	461005	5.7
9	嘉靖十一年（1532年）	89312	518794	5.8
10	嘉靖十一年（1532年）	89116	518784	5.8
11	嘉靖十一年（1532年）	89116	519042	5.8
12	嘉靖二十一年（1542年）	91972	524012	5.7
13	嘉靖三十一年（1552年）	91082	525154	5.8
14	万历二十年（1592年）	101558	540806	5.3

　　另有若干古籍所载的数据记录，可以判断并不准确，如《（嘉靖）广东通志》所载洪武二十四年（1391）的42664户、149837口和嘉靖二十一年（1542）的29400户、135375口等[1]，实际仅为此两年海阳县的数据。

　　而即使就这份数据，也可以看出洪武的户均口数相对来说不是很正常，这些数字仍有问题。如曹树基先生认为，"洪武年间潮州府的口数存在很大的问题，主要表现在户均口数过少。直到永乐十年，这一状况仍未得到改变。有趣的是，在弘治十五年的调查中，户均口数突然恢复到正常的水平，几乎各县的户均口数都围绕着5波动。这一变动也不是正常的户口调查所致，而是户口统计官员编造的结果"[2]。并且，潮州府的户均口数与全国其他地区因登记不实而造成的问题也不一样。总之，可以确定潮州府所登记的口数较少，实际的人口总数仍然较登记在册的要多。

　　清代潮州府，同样有不少关于"丁口"的记录。我们摘录几条常见的、1860年之前的同期文献资料，如下。

　　《（顺治）潮州府志》："清顺治十七年男妇三十三万九千八百零五丁口。除逃绝老幼免编外，实编男妇二十一万四千四百六十八丁口。"即顺治十七

---

　　[1]　黄佐.（嘉靖）广东通志［M］.广州：广东省地方史志办公室，1997：532.

　　[2]　曹树基.中国人口史（明时期）［M］.上海：复旦大学出版社，2000：230.

年（1660）339805丁口，实编214468丁口。[1]

《（康熙）潮州府志》和《古今图书集成》载有潮州府丁口[2]，我们将梳理如下表。

表2-10　清初潮州府部分丁口记录一览表

年代	丁	口	丁口合计
顺治十四年（1657）	79375	139007	218382
康熙元年（1662）	57043	87022	144065
康熙十一年（1672）	72421	115624	188045
康熙二十二年（1683）	73102	116403	189505

《（乾隆）潮州府志》载："原额男妇共一十九万七百六十二丁口。内除海阳、潮阳、饶平、澄海四县奉文不准以广济桥盐利抵补，缺征二百四十八丁口外，实在男丁六万八千一百七十六丁六分，女口一十二万二千三百三十八口，共一十九万零五百一十四丁口六分。"即原额190762丁口，缺征248丁口，实在男丁68176丁6分，女口122338口，共计190514丁口6分。"康熙五十五年起至乾隆二十一年止，盛世滋生，永不加赋丁口：三万六千一百二十八丁口。""又乾隆元年、六年、十六年编审，新增盛世滋生永不加赋吞丁四百零八丁。"即康熙五十五年（1716）起至乾隆二十一年（1756），新增36128丁口；乾隆元年（1736）、六年（1741）、十六年（1751），新增408屯丁。[3]

《嘉庆重修大清一统志》载潮州户口："原额人丁一十九万九千七百九十八。今滋生男妇大小共二百一十八万九百五名口。又屯民男妇共三万二十名。"[4]这是《大清一统志》的第三修，始于嘉庆十六年（1811），成于道光二十二年（1842），所用资料以嘉庆二十五年（1845）为断。这里的原额199798丁，应是原来纳额的依据；滋生2180905丁口，屯民男妇30020丁，都应是嘉庆年

[1]　吴颖.（顺治）潮州府志［M］//中国科学院图书馆.稀见中国地方志汇刊（44）.北京：中国书店，1992：1366-1357.

[2]　林杭学.（康熙）潮州府志［M］.潮州：潮州市地方志办公室，2000：115．陈梦雷.古今图书集成（第166册）［M］.影雍正刻本.上海：中华书局，1934（民国二十三年）：18-19.

[3]　周硕勋.（乾隆）潮州府志［M］.台北：成文出版社，1967：295-296.

[4]　嘉庆重修大清一统志（第26册）［M］.上海：上海书店（四部丛刊续编），1985，卷四四六：6.

间的数据。

这些册簿上"丁""口"的具体意义是什么，学界仍有不同说法。我们只能大体认定，"丁口"是赋役的依据，"丁口"数少于实际人口数。如《（乾隆）丰顺县志》便指出，"洪武十四年编立黄册，十年一造，天下府州县户口随田土创编黄册。分豁上中下三等，盖以户内田亩之多寡，定丁口之多寡。名为户口，实田赋也"，清初沿袭明制，雍正五年（1727）摊丁入亩，同样如此，"向例志户口者即以编征丁口数目载入。查此项丁口既归旧亩均摊，事属田赋，且编征丁银原非户口，实数应以烟册编造之数为准"。[1]

同时，本阶段有一个关于人口发展的时间节点。康熙五十一年（1712）十月癸丑，诏蠲免包括广东在内15个省区自康熙五十年（1711）、康熙五十一年（1712）的地丁钱粮，免征历年旧欠钱粮。康熙五十二年（1713），广东奉旨，以康熙五十年（1711）丁册定为常额，续生人丁永不加赋。[2]这个规定，对人口增长起着促进作用，潮汕地区真正地狭人稠的起始点，理应是在此年之后，当然人口成长需要时间，这些新人口要成为赋税单位的"丁口"，则估计要到雍乾时代。

总之，关于明清阶段的潮汕人口数量，从最为保守的角度来讲，乾嘉时存在三百万以上的常住人口。这一点，以上引的"今滋生男妇大小共二百一十八万九百五名口"及相关材料来看，想来应该没有问题。

[1] 葛曙.（乾隆/光绪）丰顺县志［M］.许普济，续修.吴鹏，续纂.台北：成文出版社，1967：2-3.

[2] 清实录（第9册）［M］.北京：中华书局：488.陈昌齐，等.（道光）广东通志［M］//阮元，修.续修四库全书编委会.续修四库全书·六六九·史部·地理类.上海：上海古籍出版社，2002：473.

第三章
商业和交通

　　潮汕地区最古老的遗物，是采集到的两件疑似旧石器时代手斧形砍砸器，它们的主人是通过海路、陆路，还是经由陆桥进入潮汕，在这两件遗物本身尚待确认的情况下，我们无法蠡测。大约距今八千年的南澳象山遗址，则透露出当地居民是沿着海路而来的，并且谙熟附近海道，出入海岛没有太大的问题。此后，出入潮汕区域仍以海路为主。商业活动方面，如6000年前潮州陈桥村遗址处的专业骨器作坊，其生产的骨器产品当与周边有所交易；又如4000—3600年前的普宁虎头埔专业陶窑，其陶器产品北上西去，已知可达珠三角、粤中、香港等地。这些都充分说明，潮汕地区发生的原始贸易早就存在。

　　下文自秦汉六朝开始，依照时间线索分节介绍。每一节的内容，包括交通、商业和对外贸易三大块。之所以如此设立纲目，是出于这样的考虑：首先，商业与交通息息相关，没有交通，谈不上区内外商品流通；其次，古材料有限，多数线索同时涵括了交通和商业的信息，如果一条信息多处引用，无疑十分琐碎，因此合并为一章而分不同部分介绍；最后，商业活动原本包括了对外贸易，无须再分，但潮汕的地理位置和传统因素，决定了其无论处于哪个历史阶段，都既与大陆各地发生普遍联系，又与海外产生文化交流，后者对潮汕历时经济影响同样重要，因此，专列出来介绍潮汕与境外[1]的商贸往来情况。

第一节　秦汉六朝时期

秦汉六朝时期，出入潮汕以及潮汕内部交通，均以天然水路为主，陆路相对不是很通畅。商业活动信息，则主要来自考古材料，结合零星的记载线索，可推测商贸活动比之先秦时期较为活跃，同时，也有了对外贸易的实物例证等。

一、天然水路为主的对外交通

"秦戍五岭"时秦兵如何进入潮汕地区，有经由海路、水路的可能性。一方面，这是此前数千年传统的入潮途径，而环境研究显示，当时潮汕十分原始，无论从陆地哪个方向去到潮汕，外来者长时间的行、驻都较难实现。另一方面，秦兵有在岭南开凿灵渠、疏浚河道等记录，多少说明，秦兵也侧重由民间早已存在的水道商路南征。[2]但囿于传世文献材料稀缺，我们这里不做讨论。

正史中关于潮汕地区的第一条海上交通记载，是《史记》所载东越兵驻揭阳事，大约为：汉元鼎五年（公元前112年），汉中央政权对南越国用兵，东越王自愿率部由闽入粤助战；东越8000人船队抵达古揭阳县地域后，东越以海上风浪大为借口而驻足不前，并抱着两头观望的态度，私通南越国；直到汉兵攻破南越番禺，东越船队始终没有到来；汉兵想乘机东向消灭东越，汉武帝考虑到多年征战兵力疲惫而未予同意。[3]

这条记载同时显示出一些海事交通信息。

首先，海路顺畅。只有由闽入粤海路在当时比较常用，处于可控范围，东越船队才敢请战并率8000人的船队由海路而来。同时，汉军本来便是率楼船船队进击南越，"令罪人及江淮以南楼船十万师往讨之""时欲击越，非水不至。故

[1]　宏新按：本书所应用的"境外"一词，是《中华人民共和国国家安全法》（2015年7月1日全国人大通过）规定的"境外"，指中华人民共和国领域以外或者领域以内中华人民共和国政府尚未实施行政管辖的地域；包括中国香港、澳门、台湾。

[2]　叶显恩.广东古代水上交通运输的几个问题［J］.广东社会科学，1988（1）.

[3]　司马迁.史记［M］.北京：中华书局，1959：2982.

作大船，船上施楼，故号曰'楼船'也"，[1]汉军击溃南越国后，立即打算攻击东越，更是对"海风波"视同无物。而楼船较之东越船队更为招引海风，则更佐证了这段海路之顺畅不在话下。

其次，潮汕地区存在大型海港。这条大型军事行动的记载，虽然未涉及港口，但东越8000人规模的船队停于古揭阳，必然有妥善的停泊点。《东里志》谈及此事，称"此兵船航海之始也。舟至揭阳，则南澳乃东越适揭之孔道，风一帆径东里矣"，[2]我们认为兵船的停泊点，大约在东里河、韩江出海口，这可解决八千大军停驻期间的生活用水问题，而当时揭阳县治可能在澄海龟山汉代遗址处，尽管岭南"长吏之设，虽有若无"[3]，但东越军不大可能绕过该处。同时，古县界域不是很清晰，既然称"兵至揭阳"，则也离澄海龟山不远。

由此，大概可以这样理解：汉代出入潮汕的海路已经十分成熟，特别是自福建经潮汕地区至广州的海路尤其如此，该海航线不仅仅是民间使用，官方船队也循此而行；潮汕地区已存在可供大规模船队集结、停泊的港口。

澄海龟山汉代遗址，也一定程度说明海路于当时潮汕交通的重要性。

从《澄海龟山汉代遗址的贝类遗骸》检测报告[4]以及《六千年来韩江三角洲的滨线演进与发育模式》，可知该遗址属于韩江分流河口砂质沉积浅海和河滩堆积成分，处于咸淡水交界浅海海域，邻近古韩江分流，当时的东溪河河口入海处，大约是潮汕的滨线附近。[5]

生活于滨线的龟山居民，出入自然以水运为主。而该处本身在出海口，向外可出海，向内则可沿着东溪河、韩江深入潮汕腹地，皆十分顺畅。当然，他们也可能通过陆路与潮汕地区腹地的居民交流，不过，就现有材料看来，由陆路沟通的可能性或说经由陆路交通频率应该少得多。因为从水鹿、猪獾遗骸等显示的信息看，当时龟山树林茂密，灌木林成片，活动着林栖动物，陆路行走很不方便。

[1]　司马迁.史记［M］.北京：中华书局，1959：2974-2975.范晔.后汉书［M］.李贤，等，注.北京：中华书局，1965：660-661.

[2]　陈天资.东里志［M］.印行东里志领导小组，饶平县地方志编纂委员会，整理.内部发行，2001：46.

[3]　陈寿.三国志［M］.裴松之，注.陈乃乾，校点.北京：中华书局，1959：1251.

[4]　张松，邱立诚.澄海龟山汉代遗址的贝类遗骸［M］//邱立诚.澄海龟山汉代遗址.广州：广东人民出版社，1997：156-160.

[5]　李平日.六千年来韩江三角洲的滨线演进与发育模式［J］.地理研究，1987（2）.

事实上，潮汕海域，向来是由北方南下直达中南半岛海航线的必经之处，也是这条海航线的一部分，在汉代亦不例外。

譬如《后汉书》载，建初八年（83）之前，位于中南半岛的交趾七郡上贡品，都是沿着广东的海岸线北运至东冶（大约今福州附近海港），然后再上岸送往都城洛阳。不过，限于时代航海水平，此长途航线存在一定风险，不时会出现事故。[1]

又如《三国志》载："会稽倾植，景兴失据，三江五湖，皆为虏庭。……袁沛、邓子孝等浮涉沧海，南至交州。经历东瓯、闽、越之国，行经万里，不见汉地。"[2]这些人由中原浮涉沧海，而穿闽、粤，潮汕便在此段内。

再如《南史》《晋书》记载，东晋时期道教五斗米道接踵起事，孙恩、卢循多次率众由江浙海路抵广州，以及卢循统治岭南长达7年的时间里，又多次与江浙发生勾连，往返之间都从潮汕海域经过。[3]

既然能沿中国东南海岸线达中南半岛，而从江浙至广州、从福建至番禺也是必经之道，那么，出入处在此区间潮汕地区的航线，都是比较成熟的。

潮汕地区有记载的最古老宗教场所"隆福寺"，现存各古府县志述及其始建时间的，无一例外皆称建于晋代，[4]隆福寺位于与南澳岛对望的海山岛上，出入皆需舟楫，这也是晋代潮汕地区以海路交通为主之一例。

以江河为主出入潮汕的，六朝文献便有明确记录。这同时是较早标注有潮汕到外地路程的文献。

《太平寰宇记》载："按《南越志》云：'海阳县南十二里，即大海。东至兴宁县，水道八百里，至广州南二十五里。'"（四库全书本作"三十五里"）[5]《舆地纪胜》同样引有此条内容，稍微不同的是，"广州南"作"广州界"。[6]

这里的"南越志"应该是南朝沈怀远所撰者，系年在南朝。《南越志》早

[1] 范晔.后汉书［M］.李贤，等，注.北京：中华书局，1965：1156.

[2] 陈寿.三国志［M］.裴松之，注.陈乃乾，校点.北京：中华书局，1959：964.

[3] 李延寿.南史［M］.北京：中华书局，1975：1405.房玄龄，等.晋书［M］.北京：中华书局，1974：2631，2634-2636.

[4] 李宏新.潮汕华侨史［M］.广州：暨南大学出版社，2016：23-31.

[5] 宏新按：四库本、万延兰本皆作海阳"至广州南三十五里"，这里按中华点校本的说法。参见：乐史.太平寰宇记［M］.文渊阁四库全书本，卷一五八：2-3.乐史.太平寰宇记［M］.王文楚，等，点校.北京：中华书局，2007：3035，3037.

[6] 王象之.舆地纪胜［M］.北京：中华书局，1992：3105-3106.

佚，我们无法知道原文所载的是至"广州南"还是至"广州界"，甚至里程数是25里还是35里也难辨，但这不重要。关键之处是，它清晰透露出，六朝时期，潮州往兴宁走的是水路，而潮州往广州的主要途径，则多经兴宁。同时，六朝时期海阳—兴宁、海阳—广州这两条线路，应该是出入潮汕的主流成熟交通线，只有其广为人知，并为官方所使用，修志者才较可能清楚记录它们的水道里程。

关于早期江河交通情况，尚有其他痕迹可寻。

东晋开始，潮汕地区人口大幅增多，之后的南朝宋、齐、梁、陈时期，移民发展趋势明显，其中外来人口的增加是最主要的因素。

当时的流出地义昭县（这里的"流出地"是相对于核心潮汕地区而言），在东晋义熙九年（413）置义安郡时，是义安郡下设五县之一，《太平寰宇记》引《南越志》称"昔流人营也"[1]，显示出它是由"流民营"发展起来的县。义昭大概在今大埔，位于韩江的中上游，再溯源而上，则是陆河和紫金交界的乌突山，因此，"流民"们由江河水路而来的可能性，无疑要远大于陆路，倘若再溯流而下海阳，也是可以想象的。

陆路方面出入潮汕的记载，早期文献较明确的记录基本没有。比较可供联想的是南朝陈天嘉四年（563），义安太守张绍宾起兵反南朝陈的记录。

《陈书》提及裴忌聚集各路陈军后，自"岭北"率众而来，[2]则其行军路线便很可能为陆路。但"岭北"一直是一个泛称，各时代所指不同，作为唐朝人，姚思廉所谓的"岭北"应该是指与岭南相对的地理范畴，但究竟哪里则未详。

晚出文献中，也有关于陆路的记载，比如经盘陀岭、蒲葵关（葵关）沟通闽粤的山路。

这条山路，较早介绍的是宋代文献，如《舆地纪胜》称"漳浦县西南一舍度岭，则汉时南越蒲葵关也"[3]，《八闽通志》载北宋末绍兴年间章元振知潮州时有民谣"长言法到葵关住，今出葵关到海阳"[4]。较常见的是清代文献，如《读史方舆纪要》介绍"漳州府漳浦县西南三十里，广东大埔县西北二百里"的梁山时，称"《志》云：山之西，接盘陀岭，丛薄崎峻，盘亘可十里，岭盖即宋葵冈岭，汉时为南越蒲葵关，闽粤通道也，汉元鼎五年，汉击南越，东越王馀善

[1] 乐史.太平寰宇记［M］.王文楚，等，点校.北京：中华书局，2007：3037.

[2] 姚思廉.陈书［M］.北京：中华书局，1972：318.

[3] 王象之.舆地纪胜［M］.北京：中华书局，1992：3773.

[4] 黄仲昭.八闽通志（下）［M］.福州：福建人民出版社，1990：515.

以兵从至揭岭，以海风波为解，及汉破番禺，还击东越于蒲葵关"。同书又载："蒲葵关在府西南。《一统志》：关在龙溪县二十一都，汉初南越所置关也。或云，在漳浦县西南七十里，唐时为闽中岭南之通道。"[1]

上述文献都是宋代后才见，虽然闽粤相关地方志书亦多有辗转引用，但在史源不明朗，又没有考古材料可供佐证的情况下，这个汉时的"南越蒲葵关"是否存在，可靠性较差。此外，盘陀岭山路陡峭，畜力运载工具难以展开，要说在秦汉时海路便利的情况下反而去修道设关，可能性如何，只能是见仁见智了。不过，无论蒲葵关的始置时间是否为汉代，以及随之而来的"路道"是否存在，从地理环境看，盘陀岭位于如今的闽粤交界处，秦汉六朝时期偶有若干人员经由此处流通，也是不足为奇的。

实际上，交通发展受自然因素的影响力度不容忽视，尤其是在生产力发展水平不高的古代。潮汕地区丘陵山岗较多，当时地理面貌尚较原始，如前述的澄海龟山汉代遗址，是考古发现上本阶段人群最为密集的聚落点，该遗址的第一期遗存即西汉前期末段便有人居，发展至第三期遗存的东汉时期（下限为东汉末），尚且处于茂密丛林之间，林栖动物遍布，则潮汕地区区内交通以及区外交往的道路建设情况可想而知。而从包括先秦在内的发现来观察，则绝大多数遗存距离溪河海路不远，这无疑与水路交通便捷有关。

总而言之，秦汉六朝时期潮汕地区的水陆交通情况依然极不平衡，水上交通效率较高且比较成熟，其中的海路应该是占交通中绝对主流的位置；陆上交通则环境恶劣，既没有足以修整的人力，又存在毒蛇猛兽众多之忧虑，极有可能在很长的时间内得不到发展，而是否有迫切的社会动力去修陆路，也要打个问号。从人口发展及社会演变等各方面综合看来，可能要直到东晋义熙九年（413）置义安郡后，陆路的情况才稍有好转，南朝陈天嘉初，潮汕各方面发展达到本阶段顶点，陆路才较为可行。当然，这并不是说此前便绝对没人由陆路出入潮汕。

二、早期的商业

《史记》载："楚越之地，地广人稀，饭稻羹鱼，或火耕而水耨，果隋蠃蛤，不待贾而足。"[2]其中的"不待贾而足"，显示出潮汕乃至岭南地区的货币

---

[1]　顾祖禹.读史方舆纪要［M］.贺次君，施和金，点校.北京：中华书局，2005：4371，4546.

[2]　司马迁.史记［M］.北京：中华书局，1959：3270.

经济、商品经济都尚欠发达，但这并不代表潮汕没有商业活动。

本时期货币和商品的出现，便明确了潮汕的商业是存在的，它与岭南以及"楚越之地"的发展状态同步。而随着本阶段后期人口的流入以及潮汕对外交流日趋密切，也令商业活动较前活跃。

（一）金属货币蕴含的贸易信息

潮汕地区迄今尚未发现明确为先秦时期的金属货币实物，可能整个岭南地区的情况都是如此[1]，秦汉以后，潮汕发现的金属货币之数量及分布点，在同期岭南即使不是最多，也是十分突出的。它们是潮汕贸易的见证物。

这些金属货币大部分是发掘出土或附近采集到的，还有收购来的2枚新莽布币，钱品主要是五铢钱，以及一枚不明形制的铜钱，整理为下表[2]。

表3-1　潮汕发现的秦汉六朝钱币概略表

发现地点	数量	年代
惠来水尾潭山	五铢钱20枚	新朝
澄海上华（收购）	布币2枚	新朝
澄海上华（收购）	仿五铢钱	不详
澄海上华走马埔	若干五铢钱	汉
澄海盐灶车前站	若干五铢钱	汉
澄海龟山汉代遗址	五铢钱1枚	东汉
澄海北陇村南山与龟山之间的台地	五铢钱2枚	东汉
揭阳新亨九肚村龙东溪汉墓附近	五铢钱36公斤	汉
揭阳仙桥赤岭口M3墓	不详铜钱1枚	南朝

---

[1] 宏新按：经查检，至2017年下半年《文物》《考古》杂志所刊，都未见先秦广东出土金属货币的报告；《广东先秦考古》全书没有先秦货币发现的介绍；《南越国史》称"到目前为止，岭南地区未见有先秦货币发现""南越族没有金属铸币"。参见：张荣芳，黄淼章.南越国史［M］.广州：广东人民出版社，1995：270，272.杨式挺，邱立诚，冯孟钦，等.广东先秦考古［M］.广州：广东人民出版社，2015.《文物》（包括其前身《文物参考资料》）1950年第1期至2017年第8期，《考古》（包括其前身《考古通讯》），1955年第1期至2017年第7期。

[2] 邱立诚.澄海龟山汉代遗址［M］.广州：广东人民出版社，1997：181-186，187-213.澄海县博物馆.澄海县文物志［M］.内部出版，1987：14-15.陈跃子.澄海出土铜钱概说［J］.汕头文物，1987（13）.广东省博物馆，汕头地区文化局，揭阳县博物馆.广东揭阳东晋、南朝、唐墓发掘简报［J］.考古，1984（10）。

五铢钱又称"五铢"，因钱重五铢且上有"五铢"二字而得名。它始行于元狩五年（公元前118年），东汉，三国蜀汉、魏、晋，南朝齐、梁、陈，北魏和隋政权都有铸造，重量、形制大小不一，唐武德四年（621）废止，沿用了700多年，是中国历史上数量最多、流传最广的钱币。而元狩五年（公元前118年）之前西汉所用的铜钱，大概是初时用西汉初秦半两，吕后执政初年用八铢钱、六年行五分钱，文帝五年造四铢钱，武帝建元元年铸三铢钱、五年又行半两钱（或称三分钱）。由于五铢钱不同时期、不同地方所铸皆有差别，又有官铸、私铸之分，近现代且多出真伪莫辨者，因此，具体的考古实物与早期文献记载，大多数难以联系起来。[1]

五铢钱之外，尚有两枚新莽布币。这种货币使用时间短，流传不广，它们在潮汕的流通年代相对容易判断，便是新朝或东汉初。其中：1枚为平首、平肩、方足，长5厘米、宽2厘米，边沿浮廓，上端有圆孔，从圆孔至下有一实线竖纹，文字在两侧，为"次布九百"，篆体，背面中间也有竖纹一道；1枚形制与上相同但略大，长10厘米、宽3厘米，正面铭文有"端布当千"四字，背面有"十货"二字，篆体。

上表中，两汉之后的铜钱，仅见南朝墓葬中一例。汉后少见五铢钱遗物情况，与全国、岭南的货币、商贸流通大势是一致的，而不是说此期潮汕地区商贸活动停滞。我们需要介绍一下相关背景。

全国范围内的商品经济和货币经济，由战国到西汉年间一直呈发展态势，但经过西汉末到东汉初的动荡，东汉时期就已经在走下坡路了，货币经济之衰落尤为突出，而实物交换盛行。因此，魏晋时期，市场上多以谷帛交易，少量用金银，潮汕、岭南所在的孙吴政权便使用布帛易货，如《三国志》注引《江表传》，称孙吴购好犬，"一犬至直数千匹"[2]；又如孙吴与曹魏交易便以绢计价交换，《太平御览》转《魏文帝诏》称"今与孙骠骑和通商旅，当日月而至。而百贾偷利喜贱，其物平价，又与其绢"[3]。南北朝时期，实物易货相当普遍，各王朝都想改变此种状况，但效果不佳。南方的，如《南史》载孔琳之的策论，

[1]　彭信威.中国货币史［M］.上海：上海人民出版社，1958：68，130.中国大百科全书总编委员会《考古学》编辑委员会.中国大百科全书·考古学［M］.北京：中国大百科全书出版社，1986：672.

[2]　陈寿.三国志［M］.裴松之，注.陈乃乾，校点.北京：中华书局，1959：1170.

[3]　李昉，等.太平御览［M］.北京：中华书局，1960：3632.

便透露出官方推行金属货币并试图禁止实物交易，但"弗能禁也"；[1]北方的，如《晋书》载后赵明帝辅以严刑峻法，想恢复钱币，但"人情不乐""而钱终不行"。[2]

时代大势如此，潮汕、岭南自然都不例外。因此，潮汕仅仅出现一例两汉后的铜钱遗存，是正常的。

不过，尽管不当货币使用，却常有各地"贩卖"铜钱入岭南，原因是岭南土著将其当原料以铸造铜鼓等物。这样的情况很是普遍，以至晋孝武太元三年（378）诏令禁止："广州夷人宝贵铜鼓，而州境素不出铜，闻官私贾人皆于此下贪比轮钱斤两差重，以入广州，货与夷人，铸败作鼓。其重为禁制，得者科罪。"[3]

潮汕发现的金属货币，是秦汉六朝岭南地域中比较多的。据笔者检阅2017年下半年之前的《考古》《文物》，一共36篇广东六朝古墓考古报告、简报里面，除了揭阳所出的未可分辨铜钱外，六朝广东墓葬中罕有铜钱。

我们暂时不考虑信息不全的因素，来分析这种情况的原因：一是潮汕的贸易更为充分，二是粤中的铜钱用于铸造成铜鼓等而消耗掉了。我们认为是后者的可能性居多，然而，潮汕在本阶段与区外的贸易往来依然不可小视，毕竟数量较多的货币物证，是实实在在存在的事实。

同时，潮汕金属货币透露出来的信息，与史料上全国铜钱使用趋势完全吻合，其对应关系大致如下：新朝布币流通短，所以才仅仅发现2枚（以当时十分有限的铸造数量，居然在潮汕发现2枚，也是值得深入探讨的问题）；五铢钱流行于两汉，因此有大量货币出现；六朝全国金属货币经济崩溃，故此仅仅发掘出1枚，而这1枚之腐蚀不可辨，与六朝造币质量极差的状况也一致。这种与时代环境的高吻合度性，尽管有着考古方面的偶然性，但无疑为我们对潮汕商业状况的判断，再添一点信心。

综上所述，铜钱必然是潮汕当地与区外商业交往中取得，而它们的发现地都是当时濒海或临江河沿岸，且分散多处，发现的数量在岭南范围内属于较多者，都可旁证潮汕商贸活跃度并非不足轻重，就闽粤范围来说，潮汕亦非落后地区。

---

[1] 李延寿.南史［M］.北京：中华书局，1975：731-732.

[2] 房玄龄，等.晋书［M］.北京：中华书局，1974：2738.

[3] 房玄龄，等.晋书［M］.北京：中华书局，1974：794.

（二）交易地点和商品

有了上述铜钱的发现，结合商品、交通等，可以揣测、探讨汉魏六朝潮汕若干贸易情况：今惠来水尾潭山附近、揭阳新亨九肚村周围、澄海龟山汉代遗址，是较具想象空间的交易点，那里销出的是居民所产的产品；流入商品，较可确认的，主要有金银器、骨器饰品，以及铜镜。

首先，是交易点的推测。

金属货币出土地一带存在着商业活动，那么该处发现的其他遗物，便是可能的商品。同时，商品与货币紧密相关，判断出该五铢钱的流通年代，再结合其他考古成果，便能较有把握地推测该处的大概贸易年代和内容等。

譬如惠来水尾潭山附近。

惠来水尾潭山处发现的20枚五铢钱，为王莽新朝（8—23年）末期所铸，则其在粤东的流通应迟于新朝。而王莽新朝钱币流通的时间相对较短，东汉重铸新币之后，已极其罕见。考虑到自铸造到流入潮汕的时间差，则这20枚五铢钱存在于粤东的年代大约是东汉时期。

水尾潭山五铢钱的发现情况，按原始报道描述是："1978年11月20日，建筑部门于山上挖土，挖到小型墓葬，其中发现'五铢钱'二十枚，铜钱锈结，余无他物。"[1]不过，就笔者寓目情况，汉墓随葬品仅仅发现铜钱的，至2017年仅此一例。而发现者并非专业人员，因此这20枚五铢钱是否真如报道所称出于墓葬，很难确定。邱立诚先生便认为20枚五铢钱"未可肯定为墓葬遗存"[2]。按，惠来水尾潭山当时处于滨线附近乃至可能是海滩，则这些五铢钱与东汉时期外地来往粤东的商船有关。

可与这20枚五铢钱联系起来的是：惠来博地虎山麓台地下的虎沟，曾发现有米字纹陶瓮碎片，米字纹陶为百越文化体现之一，年代在西汉前期或更早，又发现有戳印五铢钱纹陶片，年代大约相当于西汉中后期。则惠来必然存在着潮汕土著居民聚落。

这样，可以做个推测：也许东汉时期惠来居民们与外来的商船存在商贸交易关系，这里的越人聚落认可五铢钱为交易货币。

又如揭阳新亨九肚村周围。

---

[1]　惠来县文物普查办公室.惠来文物志［M］.内部出版，1985：71.

[2]　邱立诚.潮汕地区汉代文化遗存的初步探索［M］//邱立诚.澄海龟山汉代遗址.广州：广东人民出版社，1997：205-206.

揭阳新亨九肚村龙东溪汉墓附近发现有36公斤五铢钱，钱文不清。可与这个发现联系起来的是，揭阳新亨九肚村发现有属于秦汉独木舟遗存。虽然未有更具体的考古报道，但汉墓、五铢钱和独木舟都在同一个村的空间范围，年代相距也不远，则依稀可见揭阳九肚村处存在一个汉代的居住点，并且居民们可能存在着沟通区外的商贸活动。

同时，九肚村龙东溪汉墓出有泥质陶制的折沿深腹盆、敛口方唇浅盘钵、圆唇曲腹碗各1件，或有戳印纹、或饰方格纹，其中碗的口径11厘米、底径5.5厘米、高5厘米，其内里及外壁施绿釉，虽已剥落，尚可一窥完好时的风采。随葬品未见瓮、罐类而显得器物组合不完整，怀疑是当年收集不全所致，又不见典型汉文化内涵的器物壶、鼎等。综合分析，九肚村龙东溪汉墓年代大约在西汉中后期，与附近的36公斤五铢钱年代相近，墓主当为土著越人。[1]

由于该处陶器施绿釉，与同期岭南陶器比尚算精美，因此九肚村汉代的土著居民们有可能出售其所产的陶器等，而五铢钱的得来，应该与此有关。

再如澄海龟山汉代遗址。

澄海龟山汉代遗址及其附近所出的3枚五铢钱，同样透露出商业信息。这3枚五铢钱为东汉所铸，从发现地点看，它们是海龟山汉代遗址居民所使用的，而遗址年代下限为东汉，因此它们的铸造和流通年代都在东汉。即是说，该3枚五铢钱铸造和流通年代大致相当。有了这些货币为证物，又澄海龟山汉代遗址出有丰富遗物，则其中的一部分物品，应也是可能的外销商品。

其次，是流入的物品。当时潮汕当地不具备生产能力而出现的物品，则明显是区外所流入，它们较为可能是商贸活动中获得的。

如金银器。

本阶段潮汕地区发现的金银器，总量少，又没有任何迹象显示为当地生产，尤其是其中的金器。整个潮汕史看，当地从来没有明确产金的记录。那么，揭阳仙桥赤岭口南朝墓"揭仙赤M3"所出的金指环、银手镯、银发钗[2]，潮州归湖黄峰采花2号东晋墓出土的银手镯[3]等，便可推测它们都是外来之物，而这些遗物分布点多且距离远，则增加了由贸易获得的可能性。

---

[1] 邱立诚.澄海龟山汉代遗址［M］.广州：广东人民出版社，1997：199.

[2] 广东省博物馆，汕头地区文化局，揭阳县博物馆.广东揭阳东晋、南朝、唐墓发掘简报［J］.考古，1984（10）.

[3] 潮州市文物局.潮州市文物志［M］.内部出版，1995：3—1，3—2.

它们从哪里来？我们可以做个探讨。与潮汕距离较近又可确认金银业十分突出的，有广东境内的始兴等地，恰好"揭仙赤M3"与始兴发掘的南朝三室墓有可比之处。因此，这些金银器便很可能是距离不远的始兴等处交易得来的。

又如骨器。

远古潮汕居民曾存在堪称极其辉煌的骨器业，但自新石器时代中期的陈桥文化中断之后，骨器产业随之没落。此后的虎头埔—后山文化、浮滨文化等遗址，虽出土有零星骨器遗物，但都未发现类似陈桥文化般大规模骨器生产迹象。因此，秦汉六朝潮汕所发现的量少且不具普遍性的骨器，便很可能也来自外地。上述"揭仙赤M3"南朝墓发掘有骨簪1件，呈长圆形，出土时已残断，相信这件骨簪是由区外流入。

再如铜镜类。

潮汕地区此阶段发现数件带有鲜明时代特征的铜镜，如下表。

表3-2　潮汕地区汉镜遗物统计表

地点及发现情况	类型	数量（件）	判断年代
揭阳曲溪（收集）	弦纹素镜	1	西汉前期
	昭明镜	1	西汉中后期
揭阳梅云石马（出土）	弦纹素镜	2	西汉前期
澄海龟山汉代遗址（发掘）	铭文主题铜镜	1	东汉

这些铜镜中，年代最古老的是流行于西汉前期的3件弦纹素镜，接着是流行于西汉中后期的昭明镜。揭阳曲溪的弦纹素镜与西汉中期始流行的昭明镜同在一起，则这两件铜镜流入潮汕地区的时间也许会晚至西汉中后期。较晚的是澄海龟山汉代遗址出土的残铜镜，其镜缘内侧铸有铭文，这种特点的铜镜在东汉时期才开始流行，属于以铭文为主题的镜子类，而该件出于东汉后期堆积，因此可明确其系年至迟也在东汉后期。[1]

上述铜镜都可以确定并非潮汕所造，应该是商业活动得来。则从遗物的年代判断来说，仅以铜镜遗物，便较可猜测潮汕地区与区外存在商贸往来，且从西汉开始一直未曾中断。

---

[1] 邱立诚.澄海龟山汉代遗址［M］.广州：广东人民出版社，1997：102，128，203-204.

三、外贸："一带一路"的实物例证

秦汉六朝时期，潮汕发现有有关外贸的遗物。如果从潮汕地区纳入华夏中央政权版图的秦代算起，这是潮汕地区参与"一带一路"的较早实物例证。这些遗物为两件玛瑙制品以及1件铜鼓，年代判断上，前者在西汉中后期之前，后者在汉代后期之后。

玛瑙制品。

澄海龟山汉代遗址出土有玛瑙珠、玛瑙耳珰各1件（见图3-1）。玛瑙珠（编号"F4:23"），长身，榄形，六棱体，中有孔，孔径较小，器体两端小，中间大；红色；长1.5厘米、最大径0.6厘米、孔径0.25厘米。玛瑙耳珰1件（编号"F4:25"），耳饰，原来应为一对，已散失1件；腰鼓形，圆身，一端已残，中有一小孔；红色；残长2厘米、最大径1.1厘米、孔径0.1厘米。这两件皆出于住宅类建筑F4建筑物，按地层堆积属于西汉中后期遗存，则其流入潮汕地区的时间，不会迟于此期。[1]

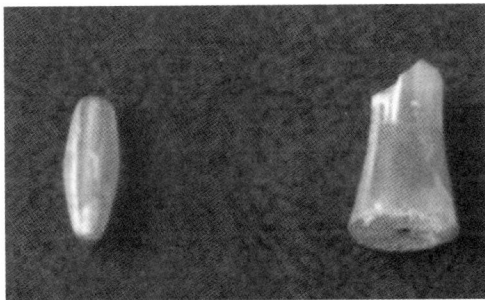

图3-1 龟山汉代玛瑙耳珰和玛瑙珠照

岭南出有不少汉代玛瑙，今广州、佛山、徐闻等地的汉墓便十分常见。《汉书》载"自日南障塞、徐闻、合浦船行……有译长，属黄门，与应募者俱入海市明珠、璧琉璃、奇石异物，赍黄金杂缯而往"[2]，是较早有关海上丝绸之路的清晰记载。据广西博物馆的研究，截至20世纪90年代，汉代合浦郡郡境内的汉墓随葬品，粗计玛瑙类器有玛瑙珠220件、缠丝玛瑙珠12枚，苔丝玛瑙珠17枚、

[1] 邱立诚.澄海龟山汉代遗址［M］.广州：广东人民出版社，1997：100.

[2] 班固.汉书［M］.颜师古，注.北京：中华书局，1962：1671.

肉红石髓珠88枚，另有玛瑙环2件、玛瑙耳珰5件、玛瑙耳塞2件、玛瑙扣16件、玛瑙戒指1件，玛瑙盘龙饰1件，肉红石髓狮6件、肉红石髓雕鹅5件。[1]目前，中国境内出土的汉晋玛瑙制品，通常被认为是海外流入。判断的依据有不少，较主要者，便是玛瑙遗物的分布地，多是文献记载上的海外贸易地区如汉合浦、徐闻等，另一个是合浦汉墓也出有肉红石髓雕成的狮子、琥珀雕成的小狮子，而我国原无产狮子等。

潮汕所出的这2件玛瑙饰品，同样是海外的制品。如考古学家的结论："澄海龟山汉代遗址还出土有玛瑙珠、玛瑙耳珰等饰物，这类饰物在广州、佛山、徐闻等地汉墓多有发现，一般认为是从海外输入，潮汕地区发现较少，但也反映海外物品在汉代已输入潮汕地区，是潮汕地区参与南海海上丝绸之路活动的实物例证。"[2]

铜鼓。

惠来神泉澳角村发现有1件铜鼓。该铜鼓是1982年6月在惠来港仔入水口的水下1米海滩上所得，原始报道称为东汉铜鼓："出土时仅存鼓面和11厘米高的部分胴部，胴微鼓、弯曲，鼓面完整；有鹭鸟、羽人纹，鼓腰至脚无存，似被利器切割；鼓面径71厘米，有唇边，鼓面有双线分晕；一晕太阳纹，有尖细十二芒，芒间夹心形纹，其他晕有折线纹、同心圆纹、栉纹、交叉平行线纹、变形羽人鹭鸟和眼纹等""鼓面边缘有蹲蛙四只，均逆时针排列（一残，现仅存三只），蛙中间有一牛撬；胴部剩余部分也有晕和纹；残存的胴部有两道合范线，花纹对合准确。铜鼓面的背面及正面牛撬腹下已贴上贝壳""港仔入口处如今是一片平原沃野，其一米多深处有大量蚝壳存在，也发现有瓷瓶，是沉船遗物。"[3]

铜鼓是流行于古代中国西南、南方和东南亚广大地区的一种典型文物，它广泛渗入东南亚史前社会生活的各个方面，形成了独具特色的铜鼓文化。至今在中国及东南亚若干少数民族聚居地或偏远地区，仍可见其踪迹。

中文古籍对铜鼓关于"蛮夷铜鼓"的记载很多，西方学界对铜鼓的关注则自20世纪末开始，至20世纪80年代，随着更多实物的出现，铜鼓文化一度成为热

[1] 蒋廷瑜，彭书琳.汉代合浦及其海上交通的几个问题［J］.岭南文史（增刊），2002.

[2] 邱立诚，杨式挺.从考古文物资料探索潮汕地区的古代海上"丝绸之路"［M］//潮汕历史文化研究中心，汕头大学潮汕文化研究中心.潮学研究（第2辑）.汕头：汕头大学出版社，1994：49.

[3] 惠来县文物普查办公室.惠来文物志［M］.内部出版，1985：19-20.

门的国际性课题，目前基本结论为：早期铜鼓基本是由中国西南或南方地区向东南亚输出，是海上丝绸之路的见证物。

惠来这件铜鼓的断代依据，与其他地方单件出土物一样，主要是依靠考古类型学来判断。关于铜鼓的分类，清代文献便有所论及[1]，但对铜鼓类型进行科学划分的，则自1897年始有西方学者论述，奥地利学者黑格尔于1902年将其所见165件铜鼓进行分式，是影响较大且较早的研究，不过，随着文物的出土和认识的深入，已发现其结论欠缺完善且有臆测成分。此后又有多个不同分类观点出现，其中较常被广泛引用的是《中国古代铜鼓》和《论古代铜鼓的分式》的八分法。这两者仅在第八式命名上不一致（前者称西盟式、后者称克伦式，典型器一样），其他并无不同。根据这种分式，惠来铜鼓属于"冷水冲型铜鼓"。截至20世纪90年代，中国藏有冷水冲型铜鼓140多件。

冷水冲型铜鼓因广西藤县蒙江乡横村冷水冲出土铜鼓而得名，主要分布于广西地区，云南、四川、越南亦有少量出土。冷水冲型铜鼓可分为三期，早期为汉代，特征是体型高大轻薄，鼓面宽大，鼓胸不甚凸出等，纹饰多是鼓面周沿有四蛙，或有骑马、骑牛、龟、立马、水禽等造型，太阳纹基本固定为十二芒，主晕为高度图案化的变形羽人纹和变形翔鹭纹，使用复线交叉纹、细方格纹、眼纹、羽纹、圆心垂叶纹等密密麻麻遍布全身。[2]

惠来这面铜鼓，羽人呈变形图案，其他特征亦显示属冷水冲型铜鼓早期稍晚，则大致年代在东汉后期。由于粤东不是使用此类铜鼓的区域，该鼓或许是从广西地区输出，在运送过程中遇到意外而流失于此。

综上分析，可以猜测惠来铜鼓是在岭南地区输出海外的海路途中，"停靠"于惠来神泉附近时遗下的。那么，进而可加推测：倘若是意外的沉船遗物，则说明惠来神泉是海航线的中间节点之一；倘若不是沉船，而是在附近进行商贸活动时不慎遗留，由于潮汕地区既非原产地又非使用地，便会引人往"转口贸易"方面联想。总之，无论如何，这面铜鼓是古惠来参与"一带一路"的实物例证。

此外，普宁博物馆馆藏有2件铜鼓，均为鼓形束腰，面直径81厘米，高46.5厘米，鼓心铸太阳纹，呈八光芒针状辐射，三弦分晕，九晕，晕间饰云雷纹；边

[1] 马端临.文献通考[M].北京：中华书局，1986：1195.

[2] 中国古代铜鼓研究会.中国古代铜鼓[M].北京：文物出版社，1988：28, 32, 47-48.张世铨.论古代铜鼓的分式[M]//中国古代铜鼓研究会.古代铜鼓学术讨论会论文集.北京：文物出版社，1982：95-107.

沿铸四蛙；鼓身晕圈窄密，饰云雷填短线纹；胸腰间有分界凹槽；腰足间起棱。几乎可确认是流行于南朝的北流型铜鼓。不过，该两件铜鼓之来历存在多种说法，笔者暂时未有较可靠的渠道来证实。

同时说明的是，潮汕铜鼓发现比较重要，有文献可联系到，其蕴含着当地丰富的文化信息。上述是仅从经济史角度的介绍。

第二节　隋唐时期

隋唐时期，潮汕地区一定程度上摆脱了之前特别倚重天然水路之境况，水路、陆路都得到发展，尤其是入唐之后，逐步融入全国交通网络。相对良好的交通状况，带来了日趋活跃的商贸流通，而古材料的增多，令潮汕的外贸活动信息更见清晰。

一、融入全国交通网络

（一）交通概况及建设

较早、较系统的潮汕地区对外交通线路记录，来自地理总志《元和郡县图志》，载："州境：东西五百三十六里。南北四百八十四里。八到：西北至上都取虔州路五千六百二十五里。西北至东都取虔州路四千八百一十里。西北至虔州一千五百里。东至大海一百二十里。西南至广州水陆路相兼约一千六百里。西南至循州一千五百里。东北至漳州取漳浦县路四百八十里。南至大海八十五里。"[1]这是大约唐元和八年（813）稍前的记录，但这些交通线肯定是早就存在，此时只是一个总结。

笔者查考，《元和郡县图志》中交通线路的撰写体例，倘若是水路，则有注明是"水路"，如岭南道各州县中便有24处"水路"；倘若是通过水、陆路来完成的，则注明是"相兼"，如岭南道各州县中记载中便有6处出现"水陆路相兼"或"水陆相兼"字眼；倘若是陆路，则不加说明。[2]

上引的记载，便指出了几条陆路交通线，并且有里程数。由潮州州治出

[1] 李吉甫.元和郡县图志［M］.贺次君，点校.北京：中华书局，1983：894-895.

[2] 李吉甫.元和郡县图志［M］.贺次君，点校.北京：中华书局，1983：885-977.

发，分别是：朝西北方向走的，约1500里陆路可达虔州，随后到长安约5625里、到洛阳约4810里；朝西南方向走的，水路、陆路兼程至广州约1600里，仅陆路往循州则约1500里；朝东北方向走的，陆路经由漳浦至漳州约480里；东、南的方向，则是大海。

这些陆路、水路交通线并非机械孤立，它们互相交织。譬如潮州往广州，实际也可从虔州再转道。至于水、陆路的利用也是如此，如到漳州不一定便经由漳浦，而是可以经海路前往。同时，到达了虔州、广州等交通要点，更可直达大江南北，如张九龄主持的唐代岭南大型交通工程大庾岭路，在开元四年（716）十一月便可以运行，该路宽5轨（近6米），可容两车对行，沿途客栈凉亭密布，[1]由潮州至广州后，经大庾岭路可方便地往来岭北，直上中原。

潮汕至外部接壤处的交通，《通典》有所记载。

《通典》载："潮阳郡。东至大海一百二十七里，南至大海八十五里，西至海丰郡海丰县五百七十里，北至南康郡一千五百六十七里，东南到大海六十九里，西南到潮阳县二百七十里，西北到郡内程乡县五百七十五里，东北到漳浦郡五百六十里。去西京七千六百六十七里，去东京六千七百七十五里。"[2]

《通典》的体例，是记录较略，交通上也没有列明水陆路。但这里的记载，如潮州州治至潮阳县、至接壤之海丰县等面向八方的路线，皆有明确的里程数，透露出当时的路线，无论水路还是陆路，都是较为稳定的。

综合上述，隋唐五代潮汕交通情况大约是：一方面，本时期，尤其是文献有所记载的唐代，潮汕地区的内外交通面貌一新，线路稳定，配套完善，"远适千里"不在话下；另一方面，横向对比，潮汕的交通状况尚嫌逊色，只有自潮汕地区出发抵达广州等处之后，才可以更好地融入全国交通网络。

隋唐的港口、码头、桥梁等交通设施建设，有较多的材料显示出来。

本时期海港不少，其中，南澳岛上的若干港口和潮州港、凤岭港、惠来港都是有迹可循的主要大港。

南澳岛诸港。

南澳岛是潮汕地区海路往来海内外的必经之处，也是潮汕地区距离台湾地区较近、较顺畅的船舶停靠点。按"陈稜义安浮海击流求"军事行动的记载，很大可能性，是大业六年（610）隋军征台时便停驻此处，晚出的地方志书如《东

---

[1] 张九龄.开凿大庾岭路序［M］//张九龄.曲江集.文渊阁四库全书本，卷十七：5-6.

[2] 杜佑.通典［M］.王文锦，王永兴，刘俊文，等，点校.北京：中华书局，1988：4849.

里志》所指的："维舟岛屿，隆、深、云、青四澳，皆所经历矣。"[1]大抵上是符合地理概貌的，则无论陈稜大军始发于潮汕何处，南澳岛上应该是补给点或停靠点。

古潮州港。

唐代存在一个古潮州港，是当时主要出海通道。由该港出发，可通韩江的支流古潮州溪和古彩塘溪而出海，随着环境的变化，该港大概在宋后便逐渐转移而趋于消沉。

古潮州港在唐时深入州治之处，晚出的《韩江闻见录》中载有一则故事，称雍正四、五年（1726、1727）间大旱，潮州城内东堤某古井发现有白沙黑土、大海船桅并绳索等物件。这说明东堤处（今潮州市区）可能曾有海船停泊。又贾岛的《寄韩湘》中有"潮州涨满川"句，《寄韩潮州愈》诗有"海浸城根老树秋"句，都是一片水至潮州城之景象。对照郑昌时的记录，潮州东堤一带似乎是古潮州港之所在。[2]而不远处的池湖村，一直传说有通航安南的码头，曾建有"安南庙"，并形成自然村"安南庙村"，至今仍然保留着"安南渡口"的地名，那里应该是古潮州港的一部分。如是，则此处海运可往来安南。

凤岭港。

凤岭港在古潮州港逐步废弃间兴起。由于地理变化，连接古潮州港的航道湮塞严重，凤岭港遂应运而生。

凤岭港在唐末五代时已然形成当时较为繁荣的港口集市，贸易活跃。现在的澄海凤岭山麓的程洋冈乡，便是当日港岸的市集。程洋冈乡至今仍保留"永兴街"石匾，署有"兴国丁丑"四字，可知永兴街辟建于北宋太宗太平兴国二年（977）。街辟于宋初，贸易点之形成时间必然在前，而此时距离潮汕纳入宋版图才6年，从盛期回溯起始期，则港口的存在时间可推至唐末。又，凤岭港多处出土宋代海船桅杆、大锚、船板、船缆，同时有大量宋代瓷器和成批的唐、宋铜钱出土。其附近的凤岭宫建于唐代，供奉汉南越王赵佗和唐医学家孙思邈，附近也有成批唐代铜钱的发现。这些，都是凤岭唐末成港的有力证据。

古神泉港。

———————

[1]　陈天资.东里志 [M].印行东里志领导小组，饶平县地方志编纂委员会，整理.内部发行，2001：46.

[2]　郑昌时.韩江闻见录 [M].吴二持，校注.上海：上海古籍出版社，1995：252.贾岛.寄韩湘，寄韩潮州愈 [Z]//胡震亨.全唐诗.季振宜，彭定求，等，修纂.北京：中华书局，1960：6668，6680.

上一时期已经介绍了惠来神泉附近发现的文物。在本时期，仍未有同期文献录载该处港口，但从考古发现看，可确定那里存在着商港。为了叙述方便，我们暂且称其为"古神泉港"。

古神泉港的具体位置应该与明、清的神泉港相当，即"神泉港在县治之南十五里，相距（县治）仅一望耳，海贼泊澳，呼吸立达，则神泉固县之一外障也""（清代雍正）有巡司驻扎。旧志云：神泉为海门户""神泉渡，在县南十五里""神泉港，在县南十五里"。[1]

这处海港在本时期不见同期文献记载，可能是宋代之前地方志书相关材料缺失造成，也可能与该处以土著居民为主、不入修志者"法眼"有关。不过，它有一座象征着唐代海外贸易繁荣发达的"广利王庙"，并且发现铸有题款"唐宪宗元和庚子中秋福建胡其成等敬送"的铣钟，证实这里是闽粤交通要道，又"土人虔祀之"[2]，可进一步推测出它与土著居民有关。

本时期的渡口遗存，也有一些发现。以澄海为例。

澄海大衙古码头遗迹，位于外砂大衙村前，整个遗址范围大约6600平方米，该处在1943年便出土有石柱、柱础，以及刻有菩萨、花卉的石墩4个，还有三足瓷香炉、瓷瓶等器物，另有大船桅2支，以及唐代的陶和宋代的碟、盘、钵、碗等器物。外砂大衙又于1983年发现一处唐宋生活遗址，老墙基、灶位及唐宋遗物等俱全。[3]综合看来，这里应该存在一处始自唐代、延及宋代的聚落，以及交通出行之渡口。

陆路方面，已经大为改观。

如潮州到漳州的陆路，大致是沿海岸线，越分水关，经盘陀岭至漳州。这段路自上时期我们便有叙及，但沿途山岭较多，未必常用。至本时期，则是商旅可过的官方驿道了。垂拱二年（686）漳州建置，晚出文献中便有刺史陈元光开辟四边驿道的记载"北距泉、兴，南踰潮、惠，西抵汀、赣州，东接诸岛屿，方数千里"[4]，其中包括闽粤古道。而《元和郡县图志》"东北至漳州取漳浦县路四百八十里"的记载，说明唐元和时该路已现成熟。晚唐李德裕经盘陀岭时有诗

[1]　张玿美，等.（雍正）惠来县志［M］.台北：成文出版社，1968：84，104，123，143.

[2]　周硕勋.（乾隆）潮州府志［M］.台北：成文出版社，1967：180.

[3]　广东省文化厅.中国文物地图集（广东分册）［M］.广州：广东省地图出版社，1989：246-247.澄海县博物馆.澄海县文物志［M］.内部出版，1987：9-10.

[4]　沈定均，吴联薰，等.（光绪）漳州府志［M］.1877（清光绪三年）刻本，卷二十四：2-3.

作《盘陀岭驿楼》："嵩少心期杳莫攀，好山聊复一开颜。明朝便是南荒路，更上层楼望故关。"[1]按李德裕入潮时间为唐大中二年（848），而盘陀岭正是潮州到漳州必经之处，则该路亦有驿站（驿楼）。

潮汕地区内部的交通设施建设，没有见到官方大规模基建记录，但一些小型设施，对当地水路、山路等的交通畅通起到很好的作用。以潮阳县为例。

桥梁。如潮阳谷饶附近的几座小桥。《潮阳县文物志》载潮阳大族洪氏，来自中原，其自唐代起便在当地募民垦荒，开辟疏通后溪附近之河道，并购置商船从事商贸经营等，且建造有泥湄、肖渡、麒麟、洪使等桥梁，方便交通出入及商贸来往。[2]

山梁。如潮阳西胪乌岩乡，有三孔两墩的石桥，俗称"无水桥"。该桥全长约20米，高约19.3米，三孔的桥面共有15块石板，仅南端脱落两块，桥身基本完好。《（隆庆）潮阳县志》载，乌岩山在河溪山之西，"其下有岩，石洞天成，无路可达，僧大颠尝居此，筑石梁架两山之间，高数丈"，这里指的，似乎便是这处石梁。[3]

此外，驿站店肆等古代主要交通配套设施之建设，在本时期已见文献记载，《元和郡县图志》所载"西津驿"，也成为文献上较早见的潮汕驿站记录。

唐代驿站遍布全国，如《唐六典》载有开元时期的驿站，"凡三十里一驿。天下凡一千六百二十有九所，二百六十所水驿，一千二百九十七所陆驿，八十六所水陆相兼。"[4]又如《通典》载："三十里置一驿，其非通途大路则曰馆。驿各有将，以州里富强之家主之，以待行李。"店肆配套服务齐备，如《通典》载开元十三年（725）时，"东至宋、汴，西至岐州，夹路列店肆待客，酒馔丰溢。每店皆有驴赁客乘，倏忽数十里，谓之驿驴。南诣荆、襄，北至太原、范阳，西至蜀川、凉府，皆有店肆，以供商旅。远适数千里，不持寸刃"，按描述，当时驿驴可租可乘，店肆可驻可歇，治安良好。大抵上，唐代商旅行人畅行全国都市是没有问题的。[5]

[1] 李德裕.盘陀岭驿楼［Z］//全唐诗（增订本）.中华书局编辑部，点校.北京：中华书局，1999：5449.

[2] 潮阳文物志编纂小组.潮阳县文物志［M］.内部出版，1985：40.

[3] 林大春.（隆庆）潮阳县志［M］.上海：上海古籍书店，1963，卷之六：4.潮阳文物志编纂小组.潮阳县文物志［M］.内部出版，1985：50.

[4] 李林甫，等.唐六典［M］.陈仲夫，点校.北京：中华书局，1992：163.

[5] 杜佑.通典［M］.王文锦，王永兴，刘俊文，等，点校.北京：中华书局，1988：152，924.

这样的大形势下，潮汕道路自然也配套有驿站，尽管文献稀缺，我们仍能窥探到水、陆驿之存在。

陆驿的，如"西津驿，在县西六里"。[1]这个西津驿位于海阳县治西边，应该是陆驿，按上引《通典》《唐六典》所载的官方规定，各地应三十里设置一陆驿，就算潮州偏僻，也没有什么理由不按此规定执行，而既然有了"西津驿"一处，便说明距其三十里处也可能存在其他的驿站。《通典》记载中，还称天下"非通途大路"处，设有"馆"，既然有驿，也可能有馆。就算囿于实际情况，而未必能每三十里置一处，但作为中唐之后官方认定的"岭南大郡"，想来潮州会存在着一定数量的馆驿。反过来设想，整个"岭南大郡"只有一处"西津驿"，反而有点说不过去。

水驿的，目前未见同期史料记载，然而这同样可能是文献亡佚的结果，因为唐代水驿本应有260所以上，但全国范围内，目前仅20余所可以确认地址，其中多数还是考古材料透露出来的，岭南、潮州之文献失载也属正常。当时水驿主要分布于东南，《唐国史补》载"凡东南郡邑无不通水，故天下货利，舟楫居多""舟船之盛，尽于江西"。[2]地处东南的潮州想来也存在着水驿，尽管未必十分完善。

有文物线索显示唐元和期间的潮汕水驿。今汕头市潮阳区的后溪水驿渡口有一碑，大约高1.48、宽0.28米，碑文铭刻"后溪水驿渡口"，落款为"唐元和立"，该碑被载入当代版《潮阳县志》《潮阳县文物志》。该港口俗称"后溪官渡"，曾于清道光、光绪年间重修。据笔者综合了解，该碑可能是20世纪50年代中期才立，至于最为关键之处，即当时出于什么原因而碑刻"唐元和立"，则暂时未有可靠线索溯源。

（二）交通线路例举

隋唐时期，关于潮汕地区交通状况材料有所增多，下面例举两条长途线路。一条是海路，可通向外洋；一条是陆路为主，水陆兼具可达长安都城。

1.潮汕—海外

至迟在隋代，潮汕居民已然熟悉一些通航海外的交通线，并与台湾土著发生民间贸易往来，而且，潮汕必然有海舶港口，也有潮汕人口抵台。

正史中第一次涉及潮汕地区海上贸易的记录，来自《隋书》，时间在公元

---

[1] 李吉甫.元和郡县图志［M］.贺次君，点校.北京：中华书局，1983：895.

[2] 李肇.唐国史补［M］.文渊阁四库全书本，卷下：18-19.

610年，即隋大业六年"陈稜义安浮海击流求"军事行动的记载。其中，"流求"便是台湾在隋时的称呼，这是被广泛认可的通行说法。

《隋书》中有4处提及此事。大约是：大业元年（605），隋将何蛮等汇报东南海面依稀有人烟；大业三年三月癸丑（607年4月6日），朱宽、何蛮等奉命入海寻访，至台湾，掠一当地土著而返；大业四年（608），隋炀帝命朱宽招抚台湾，台湾方面不同意，于是取岛上日常穿戴物件回大陆；之后，倭国来隋使者看见此物，认为是夷邪久国人所用；大业六年二月乙巳（610年3月13日），隋炀帝命陈稜、张镇周（同"张镇州"）率兵，自潮汕地区所在的义安郡跨海出击台湾，隋军屡战皆胜，内迁几乎所有的台湾土著。[1]

值得注意的是，这些正史材料的细节，尤其是"自义安泛海击流求国。月余而至流求。人初见舡舰，以为商旅，往往诣军中贸易"句，从中可探知当时的海交、贸易情况。

首先，义安郡居民与台湾土著商贸交往早已有之。陈稜率领的中央政权船队磨刀霍霍直抵台湾时，台湾土著居然还误会为是海商船队，这说明台湾土著与义安郡商贩的接洽早非首次，并且常有义安郡船只前往该处，台湾土著才会毫无戒心，以为是商旅并主动到隋军中商洽。

其次，义安郡居民与台湾土著的商贸交往具有普遍性。"往往诣军中贸易"的"往往"两字很重要，应作"纷纷、陆续"解释，这样的用法在正史中多有出现，如《史记》中的"往往稍降太尉、梁军"[2]，又如《汉书》中的"则文学彬彬稍进，诗书往往间出"[3]，都是如此。这样，便意味着前来贸易的台湾土著数量不少，并非零星的一两艘船舶或几个人而已。

再次，义安郡至台湾的海航线已很成熟，潮汕地区也具有海港。这主要来自上述的推论：若航线不成熟，则没有正史的相关记录；若没有商港，则义安郡居民到台湾贸易从何处出洋？至于港口在哪里，我们认为还是在潮汕境内，因为汉代已经有8000人的东越船队停靠，则此时更有适宜隋军船的海港。

最后，此时已有潮汕居民踏足台湾岛。本次军事行动最主要的参与者是"东阳（东扬）兵"，但"东阳（东扬）"究竟指哪里，历来有"浙江金华兵"和"潮州兵"等不同说法。但此次行动中，明确载有"稜将南方诸国人从军"，

[1] 魏徵，令狐德棻.隋书［M］.北京：中华书局，1973：67、74、1519、1824-1825.

[2] 司马迁.史记［M］.北京：中华书局，1959：2834.

[3] 班固.汉书［M］.颜师古，注.北京：中华书局，1962：2723.

既从南方征兵，又是自义安郡出发，则其中至少有一些潮州兵或土著为向导。

综合上述，潮汕地区在此时之前必有出海良港，熟悉义安至台湾航线，并且常常有海商与台湾贸易，也有潮人到达台湾。

因此，才有了万历《东里志》的记载："富商得以逡巡海道，与夷人交通，夷人亦得扬帆万里，与中国关市，皆自兹役起之也。""自义安浮海，则必维舟岛屿，隆、深、云、青四澳，皆所经历矣。"[1]《东里志》的这则材料，是存世地方志中较早言及潮汕对外贸易的记录，陈天资认为，潮汕地区海商与海外交通、对外贸易发轫于隋代"陈稜击流求"。实际上，则应该是早于这次军事行动，因为如前所述，陈稜的兵船到达台湾时，台湾土著还以为是商船，说明双方接洽早非首次。而只要到达台湾海域，便可借助风汛，上达东亚、下至南洋。

潮州至台湾的海路，也是东南沿海商路的一部分，会稽商人常循海岸线至岭南，如《太平寰宇记》引唐房千里撰《投荒录》，称岭南的恩州："颇有广陵、会稽贾人船循海东南而至。故吴、越所产之物不乏于斯。"[2]潮州正处于此段线路中间。大量的文献记载显示，当时的民船航海多在沿途靠岸补给，这个过程中，商船也多有交易行为。

2.长安—潮汕

元和十四年正月八日丁亥（819年2月6日），唐宪宗奉迎佛骨，韩愈上《论佛骨表》极言其弊，数日后遭贬逐，黯然南下潮州。其女受累，不久离京，卒于至潮州的途中。

关于韩愈南下路线的估测，古今有不少文章论及，近年《昌黎赴潮行迹诗文笺证》[3]一文考述甚详。兹以该文为主，梳理韩愈的行程，如下：

1.元和十四年十四日癸巳（819年2月12日）离长安。

2.至蓝田关。距离长安约170多里。蓝田关在雍州蓝田县。

3.至层峰驿。层峰驿是蓝田至武关的必经之路，韩愈家人随后受牵连遭遭，其十二岁的女儿韩挐不堪劳累，又失饮食，卒于此处。

4.至武关。距离长安约440里。武关在商州商洛县。

5.至邓州边界。距离长安约790里。邓州在山南道。

[1] 陈天资.东里志［M］.印行东里志领导小组，饶平县地方志编纂委员会，整理.内部发行，2001：46.

[2] 乐史.太平寰宇记［M］.王文楚，等，点校.北京：中华书局，2007：3038.

[3] 孔祥军.昌黎赴潮行迹诗文笺证［M］//孔祥军.汉唐地理志考校.北京：新世界出版社，2012：231-239.

6.至曲河驿。距离长安约1030里。曲河驿离邓州治所90里。

7.至南阳。距离长安约1060里。南阳县在邓州。

8.至宜城驿。距离长安约1317里，二月二日（819年3月1日）停宿宜城。宜城驿在山南道襄州宜城县。

9.至昌乐泷。韩愈所走路线应是宜城—彬州—昌乐泷，已走3500多里，约三月中在昌乐泷。昌乐泷在岭南道韶州乐昌县。

10.至宣溪。距离长安约3765里。宣溪在韶州之治所曲江县南80里。

11.至始兴江。始兴江在韶州曲江县和广州浈阳县之间。曲江县、浈阳县，分别距离长安3685、3785里。

12.至曾江口。距离长安约4390里。曾江口在岭南道广州增城县。

13.元和十四年四月二十五日（819年5月22日），韩愈至潮州治所。

《旧唐书》载："愈至潮阳，上表曰：臣今年正月十四日，蒙恩授潮州刺史，即日驰驿就路。经涉岭海，水陆万里。臣所领州，在广府极东。去广府虽云二千里，然来往动皆逾月。"[1]《元和郡县图志·潮州》载潮州"西南至广州水陆路相兼约一千六百里"[2]，《元和郡县图志·广州》载广州"西北至上都取彬州路四千二百一十里"[3]。

综合上引，即是说，韩愈自长安至潮州，大的路线是长安—广州—潮州。这条路线，是以官方年簿记录为主要依据的《元和郡县图志》所记录的，两段共计5800多里，韩愈的全程耗时为100日，那是由于到达岭南道后，有些公文交接手续等，而有所耽搁。

兹结合沿途诗文作品，整理成下表。

表3-3 韩愈"长安—潮州"行程表

序号	途经	离长安（里）	时间（819年）	韩愈途中作品
1	长安	0	2月12日	
2	蓝田关	170		《左迁至蓝关示侄孙湘》
3	层峰驿			

[1] 刘昫，等.旧唐书［M］.北京：中华书局，1975：4201.

[2] 宏新按：中华书局《元和郡县图志》所据底本为江南本，又岱南阁本、畿辅本都载"西南至广州水陆路相兼一千六百里"，无"约"字。参见：李吉甫.元和郡县图志［M］.贺次君，点校.北京：中华书局，1983：895，909.

[3] 李吉甫.元和郡县图志［M］.贺次君，点校.北京：中华书局，1983：886.

续表

序号	途经	离长安（里）	时间（819年）	韩愈途中作品
4	武关	440		《武关西逢配流吐蕃》《路傍堠》
5	邓州边界	790		《次邓州界》
6	曲河驿	1030		《食曲河驿》
7	南阳	1060		《过南阳》
8	宜城驿	1317	3月1日	《题楚昭王庙》《记宜城驿》
9	昌乐泷	3500	3月中	《泷吏》《临泷寺》
10	宣溪	3765		《晚次宣溪辱韶州张端公使君惠书 叙别酬以绝句二章》
11	始兴江			《过始兴江口感怀》
12	曾江口	4390		《宿曾江口示侄孙湘二首》
13	潮州	5800	5月22日	《潮州刺史谢上表》

长安至潮汕的路线，同时也是潮汕至长安的路线，而韩愈所走这条路线，按《元和郡县图志》所载来比较，都是官道，该路虽然遥远，且入岭南之后相对难走，从广州至潮州又经历舟船之颠簸，但毕竟是顺畅的。

当时走此长途路的人，还有一些记载，如张籍求韩愈为其岳父撰写神道碑，便派人从长安送资料等到潮州，可知长安远非关山难越。而潮州可至长安，其途中转折别处，畅通其他州郡，也是可以想见的。

至于韩愈自称的"水陆万里"以及著名的"夕贬潮阳路八千"，都是一个概数，按官道计算则不足6000里，这如他说潮州距离广府"二千里"，而实际水陆相兼是1600里一样的。这个8000里数据，韩愈多次使用，如行至武关有"直去长安路八千"句，又如在神道碑中也有"使人自京师南走八千里，至闽南两越之界上"句，可见韩愈惯用"八千"来指长安至岭南、闽南的距离。倘若不结合其他情况而纠结于这些文艺化修辞的精准度，便无从解释"自京师南走"句，因为从长安往正南走，永远都到不了两广。[1]

同时，由于韩愈地位崇高，"八千"稍后便成譬指遥远艰辛之文学典故。

[1] 韩愈.左迁至蓝关示侄孙湘，武关西逢配流吐蕃，唐故中散大夫少府监胡良公墓神道碑 [M] //屈守元，常思春.韩愈全集校注.成都：四川大学出版社，1996：759，761，2334-2336.刘昫，等.旧唐书 [M].北京：中华书局，1975：4201.

如后唐熊皦《谪居海上》称"家临泾水隔秦川，来往关河路八千"，[1]入宋更成熟典，如韩元吉《圣政更新诏书正告讦之罪因得小诗十首》"潮阳初谪八千里，中令俄成十九年"[2]。类似这种文艺描述不同于史实的情况，本书行文取用还多，下文如有引及诗词的，若非关键之处，一般不再分析。

二、日趋活跃的商贸活动

隋唐潮汕商贸活动日渐活跃，尤其是中唐以后。这可从有关市场、商品、货币等的材料反映出来，而中央政府称"潮州是岭南大郡"，[3]相信也与商业发展有关。

唐代，按规定，原则上只允许存在官市，即设于州治、县治的市。说见《唐会要》载："景龙元年十一月敕：诸非州县之所，不得置市。其市当以午时，击鼓二百下，而众大会；日入前七刻，击钲三百下，散。"[4]

当时岭南之市众多，同期文献有所录载。如《北户录》载南海诸郡人，有从事鱼种买卖而"鬻于市"，[5]又如《岭表录异》载有岭南"獠市"，介绍黄腊鱼时称"北人有寓南海者，市此鱼"等，[6]都有述及岭南集市情况。

作为"岭南大郡"，潮州自然并不例外。韩愈在《初南食贻元十八协律》《答柳柳州食虾蟆》等描述的鱼、蛇、龟、蛙、虾、鲎、蚝、蒲鱼、章鱼、江瑶柱、蛤等不下十数种特产食物品，应该也是州治的官市得来。

不仅仅是州治，唐代潮州各县治也存在官市。

如潮阳县。南朝时期便闻名而被载入《南越志》的潮阳特产文贝，可以解毒，[7]初唐苏恭订注李绩《英公唐本草》时，便称"南夷采以为货市"[8]，而由

[1]　熊皦.谪居海上［M］//全唐诗（增订本）.中华书局编辑部，点校.北京：中华书局，1999：8495.

[2]　韩元吉.圣政更新诏书正告讦之罪因得小诗十首［M］//韩元吉.南涧甲乙稿.文渊阁四库全书本，卷六：8-9.

[3]　王溥.唐会要［M］.北京：中华书局，1955：1624.

[4]　王溥.唐会要［M］.北京：中华书局，1955：1582.

[5]　段公路.北户录［M］.文渊阁四库全书本，卷十九：20.

[6]　刘恂撰.岭表录异校补［M］.商壁，潘博，校补.南宁：广西民族出版社，1988：52，142.

[7]　徐坚等.初学记［M］.北京：中华书局，1962：192.

[8]　《本草纲目》引《英公唐本草》.参见：李时珍.本草纲目（校点本）（第四册）［M］.刘衡如，校点.北京：人民卫生出版社，1981：2542-2543.

于唐宋医书中的文贝（紫贝），基本以潮阳产为代表，或者说介绍文贝的医书，多是指有解毒功能的潮阳文贝，则苏恭所称的南方货市，便包括或者特指潮阳县治之市。

远离州治、县治的人群聚集处，肯定也存在交易场所，它们区别于官市，此期的语境，称为"虚"（"墟"），宋则多称为"野市"等，文献称呼不一而足，大致都是区别于官市的私市。

岭南的私市。如柳宗元《童区寄传》中便提到"去逾四十里之虚所买之"，童宗说注"南越中谓野市曰'虚'"[1]。"虚""野市"，都是自由集市之类的商品交易场所，当时并非官方提倡或认可的。潮汕地区正处于"南越"之内，应该也是如此。

不过，潮汕地区的集市更可能分布在港口之处，或说至少在海边港口附近存在民间私市。唐代系年钱遗物出现较为集中的澄海，便是潮汕墟市点之一。

文献中，记载有岭南海边多集市的情况，如柳宗元称岭南海边自由墟市，是"梯航连连，旌旂悠悠。辐凑都会，皇威以流"[2]。韩愈则称潮汕海商，在近海之处或者海面上直接与外商交易，[3]这可以说是自由墟市的延伸。当然，它们都不是官方所认可的，但韩愈在岭南时已熟知这种情况，却未见有任何取缔的记录，这也许从侧面反映出，这种私市在潮汕是广泛存在的，才会造成官商居民皆熟视无睹的情况。

潮汕市场的商品，本时期已见丰富，可输出区外的应也不少。参见本书工业章，便有多个例子。

这里仅举食盐为例。唐代潮州盐业在岭南的行业地位是极高的，乃至元和时期真正可确认的岭南盐生产地，现可见文献中仅得潮州海阳一处，"百姓煮海水为盐，远近取给"[4]。潮州盐一开始便进入市场，成为商品，在文献中并未见到岭南道向其他道购买盐的情况下，我们认为海阳所产之盐，其"远"可能供给邻近各州乃至粤中等处，而"近"则供给整个潮汕地区。到了唐代后期，岭南有

---

[1] 柳宗元.童区寄传［M］//柳宗元.柳河东集注.童宗说，注释.张敦颐，音辩.潘纬，音义.文渊阁四库全书本，卷十七：4.

[2] 柳宗元.为安南杨侍御祭张都护文［M］//柳宗元.柳河东集注.童宗说，注释.张敦颐，音辩.潘纬，音义.文渊阁四库全书本，卷四十：14.

[3] 韩愈.送郑尚书序［M］//韩愈.韩昌黎文集校注.马其昶，校注.马茂元，整理.上海：上海古籍出版社，1986：283-284.

[4] 李吉甫.元和郡县图志［M］.贺次君，点校.北京：中华书局，1983：895.

能力输出食盐至湖南等地时，相信潮州盐仍然在岭南输出量中占有一席之地。

金属货币，能够部分反映出本时期的商业概貌。

潮汕地区出土的唐五代制钱币有多种，分布点也较多。以澄海为例，大概如下（见表3-4）：1963年10月，梅陇村出土窖藏铜钱300多枚，其中若干有唐年号；同年12月，冠山乡老人村出土窖藏铜钱9斤，装于陶罐内，其中若干有唐年号；同月隆都樟借埔园、后埔陇下分别发现有铜钱，隆都供销社收购了30多斤，其中有若干开元通宝、乾元重宝和光天元宝（前蜀光天元年始铸）；1973年8月，隆都鹊巷村发现铜钱12000余枚，其中有若干开元通宝、乾元重宝；1974年冬，盐灶车站前出土窖藏铜钱50余斤，约4000枚，其中有若干为开元通宝；1975年12月，隆都后埔白沙宫遗址西部1米深处出土铜钱1800余斤，多已锈结，取样14斤中有1枚开元钱，该处遗址经简略清理，判断为南宋时入土；1979年10月，上华华陇跑马埔出土铜钱10余枚，其中有若干开元通宝；同年冬，鸿沟乡出土铜钱3000余枚，其中有若干开元通宝、乾元重宝；1983年10月，盐灶乡莲花山下发现铜钱1500余枚，其中有若干开元通宝、乾元重宝；1987年3月，澄城民美村出土窖藏铜钱1200余枚，其中有36枚开元通宝和1枚周元通宝（后周显德二年始铸）；1987年7月，澄海县博物馆清理馆藏铜钱，发现一袋历年澄海县发现的标识为"总选"者，清理出铜钱105枚，其中有唐开元通宝2枚。[1]

表3-4　澄海发现的唐五代钱币统计表

序号	地点	形制	年代
1	梅陇村	有唐年号	唐
2	冠山乡老人村	有唐年号	唐
3	出自隆都樟借埔园、后埔陇下，收购后混杂	开元通宝、乾元重宝、光天元宝	唐、五代
4	隆都鹊巷村	开元通宝、乾元重宝	唐
5	盐灶车站前	开元通宝	唐
6	隆都后埔白沙宫	开元通宝	唐
7	上华华陇跑马埔	开元通宝	唐

---

[1] 陈跃子.澄海出土铜钱概说［J］.汕头文物，1987（13）.澄海县博物馆.澄海县文物志［M］.内部出版，1987：9-10，61-64.黄伟雄.从文物考古看澄海历史的发展［M］//邱立诚.澄海龟山汉代遗址.广州：广东人民出版社，1997：239-240.

续表

序号	地点	形制	年代
8	鸿沟乡	开元通宝、乾元重宝	唐
9	盐灶乡莲花山下	开元通宝、乾元重宝	唐
10	澄城民美村	开元通宝、周通元宝	唐、五代
11	博物馆藏整理	开元通宝	唐

上述铜钱，除了"有唐年号"情况不详外，余下的开元通宝、乾元重宝、光天元宝和周元通宝四大类介绍如下。

开元通宝，简洁而言可分为4种：一是唐高祖武德四年（621）废五铢钱，行开元通宝钱，钱径2.4—2.5厘米、穿径0.7厘米、廓0.2厘米，重4.25—4.5克，其直至宋初仍有铸造，不同时期形制也有不同；二是"开元通宝当十大钱"，唐德宗建中四年（783）后所铸，陕西曾收集到1枚，传为出土物，钱径约3厘米、厚0.2厘米，重约10克；三是"会昌开元"，唐武宗会昌六年（846）始铸，正面仍为"开元通宝"，背面则为政区名，目前发现有州名福、广等20余种，这种钱不规整，发行有限，又唐宣宗（846—859在位）曾令销毁，存世极少；四是俗称"开元通宝对钱"者，它为五代南唐（937—975）政权所铸造，比武德开元通宝略小，外廓较宽，所铸文字有隶书和篆书两种。

乾元重宝也有多种，大概如下：当十乾元钱，始铸于乾元元年（758），重5.97—6克，钱径约2.7厘米，因官方规定每枚等值于10枚开元钱使用而得名；重棱乾元钱，乾元二年（759）发行，钱径约为3.5厘米，重12克左右，因背面有两道凸起的棱郭而得名，初出时法定等值50枚开元钱，后递减至等值于开元钱使用，由于脱离市场原则，因此多被销毁重铸；乾元重宝小钱，铸文仿重棱乾元钱，但大小则如开元钱，宝应元年（762）规定等值于2枚开元钱使用，后改等值使用。

光天元宝和周元通宝，都是五代十国政权所铸造发行。光天元宝是前蜀高祖王建于光天元年（918）始铸，周元通宝是后周世宗显德二年（955）始铸，其中周元通宝流通较广，并因后世传有辟邪强身功能而存世较多。但总的来看，光天元宝和周元通宝较唐开元钱的流通时间和数量等都要少得多。

由于原始考古报道中罕有图片及规格，上述4类铜币中，我们不清楚所出是何种开元通宝，按常理来说，这应该是流通时间较长，流通量较大的武德开元通宝；乾元重宝，则可能是乾元重宝小钱；光天元宝、周元通宝，都非管辖潮汕的南汉国政权所发行，则上表所列，应是潮汕地区与中国北方、西南有所贸易流通的结果。

潮汕地区出土、采集或收购到的钱币，以澄海分布点最多，在这里出现的钱币可能达到潮汕所见总量的一半以上。虽然这些钱币绝大多数是采集得来，未有地层关系可辅助判断其在潮汕的真正流通、使用年代，但是，在同样未经严格清理，同样未能判断流通时间，同样未有多少文献录载等的情况下，澄海县域有着这样的发现规模便意味着，隋唐五代的澄海一带，是潮汕地区商业活动较为活跃的地方。

综上所述，这批铜钱是潮汕地区商业活动的见证物。

同时，它至少让我们能够得到这样的认识：首先，本时期潮汕与区外的商业联系仍显活跃，商贸对象远非岭南及周边，而是跨出南汉国境，乃至北至北方、西至西南；其次，作为秦汉以来的海路进入潮汕腹地的最先着陆点之一，澄海一带是潮汕地区商业活动较为活跃之处，已经形成了一定规模的市墟，也可以说是潮汕最主要的商舶停靠点。

三、外贸：海上丝绸之路的重要环节

秦汉六朝时期，潮汕地区已经有了涉及外贸的实物例证。到了隋唐时期，则有材料证实，潮汕地区是海上丝绸之路的重要环节，交通营运方式上，则既有从当地港口运至目的地的，也有运货至广州转口外销的。

《隋书》《东里志》几条古材料，我们上面已经做了分析，它显示出至迟在隋代大业六年（610），潮汕与台湾的贸易已经相当普遍，而这是由于事关战争大事，才让线索得以载入文献，我们方知海外贸易"始于此时"。实际上，潮汕外贸的肇始时间肯定不是自此时起，不计先秦，上一时期惠来铜鼓遗物的发现、澄海的域外玛瑙耳珰出土等，都让我们感受到外贸痕迹。只不过，因为有了系年在本时期的材料支撑，外贸情况显得更加清晰而已。

入唐之后，潮汕社会发展较为迅速，中唐之后尤其如此。港口、海航线、交通工具、外销商品一应俱全，无不体现出对外贸易的活跃，此时，"蛮胡贾人舶交海中"，是为常态。

韩愈《送郑尚书赴南海诗并序》载："隶府之州离府远者至三千里，悬隔山海，使必数月而后能至。蛮夷悍轻，易怨以变，其南州皆岸大海。多洲岛，飘风一日踔数千里，漫澜不见踪迹。……其海外杂国若耽浮罗，流求，毛人，夷、亶之州，林邑，扶南，真腊，干陀利之属，东南际天地以万数。或时候风潮朝贡，蛮、胡贾人舶交海中。"[1]

《送郑尚书赴南海诗并序》撰写于长庆三年（823）。当时，工部尚书郑权出任岭南节度使，作为私交不错的朋友，韩愈在慰行之余为其介绍了一些包括潮汕地区在内的岭南社会状况。应该说，此时距韩愈离开潮州仅3年有余，其记忆犹新是毫无疑问的，而好友郑权即将身临实地，具有强烈儒家责任感的韩愈更不可能胡编乱造。排除掉这些因素，便可以将《送郑尚书赴南海诗并序》内容看成类似纪实的作品。那么，其记叙性部分，也就较能反映当时的客观实际。

上引中，韩愈概略举要了海外多个地方，倘若将文艺作品的泛指"较真"分析而以正史指实的话，则大约是："耽浮罗"亦称"耽罗"，据《元史》中的"耽罗，高丽与国也"句等，[2]应在今韩国济州一带；"毛人"，据《新唐书》中的"日本乃小国……又妄夸其国都方数千里，南、西尽海，东、北限大山，其外即毛人云"句，[3]则大约在今日本境内或附近；至于流求、夷亶之州，大抵是台湾和东海一带岛屿；"林邑"，据《晋书》中的"邑国本汉时象林县，则马援铸柱之处也，去南海三千里"句，[4]是在今越南中部；"扶南"，据《晋书》中的"扶南西去林邑三千余里，在海大湾中，其境广袤三千里"句，[5]则与扶南相邻，也是在中南半岛；"真腊"，据《隋书》中的"真腊国，在林邑西南，本扶南之属国也，去日南郡舟行六十日"句，[6]在今柬埔寨一带；"干陀利"，据《南史》中的"干陀利国在南海"句等，[7]则大约是今南太平洋，有推测在苏门答腊等处。如此看来，此时潮汕土著可说与东亚、东南亚都有交联，甚至有人到达该处，进行贸易活动也属正常。虽然这些可能是韩愈泛泛而言，但也不能排除是他在潮州时掌握到的具体情况。

---

[1]　韩愈.送郑尚书赴南海诗并序［M］//屈守元，常思春.韩愈全集校注.成都：四川大学出版社，1996：886-887.

[2]　宋濂，等.元史［M］.北京：中华书局，1976：4624.

[3]　欧阳修，宋祁.新唐书［M］.北京：中华书局，1975：6208.

[4]　房玄龄，等.晋书［M］.北京：中华书局，1974：2545.

[5]　房玄龄，等.晋书［M］.北京：中华书局，1974：2574.

[6]　魏徵，令狐德棻.隋书［M］.北京：中华书局，1973：1835.

[7]　李延寿.南史［M］.北京：中华书局，1975：1959.

隋唐对外贸易十分活跃，同期史料或文艺作品多有记录，如"唐之德大矣，际天所覆，悉臣而属之，薄海内外，无不州县……故蛮琛夷宝，踵相逮于廷"[1]"百蛮奉遐赆，万国朝未央"[2]等，又如《通典》的总结："海南诸国，汉时通焉。大抵在交州南及西南，居大海中洲上，相去或三五千里，远者二三万里。乘舶举帆，道里不可详知。外国诸书虽言里数，又非定实也。其西与诸胡国接。元鼎中，遣伏波将军路博德开百越，置日南郡。其徼外诸国，自武帝以来皆献见。后汉桓帝时大秦、天竺皆由此道遣使贡献。及吴孙权，遣宣化从事朱应、中郎康泰使诸国，其所经及传闻，则有百数十国，因立记传。晋代通中国者盖尠。及宋、齐，至者有十余国。自梁武、隋炀，诸国使至踰于前代。大唐贞观以后，声教远被，自古未通者重译而至，又多于梁隋焉。"[3]

具体到岭南道，外贸尤其发达。隋唐的广州，是中国南海漫长海岸的一大港口，也是最具规模的国际贸易港口之一，内外商旅及各国使节大都由此进出。唐政府在广州首次设立了市舶使，掌管海上往来的船舶贸易、征收税赋等，其外贸收益在唐王朝财政税收中占有不容忽视的位置。如唐末黄巢起义军围攻广州，唐王朝为失掉海外贸易的巨额收入而慨叹"南海市舶利不赀，贼得益富，而国用屈"，[4]一地之失便慨叹"国用屈"，可见广州外贸收益之丰和影响之巨。当时广州"江中有婆罗门、波斯、昆仑等舶。不知其数；并载香药、珍宝，积载如山。舶深六七丈。师子国、大石国、骨唐国、白蛮、赤蛮等往来居（住），种类极多"[5]，广州城出现了"蛮声喧夜市，海色浸潮台"[6]"常闻岛夷俗，犀象满城邑"[7]的繁荣景象。

在这个大背景下，潮汕出口商品，有的也运至广州出口。

《进岭南馆王市舶使院图表》载："海阳旧馆，前临广江，大槛飞轩，高妙式叙，崇其栋宇，辨其文物，内海收藏，徇公忘私""波斯古逻本国二舶，顺

[1] 欧阳修，宋祁.新唐书［M］.北京：中华书局，1975：6183.

[2] 李世民.正日临朝［M］//中华书局编辑部，点校.全唐诗（增订本）.北京：中华书局，1999：3.

[3] 杜佑.通典［M］.王文锦，王永兴，刘俊文，等，点校.北京：中华书局，1988：5088.

[4] 欧阳修，宋祁.新唐书［M］.北京：中华书局，1975：6454.

[5] 真人元开.唐大和上东征传［M］.汪向荣，校注.北京：中华书局，1979：74-75.

[6] 张籍.送郑尚书出镇南海［M］.中华书局编辑部，点校.全唐诗（增订本）.北京：中华书局，1999：4338.

[7] 殷尧藩.寄岭南张明甫［M］.中华书局编辑部，点校.全唐诗（增订本）.北京：中华书局，1999：5612.

风而至。亦云诸蕃君长，远慕望风，宝舶荐臻，倍于恒数。"[1]

上引的"海阳"20世纪初便被认为是指潮州的"海阳"，海阳旧馆则位于潮州，并被载入《广东省志》等官修志书。但21世纪末开始，"海阳旧馆"争议颇多，且常被视为位于广州，乃至有认为《进岭南馆王市舶使院图表》系年不清、来历不明而不足取信者。其原因，大致上都是（传世文献中）唐代潮州社会面貌较原始，不足以支撑外贸。

大量的例子可佐证唐代潮州社会发展在岭南中并非默默无闻，我们认为，既然文献明确出现"海阳"两字，则退一万步，即使"海阳旧馆"位于广州，也不排除该处是潮州派出机构或者类似民间商贸组织设于广州者，而与潮州之外贸有关。毕竟，"广州地当要会，俗号殷繁，交易之徒，素所奔凑"[2]是实实在在的事，而潮州、广州地域相近，潮州"交易之徒"早已多见，此时有海阳商人"奔凑"广州并建舍盖馆，也不是没法说通。更主要的是，迄今并没有稍为充分的理据，可明确否定这种可能性。

实际上，唐代潮汕地区与广州的商贸联系密切，是有文物线索可寻的。譬如惠来神泉的"广利王庙"以及唐元和年间商人所捐的鉎钟，便可见一斑。

据《中国文物地图集》和《惠来文物志》记载，在惠来神泉城内的中心十字街口处，原有唐玄宗时所建的广利王庙，由往来闽、粤、浙的商人从广州南海移香火于此立庙，明初移至北门，洪武以后移回原地，该庙于1958年被毁，仍残存墙基遗址。值得关注的是，庙内原有大鉎钟一口（今亦未见拓片），系福建商人胡其成等6人从佛山铸后带回敬献，鉎钟铸有"唐宪宗元和庚子中秋福建胡其成等敬送"的题款。[3]

广利王是南海神的封号，南海神于天宝十年三月十七日（751年4月19日）首次受封。[4]《（乾隆）潮州府志》载有惠来县的广利庙，"在龙泉城北，威灵显赫，乃南海之神，土人虔祀之"。[5]现存潮汕古府县志中所录者，明确"广利"庙的，大概仅惠来县此一座，而现存4种完备古府志中，也仅乾隆府志载此事。

[1]　佚名.进岭南馆王市舶使院图表［M］//李昉，等.文苑英华（附：作者姓名索引）.北京：中华书局，1966：3180-3181.

[2]　陆贽.论岭南请于安南置市舶中使状［M］//董诰，等.全唐文.北京：中华书局，1983：4828.

[3]　广东省文化厅.中国文物地图集（广东分册）［M］.广州：广东省地图出版社，1989：261.惠来县文物普查办公室.惠来文物志［M］.内部出版，1985：17.

[4]　宋敏求.唐大诏令集［M］.北京：商务印书馆，1959：418.

[5]　周硕勋.（乾隆）潮州府志［M］.台北：成文出版社，1967：180.

按，南海神崇拜萎缩于元代，衰落于明代，清代已进入尾声，[1]目前存世的地方志书都在明清，修志时广利庙影响不大，故此各志多不收录（也可能唐宋各地尚有广利庙，但宋元后，被后继的有同类功能的妈祖宫庙所取代），这同时也符合学者关于南海神崇拜兴衰的判断。我们可以从这个角度，来排除惠来县广利庙是宋元后才创建的可能性。即是说，尽管唐代铣钟实物已被毁坏，但捐钟事件以及唐代惠来存在广利王庙都是可靠的。

关于南海神（广利王）的研究成果是比较丰富和透彻的。按照王元林先生的结论，隋代，官方便于广州南海设立南海神祠，随着中外交通的频繁、对外商贸的发达、宗教信仰的加深等，南海神庙唐代已大为兴旺，仅中央专使祭祀南海的便有10次左右，其中的天宝十年（751），南海神被封为广利王，更与五岳四海规格相同，成为国家封建之典。[2]又，南海神庙始建时间，有认为是晋，也有认为是隋等，但都普遍认为其鼎盛于唐代。由此看来，广利王信仰始兴于粤中，其大盛与隋唐外贸之发达息息相关，似乎并没有多少疑问。

这样，结合惠来神泉历时多处的文物发现，我们可以推测：一是从广利王庙看，唐代潮汕地区与广州的商贸方面上的联系十分紧密，才有商人于粤中请香火至惠来崇奉，初建庙者当为长期往来两地的外贸商；二是从福建商人捐铣钟看，一部分闽商闽货经由此水路进入广州，并经常停靠古神泉港。

总而言之，本时期潮汕地区对外贸易比之秦汉六朝更为活跃，譬如对台贸易、"蛮、胡贾人舶交海中"都是直接进出口的佐证，又如"海阳旧馆"以及惠来的广利王庙等，可大约推出经由广州进出口的结论。它们都清晰地显示出，隋唐潮州是积极参与海上丝绸之路中。而诸多港口和出口商品等，则可以较好地夯实这些判断。

此外，隋唐对外贸易之潮商中，应有很大一部分为非汉族的土著居民："蛮、胡贾人"可提供直接的文献例证，唐代广利王庙的存在则给予文物旁证——该庙至清乾隆时仍然是"土人虔祀之"。

南汉国时期，刘氏很大程度依赖外贸，潮汕参与其中是可以预见的。《长编纪事本末》载宋神宗称南汉"东南利国之大，舶商亦居其一焉，昔钱、刘窃据

[1] 王元林.国家祭祀与海上丝路遗迹：广州南海神庙研究［M］.北京：中华书局，2006：243，347.

[2] 王元林.国家祭祀与海上丝路遗迹：广州南海神庙研究［M］.北京：中华书局，2006，绪论：1-3，正文：51-52，65，74-76.

浙广，内足自富，外足抗中国者，亦由笼海商得术也"[1]。《旧五代史》载刘岩称帝后"广聚南海珠玑，西通黔、蜀，得其珍玩，穷奢极侈，娱僭一方，与岭北诸藩岁时交聘"[2]。《南汉书》载南汉国梁克贞受命远征中南半岛的占城"高祖闻其宝货充积，至是，遣克贞潜赴略之……胁以兵威，载宝而还"[3]。《命钱镠进取海南刘岩敕》称南汉"结连淮海，阻塞梯航，徒惑远方，僭称大号"[4]，这些都说明南汉海外贸易活跃，并且与岭北也有商业交流。

虽然上引都只是言及南汉国、岭南，而未有专叙潮汕地区，然而唐后期已是岭南航海重地的潮州，相信多少必有参与贸易。前述澄海发现的五代时期其他政权所铸铜钱中，有前蜀政权铸造的光天元宝，贴合上引岭南"西通黔、蜀"句，而后周政权铸造的周元通宝，贴合"岭北诸藩岁时交聘"句，这些都很可能是五代时期，潮汕直接向中国北方、西南售出进口商品而换来的货币。

第三节 宋元时期

宋元潮汕的交通建设有了跨越式的发展，传统的水路以及新开辟的陆路，令当地内部联系、对外联络更为紧密顺畅，也为此后整体交通格局奠定基础。这个时期，潮汕逐步成长为岭南的繁荣商业圈，外贸发展更见规模，商船勾连大陆东南沿岸商港，可达东亚、东南亚等处。

一、四通八达的交通

宋元时期，潮州对外交通四通八达。"潮之为郡，介乎闽广之冲，凡趋闽趋广者，靡不经焉"[5]"东西界闽广之冲，南北接山海之会。毂送蹄躏，无日无之"[6]。远洋航运更是延续先秦以来国内领先的传统，在航海技术日益进步的社

[1] 杨仲良.皇宋通鉴长编纪事本末［M］.文渊阁四库全书本，卷六十六：3-4.
[2] 薛居正，等.旧五代史［M］.北京：中华书局，1976：1808.
[3] 梁廷枏.南汉书［M］.林梓宗，校点.广州：广东人民出版社，1981：56.
[4] 朱温.命钱镠进取海南刘岩敕［M］//董诰，等.全唐文.北京：中华书局，1983：1049.
[5] 张羔.仰韩阁记［M］//解缙，等.永乐大典（精装十册）.北京：中华书局，1986：2482.
[6] 黄刚大.三阳驿壁记［M］//解缙，等.永乐大典（精装十册）.北京：中华书局，1986：2486.

会时代背景中，"岸海介闽，舶通瓯吴，及诸藩国"[1]。类似这样的同期记载很多，都是宋元交通的真实写照。

同时，记述自元大都至"天下各站"的元代《析津志》虽然亡佚，但残留《永乐大典》中的文字，仍显示了一个"潮州站"，并有"泉州南海西接潮州"字样，由泉州至潮州中间未列其他站点。这是潮州作为东南海路要点，在全国交通中的地位的反映。[2]

（一）对外交通分期概述

传世较为完备的8种宋元地理总志中，有3种涉及同期潮州交通情况，我们据此分期简单介绍。

入宋之初。

《太平寰宇记》记载了太平兴国年间（976—984）潮州的四至八到："西北至东京七千里。西北至西京七千四百里。西北至长安七千六百里。东至漳州七百五十里。东南至海口九十里。西至循州界石场三百里。东至大海一百里。北至虔州雩都县二千二百余里。西南至浈州海丰县木步镇六百五十里。西北至虔州安远县一千八百里。东北至汀州鱼矶镇六百五十里，元无陆路。"[3]

上引的四至八到，都是陆路可通处。之所以这样判断，主要缘于以下三点依据。

第一，是最后一句称"东北至汀州鱼矶镇六百五十里，元无陆路"，"元无陆路"说明乐史修《太平寰宇记》时已经有了陆路，而行文中专门指出来，则意味着前面整段介绍，都是指陆路。

第二，《太平寰宇记》继承唐代《元和郡县图志》的体例，而《元和郡县图志》的体例是默认陆路，我们上文已有介绍。

第三，如果对此尚有疑虑，我们可以取《太平寰宇记·岭南道》为例，便能清楚其水（包括江海）陆路分开，不注则默认为陆路的体例。

《太平寰宇记》的13个"道"是作者虚拟的地理范畴，而非北宋实际存在的政区。它记载的岭南道一共有44个州、113个县，出现46处"陆路"的记载。出现"陆路"的有几种情况。

首先，某州县记载了水路、海路、江路，便同时载"陆路"，如广州"东

[1]　周伯琦.萧政箴［M］//解缙，等.永乐大典（精装十册）.北京：中华书局，1986：2473.

[2]　解缙，等.永乐大典（精装十册）［M］.北京：中华书局，1986：7295.

[3]　乐史.太平寰宇记［M］.王文楚，等，点校.北京：中华书局，2007：前言1-2，正文3035.

至循州水路沂沿相兼四百里，陆路三百六十里"，又如恩州"东至东州海路五百里，江路六百五十里，陆路七百里"，再如"增城县东一百八十里，有水陆路"等，这样的情况计有36处。

其次，介绍某州县时，特别指出有、无陆路，也是缘于避免水陆混淆，如广州的"怀集县，西北水路七百三十里，无陆路"，骥州的"从荡昌昌南至九真郡，自九真以南随山刊木，开陆路至日南郡"等，这样的情况计有7处。

最后，是某州县在没有出现水路、海路、江路等记载的情况下，单独出现"陆路"，计有3处。其中两处在骥州，称"东北至西京陆路一万四千里。北至长安陆路一万三千六百里"，但该条为阙文，所缺的应含有水路介绍；又1处，在蒙州，称"南至龚州陆路三百五十里"，这一句传世各版有异[1]，又其史源疑似来自《元和郡县图志》的"南至龚州三百五十里"[2]句，因此很可能是流传中误植"陆路"两字，但即使不是误植，仅一条例外，也不足以影响我们的结论。

这样，《太平寰宇记》一共15卷篇幅的"岭南道"中[3]，除了两处阙文以及1处出现没有谈水路而单独载"陆路"之外，其余有"陆路"的记载，都是出于容易区分水路、陆路的需要。因此，可以说《太平寰宇记》所记载的四至八到，是默认通过陆路来进行和完成的。简单说，没注明"无陆路"等者，便可视为陆路可通。

由此，我们可以清楚潮州陆路已经完全发展起来了，自潮州当地出发，从陆路可到达今河南洛阳、开封，陕西西安，福建漳州、长汀，广东汕尾，湖南赣州等处，都没有问题。

北宋中期。

《元丰九域志·潮州》载："东京七千七百一十里。东至本州界九十九里，自界首至漳州二百里。西至本州界二百八十里，自界首至梅州四十里。南至海一百七十里。北至本州界七百四里，自界首至汀州二百五十里。东南至本州界一百四十里，自界首至漳州一百五十九里。西南至本州界六百五十里，自界首至惠州四百六十里。东北至本州界六百五十里，自界首至汀州二百九十里。西北至

[1]　宏新按：这条蒙州"南至龚州陆路三百五十里"的记载，是中华书局依据库本、中大本、《元和郡县图志》等点校的，但金陵书局本则称"西至龚州"。参见：乐史.太平寰宇记［M］.王文楚，等，点校.北京：中华书局，2007：3125，3131.

[2]　李吉甫.元和郡县图志［M］.贺次君，点校.北京：中华书局，1983：932.

[3]　乐史.太平寰宇记［M］.王文楚，等，点校.北京：中华书局，2007：3009-3292.

本州界二百里，自界首至梅州一百二十里。"[1]

这同样是陆路。依据在于，每一条广泛使用的陆路，无论它是天然形成，还是刻意修建，都说明这是当时当地极其需要，并与社会发展相匹配的，除非发生极大的社会变故或地理变化，否则难言被抛弃。而《元丰九域志》所述，除了"漳州"外（潮州—漳州，《太平寰宇记》及《元丰九域志》的记载里程差距近600里），其他的线路，加上"至界首"的路程等，其里程数与《太平寰宇记》大抵相差无几，应是北宋初原路的延续。因此，这是北宋中期[2]的陆路情况。

元后期的情况。

《元一统志·潮州路》载："东至上都七千三百八十里。东至大都六千五百八十里。东至漳州路漳浦县界分水岭百四里。西至梅州程乡梅州县界瘦牛岭一百五十里。南至大海本路海阳县界辟望村八十里。北到梅州程乡县界双流津三百五十里。东到漳州路五百里。西到梅州七百里。东南到大海边小江场六十里。西南到揭阳县界三十五里。东北到汀州路一千一百一十里。西北到梅州六百里。"[3]

上引也是陆路。原因同前面的分析，再加上：其一，《元一统志》的内容，体现出来的是更为明显继承《元和郡县图志》《太平寰宇记》的体例；其二，"东北到汀州路一千一百一十里"句，与绍定五年（1232）开通汀州—潮州线路后"西南至潮州六百六十五里，内三百九十里入标钱山潮州界"[4]，里程明显不符，后者是水路。因此，这是指陆路。即是说，这是元代后期的陆路情况[5]。

水路方面，具有传统优势的潮汕水运交通，随着科技的进步，社会经济文化交流的频繁，尤其是海外贸易的日趋发达等，在宋元时期又得到很好的发展，更多的港口、更高的造船能力以及更先进的航海技术的应用，令水运、海运能力加强，远航线更为顺畅，而营运情况较前更优。由潮州北上东亚、南下南洋，

---

[1] 王存.元丰九域志［M］.王文楚，魏嵩山，点校.北京：中华书局，1984：410-411.

[2] 宏新按：一般认为《元丰九域志》于元丰三年（1080）成书，其政区方面内容则至元丰八年仍有修改，元祐元年（1086）刊。这里笼统视为"北宋中期"。参见：王存.元丰九域志［M］.王文楚，魏嵩山，点校.北京：中华书局，1984：前言1-3.

[3] 孛兰肹，等.元一统志［M］.赵万里，校辑.北京：中华书局，1966：681-682.

[4] 胡太初，赵与沐.（开庆）临汀志［M］.福州：福建人民出版社，1990：8.

[5] 孛兰肹，等.元一统志［M］.赵万里，校辑.北京：中华书局，1966：前言1-2.

都是线路清晰，处于此区间的水运、海航线，相信往来也不在话下。即使汛期、恶滩等天时地理因素仍在，但随着时代的发展，水路风险规避能力也比前要强得多。

同时说明的是，上述所谓"陆路""水路"，是根据同期文献的内容，就总体而言的，实际上，陆路中也包括小段的水路。潮汕当地江河纵横，水网密布，多数交通往返还得凭借水路。比如最为基本的，近在潮州州治东门外的韩江，在南宋乾道七年（1171）未修建广济桥之前便得依靠渡船，即《永乐大典》转引《三阳志》所载："由东以入广者，至潮有一江之阻。沙平水落一韦（苇）可航。"[1]

到了淳熙二年（1175），潮州区域路段已经成为东南沿海一条主要交通干道，成为福建—潮州—广州的中间点，是沟通闽粤赣的枢纽。而从潮汕出海，绕东沙、西沙群岛分赴东南亚各地的海航线也传遍天下，成为自大陆下南洋之数条早期清晰文献记录之一。

交通设施难言止境，商旅配套也时有兴废，当然此后的潮州也一直进行完善工程，但这并非代表修缮之前该处原无交通线。总而言之，宋元潮汕之交通已然四通八达，这同时是此期整个社会发展，尤其是商业畅通的保障和基础。

（二）主要出区线路及配套建设

宋元时期是潮汕对外交通基本定型的时期。潮汕地区的地理位置，就大的方向概略而言，是东有漳州、西有惠州、北有梅州，南有大海。[2]这几个方向的交通线及设施，在本时期已经成熟而常用，并屡有完善。其中，东西两路贯通闽粤，即所谓"郡界闽广两路之间，东抵漳，西抵惠"，尤为重要，自宋代便是东南交通要道。[3]而南向出海之后，则可由不同方向到达东亚、东南亚各地。

1.东向：漳州线之完善

潮州至漳州的陆路在上阶段已经是入潮主要道路，该路沟通闽粤，在宋代更得完善。

潮州段。庆元四年（1198）潮州官员民众便曾捐钱修路，"漳、潮道上，道

---

[1] 解缙，等.永乐大典（精装十册）[M].北京：中华书局，1986：2453.

[2] 宏新按：古文献中关于方向的描述或有不同，这是因为其所指的具体起始点不同，有的是就州治出发而言称"南"下惠州，即从潮州城先南向潮阳，再折向惠州；有的是就界首出发而言，如"西"向循州、惠州，是就从潮阳出发而言。我们仍以实际的地理方位为准，未必要纠缠于文献上的方向所指。

[3] 宋会要辑稿[M].刘琳，刁忠民，舒大刚，等，校点.上海：上海古籍出版社，2014：8712.

路硗确，捐金砌石，以便往来"。其中之东路石桥道也屡次整修，较大规模的一次是在淳祐丙午（1246），完成了13所石桥和300多丈石路："东路石桥道。潮自古瀛抵分水岭以达漳州，乃南北往来之要冲，蹊道硗确流断绝。旧桥砌以石者，仅秋溪一、思古亭一。后增十有余所，大率规模苟就，阅历未几，颓仆继之。其路又多泥淖，间或筑砌，第累小石，才遇淫潦，行者、涉者病焉。淳祐丙午，陈侯圭捐金市石，依私直雇工，石而桥者一十三所，砌而路者三百余丈。憧憧往来，无复畏涂病涉之患。邦人余震为之记。桥今列于左：思古亭桥，思古三里桥，黄金塘桥，平福桥，鹿景桥，小江庵桥，林姜庵桥，陈塘桥，水磨头桥，百丈埔桥，黄冈五里桥，竹林径内大桥，竹林第二桥。"[1]

福建段。如王大宝知温州、提点福建刑狱时，便曾修筑潮、漳要道盘陀岭。说见《宋史·王大宝传》载："道临漳，有峻岭曰蔡冈，蓁薄蔽医，山石荦确，盗乘间剽劫。大宝以囊金三十万，募民抉薮甃道十余里，行者便之。"[2]古今所指地名难以绝对精确对应，但说蔡冈是"泛盘陀岭"的一段或附近，应该没有多少问题。

潮漳路的配套服务设施一度屡受诟病。在粤闽大力推行官方主导支持、僧道实际负责的俗称"庵驿"体制的大形势下，该路沿途方有好转。

潮州段的庵驿。如庆元五年（1199）便新置7个庵驿，说见《永乐大典》引《三阳志》载："庆元己未，林公嶑新铺驿而为庵者凡七，措置便利，视光华无以异。因漳而潮，东驰南骛，惟适所安。"[3]这些庵驿为过往商旅提供食宿，确保官路交通安全和畅通，效果良好。

福建段的庵驿。如刘克庄在《漳州鹤鸣庵记》中称，绍定二年（1229）进士黄朴，在任广东漕职、漳州知府时（大约在1241年任漳州职）开始推广庵驿，漳州府内遂见流行，"繇潮至惠，繇漳至潮，囊号畏涂。今深茅丛苇中，轮奂突出，钟鱼相闻，筦簟新水，不戒而具。与行中州无异矣"。[4]这段描述自然有文学化成分，但至少可看出路况已大为改善。

经过多次完善后，潮漳路至迟在嘉定六年（1213）便成为闽粤陆路第一要道。以至官方转运，原本应由"江西—广州—潮州"的正规途径，改由福建漳

[1] 解缙，等.永乐大典（精装十册）[M].北京：中华书局，1986：2453-2454.

[2] 脱脱，等.宋史[M].北京：中华书局，1977：11857.

[3] 解缙，等.永乐大典（精装十册）[M].北京：中华书局，1986：2461.

[4] 刘克庄.漳州鹤鸣庵记[M]//刘克庄.后村集.文渊阁四库全书本，卷二十一：3-4.

州—广东潮州送达，便是缘于由官方传递"江西之广州而后达潮"之道路迂曲，"由福建路转达，取其便速也"。[1]

潮漳路人流众多，宋代闽南移民入潮，多由此线，这也更令潮州、漳州社会面貌之趋同。"土俗熙熙，有广南闽峤之语"[2]"虽境土有闽广之异，而风俗无漳潮之分"[3]。至迟在南宋前期，潮漳风俗十分接近，这种情况，与潮漳交通更加顺畅是密不可分的。

2.北向：梅州线陆路之衰落和汀州水路之兴起

潮州至梅州的陆路可能很早之前便有使用。历代南下的武装势力、中原流民等，也许有一些是循此线路经过。不过，受制于地理环境，该路一直被视为畏途。由于古代生产力水平有限，陆路交通开发代价高昂且相当困难，潮州—梅州陆路天然条件较差，不如水道相对经济便捷的交通条件，在宋元时期有所选择的情况下，后来的西去广州、北上江西，更多的是经下路、水路，因此潮梅陆路逐渐衰落。

如从潮州到广州，倘若走陆路，原本必由潮梅陆路经过，再转循州至广州，称为"上路"，但随着潮州—惠州陆路（即"下路"）的畅通及配套完善，人们多改走下路。不少同期文献及金石材料便体现这一点。文献如《永乐大典》引《三阳志》载："今之趋广间有西自循、梅往者，较诸南路为差近，但岭路险涩，不若南路之平坦。"[4]金石材料如《潮惠下路修驿植木记》载："上路重冈复岭，峻险难登，林木蓊翳，瘴疠袭人，行者惮焉。下路坦夷，烟岚稀远，行人多喜由之。"[5]这些描述便透露出其路况之恶劣。而宋元行人少走，则该路的服务配套落后是可以预见的。因此，在宋中期大兴庵驿的大形势下，潮梅陆路并没有多少配套建设的记载。

不过，由于经潮梅陆路往广州距离较短，适合"事急则驰马，事缓则乘船"[6]之军事原则，因此其军事应用价值比较明显，杨万里等提兵入潮平乱，便从这段路经过，其诗作《过瘦牛岭》（"行尽天涯未遣休，梅州到了又潮州，

[1]　宋会要辑稿［M］.刘琳，刁忠民，舒大刚，等，校点.上海：上海古籍出版社，2014：9509.

[2]　孛兰肸，等.元一统志［M］.赵万里，校辑.北京：中华书局，1966：683.

[3]　王象之.舆地纪胜［M］.北京：中华书局，1992：3120-3121.

[4]　解缙，等.永乐大典（精装十册）［M］.北京：中华书局，1986：2449.

[5]　林安宅.潮惠下路修驿植木记［M］//黄挺，马明达.潮汕金石文征（宋元卷）.广州：广东人民出版社，1999：94.

[6]　解缙，等.永乐大典（精装十册）［M］.北京：中华书局，1986：2461.

平生岂愿乘肥马，临老须教过瘦牛"）及《自彭田铺至汤田道旁梅花十余里》《观汤田铺溪旁汤泉》中便有透露。瘦牛岭在今梅州境，"一名云落，有杨万里诗"[1]，是宋时揭阳通往梅州的要道。黄公度《瘦牛岭》的"自笑年来为食谋，扶桥百指过南州。时乎四野皆青草，此地何曾解瘦牛"[2]也显示其经过瘦牛岭。

又如潮州往汀州，在水道成熟之后，更是分流了不少原本潮梅陆路之流量。按《太平寰宇记》的记载，潮州至汀州鱼矶镇原来是没有陆路的，[3]该书成书时才有了陆路，则宋初循潮梅陆路前往汀州者，还是具有较为迫切的社会需要才拓展陆路的。

后来潮州—汀州有了顺畅水路，一般便无须再经潮州—梅州陆路。《太平寰宇记·汀州》载："（州治）西南至潮州程乡县八百里""南至潮州一千三百里，若至潮中营下程乡县界一千里。（长汀县）溪水。在州东四十里。地名石涵内流出，从城过，直至广南潮州。通小船。"[4]则太平兴国时仍是陆路，自潮州从水路到长汀县，仅可行小舟。绍定五年（1232），汀州官方炸开汀江境内的滩石，水路始觉顺畅，闽赣边区沿汀江直下潮州，里程数减少了数百里。说见《（开庆）临汀志·至到》载："临汀为郡，治长汀，上接剑、邵，下抵漳梅潮，旁联赣……其趋邻郡，皆遵路；若水路，则长汀溪达上杭，直至潮州入于海。……西南至潮州六百六十五里，内三百九十里入标钱山潮州界。"[5]而大宗商货都需要水运，这条水路的完善，正是社会发展趋势的反映。

绍定五年（1232）汀江水道畅通便分去了大量原由潮梅陆路再北上汀江的人流，以至于十多年后沿汀江北上的便捷成为共识，几乎不再经潮梅陆路，随着社会需求量相对下降，官方也懒于建设潮梅陆路之配套铺驿了。即是"北路山径崎岖，便于舟行，并无铺驿"。

元代，由于水路优势明显，潮梅陆路更为没落。《永乐大典》引《图志》称"北路道险崎岖，难为往来"[6]，说的应该是元初的情况。而从南宋开始，该路便没有沿途驿站建设的记录。则行人罕、路况差而少建设，少建设则路况更

---

[1]　郭春震.（嘉靖）潮州府志［M］//北京书目文献出版社.日本藏中国罕见地方志丛刊（第13册）.北京：书目文献出版社，1992：175.

[2]　黄公度.瘦牛岭［M］//解缙，等.永乐大典（精装十册）.北京：中华书局，1986：2492.

[3]　乐史.太平寰宇记［M］.王文楚，等.点校.北京：中华书局，2007：3035.

[4]　乐史.太平寰宇记［M］.王文楚，等.点校.北京：中华书局，2007：2035-2036.

[5]　胡太初，赵与沐.（开庆）临汀志［M］.福州：福建人民出版社，1990：8.

[6]　解缙，等.永乐大典（精装十册）［M］.北京：中华书局，1986：2449.

差，使用更少，遂陷入恶性循环，该路路况更不如意，相反，水路更臻完善。

至元二十一年（1284），广东道宣慰司月的迷失开辟了江西隆兴至福建汀江的驿站，接之汀江直下潮州水路，这意味着潮州—汀州的水路可连接陆路，延至江西行省腹地，无须经潮梅陆路再往汀州或抚州。此时，使用潮梅陆路的，除了军事需要等之外，可能萎缩至以两地附近为目的地者。

而月的迷失建设的这段交通配套服务，在广东境内有三站。按《永乐大典·潮州》引元代《三阳志》，以及《永乐大典》引《经世大典·站赤》的记录，[1]元代此次的潮州附近的"沿途立站"，有陆驿水马站（潮州）在城站和三河、产溪站两个水驿，仍然没有在潮州—梅州陆路修整驿站的记录，可知该陆路在南宋、元进一步被忽视。

总之，潮梅陆路渐见没落是大势所趋，而从另一个角度看，这也与商业发展、水路盛行不无关系。

3.西向：惠州线之繁荣

潮州至惠州的顺畅陆路之形成，应该迟于潮州—漳州、潮州—梅州陆路。但其后来居上，在宋代，便成为粤东通往粤中的主要干道。同期文献有称该路为"下路"者。

我们猜测这段陆路的真正开通可能稍迟，主要依据来自中晚唐的记载，潮州"西南至广州水陆路相兼约一千六百里。西南至循州一千五百里。东北至漳州取漳浦县路四百八十里"[2]，这段描述中，潮州—广州是朝西南向，即是惠州方向，尚无全程陆路，因此从潮州到广州只能是水陆兼施。所谓"水陆路相兼"，大抵上，水路部分应是指潮州至惠州，陆路部分则是指惠州至广州。具体人物的行程，也有助于这个判断，韩愈在广东的路线已成公案，这里不论，而即使到了陈尧佐赴惠州就任的宋代时，走的仍然是水路，"文惠公自潮州倅以漕檄摄惠州，要许申偕行，中道舣舟"。[3]则北宋初潮惠州陆路虽然可通，但路况、配套服务等都不很理想，至少在陈尧佐本人看来不尽如人意，因此才选择走水路。

潮惠陆路交通配套服务的问题一直难以解决，《永乐大典》转引了不少宋元文献怨声载道式的声音，正如《三阳志》所介绍："凡道于潮惠间，以冒暑得疾者且半。加之驿传无人，器皿不备，惟监司贵客至县，乃檄里报办之。它客不

---

[1]　解缙，等.永乐大典（精装十册）[M].北京：中华书局，1986：2461.

[2]　李吉甫.元和郡县图志[M].贺次君，点校.北京：中华书局，1983：894-895.

[3]　王象之.舆地纪胜[M].北京：中华书局，1992：3116.

恤也。"[1]

绍兴二十八年（1158）履新广南东路转运判官的林安宅，在亲身体会到路况之恶劣后，终于忍无可忍，大兴建设。即《潮惠下路修驿植木记》所载："下路坦夷，烟岚稀远，行人多喜由之。然犹有不便者四：自有下路以来，役保甲为亭驿子，亭驿距保甲之家且远，客至则扶老携幼，具荐席，给薪水，朝夕执役如公家之吏，不敢须臾离焉，俟其行乃去，客未至则尉之弓手，巡检之土兵，预以符来，需求百出，客或他之，则计薪刍尽锱铢，取资直而去，民以为苦，此其不便一也；官兵商午鱼肉百姓，编氓远徙，不敢作舍道傍，行人无所叩阍以求水火，长堤旷野，绝无荫樾，炎天烈日，顶踵如焚，莫可休息，渴则饮恶之水，其不病者鲜，此其不便二也；驿可宿，亭不可宿，日行止于三四十里，过是则投夜无所，桥道颓毁，积水不泄，春霖秋潦，横流暴涨，行人病涉，往往多露宿以待涸而后进，此其不便三也；沙汀弥望，杳无人烟，盗贼乘之，白昼剽劫，呼号莫闻，受御者不一，而州县莫之知，此其不便四也。"针对这四个问题，林安宅召集潮、惠沿途官员，进行大规模的整改完善，翌年（1159）初见成效，"每亭驿各差兵士以供执役之劳，而百姓之为亭驿子者，率皆罢去。俾得仰事俯育，不复有追呼之扰。予又刷上路驿铺之冗兵，以益下路。依闽中温陵上下路各置铺例，闻于朝廷。于是铺兵与居民相为依倚，道傍列肆为酒食，以待行人。来者如归，略无前日之患"。[2]

不过，令林安宅担心的"人情未有不悦于须臾，而厌于持久""不难于始而难于终"，一段时间之后成为现实，"更阅岁月，颓陋如旧"。

绍熙二年（1191），广东转运使黄柟制定驿庵方案，即是利用庵寺兼行驿站功能，以保证商旅食宿和交通畅通，并让各州郡营建。潮州知州张用成随之响应，"建三庵于潮阳之黄岗、新迳、北山，榜曰光华馆。宾客舍仆、马具、庖湢、床榻、荐席、器皿、薪刍之需，无一不备。薄暮而至，如适其家。守以僧，给以田，环以民居，为虑远矣。间有污败室庐、糜毁器用、暴横难禁者，僧得以经闻于官而为之惩治。仆卒往往知惧。故庵逮今犹始创也。自是潮、惠之间，庵驿相望"。[3]这种官方主办或支持的庵驿合一的制度，从实际效果看，应该是适

[1]　解缙，等.永乐大典（精装十册）[M].北京：中华书局，1986：2453.

[2]　林安宅.潮惠下路修驿植木记[M]//黄挺，马明达.潮汕金石文征（宋元卷）.广州：广东人民出版社，1999：94-96.

[3]　解缙，等.永乐大典（精装十册）[M].北京：中华书局，1986：2461.

宜于当时南方社会的政策。

这样，潮、惠段配套服务问题才得到解决，而下路（潮惠）也日渐取代上路（潮梅），成为潮州—广州的主要干道。

宋元交战，作为经营实体的铺驿、庵舍等在战争环境下消亡，直至社会秩序安定才有所恢复。如《三阳志》所载的元代潮阳县站、武宁站、北山站三个陆驿站，[1]相信便是匹配潮惠线而设，这也可见此路之重要性。

4.南向：出海港口建设

由于地理变化，古潮州港入宋之后渐呈淤积湮废，凤岭港则成为宋元潮汕之大港。

凤岭港始于唐代，至今仍保留着的"永兴街"石匾，其上署"兴国丁丑"四字，可知永兴街辟建于北宋太宗太平兴国二年（977），同时能见该港在北宋初的兴盛。20世纪30年代以来，该区域发现的宋代文物数量繁多，约略如下：1932年，凤岭港出土一批船板；1934年，在"永兴街"成记巷头"梅园"挖井时，发掘到一批成叠宋碗；1936年，在"梅轩"建屋清基中，又发现成叠宋碗；1948年，东洲堤崩塌，乡民在港湾（傍程洋岗乡处）挑运几百担夹杂大量宋瓷片瓦砾的沙土填垒东洲堤；1950年，在古港东面管陇村打索埔发现缆绳工场，遗址规模达五六千平方米，并出土大量巨缆，目击者称有"拳头大，碗口粗"，因腐朽无法收集标本；1946年冬、1958年冬、1975年冬，三次在港湾发现大船桅，已腐蛀；1955年，港湾东面管陇村前出土大船桅，桅尾直径40—50厘米，1960年，在离港湾不远的建炎大道一侧发掘到大锚一个，质地为生铁，重一吨多；1958至1960年，在港湾外沿的莲上内底村外发现大批宋瓷片、船板、铜镜等物；1982年文物普查中，在该港收集宋瓷片多件。现该港西面的冠山乡中，仍有古船压在房屋下面未出土。从文物发现地点看，该港规模相当大，也相当繁荣。[2]

此外，宋代潮汕地区的主要港口还有南澳诸港、鮀浦港、揭阳港、辟望港、古神泉港、潮阳港等，这些港口自然也可停靠远洋船舶。

譬如南澳诸港。南澳岛上应该有很多停泊点，宋代的摩崖石刻，便反映了南澳是宋代船舶出入潮汕停歇之处。石刻位于西半岛大潭东北侧海边，约高2米、宽2米，离地1米，所刻有两条内容，分别为"女弟子欧七中舍井一口乞平安

[1] 解缙，等.永乐大典（精装十册）［M］.北京：中华书局，1986：2461.

[2] 黄挺，杜经国.潮汕古代商贸港口研究［M］//潮汕历史文化研究中心，汕头大学潮汕文化研究中心.潮学研究（第1辑）.汕头：汕头大学出版社，1992.

癸巳十一月记"和"□匠李一弟子欧七□同夫黄莄舍井二口乙未政和五年十一月记"。[1]按，两则所记都是舍井，都有女"弟子欧七"参与其中，则原系年"乙未政和五年"为1115年，且可推知癸巳为政和三年（1113），即是分两次捐舍。这块石刻是宋人在停泊点附近捐舍义井的见证物，目的是解决过往海舶商船的淡水问题。同时说明了南澳岛大潭东北侧附近，是南澳海船停泊点之一。

《宋会要辑稿》载隆兴元年（1163）十一月十二日的廷议："二广及泉、福州多有海贼啸聚。其始皆由居民停藏资给，日月既久，党众渐帜，遂为海道之害。如福州山门、潮州沙尾、惠州溇落、广州大奚山、高州硐州，皆是停贼之所。……乞行下沿海州县，严行禁止，以五家互相为保，不得停隐贼人及与贼船交易。"[2]按《（嘉靖）广东通志》载："南澳山，内三澳，曰青，曰深，曰隆，即长沙尾。"[3]则这里的潮州沙尾，应是南澳岛上的隆澳。可见南澳岛上的港口，此期是十分活跃的。

又如鮀浦港。鮀浦港附近是宋代小江盐场的重要生产基地之一，其兴盛与盐场密不可分。小江场至迟在南宋初年便列潮州三所盐场之首，南宋绍兴三十二年（1162）居广南东路盐额产量第四位，产量135万斤，占总量8.16%；元代更长期居广东盐课岁额第一位，大德六年（1302）产量312.96万斤，占广东总量26.08%，元末最高值估测年产527.15万斤。正是由于盐业的兴旺，带动了港口的建设，至元代，鮀浦港的地位进一步得到加强，其虽非最前沿的对外海港，却是进入潮汕腹地的海路必经之处，往来外洋船舶，应该也有所停靠。

且如古神泉港。惠来神泉发现有不少宋代聚落遗址，20世纪80年代的文物调查，在神泉鳌头村、宅园地发现有瓦砾堆积，以及宋瓷碟、瓦当和砖瓦等。而1982年渔民平整地基时，在神泉在港仔处，于白虎头处地下2米深处出现一座残存小庙，柱础俱在，庙旁有一立碑，阴刻"大宋咸淳寅季"，碑高1.8米、宽0.32米、厚0.12米，有地砖和陶罐瓦砾等。[4]这些都说明自汉代一直存在的古神泉港，或许在区内其他港口崛起的情况下，地位有所削弱，但宋元阶段依然活跃。

再如潮阳港。潮阳境内之港口众多，但作为统称的"潮阳港"一名，在历

[1] 南澳县文化体育局，南澳县文物管理委员会办公室.南澳县文物志（增修本）［M］.内部出版，2004：139.黄挺，马明达.潮汕金石文征［M］.广州：广东人民出版社，1999：71-72.

[2] 宋会要辑稿［M］.刘琳，刁忠民，舒大刚，等，校点.上海：上海古籍出版社，2014：8862-8863.

[3] 黄佐.（嘉靖）广东通志［M］.广州：广东省地方史志办公室，1997：329.

[4] 惠来县文物普查办公室.惠来文物志［M］.内部出版，1985：18-20.

代地方文献中比较少见，纵有出现也是明清之后，且泛指、涵括区内之港如惠来港、海门港口等。不过，"潮阳港"在宋代则有具体所指。如较早出现"潮阳港"一名的《元帅张献武王庙碑》，载张弘范在至元十六年（1279）正月庚戌，"由潮阳港乘舟入海道至甲子门"追杀宋兵，[1]此后《元史》《元朝名臣事略》等也有类似记载，明清史书回溯此段历史中，便比较多地出现"潮阳港"。从元初所撰碑记可知道，作为一个具体的港口，潮阳港在宋代是存在的。

（三）区内交通及配套设施建设

潮汕内部的交通，《永乐大典》引《图经志·至道》载："东至本府海阳县地名东界一百五十里，外抵大海。西至惠州府海丰县界龙岗卫二百五十五里，自界首至惠州府五百五十三里，共八百八里。南至本府潮阳县隆井盐场一百四十五里，外抵大海。北至本府海阳县至名骠钱山界三百四十里，自界首至福建汀州府五百一十里，共七百五十里。东南至本府海阳县地名辟望村一百五十里，外抵大海。西南至惠州府海丰县石桥盐场二百七十八里，外抵大海。东北至福建漳州府漳浦县岭脚山分水界一百六十五里，自界首到漳州府三百里，共四百六十五里，自界首至漳州府三百里，共四百六十五里。西北至本府程乡县管下龙牙笔险山四百五十里，外无路可通。"[2]

从上引看来，潮汕地区的区内道路已经很是顺畅，潮州府至各县县治、主要聚落以及出区交通点，都没有什么问题。这自然是得益于区内道路以及交通设施的完善、开辟。

1.桥梁

宋元潮汕桥梁的建设，影响最大的是被誉为中国四大古桥之一、世界上第一座启闭式石桥梁的广济桥，亦称湘子桥。该桥于2003年10月，被公布为全国文物重点保护单位，登记年代为宋。[3]

广济桥始建于乾道七年（1171）六月己酉，当年九月竣工通行，是86艘木船连缀而成的浮桥，并在中流砌一个大石墩以固定浮桥，通行后"昔日风波险阻之地，今化为康庄矣"，故称为"康济桥"。此后又有淳熙十六年（1189）、绍定元年（1228）、绍熙五年（1194）、庆元二年（1196）增筑等多次完善，在开禧二年（1206）时，22座石墩，江心中流处则以铁链连接浮舟，遂形成主体为木

[1] 虞集.元帅张献武王庙碑［M］//苏天爵.元文类.文渊阁四库全书本，卷二十一：16.

[2] 永乐大典方志辑佚［M］.马蓉，陈抗，钟文，等，点校.北京：中华书局，2004：2606-2607.

[3] 广东省文化厅.中国文物地图集（广东分册）［M］.广州：广东省地图出版社，1989：280.

桥、中间为连舟浮桥的桥梁。元代又有大德十年（1306）、泰定三年（1326）的修缮记录，至此，共有23个石墩，部分使用了石板。广济桥主要是交通功能，但在初期便建有一些供行人休憩的楼台亭阁等，形成景观。如淳熙元年（1174）便在西岸建成"仰韩阁"，该阁废于火灾后，淳熙六年（1179）又于旧址上建"登瀛门"，"登瀛门"左右又增建"三己亥堂"和"南外奇观"两座楼台，又在江心石墩上修筑"冰壶""玉鉴"和"小蓬莱"三座亭台等。这些，都令广济桥在宋元时期便成为人文景观。[1]

宋元潮州还存在很多桥梁，不仅文献上有数量可观的记录，能够从考古、金石材料推出的，也有20处左右。

如位于古潮州州治，按《永乐大典》引《三阳志》的记载，宋代便存在着太平桥、去思桥、西门桥、北门桥、新路桥、湖头桥、新溪桥、南壕桥、瓮门桥、叶侯桥、东路石桥道等，其中仅东路石桥道一处，在淳祐丙午（1246）的改造工程记录中，就出现13座桥桥名。这些桥，一些是旧桥废后重修的，如叶侯桥，历经多次溪流冲毁，至端平二年（1235）再次崩溃并大力修复才告坚固；一些是新建的，如去思桥在州治内城西侧，嘉泰二年（1202）创建。[2]其中，应该有若干桥梁在宋代之前已经存在，但具体不详。金石材料也显示出潮州市区有若干桥梁。如原存西湖山北岩顶的《建桥题记残刻》，透露出佛教信仰者群捐石桥，并于天圣七年（1029）使用。[3]

潮安彩塘有元代重修的仙济桥。桥有四墩三孔，长26.4米、宽1.5米，桥第一孔西面的石条上阴刻铭文"至大二年己酉正月吉日重修"，故知该桥在元至大二年（1309）曾经重修，但何时始建则不清楚。[4]

澄海境内有接龙桥、跌马桥、刁刀桥等多处文物。接龙桥，位于澄海上华华富村，建于南宋，传说陆秀夫保护宋帝赵昺路过此桥，因此得名，桥为单块石板架设，长2米、宽1米，桥头有林梁任书的"接龙桥"字碑，保存尚好。跌马桥，位于澄海上华龙田村，建于南宋，传说陆秀夫路经此桥时马蹄失足，因此得名，桥为石筑2墩，长7米、宽2.4米，保存完好。刁刀桥，位于莲下镇，独石构

---

[1] 解缙，等.永乐大典（精装十册）［M］.北京：中华书局，1986：2453，2482.卢蔚猷，吴道镕.（光绪）海阳县志［M］.台北：成文出版社，1967：206.

[2] 解缙，等.永乐大典（精装十册）［M］.北京：中华书局，1986：2453-2454.

[3] 佚名.建桥题记残刻［M］//黄挺，马明达.潮汕金石文征.广州：广东人民出版社，1999：17.

[4] 黄挺，马明达.潮汕金石文征［M］.广州：广东人民出版社，1999：255.

筑，长5米、宽0.55米、厚0.5米，因石板形似一把刁刀而得名，框架仍在。[1]文献方面也记载有澄海的若干桥梁，如《（嘉庆）澄海县志》，便收录有当时小北门外石砌的"北桥"一座，称"宋时建"。[2]

潮阳境内有和平桥、贵屿桥等多处文物。和平桥，位于和平，始建于北宋宣和二年（1120），桥栏板以夯土筑成，石墩作分水尖状，桥头嵌有"和平桥"碑刻，传说为大峰所题，大峰建桥时"不逾年而桥成十六间，惟南北两间距岸两间未获尽完。……绍兴癸酉完之，蔡贡元也"[3]，《（乾隆）潮州府志》也载有潮阳人蔡谆捐资续建事迹。[4]贵屿桥，位于贵屿华美、南安之间，始建于大观二年（1108），重建于隆兴二年（1164），桥为两墩三拱石筑，长10、宽3.8米，历近千年而不倒，当代以混凝土在两边各加宽1米，交通功能依旧，桥的主体则仍为原构。[5]

实际上，当时分布于潮汕各地的桥梁数量众多，它们规模不一、大小有异，都在四通八达的宋元潮汕交通中发挥了作用。

2.道路

宋元时期，潮汕区内的陆路和水道等也有所修理，下面仅举几个金石材料显示出来的具体例子。

如澄海的山尾溪、建炎大道。

澄海莲下程洋冈虎丘山南侧山脚发现的"建炎大道"碑刻，便是此处修筑有道路的佐证。该碑刻全文为"建炎大道/建炎二年疆巡剑书万勒"，可知建炎大道成于建炎二年（1128）。按《潮汕金石文征》的分析："虎丘山前临韩江东溪与山尾溪分流处。《（嘉靖）广东通志稿》卷二《山川》云：'山尾溪，宋以前未有，哲宗时，场官李子参始凿程洋岗北畔为溪，通上流，至神山前会水寨溪入于海。'李子参即李前，哲宗时，小江盐场场官，山尾溪开凿，固为盐运之方便也。小江场南宋时设土兵巡检寨。《永乐大典》卷5343《潮州府一·营寨》载：'土兵之名有五，曰同巡，曰潮梅，曰小江，曰赤砂，曰鼓楼冈，分为五营，计五百人。'又载：'小江场巡检寨，去城五十里，军额原管一百人。'臆

[1]　广东省文化厅.中国文物地图集（广东分册）［M］.广州：广东省地图出版社，1989：247.

[2]　李书吉，蔡继绅.（嘉庆）澄海县志［M］.台北：成文出版社，1977：96.

[3]　徐来.报德堂记［M］//黄挺，马明达.潮汕金石文征.广州：广东人民出版社，1999：311-312.

[4]　周硕勋.（乾隆）潮州府志［M］.台北：成文出版社，1967：623-624.

[5]　潮阳文物志编纂小组.潮阳县文物志［M］.内部出版，1985：50-52.广东省文化厅.中国文物地图集（广东分册）［M］.广州：广东省地图出版社，1989：258.

此刻应为小江寨土兵巡视疆域时所刻。"[1]则这里水路循江河出入海道、畅通区内水道，而陆路则上通潮州州治、下达莲阳一带，利商利兵，是为沟通水陆的交通节点。

如潮安的芹菜沟。

芹菜沟为宋元祐五年（1090）王涤所主持浚建[2]。芹菜沟应该是在西湖与竹溪山之间的古溪河，可视为后来著名的"三利溪"中之一部分，即三利溪之潮安段。《（嘉靖）潮州府志》载："三利溪，在城西，道濠水过云梯间于枫口（属揭阳），入于海，宋元祐间知州王涤始浚。有长沙李东阳《记》：潮州府旧有三利溪，盖自海阳附郭而西，历潮阳、揭阳以入于海，其间逶迤曲折，三县利之，溪以是名。"[3]按字面理解，"三利溪"应是利海阳、揭阳、潮阳而得名，陈献章《潮州三利溪记》载："是溪之长百一五十里，东抵韩江、西流入于港。……农夫利于田，商贾利于行，漕运者不之海而之溪。"[4]可见此条水道浚建之后，对潮汕地区的社会经济发展一直有着很好的贡献。

3.驿铺

宋元潮州驿铺比较发达，前面相关部分已经有所介绍，这里再举宋、元各一例，也供对比。

宋代的凤水驿。

《潮州金石文征》载有《凤水驿记》："郡国有传舍以待假道之宾客，古礼也，今天下通名曰'驿'。或又从而高大加饰焉，则易驿之名曰'衙'。所以迟绣衣汤节之临郡，与夫通贵重客，顾他宾非可取舍。故一郡所以待遇客者，必有二馆。否则上下混淆于市邸，此羁旅之通患。潮居广府之极东，与闽岭比攘，凡游官于广者，闽士居十八九，自闽之广，必达于潮。故潮虽为岭海小郡，而假道者无虚日。郡盖有所谓迟重客之所，而驿无舍，其所从来旧矣。自修来此周岁，易蠹补弊，自祠庙、学舍、仓廪、府库，下至狱狴、营伍，率以奇羡，随先后缓急而为之，皆严固洁好。方以宾馆阙焉未备，思所以力不劳而事济者。适掌醢以醢舍坏来谂，使至加葺。迄功，僚椽总其事者请试临观。因周视堂皇廊庑，

[1] 黄挺，马明达.潮汕金石文征［M］.广州：广东人民出版社，1999：81.

[2] 王涤.拙亭记［M］//解缙，等.永乐大典（精装十册）［M］.北京：中华书局，1986：2482.

[3] 郭春震.（嘉靖）潮州府志［M］//北京书目文献出版社.日本藏中国罕见地方志丛刊（第13册）.北京：书目文献出版社，1992：168.

[4] 陈献章.潮州三利溪记［M］//孙海通，点校.陈献章集.北京：中华书局，1987：44-45.

则寝者有室，膳者有舍，奴马有刍饭之地，井厕户窗皆有条理。以为酏舍则华而大，以为宾馆则与郡大小称其宜。既而得老屋数楹，直于城东南隅，乃故储酏之宇。于是易其地而两增葺之，因以郡水而名，榜曰凤水驿。复为造寝处饮食之具，为榻着六案，与竹木匡床十有八席，以为荐籍者各三十，器皿镤鼎悉备。使阍一人掌其扃与物之籍，而加钥焉。过客之车马及郡境，请预以告。授馆之礼当敬，从事无怠。虽然古君子所居一日，必葺其墙宇，去之日如始至。无谓古人独然。自今以往，凡至此毋坏几席，毋毁垣墙，使后来者无乏。是亦古君子已。郡僚来属，纪岁月于驿壁，敢并以告。"

《永乐大典》收录有该记，题为郑厚撰写，无系年，据《潮州金石文征》的考订，应为潮州知州傅自修撰于乾道三年（1167）。[1]从内容看，凤水驿是典型的官方经营机构，是规格高、规模大的"豪华酒店"，其装修上档次，专用古旧建材营造"古朴"氛围，食宿服务皆备，内部卫生每日一清洁，随从人员和马匹皆有专门安排，还有专人保管贵重物品等。而此《凤水驿记》便题于驿壁，类似张贴"顾客须知"，以君子之德劝谕客人。这样的配备和服务，应该是当时一流的官方接待处和商旅宾馆了。因此，其房位紧张，消费者通常需要预订。而从描述看，它虽然是官方接待场所，但与商业酒店无异。

元代的三阳驿。

三阳驿是早期文献中潮州较为闻名的馆驿。宋元更迭，潮州州治受到严重破坏，大量宋代旧驿铺遭到毁灭性打击。在纳入元版图十多年后，潮州州治尚缺大型驿铺。于是官方决定修建馆驿，是为三阳驿。

工程于至元三十一年（1294）十月开始，"乃卜日相地，开拓旧基。百姓闻命奔趋恐后，若瓦若木，不期而集"，元贞元年（1295）四月竣工。建成后，"为堂前后有二，为庑前后有四，柱石坚固，垣墙周密。面阳辟户，气象轩豁。背山凿池，景仰幽胜。风月有时而自至，冬夏无适而不宜。汤沐饮食之需，供帐服用之具，件件精实……兹驿之兴民，乐其成，故能不扰而办。俾破碎凋残之后，复睹太平之盛观，涂既丹腹之美，益彰远使之光华。自王公卿而下，与夫一介行李，于是馆焉。吾想夫驰马日奔轺，朝幽燕，暮荆楚，冒风沙，蒙烟瘴。至则解鞍驰檐，偃仰欠伸，抚手扪腹，弹长铗而行歌，据胡床而坐啸。马刍奴饭，吏散庭空，休息之际，使臣于此其有思乎？诗不云乎，载驰载驱，周爰咨谋。古

[1] 郑厚.凤水驿记［M］//黄挺，马明达.潮汕金石文征.广州：广东人民出版社，1999：110-112.

之使者传令入境，则访求民瘼，观察风谣。视其财用之丰不丰，桥道之固不固，田野之辟不辟，户口之增不增。所以广朝廷之耳目，明郡政之臧否，而后得为使之体。"[1]

从《三阳驿壁记》的内容看，对比起宋代驿铺的商业化因素，三阳驿的官方接待以及驿站邮传等色彩更浓。当然，这也符合元代驿铺的时代特色。

二、繁荣的商业都市

宋元时期，潮汕已得到较为充分的开发，"潮阳山水东南奇，鱼盐城郭民熙熙"[2]"时和岁丰，固无乏绝"[3]是当时的写照，宋代的"潮于岭表为富州"[4]、元代"殷给甲邻郡"[5]，是人们的评价。

本阶段潮州的农业、工业已经颇为发达，商品众多，粮食、纺织、坑冶等闻名全国，若干小项处于行业领先位置，造船、陶瓷、盐业等也在广南路处于先进行列，这些在本书相应章节会再详述。下文仅介绍较能直接见证商业状况的商税和铜钱情况。

（一）岭南突出的商税

宋元潮汕商品丰富，交易市场活跃，商业发展达到了前所未有的高度。以商税纳额而言，在可对比的年代，都排在广东第二或第三位。宋人所称的"揭阳繁富州"，并非虚言。[6]

商税之征收早已有之，但此前多未形成较为系统之体系。一般认为，宋初设置商税务院征收商税，并颁布、执行《商税则例》及各种较前规范之措施，意味着中国首次确立了一套系统的商税征收制度。

宋代的商税平行于田赋、榷税等，其征税环节分为"过税"和"住税"两种，都以货币征缴为主，偶也有实物抵数的。"过税"是行商沿途缴纳之税，

---

[1] 黄刚大.三阳驿壁记 [M] //解缙，等.永乐大典（精装十册）.北京：中华书局，1986：2486.

[2] 陈尧佐.送潮阳李孜主薄 [M] //解缙，等.永乐大典（精装十册）.北京：中华书局，1986：2491.

[3] 许应龙.初至潮州劝农文 [M] //许应龙.东涧集.文渊阁四库全书本，卷一十三：5-6.

[4] 余靖.开元寺重修大殿记 [M] //解缙，等.永乐大典（精装十册）.北京：中华书局，1986：2481.

[5] 周伯琦.肃政箴 [M] //解缙，等.永乐大典（精装十册）.北京：中华书局，1986：2473.

[6] 宏新按：这里的"揭阳"，是以古揭阳代指潮州。参见：郑侠.六镶助潮士钟平仲纳官辄辞赠以诗 [M] //吴之振.宋诗钞.文渊阁四库全书本，卷二十三：9.

税率为货价的2%；"住税"是坐商售货缴纳之税，包括生产者或行商抵达目的地后坐地出售之税，税率为货价的3%。行商必须按照规定的路线贩运货物，无论是否在当地销售，都应于沿途各场务缴纳税款，这些场务的设置遂成为税源所在，大抵上，某个州府的场务越多，则商税收入越多。官方还在交通要道等处雇用人员调查，防止行商绕道漏税，即称为"拦头"。商税的征收相当广泛，包括房产田地等不动产、马牛驴驼等交通工具、布帛肉果等衣食日用品之交易，都是征收对象。不过，各地各时的规定亦有所不同，纳入宋版图两年后的开宝六年（973），广南东路便先于全国特免民间纺织品的住税，而同年诏令广南药材免税等，都是优于其他地方的优惠政策，潮汕也是享受优惠的地方。[1]

有关宋元潮州商税的情况，我们分期简介如下。

北宋时期。

《永乐大典》转引的《宋会要》，保存了目前能见的较系统的全国性商税记录。这份记录分别有"旧额"和"熙宁十年"的数据。[2]其中，熙宁十年（1077）的数据系年清晰，而"旧额"的系年，虽然海内外研究者们多做出过深刻的考析，但依据目前可见文献，恐怕难以廓清具体年份。我们最稳妥的认为，其上限在嘉祐元年（1056）、下限在熙宁元年（1068），而只要各地的"旧额"指向同一个时间，便可以做一比较。

潮州的数据为："旧在城及潮阳、松口、招迎、黄岗五务，岁万七百九十九贯文。熙宁十年，在城：一万五千三百二十九贯一百七十四文；程乡县：二千九百二十二贯九百六十二文；潮阳县：七千六百三十九贯二百六十五文；圃湾镇：二千七百四十贯三百五十七文；黄岗镇：一百八十九贯九百二十五文；横冲锡场：一百八十八贯文；乌斗溪银场：一百五十贯文；石阮银场：八贯五百文；乐口银场：五百九十贯六百五十文；彊丰济银场[3]：三百二十二文；松口务：三十一贯四百五十一文；焦溪铺：二百贯九百五十一文；招迎铺：

[1]　脱脱，等.宋史［M］.北京：中华书局，1977：4541-4547.马端临.文献通考［M］.北京：中华书局，1986：145.

[2]　宏新按：以下相关数据辑录都来自《宋会要辑稿》。参见：刘琳，刁忠民，舒大刚，等，校点.宋会要辑稿［M］.上海：上海古籍出版社，2014：6293-6349.

[3]　宏新按：该场名有多种称呼，如《宋会要辑稿》中所引宋代文献，便有"强丰济场""彊丰济场"两种，其中"食货二三"原书天头注"'强'一作'彊'"，又如《元丰九域志》作"彊丰济场"，再如晚出的材料则各有所取。本书统一称为"彊丰济场"。参见：王存.元丰九域志［M］.王文楚，魏嵩山，点校.北京：中华书局，1984：411.刘琳，刁忠民，舒大刚，等，校点.宋会要辑稿［M］.上海：上海古籍出版社，2014：6344，6488.

二百九十二贯二十八文。"

梳理如下表。

表3-5　宋熙宁十年（1077）潮州商税税收简表

场务	商税（贯）	占潮州百分比	排名
在城	15329.174	50.62%	1
潮阳县	7639.265	25.23%	2
程乡县	2922.962	9.65%	3
圃湾镇	2740.357	9.05%	4
乐口银场	590.65	1.95%	5
招迎铺	292.028	0.96%	6
焦溪铺	200.951	0.66%	7
黄岗镇	189.925	0.63%	8
横冲锡场	188	0.62%	9
乌斗溪银场	150	0.50%	10
松口务	31.451	0.10%	11
石阮银场	8.5	0.03%	12
彊丰济银场	0.322	0.00%	13
合计	30283.585	100.00%	

熙宁十年（1077），潮州有13个场务，比旧额增加了7个；商税计30283.585贯，比旧额的10799贯增加了19484.585贯，为旧额的280.43%。这接近旧额3倍的数据，既有此期间梅州废入潮州而税源增加的因素，但更主要是潮州本身快速发展的结果。

按，梅州在开宝四年（971）领程乡一县，熙宁六年（1073）废州，程乡县隶潮州，而梅州旧额商税为1043贯，不足同期潮州的十分之一，并入潮州后的熙宁十年（1077），仍然如此。实际上，整个宋代都是"梅州最僻小，户口税赋不及潮、惠一县"。[1]而从上表商税数据看来，梅州（程乡）大约仅相当于潮阳县

---

[1] 刘琳，刁忠民，舒大刚，等，校点.宋会要辑稿［M］.上海：上海古籍出版社，2014：6364，9413-9414.

的三分之一，确实各方面体量较小，正如文献记载。由此可知，北宋潮州的商税增长主要来自潮州本身，梅州并入带来的增长因素几可忽略不计，同时，潮汕地区自身的增长幅度是比较大的。

将潮州这个商税数据放在广南东路，以及联系密切的福建路中对比，以更直观地了解当时情况，如下表。

表3-6 北宋广南东路商税税收简表

各州	旧额				熙宁十年（1077）			
	场务（个）	商税（贯）	占广南东	排名	场务（个）	商税（贯）	占广南东	排名
潮州	5	10799	13.23%	2	13	30283.585	12.26%	3
广州	14	27022	33.10%	1	19①	68703.485	27.81%	1
英州	8	8204	10.05%	3	25	43304.702	17.53%	2
韶州	13	4662	5.71%	6	16	25314.398	10.25%	4
端州	1	2659	3.26%	9	5	19770.216	8.00%	5
惠州	4	3591	4.40%	8	4	15971.169	6.47%	6
南雄州	6	6073	7.44%	4	3	13328.229	5.40%	7
连州	4	4115	5.04%	7	6	7714.948	3.12%	8
南恩州	1	846	1.04%	14	12	7258.549	2.94%	9
贺州	21	2430	2.98%	11	3	5322.948	2.15%	10
康州	16②	5055	6.19%	5	4	5113.398	2.07%	11
封州	3	1823	2.23%	12	3	3791.32	1.53%	12
新州	1	301	0.37%	16	4	1087.939	0.44%	13
循州	4	2590	3.17%	10	3	50.917	0.02%	14
梅州	2	1043	1.28%	13		0③	0.00%	
春州	9	426	0.52%	15		0④	0.00%	
合计	112	81639	100.00%		120	247015.803	100.00%	

注[1]：

①广州，熙宁十年（1077）有17个计税数据，但其中一个数据是金牛、马头冈、马宁镇的合计，因此，我们暂时认为是19个场务；

②康州，旧额各本原文均作16个场务，但接下去分列场务名的合计，则仅有15个，两处必有一误，我们暂时视该州旧额有16个场务；

③梅州于熙宁六年（1073）废州，以原所领之唯一县"程乡县"隶潮州，故梅州（程乡县）熙宁十年（1077）之数据在潮州体现；

④春州于熙宁六年（1073）废入南恩州，故熙宁十年（1077）之数据在南恩州体现。

从上表可以看出，北宋潮州商税税收，长期在广南东路排位靠前，旧额时排在第二位，仅次于广州，熙宁十年（1077）排在第三位，位于广州、英州之后。

与接壤的广南惠、循、梅3州对比，潮州的商税十分突出：旧额方面，潮州（10799贯）相当于其他三个州总和（7224贯）的1.5倍（149.49%），而赖以收税的场数（5个）仅为三州场数总和（10个）的一半；熙宁十年（1077），梅州废入潮州，此时潮州（30283.585贯）相当于惠、循两州总和（16022.086）的近1.9倍（189.01%），场数（13个）则多于两州总和（7个）6个。

从简单的对比，可得到这样的信息：

一方面，北宋初潮州商业之活跃度，远甚于广南东路的中东部区域，由于行商过场收税，潮州以5个场的税源，仍远超其他三州10个场的税收，更能说明问题。而这显然是自唐代优势的延续，在中晚唐时，潮州被认为是与韶州并列的岭南大郡，从这里也可得到佐证。入宋之后潮州不仅商税多于韶州，在其他各方面也俨然处于广南东路第二的位置。

另一个方面，在广南东路范围内，越接近熙宁十年（1077）时，潮州的商税增速越见迟缓，尽管与邻近州对比中看似增幅更大，但那是增加场数并加入梅州的结果。放在全省看，熙宁十年（1077）比之旧额，广南东路的总数据为原来的302.57%，潮州的数据为原来的280.43%，增幅低于全路；具体的比较，则潮州绝对值已被英州超过，尽管英州在熙宁六年（1073）并入了曾先后属广州、连州的浛洸县，[2]但潮州也并入了梅州程乡县，因此也能说明问题。

福建与广南路的商税是有可比性的，因为两者最大的商业收入市舶司、外

---

[1]　宋会要辑稿［M］.刘琳，刁忠民，舒大刚，等，校点.上海：上海古籍出版社，2014：6343，6345，9413-9414.

[2]　宋会要辑稿［M］.刘琳，刁忠民，舒大刚，等，校点.上海：上海古籍出版社，2014：9413.

贸，都没有计算在商税之内，而站在潮州角度来看，潮州此阶段与福建诸州的联系，要紧密于广南各地。福建诸州商税税收数据如下表。

表3-7　北宋福建路商税税收简表

各州	旧额				熙宁十年（1077）			
	场务（个）	商税（贯）	占福建路	排名	场务（个）	商税（贯）	占福建路	排名
福州	12	31970	24.23%	1	15	75560.522	29.29%	1
建州	7	24863	18.85%	2	17	50880.34	19.72%	2
泉州	9	21404	16.22%	3	11	46026.906	17.84%	3
南剑州	13	18709	14.18%	4	15	32679.309	12.67%	4
汀州	8	10231	7.75%	6	10	15147.69	5.87%	6
漳州	10	11657	8.84%	5	11	14990.12	5.81%	7
邵武军	3	8293	6.29%	7	7	16040.801	6.22%	5
兴化军	8	4805	3.64%	8	8	6641.406	2.57%	8
合计	70	131932	100.00%		94	257967.09	100.00%	

如果把潮州放入上表福建数据对比，则：旧额数据，潮州仅能排在漳州之后，邵武军之前，这多少说明，尽管宋初潮州在广东商业活动较为活跃，但对比福建仍然有所不足；熙宁十年（1077）数据，潮州跃升至汀州之前，商税税收超过了福建下四州，刚好略多于汀、漳二州的总计（30137.81贯）。这说明相对于福建路，潮州的增长速度是十分快捷的。实际上，福建熙宁十年（1077）的数据虽增加了近一倍，是旧额的195.53%，但对比起潮州、广南的增速，都是远远不如，而汀州、漳州更是相对较差。因此，潮州得以成为闽粤边区商业最为活跃者，从上述数据上可得到反映。

此外，《文献通考》列有熙宁十年（1077）以前的各地商税简略数据，此数据可能与《宋会要辑稿》所指的"旧额"同源。其中：40万贯以上的有3个，20万贯以上的有5个，10万贯以上的有19个，5万贯以上的有30个，3万—5万贯的有51个，1万—3万贯的有95个州级或准州级以上单位，广南东路，仅广州、潮州达到1万贯以上。即是说，熙宁十年（1077）之前，广州、潮州都逊色于3万贯以上的108个州，在95个1万—3万贯的州中，广州（27022贯）可能靠前，也必排在北宋城市百余位以外，潮州（10799贯）的排名则应接近第200位了。[1]

由此看来，在北宋政区内，广南各州的商税乏善可陈。但这是仅以商税论，并不能全部反映出商业活跃度。因为商税数据未计入广南最大税源广州市舶司、外贸税收额，以及潮州税收大项之盐、坑冶榷税；还有广南独有的药品销售免税等优惠政策，也导致各州商税不高。因此，将广南各州与全国各州进行比较，可比性不足。广南、福建则较具可比性，因为两地受享受的政策和执行的规定等大体一致，尤其是市舶司、外贸税收额等大项方面，两地一样。

南宋。

南宋没有较系统的全国商税数据存世。元《三阳图志》有南宋潮州商税的内容，其中有"竹木场元系抽摘无定额"。[2]先做个说明："竹木场"是宋代的称呼，其所收为"竹木税"，元代多称"竹木课"，由于宋代经常调整竹木税，[3]因此地方志书不列竹木税数据。我们下面梳理时也不计。

《三阳图志》这条记录，记事系年为南宋，是孙叔谨任潮州知州的宝庆三年（1227）之后的记录。[4]福建今存三种较完整宋代方志，与《三阳图志》这段记录可比性较差，《永乐大典》转引的记载，又有难辨之处。广东方面，残存

[1] 马端临.文献通考［M］.北京：中华书局，1986：145-146.

[2] 解缙，等.永乐大典（精装十册）［M］.北京：中华书局，1986：2456.

[3] 宏新按："竹木场""竹木务"的称呼广泛见于宋代，如《宋会要辑稿》载有蜀州竹木场、江州竹木务等，元代广东方志计为商税中的"竹木课"，如《（大德）南海志》载元代广州路商税中便有"竹木课钞参拾柒定壹拾捌两"；宋代时常调整竹木税，如宋真宗三年（1000）三月免"简州民造舍所需竹木税钱"、四年（1001）六月十四日"除升州竹木税"，宝祐二年（1254）免两浙、临安"竹木税一月"等。参见：广州市地方志编纂委员会办公室.元大德南海志残本（附辑佚）［M］.广州：广东人民出版社，1991：21.毕沅.续资治通鉴［M］.北京：中华书局，1979：4735.宋会要辑稿［M］.刘琳，刁忠民，舒大刚，等，校点.上海：上海古籍出版社，2014：6328，6334，6352，6353.

[4] 宏新按：该条出于《永乐大典·潮州府·田赋》，上引内容是元《三阳图志》引自南宋的旧志，系年在南宋，上限为宝庆三年（1227）稍后。理由：1.这里的《三阳图志》撰于元代，因为起首有"元一区字""商税三十取一"等，而直至上引这段，字体都没有变化，漏空格亦无异常之处，说明整段都是出自同一志书即元《三阳图志》；2.这段记录是元《三阳图志》钞录旧志，主要依据，首先是从内容看，"田赋"项之下引明《图经志》，按体例应接唐宋方志，但宋方志相关内容附于下文的《永乐大典·潮州府·税赋》而无须再引，且出现的人事皆为宋而没有注宋，又与《（大德）南海志》编撰体例同（后者前有注引"旧志"），其次是该处出现的货币单位为"贯""文"，而现存各地元代文献中，都是以"锭""两"计商税，最后是紧接着的宋代"竹木场"、所收竹木税，而非元代"竹木课"的文字表述（见上一条注）；3.整段出现南宋潮州分别于宝庆三年（1227）任知州的孙叔谨（孙任职时间有争议，这里暂按《（乾隆）潮州府志·职官》所载为准）的名字，则是南宋宝庆三年（1227）之后的记录。

《（大德）南海志·旧志税赋》录有一段嘉定（1208—1224）之后南宋广州的商税记录。[1]则广州、潮州之史料系年下限相同、上限极近，恰可供比较，梳理如下表。

表3-8 南宋后期潮州与广州商税对比简表

序号	潮州			广州		
	场务	商税（贯）	占本州	场务	商税（贯）	占本州
1	州税务	21586.699	55.14%	都税务	82549	72.13%
2	潮阳县	4797.271	12.25%	增城县	4661	4.07%
3	揭阳县	4038.784	10.32%	新会县	4088	3.57%
4	圃湾镇	4628.687	11.82%	清远县	3623	3.17%
5	鮀浦场	1725.829	4.41%	东莞县	2282	1.99%
6	小江场	1517.8	3.88%	怀集县	644	0.56%
7	潭口场	850.562	2.17%	扶胥镇	4467	3.90%
8				西南道场	3099	2.71%
9				吉利场	2846	2.49%
10				金斗场	2559	2.24%
11				石壁场	1955	1.71%
12				宁口场	820	0.72%
13				曲隆场	507	0.44%
14				香山场	339	0.30%
合计	7场	39145.632	100%	14场	114439	100%

上表的对比，可以得出若干结论。

从潮州自身的发展看，还是有所进步的，由北宋熙宁十年（1077）的30283.585贯发展至南宋末的39145.632贯，增加了29.26%，如果考虑到其间梅州（程乡县）于元丰五年（1082）又再割出[2]的因素，则潮州的增速、增幅更大。

[1] 广州市地方志编纂委员会办公室.元大德南海志残本（附辑佚）［M］.广州：广东人民出版社，1991：24-26.陈大震，吕桂孙.（大德）南海志［M］.元刊本，卷六：18-19.

[2] 宋会要辑稿［M］.刘琳，刁忠民，舒大刚，等，校点.上海：上海古籍出版社，2014：9413-9414.

从潮州与广州的对比看，广州从熙宁十年（1077）的68703.49贯发展至南宋末的114439贯，增加了66.57%，显然，潮州增速、增幅都远远不如广州。

各地的商税收入主要集中在州治中心，而广州更是路治所在，其拥有的资源是潮州没法比的。

如果以县论，潮阳县仍然称得上是商业大县，除了广南路治、潮州州治之外，潮阳县的4797.271贯商税税收，比之与粤中商业重镇增城、新会、清远等各县都要略高。

此外，南宋后期，雁过留毛式的过税大受诟病，而且滋生腐败，因此各地都有取消若干场务之举。潮州由北宋的10余个场务，至此时仅剩7个，广州由北宋的19个场务，至此时剩余14个，潮州"自省罢后，邦人至今便之"，以及广州"徒为民害，悉行除罢"，都是这种社会情绪之反映，也与全国大趋势相同。

元代。

元代"始得中原，付诸民者，未有定制"，自至元七年（1270）开始，才正式统一实行"三十取一"的商税缴纳制度。[1]潮汕地区于至元十六年（1279）纳入元版图，则自此年开始，实行元制度。

元代的商税不同于宋代。各种文献都没有"过税"一说，反而存在没有收取过税的录载，如黄溍称"征商之制，有住税而无过税"[2]；当时若干地方或巧立名目收取，但被元中央所否定，如《元典章》载商人路过被以"漏税"名扣货，投诉至中央机构，因没证据显示其在当地销售（即不是住商）货物，商人遂被判无罪。[3]在官方文献未见"过税"又存在反向证据的情况下，目前可以确定，元政府的中央税制规定中，并没有过税项目。[4]

由于中央不设过税项目，因此元代的场务设置便无须太多。不过，元代的场务情况，传世记录所载全国数据都不全。如《元典章》算是比较齐备的了，但其"额办课程处所"载有170余场务，"内外税务窠阙"200处场务，潮州路所在的江西行省仅有18务，而广州路仅有1务，潮州更连一个场务都没有，显然所缺甚多。[5]我们没法取用材料来作比较，但广东、潮州还是有一些同期记录的。

[1] 国朝文类引经世大典·商税［M］//苏天爵.国朝文类.上海涵芬楼藏元刊本，卷四十：42.

[2] 黄溍.正奉大夫江浙等处行中书省参知政事王公墓志铭［M］//黄溍，危素.金华黄先生文集.景钞元至正本，卷三十一：9.

[3] 元典章［M］.陈高华，张帆，刘晓，等，点校.北京：中华书局，2011：906.

[4] 陈高华.元代商税初探［J］.中国社会科学院研究生院学报，1997（1）.

[5] 元典章［M］.陈高华，张帆，刘晓，等，点校.北京：中华书局，2011：335-341.

广东方面，《（大德）南海志》载广州路共设有6个场务，即在城、东莞、新会、增城、香山、清远税务，年办商税共约2061锭45两有余，又有竹木课37锭18两。[1]

潮州的史料，《永乐大典》转引有数处关于商税的记录，元《三阳图志》载："买卖者纳商税，沽酿者纳酒税，古今国用不可废也。圣朝榷税如旧，而尝加优恤之意焉。本路三县一司，岁办酒课钞总二千二百二十二锭一十八两九分六厘六毫。在城务岁办课钞六百五十七锭单三两五钱六分。"[2]

这里将商税与酒课并提，依稀显示出潮州路商税与酒课的收取点一样，仅三县一司设有场务，这与上述《（大德）南海志》中广州路的场务设置相同。不过，潮州商税税收具体情况等究竟如何，则没法知悉。

此外，宋元时期的商税之外，地方政府常巧立名目，征收其他相关交易税收。如《（道光）晋江县志》载，庆历年间的广州市舶使陈颖，在任潮州海阳知县时，曾废弃当地"无名"的税赋，其中有涉及商业交易者。这便透露出，商税之外，海阳地方官长期执行过相关的征收行为。[3]而与上举《元典章》载商人被以"漏税"名扣货例子一样，想来整个潮州府还存在不少不知所谓的"无名"商业类税收。

（二）见证商业发展的铜钱

宋代经济迅猛发展，货币需求量大增。当时流行的是金属钱币和纸钞，金属钱币中的铜钱在潮汕沿海多有发现。

宋金属钱币主要有铜、铁两种，后来又有夹锡钱者，"钱有铜、铁二等，而折二、折三、当五、折十，则随时立制。行之久者，唯小平钱。夹锡钱最后出，宋之钱法至是而坏"[4]。潮汕地区是铜币流行区，就目前的考古情况来看，所发现的钱币基本都是铜钱，铁钱、夹锡钱几无发现。如揭阳仙桥的北宋墓，出有5枚钱币，分别为开元、咸平、太平、元祐年号铜钱，又如澄海发现的大量宋元钱币，有报道的也都是铜钱。[5]一般认为，两宋钱币的流行地域各不相同，北

---

[1]　宏新按：该志"商税"起首称广州路总办钞2061锭45两2钱3分6厘，但接着各分项数字，合计为2062锭2两4钱3分6厘，二者必有一误，这里暂以首称为是。参见：广州市地方志编纂委员会办公室.元大德南海志残本（附辑佚）[M].广州：广东人民出版社，1991：21-22.

[2]　解缙，等.永乐大典（精装十册）[M].北京：中华书局，1986：2456-2457.

[3]　周学曾，等.（道光）晋江县志[M].福州：福建人民出版社，1990：1154.

[4]　脱脱，等.宋史[M].北京：中华书局，1977：4375.

[5]　揭阳博物馆.揭阳文物志[M].内部出版，1985：59-60.陈跃子.澄海出土铜钱概说[J].汕头文物，1987（13）.

宋时的福建和广南东、西路，以及南宋时整个东南沿海都流行铜币。[1]考之潮汕的文物材料，正与货币研究者们的结论一致。

按潮汕地区今各市、县、区的文物志所录，除了零星几处外，其余宋元铜钱发现地都位于澄海。兹据《澄海出土铜钱概说》，梳理如下表[2]。

表3-9　澄海发现的部分宋元铜钱表

序号	地点	年号	备注
1	梅陇村	宋	装1木桶（唐—明洪武），共300枚
2	冠山乡老人村	宋、元	装1陶罐（唐—清），共9斤
3	出自隆都樟借埔园、后埔陇下等，收购后混杂	宋、金、元	混杂（唐—明洪武）共47枚
4	隆都被乔梓里村	宋、金、元	分装2个陶罐，（宋—明洪武）10多斤
5	红岭果林场古墓	宋	30多枚
6	隆都樟厝乡古墓	宋	20多斤
7	莲上南峙山	宋	窖藏48斤
8	澄城港口村宋墓	宋	80枚
9	隆都鹊巷五口顶一带	宋、元	混杂（唐—元）12000余枚
10	盐灶车站前一带	宋	窖藏（汉—宋）50余斤、89种
11	隆都后埔白沙宫	宋	窖藏（唐—宋）1800斤，宋入土
12	上华华陇跑马埔	宋	混杂（汉—宋）20余枚
13	鸿沟乡	宋	（唐—宋）3000余枚
14	盐灶乡莲花山下一带	宋、金、元	装1陶罐（唐—明洪武），1500余枚
15	澄城民美村	宋	装1陶罐（唐—宋）1200多枚
16	博物馆藏整理	宋	混杂64枚

澄海发现的这批铜钱，其中有一些是混装有明清年号钱者，如上表序号第1、2、3、4、14，但总体而言，90%以上为两宋年号钱，若计上有金、元年号的铜币，则占比更大、数量更多。

宋元铜币的使用，主要是出于从事外贸经营的需要，当时与宋元贸易的海

[1]　彭信威.中国货币史［M］.上海：上海人民出版社，1958：257-272.

[2]　陈跃子.澄海出土铜钱概说［J］.汕头文物，1987（13）.

外各国，多收藏和使用中国铜币，而商人购买进口商品，只能是以铜钱结算，没有铜钱，则购买不到蕃货。即所谓"蕃夷得中国钱，分库藏贮，以为镇国之宝。固入蕃者非铜钱不往，而蕃货亦非铜钱不售"[1]。

由于外贸规模日渐庞大，大量铜钱一去不返，遂成两宋闹"钱荒"的最主要核心因素，"巨家停积，犹可以发泄；铜器鉎销，犹可以止遏；惟一入海舟，往而不返"。[2]宋政府多次发布禁止铜钱出境的诏令，初时规定流出五贯以下服役抵罪、五贯以上处死，后又不时加大惩罚力度，但基本没有效果，所谓"边关海舶不复讥钱之出，故中国钱日耗"，[3]而"钱本中国宝货，今乃与四夷共享"[4]的现象，直至元代都大体如此。

东南沿海是铜钱外流的重灾区，"沿海郡县寄居，不论大小，凡有势力者则皆为之""沿海浙东、福建、广东海岸之民，无一家一人不泄者，此一项乃漏泄之多者也"。[5]其中广州、泉州两个市舶司所在的福建、广东沿海尤其典型，"福建之钱，聚而泄于泉之番舶，广东之钱，聚而泄于广之番舶"[6]。又以广南为铜钱外流重地，几乎所有禁令如同虚文，"出门有禁，下江有禁，入海有禁。凡舶船之方发也，官必点视，及遣巡捕官监送放洋。然商人先期以小舟载钱离岸，及官司之点、巡捕之送，一为虚文"。[7]

潮汕身处东南沿海的外流重地广东，铜钱外流现象也是十分严重，文献上有潮州州官带头经营而被惩处的记录，而考古材料上，澄海铜钱的发现更是这种情况的反映。澄海是当时潮州最主要之出海地区，存在大型商港凤岭港及周边的集市，大量的铜钱遗物分布在这里，可知宋代潮汕海上贸易之活跃。其中以竹、木盛器桶装的（不少因腐朽而未能披露），更是典型之宋元船上铜钱包装状态，而窖藏者，属于零散贮存，只待汛期一到，便会被集中装船出海进行交易。

这批铜钱数量如何，我们可以取考古材料做个对比。南宋出土的"南海一号"，是迄今为止世界范围内发现的年代最早、船体最大、保存最完整之远洋商

---

[1]　宋会要辑稿［M］.刘琳，刁忠民，舒大刚，等，校点.上海：上海古籍出版社，2014：8372.

[2]　脱脱，等.宋史［M］.北京：中华书局，1977：4399.

[3]　佚名.群书会元截江网［M］.文渊阁四库全书本，卷十一：6-11.

[4]　李焘.续资治通鉴长编［M］.上海师范大学古籍整理研究所，华东师范大学古籍研究所，点校.北京：中华书局，1995：6593-6594.

[5]　宋会要辑稿［M］.刘琳，刁忠民，舒大刚，等，校点.上海：上海古籍出版社，2014：8372.

[6]　包恢.禁铜钱申省状［M］//包恢.敝帚稿略.文渊阁四库全书本，卷一：17-23.

[7]　马端临.文献通考［M］.北京：中华书局，1986：97-98.

船，船上的钱币有6000多枚，铸造年代自东汉至南宋。[1]则上表的第9项，澄海隆都出土者达12000多枚，足够两航次大型远洋商船之需了。当然，两者的材料都不全面，这种对比也是很粗的，这里只是希望能有助于较直观地了解而已。

实际上，澄海一地铜钱分布点分散于多个地方（上表以大的地域计为16处，又有一些是博物馆收藏，若以具体出土地计则不止），数量又颇为可观，一区的发现规模便如此大，放在宋代之岭南、闽南区域也属少见。而上表所列还远非全部，如文物志称，还有不少发现未有整理和登记，又如笔者多年来接触到的一些据称澄海、饶平境出土宋元钱，想必有些情况属实，并且是当时流通潮汕者。

铜钱的严重外流，反过来说明外贸之发达，这些铜钱的得来，于商业而言是源于内贸。大体上，当时换回来的"蕃货"会被辗转交易，商人在获取差额利润的同时，也再次得到外国急需的铜币，而后进行新一轮的内外贸商业活动。

同时，从类似上引这样的东南沿海皆商的大量文献记载看，所谓指定广州、泉州市舶司从事进出口经营，估计仅对来华贸易的番舶有些约束力，对私商泛滥的潮汕地区来说，查禁、收税等大体上形同虚设。

三、外贸：山海之会，舶通诸藩国

宋元潮汕外贸十分发达。外贸经营中，宋代大体以民营为主，只要按章遵行，并没有多少限制，"海卖入蕃，以兴蕃为招诱，侥幸者甚众"[2]，东南沿海近乎全民皆商。元代，则原则上必须与官方合作，经营者需要具备较多的资本，如至元二十一年（1284）规定，"设市舶都转运司于杭、泉二州，官自具船、给本，选人入蕃，贸易诸货。其所获之息，以十分为率，官取其七，所易人得其三。凡权势之家，皆不得用己钱入蕃为贾，犯者罪之，仍籍其家产之半。其诸蕃客旅就官船卖买者，依例抽之"[3]。潮州也是如此。

（一）近海交易

宋元时期，直接提及或者可推出外商到达潮汕的记录已经比较多了。譬如

---

[1] 李庆新.南宋海外贸易中的外销瓷、钱币、金属制品及其他问题--基于"南海工号"沉船出水遗物的初步考察［J］.学术月刊，2012（9）.

[2] 脱脱，等.宋史［M］.北京：中华书局，1977：4538.

[3] 宋濂，等.元史［M］.北京：中华书局，1976：2402.

正史中较早出现的第一条潮人与南洋商人发生联系的明确记录，透露出至迟在北宋初，南洋三佛齐海商对潮汕沿岸的水路便是熟悉的，进而可知该处海船与潮州早有海路来往。

说见《宋史》载，太平兴国五年（980）："三佛齐国蕃商李甫诲乘舶船载香药、犀角、象牙至海口，会风势不便，飘船六十日至潮州，其香药悉送广州。"[1]

"三佛齐"即室利佛逝国，公元7世纪兴于印度尼西亚苏门答腊的古国；"室利佛逝"来自梵语srivijaia，意为"佳妙胜利"，盛时势力达西爪哇、马来半岛、加里曼丹西部，控制中国、印度、阿拉伯国家交通贸易要冲。[2]

宋代木帆船航海，很大程度上受到风力、洋流、星日指引物等自然因素制约。远洋航行一旦"风势不便"，通常是先抛弃船上重物取得平衡，如《梦溪笔谈》所载，李士衡出使高丽归来，"至海中遇大风，船欲倾覆，舟人大恐，请尽弃所载，不尔船重必难免。副使仓皇，悉取船中之物投之海中，便不暇拣择，约投及半，风息船定"，[3]抛物后能"船定"，这是比较幸运的。如果船不定则只能依靠就近的避风港，碰上地理不便，只能是听天由命，如《岭外代答》所载："福建、两浙滨海多港，忽遇恶风，则急近投港。若广西海岸皆砂土，无多港澳，暴风卒起，无所逃匿。"[4]但即使是这样，在来得及的情况下，船上人员也必然是先抛弃重物以求暂时安稳。

而在上引《宋史》"飘风潮州"事件的记载中，并没有伴以大量抛货行动，才有"飘船六十日至潮州"，还存有"香药、犀角、象牙"的情况。会不会抛货而不报或者有抛货而未录？这样的可能性几乎不存在。因为一方面，当时朝贡货品数量等都有严格登记，从停潮州后还需上报，而"香药悉送广州"市舶司可知；又《宋会要辑稿》有："蕃舶为风飘着沿海州界，若损败及舶主不在，官为拯救，录物货，许其亲属召保认还，及立防守盗纵诈冒断罪法。"[5]若当时有抛货或者说有大规模抛货，正史应有言及。另一方面，《萍洲可谈》载："官市价微。又准他货与之，多折阅。故商人病之。舶至，未经抽解，敢私取物货者，虽一毫皆没其余货，科罪有差，故商人莫敢犯。"[6]

[1] 脱脱，等.宋史［M］.北京：中华书局，1977：14089.

[2] 李宏新.潮汕华侨史［M］.广州：暨南大学出版社，2016：63-64.

[3] 沈括.梦溪笔谈译注［M］.张富祥，译注.北京：中华书局，2009：114.

[4] 周去非.岭外代答校注［M］.杨武泉，校注.北京：中华书局，1999：37.

[5] 宋会要辑稿［M］.刘琳，刁忠民，舒大刚，等，校点.上海：上海古籍出版社，2014：4207.

[6] 朱彧.萍洲可谈［M］.文渊阁四库全书本，卷二：2.

即是说，番商长期存在少报、瞒报货量而后私下进行民间交易的现象，鉴于此，官方政令严厉打击，是"虽一毫皆没其余货"。这次漂泊海上两个月事件，商人正可凭借这个理由以遇难抛货为名，少报数量甚至不报货物以求更大利益，哪会如实申报。"飘风潮州"事件未见抛货，则客观上显示出遇难时海上险情尚不足以绝对致命，主观上，说明"三佛齐国蕃商李甫海"船上的掌舵者是十分镇定乃至可以说是自信的——两个月的海上漂流并不算短。而船上人员镇定、自信的由来，自然是对水路的熟悉。则相信掌舵者或是约略明白潮州附近水路。能明白水路，由此可推之前常往来此处。

在方志中的记载，也透露出有外国船只频繁到达潮汕。

如《东里志》"天后宫"条载："天后宫。一在大城东门内。一在柘林守备营后。一在深澳。宋时番舶建。时加修理。晏总兵移建于海岸。"[1]

按"番舶"一词，指外国船只，唐时便普遍出现，并未有歧义，在《东里志》成书的明中后期更是如此，当时海上武装商贸集团横行，即使是林凤、林道乾等长期往来外洋，其所乘坐的船舶也未见文献称为"番舶"者。因此，也无须考虑《东里志》修志时"蕃舶"词义会不同。也即是说，上引明确指出有外国商人建造了天后庙，并且是经常性的往来，才能"时加修理"。

这些熟悉水路、到达非市舶司港口的外商，并不很遵守规矩。他们本身为利而来，粤东沿岸有人接洽，也会犯禁交易，这样的行为频频发生。有的外商还赠送礼物给相关官员以图便利，如广东转运副使兼市舶司孙迥，在元丰五年（1082）的上奏中，便指出这种情况："臣以海舶法敝，商旅轻于冒禁，每召蕃贾，示以条约，晓以来之之意。"外商所赠送的礼品，则是"臣不敢受。乞估直入官，委本库买彩帛物等，候冬舶回报谢之"。[2]

孙迥的上奏显示了他的廉明，但更多的是地方官带头参与交易。如潮州知州张镐带头违禁"运铜下海"，长期从事外贸经营，后被举报查实，于嘉定六年（1213）六月遭到处分。[3]

[1]　陈天资.东里志［M］.印行东里志领导小组，饶平县地方志编纂委员会，整理.内部发行，2001：34-35.

[2]　李焘.续资治通鉴长编［M］.上海师范大学古籍整理研究所，华东师范大学古籍研究所，点校.北京：中华书局，1995：7954.

[3]　宋会要辑稿［M］.刘琳，刁忠民，舒大刚，等，校点.上海：上海古籍出版社，2014：5027.吴颖.（顺治）潮州府志［M］//中国科学院图书馆.稀见中国地方志汇刊（44）.北京：中国书店，1992：1409.

实际上，大量的记载显示，宋代东南沿海居民从事商贸活动是普遍现象，乃至时人有称"沿海浙东、福建、广东海岸之民，无一家一人不泄者，此一项乃漏泄之多者也"[1]，这已经是全民参与外贸了。岭南各地，更是"岭南诸郡近南海，海外真腊、占城、流求诸国蕃舶岁至，象、犀、珠玑、金贝、名香、宝布，诸凡瑰奇珍异之物宝于中州者，咸萃于是"。[2]这些记载中的"岭南诸郡""广东海岸之民"无不包括了潮汕地区。

船户或普通沿海居民得利最先，如同期文献称，"轻生射利，仅活妻孥者皆是"[3]。这些人中，也不纯粹是汉人，如周伯琦《肃政箴》中称潮州是"贾杂陶蜑，农错洞獠"[4]，则是元代潮州蜑人等也从事贸易。

当时沿海几乎全民参与外贸，有的是单独直接与外商交易，但有的也存在合伙经营的形式，这些在文献上有所体现。

宋代的，如广东运使包恢的《禁铜钱申省状》，便透露出海商及居民合作，"先是逐时积得现钱，或寄之海中人家，或埋之海山险处，或预以小舟搬载前去州岸已五七十里"，等待货船检验完毕，再将购货铜钱搬上商船，于外洋或直抵目的地进行交易，"诸番国各以其国货来博易""海上人户之中下者"就是通过这样牟利，更直接的是"有海商或是乡人，或是知识海上之民，无不与之相熟……以钱附搭其船转相结托以买番货，以买番货而归，少或十贯，多或百贯，常获数倍之货"。[5]

元代的如《通制条格》，载有抵达广东等的番船，"途山屿滩岸停泊，漏水取柴，恐有梢碇、水手、搭客等人乘时怀袖偷藏贵细物货，上岸博易物件；或着商舶之家回帆将到舶司，私用小船推送食米接应舶船"，也透露出元代存在小型的沿岸非法外贸。[6]

交易地点中，潮汕的南澳岛是当时东南沿海的一大交易点。该处是"停贼之所"，居民"停隐贼人及与贼船交易"，[7]《申尚书省乞措置收捕海盗》介绍

[1] 宋会要辑稿［M］.刘琳，刁忠民，舒大刚，等，校点.上海：上海古籍出版社，2014：8372.

[2] 杨翮.送王庭训直惠州照磨序［M］//杨翮.佩玉斋类稿.文渊阁四库全书本，卷四：12-13.

[3] 廖刚.漳州到任条具民间利病五事奏状［M］//廖刚.高峰文集.文渊阁四库全书本，卷五：8.

[4] 周伯琦.肃政箴［M］//马蓉，陈抗，钟文，等，点校.永乐大典方志辑佚.北京：中华书局，2004：2634.

[5] 包恢.禁铜钱申省状［M］//包恢.敝帚稿略.文渊阁四库全书本，卷一：17-23.

[6] 大元通制条格［M］.明乌丝栏钞本.台北：文海出版社，1988：593-594.

[7] 宋会要辑稿［M］.刘琳，刁忠民，舒大刚，等，校点.上海：上海古籍出版社，2014：8862-8863.

了多宗海盗在惠、潮、漳等海域劫掠过路"番船及海南船之来以供国课"的船货，又"劫掠地岸人家粮食，需索羊、酒"之事件，然后驻泊"南北咽喉之地"的南澳岛交易补给，都显示南澳是一处较大规模的外贸私市。[1]考古发现上，仅在南澳云澳镇的东南角，今称"澳前"一带，便曾于陆地和浅海发现有宋元青釉、白釉开片瓷器等数批，以及唐宋不同时期的系年钱币，还有疑似宋元代铭刻的碑记（今已剥削毋辨）、显贵豪宅遗迹等。[2]

在潮州从事近海外贸的，并不仅仅是当地商民，也包括其他籍属的海商。如《申尚书省乞拨降度牒添助宗子请给》中，称福州、泉州等地海商在"恩、广、潮、惠州"经营，导致原籍地商税收入连续多年严重下降："富商大贾，积困诛求之惨，破荡者多，而发船者少。漏泄于恩、广、潮、惠州者多，而回（泉）州者少。嘉定间某在任日，舶税收钱犹十余万贯，及绍定四年，才收四万余贯；五年止收五万余贯。是课利所人，又大不如昔也。"[3]

综上所述，宋元潮汕的近海贸易十分活跃，至少在某些时间段，沿岸全民参与。较之远洋商贸，近海交易有周期短、流通快的特征，其对潮汕经济发展的影响更为显著。

（二）远洋贸易

宋元时期，潮汕交通发达，自产出口产品众多，远洋贸易更见规模，有的载货直至目的地，有的则沿途装卸交易，具体的交通线和贸易地点较前代清晰。当时潮汕的海上交通线直航东亚、东南亚不在话下，乃至可能直接抵达南亚大陆进行商贸活动。

1.潮州—登州，延伸至东亚

登州位于山东半岛。

苏轼于北宋元祐八年（1093）写成的《北海十二石记》，称登州有船舶可以"转海至潮"。[4]说明此时自潮汕地区至登州的海航路已经十分成熟。其实，这是中国东南海岸的基本海航线，自新石器时代便已存在，只不过到了此阶段，文

[1] 真德秀.申尚书省乞措置收捕海盗［M］//真德秀.西山先生真文忠公文集.上海：商务印书馆，1937：133-134.

[2] 柯世伦.澳前探秘--双向街的沉沦与太子楼石刻之谜［M］//潮汕历史文化研究中心，韩山师范学院.潮学研究（第13辑）.汕头：汕头大学出版社，2006.

[3] 真德秀.申尚书省乞拨降度牒添助宗子请给［M］//真德秀.西山先生真文忠公文集.上海：商务印书馆，1937：255-258.

[4] 苏轼.北海十二石记［M］//苏轼.孔凡礼，点校.苏轼文集.北京：中华书局，1986：406.

献记载才显清晰而已。

潮州—登州航线中间的多个口岸，也是潮州商船常去之处。如粮食漕运的记录，便显示出潮州至临安、福州、温州等多条海航线。临安的，如绍兴五年（1135）六月二十九日，广东转运官改变计划，直接把潮州等地米粮妥帖运抵临安而受嘉奖；福州的，如建炎四年（1130）十月十九日，30000石潮州米由海路发往福州，翌年正月运抵；温州的，如潘和等运潮州米至温州交卸，于绍兴元年（1131）受赏。[1]这些都是官方漕运路线。

《夷坚志》载有某兴化军（大约今福建莆田市）人任职潮阳，南宋绍兴（1131—1162）间"任满浮海归"，途中抵达一村埠时，"舟众登岸买酒"。[2]这条记载透露出一个信息，即是海航途中，海舶还在某些村埠、口岸停歇，以进行贸易补给等。则其他商船，在往返之间沿途载客交易牟利，同样是可以想见的。

总之，这条线路之顺畅不在话下，比江河之路方便得多，所谓"往者言广东运之难者，盖但知沂江之阻，而未思泛海之便。闽浙之间，盖亦尝取米于广，大抵皆海运。虽风涛时乎间作，然商舶涉者如常"。[3]

"潮州—登州"线再上则可达朝鲜、日本。

位于山东半岛的登州港，自唐代中期起便是北方的大港，北宋初成为通往朝鲜、日本的交通门户，熙宁（1068—1077）以前，规定中、朝两国使者都得从登州港上岸，在其一度改为兵防港后，附近的密州板桥镇成为北宋所设北方唯一的市舶司点，专门负责朝鲜、日本的商贸事宜。[4]因此山东半岛如登州港等，是"潮州—日本"的经停口岸。

有不少宋代潮州窑生产的瓷器沿此线路输入日本。

中国考古学家杨式挺等1993年到日本访问，在东京、大阪等地参观时，看到一些当地出土的青白釉瓷器，如日本右京区太秦弁天岛经冢瓷盒、瓷碗，与潮州窑同类器极其相近，属于潮州窑产品。[5]

[1] 宋会要辑稿［M］.刘琳，刁忠民，舒大刚，等，校点.上海：上海古籍出版社，2014：6888，7063-7064.

[2] 洪迈.夷坚志［M］.何卓，点校.北京：中华书局，1981：1153.

[3] 李曾伯.奏乞调兵船戍钦仍行海运之策［M］//李曾伯.可斋续稿.文渊阁四库全书本，后卷六：16-17.

[4] 章巽，郑一钧，范涌.中国航海技术史［M］.北京：海洋出版社，1991：355-369.

[5] 邱立诚，杨式挺.从考古文物资料探索潮汕地区的古代海上"丝绸之路"［M］//潮汕历史文化研究中心，汕头大学潮汕文化研究中心.潮学研究（第2辑）.汕头：汕头大学出版社，1994：41.

日本考古学家田中克子的专论称，位于日本九州岛地区北部的福冈市博德港（HAKATA），是相当于中国宋代时期日本唯一的国际大港，博德遗存众多，其中出瓷情况，可分为11世纪后期—12世纪中期以白瓷为主的"白瓷时代"和12世纪后半期以后以青瓷为主的"青瓷时代"，而"白瓷时代的产品绝大多数为福建、广东的，其中广东产的几乎都是潮州窑白瓷"。经统计，博德遗址第56次调查地点SK0281的白瓷出土了至少460件，其中潮州窑所出占105件（约23%）；第79次调查地点SK1827出土了至少340件白瓷，其中潮州窑州窑所出占64件（约19%）。而博德出土的潮州窑产品，11世纪后半期至末期数量占大多数，12世纪中期后锐减；产品以碟、碗最为常见。[1]这与出有发掘报告的潮州笔架山1—9号窑的断代结论和器形学统计相符。

日本出土的宋代潮州窑产品，经确认的主要是碟、碗等生活用品，类似器物在朝鲜半岛也有出现，如韩国开城（高丽时代的首都）的同期古墓也出土了不少同类产品。

2.潮州—吉阳军，延伸至占城

吉阳军在海南岛。

洪迈《夷坚志·林宝慈》载："海南四州生黎，虽不受征徭，而事守令甚谨。……林梅卿尚书之子宝慈，知吉阳军。当此日嘉黎人之勤，延待之礼，遇倍常岁。酋殊以为感。……广西漕使唐君凤憾龚，而迁怒于林……林有性命之忧，走仆往黎母山告急求救。酋立择壮勇三百众兼程解围，尽取林一家置于船上，浮海东遁，至于潮阳。……后数月，林自潮雇两丁荷轿趋福州，谒乡帅陈丞相，具白其故。"[2]

上引大约是说，林宝慈任职海南吉阳军（今海南三亚一带）时，与海南的黎族土著关系不错，广西漕使因事迁怒于林宝慈，竟动刀兵，林宝慈遂向黎族酋长求救。在后者的帮助下，林宝慈得以脱身，"浮海东遁，至于潮阳"，再从陆路辗转回到福州。

不过，《文献通考·占城》认为林宝慈丢官有被委屈的成分，其中透露出此事件的系年为南宋淳熙二年（1175）。[3]则是，在此时这段海航线畅通，且时人常走。

[1]　田中克子.日本福冈市博多遗址群出土的潮州窑产品与外销［J］.东方收藏，2016（9）.

[2]　洪迈.夷坚志［M］.何卓，点校.北京：中华书局，1981：1158.

[3]　马端临.文献通考［M］.北京：中华书局，1986：2610.

"潮州—吉阳军"的延伸是中南半岛各地。

如占城。隋唐时期便存在着"潮州港—安南"的航线，当时潮州与中南半岛的交通往来应比较紧密，到了宋代，更是如此。譬如潮州新的粮食品种"占城稻"，便是由位于中南半岛的占城引进的，"始得之番舶"。[1]

又如交趾。清代三种府志都载有"交趾道士"的故事，透露出"潮州—交趾"的海航线。《（顺治）潮州府志》《（康熙）潮州府志》前后因袭，称潮州"金山上有交趾道士，年近百岁，渡海船坏，结庵于此"，则是有交趾船只来到潮州。该事在这两志中虽未直接系年，但夹插于宋代事例中介绍，因此系年可断为"宋"。《香祖笔记》提到此事，称"交趾道士"与北宋名僧惠洪有交往，可知交趾道士与大约生于北宋熙宁四年（1071）的惠洪活动于同个时代。因此，交趾道士寄寓潮州金山的时间应在北宋。又惠洪《香祖笔记》提及该交趾道士，称其"八九十岁"时，自交趾浮海，寄寓于万安军（今海南万宁市一带）南的"石崖中"，则是交趾道士在"近百岁"居住于潮州之前，曾寓居海南。这再次佐证"潮州—海南—中南半岛"线路，当时航船常常停靠海南。[2]

3.潮州—南洋

元代出现了潮汕地区至南洋航线的记录。这也是传世文献中，中国大陆至东南亚较早较具体的海航线记录之一。

《岛夷志略》载："石塘之骨，由潮州而生。逶迤如长蛇，横亘海中，越海诸国。俗云万里石塘。……一脉至爪哇，一脉至脖泥及古里地闷，一脉至西洋遐昆仑之地。"[3]

上引所描写的其实是由潮州直下南洋航线。从潮州出发，向西南航行，经过东沙群岛和西沙群岛，分三条航路：继续前行，可以抵达越南湄公河口外的昆

[1]　宏新按：《（嘉靖）潮州府志》"谷：白早、赤早、安南、乌种、早秋"，《（嘉靖）广东通志初稿》"黏，始得之番舶"，清代志书误认为潮州的占城稻引自福建，是不准确的，详见《潮汕华侨史》相关考证。参见：郭春震.（嘉靖）潮州府志［M］//北京书目文献出版社.日本藏中国罕见地方志丛刊（第13册）.北京：书目文献出版社，1992：284.戴璟，张岳，等.（嘉靖）广东通志初稿［M］//北京图书馆古籍出版编辑组.北京图书馆古籍珍本丛刊（38）.北京：书目文献出版社，2000：520.李宏新.潮汕华侨史［M］.广州：暨南大学出版社，2016：65-68.

[2]　王士祯.香祖笔记［M］.文渊阁四库全书本，卷八：9.吴颖.（顺治）潮州府志［M］//中国科学院图书馆.稀见中国地方志汇刊（44）.北京：中国书店，1992：1063-1064.林杭学.（康熙）潮州府志［M］.潮州：潮州市地方志办公室，2000：487.周硕勋.（乾隆）潮州府志［M］.台北：成文出版社，1967：649.释惠洪.冷斋夜话［M］.文渊阁四库全书本，卷八：4.

[3]　汪大渊.岛夷志略校释［M］.苏继庼，注释.北京：中华书局，1981：318.

仑岛，船头稍偏东可以抵达爪哇岛，再偏东可以抵达加里曼丹岛。[1]

其中，继续前行，抵达越南湄公河口外的昆仑岛的航线，在潮汕地区的古文献上也有见到，如《韩江闻见录》载："大海之外，有万里长沙，千里石塘，石塘舟不可近，绝往来。船至此，人无生还矣。云在长沙东南，又云其间有三门可出入，然难测。长沙虽险，沙多石少，产海参，尚去安南。潮平波定时，安南海客有航小舟来取海参者。"[2]

汪大渊在1330年和1337年两度漂洋过海，亲身经历南洋和西洋200多个地方。《岛夷志略》便是他亲历的异域地理、风土、物产等的实际记录。因此，这条海路是当时航线从业者所熟悉以及正常航行的线路。

大量文物和考古发现可以为潮州—南洋航线的顺畅提供有力的物证。

广东省博物馆和考古研究所的专家们根据自己考察和参加的考古发掘活动，指出在香港、海南岛和西沙群岛等地区和泰国、马来西亚、新加坡、印度尼西亚和菲律宾等东南亚国家，都发现过可以肯定是或者近似于北宋潮州窑产品的瓷器。其中，在新加坡发现并收藏于新加坡国家博物馆的青白釉鲤鱼形壶和在马来西亚怡保采集的、现藏上海博物馆的青白釉瓜棱腹小瓶，都是宋代潮州窑的代表性产品。此外，虽然无直接证据说明潮人远航南亚，但据日本三上次男专著《陶瓷之路》中提到的一些华南、闽广或广东窑烧制的瓷器，如巴基斯坦浦尔遗址出土的"清晰地浮凸着雕有莲花瓣的华南白瓷片"，斯里兰卡克加拉出土的"青白瓷柑子形小壶和四脚的香炉"，耶珀胡弗出土的青白瓷碗和青瓷小牧羊狗，都可能是潮州笔架山窑的产品。不过，在南亚发现的这些瓷器，也不排除是海商从东南亚转销过去的。[3]

这条线路在唐代便有潮人走过了，但宋元更为成熟。宋《萍洲可谈》载广南出口船舶"每舶大者数百人，小者百余人。……舶船深阔各数十丈，商人分占贮货，人得数尺许，下以贮物，夜卧其上。货多陶器，大小相套无少隙地"[4]。潮汕所出的陶瓷，大概也是与此类似装运。《诸蕃志》载南洋诸国中，有阇婆国等十余国番商兴货，都用瓷器博易，其中三佛齐国、南毗国、蓝无里国、细兰国等不仅用瓷器，还用樟脑博易等。[5]其中的樟脑，又名潮脑，是潮汕地区的名

[1] 黄挺.潮商文化［M］.北京：华文出版社，2008：119.

[2] 郑昌时.韩江闻见录［M］.吴二持，校注.上海：上海古籍出版社，1995：188.

[3] 李宏新.潮汕华侨史［M］.广州：暨南大学出版社，2016：62.

[4] 朱彧.萍洲可谈［M］.文渊阁四库全书本，卷二：2-3.

[5] 赵汝适.诸蕃志［M］.冯承均，校注.北京：中华书局，1958：7，12，17-18，20-21.

产，因"潮"而名。总之，宋元南洋存在的这些博易物件，不少为潮州所产或经营。此外，《（道光）晋江县志》载"留丙，字南仲。历知宜、梅、潮三州。乞禁海买，勿通阇（闍）婆，以防泄锣"[1]，则依稀显示出宋代潮州与阇婆的商业交往信息。

第四节　明清时期

明清时期，在上一时期良好交通状况的基础上，更向深化、细化、系统化方向发展。本时期潮汕社会商业氛围浓厚，是岭南商贸重镇，还存在若干国际性交易点，南澳的港口、汕头港等先后成为远东知名港口，对外贸易达到了古代潮汕社会的顶峰。

一、深入细化之内外线路

潮汕的内外交通在上一时期已经四通八达，明清时期，交通出行更为顺畅。清乾隆潮汕地理、交通大势是："左控闽、漳，右临惠、广，壮全潮之形势，为两省之屏藩，浩浩乎大观也哉。春秋之交，南风盛发，扬帆北上，经闽省，出烽火、流江，翱翱乎宁波、上海，然后穷尽山花岛，过黑水大洋，游奕登莱、关东、天津间，不过旬有五日耳。秋冬以后，北风劲烈，顺流南下，碣石、大鹏、香山、崖山、高雷、琼崖，三日可历遍也。外则占城、暹罗，一苇可杭（航）；葛啰吧、吕宋、琉球，如在几席；东洋日本，不难扼其吭而捣其穴也。"[2]

（一）交通概况

明清时期，大量的同期文献介绍了潮汕的交通状况，此期内外交通大致上是"梯航车辋，无远不暨"[3]。我们挑选几个时间点之同期记录，便可知自潮州沟通区外之概略。

明代，明初的《图经志》载："东至本府海阳县地名东界一百五十里，外抵大海。西至惠州府海丰县界龙岗铺二百五十五里，自界首到惠州府五百五十三

---

[1]　周学曾，等.（道光）晋江县志［M］.福州：福建人民出版社，1990：1160.

[2]　蓝鼎元.潮州海防图说［M］//蓝鼎元.鹿洲初集.台北：文海出版社，1982：905.

[3]　张珽美，等.（雍正）惠来县志［M］.台北：成文出版社，1968：188.

里，共八百八里。南至本府潮阳县隆井盐场一百四十五里，外抵大海。北至本府海阳县至名骠钱山界三百四十里，自界首到福建汀州府五百一十里，共七百五十里。东南至本府海阳县地名辟望村一百五十里，外抵大海。西南至惠州府海丰县石桥盐场二百七十八里，外抵大海。东北至福建漳州漳浦县岭脚山分水界一百六十五里，自界首至漳州府三百里，共四百六十五里。”[1]

万历时，《（万历）广东通志》载：“北抵福建百四十里，南抵潮阳县百四十五里，东抵饶平县百五十里，西抵惠州海丰二百五十里，东北抵福建四百里，西北抵福建四百五十里，东南抵海门千户所二百四十五里，西南抵海丰二百七十八里。”[2]

清代，康熙二十四年（1685）脱稿的《（康熙）广东舆图》，辨析并指出了《大明一统志》《（嘉靖）广东通志》《（万历）广东通志》《（雍正）广东通志》的诸多路程记载之“误”，称潮州府治：东至福建诏安县150里；西至惠州府海丰县界350里；南至澄海县海岸90里；北至福建上杭县界140里；东北至福建诏安县界400里；西南至惠州府海丰县界278里；东南至海门240里；西北至江西长宁县界450里；潮州府治至省城878里。

应该说的是，《（康熙）广东舆图》所述主要是陆路，陆路在历史的变化中自是有所不同。《（康熙）广东舆图》所认为的前书之“误”，也许是道路稍有改变，也许是语境不同造成的差别而已。如同源的《大明一统志》和《（嘉靖）广东通志》，都称潮州抵达“惠州界二百五十里”，较《（康熙）广东舆图》所载潮州至海丰县少了100里，但明代的惠州与清康熙的惠州疆域已有不同，又不知前者所指是至惠州府治还是至惠来县边界，因此也很难说就是明代文献之“误”。[3]

乾隆时，《（乾隆）潮州府志》载：“由陆路抵省一千零六十里，至京师七千二百里”“东至分水关一百四十里福建诏安界。西至迳心堡二百三十里嘉应界。南至海门一百七十里为大海。北至硿头峰市三百一十里福建上杭界。东南至海山一百二十里南澳界。东北至栢嵩关二百二十里福建平和界。西南至葵潭

[1] 《永乐大典》引明《图经志》。参见：永乐大典方志辑佚［M］.马蓉，陈抗，钟文，等，点校.北京：中华书局，2004：2607.

[2] 郭棐，等.（万历）广东通志［M］.1602（明万历壬寅）刻本，卷三十九：14-15.

[3] 蒋伊，韩作栋，等.（康熙）广东舆图［M］//北京图书馆古籍出版编辑组.北京图书馆古籍珍本丛刊（38）.北京：书目文献出版社，2000：674，793.黄佐.（嘉靖）广东通志［M］.广州：广东省地方史志办公室，1997：15.李贤，等.大明一统志［M］.台北：台联国风出版社，1977：4948.

二百九十里惠州府陆丰界。西北至柴黄堡二百二十里嘉应界。"[1]

上引方向、里程数，包括至潮州"界首"的里程数等，虽然各种文献所载略有差异，但主要是因为起始点不一，同时，也是因为不同时期潮州疆域盈缩不齐、"界首"所指历时有异等因素而造成的。

实际上，将上引与宋元时期的情况对比，可知明清交通情况是宋元时期的延续，其基本格局在前代早已奠定。只不过更为详尽而已。而这种详尽，也是明清交通状况更胜前代的体现之一。

这些道路已经是十分成熟而常用了，我们以两条主要的跨省线路为例。

一是明嘉靖中期监察御史巡按广东的姚虞所撰[2]之《岭海舆图·潮州府图说》载："当闽南西越之界，西北接赣汀漳三郡，限以高山迭嶂，合赣汀漳所处之水会绕州治之东以趋于海。内包沃野，川原广衍，实广惠之襟喉，岭东之巨镇。"[3]二是脱稿于雍正八年（1730）的《鹿州初集·潮州府总图说》称："闽入粤以分水关为要害，由赣入潮以平远八尺为要害，皆坦夷周道，戎马所经。由汀入潮以大埔石上为要害，溪险滩高，舟行石阻，贩夫之所往来也，若邓艾入蜀，则此途已为康庄。而上杭亦有山径可达。程乡、武平分水凹可达。"[4]这两路，叙述很是清楚，都反映出明清由福建入潮州至惠州的道路，以及由江西经福建到潮州的水路、陆路都十分顺畅，武装力量、行人商旅大多由此经过，沿途支脉联结也很多，是为"康庄大道"。

跨省线路之外，潮州至广东政治中心广州的路线，较为便捷常走者，为隆庆四年（1570）脱稿的《天下水陆路程》[5]所载之路。明清两代大体如此，我们以《天下路程图引》的叙述为准，参照《（嘉靖）广东通志》《（康熙）广东通志》的地名和驿站名稍微辨析，简略梳理如下。[6]

[1]　周硕勋.（乾隆）潮州府志［M］.台北：成文出版社，1967：58-59.

[2]　阮元，陈昌齐，等.（道光）广东通志［M］//续修四库全书编委会.续修四库全书·六六九·史部·地理类.上海：上海古籍出版社，2002：335.姚虞.岭海舆图［M］.文渊阁四库全书本：卷首馆臣提要1.

[3]　姚虞.岭海舆图［M］.文渊阁四库全书本，卷一：28.

[4]　蓝鼎元.潮州府总图说［M］//蓝鼎元.鹿洲初集.台北：文海出版社，1982：855.

[5]　黄汴.天下水陆路程［M］//杨正泰，校注.天下水陆路程/天下路程图引/客商一览醒迷.太原：山西人民出版社，1992：前言1-4，正文88-94，221-223.

[6]　宏新按：《天下水陆路程》怀疑印刷有所疏漏，故取辑录自天启六年（1626）《士商类要·水陆路引》的《天下路程图引》以及《（嘉靖）广东通志》《（康熙）广东通志》校对。参见：憺漪子.天下路程图引［M］//杨正泰，校注.天下水陆路程/天下路程图引/客商一览醒迷.太原：山西人民出版社，1992：419-422.黄佐.（嘉靖）广东通志［M］.广州：广东省地方史志办公室，1997：846-849.金光祖.（康熙）广东通志［M］.广东省地方史志办公室，辑.广州：岭南美术出版社，2006：307-312.

潮州府城到广州府城水陆兼施共22个驿站，全程1630里。由广州出发：广州五羊驿（今广州市区）——120里至增城县东州驿（今广州增城境内）——90里至东筦县黄家山驿（今东莞境内）——80里至铁岗驿（今东莞境内）——70里至苏州驿（今惠州博罗境内）——40里至惠州府归善县欣乐驿（今惠州境内）——100里至水东驿（今河源紫金境内）——50里至莫村驿（今惠州博罗境内）——130里至苦竹派驿（约今河源境内）——80里至义合驿（今河源境内）——170里蓝田驿（今河源境内）——60里龙川县雷乡马驿（今河源龙川境内）——过岭，60里至通衢马驿（今河源龙川境内）——60里至兴宁水马驿（约今梅州五华境内）——下水，70里至七都驿（今梅州兴宁境内）——80里至程乡揽潭驿（今梅州梅县境内）——70里至程江驿（今梅州梅县境内）——60里至松口驿（今梅州梅县境内）——50里至大埔驿（今梅州大埔境内）——20里至三河驿（今梅州大埔境内）——100里至产溪驿（今梅州丰顺境内）——70里至潮州海阳县凤城驿（今潮州市区）。

潮州府城到广州府城陆路共计16个驿站，全程1155里。由广州出发：五羊驿——100里至乌石驿（今广州增城境内）——60里至增江驿（今广州增城境内）——100里至沙河驿（今东莞境内）——100里至惠州府归善县欣乐驿（今惠州境内）——80里至平山驿（今惠州惠东境内）——70里至平政驿（今惠州惠东境内）——80里至平安驿（今汕尾海丰境内）——70里至南丰驿（今汕尾海丰境内）——80里至东海滘驿（今汕尾陆丰境内）——80里至大陂驿（今汕尾陆丰境内）——80里至北山驿（今揭阳惠来境内）——55里至武宁驿（今揭阳惠来境内）——60里至灵山驿（今汕头潮阳境内）——70里至桃山驿（约今揭阳揭东境内）——70里至潮州府凤城驿（今潮州市区）。

上述潮州至广州这两条路线，是明清时期主要的商道。应该说明的是，在清代，若干铺驿有所兴废，如潮州州治的凤城驿，在明崇祯之后毁于战火，清初恢复，康熙三十九年（1700）尚存，但这不影响路线的正常进行，只是行人落脚处有所更改而已，并不是说整个路线作废。[1]

潮州至广州尚有其他途径，如明代潮阳的隆井渡、营前渡都可由江河海路直达广州，隆庆时隆井渡少用，原因说法不同，但终究是环境造成。因此，由潮州至广州的航线便合并至营前渡，清道光年间仍然如此。又如清代惠来县的林招

---

[1]　顾祖禹.读史方舆纪要［M］.贺次君，施和金，点校.北京：中华书局，2005：4716.卢蔚猷，吴道镕.（光绪）海阳县志［M］.台北：成文出版社，1967：211.

渡，雍正九年（1731）起便有直达广州的航线。[1]

（二）交通设施和配套建设

明代潮州交通设施已经十分完善，尽管明末清初的兵燹以及康熙迁海各地建设大遭破坏，但急速上升的社会发展态势，仍让交通建设迅速恢复。明清存世文献比较多，可以一定程度避免四处辑录而导致语境不同造成的差讹，下面尽量以同一种同期文献作为主体，进行简单介绍。

桥梁、津渡的建设，在明清一直持续着。

明代，《（嘉靖）潮州府志》载有一批存在于嘉靖中期潮州府的桥梁津渡，可以反映当时相关情况，梳理如下。[2]

表3-10　明嘉靖二十六年（1547）潮州府桥渡概况表

序号	县名	桥梁		津渡	
		数量（处）	占总量	数量（处）	占总量
1	海阳县	16	17.98%	7	10.61%
2	潮阳县	10	11.24%	8	12.12%
3	揭阳县	28	31.46%	14	21.21%
4	程乡县	7	7.87%	5	7.58%
5	饶平县	16	17.98%	12	18.18%
6	惠来县	4	4.49%	7	10.61%
7	大埔县	8	8.99%	13	19.70%
合计	7县	89	100.00%	66	100.00%

清代，《（道光）广东通志》录有潮州府的桥梁津渡，该志史源来自此前的通志、府县志以及地理总志等，但按其内容看，此部分是有经过修志者辨析的，并非直接沿袭，已废弃的桥渡也有注明。我们挑出潮汕7县，梳理如下表。[3]

[1] 黄一龙，林大春，等.（隆庆）潮阳县志［M］.上海：上海古籍书店，1963，卷六：12.张珀美，等.（雍正）惠来县志［M］.台北：成文出版社，1968：122-124.阮元，陈昌齐，等.（道光）广东通志［M］//续修四库全书编委会.续修四库全书·六七二·史部·地理类.上海：上海古籍出版社，2002：359.

[2] 郭春震.（嘉靖）潮州府志［M］//北京书目文献出版社.日本藏中国罕见地方志丛刊（第13册）.北京：书目文献出版社，1992：166-184.

[3] 阮元，陈昌齐，等.（道光）广东通志［M］//续修四库全书编委会.续修四库全书·六七二·史部·地理类.上海：上海古籍出版社，2002：357-367.

表3-11 清道光二年（1822）潮汕桥渡概况表

序号	县名	桥梁		津渡	
		数量（处）	占总量	数量（处）	占总量
1	海阳县	20	10.00%	10	9.43%
2	潮阳县	27	13.50%	10	9.43%
3	揭阳县	36	18.00%	20	18.87%
4	饶平县	32	16.00%	12	11.32%
5	惠来县	15	7.50%	8	7.55%
6	澄海县	28	14.00%	42	39.62%
7	普宁	42	21.00%	4	3.77%
合计	7县	200	100.00%	106	100.00%

从以上两表简单对比，自1547—1822年的近三百年间，桥梁数量增加到原来的225%，津渡数量增加到原来的160.6%，发展是比较快的。而这是在不考虑潮州府明、清两代疆域盈缩之情况下的比较。如果仅以核心潮汕地区而言，则粗估，道光二年（1822）的桥梁、津渡数量应是嘉靖二十六年（1547）数量的2.5—3倍以上。

当时各地还存在着若干私渡，它们没有在上表津渡中体现。

以揭阳县为例。如雍正八年（1730）建的磐溪都白银渡，该处在未有官渡之前，常有私渡勒索行人，揭阳署知县吴观光遂捐官俸，于当年置渡船2只，雇渡夫4名，在两岸设置休息亭以方便行人。又如揭阳北门外的拱北楼渡，原来是黄姓所建，载渡粮食，乾隆四十二年（1777）知县刘业勤捐俸购买，并置渡夫3名，改为专载棺椁的官渡。再如西门前的靘行渡，长期被土豪占据，雍正元年（1723）改为官渡，才进入有序的监管状态，并勒石为碑，禁止私渡，但仍得巡视以防私渡重兴，可见该处原来私渡甚盛。[1]

这些桥梁津渡时有兴废，也有新增，有社会需求者，最终会完善启用。

以海阳县为例。时毁时修的如广济桥，宋始建，历经修整，明宣德间重

---

[1] 陈树芝.（雍正）揭阳县志［M］//北京书目文献出版社.日本藏中国罕见地方志丛刊（第24册）.北京：书目文献出版社，1991：200-201.刘业勤，凌鱼.（乾隆）揭阳县志［M］.台北：成文出版社，1974：142.阮元，陈昌齐，等.（道光）广东通志［M］//续修四库全书编委会.续修四库全书·六七二·史部·地理类.上海：上海古籍出版社，2002：360-361.

修，弘治中毁于大水，随即重修，正德、嘉靖、万历又再完善，新建景点等，清顺治二年（1645）、七年（1650）、十年（1653）、十一年（1654）都毁于兵燹而重修，康熙十一年（1672）、十六年（1677）完善修补，康熙二十四年（1685）两广总督吴兴祚捐金万大修，此后各朝各代都是即毁即修，或加固或加缀景点等，该桥在明清没有长期停止使用的记录。一直没有修补记录的如思古桥，又名洗马桥，自元泰定建后便完好使用。废弃的如金山上的横鹤桥，新建的如康熙十六年（1677）建的东厢都双港桥，由邑人李奇俊募捐修建等。[1]

明代的桥梁绝大多数是石梁桥，偶有见木桥，都在较偏僻之处。

以饶平县为例，《（嘉靖）潮州府志》所录的16座都是石梁桥，不过，乡村之处尚有木桥。如东里的东门大桥原立石柱四根，木梁三处，若发生较大规模的涨潮，便拆去木梁以让大船通过，该桥嘉靖时一度圮废，舟也不可行，村民另觅途径；又如东里的均坑桥，旧有木桥12架，都是年久朽废，乡官陈竹邻捐资重修，嘉靖时又废。[2]

清代仍有极少量的木桥记录，主要是废后临时之举，刚好被录入志书，当然也有废弃后彻底停用，该处另设渡口的。

以雍正九年（1731）时的惠来县记录为例。木桥的如该县的百丈桥，原为石梁两架，年久坍塌，便架设木桥。桥废后改船渡的如林招渡口，该处原来有桥，环境的变化令附近水位上升，深达丈余，遂改为官渡，该渡有航线可直达广州，岁给渡夫工钱三两二钱。[3]

桥梁津渡的创修经费，多数来自官方政府资金。还有不少是当届各级官员的捐俸，上述揭阳例便有两个，其实尚远远不止。笔者曾不完全统计，明确"捐"的当届地方官（含府、县一级官员），整个清代潮州府有40宗以上，类似"倡"建字眼等的还不计在内。这些善举不仅可以畅通交通，同时也对营造、提升良好的公益慈善社会氛围大有帮助。

非官方渠道的建设经费，除了地方官员捐俸外，也来自各个阶层。以澄海为例。乡绅仕宦主持修建的，如位于鮀江都的鮀济桥，由乡人明兵部尚书翁万达主持建造；位于唐陇村的唐桥，由明南京户部主事唐伯元在万历间主持建造等。

[1]　张士琏，等.（雍正）海阳县志［M］.1734（清雍正十二年）刻本，卷二：19.卢蔚猷，吴道镕.（光绪）海阳县志［M］.台北：成文出版社，1967：206-211.

[2]　陈天资.东里志［M］.印行东里志领导小组，饶平县地方志编纂委员会，整理.内部发行，2001：31.

[3]　张珽美，等.（雍正）惠来县志［M］.台北：成文出版社，1968：122-124.

贞女道姑捐建的，如溪东桥，亦名放生桥，便是宋善女翁真姑始建，其弟续完善，至清代仍在使用。乡人集资创建的，如浮陇乡的仙陇石桥，原来是木桥，嘉庆十八年（1813），乡人集资，改为石桥等。[1]潮汕捐桥修路是有传统的，是当地传承至今而闻名天下的慈善文化之一，仅留诸四十余种传世志书中的记录，具体的例子可以百计。

津渡大多数常日均可使用，但一些也需要风讯便利，现在的汕头内海湾，远比当年宽广，由澄海至潮阳便需横渡此海，志书中多有注明"候风潮可渡"。如澄海境内的"潮阳渡"有3个，乾隆三十年（1765）时各有渡船一艘，都强调风潮的重要性，其中：两艘由溪东港出发，一为40多里抵潮阳达濠，一为30里抵潮阳达濠狗母涵；另一艘由沙汕头出发，40里抵潮阳达濠石盘。此外，还有角石渡，由溪东渡，10余里可达潮阳角石村（即今官方地名"礐石"处），牛田洋渡，40里可达潮阳境，则无须候风讯。

有的桥梁还有分界的功能，如海阳、澄海分界的水吼桥，位于鳄浦都，一桥中分两县界。又如普宁、潮阳交界的贵屿桥（桂屿桥），始建于宋，宋、元、清都有重修记录，雍正十年（1732）潮、普最终判分地界时，确定桥东属潮阳境，桥西属于普宁境，两县百年争地事件遂告一段落。[2]

配套交通设施方面，主要是铺驿。

明清潮汕铺驿比之元代有所发展，从系年可断的记录看，明后期的驿铺要多于清前中期。我们取万历二十七年（1599）脱稿的《（万历）广东通志》和雍正八年（1730）脱稿的《（雍正）广东通志》来比较，[3]这两者的纲目都称"驿铺"，内容上都是"驿""铺"分开，语境基本一致，是传世文献中可比性较强者。[4]

各自梳理如下表。

[1]　金廷烈.（乾隆）澄海县志［M］.1765（清乾隆三十年）刊本，卷七：5-11.李书吉，蔡继绅.（嘉庆）澄海县志［M］.台北：成文出版社，1977：94-97.

[2]　萧麟趾，梅奕绍.（乾隆）普宁县志［M］.台北：成文出版社，1974：120.张其翿.（光绪）潮阳县志［M］.周恒重，等，修.台北：成文出版社，1966：48.

[3]　郝玉麟.（雍正）广东通志［M］.广东省地方史志办公室，辑.广州：岭南美术出版社，2006：506.郭棐，等.（万历）广东通志［M］.1602（明万历壬寅）刻本，卷四十：13-15.

[4]　宏新按：其他如《（康熙）广东通志》史源来自《（万历）广东通志》，只是在万历10县的基础上加上镇平而已，主体反映的是万历之后、明亡之前的情况，并非清代。这从《（顺治）潮州府志》和《（万历）广东通志》对比可知。参见：金光祖.（康熙）广东通志［M］.广东省地方史志办公室，辑.广州：岭南美术出版社，2006：310.

表3-12　明万历中期潮州府驿铺概况表

序号	县名	驿数量及驿名	铺数量（个）	驿铺总计（个）	占总数
1	海阳县	2个：凤城、产溪	25	27	17.31%
2	潮阳县	2个：灵山、武宁	20	22	14.10%
3	揭阳县	1个：桃山	9	10	6.41%
4	程乡县	3个：程乡、榄潭、松口	14	17	10.90%
5	饶平县	2个：三河、黄冈	31	33	21.15%
6	大埔县	1个：三河	12	13	8.33%
7	惠来县		17	17	10.90%
8	普宁县		10	10	6.41%
9	澄海县		7	7	4.49%
10	平远县		5	5	
合计	9县	11个	150	161	100%

表3-13　清雍正中期潮州府铺驿概况表

序号	县名	驿数量及驿名	铺数量（个）	驿铺总计（个）	占总数
1	海阳县	2个：凤城、产溪	18	20	12.58%
2	潮阳县	1个：灵山	10	11	6.92%
3	揭阳县		9	9	5.66%
4	程乡县	3个：程乡、松口、武宁	22	25	15.72%
5	饶平县	1个：黄冈	31	32	20.13%
6	大埔县	1个：三河	18	19	11.95%
7	惠来县	2个：大陂、北山	16	18	11.32%
8	普宁县		10	10	6.29%
9	澄海县		5	5	3.14%
10	平远县		5	5	3.14%
11	镇平县		5	5	3.14%
合计	11县	10个	149	159	100.00%

对比上面两表，潮州府的铺驿，明末比清前中期要多。而万历中期时潮州府领10县，其疆域少于雍正时期的11县，铺驿反而增多，更加说明问题。仅以驿论，早在明嘉靖前期，潮州府便存在凤城、产溪、灵山、桃山、程江、榄潭、松口、黄冈、北山、武宁、三河11个驿，[1]隆万时有所调整，明末或清顺治时，揭阳桃山驿废、饶平仅余黄冈驿、惠来北山驿改址、惠来武宁驿（原属潮阳）废而于程乡境重建等，遂减少为明末清初的9个。[2]至上表的雍正中期才增至10个。

也可以尽可能回避掉政区调整带来的统计障碍，仅挑选几个疆域相当的区域来做对比。详见本书"城市与人口"章，潮阳、普宁、惠来三县的陆域总和，在嘉靖中期（当时普宁未从潮阳割出）、万历中期、顺治后期、雍正中期、乾隆中期是大约相当的，将其在5个时间里铺的总数，梳理如下表。[3]

表3-14 潮普惠三县明清铺数对比表

单位：个

	明嘉靖中期	万历中期	清顺治后期	雍正中期	乾隆中期
潮普惠铺数	28	47	34	36	33

上表显示出来的是，在本书的时限里，明清时期铺数的顶峰在明末。这很大程度上表明，明万历至明末的官方交通配套设施比较完善。

驿一般设有驿馆，铺则都建有铺舍。商旅通常可以在这些驿馆铺舍歇脚食宿，若达官贵人莅宿，则是"冠盖往来为导道前驱，夜则执炬送之"，馆舍内也有"修宿铺，备雨具"等，是明清比较重要的交通配套设施。同时，由于流动人口较多，它们很容易聚集商贩，形成区域内的小商业中心。

官员公事来往，也不是都住宿驿站。譬如各县便都在州治海阳设有行馆，万历二十二年（1594）时独缺澄海，澄海官员往来府城会议公事，只能租住民房。当年秋，王嘉忠履新澄海县，遂带头捐官俸，并凑齐民间善款，在州治创建了一座澄海行馆。该馆前庭后院，官房、吏房、书房、大厅、厨房、门役房等一

[1] 黄佐.（嘉靖）广东通志［M］.广州：广东省地方史志办公室，1997：847.

[2] 吴颖.（顺治）潮州府志［M］//中国科学院图书馆.稀见中国地方志汇刊（44）.北京：中国书店，1992：1338-1345.

[3] 郭春震.（嘉靖）潮州府志［M］//北京书目文献出版社.日本藏中国罕见地方志丛刊（第13册），北京：书目文献出版社，1992：164-166，188-201.吴颖.（顺治）潮州府志［M］//中国科学院图书馆.稀见中国地方志汇刊（44），北京：中国书店，1992：1340，1343，1345.周硕勋.（乾隆）潮州府志［M］.台北：成文出版社，1967：839-841.

应俱全，是澄海官员们在潮州行在所在了。[1]

关隘的建设，也保障了行人商旅的安全，这些也包括港口。

以潮阳县关隘为例。县北25里的河溪隘与大化山相连，该处洋海相接，村烟辽阔，常有盗贼出没，官方于隆庆三年（1569）在山上设置瞭望所，令附近居民出壮丁轮番守望，"其间往来商旅称便"，后又在山上设置营堡，"行者可免戒心"。又如后溪口，是"商渔船只出入咽喉"，白屿、草屿"镇磊口门北，凡商渔船由入潮阳、达濠后溪诸港"是必经之道，达濠南大海中的河渡，是"琼南广惠往来商船停泊之处"，河渡东的广澳为"海船停泊处"，海门城港为"商渔船只停泊处"，"琼南广惠闽浙江苏商船往来之要口"等，所有这些，官方都有设点乃至炮台加以防御。[2]

（三）明清海港

明清潮汕海港众多，较闻名者如深澳、青澳、长沙尾澳、隆澳、云澳港、柘林港、大埕港、伍塘港、樟林港、东陇港、飞钱港、旗岭港、大港、后溪港（饶平）、贡巷港、大洲港、南港、北港、东港、西港、溪尾港、赤沙澳、神泉港、庵埠港、汕头港、石井澳、铅锡澳、石港、早白港、司马浦港、辟望港、鮀浦港、厦岭港、新港、后溪港（潮阳）、海门港、靖海港、关埠港、炮台港、揭阳港等，都是系年于明、清两代的文献有所录记者。

南澳岛诸港，一直维持着潮汕重要海港群之地位。"南湾当闽广交界之处，周围皆山，中有田百顷"[3]"南澳，在东里南三十里许大海之中，周围八十余里，翔翎于潮、揭、海、饶之境。中分四澳，其最南曰南澳（原注：又名云澳），东曰青澳，北曰深澳，西曰隆澳。南澳之地广衍，然在外海，登陆处皆涉滥。青澳自南澳东折，风波甚恶，是以二澳少有泊舟者。惟深澳内宽外险，有腊屿、青屿环抱于外，仅一门可入，而中可容千艘，番舶、海寇之舟，多泊于此，以肆劫掠。"[4]关于该岛上的私市，我们将在下面"近海贸易"再做介绍。

柘林港位于闽粤交界饶平柘林湾处，是区外海船出入潮汕的门户，也是

[1] 王嘉忠.澄海县行馆记［M］//李书吉，蔡继绅.（嘉庆）澄海县志.台北：成文出版社，1977：337.

[2] 黄一龙，林大春，等.（隆庆）潮阳县志［M］.上海：上海古籍书店，1963，卷六：10-11.周硕勋.（乾隆）潮州府志［M］.台北：成文出版社，1967：831-832.

[3] 郑若曾.南澳守御论［M］//郑若曾.郑开阳杂著.文渊阁四库全书本，卷一：3.

[4] 陈天资.东里志［M］.印行东里志领导小组，饶平县地方志编纂委员会，整理.内部发行，2001：19-20.

"南粤海道门户"。它很早便是可供停泊的港口，明代时沟通潮汕内外，有官渡可往返潮汕各地，"东里及四方兵民，皆由此适南澳、东陇、府城，甚便"，[1]但更为引人瞩目之处，是其外贸港口功能。此类文献记载甚多，如明前期，"柘林是控贼咽喉"[2]，嘉靖时，"暹罗、诸倭及海寇常泊居舟为患"[3]"饶平柘林澳，海贼倭寇至必泊舟"[4]，万历时，"柘林前金门一道，上据白沙墩，下距黄芒、南洋，外跨隆、南、云、青四澳，内则延亘黄冈、海山、钱塘、樟林等处乡村，闽广货舟所经，本地鱼盐所萃，颇有贸易之利"，[5]直至清代文献的描述，仍然是"切近漳州界，外抵暹罗诸蕃"[6]。

系年于明代记录的闻名港口还有一些。揭阳（后属澄海）的，如鮀浦港，原来海口有"沙汕脊出，横激巨浪，滔涌拍天，海、揭、饶三邑之民往来舟楫多覆没"，自鮀济河疏通后，"戍者、输者、诸往来为业者、役者，咸以为便"[7]。饶平的，如大港，是"商船凑集于此，就此觅车起货至大城，或肩担至大城、上里、岭后、神前、上下湾诸村"。[8]惠来的，如"赤沙澳在惠来县南四十里，沙堤可蔽海涛，漳艚时泊于此剽掠"。[9]

清代的港口，最为闻名者为樟林港和沙汕头港等，前者是潮人大规模下南洋的主要出发地，沙汕头港则可说是今汕头市区的前身。它们并非清代才存在，却是清代才举世瞩目，闻名海内外。

樟林大约位于今汕头市澄海区北部，樟林港就在韩江北溪的出海口。在粤海关系统里，它属于七大"总税口"之一庵埠总口管辖的东陇正税口下一个挂

[1]　陈天资.东里志［M］.印行东里志领导小组，饶平县地方志编纂委员会，整理.内部发行，2001：32.

[2]　胡宗宪.广东要害论［M］//陈子龙.明经世文编.北京：中华书局，1962：2822.

[3]　郭春震.（嘉靖）潮州府志［M］//北京书目文献出版社.日本藏中国罕见地方志丛刊（第13册），北京：书目文献出版社，1992：180.

[4]　黄佐.（嘉靖）广东通志［M］.广州：广东省地方史志办公室，1997：16.

[5]　罗胤凯.议地方［M］//陈天资，编修.印行东里志领导小组，饶平县地方志编纂委员会，整理.东里志.内部发行，2001：165-166.

[6]　嘉庆.嘉庆重修大清一统志（第26册）［M］.上海：上海书店（四部丛刊续编），1985，卷四四六：16.

[7]　翁万达.鮀济河记［M］//翁万达，撰.朱仲玉，吴奎信，点校整理.翁万达集.上海：上海古籍出版社，1992：87.

[8]　陈天资.东里志［M］.印行东里志领导小组，饶平县地方志编纂委员会，整理.内部发行，2001：15.

[9]　郭春震.（嘉靖）潮州府志［M］//北京书目文献出版社.日本藏中国罕见地方志丛刊（第13册）.北京：书目文献出版社，1992：182.

号口。[1]不过樟林人货多且频繁，逐渐成为最为耀眼的口岸，遂有不少文献将后期的樟林港和东陇港等同视之，并且有将樟林港的延伸旗岭停泊点称为"旗岭港"，又将旗岭港东陇港视为一港的，《（嘉庆）澄海县志》载："旗岭港距城北十五里南洋，大洲港之北，合东陇港为一港，凡往来客舟多泊于此。东陇港距城北二十里，在东陇村外，自韩江而来，与隆都合樟林之水而入海。"[2]

樟林和樟林港的崛起概况大约如下：明代嘉靖三十五年（1556）樟林寨创建；天启三年（1623），樟林港始建，稍具规模；康熙七年（1668）展复，重修了被破坏的樟林寨城，并将东陇河泊所迁到城里；雍正九年（1731），裁去东陇河泊所，改置樟林巡检司，樟林地位上升，海船日增；乾隆七年（1742），澄海官方招商民盖建铺屋间102间，同时，中暹大米贸易给樟林港带来迅速发展的机遇，该地很快形成一个有六社八街的大市镇，常住人口达到七八万人；嘉庆以后，又拓展修建了新兴街和元通街，更显繁荣。[3]从文献看，尽管樟林港的起步较迟，但影响却是深远的。

沙汕头，是本期地方志书对汕头口岸的称呼，在《粤海关志》中官方的说法是"汕头"口，税则、禁令、条例等是以"汕头"而不是"沙汕头"为名。因此，大约可以理解为，"汕头"是清政府定的法律名称，沙汕头只是通俗的叫法。[4]它虽然与樟林口一样是挂号小口，却直属于庵埠正税总口管辖，海关行政等级上应该与樟林口的上级东陇正税口相仿。[5]

明中叶，沙汕头已有渔船聚集。康熙二十四年（1685）粤海关正式成立后，其重要性便比樟林不遑多让。康熙五十六年（1717）设置沙汕头炮台，营房21间，设炮8位，成为海防重地。[6]乾隆二十七年（1762），"东对溪东港，南对潮阳角石渡，为海防最要""由莱芜西放鸡山（妈屿）大澳而入，乃潮揭商船进口之要道。东出大海，西通潮阳之达濠、后溪，北达揭阳之北炮台，为

[1]　梁廷枬.粤海关志（卷1至卷16）［M］//续修四库全书工作委员会，等.续修四库全书（第834册）.上海：上海古籍出版社，1996：509-510，535-536.

[2]　李书吉，蔡继绅.（嘉庆）澄海县志［M］.台北：成文出版社，1977：75.

[3]　李宏新.潮汕华侨史［M］.广州：暨南大学出版社，2016：105-106.

[4]　宏新按：严格来说，"汕头"口岸和"沙汕头"在近代之前是两个不同的概念，虽然志书上都称为港口等，但"汕头""汕头口"是位于"放鸡山"（即今妈屿岛）的口岸等，"沙汕头"是今汕头老市区一带等。这里从简。

[5]　梁廷枬.粤海关志（卷1至卷16）［M］//续修四库全书工作委员会，等.续修四库全书（第834册）.上海：上海古籍出版社，1996：509-510，532-533.

[6]　周硕勋.（乾隆）潮州府志［M］.台北：成文出版社，1967：864.

海防最要"。[1]雍正七年（1729）是4个粤东大商港之一，"潮属港澳虽多，商舶往来，不过旗岭、汕头、神泉、甲子，他皆非所恋也"[2]。至迟在嘉庆中期，便俨然为潮汕第一商港，以至于东陇也被称为"北汕头"。《（嘉庆）澄海县志》载："数十年来，或徙泊珠池，或转泊涂泊，今则尽出沙汕头、东陇港两埠矣""北汕头，即东陇，城东北二十里。"而其盛况是"每当春秋风信，东西两港以及溪东、南关、沙汕头、东陇港之间，扬航捆载而来者，不下千万计"。

我们注意到，从乾隆三十年（1765）脱稿的《（乾隆）澄海县志》和嘉庆十九年（1814）脱稿的《（嘉庆）澄海县志》，前后因袭又有所修改的同段记录中，[3]可以较明确地透露出，沙汕头的异军突起便在这个时间段：两志的绝大部分文字完全相同（别字亦同），嘉庆史官仅增加了上引关于"沙汕头、东陇港"崛起的记录。则是说，在这约50年的时间里，汕头港的商贸地位发生了变化，晚出志书的修志者，才会在因袭前志的基础上专门插入这一句，加以特别介绍。本阶段正是入秦以来潮汕史上滨线外移最为迅速的阶段，沙汕头地位之提升，显然与此有关。

此后汕头逐步成为远东大港，[4]1860年1月1日开埠后更见辉煌。同治四年（1865），潮海关认定汕头港的范围是"包括一条从塔岛经过鹿峥的南端至南岸的顶尖礁，从东北北（正北以东22°30′）至西南南（正南以西20°31′）的线内以及另一条距离汕头炮台1英里半的以北至南的线内的这一部分韩江"，这是已知较早的官方地理坐标认定。[5]这些都在本书时限之外，这里不赘。

神泉港由来已久，该处自先秦便有较多的考古材料和线索，目前尚存在不少可供发掘研究的空间。神泉港在明清时期也见辉煌，康熙时被粤海关列为正税口，地理上属于潮州府境内，但海关系统上，隶属于惠州府海丰县境内的乌坎总口管辖。[6]

神泉港于雍正七年（1729）便被地方官视为与旗岭、汕头、甲子齐名的4个

[1] 周硕勋.（乾隆）潮州府志［M］.台北：成文出版社，1967：836-837.

[2] 蓝鼎元.潮州海防图说［M］//蓝鼎元.鹿洲初集.台北：文海出版社，1982：905-918.

[3] 金廷烈.（乾隆）澄海县志［M］.1765（清乾隆三十年）刊本，卷二：14-15.李书吉，蔡继绅.（嘉庆）澄海县志［M］.台北：成文出版社，1977：80-81.

[4] 恩格斯.俄国在远东的成功［M］//马克思，恩格斯.中国共产党马克思恩格斯列宁斯大林著作编译局，编译.马克思恩格斯全集（第12卷）.北京：人民出版社，1962：663.

[5] 李宏新.潮汕华侨史［M］.广州：暨南大学出版社，2016：130.

[6] 梁廷枏.粤海关志（卷1至卷16）［M］//续修四库全书工作委员会，等.续修四库全书（第834册）.上海：上海古籍出版社，1996：524-525.

粤东大商港之一，雍正九年（1731）或稍前，更是商船众多。我们按惠来知县的豁免申请书记录来折算，惠来县登记的，仅长年停泊于神泉、靖海两港的商渔船者，总计便达454只，其中大船220、小船234艘。按当时以海船大小计纳的船钞制度，闽粤实行的是"大船"为双桅船梁头5尺上、"小船"为单桅5尺下，则所谓"大船"是俱可远洋者，"小船"亦适合出海。又记载中，神泉港船舶占多数，文字表述也居前，可见其不愧是粤东大商港之一。[1]

神泉港北通县城15里，西达隆江至葵潭，"商渔船停泊港内"，港外有炮台设防守，[2]是为"神泉为海门户""海舟停泊之所"。附近又有神前市、神泉渡、赤洲渡等，内外交通以及集市交易无不十分方便。[3]此外，神泉港与甲子、华清、赤山诸港澳相连，绵延滨线200余里，[4]而神泉正是这一片地域的商业中心，这些港口所集之货物往往全神泉的集市交易。其中的神泉街，在地理总志上有载，称"在县城东，滨河，当汀、漳、惠、潮之冲，鱼盐百物所聚"，是知已经闻名全国。[5]

清代的主要港口还有南港、庵埠、海门、达濠等。

南港，位于澄海县城东南外，《（乾隆）潮州府志》载："外即大海，有小莱芜山坐镇口外，为商、渔船只出入咽喉。"[6]《（嘉庆）澄海县志》载："南港距城南五里，自横陇溪南流至大牙，分一派经上窖、沈洲、外砂等村入海。"开海后，往来南北的商船多在这里停泊，并形成墟市，"南港内者，曰白砂埠，距城东南一十里。……渔船所泊，建铺千百，竟聚为埠"[7]。

庵埠，位于韩江下游梅溪西侧，循梅溪出海相当便利。大约在明代后期，庵埠的海上贸易已经积累了一定基础，当时梅溪出海口东港、西港与溪东港都没有埠市，需至庵埠集中，庵埠"内外周密，山海敉宁"，是所谓"商贾舟船所聚，兴贩所集"。康熙二十四年（1685）粤海关创立，便设有庵埠总口，该总口

[1] 张玿美.申详遗米文［M］//张玿美，等.（雍正）惠来县志.台北：成文出版社，1968：612-616.蓝鼎元.潮州海防图说［M］//蓝鼎元.鹿洲初集.台北：文海出版社，1982：905-918.

[2] 周硕勋.（乾隆）潮州府志［M］.台北：成文出版社，1967：835.

[3] 郭春震.（嘉靖）潮州府志［M］//北京书目文献出版社.日本藏中国罕见地方志丛刊（第13册），北京：书目文献出版社，1992：182.

[4] 张玿美，等.（雍正）惠来县志［M］.台北：成文出版社，1968：84，143-144.

[5] 嘉庆.嘉庆重修大清一统志（第26册）［M］.上海：上海书店（四部丛刊续编），1985，卷四四六：27.

[6] 周硕勋.（乾隆）潮州府志［M］.台北：成文出版社，1967：836.

[7] 李书吉，蔡继绅.（嘉庆）澄海县志［M］.台北：成文出版社，1977：71，80.

是潮州府内最高等第之机构。雍正时将潮州府通判移驻庵埠，正因为该处商业繁荣，"以吴越八闽之舶，时挟资来游，丛聚日众，移通判以驻其地"。乾隆时，庵埠港"地当海、澄交界，实为海、揭、潮、澄四县之通市，商贾舟楫辐辏"。从诸多记载看，庵埠当时"海潮揭澄商贾辐辏"，商业氛围比起潮州城不遑多让。[1]

海门和达濠都位于当时的潮阳县境内，由于地处海路要道，商舶海船由此经过，两地分别于明洪武二十七年（1394）、康熙五十六年（1717）建有海门城、达濠城，又先后形成海门市、达濠市这两个潮阳境内较大型的商埠。粤海关成立后，潮阳正税口3个挂号小口中便有海门和达濠，可见其出入船舶及人货来往还是较多的。其中，海门是"琼南广惠闽浙江苏商船往来之要口"，其潮汐被时人称为潮州境内海信最准者，所谓"我邑潮信应月，惟海门为最准"；达濠，海产捕捞发达，在本阶段更是"艘舶鳞编"的"商渔船只停泊处"。[2]

二、岭南商贸重镇

明清潮汕，流通市场得到进一步发展，整个社会商业氛围浓厚。"繁华气象，百倍秦淮""潮州居羊城东北，山海交错，物产珍奇；岭表诸郡，莫与之京。以故郭门内外，商旅辐辏，人烟稠密，俨然自成都会。……若非在上者惠养有方，则荒徼之区，安能富庶华美至此极哉"等[3]，都是同期文献之描述。

自明中期起，潮汕已是岭南商贸重镇，当时集市众多，四面八方商品云集，还存在若干国际性交易点。同时，当地涌现出更多的商人群体，他们沟通洋海，融入东亚、东南亚经济圈，贸易运作更为专业化，对当地的商业发展起到极大的促进作用。

（一）发达的市集经济

明清潮汕集市众多。《（嘉靖）潮州府志》仅收录了潮州城外的云步、塘

---

[1]　蓝鼎元.海阳县图说［M］//蓝鼎元.鹿洲初集.台北：文海出版社，1982：861-862.梁廷枏.粤海关志（卷1至卷16）［M］//续修四库全书工作委员会，等.续修四库全书（第834册）.上海：上海古籍出版社，1996：530，532.周硕勋.（乾隆）潮州府志［M］.台北：成文出版社，1967：172，834.

[2]　张其翻.（光绪）潮阳县志［M］.周恒重，等，修.台北：成文出版社，1966：27，31，46.周硕勋.（乾隆）潮州府志［M］.台北：成文出版社，1967：831-832.郑昌时.韩江闻见录［M］.吴二持，校注.上海：上海古籍出版社，1995：191.

[3]　俞蛟.梦厂杂著［M］.骆宝善，校.上海：上海古籍出版社，1988：182.

湖、采塘、冠陇、辟望、梅溪6个固定集市，并称"潮七县，称市集者亦繁多，特书海阳者，以其旧无志也；不尽书，特志其大者，以见居积多也"。[1]

明万历中期，已辖9县的潮州府，除了普宁县存在不固定的"墟市"外，其他8个县都有集市，计得56个，与广州府数量一样，在当时的广东等处行中书省中并列第二。如果仅以今广东省辖境论，则潮州府、广州府的固定集市数量并列第一。

下面就《（万历）广东通志》的相关信息做个梳理。先说明一下：①目前较齐备又可供对比明代广东"市"的材料，大概只有《（万历）广东通志》，其他的地理总志等杂摘自各府县志，史源中的"市""墟"定义既不一定相同，系年又未必相近，因此，尽管该志记录仍有些问题，但也是较好的选择；②经查对，"市""墟"分列清楚的《（万历）广东通志》，所记录的"市"是固定集市，其中若干府、州、县中没有录"市"的，即是该地没有固定集市；③《（万历）广东通志》仅广州府有完整收录"墟"，以及肇庆府、罗定州等部分县录有墟外，其他地方基本有市无墟，因此，我们只能以"市"做比较，而无法理会"墟"。

梳理为下表。[2]

表3-15 明万历中期广东固定集市概况表

序号	府州名	集市数量（个）	占比	市数排名	辖州/县数（个）	辖州/县中无固定集市者
1	潮州府	56	18.60%	2	9	普宁
2	琼州府	72	23.92%	1	13	
3	广州府	56	18.60%	2	16	连州、从化、新宁、阳山、连山
4	雷州府	42	13.95%	4	3	
5	惠州府	21	6.98%	5	9	长宁、永安
6	高州府	21	6.98%	5	6	
7	肇庆府	16	5.32%	7	11	阳春、广宁

[1] 郭春震.（嘉靖）潮州府志［M］//北京书目文献出版社.日本藏中国罕见地方志丛刊（第13册）.北京：书目文献出版社，1992：192.

[2] 郭棐，等.（万历）广东通志［M］.1602（明万历壬寅）刻本，卷一十六：20-28，卷二十七：34-36，卷三十二：14-15，卷三十五：28-30，卷四十：11-13，卷四十六：16-20，卷五十一：25-27，卷五十三：24-26，卷五十五：22-23，卷五十八：24-28，卷六十二：10-11.

序号	府州名	集市数量（个）	占比	市数排名	辖州/县数（个）	辖州/县中无固定集市者
8	韶州府	15	4.98%	8	6	
9	廉州府	1	0.33%	9	3	合浦、灵山
10	罗定州	1	0.33%	9	3	东安、西宁
11	南雄府	0	0.00%	11	2	乐昌、始兴
合计	11个	301	100%		81	

上表中，市最多的是琼州府，琼州府辖境相当于今海南省以及南海诸岛等海陆域，领有儋州、万州、崖州3个州，以及琼山、澄迈、临高、定安、文昌、会同、乐会、昌化、陵水、感恩10个县。因此，琼州府固定集市多于其他各地是正常的。[1]

即是说，如果仅以今广东省计，则潮州府与广州府并列第一，为固定集市最多者。从这里，可见明代潮州集市经济之发达以及商业之繁荣。

潮州府诸县的固定集市分布，则如下表。

表3-16　明万历中期潮州府固定集市概况表

县名	数量（个）	占潮州府
海阳县	8	14.29%
潮阳县	1	1.79%
揭阳县	13	23.21%
程乡县	7	12.50%
饶平县	5	8.93%
惠来县	5	8.93%
大埔县	8	14.29%
普宁县	0	0.00%
澄海县	9	16.07%
合计	56	100%

普宁没有固定集市，这是因为此期普宁地域狭小，人口不多。万历十年

---

[1]　郭棐，等.（万历）广东通志［M］.1602（明万历壬寅）刻本，卷五十七：4-6，卷五十九：18-21.

（1582）割还给潮阳2都后，普宁只剩下黄坑一都，僻处潮阳之北，"方广几四十里"，还有一大半是丘陵山地，"山林从西北崛起，而铁山屏其南，洪山障其北，大坪、金山环其东西""非通衢官道，舳舻鲜集"。万历三十八年（1610）或稍前，普宁仅录得户口2876户，男妇8653口。而集市，则一直在县城前，"为市者间有之"，普宁知县自称"市无商贾之藏"。大概正是这个原因，只能在明万历时的语境下，被各修志者称为"墟"。不过，普宁物产众多，足以自给。[1]

潮阳人多地广，只有一市，称"县中"，大约只有该市是较大规模者，其他则散落各乡村，与普宁等广东其他地方的"墟"一样，这些都不被《（万历）广东通志》等收入。但在《（顺治）潮州府志》上，潮阳已经有了5个市名，为贵屿、和平、石港、峡山、踏头埔，同时，普宁也有了鲤湖、大坝两个市集。则说明明末清初，至迟在清顺治十八年（1661）稍前，这两县的大型固定集市也发展起来了。[2]

清代潮州市墟，遍及各县县治及偏远乡村。顺治中后期或稍前，潮汕社会仍处于混乱的非清非明时期，尚未真正稳定，但《（顺治）潮州府志》显示出来的集市，仍然有39个具规模者。

乾隆时期，"潮民殷盛，物产亦饶"，既有固定每日交易的"逐日市"，也有每旬固定日期交易的墟市。《（乾隆）潮州府志》载有一批墟市名录，其收录的"市"，大概都在近州治、县治、港口等人口密集之处，"商贾辐辏无虚日"；而"墟"，则"距城或数里，或数十里百里，大率三日一市"，"远乡之民通食货、资日用，莫如趁墟为便利矣"。该志所收市墟，也是清代记录中较为齐备的，我们以其为基础，梳理海阳、潮阳、揭阳、饶平、惠来、普宁、澄海7县的数据。并参考相关文献，择要介绍如下[3]。

1.海阳县

海阳县共有9个逐日市，分别为：渡头庵墟（庵埠市）、浮洋墟、云步墟、

[1]　黄秉中.（万历）普宁县志略［M］.阮以临，修.1610（明万历三十八年）刻本旧钞本（国图残本），卷一：建置，方域，卷八：户口，物产.梅奕绍.（乾隆）普宁县志［M］.萧麟趾，修.台北：成文出版社，1974：87.

[2]　宏新按：《（顺治）潮州府志》收录有潮州9县共39个市集，但系年不清晰，又出现错讹，如将潮阳县5市系于揭阳县下，而揭阳则没有市集等，本史稿暂时不论。参见：吴颖.（顺治）潮州府志［M］//中国科学院图书馆.稀见中国地方志汇刊（44），北京：中国书店，1992：1333-1337.

[3]　周硕勋.（乾隆）潮州府志［M］.台北：成文出版社，1967：172-176.

彩塘墟、意溪墟、枫溪墟、金石宫墟、大窖墟、龙湖墟。

渡头庵墟即是庵埠市，其是粤海关系统在粤东的正税总口，各处商货入港后多汇聚于此，雍正时便已是"烟火万家，商贾百货之所集也"[1]，乾隆时也是"海、潮、揭、澄四邑商贾辐辏，海船云集"，其商贸之旺几胜于府城；意溪墟，距城十里，则是竹木交易的专业市场；枫溪墟，离城西南十里，是陶瓷专业市场。又，大窖墟，为海阳、揭阳交界处，一水相隔，河东是海阳的"大窖墟"，河西是揭阳的"大窖墟"。

2.潮阳县

潮阳县共17个墟市，分别为：逐日市海门所市、达濠市、和平乡市、沙陇乡市、峡山埠市、桑田乡市、康济埠市、乍浦埠市、浦东乡市9个，一四七日市乌鸦墟、后湖墟、神山宫埔墟3个，二五八日市赤寮墟、大市墟、善闻墟3个，三六九日市港头墟、司马浦墟2个。

海门所市在海门所城，达濠市在达濠城，都是逐日市。两地都是地势险要，商渔海船众多。[2]达濠市更是"鱼盐之利甲于他墟"。按，自明隆庆至清光绪的《潮阳县志》一直自称潮阳海产品为潮州府第一，割出惠来、普宁后还是如此，其他各县方志没有出现相左的说法，说明各修志者对于类似"潮阳海产品甲于诸邑"都没有意见，可见明清潮阳渔业确实不同凡响。这里的达濠市又称甲于潮阳各市，则达濠市应是清代潮汕较为突出的大型海鲜集市。

3.揭阳县

揭阳县原有23个墟市，乾隆中期的记录称仅余21个，分别为：逐日市棉湖市、大街市、新街市、南市、北市、新埠头市、北关外市、西关外市、桃山市、塘口市、登冈市、大窖市、寒婆市、钱冈市、仙溪市15个，逢一日市田步市1个，一四七日市玉塔市、棉湖墟、新亨市3个，二五八日市金钩墟、虎庙墟2个。

揭阳的墟市在短时间内变化比较频繁，如棉湖市和棉湖墟，两者都在棉湖寨，前者为逐日市，"人烟稠密，百货聚积之所"，是为当时的大市，后者为一四七日市，相对较为小型。棉湖寨自明初便有不少人口，原设于湖口村的南寨巡检司，在洪武三年（1370）迁移至此，称为湖口巡检司。明万历中期棉湖附近

[1] 蓝鼎元.海阳县图说［M］//蓝鼎元.鹿洲初集.台北：文海出版社，1982：860.

[2] 张其翱.（光绪）潮阳县志［M］.周恒重，等，修.台北：成文出版社，1966：34.梁廷枏.粤海关志（卷1至卷16）［M］//续修四库全书工作委员会，等.续修四库全书（第834册）.上海：上海古籍出版社，1996：533-534.

已经有固定集市，乾隆二十七年（1762）或稍前时，棉湖寨则有上述两墟市，但在乾隆四十四年（1779），则不见了棉湖市，只余棉湖墟，此后至光绪十四年（1888）仍然仅有以一四七日为期的棉湖墟。[1]

4.饶平县

饶平县原有19个墟市，乾隆中期的记录称仅余17个，分别为：逐日市南门街市、东门外市、黄冈市、店子头市、大埕所市、大港磁窑市、柘林市、外浮山市、石溪头墟、东界所城10个，一四七日市大城铺墟、庙子前墟2个，二五八日市登塔溪墟、新塘墟、洋较埔墟3个，三六九日市内浮山墟、横溪墟2个。

饶平这些市，多数在康熙中后期便存在了，不少亦延续至光绪初年。逐日市中，南门街市商贾辐辏，诸货毕集，是当地较大规模的百货杂市；东门外市为专业的布市、鱼市；黄冈市则是"依山背海、鱼盐之利、旁及邻邑、通货贸财、颇为繁盛"；大埕所市，固定店铺多销售布匹、麻、铁杂货，并有挑贩鱼虾果瓜者，东里一带日用皆依赖于此；大港磁窑市专业售卖木植、酒肉；柘林市以酒肉、鱼米、蔬菜经营为主；石溪头墟则是鱼市等。[2]

5.惠来县

惠来县有11个墟市，分别为：逐日市南门市、西门市、东门市、武宁市、神前市、复古市、黄冈市、隆江市8个，一四七日市葵潭墟1个，二五八日市云落墟、梅林屯2个。

惠来的墟市明清期间变化不大，以逐日市而言，上述乾隆8市，南门、西门、武宁、黄冈在明万历中期便存在了，而与雍正九年（1731）的数据相比，则仅增加了一个神前市。[3]神前市离神泉港不远，按乾隆时的记载，港与市距离大约5里，其实可说是同一个地方，仰赖于神泉港而显繁荣。乾隆时惠来另一个大市是龙江市，"在龙江铺前，水路辐辏，为邑巨镇"，估计是乾隆中期惠来墟市中较为突出者。

6.普宁县

普宁县原有14个墟市，乾隆中期的记录称仅余13个，分别为：逐日市新安

[1] 陈树芝.（雍正）揭阳县志［M］//北京书目文献出版社.日本藏中国罕见地方志丛刊（第24册）.北京：书目文献出版社，1991：217.刘业勤，凌鱼.（乾隆）揭阳县志［M］.台北：成文出版社，1974：190.

[2] 刘抃原本，惠登甲增修，黄德容，翁荃增纂.（康熙/光绪）饶平县志［M］//中国地方志集成（27）.上海：上海书店出版社，2003：46.

[3] 张珣美，等.（雍正）惠来县志［M］.台北：成文出版社，1968：110-111.

市（东安市）、贵屿市、塘边市3个，一四七日市湖中墟（湖东墟）、麒麟埔墟、白马墟3个，二五八日市大坝墟1个，三六九日市鲤湖墟、广平墟、军埔墟、后山墟、流沙溪墟、乌石墟6个。

普宁总体经济在乾隆时期发展较快，主要原因：一方面是因为雍正十年（1732）之后增加了潮阳的近2个都的地域，资源比前丰富；另一方面，是经百年发展，其本身积累也有了质的提升。约乾隆十年（1745）时，其墟市仅有11个，十多年后则增至14个，两相对比：一是废去了浮东仔墟，新增了塘边市、白马墟、广平墟、乌石墟4个，地点向腹地深入；二是原11个墟市有5个没有固定店铺，后仅军埔墟为临时搭建。这些都说明该县商贸向纵深及专业化发展的态势比较显著。[1]

7.澄海县

澄海县共有10个逐日市，分别为：县前市、南关市、冠陇市、鮀浦市、湖头市、乌汀背市、南洋市、樟林市、埭头市、程洋冈市。

乾隆三十年（1765），这10个逐日市的大概情况是："其在城以内者曰县前市，其在南门外城濠右者曰南关市，鄽肆所会，百物咸备，而或北来自漳林，或南至自庵埠，鳞介之属尤繁，有生长斯土而不辨其名者，开场列肆随价售直，虚往实归，二市并为哗嚣焉。他如诸村落，其在下外都曰冠陇市距城西一十里；在蓬州都曰外砂市，距城南一十里，曰鸥汀市，距城南二十里；在鳄浦都曰湖头市，距城南二十里；在鮀江都曰鮀浦市，距城南三十二里；在苏湾都曰南洋市，距城东北一十里，曰埭头市，距城东北一十八里，曰樟林市，距城东北三十里，曰程洋冈市，距城西北十三里。乡都诸市，惟南洋、樟林为多海错。"[2]

澄海这些市大抵上都历史悠久，人货集中。如明嘉靖三十六年（1557）便存在着时属海阳的冠陇市和时属揭阳的鮀浦市、湖头市，以及时属饶平的南洋市、樟林市、程洋冈市等，仅以冠陇市看，隆庆末在附近创建冠山书院时，那一带已生活着近万户居民。又如万历年间鸥汀创建文祠时，便在乌汀背市附近购买商铺158间，充作祭祀、运作经费。[3]

将上述梳理为下表。

————————

[1] 梅奕绍.（乾隆）普宁县志［M］.萧麟趾，修.台北：成文出版社，1974：117.

[2] 金廷烈.（乾隆）澄海县志［M］.1765（清乾隆三十年）刊本，卷二：14.

[3] 黄佐.（嘉靖）广东通志［M］.广州：广东省地方史志办公室，1997：612.刘子兴.冠山书院记［M］.张宇.重修鸥汀文祠碑记［M］//蔡继绅.（嘉庆）澄海县志.李书吉，修.台北：成文出版社，1977：331-332，354.

表3-17　清乾隆中期潮汕墟市概况表

单位：个

序号	县	逐日市	逢一	一四七	二五八	三六九	小计
1	海阳县	9					9
2	潮阳县	9		3	3	2	17
3	揭阳县	15	1	3	2		21
4	饶平县	10		2	3	2	17
5	惠来县	8		1	2		11
6	普宁县	3		3	1	6	13
7	澄海县	10					10
合计	7县	64	1	12	11	10	98

　　墟市的形成，一开始是自发的。以普宁县为例，起初附近人口渐多，商业活动成为居民的必需，官方遂"听民搭建"店铺进行贸易交换，不收取租金，市墟达到规模才收取租金。而所谓"听民搭建"，多数是宗族势力所主持创建并主导管理。如乾隆十年（1745）时普宁的11个墟市，分别位于黄坑都上社、中社、下社的鲤湖墟、大坝墟、广平墟，便是当地的方姓豪族所掌握，该族势力强大，直到当年集市已旺时，仍未有向政府交租的记录。[1]

　　同时，此期的商业活动场所，其实远不止上述墟市。以澄海为例，《（乾隆）澄海县志》称："邑之为埠有三，曰西港埠，曰东港埠，曰溪东埠，俱距城南三十里。南接鳄、蓬，东临大海，为水陆要冲，商贾舟航所聚，兴贩所集""民人屯聚之所为村。商贾贸易之所为市。远商兴贩所集，车舆辐辏，为水陆要冲，而或设官将以禁防焉，或设关口以征税焉，为镇。次于镇而无官司者为埠。此四者，其定名也。亦有不设官司而称镇、既设官而仍称村称市者，从俗也。凡天下县邑皆然。"[2]从上引可知，清代各地的修志者都基本沿袭以前的称呼，原称的"市""墟"，大抵上只要还有存在，后来的修志者都仍原名，但实际上，一些新兴的镇、埠等都是更大范围的商业活跃地带，它们也许并不叫"市"叫"墟"，因此在后来的集市名录上不能反映出来。

---

[1]　梅奕绍.（乾隆）普宁县志［M］.萧麟趾，修.台北：成文出版社，1974：107，117.

[2]　金廷烈.（乾隆）澄海县志［M］.清乾隆三十年（1765）刊本，卷二：14-15.

还有不少交通要道处设置的交易场所，也不在上述市集之列。如潮州府城东城门外之广济桥市，"其途通闽浙，达二京，实为南北要冲"，明宣德年间重修时便"桥之上乃立亭屋百二十六间"，这些亭屋既具备景观功能，也是事实上的商业场所，并逐渐演化成"一里长桥一里市"之格局。按同期文献记载，其落成使用时便"若夫殷雷动地，轮蹄轰也；怒风搏浪，行人声也；浮云翳日，扬沙尘也；响遏行云，声振林木，游人歌而驿客吟也；风啸高冈，龙吟瘴海，士女嬉而萧鼓鸣也；楼台动摇，云影散乱，冲风起而波浪惊也"，明代已经商家游人云集，"四方来观者，咸曰斯桥实为江南第一"。[1]

由于商贸繁荣，不少旅潮商人也在潮州城设立商会组织。如潮州府城的汀龙会馆，是福建汀州、龙岩地区商人设于潮州的地缘性同乡组织，其始创于乾隆二十八年（1763），在府城的"开元街之西福胜庙右手下畔""凡商贾贩运、托业于斯者"，道光戊戌年（1838）有过扩建，此后又历有增修。[2]

市集经济等显示出来的繁荣商业，正如万历二十五年（1597）脱稿的《广志绎》所载："今之潮非昔矣。闾阎殷富，士女繁华，裘马管弦，不减上国。"[3]

（二）商业氛围和潮商

明清时期，潮汕社会延续了宋元时期逐步累增的商业氛围，不断向海洋商业文化社会的方向发展。当地从商人员也不断增多。

较早的存世地方志书中，潮汕社会有悖于儒家"重农轻商"的社会风俗大受诟病，尽管明代潮州科举仍稳居广东第二，但那些不重视农活、追求声色货利而从事工商业的现象，仍让传统士大夫大叹世风日下。不少大儒们对潮人的不安农耕颇有微词。

《（嘉靖）广东通志初稿》的风俗志叙述较略，多记叙潮汕人文鼎盛。《（嘉靖）广东通志》则在称誉"海滨邹鲁"之后，称潮汕风气是"相时竞利，阻山濒海尤劲悍""君子外鲁内慧，小人外谨内诈""声色货利，心所乐趋"。认为除了山区仍能保持传统诗耕之外，三阳（核心潮汕地区）之俗大致都是"不闻本等生理"，"求富奢"不安本分，追利专巧，而妇代夫耕、妇代夫樵，男却乐于"货利""赌博"，这些行为，显然是对传统儒家观念的叛逆。如潮阳是

[1] 郭春震.（嘉靖）潮州府志［M］//北京书目文献出版社.日本藏中国罕见地方志丛刊（第13册）.北京：书目文献出版社，1992：171.李龄.广济桥赋［M］//周硕勋.（乾隆）潮州府志.台北：成文出版社，1967：1076-1077.

[2] 唐史标.（潮州）汀龙会馆志［M］.1871（清同治十年）刻本：3-5.

[3] 王士性.广志绎［M］.吕景琳，点校.北京：中华书局，1981：101.

"负气好争，近渐奢丽"、揭阳是"渐趋浮华，其间亦有好雄健讼，为善良之梗者"，饶平是"濒海倚山，其性剽悍，一或倡之，彼此响应"，仅有程乡、大埔"商贾百工技艺皆不能"、可以末相务本而受到称赞，但"近"也有被三阳"带坏"的趋势。黄佐为明代大儒，也是历代广东最为闻名的大学者之一，他一直坚持的是，不需要"豪商巨贾"，必须摒弃奇技淫巧，认为"销纨绮之习，以返朴俗"才是"其回心向道之术哉"。如果通读全志，可发现在其笔下的广东十府（大约相当于今广东、香港、澳门、海南地域）社会习气中，只有对潮汕（有时仅指"三阳"）的描述较为异类。[1]而这一切，皆是潮人不安本分，追求声色货利所致。当然，按今天的角度看来，这些反而是社会商业化的反映。

《（嘉靖）潮州府志》转引的"旧志"记录中，也提及潮州的风俗为"士矜功名，商竞刀锥，工趋淫巧，农安惰弃"，士农工商，商竟排于农之前叙述，可见从商风气至盛，在当时潮汕社会并非可以忽略的，而其描述的口气，也夹杂着痛心疾首的味道。尽管我们不知道这个"旧志"为何种史源，但嘉靖之前的一种府志是已佚的《（弘治）潮州府志》，脱稿为弘治十三年（1500），则这条材料的系年不迟于此时，同时说明潮汕之从商风气自明前期便已经开始了。当时修志者对此追货逐利、喜欢"奇技淫巧"、享受"无用之物"的社会现状也是无可奈何，只能付诸史笔。[2]

浓郁的潮人"不务正业"而从商等的记录，在同期文献中都有透露。

明代的，以潮阳县为例。据《（隆庆）潮阳县志》的记载，当地不从事农业社会传统劳作的人口，在明中期已然很多，乃至引起了官方及以农为本的传统文人的担忧，称这些人"以他技谋利，及取诸异地之所有"，即是以工商业为主，贩卖其他地方的产品，而得以谋生。[3]

清代的，以澄海县为例。《（乾隆）澄海县志》载："邑僻处海滨。号称沃壤。农安陇亩。女勤绩纺。务本业。谨盖藏。为潮属九邑最。苐地狭人众。土田所入。纵大有年。不足供三月粮，濒海居民所恃以资生而为常业者，非商贩外洋，即鱼盐本港也。旧志云，农工商贾皆藉船为业，信矣。"[4]即是说，乾隆时

[1] 黄佐.（嘉靖）广东通志［M］.广州：广东省地方史志办公室，1997：494-527，607.

[2] 郭春震.（嘉靖）潮州府志［M］//北京书目文献出版社.日本藏中国罕见地方志丛刊（第13册）.北京：书目文献出版社，1992：163，287.

[3] 黄一龙，林大春，等.（隆庆）潮阳县志［M］.上海：上海古籍书店，1963，卷一：1.

[4] 金廷烈.（乾隆）澄海县志［M］.1765（清乾隆三十年）刊本，卷十九：7-8.

商贩外洋等务商者，在澄海已超过农业人口。而澄海这种以船谋生、泛海为业的社会状态，可能自澄海置县时便存在了，至迟在清初已十分显著。[1]

这种趋势，随着社会、自然环境的改变等，时间越往后越显强烈。如乾隆时的潮州城里（尚不是整个海阳县），是"郡城居民不务农业，粒食四方"的，达到"十万户"。[2]

尽管重商的社会氛围曾较长时间颇受诟病，富商巨贾也不大受传统重农思想者所待见。但随着时间的推移，商人们凭借着强大资本介入社会公益事业、参与社会事务，其社会地位遂逐渐得到提升。在明中后期，这种商人地位提高以及绅商同一的趋势，至少在潮阳县便已经出现。而富商大量的因公益事业而获封赠表彰的例子，则所有齐备的传世地方志书都有所录记，这里不赘。

到了清前期，士大夫、官员阶层等从事商业的更多，如《广东新语》载："民之贾十三，官之贾十七。……遍于山海之间，或坐或行，近而广之十郡，远而东西二洋，无不有也。民贾于官，官复贾于民，官与贾固无别也，贾与官亦复无别。"[3]当时的地方官员也对从商有了不同的认识，如《（乾隆）澄海县志》记载当时澄海5个税口海关征税额达到粤海关20%时，评论"裕课通商"为一件好事，因为它"不瘠国，不病民"，则是明确认可了商业的作用。[4]

明清文献中，还有不少涉及潮汕商业行为的记录，从这些活动中，我们可略窥当时潮汕社会的商业氛围，限于篇幅，各举明、清一例如下。

明嘉靖鸽变。[5]

明嘉靖初年或稍前，有一批"宠物"鸽子从中原流入潮阳，头、尾雪白，"菊冠紫衣"，被称为"四停花"。该鸽子以墨绿色羽毛者为上品，红、紫色羽毛为次，各种分类名目众多。四停花起初价值一二金，不久大为流行，价格涨至十数金。若能买到两个鸽蛋便足以夸耀乡里，雏鸟出壳则竞购者盈门，此时价格疯涨，稍一转手可得数十倍利润，远至潮阳乡间，僻至饶平海角，包括潮州府

[1] 王楚书.（康熙）澄海县志［M］.王岱，修.1686（清康熙二十五年）刻本，卷八：9-10.

[2] 陈钰.上当事救荒书［M］//周硕勋.（乾隆）潮州府志.台北：成文出版社，1967：1022-1023.

[3] 屈大均.广东新语［M］.北京：中华书局，1985：304-305.

[4] 金廷烈.（乾隆）澄海县志［M］.1765（清乾隆三十年）刊本，卷十一：39-40.

[5] 黄一龙，林大春，等.（隆庆）潮阳县志［M］.上海：上海古籍书店，1963，卷二：15-16.陈天资.东里志［M］.印行东里志领导小组，饶平县地方志编纂委员会，整理.内部发行，2001：53.郭春震.（嘉靖）潮州府志［M］//北京书目文献出版社.日本藏中国罕见地方志丛刊（第13册）.北京：书目文献出版社，1992：286.

城，全为流风所及，当时人"银弁金钗百万家，家家喧买四停花"的诗句，是真实的写照。

到了嘉靖三年（1524）九月稍前，1只刚出壳、死生难卜的雏鸽，便价值半套房子。当时百姓废业，商贾罢市，卖田卖地有之，沿路剽夺有之，至有"破产亡躯，驰骛于江浙湖湘之间，以营之者"，全民陷入炒鸽浪潮，已经恶化为实实在在的社会事件。官方对此大为重视，潮州知府王袍一面亲自"以谣辟谣"劝民，以"实例"举证鸽子为妖物，买者必遭"奇祸"，一面着令全州府大搜捕。同时，广东按察司整饬兵备兼分巡岭东道佥事施儒颁发禁令，一时鸡飞狗走，几乎酿成大变乱局。幸好几个来回之后，事件终于平息。

这件事完全是商业炒作的结果。其间制造的"转手暴富"传闻且不论，初时最大的行动，大约是20多位潮阳商人及商业推手，携金千余两，分两批人进入潮州府城：一批由南门进入，谎称得知镇守府需要奇鸟上贡朝廷，先行购买，遂从一二两到一二十两，买尽市场之鸽；另一批则从北门进入，声称只购"四停花"，此时沿市连鸽子都没有，他们遂在前一批人所购鸽子中，挑出"一条线、黑青纯绿、杂花之号"等所谓"四停花"者，大加宣传并加价买尽，并称多多益善。州治坊市无疑是当时最大的消息集散地，这一番举动令居民对"四停花"有了认识，此后知其为"宝"而四处搜购的延续场面，是可以想象的，推手们再助力散布舆情，加上流通市场的自然发酵，遂令流风蔓延，势不可挡。

是否有熟悉的感觉？600年前潮商的炒作，大抵今世仍见。

而在细节上，潮商们也做得恰到好处，除了在州城行动中告知、区分出鸽子与"四停花"的不同外，也得益于几个有利因素。时局因素：作为史上罕见的"大玩家"，嘉靖之前的正德帝极尽奢华，确实有向各地征贡奇珍异宝的诏令，但在嘉靖初年已经停止，而僻处海隅潮州的尚未得知，这便是利用信息不对等而制造出来的商机；个体因素：16年前、5年前潮州府分别经历了两次大地震，事件沸点的前一个月［嘉靖三年（1524）八月］又出现罕见的大飓风，"沿海居民，皆为漂没，浮尸遍港，舟不能行"，世事无常的不安全感引发了诸多压抑情绪和欲望；社会因素：潮州社会重商、重博弈之风气已然大兴，潮人不惜违法出海经商、犯禁引诱外商进行交易等尚且能做，门口商机哪容错失，而这一点，尤其关键。

清开银矿案。[1]

清初对广东矿业管理十分严格。康熙二十二年（1683）禁止开矿，尤其是银矿，广东更是严禁。相对而言，铅、锡矿的申办则较为宽松。

康熙三十三年（1694），有潮州官员因银山开发中的贪污行为被惩处。康熙三十四年（1695）时，潮州府仲坑山（今在梅州丰顺境）便存在着各私矿主经营的私矿，他们常因互争地盘而起纠纷，"强梁纷争"时有所闻，也有矿主向当地官员女眷赠礼的记录。

康熙三十九年（1700），普宁商人何锡许以重金，通过广东向中央内务府申请，获准开发仲坑山之号排、员墩（《清圣祖实录》作"员堆"）二处铅、锡矿，代价是每年纳额5万两，以20年为期，共需纳100万两。但该处实际产银，何锡看中的也是银。

在取得合法经营批文后，何锡独占资源，排挤走山上其他私矿。不久，更以开不出矿苗为由拖欠岁课（当时达不到预期矿量的事并不罕见），3年累计只缴交7.5万两，并且再申请加开长乐县的剑公坑以补缺额。

就在此时，任职广东高要期间便对仲坑山有所注意的陕西道御史景日昣，上疏揭发何锡，罪名包括：一是何锡聚集人员达十余万，都是民徭混杂的狡黠之徒，常行窃劫奸淫之事，不仅为害地方治安，还有潜在的政治隐忧；一是何锡以开发铅、锡之名申请开矿，而实际是攫取银矿，属于欺官；一是何锡3年来都没能完成纳额的一半（7.5万两），实际上却每年获利不下八九万两，用来奢侈挥霍，广行结纳，是故意欠饷，罔上肥己。

景日昣的"聚众十余万青壮"被认为有夸大嫌疑，但依然触碰到了清政府之政权稳固大忌——此时距离收复台湾仅20年，多年的不能一统，康熙记忆犹新。中央遂着令广东巡抚石文晟等立即核查，并准备善后武装对应事宜。康熙四十四年（1705）六月查实，仲坑山号牌、员堆等开矿有64处，计有2万余人，诏令仲坑山永为封禁。后以何锡死于狱中告终。

仲坑山事件揭示了当时潮商营运之一角，类似取得批文经营甲货、实际经营乙物等情况，以及灵活游刃于政策规定的经营方式和手段，并不罕见。而导致何锡最终入狱的主要触发点，是其聚集了"十余万狡黠之徒"（实际2万余），

[1] 赵尔巽.清史稿［M］.北京：中华书局，1976：3664.蓝鼎元.卢烈姬传［M］//蓝鼎元.鹿洲初集.台北：文海出版社，1982：625-629.景日昣.禁开矿疏［M］//周硕勋.（乾隆）潮州府志.台北：成文出版社，1967：996-997.清实录（第6册）［M］.北京：中华书局，1985：229.

常行不轨，这无疑踩到政权红线。

除了本土经商外，明代潮商走向四海的记录大量出现，其中牵涉到外贸的尤其多见。而国内贸易方面，除了海禁严厉期间，本阶段潮商仍延续着传统的路线，沿着东南海岸，上下兴贩。"富商巨贾，卒操奇赢，兴贩他省，上泝津门，下通台厦""风利潮高，扬帆飞渡，瞬息千里。操奇赢者，贸易数省，上泝津门，下通琼趾。布帛菽粟与乎锦绣皮币之属，千艘万舶，履焉为夷"等同期文献的记载，都是十分常见的。[1]

明代，潮商已经在一些较大的贸易点建立了会馆组织，如江南一带，在明代的南京便有了"潮州会馆"，入清，该会馆因"潮人之仕宦商贾往来吴闽者踵相接"迁往苏州。[2]

清代开海之后，潮汕与东南沿岸港口的联系更为紧密，不少贸易地都存在同乡会、会馆等组织，有的地方还不止一个。下以上海为例。

潮商与江南的联系很早，宋代便有漕运载粮入杭州的明确记录。清代较频繁地与上海接触的时间，从记录看，应是在康雍时期，即地方志书所载的，潮商"康、雍时服贾极远，止及苏、松、乍浦、汀、赣、广、惠之间"，[3]当时的松江府及部分乍浦地，大致位于今上海境。蓝鼎元称"上而关东，下而胶州、上海、乍浦、宁波，皆闽、广商船贸易之地，来来往往，习以为常"，[4]则雍正时，上海已经是潮商主要贸易地区之一。

此后，上海成为"滨海通衢"，"广东潮州，航海通商，帆樯络绎。即仕官进京，道多经此"。[5]仅嘉庆十四年（1809）六月初三，便有澄海船60余号，各满载糖包拟往上海、苏州。[6]而海路航程方面，则自明代便很方便，如明中期"自姑苏一带，沿海行，至闽、广，风便不须三五日也"。[7]

[1] 陈芝.建南门外天后庙记［M］//蔡继绅.（嘉庆）澄海县志.李书吉，修.台北：成文出版社，1977：348.金廷烈.（乾隆）澄海县志［M］.1765（清乾隆三十年）刊本，卷二：14.

[2] 杨缵绪.潮州会馆天后宫记［M］//施谦.（乾隆）吴县志.姜顺蛟，叶长扬，修.1745（清乾隆十年）刻本，卷一百八：11.

[3] 吴道镕.（光绪）海阳县志［M］.卢蔚猷，修.台北：成文出版社，1967：62.

[4] 蓝鼎元.漕粮兼资海运疏［M］//贺长龄.皇朝经世文编.1873（清同治癸酉）刻本，卷四十八：8-9.

[5] 《黄道台给潮州会馆示》碑文，转引自：郭绪印.上海潮州会馆的成立与章程制度［M］//潮汕历史文化研究中心，汕头大学潮汕文化研究中心.潮学研究（第5辑）.汕头：汕头大学出版社，1996.

[6] 黄蟾桂.晏海溦论［M］//黄蟾桂.立雪山房文集.陈景熙，陈孝彻，整理.广州：暨南大学出版社，2016：88.

[7] 谢肇淛.五杂俎［M］.北京：中华书局，1959：102.

范金民先生梳理有一批自潮州运货至江南销售的较具体记录，其中有的是抵苏州港，又有海丰货等的，本书不取，仅梳理嘉庆至道光二十年（1840）间的7例，列为下表。[1]

表3-18 清前中期（1840止）潮汕至上海船运事例表

序号	时间	船籍/船主	简况	目的地
1	乾隆六十年（1795）	潮阳船/郑泳财	抵达后装货出境，至象山县遭劫	乍浦
2	嘉庆元年（1796）	潮阳船/马扬兴	装乌糖、烟丝等货，至宁海县遭劫	乍浦
3	嘉庆元年（1796）	潮阳船/汪朝谟	装蚋青等货，至永嘉县遭劫	乍浦
4	嘉庆十四年（1809）	澄海船	澄海船60余号，各装3000或4000包糖包，连船身计，一船值银数万	上海、苏州
5	道光二年（1822）	海丰船	澄海郑仁记等46人，装黄糖、苏木，抵达后装棉花、豆饼、布匹等出境，遇飓风，漂洋	上海
6	道光十年（1830）	饶平船	林任等，装糖货等，抵达后装棉花、米豆出境，遇飓风，漂洋	上海
7	道光二十年（1840）	澄海船	澄海王茂正等9人，装糖，遇夷匪，被扣船货	上海

自乾隆年间开始，潮商团体在上海极为活跃，是较早在上海成立会馆的商帮，1840年之前，已经有潮州会馆、揭普丰会馆、潮惠会馆三所潮商会馆，一府三会馆，为同期其他旅沪商帮所没有。

目前，有档案可查证者，上海最早的会馆（公所）为清顺治年间建立的关山东公所。此后各籍属旅沪商帮竞建同乡、同业性会馆。上海的"潮州会馆"创建于乾隆二十四年（1759），是各地在上海开办的第六所同乡性会馆。该会馆一开始由潮州府属海阳、澄海、饶平县商人合资创办，至迟在嘉庆年间已增加了潮阳、惠来、揭阳、普宁、丰顺5县商人，遂为8县公建，曾以"万世丰"命名。"揭普丰会馆"成立于道光九年（1829），当年揭阳、普宁、丰顺3县商人自抽帮中厘金，由潮州会馆分出。"潮惠会馆"成立于道光十九年（1839），其主体是势力雄厚之潮阳商人，由于潮阳商人大肆贩卖鸦片，导致社会口碑欠佳，在受到广东其他商会、帮派的非议下，潮阳商人与惠来商人遂拆出潮帮，独立

---

[1] 宏新按：此表依据范金民先生文章之辑录部分梳理，该文所据文献溯源精确，这里不引。参见：范金民.清代潮州商人江南沿海贸易活动述略［J］.历史教学，2016（8）.

创会。[1]

综合上述，明清潮汕的商业发达，商帮多见，到了本阶段末，已经俨然岭南富贵地。道光十八年（1838）任韩山书院掌教的黄钊诗称："殷富三吴竝，繁华百粤强。高牙镇南澳，大舶出东洋。"[2]这正是当时潮汕商业繁荣的反映。

三、外贸：千艘万舶，兴贩东西洋

明清潮汕对外贸易继续发展，达到了古代潮汕之顶峰。

明代潮汕，便几乎发展到沿海居民都参与外贸活动的现象，如《（嘉靖）潮州府志》载沿海居民违禁窝藏和接济远洋海船，"滨海势要之家，为其渊薮""载鱼米互相贸易，以瞻彼日用"，这大概是近海贸易；远洋"通番"的，则潮汕商贩动辄"驾双桅，挟私货，百十为群，往来东西洋，携诸番奇货，一不靖，肆抢掠"。[3]到了清代，远洋贸易更是"千艘万舶，履焉为夷"。[4]

（一）东西洋私市以及关税

明初开始的海禁政策，并不能阻止自宋元便十分普遍的潮汕近海外贸。

明洪武八年（1375）四月，诏命中央官员巡视东南沿海海防。记载中，自温州沿海岸线而下，所提及的最后一站便是潮州，中央官员除了巡视之外，还督造海船，并防止勾结倭寇经商作乱。[5]沿海一带，又有冒充贡使，或者利用官方身份，引诱贡船至当地港口进行商贸活动的事例发生，如宣德元年（1426），"通事刘秀勾引倭舟入泊于东里湾港，威召各村各里之保长赴舟领货，名曰放苏。邻村皆靡然从之"，[6]又如成化元年（1465），爪哇国贡船至广海海域，被"常泛海为奸利"的段镇引至潮汕沿海港口。[7]而交易也颇为兴旺，沿海几乎

[1] 上海通志编纂委员会.上海通志［M］.上海：上海人民出版社，2005：7109-7117.郭绪印.上海潮州会馆的成立与章程制度［M］//潮汕历史文化研究中心，汕头大学潮汕文化研究中心.潮学研究（第5辑）.汕头：汕头大学出版社，1996：142-161.

[2] 吴道镕.（光绪）海阳县志［M］.卢蔚猷，修.台北：成文出版社，1967：64.

[3] 郭春震.（嘉靖）潮州府志［M］//北京书目文献出版社.日本藏中国罕见地方志丛刊（第13册）.北京：书目文献出版社，1992：180.

[4] 金廷烈.（乾隆）澄海县志［M］.1765（清乾隆三十年）刊本，卷二：14.

[5] 明太祖实录［M］.台北："中央研究院"历史研究所，1962：1680.

[6] 陈天资.东里志［M］.印行东里志领导小组，饶平县地方志编纂委员会，整理.内部发行，2001：50.

[7] 明宪宗实录［M］.台北："中央研究院"历史语言研究所，1962：379.

全民皆商，如《筹海图编》谈及南澳时，称"漳潮乃滨海之地，广福人以四方客货预藏于民家，倭至售之""西洋人载货而来，换货而去"[1]。

整个明代，潮汕沿海私商私市众多。如成化十四年（1478）、二十年（1484）都有清晰的潮州府民私番外洋记录，"私番船只，寒来暑往，官军虽捕，未尝断绝"，以及官方缉获通番巨舟三十七艘，"生擒三十余人，斩首级八十五级"的案例；[2]又如饶平的柘林澳，嘉靖之前便是"暹罗诸倭及海寇常泊巨舟为患"。尤其是嘉隆万期间，诸多海上武装商贸集团各踞一方。如饶平的信宁都黄芒诸村"居民接济番舶""利其货物交通"；又如溪东港所在的外贸集散地溪东寨，被视为"潮之咽喉""舟楫停泊若蜂屯"，嘉靖三十七年（1558）便有"倭夷在此登陆"，隆庆二年（1568）林道乾集团破溪东寨，隆庆四年（1570），许瑞集团又入住溪东寨，都令其发展成具规模的外贸私市；再如南洋港所在的南洋寨，为万历二年（1594）朱良宝"负固之所"，勾结外夷、寇盗设私市。[3]

其中，以南澳岛上的私市最为闻名，其在明代中期中国海外交通史上占有重要的位置，是全国海上武装商贸集团的重要聚集点和交易点，也是明后期主要的东西方商贸要地。交易者不仅有传统的东南亚商人，还有"日本倭奴、西洋丑虏"[4]，包括日本人、葡萄牙人、荷兰人等。

明代前期，出于海防考虑，两次将南澳居民内徙：洪武二十四年（1391），因南澳民顽梗，尽发海门千户所充军；永乐二年（1404）回迁南澳民后，到了永乐七年（1409），因倭寇劫掠，岛民接济，又将南澳居民徙入苏湾下二都安插。南澳遂成法外之地，"时倭数为中国患，南澳倭之巢穴也"，嘉靖二年（1523）罢市舶司之后，"番船无所容，乃之南澳互市。期四月终，至去以五月，不论货之尽与不尽也。于是凶党拘煽，私市益盛，倭商不肯归，徜徉海

[1] 胡宗宪.筹海图编［M］.文渊阁四库全书本，卷四：29.

[2] 明宪宗实录［M］.台北："中央研究院"历史语言研究所，1962：4376.彭韶.边方大体事疏（停止两广进献）［M］//陈子龙.明经世文编.北京：中华书局，1962：710.

[3] 瞿九思.万历武功录［M］.续修四库全书本，卷三：43.黄佐.（嘉靖）广东通志［M］.广州：广东省地方史志办公室，1997：2731.郭春震.（嘉靖）潮州府志［M］//北京书目文献出版社.日本藏中国罕见地方志丛刊（第13册）.北京：书目文献出版社，1992：180.金廷烈.（乾隆）澄海县志［M］.1765（清乾隆三十年）刊本，卷一：14-15，卷二十：11-20.林熙春.澄海县修溪东寨记［M］//冯奉初.潮州耆旧集.香港：香港潮州商会，1980：587-588.

[4] 齐翀，等.（乾隆）南澳志［M］.中国地方志集成（27）.上海：上海书店出版社，2003：477-478.

上而变作矣"。[1]当时贼船倭舶"俱于此互市，福建捕急则奔广东，广东捕急则奔福建，定期于四月终至，五月终去"[2]。岛上商人还进入潮汕腹地从事交易，"倭夷常乘小舟，直抵潮州府广济桥接买货财，往来南澳"[3]。万历三年（1575），巡抚福建刘尧海在《请设南澳总兵疏》称："南澳地险而沃，百谷所生，百货所聚，惟第非分土，事在两邻，故往往为贼逋逃薮，而修船制器，市药裹粮，百无所忌。……居者专积蓄，行者工掳掠。今欲为两省久安计必先治南澳。"[4]

明嘉隆或稍后脱稿的《日本一鉴·穷河话海》中之"海市"篇，专述当时中国江浙闽粤海市形成情况，涉及倭寇、佛郎机、满剌甲国等，其中关于南澳的记录篇幅极大。是谓之"南澳自戊午［嘉靖三十七年（1558）］岁前皆海市者，戊午以后乃为贼窝"。[5]《洋防辑要》亦称嘉靖初"倭泊于此互市"，"移泊南澳，建屋而居"[6]，当时，官方欲打探倭寇的消息，只需要派人到南澳假扮商人交易，便能得到倭寇出没的信息，即《筹海图编》所称："中国欲知倭寇消息，但令人往南澳，饰为商人。与之交易，即廉得其来与不来，与来数之多寡。而一年之内，事情无不知矣。"[7]

嘉靖三十八年（1559），许朝光武装海商集团曾生产有缺陷的大海船卖予倭寇，使得其不能顺利用这些大船载货回国，导致双方矛盾火并，后许朝光撤出南澳，明兵遂短暂占据海岛。但驻岛官兵反而加入贼伙，引导海盗劫掠东莞，"南澳始窒官。遂设兵守之，新到倭贼之船不能停泊，适被反兵导之，寇掠东莞地方"。此后南澳又成无主状态，豪强纷纷涉足，林国显、吴平、林凤、林道乾集团等都曾驻留南澳。如吴平集团便创建有"吴平寨"。直至吴平被剿灭后，南澳才稍显宁静，但仍然是私市活跃。[8]在明清迭代时期，南澳则为明郑政权所掌握，垄断闽粤及外海海道，成为明郑政权取得大陆资源的主要桥头堡之一。

[1] 齐翀，等.（乾隆）南澳志［M］//中国地方志集成（27）.上海：上海书店出版社，2003：394.

[2] 郑若曾.南澳守御论［M］//郑若曾.郑开阳杂著.文渊阁四库全书本，卷一：3.

[3] 郑舜功.日本一鉴·穷河话海［M］.1939（民国二十八年）据旧抄本影印，卷六：4-5.

[4] 刘尧海.福建巡抚刘尧海请设南澳总兵疏［M］//中国地方志集成（27）.上海：上海书店出版社，2003：395.

[5] 郑舜功.日本一鉴·穷河话海［M］.1939（民国二十八年）据旧抄本影印，卷六：1-6.

[6] 严如煜.洋防辑要［M］.台北：台湾学生书局，1975：607.

[7] 胡宗宪.筹海图编［M］.文渊阁四库全书本，卷四：29.

[8] 郑舜功.日本一鉴·穷河话海［M］.1939（民国二十八年）据旧抄本影印，卷六：1-6.

　　中文文献中，有大量的记载论及中、日、东南亚商人在南澳岛上的交易，上述仅是一部分常见者。西方材料上，则更多的是关于葡萄牙、荷兰人在南澳海域活动的记录，从这些记录看，南澳是当时的中西交往要地，是最重要的商贸私市之一。

　　《16—19世纪初西方文献中的南澳》[1]梳理了多种同期西方材料，揭示出葡萄牙人首次接触南澳的时间在明正德十三年（1518），葡萄牙人称其为"Lamao"。这段时间内，较早记载南澳的西方文献是不知名（Anonym n.d.）的葡萄牙人于嘉靖二十四年至嘉靖二十六年（1545—1547）绘制的东亚图，显示出南澳是葡萄牙的远东贸易点。此后，1554年葡萄牙人制作的世界地图、1560年Bartolomeu Velho在葡萄牙出版的波托兰海图都出现南澳岛及附近海域，1630年的《亚洲东海岸南部及东印度部分》、1643年的《亚洲东海岸北部及东印度部分》等也清晰标注南澳。而在比利时人1570年出版的《世界概观》中之《东印度及周边岛屿地图》，标有南澳的另一种译法"Latan"，1584年拉文版《世界概观》收入的《中国新图》（该图为欧洲人刊印的最古老传世的单幅地图）中则标为"La Mao"。荷兰多幅相关海图中也标注南澳，西班牙绘制的《吕宋岛、艾尔摩沙岛及中国的部分沿岸图》中，从厦门湾至珠江口之间一较大的岛注为"J. de Lam ao"，是这个区域唯一标注名称的岛屿，凸显了南澳岛在中外航海和贸易中的重要地位。英国人1646年在佛罗伦萨出版的《海洋之奥秘》海图集，其中有一幅《中国部分海岸包括台湾及其岛屿》，自厦门至珠江口仅标注"I.Lamo"和"Chabaque"两处岛屿，可见南澳之地位不同凡响。

　　南澳在西方文献的记述上还有不少，如1537—1558年游历中国的平托，其回忆录便称南澳是一个重要的贸易港。平托的记述中，称自己曾沿着南澳航行，在南澳岛遇上风暴而货物皆失，后受明军扣押，遂自称"暹罗国人氏，来自名叫满剌加的地方"；又称有葡萄牙货船沉没，葡萄牙军官坐小舢板抵南澳，"跪求"旧相识的海盗头目收留；还有一次，葡萄牙船在琉球被俘，本来国王打算释放他们，但4艘受到高等级接待的华人海盗船入港，"倒霉的是，我们的船在南澳岛与他们发生过冲突"。又如荷兰文《东印度旅程导览》中，也在至少9章中记载了大量的葡萄牙人在南澳的活动，证实南澳是葡萄牙人日本贸易线上的咽喉之地和对日重要港口。

　　[1]　廖大珂.16—19世纪初西方文献中的南澳［M］//上海中国航海博物馆.国家航海（第六辑）.上海：上海古籍出版社，2014.

荷兰人在16世纪末脱离西班牙的统治，遂扬帆出海，到中国东南沿海寻求贸易机会，在通商要求被明政府拒绝后，荷兰人入侵、占据澎湖，常到南澳附近与私商交易，1607年（万历三十五年）荷兰东印度公司的7艘船只，便停泊在南澳岛。荷兰人并不满足于近海海域寻求商机，而是一直致力于将南澳作为长期固定贸易点，但在多次与明官兵的对抗中被击败，又有时在"南澳遇到海盗的强大船队，不敢在岸边停留"，因此只能近海从事商业活动。这样的情况持续至1633年，受到明军再次打击后，才逐渐淡出南澳。

此后，直到18世纪，南澳的记录才重新零碎地出现在西方文献中，原来的"Lamao"已湮没于历史，取而代之的是"Nanngao"的新标注。而较丰富的材料，则一直到19世纪30年代初才又出现，此时已接近近代。整个清代前期，南澳近海贸易大为衰落。[1]

关于明代葡萄牙人、荷兰人在南澳的活动，中文材料也有简略透露，葡萄牙的，如《粤大记》载："佛郎机夷违禁潜往南澳，海道副使汪柏从臾之""今则深根固蒂矣。"[2]荷兰的，如《（乾隆）南澳志》称天启二年（1622），"红夷乘料罗古雷之胜，以三巨舰直逼南澳，遥见铳城返泊青屿洋，眈眈三日，无敢犯境，夺魄而逃"。[3]这些都可与西方文献相佐证。

考古材料上，南澳岛上有许多明清文物，仅以迄1989年被列入全国文物志的来看，与倭、夷、外贸有关的明代文物，便有深澳的馒头窑址，许朝光嘉靖四十年（1561）所建的隆东乡许公城遗址，嘉靖末年的东烟墩、西烟墩遗址，万历四年（1576）所建的深澳东南南澳城遗址、深澳天后宫，万历四十八年（1620）建的雄镇关，天启三年（1623）建的猎屿铳城，崇祯十六年（1643）为表彰郑芝龙所立的郑芝龙坊等十余处。[4]而近年"南澳I号"的出土，更可见明代南澳外贸之一斑。

广东汕头"南澳I号"明代沉船遗址入选2010年全国十大考古新发现。沉船

[1]　廖大珂.16-19世纪初西方文献中的南澳［M］//上海中国航海博物馆.国家航海（第六辑）.上海：上海古籍出版社，2014.

[2]　郭棐.（万历）粤大记［M］//日本藏中国罕见地方志丛刊.北京：书目文献出版社，1990：166.

[3]　齐翀，等.（乾隆）南澳志［M］//中国地方志集成（27）.上海：上海书店出版社，2003：392.

[4]　广东省文化厅.中国文物地图集（广东分册）［M］.广州：广东省地图出版社，1989：254-256.

位于南澳岛东南三点金海域的岛屿和半潮礁之间，2007年试掘、2010年正式发掘，均有报告，主要遗物为：瓷器10624件，约占出水遗物94.5%，是沉船的主要贸易物品，多数来自福建漳州窑系和江西景德镇窑系；陶器140件；金属器113件，包括铜铁锡器，有铜板、铜钵、铜构件、铜锣、铜弹簧、铁锅、锡壶等；其他有石质、木质、骨质多种遗物。初步总结：该船始发地极有可能是福建漳州月港，沉船所处年代是在明隆庆之后。2007年的试掘与调查之年代判断，推断沉船年代在明万历时期。[1]从这些考古初步总结看，"南澳I号"似乎是经过南澳海域而发生事故沉没的，其是否经停南澳补给，或者是否从南澳再装卸货（锡、铁制品为明代潮汕主要矿冶产品，参见本书矿冶节），都无从猜测，但这至少说明南澳线路在明代海外贸易线上的重要性。

清康熙收复台湾并设立粤海关后，南澳诸港口由于未被列入海关系统的征税口、稽查口，地位有所下降，不过，其地理优势仍然明显，如不迟于雍正七年（1729）脱稿的《潮州海防图说》便提到南澳，并称其为"外洋番舶必经之途，内洋盗贼必抢之地"[2]。到了鸦片战争前，英国人在南澳岛上建有房屋等，《夷氛闻记》有明确的记载："潮州南澳为粤闽适中地，帆樯之所必由也，爰于南澳长山尾预泊数船，载马备登陆。计船狭不便刍秣，则沿岸盖造房屋，上为层楼，澳官无止之者。"[3]

清代前期的近海贸易，从目前文献看，自康熙二十四年（1685）清政府正式设立粤海关并行使职能后，大多数还是通过指定的口岸入口。当然贸易商们会通过海关内部的操作以减少相关费用，但无论如何总算是按章进口，大体上说，不算"私市"。

粤海关于康熙二十四年（1685）成立并行使职能，当时厘定关榷官制，有兼管，有简充，天下海关"惟广东粤海，专设监督，诚重其任也"。除了省城大关和澳门正税总口外，粤海关分别在惠州、潮州、高州、琼州及雷廉设置有5个总口潮州府的总口称"庵埠总口"。

后来，粤海关的31个正税口中9个在潮州境内。这9个正税口分别是：庵埠正税总口和其所辖的潮阳、澄海、东陇、府税馆（潮州府）、黄冈、北炮台正税

[1] 广东省文物考古研究所.南澳 I 号明代沉船2007年调查与试掘 [J].文物，2011（5）.崔勇.广东汕头市"南澳 I 号"明代沉船 [J].考古，2011（7）.

[2] 蓝鼎元.潮州海防图说 [M] //蓝鼎元.鹿洲初集.台北：文海出版社，1982：905-918.

[3] 梁廷枏.夷氛闻记 [M].邵循正，校.北京：中华书局，1959：81.

口，以及乌坎正税总口所辖的神泉、靖海正税口。其中的神泉、靖海地属潮州府惠来县，即今揭阳市惠来县境内，但在海关系统上，隶属于位于惠州府陆丰县的乌坎正税总口管辖。

粤海关22个挂号口中，有10个在潮州境内，这10个挂号口分别是：庵埠总口直辖的汕头、双溪、溪东3口，潮阳正税口下的后溪、海门、达濠3口，澄海正税口下的南洋、卡路2口，东陇正税口下的樟林1口，黄冈正税口下的乌塘1口。所谓"是非有往来之利，无覆溺之虞""凡货之自外入，自内出者，查验之"。

这些海关关口，俱可负责报关登记、填写税单和收缴关税等申报手续，大致上可以理解为当地主要的进出口口岸，兹梳理如下表。[1]

表3-19 位于潮汕地区的粤海关关口名录表

序号	征税口岸名称	隶属关系	今所在区县
1	庵埠正税总口	粤海关——庵埠正税总口	潮州市潮安区
2	汕头挂号小口	庵埠正税总口——汕头小口	汕头市龙湖区
3	溪东挂号小口	庵埠正税总口——溪东小口	汕头市金平区
4	双溪挂号小口	庵埠正税总口——双溪小口	揭阳市揭东区
5	潮州正税口	庵埠正税总口——潮州正税口	潮州市湘桥区
6	潮阳正税口	庵埠正税总口——潮阳正税口	汕头市潮阳区
7	后溪挂号小口	庵埠正税总口——潮阳正税口——后溪小口	汕头市潮阳区
8	海门挂号小口	庵埠正税总口——潮阳正税口——海门小口	汕头市潮阳区
9	达濠挂号小口	庵埠正税总口——潮阳正税口——达濠小口	汕头市濠江区
10	澄海正税口	庵埠正税总口——澄海正税口	汕头市澄海区
11	南洋挂号小口	庵埠正税总口——澄海正税口——南洋小口	汕头市澄海区
12	卡路挂号小口	庵埠正税总口——澄海正税口——卡路小口	汕头市澄海区
13	东陇正税口	庵埠正税总口——东陇正税口	汕头市澄海区
14	樟林挂号小口	庵埠正税总口——东陇正税口——樟林小口	汕头市澄海区
15	黄冈正税口	庵埠正税总口——黄冈正税口	潮州市饶平县
16	乌塘挂号小口	庵埠正税总口——黄冈正税口——乌塘小口	潮州市饶平县

[1] 梁廷枏.粤海关志（卷1至卷16）［M］//续修四库全书工作委员会，等.续修四库全书（第834册）.上海：上海古籍出版社，1996：509-539.

续表

序号	征税口岸名称	隶属关系	今所在区县
17	北炮台正税口	庵埠正税总口——北炮台正税口	揭阳市榕城区
18	神泉正税口	粤海关——乌坎正税总口——神泉正税口	揭阳市惠来县
19	靖海正税口	粤海关——乌坎正税总口——靖海正税口	揭阳市惠来县

粤海关关口的设置和管理，不是按属地管理原则，而是依据粤海关系统的等第统属安排，而古府县志则以行政辖地区分，这便造成不少文献记载有所模糊。关口名称上，如"澄海正税口"，府县志多称为"南关"税口，并互相因袭，其实是同一所指；如等第、管理上，"澄海正税口"和"东陇正税口"虽然同在当时的澄海县地，但级别是一样的，它们都可向各自的下属"小口勒送年节小礼"，而不受地方管制；地理位置上，不同时期的语境不同所指亦有异，如"汕头"口岸并不完全等同于其他文献的"沙汕头"，一直到汕头开埠后数年迁入"沙汕头"之前，它都在放鸡山（即今称"妈屿岛"），与当时的沙尾乡（自然村落"金砂村"或称"金砂乡"的前身叫法）隔海相对。

乾隆二十二年（1757）十一月之后，清政府诏令撤销宁波、泉州、松江三海关的贸易，仅允准外国商人"只许在广东收泊交易"，"嗣后口岸定于广东"。[1]这令粤海关成为唯一合法办理进出口业务的海关系统。

近代之前，潮汕地区的进出口贸易是十分突出的，从粤海关的关税征收上体现出来的数据，应该是排在国内前列，如果县志记载无误的话，乾隆中期，仅澄海的5个税口关税收入，便占粤海关税收的20%以上，由于此时全国仅余粤海关一关，则可说是占全国海关税收的20%以上。按这占额算，可稳居全国第四位，汕头口、神泉口等其他14个重要纳税税口尚不计在内，如果计算上，则肯定名次更靠前。

《（乾隆）澄海县志》载："至海关税务，统之监督，计统省额征税银四万三千七百五十两有奇，澄以弹丸黑子之地，几操全粤五分之一，洵濒海一大都会也。"即是说，乾隆三十年（1765）或稍前，位于澄海的澄海、东陇正税口以及南洋、卡路、樟林挂号小口，共5个口，额征税银9000余两，占粤海关总额43750两的20.6%左右的份额。

接下去的《（嘉庆）澄海县志》，载有嘉庆十九年（1814）或稍前的数

---

[1] 清实录（第15册）［M］.北京：中华书局，1985：1023-1024.

据，当时这5个税口的海关征收税额达到11600余两。不过，该志仍因袭《（乾隆）澄海县志》粤海关总额43750两、占省五分之一的说法。由于以11600两来测算占比，计起来应是43750两的26.5%，占粤海关的四分之一有余了，因此《（嘉庆）澄海县志》的说法显得蹊跷。[1]

目前关于清前期粤海关的存世中文资料不多，各口岸的税收额多难以验证。不过，无论如何，既然同时代的县志有录，后续的县志也敢于援用，又没有明确的反证，我们便没有理由不列为参考。

此外，《（乾隆）潮州府志》列有海关"禁例"，其中一些潮州府出口而税则未列出的课征物品，是当时潮汕出口产品。尽管所缺甚多，但也算是古府县志中较全的唯一一份出口商品录了，梳理如下表。

表3-20　清乾隆中期潮汕部分出口商品表

序号	粤海关口岸	主要出口商品
1	庵埠正税总口	凉粉草，赤菜，菜子，黄白藤，松香，鹹鱼（咸鱼），鞋，爆竹，葱种，鲎壳，水鱼，鱼脯，菜脯，棉尾，大、中、小橡桷（木料），火油，猪油
2	东陇正税口	
3	黄冈正税口	
4	潮阳正税口	葱头，细瓷器，粗土茶
5	北炮台正税口	蕉布，柑子，栀子，金樱子，红白米麹（曲）（酒），薯粉，烟梗，青柑子，小柑子，竹叶，中、小猪，寸枋
6	澄海正税口	葱种，干菱，虾，糠，仙草，网桴，桧末，日月壳（日月明之壳），大、小铁锅，大、中猪
7	东陇正税口	

其他的出口商品，除了本土生产的工农业产品外，还有一些汀州纸等外地流入之商品。进口方面，大宗物品主要有粮米、胡椒、苏木等，杂项则很多，譬如道光十三年（1833）任揭阳县令的姚䎵之，便从洋船购买了一只洋猫，"毛长寸许，浑身洁白如雪"。这也是潮汕较早有洋猫的记录之一。[2]

[1]　蔡继绅.（嘉庆）澄海县志［M］.李书吉，修.台北：成文出版社，1977：120.金廷烈.（乾隆）澄海县志［M］.1765（清乾隆三十年）刊本，卷十一：29-30.

[2]　周硕勋.（乾隆）潮州府志［M］.台北：成文出版社，1967：337-338.黄汉.猫苑［M］.丁杰，订.清刊本（前有自序），卷一：9-10.

（二）乘风挂帆，海邦遍历

明清阶段，潮汕的远洋贸易十分活跃，目的地不仅是传统的东南亚、东亚地区，地方志书还明确出现了到达波斯经商的记载。

东南亚的，如爪哇。明正统九年（1444）二月，以潮人为主的55位海商通商爪哇，22人留在当地，这是《明实录》上较早的几个明确的出洋案例之一。[1] 同时，大约1450年脱稿的《瀛涯胜览》已透露出爪哇岛的杜坂约聚集千余家广东和漳州人，爪哇新村也有千余家，村主为广东人，"各处番人多到此处买卖"，爪哇国有三等人，一等包括广东人及漳、泉等处。由于全书提及中国籍属人口有：漳（州）人3处，泉（州）人2处，广东（人）6处，余无其他籍人。[2] 而广东籍中并不细分潮、梅、肇各属，因此参考《明实录》和同期《西洋番国志》等，可以确定，已有不少潮人在爪哇商贩定居。[3]

东亚的，如日本。明代潮商前往日本本土贸易的较早记录，应是嘉靖癸未（1523），揭阳县大家井民郭顺卿载米谷贩卖漳、泉时，飘风至日本群岛，郭顺卿回潮汕后，循着海路"复贩货财私市矣"。万历时人认为，倭寇来中国，"皆潮人、漳人、宁绍人主之也"。[4] 海上武装商贸集团首领许栋、许朝光往来东亚及中国沿海，主要便是"贩日本"[5]，《五杂俎》称"广之惠，潮、琼、崖狙绘之徒，冒险射利，视海如陆，视日本如邻室耳，往来交易，彼此无间"。[6] 则是滨海三五成群、私通外国商人之民，在商业利益驱动下，完全忽视了地域距离。

中亚的，如波斯。澄海詹莱人蔡兴嘉，7岁便失去生母，其诚恳伺候继母，成年后"常挟赀游暹罗、波斯"，收获颇丰。后因为父亲年老有疾而收拾生理回家。蔡兴嘉一直孝义持家，尊重礼教。这条记载应是古府县志中，较早涉及具体人物兴贩波斯的了，从简单记载看，他也许是由东南亚经南亚才抵达中亚的，但

---

[1] 明宪宗实录［M］.台北："中央研究院"历史语言研究所，1962：2278.

[2] 宏新按：数据统计据两种版本的《瀛涯胜览》。参见：马欢.瀛涯胜览［M］.北京：中华书局，1985.马欢.明钞本《瀛涯胜览》校注［M］.万明，校注.北京：海军出版社，2005.

[3] 马欢.瀛涯胜览［M］.北京：中华书局，1985：16，17，19-20.巩珍.西洋番国志［M］.向达，校注.北京：中华书局，1961：7，10.

[4] 郑舜功.日本一鉴·穷河话海［M］.1939（民国二十八年）据旧抄本影印，卷六：1.谢杰.虔台倭纂［M］.1595（明万历乙未）刻本，卷上：6.

[5] 陈天资.东里志［M］.印行东里志领导小组，饶平县地方志编纂委员会，整理.内部发行，2001：60-61.

[6] 谢肇淛.五杂俎［M］.北京：中华书局，1959：117-118.

详细情况如何，则暂时不明。[1]

嘉隆万时期，由于各海上武装商贸集团声势浩大，遂在全国性文献留下更多的事迹记载。如许栋等四兄弟，曾在彭亨国（今马来半岛）设点交易，也曾与佛郎机（葡萄牙）人一起私贩沿海，更是较早"导倭"入中国者之一；[2] 又如林道乾，"横行海上，三十余年"[3]，抚顺时居潮州各港，反叛时"驾回外夷"[4]，"窃据海岛中，出没为患。将士不能穷追，而大泥、暹罗为之窟穴"[5]"遍历琉球、吕宋、暹罗、东京、交趾诸国"[6]，林道乾在中国台湾地区以及东南亚包括中南半岛的不少地方都有据点，迄今各处都有他坐地经商的史载和传说；再如林凤，也是出没无常，东南亚多地国都是其所经历的，明政府联合多国进行围剿，最后仍不知所踪。

这些海上商贸武装集团都是亦商亦盗。而之所以那么多"海寇"，海禁政策是一个主要的因素。正如明人所称："寇与商同是人，市通则寇转为商，市禁则商转为寇。始之禁禁商，后之禁禁寇，禁愈严而寇愈盛。'片板不许下海'，艨艟巨舰反蔽江而来；'寸货不许入番'，子女玉帛恒满载而去。商在此者，负夷债而不肯偿；商在彼者，甘夷据而不敢归。向之互市，今则向导；向之交通，今则勾引。于是滨海人人皆贼，有诛之不可胜诛者。"[7]而祸源未清的原因，是海外物品的主顾也是朝廷大员，并且中央又需税收，即明人称："老氏曰：不贵难得之货，使民不为盗。上既责以税课方物，而又禁其贩海，其可得乎？"[8]

另外，如果这些集团总是如官方所记载般地"盗抢"，则按市场规律，不用多久，整个洋面将不会再有商人出现了——经商成本太高谁都难以持续，更不可能长期出现近海居民"接济""货财"的场面。则是说，嘉隆万时期的海上武装集团，实际上是带有商贸性质的群体，他们足履所及，也是商业线路。

明末清初，潮汕社会动荡，又逢严厉的海禁政策，数十年间，不仅抵达近海的东西洋商船罕至，走出去的也大为减少。当然也有零星商船外出，但仅是期

[1] 金廷烈.（乾隆）澄海县志［M］.1765（清乾隆三十年）刊本，卷十五：8，卷十六：22.

[2] 郑舜功.日本一鉴·穷河话海［M］.1939（民国二十八年）据旧抄本影印，卷六：1-3.

[3] 李贽.焚书/续焚书（大字版）［M］.北京：中华书局，1974：431.

[4] 明神宗实录［M］.台北："中央研究院"历史语言研究所，1962：1693.

[5] 明神宗实录［M］.台北："中央研究院"历史语言研究所，1962：1977.

[6] 郁永河.海上纪略·大昆仑［M］.许奉恩.里乘.1874（同治十三年）刻本，卷九：13-14.

[7] 谢杰.虔台倭纂［M］.1595（明万历乙未）刻本，卷上：7.

[8] 谢肇淛.五杂俎［M］.北京：中华书局，1959：103.

间少量的土豪、边官经营而已，例如潮州镇总兵刘进忠、潮州土豪许龙等数艘船只到日本、暹罗等。不复明代外贸大盛之态势。

清康熙二十三年（1684）诏开海令，允许广东商人出海贸易之后，潮汕外贸才见起色。当时的时势十分适合当地对外贸易：在国际形势方面，17世纪后半期，西方早期殖民者葡萄牙和西班牙的海上霸权都已经衰落，后起的荷兰也已度过了海外扩张的高峰期，主要精力放在印度及东印度群岛，同时还朝夕枕戈，忙于同新兴的英国争夺殖民地和海上霸权；潮汕海域的情况则是，自明末以来，数十年垄断沿海商贸活动的郑芝龙、郑成功家族集团，都退出历史舞台，这令普通潮商的出海贸易减少了障碍。这样，潮汕商舶北上南下，较为快速地进入又一波外贸勃发期，成为东亚—中国东南沿岸—东南亚贸易圈中的重要环节。

开海之初，潮汕与东亚的贸易联系又再紧密，商船北上直抵日本，沿途卸货装货，一路贸易。

《华夷变态》《唐通商会所日录》保存有从潮州起航到日本经商的记录，焦鹏先生对之进行了梳理，其中发生于康熙二十五年（1686）到康熙三十六年（1697）间的，共有41艘（次）船舶，我们以焦鹏先生梳理的文本为基础再行统计，得出有关信息如下。

如造船营运。康熙二十六年（1687）第117番船是在南澳建造下水，然后在潮州装载货物出洋，南澳作为潮汕地区主要的造船基地之一，至少自明至清前期长时间存在，由此可见一斑。

如直航时间。康熙三十年（1691）第58番船，从五月二十至五月二十九日，仅用了9天便抵达日本，是用时最短者；康熙二十七年（1688）第87番船、94番船、95番船、142番船都是六月起行，直航用时17天，也是比较快的。

如整个航程。直航之外，更多的商船由于沿途靠岸进行交易，因此整个航程有长有短，多数是20多天，但有些转道吕宋、暹罗贸易者，则再抵日本最长可达两个多月，即使仅经国内海岸的，也有达到80天的。

如贸易方式。41艘（次）海船中，绝大多数为潮州船，不少商船在沿途港口停泊，卖出补进，一路交易，才运抵日本。也有数例是外籍船到潮州进货，而后到日本经营，康熙三十年（1691）的第66番宁波船，便是到潮州装载黑砂糖的。

如航海风险。41艘（次）中，有11艘（次）遇到风波而脱离航线，漂歇其他地方，也有"洋中遇风，抛舍货物"便得安稳的。另，康熙二十七年（1688）两艘（次）提及"潮州为边土，盗贼出入之所"，但总记录中，仅康熙三十三年

（1694）第59番船真的遭到盗抢，"遇贼，银、衣服等被夺走"。

如商品内容。有明确商品名的，主要是砂糖和丝织品，砂糖是潮州土产，有黑砂糖等多种，一直持续出口；丝织品，初时是潮州土产，但康熙二十八年（1689）后就没有潮州土产丝销往日本的记录，潮州船所装都是宁波和其他省份产的丝，康熙三十四年（1695）直接称潮州没有丝、康熙三十六年（1697）称潮州丝尽，依稀可见潮州土产丝行业一路下滑，这与我们对潮州桑蚕业入清后逐步衰落直至消失的判断（详见工业章）大体一致。此外，还有"山归来"，未详何物，有可能是中药材之类。

如船上人员。在有记载的连续40艘（次）记录中，人员最多者分别为119人、105人、103人、96人，其余都在27—89人之间，如果以十为单位算百分比，则是：百人以上占7.5%，90—99人占2.5%，80—89人占7.5%，70—79人占15%，60—69人、50—59人、40—49人各占17.5%，30—39人占12.5%，30人以下占2.5%。

从《清初潮州的对日海上贸易》记录看，此时存在一个"潮州—日本—南洋"海上贸易网络。

如康熙三十五年（1696）第73番宋居勝船，实际上是潮州船，这条船前一年十二月由南澳出发，运载丝货到暹罗宋居勝销售，再从宋居勝运载其他货物到达日本长崎。

又如康熙三十年（1691）第57番六昆船，也是潮州船，该船前一年载货到长崎，当年十二月返航，先抵普陀山，大概是办了丝货，直接到六昆贸易，没有回到潮州，这一年四月，又从六昆载货出发，五月到达厦门，加载一些织物和黑砂糖，再到日本。[1]

潮汕对日贸易至康熙三十六年（1697）衰落，此后的《华夷变态》《唐通商会所日录》记录中，已没有自潮州港口出发赴日的明确记载。这宣告着潮州对日贸易的衰亡，衰亡的主要因素，是日本需要的丝织物、商品糖，由于潮州桑蚕业日衰、砂糖有了闽台货的竞争，而需到外地转运等，增加了成本。不久，日本方面因为银、铜外流，影响到其国内的经济发展，遂于日正德五年［清康熙五十四年（1715年）］限制中国商船赴日贸易，潮汕与日本的商贸联系终告一

---

[1] 焦鹏.清初潮州的对日海上贸易［M］//潮汕历史文化研究中心，韩山师范学院.潮学研究（第13辑）.汕头：汕头大学出版社，2006.焦鹏.清初广东对日本贸易--以《华夷变态》为中心［M］//李庆新，郑德华.海洋史研究（第六辑）.北京：社会科学文献出版社，2014.

段落。

上述潮汕对日贸易记录中，同时也出现潮商兴贩南洋的信息，而在东亚贸易呈低潮的情况下，潮汕与琉球尚有商贸来往，但更多的是转向东南亚。其中，中暹大米贸易，是比较引人注目者。

中暹大米贸易，主要起因在于康乾时期全国人口增多，而江浙闽粤产米不敷民食，经常价格腾贵，闽粤更是"逼近海岸，山多田少，民稠土狭，产谷稀少"。[1]这样，清政府遂决定进口大米。

泰国方面，则是粮米充足，米价便宜。据康熙六十一年（1722）暹罗贡使的说法，是"该国米用内地斗量，每石价值二三钱"，[2]这比之内地丰年的每石一两二三钱，歉收年每石一两八九钱，显然便宜得多。

鉴于此，康熙六十一年（1722）六月暹罗国进贡时，康熙便诏令其运米10万石至福建、广东、宁波三处贸易，并豁免这30万石米的税收。[3]雍正二年（1724）十月，暹商第一批大米运抵，此后直至乾隆四十年（1775）之前，除了某些年份偶有中断外，基本上是连年输入不止。

清政府对暹米进口屡有激励政策。如乾隆六年（1741），劝谕内地商民购米运回，免征米豆税，"商民尤为踊跃，每一洋船回，各带二三千石不等"[4]，翌年六至八月，便合计进口米二万三千余石；又如乾隆八年（1743）八月诏令"嗣后凡遇外洋货船来闽粤等省贸易，带米一万石以上者，着免其船货税银十分之五；带米五千石以上者，免其船货税银十分之三"[5]；再如乾隆十六年（1751）左右，规定"凡内地商民有自备资本，领照赴暹罗等国运米回闽粜济，数至二千石以内者，循例由督抚分别奖励；如运至二千石以上者，按数分别生监、民人，奏请赏给职衔顶戴"。[6]

为了降低成本，乾隆十二年（1747），清政府发给往暹买米造船印照，准许米商在暹罗造船，以装米回运。于是，借助早已谙熟的海路以及良好的港口、交

---

[1] 清实录（第9册）［M］.北京：中华书局，1985：900.

[2] 梁廷枏.海国四说［M］.北京：中华书局，1993：181.

[3] 清实录（第6册）［M］.北京：中华书局，1985：884.

[4] 中国第一历史档案馆馆藏：宫中朱批奏折外交类第342号卷第3号，广东巡抚王安国奏折。转引自：李鹏年.略论乾隆年间从暹罗运米进口［J］.历史档案，1985（3）.

[5] 清实录（第11册）［M］.北京：中华书局，1985：566.

[6] 中国第一历史档案馆馆藏：宫中朱批奏折外交类第342号卷第17号，浙闽总督杨廷璋奏折。转引自：李鹏年.略论乾隆年间从暹罗运米进口［J］.历史档案，1985（3）.

通运输，潮商以优惠政策为契机，频繁往来暹罗造船、贸易，大量入口转口暹米以牟利，终于开创了一条以潮汕本土和暹罗为中心点的商业路径。

由于18世纪下半叶爆发了缅暹战争，暹罗国土大部被缅甸占领，大米输出几乎停滞；再则沿海海盗势力又一次崛起，清政府担心这些由华人水手及华商操纵的中暹贸易"运米济匪"，遂"停发沿海地区商米出海运米执照"。[1]中暹大米贸易持续了半个世纪，至此渐见衰落。

乾隆四十年（1775）后，广东方面转而从吕宋进口大米。潮商的暹米运营则依然存在，《清仁宗实录》嘉庆十二年（1807）九月仍有澄海县人陈澄发由暹罗运米入广东，同月还有"澄海商民领照赴暹罗等国买米，接济内地民食，虽行之已阅四十余年"的记录等。[2]

大米贸易的渐歇，促进了中国和泰国的贸易向更深层次发展，内容更为广泛。如1821至1827年，暹罗同中国贸易的帆船约有140艘，总吨位约35000吨，贸易额61万铢。[3]又19世纪20年代，暹罗向中国输出，每年约60000担胡椒、30000担糖、16000担虫胶、30000担苏木、10000担象牙、500担小豆蔻，还有毛皮、大米、柚木、锡等。暹罗从中国运进瓷器、茶叶和丝织品等。据泰国文献的记载，曼谷王朝初期在与中国的贸易中所获利润高达300%。[4]

而在中暹贸易期间，潮汕与其他国家的商业随之发展，仅以大米为例：如安南，乾隆三十二年（1767），澄海县商民杨利彩等6人，不同批次运回大米共计13700石（仅合计材料中可明确者），翌年各被清政府授予吏目职衔或九品顶戴奖励；又如吕宋，乾隆五十一年（1786），粤海关监督饬请商夷于小吕宋采籴，称"向至潮州，民食赖之"，进口吕宋米同样免税，一度有取代暹米的趋势，但在嘉庆十一年（1806），新的海关监督认为，既然米已免税，载米船回程时便必须空船出口，不得载货牟利，从吕宋进米才告一段落。[5]

在东南亚贸易大盛之初，便已有大量潮商寓居贸易地，如雍正五年

[1] 清实录（第30册）［M］.北京：中华书局，1985：435.

[2] 清实录（第30册）［M］.北京：中华书局，1985：433，435.

[3] 烈勃里科娃.泰国近代史纲（1768—1917）［M］.王易今，裴辉，康春林，译.北京：商务印书馆，1974：160.

[4] 中山大学东南亚史研究所.泰国史［M］.广州：广东人民出版社，1987：145.

[5] 台湾"中央研究院"历史语言研究所.明清史料庚编（下册）［M］.北京：中华书局，1987：1530-1534.凌扬藻.粤东米舶［M］//凌扬藻，刘钊，蠡勺，编.1863（清同治二年）粤雅堂校刊本，卷二十六：14-16.

（1727）时，时人便称"数年以来，附洋船而回者甚少"，[1]又如嘉庆十二年（1807）时，又有澄海商人在此前四十余年的外贸中"回棹者不过十之五六"的记载。[2]随着外贸的不断发展，潮汕与海外的联系日趋活跃，催生了大规模移民潮。东南亚不少地方先后出现了潮人社区及潮商社团组织，

如暹罗，澄海籍人郑信建立了吞武里王朝（1767—1782），道光二十一年（1841）初刊的《海国图志》载："华人驻此娶番女，唐人之数多于土番，惟潮州人为官属，封爵，理国政，掌财赋。"[3]可见近代之前，潮人移民已融入当地主流社会。

如马来西亚的柔佛附近，乾隆年间成书的《海录》有"雷哩国在柔佛西南海中……土番较强盛，潮州人多贸易于此"的记录；[4]槟榔屿，《海国图志》引1838年脱稿的《万国地理全图集》称"中国人乘机取利"，其中便有"潮州府人为农"；[5]威利斯省，潮籍迁民在1820—1830年已发展起小农商品经济形态的蔗糖业，嘉庆至道光年间便有了当时的潮社中心万世安庙。[6]

如新加坡，在1819年开埠前便存在潮人，可明确的较早的潮侨名人佘有进，于道光三年（1823）从汕头至新加坡，1830年便召集海阳、澄海二县12姓筹办义安公司[7]。而与闽潮移民关系密切的新加坡粤海清庙，潮人至迟于19世纪20年代中期便出资主持扩建，并逐步成为潮人潮商社会的活动中心。[8]

如印尼，18世纪末潮人已经大量进入印尼，以至当局专门针对广府及潮州商民入境做出限制以防移民，但尚有潮人进入爪哇。清嘉庆二十一年（1816）荷兰人接管邦加岛后，从香港、澳门和汕头招募华工前往开采锡矿，潮籍人口更见规模，包括潮人在内的当地组织"印尼泗水惠潮嘉会馆"之前身，也于19世纪20

---

[1] 嵇璜，刘墉，等.清朝文献通考［M］.纪昀，等，校.台北：新兴书局，1965：5159.

[2] 清实录（第30册）［M］.北京：中华书局，1985：435.

[3] 魏源.海国图志［M］.陈华，常绍温，等，点注.长沙：岳麓书社，1998：399.

[4] 海录注［M］.谢清高，述.杨炳南，记.冯承钧，注释.北京：中华书局，1955：16.

[5] 魏源.海国图志［M］.陈华，常绍温，等，点注.长沙：岳麓书社，1998：433.

[6] 陈剑虹.金石碑文与官方档案管窥19世纪槟榔屿潮人的帮权结构与政治［M］//潮汕历史文化研究中心，韩山师范学院.潮学研究（第14辑）.广州：花城出版社，2008.

[7] 李志贤，李秀萍.新加坡潮人社团及其教育事业：历史的回顾［M］//李志贤.海外潮人的移民经验.新加坡：潮州八邑会馆，2003.

[8] 李宏新.潮汕华侨史［M］.广州：暨南大学出版社，2016：219.

年代便存在了。[1]

如越南，乾隆三十八年（1773），便有不少揭阳商人"往越南板玉地方贸易"，"逗留在彼"，当时在越南的潮汕人口日渐增多，都是同乡外出。到1814年，当地政府已将华侨分为广肇、福建、潮州、海南4个组织，称4帮（后又增加客家帮合为5帮），各设帮公所，潮州以一府之地列于第三，当时在那里的人口应该不在少数。[2]

这些海外潮人社会的逐步形成，与本阶段潮汕外贸发达、大量商船出海密不可分。要而言之，明清时期，潮汕远洋商路是"外则占城、暹罗，一苇可杭（航）；葛啰吧、吕宋、琉球，如在几席；东洋日本，不难扼其吭而捣其穴也"，[3]而潮商则是"康、雍时服贾极远"，"近数十载则海邦遍历，而新加坡、暹罗尤多列肆而居"。[4]

[1]　包乐史.18世纪末巴达维亚唐人社会［M］.吴凤斌，译.厦门：厦门大学出版社，2002：47-48，53-54.李宏新.潮汕华侨史［M］.广州：暨南大学出版社，2016：248-249.

[2]　台湾"中央研究院"历史语言研究所 明清史料庚编（上册）［M］.北京：中华书局，1987：211.李宏新.潮汕华侨史［M］.广州：暨南大学出版社，2016：259-260.

[3]　蓝鼎元.潮州海防图说［M］//蓝鼎元.鹿洲初集.台北：文海出版社，1982：905.

[4]　吴道镕.（光绪）海阳县志［M］.卢蔚猷，修.台北：成文出版社，1967：62.

第四章
农业

　　潮汕地区是华南较早出现农业生产的地方。在中国农业史上，新石器时代中期陈桥文化诸遗址，便多被专著专论列为数个华南原始农业的代表例子之一，用以论证华南原始农业之古老。广东考古农业研究上，目前是将英德牛栏洞遗址视为广东"原始农业诞生出现"的标志，接下去的曲江石峡一期文化、潮安陈桥村遗址则是"原始农业经济初步形成"的代表。[1]

　　先秦潮汕农业，捕捞采集经济是一开始便存在着的。6000多年前陈桥人的种植业内容，已知的主要是块茎类如薯芋等作物，大量的动物遗骨说明其存在畜牧捕猎业，具规模的骨器作坊出现等，则透露出当时有着产业分工。距今5000—4000年的潮阳左宣恭山下文化层，发掘有完整的谷物农业工具套，包括石锛、石斧、石铲和收获工具石镰，以及谷物加工工具石磨盘、石磨棒等，令潮汕存在谷物农业生产成为定论。不过，直到潮汕纳入中央政权版图，中原农耕文化逐步流入之后，更为成熟之农业生产才告明朗。

　　本章从潮汕农业发展特点以及考古、文献材料之多寡出发，将当地古代农业分为四节介绍，分别为：

[1] 杨式挺，邱立诚，冯孟钦，等.广东先秦考古 [M].广州：广东人民出版社，2015：146，372.李富强.试论华南地区原始农业的起源 [J].农业考古，1990（2）.黄崇岳.我国的原始畜牧业及其与农业的关系窥探 [J].中原文物，1983（3）.

土地开发与水利建设，粮食生产，其他种植业，水产、畜牧和狩猎经济。

第一节　土地开发与水利建设

土地开发与水利建设是农业的基础，它与人口的增长息息相关。宋元时期，此项工作进展迅速，明清时期则已显充分，其间的清初，土地开发几乎达到了时代水平的极限。

一、早期概况

入秦之前，春秋战国时期越文化流入潮汕，令潮汕地区呈现出"百越"文化面貌。"百越"一词，较早见于《吕氏春秋》"扬汉之南，百越之际"[1]句，潮汕正在其中，即所谓"自交阯至会稽七八千里，百越杂处，各有种姓"[2]，潮地是"战国为越人所居"[3]。越人善于开发农作，如"随陵陆而耕种"[4]"所畜牛羊豕鸡也""作湖八百顷，聚鱼多物"[5]等记载，都说明越人农业开发技术及生产欲望，并不落后于同时代。

越人可能带来一些农业技术和经验。已发现的两件先秦铜锄，都是在呈现越文化面貌的遗址所发现：1件为揭阳白塔寨山采集到，其造型精致，重达1.4公斤，推断属于两周至战国时期遗物；另1件出土于揭阳面头岭遗址，断代为战国晚期[6]。然而，越人的农业，并未在入秦之后得到更具体的呈现。

秦汉六朝时期，潮汕初时仍然处于刀耕火种的原始农业阶段，随着相对先进的中原文化逐渐南来，农耕文化逐步流入。大体上，原住民的主要粮食是薯芋

[1] 许维遹.吕氏春秋集释［M］.梁运华，整理.北京：中华书局，2009：545.

[2] 班固.汉书［M］.颜师古，注.北京：中华书局，1962：1669.

[3] 欧阳忞.舆地广记［M］.李勇先，王小红，校注.成都：四川大学出版社，2003：1090.

[4] 赵晔.吴越春秋［M］.徐天祜，音注.苗麓，校点.辛正，审订.南京：江苏古籍出版社，1999：102.

[5] 李步嘉.越绝书校释［M］.武汉：武汉大学出版社，1992：34，37.

[6] 宏新按：面头岭所出者，在考古简报中称为"斧"，这里认同《广东先秦考古》的说法，视其为"锄"。参见：广东省博物馆，汕头市文管会，揭阳县博物馆.广东揭阳县战国墓［J］.考古，1992（3）：221-222.杨式挺，邱立诚，冯孟钦，等.广东先秦考古［M］.广州：广东人民出版社，2015：802.

类，而移民的主要粮食则是稻谷类，后者在汉代的农具发现上已有所显示。

汉代的龟山遗址出现了锄、锸等农具，以及锄草开荒的斧、可供收割作物的刀等，则进一步反映出中原农耕文化流入潮汕。但刀耕火种的原始耕作形式，可能仍然是主流。如《史记》载："楚越之地，地广人希（稀），饭稻羹鱼，或火耕而水耨，果隋嬴蛤，不待贾而足，地埶饶食，无饥馑之患，以故呰窳偷生，无积聚，而多贫。"[1]

从大量类似的材料来衡量，南方主动性的农业开发还是比较少的。其原因，可能是包括潮汕在内的这一片地域人少地广，依山靠海，少量的劳动而无须开山辟水便可以保证生存。当然，这也仅仅是满足口腹而已，谈不上富饶。

正是如此，闽粤两地早期的土地开发和水利建设，都罕见早期文献记载。

隋唐时期，潮汕出现了成片的稻作区。同时，唐代潮汕出现了岭南较早的水利工程。

《请留公项筑堤疏》称："自海阳北厢至揭阳龙溪官路，民间庐舍田亩，适当众水入海必经之路，自唐时砌筑圩岸为保障，实生灵命脉所关。"[2]这条官路，《（嘉靖）潮州府志·地理》有载，具体为自城北龙康至凤塘驿，绕城东而南，历经登云、登隆、隆津、南桂抵达揭阳的龙溪都，共80里。[3]则是官路间的某一段，在唐代便有修筑堤坝了。

古地方志书更是认为这一段便是"北门堤"，或说"北门堤"之前身。说见《（光绪）海阳县志》载："北门堤……自唐至宋、元，世有修筑。"[4]堤防、灌溉密切相关，北门堤既捍卫了韩江下游的耕地，同时对疏流引水有显著效用。

历代文人多认为韩愈始修潮汕堤坝，如作于明宣德间的《王太守修堤记》，在介绍各地水利年久失修时，便称"潮之老少咸称，潮自昌黎以后，旧筑之污尚未尽革"[5]，这明确透露出，至迟自明初，便有人认为韩愈主持修建有堤围"旧筑"；又如清康熙《上当事修堤书》载海阳北门堤，"自韩文公筑堤而

[1] 司马迁.史记［M］.北京：中华书局，1959：3270.

[2] 杨琠.请留公项筑堤疏［M］//周硕勋.（乾隆）潮州府志.台北：成文出版社，1967：992-993.

[3] 郭春震.（嘉靖）潮州府志［M］//北京书目文献出版社.日本藏中国罕见地方志丛刊（第13册）.北京：书目文献出版社，1992：169.

[4] 吴道镕.（光绪）海阳县志［M］.卢蔚猷，修.台北：成文出版社，1967：198.

[5] 洪孝生.王太守修堤记［M］//吴颖.（顺治）潮州府志.中国科学院图书馆.稀见中国地方志汇刊（44）.北京：中国书店，1992：1665-1666.

后，至明成化间，溃决无常，贻患甚烈"。[1]类似这样谈及韩愈或唐代修堤的记载还有一些，姑且不论韩愈修筑者，是否后世语境的"堤"——或者仅仅是加固了一下自然形成的江边沙脊之类，但潮州在唐代有过人工水利建设，是可以肯定的。

金石材料，也有述及唐末五代韩江西溪西岸工程。说见《海阳筑堤记》载："绍兴辛亥九月，大夫张侯被命镇州。至则宣德意，访民隐，兴利除暴，劝学劝农，有循良吏风。于是距城十保之众，知公之有志乎民也，喟然释末耜言曰：'吾侪耕凿于斯几百载。边溪岸海倚为长城固者，伊堤之力。今堤圮室坏，鸿雁转徙。'"[2]该碑今已不存，碑文内容载于宋《三阳志》[3]，据《潮汕金石文征》的考证，上引"绍兴辛亥"（1131）为传抄失误，立碑时间应是绍熙辛亥（1191）[4]。

我们注意到的是，在绍熙三年（1192）堤圮之前的"几百载"，海阳人便依赖海阳堤以"耕凿"生活。按，"耕"通常指农耕，"凿"在此语境下，应是与农业紧密相关的"开凿"沟渠灌溉之类；所谓"几百载"常理来理解应在三四百年以上，最保守点讲也得250—300年，回溯起来，即为唐末（891）或南汉中期（941）。

那么，综合看来，在唐末、南汉时期，韩江西溪西岸便存在农耕生产及配套水利工程，历经数百年的旧堤，至少也有唐末五代修筑的一部分。

《（嘉靖）潮州府志》又提到，在宋元地方官员主持下，"或改筑或增修"北门堤、江东堤、上中下外莆堤等处多个水利工程，这些官员有的被列入乡祠，其中有太平兴国（977—984）前期任知州的周明辨。[5]则周明辨无论是"改"筑抑或"增"修，都说明其所主持的工程原本已经存在，将其任期稍加前溯，便是五代末了。那么，至少周明辨改、修过之项目，其初修便是南汉国（917—971）时期，乃至唐末已建成使用。

就整个广东的情况看，唐五代时期罕见水利工程建设的记载存世。笔者寓

---

[1]　陈钰.上当事修堤书［M］//吴道镕.（光绪）海阳县志.卢蔚猷，修.台北：成文出版社，1967：198.

[2]　陈憺.海阳筑堤记［M］//解缙，等.永乐大典（精装十册）.北京：中华书局，1986：2484.

[3]　永乐大典方志辑佚［M］.马蓉，陈抗，钟文，等，点校.北京：中华书局，2004：2731-2732.

[4]　黄挺，马明达.潮汕金石文征［M］.广州：广东人民出版社，1999：129-130.

[5]　郭春震.（嘉靖）潮州府志［M］//北京书目文献出版社.日本藏中国罕见地方志丛刊（第13册）.北京：书目文献出版社，1992：169，220.周硕勋.（乾隆）潮州府志［M］.台北：成文出版社，1967：684.

目的，是南汉国时期黄损在家乡连州捐资筑陂事例，说见《（嘉靖）广东通志》载："尝捐赀筑高良之邪陂灌田，畴多所收，乡邦赖之。"[1]该记载尽管多被史家所认可，但同样不是同期文献所出，而且比潮州的系年绍熙辛亥（1191）碑文晚得多，且为私人捐资而修，想来规模有限。而在修筑时间上，则要比上述文献及金石材料显示出来的唐代迟。

连州资筑陂事例，此前常被认为是"广东最早的水利记录"。不过，上述关于"古潮州堤"的多条文献、金石互见材料，来源早，内容丰富，堪可进行不悖常理地推导，其可靠性也不很差。因此，我们认为："古潮州堤"的修筑，可称是广东境内较早、较具规模的水利工程建设项目之一。

古海阳堤等工程是官方修筑的，由当地主官主持。这既意味着历史潮汕水患严重，同时也反映出当地重视农业的态度。

二、宋元时期

（一）土地开发

宋元潮汕的土地开发远较前代充分，尤其是州治、县治一带，文献显示出来的是农田众多，而即使僻至深山、远至海岛，亦可见土地开发的记录。

州、县治附近的农田。

宋代，如潮州官方为了西湖浚湖及连带水利工程的顺利开展，便购置有数十顷的田产，开庆元年（1259）所立的《浚湖铭》《浚湖卫城局勒石》碑中，出现的田地名有王宅田、倪宅田、黄宅田、林宅田、陈宅田、施宅田、夏宅田、赵宅田、林宅田、赵宅田、谢宅田、郑宅田、杨宅田，共计13处，另有卢家园，应也是田园。[2]又《永乐大典》引《潮州图经》载这次修西湖的情况，所涉及的西湖之南边田地，有38家，"湖之南田属豪户三十八家""田种若干稜"。[3]西湖位于潮州州治中心地带，从上引看来，可说农田基本环绕了整个西湖，附近早无荒芜之地了。

元代，如名气不大的湖山净慧禅寺，便在后至元六年（1340）接受一批信徒捐舍的田产，"坐落于海阳县保横陇、砂陇、南洋、坽头村等处田三十五

[1] 黄佐.（嘉靖）广东通志［M］.广州：广东省地方史志办公室，1997：1418.

[2] 黄挺，马明达.潮汕金石文征［M］.广州：广东人民出版社，1999：189-192，193-196.

[3] 永乐大典方志辑佚［M］.马蓉，陈抗，钟文，等，点校.北京：中华书局，2004：2602-2603.

段"[1]。该寺初名"净慧寺"，明后重建更名"寿安寺"，不久又废。可以更名又屡废者，其社会影响应该比较有限，至少比开元、灵山寺等大为不如。以此"小"寺，尚能受捐35段田地，可见当时农田有不少，而这些田地都在海阳县境内，保横陇、砂陇、南洋、坽头村应是农耕地不少，又其中的南洋之地，实际已经到了当时的海边。[2]

潮阳县治附近以及临海的地方，也遍布农田。

如宋潮阳知县黄榦《辞知潮州复郑知院》称，潮阳县久旱初雨，入春两月仍然不能下种，原因是近海之田、近城之田，都因为没有雨水渗淡，导致咸潮浸灌，尽管黄榦撰文时已开始有雨水，但错过时节"皆不可耕"。[3]按，潮阳县是宋代岭南大县，虽然不是州治所在，但其城市地位，自北宋便超过了广南东路16个州治中的7个，在广东可算是综合生产力比较突出的县。这里便透露出：潮阳县既有"近城有田"，亦有"并海之田"。

同时，相对偏僻之处也有了农田开发。

孤悬海外的海岛，不乏农业用地。如南澳岛。

南澳岛原有《陆秀夫亲族墓碑记》，立于至元十七年（1280）或至元二十一年（1284），可知的金石残文中，有元代潮州官员拨给陆秀夫的母亲、陆秀夫儿子"官田五顷，以赠遗孤"的字句。该碑明代仅存址石，明潮州官员遂重竖高2米、宽0.8米的碑石并建陆丞相墓，尽管明碑也于20世纪60年代失落，但南澳县博物馆仍存有照片。[4]

我们注意到的是，元代首任总管潮州丁聚，在陆秀夫卒后数年便特意为其亲属立碑，同时赠陆氏遗孤官田5顷。这便透露出，至迟宋末元初，南澳岛上已经存在固定聚落和居民，除了传统的渔业之外，也有从事农业生产者。而丁聚一次性所赠官田达到5顷，也可见该处附近的农田并非零星。又明初洪武时出于政权稳固等的担忧，官方将岛上居民迁徙，遂"粮因空悬"[5]，回溯起来，可佐证

---

[1]　释敬堂严.湖山净慧禅寺田产题记［M］//黄挺，马明达.潮汕金石文征.广州：广东人民出版社，1999：295.

[2]　金廷烈.（乾隆）澄海县志［M］.1765（清乾隆三十年）刊本，卷二：10.

[3]　黄榦.辞知潮州复郑知院［M］//黄榦.勉斋集.文渊阁四库全书本，卷十二：10-14.

[4]　李贤，等.大明一统志［M］.台北：台联国风出版社，1977：4960.郭子章.潮中杂纪［M］.1585（明万历乙酉）刊本，卷八：4，卷九：16-19.丁聚.陆秀夫亲族墓碑记残文［M］//黄挺，马明达.潮汕金石文征.广州：广东人民出版社，1999：241.

[5]　郭春震.（嘉靖）潮州府志［M］//北京书目文献出版社.日本藏中国罕见地方志丛刊（第13册）.北京：书目文献出版社，1992：179.

宋元南澳岛无疑存在一定数量的人口，且有相匹配的农业生产。

山区交界之处，耕地也颇不少。如闽粤交界的三饶。

唐末该处便有畲田火米。[1]元代，《招捕总录》载，至元十六年（1279）闽粤交界处有"八十四畲未降者"，其中的"桂龙众尚万余，据三饶"，其余"寮畲"之徒也多在这附近对抗官兵，数量可达数万之众。按考古材料，这些地方的山寨不是短时间内存在的，则长期的开发和粮食生产显然存在。而元代周伯琦视察潮州时，有称潮汕"农错洞獠"[2]。则结合这些材料，可以知道宋元时期，类似这些山谷寮畲聚居之地，也存在着开发和生产。

州治、县治两头不够的，如位于今汕头市濠江区的东湖。

濠江东湖现存有南宋嘉定七年（1214）立的《路记》碑，置于东湖伯公庙，碑文记载了当时修路的情况，虽有难辨缺字，但仍然清晰透露出几个内容：首先，修路是为田事，"夹路一条田□总计三百二十四丈"；其次，路在20年前已有过维修；最后，该地临海，不远便是塗（涂）滩所在，当时有庙宇和尚、石匠，修路款是乡民集资，可明确该处有聚落，"永为一乡子孙久远"。

其中的"田"字，则显示了该聚落也从事农业生产。东湖至今仍然近海，宋时更近滨线，像这样的海边，原本以捕捞经济为主，至宋代尚且农耕，则可知潮汕地区农业垦殖之深入了。

宋元更迭，潮汕经济大受影响，农地多抛荒。到了至元二十一年（1284）之后，才逐渐恢复。"至元二十一年甲申，枢密副使月的迷失来潮，分拣散兵归农"，也令战后农业得到恢复，偏僻处得到开发，"比年以来，皇风清夷，恩波洋溢，岭海之间如在辇下矣"。[3]

实际上，宋元的开发，已深入山林，也严重破坏了当时的生态环境。典型者如大象出没，可以说明这个问题。

潮州大象早就有之，唐代便有大象闲庭信步于西湖，想来是唐代州治附近的开发，侵占了它们的生存栖息地。到了宋元时期，大象更是成群出没，这意味着人类的开发更加深入，一个新的生态环境已然形成。

《夷坚丁志·潮州象》载有一个故事：乾道七年（1171）秋收时节，惠州太

[1] 李德裕.谪岭南道中作［Z］.中华书局编辑部，点校.全唐诗（增订本）.北京：中华书局，1999：5397.

[2] 周伯琦.萧政箴［M］//马蓉，陈抗，钟文，等，点校.永乐大典方志辑佚.北京：中华书局，2004：2634.

[3] 永乐大典方志辑佚［M］.马蓉，陈抗，钟文，等，点校.北京：中华书局，2004：2759-2760.

守携家眷和一二百人随从赴任福州，路过潮汕地区时，被多达"数百为群"的大象围困于田边，家人中有惊恐致死者。这里的大象智商颇高，它们垂涎于农夫的大片粮食，但因乡民进行了有效防范，故此转而针对惠州太守。结果，人们只能取出粮食，堆于象群旁边以吸引它们的注意力，但是大象还能自己计量取数，一直到觉得粮食数量足够其享用，才解围觅食。[1]

此事件令"潮州象"名入正史，天下皆知，如《宋史·五行志》也有类似记载，称："乾道七年，潮州野象数百食稼，农设穽（阱）田间，象不得食，率其群围行道车马，敛谷食之，乃去。"[2]

大象嗜好庄稼，食量极大。《海语》谈广东大象，称："象嗜稼，凡引类于田，必次亩而食，不乱蹂也。未旬，即数顷尽矣。"[3]而在现代，若七八头野象聚集同时行走已然恐怖，数百头野象在庄稼旁对峙人类，更是难以想象的，当年的数百头顷刻出没，想来更为壮观，上引发生吓死惠州太守家人的情况，并不稀奇。

当时潮州的象患不止一处，如潮阳，《视听钞》载潮阳人郑文振"言象为南方之患，土人苦之"。[4]如揭阳的桃山，《韩江闻见录》载："揭阳故桃山都上出仙，下出粮，中出象。"[5]大象、粮谷同居一地，透过民间传说，可以窥探到，对于象群嗜好庄稼、妨害农耕之印象，直到清代，仍然是当地之历史记忆。

潮州象的由来，也许与汀州武平县境内，潮、梅、汀交接处，因"群象生长，故名"的象洞寨大象，是有所联系的，或者说便是同一种群。[6]潮州象还走向周边，如福建路转运司熙宁七年（1074）的奏折，称"漳州漳浦县濒海接潮州，山有群象，为民患"[7]，绍兴三年（1133）的漳州，"象兽有踏食之患，是致人户不敢开垦"[8]。象群自然不能分籍，但朱熹将之冠以"潮州"象，可见潮州象群颇为不少。

[1] 洪迈.夷坚志［M］.何卓，点校.北京：中华书局，1981：624.

[2] 脱脱，等.宋史［M］.北京：中华书局，1977：1452.

[3] 黄衷.海语［M］.文渊阁四库全书本，卷二：2.

[4] 宋荦.视听钞［M］//陶宗仪.说郛（第4册）.北京：中国书店，1986，卷二十：13.

[5] 林德侯.潮州志·丛谈志［M］//饶宗颐.（民国）潮州志.汕头：潮州修志馆，1949.

[6] 赵与沐.（开庆）临汀志·营寨［M］//马蓉，陈抗，钟文，等，点校.永乐大典方志辑佚.北京：中华书局，2004：1340.

[7] 李焘.续资治通鉴长编［M］.上海师范大学古籍整理研究所，华东师范大学古籍研究所，点校.北京：中华书局，1995：6071.

[8] 朱熹.劝农文［M］//朱熹.晦庵集.文渊阁四库全书本，卷一百：15-19.

仅从文献上来衡量，晚唐潮州所见大象较零星，多的也就数头，宋代则大量增多，以至数百头同时出没，到了明清阶段，有关潮汕大象的记载十分罕见。这可佐证宋代大象分布中心的潮汕地区，土地开发已经很为深入，而从大象现身与环境的改变之角度看，也可约略窥探古潮州土地开发之大势。

综上所述，相对于人口生活的所需农地空间，宋元潮汕的开发十分充分。其实，仅就本阶段可以做到大量出口粮食、成为全国性大型商品粮输出基地，就是土地开发与社会发展相适应的证明，也是农耕土地相对来说十分充分的注脚。

（二）水利建设

宋元两代都非常重视水利建设。两宋鼓励兴修水利，将之当成基层官员主要政绩考核制度之一，如熙宁二年（1069）考课院定"兴修水利，疏导积水，以利民田，能劝诱人户种植桑枣"为官员优劣及重要升降标准之一。[1]元代，则把水利建设上升到立国之本的高度，"元有天下，内立都水监，外设各处河渠司，以兴举水利、修理河堤为务"[2]"元人最善治水"[3]可见其水利建设成果之丰富。

在此背景下，宋元官员对水利建设事业抱有无比之热情，潮州官员也不例外，同时，也有官员因此而得提拔的记录。如海阳知县陈纯仁，便因主持筑堤护田，于淳祐九年（1249）八月获得晋官一级的奖励。[4]

广东水利建设的情况，以前认为宋前罕见记载（实际上，潮州便有不少），因此有学者认为"迟至唐五代，广东地区由封建官方主持的水利工程项目、依旧还保持着仅仅打破零蛋的一项纪录"，认为直到宋元时期才勃兴。而广东的这个"勃兴"，多以潮汕地区的水利建设为例子。[5]

潮州之水利建设，自唐代海阳的堤段建设之后，至此更为频繁，在广东省内也是比较突出的。这与韩江三角洲的洪涝威胁有关，更与本阶段对粮食丰收的期望有关，是和社会发展相匹配的。

水利工程包括堤围防护和疏流引水，两者密不可分。潮州的水利工程也是

[1] 黄以周，等.续资治通鉴长编拾补［M］.顾吉辰，点校.北京：中华书局，2004：183-184.

[2] 宋濂，等.元史［M］.北京：中华书局，1976：1587.

[3] 薛尚质.常熟水论［M］//王云五.丛书集成初编：潞水客谈/常熟水论/明江南治水记/西北水利议/导江三议/海道经.上海：商务印书馆，1936：8.

[4] 佚名.宋史全文［M］.李之亮，校点.哈尔滨：黑龙江人民出版社，2005：2368-2369.

[5] 广东省地方史志编纂委员会.广东省志·水利志（光盘版）［M］.广州：广东省科技音像出版社，2007：1-9.唐森.论宋元时期广东水利建设的勃兴［J］.暨南学报，1985（2）.

如此，让人民得以更好地耕于斯、家于斯，是修建水利的目的。"惟潮居循、梅、汀、赣之下流，每一潦至，则四州之水汇于潮之溪，以注于海。溪旁皆平地也，堤之以捍驭流，而后民得以耕于斯、家于斯"。[1]

本阶段潮汕地区所修水利的规模和数量，远超前朝，同时，随着时代发展、技术的进步，工程质量也较前为好。

按《（嘉靖）潮州府志》记载，北门堤、江东堤、上中下外莆堤，为"宋知州事周明辨、毕朝奉、王涤、张思永、曾汪、宋敦书、林嶤、赵师岃、林珪、林光世、樊应亨，通判袁嘉猷、谢桂，知县王衡翁，兼金胡似翁、刘国器，元知县赵良塘，主簿张德明，或改筑或增修"[2]。即是说，宋元两代，官方都对北门堤、江东堤、上中下外莆堤有过修整和增修，周明辨于太平兴国（977—984）任潮州知州[3]，则这些工程的改筑或增修，自潮汕地区纳入宋版图不久便开始了。

虽然上引记载各任官员都主持有水利建设，但具体情况如何，则多数史迹佚失。《潮汕地区古代水利建设》对此期的水利建设工程有过梳理，共9处[4]，现在其研究结论的基础上，补上6则材料，列为下表。[5]

---

[1] 吕大圭.新堤记［M］//解缙，等.永乐大典（精装十册）.北京：中华书局，1986：2848.

[2] 郭春震.（嘉靖）潮州府志［M］//北京书目文献出版社.日本藏中国罕见地方志丛刊（第13册）.北京：书目文献出版社，1992：169.

[3] 郭春震.（嘉靖）潮州府志［M］//北京书目文献出版社.日本藏中国罕见地方志丛刊（第13册）.北京：书目文献出版社，1992：220.

[4] 宏新按：本表依据《潮汕地区古代水利建设》整理辑录，并补充几处发现。说明：该文将水利分为陂塘、堤围、涵关河渠类，并区分为"防洪""灌溉"等工程，本史稿考虑到难以分清具体的功能作用（原文中也有"河堤和堰堤很难区分"等类似表达），加上辑录的古文献作者不同、所处时代有异而导致同词未必同义、异词未必不同指等因素，因此笼统统一为"水利工程"。参见：黄挺，杜经国.潮汕地区古代水利建设［M］//潮汕历史文化研究中心，汕头大学潮汕文化研究中心.潮学研究（第2辑）.汕头：汕头大学出版社，1994：109-214.

[5] 表中各项史料来源如下：序号1、4、5、7、11、14见：郭春震.（嘉靖）潮州府志［M］//北京书目文献出版社.日本藏中国罕见地方志丛刊（第13册）.北京：书目文献出版社，1992：231，221，232，168-169，232.序号2、3见：王涤.拙亭记［M］//解缙，等.永乐大典（精装十册）.北京：中华书局，1986：2482.序号6见《海阳筑堤记》，原文"绍兴"，据考应为"绍熙"，参见：陈恬.海阳筑堤记［M］.解缙，等.永乐大典（精装十册）.北京：中华书局，198：2484.序号8见：佚名.宋史全文［M］.李之亮，校点.哈尔滨：黑龙江人民出版社，2005：2368.序号9、10见《新堤记》以及关于《新堤记》碑记的考证，参见：吕大圭.新堤记［M］.解缙，等.永乐大典（精装十册）.北京：中华书局，1986：2484.黄挺，马明达.潮汕金石文征［M］.广州：广东人民出版社，1999：181-183.序号12见：文天祥.知潮州寺丞东岩先生洪公行状［M］//文天祥.文天祥全集.北京：中国书店，1985：269-270.序号15见：潮阳文物志编纂小组.潮阳县文物志［M］.内部出版，1985：52.

表4-1 宋元潮州部分水利工程辑录表

序号	名称	时间	工程性质及位置	组织者
1	山尾溪	哲宗（1085—1100）间	新凿。程洋冈	李前
2	芹菜沟（"三利溪"潮安段）	元祐五年（1090）	浚建。可能是西湖与竹溪山之间古溪河	王涤
3	梅溪堤（西门堤最南段）	元祐五年（1090）	创筑。韩江西溪溪岸龙溪堡（距城55里）	王涤
4	溪东堤（江东堤）	绍兴（1131—1162）间	补筑。韩江东南、西两溪间的江东溪四周	赵思睿
5	北门堤	乾道七年（1171）	堤决更筑。潮州城北竹嵩山至凤城驿	宋敦书
6	南桂堤	绍熙二至三年（1191—1192）	堤圮重筑。韩江西溪西岸，梅溪堤之北一段	张行成 赵善连
7	水南堤（东厢下游）	绍定（1228—1233）间	创筑。韩江东溪东岸涸溪至急水	黄申孙
8	海阳县（具体不详）	淳祐九年（1249）	筑堤护田甚广	陈纯仁
9	南桂新堤	淳祐十二年至宝祐元年（1252—1253）	旧堤溃，故择址重建。南门堤南桂段，北起许银巷口，南抵五福堂后	王衡翁
10	溪东堤	淳祐十二年至宝祐元年（1252—1253）	重修。韩江东、西两溪间的江东洲四周	陈天骥
11	北堤、南堤	宝祐六年（1258）	重修。韩江西溪岸，自潮州城北10里之龙溪，长80里	林光世
12	洪公堤	咸淳五至七年（1269—1271）间	不详	洪天骥
13	河溪十八古井地下涵道	宋代	创筑。今潮阳棉城11公里处	不详
14	梅溪堤	元至治（1321—1323）间	重修。南门堤龙溪堡一段	张明德
15	雷岩堤	宋元	澄海南峙山前前溪至南阳段	不详

上述是人工建设的水利工程，有了这些工程辅助，潮汕地区天然水网如韩江、练江、榕江等，便能够得到更好、更充分的利用。

如后来称为"三利溪"者，便沟通了韩江西岸南门涵，绕潮州城西，下经枫溪、凤塘玉至枫口汇入榕江出海，令潮汕内部交流更为畅通。"三利溪"在当代的志书中常被引用。它何时命名不得而知，但从"三利"便知其功效极大。

较早见的文献如《（嘉靖）潮州府志》载："三利溪，在城西，道濠水过云梯间于枫口（属揭阳），入于海，宋元祐间知州王涤始濬。有长沙李东阳

《记》：潮州府旧有三利溪，盖自海阳附郭而西，历潮阳、揭阳以入于海，其间逶迤曲折，三县利之，溪以是名。"[1]按字面理解，是因"利"海阳、揭阳、潮阳三阳而得名，此后志书多这样沿袭。不过，也有认为是因利农、利商、利于交通称"三利"，说见明陈献章《潮州三利溪记》载："是溪之长百一五十里，东抵韩江、西流入于港。……农夫利于田，商贾利于行，漕运者不之海而之溪。"[2]

有关三利溪的一些情况，在明代时已经比较模糊了。明代大儒陈献章得到润金而作《潮州三利溪记》，后来认为自己文章失实，遂针对此事作诗"文章信史知谁是。且博人间润笔金"，表明后悔之意。何处失实而后悔？明代朱国祯的《涌幢小品》，说是陈献章认为自己夸大了太守周鹏的功绩，清代郑昌时的《韩江闻见录》，说是陈献章以为自己夸大了三利溪的作用（郑昌时认为其实没夸大）。[3]这个小插曲说明，要探究该工程的具体情况，在文献完善的明清时便显困难了。

其实，三利溪因何得名并不重要，重要的是"三利"一名，便透露出其流程长、获利区域大等。而它所以有如此效应，主要来自人工与天然的良好结合产生的效应。按王涤任职为宋元祐四至五年（1089—1090），1年时间恐怕无法完成这么大的工程。我们无法在略显模糊的文献记载中得到确切信息。因此，只能认为王涤《拙亭记》自称"浚芹菜沟以疏水患"，便是指疏通了"三利溪"的源头部分，贯通了后世所称的"三利溪"，而明代潮州太守周鹏也主持了疏通、扩修工程，令其更为利民。谁的功绩大说不清楚，但都是实实在在有功于民的。

宋元的堤坝建设，绝大多数是土堤，但也有沙堤，如王大宝的《清平阁记》，便透露出其居处距离20步之堤，是以沙掺土、灰为主的沙堤。[4]是否应用荒石，我们认为即使有也不多，笔者寓目的，同期文献仅《仰韩阁记》中有"赎地辟基，迤石捍溢"[5]句，隐约显示有以石作防水建材的信息，但说到成段成规

[1] 郭春震.（嘉靖）潮州府志［M］//北京书目文献出版社.日本藏中国罕见地方志丛刊（第13册）.北京：书目文献出版社，1992：168.

[2] 陈献章.潮州三利溪记［M］//陈献章.陈献章集.孙海通，点校.北京：中华书局，1987：44-45.

[3] 朱国祯.涌幢小品［M］.北京：中华书局，1959：361.郑昌时.韩江闻见录［M］.吴二持，校注.上海：上海古籍出版社，1995：12.

[4] 王大宝.清平阁记［M］//马蓉，陈抗，钟文，等，点校.永乐大典方志辑佚.北京：中华书局，2004：2638-2639.

[5] 张羡.仰韩阁记［M］//解缙，等.永乐大典（精装十册）.北京：中华书局，1986：2482.

模的石堤，则未见记录。

当时的堤坝相对单薄，《新堤记》称"古堤八十里，望之若绳然，一股不牢，则绳遂断绝"是旧时古堤的写照，而宋代新修的南桂堤，自设计、筹备至完工耗时1年多，"址广八尺，其上半之，其高一丈二尺""虑新土之未实也，夹植柳以盘其根，患冲流之易突也，筑子堤以杀其暴"，[1]则应该代表了当时的水平和认识，但仍为土堤。

三、明清时期

（一）土地开发

宋元潮州的开发很是充分，到了明清时期，则已经接近时代开发局限。明代，除了零星荒芜之地，较大面积者都被开垦，清初更是几无可供开发之地。从各期官方登记的田亩面积以及相关介绍，都可以约略看出这个问题。

传世4种潮州府志和6种广东通志，以及《永乐大典》所引《图经志》、清代3种一统志，都介绍有潮州府田亩面积，而包括古代地理总志在内的其他文献所载，也几乎不出这个范围。这14种志书文献中的相关记载，系年多不清晰，且有难解之处，下面结合有关文献，尝试简单地进行穷尽式梳理，请容赘言辨析。[2]

---

[1] 吕大圭.新堤记［M］//黄挺，马明达.潮汕金石文征（宋元卷）.广州：广东人民出版社，1999：181-183.

[2] 解缙，等.永乐大典（精装十册）［M］.北京：中华书局，1986：2455-2456.郭春震.（嘉靖）潮州府志［M］//北京书目文献出版社.日本藏中国罕见地方志丛刊（第13册）.北京：书目文献出版社，1992：202-210.吴颖.（顺治）潮州府志［M］//中国科学院图书馆.稀见中国地方志汇刊（44）.北京：中国书店，1992：1370-1377.林杭学.（康熙）潮州府志［M］.潮州：潮州市地方志办公室，2000：118-127.周硕勋.（乾隆）潮州府志［M］.台北：成文出版社，1967：303-318.和珅，等.钦定大清一统志［M］.文渊阁四库全书本，卷三百三十八"广东统部"，卷三百四十四"潮州府".嘉庆.嘉庆重修大清一统志（第26册）［M］.上海：上海书店（四部丛刊续编），1985，卷四四十，卷四四六.戴璟，张岳，等.（嘉靖）广东通志初稿［M］//北京图书馆古籍出版编辑组.北京图书馆古籍珍本丛刊（38）.北京：书目文献出版社，2000：408-413.黄佐.（嘉靖）广东通志［M］.广州：广东省地方史志办公室，1997：534-546.郭棐，等.（万历）广东通志［M］.1602（明万历壬寅）刻本，卷十七：7-17，卷二十八：3-7，卷三十二：19-25，卷三十六：4-11，卷四十一：3-7，卷四十七：5-16，卷五十一：34-35，卷五十三：32-36，卷五十五：28-31，卷五十九：3-10，卷六十二：13.金光祖，（康熙）广东通志［M］.广东省地方史志办公室，辑.广州：岭南美术出版社，2006：392-537.郝玉麟.（雍正）广东通志［M］.广东省地方史志办公室，辑.广州：岭南美术出版社，2006：510-581.陈昌齐，等.（道光）广东通志［M］//续修四库全书编委会.续修四库全书·六六九·史部·地理类.上海：上海古籍出版社，2002：466-518.

1.洪武十年（1377），潮州府官方登记有田亩11732.46顷。

这条数据仅见《永乐大典》所引的《图经志》，称明洪武十年（1377），潮州府辖有海阳、潮阳、揭阳、程乡4县，总计11732.46顷，其中官田63.61顷，民田11259.43顷，僧道田268.78顷，学院田113.34顷，没官田27.28顷。[1]

明初全国的田亩面积是自报的，由地方政府报备中央，并以此作为完税依据。自报的数据必然不准确，并加大了漏报、瞒报的可能性。洪武二十年（1387）全国丈量土田后，潮州多出17766顷，达到29025.57顷，突增147%，这样的增量，当然有部分是十年间新垦者，但相信主要还是此前虚报数字太低所造成。

洪武二十年（1387）全国丈量田亩，诸多文献皆有载。如《明史》称，洪武二十年（1387），派国子生等"量度田亩方圆，次以字号，悉书主名及田之丈尺，编类为册，状如鱼鳞，号曰鱼鳞图册"。广东的丈量工作大约在当年完成，洪武二十年（1387）是广东通志上首个丈量后有记录的年份，计得官民田237340顷56亩。[2]

此外，潮阳县曾在洪武十四年（1381）勘量境内土地并造册，将元末的14团调整为16都。由于要作为完赋税的依据，想必潮阳县当年也丈量过田亩。[3]

2.洪武二十四年（1391），潮州府有田亩记录29025.57顷。

这个数据6种志书有载，系年不同。其中，《（嘉靖）广东通志初稿》称"嘉靖十一年"，《（嘉靖）广东通志》《（万历）广东通志》《（顺治）潮州府志》都称明代而未系年，《（康熙）潮州府志》《（康熙）广东通志》称"洪武二十四年"。

我们认为系年最早的"洪武二十四年"是可用的。原因在于：首先，这个记录在6种志书中都列首项，系年必然较早，而各志所载实际上并不相互矛盾，只是年代是否具体的问题；其次，按《（万历）广东通志》所载，当时广东11州

[1] 宏新按：计算上，原文"亩"以后的分厘等单位略去，只计至亩，如原文"没官田二十七顷二十八亩七分二厘三毫二丝一忽二微三尘三埃"，这里视为27.28顷；又由于略去了分厘等单位数据，分项和总数有时有所偏差；下同。参见：解缙，等.永乐大典（精装十册）[M].北京：中华书局，1986：2455.

[2] 张廷玉，等.明史[M].北京：中华书局，1974：1882.金光祖.（康熙）广东通志[M].广东省地方史志办公室，辑.广州：岭南美术出版社，2006：395.

[3] 黄一龙，林大春，等.（隆庆）潮阳县志[M].上海：上海古籍书店，1963，卷六：13.

府，除了罗定在明初未升格为直隶州而无记录外[1]，其他10个中的9个，第一项都是明洪武二十四年（1391）的数据，仅潮州第一项独称"国朝"，可能说明是广东统一丈量之后的结果；最后，脱稿于康熙二十三年（1684）的《（康熙）潮州府志》敢于记录"洪武二十四年"，想来必有依据，康熙三十六年（1697）脱稿的《（康熙）广东通志》的内容系年与之相同，史源既可能是《（康熙）潮州府志》，也有可能两种志书的记载来自同个史源。

3.永乐元年（1403），潮州府有田亩记录26905.9顷。

这个数据1种志书有载，为《图经志》，明确系年为永乐元年（1403）。

有一点疑问，就是为什么在此前的洪武二十四年（1391）与之后的嘉靖十一年（1532），都是29025.57顷，而本年却是26905.9顷？我们认为，有很多因素会造成这个结果，如荒废、复耕等，《（嘉靖）广东通志初稿》便谈到这种情况："唯广之番禺、南海、东莞、新会，及潮之三阳数邑，少有遗壤，而常有涨没□移之患。"不过，也不排除其他可能性，如《永乐大典》误植等。

4.嘉靖十一年（1532），潮州府有田亩记录29025.57顷。

这个数据与编号2相同。有6种志书记载。其中明确系年为嘉靖十一年（1532）的，是首种广东通志《（嘉靖）广东通志初稿》，作为官方所修、当时人记时事的志书，其他文献又未见有矛盾的记载，相信其信息较为可靠。

5.嘉靖二十一年（1542），潮州府有田亩记录29183.57顷。

这条数据4种志书有载，分别为《（万历）广东通志》《（顺治）潮州府志》《（康熙）潮州府志》《（康熙）广东通志》，都明确系年于嘉靖二十一年（1542）。

6.嘉靖二十六年（1547）稍前，潮州府有田亩记录约29205.52顷。

这条数据，为笔者依据《（嘉靖）潮州府志》所载潮州府各县数目所加。当时潮州府辖有7县，数据完整，但其中程乡的"三千一百四十三顷□十□亩"，□处模糊难辨，暂时视为3143顷[2]。《（嘉靖）潮州府志》脱稿于嘉靖二十六年（1547），这个数据的系年，应为此年稍前。

7.嘉靖三十一年（1552），潮州府有田亩记录29038.78顷。

---

[1] 宏新按：罗定在万历五年（1577）升格为直隶州，因此在洪武二十四年（1391）没有数据。参见：刘元禄，等.（康熙）罗定州志［M］.1687（清康熙二十六年）刻本，卷一：1-5.

[2] 宏新按：明代程乡县仅有洪武二十四年（1391）有具体数据，为2070.27顷，没法校补。参见：刘广聪，等.（康熙）程乡县志［M］//北京书目文献出版社.日本藏中国罕见地方志丛刊（第31册）.北京：书目文献出版社，1990：391-393.

这条数据4种志书有载，分别为《（嘉靖）广东通志》《（万历）广东通志》《（康熙）潮州府志》《（康熙）广东通志》。其中，脱稿于嘉靖四十年（1561）的《（嘉靖）广东通志》明确系年为嘉靖三十一年（1552），又《（万历）广东通志》，称嘉靖三十一年（1552）、四十一年（1562）的数据一样。

8.嘉靖四十一年（1562），潮州府有田亩记录29038.78顷。

这个数据与编号7相同。有4种志书记载。其中，《（万历）广东通志》《（康熙）潮州府志》《（康熙）广东通志》都称是嘉靖四十一年（1562），《（万历）广东通志》，且称嘉靖三十一年（1552）、四十一年（1562）的数据一样。

9.万历十年（1582），潮州府有田亩记录36663.04顷。

这个数据2种志书有载，分别为《（万历）广东通志》和《（顺治）潮州府志》，都明确系年在万历十年（1582）。

万历十年（1582）的记录是比较符合实际的，因为在万历六年（1578）才刚刚进行过全国性丈量工作，即是著名的张居正奏丈量天下田亩事，"限三载竣事"。[1]广东同样进行丈量，潮州等多个州府万历十年（1582）的记录，行文中都有"奉例过量""清丈"字眼。又，当时广东11州府中，除了罗定州可能成立不久而未记录外，其他10个州府都有万历十年（1582）的数据。并且，明代广东10州府都有数据的，唯有洪武二十四年（1391）和万历十年（1582）这两个年份，其他年份至多仅有7个州同年的记录。

丈量中，广东瞒报现象比较严重，其中潮州又较为突出。我们仅能确知的明代潮州两次丈量，第一次是在洪武二十年（1387）（见上述第1条数据的介绍），丈量后比丈量前多出17766顷，增量达到147%；第二次即是万历十年（1582），丈量后比20年前的数据多出7625顷，但这回仅增加了26%，相对来说增量不是很多。

其实，早在嘉靖八年（1529），霍韬便感觉广东有瞒报嫌疑，其称："自洪武迄弘治百四十年，天下额田已减强半，而湖广、河南、广东失额尤多。非拨给于王府，则欺隐于猾民。广东无籓府，非欺隐，即委弃于寇贼矣。"[2]

10.万历二十年（1592），潮州府有田亩记录36002.69顷。

这个数据4种志书有载，分别为《（万历）广东通志》《（顺治）潮州府

[1]　张廷玉，等.明史［M］.北京：中华书局，1974：1883.

[2]　张廷玉，等.明史［M］.北京：中华书局，1974：1882.

志》《（康熙）广东通志》《（康熙）潮州府志》。其中，《（万历）广东通志》《（顺治）潮州府志》系年在万历二十年（1592）。后者应该是沿袭前者，而前者《（万历）广东通志》记录，是较可靠的。

11.万历二十八年（1600），潮州府有田亩记录36002.69顷。

这个数据与编号10相同。有4种志书记载。其中，《（康熙）广东通志》系年在万历二十八年（1600），《（康熙）潮州府志》称万历二十八年（1600）、崇祯五年（1632）都一样。

12.崇祯五年（1632），潮州府有田亩记录36002.69顷。

这个数据与编号10、11相同。有4种志书记载，其中，《（康熙）潮州府志》系年在崇祯五年（1632）。

《（康熙）潮州府志》的田亩，有不少数据都是目前未知出处的"独家"所载，此例也是如此。这里所载崇祯五年（1632）田亩总数，虽然通志、现存州府志均未见，但诸多县志载有当年的田亩记录，如海阳县5099.34顷、揭阳县7340.87顷、澄海县2648.12顷等。[1]这便依稀说明，崇祯五年（1632）有过官方的统计数据及记录，只是现存的志书不全，无法知道全貌。因此《（康熙）潮州府志》称崇祯五年（1632）潮州府田亩记录36002.69顷，尽管看起来是一家之言，但应该是较可靠的。

13.清顺治十四年（1657），潮州府有田亩记录36967.05顷。

这个数据2种志书有载。分别为《（顺治）潮州府志》和《（康熙）潮州府志》，其中《（康熙）潮州府志》系年在顺治十四年（1657），并称康熙元年（1662）同。综合考察各县志，多数有顺治十四年（1657）的记录，如《（康熙/光绪）饶平县志》载饶平县有3796.55顷[2]等，我们认为这条记录是可靠的，依据同编号12。

14.顺治十七年（1660），潮州府有田亩记录36967.05顷。

这个数据与编号13相同。有2种志书记载。其中，《（顺治）潮州府志》系年在顺治十七年（1660）。

15.康熙元年（1662），潮州府有田亩记录36967.05顷。

---

[1] 吴道镕.（光绪）海阳县志［M］.卢蔚猷，修.台北：成文出版社，1967：216.刘业勤，王崧，等.（乾隆/光绪）揭阳县正续志［M］.台北：成文出版社，1974：311.蔡继绅.（嘉庆）澄海县志［M］.李书吉，修.台北：成文出版社，1977：108.

[2] 刘抃.（康熙/光绪）饶平县志［M］//中国地方志集成（27）.上海：上海书店出版社，2003：66.

这个数据与编号14相同。有2种志书记载。其中，《（康熙）潮州府志》系年在康熙元年（1662），并称顺治十四年（1657）同。

16.康熙十一年（1672），潮州府有田亩记录35057.93顷。

这个数据1种志书有载，为《（康熙）潮州府志·田亩》。

17.康熙二十二年（1683），潮州府有田亩记录33720.09顷。

这个数据1种志书有载，为《（康熙）潮州府志·田亩》。

18.康熙五十四至雍正五年（1715—1727）间，潮州府有田亩记录35370.09顷。

这个数据，为笔者依据《（雍正）广东通志》所载潮州府各县数目的统计数。该记载无系年，比较复杂。

经梳理，《（雍正）广东通志》所载潮州府各县数目为：海阳县5674.09顷，潮阳县6553.32顷，揭阳县7344.83顷，程乡县3825.4顷，饶平县3740.62顷，惠来县2410.58顷，大埔县938.3顷，澄海县2512.92顷，普宁县1329.11顷，镇平县1040.92顷。

《（雍正）广东通志》于雍正九年（1731）脱稿，在录载其他州县时出现"雍正八年"田亩数目（如海丰县）；又《（雍正）揭阳县志》明确称该县雍正八年（1730）田亩数为7344.83顷[1]，与上引揭阳县数目相同。有这两个依据，本来可认为35370.09顷是雍正八年（1730）的潮州府总数据。然而综合考察潮汕各县志，则不然。如《（乾隆）普宁县志》录载该县顺治十四年（1657）为1329.11顷（与上引普宁县同），康熙三十三年（1694）之前无增减，雍正六年（1728）增加20.65顷，雍正八年（1730）再增0.6顷、达到1350.37顷，这便与上引普宁县数目不同了[2]。又如《（雍正）惠来县志》称该县雍正九年（1731）丈量为2473.49顷，[3]则雍正八年（1730）应也是此数，也与上引惠来县数目不符。这样，可以断定《（雍正）广东通志》记录的系年不是雍正八年（1730）。

在排除雍正八年（1730）的同时，笔者经普宁、揭阳县连续几个数据的增减考察，判断该35370.09顷的系年，上限为康熙五十三年（1714）、下限为雍正

[1] 陈树芝.（雍正）揭阳县志［M］//北京书目文献出版社.日本藏中国罕见地方志丛刊（第24册）.北京：书目文献出版社，1991：263.

[2] 梅奕绍.（乾隆）普宁县志［M］.萧麟趾，修.台北：成文出版社，1974：166-167.

[3] 张玿美，等.（雍正）惠来县志［M］.台北：成文出版社，1968：161.

六年（1728），这样估测虽然保守，却也是比较妥当的结论。[1]

19.雍正十一年（1733）之前，潮州府有田亩记录37134.63顷。

这个数据1种志书有载，为《（乾隆）潮州府志》。

该记载未有系年。但《（乾隆）潮州府志》提到是包含了嘉应州的数据，则程乡县在雍正十一年（1733）升格为嘉应州、拆出潮州府[2]，当年嘉应三州县（含平远、镇平县）共计6079.78顷。因此，这个37134.63顷的系年可确定在雍正十一年（1733）之前。如果敢于走得更远些，可推测是雍正六年至雍正十年（1728—1732）的数据。

20.雍正十一年（1733），潮州府有田亩记录31054.85顷。

这个数据2种志书有载，分别为《（乾隆）潮州府志》和《（道光）广东通志》。

该记载未有明确系年。但从两志内容描述来推测：一方面，《（乾隆）潮州府志》称嘉应州拆出后剩余此数；另一方面，《（道光）广东通志》载为元额，且称从雍正十一年之后至嘉庆二十年（1733—1815）有变动。两相对照，可以确定31054.85顷的系年是雍正十一年。

21.雍正十一年至乾隆五年（1733—1740）间，潮州府有田亩记录34576.93顷。

这个数据2种文献有载，分别为初修《大清一统志》和《（道光）广东通志》。后者的史源来自前者。

该记载未有系年。按初修《大清一统志》一般认为是乾隆五年（1740）脱稿，据此可认为系年下限为乾隆五年（1740）之前；又该志"广东统部"和各州府介绍中，已单独列出嘉应州数目，则系年上限，为潮州府拆出嘉应州的雍正十一年（1733）。因此，34576.93顷应该是雍正十一年至乾隆五年（1733—1740）间的数据。

22.乾隆三年至乾隆五十年（1738—1785）间，潮州府有田亩记录32110.77顷。

这个数据1种志书有载，为乾隆续修《大清一统志》。

[1] 刘业勤，王崧，等.（乾隆/光绪）揭阳县正续志［M］.台北：成文出版社，1974：318.陈树芝.（雍正）揭阳县志［M］//北京书目文献出版社.日本藏中国罕见地方志丛刊（第24册）.北京：书目文献出版社，1991：263.梅奕绍.（乾隆）普宁县志［M］.萧麟趾，修.台北：成文出版社，1974：166-167.

[2] 温仲和.（光绪）嘉应州志［M］.吴宗焯，修.台北：成文出版社，1968：26-27.

该记载未有系年。一般认为乾隆续修《大清一统志》脱稿于乾隆五十年（1785），则数据的系年下限为此年；又该志"广东统部"和潮州府属各县介绍中，已出现丰顺县，丰顺县于乾隆三年（1738）重置并归属潮州[1]，则数据的系年上限为乾隆三年（1738）。因此，32110.77顷应该是此期间的数据。

23.嘉庆二十年至道光二年（1815—1822），潮州府有田亩记录31851.62顷。

这个数据2种文献有载，分别为嘉庆重修《大清一统志》和《（道光）广东通志》。其中，《（道光）广东通志》系年为嘉庆二十年（1815）。

按，嘉庆重修《大清一统志》虽然脱稿于道光二十二年（1842），但其内容截止至嘉庆二十五年（1820），这透露出嘉庆二十五年（1820）的田亩数可能与嘉庆二十年（1815）一样；又《（道光）广东通志》脱稿于道光二年（1822），则可能自嘉庆二十年（1815）至道光之间数据一直如此。再结合其他材料，我们判断31851.62顷应是嘉庆二十年至道光二年（1815—1822）的数据。

24.康熙十一年至嘉庆二十年（1672—1815），潮州府（含仅报垦而未见成效等）的数据，达到42899.99顷。

这个数据1种志书有载，为《（道光）广东通志》，另有《（乾隆）潮州府志》描述康熙、雍正、乾隆等各年复垦、首垦荒芜山埔沙坦水田便达11637.56顷，可以佐证此期荒废、拓殖之频繁。不过，这42899.99顷只是报备之数字，未必真正实现。实际上，除去豁免、流迁、墟缺、难垦的11048.37顷，嘉庆二十年（1815）的报税田亩仅为31851.62顷。

这条数据堪值玩味之处甚多。然而数据系年不详，则失去对比之意义，达成多少目标无法确认，则失去以之说事的依据。鉴于此，本史稿暂时不做进一步探讨，也不将编号24列入下表。

综合上述，整理成下表。

表4-2　明清潮州府官方登记的田亩规模表

序号	年代	规模（顷）
1	明洪武十年（1377）	11732.46
2	洪武二十四年（1391）	29025.57
3	永乐元年（1403）	26905.90

---

[1]　葛曙.（乾隆/光绪）丰顺县志［M］.许普济，续修.吴鹏，续纂.台北：成文出版社，1967：183-185.

续表

序号	年代	规模（顷）
4	嘉靖十一年（1532）	29025.57
5	嘉靖二十一年（1542）	29183.57
6	嘉靖二十六年（1547）	29205.52
7	嘉靖三十一年（1552）	29038.78
8	嘉靖四十一年（1562）	29038.78
9	万历十年（1582）	36663.04
10	万历二十年（1592）	36002.69
11	万历二十八年（1600）	36002.69
12	崇祯五年（1632）	36002.69
13	清顺治十四年（1657）	36967.05
14	顺治十七年（1660）	36967.05
15	康熙元年（1662）	36967.05
16	康熙十一年（1672）	35057.93
17	康熙二十二年（1683）	33720.09
18	康熙五十四至雍正五年（1715—1727）间某段	35370.09
19	雍正十一年（1733）之前某段	37134.63
20	雍正十一年（1733）	31054.85
21	雍正十一年至乾隆五年（1733—1740）间某段	34576.93
22	乾隆三年至五十年（1738—1785）间某段	32110.77
23	嘉庆二十年至道光二年（1815—1822）	31851.62

　　从上表可以看出来，自明代开始，四五百年间田亩面积其实增加不多。而表中的官方记录田亩，还是较能反映实际情况及发展趋势的。尽管各地政府都存在瞒报虚报嫌疑，而历代潮州尤甚，但每次丈量之后都多少得到修正，这个修正数字相对较为可靠。

　　按明、清两代来比较，则清代的数据应该比明代较能反映实际情况。《大清则例会典》中关于田宅、户口的丈量、管理细则和监督、奖惩措施等，都反映出清定例管理较为周详，且中央政府异常重视的态度，而从时代的进步及经验的积累方面来看，清代也应该比前代的统计更为细致，这是就技术层面而言。但是，康熙、雍正、乾隆朝，由于存在听民自垦，新垦之水田六年、旱田十年才起科收税赋的规定，遂产生不少先报垦、年限到则称无收成的免征事例，因此未必是实际数据。从整个潮州府来看，雍正十一年（1733）达到史上最高的37134.63顷数据，但不久便下降，便可见端倪。又以潮阳县为例，地方官自称"潮地时务，惟在版籍混淆，地亩不清，有粮无田之弊"，也是一个数据不实的例证。[1]

田亩是农业用地，其种植的并不都是粮食，也包括其他经济作物，这是可以确定的。如明初中央政府便要求，每5—10亩民田中，需栽种桑、麻、木棉各半亩，10亩以上者按比例翻倍，洪武十年（1377）潮州便有青麻地、黄麻地、乌豆地、大麦地、棉花地、小麦地、芝麻地、蓝靛地、畦桑地等的记录[2]。因此，在未分开这些其他地的情况下，并不宜以田亩数估算粮食产量。

田亩分上则田、中则田、下则田，各级别的田亩缴纳税收不同。大致上，上则田较宜栽种、收成较好，下则田相对不佳，但也仅仅是笼统而言。实际上，同一级别田亩的产出上，不仅各州县不同，同一州县也差异明显，上则田反逊色于中、下则田的情况十分普遍。如明人慨叹："按广郡属邑，田亩有土狭而税多者，有土阔而税寡者，较一郡而轻重焉，则衰多益寡，宁有不均之叹哉。今由则例观之，下则反有重于上则矣，盖聚一邑而求足其额，下者不得不上，上者不得不上，既倍之，而定弓随之，亦势也。"[3]因此，在未弄清楚具体情况的基础上，也不宜笼统折算。

尽管如此，我们还是可以从上表中清楚明清潮汕地区土地开发趋势。即：

自明初开始，已拓殖至山隅海角，即首种《广东通志》所称的"潮之三阳数邑，少有遗壤，而常有涨没□移之患"，潮州各种府县志中多见卤田、山田等，也可为证。

到了康熙朝，按当时的地理情况和科技水平，潮汕基本是垦无可垦了，才会发生最后一种《广东通志》介绍的情况，潮州官民屡屡报备开荒，却绝大部分没有理想的收益。[4]

[1] 蓝鼎元.潮阳县图说［M］//蓝鼎元.鹿洲初集.台北：文海出版社，1982：863-866.

[2] 张廷玉，等.明史［M］.北京：中华书局，1974：1894.永乐大典方志辑佚［M］.马蓉，陈抗，钟文，等，点校.北京：中华书局，2004：2611-2615.

[3] 郭棐，等.（万历）广东通志［M］.1602（明万历壬寅）刻本，卷十七：18.

[4] 戴璟，张岳，等.（嘉靖）广东通志初稿［M］//北京图书馆古籍出版编辑组.北京图书馆古籍珍本丛刊（38）.北京：书目文献出版社，2000：408.陈昌齐，等.（道光）广东通志［M］//续修四库全书编委会.续修四库全书·六六九·史部·地理类.上海：上海古籍出版社，2002：490.

（二）水利建设

明清潮汕官员比较重视农业，如明宣德五年（1430）任潮州通判的裴贤，便被视为天下州郡县基层官吏"亲耕劝农"之典范，《夜航船》称其亲自耕作，妻子送饭下田，即"为政勤，爱民笃。尝出劝农，释冠带，执农具以耕，其妻馌之。其年大熟。人皆以为劝农所致"。[1]不过，亲身耕作虽然模范引导效果明显，但毕竟非官员正业，出资出力倡扬和主持水利建设，才是地方官之普遍做法。

本阶段潮汕的水利建设更趋完善，而得益于存世文献比此前之丰富和系统，水利建设项目能够较为完整地呈现。

1.堤坝

明清潮州堤坝建设众多，相对来说，明代的堤坝兴废，较清代为频繁。在各种广东通志、潮州府志等志书中，多有记录不同时期的堤坝。

系统性的潮州府堤坝记录，传世较早材料来自嘉靖十四年（1535）脱稿的《（嘉靖）广东通志初稿》，载有潮州府堤坝22处。其中：海阳县15处，为古堤、归仁、大和、登云、南厢、北厢、西厢、东厢、登隆、隆津、云步、东莆、南桂、江东、三外莆堤；揭阳县7处，为南门、龙溪、派头、长岐、相思、雷岩、青龙坝。[2]不少堤坝是唐宋便存在的，其他的也多在入明不久便建成启用，如宣德十年（1435）任潮州知府的王源大修水利，便包括东厢、下中上三外莆、西厢、北厢等多处堤防。[3]

《（嘉靖）潮州府志》载有潮州府堤坝13处。其中：海阳县有北门堤、东厢堤、上中下外莆堤、北厢堤4处；揭阳县有官路堤、洪沟堤2处；饶平县有虎朴潭堤、葫芦豉堤、下店堤、雷岩堤、沽汀洋堤、水吼桥堤7处。其他潮阳、程乡、惠来、大埔4县则未载堤坝。[4]该志脱稿于嘉靖二十六年（1547），这是当年存在

[1]　张岱.夜航船［M］.清刊本（观术斋钞本），卷六：47-48.周硕勋.（乾隆）潮州府志［M］.台北：成文出版社，1967：702，801.

[2]　宏新按：《（嘉靖）广东通志初稿》原文多处文字模糊难辨，这里依据《（嘉靖）广东通志》《（万历）广东通志》可定者校补。参见：戴璟，张岳，等.（嘉靖）广东通志初稿［M］//北京图书馆古籍出版编辑组.北京图书馆古籍珍本丛刊（38）.北京：书目文献出版社，2000：531.郭棐，等.（万历）广东通志［M］.1602（明万历壬寅）刻本，卷四十：19-20.黄佐.（嘉靖）广东通志［M］.广州：广东省地方史志办公室，1997：625-626.

[3]　洪孝生.王太守修堤记［M］.吴颖.（顺治）潮州府志［M］//中国科学院图书馆.稀见中国地方志汇刊（44）.北京：中国书店，1992：1665-1666.

[4]　郭春震.（嘉靖）潮州府志［M］//北京书目文献出版社.日本藏中国罕见地方志丛刊（第13册）.北京：书目文献出版社，1992：166-184.

的较具规模者。

《（顺治）潮州府志》载有潮州府的堤坝28处。其中：海阳县有北门堤、东厢堤、江东堤、秋溪堤4处；揭阳县有洪沟堤1处；饶平县有虎朴潭堤、布袋湾堤、惭愧堂堤、葫芦垠堤4处；澄海县有上中下外莆堤、南溪洋堤、渔洲后洋堤、青龙坝堤、新港堤、古汀洋堤、长洲堤、下店堤、大埭堤、沙头堤、雷岩堤、新堤、水吼桥堤、官田沟堤、石路堤、前洋堤、后滘堤、相思堤、和尚堤19处。其他潮阳、程乡、惠来、大埔、平远、普宁、镇平7县则未载堤坝。[1]该志脱稿于顺治十八年（1661），系年应在此年。

《（乾隆）潮州府志》载有潮州府堤坝30处，其中：海阳县有6处，分别为北门堤、南门堤、横砂堤、江东堤、秋溪堤、鲤鱼沟堤；潮阳县有1处，为直浦都堤；揭阳县有2处，分别为洪沟堤、桃山都堤；饶平县有2处，分别为隆都上堡堤、隆都下堡堤；惠来县有2处，分别为洪海庙堤、大宁甲堤；澄海县有17处，分别为上中下外莆堤、南溪洋堤、渔洲后洋堤、新港堤、沙头堤、相思堤、古汀洋堤、前洋堤、后滘堤、和尚堤、青龙坝堤、大埭堤、新堤、金砂堤、大牙富砂堤、水吼桥堤、八斗乡堤，同时列有"今废"的长洲堤、官田沟堤、下店堤、苏湾都、蓬洲都堤5处废堤。这是乾隆二十七年（1762）时存在的堤坝。其他大埔、普宁、丰顺3县则未载堤坝。[2]

从上面数据看，明清堤坝兴废情况时有发生。以明代为例，上述嘉靖十四年（1535）时尚有22处堤坝，12年后的嘉靖二十六年（1547），仅存13处。又过50多年后，万历二十九年（1601）脱稿的《（万历）广东通志》中，则列有潮州府53处堤坝，修志者面对其中的海阳县堤坝短时间内多寡悬殊的情形，也称"岂废缺不修与"。[3]

排除掉各种修志者沿袭旧志等方面的原因，也暂时不管区划重分、一堤跨多县而造成记录增多，或者一堤数段各起数名导致叠加等因素，相信不少堤坝是历经兴废的。如北门堤自唐至宋元有修筑，明永乐、成化、弘治和清雍正皆有崩溃和修筑记录；又如南门堤自宋历经完善增修，顺治十年（1653）遭兵祸被凿断，几经复修后又于康熙五十七年（1718）、乾隆三十年（1765）、嘉庆二十年

[1]　吴颖.（顺治）潮州府志［M］//中国科学院图书馆.稀见中国地方志汇刊（44）.北京：中国书店，1992：1355-1360.

[2]　周硕勋.（乾隆）潮州府志［M］.台北：成文出版社，1967：288-295.

[3]　郭棐，等.（万历）广东通志［M］.1602（明万历壬寅）刻本，卷四十：19-21.

（1815）、道光十三年（1833）部分溃堤等。实际上，海阳县的堤坝，基本都有溃堤或部分溃坏而重修的经历。[1]

造成这种情况的主要原因，除了旧堤自然老化之外，也包括人口增长、开发更深入导致环境改变、源流中泥沙俱下，如韩江流域"数十年来，上游开垦山童而土疏，洪流挟沙，过辄淤垫，河身日高，堤身日卑，至增筑加培于无可施"[2]。

对于堤围的压力，明清时期积累了不少好的防御经验，也体现了此期潮汕的堤坝建设技术。从主客体角力的角度来讲，一方面是增强堤坝本身的有效抵御能力，另一方面是削弱"来犯"激流的强劲势力。

增强本身的有效抵御能力方面。首先是增加体量，其次是增强质量。

首先是堤坝体量，加高以扩大有效防御范围，加厚以增强防御力度。以南门堤为例。明监察御史杨琠（海阳人）申请盐榷修堤时，便提出将海阳的南门堤整体增高五六尺、堤外侧加砌石、内侧增宽一丈加大厚度。[3]而南门堤南桂段，在宋宝祐元年（1253）时堤高1.2丈、基底宽0.8丈、堤面宽0.4丈；[4]明正德加固南门堤时，整体堤坝均增拓加倍，[5]如果以宋代数据为基数，则正德时便大约达到堤高2.4丈、堤基宽1.6丈、堤面宽0.8丈；到了本书内容时限外的咸丰七年（1857），则南门堤的潘刘涵堤段堤高2.8丈、堤基宽3.6—4.5丈、堤面宽1.4—2.3丈，同治十二年（1873）则堤高3丈、堤基宽5.6—6.5丈。[6]

其次是堤坝质量。这与建材用料和垒砌技术密切相关。建材用料都是土沙石木灰土等，技术上则更加考虑综合性，即所谓"堤工相属，埒以木石，堵以蚝（蚝）墙"[7]。下面分为主料、辅料介绍，兼及技术。

主料上，大量石料应用于堤坝，这比前代的主流土堤大为进步。如《请留公项筑堤地》申请的盐榷金援助，资金去向除了工费外，谈及的都是购、运石

[1] 吴道镕.（光绪）海阳县志［M］.卢蔚猷，修.台北：成文出版社，1967：198-205.

[2] 周硕勋.（乾隆）潮州府志［M］.台北：成文出版社，1967：288.

[3] 杨琠.请留公项筑堤地［M］//周硕勋.（乾隆）潮州府志.台北：成文出版社，1967：992-993. 吴道镕.（光绪）海阳县志［M］.卢蔚猷，修.台北：成文出版社，1967：199.

[4] 吕大圭.新堤记［M］//解缙，等.永乐大典（精装十册）.北京：中华书局，1986：2825.

[5] 吴颖.（顺治）潮州府志［M］//中国科学院图书馆.稀见中国地方志汇刊（44）.北京：中国书店，1992：1355.

[6] 汪政《重修潘刘涵堤碑记》，朱丙寿《大修七都南堤碑记》。参见：吴道镕.（光绪）海阳县志［M］.卢蔚猷，修.台北：成文出版社，1967：200.

[7] 周硕勋.（乾隆）潮州府志［M］.台北：成文出版社，1967：288.

材的费用，其再三强调万事俱备，"所乏者荒石耳"。[1]石料用于堤坝本身，是 鳌砌和填筑新旧堤，前者即如修井壁般层层粘垒、壁面统一修平整，后者主要是 填塞防澌，但仅是应急之用。以北门堤为例，其原为土堤，明初屡溃，明代成化 八至九年（1472—1473）知府周鹏"发丁夫数千，阅六月乃成"，弘治时"御史 曾公昂复发帑二千金筑北堤"；[2]但石筑之后，自成化后近200年没大事故记录 的北门堤，于康熙四十年（1701）、五十七年（1718）、五十九年（1720）接连 溃决，每次都是官民先以石填堵、杜塞，最后便实行鳌砌。[3]

辅料上，灰料的应用比前代更为出色。潮汕沿海壳类软体动物众多，如俗 称"蚵"等的贝壳一直是灰料的重要来源，所谓"他处筑墙用石灰，潮滨海， 皆用蚵灰"[4]，其操作是"海蚵置陶烧灰""舂灰"[5]。灰掺和石、土、泥沙在 本阶段的堤防建设中大显身手，小至旧堤小规模的防渗堵漏，大至本阶段出现 的新堤"龙骨"，都见其身影。"龙骨"也称"地龙"[6]，其主轴为以灰黏结之 石龙，外再"裹以蚵沙"，形成"筑灰砌石"[7]的堤坝。但龙骨并不保险，仍需 要堤之高、厚足够，如是，则被志书多称为"灰堤""蜃灰堤""蚝墙""蠔 墙"，是当时的最高防洪目标，即所谓"筑灰砌石，以图永固"[8]。如上述北门 堤，乾隆十一年（1746）全线建成高度、厚度一致的灰堤，才又有了百余年的平 静。以《（乾隆）潮州府志》的记录，潮州江防重镇之海阳所有6座堤防，海防 要地之饶平所有2座堤防，至迟在乾隆年间也全部修成蜃灰堤。[9]

削弱"来犯"激流的强劲势力方面，是在堤坝之外设置障碍物，以杀 水势。

[1] 杨琠.请留公项筑堤地［M］//周硕勋.（乾隆）潮州府志.台北：成文出版社，1967：992-993. 吴道镕.（光绪）海阳县志［M］.卢蔚猷，修.台北：成文出版社，1967：199.

[2] 林熙春.重修东津沙衔堤记［M］//周硕勋.（乾隆）潮州府志.台北：成文出版社，1967： 1060.

[3] 郭春震.（嘉靖）潮州府志［M］//北京书目文献出版社.日本藏中国罕见地方志丛刊（第13 册）.北京：书目文献出版社，1992：169.周硕勋.（乾隆）潮州府志［M］.台北：成文出版社，1967： 288.吴道镕.（光绪）海阳县志［M］.卢蔚猷，修.台北：成文出版社，1967：198-199.

[4] 郑昌时.韩江闻见录［M］.吴二持，校注.上海：上海古籍出版社，1995：252.

[5] 周硕勋.（乾隆）潮州府志［M］.台北：成文出版社，1967：289.

[6] 林熙春.重修东津沙衔堤记［M］."非中砌地龙无以杜渗泄"，参见：周硕勋.（乾隆）潮州 府志［M］.台北：成文出版社，1967：1059.

[7] 蔡继绅.（嘉庆）澄海县志［M］.李书吉，修.台北：成文出版社，1977：97-99.

[8] 林杭学.（康熙）潮州府志［M］.潮州：潮州市地方志办公室，2000：49.

[9] 周硕勋.（乾隆）潮州府志［M］.台北：成文出版社，1967：288-295.

这些障碍物以石料为主，潮汕当地志书中常称为"荒石""石矶"等。从诸多描述看，两者的区别，大体上是："荒石"是天然形成，未经加工或简略处理的石料，摆放在距离堤坝较近处乃至就在堤旁；"石矶"则是经筑建的小型建筑物，其位置，是距离堤坝外围乃至稍远的上游。两者配合，可达到削弱激流、减轻堤围压力的效果，即"非外御荒石无以御冲击，非上流加石矶无以障狂澜"。[1]

"荒石"由于不是建筑物，因此志书中少有提及，但相信各处堤围都有应用，因为"荒石，沿海所出，亦不难采买"，《请留公项筑堤地》中称需要大量购买荒石，应该一部分是安置于堤坝之外的江中。

"石矶"在文献中则大量出现，志书中多数描述较细尽的堤坝都有谈及"石矶"，乃至介绍某处堤坝而着墨于"石矶"的文字更多，可见作为堤坝的主要配套建筑，石矶作用非凡。

此外，明清修堤时，还注意到植木培基以防止水土流失。这些虽然在志书罕见记录，但同期文献、碑记则有所透露。如明代《请留公项筑堤地》便明确出现堤坝内侧"临田填广一丈，上树木以护之"[2]的介绍，又如《农桑易知录》称，应在水势大的堤外"错综棋布"（不能整齐划一），栽种圆小树木者以分水势。这一点，与现代滨海防护林有类似之处，堪称是进步的认识和实践。[3]

总之，明清潮汕堤坝建设比之前代大有进展，在前所未有的环境转变中，其修筑水平还是经受得起考验的，尤其是建成了各方理想中的"筑灰砌石，以图永固"的灰堤之后。

《潮汕地区古代水利建设》对明清时期韩江各汊河的新筑堤段进行梳理，如下表。[4]

[1] 林熙春.重修东津沙衕堤记［M］//周硕勋.（乾隆）潮州府志.台北：成文出版社，1967：1060.

[2] 杨琠.请留公项筑堤地［M］//周硕勋.（乾隆）潮州府志.台北：成文出版社，1967：993.

[3] 郑之侨.农桑易知录［M］.清乾隆庚辰（1760）述堂刻版，卷一：2-3.

[4] 宏新按：除了印刷讹误如"大长桥堤150"缺"丈""蛋家园"错为"蛋家园"等而据史源更补之外，本史稿"明清时期韩江各汊河的新筑堤段表"引自《潮汕地区古代水利建设》，未作其他改动。参见：黄挺，杜经国.潮汕地区古代水利建设［M］//潮汕历史文化研究中心，汕头大学潮汕文化研究中心.潮学研究（第2辑）.汕头：汕头大学出版社，1994：109-214.

表4-3 明清韩江各汊河的新筑堤段表

堤段名	堤段位置	规模	修筑时间	备注
官路堤	南门堤自梅溪至龙溪官路		正德七年（1512）	见《庵埠志》页295杨璜《请留公项筑堤疏》，又嘉靖《潮州府志》卷1，页26
许陇堤	自官路前赐茶庵许陇涵（大鉴涵）	约230丈	万历二十五年（1597）	据《庵埠志》页48云是任可容修，任可容万历二十五年（1597）以观察副使巡潮州
小长桥堤	大小长桥村南，接南门许陇堤，转入红连池河	410丈		据嘉庆《澄海县志》卷12，志未言明修筑时间，据上流堤定，应万历以后修筑
大长桥堤	在大桥村南，接小长桥堤	150丈		据嘉庆《澄海县志》卷12，志未言明修筑时间，据上流堤定，应万历以后修筑
渔州后洋堤	东临新津河，自亶家园起，至鸥汀官埭；南临梅溪，自下美起至吉贝陇	共长4725丈	万历二十九（1601）以前筑	此堤见万历二十九年（1601）《广东通志》卷4，时间据该书刊刻年代而定
新港堤	新津河渔州堤下流出海口	长2500丈	万历二十九（1601）以前筑	此堤见万历二十九年（1601）《广东通志》卷4，时间据该书刊刻年代而定
大牙富砂堤	在新津河和南河（外砂溪）分汊处。东临南河，自富砂东溪涵起，经大牙（大衙）东门桥涵，折西临新津河，至富砂港尾村	共长1300丈	康熙五十二年（1713）创建	据嘉庆《澄海县志》卷12
南溪洋堤	东临南河，自外砂人家头至富砂东溪。西临新津河，自外砂犁头桥至富砂巷尾村	共长1641丈	万历十八年（1590）建	据嘉庆《澄海县志》卷12
金砂堤	距县城南10里，在外砂乡，前临南河		万历九年（1581）创筑	据嘉庆《澄海县志》卷12
上港堤	在金沙堤下流	长7里	乾隆十六年（1751）创建	据嘉庆《澄海县志》卷12，又卷25王天性《建堤碑记》

续表

堤段名	堤段位置	规模	修筑时间	备注
上中下三外莆堤 （南北二堤）	南临西溪南河，自横陇起西行经南界、渡头、冠山、上下窖等乡抵南桥。北堤临东溪，自横陇起东行，经东林、斗门、华富等乡，抵东湖	10243.6丈	宋至明	据嘉庆《澄海县志》卷12。按嘉靖《潮州府志》载三外莆南堤起自横陇止下窖，下窖至南桥一段，即《澄海县志》所载大埭、青龙坝、新堤三段堤当是嘉靖末设县后建
套子堤	接南堤，自外砂渡雨亭后起至新套子尾	长721丈	顺治十三年（1656）始建，雍正十二年（1734）重建	据嘉庆《澄海县志》卷12
三铺堤 （东厢下游堤）	自涸溪塔东边起至秋溪四方堤止	长1603丈	宋至明	《海阳县志》卷21未言始建之时，唯记明人增修。按宋淳熙时丁允元定居仙田，或当倚此堤捍水
水南鲤鱼沟堤	自急水接水南宋堤，在石碑脚饶平界	长3173丈	雍正八年（1730）重建	光绪《海阳县志》卷21载，原有古堤，康熙三十六年（1697）溃后荒废三十五年，至此重修
隆都上堡堤	与鲤鱼沟相接，自东溪西岸转南溪（山尾溪）北岸，起虎扑潭至南溪口樟山	共长5644.3丈	明	此堤见乾隆《潮州府志》记载。其虎扑潭、葫芦段堤段，已见嘉靖《潮州府志》卷1，故定为明筑
秋溪堤	南堤在北溪西岸，起四方堤，历柳厝池堤、苏寒潭头堤至樟山乡，北堤在北溪东岸，起龙舌山脚，历南门、溪尾、尼姑渡、东安诸处，至下寨	共长5003丈	明万历二十九年（1601）以前	此据光绪《海阳县志》卷21。按南门、溪尾、柳厝池、苏寨潭头诸堤名已见万历《广东通志》记载，故知堤筑于明
隆都下堡堤	在北溪东岸，与秋溪北堤相接。起下寨水吼桥、沽汀洋、至龙眼城水口	共长1806.7丈	明	此堤见乾隆《潮州府志》记载，其间沽汀洋、水吼桥两堤段，已见嘉靖《潮州府志》卷1，故定为明筑
相思堤	在山尾溪南岸，自程洋岗山尾起，东至梅州，折而南，抵仙门山	长10里	嘉靖二十六年（1547）以前	此堤已见嘉靖《潮州府志》，时间即据志书刊刻年代定
前洋堤 （中洲堤）	自程洋岗前溪起，向南折东抵南洋		万历二十九年（1601）前	此堤见万历《广东通志》记载，时间即据其刊刻年代定

续表

堤段名	堤段位置	规模	修筑时间	备注
卡路堤	在南洋村		乾隆三十七年（1772）筑	据嘉庆《澄海县志》卷12。以下四段堤，障内洋小水
后窑堤	在窑尾乡前		万历二十九年（1601）前	此堤修筑时间据万历《广东通志》定
沽洋汀堤	在管陇乡前	长1里	嘉靖二十六年（1547）以前	时间据嘉靖《潮州府志》刊刻年代定
青坝堤	在埭头乡前		乾隆四十四年（1779）以后	乾隆《潮州府志》未载此堤，此据嘉庆《澄海县志》，故时间定为府志刊刻之后
砂头堤（南砂寨堤）	在南砂乡东北，北溪分汊口西南岸	长220丈	万历二十九年（1601）前	时间据万历《广东通志》刊刻年代定。障东陇溪水

明清时期分布于韩江各汊河堤围设施，为当时的社会经济生活减少了不安定因素。韩江流域，是"韩江偪郡城，受三河之水建瓴直下，沿河数十里堤工相属，埽以木石，堵以蚝墙，诚万造藩篱也。"[1]

各县的堤坝设施，对农田的保护同样成效显著，其规模大的可以保障数邑生活，规模小的亦堪利一村生产。这在明清诸多地方志书上记载甚详。如嘉靖时的海阳县15处堤坝，共保障了田地6500余丈；乾隆时海阳县堤围总计26922丈，海阳、潮阳、揭阳、饶平、澄海、普宁全赖海阳大堤为保障，修志者称"六邑之险唯此一线"；又如南溪洋堤蓬洲段675丈便保障了7个村旧园池塘50余顷，蓬洲的新港堤长2500丈，广济桥水由此入海而全赖该堤捍御；再如霖田都的洪沟堤、渔湖都的京岗堤，前者长10里、后者长15里，便各自保障了附近的田地数百顷。[2]

2.其他储泄水利工程

古文献关于水利的记载，在不同的历史时期有不同的称呼，而记录者由于沿袭、取用旧文献等的原因，令一些项目的叫法趋于难辨。

---

[1] 周硕勋.（乾隆）潮州府志［M］.台北：成文出版社，1967：288.

[2] 戴璟，张岳，等.（嘉靖）广东通志初稿［M］//北京图书馆古籍出版编辑组.北京图书馆古籍珍本丛刊（38）.北京：书目文献出版社，2000：531.周硕勋.（乾隆）潮州府志［M］.台北：成文出版社，1967：290-291.刘业勤，王崧，等.（乾隆/光绪）揭阳县正续志［M］.台北：成文出版社，1974：124.蔡继绅.（嘉庆）澄海县志［M］.李书吉，修.台北：成文出版社，1977：100-104.

相对而言，"堤"坝一名比较统一，功能也较明了[1]，而陂塘渠涵溪等，则颇为混乱，既有一开始仅蓄水后又演化成泄水而名不改外，又有从来便"溪""渠"同一者，更有涵口连河流一起称"涵"者等，这些，在不同时期的语境下难以细分。正如地方官所称："川泽之利，以赖灌溉也。潮统九邑，曰濠、曰陂、曰渠、曰涵、曰塘，其名不一。大抵皆引泉潴水，时其储泄，为农田利。"[2]因此，本史稿将这些功能为"引泉潴水，时其储泄，为农田利"的水利项目一并放在这里介绍。

潮汕地方志书上，除了上述"濠""陂""渠""涵""塘"外，尚有"溪""湖""井""泉""坑""关""圳""堰""水""栅""闸"的称呼，总体而言都一样具有储泄功能。它们多是在天然的基础上加以人工修整而成，当然有的改造规模小些、以天然因素为主，有的耗费多些、人工成分居多。

（1）陂塘

"陂"是志书上常见的设施之一，明清广东通志及潮州府志有一个比较统一的称呼，为"陂"或"陂塘"。我们梳理一下，便约略可知此期的这类储水灌溉工程的概况。同时说明的是，它们虽然称"陂塘"，但其实在后来的演变中，若干具有涵闸、溪流等功能，这一点修志者自称有的各时不同，具体难分，数百年之后，我们更难一一辨析，下面仅仅是依照志书名称梳理。

梳理明清各期陂塘如下表。[3]

[1] 宏新按：说"堤"易分辨是相对而言，实际上有些志书命名为"堤"者，也包括堤旁的引淡水溪流工程，则同时具有涵闸功能，如清代所载的"京岗堤"是"御卤引淡、凿田十余里，灌溉田数百顷"，如果因"京岗堤"名而仅仅视为捍水堤坝，自然是不全面的。参见：刘业勤，王崧，等.（乾隆/光绪）揭阳县正续志［M］.台北：成文出版社，1974：124.

[2] 周硕勋.（乾隆）潮州府志［M］.台北：成文出版社，1967：242.

[3] 宏新按：《（嘉靖）广东通志》此部分恰好模糊难辨，《（道光）广东通志》则多为引用各文献，系年难明，因此不录。其他数据来自：戴璟，张岳，等.（嘉靖）广东通志初稿［M］//北京图书馆古籍出版编辑组.北京图书馆古籍珍本丛刊（38）.北京：书目文献出版社，2000：531.郭春震.（嘉靖）潮州府志［M］//北京书目文献出版社.日本藏中国罕见地方志丛刊（第13册）.北京：书目文献出版社，1992：166-184.郭棐.（万历）粤大记［M］//日本藏中国罕见地方志丛刊.北京：书目文献出版社，1990：493.郭棐，等.（万历）广东通志［M］.1602（明万历壬寅）刻本，卷四十：19-21.吴颖.（顺治）潮州府志［M］//中国科学院图书馆.稀见中国地方志汇刊（44）.北京：中国书店，1992：1355-1360.林杭学.（康熙）潮州府志［M］.潮州：潮州市地方志办公室，2000：46-50.金光祖.（康熙）广东通志［M］.广东省地方史志办公室，辑.广州：岭南美术出版社，2006：101-104.郝玉麟.（雍正）广东通志［M］.广东省地方史志办公室，辑.广州：岭南美术出版社，2006：399-400，402.周硕勋.（乾隆）潮州府志［M］.台北：成文出版社，1967：242-273.

表4-4　明清潮汕知名陂塘历时数量统计表

单位: 个

时间	海阳	潮阳	揭阳	饶平	惠来	澄海	普宁	小计
嘉靖十四年（1535）	6	26	12					44
嘉靖二十六年（1547）	6	39		38	2			85
万历二十四年（1596）	6	26	12					44
万历二十九年时（1601）	6	15		38	15			74
顺治十八年（1661）	5	29	1	38	15	1	3	92
康熙二十三年（1684）	5	29	12	38	15	1	3	103
康熙三十六年（1697）	5	27	11	37	15		3	98
雍正九年（1731）	5	27	12	36	16		3	99
乾隆二十七年（1762）	5	22	1	234	19		86	367

以上是目前能见的所有潮州府志和4种广东通志上所载的陂塘了，但肯定不是全部，各县志中尚记录有不少。如《（雍正）惠来县志》载有11个陂和5个塘，便比上述雍正九年的记录多、而比乾隆二十七年的记录少，陂塘名称也有若干不同；[1]又如《（雍正）潮阳县志·舆图》载有20个陂，数量便比上述两个康熙朝数据以及随后的雍正朝数据少了7—9个[2]。则是说，志书所录体现的仅是当时所存者（也有沿袭旧志资料的因素），而陂塘兴废相对较频繁，修志时未形成则被漏掉，刊行后被废而名仍存世的则继续"存在"。因此，上述只能说是明清"知名"的潮汕陂塘。

潮汕地区的陂塘，一部分一直存在着，如海阳县的杨翁、黄竹洋陂等，自有志书记录，一直未有消失，当然其效用之多寡，会历时不同。

不过，相对溪河湖泊等来说，陂塘的兴废要频繁得多，这是由于其容量比之溪河较小，易受自然环境左右，有时一场飓风吹沙，便能让其贡献大打折扣乃至趋于废弃。

如普宁县的"牛姆陂"，在雍正九年（1731）、乾隆二十七年（1762）的

[1]　张珣美，等.（雍正）惠来县志 [M].台北：成文出版社，1968：145-146.

[2]　臧宪祖，等.（康熙）潮阳县志 [M]//故宫博物馆.故宫珍本丛刊（第176册）.海口：海南出版社，2001：450-451.

记录中都有出现，但实际上乾隆十年（1745）脱稿的《（乾隆）普宁县志》中，普宁知县自称不清楚"牛牳陂"在哪里，可知当时已经废弃多年了。到了乾隆二十七年（1762）脱稿的《（乾隆）潮州府志》，则详细记载了"牛牳陂"的位置以及流向、灌溉情况等。这些记录，透露出"牛牳陂"在数十年间可能屡有兴废。[1]

又如惠来"海仔塘"：明嘉靖二十六年（1547）时，该塘广二里、深一丈，可灌溉田亩达到数十顷，清初环境变化，随着潮汐的起落，该塘灌田面积达到200余顷；雍正四至五年（1726—1727）时，有飓风吹神泉港海沙入塘，遂积沙数尺，附近田亩也被沙压，功效大不如前；乾隆二十七年（1762）时，该塘仍有最高可覆盖30里的记录，然而由于塘底积沙，周边渐见荒芜。问题是，所有古府县志记录，仅有雍正四年（1726）霪雨、五年（1727）厉疫的记载（事发潮阳县），并没有飓风，这说明雍正四至五年（1726—1727）这场所谓"飓风"并不浪险，才未在潮汕志书气候灾异专志中留下丝毫痕迹。而就是这场风，便足以令这个颇具规模的塘日见荒废。[2]

作为潮汕当地最为普遍的水利工程之一，陂塘对所在地附近的贡献毋庸置疑，是当地乃至整个县域社会、经济生活的保障。以揭阳县为例，大约在嘉靖十四年（1535）时的12个陂塘，灌溉面积便达到23000余丈；在雍正时，仅蓝田都的湖陂一处，灌溉田亩便可达百顷。[3]

较具规模的陂塘的作用范围可达多个乡村，如乾隆二十七年（1762），源出南山大龙溪石蛇坑的铺前陂广袤20余里，流程所及，潮阳大布洋、华瑶等20余个乡村都获益，又如同年，源自饶平大埕尖峰山的第一陂，灌田2000余亩，田亩之外，还是居民日常用水之保障。[4]

而规模不大的陂塘，同样发挥着不小的效应，如嘉靖二十六年（1547）

[1] 梅奕绍.（乾隆）普宁县志［M］.萧麟趾，修.台北：成文出版社，1974：123.周硕勋.（乾隆）潮州府志［M］.台北：成文出版社，1967：267.

[2] 郭春震.（嘉靖）潮州府志［M］//北京书目文献出版社.日本藏中国罕见地方志丛刊（第13册）.北京：书目文献出版社，1992：182.周硕勋.（乾隆）潮州府志［M］.台北：成文出版社，1967：256.张珽美，等.（雍正）惠来县志［M］.台北：成文出版社，1968：146.张其翮.（光绪）潮阳县志［M］.周恒重，等，修.台北：成文出版社，1966：184.

[3] 戴璟，张岳，等.（嘉靖）广东通志初稿［M］//北京图书馆古籍出版编辑组.北京图书馆古籍珍本丛刊（38）.北京：书目文献出版社，2000：531.陈树芝.（雍正）揭阳县志［M］//北京书目文献出版社.日本藏中国罕见地方志丛刊（第24册）.北京：书目文献出版社，1991：198.

[4] 周硕勋.（乾隆）潮州府志［M］.台北：成文出版社，1967：246，250.

时，海阳县杨翁陂灌溉东村河子内两岸，又如同年，山兜、埔尾、芦丛、龙潭便保障了饶平县大港栅附近的农业生产。[1]

（2）涵

"涵"，潮汕地方志书所载的，一般指的是与堤围相随者。大体上，堤坝建设可以抑制水流的泛滥，但也阻断了一些引水渠道，故此，修建涵洞以从堤外调节引水，或排出积水入海，便是常见项目。也因此，涵多分布在堤坝众多且成合围之势的澄海、海阳2县，饶平虽然因山势适宜而多筑陂塘，但沿海之处仍然紧缺淡水，境内之堤便也多设涵洞。

《（乾隆）潮州府志》载当时的潮州府属9县中，澄海有涵62处，海阳有涵25处，饶平有涵18处，其余潮阳、揭阳、惠来、普宁、大埔、丰顺6县则没有涵洞记录。这108个涵，既包括一直沿用的，也包括当时已经堵塞不用者。

以澄海境内的为例：一直存在的，如正德八年（1513）建的董涵，便在明清持续发挥着效应；而出于对激流泛滥之担忧，不少原有之涵被堵塞，如明代的莿林涵，在顺治三年（1646）洪水冲堤时，村民恐崩溃遂塞之，后见其他项目引水、泄涝足够，便不再复开。又有塞后再开的，如吕厝涵，是自明代"填塞"后，又在乾隆时感觉有所需要，才重新疏浚。[2]

乾隆二十九年（1764）脱稿的《（乾隆）澄海县志》，载当时的上中下三外埔堤（又称上中下外都堤，分东西向的南、北两堤），东、西两岸全长10243.6丈，涵、沟共16处，其中15个涵为：董涵，在上外都南界；新溪涵，在冠陇，灌中外、下外二都田；横陇涵，在上外都，陇尾堤段；东林涵，在上外都，东林堤段；斗门涵，在中外都，斗门堤段；华富涵，在中外都，华富堤段；石牌涵，在中外都，灌柳厝堤内田；东溪涵，在下外都；沙港涵，在下外都，北堤段；大坽涵，在中外都；华坑涵，在中外都，华坑乡前柳厝堤段，灌堤内田；苏厝涵，在下外都，玉窖乡堤段，灌堤内田；龙须涵，在下外都华窖乡；上水涵，在下外都上埭乡；下水涵，在下外都尾埭乡，赵侯堤段。

澄海这些涵有灌溉功能，但泄涝功能也极其重要，如县志强调澄海承受着三河汇集韩江而下的激流压力，地势"比他邑最为洼下，吞吐江海，宜泄"。[3]

---

[1] 郭春震.（嘉靖）潮州府志［M］//北京书目文献出版社.日本藏中国罕见地方志丛刊（第13册）.北京：书目文献出版社，1992：170，180.

[2] 周硕勋.（乾隆）潮州府志［M］.台北：成文出版社，1967：242-273.金廷烈.（乾隆）澄海县志［M］.1765（清乾隆三十年）刊本，卷六：11.

[3] 金廷烈.（乾隆）澄海县志［M］.1765（清乾隆三十年）刊本，卷六：7-9，11-13.

饶平县的涵，则应用其引水灌溉功能的较多，灌田面积也颇为可观。前述饶平18处涵中，有16处提及灌田，具体为：松柏涵灌田2000亩，前埔涵、后沟涵、新沟涵、旧涵、宅头涵、前陇涵、陇下涵、渡头涵、樟树下涵、古庙涵分别灌田1000亩或千余亩，福洋涵灌田700亩，沟边涵灌田500亩，下宫涵、林厝涵灌田400亩，三洲涵灌田300余亩。[1]

（3）其他

除了陂塘、水涵之外，明清其他的引水灌溉、储泄排涝工程还有很多，有的利于数县，有的数村获益。分别列举数则如下。

溪河。如较具知名度的三利溪和中离溪。

三利溪潮安段自宋代浚建并连通古溪流河道后，已经初步形成交错联通之水路系统，随着环境的变化，明清时期时有埋塞，经明正统、嘉靖和清乾隆等几次较大规模的疏浚和建设，益发成为勾连成熟水网的中坚力量。该溪由潮州南门堤旁的南涵引入韩江水，绕城西北至北濠、转西南经新桥至五龙潭，再西向、西南向曲折流行，经数次分流分汊，最后出揭阳界西南，曲折抵达枫口而入海，干流全程40余里。途中注入汇聚及支流输出者，仅《（光绪）海阳县志》提及的名称便有韩江、北濠、五龙塘、枫溪、狗母涵等三四十处，其对流域内的农业、交通、商贸等各项事业的影响可想而知。[2]

中离溪源出揭阳桑浦山，原为洲溪、西溪两不互通之溪流，嘉靖时薛侃（字"中离"）倡导主持疏通为一流，遂称中离溪。其初时仅指原两自然溪之联通部分，后一般将原两旧溪也称为中离溪。中离溪分两流流出，西流经塔下、陇头等，汇注分汊，大抵上最后分两大支流，分别至枫口及炮台出海，其中经枫口出海者，自揭阳龙都至桃山都段便达20里；东流经兵营桥下山，同样辗转蜿蜒、曲折分流，主要一注于双溪口入海、一注于举丁关入海。较之三利溪来说，中离溪汇注之水流多为涵闸所引之江水，流经相对开发较迟之众多乡村，其利于农业之功效更为显著。[3]

堰湖。如普宁县的新堰、白坑湖。

[1] 刘抃.（康熙/光绪）饶平县志［M］.惠登甲，增修，黄德容，翁荃，增纂.中国地方志集成（27）.上海：上海书店出版社，2003：31-40.

[2] 吴道镕.（光绪）海阳县志［M］.卢蔚猷，修.台北：成文出版社，1967：48-49.周硕勋.（乾隆）潮州府志［M］.台北：成文出版社，1967：189.

[3] 刘业勤，王崧，等.（乾隆/光绪）揭阳县正续志［M］.台北：成文出版社，1974：121-122.吴道镕.（光绪）海阳县志［M］.卢蔚猷，修.台北：成文出版社，1967：49-50.

新堰发源于普宁县治东崑山的东北麓，该处自然水流较大，但一直没有得到充分利用。明万历年间，普宁知县阮以临主持修筑新堰以储水，并栽种杨柳等木植，既利于附近水资源的利用，也较有效防止水土流失。

白坑湖在县治西南，面积约10余顷，近湖虽多有渔利，但夏秋雨季时，常常汇集山水漫淹田亩，泛滥于果陇桥，并漫延40余里至潮阳贵山都石港入海。乾隆时，潮州知府周硕勋委普宁县令伊桂沿途整治，勘得263处淤塞，遂历年浚疏，以为宣泄，此后是为田利。[1]

沟渠。如潮阳县的王公沟、仓头沟。

王公沟在直浦都径头村，村里原无水泉，明弘治二年（1489），知县王銮勘察水源，凿沟引水，始得新沟，沟长650余丈，所济8里有奇，附近农田得以灌溉，后岁久淤塞，乾隆二十六年（1761），知府周硕勋、知县孙炜重新疏浚整修。

仓头沟在直浦都，原来便为淡水流，广4丈，流长40余里，后被填筑为田地，水利遂绝，附近垦荒种植都不理想。明弘治时，知县王銮开凿疏浚，又增修拓展至5丈，居民复得灌溉之利。[2]

关闸。如澄海县的廻澜关、南桥关闸。

廻澜关在蓬州都，雍正四年（1726）秀才张金全等倡修，时有不畅，乾隆十二年（1747）复修增拓，此水由渔州溪入，达西宁桥关，至沙汕头入海，流经流尾、溪西、新地、旧地、万石、吉贝陇、鸥汀、林铁陇8乡，灌溉田地数千亩，是开埠前汕头一带灌溉面积较大的溪流。

南桥关闸在城南，乾隆四十五年（1780）知县许宪、绅商陈世显等倡建，该处关闸是因桥而设闸，可蓄淡御鹹（咸），同时，南桥溪也是澄海护城河贯通之处，有了南桥关闸，可以更好地调节水位。因此，其在澄海各闸中的作用，还是比较突出的。[3]

总而言之，上述种种水利工程，都为潮汕社会经济，尤其是农业发展提供了良好的保障。

---

[1] 梅奕绍.（乾隆）普宁县志［M］.萧麟趾，修.台北：成文出版社，1974：123.周硕勋.（乾隆）潮州府志［M］.台北：成文出版社，1967：264，267.

[2] 黄一龙，林大春，等.（隆庆）潮阳县志［M］.上海：上海古籍书店，1963，卷六：19.

[3] 蔡继绅.（嘉庆）澄海县志［M］.李书吉，修.台北：成文出版社，1977：105.金廷烈.（乾隆）澄海县志［M］.1765（清乾隆三十年）刊本，卷六：1-2，卷七：3.周硕勋.（乾隆）潮州府志［M］.台北：成文出版社，1967：263.

郑之侨称："善治田者相度地宜，知那一边地下可以为纳水之所，那一边近河，可以为出水之道。……旱则闭之，以资灌溉，涝则开之泄之大河，使不□涨，此水旱可保无虞也。"[1]这大概便是收纳之道，也说明长期与水患作斗争的潮汕地区，具备了良好的水利修筑理论。

其效果，明代的，如《粤大记》载，海阳县15堤"障田六万五千余丈"，潮阳县26陂"灌田一千五百余顷"，揭阳县12陂"灌田二万三千余丈"，大埔县15坑圳"灌田一万七千三百余顷"。[2]清代的，如《（顺治）潮州府志》称："潮称海郡，其滨海之民不独利渔盐也。概多仰之田亩云。乃海水鹹（咸）卤不宜于田，凡三农皆籍溪潭以资灌收之功。水少则引之溉田，水多则泄之归海，于是乎岁无涝旱，而田亦无荒芜。"[3]

第二节　粮食生产

这里的"粮食"，指的是潮汕传世州府一级地方志书上所载者，即《永乐大典》所引佚志中的"田粮"、《（嘉靖）潮州府志》物产中的"谷类"、《（顺治）潮州府志》物产考中的"谷"、《（康熙）潮州府志》物产中的"谷之属"、《（乾隆）潮州府志》物产中的"谷"，以及各《广东通志》中潮州物产中的"谷"。它们都是位于各本物产志中的第一类，是粮食的总称，尽管其具体细品类如稻、黍、稷、麦等的称呼未必与现在的粮食作物叫法绝对同一，但大抵是一样的。

这些品类，都是秦汉以来潮汕汉人的主食，在汉族人口逐渐居于主要地位之后，也可说是潮汕的主要粮食。但实际上，薯芋类作物，是早期潮汕居民的主食，即严格来说，秦汉及之前潮汕主要"粮食"未必是谷类。后一点，本史稿暂时略过而不做过多叙述。

潮汕粮食生产历时发展状态是：秦汉六朝时期，足以自给自足，考古材料上有确凿的农作信息；隋唐时期，潮汕的粮食生产已经闻名于世，同时，文献

[1] 郑之侨.农桑易知录［M］.1760（清乾隆庚辰）述堂刻版，卷一：3.

[2] 郭棐.（万历）粤大记［M］//日本藏中国罕见地方志丛刊.北京：书目文献出版社，1990：493.

[3] 吴颖.（顺治）潮州府志［M］//中国科学院图书馆.稀见中国地方志汇刊（44）.北京：中国书店，1992：1360.

上首次出现规模的成片粮食生产区；宋元时期，潮汕是国内主要商品粮输出区之一；明清时期，由粮食输出区转为粮食需求区。

如果从粮食的供给、需求的状态来划分，则大体可分三个阶段：宋以前，潮汕属于粮食自给区；清康熙中期以前，潮汕属于粮食富余区，宋、明两代粮食输出尤其突出；清康熙中期至近代，潮汕属于粮食需求区，长期依赖区外粮食接济。

一、秦汉六朝时期

秦汉时期，潮汕原住民可能从事火耕水耨式的原始农业劳作，如《汉书》载："江南地广，或火耕水耨。民食鱼稻，以渔猎山伐为业，果蓏嬴蛤，食物常足。"[1]不过，新的汉族移民，则带来了较为先进的粮食生产知识。

汉代，潮汕地区最为集中的居民居住点，是在澄海龟山汉代遗址一带。该处遗存呈现出来的是汉文化面貌，因此居住在那里的居民，可以判断为外来移民。该处出土有不少稻作信息的遗物，包括有弄松土地及除草的铁锄、掘土的铁锸等专用农具，还有可供锄草开荒的斧，可供收割作物的刀等。

澄海龟山汉代遗址出土的锄、锸情况[2]为：

铁锄2件。长身，宽体，厚身，长方銎，器身呈楔形，平刃。编号"BT402③：50"，銎口略缺损，刃缘稍宽，锈蚀严重，高12.1厘米、刃宽7.5厘米，銎口长6.9厘米、宽3.6厘米；编号"F4:51"，銎口残损，刃面略缺损，銎口长与刃面宽相同，锈蚀严重，器表多氧化层，高2.2厘米、宽9.6厘米，銎门宽5.8厘米。

铁锸3件。凹字形，残损较甚。编号"F4:12"，銎部缺失，仅存刃面，弧刃，内有装柄的槽，残高4.2厘米、刃宽10.5厘米；编号"F4:27"，器缺失一半，尚存一边銎口及半截刃面，刃已呈钝锋，较平，锈蚀严重，器高7.8厘米、刃面残宽5.9厘米；编号"AT402③：26"，銎部缺失一半，另一半残损，圆刃，锈蚀严重，残高8厘米、刃宽7.5厘米。

锄和锸等专用农具的存在，明确显示出龟山居民业已远离刀耕火种的原始农业阶段，而且当时种植的是水稻类谷物。锄和锸之外，该遗址还出土有铁斧等

---

[1] 班固.汉书［M］.颜师古，注.北京：中华书局，1962：1666.

[2] 邱立诚.澄海龟山汉代遗址［M］.广州：广东人民出版社，1997：104，109-129.广东省文物考古研究所，澄海市博物馆，汕头市文物管理委员会.广东澄海龟山汉代建筑遗址［J］.文物，2004(2).

开荒拓殖工具和铁刀等劳动生产辅助工具。

此外，还有一些农具的发现，如揭阳狮尾山采集到的1件铁锸。

狮尾山为榕江下游的一座山岗，距榕江2.5公里，铁锸发现时已经锈蚀十分严重。铁锸呈凹字形，上部两侧为装柄的銎部，略残，下面有半月形刃面，圆刃，两侧外凸。残通高10厘米、宽11.5厘米。这件铁器与广州汉墓所出同类器相同，与澄海龟山遗址出土的残铁锸器形相近，判断为汉代。[1]

六朝时期，潮汕的农业生产继续发展着。

考古发现上，六朝潮汕并未有专用农具遗物出现。主要原因在于：这个阶段潮汕遗存几乎都是墓葬，而六朝墓葬随葬品少、罕见铁器是全国都一样。广东境内也是如此，以截至2016年下半年的专业期刊《考古》《文物》刊登的所有25篇考发掘报告及考古简报为例，无论墓室是否完好、遗物是否被盗，科学发掘的墓葬都没有出现专业农具。[2]因此，六朝时期潮汕墓葬没有农具实物出现是正常现象，并不是说东晋南朝时期潮汕地区的农业停滞乃至不事农业。

目前可以较大把握确认"族群"的潮汕东晋、南朝墓葬，全部呈现出汉文化面貌，相信农耕文化更为广泛。为了统计口径、行文体例、用词用语等更为统一，下面仅根据《中国文物地图集》所载，梳理六朝潮汕考古发现表，

---

[1]　邱立诚.澄海龟山汉代遗址［M］.广州：广东人民出版社，1997：203.

[2]　宏新按：考察《考古》（至2016年第6期止）、《文物》（至2016年第8期止），两刊共发表有广东境内六朝墓葬发掘材料25篇。其中《考古》刊23篇，分别为：广东省文物管理委员，广东曲江东晋、南朝墓简报［J］.1959（9）.广东省文物管理委员会，华南师范学院历史系.广东英德、连阳南齐和隋唐古墓的发掘［J］.1961（3）.广州市文物管理委员会.广州沙河镇狮子岗晋墓［J］.1961（5）.广东省博物馆.广东韶关市郊古墓发掘报告［J］.1961（8）.广东省博物馆.广东高要晋墓和博罗唐墓［J］.1961（9）.徐恒彬.广东英德浛洸镇南朝隋唐墓发掘［J］.1963（9）.广东省文物管理委员会.广东韶关六朝隋唐墓葬清理简报［J］.1963（9）.广东省博物馆.广东曲江南华寺古墓发掘简报［J］.1983（7）.广东省博物馆，汕头地区文化局，揭阳县博物馆.广东揭阳东晋、南朝、唐墓发掘简报［J］.1984（10）.广州市文物管理委员会考古组.广州沙河顶西晋墓［J］.1985（9）.广东省博物馆.广东梅县古墓葬和古窑址调查、发掘简报［J］.1987（3）.韶关市文物管理办公室，乳源县博物馆.广东乳源县虎头岭南朝墓清理简报［J］.1988（6）.始兴县博物馆.广东始兴县老虎岭古墓清理简报［J］.1988（6）.始兴县博物馆.广东始兴县清理两座晋墓［J］.1991（11）.罗定县博物馆.广东罗定县鹤咀山南朝墓［J］.1994（3）.广州市文物管理委员会.广州市下塘狮带岗晋墓发掘简报［J］.1996（1）.廖晋雄.广东始兴县缫丝厂东晋南朝墓的发掘［J］.1996（6）.广东始兴县发现一座晋墓［J］.1996（10）.刘成基.广东鹤山市雅瑶东晋墓［J］.1998（9）.始兴县博物馆.广东始兴县老虎岭古墓清理简报［J］.1990（12）.广东省文物考古研究所，肇庆市文化局，肇庆市博物馆，四会市博物馆.广东肇庆、四会市六朝墓葬发掘简报［J］.1999（7）.邓宏文.广东鹤山市大冈发现东晋南朝墓［J］.1999（8）.广东省文物考古研究所，和平县博物馆.广东和平县晋至五代墓葬的清理［J］.2000（6）.《文物》刊2篇，分别为：古运泉.广东新兴县南朝墓［J］.1990（8）.深圳博物馆.广东深圳宝安南朝墓发掘简报［J］.1990（11）.

如下。[1]

表4-5　六朝潮汕考古发现统计表

年代	地址	遗物、遗迹及描述	性质
东晋	揭阳地都狮尾山	刀形单券顶砖室墓，墓室长4.23米、宽1.5米；出土大小陶碗、杯5件，唾盂1件，龙首长柄铜鐎1件，鐎斗盆内刻有"宣□□"三个字	墓葬1座
东晋	潮州归湖黄峰采花	均为券顶砖室墓；1号墓出陶盂；2号墓出陶盂、碗、纺轮和银手镯，有"泰元十一年（386）十月一日□□"纪年砖	墓葬2座
东晋	潮阳铜盂孤山	均为券顶砖室墓；清理的1座长3.19米、宽1.92米、起券0.91米；出土青釉瓷器8件，砚、书简刀各1件；太元十二年（387）纪年砖	墓葬7座
晋代	揭阳新亨九肚村	木屋1处，长7.5米、宽7.5米、高3.5米，有3件陶小杯和陶片	遗址
晋代	揭阳仙桥狗屎山	单券顶砖室墓，墓室长3.8米、宽2米，墓地至地面2.8米；出土陶杯8件，罐、铁剪刀、铁轴心算珠式纺轮各1件，青瓷杯1件	墓葬1座
南朝	揭阳仙桥赤岭口	其中的2号墓为大型凸字形双室券顶砖室墓，甬道长2.25米、宽6.8米，墓室长6.9米、宽1.24米；出土有青釉陶杯、碟、罐、消石猪、银饰等17件；有大明四年（460）纪年砖	墓葬2座
南朝	揭阳仙桥湖心	夫妻合葬三室墓，三室皆呈中字形结构；墓砖多为网格纹，还有莲花纹、金钱纹；出土有杯、碟、碗、罐、灯台、六足兽大砚台、钵、鸡首壶、骨笄、银手环、金手环、铜钱、六耳莲花瓣纹罐等56件	墓葬1座
南朝	惠来华湖虎沟山	约4000平方米，均为长方形券顶砖室墓，采集有鱼纹、叶脉纹墓葬和陶罐、碗、碟等随葬品	墓葬14座
南朝	惠来神泉澳角村	在该村港仔入水口沙滩发现铜鼓1面	遗址
南朝	普宁南径前头山	均为券顶砖室墓；其中2号墓残长3.4米、宽0.84米、高1.4米，墓葬饰斜格纹；另一座墓砖饰重圈纹	墓葬3座
南朝	揭西金和灰寨	1975年发现独木舟1艘	遗址

　　自东晋开始，移入潮汕的中原人口大增，可从上面的遗存得到印证。这也意味着潮汕地区汉化程度持续加深。而汉代的农耕文化，已见于交通要道澄海龟山以及潮汕腹地揭阳狮尾山，由此便可推测六朝时期的潮汕农业生产，应该是比之前更为深入。

---

[1]　广东省文化厅.中国文物地图集（广东分册）［M］.广州：广东省地图出版社，1989：39-40，246，256，261，266，272，274-275，277-279.

广东自晋代开始便出现了若干带有关农业耕作场景的遗物，作为农业进步的象征，耕牛亦明确出现，如广东连山晋墓见有红黄质陶田犁、田耙、田地模型，[1]又如广东和平晋墓出现畜圈、鸡笼模型等[2]。似乎华南的农业已经逐步赶上了时代步伐。《中国农业发展史》便有如下总结："两汉之时的中国南方，水田耕作非常粗放，……魏晋南北朝时期，南方水田区得到进一步开发，在经济条件好，生产资料充足的地方和人户中，水田耕作已趋于精细，为隋唐时期全国经济中心转移至南方奠定了基础。"[3]

至此，华南、广东的农业发展水平已达到一定的水平。相信潮汕地区的稻作生产会随之发展。但具体情况如何，由于考古未提供更有力的农业资料佐证，我们推测，秦汉六朝潮汕地区的整体农业水平和生产规模落后于全国，可能在广东也不处于突出的位置。而具体的作业区，主要集中在汉人居住的聚落。但区内的粮食产量，自给自足是没有问题的。

二、隋唐时期

隋唐潮汕地区迎来了史无前例的大开发时期，尤其是中唐之后，州、县治及人群聚落点处，男耕女种、安居乐业，其社会面貌大抵与中原无异。中晚唐时，潮州已被中央政权定性为"岭南大郡"，也与粮食生产有关。

本阶段潮汕地区粮食生产发展迅速，耕作水平先进，出现了广东境内较早的水利工程。大抵上，无论从规模还是技术等，潮州的粮食生产都位于岭南前列，也常被当代多种文论作为代表，以说明广东的农业状况。如《广东省志》便以韶州、潮州为例，认为广东的农业已经接近全国的先进水平："此时农业耕作技术已讲究'深耕浅种'，懂得耘禾、除虫、粪肥的使用。……韶州、潮州水稻每亩产量达2—3斛，已接近全国先进水平。"[4]

从总的大势看，本阶段的潮州仍是粮食自给区，并没有明显的输出区外记录。这一点，应该与宋代之前，当地与区外之商品流通尚不活跃有关，而非本身

---

[1] 徐恒彬.简谈广东连县出土的西晋犁田耙田模型 [J].文物，1976（3）.

[2] 广东省文物考古研究所，和平县博物馆.广东和平县晋至五代墓葬的清理[J].考古，2000（6）.

[3] 阎万英，尹英华.中国农业发展史 [M].天津：天津科学技术出版社，1992：220-221.

[4] 广东省地方史志编纂委员会.广东省志·经济综述（光盘版）[M].广州：广东省科技音像出版社，2007：7.

生产能力的问题。

（一）稻作区的出现以及中唐的农耕生活

隋唐开始，随着居民特别是中原人口的流入、增多，提高潮汕粮食产量日趋必要，而大量尚待开发的资源以及人口流动带来的技术传播，都给予了潮汕提高产量的可能。另外，利好的中央政策，以及倡行、传播农耕生产的中原官员接踵入潮等，也起到了推波助澜的作用。到了中唐时期，长期的积累大见成效，潮汕粮食生产逐步闻名天下。

隋唐政权都强调以农为本，采取了较为宽松的管理措施。如隋代至唐前期实行的均田制，各以级别等第配给其田，令富者有一定限度，贫者可以维持最低的生活标准；又如唐后期实行的两税制，"度其数而赋于人，量出以制入。户无主客，以见居为簿；人无丁中，以贫富为差"，较好地减少了社会阶层之不公平性。同时，尽管隋代已经将岭南百越视为汉地，"皆列为郡县，同之齐人"，并没有特别的政策，但在优待少数民族的唐代，则对岭南区有优惠政策，如武德七年（624）便定下律令，中原各地以丁定额，岭南则以户定额，而且土著还可从半，"若岭南诸州则税米，上户一石二斗，次户八斗，下户六斗。若夷獠之户，皆从半输"，至少直至垂拱三年（687），此项优惠仍然存在。这样的大环境是十分适宜发展农业的。[1]

潮州的主官，如秉持儒家教化思想的中原谪官的到来，为重农思想和农业技术在潮汕的传播，起到了积极促进的作用。

较早莅潮的权万纪，以千古正直良臣名世，其辅导王子李恪时，曾屡劝李恪重民事，而其被谪的直接导火线，便是因李恪打猎时损坏农户田苗，遂坐教导无方罪。权万纪又曾上书谈论矿业开采等，可见其是十分关心经济、重视农业者，在潮汕地区想必也会贯彻这种思想。[2]

接踵而来的张玄素，于贞观十八年（644）南下潮州，其以身作则"悉以勤民事"。在农耕社会，最重要的民事便是农事，不少记载中，"民事"直指农事，如"民事不可缓也。云：'昼尔于茅，宵而索綯（绹），亟其乘屋，其始播

[1] 魏徵，令狐德棻.隋书［M］.北京：中华书局，1973：680，1831.刘昫，等.旧唐书［M］.北京：中华书局，1975：2088，3421.司马光.资治通鉴［M］.胡三省，音注.标点资治通鉴小组，校点.北京：中华书局，1956：6445.

[2] 吴兢.贞观政要［M］.上海：上海古籍出版社，1978：212.王溥.唐会要［M］.北京：中华书局，1955：1066-1067.王钦若，等.册府元龟（校订本）［M］.周勋初，等，校订.南京：凤凰出版社，2006：3593.

百谷'"，可见张玄素对农业生产的重视。[1]

此后如唐临，一样也有关心民事的记载，"治潮勤瘁，以惠爱为事"，直至"卒于官，年六十"；又如大历十四年（779），刺潮的常衮以"慰抚海隅，少安疲甿"为己任，"捐赀垦田""士类尊敬之"，则是常衮捐俸开荒，发动百姓从事粮食生产。[2]

至迟在贞元十二年（796），在潮州城邻近已经存在成片的庄稼，潮州刺史李舍为此而建亭观景。

《永乐大典》转《三阳志》载："今郡西有李公亭，始于唐贞元之十三年，其亭记亦是年作也。固曰亭为观稼之地。在郡西隅。今亭废已久，惟旧址与记尚在鸭湖，视之亦处于西，然谓之西隅，则为今之郡治形势合矣。"[3]则是李宿于贞元十三年（797），在郡城西隅的西湖山上修建有专门能观察到成片庄稼的亭子，可以居高临下一览无遗，考察稻谷的生产态势。

按李宿于贞元十二年（796）任潮州刺史，若他到任后关注民生、发展农业，甚至像常衮一样捐助垦田，则第二年正是收获劳动果实的时节，李宿建此亭，而后登高远眺，眼观农夫欢笑、麦浪滔天，想必陶醉不已。

李刺史的开心是应该的。千年以后，我们才发现这是潮汕史上一个非同凡响的事件——这个"李公亭"观稼建筑物的记载，是可以从存世志书中直接推导出成片庄稼的较早记录了。时间在常衮"捐赀垦田"之后的大约18个年头，早于韩愈莅潮大约22个年头。

上一节我们已经介绍了广东较早的水利工程，位置也在这附近，可以为这片农田的存在提供技术性佐证。实际上，如果没有那片海阳县堤围水利建设，则这里至多只能是小片之田地、田园，很难有上规模的粮食生产基地。而贞元十二年（796）在韩江三角洲出现的这大片农田，显非一朝一夕之功，与它之前的长期积累有关。

随着农业的发展，在元和十四年（819）时，作为潮汕地区政治经济文化中心的潮州州治之处，已经呈现出一片男耕女织、安居乐业的景象。

元和十四年（819）韩愈被贬刺潮，当时久雨伤农，韩愈为解民困而祷晴，

---

[1]　焦循.孟子正义［M］.沈文倬，点校.北京：中华书局，1987：332.郭棐.（万历）粤大记［M］//日本藏中国罕见地方志丛刊.北京：书目文献出版社，1990：166-167.

[2]　郭棐.（万历）粤大记［M］//日本藏中国罕见地方志丛刊.北京：书目文献出版社，1990：175，197.常衮.潮州刺史谢上表［M］//董诰，等.全唐文.北京：中华书局，1983：4270.

[3]　解缙，等.永乐大典（精装十册）［M］.北京：中华书局，1986：2459.

其撰写的五首《潮州祭神文》中便透露出若干农业状况。如其二的"稻既穗矣，而雨，不得熟以获也；蚕起且眠矣，而雨，不得老以簇也。岁且尽矣，稻不可以复种，而蚕不可以复育也，农夫桑妇，将无以应赋税继衣食也"，其三的"蚕谷以登。人不咨嗟"，其四的"淫雨既霁，蚕谷以成，织妇耕男，忻忻衎衎"。[1]从韩愈这段行文中展示出来的社会面貌，可说与中原农耕社会并没有多少差别。

州治如此，偏僻之处也不遑多让。本阶段一些佛教信徒捐田舍地给寺庙，便可以一定程度体现潮汕地区的粮食生产状况。

唐代的，如元代释大䜣在《潮州南山寺记》中介绍有南山寺："（南山）寺建于唐初，始未有业产。开元二十二年，有揭阳冯氏女，以父母卒，无他昆季，终丧，持田券归于寺，得租千二百石有畸。"[2]则是在唐初潮汕便存在一个南山寺，初时没有寺产，到了开元二十二年（734），始有揭阳冯氏女捐赠田地。

南汉国时期的，如潮阳灵山寺贞元七年（791）建寺之地，便是潮阳大族洪圭施舍的千余亩田地。洪氏长期招募乡人垦殖耕地，"时地广人稀，圭募夫开垦，遂成巨室"，灵山寺一直得到洪氏经济上的支持。南汉高祖白龙、大有（925—945）年间，其后裔洪宗启之妻林氏又舍田9顷捐给灵山寺，岁入租谷1000石。此时灵山寺已经拥有庄园7所，良田4590亩。则在唐后期至南汉时期，灵山寺名下田产十分可观，进一步推测，洪氏的田产应该远多于灵山寺。[3]这些都可说明潮阳的农耕生产十分普遍。

上举两例，一例在揭阳，一例在潮阳，都远离州治中心。想必至迟在开元年间，潮汕地区的农业生产已呈现一波高潮，考之当时的社会情况，正处盛唐，全国社会经济空前繁荣，屡见粮食丰收的记录，岭南、潮汕社会比前的明显进步，也符合时代大势。

（二）双季稻及畬田火米

隋唐潮汕，在粮食种植技术方面有了较大的发展。

---

[1]　韩愈.韩昌黎文集校注［M］.马其昶，校注.马茂元，整理.上海：上海古籍出版社，1986：318-320.

[2]　释大䜣.蒲室集·潮州南山寺记［M］//蓝吉富.禅宗全书（第95册）.北京：北京图书馆出版社，2004：505-506.

[3]　黄一龙，林大春，等.（隆庆）潮阳县志［M］.上海：上海古籍书店，1963年，卷之六：13.张其翑.（光绪）潮阳县志［M］.周恒重，等，修.台北：成文出版社，1966：264.潮阳文物志编纂小组.潮阳县文物志［M］.内部出版，1985：39-40.

譬如双季稻。

至迟在元和间，潮汕地区便存在着双季稻的种植，即1年之中可有两次收成。说见《太平御览》载："《郡国志》曰：稻得再熟，蚕亦五收。"[1]该条记载出于元和年间成书的《元和郡国志》，所述为唐代间事。[2]

双季稻的记录，最早见于岭南。《初学记》引东汉杨孚《异物志》载："交趾，夏冬又熟，农者一岁再种。"[3]这可说明东汉时期便存在着双季稻，按汉交趾地点在今越南北部，纬度大约在21°，似乎意味着当时的双季稻栽种，可能更依赖于高温天气，而非种子和技术等其他因素。

广东佛山澜石东汉墓，出土有编号"14:21"的明器（水田附船），既有农人扶镰收割俑，也有插秧俑，还有从事脱粒劳作的小孩和禾堆等，呈现出来的是种、收同时存在的场景。[4]可佐证东汉岭南的双季稻种植已经出现。此后，双季稻的技术逐步分布至华南，如《太平御览》引晋郭义恭《广志》载："南方有蝉鸣稻、七月熟稻；有盖下白，正月种，五月获讫，其茎、根复生，九月复熟。"[5]

从上面的大背景看来，唐代潮州出现双季稻并不奇怪。不过，关于北宋之前双季稻的耕作制度及相关问题等，目前国内外农业学界仍在深入探讨之中。但无论如何，唐代《元和郡国志》潮州"稻得再熟"的记载，都是公认的可以获得一岁双收之"双季稻"的确凿依据，并被历代论者列为考述佐证，唐代潮州稻由此在农学界闻名。

此阶段潮州双季稻的质量和产量等如何，我们可以做个探讨。

可利用且年代较接近文献，如北宋成书的《唐会要》载："十九年四月一日。扬州奏。秔生稻二百一十顷。再熟稻一千八百顷。其粒与常稻无异。"[6]

这是王溥回溯唐代开元十九年（731）的事，当年扬州的再熟稻达到1800顷，与平常的稻谷无异。双季稻栽种技术，潮州应高于扬州，因为其最初正是由岭南推向长江流域的，而气候上也更为适宜。这里，我们仅以两者质量一样论，则在元和年间，潮州产双季稻的质量上应该也"与常稻无异"。产量上，尽管每

[1] 李昉，等.太平御览［M］.北京：中华书局，1960：838.

[2] 乐史.太平寰宇记［M］.王文楚，等，点校.北京：中华书局，2007：3035.

[3] 徐坚，等.初学记［M］.北京：中华书局，1962：662.

[4] 广东省文物管理委员会.广东佛山市郊澜石东汉墓发掘报告［J］.1964（9）.

[5] 李昉，等.太平御览［M］.北京：中华书局，1960：3751.

[6] 王溥.唐会要［M］.北京：中华书局，1955：534.

一次收成，双季稻比普通的单季稻要低，但每年的收成，双季稻要较单季稻多得多。则仅上述州治西隅的"李公亭"下那一片庄稼，相信便颇为可观了。

本阶段非汉族区栽种的粮食，至少有畲田火米。

潮汕的畲田火米，可能很早便存在了，由于笔者寓目的相关材料，可明确系年的都迟至晚唐时期，因此放在本阶段介绍。

李德裕《谪岭南道中作》："岭水争分路转迷，桄榔椰叶暗蛮溪。愁冲毒雾逢蛇草，畏落沙虫避燕泥。五月畲田收火米，三更津吏报潮鸡。不堪肠断思乡处，红槿花中越鸟啼。"[1]

李德裕是由漳州进入潮汕地区的，其诗作《盘陀岭驿楼》可说明问题。[2]盘陀岭是潮漳必经之道。自漳州入潮州后，为今饶平、潮安县境，是当时的畲族聚居点，因此李德裕描写到"五月畲田"。这反映了当年潮汕远离州治处的农业生产状况。[3]

"畲田"在唐诗中多有出现，表示的是一种有别于中原的耕作形式，即"刀耕火种"，同时也有田亩壮观的意蕴景象，如唐刘禹锡《畲田行》："何处好畲田？团团缦山腹。"[4]这也可见当时畲田在各地是存在的，并非潮汕独有。

"火米"则是粳，说见《本草纲目》载："（时珍曰）粳有水、旱二稻。南方土下涂泥，多宜水稻。北方地平，惟泽土宜旱稻。西南夷亦有烧山地为田种旱稻者，谓之火米。……南方有一岁再熟之稻，苏颂之香粳，长白如玉，可充御贡。皆粳之稍异者也。"[5]

粳在宋元潮州亦有栽培的录载，如《永乐大典》引宋《三阳志》，便载有"熟于五六月者曰旱禾"，《元一统志》所列潮州土产中，"粳"更是排列于第一项的"盐"之后，称潮州"诸县并出"。[6]晚唐离宋不足百年，这里亦可佐证

[1] 李德裕.谪岭南道中作［M］.中华书局编辑部，点校.全唐诗（增订本）.北京：中华书局，1999：5397.

[2] 李德裕.盘陀岭驿楼［M］.中华书局编辑部，点校.全唐诗（增订本）.北京：中华书局，1999：5449.

[3] 李宏新.潮汕史稿［M］.汕头：汕头大学出版社，2016：211-213.

[4] 刘禹锡.畲田行［M］.中华书局编辑部，点校.全唐诗（增订本）.北京：中华书局，1999：3978.

[5] 李时珍.本草纲目（校点本）（第三册）［M］.刘衡如，校点.北京：人民卫生出版社，1978：1466.

[6] 解缙，等.永乐大典（精装十册）［M］.北京：中华书局，1986：2458-2459.李兰肹，等.元一统志［M］.赵万里，校辑.北京：中华书局，1966：682.

李德裕的"五月畲田收火米"并非虚指，而是撰写所见景物。

即是说，潮汕地区唐时也可能存在旱稻栽培，而这种粳，如果不是历时所载"粳"的语义稍有难解之处，我们乃至于可以得出初步结论："粳"便是同期文献所称的"南方有一岁再熟之稻"的品类之一；而潮汕的畲田火米，便是"粳"。

三、宋元时期

宋元潮汕粮食生产达到一个高峰。虽然期间各时段有所起伏，但总体而言，当地粮食生产充分，商品粮的产销量长期处于宋元国内顶级行列。

大量的记载显示，在商品流通发达的宋代，便有多次诏令从潮汕进米的记录，而凭借着高效的输出以及良好的口碑，潮州米常年供应福建，销售范围远至江浙，深至帝都，市场覆盖面极广，同时出现了"金城米"品牌——这也是宋代文献中，不很常见的品牌类案例之一。

也就是从宋代开始，潮汕地区开启了商品粮经济的黄金期，真正由粮食自给区向富余输出区转变，这种态势总体上延续了700多年。

（一）金城米与商品粮的输出

宋元中央政府的重农政策贯彻始终。北宋的如淳化五年（994），"凡州县旷土，许民请佃为永业，蠲三岁租，三岁外，输三分之一"[1]。南宋的如绍兴二年（1132），"诏令措置招诱人户耕垦闲田"[2]。元代的如忽必烈"即位之初，首诏天下，国以民为本，民以衣食为本，衣食以农桑为本"，并以之为指导原则制定一系列利农措施。[3]

同时，本阶段交通畅通，商品流通经济之发达，达到了国内史上未有的位置。而潮汕地区自唐代融入全国交通网络之后，至此已经形成四通八达的交通格局，"东西界闽广之冲，南北接山海之会。毂送蹄劘，无日无之"[4]"岸海介闽，舶通瓯吴，及诸藩国"[5]。

[1] 脱脱，等.宋史［M］.北京：中华书局，1977：4159.

[2] 宋会要辑稿［M］.刘琳，刁忠民，舒大刚，等，校点.上海：上海古籍出版社，2014：7487.

[3] 宋濂，等.元史［M］.北京：中华书局，1976：2354.

[4] 黄刚大.三阳驿壁记［M］//解缙，等.永乐大典（精装十册）.北京：中华书局，1986：2486.

[5] 周伯琦.肃政藏［M］//解缙，等.永乐大典（精装十册）.北京：中华书局，1986：2473.

自前代已经具备良好资源和技术积累的潮汕地区，在此大时代背景下如鱼得水，商品粮经济迅速崛起，入宋之后便逐步成为大型的商品粮输出基地。

中央政府多次在潮州调拨采购粮米，输入内地，这可见潮产粮米在中央政权的地位。按《宋会要辑稿》的记载，仅列"食货"中数例如下。[1]

譬如经福州再输出的，如建炎四年（1130）十月十九日，便以每纲一万石为量，一次性购买潮州米三纲，自潮州经海路发往福州，于绍兴元年（1131）正月运抵。

又如经温州再输出的，如成忠郎潘和等从潮州购米，发纲运到温州交卸，由于任务完成尚可，绍兴元年（1131）受到推赏。

再如直接运抵都城临安的，如绍兴五年（1135）六月二十九日，按原计划在广南沿海州县如潮州等市价购买15万石米，需经漳、泉、福口岸再输入杭州，但广东转运官却直接把米粮妥帖运进临安，由于货无差损且效率更高，于此日受嘉奖。

中央政权要求的漕运之外，再举数例。

发往广州中转，再从广州输往各地乃至国外的。

按，宋元广东粮食产量迅速增加，其中潮产粮食的贡献占了很大的份额，当时大批商品粮集中于广州，再销售广西、福建、浙江，还出口至中南半岛，广州遂成为当时中国一大米市。销往国内的如杭州，《梦粱录》便称广米为该州所依赖的外来米之一，[2]销往中南半岛诸番国数量更多，以至元政府曾多次下禁令，如元二十五年（1288）的一次，便明确规定广东大米不准输出到占城[3]。在这样的环境中，作为广东主要粮食产区之一，潮产粮食通过广州中转而出的数量不菲，尤其是南方不需要的麦类、菽豆。

发往江浙一带的，也不在少数。

按，江浙为粮食盛产区，但由于其负责着华中等多地的供应，因此有时也捉襟见肘。从文献看，其由潮汕运米的情况并不少见。如朱熹《奏明州乞给降官会及本司乞再给官会度牒状》便透露出，潮州米由明州入口，再散布到浙东各

[1] 宋会要辑稿［M］.刘琳，刁忠民，舒大刚，等，校点.上海：上海古籍出版社，2014：6888，7063-7064.

[2] 吴自牧.梦粱录［M］.杭州：浙江人民出版社，1980：148-149.

[3] 宋濂，等.元史［M］.北京：中华书局，1976：2402.

县，"雇备人船出海，往潮、广丰熟州军收籴米斛"[1]，这里显示出潮州是明州首要的购米地，而后再输出到各需求区。也有运到江浙的，如李曾伯《奏乞调兵船戍钦仍行海运之策》所载，包括潮米在内的广东米直上江浙，此时的海路，比之江河运输更胜一等，"闽浙之间，盖亦尝取米于广，大抵皆海运。虽风涛时乎间作，然商舶涉者如常"[2]。

发往福建的，是目前研究文献最常引用的，这里稍举一二。

如《（宝祐）仙溪志》载淳祐年间，长期依赖外来米的福建仙溪县，因故需向其他地方采购粮食，便"依潮州例"，以每石价钱二贯四百五十文的价格购买，[3]这明确透露出，当时的福建仙溪县长期从潮州进米。又如朱熹屡屡提及福州、泉州、温州多次从广东进米，辛弃疾任职福建时，也称福建是"闽中土狭民稠，岁敛则籴于广"，真德秀在沿海军政的奏疏中，多次强调福州、兴化府、漳州、泉州四郡，全靠潮州等广东米以给民食，一旦海贼盛行，米船不至，则"军民便已乏食"。[4]

潮州米输出的同期文献记载，可明确的尚有不少，此处不赘。

按经济学理论来理解，只要外销量大且持久、市场分布广、产品有特色，以及随之而来的知名度积累，则通常便会约定俗成产生一个特定的称呼。此期潮汕输出的粮食，被称为"金城米"，正是这种情况的反映。说见《舆地纪胜》载潮州"或曰金城者，以是山旧属于金氏"[5]，《永乐大典》引《三阳志》明确称，潮州米"贩而之他州曰'金城米'"[6]。

宋元阶段的文艺作品，对此期的粮食生产也有反映，这样的例子很多。以古诗论，有如《蒙斋》："蒙斋远廛市，胜概几多清，山下一泉涌，望中千亩

---

[1]　朱熹.奏明州乞给降官会及本司乞再给官会度牒状［M］//朱熹.晦庵集.文渊阁四库全书本，卷十七：47-48.

[2]　李曾伯.奏乞调兵船戍钦仍行海运之策［M］//李曾伯.可斋续稿.文渊阁四库全书本，后卷六：16-17.

[3]　黄岩孙.（宝祐）仙溪志［M］.黄真仲，重订.清海虞瞿氏铁琴铜剑楼影钞本（有刘克庄等序版），卷一：16.

[4]　脱脱，等.宋史［M］.北京：中华书局，1977：12164.朱熹.与李彦中张幹论赈济劄子，与林择之书［M］//朱熹.晦庵集.文渊阁四库全书本.卷二十九：42-43，卷二十七：8-10.真德秀.申尚书省乞措置收捕海盗，中枢密院乞修沿海军政［M］//真德秀.西山先生真文忠公文集.上海：商务印书馆，1937：250-255.

[5]　王象之.舆地纪胜［M］.北京：中华书局，1992：3107.

[6]　解缙，等.永乐大典（精装十册）［M］.北京：中华书局，1986：2457.

平。"[1]又如《浦口庄舍五首》之三："浦口村居好，凭高望处赊。稻田千万顷，农舍两三家。"[2]再如《潮阳道中》："万灶晨烟煮白雪，一川秋穟割黄云""此若有田能借客，康成终欲老耕耘。"[3]

我们自然不能以含有文艺化成分的作品为史料依据，但综合上述材料，则可说类似"望中千亩平""稻田千万顷""一川秋穟割黄云"，以及无田可借等描述，不失为一种建立在客观事实基础上的艺术化反映。

《府官续题名记》则直接评价为"潮为广左甲郡，米谷之藩之富，民淳俗熙，昔称易治"[4]。在百业农为先的中国古代汉民族社会，"易治"无疑是建立在农粮富余的基础上的。

潮汕农业传统始自远古，粮食生产一直出色，这已被考古材料所证实。只是潮汕向来能够自给自足便无他求，至中唐之后，居民增多，才有了成规模稻作物的记载，而宋元阶段突然出现这么大规模的产量，相信也是人口剧增的因素造成的。宋元流通渠道发达，商品销售较前便捷，所出更易获利，"民得利动"更是此期商品粮大增的主要动因。

总而言之，宋元时期潮汕粮食产销俱旺，此时在中国米粮生产最为发达的南方、岭南中，潮汕地区依然是可数的商品粮大区之一。江南鱼米之乡，却往往寻米于潮州，同样佐证了潮米在行内地位之不同凡响。可以说，本阶段潮州实际的粮食产销规模，应该是超过此前的普遍认识。同时，今世海内外潮商，不少仍活跃于商品粮行业，并取得优秀成就，应该也与此种潜移默化之传统有关。

（二）生产技术的发展以及新品种的引进

宋元两代农业生产有了长足的进步，技术推广力度更堪称空前，仅从刊出的科技著作为例，中国自北魏时期的《齐民要术》问世以后，历隋唐数百年后再也未见重要的农书问世，而《齐民要术》反映的是黄河流域环境及品种，南方常见的水稻种植技术则显空白，到南宋陈旉《农书》才得以填补。两宋农书达140多种，元代更是有了包括王桢《农书》《农桑衣食撮要》《农桑辑要》在内的十多种农业科技著作，这些无不对各地先进技术的交流起到促进、普及的作用。

[1] 解缙，等.永乐大典（精装十册）[M].北京：中华书局，1986：2492.

[2] 彭延年.浦口庄舍五首［M］//解缙，等.永乐大典（精装十册）.北京：中华书局，1986：2492.

[3] 王安中.潮阳道中［M］//解缙，等.永乐大典（精装十册）.北京：中华书局，1986：2491.

[4] 李复.府官续题名记［M］//解缙，等.永乐大典（精装十册）.北京：中华书局，1986：2488.

广东农业生产技术有明显的改进和提高，农田排灌开始采用牛车汲水和辘轳水车，耕作制度上，珠江三角洲和潮汕平原广泛种植双季水稻，开展对水稻品种的改良，把从引进占城的稻种改良为更适合广东种植的白占、黄占、赤占。[1]

潮汕地区农业技术的进步，正如《广东农业志》所称，在耕作制度上，广泛开展了双季水稻的种植。

在上一阶段，我们已经确认了较早记载潮州"稻得再熟"的史源来自唐，系年在唐元和间；而考古发现（佛山）和文献记载（交趾）都能说明，与潮州相近、纬度相当的地方，东汉时期已经存在双季稻。只是潮州材料缺乏，因此我们不能将"水稻再熟"的历史前推，但在唐代，潮汕当地存在双季稻的栽种是可以确定的。

宋元阶段，则有了更多的"双季稻"记载。《永乐大典》引《三阳志》载："州地居东南而暖，谷尝再熟。其熟于夏五六月者曰早禾，冬十月曰晚禾，曰稳禾，类是赤糙米，贩而之他州曰金城米。若粳与秫即一熟，非膏腴地不可种，独糙赤米为不择，秋成后为园。若半植大、小麦。逾岁而后熟，盖亦于一熟而种耳。"[2]

上引，可看出潮州耕作制度的梗概。庄义青先生据此总结为："宋代潮州人民十分重视对土地潜力的开发利用，一年间的种植安排有：①早稻—晚稻二熟制；②秋稻—麦二熟制；③秋稻—冬园二收制。第三种实际就是冬种制，今天潮地农田普遍实行，且冬种收获几等一造，是一年三熟，其源可溯至宋代。"[3]

我们认为，在没有早期文献反证的情况下，这样的解读并未有什么不妥。此外，陈旉《农书》载："早田刈获才毕，随即耕治晒暴，加粪壅培，而种豆麦蔬茹。"[4]可以帮助理解这个问题。

除了耕作制度外，宋元潮汕还出现了一些比较先进的农具。

宋元先进农具有秧马、龙骨水车等，虽然限于文献的模糊，目前对这些农具的具体功能、详细形状乃至什么是"秧马"，历史学家、农业专家乃至考古学界等仍存在较多探讨，但它们应用于农业生产是没有疑问的。

[1] 广东省地方史志编纂委员会.广东省志·农业志（光盘版）[M].广州：广东省科技音像出版社，2007：4.

[2] 解缙，等.永乐大典（精装十册）[M].北京：中华书局，1986：2457.

[3] 庄义青.宋代潮州的人口增长及其经济发展[J].岭南文史，1987（2）.

[4] 陈旉.陈旉农书校注[M].万国鼎，校注.北京：农业出版社，1965：26.

晚出地方志书载有一种传统渔具"涂跳"，认为这是因苏东坡诗中出现而名播当时、广传后世的"秧马"的原型，如《（康熙）潮州府志》载："形如小舟而无两旁墙板。……涂跳以木为之，长三尺余，厚半寸而翘其首尾，若半月之状。其前立二柱，上横一木。渔人遇海水落时，鱼虾蚝蛎之类多沾浅沙中，不能施网罟，跣足涉之则入泥中。制此木板，其人以左手扶横木，左足跪跳上，而使右足以踔泥，右手拾物，板轻而虚，海泥甚细滑，略不沮滞，故其行如飞，即骏马不能追也。……吴子曰：苏东坡所云秧马，疑即师其意用之田间者欤？"[1]吴颖猜测这种"涂跳"，与苏东坡所称的"秧马"有相同之处，或许后者受到前者的启发。而"秧马"形制如何，即使撰写时间离出现时间不远的中国数大农书之一、元代的王桢《农书》也未见过原型，只能依据苏轼诗句绘制"秧马"图，千年之后又成农业史疑题，因此目前难以弄清这个问题。

"秧马"一词闻名天下的始作俑者是苏轼，他在《题秧马歌后四首》称："吾尝在湖北，见农夫用秧马行泥中，极便。顷来江西作《秧马歌》以教人，罕有从者。近读《唐书·回鹘部族黠戛斯传》，其人以木马行水上，以板荐之，以曲木支腋下，一蹴辄百余步，意殆与秧马类欤？聊复记之。"[2]

这倒引起我们的注意，在没有广泛认可的考古实物出现之前，我们没法排除这种情况："涂跳""秧马"都源于唐代。按，潮汕地区发现的农具，两周至战国便有铜锄，汉代出有铁锄、铁锸等，苏东坡所谓的"秧马"和潮汕当地志书的"涂跳"，以及各地与此理念相类的称呼各异的农具，它们可能都是秉承自先唐原型或理念而各自发展出来的。我们猜测，类似"秧马"这样的较为先进的农具在宋代潮汕地区便存在了。

宋元潮汕地区存在不少粮食新品种的种植。

如直接从中南半岛引进的新品种"占城稻"，《（嘉靖）潮州府志》载："谷：白早、赤早、安南、乌种、早秋。"[3]《（嘉靖）广东通志初稿》载："黏，始得之番舶，宋世以交趾种令岭南播之。此品最为繁盛。"[4]这里的"安南""交趾种"，都是指这种稻。

[1] 林杭学.（康熙）潮州府志 [M].潮州：潮州市地方志办公室，2000：495.

[2] 苏轼.苏轼文集 [M].孔凡礼，点校.北京：中华书局，1986：2153.

[3] 郭春震.（嘉靖）潮州府志 [M]//北京书目文献出版社.日本藏中国罕见地方志丛刊（第13册）.北京：书目文献出版社，1992：284.

[4] 戴璟，张岳，等.（嘉靖）广东通志初稿 [M]//北京图书馆古籍出版编辑组.北京图书馆古籍珍本丛刊（38）.北京：书目文献出版社，2000：520.

新品种能够落地生根，说明这种引进适合当地而有效，以上的"最为繁盛"，意味着容易高收益，能抵消"稍旱即水田不登"[1]的威胁，即可以相对减少干旱天气造成的危害，这些都是这种"占城稻"最主要的特点。

而不是说，"占城稻"具有一年多熟的特点，潮汕地区只有在引进"占城稻"后，才具备这种先进的耕作制度，这是两回事。因为"占城稻"是一种泛称，是否能一季双熟，主要还得看其中的具体品种、当地气候以及耕作技术的运用，如《（道光）广东通志》载："黏米种出占城。本曰占城稻。一名秈。五月收。晚者九月收。水田种之止一熟。有赤白黄斑诸色。"[2]便透露出"占城稻"种类不少，直到清代，也仍有仅一熟的"占城稻"。

潮汕地区的大麦、小麦、豆种植，也在此期兴起，因此大概也可列为新品类。

岭南的麦与菽豆等的栽种，最初都是中央政府再三诏令强制推广的，如淳化四年（993）二月诏令中，就明确地方官劝谕岭南诸县栽种四种豆及粟、大麦、荞麦，官方提供种子并给予免税政策等。[3]岭南分配领取到的种子，其来源地为淮北。[4]

潮汕所栽培者，主要是其中的麦和菽豆，《永乐大典》引《三阳志》将它们列为土产，并称："麦与菽豆，惟给他用，不杂以食，其本业盖如此。"[5]明确透露出麦、菽豆在潮汕的栽种及流行。

麦是值得注意的粮食。此前对潮汕麦的研究比较少，我们怀疑本阶段潮汕麦是前引大量输出的粮食之一。因为同期志书既透露出潮州流行种麦，同时又明确当地人不用。略述如下。

麦是大麦、小麦的总称，原本是北方所盛行的面食原料，宋元之前的传世文献，罕见有广东栽培的记录，唐代文献反倒有不宜栽种的记载，如"广州地热，种麦则苗而不实"[6]。到了宋代，北方饮食习惯的人口大量进入潮汕，加上

[1] 宋会要辑稿［M］.刘琳，刁忠民，舒大刚，等，校点.上海：上海古籍出版社，2014：5947. 脱脱，等.宋史［M］.北京：中华书局，1977：4162.

[2] 阮元，陈昌齐，等.（道光）广东通志［M］//续修四库全书编委会.续修四库全书·六一一·史部·地理类.上海：上海古籍出版社，2002：187.

[3] 宋会要辑稿［M］.刘琳，刁忠民，舒大刚，等，校点.上海：上海古籍出版社，2014：5946.

[4] 脱脱，等.宋史［M］.北京：中华书局，1977：4159.

[5] 永乐大典方志辑佚［M］.马蓉，陈抗，钟文，等，校点.北京：中华书局，2004：2681.

[6] 刘恂.岭表录异校补［M］.商壁，潘博，校补.南宁：广西民族出版社，1988：91.

入宋之后屡有诏令栽麦，才有了包括潮汕地区在内的广东几个大州的种麦记录。为何此时岭南、潮汕又适宜栽培，一方面与宋元气温下降有关，另一方面，也可能是经过长期的实践，出现了新的适宜麦类品种。

麦的流行，主要原因是官方强制式的推行，以及中原、北方存在着较大的市场需求。在政权重心南移的南宋时期，麦作物的耕种纳入了广南官员政绩考核，需要每月报告，可见官方之重视。[1]同时，外地市场需求较为强烈，麦的利润又远远大于稻谷，如"绍兴初，麦一斛至万二千钱，农获其利，倍于种稻"。[2]获利倍于稻谷，且符合政策导向，自然极大地刺激了居民的生产积极性。

尽管如此，广东产麦之地，同期文献明确体现出来的却只有几个州，如：潮州，上引《三阳志》有数处记载，包括列为潮州土产；广州，《大德南海志》载有土产"麦"[3]；惠州，《惠州守陈文惠祠记》载陈尧佐任职惠州时"南民大率不以种艺为事，若二麦之类，盖民弗知有也。公始于南津闸地，教民种麦，是岁大获，于是惠民种麦者众矣"[4]；连州，吕本中《连州行衙水阁望溪西诸山》诗句"今年饱新麦，忧虑则未已"[5]。此外，循州可能也产麦[6]。同时，相邻的福建漳州，则没有种麦记录，因此朱熹才会再三劝谕"种田固是本业。然粟豆麻麦菜蔬茄芋之属亦是可食之物，若能种植，青黄未交，得以接济，不为无补"[7]。

那么，在各地产麦大增，"竞种春稼，极目不减淮北"[8]的情况下，作为广东数个产麦大州之一、闽粤边区产麦地的潮州，其麦田规模自然不会少。加之时代背景是：不计大麦，仅以小麦论，宋代"全国小麦总产量已经接近或超过谷子，仅次于水稻，居粮食作物的第二位"[9]。这样，本阶段潮汕地区麦作物种植

[1] 宋会要辑稿［M］.刘琳，刁忠民，舒大刚，等，校点.上海：上海古籍出版社，2014：7732.

[2] 庄绰.鸡肋篇［M］.萧鲁阳，点校.北京：中华书局，1983：35-36.

[3] 广州市地方志编纂委员会办公室.元大德南海志残本（附辑佚）［M］.广州：广东人民出版社，1991：28.

[4] 郑侠.惠州守陈文惠祠记［M］//郑侠.西塘集.文渊阁四库全书本，卷三：7.

[5] 吕本中.连州行衙水阁望溪西诸山［Z］//吕本中.东莱诗集.台北：商务印书馆，1983：767.

[6] 宏新按：《广东省志·农业志》载有广、惠、潮、循诸州产麦，注引《鸡肋篇》，但《鸡肋篇》找不到此录载，未知是否版本不同。参见：广东省地方史志编纂委员会.广东省志·农业志（光盘版）［M］.广州：广东省科技音像出版社，2007：4.

[7] 朱熹.劝农文［M］//朱熹.晦庵集.文渊阁四库全书本，卷一百：16.

[8] 庄绰.鸡肋篇［M］.萧鲁阳，点校.北京：中华书局，1983：36.

[9] 闵万英，尹英华.中国农业发展史［M］.天津：天津科学技术出版社，1992：254.

量实在不宜低估。我们怀疑，前述一些外销粮米，尤其是通过各口岸流入中原、北方者，也许有若干是麦类，而不仅仅是"米"。

综上所述，有了较为先进的耕作制度和农具，宋元潮汕的粮食生产应该处于全国先进水平，产量也是比较高的。否则，没有产量优势，且加上相对高昂的运输成本，难以相信会有价格差距而形成大量商品粮输向全国的现实。

关于潮汕的粮食亩产量，《潮汕地区元明清时期粮食产量探估》曾做出量化估测，结论大约是：宋元时期的潮汕地区粮食亩产量，较高年份已超过600斤/亩，元代平均亩产377斤，达到发达地区水平。[1]

四、明清时期

明清潮汕粮食生产规模继续扩大，总产量也趋于时代所允许的最高限。然而，在本阶段的后期，人口的增多导致耕地资源趋紧，浓郁的工商业社会氛围又导致若干居民从事其他行业，农户改种其他高利润经济作物，遂令潮汕粮食产量入不敷出，首次出现了不足以自给的情况。

这种转变大概在清康熙中期开始，此后，潮汕地区从粮食富余区转化为缺粮区。不过，当地的粮食数量仍维持着一定的基础，农业耕作更非全然停止。

（一）从余粮区向缺粮区的转变

明清时期，是潮汕地区由粮食富余而可输出转化到粮食短缺需要仰仗外来米的阶段。其划分时间是：自明代产量一直富余，直至明亡仍如此，是余粮区；清初是东南沿海大粮仓，至少在康熙二十年（1681）仍足以输出；康熙中后期，逐步由富余区趋向自给区，并迅速向缺粮区转变；雍正元年（1723）至近代之前，成为彻底的缺粮区。

1.明代的富余及输出

入明以后，潮汕粮食仍大量输出，远销泉州、漳州、兴化、福州等地，闽南沿海民饥则食潮米，漳泉米商更是长期搬运潮米以牟利，这是明代常态。大量的记载说明这个问题。

漳、泉两府一直严重依赖潮米，在明代海禁严厉之时，沿海商船无法出海，福建籍的高官们颇为担忧家乡人民的食用，如都御史唐顺之称"福建漳、泉

---

[1] 黄挺，杜经国.潮汕地区元明清时期粮食产量探估［M］//潮汕历史文化研究中心，汕头大学潮汕文化研究中心.潮学研究（第3辑）.汕头：汕头大学出版社，1995：109-136.

等处多山少田，平日仰给全赖广东惠潮之米，海禁严急，惠潮商舶不通，米价即贵，民何以存活乎"，并建议"漳泉巨室有船只者，官为编号，富者与之保结，许其出洋""南则许贩惠潮之米"。其中的泉州府，有"上吴越，而下东广"两路依靠，潮州米不至，还有吴越米可以期待；漳州府则是"皆航潮米而食"，沿海每有天旱，福建政府都会"惕惕忧恐"，旦夕担心无米引发社会问题。[1]

兴化府情况类似。尤其是米价大涨之时，更需要潮米输入调节市场。这种输入是持续的，较大规模的一次，发生在成化二十三年（1487）冬至翌年夏，当时兴化各县春秋大旱，米大贵而民不聊生，兴化官民迫切熬到潮米冬熟收成，方能展颜，"潮人载谷鬻贩于莆，舳舻相踵，至于明年复不绝，谷价因之而平，民赖以济""成化二十三年，麦禾灾，得潮人谷，民赖以济"等多种福建志书的记录，无不显示此次潮汕米商平抑之功，以及兴化莆田仙游对潮米的依赖。[2]

福州府则一直是潮米的最终消费地之一。潮米输入福州，主要经过福州福清县，这是明代常经之海路，"福清僻在海隅。户口最繁。食土之毛，十纔（才）二三。故其民半逐工商为生。南资惠潮，北仰哺于温宁。此其常也"。而"福州地力田亩原少，地之所出不足供"，潮州是其主要的几个仰仗地之一，明天启、崇祯年间，由于澎湖、金门海路戒严，潮州米好几个年份没有如期抵达，福建官方情急之下，一度考虑以武装兵船护送米商米船，直入潮州、惠州抢米。[3]

总之，潮米沿海路输入福建沿海的记载贯穿整个明代。正如《皇明世法录》所载："福、兴、漳、泉四郡皆滨于海，海船运米，可以仰给。在南则资于广，而惠、潮之米为多。在北则资于浙，而温州之米为多。玄钟向为运船贩米，至福行枭，利常三倍。每至辄几十艘，或百艘，或二三百艘，福民便之，广、浙人亦大利焉。"[4]

明代潮州粮食输出是持续而连贯的。此前，一直存在着明后期或者明末潮

[1] 王世懋.闽部疏［M］.台北：成文出版社，1975：47.章潢.图书编［M］.文渊阁四库全书本，卷五十七：32-33.何乔远.闽书［M］.厦门大学古籍整理研究所，历史系古籍整理研究室《闽书》校点组，点校.福州：福建人民出版社，1994：942.

[2] 黄仲昭.八闽通志（下）［M］.福建省地方志编纂委员会，福建省图书馆特藏部，整理.福州：福建人民出版社，2006：1302.胡启植，王椿，等.（乾隆）仙游县志［M］.上海：上海书店出版社，2000：635-636.

[3] 叶向高.论本邑禁籴仓粮书［M］//叶向高.苍霞草.明万历刻本，卷十二：22.周之夔.条陈福州府致荒缘由议［M］//周之夔.弃草文集.1635（明崇祯乙亥）刻本，卷五：19，22.

[4] 陈仁锡.皇明世法录［M］.明崇祯刻本，卷七十五：6.

汕粮食不足以自给的观点，但并没有真正系年清晰的、区外粮食流入潮汕等的明确记录可以佐证[1]。下文自嘉靖朝起，从大环境、外输、仓储、灾难自救等方面做个简单举例和对比。

嘉靖朝。

潮米一如既往向外输出，包括传统目的地福建，系年明确的记载上有不少，比如嘉靖七年（1528），兴化仙游便"告籴惠潮二州"。[2]

此时潮米输出甚广，有可能不仅是福建，被时人称为"溢于四方"。如《赠郑长溪太守擢广西宪副序》称潮州府"隰泽良田，宜稻谷。秔稌之美，溢于四方"，郑长溪调离潮州知府并到任广西副使的时间早于嘉靖二十年（1541），因为嘉靖二十年（1541）广西副使已是吴世泽。因此，这条记录的系年应是嘉靖十九年（1540）或左右。即是说，在嘉靖十九年（1540）左右，潮州的粮食仍大量外输。[3]

同时，广东米粮充足乃至压仓。如嘉靖十四年（1535），广东专储军需的永丰仓储量和给济荒灾离乱兵食的预备仓，都是每岁支散之后，还压仓致烂，以致仓储维护成为累赘，官方叫苦不迭。[4]

潮州府内部储存也足，连并非盛产县的惠来，所储备的粮食也时有朽坏。按，嘉靖十四年（1535）左右潮州的仓库，由明初的州治1所永丰仓和海阳、潮阳、程乡、揭阳县各1所际留仓，增加到26所。[5]惠来县则在嘉靖十四年至嘉靖二十年（1535—1541）之间，便建有预备仓和际留仓各1所。这些仓库同样满盈堆积，令主管仓储的官员、役吏甚为苦恼，如惠来的仓库是"谷多朽坏，斗级苦

[1] 宏新按：万历中期王嘉忠曾称澄海"谷食多往给于潮、揭、三河等处"（王嘉忠《地方事宜议》），有据此认为三河之米来自赣米、由汀州运至大埔三河而下者，但除了这条记载之外，绝大多数经此线输入潮汕的记录系年在清代；此外，来自"三河"的米是否便是赣米，其实很难断定，而与大量的输出记录对比，仅见者一条记载，也是比较蹊跷的，因此本史稿不取此说。

[2] 胡启植，王椿，等.（乾隆）仙游县志［M］.上海：上海书店出版社，2000：636.

[3] 翁万达.赠郑长溪太守擢广西宪副序［M］//翁万达.翁万达集.上海：上海古籍出版社，1992：56.金鉷，等.（雍正）广西通志［M］.文渊阁四库全书本，卷五十三：38.周硕勋.（乾隆）潮州府志［M］.台北：成文出版社，1967：699.

[4] 戴璟，张岳，等.（嘉靖）广东通志初稿［M］//北京图书馆古籍出版编辑组.北京图书馆古籍珍本丛刊（38）.北京：书目文献出版社，2000：477.

[5] 《永乐大典》引《潮州府图经志·仓廪》、《永乐大典》引《图经志·公署》，参见：永乐大典方志辑佚［M］.马蓉，陈抗，钟文，等，点校.北京：中华书局，2004：2604，2619.戴璟，张岳，等.（嘉靖）广东通志初稿［M］//北京图书馆古籍出版编辑组.北京图书馆古籍珍本丛刊（38）.北京：书目文献出版社，2000：477-478.

于淈蠹"。[1]

万历朝。

万历时，总体来讲福建歉收较为严重，遂加大了从潮汕、广东进米的频率和规模，这逐步影响到当地粮食市场秩序。种种迹象显示，广东由粮食富余大省逐步转化成缺粮省份，在此期已显出苗头，但是潮汕则仍明显富余。

大环境上，自万历中后期，广东官员认为福建商人在沿海大量入米，造成米价大涨，进而上升到民变、社会安定问题，于是便采取禁输米、捕闽商的强硬措施。如万历二十一年（1593）的"禁治闽商私籴"，万历二十九年（1601）的"驱白艚以防接济"，天启四年（1624）的捕杀"闽人私籴"等，都意味着，面对闽商的抢米势头，广东粮食生产已不复嘉靖时谷米满仓时时朽坏的情形。[2]

广东的政令，一如常态在潮汕难以畅行。传世府县志中记录有明确执行的，仅有澄海县。即万历二十二年至二十六年（1594—1598）王嘉忠任澄海县令期间"近奉文严禁，民皆称便"，并悬赏举报者可"以船谷之半赏之"。[3]从屡禁不绝并许以重赏看，此时潮米输出依然普遍。尤应注意的是，澄海一直是区内缺粮大县，全赖其他县供应，王嘉忠如此大张旗鼓显然也是为了该县的利益。揭阳、潮阳等产粮富县，则未有响应禁令的记录。而即使在上引广东严厉驱赶、逮捕闽商的万历二十九年（1601），也还有若干潮汕输出米记录。如万历二十九年（1601）王临亨在粤东办案期间，将其见闻结集为《粤剑编》，其中便称"潮之粟多以食闽人"[4]。

严禁期间尚且如此，以后自不待言。《东郊劝农亭记》载："揭地饶沃，一易之田可以收数钟，二易之田倍之。……漳泉人率为汛舟之役，转输而去矣。"[5]这一条记载系年在该亭竣工时，按刘昭署理揭阳县令的时间大约是万历

[1] 张珝美，等.（雍正）惠来县志［M］.台北：成文出版社，1968：305-306.周硕勋.（乾隆）潮州府志［M］.台北：成文出版社，1967：736.

[2] 郝玉麟.（雍正）广东通志［M］.广东省地方史志办公室，辑.广州：岭南美术出版社，2006：197.阮元，陈昌齐，等.（道光）广东通志［M］//续修四库全书编委会.续修四库全书·六七三·史部·地理类.上海：上海古籍出版社，2002：179.陈伯陶，等.（民国）东莞县志［M］.1927（民国一十六年）铅印版，卷三十一：22.

[3] 王嘉忠.地方事宜议［M］//蔡继绅.（嘉庆）澄海县志.李书吉，修.台北：成文出版社，1977：246，305-308.

[4] 王临亨.粤剑编［M］//叶权，王临亨，李中馥.贤博编/粤剑编/原李耳载.北京：中华书局，1987：75.

[5] 黄仕凤《东郊劝农亭记》，参见：陈树芝.（雍正）揭阳县志［M］//北京书目文献出版社.日本藏中国罕见地方志丛刊（第24册）.北京：书目文献出版社，1991：494-495.

三十七年（1609），亭"作于署篆之日"也便显示出，万历三十七年（1609）或稍前，粮食富县揭阳尽管面临"一年三年之余，无有也""故一岁歉，揭难乎其为"的局面，仍不惮输出粮米，而且是主官刘昭清楚整个粮食产销状态情况下发生的，足见潮州米产量存粮之丰腴。

类似记载尚有，这里不赘。我们另从仓库储量角度来看万历后期的情况。

万历四十六七年，潮州府的储备足以应付一场数百年难见的特大灾难，而这些储备全部来当地所产之仓储粮，灾后亦无须区外米输入便能自足。

《明神宗实录》载万历四十六年（1618）八月初四日，潮州府海阳、揭阳、饶平、惠来、普宁、澄海等县水患火雷海飔交作，灾亡12530人，倒房31869间，漂没田亩盐埕5000余顷，决堤埠1270余丈，涉灾地区之都庐舍城垣衙署全部化为乌有，伤残人口不计其数。灾后，潮州的预备仓出粮米3370石3斗救赈。内府资料显示粤、潮官方的喊凄哭惨"泣吁"上奏，终于申请到蠲免税赋，以及为捐赀收瘗的乡绅义民求得旌表，但丝毫没有涉及请奏自区外搬米、赈米的内容。[1]这多少看出，不需外米，潮州米自身便能应付灾变。

按，潮汕当地府县志中的灾害记录都十分简略，因此无法籍以对比历次灾害的大小，但是在《明实录》中，笔者统计，涉及潮州或潮属县、卫所的天灾奏闻大约仅5宗，其中以这宗灾难录载最为详尽，描述的后果最为严重，是传世《明实录》中，整个明代潮州最重之灾。即使这样，潮汕地区依照自身仓储的存量，以及当年的产量，便足以应付米粮的赈济，更能说明问题。

天启、崇祯朝。

潮州粮食产量未见减弱。如脱稿于天启三年（1623）的《崇相集》称福建仰赖于广东、潮州，"从来如是"[2]，说明至该文脱稿之时或稍前，仍然如此。

同时，天启、崇祯共二十余年里，既有史上罕见的两次大丰收记录，也是自然灾害最为频繁的时间段，却十分蹊跷的仅有揭阳县1条灾后米贵的记录：崇祯十五年（1642）"米盐价腾贵"。这显然与天灾之后"米贵""米腾贵"的惯常记录相违背。它大体透露出一个信息：即历次灾难过后粮食市场仍告稳定，则说明当地粮食大量富余。而即使是这一次米贵造成夏月饥民数万，也在当年"早

[1]　明神宗实录［M］.台北："中央研究院"历史语言研究所，1962：11905-11906.

[2]　董应举.米禁［M］//董应举.崇相集.1623（明天启三年）刻本，卷之四：64.

稳丰"的情况下，被自有之粮赈济，很快便善后了。[1]此时距离明亡仅二年。

实际上，种种迹象显示明后期不是缺粮，而是更为富余了，如分析崇祯朝揭阳县的"落地税"，以及崇祯收税后福建方面的记录，"下三府熟，则广船南船直驾入福州港。下三府歉，则自截广船以赡其地""资本多者千金，米船多者数百艘，每艘多者千余石"等，[2]以及其他的灾害记录。可以说，崇祯朝潮汕粮食之富余程度胜于万历朝，[3]而不是相反。

总而言之，明代潮汕并不缺粮，且有余量可输出。因此我们可以确定，潮汕在整个明代都是粮食富余区。明后期既未见颓势，明末更是大丰收。当然，自然灾害也会造成一时的短缺，如嘉靖七年（1528），潮阳县便因八月飓风当年缺收，翌年又大旱，造成米价腾贵，但都未见外地米进入，不久便米价如常。也有官兵以缺粮为理由而起事，如沿海大乱的嘉靖后期，"潮州柘林官兵喇挞大总管者，以少粮脱巾，呼其党数百人一夕叛"，但这并非常态，且与大时势有关。[4]

2.清代：由余粮区向缺粮区的转变

清代，出现了潮汕农业史上的转折期。清初40年的社会破坏，使潮汕由粮食余粮区转为自给区；清政府平复台湾的康熙二十二年（1683）开始的40年间，潮汕由粮食自给区迅速演变为缺粮区；此后至本书内容时限的道光二十年（1840），人口增多、贸易米利大而致劳动者改种经济作物等诸多因素，使潮汕粮食生产一蹶不振，必须长期依靠外来米平籴，成为较为严重的缺粮区。

我们下面分三个阶段介绍。

清初四十年（1644—1683）：仍为余粮区

清初是潮汕社会最不安定的时期之一，其时土豪林立，兵燹迭见，明郑政

---

[1]　周硕勋.（乾隆）潮州府志［M］.台北：成文出版社，1967：95-96，101-102，105-106，112-113，115-116，118-119，121-123，125-126.陈树芝.（雍正）揭阳县志［M］//北京书目文献出版社.日本藏中国罕见地方志丛刊（第24册）.北京：书目文献出版社，1991：338.

[2]　周之夔.条陈福州府致荒缘由议［M］//周之夔.棄草文集.1635（明崇祯乙亥）刻本，卷五：18-27.蓝鼎元.揭阳县志［M］//蓝鼎元.鹿洲初集.台北：文海出版社，1982：868-869.陈树芝.（雍正）揭阳县志［M］//北京书目文献出版社.日本藏中国罕见地方志丛刊（第24册）.北京：书目文献出版社，1991：293.

[3]　宏新按：同时说明的是，万历中期王嘉忠曾称澄海"谷食多往给于潮、揭、三河等处"（王嘉忠《地方事宜议》），但大概除了这条记载之外，绝大多数经此线输入潮汕的记录，系年都在清代，明代来自"三河"的米是否便是赣米，其实很难断定，而与大量的输出证据对比，仅见这一条记载，也是比较蹊跷的，因此我们不取此说。

[4]　王宗沐.赠太子少保工部尚书兼都察院右副都吴公桂芳行状［M］//焦竑.焦太史编辑国朝献征录.济南：齐鲁书社，1996.黄一龙，林大春，等.（隆庆）潮阳县志［M］.上海：上海古籍书店，1963，卷二：16.

权和清政府长期将潮汕当成前线，地方豪强则时明时清，反复易主。于潮汕而言，明郑与清政权的区别大体是：明郑政权着眼于将当地当成掳掠地，但不以经营为目的，遂有大量的肆无忌惮屠杀抢粮事件发生；清政府虽有志经营潮汕，但不以当地作为攻击发起点，遂没有重兵屯守以求安定，反而实行严控严防，逼民流离迁徙。虽然出发点不同，但对潮汕社会造成的破坏，实质都是一样的。

此时潮汕仍作为"闽广之粮仓"而闻名天下，但乡土力量不足以自保，又相互攻讦，即所谓"潮属鱼米之乡，素称饶沃，近为各处土豪山义所据，赋税多不入官"。[1]这同时反映出，即使是兵荒马乱，潮汕粮食产量满足自身需求仍然无问题，才有"鱼米之乡，素称饶沃"之美誉在外。

南明永历三年［清顺治六年（1649）］时，正为军粮担忧的郑成功决定对潮用兵。一场以掠夺粮饷而非占地经营为主要目的的征战由此而起。仅从郑成功亲征计起，自南明永历三年至十四年［清顺治六年至十七年（1649—1660）］共计11年时间里，明郑政权40次强取潮地粮饷，其中郑成功亲征带队的18次，仅首次便在南洋寨取粮万余石。11年中，稍有不服者，则被整村整寨屠杀，仅鸥汀寨一处，便全寨7万余人皆被灭杀，而"潮阳饶富，甲于各邑"的美誉，则令潮阳县多处村寨遭殃，郑成功亲征的，如和平寨便被"尽杀之"，员山寨和尚寮则"寨掘平之，男妇一尽剿杀无遗"。[2]郑成功遂在潮汕被冠以"国姓贼"称号，流传至今。

康熙元年（1662），清政府实行斥地迁海政策，直至康熙七年（1668）末才陆续展复，翌年正式"诏复沿海居民旧业"。其间，海阳县迁去龙溪等4个整都和秋溪等3都的各一半、潮阳县迁去直浦等5个整都和附廓等3都的各一半、揭阳县迁去地美1个整都和桃山半都、饶平县迁去隆眼等3个整都、惠来县迁去大坭等2个整都和惠来等3都的各一半、澄海县分两次全县迁没。斥地处流离失所，城邑中饥民成群，仅从那些稍敢直言的志书描述看，流离失所的人口与明郑政权之屠寨屠村不遑多让，整个广东沿海几无净土，被屈大均称为"自有粤东以来，生

[1] 杨英.先王实录校注［M］.陈碧笙，校注.福州：福建人民出版社，1981：7-8.

[2] 马楚坚.试析吴六奇之保土捍民及其对明郑集团的打击［M］//潮汕历史文化研究中心，汕头大学潮汕文化研究中心.潮学研究（第2辑）.汕头：汕头大学出版社，1994：106-158.杨英.先王实录校注［M］.陈碧笙，校注.福州：福建人民出版社，1981：8，13.

灵之祸莫惨于此"。[1]

康熙八年（1669）展复后，自当年二月诏蠲康熙元、二、三年（1662、1663、1664）逋赋，十年（1671）十月诏蠲康熙四、五、六年（1665、1666、1667）逋赋，又康熙八年至二十年（1669—1681）间共颁布6次大赦令。[2]罕见而密集的蠲逋和大赦，对恢复生产大有好处。与此同时，邱辉武装集团在康熙八年（1669）投奔明郑政权，随后长驻达濠，直至康熙十九年（1680）撤出大陆，期间劫人劫粮，"从来寇祸，未有丘（邱）辉之惨毒者"。[3]而康熙十二、十六年（1673、1677），吴三桂、耿精忠等反清，清潮州边官及武装土豪各有所依又反复无常，加上明郑政权之直接介入，令潮州成为主战场。整个社会一直处于非正常的生产环境。

非正常的社会状况中，米价大涨乃至有价无市是可以预见的，在顺治五年（1648），大埔县、饶平县分别录得潮汕当地米价的最高值1两/斗、0.6两/斗，[4]仿如天价。康熙八年（1669）展复之后，生产便有所恢复，康熙十年（1671），受迁界影响较小的海阳县录得0.02两/斗，尽管是当年丰收所致，也可见潮汕总体尚未进入缺粮区序列。

不仅如此，在康熙十年（1671）的丰收中，由于无船通商，粮食难以流出，潮阳米谷大贱，多有抛荒，"每两银白谷二十五石，赤谷三十石。大凡谷太贵则病民，太贱则病农。盖太贱则业户无可输课，耕夫无可赡家，田多抛荒不治。山水二寇往往而起，职是故耳"。[5]

实际上，直到康熙二十年（1681）十一月，潮汕尚有余粮输出，输出目的地仍是福州等府，而福建当年的疏奏中提到的请籴之地仅有两个，广东潮州名列浙江平阳之前，可见潮汕至少有一定量的余粮。疏奏最初被户部否决，原因是海

[1] 郝玉麟.（雍正）广东通志［M］.广东省地方史志办公室，辑.广州：岭南美术出版社，2006：205.林杭学.（康熙）潮州府志［M］.潮州：潮州市地方志办公室，2000：177.张其翻.（光绪）潮阳县志［M］.周恒重，等，修.台北：成文出版社，1966：175.屈大均.迁海［M］//屈大均.广东新语注.广州：广东人民出版社，1991：49-50.

[2] 郝玉麟.（雍正）广东通志［M］.广东省地方史志办公室，辑.广州：岭南美术出版社，2006：205-210.

[3] 李宏新.潮汕华侨史［M］.广州：暨南大学出版社，2015：97-101.江日升.台湾外记［M］.福州：福建人民出版社，1983：210，307.林杭学.（康熙）潮州府志［M］.潮州：潮州市地方志办公室，2000：179.

[4] 周硕勋.（乾隆）潮州府志［M］.台北：成文出版社，1967：95-128.

[5] 张其翻.（光绪）潮阳县志［M］.周恒重，等，修.台北：成文出版社，1966：182.

禁未开，海氛未靖，担心运销过程不安全，但中央政府最终还是许可了。[1]这条记录，因为系年清晰，常被当成广东清代尚能勉强自给的"唯一"证据。但实际上，广东自明末已成缺粮区，这条所指的是潮州，只是个例。

由于尚未见到明确系年在此期间潮州府向外购米的记录，又考虑到海禁环境下如有运粮遭劫当属大事，无论结果如何皆应有文献录载，而事实却罕见的情况，我们认为，在展复之后，潮州府农业生产比较迅速，潮汕自产能够恢复至至少自足的水平。

综上所述，尽管社会陷入非正常状况，但稍微安定后，潮汕地区尚属于富余区的阶段，至少可以自给。不过，这可能是建立在人口大量减少，需求总量下降之基础上的平衡。

康熙二十二年至六十一年（1683—1722）：由自给区向缺粮区转变

康熙二十二年（1683），明郑政权亡，清政府将台湾纳入版图，当年末，明郑南澳将领降清，南澳民内迁大陆。康熙二十三年（1684），清政府正式停止海禁，同时，考察迁界情况的中央官员，提及"延袤三百里，田土饶沃"的南澳适宜开垦，清政府遂同意人民定居海岛，潮汕再无界外"弃地"，是谓"福建、广东海外弃地，给民耕种，澳民尽复旧业"。[2]这些，都标志着战争状态以及迁界状态在整个潮汕真正结束。

安定以后，康熙对广东沿海的经营大加重视。康熙二十二年（1683）七月召民垦荒；二十六年（1687）五月诏免新加杂税；二十九年（1690），诏直省各官举行积谷置常平仓，诏直省遇蠲钱粮业户免七分，佃户免三分；三十四年（1695）十二月蠲逋欠；四十六年（1707），诏免四十三年（1704）以前逋赋；五十年（1711）诏免全省地丁钱粮并四十八年（1709）以前逋赋；五十二年（1713）诏免全省地丁钱粮并各年旧欠。其间又有7次大赦。[3]这些措施肯定对农业发展有很大的推动作用。但同时也可以看到，所谓蠲逋减免赋税等，其实是未完成赋税的产物，"减免各年旧欠"，意味着此前历年未能足额完成任务，屡

---

[1]　清实录（第4册）［M］.北京：中华书局，1985：1242-1243.

[2]　杜臻.粤闽巡视纪略［M］.文渊阁四库全书本，卷三：25-26.嵇璜，刘墉，等.清朝文献通考［M］.纪昀，等，校.台北：新兴书局，1965：5155.卢若腾.避氛南澳，城中有虎［M］//刘敬.（民国）金门县志.北京：九州出版社，2006：479-480.齐翀，等.（乾隆）南澳志［M］//中国地方志集成（27）.上海：上海书店出版社，2003：403.

[3]　郝玉麟.（雍正）广东通志［M］.广东省地方史志办公室，辑.广州：岭南美术出版社，2006：205-216.

屡诏"蠲逋"，说明逋逃情况严重到不得不采取措施的地步，若非如此，中央密集的蠲逋令便成为变相鼓励逃避税赋了。这些"书"外之意，都显示出潮汕本地粮食产量已捉襟见肘。

自此至康熙后期，未见系年明确的潮汕粮米输出记录。同时，目前流行的、经汀江输入潮汕赣米的说法，其实也未见明确系年为康熙者，汀江之米更多的是流入福建，在上杭、汀州附近便消费掉了，真正到达潮汕的记录，系年多在雍正、乾隆之后。

因此，我们认为，康熙朝的潮汕粮食市场是一个相对封闭的市场，当地所产能否满足自身需求，完全依靠自然和信仰，生产的粮食也仅在内部流通。也就是说，潮汕已经处于自给区。

自给区的一个重要特征，便是粮食产量及价格陷入一种极不稳定的状态，涨跌差价以数十倍计，有年则价平，平至极贱；歉收则价高，极端时只能啃树皮。潮汕地区府县志记载的有关数据[1]，便透露出这种看天吃饭、常无余粮的情况。

米价方面，如康熙二十五年（1686），海阳县为大有年，米价为0.012两/斗，康熙三十六年至三十七年（1697—1698）连续两年，惠来县都为饥年，米价达到0.5两/斗，为前者的约42倍，当时的惠来贫民只能采树皮以食，但在两任知县带头捐款买米赈济的情况下，还不致饿死人，则说明潮州府内还能购买到高价米。[2]

谷价方面，康熙十一年（1672）大贱，普宁录得0.005两/斗，揭阳录得0.004—0.005两/斗，潮阳县录得0.0033两/斗，揭阳县修志官连称农民无法生存，缺粮之严重是"古所罕见"；而康熙三十四年（1695），潮阳县的谷种价格更高达"数百文每斗"。[3]如果潮阳的"数百文"以330文计，则该县两个数据的相差达百倍，这还是以谷种来比谷粒，实际比例远远不止。

从米价来衡量，也能很大程度上佐证，此期并没有赣米由汀州、大埔流入

---

[1] 宏新按：上述数据，府县志中有显示银两的、有显示制钱的，为了直观对比，这里统一以1两银相当于1000文制钱折算（一般认为本阶段相对较稳定），乾隆之后则有1：700-1：900，也有1：1400的。参见：陈春声.18世纪广东米价上升趋势及其原因［J］.中山大学学报，1990（4）.

[2] 周硕勋.（乾隆）潮州府志［M］.台北：成文出版社，1967：98，117.张珽美，等.（雍正）惠来县志［M］.台北：成文出版社，1968：113-114.

[3] 陈树芝.（雍正）揭阳县志［M］//北京书目文献出版社.日本藏中国罕见地方志丛刊（第24册）.北京：书目文献出版社，1991：343.周硕勋.（乾隆）潮州府志［M］.台北：成文出版社，1967：102，103，125.

潮汕。按，汀州路沿着韩江，经大埔境内的三河而来，则有到米当先输入大埔，尤其在大埔缺粮、米价腾贵之时。但是，大埔县在康熙二十九年（1690），米价腾升为0.3两/斗，不久的康熙三十四至三十六年（1695—1697）均大饥，最高时米价0.5两/斗，其余也在0.24—0.25两/斗之间。传世潮州府县志记录中，没有连续7年大饥的记录，更是没有米价高时达到大有年米价42倍的记载，如果有赣米充裕流入，则不会出现持续高价的情况。因此，更大的可能性，是赣米经汀州后，已没有多少余量再流出别地。而不属潮汕的大埔尚且如此，则若说此期海阳、揭阳、潮阳、饶平、惠来、澄海、普宁7县或其中某县仰赖汀州所输入的赣米来生活，很难说得过去。[1]

上述例子同时透露出，潮州府无余粮可对连续出现高价米之县进行平粜。实际上，当时各地自顾不暇，只能是地方官自己去争取。如南澳属于闽、粤两管，在康熙四十八年、四十九年（1709、1710）连续饥荒，刚履任的南澳总兵得知军粮也大缺，遂以"澳民潮民一体也、安澳则安潮"的理由，软硬兼施，被获准每年可以到潮阳买米4000石，后来南澳官员找到更大的官员出马，才取得文件，形成惯例。[2]出现这种画地为牢的情况，只能说，即使是相对高产的县本身也不充裕，与明崇祯时"数百艘，每艘多者千余石"、主动运至福州等地长途售卖的情况，已经远远不可同日而语。

到了康熙五十二年（1713），康熙闻知广东米价0.19—0.2两/斗，自称印象中粤地一直是产米之区，此高价严重超出他的想象，遂打算将江南漕粮，由海路经福建运至广东。按，广东早已严重依赖外来米，如距离此年较近者，康熙四十三年（1704）便获准向邻省买米了。而潮汕的米价，也常常高达0.2两/斗，再以有记载的较接近的年份来对比，惠来县自康熙五十四年（1715）八月起连续近10个月大旱，结果米价涨至0.4两/斗，相当于康熙了解到的200%有余。[3]

此后，这批入广之米，有部分由广东拨付潮汕。而潮汕地区，也自此出现了大量购米的记录。

---

[1] 周硕勋.（乾隆）潮州府志［M］.台北：成文出版社，1967：123-124.刘织超，温廷敬.（民国）大埔志［M］.1943（民国三十二年）铅印本，卷五：4-5.

[2] 齐翀，等.（乾隆）南澳志［M］//中国地方志集成（27）.上海：上海书店出版社，2003：423.

[3] 清实录（第9册）［M］.北京：中华书局，1985：513.陈昌齐，等.（道光）广东通志［M］//续修四库全书编委会.续修四库全书·六六九·史部·地理类.阮元，修.上海：上海古籍出版社，2002：473.张珝美等.（雍正）惠来县志［M］.台北：成文出版社，1968：414.

康熙六十一年（1722），康熙拟定免税进口暹罗米30万石，各分配福建、广东、宁波三处，[1]原因是暹罗丰产、米价便宜，"该国米用内地斗量，每石价值二三钱。今议定，载米到时，每石给价五钱"，[2]我们将银两换算成制钱，是0.05两/斗，尽管较之康熙二十五年（1686）海阳县丰收年0.012两/斗高许多，然而比大埔县康熙三十四年（1695）起连续3年最高时米价0.5两/斗，则要低约10倍，尤其关键的是，暹米米源充足，且是议定之价，可先平抑预算。而到了康熙后期，即使潮汕丰年，也再未录有每斗低于暹罗价的记录，处处可见的都是饥年、大饥年。因此，这次拟定的中暹大米贸易，为雍乾潮汕发展带来粮米保障，并促进了贸易、移民等其他方面的发展，对潮汕社会发展的影响还是比较大的。

雍正元年至道光二十年（1723—1840）：缺粮区的真正形成

雍正以及此后诸朝，对农业、粮食生产的态度也是比较重视的。《（雍正）广东通志》载有雍正朝多个事例："（元年）六月，诏垦田，令各省可垦之田，听民相度宜，自垦自报，官吏不得有所勒索。起科之例，水田仍以六年，旱田迟以十年，开垦多者，官议叙。由是，粤民踊跃争愿垦荒""二年四月，命岁举老农一人，给以八品冠带荣身。命劝农""雍正五年丁未春二月举行耕籍礼建立先农坛。先是，雍正四年冬十月，命各省地方照九卿例，举行耕籍，建先农坛，每随仲春亥日，率所属官员耆老农夫，恭祭先农之神。于雍正五年为始以祈丰年重农事也""雍正五年闰三月，申禁私宰耕牛""（七年）七月申命垦田"。[3]按该志的说法，雍正元年（1723）六月之后，包括潮汕在内的广东便踊跃耕垦了。

尽管如此，潮汕地区仍然是缺粮区，并且是否真的踊跃生产粮食也较可疑，从田亩开发上看，自康熙五十四年至雍正五年（1715—1727）间的35370.09顷，至雍正十一年（1733）之前的37134.63顷为至高点，之后的几个数据是雍正十一年（1733）31054.85顷、雍正十一年至乾隆五年（1733—1740）间34576.93顷、乾隆三年至五十年（1738—1785）间32110.77顷、嘉庆二十年至道光二年（1815—1822）间的31851.62顷，这些记录，并不支持"踊跃生产粮食"的说法。

[1] 清实录（第6册）［M］.北京：中华书局，1985：884.

[2] 梁廷枏.海国四说［M］.北京：中华书局，1993：181.

[3] 郝玉麟.（雍正）广东通志［M］.广东省地方史志办公室，辑.广州：岭南美术出版社，2006：216，217，221，222，226.

此阶段潮汕缺粮的情况可在仓储上反映出来，它甚至影响到可能会发生动乱的军备兵饷。如传统上尚称有米之县的潮阳县，原来规定配发海门、达濠、潮阳、惠来、潮州5营城守，共计军屯米11000余石。雍正五年（1727）时，即将离任的潮阳县令，因无米、市价贵，只能发至当年五月中旬，六、七两月又不能发，随后卸任而去。履新潮阳职者初来乍到，未及理事，九月卒于任上。新官十月十八日履任，所见到的是"廪无粒米，仓无遗谷，军士多鸠形，有不能终日之势"，遂紧急借运到镇平、程乡常平仓的3000石米，暂时给予兵饷。这样，五营官兵的断粮时间前后总计达到近半年，是所谓"五营军士，半载乏食，悬釜嗷嗷，民间炱焉"，蓝鼎元大叹潮兵纪律严明，没有闹事，称潮州府"诸军虽极苦，而无敢越念"。[1]从兵营缺粮而"民间炱焉"的描述，可知该事件之严重性。

大量区外之米输入，更是潮州府缺米之明证。文献记载有许多，下面稍为举例，列为简表。

表4-6　清雍正元年至道光二十年（1723—1840）区外粮食流入潮汕例举表

序号	输出地	时间	文献依据
1	暹罗	雍正二年（1724）	《清实录·仁宗实录》
2	中南半岛	乾隆三十二年（1767）或稍前	《明清史料庚编》
3	吕宋	乾隆五十一年（1786）左右	《粤东米舶》
4	台湾	乾隆元年（1736）或稍后	《清实录·高宗实录》
5	海南	乾隆时期	《（乾隆）澄海县志·埠市》
6	广州	雍正时期	《鹿州公案·西谷船户》
7	高州	雍正五年（1727）	《鹿州公案·西谷船户》
8	惠州	雍正四年（1726）或稍后	《清实录·世宗实录》
9	福建诏安	乾隆十年（1745）	《（乾隆）南澳志·闽属常平仓》
10	广西	嘉庆元年（1796）	《清实录·仁宗实录》
11	江西	雍正时期	《（雍正）海阳县志·舆图考》

此阶段，也有从潮州输出米谷的记录，但所输出者基本都是外来米，而不是潮州本身的生产盈余。如《（民国）长汀县志》杂录清代旧志，称"本邑山多

---

[1] 蓝鼎元.五营官兵 [M] //蓝鼎元.鹿洲公案.1729（清雍正己酉）旷敏本序评本，卷一：1-9.

粮少，全恃汀潮接济。汀潮亦非产米之地，汀米来自江西及宁化，潮米来自长江及海外"。[1]这条记载的系年，可能在本书时限内。

3.缺粮区的成因及探讨

潮汕缺粮局面的形成，原因是多方面的，如后期人口的快速增长便是一大因素。然而，更多的农户转种经济作物，也是一个不可忽略的重要原因。

转种其他作物，是清代闽粤地区的普遍现象。雍正五年（1727）之前，广东、福建督抚和闽浙总督、户部等便屡次声称闽、粤产米不足自用，广东巡抚称广东本地所产，即使丰年也仅堪自给半年。这令雍正十分费解，他认为闽粤粮米不足的原因，不是开荒未尽，便是人民懒于耕耘，再就是刁民希望逃避税收而进行私卖，必然不脱这3种。后来雍正方清楚，是人民希望获得更大利润而转种他物，才造成粮食短缺。

如广西巡抚的奏折称："广东地广人稠，专仰给于广西之米，在广东本处之人，惟知贪财重利，将地土多种龙眼、甘蔗、烟叶、青靛之属，以致民富而米少。广西地瘠人稀，岂能以所产，供邻省多人之贩运。"

广西米至迟自清初便供给广东，雍正四年（1726）七月又有文件，要求必须再从梧州府、桂林府的官方粮仓拨米给广东，这令广西地方官十分不满，因此便有了类似上引的奏折，大抵是揭发、诉苦，希望借此"委屈"求得蠲免政策。尽管这奏折类似"小报告"，却也令雍正明白了广东缺粮的根本原因，遂于雍正五年（1727）二月谕令，要求广东及福建百姓必须各务本业，并命令两省的官员必须"悉心劝导，务使百姓尽力农事"。[2]

广西巡抚的奏折，还透露出广东放弃粮食生产，而多种龙眼、甘蔗、烟叶、青靛。此4种，广东省内皆有种植的仅是潮州府（至少在道光朝时如此），且潮州所出产者，行业地位颇高：龙眼，潮州产量众多，"城中夹道而实累累者，皆圆眼也。以潮产为最"[3]；甘蔗，潮汕是广东最重要的种植地之一，各县以揭阳、普宁产最为闻名，潮阳、惠来产次之，海阳、澄海又再次之[4]；大烟

[1] 丘复主.(民国)长汀县志［M］.1938（民国二十七年）刻本，卷三十六：22-23.

[2] 鄂尔泰，张廷玉，等.钦定授时通考［M］.文渊阁四库全书本，卷四十八：13-14.屈大均.广东新语［M］.北京：中华书局，1985：371.清实录（第7册）［M］.北京：中华书局，1985：688.

[3] 王临亨.粤剑编［M］//叶权，王临亨，李中馥.贤博编/粤剑编/原李耳载.北京：中华书局，1987：82.

[4] 张渠.粤东闻见录［M］//张渠，撰.程明，校点/陈徽言，撰.谭赤子，校点.粤东闻见录/南越游记.广州：广东高等教育出版社，1990：94.

类，潮汕有明确的种植记录，[1]是广东所罕见的；青靛，潮汕是广东较早的主要种植地之一，明初便需要纳"靛青八十斤八两九钱五分二厘"[2]，直至民国脱稿的《教育志》仍记录有栽种方法，称春分需种、大暑可收等，可为证[3]。

实际上，"往往弃肥田以为基，以树果木"，在广东并不罕见，而这些经济作物挤压耕地的情况极为严重，如甘蔗，其一经栽种，往往多年不能恢复为粮食农田，又无法杂种其他，即古人所谓的"凡蔗最因地力，不可杂他种"[4]。

除了转种其他作物之外，从事其他经济活动以获得更高的收益，也造成潮汕专业务农人口数量的减少。如从事商贸者众多，《广东新语》称官吏土豪等上层人员多兼从商，[5]而《（乾隆）普宁县志》载，即使无业小民，也是"多贩蔬果及槟榔栳以自给"，[6]《（乾隆）澄海县志》更称"濒海居民所恃以资生为常业者，非商贩外洋即鱼盐本港也"[7]。如从事矿冶业等，《开垦荒地疏》称粤东开矿众多，小民唯利是图，不务农，导致无田可耕，无业可守，流民成群，遂"谕令有力商民。招集惠潮等处贫民。给以庐舍口粮工本。每安插五家。编甲入籍"。[8]这些，本书在相关章节还会介绍到。

清代的苛捐杂税多且繁杂，以及外来之米能够弥补自产的不足等，都降低了潮汕居民的粮食生产热情。前者如《清实录》载道光十一年六月己酉，潮州等担忧杂税而不愿开垦，"小民虑恐开垦升科。率多抛弃。请嗣后该处山头地角。悉听本地无业贫民。报官给照垦植。成熟之后。作为世业。永不升科。庶粒食有资"。[9]后者如阮元《西洋米船初到》载"西洋米颇贱，曷不运连舳"，作者下注"仅有内地平价之半"，后注"凡米贵，洋米即大集，故水旱皆不饥"。[10]

[1]　清实录（第35册）[M].北京：中华书局，1985：1025-1026.

[2]　《永乐大典》引《图经志·夏税》，参见：解缙，等.永乐大典（精装十册）[M].北京：中华书局，1986：2455.

[3]　刘陶天《潮州志·教育志》，林蔚蓝《潮州志·实业志》，参见：饶宗颐.（民国）潮州志.汕头：潮州修志馆，1949：7-9，25，37.

[4]　王灼.糖霜谱[M].文渊阁四库全书本，卷一：5.

[5]　屈大均.广东新语[M].北京：中华书局，1985：304-305.

[6]　梅奕绍.（乾隆）普宁县志[M].萧麟趾，修.台北：成文出版社，1974：357.

[7]　金廷烈.（乾隆）澄海县志[M].1765（清乾隆三十年）刊本，卷十九：7.

[8]　鄂弥达.开垦荒地疏[M]//贺长龄.皇朝经世文编.1873（清同治癸酉）刻本，卷三十四：13-14.

[9]　清实录（第35册）[M].北京：中华书局，1985：1024-1025.

[10]　阮元.西洋米船初到[M]//阮元.揅经室续集.上海：商务印书馆，1935：198.

人口的增长自然会造成粮食需求的增大，同时在局部形成"地寡人稠"的局面，如《（乾隆）澄海县志》载该县"邑僻处海滨。号称沃壤。农安陇畞（亩）。女勤绩纺。务本业。谨盖藏。为潮属九邑最。苐地狭人众。土田所入。纵大有年。不足供三月粮"。[1]上引还依稀透露出一种信息，即澄海自产粮不足自供三个月，但县令和修志者仍称该县为"沃壤"等，似乎认为"不足供三月粮"不是什么特别要紧的事，因为"农工商贾皆籍船为业"，足以支撑该县发展。

实际上，以当时潮州府总体的人口与田亩土地论，如果有多数田亩、人口务农而栽种米谷，潮州府尚不足以导致严重缺粮、不能自给。而即使澄海般缺粮严重者，也不是太过令人担心。潮州府真正的缺粮原因，正如广东巡抚杨永斌《请轻科劝垦疏》称："粤东生齿日繁，工贾渔盐樵采之民，多于力田之民，所以地有荒芜，民有艰食。"[2]

总而言之，从事其他职业者多于务农者，务农群体中，又多是种植其他经济作物的，故此造成潮州府长期粮食自供不足。这个判断，既是当时从中央至地方主官调研之后的结果，同时也应该是清代中期之前的实情——即潮汕缺粮的最主要原因。

此外，应该说明的是，形成余粮区并非必然好事，形成缺粮区也未必都是坏事。一切论说，还是以是否适宜时代发展需求来判断较好。

田亩不尽种粮米，以及居民中务农者占少数，都是经济结构调整优化以及土地资源利用水平提高的一种体现，而在清代区域间连接不再疏隔（包括海内外）、商品流通领域日趋发达的情况下（有市场及政府的调剂），自产米粮之不足，并不构成地区发展的障碍，也不是说居民生活水平就下降了。反之，清代政局、社会稳定之后，潮汕地区摆脱了纯粹的初级粮食生产，乃至将成批生产力从耕地上解脱出来，从而比其他地区较早地走上一条更多样化、更高附加值、更符合时代潮流的高水平发展之路。这既是天时、地利所造就，也是人文环境所决定。这样的结果，便如当时官员所称，是"民富而米少"，未尝不是好事。

（二）技术的发展、品种的多样性和农业理论的出现

明清时期，潮汕地区的粮食种植技术有了新的发展。

---

[1] 金廷烈.（乾隆）澄海县志［M］.1765（清乾隆三十年）刊本，卷十九：7-8.

[2] 杨永斌.请轻科劝垦疏［M］//贺长龄.皇朝经世文编.1873（清同治癸酉）刻本，卷三十四：9-10.

至迟在唐代，潮汕已经有了双季稻，宋代则出现三季耕作制度。到了此阶段，多造收获在潮汕非常普遍，即使贫瘠的南澳县，也是"一岁两收，亩以二石为率"，不能二造皆谷的田亩，便栽种其他作物，如黍、秫、豆、麦、薯、芋、瓜、菜之类，实际仍然具有类似两造的性质。[1]而能见所有完整府志和广东通志，全部都有潮州府产"白早""赤早"的记录，且介绍的排列靠前，又存世府县志中，脱稿时间较早的《（隆庆）潮阳县志》同样谈及"赤早、白早二种"[2]，这些都能充分说明多季稻栽种的广泛性。

潮汕的"三熟"耕作制度，从府县志材料看，以"麦—稻—麦"种植方式比较普遍。如脱稿于乾隆十年（1745）的《（乾隆）普宁县志》载："麦种于冬，早春咸秀，清明前后毕登，不待麦秋至也；早稻雨水布种，至立夏止，六月立夏毕收；晚稻夏至再播种，至处暑止，十月晚稻毕收。"这里体现出来的，是当年冬天种麦，翌年雨水种早稻、夏至种晚稻。普宁当时的土产有赤早禾、白早禾（即银鱼草）、乌种（即乌叶早）、早秫（糯），其他白占、黄占等则适合晚稻耕种，麦则有小麦、大麦，因此，其生产也在此类范围之内。[3]这种耕作制度在普宁的有效种植面积，按《覆调剂仓储议》所称，是"栽种早禾出亩，通县计算不及十分之三"，即大约接近30%。[4]

潮阳县的"三熟"栽种的品种较丰富，可能种植方式比普宁多，不过早、晚造总是谷类，冬季则再兼其他品种。《（光绪）潮阳县志》杂取前志，有较为详细的介绍："早稻之种有银鱼早、乌叶早，播种于惊蛰前，插秧于谷雨，收获于夏至后；又有赤早、白芒大早、清流早、红脚早，播种于清明，插稻于小满，收获于立秋，雨泽不差，则谷雨之栽秧为善，雨泽稍迟，则小满之栽秧最宜。晚种又多，曰黄尖，曰白尖，曰赤尖，播种于芒种后，插秧于立秋，收获于立冬、小雪之间，曰白芒赤长须，如大麦，曰快种谷，二者皆红米，宜洼田，不忌咸水，播种于小暑，插秧于处暑，收获于小雪。"各季所栽种的品种，有些也可调整，如糯谷（即"糯米"），便是"早稻、晚稻皆有其种，潮之水田多种之"。[5]

————————

[1] 齐翀，等.（乾隆）南澳志［M］//中国地方志集成（27）.上海：上海书店出版社，2003：424.

[2] 黄一龙，林大春，等.（隆庆）潮阳县志［M］.上海：上海古籍书店，1963，卷之七：15.

[3] 梅奕绍.（乾隆）普宁县志［M］.萧麟趾，修.台北：成文出版社，1974：353，375.

[4] 萧麟趾.覆调剂仓储议［M］//梅奕绍.（乾隆）普宁县志.台北：成文出版社，1974：434-435.

[5] 张其翧.（光绪）潮阳县志［M］.周恒重，等，修.台北：成文出版社，1966：153.

多熟耕作制度提高了土地使用率，虽然以每一"熟"的产量计，比一年一熟者都低，但年亩产总量则要多得多。这令外籍地方官大为兴奋，如乾隆三十七年至四十一年（1772—1776）任潮阳县令李文藻《劝农十二首》之五："蚼蛡蚱蜢岭南无，三熟何烦酒一盂。"[1]

关于潮汕的粮食亩产量，《潮汕地区元明清时期粮食产量探估》曾做出量化估测，结论大约是：明末清初，潮汕地区粮食平均406斤/亩，超过南方水稻392斤/亩的平均水平，但就明代后期看，潮汕亩产均数达406斤/亩，更高出南方平均水平的10%以上；清代中后期，潮汕地区粮食平均606斤/亩，尤其嘉庆以后最高超过1125斤/亩，一般均逾500斤/亩。[2]

明清时期潮汕地区栽种的粮食品类，比之宋元有所增加。现就传世的州府一级的记录梳理一下。

《永乐大典》转《图经志》，显示洪武十年（1377）应缴纳的麦、豆、芝麻地田亩数；同时，记录了永乐元年（1403）应缴纳小麦3819石8斗7升8合7勺、米69石7斗7升4斗2勺，秋粮缴纳米177385石1斗4升3合7勺。[3]这里显示出来的主要粮食种类，有麦、豆、芝麻、米，实际是不止的，但由于《图经志》等明中后期之前的地方志书都已缺失，我们无法了解更多。

《（嘉靖）潮州府志·杂志》载有谷类："白早。赤早。安南。乌种。早秫。（□□）白尖。赤脚尖。齐种。湖田。大秫。尖秫。大粟。（俱晚稻）黍。稷。大麦。小麦。荞麦。乌豆。赤豆。菉豆。白目豆。芝麻。"[4]

《（嘉靖）广东通志初稿·土产》以及《（嘉靖）广东通志·民物志》，都是综述全省之谷类，未有细分至各州府所产。而省内一些奇特或突出品种，《（嘉靖）广东通志·民物志》亦有点名产地，但并未出现潮州。[5]这可能显示出，嘉靖时期，潮州产谷米粮食都是省内常见者，并无特别之处。

《（万历）广东通志·潮州府》载潮州府土产之谷类："有赤早。有白

[1] 李文藻.劝农十二首［M］//张其翻.（光绪）潮阳县志.台北：成文出版社，1966：498.

[2] 黄挺，杜经国.潮汕地区元明清时期粮食产量探估［M］//潮汕历史文化研究中心，汕头大学潮汕文化研究中心.潮学研究（第3辑）.汕头：汕头大学出版社，1995：109-136.

[3] 永乐大典方志辑佚［M］.马蓉，陈抗，钟文，等，点校.北京：中华书局，2004：2612-2615.

[4] 郭春震.（嘉靖）潮州府志［M］//北京书目文献出版社.日本藏中国罕见地方志丛刊（第13册）.北京：书目文献出版社，1992：284.

[5] 戴璟，张岳，等.（嘉靖）广东通志初稿［M］//北京图书馆古籍出版编辑组.北京图书馆古籍珍本丛刊（38）.北京：书目文献出版社，2000：520.黄佐.（嘉靖）广东通志.广州：广东省地方史志办公室，1997：573.

早。有乌种。有早秝。有大秝。有尖秝。有白黏。有黄黏。有赤脚黏。有大麦。有小麦。有荞麦。有白荳。有乌荳。有赤荳。有菉荳。有芝麻。"[1]

《（顺治）潮州府志·物产考》载有谷类："为赤早。为白早。为乌种。为早秝。为大秝。为尖秝。为白占。为黄占。为赤脚占。（其云占者，盖宋时分钟自占城也）为大麦。为小麦。为荞麦。为荳。（黑绿黄白赤不一色）为芝麻。为胡麻。（其色正黑）为稷。为大粟。为黍。为粱。为香米。（出程乡）为落花生。（荳类）。"[2]其中的"梁"，应为"粱"。

《（康熙）潮州府志·物产考》所载谷类与《（嘉靖）潮州府志·杂志》相同，只是行文上少了括号内的说明而已。[3]这既有志书相承袭之因素，也有时隔不久，而潮汕所生产的粮食种类没发生改变的原因。

《（康熙）广东通志·物产》所载潮州府土产谷类，与《（万历）广东通志·潮州府》相同。[4]

《（乾隆）潮州府志·物产》的记录体例，主要是引用古籍介绍各种物产，如"大䴸小秝，《说文》'天降瑞麦，一来二䴸'，南方之麦，冬种夏收，四时之气不备，故有毒"，[5]由于未有系统介绍谷类品种名，此处不录。同时，该志涉及粮食生产材料较多，我们在下文相关部分再行介绍。

《（雍正）广东通志·物产》综述全省之谷类，未有细分至各州府所产。该志在辨析、介绍谷类上，有些与潮州有关，如"粤东宜稻，名类最众，大抵秔秝二种，而黏介乎其间。稻米种出占城（稻一名秞，一名粘，今呼为黏，早者五月收，晚者九月收，水田种之止一熟，有赤白黄斑诸色）曰早稻，曰早黏，皆二月、六月熟""黍之类四，曰糯米，曰黄黍，曰牛黍，曰饭黍。稷之类三，皆名为粟，曰鸭脚粟，曰狗尾粟，曰大粟（岁一熟）。按黍粟之属，皆非粤土所宜，盖间有之。麦之类三，曰大麦，曰小麦，曰荞麦。按岭南多稻而少麦，多小麦而少大麦，䴸亦不如北土，惟雷州小麦九月种至二月收者为良，罗定州不宜种麦。菽之类总名为豆荳，五色皆具，曰青，曰赤，曰黄，曰白，曰乌，乌为豉。

[1] 郭棐，等.（万历）广东通志 [M].1602（明万历壬寅）刻本，卷四十一：27.

[2] 吴颖.（顺治）潮州府志 [M]//中国科学院图书馆.稀见中国地方志汇刊（44）.北京：中国书店，1992：1360.

[3] 林杭学.（康熙）潮州府志 [M].潮州：潮州市地方志办公室，2000：463.

[4] 金光祖.（康熙）广东通志 [M].广东省地方史志办公室，辑.广州：岭南美术出版社，2006：1470.

[5] 许慎.说文解字（附检字）[M].北京：中华书局，1963：111.

又有绿荳柳荳。……芝麻具黄黑白三种，按芝麻可服饵，为油最良。……琼人最重黎米，他处则重猺荳，绝大而甘，畲田所种。"[1]

以上大概是明清潮汕地区的主要粮食栽种品类，清初考据学派及潮流兴起之后，至乾隆时期，才有比较有意识的区分界定品种（但相对目前语境，品类名还是比较模糊），从各府志描述看，到了乾隆之后的各种志书，修志者可能已经难以梳理前志的品类。我们同样难以明确断定此前所记为何类何物何属种。

正如《（光绪）潮阳县志·稻》的案语中，仅所谓的"稻"便介绍有银鱼早、乌叶早、赤早、白芒大早、清流早、红脚早、黄尖、白尖、赤尖、曰白芒、快种谷11种，比上列府志及通志更为繁杂难辨，最后，修志者也只能称是择要而言，"谷之种不可枚举，往往有同一种而易地易名者"，如此而已。[2]我们只要明白，明清潮汕的粮食种类比前代大为增加，也就是了。

明清时期，出现了潮人所著的农书，这一定程度反映出潮汕当地对农业理论日益重视的态度。

《（民国）潮州志·艺文志》载有潮人所著农书三种，分别为清潮阳郑之侨撰的《农桑易知录》，清揭阳周易撰的《种棉浅说》，清海阳翁兰撰的《蚕桑述略》。[3]其中，《农桑易知录》是已知广东人所撰较早的存世农书，可能是存世广东农书最古老者，目前被认为是广东农史最重要的标志性作品之一。郑之侨也成为华南农史的著名人物。

郑之侨（1707—1784），潮阳金浦人，雍正十三年（1735）中举，乾隆二年（1737）进士，乾隆五年（1740）起先后任职铅山县县令、饶州府同知、宝庆府知府等，各任都政声甚好。著有《六经图》《四礼翼》《鹅湖讲义》《劝学编》《农桑易知录》。[4]《农桑易知录》在《清史稿·艺文志》《书目答问》及《中国丛书综述》等现代诸多书目介绍皆有收。[5]对其大规模的研究，则始自

[1]　郝玉麟.（雍正）广东通志［M］.广东省地方史志办公室，辑.广州：岭南美术出版社，2006：1608-1609.

[2]　张其翧.（光绪）潮阳县志［M］.周恒重，等，修.台北：成文出版社，1966：153.

[3]　饶宗颐.潮州志·艺文志［M］//饶宗颐.（民国）潮州志.汕头：潮州修志馆，1949.

[4]　张其翧.（光绪）潮阳县志［M］.周恒重，等，修.台北：成文出版社，1966：225.倪根金，卢家彬，陈菁.《农桑易知录》撰者郑之侨故里考察记［J］.农业考古，2004（3）.

[5]　宏新按：现代藏书介绍多源于《书目答问》《清史稿·艺文志》，但两书都有错讹，如《书目问答》误为"郑之任""乾隆六年刻"，《清史稿·艺文志》误为"郑之任""农业易知录"，此后所出书录、丛书介绍类多沿袭错讹。参见：赵尔巽，等.清史稿［M］.北京：中华书局，1976：4335.张之洞.书目答问［M］.上海：商务印书馆，1935（民国二十四年）第四版，第二"子部"：17.

1991年《稀见古农书——〈农桑易知录〉》[1]刊发后，搜索二三十年来的专题研究论文，有一二十种。该书传世版本罕见，笔者见有自序"乾隆庚辰三月望日韩江郑之侨书于宝庆官署"的"述堂"刻本，[2]则知是乾隆二十五年（1760），作者任宝庆知府之时脱稿。

《农桑易知录》三卷，首卷、次卷为"农务事宜""桑务事宜"介绍，是耕作种植和桑蚕业的介绍，末卷为"农桑善后事宜"，主要是务农治家之谚语格言等反映作者思想的论述。该书不少地方涉及潮汕，如《农桑易知录序》中自称"侨生长海滨，农桑素略讲求，每就人情之所近，推测物理之自然，参以典籍，访之老成"，便言及其在潮汕的成长背景；又如《农桑易知录·种薯》中，对"潮惠诸府人，多赖此为富足"的种薯介绍甚详。尤其是海边田亩的开荒作业、堤围防护等，都有着潮汕农业实践的影子，若干内容对现代仍有启发意义。如《农桑易知录·筑堤》，提出滨海成淤、垦拓耕地的方法，"田畔海潮易为利，也易为害。……于沿滨有浅坪沙洲者，遇水退时，壅盖涂泥，树以椿橛杂木，以抵潮汛（或细柳、或水棉、或咸草，随地所宜）。由内而外，由近而远。久之草木丛生，淤泥结聚，堤岸始得永固"。堤岸永固的同时，也造成了海边土地的有效利用，这和潮汕沿海的造"塭"开塭田乃至"设塭塘以养乌鱼"[3]，看起来是一样的。又介绍到植木固防，"或江潮摧决势不可当，则宜树木于堤外，错综棋布，以拆其势。则木身圆小，而不与潮斗。潮浪冲破，而力不专，外水可护，内地悉为膏腴稼场矣"，考之潮汕，自明代便有"临田填广一丈，上树木以护之"[4]之植木护堤的做法，两者大约是相通的，也与现代防波林理念一致。值得一提的是，在卷二《桑务事宜》中，笔者未发现与潮汕有关者，这也佐证了本书的判断（详见工业、纺织业部分）：乾隆之前，潮汕桑蚕业已乏善可陈乃至行业萎缩。[5]

从上面的内容可知，《农桑易知录》的成书，与作者所处的潮汕重视农业环境有关。由此看来，潮汕的粮食生产等，在本阶段也进入理论化阶段。

---

[1] 郑麦.稀见古农书——《农桑易知录》[J].中国农史，1991（4）.

[2] 郑之侨.农桑易知录序[M]//郑之侨.农桑易知录.1760（清乾隆庚辰）述堂刻版，卷首.

[3] 林蔚南.潮州志·实业志[M]//饶宗颐.（民国）潮州志.汕头：潮州修志馆，1949.

[4] 杨瑛.请曾公项筑堤地[M]//周硕勋.（乾隆）潮州府志.台北：成文出版社，1967：993.

[5] 郑之侨.农桑易知录[M].1760（清乾隆庚辰）述堂刻版，卷首"序"，卷一：2-3，29-30，卷三：7-9.

第三节 其他种植业

除了主要粮食之外，潮汕地区还存在其他植物性产品的利用和生产。这些植物性产品，包括现代语境下的经济作物、蔬菜作物、饲料作物、花卉园艺作物等。

一、早期概况

秦汉六朝，已出现论述岭南的植物专著，又有论及岭南植物的全国性文献，它们理应包括潮汕地域的内容。存世文献中，大体有三种录载较为齐备，分别是：中国第一种专记一方水土的专志和岭南较早的地方志书——东汉杨孚《异物志》[1]，该志宋后佚失，目前可确定的植物轶文有35条；中国现存最早的一种完整植物志——晋代嵇含《南方草木状》[2]，通行本介绍有南方草类29种、木类28种、果类17种和竹类6种，共80种；最古老的完整中国农书——北魏贾思勰《齐民要术》[3]，该书提及岭南物事的，有引自晋、南朝的两种佚书《广州记》，也有直接称岭南产的，含重复出现者合计20余处。

这三种文献所记录的岭南植物，分布地域大约是今天的中国两广、海南、香港、澳门和越南北部地区等，其中，今广东境是主要组成部分。这样，三种文献有载并有描述功能者，便说明该物已经被秦汉六朝时期的岭南人所认识和利用。

秦汉六朝被岭南人栽培利用的植物，理论上说，都有产于当时潮汕的可能，但不可能是全部。其中，有一些是潮汕考古、科研上能证实，且历代潮汕文献有载的，则能确它们在秦汉六朝时期已经存在于潮汕；另一些，如果历代文献

---

[1] 宏新按：杨孚《异物志》在流传过程中，除了本名外，又有称为"杨浮《异物志》"（《后汉书》转引时又称）、"杨氏《南裔异物志》"（郦道元《水经注》转引时又称）、"杨孝元《交趾异物志》"（《艺文类聚》《太平御览》转引时又称）、"杨孝元《交州异物志》"（《太平御览》转引时又称）；《异物志》宋后亡佚，有四种辑佚、校注本，清曾钊《异物志》和今人杨群伟校点本、骆伟等辑注本和吴永章《异物志辑佚校注》；这里以《异物志辑佚校注》为主要依据。参见：杨孚.异物志辑佚校注［M］.广州：广东人民出版社，2010：前言1-16，正文113-199.

[2] 嵇含.南方草木状［M］.文渊阁四库全书本.

[3] 贾思勰.齐民要术［M］.文渊阁四库全书本.贾思勰.齐民要术校释（第二版）［M］.启愉，校释.北京：中国农业出版社，1998.

提及它们一直存在于南方，且古代潮汕文献又有明确记录的，则有把握判断它们
自秦汉六朝开始便存在于潮汕。

符合上述原则的，应该便是秦汉六朝时期、潮汕地区的部分种植业内容和
品种了。辑录成下表[1]。

表4-7 秦汉六朝潮汕部分种植利用植物名录

序号	文献记载	植物志简介
1	甘藷（甘薯）	甘藷为薯蓣科薯蓣属，明代引进旋花科番薯属的番薯后，现代规范汉语通作"甘薯"
2	橄榄	橄榄科橄榄属
3	槟榔	棕榈科槟榔属
4	椰树、椰子	棕榈科椰子属
5	甘蔗、诸蔗	禾本科甘蔗属
6	芭蕉、甘蕉	芭蕉科芭蕉属
7	荔枝、荔支	无患子科荔枝属
8	龙眼、圆眼、桂圆	无患子科龙眼属
9	枸橼、香橼、佛手	芸香科柑橘属
10	杨梅	杨梅科杨梅属，常绿乔木
11	余甘、庵摩勒、又甘	大戟科叶下珠属
12	木绵（木棉）	木棉科木棉属，汉字系统原无"棉"字，六朝方见，现代规范汉语通作"木棉"
13	桂	樟科樟属或木犀科木犀属，按同期记录难以辨析

[1] 宏新按："简介"栏参见中国科学院中国植物志编辑委员会主编、科学出版社出版之《中国植物志》，出版信息依序如下：1.中国植物志（第16卷第1册）[M].1985：78，117.中国植物志（第64卷第1册）[M].1979：88；2.中国植物志（第43卷第3册）[M].1997：25；3.中国植物志（第13卷第1册）[M].1981：133；4.中国植物志（第13卷第1册）[M].1981：144；5.中国植物志（第10卷第2册）[M].1997：41；6.中国植物志（第16卷第2册）[M].1981：6，12；7.中国植物志（第47卷第1册）[M].1985：32；8.中国植物志（第47卷第1册）[M].1985：28；9.中国植物志（第43卷第2册）[M].1997：186；10.中国植物志（第21卷）[M].1979：4；11.中国植物志（第44卷第1册）[M].1994：87；12.中国植物志（第49卷第2册）[M].1984：106；13.中国植物志（第31卷）[M].1982：202，214.中国植物志（第61卷）[M].1992：107；14.中国植物志（第61卷）[M].1992：218；15.中国植物志（第61卷）[M].1992：195；16.中国植物志（第67卷第1册）[M].1978：118；17.中国植物志（第64卷第1册）[M].1979：94；18.中国植物志（第13卷第1册）[M].1991：108，110；19.中国植物志（第31卷）[M].1982：204；20.中国植物志（第43卷第2册）[M].1997：201.

续表

序号	文献记载	植物志简介
14	茉莉、末利花	木犀科素馨属
15	素馨、耶悉茗	木犀科素馨属
16	茄	茄科茄属
17	蕹、雍菜	旋花科番薯属
18	桄榔	棕榈科桄榔属
19	抱木、枹木	樟科樟属，小至大乔木
20	橘、柑、柚、橙类	大体为芸香科柑橘属，同期文献还有壶柑、卢橘、金橘、櫾、壶柑、臭橙、朱栾、雷柚、红柚、斗柚等称呼

挑选两个例子，同时可介绍一下我们的辑录原则。

1.甘薯

《齐民要术》引《异物志》载"甘藷（薯）似芋，亦有巨魁，剥去皮，肌肉正白如脂肪，南人专食以当米谷"[1]，贾思勰引用后称"蒸、炙皆香美。宾客酒食亦施设，有如果实也"，又如《南方草木状》载"海中之人皆不业耕稼，惟掘地种甘藷（薯），秋熟收之，蒸晒，切如米粒，仓圌贮之，以充粮糗，是名薯粮""惟海中之人寿百余岁者，亦由不食五谷，而食甘藷（薯）故也"。[2]以上记述，皆说明自东汉、六朝时期，岭南存在一种人工栽植的"甘藷（薯）"。

甘藷（薯），与明代引进的"番薯"，今多通写作"甘薯"[3]。按《中国植物志》的介绍，我国古代的甘薯（甘藷）指的是参薯、有刺甘薯、甜薯等，都为薯蓣科（Dioscoreaceae）薯蓣属（Dioscorea），缠绕草质藤本；[4]番薯则是旋花科（Convolvulaceae）番薯属（Ipomoea），是一年生草本。[5]甘藷（薯）等薯蓣科在潮汕存在的历史久远，新石器时代中期陈桥原始农业，其主要种植的粮食便是薯芋类

[1]　贾思勰.齐民要术［M］.四库全书版，卷十：12.

[2]　嵇含.南方草木状［M］.四库全书版，卷上：3.

[3]　宏新按：现代辑录点校版本及通行文本多将"甘藷"写作"甘薯"，如：嵇含.南方草木状［M］//梁廷枬，杨孚，等.南越五主传及其他七种.杨伟群，校点.广州：广东人民出版社，1982：56.

[4]　中国科学院中国植物志编辑委员会.中国植物志（第16卷第1册）［M］.北京：科学出版社，1985：78，117.

[5]　中国科学院中国植物志编辑委员会.中国植物志（第64卷第1册）［M］.北京：科学出版社，1979：88.

块茎植物,因此甘薯等薯蓣属,作为潮汕地区的主粮并进行人工栽培,可追溯至新石器时代中期。至目前,潮人仍有"番薯糜",即上引"蒸鬻食之",南澳岛至今仍有"金薯片""番薯片"等闻名薯制品,其制作大约如上引古文献所谓的"蒸、炙"原理,清代鸥汀墟市上有"番薯粒"出售,尽管甘薯不同于甘薯,但其制作工艺"蒸晒切如米粒",看来是一样的,可见都是东汉六朝遗风。20世纪90年代,潮汕各处仍有"甘薯"(参薯),潮人或称"白薯""红大薯"等[1]。

2.橄榄

《大观本草》引《异物志》载"生南海浦屿间。树高丈余。其实如枣,二月有花生,至八月乃熟,甚香。橄榄木高南采,以盐擦木身,则实自落"[2],《海药本草》引三国万震《南州异物志》载"闽广诸君及缘海浦屿间皆有之。……核亦两头尖而有棱,核内有三窍,窍中有仁,可食"[3],《南方草木状》亦有载"树身耸,枝皆高数丈。其子深秋方熟,味虽苦涩,咀之芬馥,胜含鸡骨香"[4]。以上记述,皆说明自东汉、六朝时期,岭南存在人工栽植的橄榄。

橄榄为橄榄科(Burseraceae)橄榄属(Canarium),乔木,除了可食用、药用等之外,其糖还可做黏合剂。[5]历代文献多有述及岭南的橄榄,如《太平御览》《本草纲目》辑录者,[6]又《岭表录异》称"贾人船不用铁钉,只使桄榔须系缚,橄榄糖泥之,糖干甚坚,入水如漆也"[7],说明至迟在唐宋,橄榄糖之黏合功能便被发掘。而传世的完整《潮州府志》中,无一例外皆将橄榄载于"土产"或"物产"纲目,直到现在,潮阳、潮安的橄榄仍是知名产品,则可推知橄榄是长期存在于潮汕并早被栽培利用的品种,而其除了食用外,很早便被潮人用于造船黏合料。

上面"秦汉六朝潮汕部分种植利用植物名录"所辑录的,只是部分较可确定的种植业品种。还有许多种属,是《异物志》《南方草木状》《齐民要术》或

---

[1] 吴修仁.潮汕生物资源志略[M].广州:中山大学出版社,1997:420.

[2] 唐慎微.证类本草[M].四库全书版,卷二十三:91.

[3] 李珣.海药本草(辑校本)[M].尚志钧,辑校.北京:人民卫生出版社,1997:89.

[4] 嵇含.南方草木状[M].四库全书版,卷下:3.

[5] 中国科学院中国植物志编辑委员会.中国植物志(第43卷第3册)[M].北京:科学出版社,1997:25.

[6] 李昉,等.太平御览[M].北京:中华书局,1960:4309.李时珍.本草纲目(校点本)(第三册)[M].刘衡如,校点.北京:人民卫生出版社,1978:1823-1824.

[7] 刘恂.岭表录异[M].四库全书版,卷上:2.

其他六朝文献有载，但我们未敢断言其是否存在于本阶段的潮汕并被有意识地利用。出于妥当考虑，本史稿暂时不列入上表。

譬如马食后便肥而壮、而数位撰写作者都叫不出名的"草，叶类梧桐而厚者"，山羊食其苗便能肥而大的植物（有称"冶葛"，但冶葛无此效用），有身妊则佩带在身便可生男子的"水葱"等，仅依据简单的功能介绍，实在难断是什么植物。

又如不可食用而可作浆的"鬼目"，剥其外皮煮为糁食用的"益智"[1]，可盖房子的"葺叶"等，则都难以清楚，当时的叫法是否与六朝之后乃至今天的称呼一致，这是一个复杂的问题，不能解决便无法判断当时潮汕是否有产。

再如榕树、水松、紫藤、藤缘树等，从文献记述及科学论文看，很可能秦汉六朝时仅是自然分布，尚没有得到有意识或说主动利用。因此，只能确定秦汉六朝潮汕有分布，而难以说当时居民较好地刻意栽培，使其成为种植业品种，因此暂时不录入表。

隋唐时期，中唐潮州治、县治之处已经与中原无异，当时栽种、利用的作物十分多，而大量的木材建筑屡见记载和实物，如官署、寺庙、民间居屋，等等。种植业产品已经融入隋唐潮人衣食住行，以及整个潮汕地区的社会经济建设中。本书会出现多个例子，这里不赘。

此外，本阶段潮州还出有祥瑞花草，被赋予吉祥的征兆。譬如《册府元龟》载贞元六年（790）正月："潮州上言：芝草生，连理李树。"[2]

上引之潮州瑞草生、李树连理，都被视为"天子治世德仁兼备"的吉兆，如晋左思《魏都赋》所称的"德连木理，仁挺芝草"。[3]这同时显示出，蔷薇科李属的落叶乔木和唇形科草属的植物[4]，在潮汕地区也存在着，而且有着文化意义上的象征和寓意。

---

[1] 宏新按："益智"，历代多有认为是"龙眼"者，如《名医别录》认为龙眼"一名益智"，但从《广州记》的原始描述来看，是取其皮煮食，不像龙眼之水果食用，因此暂时依照《（道光）广东通志》的说法，认为益智与龙眼是二物。参见：陶弘景.名医别录（辑校本）［M］.尚志钧，辑校.北京：人民卫生出版社：16.阮元，陈昌齐.（道光）广东通志［M］//续修四库全书编委会.续修四库全书·六七一·史部·地理类.上海：上海古籍出版社，2002：194.

[2] 王钦若，等.册府元龟（校订本）［M］.周勋初，等，校订.南京：凤凰出版社，2006：250.

[3] 左思.魏都赋［M］//严可均.全上古三代秦汉三国六朝文.北京：中华书局，1958：1888.

[4] 中国科学院中国植物志编辑委员会.中国植物志（第38卷）［M］.北京：科学出版社，1986：39.中国科学院中国植物志编辑委员会.中国植物志（第66卷）［M］.北京：科学出版社，1977：217.

二、宋元时期

宋元潮汕地区的种植业有了长足的发展，种类繁多。

《永乐大典》转引《三阳志》的记载，将之分为果、竹、木、花、药材数大类，各类都是多不胜数，修志者称"其他名类不一，难以悉载"。[1]

果实类此阶段十分多，"若夫果实之生不能以数计。其可品者，若杨梅，若枇杷，以春熟。若荔枝，若莲房，以夏熟。秋则龙眼。冬则黄甘。杂与春夏间者，曰梅，曰李。于秋冬间者，曰梨，曰柿。历四时而常有者，曰蕉，曰甘蔗。间见时有而不可以常者，曰波罗蜜。昔无而今有者，曰蒲萄，曰木瓜"。

这些果实，是当时常见者，我们分为三类例举。

一类是宋之前已有，目前潮汕很常见的，有杨梅、枇杷、荔枝、莲房、龙眼、黄甘、梅、李、梨、柿。其中莲房的利用与现在不同，值得一提。

莲房，是莲的花托，直径5—10厘米，富有鞣质，莲为睡莲科（Nymphaeaceae）莲属（Nelumbo），多年生水生草本。[2]莲房在明代之后，基本上都是干燥后作药用，主治破血、血胀腹痛。[3]但在宋代之前，通常直接食用，如最早以"食疗"为名的专著《食疗本草》，便把它当成水果，"神仙家重之"。[4]宋人更是新鲜采吃莲房，北宋如司马光"莲房前后熟，供啖不须齐"，[5]南宋如白玉蟾"旋开白酒买莲房，满泻桐膏炤玉缸"，[6]司马光酒量差强人意，因此没提到莲房配酒，但其实该物下酒甚好，白玉蟾如此，祖无择也是如此，见"莲房三百枚，采掇亦云初。持以侑尊酒，甘香即有馀"。[7]

另一类是宋代引进的，迄今潮汕仍有栽培的，为葡萄和木瓜。介绍一下葡萄。

[1] 宏新按：下文转引此部分内容的，不再加注。参见：解缙，等.永乐大典（精装十册）[M].北京：中华书局，1986：2457-2458.

[2] 中国科学院中国植物志编辑委员会.中国植物志（第27卷）[M].北京：科学出版社，1979：3.

[3] 李时珍.本草纲目（校点本）（第三册）[M].刘衡如，校点.北京：人民卫生出版社，1978：1898.

[4] 孟诜.食疗本草[M].张鼎，增补.北京：人民卫生出版社，1984：29-31.

[5] 司马光.南园杂诗六首·莲房[M]//司马光.温国文正司马公文集.上海：商务印书馆，1936：86.

[6] 白玉蟾.暮抵懒翁斋醉吟[M]//白玉蟾.武夷集.清钞本，卷四十八.

[7] 祖无择.送莲房与马屯田[M]//祖无择.龙学文集.文渊阁四库全书本，卷三：9.

葡萄，《史记》记载是从西域引进的，称为"蒲陶"，"汉使取其实来，于是天子始种苜蓿、蒲陶肥饶地"[1]，其在历史上还有葡萄、蒲桃、草龙珠、赐紫樱桃等称呼（明清潮汕方志则蒲萄、葡萄混称）。现代汉语基本统一为"葡萄"，为葡萄科（Vitaceae）葡萄属（Vitis）。[2]有线索显示，其引自与潮汕联系密切的福建。

明清的广东通志、潮州府县志都仍载有葡萄，但是，可能是气温变化的因素，到了清代乾隆时，潮汕产的葡萄味道不佳，较可见端倪的是，《（顺治）潮州府志》对不少物产作有考释，但提及葡萄时则未加按、注，[3]而《（乾隆）潮州府志》则称葡萄"今以西北者为美，潮种小而且酸"[4]。可能是约700年一波的中国气温波动，导致潮产葡萄至乾隆中期时已经质量下降，今当地虽有栽培，但已不成规模，亦可为证。这一点，与桑蚕业等在潮汕的阶段性兴衰，有可比之处。

再一类是宋代或之前有产，但宋元后很罕见，目前潮汕也不见栽培的，有波罗蜜。

波罗蜜，为桑科波罗蜜属，原产印度西高止山。[5]较早见的记载，是宋淳熙二年（1175）之前存于广西的记录，元代广州也有栽种，如大德年间广州南海庙东西两边便各有一株。[6]波罗蜜在潮州的分布，可能仅是宋元时期。明代则显稀罕，明万历州官郭子章才敢断言"潮元无此种"，并说他见到的是海南来的两棵，植十余年，高丈余，并结果实。[7]到了清代，传世三种潮州府志的物产中又没有了它的身影。南澳岛在乾隆四十八年（1783）时有"荷兰国移来"的波罗蜜，[8]其他地方罕见。由此看来，波罗蜜清代只能在纬度较低、温度更高的南澳

[1] 司马迁.史记［M］.北京：中华书局，1959：3173.

[2] 中国科学院中国植物志编辑委员会.中国植物志（第48卷第2册）［M］.北京：科学出版社，1998：166.

[3] 吴颖.（顺治）潮州府志［M］//中国科学院图书馆.稀见中国地方志汇刊（44）.北京：中国书店，1992：1360-1363.

[4] 周硕勋.（乾隆）潮州府志［M］.台北：成文出版社，1967：962.

[5] 中国科学院中国植物志编辑委员会.中国植物志（第23卷第1册）［M］.北京：科学出版社出版，1998：44.

[6] 范成大.桂海虞衡志［M］.文渊阁四库全书本，卷首提要，原序，正文27，29.广州市地方志编纂委员会办公室.元大德南海志残本（附辑佚）［M］.广州：广东人民出版社，1991：32.

[7] 郭子章.潮中杂纪［M］.1585（明万历乙酉）刊本，卷十二：7-8.

[8] 齐翀，等.（乾隆）南澳志［M］//中国地方志集成（27）.上海：上海书店出版社，2003：473.

岛才适宜成活。该物由宋元之前的潮汕土产，至明清的几乎绝迹，其间仅在几个时间段若干地点有少量成长记载，这显然与历时气候变化有关。

宋代竹木类植物栽培和利用，为数众多。"以至竹之种类，曰笛竹，曰單（单）竹，可于屋宇用。曰慈竹，曰紫竹，可于庭馆。植木之种类，曰梓，曰桂，可以备器用。曰楠，曰樟，可以架屋室。曰萝，曰杉，曰桵，曰绵，可以阅千百载不坏。"

这些经济作物，《三阳志》说得很清楚，主要是作为花卉园艺、工艺制作、建材等所用。记载中，潮汕居民对竹木料区分得很详细，何者适宜制造景观，何者适宜充当建材，何者适宜器物应用等，都有说明，当然，作为一种志书，《三阳志》不可能具体详述，但这已足够说明，宋代潮汕掌握了竹木利用专业知识。

竹木类植物自然不止这些。比如柳，庆元五年（1199）时，西湖边便栽种有不少观赏柳，"烟插柳荫"，煞是美景；[1]又如松柏，王大宝应对宋孝宗关于潮俗的提问，称潮汕风俗是"地瘦载松柏，家贫子读书"，想来官场老手王大宝不至于浮夸戏弄皇帝，同期诗句"贮月未圆松琐碎，怯风无力竹欹斜"也可佐证潮州有松柏；[2]再如梧桐，陈希伋《题凤栖楼》诗句"千载传闻孰是非，高梧修竹晚风微"。[3]

宋代花卉多是园艺花卉作物，《三阳志》将之分为"香与色俱"的和"色胜于香"的两种，载："花不胜其异品也。其香与色俱者，曰梅，曰兰，曰茉莉，曰素馨，曰荼蘼，曰木犀，曰鹰爪，曰含笑，曰胜春。香不逮其色者，曰海棠，曰山茶，曰穿心宝相，曰玉笼松，曰锦绣堆，曰玉屑，曰御带。"能够这样细致的区分，可见花卉之栽培赏玩，是当时的普遍现象。其中的梅花，应是喜寒、耐寒之梅花，而不是今天常见于潮汕的俗称"腊梅"者。

宋代药物和菜茹的种植，是同期文献中之重点介绍者。古代医食同源，因此它们都被认为具有药用疗效，如《黄帝内经太素》称"五谷、五畜、五果、五菜，用之充饥则谓之食，以其疗病则谓之药"。[4]

[1] 许骞.重辟西湖记［M］.林嶝.重辟西湖诗［M］//黄挺，马明达.潮汕金石文征.广州：广东人民出版社，1999：132-133，138.

[2] 孛兰肹，等.元一统志［M］.赵万里，校辑.北京：中华书局，1966：683.林嶝.题西湖山石［M］//解缙，等.永乐大典（精装十册）.北京：中华书局，1986：2491.

[3] 陈希伋.题凤栖楼［M］//翁辉东.历代潮州文概.香港：广智书局，1935：32-33.

[4] 杨上善.黄帝内经太素［M］.北京：人民卫生出版社，1965：15.

　　《三阳志》专列了部分药品和有食疗效果的菜茹，"菜茹"之前是药物，17种，我们将在工业章"医药业"节介绍。"菜茹"之后的，是具食疗效果的本草，可大概理解为现代语境下的"蔬菜"，计16种，除了"香葚"[1]"青蓝"没有把握准确判断外（表4-8以"不明"标注），其他都仍常见。

　　参考《本草纲目》[2]《中国植物志》[3]，梳理如下表。

表4-8　宋元潮州主要菜茹一览表

序号	品名	植物志今名及描述	本草释名
1	波稜	菠菜（Spinaciaoleracea L.）原产伊朗，现全国普遍种植	菠薐、波斯草等
2	芥	芥菜［Brassicajuncea（L.）Czern.et Coss.］，较常见	芥
3	韭	韭（Allium tuberosum），现广泛栽培，亦有野生植株	草钟乳、起阳草
4	莙荙	甜菜，变种Beta vulgaris L.var.cicla L.，南方较多	荼菜、莙荙菜
5	苦荬	苦荬菜，本属约20种，分布东亚和南亚，现潮汕罕见	天香菜、荼等
6	苦荀	竹笋之一种，竹亚科由地下茎的芽出土而成新苗，俗称竹笋（bamboo shoot），我国有37属500余种，多分布于南方	苦竹筒
7	芦菔	萝卜（Raphanus sativus L.），有多变种，各地栽培	莱菔、芦萉等
8	芹	芹菜、旱芹（Apium graveolens L.），各省区均有栽培	水靳、楚葵等
9	青蓝	不明	不明

　　[1] 宏新按：上引有一物称"香葚"，情况不明，怀疑是"香薷"之讹，依据主要有：明代之前的医书，比较常见的带"香"本草大致有香薷、香薷、香蒲等，罕见"香葚"；潮人刘昉撰《幼幼新书》，香薷入药的有近十种并有专名介绍。因此怀疑《三阳志》的"香葚"是"香薷"之笔误。参见：刘昉.幼幼新书［M］.幼幼新书点校组，点校.北京：人民卫生出版社，1987.名医别录（辑校本）［M］.陶弘景，集.尚志钧，辑校.北京：人民卫生出版社：203.

　　[2] 李时珍.本草纲目（校点本）（第1-4册）［M］.刘衡如，校点.北京：人民卫生出版社，出版日期分别为1975、1977、1978、1981年，页码分别为第1405、1411、1576、1607-1608、1616-1617、1620、1622-1624、1629、1645、1646、1647、1658-1660、1661、1685、1706页。

　　[3] 参见中国科学院中国植物志编辑委员会主编、科学出版社出版的《中国植物志》，出版信息依序如下：菠菜，中国植物志（第25卷第2册）［M］.1979：46.芥菜，中国植物志（第33卷）［M］.1987：28.韭，中国植物志（第14卷）［M］.1980：221.甜菜，中国植物志（第25卷第2册）［M］.1979：10.苦荬菜，中国植物志（第80卷第1册）［M］.1997：243.竹亚科，中国植物志（第9卷第1册）［M］.1996：4.萝卜，中国植物志（第33卷）［M］.1987：36.旱芹，中国植物志（第55卷第2册）［M］.1985：6.红薂地发，中国植物志（第53卷第1册）［M］.1984：230.乌蕨，中国植物志（第2卷）［M］.1959：275.茼蒿，中国植物志（第76卷第1册）［M］.1983：22.蕹菜，中国植物志（第64卷第1册）［M］.1979：94.莴苣，中国植物志（第80卷第1册）［M］.1997：233.姜，中国植物志（第16卷第2册），1981：141.

续表

序号	品名	植物志今名及描述	本草释名
10	石发	红敷地发（Phyllagathis elattandra Diels），现潮汕罕见	陆生乌韭
		乌蕨（Stenoloma chusanum Ching），产南方各地	水生陟厘
11	茼蒿	茼蒿（Chrysanthemum coronarium L.），各地栽培	蓬蒿
12	蕹	蕹菜（Ipomoea aquatica Forsk.），南方广泛栽培	蕹菜
13	莴苣	莴苣（Lactuca sativa L.），各地栽培，亦有野生	莴菜、千金菜
14	香荳	不明	不明
15	紫菜	紫菜（Porphyra），海中互生藻类的统称。红藻纲，红毛菜科。藻体呈膜状，称为叶状体。紫色或褐绿色。属海产红藻	紫英
16	紫姜	姜（Zingiber officinale Rosc.），中部、南部广为栽培	生姜初生嫩者

元代的经济作物，《永乐大典》转《元一统志》，载有莲、蔗、梅、桃、李、柿、橘、柚、瓜、梨、茉莉、蔷薇、素馨、葱，并称潮州各县都有产。[1]从该志记载以及科学论文上有关环境论述来看，宋、元潮汕种植业内容和品类大体一致。

同时说明的是，潮汕地区此期的种植业呈现多方面发展的态势，这并非说自宋元才这样，更可能的因素是，反映宋元时期的存世文献比前多得多，才得以体现。

三、明清时期

明清潮汕种植业内容和品类更多。在人口不断发展、农耕用地相对紧张的情况下，经济作物的大量栽培是导致清代潮汕由粮食富余区转为缺粮区的关键因素之一。

（一）明清主要经济作物

明初经济作物的情况，按《永乐大典》引《图经志》的记载，是"本府之所产，如花果竹木之类，略而不记"，该志仅记录药物，我们放在本书工业章"医药业"节再谈。此后，直到嘉靖朝，才有了较为齐备的府一级物产录存世。

---

[1] 孛兰肹，等.元一统志［M］.赵万里，校辑.北京：中华书局，1966：682.

《（嘉靖）广东通志初稿》和《（嘉靖）广东通志》的体例，是统一介绍当时全省的情况，没有细至各州府的土产介绍。[1]《（雍正）广东通志》和《（道光）广东通志》的体例，同样没有细分至各州府，但一些奇特或突出者，也会特别注出并做分析。经梳理，两志涉及潮州府经济作物（非主要粮食、草药、药材类植物）的分别约有9处、14处。[2]其余各志书则有所记述，有的还有修志者的考释和辨析。[3]

经过辨析，我们将除了主要粮食、草药、药材之外的，列为下面4份表。

表4-9　明清潮汕主要蔬菜表

时间	品类名称
嘉靖时期	葱，蒜，韮（韭），薯，茄，笋，薤，蕨，瓠，冬瓜，西瓜，王瓜，姜，萝卜，芫荽，莴苣，苦荬，菠菱，莙荙，苋菜，壅菜，芹，木耳，香菰，茼蒿
万历时期	芥，苋，韮（韭），薯，薤，葱，蒜，芹，茄，笋，菠菱，茼蒿，莙荙，苦荬，萝卜，芫荽，莴苣，冬瓜，西瓜，黄瓜，丝瓜，苦瓜，匏瓜
顺治时期	芥，芹，笋，姜，香菰，木耳，苋，韮（韭），葱，薤，蒜，茄，菠菜，茼蒿，莙荙，苦荬，蕨，萝卜，芫荽，莴苣，鸟子豆，长荚豆，冬瓜，丝瓜，王瓜，苦瓜，甜瓜，西瓜，匏瓜，香瓜，匏子，薯，芋，蕷，葛，鸡宗，芥蓝
康熙时期	芥，芹，姜，香菰，木耳，苋，韮（韭），薤，葱，甕（雍），蒜，茄，菠菱，茼蒿，莙荙，苦荬，蕨，萝卜，芫荽，莴苣，鸟子豆，长荚豆，冬瓜，丝瓜，王瓜，苦瓜，黄瓜，甜瓜，西瓜，匏瓜，匏子，薯，芋，蕷，葛，鸡鬃，芥蓝，笋
乾隆时期	芥，水韭，葱，大蒜（荤菜），白菜（菘），芹，菠稜，蕹菜，苋，茼蒿，蕨菜，芦葩（菜头），笋（竹萌），姜，芋，甘藷（薯），番藷（薯），匏，瓠，芥蓝（隔蓝），苦瓜（敦瓜，菩荙，癞蒲桃，锦荔枝），南瓜，冬瓜，黄瓜（胡瓜），西瓜，丝瓜（大罗、蛮瓜），莶（水韭），莎（水蒜），香蕈，猴葵（鹿角菜、赤菜），海带，龙须菜，紫菜，珍珠菜，观音菜，芫荽（兴渠），荚菜，苦荬，香荬，莴苣，木耳，绰菜，水茄

[1]　戴璟，张岳，等.（嘉靖）广东通志初稿［M］//北京图书馆古籍出版编辑组.北京图书馆古籍珍本丛刊（38）.北京：书目文献出版社，2000：520-529.黄佐.（嘉靖）广东通志［M］.广州：广东省地方史志办公室，1997：573-591.

[2]　郝玉麟.（雍正）广东通志［M］.广东省地方史志办公室，辑.广州：岭南美术出版社，2006：1607-1665.陈昌齐，等.（道光）广东通志［M］//续修四库全书编委会.续修四库全书·六七一·史部·地理类.上海：上海古籍出版社，2002：187-220.

[3]　郭春震.（嘉靖）潮州府志［M］//北京书目文献出版社.日本藏中国罕见地方志丛刊（第13册）.北京：书目文献出版社，1992：285.郭棐，等.（万历）广东通志［M］.1602（明万历壬寅）刻本，卷四十一：26-28.吴颖.（顺治）潮州府志［M］//中国科学院图书馆.稀见中国地方志汇刊（44）.北京：中国书店，1992：1360-1363.林杭学.（康熙）潮州府志［M］.潮州：潮州市地方志办公室，2000：463-465.金光祖.（康熙）广东通志［M］.广东省地方史志办公室，辑.广州：岭南美术出版社，2006：1470.周硕勋.（乾隆）潮州府志［M］.台北：成文出版社，1967：957-989.

表4-10 明清潮汕主要果品表

时间	品类名称
嘉靖时期	荔枝，龙眼，柑（七种），橘（二种），橙，柚，香圆，芭蕉，橄榄，甘蔗，杨梅，杨桃，葡萄，木瓜，黄弹，枇杷，石榴，桃，梅，李，柿，梨，枣，栗，榛，藕，菱，莲子，不纳子
万历时期	柑，橘，橙，柚，桃，梅，李，柿，梨，枣，栗，荔枝，龙眼，金橘，枇杷，橄榄，葡萄，甘蔗，菱角，芭蕉，杨桃，菩提，香橼，莲房，杨梅，余甘，石榴，不纳子，李，木子，黄淡子
顺治时期	荔枝，龙眼，柑，佛手柑，橘，柚，橙，桃，杨桃，梅，李，柿，梨，枣，栗，金橘，枇杷，橄榄，葡萄，甘樜（蔗），菱，菩提，香橼，莲房，藕，杨梅，余甘，石榴，百纳子，李，木子，黄弹子，榛，木瓜，蕉，波罗蜜
康熙时期	荔枝，龙眼（圆眼），柑，佛手柑，橘，柚，橙，桃，杨桃，梅，李，柿，梨，枣，栗，金橘，枇杷，橄榄，葡萄，甘樜（甘蔗），菱（菱角），菩提，香橼，莲房，藕，杨梅，余甘，石榴，百纳子（不纳子），李，木子，黄弹子，榛，木瓜，蕉（芭蕉），波罗蜜，落花生
乾隆时期	龙眼，荔枝，柑，橙，九金，柚，枸橼（香橼），酸柿甜梅，李，梨，酸枣，柿，石榴，橄榄，余甘（又甘、庵摩勒），枇杷，栗，甘蔗，甘蕉，葡萄，菱（菱角），特乃子，乌芋（荸荠），菩提果，榛，黎檬子，波罗蜜，朱圆子，杨梅（细核杨梅），人面树，黄皮，蜜望树（莽果、讹传梦果），天桃，不纳子，宜母果，番石榴，千岁子（地豆、仙豆、壑豆、落花生）

表4-11 明清潮汕主要竹木表

时间	品类名称
嘉靖时期	筓竹，绿竹，麻竹，甜竹，筋竹，苦竹，黄竹，赤竹，淡竹，观音竹，苗竹，丝竹，箭竹，川竹桃榔，桑，柳，枫，松，榕，槐，樟，栢（柏），楠，梨，槁，桂，橘，橑，柏，桐，棕，桧，栋（疑为楝），柘，楮，柯，檀，杉，相思
万历时期	筓竹，菉（绿）竹，麻竹，甜竹，苦竹，赤竹，箪竹，黄竹，筋竹，淡竹，箭竹，观音竹松，栢（柏），桂，樟，槐，柳，枫，桧，楠，杉，槁，檀，桐，梨，桑，榕，柯，苦楝，乌桕，桃榔，相思
顺治时期	筓竹，绿竹，甜竹，苦竹，菫竹，赤竹，淡竹，慈竹，观音竹，苗竹，丝竹，箭竹，川竹，黄竹，单竹桃榔，木棉，桑，相思树，松，栢（柏），紫栢（柏），茶，苦丁，枫，桂，樟，槐，柳，桧，楠，杉，檀，桐，梨，榕，柯，苦楝，乌桕，桥，梓，柘，橑
康熙时期	筓竹，丝竹，甜竹，苦竹，菫竹，赤竹，淡竹，慈竹，观音竹，苗竹，丝竹，箭竹，黄竹，单（箪）竹，菉（绿）竹，麻竹，筋竹桃榔，木棉，桑，相思树，松，栢（柏），紫栢（柏），茶，苦丁，枫，桂，樟，槐，柳，槁，桧，楠，杉，檀，桐，梨，榕，柯，苦楝，乌桕，桥，梓，柘，橑
乾隆时期	筓（桂），慈竹，石麻之竹，斑竹，黄竹，赤竹，紫竹，绿竹，笋，观音竹，桃枝竹，佛眼，甘竹，竹箭，狗竹，猫竹，毛竹，思毛竹栢（柏），水松，桧，枞，杉（披粘），木锦，榕，樟树，枫，梧桐，桑木，椑，槐，拼桐，楝，槟榔，椰，桄榔，金荆（黄柞），虫母树，万年（冬青、冻青），楠木，漆，桐，乌臼（柜柳），构，椿

表4-12　明清潮汕主要花木表

时间	品类名称
嘉靖时期	素馨，茉莉，兰花，蔷薇，长春，芙蓉，山茶，鸡冠，菊花，萱草，佛桑（红白二种），含笑，鹰爪，瑞香，露滴金，金凤，木犀，荷花，木槿，海棠，紫荆，山礬（矾），凌霄，葵花，丽春，金莲，石榴（有二种），红花，夜合，七里香，九里香，满天星，锦绣球，剪春萝，玉簪
万历时期	兰，菊，葵，莲，素馨，茉莉，瑞香，山茶，芙蓉，蔷薇，紫荆，夜合，木犀，海棠，鸡冠，指甲，月桂，玉簪，凌霄，木槿，含笑，鹰爪，扶桑，金凤，露滴金，九里香，锦绣球，剪春萝草，芝，萱，萍，藻，蓼，蒿，茅，艾，益母，车前，马鞭，凤尾
顺治时期	兰，菊，葵，莲，素馨，茉莉，瑞香，山茶，芙蓉，蔷薇，紫微，紫荆，夜合，木樨，海棠，鸡冠，月桂，玉簪，凌霄，凤仙，木槿，含笑，鹰爪，金凤，扶桑，绣毬（球），剪春萝，金莲，丽春，荷花，金钱，红花，满天星，山礬（矾），马缨丹
康熙时期	兰，菊，葵，莲，素馨，茉莉，瑞香，山茶，芙蓉，蔷薇，紫微，紫荆，夜合，木樨，海棠，鸡冠，月桂，玉簪，凌霄，凤仙（指甲），木槿，含笑，鹰爪，金凤，扶桑，绣毬（球），剪春萝，金莲，丽春，荷花，金钱，红花，满天星，山礬（矾），露滴金，九里香，锦绣毬（球），马缨丹
乾隆时期	兰，伊兰，树兰（暹罗兰），红蕉，辛雉（木兰、木笔），风兰，梅花，桃，李，茶，海棠，茉莉，耶悉茗（素馨），合欢（夜合花），瑞香，含笑，石榴花，荼蘼花，朱槿花，山丹花，波罗奢花，宜男草（鹿葱、萱草花），蜀葵，鹰爪兰，丽春花，一丈红，荷（芙蕖），菊，龙须花（龙船花），蓍萄花（山栀花），山礬（矾）（桱花、七里香、九里香种相类），玉簪，凌波，剪春罗，蔷薇，绣球，夹竹桃，七姊妹花（十姊妹花，皆与蔷薇相类），马樱丹，紫荆花，芙蓉

上述自然不是全部。而最后一种古潮州府志《（乾隆）潮州府志》脱稿时间仅至乾隆朝中期，《（道光）广东通志》虽然脱稿于道光初年，但未单列至各府，而且该部分内容多为沿袭此前各地方志书。因此，乾隆中期之后的潮汕主要物产，并未能在上述四份表中充分体现。譬如，在近现代潮汕经济发展史中扮演着重要角色的烟草、罂粟，尚未正式登场。

（二）若干经济作物的栽培加工情况

随着时代的发展，明清潮汕经济作物的种植，比前代更为普遍。清代潮汕地区由余粮区向缺粮区转变的主要原因之一，便是其他种植业的栽培占用了农耕地。而从材料看，清代潮汕地区大量的经济收入，其实来源于其他种植业的产出，同时带动了整个地区的社会发展。

从传统的经济作物蔗、糖，以及乾隆之后出现的烟草、罂粟（鸦片）的栽培情况，大约可略窥此阶段潮汕种植业之一斑。

1.蔗、糖

蔗在潮汕的分布历史久远，直接取用的时间则可确定不迟于汉晋。至于将植物蔗以人工加工的形式制成蔗糖的历史，则至迟可追溯到六朝时期。

甘蔗为禾本科（Gramineae）甘蔗属（Saccharum），多年生高大实心草本。[1]《齐民要术》引东汉《异物志》载"甘蔗，远近皆有""斩而食之，既甘，迮取汁为饴饧，名之曰糖，益复珍也。又煎而曝之，既凝如冰，破如塼（砖），其食之入口消释，时人谓之石蜜者也"[2]，这是较早的岭南榨蔗汁暴晒而制糖之记录。现存数种涉农六朝文献都引有佚书的记录，或者直称广州榨汁为砂糖，"广州一种数年生"，岭南"取汁为砂糖"。当时潮汕属于广州辖地，即使在汉代没有"迮取汁为饴饧，名之曰糖"，几百年后的六朝时期也当学会"取汁为砂糖"。因此，说岭南蔗糖生产不迟于汉，潮汕蔗糖生产不迟于六朝，都是没有多少疑问的。[3]北方种蔗则不普遍，南宋时仍然是"甘蔗只生南方，北人嗜之而不可得"，[4]那是另一回事。

不过，中国的制糖技术从生产石蜜、砂糖等阶段，发展至宋代的糖霜阶段，品质仍然普遍碎而微，不利于保存和远销，又南方各地多有栽种，这便导致商品糖流通较为困难。如宋代《糖霜谱》称："糖霜，一名糖冰。福唐、四明、番禺、广汉、遂宁有之，独遂宁为冠。四郡所产甚微而碎，色浅味薄，纔（才）比遂之最下者。凡物以希（稀）有难致见珍。故查梨、橙、柑、荔枝、杨梅，四方不尽出，乃贵重于世。若甘蔗所在皆植，所植皆善，非异物也。"[5]这里有福清、番禺之糖，但未提及潮糖，《元一统志》载广东番禺、南海、东莞，乡村人煎汁为砂糖，[6]也是不见潮汕。可能说明，宋元潮糖仍未具备较成规模远销的能力，名气并不著。

到了明代，随着制糖技术的发展以及传播，中国糖业已经普遍拥有保存和流通的能力。明中后期起，闽粤糖业发达，逐步发展成为国内较大的外销糖基

---

[1] 中国科学院中国植物志编辑委员会.中国植物志（第10卷第2册）[M].北京：科学出版社，1997：41.

[2] 贾思勰.齐民要术[M].四库全书版，卷十：11.

[3] 寇宗奭.图经衍义本草[M].许洪，校正.元刊本，卷三十六：1.嵇含.南方草木状[M].文渊阁四库全书本，卷上：4.贾思勰.齐民要术[M].文渊阁四库全书本，卷十：11.

[4] 洪迈.容斋四笔[M]//洪迈.容斋随笔.孔凡礼，点校.北京：中华书局，2005：655.

[5] 王灼.糖霜谱[M].文渊阁四库全书本，卷一：1-2.

[6] 李兰肹，等.元一统志[M].赵万里，校辑.北京：中华书局，1966：669.

地。但潮汕并没有多少明确系年的明代记载能够说明当时潮糖大规模外销。我们推测，主要原因是明代糖业的利润未必超过粮食，因此产粮重地潮汕，仍未进入大规模商品糖生产阶段。不过，明代潮汕产糖量仍然不少，明代潮汕志书的土产都载有蔗，便是很好的说明。又多种同期文献的记录，也体现成片的蔗田、蔗园，例如明崇祯间董守伦应邀访潮阳东岩真武阁，途中便经过一片长达数里的蔗园。[1]潮汕也有名品闻世，例如葱糖，郭子章便称："潮之葱糖极白极松，绝无渣宰。"[2]

清代前、中期开始，潮汕商品糖，无论产量、质量还是输出规模，都在闽粤两大商品糖基地中脱颖而出。《广东新语》载："葱糖称潮阳，极白无滓，入口酥融如沃雪。糖户家家晒糖，以漏滴去水，仓囤贮之。春以糖本分与种蔗之农，冬而收其糖利，旧糖未消，新糖复积，开糖房者多以是致富。"[3]可见清初潮阳糖至少在广东省内排得上名号并有所外销，同时，这里透露出蔗糖利润极大，"民为利动"，相信这个利润原因，是造成清代潮糖产量大增的主要因素。

当时的普遍经营方式，除了糖熟时商人购货转销赚取差价外，还有很多合作形式。有的由商人（糖房）先提供资金给煮糖厂（糖寮），糖厂再利用此笔款项先付蔗农，与其预先建立收购关系；也有的是多方合作联营，糖商雇工栽培、产制、销售等一条龙完成的。

这些，在不少同期文献中有所描述，如《（乾隆）澄海县志》称"邑之富商巨贾，当糖盛熟时，持重赀往各乡买糖，或先放账糖寮，至期收之。有自行货者，有居以待货者"，[4]又如《粤东笔记》称"春以糖本分与种蔗之农，冬而收其糖利。旧糖未消，新糖复积"等[5]。这样成熟的、多样的生产经营方式，无疑促进了潮汕蔗糖业的发展。

清康熙以后，各处商人购买潮糖外销，既赚取商业利润，又可将厚实的糖包当成压仓货物，遂有潮糖沿海岸线北上南下，沟通东西洋的大量文献记录。

仅以各朝举一例如下：康熙朝的，如《华夷变态》载康熙二十七年

[1] 董守伦.东岩真武阁香火田记［M］//张其翮.（光绪）潮阳县志.周恒重，等，修.台北：成文出版社，1966：441-442.

[2] 郭子章.潮中杂纪［M］.1585（明万历乙酉）刊本，卷十二：6.

[3] 屈大均.广东新语［M］.北京：中华书局，1985：389.

[4] 金廷烈.（乾隆）澄海县志［M］.1765（清乾隆三十年）刊本，卷十九：8-9.

[5] 李调元.粤东笔记［M］.上海：上海广益书局，1917（民国六年），卷十六：3-4.

（1688），有厦门船、福州船分别绕道南澳岛买白砂糖，然后转售日本；[1]雍正朝的，如当时揭阳县"竹蔗可炼酱作糖，以贩吴越，人多以此为利"的记载；[2]乾隆朝的，如乾隆后期潮阳县令诗"岁岁相因是蔗田，灵山西下赤寮边，到冬装向苏州卖，定有冰糖一百船"；[3]嘉庆朝的，如嘉庆十四年（1809）六月初三，澄海县便有60余条商船因害怕盗贼而停于澳内，每船各载有价值数万银之三四千包糖包，拟往苏州、上海销售；[4]道光朝的，如某饶平船于道光十九年（1839）在天津海口停泊，官方接报怀疑该船转载违禁烟土，经过稽查，回复朝廷，称该船装载的是潮糖。[5]

蔗糖在潮汕应用十分广泛，现可见四十余种府县志中，这样的录载多不胜数。潮人嗜糖用糖，即所谓"大抵广人饮馔多用糖"。我们以不产蔗的南澳和盛产区潮阳这两个极端区域来举例，可以更好地说明问题。例如建筑应用上，雍正时南澳同知徐慎"以蛤灰和沙灌以糖汁"，建造公署墙壁，效果不错，乾隆四十七年（1782）南澳大风，大片民房和新修的公廨皆塌坏，但公署墙壁其坚如石，丝毫不损；又如风俗应用上，南澳岛四月八日的僧童沿门索讨（俗称"洗佛"），信众人家必须先备好炒麦米，调饴糖食用（俗称"炒苍蝇翅"），潮阳县嫁娶聘礼需要金银、纨绮和糖果；且如工业应用上，潮阳县产有黄、白两色糖，虽然我们难以确认怎么区分，但县志载"色黄者可解暑，可染采"，则是可用于织染；再如饮食应用上，潮阳县有竹蔗、蜡蔗、红蔗等蔗种，特产有"沙糖"，既可直接食用解暑，又可以用冬瓜皮滋糖作瓜珀、用西瓜渍糖作西瓜膏、用金橘酱糖作糖橘，制"广东皮"中"特佳"的陈皮等。[6]

[1] 焦鹏.清初潮州的对日海上贸易［M］//潮汕历史文化研究中心，韩山师范学院.潮学研究（13）.汕头：汕头大学出版社，2006.

[2] 陈树芝.（雍正）揭阳县志［M］//北京书目文献出版社.日本藏中国罕见地方志丛刊（第24册）.北京：书目文献出版社，1991：35.

[3] 李文藻.劝农十二首［M］//张其翻.（光绪）潮阳县志.周恒重，等，修.台北：成文出版社，1966：199，498.

[4] 黄蟾桂.晏海溦论［M］//黄蟾桂.立雪山房文集.陈景熙，陈孝彻，整理.广州：暨南大学出版社，2016：29，88.蔡继绅.（嘉庆）澄海县志［M］.李书吉，修.台北：成文出版社，1977：270.

[5] 清实录（第37册）［M］.北京：中华书局，1985：1108.

[6] 屈大均.广东新语［M］.北京：中华书局，1985：389.杨世泽.（民国）南澳县志［M］.章潜龙，修.1947（民国三十六年）稿本，"灾祥"之"乾隆四十七年".齐翀，等.（乾隆）南澳志［M］//中国地方志集成（27），上海：上海书店出版社，2003：410，413，421，474.黄一龙，林大春，等.（隆庆）潮阳县志［M］.上海：上海古籍书局，1963，卷七：16-17.臧宪祖，等.（康熙）潮阳县志［M］//故宫博物馆.故宫珍本丛刊（第177册）.海口：海南出版社，2001：56.张其翻.（光绪）潮阳县志［M］.周恒重，等，修.台北：成文出版社，1966：154-155，166.

不过，多种迹象显示，潮汕只是商品糖盛产区，潮商各地购销而富贵者亦不少。但如果以潮汕种植规模以及潮产总量计，即使在潮糖大量输出区外的清代，放在全国来看也不占十分突出的份额。

2.烟草、罂粟（鸦片）

烟草和罂粟，是潮汕经济史上难以绕开的产业。它们对近现代潮汕的经济影响是不可忽略的。而其普遍栽种时间，超出最后一种古府志《（乾隆）潮州府志》的记录时限，因此潮汕古志书较缺乏具体的记载，目前研究成果也不是很丰富。

下面就近代以前的情况，做个简单梳理。

烟草。

烟草在潮汕的种植历史不长。乾隆二十七年（1762）脱稿的《（乾隆）潮州府志·物产》仍然未提及烟草，可以说，烟草在乾隆朝中期的潮汕并不是主流种植物。

中国栽培烟草的历史，大概自明万历、天启开始，由海外传入闽粤沿海，再流传各地。《景岳全书》称烟"此物自古未闻也，近自我明万历时始出于闽广之间，自后吴楚间皆种植之矣，然总不若闽中者，色微黄，质细，名为金丝烟者，力强气胜为优也"。[1]天启甲子（1624）脱稿的《本草汇言》载"味苦辛。气热。有毒。通行阴阳十三经"，倪氏指出吸烟的药理效用，并强调阴虚不足之人不宜用，且称当时北方已形成取烟敬客的习俗，则是天启间已经有了流行的趋势了。[2]《玉堂荟记》有"烟酒古不经见，辽左有事，调用广兵，乃渐有之，自天启年中始也"句，[3]也可佐证。而《枣林杂俎》载"金丝烟出海外番国，曰'淡巴菰'。流入闽粤，名金丝烟。性燥有毒，能杀人。天启二年，贵州道梗，借径广西，始移其种。叶似薤，长茎，采而干之，刃批如丝。今艺及江南北，崇祯十六年敕禁，私贩至论死，而不能革也"。[4]则是较早见的烟草栽种及禁烟记录。

既然闽粤都是较早见到烟草的地方，也许今粤东区域，在明末清初便少量

[1] 张介宾.景岳全书［M］.文渊阁四库全书本，卷四十八：44.

[2] 倪朱谟.本草汇言［M］.1645（清顺治乙酉）重刊本（有天启甲子自序），卷首：1-5，卷首卷之五图一：2，卷五：25.

[3] 杨士聪.玉堂荟记［M］.借月山房汇钞本.上海：商务印书馆，1939：69.

[4] 谈迁.枣林杂俎［M］.清钞本（有崇祯甲申1644年高弘图题于白门公署序），中集：82.

栽培烟草。但真正成为主流经济作物，则应在乾隆朝。

乾隆朝的潮州府大埔县，是种烟大县。而在今潮汕三市境内的，潮阳县也不少，如系年于乾隆中期末的《劝农十二首》有"预为樨根杀蟊贼，田塍多种淡巴菰"句，见上引，淡巴菰即是烟草的异称，可知乾隆时期潮阳栽培烟草者不在少数，烟田有一定数量；又如《（雍正）惠来县志》物产中载有烟草，则惠来县应该是雍正时潮汕烟草的主要产地。[1]

乾隆时期吸烟形成风俗，相关用语为民间常用，遂入"方言"类记载。如《（乾隆）揭阳县志·风俗》《（乾隆）澄海县志·语言》等，都载当地的口音"烟曰'芬'。茶曰'爹'"。《（乾隆）澄海县志·崇尚》载澄海人吸烟："好食熟烟（用火炒过），比生烟尤辣。烟袋必用竹，俗谓'芬筒'。先含冷水一口，以解火毒而后咽下，一吸即止。亦有食生烟者。"可知吸烟的人已经比较多。[2]

国内的烟草流通销售方面，有不少烟草是从潮州府售出的，到了本书截稿时限仍然如此。如道光十九年（1839）十二月的奏折显示，"福建烟土。向从广东潮州陆路运至漳泉"，这显示出，接近近代，潮州府依然是一个闻名的产烟地，至少是一个具规模的转运中心。[3]此后，潮阳的烟草产品名气渐大，并积累了专业的栽培经验。如《（光绪）潮阳县志》载："烟。潮音曰'芬'。高数尺。棉产为上。梢叶承露，制烟极佳。干及低叶，用插稻根，可杀害苗诸虫。《类腋》曰'淡巴菰'。"[4]汕头开埠前后至现代，汕头港都是国内名列前茅的土烟进出口大港，便是这种趋势的壮大和延续。

鸦片。

鸦片，本来是由罂粟汁液提炼出来的一种毒品，由于罂粟在近代中国主要用来制造鸦片，因此人们习惯将罂粟称为"鸦片"，培植罂粟遂被俗称为"种鸦片"。

罂粟科（Papaveraceae）罂粟属（Papaver）植物有约100种，鸦片只是其中一种。同种属的丽春花，至迟在明代潮汕便开始栽培了，现代医学表明，丽春花

---

[1] 李文藻.劝农十二首［M］//张其翮.（光绪）潮阳县志［M］.周恒重，等，修.台北：成文出版社，1966：199，498.张珽美，等.（雍正）惠来县志［M］.台北：成文出版社，1968：184.

[2] 刘业勤，王崧，等.（乾隆/光绪）揭阳县正续志［M］.台北：成文出版社，1974：885.金廷烈.（乾隆）澄海县志［M］.1765（清乾隆三十年）刊本，卷十九：2，16.

[3] 清实录（第37册）［M］.北京：中华书局，1985：1174-1175.

[4] 张其翮.（光绪）潮阳县志［M］.周恒重，等，修.台北：成文出版社，1966：158.

含多种生物碱，其花及全株可入药，有镇咳、止泻、镇痛、镇静等功效。

尽管自宋代苏颂便认识到丽春花的花及根可以入药，但直到明代，见多识广的李时珍仍然不敢肯定丽春花是否是制作鸦片的"罂粟"。而潮汕明清志书都将丽春列入"花"类，没有列入"药"类，相信亦是将其当成观赏作物看待。如《（乾隆）潮州府志》称："丽春花，罂粟别种也。今潮人种花，但知罂粟，不知丽春。"不过，丽春花提炼不出通常意义上的"鸦片"，因为它不含或仅粘极微量咖啡因，不具备熬制成鸦片的条件。但从另一个角度来衡量，则可说明，潮汕气候环境十分适宜罂粟属植物的栽培，而且栽培罂粟属植物的历史不短。[1]

下面结合时局大势，分为道光朝之前和道光朝两大阶段，简述鸦片在潮汕近代前的简史。

道光朝之前。

鸦片流入中国的时间很早。《鸦片事略》认为中国对进口鸦片征税始于明万历十七年（1589），当时定"阿片"每十斤税银二钱，康熙二十三年（1684），南洋鸦片列入药材类，每斤征税银三分，"其时，沿海居民，得南洋吸食法而益精思之，煮土成膏，镶竹为管，就灯吸食其烟。不数年，流行各省，甚至开馆卖烟。雍正中，定兴贩鸦片烟者，照收买违禁货物例。……尚未及吸食者罪名。乾隆二十年税则，仍载鸦片一斤估价五钱，似征税如故也"。[2]雍正七年（1729）颁布的鸦片按违禁货物令，主要是针对"兴贩鸦片"和"开设烟馆"的处罚，尚没有明确禁止鸦片进口，到了嘉庆十八年（1813），则颁布有中国历史上第一道惩办鸦片吸食者的法令《吸食鸦片烟治罪条例》。从这些法令来分析，当时上层对是否禁止鸦片的态度比较暧昧，这令所谓的"禁"食，成效不显著。此外，在这个阶段，没有全面禁种鸦片的规定。

潮汕接触到鸦片的时间，大约是：康熙年间鸦片逐步进入外洋、潮汕海域；不迟于康熙六十一年（1722），由厦门一带流入潮汕腹地。《（嘉庆）潮阳

[1]　宏新按：罂粟科（Papaveraceae）罂粟属（Papaver）约有100种植物，这里的罂粟指的是鸦片罂粟，主要用以提炼鸦片者，即一般理解上的鸦片。《本草纲目》称为罂粟，又有别称大烟、米壳花、罂子粟（本草纲目拾遗）、御米、象谷、囊子（开宝本草）、阿芙蓉（滇南本草）等。参见：中国科学院中国植物志编辑委员会.中国植物志（第32卷）［M］.北京：科学出版社，1999：1，51-53.李时珍.本草纲目（校点本）（第二册）［M］.刘衡如，校点.北京：人民卫生出版社，1977：960-961，1393-1394.周硕勋.（乾隆）潮州府志［M］.台北：成文出版社，1967：966-967.

[2]　李圭.鸦片事略［M］.1895（光绪二十一年）海宁刊本，卷上：3-4.

县志》和《（乾隆）潮州府志》等对此有系年清晰的记载。[1]

潮汕种植鸦片的情况，大约是：不迟于雍正九年（1731）已经出现；乾隆朝栽罂粟、制鸦片成风；乾隆中期起，部分官员对吸食鸦片的祸害有了清醒的认识，但对种鸦片则似乎未见制止；嘉庆朝潮汕鸦片泛滥，种鸦片未见减少。稍举几例如下。

脱稿于雍正九年（1731）的《（雍正）揭阳县志》载有"罂粟"，从其"花重台，微似牡丹而小，有深红、淡红、纯白、蓝紫、酒红者色，常变幻"的描述，可知道这种罂粟是可以提炼出鸦片的，或者通俗易懂点讲，它就是"鸦片"。[2]该志将罂粟列为揭阳的"土产"，则揭阳开始种植鸦片的时间，还应该再加前溯，同时也说明雍正时揭阳鸦片种植量已不少，才可能是"土产"。揭阳的罂粟与赣南的罂粟，也许有种子或栽培技术上的交流，或者说，潮汕罂粟的种植技术，存在着由赣南直接或辗转传入的可能性。[3]

脱稿于乾隆十年（1745）的《（乾隆）普宁县志》载有"虞美人。山礬（矾）。（俗名七里香）。丽春花"，这里所指的"虞美人"便是鸦片。依据在于：一是虞美人和丽春花都是罂粟科罂粟属植物，别名罂粟，现代植物学分类虽视两者为一物异名，但县志分别列出，则很显然是两物；二是此前明清潮州府志、广东通志所载的都没有普宁县栽种虞美人的记录，特别是该县之前的志书《（万历）普宁县志略》也不见记载，则可以认为这里的"虞美人"是新来之物；三是可以排除掉技术性疏漏，三物同列，中间隔着修志者加注的"山礬（矾）"，则不会是以"丽春花"注释"虞美人"而发生刊刻之大小字不分的错误；四是丝毫没有反证。即是说，普宁在乾隆十年（1745）之前的一段时间，很可能已经遍植鸦片，如果判断正确，则被列入普宁志书中的花属类主要"土产"，其栽培规模必然不会小。[4]

----

[1] 唐文藻，等.（嘉庆）潮阳县志［M］.1819（嘉庆二十四年）刻本，卷之十：3-4. 周硕勋.（乾隆）潮州府志［M］.台北：成文出版社，1967：131-132.

[2] 陈树芝.（雍正）揭阳县志［M］//北京书目文献出版社.日本藏中国罕见地方志丛刊（第24册）.北京：书目文献出版社，1991：354.

[3] 宏新按：这种联系在志书上可见端倪，也许潮汕栽培鸦片之术传自赣南，如《（道光）宁都直隶州志》的描述与《揭阳县志》接近且有可比之处、《（康熙）赣州府志》称康熙末不少广人赴赣南载烟等。参见：郑祖琛，等.（道光）宁都直隶州志［M］.1824（清道光四年）刻本，卷十二：7-8. 黄汝铨，张尚瑗.（康熙）赣州府志［M］.清刻本，卷二.

[4] 梅奕绍.（乾隆）普宁县志［M］.萧麟趾，修.台北：成文出版社，1974：377.黄秉中.（万历）普宁县志略［M］.阮以临，修.1610（明万历三十八年）刻本旧钞本（国图残本），卷八：物产.

　　此后潮汕鸦片种植很普遍，不仅主流的汉人栽种，少数民族如蜑族人亦有培植。李文藻《劝农十二首》透露出，潮阳的田间有数量不菲的鸦片存在，是人工栽培的，栽种者则是潮汕地区的蜑族妇女，是谓"早向田间除异物，纸牌鸦片蜑家娘"。该诗系年在乾隆三十七年至四十一年（1772—1776）李文藻任潮阳县令期间，是田园写实作品。[1]

　　虽然直到乾隆后期，潮汕才广泛种植鸦片，但潮汕吸食鸦片烟早已成风，部分官员在乾隆中期已经认识到其危害性。乾隆中期脱稿的府志、县志，多有告诫人民别吸食鸦片的记载，从"本为海淫之具，人多嗜之""以此倾家殒命不可枚举"的劝诫式志书记录，到直接倡议"禁烟"，都有同期文献记录。不过，上例潮阳县令李文藻的诗歌全部都是劝农内容，便提及烟草、鸦片，可知部分官员依然持支持的态度。这不奇怪，毕竟此期种植鸦片是合法的，又畅销市场，对地方经济发展不无好处。[2]鸦片风行，在金石材料上亦有反映，如陈荆淮先生曾见乾隆三十九年（1774）澄海冠山观音堂的庵规石碑，刻有"倘有肆烟茹菜及沉迷鸦片者逐"字句，[3]连寺庙都需特别勒石示禁，可见乾隆中后期潮汕鸦片众多，也许可用"泛滥"一词来表述了。

　　嘉庆朝，不少材料显示，吸食鸦片的现象在潮汕更为普遍。常见的记载，如脱稿于嘉庆五年（1800）的《梦厂杂著·潮嘉风月》称："鸦片烟，出外洋诸国，色黑而润，凡游粤者，无不领其旨趣。余初不知为何物。……然近日四民中惟农夫不尝其味，即仕途中多有耽此者，至于娼家，无不设此以饵客。然嗜好过分，受害亦甚酷。"《梦厂杂著·潮嘉风月》专述潮州府、嘉应州事。上引称士、农、工、商四民中仅农者不食，其描述已然反映出粤东鸦片之泛滥。[4]

　　更为严重的是，在中央于雍正七年（1729）和嘉庆十八年（1813），明确禁止贩卖吸食鸦片、私设烟馆等的情况下，嘉庆二十四年（1819）或稍前，潮阳县"郡邑无不受其害"[5]，这隐约透露出潮汕鸦片种植未有中断。又《（乾隆/

　　[1]　李文藻.劝农十二首［M］//张其翙.（光绪）潮阳县志.周恒重，等，修.台北：成文出版社，1966：199，498.

　　[2]　周硕勋.（乾隆）潮州府志［M］.台北：成文出版社，1967：131-132.金廷烈.（乾隆）澄海县志［M］.1765（清乾隆三十年）刊本，卷十九：2.

　　[3]　陈荆淮.汕头开埠前的对外贸易［M］//潮汕历史文化研究中心，汕头大学潮汕文化研究中心.潮学研究（第6辑）.汕头：汕头大学出版社，1997.

　　[4]　俞蛟.梦厂杂著［M］.骆宝善，校.上海：上海古籍出版社，1988：181-208.

　　[5]　张其翙.（光绪）潮阳县志［M］.周恒重，等，修.台北：成文出版社，1966：150.

光绪）揭阳县正续志》沿用《（雍正）揭阳县志》的记录，[1]将"罂粟"列为土产。由于这两志的体例，是后志在前志的基础上的续修，倘若与其时不符，后志大抵有所说明。则这样沿用记录，便意味着自雍正至光绪朝，揭阳县境内从来没有停止过鸦片培植。

道光朝。

道光朝开始，清政府上层逐渐统一认识，中央连续出台了力度空前的禁烟措施和禁种条例。

道光元年（1821）的奏折显示，当时鸦片来源主要有三，"一系大西洋，一系英咭唎，一系咪唎坚"，大西洋的，主要是澳门船回帆夹带；欧洲一带的，主要是水手等私藏，船主未必知情；美洲大陆的，则是船主自带。但入口口岸主要是广东。道光二年（1822）的奏折显示，尽管福建、浙江、江南通海的地方都有私带鸦片入口，但一直以来都是广东最多，"总以来，广东为最"，占十之六七。[2]

道光二年（1822）十二月戊申，有报云南"迤东迤西一带。复有种罂粟花、采其英以作鸦片烟者"，[3]翌年被查实，一般认为这是中国大陆较早具规模自制鸦片被查禁的记录。但从上述史料看，潮阳种鸦片的时间要早于云南数十年，而且历经禁令未曾中断。

道光三年（1823），清政府认为鸦片流毒是"地方官查拏不力所致。向来地方官只有严参贿纵之例，并无议处失察之条。且止查禁海口洋船。而于民间私熬烟斤。未经议及。条例尚未周备"，遂颁布针对官员失职、渎职等的《失察鸦片烟条例》，其中首次明确出现"各地不得私熬烟斤"的禁令。随后展开相关的查禁活动。[4]

道光十一年（1831）有一次较大规模的全面查禁记录，当各省督抚自报自己辖境"有人食，而无人种"时，两广总督则奏称境内只有潮州仍未根治鸦片栽培，六月份的奏折显示，"粤省惟潮州府属。间有种植罂粟花之事"。这样，中央也清楚了，从来被认为由外洋流入的广东鸦片，至少有若干数量，一直是潮州

[1] 刘业勤，王崧，等.（乾隆/光绪）揭阳县正续志［M］.台北：成文出版社，1974：905-906.

[2] 梁廷枏.粤海关志（卷17至卷30）［M］//续修四库全书工作委员会，等.续修四库全书（第835册）.上海：上海古籍出版社，1996：24-29.

[3] 清实录（第33册）［M］.北京：中华书局，1985：817.

[4] 李圭.鸦片事略［M］.1895（光绪二十一年）海宁刊本，卷上：4-5.清实录（第33册）［M］.北京：中华书局，1985：993.

所培植并熬制的。[1]而在这次全国严查行动中，笔者统计，全国仅有三四个被查实的种罂粟、熬制鸦片的产地，潮州府是其中之一。[2]

道光十八年（1838）颁布《钦定严禁鸦片烟条例》，同年，林则徐任禁烟钦差大臣，两年后鸦片战争爆发。此期严查进口鸦片，重点在广东，清政府重申"凡洋船到广，必先取具，洋商保结，其必无夹带鸦片，然后准其入口"，并严格稽查鸦片栽种、熬制。也许此年开始，潮州府的鸦片种植会有所收敛，但也仅仅是猜测，毕竟当时官员都查不到，自然罕有记录传世，我们也就难以清楚实情。

即使没有栽种熬制，潮汕的鸦片数量仍然可观。它们可能来自外洋为主，既有购买的，也有抢劫夷船的。如外文资料显示，1837年，美国旗昌洋行的"玫瑰"号船在南澳海面贩售鸦片时便小心翼翼，"因为这些和平的渔夫，有时也会变成劫掠的海盗"。流入的数量极多，如仅道光十九年（1839）二三月间到南澳的鸦片夷船，便有：二月十七晚3只、十九晚1只，先后散泊于长山尾、凤屿，该处是鸦片夷船"熟游之地""意在偷漏分销"；三月十三日，大小鸦片船7只泊南澳，翌日4只停长沙尾，3只驶向粤中。

另外，整个道光朝，潮汕似乎都在持续输出鸦片，如禁令实施已很严厉的道光十九年（1839），尚有饶平船在天津港外走走停停，遂被怀疑载运鸦片并遭沿岸各港通缉，后该船在山东被截获，官员上报称没有查到烟土鸦片，但有迹象显示，该船未必没载鸦片。[3]

以上为近代以前，潮汕鸦片栽种、运销等的简史。近代汕头港一直是鸦片土烟税收大港之一，鸦片栽培则更见规模，《（民国）潮州志》的《教育志》上载有鸦片栽种的时令、要点以及《农业志》所列罂粟收成等便可为佐证。当时甚至有潮商声称要垄断中国大陆鸦片市场，也可略窥此项产业在潮汕经济发展史上的位置。

[1]　清实录（第35册）［M］.北京：中华书局，1985：1025-1026.

[2]　宏新按：道光十一年（1831）严查期间的回复奏折，仅见广东潮州府、四川会理州平武县、云南沿边夷民区等3个地域查到栽种鸦片；另道光认为湖南必有栽种鸦片，遂两次重查，最终落个"事所必有"的说法，湖南是否真有栽种则不详。参见：清实录（第35册）［M］.北京：中华书局，1985：883-1199.

[3]　李圭.鸦片事略［M］.1895（光绪二十一年）海宁刊本，卷上：14.中国历史研究社.信及录［M］.上海：上海书店，1982：57，79-80，85-86.福建师范大学历史系，福建地方史研究室.鸦片战争在闽台史料选编［M］.福州：福建人民出版社，1982：23.清实录（第37册）［M］.北京：中华书局，1985：1108.

第四节　水产、畜牧和狩猎经济

先秦潮汕，原始的采集捕捞和畜牧狩猎经济并重，随着自然环境的变化以及人类社会的演进，当地逐渐形成以农业生产为主导的经济，狩猎等不再重要并退出时代舞台。也就是说，自从有汉语言记载以来，潮汕是一个农业社会。

水产业一直是潮汕经济的重点，畜牧业，历史上大抵只有家畜、家禽的饲养。而狩猎经济只是早期居民所依赖的，随着动物资源的短缺、枯竭，很早便不成规模，这一部分，我们会随文介绍。

一、早期概况

距今8000年左右的象山遗址，采集到不少贝类的标本，此后潮汕多有贝丘遗址发现，而即使不属于典型贝丘遗址的多数遗址，亦或多或少发现有贝类遗存，这大概说明，原始捕捞作业一直是远古潮汕居民的重要依赖。距今约7000年的石尾山遗址，发现了潮汕最古老牛骨，是居民狩猎的实物见证。距今6000余年的陈桥村遗址出土了大量偶蹄目哺乳动物遗骨，品种包括牛、鹿、猪，遂被视为华南较早驯化动物之处。同时，作为包括中国东南沿海及东南亚在内的、距今10000—5000年之间有代表性遗存中的骨器最多者，陈桥骨器工业作坊的生产原料——骨器，便包括不少鲨鱼类、大型鱼类鱼骨。此外，陈桥文化的遗址还有龟鳖壳和数十万斤斧足类和腹足类软体动物硬壳等。上述这些，都一定程度反映出，至迟在新石器时代中期，潮汕水产业和畜牧业比同期中国南海沿岸、东南亚大部分区域更为成熟。不过，历经环境变化，几度沧海桑田，史前潮汕的辉煌可能曾被打断，后来的发展，更多是依赖于战国后期、秦汉时期的重新起步。

（一）秦汉时期

秦汉潮汕未见有显著的家畜、家禽饲养迹象，水产业则一直存在。我们以经过科学发掘的澄海汉代龟山遗址为例，做个简单介绍。

澄海汉代龟山遗址出土有一批动物遗骸，包括骨骼和牙齿、甲片以及数量较多的贝类壳体，动物的骨骼多被火烧熏黑，可以肯定是居民食余所弃。其中三枚动物臼齿和一枚犬齿的鉴定结果显示，它们分别为水鹿和猪獾的遗骸，这两种典型的林栖类动物，应该是狩猎得来，而非人工驯养。又有鳖壳，这说明龟鳖类动物早已被人们所利用。贝壳类则种属多样，其中经鉴定的有瓣鳃纲的近江牡蛎和腹足纲的棒锥螺等二纲十种，又从出土的网坠、铁狗等物，可知当时捕鱼行为也较为常见，这些都是水产的见证。

我们整理出可以鉴定到种属的贝类，大概是当时潮汕居民取用的主要贝类水产之一部分。如下表。[1]

表4-13　汉代潮汕居民部分食用贝类表

品名	壳体标本简述	存活概况
近江牡蛎 Ostrea rivularis Gould	呈不规则长椭圆形，通体灰白，长150毫米、宽80毫米、厚35毫米	简称蚝。多生活于低潮区或潮下带的浅海，尤喜河口栖息
泥蚶 Arca granosa	坚厚、顶凸出、生长线不明显，长50毫米、宽60毫米、厚40毫米	生活于潮间带的泥沙质浅滩，多在盐度较低的河流入口附近
河北蓝蚬 Corbicula obatrschewi Sturany	不规则形，底边近平，壳厚，长73毫米、宽65毫米，壳顶尖	生长在咸淡水交界的浅海区域
典型文蛤 Meretrix meretrix Linne	弧底三角形，厚而坚实，长92毫米、宽70毫米，壳顶尖，内面白色	生长在浅海
环沟格特蛤 Kateivsia riumiaris Lamarck	弧底三角形，壳体薄，破损程度大，长30毫米、宽30毫米、厚20毫米	多生活在浅海沙质沙滩
棒锥螺 Turritella bacillum Kiener	残缺，顶及脐不全，每螺层有5条隐约主肋	栖息于低潮区浅海附近数十米的泥沙质海底
细角螺 Hemifusus ternatanus（Gmelin）	残破严重，顶及脐缺，灰白色，最大直径45毫米、高85毫米	又称角螺。生活在浅海，分布于10—70米深的泥沙质海底
锈凹螺 Chlorostoma rustium（Gmelin）	残破，顶缺，纵肋明显，灰褐色，最大直径30毫米、高15毫米	生活在中低潮区，以海带为食
齿纹蜓螺 Neriteroicli Recluz	呈指甲状，纵肋明显，灰褐色，最大直径25毫米、高30毫米	生活在潮间带、高潮区岩石间，喜栖息于盐度较低的海底
米氏耳螺 Ellobuim aurismidae（Linnaeus）	长卵圆形，坚厚结实，螺层约7层，壳口长，高90毫米、宽54毫米	暖海产，喜生活在淡水流入以及红树丛林的沿岸

[1] 张镇洪鉴定：《广州地理研究所中心研究室放射性碳测量样品测定报告（澄海龟山汉代遗址出土哺乳动物牙齿的鉴定）》，载：邱立诚.澄海龟山汉代遗址［M］.广州：广东人民出版社，1997：154-155，156-160.广东省文物考古研究所，澄海市博物馆，汕头市文物管理委员会.广东澄海龟山汉代建筑遗址［J］.文物，2004（2）.

龟山遗址发现的贝类中，以近江牡蛎和泥蚶数量最多，这两者也是蛋白质、卡路里含量较为丰富者，可见当时人们对取用对象是有所选择的。而细角螺（角螺）分布于10—70米的泥沙海底，需要一番周折才能取得，也佐证出人们对目标食品的获取并非随意。这些斧足纲在潮汕种类很多，如蚶科、牡蛎科在各地比较常见多见且存在多个种属，其中的泥蚶、近江牡蛎，当代南澳、潮阳海门、饶平海山等海域仍然是盛产区；又如腹足纲的螺，便有锥螺科、涡螺科等20个科以上的自然分布，以《潮汕生物资源志略》20世纪90年代的调查所录，便存在十六七个科的数十个种属[1]。

《史记》称："楚越之地，地广人稀，饭稻羹鱼，或火耕而水耨，果隋蠃蛤，不待贾而足，地埶饶食，无饥馑之患。以故呰窳偷生，无积聚而多贫。"[2]《汉书》亦有类似记载："江南地广，或火耕水耨，民食鱼稻，以渔猎山伐为业，果蓏蠃蛤，食物常足。"[3]这些，都显示了两汉人对华南一带社会经济的认识。而其中的"羹鱼""蠃蛤""民食鱼稻""渔猎"，都反映出当地居民们对水产业的仰仗程度，大概也显示了潮汕地区当时的主要经济面貌。

（二）六朝时期

六朝潮汕，有一些零星的文献记载，可以略窥潮汕的水产和狩猎经济等，大体上，情况仍如前代。但有的记录显示，若干物件已经不仅仅是果腹之用。

如牡蛎，《太平御览》载："裴渊《广州记》曰：东官郡煮盐，织竹为釜，以牡蛎屑泥之，烧用七夕一易。"[4]当时潮汕地区正属于东官郡辖区，则是潮人不仅食用牡蛎，还利用其壳体作为黏合剂，以加固盛器。

又如文贝，《初学记》载："《南越志》曰：潮阳南有小水，注海滨，带层山。其中多文贝，可以解毒。"[5]则是潮人已经清楚，有些贝类也具备较显著的药用功效。

再如红虾，《艺文类聚》载："《南越志》曰：南海以虾头为杯，须长数尺，金银镂。"[6]这里所述的"以虾头为杯"，一开始指的可能是包括潮汕在内的整个岭南沿海区域，但在后来的文献中，多数特指潮州。如唐末成书的《北户

[1] 吴修仁.潮汕生物资源志略［M］.广州：中山大学出版社，1997：440-454.

[2] 司马迁.史记［M］.北京：中华书局，1959：3270.

[3] 班固.汉书［M］.颜师古，注.北京：中华书局，1962：1666.

[4] 李昉，等.太平御览［M］.北京：中华书局，1960：3359.

[5] 徐坚，等.初学记［M］.北京：中华书局，1962：192.

[6] 欧阳询.艺文类聚［M］.汪绍楹，校.上海：上海古籍出版社，1982：1261.

录》便称，潮州海域出有一种红虾，大者长二尺，虾头可以制作为杯，其须长1丈，有说达到4丈4尺的。《太平御览》引《南越志》，载有用红虾杯盛酒而"无故酒跃于外"等神奇描述。[1]我们无法确知这种虾是什么种属，以及以讹传讹的概率有多大，但以其体型来衡量，人们竟能相信潮汕可以捕获到如此庞然大物，也许，可略窥当时潮汕水产捕捞业技巧在他人心中的印象。

鱼、鳖之类，仍然是本阶段主要水产品，如《证类本草》引《广州记》载："南人常食，若龟鳖之类。"[2]在医书之外的其他记载中，它们大抵被赋予神奇色彩。如《海录碎事》引《南越志》称"朱鳖""有四眼六脚而吐珠"，《说郛》则称《广州记》也有类似记载。[3]尽管就现代科学的理解，我们无法找到与这些描述相对应之物，但这多少是当时海上作业的一种反映，所有的想象和艺术创造，多少总有现实为根源和基础。

狩猎是此阶段获取肉类食品的主要形式。其中的蛇，是包括潮汕在内整个岭南比较常见者。远古潮人存在着"蛇崇拜"，榕江流域发现的"蛇形器""蛇形盘"等考古材料说明当时以蛇为图腾，断不会吃蛇。但在春秋战国越人进入并繁衍生息、潮汕形成百越之地之后，居民们遂吃蛇成风，如《淮南子》载："越人得髯蛇，以为上肴；中国得而弃之，无用。"《南越志》载："两头蛇，无毒，夷人饵之。"《水经注》引杨氏《南裔异物志》介绍南方捕蛇法，在"其养创之时"，"以妇之衣投之，则蟠而不起，走便可得也"。[4]

家禽、家畜的驯养，在中国历史悠久，"六禽""六畜"之名便见于《周礼》[5]，中国也是世界上最古老的家禽、家畜发源地之一。但由于文献的缺失，潮汕乃至岭南地区则一直罕见有饲养家禽、家畜的直接材料。不过，至迟到了六朝时期，有证据显示，它们在潮汕并不罕见。如家禽的鸡、家畜的猪都是有考古材料可以证实的，而马和牛等也可以依据文献做出判断。

鸡的饲养，相信自先秦开始的历次文化南播期间，便带来这项传统。六朝时期，则可以在考古上找到佐证。1982年，广东省博物馆等文物单位对位于揭阳

[1] 段公路.北户录［M］.崔龟，图注.1880（清光绪六年）据宋本重刊本，卷二：2.李昉，等.太平御览［M］.北京：中华书局，1960：3371.

[2] 唐慎微.证类本草［M］.文渊阁四库全书本，卷二十二：22-23.

[3] 叶庭珪.海录碎事［M］.文渊阁四库全书本，卷十五：14-15.

[4] 郦道元.水经注校证［M］.陈桥驿，校证.北京：中华书局，2007：860-861.何宁.淮南子集释［M］.北京：中华书局，1998：551-552.

[5] 周礼注疏［M］.郑玄，注.贾公彦，疏.北京：中华书局，1980：23.

仙桥平林村东面、赤岭口北坡的3座南朝墓进行清理，其中的"揭仙赤M3"墓，便出土有一件鸡首壶，盘口、细长颈，圆腹渐收，圆形把将肩口相连，把高于口，鸡首为流，高冠突眼，鸡翅为耳，口径7.8厘米、腹径16.5厘米、底径13厘米、通高29厘米。鸡首壶流行于西晋至唐，广东出土者不很多。这件鸡首壶，可相当程度佐证当时潮汕已有家鸡。[1]

猪的饲养，在潮汕久已有之，至六朝时期，可以在考古上得到证实。上述发掘的揭阳三座南朝墓中的"揭仙赤M2"墓，虽曾遭盗扰，但剩余的随葬品中，仍见有2件滑石猪，并有一块带"大明四年"（460）四字铭文的刀砖同出。这2件滑石猪均呈长条形，作俯付状，刻划线条简练，生动传神，各长7厘米、高2厘米。按，猪象征着财富，逝者握猪便寓意着可以在另一世界延续优裕生活，广州六朝墓常见到滑石猪，M2墓的遗物则反映出当时潮汕养猪者并不罕见。

马的饲养，我们大体可以判断，可能自秦汉潮汕便存在战马，至迟在六朝便不罕见。按，秦汉中央政权在潮汕地区驻军、设立建制，也许便存在着车、马，尤其是汉代大力发展养马业之后。难以想象一级建制，会连若干军马都没有。再谨慎一点讲，从当地武装斗争历史来看，汉末曾夏等数千人，历十余年反汉、反吴，如果说民间土著无马，尚可解释，[2]那么，张绍宾的正规部队没马便敢造反，则难以说通。[3]又《南方草木状》称"濒海郡邑多马"[4]，该书所述范围大体是指岭南，岭南濒海也包括潮汕。则退一步讲，至迟在六朝时期，潮汕存在马匹的饲养。

牛的饲养，只能依靠零星线索，而且我们也没有判断的信心，下面仅供参考。《初学记》引《南越志》称越王在绥安县北的连山造船失事，船、人都坠毁、死亡，后来"往往有青牛驰回与船俱，盖神灵之至"[5]。此条记录多种潮州府志有引用。按其行文来理解，既可能是三千童男女失事后化身为"青牛"，也有可能是在牵引船只时动用了牛力，无论如何，都反映了《南越志》记录此传说的六朝时期，当地存在着青牛，或者当地人十分熟悉青牛，才会有"青牛驰回"

[1] 广东省博物馆，汕头地区文化局，揭阳县博物馆.广东揭阳东晋、南朝、唐墓发掘简报［J］.考古，1984（10）.

[2] 陈寿.三国志［M］.裴松之，注.陈乃乾，校点.北京：中华书局，1959：1392-1393.鲁迅.鲁迅辑录古籍丛编［M］.北京：人民文学出版社，1999：244-300.

[3] 姚思廉.陈书［M］.北京：中华书局，1972：318，487-491.

[4] 嵇含.南方草木状［M］.文渊阁四库全书本，卷上：5.

[5] 徐坚，等.初学记［M］.北京：中华书局，1962：192.

的故事产生。但我们对此条记载，只能认可造船部分，后面的"青牛"，最多只能说是线索。

（三）隋唐时期

隋唐潮汕有关水产、狩猎经济等信息，在一些记载中有所显示。

贡品中有若干动物，是潮汕居民水产业、狩猎经济的产物。如唐代贡品，按《新唐书》《元和郡县图志》《通典》《唐六典》的记载，唐代潮州贡品有蕉、蕉葛布、潮州蕉、细蕉布、鲛革、鲛鱼皮、蚺蛇胆、龟、灵龟散、甲香、石井、银石、水马。[1]这些不同时期的贡品，除了蕉布以及银石、石井外，其他的都是由动物得来：鲛革、鲛鱼皮，取自鲛鱼；蚺蛇胆取自蚺蛇；龟、灵龟散，取自龟；甲香，唐代《千金翼方》明确记述属于虫鱼部，但未载为何物，宋代认为是螺蒂制成，明代《本草纲目》认为是海螺之厣（大约是海螺类介壳口圆片状的盖），总之，它是由海螺部分器官制成的；[2]水马，从《千金翼方》的行文，可归为虫鱼部，《本草纲目》依据陈传器《本草拾遗》的说法，认为是海马。[3]这些动物类贡品，可证实当时潮汕居民不仅从事捕捞，还有一些再加工的行为：如灵龟散，是一种药产，需要再加辅料才能制成成品；又如蚺蛇胆等，其收集保存，以及长途跋涉运送至长安，显然必须施加一定的保鲜手段。

文献中的食品也透露有潮汕水产业情况，这些主要来自同期文人笔记的记录。如《岭表录异》载有海虾："海虾，皮壳嫩红色，就中脑壳与前双脚有钳者，其色如朱""南人多买虾之细者，生切绰菜兰香蓼等，用浓酱醋，先泼活虾，盖似生菜，以热覆其上，就口跑出，亦有跳出醋碟者，谓之'虾生'。"[4]虾生，现在仍然是经典潮菜之一，当时能买到并烹饪制作，自然是有居民从事捞捕作业。

韩愈所作的有关潮汕的诗词，不少涉及食品。如"又尝疑龙虾，果谁雄牙须。蚌蠃鱼鳖虫，瞿瞿以狙狙。识一已忘十，大同细自殊""鲎实如惠文，骨眼

[1]　欧阳修，宋祁.新唐书［M］.北京：中华书局，1975：1097.李吉甫.元和郡县图志［M］.贺次君，点校.北京：中华书局，1983：895.杜佑.通典［M］.王文锦，王永兴，刘俊文，等，点校.北京：中华书局，1988：124.李林甫，等.唐六典［M］.陈仲夫，点校.北京：中华书局，1992：72.

[2]　孙思邈.千金翼方校释［M］.李景荣，校释.北京：人民卫生出版社，1998：10，69.唐慎微.证类本草［M］.文渊阁四库全书本，卷二十二：22-23.李时珍.本草纲目（校点本）（第四册）［M］.刘衡如，校点.北京：人民卫生出版社，1981：2545-2547.

[3]　孙思邈.千金翼方校释［M］.李景荣，校释.北京：人民卫生出版社，1998：10，69.李时珍.本草纲目（校点本）（第四册）［M］.刘衡如，校点.北京：人民卫生出版社，1981：2480-2481.

[4]　刘恂.岭表录异［M］.文渊阁四库全书本，卷中：10-11.

相负行。蠔（蚝）相黏为山，百十各自生。蒲鱼尾如蛇，口眼不相营。蛤即是虾蟆，同实浪异名。章举马甲柱，斗以怪自呈。其余数十种，莫不可叹惊""惟蛇旧所识""虾蟆虽水居，水特变形貌。强号为蛙哈，于实无所校"等。[1]以上提及的食品，大类包括鱼、蛇、龟、蛙等，小类则包括虾、鲎、蚝、蒲鱼、章鱼、江瑶柱、蛤等，不下十数种，还有"其余数十种"都是"识一已忘十，大同细自殊"。类似的文字还有一些。从韩愈艺术化描述的"食谱"介绍看来，潮汕水产业一直良性发展着。

韩愈的诗文透露出当时存在家畜的饲养，如羊和猪。

考察五首《潮州祭神文》，有关信息分别如下：韩愈遣潮阳县尉"以特羊庶羞之奠"祭大湖神，即献以一羊和酒食；自己"以清酌脡脩（修）之奠"祭大湖神，即献以干肉脯酒食；自己"以柔毛刚鬣清酌庶羞之奠"祭城隍神，即献以羊和猪以及酒食；韩愈遣耆寿成寓"以清酌少牢之奠"祭界石神，即献以羊和猪以及酒；自己"以清酌庶羞之奠"祭大湖神，即献以酒食。[2]

作为尊儒尊古的代表人物，在祭祀这件大事上，韩愈应该是不会以艺术化手法描述的。则按上述所载，潮汕既有羊也有猪，还有加工而成的干肉脯。同时，必须说的是，没有出现牛不代表此时没有牛，而是祭祀的这些神或鳄鱼，并不够"献太牢"的规格，无须用牛，我们不能以此作为反面证据来论证此时潮汕无牛。

《鳄鱼文》载"使军事卫推秦济以羊一猪一"祭鳄，又称鳄鱼"据处食民畜熊豕鹿獐（獐）以肥其身，以种其子孙"，[3]前者明确有猪和羊，后者明确为"民畜"之一，则无疑民畜是存在的。

此外，该文还涉及熊、豕、鹿、獐，都是人们狩猎的对象，但隋唐五代存世文献及相关信息量较少，我们放在宋元阶段再谈。

养马、养鸡，也有线索。

《（雍正）普宁县志》载有一个故事，称韩愈曾骑马访大颠和尚的道场普宁马嘶岩，将马拴于岩前石桥柱前山，是为"歇马亭"，清代犹存旧址。康熙三十六年（1697）潮阳营游击在附近剿寇，见山上有韦陀穿白马助阵，最后顺利

---

[1] 韩愈.别赵子，初南食贻元十八协律，答柳柳州食虾蟆［M］//屈守元，常思春.韩愈全集校注.成都：四川大学出版社，1996：788-795.

[2] 韩愈.潮州祭神文五首，鳄鱼文［M］//屈守元，常思春.韩愈全集校注.成都：四川大学出版社，1996：2323-2330.

[3] 韩愈.韩昌黎文集校注［M］.马其昶，校注.马茂元，整理.上海：上海古籍出版社，1986：573-575.

凯旋。[1]这些当然是传说。不过，若韩愈在潮州骑马出行，也没什么奇怪的，如果说在大唐铁骑横扫六合的时代潮州没马，刺史骑牛、乘驴或者坐骡、坐猪去视察，我们表示有点难以想象，倘若如此，估计会被文起八代的"话痨"韩文公当奇事大书一笔。当然，目前尚没有养马方面的直接证据。

李德裕初入潮汕的《谪岭南道中作》诗句"三更津吏报潮鸡"，出现了潮鸡。考全诗描写的桄榔、椰叶、蛇草、畲田、火米等都是潮汕存在的实物。[2]又清潮州知府周硕勋称"此地鸡鸣多能应潮，故名潮鸡"，揭阳知县陈树芝称"潮地中宵"闻鸡啼，可以呼应此条。[3]当然，也不能完全排除李商隐是用典，较早见者为《齐民要术》引《异物志》："九真长鸣鸡最长，声甚好，清朗。鸣未必在曙时，潮水夜至，因之并鸣，或名曰'伺潮鸡'。"[4]

唐代还有一条比较重要的记载，可以见到水产业中之养殖情况，它来自《北户录》中关于鱼卵的培育、销售等的介绍。这条记载，也令广东成为存世文献所见的、中国较早的商品性鱼苗养育地区。

《北户录·鱼种》载："南海诸郡，郡人至八九月，于池塘间采鱼子，着草上者，悬于灶烟上（鱼，八九月，多于水韭上放子，水西菜上放子。水西菜，即水草也。土人呼之，未详）。至二月春雷发时，却收草，浸于池塘间，旬日内，如虾蟆子状，悉成细鱼，其大如发。土人乃编织藤竹笼子，涂以余粮或遍泥蛎灰（禹，余粮也。蛎灰即《异物志》古贲灰、牡蛎壳。又，《南越志》：蛎，蚝甲也）。收水以贮鱼儿鬻于市者，号为鱼种。鱼即鲮鲫鳢鲤之属（鲮鱼，其鳞如银，肉白如雪，脆而且甜，偏宜作鲙，北中无也，故《异物志》曰：南方鱼，多不肥美，唯鲮鱼为上，作鲙无比，作炙尤香美）。"[5]

上引"南海诸郡"包括潮州。即唐代潮州存在水产养殖业。依据是，段公路活动于唐懿宗（833—873）时期，此时南海是广州下边一个县，县下并没有郡的建制，"南海"与"诸郡"连用，应该不能解为此前多认为的"南海县下的诸郡"，因此，大概只能是指旧南海郡，即包括潮汕。倘若尚有疑虑，则还有佐证。笔者查检，该书出现了5次"南海"字眼，除了1次转引其他文献、较缺乏追

[1] 梅奕绍.（乾隆）普宁县志［M］.萧麟趾，修.台北：成文出版社，1974：365.

[2] 陈树芝.潮鸡三首［M］//刘业勤，王崧，等.（乾隆/光绪）揭阳县正续志.台北：成文出版社，1974：1263.

[3] 周硕勋.（乾隆）潮州府志［M］.台北：成文出版社，1967：975.

[4] 贾思勰.齐民要术校释（第二版）［M］.缪启愉，校释.北京：中国农业出版社，1998：447.

[5] 段公路.北户录［M］.文渊阁四库全书本，卷十九：20.

究语境的价值外，另4次为：1次"广州南海县"，则指唐代南海县无疑；2次各是"生南海""茂名归南海"，从上下文内容看两处都是泛指；1次即是上引的"南海诸郡"。则"南海诸郡"大约已经是实指岭南道沿海各地，相信只有这样理解，才更符合作者的原意。尽管段公路敢于遍指"诸郡"，但实际上他走遍岭南道各州的可能性不大，不过我们敢于这样判断"诸郡"包括潮州，还有给予信心之处：明确记录"潮州"的内容在《北户录》记载中的有3次，出现次数列第二多，除了广州（7次）外，比韶州（2次）、端州（2次）都多，则意味着段公路就算没在潮州"田野调查"，也是对潮州有较多的了解。[1]解决了这个问题，那么上引采集鱼种售卖的情况便是岭南的普遍现象，其中，应该至少包括潮州。

渔户们的大概操作情况是：每年的八九月，池鱼会在水草上诞下鱼卵，而熟悉此种情况的渔户，便采集这些带有鱼卵的水草，然后专业贮养，到了第二年惊蛰时分，将水草放于池塘培育，不久后幼苗有成，再拿到集市上出卖。

渔户所销售的鱼卵，包括"鲐鲫鳢鲤之属"。其中，鲫、鲤古今同名。鳢鱼，《食物本草》称其被广东俗称为"乌鱼"[2]，即今潮人所称的乌鱼。鲐鱼，按此前的汉《异物志》（《太平御览》引）[3]、宋《岭表录异》[4]和此后的明、清潮州府县志记载，[5]它与鲮鱼有类似之处，或者根本就是鲮鱼的异写（"鲐""鲮"音韵近）。总之，"鲐鲫鳢鲤之属"，我们可理解为，都是目前潮汕常见的淡水鱼，纵差不错。

鱼卵的采集、培育、销售都是专业行为，其收益也颇为可观，以段公路介绍的"一年内可供口腹也"来看，鱼卵生产、销售无疑是一个足以谋生的专门职业。反过来理解，鱼卵销售市场颇为发达，也就意味着潮汕地区存在着从事"鲐鲫鳢鲤之属"养殖的"专业户"了。中唐潮州已经发展成并不落后的岭南大郡，有这样的产业分工，其实也不奇怪。

[1] 宏新按：数据以两个古版本参对统计。参见：段公路.北户录［M］.崔龟，图注.1880（清光绪六年）据宋本重刊本.段公路.北户录［M］.文渊阁四库全书本.

[2] 姚可成.《食物本草》点校本［M］.达美君，点校.北京：人民卫生出版社，1994：597.

[3] 李昉，等.太平御览［M］.北京：中华书局，1960：4177.

[4] 刘恂.岭表录异［M］.文渊阁四库全书本，卷上：7.

[5] 吴颖.（顺治）潮州府志［M］//中国科学院图书馆选.稀见中国地方志汇刊（44）.北京：中国书店，1992：1363.

二、宋元时期

宋元时期，涉及潮汕的水产、畜牧和狩猎经济等的同期文献记载较前代丰富得多，让我们得以更有把握了解到各业概况。

随着宋代整体经济的繁荣，流风所及，潮汕居民对水产、畜牧和狩猎经济等的态度，从之前的重视实用，趋向于同样重视物质与精神。不少同期文艺作品透露出来的信息，显示人们已经不再仅仅是为了食物、药物取用，还为了获得一种精神享受。如"浦口村居好，盘餐勤辄成。莼肥真水宝，鲦滑是泥精。午困虾堪脍，朝醒蚬可羹。终年无一费，贫活足安生"[1]，又如"杖鸟经行，草树荣耀"[2]，再如"索鱼于筌，倾缶以注，邀禽于笼，附掌而扬"[3]等。

（一）水产业

宋元时期涉及潮汕水产的文献较前代为多，这可从食品中看出。我们以较为集中记录的地方志书和宋、元各一种地理总志为例。大体上，前者说明某物是当时人（史官）认为重要者，才会记入地方志书；后者能反映出某物已经比较闻名，才会留在总志为天下人所知。当然，这不是说里面所记之物，直到宋元时期才被潮人取用。

如《元丰九域志》载潮州的元丰贡有"甲香一斤，鲛鱼皮一张"。[4]甲香和鲛鱼皮在唐代已经是贡品，延续至宋，可见其质量上乘，一直得到皇家认可。这也说明潮汕对类似的传统海产品，有着延续性的利用。

又如《元一统志》列有各地名产，潮州路范围内，"诸县皆出"的有"蟹、车螯、牡蛎"和"鲨鱼"。[5]

牡蛎，即蚝、蚵，上文已经介绍。蟹是十足目短尾次目的甲壳动物，为所有短尾族和歪尾族的通称，海蟹在潮汕有众多类属，至今仍然盛产，其中还有一种俗称"篾蟹"者（属于中华绒蟹的一种），可能与医书上"清热利湿"之"石蟹"功效相当，它体积较小，腌制后配酒，美味无比，未尝篾蟹者，实在难称美食家也。鲨鱼，即是鲨，为鲨科中华鲨种，其自第一种载有土产的存世地方志开

[1] 彭延年.浦口庄舍五首［M］//解缙，等.永乐大典（精装十册）.北京：中华书局，1986：2492.

[2] 刑世衡.思韩亭记［M］//解缙，等.永乐大典（精装十册）.北京：中华书局，1986：2476.

[3] 王大宝.放生亭记［M］//解缙，等.永乐大典（精装十册）.北京：中华书局，1986：2481.

[4] 王存.元丰九域志［M］.王文楚，魏嵩山，点校.北京：中华书局，1984：411.

[5] 孛兰肹，等.元一统志［M］.赵万里，校辑.北京：中华书局，1966：682，684.

始，至清代最后一种府志，一直被列为土产，可知古代潮汕盛产鲎。车螯为海产软体动物，蛤属，唐视为"蜃"，即"车螯生海中，是大蛤，即蜃也。能吐气为楼台。春夏依约岛潊，常有此气"，[1]宋嘉祐时称"车螯"，"其壳色紫，璀粲如玉，斑点如花。海人以火炙之则壳开，取肉食之"。[2]上述4物，在宋元时期都是潮汕名产，根据《元一统志》，笔者就整个江西等处行中书省的20个路（带县州）的记载统计，在大约包括今长江以南的江西省大部、湖南省部分和广东省绝大部分的地域里，产出这数种名产者，除了潮汕外，仅有广州7县的鲎和东莞县的蚝，虽然《元一统志》目前仅见到辑佚本，内容未必齐全，但也可见此4种潮汕名产之难得。

再如《永乐大典》引《三阳志》，列入"海错"的有："至于海错，如鲎鱼、蠔（蚝）山、章举、颊柱，入韩公南食所咏，与夫车螯、瓦屋、河豚、魁虾、香螺、赤蟹之属，皆味之美者。其他名类不一，难以悉载。"[3]

韩愈《初南食贻元十八协律》所述及的，上节已有介绍。这里出现的还有瓦屋，即是魁蛤，亦称蚶，《岭表录异》称"因卢钧尚书作镇，遂改为瓦屋子，以其壳上有棱如瓦垄，故名焉。壳中有肉，紫色而满腹，广人尤重之。多烧以荐酒，俗呼为'天脔炙'，吃多即壅气，背膊烦疼，未测其本性也"。[4]河豚，《证类本草》载"河豚，味甘，温，无毒，主补虚，去湿气，理腰脚"[5]，现代列为鲀科东方鲀属，称河鲀，潮汕俗称为"乖鱼"。宋元时的"魁虾"究竟是何物，则不很明了，清《闽杂记》载"虾姑……喜食虾，故又名虾鬼，或曰虾魁。其形如琴"[6]，如果不计较文献较晚，则据这条所载，"魁虾"可能是潮汕俗称的"虾蛄"。香螺，海螺之一种，又称响螺。赤蟹，是海蟹之一种。上述这些，明清志书仍然有载。

自然还有大量的水产品文献未录，一如上引《三阳志》修志者自称所录的"难以悉载"。实际上，即使是今不临海的潮州城附近，在绍兴辛亥（1131）也

[1] 陈藏器.本草拾遗［M］.尚钧志，辑校.钞本，1973：112.

[2] 李时珍.本草纲目（校点本）（第四册）［M］.刘衡如，校点.北京：人民卫生出版社，1981：2536-2537.

[3] 永乐大典方志辑佚［M］.马蓉，陈抗，钟文，等，点校.北京：中华书局，2004：2682.

[4] 刘恂.岭表录异［M］.文渊阁四库全书本，卷中：9.

[5] 唐慎微.证类本草［M］.尚志钧，郑金生，尚元藕，等，校点.北京：华夏出版社，1993：521.

[6] 施鸿保.闽杂记［M］.来新夏，校点.福州：福建人民出版社，1985：194.

是"茫洋浩渺之滨""鼋鳌鱼鳖之区"[1]，海产难以计算。而"疏烟鱼艇远，斜日寺楼闲""潮阳山水东南奇，鱼盐城郭民熙熙"[2]等，反映出来的是，宋元时期潮汕对海产品取用很是充分。宋代潮汕居民数量大增，则水产供需应该是比前代更为丰富。

宋元潮汕地区从事捕捞业者，既有汉族居民，也有长期居于舟上的疍人。

疍户，古文献上又有"但""诞""蜑""蛋""蜒"户之称，擅于捕鱼，"以舟为室，视水如陆，浮生江海者，蜑也"[3]。其族称，文献中，一般认为较早见的是《淮南子》，首见正史的是《三国志》。[4]至迟在北宋，已有部分疍人生活在韩江水域，并且捕捞到小鳄鱼献之潮州府，说见约咸平二年（999）成文的《鳄鱼图赞》。[5]当时潮州已经有了疍户，如《太平寰宇记》称"蜑户，县所管，生在江海，居于舟船，随潮往来，捕鱼为业"[6]，又如《永乐大典》引《三阳志》，将"客户与疍户"[7]并列等，都可为证。而《舆地纪胜·梅州》载有居于韩江上游的蜑家，"自为雏时，母负而跃，已与风涛相忘""亦有隐于渔者之风味"[8]，可知潮州境内之疍户同样是以捕鱼为生。当时岭南之疍户，按《岭外代答》所载，活动于广州者"名曰卢停，善水战"；活动于钦州者，"一为鱼蜑，善举网垂纶；二为蚝蜑，善没海取蚝；三为木蜑，善伐山取材"。[9]则潮州疍户大体应也是"浮生于江海"，不失为当时潮汕捕捞业之生力军。

获取海鱼的形式有很多种，除了拉网外，也有钩钓等。

疍人用疍网，记载甚多，如《鳄鱼图赞》载宋代捕获的鳄鱼，便是如此，"江有鳄鱼，大者数丈……会蜑网于渊，获始化者以献"[10]。也有用钩钓的，如海中钓大鱼，"舟人捕鱼，用大钩如臂，缚一鸡鹜为饵，使大鱼吞之，随其行半

[1]　陈憺.海阳筑堤记［M］//解缙，等.永乐大典（精装十册）.北京：中华书局，1986：2484.

[2]　陈尧佐.游西湖，送潮阳李孜主薄［M］//解缙，等.永乐大典（精装十册）.北京：中华书局，1986：2490，2491.

[3]　周去非.岭外代答校注［M］.杨武泉，校注.北京：中华书局，1999：115.

[4]　何宁.淮南子集释［M］.北京：中华书局，1998：1189.陈寿.三国志［M］.裴松之，注.陈乃乾，校点.北京：中华书局，1959：1285.

[5]　陈尧佐.鳄鱼图赞［M］//解缙，等.永乐大典（精装十册）.北京：中华书局，1986：2473.

[6]　乐史.太平寰宇记［M］.王文楚，等，点校.北京：中华书局，2007：3200.

[7]　永乐大典方志辑佚［M］.马蓉，陈抗，钟文，等，点校.北京：中华书局，2004：612.

[8]　王象之.舆地纪胜［M］.北京：中华书局，1992：3239.

[9]　周去非.岭外代答校注［M］.杨武泉，校注.北京：中华书局，1999：115-116.

[10]　陈尧佐.鳄鱼图赞［M］//解缙，等.永乐大典（精装十册）.北京：中华书局，1986：2473.

日方困，稍近之，又半日，方可取，忽遇风，则弃。或取得大鱼不可食，剖腹求所吞小鱼可食，一腹不下数十枚，枚数十斤"。[1]

（二）畜牧业

宋元禽畜的饲养十分普遍，潮汕各处都有养鸡，如《（雍正）惠来县志》回溯惠来闻鸡山亭之得名缘由，载"宋卫王帝昺驻师于此，时报元兵骤至，闻鸡二鸣起程，后因名焉"，该处不仅远离州治，而且宋末元初时，离惠来城中心约35里路，显然为僻陋地方，但鸡也不少。[2]而酒店客栈等处，家鸡自然更多，如元人黄益《宿黄芦站》有诗句"雁影云垂地，鸡声月在沙。百年兴废尽，何处问桑麻"[3]等，便提到鸡鸣声。

养牛业开始有了明确的记载，而此前罕见的耕牛，随着文献的增多，更是大量出现。从地名反映出来的，如《（雍正）揭阳县志》载揭阳蓝田都有一块"忘牛石"，因为宋代罗洪隐居这里，常耕种、吟咏，因而得名。[4]从诗词描述反映出来的，如《惠来驿》有"十里平畴际远山，土膏未动觉牛闲"句、[5]《石门岩》有"鸟过暮天碧，牛眠冬日闲"句。[6]从杂记反映出来的，如《（顺治）潮州府志》载宋乾道间有桃山都人孙道者"尝牧牛以竹枝围之，牛不敢逾"。[7]晚出志书，有的也回溯到宋元的专业牛市，其中在饶平的牛场"教场埔墟"（宋元时属于海阳县），"闽汀诸客，自秋迄春无日不聚，故老相传，此墟宋元时已有之"。[8]

但在绍圣（1094—1098）年间，可能一度没有充裕的黄牛以供征用，潮阳县令郑敦义遂上书求免，称"黄牛善耕，农以子视之，今吏急征皮，窃恐为害不止

[1] 朱彧.萍洲可谈［M］.文渊阁四库全书本，卷二：3-4.

[2] 张玿美，等.（雍正）惠来县志［M］.台北：成文出版社，1968：133.

[3] 黄益.宿黄芦站［M］//解缙，等.永乐大典（精装十册）.北京：中华书局，1986：2493.

[4] 陈树芝.（雍正）揭阳县志［M］//北京图书文献出版社.日本藏中国罕见地方志丛刊（第24册）.北京：书目文献出版社，1991：204.

[5] 龚茂良.惠来驿［M］//解缙，等.永乐大典（精装十册）.北京：中华书局，1986：2492.

[6] 《永乐大典》引《潮州府志·石门岩》，参见：赵师立.石门岩［M］//马蓉，陈抗，钟文，等，点校.永乐大典方志辑佚.北京：中华书局，2004：2664.

[7] 吴颖.（顺治）潮州府志［M］//中国科学院图书馆.稀见中国地方志汇刊（44）.北京：中国书店，1992：1611.

[8] 刘抃原本，惠登甲增修，黄德容，翁萑增纂.（康熙/光绪）饶平县志［M］//中国地方志集成（27）.上海：上海书店出版社，2003：46.

之牛，小民将无所恃以为命"。[1]不过，这只是一时缺牛，而非长期如此，实际上宋代潮汕普遍不缺耕牛。

当时的时代背景是，宋代养牛业发达，福建、两广、江浙最为突出。其中的广南路，是南方重要的产销区，各州普遍养牛，尤其是雷州、化州更多牛导致牛价极低[2]，遂形成特大牛市。嘉定七年（1214）的奏折称"广州郡收贩牛税，由来已久"，并屡引发社会问题，而贩牛税是广南各州的重要收入[3]，为了避税，仅仅一个小渡口走私的牛便达七八万头，如"牛于郑庄私渡，每岁春秋三纲，至七八万头，所收税钱固无几矣若"[4]。福建方面，与上述广东官方记载略有差异的是，当时的叶梦得认为福建才是第一牛市，"除福建外，止有两广"[5]。类似记载十分多，此处不赘。总而言之，潮汕地区介于南方牛市数一数二的闽、广之间，存在大量耕牛是可以肯定的，而说潮汕紧缺耕牛，反而难以想象，也与宋代潮州作为外销粮米大区的身份不相匹配。

养狗的较清晰记录，也见于本阶段。

宋代的如《湖山记》以"吏不踵门，村无吠犬"来描写潮州之安宁，大抵上，乡村中多存在家犬了。[6]元代的如《（光绪）潮阳县志》载潮阳"九姨"的故事，称她养有一犬，某日坐化成小石像，"犬也立化"，[7]这透露出当时乡中狗多，才会被载入传说。实际上，岭南之养狗，很早便有文献体现，如《山堂肆考》引《南越志》称"飓者，具四方之风也，常以六七月发，未至时三日，鸡犬为之不宁"[8]，即南朝已用"鸡犬不宁"来状写飓风前之情况，则家犬应该是存在的了。

养马、养驴，此阶段有着数量不菲的清晰记载。

《永乐大典》转元《三阳志》，载潮州在城的水马站配备马16匹，海阳县黄岗站配备马8匹，潮阳县的县站、武宁站、北山站三站各配备马10匹，计30

[1] 黄一龙，林大春，等.（隆庆）潮阳县志［M］.上海：上海古籍书店，1963，卷三：2，卷十一：1-2.

[2] 宋会要辑稿［M］.刘琳，刁忠民，舒大刚，等，校点.上海：上海古籍出版社，2014：6015.

[3] 宋会要辑稿［M］.刘琳，刁忠民，舒大刚，等，校点.上海：上海古籍出版社，2014：6386-6387.

[4] 李心传.建炎以来系年要录［M］.上海：商务印书馆，1936：3117.

[5] 叶梦得.建康集［M］.台北：商务印书馆，1986：650.

[6] 黄景祥.湖山记［M］//解缙，等.永乐大典（精装十册）.北京：中华书局，1986：2754-2755.

[7] 张其翮.（光绪）潮阳县志［M］.周恒重，等，修.台北：成文出版社，1966：329.

[8] 彭大翼.山堂肆考［M］.文渊阁四库全书本，卷四：13-14.

匹，揭阳县桃山驿站配备马10匹，合计官方驿站共有马48匹。宋元诗文多次出现畜力。如"溪当闽广之冲，凡道于是者，立马倚担溪渡""东西界闽广之冲，南北接山海之会。毂送蹄靡皂，无日无之""过客之车马及郡境，请预以告"等，都可见宋元潮州畜力利用之常见。[1]

而官兵装备，以及几次大型的武装斗争，必有战马参与其中，如自广州调兵入潮平乱，属于急事，是"事急则驰马，事缓则乘船"[2]。此外，《建炎以来朝野杂记》有小篇幅谈及"广马""广中盐易马"，大体上，当时广西及广州已有马市，而这些马，有以盐换取者，潮州马的由来，有可能也是如此。[3]

猪的记载也有一些。

譬如北宋潮州知州王声直钓到一条大鳄鱼，同时透露出当时土人以大猪为鱼饵，钓捕鳄鱼，"土人设钩于大豕之身，筏而流之水中，鳄尾而食之，则为所毙"[4]。又如《招韩文公文》中，也载有鳄鱼屡屡袭击、食用人口，以及牛、马、羊、豕等句。[5]从上阶段，民畜中有猪的记录，发展至此时，养猪量应不在少数。

（三）狩猎经济

宋元潮州鹿制品和熊胆，估计为潮州经济带来一定的收入。

鹿在潮汕地区的出现是很早的，新石器时代晚期，揭阳便发现有鹿角遗物。唐代的记录也多见到鹿，如《岭表录异·鳄鱼》称"南中鹿多"，最惧鳄鱼，并提到李德裕贬谪潮州时途经鳄鱼滩遇险的事，[6]估计唐人视潮州为多鹿地。又韩愈提及鳄鱼"食民畜熊豕鹿麞（獐）"[7]，其中鹿、獐都是鹿科动物，则唐时潮汕的鹿不止一种。

本阶段文献屡见鹿踪，如王汉大规模开辟金山之前，称金城山原为"昔榛

[1] 永乐大典方志辑佚［M］.马蓉，陈抗，钟文，等，点校.北京：中华书局，2004：2695-2696.黄刚大《三阳驿壁记》，张羔《仰韩阁记》，郑厚《凤水驿记》，参见：解缙，等.永乐大典（精装十册）［M］.北京：中华书局，1986：2482，2483，2486.

[2] 《永乐大典》转《三阳志》，参见：解缙，等.永乐大典（精装十册）［M］.北京：中华书局，1986：2461.

[3] 李心传.建炎以来朝野杂记［M］.徐规，点校.北京：中华书局，2006：426-428，432.

[4] 沈括.梦溪笔谈［M］.张富祥，译注.北京：中华书局，2009：24-25.

[5] 陈尧佐.招韩文公文（并序）［M］//马蓉，陈抗，钟文，点校.永乐大典方志辑佚.北京：中华书局，2004：2625-2626.

[6] 刘恂.岭表录异校补［M］.商璧，潘博，校补.南宁：广西民族出版社，1988：147.

[7] 韩愈.鳄鱼文［M］//屈守元，常思春.韩愈全集校注.成都：四川大学出版社，1996：2319.

莽翳之，蛇虫之囿，尘鹿之居"[1]，又王大宝在潮州城东的放生池亭四望，"北望则憎峦幽翳而尘鹿伏"[2]等。上引，"鹿"与实有的潮、江、蛇虫、鳄并列，又不同作者、不同时期创作，显非文学描述。再有鹿景庵、鹿景桥[3]等地名，更可能是因为附近分布有不少鹿而得名。可以说，宋元潮汕多鹿是没有疑问的。

《永乐大典》引《三阳志》所载的鹿茸和鹿角，排在所有土产药物的第二、第三位，仅次于植物药"仙茅"之后。该志残存的内容，不足以作为我们判断其排位的依据。假设是以产量的多寡或产业的大小为顺序介绍，那么，鹿茸和鹿角便是重要的土产药材，这也与文艺作品中描述的大量鹿群分布情况相吻合。

熊类。唐代韩愈称鳄鱼"食民畜熊豕鹿麋（獐）"，便有它的记录。《永乐大典》引《三阳志》提到的药物中有熊胆，并且是土产，可见有猎户以捕熊取胆为业。

"熊胆"，在《三阳志》成书时代的宋元人的认识中，是指动物药，后来有了植物药"熊胆草"，那是明代以后的事。我们以唐代孙思邈《千金翼方》[4]，以及直至明代辑录药物较多的《本草纲目》来考察，都未出现植物药"熊胆草"，便可为证。而明代府县志在潮汕物产中仍出现动物"熊"，更坚定了我们判断"熊胆"是动物药而非植物药"熊胆草"的信心。[5]

熊胆为熊的胆汁胆囊，熊、熊胆皆被列为中药品第的"上品"，十分难得，价格昂贵。《本草纲目》中，李时珍认为它能"治诸疳、耳鼻疮、恶疮，杀虫清心，平肝明目去翳，杀蛔、蛲虫（时珍）"。[6]

宋元潮汕的熊，数量不在少数。南宋潮人刘昉撰写的《幼幼新书》，多处出现熊胆，包括但不只应用于治难产、胸膈不利、乳食不下、急惊搐搦不安、壮热心烦发渴、惊疳、风痫不醒、心中涎、诸痫的药方，以及制作保童丸、牛黄丸、香犀丸、神效归魂丹、定命丸、虎睛丸、嚏惊丸治、定生丸、救生丹、雄黄丸、万灵丹、熊胆丸、钱乙麝香丸、朱砂丸、抵圣丹、雄黄散丸、胜金丸等丹丸

[1] 王汉.金山记［M］//解缙，等.永乐大典（精装十册）.北京：中华书局，1986：2474.

[2] 王大宝.放生亭记［M］//解缙，等.永乐大典（精装十册）.北京：中华书局，1986：2481.

[3] 解缙，等.永乐大典（精装十册）［M］.北京：中华书局，1986：2453-2454.

[4] 孙思邈.千金翼方校释［M］.李景荣，校释.北京：人民卫生出版社，1998.

[5] 郭春震.（嘉靖）潮州府志［M］//北京书目文献出版社.日本藏中国罕见地方志丛刊（第13册）.北京：书目文献出版社，1992：286.

[6] 李时珍.本草纲目（校点本）（第四册）［M］.刘衡如，校点.北京：人民卫生出版社，1981：2840.

的原料。据笔者初步统计，需用熊胆入药者至少达百余处，估计仅仅是少于常用药引及辅药类。虽然该书不少是刘氏辑录而来，但也许，这与作者接触熊胆机会多、潮汕地区熊胆不罕见有关。[1]

此外，《三阳志》这样郑重其事地列出熊胆，除了其价格昂贵的因素外，也透露出熊胆产业的重要程度值得一提。按，古文献记载中，要获取熊胆，无一例外必须是猎熊取胆。因此潮汕的熊不可能是豢养的。同时，有具规模的熊胆，反过来说，必有具规模的熊体。

三、明清时期

明清潮汕的开发已达到时代的极限，水产、禽畜业等的发展也显充分，基本上当时所有的，目前多数还能见到。但是，随着明清气温变化剧烈、清代滨线迅速外移、人口较密集分布直至腹地等因素，整个潮汕的自然、社会环境随之变化，狩猎资源大为减少，狩猎经济基本上趋向式微。

（一）水产业

1.常见水产品

明初的《图经志·土产》列有数十种药物，经辨析，其中有2种为水产动物药，即海鳔鮹和海马。[2]

海鳔鮹为章鱼科软体动物如墨鱼等所制，海马即今名"海马"所制，它们都是沿袭自唐宋的贡品，可见潮汕此两项特产，长期在国内处于行业领先地位。章鱼科的章鱼，潮州产者闻名于外，至清代仍然如此，如《岭南风物记》载"章鱼，出潮州府，有八足"。按，该书介绍鳞介类的，仅17条，所述之内容其实不仅岭南，还包括东南沿海，则潮州章鱼也算是颇具美誉度、知名度。[3]

《（嘉靖）潮汕府志·物产》较为集中呈现一批潮州府物产，其中的鳞类和甲类，以及药类中的动物药，绝大多数为水产品，我们依照原名列出：鳞类的金鳞鱼、草鲩、鲇鱼、鲤鱼、鲫鱼、鳝鱼、银鱼、鳜鱼、鲦鱼、马交、墨鱼、鲋鱼、鲲鱼、鳊鱼、鲂鱼、班点、鳗鱼、鲈鱼、蒲鱼、鲈鱼、鲳鱼、鲙鱼、章

[1]　刘昉.幼幼新书［M］.幼幼新书点校组，点校.北京：人民卫生出版社，1987.

[2]　永乐大典方志辑佚［M］.马蓉，陈抗，钟文，等，点校.北京：中华书局，2004：2617-2618.

[3]　吴绮.岭南风物记［M］.宋俊，增补.江闿，删订.文渊阁四库全书本，卷首提要：1-2，正文：18.

鱼、鲢鱼、鳝鱼、虾、龙虾、水龟，甲类的鲨鱼、龟、鳖、香螺、蚶、蛏、蚌、蛎房、螃蟹（蟹）、蟛蜞、车螯、月沽、文蛤、白蚬、九孔螺、马甲蛀，以及动物药鳔鮹、海马。[1]

金鳞鱼，应该是"金鲮鱼"的异写，即今潮汕俗称的"龙箭"；[2]草鲩，即鲩鱼、草鱼；鲇鱼，按"大首方口身薄，皆青黑，无鳞，多涎"又称是"鳀"的描述[3]，像是大口鲇鱼之类，即今潮汕俗称的"塘虱"；鲤鱼、鲫鱼，都是常见淡水鱼；鳝鱼，明代潮人对鳝鱼的分类，便有黄鳝、白鳝之分；银鱼，古今同名；鳜鱼，俗称鳜花鱼、桂花鱼；鲦鱼，明人所谓的鲦鱼不同于宋人，可能是"鲦，生江湖中，小鱼。长仅数寸，形狭而扁，状如柳叶，鳞细而整，洁白可爱，性好群游"的形象[4]，现在潮汕的分布情况如何，不很明了；马交，古今同名，亦写作"马鲛"等；墨鱼，目前潮汕至少分布有乌贼科、耳乌贼科、枪乌贼科、墨斗、乌贼、乌鲗等都是这两科的种属；鲥鱼，潮汕俗称"三犁"，学名云鲥；鳁鱼为沙丁鱼，今潮汕有"姑鱼"，学名金色小沙丁，应同是鲱科沙丁鱼属、小沙丁鱼属或拟沙丁鱼属；鳊鱼，目前潮汕俗称"鳊鱼"的，学名是团头鲂；班点，可能是现在潮汕俗称的"斑鱼"，学名乌鳢；鳗鱼，明代志书中的鳗鱼即是今常见的"乌耳鳗"之类，另有学名为"海鳗"者，则俗称"麻鱼"，潮语音同；鲟鱼，今潮汕俗称"午笋""五荀"；蒲鱼，今潮汕俗名"海鸡"；鲈鱼，今名同；鲳鱼，今有俗称"草鲳"（学名朴蝴蝶鱼）、"丁鲳"（学名圆腹鲱）的至少两种；鲙鱼，石斑鱼类；章鱼，章鱼科海洋软体动物的通称，上述墨鱼亦属该科；鲢鱼，常见的淡水鱼；鳝鱼，泥鳅之类；虾、龙虾，都是虾类，目前俗称的沙虾、白虾、明虾、卢虾、白刺、草虾、青尾、剑虾等不下一二十种称呼，名字多数是各县古志书延续下来的，可见潮汕海域自古盛产虾，此外，《（嘉靖）潮州府志》中的"虾"则包括了潮汕俗称"虾姑""虾婆"的等；水

[1] 郭春震.（嘉靖）潮州府志［M］//北京书目文献出版社.日本藏中国罕见地方志丛刊（第13册）.北京：书目文献出版社，1992：284-286.

[2] 宏新按：此处"金鳞鱼"应是"金鲮鱼"，依据是，明代文献罕见"金鳞鱼"，如有也是医书（如《本草纲目》等同期文献）中"朱鳖金鳞"之类能吐出泡沫被用作"龙涎"者，则按《（嘉靖）潮州府志》体例应列入药品而非鳞类；另外，明清诸多志书有"金鲮"而无"金鳞"，目前也未见潮汕食用金鳞鱼。

[3] 陈树芝.（雍正）揭阳县志［M］//北京书目文献出版社.日本藏中国罕见地方志丛刊（第24册）.北京：书目文献出版社，1991：364.

[4] 李时珍.本草纲目（校点本）（第四册）［M］.刘衡如，校点.北京：人民卫生出版社，1981：2448-2449.

龟、龟、鳖，都是龟鳖目动物；香螺，螺类的一种，潮汕螺类多不胜数，据渔业部门的估计，常年分布在潮汕海域达到逾百种（以细目论）；蚶，今名同；蛏，今俗名"指甲螠"者，学名缢蛏，又有"蟟蛸"，则学名为"小刀蛏"；蚌，壳类；蛎房，今多称蚝、蠔等；螃蟹（蟹）、蟛蜞，都是蟹科；车蛤，即车白，文蛤之一种；月沽，可能是《（雍正）惠来县志》所载的"月姑"，即"西施舌，肉白如截肪"[1]，澄海俗称"月姑蟹"，今多俗称"红卵"；白蚬，蚬之一种，潮汕的蚬也是称呼众多，如细分，目前估计不止数十种；九孔螺，即是鲍鱼；马甲蛀，《（嘉靖）潮州府志》注"即江蛲"，《（乾隆）澄海县志》猜测是瑶柱，[2]看起来可能是贝类。

除了《（嘉靖）潮州府志》，可见的明代潮汕较完备志书，将水产品录入物产的，尚有《（隆庆）潮阳县志·食用类》和《（万历）普宁县志略·食用类》。

《（隆庆）潮阳县志·食用类》载："县地滨海，水族惟鱼最多，甲于诸邑。其大者可数百斤，名称动以千数。此外，又有龙虾、蚶、蛤、水龟、海胆、仙掌、千金子之类，不可枚举。"[3]这些品名中，上面未谈到的，有：海胆，是生活于浅海的无脊椎动物，古今同名；仙掌、千金子可能都是海底植物。我们注意到的是，该志修志者颇以此项自得，并且敢自称潮阳水产在粤东各处排名第一，想来明代潮阳水产业之盛，确实在潮州府各县中十分突出。

《（万历）普宁县志略·食用类》列有一些鱼，"河塘所蓄，春冬多，秋夏少。河鱼间有。合户所用，惟咸鱼咸虾"，[4]则明代普宁的水产品主要是淡水鱼。此时潮汕滨线外移情况比较严重，普宁早就不近海了，县内附近水路几乎都是淡水，才多养淡水鱼。这些自然演变现象，也可以在这条记载中得到旁证。

明代3种广东通志，其中，《（万历）广东通志·潮州府》载有潮州土产，大体是沿袭上述《（嘉靖）潮州府志》的记录。[5]《（嘉靖）广东通志·土产》提到潮州的，只谈及韩愈在潮州诗文中写到过的。[6]《（嘉靖）广东通志初

[1]　张珽美，等.（雍正）惠来县志［M］.台北：成文出版社，1968：187.

[2]　金廷烈.（乾隆）澄海县志［M］.1765（清乾隆三十年）刊本，卷之五：7.

[3]　黄一龙，林大春，等.（隆庆）潮阳县志［M］.上海：上海古籍书店，1963，卷之七：16.

[4]　黄秉中.（万历）普宁县志略［M］.阮以临，修.1610（明万历三十八年）刻本旧钞本（国图残本），卷八：物产.

[5]　郭棐，等.（万历）广东通志［M］.1602（明万历壬寅）刻本，卷四十一：27-28.

[6]　黄佐.（嘉靖）广东通志［M］.广州：广东省地方志办公室，1997：592-602.

稿·物产》中，有载“鼍，出潮州。玳瑁。出琼潮二州”，[1]则是上述各志所无。鼍，是鳄形目鳄科鼍亚科鼍属，中华鳄、扬子鳄亦为此属；玳瑁，是海龟的一种。

清代水产品的材料更为丰富，我们取3种潮州府志以及3种广东通志的“物产”“土产”部分，[2]剔去不属于水产范畴的，其余品种列如下表。

表4-14 清代潮汕常见水产品表

年代	品名
顺治时期	鳞：鲤、鲫、鳇、鲇、鳝、鳜、鲦、鲥、河豚、鳁、鳊、蒲、班、鲶、鲂、沙鱼、鲈、马鲛、鞋底（比目鱼）、花鲢、赤眼、黄尾、白带、鳍、虾、鲳鱼、龙虾（虾长者可达四尺）、草鲩、金鲮、鳗、鳓、鳚、鲧、水母（海蜇）
	介：鲎、蠔（蚝）、龟、鳖、螺、蛏、蚌、蟹（蟹）、蟛蜞、海胆、月姑、西施舌、车白、蚬、有蚶酱、文蛤……（缺2行，模糊）马甲蛀
康熙时期	鳞：鲤、鲫、鳇、鲇、鳝、鳜鱼、鲦鱼、鲥鱼、河豚、鳁、鳊、蒲、班、鲶、鲂、沙鱼、鲈、白带、鳍、虾、鲳、龙虾、草鲩、墨鱼、马鲛、鞋底、花鲢、赤眼、黄尾、金鲮、鳗、鳓、鳚、鳡、鲧、水母
	介：鲎、蛎房、龟、鳖、螺、蛏、蚌、蟹（蟹）、蟛蜞、海胆、月姑、车白、蚶、文蛤、马甲蛀、蜃
乾隆时期	鳞：鳙鱼、鲫鱼、凤尾鱼、鲙鱼、鳗鲡、鲛鱼、三牙鱼、鲹鱼、水母、海鳅、鲥鱼、鳓鱼、比目、鳁、鳊鳙、禾虫、乌贼、漳举、锁管鱼、红虾、九节虾、沙虾、赤尾虾、红梅鱼、白梅鱼、水脂鱼、剑鱼、柔鱼、板鱼、鲎鱼、鲟鱼、鮸鲈、鲶鱼
	介：鳖、蚌、车白、蛤、蛤蜊、姑劳、芦雉、虹蝝、天蠮、西施舌、蚬、蟛蜞、江瑶柱、紫贝、珠贝、绶贝、霞贝、文贝、缨螺、马珂螺、钿螺、细螺、云螺、珠螺、蓼螺、黄螺、青螺、鹦鹉螺、香螺、蠘、寄居螺、蚶、蛎房、毛蟹、花蟹、黄甲蟹、蠔（蚝）崽、小蠔（蚝）、翼鼋、鼍（鼍）、水豆芽、石距、石相思子、海镜、螺蛳、海蛳、蛏、蟳

产量方面，潮阳县的修志者，直至清初仍然沿袭明代的说法，认为该县的

[1] 戴璟，张岳，等.（嘉靖）广东通志初稿［M］//北京图书馆古籍出版编辑组.北京图书馆古籍珍本丛刊（38）.北京：书目文献出版社，2000：537.

[2] 吴颖.（顺治）潮州府志［M］//中国科学院图书馆.稀见中国地方志汇刊（44）.北京：中国书店，1992：1360-1364.林杭学.（康熙）潮州府志［M］.潮州：潮州市地方志办公室，2000：463-465.周硕勋.（乾隆）潮州府志［M］.台北：成文出版社，1967：957-989.金光祖.（康熙）广东通志［M］.广东省地方史志办公室，辑.广州：岭南美术出版社，2006：1467-1468.郝玉麟.（雍正）广东通志［M］.广东省地方史志办公室，辑.广州：岭南美术出版社，2006：1634-1665.陈昌齐，等.（道光）广东通志［M］//续修四库全书编委会.续修四库全书·六七一·史部·地理类.上海：上海古籍出版社，2002：228-246.

鱼"大者数百斤，名以千计"，不能悉载，产量"甲于诸邑"。[1]则潮阳应该仍然是潮州府内水产捕捞第一大县。

潮汕沿海的饶平、澄海、惠来各县之海产品同样规模可观，各县志所载之水产名称和品类，都比上表各《潮州府志》所载的多。如《（乾隆）澄海县志》所列的"鳞之属"，便记载了不少于60个品种，比各个时期府志所列的合计，至少多了一二十种。如果从海域、海岸线来衡量，这几个县的海产品种类，相信与潮阳县相差不远，都可以"千"来计算。[2]

鱼之外，螺类、蟹类、虾类也是数不胜数，各县志记载的名称品类，有的也多于上表所列。如南澳，按《（乾隆）南澳志》所记载的，螺类名目有17例，蟹类名目11例。[3]当代潮汕的蟹仍然不少，自然分布的，以梭子蟹科、馒头蟹科、方蟹科最为常见，种属可达数十种，南澳及附近海域皆有产，《潮汕生物资源志略》具体介绍有20世纪90年代常见的6种[4]。

2.水产养殖

塘地面积与水产养殖规模有着一定的对应关系。一般情况下，塘地面积越大，水产养殖规模越大，反之亦然。同时，塘地更主要的是反映淡水养殖的情况。因此，尽管塘地的面积仅仅是赋税的依据，未必是实际水产养殖面积，但也可以一定程度上反映出各地的水产养殖规模。

明代，《（嘉靖）潮州府志》载有潮州府一份较早、较完备的塘地亩数记录。当时潮州府7县载有塘地情况，我们略去大埔县（722亩）、程乡县（24985亩），梳理其他5县的塘地亩数为下表。

表4-15　明嘉靖中期潮汕塘地亩数统计表

县名	塘地（亩）	占比
海阳县	2667	13.26%
潮阳县	3060	15.21%
揭阳县	12228	60.79%

[1] 臧宪祖，等.（康熙）潮阳县志［M］//故宫博物馆.故宫珍本丛刊（第177册）.海口：海南出版社，2001：56.

[2] 金廷烈.（乾隆）澄海县志［M］.1765（清乾隆三十年）刊本，卷五：1-6.

[3] 齐翀，等.（乾隆）南澳志［M］//中国地方志集成（27）.上海：上海书店出版社，2003：472-473.

[4] 吴修仁.潮汕生物资源志略［M］.广州：中山大学出版社，1997：454-457.

续表

县名	塘地（亩）	占比
饶平县	1437	7.14%
惠来县	722	3.59%
总计	20114	100%

从上表可以看出，在嘉靖中期，潮汕的塘地亩数为20114亩。揭阳的塘地亩数最多，占总量的60.79%，惠来的塘地亩数最少，占总量的3.59%。

这是由于揭阳不近海，没法与其他4县的天然捕捞业优势相提并论，因此其水产业更多体现在淡水养殖。相反，惠来濒海，海产品资源丰富，便无须太多塘地来从事淡水养殖。而海产资源最为丰富的潮阳县，由于人口、地域、市场需求比之惠来、饶平等要大得多，因此，其淡水养殖也有一定的规模。

清代，《（乾隆）潮州府志》载有古代潮州府最后一份较完整的塘地亩数记录。我们略去大埔、丰顺，将其余7县情况梳理为下表。

表4-16　清乾隆中期潮汕塘地亩数统计表

县名	塘地（亩）	占比
海阳县	1137	2.53%
潮阳县	25042	55.82%
揭阳县	13853	30.88%
饶平县	694	1.55%
惠来县	1295	2.89%
澄海县	2710	6.04%
普宁县	132	0.29%
总计	44863	100.00%

从上表可以看出，至迟在乾隆中，潮汕地区的塘地达到44863亩，比之明嘉靖时期的20114亩，增加了123%。从地域对比，对比明嘉靖时期，此时海阳、揭阳、饶平三县都已割出部分地域给域外的丰顺、大埔两县，但塘地反而增多了1倍以上，这说明淡水养殖业发展极快。而上述明、清两表中，揭阳县的塘地变化最大，一部分原因，是它已经割出部分地域置丰顺县，同时，也多少反映出该县

之淡水养殖业在清代的萎缩。

塘地之外，尚有水埭蠔丘铺地等的记录，其体现出来的，是蠔蚝等的专项养殖业。如"种蚝"，是"投石海中以生蚝，谓之种蚝"，种蚝的局部小海域是"蚝场"，也称为"蚝丘"，东里及附近都有分布，"南浔、柘林、西澳诸处皆有之"。[1]饶平的水埭蠔丘铺地在清乾隆中期达到11199亩，以该县1县养殖规模来衡量，放在广东各产区来对比，也是十分突出的。[2]

3.水产捕捞、流通及其重要性

明清潮汕的水产捕捞作业，各地大同小异。

明代的，如《东里志》有所描述：捕捞鲴鱼，需在春秋之间，以渔网网之，可连得数船；获取壳介类，如海蟳（估计是梭子蟹科蟳属之类）中，有一种身形圆、颜色红的虎狮蟳，"大者长数尺，能与虎斗"，它们随大潮的消涨而褪壳，则捕捞者必须在沙滩上等待时机，以"草绳"缚之。[3]

清代的，如《（乾隆）澄海县志》有较详细的描述。大体上，捕捞业多用网，但对付大鱼，也有用鱼镖。如捕捞海鳅，疍人渔民针对其"出大海中，戞崶偃涛，茹鳞吞舟，取之必聚数百"的习性，驾疍船，用铁镖系以长缆射鱼，然后耐心地随其挣扎漂流，并避免舟船被其带翻，要持续角力至海鳅力竭为止，再捕捞上岸，"颅骨成岳，流膏为渊，取其粪干之，云可辟蝇"，才算完成。也有集体作业的，如"扣圈"，即具威望者掌旗指挥数十艘疍船，围圈击板，将鱼赶至圈内，并越逼越紧，"凡头有沙者毕集圈内，困不能舒，若其头无沙即逝矣。长年张网取之，或多至数十担，获利什伯。若所获少，俗谓之'扣白圈'"。此外，尚有桁罾、挨缯、围簿编竹等捕捞方式，不一而足。[4]

当时的水产捕捞，并没有严格县域之分，通常官方并不排斥跨界操作。如潮阳县的疍人，便经常到揭阳水域从事捕捞作业，《（雍正）揭阳县志》载："疍户舟居，捕鱼为业。其户悉隶潮阳，利揭，无风涛之险时来捕取。"[5]按，

---

[1] 陈天资.东里志［M］.印行东里志领导小组，饶平县地方志编纂委员会，整理.内部发行，2001：148-150.

[2] 周硕勋.（乾隆）潮州府志［M］.台北：成文出版社，1967：309.

[3] 陈天资.东里志［M］.印行东里志领导小组，饶平县地方志编纂委员会，整理.内部发行，2001：148-150.

[4] 金廷烈.（乾隆）澄海县志［M］.1765（清乾隆三十年）刊本，卷五：2，7，9，卷十七：24，卷十九：9-10.

[5] 陈树芝.（雍正）揭阳县志［M］//北京书目文献出版社.日本藏中国罕见地方志丛刊（第24册）.北京：书目文献出版社，1991：330.

前文我们已经提到，宋代便有疍人落户潮汕，明代开始，他们被另册单立户籍，不在户部统计之内，并被视为贱户，不能与汉族通婚，不准上岸居住，不许科举应试等，[1]到了雍正元年（1723）才部分脱离贱籍；[2]雍正七年（1729）专门针对广东疍户下谕，至此不再低人一等，并"准其在于近水村庄居住，与齐民一同编列甲户以便稽查"[3]。

　　疍人一直是潮汕捕捞生产的重要组成人群，至清代也是如此。其人数在明代尚少，有记录可查的，潮州府不足50户疍户。[4]清代则不同，此时疍人众多，"粤东地方，四民之外，另有一种，名为疍户，即瑶蛮之类，以船为家，以捕鱼为业，通省河路俱有蛋船，生齿繁多不可数计"，[5]雍正时获准登岸居住后，潮阳便至少形成两个具规模的疍人聚居点，一个是县廓都的"蜑家宫"，另一个是在县西北方的"蜑家岐"，均靠近江、海，另外，还有仍长居于船舶上者。他们绝大多数以捕捞为生。[6]

　　以渔为生的潮汕居民向来不少，明清犹是。如明天顺年间，揭阳的夏岭村等处于滨线，当地人便"以渔为业，出入风波岛屿之间"[7]。天顺三年（1459），兴起于程乡的山寇罗刘宁和沿海的海寇黄于一等相互勾结，对抗官兵时，夏岭村等24个村落先后参与其中，[8]这24个村中"夏岭外薄洋海，黄寨内通徭獞"，但与"岁歉民疲"的山区黄寨不同，沿海的"夏岭、西陇、赤窖、乌合、浮陇、华坞、月浦、大家井等村"都是以海为生，则渔业应该是他们原来

　　[1]　（清）顾公燮《丹午笔记》称"凤阳人乞食之由"条载明太祖朱元璋"设立疍户、乐户、渔户、教坊等名色，禁锢敌国大臣之子孙妻女，不与齐民齿"。参见：顾公燮，佚名，陈去病.丹午笔记/吴城日记/五石脂［M］.甘兰经，等，校点.南京：江苏古籍出版社，1999：136.

　　[2]　清高宗.清朝通志［M］.上海：商务印书馆，1934（民国二十三年）：7251.

　　[3]　清实录（第8册）［M］.北京：中华书局，1985：79.

　　[4]　宏新按：海阳县无考；揭阳县、大埔县、澄海县、普宁县没有疍户；潮阳县嘉靖三十一年（1552）、嘉靖四十五年（1566）分别有41户、35户；饶平县成化十八年（1482）、嘉靖五年（1526）、嘉靖四十二年（1563）分别有1户、1户、3户；惠来县万历三十一年（1603），有1户。参见：李国平，吴榕青.明代粤东中心--潮州府［M］//李宏新.潮汕史稿.汕头：汕头大学出版社，2016：340-341.黄秉中.（万历）普宁县志略［M］.阮以临，修.1610（明万历三十八年）刻本旧钞本（国图残本），卷八：户口.

　　[5]　清实录（第8册）［M］.北京：中华书局，1985：79.

　　[6]　张其翮.（光绪）潮阳县志［M］.周恒重，等，修.台北：成文出版社，1966：42，145，194.

　　[7]　李龄.赠郡守守陈侯荣擢序［M］//冯奉初.潮州耆旧集.香港：香港潮州商会，1980：9-10.

　　[8]　黄佐.（嘉靖）广东通志［M］.广州：广东省地方史志办公室，1997：1727-1728.

主要的经济来源。[1]而明代广济桥处"上下天光，万顷一碧，白露横江，琼浆夜滴，万象鉴形，渊泫澄碧，渔歌互答，此乐何极"，想来平日里也是有不少渔船来此贸易。[2]

沿海多鱼市，海产品的流通，在文献上也多有体现。万历时期的《摘锦潮调金花女大全》潮剧戏文，便透露出不少买海味的场景，如吩咐下人购买赤蟹、车白、虾等海味的对白："你去庄林买二个海味""啊冬天时透风无物买""去体那有赤蟹，买几对，车白买五十斤，大虾买几十插，别物赶城内去上买添处也罢。"[3]这里的庄林，是清乾隆兴起的"樟林"港之前身，此时仅是渔港。

明清水产业在潮汕总体经济中占有突出的分量。除了水产养殖业为主的塘地征额等之外，渔课是各县必收的独立课额，并且所占比例颇大。

明代的，如《潮州府图纪》称潮州府"农桑本色米五十二石四升九合九勺三抄。……鱼课折色米五千五百二十二石三斗三升七合"，[4]则鱼课十倍于农桑课税。

清代的，如《（乾隆）澄海县志》所列的五大类赋役中，与水产业直接相关者，便至少占了"鱼课"一个独立项，以及"田赋"项中的塘地征额、"盐课"项中的渔盐饷，交易上还包括"杂税"中的商业税、船货解银。[5]尽管难以明确分辨并计算出当时各项的具体占比，但也可知水产业在潮汕经济中的重要性。

对个体人民而言，从事水产商贩终成富贵有之，而穷人"滨海者兼拾海错以糊口"[6]者更多。紧靠滨线的惠来县西头都"海疏蛤蜊半资以食"[7]，不濒海的普宁"以番薯同米煮为饭，蒸小鱼渍以口，即为丰馔"，大体也可维持生

[1] 李惠.平寇记［M］//郭之奇.（崇祯）揭阳县志.冯元飚，修.1631（清抄明崇祯四年）本，艺文志.

[2] 李龄.广济桥赋［M］//冯奉初.潮州耆旧集.香港：香港潮州商会，1980：12.

[3] （明）万历《摘锦潮调金花女大全》之《借银往京》，载：吴南生，等.明本潮州戏文五种［M］.广州：广东人民出版社，2007：791.

[4] 姚虞.岭海舆图［M］.文渊阁四库全书本，卷首"提要"：1，卷一：30.

[5] 金廷烈.（乾隆）澄海县志［M］.1765（清乾隆三十年）刊本，卷十一：1-30.

[6] 吴颖.（顺治）潮州府志［M］//中国科学院图书馆.稀见中国地方志汇刊（44）.北京：中国书店，1992：1354.

[7] 张珽美，等.（雍正）惠来县志［M］.台北：成文出版社，1968：424.

计。[1]潮汕"鱼盐蜃蛤之饶，出于溟渤者，则取之不竭"[2]，"鱼盐蜃蛤之利，无处无之，千秋百世，太平常如此"[3]，给予了潮人最基本的口腹保障。康熙五十二年（1713）任澄海知县的刘琦龄，[4]《（道光）晋江县志》载他在澄海曾有过多项善政，离任时，澄海民"遮道跪送，行三宿而后出境"，其中的"革免渔课"是志书最先介绍的利民政策，列于"修葺学宫，请增科岁弟子员额，完堤防，赈饥民，归难船"等之前，[5]这多少显示出渔课在当时的重要性。

当然也有自给自足或类似陶冶情操的垂钓，这些都在诗文中得到体现。如"侬是海中生，烟波为乐趣；钓鱼不钓名，掉入芦花去；野芦泊小舟，网在芦花挂；借问有鱼无，摇头不肯卖"，又如"断续棹歌风里发，高低渔唱月中酬；细看渭上鹰扬者，岂肯埋名到白头"，再如周彦敬的九首《棉江欸乃》，在描述了渔翁"棹歌""浩歌""啸歌""互歌""答歌"等江上作业的同时，也展示出潮阳江海交错、水产丰富而渔人足以写意谋生之情景。[6]

总而言之，直到明清时期，水产业依然是潮汕经济极其重要乃至不可或缺的重要行业。

（二）畜牧业

明清阶段，如今潮汕常见的家禽家畜以及其他经济动物等，大体在志书之物产、土产名录中都有了明确的记录。应该注意的是，常见禽畜有时并不会被列入志书，如《（乾隆）澄海县志》的物产类便是如此，并称"若牛马犬豕之属，为民间常牧，与他处从同，故不复赘于篇"[7]，这样的情况在顺治、康熙、雍正朝三朝所修的广东省内的府县志并不罕见，即是说，地方志书"物产"等没有记录的，并不代表它们在当时当地没有养殖。

1.鸭、鹅、猫的豢养

鸭、鹅、猫在潮汕豢养时间是很早的。由于明清时期资料较为集中，因此放在这个阶段介绍。

---

[1] 梅奕绍.（乾隆）普宁县志［M］.萧麟趾，修.台北：成文出版社，1974：357.

[2] 张士琏，等.（雍正）海阳县志［M］.1734（清雍正十二年）刊本，卷八：26.

[3] 蓝鼎元.饶平县图说［M］//蓝鼎元.鹿洲初集.台北：文海出版社，1982：880.

[4] 蔡继绅.（嘉庆）澄海县志［M］.李书吉，修.台北：成文出版社，1977：248.

[5] 周学曾，等.（道光）晋江县志［M］.福州：福建人民出版社，1990：1222-1223.

[6] 周彦敬《棉江欸乃（并序）》，陈洸《南海樵歌》，郑鸿谟《练江渔父》，参见：张其翻.（光绪）潮阳县志［M］.周恒重，等，修.台北：成文出版社，1966：477，484，500.

[7] 金廷烈.（乾隆）澄海县志［M］.1765（清乾隆三十年）刊本，卷四：28.

养鸭。

潮汕养鸭不迟于唐代。文献记载上，如《舆地纪胜》引唐代《潮阳图经》，称鸭湖是潮州的旧县治、[1]《永乐大典》引宋代《三阳志》也载有"鸭湖"地名，[2]都说明唐宋潮州有一处"鸭湖"，这大概率与养鸭有关；再如可见的岭南较古老方志《（大德）南海志·物产》畜类有"马、骡、驴、牛、羊、猪、鸡、鹅、犬、鸭、猫"[3]，可见的福建较古老方志《（开庆）临汀志·土产》畜之属有"牛、马、骡、驴、羊、犬、彘、鸡、鹅、鸭"[4]，说明与潮汕地理相近、联系密切之地，都至迟在宋元便有养鸭，可以为唐宋潮汕存在养鸭业提供佐证。

明清阶段，反映潮汕养鸭的材料已经很多。例如《（康熙）饶平县志·物产》便载有鸭，[5]说明鸭是该县主要的物产。又从现存方志所载的地名看，有不少地方以鸭命名。如潮阳县举练都的"鸭母寮"[6]，距县治七十里的"鸭母湖"等，都可能是较大型的养鸭基地；[7]而南澳县的"鸭母坟"等，则是因地形类鸭而得名，《（乾隆）南澳志》称"鸭母坟。坟在隆澳西阁山，如形鸭。其由来不可考"[8]，就潮汕而言，人们为某地或聚落命名时，通常多考虑到当地的地理特征、形状，[9]像这类以形而得名者，就算当地不产鸭，也可能是居民常见到鸭、熟悉鸭，才会如此称呼。

养鹅。

鹅在潮汕的养殖史，猜测可以追溯到唐宋。这可从潮汕当地普遍流传至今

[1] 王象之.舆地纪胜［M］.北京：中华书局，1992：3109.张国淦.中国古方志考［M］.上海：中华书局上海编辑所，1963：613.

[2] 永乐大典方志辑佚［M］.马蓉，陈抗，钟文，等，点校.北京：中华书局，2004：2718.

[3] 广州市地方志编纂委员会办公室.元大德南海志残本（附辑佚）［M］.广州：广东人民出版社，1991：40.

[4] 《永乐大典》引《（开庆）临汀志》，载：永乐大典方志辑佚［M］.马蓉，陈抗，钟文，等，点校.北京：中华书局，2004：1240.

[5] 刘抃，等.（康熙）饶平县志［M］//故宫博物馆.故宫珍本丛刊（第176册）.海口：海南出版社，2001：312.

[6] 臧宪祖，等.（康熙）潮阳县志［M］//故宫博物馆.故宫珍本丛刊（第176册）.海口：海南出版社，2001：446.

[7] 刘业勤，王崧，等.（乾隆/光绪）揭阳县正续志［M］.台北：成文出版社，1974：165.

[8] 齐翀，等.（乾隆）南澳志［M］//中国地方志集成（27）.上海：上海书店出版社，2003：500.

[9] 林伦伦.粤东闽语区地名的文化内涵［J］.汕头大学学报，2002（1）.

的"奠雁礼"推导出来。奠雁是古六礼中的一个环节，[1]把雁介入婚配仪礼，原因是古人认为大雁守时守信而无失节、有序有规而不逾礼，又南来北往，可寓意阴阳和顺、夫妻和谐。[2]一开始可能真的礼赠当代语境下的"雁"，后来由于雁难找，遂以鹅代雁，"舒雁，鹅也"。[3]战国时期已然"鹅""雁"同用，[4]后也如此，较著名事例为松赞干布迎娶文成公主，唐代皇室婚娉中默认鹅即是雁[5]。值得注意的是，宋代以官方名义规范宗亲、官员等的婚礼，提出士庶阶层，如无鹅者，士人可用羊代替，庶人可用雉、鸡、鸭代替，并将六礼简化成四礼，[6]按道理说，各地应该是遵行并延续下去的。但明清潮汕府县志的"风俗""民风"等类目中，依然屡屡出现"仿古六礼而行"并记录六礼名目[7]，似乎明清潮汕"六礼"仪式犹存。其中，之所以留存"奠雁礼"，应是宋代官方规定之时，潮汕之鹅并非十分难得，才能一路延续至明清时期。

明清潮汕更为清晰的用鹅、献鹅记录，见于大量的"奠雁礼"，较早的是脱稿于明万历二年（1574）的《东里志》的明确记载，[8]清代的更多，如《（乾隆）澄海县志》载新郎坐官轿"至女家，行奠雁礼"，又如《（康熙）饶平县志》中所载婚仪，规定先行"亲迎"和"奠雁"礼，然后才可"与妇见舅姑"，再如《（乾隆）普宁县志》载迎请礼，"壻入谒女之祖先，行奠雁礼"。[9]按，"奠雁"早成一个固定词组，在此语境范畴内的"雁"，基本都是指家鹅，各地都一样。

明清潮汕鹅业市场不可小视，因此，在有列出具体禽畜名类的《（乾隆）潮州府志·物产》中，才将鸡、鹅排在禽类的第一、二种。而它的取用，按澄

[1] 宏新按：《仪礼·士昏礼》记士人之婚娉六礼分别为纳采、问名、纳吉、纳征、请期、亲迎，除纳征外，其余五礼都必须用雁。参见：郑玄，注.贾公彦，疏.仪礼注疏［M］//阮元，校刻.十三经注疏.北京：中华书局，1980：961-969.

[2] 班固，孟坚.白虎通德论［M］.郎壁金，校订.日本内阁文库藏江户刊本，卷四：8-9.仪礼注疏［M］.郑玄，注.贾公彦，疏.北京：中华书局，1980：963.

[3] 郭璞，注.邢昺，疏.尔雅注疏［M］//阮元，校刻.十三经注疏.北京：中华书局，1980：2684.

[4] 郭庆藩.庄子集释［M］.王孝鱼，点校.北京：中华书局，1961：667-668.

[5] 刘昫，等.旧唐书［M］.北京：中华书局，1975：5222.

[6] 脱脱，等.宋史［M］.北京：中华书局，1977：2740.

[7] 周硕勋.（乾隆）潮州府志［M］.台北：成文出版社，1967：131.

[8] 陈天资.东里志［M］.印行东里志领导小组，饶平县地方志编纂委员会，整理.内部发行，2001：65-66.

[9] 刘抃，等.（康熙）饶平县志［M］//故宫博物馆.故宫珍本丛刊（第176册）.海口：海南出版社，2001：306.

海县志、揭阳县志和潮州府志的记载，是能作斗鹅便作斗鹅，不能作斗鹅的作菜鹅，"以斗鹅为戏，其不善斗者谓之菜鹅，仅供匕箸"，但毕竟食用要远远大于游戏、赌博之用。其中用在礼仪祭品方面尤其多。按明清潮汕各处都有婚娶礼仪仿六礼的记录，而"古六礼"中有五种必须用"雁"（鹅），则只要婚仪亲迎礼的奠雁环节之外，再有一礼遵行，鹅的用量便不在少数。而"祭礼"中用鹅量也很可观，例如《（康熙）饶平县志》之"祭礼"条目下的介绍，饶平风俗至少在先人忌日、清明日（或清明前后择吉日）执行用牲的祭礼，祭品中便包括鹅。[1]这种祭先人用鹅的习俗暂时未明起于何时，但说该潮汕民俗"源在古礼，明清犹是，于今大盛"，应该没有大错。

家猫。

中国家猫出现的时间，不迟于春秋战国，《礼记》载"迎猫，为其食田鼠也"[2]，《韩非子》载"使鸡司晨，令狸执鼠"[3]，这些描述中既有"猫"（有名），又有其抓捕老鼠的"功能介绍"（有实），更有受人指使的使动用法（意味"驯养"），则综合起来，可看出猫已经被当时的人们所驯化。

潮汕家猫应该也是很早便存在了，但我们暂时找不到明代之前的明确记载和考古材料。实际上，正如第一种专门猫书《猫乘》所称："猫之见于经史者寥寥数事而已，其余则杂出于传记百家之书。"[4]中国古文献关于猫的记载确实不多。

明清潮汕养猫人家不在少数，澄海县甚至在民俗中有所反映。例如明代，《东里志》录有猫，并描述其鼻端"惟夏至之日才暖"，显然是家猫，而不是狐狸或野猫；[5]又如清代，《（康熙）饶平县志》的"物产"也录有猫，说明它是饶平民间广泛存在着的；[6]再如民俗活动中，明清潮人也为猫留有位置，《（乾隆）澄海县志·节序》载有五月初五的民俗，除了竞斗龙舟、家门插艾、食用雄

---

[1] 刘抃，等.（康熙）饶平县志［M］//故宫博物馆.故宫珍本丛刊（第176册）.海口：海南出版社，2001：306.郑玄注，孔颖达疏.礼记正义［M］//阮元，校刻.十三经注疏.北京：中华书局，1980：109.

[2] 郑玄，注.孔颖达，疏.礼记正义［M］//阮元，校刻.十三经注疏.北京：中华书局，1980：226.

[3] 王先慎.韩非子集解［M］.钟哲，点校.北京：中华书局，1998：44.

[4] 王初桐.猫乘［M］.清嘉庆刊版（前有自序），卷首"猫乘小引"：2.

[5] 陈天资.东里志［M］.印行东里志领导小组，饶平县地方志编纂委员会，整理.内部发行，2001：147.

[6] 刘抃，等.（康熙）饶平县志［M］//故宫博物馆.故宫珍本丛刊（第176册）.海口：海南出版社，2001：312.

黄酒等之外，还有一个项目，叫"浴猫狗"，[1]既然形成民俗，想来澄海养猫史有着足够长的时间。

潮汕有名猫，如歧尾猫，俗称"麒麟尾"，被载入专业书《猫苑》：南澳"地如虎形，产猫猛捷"，"惟忌见海水，谓能变性"，其中一种"歧尾猫，尾卷，形若如意头，呼为麒麟尾，亦呼如意尾，捕鼠极猛"；海阳县丰裕仓的麒麟尾猫十分勇猛，"善于治鼠，一仓赖焉"；潮阳县文照堂"有小猫一只，尾梢屈，如麒麟尾，纯黑色，惟喉间一点白毛如豆，腹下一片白毛如小镜，虽《相猫经》未有载名，可称喉珠腹镜也"。[2]

2.明清牛、马、猪、羊、鸡、狗豢养

牛、马、猪、羊、鸡，都是前面章节有介绍的，这里合并为一部分，简述这些禽畜在明清时期的豢养发展状况。

养牛。

牛在明清潮汕方志中体现较多，潮汕地方志书的物产，如果有详细至家畜类的，通常牛都排位居前。明代的如《东里志》中，牛排首位，清代的如《（乾隆）潮州府志》中，牛列兽类第一种。[3]官方也十分重视耕牛，如《（万历）广东通志》载"立春，有司巡土牛于东南郊，士女聚观，多以豆谷洒之"[4]，此典例延续至清代，府县志也有记载为"鞭春"的，大抵是以牛为农业象征物，立春日节候间举行仪式，祈望风调雨顺，物丰民足。

潮汕各处都产牛，其中，潮阳以及明代自潮阳拆出的普宁县，都是产牛大县。元末明初的"目断羊肠险，身骑牛背安"诗句已透露潮阳之牧牛。嘉靖中期，潮阳知县刘景韶对上级要求潮阳填补虚缺粮米极度不满，诉之文章，其中透露出潮阳"牛齿繁盛"，林大春称潮州府将林道乾等"寇盗"安插于潮阳招收都，是引狼"徜徉于牛田马耳间"。又，果陇、北山、麒麟埔、洞仙径是乾隆时潮普四大凶悍之处，盗牛成风，"皆穿窬纠夺，窝巢所聚，更阑人寂，缓步而来，盗牛肤箧，未至三更，已饱所欲"。这些，都可以佐证潮阳是当时潮汕之产

---

[1]　金廷烈.（乾隆）澄海县志［M］.1765（清乾隆三十年）刊本，卷十九：14.

[2]　黄汉.猫苑［M］.丁杰，订.清刊本（前有自序），卷一：9-10.

[3]　周硕勋.（乾隆）潮州府志［M］.台北：成文出版社，1967：978.

[4]　郭棐，等.（万历）广东通志［M］.1602（明万历壬寅）刻本，卷三十九：19-20.

牛大县。[1]

潮汕还产奶牛，明代普宁县便是主要产地。《（万历）普宁县志略》的"物产"中，除了米谷之外，还记载了近十种主要制衣用、食用的菜蔬油糖，其中出现"牛乳"，这透露出该产业在明代普宁县比较重要。又普宁于万历三十三年（1605）开征"牛饷"，每年需缴纳府城26两银，整个潮州府仅该县存在征牛税，万历三十五年（1607）任普宁知县的阮以临[2]极端愤怒，并记入史册，认为是潮州府找不到普宁其他可征收之名目，强行以屠牛为借口开征。但其实，牛税的开征与普宁相对牛多还是不无关系的。《（乾隆）普宁县志·土产》中，牛列于兽类之后，而于兔、犬、羊、猫、豕之前，是为普宁家禽之第一位，可知清代普宁经济，对养牛业仍然倚重，而这里的"牛"可能仍然包括奶牛。[3]

养马和养驴。

马和驴的功能有类似之处，都是人们长期依赖的畜力和动力的来源之一，但它们在潮汕禽畜豢养中一直不占主流。

养马，虽然各代均有激励养马的政策，但受当地自然环境影响，潮汕养马业未见多大起色。当然，军用之战马，则从来都是具备的。

明代视"马于国为最重"，大力提倡军民养马。[4]不过明初潮汕马匹数量并不多，当时12处馆驿中，有6处陆驿出现畜力，各处标配有马5匹、驴3匹，共计得30匹马和18匹驴。[5]这标配的48匹畜力，在元代全部是马，到了明初，反而其中的18匹马被驴取代，骑驴快递公文，看来明初潮汕马匹数量甚是窘迫。到了嘉靖中期，官方军备上的马，计潮州卫及5个戍所总共为139匹，比明初充裕得多，而同期广东额定官方马匹，笔者统计得广州126匹、韶州无马、南雄2匹、惠州86匹、肇庆13匹、高州55匹、廉州59匹、雷州53匹、琼州171匹，这样对比，潮州的马匹仅比琼州（今海南省）少，在广东算是一枝独秀。[6]

[1] 郭真顺《渔樵耕牧四咏·之四》，刘景韶《复粮贻虚累状》，林大春《上谷中丞书》，蓝鼎元《论潮普割地事宜书》，参见：张其翿.（光绪）潮阳县志［M］.周恒重，等，修.台北：成文出版社，1966：370-373，379-380，513.蓝鼎元.鹿洲初集［M］.台北：文海出版社，1982：143-152.

[2] 梅奕绍.（乾隆）普宁县志［M］.萧麟趾，修.台北：成文出版社，1974：233.

[3] 黄秉中.（万历）普宁县志略［M］.阮以临，修.1610（明万历三十八年）刻本旧钞本（国图残本），卷八：物产，民壮.梅奕绍.（乾隆）普宁县志［M］.萧麟趾，修.台北：成文出版社，1974：379.

[4] 余继登.皇明典故纪闻［M］.北京：书目文献出版社，1995.

[5] 永乐大典方志辑佚［M］.马蓉，陈抗，钟文，等，点校.北京：中华书局，2004：2619.

[6] 姚虞.岭海舆图［M］.文渊阁四库全书本，卷一：1-36.

明中期之后，潮汕民间马匹应有一定数量。如"各处马种，俱从外来，本产不多"[1]，说明尽管马种来自区外，当地种不多，亦还是有的；又如嘉靖刻本《荔镜记》，屡屡出现骑马场景，如"出园赏灯""邀月赏灯""辞兄归省""伯卿游马""登楼抛荔"等处都配有乘马、牵马、佺马图，[2]《（隆庆）潮阳县志》载"循循里门，屏迹舆马，戴笠相逢，乘车亦下"[3]，则明代无论潮州府城还是潮阳乡间，马和马车都不罕见；且如张明弼的"买马何曾饶踞拜"句，[4]依稀透露出揭阳县治附近存在马市；再如"况普畜马之家，比屋四门之夫"[5]，则普宁存在着畜马之家。类似这样的录载还有不少，皆显示出明代潮汕的马匹，远非想象中之少。

入清，马禁严厉。清前期大禁民间养、用、贩马，后虽有反复，并在雍乾时期逐步松禁，然而原则上"民马必入官"的规定仍然存在。[6]这样，本就不具天时、地利之脆弱的潮汕马业，所受打击便可想而知。在偶有开禁期间，也难说有多少人养马，而在各清代方志寥寥无几的记录中，则连小型的商业马匹流通渠道也不具备。尽管如此，潮汕还是有饲养马的，如《（乾隆）潮州府志》载潮州府的各县的马种多从外来，有"本地产者，但不甚多"；[7]又如揭阳一地名为"马料塘"，距离县城三十里，也许是清代马料之供应地，揭阳的马亦多是外来种，县志称这些马生育很多；[8]再如《（乾隆）澄海县志》称"若牛马犬豕之

[1]　陈天资.东里志［M］.印行东里志领导小组，饶平县地方志编纂委员会，整理.内部发行，2001：147.

[2]　嘉靖刻本.重刊五色潮泉插科增入诗词北曲勾栏荔镜记［M］//吴南生，等.明本潮州戏文五种.广州：广东人民出版社，2007：373，375，395，417，419，420，422.

[3]　黄一龙，林大春，等.（隆庆）潮阳县志［M］.上海：上海古籍书店，1963，卷二：8.

[4]　张明弼.辛巳元日试笔［M］//张明弼.榕城二集.陈作宏，点校编订.广州：世界图书出版公司，2017：544.

[5]　黄秉中.（万历）普宁县志略［M］.阮以临，修.1610（明万历三十八年）刻本旧钞本（国图残本），卷八：民壮.

[6]　宏新按：如《皇朝文献通考·马禁》称顺治五年（1648）"见任文武官及兵丁准其养马，其余人等不许养马，武举生童等许各养马一匹"，顺治十五年（1658）"民间乘马永行停止"，康熙三年（1664）"民人违禁养马者责四十板，失察之该管官罚俸一年。违禁贩卖马匹被出首者，价入官家，仆出首者，准其开户"，康熙二十九年（1690）"民人养马毋庸察禁"，雍正九年（1731）"不必禁止，仍照旧畜养"等。参见：清高宗敕修.［M］.皇朝文献通考文渊阁四库全书本，卷一九三：1-77.

[7]　周硕勋.（乾隆）潮州府志［M］.台北：成文出版社，1967：978.

[8]　刘业勤，王崧，等.（乾隆/光绪）揭阳县正续志［M］.台北：成文出版社，1974：164，361.

属，为民间常牧"[1]，则该县民间马匹比较常见。按，澄海在乾隆时期已经是岭南的海上商贸重镇，货物流转总需大量畜力辅助，马匹较多合乎情理。

驴在明初驿站多有使用，主要是代步，与此相类的是马、驴结合的骡。后来潮汕民间马匹众多的时候，驴、骡的使用可能比较少。但清初禁止民间养马乘马，则驴、骡在潮汕的数量应有所恢复。这是大环境造成的。如万历时马匹正多，《东里志·物产》中便载有马，但没有驴、骡；清前期禁民间养马，康熙二十五年（1686）再次强调民间"贩马永行禁止"[2]，在康熙二十六年（1687）脱稿的《（康熙）饶平县志·土产》中，便驴、骡都有录载。

养猪和养羊。

明清潮汕府县志的记录中，猪和羊常常一起出现。它们都是常见之物，也是明清潮汕禽畜豢养之重要者，日常食用、祭祀礼仪等，通常都离不开它们。

潮汕各县都有养猪，数量极多，羊则不然，很可能一些县并没有养羊，或者饲养数量有限。记述物产较细致的《（乾隆）潮州府志》，有猪而没有羊，便可见端倪。[3]而以偏僻之处为例，如海岛南澳，乾隆时"其畜牛羊……无以异于中土"、街巷遍布"田庐、瓜场、豕圈、鸡埘"，前一条说明南澳有羊，后一条反映羊不多，远不如猪、鸡般常见。[4]

从各府县志记录看，猪遍布各县，十分常见且相对价贱。《论海洋弭捕盗贼书》称悍匪"悍鸷贪顽，不必财物丰多，但杀一人可得银五钱则欣然，以为胜屠一豕。自潮州沿海而下千有余里，半以攘夺为生涯"[5]，将屠猪和杀人相提并论，而仅得五钱便胜过屠猪，这多少透露出，乾隆时期潮汕猪价之贱。

清代潮阳县，养羊规模可能比其他县较大，康熙二十五年（1686）冬粤东气温骤降，除了潮阳冻死牛羊[6]外，包括山区大埔在内[7]，整个潮州府都没有发生这种情况，这也是目前可见明清潮汕府县志的灾祥记录中，唯一一条天寒冻死

[1]　金廷烈.（乾隆）澄海县志［M］.1765（清乾隆三十年）刊本，卷四：28.

[2]　刘抃，等.（康熙）饶平县志［M］//故宫博物馆.故宫珍本丛刊（第176册）.海口：海南出版社，2001：312.清高宗敕修.皇朝文献通考［M］.文渊阁四库全书本，卷一九三：71.陈天资.东里志［M］.印行东里志领导小组，饶平县地方志编纂委员会，整理.内部发行，2001：147.

[3]　周硕勋.（乾隆）潮州府志［M］.台北：成文出版社，1967：975-979.

[4]　齐翀，等.（乾隆）南澳志［M］//中国地方志集成（27）.上海：上海书店出版社，2003：412，471，502-503.

[5]　蓝鼎元.论海洋弭捕盗贼书［M］//蓝鼎元.鹿洲初集.台北：文海出版社，1982：41-47.

[6]　周硕勋.（乾隆）潮州府志［M］.台北：成文出版社，1967：102.

[7]　刘织超，温廷敬.（民国）大埔志［M］.1943（民国三十二年）铅印本，卷三十八：1-27.

羊者，可以旁证潮阳产羊规模在潮汕之突出。实际上，以潮汕地理而论，产牛之地可同时产羊，潮阳牛多、羊也多，也是常理可推的。

养鸡。

明清潮汕家鸡各处俱有：南澳有啖鸡之狸，[1]澄海有放鸡之山[2]，明潮阳耆德"闻鸡起坐，正冠而逝"，[3]清惠来孝子"善事父母，鸡豚不逮"[4]，民间村居生活为"几村鸡犬疏篱隔，十亩原田薄雾滋"，[5]官方祭祀关公用"豕一。羊一。……鸡。鱼。龙虾。帛。香烛"[6]，衙门高官自称天天"秉笔连宵，鸡六鸣而后就寝"显然夸大，[7]深山书生"更残漏尽""闻鸡声咿咿哦哦"自有风情，[8]鸡无处不在，而录入"物产"的有普宁、海阳等县的志书。[9]

养狗。

明清潮汕养狗十分普遍，都邑乡里多见"周遭鸡犬声相闻"之场景，田野巷陌常遇"牛呼曾失犊，犬吠乍归人"之境况，虽然会有"二月开征十月完，追呼鸡犬也难安"之困扰，却也可享受"数峰横夕照，一犬吠柴门"之休闲，倘若寻幽访胜，心无挂碍，那便能体会到"飘然一身来世外，几家鸡犬云中声"之意境了。[10]这些明清文人的诗文描述，都体现出狗在明清时期潮汕社会的普遍性。

当时，还有一些关于犬的神奇记录。比如成化丁酉（1477）举人萧瓒有七兄弟，原本分居，兄长萧龙回乡居住，萧瓒复与同居，"宏治初，家畜乳犬，黄色，高大异常，适猫亦乳，犬常哺之，共宿同游，一如其子，人以为和气所

————————

[1] 杨彩延《南澳赋》，参见：齐翀，等.（乾隆）南澳志［M］//中国地方志集成（27）.上海：上海书店出版社，2003：476.

[2] 蔡继绅.（嘉庆）澄海县志［M］.李书吉，修.台北：成文出版社，1977：41.

[3] 张其翻.（光绪）潮阳县志［M］.周恒重，等，修.台北：成文出版社，1966：322.

[4] 张珰美，等.（雍正）惠来县志［M］.台北：成文出版社，1968：491.

[5] 郑濂曾.紫陌春晴［M］//刘业勤，王崧，等.（乾隆/光绪）揭阳县正续志.台北：成文出版社，1974：1266.

[6] 张珰美，等.（雍正）惠来县志［M］.台北：成文出版社，1968：351-352.

[7] 蓝鼎元.复顾太史书［M］//蓝鼎元.鹿洲初集.台北：文海出版社，1982：191.

[8] 薛雍.金山读书记［M］//冯奉初.潮州耆旧集.香港：香港潮州商会，1980：327-329.

[9] 梅奕绍.（乾隆）普宁县志［M］.萧麟趾，修.台北：成文出版社，1974：379.吴道镕.（光绪）海阳县志.［M］.卢蔚猷，修.台北：成文出版社，1967：70.

[10] 周光镐《玉峡书房记》，侯必登《晚至潮阳》，李文藻《劝农十二首》，吴如璋《初春游灵山重探荔支坞诸胜》，郑昌时《飞泉岭七古》，参见：张其翻.（光绪）潮阳县志［M］.周恒重，等，修.台北：成文出版社，1966：436，488，498，501.郑昌时.韩江闻见录［M］.吴二持，校注.上海：上海古籍出版社，1995：281.

感"[1]。在这里，犬乳猫被视为家庭和睦的象征。又如海阳人郑昌时，记载有杀狗遭报应的事：一富人养有异犬，某天听到有人说，他是受此犬荫益而发家，遂大怒杀犬以自证"非以此富"，血染墙壁；后有人求借钱不得，见墙壁有血而报官；官员查勘，验墙上血为人血，再发掘埋犬之地，发现是原来所埋的狗尸变成老人尸，遂坐实人命案，家道自此中落。这自然是传说，宣扬的大约是不要随便杀狗、应该爱护忠心守家护院的家犬之理念。[2]

3.主要禽畜的饲养年代小结

关于潮汕禽畜的记载和文物材料还有不少，若干禽畜饲养年代其实是很早的，但具体时间的判断，仍然属于猜测，需要辗转论证、烦琐推导才能得出，限于篇幅，本史稿未能一一列出。这里暂时以"至迟"标明，将上述相关内容做个概括，如下表。

表4-17　潮汕主要禽畜至迟饲养年代表

序号	名称	至迟饲养年代	先秦相关发现（距今/遗址或文化）
1	猪	六朝	猪骨（六千余年/陈桥村遗址）
2	牛	唐代	牛骨（六七千年/石尾山遗址）
3	羊	六朝	尚无先秦发现
4	马	汉代	尚无先秦发现
5	鸡	六朝	鸡形壶（三四千年/虎头埔—后山文化）
6	鹅	唐宋	尚无先秦发现
7	鸭	唐代	上项鸡形壶也有称鸭形壶，都是拟形定名
8	家猫	明代	尚无先秦发现
9	狗	宋代	尚无先秦发现

（三）狩猎经济

明清时期，随着居民的增加以及土地的开发日益充分，狩猎经济所需的人口稀少、分布疏散的环境被逐步破坏，潮汕狩猎资源急剧减少，其在潮汕社会经济所占的分量，可以说逐步接近微不足道。

狩猎有两个目的，一个是避祸，另一个是趋利。明清潮汕地方志书录载了

[1] 张其翙.（光绪）潮阳县志 [M].周恒重，等，修.台北：成文出版社，1966：192.

[2] 郑昌时.韩江闻见录 [M].吴二持，校注.上海：上海古籍出版社，1995：40.

不少鸟兽蛇虫，也包括原来存在、明清已不见者，其中除了家禽、家畜等豢养动物之外，理论上说，余下的都可能是狩猎的目标，不过，如果缺乏经济价值或者对人类生活没有造成显著影响的，通常不会成为猎物。

笔者现根据《永乐大典》转引的古地方志书，以及4种潮州府志的相关记载作为考察范畴，整理出部分猎物。它们能够同时满足两个条件：一是府志"物产""土产"纲目等有载，这说明它们曾经广泛存在于潮汕；二是人们明显明白它们的经济功能或者人们清楚自身已深受其害，才具备狩猎的动力。当然，囿于古今命名称呼方式有别，而且修志者对自己的援用史源理解不同等，造成不少品类名物没法分辨，我们也作了若干取舍，如下表。

表4-18　明清潮汕常见猎物概览表

原书分类	品名
羽类	雉鸡、鹧鸪、锦鸡、鹁鸽、鹌鹑
毛类	鹿、麝、麞（獐）、虎、狸、狐狸、兔、獭、豺、熊、刺猬、竹豚、豪猪、山猪、山狗
鳞介类	穿山甲、蛇、两头蛇、蚺蛇、盘龙蛇

明清时期，不少曾经活跃于潮汕地区的动物已经消失，如大名鼎鼎的唐鳄鱼、宋大象等。此外，还有尚待探讨的大熊猫，《（乾隆）潮州府志》载："《南中八郡志》貊大如驴，状颇似熊。多力。吃铁。昔传海、揭深山中有之。"貊即大熊猫，远溯至中更新世末到晚更新世初，揭阳白塔鹅岭村确实存在大熊猫–剑齿象动物群。[1]既然府志有载，则也许是自有汉文字记录之后，潮汕地区仍然真的有大熊猫活动于海阳、揭阳的山区。但很遗憾，暂时未找到可以形成证据链、得以立论的记载和材料。

动物群的兴衰，是多种因素综合作用的结果，气候以及地理环境的变化是其中的决定性因素，而人类的开发，是引起自然环境剧变的关键推手。其中，人类主动狩猎行为，又加速了狩猎目标的消逝速度。

下面挑选三种动物做个介绍：一种是此前存在、明清时期消失的鳄鱼；一种是此前存在、明清时期大量减少的鹿；还有一种，是明清时期才较为普遍出现的穿山甲。

---

[1]　广东省地质矿产局.广东省区域地质志［M］.北京：地质出版社，1988：267-268.

1.鳄鱼

岭南鳄鱼早就存在，汉六朝文献便有大量可前溯的记载，也有中南半岛养鳄鱼的记录。六朝时期，人们取鳄鱼卵而食。[1]不过，猎杀此物，更多的是避免其伤害人畜之行为发生，即为避祸，而非取利。

元和十四年（819）的韩愈祭鳄，[2]是有记载的潮汕史上较早的驱鳄行动，这同时令鳄鱼成为潮汕乃至古代中国较具知名度的动物之一。《鳄鱼文》中，韩愈表示，鳄鱼如果不迁徙，将"操强弓毒矢"射杀。但韩愈之后，鳄鱼并未绝迹，晚唐李德裕在潮州仍然遭到鳄鱼袭击，并发现鳄鱼极多。[3]北宋咸平二年（999）或稍后，潮州通判陈尧佐大张旗鼓对鳄鱼宣战，网到一条大鳄鱼，同时，生活于韩江水域的疍人用"蜑（疍）网"捕获到小鳄鱼并献给官府，这些都是较早的网钓记录。[4]北宋中期知州王举直以猪为饵钓到"其大如船"的鳄鱼，这是较早见的采用钩钓钓鳄鱼记录。[5]明初，"鳄鱼复来潮州。夏侍郎元吉令渔舟五百只各载矿灰，击鼓为令，闻鼓声，渔人齐覆其舟，奔窜逃避，少顷，如山崩，龙战至暮，寂然无声，鳄鱼种类皆死于海滨，其类尽歼矣。自是潮无鳄鱼"[6]，这是当地方志书中潮州大规模杀鳄的最后记录。明清的地方志书，已经罕见鳄鱼活动事迹，如《（乾隆）潮州府志·物产》所载："今独幸而不见。"[7]

2.鹿类

明清潮汕鹿的数量和种类大为减少，按四种府志物产所载，两代皆有载的也仅仅是鹿、麂、麕三种。而数量之减少，可以以祭品为例。

国之大事，在祀与戎，违反法度而行官祭是了不得的大事，祭品随便更换便是其中之一。如洪武十三年（1380），溧水县以当地未产鹿为由用牛醢代鹿醢，后查实溧水鹿虽少但还是有的，主官遂被朱元璋撤查。事后朱亲自对礼部定

[1] 李昉，等.太平御览［M］.北京：中华书局，1960：4168.

[2] 韩愈.鳄鱼文［M］//韩愈.韩昌黎文集校注.马其昶，校注.马茂元，整理.上海：上海古籍出版社，1986：573-575.欧阳修，宋祁.新唐书［M］.北京：中华书局，1975：5260-5263.

[3] 刘恂.岭表录异校补［M］.商璧，潘博，校补.南宁：广西民族出版社，1988：146.

[4] 陈尧佐.招韩文公文（并序），鳄鱼图赞［M］//永乐大典方志辑佚.马蓉，陈抗，钟文，等，点校.北京：中华书局，2004：2625-2626.

[5] 宏新按：王举直何时任潮州知州，早期史料缺载，首录此事的沈括（1031-1095）称"余少时到闽中，时王举直知潮州，钓得一鳄，其大如船"，沈括"少时"，则时间在北宋中期。参见：沈括.梦溪笔谈［M］.张富祥，译注.北京：中华书局，2009：24-25.

[6] 林德侯.潮州志·丛谈志［M］//饶宗颐.（民国）潮州志.汕头：潮州修志馆，1949.

[7] 周硕勋.（乾隆）潮州府志［M］.台北：成文出版社，1967：981.

制的"祭物缺者以他物代"进行释法，是"所谓缺者，以非土地所产"。[1]

在此背景下，明代潮州府多个地方的官祭，仍然以羊代替祭典规定的鹿首、鹿脯、鹿肉，可见鹿资源之稀缺。如记载中较早出现此种情况的潮阳县，自正统二年（1437）便开始"鹿以羊代、榛栗以所出果品代"，并延续至整个清代[2]。当然也有坚持以鹿祭的，如饶平县，虽然不少官祭仪式中已改鹿用羊，但直至清初仍然用鹿醢祭社稷及祭孔。[3]而清代关于鹿的文献记录之占比，已与宋元不可同日而语，这也可佐证潮汕鹿数量确实减少了。

在鹿分布不多的情况下，饶平山区可能尚存一些，才能坚持部分官祭用鹿，而距该县西十里余的"拜龙径"，得名的缘由便是有大蛇在这里吞食了鹿，[4]也透露出饶平鹿仍见出没。揭阳、普宁山区仍然有鹿群，虽然《（万历）普宁县志略》未载有鹿，但就残志看，应该是修志体例的关系，到了《（乾隆）普宁县志》，物产中还是载有鹿的；揭阳的，则现存完整县志皆录入"物产"，称"山乡中往往猎得之"，其中，《（光绪）揭阳县志》所载的鹿多是指产自河婆之"野羊"，也是目前语境下的麑。[5]

3.穿山甲

穿山甲，可能是明代开始才普遍存在于潮汕的。

穿山甲在潮汕志书中，一开始便被列为药品，较早见的是《永乐大典》引《图经志》的记载，称"川山甲"[6]，此后所有的府志都有记录，称"穿山甲"，县志也有称"鳞鲤"的。传统医书上，则鳞鲤、龙鲤、石龙鱼等混称[7]。

[1] 余继登.皇明典故纪闻［M］.北京：书目文献出版社，1995.张廷玉，等.明史［M］.北京：中华书局，1974：2434.

[2] 张其翽.（光绪）潮阳县志［M］.周恒重，等，修.台北：成文出版社，1966：74.

[3] 刘抃.（康熙/光绪）饶平县志［M］.惠登甲，增修.黄德容，翁荟，增纂.中国地方志集成（27）.上海：上海书店出版社，2003：53-63.

[4] 刘抃，等.（康熙）饶平县志［M］//故宫博物馆.故宫珍本丛刊（第176册）.海口：海南出版社，2001：188，312.

[5] 黄秉中.（万历）普宁县志略［M］.阮以临，修.1610（明万历三十八年）刻本旧钞本（国图残本），卷八：物产.梅奕绍.（乾隆）普宁县志［M］.萧麟趾，修.台北：成文出版社，1974：379.陈树芝.（雍正）揭阳县志［M］//北京书目文献出版社.日本藏中国罕见地方志丛刊（第24册）.北京：书目文献出版社，1991：362.刘业勤.（乾隆）揭阳县志［M］.凌鱼，纂修.台北：成文出版社，1974：920.李星辉，等.（光绪）揭阳县续志［M］.王崧，修.台北：成文出版社，1974：401.苏敬，等.（唐）新修本草（辑复本）［M］.尚志钧，辑校.合肥：安徽科学技术出版社，1981：374-375.

[6] 解缙，等.永乐大典（精装十册）［M］.北京：中华书局，1986：2458.

[7] 李时珍.本草纲目（校点本）（第四册）［M］.刘衡如，校点.北京：人民卫生出版社，1981：2384-2387.

从这些记载来分析，人们捕猎穿山甲的原因，主要是看中其药用价值。[1]

穿山甲主要分布于山区丘陵，如饶平、澄海、潮阳、普宁等县志书之物产都有载。[2]其直到近代仍有分布，则明清时期的数量应该不在少数。

我们认为穿山甲是明代潮汕的"新居民"。这样推测的主要依据是：唐代医家便明确穿山甲可入药，虽然当时尚非重要[3]，但宋人对其药用认识更为深入，已视为极具药用价值的药品，涉及动物药的完备宋代医书都有载录穿山甲；[4]在这样的背景下，药物文献记录较为齐备、医学水平及知识都显突出的宋元潮汕，竟然没有穿山甲的记载，直到明初《图经志》方才出现，这无疑十分蹊跷。结合其他材料，较好的解释便是：直到明清时期，潮汕才较多地出现穿山甲。

---

[1] 李时珍.本草纲目（校点本）（第四册）［M］.刘衡如，校点.北京：人民卫生出版社，1981：504-505，2384-2387.

[2] 阮以临修，黄秉中.（万历）普宁县志略［M］.1610（明万历三十八年）刻本旧钞本（国图残本），卷八：物产.刘抃，等.（康熙）饶平县志［M］//故宫博物馆.故宫珍本丛刊（第176册）.海口：海南出版社，2001：311.臧宪祖，等.（康熙）潮阳县志［M］//故宫博物馆.故宫珍本丛刊（第177册）.海口：海南出版社，2001：57.金廷烈.（乾隆）澄海县志［M］.1765（清乾隆三十年）刊本，卷十一：13.

[3] 孙思邈.千金翼方校释［M］.李景荣，校释.北京：人民卫生出版社，1998：68.

[4] 苏颂.本草图经［M］.尚志钧，辑校.合肥：安徽科学技术出版社，1994：504-505.唐慎微.证类本草［M］.尚志钧，郑金生，尚元藕，校点.北京：华夏出版社，1993：543-544.

第五章

工 业

————————

历代潮汕地区的手工业种类繁多，有些良性发展，传承至今，有些随着时代、环境的改变趋于没落。

下面，我们选取与历代潮汕经济建设关系密切的主要工业门类，分为6节介绍，分别是矿冶业、纺织业、陶瓷业、盐业、医药业和造船业。

从这些工业大项，大体上可以窥见古代潮汕的工业梗概。

第一节　矿冶业

"矿冶业"是现代才兴起的名词。关于矿冶的文献记载，宋代之前几乎没有全国性齐备资料，宋代开始，才有了较完整的记录，当时用"坑冶"一词来表示金属矿藏的开采与冶炼，亦泛指矿藏。"坑冶"随后成为古文献"专用词"，直至近现代仍然如此。在本书中，也免不了要用到"坑冶"。

多年来，潮汕地区都被较普遍认为是广东最早进入"青铜器时代"的地方，饶平浮滨文化墓地出土的铜戈，是目前岭南最古老的完整青铜器，亦有迹象显示当时潮汕居民已经铸造铜斧。春秋战国时期，潮汕可确认的青铜器遗物总计达74件，器形可辨者16种，发现地点15处，分布于潮汕各地。同时，还发现有铅锡合金铸的铅镞。[1]这些，都证明潮汕的矿冶业由来已久，在同时代的粤闽一带并不落后。

矿冶业，可说是古代潮汕地区最具影响力的工业之一。在不同的阶段，潮汕地区除了上述铜、铅、锡之外，还有铁、银产业，它们都有过辉煌时期，不少品类在广东十分突出，若干品种的生产规模之大，甚至长期占据全国前三位。

一、早期概况

就目前材料看，早期潮汕矿冶的情况大抵是：先秦时期便存在着的铜、锡、铅之开采和利用，入秦之后，只有铜业；铁器的铸造、加工不迟于东汉；直至唐末五代，铜、铁生产仍良性发展着；汉代澄海龟山遗址处存在铜器、铁器矿场或铸造加工点，唐代揭阳有铁矿，唐末五代普宁云落（或丰顺瘦牛岭）有铜矿和铁矿。

下面分期介绍。

目前潮汕尚未发现明确的秦代遗存。这与潮汕纳入秦版图仅7个年头秦即灭亡、时间十分短暂有关。

两汉出有不少金属器。潮汕所生产、加工的，有铜、铁器。

铜器方面。

澄海龟山汉代遗址出土有铜器32件，多数残破。可辨器形包括鼎4件、镜1件、带钩1件、箭镞8件、铜钱1枚和残铜器、铜渣等。年代从西汉前期后段至东汉。其中的铜渣，成块且列入统计者有4件，皆厚重，没有光泽面，器表呈疙瘩状。此外，尚有粒团状的细小铜渣，未计数量。从这些铜渣形态以及遗址所出5件砺石（铸铜配套用具）来分析，可以判断铜渣是铸造铜器后的残留物。即是说，龟山汉代遗址出土的铜器，至少大部分是龟山汉代居民所铸造，譬如鼎、带钩、箭镞等。又，其中的1枚铜钱为东汉时期遗物，可能是潮汕区域外的其他地方流入的。

揭阳白塔宝联寨山汉墓出土有残铜器1件和砺石2件，砺石是铸铜的辅助工具。铜器与砺石一起出现，意味着冶铸业为当时所看重，才会成为随葬品。该

---

[1] 李宏新.先秦潮汕研究［M］.广州：暨南大学出版社，2019：179-198.

墓，是截至目前潮汕地区经考古发掘的首座汉墓。[1]

潮汕发现的汉代铜器还有：澄海北陇村南山与龟山之间的台地上采集到的两枚五铢钱，是东汉光武帝（25—57年在位）时期所铸；[2]揭阳曲溪收集到2件铜镜，其中1件为昭明镜，流行于西汉中后期，1件为弦纹素镜，与广州西汉前期汉墓所出一些铜镜的形制相同；揭阳梅云石马出土有2面弦纹素镜，与上述形制同，年代当为西汉前期；揭阳新亨九肚村龙东溪汉墓附近，发现有装于陶瓷内的36公斤五铢钱，未收集，钱文不清楚；惠来水尾潭山发现有20枚五铢钱，已锈结在一起，可分两种，均属于新朝（8—23年）遗物；惠来神泉港仔海滩1米深处发现铜鼓，推测为东汉后期遗物。[3]上述所有铜钱、铜镜、铜鼓等遗物，并非当地冶铸的产品，应与商业活动有关。同时说明的是，这些遗物大多是采集、收集得来，未有地层堆积关系等可供研究，在年代判断上也有不同的说法，如惠来神泉港仔海滩的铜鼓，《中国文物地图集》便将其列为南朝遗物[4]。

铁器方面。

澄海龟山汉代遗址出土有铁器90件。其中有9件铁渣，或结成团状，或呈现块状，还有一些未做统计的碎细粒状的铁渣。这些铁渣大小不一，最大的一块，器形不规整，最长7厘米、最宽4厘米、最厚约2厘米，最小的则为微粒，它们应该都是铸造或加工铁器过程中的遗弃料。发掘报告未对铁渣进行明确分期，但即使是最晚的第三期，时间也是在东汉。[5]则是说，潮汕地区的铁器铸造、加工历史，至迟不晚于东汉时期。

铁器是继青铜器之后的重要金属器，在铸造方面，较之青铜器更为繁复，因此，开采炼铁的时间一般迟于铸铜。龟山这批铁器，是潮汕目前发现的年代最

[1] 黄克.揭阳县抢救清理西汉坑墓［J］.汕头文物，1987（13）.邱立诚.潮汕地区汉代文化遗存的初步探索［M］//邱立诚.澄海龟山汉代遗址.广州：广东人民出版社，1997：191-197.

[2] 邱立诚，黄伟雄.澄海上华、溪南发现的汉代遗物［M］//邱立诚.澄海龟山汉代遗址.广州：广东人民出版社，1997：181-186.

[3] 邱立诚.潮汕地区汉代文化遗存的初步探索［M］//邱立诚.澄海龟山汉代遗址.广州：广东人民出版社，1997：187-213.

[4] 广东省文化厅.中国文物地图集（广东分册）［M］.广州：广东省地图出版社，1989：264.

[5] 宏新按：《广东澄海龟山汉代建筑遗址》对遗物仅是举例介绍，未载铁渣；《澄海龟山汉代建筑遗址》称9件铁渣中4件出于A区、5件出于B区，但A、B区8个单位三期都有，因此无法析出铁渣属于哪一期遗物。参见：广东省文物考古研究所，澄海市博物馆，汕头市文物管理委员会.广东澄海龟山汉代建筑遗址［J］.文物，2004（2）.广东省文物考古研究所，汕头市文物管理委员会，澄海市博物馆.澄海龟山汉代建筑遗址［M］//邱立诚.澄海龟山汉代遗址.广州：广东人民出版社，1997：104，109-116.

古老的成批量铁器。

中国何时开始冶铁，历来意见未能统一。尽管《管子》中"铁之山"等的描述显示了周人对铁有很深的了解，[1]但也仅此而已。考古发掘的铁器，最古老者出现在春秋末期和战国早期，截至2004年的统计，全国范围内共在14处遗址发现39—41件先秦铁器，[2]多数在当时的楚国、吴国、韩国等的传统辖地。

广东掌握冶铁技术的起始点，文献有明确记载的，此前一般认为是始于东晋咸康二年（336）邓岳任职广州刺史之后，"大开鼓铸，诸夷因此知造兵器"[3]，另如《史记》"禁南越关市铁器"[4]、《汉书》载40处铁官中没有提到广东[5]，给人一种"六朝之前岭南无铸铁"的印象，尽管南越国时期广东出有不少铁器，一般亦不敢判断为广东自造。不过，这些都是在澄海龟山遗址发掘报告（1997年、2004年）出现之前的看法。而龟山的大量铁渣至少是铁器"加工"的反映，因此，如果说澄海龟山汉代居民们已经开始"生产或加工"铁器，这样表述应该没什么问题。

六朝时期，潮汕出有若干金属器，潮汕所生产的有铜、铁器。

铜器。东汉之后，岭南不再流行铜器，因此青铜器遗物比较少见，潮汕地区亦如是。偶有墓葬遗物出土的，也是精美而罕见，为当时所贵重者。例如揭阳地都狮尾山晋墓，出土有铜龙首长柄铜鐎各1件，鐎斗盆内阴刻有"宣□□"三个字，器物相当精美。[6]尚有五铢钱出现，例如揭阳仙桥赤岭口"揭仙赤M3"墓，发掘有一枚铜钱，发现时已经糜烂，钱文不辨。[7]

铁器。揭阳仙桥狗屎山"揭仙狗M1"墓出土有一把铁剑，残长37厘米、茎长8厘米、剑身宽3厘米，该墓曾被盗扰，遗物不全；"揭仙狗M2"出土有铁剪、铁轴心算珠式陶纺轮。[8]这3件铁器，不排除其中有的是潮汕所铸造、加工

[1] 黎翔凤.管子校注［M］.梁运华，整理.北京：中华书局，2004：1352.

[2] 宏新按：这个数据依据《中国古代冶铁技术发展史》所列考古资料统计.参见：杨宽.中国古代冶铁技术发展史［M］.上海：上海人民出版社，2004：34-35，37，40.

[3] 房玄龄，等.晋书［M］.北京：中华书局，1974：180，1932.

[4] 司马迁.史记［M］.北京：中华书局，1959：2969.

[5] 班固.汉书［M］.颜师古，注.北京：中华书局，1962：1523-1676.

[6] 揭阳博物馆.揭阳文物志［M］.内部出版，1985：52.

[7] 广东省博物馆，汕头地区文化局，揭阳县博物馆.广东揭阳东晋、南朝、唐墓发掘简报［J］.考古，1984（10）.

[8] 广东省博物馆，汕头地区文化局，揭阳县博物馆.广东揭阳东晋、南朝、唐墓发掘简报［J］.考古，1984（10）.

的可能性。

六朝潮汕地区还发现有其他金属器，但应该都不是潮汕所产。

例如金银器遗物。潮州归湖黄峰采花2号东晋墓出有银手镯1件，[1]揭阳仙桥赤岭口南朝墓编号"揭仙赤M3"墓，出有银手镯1件、金指环1件、银发钗2件等。按，此期潮汕不存在铸造加工金银器的痕迹，历代潮汕又无金矿且银矿稀少，不远处的粤北始兴郡，至迟在南朝宋元嘉时已有采银民户300多户并产业大兴[2]，综合这些信息来考察，上述墓葬所出的手镯、金指环、银发钗等应该不是潮汕生产，而是从附近流入的。

铁器在秦汉六朝比较重要，潮汕发现并经发掘出土的材料如下。

表5-1 汉六朝出土铁器一览表

年代	地点	铁器遗物
西汉—东汉	澄海龟山汉代遗址	90件：鼎、釜、锸、锄、刮刀、斧、凿、钩、刀、削、锥、钉、残铁器、铁渣
西汉中后期	揭阳白塔宝联寨山墓	4件：削、镊
汉代	揭阳地都狮尾山（采集）	1件：锸
晋代	揭阳仙桥狗屎山墓	3件：铁剑、铁剪刀、铁轴心算珠式陶纺轮

隋唐和南汉国统治时期，揭阳存在铁矿场，普宁云落出有铜、铁。

这个阶段，潮汕地区的矿冶生产已然比较普遍。以考古工作开展得较为充分的揭阳为例。

铁器，例如揭阳玉湖采集到唐代烧结的铁块1000多斤；在曲溪、锡场等处发现有铁斧、浇铸犁头；其他地方，还在含唐代遗物的炭土层中，采集到人工砍伐的树干。[3]由这些遗存，以及入宋之后铜铁业大兴的时代，社会环境等，可综合判断出揭阳存在矿场，应该还不止一处。

铜器，如揭阳梅云村砖室墓，出土有1件铜勺随葬品，出土时翻覆在1件大盅口上。铜勺柄尾上翘（勺口朝上、柄端下垂），口径7厘米、柄长30厘米，因严重氧化腐蚀，起出后已经很脆碎，难以复原。该墓为唐代早期墓葬。[4]这件铜

[1] 潮州市文物局.潮州市文物志［M］.内部出版，1995：3—1，3—2.

[2] 沈约.宋书［M］.北京：中华书局，1974：2266.

[3] 揭阳博物馆.揭阳文物志［M］.内部出版，1985：29.

[4] 揭阳博物馆.揭阳文物志［M］.内部出版，1985：55-56.

勺，不排除是潮汕当地自产的可能。

尚有同期的文献记载可供我们利用。

《舆地纪胜》引《潮阳图经》称潮州境内的云落"有铜、铁"[1]。应该就是现在的普宁云落镇附近。此处转引的佚书《潮阳图经》，应该是成书于北宋开宝（968—976）年间，[2]潮汕于开宝四年（971）方纳入北宋版图。因此，在没有反证的情况下，我们揣测唐末五代时期云落附近有产铜、产铁。

《太平寰宇记》载："《郡国志》曰：潮阳白屿洲，亦自海浮来，后会稽人姓丁识之，云曾藏铜熨斗于洲上，往取，果得。"[3]《太平御览》有同样转自《郡国志》的记载，除了"潮阳白屿洲"作"潮州白屿洲"外，其他文字相同。[4]

这里的《郡国志》指唐佚书《元和郡国志》。这个传说的"铜熨斗"，也许反映着与铜有关的物事。当时的铜、铁产业发展环境比较好。例如唐代大力支持民间采矿，"凡天下诸州出铜、铁之所，听人私采，官收其税"[5]，而岭南存在较大规模开采作业，例如南汉国宫殿建设等便大量应用到金、银、铜、铁金属，天下皆呼奢侈[6]。但笔者尚没有见到进一步提及潮汕的材料，则综合看来，《元和郡国志》的记载，暂时仅可当成线索。

二、宋元时期

宋政权重视矿冶业甚于前代。其基本国策，是至道二年（996）宋太宗所称的"当与众庶共之"[7]，并长期支持采矿：例如熙宁元年（1068）鼓励生产，若开不出矿可减免税赋[8]；又如绍圣元年（1094）激励监督矿场官员，若矿冶增产则加官进禄；再如崇宁元年（1102）鼓励人民探矿、报矿，若查实则给予探报人

[1] 王象之.舆地纪胜［M］.北京：中华书局，1992：3111.

[2] 马楚坚，赖志成.潮州隋唐宋代方志史辙考［M］.香港：香港大学饶宗颐学术馆，2010：13-16.

[3] 乐史.太平寰宇记［M］.王文楚，等，点校.北京：中华书局，2007：3036.

[4] 李昉，等.太平御览［M］.北京：中华书局，1960：327.

[5] 李林甫，等.唐六典［M］.陈仲夫，点校.北京：中华书局，1992：577.

[6] 梁廷枏.南汉书［M］.林梓宗，校点.广州：广东人民出版社，1981：13，21，29.

[7] 马端临.文献通考［M］.北京：中华书局，1986：179.

[8] 脱脱，等.宋史［M］.北京：中华书局，1977：4525.

分成的奖励[1]。而熙宁、元丰推行的"二八抽分"（官抽20%，余者由生产者支配）等措施[2]，无不为中国矿业屹立于世界高峰提供助力。元代的矿冶政策，相对于宋代的激励机制则稍嫌不足。不过，类似宋代的抽分制生产制度依然存在，元中后期更成为主流，又出现了官、私坑冶并存的情况，都一定程度上促进了产业的恢复。但总体而言，可能是前代的开发过多等因素，最终造成元代矿冶业整体不景气。

宋元潮州的矿冶业，经历了一个迅速走向顶峰，又逐步衰落的过程。其发展态势大抵是：延续前代，随着宋大兴矿冶而迅速达到行业高峰，锡一直在全国排名前列，银最高时占广南产量的30.04%、全国产量的3.85%，铅盛时占全国产量的3.32%，铜、铁有所产出；宋后期整个行业呈衰落状态，潮汕地区随之呈现颓势，有潮人于外地参与矾的产销经营；入元之后默默无闻；整个宋元时期，金属器的铸造、加工一直持续，没有中断。

下文依据材料的多寡详略，将宋元矿冶情况，分成8个年代、时期简单介绍。又由于传世文献材料多数系年不清，下文在具体取用时，附以简单辨析。

1.北宋天禧二年（1018），潮州产锡，是北宋境内8个产锡州军、广南路3个产锡州之一。

《文献通考·坑冶》《续资治通鉴长编》《宋史·坑冶》和《群书考索后集·坑冶》记载了大致相同的矿冶资料，但4种记载有所不同，在统计年代上都没有明确，各矿场名录又有所详略。[3]据徐东升先生《北宋矿冶诸问题考辨》的结论，其主体都是来自佚书《三朝国史》，系年是天禧二年（1018）。[4]

笔者梳理，这份材料列有坑冶金、银、铜、铁、铅、锡、水银、朱砂8种，分布于201处。当时北宋境内共有8个州、军9个矿场产锡，其中分布广南的一共有贺、潮、韶3个州4个矿场，几乎是当时锡业的半壁江山。

潮汕的锡场称为"潮州黄冈场"。

也就是说，天禧二年（1018）时，潮州黄冈场是北宋境内9个锡场之一。锡

[1] 宋会要辑稿［M］.刘琳，刁忠民，舒大刚，等，校点.上海：上海古籍出版社，2014：6743.

[2] 马端临.文献通考［M］.北京：中华书局，1986：180.

[3] 章如愚.群书考索后集［M］.文渊阁四库全书本，卷六十二：10-11.李焘.续资治通鉴长编［M］.上海师范大学古籍整理研究所，华东师范大学古籍研究所，点校.北京：中华书局，1995：2262-2263.马端临.文献通考［M］.北京：中华书局，1986：178-179.脱脱，等.宋史［M］.北京：中华书局，1977：4523.

[4] 徐东升.北宋矿冶诸问题考辨［J］.中国社会经济史研究，2009（4）.

之外，潮汕再没有其他矿场记录，这也许意味着，前代潮汕发现的铜、铁矿资源趋于枯竭，或产量不高。

2.治平（1064—1067）年间，潮州产锡、银，是北宋境内7个产锡州之一，广南6个产银州之一。

锡方面。

《宋史·坑冶》称，多年兴废之后，治平中期诸州坑冶总计271处；[1]《文献通考·坑冶》也有基本相同的记载，[2]没有系年；《玉海·钱币》载有271处产锡地，与上面类似，称引自《国史两朝志》，没有系年[3]。上述前两种文献的锡场有具体记录州名，并有可供推算的岁收数据，《玉海》则仅列州、冶场数和坑冶总数。经《北宋矿冶诸问题考辨》的辨析，这三种材料的来源，基本都是记叙仁宗、英宗两朝物事的《两朝国史》，[4]则其系年应是治平年间。

三种文献的漏缺可以互补。梳理结果为：北宋境内有271处矿冶，其中的产锡地，分布于商、虢、虔、道、潮、贺、循7个州，共10个场，锡业的每年税收总计达到140万左右。是知当时潮州为天下产锡7州之一，也是广南产锡3州之一。

银方面。

上述材料也录有产银地，但漏记了不少信息。《宋会要辑稿·坑冶》载有潮州程乡县乐口场，设置于治平三年（1066），当时程乡隶属于潮州，这也正是被《两朝国史》所漏记的诸多矿产地之一。而治平年间新置州场、《两朝国史》缺录者，以广南的银场论，还有"循州兴宁县夜明银场，治平二年置"，其他各地缺载更多。[5]因此，我们这里只能取广南路产银地作对比。

则将《两朝国史》缺载的潮州、循州，加上《两朝国史》有载的英州、韶州、连州、春州，合计广南6州产银。也就是说，潮州是治平年间广南6个产银州之一。

3.北宋初至熙宁十年（1077），其间潮州曾产银、铁、铅、锡。

《宋会要辑稿·各路坑冶置场务所》载有坑冶兴废情况的材料，辑自《永

[1] 脱脱，等.宋史［M］.北京：中华书局，1977：4525.

[2] 马端临.文献通考［M］.北京：中华书局，1986：179.

[3] 王应麟.玉海［M］.京都：中文出版社，1977：3413-3414.

[4] 徐东升.北宋矿冶诸问题考辨［J］.中国社会经济史研究，2009（4）.

[5] 宋会要辑稿［M］.刘琳，刁忠民，舒大刚，等，校点.上海：上海古籍出版社，2014：6718.

乐大典》卷一七五六五。[1]其史源难辨，系年不明，相关的综合性研究文论或不用，或笼统摘取而未有具体论及，这里稍作辨析。

笔者统计，该份材料共在212处出现24个不同年号，自北宋开国至熙宁连续不断；最迟年号为"熙宁"，出现61次［至晚为熙宁十年（1077）］，最早年号为"建隆"，出现1次；最为频繁出现的年号为庆历至熙宁各朝，共出现131次，其中，又以"熙宁"出现61次占了近半数。

我们判断该材料系年为熙宁十年（1077）。依据为：其一，坑冶材料最为丰富、多种早期文献都有记载的元丰元年（1078），以及"元丰"之后年号都没有出现，又参考该记录的其他内容，以及《宋会要辑稿》的有关体例等，可初步判断其系年应在元丰之前；其二，潮州坑冶中含有"程乡"，则应在熙宁六年（1073）废梅州以"程乡县"名隶潮州之后，而在元丰五年（1082）复置梅州之前；其三，系年最晚为熙宁十年（1077），而元丰四年（1081）进呈的《（元丰增修）国朝会要》，记事起自建隆元年，止于熙宁十年（960—1077），恰好与这年份吻合[2]；其四，尚未发现对这个判断有所伤害的反证。

也就是说，原文所载的矿产兴废时间段为：北宋开国至熙宁十年（1077）。我们梳理一下潮州坑冶并统计各产地情况如下。

银：潮州，治平三年（1066）置程乡县乐口场，熙宁六年（1073）置海阳县彊丰济场，熙宁七年（1074）置乌斗溪场、十年（1077）罢；北宋开国至熙宁十年（1077）曾经或仍有出银的有41个州军府，其中广南占14个。

铁：潮州程乡县龙坑场，天圣五年（1027）置；北宋开国至熙宁十年（1077）曾经或仍有出铁的有48个州军，其中广南占6个。

铅：潮州程乡县石坑场，熙宁七年（1074）置；北宋开国至熙宁十年（1077）曾经或仍有出铅的有10个州，其中广南占7个。

锡：潮州海阳县横冲场[3]，大中祥符八年（1015）置，黄岗场，八年

［1］ 宋会要辑稿［M］.刘琳，刁忠民，舒大刚，等，校点.上海：上海古籍出版社，2014：6717-6731.

［2］ 宏新按：《（元丰增修）国朝会要》之前一种会要为《（庆历）国朝会要》［记事起自建隆元年止于庆历三年（960—1043）］，《（元丰增修）国朝会要》之后紧接着的两种会要分别为《（政和重修）国朝会要》（仅剩下帝系、后妃、吉礼三类）和《续国朝会要》［记事起自治平四年止于靖康二年（1067—1127）］。也仅《（元丰增修）国朝会要》一种会要的叙事时限与本段记载吻合。

［3］ 宏新按：上述原作"海隅县丰济场""潮州程乡县石院场""横衡场"，上古校点本据《元丰九域志》改为"海阳县彊丰济场""潮州程乡县石坑场""横冲场"，本史稿按校点本。参见：宋会要辑稿［M］.刘琳，刁忠民，舒大刚，等，校点.上海：上海古籍出版社，2014：6720.《宋会要辑稿》"食货"33之3，参见：徐松.宋会要辑稿［M］.北京：中华书局，1957.王存.元丰九域志［M］.王文楚，魏嵩山，点校.北京：中华书局，1984：411.

（1015）置；北宋至熙宁十年（1077）曾经或仍有出锡的有襄州、卫州、虔州、南安军、道州、兴元府、广州、循州、潮州、康州、南恩州、惠州、高州13个州军府，其中广南占7个。

此外，《宋会要辑稿·商税》提及熙宁十年（1077）的潮州矿场，除了横冲锡场、乌斗溪银场、乐口银场、彊丰济银场之外，还有一个"石阮银场"，当年的商税八贯五百文，似乎也是产银之处。[1]

4.元丰元年（1078），潮州产银、铅、锡，其中，银占广南总额的30.04%、占北宋境内总额的3.85%。

《宋会要辑稿·各路坑冶所出额数》记有天下矿冶材料，其中有一项明确元丰元年（1078）各矿物产地的官方收数，潮州的收数为：银8289两，铅68024斤，锡8255斤。[2]

《宋会要辑稿·各路坑冶所出额数》是一份来源极其复杂的材料，有乾道年间所修的《续国朝会要》［记事始自治平四年，止于靖康二年（1067—1127）］、脱稿于元丰三年（1080）的《中书备对》和《元丰九域志》。由于前两者已经佚失，我们不清楚最初的史源，也无法系年，但可以肯定不能将所有数据糅合在一起统计，这一点史官开章明义便作了相关的说明。因此，出于稳妥计，本书暂时只取用文献记录中的"元丰收数"和"元额"。[3]

元丰元年（1078）的收数。笔者统计，原文所给出的天下锡、银、铜的汇总数字，与当年各产地收数的合计数完全吻合，这说明其例是不能加上《元丰九域志》的土贡数，因此下面介绍的是没有计上"土贡"的数额。

又，熙宁、元丰实行的是"二八"制，官方抽20%，其他80%不用纳官，即使这80%部分主动（或被强制而"主动"）售予官方[4]，售出部分也不计在收

---

[1] 宋会要辑稿［M］.刘琳，刁忠民，舒大刚，等，校点.上海：上海古籍出版社，2014：6344.

[2] 宋会要辑稿［M］.刘琳，刁忠民，舒大刚，等，校点.上海：上海古籍出版社，2014：6722，6724-6725.

[3] 李焘.续资治通鉴长编［M］.上海师范大学古籍整理研究所，华东师范大学古籍研究所，点校.北京：中华书局，1995：7456.宋会要辑稿［M］.刘琳，刁忠民，舒大刚，等，校点.上海：上海古籍出版社，2014：前言5-6.

[4] 宏新按：例子很多，如《宋会要辑稿》载绍兴二十九年（1159）兴州路、利州路两场共产铜8500斤，其中20%（1700斤）按规定纳官，其余的80%（6800斤）以每斤8分售予官方；又如《（淳熙）三山志》载福州长溪县师姑样坑、新丰可段坑、南平北山坑、铜盘等处便分别于政和三年（1113）、乾道九年（1173）、绍兴二十二年（1152）、绍兴二十一年（1151）被纳官20%铁矿，其余80%也售官。参见：宋会要辑稿［M］.刘琳，刁忠民，舒大刚，等，校点.上海：上海古籍出版社，2014：6745.梁克家.（淳熙）三山志［M］.福州市地方志编纂委员会，整理.福州：海风出版社，2000：162-163.

数。如此，倘若潮州场都是私营、全部依照条例执行的话，则实际产量的上限是岁纳数额的4倍，但我们已无法了解当时各场的实际情况，因此不宜轻易折算。不过，既然比例都大体一样，则可以进行比较。

梳理为下表。

表5-2　宋元丰元年（1078）潮州矿冶业岁纳数额统计表

	潮州	广南	全国	潮产占广南	潮产占全国
银	8289两	27595两	215385两	30.04%	3.85%
铅	68240斤	3251670斤	9197335斤	2.10%	0.74%
锡	8255斤	1619173斤	2321898斤	0.51%	0.36%

5.元丰二或三年（1079或1080），潮州产银、铅、锡，其中的铅占北宋境内总额的3.32%。

《宋会要辑稿·各路坑冶所出额数》中有一项"元额"数据，上面我们已经简单介绍了该份材料来源的复杂性，这里仅取用这个元额数据来考量。

《宋会要辑稿·各路坑冶所出额数》的元额是根据《中书备对》的祖额数修入的，《中书备对》撰成于元丰三年（1080），则元额数必然不早于此年。《北宋矿冶诸问题考辨》判断"《中书备对》祖额的统计年代应为元丰二年或三年"。[1]依据这个系年，笔者统计后梳理为下表。

表5-3　宋元丰二或三年（1079或1080）潮州矿冶业岁纳数额统计表

	潮州	广南	全国	潮产占广南	潮产占全国
银	8289两	65544两	411420两	12.65%	2.01%
铅	276340斤	4010486斤	8326737斤	6.89%	3.32%
锡	12051斤	1132589斤	1963040斤	1.06%	0.61%

6.政和、宣和年间（1111—1125），潮州产银、铅、锡、铜。

《宋史》载政和元年（1111）广东漕司罢停广南7个州府数十处矿场[2]，以及稍后广东廉访关于"或苗脉微，或无人承买"的记录[3]等，都透露出广南矿源衰

[1]　徐东升.北宋矿冶诸问题考辨［J］.中国社会经济史研究，2009（4）.

[2]　脱脱，等.宋史［M］.北京：中华书局，1977：4527-4528，4530.

[3]　脱脱，等.宋史［M］.北京：中华书局，1977：4527-4528，4530.

竭等情况。同时，崇宁（1102）之后至靖康元年（1126）"诸路坑冶苗矿微，或旧有今无"，[1]以及宣和六年（1124）诏令中的"坑冶之利，二广为最"等[2]记载，均显示出北宋末矿冶业大衰。

我们关注的是，被关停7个锡场的广南州府中，并没有提到潮州。未提及潮州矿场关停，当然不说明当地矿冶业便继续繁荣发展，但更不代表当地坑冶已被废弃。因此，我们认为，潮州原有的银、铅、锡等仍有生产。

同时，上引政和元年（1111）还出现一个"潮州丰政"铜场，应该是新发现了铜苗，此年仍在生产。该处大约在今天的梅州丰顺县县域内。现存于潮州开元寺的宋政和四年（1114）铸大铜钟。[3]物、时相符，也许可视为潮州铜加工业仍存在的旁证之一。

7.南宋时期，漳州的私矾生产贩销活动中，参与者中潮人居多。

南宋坑冶废兴无常，岁入多寡相差悬殊，现存文献没有完备的矿场记录，多是仅仅述及至各路，未细至州、场，因此没有潮州的情况。

当时行业的下行趋势仍在继续。如《宋会要辑稿》和《宋史》，载有金、银、铜、铁、铅、锡之冶废兴之数，至绍兴三十二年（1162），金冶废者142、银冶废者84、铜冶废者45、铁冶废者251、铅冶废者15、锡冶废者44。广南路6种都有产，但广南境内各冶场之兴废则不详。[4]

《建炎杂记》列有绍兴末的坑冶简况，其中：金和银未细载至各州，但从各方面看，潮州应无产；铁、铅、锡产地不见潮州，则大概可明确无产；铜矿，有点麻烦，因为《建炎杂记》的四库本载"潮州胆铜八万八千九百斤、黄铜二百斤"，其他版本（包括中华书局点校本），则将"潮州"作"韶州"。[5]

绍兴末潮州是否产铜或铜胆（即四库版是否有误），我们猜测是有产的。这里探讨一下：一是因为恰好南宋出现潮人产销矾的记载（见下文），地点在

———————————

[1] 马端临.文献通考［M］.北京：中华书局，1986：180.脱脱，等.宋史［M］.北京：中华书局，1977：4531.

[2] 脱脱，等.宋史［M］.北京：中华书局，1977：4530-4531.

[3] 潮州开元寺藏铜钟铭文［M］//黄挺，马明达.潮汕金石文征（宋元卷）.广州：广东人民出版社，1999：73-76.

[4] 宋会要辑稿［M］.刘琳，刁忠民，舒大刚，等，校点.上海：上海古籍出版社，2014：6750-6751.脱脱，等.宋史［M］.北京：中华书局，1977：4531-4532.

[5] 宏新按：《建炎以来朝野杂记》（或称"《建炎杂记》甲/乙集"）多个存世版本中，大的产矿路略有不同，产铜地恰好出现"潮州""韶州"异文。参见.李心传.建炎杂记·甲集［M］.文渊阁四库全书本.卷十六：11-13.李心传.建炎以来朝野杂记［M］.徐规，点校.北京：中华书局，2006：353-355.

潮州附近，而"胆铜者，盖以铁为片浸之胆水中，后数十日即成铜"[1]，生产胆铜需要用到矾，两者紧密相关；二是《建炎以来朝野杂记》仅提及"旧婺州铜"废，北宋末潮州首现丰政铜场，如果仅以"未载废则延续"的原则来衡量，则丰政场犹存。当然，以上仅仅是探讨性质。

本阶段值得关注的，还有"矾"。

绍兴十一年（1141），铸钱司上奏，天下各处的"产矾之所"都有登记和岁纳，只有漳州东边之近海山区"潮、梅、汀、赣四州之奸民聚焉""土著与负贩者，皆盗贼也"[2]。即漳州之东有私产矾，且非一朝一夕事。参与者中，潮人排名靠前，依稀透露出潮人占更多或者发挥更多的作用。这是潮商产、销矾的较早记录。此外，其时间都在绍兴年间，则这条潮人参与矾业的记载，也许与上述的潮州产铜问题有所联系。

8.元统治时期，潮州矿业默默无闻。

元代潮州的矿冶业可能已经式微，我们在本就稀少的元代文献中，难以找到能证实当地矿冶生产的直接记录。

其实，除了韶州外，整个元代，广东矿冶业都呈大败态势。《元史·岁课》是较为集中记载矿冶的文献，提及今广东境内的，大抵只有韶州产银、锡。[3]《新元史·冶课》是直至近代，介绍元代坑冶较为齐全的史书，其所录产地也与此相类。可见除了韶州之外，广东矿冶业自宋末便乏善可陈。从另一个角度看，元代江西行省没有像管理海盐一样，在广州设立的提举司专职征榷，也能说明元代广东矿冶不兴的问题。

尽管如此，有实物旁证潮州仍然存在铸铜作业，但可能仅是生产或加工生活用品、宗教用品等。实物如现存潮州开元寺的元至正六年（1346）铸铜云钣。[4]

三、明清时期

明代的矿政，在不同时期对不同种类有着不同的规定，其政策调整是历代

---

[1] 李心传.建炎以来朝野杂记［M］.徐规，点校.北京：中华书局，2006：355.

[2] 脱脱，等.宋史［M］.北京：中华书局，1977：4532.

[3] 宋濂，等.元史［M］.北京：中华书局，1976：2377-2379.

[4] 觉葵，等.开元寺铜云钣铭［M］//黄挺，马明达.潮汕金石文征.广州：广东人民出版社，1999：307-308.

王朝中比较频繁的。如明初便禁金银；洪武十八年（1385）罢铁冶；永乐朝中期（1414）大开矿等。此后各矿时禁时开，仅以明英宗两次执政为例，便有即位初的"封坑穴"、正统元年（1436）的"罢铜江金场"、正统九年（1444）的"复开福建、浙江银场"、天顺二年（1458）的"开云南福建浙江银场"、天顺四年（1460）的"督浙江、云南、福建、四川银课"，天顺七年（1463）又停"各处银场"。万历中期则天下各类矿冶大盛，万历二十四年（1596）"无地不开"，崇祯中期再提倡大举开铜矿，直至明亡。[1]

清前期的矿政较为连贯，总体较为宽松，例如清初"鉴于明代竞言矿利，中使四出，暴敛病民，于是听民采取，输税于官，皆有常率。若有碍禁山风水，民田庐墓，及聚众扰民，或岁歉谷踊，辄用封禁"。不过，对于明代便多次"聚众扰民"的产矿重地粤东，清政府则是从严审批，康熙五十四年（1715）甚至全面封禁矿山，雍正时期有所松动，但"其时粤东开矿，较他省尤为厉禁"，至乾隆二年（1737）方始开禁，但依然持有戒心。直至道光二十四年（1844），诏令广东等4省"如尚有他矿原开采者，准照现开各厂一律办理"，才算放开。[2]自1840年起，一般认为古代坑冶已告结束，继而进入近代工业化矿冶业开发阶段。这不在本史稿的介绍范围。

明清潮州矿冶业大抵情况是：明初仍延续前代的颓势，不久便大有起色，其中铁业规模大、质量优，在国内长期名列前茅，锡、银产量大，有可能也产铅；清代，锡、铜、铁、铅、银全面开发，产地众多，都在广东行业内占据重要地位，并疑似存在金矿；器具生产工艺方面，如锡器、铜器等，堪称优秀。

（一）明代的辉煌铁业

明代潮州矿冶业有铁、银、锡，可能也产铅。其中的铁矿是长期供应工部的全国十个铁冶之一，常额产量达到全国的15.77%，居第三位，官方记录中，同时存在潮汕的铁矿场最高可达四五十家，分布于潮州各县，而同期尚存有不少没有纳入官方统计的私矿；银、锡两种，也是广东的主要产地。

我们以铁矿为主，介绍明代的矿冶情况。

明初潮州府不产铁矿。《大明会典·冶课》载有两组铁矿数据[3]，第一组是

---

[1] 王圻.续文献通考［M］.北京：现代教育出版社，1986：396.张廷玉，等.明史［M］.北京：中华书局，1974：128，134，155，156，159，1970-1971.

[2] 赵尔巽，等.清史稿［M］.北京：中华书局，1976：3641-3669.

[3] 申时行，等，修.明会典（万历朝重修本）［M］.北京：中华书局，1989：984-985.

"国初"数，其中广东仅广州府的阳山冶一处铁矿，从该会典的凡例，以及《明实录》关于洪武七年（1374）设置13处铁冶、洪武十八年（1385）罢停等记录考察，又从明《图经志》丝毫未提及潮州矿冶岁课来校证，[1]可知道明初潮州不产铁矿。

此后，关于潮州铁矿的材料大量出现。《大明会典·冶课》载有第二组数据，即"见今"数，此组数据的系年问题比较棘手，目前也未见较为令人满意的结论。我们可以做个探讨：记录中出现正德元年（1506）、嘉靖三十四年（1555），又整段行文仅出现"福宁州宁德县"一个"县"［该地政区曾有调整[2]，"宁德县"是成化九年（1473）以后的叫法］，则系年不早于成化九年（1473）；另外，《明会典》脱稿于弘治十五年（1502），正德年间重校刊行，嘉靖八年（1529）续纂但未颁行，万历四年（1576）重修，万历十五年（1587）修成刊行，内容横跨了至少80余年。综上分析，"见今"数的系年，上限为1473年，下限为1587年，具体不清楚。

当时全国共有3个行省10个府州纳铁课。这组数据中计量单位细至"两""钱"，并"有闰"（即是有闰月的年份）加额，但在单位折算，以及有闰加额部分的计算，总数量都与分列数量的合计不相符。从稳妥出发，为免生枝节，本史稿将"斤"后略省，即不计"有闰加额"，梳理成下表。

表5-4 《明会典》中各地铁矿课额产量统计表

序号	行省	府（县）	岁纳铁课（万斤）	各地占全国	岁课产量排名
1	广东	潮州府	7	15.77%	3
2	浙江	衢州府	1.5	3.38%	6
3		温州府	5.9583	13.43%	4
4	福建	福州府	0.8433	1.90%	9
5		福宁州宁德县	0.3337	0.75%	10
6		邵武府	1.9391	4.37%	5

---

[1] 明太祖实录［M］.台北："中央研究院"历史研究所，1962：1567.永乐大典方志辑佚［M］.马蓉，陈抗，钟文，等，点校.北京：中华书局，2004：2605-2603.

[2] 宏新按：该处于洪武二年（1369）降为福州府福宁县，成化九年（1473）升为辖有福安、宁德2县的福宁州。参见：谢道承，等.（乾隆）福建通志［M］.郝玉麟，等，监修.文渊阁四库全书本，卷二：9.

续表

序号	行省	府（县）	岁纳铁课（万斤）	各地占全国	岁课产量排名
7	福建	泉州府	1.3341	3.01%	7
8		汀州府	8.5332	19.23%	2
9		延平府	15.6219	35.20%	1
10		建宁府	1.3115	2.96%	8
合计	3	10	44.3751	100.00%	

上表中，全国仅有3个行省10个府州纳铁课，每年纳课数量只有44.3751万斤。如果都可以按三十取二计算，则全国产量为665.6265万斤，潮州岁纳常额7万斤，折算为105万斤。[1]

如前所说，明代矿政很不稳定，但在洪武二十八年（1395）之后，开始设置了一些相对固定的矿场，其余矿源则随时局之变化，再决定开与不开以及采矿多少等，即是"间或差官暂取，随即禁闭看守"。铁矿类的，全国只有这10处"常纳"单位，它们需要"解南京工部"。[2]因此，可以判断，除了短暂的明初时期外，明代潮州铁矿业是长期存在着的。

《（嘉靖）广东通志初稿》载有潮州、惠州两府的逐年合计数据，年限自嘉靖元年至嘉靖十三年（1522—1534）。梳理如下：嘉靖元年5576两、二年5250两、三年5198两、四年5228两、五年3604两、六年6442两、七年8049两、八年5279两、九年5012两、十年8290两、十一年6177两、十二年5908两、十三年5142两；这13年合计，不少于75155两铁课数额。

该初稿又载"不分生熟铁，每万斤加纳银一两，其余悉罢之，此潮惠铁冶之颠末也"，我们尝试着相信它的记录，并以价估量，则计得这13年的课额共7亿5155万斤，平均每年约5781万斤。而潮州列在惠州之前，两地此期铁矿分别为22座、21座，潮州产量有可能在惠州之上，则估计潮州平均年产可达3000万斤。[3]

[1] 明太祖实录［M］.台北："中央研究院"历史研究所，1962：3518.

[2] 王圻.续文献通考［M］.北京：现代教育出版社，1986：395-396.明太祖实录［M］.台北："中央研究院"历史研究所，1962：3518.申时行，等，修.明会典（万历朝重修本）［M］.北京：中华书局，1989：985.

[3] 戴璟，张岳，等.（嘉靖）广东通志初稿［M］//北京图书馆古籍出版编辑组.北京图书馆古籍珍本丛刊（38）.北京：书目文献出版社，2000：513-514.

　　这个数据比《明会典》所载明初全国的1800多万斤还多66%以上。比较惊人。但如前所说，矿业既取决于资源的贫富，又决定于政府的决策，明中后期大举开矿，其数量差距悬殊，也是可能的。今天的研究多认为明中后期矿政大乱，由此可见一斑。

　　嘉靖元年至嘉靖十三年（1522—1534），潮州府铁矿遍布各县。官方掌握的，海阳县有8处，饶平县有6处，程乡县有3处，大埔县有4处，揭阳县有1处，合计得22处。[1]

　　而嘉靖二十六年（1547）脱稿的《（嘉靖）潮州府志》和嘉靖三十六年（1557）脱稿的《（嘉靖）广东通志》，都载有揭阳县的五房山产铁矿，[2]不在上述之列。则揭阳五房山的铁矿可能是新兴大矿。

　　万历二十四年（1596）大力支持开矿，各地随之进入大开发热潮，"于是无地不开"。[3]至万历三十年（1602）或稍前，统计得潮州府境内的铁矿共计46—48处，分布在海阳、揭阳、程乡、大埔、平远5县（但多数在今梅州境内）。[4]

　　上述种种，都是官方掌握的数据，实际上还存在不少游离于官方监管之外的矿场。如果合计数量，则明代潮州铁产业规模更不可小觑。

　　例如《（嘉靖）广东通志初稿》便称"潮、惠旧二郡山中，间有产者，不领于有司"，这些，便是私自作业的。

　　又如《明会要·坑冶》载正德十四年（1519）广州设铁厂，"以盐课提举领之。禁私贩。"[5]而《明会典·金银诸课》载有对非法产矿者的处理，其中特别提到潮州和揭阳县，"其惠州潮州揭阳县三处，及雷琼等处行铁地方。但有走税夹带漏报等项奸弊，俱照盐法事例施行"，[6]既然被中央政府直接点名，想来潮州"走税夹带漏报等项奸弊"是比较严重的，反过来看，也可猜测潮州私矿规模或产量不可小觑。

　　质量方面，潮州铁应该是很适合铸造武器，这从上述的长期供应工部记录

　　[1]　戴璟，张岳，等.（嘉靖）广东通志初稿［M］//北京图书馆古籍出版编辑组.北京图书馆古籍珍本丛刊（38）.北京：书目文献出版社，2000：514.

　　[2]　黄佐.（嘉靖）广东通志［M］.广州：广东省地方史志办公室，1997：328.

　　[3]　张廷玉，等.明史［M］.北京：中华书局，1974：1971.

　　[4]　郭棐，等.（万历）广东通志［M］.1602（明万历壬寅）刻本，卷四十一：15-16.

　　[5]　龙文彬.明会要［M］.北京：中华书局，1956：1100.

　　[6]　申时行，等，修.明会典（万历朝重修本）［M］.北京：中华书局，1989：269.

便可一窥端倪。而生产、加工技术上，早就能够炼成熟铁、钢了。

《天工开物》载："凡钢铁炼法，用熟铁打成薄片如指头阔，长寸半许，以铁片束尖紧，生铁安置其上。（广南生铁名堕子生钢者妙甚。）又用破草覆盖其上，（粘带泥土者，故不速化。）泥涂其底下。洪炉鼓鞴，火力到时，生钢先化，渗淋熟铁之中，两情投合，取出加锤。再炼再锤，不一而足。俗名团钢，亦曰灌钢者是也。"[1]

这里特别指出广东的铁最好用，而此时广东所出，唯潮州、惠州二府量多且最有代表性，则这段记载无疑包括了潮州铁。同时，据笔者查考，这是《天工开物》全书铁矿冶介绍中，唯一突出强调某地产铁质量的一处。书中下文紧接着介绍"倭夷刀"，又强调潮州是10个常供工部使用的产铁地之一。则综合看来，明代潮州铁应较为适宜制造武器。

总而言之，时人所称的"唯广东铁冶，自宋以前言英韶，自国朝（指明朝）以下言潮惠"[2]，说明潮州铁矿业之兴盛以及锻炼生产技术之先进，的确不同凡响。

铁业之外，明代潮州还存在银、锡业，可能还有铅业。

银、锡业方面，《大明一统志》列有一份矿冶名录。该志脱稿于天顺五年（1461），后仍有增补，今存版本不同，又有若干损益，本史稿暂时不系年。[3]梳理如下表。

表5-5　《大明一统志》中广东之银、锡、铁产地统计表

	银	锡	铁
潮州府	海阳、程乡	海阳、程乡	程乡
广州府	连州、番禺、清远、东莞、阳山、连山	新会	连州、番禺、清远、阳山、连山
韶州府	曲江、翁源、乐昌、英德、		仁化
肇庆府	四会、高要	德庆、龙水	高要、阳江
高州府	化州、石城、电白、信宜		
廉州府	钦州		

[1] 宋应星.天工开物译注［M］.潘吉星，译注.上海：上海古籍出版社，1998：269.

[2] 戴璟，张岳，等.（嘉靖）广东通志初稿［M］//北京图书馆古籍出版编辑组.北京图书馆古籍珍本丛刊（38）.北京：书目文献出版社，2000：513.

[3] 李贤，等.大明一统志［M］.台北：台联国风出版社，1977：4849-5073.

从上表可以看出，此时潮州是广东6个产银府之一、3个产锡府之一和4个产铁地之一，在广东矿冶业中也算有一定的地位。其中的程乡现为梅州辖境。

明代潮州还可能产锡，如《（民国）新修丰顺县志》称境内"多产银、铅，元明间开采，矿工多至二十余万人"，[1]里面同时提到铅，但是这段介绍属于民国晚出材料，而且矿工数量过于庞大等，遂显得比较可疑。

明代矿冶业对潮州社会经济的影响是不可忽视的。

大量的坑冶，需要成规模的相应人力和配套设施。以铁矿为例。按《广东新语》的描述，一个铁矿炉场，仅直接劳力便需要司炉200人、掘采铁矿300余人、取水200余人、烧炭200余人等，需要匹配的畜力达到200头，如果是水运则需要船只50艘，"计一铁场之费，不止万金"。[2]

以此衡量，仅以万历三十年（1602）或稍前官方掌握的46—48处铁矿来计，便需要劳力逾5万人，匹配之畜力、船只同样颇为可观，而背后相应的资源供给，更可谓庞大。而这只是官方掌握的，又只是铁矿一项。倘若官、私的铁、银、锡矿冶全部计算，则足以显著地左右当时潮汕的地区生产总值了。

青壮年人口长期密集聚居、生活在一起（甚至有的还是非法聚集），难免会产生社会问题，这些矿场便是如此。例如，嘉靖初任职广东的姚镆，在提及粤东的矿冶时（不仅指铁矿，因此人数与上述不同），称"广东惠、潮二府"深山中有大量"盗贼"，共设三四十处炉冶场，每场招引各省流民、逃军、逃囚，多则四五百人，少则二三百人不等，"以煽铁为由，动辄倚众恃强，或流劫乡村，放火杀人，或奸夺妻女，掳掠财畜，为患地方"，遇到搜捕时便散炉，称是"本等营生"的老百姓，又人多势众，官方常常无可奈何。[3]

（二）清代的全面发展

清代潮州矿冶业有锡、铜、铁、铅、银，并疑似存在金矿。下面梳理一下产地，并随文介绍若干较为"有趣"的相关情况。

锡。揭阳、潮阳、普宁、丰顺、大埔、海阳都有锡矿，其中汤坑山所出者最佳。说见《（乾隆）潮州府志》，载"潮阳、普宁、丰顺、大埔皆有锡矿，而出于揭阳之汤坑山者，比之洋锡尤胜"，又载揭阳仙径山出锡。[4]这里同时揭示

[1] 李唐.（民国）新修丰顺县志［M］//中国地方志集成.上海：上海书店出版社，2003：507.

[2] 屈大均.广东新语［M］.北京：中华书局，1985：408.

[3] 姚镆.督抚事宜·禁兴炉冶［M］//姚镆.东泉文集.1547（明嘉靖丁未）刻本，卷八：44-45.

[4] 周硕勋.（乾隆）潮州府志［M］.台北：成文出版社，1967：193，987.

了，外国锡已进入潮汕市场，质量比普通土产锡要好，但揭阳汤坑山所出更优。又，康熙四十三年（1704）成文的《禁开矿疏》称，海阳仲坑山"虽称铅、锡，实多银砂"。[1]

铜，出于揭阳、大埔、丰顺。《（乾隆/光绪）丰顺县志》载："锡、铁、铜、铅，上述四项土产，必呈官充商方准采买。"[2]该志初成于乾隆十年（1745），光绪时续修，但此处为乾隆十年（1745）初修的内容。又，《（乾隆）潮州府志》载"大埔之黄砂、东山及丰润山中皆产铜。铜，今矿已久禁不开"，还载有揭阳仙径山出铜，[3]该志修成于乾隆二十七年（1762）。按，《清史稿》称，乾隆二年（1737）广东已经较全面开矿，但报批手续还比较烦琐，并非寻常渠道能通过，因此，丰顺已经开矿，大埔的铜矿则仍未能开始。

铁，出于揭阳、丰顺、大埔。揭阳的，《（乾隆）潮州府志》载揭阳仙径山、五房山皆出铁；[4]丰顺、大埔的，见上引《（乾隆/光绪）丰顺县志》。

铅，出于丰顺、大埔和海阳。见上引《（乾隆/光绪）丰顺县志》和《禁开矿疏》。

银，出于海阳县仲坑山，见《卢烈姬传》："时仲坑山开银矿。"该文讲述了卢氏女在潮州镇总兵薛受益死后殉情之事，卢氏卒时27岁，潮州郡守梁文煊携海阳县令前往拜祭卢氏的时间，是康熙四十一年（1702）八月二十七日。则回溯一下，并以上引《禁开矿疏》来参校，可知仲坑山开银矿的系年，上限在康熙三十四年（1695）或稍前，下限在康熙四十一年（1702）。[5]

金，疑似此期潮州有产。乾隆九年（1744）七月乙酉，两广呈报设置矿场、开采矿物事宜，其中潮州申报的，为"潮州府属海阳等县。报铜矿六。铅矿七。铜铅矿砂十五。又铜铅矿砂杂有金银砂者十四"。[6]这里出现了夹杂有金银砂的铜铅矿。不过，此期清政府大力支持开设金矿，是否又是潮商为求办事便利，便利用政策规定，凭借"开采金砂"的名义呈报、送审呢？对此，我们是有疑问的，毕竟历来都没有潮州出金的确凿记录。

《中国古代矿业开发史》梳理了清代1840年之前的全国矿产地，按照该书的

[1] 景日昣.禁开矿疏［M］//周硕勋.（乾隆）潮州府志.台北：成文出版社，1967：996-997.

[2] 葛曙.（乾隆/光绪）丰顺县志［M］.许普济，续修，吴鹏，续纂.台北：成文出版社，1967：910.

[3] 周硕勋.（乾隆）潮州府志［M］.台北：成文出版社，1967：193，987.

[4] 周硕勋.（乾隆）潮州府志［M］.台北：成文出版社，1967：193，987.

[5] 蓝鼎元.卢烈姬传［M］//蓝鼎元.鹿洲初集.台北：文海出版社，1982：625-629.

[6] 清实录（第11册）［M］.北京：中华书局，1985：835.

说法，清代前期潮州的矿业发展比较出色。不过，其辑录尚有缺漏。如果加上上述的揭阳、潮阳、普宁、丰顺、大埔锡等，则潮汕矿业在广东更见规模。[1]梳理如下表。

表5-6 清前期潮州与广东各地产矿地对比略表

	锡	铜	铁	铅	银
潮州府	揭阳、潮阳、普宁、丰顺、大埔、海阳	揭阳、大埔、丰顺	揭阳、大埔、丰顺	海阳、大埔、丰顺	海阳
广东其他地方	长乐、连州	惠阳、韶关、高要、阳春	阳春、平远、罗定、阳江、新兴、阳山	高明、阳春、嘉应州、阳江	嘉应州
广东产地合计	8处	7处	9处	7处	2处
潮产地占广东	75%	42.85%	33.33%	42.85%	50%

应该说明的是，《中国古代矿业开发史》是依据14种以上文献梳理的全国产矿地[2]，但既然潮州有疏漏了，则广东其他地方的具体矿冶产地，相信还有未被录入者。然而，无论如何，以上表看来，潮汕5种矿冶产地，均占广东的三分之一以上，锡矿更是密集，占75%。这可见清前期潮州矿冶业在广东的行业地位，堪称举足轻重。

私矿方面。如前所述，清初对潮汕开矿是特别谨慎的，但官方不准开，私矿也依然存在，数量还不少。且以中央政府审批上"粤东开矿，较他省尤为厉禁"的雍正时期为例。

例如雍正八年（1730），潮州地方官便称，在揭阳境内及揭阳连接海丰、永安的山谷中，"诸矿山为奸徒窟穴，盗贼窝巢，历来抗法之区，近虽极为敛戢，不可无善后之经画"，期望经画后，可以令"惠潮两郡无矿徒山寇之忧"。又如雍正十年（1732），广东总督又称粤东一直民风刁悍，唯利是图，"每于封禁之矿山，潜往偷挖贩私盗窃"，并且毫无顾忌。但广东官方对此也拿不出什么

[1] 夏湘蓉，李仲均，王根元.中国古代矿业开发史［M］.北京：地质出版社，1980：165-168.

[2] 宏新按：该书原注引《清史稿·食货志》《清实录》《清通典》《清文献通考》《清续文献通考》《读史方舆纪要》《清一统志》《湖北通志》《湖南通志》《广东通志》《广西通志》《四川通志》《贵州通志》《云"西"通志》（"云西"应为印刷出错）等，但都未注版本信息，无法溯源，此处暂从其说，仅参考大势而已。参见：夏湘蓉，李仲均，王根元.中国古代矿业开发史［M］.北京：地质出版社，1980：166.

好的解决办法，只能抱着"宜疏不宜堵的"念头再次上奏请求开矿，却还是在雍正十三年（1735）的"请开惠、潮、韶、肇等府矿"廷议中被否决，中央政府公开的理由是四处开矿会妨害民田，其实际原因，则更多的是潮、惠等地劣迹斑斑，"矿峒所在，千百为群，往往聚众私掘，啸聚剽掠"，影响到地方社会治安。[1]

上述可以看出，清政府对粤东开矿十分敏感，宁可让粤东"聚众私掘"，也不愿意看到当地如明代般以合法产矿为名，公开啸聚。这同时反映出，非法私开的矿冶仍然不在少数，而且人尽皆知。

明清时期，关于矿冶产品和生产工艺方面，有若干记录，举几个与商业有关的例子如下。

锡器。《（乾隆）潮州府志》载："粤锡所制器皿独精，谚曰'苏州样，广东匠'。潮阳、普宁、丰顺、大埔皆有锡矿，而出于揭阳之汤坑山者，比洋锡尤胜，色白如银，击之其声如编磬，然必以潮阳匠人雕镂镕（镕）范乃佳，今取谚语而易之曰：'姑苏样，潮阳匠，揭阳之锡居其上。'"[2]

上引，潮州知府周硕勋为了当地产品的销路而改造行业谚语，无疑很是尽职。类似的说法也见于乾隆中后期或嘉庆初脱稿的《粤东笔记》（作"苏州样，广州匠"），但此条内容应较早（周硕勋等才会称"今取谚语而易之"），可知至迟在乾隆时"广州匠"更为闻名，而潮汕锡器知名度不高。其中的"苏州样"，还透露出，无论揭阳还是广州的锡器，其创新能力仍有上升空间，因此底气不足，只能拉"苏州"来提高自己的知名度、美誉度。但到了道光二年（1822），阮元经过一番专门调研，称"广南锡工以潮州为第一。广州不及也"，则此时潮州锡器真的超越广州了，到了清末民国初时，潮汕锡器进一步摆脱了"苏州"，远销海内外。看来，潮商的所谓商谚"始于借鉴，终于超越"，在历史上也有所反映。[3]

铜锁。《潮中杂记》载有铜锁："潮阳有一铜匠制白铜锁，每锁值三百钱，虽甚工致而巧亦滥矣。"则是明代潮阳便有人专门从事铜锁制作，工艺、质量均非同一般。雍正九年（1731）脱稿的《（雍正）广东通志》也转载了此事，

[1] 赵尔巽，等.清史稿［M］.北京：中华书局，1976：3664-3665.

[2] 周硕勋.（乾隆）潮州府志［M］.台北：成文出版社，1967：987.

[3] 李调元.粤东笔记［M］.上海：上海广益书局，1917（民国六年），卷五：2.陈昌齐，等.（道光）广东通志［M］//续修四库全书编委会.续修四库全书·六一一·史部·地理类.上海：上海古籍出版社，2002：224.周硕勋.（乾隆）潮州府志［M］.台北：成文出版社，1967：987.

想必是闻名广东了。《（乾隆）潮州府志》再提此事，"所制锁匙扭钮（扣）等具特精，尤工妙，故世称潮锁云"。按，《潮中杂记》是万历十三年（1585）郭子章在潮州太守任上完成，距离脱稿于乾隆二十七年（1762）近200年。从一开始的"1个潮阳工匠制锁"，发展到闻名广东的"潮阳锁"，又扩展至被称为特精、尤工妙的"潮锁"（潮州锁），200年的产业化发展，至此成为具有美誉度的真正老牌了。[1]

有优质的产品，必然也有不尽如人意的劣质产品，若干还被载入志书。仅举普宁的制品为例。《（乾隆）普宁县志》谈及普宁产的金属制品，说铜器、铁器、锡器的制作工艺有精、细之分，但是"器物每不坚固"，银器尤其问题严重，基本上都掺杂他物，成色不足。[2]

这段描述的系年，应该是在乾隆十年（1745）或稍前，可知当时普宁所产的金属制品乏善可陈。这应该与工匠手艺、原料成色等关系不大，而是工匠、商家故意掺杂，以次充好。连普宁县令和众多的本地修志者都看不下去，普宁产品的确质量堪忧。

第二节　纺织业

中国的纺织历史至少可以上溯至新石器时代中期，距今可达六七千年。作为世界上最早生产纺织品的国家之一，古代中国纺织业一直在国际占有重要的位置。

潮汕纺织业同样源远流长，例如新石器时代中期的陈桥村遗址，便出土了不少缝制兽皮衣的骨针，以及打孔的骨锥、取材的骨刀等；又如新石器时代晚期，多个遗址出土陶纺轮等，都是存在纺织工业的证明。纺织品实物方面，潮汕最古老的纺织遗物，是战国中后期的麻织物，虽然迟于中原，但主要是潮湿环境不耐久存、地下遗物难以发现等因素造成，放在类似环境的南方沿海地区来对比，则是年代较早的。历史上，潮汕纺织业在岭南一直处于领先地位，其中不少品类长期排在国内前列。

---

[1]　郭子章.潮中杂纪［M］.1585（明万历乙酉）刊本，卷十二：17.郝玉麟（雍正）广东通志［M］.广东省地方史志办公室，辑.广州：岭南美术出版社，2006：1662.周硕勋.（乾隆）潮州府志［M］.台北：成文出版社，1967：987.

[2]　梅奕绍.（乾隆）普宁县志［M］.萧麟趾，修.台北：成文出版社，1974：357.

一、秦汉六朝时期

秦汉六朝，潮汕纺织业延续着先秦传统，在岭南中仍处于较高的发展水平。

本阶段，纺织工具在不同遗址持续出现。如澄海龟山汉代遗址，出土有陶纺轮8件，另有铁刀、锥等，使用年限自西汉前期中段至东汉末，各期均有分布；又如揭阳白塔宝联寨山汉墓，发掘有陶纺轮2件，都是灰陶所制，为算珠式纺轮，器物略呈扁状；再如潮州归湖黄蜂采花2号墓，发现有陶纺轮1件，其款式是东晋比较常见的。

值得一提的是，揭阳仙桥狗屎山晋墓发掘的1件陶算珠式纺轮，孔内尚插有铁枝，高2.5厘米、直径2.9厘米，同出的还有与纺织生产密切相关的铁剪，这些都清晰地显示出当时潮汕的纺织工艺水平。[1]

这件陶算珠式纺轮的独特之处，是采用铁枝为轴心，这是国内比较罕见的。按，自新石器时代至今，纺轮的变化并不大，在使用上，大致上都是用一根直立或带倒钩的木棍、竹枝、铁支等"缚杆"，将其一端穿入纺轮中间圆孔，加以固定。使用时把麻或纤维品等捋好挂在倒钩上等能固定牵引的地方，然后用手拨动纺轮，利用其自然垂力和圆心轴旋转来带动麻或纤维品等，以拧成线或绳。按照民族志的资料，目前仍能见到纺轮，如瓦族、彝族、布朗族、藏族人仍然使用，他们使用的纺轮与考古发掘出来的纺轮款式基本一样，熟练的操作者一天可以纺一斤左右的纱，质量一般比现在用机器纺出来的稍嫌逊色，但精良者则更高一筹。[2]由于自然环境的原因，潮汕地区的竹木物件普遍难以久存，因此整套纺轮以及完好竹木杆同出的情况，迄今没有发现。不过，揭阳仙桥狗屎山晋墓的这件陶算珠式纺轮，孔内尚插有铁枝，则清楚地表明，至迟在晋代，潮汕住民已引入铁器作为纺轮的配套工具了。

以铁器作为纺杆，显然比此前使用竹、木杆有了工具上的进步。像揭阳墓铁轴心与纺轮遗物同出者，在有发掘报告的广东六朝墓中，唯此一件，可见当时广东还是以竹、木料为主来制作纺杆。潮汕地区不俗的纺织水平，由此铁轴心可窥一斑。

---

[1] 广东省博物馆，汕头地区文化局，揭阳县博物馆.广东揭阳东晋、南朝、唐墓发掘简报［J］.考古，1984（10）.

[2] 郑永东.浅谈纺轮及原始纺织［J］.平顶山学院学报，1998（5）.

本阶段的潮汕纺织品，主要是葛、麻织品。

先秦时期，揭阳面头岭战国墓出土的裹长矛麻织物，麻丝细密均匀，纱面宽0.08厘米，是广东较早的纺织品实物。到了此阶段，揭阳白塔宝联寨山汉墓又出有麻质碎片，该件于椁内墓底处发现，发掘时已碳化、呈黑色。汉孔安国注《尚书》有"岛夷卉服，厥篚织贝"句，称"南海岛夷，草服葛越"[1]，如果结合考古发现，我们可以较清楚地判断，到了汉代，麻织品仍是潮汕主要纺织品之一。

同时，大量的早期文献记载，提及南方的葛、麻纺织品质优、产量多。有了上述考古发现上的实物和技术佐证，可说明当时人所称誉的优质南方布，也包括潮汕。例如东汉王符"葛子升越，筩（筒）中女布，细致绮縠"，以能穿着葛布来描述南方之奢侈，[2]西晋左思以"蕉葛升越，弱丁罗纨"来状写南方蕉、葛布之精美。[3]潮汕，正是在这些记载所描述的范围之内。

棉纺织品方面，则有文献可推，潮汕土著居民可能一直从事木棉纺织生产。这样的判断，依据如下。

首先，一般认为，岭南是中国较早出现并流行棉纺织业的地区。中国古无"棉"字，只有"绵"字，"绵"是指丝织品"绵"。棉纺织品盛行于六朝时期，当时棉花被称为"吉贝"，又误为"古贝"，早期文献多见记载。如"吉贝者，树名也，其华成时如鹅毳，抽其绪纺之以作布，洁白与篿布不殊，亦染成五色，织为斑布也。抽其绪纺之以作布，洁白与杆布不殊，亦染成五色，织为班布也""《南州异物志》曰：五色班布以丝布，古贝木所作。此木熟时状如鹅毳，中有核如珠珣，细过丝绵。人将用之则治，出其核，但纺不绩，在意小抽相牵引，无有断绝"。不过，在南朝宋时，刘裕认为华贵的布太费工费料，出于对劳民伤财的担忧，曾禁止岭南人民制作绵布。[4]上引这些，都可说明岭南棉纺织品较早流行。

其次，同期文献记录涉及广州"蛮夷"采棉进行纺织生产，而潮汕地区当

[1] 孔安国，传.孔颖达，疏.尚书正义［M］//阮元，校刻.十三经注疏.北京：中华书局，1980：146.

[2] 王符.潜夫论［M］.文渊阁四库全书本，卷三：7.

[3] 左思.吴都赋［M］//高步瀛.文选李注义疏.曹道衡，沈玉成，点校.北京：中华书局，1985：1152.

[4] 李延寿.南史［M］.北京：中华书局，1975：28.姚思廉.梁书［M］.北京：中华书局，1973：784.李昉，等.太平御览［M］.北京：中华书局，1960：3651.

时属于广州辖区，居民又多"蛮夷"。如晋刘渊林引东汉杨孚《异物志》注左思《吴都赋》，称木棉树"中有如丝绵者，色正白，破一实得数斤"，产岭南广州等地；又如《艺文类聚》引南朝宋裴渊《广州记》，称广州"蛮夷不蚕，采木绵为絮，皮圆当竹，剥古绿藤，绩以为布"。潮汕有百余年时间属于广州辖区，这段时间，刚好在裴渊所述时限内。[1]

蚕桑业，有可能也存在了。

这一点，我们只能从附近地区存在蚕桑业来进行推测。广东方面，"高则桑土，下则沃衍"[2]等记载，说明至迟在建安（196—219）年间，广州附近的蚕桑业初具规模；海南方面，"男子耕农，种禾稻、纻麻，女子蚕桑织绩"[3]，则明确了，与潮汕海路相近的海南岛上从事蚕桑业的居民不在少数。

又六朝时期，南方丝织品并不罕见，如《先秦汉魏晋南北朝诗》一书描绘采桑、养蚕和织妇劳作的诗词便有38首，以时代分，东晋7首，南朝宋2首、梁17首、陈12首，[4]可见蚕桑业在南方的普遍性。同时，南朝齐武帝永明五年（487），由于"农桑不殷于曩日，粟帛轻贱于当年"而决定"京师及四方出钱亿万，籴（籴）米穀（谷）丝绵之属"以平抑丝绵价格，[5]反映出南方蚕桑业的发达。

既然周边的早已存在，而且六朝时期南方蚕桑业发达，又南朝齐时竟然一度导致产量众多而货多物贱，那么潮汕地区在本阶段同样存在本土蚕桑业也不出奇。

然而，我们毕竟没有见到考古实物或早期文献记载，明确的结论，只能期待以后的发现。

综上所述，秦汉六朝，潮汕地区的纺织业并不落后于时代。在中国四大传统纺织品中，潮汕此期的生产：最主要是葛、麻制品，延续自远古；棉制品，可能仅是土著的传统产业；蚕桑制品，不能确定，但不排除存在蚕桑生产的可能

[1]　欧阳询.艺文类聚［M］.汪绍楹，校.上海：上海古籍出版社，1982：1463.李昉，等.太平御览［M］.北京：中华书局，1960：3095.左思.吴都赋［M］//高步瀛.文选李注义疏.曹道衡，沈玉成，点校.北京：中华书局，1985：1086.

[2]　郦道元.水经注教证［M］.陈桥驿，校证.北京：中华书局，2007：873.

[3]　班固.汉书［M］.颜师古，注.北京：中华书局，1962：1670.

[4]　卢海鸣.六朝时期南方纺织业发展水平评估［J］.中国农史，2000（3）.先秦汉魏晋南北朝诗［M］.逯钦立，辑校.北京：中华书局，1988.

[5]　萧子显.南齐书［M］.北京：中华书局，1972：54.

性。其中，潮汕土著"蛮夷"的主要纺织品原料，可能是棉。

二、隋唐时期

隋唐潮汕纺织业面貌焕然一新，尤其是文献、考古材料较多的唐代，让我们得以了解到，男耕女织，逐渐成为普通潮汕居民的分工劳作常态。

这个阶段，最为值得一提的是潮汕产蕉布的精良品质，它在国内的行业地位，无论规模和质量都达到了同期的顶级水平，而此时蕉布昂贵，一货难求。蚕桑业，则至迟在中唐前后，发展至古代潮汕史上的最高水平。

（一）蕉纺织品

隋唐潮汕地区蕉纺织品质量优秀，在整个唐代都是皇家贡品，就现存文献看，潮州是天下诸州中唯一未曾中断过上贡蕉者。

"蕉"在历代所指，含义不尽相同，本书后面还将多处提及。这里先梳理一下历代文献中"蕉"的描述。

蕉，即是蕉布。东汉时有称"葛"者，如《太平御览》引东汉《异物志》；[1]晋时有称为"蕉葛"者，如《南方草木状》称甘蔗有三种，其中：一种"可纺绩为絺綌（绤），谓之蕉葛"；[2]南朝时始见"蕉布"一名，《后汉书》引《南越志》称"蕉布之品有三，有蕉布，有竹子布，又有葛焉"。[3]唐宋时对"蕉""葛""蕉葛布""细蕉""白蕉"等的区分不尽相同，唐代的如《元和郡县图志》[4]，宋代的如《新唐书》[5]，元代的如《文献通考》[6]均有不同表述，则是宋人欧阳修、元人马端临等严肃史家眼里的葛、蕉是两种不同产品。但明清之后，似乎又含混到一起，尤其是晚出文献，如明末清初《广东新语》更将葛、蕉、麻三者混同。[7]以上说明蕉在不同时代的称谓是有区别的。其实，囿于时代因素，植物类品种、名称的叫法并不严谨，历时含义未必相同，这在别的物事称谓上也经常碰见，属于正常现象。

---

[1] 李昉，等.太平御览［M］.北京：中华书局，1960：4320.

[2] 嵇含.南方草木状［M］.文渊阁四库全书本，卷上：1-2.

[3] 范晔.后汉书［M］.李贤，等，注.北京：中华书局，1965：1635.

[4] 李吉甫.元和郡县图志［M］.贺次君，点校.北京：中华书局，1983：895.

[5] 欧阳修，宋祁.新唐书［M］.北京：中华书局，1975：1033.

[6] 马端临.文献通考［M］.北京：中华书局，1986：2502.

[7] 屈大均.广东新语［M］.北京：中华书局，1985：425.

现代认为，蕉、葛是两类不同的纺织品，按现代农业科学的研究结论，蕉布在分类上"属于硬质纤维，许多指标居第一位"。历史上蕉布制作的工艺发展，大约是：东汉时采用大铁锅煮芭蕉茎，将芭蕉茎煮成丝状后再纺织成蕉布，属于高温脱胶技术；六朝时期利用草木灰的碱性来脱胶，比高温胶技术前进了一大步；唐宋元时期岭南蕉布的制作技术是"干灰煮"，虽然仍属于碱性脱胶范畴，不过，在制作的精良方面，比之以前有了进步。[1]潮汕地区的蕉布生产工艺演进过程，应该也是这样的。

同时，需要说明的是，今人多认为蕉布较贱，那是受到明末清初等晚出文献的影响，其实直至宋元时期，它依旧是难得之货，明末之前仍然价格昂贵，只是后来时代进步才显得平庸。这个情况，我们会在后面的相关环节随文介绍。

唐代，潮汕蕉布是天下唯一未曾间断过的贡品。

目前能见的、述及唐代天下诸州府上贡情况的同期文献，有《新唐书》《元和郡县图志》《通典》《唐六典》[2]和敦煌遗存辑佚的《天宝十道录》[3]《贞元十道录》[4]，晚出文献，大体上取材于这些为史源。其中，《唐六典》较为简单，《天宝十道录》残存66个州的记录，《贞元十道录》只剩12个州的记录，都没法进行比较以说明问题。现存记录最为齐备者为《新唐书》《元和郡县图志》和《通典》，我们就其内容梳理如下。[5]

《新唐书》的情况。

《新唐书·地理志》中，全国在贞观十三年（639）的"定簿"有州府358个、县1551个，十四年（640）有州府360个、县1557个；开元二十八年（740）

[1] 周肇基.从"广人重蕉"看广东历史上对植物资源的开发利用［J］.中国农史，1987（4）.向安强.树皮布·蕉布·竹布：古代岭南土著社会"蛮夷"制布文化考述--从环珠江口先秦"树皮布文化"说起［J］.农业考古，2010（1）.

[2] 李吉甫.元和郡县图志［M］.贺次君，点校.北京：中华书局，1983：895.杜佑.通典［M］.王文锦，王永兴，刘俊文，等，点校.北京：中华书局，1988：24.李林甫，等.唐六典［M］.陈仲夫，点校.北京：中华书局，1992：72.欧阳修，宋祁.新唐书［M］.北京：中华书局，1975：1344.

[3] 宏新按：即敦煌市博物馆藏敦煌文书第58号残卷，该种残卷有过多种叫法，如向达先生定名为《唐天宝初残地志》，吴震先生定名为《敦煌石室写本唐天宝初年〈郡县公廨本钱簿〉》等，晚近荣新江先生称为《天宝十道录》。参见：荣新江.敦煌本《天宝十道录》及其价值［M］//唐晓峰，辛德勇，李孝聪.九州（第二辑）.北京：商务印书馆，1999.

[4] 荣新江.敦煌本《贞元十道录》及其价值［M］//李国章，赵昌平.中华文史论丛（第63辑）.上海：上海古籍出版社，2001.

[5] 宏新按：《新唐书》《元和郡县图志》《通典》的土贡具体系年时间，历来有很多各能说通的研究成果，但各家又有互相矛盾之处，因此，本史稿暂不涉及系年。

的 "户部帐"，有郡府328个，县1573个。其中规定贡献蕉者，仅得7个州郡。又，范围包括大约今广东、海南全部和广西大部、云南东南部、越南北部地区的岭南道，有73个州和1个都护府，上贡唐中央政府的各种物品中，蕉排列首位，说明蕉是唐代岭南较重要贡品，而岭南道内贡蕉的地方，仅有潮州、新州、安南都护府3个州府，则此三处应该是盛产蕉，且蕉质量优良之处。

具体如下表[1]。

表5-7 《新唐书》中蕉布贡品概况表

序号	贡蕉的州府	"蕉" 的描述	所在的道
1	潮州潮阳郡	蕉	岭南道
2	新州新兴郡	蕉	
3	安南中都护府	蕉	
4	福州长乐郡	蕉布	江南道
5	建州建安郡	蕉	
6	泉州清源郡	蕉	
7	郢州富水郡	蕉	山南道

《元和郡县图志》的情况。

唐代文献《元和郡县图志》，从现存可见的版本看[2]，则全国需要上贡蕉布的州府，一共有9个，它们在不同时期上贡，所贡的蕉，质量上有所差别。整理如下表[3]。

表5-8 《元和郡县图志》中全国蕉布贡品概况表

序号	州府	贡献年代	
		开元贡	元和贡
1	潮州（潮阳）	蕉葛布	细蕉布
2	广州（南海）	蕉布	

[1] 欧阳修，宋祁.新唐书［M］.北京：中华书局，1975：959-1157.

[2] 宏新按：《元和郡县图志》在北宋时已经无图，南宋首刻时也有文字欠缺，宋代之后目录亡佚，再缺卷第19-20（河北道四、山南道一）、23-24（山南道四、淮南道）、35-36卷（岭南道二、岭南道三），传世本仅余34卷。

[3] 李吉甫.元和郡县图志［M］.贺次君，点校.北京：中华书局，1983.

续表

序号	州府	贡献年代	
		开元贡	元和贡
3	福州（长乐）		白蕉
4	端州（高要）	蕉布	
5	康州（晋康）	蕉布	
6	封州（临封）	蕉布	
7	贺州（临贺）	蕉布	
8	宾州（领方）	蕉布	
9	安南（交趾）	蕉布	

《元和郡县图志》所列的开元、元和贡究竟是依据哪一年的登记簿，在不妨碍说明问题的情况下，我们做个较妥当的处理，认为"开元"是开元（713—741）年间，"元和"是元和（806—820）年间。

从上表中可以看出，潮州一直是全国上贡蕉布的绝对大户，再结合《新唐书》的录载，则更可说，终唐一代，就现存文献看，潮州是全国唯一一直上贡蕉布的州府，是蕉布的盛产地。

产量多，不一定便是产品质量好，但上表中还明确透露出潮州蕉纺织品的质量处于全国顶级水平，其上贡的不是平常的蕉布，而是与众不同的"蕉葛布"和"细蕉布"。

潮州开元贡的"蕉葛布"，可能比普通蕉布在质量上更胜一筹，因此唐代文献特别分列。唐李善注晋左思《吴都赋》"蕉葛升越，弱于罗纨"句称："蕉葛，葛之细者；升越，越之细者。"[1]即是说，至少在南朝、唐朝，人们所说的"蕉葛"，比之平常的葛布要细薄精良。那么，唐人李吉甫《元和郡县图志》所依据的调查簿中，特意区分"蕉布"及"蕉葛布"两种，便透露出，作为蕉布中的精品，蕉葛布较之蕉布乃至精美的丝织品还要薄和细。如《太平御览·布帛部》引佚书"段氏《蜀记》"，称蕉葛"上者一匹直十千"[2]，都可见蕉布十分贵重，潮州作为贡品的"蕉葛布"，质量不说更胜一筹，至少是不遑多让的。

---

[1]　左思.吴都赋［M］//高步瀛.文选李注义疏.曹道衡，沈玉成，点校.北京：中华书局，1985：1152.

[2]　李昉，等.太平御览［M］.北京：中华书局，1960：3647.

元和年间，全国仅余两州上贡蕉布，潮州此时贡献的是"细蕉布"，福州贡献的是"白蕉"。较合理的推测，应该是元和时普通"蕉布"相对常见，因此唐中央政府要求上贡更好的蕉布。潮州所产的"细蕉布"，是一种质量更为精细的蕉布，原来无须上贡蕉布的福州，至此必须上贡"白蕉"，应该也是出于产品更优的原因。白居易的"蕉纱暑服轻"[1]，天福七年（942）福建上贡后晋政权的"红蕉二百疋（匹）"和"细蕉二百疋（匹）"[2]，都可以类证潮州细蕉布之珍贵。

《通典》的情况。

《通典·食货》在各州上贡的物品数量上有所体现。《通典》的州郡划分体例，并非按唐代实际情况，而是按古九州方位，其中的潮州列在古扬州之末。

《通典》中需要贡蕉的州府一共有5个，具体情况如下表。[3]

表5-9 《通典》中全国蕉布贡品概况表

序号	贡献地	蕉的描述	贡献数量
1	潮阳郡（潮州）	蕉	10匹
2	长乐郡（福州）	蕉	20匹
3	建安郡（建州）	蕉	20匹
4	安南都护府	蕉	10端
5	新兴郡（新州）	蕉	5匹

上表中首次出现了贡蕉的数量，其中潮州贡献10匹，少于福州和建州。那是因为福州、建州所贡献物品种类少，除了蕉之外，福州仅需贡献"海蛤一斤"，建州仅需贡献"练十疋（匹）"，而潮州还需贡献"蚺蛇胆十枚、鲛鱼皮十张、甲香五斤、石井、银石、水马"，[4]则贡蕉数量的多寡，与贡品的总量控制有关。同时，由于成书体例问题，《通典》各方面介绍都比较简略，因此其仅用"蕉"表达，与《元和郡县图志》的表述不同，没有再分粗、幼蕉等小项。

---

[1] 白居易.晚夏闲居绝无宾客欲寻梦得先寄此诗［M］//胡震亨，季振宜，彭定求，等.全唐诗.北京：中华书局，1960：5189.

[2] 王钦若，等.册府元龟（校订本）［M］.周勋初，等，校订.南京：凤凰出版社，2006：1883.

[3] 杜佑.通典［M］.王文锦，王永兴，刘俊文，等，点校.北京：中华书局，1988：2-307.

[4] 杜佑.通典［M］.王文锦，王永兴，刘俊文，等，点校.北京：中华书局，1988：123，124.

从上面3份表的对比，至少可以给我们这样的印象：在产业地位上，潮州的蕉纺织业在全国名次是靠前的，毕竟整个唐代仅有潮州一地连续贡蕉；从质量方面看，如非有过人之处，唐中央政府不会长期指定潮州上贡。

还有若干文献述及潮州蕉的质量，譬如《唐六典》，称天下物产"经不尽载"，各类产品只能提及精品名品，其中便有"安南及潮州蕉"[1]，这表明唐代潮州的蕉纺织品具有很高的美誉度，闻名于天下。

此外，唐代才有将各州县的贡献形成定制，并存有较系统介绍的文献，而同时便出现了潮州贡献纺织品的记录。这便意味着，不排除在隋代或之前的潮汕便出产优质蕉布的可能性，潮汕的蕉纺织业，未必是迟至唐代才勃兴。

（二）其他纺织品

隋唐时期的潮汕麻、葛等纺织品，其产业地位，在岭南算是比较突出的。《广东省志·经济综述》载，唐代广东，"主要用葛、麻、蕉等植物纤维做衣料，和北方的以丝、棉为主不同。蕉布，也称蕉葛，产于潮、循（龙川）、广、康、封（封开）、新、春（阳春）诸州；葛布产于潮、循二州；麻布产于潮、康、封三州"。[2]在这段关于广东葛、麻、蕉产地的论述中，潮州是仅有的三大项全部盛产的地方，并且在记叙中全部排名第一。可知上面论及的蕉之外，葛、麻也是潮汕强项。

这些纺织品也应用于劳动生产和日常生活。

如麻布的应用，考古上有所发现。揭阳梅云村砖室墓出土有两件唐代四耳罐遗物，器物的外部都通施有酱黑色釉层，平底。在器物出土时，其底部出现了使用麻布垫底的痕迹，经考古判断，这个痕迹应该是生产制作四耳罐时所铺垫的麻布遗留下来的。[3]这是当时麻布普遍使用的证据之一。

如其他丝巾、皂盖等疑似纺织品类的应用。

《（民国）潮州志》载有"文公帕"，称为韩愈所传："潮州妇女出行，则以丝巾或皂布丈余盖头蒙面。双垂至膝。时或两手翕张，状甚可怖，名曰'文公帕'，盖昌黎遗制。……清末潮阳尚盛行今五十以上老妇装束间且或见之，而

[1] 李林甫，等.唐六典［M］.陈仲夫，点校.北京：中华书局，1992：64，72.

[2] 广东省地方史志编纂委员会.广东省志·经济综述（光盘版）［M］.广州：广东省科技音像出版社，2007：7.

[3] 揭阳博物馆.揭阳文物志［M］.内部出版，1985：56.

少女赤露肘，盖去古远矣。"[1]《（光绪）潮阳县志》载："女子出门必拥蔽其面，我潮风俗之厚，妇人步行必盖丝巾，俗谓之'文公帕。'"[2]

同期文献又有提及"皂盖"，《云仙散录·与日轮争功》便载有韩愈任潮州刺史时，曾经着皂盖出行，大赞此物遮日十分有效："《传芳略记》曰：韩愈刺史潮州，尝暑中出，张皂盖。归而喜曰：'此物能与日轮争功，岂细事耶！'"

说明一下，《云仙散录》能反映五代之前的部分事实，不过，该书内容繁杂，版本众多，早在宋代时便被怀疑窜入了宋代文献。特别是全书援用了100种文献，但不少书名没有传世，如这里的《传芳略记》，在《云仙散录》中被征引了4处，但该书名在其他文献中也罕有见载。因此，姑且不论"皂盖"是否是产自唐代潮州纺织品，仅《云仙散录》的可信度便该打个问号。录此仅供参考。[3]

蚕桑业方面，上阶段未能确认是否存在，唐代则有了文献记载。

《太平御览·潮州》载："《郡国志》曰：稻得再熟，蚕亦五收，煮海为盐。"[4]

该条记载没有说明是采自哪一种"郡国志"，但记录中有稻有盐又有桑蚕业，对古代潮汕的经济信息极其重要，本书在相关章节均有引用，由于篇幅关系，放在这里做个简单考辨（上引文字，下简称为"潮州条"）。

这条记载引自《元和郡国志》，系年在唐元和年间。论证如下。[5]

第一，据中华书局版（即"宋本"商务版缩印）的《太平御览·引书目》，该书引用了1690种文献（有中国学者实查为1689种，可能所检版本有异），其中出现"郡国志"字样的仅唐《元和郡国志》和西晋《续汉书郡国志》两种。即是说，"潮州条"出自这两种文献之一，非此即彼。

第二，《元和郡国志》已无存；《续汉书郡国志》是《续汉书》中八志之一，《续汉书》大部散失，但《续汉书郡国志》因被收入范晔《后汉书》而传

[1] 林德侯.潮州志·丛谈志［M］//饶宗颐.潮州志.汕头：潮州修志馆，1949.

[2] 张其翂.（光绪）潮阳县志［M］.周恒重，等，修.台北：成文出版社，1966：188.

[3] 冯贽.云仙散录［M］.张力伟，点校.北京：中华书局，1998：前言1-12，正文63，162-171，索引4.

[4] 李昉，等.太平御览［M］.北京：中华书局，1960：838.

[5] 宏新按：以下论述参见：李昉，等.太平御览［M］.北京：中华书局，1960.范晔.后汉书［M］.李贤，等，注.北京：中华书局，1965.钱林书.续汉书郡国志汇释［M］.合肥：安徽教育出版社，2007.乐史.太平寰宇记［M］.王文楚，等，点校.北京：中华书局，2007：3035.周生杰.《太平御览》研究［M］.成都：巴蜀书社，2008：211-212.高桥稔，葛蓬天.《元和郡国志》研究［J］.中国历史地理论丛，1988（1）.

世。笔者统查之下，都不见"潮州条"内容，不过，由于今人怀疑传世《后汉书》所存的《续汉书郡国志》内容不全，因此，我们只能说"潮州条"几乎可确定不是出自《续汉书郡国志》。

第三，《太平御览》全书转引"郡国志"的有188条，其中，明确引自"元和郡国志"的5条，余下183条仅知是引自"郡国志"；同时，学界一般认为《太平御览》所引文献名称多有写不全的情况（笔者也查出1例）。即是说，这188条中，除了5条可确定出自《元和郡国志》外，并不能排除另183条同样出自《元和郡国志》的可能性。

第四，"潮州条"的内容也见于《太平寰宇记》，只是次序颠倒（载"煮海为盐，稻得再熟，蚕亦五收"），并且未注引自哪里（《太平寰宇记》的引用体例是，有时未注原文献），但是《太平寰宇记》的前言提及"郡国志"，又有日本学者搜检全书，认为《太平寰宇记》一共引用了《元和郡国志》354条记载，这354条与今本《元和郡县图志》有录者差异明显。即是说，"潮州条"也基本可确认引自《元和郡国志》。

综上所述，"潮州条"几乎可以确定不是出自《续汉书郡国志》，又基本可确定出自《元和郡县志》，同时，还完全没有出现反证。因此，我们认为，"潮州条"记载所依据、所征引的文献是佚书《元和郡国志》。

元和年间，潮州的农桑生产已然焕然一新，稻得再熟，蚕亦五收，在州邑、县治或者人群聚落点，已经呈现出与中原完全相同的农耕社会面貌。

元和十四年（819）韩愈治潮，当年的夏天，潮汕阴雨连绵，妨害百姓生计，韩愈创作出5篇《潮州祭神文》以祷晴。这5篇祭文，都不同程度描述到生产劳动，其中，直接提到潮汕蚕桑业的有《又祭止雨文》《祭城隍文》和《祭界石神文》3篇，"蚕起且眠""蚕不可以复育也""蚕谷以登""农夫桑妇""织妇耕男"等都是关于蚕桑业的描述，各篇一方面直接出现了"蚕"，另一方面提及"桑妇"，这是指采桑养蚕的妇女，没有任何歧义。[1]

因此，无论产量如何、生产技艺怎么样，潮汕蚕桑业至迟在唐元和年间已广泛存在，并且规模颇为可观，生产者掌握基本的丝织工艺技术更不在话下了。至于后来的没落，主要是气候的原因。

---

[1] 韩愈.潮州祭神文［M］//韩愈.韩昌黎文集校注.马其昶，校注.马茂元，整理.上海古籍出版社，1986：318-320.

三、宋元时期

宋代是中国纺织业高度发达时期。宋中央政权给予岭南的特殊优惠政策，也促进了潮汕的行业发展。如自开宝六年（973）起，便豁免了岭南民间"缣帛"商税中的"住税"。[1]

总的来说，本阶段潮汕纺织业仍然延续中晚唐以来的发展态势。各品类的情况则有所差别：其中的蕉布，继续维持着全国的顶尖水平，潮州蕉布是天下难得之货；麻布，仍然是岭南生产大州；棉、蚕桑业等似乎没落了。

（一）蕉纺织品

宋元潮州的蕉纺织品继续保持行内的顶级优势。在有文献清晰记载的宋代，宋版图内只有三个州贡蕉。

载有宋代土贡（常贡）的早期文献，较完备者为《元丰九域志》《宋会要辑稿》《宾退录》《文献通考》《宋史》，经辨析，梳理如下表。[2]

表5-10　宋代各地贡蕉概况表

年代	宋代贡蕉州及数量		
	潮州	泉州	福州
元丰年间（1078—1085）	蕉布5匹	蕉10匹	红花蕉布30匹
绍兴三十二年（1162）	蕉布5匹	蕉布10匹	

上表这些都是固定岁贡项目，潮州、泉州描述为"蕉布"，福州则是"红花蕉布"，有可能后者更为精美。但福州的红花蕉布，在南宋绍兴已不是固定贡品。则整个宋代必须贡蕉的地方，只有潮州和泉州两个，这可见潮州蕉布的行业地位。

---

[1] 宏新按：《宋史》载"岭南商贾赍生药及民间所织缣帛，非鬻于市者皆勿算"，《文献通考》载"开宝六年，诏岭南商贾赍生药者勿算"，则是开宝六年（973）起岭南便率先实行；又《文献通考》载至道二年，"诏民间所织缣帛非出鬻於市者勿得收算"，则是至道二年（996）推广至全国实施。参见：脱脱，等.宋史［M］.北京：中华书局，1977：4541.马端临.文献通考［M］.北京：中华书局，1986：145.

[2] 王存.元丰九域志［M］.王文楚，魏嵩山，点校.北京：中华书局，1984：400-411.赵与时.宾退录［M］.齐治平，校点.上海：上海古籍出版社，1983：133.脱脱，等.宋史［M］.北京：中华书局，1977：2093-2254.马端临.文献通考［M］.北京：中华书局，1986：215-222，2467-2545.宋会要辑稿［M］.刘琳，刁忠民，舒大刚，等，校点.上海：上海古籍出版社，2014：2885-2933.

　　《永乐大典》引《三阳志》载："至唐乃有蕉、鲛革、甲香、蚺蛇胆、龟、石井、银石、水马等物。本朝削去其余，惟岁贡蕉布五匹，甲香一斤，鲛鱼皮一张。近岁复罢其余，惟蕉布仍旧。"[1]这条《三阳志》是撰自南宋的《三阳志》，时间应是在1174年之后不久。[2]《三阳志》的记载，显示出宋代潮州贡蕉是连续不断的。

　　而潮州除了岁贡固定贡品"蕉布"5匹外，还曾贡献"潮州花蕉布"[3]，这是不定期的非固定贡，数量不详。该项后被罢去。

　　宋代，中央政权出于对耗费民力的担忧，屡有减免上贡的诏令。笔者粗略统计，《宋会要辑稿》中仅绍兴朝便有二、三、四、五、六、七、十四、二十五、二十六、二十七、二十八、三十二年共12个年份的贡品减免记录，涉及多个类项，罢去纺织品类的，有光州土贡葛布、临安府岁贡御服绫、蜀中制造锦绣帘幕等，其中罢福州福清县的200余匹花蕉布，与潮州同为"花蕉布"，被罢时间间隔3天，同时，福州的固定岁贡"花蕉布"也得以一起罢免。[4]

　　蕉布在宋元依然贵重，远非平凡人家所能得到。这从它成为寄赠高官贵客的礼品便可得知，而名宦文人则多在接受之后喜不自胜，赋诗答谢，更可见它的珍贵。这类记载较多，我们稍举几例。

　　北宋的，例如苏辙收到孔平仲赠送的蕉布，即刻答谢称"裘葛终年累已轻，薄蕉如雾气尤清"，也许是罕能得到如此佳品，向被认为急性子的苏辙，立马便"炫耀式"地招摇过市，是谓"更得双蕉缝直掇，都人浑作道人看"。孔平仲为孔子后裔，从县、州起步，曾谪韶州、惠州，都与潮州相近，则蕉布可能是他在岭南期间获得，并赠予苏辙的。[5]至于是否产自潮州，则无法得知。

　　南宋的，如王迈接到陈宏父赠送的潮阳蕉丝、碑拓等礼物，作诗《谢陈尉宏父惠潮阳蕉丝碑刻因求宿诺韩文》酬谢。[6]王迈，漳州仙游人，历任南外睦宗院教授、漳州通判等职。[7]漳、潮接壤，并且他还写有《陈方大弟宠父将省侍潮

[1]　解缙，等.永乐大典（精装十册）[M].北京：中华书局，1986：2458.

[2]　解缙，等.永乐大典（精装十册）[M].北京：中华书局，1986：2458-2459.

[3]　李心传.建炎以来系年要录[M].上海：商务印书馆，1936：1906.

[4]　宋会要辑稿[M].刘琳，刁忠民，舒大刚，等，校点.上海：上海古籍出版社，2014：2885-2933.

[5]　苏辙.答孔平仲惠蕉布二绝[M]//陈宏天，高秀芳，点校.苏辙集.北京：中华书局，1990：279.

[6]　王迈.谢陈尉宏父惠潮阳蕉丝碑刻因求宿诺韩文[M]//北京大学古文献研究所.全宋诗.北京：北京大学出版社，1998：35765.

[7]　脱脱，等.宋史[M].北京：中华书局，1977：12634-12636.

阳以诗约别》《二十韵潮阳宰余君实日华》《送吴梦大监税赴潮州圃湾二首》等
不少与潮汕有关的诗句，可见与潮汕关系匪浅，自然比苏辙更有理由穿、用过潮
阳蕉丝。但即使如此，接到礼品后，他同样高兴不已，仅从诗标题中将"潮阳蕉
丝"置于文人所重的"碑刻"之前，便可约略窥见当时潮阳蕉之珍贵。

元代的，常见的同期文献如《大元混一方舆胜览》，便称蕉布"为王服
贵"，[1]这显示出蕉布在元代的地位，它显然并不是普通人家所能得到，估计除
了贡品献给皇室外，王公大臣要得到蕉布，也是颇费工夫。

贡品都是同类中的精品，其质量非寻常可比，而各处被点为贡品者，当地
官员基本会取用于官场应酬，宋代各地政府"数外取索，多归公库，更相馈赠，
习以成风"，并且屡禁不绝，《宋会要辑稿》中多有记载。[2]

因此，手工业类贡品，常以上贡数量的千百倍生产，以应付各种正常和非
正常的"损耗"。这样的例子很多，如被称为清官的包拯，正史记载中，便以
其任职端州时不借机攫取端砚（也是贡品）为例，与前守的"取数十倍"来作对
比，来凸显包拯之清廉。按《宋史》描述，一个官员便能取到百数十倍数量的贡
品，则加上所有经手的地方官，层层盘剥之下，总计更是惊人。[3]元代也不遑多
让，甚至定型出专指的"羡馀"一词，元代马端临便愤怒地指出，官员攫取贡
品，是汉唐以来的弊病、通病，宋元更是肆无忌惮。[4]

从这些材料看来，尽管潮州仅仅岁贡5匹蕉布，但实际产量却远远大于5匹，
即是说，潮州蕉布生产规模可观。

这也可从贡品蕉制品的原料蕉之栽种情况，略窥一斑。如《永乐大典》引《三
阳志》称，当时潮州各县都存在蕉，四季都适宜栽种，并列入"土产"名录。[5]

（二）其他纺织品

宋元潮州的其他纺织品也有所发展。

麻布，与珍贵的贡品蕉不同，它是更为普遍的生活布料。如《元一统志》
便列有潮州的"麻布"，并称是"诸县皆出"。[6]可见宋元潮州各县都有生产。

[1]　刘应李.大元混一方舆胜览［M］.詹友谅，改编.郭声波，整理.成都：四川大学出版，2003：
611.

[2]　宋会要辑稿［M］.刘琳，刁忠民，舒大刚，等，校点.上海：上海古籍出版社，2014：2920.

[3]　脱脱，等.宋史［M］.北京：中华书局，1977：10315.

[4]　马端临.文献通考［M］.北京：中华书局，1986：自序5.

[5]　宏新按：这条《三阳志》，列于《太平寰宇记》之后、《元一统志》之前，应为宋元文献。
参见：解缙，等.永乐大典（精装十册）［M］.北京：中华书局，1986：2457.

[6]　李兰肦，等.元一统志［M］.赵万里，校辑.北京：中华书局，1966：682.

从含"麻"地名的记载，也可看出"诸县皆出"的情况。如潮阳的麻田山，宋潮州名士吴复古则因隐居该山自号"麻田居士"，并卒于麻田，遂让"麻田"得以在宋元地方志书上留名，同时也可给我们以该"麻田"因盛产麻而得名的联想；又如潮州城西南二十里的"青麻山"，高二十丈，围四里，村民一直从事麻的种植。[1]这些尽管都是晚出志书所载，但系年均可以追溯至宋元时期，这反映出种麻在当时潮汕已经相当广泛了。

棉和蚕桑，我们难以判断是否潮汕自产，只能说纵然潮汕有所产出，也非重要项。其中，宋元潮州产棉布的证据更足，而蚕桑业，则暂时难以考实。

棉的使用，如《永乐大典》引《三阳志》载当时的养济院，"以处孤贫老病，不能自赡者。官给衣粮柴薪，至冬复给棉絮"，这里的系年为宋代，以棉絮御寒，说明棉布在宋代潮州是比较常见的日常用品。同时，宋代潮州8种主要的"土产"木类中便有棉，则当时棉布原料是具备的，尽管记载中的是"绵"，但主要论及的是建筑方面的用途。[2]

宋揭阳县在绍兴八年（1138）复置时的县治名为"吉帛村"[3]，我们前面已经引证过，棉在六朝已经普遍有着"吉贝"的称呼，因此这个"吉"应该是"吉贝"之简称，"帛"是棉纺织品的统称。如果猜测无误，则从字面上看，"吉帛村"便透露出该处与棉布生产有关。也就是说，存在着当时当地生产棉布的信息。

蚕桑业则缺乏足够的判断依据，考古上既没有发现，文献更无直接介绍。我们所能籍以判断的，只有桑的种植面积，似乎规模不小。

潮州州治附近的，如《金山亭记》碑刻有："循山而东，则列岫凝蓝，长江曳练，桑麻近落，烟雨平畴。目力交驰，景趣竞远，身居城郭中，然如在四旷之。"[4]则是绍兴十八年（1148），站在金山上，便能见到成片的桑麻种植地。

较偏僻之处，如《浦口庄舍五首》之三："浦口村居好，凭高望处赊。……太平无事日，处处尽桑麻。"[5]则是远离州治的浦口村之处，彭延年称

[1]　郭春震.（嘉靖）潮州府志［M］//北京书目文献出版社.日本藏中国罕见地方志丛刊（第13册）.北京：书目文献出版社，1992：16.吴颖.（顺治）潮州府志［M］//中国科学院图书馆.稀见中国地方志汇刊（44）.北京：中国书店，1992：1527.

[2]　解缙，等.永乐大典（精装十册）［M］.北京：中华书局，1986：2457，2461.

[3]　王象之.舆地纪胜［M］.北京：中华书局，1992：3106.

[4]　郑厚.金山亭记［M］//黄挺，马明达.潮汕金石文征.广州：广东人民出版社，1999：86.

[5]　彭延年.浦口庄舍五首［M］//解缙，等.永乐大典（精装十册）.北京：中华书局，1986：2492.

登高一望，到处都有桑和麻。

另有一些地名，似乎与盛产桑有关，如桑浦山。《舆地纪胜》桑浦山条："《潮阳图经》云：山与州相对，名花异禽，毕产其中。"[1]又，本阶段出现的桑田驿[2]等，其名带有"桑"字，也引人联想。

开荒栽桑麻，这与宋政府的大力提倡有关，广南路便多有官员因此而得以加官晋爵。[3]但是，比较蹊跷的是，在宋代文献较多的情况下，我们反而未能找到明确的、直接的潮汕蚕桑业记载。

多种宋代类书，如《太平御览》《太平寰宇记》的"蚕亦五收""煮海为盐"等记录都在唐代，而地理书《舆地纪胜》和《元一统志》"稻再熟而蚕五收，鳄远徙而凤翔集"，很可能是用典虚写，还有《大元混一方舆胜览》的"蚕五收"等，都是引自《太平御览》《太平寰宇记》。至于晚出文献，辗转沿袭，更是不足为据。而宋代最主要的缫丝技术，截至目前，在潮汕考古上都没有留下任何痕迹。[4]

同时，朱熹《劝农文》称福建漳州"蚕桑之务，亦是本业。而本州从来不宜桑拓，盖缘民间种不得法"[5]，依稀透露出，与潮汕相接壤的漳州，南宋时也没有蚕桑业，至于朱熹认为的生产"不得法"，则未必正确，主要还是气温下降至历史低点的原因。

综上所述，可以判断蚕桑业在南宋时期没落了，如果尚有生产，也是极其零星，谈不上规模生产。

此外，《永乐大典》引《三阳志》载有一个"制锦坊"，海阳县治曾一度设置在这里。[6]以"制锦"命名，从名字上看，也许宋元时期，这里是一处布料的再加工、销售之处所，而"锦"是泛指，并不能确定为哪一种具体的纺织品类。不过，"制锦坊"这个称呼，也许可以说明，当时潮州存在具规模的纺织品专业集散地。

[1] 王象之.舆地纪胜［M］.北京：中华书局，1992：3110.

[2] 解缙，等.永乐大典（精装十册）［M］.北京：中华书局，1986：2461.

[3] 脱脱，等.宋史［M］.北京：中华书局，1977：4168-4169.

[4] 刘应李.大元混一方舆胜览［M］.詹友谅，改编.郭声波，整理.成都：四川大学出版，2003：605.李昉，等.太平御览［M］.北京：中华书局，1960：838.乐史.太平寰宇记［M］.王文楚，等，点校.北京：中华书局，2007：3035.王象之.舆地纪胜［M］.北京：中华书局，1992：3120.孛兰肹，等.元一统志［M］.赵万里，校辑.北京：中华书局，1966：683.

[5] 朱熹.劝农文［M］//朱熹.晦庵集.文渊阁四库全书本，卷一百：16.

[6] 解缙，等.永乐大典（精装十册）［M］.北京：中华书局，1986：2460.

四、明清时期

明清潮汕纺织业的情况，从自身历时状态来看，是良性发展，表现在品类增多，技术增进；从与各地尤其是岭南诸州来比较，则显得略微退步，不再具有领先的行业地位，尤其是蕉布，明末清初各地掌握工艺并大规模生产，造成蕉布价贱，更令潮州蕉泯然于众。

下面，我们先梳理出清代潮汕纺织品名录，再分类简单介绍。

（一）纺织品名录

明初脱稿的《图经志》，修志者自称没有记录药品之外的其他土产。[1]因此，我们只能依据四种现在能见的、完整的府志来梳理纺织品名录，并附当时人的相关质量评价。[2]如下表。

表5-11　明清潮州府主要纺织品概况表

类别	主要产地及品种	府志的评价
葛	各县皆有产	潮阳产凤葛，佳
苎	各县皆有产	普宁产苎布，佳
麻	各县皆有产	潮州产波罗麻皆佳，潮阳、揭阳产黄麻、青麻皆佳
蕉	各县皆有产	
蚕桑	各县产蚕丝，海阳产绸绢，程乡产蚕绸、茧紬（绸），可能各县都有产潮纱	程乡产蚕绸、茧紬（绸），佳，潮纱质量差
竹	可能各县都有产	
棉	可能各县都有产	潮州产棉毯质量皆佳

同期文献中，还出现不少纺织品名，但都包含在上表大的类别里面。例如潮州产的葛布，还细分有光葛、粗葛和惠来云葛[3]等。此外，我们出于同为府志

[1] 解缙，等.永乐大典（精装十册）[M].北京：中华书局，1986：2457.

[2] 永乐大典方志辑佚[M].马蓉，陈抗，钟文，等，点校.北京：中华书局，2004：2602-2785.郭春震.（嘉靖）潮州府志[M]//北京图书文献出版社.日本藏中国罕见地方志丛刊（第13册）.北京：书目文献出版社，1992：286.吴颖.（顺治）潮州府志[M]//中国科学院图书馆.稀见中国地方志汇刊（44）.北京：中国书店，1992：1364.林杭学.（康熙）潮州府志[M].潮州：潮州市地方志办公室，2000：465.周硕勋.（乾隆）潮州府志[M].台北：成文出版社，1967：987.

[3] 黄佐.（嘉靖）广东通志[M].广州：广东省地方史志办公室，1997：573.黄一龙，林大春，等.（隆庆）潮阳县志[M].上海：上海古籍书店，1963，卷七：6.

所列, 语境、体例相对较为一致的考虑, 不将府志之外的其他文献所载的纺织品编入上表。

按上表, 如果以该纺织品在潮汕的存在时期和发展状态来划分, 大致可分为三大类别:

第一类, 是历代至明清一直生产的主要品种, 有蕉、葛、麻布;

第二类, 是在宋元趋于消沉, 至明清重兴的品种, 有蚕桑(蚕丝、绸绢、蚕绸、潮纱)和棉布;

第三类, 是直到明清文献, 才见到明确生产的品种, 有苎、竹布。

这些物品的社会效益如何, 取决于个人态度和感受, 在部分人看来庸俗不堪, 是奇技淫巧, 十分有害。

如蓝鼎元, 从儒家重农思想出发, 持"地方产一异物, 则为地方之害, 奇技淫巧, 不如勿产之"的态度, 认为地方官员不应提倡及宣传, "程茧、凤葛、潮趐(潮毯)、潮纱初何尝有甚佳美? 空负重名, 奔走远近。求之者若天降地出, 贸之者如大贝南金, 货之者声价日高, 品质日下。非官斯土者之所乐闻也", 不如"其他常产, 皆益生民, 树艺畜物, 可以致富"。[1]这里只是对持此种态度者做个统述, 以免下文逐项介绍而显累赘。而无论如何, 上引"空负重名, 奔走远近"等的描述, 还是透露出程茧、凤葛、潮趐(潮毯)、潮纱等潮产纺织品确实比较闻名, 远近求购, 是难得之货。

同时, 必须说明一下, 目前的研究, 基本都是将"潮蓝"视为纺织品, 但它实际是一种纺织品染制工艺, 而非具体的布帛。至少, 从史源来说是这样的。说见乾隆六十年(1795)脱稿的《扬州画舫录》所载: "蓝有潮蓝, 以潮州得名。睢蓝以睢宁染得名, 翠蓝昔人谓翠非色, 或云即雀头三蓝。《通志》云: 蓝有三种, 蓼蓝染绿, 大蓝浅碧, 槐蓝染青, 谓之三蓝。"[2]整段记录中, 谈的都是染织工艺。因此, 下文不会列举"潮蓝"。

(二)蕉、葛、麻纺织品

蕉、葛、麻在明清时期, 有着不同的产业演化过程。

蕉布。

自有史载以来, 潮汕蕉布一直居于国内行业顶级地位, 而蕉布也一直是纺织品中的"奢侈品", 直至晚明, 仍然是身份的象征。例如反映16世纪城市居民

---

[1] 蓝鼎元.物产志总论[M]//蓝鼎元.鹿洲初集.台北: 文海出版社, 1982: 795-796.

[2] 李斗.扬州画舫录(插图版)[M].王军, 评注.北京: 中华书局, 2007: 18-19.

日常生活的《金瓶梅》，作者以西门庆的内眷夏日穿着蕉布服装的细节，来刻画西门庆的奢华，"李瓶儿是大红蕉布比甲，金莲是银红比甲，都用羊皮金滚边，妆花楣子"；西门庆点检赠送蔡太师的生辰礼礼品时，因"少两件蕉布纱蟒衣，拿银子教人到处寻，买不出好的来""只少两匹玄色蕉布"而大为烦恼，后来李瓶儿将珍藏多年的"两件大红纱，两匹玄色蕉布"拿出来，大家都认为比杭州绸丝等精品更强十倍。事情才解决。[1]

然而，到了明末清初，蕉价下降，蕉布逐渐成为寻常之物。造成这一局面的主要原因，是万历之后蕉布产地增多，各种蕉纺织品良莠不齐，令其美誉度丧失，同时，市场充斥大量其他纺织品种，消费者有了更多的选择，便挤压了蕉布的市场份额。以广东为例，大约自万历朝开始，产蕉地便呈迅速攀升之势，直至清初仍然如此。嘉靖时仅两个州产蕉，[2]万历则出现了7个州产蕉，文献描述细节中：潮州府县县产蕉布，尚且只能称为"有"蕉布，广州、韶州的则是"多"蕉布，显然后两州产量更为可观。[3]康熙时，肇庆的"多蕉布"变成"多蕉"，似乎意味着清初的肇庆、罗定这两地都兼产有蕉纱或其他蕉纺织品。[4]

至迟在崇祯朝，若干蕉纺织品已经口碑不佳，崇祯十年（1637）刊出的《天工开物》，便明确记录福建蕉纱质量差、不结实，难以制成耐用的衣服，最终导致整体蕉布价格走低。[5]同时，随着价格的落低以及其他地方生产水平的提高，潮州蕉布的质量优势荡然无存，明末清初的文献，对较突出的产蕉地介绍中，已不见潮州的身影。如《广东新语》载有广东蕉布之代表，称：产自四会的品质上乘，产自高要宝查村、广利村者尤其精美等。[6]

在这样的背景下，大约自明嘉靖时期起，潮汕的蕉布业便逐步让位于传统的葛和麻，以及新兴的苎布，在当地纺织行业中之重要性大大降低。嘉靖、顺

---

[1]　兰陵笑笑生.金瓶梅词话［M］.戴鸿森，校点.北京：人民文学出版社，1992：校点前言1，正文211，227.

[2]　黄佐.（嘉靖）广东通志［M］.广州：广东省地方史志办公室，1997：573.

[3]　郭棐，等.（万历）广东通志［M］.1602（明万历壬寅）刻本，"广州府"卷十八：34-35，"韶州府"卷二八：26-27，"南雄府"卷三二：31，"惠州府"卷三六：47，"潮州府"卷四一：27-28，"肇庆府"卷四七：56-57，"高州府"卷五一：47-48，"廉州府"卷五三：50-51，"雷州府"卷五五：44，"琼州府"卷五九：36-37，"罗定州"卷六二：21-22.

[4]　金光祖.（康熙）广东通志［M］.广东省地方史志办公室，辑.广州：岭南美术出版社，2006：1467-1476.

[5]　宋应星.天工开物译注［M］.潘吉星，译注.上海：上海古籍出版社，1998：259.

[6]　屈大均.广东新语［M］.北京：中华书局，1985：423，425-426.

治、康熙《潮州府志》介绍有各纺织品，蕉的排序一直在葛、苎、麻之后，[1]也可略窥端倪。

葛布。

葛布在明中后期已然成为潮汕地区最重要的纺织品，这与明代葛布价格高昂有关。

《阅世编》称明代葛布是缙绅士大夫才用得起的，到了清代顺治朝开始，葛布价格一路走低，大量百姓也买得起，穿得起。我们将明代的"佳者"与康熙二十八九年的"精者"视为同种级别，很粗的对比，前者的价格是后者的五六倍，可说自清顺治开始，葛布的价格已经大跌。与蕉布一样，葛布也可进入平常家庭了。[2]

葛布在清代潮汕的生产规模应该是比较大的，顺治、康熙《潮州府志》都将其排在纺织品的第一位。[3]在大量生产的情况下，潮汕的葛布得以细化，有普通品，也有精品。

普通品，有如毛葛、光葛，当时人们认为，广东省内以雷州、琼州、潮州最多。[4]

精品的如云葛，原产地是潮阳县惠来都靖海，因此称为"潮阳云葛"，有丝织云、花、水文。从文献描述上看，云葛应该是传统的葛加上新兴的苎混纺而成，因增加纹路装饰等而具有附加值，"价逾五金"。需要说明的是，从府县志的记录可以辨析出来，自惠来独立成县后，潮阳县实际已经不产云葛，"潮阳云葛"的产地是惠来。[5]

凤葛也属葛布中的精品，它更为闻名。广东省内，以明末清初潮阳产者最

---

[1] 郭春震.（嘉靖）潮州府志［M］//北京书目文献出版社.日本藏中国罕见地方志丛刊（第13册）.北京：书目文献出版社，1992：286.吴颖.（顺治）潮州府志［M］//中国科学院图书馆.稀见中国地方志汇刊（44）.北京：中国书店，1992：1364.林杭学.（康熙）潮州府志［M］.潮州：潮州市地方志办公室，2000：465.

[2] 叶梦珠.阅世编［M］.来新夏，点校.北京：中华书局，2007：185.

[3] 吴颖.（顺治）潮州府志［M］//中国科学院图书馆.稀见中国地方志汇刊（44）.北京：中国书店，1992：1364.林杭学.（康熙）潮州府志［M］.潮州：潮州市地方志办公室，2000：465.

[4] 黄佐.（嘉靖）广东通志［M］.广州：广东省地方史志办公室，1997：573.

[5] 黄一龙，林大春，等.（隆庆）潮阳县志［M］.上海：上海古籍书店，1963，卷七：16.郭春震.（嘉靖）潮州府志［M］//北京书目文献出版社.日本藏中国罕见地方志丛刊（第13册）.北京：书目文献出版社，1992：192.

为精良，"出潮阳者曰凤葛，以丝为纬，亦名黄丝布"，乾隆时期仍然如此。[1]
按，"黄丝布"的称谓，《新唐书》便见出现，是唐代皇家仪卫人员的着装规
范，大辇、主辇必须穿黄丝布衫。至于皇室所用黄丝布是否与潮州、潮阳产的有
所联系，则尚待探讨。[2]

葛布在各县纺织品中所占的地位不同，例如雍正时期的惠来县，出产有
葛、苎、蕉、青麻黄麻、棉花布5种，葛布排在第一位，《（雍正）惠来县
志·物产》并特别注出"精细者佳"。[3]则葛布应该是当时该县较为重要的纺
织品。

此外，林熙春于万历二十五年（1597）所撰的《贡葛议》中，提及潮州从
未贡葛，万历九年（1581）开始贡葛，至少说明潮州产的葛布在万历时期已经比
较闻名。至于该奏议中称，官方清点生产情况以定缴纳额度时，没有做深入考
察，而吏治又不清，导致"机杼之家，百计营免，始以请托，继以贿求"，有的
只能"买雷葛以代潮葛"缴纳，则反映了当时官方的纳税定额太高，同时说明
"雷葛"（可能指雷州产的葛）远远比不上本地产的"潮葛"。[4]

麻布。

麻布在本阶段占据潮汕主要纺织品的位置。

明洪武十年（1377）的夏税记录显示，潮州有青麻地约13顷33亩、黄麻地约
144顷20亩，比较各种品类的栽种面积，黄麻地的面积最大，是乌豆地的3倍有
余，更多于棉花地和桑地，可见潮汕麻业在纺织品之比重。明清两代，麻布一直
是潮汕纺织品的主流。青麻的栽种虽然数量较少，但也形成规模，如嘉靖末期，
潮汕滨海某处，便存在着青麻园。[5]

明清麻织品，较为知名的有青麻、黄麻和波罗麻布。

青麻布的纺织原料是青麻，青麻为锦葵科（Malvaceae）苘麻属
（Abutilon），其茎皮纤维白色具光泽，是编织麻袋、搓绳索、编麻鞋等纺织材

[1] 屈大均.广东新语［M］.北京：中华书局，1985：423.李调元.粤东笔记［M］.上海：上海广益书局，1917（民国六年），卷五：4.

[2] 欧阳修，宋祁.新唐书［M］.北京：中华书局，1975：493.

[3] 张玿美，等.（雍正）惠来县志［M］.台北：成文出版社，1968：188.

[4] 林熙春.贡葛议［M］//周硕勋.（乾隆）潮州府志.台北：成文出版社，1967：1001.

[5] 永乐大典方志辑佚［M］.马蓉，陈抗，钟文，等，点校.北京：中华书局，2004：2613-2615.丁傅靖.宋人轶事汇编［M］.北京：中华书局，1981：1031-1032.

料，也可制麻布。[1]青麻布所制者，目前来说，是质量较差的。

黄麻布的纺织原料是黄麻，黄麻为椴树科（Tiliaceae）黄麻属（Corchorus），茎皮富含纤维，可作绳索及织制麻袋，经加工处理，也可制麻布及地毯等。清乾隆时揭阳有一种黄麻制的"夏布"，是夏布中的较精细者。[2]

波罗麻即是菠萝麻，又称剑麻，石蒜科（Amaryllidaceae）龙舌兰属（Agave），其所含硬质纤维品质最为优良，具有坚韧、耐腐、耐碱、拉力大等特点，当代多作为海上舰船绳缆、机器皮带及各种帆布、渔网、麻袋、绳索等的原料使用。波罗麻做成的衣服，可以耐久。其取用，是取叶"以椀（碗）刮为麻"，波罗麻布作暑服，胜于葛苎。不过，乾隆年间，潮州产品的质量逊色于雷州、琼州产品，还有潮商将波罗麻与蕉皮掺杂生产，造成质量下降，衣服易破裂，一度影响到潮汕麻布的声誉，阻碍了行业的发展。[3]

（三）蚕桑、棉纺织品

蚕桑和棉，都是在隋唐或之前便存在潮汕的纺织品种类，但是宋元时期趋于没落，至此才又见有同期文献明确记载。两者的复兴，都与中央政府的大力倡导有关。如《明史·食货》载："太祖初立国即下令，凡民田五亩至十亩者，栽桑、麻、木棉各半亩，十亩以上倍之。麻亩征八两，木棉亩四两。栽桑以四年起科。不种桑，出绢一疋（匹）。不种麻及木棉，出麻布、棉布各一疋（匹）。此农桑丝绢所由起也。"[4]然而，蚕桑行业属于昙花一现，棉则得以长久。

蚕桑。

潮汕蚕桑业在唐代曾经辉煌，然而宋元时期便显凋敝。在明政府的激励及强制政策推动下，有了复兴的势头，不过，清初之后已显颓势，乾隆中期又再进一步衰落。蚕桑业在潮汕的起伏，以及最终还是发展不起来，其原因是多方面的。然而，一个最为重要且罕见提及的因素，应该是潮汕当地的气候变化，它严重制约着潮汕蚕桑业的发展。

---

[1] 中国科学院中国植物志编辑委员会.中国植物志（第49卷第2册）[M].北京：科学出版社，1984：36.

[2] 中国科学院中国植物志编辑委员会.中国植物志（第49卷第1册）[M].北京：科学出版社，1989：78.刘业勤，王崧，等.（乾隆/光绪）揭阳县正续志[M].台北：成文出版社，1974：937.

[3] 中国科学院中国植物志编辑委员会.中国植物志（第16卷第1册）[M].北京：科学出版社，1985：30.金廷烈.（乾隆）澄海县志[M].1765（清乾隆三十年）刊本，卷五：13.周硕勋.（乾隆）潮州府志[M].台北：成文出版社，1967：987.

[4] 张廷玉，等.明史[M].北京：中华书局，1974：1894.

　　按竺可桢先生的研究结论，近五千年来中国气候分成数个大循环，其中公元前1000年和公元400年、1200年、1700年，为各循环中最低温度的4个年份。各地稍有不同。[1]我们以此考察潮汕蚕桑业兴衰史。

　　潮汕出现蚕桑业的记载是唐元和年间（806—820），"蚕亦五收"，甚是辉煌，当时属于相对高温。到了宋元时期，则销声匿迹于同期文献。而在此期间，经历了最低温的1200年，恰好与气候变化相呼应。

　　明洪武十年（1377）潮汕有桑田大约5顷6亩，桑树20254株，永乐元年（1403）夏税农桑丝27斤11两；嘉靖二十六年（1547）或稍前，潮汕各县皆有蚕丝，应缴纳的数量达到约30斤，海阳县的绸绢和程乡县天蚕绸属佳品。广州存有大约同期的记录：洪武二十四年（1391），广州纳农桑丝13斤有余；嘉靖六年（1527）或稍前，广州11县［其中顺德县数据为景泰三年（1452）］合计不足13斤。潮州、广州两府数据对比，无论嘉靖及之前的哪个时期，潮州都达到广州的2倍以上，可见当时潮汕蚕桑业应颇具规模。[2]

　　《（嘉靖）广东通志初稿》中，专门说明"丝绸、土绢"两物产自潮州，[3]该志体例是特色品或佳品才会注出产地，这可反映出此期潮汕桑蚕业的质量非同一般。同时，岭南督学林希元于嘉靖癸卯（1543）端午前收到礼品"潮绢二端"，该物品为14年前受其恩惠、多年寻求报答的富商所赠，可见嘉靖时潮纱是珍贵之物。[4]再有《（嘉靖）潮州府志》称海阳市集上"居积最者惟绸绢，往往杂以造丝，又稀薄不可衣，而黠民以此昂其价于诸番，因而为患"[5]，说明当时的海阳绸绢在市场上广受欢迎，才会有掺了次品料的低劣产品大量入市，倘若原本销路不佳，潮商便没有以次充好之动机了。

---

　　[1]　竺可桢.中国近五千年来气候变迁的初步研究［J］.考古学报，1972（1）.

　　[2]　宏新按：此项，现存明代广东州府志中较可与《（嘉靖）潮州府志》比较的是《（嘉靖）广州志》；这里的数据全部为两志统计得来，其中夏税缴纳桑丝数目，"两"后单位忽略。参见：永乐大典方志辑佚［M］.马蓉，陈抗，钟文，等，点校.北京：中华书局，2004：2613，2615.黄佐.（嘉靖）广州志［M］.1527（嘉靖六年）刻本，卷十七：15-18.郭春震.（嘉靖）潮州府志［M］//北京书目文献出版社.日本藏中国罕见地方志丛刊（第13册）.北京：书目文献出版社，1992：202，204-205，207-209.

　　[3]　戴璟，张岳，等.（嘉靖）广东通志初稿［M］//北京图书馆古籍出版编辑组.北京图书馆古籍珍本丛刊（38）.北京：书目文献出版社，2000：529.

　　[4]　林希元.敦义记送饶一贯归广［M］//林希元.同安林次崖先生文集.1753（乾隆癸酉）诒燕堂刻本，卷首序，卷十：22-23.

　　[5]　郭春震.（嘉靖）潮州府志［M］//北京书目文献出版社.日本藏中国罕见地方志丛刊（第13册）.北京：书目文献出版社，1992：192.

上述都是系年清晰的可用文献，它们无不显示出潮汕蚕桑业，自明初发展至嘉靖前后都堪称辉煌，至少在岭南行业内占据顶级的位置。

而我们同时注意到，这段桑蚕业的上升期，正属于潮汕历史上的相对高温期。

顺治十八年（1661）或稍前和康熙二十三年（1684）或稍前，都显示潮汕蚕桑业尚存，有精品出现，康熙时"女工蚕桑组织"被列入潮汕风俗，仍有程茧、潮纱的记录，但已无精品。

然而，到了乾隆二十七年（1762）或稍前的记录，则透露出潮汕蚕丝不纯，导致潮纱质量极差，同时"九邑无绮纨之织，故桑不甚多"。

此后，当地蚕桑业罕见有具体记载。例如再接下去的《（民国）潮州府志略》，甚至没有提到潮汕桑蚕业，直至当代，潮汕蚕桑业甚至可以说不复存在了。

可见1684—1762年之间，潮汕桑蚕业发生了较为重大的变化。而其间恰好又经历了1700年这个最低温天气的年份。[1]

从以上的历时状态看，在相对高温阶段，潮汕蚕丝质量好、产量多，所产出的丝绸甚至能称得上精品，遂令蚕桑业能够形成较大的产业规模，在岭南达到很高的产业地位；但每到低温时段，则蚕丝质量不佳、产量少，导致成品质量极差，蚕桑业随之整体没落。气温的变化并非突然发生，它有一个波动期，因此，潮汕的蚕桑业起伏之间，应该是有一个缓冲过程。

同时，低温影响蚕丝质量，可能主要是养蚕方面的因素，而与桑田的栽种面积多少关系不大。这样推测的依据，主要是：明初潮汕桑田的栽种面积大约是506亩，清初至乾隆中期，都是约744亩，即是，在蚕桑业已经逐步颓废的清初，桑田面积仍然大于明初的开始发展期。[2]

潮汕蚕丝质量，在乾隆中期已达到不堪制作衣服的地步。连历任知州中，对经济建设较有责任感、热衷于大力推销本地产品的潮州知府周硕勋，也忍不住

[1] 屈大均.广东新语［M］.北京：中华书局，1985：426.林杭学.（康熙）潮州府志［M］.潮州：潮州市地方志办公室，2000：457.蓝鼎元.潮州风俗考［M］//蓝鼎元.鹿洲初集.台北：文海出版社，1982：1043-1062.周硕勋.（乾隆）潮州府志［M］.台北：成文出版社，1967：964，987.潘载和.潮州府志略［M］.汕头：汕头文艺书店，1933.

[2] 宏新按：清代的数据是省略了亩后单位，"上则""中则""下则"三种地一起统计，系年经辨析得来。参见：永乐大典方志辑佚［M］.马蓉，陈抗，钟文，等，点校.北京：中华书局，2004：2615.周硕勋.（乾隆）潮州府志［M］.台北：成文出版社，1967：296-338.

叹息"潮纱独不佳"，潮纱的刺绣"大半罗纹，间有粗成云龙、花卉状者，亦不甚工雅"，衣服不是易裂就是易折，他判断是蚕丝不熟、不纯的缘故。[1]《（道光）广东通志》更称："潮纱出潮州，乃土丝所织，其轻如绢，都用生丝，不数月即裂；亦有用熟者，其质柔，而不任用，作夹衣亦可。"[2]该书"物产"的体例是引用前志，因此这条记载的系年不是道光年间，而是"旧广州府志"，则其系年应该是早于乾隆中期，这说明潮纱的质量至迟在乾隆前期便已大为逊色，乾隆中期之后，则连做"夹衣"也十分勉强。

质量差自然会影响到整个产业，虽然桑田种植仍在，但没人取用。以澄海为例。澄海在乾隆二十六年（1761）或稍前有桑田约82亩，栽种面积位列潮州九县之第三，但乾隆三十年（1765）或稍前，便明确记录："邑无绮锦之货，而履丝曳缟等于上都，皆由海舶导苏杭而来，故其便利，如取宫中。若其地之所出，固有布而无帛也。"嘉庆十九年（1814）或稍前，更是载"邑无绮纨之织，是故桑虽多而饲蚕者甚少"。[3]同时指出的是，清晰系年于乾隆之后的潮汕蚕桑业记载十分罕见，这条嘉庆时期难得的记载，便明确指出蚕桑业已经消失，如此，更能说明问题。

综上所述，可以做出如下几个判断：古代潮汕蚕桑业的兴衰，主要是受气温影响，高温期兴起，反之则没落；影响行业兴衰的关键因素是蚕丝质量的好坏，而非桑田栽种面积的多寡；明清蚕桑业大致趋势是，明初在政策的推动下开始生产，随着气温的逐渐适宜，在嘉靖朝前后达到一定的行业高度，清初开始走下坡路，乾隆中期彻底衰落；明清潮汕蚕桑曾出有佳品，如明代海阳县绸绢等，但其良好形象仅能短时间维持，便被造假掺丝等所废，也曾出有口碑不佳的产品，如清初的"潮纱"。

棉。

潮汕的棉产业，在秦汉六朝的记载中，是潮汕居民中非汉文化人口所擅长的，但此后便难觅明确潮汕产棉布的记载，一直到了明代，才见其复兴。

与麻、桑一样，棉的栽种，主要也是明政府强制性要求，洪武十年（1377）

[1]　周硕勋.（乾隆）潮州府志［M］.台北：成文出版社，1967：987.

[2]　陈昌齐，等.（道光）广东通志［M］//续修四库全书编委会.续修四库全书·六七一·史部·地理类.上海：上海古籍出版社，2002：222.

[3]　周硕勋.（乾隆）潮州府志［M］.台北：成文出版社，1967：303-318.金廷烈.（乾隆）澄海县志［M］.1765（清乾隆三十年）刊本，卷五：13.蔡继绅.（嘉庆）澄海县志［M］.李书吉，修.台北：成文出版社，1977：284.

的夏税显示，潮州有棉花地约34顷36亩，在夏税各类经济作物用地的分配中，仅次于黄麻地和乌豆地，[1]则潮汕棉业的产量和规模，在明初似乎颇有起色。

不过，棉业的发展并非一帆风顺，明嘉靖、嘉庆时该产业并不发达，志书上都没见到棉布的记载，连“棉”字也仅有潮阳的志书偶尔见载。如《（嘉靖）潮州府志》记录有8种纺织品，并没有棉的身影，这说明棉布在嘉靖潮州府并非重要的纺织品，该志“竹木”等物产中也不见棉，则是当时棉木的栽种及分布并不广。又如《（隆庆）潮阳县志》的“布”中记载有葛、苎、蕉、麻4种，则至少可说隆庆时潮阳的棉布并非大项，该志“花木”项下倒有一种称“水绵”，注为“邑旧称棉”，只能说，潮阳还是有分布的，但更可能是较纯粹的观赏性植物而已。[2]

万历时期，棉布已成为潮汕值得一提的纺织品了。脱稿于万历二十九年（1601）的《（万历）广东通志》有纺织品介绍，丝棉列于潮州布帛第一位，可见其在潮汕纺织行业中的重要性。[3]不过，在万历末段时，潮汕各县也不见得都有产棉，如脱稿于万历三十八年（1610）的《（万历）普宁县志略·物产》中，就没有棉布及棉的记载。[4]

到了清代，棉布才成为潮汕产布帛大项之一。《（顺治）潮州府志》《（康熙）潮州府志》都将之列入“布帛之属”。大概是直到清初，潮汕棉纺织业才算是具有一定的规模。实际上，与潮汕棉业有关的记载，系年较清楚的，也多在清代。雍正时，生产棉布在不少县成为风俗之一，如雍正揭阳县有“纺棉纱而织之风俗”，揭阳县有“女工甚勤，寒暑皆自织自衣”的习俗记载。[5]

潮汕棉制品中，最具传奇色彩的精品，是一种如先秦传说“火浣布”[6]般洁白柔软的棉制布。它仅为潮州府所出，至少揭阳、潮阳、澄海三县有产。

---

[1] 永乐大典方志辑佚［M］.马蓉，陈抗，钟文，等，点校.北京：中华书局，2004：2614.

[2] 黄一龙，林大春，等.（隆庆）潮阳县志［M］.上海：上海古籍书店，1963，卷七：15-17.

[3] 郭棐，等.（万历）广东通志［M］.1602（明万历壬寅）刻本，卷四十一：28.

[4] 黄秉中.（万历）普宁县志略［M］.阮以临，修.1610（明万历三十八年）刻本旧钞本（国图残本），卷八：物产。

[5] 陈树芝.（雍正）揭阳县志［M］//北京书目文献出版社.日本藏中国罕见地方志丛刊（第24册）.北京：书目文献出版社，1991：369.

[6] 宏新按：火毳即是火浣布，传说周穆王时征西戎、西戎献锟鋙（铻）之剑，火浣之布，后世诸多解释，但至今难明，《列子》有“火浣之布，浣之必投于火，布则火色，垢则布色，出火而振之，皓然凝乎雪”，《后汉书》“又其賨幏火毳驯禽封兽之赋，軨积于内府”，李贤注：“火毳即火浣布也。”参见：杨伯峻.列子集释［M］.北京：中华书局，1979：189-191.

揭阳所出的，志书载其是"冬布"的一种，白如雪，细软如火浣布，确是精品；潮阳也有产，李调元专列"潮布"，又称它为"绒布"，并引商人认为它是"火浣布"的说法，称该棉布流出潮汕后，引起市场极大的关注，美誉度极高，质量上乘；澄海出产的，志书称其价格特别高，不过金廷烈一向持"奇技淫巧、不值提倡"的批判态度，认为该布的贵是因为量少而稀罕，又有好事者炒作的因素，是"因贵而贵"，但他也不得不认可这种布的品质，称其"纤白如雪，细莬如火毳然"。[1]

潮汕又有闻名于外的棉毯，也称为"潮毯"。棉毯的原料，是仅用纯棉料，而无须杂以牛毛、羊毛等，毯的表面装饰有线条图案，精工者"各状具备，更绚烂可观"，它销量不错，乾隆中期已经"流行海内"了。[2]

潮汕棉布的原料棉花，在雍正之后便开始受到外来产品的冲击，乾隆、嘉庆时期，有关江浙棉料流入的记载并不罕见，如《（嘉庆）潮阳县志》载潮商运糖到嘉兴、松江、苏州，回程便运来"布与棉花"[3]，这种情况一直延续到近现代，汕头开埠后，流入潮汕市场的，多是海外进口的棉布、棉纱、棉线等。

（四）苎和竹布

苎、竹布都是广东较早见的纺织品，竹布且是岭南"蛮夷"时期的特产。然而直到明清文献的清晰记载，我们才能确定潮汕地区有产。同时，由于传世志书没有记载，也难以推测潮汕何时开始生产，我们也不敢判断，是否是此期才开始引进的。

苎。

苎，古文献有的称为"紵"，有的称为"苧"，目前通用字典统一为"苎"。苎是历史最为悠久的主要纺织品原料之一，如《尚书·禹贡》称豫州"厥贡漆、枲、絺、紵"[4]等。它是荨麻科（Urticaceae）苎麻属（Boehmeria），有多种原变种，变种分布于我国各地，其茎皮纤维细长，强韧，洁白，有光泽，拉力强，耐水湿，富弹力和绝缘性，在古代可织成夏布等，

[1] 李调元.粤东笔记［M］.上海：上海广益书局，1917（民国六年），卷五：6.金廷烈.（乾隆）澄海县志［M］.1765（清乾隆三十年）刊本，卷五：13.刘业勤，王崧，等.（乾隆/光绪）揭阳县正续志［M］.台北：成文出版社，1974：937.

[2] 蓝鼎元.潮州风俗考［M］//蓝鼎元.鹿洲初集.台北：文海出版社，1982：1053.周硕勋.（乾隆）潮州府志［M］.台北：成文出版社，1967：987.

[3] 唐文藻，等.（嘉庆）潮阳县志［M］.1819（嘉庆二十四年）刻本，卷十一：2.

[4] 孔安国.尚书正义［M］//阮元，校刻.十三经注疏.北京：中华书局，1980：150.

现当代应用则更加广泛。[1]

明清潮汕苎布的产量很高，整个潮州府7县都有产，在《（嘉靖）潮州府志·布帛》的布类排列中，它被列为首位。清代，按《（顺治）潮州府志·布帛之属》和《（康熙）潮州府志·布帛之属》记载的纺织品排位顺序，则位于葛布之后，《（乾隆）潮州府志·货》没有纺织品排序，但也称当时潮州9县都有产苎。即是说，现存4种完整的明清《潮州府志》，都将苎布放于重要位置，而《（民国）潮州志·布绸纱绣》载："潮无不织之妇，而多织苎。"可知自明清直至近代，潮汕各地普遍生产苎布，自明代开始，苎布便是潮汕较为重要的纺织品种类之一。[2]

潮汕苎布精、粗不等，质量不同，适宜于各个阶层购买、使用，因此消费市场比较广阔。其中，质量一般的"亲民货"，可供普通人家终年取用，如"贫者则全以苎布、棉布为终岁之资"；价格昂贵的上品，则非平常百姓能用，如揭阳、普宁、潮阳、澄海等县所出的苎布，都是精细的高档货，"其细者价倍纱罗""苎布精者，名机上白"。[3]

竹布。

竹布是岭南的特色产品。较早记载竹布的是东汉《异物志》，称"始兴以南，又多小桂，夷人绩以为布葛"，此后又有若干记录，如《南方草木状·𥱊竹》载："𥱊竹。叶疏而大，一节相去六七尺，出九真，彼人取嫩者追浸纺织为布，谓之竹疏布。"顾徽《广州记》载"𥱊竹，一名箖箊，节长一丈"，《吴录》载"始兴曲江县有箖箊竹，围尺五寸，节相去六七尺。夷人以为布葛"，这些都是较早载有竹布的文献。[4]

从上引可知，竹布很早便流行于南方的"夷人"人群中，主要是岭南的

[1] 中国科学院中国植物志编辑委员会.中国植物志（第23卷第2册）［M］.北京：科学出版社，1995：327.

[2] 郭春震.（嘉靖）潮州府志［M］//北京书目文献出版社.日本藏中国罕见地方志丛刊（第13册）.北京：书目文献出版社，1992：286.吴颖.（顺治）潮州府志［M］//中国科学院图书馆.稀见中国地方志汇刊（44）.北京：中国书店，1992：1364.林杭学.（康熙）潮州府志［M］.潮州：潮州市地方志办公室，2000：465.周硕勋.（乾隆）潮州府志［M］.台北：成文出版社，1967：987.

[3] 周硕勋.（乾隆）潮州府志［M］.台北：成文出版社，1967：987.陈树芝.（雍正）揭阳县志［M］//北京书目文献出版社.日本藏中国罕见地方志丛刊（第24册）.北京：书目文献出版社，1991：369.金廷烈.（乾隆）澄海县志［M］.1765（清乾隆三十年）刊本，卷五：13.

[4] 左思.吴都赋［M］//高步瀛.文选李注义疏.曹道衡，沈玉成，点校.北京：中华书局，1985：1101.李昉，等.太平御览［M］.北京：中华书局，1960：4274.嵇含.南方草木状［M］.文渊阁四库全书本，卷下：6.

"蛮夷"所制，用于制作竹布的竹，则是箹笃（即箪竹、单竹、丹竹）。尽管潮汕当时"蛮夷"也多，又有志书"土产"明确记录了"单竹"[1]，但诸多文献记载一直强调着，竹布是粤北"始兴"、出于今越南的"九真"等，令我们难以与潮汕联系起来。因此，本史稿在前面没有介绍。

竹布在潮汕志书的明确记载，目前能见的，较早者为《（嘉靖）潮州府志》，此后，《（顺治）潮州府志》《（康熙）潮州府志》继续沿袭前志，到了《（乾隆）潮州府志》则没有再记录了，实际上，明清各县志也没有见到竹布的具体介绍。这似乎透露出，即使是在竹布较为流行的时间段，它在潮汕纺织业中地位也不高。

潮汕竹布的质量比较普通，并没有闻名的精品出现。《广东新语》较为集中提及竹布的有3处，都没有潮汕出品者。如称广东传统竹布产地为韶州，明清"竹布产仁化，其竹名曰丹竹，丹亦曰单。竹节长可缉丝，织之名丹竹布，一名竹练"；又如称海外也有竹布流入广东，暹罗便有"织杂丝竹布"，十分精美。

6种《广东通志》，在"土产""物产""田赋"等目录内，都没有潮汕竹布的具体记载。[2]综合看来，大约可以得出以下认识：潮汕竹布既没有规模，又没有精品，也非传统产业，更不具备"传统成习惯"的市场惯性消费心理等，则在海内外精品的冲击下难免落入下风。因此潮汕竹布业的兴起至衰落的时间，估计并不长久，更谈不上大的市场影响力。

又，从各种广东通志、潮州府志记载反映出来的情况是，明嘉靖、万历直至清顺治、康熙时潮州都有产竹布，但在雍正时已没落，乾隆时期彻底消亡；雍乾时期是潮汕较有数量产制竹布的时间下限。

至于它在明代何时始兴，也许可以做个不成熟的探讨：竹布制作技艺是少数民族所擅长的，而永乐五年（1407）十一月辛酉，海阳县凤凰山有雷纹用等49户"畲蛮"归顺并于当日受到奖励，我们怀疑竹布在潮汕的兴起，是49户"畲蛮"入籍潮州后，竹布工艺得到更大范围传播的结果。如果猜测无误，则潮汕竹

[1]　解缙，等.永乐大典（精装十册）［M］.北京：中华书局，1986：2457.

[2]　戴璟，张岳，等.（嘉靖）广东通志初稿［M］//北京图书馆古籍出版编辑组.北京图书馆古籍珍本丛刊（38）.北京：书目文献出版社，2000：529.黄佐.（嘉靖）广东通志［M］.广州：广东省地方史志办公室，1997：573-578.郭裴，等.（万历）广东通志［M］.1602（明万历壬寅）刻本，卷四十一：29.金光祖.（康熙）广东通志［M］.广东省地方史志办公室，辑.广州：岭南美术出版社，2006：1470.郝玉麟.（雍正）广东通志［M］.广东省地方史志办公室，辑.广州：岭南美术出版社，2006：1607-1609.陈昌齐，等.（道光）广东通志［M］//续修四库全书编委会.续修四库全书·六七一·史部·地理类.上海：上海古籍出版社，2002：221.

布兴起的时间应该是在明永乐年间。[1]

第三节　陶瓷业

　　陶器和瓷器的区别，主要是使用材料和烧成温度的不同。目前，不少古代工业史著作都将陶器、瓷器结合介绍，统称为"陶瓷"。本史稿也是如此。

　　潮汕地区最古老的陶片，来自8000年前的南澳象山遗址，较早的烧窑遗址，则是距今5000—4000年的潮阳左宣恭山遗址。总体来说，除了秦汉六朝外，古代潮汕陶瓷业一直在岭南行业内名列前茅，其外销瓷的规模，在世界古代陶瓷贸易史中也有着一定地位。

　　虎头埔—后山文化时期，潮汕陶器已经呈现出专业化、商业化特点，产品北上西去，远达珠三角、香港等地，其中最为典型的虎头埔窑址等，都显示出其独步岭南、不逊色黄河流域的技术水平；浮滨文化时期，浮滨人已普遍采用了施釉工艺，原始瓷器由此萌芽，在器型方面，也有广东首套量器的发现等，都说明潮汕陶器在南方依然处于领先的位置；春秋战国时期，越人南下，粤中地区接受了更多的越人文化，其原始瓷器生产水平开始呈现，潮汕也在8个地点发现有75件原始瓷器，尽管不如粤中，但也在岭南行业中占有一席之地；入秦之后，潮汕陶瓷业趋于平庸，直到六朝末期，始见恢复迹象；唐宋时期，进入繁荣阶段，商品瓷较多地出现；明清时期，持续发展，生产规模达到古代的顶点。

　　下文分阶段进行简介。

一、秦汉六朝时期

　　秦汉六朝时期，潮汕陶瓷的工艺、规模等都没有什么优势，从零星遗物来看，整体质量水平并不高于同时期岭南发达地区，原始瓷器罕见。总之，直到本时期的末段，陶瓷业才略见重焕生机之迹象。

　　考古材料上，本阶段所见绝大多数是陶器，也有零星瓷器。现以有发掘报告、出土器物较丰富的澄海龟山汉代遗址、揭阳仙桥狗屎山2座东晋墓葬、揭阳

---

[1]　明太宗实录［M］.台北："中央研究院"历史语言研究所，1962：1015-1016.

仙桥赤岭口3座南朝墓葬为主，做个简单介绍。

澄海龟山汉代遗址显示出来的是汉文化面貌，与土著越文化截然不同。

该处遗址出土有大量陶器，但多数已经残破，完整的以及能复原的器具很少。其中可辨的器形有288件，分别为釜、鼎、魁、壶、瓮、罐、瓿、坛、箭（筒）、盂、擂盆、盆、碗、钵、器盖、纺轮、网坠等。这些器物的风格，是广东地区汉代遗物中比较常见的。

澄海龟山汉代遗址还出有1件瓷权，灰白胎，质坚硬，平顶，顶部有纽，纽残，圆体实心，上小下大，呈梯形，平底，器表施青绿釉，部分脱落，高3.2厘米、底径5.4厘米。这件瓷权，是潮汕地区经科学发掘的遗址中所见唯一一件汉代瓷器，而这处遗址数百件陶瓷器中仅见这1例，则该件瓷器应该是外来之物，而非潮汕生产。

除了澄海龟山汉代遗址，汉代较重要的陶器发现还有一些。譬如潮州二塘龟山遗址的发现，该处显示出来的文化面貌，为土著越人文化。

潮州二塘龟山遗址是文物复查时所发现，当时没有见到墓葬或建筑居址。[1]该遗址迄今未经科学发掘，亦缺乏保护，至十余年前尚有残缺器件出现，据笔者了解，历年所见残件可以千数计。按《潮汕地区汉代文化遗存的初步探索》[2]一文的介绍，潮州二塘龟山遗址面积约500平方米，发现有泥质陶器碎片，火候很高，可辨器形有瓿、器盖、碗、盂、盒、罐等。陶器器形及纹饰多数具有西汉前期器物的特点，陶罐上的羽状纹则有先秦青铜器纹饰的遗风。此外，遗址中还有简化米字纹和重方格交叉纹陶片。由此推测，二塘龟山遗址的年代上限或可能在战国，下限则为西汉前期。

两晋所见的陶瓷遗物，有代表性的是揭阳仙桥狗屎山两座东晋墓葬，发掘简报分别称为"揭仙狗M1""揭仙狗M2"。前者被盗扰后剩下铁剑以及青釉钵、碗、碟等4件，后者出有铁剪和带铁芯的陶纺轮，以及罐、钵、碗、杯等，其中，发掘简报将"罐"称为"陶罐"，但从其图文描述看，也可视为瓷器。[3]

按广东两晋在专业期刊刊登发掘简报、考古报告的墓葬资料，至2000年广东两晋墓葬出土瓷器一共有9处313件，揭阳仙桥狗屎山两座东晋墓所出的数量仅15

[1] 潮州市文物局.潮州市文物志［M］.内部出版，1995：2-10.

[2] 邱立诚.潮汕地区汉代文化遗存的初步探索［M］//邱立诚.澄海龟山汉代遗址.广州：广东人民出版社，1997：190-191.

[3] 广东省博物馆，汕头地区文化局，揭阳县博物馆.广东揭阳东晋、南朝、唐墓发掘简报［J］.考古，1984（10）.

件，即潮汕所出占广东省的4.8%，从这个数据看，远低于先秦时期潮汕所出瓷器在岭南的占比。

除了上述两处揭阳晋墓，潮汕地区发现的此阶段瓷器，尚有潮州归湖黄峰采花墓[1]、潮阳铜盂孤山墓葬东晋墓群[2]所出的遗物。这样，两晋时期潮汕出土的瓷器仅得25件，其中10件是没有发掘报告的。

前述我们将有发掘报告的15件跟广东全省对比，只占4.8%，如果加上考古报道的10件以25件计，相信在广东占比会更低。因为广东各地所出瓷器，没有发掘报告而有考古报道的更多。由此看来，东晋潮汕瓷业仍未恢复。关键是，由于数量确实少，又没发现确凿的同期窑址，这些瓷器是否是潮汕生产的还成问题。

到了南朝时期，潮汕地区的陶瓷业依稀有了复苏的迹象，或说潮汕瓷业已然重新起步，并在岭南行业内占有一席之地。

揭阳仙桥赤岭口发掘有3座南朝墓葬，其中两座被盗扰。按《广东六朝墓葬出土瓷器研究》的介绍，3座墓合计发现瓷器（即简报中的"釉陶器"）共69件：四耳罐9件、碗10件、盘（碟）19件、杯25件、砚1件、钵2件、鸡首壶1件、盏2件。[3]

梳理截至2000年有发掘报告的广东南朝墓资料，出土瓷器的一共有12处，455件。如下表[4]。

表5-12 广东南朝墓葬出土瓷器简表

单位：件

	揭阳	韶关河西	韶关市郊	韶关市郊	曲江南华寺	曲江	始兴	英德	英德浛洸	肇庆牛岗	梅县	博罗	小计
四耳罐	9	2	17	18	20	8	6	3	2	1	8	2	96

[1] 广东省文化厅.中国文物地图集（广东分册）[M].广州：广东省地图出版社，1989：279.潮州市文物局.潮州市文物志[M].内部出版，1995：3-1，3-2.

[2] 广东省文化厅.中国文物地图集（广东分册）[M].广州：广东省地图出版社，1989：257.潮阳文物志编纂小组.潮阳县文物志[M].内部出版，1985：38.

[3] 宏新按：《广东揭阳东晋、南朝、唐墓发掘简报》称3座南朝墓共发现遗物82件，但图文总计只得78件，又该文印刷有误。因此本处参照同为广东考古专业单位所著的《广东六朝墓葬出土瓷器研究》，又统计口径一致，易于与广东其他地方所出进行比较。参见：广东省博物馆，汕头地区文化局，揭阳县博物馆.广东揭阳东晋、南朝、唐墓发掘简报[J].考古，1984（10）.邓宏文.广东六朝墓葬出土瓷器研究[J].华夏考古，2000（3）.

[4] 宏新按：这份表整理自《广东六朝墓葬出土瓷器研究》中的"广东地区南朝墓葬出土瓷器一览表"，该表印刷有误，导致合计数与分数合计不符，这里按分数重新计算。同时，原表中两处"韶关市郊"，这里不改。参见：邓宏文.广东六朝墓葬出土瓷器研究[J].华夏考古，2000（3）.

续表

	揭阳	韶关河西	韶关市郊	韶关市郊	曲江南华寺	曲江	始兴	英德	英德浛洸	肇庆牛岗	梅县	博罗	小计
碗	10	7		16	54	16	8	3	5	8	5	1	133
小碗							11						11
盘/碟	19	5		20	19	1	4			3	12	1	84
盂					1	2							3
杯	25	1		45			6				6		83
砚	1			1	3						1		6
钵	2		1		3		2			1			9
鸡首壶	1									1	1		3
六耳罐			7	3			2	1	2				15
盆				5	1	1							7
盏	2		2								1		5
合计	69	15	27	108	101	28	39	7	9	14	34	4	455
占比（%）	15	3	6	24	22	6	9	2	2	3	7	1	100

从数量上比较。揭阳赤岭口3座南朝墓所出达69件，数量上在广东总量中占15%，已经不算少了。而3座揭阳墓中有两座被盗，遗物之流失可以预见，尤其是编号"揭仙赤M2"墓规格高，而剩余器物少，则揭阳墓随葬瓷器实际应更多。

从瓷器器形上比较。揭阳赤岭口3座南朝墓所出器形达8种，多于始兴、韶关市郊、梅县、曲江南华寺等的7种，是广东总计器形12种中的最多者。如果将四耳罐、六耳罐归为罐，碗、小碗归为碗类，则揭阳所出仍为8种，也比其他墓葬所出遗物的器形更为丰富。

尽管考古发现有偶然性，然而这样的对比，多少可以让我们形成这样的印象：从器物和器形的数量看，南朝潮汕陶瓷业并不逊色于广东同期的水平，而从器具造型、工艺复杂度对比，也是领先的。也就是说，南朝时期的潮汕陶瓷业在广东的位置，尽管未恢复至新石器时代中期、晚期的独步岭南的高度，但比秦汉两晋更为发达，与岭南领先地区处于同等的水平。

潮汕瓷业开始恢复始于何时，我们不得而知。但据《中国陶瓷史》的介绍："福建制瓷历史较晚，大约在东晋时期开始生产瓷器，南朝时的瓷窑发现于闽侯南安村。"[1]则潮汕的瓷业也许与接壤的福建相似，可能在两晋开始生产。按目前的考古材料，并不违背这个判断。因此，我们认为潮汕瓷业"始于东晋而兴于南朝"的可能性是存在的，但仅是猜测。

广东省目前并未有经科学发掘的六朝瓷窑，潮汕也一样。有学者认为，截至1991年，广东境内发现有宝安县沙井步冲、英德浛洸镇窑头村等共5处六朝窑址，[2]由于没有发掘报告，因此，也有论著直接称广东并未发现六朝瓷窑，如《中国陶瓷史》载"广东至今尚未发现六朝时期的瓷窑窑址"[3]，又如《广东六朝墓葬出土瓷器研究》称"目前没有发现广东六朝窑址"[4]。

二、隋唐时期

隋唐潮汕陶瓷业发展良好，尤其是唐代，出现了大量瓷窑址，它们密集分布于潮州笔架山一带。

潮州笔架山南北蜿蜒二三公里，由猪头山、虎山、蟹山、印山等诸多称呼不一的小山岗组成。这个区域里发现的瓷窑，唐、宋皆有。其中，唐代瓷窑分布较少，影响也小，宋代瓷窑分布较多，影响大。本章介绍的是唐代部分。

笔架山唐代窑址的原始考古调查，有广东省文物管理委员会1954年12月、广东省博物馆1958年3月分别进行的两次考古发掘，以及1954年12月至1972年10月广东文物部门配合基建工程而进行的其他4次勘探工作等。这些成果均见于《广东潮安北郊唐代窑址》[5]和《潮州唐宋窑址初探》[6]两篇专业论述。当时，今潮州市区大抵是潮安县下辖的"潮州镇"范围内，因此原文多采用"潮州城"的"东郊""南郊""西郊""北郊"四郊等来表述这些窑址位置。四"郊"，都在笔架山的范围内，但为了不致引起混乱，本史稿描述笔架山唐窑地点时仍然沿用这些称呼。至于下一阶段介绍宋窑分布点，则依据下一阶段的原始发掘报告所述，称为"笔架山"宋窑。

[1] 中国硅酸盐学会.中国陶瓷史［M］.北京：文物出版社，1982：148-149.

[2] 曾广亿.广东瓷窑遗址考古概要［J］.南方文物，1991（4）.

[3] 中国硅酸盐学会.中国陶瓷史［M］.北京：文物出版社，1982：148.

[4] 邓宏文.广东六朝墓葬出土瓷器研究［J］.华夏考古，2000（3）：83.

[5] 曾广亿.广东潮安北郊唐代窑址［J］.考古，1964（4）.

[6] 曾广亿.潮州唐宋窑址初探［R］.广东省博物馆.潮州笔架山宋代窑址发掘报告.北京：文物出版社，1981：49-64.

　　唐代窑址分布在南郊的竹园墩、洪厝埠，北郊的窑上埠、北堤（所出遗物如图5-1所示），总计得32处窑址。梳理一下。

　　一是竹园墩，发现有2座用灰色耐火土夯筑而成的唐代马蹄形残窑，均坐北朝南，窑身相距1.5米，全长6.6—7.1米，窑壁厚0.24—0.35米，窑门和窑顶均塌毁，后壁为半圆形，高1.75米、宽3.45米，有3个烟道凹进壁内。

　　二是洪厝埠，发现有3座平面半椭圆形的窑基，因破损严重而无法细辨，但可断定是互相叠压的唐、宋古窑。

　　三是窑上埠的4处低矮土岗，计有26座唐代马蹄形瓷窑。其中有发掘简报的一座，位于第二处土岗，该窑埋藏在地表下1.5米的黄色土层中，整个窑壁和窑底由黄褐色土夯筑而成，通长7.16米，分窑门、火膛、窑床和烟道等部分。

　　四是北堤头发现1座平面为半椭圆形的唐代窑灶。该窑埋藏在地表下3.2米的黄褐色土层中。通长4.97米，方向172°，分窑门、火膛、窑床和烟道等部分。

　　梳理上述窑址出土的唐代遗物，可分半陶瓷器、窑具和建筑材料三大类。

　　半陶瓷器。胎质一般呈灰色或灰白色，胎坯较厚，火候不高，质松弛。釉色有青釉、青黄釉，酱褐釉3种。青黄釉数量较多，青釉较少，釉面一般均开片。器形有碗、碟、壶、杯、罐、盆、枕。

　　窑具。窑具仅见装烧碗、碟、壶类的匣钵一种，深灰色胎，均残缺。圆筒形、平底、底部凸出有边，圆径18—22.5厘米、高11.5—14厘米、底径21—26厘米、厚2—2.5厘米。目前所见，广东最早使用匣钵的时间是在唐代。

　　建筑材料。建材仅见砖、瓦当、板瓦、筒瓦4种。白色或灰白色胎，一般火候不高，质松软，也有火候较高，质坚硬的，但数量较少。其中的砖，均为长方形，一般长31.5厘米、宽8厘米、厚5厘米，素面、莲花瓣纹和卷草纹的均有；瓦当，有圆形和椭圆形两种，表面印有莲花瓣或菊花瓣纹，花纹规矩均匀，手法熟练；筒瓦，模制，一种是外壁有布纹、稍狭的一端有凹形榫套，另一种按弧度来看，是先模印成圆筒形，然后用刀具将中间划开，分成两半；板瓦，平面为长方形，弧度不大，接近平板状，均残缺。

　　从调查发掘所得材料来看，潮州唐代和北宋窑址的窑灶结构截然不同。这些窑灶，普遍都是用来烧制砖、瓦或兼烧碗、碟、壶、杯、罐等日常生活用品。其窑温，一般在800°C—1000°C。瓷窑的生产时间，至迟应该是唐高宗仪凤年间或调露元年（676—679），一直延续到晚唐才停止作业。

图5-1 唐代潮州窑产品图

注：图1：I式青釉炉，残高9厘米（南郊竹园墩二层出土）。图2：左，影青釉瓜棱形水盂，高
7.5厘米、口径3.6厘米、底径4.7厘米；右，影青釉瓜棱小水盂，高3.5厘米、口径3.6厘米、底径4.7
厘米（南郊洪厝埠二层出土）。图3：酱褐釉灯，通高14.5厘米、底径15厘米（南郊洪厝埠二层出
土）。图4：酱褐釉吹雀，高5.5厘米（北郊竹竿山窑出土）。

　　潮州四郊这32座唐代瓷窑，最初都是在生产建设中暴露，相信未发现及已
湮没的更多，而散落的遗物则不可胜数，目前便有不少藏家存有产品。其实，按
这样密集的分布点，便可推测唐代潮州窑产量是相当大的。

　　做个粗略对比，可以较直观了解潮州窑在广东省同期瓷窑中的位置。

　　笔者统计，截至2015年，在《考古》《文物》期刊上刊发有遗址调查和发
掘简报、考古报告等的广东境内唐、南汉窑址，以市、县计算，除了上述的潮州
外，仅得广州、高明、三水、新会、南海、佛山、梅州7处。[1]也就是说，唐代
潮州窑群，是已知的同期广东省内8处大窑之一。这个统计自然是不完全的，但

　　[1] 载《文物》的有：广东省文物管理委员会《佛山专区的几处古窑址调查简报》（1959年第12
期），录有高明、三水、新会、南海，可能是唐代。载《考古》（《考古通讯》）的有：黄文宽《广
州西村发现宋代瓷窑建筑》（1975年第3期），"考古简讯"录有广州西村，唐延续至南宋；广东省文
物管理委员会，广东师范学院历史系《广东新会官冲古代窑址》（1963年第4期），录有新会，自唐延
续至北宋；佛山市博物馆《广东石湾古窑址调查》（1978年第3期），录有佛山，唐代开始生产；广东
省博物馆《广东梅县古墓葬和古窑址调查发掘简报》（1987年第3期），录有梅县，唐代开始生产；杨
少祥《广东梅县市唐宋窑址》（1994年第3期），录有梅县，唐代开始生产；广东省博物馆，高明市文
物普查办公室《广东高明唐代窑址发掘简报》（1993年第9期），录有高明，唐代开始生产。

也差不了多少。此外，由于各发掘报告所载数量多以概数计量，无法做进一步对比。

《广东瓷窑遗址考古概要》称唐代广东瓷窑分布在"佛山、南海、东莞、高明、三水、鹤山、新会、阳春、恩平、潮州、惠阳、龙川、河源、海丰、梅县、五华、湛江、吴川、海康、化州、高州、廉江、遂溪、电白、英德、增城、深圳、南雄、郁南、封开和高要32个市县，发现138处，在潮州、新会、佛山、三水、增城、梅县清理了七座馒头窑，在高明清理了两座龙窑"。从行文看，这是包括未经清理发掘并且是以具体的"座"计算出来的138"处"，则潮州便占了32"处"，约占23%。[1]

《广东唐宋制瓷手工业遗存分期研究》称："据目前的考古资料所知，整个广东地区共发现唐宋窑址100多处，其中唐代窑址30多处。主要分布在粤北的韶关、仁化和南雄，粤东北的梅县、河源，粤东的潮州一带，以江河两岸和沿海、丘陵边缘的珠江三角洲、韩江三角洲为主的平原最为密集。"[2]这也是以市、县为单位来计算，但从内容看，其统计口径是包括未经清理发掘的窑址。

从上述对比可大概感受到，此期潮州瓷业在岭南是占有重要地位的，无论从量的角度，还是从质的角度来衡量，都堪称唐代岭南的陶瓷工业发达地区。

潮州笔架山之外，隋唐潮汕还发现有不少窑址和器物。

窑址，以澄海为例。

澄海程洋冈附近有不少古窑址群，分布于莲下虎丘山莲花湖，以及莲下管陇瓦岗墩、石洲墩、瑞陇墩，还有莲下滘东牛头架下、滘西缶灶山西北处，各处的具体窑址数量不一。据1973年文物调查时的查考登记表记录，当年考古人员曾有过发掘（试掘），并取走一批器物。记录中，上述窑址的生产、烧制年代为"五代至清"，但迄今未见考古报道或发掘报告。[3]

器物，以揭阳县为例。

隋代器物，包括揭阳虎地坷砖室墓的双唇四耳罐，五堆顶马路土坑墓的盘口壶、四耳罐、敛口钵，新岭矿场的钵、盘口壶等，其中的四耳罐，有明显的沿袭南朝风格痕迹。唐代器物更多，如梅云村砖室墓、仙桥戏院后一号迭涩墓、蜈蚣山土坑墓、仙桥戏院后二号迭涩墓等皆有出现。其中的揭阳梅云村砖室墓

---

[1] 曾广亿.广东瓷窑遗址考古概要［J］.南方文物，1991（4）.

[2] 黄慧怡.广东唐宋制瓷手工业遗存分期研究［J］.东南文化，2004（5）.

[3] 澄海县博物馆.澄海县文物志［M］.内部出版，1987：24.

出有：盘口壶2件，皆二直耳，深腹，下部内收、平底，酱黑色釉施至腹部下截，外露灰胎，通高33厘米、腹宽23.5厘米、口径16厘米、底径11厘米、颈高8厘米；四耳罐2件，皆四横耳，圆唇束颈，弧肩鼓腹，最宽面在腰部中间，外面通施酱黑色釉，高19厘米、腹宽19厘米、口径11厘米、底宽11.5厘米；陶盅大小2件，同一式，圆唇直腹，皆施黄釉至临底处，平底下面均有三点支烧痕迹，大盅高5厘米、口径9厘米、底宽5厘米，小盅高4.5厘米、口径宽7.7厘米、底宽4.5厘米。[1]

三、宋元时期

宋代潮汕陶瓷业发达，以潮州笔架山一带为代表的生产基地，外销瓷生产规模居于国内前列，尚有分布于其他各处的窑址和器物，都说明了宋代是潮汕陶瓷业的一个辉煌时期。宋末至元代，大部分笔架山潮州窑已没有烧制的迹象，此后，考古调查显示元代饶平山区存在瓷器生产。即是说，原以州治笔架山为中心的生产基地，可能向偏僻之处转移。这些，相信与宋元迭代、潮汕地区遭到兵燹重创有关。

潮州笔架山宋窑的发现是中国陶瓷史上的一件大事。大量的资料显示，该处产量可观，产业发达，是一处外销瓷生产基地。由于唐窑、宋窑都分布在笔架山或周围，早期专业报告都是唐、宋一起分析，因此，我们同样先来做个梳理。

潮州笔架山宋窑最初的发现和引起重视，可追溯至民国时期，至20世纪80年代中期之后，已清理、发掘宋窑10座。其中9座有发掘报告，即1958年、1972年清理的1—6号窑[2]和1980年清理的6—9号窑[3]。另外，1986年清理的10号窑，"不仅是我省各地已清理的古窑所仅见，而且国内也是罕见"[4]，但30多年来都没有刊出清理调查或发掘报告，目前只有陶瓷考古学家做过简单分析[5]。

梳理笔架山宋窑情况如下表。

[1] 揭阳博物馆.揭阳文物志［M］.内部出版，1985：55-57.

[2] 广东省博物馆.潮州笔架山宋代窑址发掘报告［M］.北京：文物出版社，1981.

[3] 黄玉质、杨少祥.广东潮州笔架山宋代瓷窑［J］.考古，1983（6）.

[4] 周继生.省考古队在潮州发掘北宋古窑［J］.汕头文物，1986（12）.

[5] 曾广亿.潮州笔架山宋代瓷窑分析研究［M］//李炳炎.宋代笔架山潮州窑.汕头：汕头大学出版社，2004：10-24.

表5-13 潮州笔架山宋窑简况表

编号	分布位置	瓷器
1	笔架山最北部猪头山的西山坡	一大批严重残碎片除外。瓷器共1300件,其中633件完整或能复原,667件能辨别器形,有碗、盏、茶托、盆、钵、盘、碟、杯、灯、炉、瓶、壶、罐、盂、水注、粉盒、器盖、人像和玩具等;窑具极多,只收集了各式标本188件,有匣钵、器物垫座、垫环、渣饼、泥垫、试片、陶轮、辘轳和印模。另:5号窑出土"元丰通宝"1枚、6号窑出土"皇宋通宝"1枚
2		
3	笔架山偏南部印山西南坡	
4	笔架山中部果子山西山坡	
5		
6		
7	笔架山中部虎山的北、西北坡	608件。瓷器有碗、钵、碟、壶、瓶、盏、盂、灯、炉、罐、盒、杯、器盖、人像、佛像座、莲花碗、狮、狗、马、弹丸、网坠等;窑具有匣钵、垫饼、垫环、垫座、擂缽(钵)、杵锤、匣缽(钵)盖、瓷丸、试片等
8		
9		
10	笔架山中部庄厝山	不详。瓷器有碗、碟、壶、盏、灯、杯等;窑具有大量匣钵

这些瓷窑所出的遗物,主要是生活用品和工艺品。

生活用品如碗、盏、茶托、盆、钵、盘、碟、杯、灯、炉、瓶、壶、罐、盂、水注、粉盒、器盖等,工艺品如人像、佛像座、狗、狮、马、莲花碗等,形式多样,其中有些很精美。

瓷窑年代方面,10座瓷窑都在宋代,其中有发掘报告的9座,可以判断基本都是在北宋,但存、废时间各有先后。

1—6号窑,年代都在北宋。其中的5号窑,由于被随葬有铜钱的宋墓(接近1101年建墓)打破,可以判断其废弃时间在宋神宗元丰至宋徽宗建中靖国元年(1078—1101);6号窑废弃时间也在此期。7—9号窑,综合分析,年代也在北宋。其中8号窑废弃年代最为清楚,窑中所出治平三年(1066)佛像座是其后期产品,该窑废弃时间大约是熙宁二年(1069);7号窑是在8号窑废弃后建立的,其下限可至北宋晚期;9号窑的年代应与7号窑相距不远。

瓷窑方面,曾广亿先生曾总结了它们的类型和特点,如下表。

表5-14 潮州笔架山宋窑长宽段数坡度方向及瓷窑类型统计表

编号	全窑长度(米)	窑床宽度(米)	窑床段数	火厢数量	全窑总斜坡度	瓷窑方向(度)	窑炉类型
1	全长30.20	2.58—2.89	6		16	292	分室龙窑
2	残长17.70	2.16—2.64	3		16		分室龙窑

编号	全窑长度（米）	窑床宽度（米）	窑床段数	火膛数量	全窑总斜坡度	瓷窑方向（度）	窑炉类型
3	残长65.50	2.76—3.70	15		14	161	分室龙窑
4	残长31.67	2.72—3.16	4	3	17	290	阶级窑
5	残长27.85	2.16—2.75	1		14	286	单室龙窑
6	残长约30.00	2.15—2.80	5		约13	275	分室龙窑
7	残长26.60	2.60—2.80	1		18	175	单室龙窑
8	残长约30.00	2.80	1			170	单室龙窑
9	残长10.20	2.50	1		19	287	单室龙窑
10	残长79.50	3.00	18		17		分室龙窑

上表可以看出，10座瓷窑中有5座分室龙窑、4座单室龙窑和1座阶级窑。它们都呈长条形斜坡式，依山势而建，建窑时先在山坡上挖一条长条形斜坡深沟，窑基和窑身用长方形砖或近似方形砖砌筑，然后两侧填上泥土加固。

单室龙窑全窑长度一般在30米左右或稍长。分室龙窑也是在30米左右，其中的3号窑、10号窑，仅残长便分别达到65.50米、79.50米，其结构规模之大，在已发现的我国古代瓷窑中是极为罕见的。

尤其值得重视的是阶级窑4号窑。它是从分室龙窑发展而来的，特点是能充分利用窑温，比龙窑节约燃料，又能烧成还原气氛，所烧产品极少发黄，匣钵损耗也较少，潮州出土的精美的瓷碗、盏、盆、盘、炉、瓶、壶、罐和粉盒等，相信就是用这种阶级窑焙烧出来的。"过去景德镇陶瓷研究所认为，明代以后，'福建地区的龙窑逐渐发展成为阶级窑''阶级窑在福建德化最早出现'，这种说法已不符合现在的实际情况"，因为从发掘材料来看，早在北宋时期，广东潮州、惠州已经使用阶级窑灶，而且已有相当的规模，这表明当时的建窑工艺和烧窑技术都达到了相当水平。[1]

这些瓷窑的生产规模，考古学家有过估测。

参见上表，只有1号窑有全长数据，其余都是残缺。按1号窑全长30.20米，窑床的容积，除去火膛、横隔墙和烟道的位置，窑床实长24.71米、宽2.58—2.89

[1] 曾广亿.潮州笔架山宋代瓷窑分析研究［M］//李炳炎.宋代笔架山潮州窑.汕头：汕头大学出版社，2004：10-24.

米，装匣钵的实际高度以2米计算，窑床容积达到127.5036—142.8238立方米。如果按窑址中常见的圆径20厘米、唇高4.5厘米、通高12厘米漏斗形匣钵来计算，全部窑床可装匣钵柱1593至1785条，每条可放匣钵44个，则1号窑每次可装烧70092—78540个中型碗，再把计算上的误差、废品率等因素考虑进去打个七折，每窑一次可烧中型碗亦在49064—54978只。[1]

而1号窑还只是中等规模的窑灶，其他窑，仅残长达到30米的便占绝大多数，3号窑残长65.50米，是1号窑的2倍有余，10号窑残长达79.50米，是1号窑逾2.5倍，则北宋时期潮州笔架山窑每年出产的瓷器，其数量很是可观。

该处的瓷窑，远远不止这10座，20世纪80年代初期的发掘报告中，多有这样的描述："在面临韩江的西面山坡和山脚，遍地都是窑址里暴露出来的匣钵和瓷片""（笔架）山下沿江一带村落的旧房，有不少便用当年的废匣钵来砌墙的，当年瓷业之盛可以想见""（果子厂后山）此处废窑密集，现在还能在断崖上见到5座，坐东向西地排列着。地表散布着大量窑具和瓷片，以影青釉的莲花炉和壶为最多""番鬼楼山和印山，此地窑灶也很密集，地表散布大量的窑具和瓷片。在西面山坡上能见到一排暴露出来的窑室""（印山）遍地都是窑具和瓷片。……在东北和西南山坡上目前还能见到7座暴露出来的窑址，从断崖观察，南面山坡遗物堆积厚达5米以上""（蟹山）地表满布窑具和瓷片"。[2]

其他渠道收集到的潮州窑藏品，历年来不计其数，如1922年，潮州士兵在潮州城南挖战壕时，于一个地下石室发现含"治平四年""熙宁元年五月""熙宁元年六月""熙宁二年"铭文的释迦牟尼像等[3]，又如1940年，西方人麦康（Malcom F.Ferly）实地调查大量遗存后，发表了第一份直接言及笔架山宋窑的学术成果《中国古代窑址》（An Ancient Chinese Kiln-Site），认为这是他所见的中国最大窑址，陶器众多等。[4]仅《宋代笔架山潮州窑》中，便列有近百页图版的成型代表性作品。[5]

笔者挑选潮州发掘的宋代潮州窑玩具狗，与藏家展示的宋代潮州窑玩具狗、日本出土的宋代潮州窑玩具狗对比。其中，藏家展示的宋潮州窑狗，青白

[1] 广东省博物馆.潮州笔架山宋代窑址发掘报告［R］.北京：文物出版社，1981：41.

[2] 广东省博物馆.潮州笔架山宋代窑址发掘报告［R］.北京：文物出版社，1981：1-2.

[3] 道在瓦斋.谈瓷别录［J］.岭南学报，1936，5（1）.

[4] 饶宗颐.潮瓷说略，潮州宋瓷小记［M］//黄挺.饶宗颐潮汕地方史论集.汕头：汕头大学出版社，1996：47-56，57-71.

[5] 李炳炎.宋代笔架山潮州窑［M］.汕头：汕头大学出版社，2004：107-108.

釉，点褐彩，高3.3厘米、长7.5厘米，做奔跑状，颈部系铃；潮州发掘的玩具狗，酱褐色釉，捏制，大耳下垂，作立吠状；日本出土的玩具狗，从图观察仅知上釉，作企状，大耳下垂，该件藏日本福冈市"埋藏文化财中心"。[1]如下图。

图5-2 藏家展示的宋代潮州窑狗图

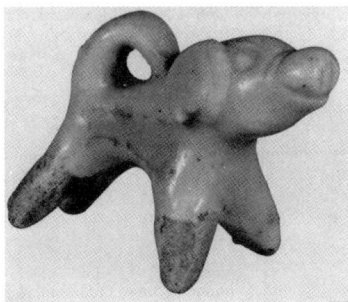

图5-3 日本出土的宋代潮州窑狗图

综上所述，潮州笔架山窑址处，千年之后的发现尚且不计其数，而样件也不乏精美之器物，则当年的笔架山盛况可想而知。"故老相传，自韩山前山仔垒村至山后，宋时有窑九十九，窑长二丈八尺无村，夙有'百窑村'之目，潮州城厢附近，居民每与其地掘得碗罐之类"[2]。因此，当地一直有"百窑村"之称。

除了潮州笔架山瓷窑，宋元潮汕其他地方还有不少窑址发现。

如澄海境内的窑址。

20世纪50年代末至60年代初，考古人员便考察和发掘了莲下程洋冈营盘山的古窑；1973年7月，又对程洋岗、窑东、窑西、管陇等处进行调查，发掘了一

[1] 田中克子.日本福冈市博多遗址群出土的潮州窑产品与外销［J］.东方收藏，2016（9）.广东省博物馆.潮州笔架山宋代窑址发掘报告［R］.北京：文物出版社，1981：25.李炳炎.宋代笔架山潮州窑［M］.汕头：汕头大学出版社，2004：108.

[2] 饶宗颐.潮州宋瓷小记［M］//黄挺.饶宗颐潮汕地方史论集.汕头：汕头大学出版社，1996：58.

批古窑；20世纪80年代初的全国文物普查期间，复查了这一带古窑群，并有所试掘。

尽管这批古窑没有公开的发掘报告，但从文物登记表可知，澄海陶瓷生产颇具规模：登记为北宋的有莲下山尾溪硬"营盘山窑"（1号）、莲下程洋冈"后湖窑"（11号）、莲下滘西滘"灶山窑"（12号），计3处；登记为五代至清的有莲下虎丘山莲花湖"程洋冈窑"（2号）、莲下管陇瓦窑墩"管陇窑"（3号）、莲下管陇石洲墩"北洋窑"（4号）、莲下管陇瑞陇墩"北洋窑"（5号）、莲下窖东牛头架下"窖东窑"（6号）、莲下窖西去灶山西"窖西北窑"（7号），计6处。合计为9处。

其中，营盘山1号窑，采集有匣钵、瓷碗、碟、壶、盘、盏、炉，多施青釉，亦有灰、白、黄等釉色者，饰文有斜纹、弦纹、菊瓣纹等，有瓷盘，内刻"福"字，应该是生产生活用品；1973年对程洋冈虎丘山下莲花湖畔试掘，也采集到大量砖瓦碎片和火烧土草木灰，疑似生产砖瓦等建材的古窑。[1]

此外，澄海境内唯一有发掘报告的澄海龟山宋代堆积显示，其中有仅存残片的1件瓷碗和1件残瓷盅，它们都是典型的宋龙泉青釉系列产品。[2]那里一直有宋帝南逃时曾居于此的传说，因此这些龙泉青釉瓷器，也可能是当时宋室随身之物，而非潮汕的产品。

又如揭阳境内的窑址。

揭阳榕城石马山、仙桥张厝祠、仙桥新民、揭东世德堂等处均发现有宋代窑址，但屡遭破坏，在20世纪80年代便已经缺乏研究价值。其中，世德堂村东边侧后半里处的水缸坑山，1975年在荒地上发现有成堆烧窑时遗留下的残破瓷器堆积，由下而上，长约4米、厚约2米，并有垫环、渣饼。当时窑已被覆盖，怀疑是馒头窑，发现的青瓷片多数是盘、碗、碟，少量是杯、器盖、小壶等，都制作精良。此外，位于揭阳、潮州交界的深坑桥下方，有4座宋代馒头窑，属于揭阳的一座，出土遗物包括陶罐、香炉、骨灰罐等大量瓷器。[3]

再如饶平境内的。

饶平九村窑群中的郑屋坷窑址，考古报告将其下层列为九村窑群的第一期

[1] 广东省文化厅.中国文物地图集（广东分册）［M］.广州：广东省地图出版社，1989：247.澄海县博物馆.澄海县文物志［M］.内部出版，1987：23-24.

[2] 邱立诚.澄海龟山汉代遗址［M］.广州：广东人民出版社，1997：4-9，108-109.

[3] 揭阳博物馆.揭阳文物志［M］.内部出版，1985：32-34.广东省文化厅.中国文物地图集（广东分册）［M］.广州：广东省地图出版社，1989：274.

遗存，判断为"元代至明嘉靖前后"的瓷窑。调查显示，该层青釉器堆积层出有：碗，直口浅腹，弧圆壁，口径14—15厘米、高3—4.5厘米；盘，有的是折平沿，浅壁，平底，口径17厘米、高3厘米，有的较小，直口，口径13.5厘米、高3厘米；碟，敛口，孤圆壁，平底内凹，口径8.5厘米、高2.6厘米。它们具有元代器物的风格。[1]

从上述关于陶瓷的发现，我们可以判断，此期潮汕瓷业是十分发达的。

宋代潮汕产瓷器，有不少是出口东亚、南亚、东南亚，而从出土瓷器中大量的"洋人""洋狗"等涉及西方风格看，最终需求方可能还要远至欧洲。海外各地也多有宋代潮州瓷器的发现，以日本博多港（HAKATA）为例，该处第56次调查地点SK0281出土的白瓷中，潮州窑产品的数量约占总量的23%，第79次调查地点SK1827出土的白瓷中，潮州窑产品数量约占总量的19%，而博多港是11世纪后期至12世纪后半段日本唯一的国际大港，其所发现的白瓷绝大多数产自福建、广东，其中广东产的几乎都是潮州窑白瓷。

这样的数据足以说明宋元潮州瓷业数量、质量以及行业地位，在当时外销瓷中都是比较突出的。

四、明清时期

明代潮汕陶瓷业发展良好，窑址的发现遍布各地，可见陶瓷生产在潮汕地区广泛存在，同时，瓷器制作工艺也有了质的提升，青花瓷瓷窑并不罕见。清代陶瓷业是明代的延续，陶瓷规模更为扩大。产品的质量和数量，清初成书的《燕在阁知新录·明代窑器》有这样的评价："广东窑出潮州府，其器与饶器类。"[2]即是说，潮州瓷器的风格与质量，与景德镇产有可比之处。这条记载也是传世文献中较早出现"广东窑"（广窑）的记录，其在清代、民国的介绍陶瓷文献中多见转录，可知该说贯穿明清直至近代，一直被论者所接受。[3]

[1] 何纪生，彭如策，邱立诚.广东饶平九村青花窑址调查记［R］.文物编辑委员会.中国古代窑址调查发掘报告集.北京：文物出版社，1984.

[2] 宏新按：所谓饶器，指"江西饶州府浮梁县景德镇及广信府弋阳县"。参见：王棠.燕在阁知新录［M］//续修四库全书编纂委员会.续修四库全书（第1147册）.上海：上海古籍出版社，1996：172-173.

[3] 宏新按：如清代《窑器说》、民国《谈瓷别录》皆有录载。参见：程哲.窑器说［M］//上海古籍出版社.生活与博物丛书.上海：上海古籍出版社，1993：107-108.道在瓦斋.谈瓷别录［J］.岭南学报，1936，5（1）.

明清潮汕外销瓷发达，并形成了西方文献中以"沙足"为区别方式的"汕头器"一名。时间越趋后，汕头港的出口规模越大，从各方面看，"汕头器"出口数量远超宋代，这些由汕头出口者，不少是潮汕所产，也有一些是福建、江西所流入。如陈景熙先生等对澄海鸡笼山一批清代陶瓷残片的研究，显示出该批瓷器可能是闽、赣流入，将从附近的樟林港出口。[1]而从首份较为完备的出口商品目录看，乾隆年间，潮阳正税口及其下辖后溪、达濠、海门三个挂号小口，在乾隆中期常常出口细瓷器。这些瓷器，可能有部分是潮阳附近所产。

本阶段潮汕瓷窑众多，几乎各县皆有瓷器生产。梳理如下。

1.饶平县

饶平应该是明清潮汕较为重要的陶瓷生产基地。

1974年，广东省博物馆在饶平新丰调查一批窑址，其中位于九村镇的一处窑群，处于群山起伏之中，考古学家们在散布于山中的窑址中采集到标本300余件进行调查、分析，调查报告显示，九村窑址可分为连续不断的四期，年代自元至近代，其中，从地层堆积关系可判断从第一期的末段开始，即大约明嘉靖年间（1522—1566）起，九村窑群由青釉器转产青花瓷器。

梳理《广东饶平九村青花窑址调查记》为下表。[2]

表5-15 饶平九村青花窑址概况表

期	分布	断代	器物描述
1	郑屋坷下层	元至嘉靖前后	碗、盘、碟。胎骨灰白，粗松多气泡；釉层薄，有月白、青白、青灰和青黄诸色，开冰裂纹片；有矮圈足，足边留有旋削痕迹，内底心乳钉凸起；叠烧，内底和足部四周露胎，残器多黏结在一起
2	郑屋坷、顶竹坪、三斗坑、老窑坷、铁寮坑等	嘉靖至明末	盘、碗、浅碗、碟。胎骨洁白坚致且薄，除盘外其余较小；满釉，釉面光洁润泽，掺青料者微显青色，少量器物开冰裂纹片；青花色调较深，呈普蓝色；花纹先勾线，后平涂，笔法自然流畅，风格简朴奔放；花纹主要绘于器物内底心和外壁，内沿下、底和足边多画一道圈线；"沙足"；器物用匣钵单件装烧
3	三斗坑、老窑坷、下坪埔、铁寮坑等	清初至嘉庆、道光	碗、浅碗、碟、杯等。胎骨厚重，器形较大；青花较二期浅淡明亮，较早的花纹工整，后期趋向草率，逐渐演变成写意；花纹部位与二期相似；出现闭花、花卉捧字、开窗式样；足底垫沙；入窑仍单件装匣钵

[1] 陈景熙，蔡英豪.澄海鸡笼山出土陶瓷残片的清理及初步研究[J].韩山师范学院学报，2001(4).

[2] 何纪生，彭如策，邱立诚.广东饶平九村青花窑址调查记 [R].文物编辑委员会.中国古代窑址调查发掘报告集.北京：文物出版社，1984.

续表

期	分布	断代	器物描述
4	三斗坑、老窑坷、铁寮坑、下坪埔、公娄、半辈坡、麻輋	嘉庆、道光以后至近代	碗、盘，少量高足盘、杯、匙、小瓶等。胎骨厚重粗松，器形硕大；青花色调较二、三期鲜艳，浮光外露；笔法更草率，无论山水、动物或花卉多写意乃至图形难辨；仅少量保留"沙足"，多数器足经修削平滑，微呈橘黄色；圈足内有商号等款识，标本所见19种，各窑有3—5种

　　九村窑群仅仅是饶平新丰窑群的一部分，新丰窑群亦远不是饶平陶瓷基地的全部。实际上，饶平的窑址应该还有不少。如麻寮窑址，位于建饶麻寮场，面积约500平方米，发现有青花瓷堆积，部分堆积厚达2—3米，采集到侈口碗、直口碗、浅口碗，以及折沿平底盘和碟等，都制作精细，年代为明至清。[1]

　　同期文献中，同样有反映明清饶平陶瓷业兴盛的记载。如《（顺治）潮州府志》称饶平县宣化都的大港栅，统"磁窑"等十村，可知在明末清初潮汕社会动乱期间，饶平"磁窑"仍然是存在的；又如《（康熙）饶平县志》载太平乡宣化有"砌窑村"，此后县志也一直延续记录；再如《（乾隆）潮州府志》称，在饶平县太平乡宣化都处有"瓷窑。县东一百一十里"，按这个里程距离计，则瓷窑便在山区。[2]

　　2.揭西

　　揭西发现有不少窑址，其中，1961年在揭西河婆镇岭下山（当时该处属于揭阳县辖境，因此调查报告表述为"揭阳"）发现的3座明代中晚期青花瓷窑，有调查简报。[3]

　　发现时，该处3座窑址均凸出地面，平面呈长方形，纵剖面为斜坡式，大约长20米、宽3.1米，其中有两座窑顶和窑壁已坍塌，另一座保存尚好。窑址西北面有一块约20×35米的平台，推断为当年制坯工场的所在地。

　　这3座窑址的遗物散布范围约70×180米，窑具和瓷片遍地皆是，种类有匣钵、瓷碗、碟、杯、瓶和器盖等，匣钵和瓷碗数量较多，杯、瓶、盖数量较少。

　　[1] 广东省文化厅.中国文物地图集（广东分册）［M］.广州：广东省地图出版社，1989：250.

　　[2] 吴颖.（顺治）潮州府志［M］//中国科学院图书馆.稀见中国地方志汇刊（44）.北京：中国书店，1992：1334.林杭学.（康熙）潮州府志［M］.潮州：潮州市地方志办公室，2000：76.刘抃，等.（康熙）饶平县志［M］//故宫博物馆.故宫珍本丛刊（第176册）.海口：海南出版社，2001：197.周硕勋.（乾隆）潮州府志［M］.台北：成文出版社，1967：153.

　　[3] 曾广亿.广东博罗、揭阳、澄迈古瓷窑调查［J］.文物，1965（2）.

其器物和器形大概择要介绍如下。

装烧瓷器的匣钵，胎呈淡黄色或淡灰色，造型可分两种：一种为环底圆筒形，是装烧碗、碟的专用钵，口径17厘米、高10厘米；另一种为平底圆筒形，是装烧杯类的专用钵，钵身很小，口径8厘米、高5.5厘米。

瓷器的釉色有影青釉、灰釉、白釉3种，光泽很强。影青釉微带青绿色，有开片和不开片者；灰釉微带白色（即淡灰色），釉面不开片；白釉呈牙白色，釉面均不开片。瓷碗内的中心处，大部分可见"福""禄""寿""中""上""正""和""士""新""佳""玉""仁""魁""元"等文字，外壁大多数绘有简单青花。瓷碗大小不一，大者口径15.5厘米、高6.8厘米、底径6厘米；小者口径11.5厘米、底径5厘米、高4.3厘米。瓷碟为白釉，素面无纹，口径12厘米、高3厘米。器盖为影青釉，俯视为圆形，外壁绘青花，似壶盖，圆径4.3厘米。

揭西还有不少明清古窑，《揭西县文物志》便记载了众多发现和传说，较为可靠，且在1840年前生产的明清古窑，有如明山方形方窑，位于宫墩新寨西南八里的明山山径旁，窑址周围有瓷碗残碎片，质地精美；又如钱坑顶联缶窑群遗址，位于原霖田都，修志者认为该窑创建于清康熙以前，所产为生活日用品，也产砖瓦，民国时尚见六大砖瓦窑，两条长龙陶器窑；再如军墩碗窑，位于狮山、象山水口外的江边南侧，迄至当代尚见有碗窑十多座。应该指出的是，虽然这些都未经发掘，但考虑到附近的考古发现，想来亦非空穴来风。[1]

3.潮州市区及潮安县

潮州市区附近及潮安县，也见有窑址及不少文献记载。

韩江沿岸砖窑位于韩江两岸，分布于东岸的，自归湖双顺灰窑延伸至鲫鱼滩，分布于西岸的，则自归湖克安南田绵延至枫溪区高厝塘的鸡笼山下坟地。两岸的窑址分布疏密不一，密集度最高的，是在归湖金舟二塘罗带龙横堤头下沟西侧，在那里约100米的范围内就发现有17处砖窑址，两窑之间的距离，最近者仅仅3米。砖窑所出产品基本是同一个规格的青灰砖，长40厘米、宽20厘米、厚12厘米，这些砖头是潮州筑城及后来修坡时所用，砖窑在洪武元年至洪武四年间（1368—1371）便已经开始烧制。[2]

潮州西厢下社，在万历年间（1573—1620）估计是官方用瓷的生产基地。潮安县博物馆收藏有《西厢陶工碑》，碑文有"万历二十八年"，落款为"皇明

[1] 揭西县文物志编纂委员会.揭西县文物志［M］.内部出版，1985：38-41.

[2] 潮州市文物局.潮州市文物志［M］.内部出版，1995：2-18.

庚子岁秋"，则应是1600年立碑。碑刻完整，其中有"西厢下社民以造陶营生，凡上司、府、县各衙家火并春秋二祭、军务、考校等项瓷器""遵照旧规答应瓷器、起夫搬运及认城外西隅工作"句，说明西厢下社的居民多从事陶瓷生产，产品主要是官方机构所用。这个地方应是一个较具规模的产瓷基地，尤其是供给官方"春秋二祭"的瓷器，想来质量应该不错。[1]

枫溪的陶瓷生产，在明代已经开始。按《中国文物地图集》的记载，枫溪历次发现的窑址有：窑边窑窑址，面积约500平方米，发现时地表残留很多瓷片及窑具，以碗、碟为主，未见窑床；瓦窑窟窑址，位于枫溪新乡村，面积约300平方米，地面采集有窑具、青花瓷碗、碟等；枫溪镇窑址，位于枫溪瓷器厂，地下发现有龙窑，残长30米、宽3.5米，窑内有青花瓷碗和匣钵等；云梯山窑址，面积约300平方米，发现时地表散布青花瓷碗、碟的碎片以及匣钵窑具等；人家前窑址，位于枫溪人家前村，面积约200平方米，地表采集到一批青瓷片和窑具，尚未发现窑床。[2]

文献上也有一些涉及瓷器的记载。

如《（嘉靖）潮州府志》载："海阳县东厢统五村；曰东津、水南、南窑、仙田、恶溪。"[3]这里的"南窑"，应该与陶瓷业有关，它在清代更名为"竹蚓"，《（光绪）海阳县志》载有"竹蚓"，称："旧名南窑村，距城六里之涸溪西南处。"[4]今竹蚓村名仍在，并与周厝、仙埔美组成窑美村。

又如《（顺治）潮州府志》称海阳县秋溪都官塘堡管辖有"磁灶"等十一村，[5]《（康熙）潮州府志》也有秋溪都"磁灶"村的记载。[6]《（乾隆）潮州府志》则载海阳县秋溪都的"磁窑"，"距城东二十五里"。[7]可见清初的官塘附近便有瓷器生产，至乾隆年间仍然存在着瓷窑。

再如《（乾隆）潮州府志》载："枫溪墟。（海阳）县西南十里，陶冶之

————————

[1] 宏新按：原碑无额，"西厢陶工碑"名为《潮州市文物志》所拟。参见：潮州市文物局.潮州市文物志［M］.内部出版，1995：6-62.

[2] 广东省文化厅.中国文物地图集（广东分册）［M］.广州：广东省地图出版社，1989：279.

[3] 郭春震.（嘉靖）潮州府志［M］//北京书目文献出版社.日本藏中国罕见地方志丛刊（第13册）.北京：书目文献出版社，1992：280.

[4] 吴道镕.（光绪）海阳县志［M］.卢蔚猷，修.台北：成文出版社，1967：28.

[5] 吴颖.（顺治）潮州府志［M］//中国科学院图书馆.稀见中国地方志汇刊（44）.北京：中国书店，1992：1331.

[6] 林杭学.（康熙）潮州府志［M］.潮州：潮州市地方志办公室，2000：73.

[7] 周硕勋.（乾隆）潮州府志［M］.台北：成文出版社，1967：137.

所。逐日市。"[1]这条记载，也是当地古府县中，唯一一处被专门强调是"陶冶之所"的墟市。说明当时的枫溪墟，是一处专业的陶瓷产品交易市场。

还有系年难辨的瓷窑。如《（嘉靖）广东通志》记载庄典墓的位置时称："在韩山东白瓷窑。"[2]这个"白瓷窑"究竟是明嘉靖时仍生产，还是仅仅是宋代"郡以东，其地曰白瓷窑"[3]的地名延续，而明清时已经停产，则不得而知。

4.惠来

惠来的陶瓷生产应有一定的规模，主要产品为生活用品。

惠来发现的窑址，面积都是比较大的，长期以来发现的残碎瓷片很多，如葵潭青坑、圆墩的山区，近年在溪涧旁、山径小道附近仍能见到古残瓷片。

《中国文物地图集》记录有惠来境内的数处窑址：牛拖窑址，位于河林乡牛拖水电站，为明代馒头窑，发现时堆积物厚达3米，器形有青花白瓷碗、盘、碟、茶池等10多种，其中有落款"福"字者，多见于盘和瓷碗；东溪窑址，位于河林乡竹埔村，分布18条明清瓷窑，窑区面积约50000平方米，发现时堆积物厚达3—4米，采集有瓷碗多件，上釉明亮如琉璃，现存尚好；豪猪窝窑址，位于青山乡涂墙岗，有明—民国的龙窑，长60米，堆积物厚达2—3米，窑区面积2500平方米，该窑烧制的瓷器有碗、盘、杯、碟。[4]

清代的地方志书也载有不少惠来的陶瓷生产信息，其显示出来的位置，大约与上述发现的窑址相接近。如《（乾隆）潮州府志》载惠来县，"东溪窑山，距县西北四十里，两峰旁峙，中有小涧，莿竹埔居民以水碓舂泥陶碗""北溪窑山，距县西北六十里，山名员墩，临小涧庵美角居民舂泥陶碗，与东溪同供远近器用""磁窑山，距县西里许""禄昌溪，距县西二里，发源盐岭，经大溪抵白沙湖、磁窑、东陇村、遗（绕）洋美，至神泉港入海"。[5]《（雍正）惠来县志》的"北溪窑山""瓷窑山""禄昌溪"条，也都有与上引相类似的记录。[6]

5.潮阳

潮阳的陶瓷业，可能主要集中在明代，入清之后则比较罕见了。大概情况是：

[1] 周硕勋.（乾隆）潮州府志［M］.台北：成文出版社，1967：172.

[2] 黄佐.（嘉靖）广东通志［M］.广州：广东省地方史志办公室，1997：450.

[3] 解缙，等.永乐大典（精装十册）［M］.北京：中华书局，1986：2450.

[4] 广东省文化厅.中国文物地图集（广东分册）［M］.广州：广东省地图出版社，1989：261.

[5] 周硕勋.（乾隆）潮州府志［M］.台北：成文出版社，1967：202，205.

[6] 宏新按：《（雍正）惠来县志》中"北溪窑山"之前一列有"以陶碗"三字，紧接着上一叶阙，估计阙页有记录"东溪窑山"的内容，参见：张玿美，等.（雍正）惠来县志［M］.台北：成文出版社，1968：127-128，140.

两英碗架山遗址，位于红场巫字村前2.5—3公里的两英碗架山西侧山坡，分东、西两条瓷窑，其中西窑比较完整，左右窑壁清晰可见，窑宽2.6米、长12米，两窑间隔10米。主要器物有残碟、残碗底、陶质托架等，初步判断为明代窑址。

红场五田窑址，位于红场区五田村前约200米梯田中，窑区大约100平方米，遍布碎瓷片和窑砖，初步判断为明初窑址。

雷岭赤坪窑址，位于雷岭赤坪村坑仔山，发现时残存窑壁，遗物有碗、碟、盘等器物残片，初步判断为明代窑址。

成田碗窑山窑址，位于成田碗窑山，遗址面积约10平方米，发现的碗、碟、盘残片呈黄色、浅青色两种，火候较低，有因年代久远而自然裂开的开片，初步判断为明代窑址。[1]

6.普宁

普宁发现的窑址多数被判断为明代，但有的也延续至清代。[2]

瓯公陂窑址，位于大坪镇瓯公陂村，明代，面积200多平方米，试掘约15平方米，发现有瓷碗和匣钵残片。

碗窑坑窑址，位于大南山镇碗窑坑村，明代，发现时窑室已经塌落，地表和堆积中见有大量瓷片，主要是碗，施灰色、灰黄色或豆青色釉，釉层较厚，色泽光亮。

七斗凸窑址，位于大坪镇大坪圩，明代，发现有崩塌严重的砖瓦窑，砖块、瓦片形成堆积，砖都是灰色，长20厘米、宽15厘米、厚5厘米。

新六窑址，位于大南山镇新六村，明代—清代，发现时瓷窑形制不详，窑区地表采集有窑具、沙匣钵，以及瓷碟、瓷碗的残片。

7.澄海

澄海发现的瓷窑，数量较多、持续时间较长。在本阶段，较可明确为明代窑的有缶灶山窑址，位于莲下镇窖西村，面积约200平方米，在山坡地面约0.5米深处，发掘有数量不菲的窑砖、匣钵，以及大量瓷碗、陶钵、漏斗等器具之残片。[3]

8.南澳

南澳发现的明代"青澳窑址"，位于深澳镇六都村。该窑为馒头窑，以烧

[1] 潮阳文物志编纂小组.潮阳县文物志［M］.内部出版，1985：29-31.

[2] 广东省文化厅.中国文物地图集（广东分册）［M］.广州：广东省地图出版社，1989：265-266.

[3] 广东省文化厅.中国文物地图集（广东分册）［M］.广州：广东省地图出版社，1989：247.

瓦为主，窑深5米、高2.5米、最宽处4米，发现时窑口塌陷，周围堆积有不少残碎瓦片。[1]

从上面可以看出，明清时期潮汕陶瓷业还是比较繁荣的，这也为此后潮汕地区大量的瓷器输出奠定了基础。

1860年汕头开埠后，汕头港逐步成为国内屈指可数的陶瓷输出大港之一，出口的瓷器产品中，一些产于外地，但也有不少是潮汕地区产制的。

第四节　盐业

我国很早便有海盐开采记录，例如"厥贡盐絺，海物惟错""夙沙作煮盐"[2]等。此后，随着时代、技术的发展，池盐、井盐、岩盐等相继见诸文献。

潮汕濒临海洋，历史上所产皆为海盐。凭借丰富的自然资源，古代潮汕一直是盐富余区，较长期面临的困境，在于不时会出现库存积压、产大于销的状况，左右潮汕盐业良性发展的关键因素，则是时局大势和政策引导。大体上，古代潮汕盐业（1840年止）都在"生产——压仓崩溃——生产——压仓崩溃"中循环，每一次即将崩溃（生产规模达到当时顶峰），便是民不聊生、一个王朝即将结束之时。同时，尽管古代潮州盐业在岭南有着重要的行业地位，但于全国而言，其生产规模及影响力都比较微弱，与潮汕粮食等种植业、矿冶等工业在全国的行业位置相比较，不可同日而语。

盐对人类来说不可或缺，远古潮人必有所取用。不过，就现存文献看来，有所记录的潮汕海盐生产时间，大约自两晋六朝时期开始。

一、早期概况

潮汕地区的盐业生产，至迟自东晋时期便已存在，南朝时也许已经较为普遍地流通于市面。

《太平御览》转晋裴渊《广州记》载"东官郡煮盐，织竹为釜，以牡蛎

---

[1]　广东省文化厅.中国文物地图集（广东分册）[M].广州：广东省地图出版社，1989：254.

[2]　秦嘉谟，等.世本八种[M].宋衷，注.上海：商务印书馆，1957：363.孔安国.尚书正义[M]//阮元，校刻.十三经注疏.北京：中华书局，1980：147-148.

屑泥之烧用，七夕一易"，《宋书》引《广州志》，以及《宋书》的记载，都说明东官郡甫一成立时便包括潮汕地区，这种隶属关系自咸和六年至义熙九年（331—413），延续了近百年。因此晋人所述的"东官郡煮盐"，便有可能包括潮汕。[1]

当时获取海盐的工具、物料，为"牡蛎屑泥"和"织竹为釜"，倘若潮汕缺乏这些物件和制作工艺，那么上述的判断便显得牵强。不过，这些物件，潮汕恰好具备。

牡蛎等，潮汕最古老的一批人类遗址多数是贝丘遗址，距今约6000多年前的潮州石尾山遗址出现了一种专门取食牡蛎的石器工具，广东考古学家于20世纪50年代率先定名为"蠔蛎啄"，该名才为考古学界通用。[2]潮汕对牡蛎的利用，从来都很是充分。

竹、藤的编制，潮汕居民早已娴熟。揭阳面头岭遗址出土的战国中期前后篾刀，便是竹类砍伐取材、竹藤器编织的专用工具，[3]揭阳寨山汉墓的竹篾碎片、九肚村晋代木屋的建材构件竹篾等，[4]无不显示出东晋时期"织竹为釜"没有任何工艺障碍。

因此，我们有理由推测潮汕的盐业生产，在东晋时期便存在了。

《通典》载，六朝时岭南诸州的商业往来，多以盐、米、布来进行交易，不用铜钱。[5]可知盐、米、布等，是六朝岭南的通行"实物货币"。同时可以推测，南朝潮汕盐业交易，应不稀罕。

隋唐开始，关于盐政的记录比前较为丰富，从中可以看出，隋唐盐业政策都较为宽松。

隋代，自开皇三年（583）便执行"通盐池、盐井，与百姓共之"[6]的政策。唐代前期因袭隋政，"山泽陂湖，物产所植，所有利润，与众共之"[7]，开

[1] 李昉，等.太平御览［M］.北京：中华书局，1960：3359.沈约.宋书［M］.北京：中华书局，1974：1199.

[2] 南澳县海防史博物馆，中山大学韩江流域考古课题组.广东南澳县象山新石器时代遗址［J］.考古与文物，1995（5）.广东省文物管理委员会.广东潮安的贝丘遗址［M］.考古，1961（11）.

[3] 广东省博物馆，汕头市文管会，揭阳县博物馆.广东揭阳县战国墓［J］.考古，1992（3）.

[4] 黄克.揭阳县抢救清理西汉坑墓［J］.汕头文物，1987（13）.广东省文化厅.中国文物地图集（广东分册）［M］.广州：广东省地图出版社，1989：274.

[5] 杜佑.通典［M］.王文锦，王永兴，刘俊文，等，点校.北京：中华书局，1988：191.

[6] 魏徵，令狐德棻.隋书［M］.北京：中华书局，1973：681.

[7] 长孙无忌，等.唐律疏议［M］.刘俊文，点校.北京：中华书局，1983：489.

元元年（713）刘彤上《论盐铁表》中，仍然反映出盐铁可由私人开采经营的实际情况，包括民间销售、流通等均不受政府干预[1]。天宝十四年（755）安史之乱爆发，唐政府出现财政危机，促使榷盐法实施，不久实行盐业专卖制，食盐的运销和流通生产被置于官府的管理、监管下。南汉国时期，长期"无盐禁，许商人贩鬻"[2]。

这样的时代大势和政策环境，比较适宜行业的发展。同时，隋代关于岭南盐业的记载仍十分罕见。到了唐代，才有一些记录存世。而刚进入现存文献较全的唐代，潮汕盐业已见发达，则可反证我们上述的六朝潮州产盐的判断。

唐代潮汕盐业在岭南比较突出。目前较系统的资料见诸《新唐书》和《元和郡县图志》，其他还有《元和郡国志》《北户录》《岭表录异》等，但都不是很完整。

我们先对这5种文献的相关记载做个辨析，再梳理成表。

《新唐书·地理志》载岭南道共有6个县产盐，分别是：广州的东莞县、新会县，潮州的海阳县，琼州的琼山县，振州的宁远县，儋州的义伦县。对于这些产盐县的介绍，该志都以简单的"有盐"两字描述。[3]

《元和郡县图志·岭南道》的记载，现存述及岭南盐业的仅有两个县，除了潮州海阳县的"盐亭驿，近海，百姓煮海水为盐，远近取给"之外，便是端州高要县"有盐官"[4]。按中华书局版的点注，这里的高要盐官，是汉代而不是唐代，而即使是指唐代有盐官，《中国盐政史》也考证出高要并不产盐，而是转运机构[5]。即是说，端州不产盐。这也可以解释，为什么前引《新唐书·岭南道》中明确"有盐"的6个县中没有提到高要县。

又，《元和郡县图志·岭南道》原有5卷，仅余3卷传世[6]，前引《新唐书·岭南道》所载产盐6县中的琼山、宁远、义伦3县（属今海南省管辖），刚好在亡佚的第35卷"岭南道二"中，[7]我们没法弄清具体情况。但东莞、新会两县

[1] 王溥.唐会要［M］.北京：中华书局，1955：1603.

[2] 宋会要辑稿［M］.刘琳，刁忠民，舒大刚，等，校点.上海：上海古籍出版社，2014：6497.

[3] 欧阳修，宋祁.新唐书［M］.北京：中华书局，1975：1095-1118.

[4] 李吉甫.元和郡县图志［M］.贺次君，点校.北京：中华书局，1983：885-978.

[5] 曾仰丰.中国盐政史［M］.上海：上海书店，1984：91.

[6] 《元和郡县图志》在北宋时已经无图，宋代之后目录亡佚并再缺六卷，其中岭南共5卷，恰好佚失岭南道二（第35卷）、岭南道三（第36卷），传世本仅余岭南道第一、四、五（第34、37、38卷）。

[7] 李吉甫.元和郡县图志［M］.贺次君，点校.北京：中华书局，1983：总目26.

的记录完整，却没有出现盐业的介绍，这便透露出，东莞、新会两县可能在唐元和（806—820）时没有产盐，或者盐业规模不大等，官方年簿才没有记录。

《元和郡国志》已佚失，多种类书存有若干记录，如《太平御览》转存有潮州"煮海为盐"，以及冈州"俗织竹为釜，以蛎壳屑泥之煮盐"条。唐冈州在今广州新会附近，贞元末年（805）撤州，分新会、义宁二县等，属广州，则这里的"冈州"，实际就是《新唐书·岭南道》中的产盐县新会县。[1]

《岭表录异》载有海丰的石桥场和恩州的恩州场，后者影响不小，也见于《北户录》。[2]不过，这两处盐场不见于主要以官方年簿记录为依据的《新唐书》和《元和郡县图志》，相信其行业地位不会高于潮州海阳县盐场。同时要说的是，《岭表录异》等地理杂记类文献所记的，只是作者觉得值得一写的物事，并不是系统材料，没有记载，不代表没有生产。

关于唐代岭南盐业的记载，传世材料大概也就这样。我们制成下表。

表5-16 唐代岭南道产盐地一览表

	《新唐书》	《元和郡县图志》	《元和郡国志》	《岭表录异》	《北户录》
潮州海阳县	有盐	百姓煮海水为盐，远近取给	煮海水为盐		
广州东莞县	有盐	无盐	无盐		
广州新会县	有盐	无盐	煮盐		
琼州琼山县	有盐	文献阙	文献阙		
振州宁远县	有盐	文献阙	文献阙		
儋州义伦县	有盐	文献阙	文献阙		
恩州				恩州场	恩州场
循州海丰县				石桥场	

从上表的比较，我们可以得出这样的看法：潮州盐业在唐代岭南道中的规模、产量都应该是比较大的。

倘若再加考察，则可明确，唐元和年间东莞、新会县没有产盐，琼山、宁远、义伦3县的记录丢失，但即使3县仍有产，放在岭南道中，唐代潮州盐也占据

[1] 李昉，等.太平御览［M］.北京：中华书局，1960：837-843.

[2] 刘恂.岭表录异校补［M］.商璧，潘博，校补.南宁：广西民族出版社，1988：206.段公路.北户录［M］.崔龟，图注.1880（清光绪六年）据宋本重刊本，卷二：11.

举足轻重的行业地位。而琼山、宁远、义伦属今海南省管辖，则如果以今天的广东省域论，潮州盐业位居广东省行业之首。

不过，如果将潮州乃至岭南的盐业放在全国范围内来比较，规模则很小。事实上，岭南盐业生产虽然较早出现（西汉时便在南海郡番禺县、苍梧郡高要县各设置1处"盐官"[1]），但不是全国瞩目之处。当时天下盐区众多，三大类盐中：池盐，唐代分布于28个州县（场）；井盐，唐五代分布于86个州县（场）；海盐，唐代分布于41个州县（场）。其中，岭南道所出产的都是海盐，作为唐代海盐三大区域之一，岭南海盐产量远少于北方、江淮海盐产区，如果将全国池盐、井盐、海盐合计，则影响力更小。[2]

岭南盐最初也仅限于自足，直到晚唐中原经济凋敝时，岭南盐业生产才受到中央政权等的重视。唐僖宗（873—888年在位）时，宰相郑畋命广州刺史韦荷输出食盐以换取军需粮食等，才有了岭南盐具规模输出的记录[3]。以当时岭南产盐地的分布和产盐规模来衡量，这次输出，其中想必有潮州盐。

二、宋元时期

宋代对盐业的重视过于前朝，盐政也显得严密和细致，且屡屡调整，随时完善，政府介入市场的现象十分突出。后世关于"政府垄断"的诸多政策，都可以在这里找到源头或痕迹。这些政策维护了正常的市场秩序，促进了盐业繁荣，于中央财政而言是"岁入之多，自两税之外莫大于盐利"[4]。元代，则大体因袭宋末旧制，又随着盐业规模的扩大，在各地增设了若干盐务管理机构，而得益于技术的发展、水陆交通的完备，元代的食盐流通更为迅捷和顺畅。

关于宋元潮汕盐业的文献记载较为丰富，也有考古发现，由于材料繁杂，需要辨析者较多，下面分北宋、南宋、元代以及宋元潮州盐场4个小点进行介绍，并在第5小点做个小结。

---

[1] 班固.汉书［M］.颜师古，注.北京：中华书局，1962：1628-1629.

[2] 宏新按：本段的数据是根据《中国盐业史（古代编）》的相关表格统计。参见：郭正忠.中国盐业史（古代编）［M］.北京：人民出版社，1997：79，85-87，91-94，97-106.

[3] 欧阳修，宋祁.新唐书［M］.北京：中华书局，1975：5402.

[4] 章如愚.群书考索后集［M］.文渊阁四库全书本，卷五十六：22.

（一）北宋

纳入宋版图之前，岭南盐业市场可自由购销，包括广州在内，整个岭南盐价极低。开宝四年（971）二月宋平岭南，要求岭南进行大规模的盐业生产，并减轻原南汉国一些严苛规定；四月起明确执行类似官方统一统销的制度，严禁商人私下买卖。其中，唐代产盐大州潮州、恩州被特别专名列出，可以按收购价折算，用来抵役、抵税。[1]

统购统销并非全国皆然，而是因地制宜施行。大体上，除了期间偶尔的调整之外，广南盐业在两宋期间都执行这种政策，而南宋初的盐钞制度，究其实质也属于官方"统一购销"。

政府的收购价、销售价并非一成不变，但比之自由贸易的市场定价，对生产者来说则要来得稳定。潮州盐为"末盐"，常比"颗盐"贵，但两者都分很多种，各期各种价格也不相同。971年执行规定之后，政府的购、销价，一开始有线索可寻，据文献的折算，大致是：971年七月后，广南每斤收购价4文；971年四月之后的广南官方销出价，流向荆湖诸州的是每斤60文，流向附近的则每斤40文［这个价格，可能在开宝九年（976）有所下调］。购、销之间，官方获利极大，"视去盐道里远近而上下其估，利有至十倍者"，当然，这不是纯利润。[2]

统购统销的好处是民间存货有出处，尤其是岭南、潮汕这样自唐末便产盐过剩的"盐价甚贱"的地区，自此可不愁销路；而对于官方来说，利润之诱人显而易见。但其弊端也很明显，即一段时间后，可能会导致官方拼命收购而难以有效消化库存，以及巨大的价格差距会滋生非法贸易，两者可长期互为因果。这个弊端，通常会在原本富余又资源充足的产盐地率先出现。

纳入宋版图约16年后的雍熙四年（987），潮州官员便上言：盐，每年支出仅数百石，每年收入却达到3.3万石（应收的岁额），入宋以来共积存了64万余石（相当于18年的岁额），白贴仓储保管费用，积存的盐却"同无用之物"，根本不值一文。

整个广南更为夸张，积存盐量相当于30年的岁额。由此，广南不得不向中央政府申请减少产量，以去库存。

---

[1] 马端临.文献通考［M］.北京：中华书局，1986：154.宋会要辑稿［M］.刘琳，刁忠民，舒大刚，等，校点.上海：上海古籍出版社，2014：6497-6498.

[2] 陈均.皇朝编年纲目备要［M］.许沛藻，金圆，顾吉辰，等，点校.北京：中华书局，2006：35-36.李焘.续资治通鉴长编［M］.上海师范大学古籍整理研究所，华东师范大学古籍研究所，点校.北京：中华书局，1995：374，2260-2261.脱脱，等.宋史［M］.北京：中华书局，1977：4438.

当时北宋境内官盐过剩情形已较普遍，广南雍熙四年（987）的申请，即刻得到批复并执行，潮州、恩州等传统产盐大州纷纷关停境内盐场，仅余广州属的东莞县静康、新会县海晏等13个场。[1]

我们先提取一个数据以供下文对比：971—987年，潮州的岁额为3.3万石，广南路岁额10万石，即是说，潮州岁额产量占广南路岁额产量的33%。

潮州盐被罢停了好些年份，严重影响到生产水平，复产后连年达不到应纳的岁额数量。遂有天禧元年（1017）三月"免潮州逋盐三百七十三万斤"的记载，这是可见的潮州逋盐的首例。而一次性减免的373万斤，相当于987年罢产前岁额165万斤（即3.3万石）的2倍余，应是历年积欠中央的累计数。天禧（1017—1021）末，北宋境内有6路共23个州军产海盐，广南有9个产盐州，潮州名列其中，可见，到了此时，潮州盐业有所恢复了。

潮州还算恢复得比较快，与潮州类似、同年被罢停盐场的恩州，自唐代便产盐，宋初一样享有收购价折免役、税的政策，其被罢停之后，直到绍兴元年（1131）才有点起色，绍兴三十二年（1162）时，规模仅占当时广南路的3%，可谓百年不振。[2]

《宋会要辑稿》转引有《续国朝会要》的盐额数据，潮州盐额占广南东路总额的6.39%，居第6位。系年方面，《续国朝会要》记事起自治平四年、止于靖康二年（1067—1127），数据中又将程乡县附于潮州内计数，故知统计年代应在熙宁六年至元丰五年（1073—1082）间的某一年，我们有把握缩小系年范围：该数据应是《（政和重修）国朝会要》之记事时间下限，即熙宁十年（1077）。

制表如下。[3]

表5-17 宋熙宁十年（1077）广南东路盐额统计表

序号	产盐州	盐额（贯）	占广南东路百分比
1	韶州	103390.57	20.13%

[1] 李焘.续资治通鉴长编［M］.上海师范大学古籍整理研究所，华东师范大学古籍研究所，点校.北京：中华书局，1995：631.宋会要辑稿［M］.刘琳，刁忠民，舒大刚，等，校点.上海：上海古籍出版社，2014：6497-6498.脱脱，等.宋史［M］.北京：中华书局，1977：4466.

[2] 脱脱，等.宋史［M］.北京：中华书局，1977：4467.宋会要辑稿［M］.刘琳，刁忠民，舒大刚，等，校点.上海：上海古籍出版社，2014：6497，6540.李焘.续资治通鉴长编［M］.上海师范大学古籍整理研究所，华东师范大学古籍研究所，点校.北京：中华书局，1995：3261-3262.

[3] 宋会要辑稿［M］.刘琳，刁忠民，舒大刚，等，校点.上海：上海古籍出版社，2014：6487-6490.

续表

序号	产盐州	盐额（贯）	占广南东路百分比
2	南雄州	72655.813	14.15%
3	贺州	71062.544	13.84%
4	广州	67000.446	13.05%
5	连州	50756.571	9.88%
6	潮州	32797.872	6.39%
7	循州	29504.063	5.75%
8	英州	30245.882	5.89%
9	惠州	20707.835	4.03%
10	端州	10940.871	2.13%
11	康州	8244.123	1.61%
12	封州	6058.023	1.18%
13	新州	5552.146	1.08%
14	南恩州	4604.138	0.90%
合计		513520.897	100%

（二）南宋

南宋财政十分倚重盐业，"自南渡以来，国计所赖者唯盐"[1]。

南宋广南较齐备的盐额材料来自绍兴三十二年（1162）的记录。目前能见的文献，是《宋会要辑稿》所转引的《中兴会要》与《乾道会要》。前者细述至各州盐场，后者则只是谈及产盐州，但两者文字有所出入：广南东路，唯有"潮州"一处矛盾，前书称"潮州六万六千六百石"，后书称"潮州六万六升六百石"，比较其他各州行文内容，可判断"升"字为"千"字之误；广南西路，则前书述及5州，计23.1689万石，后书仅述及4个州（廉、高、化、雷），计22.9707万石。史官强调，除了这些州军外，此时广南其余地方并不产盐。[2]

同书同出处，可以减少不同语境可能引起的误读，兹仅依据《中兴会要》，将广南路的数据整理为下表。

---

[1] 李心传.建炎以来系年要录［M］.上海：商务印书馆，1936：1304.

[2] 宋会要辑稿［M］.刘琳，刁忠民，舒大刚，等，校点.上海：上海古籍出版社，2014：前言5-6，正文6494-6497.

表5-18　宋绍兴三十二年（1162）广南路盐额产量表

属	产盐州	产量（万石）	占广南总量	占广东总量	占广西总量
广南东路	广州	16.018634	28.46%	48.39%	
	惠州	8.715	15.49%	26.32%	
	潮州	6.66	11.83%	20.12%	
	南恩州	1.7124	3.04%	5.17%	
广南西路	廉州	10	17.77%		43.16%
	化州	8.157	14.49%		35.21%
	雷州	3.96	7.04%		17.09%
	高州	0.7927	1.41%		3.42%
	钦州	0.2592	0.46%		1.12%
合计		56.274934	100%	100%	100%

上表可以看出，绍兴三十二年（1162），潮州盐占整个广南路的11.83%，列于广州、廉州、惠州、化州之后的第五位，这与唐元和年间在岭南一枝独秀已不可同日而语，而与初入宋版图时占广南33%的份额来比较，也大为逊色。

我们还可以缩小范围，仅梳理当年广南东路的岁额产量，并细化至各场信息，如下表。

表5-19　南宋绍兴三十二年（1162）广南东路盐额产量表

产盐州	盐场	场产量（斤）	场产量占广东总量	场排名	州产量（斤）	州产量占广东总量	州排名
广州	静康、大宁、海南	1676417	10.13%	2	8009317	48.39%	1
	东莞场	1562400	9.44%	3			
	归德场	1249000	7.55%	5			
	海晏、怀宁场	941500	5.69%	8			
	叠福场	750000	4.53%	10			
	香山、金斗场	575000	3.47%	11			
	都斛场	480000	2.90%	13			
	矬岗场	425000	2.57%	14			
	广田场	350000	2.11%	17			

产盐州	盐场	场产量（斤）	场产量占广东总量	场排名	州产量（斤）	州产量占广东总量	州排名
惠州	石桥场	3000000	18.12%	1	4357500	26.32%	2
	淡水场	1002500	6.06%	7			
	古隆场	355000	2.14%	16			
潮州	小江场	1350000	8.16%	4	3330000	20.12%	3
	隆井场	1080000	6.52%	6			
	招收场	900000	5.44%	9			
南恩州	鹹（咸）水场	500000	3.02%	12	856200	5.17%	4
	双恩场	356200	2.15%	15			
合计	17场	16553017	100.00%		16553017	100.00%	

上表，广州的数据中，有3处数据是多个盐场合计得来的："静康、大宁、海南场"3个场，都在广州东莞县；"海晏、怀宁场"两个场，都在广州新会县；"香山、金斗场"两个场，都在广州香山县。

潮州盐排名广南东路第三，占总量20.12%，尽管仅比南恩州强而已，但从自身发展的角度来衡量，还是有进步的：岁额产量达到333万斤，比之北宋罢停前的165万斤，增长了101.82%；与熙宁十年（1077）占广南东路的6.39%产量、居第6位来对比，也强得多。

按《中国盐业史》《宋代盐业经济史》的估算，绍兴三十二年（1162）是广南东路以及整个广南路，在宋代应缴岁额产量的顶端。如果以绍兴间产盐数33707万—34216万斤，以及其中的海盐数27007万—27816.3815万斤来做比较，[1]则广南东路分别占南宋辖境内总盐量的4.84%—4.91%、占海盐量的5.95%—6.13%；潮州分别占南宋辖区总盐量的0.10%、海盐量的0.12%左右，其规模几可忽略，行业影响力更无从提起。

（三）元代

元代盐业，"国家经费，盐利居十之八"[2]，但广东盐业在全国盐业产量的比例仍然极小，潮州盐业则又见辉煌，产量居广东第一。

---

[1] 郭正忠.宋代盐业经济史［M］.北京：人民出版社，1990：638-639，647.郭正忠.中国盐业史（古代编）［M］.北京：人民出版社，1997：285.

[2] 宋濂，等.元史［M］.北京：中华书局，1976：4001.

　　至元十三年（1276），元政府便分别设立了广东、广海两个盐务管理机构，所辖地区，大抵分别相当于宋之广南东路、广南西路。广东的盐务管理机构所在地设于广州，当年设提举，后来机构名称有所更改，至大德四年（1300）定称为"广东盐课提举司"。[1]

　　元代广东盐业情况，在《续文献通考·盐法》《元史·食货》《（大德）南海志·盐课》有所反映。这三种记载中，相同年份的数据没有矛盾，不同年份的数据恰好互补。又若干可以明确推算，如《元史》称大德"十一年，三万五千五百引。至大元年，又增余盐一万五千引"，两个年度相接，可推知至大元年（1308）为50500引；又如《续文献通考》载大德四年（1300）"二万一千九百八十二引"，《元大德南海志·盐课》载"大德六年，添办盐八千四百二十四引二百斤。以三万引为额"，可推知中间年份的大德五年（1301）为21576引又200斤。

　　经辨析，梳理为下表[2]。

表5-20　元代广东盐额产量统计表

年号纪年	公元纪年	盐额	盐额折算
至元十六年	1279年	621引	24.84万斤
至元二十二年	1285年	10825引	433万斤
至元二十三年	1286年	11725引	469万斤
至元三十年	1293年	21575引200斤	863.02万斤
大德四年	1300年	21982引	879.28万斤
大德五年	1301年	21576引200斤	863.06万斤
大德六年	1302年	30000引	1200万斤
大德十年	1306年	30000引	1200万斤
大德十一年	1307年	35500引	1420万斤
至大元年	1308年	50500引	2020万斤
延祐二年	1315年	50500引	2020万斤

　　[1]　宋濂，等.元史［M］.北京：中华书局，1976：2314.

　　[2]　王圻.续文献通考［M］.北京：现代教育出版社，1986：349-350.宋濂，等.元史［M］.北京：中华书局，1976：2392-2393，2501-2502.广州市地方志编纂委员会办公室.元大德南海志残本（附辑佚）［M］.广州：广东人民出版社，1991：18-19.

年号纪年	公元纪年	盐额	盐额折算
延祐五年	1318年	50552引	2022.08万斤
泰定间	1324—1328年	35552引	1422.08万斤
元统元年	1333年	50552引	2022.08万斤
元统三年	1335年	45552引	1822.08万斤

元代广东应缴的岁额产量，在全国中占比并不大。按《元史·食货》资料统计，则天历（1328—1329）年间全国产量为256.4万余引，广东接近该年份的记录，为泰定间3.5552万引，仅仅占1%，即使以产量最多的年份5.552万引来比，也仅占2%。其他数个海盐产区中（不计井盐岩盐区等），两淮区天历二年（1329）95.0075万引，占全国的37%，两浙区较接近该年份的数据，为延祐六年（1319）50万引，福建区较接近该年份的数据，为至大元年（1308）13万引，广海区较接近该年份的数据，为延祐二年（1315）5.0165万引。[1]则广东盐业规模仅比原广南拆出的广海（广西）略多而已，早已被福建超过。

这样的背景下，潮州盐业在广东又显得突出。同期文献中，记载广东盐业较齐备资料的有《（大德）南海志》，大约是元大德六年（1302）的数据。我们做个梳理。

先做个说明：其一，可见的《（大德）南海志》虽有残缺，但"盐课"部分完整，为什么一个县志会有全省记录？是由于"广东盐课提举司"设于广州南海，修志者能得到数据，可以记录以供对比；其二，《（大德）南海志》刊出时间为大德八年（1304），"盐课"部分的最后系年为大德六年（1302），记录时间可能是大德六年、七年中的某一年，本书视为大德六年（1302），这只是来自常理上大德八年刊行、七年脱稿、断事在六年的推断，并没有其他依据；其三，原文起首载总计3.01万引，但接下去各具体分列小项的数据，总计得3万引（折1200万斤），可判断出两者必有一误（《元大德南海志残本（附辑佚）》有指出这个问题），又原文载大德六年"通以3万引计"，再参考《元史》《续文献通考》等文献，都未见元代某年某海盐区仅增加100引盐额的先例，因此，本书视

"3万引"为确数，"3.01万引"为传世残本之原文合计有误。[1]梳理如下表。

表5-21　元大德六年（1302）广东盐额产量统计表

产盐州	盐场	场产量（斤）	场产量占广东总量	场排名	州产量（斤）	州产量占广东总量	州排名
潮州	小江场	3129600	26.08%	1	4623200	38.53%	1
	招收场	834400	6.95%	3			
	隆井场	659200	5.49%	8			
广州	靖康场	823200	6.86%	5	3376000	28.13%	2
	归德场	823200	6.86%	5			
	香山场	713600	5.95%	7			
	海晏场	384400	3.20%	9			
	矬峒场	234000	1.95%	10			
	黄田场	232800	1.94%	11			
	东莞场	164800	1.37%	12			
惠州	石桥场	1592400	13.27%	2	2353200	19.61%	3
	淡水场	760800	6.34%	6			
南恩州	鹹水场	824400	6.87%	4	1647600	13.73%	4
	双恩场	823200	6.86%	5			
合计	14场	12000000	100.00%		12000000	100.00%	

上表显示，潮州盐占广东总量的38.53%，这个百分比，超过了南宋绍兴三十二年（1162）潮州盐在广东的占比数据。就其岁额产量看，本年达到462.32万斤，比南宋绍兴三十二年（1162）的333万斤，增加了39%。

按38.53%这个比率，估以元代广东产量最高值延祐五年（1318）、元统元年（1333）的2022.08万斤，则潮盐产量在对应年份为779.10万斤。

这个产量，也是宋元潮州盐产量的最大值，显然远远超出了实际需求，此时包括潮州在内的整个广东显得异常窘迫，地方官员叫苦不迭，多种文献都介绍有因盐而生的社会窘境：一方面是中央屡屡加额、生产跟不上，导致"灶户盐

---

[1]　广州市地方志编纂委员会办公室.元大德南海志残本（附辑佚）［M］.广州：广东人民出版社，1991：序1-2，正文18-19.

丁，十逃三四"；另一方面是官盐大量积压、有价无市，而"贫穷之家，经岁淡食"。[1]面对这种情况，元政府同意由元统三年（1335）起，减额200万斤。

至此，我们大约可以确定，元代广东盐业岁额产量最高值2022.08万斤是远远超过市场实际需求的，延祐五年（1318）、元统元年（1333）两度攀升到这个上限，但都坚持不到两年便只能减额。

而元代全国的最高值是天历（1328—1329）年间的256.4万余引，折合为10.256亿斤，同样也远超各地的生产能力和全国的实际需求，元统元年（1333）之后更是积压严重，岁额产量遂呈下降趋势，直至元亡。[2]这也与广东、潮州的趋势是一样的。

此外，元《三阳图志》载有一些材料，如："小江场岁办盐七千八百二十四引，招收场岁办盐二千八十六引，隆井场岁办盐一千六百八十六引。本县三路一司，岁办散民盐八千四百八十六引。"[3]

"散民盐"也称"散办盐"（散盐），它与"客旅盐"（行盐）相对，是盐政之一。"散民盐"是官盐库存严重过剩，地方政府为完成上级之定额，而强制性销售给百姓的盐，在全国多个盐区都存在着。如《宋史》载山东额办盐课28万引，"除客商承办之外，见存十三万引，绝无买者，将及年终，岁课不能如数"，只能选择"辄擅散民食盐，追纳课钞，使民不得安业"，又载福建居民为逃避"散民盐"而丢弃产业、四处逃跑。[4]

《（大德）南海志》所列数据，便明确将"岁办盐"分为"客旅盐""散办盐"两种。大德六年（1302）潮汕3个盐场的数据是：小江场岁办盐7824引，其中客盐3963引、散盐3860引；招收场岁办盐2086引，其中客盐549引、散盐1537引；隆江场岁办盐1648引，全部都是散盐。

统计一下，当时总产量才11558引，需要强制销售的便达7045引，占61%，可见潮州盐与各地一样，严重滞销。同年广东岁总办额30000引，其中"客旅盐八千九百九引（8909引），散办盐二万一千一百九十一引（21191引）"，则积压更甚，70%需要强制性销售给老百姓，才能消耗库存，完成中央定额。[5]

[1] 宋濂，等.元史［M］.北京：中华书局，1976：2501.

[2] 郭正忠.中国盐业史（古代编）［M］.北京：人民出版社，1997：431-434.

[3] 解缙，等.永乐大典（精装十册）［M］.北京：中华书局，1986：2457.

[4] 宋濂，等.元史［M］.北京：中华书局，1976：2490-2491，2500.

[5] 广州市地方志编纂委员会办公室.元大德南海志残本（附辑佚）［M］.广州：广东人民出版社，1991：18-20.

（四）宋元盐场及销售

北宋潮州盐场，在987年罢盐前后各不同。

987年之前，存在4处盐场。

《续资治通鉴长编》《文献通考》都有雍熙四年（987）罢去松口等4个盐场的记录，系年及事件经过的描述都是清晰的，在没有反证的情况下，当时这4个场便是潮州规模化产盐之处。[1]其中的北宋松口场，在南宋时成为只办税赋盐务乃至商税的"松口务"，那是后来的事。

复产之后，见有3处盐场。

《元丰九域志》载潮州有"净口、松口、三河口三盐务"，但这3个"盐务"是通行校订本的记录，在其他版本也有称"三河口一盐场"等的。即使通行本称为"盐务"正确，至少北宋也存在着一个实际产盐的"净口盐场"，如《宋会要辑稿》便载有"净口场"。在文献不清晰的情况下，我们揣测，更大的可能性是这3处"盐务"其实也是产盐的"盐场"。[2]

南宋潮州盐场，见有4处。

一个是惠来场，按绍兴十九年（1149）惠来场监务官被罚没家产的记录，以及隆兴二年（1164）提举广东茶盐司关于场务调整的上言，可知惠来场在南宋初（不迟于绍兴年间）就存在，该场规模较小，其岁额，则至迟在1162年之前便纳入隆井场统计。[3]

除了惠来场，多种文献介绍有南宋的小江场、招收场和隆井场。如前述《中兴会要》绍兴三十二年（1162）的记录中便有这3个场，又如《玉海》也载有绍兴时的广东路盐场"广州九。潮州三。惠州三。南恩州二"，尽管《玉海》未列具体盐场名，但综合考察，其记录的潮州三场应是小江场、招收场和隆井场。[4]

元代潮州盐场，见有3处。

多种文献介绍有元代小江场、招收场和隆井场，如前述《（大德）南海志》，又如《永乐大典》转《三阳图志》。[5]

———————

[1] 马端临.文献通考［M］.北京：中华书局，1986：154-155.李焘.续资治通鉴长编［M］.上海师范大学古籍整理研究所，华东师范大学古籍研究所，点校.北京：中华书局，1995：631.

[2] 王存.元丰九域志［M］.王文楚，魏嵩山，点校.北京：中华书局，1984：411，453.宋会要辑稿［M］.刘琳，刁忠民，舒大刚，等，校点.上海：上海古籍出版社，2014：6488.

[3] 宋会要辑稿［M］.刘琳，刁忠民，舒大刚，等，校点.上海：上海古籍出版社，2014：前言5-6，正文6496-6497，6589.

[4] 王应麟.玉海［M］.文渊阁四库全书本，卷二十：41-44.

[5] 解缙，等.永乐大典（精装十册）［M］.北京：中华书局，1986：2457.

自纳入元版图并正常生产后，上述小江场、招收场和隆井场便一直存在，同时，也没有见到其他纳岁额的盐场。按，元代盐场时有兴废，至元十六年（1279）整个广东岁额24.84万斤，仅余数个盐场正常生产，至元三十年（1293）已见有潮州3盐场，当时广东盐场共14个，延祐五年（1318）之后，广东有13个盐场；又《元史》所载广东盐场13场也包括这潮州3场。这样，这3个盐场基本可说是延续整个元代。此后，按《元一统志》的记录，它们在元代分别管理有5个、5个、7个盐栅。[1]

早期文献所见的宋元潮州盐场大抵如此，整理如下表。

表5-22 宋元潮州盐场概览表

年代	数量	盐场名	备注
北宋987年前	4	松口等	其他3个场具体名址不详
北宋中期	3	净口、松口、三河口	至迟在元丰间同时存在
南宋	4	小江、招收、隆井、惠来	隆兴二年（1164）起，惠来场并入隆井场管理
元代	3	小江、招收、隆井	3个场自宋至元持续存在

宋元盐场在金石、考古材料上也有所反映。

金石文物方面，如澄海程洋冈虎丘山的摩崖石刻"建炎大道"，为小江盐场盐官李前建炎二年（1128）巡视或疏通交通所刻，前文已述。[2]据吴榕青先生的考证，当时管理小江场之官员驻地，应该在这附近。[3]

考古遗址方面，如1959年发现的河浦华里盐灶遗址，南离海岸2公里，分布范围达660000平方米，仅存金狮陇盐埕一处，遗址煮盐灶壁土呈黄褐色，有明显经火煅烧痕迹，断代为宋代。又在离遗址约5公里处的龟背海滨，尚有绍圣三年（1096）三月的游记石刻。[4]从已知的占地面积来看，可知华里盐灶遗址规模不

[1] 广州市地方志编纂委员会办公室.元大德南海志残本（附辑佚）［M］.广州：广东人民出版社，1991：18-19.宋濂，等.元史［M］.北京：中华书局，1976：2314，2392.孛兰肹，等.元一统志［M］.赵万里，校辑.北京：中华书局，1966：682.

[2] 黄挺，马明达.潮汕金石文征［M］.广州：广东人民出版社，1999：81.

[3] 吴榕青.宋代潮州的盐业［J］.韩山师范学院学报，1997（3）.

[4] 广东省文化厅.中国文物地图集（广东分册）［M］.广州：广东省地图出版社，1989：256.澄海县博物馆.澄海县文物志［M］.内部出版，1987：29.

小；从《潮汕金石文征》等校勘的石刻内容[1]看，可知北宋末该处并不荒芜，至少水路交通畅通。这里应该是宋元招收盐场中一处规模较大的产盐基地。是否便是管理招收盐场的官员驻地，则待考。

宋元潮盐的销售区域，绝大部分时间仅在潮州及附近。

宋代官方规定的销售输出区域，首先是较长期地供给梅州、循州；其次是短暂供给汀州，大概分两个时间段，一是在太平兴国二年（977），估计在太平兴国八年（983）允许与汀州等福建数州通商后结束，二是在绍定五年（1232），销汀州的长汀县、上杭县，时间也不长，属于临时性质。

宋末私盐泛滥，有私盐流入汀州，如绍兴二十二年（1152）四月九日，汀州方面称"多是结集搬贩漳、潮州私盐前来货卖"，但流入汀州的数量，漳州盐排名于前，则潮州盐数量不宜多估。实际上，可反映潮州私盐销售的明确记载并不多。[2]

元代官方同样规定有法定销售区域，不准逾界。不过，元代各盐司销售区域并未有完整文献流传下来，估计广东、广西产盐主要是满足当地市场。[3]潮州盐的运销情况同样不很明了，如果按此期的产量规模来看，其供应的区域，应是有所扩大了。

（五）小结

以文献记载的岁额产量来衡量，宋元潮州盐业大体的趋势是：

971年初入宋版图开始，由于实行统购统销的政策，令五代以来的潮盐积货有出处（可输入官方），遂继续大量生产，此时潮盐年产165万斤，是广南两路总量的33%；987年，官方库存增多致严重压仓，遂罢停潮盐以去库存；复产后的潮州盐产出能力下降，历年出现岁额积欠，中央政府给予减免，1077年，潮盐占广南东路产量的6.39%；南宋，潮盐复兴，最高值为年产333万斤，占广南东路产量的11.83%；元代，潮盐产量达到宋元阶段顶峰，可占广东总量的38.53%，仅排名首位的潮州小江场一处，便占广东总量的26.07%，元末滞销严重导致强制性销售量大增，盐业崩溃，社会动荡。

宋元时期，广东盐总产最高值为元代的2022.08万斤，当时潮盐产业正盛，

[1] 黄挺，马明达.潮汕金石文征［M］.广州：广东人民出版社，1999：68.

[2] 马端临.文献通考［M］.北京：中华书局，1986：154-155.宋会要辑稿［M］.刘琳，刁忠民，舒大刚，等，校点.上海：上海古籍出版社，2014：1232-1233，6498-6499，6574.胡太初，赵与沐.（开庆）临汀志［M］.福州：福建人民出版社，1990：8-9.

[3] 郭正忠.中国盐业史（古代编）［M］.北京：人民出版社，1997：450，453.

按比例推测，估计可达到779.10万斤，其中的小江盐场，年产量应能达到527.15万斤。

三、明清时期

明代盐政更加细致。生产方面，官办、官督民办等形式皆有，流通方面，大概在万历四十四年（1616）以前，多是由户部招商后，盐商运赴指定地区销售或配给民户，食盐的运、销都在官方监控之下；万历四十五年（1617）之后则立纲法，运、销之权限很大程度归于盐商。清代基本沿袭明代的纲法，"清之盐法，大率因明制而损益之"[1]。其间虽有所调整，但直至清末仍大抵如此。

明清潮汕盐业仍然延续着在广东省内的强势地位，随着人口与市场需求增长，此期潮盐产量达到古代的顶峰。清乾隆中期，有7处盐场，销售地扩大至3府2州29个县，都是前所未见的。

（一）明代

明初，中央政府便在全国设置6个转运司和7个提举司，它们职能相同，但后者职官品第较低。广东行中书省于洪武二年（1369）正月分设有广东和海北两个盐课提举。广东盐课提举司的治所在广州府城，下辖14个盐场盐课司，分布在广州、潮州、惠州、肇庆府，其中，位于潮州的是小江、招收、隆井3个盐场盐课司，各盐课司日常驻场管理。[2]

明初至明前期。

依据《诸司职掌》《明太祖实录》《明会典》，以及《永乐大典》转引的《图经志》，明初潮州盐情况如下。[3]

洪武二年（1369）定例，潮汕3个盐课司的岁办总量为14333引[4]，分别是：

[1] 赵尔巽，等.清史稿［M］.北京：中华书局，1976：3601.

[2] 申时行，等.明会典（万历朝重修本）［M］.北京：中华书局，1989：226，234.明太祖实录［M］.台北："中央研究院"历史研究所，1962：770.张廷玉，等.明史［M］.北京：中华书局，1974：1847-1848.

[3] 明太祖敕修，台湾"国立中央图书馆"辑.诸司职掌（明刊本）（上）［M］.台北：正中书局，1970：12-227.明太祖实录［M］.台北："中央研究院"历史研究所，1962：770.申时行，等.明会典（万历朝重修本）［M］.北京：中华书局，1989：234.永乐大典方志辑佚［M］.马蓉，陈抗，钟文，点校.北京：中华书局，2004：2616-2617.

[4] 宏新按：由于不少古材料有的字迹不清，也有表述为"XX有奇""XX余"等的，为简明计，本节所取计数单位止于大数，如"引"等，"两""钱"则皆省略。

小江场9695引，招收场2571引，隆井场2067引。合计占广东提举司岁办盐总量的32.11%。

洪武九年（1376）时，裁剪三分之一，岁办总量减至9555引，分别是：小江场6463引，招收场1714引，隆井场1378引。合计占广东提举司岁办盐总量的20.39%。

这种情况，至弘治（1488—1505）年间仍然如此。此后全国、广东的记录皆不详。我们将以上数据之系年称为"明前期"。

嘉靖年间。

嘉靖年间，广东的岁办盐额有了较为具体的材料。

《（嘉靖）广东通志初稿》《（嘉靖）广东通志》列有一组广东盐场的岁办数据，这是现存明代广东盐业较为齐备的材料。由于两志的这部分内容都模糊难辨，因此取《大明一统志》参考校对地名，又以每大引折400斤（洪武时全国定制）、每小引折200斤（嘉靖时广东定制），梳理为下表。[1]

表5-23　明嘉靖年间广东岁办盐额统计表

产盐府	盐场	场产量（斤）	场产量占广东总量	场排名	府产量（斤）	府产量占广东总量	府排名
潮州府	小江	3059600	17.13%	1	5209800	29.18%	2
	隆井	1121600	6.28%	8			
	招收	1028600	5.76%	9			
广州府	海晏	1912000	10.71%	3	7096000	39.74%	1
	归德	1683600	9.43%	4			
	靖康	1190400	6.67%	7			
	矬峒	964000	5.40%	10			
	香山	596400	3.34%	12			
	东莞	454200	2.54%	13			
	黄田	295400	1.65%	14			

[1]　李贤，等.大明一统志［M］.台北：台联国风出版社，1977：4849-5018.戴璟，张岳，等.（嘉靖）广东通志初稿［M］//北京图书馆古籍出版编辑组.北京图书馆古籍珍本丛刊（38）.北京：书目文献出版社，2000：494-509.黄佐.（嘉靖）广东通志［M］.广州：广东省地方史志办公室，1997：646-647.明太祖实录［M］.台北："中央研究院"历史研究所，1962：770.

续表

产盐府	盐场	场产量（斤）	场产量占广东总量	场排名	府产量（斤）	府产量占广东总量	府排名
惠州府	石桥	2098600	11.75%	2	3347800	18.75%	3
	淡水	1249200	7.00%	6			
肇庆府	双恩	1402600	7.86%	5	2202400	12.33%	4
	鹹（咸）水	799800	4.48%	11			
合计	14场	17856000	100%		17856000	100%	

按上表，广东的岁办总额，折算成大引为44640引，这与洪武初年的44631引、洪武至弘治期间的46855大引，都相差无几。其中，潮州府变化幅度较大，从洪武初年的14333引、洪武至弘治期间的9555引，到嘉靖的13025引，经历了一个起伏。这是中央政权有效调控的结果，而不是说广东、潮汕没有能力生产更多的盐。明前期，中央政府一直致力于基于人口来调节盐业生产，并比前代做得更为细致，虽然期间仍然有所不顺，但直到此时，明政府实行的盐业调控政策，总体还算成功。这也是目前的普遍共识。

同时，嘉靖中后期起，潮汕海上武装商贸集团迭出，公然对抗政府，这对沿海盐业发展造成了影响。譬如嘉靖壬子（1552）举人潮阳人郑廉恭，因隆井场盐民弃产逃跑导致族人受株连而代为捐输解困的事件，透露出盐民逃跑的原因，是沿海兵燹，盐民难以正常生产。[1]

隆庆至明末。

隆庆年间的生产情况，同期地方志书有所记录。

招收场。按《（隆庆）潮阳县志》所载招收场数据来分析，隆庆二年（1568）之前，该场岁额7077小引，隆庆二年至隆庆六年（1568—1572）额外新增182小引，计得7259小引。

隆井场。按《（隆庆）潮阳县志》所载隆井场内容的描述，以及前述明代嘉靖之前的数据考察，隆庆年间，隆井场大约岁办盐6370小引。[2]

小江场。小江场没有此期记录。此外，小江场在嘉靖时仍是潮汕3个盐课司

[1] 周硕勋.（乾隆）潮州府志［M］.台北：成文出版社，1967：624.

[2] 黄一龙，林大春，等.（隆庆）潮阳县志［M］.上海：上海古籍书店，1963，卷之九：11-12，16.

之一。然而，同期的《东里志》[1]和晚出的志书如《（乾隆）潮州府志》[2]却暗示嘉靖初年便有饶平东界、澄海西界两处小江场。则可能小江场已分成两场办理业务，但尚不是与广东14个盐课司品第相同的"东界场盐课司"或"西界场盐课司"，统计上仍按一个小江场计算，因为《（嘉靖）广东通志》仅录有一个小江场盐课司。

广东在此期没有岁办盐记录，但在万历初则有，可以作为参考。

按《明会典》记载及脱稿时间，万历六年至万历十五年（1578—1587）广东的岁办盐额数据为64830小引，折算成大引为32415引，对比此前的46000大引，大为减少。[3]这处记载的系年上限、下限，两头延续都是可能的。

如果愿意相信隆庆（1567—1572）和万历初的记录，即间隔6年的记录差距不大，那么我们可以做个估测：隆庆、万历之际，招收场岁办盐7259小引，占广东11.20%，隆井场岁办盐约6370小引，占广东的9.82%。

这两个数字比嘉靖时的两场各占广东的5.76%、6.28%，要大得多。

此时，历代困扰潮州的官盐产量过多的苗头已经出现。《（隆庆）潮阳县志》，将该县之盐譬喻为北方的积雪，随手可得，价格大贱，"虽五尺之童，皆能自致。佣夫日负数千斤于市，所直不过一金"，则盐量之过剩，基层县令也有察觉了。[4]

万历六年（1578）之后，潮州依旧为小江、隆井、招收3个场，岁办盐不变。广东则在库存增加的情况下，做了因应措施。按《（康熙）广东通志》和《明会典（万历朝重修本）》的脱稿时间及记载分析，万历六年（1578）广东已有减产之举，万历十五年（1587）或稍后，则再裁撤了两个场盐课司，仅余12个场。[5]

然而，潮州府主要官员却仍希望增加官盐税收，以弥补地方财政缺口，这无疑加剧了官盐滞销。潮州知府郭子章提请增加广济桥盐甲1甲（10人）盐饷，

---

[1] 宏新按：《东里志·盐》称嘉靖时有公移文《议征盐》，而《东里志·公移文·议征盐》的内容中，便有大港、新村、下湾、柘林盐场，可知东界小江场所指，在嘉靖是存在的。参见：陈天资.东里志[M].印行东里志领导小组，饶平县地方志编纂委员会，整理.内部发行，2001：132，155-156.

[2] 周硕勋.（乾隆）潮州府志[M].台北：成文出版社，1967：756.

[3] 申时行，等.明会典（万历朝重修本）[M].北京：中华书局，1989：234.

[4] 黄一龙，林大春，等.（隆庆）潮阳县志[M].上海：上海古籍书店，1963，卷之七：16.

[5] 金光祖.（康熙）广东通志[M].广东省地方史志办公室，辑.广州：岭南美术出版社，2006：538-539.申时行，等.明会典（万历朝重修本）[M].北京：中华书局，1989：226，234.

称可令地方的年收入增加2600余两，足以补充此前六七年潮州拖欠的总体应缴纳（不是指欠盐额）总额18600两。[1]这实质上相当于增量生产。万历十四年（1586）呈议落实，增产的恶果呈现，上奏折时"潮长桥榷金佐军兴，四方商贾辐集"[2]的场景，不久便烟消云散。

后人将潮盐败象追溯于万历十四年（1586）。如《（顺治）潮州府志》修志者们便指出，"（桥商）原额七十名，万历十四年增钞商十名……商始称困，饷期一至，有以数金贴人代纳者""是以（万历）十四年以后，尚有积饷在库一万五千零两而未上盐者，商民之困至此极矣"，此时盐商已经到了宁愿倒贴钱，也不愿经营的地步，而官仓则长期严重积压。[3]也有人认为，滞销的原因是汀州路的阻塞，这首先没什么问题，然而从全盘角度看，此路若通，则其他盐入汀之路便塞，说到底，市场仅仅那么大，总是整体失衡所致。

万历之后，全国完备的岁办盐传世记录几乎未见，广东、潮汕也是如此，我们没法比较。

不过，从大势看，可以做个探讨：万历中期，盐政已有失控的趋势，中央政府逐步推行实行"纲盐"新制，即政府基本不直接介入产、销等环节，此前按人口调整岁办盐的"调控"色彩要淡得多，而在实际操作上，由于吏治不清等诸多因素，形势更不乐观。上述广东盐产量，自明初至嘉靖末，200年间一直维持在岁办2.6万引左右的数量，相信是一个既不压仓又不致缺官盐而财政欠收的产量，但在10年后的万历六年（1578）则产量陡增，当时潮州盐仅招收、隆井两场，合计便占比广东的21%以上，如果小江场有数据存世，势必占比翻番。这是明代以来所没有的。

而潮州在万历十四年（1586）还要求增产，则潮商、潮民更是先于全国、广东承受盐政之痛，正如清代潮州官员回溯历史时所称："商民之困至此极矣。"

明代潮汕盐业数据，整理成下表。

[1] 郭子章.请增盐甲补京银议［M］//郭子章.潮中杂纪.1585（明万历乙酉）刊本，卷六：12-15.

[2] 郭子章.赠梅道源别驾致政序［M］//郭子章.粤草.1590（明万历十八年）刻本，卷二：17.

[3] 吴颖.（顺治）潮州府志［M］//中国科学院图书馆.稀见中国地方志汇刊（44）.北京：中国书店，1992：1384-1385.

表5-24 明代潮盐岁办产量简表

场名	洪武初年		洪武九年（1376）—弘治		嘉靖年间		隆万之际	
	产量（斤）	占广东（%）	产量（斤）	占广东（%）	产量（斤）	占广东（%）	产量（斤）	占广东（%）
小江	3878000	21.72%	2585200	13.79%	3059600	17.13%	缺数据	缺数据
招收	1028400	5.76%	685600	3.66%	1028600	5.76%	1451800	11.20%
隆井	826800	4.63%	551200	2.94%	1121600	6.28%	1274000	9.83%
合计	5733200	32.11%	3822000	20.39%	5209800	29.17%		

《粤剑编》载："潮之广济桥，西连潮城，东接韩山，中跨恶溪，横亘二里许。余尝从月下观，俨然苍龙卧玉波也。倘推万安家嫡，应属之广济矣。粤税之大者，无过此桥。旧属制府，用以克饷，今为税使有矣。"[1]

这条记载的系年在万历二十九年（1601）或稍前。则当时广济桥桥税占了广东首位，税收不仅未见减少，且转为广东所设置的税使所有，财政收入的大头更在广东了。

（二）清代

清政权取得天下之后，将蒙古（今我国内蒙古和蒙古国地区）、新疆以外的地方分为11个盐区，其中广东有27个场，"行销广东、广西、福建、江西、湖南、云南、贵州七省"[2]。

清初，潮州府存在4个盐场，即潮阳招收、饶平东界小江、澄海西界小江、惠来隆井盐场。顺治时规定，所产之盐必须置于场内，待盐商凭手续到盐场交割，不得私自载出，离开盐场百里，便算触犯禁令，视为"私盐"处理。但是，在顺治、康熙初，潮汕地区基本处于非清非明的情况，清政权所设的盐务管理机构，是否能顺畅行使权力值得打个问号。[3]

康熙迁界至展复期间，绝大多数盐场盐栅在海边，属于迁斥之列，自然关闭停产了。如东界小江场。顺治的定例额征盐课银731两4钱5分，康熙元年

[1] 王临亨.粤剑编［M］//叶权，王临亨，李中馥.贤博编/粤剑编/原李耳载.北京：中华书局，1987：59.

[2] 赵尔巽，等.清史稿［M］.北京：中华书局，1976：3604.

[3] 顾炎武.天下郡国利病书［M］//续修四库全书编纂委员会.续修四库全书（第597册）.上海：上海古籍出版社，2003：350.吴颖.（顺治）潮州府志［M］//中国科学院图书馆选.稀见中国地方志汇刊（44）.北京：中国书店，1992：1384.

（1662）尚存509两4钱5分，大约迁去30%的盐栅，康熙三年（1664）则全迁，没有额征盐课银，康熙八年（1669）展复，额征盐课银回到598两8钱4分。[1]

此期的广东盐政比较混乱。一直到康熙二十三年（1684），广东盐政仍被视为是最主要的"粤中弊政"，潮汕地区更成"其弊已极"中的典型代表。潮汕常态是官商不分，土豪垄断，"多有藩孽土棍霸占盐田，贱买贵卖，乱行私盐""而大吏官商，借商人出名销引，自发本委官各场买盐，占踞各埠"。[2]

康熙二十三年（1684）开海之后，盐业秩序逐渐恢复，然而行销仍受限制，造成广东盐严重积压。如《两广盐法志》称，以前"江西南、赣、吉三府俱食粤盐"，因康熙禁海场迁，产盐稀少，江西改食淮盐，"今开展海禁，场灶已复，而行盐之地未复。产盐既多，销售无地，则商民交困，饷无从出"。[3]相信潮汕的情况不遑多让。

同时，一般认为广东、潮州盐业复兴是始于康熙三十年（1691）前后，这当然是从清政府盐业财政收入的角度而言。实际上，明末清初政局大乱时，4个主要盐场俱在，或许在海禁严厉时饶平等处会停产（只是猜测，并未有明确记录其废），但至少仍有多数盐栅在多数时间存在。清初"弊政"时官商一体、私盐泛滥，但未见居民无盐之苦，只有官方未能充分获益便称为"弊政"的记录。而在"其弊已极"的康熙二十三年（1684），潮州实际情况是陷入"产盐既多，销售无地"的地步。这些都可见潮州盐业生产和销售是持续的，成品盐总体还是超量，同时官方调控能力有限，更造成了市场混乱。则从这个角度看，便无所谓潮盐复兴。

康熙三十二年（1693）三月，清政府调整两广盐务管理机构，潮州府特设专员管理，设置"运同"，驻潮州，秩从四品，掌治分司潮、嘉、汀、赣盐法之政令。[4]潮州运同当年便行使职权，政府之监管力度随之加强，从此时起，当地盐业进入"正轨"，从而被官方及存世文献视为"正常"发展阶段。

潮州运同比较重要，它的设置既显示了潮汕盐业的重要性，也意味着潮

[1] 刘抃原本，惠登甲增修，黄德容，翁荃增纂.（康熙/光绪）饶平县志［M］//中国地方志集成（27）.上海：上海书店出版社，2003：92.吴颖.（顺治）潮州府志［M］//中国科学院图书馆.稀见中国地方志汇刊（44）.北京：中国书店，1992：1384.

[2] 吴震方.岭南杂记［M］.上海：商务印书馆，1936：8-11.

[3] 何兆瀛，刘坤一.（光绪）两广盐法志［M］.1884（清光绪十年）刊本，卷十四：4.

[4] 清实录（第5册）［M］.北京：中华书局，1985：743-744.李侍尧.（乾隆）两广盐法志［M］//于浩.稀见明清经济史料丛刊·第一辑（第38册）.北京：国家图书馆出版社，2008：11-12.

州作为闽粤赣边产盐中心，被授权可较自由地处理潮、嘉、汀、赣的运销统筹工作。

运同初设官署于三河坝，一开始是专官专职。此后文献记载不很清晰，仅按《（乾隆）潮州府志》的说法，康熙四十五年（1706）起，运同由潮州知府兼任，并移官署于潮州州治，但并不是撤销这个机构，该书有录雍正三年（1725）专职的运同任职官员，也可为证。运同设置有知事一名，康熙四十五年（1706）裁撤，雍正九年（1731）又恢复，这是指权、职为"领簿之官"的运同知事之撤、复，该志有录雍正九年（1731）任职官员名称，也可佐证。[1]

康熙后期和雍正时期，是潮汕社会稳定发展的阶段，盐务基础设施得到建设，如盐仓。从这些盐仓的修建，也可见此时官盐管理是比较有条理的。如康熙五十七年（1718）建印子山盐仓，共三层17间，门楼、住屋各2间，每间宽1丈3尺5寸，深2丈2尺；雍正六年（1728）建公济仓，共前后二层10间，每间宽1丈6尺，深3丈4尺；雍正十三年（1735）建卧石岭盐仓，共四层32间，门楼、住屋各2间，每间宽1丈4尺7寸，深2丈8尺；雍正十年（1732）建白窑村盐仓，共四层40间，雍正十二年（1734）增建一层9间、门楼2间，乾隆二年（1737），另建盐仓3层，共17间，门楼1间，住屋2间，每间宽1丈4尺4寸，深2丈8尺。此外，还在潮州州治建有公馆，专供各盐场驻场的人员到州治办事所用。

尤其值得注意的是，盐仓可以有计划地在空置时租借，能够长期做到这样，便多少佐证了此时生产、仓储、销售制度都还不错，不至于出现积压。如位于开元寺右侧的公济仓，可"额贮谷六千八百四十石零五斗，递年借给（给）潮阳晒丁，俟秋成后在于晒交盐包内扣还。源源接济，遵循有年"[2]。

《（雍正）广东通志·场课》列有课额数据，该志于雍正九年（1731）脱稿，因此这份数据的系年，大约是在雍正八年（1730）。

梳理为下表。[3]

[1]　周硕勋.（乾隆）潮州府志［M］.台北：成文出版社，1967：78，376-378，756-758.

[2]　周硕勋.（乾隆）潮州府志［M］.台北：成文出版社，1967：414.

[3]　宏新按：《（雍正）广东通志·场课》各场课数据单位细至分厘，本表各小项仅计至"两"，"钱""分""厘"省去，因此只有27038两，与原志所载总计27052两5钱1分9厘，差了10余两，经约数后相差不多，因此仍取用原书的27052两为合计数计算。参见：郝玉麟.（雍正）广东通志［M］.广东省地方史志办公室，辑.广州：岭南美术出版社，2006：651-665.

表5-25　清雍正八年（1730）广东课额概览表

产盐府	盐场	各场场课	场课占广东总量	场排名	各府场课	府课额占广东总量	府排名
潮州府	潮阳招收	912两	3.37%	10	3378两	12.49%	4
	饶平小江东界场	825两	3.05%	12			
	惠来隆井场	760两	2.81%	14			
	澄海小江西界场	681两	2.52%	16			
	海山隆澳场（栅）	200两	0.74%	23			
广州府	东莞靖康场	2082两	7.70%	4	11600两	42.90%	1
	新宁海晏场	1321两	4.89%	7			
	新宁矬岗场	1697两	6.28%	6			
	香山香山场	740两	2.74%	15			
	新安归德场	2401两	8.88%	3			
	新安东莞场	3359两	12.42%	1			
惠州府	归善淡水场	3239两	11.98%	2	5155两	19.07%	2
	海丰石桥场	1916两	7.09%	5			
肇庆府	阳江双恩场	1067两	3.95%	9	1067两	3.95%	6
高州府	茂名博茂场	238两	0.88%	22	1626两	6.01%	5
	电白博茂场	434两	1.61%	20			
	吴川茂晖场	180两	0.67%	24			
	石城丹兜场	774两	2.86%	13			
廉州府	合浦白石白沙西盐白皮场	437两	1.62%	19	489两	1.81%	7
	灵山场	52两	0.19%	28			
雷州府	海康武朗场	72两	0.27%	27	236两	0.87%	8
	遂溪蚕村调楼东西两场	125两	0.46%	25			
	徐闻新兴厂	39两	0.14%	29			

续表

产盐府	盐场	各场场课	场课占广东总量	场排名	各府场课	府课额占广东总量	府排名
琼州府	文昌陈村乐会场	866两	3.20%	11	3487两	12.90%	3
	临高三村马裒场	557两	2.06%	17			
	儋州博顿兰馨场	1192两	4.41%	8			
	万州新安场	257两	0.95%	21			
	崖州临川场	97两	0.36%	26			
	大小英感恩场	518两	1.92%	18			
合计		27038两	100%		27038两	100%	

上表数据，大抵上包括了今海南和广东、广西等地，如果以今广东省域计算，则广东的盐场和课额没有那么多。

此外，上表关于潮州盐场事项，有两个问题必须辨析一下，它们更可能的情况分别如下。

其一，上表出现了"海山隆澳场"，但实际上，雍正八年（1730）时该场尚不是设有大使的场，因此《（雍正）广东通志》叙述该场时并未遵循介绍其他场的体例，而是在潮州府之下漏掉"县"字，紧接着的行文是"海山隆澳场"，并称"其引饷另列引饷项下"，有点像附录；又据《（乾隆）潮州府志》，雍正十一年（1733）才在东界小江场分出海山场，海山场下的隆澳栅盐课，独立解充南澳兵饷，可以印证。即是说，上表的海山隆澳"场"（栅）是因场课专用军饷而单独列出来的，雍正八年（1730）时尚未成为设有大使的场。

其二，上表出现的潮州5场，除了"海山隆澳场"应为"栅"外，还有两个有大使的"场"此时已经成立，是雍正二年（1724）由招收场拆出的河东招收场和河西招收场，以及雍正八年（1730）由隆井场分拆的隆井场和惠来场，这样，此时潮汕地区实际有6个场。但场课记录上，河东场、河西场招收场都归由河东招收场统计，隆井场、惠来场都归由隆井场统计，因此《（雍正）广东通志》便称为"招收场""惠来隆井场"。这种统计口径，至迟在乾隆二十七（1762）前依然如此，《（乾隆）潮州府志》有清楚介绍。

即是说，《（雍正）广东通志·场课》记录的潮州5场（4场1栅），是以缴纳单位机构计，并不是说雍正八年乃至雍正年间（1730—1735）潮汕地区有5个盐场。实际上，此时潮州有6场，到了雍正十一年（1733），更是在东界小江场再分出一个海山场，增加到7场，但统计口径仍是5个。

乾隆初期，全国的产盐量达到一定的高度，广东、潮汕又面临压仓危机，而居民的生产热情不减，不断出现改农地为盐田的情况。这既减少了稻作生产，又造成官方盐业收支失衡，进而出现私盐泛滥的境况。

出于对这个问题的担忧，署理两广总督庆复于乾隆七年（1742）奏请减产。奏折中透露出若干问题：一是盐产量太多，官方收购十分吃力，私盐私贩多有出现；二是居民仍在改稻田为盐田产盐。这两个问题互有联系，密不可分，而说到底，还是以广东的产出与需求失衡为总根源。奏折中说的"官收易净"，就是需要控制产出，不致像宋末大量积压，"官引畅销"，则是说官盐售出没有障碍，不致官盐像元后期大量摊派"散民盐"，否则社会之稳定堪忧。奏折被批准，广东、潮汕面临的压仓窘境得到缓解。

此期潮汕设置有7处驻盐课大使的盐场，其中东界小江场、招收河东场、隆井场的大使较为固定，西界小江场、招收河西场、海山场、惠来场初时没有大使，后也补齐，但无论是否一时缺官而由试用大使充任，这7个都是同等第的盐场机构，我们视之为7个盐场。

《（乾隆）潮州府志·课额》列有乾隆中期上述7场的产量，先做个说明，再梳理成表。

数据系年方面：该志于乾隆二十七年（1762）脱稿，因此我们视其资料的时间下限为1762年；又该志所谓的"原"岁额，应为雍正十三年（1735）或之后、乾隆二年（1737）之前，因为雍正十一年（1733）才真正拆出海山场，雍正十三年（1735）才能计十二年之数，翌年又改元乾隆，同段中且出现乾隆三年（1738）改额的记录，综合考虑既可能是雍正十三年（1735），也可能为乾隆元年（1736），我们稳妥点，模糊为"乾隆初年"。

数量折算方面：该志所列单位为包，按规定，清代各时期、各盐场以及各时各场四季出场的"包"，斤数都不相同，这是由于盐包储存及流通环节会发生不同的盐卤损耗而规定的，但如果长期、大量地统计，则每包的斤两相差不大。我们以"粤盐出场，例定一百五十斤为一包"为准，折算成斤。[1]

梳理乾隆初中期各场历年产量，为下表。

---

[1]　王守基.盐法议略［M］.1886（清光绪丙戌）粤东刊本，卷二：28.何兆瀛，刘坤一.（光绪）两广盐法志［M］.1884（清光绪十年）刊本，卷十四：4.

表5-26   乾隆初中期潮盐历年岁额产量表

	东界	西界	海山	河东	河西	隆井	惠来	合计 （包数）	合计估数 （折万斤）
乾隆初	81150	34000	30000	83793	93785	24200	29064	375992	56398800
1738年	81150	34000	40000	83793	93785	24200	29064	385992	57898800
1739年	81150	34000	40000	83793	93785	24200	29064	385992	57898800
1740年	81150	24000	40000	83793	93785	24200	29064	375992	56398800
1741年	81150	24000	40000	83793	93785	24200	29064	375992	56398800
1742年	81150	24000	40000	83793	93785	24200	29064	375992	56398800
1743年	81150	24000	40000	50793	55785	24200	29064	304992	45748800
1744年	81150	24000	40000	50793	55785	24200	29064	304992	45748800
1745年	81150	24000	40000	50793	55785	24200	29064	304992	45748800
1746年	81150	24000	40000	50793	55785	24200	29064	304992	45748800
1747年	81150	24000	40000	50793	55785	24200	29064	304992	45748800
1748年	81150	24000	40000	50793	55785	24200	29064	304992	45748800
1749年	81150	24000	40000	50793	55785	24200	29064	304992	45748800
1750年	81150	24000	40000	50793	55785	24200	29064	304992	45748800
1751年	81150	24000	40000	50793	55785	24200	29064	304992	45748800
1752年	81150	34000	40000	83793	93785	24200	29064	385992	57898800
1753年	81150	34000	40000	83793	93785	24200	29064	385992	57898800
1754年	81150	34000	40000	83793	93785	32200	29064	393992	59098800
1755年	81150	34000	40000	83793	93785	32200	29064	393992	59098800
1756年	81150	34000	40000	83793	93785	32200	29064	393992	59098800
1757年	81150	34000	40000	83793	93785	32200	29064	393992	59098800
1758年	81150	34000	40000	83793	93785	32200	29064	393992	59098800
1759年	81150	34000	40000	83793	93785	32200	29064	393992	59098800
1760年	81150	34000	40000	83793	93785	32200	29640	394568	59185200
1761年	81150	34000	40000	83793	93785	32200	29640	394568	59185200
1762年	81150	34000	40000	83793	93785	32200	29640	394568	59185200

从上表可以看出，除了乾隆八年（1743）开始连续9年产量下降之外，其他年份的产量都在相对高位，但到了期末的394568包，也才比期初的375992包多不了多少。乾隆时期社会稳定，人口大增，以此二十多年人口增长量来看，增加的数量，符合正常人口增长带来的需求。可见，前述乾隆七年（1742）奏折获批之后的调控还是有成效的。

不过，乾隆后期开始，库存加重，官盐售出堪忧，导致广东、潮州都连续无法完成中央额定任务。按《清代两广盐区私盐盛行现象初探》的估测统计，自乾隆四十八年（1783）开始，连续出现课额（正、杂课）未能完成的情况：乾隆四十八年（1783）欠38350两，五十年（1785）欠69869两、五十一年（1786）欠83630两、五十二年（1787）欠85457两，此后欠课额数字有所反复，但最少也欠额47003两。嘉庆朝开始，情况更显糟糕：嘉庆十一年（1806）欠181096两，十七年（1812）欠294985两，二十四年（1819）欠269218两，都是破纪录的数据。此时广东官盐的销售不畅已然十分严重了。[1]

嘉庆、道光朝更是销售无路，广东、潮汕盐业市场疲软。作为广东盐业大户，潮州府首当其冲，大量的记载都显示出这一点。仅以《清道光实录》若干记载为例，便可说明这个问题：如道光元年（1821）之前，潮盐多年压仓的情况天下皆知，清政府也清楚"潮桥商力素疲，转输不继"，道光元年（1821）九月，阮元奏请"潮桥商力疲乏，恳请将捐款展缓，并暂拨运本，专办疲埠悬引"；又如因销售确实困难，道光五年（1825），中央同意"展缓广东潮桥歉收各埠盐课银"；再如，由于积压严重，拖欠盐课成为常态，自嘉庆二十三年起至道光六年止（1818—1826），潮州累积欠额达到179000余两，当时的运同因此在道光八年（1828）被革职。[2]

（三）明清盐场与潮盐销售

明代盐场。

万历之前，有3个盐场，为小江场、招收场和隆井场，万历末，则小江场可能一分为二，是为小江场、招收场、隆井场和由小江场分出的东界小江场。

小江场。官方办事机构设于揭阳县鮀浦村，明嘉靖四十二年（1563）后鮀浦改隶澄海县，故晚出文献多将该场称为"澄海小江场"。万历期间，小江场的部分缴纳任务在饶平东界盐场（栅）办理，但至迟在万历之前，鮀浦仍然是小江

[1] 黄国信.清代两广盐区私盐盛行现象初探［J］.盐业史研究，1995（2）.

[2] 清实录（第33册）［M］.北京：中华书局，1985：156-157，421，449.

场盐课司唯一驻在地。到了万历四十八年（1620），小江场有可能拆分为西界、东界两场，西界官方驻场机构仍在澄海鮀浦，东界场官方驻场机构设在饶平。这个拆分我们仅是凭文献的"东界场"称呼而猜测的，同期文献中都未见"东界场盐课司"机构，而《（乾隆）潮州府志》明确"国朝设东界"，在谈及清代七大使时，也仅称"招收、小江、隆井三场，自前明已有其官"，并没有"东界小江场"一说。[1]

招收场。明初招收场盐课司设于潮阳县沙浦，《（隆庆）潮阳县志》载招收场盐课司"在大栅"，是"元招收管勾司"，[2]则隆庆时在大栅，此后未见更改。

隆井场，明初隆井场盐课司在潮阳县县郭，嘉靖三年（1524）设置惠来县，该场地改隶惠来县。[3]此后未见更改的记录。

东界小江场。原为小江场诸多盐栅之一，可能在万历四十八年（1620）自小江场拆出。由于明末文献已经多见其名称，且不论它是否是驻有场盐课司的"场"，暂时算其为"盐场"。

清代盐场有7处。为小江场（西界小江场）、东界小江场、海山场、河东招收场、河西招收场、隆井场、惠来场。这7处盐场大抵是自原小江场、招收场、隆井场拆分出来的，由法定七大使驻场管理日常业务，因此这里仅视这7场为"盐场"，而其所辖，则为"盐栅"。

西界小江场。在分出东界小江场后，原小江场在文献上称呼较多，有称为"西界小江场"的，也有称"小江场"的等。清代所设大使驻地在澄海县蓬州都。

东界小江场。清代所设大使驻地在饶平县大埕所。

海山场。雍正十一年（1733）自东界小江场拆出，大使驻地在饶平县信宁都。

---

[1]　周硕勋.（乾隆）潮州府志［M］.台北：成文出版社，1967：377.蔡继绅.（嘉庆）澄海县志［M］.李书吉，修.台北：成文出版社，1977：119.永乐大典方志辑佚［M］.马蓉，陈抗，钟文，等，点校.北京：中华书局，2004：2616.

[2]　黄一龙，林大春，等.（隆庆）潮阳县志［M］.上海：上海古籍书店，1963，卷九：16.永乐大典方志辑佚［M］.马蓉，陈抗，钟文，等，点校.北京：中华书局，2004：2616.

[3]　宏新按：另《嘉庆重修大清一统志》称"隆庆三年改属惠来"，《（隆庆）潮阳县志》称"嘉靖四年拆潮阳置惠来"，此处以《明世宗实录》为准。参见：嘉庆.嘉庆重修大清一统志（第26册）［M］.上海：上海书店（四部丛刊续编），1985，卷四四六：26.黄一龙，林大春，等.（隆庆）潮阳县志［M］.上海：上海古籍书店，1963，卷一：9.明世宗实录［M］.台北："中央研究院"历史语言研究所校印，1962：1147.永乐大典方志辑佚［M］.马蓉，陈抗，钟文，等，点校.北京：中华书局，2004：2616-2617.

河东招收场。雍正六年（1728）由原招收场拆出，也有称其为"河东场"者。清代所设大使驻地在潮阳县招收都达濠城。

河西招收场。雍正六年（1728）由原招收场拆出，也有称其为"河西场"者。大使驻地在潮阳县招收都马滘乡。

隆井场。宋代便存在，明代潮阳县析出惠来县，隆井场官方驻地位于惠来县境内，因此明代文献偶有"隆井惠来场""惠来场"等称呼。雍正八年（1730）隆井场拆分为隆井、惠来两场，大使驻地在潮阳县城南者，称隆井场。

惠来场。宋代便存在，宋末并入隆井场，为隆井场下的盐栅。雍正八年（1730）之后，大使驻地在惠来县隆井都赤洲乡的，称为惠来场，但亦有沿用旧称，记录为"隆井场"者。

各场所辖盐栅，《（乾隆）潮州府志》介绍甚详，[1]如下。

表5-27　清乾隆中期潮汕盐场盐栅一览表

盐场名称	下辖盐栅	盐漏数
西界小江场	岐山、华坞、玉井	513
东界小江场	新村、大港、下湾、柘林	3834
海山场	浮任、东边、隆澳	1736
河东招收场	青盐、埭头、葛园	820
河西招收场	马滘、洋北口、南山	1114
隆井场	浦东、古埠、渡头、东溪头、平湖东、平湖西、沧州	6555
惠来场	赤洲、田中、华房、华埔、东围、金东、文昌、靖海、林尾	684

应该指出的是，上表信息，大致上仅指乾隆时期，并且仅依据《（乾隆）潮州府志》。乾隆之前的雍正则又不同，如《（雍正）惠来县志》载"隆井场"有5个栅，为平湖、古埠、古丁、神山、惠来。并称平湖等4栅位于潮阳县境，惠来栅位于惠来境，查上表，可知并不对应。具体如何，已不得其详。[2]

清代有关盐业的文献繁多，更加上"盐场""盐栅"混称等（例如常见文献《盐法议略》《盐法志》中所记述的）[3]，具体很难考究。这种情况在全国比

[1]　周硕勋.（乾隆）潮州府志［M］.台北：成文出版社，1967：376-379.

[2]　张玿美，等.（雍正）惠来县志［M］.台北：成文出版社，1968：1-3，171.

[3]　王守基.盐法议略［M］.1886（清光绪丙戌）粤东刊本，卷二：23-24.

较普遍。潮汕地区迄今存有相对丰富的传世材料，尚足以将驻有大使的盐场大概分出，算是比较好的了。

潮盐的销售。

明代潮盐销售区域前、后期是不同的。能够知道的，大体分为三路，赣南、闽西、粤北。赣南、闽西路是正德四年（1509）定的路线，万历中期有所反复，但万历末已成定例路线；粤北路始于何时不得而知，但在万历十八年（1590）开始未见有间断的记录。私贩的销售区域与路线则不定，如嘉靖四十三年（1564）左右，东莞、新会等粤中商人"南至琼州载白藤、槟榔等货，东至潮州载盐，皆得十倍之利"，说明有私盐流向粤中及海南等。[1]

清乾隆时期，潮盐的销售地分布于3府2州29个县，其中饶平、上杭两县各有两个总埠，因此计有31处总埠。如下表[2]。

表5-28　清乾隆中期潮盐销售市场一览表

州府	销售总埠地	子埠
广东潮州府	海阳埠	东关、龙溪都、归仁都、登云都、急水汛
	潮阳埠	海门、达濠、水井、桑田、井尾、下淋、和平、港头
	揭阳埠	钱冈、新亨、东洋、玉塝、棉湖
	澄海埠	外浦、南港、湖头市、鸥汀、鮀浦、盐灶、樟林、南沙、南洋
	饶平海山埠	栢州、南泾、隆都石碑脚、隆澳、南澳、石狮
	饶平黄冈埠	孚山、井州、东界、玖泾、樟山、石泾
	惠来埠	靖海、神泉、赤洲、隆江、伍山、葵潭、梅林、金东洲
	普宁埠	广平墟、新泾尾
	丰顺埠	黄金埔、言岭关
	大埔埠	三河坝北关外、县城北关、保安、同仁、枫朗、银溪、大蕉（麻）、高陂、青泾、虎头砂
广东嘉应州	嘉应埠	西洋、丙村、白渡、松口、美塘、长砂、南口、畲坑、龙虎

---

[1]　顾炎武.天下郡国利病书［M］//续修四库全书编纂委员会.续修四库全书（第597册）.上海：上海古籍出版社，2003：350.明世宗实录［M］.台北："中央研究院"历史研究所，1962：8773-8774.俞大猷.呈总督军门张［M］//俞大猷.正气堂全集.廖渊泉，张吉昌，整理点校.福州：福建人民出版，2007：813.郭子章.请开盐路议，请增盐甲补京银议［M］//郭子章.潮中杂纪.1585（明万历乙酉）刊本，卷六：11-15.

[2]　周硕勋.（乾隆）潮州府志［M］.台北：成文出版社，1967：381-384.

续表

州府	销售总埠地	子埠
广东嘉应州	嘉应埠	西洋、丙村、白渡、松口、美塘、长砂、南口、畲坑、龙虎
	平远埠	按：县城内子埠1处，另有土著至总埠领盐销售
	镇平埠	按：新铺、罗江2处，另有土著在东、南、西门设店销售
	兴宁埠	水口、坭坡墟、迳心墟、石马墟、大龙田、罗浮司
	长乐埠	潭下、长蒲、岐岭、大嵩、梓皋、大都、水寨、横陂、横流、石溪、下洋、罗经
福建汀州府	长汀埠	按：附近子店76处，各至总埠领盐销售
	宁化埠	河口
	清流埠	按：附近子埠4处，又草坪1处
	归化埠	枫溪、子口坊
	连城埠	朋口
	上杭埠	峯市、龙角、旧县、迴龙
	上杭黄坭垅埠	
	永定埠	丰稔寺、大院寺、摺（折）滩、胡雷、坎市（另有土著至总埠领盐销售）
	武平埠	按：共11处子埠
江西赣州府	萼都埠	峡山、率口、车头、紫山、赖村、罗家渡、成田、蓣（麻）油坑、银坑
	兴国埠	按：西门外设子店12所
	会昌埠	洛口、白鹅
	长宁埠	按：不设子埠，各至总埠购买
江西宁都州	宁都埠	洛口
	瑞金埠	谢坊、瑞林寨
	石城埠	秋口、大猷

（四）小结

明清潮汕盐业生产，于政府而言，便是如何在产量和销售中取得相对平衡，但从实际发展轨迹看，明、清仍如前代，在中后期之前控制得较好，后期则完全失控。潮州盐业也随之起伏，突出问题依然是产量过剩。

明代，至少在嘉靖末年之前，中央政府的监管较有成效。明初所定的潮州府573万余斤，经六七年实践之后，至洪武九年（1376）下调为380万余斤，又至嘉靖末才逐步升至520万余斤，一二百年间140万斤的增量，与人口增长带来的食盐需求量相适宜，而私盐不可避免，但在可控范围内，又没有出现盐民生产热情高涨的记录，都意味着潮州盐业无论公、私市场都呈良性发展格局。隆万之际，现能见仅有招收、隆井两场数据，同比数据，体现出远超此前一二百年的产量记录，官盐滞销局面十分严重，直至明亡。

清初迁海期间，潮州盐场盐栅，有数年的减产乃至停产，康熙八年（1669）便告恢复。此时潮州社会大乱，潮盐产销更多地为土豪、官商所掌握。大概康熙三十二年（1693）起，清政府设立专管机构强势介入，虽然没有北宋初般强行关闭盐场的举措，但也得以让潮州盐业比较有序地发展。此后盐民生产热情增加，这个危险的信号引起官方的警觉，遂在乾隆前期进行大力调控，数十年间维持了较好的效果。接下去的嘉庆、道光朝，仿佛进入了一个末世的轮回模式，官盐滞销情况极为严重，直至古代阶段结束。

第五节   医药业

远古时期，人们在觅食过程中，发现某些食物能缓解身体不适，某些食物会引致死亡等，便会自觉不自觉地积累经验，由此奠定了原始医学知识的基础。潮汕远古居民对传统药物认识过程也不例外。同时，距今6000余年的潮州陈桥村遗址，出土有10个个体的附着有红色赤铁矿粉末的人骨，应该是基于"红色——血液——永生"逻辑链条而展开的"巫"式体现，按"医源于巫"的观点，以及遗存综合考察，则当时陈桥人可能多少掌握了原始卫生医疗经验和认识。

潮汕地区较早明确为药物并且当地人也认为是医用而非纯粹食用的记录，至迟在六朝时期便见诸文献了，而在本书时限内，罕见有西医西药流入潮汕[1]，因此，下面介绍的"医药业"，指的都是中医学范畴内的内容。

---

[1] 宏新按：近代西医进入中国，多与教会组织、传教士有关。清代潮汕有教会传播痕迹，如在明末清初，惠来已有皈依者，1724潮州府城已有教堂建筑（不久废），潮阳海门发现有1736年所立之碑，揭西河婆发现有1808年教徒墓碑，以及传教士郭实腊（Karl Friedrich August Gutzlaff）1831年7月7日、1832年3月27日两度短暂停留南澳等。这些大抵上是较可考的1840年之前教会曾存在潮汕的蛛丝马迹，但其远没到可称为"立足潮汕"阶段，而传教士并非专业医生，1840年之前，潮汕地区并不存在西医行业。

关于潮汕医疗卫生的古材料数量众多，限于篇幅，这里仅介绍几个节点式事例。

一、早期之药品和交易

六朝时期，潮汕地区便有了明确的药品记载，并且知道如何取用。在叙述此点之前必须说明一下：我们所讨论的，是同期文献中有明确药用记录者（意味着当时人也将其当药看待），否则，人们仅仅认为是食品，如远古便取食贝类（贝类多为中药品），则失去论述之意义。

较早出现的药品为"文贝"和"五子实"，分别见于魏晋文献及晋文献。

文贝。它同时是潮汕地区明确见于文献的较早动物药。

《本草纲目》[1]引三国吴万震所撰《南州异物志》[2]载有文贝，故知三国人明白其为药品，《初学记》引《南越志》，明确记录"潮阳文贝"，[3]唐宋之前的《南越志》，两种版本的系年都在南朝宋[4]，因此，无论《南越志》所记可"解毒"的"潮阳文贝"之史源是否来自《南州异物志》，都可确定，至迟南朝宋的潮阳居民已经清楚文贝的药物效果。而且潮阳所产文贝已有很大的知名度了，才会收入志书。时间如再前溯，则《南州异物志》成书的三国吴时，潮汕居民也许便将其视为药品了。

文贝即是紫贝。先秦古籍便有记载，如《山海经》载"赤水之东，有苍梧之野，舜与叔均之所葬也。爰有文贝""帝尧、帝喾、帝舜葬于岳山。爰有文贝"，郭璞注"文贝"称"即紫贝也"。[5]

现代中药命名为"紫贝"者，是宝贝科动物阿文绶贝Mauritia arabica（Linnaeus）的贝壳，在我国，主要分布于福建、台湾、广东、海南、广西及南沙群岛。它具有镇惊安神，平肝明目之功效，用于小儿高热抽搐，头晕目眩，惊悸心烦，失眠多梦，目赤肿痛，热毒目翳。今天仍有用到。

五子实。它同时是潮汕地区明确见于文献的较早植物药。

[1] 李时珍.本草纲目（校点本）（第四册）[M].刘衡如，校点.北京：人民卫生出版社，1981：2542-2543.

[2] 张国淦.中国古方志考[M].上海：中华书局上海编辑所，1963：686-587.

[3] 徐坚，等.初学记[M].北京：中华书局，1962：192.

[4] 张国淦.中国古方志考[M].上海：中华书局上海编辑所，1963：585-597.

[5] 袁珂.山海经校注[M].成都：巴蜀社社，1992：420-421，437.

　　五子实为五子树的果实。《本草纲目》引佚书《潮州志》[1]、《潮州志》则转晋代裴渊《广州记》有载，[2]北朝《齐民要术》转裴渊《广州记》的记录，称产于广州，可疗金创伤等。[3]这便意味着，晋代广州存在五子树，而且人们明白其药用功能。晋初广州辖有义安地潮阳令，"广州产"应该是以大政区名表述，实际产于潮阳，唐《元和郡国志》便直接记载为"潮阳五子树"，又被宋《太平寰宇记》[4]《舆地纪胜》[5]所引用，更令该物名声大振，此后潮汕的地方志书皆有转载，传世且系年较早的如《图经志》。[6]

　　这样，我们推测，《广州记》中的"五子树"其实产于潮汕，而裴渊仅仅是记录者，则潮汕地区的取用时间仍可前溯。也即是说，潮汕居民明白其药疗效用的时间在晋代或之前。

　　五子实具体为何物，暂时不明。潮州的地方志书，现存完备的都是简单沿袭，全国性的地理总志虽也有提及，亦是如此。即使李时珍所称的佚书《潮州志》能找到，想必也没有更具体的内容，否则，晚出的明代方志应会保留。但是，李时珍在明代时应该有所实践，才会增补、完善了若干内容，称其"气味：甘，温，无毒"。按史源材料和可能亲身研究过的李时珍的简单介绍，以及果实呈"梨果"形态和气候适宜与否等方面来推测，五子实有可能是蔷薇科（Rosaceae）蔷薇属（Rosa L.）植物[7]。

　　五子实治疗"霍乱"和"金疮"。古代的"霍乱"与现代医学上的急性传染病"霍乱"（cholera）所指不同，它泛指剧烈腹痛吐泻、筋脉拘挛等症状，"金疮"则是刀剑等利器创伤所引发。

　　五子实和文贝都被录入早期的岭南志书，说明它们在六朝岭南是有所流通的。而唐宋开始，全国性地理总志的纷纷引用，无疑令其名声倍增，成为商品，这些都是可以预见的。

　　药品交易也可以在文献记录中找到痕迹。以文贝为例。在初唐的南方集市

　　[1]　李时珍.本草纲目（校点本）（第三册）［M］.刘衡如，校点.北京：人民卫生出版社，1978：1628.

　　[2]　张国淦.中国古方志考［M］.上海：中华书局上海编辑所，1963：598-599.

　　[3]　贾思勰.齐民要术校释（第二版）［M］.缪启愉，校释.北京：中国农业出版社，1998：877.

　　[4]　乐史.太平寰宇记［M］.王文楚，等，点校.北京：中华书局，2007：3035.

　　[5]　王象之.舆地纪胜［M］.北京：中华书局，1992：3112.

　　[6]　解缙，等.永乐大典（精装十册）［M］.北京：中华书局，1986：2457.

　　[7]　中国科学院中国植物志编辑委员会.中国植物志（第36卷）［M］.北京：科学出版社，1974：1.

上便多见其身影。唐显庆（656—660）中担任右监门长史的苏恭，在订注唐李绩《英公唐本草》时称"南夷采以为货市"，便是发生在唐初的事，当时，身在长安的苏恭尚且清楚"南夷"货市的情况，则"潮阳文贝"的广为闻名以及广泛流通，于此可见一斑。[1]

二、潮汕较早药录

《永乐大典》引《三阳志》，专门列了一批药品，包括仙茅、鹿茸、鹿角、紫檀香、海马、黄蜡、紫金藤、班猫、黄连、半夏、山药、草豆蔻、山羊角、萆麻子、熊胆、荜拨、大蒜，一共17种，另有兼具食疗效果的菜茹16种。[2]

这是传世文献中较古老的潮汕药物录。在当代的语境下，17种药品是"纯粹"的中药材，16种菜茹大抵是食用的"蔬菜"。

梳理《三阳志》的这份药录，如下表。[3]

表5-29 宋代潮汕主要中药材及主治梗概表

品名	分部	释名	主治（不计品第）
鹿茸	兽部		漏下恶血，寒热惊痫，益气强志，生齿不老（《本经》）。疗虚劳，洒洒如疟，羸瘦，四肢酸疼，腰脊痛，小便数利，泄精溺血，破瘀血在腹，散石淋痈肿，骨中热疽，养骨安胎下气，杀鬼精物，久服耐老。不可近丈夫阴，令痿（《别录》）。补男子腰肾虚冷，脚膝无力，夜梦鬼交，精溢自出，女人崩中漏血，赤白带下，炙末，空心酒服方寸匕（甄权）壮筋骨（《日华》）。生精补髓，养血益阳，强筋健骨，治一切虚损，耳聋目暗，眩晕虚痢（时珍）。
鹿角	兽部		恶疮痈肿，逐邪恶气，留血在阴中（《本经》）。除少腹血急痛，腰脊痛，折伤恶血，益气（《别录》）。猫鬼中恶，心腹疰痛（苏恭）。水磨汁服，治脱精尿血，夜梦鬼交。醋磨汁，涂疮疡痈肿热毒。火炙热，熨小儿重舌、鹅口疮（《日华》）。蜜炙研末酒服，轻身强骨髓，补阳道绝伤。又治妇人梦与鬼交者，清酒服一撮，即出鬼精。烧灰，治女子胞中余血不尽欲死，以酒服方寸匕，日三夜一，甚妙（孟诜）。

[1] 李时珍.本草纲目（校点本）（第四册）[M].刘衡如，校点.北京：人民卫生出版社，1981：2542-2543.

[2] 解缙，等.永乐大典（精装十册）[M].北京：中华书局，1986：2458.

[3] 李时珍.本草纲目（校点本）（第1-4册）[M].刘衡如，校点.北京：人民卫生出版社，1975，1977，1978，1981：753，772，866，873，1145-1146，1193，1339-1340，1598-1599，1678，1945，2221-2222，2480，2842-2843，2847-2848，2850-2851，3270.解缙，等.永乐大典（精装十册）[M].北京：中华书局，1986：2458.

续表

品名	分部	释名	主治（不计品第）
山羊角	兽部	羚羊角	明目，益气起阴，去恶血注下，辟蛊毒恶鬼不祥，常不魇寐（《本经》）。除邪气惊梦，狂越僻谬，疗伤寒时气寒热，热在肌肤，温风注毒伏在骨间，及食噎不通。久服，强筋骨轻身，起阴益气，利丈夫及热毒痢散后恶血冲心烦闷，烧末酒服之。治小儿惊痫，治山瘴及噎塞（《药性》）。治惊悸烦闷，心胸恶气，瘰疬（病）恶疮溪毒（藏器）。平肝舒筋，定风安魂，散血下气，辟恶解毒，治子痫痉疾（时珍）。
熊胆	兽部	熊胆	时气热盛，变为黄胆，暑月久痢，疳䘌心痛疰忤（苏恭）。治诸疳、耳鼻疮、恶疮，杀虫（日华）。小儿惊痫瘈疭，以竹沥化两豆许服之，去心中涎，甚良（孟诜）。退热清心，平肝明目去翳，杀蛔、蛲虫（时珍）。
海马	鳞部	水马	妇人难产，带之于身，甚验。临时烧末饮服，并手握之，即易产难产及血气痛（苏颂）。暖水脏，壮阳道，消瘕块，治疔疮肿毒（时珍）。
班猫	虫部	斑蝥、龙尾、盘蝥虫、龙蚝、斑蚝	寒热，鬼疰蛊毒，鼠瘘，恶疮疽，蚀死肌，破石癃（《本经》）。治疥癣，堕胎,（《别录》）。治瘰疬，通利水道（甄权）。疗淋疾，傅恶疮瘘烂（《日华》）。治疝瘕，解疔毒、猘犬毒、沙虱毒、蛊毒、轻粉毒（时珍）。
黄蜡	虫部	蜂蜜、蜜蜡色黄者	主下痢脓血，补中，续绝伤金疮，益气，不饥，耐老（《本经》）。权曰：和松脂、杏仁、枣肉、茯苓等分合成，食后服五十丸，便不饥。颂曰：古人荒岁多食蜡以度饥，但合大枣咀嚼，即易烂也。白蜡：疗久泄后重见白脓，补绝伤，利小儿。久服轻身不饥（《别录》）。孕妇胎动，下血不绝，欲死。以鸡子大，煎三五沸，投美酒半升服，立瘥。又主白发，镊去，消蜡点孔中，即生黑者（甄权）。
仙茅	草部	独茅、茅爪子、婆罗门参	心腹冷气不能食，腰脚风冷挛痹不能行，丈夫虚劳，老人失溺无子，益阳道。久服通神强记，助筋骨，益肌肤，长精神，明目（《开宝》）。治一切风气，补暖腰脚，清安五脏。久服轻身，益颜色。丈夫五劳七伤，明耳目，填骨髓（李珣）。开胃消食下气，益房事不倦（大明）。
紫金藤	草部	山甘草	丈夫肾气（苏颂）。消损伤瘀血。捣傅恶疮肿毒（时珍）。
黄连	草部	王连、支连	根：热气，目痛眦伤泣出，明目，肠澼腹痛下痢，妇人阴中肿痛。久服令人不忘（《本经》）。主五脏冷热，久下泄澼脓血，止消渴大惊，除水利骨，调胃浓肠益胆，疗口疮（《别录》）。治五劳七伤，益气，止心腹痛，惊悸烦躁，润心肺，长肉止血，天行热疾，止盗汗并疮疥。猪肚蒸为丸，治小儿疳气，杀虫（大明）。羸瘦气急（藏器）。治郁热在中，烦躁恶心，兀兀欲吐，心下痞满（元素）。主心病逆而盛，心积伏梁（好古）。去心窍恶血，解服药过剂烦闷及巴豆、轻粉毒（时珍）。

续表

品名	分部	释名	主治（不计品第）
半夏	草部	守田、水玉	根：伤寒寒热，心下坚，胸胀咳逆，头眩，咽喉肿痛，肠鸣，下气止汗（《本经》）。消心腹胸膈痰热满结，咳嗽上气，心下急痛坚痞，时气呕逆，消痈肿，疗痿黄，悦泽面目，堕胎（《别录》）。消痰，下肺气，开胃健脾，止呕吐，去胸中痰满。生者：摩痈肿，除瘤瘿气（甄权）。治吐食反胃，霍乱转筋，肠腹冷，痰疟（大明）。治寒痰，及形寒饮冷伤肺而咳，消胸中痞，膈上痰，除胸寒，和胃气，燥脾湿，治痰厥头痛，消肿散结（元素）。治眉棱骨痛（震亨）。补肝风虚（好古）。除腹胀，目不得瞑，白浊梦遗带下（时珍）。
草豆蔻	草部	豆蔻、草豆蔻、漏蔻、草果	仁：温中，心腹痛，呕吐，去口臭气（《别录》）。下气，止霍乱，一切冷气，消酒毒（《开宝》）。调中补胃，健脾消食，去客寒，心与胃痛（李杲）。治瘴疠寒疟，伤暑吐下泄痢，噎膈反胃，痞满吐酸，痰饮积聚，妇人恶阻带下，除寒燥湿，开郁破气，杀鱼肉毒。制丹砂（时珍）。 花：下气，止呕逆，除霍乱，调中补胃气，消酒毒（大明）。
萆麻子	草部	蓖麻子	水症。以水研二十枚服之，吐恶沫，加至三十枚，三日一服，瘥则止。又主风虚寒热，身体疮痒浮肿，尸疰恶气，榨取油涂之（《唐本》）。研傅疮痍疥癞。涂手足心，催生（大明）。治瘰疬。取子炒熟去皮，每卧时嚼服二三枚，渐加至十数枚，有效（宗奭）。主偏风不遂，口眼㖞斜，失音口噤，头风耳聋，舌胀喉痹，胸喘脚气，毒肿丹瘤，汤火伤，针刺入肉，女人胎衣不下，子肠挺出，开通关窍经络，消肿追脓拔毒（时珍）。
荜拔	草部	荜芨	温中下气，补腰脚，杀腥气，消食，除胃冷，阴疝痃癖（藏器）。霍乱冷气，心痛血气（大明）。水泻虚痢，呕逆醋心，产后泄痢，与阿魏和合良。得诃子、人参、桂心、干姜，治脏腑虚冷肠鸣泄痢，神效（李珣）。治头痛鼻渊牙痛（时珍）。
紫檀香	木部		摩涂恶毒风毒（《别录》）。刮末傅金疮，止血止痛。疗淋（弘景）。醋磨，傅一切猝肿（千金）。
山药	菜部	薯蓣、薯藇、土薯、山薯、山芋、山药、玉延	根：伤中，补虚羸，除寒热邪气，补中，益气力，长肌肉，强阴。久服，耳目聪明，轻身不饥延年（《本经》）。主头面游风，头风眼眩，下气，止腰痛，治虚劳羸瘦，充五脏，除烦热（《别录》）。补五劳七伤，去冷风，镇心神，安魂魄，补心气不足，开达心孔，多记事（甄权）。强筋骨，主泄精健忘（大明）。益肾气，健脾胃，止泄痢，化痰涎，润皮毛（时珍）。生捣贴肿硬毒，能消散（震亨）。

品名	分部	释名	主治（不计品第）
大蒜	菜部	葫、大蒜、荤菜	归五脏，散痈肿䘌疮，除风邪，杀毒气（《别录》）。下气，消谷，化肉（苏恭）。去水恶瘴气，除风湿，破冷气，烂痃癖，伏邪恶，宣通温补，疗疮癣，杀鬼去痛（藏器）。健脾胃，治肾气，止霍乱转筋腹痛，除邪祟，解瘟疫，去蛊毒，疗劳疟冷风，傅风损冷痛，恶疮、蛇虫、溪毒、沙虱，并捣贴之。熟醋浸，经年者良（《日华》）。温水捣烂服，治中暑不醒。捣贴足心，止鼻衄不止。和豆豉丸服，治暴下血，通水道（宗奭）。捣汁饮，治吐血心痛。煮汁饮，治角弓反张。同鲫鱼丸，治膈气。同蛤粉丸，治水肿。同黄丹丸，治痢疟、孕痢。同乳香丸，治腹痛。捣膏傅脐，能达下焦，消水，利大小便。贴足心，能引热下行，治泄泻暴痢及干湿霍乱，止衄血。纳肛中，能通幽门，治关格不通（时珍）。

　　上表所录，只是当时潮汕常见、常用药品，并非全部。正如《三阳志》撰修者所强调的，这些仅仅是"不能尽录"之下的"姑杂志其略"。

　　实际上，同期文献中，还记载有不少药品。例如"蓼"，彭延年《浦口庄舍五首》之三"堆书为伴侣，种药是生涯"和之五"樵路通云磴，溪船簇蓼花"句[1]，便透露出浦口庄处栽培有许多蓼科（Polygonaceae）中的"蓼花"。又如《太平寰宇记》所载的水马、甲香、鲛鱼皮、海桐皮和千金钓药、乌药、地黄，[2]都是药品。

　　此外，《三阳志》提到具食疗效果的菜茹。

　　食疗是中医的首要治则，"夫为医者，当须先洞晓病源，知其所犯。以食治之，食治不愈，然后命药"，传统"良医"的准入条件，是"能用食平疴，释情遣疾者，方可谓良工"。[3]

　　整理宋元潮州菜茹主治表如下。[4]

　　[1]　彭延年.浦口庄舍五首［M］//解缙，等.永乐大典（精装十册）.北京：中华书局，1986：2492.

　　[2]　乐史.太平寰宇记［M］.王文楚，等，点校.北京：中华书局，2007：3035.

　　[3]　孙思邈.备急千金方［M］.北京：人民卫生出版社，1982：464.

　　[4]　李时珍.本草纲目（校点本）（第1-4册）［M］.刘衡如，校点.北京：人民卫生出版社，1975，1977，1978，1981：1405，1411，1576，1607-1608，1616-1617，1620，1622-1624，1629，1645-1647，1658-1661，1685，1706.

表5-30 宋代潮汕主要食疗本草主治概览表

序号	品名	主治（不计品第）
1	芥（芥菜）	茎叶：通肺豁痰，利膈开胃（时珍）。 子：温中散寒，豁痰利窍，治胃寒吐食，肺寒咳嗽，风冷气痛，口噤唇紧，消散痈肿瘀血（时珍）。
2	芦菔（萝卜）	主吞酸，化积滞，解酒毒，散瘀血，甚效。末服，治五淋。丸服，治白浊。煎汤，洗脚气。饮汁，治下痢及失音，并烟熏欲死。生捣，涂打扑汤火伤（时珍）。 子：下气定喘治痰，消食除胀，利大小便，止气痛，下痢后重，发疮疹（时珍）。 花：用糟下酒藏，食之甚美，明目（士良）。
3	青蓝	不明
4	茼蒿	安心气，养脾胃，消痰饮。利肠胃（思邈）。
5	莙荙（甜菜）	时行壮热，解风热毒，捣汁饮之便瘥（《别录》）。 夏月以菜作粥食，解热，止热毒痢。捣烂，傅灸疮，止痛易瘥（苏恭）。捣汁服，主冷热痢。又止血生肌，及诸禽兽伤，傅之立愈（藏器）。煎汤饮，开胃，通心膈，宜妇人（大明）。补中下气，理脾气，去头风，利五脏（《嘉祐》）。 根：通经脉，下气，开胸膈（《正要》）。 子：醋浸揸面，去粉滓，润泽有光（藏器）。
6	波稜（棱）（菠薐）	菜：利五脏，通肠胃热，解酒毒。服丹石人食之佳（孟诜）。
7	莴苣	菜：通乳汁，利小便，杀虫、蛇毒（时珍）。 子：下乳汁，通小便，治阴肿、痔漏下血、伤损作痛（时珍）。
8	苦荬（苦菜）	菜：血淋痔瘘（时珍）。 根：治血淋，利小便（时珍）。 花、子：去中热，安心神（宗奭）。黄胆疾，连花、子研细二钱，水煎服，日二次，良（汪颖）。
9	芹（芹菜）	茎：女子赤沃，止血养精，保血脉，益气，令人肥健嗜食（《本经》）。去伏热，杀石药毒，捣汁服（孟诜）。饮汁，去小儿暴热，大人酒后热，鼻塞身热，去头中风热，利口齿，利大小肠（藏器）。治烦渴，崩中带下，五种黄病（大明）。 花：脉溢（苏恭）。
10	薤（薤菜）	捣汁和酒服，治产难（时珍。出唐瑶方）。
11	韭	饮生汁，主上气喘息欲绝，解肉脯毒。煮汁饮，止消渴盗汗。熏产妇血运，洗肠痔脱肛（时珍）。
12	紫菜	病瘿瘤脚气者，宜食之（时珍）。
13	苦笋（笋）[苦竹笋（笋）]	干者烧研入盐，擦牙疳（时珍）。
14	香葚	不明

续表

序号	品名	主治（不计品第）
15	石发	生水中者为陟厘。捣涂丹毒赤游。（时珍） 生陆地者为乌韭。皮肤往来寒热，利小肠膀胱气（《本经》）。疗黄胆，金疮内塞，补中益气（《别录》）。烧灰沐头，长发令黑（大明）。
16	紫姜 （生姜）	生用发散，熟用和中。解食野禽中毒成喉痹。浸汁，点赤眼。捣汁和黄明胶熬，贴风湿痛甚妙（时珍）。

注：

①表中以《本草纲目》中李时珍所论为主，即小括号内有"时珍"者，如李时珍未论及，再引其他医家或医书之阐发；

②其中序号3之"青蓝"和序号14之"香葚"，因历代、历时语境有较大差异，稳妥出发，本史稿暂以"不明"标示。

三、著名医书

自宋代开始，潮汕医药市场便颇为繁荣，既有医书刊出，又有名家行医，还有外来专业人士从事医学教育工作，至于卫生医疗等社会救济机构以及药品流通环节等，也都是各时期文献有明确记载的，尤其明清更不罕见。而潮汕当地向来有"前辈名士，往往能医"的说法，"前辈名士"往往著书立说，这里介绍几种较为闻名的医书，以窥潮汕传统医药市场之一斑。

已知潮汕刊印的较早医书，来自《永乐大典》转《三阳志》所载："药方五种：《瘴论》30板，《备急方》30板，《易简方》90板，《治未病方》40板，《痈疽秘方》40板。"[1]张长民先生认为，这是潮州乃至岭南仅存的宋刊本医书目录。这些医书虽已佚失，亦说明当时已能重视瘴疟、地方病、传染病、急性病、意外伤害、皮肤疮疡和小伤小病的简易防治方法。[2]二十多年后的今天，我们仍然查阅不到同期岭南刊印药录传世，因此，该说可继续存在。由于它们是潮州的官刻医书、官方项目，则这条记载也意味着，当时医药业的发展有着官方推动的背景，也是有社会需要和市场需求的。

这些书，今天原文已经不能见到。从书名看，其中的《瘴论》应该是论述瘴气的专著。瘴气一直是潮汕当地开荒垦殖、居民数量提升的主要障碍之一，

---

[1]　解缙，等.永乐大典（精装十册）［M］.北京：中华书局，1986：2463-2464.

[2]　张长民.古代潮州中医药史话［M］.岭南文史，1998（4）.

对外来人口的进入也形成困扰，《瘴论》的出现，本身便说明了当时潮人对瘴气有着较为系统和深入的理论认识。同时，瘴气对当地生活的影响，相信也已大幅度下降了，《舆地纪胜》载"扫除青草黄茆之瘴雾，髣髴十洲三岛之倦瀛"[1]和《潮阳道中》"岭茅已远无深瘴，鳄溪方逃畏旧文"句[2]，可知北宋时期，瘴气已得到一定程度的有效防治。又《永乐大典》引《三阳志》"囚徒无燥湿疫疠之患矣"[3]，可知至迟自淳祐丙午（1246），卫生措施已推广至监牢。这些记载，都透露出宋代潮州医药经济不可忽视。

存世的较具学术价值的医书，为宋代刘昉的《幼幼新书》。

刘昉，宋海阳人，宣和六年（1124）进士，历任礼部员外郎、太常寺少卿、夔州知州、荆湖转远副使、潭州知州兼荆湖南路经略安抚使等职，授龙图阁学士。故亦称"刘龙图"。《幼幼新书》38卷，刘昉逝后，由其门生李庚续编2卷，共成40卷传世，该书专述儿科，卷帙宏大，笔者以电脑版统计，原文实际字符可达近110多万个。该书内容，不乏已佚的早期医著或其他文献，又材料丰富、引注清晰，因此造就了它在医学以及文献学上的宝贵价值。在未受到足够重视之前，便被《广东省志·卫生志》列入历代"大事记"，是该志宋元时期列为"大事"的两例医书之一[4]。

《幼幼新书》是宋以前儿科学之集大成者，被认为是当时世界上最完备的儿科学著作。它的版本情况大约如下：初刊于绍兴二十年（1150），历代有刊有佚，历史上有"南版""北版"之分，到了近现代，大体上仅见上海图书馆本（上藏本）、日本官内厅藏本（称"日藏本"，此外又有5种不同"日钞本"）、明影抄宋本，以及万历十四年（1586）陈履端重编订刻本（中国中医科学院馆藏，称"陈本"，传世较广）。1981年中医古籍出版社影印出版"陈本"后，1987年人民卫生出版社综合各版推出点校本，遂令《幼幼新书》逐步扩大影响，2011年、2012年医学科技类出版社在中医热潮中出版有横行本、影印本。[5]

[1] 王象之.舆地纪胜［M］.北京：中华书局，1992：3120-3121.

[2] 王安中.潮阳道中［M］//解缙，等.永乐大典（精装十册）.北京：中华书局，1986：2491.

[3] 解缙，等.永乐大典（精装十册）［M］.北京：中华书局，1986：2452.

[4] 广东省地方史志编纂委员会.广东省志·卫生志（光盘版）［M］.广州：广东省科技音像出版社，2007：1-26.

[5] 刘昉.幼幼新书［M］.陈履端，编订.北京：中医古籍出版社，1981.刘昉.幼幼新书［M］幼幼新书点校组，点校.北京：人民卫生出版社，1987.刘昉.幼幼新书［M］.白极，校注.北京：中国医药科技出版社，2011.刘昉.幼幼新书（1-12册）［M］.广州：广州科技出版社，2012.

对《幼幼新书》开展探讨、研究的专著专论，20年来数不胜数，尤其越接近现在越多，笔者以学术期刊论文主题搜索并粗略统计，仅研讨类文章可达六七十篇，既有医学的，也有古文献学领域的，可见其价值仍有着不小的发掘空间。

《幼幼新书》不少内容是相关专业必修的教材或案例，如果目前正在大力倡扬传统文化的环境得以有效延续，想必该书的影响力还会进一步扩大。

这些，都是《幼幼新书》学术及其经世价值的反映。而刘昉之所以有想法、有能力撰修这部巨著，可能与他出身潮汕医学世家、少年时所处的重视医学的社会环境等有关。

较早的大型综合性医书，为明代盛端明的《程斋医抄》。

盛端明，明饶平人，弘治戊午（1498）解元，壬戌（1502）进士，历任礼部、工部尚书等，曾二度较长时间隐退寓居故里，81岁卒，赠太子太保，谥号"荣简"。盛端明早年曾以诸生身份参与篹修《（弘治）潮州府志》，晚年发起参与修整海阳北门堤等，对潮汕文化、经济建设是有贡献的。[1]

盛端明通晓药石，医术高明，尤擅养生，明代医学家徐春甫对他的评价是："性好医方。有求疗。不分贵贱。即与药。"他篹修有《程斋医抄》140卷、《程斋医抄撮要》5卷，被《广东省志·卫生志》列入历代"大事记"，是明清至近代列入"大事"的13例医书、杂志之一。他还撰写有道家养生书《玉华子》4卷。[2]

《程斋医抄》是一部大型综合性医书。盛端明仕途30年，所到之处皆不忘辑录，形成书稿，再结合自己的实践，遂成该书。他自称"首以《内经》《素问》《脉经》诸书为经。集历代名医所论著。分门为治法诸方。余三十年间。宦辙南北。所至携以自随。每遇有奇方秘法。辄编入于各门。……予于医书所自得者。非谓医抄中所集者"[3]。其流传脉络，已知道的是，日本可能藏有嘉靖癸卯（1543）誉抄稿（是否齐备不明），日本人著《医藉考》（人民卫生出版社重刊时更名为《中国医藉考》）有介绍；国家图书馆藏有《程斋医抄秘本》（藏书号"应122.8991"），是节录钞本的一种，8册，这个"秘本"所载主要是内科，但与下文介绍的《程斋医抄撮要》不同。

[1] 吴颖.（顺治）潮州府志［M］//中国科学院图书馆.稀见中国地方志汇刊（44）.北京：中国书店，1992：1540.郭子章.潮中杂纪［M］.1585（明万历乙酉）刊本，卷六：2.

[2] 饶宗颐.潮州志·艺文志二［M］//饶宗颐.潮州志.汕头：潮州修志馆，1949：10, 20.丹波元胤.中国医籍考［M］.北京：人民卫生出版社，1956：965, 966.

[3] 丹波元胤.中国医籍考［M］.北京：人民卫生出版社，1956：965.

《程斋医抄撮要》是《程斋医抄》的摘录版，嘉靖癸巳（1533）刊出。它是盛端明应约从《程斋医抄》中撮要摘录的，内容主要是自身检验过的验方，盛氏自称"撮其要者录之""乃以近验者付之""曰撮要云者。因其请耳。非谓医抄中所集者。其要止此也。欲知医者。必得医抄全书而详习之。厥术始妙。此特其千百中之一二云耳。但穷乡僻壤中得此。亦可以疗疾也"。日本内阁文库保存有两部，国家科技部专项课题组1997年将这两部复制回国，正式点校刊出。刊出本正文五卷，分别是调经、胎儿、产后、小儿门、内伤门，最具特色的是前三卷，有论有方，立论简洁，制方详尽，尤适用于临床，被认为是中医"妇、儿、内科医验之结晶"。[1]

较古老的痘疹临床专著，为明代郑大忠的《痘经会成》。

郑大忠，字英翰，揭阳人，活跃于明万历年间。他原学习儒术，比较博学，后弃儒学而专注医学，宗奉丹溪学派，尤其擅长对付痘症，撰著有《痘经会成》九卷，日本存有万历己亥（1599）本。

《痘经会成》自序中，郑大忠称"矧吾潮（宏新注：原文为'湖'，应为'潮'）南方多瘴。痘疹盛行。悲声道路。耳及而心伤之。于是传神丹溪。手不释卷"，又夜梦神人授道，"苍天岂忍婴儿蠹。特遣神明惕我心"，更不缀志，"孟夏果有报：潮城痘至。未竟。又报者曰：痘及榕城矣"，遂免费救助，奋然而至，全活19人。此后"汇辑百家之书。焦思劳神。废寝忘食。择其精稳治验者。辍简成文"，是成该书。自序落款"万历岁己亥阳月之吉。东粤榕邑郑大忠志"。[2]

《痘经会成》已收入北京大学图书馆2014年编的《北京大学图书馆藏日本版汉籍善本萃编》第十四、十五册，名为《新镌郑先生痘经会成保婴慈幼录》"（一）"和"（二）"，底本是日本天明年间（1781—1788）钞本。

该书被认为是广东作者关于痘疹方论中之较早者，也是较古老而齐备之广东痘疹临床专著。[3]

[1] 盛端明.程斋医抄撮要［M］//郑金生.海外回归中医善本古籍丛书（第6册）.北京：人民卫生出版社，2003：1-114.

[2] 丹波元胤.中国医籍考［M］.北京：人民卫生出版社，1956：1350-1353.

[3] 北京大学图书馆.北京大学图书馆藏日本版汉籍善本萃编--域外汉籍珍本文库（全22册）［M］.重庆：西南师范大学出版社，2014.

第六节   造船业

潮汕造船史伴随着整个潮汕史。

8000年前的南澳岛上，便有目前已知最古老的潮汕居民，他们最初进入海岛，以及在海岛上生息繁衍，本身便说明最早的一批潮汕居民具备沿海近岸交通能力。潮州石尾山遗址的发现，则清晰显示出六七千年前制造独木舟等没有困难。此后，先秦潮汕居民沿着海滨线附近或江河近岸而居，交通、来往依赖的基本是水路、舟船，舟船自然是当地生产的。

可以说，造船工业与古代潮汕文明进程历时相伴。古潮汕也一直是岭南乃至中国沿海较为重要的海船制造基地之一。

限于篇幅，本节仅介绍几个节点式事例。

一、考古实物与早期的造船痕迹

广东发现的早期船只实物，一共有十余艘，按《广东省志》所列：1964年在揭阳、1974年在潮安、1975年在揭西、1975年及1983年在怀集、1976年在化州均有出土。[1]前三处均在潮汕，这多少显示出当地造船业之境况。

据《揭阳先秦两汉考古研究》，榕江流域出土过几只独木舟，地点分别是新亨九肚村、揭西棉湖、揭西石湖港，年代自先秦到两汉，有的保存完整，有的已炭化腐朽。[2]例如1964年在揭阳发现的楠木独木舟，长约12米、宽约1.5米，舱内设4道隔板，艉部有1孔，推断其年代为汉，而1974年潮安出土的独木舟，则较为残破，未见具体描述。

1975年揭西发现的独木舟，是广东保存的古代独木舟中最大的一只。该独木舟出土于揭西县金和区灰寨河的石湖港堤围底部3—4米处，由一条完整樟木凿成，长10.7米、外宽1.3米、内宽1.1米、深0.8米，整体造型是中间宽，两端狭。

---

[1]   广东省地方史志编纂委员会.广东省志·船舶工业志（光盘版）［M］.广州：广东省科技音像出版社，2007：36.

[2]   曾骐，邱立诚.揭阳先秦两汉考古研究［M］//吴奎信，徐光华.第五届国际潮学研讨会论文集.香港：公元出版有限公司，2005.

尾部有一圆孔，可安装舵或停泊系绳之用，船身完整，中侧有一处腐烂，内外船胚比较粗糙。判断是2000年前的遗物。[1]

从考古发现上可以看出，潮汕地区是广东境内发现的独木舟较多的地方，潮汕各地用船十分普遍。不过，其出土地较为分散，并未能判断是否为较具专业性的造船工场所生产。

早期文献上倒有一条造船基地的疑似信息，地点可能位于古揭阳县辖区的福建遂安溪附近，时间在南越国时期。事见《初学记》转南朝沈怀远《南越志》，载公元前112年至公元前111年在位的南越王建德，曾于该处造船，所造者"其大千石，以童男女三千人牵之"，是颇见规模的大船了。不过，该条记载充满神话色彩，后来的潮汕地方志书屡有征引，但大抵未当成实事。如顺治《潮州府志》载于《轶事》、康熙《潮州府志》载于《杂记》等，类同寓言。[2]

唐代出现的一种"木兰舟"，这种船舶，潮汕也有制造。《广东省志》载："岭南建造的海船主要有'苍舶''木兰舟'。'苍舶'船长20丈，能搭载六七百人。元和十四年（819），海上丝绸之路始发港之一的潮州，已有巨大的木兰舟出现，可载数百人。"[3]

元和十四年（819），韩愈被贬潮州时，贾岛在与韩愈酬酢应答诗作《寄韩潮州愈》中，便出现了"此心曾与木兰舟，直到天南潮水头"[4]的诗句，透露出这种船航行于潮汕海域，可达岭南内外。

木兰舟的形制如何，存世文献都没有同期材料可查。在宋代《岭外代答》中提到宋代的木兰舟，可以参考：其船"浮南海而南，舟如巨室，帆若垂天之云，拖（舵）长数丈，一舟数百人，中积一年粮，豢豕、酿酒其中。……舟师以海上隐隐有山，辨诸番国，皆在空端，若曰往某国顺风几日，望某山舟当转行某方。或遇急风，虽未足日，已见某山，亦当改方。苟舟行太过，无方可返，飘至浅处而遇暗石，则当瓦解矣。盖其舟大载重，不忧巨浪而忧浅水

[1] 揭西县文物志编纂委员会.揭西县文物志［M］.内部出版，1985：16-17.

[2] 李宏新.潮汕史稿［M］.汕头：汕头大学出版社，2016：792-793.

[3] 广东省地方史志编纂委员会.广东省志·船舶工业志（光盘版）［M］.广州：广东省科技音像出版社，2007：42.

[4] 贾岛.寄韩潮州愈［Z］//胡震亨，辑，季振宜，彭定求，等，修纂.全唐诗.北京：中华书局，1960：6680.

也"。[1]从记载看，这木兰舟似乎十分笨重，船员需要特别熟水路，否则非常容易搁浅。

《旧唐书》载大臣奏折，透露出自福建至广州航行的海船，"可致千石，自福建装船，不一月至广州。得船数十艘，便可致三万石至广府矣"，[2]则是唐咸通三年（862）五月，经福建到广州的船可载千石，潮汕海域处于"福建—广州"的海路必经之处，木兰舟之装载情况可以此为参考。

二、官方造船基地和潮汕船队

北宋前期，潮州船只、船户众多，中央政府于元祐六年（1091）七月十一日诏令对广南的船户实行保甲管理制度，便提及"广、惠、南恩、端、潮等州县濒海船户"。依照诏令，潮州船户必须每20户编为一甲，挑选有德望而众所信服者为大、小甲头各一，其中如有一人违规犯禁，甲头与同甲之人连坐。当时只有世代以此为业者，才能入"船户"，而船户入籍和造船也需重重手续，如"捡量丈尺，办验木植之新旧，雕刻帆樯""海舶以祖宗旧数为之，制给官印以验实，乃得行棹"等。[3]这些，还只是私人造船的记录，当时是否存在较专业的造船工场之类，我们不敢轻断。

南宋则出现了清晰的潮州成为官方造船基地的记录，《林沅州墓志铭》载有"有旨造战舰，州不出一钱，符县白科。公为书条其不便，守怒，呵责愈峻"等，以整则墓志铭的内容结合相关材料分析，可以较为明确地推导出：大约在南宋乾道年间，潮阳曾受命造战舰；潮州成为官方造船基地的时间要早于此时；当时潮州不仅有一处造船基地，潮阳也不是第一个受命造官船的县。[4]

---

[1]　周去非.岭外代答校注［M］.杨武泉，校注.北京：中华书局，1999：216-217.

[2]　刘昫，等.旧唐书［M］.北京：中华书局，1975：652.

[3]　周必大.大兄奏劄［M］//周必大.文忠集.文渊阁四库全书本，卷八十一：25-26.宋会要辑稿［M］.刘琳，刁忠民，舒大刚，等，校点.上海：上海古籍出版社，2014：7123.程俱.宝文阁直学士中大夫致仕太原郡国侯食邑一千四百户食实封一百户赠正议大夫王公墓志铭［M］//程俱.北山集.文渊阁四库全书本，卷三十：4.

[4]　宏新按：此处推导见《潮汕华侨史》。参见：刘克庄.林沅州墓志铭［M］//刘克庄.刘克庄集笺校.辛更儒，笺校.北京：中华书局，2011：5829-5833.李宏新.潮汕华侨史［M］.广州：暨南大学出版社，2016：56-57.

潮州水军创立于乾道四年（1168）[1]，其成立相信与潮州成为官方造船基地有关。当时潮汕所造的海船，质量、产量等都足以应付中央政权的调遣外派、供给外地使用。

如乾道七年（1171）十月，潮汕便受命抽调两艘潮产战舰，拨给明州制置司水军。按，明州是宋代主要官方造船基地，天禧（1017—1021）末期便有造船177只的记录，它明确作为官方造船基地的记录，要远早于广南。这一次，福建、广东受命调兵调船至明州，潮州则只出海船，是因为乾道四年（1168）才初创潮州水军，军中定额才200人左右，不能满足外派的需要，但潮州战船的生产数量和水平则是有余的。[2]

考古材料方面，有记录的宋代相关遗物不在少数，譬如，自1950年起，在澄海管陇打索埔陆续便发现宋代缆绳工场遗址，出土了大量巨缆，之后澄海境内的南峙山、冠山前后的凤岭古港遗址也发现有数量可观的宋船残骸，残留部件包括船板、船桅、船锚等，这些遗址或遗存的大概年代有的为北宋，有的是唐宋。《澄海县文物志》录有原始资料，《潮商文化》进行了辑录，制表如下。[3]

表5-31　澄海发现的部分宋船部件遗存概览表

出土地点	残留部件	港口航道	大概年代
后埔	船板	院埔前	北宋
程洋岗	船桅	凤岭古港遗址	北宋
程洋岗	船锚	凤岭古港遗址	北宋
官湖	船桅	凤岭古港遗址	北宋
管陇	船缆	凤岭古港遗址	北宋
南山	船桅	凤岭古港遗址	北宋
上窖	船桅	凤岭古港遗址	北宋
里美	船板	凤岭古港遗址	北宋

[1]　马端临.文献通考［M］.北京：中华书局，1986：1382.解缙，等.永乐大典（精装十册）［M］.北京：中华书局，1986：2452.

[2]　宋会要辑稿［M］.刘琳，刁忠民，舒大刚，等，校点.上海：上海古籍出版社，2014：7134，7209.李心传.建炎以来朝野杂记［M］.徐规，点校.北京：中华书局，2006：422.解缙，等.永乐大典（精装十册）［M］.北京：中华书局，1986：2452-2453.

[3]　澄海县博物馆.澄海县文物志［M］.内部出版，1987：54-55.黄挺.潮商文化［M］.北京：华文出版社，2008：124-125.

续表

出土地点	残留部件	港口航道	大概年代
大衙	船椇	大衙古码头遗址	唐—宋
沈洲	船椇	大衙古码头遗址	唐—宋
窖东山前	船椇	凤岭古港遗址	宋

宋代全国的造船基地，早期文献并未有较为齐备的介绍。被《中国造船史》等认为"诸多研究中，对造船工场的考证最为详尽"的《宋代商业史研究》，梳理有"宋代公私造船业所在地"。[1]我们补入潮阳等，整理为下表。

表5-32 宋代造船地一览表

地区	州县	备注
两浙	温州、明州、台州、越州、严州、衢州、婺州、杭州、杭州澉浦镇、湖州、秀州、秀州华亭县、苏州、苏州许蒲镇、镇江、江阴	计16处
福建	福州、兴化、泉州、漳州	计4处
广南	广州、惠州、南恩、端州、潮州、潮州潮阳县	计6处
江东	建康、池州、徽州、太平	计4处
江西	赣州、吉州、洪州、抚州、江州	计5处
湖北	鄂州、江陵、鼎州、荆南	计4处
湖南	潭州、衡州、永州	计3处
四川	嘉州、泸州、叙州、眉州、黔州	计5处
淮南	楚州、真州、扬州、无为	计4处
华北	三门、凤翔、开封、京东西濒河	计4处
合计		55处

《中国造船史》《宋代商业史研究》的辑录体例是计至县，但广南仅列

[1] 席龙飞.中国造船史［M］.武汉，湖北教育出版社，1999：143.斯波义信.宋代商业史研究［M］.庄景辉，译.台北：稻花出版社，1997：73-77，131-132.

"潮州"等州，又按它辑录的依据查对原文献[1]，应该是作者成书时，没有见到潮阳县的官方造船材料而缺记，因此本表补入"潮州潮阳县"1处。

南宋后期，大量的民间武装船只游弋于潮汕海面，这些船的船主"亦商亦盗"，常固定停泊于南澳岛深澳，官方多视为"贼船""海贼"等。如《申尚书省乞处置收捕海盗》称"贼船见泊深澳""窃见南风正时，所有海贼船只递年往来惠州界上冲要海门，劫掠地岸人家粮食，需索羊酒，专侯番船到来拦截行劫，今来贼船已有一十二只，其徒日繁"，又如《申枢密院修沿海军政》称贼船"其始出海不过三两船，俄即添至二三十只"等。这些往来沿海的船只，多的二三十只，少的也有两三只，而且数量迅速增长。其中必有若干是潮州当地所造。[2]

宋代民间造船，都是自备财力，潮汕滨海且多河流，大、小船只众多，其生产和运营未必全部有登记，例如那些仅供居民出入交通所用的简单小船便多没备案，但一般为基层官员所默许，称为"水居小船"。官营的造船基地，在南宋后期规模已经大为缩小，其投入、生产至成品使用，都有一套严格的制度，监管上也是条例甚多，以使用的主劳力而言，所用工匠包括"昼则重役，夜则镣铐，无有出期"的囚犯等，也有一些专门招募来的熟练工匠，这些人"日支钱米，其

[1] 宏新按：《宋代商业史研究》的辑录依据未注具体，较难溯源，兹加上"潮阳县"1项整理如下：1.严州，原注依据《《景定严州图经》卷三记载，由歙港的水路到上游的徽州一百六十里，有四万石舟航行"；2.衢州、婺州，原注依据"《正德兰溪县志》卷一载，兰溪为衢婺两溪之合流点，是钱塘江方面之大州和闽江方面小舟之运输据点"，按，《（正德）兰溪县志》是首种《兰溪县志》，大陆残存第三、四、五卷，日本国会图书馆存有万历三十七年（1609）的重刊本，笔者查《（万历）兰溪县志》（兰溪第二种县志）有转引《（正德）兰溪县志》"按前志……衢、婺两港皆数百里奔流会合，汇成巨渊……凡使轺行旅，自北而南者，于此易小舟，必沂衢、婺而往江闽，自南而北者，于此换大舟，达钱塘而底盛京"；3.湖州，原注依据"《成化湖州府志》卷十三记为嘉祐七年新创"；4.抚州，原注依据"《夷坚丁志》卷八《宜黄人相船》，又载县人莫寅费三千贯造大舰船商贩涯东"；5.永州，原注依据"《邹忠公文集》卷12《吕四诗》云，零陵市户吕绚费二千造大舟商贩浙中"；6.潮州潮阳县，刘克庄《林沅州墓志铭》称潮阳县造战船；7.其余48个州县皆见《宋会要辑稿·水运》或《宋会要辑稿·船》。梳理文献如下：1.陈公亮.（景定）严州图经［M］.上海：商务印书馆，1936：190.2.徐用检.（万历）兰溪县志［M］.程子鏊，修.刘芳诘，等，增补纂修.台北：成文出版社，1983：19.3.张渊.（成化）湖州府志［M］//北京书目文献出版社.日本藏中国罕见地方志丛刊（第13册）.北京：书目文献出版社，1992：158.4.洪迈.夷坚志［M］.何卓，点校.北京：中华书局，1981：602.5.邹浩.吕四诗［M］//邹浩，四川大学古籍研究所.道乡先生邹忠公文集.北京：线装书局，2004：94.6.刘克庄.刘克庄集笺校［M］.辛更儒，笺校.北京：中华书局，2011：5830.7.宋会要辑稿［M］.刘琳，刁忠民，舒大刚，等，校点.上海：上海古籍出版社，2014：7029-7081，7121-7140.

[2] 真德秀.申枢密院修沿海军政，申尚书省乞处置收捕海盗［M］//真德秀.西山先生真文忠公文集.上海：商务印书馆，1937：250-251.

费不赀”，但不准"厌倦工役，将身逃走"。[1]

元代，正史中首次出现了可以反映大规模潮汕船队的记载。

《元史》载，至元十六年（1279）二月庚寅，"张弘范以降臣陈懿兄弟破贼有功，且出战船百艘从征宋二王，请授懿招讨使兼潮州路军民总管，及其弟忠、义、勇为管军总管"；至元二十年（1283）十一月壬子，"总管陈义愿自备海船三十艘，以备征进。诏授义万户，佩虎符。义初名五虎，起自海盗。内附后，其兄为招讨，义为总管"。[2]

从上面记载看，宋元更迭之际，陈懿兄弟已拥有100艘战舰，并且陈家还献出30艘战船给元兵作征战之用。这样的船队规模是不小的了。在宋、元旷日久持的"襄樊战役"水战中，宋军不过2000艘战舰增援，还是内河船只，最后一战崖山水战，虽号称数千战舰，其实大部分属于渔船、舢板救急充数。[3]以此对比，陈懿兄弟"战船百艘""海船三十艘"无疑数量可观，而古代战舰普遍也可装货商用，非战时，陈懿兄弟的船队必然也是具规模的远洋海运贸易船队。

事实上，不仅当地豪强拥有众多海船，民间的船只数量也不在少数。如元代翰林修撰周伯琦路过潮州写的《行部潮阳》，称当时的潮阳"卤田宿麦翻秋浪，楼舶飞帆障暮云"[4]，可以看出，元代航行在潮汕海面的楼船不在少数，船体也颇大。

三、远洋船、海外造船以及红头船

潮汕的远洋船早就存在，先秦的考古发现便可推知。尽管随着晚近发现的增多，是否存在"南岛语系"极有争议，但其核心的海内外"联系"内容还是可以成立的。文献记载上，唐代的"蛮夷悍轻，易怨以变，其南州皆岸大海。多洲岛，飘风一日踔数千里，漫澜不见踪迹"，宋元的"岸海介闽，舶通瓯吴，及诸藩国"[5]等，都是潮汕远洋船的反映，而正统九年（1444）潮商"通货爪哇国"

[1]　宋会要辑稿［M］.刘琳，刁忠民，舒大刚，等，校点.上海：上海古籍出版社，2014：3439，4200，8364.

[2]　宋濂，等.元史［M］.北京：中华书局，1976：209，508.

[3]　张铁牛，高晓星.中国古代海军史［M］.北京：八一出版社，1993：117-123.

[4]　周伯琦.行部潮阳［M］//林杭学.（康熙）潮州府志.潮州：潮州市地方志办公室，2000：693.

[5]　韩愈.送郑尚书序［M］//韩愈.韩昌黎文集校注.马其昶，校注.马茂元，整理.上海：上海古籍出版社，1986：283-284.周伯琦.肃政箴［M］//解缙，等.永乐大典（精装十册）.北京：中华书局，1986：2473.

案件，显示出即使在严厉的海禁政策中，潮汕仍然普遍存在远洋船。

明初，潮汕便是全国主要的海船制造基地之一，明洪武八年（1375）四月，靖宁侯叶昇受命巡行温、台、福、兴、漳、泉、潮州等卫所，督造海船，便透露出潮州是海船生产基地。[1]

整个明代，潮州府与广州府、高州府一样，都是广东的主要造船中心，其民间造船的数量及水平，一直为沿海官方所忌惮，各海上武装商贸集团梭巡东南沿海，倏忽飘洋通番，又行非法之事，更为官方所不容。而潮汕地区正是这些海船最主要的出产地之一。

这些在同期材料上都有透露。例如，兵部左侍郎胡宗宪的多篇海防论述，[2]屡屡声称潮州府海口，尤其是南澳云盖寺"乃番船始发之处"。这些集团能够纵横沿海，往来外洋，最为关键之处便是拥有机动性强与远航性能好的海船。而"贼"船的生产基地，官员们是十分清楚的，便是广东的高州、潮州，福建的漳州、泉州。显然，这几个地方的船舶制造工业比较发达，也是明代中后期远洋船的主要生产基地。

"北虏南潮"时期，潮汕海船更是数量众多，例如著名的"贼窝"南澳便是造船基地和船舶交易市场。嘉靖戊午（1558）许朝光集团屯聚在这里，造"大船"出售给倭寇及其他海商集团，曾将质量欠佳的远洋船卖给倭寇，该船一下海便发生事故，倭寇怀疑是许朝光与明官兵合作，故意设局，于是双方发生火并。[3]活跃于闽粤、早期以饶平柘林为主要据点的吴平集团，也造战舰数百艘，嘉靖四十四年（1565）四月开始盘踞南澳岛，[4]除了从事官方所谓的"劫掠"等之外，也造船、卖船。正如万历三年（1575）福建巡抚刘尧诲所称，南澳岛"往往为贼遁逃薮，而修船制器、市药裹粮，百无所忌"。[5]

而林道乾、林凤等数十股以潮人为领导者的武装海商集团，都是遍历东西洋，与官兵进行无休无止的追逐大战，其间不断补充的船只，大抵均系他们所制造。以行迹较为可辨的林凤集团为例：隆庆六年（1572）屯驻惠州白沙湖时，

[1] 明太祖实录［M］.台北："中央研究院"历史研究所，1962：1680.

[2] 胡宗宪.广东要害论，福洋要害论，广福浙兵船会哨论［M］//陈子龙.明经世文编.北京：中华书局，1962：2822-2825.

[3] 郑舜功.日本一鉴穷河话海［M］.1939（民国二十八年）据旧抄本影印，卷六：3-5.

[4] 明宪宗实录［M］.台北："中央研究院"历史语言研究所，1962：8806.

[5] 刘尧诲.福建巡抚刘尧诲请设南澳总兵疏［M］//齐翀，等.（乾隆）南澳志，中国地方志集成（27）.上海：上海书店出版社，2003：395.

有白艚、乌船40余艘；万历二年五月三十（1574年6月18日）再入澎湖时，有船100余艘；万历二年十一月初七（1574年11月19日），离开新港南下马尼拉时，有船60余艘；1575年3月30日清晨，在马尼拉傍佳施栏河口，被西班牙和马尼拉土著联军烧毁船只35艘；万历三年三月十八日至二十八日（1575年4月28日至5月8日），在与中、西方联军的10天鏖战中，几乎战船尽失，后于三四个月内伐木造船，数量在30至33艘之间；1575年8月2日至4日间的某天，回航中国；万历三年十月十二日（1575年11月13日），在淡水外洋与明军主力正面相逢，损失船只23艘；万历三年（1575）十一月间，出没柘林、靖海、碣石，官方记录是增船至150多艘，此后不知所终。从中、西文献记载中，可明确林凤集团的成员有工匠，困守于马尼拉玳瑁城时又有造船的记录，因此，我们认为不少海船为这些集团所自造，应该没什么问题。当然，也有一些是其他途径，譬如"劫掠"而得到的。[1]

明代，文献中对广东各地的船名、船型描述不一，原有东仔船、哨马船、横沙门船等数十种不同称呼的官、民船只，自明中后期开始，被官方分为五类战船，"酌定五种，曰福船、白艚、乌船、唬船、渔船"，官方认为，如果补充符合形制的沙船，则"足称海上利器"。

潮州官船有一定的数量，洪武三年（1370）在苏湾都设置的水寨城，是停泊战船的船坞之一。明代潮州府有记录的兵船为：南澳配备福船8艘、乌船2艘、渔船3艘，合计战船13艘；柘林寨长期维持45—51艘战船，其间有些被抽调往广海，万历十九年（1591）增设防倭战船25艘，后减存14艘等。[2]

潮州所产、所用的，主要是白艚，可商用，也可民用，大者尤其适合远洋航行，后来也被广东官船所借鉴。该船型类似于福建的福沙船，即所谓"白艚，闽之漳、泉，广之潮州用之，其制度与福沙船大略相同。闽、潮人相贩于广，皆望深洋而行，往来无恙，而又迅速。故我兵船取法造之，穷追远讨，疾风巨浪，最是平稳"。

造船技术方面，大体上民用、官用有相互交流之处。潮州民船被官方借鉴，但也有购买官船进行改造的记录，这种现象在明代很普遍，广东自明初洪武三十一年（1398）便开始了，是"将官用战船私卖与客商，改作民船"，虽然屡

---

[1] 李宏新.潮汕华侨史［M］.广州：暨南大学出版社，2016：82-89.

[2] 黄佐.（嘉靖）广东通志［M］.广州：广东省地方史志办公室，1997：366.吴颖.（顺治）潮州府志［M］//中国科学院图书馆.稀见中国地方志汇刊（44）.北京：中国书店，1992：1352.

屡颁发重罚禁令，但一直到万历期间仍然如此。[1]

清代潮汕造船业最大的特点，是不仅本土生产，在海外也有了造船基地。

这主要是时局综合因素造成的。

一方面，是潮汕之外贸发展如火如荼，海内外联系十分密切，而清代开海后仍存在针对海船修造及管理的种种限制，康熙二十三年（1684）解禁当年，便规定出海船舶载重量在500石以下，康熙五十六年（1717）又强调"嗣后洋船初造时，报明海关监督地方官亲验印烙、取船户甘结，并将船只丈尺、客商姓名货物往某处贸易"等[2]，这些烦琐且未必能顺利通过审核的程序，都是促成潮汕造船基地部分外移的因素之一。后来清政府允许并鼓励商民在海外造船、购米回国，则令潮汕的海外造船现象更为普遍。

另一方面，广东造船原料日见紧缺，成本昂贵，而东南亚各国造船原料（木材）十分多，价格便宜，这样，便兴起了广东商人海外造船的潮流。《中国帆船与海外贸易》制作了一份清代前期几个地方造船价估数对比，大抵上，以载重量计造船的成本：广东约20.83元/吨，福建约30.58元/吨，柬埔寨河约16.66元/吨，暹罗河15.00元/吨。这些估数当然不可能精确，却也可让我们约略清楚，在海外造船更为划算。[3]

海外造船，在清代开海后不数年就开始了，至迟到康熙三十三年（1694）时已成普遍现象，才导致清政府于当年下令禁止："禁商人在外国造船，私带军器。"[4]然而，该禁令可能效果不佳，此后海外造船现象未见减少，本土造船热情依旧不高，如乾隆五十八年（1793）广东布政使吴俊称整个广东的官船数量100多艘，并不足用，只能征用民船服务，但"近年民间打造甚少。省城河下。及东莞香山等处。不但雇觅艰难。即欲与民间平价购买。亦急切不可多得"[5]。

潮汕主要的海外造船基地在暹罗。如《清实录》所载："有船商金协顺、陈澄发装载暹罗国货物来粤贸易，……饬传暹罗国贡使丕雅史滑厘询问。据称金协顺、陈澄发二船，委系由该国新造来粤，因该国民人不谙营运，是以多倩福潮船户代驾。"[6]这里，所谓新造、代驾的船舶，就是来自闽商、潮商的资金投

[1] 郭棐，等.（万历）广东通志［M］.1602（明万历壬寅）刻本，卷九：24-30.

[2] 清实录（第6册）［M］.北京：中华书局，1985：658.

[3] 陈希育.中国帆船与海外贸易［M］.厦门：厦门大学出版社，1991：123.

[4] 嵇璜，刘墉，等.清朝文献通考［M］.纪昀，等，校.台北：新兴书局，1965：5155.

[5] 吴俊.请建米艇状［M］//贺长龄.皇朝经世文编.1873（清同治癸酉）刻本，卷八十五：23-24.

[6] 清实录（第30册）［M］.北京：中华书局，1985：433.

入。清政府允许并鼓励内地商人往暹罗买米造船，遂有不少潮商到暹罗造船，再运米回国贩卖，有的甚至连船带米一并出售，获利更为丰厚。

当时暹罗、潮汕联系频繁，潮人又是暹罗华人中的主要人口，往来活跃，出于优良材料、低廉造价、手续简便等综合因素考虑，暹罗遂成为潮汕的主要海外造船基地。尤其是俗称为"红头船"的广东船舶，在暹罗造船，大的约万金，小的仅四五千金，当时来往樟林港的红头船，相信有不少是在那里生产的。如西方资料显示：暹罗吞武里王朝（1767—1782）时期，与皇室关系密切的潮州人王来虎（Ong Lai—hu，或翻译为黄赖夫），其子满盛（Mua Seng）每年至少装配10至15艘船到广州贸易，并在尖竹汶建造了两艘新船，获得清政府牌照后便往返贸易。王来虎的另一个儿子、尖竹汶富商林伍（Lin Ngou），则负责装配皇家帆船，每年往返中国贸易。类似这样的例子，应该不在少数。[1]

不过，潮汕本地造船量依然在广东全省占有较重要的位置。此期广东的造船工场主要分布于广州、东莞、顺德、高州、海口、清澜、乐会、潮州、潮阳、澄海（含东陇、南洋、卡路）、惠州、汕尾、南澳等地，所造海船种类颇多。如按制造地区分船类，则可分广东船、潮州船、高州船、海南船。这13个造船基地中，位于潮汕地区的便占了潮州、潮阳、澄海、南澳4个，在全省占比30%。雍正二年（1724），广东设置5个大型造船厂，分别是广州府厂（设于广州河南）、潮州府厂（设于庵埠）、琼州府厂（设于海口）、高州府厂（设于芷芕，后在龙门设分厂）、运司厂（设于广州）。其中，位于庵埠的潮州府厂排名第二位，可见潮汕本地的造船能力仍不容忽视。[2]

潮汕官船的生产、保养、维修费用，除了官方出资之外，商户也有固定的捐纳数，如盐商便有固定捐纳项，而嘉庆、道光时期盐业大败，潮汕盐商年年拖欠此项费用，中央政府减免之后仍然如此。此外，也有官员发起捐款造船，当地官员带头的，如顺治十九年（1662），吴六奇便捐造了一些战舰；广东官员带头的，如康熙五十七年（1718），南澳、达濠、澄海、海门四营的战船老化、残损，两广总督杨琳、巡抚布政使王朝恩便一起捐款采买木料修造新船。[3]在1840

[1] 李宏新.潮汕华侨史［M］.广州：暨南大学出版社，2016：109-110.

[2] 广东省地方史志编纂委员会.广东省志·船舶工业志（光盘版）［M］.广州：广东省科技音像出版社，2007：10，44.

[3] 周硕勋.（乾隆）潮州府志［M］.台北：成文出版社，1967：762.陈昌齐，等.（道光）广东通志［M］//续修四库全书编委会.续修四库全书·六七五·史部·地理类.上海：上海古籍出版社，2002：169-170.中国第一历史档案馆.康熙朝汉文朱批奏折会编（第8册）［M］.北京：档案出版社，1984：1310.

年鸦片战争前，林则徐就抽调了洋商、盐商"潮州客民分捐银项"，招募5000水勇，购置洋炮夷船，"雇同安米艇红单拖风船六十，制火舟小舟倍之"。看来，尽管有若干潮商因销售鸦片获利，却也有更多的潮汕商民，在鸦片战争中默默做出过贡献。[1]

清代潮汕所产的白艚船，仍然是广东主要海运船舶之一。此时期的艚船，其船型、规模、性能等大约是："其漂洋者曰白艚、乌艚，合铁力大木为之。形如槽然故曰艚。首尾又状海鳅（鲸），白者有两黑眼，乌者有两白眼。海鳅远见以为同类，不吞噬""至于下海，风涛多险，船须厚重。船底从一木以为梁，舱横数木以为担。有梁担则船坚劲，食水可深，风涛不能掀簸。扬蓬而行，不费人力"。[2]

潮汕民船的样式，也可从出土文物中窥其大概。1971年、1972年，先后在澄海东里南畔洲河滩、和洲河滩各出土了1艘清代洋船。南畔洲出土的，船长39米（11丈7尺），宽13米（3丈9尺），有5层舱房；和洲河滩出土的，残长28米（8丈4尺），船舷处标明是"双桅"船。

潮汕民船的数量。澄海县的，按《历代宝卷》所载，乾隆五十年（1785）"澄字523号"商船遇难而漂流到琉球，则当时仅澄海一县，便应该不少于523艘船。惠来县的，笔者依据《申详遗米文》的记录计算，雍正九年（1731）或稍前，长年停泊于神泉、靖海两港的商渔船，有登记的大、小船只各有220艘、234艘，合计达到454艘，尚不计停泊于其他港口的惠来船。尽管同样沿海的饶平县、潮阳县等船只不详，但整个潮汕的船舶数量，于此可略窥一斑了。[3]

潮汕商船的行驶概况等，以乾隆时期澄海的记录为例："行舶艚船，亦云洋船、商船，以之载货出洋。闽、粤沿海皆有之。闽船绿头，较大；潮船红头，较小，用粉白油腹而甚便于行，故名。各有双桅、单桅之别。其船头目有三：首出海，掌数兼管通船事务；次舵工，把舵；次押班，能直上桅端整修帆索等物。"这种"船头目三"的分工形式直到嘉庆时仍然如此，应该是潮汕各地大同小异。[4]

[1] 梁廷枏.夷氛闻记 [M].邵循正，校.北京：中华书局，1959：41.

[2] 屈大均.《广东新语》注 [M].李育中，等，注.广州：广东人民出版社，1991：479.

[3] 张珛美.申详遗米文 [M] //张珛美，等.（雍正）惠来县志.台北：成文出版社，1968：612-616.陈春声.《历代宝案》所见之清代潮州商人的海上贸易活动 [M] //汕历史文化研究中心，汕头大学潮汕文化研究中心.潮学研究（第9辑）.广州：花城出版社，2001.

[4] 金廷烈.（乾隆）澄海县志 [M].1765（清乾隆三十年）刊本，卷十九：8.蔡继绅.（嘉庆）澄海县志 [M].李书吉，修.台北：成文出版社，1977：65.

此外，上引中的"潮船红头"，就是俗称的"红头船"。它是广东民船的标志，缘于雍正元年（1723）清政府的规定："雍正元年，题准出海商渔船自船头起，至鹿耳梁头止，大桅上截一半各照省分油饰：江南用青油漆饰，白色钩字；浙江用白油漆饰，绿色钩字；福建用绿油漆饰，红色钩字；广东用红油漆饰，青色钩字。船头两披刊刻'某省某州县某字某号'字样。沿海汛口及巡（巡）哨官弁凡遇商渔船，验系照依各本省油饰刊刻字号者即系民船，当即放行；如无油饰刊刻字号即系匪船，拘留究讯。"这个规定主要目的是方便官兵辨析，防止山海盗寇。[1]

造船业一路伴随潮汕文明进程。于古代经济而言，历时潮人之衣食住行、潮商之经营流通、潮侨之往来山海、潮汕本土海洋经济社会之形成和发展，无不与"潮汕船"息息相关。

而红头船作为"潮汕船"约定俗成的代表，已被注入了勇立潮头、同舟共济，开放容纳、自强不息等一系列精神蕴涵，成为潮汕文化主要象征物之一。

---

[1]　清高宗.钦定大清会典则例［M］.文渊阁四库全书本，卷一百十四：22.

参考文献

1. （元）马端临撰：《文献通考》，北京：中华书局，1986年。

2. （元）不著撰人：《大元通制条格》（明乌丝栏钞本），台北：文海出版社，1988年。

3. （元）刘应李原著，（元）詹友谅改编，郭声波整理：《大元混一方舆胜览》，成都：四川大学出版社，2003年。

4. （元）苏天爵编：《元文类》，文渊阁四库全书本。

5. （元）苏天爵编：《国朝文类》，上海涵芬楼藏元刊本。

6. （元）杨翮撰：《佩玉斋类稿》，文渊阁四库全书本。

7. （元）孛兰肹等撰，赵万里校辑：《元一统志》，北京：中华书局，1966年。

8. （元）佚名著，李之亮校点：《宋史全文》，哈尔滨：黑龙江人民出版社，2005年。

9. （元）汪大渊著，苏继顷注释：《岛夷志略校释》，北京：中华书局，1981年。

10. （元）陈大震、（元）吕桂孙纂修，广州市地方志编纂委员会办公室编：《元大德南海志残本（附辑佚）》，广州：广东人民出版社，1991年。

11. （元）周达观原著，夏鼐校注：《真腊风土记校注》，北京：中华书局，1981年。

12. （元）黄溍撰，（元）危素编次：《金华黄先生文集》，景钞元至正本。

13. （元）脱脱等撰：《宋史》，北京：中华书局，1977年。

14. （北魏）郦道元著，陈桥驿校证：《水经注校证》，北京：中华书局，2007年。

15. （汉）王符撰：《潜夫论》，文渊阁四库全书本。

16. （汉）司马迁撰：《史记》，北京：中华书局，1959年。

17. （汉）许慎撰：《说文解字（附检字）》，北京：中华书局，1963年。

18. （汉）杨孚撰，吴永章辑佚校注：《异物志辑佚校注》，广州：广东人民出版社，2010年。

19. （汉）宋衷注，（清）秦嘉谟等辑：《世本八种》，上海：商务印书馆，1957年。

20. （汉）郑玄注，（唐）贾公彦疏：《周礼注疏》，北京：中华书局，1980年。

21. （汉）赵晔撰，（元）徐天祜音注，苗麓校点，辛正审订：《吴越春秋》，南京：江苏古籍出版社，1999年。

22. （汉）班固、孟坚纂集，（明）郎壁金校订：《白虎通德论》，日本内阁文库藏江户刊本。

23. （汉）班固撰：《汉书》，北京：中华书局，1962年。

24. （后晋）刘昫等撰：《旧唐书》，北京：中华书局，1975年。

25. （后唐）冯贽编，张力伟点校：《云仙散录》，北京：中华书局，1998年。

26. （后魏）贾思勰撰，缪启愉校释：《齐民要术校释》（第二版），北京：中国农业出版社，1998年。

27. （后魏）贾思勰撰：《齐民要术》，文渊阁四库全书本。

28. （宋）王存等撰：《新定九域志》，浙江汪启淑家藏本（影宋钞本）。

29. （宋）王存撰，王文楚、魏嵩山点校：《元丰九域志》，北京：中华书局，1984年。

30. （宋）王应麟撰：《玉海》，日本京都：中文出版社，1977年。

31. （宋）王应麟撰：《玉海》，文渊阁四库全书本。

32. （宋）王灼撰：《糖霜谱》，文渊阁四库全书本。

33. （宋）王钦若等编纂，周勋初等校订：《册府元龟（校订本）》，南京：凤凰出版社，2006年。

34. （宋）王象之撰：《舆地纪胜》，北京：中华书局，1992年。

35. （宋）王溥撰：《唐会要》，北京：中华书局，1955年。

36. （宋）文天祥著：《文天祥全集》，北京：中国书店，1985年。

37. （宋）叶庭珪撰：《海录碎事》，文渊阁四库全书本。

38.（宋）叶梦得撰：《建康集》，台北：商务印书馆，1986年。

39.（宋）白玉蟾撰：《武夷集》，清钞本。

40.（宋）乐史撰，王文楚等点校：《太平寰宇记》，北京：中华书局，2007年。

41.（宋）乐史撰：《太平寰宇记》，文渊阁四库全书本。

42.（宋）包恢撰：《敝帚稿略》，文渊阁四库全书本。

43.（宋）司马光编著，（元）胡三省音注，"标点资治通鉴小组"校点：《资治通鉴》，北京：中华书局，1956年。

44.（宋）司马光撰：《温国文正司马公文集》，上海：商务印书馆，1936年。

45.（宋）吕本中撰：《东莱诗集》，台北：商务印书馆，1983年。

46.（宋）朱彧撰：《萍洲可谈》，文渊阁四库全书本。

47.（宋）朱熹撰：《晦庵集》，文渊阁四库全书本。

48.（宋）朱熹撰：《御纂朱子全书》，文渊阁四库全书本。

49.（宋）庄绰撰，萧鲁阳点校：《鸡肋篇》，北京：中华书局，1983年。

50.（宋）刘克庄著，辛更儒笺校：《刘克庄集笺校》，北京：中华书局，2011年。

51.（宋）刘克庄撰：《后村集》，文渊阁四库全书本。

52.（宋）刘昉撰，幼幼新书点校组点校：《幼幼新书》，北京：人民卫生出版社，1987年。

53.（宋）许应龙撰：《东涧集》，文渊阁四库全书本。

54.（宋）苏轼著，孔凡礼点校：《苏轼文集》，北京：中华书局，1986年。

55.（宋）苏颂撰，尚志钧辑校：《本草图经》，合肥：安徽科学技术出版社，1994年。

56.（宋）李心传撰，徐规点校：《建炎以来朝野杂记》，北京：中华书局，2006年。

57.（宋）李心传撰：《建炎以来系年要录》，上海：商务印书馆，1936年。

58.（宋）李心传撰：《建炎杂记》，文渊阁四库全书本。

59.（宋）李昉等编：《文苑英华》，北京：中华书局，1966年。

60.（宋）李昉等撰：《太平御览》，北京：中华书局，1960年。

61.（宋）李焘撰，上海师范大学古籍整理研究所、华东师范大学古籍研究所点校：《续资治通鉴长编卷》，北京：中华书局，1995年。

62.（宋）李曾伯撰：《可斋续稿》，文渊阁四库全书本。

63.（宋）杨仲良撰：《皇宋通鉴长编纪事本末》，文渊阁四库全书本。

64.（宋）吴自牧著：《梦粱录》，杭州：浙江人民出版社，1980年。

65.（宋）佚名：《群书会元截江网》，文渊阁四库全书本。

66.（宋）邹浩撰，四川大学古籍研究所编：《道乡先生邹忠公文集》，北京：线装书局，2004年。

67.（宋）沈括撰，张富祥译注：《梦溪笔谈译注》，北京：中华书局，2009年。

68.（宋）宋敏求编：《唐大诏令集》，北京：商务印书馆，1959年。

69.（宋）陈公亮修：《（景定）严州图经》，上海：商务印书馆，1936年。

70.（宋）陈均编，许沛藻、金圆、顾吉辰、孙菊园点校：《皇朝编年纲目备要》，北京：中华书局，2006年。

71.（宋）陈旉撰，万国鼎校注：《陈旉农书校注》，北京：农业出版社，1965年。

72.（宋）范成大撰：《桂海虞衡志》，文渊阁四库全书本。

73.（宋）欧阳忞著，李勇先、王小红校注：《舆地广记》，成都：四川大学出版社，2003年。

74.（宋）欧阳修、宋祁撰：《新唐书》，北京：中华书局，1975年。

75.（宋）欧阳修撰，（宋）徐无党注：《新五代史》，北京：中华书局，1974年。

76.（宋）欧阳修撰：《欧阳文忠公文集》，上海涵芬楼景印元刊本。

77.（宋）周去非著，杨武泉校注：《岭外代答校注》，北京：中华书局，1999年。

78.（宋）周必大撰：《文忠集》，文渊阁四库全书本。

79.（宋）郑侠撰：《西塘集》，文渊阁四库全书本。

80.（宋）赵与时著，齐治平校点：《宾退录》，上海：上海古籍出版社，1983年。

81.（宋）赵汝适撰，冯承均校注：《诸蕃志》，北京：中华书局，1958年。

82.（宋）胡太初修，（宋）赵与沐撰：《（开庆）临汀志》，福州：福建人民出版社，1990年。

83.（宋）洪迈撰，孔凡礼点校：《容斋随笔》，北京：中华书局，2005年。

84.（宋）洪迈撰，何卓点校：《夷坚志》，北京：中华书局，1981年。

85.（宋）祖无择撰：《龙学文集》，文渊阁四库全书本。

86.（宋）祝穆撰，（宋）祝洙增订，施和金点校：《方舆胜览》，北京：中华书局，2003年。

87.（宋）真德秀撰：《西山先生真文忠公文集》，上海：商务印书馆，1937年。

88.（宋）唐慎微撰，尚志钧、郑金生、尚元藕、刘大培校点：《证类本草》，北京：华夏出版社，1993年。

89.（宋）唐慎微撰：《证类本草》，文渊阁四库全书本。

90.（宋）黄岩孙编，（元）黄真仲重订：《（宝祐）仙溪志》，清海虞瞿氏铁琴铜剑楼影钞本。

91.（宋）黄榦撰：《勉斋集》，文渊阁四库全书本。

92.（宋）章如愚编：《群书考索后集》，文渊阁四库全书本。

93.（宋）梁克家修纂，福州市地方志编纂委员会整理：《（淳熙）三山志》，福州：海风出版社，2000年。

94.（宋）寇宗奭编撰，（宋）许洪校正：《图经衍义本草》，元刊本。

95.（宋）韩元吉撰：《南涧甲乙稿》，文渊阁四库全书本。

96.（宋）程俱撰：《北山集》，文渊阁四库全书本。

97.（宋）释惠洪撰：《冷斋夜话》，文渊阁四库全书本。

98.（宋）廖刚撰：《高峰文集》，文渊阁四库全书本。

99.（宋）薛居正等撰：《旧五代史》，北京：中华书局，1976年。

100.（明）马欢原著，万明校注：《明钞本〈瀛涯胜览〉校注》，北京：海军出版社，2005年。

101.（明）马欢撰：《瀛涯胜览》，北京：中华书局，1985年。

102.（明）王士性撰，吕景琳点校：《广志绎》，北京：中华书局，

1981年。

103. （明）王世懋撰：《闽部疏》，台北：成文出版社，1975年。

104. （明）王圻纂辑：《续文献通考》，北京：现代教育出版社，1986年。

105. （明）叶权、（明）王临亨、（明）李中馥撰：《贤博编/粤剑编/原李耳载》，北京：中华书局，1987年。

106. （明）叶向高撰：《苍霞草》，明万历刻本。

107. （明）申时行等修：《明会典（万历朝重修本）》，北京：中华书局，1989年。

108. （明）冯元飚修，（明）郭之奇纂：《（崇祯）揭阳县志》，清抄明崇祯四年（1631）刻本（国图藏残卷影印）。

109. （明）兰陵笑笑生著，戴鸿森校点：《金瓶梅词话》，北京：人民文学出版社，1992年。

110. （明）巩珍撰，向达校注：《西洋番国志》，北京：中华书局，1961年。

111. （明）朱国祯著，中华书局上海编辑所编辑：《涌幢小品》，北京：中华书局，1959年。

112. （明）阮以临修，（明）黄秉中纂：《（万历）普宁县志略》，明万历三十八年（1610）刻本旧钞本（国图残本）。

113. （明）劳钺续修，（明）张渊纂：《（成化）湖州府志》，载北京书目文献出版社编：《日本藏中国罕见地方志丛刊》（第13册），北京：书目文献出版社，1992年。

114. （明）李时珍著，刘衡如校点：《本草纲目（校点本）》（第1—4册），北京：人民卫生出版社，1975、1977、1978、1981年。

115. （明）李贤等纂修：《大明一统志》，台北：台联国风出版社，1977年。

116. （明）李贽撰：《焚书/续焚书》（大字版），北京：中华书局，1974年。

117. （明）杨士聪撰：《玉堂荟记》（借月山房汇钞本），上海：商务印书馆，1939年。

118. （明）吴思立纂修：《（嘉靖）大埔县志》，梅州：大埔县地方志办公室，2000年。

119.（明）何乔远编撰，厦门大学古籍整理研究所、历史系古籍整理研究室《闽书》校点组点校：《闽书》，福州：福建人民出版社，1994年。

120.（明）余继登辑：《皇明典故纪闻》，北京：书目文献出版社，1995年。

121.（明）宋应星著，潘吉星译注：《天工开物译注》，上海：上海古籍出版社，1998年。

122.（明）宋濂等撰：《元史》，北京：中华书局，1976年。

123.（明）张介宾撰：《景岳全书》，文渊阁四库全书本。

124.（明）张明弼撰，陈作宏点校编订：《榕城二集》，广州：世界图书出版公司，2017年。

125.（明）陈子龙辑编：《明经世文编》，北京：中华书局，1962年。

126.（明）陈天资编修，印行东里志领导小组、饶平县地方志编纂委员会整理：《东里志》，内部发行，2001年。

127.（明）陈仁锡撰：《皇明世法录》，明崇祯刻本。

128.（明）陈献章撰，孙海通点校：《陈献章集》，北京：中华书局，1987年。

129.（明）林大春撰：《（隆庆）潮阳县志》，上海：上海古籍书店，1963年。

130.（明）林希元撰：《同安林次崖先生文集》，乾隆癸酉（1753）诒燕堂刻本。

131.（明）欧大任撰，刘汉东校注，刘顺霞、孔繁士合校：《百越先贤志校注》，南宁：广西人民出版社，1992年。

132.（明）明太祖敕修，台湾"国立中央图书馆"辑：《诸司职掌（明刊本）》，台北：正中书局，1970年。

133.（明）周之夔撰：《弃草文集》，明崇祯乙亥（1635）刻本。

134.（明）郑若曾撰：《郑开阳杂著》，文渊阁四库全书本。

135.（明）郑舜功叙编：《日本一鉴 穷河话海》，民国二十八年（1939）据旧抄本影印。

136.（明）胡宗宪撰：《筹海图编》，文渊阁四库全书本。

137.（明）胡震亨辑，（清）季振宜，（清）彭定求等修纂：《全唐诗》，北京：中华书局，1960年。

138.（明）俞大猷纂，廖渊泉、张吉昌整理点校：《正气堂全集》，福州：福建人民出版社，2007年。

139.（明）姚可成辑撰，达美君点校：《〈食物本草〉点校本》，北京：人民卫生出版社，1994年。

140.（明）姚虞撰：《岭海舆图》，文渊阁四库全书本。

141.（明）姚镆撰：《东泉文集》，明嘉靖丁未（1547）刻本。

142.（明）倪朱谟撰：《本草汇言》，清顺治乙酉（1645）重刊本（有天启甲子自序）。

143.（明）程子鏊修，（明）徐用检（纂），（清）刘芳喆等增补纂修：《（万历）兰溪县志》，台北：成文出版社，1983年。

144.（明）翁万达撰，朱仲玉、吴奎信点校整理：《翁万达集》，上海：上海古籍出版社，1992年。

145.（明）郭子章撰：《粤草》，明万历十八年（1590）刻本。

146.（明）郭子章撰：《潮中杂纪》，明万历乙酉（1585）刊本。

147.（明）郭春震纂修：《（嘉靖）潮州府志》，载《日本藏中国罕见地方志丛刊》（第13册），北京：书目文献出版社，1992年。

148.（明）郭棐纂：《（万历）粤大记》，北京：书目文献出版社，2003年。

149.（明）郭棐等纂修：《（万历）广东通志》，明万历壬寅（1602）刻本。

150.（明）谈迁撰：《枣林杂俎》，清钞本［有崇祯甲申（1644）高弘图题于白门公署序］。

151.（明）陶宗仪纂：《说郛》，北京：中国书店，1986年。

152.（明）黄仲昭修纂，福建省地方志编纂委员会、福建省图书馆特藏部整理：《八闽通志》，福州：福建人民出版社，2006年。

153.（明）黄仲昭修纂：《八闽通志》，福州：福建人民出版社，1990年。

154.（明）黄佐纂修：《（嘉靖）广东通志》，广州：广东省地方史志办公室誊印，1997年。

155.（明）黄佐纂修：《（嘉靖）广州志》，嘉靖六年（1527）刻本。

156.（明）黄衷撰：《海语》，文渊阁四库全书本。

157.（明）盛端明撰，肖永芝点校：《程斋医抄撮要》，载《海外回归中医善本古籍丛书》（第6册），北京：人民卫生出版社，2003年。

158.（明）章潢撰：《图书编》，文渊阁四库全书本。

159.（明）彭大翼撰：《山堂肆考》，文渊阁四库全书本。

160.（明）焦竑辑：《焦太史编辑国朝献征录》，济南：齐鲁书社，1996年。

161.（明）谢杰撰：《虔台倭纂》，明万历乙未（1595）刻本。

162.（明）谢肇淛著：《五杂组》，北京：中华书局，1959年。

163.（明）谢肇淛撰：《五杂组》，上海：上海书店出版社，2009年。

164.（明）解缙等编：《永乐大典》（精装十册），北京：中华书局，1986年。

165.（明）戴璟、（明）张岳等纂修：《（嘉靖）广东通志初稿》，载《北京图书馆古籍珍本丛刊》（38），北京：书目文献出版社，2000年。

166.（明）瞿九思撰：《万历武功录》，续修四库全书本。

167.（南朝）范晔撰，（唐）李贤等注：《后汉书》，北京：中华书局，1965年。

168.（晋）干宝撰，汪绍楹校注：《搜神记》，北京：中华书局，1985年。

169.（晋）陈寿撰，陈乃乾校点：《三国志》，北京：中华书局，1959年。

170.（晋）嵇含撰：《南方草木状》，文渊阁四库全书本。

171.（唐）长孙无忌等撰，刘俊文点校：《唐律疏议》，北京：中华书局，1983年。

172.（唐）房玄龄等撰：《晋书》，北京：中华书局，1974年。

173.（唐）刘恂撰，商壁、潘博校补：《岭表录异校补》，南宁：广西民族出版社，1988年。

174.（唐）刘恂撰：《岭表录异》，文渊阁四库全书本。

175.（唐）孙思邈著，李景荣校释：《千金翼方校释》，北京：人民卫生出版社，1998年。

176.（唐）孙思邈撰：《备急千金方》，北京：人民卫生出版社，1982年。

177.（唐）苏敬等撰，尚志钧辑校：《（唐）新修本草（辑复本）》，合肥：安徽科学技术出版社，1981年。

178.（唐）杜佑撰，王文锦、王永兴、刘俊文、徐庭云、谢方点校：《通典》，北京：中华书局，1988年。

179.（唐）李吉甫撰，贺次君点校：《元和郡县图志》，北京：中华书局，1983年。

180.（唐）李延寿撰：《南史》，北京：中华书局，1975年。

181.（唐）李林甫等撰，陈仲夫点校：《唐六典》，北京：中华书局，1992年。

182.（唐）李肇撰：《唐国史补》，文渊阁四库全书本。

183.（唐）吴兢编著：《贞观政要》，上海：上海古籍出版社，1978年。

184.（唐）张九龄撰：《曲江集》，文渊阁四库全书本。

185.（唐）陈藏器撰，尚钧志辑校：《本草拾遗》（1973年辑钞本），1973年。

186.（唐）欧阳询撰，汪绍楹校：《艺文类聚》，上海：上海古籍出版社，1982年。

187.（唐）孟诜撰，（唐）张鼎增补：《食疗本草》，北京：人民卫生出版社，1984年。

188.（唐）柳宗元撰，（宋）童宗说注释，（宋）张敦颐音辩，（宋）潘纬音义：《柳河东集注》，文渊阁四库全书本。

189.（唐）段公路撰：《北户录》，文渊阁四库全书本。

190.（唐）段公路纂，（唐）崔龟图注：《北户录》，清光绪六年（1880）据宋本重刊本。

191.（唐）姚思廉撰：《陈书》，北京：中华书局，1972年。

192.（唐）姚思廉撰：《梁书》，北京：中华书局，1973年。

193.（唐）徐坚等著：《初学记》，北京：中华书局，1962年。

194.（唐）韩愈撰，马其昶校注，马茂元整理：《韩昌黎文集校注》，上海：上海古籍出版社，1988年。

195.（唐）魏徵、令狐德棻撰：《隋书》，北京：中华书局，1973年。

196.（清）丁傅靖辑：《宋人轶事汇编》，北京：中华书局，1981年。

197.（清）王士禛撰：《香祖笔记》，文渊阁四库全书本。

198.（清）王先慎撰，钟哲点校：《韩非子集解》，北京：中华书局，1998年。

199.（清）王守基撰：《盐法议略》，清光绪丙戌（1886）粤东刊本。

200.（清）王初桐编：《猫乘》，清嘉庆刊版（前有自序）。

201.（清）王岱修，王楚书纂：《（康熙）澄海县志》，清康熙二十五年（1686）刻本。

202.（清）王崧修，（清）李星辉等纂：《（光绪）揭阳县续志》，台北：成文出版社，1974年。

203.（清）王棠：《燕在阁知新录》，载《续修四库全书》（第1147册），上海：上海古籍出版社，1996年。

204.（清）王谟辑：《汉唐地理书钞》，北京：中华书局，1961年。

205.（清）龙文彬纂：《明会要》，北京：中华书局，1956年。

206.（清）卢蔚猷修，（清）吴道镕纂：《（光绪）海阳县志》，台北：成文出版社，1967年。

207.（清）叶梦珠撰，来新夏点校：《阅世编》，北京：中华书局，2007年。

208.（清）冯奉初辑：《潮州耆旧集》，香港：香港潮州商会印行，1980年。

209.（清）毕沅撰：《续资治通鉴》，北京：中华书局，1979年。

210.（清）刘广聪等纂修：《（康熙）程乡县志》，载《日本藏中国罕见地方志丛刊》（第31册），北京：书目文献出版社，1990年。

211.（清）刘元禄等纂修：《（康熙）罗定州志》，清康熙二十六年（1687）刻本。

212.（清）刘业勤、（清）王崧等纂：《（乾隆/光绪）揭阳县正续志》，台北：成文出版社，1974年。

213.（清）刘业勤纂辑，（清）凌鱼纂修：《（乾隆）揭阳县志》，台北：成文出版社，1974年。

214.（清）刘抃原本，（清）惠登甲增修，（清）黄德容、翁荃增纂：《（康熙/光绪）饶平县志》，载《中国地方志集成》（27），上海：上海书店，2003年。

215.（清）刘抃等修纂：《（康熙）饶平县志》，载《故宫珍本丛刊》（第176册），海口：海南出版社，2001年。

216.（清）刘忭纂修：《（康熙）饶平县志》（四卷抄本），潮州：潮州市地方志办公室，2001年。

217.（清）齐翀等纂：《（乾隆）南澳志》，载《中国地方志集成》

（27），上海：上海书店，2003年。

218.（清）江日升撰：《台湾外记》，福州：福建人民出版社，1983年。

219.（清）许奉恩撰：《里乘》，同治十三年（1874）刻本。

220.（清）阮元修，（清）陈昌齐等纂：《（道光）广东通志》，载《续修四库全书》（第669—676册），上海：上海古籍出版社，2002年。

221.（清）阮元校刻：《十三经注疏》，北京：中华书局，1980年。

222.（清）阮元撰：《揅经室续集》，上海：商务印书馆，1935年。

223.（清）严可均校辑：《全上古三代秦汉三国六朝文》，北京：中华书局，1958年。

224.（清）严如煜辑：《洋防辑要》，台北：台湾学生书局，1975年。

225.（清）杜臻撰：《粤闽巡视纪略》，文渊阁四库全书本。

226.（清）李斗著，王军评注：《扬州画舫录》（插图版），北京：中华书局，2007年。

227.（清）李书吉修，（清）蔡继绅纂：《（嘉庆）澄海县志》，台北：成文出版社，1977年。

228.（清）李圭撰：《鸦片事略》，光绪二十一年（1895）海宁刊本。

229.（清）李侍尧总修：《（乾隆）两广盐法志》，载《稀见明清经济史料丛刊·第一辑》（第38册），北京：国家图书馆出版社，2008年。

230.（清）李调元撰：《粤东笔记》，上海：上海广益书局，民国六年（1917）。

231.（清）杨英撰，陈碧笙校注：《〈先王实录〉校注》，福州：福建人民出版社，1981年。

232.（清）吴之振编：《宋诗钞》，文渊阁四库全书本。

233.（清）吴宗焯修，（清）温仲和纂：《（光绪）嘉应州志》，台北：成文出版社，1968年。

234.（清）吴绮撰，（清）宋俊增补，（清）江闿删订：《岭南风物记》，文渊阁四库全书本。

235.（清）吴颖纂修：《（顺治）潮州府志》，载《稀见中国地方志汇刊》（44），北京：中国书店，1992年。

236.（清）吴震方撰：《岭南杂记》，上海：商务印书馆，1936年。

237.（清）何兆瀛、（清）刘坤一修：《（光绪）两广盐法志》，清光绪十年（1884）刊本。

238.（清）沈定均、（清）吴联薰等续修：《（光绪）漳州府志》，清光绪三年（1877）刻本。

239.（清）张士琏等纂：《（雍正）海阳县志》，清雍正十二年（1734）刊本。

240.（清）张之洞著：《书目答问》，上海：商务印书馆，民国二十四年（1935）第四版。

241.（清）张廷玉等撰：《明史》，北京：中华书局，1974年。

242.（清）张岱撰：《夜航船》，清刊本（观术斋钞本）。

243.（清）张珝美等纂修：《（雍正）惠来县志》，台北：成文出版社，1968年。

244.（清）张渠撰，程明校点/（清）陈徽言撰，谭赤子校点：《粤东闻见录/南越游记》，广州：广东高等教育出版社，1990年。

245.（清）陈树芝纂修：《（雍正）揭阳县志》，载《日本藏中国罕见地方志丛刊》（第24册），北京：书目文献出版社，1991年。

246.（清）陈梦雷编：《古今图书集成》（第166册）（影雍正刻本），上海：中华书局，民国二十三年（1934）。

247.（清）林则徐著，中国历史研究社编：《信及录》，上海：上海书店，1982年。

248.（清）林杭学纂修：《（康熙）潮州府志》，潮州：潮州市地方志办公室，2000年。

249.（清）林星章修，（清）黄培芳等纂：《（道光）新会县志》，清道光二十一年（1841）刻本。

250.（清）和珅等：《钦定大清一统志》，文渊阁四库全书本。

251.（清）金光祖纂修，广东省地方史志办公室辑：《（康熙）广东通志》，广州：岭南美术出版社，2006年。

252.（清）金廷烈纂：《（乾隆）澄海县志》，清乾隆三十年（1765）刊本。

253.（清）金鉷等监修：《（雍正）广西通志》，文渊阁四库全书本。

254.（清）周学曾等纂修：《（道光）晋江县志》，福州：福建人民出版社，1990年。

255. （清）周恒重等修，（清）张其翮纂：《（光绪）潮阳县志》，台北：成文出版社，1966年。

256. （清）周硕勋纂修：《（乾隆）潮州府志》，台北：成文出版社，1967年。

257. （清）郑之侨撰：《农桑易知录》，清乾隆庚辰（1760）述堂刻版。

258. （清）郑昌时著，吴二持校注：《韩江闻见录》，上海：上海古籍出版社，1995年。

259. （清）郑祖琛等纂修：《（道光）宁都直隶州志》，清道光四年（1824）刻本。

260. （清）屈大均著，李育中等注：《〈广东新语〉注》，广州：广东人民出版社，1991年。

261. （清）屈大均著：《广东新语》，北京：中华书局，1985年。

262. （清）赵尔巽等撰：《清史稿》，北京：中华书局，1976年。

263. （清）郝玉麟等监修，（清）谢道承等编纂:《（乾隆）福建通志》，文渊阁四库全书本。

264. （清）郝玉麟纂修，广东省地方史志办公室辑：《（雍正）广东通志》，广州：岭南美术出版社，2006年。

265. （清）胡启植、（清）王椿等修纂：《（乾隆）仙游县志》，上海：上海书店出版社，2000年。

266. （清）俞蛟撰，骆宝善校：《梦厂杂著》，上海：上海古籍出版社，1988年。

267. （清）施鸿保撰，来新夏校点：《闽杂记》，福州：福建人民出版社，1985年。

268. （清）姜顺蛟、叶长扬修，施谦纂：《（乾隆）吴县志》，清乾隆十年（1745）刻本。

269. （清）贺长龄撰：《皇朝经世文编》，清同治癸酉（1873）刻本。

270. （清）顾公燮著/佚名著/陈去病著，甘兰经等校点：《丹午笔记/吴城日记/五石脂》，南京：江苏古籍出版社，1999年。

271. （清）顾炎武撰：《天下郡国利病书》，载《续修四库全书》（第597册），上海：上海古籍出版社，2003年。

272. （清）顾祖禹撰，贺次君、施和金点校：《读史方舆纪要》，北京：中华书局，2005年。

273.（清）徐松辑：《宋会要辑稿》，北京：中华书局，1957年。

274.（清）凌扬藻、（清）刘钊撰：《蠡勺编》，清同治二年（1862）粤雅堂校刊本。

275.（清）郭庆藩撰，王孝鱼点校：《庄子集释》，北京：中华书局，1961年。

276.（清）郭嵩焘著：《史记札记》，北京：商务印书馆，1957年。

277.（清）唐文藻等纂修：《（嘉庆）潮阳县志》，嘉庆二十四年（1819）刻本。

278.（清）唐史标纂辑：《（潮州）汀龙会馆志》，清同治十年（1871）刻本。

279.（清）黄以周等辑注，顾吉辰点校：《续资治通鉴长编拾补》，北京：中华书局，2004年。

280.（清）黄汉辑，（清）丁杰订：《猫苑》，清刊本（前有自序）。

281.（清）黄汝铨、（清）张尚瑗纂修：《（康熙）赣州府志》，清刻本。

282.（清）黄蟾桂撰，陈景熙、陈孝彻整理：《立雪山房文集》，广州：暨南大学出版社，2016年。

283.（清）萧麟趾修，（清）梅奕绍纂：《（乾隆）普宁县志》，台北：成文出版社，1974年。

284.（清）鄂尔泰、（清）张廷玉等撰：《钦定授时通考》，文渊阁四库全书本。

285.（清）清仁宗敕撰：《嘉庆重修大清一统志》（第26册），上海：上海书店（四部丛刊续编本），1985年。

286.（清）清高宗敕修：《钦定大清会典则例》，文渊阁四库全书本。

287.（清）清高宗敕修：《皇朝文献通考》，文渊阁四库全书本。

288.（清）清高宗敕撰：《清朝通志》，上海：商务印书馆，民国二十三年（1934）。

289.（清）梁廷枏、（汉）杨孚等著，杨伟群校点：《南越五主传及其他七种》，广州：广东人民出版社，1982年。

290.（清）梁廷枏著，邵循正校：《夷氛闻记》，北京：中华书局，1959年。

291.（清）梁廷枏著，林梓宗校点：《南汉书》，广州：广东人民出版社，1981年。

292.（清）梁廷枏撰：《海国四说》，北京：中华书局，1993年。

293.（清）梁廷枏撰：《粤海关志》，载《续修四库全书》（第834—835册），上海：上海古籍出版社，1996年。

294.（清）葛曙纂修，（清）许普济续修、（清）吴鹏续纂：《（乾隆/光绪）丰顺县志》，台北：成文出版社，1967年。

295.（清）董应举撰：《崇相集》，明天启三年（1623）刻本。

296.（清）董诰等编：《全唐文》，北京：中华书局，1983年。

297.（清）蒋伊、（清）韩作栋等撰：《（康熙）广东舆图》，载《北京图书馆古籍珍本丛刊》（38），北京：书目文献出版社，2000年。

298.（清）嵇璜、（清）刘墉等撰，（清）纪昀等校：《清朝文献通考》，台北：新兴书局，1965年。

299.（清）程哲：《窑器说》，载《生活与博物丛书》，上海：上海古籍出版社，1993年。

300.（清）焦循撰，沈文倬点校：《孟子正义》，北京：中华书局，1987年。

301.（清）谢清高述，（清）杨炳南记，冯承钧注释：《海录注》，北京：中华书局，1955年。

302.（清）蓝鼎元撰：《鹿洲公案》，清雍正己酉（1729）旷敏本序评本。

303.（清）蓝鼎元撰：《鹿洲初集》，台北：文海出版社，1982年。

304.（清）臧宪祖等纂修：《（康熙）潮阳县志》，载《故宫珍本丛刊》（第176—177册），海口：海南出版社，2001年。

305.（清）魏源撰，陈华、常绍温等点注：《海国图志》，长沙：岳麓书社，1998年。

306.（梁）沈约撰：《宋书》，北京：中华书局，1974年。

307.（梁）陶弘景集，尚志钧辑校：《名医别录（辑校本）》，北京：人民卫生出版社。

308.（梁）萧子显撰：《南齐书》，北京：中华书局，1972年。

309.（隋）杨上善撰注：《黄帝内经太素》，北京：人民卫生出版社，1965年。

310.《明太宗实录》，台北："中央研究院"历史语言研究所，1962年。

311.《明太祖实录》，台北："中央研究院"历史语言研究所，1962年。

312.《明世宗实录》，台北："中央研究院"历史语言研究所，1962年。

313.《明宣宗实录》，台北："中央研究院"历史语言研究所，1962年。

314.《明宪宗实录》，台北："中央研究院"历史语言研究所，1962年。

315.《明神宗实录》，台北："中央研究院"历史语言研究所，1962年。

316.《清实录》，北京：中华书局，1985年。

317.丁国勇标点：《南海甘蕉蒲氏家谱》，天津：天津古籍出版社，1987年。

318.上海通志编纂委员会编：《上海通志》，上海：上海人民出版社，2005年。

319.广东省文化厅编：《中国文物地图集》（广东分册），广州：广东省地图出版社，1989年。

320.广东省文物考古研究所，王欢执笔：《广东省揭阳牛屎山宋代砖石墓发掘简报》，载《南方文物》，2015年第4期。

321.广东省文物考古研究所，崔勇执笔：《南澳Ⅰ号明代沉船2007年调查与试掘》，载《文物》，2011年第5期。

322.广东省文物考古研究所、和平县博物馆，吴海贵、杨廷强、陈子昂执笔：《广东和平县晋至五代墓葬的清理》，载《考古》，2000年第6期。

323.广东省文物考古研究所、普宁市博物馆，刘锁强执笔：《广东普宁龟山先秦遗址2009年的发掘》，载《文物》，2012年第2期。

324.广东省文物考古研究所、澄海市博物馆、汕头市文物管理委员会，邱立诚、吴海贵执笔：《广东澄海龟山汉代建筑遗址》，载《文物》，2004年第2期。

325.广东省文物管理委员会，莫稚执笔：《广东潮安的贝丘遗址》，载《考古》，1961年11期。

326.广东省文物管理委员会，徐恒彬执笔：《广东佛山市郊澜石东汉墓发掘报告》，1964年第9期。

327.广东省地方志编纂委员会编：《广东省志》（光盘版），广州：广东省科技音像出版社，2007年。

328.广东省地质矿产局编：《广东省区域地质志》，北京：地质出版社，1988年。

329.广东省汕头市地方志编纂委员会编：《汕头市志》，北京：新华出版社，1999年。

330.广东省海岛资源综合调查大队、广东省海岸带和海涂资源综合调查领导小组办公室编：《广东省海岸带和海涂资源综合调查报告》，北京：海洋出版社，1988年。

331.广东省博物馆，莫稚、杨豪执笔：《广东东部新石器时代遗存》，载《考古》，1961年第12期。

332.广东省博物馆、汕头市文管会、揭阳县博物馆，邱立诚、刘建安、陈瑞和、吴道跃、黄克执笔：《广东揭阳县战国墓》，载《考古》，1992年第3期。

333.广东省博物馆、汕头地区文化局、揭阳县博物馆，杨耀林、陈瑞和执笔：《广东揭阳东晋、南朝、唐墓发掘简报》，载《考古》，1984年第10期。

334.广东省博物馆、饶平县文化局，邱立诚、彭如策执笔：《广东饶平县古墓发掘简报》，载《文物资料丛刊》（第8辑），北京：文物出版社，1983年。

335.广东省博物馆编：《潮州笔架山宋代窑址发掘报告》，北京：文物出版社，1981年。

336.马王堆汉墓帛书整理小组：《马王堆三号汉墓出土驻军图整理简报》，载《文物》，1976年第1期。

337.马明达：《元代潮州路总管王玄恭事略》，载《潮学研究》（第2辑），汕头：汕头大学出版社，1994年。

338.马蓉、陈抗、钟文、栾贵明、张忱石点校：《永乐大典方志辑佚》，北京：中华书局，2004年。

339.马楚坚、赖志成：《潮州隋唐宋代方志史辙考》，香港：香港大学饶宗颐学术馆，2010年。

340.马楚坚：《试析吴六奇之保土捍民及其对明郑集团的打击》，载《潮学研究》（第2辑），汕头：汕头大学出版社，1994年。

341.王元林：《国家祭祀与海上丝路遗迹：广州南海神庙研究》，北京：中华书局，2006年。

342.王云五主编：《丛书集成初编：潞水客谈/常熟水论/明江南治水记/西北水利议/导江三议/海道经》，上海：商务印书馆，1936年。

343.王建华、郑卓、吴超凡：《潮汕平原晚第四纪沉积相与古环境的演变》，载《中山大学学报》（自然科学版），1997年第1期。

344.中山大学东南亚史研究所编：《泰国史》，广州：广东人民出版社，

1987年。

345.中山大学榕江流域史前期人类学考察课题组、潮阳市博物馆，邱立诚、曾骐执笔：《广东潮阳市先秦遗存的调查》，载《考古》，1998年第6期。

346.中华书局编辑部点校：《全唐诗》（增订本），北京：中华书局，1999年。

347.中国大百科全书总编辑委员会《考古学》编辑委员会编：《中国大百科全书·考古学》，北京：中国大百科全书出版社，1986年。

348.中国古代铜鼓研究会编：《中国古代铜鼓》，北京：文物出版社，1988年。

349.中国科学院"中国植物志"编辑委员会主编：《中国植物志》，北京：科学出版社出版，1959—2004年。

350.中国硅酸盐学会主编：《中国陶瓷史》，北京：文物出版社，1982年。

351.中国第一历史档案馆编：《康熙朝汉文朱批奏折会编》（第8册），北京：档案出版社，1984年。

352.孔祥军：《汉唐地理志考校》，北京：新世界出版社，2011年。

353.邓宏文：《广东六朝墓葬出土瓷器研究》，载《华夏考古》，2000年第3期。

354.左树夔修，刘敬纂：《（民国）金门县志》，北京：九州出版社/厦门：厦门大学出版社，2006年。

355.北京大学古文献研究所编：《全宋诗》，北京：北京大学出版社，1998年。

356.北京大学图书馆编：《北京大学图书馆藏日本版汉籍善本萃编——域外汉籍珍本文库》（全22册），重庆：西南师范大学出版社，2014年。

357.卢海鸣：《六朝时期南方纺织业发展水平评估》，载《中国农史》，2000年第3期。

358.叶显恩：《广东古代水上交通运输的几个问题》，载《广东社会科学》，1988年第1期。

359.丘复主纂：《（民国）长汀县志》，民国二十七年（1938）刻本。

360.台湾"中央研究院"历史语言研究所：《明清史料庚编》，北京：中华书局，1987年。

361.地质部地质辞典办公室编辑：《地质大辞典（三）·古生物、地史分册》，北京：地质出版社，2005年。

362.成一农：《〈永乐大典·潮州城图〉成图时间考》，载《中国地方志》，2008年第4期。

363.向安强：《树皮布·蕉布·竹布：古代岭南土著社会"蛮夷"制布文化考述——从环珠江口先秦"树皮布文化"说起》，载《农业考古》，2010年第1期。

364.庄义青：《宋代潮州的人口增长及其经济发展》，载《岭南文史》，1987年第2期。

365.刘成基：《虎头埔陶窑的初步研究》，载揭阳考古队、揭阳市文化广电新闻出版局编，李伯谦、邱立诚主编：《揭阳考古（2003—2005）》，北京：科学出版社，2005年。

366.刘织超、温廷敬修纂：《（民国）大埔志》，民国三十二年（1943）铅印本。

367.刘禹轮修，李唐纂：《（民国）新修丰顺县志》，载《中国地方志集成》，上海：上海书店出版社，2003年。

368.刘琳、刁忠民、舒大刚、尹波等校点：《宋会要辑稿》，上海：上海古籍出版社，2014年。

369.许维遹撰，梁运华整理：《吕氏春秋集释》，北京：中华书局，2009年。

370.孙海通点校：《陈献章集》，北京：中华书局，1987年。

371.杜经国、黄挺：《潮汕古代商贸港口研究》，载《潮学研究》（第1辑），汕头：汕头大学出版社，1993年。

372.李平日：《六千年来韩江三角洲的滨线演进与发育模式》，载《地理研究》，1987年第2期。

373.李庆新：《南宋海外贸易中的外销瓷、钱币、金属制品及其他问题——基于"南海工号"沉船出水遗物的初步考察》，载《学术月刊》，2012年第9期。

374.李步嘉撰：《越绝书校释》，武汉：武汉大学出版社，1992年。

375.李宏新主编：《潮汕史稿》，汕头：汕头大学出版社，2016年。

376.李宏新：《潮汕华侨史》，广州：暨南大学出版社，2016年。

377.李宏新：《先秦潮汕研究》，广州：暨南大学出版社，2019年。

378.李炳炎编著：《宋代笔架山潮州窑》，汕头：汕头大学出版社，2004年。

379.李富强：《试论华南地区原始农业的起源》，载《农业考古》，1990年第2期。

380.李鹏年：《略论乾隆年间从暹罗运米进口》，载《历史档案》，1985年第3期。

381.杨天宇撰：《礼记今译》，上海：上海古籍出版社，2004年。

382.杨正泰校注：《天下水陆路程/天下路程图引/客商一览醒迷》，太原：山西人民出版社，1992年。

383.杨式挺、邱立诚、冯孟钦、向安强：《广东先秦考古》，广州：广东人民出版社，2015年。

384.杨伯峻撰：《列子集释》，北京：中华书局，1979年。

385.杨宽：《中国古代冶铁技术发展史》，上海：上海人民出版社，2004年。

386.吴松弟：《中国移民史（第三卷）隋唐五代时期》，福州：福建人民出版社，1997年。

387.吴南生等编：《明本潮州戏文五种》，广州：广东人民出版社，2007年。

388.吴修仁编著：《潮汕生物资源志略》，广州：中山大学出版社，1997年。

389.吴榕青：《宋代潮州的盐业》，载《韩山师范学院学报》，1997年第3期。

390.邱立诚、杨式挺：《从考古文物资料探索潮汕地区的古代海上"丝绸之路"》，载《潮学研究》（第2辑），汕头：汕头大学出版社，1994年。

391.邱立诚、曾骐、张季怀：《广东揭阳先秦遗存考古调查》，载《南方文物》，1998年第1期。

392.邱立诚、曾骐：《论浮滨文化》，载《揭阳考古（2003—2005）》，北京：科学出版社，2005年。

393.邱立诚、魏峻主编：《揭阳的远古与文明——榕江先秦两汉考古图谱》，香港：公元出版有限公司，2003年。

394.邱立诚：《广东旧石器考古的几个问题》，载《第十届中国古脊椎动物学学术年会论文集》，北京：海洋出版社，2006年。

395.邱立诚编：《澄海龟山汉代遗址》，广州：广东人民出版社，1997年。

396.何宁撰：《淮南子集释》，北京：中华书局，1998年。

397.何纪生、彭如策、邱立诚：《广东饶平九村青花窑址调查记》，载《中国古代窑址调查发掘报告集》，北京：文物出版社，1984年。

398.张长民：《古代潮州中医药史话》，载《岭南文史》，1998年第4期。

399.张世铨：《论古代铜鼓的分式》，载《古代铜鼓学术讨论会论文集》，北京：文物出版社，1982年。

400.张国淦编著：《中国古方志考》，上海：中华书局上海编辑所，1963年。

401.张荣芳、黄淼章：《南越国史》，广州：广东人民出版社，1995年。

402.张铁牛、高晓星：《中国古代海军史》，北京：八一出版社，1993年。

403.张家山二四七号汉墓竹简整理小组编著：《张家山汉墓竹简［二四七号墓］：释文修订本》，北京：文物出版社，2006年。

404.陈占山：《海滨"邹鲁"的崛起：宋元潮州研究》，北京：中国社会科学出版社，2015年。

405.陈伯陶等纂修：《（民国）东莞县志》，民国一十六年（1927）铅印版。

406.陈希育：《中国帆船与海外贸易》，厦门：厦门大学出版社，1991年。

407.陈宏天、高秀芳点校：《苏辙集》，北京：中华书局，1990年。

408.陈国能：《韩江和榕江三角洲全新世海水进退的初步认识》，载《海洋通报》，1984年第6期。

409.陈春声：《〈历代宝案〉所见之清代潮州商人的海上贸易活动》，载《潮学研究》（第9辑），广州：花城出版社，2001年。

410.陈春声：《18世纪广东米价上升趋势及其原因》，载《中山大学学报》，1990年第4期。

411.陈春声：《市场机制与社会变迁：18世纪广东米价分析》，北京：中国人民大学出版社，2010年。

412.陈荆淮：《汕头开埠前的对外贸易》，载《潮学研究》（第6辑），汕头：汕头大学出版社，1997年。

413.陈高华、张帆、刘晓、党宝海点校：《元典章》，北京：中华书局/天津：天津古籍出版社，2011年。

414.陈高华：《元代商税初探》，载《中国社会科学院研究生院学报》，

1997年第1期。

415.陈跃子：《澄海出土铜钱概说》，载《汕头文物》（第13期），内部出版，1987年。

416.陈景熙、蔡英豪：《澄海鸡笼山出土陶瓷残片的清理及初步研究》，载《韩山师范学院学报》，2001年第4期。

417.范金民：《清代潮州商人江南沿海贸易活动述略》，载《历史教学》，2016年第8期。

418.林伦伦：《粤东闽语区地名的文化内涵》，载《汕头大学学报》，2002年第1期。

419.林伦伦：《潮汕方言历时研究》，广州：暨南大学出版社，2015年。

420.竺可桢：《中国近五千年来气候变迁的初步研究》，载《考古学报》，1972年第1期。

421.周生杰：《〈太平御览〉研究》，成都：巴蜀书社，2008年。

422.周绍良、赵超主编：《唐代墓志汇编续集》，上海：上海古籍出版社，2001年。

423.周绍良主编，赵超副主编：《唐代墓志汇编》，上海：上海古籍出版社，1992年。

424.周振鹤主编，李昌宪著：《中国行政区划通史·宋西夏卷》，上海：复旦大学出版社，2007年。

425.周继生：《省考古队在潮州发掘北宋古窑》，载《汕头文物》（第12期），内部出版，1986年。

426.周肇基：《从"广人重蕉"看广东历史上对植物资源的开发利用》，载《中国农史》，1987第4期。

427.郑永东：《浅谈纺轮及原始纺织》，载《平顶山学院学报》，1998年第5期。

428.郑麦：《稀见古农书——〈农桑易知录〉》，载《中国农史》，1991年第4期。

429.郑卓：《潮汕平原全新世孢粉分析与古环境探讨》，载《热带海洋学报》，1990年第2期。

430.郑卓：《潮汕平原近五万年来的孢粉植物群与古气候》，载《微体古生物学报》，1991年第4期。

431.宗永强：《韩江三角洲第四系沉积旋回》，载《热带地理》，1987年第2期。

432.建筑科学研究院建筑史编委会组织编写，刘敦桢主编：《中国古代建筑史（第二版）》，北京：中国建筑工业出版社，1984年。

433.屈守元、常思春主编：《韩愈全集校注》，成都：四川大学出版社，1996年。

434.赵振华：《洛阳发现唐代林存古墓志》，载《考古》，2005年第9期。

435.荣新江：《敦煌本〈天宝十道录〉及其价值》，载《九州》（第二辑），北京：商务印书馆，1999年。

436.荣新江：《敦煌本〈贞元十道录〉及其价值》，载《中华文史论丛》（第63辑），上海：上海古籍出版社，2001年。

437.南澳县文化体育局、南澳县文物管理委员会办公室编：《南澳县文物志（增修本）》，内部出版，2004年。

438.南澳县海防史博物馆、中山大学韩江流域考古课题组，曾骐、柯世伦、黄迎涛执笔：《广东南澳县象山新石器时代遗址》，载《考古与文物》，1995年第5期。

439.柯世伦：《澳前探秘——双向街的沉沦与太子楼石刻之谜》，载《潮学研究》（第13辑），汕头：汕头大学出版社，2006年。

440.饶宗颐总纂：《（民国）潮州志》，汕头：潮州修志馆，1949年。

441.袁珂校注：《山海经校注》，成都：巴蜀书社，1992年。

442.夏湘蓉、李仲均、王根元编著：《中国古代矿业开发史》，北京：地质出版社，1980年。

443.钱林书编著：《续汉书郡国志汇释》，合肥：安徽教育出版社，2007年。

444.倪根金、卢家彬、陈菁：《〈农桑易知录〉撰者郑之侨故里考察记》，载《农业考古》，2004年第3期。

445.徐东升：《北宋矿冶诸问题考辨》，载《中国社会经济史研究》，2009年第4期。

446.翁辉东编著：《历代潮州文概》，香港：广智书局，1935年。

447.高步瀛著，曹道衡、沈玉成点校：《文选李注义疏》，北京：中华书局，1985年。

448.郭正忠主编：《中国盐业史（古代编）》，北京：人民出版社，1997年。

449.郭正忠：《宋代盐业经济史》，北京：人民出版社，1990年。

450.郭绪印：《上海潮州会馆的成立与章程制度》，载《潮学研究》（第5辑），汕头：汕头大学出版社，1996年。

451.郭黛姮主编：《中国古代建筑史（第3卷）：宋、辽、金、西夏建筑》，北京：中国建筑工业出版社，2009年。

452.席龙飞编：《中国造船史》，武汉：湖北教育出版社，1999年。

453.唐森：《论宋元时期广东水利建设的勃兴》，载《暨南学报》，1985年第2期。

454.黄玉质、杨少祥：《广东潮州笔架山宋代瓷窑》，载《考古》，1983年第6期。

455.黄克：《揭阳县抢救清理西汉坑墓》，载《汕头文物》（第13期），内部发行，1987年。

456.黄国信：《清代两广盐区私盐盛行现象初探》，载《盐业史研究》，1995年第2期。

457.黄挺、马明达：《潮汕金石文征》，广州：广东人民出版社，1999年。

458.黄挺、杜经国：《潮汕地区人口的发展（明代）》，载《潮学研究》（第4辑），汕头：汕头大学出版社，1995年。

459.黄挺、杜经国：《潮汕地区人口的发展（唐—元）》，载《韩山师范学院学报》，1995年第1期。

460.黄挺、杜经国：《潮汕地区元明清时期粮食产量探估》，载《潮学研究》（第3辑），汕头：汕头大学出版社，1995年。

461.黄挺、杜经国：《潮汕地区古代水利建设》，载《潮学研究》（第2辑），汕头：汕头大学出版社，1994年。

462.黄挺主编：《饶宗颐潮汕地方史论集》，汕头，汕头大学出版社，1996年。

463.黄挺：《中国与重洋：潮汕简史》，北京：生活·读书·新知三联书店，2017年。

464.黄挺：《潮商文化》，北京：华文出版社，2008年。

465.黄盛璋：《秦俑坑出土兵器铭文与相关制度发复》，载《文博》，1990

年第5期。

466.黄崇岳：《我国的原始畜牧业及其与农业的关系窥探》，载《中原文物》，1983年第3期。

467.黄慧怡：《广东唐宋制瓷手工业遗存分期研究》，载《东南文化》，2004年第5期。

468.曹树基：《中国人口史（明时期）》，上海：复旦大学出版社，2000年。

469.崔勇：《广东汕头市"南澳Ⅰ号"明代沉船》，载《考古》，2011年第7期。

470.章巽主编，郑一钧、范涌副主编：《中国航海技术史》，北京：海洋出版社，1991年。

471.章潜龙修，杨世泽纂：《（民国）南澳县志》，民国三十六年（1947）稿本。

472.阎万英、尹英华：《中国农业发展史》，天津：天津科学技术出版社，1992年。

473.逯钦立辑校：《先秦汉魏晋南北朝诗》，北京：中华书局，1988年。

474.揭西县文物志编纂委员会编：《揭西县文物志》，内部出版，1985年。

475.揭阳考古队、揭阳市文化广电新闻出版局编，李伯谦、邱立诚主编：《揭阳考古（2003—2005）》，北京：科学出版社，2005年。

476.揭阳考古队、揭阳市文化局编，邱立诚、魏峻主编：《揭阳的远古与文明——榕江先秦两汉考古图谱》，香港：公元出版有限公司，2003年。

477.揭阳博物馆编：《揭阳文物志》，内部出版，1985年。

478.彭信威：《中国货币史》，上海：上海人民出版社，1958年。

479.葛剑雄：《中国移民史（第二卷）·先秦魏晋南北朝时期》，福州：福建人民出版社，1997年。

480.蒋文孝：《秦俑坑出土刻铭纪年兵器初探》，载《中国国家博物馆馆刊》，2010年第3期。

481.蒋廷瑜、彭书琳：《汉代合浦及其海上交通的几个问题》，载《岭南文史》，2002年增刊。

482.韩槐准：《南洋遗留的中国古外销陶瓷》，新加坡：青年书店印行，1960年。

483.惠来县文物普查办公室编：《惠来文物志》，内部出版，1985年。

484.傅熹年主编：《中国古代建筑史（第2卷）：三国、两晋、南北朝、隋唐》，北京：中国建筑工业出版社，2001年。

485.焦鹏：《清初广东对日本贸易——以〈华夷变态〉为中心》，载《海洋史研究》（第六辑），2014年。

486.焦鹏：《清初潮州的对日海上贸易》，载《潮学研究》（13），汕头：汕头大学出版社，2006年。

487.鲁迅辑录：《鲁迅辑录古籍丛编》，北京：人民文学出版社，1999年。

488.道在瓦斋：《谈瓷别录》，载《岭南学报》，1936年第5卷第1期。

489.曾广亿：《广东瓷窑遗址考古概要》，载《南方文物》，1991年第4期。

490.曾广亿：《广东博罗、揭阳、澄迈古瓷窑调查》，载《文物》，1965年第2期。

491.曾广亿：《广东潮安北郊唐代窑址》，载《考古》，1964年第4期。

492.曾仰丰：《中国盐政史》，上海：上海书局，1984年。

493.曾骐、邱立诚：《揭阳先秦两汉考古研究》，载《第五届国际潮学研讨会论文集》，香港：公元出版有限公司，2005年。

494.蓝吉富主编：《禅宗全书》（第95册），北京：北京图书馆出版社，2004年。

495.睡虎地秦墓竹简整理小组编：《睡虎地秦墓竹简》，北京：北京文物出版社，1990年。

496.福建师范大学历史系、福建地方史研究室编：《鸦片战争在闽台史料选编》，福州：福建人民出版社，1982年。

497.廖大珂：《16—19世纪初西方文献中的南澳》，载《国家航海》（第六辑），上海：上海古籍出版社，2014年。

498.黎翔凤撰，梁运华整理：《管子校注》，北京：中华书局，2004年。

499.潮州市文物局编印：《潮州市文物志》，内部出版，1995年。

500.潮安博物馆：《潮安池湖凤地新石器时代遗址》，载《汕头文物简讯》（第4号），内部出版，1977年。

501.潮阳文物志编纂小组编：《潮阳县文物志》，内部出版，1985年。

502.潮阳市地方志编纂委员会编：《潮阳县志》，广州：广东人民出版社，1997年。

503.潘载和纂修：《潮州府志略》，汕头：汕头文艺书店，1933年。

504.澄海县博物馆编：《澄海县文物志》，内部出版，1987年。

505.魏峻执笔：《揭西县赤岭埔遗址调查报告》，载《揭阳考古（2003—2005）》，北京：科学出版社，2005年。

506.［马来西亚］陈剑虹：《金石碑文与官方档案管窥19世纪槟榔屿潮人的帮权结构与政治》，载《潮学研究》（第14辑），广州：花城出版社，2008年。

507.［日］丹波元胤编：《中国医籍考》，北京：人民卫生出版社，1956年。

508.［日］田中克子：《日本福冈市博多遗址群出土的潮州窑产品与外销》，载《东方收藏》，2016年第9期。

509.［日］真人元开著，汪向荣校注：《唐大和上东征传》，北京：中华书局，1979年。

510.［日］高桥稔，葛蓬天：《〈元和郡国志〉研究》，载《中国历史地理论丛》，1988年第1期。

511.［日］斯波义信著，庄景辉译：《宋代商业史研究》，台北：稻花出版社，1997年。

512.［苏］尼·瓦·烈勃里科娃著，王易今、裘辉、康春林译：《泰国近代史纲（1768—1917）》，北京：商务印书馆，1974年。

513.［美］何炳棣著，葛剑雄译：《明初以降人口及其相关问题（1368—1953）》，北京：生活·读书·新知三联书店，2000年。

514.［荷］包乐史著，吴凤斌译：《18世纪末巴达维亚唐人社会》，厦门：厦门大学出版社，2002年。

515.［新加坡］李志贤、李秀萍：《新加坡潮人社团及其教育事业：历史的回顾》，载《海外潮人的移民经验》，新加坡：潮州八邑会馆，2003年。

516.［德］马克思、［德］恩格斯著，中国共产党马克思恩格斯列宁斯大林著作编译局编译：《马克思恩格斯全集》（第12卷），北京：人民出版社，1962年。

陈鸿宇/主编

陈荆淮　吴二持/副主编

潮汕经济史稿 中

新华出版社

图书在版编目（CIP）数据

潮汕经济史稿. 中 / 陈鸿宇主编. -- 北京：新华
出版社, 2023.5
　ISBN 978-7-5166-6804-7

　Ⅰ. ①潮… Ⅱ. ①陈… Ⅲ. ①经济史—潮汕地区
Ⅳ. ①F129.965.2

　中国国家版本馆CIP数据核字(2023)第074971号

顾 问

陈春声　林伦伦

"潮汕文库"序

我常常回忆三十年前，同样是"四厢花影怒于潮"的初春季节，在周恩来总理的亲切关怀下，老舍、曹禺、阳翰笙先生等一行十几人，专程来访潮汕。潮汕的山山水水和那古老独特的文化艺术，深深打动了客人们的心。在这里，老舍先生写下了满怀深情的诗：

> 莫夸骑鹤下扬州，渴慕潮汕数十秋。
>
> 得句驰书傲子女，春宵听曲在汕头。

我奉命来汕头迎候他们，老舍先生等回北京前，一再握别叮咛："要珍重潮汕的文化遗产，要好好发掘和整理呀！"可惜时隔不久，一场"史无前例"的大灾难铺天卷地而来，一切都无从说起了。

党的十一届三中全会后，改革开放政策的实行，使国家的经济从濒于崩溃的边缘走向兴旺发达的大道。弘扬中华文化、增强中华民族凝聚力已成为举国上下共同重视的课题。随着汕头经济特区的建立，潮汕地区的经济建设取得了有史以来所未有的繁荣发达。和全国一样，潮汕地区如何继承和发扬本地的优秀文化遗产，为社会主义的两个文明建设服务，也引起海内外各方面的重视。1990年11月，中国历史文献学会第十一届年会暨潮汕历史文献与文化国际学术讨论会在汕头大学召开。1991年9月，在法国巴黎召开的第六届国际潮团联谊年会，又议定着手筹建"国际潮人文化基金会"。与此同时，汕头大学成立了"潮汕文化研究中心"，汕头市也成立了"潮汕历史文化研究中心"。这两个专门机构密切配合，组织协调有关的研究工作。最近，他们商定了学术研究规划，决定推出"潮汕文库"，准备在今后若干年内陆续整理出版一批丛书，包括"潮汕历史文献丛编""潮汕历史文化研究"等十个项目，每个项目又分出若干细目和专题。这是一项浩大的工程，是一件很有意义、很有远见的工作。

潮汕地区的文化历史悠久，源远流长。古代特别是两宋以后的文化，内容十分丰富。它是浩瀚的中华文化中一支富有特色的细流。自唐、宋开始，潮州的陶瓷远销海外。随着岁月的迁移，潮州与海外的交往也愈加密切。潮人对开拓海上丝绸之路做出了不可磨灭的贡献。明末清初之后，大量的潮人移居东南亚。近几十年来，又散布到世界各地。数千万的海外潮人与当地人民和睦相处，把中华文化传播到五湖四海，又不断地把海外的先进文化引进桑梓故园。中外文化在潮汕融聚化合，经过历代潮汕人民的创造、探求和推陈出新，形成了具有鲜明特色的潮汕文化。海外潮人对传播和丰富中华文化做出了重要贡献。认真研究潮汕的历史和文化，对于增强中华民族凝聚力、增强与世界各国人民的友谊和文化交流，对于推动潮汕地区的两个文明建设、提高人民群众的思想和文化素质，都具有深远的意义。

在"潮汕历史文化研究中心"成立时，大家议定，研究潮汕历史文化一定要坚持实事求是的科学态度。为了坚持实事求是，严谨治学，使研究工作取得踏实丰硕的成果，首先应该做好历史资料的搜集、整理、考证和出版工作。现在准备出版的"潮汕文库"，就是按这一要求迈出的第一步。

潮汕的历史文物、文献或记载，流传下来的为数不少，但得以完整保存的也不算多，这给研究工作造成了一定的困难。但是，现存还有相当数量的文物、文献，有待我们去整理、研究，埋藏在地下的还可能陆续出土，地方上熟悉掌故的老人们的口碑也相当丰富，散布在民间和海外的文物、资料和古籍也有一定的数量。只要各方重视，抓紧发掘、采集，一定会有可观的收获。

有一个很能说明上述观点的事例：1956年初，梅兰芳先生和欧阳予倩先生率领艺术团到日本访问，日本友人赠送了两份明代戏曲刻本的摄影本，不知是哪一个剧种的。当梅先生等全团经香港回到广州时，刚好潮剧团正在这里演出《荔镜记》。梅先生等观看演出后，一查对才知道两份刻本都是潮剧的古本。这两份刻本，一是嘉靖四十五年（公元1566年）的《重刊五色潮泉插科增入诗词北曲勾栏荔镜记戏文全集》（附刻《颜臣》），现藏于日本天理大学；后又发现，同一刊本的又一印本现藏于英国牛津大学。二是万历刻本《重补摘锦潮调金花女大全》（附刻《苏六娘》），此件无刊刻年份，可能是万历初年刊本，现藏于东京大学东洋文化研究所。在这之后又八年，即1964年，再发现有万历九年（公元1581年）潮剧刻本，卷一首题"潮州东月李氏编集"的《新刻增补全像乡谈荔枝记》，现藏于奥地利维也纳国家图书馆。更令国内外学术界瞩目的是，1958年在揭阳县明代墓葬中出土的嘉靖年间戏曲手抄本《蔡伯皆》（即《琵琶记》），戏文中夹杂潮州方言，现藏于广东省博物馆。1975年12月又在潮安县的明初墓葬中出土了宣德年间手写本《刘希必金钗记》，文中先后写明书写时间是"宣德六年六月十九日"和"宣德七年六月"（即公元1431年、1432年），这是我国目前所见最早的戏文写本，现藏于潮州市博物馆。这些都是稀世之宝。上面这些事例充分说明了潮汕文化有丰富的遗产，也说明了还有一定数量的宝贵文物、文献或埋藏在地下，或散藏在海内外，有待我们去发现。这方面，有大量的工作正在等待我们和后人去做。

显然，"潮汕文库"的出版，对于唤起海内外人士重视发掘、搜集潮汕文物、文献的热情，对于系统地积累潮汕历史文化资料，顺利地开展有关的研究工作，都将起到积极的作用。我想，这也是编辑出版"潮汕文库"的目的。

主办这项工作的同志们要我为"潮汕文库"写篇序言。我在历史文化研究工作的面前，只是一个渴望学习的小学生，说不出什么。但往事历历在目，老舍先生和历代众多的名贤学者们的期望，今天终于能够开始实现，我从心底感到高兴，因而乐于借这个机会，祝愿"潮汕文库"早日问世，祝愿研究潮汕历史文化的工作顺利进展，尽快取得丰硕的成果！

吴南生

1992年2月15日于广州

前　言

一、《潮汕经济史稿》是汕头市潮汕历史文化研究会、潮汕历史文化研究中心委托的课题，是《潮汕文库》的重点选题。全书分为上、中、下三册，按照学术界目前惯用的历史分期，上册为《潮汕经济史稿》的古代部分，叙事自先秦时期始，至第一次、第二次鸦片战争前后止。中册为《潮汕经济史稿》的近代部分，叙事自1860年汕头开埠始，至1949年止。下册为《潮汕经济史稿》的现代部分，叙事自1949年中华人民共和国成立始，至2010年止。

二、潮州是国家历史文化名城。汕头是中国最早的"条约开埠"口岸之一，是改革开放后设立的第一批经济特区。潮汕地区是中国著名的侨乡，潮汕经济是中国东南沿海与国内外经济联系最为密切的地域经济体。由于影响潮汕经济发展的内外因素错综复杂，文献资料汗牛充栋，就我们的研究基础和资料准备而言，尚不具备编撰一部较为规范、完备的潮汕经济史的能力。本书尽量按照历史时序简要叙述潮汕经济发展的背景、动因、过程，与国际、国内经济贸易往来及与周边经济圈之间的关系，并选择若干重要问题和重大事件进行专题分析。

三、本书系集体写作，书稿由多人撰写，最后由主编逐章修改定稿。各册及各章的主要观点力求一致，避免出现大的疏漏，个别观点可能存在分歧，个别资料数据也可能重复引用，有些重要问题还需要深入研究。书中缺点错误在所难免，期盼读者不吝指教，得以匡正。

四、本书的分工和执笔人如下：

全书主编：陈鸿宇

全书顾问：陈春声、林伦伦

上册著作者：李宏新

中册主编：陈鸿宇；副主编：陈荆淮、吴二持。执笔人：第一章，陈鸿宇；第二章，曾旭波；第三章，陈雪峰；第四章，陈雪峰；第五章，胡少东；第六章，吴孟显；第七章，陈海忠；第八章，欧俊勇；第九章，胡少东；第十章，

欧俊勇；第十一章，陈鸿宇；第十二章，陈鸿宇。

下册主编：陈鸿宇；副主编：陈汉初、廖小平。执笔人：第一章，陈鸿宇；第二章，陈嘉顺、倪晓奇；第三章，陈嘉顺、倪晓奇；第四章，谢也苍；第五章，谢舜龙；第六章，吴启铮；第七章，林遍青、李必豪；第八章，柯锡奎；第九章，柯锡奎；第十章，黄晓丹、廖伟南。

五、本书叙述的"潮汕地区"的地理范围和书中称谓：

上册（古代部分）和中册（近代部分）：一般指清朝时潮州府所辖地区，叙述中侧重于1992年后的汕头市、潮州市、揭阳市所辖行政区划范围，书中称谓为"潮汕地区""潮州府"或"潮州"。

下册（现代部分）：（1）1954—1965年的汕头专区所辖行政区划范围，包括海丰县、陆丰县、兴梅地区，一度包括河源县、紫金县、龙川县，书中称谓为"潮汕地区""汕头专区"。（2）1965—1983年的汕头地区所辖行政区划范围，包括海丰县、陆丰县，书中称谓为"潮汕地区""汕头地区"。（3）1983—1991年的汕头市所辖行政区划范围，书中称谓为"潮汕地区""汕头市"。（4）1992年后汕头市、潮州市、揭阳市所辖行政区划范围，书中称谓为"潮汕地区"。

目　录

第一章

潮汕经济近代化的时代背景和基本特征

按照目前国内史学界的主流分期方法，从第一次鸦片战争到1949年中华人民共和国成立这一段历史为中国近代史，1949年之后的历史为中国现代史。本书参照这一分期方法，从潮汕经济社会演化的实际出发，以汕头开埠为时间节点，将1860年至1949年视为潮汕经济近代化的历史时期。

第一节 经济近代化的内涵与汕头开埠的标志性意义

"近代化"是相对于"现代化"而言的。通常认为，近代化是指传统农耕社会的逐渐解体和近代工业社会的逐渐成形，这一过程涵盖了经济、政治、文化、社会各个领域。

一、关于经济近代化的内涵

从经济领域看，一个国家或地区的经济近代化，主要表现为该国或该地的市场化、工业化、城市化和国际化进程开始启动并向前推进，其产业结构、就业结构、空间结构、资本结构、交通结构等经济结构的主要方面都发生了质的变化；从政治领域看，通常认为近代化就是民主化和法治化，国内也有观点提出，必须从生产关系的更迭上来为"近代化"下定义，认为近代化就是资本主义制度的确立和封建主义制度的解体；从文化领域看，主要表现为与近代工业文明、商业文明相适应的文化、科学、教育、伦理、习俗等的兴起、推广；从社会领域看，主要表现为市民社会的生成和城乡治理结构的变革，政府的公共服务意识不断强化，开始提供多方面的公共产品。

由传统的农耕社会向工业社会的变迁，是一国或一个地区的经济近代化的共同主题。一个国家或一个地区的经济近代化的内涵通常包括以下基本特征：第一，产业结构中农业比重的下降，非农产业比重的上升。第二，城乡结构中城市化率较快上升。第三，就业结构中工业劳动力的比重持续上升，农业劳动力的比重不断下降。第四，开始广泛使用机器进行工业生产、农产品加工和交通运输，劳动生产率迅速提高。第五，商品化率和货币化率不断上升，市场体系和公共服务体系开始形成。第六，经济活动的对外开放程度较快提升，产业体系和区域经济开始融入国际经济体系。当然，以上列举的经济近代化的六个基本特征，不同国家、不同地区的呈现方式也是不同的。正如日本学者滨下武志在其《中国近代经济史研究》一书中指出的："我们在研究包括亚洲在内的世界各地的近代问题时，都应该从各个地域自身的历史过程出发来研究其历史本来的发展规律。"因此，"清末经济的整体状况既是中国历史所积累下来的对内、对外各种关系的总集合，就有必要从中国经济和朝贡贸易以及周边华商经济圈之间的相互关系中加以理解"。[1]

《潮汕经济史稿》中册以1860年至1949年间潮汕经济近代化为主线，沿袭方志编制"横排竖写"的基本体例形式，横向上分列十二章。第一章概述了潮汕经济近代化的背景、主要动因、基本特征、演化模式和政府的经济行为，借助经济学研究和历史学研究的常用范式，认为近代潮汕经济与国际社会间存在多维度复合循环的范式。第二章至第十章分别介绍了潮汕工业、农业、商业、对外经贸、交通、城乡建设、财政税收、金融、公共服务九个基本领域走向近代化的过程。竖向上每章基本上依时间顺序记叙了该领域所发生的标志性事件和重要的数据资料。本册第十一章、第十二章描述随着潮汕商贸网络、商品结构、商贸形态的近代化，潮汕经济如何"因商而兴"，汕头市区城市形态如何"顺商而变"，并对需要进一步研究的若干重点问题进行梳理。

---

[1]　滨下武志.中国近代经济史研究（上）［M］.南京：江苏人民出版社，2008：1，2.

二、汕头的开埠与潮汕经济近代化

第二次鸦片战争以前，"继凤岭、庵埠、东陇、南关、樟林诸港之后，汕头港成为近现代潮汕地区对外海运贸易中心港口"[1]。这一变化对于当时以潮州为中心的韩江流域经济的牵动作用还是比较有限的。第二次鸦片战争中，1858年，中国被迫与英、法、美、俄等国订立了《天津条约》；1860年，中国又与英、法、俄订立了《北京条约》，确定增开牛庄、登州、台南、淡水、潮州、琼州、汉口、九江、南京、镇江为通商口岸。1860年1月1日，汕头埠正式对外开放。清咸丰十年（1860）的《天津条约》续增条款明确潮州对外通商口岸设在汕头。

汕头开埠后，潮汕地区对外贸易总额逐年上升。1864年，汕头口岸进出口贸易总额为408.19万银圆，1898年达到1616.69万关平两，1911年达到2253.03万关平两。1864—1911年的48年间，汕头港进出船只数增加1.6倍，吨位数增加约6.5倍。到20世纪二三十年代，汕头市区已发展成为粤东、闽西南、赣东南的交通枢纽、进出港口和商品集散地。1937年，对外贸易额达到6981.16万国币元，在全国各口岸中居第7位，仅次于上海、天津、大连、汉口、胶州和广州。[2]

1860年汕头开埠的意义，不仅在于汕头港成为粤东和韩江流域的首位港口，更为重要的是，是汕头埠的"因港而生"带来的"因商而兴"，又按照"顺商而变"的要求，实现了从一个单纯的货物集散转运商埠向近代化城市的蜕变。因此，潮汕经济近代化的进程，不能说始于汕头的开埠，但汕头的开埠却是潮汕经济近代化进程的重要时间节点。开埠后的汕头城区作为内外"双向开放"的窗口，持续吸聚和整合韩江流域经济、交通、政治、文化资源要素，推动潮汕地区产业结构、城乡结构、市场结构、社会结构发生本质变化，推动着韩江流域的经济社会发展融入了整个国家的近代化进程。

第二节　潮汕经济近代化的时代背景

"任何现实的根源都有其历史根源。"潮汕经济的近代化是1840年以后中

---

[1]　汕头市港口管理局.汕头港口志［M］.北京：人民交通出版社，2010：17.

[2]　中国海关学会汕头海关小组，汕头市地方志编纂委员会办公室.潮海关史料汇编［M］.1988：136-140，170-192.饶宗颐.潮州志（第三册）［M］.潮州：潮州市地方志办公室，2005：1167-1172.

国经济社会近代化历史的重要组成部分。汕头的开埠之所以成为推动潮汕经济近代化的重要因素，其依据可以到当时的世界和中国的历史背景中，特别是国际、中国和广东的不平衡发展格局中去寻找。

一、关于国际和中国不平衡发展格局的影响

中国经济社会的近代化进程是与原有的自然经济体系的逐步解体相向而行的。以1842年中英《江宁条约》的签订和"五口通商"为时间节点，近代资本的出现，一方面标志着新的生产关系在封建主义的母体中开始萌发，中国开始进入半殖民地半封建社会。另一方面又显示出货币化、市场化因素更为广泛和深刻地渗透到经济活动和社会生活的各个方面。

在多方面合力的共同作用下，中国自然经济体系的解体和对外、对内开放的空间格局呈现出非均衡推进的态势。从两次鸦片战争失败后中国被迫开放的口岸，到此后西方国家设立使领馆、租界，所选择的地点基本上都是中国最具发展潜力的沿海（江）港口和区域性政治中心，以及少数边疆战略要地，其着眼点都是试图在中国的未来变化中通过半殖民化来获取更多的经济、政治利益。

当时中国此种沿海（沿江）开放格局的出现，动因是多方面的。以广东为例，除了西方国家不平等条约强加于中国之外，第一次鸦片战争以前，包括潮州府在内的广东与外国之间的贸易活动已经十分活跃。鸦片战争前的道光十年至十九年（1830—1839）的10年，粤海关平均实征税额为1538576两，"每年实征税额约占全国关税总额的三分之一"。[1]活跃的对外贸易，很大程度上拉动了当时珠江三角洲和韩江三角洲出口商品的生产与流通。近代中国这一开放格局的形成过程，还表现为资本和劳动等资源要素开始成规模地向东部沿海若干港湾地带集聚，在帝国庞大的封建经济体系内部，除了原来的城乡间的发展不平衡依旧存在以外，沿海与内地之间的发展不平衡也进一步扩大。即使在沿海地带，也出现了少数开放度较高的"口岸城市"与尚处于农耕经济状态的周边地带之间的发展不平衡状态。因此，1860年汕头开埠之前，潮汕地区的商业、农业和手工业产品的商品化率不断提升，内外贸易网络已经初具规模，沿海商贸埠头交易活跃，潮汕经济近代化进程实际上已经开始启动。

---

[1]　方行，经君健，魏金玉.中国经济通史·清氏经济卷（中）［M］.北京：经济日报出版社，2007：903.

　　第一次鸦片战争结束后，第一批"条约开埠城市"中的福州、厦门、宁波三个口岸的发展不及预期，上海的发展势头最为迅猛，一跃成为中国最大的港口城市。广州口岸则继续维持着南方最大的国际贸易中心的地位。粤海关1878年的贸易报告认为："广州生产的多种工业品供应中国的其他地方，这些贸易还是比较可观的。尽管处在逆境和市场激烈竞争之中，广州仍然保持着商业中心的重要地位，且在人们的技术和勤奋方面也是如此，因此，不必为广州前途担心。"1892年，粤海关"十年报告"指出："仍保持贸易中心地位的广州，其所包括的地区还是相当广阔和富庶的，足以维持其以前所垄断的那样大的贸易规模。"[1]这样，中国东部沿海形成了上海和广州的"双中心"的对外贸易格局。而在上海和广州两个贸易中心之间的漫长海岸线上，客观上存在着支撑上海、广州两个对外贸易中心的、相对活跃的地域性贸易网络和商品生产网络，因而产生了一系列中小型港口，作为当时中国东部沿海内外向经济网络的区域性支点。已经开始了经济近代化进程的宁波、厦门、福州、汕头等东南沿海港口，很自然地进入了19世纪40—60年代先行"开埠"的"清单"之中，这些港口城市获得了率先发展的优势。

　　1860年汕头的"开埠"，正是近代中国非均衡开放格局的产物。除了在广东和粤东具有其他濒海港湾难以替代的区位条件之外，当时国际和国内非均衡发展的政治、经济格局，也成为汕头得以在"夹缝"中生存和发展的外生因素：一是从晚清到民国初年，汕头和潮汕地区较少受国内外军事、经济动荡影响，亦非兵家必争的战略要地，社会环境相对稳定。《1892—1901年潮海关十年报告》这样认为："在过去的十年间，使世界动荡不安的政治事件对本地区并没有产生多少影响。大家埋头于自己的生意。不管是皇冠落地或政府交替，他们对这些事件毫不在意。"[2]二是中国社会沦为半殖民地半封建之后，中央政权管制薄弱，金融、币制、进出口、资本和人员出入境都缺乏统一管制的制度和能力。三是相对宽松的投资环境，使外资、侨资、本地工商资本得以进入多个领域并迅速成长。四是与潮汕经济关系密切的周边国家和地区（英属"海峡地区"、法属印度支那地区、荷属爪哇地区以及暹罗等），都是殖民地或半殖民地，对贸易、外汇和人

　　[1]　广州市地方志编纂委员会办公室，广州海关志编纂委员会.近代广州口岸经济社会概况——粤海关报告汇集［M］.广州：暨南大学出版社，1995：209，852.

　　[2]　中国海关学会汕头海关办公室，广东省汕头市地方志编纂委员会办公室.潮海关史料汇编［M］.1988：31.

员出入境基本上不加管制。这四个因素所构成的"宽松"环境的合力，使历史在特定时刻选择了汕头。

二、关于港口区位优势不平衡的影响

19世纪是世界航海方式发生重大变革的年代，18世纪末开始出现以蒸汽为动力的明轮铁木质轮船。随着世界钢铁工业的发展，19世纪下半叶，铁质船取代了铁木船，钢质船又取代了铁质船。20世纪初，内燃机开始应用于轮船。由于延续了数千年的木帆船运输逐步被机器船舶运输取代，许多仅能适应小型帆船停靠的港口，因其航道、泊位、仓储设施已经无法满足机器轮船时代的要求，逐步趋于萎缩。

从近代航海方式变革的影响上看，民国《潮州志·交通志》的概略记载了汕头港机器轮船替代木帆船的过程："汕头开埠之始，其与本国沿岸各港及台湾等处交通均赖帆船，即远至南洋群岛亦复如是。此类远程帆船当全盛时为数不下千数百艘。厥后外国汽船入口，帆船地位遂被侵夺。且大海风浪险恶，是有遭难。新造既少。损坏者废置不修，光绪以后日形减少，至民国初年不及百艘，只行驶于本国沿岸而已。至二十年且消灭殆尽。""同治六年（1867年）以后，帆船渐少，至光绪十三年（1887年）外国帆船乃绝迹于汕头港。""国人经营者……咸丰八年（1858年）统计数约四百艘，至同治八年（1869年）存三百艘，光绪八年（1882年）仅有一百一十艘。二十年间减少四分之三，其衰落之速至足惊人。"[1]以上的记述虽然与潮海关的统计数据略有出入，但以机器轮船兴起为代表的近代航运方式的变革，却使汕头口岸抓住了率先开埠的机遇，进而使潮汕经济建立起更加广泛的与近代国际市场的融通循环关系。

从中国东南航运网络逐步成型的过程看，分布在广州与上海两个外贸中心之间的诸多港湾中，汕头港距香港156海里，距厦门130海里，距福州310海里，距高雄214海里，距基隆280海里，距上海562海里，距海防520海里，距新加坡1400海里，距西贡948海里，距曼谷1503海里。[2]就当时的木帆船和早期蒸汽轮船的航速而言，从汕头港航行抵达香港、广州、厦门、福州、高雄仅需十几个

---

[1] 饶宗颐.潮州志汇编［M］.香港：龙门书店，1965：755.

[2] 打田庄六.汕头领事馆辖区纪事［M］.广州：暨南大学出版社，2019：102.汕头市港务管理局.汕头港口志［M］.北京：人民交通出版社，2010：23.

小时至1天左右，抵达上海、海防需3天左右，抵达曼谷和新加坡需1周左右。因此，汕头港正处于中国东部沿海海运网络和南海—东南亚海运网络的连接点上，对当时主要使用中小型轮船和木帆船的航运业来说，汕头港是中国东南近海和南海航线较经济的区域性货物集散中转港，也是地理位置比较合适的航线补给港。

从特定的水文地质条件上看，汕头港湾区是一个天然河口港，三面环陆，一面环海，为韩江、榕江、练江出海的总汇，港湾宽阔绵长，港区水域面积超过30平方公里，南北两边岸线超过20公里。年平均气温21.3℃，年平均雾日21.4天，连续浓雾有碍航行不超过48小时。面向南海的湾口附近，有妈屿、鹿屿等岛屿形成天然屏障，外海波浪对湾内泊稳的影响甚小。[1] "汕头港可寄碇三千吨之轮船"[2]，涨潮时5000吨的货轮可朔榕江而上直达揭阳。由于汕头港湾的水文、区位条件，以及未来建设码头、栈桥、仓储设施的发展空间，明显优于周边地域的其他港口，可以满足当时的木帆船向中小型机器轮船"转轨"的要求，汕头港替代了澄海樟林港成为粤东首位港口，从而也成为上海—香港、广州之间的非均衡港口布局的重要一环。

三、关于融入国际市场综合能力不平衡的影响

近代中国的对外开放主要有以下三种方式：一是以赓续明清两代广州"独口通商"方式为代表的，中央政府直接赋予特定集团或特定地域特许贸易权，实行进出口垄断专营。此种"官导开放"的政策在第一次鸦片战争后虽趋于式微，却并未被弃置。晚清末期清廷还在湖南岳州、福建三都澳、秦皇岛、江苏吴淞、山东济南、广西南宁等地推行"自办商埠"[3]。二是在外部因素的强力作用下，近代资本逐步渗入当地的生产和贸易体系，提升了特定地域经济的开放度和商品化、货币化水平，如根据一系列不平等条约开放的通商口岸城市、设立的租界等。三是依托本地既有的海内外贸易网络，通过更为频密的双向交往，推动地域性自给自足的贸易活动融入国际市场贸易体系。如一直从事农业、手工业制品（茶、糖、丝、土布等）生产和输出的广东、福建、浙江部分沿海城乡。在近代中国经济的开放进程中，上述三种方式往往是交叉和协同发挥作用的，只不过在

---

[1] 汕头市港务管理局.汕头港口志［M］.北京：人民交通出版社，2010：23-26.

[2] 饶宗颐.潮州志（第二册）［M］.潮州：潮州市地方志办公室，2005：753.

[3] 朱英，石柏林.近代中国经济政策演变史稿［M］.武汉：湖北人民出版社，1998：82-84.

某些地域的某些时期，某一种方式表现得更为明显一些。

中国近代东部沿海地带的对外开放不仅仅是原材料和制成品的输出，消费品的输入过程，本质上还是"半殖民地化"的生产关系、社会制度、市场主体和消费方式更迭升级的过程。从广州的"十三行"贸易的鼎盛，到近代中国第一、第二批开放口岸城市的迅速成长，可以看到，上述关于近代中国经济的三种"开放"方式，除了有赖于中国中央政府、地方政府实际上或名义上的开放允诺（或称为支持开放的"政策"），主要还是有赖于从事涉外经济活动的市场主体和其他社会主体（如公司、商行、银行、中介机构等）的普遍生成和成长壮大，从而使本地的经济环境具有满足海外市场需求变化的适应性。

对于当时尚处于近代化进程的中国经济而言，融入国际市场的综合能力似应包括以下六个方面。

第一，该地域产品生产体系适应国际市场变化的能力，包括生产规模、数量、质量控制、原料供应链、交货期、转产能力等。

第二，连通国内外市场的港口、码头、仓储、储运实施和陆路交通网络（公路、铁路、航空等）、信息网络（邮政、电报、无线电等）及港口疏运组织能力。

第三，相对发达的商业贸易体系，包括多行业的专业贸易公司、商会组织，为国际商贸活动提供支持的金融机构、保险机构和法律服务机构。

第四，对外经济社会联系已经具有相对稳定的渠道和网络，海外交往比较紧密的人群不断壮大，初步形成开放包容的文化氛围和民风民俗。

第五，本地城市化水平不断提高，人口流动规模和人口密度上升，具有一定的国际知名度，可以提供近代城市开展国际交往所需的条件，包括就业、商务、教育、医疗、居住条件等。

第六，本地经济处于上升期，具有比较强劲的消费能力，形成一定的进口需求，可以在一定程度上缓解进出口贸易失衡的压力。这一点对于以出口本地农特产品为主的东南沿海城镇保持循环发展能力至关重要。

上述六个方面的要素，直接影响着对国际市场需求变化的适应程度，此种适应程度并不主要依赖于先天的地理区位优势，而是必须通过城市、港口、产业、交通、公共服务等体系的协同发展来获取。对近代中国东南沿海经济开放过程的考察可以发现，除了上海、广州、香港之外，能够同时满足上述六个方面要求的沿海港湾城市并不多，汕头也不例外。

"因港而生"和"因商而兴"是近代中国沿海城市共同的发展轨迹，汕头之所以能够在诸多沿海城市中脱颖而出，根本原因也在于开埠之后通过长达数十年的基础设施建设，逐步补齐上述六个方面的不足之处，改善了整体的商业贸易环境，从而构筑起在融入国际市场能力方面的比较优势。从汕头开埠直至20世纪30年代，汕头先后建成较为完善的港口设施和近代交通设施，邮政、电报、电话和专业贸易公司、商会组织、金融机构、保险机构相继出现。潮籍华侨在海外已经具有相当规模，海外潮人社会和海内外潮货市场已具规模。随着本土商贸业的发展，海外汇款逐年增加，汕头市区居民的消费方式和消费水平发生重大变化，日用品和食品工业企业开始萌芽和发展，这一系列重大事件的相继出现，标志着汕头市区在东南沿海诸口岸城市中，较早完成了从传统的沿海贸易集散埠头向近代工商业城市的蜕变，从而也较早具备了全面对接和融入国际市场的能力。

四、关于不同流域间发展不平衡的影响

大多数国家或地区的工业化、市场化和国际化进程，通常是从沿海到内地逐步展开的，亦即从江河入海口处沿着流域的"脉络"逆向推进的。河流是农耕社会最基本的生活资料和生产资料，通过河流运输是最经济的运输方式。从区域空间推移发展的角度看，河流的交汇处，特别是大江大河的入海口，通常会是整个流域资源要素配置最密集，也是要素和产业集聚效应和扩散效应最强烈的地带。因此，沿江和沿海比较容易形成城市集群和产业集群，使整个流域内部和不同流域之间呈现出不平衡发展的态势。

汕头港作为韩江流域多条江河的总汇入海口，其中韩江长470公里，流域面积覆盖广东、福建、江西3省20个市县。汕头开埠时，韩江主航道长达241公里，通过梅江、汀江上溯，可将兴梅、赣州、龙岩山区纳入当时正在兴起的"汕头商圈"，[1]加上连通榕江、练江流域的广大腹地，此种港口条件使汕头的区域经济核心地位更为凸显，客观上增强了韩江流域经济依托汕头融入全国市场和国际市场的能力。"至20世纪30年代，汕头海运商贸达到鼎盛时期，据《潮海关史料汇编》载：'1932—1937各年往来外洋船舶艘次及吨位数均占全国港口第三位，仅次于上海、广州'。"[2]"汕头自开埠迄兹九十年，商业之盛于全国居第七位，

---

[1]　陈海忠，黄挺.地方商绅、国家政权与近代潮汕社会［M］.广州：暨南大学出版社，2013：9-10.

[2]　汕头市港口管理局.汕头港口志［M］.北京：人民交通出版社，2010：20.

仅次于上海、天津、大连、汉口、胶州、广州。"[1]

其实，当时中国沿海地带不只是汕头一个港口城市走上近代化轨道。以城区发展的人口规模为例，1882—1891年和1892—1901年，汕头的人口约4万人，1921年初为6万人，"由于经济繁荣的恢复，内地人们趁此大好时机不断涌入市内，到1921年底人口增加至七万五千人"。[2]20世纪20年代末期，"汕头市政府提供了市区内人口的下列数字：1928年125176人，1929年137130人，1930年153114人，1931年181073人"。[3]而同期厦门市区的人口数是：1928年149916人，1929年154367人，1930年164884人，1931年166380人。[4]两个城市的人口规模非常接近。可见，汕头仅是当时中国东南沿海发展较顺利的若干港口城市之一。

尽管当时汕头和厦门两座城市的人口规模和人口增长轨迹十分相似，汕头的商业和外贸的活跃程度却比厦门等东南沿海城市要高。1864年，开埠已12年的厦门口岸进出口船舶共661艘，总吨位210539吨；开埠仅4年的汕头口岸进出口船舶共941艘，总吨位1338805吨。1911年，厦门口岸进出口贸易总额（含与国内"通商口岸"贸易额）为2187.03万关平两，同年汕头口岸（含与国内"通商口岸"贸易额）为5322.77万关平两，已是厦门的2.43倍。1932年、1933年，厦门口岸直接对外贸易总值分别为4126.55万国币元和3635.53万国币元，分别占全国直接对外贸易总值的1.70%和1.84%。这两年汕头口岸的直接对外贸易总值分别为8153.92万国币元和7755.42万国币元，分别占全国直接对外贸易总值的3.36%和3.93%。[5]

流域空间的差异是近代汕头口岸外贸规模领先于厦门口岸的主要原因之一。由于韩江流域的覆盖面积比闽南的九龙江流域和晋江流域的面积总和还大，韩江丰水时间、主航道状况和通航能力都优于九龙江和晋江，也由于传统的水陆交通网络的影响，包括闽南的诏安、闽西北的永定、上杭一带都在"汕头商圈"

---

[1] 饶宗颐.潮州志汇编［M］.香港：龙门书店，1965：835.

[2] 中国海关学会汕头海关办公室，广东省汕头市地方志编纂委员会办公室.潮海关史料汇编［M］.1988：92.

[3] 中国海关学会汕头海关办公室，广东省汕头市地方志编纂委员会办公室.潮海关史料汇编［M］.1988：132.

[4] 林星.近代厦门人口变迁与城市现代化［J］.南方人口，2007（3）.

[5] 数据来源：《民国二十一年及二十二年中国直接对外贸易总值关别表》.中国旧海关史料编辑委员会.中国旧海关史料（1849—1948）第114册［M］.北京：京华出版社，2001：78.

的辐射范围之内，闽西客家人下南洋习惯上也以韩江流域为主通道。相比之下，尽管厦门市区的人口规模和汕头差不多，但厦门的经济腹地相对贫瘠，人口少，市场容量小，省内外交通受到周围地形的限制，运输不便，"故厦门之物资，则止能售于本省，不能旁及他方"[1]，加之腹地产业结构相对单一，[2]流域发展空间的不足限制了厦门对外贸易的进一步发展。可见，具有相对广阔的流域发展空间，既是影响当时中国东南沿海地带非均衡发展的重要因素，也是汕头融入国际市场的重要基础条件。

综上所述，近代中国沿海地带自然经济体系的解体和对外对内开放格局的不平衡、机器船舶运输时代港口区位优势的不平衡、沿海港口城市融入国际市场综合能力的不平衡、港口城市发展腹地及流域发展空间的不平衡，这四个方面的不平衡发展状况交织而成的空间发展格局，使汕头埠获得了先于粤东及周边其他港埠的"开埠资格"，开启了汕头从"因港而生"走向"因商而兴"，成为中国东南沿海重要港口城市的演化进程。

与当时中国沿海各通商口岸城市相比，汕头埠的港口条件、流域腹地、产业基础、资源禀赋等方面，并不具有特别明显的优势，导致汕头埠无法发展成为与上海、天津、广州比肩的大工商业城市，也难以发展成为如大连、青岛、宁波那样的濒海工矿城市。"因商而兴"因而成为汕头城市发展的不二选择，并且深刻地影响着此后潮汕地区的近代化和现代化进程。

第三节　非均衡推进的潮汕经济近代化过程

一国或一个地区经济的近代化包括产业结构、城乡结构、交通结构、就业结构、人口结构、社会结构等方面的近代化。产业结构的近代化，是经济近代化的基础和前提。处于中国和世界不平衡发展的大格局中的近代潮汕，在特定的区位空间、港口资源、对外往来等内外条件的复杂影响下，其经济近代化的过程也呈现出非均衡推进的态势。

---

[1]　道光二十五年三月十七日"福州将军敬慕奏""清户部档案抄件"。转引自：林星.近代厦门人口变迁与城市现代化［J］.南方人口，2007（3）.

[2]　1862—1885年，茶叶出口占厦门出口总值的40%。

一、关于潮汕产业体系的演化

产业体系的近代化通常体现为非农产业在产业结构中的比重的上升，非农产业比重的上升是通过工业的迅速发展实现的。工业化处于上升期时，服务业的比重是相对恒定的，当工业化进入成熟期之后，亦即工业的边际收益开始递减时，三次产业结构中服务业的比重才会逐渐提升，最终超过工业的比重。近代潮汕产业体系的演化轨迹有别于传统的工业化先导模式。汕头开埠时，农业和手工业仍占据潮汕产业体系中的主体地位，近代工业极其微弱。因此，潮汕产业体系的近代化是以商业体系的先行近代化为基础，进而牵动引领工业、农业、交通、金融以及城市建设的近代化而展开的。

（一）航运与港口服务业的率先兴起

1860年汕头的开埠，是建立在开埠前潮汕地区初具规模的"南北港"市场、交通网络和交易组织方式之上的。汕头被辟为"合法"的通商口岸，近代海运方式的变革与港口设施的近代化，大幅提升了潮汕地区商贸活动连接国内外市场的能力，从而加快了潮汕商业体系近代化的步伐。

首先出现的是近代船舶代理业，一批船务代理机构相继落脚汕头埠。"清咸丰以前，汕头埠已设有'船头行'（也叫'船仔行'），此种'船头行'无实业，仅为接待'来船之停居'和'代售来货'，以及'代办去货'以收取船方'佣金'。"[1] "道光二十年（1840年），英国怡和公司在汕头开设分支机构，经营船务、保险、机器、杂货等业务。" "咸丰四年（1854年），英国德记洋行在汕头设有限公司，经营抽纱原料、布匹、机器、啤酒等业务。"[2] "清同治元年（1862）外国汽船入汕后，此种'船头行'运销业因航路短，营业范围小，资本薄弱，而被新兴的'轮船行'所代替。据记载，民国22年（1933）仅汕头埠开设的'轮船行'约有70家左右。这些'轮船行'以租船载货为主，各商号自负盈亏，船方无参与经营，仅收取租金，故旧时'轮船行'也被称为'租船行'。"[3]

其次是以汕头为母港的近代轮船业开始发展，一批从事航运的公司在汕头设立或开办分公司，开通固定班期的远洋及内河航线。固定航线航班的开设与拓

[1] 广东省汕头市地方志编纂委员会.汕头市志（第三册）［M］.北京：新华出版社，1999：852.

[2] 汕头市港口管理局.汕头开港150年图像编年史［M］.北京：人民交通出版社，2010：158-159.

[3] 广东省汕头市地方志编纂委员会.汕头市志（第三册）［M］.北京：新华出版社，1999：852.

展，是港口稳定融入国际性航运网络的主要标志。"自同治六年英国渣甸、德忌利士二公司以香港为基点，设经过汕头、厦门、福州等航路，开汕头海运之新纪元。"[1]此后英国、德国、日本和中国招商局等纷纷来汕设立航运机构，至1915年，以汕头港为始发港或经停过汕头港的固定航线已近20条，分别通往基隆、厦门、中国香港、海防、高雄、广州、上海、西贡、曼谷、新加坡、福州、日里、槟城、仰光等地，此时从汕头港进出的轮船每年合计9000艘以上。[2]跨越木帆船时代的、以机器轮船和固定航线为特征的近代海运网络的形成，促成了20世纪20—30年代汕头市区的进出口贸易进入"极盛时期"。

再次是近代港口设施和港航服务业渐次发展。汕头开埠后的1865年，"英国船长汉密尔顿等人首次对汕头港进行测量，并于同年11月8日在伦敦出版了《中国东海岸韩江入口处汕头港》图，这是洋人测绘的汕头港第一张海图。"[3]1880年以后，潮海关在汕头港相继建设灯塔、浮标、信号旗杆等。"1938年，汕头电报局在小公园设立海岸无线电台，与海上船舶通信联系。"[4]汕头港开港之初，"轮船抵港多停泊在海上，货物通过驳船装卸驳运"。1892年以后，中国轮船招商局和太古、怡和等外国航运公司先后在汕头港建设木栈桥趸船码头，至1939年汕头沦陷前，共建设木栈桥趸船码头6座，还建设了港内固定系船浮筒18个，仓库堆场100多间。[5]汕头开埠之后，外籍商人随即在市区创办了船舶修理工坊，为停泊在汕头港内的外国帆船和汽船提供修理服务。为航运和港口装卸仓储提供结算周转服务的钱庄、银行、批局、保险等金融机构和商业行会等，也随之同步发展。[6]

（二）"极盛时期"的汕头口岸的转口贸易

1948年，民国《潮州志》称："同治三年（1864）设立海关，举凡潮州出入口贸易，皆以汕头为吐纳。若郡城、樟林、东里等处虽有遗存商业，仅同转驳之站，降为附庸。故举汕头一埠，而潮州全貌可概见矣。"换言之，潮汕商业体系的近代化，实际上是围绕着率先开埠的汕头港展开并走向兴盛的。

[1]　饶宗颐.潮州志（第二册）［M］.潮州：潮州市地方志办公室，2004：677.

[2]　河西信.汕头纪事［M］.广州：暨南大学出版社，2019：18.

[3]　汕头市港口管理局.汕头港口志［M］.北京：人民交通出版社，2010：128.

[4]　汕头市港口管理局.汕头港口志［M］.北京：人民交通出版社，2010：95-96.

[5]　汕头市港口管理局.汕头港口志［M］.北京：人民交通出版社，2010：61-70.

[6]　中国海关学会汕头海关办公室，广东省汕头市地方志编纂委员会办公室.潮海关史料汇编［M］.1988：19，23.

1933年经常被视为民国汕头商业"极盛时期"的代表年份。据旧中国海关总关《1933年中外贸易报告》载，该年汕头口岸"洋货进口"59776306国币元，"土货出口"17777903国币元，共计货值77554209国币元，占全国进出口总值的3.93%，列全国第六位。前五位分别是上海（货值10519768048国币元，占全国进出口总值的53.37%）、天津（货值209249770国币元，占全国进出口总值的10.62%）、广州（货值120413302国币元，占全国进出口总值的6.11%）、胶州（货值112453529国币元，占全国进出口总值的5.70%）、九龙（货值100507095国币元，占全国进出口总值的5.10%）。该年进出汕头港商船的总吨数（包括往来外洋和往来国内）为6324468吨，占全国开放口岸总吨数的4.60%，居全国第九位。前八位分别是上海（25.64%）、南京（6.75%）、芜湖（6.63%）、九江（6.22%）、镇江（5.60%）、广州（5.17%）、汉口（4.87%）、胶州（4.77%）。如果仅计算往来外洋商船，汕头港进出港商船总吨数3765751吨，居全国第三位，占全国总量的9.15%，仅次于上海的43.61%和广州的12.28%。

对1933年汕头港进出口和往来商船吨位数据的分析表明：

处于"极盛时期"的汕头口岸的外向度显著高于当时国内大多数开放口岸。1933年，汕头口岸直接对外贸易货值占全国外贸总货值的3.93%，居全国第六位；该年居全国直接对外贸易第七至第十位的口岸分别是汉口（2.13%）、厦门（1.84%）、蒙自（1.62%）和江门（1.20%）；而南京、芜湖、九江、镇江等长江沿江口岸，当年进出港商船吨位数均高于汕头口岸，但其直接对外贸易货值占全国外贸总货值的比重均低于1%。可见，当时的汕头港已经成为中国对外贸易的重要口岸，但长江沿江诸开放口岸的商业繁荣程度并不亚于汕头。

假定将直接对外贸易货值占全国进出口总额的比重，按10.1%以上、5%—10.1%、1%—5%、1%以下分成4个层次，对全国开放口岸做分层分析，上海属于第一层次，天津、广州、胶州、九龙属于第二层次，汕头、汉口、厦门、蒙自和江门属于第三层次，其余口岸属于第四层次。汕头开埠后进出口贸易额增长很快，而上海、天津、胶州等口岸的进出口贸易增长更为强劲。1933年，汕头的进出口贸易总额仅为上海的7.37%，仅为天津的37.06%。可见，在港口区位、腹地条件和既有的产业产品供求结构的影响下，直至20世纪30年代前半期，汕头基本上还是一个中等规模的转运型的港口城市，城市的商业形态主要还是以国际国内货物转运为主，既不同于拥有较广阔腹地，且拥有较强本土生产能力的上海、天津、大连等城市，也不同于主要从事国内贸易的汉口、南京、芜湖等长江沿线城市。

1933年，进出汕头口岸的货物总值为160739249国币元，其中进出口货值为77554209国币元，占48.25%，与内地各通商口岸输出输入货值为83185040国币元，占51.75%。[1]国内贸易和国际贸易货值基本持平。其中洋货进口货值59776306国币元，占直接外贸总值的77.08%，土货出口洋值17777903国币元，占直接外贸总值的22.92%。而当年汕头港往来外洋船舶的2648艘次中，进口1296艘次，占48.94%；出口1352艘次，占51.06%。进口船只吨位1848128吨，占总吨位数的49.08%；出口船只吨位1917623吨，占总吨位数的50.92%。按照以上数据推算，1933年汕头口岸进口每吨位的货值为32.34国币元，出口每吨位的货值为9.27国币元，每吨位的进口货值是出口货值的3.49倍。这一"价格剪刀差"表明，直至20世纪30年代，汕头口岸进口的洋货基本上是附加值较高的工业制成品，出口的土货基本上是本地生产的农产品和手工业制品，附加值较低。

（三）商业体系演化对潮汕近代产业发展的积极影响

从开埠初期直至20世纪10年代，从事转口贸易的批发商业一直是汕头埠的主要业态。1914年，汕头的日本人编写的《汕头纪事》中，分列出1913年汕头埠商业机构的业态构成，167家商家中，批发商占76家，批发零售商占75家，纯零售商占16家，从事批发业务的商家占商家总数的90.42%，从事零售业务的商家仅占商家总数的54.49%。[2]

汕头口岸输出的大宗货物，主要集中于潮汕地区的农特产品。1860年至1920年，各年糖类输出占汕头口岸输出货物总值的比重在40%—75%之间，甘蔗种植和蔗糖加工成为潮汕地区农业和手工业的最主要支柱产业。国际和国内市场上潮糖市场的波动，也多次直接影响潮汕地区的甘蔗种植和蔗糖生产，推动潮汕地区制糖业的技术进步和机器制糖业发展。[3]这一期间，汕头口岸输出柑橘也一直居于出口货物货值的前列，潮汕地区的柑橘种植业因而经久不衰，成为当时潮汕地区最具优势的经济作物之一。[4]长时间大规模的粮食短缺和甘蔗、柑橘等主

---

[1] 中国海关学会汕头海关办公室，广东省汕头市地方志编纂委员会办公室.潮海关史料汇编［M］.1988：188.

[2] 河西信.汕头纪事［M］.广州：暨南大学出版社，2019：46-51.

[3] 饶宗颐.潮州志（第三册）［M］.潮州：潮州市地方志办公室，2004：1213，1239，1240，1253-1257，1258-1261.中国海关学会汕头海关小组，广东省汕头市地方志编纂委员会办公室.潮海关史料汇编［M］.1988：193-216.

[4] 苏新华.近代潮州柑的种植与贸易（1840—1949）［M］.农业考古，2018（6）：185；萧冠英.六十年来之岭东纪略［M］.广州：广东人民出版社，1996：39.

要农产品商品率的不断提高，推动着潮汕地区围垦政策、柑橘种植技术和农业生产方式的不断改进，使潮汕农业结构与国内外市场更为适配。

从汕头口岸输出的大宗货物看，开埠初期被"合法化"的鸦片贸易和劳工贸易曾盛极一时，汕头港成为当时中国鸦片贸易和华工出洋的重要通道，一批从事鸦片转运和人口出口的机构在汕头埠很活跃。1860年后，随着国际棉纺织业布局的重大调整，质优价低的国外棉花、棉纱先后通过汕头口岸大量入口，直接促成了潮汕地区和韩江流域土布业的迅速发展，土布织造业成为19世纪下半叶至20世纪20年代潮汕第一个比较成型的近代产业。[1]19世纪80年代，潮汕地区的能源结构和消费结构出现新的变化，煤油大量进口，煤油储运分销方式不断改进，汕头港区建成一批大型煤油货栈（火油池），通过汕头口岸进口马口铁就地生产煤油罐，形成了连接国际油料市场的煤油进口—分装—批发—零售链条。

进入20世纪之后，汕头口岸商业贸易活动更加活跃，汕头市区人口增长速度显著加快，商业贸易形态由原来的主营转口批发贸易的"行商"为主，转为批发与就地零售并重，旅社、餐饮、金融、供水供电等行业得到较快发展，商业门类日渐齐全。汕头市区的人口结构也日渐丰富，除了与贸易转运相关的从业人员外，大量的小商贩和从事教育、医疗、文化、治安等近代城市服务的人员迅速向汕头埠集聚，创造了源于本地的新的市场需求，汕头的发展不再是仅仅依靠港口转运贸易的拉动，出现了基于自身产业经济循环的内生动力，从而加快汕头向近代商业城市蜕变。为了适应国内外市场较大规模产销的需要，汕头埠出现了以使用化石能源和新动力装置为标志的近代工业。如1878年香港怡和商行中华火车糖局在汕头礐石建设机器制糖厂[2]，1879年、1893年，汕头市分别建成使用蒸汽机榨油的两家豆饼厂，[3]1899年开办的蒸汽机面粉厂、1905年创办的美香罐头厂等。20世纪10年代前后，为满足汕头市区和韩江流域变化中生产和生活需求，电灯公司、自来水公司、有线电话先后在汕头埠、潮州府城和揭阳、澄海等地设立。至20世纪20—30年代，汕头市区和潮州府城的日用消费品工业迅速发展，30年代后期，汕头市区已有干电池厂10多家、肥皂厂近20家、火柴厂3家、玻璃厂40家、印刷厂33家、皮革厂6家、帽厂5家。[4]还有12家小机械厂，主要业务是修理碾米机、

[1] 陈鸿宇.近代汕头口岸棉纺制品进口与潮汕棉纺织业关系浅析［J］.岭南学刊，2020（6）.

[2] 广东省汕头市地方志编纂委员会.汕头市志（第二册）［M］.北京：新华出版社，1999：434.

[3] 汕头市金平区地方志编纂委员会.汕头市金平区志［M］.北京：方志出版社，2013：426.

[4] 广东省汕头市地方志编纂委员会.汕头市志（第二册）［M］.北京：新华出版社，1999：211，248，275.

汽车和机动轮船，同时也制作一些简单的机械配件。[1]民国前期，潮州民族工业开始萌芽，1915年至1925年，陆续创办昌明电灯公司、宏兴药行、三星电池厂、励华火柴厂、益华脂胶磁漆厂、《潮安商报》印务所等企业。1925年，潮州城区共有私营工业企业24家，众多的手工业作坊，从业人员达4.3万多人。[2]

（四）非均衡发展的产业空间布局和投资主体结构

从产业体系的空间布局看，近代潮汕各县产业比较单一，传统农业仍是各县最主要的产业，市场化、国际化的因素十分微弱。直至1950年初，潮汕农业人口比重和农业产值占工农业总产值的比重均在八成以上。[3]体现经济近代化水平的工业和商业服务业所占的比重很低。潮汕城乡之间的产业布局也很不均衡，20世纪30年代中后期，潮汕地区主要的商业贸易机构和近代工业企业均集中于狭小的汕头市区，部分日用品工业分布在潮州府城，陶瓷产业主要分布在潮安、丰顺县，土布业和夏布业主要分布在澄海、潮阳、揭阳、普宁等县；土糖业主要分布在潮汕平原各县；盐业主要分布在潮阳、南澳、饶平、惠来等沿海县；矿业主要分布在揭阳、潮安、惠来等县。可见，汕头开埠最为直接的空间效应，就是促成非农产业在汕头埠集聚发展，使汕头市区成为近代潮汕工业化、城市化的先行地。从这个意义上看，产业体系近代化水平的差异，是汕头市区取代潮州府城成为韩江流域经济中心的决定性因素。

从产业投资的主体看，由于当时潮汕地区的农业生产力水平较低，不可能有更多的剩余产品和剩余劳动力来支撑近代商贸业和近代工业的大规模发展，因此，汕头市区产业投资的主体一开始就是多元的，除了从原来已经开始发育的本地商业资本外，更多的是来自外国资本和境外华侨资本。如前所述，外国资本投资的主要方向是港口、船务、海运、仓储、国际贸易等领域的基础设施和实体建筑，工业领域的投资极少。19世纪90年代之后，海外潮人社会日趋稳固，汕头近代商业和工业的投资主要来自南洋的华侨资本。1984年，林金枝《近代华侨在汕头地区的投资》一文认为：1889—1949年华侨投资于潮汕地区7977万元（换算为人民币），投资于汕头市区共5300万元，投入企业1900家。其中投资房地产业占39.7%，投资商业占19.03%，投资工业仅占6.25%。"解放前华侨投资汕头市区的工业，只有二十家，投资金额三百多万元，可见投资

[1] 广东省汕头市地方志编纂委员会.汕头市志（第二册）［M］.北京：新华出版社，1999：169.

[2] 潮州市地方志编纂委员会.潮州市志［M］.广州：广东人民出版社，1995：267.

[3] 广东省汕头市地方志编纂委员会.汕头市志（第二册）［M］.北京：新华出版社，1999：51.

数量是不多的。"即便如此,这些侨办工厂成为当时极为幼小的汕头近代工业体系的支柱。"据估计,汕头的侨办工业约占全市民族工业百分之五六十,如汕头火柴厂、制冰厂、制药厂、自来水厂、电灯公司等,大都是华侨创办或与华侨投资有关。"[1]

(五)近代潮汕产业体系的世界性与局限性

从汕头开埠到20世纪30年代中期,潮汕经济近代化是以汕头港埠为中心,沿着"传统商埠—开放口岸—港口设施近代化—商业体系(商业形态、布局、主体、组织)近代化—农业市场化—近代工业萌芽"的逻辑展开的。潮汕产业体系近代化进程得以稳健推进的原因,在于顺应和把握了对接世界性市场的机遇:(1)内外贸商业活动更加深刻地依赖国际国内市场,汕头口岸的进出口商品结构和农业、手工业、工业较灵敏地随之调整。(2)包括外国资本、华侨资本、官营资本和本地民族资本自由进入汕头埠,形成了多元商贸主体、港口建设运营主体和金融主体。(3)汕头埠商业业态完成重大转型,从转口贸易为主的商埠发展为近代商业中心城市,近代商业公司和金融机构兴起。(4)近代商业组织普遍发展,提高了潮商的组织化水平。(5)近代生产性服务业和近代工业在汕头市区、潮州府城和各县城相继出现,如港口业、船舶业、水电公用事业等;由国内外市场需求拉动的土布织造、罐头食品、日用消费品、抽纱业等产业依次兴起,近代工业体系在潮汕沿海城镇略具雏形。

由于当时潮汕地区的自然资源、土地资源、市场腹地等条件的制约,加之西方资本的挤压,内外主权的沦失,半殖民地化带来的深刻社会危机,汕头市区以商业体系的先行近代化拉动的工业化是畸形和脆弱的。直至1949年,汕头市区的冶金工业、机械工业、化学工业基本上是空白的,工业各门类所需的原材料、能源和装备主要靠外部输入,工业区位和交通条件不具优势,汕头市区工业生产效率低下、成本高昂。1949年,汕头市区工业职工9458人中,从事手工业生产的就有5127人,占54.2%。[2]而汕头开埠后潮汕地区城乡间越发失衡的产业布局,汕头、潮州和各县城工业化、城市化进程因日军入侵而中断,这两个因素给近代潮汕经济带来了长远的影响。

---

[1] 林金枝.近代华侨在汕头地区的投资 [J].汕头大学学报人文科学版,1986(4):108,111.

[2] 广东省汕头市地方志编纂委员会.汕头市志(第二册)[M].北京:新华出版社,1999:49.

二、交通体系、城镇体系与人口分布的演化

潮汕产业体系近代化的过程，是内外多个因素共同作用的结果，但只有不断扩大的国际市场需求和国内市场需求，才是推动潮汕产业演化的决定性因素。随着汕头港比较优势的显现，汕头市逐渐成为潮汕地区以至粤东、闽西、赣南地带的国内外贸易中心，汕头市成为潮汕地区乃至东南沿海最具活力的资源集聚地和货物转运地之一，而国际市场、国内市场、本地市场需求持续扩大的走势，又倒逼着汕头、潮州和各县不断改善交通运输条件。

（一）"因港而生"的潮汕近代交通运输网络

"通畅的交通是商品流通的必要条件之一。交通运输条件的优劣对商品有直接的促进或制约作用。商品交易量和交通运输条件有直接的关系。商品流动的辐射半径是与交通网络的半径成正比的。"[1]逐步完善和开放的交通体系，是商业畅通和要素集聚的基础。汕头的"因港而生"，决定了潮汕地区交通体系的近代化必然以航运体系的近代化为起点。

19世纪末至20世纪初叶，汕头港的停泊、装卸和仓储能力在当时的东南沿海诸区域性港口中已经居于前列。在日益扩大的内外贸易规模推动下，1892年之后，汕头港通往潮汕沿海和韩江、榕江、练江流域沿江城镇的"小蒸汽船"航路逐步开拓。"汕头位于韩江、揭阳江之中，且面临大海，故小蒸汽船之在内河及近海之航行，极为需要。当光绪十八年，本地人曾集资五万元，设汕头小火轮公司，购小五十吨船二艘，行驶汕头潮阳间。又购七十五吨船二艘，行驶汕头揭阳间。成绩极佳，每年可得一钱之红利。"[2]至1915年，潮阳、达濠、神泉、碣石、汕尾、黄冈、关埠、炮台、揭阳、曲溪、棉湖、烫口、高陂、三河坝等沿海、沿江乡镇均有"小蒸汽船"通达，小蒸汽船与原来的木帆船一起，共同构成了分别以汕头和潮州、揭阳为中心的近海及内河运输网络。"1920年末在汕头海关登记的小蒸汽船中，外国人所有的有11艘，中国人所有的有43艘。""通行小蒸汽船的韩江上游有梅县及大埔两条线路，汕头附近则有潮州、达濠、潮阳及揭阳等地，近海各地有神泉、甲子及汕头一带，北以黄冈为终点。韩江及榕江的上游在夏季涨水期及冬季枯水期的航行范围各有不同。此外，由于汕头和潮州间有

---

[1]　方行，经君健，魏金玉.中国经济通史·清代经济卷（中）［M］.北京：经济日报出版社，2007：681.

[2]　萧冠英.六十年来之岭东纪略［M］.广州：广东人民出版社，1996：73.

铁道且此段河道多有浅滩，航行不便，因此航往韩江上游的小蒸汽船均以潮州为基点，而以汕头为基点的小蒸汽船仅航行至潮州、达濠、揭阳、潮阳及近海沿岸等地。且上述小蒸汽船均以载客为主，运载货物的仅有在近海沿岸航行的大型小蒸汽船。"[1]

进入20世纪以后，中国沿海地区开始发展公路运输。1915年刊行的《汕头纪事》载："（潮汕地区）道路主要有汕头至潮州、汕头至澄海的公路。均由石灰、沙石、碎石混合压实为所谓的混凝土铺成。但因长期没有修缮，现各处多有龟裂，且因为宽度不足，能走人马而不能通车。"[2]1920年之后，"汕头通往广州、潮州府城、梅县之公路、漳州的干线公路陆续建成通车。截至二十六年（1937）六月止，各县已筑成公路共长九九三.八公里，已通车者七三六.六公里，筑成未通车者二五七.二公里"[3]，汕头市区成为粤东与省内外公路网络相连接的中心。

1906年，连接汕头埠和潮州府城之间的"潮汕铁路"建成通车，汕头和澄海开始发展有线电话和电报事业，邮政民信机构也扩展到各城镇。1929年之后，汕头市区开通了与广州、上海间的水上飞机，1931年，汕头机场落成，1933年途径汕头的沪粤航线开通。至此，汕头市区已经发展成为当时中国沿海口岸城市中为数不多的同时拥有公路、铁路、航空、航运的近代立体交通枢纽之一。此种非均衡发展的交通格局，一方面强化了汕头城区作为粤东经济、文化、政治中心的地位，使汕头港的辐射半径大大扩展，潮汕地区传统的外贸和内贸优势得以巩固发挥；另一方面，又加剧了潮汕地区城市间、城乡间的经济社会发展差距。城镇体系和人口分布格局发生了重大变化。

（二）开埠前后区域"双中心"格局的演化

汕头开埠前，潮州府城已是潮汕地区的经济中心，乾隆中期，潮州城内已经出现外地的商会组织，"郡城居民不务农业，粒食四方的，已达十万户"。[4]"这时，在确立闽粤赣边区经济中心城市地位的潮州府城，原来各属邑的行馆、试馆，都可以成为商人聚会的处所。最具规模的大埔会馆（茶阳书院），则已经是侨居府城的大埔商人的家园了。外省商人也在潮州城建起会馆。汀龙会馆创建于1763年（乾隆二十八年），正值乾隆盛世，这个会馆实际上是闽西纸商的行

[1] 打田庄六.汕头领事馆辖区纪事［M］.广州：暨南大学出版社，2019：108.

[2] 河西信.汕头纪事［M］.广州：暨南大学出版社，2019：15.

[3] 饶宗颐.潮州志汇编［M］.香港：龙门书店，1965：781.

[4] 陈珏.上当事救荒书［M］//周硕勋.（乾隆）潮州府志.台北：成文出版社，1967：1023.

会……稍后，从海上前来潮州贸易的两浙商人也建了会馆'两浙乡祠'。"[1]至汕
头开埠75年后的1935年，潮州府城（潮安县城）的商号数仍有约3000家，[2]其时汕
头市区的商号数为3441家，揭阳县约2000家，潮州府属其余各县县城的商号数均
为1000家以下。[3]1933年，潮安县城每家商号的资本额约2000元（大洋元），揭阳
县城约1400元；潮安县年贸易额为69768200元，揭阳县年贸易额为40838400元。[4]
可见，直至20世纪30年代上半期，潮州府属除了汕头市之外各县中，潮安县城和
潮安县的商号数、每家商号平均资本额和年贸易总额都比排名其后的揭阳县城和
揭阳县高50%—60%，潮安县城作为韩江流域的主要商业中心，商贸流通活动一直
非常活跃。与此形成较大反差的是，潮州府属各县的产业构成基本上还是以农业
和手工业为主，潮汕地区的城乡分离状况因而也不普遍。所以，潮汕城镇体系的
近代化也同样是在工业化、市场化水平相当低的水平上起步的。

　　从国际和国内城市化的进程看，中世纪末叶的地理大发现和全球贸易自由
化，推动了一批近代商业城市的兴起。全球贸易体系建立后，巨大的国际市场需
求又引发了欧洲的工业革命，一批近代工业城市由此产生。从近代商业城市到近
代工业城市，再发展为近代工商业城市，是17世纪以来世界城市化进程的一般轨
迹。潮汕地区城镇体系的近代化，也同样是从汕头埠成长为近代商业城市开始
的，并以汕头城区为核心区，形成覆盖韩江流域城乡的近代商业网络。

　　汕头开埠前，汕头埠已经感受到来自国内外市场的巨大引力。第二次鸦片
战争带来的《天津条约》《北京条约》的签订，一批外国领事机构或领事官员入
驻汕头，潮海关按照西方主导的国际贸易规则运作，以及晚清、民初时部分粤东
区域军政机关（如惠潮嘉道行署、潮巡署、潮梅镇守使[5]、潮梅善后处、东江行

---

[1]　黄挺.中国与重洋：潮汕简史［M］.北京：生活·读书·新知三联书店，2017：166.

[2]　1995年《潮州市志》称："据民国23年（1934年）调查，全城更有（坐商）2413户。"（潮
州市地方志编纂委员会.潮州市志［M］.广州：广东人民出版社，1995：726.）

[3]　饶宗颐.潮州志（第三册）［M］.潮州：潮州市地方志办公室，2005：1285-1297.

[4]　饶宗颐.潮州志（第三册）［M］.潮州：潮州市地方志办公室，2005：1305-1307.

[5]　"民国元年，废惠潮嘉道。按光复初废府未设道置潮州安抚使，四月初改为潮州军务督
办，寻改潮梅镇守使【驻汕头】。""民国三年，是年六月行道制，全省分六道，设潮循道尹【驻汕
头】。""民国九年，潮循道裁。""民国十四年，中级地方行政机构自道制废后，设东江行政委
员公署【驻汕头】。未一年废。""东江善后委员公署，民国十七年设，【驻汕头】。十八年六月
罢。""东区绥靖委员公署，二十一年春设，兼掌军事行政，【初驻潮安后迁汕头驻汕头】，二十五
年十月十六日废。""廿五年，十月十五日第五区专员公署组织成立【驻潮安】。"（饶宗颐.潮州志
（第一册）［M］.潮州：潮州市地方志办公室，2005：30-32.）

政委员公署等）建于汕头或从潮州府城迁至汕头，[1]促成了人口、资本、产业、交通等要素持续而缓慢地流入狭小的汕头埠。直到20世纪20年代之后，汕头市区的人口密度、产业密度、交通密度达到了近代城市所需的棘轮效应的水平，汕头市区才真正成为潮汕经济近代化的核心区和主引擎。

1948年民国《潮州志》载，1933年汕头的年贸易额推算为692208000大洋元，占潮汕各县市商业贸易额901533600大洋元的76.78%。编纂者特意说明，在汕头贸易总额的6.9221亿元中，除去金融、侨批、保险业等，"由是推算汕头较各县总额多出一倍以上，骤视之似有可疑，实则汕头大宗贸易中之生果、鱼类等多自出产地直接输入，不经各县商号之手。而抽纱业亦由汕头行号径入内地放工制造。故合十一县之商业竟不及汕头一市之多也。"[2]至20世纪30年代时，汕头凭借口岸、金融、外贸的优势，一方面不断强化自身在粤东及韩江流域的经济核心区地位；另一方面，通过汕头开埠后逐渐形成的近代产业体系和近代交通体系，承接并进一步拓展了下渗到潮汕各县镇和乡村地带的商业和生产加工网络。《潮州志》称，1948年，"潮州当地贸易仍以汕头为枢纽，而潮安县城（原潮州府城）次之，各县城墟市又其次焉，大抵以汕头与各县城市为买卖之双方，既销出土货又输入外货，而各县土产亦多由出产地运销汕头，再以转售各市场，如南澳、潮阳、惠来等县之咸鱼脯料、潮阳之薯粉爆竹、澄海之海介土布纸箔、大埔丰顺之柴炭竹木等，皆是至各县城市贸易。类仅销行辖境间及邻县之接壤地区而已，惟潮安县城贸易范围稍广，既与梅属各县发生联系，而潮属如大埔、丰顺、饶平、揭阳等县，亦直接与有贸易也"。可见，汕头口岸的"既销出土货又输入外货"的优势，使近代潮汕产业体系呈现出以汕头城区为中心、潮州府城为次中心、各县县城和墟市为基础的三层空间架构。

（三）向"单中心"转化中的潮汕人口结构演化

1.人口集聚的规模

1914年汕头市区人口已有36851人，此时距离汕头开埠已有54年。1923年汕头市区人口约8万人，1914—1923年市区人口每年增长速度为8.99%，平均每年增加约8500人；1930年汕头市区人口已有163425人，1923—1930年每年平均增

---

[1]　广东省汕头市地方志编纂委员会.汕头市志（第二册）［M］.北京：新华出版社，1999：245-246.广东省汕头市金平区地方志编纂委员会.汕头市金平区志［M］.北京：方志出版社，2013：245.

[2]　数据来源：根据《民国时期汕头市区人口情况表》计算。广东省汕头市地方志编纂委员会.汕头市志（第一册）［M］.北京：新华出版社，1999：423.

长速度为10.74%，平均每年增加约12000人；1937年汕头市区人口205011人，1930—1937年每年平均增速为3.29%，平均每年仅增加约6000人。可见，1914年至1930年前后，是汕头市区人口增长较快的时期，1930年以后，汕头市区人口增长速度显著放缓。抗日战争全面爆发后，汕头市区人口急剧减少。[1]故民国《潮州志·户口志》载："汕头二十年（指民国二十年，即1931年——引者注）人口为181073，二十六年为205011。地虽都市，然六年之间增加仅二万余人，其增进率可谓极滞。当二十八年（1939年）倭陷市区之后，人民迁避内地，全市人口之数闻约三万人而已。及后倭凶稍敛，人民始稍归来谋生，然人口总数闻亦仅约十万人。自三十四年（1945年）收复以来，人口与日俱增。三十五年（1946年）五月作收复后第一次之精密调查，已有146864人之多。至同年七月份调查又增至168429。十二月中旬之人口数已达201159，追踪二十六年（1937年）之地位矣。此都市人口伸缩率因治乱繁荣而转移俱速之原理也。"[2]

如上所述，从20世纪10年代到1949年的大约40年间，汕头市区的人口集聚轨迹先后呈现为快速集聚（1914—1930年）、缓慢增长（1931—1938年）、严重萎缩（1939—1945年）、恢复性增长（1946—1949年）4个不同的阶段，仅1946年5月至12月的7个月间，汕头市区人口就增加了5.4万多人。但至1949年，汕头市区人口才达到230548人。也就是说，1947至1949年，汕头市区人口才增加近3万人，又回到20世纪30年代前半期每年平均增加六七千人的水平。

汕头市区人口数量变化的轨迹表明：（1）1914—1949年，如果不是战争等外部因素的影响，汕头市区对粤东区域的人口要素集聚能力显著高于周边各市县。（2）由于汕头市区的发展是建立在"因商而兴"的基础上的，市区近代工业起步晚、基础弱，市区的要素吸附能力也因而受到局限，这是20世纪30年代初和20世纪40年代末汕头市区人口总数两次徘徊于20万人门槛的深层原因。

---

[1]　根据：汕头市地方志编纂委员会.汕头市志（第一册）[M].北京：新华出版社，1999：423.《民国时期汕头市区人口情况表》计算。

[2]　数据来源：根据《各县市局人口密度总表》《各县市局治所在最近户口表》整理计算。饶宗颐.潮州志汇编（第四部）[M].香港：龙门书店，1965：948，950.

2.人口集聚的空间布局

表1-1   1946年潮汕各县市（局）人口和县市（局）治所在人口[1]

县别	人口总数（人）	人口密度（人/平方公里）	县市（局）治所在人口（人）	县市（局）治所在人口所占比重（%）
潮安	626336	465.24	62509	9.98
潮阳	811632	834.02	70036	8.63
揭阳	985999	462.80	65193	6.61
饶平	351318	127.80	7992	2.27
惠来	255719	141.59	16680	6.52
大埔	162104	106.57	10589	6.53
澄海	412467	975.08	32873	7.97
普宁	549309	597.40	21701	3.95
丰顺	183519	64.43	9771	5.32
南澳	27321	211.80	7500	27.45
汕头	201159	25690.80	193285	96.09
南山局	56779	112.82	1213	2.14
合计	4723663	289.88	499942	10.58

1948年民国《潮州志·户口志》，梳理分析了当时潮汕地区的人口密度，当时汕头的人口密度已经远高于韩江流域其他各县。《潮州志·户口志》称："审各县土地之腴瘠与人民住处分布之疏密。作人口密度及密度图以示之。然全州人口密度每方公里已达289.88人，而各地首推汕头为最密，其数为25690.8人，次则澄海为975.08人，而以丰顺64.43人为最稀。以汕头为通商口岸、澄海则膏腴之区、丰顺类皆山地故。"[2]

如表1-1所示，1946年，汕头市区人口数量已经是潮州府城（潮安县城）的3.09倍，汕头市的人口密度已近2.60万人/平方公里，是潮州府人口密度的88.63倍，说明当时汕头市区的资源要素集聚效应相对较强。

3.城镇人口的集中

如果将表1-1中县市（局）治所在人口数占该市县人口总数的比重，近似地视为户籍人口城镇化率，可以通过各县县城的人口多寡、县城人口占全县人口的比重高低，粗略地对当时潮汕地区的城乡分离状况做出分析：（1）汕头市的

[1]   根据：饶宗颐.潮州志汇编（第四部）［M］.香港：龙门书店，1965：950页《各县市局人口密度总表》，948页《各县市局治所在最近户口表》整理计算。

[2]   数据来源：根据《各县市局人民职业统计总表》附录《普宁县》表格整理计算。饶宗颐.潮州志汇编（第四部）［M］.香港：龙门书店，1965：952.

人口高度集中于市区，达96.09%；（2）人口集中于县城的程度较高的县有潮安（9.98%）、潮阳（8.63%）和澄海（7.97%），南澳县是仅有2.7万余人的海岛小县，27.45%的人口集中于县城；（3）县城人口超过6万人的有潮阳（70036人）、揭阳（65193人）和潮安（62509人）。除了澄海县城略超过3万人外，其余各县均为一两万人不等。从潮汕地区全域看，全域人口为4723663人，居住在汕头市区和各县城的人口为499942人，仅占全域人口的10.58%，这一水平与1949年中国10.64%的城镇化率非常接近。

4.人口的职业结构

据民国《潮州志·户口志》中的《各县市局人民职业统计总表》介绍，1938年潮安从事农业的人口占就业人口的比重为60.0%，1940年潮阳、揭阳从事农业的人口占比为20%和34%，饶平、惠来的占比均为80%，澄海的占比为30%，普宁的占比为52.5%。1946年汕头市从事工业的人口占比为30%，从事商业的人口占比为60%，其余的10%为"其他"。尽管编纂者注明"各县市局所查报恐不尽确，以是项资料缺少，姑存之"[1]，但也可粗略说明，汕头市区近代商业和近代工业的集聚水平，显著高于潮汕地区各县。潮州府城和汕头埠并立的"双中心"格局已经逐渐转向汕头城区为单一中心的格局。

表1-2　1936年5月普宁县职业结构调查[2]

职业类别	男性数（人）	女性数（人）	总数（人）	占总人数的比重（%）
农业	125898	33865	159763	41.71
矿业	20		20	
工业	6040	18191	24231	6.33
商业	21667	1045	22712	5.93
交通运输	1969	1203	3172	0.83
公务	2717	12	2729	0.71
自由职业	2300	986	3286	0.86
人事服务	2795	73966	76761	20.04
其他	2792	2033	4825	1.26
无业	40904	44632	85536	22.33
合计	207102	175933	383035	100.00

[1]　饶宗颐.潮州志汇编（第四部）［M］.香港：龙门书店，1965：948，952.

[2]　根据：饶宗颐.潮州志汇编（第四部）［M］.香港：龙门书店，1965：952.《各县市局人民职业统计总表》附录《普宁县》表格整理计算。

《潮州志·户口志》记录了1936年5月普宁县人民职业的调查统计情况。20世纪30年代，普宁县在潮汕地区属于中等县，总人口数、县城人口数，都低于潮安、潮阳、揭阳等县，但高于饶平、大埔、南澳、丰顺等县。因此，普宁的职业结构可大致视为当时潮汕地区的一般就业状况。从表1-2中可见：（1）普宁的近代工业化和城镇化尚未起步，农业就业人口占职业人口总数的41.71%；工业和商业的就业人口仅占总职业人口的6.33%和5.93%；县城（普城镇）的人口数仅2万余人，仅占全县人口总数的3.95%。（2）从当时普宁职业人口性别构成可见，以农业为职业的男性人数为女性的3.72倍，以商业为职业的男性人数为女性的20.73倍；而以工业为职业的女性人数为男性的3.01倍，以人事服务为职业的女性人数为男性的26.46倍。可见，普宁的产业体系基本上仍处于前工业化阶段，妇女较少参加农业生产和商业经营活动，主要从事家庭手工业生产和家政服务。（3）普宁当年无业人口高达85536人，占职业人口数的22.33%，说明当时普宁已经出现大量的农业剩余劳动力，由于近代工业和近代商贸业发展较为缓慢，难以为庞大的无业人群提供更多的就业机会。

三、近代潮汕社会结构的非均衡演化

方行、经君健、魏金玉主编的《中国经济通史》认为，中国封建社会的城市大体可分为三类：一是作为各级行政中心所在地的政治性城市，如京城和大多数省会城市。二是以手工业发达而著称的城市，如苏州、杭州、南京等。三是作为流通枢纽而发展起来的商业城市，如汉口、佛山、景德镇等。近代潮汕的社会结构同样根植于中国漫长的封建社会的城镇体系之上，潮州府城和各县县城就是典型的行政治所所在地的政治性城市。汕头城区则是典型的作为流通枢纽发展起来的商业埠头。汕头开埠后，原有的封建等级管理体系与近代资本（西方资本、华侨资本、本地的工商业资本）相互交织互动，促成了潮汕地区社会结构走向近代化。

（一）"会馆时代"：过渡形态的汕头城区社会治理结构

1921年之前，潮汕地区各县行政机构都隶属于潮州府，潮州府城一直是潮汕地区的行政中心。作为潮州府的"府城口"开埠的汕头，属于潮州府澄海县的"鮀浦巡检司"管辖。陈海忠所著《近代商会与地方金融——以汕头为中心的研究》一书中引用嘉庆《澄海县志》称："次于镇而无官司者为埠。"并指出："至嘉庆中后期，汕头才被称为埠；在行政上隶属澄海县，归鮀浦巡检司管辖，但清代的巡检通常只起治安特派员的作用。"[1]民国《潮州志》载："光绪廿四年，是时汕头分东西南北四社，由鮀浦司委任把总一名统带。"[2]也就是说，直至开埠38年后的1898年，汕头埠的"行政级别"仍"次于镇"，为便于城区治理，将汕头埠分为东南西北四个更小的社区，委派了一名级别最低的基层军官（"把总"）来"统带"。但汕头毕竟是当时中国沿海最早开放的口岸之一，"为适应对外交涉需要，清同治六年（1867年），惠潮嘉兵备道在汕头设行署，署内设汕头洋务公所，专职对外事务和检查出入口旅客，地方行政事务仍归澄海县管辖。"[3]从历史文献中可见，惠潮嘉兵备道汕头行署的"洋务公所"职能，除了涉及货物和人员出入口管理以外，对于涉及汕头埠商贸和城区发展重大问题，如批准填海规模、繁荣商贸、设立城区公共机构等，直接向惠潮嘉道报告处理。而汕头埠商民间的重大经济、土地和民事诉讼，则报呈澄海县审理。

直至20世纪初叶，汕头埠的进出口业务迅速扩大，人口数量已不少于潮汕地区的大多数县城，汕头城区仍未单独设立政府，部分市政和公共事务，由新设立的"巡警局"负责。民国《潮州志·大事志》载："光绪三十年（1904年）五月倡办巡警。惠潮嘉道褚成博以汕头系通商口岸，华洋杂处，宵小最易潜踪，欲于汕头倡办巡警，特扎洋务局。方子衡会同地方官绅妥议筹办。"在此以前，"（光绪）二十八年（1902年）十月丁观察宝铨批示云，实际警察将由汕头保商局先为创办，而三十一年（1905年）又始称潮郡预备开办巡警，大抵警察初为商办，后乃改为官办"。[4]光绪三十三年（1907），"是年设巡警局，划分为东西南北中五警区，至宣统元年（1909年）增设水巡分局乃辖六个警区"[5]。

从民国《潮州志·大事志》关于汕头埠巡警局"由汕头保商局先为创办""初为商办，后乃改为官办"的记述中，可以大致勾勒出汕头开埠后城区治理结构的形成背景：第一，汕头埠虽然驻有惠潮嘉道和澄海县（清末还有提学司）的派出机构，但不互相隶属。第二，尽管港口和城区均有长足发展，但此时汕头埠的人口规模、管辖范围以及地方财力不大，既没有必要，也支撑不起一个

[1] 陈海忠.近代商会与地方金融——以汕头为中心的研究［M］.广州：广东人民出版社，2011：25.

[2] 饶宗颐.潮州志（第一册）［M］.潮州：潮州市地方志办公室，2005：381.

[3] 陈海忠.近代商会与地方金融——以汕头为中心的研究［M］.广州：广东人民出版社，2011：26.

[4] 饶宗颐.潮州志（第一册）［M］.潮州：潮州市地方志办公室，2005：381.

[5] 饶宗颐.潮州志（第一册）［M］.潮州：潮州市地方志办公室，2005：379.

独立于澄海县或潮州府的近代政府。第三，汕头埠行政管制力量因而非常薄弱，城区的商业秩序、社会秩序、道路建设秩序，很自然地由组织化的"绅商"群体来共同承担，商人会馆（公会）是当时"绅商"群体的基本组织形态。

商人会馆是封建社会商品经济不断发展的产物，由商人会馆来代行和主导地方的行政治理事务，是汕头埠的社会治理结构走进"会馆时代"的标志，是19世纪下半叶多种因素共同作用于汕头埠的结果。由潮海关税务司辛盛（C.L.Simpson）主持撰写的第一份潮海关十年报告中，用了将近1/7的篇幅来叙述1882—1891年汕头埠的商人会馆发展情况，其中重点记录了"最有势力"的被"外国人称之为'汕头公会'"的万年丰会馆，在介绍了万年丰会馆的由来、组织构成、工作方式之后，这份报告简要而全面地归纳了万年丰会馆受委托代行的商埠行政治理职能："公会关心它的会员的个人和集体的商业利益；解决贸易争端；制定贸易章程；同时起着商会、贸易局和市政会的职能作用。它维持一支消防队，征收公会本身规定的税费，提供度量衡标准，确定佣金收费率，决定结算日，规定对贸易欺诈行为的惩罚。它一般担当追随者们的监护人，而又使所有与之打交道的人感到畏惧。它拥有一种执行自己意图的能力。这种能力可能为许多政府所羡慕。因为其中赋予了这个强有力的机器能行使的独一无二的权力，即现代爱尔兰历史中的一段插曲称之为'联合抵制'的那种坚定的压倒他人的争辩能力。"[1]

上面引述的这段文字，多次出现在关于汕头近代人文历史研究的著述中。使万年丰公会同时拥有商会、贸易局和市政会的"独一无二的权力"，主要来自三个方面：一是上级政府派驻汕头机构的委托或默许，认可万年丰会馆以"个人和集体的商业利益"的名义，制定贸易章程、提供度量衡标准、征收税费、建立消防队，甚至代办巡警局。二是源于万年丰会馆在当时汕头埠各绅商集团（海澄饶商人群体、潮普揭商人群体、客商群体、广府商人群体和洋商买办群体）中的绝对多数地位。万年丰会馆以其无可争辩的广泛代表性，使之产生了类似19世纪80年代爱尔兰土地运动的内聚能力和"自治"倾向。三是汕头开埠时"纯商业枢纽"的特点，城区的行政治理职能相对简单，且因"居民基本是商人"，参与维护整体商业秩序和商业利益的意愿也相对更强。所以，潮海关的报告专门强调潮汕本地人"为了贸易的目的联合起来"的特质："全帝国公认，汕头人的非凡的联合本领和维护其一旦获得的地位所表现的顽强固执精神，使他们的国内同胞望

---

[1] 中国海关学会汕头海关办公室，广东省汕头市地方志编纂委员会办公室.潮海关史料汇编［M］.1988: 26.

尘莫及。"[1]

从汕头开埠到1900年左右的40多年间，城区社会治理结构中"绅商群体"和驻汕行政机构的关系，大致呈现出"强会馆弱政府"的特征。随着商贸活动的活跃、港区城区规模的扩大，社会治理的任务日益复杂，按照近代商业城市的要求重新构筑城区的公共服务和管治结构，就成为汕头埠与其他沿海沿江开放商埠的必然选择。20世纪的最初十年，汕头城区社会治理结构的近代化，主要表现为重新厘清商人会馆与政府之间在社会治理中的边界，一方面是万年丰会馆等商人会馆向近代商会的方向转型，逐步减少直接承担的行政事务；另一方面则是在内外合力之下，上级官府在汕头埠设立各类政府职能机构，明确各层级行政管制领域，逐步搭建起近代地方政府的框架。

1899年，惠潮嘉道沈传义仿照厦门保商局之例在汕头设立保商局。1902年，惠潮嘉道丁宝铨拨公款2000元为经费，着手整顿汕头保商局，拟定保商局新章程12条，包括讲求地方工商业发展，进行市场统计，"将原设商捐商办之团练、勇目改作警察"维持地方秩序，调处商事纠纷，维护金融稳定，沟通华洋纠纷冲突等。[2]1902年10月11日起汕头埠的《岭东日报》连续多日刊载《保商旧章》，作为汕头商人会馆开始向保商局转型的先导："汕头保商局加举绅董，重定章程，迭纪前报。然旧日沈观察所定集议试办章程，水今日情事不能一切照行，而规模亦具矣。兹依文登报，以备订章程者采择焉。""本局之设，原为利便商民，兼联官商之情，使无隔阂。官为设局一切事件，不派委员，不用书差，均听商办。局内函禀，须有凭信，应请道宪颁给木戳，文曰：'沙汕头中国保商局戳记'，交局内绅董收存。遇有公事，方准盖用，并先由道宪照会各通商口岸码头，以凭稽查。"[3]

陈海忠认为："从新章程看，汕头保商局职能已经远远超过了保护出洋华工权益的范围，同万年丰会馆职责交织在一起。"1902年，汕头保商局局址迁移至万年丰会馆旁之瑞文庄公祠，年底推举万年丰会馆绅董、怡和洋行买办、候补知府萧永声接管保商局事务。"萧永声接手局务之后，意味着汕头保商局已经完全由商人掌控，从办事场所、主要职员和职能上与万年丰会馆都已经很难分开。对万年丰会馆来说，它只是多了一块'官为之倡、商为之办'的保商局牌子，但

---

[1]　中国海关学会汕头海关办公室，广东省汕头市地方志编纂委员会办公室.潮海关史料汇编［M］.1988：23.

[2]　陈海忠.近代商会与地方金融——以汕头为中心的研究［M］.广州：广东人民出版社，2011：95.

[3]　保商旧章［N］.岭东日报，1902-10-11.

正是这块牌子把官商之间的距离拉得更近。也就是说，在万年丰会馆向汕头商会演变的过程中，保商局担当了一个重要的过渡角色。"[1]1903年，商部颁布《奏定商会简明章程》，鼓励各地设立商会组织。经过两年筹划，1905年7月汕头商务分会设立，"身兼万年丰会馆绅董、保商局总办的萧永声出任汕头商务分会总理"。1907年3月间，"由广州商务总会详报改汕头商务分会为总会，经农工商部奏陈立案，发给关防，汕头商务总会成为广东省内两个商务总会之一。"陈海忠在《近代商会与地方金融——以汕头为中心的研究》一书中认为："汕头商会成立之后的若干年中，已经很少发现有关汕头保商局活动的记载，万年丰会馆是否仍然继续作为一个组织在运作，目前并没有太多的证据来证明。反之，汕头商会却在汕头的商业活动和社会生活中发挥越来越重要的作用，会馆只是汕头商会议事的一个场所而已。"[2]

　　清末的"新政"使当时传统的行政管理制度有所松动，近代警察和近代教育行政机关的设立，成为潮汕地区社会治理结构近代化转型的标志性事件。汕头埠巡警局于1904年设立，1907年汕头埠巡警局由商办转为官办，除了负责城区及周边水域的治安秩序，还兼管城区环境卫生、早期街巷改造等事务。"三十二年（1906）九月十六日，奉文将各县学务公所改设劝学所。"[3]作为潮汕地区最早的近代教育行政部门，主导和推动本地教育制度、考试制度和传统学堂书院的变革。《1902—1911年潮海关十年报告》载："众所周知，在中国除了某些限定地区，直到大革命（指辛亥革命——笔者注）发生，执行司法权的地方长官是知县。他是地方治安与警察长官，有权判决轻微的违法案件。"[4]"汕头位于澄海县境内，澄海知县保持上述全部权力直到1904年。这一年由于建立了一支当地警察队伍，知县享有的维护本口岸及邻近地区治安权力多少有所削弱。开始时，由一个商人委员会负责管理这支队伍的维持费用，但是不久管理权移交给道台，他授权一个委员处理一些小案。""警察队伍的建立，解除了知县的某些次要职责。但司法的主要权力还在他手里。到了本十年的最后一年，在汕头按照外国模式建立了管辖全澄海地区的法院。知县原管有的法庭被完全代替和取消

[1] 陈海忠.近代商会与地方金融——以汕头为中心的研究［M］.广州：广东人民出版社，2011：95.

[2] 陈海忠.近代商会与地方金融——以汕头为中心的研究［M］.广州：广东人民出版社，2011：95-97.

[3] 饶宗颐.潮州志（第一册）［M］.潮州：潮州市地方志办公室，2005：382.

[4] 中国海关学会汕头海关办公室，广东省汕头市地方志编纂委员会办公室.潮海关史料汇编［M］.1988：72.

了。"[1]"在过去的四年中，中国经历了很多变革，但没有能比教育制度改变得更大了。旧的求学之道是通过科举制度。这是一条既艰辛又狭窄的道路，愿意想实行民主，但实际上是寡头统治，得益的人只是极少数。这条道路现在突然被放弃了，而规划了一条前景广阔能向多方面发展的求知新路子。目的在于尽快学到各种学科的实际知识。"[2]

　　近代警察和近代教育部门的设立，是潮汕地区建立地方自治机关的最早尝试。《1902—1911年潮海关十年报告》描述了这一变革过程的宏观背景。"这过去的十年在国家政府机构方面开始了某些重大变革。民众对实行立宪政府制的普遍要求导致了1906和1907年有名的帝国法令的颁布。"建立地方自治性的行政机构，"作为实现代议制政府的初步措施"，先在天津和北方地区迅速铺开，潮汕地区则和南方地区一样，"尚处在起始阶段"。[3]

　　"1908年，汕头在全国自治的研究浪潮中，也与广州一样成立了汕头自治研究会，会长为杨源，对城市自治进行讨论。"[4]杨源也是1902年汕头市第一份报纸——《岭东日报》的主持人，宣统年间，《岭东日报》已有汕头与澄海分治的呼吁："（汕头）自通商以来，商务繁盛，来斯土者，内国则萃数省之人士，外国之人亦不下十余国。轮舶辐辏，樯帆林立，政务孔多，县官权力，有鞭长莫及之势；欲离澄海而独立，固在吾人意料之中也。""更征之于事实，设巡警局也，设洋务局也，皆不受澄海县管辖，他如岭东商业学堂，八属正始学堂，皆直辖于提学司，诸如此类，皆是离澄海而独立的象征也。"[5]可见，辛亥革命之前的汕头，不论是从未来发展意义还是从治安、市政、教育、洋务等条件看，设立独立于澄海的近代政府的时机已经成熟。

　　潮汕地区和汕头埠实行地方自治也有其较深厚的社会基础："对地方自治的好处可能已深有感受的海外回国移民占本地区居民的一个很大的百分

　　[1]　中国海关学会汕头海关办公室，广东省汕头市地方志编纂委员会办公室.潮海关史料汇编［M］.1988：73.

　　[2]　中国海关学会汕头海关办公室，广东省汕头市地方志编纂委员会办公室.潮海关史料汇编［M］.1988：78.

　　[3]　刘志勇.清末民初我国对"政治-行政二分"思想的初步探索［J］.秘书，2021（3）：82-90.

　　[4]　许瑞生.汕头市近代城区的历史演变回顾与保护体系的建立［J］.城市观察，2017（1）：157.

　　[5]　陈海忠.近代商会与地方金融——以汕头为中心的研究［M］.广州：广东人民出版社，2011：26-27.

比。"[1] "宣统元年（1909年）正月，广东筹备宪政事宜，设立咨议局，各县则分区投票选举咨议员。年冬，各县设自治事务所。"[2]但是，直到1911年，汕头才向地方自治迈向第一步，成立了一个叫作参议会的当地事务管理机构。"这个机构仅仅是一个协商性质的议会组织，由20名代表和2位主任组成。""据报道，本十年的最后一年，在潮州府的其他地方也成立了类似的机构，当时仅仅确认它们的存在这一事实已感到困难，可以肯定，当最近政治局势发生变化时，它们连初创阶段还未渡过，就已被搁置起来了。"[3]

清末"新政"试图借助"地方自治"的外壳，逐步建立地方行政管理机构，目的还是在于理顺中央与地方、省与县乡区的分权治理模式，以缓解日趋尖锐的社会矛盾。因此，当时的"自治"思想及其实践，远非现代意义上的"公共参与"和"公共治理"。正如刘志勇指出的：当时的探索"是在国家治理能力下降，财政虚弱，新问题、新困难层出不穷的现实情况下，是在国家无力提出和实施新的国家战略的历史条件下，是在旧体制向新体制过渡但其界限并不明朗的时代背景下进行的。这种探索得到了时代的激励，同时也受到了时代的限制。这一探索的思想成果在'新者未得，旧者已亡'的政治困境和社会危机面前所能发挥的实际作用非常有限"。[4]

（二）近代行政管理机构在汕头的先行建立

从1911年辛亥革命发生直至1921年汕头市设立市政厅的10年间，汕头埠继续沿着"做实地方自治"的方向，构筑近代社会治理体系。民国《潮州志》称："宣统三年（1911年），九月初旬，讹省独立，汕人提出自治自保，统收财政巡警之权，开始筹划政权接管。""高绳之创商团，以增实力。知府陈兆棠闻而解散之。"[5]民国成立后，1912年汕头埠巡警总局改称"汕头商埠警察事务所"，直属广东省警察厅领导；1915年改"汕头警察局"，1919年改为"汕头警察厅"。民国七年（1918）"设潮梅筹饷局规复航政局。二月潮循道尹吕一夔请筹

[1] 中国海关学会汕头海关办公室，广东省汕头市地方志编纂委员会办公室.潮海关史料汇编［M］.1988：72.

[2] 饶宗颐.潮州志（第一册）［M］.潮州：潮州市地方志办公室，2005：89.

[3] 中国海关学会汕头海关办公室，广东省汕头市地方志编纂委员会办公室.潮海关史料汇编［M］.1988：72.

[4] 刘志勇.清末民初我国对"政治-行政二分"思想的初步探索［J］.秘书，2021（3）：90.

[5] 饶宗颐.潮州志（第一册）［M］.潮州：潮州市地方志办公室，2005：390.

饷局，综理潮梅财政兼收盐税，规复潮梅航政局，以开财源。[1][2]5月，设钨矿税局于汕头。[3]1912年7月，设各县临时议会，改各县民政长为县知事"。[4]1919年冬，"刘志陆仿广州市政公所组织，设汕头市政局，是为汕头设市之萌芽"。[5]

在民国初关于中央和各省、州、县多层次分权治理的讨论中，"外交、军政、司法、国家财政、国家产业及工程等归中央集权，教育、路政、卫生、地方的财政和工程产业等属于地方分权"[6]的思路，逐渐被社会各界所接受。20世纪10年代，汕头埠和潮汕一系列行政管理机构的设立依据，有的来自全国统一部署，如分层设立教育行政部门，更多是来自省级政府的指令，为维持广东的相对"独立"地位努力开辟省级的财、税、饷来源。1921年3月，汕头埠经省政府批准，设立汕头市市政厅，成为广东省第二个独立建市的城市。[7]"当时省政府颁布之汕头市暂行条例，系参照广州市制度而定，其市制之组织，分为三个独立部门。一，市行政委员会，为行政机关；二，市参议会，为咨询及议决机关；三，审计处，为监督财政机关。其时汕市设行政委员会，以市长为该会主席，而市政厅则设财政、工务、公安、卫生、公用、教育六局掌管之。"政府部门的职能设计全部集中于城区的公共秩序、公共服务和公共事业上，基本上不介入微观的工商业经营活动，加之相对独立的参议会和审计处、与地方没有归属关系的审判厅，使当时的汕头市先于全省和全国许多地方建立起权责明确又相互制约的近代社会治理结构，为此后近20年汕头商贸和城市的迅速发展奠定了制度基础。

1921年，除了新设立的汕头市政厅外，在汕头的"官衙"还有省政府委派的、相当于以前地区"镇守使一级"的"善后处"，以及潮海关监督兼汕头交涉

---

[1] 饶宗颐.潮州志（第一册）［M］.潮州：潮州市地方志办公室，2005：398.

[2] 广东省汕头市地方志编纂委员会.汕头市志（第一册）［M］.北京：新华出版社，1999：90.

[3] 广东省汕头市地方志编纂委员会.汕头市志（第一册）［M］.北京：新华出版社，1999：94.

[4] 饶宗颐.潮州志（第一册）［M］.潮州：潮州市地方志办公室，2005：396.

[5] 饶宗颐.潮州志（第一册）［M］.潮州：潮州市地方志办公室，2005：400.

[6] "宋教仁认为，外交、军政、司法、国家财政、国家产业及工程等应归中央集权，教育、路政、卫生、地方的财政和工程产业等应属于地方分权。在《中央行政与地方行政分划之大政见》中，宋教仁更为系统地阐述了他的行政分权思想和分权设计———一国政务，何者宜归中央，何者宜归地方，须以其政务之性质与施行便宜为标准。大抵对外的行政多归之中央，对内的行政多归之地方；消极的维持安宁的行政多归之中央，积极的增进福祉的行政多归之地方。""从宋教仁的分析来看，属于中央行政集权的应该是政务性的居多，属于地方行政分权的应该是业务性的居多。宋教仁认为，根据当时国情，地方分权尤应注重地方自治，使人民直接参与施政，以重民权。"刘志勇.清末民初我国对"政治-行政二分"思想的初步探索［J］.秘书，2021（3）：87.

[7] 谢雪影.汕头指南［M］.汕头：汕头时事通讯社，1947：5.

员公署、潮桥盐运副公署、潮海关、潮海常关、澄潮厘金总局、沙田清佃局、印花税局、烟酒税局、航政局、花宴捐局、牛皮捐局、戏捐局、汕头电报局等。[1]这些形形色色的"官衙"集中于汕头，加重了汕头企业和民众的捐税负担，无助于汕头市场环境的改善。潮海关税务司富乐嘉1932年提交的《潮海关十年报告》指出："广东可以说是中国征税最重的省份，而汕头则是广东省内征税最重的地区。在这个地区内开征一种又一种的新税。1929年1月1日关税自主的恢复使中央政府能在1931年1月1日取消所有属于厘金之类的税种，但事实上，除按命令关闭了各个地区的厘金办事处外，所有其他收税处均未取消。恰恰相反，实际上开征了各种新税。"[2]

（三）商人组织形式进一步向规范的近代商会转型

从清末"新政"前后直至1949年，汕头的"绅商群体"进一步"组织化"，商人组织形式进一步向规范的近代商会转型。

一是参加商会的商家数量不断增加，各类行业公会纷纷成立。1915年，日本人编著的《汕头纪事》一书中，专门介绍了汕头的商务总会："商务总会相当于日本的商业会议所，于明治三十七年（1904）、明治三十八年（1905）左右由主要的实业家创立，经过逐年的整顿至今已成为完善的公共团体。""因其系一网罗了有财力的团体，故势力不止于商业，对唤起能影响一般民众的舆论也有巨大影响力，对某些事项的决议有时比政府以告示等形式发出的命令更有效力。"[3]1922年，日本人编著的《汕头领事馆辖区纪事》"商业机构"一节，除了继续肯定汕头总商会"其权力颇大，以往甚有权威"，又介绍了"潮梅实业公会"，称"该会是由潮汕铁路公司、汕樟轻便铁路公司、电灯公司、自来水公司等在汕头的大企业为维护彼此利益、交换意见而成立，在振兴地方实业方面少有活动"。可见，20世纪20年代初，汕头埠已经出现了实业资本组织的同业公会，但该书未提及商业领域的同业公会。直至30年代初叶之后，同业公会才迅速发展。1947年民国《潮州志》称："潮州商业团体以汕头总商会为最先成立，于清

[1]　打田庄六.汕头领事馆辖区纪事［M］.广州：暨南大学出版社，2019：126-127.

[2]　中国海关学会汕头海关办公室，广东省汕头市地方志编纂委员会办公室.潮海关史料汇编［M］.1988：126.

[3]　河西信.汕头纪事［M］.广州：暨南大学出版社，2019：60.

光绪三十一年（1905年）六月间。入民国后各县始逐渐有县商会之设。"[1]"及二十年（1931年）工商业同业公会法公布施行，潮汕各业纷起组织公会，团体单位乃多。"[2]1947年10月曾景辉主编的《最新汕头一览》统计，除汕头总商会外，汕头市已有同业公会73家。《潮州志》统计，1946年，汕头之外的潮属各县及所属镇区乡的商会共38家，同业公会283家，其中潮阳县就有商会7家，同业公会96家。[3]

　　二是商人资本的构成日趋多元，华侨资本、买办资本与乡村土地资本更多采取近代公司制方式融合，在商会和同业公会的框架下，"绅商群体"的资本运营能力显著增强，已经可以投资和经营较大型的公共工程、交通和城市基础设施。如汕头埠的商会长时间把控本地金融市场，以商会信用稳定本地兑汇庄所发行纸币币值；1925年"七兑票"废止之后，"随后汕头各钱庄累计发行了400多万元的保证纸币流通市面。汕头保证货币制度的实施，使总（市）商会在商会法所赋予的角色和职能之外有了新的职能，即兼顾成为全市金融之总枢纽，成为一个非银行但承担'领袖银行'部分角色和职能的公共机构。"[4]当然，"总商会（市商会）"框架下的资本聚集规模也是有极限的，加之"绅商群体"参与各方的利益导向，20世纪20—30年代，商会之间和内部的分化、争斗现象也层出不穷，如1925年之后总商会与"商业联合会""商民协会"之间的"大小商分裂"[5]、1934—1935年商号与市商会的诉讼、1936年市商会的改选风波等。[6]这些内部冲突的结果，"使商会之'商民公共之集团'的权威性与合法性受到质疑"，导致商会社会影响力下降，"地方商人面对政府对商会商务的干预，再也无力反抗"。[7]

　　[1]　饶宗颐.潮州志（第一册）［M］.潮州：潮州市地方志办公室，2005：1328.《潮州市志》则称："光绪二十八年（1902年）创立潮州府商会，这是全国较早成立的四个商会之一（另三个是上海、宁波、广州），辛亥革命后，潮州府商会改办为海阳县商会。"（潮州市地方志编纂委员会.潮州市志［M］.广州：广东人民出版社，1995：69.）

　　[2]　饶宗颐.潮州志（第一册）［M］.潮州：潮州市地方志办公室，2005：1328.

　　[3]　饶宗颐.潮州志（第一册）［M］.潮州：潮州市地方志办公室，2005：1329.

　　[4]　陈海忠.近代商会与地方金融——以汕头为中心的研究［M］.广州：广东人民出版社，2011：305.

　　[5]　饶宗颐.潮州志（第一册）［M］.潮州：潮州市地方志办公室，2005：1328.

　　[6]　陈海忠.近代商会与地方金融——以汕头为中心的研究［M］.广州：广东人民出版社，2011：300-337.

　　[7]　陈海忠.近代商会与地方金融——以汕头为中心的研究［M］.广州：广东人民出版社，2011：336-337.

三是潮汕的"绅商群体"参与潮汕社会事务和政治事务更为主动、活跃。清末民初相交之际，在民族主义情感和谋求绅商整体长远利益双重动机的驱使下，汕头埠的商人组织多次组织抵制洋货、参加爱国市民的罢工罢市活动。部分商人宣扬革命，集巨资支持甚至直接领导反清起义。民国成立后，潮汕的商人多次谋求地方自治，建设商团，创办《商报》，引导舆论。黄挺在《商人团体、地方政府与民初政局下之社会权力——以1921—1929年的韩江治河处为例》一文中称："民国初年的潮汕社会，华侨、商人也扮演着非常重要的社会角色。宣统三年（1911年）武昌事起，汕头革命党人举义响应，光复潮汕，所得资金都得自中国香港、南洋的华侨商人。光复后的潮汕，社会混乱，群雄并立，各自为政，时人称十三司令。其中也有华侨商人，如高绳芝、许雪秋等。民国纪元后，潮汕一如全国，军阀混战，城头变幻大王旗，筹集饷款，多为华侨富商肩任。"[1]民国期间的潮汕韩江治河、内河和公路交通运输、汕头市政改造、中山公园、学校、医院建设，商人和商会组织都是主要倡建者。总体上看，民国期间商会的经济活动基本上是成功的，尽管到民国中后期显得有些力不从心。商会的政治介入则基本上是被动和软弱的。陈海忠在《近代商会与地方金融——以汕头为中心的研究》一书中，对这一时期商会组织在近代汕头治理体系中的政治行为做出了梳理："自1904年成立至1930年改组为市商会，虽历经多次改组，汇兑业和南北行商人一直保持对商会的领导地位。在民国初年的乱局中，商会组织商人武装，意图在汕头建立一个由商人主导的地方政权。在陈炯明据汕头时期，总商会与陈炯明合作，承担陈军在潮梅地区的大部分筹饷业务，并由此导致了与上海潮商团体冲突。1930年改组为市商会，国家政局相对平靖，商会已较少牵涉政治活动，但商会内部不同行业的力量对比，将深刻地影响商会在经济活动领域的作用和地位。"[2]

（四）近代社会事业和公众力量的同步成长

人口的聚集引致的人口数量和人口构成的变化，与社会治理结构近代化互为因果关系。1935年初，《汕头市市政公报》发布了1934年10月全市社会发展情况的相关统计数据，从数据中可见，汕头建市以后，各项社会事业获得很大发展，人口数量和人口结构都发生了重大变化。

---

[1] 黄挺.商人团体、地方政府与民初政局下之社会权力——以1921—1929年的韩江治河处为例 [M]//潮学研究（9），广州：花城出版社，2001：182.

[2] 陈海忠.近代商会与地方金融——以汕头为中心的研究 [M].广州：广东人民出版社，2011：139.

表1-3　1934年10月汕头市人口基本情况统计

单位：人

	总计	有业	失业	准有业	在学	残疾	告老	未成年	无业	不详
合计	191356	92160	15945	7987	21827	423	5238	25322	22079	276
男	121469	74836	10712	3812	14836	227	2435	11030	3383	198
女	69887	17324	5233	4175	6991	196	2803	14292	18696	78

表1-4　1934年10月汕头市人口职业情况统计

单位：人

	总计	农	矿	工	商	交通	党务	公务	自由	不详
合计	92160	2335		30258	33800	15192	269	3238	4023	3045
男	74836	1528		19267	29609	14939	255	3201	3122	2915
女	17324	807		10991	4191	253	14	37	901	130

表1-5　1934年10月汕头市人口教育程度统计表

单位：%

	不识字	识字	小学	中学	职校	专门学校	大学	科举
现住人口	42.29	19.51	28.20	8.32	0.16	0.52	0.44	0.06
有业人口	31.84	25.67	28.46	11.02	1.17	0.92	0.80	0.12

表1-6　1934年10月汕头市各级学校统计表

总计	大学	专门学校	职业学校	高级中学	初级中学	高级小学	初级小学	幼稚园	补习学校	私塾
125		2	6	9	50	7	17	17	17	

表1-7　1934年10月汕头市各类商号统计表

总计	普通商店	工厂	银行	银号	饷押	经纪行	旅店
5099	2938	215	3	378	23	53	153
	洋行	南北行郊	染织公司	文化美术商店	中西医店	中医所	其他
	49	168	103	184	296		536

通过对以上各表的比照分析，可以大致了解20世纪30年代前半期汕头城区社会事业和社会治理结构的变化情况。

第一，汕头城区人口规模和人口构成使社会治理主体更趋多元。

汕头开埠后很长一段时间，直至19世纪90年代初期，汕头城区的人口规模和人口职业结构，仍停留在区域性转运港埠的水平。1914年汕头埠人口增至4万人，9年后的1923年，汕头城区的人口增至约8万人；1930年城区人口再翻一番，超过16万人；1934年10月，城区人口超过19万人，已经接近民国期间汕头城区人口的峰值。

从《汕头市市政公报》提供的数据中可见：（1）当时汕头城区19.13万的总人口中，61岁以上的人口才3552人，占总人口的1.86%，"告老"人口5338人，占总人口的2.79%。"有业"和"准有业"人口100147人，占总人口的52.34%；如果加上1.59万失业人口和2.21万无业人口，汕头城区的劳动力和潜在劳动力数量可达到总人口的72.21%。可见，随着周边劳动人口快速向汕头城区聚集，汕头城区的人口年龄结构非常年轻，劳动力供给充足，这是支撑汕头城区经济和社会迈向近代化的重要条件。（2）1934年9.216万"有业人口"的职业结构中，从事工业的30258人，占"有业人口"的32.83%；从事商业的33800人，占"有业人口"的36.68%；从事交通业的15192人，占"有业人口"的16.48%；自由职业者4023人，占"有业人口"的4.37%；从事"公务"的3238人，占"有业人口"的3.51%。对于汕头这个"因港而生"和"因商而兴"的区域性港埠而言，商业和交通从业者占就业人口的53.16%，与汕头城区近代交通业和近代商业的发展是相适应的。而从事工业、公务和自由职业者的人数共37519人，占就业人口总数的40.71%，这部分就业人口大多是汕头建市前后进入汕头的工人、工程技术人员、医护工作者、教师、新闻从业者、律师、政府公务员、警察等，一方面体现了汕头城区正在由区域性贸易转运中心发展为近代工商业城市，城市化和工业化逐渐展开；另一方面，也体现了汕头城区的社会事业开始走上近代化的轨道，多元化的社会治理主体正在形成。

第二，教育近代化是汕头社会事业的发展重点。

从表1-5可见，汕头城区人口的受教育程度是与就业结构同步变化的。1934年10月，汕头城区现住人口191356人中，不识字率为42.29%，这一数据包括未成年人和成年人中的"无业人口"，"有业人口"的文盲率仅有31.84%。

1930年教育部进行了统计调查，在《实施成人补习教育计划》中称，全国总人口436094953人，不识字者约占80%。可见，1934年的汕头城区的文盲率显著低于全国平均水平，此种情况说明20世纪10—30年代新流入汕头城区的人口的识字率较高，也说明汕头城区的教育事业发展强于潮汕各县。黄晓丹、陈嘉顺的《汕头埠教育事业》一书认为，汕头开埠之初，纯为贸易商埠，无所谓教育事业。"宣统年间，汕头埠地域内，中等学校仅4所，小学堂仅6所。"1921年，汕头有私立小学18所，教会小学3所，教会幼稚园4所。[1]直至1921年设立市政厅之后，汕头才开始有公办小学。至1934年10月，全市各类学校125所，其中职业学校2所，中学15所，小学57所，幼稚园17所，补习学校17所。在学人数21826人（见表1-3、表1-6）。1947年统计，汕头城区尚有大专学院1所，中学10所，职业学校3所，小学31所，补习学校4所。[2]尽管潮汕地区其余各县的中小学教育也有所发展，汕头的教育规模和教育质量一直居于粤东的领先地位。

第三，近代财政体制和公共服务体系的初步建立。

汕头城区近代教育事业发展较快，得益于汕头设立市政厅后近代财政体制的确立。1929年汕头市市长萧德宣称，每年公私立学校经费共约40万元，"市库支出教育经费每年占收入的1/4，达15万元左右。市民及政府重视教育可见一斑"[3]。再以1934年10月市政府财政收支情况为例，该月市政府收入毫洋（下同）80556.86元，支出88008.43元，入不敷出7451.57元。专门用于教育的经费共20项，总金额24686.76元，占该月市政府支出的28.05%。[4]除了教育经费之外，较大笔的财政支出是市政府经常费12402.4元、公安局经常费30774.05元，市政府临时费3333.321元，公安局临时费292.48元，这4项共46802.25元，占该月财政支出的53.18%。其余近19%的财政支出，用于市立医院、麻风病院、平民新村管理处、市政维修、洒水车、济民所、农事试验场、民众阅报社，还资助了11个在汕的报社和通讯社等。从当时的政府开支目录看，政府支出仅限于公共服务和社会治理领域，与企业和市场之间的边界还是比较清晰的。

第四，市民力量和近代社会组织的成长。

汕头开埠后，从会馆、保商局到后来的总商会和市商会，商人组织成为汕头埠最早、最强大的近代社会组织。商会与清末的巡警局相互依赖，"商埠警察虽在开办后不久改归官办，但警察'保商'的宗旨并不因此消失；加上商人仍是警队的主要赞助人，故两者关系颇为密切"。在民事纠纷、禁烟禁赌、保学护

[1] 黄晓丹，陈嘉顺.汕头埠教育事业［M］.汕头：汕头市社会科学联合会，2017：3.

[2] 曾景辉.最新汕头一览［M］.汕头：汕头虎豹印务公司，1947：91-93.

[3] 汕头市政厅总务处.汕头市市政公报［J］.1929-10（49）.广州：广东省立中山图书馆.

[4] 汕头市政厅总务处.汕头市市政公报［J］.1935-1（119-121）.广州：广东省立中山图书馆.

商中，地方绅商都得到警察的支持。辛亥革命爆发后，"在光复的过程中，巡警即与汕埠商人站在同一阵线，他们'响应来自省会广州的号召，建立自治的共和政府'"。[1]随着汕头埠人口增长和产业繁盛，各阶层市民逐渐登上社会治理的政治舞台，20世纪初叶，汕头埠和潮汕各县开始出现工会、农会、教育、医师、律师、慈善、宗教等团体。1925年萧冠英在《六十年来之岭东纪略》中载："民国八年，缝纫工会首先设立，其后相继组织者，计共有十七个工团。"[2]"当时工会（工团）多属行会组织，劳资界限没有明确的划分，很多手工业者，甚至雇主也参加工会组织，他们也组织一些自发的经济斗争。"[3]1923年9月，共产党人彭湃在汕头成立"惠潮梅农会筹备处"，潮安、潮阳、澄海等10个县的农会加入惠潮梅农会。第一次国内革命战争时期，中共领导的工会、农会等群众组织，团结汕头市其他社会组织，积极参加和支持省港大罢工、两次东征战役和北伐战争。抗日战争全面爆发以后，中国共产党领导潮汕地区的"青抗会"和其他群众组织，广泛动员群众，组织抗日民族统一战线，坚持抗战到底。汕头市民参与社会治理意识的觉醒，还突出地体现在汕头埠近代报业的迅速发展。1902年3月和5月，《鮀江辑译局日报》和《岭东日报》相继问世，至1911年的10年间，汕头埠先后有近20种报纸出版发行。从1911年进入民国至1949年，汕头市报业发展更为迅猛，38年间出版各种报纸合计超过160种。[4]1911年，周楚云在潮州府城创办《韩江报》，此后数年，《粤南报》《自由报》《晨钟女报》《民报》《民治报》相继创办。[5]曾旭波的《汕头埠老报馆》一书中指出，早期汕头埠很多报纸成为辛亥革命和民主革命的宣传阵地，"唤醒国人，启发民智成为许多有识之士的共同理念"。很多报纸立足汕头和潮汕地区，具有鲜明的华侨文化、商埠文化及地方文化特色。"1860年开埠之后，汕头的商埠定位更加明确，发展亦更加迅速。商埠经济催生了商埠文化。汕头埠报业从清末诞生到民国年间的蓬勃发展，都呈现出浓浓的商埠文化特色。""除了官方报纸《岭东民国日报》外，都与商界有密切的关系。他们或在商会的资助下成为商会利益的代言者，或创办人本身

[1] 钟佳华.清末潮嘉地区警察的建置与团练的复兴［M］//潮学研究（9）.广州：花城出版社，2001：125-127.

[2] 萧冠英.六十年来之岭东纪略［M］.广州：广东人民出版社，1996：145.

[3] 广东省汕头市地方志编纂委员会.汕头市志（第一册）［M］.北京：新华出版社，1999：735.

[4] 曾旭波.汕头埠老报馆［M］.广州：暨南大学出版社，2016：8，10.

[5] 潮州市地方志编纂委员会.潮州市志［M］.广州：广东人民出版社，1995：72.

就是实力雄厚的大商人。"[1]

从1911年至20世纪30年代后期，汕头市的社会治理主体由清末时"会馆时代"的"弱政府强商人"，逐步转为地方政府、绅商群体和市民"三主体"互动的近代治理结构。[2]在这一转型过程中，地方政府的公共治理和公共服务职能不断扩充完善；绅商群体参与社会治理的领域不断拓展，行为渐趋规范，市民阶层的组织化程度不断提升，反映民意、参与公共治理的意识有所增强。在"三主体"的相互关系中，市民阶层和社会组织还难以成长为可以制衡政商的独立力量，只能在舆论场上和慈善事业中有所作为；地方政府由于掌握了相对稳定的公共财政收入，开始有规划地推动市政改造及有限的公共事业，如兴建公园、平民新村、平民医院等。而推动20世纪20—30年代汕头市贸易、工业和城市快速发展的合力中，主要还是靠本地绅商和华侨商人的力量。由于当时地方政府的财政和管理能力有限，许多大型基础设施和公共工程，如韩江治理，潮汕铁路、道路、下水道等市政设施，平民新村、市区公共交通等的建设，常常采取"官督商办"的方式，由商人资本建设经营。但其中的部分工程在建设或经营的中后期，都因各种原因由商办转为官办。这一状况说明潮汕商人资本的筹募与运营能力还是有限的。

第四节　近代潮汕经济运行的多维度复合循环范式

从区域经济运行的研究范式的视角看，近代潮汕经济与国内外经济之间形成了海外移民、国际贸易、文化交融三个维度的复合循环关系。

[1]　曾旭波.汕头埠老报馆［M］.广州：暨南大学出版社，2016：16，17.

[2]　"（汕头）旧城区的改造过程中，城市的社会权力有一个很明显的向着政府倾斜的趋势。规划是由市政府制订，报送省政府审核，最后修订的。每一项具体工程的实施，都会组织一个委员会来领导。委员会由政府派员，与商民代表组成。政府的委员主导着委员会的工作，这同此前十几年里，商会一直在城市生活的方方面面都发挥着重要作用的情形相比起来是一个很大的转变。"（黄挺.中国与重洋——潮汕简史［M］.北京：生活·读书·新知三联书店，2017：238.）

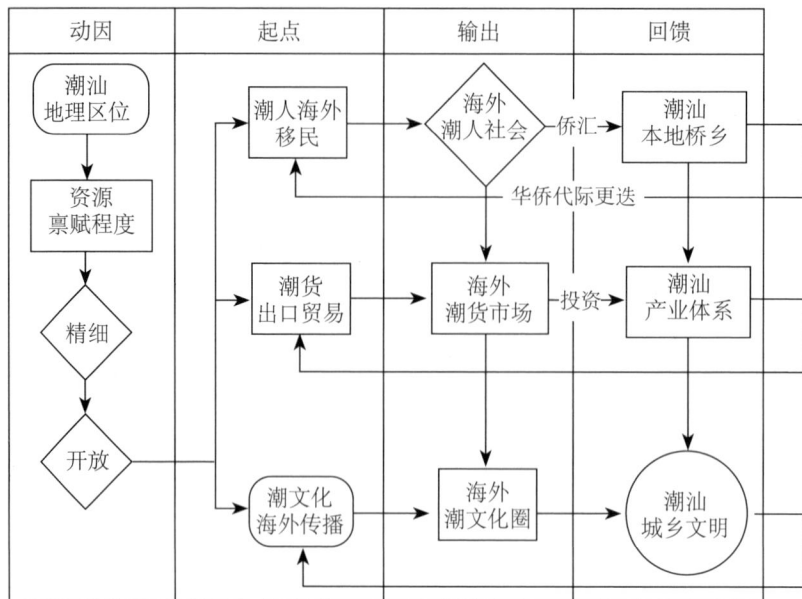

图1-1　近代潮汕经济运行的多维度复合循环范式

一、关于经济学研究的范式与区域性经济循环研究的范式

所谓"范式"是由一系列理论范畴构成的理论框架。"'范式'一词最先来源于托马斯·库恩（T.S.Ku-hn）的著作《科学革命的结构》，库恩认为'范式'主要有两个方面的含义：一种是综合意义上的，包括一个科学共同体所共有的全部规定；另一种是具体意义上的，是前者的一个子集，是将前者中包含的关键规定抽出来，主要指范例和模型，作为常规科学谜题解答的基础。"[1]

关于经济学研究范式，就是经济学范式中的方法部分。常用的经济学研究范式，包括马克思主义政治经济学的研究方式，如生产力—生产关系—生产方式分析、剩余价值理论、社会再生产分析、生产—流通—分配—消费关系分析等，也包括西方经济学的多种研究范式，如边际效益分析方法、供求对称平衡方法、凯恩斯宏观经济平衡方法、发展经济学诸分析模型等。经济学的研究范式，其核心要求就是研究资源要素如何实现在不同时空之间的畅通循环，以提高有限要素

---

[1]　言麟渊.经济增长互动机制研究——基于库恩范式理论视角［J］.科技与产业，2020（8）：93.

的配置效率。因此，几乎所有的关于经济运行的研究范式，核心都是研究诸要素间的互动效应，是如何推动经济循环从不平衡到实现相对平衡的过程。关于世界或一国经济的经济周期、技术周期、人口生育周期分析、社会总供给（供给侧）和社会总需求（需求侧）的总量和结构分析、国民经济部门间的平衡分析，以及各产业、行业、企业的供应链、产业链、价值链、创新链分析等，都是常用的经济循环研究范式。

关于区域经济循环研究范式的构建，主要是基于区位理论、区域开发理论、核心-边缘理论、库兹涅茨-威廉姆逊模型、产业空间推移理论、新经济地理学等的分析方法，并借鉴了城市化理论、公共治理理论和文化人类学等的分析方法。

近代潮汕经济运行的研究范式的基本范畴，根植于潮汕经济近代化进程的现实逻辑，并散见于关于潮汕历史文化研究的诸多著述中。

二、从相对精细走向开放：由地理区位和资源禀赋程度决定的行为逻辑

（一）地理区位和资源禀赋程度是影响潮汕区域产业选择和空间形态的重要因素

黄挺、陈占山著的《潮汕史》认为："在讨论任何一种地域历史文化的形成与发展过程的时候，对地理环境及其变迁的考察是必不可少的。生活在某一地域的人群，就要努力调试自己与环境的关系。一方面，他们总是在所处地理环境的制约下，尽量利用环境资源，在这一过程中，掌握最有效的生产技术，选择最优越的生活方式，建构最合理的社会组织，并逐渐形成具有自身特色的文化传统。另一方面，在这一过程中，该地域的地理环境因人为而变迁，在景观上呈示着具有自身特色的文化面貌。""我们在讨论地理环境对文化生成的影响时，更加注重自然资源这一具有经济意义的因素。"[1]

潮汕地区三面为山地、丘陵，一面向海，"形成一个内陆比较封闭而有很长海岸线的地理小区域"，[2]与广东省的"七山一水两分田"相比，潮汕境内的

---

[1]　黄挺，陈占山.潮汕史（上）［M］.广州：广东人民出版社，2001：14，24-25.

[2]　黄挺，陈占山.潮汕史（上）［M］.广州：广东人民出版社，2001：14.

"平原面积达3207平方公里，占全区（指现汕头、潮州、揭阳三市）总面积的30.95%，平原面积仅次于珠江三角洲，是广东省第二大平原"。潮汕地区雨量充沛、水源充足、河网纵横、土地类型多，潮汕平原作物生长期仅短于阳江至信宜以南的雷州半岛，而长于其他地区，但水源条件又优于雷州半岛，并且雨热同期。同时潮汕平原的土地地势平坦，地下水位适中，大部分土地易排易灌，土壤肥沃。从综合的角度看，潮汕地区光、热和水资源丰富，水、土、气较为协调，因此土地质量较好，生产潜力大。[1]因此，相对优良的自然资源条件，使潮汕地区在农耕社会中有可能获得更高的产出效率。晚唐之后，潮汕与周边地区之间的陆海交通得到改善，"自唐后期起，受不断南下移民浪潮的冲击和迁入地日益加剧的人口压力，不少已在邻区定居的移民又辗转迁入潮汕，这一点对潮汕于宋代'跨入历史快车道'则更为关键"[2]。

北宋初，潮州府人户数为5831户，在广东省位于广州府（16039户）、南雄州（8363户）之后，略高于英州府（4979户），北宋神宗元丰年间，潮州府人户数为74682户，仅次于广州的143261户，跃居全省第二位。[3]《潮汕史》认为，北宋开宝初（971），潮州府实际人口数为135000—150000人，元丰三年（1080）达到336069—373400人，这一时期的约110年间，每年人口平均增长率达7.7‰。潮汕地区人口密度从唐末天复元年（901）的每平方公里5.5人，增加至宋元丰六年（1083）的25.2人，宋末咸淳六年（1270）已达50.6人。北宋元丰年间潮汕人口密度已超过绍兴三十二年（1162）和嘉定十六年（1223）整个广南东路的每平方公里16.90人和14.70人的水平，成为岭南人口密度最高的地区。[4]《潮汕史》在比对了相关史料后提出，元代潮汕地区（指现汕头、潮州、揭阳三市范围）的人口峰值是至元十年（1273）的580470—633240人，明代人口发展峰值在嘉靖三十年（1551年左右），可以达到950000人上下。[5]清方志中关于清初潮汕地区人口数量的记载，后人以为疑点较多，故饶宗颐总纂的民国《潮州志·户口志》引用了"其时志方新修，征查自稍翔实可靠"的"周府志"记载，

---

[1] 陈朝辉，蔡人群，许自策.潮汕平原经济［M］.广州：广东人民出版社，1994：18，29.

[2] 黄挺，陈占山.潮汕史（上）［M］.广州：广东人民出版社，2001：100.

[3] 蒋祖缘，方志钦.简明广东史［M］.广州：广东人民出版社，1987：135.

[4] 黄挺，陈占山.潮汕史（上）［M］.广州：广东人民出版社，2001：108-109.

[5] 黄挺，陈占山.潮汕史（上）［M］.广州：广东人民出版社，2001：284，288.

嘉庆二十三年（1818）潮州府人口数量已增至1405180人。[1]

如上所述，潮汕地区人口从971年的大约15万，至1818年已增至140余万，每年平均增长约5.72‰。尽管期间经历多次战争、自然灾害和"迁界""海禁"、地方动乱等事件，总体上看，潮汕地区吸聚人口的能力还是较强的。因此，"盛世滋生的大量人口，对于原来土地资源短缺的潮汕地区，造成巨大的压力"。[2]

表1-8　1542年、1946年潮汕地区部分县的人口、田亩情况[3]

县别	年份	人口数	田亩数	人均田亩数
海阳（潮安）	1542	135375	460928	3.40
	1946	626336	677805	1.08
饶平	1542	98344	361492	3.68
	1946	315318	676725	2.15
揭阳	1542	100614	616350	6.13
	1946	985999	1243875	1.26
潮阳	1542	97535	705418	7.23
	1946	811632	909360	1.12
惠来	1542	21230	210281	9.90
	1946	255719	770370	3.01

农耕社会解决土地资源供给不足的路径，一是外延地扩大可利用的土地资源和其他资源。二是内含地提高现有资源的使用效率。如表1-8所示，嘉靖二十一年（1542）时，表中各县的人口仅在10万人上下，惠来县才2万余人，各县人均田亩数3亩至9亩多不等。这一时期潮汕地区的人口密度迅速提升，但分布很不均衡。"位于韩江三角洲的海阳、饶平两县，粮食产量至多仅能自给而已，不可能有余粮出口。而揭阳则是最主要粮食出口地。"[4]因此，明代中叶以后，韩江三角洲平原和珠江三角洲一样，都在大力开垦沙田、河滩、扩大台地、低坡地种植面积，以缓解"粮荒"，但韩江三角洲平原的人口承载能力远低于珠江三角洲平原。

---

[1]　饶宗颐.潮州志汇编第四部［M］.香港：龙门书店，1965：831.

[2]　黄挺.18世纪潮汕地区的人口、土地和粮食问题［J］.韩山师范学院学报，2014（1）：15.

[3]　表格中嘉靖二十一年（1542）数据来源：黄挺.18世纪潮汕地区的人口、土地和粮食问题［J］.韩山师范学院学报，2014（1）：18.作者原注：据郭春囊《潮州府志》卷3"田赋"编。民国三十五年（1946）数据来源：《各县最近人口、农民对耕地分配比较表》饶宗颐.潮州志（第三册）［M］.潮州：潮州市地方志办公室，2005：895.

[4]　黄挺.18世纪潮汕地区的人口、土地和粮食问题［J］.韩山师范学院学报，2014（1）：18.

"随着明代以来的人口发展，韩、榕、练三江平原以及山区河谷可开垦的土地，到清初已经开垦殆尽。由于耕地面积无法大量增加，即使粮食产量有较大幅度的提高，粮食紧缺的情况不可避免要发生。"[1]至民国三十五年（1946）时，潮汕平原的潮安、揭阳、潮阳等大县的人均占有耕地，已经下降到1.08—1.26亩的水平。

（二）耕地资源不足与潮汕农业、手工业的相对精细化

地理区位的相对偏远、耕地资源的不足，迫使农耕社会的潮汕地区逐渐重视水利排灌设施建设和农业生产技术的改进。黄挺、陈占山的《潮汕史》认为："两年三熟的耕作制，在宋代潮汕确已出现。""由于改进耕作技术以及畜力的使用，此地的农业生产有了较快的发展，所产粮食除供应潮州急剧增长的人口消费外，还有一定数量的剩余。"[2]黄挺、杜经国在《潮汕地区元明清时期粮食生产探估》一文中提出，"元代，本地区（指潮州府地区——笔者注）粮食平均亩产的估计数字为377斤，已经接近吴慧估测的宋元水稻一般亩产381斤的水平"。明末清初，本地区粮食平均亩产估计数字为406斤，已超过南方水稻平均亩产392斤的水平。但就明代后期看，本区平均亩产已达440斤，更高出整个南方平均水平的10%以上。[3]黄挺、陈占山认为，明代潮汕地区粮食亩产量的提高，一是"由于农民投入单位面积土地的劳力增加，农业经营从粗放走向集约，低产田得到改良。粮食亩产量因此得以提高"。二是"更多劳力的投入，大幅度提高了土地利用率""土地单位面积复种指数提高，也是粮食亩产量增长的重要因素"。三是"由于有足够的人力投入农田水利建设，与水旱灾害抗衡的能力提高""明代后期，潮州府揭阳、普宁等县份的粮食生产，已经有商品化的倾向。在粮食供应并不充裕的海阳、潮阳等县，在制糖、纺织等新兴行业的带动下，农民大面积种植甘蔗、棉花、水果等经济作物，农业商品化的倾向也很突出"。[4]

清代潮汕地区的农业种植和经营水平达到新的高度。吴二持在《清代潮汕的农业》文中称，潮汕地区水稻单产"明嘉靖至清乾隆二十年（1755年）为406斤/亩，乾隆二十二年（1757年）至清末为606斤/亩"，比增49.3%。清同治十二年（1873）水稻单产最高值曾达到每亩1038斤。"从区域对比视角来看，潮汕农

[1] 黄挺.18世纪潮汕地区的人口、土地和粮食问题［J］.韩山师范学院学报，2014（1）：15.

[2] 黄挺，陈占山.潮汕史（上）［M］.广州：广东人民出版社，2001：114-115.

[3] 黄挺，杜经国.潮汕地区元明清时期粮食生产探估［M］//潮学研究（3）.汕头：汕头大学出版社，1995：130-131.

[4] 黄挺，陈占山.潮汕史（上）［M］.广州：广东人民出版社，2001：309.

业集约程度又比珠江三角洲更高一些。据有关研究，清代珠江三角洲双季稻一般为420斤/亩，韩江三角洲则为500斤/亩，居两广各地之冠。而农业生产技术也比明代更加精细，潮汕农民用绣花功夫来种田，就是从这个时期开始的。"[1]另外，清政权稳定后，由于开放海禁，潮汕海上贸易开始活跃，间接拉动了潮汕地区经济作物的种植和加工。汕头开埠前，"潮汕地区的甘蔗、棉麻、蚕桑、水果、烟草的种植，都具有一定规模"。[2]民国《潮州志》称："潮安之柑橘、揭阳之甘蔗，质优量丰，乃本州之特色。"[3]并专门记录了水稻、甘蔗和柑橘的高产高质栽培方法。《1922—1931年潮海关十年报告》称："这十年中，耕作土地有某种程度的缩减。""人们没有作出任何努力来使农田的耕作过程和工具现代化。但是，由于农民的技能，加上乡下人的廉价劳动力和勤劳精神，使得每寸土地都可以用来耕作，因此产量并未下降。"[4]可见，至汕头开埠前后，潮汕地区"精耕细作"的农业种植技艺已领先于周边地区。

与农产品精细化、商品化相伴而生的，是手工业生产和城乡生活的逐渐"精细化"。明代时，"潮汕地区的商品就已是'以糖为大宗'，但仅限于韩江流域，规模仍然有限，而在清代海上贸易畅通以后，潮汕的糖业生产有很大发展"。揭阳县志称"揭所产曰竹蔗，可炼浆作糖，以贩吴越，人多以此为利""白糖……唯揭中制造为最佳，棉湖所出者白而香，江苏人重之"[5]。至汕头开埠前，潮州蔗糖不单畅销华东各地，"取道上海运往北方各省""也有运往海外各国的，包括美国东部的加利福尼亚在内，偶尔也运往英国。由于最近两年有了特别的发展，现在出口数量极大[6]"。清代之后，与"潮糖"并列闻名于国内市场的还有"潮蓝"（潮汕特产的蓝布）和"潮烟"，以及地产的瓷器、夏布、土纸、锡器等，这些手工业制品在剧烈的国内外市场竞争中，生产工艺不断改良，产品的市场竞争力不断提升。

---

[1] 吴二持.潮史·潮人·潮文——吴二持潮汕文化研究论集［M］.汕头：汕头大学出版社，2020：55-56.

[2] 吴二持.潮史·潮人·潮文——吴二持潮汕文化研究论集［M］.汕头：汕头大学出版社，2020：58.

[3] 饶宗颐.潮州志（第三册）［M］.潮州：潮州市地方志办公室，2005：892.

[4] 中国海关学会汕头海关办公室，广东省汕头市地方志编纂委员会办公室.潮海关史料汇编［M］.1988：116-117.

[5] 李宏新.潮汕史稿［M］.汕头：汕头大学出版社，2016：465.

[6] 1857年10月1日渣甸（J.Jardine）致额尔金爵士函［M］//姚贤镐.中国近代对外贸易史资料（1840—1895）（第一册）.北京：中华书局，1962：455-456.

这一时期，与日常生活质量相关的宗祠民居建设、建筑装饰、木雕、石雕、餐饮菜肴，其制作工艺也日益繁复。在追求有限资源高效率利用的倒逼下，农业的"精耕细作"、手工业和建筑业的"精雕细琢"、食品加工的"食不厌精、脍不厌细"渐成风气。与周边地区相比，潮汕地区经济活动的"精细化"特征似更为明显。

投入更多的人力和其他要素，追求有限资源的高效率利用，也是有极限的。清代初叶以后，韩江三角洲沙田、河滩开垦高潮已过，粮食种植面积和单位面积产量已经难以达到更高水平。吴二持的《清代潮汕的农业》一文，在比照了元至元六年（1340）、明万历十八年（1590）、清同治十二年（1873）的潮汕地区水稻最高值之后，认为"直至20世纪40年代，以潮安县彩塘镇为代表的水稻单产，与清中期单产差别不大。说明潮汕地区的集约农业形成以后，渐渐趋于巩固和稳定，生产水平缓慢地提高"。换言之，农业和手工业的精细化，只能缓解而不能从根本上解决潮汕地区土地资源匮缺和市场空间狭小的问题。

（三）清代中叶：从农业、手工业的相对精细化走向开放

明末清初进入国内外市场交易的潮汕地产农产品和手工业制品，如外销柑橘、蔗糖等和购进大米等，都同样遵循着资源禀赋理论的法则：基于比较优势分工的"精细化"产品的生产与交易，一方面表现为本地产品商品化率的不断提升，另一方面表现为本地经济运行对外部市场的依赖度越来越高。这两个方面的因素导致清中叶之后潮汕经济比周边地域经济具有更加强烈的开放性。

清代中叶潮汕经济开放度的进一步提升，一是源于明末的活跃于东南沿海和南海的所谓"海上武装贸易集团"逐渐转化为正常化的民间贸易主体，或转化为早期的华侨。二是以澄海樟林港为主要枢纽的"南北港"多点循环贸易网络更为成型和继续扩展。三是为缓解清初潮汕地区的"粮荒"，康熙雍正年间中央政府同意潮州可以直接从暹罗进口大米，潮汕地区与暹罗先行构建了较稳定的货物与人员往来网络。四是韩江流域人地矛盾不断发展，自然经济体系和乡村治理体系危机加深，与东南亚地区普遍殖民地化后的早期开发浪潮，一道成为潮汕地区剩余农业劳动力移民的内外推力。

潮汕经济所具有的较为显著的相对精细与开放的特征，是与潮汕地区的地理区位和资源禀赋程度相关的，是内生于潮汕经济运行之中的，在汕头开埠之前已经出现，并越来越自觉地渗透于自身的生产与贸易行为之中。因此，研究近代潮汕经济的运行范式时，"相对精细"和"开放"是两个最基本的范畴。

三、潮汕经济多维度复合循环的起点：19世纪中叶之后潮属居民的大规模海外移民

（一）从"红头船"季风贸易到潮人大规模移居南洋

王赓武在《南海贸易与南洋华人》一书中指出："南中国海有许多良港，分布在福州与西贡（Saigon）之间，而且因为它具有类似地中海的性质而颇引人注目。南中国海上的主要贸易航线是从东北方的一端延伸至西南方的另一端，位于两次季风所必经之道，因此，它非常适合于季风期的航行。"[1]汕头开埠前，以澄海樟林港为主要母港的潮州"南北向"多点循环贸易，最迟在明清之交已经基本成型，清代中叶已颇具规模，成为当时中国沿海近远洋季风贸易网络的重要平台。[2]

1996年《广东省志》称："每年冬季，红头船从樟林港出发，把瓷器、潮绣、木雕、竹器等手工艺品和菜籽等农产品运销暹罗，又从暹罗运回大米、香料、药材、铅、锡等物产，也有些红头船留暹不归。随红头船到暹罗的，还有大批破产农民和手工业者，其中不少人是农艺能手或精于木工、造船的能工巧匠，他们留居暹罗成为新移民。在开展'红头船贸易'的百多年间，移居暹罗的潮州人不断增加，在暹罗华侨中，潮州人人数逐步占了优势。"[3]《潮汕华侨史》认为："自清代开海至鸦片战争后，汕头开埠前，是潮人大规模移居海外的时期，是由海上商贸带动，商人占绝大多数，但也包括从事其他职业者，移民潮的主要目的地是泰国，也扩散到东南亚各国。"[4]《近现代中国与东南亚经贸关系史研究》认为："在19世纪30年代，新加坡的华侨人口每年平均以5000人左右的人数递增。据不完全统计，仅在粤闽沿海地区，中国帆船每季度都要运载800—2000名的华工前往新加坡。"所以该书指出，"贸易与移民的相互促进，使得华侨迅速成为中国与新加坡早期贸易往来中不可缺少的一个重要组成部分"，但也指出，"1840年的鸦片战争以后，西方殖民者大肆在中国进行掳掠贩卖华工的活

[1]　王赓武.南海贸易与南洋华人［M］.香港：中华书局，1988：6.

[2]　黄挺，陈立江.潮州商帮［M］.广州：暨南大学出版社，2011：58-64.

[3]　广东省地方史志编纂委员会.广东省志·华侨志（光盘版）［M］.广东省科技影像出版社，1996：56.

[4]　李宏新.潮汕华侨史［M］.广州：暨南大学出版社，2016：127.

动，新加坡在当时是东南亚地区华工的一大集散中心"。[1]

因此，除了"红头船"贸易带动的潮人南洋移民外，汕头开埠以前，汕头港和南澳岛已经成为第一次鸦片战争后中国东南沿海通过"苦力贸易"输出劳动力的主要口岸。陈荆淮在《"鸦片贸易""苦力贸易"与汕头开埠》一文中指出："开埠前汕头便是一个非官方认可的对外贸易港口，城市雏形也初步形成。当时的对外贸易有三种，其经营者、经营商品、贸易路线各不相同。一是由本地人为主经营的'红头船'贸易，其路线上溯东北牛庄、营口，下通南洋群岛，货物是当各地的土特产品；二是由西方鸦片商经营的'鸦片贸易'，他们从珠江口伶仃岛趸售中心将鸦片运至汕头港外的南澳岛趸船上，由当地的鸦片商贩运到沿海港口，然后运往内地售卖；三是由西方不法商人和船长经营的，贩卖华人劳动力的所谓'契约移民'也即西方所称的'苦力贸易'，中国俗称的'猪仔贸易'。""这种贸易以南澳岛和汕头港出口处的妈屿岛为基地，采取拐骗强掠的手段，将大量华人劳动力运往美洲和海峡殖民地，从事开垦、种植、筑路、开矿等劳动。"

1860年汕头开埠之后，汕头口岸和汕头埠作为潮汕地区近代开放的窗口和枢纽，有效地提升了吸聚、整合短缺资源要素的能力和效率，使潮汕地区与南洋地区的人流、物流、资金流和文化流更为直接顺畅。汕头开埠对于潮汕经济运行的重大影响之一，就是"潮人出洋及移居方面，则自元末开始并长期持续着的各种出洋限制，诸般严酷海禁，至中美《天津条约》执行，汕头开埠以及中英《北京条约》签订后，已经再无法律障碍"。[2]海外移民的合法化，使1840年至20世纪30年代末期，成为潮人移民的高峰期。《潮汕华侨史》在比对了民国《潮州志》、1999年《汕头市志》、黄挺《潮商文化》的相关数据资料之后，推算从1840年至1911年，移居海外的潮人达300万人，1912—1949年，移居海外的潮人再增加100万人。由于官方的人口出入境统计资料不完整，各类历史文献中关于华侨或移民的定义也在不断变化，从汕头口岸出入境的也不完全是潮属居民，部分还是短期内"多次往返"的，1840—1949年从汕头口岸向海外迁移约400万人，也只能是粗略估算。因此，动态地分析近代史上潮汕人大规模海外移民的过程、动因和效应，应是研究近代潮汕经济运行范式的重点。

根据潮海关统计，持续大规模地向海外移民，是在汕头开埠之后才发生的。开埠后的1869年，潮海关开始对汕头口岸出口旅客进行统计，当年出口旅客

[1] 聂德龙.近现代中国与东南亚经贸关系史研究［M］.厦门：厦门大学出版社，2001：23-24.

[2] 李宏新.潮汕华侨史.［M］.广州：暨南大学出版社，2016：143.

20824人次；1882年从汕头口岸出口旅客人数逾6万人次，1902年超过10万人次，1912年超过15万人次，1927年超过20万人次。

表1-9　1873—1934年部分年份汕头口岸旅客出入口统计[1]

单位：人次

年份	出口	进口	"净流出"	"净流出"人次/出口人次（%）
1873	24284	20066	4218	17.37
1882	67652	35025	32627	48.23
1902	104497	70297	34200	32.73
1912	152114	120367	31747	20.87
1926	83904	105966	-22062	
1927	222026	164592	57434	25.87
1930	123724	94726	28998	23.44
1931	81962	80202	-1760	
1932	36824	70864	-29760	
1933	44858	59722	-14864	
1934	56293	40500	15793	28.05

1873年，汕头口岸开始对进口旅客进行统计，如表1-9所示，当年出口旅客24284人次，进口20066人次，"净流出"（即出口多于进口）4218人次，占当年出口人次的17.37%，从1873年至1934年（缺1929年数据）的60年间，其中的56年，汕头口岸的旅客是"净流出"的，大多数年份"净流出"人次占出口旅客人数的20%—30%。也就是说，历年从汕头口岸前往海外的"旅客"中，有两到三成成为海外移民。从"净流出"绝对值看，1875年"净流出"人数超过1万人次，1882年达32827人次，此后一直较稳定地维持在每年3万—5万人次之间，1927年达57434人次，1928年达70071人次的峰值，随后1930年"净流出"又返回2万—5万人次的区间，1931—1933年的"净流出"连续3年负增长，约5万人次从海外迁回潮汕定居。1934年"净流出"才恢复为正增长。

（二）影响潮人南洋移民"净流出"规模的国际性因素

潮人向南洋大规模移民的过程，本质上是潮汕地区劳动力资源对接和融入

---

[1]　数据来源：根据《1859—1934年汕头口岸进出口旅客统计表》中相关数据整理计算。（1882—1891年潮海关十年报告［M］//中国海关学会汕头海关办公室，汕头市地方志编纂委员会办公室.潮海关史料汇编.1988：238-251.）

亚洲劳动力市场和资本市场的过程。滨下武志认为，亚洲市场作为近代市场的主要特征之一，是19世纪中叶开始的真正的苦力贸易。"中国的苦力是随着英国海峡殖民地的开发需要而出现的，当时的苦力被运往槟城、新加坡等地。""就这样，在国际劳动力市场中，以印度苦力、中国苦力为中心，许多的劳动力都投入殖民地经营、矿山经营等方面。为了确保这种劳动力，以殖民地的经营主、亚洲代理店、当地中介者等三方面组织起来的苦力贸易机构为基础，通过西欧的资本投入，亚洲的劳动力市场正式形成。"[1]因此，19世纪的全球性的殖民地化以及随之而来的掠夺性开发，是促成了大量潮汕居民向南洋地区移民的主要动因之一。

王赓武在其《南海贸易与南洋华人》一书中，探讨过"尽管华人在南洋年代悠久，为什么他们不能建立自己的合适的中心，却宁愿充分利用欧洲人所建立的中心"。王赓武认为："中国政府认为南洋贸易没有价值，以及南洋华商分散、无组织状态，导致当时华人在英国自由港出现的奇迹中，已经找到一种制度，它比他们自己在南洋贸易中经历考验的技巧和长期经验所能产生的制度更为优越。"[2]

因此，诸多国际性因素，包括国际贸易市场、国际金融市场和国际政治格局的重大震荡，包括世界性的战争、经济危机和外交政策、殖民政策变化等，都可能直接影响潮人南洋移民"净流出"规模。

1910—1913年，汕头口岸移民海外的人次分别为13.29万、13.12万、15.21万、14.16万人次。受一战中运力不足的影响[3]，1914—1916年汕头口岸移民海外人次分别减少为10.83万、11.46万、11.0万；随着一战的蔓延，1917—1919年，汕头口岸移民海外再次减少至9.45万、8.52万和8.35万人次。1939年日军侵占汕头，潮人移民南洋迅速减少。1941年底，太平洋战争爆发后，潮汕与南洋地区的客运几近完全断绝。

1929—1933年，世界性经济危机使东南亚经济陷入萧条。1930—1933年，汕头口岸移民海外人次分别锐减至8.19万、3.68万、4.49万和5.63万，而这几年间

---

[1] 滨下武志.中国近代经济史研究（上）［M］.南京：江苏人民出版社，2008：35-36.

[2] 王赓武.南海贸易与南洋华人［M］.香港：中华书局，1988：226.

[3] "大战一爆发，两艘最大的'苦力'船停航，1915年运营船只继续缩减，小船代替大船。日本大阪ShosenKaisha公司的轮船整整停航几年。""1918年下降到最低点。反映到这一年征收的吨税只略多于1912年的一半。"（中国海关学会汕头海关办公室，广东省汕头市地方志编纂委员会办公室.潮海关史料汇编［M］.1988：89-90.）

恰好汕头城区的市政改造基本完成，近代工业开始起步，投资环境和生活环境的显著改善，吸引着海外潮籍华侨和潮商资本回归。1930—1933年，通过汕头口岸归国的分别为9.47万、8.02万、7.09万、5.97万人次，连续4年超过了从汕头出境的人次。据林金枝《近代华侨在汕头地区的投资》一文中估算，1927—1937年华侨在汕头投资户数为7001户，投资数额折算为1589.49万元人民币，分别占1889—1949年华侨投资总户数的39.89%、华侨投资总额的29.90%。[1]

（三）影响潮人南洋移民"净流出"规模的本土性因素

自19世纪80年代自20世纪20年代末，从汕头口岸"净流出"前往海外的中国居民，每年基本稳定在2万—5万人次的水平。这一期间中国国内的1895年、1900年、1911年等重大政治变局，以及20世纪10—20年代末的社会动荡，似乎没有对潮人移民海外的规模与速度造成重大影响。

19世纪下半叶至20世纪20年代，潮人的海外移民规模和潮货的出口货值都在大幅度扩展，二者之间似乎也不存在正相关关系。表1-9表明，汕头开埠后，从汕头口岸移居海外人数的总趋势是持续上升的。从表中选择汕头口岸年出口旅客人次首次超过6万人次、10万人次、15万人次、20万人次的1882年、1902年、1912年、1927年为典型年份，再比照这四个典型年份的前后三年的汕头口岸的进出口贸易数据，发现1881—1883年、1901—1903年、1911—1913年、1926—1928年这四个时段的进出口货值均未发生剧烈波动。由此似可推知，开埠之后的潮人向海外大规模移民和潮货出口货值大幅度扩展，是平行发生的两种经济现象，二者既相互独立又相互影响，共同构成了推动近代潮汕经济循环运行的内生动力。

显然，19世纪80年代之后发生在潮汕的政治动荡，以及进出口贸易额的波动，并不足以影响潮人海外移民"净流出"规模。汕头开埠后，国家移民政策和侨务政策的变化、潮人移民海外动机的变化以及潮人海外移民的年龄结构、性别结构的变化，使潮属居民的大规模海外移民具有以下新的特点。

第一，海外移民方式从非法转为合法与不合法并存，最终转向完全合法。汕头开埠前，朝廷对居民出洋移居实行限制。出洋者通过非自愿地同殖民者、种植园主签订卖身契约成为所谓的"契约华工"，是当时有组织出洋的主要方式。汕头开埠后，"契约华工"方式已经合法化，非法的欺诈、诱拐行为有所收敛，但依然存在。"民国成立后，契约移民依然是合法的。但是卖猪仔行为，则为民

[1]　吴二持.潮史·潮人·潮文——吴二持潮汕文化研究论集［M］.汕头：汕头大学出版社，2020：55-56.

国政府所严厉打击。"至1929年下半年，"卖猪仔行为已在潮汕地区消失"。

第二，潮人移民海外的动机，由开埠前后主要出于摆脱极度生活贫困，只能出卖人身自由出洋求生，至辛亥革命前后逐渐转向为改善现有生活水平而自愿移民海外。1925年，萧冠英《六十年来之岭东纪略》一书指出："自天下久平，人口繁殖，十方遗利，日渐减少。各地人民为生计所困，爰有向国内外地广人稀之地，从事殖产者。"陈达的《南粤华侨与闽粤社会》一书中，通过对1935年汕头乡村905个华侨家庭的调查后指出，南洋迁民离国的主因是：（1）经济压迫，633户，占比69.95%；（2）南洋的关系，176户，占比19.45%；（3）天灾，31户，占比3.43%等。"经济压迫"包括财产缺乏、收入微细、人口众多等，已经与19世纪中叶时因极度贫困而出洋有所不同。"在另一方面看来，南洋亦时常吸引许多人到那边去。""大概言之，在南洋有生意的人，多少有些资本，其经济状况较佳，至于其他戚友，多数是从业员，这些人有时候回国，有时候在家信中说明南洋谋生的机会，引起家乡的有志青年对于迁移南洋的欲望。""在905家中，有176家（约20%）属于此类。"

第三，潮人海外移民的年龄结构和性别结构发生变化。19世纪中叶，潮人海外移民以男性青壮年为主。进入20世纪以后，随着潮人海外移民规模的扩大和"潮人社会"的发育，老年人、未成年人和女性的占比逐步提升[1]，职业结构从19世纪中后叶的农业、矿业体力劳动者为主，至20世纪逐步转到商业从业人员和文化、教育、医疗等自由职业为主。

四、海外潮人社会、海外潮货贸易网络和海外潮文化圈的生成

19世纪中叶之后至20世纪30年代，潮汕地区持续而成规模地向东南亚移民，以汕头口岸为母港不断扩大的"汕—香—暹—叻"贸易体系，使南洋地区或早或迟地出现和形成相对独立于潮汕的海外潮人社会、潮货贸易网络和潮文化圈。

（一）鸦片战争及1840年以后香港因素的直接影响

首先，对这一进程直接施加影响的是鸦片战争事态的发展，鸦片战争是中

---

[1] "几十年来，英国人和暹罗人都没有对华人进入海峡殖民地和马来诸邦以及暹罗施加任何限制。此外，英国人还最先鼓励中国妇女入境，这些妇女给人口统计的模样带来了极其重要的变化。"（王赓武.南海贸易与南洋华人[M].香港：中华书局，1988：234.）

国进入近代社会的时间节点。"战争的结果是英国人在香港建立了殖民地，这对南洋华人史就有直接的重要意义。随着香港的兴起，自由港制度被引进珠江三角洲，这是中国人前往南洋的最重要的出口之一。更重要的是同时还提供了一个重新进入中国的港口。单就这个因素，就将在未来几十年鼓励华人以前所未有的数量向南洋移居。"[1]关于香港对于潮籍外迁移民的"甄别"，对于实现南洋潮侨自由迁徙和代际更迭，对于南洋侨汇稳定安全转入潮汕，以及对于潮汕进出口和货币金融活动融入国际市场的功能，很值得深入研究。本节将分析香港在"汕—香—暹—叻"贸易圈中的金融中心功能。

（二）潮人、潮货、潮文化诸要素对南洋的"渗透"

王赓武认为："十九世纪是英国统治亚洲的一个世纪，这已为众所周知，但是这个世纪也是华人在东南亚经济力量日益增长的一个世纪，知道的人就不是那么多了。"王赓武以英属"海峡殖民地"为例，"在海峡殖民地，华人已经建立起一些向马来各邦，向婆罗洲和苏门答腊，向廖内——林加和邦加、勿里洞群岛渗透的基地。矿山以及胡椒和甘蜜种植园更加需要华人劳工，而华人自己也策划了种种方法，直接从中国沿海各省向南洋提供这种劳工。"

黄挺的《中国与重洋——潮汕简史》认为，海外潮人社会与潮汕侨乡这两个互相关联的社会形成，除了移民人数的增长以外，还包括移民政策的变化、商人成为移民的主体等。海外潮人的"群体的网络"，包括庙宇、私会党与会馆等，使海外潮人"能够形成一个独立的社会圈子"。侨批往来则是"绑紧潮汕与海外潮人社会的纽带"[2]。因此，海外潮人社会是以海外潮文化圈为精神内核，并与海外潮货贸易网络相互交织的。从这个视角上看，海外潮人社会的形成，主要取决于以下条件。

第一，潮人海外移民的聚集规模。

《潮汕华侨史》认为，汕头开埠后至1949年，从汕头口岸出境后常年生活在世界各地的潮人已达400万人次。[3]数以百万计的海外潮人并不是均衡分布的，只有达到一定的人口密度，才有可能产生和维持潮人社会所必需的社会性联系。陈达在《南洋华侨与闽粤社会》一书中叙述，至1931年，与闽南、客家、广州籍移民相比，菲律宾的潮籍移民较少；东印度（群岛）的闽南人55万，客家人

---

[1]　王赓武.南海贸易与南洋华人［M］.香港：中华书局，1988：228.

[2]　黄挺.中国与重洋——潮汕简史［M］.北京：生活·读书·新知三联书店，2017：218-222.

[3]　李宏新.潮汕华侨史［M］.广州：暨南大学出版社，2016：169.

20万，潮州人少于闽南人、客家人和广州人，但在苏门答腊和西婆罗洲，潮州人比较集中。英属马来亚有潮州人20.9万，人数居于福建人、广州人和客家人之后，但在"海峡殖民地"柔佛和Kedah，集中度较高。"在马来联邦，他们集中于Kinta、Krian与吉隆坡，在柔佛他们较多于客人及广州人。"[1] "在暹罗的中国人，虽有海南、广州、梅县及闽南人，但以潮汕人居多，特别是澄海、饶平、揭阳、普宁、潮阳、潮安各县。"这些潮汕人居多的地区和城镇，成为后来生成海外潮人社区的丰厚土壤。

第二，潮籍商帮和潮货贸易网络。

王赓武认为，十九世纪下半叶华人移民规模扩大，"新客越来越多地逐渐涌入，在他们之中不时产生出伟大的社团组织者或金融、工业方面的杰出人才，这些人进一步加强了华人经济力量的基础"。"当更多华人把他们在南洋的利益同中国的组织联系起来时，就产生了不少华人的'商团企业'，它们把南洋各地同诸如香港、上海甚至新加坡这样的金融中心联结在一起。"[2]

潮人一直是泰国华人社会最主要的族群，潮人在泰国的社会、经济、文化、生活等方面都占有重要的位置。在经济方面，潮人几乎包揽了泰国米业的经营，第二次世界大战后三大华资商业银行均为潮人所设或参股。马来西亚潮人除了从事种植业、农产品加工，还广泛涉足城乡零售业、批发商业。19世纪中后期，新加坡的种植业多为潮人主导，20世纪以后，潮人在转口贸易、进出口代理业务、大小中介商、银行、批信局中具有重要影响力。在印度尼西亚、越南、柬埔寨，潮人在商业、种植业运输、米业等领域，都扮演着举足轻重的角色。[3]

第三，稳定的潮人间社会联系。

陈达在分析海外移民方式时指出："关于中国人在南洋的地理分布，有两点引起我们的特别注意：（1）同乡聚居一处；（2）同乡加入一业。这两点足以表示迁民运动的自然趋势，因迁民出国的路线往往依照在南洋的同族或同乡的经验与协助。这些迁民前辈，对于后来者大致有血统、友谊或邻居的关系，或广义的同乡关系。"[4]此种"广义的同乡关系"成为潮籍商帮和潮货贸易网络的纽带，又成为潮籍移民空间集聚的基石，背后的逻辑则是通过要素的规模化集聚，

[1] 陈达.南洋华侨与闽粤社会［M］.北京：商务印书馆，2011：62-66.

[2] 王赓武.南海贸易与南洋华人［M］.香港：中华书局，1988：230.

[3] 李宏新.潮汕华侨史［M］.广州：暨南大学出版社，2016：169-175.

[4] 陈达.南洋华侨与闽粤社会［M］.北京：商务印书馆，2011：61.

尽量节约产业成本和社会交往成本。为了谋求商贸活动和社会生活的共同利益，潮人在迁居地搭建地域性的会馆、神庙，组建各种边缘性会党、互助团体、行业公会等，又使之成为维护潮籍商人贸易网络和传承传播潮文化的平台。

第四，潮文化要素。

潮州方言、潮汕年节礼仪、婚嫁传统、饮食习惯、戏剧音乐、游神赛会，以及潮人兴办的华文学校、报纸刊物、华文文学等，都成为维系和巩固海外潮人社会的精神纽带。潮籍移民在迁居地不可避免地受到该地本土文化的影响，南洋地区潮文化圈的生成，并不排斥本土文化，而是在继续移入和保持潮文化传统和中华文化传统的前提下，积极接受吸收本土文化和外来文化的有益成分，并与迁居地的本土文化及其他的外来文化保持一定距离。

广义的海外潮人社会，是与海外潮货贸易网络和海外潮文化圈同步生成并相互交融的。由于潮文化（包括生活、饮食、礼仪的消费习惯）被移居海外的潮人带到迁居地，潮籍华侨的数量不断扩大，具有比较优势的潮货，如潮州地产的蔗糖、土布、酱菜、服装、食材、神纸等，深受潮籍华侨喜爱，也逐渐被华人移民和当地居民所认可，为潮货开辟出更大的消费市场，潮货贸易网络随之拓展壮大。大量潮籍居民移居海外的过程，实质上就是潮文化圈由本土向海外扩圈的过程，一方面扩大了潮文化和中华文化的影响力，增强了海外潮人社会的向心力；另一方面，也促进了潮语和华语教育、新闻、文艺事业的发展。

五、回馈与循环：近代潮汕经济运行的内生动力系统

（一）区域经济循环研究范式与潮汕经济近代化的进程

基于区域经济循环研究范式的要求，对现有的潮海关贸易数据、旅客出入口数据、潮州各属人口分布、农业发展数据，以及汕头埠城市演化轨迹的分析，可将潮汕经济近代化的历史进程，大致划分为三个阶段。

（1）19世纪初叶至汕头开埠前后为第一阶段。这一阶段由于地理区位和资源禀赋程度的制约，推动潮汕经济、社会、生活的精细度与开放度的不断提升，活跃的海上季风贸易和早期的"商业性"移民，使潮汕经济运行开始出现有别于周边地域的特点。

（2）从汕头开埠至20世纪初叶为第二阶段。这一阶段潮属居民的大规模海外移民，汕头口岸进出口贸易迅速扩大，使潮汕经济全面融入近代国际市场体

系，海外潮人社会、潮汕海外贸易网络和海外潮文化圈开始生成。

（3）20世纪初叶至1949年为第三阶段。这一阶段潮汕本土的近代产业结构和城乡体系开始成型，与海外潮人的经济、文化、社会活动之间形成了多维度的复合循环关系；国内外资源要素的全面回馈，加快了潮汕地区的产业、交通、城市建设和社会治理的发展步伐。

（二）海外潮人社会与潮汕本土侨乡的循环

关于海外潮人社会与潮汕本土侨乡之间的关系，黄挺认为："潮汕侨乡的形成是大量人口移居海外的结果。这些移居海外的潮州人，以侨批为主要纽带，与原乡保持着非常密切的互动关系。由于海外贸易的不断发展，特别是海外移民人数的不断增加，潮汕社会正在慢慢发生着质的变化。"[1]

把海外潮人社会和潮汕本土侨乡视为一个往复循环的统一整体，就可以比较清晰地了解二者之间的互动机理。王赓武在《南海贸易》认为：1841—1911年这一时期内，华人的南洋移民中"绝大多数人在积累了足够的钱或发了一笔小财后就回到中国区重新开始生活。其他一些人则在到达南洋后的几个月或几年内夭亡了。其余的人在南洋定居，或者是因为发的财太大，舍不得抛弃，或者是因为毫无积蓄，要继续等待走运"。换句话说，辛亥革命以前，是华人移民在南洋艰苦创业、争取立足的阶段。这一时期华人移民在南洋面临较多的不确定性风险比较高，因而归国比例也是比较高的。

第一，"有往有来"是潮人向海外移民的典型形态。

19世纪下半叶至1911年以前，这一时期尽管归国的南洋华侨比例较高，但离开中国前往南洋的华人移民数量更多，这一趋势延续到20世纪的上半叶。《潮海关史料汇编》记录了1869—1934年汕头口岸进出口旅客人次，本书第八章根据这些数据，推算出这一期间"出口"6270607人次，"进口"4641101人次，"出超"1629506人次。[2]显然，海外潮人社区的人数远不止上面提及的162.95万，因为除了从汕头口岸出境之外，许多潮人也可能选择从其他口岸出境；而在19世纪末20世纪初发育起来，且具有一定人口基数的海外华人社区，自身也已经具有相当的代际更迭和自我增殖能力。

第二，海外华人社区和潮汕本土侨乡的相向而行。

表1-10显示，汕头口岸是当时华侨往来南洋地区人数最多的口岸，可以推

[1]　黄挺：国与重洋——潮汕简史［M］.北京：生活·读书·新知三联书店，2017：227.

[2]　李宏新.潮汕华侨史［M］.广州：暨南大学出版社，2016：165-168.

知，海外潮人社区可能是海外各华人社区中成长速度较快的。[1]

表1-10　1933年部分口岸华侨往来南洋人数表[2]

经由口岸	往数（人）	来数（人）
汕头	76559	105573
琼州	11131	14746
厦门	46842	94036

潮人移居海外的规模和速度，也必须遵循近代国际劳动力市场的供求法则。一方面，近代南洋诸殖民地和暹罗不可能对潮籍劳动力有无限需求；另一方面，潮汕本土劳动力也不可能对南洋地区有无限供给。因此，海外华人社区和潮汕本土侨乡之间是相向而行的、相互依托又相互制约的关系。

潮人南洋移民的"有往有来"方式，不同于18世纪欧洲人向美洲移民的方式，也不同于19世纪中叶山东农民的"闯关东"，甚至与江门地区移民美洲、澳洲的方式也有些许差异。在汕头口岸统计的历年"旅客进出口人次"中，回国人数一般占出国人数的3/4以上，也就是说，在近代潮汕历史上，多达400万以上的居民有过在海外劳动、生活的经历之后，最后回到潮汕，终身留居海外的不足1/4。

形成此种移民方式的原因：一是潮汕"迁民"与南洋迁居地之间客观上存在适配关系。近代潮汕地区土地资源匮乏，农业劳动力严重过剩，商业范围浓厚，居民普遍具备基本的经商技能，[3]而"南洋的环境利于经商，这是毋庸赘言的，特别是中介商"。由于南洋地区部分殖民地当局对于中国人购买土地和进入政府的众多限制，"尚有拂逆的环境，仿佛逼迫中国人走入商业之路"。[4]此种"迁民"特质与迁居地就业结构之间的适配性，是比较少见的。

二是潮人南洋移民收入结构的影响。南洋地区的经济社会发展远不如北美

---

[1]　中国第二历史档案馆，中国海关总署办公厅.旧中国海关史料［M］.第114分册：94.

[2]　中国第二历史档案馆，中国海关总署办公厅.旧中国海关史料［M］.第114分册：94.

[3]　陈达的《南洋华侨与闽粤社会》一书中，记录了1933—1934年对汕头附近"华侨社区"的调查："本社区因华侨的势力，商业的空气弥漫于民间，无论老幼，提到生计的出路问题，视线的焦点立刻集中到商业上来。有一位经济力属于下等的华侨的妻子以为'如要赚钱，如要赚大钱，就应做生意去，在南洋做买卖'，这是本区一般的信心和观念。"陈达描述了母亲们对儿童学习做生意的故事，认为："原来母亲们的注意点不在五六枚铜元上面，她们注意的焦点是在商业的训练，希望她们的儿子们从小就得到经商的习惯，使他们长成以后，对于经商有了适当的准备。"（陈达.南洋华侨与闽粤社会［M］.北京：商务印书馆，2011：85.）

[4]　陈达.南洋华侨与闽粤社会［M］.北京：商务印书馆，2011：76-77.

地区，工业化和消费水平都不高，潮人南洋移民除了从事种植业和矿业外，主要从事批发、零售商业，包括边远、社区的商贩和城镇的店员，特别是潮侨比较集中的暹罗、新加坡和苏门答腊地区。因此，大多数潮人移民的收入都不高，除了维持自身生存之外，可以节余寄回潮汕赡养家人的侨汇，笔数虽多，单笔金额却不如江门籍的"美侨"。因此，19世纪中叶至20世纪初叶，大多数潮人移民缺乏将家人接到海外生活的能力，也缺乏通过侨汇回乡投资提升家人财产性收入的能力。

三是海外潮人社会代际更迭成本的影响。在20世纪初叶，海外潮人社会尚未形成一定规模之前，基于经济原因，潮人南洋移民以男性青壮年为主体，家眷基本留在潮汕生活，侨汇因而成为维系南洋潮籍华侨与原乡家庭的纽带。如果从近代潮汕经济运行与国内外市场间的经济循环上看，潮籍男性青壮年向南洋地区迁徙，体现着潮汕劳动力资源主动寻求与南洋土地、市场、自然资源要素的融合。实践也证明了此种融合是潮汕经济近代化转型的内生要求，是内植于潮汕经济运行过程之中的，并不是短期、局部的权宜之计。当代际更迭成为维持和推进潮人下南洋的基本路径时，由于潮汕本土的生活、教育成本因规模效应显著低于海外，且出于规避海外风险的考虑，大部分南洋潮侨把眷属留在潮汕赡养，子女留在潮汕接受初始教育，成年后再带出海外从业，接替已经年迈的父辈、祖辈回到潮汕。可见，潮人"有往有来"的海外移民方式，就是为了低成本地实现海外潮人社会的代际更迭。

第三，维系海外潮人社会和潮汕本土侨乡间顺畅循环的条件。

海外潮人社会和潮汕本土侨乡之间能否顺畅循环，取决于一系列内部和外部条件。这些内外条件的相互作用，使二者间的循环呈现出不同的形态和轨迹。

首先是经济因素，如国际市场波动，南洋地区商业、农业、矿业开放水平，南洋地区生活成本，往返潮汕的交通成本；潮汕城乡的产业发展状况、就业机会、生活成本等，都会影响潮人移民的规模。20世纪初叶，潮人南洋移民的职业结构调整和收入水平的提升，促成了10—20年代的潮人出洋人数的扩大；20—30年代，汕头市区市政建设和生活环境的变化，又促成部分归侨和侨眷向汕头市区集聚，使汕头城区成为城市形态的新侨乡。

其次是政治因素。如19世纪中叶，清廷关于中国居民移民海外法规的变化，"合法化"的海外移民和"契约劳工"促成了19世纪下半叶的潮人出洋。第一次世界大战期间潮汕往来南洋的航线不畅，第二次世界大战导致潮人移居南洋几近中断。战后英、法、荷属殖民地相继独立，新独立的民族国家逐步加强了对外国人移民的管控；中华人民共和国成立后，潮人海外移民也大幅减少。此种种情况之下，不论南洋地区对潮籍移民的需求，还是潮汕地区对海外移民供给，20世纪50年代以后都在萎缩，海外潮人社会和潮汕本土侨乡之间人的循环也慢慢地下降到较低水平。

再次是社会文化因素。潮汕本土和南洋潮人社区对应设立的乡村宗族组织、会馆商会及中介机构、慈善机构、宗教团体等，这类社会团体越得到发展的地区，为南洋潮侨和潮汕归侨、侨眷提供的服务就越充分。黄挺认为："作为'侨乡'最重要的表征，是不管是侨居地还是留居本地，在人们的文化观念中，本地与海外生活是交融一体的。在他们的观念里，潮汕和南太平洋沿岸和岛屿的很多埠头是关联在一起的，自己就生活在这样一个不能分割的以海洋为中心的地域网络之中。"[1]滨下武志则认为："中国移民是以男性为中心的外出打工移民，其理由在于中国的家族制度。"[2]从这个角度看，社会文化因素是海外潮人社会和潮汕本土侨乡间实现顺畅循环的润滑剂。

（三）海外潮货贸易网络与潮汕产业体系的循环

"京货""苏货""广货"这些概念的习惯用法，不单指北京、苏州、广州出产的产品，也可以指从北京、苏州、广州输出的产品。本章所论及的"潮货"，泛指从潮汕地区输出的包括潮汕本土生产的以及从潮汕转口的所有货物。汕头开埠后，海外潮货贸易网络以汕头港为潮货主要输出口岸，以东南亚地区为潮货主要输入地，并有相当部分的潮货通过上海、香港转口到东北亚和欧美市场。

滨下武志认为，探讨19世纪中叶以后即近代时期的中国市场问题，必须有三个维度：一是要明确中国是如何被纳入"产业革命后由于欧洲工业发展所形成的世界市场中去的。二是要研究以定期集市为核心的中国国内地域市场"。这二者都是在生产背景上来设定市场的，还必须有第三个维度，就是"关注于商品流通及其中的物价变动，或者关注于在商品流通中的商业以及商人活动等流动性的因素。这种从流通角度来把握市场，从市场拥有的本来性质来看，这种研究只有更大的比重"。[3]滨下武志进而指出："我们尤其要注意，流通过程中表现出

[1]　黄挺：中国与重洋——潮汕简史［M］.北京：生活·读书·新知三联书店，2017：229.

[2]　滨下武志.中国近代经济史研究（上）［M］.南京：江苏人民出版社，2008：328.

[3]　滨下武志.中国近代经济史研究（上）［M］.南京：江苏人民出版社，2008：340-341.

来的、具有中国市场特征的、以商业为基础的中国经济，与金融活动相结合而形成了地域市场圈和地域之间的关系这一点。""我们将遵循上述问题的关键点，把在两种类型的交叉点上产生的市场模式作为'通商口岸市场圈'模式来把握，并在这个层面上对中国市场进行探讨研究。"[1]滨下武志上述的三个维度研究范式，有助于在研究中厘清海外潮货贸易网络与潮汕产业体系之间的循环关系。

第一，关于"由于欧洲工业发展所形成的世界市场"与潮汕产业体系近代化的关系。

从汕头开埠至20世纪30年代，从汕头口岸出口到欧美为主体的世界市场的大宗潮货，主要是糖类、生柑、抽纱刺绣、布类、陶瓷、茶叶等。欧美市场对不同的潮货生产和销售的影响是不一样的，本书第十一章将具体分析汕头开埠后潮汕土糖、生柑、土布的生产与出口贸易的状况。

汕头开埠后，由于各产业逐步与国际市场对接融通，一般情况下，国际市场对最终产品的需求，会直接拉动潮汕相应产业结构的演化。如潮汕土糖的生产质量在国内外颇负盛名，曾远销欧陆各国和旧金山，但19世纪末以后国际糖业市场的剧烈波动，进口洋糖不平等竞争，导致潮汕土糖生产和出口大幅萎缩。潮汕生柑则因其种苗、栽培的固有优势，畅销国际市场而长盛不衰。

近代潮汕土布业的迅速兴起，则与国际市场的原料供给价格相关，而不仅仅与产品需求相关。本书第十一章分析了近代汕头口岸棉纺织品（棉花、棉纱、棉布）进口与潮汕土布发展的关系，认为18世纪工业革命之后，以英国为主导的全球棉花和棉纺织品生产贸易体系的形成，影响了包括中国在内的许多国家和地区的产业近代化进程。19世纪下半叶之后，国际市场上充足而且价格不断走低的印度棉花和棉纱，为近代潮汕土布业的兴起提供了稳定的原材料市场供给，成为当时潮汕土布业获得较快发展的必要条件。汕头口岸是当时韩江流域联结国际市场和国内市场两个市场的主要枢纽，也是连通内外贸易和粤东土布制造业的主要渠道。国内外市场变化的信号，都会通过汕头口岸棉纺织品的输入输出，传递给粤东土布生产者和销售者。从汕头开埠到20世纪30年代初，为土布业原材料供应链的进口棉花与长三角棉花、英国棉花、印度棉纱与上海棉纱、欧美洋布、日本棉布与上海机制布，在每一不同时期，都曾对粤东土布业的行业结构、空间布局、生产数量、外销方向产生直接和深刻的影响。在居民收入水平、产品性价比

---

[1] 滨下武志.中国近代经济史研究（上）［M］.南京：江苏人民出版社，2008：340-341.

和市场适应性等因素的共同作用下，从1885年至1930年，汕头口岸洋布进口呈现出缓慢波动的下行态势。

所以，滨下武志在分析到这一状况时强调："我认为有必要以外国商品的具体市场条件分析为前提。它显示出由于中国土布使用外国产棉线，而阻碍了外国产棉布的销路，这是事关土布与洋布状况，并不一定表明它们是一种因果关系上的直接联系。也就是说，洋布最终没能被接受——能否这样来把握这个问题，不仅仅取决于洋布自身的市场条件——原因不仅在于洋布，它与中国贸易的商品构成整体有关系。"[1]在滨下武志三个维度的研究范式中，"由于欧洲工业发展所形成的世界市场"与"亚洲内部市场"的内涵、特征、功能是不一样的，他认为研究中国的对外经济关系，由于"通商后欧美的工业产品并没有像预期的那样打入中国市场，反而呈现出停滞的状态"，因此应该将研究的着眼点放到"近代亚洲区域内贸易"与中国"内陆地域市场"和"地域末端市场"的关系上来。

第二，关于近代"亚洲内部市场"与潮汕产业体系的循环关系。

从汕头开埠前的"南北港"多点贸易网络，到汕头开埠后进一步发展完善的"汕—香—暹—叻"贸易圈，实际上是滨下武志笔下的"通商口岸市场圈"和"亚洲内部市场"。近代潮汕出口贸易的基本方向在亚洲，特别是东南亚。本书第五章根据潮海关的资料统计，汕头开埠后初期，中国香港和英国各占当时汕头出口的40%左右；19世纪末叶，出口香港约占35%，新加坡占30%，安南和暹罗各占15%，其余为荷属印尼一带，欧美市场所占比重大幅下降。20世纪20年代出口到新加坡上升为第一位，其次为暹罗、安南、香港。1931年出口贸易中，出口的新加坡占31.7%，香港占25.93%，暹罗占20.86%，日本占1.58%，安南占4.26%，欧美澳市场仅占15%左右。可见，"汕—香—暹—叻"贸易圈的贸易额已占海外潮货网络的80%左右，研究海外潮货网络与潮汕产业体系之间的循环关系，就必须重点研究"汕—香—暹—叻"贸易圈对潮汕产业近代化的联动关系。

第三，关于海外潮货市场和潮汕本土产业体系的同步演化。

民国《潮州志·实业志》曾对近代潮汕国际贸易的空间形态做如下归纳："潮州国际贸易以对香港为最多，因海程距离不远，与出入款项均赖其为汇取故。次为新加坡及曼谷，因潮人侨居其地人数极多，有以促进贸易之关系故。再

[1] 滨下武志.中国近代经济史研究（上）[M].南京：江苏人民出版社，2008：343.

次为安南与荷属东印度。"[1]

按照汕头向中国香港、暹罗、新加坡的出口货值在"汕—香—暹—叻"贸易圈中的所占比重，海外潮货市场和潮汕本土产业体系之间关系的演化，大致可分为三个阶段：19世纪60—80年代为第一阶段，英国和中国香港各占当时汕头出口货值的40%左右，出口东南亚仅占10%左右。19世纪80年代至20世纪10年代为第二阶段，这一阶段汕头出口货值中香港约占35%，新加坡占30%，安南、暹罗及印尼占30%左右，欧美市场已经退居到次要地位。20世纪10—30年代为第三阶段，1931年汕头出口货值中新加坡占31.7%；香港退居第二位，仅占25.93%；暹罗和安南占25%左右；欧美市场回升到15%左右。

形成上述三个阶段的根据，在于国内外市场需求与潮汕本土产业供给之间的相互适配。汕头开埠初期的第一阶段，潮汕出口的主要大宗货物是糖类、生柑、茶叶、陶瓷等，这些货物中很大一部分直接出口英国或通过香港转口到欧美市场，英国和中国香港因而成为潮货主要入口地。19世纪80年代之后的第二阶段，进入南洋的潮侨、华侨增多，南洋经济开始活跃，汕头口岸出口的大宗货物主要是布类、衣服、纸类，以及部分糖类、茶叶等。这些货物从汕头直接出口南洋地区，或经过香港转口，新加坡和中国香港因而成为潮货主要的入口地。20世纪10年代之后的第三阶段，汕头口岸出口的大宗货物主要是抽纱、布类、成衣，以及神纸、麻线麻袋、陶瓷、干菜咸菜等土特产，这些货物很大部分直接出口到新加坡、暹罗及东南亚其他地区，说明当时南洋华人社区和华人消费市场已略具规模。20世纪20年代末期之后，潮汕抽纱制品取代土布成为汕头最大宗的出口货物，加上麻布麻袋和茶叶等的出口，汕头输往美国市场的货值因而有所回升。

第四，关于海外潮货市场与潮汕本土产业体系间的金融循环网络。

潮人出洋和潮货出口所获得的劳务收入和贸易收益，必须通过货币形态的"有往有来"和货物形态的"有往有来"，实现在潮汕本土和"亚洲内部市场"之间的循环。海外潮货市场与潮汕本土产业体系间金融循环网络的形成，是潮汕经济真正融入近代国际市场的根本标志。滨下武志指出了"亚洲区域内部的汇款金融网"的价值，他认为："伴随着移民所形成的本国汇款网则更加值得重视。""从东南亚移民劳动力向本国汇款渠道来说，中国人往往通过银信局、白银信汇兑局等来进行。结合上述情况，加之前述流入亚洲的白银，亚洲区域内部

[1] 饶宗颐.潮州志（第三册）［M］.潮州：潮州市地方志办公室，2004：1173-1174.

的汇款金融网就此而形成。但是，这不是和西欧相交错的经济活动，通过这一汇款网在贸易、金融、投资、金属原材料市场上有独立的资金流入并流通。在这种情况下形成的亚洲金融市场，以随着新型劳动力流动所带来的资金流动为契机，在19世纪末到20世纪初，使作为历史性继承形态的亚洲区域内的经济关系在更大规模上结合了起来。"[1]

基于滨下武志关于"亚洲区域内部的汇款金融网"的分析，潮汕经济与南洋市场间形成金融循环网络，必须满足以下条件：一是以潮汕本土向南洋输出劳动力和出口潮货已经达到一定规模，作为金融循环的物质前提。二是潮人南洋移民通过劳动或商贸活动获得货币收入，并可以自由支配这些货币收入。三是潮人南洋移民货币收入汇回潮汕和投资潮汕的通道、平台已经覆盖南洋、香港和潮汕城乡，批局等金融机构兼营进出口业务，部分海外侨汇能够直接在海外转为实物进口。四是潮汕本土产业、城乡、居民生活的近代化已经普遍启动，形成了从海外输入资金、人才、技术，输入金属和化工原材料、燃油和生活消费品的需求。五是潮汕的产业、城乡、教育、卫生等领域的投入，成为提升新一轮潮人移民和潮货出口的动力。

近代香港作为最邻近汕头口岸的国际性自由港，对货物进出口和金融汇兑的管制较为宽松。"以香港元为媒介的中国在决算上是二重汇兑制度，虽然有人想省略这看起来很不方便的方式，但是香港提供的转口港与用于分配的贸易地动能，却是近邻任何港口也不能代替的。"[2]香港一直是潮汕本土产业体系与海外潮货市场之间要素流转的最核心的枢纽，不论是实物形态流转，还是货币形态或劳动力形态的流转，均如此。"华侨汇款到香港往往以银行比较可靠，因此香港虽是英国属地，实际上与上海或鼓浪屿的外国银行相似（或租界内的中国银行），其存款大致较为安全，存款的一部分分明是作为将来的投资。"[3]为了规避金融风险和政治风险，银信机构往往将香港作为侨批中转地，"而水客则将移民托带之款，交银行汇款至汕头或香港。抵埠之后，持单向该行兑出，按址分送"。[4]《1912—1921年潮海关十年报告》记载了通过香港进行潮货出口货款结算的方式，"关于出口货的付款，是由曼谷、安南、海峡地区和香港开出的汇票

[1]　滨下武志.中国近代经济史研究（上）[M].南京：江苏人民出版社，2008：351.

[2]　滨下武志.中国近代经济史研究（上）[M].南京：江苏人民出版社，2008：336.

[3]　陈达.南洋华侨与闽粤社会[M].北京：商务印书馆，2011：94.

[4]　萧冠英.六十年来之岭东纪略[M].广州：广东人民出版社，1996：96.

办理的，进口则由香港和上海开出汇票。香港货币在汕头市场占有十分重要的位置，特别在1914年更使人感到了这一点"。[1]因此，香港在近代潮汕经济与国际市场的循环中所起的核心枢纽作用，是值得深入研究的。不论是港口航运能力，还是国内外贸易额和金融业发展水平，香港和上海都是"亚洲内部市场"的核心城市，香港的"能级"远高于汕头，"汕—香—暹—叻"贸易圈仅是"亚洲内部市场"的一个区域性市场。从这个角度上讲，香港对于近代潮汕经济运行的意义，不仅仅是连接曼谷、新加坡的转口港，也不仅仅是南洋侨汇或货款结算的中转地，而是通过香港这个平台，潮汕地区的劳动力市场、资本市场、商品市场得以与"亚洲区域内的经济关系在更大规模上结合了起来"。[2]但在国际贸易和国际金融往来中对香港的高度依赖，也使得近代潮汕的进出口贸易、本地金融活动、海外汇款数量等，更加容易受到国际市场上汇率、利率、贵金属价格波动和香港政策变化的影响。

第五，关于海外潮货市场对潮汕产业体系的回馈。

海外潮货市场和潮人社会对潮汕经济社会发展的回馈，主要体现在海外潮籍华侨的汇款。许多著述都引用过饶宗颐总纂的《潮州志》的这段表述："潮人仰赖批款为生者，几占全人口十之四五。而都市大企业及公益交通各建设，多由华侨投资而成。内地乡村所有新祠夏屋，更十之七八系出侨资盖建。"[3]这段表述说明，正是由于潮籍华侨汇款所固有的数量大、单笔金额小的特点，侨汇主要用于华侨家庭的日常生活支出，这部分"维持性侨汇"约占3/4，其余的"改善性侨汇"主要投入住房、商业、交通，以及教育、医疗、慈善等领域，只有少量侨汇投资工业，且集中于汕头城区。

因此，关于海外潮货市场所获收益对潮汕产业体系的回馈，一是体现在部分海外贸易收益转化为潮籍华侨的劳务收入，从而直接扩大了对潮汕地产产品的出口需求。"输出货除抽纱品及少数原料外，其余各货均以海外华侨为销售对象，因潮人侨居暹罗、马来西亚、安南等处人数甚多，生活习惯仍不脱故乡风尚，故其所需或由汕头直接输出，或由香港转驳运往，土产出国后，复售诸国

[1]　1914年"香港发布条例，禁止中国货币在香港使用后，接着当地（指汕头）货币大幅度贬值"。（中国海关学会汕头海关办公室，广东省汕头市地方志编纂委员会办公室.潮海关史料汇编［M］.1988：92.）

[2]　滨下武志.中国近代经济史研究（上）［M］.南京：江苏人民出版社，2008：351.

[3]　饶宗颐.潮州志（第三册）［M］.潮州：潮州市地方志办公室，2004：1312.

人。"[1]二是在部分海外贸易收益于20世纪初叶开始投资潮汕地区的交通、城市公用事业、近代工业，逐步提高了机制糖、棉纱、水泥、化肥、日用消费品、谷物等的自给率，潮汕经济的专业化程度和产品质量有所提升，抽纱、陶瓷、果蔬等产品具有一定的国际市场竞争力。三是在谋求海外潮货市场共同收益的牵引下，本土的和海外的潮州商帮的近代化、组织化水平有所提升。历史上"潮商往往利用家族关系保障其资本的安全与经营的顺利发展，并以家族、乡土关系形成信用体系和团体力量参与商业竞争"。[2]汕头开埠后，随着"汕—香—暹—叻"贸易圈的货值、品种、交易方式和商业业态的新变化，分散于贸易圈各地的潮籍商人，在传统的以宗族、同乡为纽带的商业会馆之外，本土和南洋各埠头还逐步建立起以产业、行业、业态分工为基础的按照近代规则运作的商会、同业公会，特别是将汕头埠的零售网络和南洋乡村地带的零售网络与原来"汕—香—暹—叻"贸易圈的批发转运网络融合起来，从而大大拓展了市场空间，提高了要素流转效率。

（四）关于海外潮文化圈与潮汕城乡文明的循环关系

海外潮文化圈是在移居海外的潮人已经达到一定的聚集规模，与海外华人社会同步生成的。从这个意义上讲，潮文化因素是将潮籍移民吸聚、融合为海外潮人社会的精神纽带。

第一，海外潮文化圈的族群性、华人性和本土性。

表1-11　情境化的族群性[3]

情境	认同
东南亚之外	新加坡人
东南亚之内	新加坡华人
新加坡国内：面对外国人	新加坡华人
新加坡国内：面对不同种族的国人	华人
新加坡华人社会内部	以方言群划分
同一方言群内	以次方言群划分
同一次方言群内	以出生地划分
同一出生地内	以宗族划分

[1]　饶宗颐.潮州志（第三册）［M］.潮州：潮州市地方志办公室，2004：1245.

[2]　林济.潮商［M］.武汉：华中科技大学出版社，2001：105.

[3]　刘宏.战后新加坡华人社会的嬗变：本土情怀·区域网络·全球视野［M］.厦门：厦门大学出版社，2003：23.

海外潮文化圈的内核是潮籍海外移民对潮文化的认同问题。海外移民的文化认同比公民身份认同或职业身份认同更为复杂。20世纪以来兴起的全球化浪潮，使"越境移民族群"的文化认同问题日益受到关注。

海外潮文化圈的内涵应体现三层属性：族群性、华人性、本土性。刘宏的《战后新加坡华人社会的嬗变：本土情怀·区域网络·全球视野》一书中使用了"情境化的族群性"的概念，认为"族群界限并非僵化、固定不变的，族群成员的属性可能是模糊和多元的；其界定主要取决于外部语境"[1]（表1-11）。从外部语境的视角看，对潮方言及其次方言的共同认同，是海外潮文化圈的第一层，也是基本的属性。

刘宏认为，与族群性理论和实践密切相关的，是"华人性（Chineseness）"，华人性是认同海外华人社会、海外中华文化圈概念的重要一环。研究华人性，就要研究"与生俱来的华人性"的内在因素（血缘、语言与文化的承传、社会组织等）如何在一定语境下调适、演化并进而影响这一外在语境。海外潮人社会是海外华人社会的重要构成，华人性是海外潮文化圈的根本属性。潮汕本土文化诸内在因素的表达、组合和调适范式，在不同语境下也各不相同。因此，19世纪中叶之后被潮籍华侨带到南洋的潮文化要素，在南洋不同的地区或国家，在不同的历史时期里，其表达、组合、调适方式也在不断演化中。

所谓关于海外潮文化圈的"本土性"，是指南洋潮籍华侨，在其"定居化""本地化"的过程中，多种族、多元文化的语境对潮文化的渗透、融合，以及潮文化对"被同化"的抵制。"从移民运动一开始，伴随着商业经济方面的交往，潮汕与东南亚各国在文化方面也有着相互的影响和交流。这种交流同样表现在语言、文艺、生活习俗以及思想观念各个方面。"[2]因此，海外潮文化圈与本土文化之间，在不同时期、不同地域、不同领域会呈现出不同的交融方式和密切程度。

第二，关于海外潮文化圈的表达形式及演化。

生长在"异质文化"汪洋大海的海外潮文化圈，不应该也不可能将本土上的潮文化完全移植到海外潮人社会中，而是选择最能体现潮文化核心价值、最能通过潮文化的赓承传播来凝聚海外潮人力量的表达形式，这些表达形式也会随着

---

[1]　刘宏.战后新加坡华人社会的嬗变：本土情怀·区域网络·全球视野［M］.厦门：厦门大学出版社，2003：22-23.

[2]　黄挺.中国与重洋：潮汕简史［M］.北京：生活·读书·新知三联书店，2017：222.

时代和语境而不断演化。

一是潮方言。潮方言是海外潮文化圈内部进行沟通交流最基础的表达方式，是维系海外潮人社会的精神生活的纽带。潮方言的坚守，是潮文化圈生存与否的关键。因此，19世纪下半叶到20世纪30年代，潮方言的迭代传承，是通过家庭、华文学校和留在潮汕本土接受教育实现的。20世纪40年代末之后，南洋潮人社会第三代、第四代的潮籍移民从小接受当地语言教育和原殖民地宗主国语言，对华语和潮方言的认同度有所下降，潮方言迭代传承的环境和手段受到严重挤压。

二是宗族观念和原乡民俗。"宗族是在血缘名义下构成的网络组织，其核心在祠祭和墓祭。祠堂、祖墓及其祭祀仪式构成一个完整的象征体系，显示着宗族内部的等级层次和权力分配。"[1]潮汕原乡强烈的宗族观念和稳固的宗教组织，也随着海外潮人社会的形成而延伸到海外，并将潮汕特有的祭祀仪式、宗庙、宗教信仰，以及民俗礼仪，落地到潮人社区，成为海外潮文化圈有别于其他华人文化聚落的显著标志。

三是华文教育和华文文化载体。海外华文教育和潮语教育是实现海外潮文化圈和海外潮人社会持续循环的保障。将海外潮货市场所得收益和个人收入用于兴办各潮人社区的华文学校，成为南洋潮侨一直坚持的传统，形成了颇具规模的华文教育体系。随着南洋潮籍移民人数的增长，进入南洋中的"文化人"和潮汕文化产品也越来越多，南洋各地的华文报纸杂志、文学、美术、戏剧也走向繁荣。南洋诸殖民地和二战之后各国当局，先后以多种方式对华人教育加以限制干扰，华文学校的生源也逐渐减少。

第三，海外潮文化圈对潮汕城乡文明的回馈。

海外潮文化圈对近代潮汕城乡文明发展的回馈是全方位的。

一是南洋潮侨捐资兴学，推动潮汕中小学教育近代化。华侨捐资办学的直接受益者是留守家乡的莘莘学子。清末汕头的《岭东日报》，多次报道海外华侨捐资办学的消息。如1902年的"潮嘉新闻"中，报道华侨回大埔办学就有5宗。1934年陈达在《南洋华侨与闽粤社会》一书中，记载了汕头市近郊某华侨社区28个学校，"有华侨倡办者7校；其经常费的一部（分）每年由华侨捐助者16校（包括华侨创办的数校）；华侨偶尔有捐款者8校"[2]。当时陈达在对潮汕闽南

---

[1] 黄挺，陈占山.潮汕史（上）[M].广州：广东人民出版社，2001：535.

[2] 陈达.南洋华侨与闽粤社会[M].北京：商务印书馆，2011：216.

华侨社区的调查中就已发现，海外移民的生活体验和交往视野使南洋华侨更加重视子女的教育。无论是为了密切与潮汕的商贸联系、家族联系，还是为了追求较高的个人收入，以改变自身社会地位，通过捐资兴学是当时提升本土和南洋潮人人力资源素质的有效路径，因而也是近代潮汕经济与南洋间多维度复合循环关系中不可或缺的重要链节。从社会学的视域看，潮汕华侨必须通过捐资兴学来提高本土教育水平，证明了地方政府公共教育资源的严重匮乏。而从捐资办学过程中浮现出来的，南洋潮侨华侨依托宗族纽带，回馈原乡教育，恰恰是近代潮汕较为落后的公共服务体系的真实映射。村社是亚细亚生产方式中常见的乡村自治形式，在中国漫长的封建社会里，国家微弱的公共服务不会下伸到乡村，乡村的公共服务，包括教育、调解纠纷、赡养孤寡老人、小型水利等，主要靠村社来承担，潮汕乡村的宗祠便是此种村社的典型组织形态。从晚清到民国期间，在地方政府软弱无力的情况下，潮汕华侨只有通过宗族纽带才能整合改造私塾，兴办新式学校，推动传统的乡村教育转向近代教育。

二是推动潮汕城乡近代化建设。海外潮侨汇款投资汕头和部分城镇的供电、供水、铁路、航运建设，发展工商事业，都是实体形态、资本形态的回馈，知识形态的回馈主要集中在城乡建设上。20世纪10—30年代，南洋华侨在家乡兴起的新村建设，兴建不少体现近代建筑理念的民居。1921年汕头设市之后，《汕头市政工务计划》的编制和实施，都由出洋回国的专业技术人员主持；市区连片骑楼、道路系统、下水道系统的设计施工标准，也学习借鉴了南洋的城市建设经验。在汕头市区的全面市政改造过程中，政府统筹、沿路沿街商户组织筑路委员会自主筹资建设的体制，也是参考了国外的做法。汕头、潮州城区新建的骑楼群与单栋洋房，许多带有南洋建筑风格的痕迹。

三是促进潮汕与南洋间的文化交流，推动潮汕文化走向世界。南洋华侨报业的回馈促成了潮汕近代报业的繁荣。曾旭波认为："汕头埠报业的发展，华侨同样亦是一支不可或缺的生力军。可以说，汕头埠自清末至民国的报业，到处都有华侨的身影。""《星华日报》无疑是华侨报业在汕头埠乃至全国华侨报业界的杰出代表。"[1]在辛亥革命和民主革命中，潮侨在新加坡和汕头两地的报纸上相互呼应，宣传革命思想，揭露时弊。近代潮汕的文化界与南洋的华文作家、画家、演艺界密切往来，20世纪20—30年代，潮汕、南洋的作家成为当时中国左翼

---

[1]　曾旭波.汕头埠老报馆［M］.广州：暨南大学出版社，2016：16.

作家群体的生力军。生成于潮汕本土扩散到南洋地区的宗族、宗教、慈善组织和民俗文化、餐饮文化，潮汕地区由于战争、政治动荡、自然灾害等的影响运作不畅时，南洋的潮文化圈就可能发挥接续和优化功能，与潮汕本土共同形成潮文化生态的保护体系。

1860年汕头开埠以前，潮汕地区已经存在着家庭作坊式的工业和手工业生产，如陶瓷、建筑材料、夏布、土糖等传统工业。汕头的开埠，启动了潮汕工业近代化的进程。本章将在概略阐述1860—1949年潮汕传统工业复兴和新兴工业成长状况的基础上，对潮汕地区的近代工业资本、近代企业组织和近代工业分布进行分析。

第一节 传统工业的复兴与发展

潮汕地区的传统工业建立在长期的相对封闭的自然经济基础之上，主要包括与农业生产和人民生活密切相关的农林产品加工业、矿业、建材业和手工业。汕头的开埠一方面为潮汕传统工业开拓更广泛的国内外市场，另一方面又为潮汕传统工业输入更多的境外资本、原材料和技术，潮汕的传统工业得以复兴与发展。

一、矿业和建筑材料业

（一）矿业

近代潮汕矿业，以锡、钨、铋矿为主。

1.锡矿

潮汕的锡资源比较丰富，锡制品加工历史悠久，且在省内外市场有一定知名度，但长期来源于手工开采，产量极低，远远不能满足市场需要。1926年之前，潮汕的锡原料主要从马来亚进口或从云南买入。萧冠英的《六十年来之岭东纪略》曾录入1905年、1910年、1915年、1920年、1921年和1923年这6个年份汕头口岸进口锡块的数量，多的年份约1.6万担，少的年份不到8000担，每年平均进口锡块12144担[1]。

锡在潮汕的主要用途，是打锡箔，"本州锡之销途百分之九十用于打箔"。[2]锡箔除了大部用作当地的冥锱制品，部分亦被出口到国外。据《六十年来之岭东纪略》记载，1915年至1923年，每年平均出口锡箔近30002担[3]。

1928年以前，潮汕地区的锡矿开采，基本处于无秩序的手工开采状态。1928年后，开始有商人以公司形式向政府申领采矿执照。随着潮汕各处锡矿的不断发现及锡矿业的发展，申领执照的商家亦不断增加。据广东省建设厅的统计，1941年6月前，全省登记准许开采的锡矿454区，其中潮汕各县便有176区，占全省锡矿区数的38.8%，著名矿区有潮安的登塘、白水，揭阳的梅北，普宁的梅峰、大宅等地。惠来葵潭一带亦是锡矿的主要产区，如狮岭肚村。1929年间，集益公司和兴业公司是当地锡矿的主要开采企业。两家公司最盛时，每日工人3000余人，净锡产量3000余斤。到了20世纪40年代，因矿藏减少，产量下降，每日仍出净锡300余斤。

抗日战争期间，潮汕地区对外贸易陷于半停顿状态，民国政府资源部资源委员会设立锡业管理处，将赣、湘、粤、桂四省（自治区）的锡矿列为特种矿产，不许人民自由买卖，需由政府统一收购。由于锡业管理处所定的收购价格未能随通货膨胀及时调整，锡矿开采业因无利可图而纷纷停歇。抗战胜利后，锡业管理处撤销，因为交通和治安等原因，潮安、揭阳的锡矿业仍然处于停顿状态，只有普宁、惠来重新复业生产。

2.钨矿

1907年，江西省大余县西华山发现钨矿，1915—1916年开始开采。此后在南岭地区相继发现不少钨矿区，生产不断扩大，至第一次世界大战末期，全国钨精矿产量达到万吨，跃居世界钨精矿产量首位。

[1] 根据：萧冠英.六十年来之岭东纪略［M］.中华工学社，1925：7.《外国进口大宗货物价值之分类统计表》的相关数据计算。

[2] 饶宗颐.潮州志（第三册）［M］.潮州：潮州市地方志办公室，2004：1130.

[3] 根据：萧冠英.六十年来之岭东纪略［M］.中华工学社，1925：7.《外国进口大宗货物价值之分类统计表》的相关数据计算。

潮汕的钨矿开采时间跟江西大抵相同。据记载，1916年，揭阳五经富大洋村的塘湖山，乡民首先发现了钨矿，民众前往开采者每天有1000多人，每月开采钨矿砂3万斤，每斤卖毫洋2角。1917年，商人马育航与王振谦合作，成立乾记公司，向政府领取了钨矿的开采权执照，禁止散工开采。此行为引起当地民众的反抗，乾记公司遂请政府平压。之后，乾记公司又跟日商合作，引入机械生产，雇佣工人最多时达1万多人，篷厂2000余间，每月开采钨矿12000多斤，每百斤可卖50元（银圆），月产值约6000元（银圆）。1924年乾记公司因产品滞销停产。1931年后，马育航又决定重新开采钨矿，并允许乡民开采，由乾记公司收购。

1934年初，因钨矿价格不断攀升，广东省对钨矿实行专卖，成立联合钨矿公司，规定价格每担毫洋60元，4月，涨价至70元。到了7月，联合钨矿公司汕头分处宣布东江钨矿专运每担80元。整个潮梅地区每月产量大约1万斤。因香港市场钨矿价格每百司马斤港币75元，折合毫洋约160元，价差1倍多，故走私特别严重。1935年3月后，日商逐渐减少对钨矿的收购，香港市场钨矿价格随频下跌，最低曾跌至毫洋40元。

1937年"七七事变"爆发，香港市场钨矿需求日增，价格再度迅速上涨。当时每月钨矿出口交易量达500吨左右，市值港币300余万元，而跟当时政府规定的收购价格相差100余万元，故从正规渠道收购出口难以满足香港市场的需求。日本矿商遂通过侵华军事当局合作，发给走私商钨矿出口证明书，可自由通过沦陷区，并用机驳船运至香港转运。潮汕沦陷之后，日本洋行在汕头专营收购钨矿和锡矿，一些奸商将钨矿和锡矿从韩江、榕江偷运至汕头卖给日本矿商。

抗战胜利后，随着物价上涨，钨矿收购价亦得以上涨。此时期香港市场钨矿交易重新活跃，欧美等地矿商争相收购钨矿，苏联亦通过委托洋行在港大量收购钨矿。1946年7月起，潮汕区钨矿的政府收购价每吨净钨价80万元（法币），每担47600元；到了9月，每吨收购价涨至129.6285万元。1948年4月，官方收购价提至每吨价国币1.08亿元，通货疯狂膨胀及欧美矿商的争购，香港市场钨矿价格快速上扬，最高时跟国内的政府收购价相差八九倍，走私再度猖獗。不法商人甚至派轮船到汕尾、澳门附近海面运载走私钨矿。[1]

3.铋矿

我国铋资源储量居世界首位，主要分布在13个省、自治区、直辖市，其中

---

[1] 饶宗颐.潮州志（第三册）［M］.潮州：潮州市地方志办公室，2004：1135-1136.

储量最大的是湖南、广东和江西三省，三个省的储量占全国总储量的85%左右。

潮汕铋矿的开采在1919年前后。当时揭阳县五经富大洋村塘湖山钨矿的个体采矿工人采到一些淡黄色或灰白色的矿砂，以每斤洋毫二角的价钱卖给马育航的乾记公司，称为白钨矿。乾记公司收购了2000余斤，经化验始知是铋矿，便运到香港发售。之后，钨矿公司遂向广东财政厅申领开采执照，采备炸药和各种器械，先后开采铋矿数十万斤，获得了不错的利润，该公司也成为当时广东省内采铋矿设备最为完善的企业。但经几年的开采，1922年矿坑已深，水多石坚，矿脉缩小，产量日渐减少，欲再保持产量，必须增购机械设备。因历年盈利已经被移用他处，无法筹集资金，只能维持现状。当时整个潮汕地区，有规模的铋矿开采，只有塘湖山马育航的乾记公司一家。此后如潮安、惠来、普宁、丰顺等地钨矿企业虽然也发现有铋矿，不过产量均远不能跟塘湖山相比。[1]

（二）建筑材料业

1.贝灰

潮汕地区少有石灰岩，长期以来，潮人盖房子用的石灰，均利用海贝壳煅烧成贝灰，代替石灰。从事这一行业的有饶平海山、潮阳桑田澳头、澄海北港等处。据1948年民国《潮州志》介绍，南澳长尾山凤屿浅海处，是海贝壳最丰富的产区。长期以来，南澳岛对岸的海山居民，多以采贝壳为业，且世代相传。采贝壳最盛时期，有采贝壳船700余艘，工人2000余人。最佳的时间是夏秋季节。从事这一行业的利润可观，虽然辛苦，但很稳定。

海山的采贝壳业，每年可产贝壳200多万担，澄海、潮阳等处的贝壳商，用船到海山收购，再转卖于潮汕各地灰窑。1922年"八二风灾"之后，第二年潮汕各地重建房屋，贝灰市场旺盛，每儎约1500斤的海贝壳可卖银圆5至6元，比平时的2元左右翻1倍多。1934年之后，海贝壳市场价格低至每儎1元3角。潮汕沦陷时期，海山、北港、澳头等产贝壳区全面停业，只有桑田一处继续生产。抗战胜利后，海山复业生产，邹堂及梅林湖区有集资者重操旧业，但因工价过高，不久停业。

传统采贝壳业均为家庭式操作，1948年，有罗姓商人到省建设厅申请执照，承包南澳长尾山贝壳场，据称其公司拥有新式采集器械，且资本雄厚，但最终情况不详。[2]

---

[1]　饶宗颐.潮州志（第三册）［M］.潮州：潮州市地方志办公室，2004：1137-1138.

[2]　饶宗颐.潮州志（第三册）［M］.潮州：潮州市地方志办公室，2004：1145-1146.

2.石料

潮汕地区的石材以花岗岩为主。花岗岩虽然到处都有,但花岗岩石材质沉重,花式多种,一些地方虽然有合适石材,却因交通不便,不适合大量开采,只能就地取材。

适合商业化开采的石材,自清末至民国,主要有两处:一为汕头南部的达濠,另一处为桑浦山麓的沙溪头,这大概是因为这两处都可以利用船运输。潮汕的建筑石材,多用于制门框、支柱、台阶、碑坊及铺筑石路、石桥等。如潮州城的广济桥,就是一条典型的花岗岩石桥。

全面抗战爆发前,在达濠从事石矿业的工人每天大约有300人,每日每人的工值6角钱,每天生产石材5傲(按每傲18000斤计,合9万斤),产值约300银圆,每年春夏为淡月,秋冬为旺月。这些石材,约80%作祠堂、房屋等建筑材料,约20%用于制作碑碣。达濠所生产的石材,主要销售于潮阳、揭阳、普宁和汕头等地。抗战胜利后,达濠的石材销售锐减,产业工人约存百人,每月生产石材10余傲。这一方面是地方建筑行业一直元气难复,刚性需求减少;另一方面,潮阳的江河由于战乱多年,水路淤塞,运输困难,再加上凤山亦有石材生产,尽管质量不如达濠的石材,但在交通不便的情况下,潮阳、揭阳、普宁的一些客户还是就近购买,挤占了一定的市场份额。

沙溪头石料都从桑浦山开采,销售市场主要有潮安、揭阳、潮阳、澄海和饶平。开山石工大约50人,每日每人工值除伙食外,有七八角钱;屋下石工(即细石工)抗战前约有120人,日工值除伙食外,从4角钱到7角钱不等。抗战后石工只剩下20余人。桑浦山石材总体不如达濠石材,只有部分质量好的才能作为建筑用的柱础,大部分只能用作门框或墓碑,不成材的碎石每傲仅值数元。[1]

3.砖瓦

潮汕地区砖瓦生产历史悠久,现已发现的有潮州北关窑、上埔、归湖,澄海的程洋岗,惠来的牛拖窑,南澳六都村,揭西钱坑等地历史古窑或古窑群的生产遗址。

民国初年,潮汕砖瓦业总体发展不快,生产方式也较简陋。据1923年调查资料统计,规模较大的瓦窑,潮阳有28所,饶平有22所,揭阳有27所。潮阳一带生产的多为红色瓦,潮安、饶平生产的多为灰色瓦。抗日战争时期和抗战之后,

---

[1] 饶宗颐.潮州志(第三册)[M].潮州:潮州市地方志办公室,2004:1146-1147.

因长期战祸，民力凋敝，建筑减少，砖瓦工业生产萧条。[1]

4.竹木、五金

木竹料是传统的建筑材料。明清之后，潮汕地区木材的应用及加工已形成独特的风格，普通民居亦以"雕梁画栋"装饰屋宇。民国时期，潮汕木材加工颇有发展，建筑木材的专业生产厂家有荣丰泰、万荣泰、民生等10多家。

20世纪20年代以前，汕头市区的木材加工基本都是以手工操作为主。到了30年代，市区有了"火锯"工厂，木料的锯解得以用机器帮助，但许多木料如门板、门窗及一些建筑雕件仍然需手工操作。[2]

竹料作为建筑材料，主要用于搭建竹篷屋及建筑洋楼之脚手架，如搭建篷厂、戏台、牌楼、临时住所等。最初在潮州府城出现，之后盛于汕头市区。民国22年（1933）前后，汕头市区的搭篷业大兴，有李四合、杨琳合、赵升利、承益兴、协利、合兴、同成兴、郑创成、和成、三顺、永发、和利、马荣兴、集成、赵源茂、和记、集记、深裕、成益、永发盛、合成21家。[3]

明代，潮汕各地便已有生产各种用于建筑物的小五金如门环、门窗、铁脚圈、大铁钉等金属建筑制品。民国年间，揭阳的棉湖、汕头市区等地小五金生产较为发达。1933年，汕头市区有小五金制作坊70余家，产品有铜、铁合页，插销及拉手、门环鼻嘴等。

二、陶瓷业

陶瓷业是潮汕传统工业之一，清末至民国，潮汕陶瓷业得到进一步发展。

清代潮汕的陶瓷业，一方面继承明代的传统工艺，仍用匣钵单件装烧和垫细砂烧制，不过胎骨较厚，器形较大；另一方面在器物彩绘上开始由工笔画演变为写意画。有的器物外壁文字与花纹并排，有的一侧加纹饰，一侧题字。题材亦较广泛，不论是烧造还是彩绘都比以前有了进步。1874年，潮汕开始出现彩瓷业，海阳县枫溪有公合成、永利、和顺诸家彩瓷商号。辛亥革命前夕，彩瓷商号发展到9家，从业人员180多人，彩瓷色料由广州供应。辛亥革命后仅枫溪就有彩瓷商号17家，工人300多人，比辛亥革命前增加近1倍。

[1] 广东省汕头市地方志编纂委员会.汕头市志（第二册）［M］.北京：新华出版社，1999：669.

[2] 广东省汕头市地方志编纂委员会.汕头市志（第二册）［M］.北京：新华出版社，1999：679-681.

[3] 饶宗颐.潮州志（第七册）［M］.潮州：潮州市地方志办公室，2004：3368.

民国初年，普通陶瓷业也有所发展。1911年，潮安陶瓷商号有20多家，工人200多人，全业年产值约为3万银圆。1915年，陶瓷商号增至40多家，工人500余人，全业年产值约14万银圆。1915年之后数年略有发展，全业年产值约增加至40万银圆。这一时期潮汕陶瓷生产无论产品数量还是产品质量，均以潮州的枫溪、大埔的高陂、饶平的石井等地为最多和最佳。特别是靠近枫溪的潮安长美、凤塘、湖下、林板、角树、人家前、为子关、梅林等村落，几乎人人从事陶瓷制作。[1]

第一次世界大战之后，潮汕陶瓷业得以迅速发展。1919年，仅饶平九村就有95所窑投入生产，潮安枫溪的陶瓷商号亦以每年增加10多户的速度发展。到1928年，潮安县已有大小陶瓷商号80多户，工人1300多人，年产值约110万银圆。1936年，潮汕陶瓷商号有100余家，工人2000人左右，年产值300多万国币。此时的潮安、饶平、揭阳等地陶瓷商号亦与年俱增，产量不断增加，产品种类不断增多，开始形成了日用瓷、陈设瓷和精陶三大类产品体系。

全面抗战爆发后，由于汕头港被封，运销阻滞甚至中断，潮汕陶瓷业受到严重打击，大部分陶瓷商号停止生产，奄奄一息。抗战胜利后，南洋陶瓷需求量激增，潮汕陶瓷业曾有所发展，又因国民党政府发动内战和严重的通货膨胀，随百业萧条而不振。

（一）日用陶瓷

潮汕的日用陶瓷，有粗缶和幼缶之分。幼缶即指瓷器，主要有盘、碗、匙、碟、茶杯、茶瓯、茶壶、酒杯、酒瓯、花瓶等产品；粗缶即指陶器，通常有缸、锅、坛、罐、磨钵、煎盘、糖漏、风炉等产品。

民国初年是近代潮汕日用陶瓷业最盛时期。当时大埔县高陂有窑户3000余家，当地的沙坪、雷公坪出产优质瓷泥原料，高陂陶瓷因而质量精美，是潮汕陶瓷中的佼佼者。枫溪陶瓷产量较大，除了枫溪一地之外，周边的长美、凤塘、湖下、林板、角树、人家前、锡山、梅林等村同样盛产陶瓷。饶平上饶各村出产的陶瓷，缶色介于高陂与枫溪之间而自成一格，彩绘亦很工致。

潮汕陶瓷产品的销售市场广泛，除了潮汕各地，亦行销福建、浙江、北京、上海、中国香港乃至泰国、越南、马来西亚、印度尼西亚、新加坡等东南亚各国。第一次世界大战期间，陶瓷外销旺盛，仅枫溪一地每年就出口瓷器130万

---

[1] 萧冠英.六十年来之岭东纪略［M］.广州：中华工学会，1925：24.

元以上。一战结束后，减至50余万元。1926年后，瓷碗每担价格5至6元（银圆，下同），最低亦有2至3元，每年产额300余万元。20世纪20年代末至30年代初，受世界性经济危机爆发及日本瓷器倾销影响，潮汕陶瓷业遭受严重打击，1932年至1933年，粗瓷出口年均只有33万至36万余元，幼瓷出口仅有区区2000余元，年产总值锐减至100余万元。[1]

（二）陶瓷艺术

潮汕的陶瓷艺术随着瓷器生产销售的扩大而逐步发展。明代潮汕陶瓷以青花瓷为主，清代时则流行粉彩。

1884年，枫溪人姚华从与广州彩瓷师傅的交流中学到了彩瓷技术，遂于两年后在枫溪开瓷庄，首创小窑彩生产，彩绘原料虽比洋彩略厚，纹样也较简单，但古色古香，俗称本彩。1889年，枫溪人吴合禧改用饶平、高陂优质白瓷加彩出口，他在潮州府城西门街开设彩瓷庄。此后枫溪各瓷庄相继进城设店，生产经营的彩绘瓷器有盘、碗、花瓶、烛台、香炉、笔筒等，彩绘原料多为进口洋彩。

光绪末年，受中国画技法的影响，潮彩工艺有进一步的发展。时知名画家詹云的门生庄淑予、谢兰圃、许云秋、谢锐、蔡友南等人转事彩瓷，他们结合瓷器的特点，运用中国画笔法，将人物、花鸟虫鱼、山水等内容画于瓷面上。1910年，釉上彩人物盘、碗参加南京全国工艺赛会，后又参加美国的太平洋万国巴拿马博览会，潮彩瓷器遂扬名海内外，产品随之行销东南亚及欧美。

三、农产品加工和糖制食品工业

（一）蔗糖业

潮汕地处热带亚热带，气候温和，雨量充沛，特别适合甘蔗生长，蔗糖业早自明代即是潮汕地区一项重要的土产业。

1936年之前，潮汕的蔗糖业主要用传统的土法制糖。谢雪影《汕头指南》载：潮汕产糖主要有潮安、揭阳、潮阳、饶平、澄海、普宁等地。产品主要有白砂糖、赤糖、块糖、乌糖四种。制造方法自古至今毫无改变，每年销白糖约77000担，赤糖约65万担，每年贸易额约290万元。[2]潮汕土糖虽远销国内外，是

[1] 饶宗颐.潮州志（第七册）［M］.潮州：潮州市地方志办公室，2004：3332-3340.

[2] 谢雪影.汕头指南［M］.汕头：汕头时事通讯社，1933：244.

晚清民初汕头口岸输出的最大宗货物之一，但因制作工艺没有改良，生产成本一直很高。汕头开埠后，爪哇、中国台湾等地蔗糖产品源源不断涌入，挤占了潮糖的传统市场，严重打击了潮汕蔗糖业的生产。到20世纪20年代末期，潮汕本地的糖房（即制糖作坊）业务，已经严重萎缩。[1]

1933年开始，当时的广东省政府先后从美国和捷克引进一批先进的制糖设备，在市头、新造、惠阳、顺德、揭阳、东莞等地建成6间制糖厂，日榨甘蔗7000吨。揭阳糖厂厂址设曲溪圭头村，占地120余亩，资产值大洋267万元。制糖设备自美国檀香山进口，1935年底建成，日可榨蔗750吨，出产白砂糖70吨。糖厂为广东省政府管辖。潮汕沿海沦陷之后，揭阳糖厂被迫关停。1949年，揭阳枫口乡新建一间制糖厂，名为正元糖厂，日产白糖17000余斤。此外，潮安急水乡亦有以集资方式创建的新式制糖厂。[2]

（二）酿酒业

近代潮汕市场上的酒，一贯多从天津、上海输入，本地生产的酒产量不多。

潮汕传统酿酒业，主要以大米、糖或番薯、蔗渣等为原料。罐装商品酒，一般有白酒、长乐、双花、糯米酒、红酒、果酒及药酒等。糯米酒大多为家庭酿制，工厂生产的不多。红酒旧时亦称为"醵"，其制法是用米酒加糯米饭及适量红曲，装入瓷瓮密封，瓮四周用粗糠炙之。红酒可以储藏，越久弥珍。潮安彩塘吴天合是一家较有名的红酒生产厂家，产品常常供不应求。果酒一般有荔枝酒、青梅酒、桑葚酒、香橼酒等，桑葚酒以达濠出产的最好，香橼酒则为棉湖最负盛名。潮汕的药酒亦很有特色，如潮阳的萧广丰泰药酒，行销潮汕各地乃至南洋各国。

1924年建成的揭阳古沟耆园酒厂，是潮汕地区最早用机械制酒的厂家。该厂以生产番薯酒和菠萝酒出名，因潮汕不是菠萝主产地，故菠萝酒产量有限，而番薯酒则广受欢迎。该厂还生产酒精，酒精亦曾行销潮汕一时，后因创办人离开酒厂，酒精质量下降，不久停产。

传统酒厂的生产规模，一般以每天能生产多少鼎酒计算，小厂每天生产一二鼎，大者则有10余鼎。酒的产量要看酒醅的质量，质优的酒醅出酒率高，反之则低。一般每鼎能产高度酒40余斤，故每家酒厂每天的生产能力，小厂为100

---

[1]　饶宗颐.潮州志（第七册）［M］.潮州：潮州市地方志办公室，2004：3309.

[2]　饶宗颐.潮州志（第七册）［M］.潮州：潮州市地方志办公室，2004：3310.

多斤，大厂为数百斤。传统的酿酒业，无论小厂还是大厂，都是作坊式生产，潮汕城乡皆如此。不过，从厂家数量到生产规模，都以汕头市区为最多和最大。汕头开埠后，成为潮梅土产的进出口集散地，内地酒厂生产的产品，也多运至汕头出口。

抗战前每年出口本地酒产品价值数百万元，主要行销南洋诸地，厦门、福州、潮梅等地，也是汕头酒厂产品的畅销地。据1933年调查，汕头埠有各类酒厂64家，其中以仙东、西园、谦裕、海东、杏园等厂家的规模较大。

（三）制醋业

醋既是传统的家庭调味品，也是工业原料。以往潮汕地区制醋都是家庭式作坊自制自用为主，市场上的醋多为酿酒厂的副产品，产量不成规模。汕头开埠后，对外经济往来旺盛，大量潮侨往来于南洋与潮汕之间。马来亚一带橡胶业须用醋制炼，从而带动了潮汕地区制醋业的迅速发展。

民国时期潮汕制醋业多集中于澄海和汕头，尤以澄海的下蓬各乡最多。最盛期整个莲下就有40多家制醋厂家，这些醋基本都是外销醋。汕头城区的利永太醋厂，有醋缸400个，月产醋300余坛，裕兴厂有醋缸200余个，月产醋200余坛；元太、中兴、顺丰三家厂各有醋缸300余个，顺丰月产醋200余坛，元太、中兴各百余坛。20世纪30年代初，世界性经济危机严重打击南洋橡胶业，潮汕的制醋业也受到重大影响。1933年以前，每坛醋的价格约3元多，1933年每坛醋价格只有1元多。外销萎缩成为澄海和汕头城区制醋业衰落的主要原因。

（四）粮油加工业

1.碾米业

传统的手工作坊式碾米业，有土砻与木砻之分，潮汕碾米习惯用土砻。土砻碾出的米是糙米，还需要用石臼舂去米皮，方成白米。民国初年，西洋碾米机器传入潮汕，城镇的大米加工开始采用机械加工。汕头埠和潮州府城等地已经出现机械加工碾米的火砻。

碾米业是代客户碾米的业务，民国《潮汕志》称，20世纪20年代初年时，每石代碾费大洋3角，每台碾米机日可碾米60石，利润可观，故碾米厂不断增加[1]，到1933年，汕头市已有兴盛、耀发、成荣、发盛、永利、丰昌隆、旭昌、隆顺昌等机器碾米厂15家，不过除了旭昌和隆顺昌两家设有碾谷铁砻，其余碾米

---

[1] 饶宗颐.潮州志（第七册）［M］.潮州：潮州市地方志办公室，2004：3321-3322.

厂没有碾谷机，只有碾米机。1935年，进口大米大量进入汕头市场，揭阳等本地产粮区的稻谷、糙米难以流入汕头市区，市区的火砻加工业几乎全部停业，1936年，广东省对进口大米征收农产特税，本地大米重新占领市场，火砻业才始恢复。

汕头沦陷期间，日商洋行垄断了汕头粮食市场。原有火砻业大多数在沦陷前将机器设备拆迁内地，市区的火砻加工业再次停业。

抗战胜利后，汕头城区的火砻加工业竞争激烈，大体有三种经营方式：资本雄厚者如荣万太、振顺泰、兴华、聚丰等厂家，专门加工自营，不代客加工；第二种是既有自营也有代客加工业务，如信合、和丰、成丰等商号；第三种则是专门以加工或代加工为业务的，有增太、兆丰等十家。[1]

1921年之后，潮汕各县、镇均有一二家至三数家机械碾米厂。揭阳县是产米大县，故揭阳县城碾米厂比其他地方更多，1935年前后已经有揭阳公司、裕祥美、聚丰、天丰、振源兴、荣丰、开发7家碾米厂，机器功率从16匹到34匹不等，每年共碾米34.02万石，加上捱机砻，每年碾米50万石，占全县产米量的60%。

2.面粉加工业

清末，潮汕消费的面粉，主要依靠外国和国内的上海等地输入。本地生产小麦加工面粉，普遍使用石磨，以人力或畜力加工。民国时期，外国机器传入，才出现一些半机械化的面粉加工厂。1942年，普宁人高祥发在揭阳榕城北马路创办益生面粉厂，这是潮汕首个使用机器加工面粉的厂家。稍后的揭阳县成兴面粉加工厂，使用柴油机带动4台碗式磨粉机加工面粉，班产量500公斤。[2]

"咸面线"是潮汕地区的特色面制品之一，制作咸面线的作坊，潮汕各地都有，通常都是小本经营，每家每月的产量，多则三数百斤，少则只有100多斤，一遇阴雨天气就要停工。所以一家咸面线作坊全年产量平均也就二三千斤，多以行销本地为主，偶尔也有外销出口。[3]

20世纪30年代初，饼干业进入汕头市。最早创办的乾发饼干厂，因产品价格便宜，产品很快占领潮汕市场。之后市区陆续出现金山、适和园、安乐、香香、易生、星洲等9家（包括乾发）饼干生产厂家，行业工人100余人，每天生

[1] 广东省汕头市地方志编纂委员会.汕头市志（第二册）［M］.北京：新华出版社，1999：176.

[2] 广东省汕头市地方志编纂委员会.汕头市志（第二册）［M］.北京：新华出版社，1999：180.

[3] 饶宗颐.潮州志（第七册）［M］.潮州：潮州市地方志办公室，2004：3323.

产饼干1000磅左右，产品销于潮梅地区，归国侨胞亦多购买，作为带回家乡的礼品。[1]

3.榨油业和豆饼业

潮汕榨油业，旧时称油坊、打油坊，或称打油车、油车。这种传统的人工作坊式榨油业务，分布于潮汕各地乡镇，尤以饶平县的黄冈、浮山，澄海县的东里、南湾等地最为普遍。

作坊榨油，一般每百斤花生仁可出油40斤左右，每一套榨具每天可榨仁300斤，产油120余斤，全年均可作业。一套油车，每年产油可达500担。[2]

汕头开埠之后，花生油成为本地出口产品之一。1879年，汕头市区亦开始出现用蒸汽机带动机械榨花生油的生产厂家——汕头豆饼厂。汕头豆饼厂最初日产豆饼100块，两年后日产增至400块。之后有厂家陆续在市区设厂。

清末民初时期，汕头市区榨油业主要分布在怡安街口，当时称油园巷。1933年市区有榨油厂20多家，工人500人左右，生意畅旺时工人可达2000多人。拥有榨油车270多台，原料为花生和大豆，主要来自华中、华北、东北等地区，年产花生油和大豆油约25万担，产品主要出口南洋群岛等地区，品牌主要有明发的"鸡牌"，两茂的"鹰牌"和合福盛的"家标牌"等。1939年汕头沦陷后，汕头市区榨油业处于低潮，抗战胜利后，农村城镇和汕头榨油业相继恢复。1945年底，汕头市区复办榨油厂10多家，共有榨油车110条。1948至1949年，因战乱及货币贬值，农业歉收，花生仁及大豆等原料不足，农村、城镇榨油业处于半停业或停业状态，少数厂家以代加工或以花生换油方式坚持营业。[3]

（五）造纸业

造纸业是清末潮汕较早发展的地方工业之一。潮汕造纸品种主要有各色土纸、南金、锡薄金纸，基本上以手工作坊方式生产。

近代东南沿海居民大量移居南洋，亦把中国人的祭拜文化带到当地。而祭拜所需要的各色"柯司"纸钱，只能由家乡出口。海外需求带动了潮汕以及闽南一带土纸制造业的发展。

1903年，海阳县庵埠开始有造纸作坊生产神纸，产品主要销往东南亚。1910年，神纸作坊已成为庵埠各乡主要的手工工业，从业人数达5000至6000人。

[1] 广东省汕头市地方志编纂委员会.汕头市志（第二册）［M］.北京：新华出版社，1999：447.

[2] 饶宗颐.潮州志（第七册）［M］.潮州：潮州市地方志办公室，2004：3313.

[3] 广东省汕头市地方志编纂委员会.汕头市志（第二册）［M］.北京：新华出版社，1999：178-179.

到20世纪40年代,庵埠镇有中、小型神纸作坊10余家,每家工人约200人,品种有各种"大九""天金""大锭""次力"等,均有各自的注册商标,畅销于中国香港、马来西亚、新加坡、泰国、印尼等地。潮州府城、彩塘等地亦有神纸生产及出口。

(六)罐头和糖果、饮料工业

1.罐头

潮汕地处热带亚热带,一年四季瓜果蔬菜不断,荔枝、龙眼、菠萝、阳桃、莲角、青豆、冬笋等,均是本地土特产。1905年,华侨陈斌秋从南洋回到汕头,在廻澜桥边开设了中国最早的罐头企业之一——美香罐头有限公司,经营自己生产的罐头产品。[1]美香罐头厂注册资本1万元,雇佣男工30人,女工53人,年产罐头1万箱,产品注册商标为"象牌"。当时国内少有罐头这种商品,价格昂贵。美香罐头产品投放市场后很快成为热销商品,除了潮汕本地市场外,还热销国内的厦门、福州、广州、天津、上海、牛庄等地,很快就打进中国香港、暹罗(泰国)、实叻(新加坡)、槟榔屿(马来亚)、安南(越南)等地市场。美香罐头成功之后,陈斌秋又筹资24000银圆,在汕头金山街创办另一家罐头企业——适味罐头有限公司。之后,振球、和和、通商、同化、五和等罐头企业相继在汕头埠出现。

20世纪10—30年代是近代汕头罐头工业的最鼎盛时期。据记载,当时汕头7家罐头企业常年工人近500人,市情旺盛之时,从业工人可达上千人。正常产额年50万,而出口到东南亚各国,便达银四五十万元。"当元宵节近,青豆登场之时,去壳女工,盈街盈巷,日夜工作,其他时果应市,莫不皆然"[2]。一般的从业工人工资每月也就10至15元,而当时果、时蔬上市时,那些雇佣的临时工,每天日夜工作,也能赚0.6元左右。1922年谢德茂创办的同化罐头有限公司,是当时汕头市区规模最大、产量最多、产品及规格最全的罐头企业,最初投资24000银圆,之后不断追加。厂址在同济地北海旁113号,产品注册商标"双狮塔唛"。由于同化罐头公司投资大,设备先进,虽然只雇佣工人40多人,年产量却达28000箱,除制造罐头外,还兼制豉油、什咸等项。

---

[1] 于新华《罐头食品的历史、现状及发展对策》(《食品与发酵工业》2001年第2期)认为,"1906年上海商人从西方购入设备并成立了海泰丰食品公司,这是我国第一家罐头食品企业",而美香公司还比其更早1年。

[2] 谢雪影.汕头指南 [M].汕头:汕头时事通讯社,1933:215.

1929年之后，世界性的经济危机波及东南亚，也波及我国市场。市场疲软，购买力下降，罐头出口量随之减少。当时罐头用的白糖、白铁百分之百依靠进口。20世纪30年代初，民国政府还对罐头生产必需的原料白糖、白铁加收进口税，成为对汕头罐头企业的致命打击。尽管当时汕头市场的农产品价格大跌，仍未能减轻成本负担，加上市场疲软，购买力下降，许多罐头企业半停业或干脆关门。至20世纪40年代末，汕头罐头业已是一落千丈了。

1937年《汕头指南》一书中记载："本市罐头业，原可占全国沿海同业之冠。厦门、广州、温州、青岛、烟台，虽有罐头厂，但其出口量远不及汕头之多，况汕头又有青豆、竹笋、龙眼、荔枝诸多特产，为他地所无。"[1]1948年饶宗颐总纂的《潮州志》感慨道，"政府若能加意扶植，可望成为国内沿海各埠是业最发达之区"。[2]

2.饮料

汕头市区的乳制品饮料始于20世纪30年代。据介绍，时有潮人袁乃公毕业于清华大学回到汕头，与徐礼然、单绍华等人合作，在礐石办养牛场，制作炼奶。其工艺是将鲜奶加水、糖，然后加热浓缩。产品用小罐装，每件240罐，主要销售于本市。汕头沦陷后，生产遭受严重打击而停业。抗战胜利后逐步恢复生产，场址改设于市区福平路长春里，有工人10余人，养牛20余头，日产炼奶3至4件，年产量约1吨。该场至1949年底停业。[3]

1943年时，揭阳县的宝联乡出现炼奶生产。时外地人曾庆、曾裕生联合在宝联乡开办炼乳作坊，年产鲜奶40多吨，产品"寿星公"牌炼乳，除销售于揭阳本地，亦销往丰顺和汕头。[4]

清朝末年，汽水开始传入汕头，当时称为荷兰水。1902年5月5日，汕头《岭东日报》刊登日商和义行广告称："本行创设汕头育善街，由日本运来新式机器巧制各款荷兰水，能清热郁，除火、消滞，於身体大有裨益。"之后，汕头市区制售荷兰水的商店陆续出现，不过这些商店都是洋行或港商开办的各大药房。

1912年，澄海人陈添福在汕头市集资创办安和汽水厂，厂址初设于新妈宫脚，后移至中马路。随后汕头市区汽水厂陆续创办，至1932年有安和、中华、

[1] 谢雪影.汕头指南［M］.汕头：汕头时事通讯社，1933：215.

[2] 饶宗颐.潮州志（第七册）［M］.潮州：潮州市地方志办公室，2004：3330.

[3] 汕头市食品糖纸工业总公司.汕头市食品糖纸工业制（初稿）［M］.1988：83.

[4] 汕头市食品糖纸工业总公司.汕头市食品糖纸工业制（初稿）［M］.1988：85.

大中美、北平、新发5家。产品主要有苏打水、甘橙水、沙示水等几种。玻璃瓶装，平均每支（瓶）售价7分银，每家年销售约16万—17万支（瓶），约1万银圆，产品行销本市和潮梅、甲子等地。每年自4月至9月为畅销季节，其余时间多停止生产。原料除水、铁盖及玻璃樽外，其余原料均从国外进口。[1]

（七）酱园及凉果加工业

1.酱园

酱园业包括酱油、鱼露、豆酱、沙茶酱和各种杂咸、调味品等。潮汕各地均有酱园业，均是传统的手工作坊。各地因生产经验、传统习惯及原料来源的差异，制作工艺和产品特色也各不相同。如普宁、揭阳、潮阳等县均生产豆酱，以普宁为最早，产品质量较优，其制法是将大豆煮熟后拌以适量面粉，经发酵并加入盐水，再用木棒搅均匀，在阳光下曝晒40天便成。据介绍，潮汕地区抗战前，年产豆酱在5千市担左右，主要销本地，部分销外地及海外。[2]沙茶酱是汕头市生产的传统调味品，抗战前年产量约12000打，远销上海（每年约4800打）、香港（每年约3600打），其余销于本地。

鱼露是潮汕地区独具特色的调味食品。自宋末，饶平拓林湾的渔民便开始生产鱼露，不过当时多为家庭作坊式生产，自给自足，基本没有形成产品销售。明清时期，制作鱼露的方法得以推广。[3]1860年间，澄海苏南莲下灰窑头，出现以商品销售为目的的鱼露铺。当地毗邻南澳、饶平等产鱼区，水陆交通运输方便，利于鱼露生产销售。1900年，外埔村人高葆创办高联合鱼露店，产品销于澄城一带。1920年至1936年，外埔村鱼露作坊有11家，年产量从24吨增至133余吨，销售于本地、汕头市和潮梅各地，并远销至中国香港和马来亚等地。民国初期，汕头市区始有鱼露生产厂家，日军侵占汕头时相继倒闭。抗战胜利后，汕头市区有12家鱼露厂，最著名的是创建于1912年的李成兴鱼露厂，所产"翡翠"牌鱼露，鲜香适口，销路甚广。该厂设于市区新马路194号，香港分行设于香港仔。

酱油也是潮汕传统调味食品之一，主要产地是揭阳、潮安、惠来和汕头埠。清道光年间揭阳北洋乡人杨祥坤在榕城开设酱油作坊，以杨财合为商号生产酱油。20世纪40年代，揭阳酱油生产作坊已经发展到32家之多，除杨财合外，较有名的有林泰源、袁龙记等商号。潮安县酱油业起源于光绪年间，本地人称为

[1] 谢雪影.汕头指南［M］.汕头：汕头时事通讯社，1933：213.

[2] 汕头市食品糖纸工业总公司.汕头市食品糖纸工业制（初稿）［M］.1988：115-116.

[3] 汕头市食品糖纸工业总公司.汕头市食品糖纸工业制（初稿）［M］.1988：115-116.

"白豉油"。1949年已有志诚号、全合号（在浮洋）、玉合号、东发号等6家较为出名的酱油作坊。志诚号规模最大，有工人10余人。咸丰年间，惠来县在今惠城镇柴门外有商号为老陈周盛的酱油作坊，该作坊世代相传不衰。至1949年，惠来有大小酱油商号20余家，从业工人144人。其中老陈周盛、方建合两家商号的晒油和甜油因其制作工艺精细，风味独具一格较为知名。

20世纪20年代，汕头市区的酱油业便开始规模化工厂生产。罐头产品生产的季节性较强，同化罐头公司因而也兼产酱油。所产的双狮塔唛黄标酱油、金标酱油和蓝标酱油，行销潮汕地区，甚至远销到东南亚各地。另一家兼产酱油的罐头厂，是创办于1917年的汕头振球罐头厂，该厂也是当时汕头埠的大型罐头企业之一。

2.凉果加工

潮汕属于亚热带季风气候，是全国有名的水果产区之一，盛产荔枝、龙眼、青梅、阳桃、黄皮、杨梅、橄榄、生柑、柚、桃、油柑等水果，为凉果加工提供了丰富资源。清代潮汕的凉果业已十分发达，各地均有相当数量的凉果生产作坊，且有大宗产品出口外销。

1790年，海阳县庵埠有凉果作坊生产五味姜，技术从澄海传入，后庵埠林振合号作坊又学习了黄冈吴长泉的技术和配方，并加以改进，产品色、香、味基本定型。1939年日军侵犯潮汕之前，潮安县凉果品种有五味姜、蜜饯、果脯等10多种，生产厂家10余家，从业人员近400人，年产凉果200吨左右，产品外销至泰国、新加坡、马来西亚，以及上海、苏州、南京等地。

光绪年间，惠来县葵潭出现蜜饯加工作坊，当地称蜜饯加工作坊为蜜饯铺，产品叫蜜料。有元兴、元丰、裕元、广香4家较大的蜜饯加工作坊。驰名产品有葵潭蜜饯、老香橼等，内销本地及海丰、陆丰、广州一带，果脯制品如梅脯远销至香港和东南亚等地。揭阳县是凉果生产之乡，棉湖一带就以盛产瓜丁出名，当地鸿沟乡出产的瓜丁不仅深受潮汕各地顾客欢迎，亦驰誉南洋各大港市。20世纪初期，饶平县黄冈生产经营凉果的作坊有20多家，三饶亦有凉果作坊。这些凉果作坊，从水果腌、晒、煮等工序，均遵从传统方法手工制作，质量好，久负盛誉，较驰名的有山楂糕、冬瓜糕、茄糕等。

汕头市区凉果加工始于清末，产品主要出口南洋各地。抗战前年产量达3000多担，以晒干梅饼为大宗，原料主要来自惠来等县。品种有加糖制成的甜梅饼，加盐及香甘药末制成的咸梅饼等，还有桃、李、橄榄、阳桃等腌制果脯。1933年汕头市区有梅饼店9家，每年产量约1万担，以每担价值10元计，各家总产值100多万元。

1939年后，因连年战乱，潮汕凉果产品滞销，许多厂家破产。抗战胜利后至1949年，潮汕凉果生产有所恢复，但无法达到战前水平。汕头市区以郑集香糖果厂生产的凉果规模最大，经营品种有各种罐头、糖果、梅科铺料和蜜饯果子等。该厂出品的佛手老香橼极享盛名。潮安仅有庵埠3家厂商生产凉果，且生产时断时续，从业人员50人，年产量25吨。[1]

（八）烟草加工业

潮汕的烟草加工业，包括烟丝加工和卷烟生产。

清朝末年，普宁、潮阳、揭阳等地便有烟草种植和一些烟丝加工小作坊，并逐步传入饶平、潮安和汕头。20世纪初期，烟丝加工逐步成为潮汕各城镇一大加工行业，时烟丝原料主要来自江西和本省南雄，本地产烟草质量较差。

潮汕的烟丝加工，除了满足本地市场的需求外，东南亚也是一个不小的外销市场。1931年，汕头开始设办卷烟厂。最早是商人林泽新创办的汉业公司，日产香烟10箱左右，每箱装5万支。继而又有商人肖谷三筹资20万元在廻澜桥不远处创办华资烟厂，聘请上海技师来厂指导生产。初日产香烟15箱，后增至日产20箱。当时汕头市唯此两家卷烟厂生产卷烟，所用的原材料多取用山东青州、河南许昌和广东南雄等地产的烟叶，并混合少数从美国进口的烟叶，烟纸则大多采用国产。不久，汉业歇业，只剩华资厂一家。

华资卷烟厂产品有"天竹"牌和"鸡牌"等，"天竹"较为热销。全厂有产业工人250多人，其中男工50余人，女工200余人。日产卷烟20箱，月产值约7万元。基本销于潮梅各地。[2]该厂自1933年至1934年经营了两年后倒闭。

潮汕抗战时期，洋烟输入极少，本地手制烟应时兴起，生产工序跟烟厂制法略同，只不过整个制作过程都是手工操作而已，且多以家庭作坊式进行生产和经营，多数还兼生产烟丝。整个抗战时期，潮汕手制卷烟生产者多达千家以上，市面卷烟牌子五花八门。

抗战胜利后，生产者虽逐渐减少，但至1946年洋烟尚未大量输入潮汕市场之前，手制卷烟销路反而广开，有的甚至销往台湾地区，甚至出口到泰国。1946年初，汕头市手制卷烟生产作坊30家，每日产烟支约6箱；另有金星厂一家，采

---

[1] 广东省汕头市地方志编纂委员会.汕头市志（第二册）［M］.北京：新华出版社，1999：450-451.

[2] 谢雪影.汕头指南［M］.汕头：汕头时事通讯社，1933：212.

用手摇制烟机制造，日产卷烟3箱。同年复兴公司承租原华资厂旧址开工生产香烟，因生产大部分机械化，成本低于手工生产，同年5月，汕头手制卷烟作坊纷纷因无法竞争而关闭，只剩下16家。复兴公司生产的卷烟主要有"洋警钟"牌，行销于潮汕各地。此外，潮安的颐华烟厂自1944年开工生产卷烟，产品亦以潮汕市场为主。

1946年汕头市区烟丝业有91家，但生产均为土法手工操作，工艺落后，产量低。1949年，汕头市烟丝业产值180万元；潮安县在册烟丝业36家，规模最大的是颐华烟厂（烟丝厂）和庵埠华昌号烟铺；揭阳从事烟丝生产和经营的亦有98家；惠来有15家，每家商户月产烟丝1至2吨，产品销本县及邻县；潮阳烟丝业有42家，生产遍布全县乡村。[1]

四、传统工艺制品业

（一）木雕、石雕、泥塑、嵌瓷

潮汕雕塑工艺源远流长，木雕和石雕尤有特色。

1.木雕

潮汕木雕产地遍及潮汕各地，艺术表现形式千变万化，多姿多彩。构图一般具有连续性，主次分明，富有节奏感。潮汕木雕主要有浮雕和圆雕两大类，浮雕包括通雕、锯通雕、半浮雕、深雕、阴雕等；圆雕也即立体雕，是具有三度空间的雕刻，它既要遵循传统的雕刻艺术表现手法，又要让作品从各个角度看都要有美的造型和构图。潮汕木雕多为金漆木雕，即木雕作品完成后，全面髹漆贴饰金箔。

清代，潮汕木雕发展鼎盛。遍布各地村落的庙宇祠堂，都以精巧雅致的金漆木雕装饰。居家厅堂的门窗、屏风、几案、床榻、橱柜、椅凳，居室中的梳妆柜、纸枚筒、睡枕，无不加以雕饰。此外，迎神赛会、祭祀祖先用的神龛、神桥、馈盒、香炉罩、烛台，等等，都可用木雕加以装饰。潮汕木雕除了应用广泛，题材内容也丰富多彩。花鸟鱼虫、四时蔬果、江海水族、珍禽瑞兽、民间神话、戏剧故事等均有所反映。

民国期间，因政局动荡，经济衰落，民间建庙造屋减少，木雕艺人多数改行，木雕技艺逊色于清代。

---

[1]　广东省汕头市地方志编纂委员会.汕头市志（第二册）［M］.北京：新华出版社，1999：459-460.

2.石雕

潮汕依山靠海，山海皆有花岗岩石料，历代大量用于建筑及其装饰。清代潮汕艺术极盛纤细繁缛之风，石雕跟木雕一样，以多层镂通雕刻而闻名海内外。清末至民国，是潮汕石雕业较兴旺时期，现留存于各地祠堂庙宇的石雕作品，成为潮汕石雕历史发展的见证。

3.泥塑

潮汕泥塑以潮安浮洋镇著称。浮洋泥塑以其历史悠久、艺术高超和品种丰富等特点，一度与天津、无锡泥塑齐名。

清代光绪年间，浮洋泥塑艺术达到全盛阶段，涌现了一批卓越艺人，最杰出的为吴潘强，其曾以豆腐代泥塑就群猴，加以浓涂轻彩，再经发霉处理，使猴身毫发毕现，令人称绝。

大吴村的泥塑，产品主要为供年节游神赛会用的涂灯，即用涂泥塑（印）成人物、动物形状的灯胚，过火之后，再手工彩绘加工而成。旧时潮汕民俗，家里生男孩（出丁），在元宵节时就得备尪仔灯以"祀先逛神之庆"，俗称"吊灯"。除了元宵吊灯，出丁之家庭，还需将这些涂尪仔赠送亲朋好友，故浮洋泥塑在当时潮汕地方销路极广。清宣统年间，浮洋泥塑每年销售额达10万余元，泥塑制品除了行销潮梅各地，还出口东南亚各国及地区。民国时期，吊涂尪仔灯的习俗逐渐式微。日军入侵潮汕后，泥塑产品销路严重受阻，从艺者都改行转业，盛极一时的泥塑艺术就此没落。[1]

4.嵌瓷

俗称"贴饶""扣饶"，是将需要钳剪出的各种彩色瓷片镶嵌成各种浮雕和立体雕的特种工艺。嵌瓷是富有潮汕地方特色的民间工艺品和别具一格的建筑装饰艺术。

潮汕嵌瓷，始创于明代万历年间，盛于清末。初期的嵌瓷，只是利用碎陶片在屋脊上嵌贴成简单的花卉、龙凤图案以作装饰，到了清末，瓷器生产作坊与嵌瓷艺人配合，专门烧制彩以各种色彩的低温瓷碗，供嵌瓷艺人用作嵌瓷原料。这些专门烧制的瓷碗，经嵌瓷艺人的剪取、镶嵌成平贴、浮雕或立雕（又称圆身）人物、花鸟、虫鱼、博古等，装饰于庙宇、祠堂、亭台、楼阁和民宅的屋脊、屋檐、门楼和照壁上。

---

[1] 饶宗颐.潮州志（第七册）［M］.潮州：潮州市地方志办公室，2004：3289-3291.

嵌瓷艺术是以绘画为基础，运用瓷片剪裁镶嵌表现形象的工艺品，艺术风格较为写实。其技艺特点主要表现为：（1）布局、构图采用对称手法；（2）设色多用对比，鲜艳明快；（3）题材广泛，多以吉祥、长寿、如意、富裕等富有民间朴素情感愿望的内容为主；（4）表现手法有平嵌、浮嵌和立体嵌等。装饰于庙宇、祠堂屋脊正面的嵌瓷，多以双龙戏珠、双凤朝牡丹等为题材，线条粗犷，以大动态、大效果取胜；而装饰脊头、屋角头的嵌瓷，多是文武加冠（三星图）立体人物，从《封神演义》人物到郑成功等历代英雄人物，从《嫦娥奔月》到《红楼梦》古装仕女，都表现在嵌瓷艺术中。汕头埠建于清末光绪年间的存心善堂屋脊上的嵌瓷，是当时潮汕嵌瓷名师吴丹成，何翔云两派的竞技代表作。潮汕嵌瓷艺术，因其风格独特，雅俗共赏，还通过华侨传播到东南亚。[1]

（二）金属制品与藤、竹制品业

1.金属制品

潮汕金属制品历史悠久。19世纪中期之后，潮汕金银饰品加工业发展较快。潮州城内的打银街，金银作坊门店云集，艺人辈出。20世纪30年代，是潮汕金银制品最盛期，主要集中于汕头市区和潮州城内。许多金银作坊既是作坊亦是商店。金银制品品种多样，有各式金银手镯、手链、戒指、胸花、项链、耳环、头结、发夹以及各式金银钗、牌、坠、符等，花式品种繁多。此外，还有酒具、茶具、牙签筒、杯、盘、碗、筷、匙等日用制品。抗战之前，潮汕的金银制品不仅畅销国内市场，亦出口至东南亚各国。1939年潮汕沦陷后，金银业生产停顿。抗战胜利后虽经恢复，但已大不如前。

锡制品是潮汕居民日常普遍使用的金属制品。主要有酒具、茶具、果盒，祭祀用的香炉、烛台、荐盒等。由于熔铸、造型、雕刻工艺较之金、银、铜轻便，造价也较便宜，在铝、塑料等制品未普遍出现之前，锡制品几乎成为千家万户使用最普遍的日用制品。[2]

2.藤竹制品

潮汕藤制品加工工艺据传从梅县传入。1911年汕头埠荣隆街开设一间万顺藤行，由潮安庵埠一陈姓者经营，另一澄海人亦在升平路开设倍顺藤行，以上两家藤行的藤料，均从潮安街一家香港商人开设的起源藤料行进口藤料。据载每年

---

[1]　广东省汕头市地方志编纂委员会.汕头市志（第二册）［M］.北京：新华出版社，1999：339-340.

[2]　广东省汕头市地方志编纂委员会.汕头市志（第二册）［M］.北京：新华出版社，1999：323-326.

两家藤行使用藤料300吨。[1]1916年汕头埠藤器作坊及行铺增至30多间，打工者多为客家人，产品多属日用品、渔业用品及包装用品，销往福建、浙江和省内各地。据《汕头指南》载，20世纪30年代，市区藤制品行铺有合和、源记、连发、三兴、光记、辉记、新义合、广兴昌、义合、荣记、肇记、民兴、永丰和、义兴14家。[2]日本侵汕期间，各行铺普遍停业，至二战胜利，藤制品生产得到恢复和发展。1945年揭阳卢炳合在榕城创办当时首家藤器店，利用土藤和苗竹生产日用品，此后，当地又陆续出现了几家小型门店。至1949年前后，潮安亦有森合、罗添兴、万隆等一些藤器店，均属自产自销。[3]

潮汕地区竹资源丰富，竹制品加工有很长的历史，但始于何时尚无从评考。潮汕竹制品各地均有，种类繁多，主要日用品有竹篓、竹筐、竹箩、畚箕、竹篮、竹扇子、竹筛、竹量筒、竹席、竹椅，等等。据《潮州志》载，清末，潮州城内便有两个竹类集市，一是城南门的竹铺街，至上世纪40年代仍有40多家竹铺，另一个在城北的意溪堤上下，有数十家卖竹的佣行，还有竹制手工作坊300—400家，从业人员2000—3000人。[4]1933年前后，汕头市区经营竹器的行铺有心兴、裕德、良发、荣盛等22家。[5]

（三）剪纸、花灯

1.剪纸

潮汕民间风俗，每逢传统节日、寿辰、婚姻嫁娶，都必备剪纸贴饰在礼品上，剪纸亦作祠堂、庙宇和日用品的装饰，表示吉祥。剪纸题材多采用戏曲故事、花鸟虫鱼、生肖、动物等。礼品、祭拜品多随物象而剪饰，如猪头贴猪头花，龙虾贴虾花，发粿贴团花，日用品则贴鞋花、扇袋花、牙筷花、信插花等。旧时潮汕农村节日期间，村民剪纸艺术竞赛极为流行，既增添了节日气氛，亦促进了剪纸艺术的发展。

潮汕剪纸就色彩分，有纯色（单色）、衬色（双色）和多色衬贴三种，制作方法有用剪子剪和用刀子刻两种。潮汕剪纸总体风格细腻、典雅。其中潮州、揭阳两地剪纸工整秀丽，风格接近；潮阳剪纸线条纤细如丝，玲珑剔透；但饶平

[1] 广东省汕头市地方志编纂委员会.汕头市志（第二册）［M］.北京：新华出版社，1999：336.

[2] 谢雪影.汕头指南［M］.汕头：汕头时事通讯社，1933：283.

[3] 广东省汕头市地方志编纂委员会.汕头市志（第二册）［M］.北京：新华出版社，1999：336-337.

[4] 广东省汕头市地方志编纂委员会.汕头市志（第二册）［M］.北京：新华出版社，1999：335-336.

[5] 谢雪影.汕头指南［M］.汕头：汕头时事通讯社，1933：283.

则是例外，饶平剪纸是用刀子刻成的，而且风格粗犷雄浑，与潮汕其他地方剪纸风格迥异。[1]

2.花灯

花灯是潮汕传统民俗艺术之一。每逢元宵佳节和迎神赛会，潮汕花灯都会为节日平添喜庆气氛。据记载，清末及民国，潮州城内7个神社，每逢正月，便组织迎神游灯活动。各社以潮州大锣鼓为前导，接着是标有姓氏、铺号的花灯队伍，威武的龙头灯领先，接以狮、象、鱼、鸟等形象五光十色的花灯，还有以戏剧故事为题材的纱灯人物屏，最后以翩翩起舞的凤凰灯结尾，俗称"龙头凤尾"游灯活动。潮汕花灯形式多姿多彩，有肖形动物灯，亦有传统宫灯、圆灯等，内容有人物、典故、戏出、动物、花卉、山水等。潮汕花灯素来闻名中外，自清末至民国，经常被邀请到全国甚至国际参展。1910年，艺人杨云楼、杜松创作的"红楼梦""白盂玉"两座屏灯参加南京比赛获奖。稍后又有蔡有南、陈典、杨子英、林乐笙等人创作的花灯、屏灯先后在国外赛会展出。民国17年（1928），新加坡华侨请林乐笙等潮州花灯艺人制作"凤仪亭""打金技"等5屏屏灯在新加坡展出；其后又制作"长坂坡""水淹金山寺""王昭君和番""甘露寺选婚""重台别"等10座屏灯到英国伦敦展会陈列；1935年又为香港潮州八邑会馆制作"二气周瑜""九曲黄河阵"两大屏灯；之后，又为香港盛利昌洋行特制"皇姑考察""狄青取旗"等5屏花灯到加拿大展出。[2]

第二节 新兴工业的出现与壮大

汕头开埠之后，汕头城区和潮汕沿海地带先后出现了有别于传统手工业的近代船舶、棉纺、日用品、食品、抽纱等新的工业门类。潮汕经济日益融入国内外市场、汕头埠人口规模和城市形态的变化、海外潮籍华侨资本的回馈，是潮汕地区新兴工业出现与壮大的主要动因。

---

[1] 广东省汕头市地方志编纂委员会.汕头市志（第二册）［M］.北京：新华出版社，1999：341.

[2] 广东省汕头市地方志编纂委员会.汕头市志（第二册）［M］.北京：新华出版社，1999：342.

一、公用工业和基础工业

（一）电力工业及自来水业

1.电力工业

汕头是广东省最早有电力工业的城市之一。1905年，普宁人方仰欧、方廷珍在汕头埠五福巷内（现五福路）创办了昌华电灯公司，当时该厂装机容量140千瓦。1908年，昌华电灯公司因经营亏损停业。同年9月，方廷珍将昌华电灯公司的机器设备转让给澄海人高绳芝，改设为开明电灯股份有限公司。1909年，开明电灯股份有限公司正式供电，装机容量340千瓦。

1915年，潮州府城开始有电力工业。时潮州商人杨树潢发起创建昌明电灯公司，注册资金光洋8万元，装机120千瓦，后因故改由福建人张得春另行组股开办。设备有低压锅炉两套，立式双缸蒸汽发电机两台，德国西门子、英国奇异大电机各一台，装机容量共480千瓦。昌明电灯公司于1930年易名为振光电灯公司。

至1939年潮汕沿海沦陷前夕，潮汕各地先后开办的电灯公司共7家，分别是汕头市区开明电灯公司、潮州府城振光电灯公司、庵埠光华电灯局、潮阳光利电灯公司、揭阳普益电灯公司、澄海澄光电灯公司和枫溪怀光电厂，其中庵埠的光华电灯局因经营亏损于1935年停业倒闭。

1939年6月，日本侵略军入侵潮汕后，潮汕电力事业遭受严重破坏。开明电灯公司被日军占领，振光、光利、普益、澄光、怀光等各家电灯公司先后停办。1945年8月日本投降时，潮汕各地只剩下汕头开明电灯公司勉强运转发电，当时发电能力为820千瓦。1945年至1949年，潮汕各电灯公司陆续复办，但由于战乱，各家电厂的设备均遭受不同程度破坏，修复缓慢，且因物价飞涨，电力事业难于恢复到战前水平。至1949年底，潮汕各地总计只有发电机组15台（套），发电装机容量2063千瓦，年发电量294.57万千瓦时。其中汕头市区2台（套），发电机组共1820千瓦，发电量267万千瓦时；潮安10台发电机组共109千瓦，发电量17.1万千瓦时；澄海1台发电机组8千瓦，发电量0.3万千瓦时；潮阳1台发电机组50千瓦，发电量1.61万千瓦时；揭阳1台发电机组70千瓦，发电量8.56万千瓦时。[1]

---

[1]　汕头电力工业局.汕头电力工业志［M］.1989：1-2.

2.自来水业

1925年，萧冠英在《六十年来之岭东纪略》中称："岭东地方公用事业，极为幼稚……至自来水公司及其他公用设施，则唯有汕头一市。"[1]汕头的自来水工业建设，始自清光绪三十二年（1906）。侨商高绳芝主持发起筹建汕头商办自来水公司。1907年公司成立，1911年选址庵埠大鉴乡兴建水厂，1913年自来水厂竣工，1914年正式向市区送水。

庵埠自来水厂机器设备购自美国。两台蒸汽锅炉，带动两台蒸水泵，每台基准蒸发量为1988公斤/时，带动两台往复蒸水泵，配置四个容量各为6300吨的沉淀池、四个面积均为795平方米的慢滤池，滤率为每天2244吨，汕头市区则于民族路建一高25米容量900吨的水塔。从庵埠水厂敷设直径300毫米的水管1万多米至民族路水塔，市区先后建成总长48.4公里的大小供水管道，初步形成市区供水网络。[2]20世纪30年代，汕头自来水厂每天可生产自来水约93万加仑，每月供自来水3170多万加仑，供水户数5537户；40年代末期，因战争等因素的影响，用户减少为4000余户，1949年每天最高供水量为5000吨。

汕头自来水公司创办之后，初期用户并不多，1920年至1932年，由于时局动荡，生产亏损，一度濒临破产。1933年后，公司加强管理，开源节流，制定更为详尽的供水管理制度，用水收费价格定为每一千加仑3元（银圆），按月收费，不能跨月。[3]1939年6月汕头沦陷后，公司损失巨大，抗战胜利后，却因金融动荡，货币贬值，公司经营一直不景气。

（二）船舶制造业

潮汕造船工业历史悠久，明时就已经能造远洋帆船。清乾隆年间，庵埠就有船厂为官家造战船。至于民船的建造，则各县均有。所有船舶均以风力为动力。民国时期，始有仿造的柴油机电船。

航海船艘的制造，主要有潮阳的达濠、海门、龙井，惠来的神泉、澳角，澄海的外砂、东里，饶平的黄冈、东界及南澳、汕头等地。内河木船，则以潮安县城最盛。[4]据1937年《潮梅现象》记载，潮安县城有造船厂27家，工人150余

[1]　萧冠英.六十年来之岭东纪略.［M］.广州：中华工学会，1925：138.

[2]　广东省汕头市地方志编纂委员会.汕头市志（第二册）［M］.北京：新华出版社，1999：554.

[3]　谢雪影.汕头指南［M］.汕头：汕头时事通讯社，1933：173.

[4]　饶宗颐.潮州志（第七册）［M］.潮州：潮州市地方志办公室，2004：3371.

人，年造木船170艘，每艘达百数十元至四五百元，每年产值3至8万银圆。[1]

二、纺织工业

（一）织布及印染

手工织布业是遍布潮汕城乡的一项重要副业。产品基本为家庭自用，主要有夏布（苎麻布、蕉布）和手织棉布（土布）、织毯等，历史上夏布为本地名产，汕头开埠以前，土布则是自织自用。1856年，韩江流域从江西引入高型木织机，改进手工织布机技术。1860年汕头开埠之后，国外价低质优的棉花、棉纱先后大量输入潮汕地区，促进了澄海、潮阳和兴宁一带土布业的迅速发展。一些长期从事纺织品经营的商人，开始筹资在汕头、潮州、澄海、潮阳等地开办大型纺织作坊和机器纺织厂。

宣统年间，澄海高绳芝在县城开设振发织布局，聘请日本技师，改进土布织布技术，两天可织布一匹（3丈余）。1914年第一次世界大战爆发，国外纺织品输入中断，本地织布生产得以进一步发展。1917年至1918年，澄海已有织布厂70余家，年产值100多万元，成为潮汕主要的土布产地之一。1919年全国性抵制日货，国货销售旺盛，潮汕地区有大小织布工厂200余家，作坊100余家。

20世纪30年代，澄海、潮阳两县仍然是潮汕最大的土布产地。1931年前后，澄海成立织布业公会，有会员80多家，规定必须具有100台织布机以上才能入会。入会者多则有数百台织布机，少者也在百台以上。而不足百台者，在全县比比皆是。据当时估计，澄海县城一带，织布生产高峰时，有织布机3万架以上，日产布达3万匹，按当时每匹布价格高者4元，低者2元，平均3元计算，年产值达3000多万元。[2]

潮汕土布，除销于本地外，部分运销至福建峰市、上杭、厦门、福州或出口中国香港、暹罗、新加坡等地。

夏布是潮汕传统纺织产品之一，夏布均为家庭手工作坊生产，主要产地在揭阳。20世纪20至30年代，揭阳夏布年产值达数百万元，普通家庭若有妇女三四人，每日织布至少有1元多的收入，故全县妇女（12—50岁）不分昼夜埋头工

---

[1]　谢雪影.汕头指南［M］.汕头：汕头时事通讯社，1933：173.

[2]　饶宗颐.潮州志（第七册）［M］.潮州：潮州市地方志办公室，2004：3352.

作。除揭阳外，普宁、丰顺等地也是夏布产区。夏布原料主要有苎皮、麻、菠萝三种，以苎皮为最好，原料主要来自汉口、海口和台湾地区。

夏布在当时国内及南洋各港均享有盛名，除了大量销往上海，还由山东客商转销高丽。20世纪20年代，是夏布外销的高峰期，如1925年，潮汕夏布销往上海达2万多件，价值200多万元，销往南洋各港的夏布，每年也在百万元以上；后由于经营商贪图高利，产品质量下降，导致外销大量减少。20世纪30年代初期，因世界性经济危机影响，销往南洋的夏布每年只有50万元左右，销往上海的夏布同样只有50万—60万元。此外，销往台湾、广州等地的夏布也相应减少。[1]

漂洗印染，是土布及夏布成品的重要工序。潮汕各县，以潮安染坊最多，其次是揭阳。1921年前后，潮安仅潮州府城一带，便有染坊100余家，工人1300余人。同时期，潮汕各地有染坊数千家，工人数万人。大染坊年工值数万元，小染坊亦有1000—2000元。此后，进口染料开始进入潮汕，一些染坊试图用新染料按传统方法染布，但染成的效果不如按新式染法好。1930年以后，随着本地织布业吸收国外织布新技术进行生产，多数织布厂自己漂染布匹，加上潮汕土布开始衰落，传统的漂染业亦逐渐凋零，至1949年前后，旧式染坊多已歇业。[2]

（二）针织、棉纺、渔网业

1.针织

1920年以前，潮汕市场针织类产品，如衬衣、卫生裤、袜子、面巾、浴巾等基本都是进口商品，且以日本货最多，占市场销量70%—80%，高端的则被英、美货垄断。之后，本地商人开始在汕头埠创办兴利、利强等针织厂，主要产品是袜子。利强厂年产袜子3.5万打，产值7.5万元，浴巾500打，产值1000元。此外，规模较小或家庭式作坊约有20家，生产能力较强的年产袜子2500打。1921年棉价暴涨，大部分厂家被迫停业关闭。

20世纪30年代初，潮汕针织生产再度兴旺，汕头市区大小针织厂及作坊有100余家，其中竞新、大新、东亚、广裕4家厂规模最大，均置有自动机车织造。1933年，由于针织业发展太快，产品充溢市场，加上当时经济出现萧条，江西、福建等地销路受阻，潮汕针织业再度衰落，竞新、东亚相继倒闭，其他各厂亦大量裁减工人，压缩生产，两年后市场才得以缓解，潮汕针织市场又现活力。时汕头市区广裕、爱华、介兴、盛记、裕新等厂采用电力生产，广裕厂年产衬衣、线

---

[1]　广东省汕头市地方志编纂委员会.汕头市志（第二册）［M］.北京：新华出版社，1999：415.

[2]　广东省汕头市地方志编纂委员会.汕头市志（第二册）［M］.北京：新华出版社，1999：416.

袜共2万余打，产值约10万元；而以手摇机生产的小厂亦有80至90家。抗战前，汕头各厂主要产品为哈纱衫、文化衫、背心衫、横机衫（假羊毛衫）、卫生衣、袜等。至于油心带、浴巾、面巾等则揭阳出产为最多。

抗日战争时期，潮汕地区针织品多转入农村生产，潮阳、普宁一带较多；抗战胜利后，针织品生产再度转移入城市，至1949年，汕头市区针织品厂家94家，其中生产较稳定，产品颇有声誉的有振兴针织厂的"888"牌双纱衫、许介兴厂的"跑马"牌棉毛衫和文化衫、施丰成厂的"剪刀"牌双纱衫、江新发厂的"菠萝"牌林琴衫、李俊发厂的"金龙"牌毛巾衫、广裕厂的"汽车"牌棉毛衫等。[1]

2.棉纺

民国初期潮汕棉纺业并不发达，棉纱大部分从汕头口岸进口或经由上海、香港转口输入，纱线加工业则较为兴旺。20世纪20年代中期，纱线业在汕头市兴起，1925年前后，华洋实业公司在汕头创建，此后相继出现中国合记、大中纱厂、盛记等纱线厂，其中除盛记兼营制纱外，其余三厂均专业生产纱线。产品原料均从上海购入，虽然各厂规模均不大，但所产纱线质量较优，销路胜于进口货。在潮汕及兴梅地区，汕头的产品占市场销售量的80%—90%，进口产品只占10%—20%。其中，大中纱厂80%的产品销往省内各埠及出口东南亚，中国合记产品则销往南方五省，华洋厂产品主要销于潮梅地区。上述三厂1933年前年产值共约30万元。

潮汕抗战时期，由于纺织棉纱来源几近消失，各地出现了不少家庭小作坊，利用废旧手套、蚊帐或袜子拆出的旧纱支，翻纺成织布生产用纱。此项生产至抗战胜利后才停歇。至1949年，潮汕仍未出现棉纱生产，而纱线生产主要集中于汕头市区，计有大中、大华、茂丰、裕华昌、民丰、新生等14家。生产仍然是以漂洗、染色、上蜡等加工成线团为主，有的厂家兼产其他纺织品。[2]

3.渔网

潮汕地处沿海，渔业是重要的支柱行业，渔网业自然成为潮汕传统手工行业之一。近现代，渔网的主要原料是苎麻。渔网生产最盛是潮阳的棉城、海门，澄海的蓬洲、打井、大场等地，澄海东部沿海乡镇和南澳亦有分布。渔网业中，潮阳以结网较多，澄海则以纺线为主。生产形式多由渔网行向邻近乡村放织，网

[1] 广东省汕头市地方志编纂委员会.汕头市志（第二册）［M］.北京：新华出版社，1999：420-421.

[2] 广东省汕头市地方志编纂委员会.汕头市志（第二册）［M］.北京：新华出版社，1999：424.

工从网行领取苎麻纺线结网，按工价取酬。亦有一些略有资本的网工，自行购买原料生产成品或半成品自行销售。潮阳海门素以渔业生产为主，70%的男性居民出海捕鱼，妇女均从事织网业。1936年海门渔网行增至20多家，年产量500件，所产苎麻活目绫渔网享有盛名。同时期，澄海鲍浦亦约有20余家渔网行，资本总额在80万元以上，经常从事渔网生产的女工达1万多人。

潮汕渔网除供应本地渔业生产外，还出口销往东南亚国家及地区，其中，网线多行销于新加坡、槟榔屿，成品渔网则主销安南、暹罗等地。如1880年汕头已有商户接受实吻客商委托，负责承办加工苎麻活目绫渔网出口。

出口货品一般由渔网商收集后转售给汕头市的出口商，再由出口商运销国外。汕头沦陷后，交通受阻，日军不准沿海渔民下海捕鱼，渔网生产急剧下降，渔网出口也基本中断。抗战胜利后，潮汕渔网生产日趋兴盛，出口亦迅速恢复。[1]

三、日用品工业

（一）玻璃业

潮汕玻璃制造始于清光绪年间，最早是日本籍侨民来汕头埠开设铺号，雇佣本地人生产一些简易的玻璃制品。1908年，汕头埠已有广和、广顺、广德3家玻璃厂，主要制作日用玻璃灯器和玻璃瓶。1918年，潮安有广益成、合成兴、新南、新兴、进兴等玻璃小作坊数家。1933年，汕头市区又有广合成、广合利、广合记、广合丰4家玻璃厂投入生产。潮汕各地的玻璃厂或作坊，均靠手工生产，原料主要是收集来的玻璃碎片，产品主要有洋油灯筒、灯罩和玻璃樽。由于是利用废旧原料，产品质量上不了档次。

1933年前后，惠州地方发现玻璃砂（即石英砂），汕头厂家采购该地石英砂生产玻璃，产品质量较优，玻璃器皿盛沸水而不破裂，可与舶来品媲美。1934年，潮汕玻璃厂成立，由汕头市区的广合成、广合利、广合记及揭阳的广捷成、潮安广益成、合成兴6家玻璃厂组成，有产业工人200余人。各厂按原地生产，统一经营、统一核算、统一分利。产品主要销往潮梅地区及福建，部分产品如葫芦瓶、束腰口杯、"鸡牌"灯筒等还远销东南亚地区。

---

[1]　广东省汕头市地方志编纂委员会.汕头市志（第二册）［M］.北京：新华出版社，1999：425-426.

抗战初期，日军飞机轰炸潮汕。揭阳、潮安等处玻璃厂相继遭破坏，仅汕头市区的玻璃厂生产较正常。1939年汕头沦陷后，各厂均停业，雇主及工人撤往内地。1943年汕头市广合成恢复生产，有工人约30人。

抗战胜利后，玻璃生产得到恢复，揭阳、达濠等地玻璃厂相继创办，每家工厂有工人20至30人，主要产品为灯筒及各式圆形器皿，部分产品如牙杯（即啤酒杯），还出口至美国等国家。1948年，汕头市区有大小玻璃厂7家，各厂平均日产值60万元。此外，潮安有振兴、新兴、新南玻璃厂3家，揭阳有万合、洪发、永合成、永丰4家玻璃厂，但因原料价格昂贵，工值又高，各厂获利极低。[1]

（二）肥皂、火柴、电池、皮革业

1.肥皂

潮汕地区生产肥皂的时间大约在民国初年。[2]肥皂的生产工艺特点，决定了肥皂生产可以是中小型的小手工业式生产，也可以是大型的工业化生产，近代潮汕肥皂工业，主要集中在汕头埠。

民国初期，汕头市区的肥皂业，以华侨投资为主，如鸿生肥皂厂，投资规模五六万元（银圆），年产肥皂8000箱。由于产品质量甚佳，能与市场上的进口肥皂如绍昌肥皂同时竞销。1915年，又有联兴和利幸两家肥皂厂在汕头创办。至1934年先后在汕头设立的肥皂厂，计有鸿茂、民本、大昌、大成、鸿昌、天通、谦泰、源记、华兴、北平、南洋元记等近20家，有的存在时间较长，有的则较短。至汕头沦陷之前，较为有名的肥皂厂有鸿茂、大昌、大成等厂。鸿茂肥皂厂厂址设于万安街，由郭鸿裕出资创办。1920年前后，潮阳人翁植辉从泰国带来了蓝花肥皂生产技术，洗涤后，因衣物洁白光亮、久藏不变黄而受消费者普遍欢迎。

汕头沦陷期间，汕埠各肥皂厂全部停工。抗战胜利后，只有鸿兴、华兴、华南、大成、和泰、大生等五六家在汕恢复生产。直到1947年，有益兴、伟发、连兴、月明、正昌5家肥皂厂在汕头创立，产品迅速占领潮汕市场，甚至还扩至

---

[1]　广东省汕头市地方志编纂委员会.汕头市志（第二册）［M］.北京：新华出版社，1999：226-227.

[2]　有关肥皂生产时间有三种说法：1.饶宗颐总纂《潮州志·工业志》载："肥皂又名番枧，初亦由外国输入，潮州自制始于民国三年间之鸿生肥皂厂。"鸿生肥皂厂厂址建在汕头埠，民国三年即是1914年。2.《汕头市志》卷二十二之《轻工业·上篇》第三章第二节《肥皂和洗涤用品》载："光绪三十四年（1908），归国华侨集资在汕头市区创办了鸿生肥皂厂，生产黄色条连洗衣肥皂。"3.《1912—1921年潮海关十年报告》对汕头制造业的描述则是："'民本'肥皂厂创办于1916年。"

台湾等地。至1949年，汕头市区有肥皂厂约18家，从业人员近百人。

2.火柴

汕头市区的火柴工业始于20世纪20年代。据《1912—1921年潮海关十年报告》称，时汕头有火柴厂两家，一家是创办于1920年的汕头火柴公司，另一家是创办于1921年的耀华火柴厂。1922年"八二风灾"后，两厂均因损失奇巨，相继倒闭。1932年春，商人王凤翔及著名报人曾恒存等人集资创设利生火柴厂于中山路尾。同年10月，耀华厂亦改由他人复办，改名光华厂。同时，王君侠等人在光华埠对岸创办东明火柴厂。[1]

从规模来看，利生厂最大，集资约3万元，东明和光华两厂各约2万元。三家厂的作业方式均为半机器半手工。各厂工人，利生厂约300人，男女各半；东明厂男工10余人，女工110人；光华厂男工数十人，女工200人左右。女工日工值可得洋银六七角。产量方面，利生厂日产30箱，光华厂日产20余箱，东明厂日产20箱。三厂日产共70余箱，产值3000余元。年产量25000余箱，产值100万元左右。

此外，潮梅地区还有厂址设于潮安的耀昌广记火柴厂、励华火柴厂，庵埠的炽昌火柴厂，澄海的永顺火柴厂等4家。1937年全面抗战爆发前，潮汕7家火柴厂日产火柴约100箱，除利生厂有部分销厦门、福州外，其余主要销往潮梅各地。

1939年，潮汕沿海沦陷，各厂家迁移内地或被迫停产，潮汕一时火柴供应奇缺，一些家庭式手工火柴作坊应运而生，多时达四五十家。汕头市区沦陷不久，林伯梁在汕头设立明华火柴厂，至日本投降后关闭。抗战胜利后，潮汕火柴工业重整旗鼓。利生、东明两厂重新在汕复业，潮安的耀昌广记拆为耀昌广记一厂和耀昌广记二厂，1946年底，耀昌广记二厂从硫隍迁到汕头市郊东墩乡，汕头市区新开设了鮀江火柴厂和岭东火柴厂。不久，又有中美、明光、和生、华美、大中等火柴厂在汕头出现。澄海新增华侨火柴厂和启昌火柴厂。至此，潮汕的火柴厂有利生、东明等十多家。

自20世纪20年代初汕头埠开办潮汕首家火柴厂——耀华火柴厂之后，潮汕火柴工业得到迅速发展，产品基本满足了潮梅市场的需求，且还有部分销售到闽、赣、台等地以及南洋各港。但与上海及东北等大城市比，潮汕的火柴工业无

---

[1]   中国海关学会汕头海关小组，广东省汕头市地方志编纂委员会办公室.潮海关史料汇编[M].1988：104.

论在生产规模上还是国内市场份额上均不算大。国内其他地区的市场已被上海及东北大城市的火柴厂和瑞典、日本在华开设的火柴厂占领。

二战后，潮汕各家火柴厂多在汕头设立总经销处，至1947年间，在汕头市区设立总经销处的有东明、利生、耀昌、鮀江、永顺、励华、华侨、岭东等火柴厂，目的是方便自己产品的销售、推广和宣传。[1]

3.电池

电池是潮州近代制造业落户较早，亦较为重要的一项产业。1924年，吴照波来汕头创设协和电池厂，这是汕头乃至粤东最早开办的电池厂。协和电池厂生产的电池产品，皆由汕头臣盛电器公司代理销售。当时汕头埠及潮梅各地市场销售的干电池，基本都是进口货。吴照波的协和电池投入市场之后，因价格只相当于永备牌电池销售价格的1/3，产品很快占领潮梅各地市场，协和厂亦得到迅速的扩大发展。20世纪30年代前后，汕头埠的电池厂家迅速增加，较大的有协和、华光、新月、双光等几家。此外还有一些较小的或家庭作坊式企业，也加入此项产业的生产和销售竞争之中。据记载，20世纪30年代前后，汕头埠各电池厂，平均每天各厂产量有数十打，因大半为手工生产，故品质较之进口产品自然有一定的差距，但因价格优势，市场占有量和销售量一直都很稳定，尽管自1929年世界性经济危机之后，许多商业大受打击，唯独本市的电池业，"在是业亦无若何之影响"[2]。20世纪30年代的汕头埠电池业，虽无法跟上海、广州等大型生产厂家比，产品的市场也基本只局限在潮梅地区，少数亦出口暹罗，却亦是本市少数发展不错的民族工业之一。

1925年10月，潮安人杨庭松在潮城南门外创建了三星电池厂。该厂占地2000平方米，雇佣工人29人，凭简陋的工具手工操作，日产"三星"牌与"代月"牌大号干电池240至360只。两年后，该厂产量增至日产2000至3000只。1926年，又有潮安人许永锡等集资在潮城创办盖一铅桶厂，兼产少量"夜明"牌干电池。据1935年调查，潮城每年出产电池6万余打，产值10余万元。1937年，盖一电池厂有工人300余人，生产"夜明""长城""猎虎""射灯""华星"等牌干电池，年产量1000多万只。1938年，三星电池厂有工人200余人，月产量最高为120万只干电池。1939年潮汕沦陷，三星电池厂迁往丰顺留隍镇，盖一电池厂歇业。抗战胜

[1] 中国海关学会汕头海关小组，广东省汕头市地方志编纂委员会办公室.潮海关史料汇编［M］.1988：103-104.

[2] 谢雪影.汕头指南［M］.汕头：汕头时事通讯社，1933：219.

利后，三星厂迁返潮城继续复业生产。盖一电池厂亦复业生产，1948年盖一厂迁往汕头市区。1949年，三星电池厂有工人95人，年产干电池104.4万只。[1]

4.皮革

潮汕皮革生产历史悠久。清代，潮汕皮革生产均采用牲畜类生皮加工制作，工艺简陋。光绪六年（1880），潮州城出现"皮房"，杀牛制革。此后，潮汕制革小作坊陆续出现，多集中于汕头埠、潮安、揭阳，产量以汕头为主，潮安次之。民国初期，汕头埠制革作坊主要有和兴、合记、集记、广记、才利等10多家，采用传统的烟熏熏皮和搅缸鞣制。平均每户年产牛皮1000多张，主要品种有枕头革、皮箱革及鞋底革，均为低档货，主销本地城乡。1927年，汕头市区出现以新法制革的硝皮厂，但开业不久，因原料捐税负担太重而关闭，至1929年由一位技师重新注资，更名创业硝皮厂，采用国外制革新技术生产。此后，汕头市区仿效新法制革者不少，旧法制革逐渐淘汰。1933年，汕头市区制革业有6家，每户年产值20万至30万元，大部分皮革被制成皮箱之类产品出口南洋各地。创业硝皮厂的皮革产品，则多供制鞋用。1939年汕头沦陷后，市区制革厂均停业，潮安也只剩下一两家勉强维持生产，唯揭阳制革业反而有所发展，不过大都仍然采用传统制革技术生产，采用新法生产的仅有一家。抗战胜利后，外来皮革制品冲击潮汕市场造成本地皮革业难以发展。[2]

四、抽纱工业

（一）发展历史

潮汕抽纱工艺精湛，是潮汕民间刺绣和编织技艺与欧洲手工工艺相结合的产物。19世纪末叶，欧洲来华人士先后将抽纱技艺带到中国的潮汕、浙江、山东等地，通过多种渠道传授给当地人。初时产品少、工艺简单，只作为教会的馈赠礼物。1896年以后，抽纱在汕头埠逐步成为家庭小手工业品。1900年前后，潮汕各县陆续出现集资经营抽纱生产和销售的商号。1912年，抽纱业已经遍布澄海、潮安、揭阳、潮阳等地，从业人员约3万人，年产值100万银圆。[3]

[1]　谢雪影.汕头指南［M］.汕头：汕头时事通讯社，1933：219.

[2]　广东省汕头市地方志编纂委员会.汕头市志（第二册）［M］.北京：新华出版社，1999：248.

[3]　中国海关学会汕头海关小组，广东省汕头市地方志编纂委员会办公室.潮海关史料汇编［M］.1988：100.

第一次世界大战结束之后，国外市场抽纱产品畅销，外国商人纷纷直接来汕头创办抽纱商行，潮汕抽纱业进入迅速发展阶段。1939年汕头沦陷之后，大部分抽纱企业转移入内地，抽纱业务仍然兴旺。汕头的外资抽纱商转到揭阳商洽业务，潮阳、揭阳、潮安、澄海等县的从业人员均各有10万人左右。1941年12月太平洋战争爆发之后，汕头市各抽纱洋行及代理行全部被日军查封，加上海运断绝，多数抽纱商铺被迫关闭歇业。

抗战胜利后，1946年初，外商重新来汕头经营抽纱，其时汕头市复业和新开办的抽纱商号共49家，第二年增至75家。潮汕各地的抽纱业亦迅速恢复。1948年潮安复业及新开业的抽纱商铺共82家，从事抽纱的女工6万多人。潮阳复业及新开业的抽纱商铺近80家，从事抽纱的女工3.5万多人。揭阳全县除个别乡村外，基本都成为抽纱生产基地，抽纱女工达10万余人。

1948—1949年，欧美抽纱市场缺货，外商纷纷来汕头抢订货源。潮汕抽纱业出现产销高潮，整个潮汕抽纱业从业女工达30多万人，年均出口额800万美元，基本达到战前水平，销区仍以美国为主。[1]

（二）原料、工艺及产品

抽纱采用的布匹有棉布、亚麻布、加纱布、苎布、竹法丝布、玻璃纱布等；纱线有紧股、有股各式通花纱和绣线、羊毛，此外还有其他许多辅料。

抽纱工艺包括图案设计、针稿、刷花等。初期的抽纱品制作，图美商美乐洋行来汕创办抽纱企业后，才开始雇佣专门设计人员设计抽纱图案，以后各抽纱行纷纷效仿以适应市场竞争。

20世纪20—30年代，潮汕抽纱的工艺风格上多采用繁复的图案。此后抽纱品逐步转为日用品，花样多改为简洁大方、不求堆砌，适宜加工，但仍以模仿西洋艺术为主。第二次世界大战之后，图案风格更趋疏简大方，但私营商行之间的技艺相互保密，虽能保持各自特色，亦限制了艺术上的相互借鉴及提高。[2]

潮汕抽纱产品品种繁多，总的可分为台布类、手巾类、枕袋类、被枕套、垫布、服装及杂件类。

（三）销售

从清末至民国时期，潮汕抽纱都是以城乡妇女手工生产为主。1900年前后，从事抽纱的女工日工资5角，月收入约大洋15元，后来工资逐渐降低，到

---

[1] 广东省汕头市地方志编纂委员会.汕头市志（第二册）［M］.北京：新华出版社，1999：348-350.

[2] 广东省汕头市地方志编纂委员会.汕头市志（第二册）［M］.北京：新华出版社，1999：355-356.

1935年，女工日工资只有2角左右（月工资6元左右），较高者也只有3—4角（月工资12元左右），个别有6角至1元（月工资18—30元）。抽纱业工资较高的是职员，但职员工资差也很大，洋行及代理行的职员月工资40—80元，华资自营商行的职员一般只有20元左右。至于勤杂人员，除了吃住由老板包外，每月工资都只有几元。[1]

潮汕抽纱历来以出口外销为主。1897年的抽纱经营者便通过在汕头港的外国军舰或上外轮理发、做生意的小商贩，将抽纱产品卖给船上人员。1900年前后，汕头、上海、香港等处开始有潮汕商人独资或合资开设抽纱商铺，将抽纱产品卖给外商，再由外商转口卖到欧美市场。1914年第一次世界大战爆发，与欧洲市场的联系基本断绝，美国市场仍然不受影响。一战结束后，与欧洲抽纱市场的联系重新恢复。1923年，潮汕抽纱开始从汕头海关直接出口。从汕头直接出口的抽纱品主要销往澳洲、南洋群岛等地，销往美国的抽纱品仍托运或以邮政包裹寄往芝加哥等口岸。销往印度、缅甸的抽纱品，则经陆路运输。此后，潮汕抽纱品的出口额迅速直线上升，美国成为潮汕抽纱品的主销国，销量约占70%。

20世纪20—30年代，潮汕抽纱业形成了洋商、华资代理、华资自营三类出口商并存、连接众多现货商、原料商、领工号、洗熨、洗染等商铺和工场的销售—生产格局。华资代理是实力最强的出口销售组织，有些华资代理人或机构可以同时代理若干家外国进口商，华资代理出口的潮汕抽纱品占市场的70%，其次是华资自营，其出口的潮汕抽纱品占市场20%，其余才是洋商直接进货。

1939年第二次世界大战爆发，从1939年至1941年，潮汕抽纱每年外销量都上升，1941年出口竟达1200多万美元。直至1941年12月太平洋战争爆发，日军查封了美国等外商在汕头的物资，拘捕代理商，潮汕抽纱品的出口销售才急剧下降。至1945年，只有少数与日军有关系的商号将抽纱品输往日本或通过其他渠道销往邻近国家。

抗战胜利后，美国商人陆续来汕恢复业务，主要委托华商继续为其代理。潮汕抽纱业的出口销售组织及方式与战前基本相同，不过因原料供应不足，1946—1947年的出口值只有战前的1/4，到1948年才趋于正常。1949年，因国内战争形势的急剧变化，国外商人恐怕抽纱货源断绝，纷纷来汕抢购现货，这一年

---

[1] 广东省汕头市地方志编纂委员会.汕头市志（第二册）［M］.北京：新华出版社，1999：366.

的出口销售总值相当于高峰期1941年的3/4。[1]

五、五金机械和化学工业

（一）五金和机械业

1.五金

自唐宋以来，潮汕的铜、铁冶铸技术已经相当出色。潮州市城区现保留有一批古代冶铸文物，如开元寺和东门楼的宋代大铜钟、开元寺的元代铜云版、北阁真武铜像以及凤凰塔顶的九尺大葫芦等，反映了当时冶铸工艺的技术水平。潮汕小五金加工及修理门类多种多样，出现了一批地方特色五金产品，如棉湖剪刀、鸥汀剪刀、五经富铸鼎、潮阳锡器，均因制作工艺独特，产品质量上乘而颇有名气。民国时期，各地五金行业发展不平衡，且各行业多是自产自销，既开铺亦生产，因此五金行业多集中于城镇。20世纪30年代初期，汕头市区的金属类行铺分门别类有五金器12家，锡器3家，铁工36家，铜工25家，白铁13家，铸鼎2家。[2]

抗战时期，潮汕五金行业受到严重冲击，战后仍然没能恢复而处于萎缩状态。1950年统计，汕头市区从事五金制品业的人数仅为397人，是年完成产值301万元。各地五金行业的主要产品仅有铁制农具、钢铲、斧头、镐、鱼钩、铁钉、刀、剪、白铁水桶、煤油灯嘴、铸铁锅、鼎等。[3]

2.机械

潮汕机械工业一贯基础薄弱，极不发达。1864年，外籍商人在汕头埠创办了船舶修理作坊，为停泊在汕头港内的外国船舶提供修理服务。民国初年，潮汕各地出现一些生产规模很小的机械作坊，20世纪30年代，汕头市区有12家小机械厂，主要业务是修理碾米机、汽车和机动轮船，同时亦制作一些简单的机械配件，各县城镇亦有一些类似性质的小厂。抗战时期，潮汕机械工业发展受到严重挫折，汕头市区的机械厂，有的被日机炸毁，有的迁往内地，有的则将设备拆散埋入地下。战后因各行业开始修复战争所带来的破坏，机器需求量大增，促进了

---

[1]　广东省汕头市地方志编纂委员会.汕头市志（第二册）［M］.北京：新华出版社，1999：367-368.

[2]　谢雪影.汕头指南［M］.汕头：汕头时事通讯社，1933：272.

[3]　广东省汕头市地方志编纂委员会.汕头市志（第二册）［M］.北京：新华出版社，1999：251.

潮汕地方机械业的生产。1947年之后，社会动荡、经济衰落、通货膨胀，本来基础就很薄弱的潮汕机械工业再次陷入困境，许多厂家因无法维持生产而倒闭。1949年汕头市区仅有金城、华兴等几家小厂，从业人员10人。[1]

（二）化学工业

1918年，潮州府城开始有制鞋作坊用橡胶制鞋。随着汕头埠经济的繁荣，城区相继产生了火柴、肥皂、干电池、炼油等企业，潮州府城也出现脂胶磁漆、颜料等化工厂家。20世纪30年代，汕头埠的小日用化工已较为活跃。汕头沦陷后，日用化工业基本停止生产。抗战胜利后，各种日用化工逐步恢复生产，并已出现盐酸、硫酸、纯碱等一些基本化工原料的小型生产，因竞争力不如国外进口的化工产品，本地生产受到严重的打击和限制。至1949年，汕头市区化学工业总产值只有27万元（按1957年不变价计算），产品基本为日用小化工产品。

潮汕的煤油，以前一直均为进口，20世纪30年代初期，有本地商人在市区华坞路设立珠江化炼火油公司，从国外进口废油渣进行提炼生产煤油。因价格便宜，销路甚畅。之后，本地商人见此业有利可图，纷纷效仿，陆续有安安、炎光、广东、祥光、美光、美和等21家炼油厂家（作坊）出现于汕头市区。这些炼油厂家规模较大者每天可生产煤油七八十罐，较小者三四十罐。在这些炼油厂家中，亚东厂生产的煤油质量最好，因该厂采用新法提炼，产品色泽纯正，使用起来无烟且耐用。据统计，当时汕头城区每天可生产再生煤油1000余罐，产品多销售于潮梅内地。在本地煤油产品出现之前，美孚等3家公司，每天运销潮汕各地的进口煤油约3000罐，自汕头出现煤油提炼厂家并生产出本地煤油产品投放市场之后，一时间本地煤油挤占了潮汕煤油销售不小的市场份额，引起国外煤油供应商的注意。他们提高了油渣的销售价格，另有个别进口商则有意在油渣里添加了不利于提炼的化学成分，造成一些本地煤油提炼厂家所生产的煤油质量下降或成为废品。[2]

抗战胜利后，潮汕开始出现盐酸、硫酸、纯碱等基本化工原料的生产，规模小，产量低，产品主要供应本地。此外，潮汕各地盐场所产均为食盐，没有生产工业用盐。1947年春，汕头发生金融波动，工商业遭受打击，外地化工原料涌入汕头市场，汕头开源、丽明等硫酸厂家先后停业。之后，丽明复业继续生产硫

---

[1]　广东省汕头市地方志编纂委员会.汕头市志（第二册）［M］.北京：新华出版社，1999：169.

[2]　谢雪影.汕头指南［M］.汕头：汕头时事通讯社，1933：216.

酸、硝酸等化工产品，生产规模没有扩大，直至1949年。[1]

第三节 潮汕工业的近代化

潮汕工业的近代化进程，主要表现于工业资本在潮汕的成长、近代工业门类和近代工业企业数量的增加，以及工业企业组织化的提高。总体上看，潮汕地区的近代工业主要集中在汕头市区、潮州府城及少数县城、大镇，空间分布很不平衡。

一、潮汕工业资本的成长

（一）本地工业资本

潮汕地区一贯以传统农业为主，又因人多地少，近现代劳力外流严重，以汕头、潮州、揭阳为代表的埠市，主要以商业为本，除了一些作坊式手工业，基本没有什么大中型工业。

1860年汕头开埠时，潮汕近代工业基础几近于零。工业投资者首先选择易于投资且能很快占领本地市场的产品。1879年，汕头建立了近代第一家工厂——蒸汽机豆饼厂，年产量约30万块，原料主要从长江一带及华北地区购进。每1000斤大豆可生产豆饼19块，块重47.5市斤，出油100市斤。1883年，第二家以蒸汽为动力的豆饼厂在汕头设立，两家豆饼厂每天能生产豆饼900块。1892年以后，又有商人先后在汕头金砂街等地创办同源油坊和长发、绵发豆饼厂，这几家豆饼厂规模更大，工人从几十人到几百人不等，每家日产豆饼近千块。[2]

本地资本选择投入的还有一些传统的手工业，如夏布、陶瓷、抽纱、蔗糖等。夏布的主要原料之一是苎麻，苎麻在揭阳北部山区有大量种植，一年三熟。揭阳因而也成为夏布的主要生产基地。抽纱自1886年传入汕头埠之后，很快在潮汕各地得到发展。自清末直至整个民国时期，潮汕抽纱业都处于稳定发展和长盛不衰状态，1900年前后，本地出现集资经营抽纱生产和销售的商号。一战之后地

[1] 广东省汕头市地方志编纂委员会.汕头市志（第二册）［M］.北京：新华出版社，1999：478.

[2] 广东省汕头市地方志编纂委员会，王琳乾.汕头市志·工业篇［M］.未刊手稿：2.

方资本的优势逐渐被外资及合资资本所替代。

陶瓷业是潮汕地区的传统工业之一，也是地方工业资本比重较大的产业。从民国开始，由于陶瓷工艺的改进、从业人员的增加，潮汕陶瓷产业的年产值从1911年3万银圆增加至1915年40万银圆。[1]

20世纪20年代，潮汕陶瓷业得以继续发展，饶平、潮安枫溪的陶瓷商号每年增加100多户。产业工人1300多人，年产值约110万银圆。到1936年，潮汕陶瓷商号有100余家，工人2000人左右，年产值300多万国币。

（二）外国工业资本

汕头开埠之后，国外资本迅速进入潮汕。这些资本主要集中在商业和交通运输业方面。工业资本所占比例极小，只是一些贸易配套服务，如船舶修造、煤油加工等。外国工业资本虽然在潮汕投入所占比例很小，却是潮汕近代工业的肇始者。

1864年前后，外国资本在汕头创办修船作坊，这是外国资本在潮汕最早的工业投资。[2]1878年，怡和洋行在礐石海滨创建怡和糖厂，采用机器制糖，1880年正式开工生产，雇佣当地工人100多人。1883年再次扩大规模1倍以上，工人增至250多人，日产糖从400担增加至800担。据潮海关资料，1881年从汕头出口的潮梅地区地产蔗糖29万担，怡和生产的蔗糖就占9万担；1882年，从汕头出口香港的白糖13万担，其中11万担是怡和生产的产品。后因糖厂厂方在收购价格上与地方农民产生矛盾，1887年糖厂因缺乏原料关闭。

潮汕的煤油历来依靠进口，19世纪80—90年代，俄国、美国及荷属印尼地区煤油对潮汕的出口量大增。1892年全年煤油进口数约250万加仑，之后逐年递增，至1901年的全年进口量增至700万加仑。[3]煤油贸易的迅速发展，促使英美商人先后在汕头安装了储油罐以储存煤油。1894年，英商在礐石创建可容纳46万加仑的储油罐，美商则在崎碌创设火油池，后附设机器制罐厂，日产火油罐2000多个，这是汕头埠制罐业的肇始。大量从国外以散装方式进口的煤油，运进汕头港之后，便由这两家工厂加工改装成罐装煤油，销往整个潮梅地区及闽西、赣南

[1]　中国海关学会汕头海关小组，广东省汕头市地方志编纂委员会办公室.潮海关史料汇编［M］.1988：38-39.

[2]　广东省汕头市地方志编纂委员会，王琳乾.汕头市志·工业篇［M］.未刊手稿：2.

[3]　中国海关学会汕头海关小组，广东省汕头市地方志编纂委员会办公室.潮海关史料汇编［M］.1988：38-39.

等地。[1]

1918年之后，外国工业资本在潮汕的投资，主要方向转为抽纱业生产和经营。1920年，美商美乐洋行从上海转来汕头经营抽纱，这是外国商人直接来汕头创办的第一家抽纱商行。此后，外商纷纷来汕创办抽纱商行，1925年前后，先后有德国的新昌，英国的德记，美国的乔治、双隆、麦乐、倍利、柯宝、宝体、萨丁生、美白乐、良安、来亨、爱双龙、海达亚、忠和等多家外商在汕头开办抽纱商行。

（三）华侨华人工业资本

潮汕近代工业从产生到成长，离不开华侨华人的投资。可以说，华侨华人对潮汕工业的投资无处不在，如电厂、自来水厂、罐头厂、肥皂厂、火柴厂、棉纺厂、制药厂，等等，最初均离不开华侨资本的投入或支持。

潮汕地区是广东著名侨乡，亦是全国著名侨乡。近现代潮侨主要旅居东南亚各国。近代潮汕华侨不仅积极参与孙中山的辛亥革命，亦热心为家乡建设出资出力。据调查，自1889年至1949年，华侨投资潮汕地区共4000余家，金额7900多万元（人民币，下同），占全省近代华侨投资总额的20.70%，占全国近代华侨在国内企业资金总额的11.39%。其中，对汕头市区的投资就达5300多万元，占整个潮汕地区华侨投资的2/3。这些投资主要集中在公共事业和日用品工业上，如电灯、自来水、罐头、火柴、肥皂、制药等，重工业基本没有。主要是因为轻工业投资资金相对较少，企业建设时间短，资金周转比较快，容易获得投资收益。

尽管近代华侨投资汕头工业的比例不大，只占总投资的6.25%，资金不过330多万元。这些侨办工厂却占汕头民族工业的50%—60%。[2]可以说，侨资工业对汕头近代地方工业的发展具有举足轻重的作用，且在一定程度上刺激、带动了汕头乃至潮汕地方工业的成长。

（四）内地工业资本

潮汕藤制品，传统上多为客家人经营，打工者亦多为客家人。1916年，汕头埠藤器作坊及行铺增至30多间，基本为客家人经营，产品多属日用品、渔业用品及包装用品，销往福建、浙江和省内各地。[3]

---

[1] 中国海关学会汕头海关小组，广东省汕头市地方志编纂委员会办公室.潮海关史料汇编［M］.1988：60.

[2] 林金枝.论近代华侨在汕头地区的投资及其作用［M］//汕头华侨历史学会.汕头侨史论丛第一辑，1986：124.

[3] 谢雪影.汕头指南［M］.汕头：汕头时事通讯社，1933：283.

19世纪中期，大埔人萧镜湖把原设于饶平庙仔前的药铺迁至潮州城开业，铺号"天和堂"（前铺后作坊），经营南北药材并制售中成药丸、药酒。其后，天和堂改名"宏兴栈"。1913年宏兴栈集资扩股，成立宏兴药行（前铺后厂），至1935年再度扩股增资，生产规模不断扩大，并代理德国药厂的西药产品、香港宏兴药房鹪鸪菜在潮汕一带的批发业务。[1]

20世纪20—30年代，籍贯福建永定的著名华侨胡文虎兄弟来汕创业，经营独家产品——万金油。选址在洄澜新溪南岸，兴建永安堂制药坊汕头分厂。永定人罗春锦以及福建客家人也在汕头市区开办五金机修厂等企业。

（五）官营工业资本

官方资本对潮汕近代工业的投入微乎其微。唯一的一宗是1935年由广东省政府出资建设的揭阳制糖厂。其时因广东制糖生产方式落后，为扶持地方工业经济，省政府特意先后从美国和捷克引进一批先进的制糖设备，1935年底建成揭阳糖厂，制糖设备自美国檀香山进口，连建筑安装费用55万美金。潮汕沦陷之后，揭阳糖厂被迫关停。

二、工业企业的组织

（一）近代工厂的产生

所谓近代工业，即是使用机器和机械动力生产的制造工业。我国近代工业始于鸦片战争之后，其时外资在华投资工业，主要是为对华贸易作配套服务，如船舶修造和出口加工。

汕头开埠之后，对内对外贸易迅速发展。外国商品如鸦片、棉纱、煤油等以合法的身份通过汕头港进入潮汕及内地市场。1864年前后，外国资本在汕头创办的船舶修造厂，是汕头埠也是潮汕地区的第一家近代化工厂。[2]1879年，本地资本在汕头设立的以蒸汽为动力的豆饼厂，1880年怡和洋行在礐石创建的机器制糖厂，以及1900年前后，外资在礐石投资散装煤油加工，都成为潮汕近代工业的发端。

民国初期，潮汕的近代城市化开始启动，汕头埠、潮州府城和各县城的电

[1]　洪松森.潮汕经济史稿（初稿）［M］.未刊稿，1990：101.

[2]　广东省汕头市地方志编纂委员会，王琳乾.汕头市志·工业篇［M］.未刊手稿：2.

厂、自来水厂相继设立，使用机器的罐头厂、肥皂厂、火柴厂、电池厂、织布厂、袜厂、糖厂等，其企业管理架构、规则制度、营销运营，与传统的手工业作坊完全不同，成为潮汕传统手工业走向近代化的样本。

（二）工业企业规模

近代潮汕传统制造业，以家庭手工业作坊作为一般方式，基本没有大型或中型的工业企业。以传统的陶瓷业为例，每个陶瓷作坊10—20人。宣统年间，枫溪彩瓷商号9家，从业人员180多人，平均每家20余人，1915年陶瓷商号增至40多家，工人500余人，平均每家12人左右。也有个别手工作业的企业规模很大。如1910年，庵埠一带各乡的神纸作坊，从业人数就高达5000至6000人。至20世纪40年代，庵埠镇有中、小型神纸作坊10余家，每家工人约200人。神纸本身的实际价值并不高，但其制作工艺需要大量从业工人。

农业兼工或商业兼工，是潮汕传统作坊式手工业的另一特点。一般来说，农产品的加工，如甘蔗加工成土糖，面粉加工成咸面线，鲜水果加工成干果以及咸菜、菜脯等的制作，一般均是产地农民农闲时的副业。而在城镇，商铺兼工亦比比皆是。如卖金银饰品的亦是金银作坊；卖藤竹制品的商店，亦是制作藤竹制品的工场；铺前开中药材店，铺后则是中成药加工场。这种农业兼工或商业兼工，因其特点就是"兼"，往往规模都不大，因时制宜、因地制宜。传统经验成为决定产品质量的最重要因素，而投资规模不大及工具的落后，则限制了其市场的竞争力。

（三）企业经营制度和用工制度

近代潮汕工业中，作坊式生产、家庭手工业生产以及近代化、规模化的工厂等多种生产方式同时存在，形成了多层次和多种经营管理制度。

晚清时期，手工业分成官营与民营，由于工匠实行以银代役，1645年后，政府废除工匠制度，官营因缺乏必要的工匠而逐渐衰落，民间手工业则逐渐兴盛。清朝劳动者与雇主之间的关系，主要是通过买与卖来体现。劳动成果归雇主，劳动者的工资则按件而计，而且按照工匠技术的高低和工作的繁简论定工价。劳动者所得的工资，已经是根据劳动的熟练程度来规定。这种作坊式的经营管理制度，一直延续至整个民国时期。

家庭手工业跟作坊式工业在营业管理上有所不同。如传统地方产品的生产，如菜脯（萝卜干）、雪粉（地瓜粉）、花灯、泥塑等产品，所有权都是家庭自有，即自产自销，因而不存在雇主与雇工关系。家庭式加工业有两种方式，一是自己购买材料加工后销售，二是代客加工。前者同样不存在雇佣与被雇佣关系，后者存在雇佣关系，却是家庭手工业者为被雇佣人。这种雇佣关系，被雇佣者往往不是按技术高低或熟不熟练来定工资，而是按产品加工合不合格来定报酬。家庭手工业者只是赚取加工费，如抽纱业。

民国时期，作坊及家庭手工业经营管理方式跟清末基本没有什么不同，但工厂式企业则有较为明确的内部管理制度。汕头电灯公司是一家民办股份制公司，自开办供电起，便制定了一套供电、用电、收费等一系列的行业规章。20世纪30年代，用电管理是：以每个收费月度收费，有按电表计度收费，亦有按电灯光度不同收费。按电灯光度不同收费者，如每盏100光电灯，每月收费5.5元；50光者，每月收费3.65元；32光者，每月收费2.85元；25光者，每月收费2.1元。此外，电灯公司还制定了用电事业人窃电处理规则。

汕头自来水公司同样制定了用水的相关规则，用水按月按量计费。收费标准是每千加仑价银3元，未及334加仑者按1元算；此外，还制定了自来水管道安装的收费标准及其他相关规则。[1]

民国时期，各行业的用工虽然未见具体的实施细则，但工人的工资则因行业的不同存在显著的差别。以汕头市为例，1933年对全市55个不同类别的工人工资开展调查，每月平均工资为12.15元（银圆，下同），其中月平均工资20元及以上者有6类，分别是：电报工人47.64元，机器工人33.47元，海员工人30元，理发工人25元，轮船公司工人23元，邮务工人24元；月平均工资低于10元者有28类，分别为：派报工人、缝业工人、织造工人、司厨工人、小贩、水器工人、篷业工人、旅业工人、轮渡工人、渔业工人、书业雇员、酒楼茶室工人、抽纱工人、卷烟工人、纱线工人、苏广杂货工人、米业工人、卵业工人、海味京果工人、颜料漆业工人、酱园工人、柴炭工人、酒业工人、瓷业工人、煤炭工人、纸业工人、首饰业工人、布业工人。[2]

（四）作坊和家庭手工业

随着汕头开埠，汕头埠、潮州府城、榕城、棉城、澄城等主要城镇，开始出现一些近代工业企业，但广大城乡地带仍然普遍习惯以家庭手工及作坊式生产方式来兼营自己的传统产品或加工产品。

潮汕各地基本都有出产独具地方特色的传统产品，如揭阳新亨出产菜脯（萝卜干），潮阳出产雪粉（地瓜粉），浮洋出产尪仔灯（泥塑），澄海东里

---

[1] 谢雪影.汕头指南［M］.汕头：汕头时事通讯社，1933：169-173.

[2] 谢雪影.汕头指南［M］.汕头：汕头时事通讯社，1933：233-234.

出产花灯，等等，都是"农作之暇，无山可樵，无海可渔，率导家人妇子，从事工业，以为生计之助，秘其技术，不授外人以专利，久之遂成为各村传统业艺"。[1]亦因如此，这些传统地方工业产品因保守的思维方式，怕技术外传而不能扩大生产，长期停留于家庭作坊式生产。

潮汕的抽纱业自一开始一直都是作坊及家庭手工生产方式，这是与其特殊的工艺形式——手工艺术分不开的，虽然都是作坊及家庭手工生产方式，但潮汕抽纱业有统一的生产技术标准和行业准则。

（五）行业公会组织

1922年日本人编著的《汕头领事馆辖区纪事》称，当时已经存在由潮汕铁路公司、汕樟轻便铁路公司、电灯公司、自来水公司等在汕头的大企业组成的潮梅实业公会[2]。可见，20世纪20年代初，汕头埠已经出现了主要由工业、交通企业组织的同业公会。1933年出版的《汕头指南》记载，包括汕头总商会在内的各行业公会达67家。工业中的各业如糖业、土糖、米业、竹业、竹篷业、铁行、火柴、柴炭、烟草、卷烟、酱园、抽纱、棉纱、陶瓷、苎麻、罐头、酒业、皮革、制鞋，等等，均有行业公会的设立。[3]由于潮汕工业的不发达，亦工亦商的作坊式特点普遍存在，这些行业公会往往既是商业公会，也是工业公会。

三、潮汕工业的分布

（一）传统手工业和新兴工业的空间分布

表2-1　晚清与民国时期潮汕地区手工业、工业的分布

序号	类别	主要分布地点
（一）	矿业	
1	锡矿	潮安登塘、白水；揭阳梅北、普宁梅峰、大宅等
2	钨矿	揭阳五经富等
3	铋矿	揭阳五经富等
（二）	建材业	
1	贝灰	饶平海山、潮阳桑田、澄海北港等

[1] 饶宗颐.潮州志（第七册）［M］.潮州：潮州市地方志办公室，2004：3290.

[2] 河西信.汕头纪事［M］.广州：暨南大学出版社，2019：60.

[3] 谢雪影.汕头指南［M］.汕头：汕头时事通讯社，1933：191-192.

续表

序号	类别	主要分布地点
2	石料	潮阳达濠、潮安沙溪等
3	砖瓦	潮阳、饶平、揭阳等
4	竹木	潮州府城、潮安意溪等
5	五金	揭阳棉湖、汕头市区等
（三）	陶瓷业	潮安枫溪、大埔高陂、饶平上饶等
（四）	农产品加工	
1	蔗糖	揭阳、潮安、潮阳、饶平、澄海、普宁等
2	酿酒	潮安彩塘、潮阳达濠、潮阳县城、揭阳等
3	制醋	澄海、汕头城区等
4	碾米	汕头城区、揭阳等
5	面粉与面线	揭阳榕城、潮汕各地
6	榨油	饶平黄冈、浮山、澄海东里、南湾、汕头城区
7	豆酱	普宁、揭阳、潮阳等
8	鱼露	饶平柘林、汕头市区等
9	酱油	揭阳、潮安、惠来、汕头城区等
10	凉果	潮汕各地、潮安庵埠、惠来葵潭、汕头市区
11	烟草加工	汕头市区、潮安、揭阳、惠来等
（五）	造纸与制纸	潮安庵埠、潮安彩塘、潮州府城等
（六）	传统工艺制品	
1	木雕	潮汕各地
2	石雕	潮汕沿海各地、澄海等
3	泥塑	潮安浮洋、大吴等
4	嵌瓷	潮安、潮阳、汕头城区等
5	金属制品	汕头城区、潮州府城等
6	藤木制品	石头城区、潮州府城、潮安意溪
7	剪纸	潮阳、饶平等
8	花灯	潮州府城等
（七）	食品工业	
1	罐头	汕头城区等
2	饮料	汕头城区、揭阳等
（八）	电力工业	汕头城区、潮州府城、潮阳、揭阳、庵埠、澄海、枫溪等
（九）	船舶制造	
1	海船	潮阳达濠、海门、龙井、惠来神泉、澳角、澄海外砂、东里、饶平黄冈、东界、南澳、汕头城区等
2	内河船舶	潮安等
（十）	纺织	
1	土布织造	澄海、潮阳等
2	漂染	潮安等

序号	类别	主要分布地点
3	夏布织造	揭阳、普宁等
4	针织	汕头城区等
5	渔网	潮汕沿海各地、澄海鮀浦等
（十一）	日用工业品	
1	玻璃	汕头城区、揭阳、惠来等
2	肥皂	汕头城区等
3	火柴	汕头城区等
4	电池	汕头城区、潮州府城等
5	皮革	潮州府城、汕头城区、揭阳
（十二）	抽纱工业	潮阳、揭阳、潮安、澄海、汕头城区等
（十三）	五金机械与化学工业	
1	五金	汕头城区、潮州府城等
2	机械	汕头城区
3	化学工业	汕头城区、潮州府城
4	土法炼油	汕头城区
5	化工原料	汕头城区

根据民国《潮州志·产业志》和1998年《汕头市志》等志书的相关记载，表2-1概略整理了近代潮汕地区13个基本工业门类的主要分布地点。从表中可以看出：地理区位和资源禀赋程度是影响近代潮汕手工业和工业空间分布的两个重要因素：（1）资源密集型产业，如矿业、陶瓷业、贝灰业主要分布在锡矿、钨矿、瓷土矿资源比较集中的潮汕平原北缘山区或海贝壳资源比较集中的濒海地带。（2）以本地农产品为原料的加工业，如制糖业、凉果业、夏布织造业主要分布在农产品产出地的周边城乡。（3）产品主要供给国内外市场或原材料主要依靠进口的产业，如土布织造业、神纸业、酱园业、抽纱企业，集中在汕头口岸周边地带。（4）以本地市场需求为导向的产业，如日用品工业、建材业等，主要分布在汕头城区、潮州城区。（5）使用机器，以电力、蒸汽为动力的工业企业，即所谓的新兴产业，主要集中于汕头城区和潮州府城，少量分布在各县城和大的乡镇。

（二）汕头城区成为粤东的近代工业中心

汕头在开埠之前，只是潮州府澄海县鮀浦司辖下的临海小镇。随着汕头的开埠，其港口运输优势及产品集散地优势，广泛的国内外市场联系带来的商机，以及汕头城区人口的快速增长，对规模收益的追求，使潮汕地区的酿酒、制醋、榨油、碾米、打锡、皮革等行业逐渐进入汕头埠。如汕头埠的酿酒业大约始于19

世纪80年代，为各地商人来汕创办，至抗战前每年出口酒类产品价值数百万元。南金、锡箔金纸、皮革制品、石刻以及铁、竹、木制品等的手工作坊，亦逐渐落户汕头埠，有些后来在汕头埠形成专业一条街，如打石街、打锡街、打铁街等。

1864年前后，外国资本在汕头埠创办船舶修造厂，成为潮汕地区最早的一家近代工厂。[1]1878年，怡和洋行在礐石海滨以机器制糖方式创建怡和糖厂；1900年前后，两家外国企业在汕头投资建储油罐，对散装煤油进行罐装加工，以便销往潮汕各地及内地市场。进入20世纪，在港口经济带动下的汕头埠，近代化机器生产方式得到长足发展。1905年电力工业和1907年自来水工业等公用工业在汕头创办，为汕头发展近代工业奠定了基础。

正是由于汕头城区的发展工业用水用电、海陆交通、人才与劳动力供给等，优于潮汕和闽粤赣边地区的其他地区，汕头城区成为粤东地区工业投资的首选地，至20世纪30年代，汕头城区已经形成以下4个大类企业的近代工业结构：一是食品加工业，如罐头厂、饼干厂、饮料厂等；二是日用消费品业，如肥皂厂、火柴厂、针织厂、电池厂等；三是本地农海产品加工业，如碾米厂、面粉厂、腌制酿造厂等；四是近代工业的辅助性产业，如小五金厂、小机械维修厂、小化工厂，以及抽纱、渔网制成品的整理包装厂等。

至20世纪30年代末，不论是工业门类数量、工业企业数量，还是工业从业人员数量及其成年人口中的比重，汕头城区比潮汕地区的其他各县要高得多。谢雪影的《汕头指南》书中称，据调查，1933年汕头市区有30855户，人口190257人[2]，平均每户6.2人。汕头市区55个行业的工人共32187人[3]。若与当年全市3万余户作一个对比，可发现几乎平均每个家庭都有一人从事工业。可见，当时汕头城区已经成为粤东的工业中心。

（三）潮州府城和各县县城的工业

清朝时期，潮州府城是潮州府的府治及海阳县县治所在地。近代潮州府城的主要传统工业是陶瓷业，除此之外还有各种小五金及金银制品、夏布、皮革、火砻、酱园等作坊式手工业。民国前期，潮州的民族工业开始萌芽，民国4—14年（1915—1925），陆续创办昌明电灯公司、宏兴药行、郑义成鞋行、三星电池厂、励华火柴厂、耀昌火柴厂、益华脂胶磁漆厂等，手工业作坊更是成批涌现。

---

[1]　广东省汕头市地方志编纂委员会，王琳乾.汕头市志·工业篇［M］.未刊手稿：2.

[2]　谢雪影.汕头指南［M］.汕头：汕头时事通讯社，1933：8-9.

[3]　谢雪影.汕头指南［M］.汕头：汕头时事通讯社，1933：283-284.

潮州府城和潮安县是潮汕地区抽纱行业兴盛壮大的主要支撑地，仅潮州府城，抽纱商号发展至100余家，女工达7万多人。城区有绣庄20多家，绣工2000多人。至1936年，潮州府城共有私营工业企业24家，众多的手工业作坊的从业人员达4.3万人。[1]

除了汕头市区和潮州府城，潮汕各县的近代工业一直比较落后，大多数县未形成近代工业的空间集聚，乡镇之间，往往只是依据物产优势或传统加工，在国内外市场的牵动下，自发形成不同的手工业门类。如榕城有夏布、制糖、碾米、酱园、玻璃制品等；澄城有土布、制醋、酱园等；棉城则有制酒、打锡、神纸等。

[1]　潮州志地方志编纂委员会.潮州市志［M］.广州：广东人民出版社，1995：263.

农业是国民经济活动的基础，也是区域经济运行的基础。宋代中叶以后，潮汕人口不断增长，囿于土地、植物和动物资源的制约，人地矛盾十分突出。明清两代，潮汕人民通过改进农业作业技术、围垦沙田河滩，逐步提高潮汕地区粮食和经济作物的产量和质量。农业生产的精细化和市场化率的提升，为潮汕经济的近代化打下了基础。

第一节　潮汕农业发展的基础和条件

潮汕地区土壤肥沃，光热条件良好，水资源丰富，这是发展农业的有利条件。但潮汕地区气候条件多变，风灾、水灾频仍，加上战争和社会动乱，严重制约了潮汕农业发展。近代之后，上述制约因素未有显著缓解，尽管潮汕农业精耕细作的水平较高，大多数年份仍不得不依赖外部输入稻米。

一、潮汕平原的自然条件

潮汕地区的农业生产以潮汕平原为主。潮汕平原位于粤东沿海地区，是潮汕地区最大的平原，同时也是广东第二大平原，它包含一些河谷盆地和小片的沿海平原，如韩江中游的归湖盆地、榕江上游河婆盆地、黄冈河上游的三饶——茂芝盆地，以及濠江两岸、惠来狮石湖、南澳后宅等的冲积平原。潮汕平原经过"水坦""草坦""潮田""围田"等发展阶段，缓慢把海滩湿地改造为良田。

潮汕平原临海，海岸线全长265.6公里，沿岸有大小岛屿37个，岛屿岸线全长123.7公里。沿海渔盐资源极为丰富。潮汕盐业十分发达，自古以来潮盐远销省内外。近海大陆架面积辽阔，水质肥沃，饵料丰富，有多种经济鱼类在这一带集群产卵、索饵和洄游，常见的鱼类有200多种，是广东具有开发潜力的四大渔场之一。[1]

衡量潮汕农业发展的重要指标是耕地面积。"潮州土地面积缺乏精确调查，间有数字多系估计，而农地数额更难探获。且土地受自然之演化，或受人力之改造，年有增减，月亦各异。"[2]1946年前后，原潮州府（包括今丰顺、大埔）的陆地总面积为24441750亩，耕地总面积约5952780亩。其中揭阳县的陆地总面积为3195750亩，耕地面积为1243875亩；潮阳县陆地总面积为1650375亩，耕地面积为909360亩。[3]

民国《潮州志》载，1940年以前，潮汕地区（包括丰顺、大埔）的总户数为644500户，农户数为445100户，农户占总户数的69%，农民人数为3120195人。其中饶平县总户数为107600户，农户数86700户，农户占总户数的81%，农民人数为284567人。澄海县总户数为65200户，农户数为50000户，农户占总户数的77%，农民人数为317599人。

民国《潮州志》的《各县最近人口、农民对耕地分配比较表》，记录了抗战结束前后潮汕人均耕地情况。当时潮汕地区（包括丰顺、大埔）人均耕地为1.26市亩，农民人均耕地为1.90市亩。潮安县耕地面积为677865市亩，人口626336人，人均耕地为1.08市亩；该县农民人数为433171人，农民人均耕地为1.56市亩。普宁县的耕地面积是680190市亩，人口数为549309人，每人平均分配耕地为1.24市亩；普宁县的农民人数为252682人，农民每人分配耕地为2.69市亩。

清乾隆以后，潮汕人口激增，已成人多地少地区，加上水、旱、虫等自然灾害频繁，至1949年，粮食总产量每年只得5亿多公斤，平均每人不足125公斤，不敷数几达一半以上，故常闹粮荒。自清光绪年间起，每年要购进粮食1亿—2亿公斤，最高的是1932年，调进粮食达3.75亿公斤。[4]

[1] 刘琦，魏清泉.广东省地理［M］.广州：广东人民出版社，1988：306.

[2] 饶宗颐.潮州志（第三册）［M］.潮州：潮州市地方志办公室，2004：893.

[3] 饶宗颐.潮州志（第三册）［M］.潮州：潮州市地方志办公室，2004：894.

[4] 广东省汕头市地方志编纂委员会.汕头市志（第二册）［M］.北京：新华出版社，1999：757-758.

二、农业生产制度

（一）近代潮汕的土地所有制

近代潮汕的土地所有制有己地、公地、官地三种。己地是继承祖辈遗产分授的田产或自置的土地，产权属于个人所有；公地则是祖遗作为祭祀、奖学或礼节往来费用的田产，产权为某一范围的人所共有，由乡耆、房老议定管理人，如族田、学田、庙宇和教会田等；官地为政府所有，包括街署基地、充公的私产及溪河浮聚的开荒地。

近代潮汕土地占有严重不均。以揭阳县厚洋乡为例，中华人民共和国成立以前，该乡耕地的40%是公地，占总人口3.5%的富产人家占有土地的35%，其余的96.5%的农民仅占有土地的25%。[1]民国9年（1920）8月，国民政府农商部统计厅有关潮阳县农户的调查，自种占30.9%，租种者占36.76%，自种兼租种32.34%。农家户数及田圃面积如下表。

表3-1　1920年潮阳县农家户数和农田亩数[2]

农家户数				农田亩数						园圃亩数	合计
自种	租种	自种兼租种	合计	自种		租种		合计			
				水田	旱田	水田	旱田	水田	旱田		
17455	20768	18273	56496	123452	57355	124564	65660	248016	123015	266297	637328

1934年的《揭阳县政概况》统计，榕城东郊凤围乡及连接郊区的北关、西关、朝天3镇，共有耕地889.16市亩，其中虽未载富户、公蒸、官产、庙产田亩数，但官产、庙产至此几已绝灭，少量充学校经费之校产，也为当权者所变卖。据1950年土地改革资料及东郊父老追忆，民国时期之凤围乡，富户及公蒸把持者约占人口的10%，占有耕地80%，基此比例计，上引1934年的城郊889.16市亩耕地中，人口约占90%之农民只拥有20%耕地，即177.83市亩。榕城郊区人口密度较高，人均占有耕地不多，如东郊凤围乡在20世纪40年代人均不足半市亩，西郊占鳌社人均不足6分（含水田、旱田）。[3]

揭阳县榕城郊区地处榕江平原，土壤肥沃，气候温和，日照年达220天，颇

---

[1] 厚洋乡志编委会.厚洋乡志［M］.2004：32.

[2] 潮阳县农业局编写组.潮阳县农业志［M］.1988：9.

[3] 孙寒冰.广东省揭阳县榕城镇志［M］.揭阳：揭阳榕城镇地方志编纂办公室，1990：354.

宜耕作。但榕江南北二河，左右环绕，虽有灌溉之利，倘逢干旱久雨，则涝成为患。且地近海域，季候性台风与台风带来之雨灾，每危及夏收秋种。然郊区村民，世代力田，对土壤、气候、地理环境的适应，种苗植物的选择，农艺技术的运用，经验多具。耕地大都为少数富户所握有，耕农近九成沦为佃户或雇佣，劳力付出者多，得益者少，温饱不继，耕作潜能未能发挥。加以耕具落后，病虫为害，基本投入几于空白，优质田正常年产亩约400公斤（含8担）。[1]可见，过分集中的土地所有制是制约农业生产的重要因素。

（二）近代潮汕的租佃、田赋

第一，租佃种类。

1.契约制：佃户领地主的土地耕种，需事先签订契约，由佃户写交地主。内容规定承耕年期、租额，承耕期内不得欠租、不得交纳次谷，由佃户上地主门交租或是地主到佃户家收缴，田地崩坏是由佃户或地主负责修理或共同负担等。在期限内如有欠租，地主可将田地收回另行招耕（俗称"吊佃"）。又有订定地主到佃户家收租时佃户须加送给地主鸡、米、钱等（称为"田信鸡""田信米""田信钱"）。

2.口约制：农民需要租田耕种时，亲自邀同地主有关戚友至地主家中，当面议明并承认有关租佃条款，双方面议同意后，即批田给耕，互守信约，因无签立契据，故称口约制。口约制内容大体与契约制相似，只是通常不限年期。

3.粪质制：此项制度行自古昔，延续至今。因古时地旷人稀，地主占地极广，或因特殊情形（如地主系远地、外乡人，或新围垦开发之田地）而以较低廉租额批给佃户承耕，或当批田耕种时，佃户先纳押金，并约定纳租数额，丰歉不变，也不得短欠租额，不得吊佃或收回，叫永佃权，但佃户欠租时，第一年地主得没收其押金，第二年再欠租则将田收回，若永久不欠，则可继续耕种并传给子孙。这种田通常租额极低，佃户交租并不困难。久之，佃户即有半地主权，既可自耕地，也可将田转租、转典、转授，地主每年只向原佃户收取额定租谷。这种地租，其地主之权叫质权，佃户之权叫粪权。

4.投标制：这种制度，通常流行于农村商品经济比较发达的地区，多系官产、公产、学产等，所属田地，无固定佃户，由管理者于一定时期招标，由各承耕者将愿承担租额（或招标者提出的其他条件）写成暗阄，开阄后高价者得之。

---

[1] 孙寒冰.广东省揭阳县榕城镇志［M］.揭阳：揭阳榕城镇地方志编纂办公室，1990：353.

或明码叫价，如拍卖货物一样，出价高者即得到领耕。[1]

第二，纳租种类。

1.现款租制：在授田时先约定每年由佃户交纳租款若干，此方式通常用于租佃山地、旱园等实物收成较难估计的田地；市属各县在抗战前物价稳定，货币稳值时期，一些商品经济较发达地区的稻田，也通行此种纳租形式。一般上等田园每年每亩纳租大洋8—12元，中等田园4—6元，下等田园3—4元不等。但此项地租，至20世纪30年代以后币值不稳定时，便逐渐少行。

2.实物租制：此办法是由地主与佃户议定每亩田地年纳租额稻谷或其他实物若干，佃户依约按期交纳，或于作物收获期间，地主到耕地分取。纳租数额又分别为对分制及额定制二种，额定制系按所议定租额在作物收获后由佃户交纳，租额随当地耕地的丰裕或少缺情况不同及土地耕作条件优劣而异，一般是上等田每亩年纳租谷5—6石（合210—250公斤），中等田纳租谷4石（合168公斤），下等田纳租谷2—3石（合84—126公斤）。

3.劳力租制：佃户领耕土地后，议定每年为地主劳动多少天或代耕多少田园为条件，从而免交或少交租额，称为劳力租制。这种制度仅在潮汕一些劳力较缺少的地区及抗日战争的动荡时期偶有采用。

4.牲牢酒礼租：一些公产田园，为保证烝尝祭祀的需用物品，一定数量田园给予属下子孙领种，要求保证备办按照议定数量的祭品，不问收成丰歉，佃户照章办理。这种地租类似于实物地租。[2]

第三，农业税收。

农民耕作缴纳官府之粮赋，累代定制不一。清代与明代定制迥异，以粮及银钱兼收，而以银为主，据《大清会典》广东田地每亩科银8.1厘至2.2钱不等，科米6.5合至2.2升。另"火耗归公"每亩银1钱以上。清同治十年（1871）以后，田税征率另有规定，潮汕各县不分沙田、水田、粮田，每亩均征银1.5钱。[3]

清末田赋加重最为突出。田赋的加重主要是甲午战争赔款和《辛丑条约》强加的赔款以及清政府新增的开支引起的，田赋名目更多。光绪末年，澄海人吴贯因论曰："今中国之田赋，名目如鲫，举其著者：一地丁，二潜粮，三租课，四粮折。而漕粮中复分三种：一实征粮（此仅行于江浙），二漕折，三漕项。似

[1] 广东省汕头市地方志编纂委员会.汕头市志（第二册）［M］.北京：新华出版社，1999：769-770.

[2] 广东省汕头市地方志编纂委员会.汕头市志（第二册）［M］.北京：新华出版社，1999：770.

[3] 孙寒冰.广东省揭阳县榕城镇志［M］.揭阳：揭阳榕城镇地方志编纂办公室，1990：354.

此纷歧，已非理财之道，况额外加增浅漕粮者，尚有所谓漕运银，恶税一；正供外有耗羡，恶税二，此犹经中央认可；又有起于官史之舞弊者：一称平余，谓补库平之不足，恶税三；一杂派，谓补各种之费用，恶税四，亦为政府所默认。名目之多至此，中国之田赋，不当名为一种租税，当名为十种租税矣。"[1]

民国时期还有一种临时地税，现以澄海县为例说明之。1934年，全县评定地价，核定地税年额140067元。1940年，由于货币贬值，地税加倍征收，后实行"征实""征借""征购"，征额又一再加重。1948年，地税每元应征稻谷7斗5升。内计：征实物3斗，征借谷1斗，征购粮1斗5升，征积谷2斗。翌年，不征实物，改征银圆，每石稻谷折征银圆4元。这样，原地税每征国币1元，变成征银圆3元。[2]

三、农村社会制度

近代潮汕地区的基层组织沿袭封建时代的保甲制度。现以揭阳县大寮村和厚洋乡为例说明之。

第一，大寮村。

大寮村位于揭阳市西北部，属现锡场镇辖下，距离揭阳市城区11.7公里。总面积0.56平方公里，耕地面积615亩。[3]《大寮村志》记载了近代大寮村的地方组织情况。

清代县以下沿行都邑之制，都以下设邑，并设粮里和民里。粮里设里长，专管钱粮；民里设税长，专管户籍人口。蓝田都设邑十七粮里、二民里，当时大寮村属蓝田都辖内。乾隆二十二年（1757）实行保甲法。每十户一牌，设立牌长；每十牌为一甲，设立甲长；每十甲为一保，设立保长。至同治六年（1867），都以下设局，局设立局绅，为最高官员，局以下设立民团。

1913年，县设保卫团，都设卫乡团，设正副团长；下辖乡会，设立正副主席；乡辖保甲，设保长、甲长。1916年，改保甲为邻里，设立里长、邻长。1931年，废都团，建立区乡。区公所设正副区长和委员，内设军事指导员、民政指导员、录事；区以下辖乡，乡公所设正副乡长及民政、经济、文化、警卫、四股。乡辖邻里，每五户为邻，二十户为里，若干里为保。后又取消邻里，而设保甲，

[1] 陈光焱.中国财政通史·清代卷［M］.北京：中国财政经济出版社，2006：218-219.

[2] 澄海县地方志编纂委员会.澄海县志［M］.广州：广东人民出版社，1992：482.

[3] 大寮村志理事会.大寮村志［M］.2006：71.

保设保长、干事、保丁，甲设甲长。这种区乡保甲政权机构一直沿袭至1949年。[1]

第二，厚洋乡。

厚洋乡位于榕江之滨，地域辽阔平坦，水源充足，宜耕宜渔，明代中期创乡。1949年之前，国家政权几经变易，乡村机构也屡经演革。

"明、清时代，厚洋乡子孙逐渐昌盛，人丁兴旺，房系添增，各业发展，较具规模。明、清时期，厚洋乡政事均由族长主理。族内士绅协理官府往来、礼宾等对外事务；族内耆老，协理本乡婚丧喜庆、游神赛会等事宜。族长、士绅、耆老，处事大多以身作则，大公无私，公平、公正，深为族人所敬佩。其时，县实行以乡辖都的都鄙制，郡以下划分若干鄙、里。按政制，厚洋乡设地保一职，以应'征苗募役'等差事。至清顺治九年（1652），改行以都辖乡之都鄙制。咸丰四年（1854），因办团练，实行以都辖乡的都团制。清同治七年（1868），重整团练，改称公局，即实行都以下设局，局以下设民团，各村划分为里邻，由民团所辖。局、团、里、邻的官员由各村士绅公推。民国时期，乡政建置仍沿袭清制。至1931年，当局推行地方自治和选举制，废都团制，改为区、乡、保、甲的区乡制。"[2]

第二节 种植业

农业有广义和狭义之分。狭义的农业主要指种植业，种植业中，一般又以粮食生产为大项。受地理因素影响，近代潮汕的粮食以水稻为主，甘薯其次，另有小麦、玉米、大豆、花生各类作物。近代潮汕的甘蔗和柑橘为重要经济作物。总体看，近代潮汕种植业的农产物种类繁多，并且农业商品化程度较高。

一、水稻

（一）水稻生产概况

水稻是潮汕地区最重要的粮食作物。民国《潮州志》指出，"稻为本州主

---

[1] 大寮村志理事会.大寮村志［M］.2006：86-87.

[2] 厚洋乡志编委会.厚洋乡志［M］.2004：14.

要食粮，需求者巨，价值较他项作物为高，且因自然环境之适宜，故农民栽培亦最多"。[1]抗战之前，潮汕农业技术得到一定发展。水稻为潮汕第一大宗种植作物，种植历史悠久，且因人多地少，精耕细作，以高产闻名海内外。

水稻生产在潮汕地区农业布局中具有首要地位。以经济作物种植面积较大的潮安县为例：民国时期，全县"粮食播种面积约80万亩左右，其中水稻约79万亩，甘薯约3万—3.5万亩，小麦约8千—1万亩；经济作物种植面积约9万亩，其中甘蔗3.5万亩，黄麻5千亩，花生约1万亩，大豆约1.5万亩，蔬菜约1.5万亩，水果种植面积约3万—4万亩，其中生柑2万亩，香蕉5千亩。粮、经、果比例为85：10：5（耕地水果面积按二造计算）"。[2]再以经济作物种植面积不大的潮阳县为例，1949年全县耕地面积为71.15万亩，复种指数为185.40，播种面积合计131.58万亩，其中粮食作物120.81万亩，经济作物5.08万亩，大豆2.20万亩。其他作物为4.02万亩，"粮经比例"（粮食作物与经济作物、大豆、其他作物之比）为91：9。[3]

1949年前后涌现很多的早晚稻品种。潮汕著名的特种稻中，如饶平香谷俗称凤凰香谷，产于饶平三饶、凤凰等地。其稻米有殊异香味，故有"珠米桂香"的美誉。香谷含有丰富营养，且有促进食欲之功能。1915年2月20日，美国为庆祝巴拿马运河通航，在三藩市对岸举办巴拿马万国博览会，饶平人黄华浓选送饶平香谷参加展览，获金牌奖。[4]1940年，揭阳农民黄庭国选育晚稻良种庭国种（即圹埔矮），在省内也有一定名气。

（二）揭阳、潮阳、惠来等县的水稻生产

民国时期，水稻也是揭阳县最大宗农作物，品种以灿稻为主，种植面积晚稻比早稻略多。揭阳有"米县"之称，所产的大米量多质优，除自吃用外，还运销普宁、潮安、汕头、福建等地。清末至民初，揭阳县年产稻谷约300万石。1938年，水稻种植面积57.6万亩，占粮食面积76.5%，产谷14.2万吨。[5]

民国时期，潮阳县农户普遍种植银鱼早、乌叶早、柴头早、快种早等早晚品种；早造稻品种还有招才、百日早、乌豆粘、龙牙；中造稻品种为花罗；晚

[1] 饶宗颐.潮州志（第三册）［M］.潮州：潮州市地方志办公室，2004：941.

[2] 潮州市农业志编纂组.潮州市农业志（油印稿）［M］.1987：72.

[3] 潮阳县农业局编写组.潮阳县农业志（油印稿）［M］.1988：37.

[4] 林济.潮商史略［M］.北京：华文出版社，2008：12.

[5] 揭阳县志编纂委员会.揭阳县志［M］.广州：广东人民出版社，1993：129.

造稻品种还有徙种、乌壳、铁平担、含合、绞盘、海禾和咸水稻等。清末民初时期，早造以早熟品种为主，晚造以中迟熟品种为主。[1]

惠来县历史上以种灿稻为主，品种世代相传。民国时期，品类繁多，种性杂，产量低，其共同特点是较适应当地环境条件，早熟、抗病虫害等。早稻早熟品种有三夜齐、乌沟种等；迟熟品种有旱时四、免党、求留、花罗、里仁、齐头白等。晚稻早熟种有菊种、油尖；中迟熟种有高脚洋参、矮脚洋参（绞盘矮）、厝顶种等。适应于咸、涝田的有夜公、咸稳。这些品种大部分保留到20世纪50年代，小部分延续到60年代。[2]

二、甘薯及其他粮食作物

（一）甘薯生产

除了水稻之外，近代潮汕的重要粮食作物还有番薯、花生和玉米等。

甘薯俗称番薯、地瓜，是潮汕仅次于水稻的大宗副食粮和主要饲料。甘薯系明代年间传入我国，传潮之后，农家普遍种植。1935年统计，潮汕地区（含大埔、丰顺）种植面积达40.9亩。经多年栽培，繁衍的品种甚多。[3]甘薯之所以在潮汕地区大量种植，和其适应环境有关，《潮州志》称："本州主要副食粮为甘薯，因栽培容易，且不择土壤及耐旱力强，故农民栽植亦多。"[4]

1949年以前，潮阳县成年栽培甘薯20万余亩。1935年前后，潮安县生产的"白鹅"牌雪粉（番薯粉）出口量，为全潮汕之冠。一般春、夏收甘薯亩产250斤（折故，按5∶1计算，下同）左右，秋收甘薯亩产300—400斤，较高的亩产500斤以上。[5]甘薯也是揭阳大宗农作物之一，年种植面积仅次于水稻。1949年前，甘薯多植于丘陵地带，品种有接芋花、老竹头、新竹头、乌骨企龙等数十个，但缺乏培育良种，耕作粗放，轮种甚少，产量很低。1949年，甘薯种植面积16.73万亩，总产2.43万吨。[6]

[1] 潮阳县农业局.潮阳县农业志（油印稿）[M].1988：21.

[2] 惠来县地方志编纂办公室.惠来县志 [M].北京：新华出版社，2002：160.

[3] 翁楚湘，宋升拱.潮汕农业 [M].香港：天马出版有限公司，2011：14-16.

[4] 饶宗颐.潮州志（第三册）[M].潮州：潮州市地方志办公室，2004：942.

[5] 潮阳县农业局编写.潮阳县农业志（油印稿）[M].1988：63-64.

[6] 揭阳县志编纂委员会.揭阳县志 [M].广州：广东人民出版社，1993：131.

（二）花生、小麦和玉米生产

民国时期，广东的油料作物——花生的出口量也有所增加。《潮州志》载："花生为旱地作物，宜于高燥之沙质地，州属山园及高地多有栽培，管理容易，其茎可作肥料，故农民多喜植之。"[1]

清乾隆四十四年（1779）揭阳已种植花生，是揭阳大宗农作物之一。花生仁除啖食外，主要用作榨油。春植花生，在旱地沙质土以种植蔓生型中迟熟品种为主，在平原黏质土地区多数种植半蔓生型品种（俗称挽种）。1949年，花生种植面积26928亩，亩产80公斤，总产2154.25吨。[2]1935年，潮阳县花生种植面积8000亩，此后，逐渐扩大面积，亩产150—200斤。1949年，种植42085亩，亩产208斤，总产87703担。[3]

潮安县小麦栽培历史悠久，民国时期以陈桥小麦、老头麦为主，还有冇麦、赤壳麦等，这些品种产量低，一般亩产100斤左右。[4]小麦也是揭阳的主要冬种作物之一。1935年种植2000亩。1941年，县政府颁布冬种8条奖惩条款，至1949年，小麦种植面积1.6万亩，亩产62公斤，总产992吨。[5]

玉米，又称玉蜀黍，俗称玉米仁，民国时期，惠来已有小面积种植。该县还种薏苡，俗称薏米，可供食用也可供药用，营养价值和经济价值较高。[6]

三、甘蔗、柑橘和其他经济作物

（一）甘蔗生产

《潮州志》载："甘蔗为榨糖原料，本州糖业特盛，故农民植者亦众，于副业作物中，首推巨擘，其产量之丰为全国冠，诚州产出口物之大宗也。"[7]

甘蔗有粮蔗和果蔗两类，明代，揭阳已有大面积种植，种植面积和产蔗量均为潮汕之冠，甘蔗经加工制成的红糖、粉糖、砂糖，大量运销外地，素有"蔗

[1] 饶宗颐.潮州志（第三册）［M］.潮州：潮州市地方志办公室，2004：945.

[2] 揭阳县志编纂委员会.揭阳县志［M］.广州：广东人民出版社，1993：136.

[3] 潮阳县农业局编写.潮阳县农业志（油印稿）［M］.1988：65.

[4] 潮州市农业志编纂组.潮州市农业志（油印稿）［M］.1987：100.

[5] 揭阳县志编纂委员会.揭阳县志［M］.广州：广东人民出版社，1993：133.

[6] 惠来县地方志编纂办公室.惠来县志［M］.北京：新华出版社，2002：173.

[7] 饶宗颐.潮州志（第三册）［M］.潮州：潮州市地方志办公室，2004：943.

糖之乡"的美称。揭阳以种植糖蔗为主,是经济发展的重要支柱。1936年,种植面积8.86万亩,亩产2吨左右,总产约20万吨。1941年,物价飞涨,货币贬值,甘蔗种植面积大减,至1949年仅存2.77万亩,总产7.96万吨。[1]

民国14年(1925)前,潮阳县盛产甘蔗,制糖业发达,约有糖寮200家,每年产值100万元以上,为蔗糖输出县。"自外糖进口,蔗糖价格骤降,种蔗一落千丈,每年产额减至数十万元。民国18年(1929),因提高关税,蔗糖价格回升,种蔗逐渐恢复,至民国24年,植蔗4.5万亩,总产270万担,亩产6000斤。日本侵潮后,种植面积又大为减少。1949年,全县植蔗5419亩,亩产3300斤,总产17.88万担。"[2]

惠来县为潮汕地区蔗糖主要产区之一。清时已有土糖生产,分红糖和白糖,并有冰糖,用土法加工制成。民国时期,土糖品种有红糖(也称青糖或黄糖)、土白糖、赤砂糖等。全县各区均产糖,以红糖为主,一、四区(即惠城、隆江)为多,其红糖质优价高,称为"南青"和"隆青",多销往华中、华北。五区(即葵潭)糖质差,销毗邻县缺糖区。土白、赤砂等输出量也不少,但自进口白砂糖和揭阳糖厂建成投产后,土白糖产量逐渐减少,终至停产。1945年,全县种植甘蔗3.25万亩,产蔗糖约3000吨。[3]

(二)柑橘生产

《潮州志》记载:"潮州果类以柑橘为最著,实大而汁多,岁输出津、沪、南洋,数值至巨,且曾远销伦敦市场,饮誉欧西。昔日本人尝采州产柑苗回植台湾,惟收效不及斯土。本州所产则以潮安鹳巢、彩塘一带为最佳。惜遭倭祸,果树伐以为薪,摧毁殆尽,战后出产锐减,而饶平近二十年,年种者甚众,颇有取而代之之势焉。"[4]

抗日战争爆发前是汕头水果生产的高峰时期,潮州柑种植面积超过4万亩,年总产25000吨,杂果年总产50000至100000吨,远销国内外,以潮州柑为大宗出口产品。[5]汕头沦陷时期,水果生产受到严重破坏,柑橘主产区的果树

[1] 揭阳县志编纂委员会.揭阳县志[M].广州:广东人民出版社,1993:138.

[2] 潮阳县农业局.潮阳县农业志(油印稿)[M].1988:66.

[3] 惠来县地方志编纂办公室.惠来县志[M].北京:新华出版社,2002:352.

[4] 饶宗颐.潮州志(第三册)[M].潮州:潮州市地方志办公室,2004:946.

[5] 广东省汕头市地方志编纂委员会办公室.汕头概况[M].1987:162.

砍伐殆尽。[1]

日寇入侵，汕头海运中断，潮汕各县粮荒严重，柑农纷纷砍柑种粮食，因此至抗战胜利后的1945年，潮汕各县潮州柑的产量比抗战前一落千丈。1946—1949年的数年间，潮汕各地柑农才逐步恢复种柑，但为数不多。潮州柑运销国内外一贯都是从汕头口岸出口，汕头市当时经营潮州柑出口国营的有潮汕贸易公司，私营商号则有广和、信发、松盛等50余家商号，分别参加果业、南商、酱园等公会。[2]

暹罗华侨王浩真是澄海澄城镇东湖村人，1933年毕业于南京金陵大学园艺系柑橘专业，在岭南大学植物系任教时，曾接受学院的委派，先后到潮安鹳巢村和潮阳溪头村设立柑橘试验站，进行柑橘虫病害防治的调查研究，培育柑橘良种。1935年，与林越、郑树雄等在汕头创设潮州柑橘产销合作社，专营潮州柑出口贸易，推动潮州柑进入国际市场。他亲自指挥熟练工人，严格挑选优质潮州柑，细心包装，提高保鲜能力，将200箱潮州柑分别托运到英国伦敦和利物浦。虽经长途转运，但柑的色泽鲜艳、肉嫩汁多、清甜可口。伦敦和利物浦的报界，专门登载潮州柑为世界佳果的消息，引起国际上不少商人的关注，纷纷向王浩真创办的潮州柑橘产销合作社订货。全面抗日战争爆发后，王浩真应邀到马来西亚办橡胶园。1946年，得到著名泰国华侨实业家余子亮的支持，返回中国在饶平县塔仔金购地140亩，创办饶平县华侨柑橘农场，致力于柑橘栽培科学研究，对柑橘黄龙病提出了"以改善栽培措施与病原微生物斗争"的论点和防治的方针与方法。[3]

（三）其他经济作物

近代潮汕地区的其他重要经济作物有水果、黄麻、红麻、茶、香蕉、蔬菜等。如表3-2所示，民国时期榕城城郊农作物常种粮食作物3种，经济作物5种，菜蔬25种。[4]

[1] 广东省汕头市地方志编纂委员会办公室.汕头概况［M］.1987：162.

[2] 刘世深.潮州生柑出口专业小组的成立及其对私改造的影响［M］//中国人民政治协商会议汕头市委员会学习和文史委员会.汕头文史第十九辑.2007：209.

[3] 翁楚湘，宋升拱.潮汕农业［M］.香港：天马出版有限公司，2011：85-87.

[4] 孙寒冰.广东省揭阳县榕城镇志［M］.揭阳：揭阳榕城镇地方志编纂办公室，1990：355.

表3-2 民国时期榕城城郊农作物分类

粮食作物	经济作物	菜蔬	备注
水稻、甘薯、麦	花生、洋芋、香蕉、糖蔗、果蔗	葱、蒜、芫荽、白菜（菘）、黄芽菜、芥蓝、椰菜、芹菜、韭菜、落苏（茄瓜）、番茄、荷兰豆、芥菜、春菜（雀边芥菜）、蕹菜、吊瓜、苦瓜、秋瓜、菠菜、厚叶（厚合）、蜂菜（生菜）、蚕豆、竹笋、莴菜、苋菜	1.经济作物以甘蔗为主 2.甘薯、小麦、菜蔬之耕植多利用收割后耕地 3.菜蔬终年种植者多利用河边、路边、宅边等空旷地，耕地种作者多是自耕农

潮汕地区历来还进行农海产品加工，作为农村副业的补充。据《潮州志》载，较重要的有制萝卜干、制咸芥菜、制薯粉、制蔗糖、制蓝靛、制柿饼、制炒茶等。[1]该志有潮汕制炒茶介绍："炒茶远销南洋，极博美誉，炒法虽简，而制作经验又须视手术而定其优劣也。"[2]高堂乡位于饶平中部，当地土特产以甘蔗、番薯、花生和萝卜等四大经济作物为主。高堂乡种植和腌制萝卜干，俗称"菜脯"。高堂菜脯以制作精细、色美味香、咸淡适中、清脆、容易收藏等优点而驰名海内外。[3]

第三节 林业、畜牧业和渔业

由于潮汕地区的自然地理地貌和资源禀赋程度的影响，潮汕地区历来种植业和家禽养殖业比较发达，渔业是潮汕沿海地带的支柱产业之一，林业和家畜养殖业的发展则不如粤东的丘陵、山区地带。

一、林业

（一）近代潮汕林业的发展

1949年以前，潮汕地区山林的主要权属有四种："一是国有山，为数不多，且为边远荒山；二是氏族山，属于一个氏族所有，多由氏族出租给附近村民造林种果；三是村有公山，除有一些封禁甚严的风水树林外，多属荒山，村民可

---

[1] 饶宗颐.潮州志（第三册）[M].潮州：潮州市地方志办公室，2004：961-963.

[2] 饶宗颐.潮州志（第三册）[M].潮州：潮州市地方志办公室，2004：963.

[3] 吴序泰.高堂乡志[M].广东省饶平县高堂乡志编委会，2007：4.

在山上割草、放牧、建坟；四是私有山（包括地主占有山），占有者可以出租、出卖或自己经营。这几种各占多少，无确切数字。"[1]

1923年，曾任汕头市政厅第二任市政厅厅长的萧冠英，在其《六十年来之岭东纪略》一书中，详细记录了当时韩江流域的林业发展状况："从来山林，只有伐采，未闻有培植林木。故年来产业有每况愈下之势，吾人犹不觉其缺乏者。因地势气候暖和，当冬季之际，既绝无用之充暖房之燃料，而建筑房舍，又多用土砂石灰砖墙。柴木仅供爨事之用，所需不多也。山林竹木，则惠州府及嘉应州两属较多，潮属则以大埔、丰顺、惠来三县为多。汕头及附近各地之建筑用材木，与厨房用之柴炭，则由嘉属及大埔之杉材及各种杂柴供之，由韩江上游下至意溪为集散之所。竹木之盛，以岭东论，当首推大埔之高陂，上自宋翁坑下至黄竹居，沿河一带，四十余里，产菉竹为最多。相传有伐不尽高陂竹之谣，可见年有二三百万元之出息，亦非全虚。所有竹产除搭棚及建筑与制纸用外，兴宁之制扇，潮州之编成各种器具用品，且为移输出品之一。闽属上杭所产之竹，则多用为制纸原料，制品之经汕头出口者，为数甚巨，而吾潮自木排捐、竹排捐起，山林竹林风景更不如前此之盛，有地方之责者，务宜斟酌损益也。"[2]

从上述的这段话中，可以了解到民初时：（1）潮汕地区建筑用材不多，韩江上游山区地带足以供应。日本人编著的《汕头领事馆辖区纪事》称："（潮汕地区）山林因向来只有砍伐却不兴种植而逐渐减少。但相对来说未见山林的缺乏，主要原因在于房屋的建筑以沙土为主要材料，因此供建筑使用的树木比例较少；作为暖气燃料的用途有因为气候上的关系而绝无；仅止于供厨房使用等。"[3]（2）大埔等地的丰富竹子资源，已经衍生出潮汕地区的制纸业和竹编业，行销国内外市场。（3）对山林只有砍伐，少有培植，林业"每况愈下"。（4）竹木捐税的开征，可能会因"有地方之责者"的短视，给林业长久发展带来负面影响。

清朝末年，光绪改制，广东省设立了劝业道，林政被列入省级政府的职责。除了农户植树护林外，广东各地还出现了近代林业公司。如1899—1900年成立的大兴公司，1906年成立的嘉应州（梅州）的自西公司、潮州的畜牧种植公司和乐会的琼安植胶公司等。与此同时，西方的现代林业科学技术开始引进。但

[1] 广东省汕头市地方志编纂委员会.汕头市志（第二册）[M].北京：新华出版社，1999：860.

[2] 萧冠英.六十年来之岭东纪略[M].广州：广东人民出版社，1996：47.

[3] 打田庄六.汕头领事馆辖区纪事[M].广州：暨南大学出版社，2019：81.

因山火频仍，乱砍滥伐而毁林不止；且因时局动荡，经济凋敝，林木生产周期长，群众无心经营，造林很少。政府虽设了机构，经费支出十分有限，订了法规难以认真实施，收效不大。[1]据民国24年（1935）广东省农林局调查统计，潮汕地区的森林面积为4788600亩，其中大埔1580000亩、丰顺1400000亩。[2]去除大埔、丰顺两县，其余各县的森林面积尚有180.86万亩，其中潮安25万亩、潮阳1万亩、揭阳1万亩、饶平150万亩、惠来1万亩、澄海0.26万亩。至1949年，上述各县森林面积已经减至69.04万亩。其中澄海0.72万亩、潮州5.79万亩、饶平25.76万亩、南澳0.05万亩、潮阳3.22万亩、揭阳1.86万亩、揭西9.37万亩、普宁20.44万亩、惠来1.73万亩。[3]

（二）造林和护林

1910年，潮州中等农业学校开办并附设潮州农事试验场，这是潮汕地区最早的政府办林场。1912年，潮州农事试验场被改为海阳蚕桑模范所，仅年余因缺经费而停办，1919年潮安成立官方造林公团，于虎爪山种上油桐苗10万株，不久毁于兵乱。1925年，在农事试验场旧址设潮州苗圃，育苗100万株，两年后苗圃划归中山大学农林学院管理。1929年，省农林局令各县遍设苗圃林场提倡造林，这时的潮汕拥有包括大埔、丰顺、南山管理局在内的12个县（局）所建的11个林场、12个苗圃场。1933年，在潮安成立东区模范林场办事处，同时创办东区模范林场，收容退伍军人、失业华侨；新建3个林场、3个苗圃场及1间农林讲习所。

1914年9月，澄海县地方绅士林樨任，组织成立强原垦殖公司，在浔洄岛植树造林，面积1800亩。1931年3月，潮安县创办县立林场，地址在大、小黄田山，面积6587亩。1933年，张竞生获饶平县政府等资助3万余元，在土坑、望海岭、大坪创办苗圃3处。[4]据统计，1938—1940年，潮汕地区12个县（局）共办了30个公办林场，经营面积67645亩，共造林2161450株；31个苗圃场，共有育苗面积852亩。私人办场方面，1913—1929年的十余年间，先后有7家私营公司（场）在潮阳、揭阳、惠来、澄海办起7个林场，经营面积共2万亩，均因亏本而先后停办。汕头沦陷期间，各县林场、苗圃绝大多数无力恢复，至1949年仅存惠来葵峰农场、潮阳、饶平苗圃场、潮安、黄田山林场等9个林场，苗地只有48

[1] 广东省地方史志编纂委员会.广东省志·林业志［M］.广州：广东人民出版社，1998：1-2.

[2] 饶宗颐.潮州志（第三册）［M］.潮州：潮州市地方志编纂办公室，2004：1036.

[3] 广东省汕头市地方志编纂委员会.汕头市志（第四册）［M］.北京：新华出版社，1999：855.

[4] 汕头市林业局.汕头市林业志（油印本）［M］.1989：263.

亩，人工林仅有30余万株。[1]

1919年3月，潮梅镇守使刘志陆于潮安城廖家祠倡设造林公团，择城北竹竿山后的虎爪山为造林地，种植油桐10万株，未成林而为乡民焚毁。1931年，潮安境内创办县立农场。据当年广东省林业厅统计，1930—1934年，潮安县公营造林共7185亩；1945—1949年，全县造林约5万亩。其中1947年，县立林场在竹竿山等处种松600亩，1948年又种桉树0.8万株，柯树1.5万株，马尾松20余万株。[2]

民国时期，揭阳县官办苗圃场2个、林场5个。1929年在县城东门外观音堂创苗圃场，面积10亩，1934年定为县立第二苗圃场。同年在黄岐山麓创办另一苗圃，面积60亩，并定为县立第一苗圃场。[3]这一期间，部分乡绅村民也加入造林行列。1934年，揭阳县政府及有关团体、学校办起4个纪念林场和1个模范农场，种上赤松、合欢、台湾相思、大叶桉、柳树等15.68万株。1944年，县政府制定造林运动办法十七条，并在黄岐山建立林场。[4]1935年后，惠来县有私营惠民垦殖场（全场27人）和葵峰林牧场（全场60人）两个兼营农、林的企业，都进行大面积的植树造林。1945年日军入侵惠来，林木受到毁坏。[5]

二、养殖业

（一）家禽养殖

1949年前，潮汕农村中以猪、鸡、鹅、鸭为大宗副业，除自给外，还有一定数量的出口。民国时期每年都有肉猪、活禽、鲜蛋及动物加工产品出口香港东南亚各地。1927—1931年，每年出口平均数为907145大洋银圆。[6]

《潮州志》称，民国时期，"畜养原为农业中之一支，惟（潮）州属极少专营，所有多为农家副业"，该志书的畜养类分别记述牛、猪、羊、鸡、鸭、鹅各种饲养方法。

养牛多为役用，除通常耕耘田园外，开糖寮时则用来榨蔗。肉食取童牛及

[1] 广东省汕头市地方志编纂委员会办公室.汕头概况［M］.1987：166-167.

[2] 潮州市地方志编纂委员会.潮州市志（上册）［M］.广州：广东人民出版社，1995：638.

[3] 揭阳县志编纂委员会.揭阳县志［M］.广州：广东人民出版社，1993：167.

[4] 揭阳县志编纂委员会.揭阳县志［M］.广州：广东人民出版社，1993：173.

[5] 惠来县地方志编纂办公室.惠来县志［M］.北京：新华出版社，2002：190.

[6] 广东省汕头市地方志编纂委员会办公室.汕头概况［M］.1987：171.

老牛，分黄牛、水牛两种。近水农家多养水牛，山居则养黄牛。水牛每日可耕田四五亩，黄牛日仅耕二三亩。饲料以青草、秆草为主。役用时则常以稀粥、甘薯、薯藤，供其饱食。牛舍用农家余房或专盖草屋。牛的价值高低，视年龄、肥瘦、壮弱及头足皮角优劣而定。

农家养猪极为普遍，每户一头，多者二三头，以收肥料为主要目的，肉食者次之。种有乌猪、花猪两类。乌猪饲养期长者，重可达300斤，花猪成长较易，故畜者颇多。饲料通常以甘薯、薯藤、豆渣、米糠、酒糟、泔水、菜叶等煮熟饲之，一般每日三次，多的五六次。猪舍以木板或砖石筑成。猪苗由专养母猪者繁殖。

养羊不甚普遍，仅于山区有少数富裕农户养殖。每群十余头，多者三四十头。放牧于山野草地，由小童或老年人管理。羊舍以空房破屋为之，少有专设，唯须以高亢地为宜。羊繁殖力极强，年产2次，每群仅可配养雄羊2头，多则易引起角斗。城市日常食宰极少，年节及祠祭所需则尚足自给。[1]

土地资源制约了潮汕畜牧业的发展。《1922—1931年潮海关十年报告》认为："因为没有足够的牧地，本地区内看不到大的羊群和牛群。但是差不多所有的农民都把饲养猪和家禽作为家庭副业。""从猪税处得知，每月有六十万头猪登记缴税。虽然海关并未记录有可观的出口数字，但通过当时仍属五十里外常关所管的分卡，有大量的猪出口香港。"[2]近代潮汕的饮食习惯，也影响了对潮汕家畜和家禽的消费和生产。1915年日本人刊行的《汕头纪事》记载："（潮汕地区）副食品有鸡肉、猪肉、鱼类、蔬菜，除回族人外，其他人几乎不食用牛肉。其爱食用羊肉，普遍吃熟食及爱吃猪油等习惯与其他中国人并无差异。鱼菜畜肉不论是否易于消化，烹饪时必添加猪油。"[3]1922年日本人刊行的《汕头领事馆辖区纪事》一书认为，受市场和消费习俗影响，潮汕地区"牛有黄牛及水牛两种，前者供耕作及食用，后者专供工作用。牛的饲养不盛，因此皮革的产出较少，仅不时可见出口至台湾等地"。"养猪为农家的副业，普遍饲养以供食用。""山羊，因气候关系，饲养不盛。"[4]

[1] 潮州市地方志编纂委员会.潮州市志（上册）[M].广州：广东人民出版社，1995：662-663.

[2] 1921—1931年潮海关十年报告[M]//中国海关学会汕头海关小组，广东省汕头市地方志编纂委员会办公室.潮海关史料汇编.1988：117.

[3] 河西信.汕头纪事[M].广州：暨南大学出版社，2019：79.

[4] 打田庄六.汕头领事馆辖区纪事[M].广州：暨南大学出版社，2019：81.

揭阳厚洋乡在清末民国时期,养猪遍及家家户户,受居住条件限制,多数农户在庭院圈养肉猪,人猪共室。因缺乏良种、饲料、技术,加上猪瘟、猪丹毒、猪肺疫等疫病防治,产量较低。惠来县历来有葵潭、隆江两个耕牛市场。民国时期,惠来山区有农民养羊,每群十余只至三四十只,由附带劳动力放牧。自由采食,除雨天外,极少投放饲料。品种多为本地山羊。城镇附近,有少量杂交奶羊。肉食羊很少,主要是供年节及祀祭之所需,仅够县内自给。1944年,全县有山羊2636只。

(二)家禽养殖

养鸡为农家最普通副业,大小农户多养鸡。每户少者养两三只,多者至十余只。既可获利,又能搜吃家常残食及园艺菜畦间蟛蚁等害虫。雏鸡多由母鸡自孵。鸡蛋除自给外,还有出口。

养鸭也是农家的通常副业。种类有番鸭、菜鸭、半菜鸭3种。食料以稻谷为主。有专门养鸭者,每群五六十只或二三百只。鸭除自给外,尚有余裕,运销外地,或用香料腊制为脯以供外销。

农家养鹅较鸡鸭稍少,饲料以青草、米糠、甘薯、稻谷为主,雏鹅则以碎米、白菜、青菜为粮,日须喂五六次,夜间也须三四次。鹅大者重十余斤。产量以潮安、澄海为多。[1]

(三)1949年潮汕畜禽业发展情况

1949年,潮汕地区(不包括丰顺、大埔)生猪饲养量为1264818头,上市量为553248头,存栏量为711570头,其中母猪74543头;耕牛存栏量为184941头;三鸟(鸡、鸭、鹅)饲养量为4210256只。1949年,潮汕地区农业总产值为53437万元(人民币元,下同),其中畜牧业产值为8241万元,畜牧业产值占农业总产值的15.42%。[2]1949年,潮安县全县生猪饲养量162287头,其中上市量65980头,存栏量96304头;全县耕牛存栏量27386头。[3]1949年,揭阳县全县(不包括揭西)共有耕牛2.86万头,生猪存栏量12.99万头,禽类90万只,畜禽业收入占农业收入的15.1%。[4]地处平原的潮安县南部的鹳巢乡,该地农家饲养畜禽历史悠久。1949年以前,农村种田大户必须养牛(水牛、黄牛),为自己耕田,兼为他

[1] 潮州市地方志编纂委员会.潮州市志(上册)[M].广州:广东人民出版社,1995:662-663.

[2] 广东省汕头市地方志编纂委员会.汕头市志(第四册)[M].北京:新华出版社,1999:870.

[3] 潮州市地方志编纂委员会.潮州市志(上册)[M].广州:广东人民出版社,1995:663.

[4] 揭阳县志编纂委员会.揭阳县志[M].广州:广东人民出版社,1993:194.

人耕田。养猪以私养为主，有条件的农户饲养母猪及生猪1—2头。农民饲养家禽数量也不多，多为自吃自用。[1]

三、渔业

渔业是潮汕沿海、沿江农村的重要副业之一，本处对潮汕渔业的分析以海水渔业为主。

（一）近代潮汕渔业基本情况

1948年，民国《潮州志》叙述了潮汕渔业的发展条件、渔场分布和作业方式："潮州为粤之东，海区自州属饶平（与福建交界）起至惠州属之海丰，在渔业上统称潮汕区。州属沿海港汊曲折，韩榕诸水经年之有机物冲注其间，适合水族繁殖，且地属亚热带气候，温暖生产时间较长，产率亦高，如饶平之柘林、洪洲、海山、南澳环岛，澄海之南港，潮阳之海门、达濠，惠来之神泉、靖海均为重要渔业根据地，渔场在汕尾、遮浪、碣石、甲子（以上属惠州），靖海、达濠、柘林等处（以上属潮州），他若潮安、揭阳有少数渔网于韩江、榕江，大埔则冈峦起伏，渔业生息甚微，普宁、丰顺亦无足述也。依渔场作业之区域言可分海洋渔业与淡水渔业二类，海洋渔业又有沿岸、近海、远洋之分，淡水渔业则指河流池塘湖沼等而言，又因其作业之工具不同，可分为网渔、钓渔、杂渔三类。渔捕最盛期通常为每年七月至翌年三月。"[2]

淡水渔业分捕捞和养殖二大类。淡水捕捞是在江河、湖泊或其他淡水水域中捕捞天然的鱼、虾、蟹、贝类的生产活动。1949年前，韩江、榕江、练江、隆江、黄冈河等沿岸及普宁的白坑湖，揭阳的云湖，潮安的梅林湖、东山湖均有人从事此项生产，但多为农民农闲时的副业，也有少数专业生产者，其产量在渔业总产中所占比例很小。到1949年，淡水捕捞渔船有1047只，产量900吨，占渔业产量的1.46%[3]。

抗战结束前后，潮汕池塘养殖业已有一定规模。揭阳鱼塘面积为25000亩，澄海为13000亩，潮安为20000亩，丰顺为8000亩。以上四地，每年分别收获7.5万

---

[1] 广东潮安鹳巢乡志族谱编纂委员会.鹳巢乡志［M］.北京：中国艺术出版社，2010：41.

[2] 饶宗颐.潮州志（第三册）［M］.潮州：潮州市地方志办公室，2004：1063-1064.

[3] 王琳乾，吴坤祥.潮汕水产资源开发资料（潮汕历史资料丛编第8辑）［M］.汕头：潮汕历史文化研究中心，汕头市文化局，汕头市图书馆，2003：132.

担、3.9万担、6万担和1.6万担。[1]《揭阳县志》载，1949年，揭阳县全县有木帆渔船250艘，淡水养殖面积4212亩，年产鱼1913吨，产值约180万元。[2]《潮州市志》载，民国时期，潮安县的水产业开始专门经营。鱼苗方面昔有江合利号从肇庆采办，以供本地养殖之需。江合利为潮安的梅溪人洪江合与外县的前溪人陈合利合股所办。后洪江合独立经营，其所经营的鱼苗，部分供应潮安邻近各县，余者远销中国台湾、安南、暹罗、菲律宾等地。1941年，潮安县共有鱼塘2万亩，年产鱼6万担，亩产300斤，年总产值90万元（以1939年抗日战争前每担15元计）。[3]

惠来县面临南海，海域辽阔，海岸线长82公里，有大小港湾10多处，主要渔港有神泉、资深、靖海。百米深线内渔场面积有4980平方公里。惠来县海洋捕捞历史悠久，清末民初，已有较大型渔船如莲艚船、网仔船。1921年已有包帆船、艚船出现，中小渔船有鸟网船、莲螺船、跳仔船、犁鸟船以及船排等。1926年，神泉、澳角、金东洲等渔村，有包帆船80对。到1949年，全县有大小木帆船926只，渔民3757户，1.62万人，其中下海劳力2268人，年产量3381吨。[4]

（二）民国时期潮汕渔业兴衰

20世纪30年代是潮汕渔业发展较快的时期。据当时的广东省调查统计局的《广东省潮汕广海两渔业区渔获物数值统计》，1936年"潮汕渔业区以渔业为主业者有57500人。以渔业为副业者有3000人"。而从事海洋或从事内河湖渔业人数"有6000人。兼从事海洋河湖渔业者共24500人"。潮汕的渔船数量远超当时广东的另一渔业区——广海渔业区，无动力机船的总数几乎是广海渔业区的两倍。当时的杂志报道："1936年，潮汕渔业区的渔场总产量达423675担，包括南澳、饶平、澄海、潮阳、惠来、陆丰、海丰七县，创造的价值达8440500元，而广海渔业区的总产量只有106000担，创造价值2062000元。"[5]

1936年，潮汕地区已有大小渔船9000多艘；养殖牡蛎、蛤、蚶、紫菜等，滩涂利用较普遍；水产品加工有晒鱼干（咸淡均有）、腌咸鱼、煮熟鱼及鱼糜制品（鱼丸、鱼饺、鱼面条）等，尤以干制鱿鱼、墨鱼为大宗，盛销港澳和东南亚

[1] 饶宗颐.潮州志（第三册）［M］.潮州：潮州市地方志办公室，2004：1080.

[2] 揭阳县志编纂委员会.揭阳县志［M］.广州：广东人民出版社，1993：198.

[3] 潮州市地方志编纂委员会.潮州市志（上册）［M］.广州：广东人民出版社，1995：669.

[4] 惠来县地方志编纂办公室.惠来县志［M］.北京：新华出版社，2002：199.

[5] 苏新华.民国时期潮汕地区海洋渔业发展变迁析论［J］.汕头大学学报（人文社会科学版），2016（7）：35.

及上海等地。淡水养殖以鲩、鲢、鳙、鲤、鲮为主，利用池塘、山塘的水面面积约6.6万亩。澄海及市郊鸥汀盛养金鱼出口泰国、新加坡和越南等地，年出口额达30万元。[1]

水灾、风灾等自然灾害，苛捐杂税和日军侵略是影响潮汕渔业的最重要因素。以澄海县外砂为例，这一带有澄海最大的坝头渔场，"民国十一年间八二飓风，人民死亡达三千余人，至二十三年统计，即恢复原状，人口又达一万六千余，其中业渔者约三千人"。[2]再以饶平县南部重要的渔港洪洲为例，"民国十一年八二飓灾，乡人死亡逾二千，房屋船只损失无数。十二年五六月间复遭疫疠，继以连年盗匪猖獗，渔村日形衰落。二十年以后，地方粗安。无何，又罹寇氛蹂躏备至，民生凋残，到三十六年乃渐恢复"。[3]又如南澳县，1944年9月24日（农历八月初八）一次台风袭击，全岛死亡315人，倒塌房屋610间，损失渔船26只，竹排38只。1935年，台风登陆海门，打沉渔船70余艘，死亡渔民近百人。海门民歌哀吟"南海风浪打樯头，海门城外儿女愁。望夫石边咫尺隔，眼看亲人卷浪流"。[4]

各种杂税影响渔业发展。当时针对饶平、澄海、潮阳和惠来的渔业区规定，"渔船最大者如包帆之类，每对十二元，最小者每对四至五元，年征一次。海员、公会、盐牌、水练、警察、教育等捐，各地情形不一致"。饶平县"各渔民用盐限制太严，颇有苛扰"；澄海县"渔夫往往无故惨遭毒打并苛扰"；潮阳县"渔民分摊捐税往往过重"；惠来县"豪绅多承批捐税，向渔民滥罚"[5]，率多此类。

1939年日军侵占潮汕沿海，"沿海口岸渔场均被日寇封锁占据，渔民十九失业。其冒险出海者则迭遭兵舰轰击摧毁"。[6]据汕头农业银行调查，"战前渔船数共八千余艘，渔民约二十一万余人，以后频遭丧乱，逐年减少，中日战争时损失尤重，又去其百分之六十强，而渔民战时死亡亦达七万余人"。潮汕地区的渔业也遭受了巨大的挫折，"潮汕整个渔业区，包括汕头、澄海、饶平、南澳、潮阳等县市沿地域，原有渔船被摧残远百分之四十以上，因元气大伤，不

---

[1] 广东省汕头市地方志编纂委员会办公室.汕头概况［M］.1987：177.

[2] 饶宗颐.潮州志（第三册）［M］.潮州：潮州市地方志办公室，2004：1102.

[3] 饶宗颐.潮州志（第三册）［M］.潮州：潮州市地方志办公室，2004：1086.

[4] 王琳乾，吴坤祥.潮汕水产资源开发资料（潮汕历史资料丛编第8辑）［M］.汕头：潮汕历史文化研究中心，汕头市文化局，汕头市图书馆，2003：111.

[5] 饶宗颐.潮州志（第三册）［M］.潮州：潮州市地方志办公室，2004：1119-1120.

[6] 饶宗颐.潮州志（第三册）［M］.潮州：潮州市地方志办公室，2004：1120.

仅未能恢复，而且沦陷于破产态了"。潮汕5个渔业区中，南澳县的渔船及数量最多，损失也最惨重，战后存渔船仅战前1/4。饶平的洪洲岛向以渔业为盛，因"罹寇氛，蹂躏备至，民生凋残"。1934年柘林业渔者有1500人，"经倭患亦呈衰落"。南澳县农田本极少，居民多捕鱼为生，抗日战争期间，其渔船被"焚毁五六艚（每艚艇船36—40艘）"。潮阳的达濠港此时期的渔民也大量减少。惠来渔业以清末民初为盛，后呈衰退之势，至战前海味产量已减少45%。"自经倭祸，各地渔业之惨败更甚"。[1]1946年，汕头农业银行所制《战时渔业之损失调查表》列举了抗战时期潮汕渔业损失情况。

表3-3　抗战时期潮汕地区渔业损失情况[2]

地别	饶平	南澳	澄海	汕头	潮阳	惠来	合计
渔船（艘）	430	960	640	300余	980余	780	4100余
渔民（人）	7400余	8300余	9600余	1000余	28000余	17500	72000余

抗日胜利后沿海渔业生产虽逐渐有了恢复，但天灾和时局动荡，渔业生产依然十分落后。[3]1946—1947年，方承斌对惠来县进行调查发现，清末民初有渔船1400余艘，1921—1931年为1100余艘，已经减为400余艘。最盛时年产量为1700万斤，已经减为320万斤。1949年，潮汕地区水产品总产量仅有6.15万吨，其中海洋捕捞仅有4.8万吨。[4]

民国时期，潮汕渔业的发展变迁反映出中国经济向近代化转型的艰难。潮汕渔业虽然在广东省占有重要的地位，但这一时期由于政局的混乱、生产技术的落后及渔民生活的困苦，渔业的发展存在许多问题，最突出的就是传统的风帆船捕捞仍占主导地位。1936年，广海渔业区有动力机渔船3艘，而潮汕渔业区一艘也没有。就渔业捕捞方法而言，还在沿用千百年前传下来的航舵和乌鸦船捕鱼法、钓船捕鱼法、虾米网捕法等，与当时西方的大机械大规模化的生产有较大的差距。[5]

（三）对渔民生计的影响

天灾人祸，既给潮汕渔民带来灾难，严重威胁到他们的生计，也不利于潮

[1]　饶宗颐.潮州志（第三册）［M］.潮州：潮州市地方志办公室，2004：1113.

[2]　饶宗颐.潮州志（第三册）［M］.潮州：潮州市地方志办公室，2004：1121.

[3]　广东省汕头市地方志编纂委员会办公室.汕头概况［M］.1987：177-178.

[4]　饶宗颐.潮州志（第三册）［M］.潮州：潮州市地方志办公室，2004：1113.

[5]　苏新华.民国时期潮汕地区海洋渔业发展变迁析论［J］.汕头大学学报（人文社会科学版），2016（7）：36.

汕经济整体发展。"当南洋商业畅旺时，（水产品）销售于暹罗、新加坡、安南等地岁达三十万元，为数颇巨。迨南洋商情凋敝，每年输出降至一十万元，抗战期间其类几涉绝灭。"[1]这是抗战结束前后针对潮汕渔业出口的评述。以澄海为例，尽管渔业受日军焚掠较少，但因为出港渔民减少，又恰值1943年潮汕大饥荒，地方人民生计受到极大损害，地方政府报告指出当时的困境："……澄海方面：该县渔船被敌焚掠较少，计虾米罾三只，罾船二只，渔民死十一人。去年适渔业丰收，无须救济，惟自敌人封锁后，南北港渔民出渔较前锐减，复因当地粮食极端缺乏。南北港渔民协会代表王俊曾提议：政府拨币一万，建造渔业及贮蓄粮食。——以八千元建渔船，二千元为贮藏粮食及救济米荒，但现在澄海已一部沦陷，办理困难，似可从缓。"[2]

抗战结束后，想恢复渔业困难重重，"其时，广东有沿海视察团之组织，广东省银行亦办渔盐区生产贷款，然为数究属无几。复员以后，沿海战区接收渔船虽多，皆辗转破坏丧失，所补救于渔业者殊微"。[3]抗战结束后的好几年，潮汕渔业仍然低迷。

表3-4　1946—1947年潮汕各县渔民生活概况[4]

渔区	渔民人数	教育情形	自卫能力	卫生设备	救济事业	合作事业	指导机关
饶平县东界、鸿门、海山	19030	小学共约20所，短期小学1所	薄弱	无	无	无	无
澄海县坝头	14030	小学2所，短期小学1所	自卫队一小队	无	无	无	无
潮阳县达濠、海门、古埕	40500	小学二三十所，图书馆公共体育场1所	达濠有警察30人，特务队10人，常务队30人	达濠有平民医所1，余俱为私家医生，无公共卫生设备	无	无	无
惠来县靖海、神泉	17100	小学5所，民众学校1所	神泉警察10名，壮丁队中队澳角常备队13名	无	无	无	无

从表3-4可见，当时潮汕沿海渔民的生活水平十分低下，除了少量小学，卫

[1] 饶宗颐.潮州志（第三册）［M］.潮州：潮州市地方志办公室，2004：1080.

[2] 《广东省东海区渔监视察报告书》，中国第二历史档案馆二（一）32338卷，转引自：中共汕头市委党史研究室.汕头市抗战时期人口伤亡和财产损失［M］.北京：中共党史出版社，2010：131.

[3] 饶宗颐.潮州志（第三册）［M］.潮州：潮州市地方志办公室，2004：1121.

[4] 饶宗颐.潮州志（第三册）［M］.潮州：潮州市地方志办公室，2004：1119-1120.

生设备、救济事业、合作事业、指导机关等项以外，基本是空白的。

第四节　潮汕农业的近代化

　　潮汕农业的近代化是一个缓慢、渐进的过程。汕头开埠以后，随着农业生产力的提高，农牧渔业产品种类增多，农产品的商品化率也在不断提升。汕头开埠后，国内外市场需求牵动潮汕农业和乡村手工业结构的调整，农村治理和农业普教事业出现，大量农村剩余劳动力向汕头市区、各县城乡镇和本土"大村"集聚，推进了潮汕的近代城镇化步伐。

一、农产品流通

（一）近代潮汕农业的商品化

　　至民国中期为止，广东沿海除了珠江三角洲平原和韩江三角洲平原的农业专业化、商品化的程度较高，其他各县还是以农业为主、以自给自足的自然经济形态为主。[1]

　　广东商品性农业经宋、元、明三代长期孕育，到清初雍乾时期，在商品经济比较发达和交通枢纽地区出现了带有资本主义经营方式萌芽性质的农业和劳动力集市。鸦片战争后，珠江三角洲和韩江三角洲的经济作物种植面积不断扩大，水稻种植面积不断下降。潮汕地区主要表现在甘蔗和柑橘的种植面积迅速扩展，柑橘出口和潮糖出口数量和货值多年保持在较高水平。这一趋势延续至民国时期，至20世纪30年代，潮安境内沿潮汕铁路两旁，绵延30余里皆为柑橘园，可见当时种果之盛。[2]

　　农业商品化导致耕地的粮食生产让位于经济作物种植，对于人多地少的潮汕平原来说，粮食更加依赖外部输入。经济作物种植和手工业较发达的长江三角洲、福建、徽州也都出现粮食不足，需从外地输入粮食的情况。据吴承明估计，清代时粮食流通约达245亿斤。[3]所以，经济作物的商品化又推动了粮食的商品

[1]　王荣武，梁松，等.广东海洋经济［M］.广州：广东人民出版社，1998：184.

[2]　潮州市地方志编纂委员会.潮州市志（上册）［M］.广州：广东人民出版社，1995：646.

[3]　赵德馨，马敏，朱英，等.中国经济通史第八卷（下册）［M］.长沙：湖南人民出版社，2002：17-18.

化，从而在总体上提升了潮汕农业的商品化水平。《潮州市志》记载了民国时期潮安县的大规模粮食贸易情况："潮安县属缺粮区，历史上粮食依赖进口和邻近省、县调入。有从海外舶来的暹罗米、仰光米、安南米，有从上海、芜湖、江西及省内的兴宁、梅县、蕉岭、揭阳等地购进的白米、溪米。"民国初期，仅潮州开元街至三家巷口，私营粮商就有谢瑞隆、丰兴等12家。1934年，潮城共有米行25家，米店97家，潮城沦陷期间的1943年，聚集于归湖葫芦市一带的粮商达66家。1948年，潮城及庵埠、彩塘、浮洋等地向政府登记的粮商共有315家。粮商的经营方式，有的前店后坊，有的是夫妻店、兄弟店。大户资金几千元，小户资金几百元。粮价涨落不定，荒歉之年，米贵如珠。[1]

民国初期，潮汕"田赋"沿用清代旧制的办法折征银圆，国家直接掌管粮食，粮食购销由私人设行（店）贸易，价格极不稳定。据1934年不完全统计，汕头市区计有米行49家，杂粮行27家，米店149家，豆业100余家，粉业16家和面粉业21家，还有榨油业11家。民国时期一般每年由暹罗、缅甸等国家海运进入汕头口岸的粮食有200万担以上，多时曾达300多万担，其中洋米（进口大米）居多，还有安徽、湖北、江西、福建等地流入粮食，其数量也不少。19世纪八九十年代，泰国陈黉利家族就在汕头市设立黉利栈，以运销暹米为主要经营项目。20世纪20年代初期，汕头已开设专运暹米销售的粮商号多家，如陈炳春、成德泰、裕兴利、万兴隆等，这些商号都以华侨资本为主。

除了进口大米之外，潮汕地区资源有限，还从东南亚等地进口多种货物，销往潮汕各地城乡。柚木、水泥、橡胶、香料、热带药材等，都有一定数量。潮籍华侨既是东南亚农产品输入潮汕的主要组织者，又是潮汕土特产输出东南亚和港澳台等地的推销者。特别是生柑、咸菜、杂果、蒜头、茶叶、鱼脯、家禽等土特产品，出口数量都不少。潮海关的统计资料显示，1909年、1929年、1931年汕头港对外贸易输出额分别为11406072关平两、15782156关平两和14315932关平两，其中与潮汕"南向贸易网络"密切相关的4个公商（南商、暹商、商郊、和益）组织输往东南亚及港澳的分别达10697950两、14217589两和11988403两，占当年出口货值的93.79%、90.09%和83.74%。[2]可见双向贸易的活跃，海外潮货市场的形成与发展，直接拉升了近代潮汕农业的商品化水平，也带动了潮汕商品化

[1]　潮州市地方志编纂委员会.潮州市志（上册）［M］.广州：广东人民出版社，1995：792.

[2]　杨群熙.潮汕地区商业活动资料［M］.汕头：潮汕历史文化研究中心，汕头市文化局，汕头市图书馆，2003：353.

农业的发展。[1]又如国内外市场对潮汕柑橘的需求一直比较旺盛，生柑出口价格持续上升。1901年与1892年相比，汕头口岸每担生柑出口价格由0.86关平两涨至1.61关平两，1933年汕头口岸的出口平均价格已达5.42关平两。[2]在日渐趋涨的出口价格拉动下，潮汕生柑种植面积迅速扩大，1935年潮汕地区生柑种植面积达41840亩，其中潮安县就有20000亩，潮阳县10000亩。[3]

（二）近代潮汕农业的投资

近代潮汕经济的"因商而兴"，决定了潮汕产业投资的重点主要集中于商业、房地产业和交通运输业，这些行业资金流转速度快，投资收益可观。工业和农业等投资巨大、回收期长的产业，不可能被海内外投资商青睐。潮籍华侨是近代潮汕的主要投资主体，表3-5显示，近代潮汕华侨很少直接投资家乡农业。

表3-5　1919—1927年潮汕地区华侨投资各行业统计表[4]

单位：人民币元

	工业	商业	农矿业	服务业	交通业	金融业	房地产业	合计
户数	6	53	1	27	0	33	365	485
投资额	2209190	4312750	34500	894650	0	4288650	3657500	15397240

表3-6　1889—1949年华侨投资潮汕地区农矿业情况[5]

行业	投资情况	1889—1919	1920—1927	1928—1937	1938—1945	1946—1949
农矿业	户数（户）	4	1			
	投资额（万元）	30.63	3.45			

表3-6中，1889—1949年华侨投资家乡农矿业的只有5家，投资额微乎其微，且1928—1937年是潮汕经济发展的最繁荣阶段，表中竟然没有华侨投资农矿业的记录。1937年全面抗战爆发至1949年，农业投资环境恶化，华侨更加不会投资农

[1]　中国海关学会汕头海关小组，广东省汕头市地方志编纂委员会办公室.潮海关史料汇编[M].1988：96，附表.

[2]　根据：苏新华.近代潮州柑的种植与贸易（1840—1949）[J].农业考古，2018（6）：185，附表计算.

[3]　数据来源：1935年广东省农林局调查估计，《各县主要农作物耕地面积统计表》。（饶宗颐.潮州志（第三册）[M].潮州：潮州市地方志办公室，2004：898.

[4]　林金枝，庄为玑.近代华侨投资国内企业史资料选辑（广东卷）[M].福州：福建人民出版社，1989：43-64.

[5]　广东省汕头市地方志编纂委员会.汕头市志（第四册）[M].北京：新华出版社，1999：587-590.

矿业生产。

因此，近代潮汕华侨投资家乡农业建设只有零星个案，如潮安县彩塘镇潮侨王镇强，1910年于故里东里村建瞻槐里，20世纪20年代后半期，归国经营柑园，采用科学管理，连片种植面积达二三百亩，1939年6月潮汕沿海沦陷，柑橘销路断绝而改种水稻。潮安县彩塘镇旅暹华侨许则通（有传）在曼谷创通和兴；1935年，年近花甲而归梓里省亲，投资辟农场种植柑橘；1939年，潮汕地区遭日本飞机轰炸，被逼放弃所营，重返曼谷。[1]可见，当时投资农业的变数极大。

"1947年，旅泰侨领余子亮在饶平县绕联区拍仔金创办饶平柑橘农场，发展当地柑橘业和解决一些侨眷的生活出路。战后，泰国侨商林来荣曾于潮汕的濠埠故乡组办金复兴渔业公司，任董事长之职，该公司拥有渔船近百艘，每奔逐与碧波海洋间，作大规模捕获。"[2]

（三）农地垦辟与农业开发

围垦是扩大耕地的有效方法之一。光绪年间，潮州总兵方耀曾动用军饷和军队，摊派抽调民工。用4年时间在榕江出海口北岸的地都围海造田1500多亩；继而延伸开挖鮀济河，引淡水洗咸灌溉，规定在两年内收成归垦种者，以后则按地纳租。此后又在潮阳县围垦牛田洋，把垦区向海推进1公里，围垦面积1.2万亩。民国初期至1939年日军侵占汕头前夕，潮汕沿海出现争地围垦高潮。"据调查：饶平县沿海有埭围107处，面积3.25万亩；澄海县近海地方有沙田8.5万亩（改为水田不计）；潮阳县建沙田围112个，面积6.34万亩；加上揭阳、惠来沿海少量沙田，全潮汕围垦面积约20万亩。"[3]

澄海县是韩江入海口最集中的地域，因而也是潮汕平原围垦土地最多的县。从1563年澄海建县至1949年的386年中，全县围垦的耕地共14万亩，比建县时增加67%。鸦片战争以后，澄海县的农业商品生产有所发展，围田改良和垦殖的速度都有较大提升。近代澄海县围垦海滩形式大体分为4种。

第一，官绅围垦。地方官员或士绅出资围垦，围垦后，佃与乡民，以收地租。如沙仔坪围（今湾头镇界内），面积约500亩，是1940年前后由县内士绅周

[1] 黄献.彩塘镇志［M］.潮州：潮安县彩塘镇志办公室，1992：481.

[2] 林金枝，庄为玑.近代华侨投资国内企业史资料选辑（广东卷）［M］.福州：福建人民出版社，1989：132.

[3] 广东省汕头市地方志编纂委员会.汕头市志（第四册）［M］.北京：新华出版社，1999：1169.

舜文筹资招募民工，围成鱼塭、沙田后，租与当地乡民垦殖。

第二，联宗联姓围垦。由各乡同一宗族或同乡各室姓氏联合围垦，各分地利。如名公围（今新溪红肉埕外），面积约400亩，是民国期间由外砂王氏子孙围垦，以其先祖王天性命名。另王谢合围（今坝头镇界内），则由外砂王、谢二姓于清代末年间联合围垦，面积1600多亩。

第三，学校、庵寺产业地围垦。由官府划定海滩地域，雇工围成鱼塭、沙田后，借以收租作为学校、庵寺经费。如苏北新围，是1947年澄海县苏北中学建校时用华侨捐款围垦的。官埭黄厝围原海滩，前为潮州府开元寺产业地，民国期间划给澄海县外砂文祠，由县城士绅黄俊六征募民工围垦后，交付文祠收租。

第四，乡民联合围垦。由沿海乡间几户或十几户农民联合围垦后分地，自耕自种，其规模较小，基本上无水利设施，旱曝雨涝，经常歉收。

近代澄海县海滩的围垦方法大体是：作为水域养殖利用的塭、埭，则择较低的滩地，利用退潮时先安放若干木涵作为潮水吞吐咽喉，然后依所定堤线卸土，直至围堤在大涨潮时略高海面；作为种植、养殖两用的草坦、潮田或盐场，则择较高的滩地，利用退潮时于低处安放木涵或砌石涵，然后修筑围堤至高程4米左右（约比大涨潮水位高0.5米），堤脚宽约10米，堤面宽约3米；作为种植利用的沙坦、围田，则在已浮露出海面的沙垅上，依其地势高低，择高处先期吊草挂帘，加种埔茛、猴芒之类耐旱植物，使沿海风力、潮流带来的沙土被拦积，长年累月，促其积滞，越聚越高成为围坦沙堤。上述三种形式和方法，不论哪一种，都因围堤高程较低，且外坡无石砌体抵挡风浪，而一遇强风大潮，常被冲决。至于围内，水利设施简陋，稍旱则沙土中咸分上升，禾苗枯死；雨天则满围涝渍，作物失收，历来有"望天田"之称。

民国初年，饶平钱东紫云村旅泰华侨黄天年投资在钱东围垦南北围海滩，面积达1000余亩。其后，海堤被海潮冲垮。抗日战争前，该村侨胞耗资2000担谷款额（当时饶平每担稻谷5—6银圆）进行复建，建成后送给村民耕种。抗战时，钱东下浮山旅港同胞蔡德（奋初）和蔡义轫（海山人）受香港华侨垦殖公司委托，在钱东围垦德丰埭1000亩。1946年4月，余子亮投资3000银圆，大米300包，委托柑橘专家王浩真于饶平塔仔金购地140多亩，创办饶平华侨柑橘农场。[1]1938年惠来华侨林连登到家乡，见荒山秃岭没有开发，感到惋惜，便与林

[1] 陈科庭，张松乐.饶平华侨史志［M］.潮州：饶平县归国华侨联合会，1999：92.

家邦、杨茂水等人择定在隆江镇西南约30里的荒山上，合股创办惠民农场。是时投资总额8.5万元，林连登居一半。农场建造石楼18间（每间长8米，宽4米。其中三层3间、二层15间），开垦荒地35亩，种植油桐、白果、菠萝、木薯及部分自给粮食作物等。[1]

二、防灾减灾与水利建设

（一）近代潮汕经常遭遇多种自然灾害

历史上潮汕是水灾、风灾、旱灾频繁之地。这里面临南海，夏秋之间常遭受台风袭击，风灾往往带来海潮、暴雨，并发洪涝灾害。近代潮汕发生的严重水旱灾害包括：辛亥水灾、"八二风灾"、1943年大旱灾等。1922年8月2日的"八二风灾"，为20世纪全国三大风灾之一。是日潮汕沿海各地遭受数十年未遇的12级以上强台风袭击，海面巨浪滔天，伴以倾盆暴雨。在风暴海潮冲击下，沿海堤围溃决殆尽，平地水深丈余，田园人畜多被卷没，庐舍塌倒无数。仅澄海县、潮阳县、揭阳县便倒屋38943间。遭灾最惨重的澄海县，沿海有10多个乡村被夷为平地。东里镇头冲村原有人口千余人，幸存者仅百余人。此次灾害潮汕各县溺死者达3.45万人。

农业生产和水利建设有着极为密切的关系。近代以降，随着河床抬高，两岸河滩不断垦殖，韩江变成了一条有着大小17个入海口、经常泛滥的"害河"。江水为害所造成的内涝积水地区，仅在潮安县境就有七大片，受害农田达87000多亩，本来可以一年两收或三收的土地，却只能够种一季。另外，潮安县的山区和丘陵地带，又有90000多亩地经常处于旱灾威胁下。就是号称水田的40多万亩土地，也有21万亩水源不足。多少年来，水旱交替为害潮安县。

揭阳县是潮汕的"粮仓"，也是水患最严重的县。1932年7月29日、30日，暴雨成灾，揭阳月眉埆堤溃，河婆受灾较重。8月26日起，飓风连作3天。1936年7月31日，飓风之后，山洪暴发，蛟龙堤崩溃，县境田舍多数被淹，损失甚重。1937年10月4日，大雨、山洪暴发。三洲堤溃决2处，长达67米，县境多处被淹。1941年6月30日，飓起，翌日加厉，并夹带暴雨，山洪猛泻。县境北河沿岸村庄皆被淹没。大良岗、玉步、溪头等处堤防相继崩溃，河潦自北向南直泻。新亨、

---

[1]　马光祖，方文韩.爱国华侨林连登事略［M］//政协广东省汕头市委员会，文史资料委员会.汕头文史第六辑.1989：109-110.

乔林、潭前等乡一片汪洋。是晚，水势暂退。时南河马丘、三洲等处堤防又溃，河潦反向东北直冲，桐坑、蛟龙、竹桥等处又是一片汪洋。全县损失达5000万元。7月1日，飓风又作，洪水猛涨。[1]

惠来县境内五大水系的下游和出海口，常受台风袭击，且台风带来暴雨致使江河洪水泛滥，海潮倒灌，冲入农田，当年颗粒无收，下一年也难以耕种。1946—1948年，连续3年遭受狂风暴雨袭击，二次潮水入侵，使1.2万亩耕地连年失收。[2]

（二）韩江的防灾治理

韩江治理对于潮汕农业生产的重要性不言而喻。早在清代，海阳县知县属下设河工，专管全县水利。清末，海阳县在韩江流域若干水口设汛兵，管理各段河堤。[3]澄海县在置县后至清代末年，县衙均未设专管水利的行政机构，凡修筑堤围或疏浚沟渠等大型工程，都由在任知县主事亲管。1930—1936年，澄海县政府设置建设科，兼管境内水利。1947年，澄海县府奉令成立水利委员会，作为全县最高水利行政机关，主任委员由县长兼任。是年7月，澄海县按《广东各江基围围董会组织章程》，奉命转饬各乡依境内各河堤范围，一律组织基围围董会。基围围董会是兴办地方水利公共事业的机构，以工程的规划、修建、养护、管理、经费筹集、防汛抢险及水利纠纷的调解等为职责。[4]

近代，潮汕民众为保护农田水利、生命财产安全，比较注重防汛抢险工作。《澄海县志》记录了近代澄海防洪抢险的具体规定："清末，汛期间县域各堤围水情，多由官府、乡绅挨户传递，各堤防如发现险情，则鸣锣告警。民国时期传签报水，仍循清例。"[5]民国时期，澄海的防洪抢险劳力，多按各傍河乡村组织乡间青壮年，各自防守。1947年7月，广东省珠江水利局韩江工程队曾就韩江下游防汛事项规定了若干实施细则，其中要求"各基围围董会与有关乡公所在汛期开始时，应将辖内危险堤段查明，并编组巡查队、抢险队，各巡查队应分班分段巡防，发现通常险象时，应即通传全队及当地基围会合力实施抢护；如遇险工紧急时，应一面抢救，一面鸣锣告急，号召附近之抢险队及民众迅速前来，协

[1]　揭阳县志编纂委员会.揭阳县志［M］.广州：广东人民出版社，1993：104.

[2]　惠来县地方志编纂办公室.惠来县志［M］.北京：新华出版社，2002：213.

[3]　潮州市地方志编纂委员会.潮州市志（上册）［M］.广州：广东人民出版社，1995：598.

[4]　澄海县地方志编纂委员会.澄海县志［M］.广州：广东人民出版社，1992：274.

[5]　澄海县地方志编纂委员会.澄海县志［M］.广州：广东人民出版社，1992：282.

力抢救。并由基围会负责人发动较远地区之抢险队及民众赶来抢险"。[1]

进入民国以后，潮汕各地的商绅和海内外华侨开始关注并集资进行韩江治理。1918年2月，潮汕发生强烈地震，韩江北堤、南堤危险。当时新加坡潮安华侨廖正兴、陈德润、陈若愚等，发起募款修堤，共捐得叻币40万元。对治理韩江积极者还有华侨林仔肩、林修、方养秋等。林修和方养秋都是潮安龙湖乡人，龙湖地处韩江下游西岸中段，自晚清以来，颇受堤防溃决之苦。林修提出通过征用人口附加税、公款、劝捐和田亩摊派，筹措治河经费。[2]

清朝末年，潮州的韩江南北堤由于年久失修，每逢汛期，险象丛生，溃决无常。泰国潮侨郑智勇于1918年初慷慨捐资7万多银圆，在北堤堤身松动的地方，筑三合土龙骨，长38丈、深3.7丈，并在其他堤段填石、打桩、添筑石篱等，使北堤得到巩固。郑智勇还委派儿子郑雄才、郑法才亲赴工地，主持修堤工程，并用往来曼谷和汕头之间的五福船务公司轮船，运来大批修堤物资。当时南堤的修复工程，采取"漏者塞之，低者增之"的办法，在各堤段添筑龙骨、填石、打桩，于1919年8月竣工。郑智勇前后捐资修复潮州和韩江各堤防的金额，累计39万银圆。

潮安县江东的西陇堤，20世纪20年代初数次崩溃，屡修屡决，危害江东民众生命财产的安全。为了帮助当地民众解除水患，新加坡潮安籍华侨廖正兴、刘荣丰、杨缵文和马来西亚澄海籍华侨李伟南等，捐款2.97万银圆，作为修复西陇堤之用。这一修堤工程于1927年竣工，江东民众为了纪念华侨捐资修复西陇堤的事迹，特在西陇堤上建"惠荫亭"。近代潮汕城乡，南洋潮侨捐款修水利的，还有旅泰潮安辅益社，多次汇款协助整修韩江北堤；泰国饶平籍华侨余子亮，曾于20世纪40年代捐款整修黄冈河等。[3]

民国期间，防汛物料有"官拨""民备"两种。官拨防汛物料由官府主办工程单位按各堤防夷情形进行统筹预拨；民备防汛物料器材，由各基围围董会会同该辖区村落保长、甲长，就堤内各住户的存储登记造册，如船头灯、灯笼、稻草、绳索、麻袋、被絮、锄头、粪箕及其他可供防汛用具。

（三）"韩江治河处"的设立和运作

1921年6月6日，"疏浚韩江筹办处"以民间社会组织形式成立，决策机

[1] 澄海县地方志编纂委员会.澄海县志［M］.广州：广东人民出版社，1992：280.

[2] 李宏新.潮汕史稿［M］.汕头：汕头大学出版社，2016：647.

[3] 翁楚湘，宋升拱.潮汕农业［M］.香港：天马出版有限公司，2011：80-83.

关为评议会，设评议员30人，成员除海内外商界名流之外，大部分为当地政界人士，如潮阳县县长李鉴渊、汕头市政厅厅长王雨若、省议会议员陈秉元等。[1]1921年9月15日，"疏浚韩江筹办处"改名"韩江治河处"，呈请广东省省长公署备案。1921年11月15日，得到省长公署6080号令批准并发给印章，韩江治河处在汕头正式宣布成立。[2]

韩江治河处的骨干人物是方养秋，马天行写的《方养秋先生传略》称："其尤显著者，为民国十年，疏浚韩江，先生任韩江治河处处长总司其事，设计、董工、筹款，集于一身，炸上游滩石以平其势，疏下游壅塞以畅其流，河床之曲狭者开浚之，堤坝之毁坏者修复之，涵闸之阻塞者疏导之。并定护堤公路之计划，以持其久，兴各邑支流之工作，以宏其利。识者以为难能。"[3]

然而，韩江治河处经费问题复杂，一开始，经费由方养秋、廖鹤洲和评议会的华侨、商人义捐。后来，治河处向盐商征收盐税附加费，引起桥上区盐商反对，方案实施延迟。从1922年5月开始至1925年4月底止，桥上区盐商交纳款项与报运担数相核，还欠缴2万余元，桥下区盐商到1925年4月底止，也欠缴2万余元。治河处每年平均收入：桥上区在4万之内，桥下区8万以上，合计每年收入约12万元。[4]由于当时广东政治军事局势混乱，治河经费受各路豪强侵夺，多种困难之下，方养秋请假离职，不再复职。1926年，治河处由大埔人徐统雄接任处长，但经费问题仍没有解决。韩江治河处的经费在1926年的盐商乐捐停止后，有一段时间在潮梅地方款项下拨支。[5]

从1927年起，韩江治河处开始逐月申报经费预算计划，按照实报实销的原则，由广东省库款支付八成现金，其余两成通过民间捐募解决。1928年，经费和权能两大问题仍然困扰着韩江治河处，使其难有作为。徐统雄辞职离任后，林修发挥较大作用。1929年初，林修提出韩江治河的两个提案：主张改韩江治河处为督办韩江治河筑港事宜处，直隶于省政府下，设参议会；提出治河经费的筹集，按徐骧原拟计划书略加增补，5年支出数约350万元。[6]1929年9月以后，民国政

[1] 陈海忠，黄挺.地方商绅、国家政权与近代潮汕社会［M］.广州：暨南大学出版社，2013：51.

[2] 李宏新.潮汕史稿［M］.汕头：汕头大学出版社，2016：647.

[3] 陈海忠，黄挺.地方商绅、国家政权与近代潮汕社会［M］.广州：暨南大学出版社，2013：49.

[4] 李宏新.潮汕史稿［M］.汕头：汕头大学出版社，2016：647.

[5] 李宏新.潮汕史稿［M］.汕头：汕头大学出版社，2016：647.

[6] 李宏新.潮汕史稿［M］.汕头：汕头大学出版社，2016：647.

府将韩江治河处改组为广东治河委员会，并颁布了广东治河委员会条例。至1930年终于结束工作，移交给广东治河委员会潮梅分会接管。[1]

韩江治河处对韩江的整治从培修堤防入手。1922年3月，北堤培修工程首先动工。接着，又培修了南堤的龙湖、登隆、登云及江东围的西陇等堤段。但当年8月2日发生的大风灾，几乎全面摧毁了韩江的堤坝。灾后，韩江堤防的修复与灾民的赈灾一样，只能靠海内外各同乡会和慈善团体捐助[2]。

此后，韩江治河处将工作重心转向韩江西溪下游的出海支流之一——梅溪。1922年12月，治河处拟出《改良梅溪河道总计划书》，隔年1月，开始整治梅溪河道。新河比旧道缩短约7华里，借潮水进退的吸摄力量，逐渐洗刷河床，使上游流沙不能停留。[3]至1925年，治河处先后完成鳌头洲、秀才洲、崎坎洲、鲤鱼洲、石厝陇、赤窖等6处裁弯工程，耗资19万毫洋，共开凿新河道4.72公里，经整改，航道比以前缩短了3.4公里。总体看，韩江治河处对韩江治理作用是有限的。[4]

抗战期间，韩江治理完全停顿。[5]1946年3月，韩江工程队进驻潮安，利用联合国救济总署拨给的物资（主要是大米）通过以工代赈的方式培修堤防。1947年冬，由华侨方继仁捐资，林泉村许世雄主事，韩江工程队工程师设计，在清代淤废的许厝涵直新建惠民涵，工程于1949年春竣工放水。[6]在韩江治理的同时，1927年冬开筑自潮安至汕头的护堤公路，1934年全线通车。护堤公路的修筑填压了近堤部分深池（潭），既加固堤防，又是抢险通道，较好地发挥了护堤功能。[7]

韩江治河处从成立到结束的整个过程，相关各方围绕着治水、开河、经费筹集、工程补偿等展开了复杂的博弈。这一过程一方面体现了民初潮汕绅商集团对基础设施建设投资的热情，另一方面也体现了当时的绅商集团对于投资风险的研判，包括对政治和社会风险的研判是不充分的。陈海忠、黄挺在《地方商绅、国家政权与近代潮汕社会》一书中指出："1920年代初期，韩江治河处的成立和

[1] 李宏新.潮汕史稿［M］.汕头：汕头大学出版社，2016：647-648.

[2] 陈海忠，黄挺.地方商绅、国家政权与近代潮汕社会［M］.广州：暨南大学出版社，2013：58.

[3] 李宏新.潮汕史稿［M］.汕头：汕头大学出版社，2016：648.

[4] 李宏新.潮汕史稿［M］.汕头：汕头大学出版社，2016：648.

[5] 李宏新.潮汕史稿［M］.汕头：汕头大学出版社，2016：648.

[6] 李宏新.潮汕史稿［M］.汕头：汕头大学出版社，2016：648.

[7] 李宏新.潮汕史稿［M］.汕头：汕头大学出版社，2016：648.

治河工程的计划与实施，都说明商人作为一种社会势力，其强大程度已经超过乡村士绅。而工程经费的筹取，又说明他们在掌握地方社会资源方面，也获得了一定权力。但是，这种地方社会权力的支配关系并不是一个静止结构，地方政府、各种民间社会势力、团体和个人，在其间不断表现出相互间的紧张、和缓与矛盾、协调关系。到20世纪末，随着国家权力及其对地方社会控制力度的加强，地方精英最终不得不把自己控制下的权力让渡出来。"[1]

（四）榕江治理和揭阳、惠来的水利建设

清代以前，揭阳县未设专管水利的机构或职官，水利行政事务由县行政长官亲掌。1907年，县始设劝业员1名，水利由其兼掌。1930年，县政府设置建设局（后改科），水利归其统管。1940年成立揭阳县农田水利建设委员会，同年12月，磐桂、公安、蛟龙、金坑、义顺等乡相继成立分会。1942年，县农田水利建设委员会及各乡分会不宣而散。次年6月，成立揭阳县政府农田水利工程队，至1946年1月裁撤。[2]

清代，桃山都廪生谢练在其所撰的《围涵碑记》中指出："旱涝筹堵之策，计长久者，切戒偷安。"揭阳地美都烧灰塭堤防，立碑规定分股划段，由各村守管。民国时期，若遇洪汛险情，有的县长也签发文电，命各乡镇长晓谕乡民注意防范，组织抢险。每逢洪水暴涨，沿江各乡即动员丁壮上堤防守，情况紧急时则击鼓、鸣锣，示警救援。1934年8月8日始设广东省揭阳县雨量测验站，1936年又设立揭阳水位站，为防汛提供简要水情。[3]

近代以来，揭阳时有修堤浚河之举，榕江上下游多筑防洪堤、防潮堤坝；民国时期建有10多座小涵闸，但工程长期失修，堤防百孔千疮，如号称高七丈的京冈堤至1949年已荡然无存。玉滘溪（今称南、北滘）贯穿县城，南通榕江，北连北河，资民饮，便舟楫。但历史上屡遭侵填，河道淤塞，明代以后多次疏浚。1943年，县政府拨国币20万元，以工代赈，进行疏浚。1946年，县政府发救济面粉8吨，以浚寓赈，在城各镇共派工400名，浚深河道。[4]

民国时，很多乡村开凿或疏浚沟渠，以解决车、戽水源。1923年，金坑乡（今属揭西）自筹工款开凿大架山引榕渠道。1946年12月，由广东省第五区行

[1] 陈海忠，黄挺.地方商绅、国家政权与近代潮汕社会［M］.广州：暨南大学出版社，2013：40.

[2] 揭阳县志编纂委员会.揭阳县志［M］.广州：广东人民出版社，1993：220.

[3] 揭阳县志编纂委员会.揭阳县志［M］.广州：广东人民出版社，1993：223.

[4] 揭阳县志编纂委员会.揭阳县志［M］.广州：广东人民出版社，1993：213.

政督察专员公署主办导韩入榕水利工程（亦称龙空涵）动工，由潮安（今潮州市）、揭阳两县征工并按设计受益农田每亩摊派5000元，揭阳共派出民工1万多人，垫付工款300万元。至次年夏，工程半途而废。[1]总体看，近代揭阳农田水利设施薄弱，1949年有效灌溉面积4.28万亩，仅占农田10%，旱、涝、洪、咸灾害频繁，水土流失严重，直接影响农业生产的发展。[2]

近代以来，惠来县水利长期失修，抗灾能力极低，常是"三日无雨火烧埔，一日下雨变洪湖"。农业生产很不稳定，农田灌溉用水主要靠天然降水和从池塘、沟堀、水井提水，沿海农田用水靠挖沙泉。[3]1946年10月，第三区（隆江区）整治龙江和总铺洋水利，曾推举士绅和保甲长数十人，成立农田水利协会，作为半官方水利组织，以工程规划、修建和养护管理为职责，是兴办地方水利事业的机构。其经费由政府拨助，地方附加税收补助和热心公益事业的人士、商户捐赠，以及受益户按田亩均摊。[4]

三、近代农业科学技术的应用

（一）传统农艺和新技术的推广

潮汕平原由于人多地少，劳动力充裕，土地利用非常讲究，精耕细作久已闻名于世。这里的水稻种植一年两造，绝大多数地方在晚稻收割后，又种上小麦、豌豆、蚕豆、马铃薯或各种蔬菜等作物，达到一年三熟。复种指数较高。农村寸土尺金，积累了"见缝插针，立体经营，循环利用"的栽培经验。作物的轮、间、套种制度名目繁多，创造了不少农业生产高产纪录。

明清时代，海阳县（潮安县）已初步形成一年双季水稻和小面积的"麦稻稻"三熟制等一年多熟的复种制度。民国时期，大面积实行以"双季稻"和"一薯一稻""一油一稻"的一年两熟制。[5]潮安县各地间套种方法也不尽相同，形式多样。"平原地区以幼龄柑园的间种和部分粮食作物间套种经济作物为主；山

[1]　揭阳县志编纂委员会.揭阳县志［M］.广州：广东人民出版社，1993：207.

[2]　揭阳县志编纂委员会.揭阳县志［M］.广州：广东人民出版社，1993：155.

[3]　惠来县地方志编纂办公室.惠来县志［M］.北京：新华出版社，2002：153.

[4]　惠来县地方志编纂办公室.惠来县志［M］.北京：新华出版社，2002：229.

[5]　潮州市地方志编纂委员会.潮州市志（上册）［M］.广州：广东人民出版社，1995：603.

区、半山区以甘薯、花生间种大豆，幼果林间种杂粮和药材为主。"[1]清末，澄海县开始有部分农民用水田、沙田改种甘蔗和柑橘。民国时期，初步形成轮栽制度。当时耕地有田地、园地、沙田三大类。田地又分为旱田和水田。旱田的种植有"番薯—水稻""花生—水稻""黄麻—水稻"和"豆类—水稻"四种栽种法。水田有稻稻麦、稻稻菜等五法；园地栽种制度，有"甘蔗—甘蔗—花生—番薯—番薯"四年一轮制和"花生—番薯—番薯—萝卜"二年一轮制等十四法。[2]

潮汕地区素有"良种之乡"的美称，但良种繁育推广多为农民自发进行。"民国时期国民政府在各县设有农务机构，良种之繁育设于农业推广所的试验场或苗圃场内。"1925年中山大学农学院在潮安县创设直属潮州苗圃场，繁殖苗木及农作物良种。1932年，揭阳县设立农作物良种推广处，繁育甘蔗、水稻等农作物良种，1947年，韩江稻作指导区设于潮安县城南门巷，引进、繁育、推广水稻等良种。[3]再以潮安县为例，清代早稻品种有银鱼早、白芒大早红、赤谷枣子红等，民国初期至20世纪30年代，已经以矮种、大银鱼、小银鱼、龙牙等品种替代已退化的劣种；40年代又引进三夜齐、青杆占、乌种等品种。1943年以前，潮安县的甘蔗主要品种是竹蔗、火绞、竹蔗腊等，一般亩产为2—2.5吨。1943年潮安江东东洲村开始从珠江区引进爪哇2828、爪哇2727和爪哇3016等品种，一般亩产为5—6吨，1946年引进台糖134和台糖108。[4]

澄海籍泰国华侨谢易初（1896—1982），对推动潮汕农业科研和种子业发展颇有贡献。1922年潮汕发生"八二风灾"后谢易初到泰国谋生，在曼谷越阁开设正大庄菜籽店。1937年以后到合艾以及吉隆坡分别创办正大栈，把销售种子的业务扩展到泰国南部及马来西亚等地，在南洋一带很有名气。抗日战争结束后，谢易初把泰京的业务交托给弟弟谢少飞掌管，自己则返回汕头创办光大行。后又到家乡澄海外砂，租地100亩办种子农场，潜心研究园艺和种子改良。先后培育、选育出澄南水稻、白沙早白玉米、白沙早花椰菜11号、白沙杂交早萝卜、白沙中花椰菜、白沙早椰菜、鸡心早大菜等一大批优良品种，其中部分良种还远销东南亚各国。[5]

[1] 潮州市地方志编纂委员会.潮州市志（上册）[M].广州：广东人民出版社，1995：604.

[2] 澄海县地方志编纂委员会.澄海县志[M].广州：广东人民出版社，1992：224.

[3] 广东省汕头市地方编纂委员会.汕头市志（第二册）[M].北京：新华出版社，1999：834.

[4] 潮州市地方志编纂委员会.潮州市志（上册）[M].广州：广东人民出版社，1995：605-608.

[5] 张兴汉，陈新东等.华侨华人大观[M].广州：暨南大学出版社，1990：480.

（二）近代潮汕的农业教育

1908年，潮阳东山学校办农业班，仅半年而停办。1910年，潮州知府陈兆棠倡办潮州中等农业学校于旧考院内，并设农业试验场于南校场，聘日本人青山纲成为教师，有传习生20人，翌年因清朝被推翻而停办。

1933年，广东省于潮州市廖厝祠兴办东区农林讲习所，为期1年，招收东江26县农事工作人员共142人（州属各县选送共65人），从事各项调查与研究。1942年，于浮山创办饶平县农业学校。1944年于新亨蓝田书院创办揭阳县立初级农业职工学校，学员100余人，分3个班，学制3年。1946年7月，创办澄海私立蓬沙初级农业职业学校，设初级农艺一科。因当时政府未能切实扶植，机构不健全，收益甚微。[1]

1933年，潮安县成立农林推广站，作为推广农作物和茶、林、果栽培与管理的技术机构。1946年1月，潮安县农林推广站分出潮安县农业推广站。[2]

20世纪30年代，饶平籍学者张竞生回到家乡广东饶平大榕铺开展乡村建设实验。1941年张竞生筹建饶平农业职业学校，1942年春开始招生，前后共招生七届，第一届招生时200多人报名，招生130人；第二年招生100人，学生最多时达到200多人。学生主要来自饶平县及周边的澄海、诏安等县，年龄在18—28岁之间，校址在饶平浮山，校区面积近百亩。学生毕业后主要输送到当地农业推广站、学校、水利部门等。

（三）张竞生的乡村建设思想与实践

张竞生（1888—1970年），原名张江流、张公室，广东饶平县人，民国第一批留洋（法国）博士，1921至1926年任北京大学教授，是20世纪20—30年代中国思想文化界的风云人物，和梁漱溟、晏阳初等同是民国时期乡村建设运动的著名倡导者。20世纪30年代，张竞生回到家乡广东饶平大榕铺开展乡村建设实验，致力于山村的发展，其间"兴校育才、修桥筑路、造林种果，造福村民，对当地经济发展有突出贡献"。[3]1933—1937年，张竞生受陈济棠之邀任广东省实业督办。

郑庭义等在《张竞生乡村建设及其对新农村建设的启示》一文中，较系统

---

[1] 广东省汕头市地方志编纂委员会.汕头市志（第二册）［M］.北京：新华出版社，1999：844.

[2] 潮州市地方志编纂委员会.潮州市志（上册）［M］.广州：广东人民出版社，1995：597.

[3] 郑庭义，向安强，左晓丽.张竞生乡村建设及其对新农村建设的启示［J］.农业考古，2011（1）：366.

地梳理归纳了张竞生的乡村建设理论与实践活动。[1]

第一，关于乡村建设运动的内涵。张竞生认为，解决中国问题的工作，必须从乡村入手，要从乡村建设入手，必须以乡村经济建设为中心，"要希望乡村建村有迅速的成功，应缩小范围，而注全力于一个中心工作，这个中心工作，据鄙见无过比复兴经济为重要了"。他认为，乡村建设必须和城市经济建设结合起来；而这一建设工作必须以乡村人自身的力量为主，依靠农村的人力资源去实施农村建设的各项工作才是最有效的途径。为此，须使农民有知识、有眼光、有新方法、有新技术。

第二，把发展乡村经济作为乡村建设的中心工作。张竞生认为，乡村建设应全力以赴地以复兴农村经济为主，"统观我国乡村之运动，大都未免过于广泛，而缺乏一个中心工作。我以为农村运动应以复兴经济为中心点，其余如教育、治安、卫生等不过是连带之问题。以复兴经济为中心工作，注全力以奔赴，自此各种事业都要包办为易成与易于得到大效力"。针对复兴农村经济匮乏资本的状况，张竞生提倡征工，鼓励民众参加义务劳动。尤以开发交通道路、修治水利、培植森林、开辟垦地为征工之基本工作。

第三，依靠科技改良农业和改善农村环境。他在实践中力主在农业上帮助农民，向他们推广农业技术和先进品种。他在家乡饶平办了农业职业学校，利用学校作为推广中心，农校师生为推广技术人员，农民一起种植，使优良品种得到推广。经过深入的调查和研究，他指出："（水稻）于广州区三角洲、潮汕三角洲，改良水利与种植，年可收一万万元以上。于高雷及琼州开垦荒地年可收数万万元。将所有山丘及荒地开垦以种各种杂粮，与实行冬作物，则出息之大更不能算了。我省每年所缺米食不过一万万元，苟能照上各方面作有系统之改良，则即日可以自给二三年后，可以多量向外输出了。"张竞生意识到农村公路是农村地区最重要的设施之一，他在相当困难的处境下，亲自牵头集资修筑公路60余里，改善了饶平山区农村的生产生活条件。

第四，合理布局农业生产，提高土地利用率。张竞生认为，中国有大量土地，很多地方，尤其山地因为缺乏抽水机及水利建设便成了荒地而不能利用，可耕地甚少。他针对广东人均山地面积多的实际，提出将山地一部分作为"樵采及牧牛之用"，山窝、山脚"种杂粮植水果林，与种蓖麻、大麻等"，其余除一

[1]　郑庭义，向安强，左晓丽.张竞生乡村建设及其对新农村建设的启示［J］.农业考古，2011（1）：369-372.

小部分如顶种茶之外，全种有用之木材，如杉、松等，不仅可以为制纸之用，也可以保持生态和水土。只要充分利用农村的劳动力在闲暇中去开发山地，引进科学知识，就可以得到无限的资源。1932年，张竞生向家乡饶平县政府建议，尽山地之利，绿化荒山造林种果。他在饶平亲自创办3个苗圃，引进国外林苗。他努力钻研植物育种学家米丘林的学说，大力引进和推广新品种。为了发展经济作物（甘蔗）与园艺作物（柑橘等）的生产，先后赴泰国和中国台湾考察学习。

第五，建立新的乡村社会组织，引导农民自觉加入乡村建设。张竞生认为，乡村建设的目的是构造一个新的社会组织，塑造以中国传统伦理为本位的新制度。他希望各省成立实业院，实业院既为研究机关同时又为执行机关，院下设各区及各厂，包括农业区、林业区、糖业区、聿业区、畜牧区、矿产区、水产区、水果区、蚕丝区、垦荒区等。[1]在实验区内实行征工制，使人民能作粗工者从事于垦荒种植，或为水利或为交通之工程；妇人则为家庭工业。在乡村广设成人学校、妇女学校、小孩学校，学习各种旨在发展乡村经济、提高农业生产的技能和知识，从而使乡学、村学、农学成为新的乡村组织的基础，成员在其中各司其职，共同学习过团体生活，共同致力于乡村的各项改造事业。

张竞生对当时中国和广东经济实际运作情形的了解，以及他亲身参与的兴办实业、乡村教育等实践活动，超越了同一时代的许多学者。他直言不讳地批评官僚办实业的弊端："新造已有一副日榨五百吨蔗之榨糖器，本已无蔗可榨了。乃同在一水岸上相离不上十里之市头，又安置上一副日更榨至一千吨蔗之糖机。这样乱安糖厂，真是骇人听闻。""故当时经手人就不管如何，只管购货，购后只好乱放，其他就不管了。""在开办那样大糖厂之时，应知了组织'蔗区运输系统'这件事与糖厂有直接的关系。……运输系统，必要有完密的组织，然后蔗在砍伐后能限时到厂。"然而，官僚们却只顾"一味乱行安置糖榨机"，而没有解决好交通运输问题，使蔗未能及时入厂，"致新糖厂方面之蔗农闹起极大的风潮"。又如扶持农业方面，"广东省几年来的推广稻种：主理机关的并不知我省所适宜的，是何种稻种，以致费了许多购买稻种钱银，终于无一点收成。……因之每县推广费多者万余元，少者亦四五千元。然三年已过，竟因效果不著，不得不全数取消。……以二十万元购买江浙之豆粱种子分配于全省农民，然其结果则有滞留于官署区署至植期已过尚未发出者；有虽然发出并未播植者；亦有虽已播

[1] 林广文.论张竞生的实业思想［J］.韩山师范学院学报，1995（1）：113.

植而终无花无果者"。[1]

　　张竞生的实业建设理念、乡村建设思想，特别是乡村组织重构、乡村平民教育和职业教育、发展乡村多种经营和广开就业门路、推广普及新的农业技术、改善乡村交通和公共环境等方面的探索，具有很强的前瞻性和实践性，深刻地影响着广东和全国关于农村、农业、农民问题的研究。

---

[1] 林广文.论张竞生的实业思想［J］.韩山师范学院学报，1995（1）：112.

第四章
商 业

潮汕商业活动起源较早，至明清时，已形成以潮州府城为中心，所属各县圩镇为依托的商品流通网络。汕头开埠后，韩江流域的商业中心逐渐从潮州转移到汕头。晚清直至20世纪30年代中期，潮汕经济"因商而兴"，商业近代化步伐不断加快，带动潮汕农业、工业和城镇发展。日军侵略潮汕后，潮汕商业凋零衰落。抗战结束后至1949年，潮汕商业发展受时局影响，短暂复苏后陷于混乱，最后趋于崩溃。总体上看，汕头作为中国最早的通商口岸之一，潮汕商业的外向型特征十分明显。

第一节　晚清时期的潮汕商业

1860年汕头开埠前后，潮汕商人的足迹已遍及国内外各地，以澄海樟林为代表的潮汕沿海港埠通过"红头船贸易"，已经构筑起连接南方和北方的多点循环商贸网络。

一、晚清时期潮汕商业概况

（一）国内贸易

近代潮汕商业可分为国际贸易、国内贸易和本地贸易三种。国内贸易情况，"潮州与国内诸通都大邑皆有商业沟通，土产既相互贸易，洋货亦复相互转销。土产之销出，在华北以土糖、纸箔为大宗，在华南则以陶瓷等类为多数"。[1] "潮州因海洋交通之便,既直接与外国通商,又与华北之大连、营口、天津、烟台,华中之汉口、芜湖,华东之上海、宁波,华南之福州、厦门,本省之广州、海口、赤坎等处皆有商业联系。"[2]可见,近代潮汕地区同国内很多地方建立商业联系。"又按潮州国内贸易,以对上海、芜湖、汉口、天津、牛庄、芝罘等地为最多。潮人多有于各该地方设立行号,或派伙常住其地,专事采办货物来汕头销售者,故对各地之贸易,亦多属入超。"[3]

20世纪30年代,谢雪影曾归纳当时潮汕和周边商业情况,"潮梅各县商业大概可分为汕头、潮安、梅县、大埔,其次为潮阳、揭阳,再次为其余各县,……内通各县及闽西八属,赣南七属。"[4]可见,当时潮汕地区内部,以及潮汕与周边的梅州、龙岩、赣南等地区的商业联系是十分紧密的。

(二)当地贸易

潮汕当地贸易主要有汕头与各县之间贸易,县与县之间贸易。"潮州当地贸易仍以汕头为枢纽,而潮安县城(原潮州府城)次之,各县城墟市又其次焉。大抵以汕头与各县城市为买卖之双方,既销出土货,又输入外货。而各县土产亦多由出产地运销汕头,再以转售各市场。如南澳、潮阳、惠来等县之咸鱼、脯料,潮阳之薯粉、爆竹,澄海之海介、土布、纸箔,大埔、丰顺之柴炭、竹木等皆是,至各县城市贸易类仅销行辖境,间及邻县之接壤地区而已。惟潮安县城贸易范围稍广,既与梅属各县发生联系,而潮属如大埔、丰顺、饶平、揭阳等县亦直接与有贸易也。"[5]

在潮汕本区的贸易活动中,汕头起到调剂本区货物交易的作用。潮汕本区的交易活动又依据潮汕各县的需求,"以有余易不足",滨海地区的鱼、盐,山区的柴炭、陶瓷,在汕头进行交易。又如,澄海将较粗的土织布销出,再输入精美羽织,揭阳销出较贵的本地米,又易入较平价的外米。[6]

近代汕头商业虽盛,所贸易物多仰自外省或外国运来,本地出品者较少。从进出口货物价值看,汕头对外贸易除个别年份外,历年皆系入超,且入超之巨

---

[1]　饶宗颐.潮州志(第三册)[M].潮州:潮州市地方志办公室,2004:1245.

[2]　饶宗颐.潮州志(第三册)[M].潮州:潮州市地方志办公室,2004:1173.

[3]　饶宗颐.潮州志(第三册)[M].潮州:潮州市地方志办公室,2004:1270.

[4]　谢雪影.潮梅印象[M].汕头:汕头时事通讯社,1935:49-60.

[5]　饶宗颐.潮州志(第三册)[M].潮州:潮州市地方志办公室,2004:1270-1271.

[6]　饶宗颐.潮州志(第三册)[M].潮州:潮州市地方志办公室,2004:1271-1272.

常在1倍以上，有些年份竟达2倍有余；汕头对国内各地之贸易也均属入超，有些年份甚至入超达7倍以上。可见，近代汕头的商业是凭借汕头有利的地理环境，在中国日益沦为半殖民地半封建社会的特殊条件下得以繁荣的。[1]

二、汕头商埠的兴起

（一）汕头开埠及其影响

清代时，汕头属澄海县管辖。现在的光华埠元代时已形成较大渔村，称为"厦岭"。明嘉靖九年（1530），现在的外马路老妈宫一带至崎碌已形成沙脊，称作"沙汕"。万历三年（1575），沙脊积聚成片，称作"沙汕坪"。清康熙五十六年（1717），在现在的外马路人民银行汕头支行所在地建炮台、烟墩，称作"沙汕头"，以后，清政府在这里设站收取盐税，简称为"汕头"。至嘉庆十四年（1809），因商船停泊越来越多，称作"沙汕头港"。[2]

咸丰年间，福建漳州、铜山等地商船经常来汕停泊。1854年，因为贸易的需要，福建商人和当地商人在现在的安平路倡建"漳潮会馆"作为交易的场所，设船务、药材、米粮、火柴、汇兑五个行当。至此，汕头埠已略具雏形。鸦片战争以后，英国等列强用大炮轰开了古老中国的大门。第二次鸦片战争失败后，清政府被迫于1858年签订了《天津条约》等不平等条约，规定开潮州等九处为通商口岸（后增加天津，共十口）。几经干涉，正式确定汕头为潮州府的通商口岸。汕头正式开埠前，潮海关已在放鸡山设立，1865年迁入市内。全国海关税务司派英国人华为士为第一任潮海关税务司，攫取了海关大权。汕头开埠后，列强势力纷纷到来。

（二）清末汕头商业的繁荣

清末，汕头埠的商业网点向镇邦街、怀安街、怡安街、至平路一带延伸，镇邦街是热闹的商业中心，经营洋杂百货、棉布绸缎的零售商店密布，苏广洋杂业四大名店中的南生公司创办于这条街中段；至平路则旅栈业多，人流也多，苏广洋杂业四大名店中的振源公司和广发公司分别创办于这条路的中段和路尾，平

---

[1] 杨群熙.潮汕地区商业活动资料［M］.汕头：潮汕历史文化研究中心，汕头市文化局，汕头市图书馆，2003：9.

[2] 郑可茵，赵学萍，吴里阳.汕头开埠及开埠前后社情资料［M］.汕头：潮汕历史文化研究中心，汕头市文化局，汕头市图书馆，2003：1.

平公司创办于居平路；怀安街的酒楼茶室，怡安街的家私店，通津街的卖酒店，第一津街的华洋杂货店，育善街及海岸附近的外国人商店及洋服店等，种类相同的行当聚处一方，组合形成了号称"四安一镇邦"的零售商业街区。随后杂粮行、水果行、药材行、出口行也逐渐集聚在永和街、永安街、升平街等处，形成了所谓"四永一升平"的批发商业街区。[1]

1948年民国《潮州志》认为："汕头自开埠迄兹有九十年，商业之盛于全国居第七位，仅次于上海、天津、大连、汉口、胶州、广州。此九十年中其盛衰之迹，就海关出入口记载及各方资料综观，大略可分初盛、极盛、衰落三个时期。"[2]初盛时期从咸丰八年（1858）至光绪三十年（1904）40多年。年贸易总额从1860年的6176293银圆，至1904年增至50350864关平两。[3]从国外输入以鸦片为大宗，次为棉布，输入地以中国香港、新加坡、泰国、越南为主。国内输入的主要是上海的棉布，天津的豆饼，福州、厦门的药材、陶瓷、竹纸等。[4]这一时期潮汕一些沿海港口受到汕头开埠的影响，如同治初年汕头开埠之后，饶平黄冈港的往来船只减少，黄冈镇的商业大受影响。[5]

三、城镇与农村贸易市场

（一）潮州仍为粤东重要商业城市

潮汕最早的中心市场形成郡治所在地的海阳县城（今潮州市区），海阳县城位于韩江中下游交接处的江边，上通西北山区，下达东南沿海，是内河运转的交通枢纽。自晋义熙九年（413），定海阳县城为郡治所以来，随着韩江及其支流的开发，闽西南、赣南和粤东各地商贾沿着韩江水系，将土特产源源运抵海阳县城，假道韩江直出南海，销往南洋各地，沿海一带将鱼盐及农产品运到海阳县换回各县的柴炭、纸张、瓷器等物品。明代潮州府城已成为潮州南北和闽西南、

[1] 广东省汕头市地方志编纂委员会.汕头市志（第三册）[M].北京：新华出版社，1999：17.

[2] 饶宗颐.潮州志（第三册）[M].潮州：潮州市地方志办公室，2004：1167.

[3] 中国海关学会汕头海关小组，广东省汕头市地方志编纂委员会办公室.潮海关史料汇编[M].1988：170-181.

[4] 陈朝辉，等.潮汕平原经济[M].广州：广东人民出版社，1994：187-188.

[5] 饶平县地方志编纂委员会.饶平县志[M].广州：广东人民出版社，1994：532.

赣南的商品集散中心市场。[1]

清代，潮州府于湘子桥西侧置东关税厂，潮城商业区随之向东延伸。清末至民国初，城区坐商的分布已形成行业的格局，出现许多以商业专业性质命名的街道，如竹铺街、豆铺街、青果街等。[2]不管是国内贸易还是当地贸易，潮州仍占据相当地位。进入近代之后，尽管粤东商业中心从潮州府城逐渐转移至汕头，潮州对于内地潮客货物交流来说仍然很重要。据统计，1934年，潮州有洋货行（批发店）6间、洋货店27间、镜器店10间、鞋庄26间、钟表眼镜店10间、皮箱衣枕店12间、伞店6间、纸行（批发店）34间、文具纸店47间、笔店14间、乐器店12间、汽灯店5间等，共223间。[3]可以断定，在日军侵占潮汕沿海地区之前，潮州的商业活动还是相当繁荣的。

（二）潮汕基层圩市的发展

清代后期，潮汕地区墟市（或称"圩市"）增加很多。

清光绪年间揭阳县新增加的墟市就有：枫口市、永兴市、埔田市、车田乡市、庵后乡市、下乡市、洪聚乡市、京溪园墟、永安墟、镇江墟等。[4]以普宁麒麟古圩为例，清咸丰年间，清政府在麒麟设讯，并设立官圩，命令远近各村商户到麒麟建铺。1873年，潮州镇总兵方耀命潮镇右营守备方恬暨昆冈书院董事招集各乡重建。麒麟圩有铺户92间，圩北门立有"麒麟古圩"古匾。设地租让书院、讯地均分。其圩通常在午后贸易，一、四、七为猪苗圩期。麒麟圩繁盛时，鱼鲜、杂货、凉果、布匹等多批发转运外埠，来圩贸易者除远近村民外，还有从径内、八乡、贵屿、谷饶、峡山等处来的客商。每年农历六月至八月，本地芋头上市，日有二至三千担芋头在圩内摆卖，颇为热闹。[5]

揭阳的榕城也是重要的商业市镇。据征访资料，至1900年前后，榕城出现了"四大富"，他们是吴丰源、郭恒丰、陈德隆、吴合顺。至清代、民国之交，又有林太记、林三达、吴丰发、刘桂发、高铭顺等12富户崛起，时人合称为"十六大富"。[6]

---

[1] 广东省汕头市地方志编纂委员会.汕头市志（第三册）［M］.北京：新华出版社，1999：16.

[2] 潮州市地方志编纂委员会.潮州市志（上册）［M］.广州：广东人民出版社，1995：726.

[3] 广东省地方志编纂委员会.广东省志·商业志［M］.广州：广东人民出版社，2002：138.

[4] 李星辉.揭阳县续志卷一·墟市［M］.清光绪十六年（1890）修，民国26年（1937）重印本.

[5] 吴流生.圩市小考［M］//普宁县地方志编纂委员会办公室.普宁丛考，1991：102-103.

[6] 孙寒冰.广东省揭阳县榕城镇志［M］.揭阳：揭阳榕城镇地方志编纂办公室，1990：253-254.

　　这一时期惠来县的市镇得到较快发展。惠来商业的输出输入以汕头为枢纽,潮阳、普宁等县商人,纷纷到惠来经商,县内主要圩镇,潮(阳)普(宁)人开创的商店甚多,且多资本较足。如惠城典当业的黄厚兴,药材业的柯中兴堂等,都是各行业举足轻重的商号。本地人经营的产业也有所发展。如陈周盛(酱园)、陈桂源(梅饼)均为惠城商业大户。[1]

　　清末,饶平县形成饶城(三饶)、黄冈、店仔头(现属澄海县)三个经济商业中心,加上茂芝、新丰、浮山、钱东、柘林、洪洲等圩镇,商业形成网络,贸易初具规模。[2]

　　明清时期,海阳(后称“潮安”)县内就有圩多处,民国期间更遍布县境,成为商品流通不可缺少的场所。圩是农村贸易市场的雏形。多为当地宗族或士绅经办,世袭经营,大多设在大村镇的露天阔地,少数搭有竹篷、布篷。农副产品进场交易,由经办者派人过秤评价,收取佣金。佣金多少视产品而定。浮洋圩是全县最大的圩,由洪(洪巷)、徐(徐陇)、黄(庵后)、陈(厦里美)四大姓主持。该场上市的农副产品品种繁多,进场交易的农民甚众,方圆几十里,包括揭阳一些地方的人都到浮洋圩交易。

　　海阳县龙湖寨由于地处韩江之滨,水路交通方便,元朝末年已初步形成商业贸易的小集市。清末民初时的龙湖市商业贸易最为兴旺,从市头砖瓦厂(与三英交界处)至北门的堤顶上及市内街道两旁有400多家铺户商号。集市规模及贸易额、物资吞吐量在县内仅次于潮州府城。龙湖市的盐业历来是官办的,盐业多以批发为主,澄海的急水,潮安的浮洋、彩塘、东凤、庵埠、金石、沙溪及龙湖的盐商都必须到这里出境。每次来盐十多船,每船600多担,从码头运至盐仓后,成批销售,本埠设零售,年营业额达10万元以上。龙湖鱼市最为兴旺时,销售量也仅次于潮州府城,其中以刘厚记号为最大,是二百多年的老店,年营业额达8万元以上。其次是黄芝记号、许大生号。鱼的来源有三:一是由赤蓝(柘林)、南澳、海山、洪洲、东山、草沟港、坎头港、八围港等地用船运至龙湖鱼市;二是由汕头港、达濠港、海门港由火车运至鹳巢车站转运入龙湖鱼市;三是附近农村产的淡水鱼在此地集聚,各渔行再转手卖给江东、浮洋、金石、彩塘、东凤及附近各村小商号,揭阳曲溪等地的鱼贩也常到龙湖鱼市买鱼。[3]

---

[1]　惠来县地方志编纂办公室.惠来县志 [M].北京:新华出版社,2002:349.

[2]　饶平县地方志编纂委员会.饶平县志 [M].广州:广东人民出版社,1994:523.

[3]　潮州市龙湖镇志编写组.龙湖镇志(上册)[M].1989:123-125.

第二节　民国时期的潮汕商业

从民国初年至日军侵汕之前，潮汕地区陆上交通明显改善，公路网初步形成，汕头埠成为水陆交通的衔接点，电讯、邮政、航空相继开通，为地方商业发展提供良好条件。[1]

一、汕头成为东南沿海的重要商业城市

（一）汕头贸易繁忙和百货业发展

近代进出汕头港的商品有北港、南港之分。北港包括东北各省及天津、上海、安徽、汉口等；南港主要是广州、厦门、中国香港及暹罗、安南、新加坡等。北方各省具体商品以豆饼，芜湖之大米，上海之面粉、肥料、花纱布，天津、汉口之青麻、药材为大宗；南港的具体商品以广州纱、绸、士敏土（水泥），香港手工业制品、汽水、洋货，厦门茶叶及暹罗、安南之谷米，新加坡之木材等为主。[2]

民国《潮州志》非常强调潮汕交通条件的改善，对汕头商业进入"极盛时期"的促进作用描述如下："由光绪三十一年至中华民国二十六年，凡三十余年，承先启后，又加以陆上交通建设日进。若潮汕铁路、汕樟轻便铁路，及汕樟、广汕、潮汕护堤、饶钱、安黄、安凤、潮揭与揭普、潮普等公路次第兴筑，横贯腹地，与汕头水陆交通衔接，布成全潮州商业之交通网。"[3]20世纪30年代，汕头已经发展成为中国东南沿海的重要航运、金融、商业中心，市区形成了以小公园为中心的商业网络，批发商行、小批发点、零售商店遍布闹市。华侨在汕头市投资的零售业有南生、广发、平平、振源等大型百货公司。如创办于1920年的南生百货商号。公司老板李柏桓早年在印尼经商，回到汕头后投资南生公司。公司原址设在镇邦街与万安二横交叉处。1928年，在李柏桓的倡议下，南生公司改组为南生股份有限公司。随后，筹建南生公司大楼。整座大楼集购物、娱

[1]　陈朝辉等.潮汕平原经济［M］.广州：广东人民出版社，1994：188.

[2]　广东省汕头市地方志编纂委员会.汕头市志（第三册）［M］.北京：新华出版社，1999：90.

[3]　饶宗颐.潮州志（第三册）［M］.潮州：潮州市地方志办公室，2004：1170.

乐、住宿于一体，是当时粤东最大的商业场所。南生公司大楼成为当时小公园商圈迈进近代化的标志，吸引了大大小小商号来此区域营生。[1]

1933年，全市共有各种商行3441个，分6类共55个行业，即出入口类的洋行、南北行、南郊行、遏郊行；杂货类的洋货苏庄、收买旧物；金属类的五金器；衣着类的绸缎布匹、土布、夏布、洋服新衣、鞋庄、帽庄、成衣；饮食品类的米行、杂粮、酒店、粮饼、面店、盐店、鱼行、糖行、蛋行、烟丝茶叶、鸡鸭行、海味凉果店、腊味、青果行、猪行、凉果行、薯粉行、洋烟酒等；金融类的储蓄、保险、饷押、银庄、汇兑、收找、侨汇等。各行各业资本达568万余元，平均每家商号约1.7万元。各商号营业额少者1万元左右，多者达数百万元，平均在20万—30万元之间，每年营业额约为大洋7亿元之巨。1934年，汕头市平均每日交收款达600万—1000万元。[2]

（二）商业繁荣和城市建设的互相推动

汕头的商业繁荣，促进了汕头城市改造和建设。而汕头城市改造和建设，又进一步推进了汕头商业繁荣。因此，"顺商而变"是汕头城市规模扩大、城市形态变化的主要因素。

1921年汕头建市之初，"其制度仿广州而略变之"，将大规模拆街建设商业骑楼放在城市"工务"的首位。1923年，大埔人萧冠英继任汕头市政厅厅长后，提出市政改造计划，经广东省政府批准后次第展开。这一时期汕头市区大规模拆建骑楼马路，兴建桥梁和水电设施，为汕头市区的土地带来巨大增值机会。至1934年，城区新铺筑的干道已有34条，总长3.01公里，总面积为39.57万平方米。汕头市区的基础设施也不断完善，继1906年建成潮汕铁路，不久又建成通往澄海县樟林的轻便铁路；1920年市内已拥有电灯、市内电话、自来水等先进市政设施；1933年建成汕头机场。

泰国华侨陈黉利家族于1928—1933年投资大批地产，在永兴街、永泰街、永安街、升平路、商平路、海平路、福合埕和中山公园前一带建好或购买房屋400间（座）。汕头本地出口商则广建货栈及简易工厂（场）。1926年11月至1927年4月，饶平籍华侨张永福任汕头市政厅厅长，把自己的一些橡胶产业迁到汕头，并动员商业伙伴来汕头投资。1927年3月，他以市政厅厅长的名义，分别致信汕头各商会、各大企业，希望将主要精力集中于改善经济环境、造福民生这

---

[1] 李宏新.潮汕史稿［M］.汕头：汕头大学出版社，2016：611-613.

[2] 陈朝辉，等.潮汕平原经济［M］.广州：广东人民出版社，1994：189.

些关系百姓疾苦的问题上。在商界、华侨和市政当局的共同努力下，1860年开埠时仅有0.12平方公里、几条小街和200多间店铺的小商埠，1949年城区面积已发展到3.63平方公里，拥有4144家工商企业。

（三）汕头的餐饮和旅馆业繁荣

晚清民初，汕头市区的酒楼和酒家开始兴起。据1928年出版的《新汕头》记载，此时汕头市区已有酒楼、茶室各10多家。1934年《汕头指南》记载："本市酒楼、茶店、饭馆共30余家，在商场热闹时，一般富商、阔客，通宵达旦，沉醉于酒海肉林中，故酒楼营业蒸蒸日上。"20世纪30年代中期，汕头的酒楼、茶室有永平、中央和记、桂芳园、新联升同记等16家，集中在"四永一升平""四安一镇邦"一带街区。汕头沦陷之后，相当部分酒楼歇业或迁徙内地。到1949年，酒楼业仅存10家。[1]

汕头市区旅社业，距今有120多年的历史，第一家旅店——整记号，大约创办于1860年。以后陆续有宝和兴、广泰来等开业。1928年的《新汕头》记载，汕头的旅社业已有日本式、洋式、中国式等较高级的旅馆（酒楼）。1934年《汕头指南》介绍旅馆业有中央、西南通、太平洋、东南、大中华、永平、华厦、中国、光华等10户，还有客栈业康乐等46户，到1937年发展到130余家。[2]"南生公司百货大楼是旧时汕头最知名的地标性建筑之一，虽然以经营百货为名，却也兼有旅社的住宿功能，因其3—4层为中央酒楼，5—7层为中央旅社。"[3]

汕头市区的繁荣也带动了影视娱乐业的发展。"清宣统元年（1909年），英国人为庆祝英女王加冕，在崎碌集资演戏，是汕头放映电影的发端。"20世纪20年代，有归国华侨带回放映机，在内地祠堂、庙宇售票放映无声电影；30年代之后，汕头市区先后创办过真真、真光、新世界、明星、新舞台、光天等9家影院。[4]1947年《汕头指南》载，汕头市区当时有大光明、中央、胜利等5家影剧院，还有传统戏剧业5家，如老玉梨香、老怡梨春等。[5]

---

[1] 广东省汕头市地方志编纂委员会.汕头市志（第三册）［M］.北京：新华出版社，1999：58-59.

[2] 广东省汕头市地方志编纂委员会.汕头市志（第三册）［M］.北京：新华出版社，1999：63.

[3] 李岳川，徐国忱.厦门与汕头侨乡的近代服务业建筑文化比较［J］.北京：中国名城，2016（5）：83.

[4] 广东省汕头市地方志编纂委员会.汕头市志（第四册）［M］.北京：新华出版社，1999：174.

[5] 谢雪影.汕头指南［M］.汕头：汕头时事通讯社，1947：38.

（四）日军入侵对潮汕商业的摧残

1939年汕头沦陷后，汕头外国船纷纷回国，汕头埠各中小轮船公司和船务陆续停业，海运由日本人控制，私人海轮多数到香港避难，仅存招商局汕头股份有限公司、太古、怡和3家，但也极少有船来汕，只有持英国旗的商船每周一艘进出汕头港一次，仅得"载运邮件、旅客和日用食品而已"，汕头对外海洋运输几乎停顿。当时饶平、澄海、惠来等县少数商人不得不冒险启用封存的破旧沿海木帆船行驶温州、厦门、香港、广州。其时侨汇已骤然减少，"侨批梗阻，即百业凋敝"。1941年12月太平洋战争爆发之后，南洋侨汇几乎完全断绝，潮汕资金奇缺。"就广东所有沦陷区各城市言，当以广州、汕头二市的商业凋敝为甚，尤以汕头为最。"[1]

抗战结束后，潮汕商业有所复苏。潮汕瓷器因为质量较好，价钱较低廉，在南洋各地很受欢迎，出口有明显增长；潮产红糖输往北方各港数量逐年增加，由战后第一年的7万余包增至第三年的25万多包，居土产出口的首位。苏广洋杂百货生意也较为兴隆，南生、广发、振源、平平四大公司最为突出。从抗战胜利后至1949年是南生公司经营的最旺时期，1949年盈利达24.86万港币，是汕头百货业中的佼佼者。1949年全市拥有77个同业公会。[2]

抗战结束后，汕头市区各商家虽大都复业，但由于国内经济不景气，潮汕地区受破坏的交通线没有恢复，潮汕铁路已被拆除，交通不如战前方便，市场购买力极度疲软，商业经济复苏困难重重，正常贸易难以进行。汕头商业极盛时期的200多处货栈几乎全部关闭，市区日益衰败破落，昔日的繁华景象消失殆尽。走私活动却十分猖獗，洋货乘机大量涌入，商店里洋货充斥，给本地相当薄弱的民族工业带来巨大的冲击。汕头市场愈加混乱，许多商人通过行贿等非法手段，取得进口配额，套取外汇进行黑市买卖，买空卖空，炒买炒卖之风日盛。

这一时期潮汕金融业混乱不堪，高利贷日趋猖獗，物价飞涨，货币贬值，市场交易出现以货易货的现象，农村地区流行"以谷代币"的交易方式。正常的商贸活动已无法进行，商店纷纷倒闭，仅1947年12月1日这一天宣告倒闭的小商店就达63家。1949年秋，全汕头市倒闭的商行达500多家。一方面是工农业景况恶劣，市场萧条；另一方面，茶楼、酒馆、妓馆、鸦片烟馆、赌馆、钱庄、当铺星罗棋布，呈现出畸形的表面繁荣景象。

---

[1] 王荣武，梁松，等.广东海洋经济［M］.广州：广东人民出版社，1998：182.

[2] 陈朝辉，等.潮汕平原经济［M］.广州：广东人民出版社，1994：192-193.

二、潮州和各县商业

（一）近代潮州的商业发展

潮州府城地处韩江中下游，水路运输便利，广东的兴梅地区、福建西部、江西南部以及东江流域各地在潮州交流的物资，分别通过韩江和汀江运往福建，或从韩江出海运往广州等地。[1]

1922年，潮州府城对早期形成的城区商业街——大街进行拆建并易名太平路。各行业的商家争相在太平路中段租屋建店。自太平路北端的昌黎路口向南至开元路口一段，聚集着绸缎布匹、苏广百货、金银首饰、鞋帽被服、电器五金、文具纸张、各款书籍和中西药品等各大商店。毗邻的义安路是铜锡制品业的集中地；西马路是鼓乐业的所在地；新街头是眼镜和古董业的聚集点；上东平路及图训巷多为私家钱庄和批局；下东平路和东门街、下水门街及东门外沿江一带，有众多的杉木行工、草铺、白纸行、油豆行、糖行、京果海味行、碗行和烟铺；桥东宁波寺前一带是青果业的佣行；东门外至下水门外沿江内街，是木器家具、农具、桶类、铁器类的产销点；下水门南端的鱼鲜场及南堤一带，是竹类的批发市场；南门古至春城楼二三华里长的街道，大部分是家店合一的竹器手工业作坊。此外，柴、米、油、盐、酱、醋、茶等小店及小餐室、理发店星罗棋布，散布在城区的各个角落。[2]

据1934年调查，全城坐商共有2413户。金融类64户，其中保险业1户。饷押业9户，银庄30户，收找业24户。[3]作为韩江中下游的流通中心，海阳县城的状元亭巷由于靠近韩江，地点适中，客属闽赣商旅，多于此歇足；西出太平路，正是潮州商业中心。韩江上游纸张、竹木、干果汇集于此，故近太元路之东平路（东堤）地方，向来多纸行、货栈，来往商贾多，货运密。当年这条路有维新茶楼、瀛洲大酒楼。[4]在瀛洲大酒楼附近，还有东方旅馆、民族戏院、维新茶楼、福安旅馆、泰安旅馆、泰隆家私店、国民旅社、始平书院和不少香摊赌馆，以及来潮州经营皮箱与铜器业的客籍居民。[5]

---

[1]　潮州市地方志办公室.潮州通览［M］.广州：花城出版社，1999：24.

[2]　潮州市地方志编纂委员会.潮州市志（上册）［M］.广州：广东人民出版社，1995：726.

[3]　潮州市地方志编纂委员会.潮州市志（上册）［M］.广州：广东人民出版社，1995：726.

[4]　黄梅岑.潮州街道掌故［M］.广州：广东旅游出版社，1991：90.

[5]　黄梅岑.潮州街道掌故［M］.广州：广东旅游出版社，1991：90-91.

1939年6月潮州府城沦陷后，城区商户有的迁往兴宁、梅县，有的搬至松口、高陂，有的转移至归湖，留下来的十不及一。抗日战争胜利后，迁入内地的商家陆续回城复业。1947年起至潮安解放前夕，在通货膨胀的冲击下，城区部分商号倒闭，太平路中段出现黄金、港币、大米炒卖市场。[1]

（二）民国前期的潮属各县商业

《潮州志》估算，潮州商业之年贸易额在1933年前后间，"大概每号多者年达数百万元，少者亦万元左右。一般类在万元以至三十万元之间，而平均约为资本额之十二倍，则每年贸易总额约为大洋692208000元。同期各县城市商店营业数额，多者年十余万元，少者数千元，均可假定为资本额之八倍，约为209325600元"。（见表4-1）

表4-1　各县市局商业年贸易额推算表[2]

单位：大洋元

县市局	商业年贸易额	县市局	商业年贸易额
汕头	692208000	大埔	13699200
潮安	69763200	惠来	4373600
潮阳	24614400	丰顺	11904000
揭阳	40838400	南澳	2774400
饶平	17135200	南山	1111200
澄海	14016000	合计	901533600
普宁	9096000		

民国期间，潮安县较大的佣行集中于城区、桥东、意溪和庵埠等处。当时的桥东青果佣行，规模颇大，共有40多家。进行交易的产品有六亩的龙眼，磷溪的柑橘、香蕉、桃、李、奈、阳桃，鸭背的杨梅、红柿，揭阳、饶平、福建上杭的马蹄等，还有北方的苹果和山东梨。产品除供应潮安城乡外，也销往澄海等地；还以代购代运形式，运销梅县、松口、大埔、兴宁，或通过汕头佣行销往东南亚一带。青果一经进入桥东佣行，就由佣行作价、过秤、计数、记账、代收付款。桥东青果佣行的佣金，一般为成交额的10%，由卖方交7%，买方交3%，叫作"内七外三"，但也不是一成不变的，有时高达20%。潮城沦陷期间，桥东青果佣行有的移往涸溪安前宫，有的移往厦寺，有的移往归湖葫芦市，抗日战争胜

[1] 潮州市地方志编纂委员会.潮州市志（上册）［M］.广州：广东人民出版社，1995：727.

[2] 饶宗颐.潮州志（第三册）［M］.潮州：潮州市地方志办公室，2004：1306-1307.

利后部分回原地经营。

至1935年，惠来县已形成以惠城、隆江、葵潭、神泉、靖海5个主要圩镇为中心的经济流转区域。5个主要圩镇以下，还有若干农村小圩市作为补充，大小圩市之间存在着密切的经济联系，形成了全县的商业网络。惠城是惠来县中片商业中心，天天有市。上市的农产品有稻谷、番薯、豆类、红糖、猪、家禽、蛋、水果、木柴等。全镇有商店约300家。距东5公里有华湖小市，是周围农村和雷岭一带山区水果、木柴、木炭等农产品集散地，也是沿海渔盐和海运工业品运过雷岭的驻足地。当时有5吨小船，可在华湖市内龙潭上船，顺华湖溪入雷岭河直运神泉港。惠城西南8公里，有后堀村小市（即东陇镇四凤村），是附近农村物资交换的小圩市。隆江圩为惠来县中南片经济中心，地处龙江中游，水运可上溯葵潭，下达神泉。陆路东通惠城，西连甲子，交通方便，山货、海货从各处汇集于此，市场物资丰富。周围364个自然村来此集市。每日上市人数之多，买卖之盛，居全县各圩镇之首。镇内有商号137户，经营各处日常生活必需品。[1]

民国中期，饶平县内通行轮船、汽车，纺织、抽纱等工业渐次兴起。1934年黄冈建中山路，翌年拓建丁未路，居民、商人修葺店铺、开张营业，形成商业区。是年，黄冈有批零兼营、代购代销的行栈18家，坐商800余家，每家资本平均1300余银圆，另有"跑乡下""跑诏安"的行商100余户，为黄冈商业的全盛时期。是时，黄冈有土杂、粮油、烟酒、药材、水产、青果、纱布、五金、百货等30多个行业。全镇除中山路、丁未路、清华路等商业中心外，大体上按行业形成古王宫、蟹洞等13个粮油、蔬菜、水产、家禽、柴草等农副产品、土特产品专业市场。[2]三饶是饶平县自明、清至民初的政治、经济和文化中心。1930年三饶整拓市容，扩大街道。1932年拆除城墙，用墙砖铺设街道路面。各大商户兴建商店，修葺店面，扩大营业，县政府于县衙前建置农贸市场（市亭）。1933年饶钱、饶黄公路筑成通车，商业骤兴。1935年三饶坐商120余户，摊贩100余户。县内批发业以茂芝、新丰、凤凰、三饶四大圩镇为主，外县抵大埔及福建省诏安、平和等县部分圩镇。[3]　1994年《饶平县志》载，1934年全县商业2357户，资本214.1万元（银圆），其中黄冈800余户，店仔头300余户，饶城、钱东、柘林各

[1]　惠来县地方志编纂办公室.惠来县志［M］.北京：新华出版社，2002：351.

[2]　饶平县地方志编纂委员会.饶平县志［M］.广州：广东人民出版社，1994：532.

[3]　饶平县地方志编纂委员会.饶平县志［M］.广州：广东人民出版社，1994：533.

100余户。[1]

（三）日军侵占潮汕沿海时期的潮汕各县商业

1939年6月，日本军队侵陷汕头市区、潮州府城后，本地市场转向萧条。本地所有进出口贸易都必须凭日军发给的许可证才能通行，汕头多数商号因此歇业或搬迁内地各县。澄海的东里，饶平的店市和黄冈，潮安的归湖，揭阳的棉湖，潮阳的峡山，地处交通枢纽，便于沟通邻近各地货物，先后成为小区域商业中心。[2]由于沿海和平原被日军占领，难民涌入内地，有的潮汕乡镇的商业反而兴旺。如饶平三饶成为粤东、闽西南进出口货物转运站，沦陷区人民涌入三饶避难，商贾云集，购销活跃。银行、侨批、当铺、旅店、饮食行业应时而兴，饮食业有天一、适珍园等五大酒楼，商业曾盛极一时。[3]

抗日战争初期，揭阳炮台初步形成以商业为主的集镇，拥有商业、服务业、抽纱业等店户233家，还设有鱼、菜、猪苗、番薯等市场。当时贸易网遍及县内外，成为一个远近闻名的重要集镇。又如揭阳曲溪，清代末年曲溪只有三庙一祠和几十间低窄房屋，四邻乡民常挑农产品至此买卖。1915年，当地士绅兴建集市，初时沿溪只建一条小街和妈宫前两条小横街，并建有一门，上书"梅溪市"，定农历每旬三、六、九为圩期。开市初，只有三四十间小店铺及几个地摊，经营一些小日用品、小五金、小农具及山货。抗日战争时期，汕头、潮安等地商人相继避难来此，兼营商业，加之当地土特产丰富，制糖业较盛，商业贸易日旺。[4]

潮汕各地先后沦陷，惠来凭大南山之隔，免遭沦陷之难。神泉、靖海为潮汕非敌占区仅有的港口和外贸门户。先有一些走私船为逃避关税，停泊于海面，其货物出入由驳艇分散运载，就近上岸，或运神泉，转运内地。运入货物主要有煤油、汽油、肥料、布匹、面粉、西药及火柴、电池等日用品。输出商品主要有生猪、仁油、蛋品、咸鱼等，还有矿产贸易。1940年，民国政府于神泉设"曲江海关神泉分卡"，神泉遂成为正式口岸。此时，收载行（或称报关行）、转运行纷纷成立。收载行由方田盛、林集发、胡东记几家大户组成。陆地集散货物多数靠人力肩挑，少量用自行车运载。货物除部分销县内外，大量销出县外。一是

[1] 饶平县地方志编纂委员会.饶平县志［M］.广州：广东人民出版社，1994：523.

[2] 广东省汕头市地方志编纂委员会.汕头市志（第二册）［M］.北京：新华出版社，1999：8.

[3] 饶平县地方志编纂委员会.饶平县志［M］.广州：广东人民出版社，1994：533.

[4] 吴克.揭阳县志［M］.广州：广东人民出版社，1993：72-74.

经雷岭至两英销往潮阳各地；二是越盐岭达普宁的流沙至棉湖；三是由龙江船运至葵潭，转里湖、河婆等地。1940年1月，香港为日军所占，神泉与香港贸易停止。[1]

（四）1939—1949年的揭阳榕城商业

自1939年汕头沦陷至1945年抗战结束，潮汕部分市镇出现短暂的战时经济繁荣，其中最为典型的是揭阳县城榕城。

1939年汕头、潮安县城等地相继陷于敌手。榕城水路有榕江之利，陆运则有揭普、揭丰、揭安、揭汕等公路，交通方便，沦陷区商民纷纷迁入，市区人口骤增，一时"炒家"崛起，茶室酒楼林立，经济骤呈战时繁荣，有些军队和地方豪绅趁机走私，物品有布匹、西药、颜料、棉纱、化妆品以及鸦片、钨矿、黄金、白银等，营运近至汕头、兴梅一带，远届韶关、重庆等地。

1945年8月，日军无条件投降后不久，榕城市场美货充斥，外币肆虐，当局对物价管理一筹莫展。投机商人炒买炒卖西药、棉纱、颜料、港币、黄金。那时中山路旧商会门口一带，炒家林立。他们在外地有联号，个别大商户还利用官方电讯设备，专设汕头、潮州直通电话，互通行情，操纵居奇。1946年，白米每斗国币6000元。1948年8月因通货膨胀，当局宣布币制改革，发行金圆券，物价飞腾。10月，大米每揭斗价高达国币22500000元。其他百物暴涨，难以时计。1948年底，"一元额金圆券已成湿柴，市面拒收，交易以银圆、港币、铜镭作为媒介，零星买卖则以米易物"。各商号倒风日炽。各倒闭商号负债额，俱在金圆数千元以上，其中协丰号累欠高达11万元。由于百业凋敝，遍布城区的茶室纷纷倒闭，酒楼生意衰落。此种不景状态，一直持续至国民党政权在大陆告终。[2]

三、潮汕商业网络的拓展

（一）潮汕商业网络的扩大

甲午战争后，潮汕地区的民族资本主义有了一定发展，潮汕的内外商业网络均在不断扩展，为20世纪20—30年代的潮汕商业繁荣创造了条件。1917年，日本人出版的《支那省别全志（广东省）》称，潮汕商业腹地由韩江及其支流已经

[1] 惠来县地方志编纂办公室.惠来县志［M］.北京：新华出版社，2002：350.

[2] 孙寒冰.广东省揭阳县榕城镇志［M］.揭阳：揭阳榕城镇地方志编纂办公室，1990：255-256.

可以上溯到潮州府、嘉应州以及诏安、永定、汀州等县，通过陆路可以到惠州府以及江西、湖南两省。杜重远所写《汕头与潮州》载，民国时期"由于潮州改乘小火车渡韩江，历二十小时而至高陂。此地为瓷业之中心，瓷店一百二十余家，瓷户两千余户"。高陂是大埔县的工业大镇，而该地生产的瓷品，很多经由韩江轮船运到潮汕地区。[1]

（二）韩江贸易和意溪蔡家围

由于韩江流域内部物产的差异与水陆交通的相通，汀潮二州自宋代贩运潮盐后，山海联系日益紧密。物产的流通也带动了地域内部人员的流动，自闽西来潮州做生意的客家人也在潮州府城形成了一些聚居点，意溪蔡家围正是在韩江中上游客民移居及竹木转运的过程中逐渐兴起的。

蔡家围处于韩江中下游的交接点，河面宽广，上游顺流而下的杉、竹、木在这里集结，并逐渐形成竹木贸易的集散中心，由此也带动了当地香枝、木屐、家具等手工业的兴起和经营，各类商店分布于东津至橡埔的沿江堤顶和坝街一带，其中杉木铺有100多家，香枝铺也达近百户，形成"丁"字形的商业区，有600多户。意溪墟的杉竹木产销范围广阔，遍及粤、闽、赣三省二十四县。1906年潮汕铁路开通后，两年后还专门修建支线从潮州府城通往意溪，意溪火车可以直通汕头。

蔡家围竹木贸易的经营方式，主要由意溪竹商派员至上游产地采购，并雇用客籍工人或从意溪派工放运至意溪；次为上游产地商户自运至意溪销售。杉竹木转销潮汕各地。杉竹木的经营，年均营业额可达到洋银500万元以上。从事放运人员达600多人，年均放运量达15000万枝（把），杉竹木的贸易和放运也因此成为意溪镇近万人的主要经济来源。意溪堤上开设有上下手佣行数十家。意溪竹制（香枝为主）手工业作坊也达三四百家，从业人员二三千人。随着杉竹木业经营的繁盛，从清代开始，上游闽粤各产行商，在意溪相继建立商人组织，维护他们在意溪的营业利益，解决交易纠葛和人员住宿问题。主要有和平馆、金丰馆、公兴总馆、鄞江馆等。[2]

（三）潮汕和上海、香港的紧密贸易联系

近代潮汕与国内各地进行商业贸易，"潮州与国内诸通都大邑，皆有商业沟通，土产既相互贸易，洋货亦复相互转销。土产之销出，在华北以土糖、纸箔

[1] 李宏新.潮汕史稿［M］.汕头：汕头大学出版社，2016：615.

[2] 林瀚.近代闽西木材贸易与潮州意溪地方社会［J］.闽商文化研究，2014（2）.

为大宗，在华南则以陶瓷等类为多数。"[1]近代汕头的商业网络同时具有显著的国际化的特点，汕头与中国香港、东南亚之间的经贸联系也比较紧密，是江浙、山东、京津一带人员前往中国香港与东南亚，发展经贸联系的必经枢纽。

民国时期，汕头和上海、香港的航线联系十分紧密。日本学者滨下武志认为，在东亚贸易圈和南亚贸易圈中间，上海和香港是两个最重要的中转港口。汕头作为近代亚洲贸易圈的一个重要节点，正是通过与上海、香港两地的贸易往来，与整个世界市场发生联系，形成近代汕头的经济网络。而通过汕头，大量潮汕人移至上海和香港。潮汕商人在上海主要经营钱庄以及潮糖杂货业与进出口业、典押业与抽纱业；在香港主要经营交通航运、南北行、金融与保险业、米业等。

潮汕人被上海吸引，主要基于以下两点：一是开埠以后，上海逐渐崛起，为各地移民提供了大量商业机会；二是上海在国内外贸易圈中的地位发生深刻变化，被公认是国内外贸易的中心。至于香港，由于距离潮汕不远，海路只需一天，与动荡的内地相比，香港的社会似乎比较平静，潮汕往东南亚移民也往往经由香港。所以，部分潮汕人便直接选择香港作为经商地或移居地。[2]

第三节　潮汕商业的近代化

潮汕商业的近代化包括量和质两个方面。量的增长主要体现在贸易额的变化，质的提升则体现在潮汕商人、公司和组织向近代化转型。汕头开埠后，潮汕商业一直朝近代化方向发展，具体体现在商业资本扩大、近代商业公司成长、潮商组织兴起等诸方面。

一、商业资本和近代公司

（一）多种商业资本进入潮汕

1931年前后，汕头市区商业资本共5000多万元，平均每家商号资本为1.6万

[1]　杨群熙.潮汕地区商业活动资料［M］.汕头：潮汕历史文化研究中心，汕头市文化局，汕头市图书馆，2003：187.

[2]　李宏新.潮汕史稿［M］.汕头：汕头大学出版社，2016：692-693.

多元。潮汕地区各县墟市共有商号2.5万多家，商业资本约合2616万多元，平均每家1000多元。商业流通领域，出现了不少运销商、出口商、经纪商、批发商、零售商。当时运销商经营的行业称为运销业，俗称"火船行"或"轮船行"，初时业务以国内北方各省运载土产至汕头销售为主，后来又将业务扩展至运载暹罗米粮及香港货物来汕销售，其同业组织先后有轮船公会、港沪运销业同业公会等，最大的运销商，资本高达数十万元。出口商以采办潮州及国内各地土货运销南洋各地为主要业务，近贸易地域分为南商和暹商，按经营货品类别又分为酱园（即咸杂腌制）和果业等，其中以南商营业范围最广、规模最大，出口地域遍及安南、马来西亚群岛、南洋荷属各岛屿及中国香港等地。1933年，该类商号共有54家。每家每年营业额达到30万—100万元。经纪商初名"牙家"，是为交易双方充当中介而收取佣金的商人。1933年汕头有43家经纪行，总资本17万元。至于批零环节，素有"上二三盘"之分，"上盘"多属大宗运销批发，"二盘"为小批转售，"三盘"即零售。[1]

1933年，汕头市区有抽纱行25家，资本总额150万元。这些抽纱行，有的为外商代理经营，有的自营出口销售。新型的百货公司规模较大的集中在小公园附近，"南生"原系印尼华侨于1911年创办的百货商号，后来逐步发展成为汕头市区百货业巨子。另有潮州城百货公司数家。[2]

（二）华侨在潮汕的商业投资

据20世纪50年代后期的调查，"解放前华侨投资于汕头市的商业计达216家，投资总数为10119082元（以抗战前1元折人民币2.45元计），占华侨投资于汕头各行业的第二位（第一位为房地产）。论其行业，有进出口商、粮食商、百货商、五金化工商、药材商、绸布商、食杂商、土杂商等。其中以进出口商为最多，计有86户，投资数为4010220元；其次为粮食商，有14户，投资2232300元；再次为百货商，有17户，投资1601425元等"。可见在近代华侨对汕头商业的总投资中，进出口贸易的投资占很大的比例，达40%之多。[3]

近代华侨投资在潮州创办商业机构，其经营范围比较广泛，如纸业、布业、米业、茶业、百货业（时称苏广业）等，均有侨资介入，各行业资力雄厚的

---

[1] 广东省汕头市地方志编纂委员会.汕头市志（第二册）[M].北京：新华出版社，1999：8.

[2] 广东省汕头市地方志编纂委员会.汕头市志（第二册）[M].北京：新华出版社，1999：8.

[3] 杨群熙.潮汕地区商业活动资料[M].汕头：潮汕历史文化研究中心，汕头市文化局，汕头市图书馆，2003：348.

大商号，不少是华侨资本所办的企业。像当时纸业著名的"乾和行"，地址在下水门街，该行就是澄海华侨独资创办的，而商号称为"黄太昌""陈协盛"的茶行，也是凤凰越南华侨独资经营的。[1]

（三）客家商业资本

抗战前汕头商业发展的高峰期，客家商人资本不容忽视。在汀韩流域经济中心逐渐南移的过程中，客籍商人也开始在潮汕等地投资物业。潮州府城许多有名的店铺，有很多就是由客籍人士开办的。清道光年间，潮州首创有义隆烟庄；光绪年间又有贵和、金兰烟庄开张；至清末民初，相继有美兰、聚兰、福盛、泰裕盛、海记、美发、裕发、海丰、巨昌、珠兰、瑞兰、义发（义隆分号）等十余家烟庄开业。他们都是大埔人，亲自带着工人来潮创办。20世纪20年代，是烟丝业最旺盛时期，那时客家人基本垄断了潮州烟叶的贸易。各商号年年结余，每家年纯利最少有光洋2000元；各家门市及栈房场地，多是盈利自置产业，这是该业的黄金时代。当时泰裕盛财东张敬丞，已发展到东门街、开元街头、西门古、振德街头4个门市；复承人有东关府税厂权力，拥有张明裕（专营葡萄酒）及裕华银行，成为财雄势大的豪商。后来，聚兰、美兰、贵和、义隆跃为烟丝业四大户，占全行业营业一半。[2]

20世纪30年代，引领汕头百货业的是四大公司——南生、广发、振源和平平，四家公司多和客籍华侨有关。振源公司是1932年由镇邦街泰源号东主郭仲眉，招请蕉岭人吴德馨为主的归侨和海外侨胞及部分乡亲集资创办的。吴德馨任经理，经营中外百货批发零售，并办理侨批汇兑。最初资本为光洋20万元，后由吴德馨扩大投资，资本总额大洋50万元，吴德馨占股额80%。公司员工最多时达74人。振源公司有雄厚的资本，常以赊销的方式将国产土特产等货物，交由来往南洋各地的水客带到国外销售，这些都是振源公司特有的条件，是其他公司不能做的。振源公司每月营业额达大洋七八万元之多。平平公司是新加坡华侨于20世纪20年代集资在汕头创办经营百货的企业，股东95%是华侨，开办时资本总额为银圆11万元，已向当时的国民政府登记注册，为一家正规的股份有限公司。董事

[1]　杨群熙.潮汕地区商业活动资料［M］.汕头：潮汕历史文化研究中心，汕头市文化局，汕头市图书馆，2003：349.

[2]　翁兆荣.潮州烟丝业的历史始末［M］//政协潮州市文史资料征集编写委员会.潮州文史资料第五辑.1986：48.

长陈焕群（常驻新加坡）委派董事陈进生驻公司监理，大埔人肖觉民任经理。[1]

（四）潮汕商业公司的成长

20世纪30年代，汕头开始出现一些带有近代性质的商业公司。当汕头市工商业繁荣之时，百货行业的南生、广发、振源、平平是当时潮汕近代商业公司的代表。

汕头广发公司始创人为梅县人李景韩，1910年在汕头至平路中段，开设广发商店。至1924年前后，便在原址至平路与永平路转弯处，先后谋得六七间大房以拓大店面，扩充组织为广发股份公司。公司股东13股，李景韩名下占7股。由李景韩任经理，李象塑负责业务和外交，李璞生负责财务。全盛时期公司员工达百人之多。有段时期年年盈利达1万银圆以上。公司按规定将红利提成，作为花红，奖励给全店员工。广发公司经营的商品，多是上海、广州等地棉针织品、化妆品，又是潮梅独家获得英国蜂巢毛线的代理商，并经销德国月唛商标五金工具、美国派克笔、英国毛毡及沪穗等地名贵中成药，均是国内外名牌商品。广发公司在汕头市率先实行"明码实价""童叟无欺"，内部管理制度比较严格，奖罚分明。1939年6月，日本侵略军在汕头登陆，广发公司事先将部分商品转移至梅县松口。汕头市沦陷后，公司负责人等内迁，以松口为据点，继续组织经营。1945年抗日战争胜利后，公司经理李象塑筹集资金，在汕头原址复业。虽资金大不如前，但李象塑素有良好信誉，得到各方面的支持，业务日益发展。至1948年，已恢复到具有一定规模的百货公司了。

潮州吴祥记创于20世纪10年代末，财东吴雪薰，祖籍潮州，幼时家境贫寒，没读书，12岁时为谋生计向亲友借来银圆12枚，便在开元街头张元昌染布坊门口，摆卖兴宁赤川扇。后生意稍有起色，就增加部分日用小商品，勤俭积蓄，1919年租到大街利源街口北面广和发省行（后为吴瑞祥批局）一侧小店一间，开创吴祥记店（即后来大祥钟表眼镜店的前身），同时雇用余、洪二伙计。1923年拆大街为太平路，吴祥记临时迁往西马路雨伞巷口摆摊经营。翌年大街拆路竣工，又在载阳巷口租一间10余平方米的曲尺型铺面为门市，将大部分生意在此营业，小部分仍在小店摆卖。后来生意发达，逐步在载阳巷口四周购置旧房，几经扩建而成为楼上经营批发，楼下经营零售的大型吴祥记百货商店，职工也增至40余人。原要成立吴祥记公司，因受限制，故同时将载阳巷牌改为吴祥记总行。吴

[1] 杨群熙.潮汕地区商业活动资料［M］.汕头：潮汕历史文化研究中心，汕头市文化局，汕头市图书馆，2003：153-154.

祥记全盛时期流动资本总额高达港币200多万元，以批发、零售两种方式，经营百货、五金、布匹、药品、食品等6类商品。全店占地面积679.25平方米，其中零售面积约占300平方米。同时以独资和联号两种方式，分别就原上海、广州、香港办庄再扩大加汕头、厦门等地设店批发，雇用人员共171人。[1]

（五）新式商业公司的制度和管理

早期，潮汕私营商家的内部管理较为落后。以潮州私营商家为例，向来重视对店员和资本的管理，但店规宽严不一。

清末以后，随着经营范围的逐步扩大，各商号雇用伙计（店员），除亲戚、朋友推荐外，都由"中人"（经纪人）介绍，并对被介绍人的品行提供担保。新伙计进店时，店主即向其叙述店规，声明待遇。初入店门者，先从粗重勤杂工做起，一段时间后才能进入柜台售货；待遇也从吃店主1餐逐步提高到吃2餐、3餐，以至发给微薄工资。少数长期从事商业工作、品才兼优者，则被店主聘为"家长"（潮汕人的口语叫法，大约相当于掌柜的店主东家），与店主共谋经营管理事务。其中的极少数，受店主全权委托，负责管理全店事务。"家长"工资较为丰厚，并能参与年终分红。伙计（店员）和"家长"除工资外，还有出售包装物或酒楼小费之类的外利，年终则有压岁钱和红包。各商号多无成文的店规铺约，对伙计的管理，一般是表面信任，暗中考察，严加管束。若发现违规行为，即行追究，或在年终予以辞退。

商家的财务与现金的出纳多由子弟或亲戚办理，也有由伙计担任的，叫作"财傅"。有的行业设内外柜，外柜叫"外房"，掌管备用金收付；内柜掌管财务。清末以来，商家通用的账簿为四柱清册，基本内容是"原收出存，天地合圆"。是时，市面流通货币有纹银、铜钱、光洋、毫子等，结账时均作详细标明，有的则按时价折算入账。总账（内账）统计商品进销、客户往来、各项费用、银行借贷、股金、利息、红利等。一切数字都从日清簿和日逐簿逐笔抄入，因而结算时仍然是"四柱合圆"。独资经营商号的财务结算比较简单，小型商户则采用"布袋捏"的方法，即在农历除夕夜进行盘点，以库存商品和现金计算盈亏。[2]

近代，随着潮汕商业公司的成长，逐步采用近代企业制度。如汕头百货业四大公司的经营作风和经营方法管理有：

[1] 翁兆荣.潮州吴祥记发家史话［M］//政协潮州市委员会文史编辑组.潮州文史资料第十六辑.1996：141-144.

[2] 潮州市地方志编纂委员会.潮州市志（上册）［M］.广州：广东人民出版社，1995：747.

第一，采用股份公司形式。有比较健全的公司组织章程，对董事长、董事、监理、经理的职责范围，股东权利、义务及公司的盈利分配等，均有明确规定。

第二，注意服务质量。提倡诚实守信，薄利多销，要求"明码实价，童叟无欺"。四大公司所有售货员，在营业时间衣冠整洁，坚守岗位，谦和接待顾客。四大公司都重视商品包装，哪怕是购买小商品，都用印有本公司招牌的包装纸包装，方便顾客携带，又起到广告宣传的作用。顾客购买大件商品或数量较多的商品，都主动送货上门。20世纪30年代，汕头市面流通的货币种类很多，有外币、银圆、铜板、国币、银毫券、大洋券等，兑换比率，起落不定，四大公司为方便顾客，在收款柜台前每日明价挂牌，顾客所持各种货币，进出一律以牌价换算，以示公允。

第三，市场意识强烈。派人到沪、港、穗厂商直接采购。千方百计争取顾客，扩大营业收入，如重视橱窗装饰和商品陈列，展示适时货样及广告说明等，还发行购物礼券、设电动游戏机吸引儿童，进行节日减价、特别平卖或赠送节日礼物，举行展览活动等，利用一切可以利用的机会吸引顾客，增加收入。批发业务方面，对潮梅各属的守信客户，尽量发付需要货物，还可缓期数月结账还款，达到扩大流通、多做生意的目的。[1]

二、商业管理

近年来，众多研究者注意到地方商人的民间权力。潮汕地方宗族势力强大，善堂文化发达，和近代救灾有关的各项事业中常发现商人的影子。本章从商业管理角度，探讨近代地方商人通过商会发挥民间权力的作用。

（一）地方政府的商业管理缺位

第一，从管理机构建设看，近代潮汕商业有相当发展，地方政府对商业管理却很薄弱。

首先体现在管理商业贸易的政府部门缺位。如汕头自辟为通商口岸后，因为原属澄海县设置的鮀浦司，清时文员即设一司官，县以下之九品小吏以统治之，故汕头仅有鮀浦司衙门，设在升平路头。此外汕头城区尚有一道台行署，因为惠潮嘉道常驻潮州府城，汕头行署几同虚设，道署的洋务公所，专职对外交涉

---

[1] 李蔚文.30年代汕头市"四大公司"［M］//政协汕头市委员会文史资料委员会.汕头文史第十辑.1991：130-139.

及检查出入旅客，其范围极狭，实即一翻译对外公文之机关也。汕头维持治安及施缉捕之武职，嘉庆年间设千总一员，驻沙汕汛内。光绪戊戌政变后，改团练为巡警（设总商会内，由总商会负担经费）。至宣统元年（1909），始设汕头警察局，由广东警察厅委任局长。辛亥革命后仍使用警察局或警察厅名义维持汕头地方秩序。[1]

可见，自汕头开埠至汕头建市期间，除了潮海关之外，地方政府和商业关系似乎仅限于治安、缉私等。直到汕头建市之后，市政厅才专门设置了财政局、工务局等经济综合管理部门。

第二，地方度量衡混乱。

近代潮汕地方度量衡混乱，饶宗颐总纂的《潮州志》称："我国各地度量衡制度在昔极期繁乱，任由人民依其需要自行制用。潮州之度量衡制度尤为复杂，大抵创一墟市，即有一种度量衡之立规。或因其运用之便利，或以为商业扩展招徕。如樟林设埠时，特定一秤法，曰樟针，每十斤比通行之司码秤多出十五两。汕头继起后，设埠又定一秤法，曰汕针，每十斤比司码秤多出四十两，比樟针更增二十五两（司码两）。且每元七钱本位，又定以汕针批发之货价，银每元减为六钱九分四厘，即旧有南来货品，历以樟针买卖，在地方上已成习惯，未能变异。又将樟针秤法加大，每百斤比旧樟针多出十八两七五（司码两）。凡此皆含有商业竞争作用，故每有秤名相同而随地大小迥异，不明地方习惯者恒为所窘。入民国后，虽时有改革划一之议，无如积习已深，一时难以改定，惟地方陷倭时，因商业环境关系，略有改废而已。"[2]

地方度量衡制度的混乱，是近代潮汕市场秩序和金融秩序出现种种乱象的重要源头。

（二）民间力量对商业的有效管理

由于管理商业机构的地方政府缺位，潮汕商绅通过商人组织，较有效地填补了权力真空。城市越发达，商会势力往往越强。近代潮汕有影响力的汕头市商会、潮安县商会、揭阳县商会均位处商业较繁荣的汕头、潮州府城和榕城。

第一，汕头市商会。

在汕头市商会出现之前，已经存在汕头埠商人的联合组织万年丰会馆，原

[1]　郑可茵，赵学萍，吴里阳.汕头开埠及开埠前后社情资料［M］.汕头：潮汕历史文化研究中心，汕头市文化局，汕头市图书馆，2003：288.

[2]　饶宗颐.潮州志（第三册）［M］.潮州：潮州市地方志办公室，2004：1329-1330.

称"六邑会馆"。"清同治间，普宁方耀倡潮属海阳、潮阳、揭阳、饶平、澄海、普宁六邑商民共建。三十二年缩地重建。初馆址占地极广。光绪末省库奇绌，总督岑春煊派员莅汕清理海坦，以馆地占筑无契呈验。同治十年，总督瑞麟书'万年丰'匾，悬六邑会馆中，故名。"[1]

汕头市"近代形态"的商会组织创办于1899年，称为汕头保商局，其后保商局和万年丰公馆"合署办公"，由万年丰公馆代行保商局职能。1904年农工商部令行各省商埠组织商务总会，翌年6月，保商局改称为汕头商务总会，1914年又改称汕头总商会。1925年汕头部分小商号另组成汕头商业联合会，不久并入为商民协会，同时各县也成立了商民协会，至1927年，商民协会被取消，1930年，依照工商部颁布商会法改组为汕头市商会。地址设商平路六邑会馆内。汕头市与各县商会联合，成立了潮梅商会联合会，会址设在汕头。抗战时期，1939年日军占领汕头，汕头市商会随同国民党军政机关迁往内地。10月成立汕头市伪商会。1945年9月3日，原汕头市商会主席陈焕章回汕接管商会。

汕头市的商会组织还有同业公会。早在1907年就有布业公所，参加的同业有20余家，1927年改为同业公会，加入者160余家。1930年汕头市已成立南商、火柴、鲜鱼业、酱园出口业、鞋业、麻袋业、汇兑业、绸缎布业、南北港货物运销业、土糖业、西药业、酒业、煤炭业、杉业、典业、生猪业、烟草业、茶业等27个同业公会。1932年又成立暹商业、酒楼茶居馆业等2个同业公会。1933年成立柴炭同业公会，至此共有33个同业公会，会员达1834人。[2]同业公会作为商人团体，对内协调同业之间的矛盾，仲裁纷议，规定统一市场交易规章制度和买卖价格；对外则保护本同业的利益。[3]

第二，潮安县的商会。

清末至民国，潮安县地方商业由商会负责管理。[4]潮州的商会组织始创于清光绪年间。1902年元月，海阳县城各工商业行当在潮州知府的监督下，按照各行当商号多寡及营业额大小，推选出商会议员，组成潮州府商会，并在议员中选出总理1名，综理会务；下设会务若干人。每届任期两年。民国元年（1912）8月，

---

[1] 林瀚.潮客之间：经济视野下的汀韩流域地方社会及族群互动（1860—1930）[D].福州：福建师范大学硕士论文，2009：131.

[2] 广东省汕头市地方志编纂委员会.汕头市志（第三册）[M].北京：新华出版社，1999：5.

[3] 潮汕百科全书编辑委员会.潮汕百科全书[M].北京：中国大百科全书出版社，1994：597.

[4] 潮州市地方志编纂委员会.潮州市志（下册）[M].广州：广东人民出版社，1995：725.

因辛亥革命后废除府的建制，又逢第五任潮州府商会任满，故改潮州府商会为海阳县商会，并改总理制为会长制，议员也相应改为会董。当时，海阳县由工商各行当推选出会董若干人，组成海阳县商会，连上为第六任。同时，选出会长1名，副会长1名综理会务，规定任期两年。1914年，海阳县改称潮安县，海阳县商会易名潮安县商会。[1]

潮州商会是继上海、宁波两商会之后，与广州同时建立的，是清末时全国最早建立的4个商会之一。潮州商会的成立，是潮州工商业经济实力雄厚和对外贸易发展的产物，也是一般殷商巨贾们所倡议的结果。[2]潮州商会出现之早充分说明，潮州商人对地方的影响力不在一般城市的商人之下。

潮安县商会建立初期，机构尚简，会员不多，随着自身机构的健全及会员的不断增加，职能和作用也逐步扩大，其主要职能是：（1）贯彻执行官府有关商事的各项命令，主管商会会务，统辖在城各同业公会组织，与各地工商界取得纵向和横向联系，调查各地工商业经济活动和商事活动情况。（2）贯彻执行政府命令，协助政府催缴税收和当地驻军摊派的军饷；答复有关工商业项的咨询，并为法庭提供会员诉讼资料。（3）遵照政府法令，支配、安排市场，监督会员守法经营，评议市场物价，按平价规定出售商品，督饬会员健全账务，俾便查核。（4）帮助会员克服货物运输困难，制止不正当竞争，处理会员之间的铺佃关系，代理租方保存铺租，协助会员调解商事纠葛和商品交换中的债权、债务纠纷，并从中进行仲裁。（5）主办《潮安商报》和工商学校等附属机构，举办社会福利和公益事业。[3]

潮安商会的附属机构有《潮安商报》社、商民团练、潮安县乙种商业学校、商会消防队、潮安县银行和潮安县电话总机。[4]

潮安县的商会一般不相隶属，以潮安县彩塘商会为例，彩塘商会成立于1931年，是全县两个区一级的商会之一，但与县商会不相统属。当时彩塘有大小商号84家，各乡村商号也加入商会组织，1939年彩塘沦陷，商会散伙。1946年彩塘商会复员，重新组建，时市内参加商号91家，农村小商贩则极少人

---

[1] 潮州市地方志编纂委员会.潮州市志（下册）[M].广州：广东人民出版社，1995：1329.

[2] 翁兆荣，许振声.百年话商会[M]//政协潮州市委员会文史编辑组.潮州文史资料第十九辑.1999：14.

[3] 潮州市地方志编纂委员会.潮州市志（下册）[M].广州：广东人民出版社，1995：1330-1331.

[4] 潮州市地方志编纂委员会.潮州市志（下册）[M].广州：广东人民出版社，1995：1331.

参加。[1]

第三，揭阳县的商会。

揭阳商会的成立始自1915年。该年6月间，县知事楼守愚委派揭阳美孚煤油三达公司总经理林石松筹组县商会。是年秋成立，会址设于榕城中山路。每届任期为两年或三年。举凡地方派款，商户开业停业、违章处罚、商户与有关单位涉及经营利益的交涉、债务的调解、行业或商户间之纠纷等，俱由商会协调。揭阳县商会成立之初，盗贼猖獗，商会购买了洋枪，组建一支三四十人的护商队。商会曾设有消防队，县警察局人员的制服、补贴、薪水也由县商会摊派供给。县商会还负责筹缴国际救济金（如1948年筹缴联合国儿童救济金4万元）、伤残军人抚恤金、修建堡垒材料费，承办所有军运和过境军队的床、饭、桌椅、稻草等的供应等。[2]

（三）商会的民间力量背景

商会人物多是地方富商、绅士，不少人为旧式读书人，相当一部分人和政府关系密切，一些研究者将这类人称为"绅商""士绅""官绅"。最近20年的历史学、社会学研究，注意到地主、商人和士绅的民间权力，近代潮汕地方的商人研究也可置于这一考察视角。潮汕地方宗族势力强大，善堂组织、商会和会馆正是民间权力的有组织运用。

汕头市商会领导多为有势力的商人。如萧鸣琴（1848—1909），又名萧钦，俗称钦太，潮阳县棉城镇人，曾在汕头创办木器店，承建英商"番仔楼"，得到英商赏识，遂被聘为怡和洋行买办。嗣后，他经营进口洋货，出口土特产品，创办捷盛营造厂，成为买办资本家。[3]再如高绳芝，他是澄海籍著名侨商，在潮汕投资多处产业和基础设施，也支持过孙中山革命，受过孙中山表扬，高绳芝本人集商人、实业家、华侨、革命党人等多种角色于一身。

揭阳商人势力也很大。近代，揭阳地方除个别物产为政府经营外，商业皆为私营。明清以来，揭阳的商业日趋繁荣，榕城、棉湖、河婆、砲台、新亨等墟镇的贸易活动甚为活跃。1900年以后，榕城出现了吴丰源、郭恒丰、陈德隆、吴合顺、林太记、林三达、吴丰发、刘桂发、高明顺等"商业绅士"，他们既是地

---

[1]　黄猷.彩塘镇志［M］.潮州：潮安县彩塘镇志办公室，1992：228.

[2]　金刃.揭阳商会琐记［M］//揭阳县政协文史编辑部.揭阳工商经济史资料专辑上辑.1991：111-113.

[3]　广东省汕头市地方志编纂委员会.汕头市志（第四册）［M］.北京：新华出版社，1999：865.

主，又是肥料商或粮商、金融商。[1]

民国初期，普宁始设商会，先后设普宁、里湖、流沙、大坝商会。普宁商会与其他商会之间，没隶属关系。普宁商会约于1920年成立，会址设洪阳新街尾（老妈宫后）。商会辖洪阳豆饼行、糙米行、糖油行、干果行、当铺、布业、纸业、屠业、杉木、洋杂等行业公会。商会会长由各大商号选举产生。各公会推选商会委员一名，商会设执行委员和监察委员。[2]普宁商会的地址在普宁老县城洪阳，该地势力最大的是方姓，商会会长都姓方。里湖商会的会长、副会长都姓林，同样有地方林氏宗族的影子。如果说潮汕地方宗族对乡村地方行使自治、保甲的话，宗族力量的对外延伸就是商会了。普宁商会和里湖商会的领导权实质上是宗族力量和商人势力的结合。

民国期间，潮安县辖内先后建立起与潮安县商会不相统属的庵埠商会、彩塘商会、浮洋商会、金石商会、三荣商会等组织。这些组织的主导者多为地方绅士。如庵埠商会，会址在太和埠，光绪年间由地方绅士陈诰倡办。商会每届两三年，第二届会长为经营南金的陈祚贤（大鉴人）。下设纸业、屠业等26个同业公会。[3]多种地方资料记载，依照清末政府颁布章则规定，潮安县商会的权力结构的形成，按各行当会员多少，营业大小，推选若干人为议员（即代表），然后就议员中互选总理一人，综理会务，每两年改选一次，受海阳县正堂的监督。首任商会总理陈陶圃是"赏戴蓝翎"（清六品官衔）出身，广和发省行财东。1904年转届推选李芳兰为第二任总理。李是潮州有威望的士绅，其子李梅、李桐（民初潮安县参议员）均有名声，创有悦来兴宁行，其孙李笠侬，后任潮安县县长。1906年，另选饶兴桐（又名子梧）为第三任总理，他是潮安银庄财东。1908年推选吴焕堂为第四任总理，他是如陶银庄财东。1910年另选陈子轩为第五任总理，他是乾泰银庄财东。

再以潮阳县为例，1926年8月成立潮阳县商民协会，由县城24个同业公会各派一名代表组成理事会。1930年商民协会改称商会，以后海门、达濠、峡山、沙陇、陈店、关埠、桑田等地也成立商会，但互不统属。[4]

（四）围绕商会的权力争夺

正是由于潮汕地方商会作用巨大，围绕着商会的权力分配，出现过商会内

[1] 揭阳县志编纂委员会.揭阳县志［M］.广州：广东人民出版社，1993：324.

[2] 普宁县商业局.普宁县商业志［M］.1991：19-20.

[3] 杨启献.庵埠志［M］.北京：新华出版社，1990：219.

[4] 姚作良、陈丰强.潮阳县志［M］.广州：广东人民出版社，1997：678-679.

外纷争。这些纷争通常与商人、官府、下层人民和外国势力有关，情况颇为复杂，有时甚至将商会卷入政治斗争。

陈海忠在《内乱还是外患：20世纪30年代的商会问题——以1930—1936年汕头市商会改选为中心的讨论》一文中提出，1915年改组建立的汕头商会囊括了其时汕头埠的各个主要行当，汇兑庄与轮船行这两个行当长期主导着汕头商会；汕头商人大部分是韩江流域地区的商人，其中最有实力的是澄海县与潮阳县商人。历届商会总理、会长大多出自澄海、潮阳二县，成为汕头商会内部的两大派别。[1]文中引用了大革命时期曾担任汕头市党部商民部部长古梦真的说法："汕头原来有个总商会，它是代表大资本家的利益的，一向为几个大行业所包办，如轮船行、汇兑业、银业、米行等。这些大资本家按籍贯分为二帮，海澄饶（澄海、潮安、饶平）的一带叫海天派；潮揭普（潮阳、揭阳、普宁）的一帮叫商运派。商会长就由这二派的头子轮流坐庄。"1930年4月，汕头总商会改组成汕头市商会，海天派占据了优势，获得了正副主席及常务执行委员等重要职位。1932年6月底改选部分执、监委员，商运派取得了优势，在常务执委中汇兑公会与南北港公会的代表数比例为3：2。1934年4月，市商会换届改选，"商会主席职位对于汕头两派商人来说均至为重要。两派各施手段，四处活动，导致各公会内部互相倾轧、分裂。至1935年，选举仍无法举行，商会履行职权的合法性因此受到质疑和挑战，会员拒交会费，商会经费内外交困，拖欠职员薪金达数月之久"。1935年，李汉魂调任广东东区绥靖公署委员，为确保有一个符合政府意图和利益、有助于商场和社会秩序安定的商会，决定以"断然措施"解决换届选举的问题。1936年1月，李汉魂拟定的《汕头市商会临时选举办法》经省府批准施行。"在候圈人选举中，海天派大获全胜，但是在省务会议上，陈焕章虽被定为主席，海天派仍大部分遭淘汰。这大致可以表明广东省政府持折中态度，既要体现选举结果，又不让某一派独大；还大量增加绸缎布业、铁业、苏广洋什行、颜料业、田料业等中小商人代表的第三方力量，为市商会派系增加新的变量，使商会的内部斗争变得更加错综复杂。"[2]

1925年8月，潮安县商会按章改选。为争夺商会会长一职，饶、邢两氏展开激烈的竞选活动，因双方均执银行界牛耳，故潮城商人称之为"银牛斗争"。双

[1]　陈海忠.内乱还是外患：20世纪30年代的商会问题——以1930—1936年汕头市商会改选为中心的讨论 [J].汕头大学学报（人文社会科学版），2010（1）：49.

[2]　陈海忠.内乱还是外患：20世纪30年代的商会问题——以1930—1936年汕头市商会改选为中心的讨论 [J].汕头大学学报（人文社会科学版），2010（1）：49-51.

方各摆宴席，送礼品，拉关系，争票数。结果，邢氏多得一票，邢叔珩当选商会会长。饶纯钩则由调解人从中斡旋，在本届商会中增设公断处长一职，由饶纯钩担任。[1]

揭阳县先后出现过两个商会：1919年，在林石松任第三届会长时，因地方财势集团分裂，另外成立了揭阳县商会维持会，会址设于榕城城隍后张园旅社，与揭阳县商会对抗数月；1925年冬，第二次东征胜利后，周恩来主政东江，潮汕革命运动进入新阶段，中共揭阳县特别支部组织建立商民协会，榕城新马路东升百货商店老板林新民为会长。会址设于榕城考院东侧，其宗旨是联合、团结全县中下层商民，与富豪把持的县商会相对抗，配合揭阳的革命运动。[2]

日军侵占潮汕沿海地带后，潮汕各地商会已经无法履行正常职能。如潮阳县1941年沦陷，各地商会解体，直至1945年11月，商会才恢复活动。日伪政权对潮汕商业强化管理，着眼于商业掠夺。以澄海为例，1939年7月，澄城沦陷后，县城商号纷纷迁入内地。日伪当局在沦陷区实行出入境物资统制，于县城、外砂、上华等地开设洋行23家，控制整个沦陷区的商业活动，从中进行经济掠夺。[3]

三、潮州商帮

（一）潮州商帮的形成与发展

第一，潮州商帮概况。

潮州帮商人，一般指籍贯为原潮州府各县的商人。潮州商人形成潮州帮较晚。明代，潮州商人并没有真正形成一个独立的商人群体。当时的潮州商人主要是"海寇商人集团"（亦有研究者称为"海上武装贸易集团"），如许栋、许朝光、张琏、林国显、林道乾、林凤等。他们往往与福建、漳州、泉州的海寇商人集团，如曾一本、谢策、严山老、洪迪珍、刘香、张维海等联系在一起，以南澳为据点，进行走私贸易活动，甚至与明廷武装对抗。可以说，在明代中叶，潮州海寇商人与漳、泉的海寇商人共同构成了东南沿海海寇商人集团的主体。因此，陈泽泓认为，清代的潮州帮"与广州帮的海上贸易不同，潮州帮主要是亦盗亦

[1]　潮州市地方志编纂委员会.潮州市志（下册）［M］.广州：广东人民出版社，1995：1329.

[2]　杨群熙.潮汕地区商业活动资料［M］.汕头：潮汕历史文化研究中心，汕头市文化局，汕头市图书馆，2003：329-330.

[3]　澄海县地方志编纂委员会.澄海县志［M］.广州：广东人民出版社，1992：398.

商，广州帮主要是亦官亦商。造成这种区别的根本原因，不是经商者的出身与社会构成，而是封建朝廷的海上贸易政策制约了从商者的经营方式，也决定了从商者的观念与社会构成"。[1]

清康熙二十三年（1684），清政府决定开海贸易，设立江海关、浙海关、闽海关和粤海关进行管理，于是规定"出海边船按次编号，船头桅杆油饰标记"，广东"船头油以红色"，江苏油黑色，浙江油白色，福建油绿色。潮汕海上贸易进入了所谓的"红头船贸易时代"。此时，潮州商人初步形成了相对独立的商人群体而成"帮"。[2]

晚清至民国，潮州商帮在上海的活动引人注目。上海的潮汕人中，以澄海、潮阳二县为主，特别是潮阳人在上海很多。清道光至民国将近百年间，潮阳的铜盂、成田、溪东、沙陇等乡商人大批前往上海经商，乡人把那些远走上海的同乡称作"上海客"。"上海客"和"南洋客"以及潮阳本地乡绅，成为对潮阳地方经济影响最大的三股力量。[3]

"澄海人在上海大都从事进出口贸易，所设商号以资财雄厚、气魄大著称，又以通安公司、厚生公司、仁诚行、德发祥等最具声誉。4家商号的共同特点是历史悠久，其中仁诚号由谢鉴泉创于19世纪末，德发祥由李璧湖昆仲设于1890年代，通安祥约于20世纪初设立。3家商号均以潮糖、杂粮的输出入为主业，从潮汕船载各类土产输往上海，又从上海装运各类杂粮输往汕头、厦门等地。每年的输出入总额每家都在三四百万元以上。"[4]

第二，潮州商帮的代表人物。

在潮州商帮的发育壮大过程中，助人为乐、关心乡里、热心慈善的著名潮商，如恒河沙数，不胜枚举。

陈慈黉（1843—1921），又名陈步銮，澄海县隆都镇前美村人，1874年27岁从澄海樟林港乘红头船到暹罗。自幼受其父亲陈佛的影响，熟悉航海技术和经商之道，少即接管其父业务。因时代发展，帆船被淘汰，遂把实业转向泰国。1871年于曼谷创设陈黉利，专营进出口贸易，再陆续创设多个火砻。后与族人集

[1] 陈泽泓.潮汕文化概说［M］.广州：广东人民出版社，2008：368-369.

[2] 杨群熙.潮汕地区商业活动资料［M］.汕头：潮汕历史文化研究中心，汕头市文化局，汕头市图书馆，2003：177-178.

[3] 宋钻友.广东人在上海（1843—1949年）［M］.上海：上海人民出版社，2007：43.

[4] 宋钻友.广东人在上海（1843—1949年）［M］.上海：上海人民出版社，2007：49.

资在新加坡创设陈生利行（后改为黉利行），将联泰国、新加坡、中国香港、汕头经营连成一体。40岁时回乡，捐资修桥筑路，倡建新村，创办成德学校。20世纪初，在汕头购地建置房屋近400座，推动了汕头城区的市政建设。[1]陈慈黉之次子陈立梅（1880—1930），青年时弃学从商，前往曼谷接替其父业务。民国元年（1912），鉴于各港联号组织庞大，于泰国、中国香港、汕头分设黉利栈汇兑庄，以便资金周转，调节盈缺，于泰国、汕头陆续广置房地产，巩固工商业的基础，并继续发展航运事业，承租挪威国船舶之中暹轮船公司，航行于曼谷、中国香港、汕头、新加坡以及日本等地，前后达40余年。陈立梅热心社会公益事业，与高晖石等发起组织中华总商会，先后任泰国中华总商会及火砻公会会长多年。参与创办泰国报德善堂、潮属培英学校、潮州女校。解囊捐助汕头存心善堂、福音医院、华洋贫民工艺院、香港广华医院、澄海便生医院、泰京天华医院等。[2]

来自澄海的高氏家族，全盛时期家庭成员近百人，家族的创立人高楚香刚到暹罗时，先当一名小店员，后来夫妇全力经营米业，在1970年前后在曼谷创办了第一家华侨新型碾米厂——元发盛火砻，使日夜碾米量从原来的十余车一下子提高到千余车，打下了高氏家族的根基。二子高学能，东渡日本经商，成为日本有名的侨商。七子高学修，负责经理父亲遗下产业，将碾米厂由一家发展到13家，还创办了矿山、橡胶园，广州、新加坡、中国香港、东京、汕头，均有高家商业铺号。高学能之子高绳之将国外大量侨资引回国内，在澄海、汕头创办电厂、水厂、机器织布厂，推动了汕头埠向近代工商业城市的转化。[3]

旅居香港的陈殿臣是晚清民初时另一位著名潮商。《香港纪略（外二种）》载："君，澄海县城人。现年六十岁，壬辰岁考入学（清光绪十八年），癸卯科举人（光绪二十九年）。自举孝廉而后，隐于市廛，从事商业。承忠厚之家规，秉慈和之古训，任东华医院总理，以及保良局绅等职。虽博施济众，尧舜犹病未能，然为善最乐，当仁不让于师。君为旅港潮人先达，望重绅衿，充太平绅士也，连任四五载。今岁为团防局局董，尤见港政府之借重君也。民国十一年潮汕飓灾，君为旅港潮人八邑商会会长，尽力筹赈，登高提倡；此君之见义勇为，留善誉于梓里者也。"[4]

[1] 许茂春.东南亚华人与侨批［M］.曼谷：泰国泰华进出口商会，2008：34.

[2] 澄海县地方志编纂委员会.澄海县志［M］.广州：广东人民出版社，1992：844-845.

[3] 陈汉初.汕头文史资料精选（工商经济卷）［M］.香港：天马出版有限公司，2009：401-423.

[4] 郝建刚，董守林，魏周亮.香港纪略（外二种）［M］.广州：暨南大学出版社，1997：89.

鸦片战争以后，潮汕商人利用香港在东亚区域市场的枢纽地位，纷纷到香港谋生创业，"在香港设立贸易商号或联号，从事转口贸易，从而形成'潮州帮'，经营'南北行'生意。由于南北行商号主要集中在香港文咸西街一带，故文咸西街又称南北行街。""南北行的商家大多是潮汕人，其中陈开泰、高元盛、高满华、陈焕荣、陈慈黉、吴潮川等都是南北行的拓荒者。可以说，'南北行'的辉煌历史大部分是由潮商写成的。位于香港文咸西街的乾泰隆是由泰国华侨澄海人陈焕荣于咸丰元年（1851年）创立。该行历经一百多年而不衰，已成为香港最具历史纪念意义的商号。"[1]

（二）潮州商帮的特点

关于潮州商帮的特质，多有著述，如注重信用、讲究乡谊、联系宗族、勤奋刻苦、与时俱进等。有人则认为早期潮州商帮是"亦商亦盗"的。

陈泽泓认为，（早期的）潮州商人并非都是以亦商亦盗的方式经商致富。潮州商帮以亦商亦盗为人所瞩目，其原因有三：一是与广州帮得益于长期一口通商之亦官亦商不同，潮州帮则因潮州港长期处于被抑压的状态而不得不采取完全不同的经商方式；二是潮州商人在官吏贪赃、寇匪不断的环境中，为了生存和发展不得不采取这种相与浃洽又相对抗的经商方式；三是海商是潮商中首先形成商帮的部分，武装走私的经商方式，必然要发展势力，垄断一方，使得集团化的倾向越趋明显，某一时期总是由一个或少数若干个人数众多、声势浩大的走私集团风行海上，因而使潮州商帮给人以亦商亦盗的印象。

进入19世纪以后，随着清政府海上贸易政策的调整和南洋地区的殖民地化、半殖民地化，潮商大规模海上走私贸易的内外环境已经发生根本性变化。潮人克勤克俭、精明细致、从小处做起、善于择利而行、不因循固守等特质，逐渐融入潮商的经营作风之中，使得潮商得以在海内外市场竞争中保持优势。[2]

1948年，饶宗颐总纂的《潮州志》里，详细归纳了近代潮商的经营特色与经营作风："畴昔潮州民风淳厚，贸易专尚信用，不重手续。晚近渐趋浇离，商场信用，保持至抗战期间，始告泯灭。在信用未堕时期，市上商人一经口头应诺，虽转瞬市情丕变，至于倾家荡产，亦皆履行诺约，不甘食言。汕头与内地货物买卖，一经船夫、路脚或过往熟人之传言，谓某需要若干某货，即如额付与，然后依期凭账收款，收货人绝不以其无据而拒账。其或收货人倒闭，则由债权人

[1]　黄赞发，陈桂源.潮汕华侨历史文化图录［M］.济南：山东美术出版社，2008：120-121.

[2]　陈泽泓.潮汕文化概说［M］.广州：广东人民出版社，2008：374.

清抄财产，任从追偿，不敢否认债务。潮州稍具信誉之商人，既有金融界之信用放款，又得买卖货物之赊账，故往往有极大之经营，而赖乎信用者十之六七，赖乎资本者十之二三，所谓潮人能以小资本经营大商业者，实基于此。至赊账之风，大概于抗战发生、地方失陷之时起，反溯而上，逐年加盛。不特批发可赊，却零售亦多可赊；同一地方内可赊，不同一地方亦可赊。甚而汕头至香港、上海购办，以及海外各港与汕头之托办、托兑，亦得以赊账行之。故潮谚有'无赊不成商'之语。"[1]

对此，黄挺在《潮商文化》一书中指出："赊账惯例能够通行，主要倚赖于忠义、诚信一类道德的支持。而这类传统道德能够化为潮州商人的文化精神和行为准则，民间宗教崇拜起着很大的作用。""明白这一点，对《潮州志》上'赊账之风，大概于抗战发生、地方失陷之时起，反溯而上，逐年加盛'很有趣的那句话，大概就可以会心微笑。我们曾经花了很大力气来讨论潮汕商人的'诚信'问题，却不去理会作为一种传统道德，'诚信'观的确立和流行，其实还需要更大更深刻的文化力量在背后支持。"[2]

四、潮汕的商人会馆

1949年以前，潮汕人的商业组织主要有三大类：家族式商业组织；行业式商业组织，包括行会和商会；地域式商业组织，如潮人在海内外设立的会馆和海内外商人在潮汕设立的会馆。[3]本节主要分析潮人在海内外设立的会馆。

（一）广州八邑会馆

八邑会馆是潮商在外地组成的同业团体。潮州府下辖八县。清代中期以来，潮人经商至国内、世界各地，并形成了数量众多的八邑会馆。广州的潮州八邑会馆位于今天广州市长堤大马路，《潮州八邑会馆碑记》载：广东潮州八邑会馆创建于1875年，相比国内其他城市如北京、上海、苏州的潮州八邑会馆，广东潮州八邑会馆的创建是较晚的。鸦片战争之后，广州商业繁荣，潮州经商、仕宦于省城者甚多，上至天津，下至琼南，各埠均有潮州会馆，唯独广东省城广州没有。于是，当年旅居广州、佛山、香港的潮籍人士，为加强潮人之间联系，并举

[1] 饶宗颐.潮州志（第三册）[M].潮州：潮州市地方志办公室，2004：1280-1281.

[2] 黄挺.潮商文化[M].北京：华文出版社，2008：78.

[3] 陈景熙.汕头工商业史话[M].香港：天马出版有限公司，2011：66-69.

办公益事业需要，倡议在广州成立八邑会馆。

早在清同治年间，旅居广州的潮人即有类似会馆性质的组织"聚合堂"。成员原是旅居广州和香港的潮商，其中大多数是经营南北行的。当时，潮商在香港经营南北行且历史最久的首推陈焕荣创办的乾泰行（创建于1851年），其他尚有高楚香创办的金丰裕行，以及金成利行、义顺和行等。潮人所经营的南北行实为香港转口贸易的创始者。他们以潮汕为基地，在广州、香港和南洋各地开展转口贸易。由于转口贸易扩大，客居广州经商的潮人日益增多，成立省城潮人会馆势在必行，广州的八邑会馆便在聚合堂的基础上建立八邑会馆。

广州的八邑会馆创建之时，广州、佛山、香港和汕头各地行号计捐银5万多两。会馆建成后，成为潮州考生到省城参加科举时的邸舍（相当于旅馆）。会馆也会接待一些赴省城、京城求学或到外地经商、办事的潮籍乡亲。就此看来，设在广州的八邑会馆，其功能已经远远超过了商人群体之间经商联络的需要，而兼具乡谊、科举等作用。

孙中山曾在广州八邑会馆发表演讲。1927年发生广州起义，有一些潮籍手车工（黄包车夫）参加工人赤卫队第二联队战斗牺牲。之后，中共地下党和会馆方面联合，发动潮人掩埋牺牲的潮籍手车工。1937年日军侵占北平后，很多北方潮人避乱南下，多名在北平的潮汕乡亲南下广州时就得到会馆接待，提供免费住宿，资助回乡旅费。[1]

（二）上海潮州会馆

上海潮州会馆又名旅沪潮州八邑会馆，是上海的一个历史悠久的地域性组织，在旅沪潮汕同乡社会中深具影响。旅沪潮州八邑会馆始建于乾隆二十四年（1759），潮州八邑因地理位置和行政区划的历史原因，向来海（阳）、澄（海）、饶（平）为一帮，揭（阳）、普（宁）、丰（顺）为一帮，潮（阳）、惠（来）为一帮。

民国时期，上海潮州会馆董事会、潮州旅沪同乡会作为旅沪潮商的同乡民众团体，凡各租界、各国公署、各省官厅往来文牍的交接事务，概由董事会担任接洽。董事会董事担负着各项慈善公益事业的捐款义务，因此，上海潮州会馆、潮州旅沪同乡会董事多为旅沪殷商担任。

潮州八邑旅沪商人另建有多种行业组织，如潮糖杂货联合会、水果业慎义

---

[1] 李宏新.潮汕史稿［M］.汕头：汕头大学出版社，2016：702-703.

堂、抽纱公所等，这些组织大都作为团体加入会馆，只执行一般的行业管理事务。如有重要事件发生，与政府或外帮发生严重纠纷，或出现影响全帮利益的事件，大都由潮州会馆出面向有关方面交涉。

1925年，时值陈炯明占据汕头，旅沪及苏州、南京等地潮人汇款至家乡，由于汕头金融界在银圆与国币之间存在不合理的比值汇兑，致使潮人产生经济损失。旅沪潮人、潮商纷纷提出抗议。上海潮州会馆的郑建明、郭子彬（铜盂人）即致电汕头当局，要求整顿汕头市汇兑公所，取消不合理汇兑，按银圆与国币的合理汇率兑换，汕头总商会马上召开会议，并复电上海潮州会馆董事会，复电告知"汕头市国币维持会于5月21日通过决议，从6月1日起废除以前汕头金融不合理的汇兑比值"。

上海潮州会馆也为潮汕人赴上海谋生提供方便，对潮汕本土的教育、文化、福利、慈善事业等方面多有贡献。如潮阳沙陇就有不少由"上海客"捐资兴办的学校。1922年，郑淇亭在兴陇创办砺青小学。1925年，郑建明创办启迪学校。东仙郑芹初创办华川学校，郑友松创办思成学校，郑国凯创办砺青中学，等等。1920年，郑淇亭与郭子彬在汕头还创办了汕头大中中学（现汕头市第四中学前身）。[1]

（三）近代闽商和客商在潮汕的商业组织

第一，漳潮会馆。

汕头开埠前，福建省的漳州、铜山等地的商船常到汕头贸易，清咸丰四年（1854），闽商和潮商倡建漳潮会馆，作为交易的场所。馆址在今汕头市安平路。会馆前面，当时还是一片海滩，潮涨时常遭水浸，故俗称"浸水会馆"。为与后来在商平路建立的六邑会馆相区别，又称为"老会馆"。馆内设有船务、药材、米粮、火柴和汇兑等5个行当，并办觉世小学（原佛教居士林宗教学校）。[2]

第二，八属会馆。

清光绪年间，客籍八属商民共同建立八属会馆。"八属"指粤东闽西的大埔、丰顺、梅县、平远、蕉岭、兴宁、五华、永定8个客家县，馆址在福平路。建造会馆的资金由回国移民和在汕头的客家店主捐赠。在汕头的客家店主主要经营为出国移民服务的客栈，其中11名店主被选出组成一个委员会。他们的雇员中

[1] 李宏新.潮汕史稿［M］.汕头：汕头大学出版社，2016：696-697.

[2] 潮汕百科全书编辑委员会.潮汕百科全书［M］.北京：中国大百科全书出版社，1994：721.

每月有两名轮流照管会馆事务；还雇用了一名顾问，由委员会支付薪金。每一个具有出钱能力的归国移民须为公会基金捐助白银1钱，对每条运载归国移民上岸的"客家"客轮征收2钱。这样筹集起来的款项中，有一部分用于支助一个为病人开设的医院和提供一块墓地。凡是渴望回返家乡但无路费的移民由会馆给予资助。[1]

　　随着潮客贸易往来频繁，早从清代中期开始，上游闽、粤各产行商，相继在潮城及意溪等地建立商业组织，潮州行商也在韩江上游贸易点建立了自己的会馆，如长汀有潮州会馆两所、峰市有义安会馆、松口有潮州同乡会馆、兴宁有两海会馆、镇平则有潮州别墅等。潮州的客属会馆，在潮州府城里有汀龙会馆、镇平会馆、大埔会馆、丰顺会馆、嘉应会馆等。会馆之设，有两个主要目的，一是联络乡谊，通过祭祀神祇和聚宴，为同乡排忧解难，办理善事，以敦以谊，增强凝聚力；二是分析商情，共商对策，以谋求同乡商户的共存共荣。[2]

　　潮州府城外缘的意溪，是韩江中上游与下游诸出海口连接的重要水运枢纽，客商会馆有和平馆、金丰馆、银溪馆、丰埔总馆、公兴总馆、橡埔会馆、鄞江会馆等。意平馆由福建连城人创办，专做杉木贸易。金丰馆由福建永定人创建，下设"金记""生记"两个字号，除了作为贸易中介之外，有时还直接收购并转卖货主的杉、木板。银溪馆由大埔银江人创建，下设"达记""元记""泰记""丰记"等8个字号，主要做杉、竹、木炭的贸易中介服务。丰埔总馆系丰顺、大埔两县在意溪联合创办的竹馆，下设"绿竹馆""青竹馆"，有"泰兴""中兴""泰丰""集丰""三合兴"等字号，丰埔总馆免费为丰顺、大埔两县的货主和放排工人提供食宿，同时按2%的比例向贸易双方收取中介费，用于支付馆内的日常开支。多家客商会馆在意溪的密集聚集，有助于解决人员、货物的中转流动问题，也有助于维护客属商人的权益，解决贸易纠葛。[3]

[1]　林瀚.潮客之间：经济视野下的汀韩流域地方社会及族群互动（1860—1930）［D］.福建师范大学硕士论文，2009：132-133.

[2]　林瀚.潮客之间：经济视野下的汀韩流域地方社会及族群互动（1860—1930）［D］.福建师范大学硕士论文，2009：129.

[3]　林瀚.近代闽西木材贸易与潮州意溪地方社会［J］.闽商文化研究，2014（2）.

明清年间，潮汕地区的海上贸易已经比较活跃。1860年汕头开埠后，潮汕的对外经济贸易活动更加频密，本章将叙述1860—1949年汕头口岸的进出口贸易、人员出入境、华侨与侨务、海关与行业组织的基本变化情况，并对其与近代潮汕经济社会发展之间的互动关系进行分析。

第一节　对外贸易

汕头开埠后，潮汕地区的对外贸易蓬勃发展，并在20世纪20—30年代进入鼎盛阶段。

一、对外贸易的发展

汕头开埠后，对外贸易发展很快。如表5-1所示，清同治三年（1864），汕头进出口贸易总额为408.19万银圆；清光绪二十四年（1898）达到1616.69万关平两；宣统三年（1911）达到2253.03万两。1864—1911年的48年间，汕头港进出船只数增加1.6倍，吨位数增加约6.5倍。对外贸易的快速发展促进了潮汕地方经济的发展。

民国时期，汕头对外贸易曲折上升。受第一次世界大战的影响，民国4年（1915）起进口贸易大幅度下降。进出口总额从1912年的2503.59万两下降到1918年的2136万两。一战结束后又快速回升，1923年达3978.27万两。这一时期，洋糖大量进口，外资在国内设厂生产的英美卷烟、绍昌肥皂、亚细亚和美孚洋烛、桃唛线团等洋货倾销，几乎占领了潮汕市场，由于进口和洋货倾销，严重打击了民族工业生产的发展。1928年至抗战前夕，汕头对外贸易又有了较大发展。

1939年初，由于东南沿海各港口相继被日军侵陷，汕头成为我国通往国外的唯一较大口岸，不少民用和军用物资从汕头进口转运到内地，导致汕头港进出口贸易额快速增长。1939年6月21日，日军占领汕头。汕头沦陷后，对外贸易处于日军管制下，所有进出口货物都须向日军"粤东派遣军政务部"申领出口许可证和进口特许证，并由日籍船舶装运。太平洋战争爆发后，内地与香港来往便基本中断。这个时期，进出口贸易额猛降，据不完全统计，1940年汕头港进出口总额786816元，1941年降为49085元，其中进口48434元，出口651元。1943年以后，美军封锁中国沿海，汕头对外贸易停顿。

1945年抗战结束后，是年10月，汕头与香港恢复通航，潮汕对外贸易开始恢复生机。由于国民党发动内战和通货急剧膨胀的影响，进出口贸易年年萎缩。根据潮海关资料统计：1946年进出口总额为1391万美元；1947年减为877万美元；1948年再降为385万美元；1949年回升到1086万美元，其原因是大量出卖进口许可证而造成进口量大增，但出口量继续下降。[1]

表5-1　近代汕头口岸对外贸易情况[2]

年份	进口额	出口额	进出口合计	年份	进口额	出口额	进出口合计
1864	3913175	168747	4081922	1903	13721608	4652044	18373652
1865	6045590	157717	6203307	1904	14105085	5828259	19933344
1866	6378240	273011	6651251	1905	14336452	5446214	19782666
1867	6375792	289427	6665219	1906	13931030	5495132	19426162
1868	5281765	263857	5545622	1907	17939571	6037449	23977020
1869	3565084	308348	3873432	1908	14092836	6166985	20259821
1870	4102964	370181	4473145	1909	14970518	6258836	21229354
1871	5584566	428728	6013294	1910	19139428	7232890	26372318
1872	4743075	909088	5652163	1911	15849020	6681250	22530270
1873	6396326	1102458	7498784	1912	18072225	6963719	25035944
1874	6928225	518186	7446411	1913	20111062	7031510	27142572
1875	7066510	608132	7674642	1914	20641608	7163010	27804618

[1]　广东省汕头市地方志编纂委员会.汕头市志（第三册）［M］.北京：新华出版社，1999：240.

[2]　中国海关学会汕头海关小组，广东省汕头市地方志编纂委员会办公室.潮海关史料汇编.1988：170-192.

续表

年份	进口额	出口额	进出口合计	年份	进口额	出口额	进出口合计
1876	8149934	1188700	9338634	1915	15916282	9773462	25689744
1877	8984547	1810200	10794747	1916	14441088	9592147	24033235
1878	7583500	1113738	8697238	1917	13598363	8549929	22148292
1879	8638024	865403	9503427	1918	13364353	7995652	21360005
1880	8214137	1188899	9403036	1919	15102443	10312137	25414580
1881	6182870	1478875	7661745	1920	11341356	12725944	24067300
1882	5870001	1812196	7682197	1921	19278715	14229762	33508477
1883	6429112	2361853	8790965	1922	23094796	9671363	32766159
1884	6327667	2571288	8898955	1923	29039744	10742911	39782655
1885	6433463	1535700	7969163	1924	26827573	11061947	37889520
1886	6767056	1389695	8156751	1925	19092956	9819484	28912440
1887	7204886	1425195	8630081	1926	19246593	10262994	29509587
1888	7347099	1538498	8885597	1927	28451133	11361439	39812572
1889	6982253	1691053	8673306	1928	29109789	11533775	40643564
1890	8928740	1581028	10509768	1929	29510444	13063180	42573624
1891	8875911	1528145	10404056	1930	38423806	15330042	53753848
1892	8295653	1639659	9935312	1931	32302068	12191645	44493713
1893	8149047	1728419	9877466	1932	38868821	13466991	52335812
1894	8600195	2028043	10628238	1933	59776306	17777903	77554209
1895	9781597	2232624	12014221	1934	26139885	15859788	41999673
1896	8650122	2335729	10985851	1935	28462649	17217516	45680165
1897	9441305	2976623	12417928	1936	29621161	23223975	52845136
1898	12570842	3596093	16166935	1937	36296919	33514706	69811625
1899	13314948	4112574	17427522	1938	36588534	37533020	74121554
1900	12525066	4952481	17477547	1939	33435483	34249531	67685014
1901	13621300	5016307	18637607	1940	553105	233711	786816
1902	14140672	4898173	19038845	1941	48434	651	49085

注：1864—1874年单位为银两；1875—1932年单位为关平两；1933—1941年单位为国币元。

二、进出口商品结构

（一）进口商品结构

1858年，英法等国强迫中国签订的《通商善后条约》中，规定鸦片以"洋药"名义进口，从此鸦片一直作为合法进口商品，在中国行销近60年。自咸丰十年（1860）汕头开埠到宣统三年（1911）清政府统治结束的50年间，汕头进

口的商品主要是鸦片、大米、煤油、棉纱、洋布和锡。从同治元年至宣统三年
（1862—1911）进口鸦片91179司马担，合5.59亿两，约值2.4亿银圆。这个时期
由于历年鸦片的进口比重很大［见表5-2（1）］，它的升降常常影响整个口岸进
口总值的变化。在这个时期，棉布、棉纱和棉花的进口额增长也较快，是第二大
进口商品。棉花、棉纱主要供应潮梅地区的土布生产，由于潮梅地区土布生产的
发展，特别是兴宁土布业的兴起，汕头棉纱进口额在光绪十一年（1885）一度超
过鸦片。

从1860年汕头开埠到1895年的35年间，10年有天灾记录（含3次地震记
录），1864—1866年由太平天国运动带来的3年战乱，受自然灾害、战乱等影
响，汕头口岸多数年份的进口商品数量和货值呈较大波动状态。

表5-2（1）　1865—1930年部分年份汕头口岸进口主要商品占总进口额比重[1]

单位：%

进口商品	1865年	1870年	1875年	1880年	1885年	1890年	1895年	1900年
鸦片	22.99	52.05	57.85	53.22	24.34	26.18	23.67	28.43
棉布/棉纱/棉花	20.27	31.35	30.28	35.13	51.52	39.15	32.31	21.99
毛织品	0.77	3.67	2.41	1.70	2.37	0.41	0.95	0.89
豆饼	15.82	1.61		0.29	0.26			
米	18.44	0.13		0.38	1.62	2.09	5.05	4.38
煤油、煤	0.89				1.31	3.13	5.19	7.85
金属		3.24	1.97	1.68	3.07	3.08	3.45	5.58
洋参		0.43	0.74	0.76	1.32	0.99	1.68	1.14
火柴					0.67	0.74	1.53	1.61
药材药剂						0.03	0.56	0.76
白糖								0.11
其他	20.82	7.53	6.76	6.84	13.51	24.19	25.6	27.25
合计	100	100	100	100	100	100	100	100

进入民国时期，从民国元年至16年（1912—1927），汕头进口商品的结构
较前期有了很大变化。最明显的是进口鸦片大量减少，到最后停止。如图5-1所
示，到民国4年（1915），经潮海关仅运进鸦片293司马担，以后就找不到鸦片
输入的记录。这一时期除了大米外，以布匹呢绒、棉纱、洋糖、煤油、煤炭和锡
为大宗进口商品，烟酒、毛织品也占有一定比重，商品结构在这一时期的前段和

　　[1]　中国海关学会汕头海关小组，广东省汕头市地方志编纂委员会办公室.潮海关史料汇编
［M］.1988：236-237.

后段有一些变化。如表5-2（2）所示，民国4年（1915）几类主要进口商品所占当年进口总值的比重是：棉纱22%，布匹呢绒14.3%，粮食7%，洋糖3.3%，煤炭2.2%，烟酒1.6%。后来由于上海、青岛等地生产的棉纱、棉布和香烟南运逐年增加，而大米进口比重也逐年增大，棉布、棉纱进口的比重则相对下降。民国16年（1927）各种主要进口商品占当年进口总值28451133关平两的比重变为：大米33.7%，面粉1.2%，布类8.4%，棉纱0.1%，煤油6.6%，锡3.7%，煤炭4.3%，洋糖6.8%，烟酒0.5%，这个时期大米的进口上升到重要地位，其进口多少，对整个进口总值的升降有极大影响。这一时期汕头手工业有所发展，钢铁和铜等金属原料的进口也有所增加，宣统二年（1910）这类商品仅进口546783关平两，民国12年（1923）增加到1970000关平两。由于火车、轮船发展的需要，这个时期也进口一些车船材料及锅炉机器和零配件，但进口额不大。

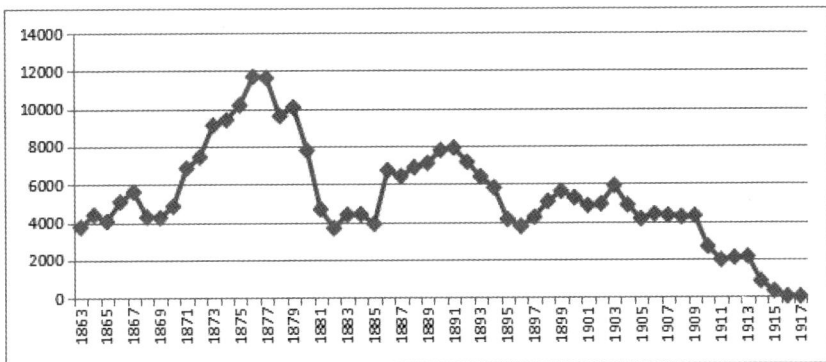

图5-1 1863—1917年汕头口岸进口鸦片数量（司马担）

民国17—28年（1928—1939）汕头口岸进口商品仍以大米、棉布、煤炭、洋糖为大宗，但具体结构有较大的变动。由于潮汕已经有了自己的近代制糖工业，以及民国政府从民国18年（1929）起对洋糖进口实行征税和以后几次加税，洋糖进口逐年减少，从民国19年（1930）最高的573372公担值4323628两，降至民国22年（1933）的20702公担169171元。肥田料在这个时期进口增长特别快，在当时主要进口商品中仅次于大米、棉布，列第三位。民国25年（1936）进口大宗产品所占比重如下：大米34.8%，布类19.2%，肥田料12.5%，铜铁类2.5%，煤油2.5%，电油（即汽油）1.5%，煤炭1.4%。除了大米和棉布为消费资料外，生产上需要的物资进口已逐步占了主要地位。

民国29—34年（1940—1945）日军占领汕头期间，进口商品缺乏统计资料。民国35—38年（1946—1949）民国政府统治的后段时期，汕头主要的进口商品有大米、煤油、肥田料、柴油、细麻布（抽纱原材料）、面粉、橡胶（包括废旧橡胶）和氯酸钾（洋硝）等。民国35年（1946）各类主要进口商品占当年进口总值的比重为：大米18.88%，煤油12.4%，肥田料4.63%，柴油3.81%，细麻布3.79%，面粉2.27%，新旧废橡胶2.14%，滑机油0.87%，氯酸钾0.57%，烧碱0.11%。以后每年的比重都有变化，1949年肥田料占进口总值的32.51%，细麻布10.66%，煤油6.43%，面粉5.9%，大米5.3%，柴油1.19%，新旧废橡胶0.4%，滑机油0.22%，氯酸钾0.12%。

表5-2（2） 1915—1949年部分年份进口主要商品结构[1]

单位：%

进口商品	1915年	1927年	1936年	1946年	1949年
大米	7	33.7	34.8	18.9	5.3
面粉		1.2		2.3	5.9
布类	14.3	8.4	19.2	3.8	10.7
棉纱	22	0.1			
煤油		6.6	2.5	12.4	6.4
锡		3.7			
煤炭	2.2	4.3	1.4		
洋糖	3.3	6.8			
烟酒	1.6	0.5			
肥田料			12.5	4.63	32.5
铜铁类			2.5		
汽油			1.5		
柴油				3.8	1.2
新旧废橡胶				2.1	0.4

（二）出口商品结构

汕头开埠后，初期的出口商品，以土纸、陶瓷、茶叶、麻及麻制品（包括渔网苎线及夏布）为大宗，其后，糖、豆、油的出口量和出口比重也很大。

---

[1] 广东省汕头市地方志编纂委员会.汕头市志（第三册）［M］.北京：新华出版社，1999：281-287.

在近代潮汕出口贸易史上，糖的出口占有相当重要的地位，糖是近代潮汕地区出口的主要产品之一。由于欧洲大陆甜菜糖生产的扩大，马尼拉和爪哇糖的竞争，潮糖出口在1885—1890年开始趋于下降。虽然潮糖的外需在下降，不过，国内需求却在不断增长，潮糖颇受国内各口岸的欢迎，潮糖价格也较为稳定。

汕头开埠后，随着华侨出国人数的增多，潮汕特产的出口也随着增加，比如陶瓷、茶叶、潮汕水果、酱菜（如咸菜等）等都是主要的出口产品［见表5-2（3）］。华侨移居南洋后仍保留家乡的习俗，需要从家乡购买神纸用于祭祖等民俗活动，因此，神纸也是汕头口岸的主要出口产品之一。

表5-2（3） 1870—1900年汕头口岸出口货物主要品种结构[1]

单位：%

出口商品	1865年	1870年	1875年	1880年	1885年	1890年	1895年	1900年
糖	78.94	52.60	41.98	57.54	30.75	1.38	5.78	6.41
陶瓷	1.64	7.07	1.93	2.35	2.35	2.16	2.43	2.36
夏布	2.34		2.44	1.82	4.52	7.12	11.98	6.95
纸	1.16	11.27	2.34	0.51	3.41	4.22	3.37	12.59
神纸			4.97	1.22	2.85	7.18	6.90	9.72
茶		0.58	10.17	8.77	17.21	10.83	5.66	2.97
烟叶、烟丝	5.62					5.78	6.61	4.10
生柑		1.80	3.10	3.15	4.78	4.29	3.83	3.66
其他土特产	7.04	10.94	3.91	2.75	4.02	6.69	5.12	5.75
锡箔			1.01	1.88	1.37	5.23	3.12	3.18
麻线			1.35	0.76	1.53	2.38	2.45	2.87
其他	3.26	15.73	26.81	19.26	27.22	42.72	42.76	39.44
合计	100.00	100.00	100.00	100.00	100.00	100.00	100.00	100.00

注：其他土特产主要包括咸菜、干菜、薯粉、橄榄、大蒜、鲜蛋等。

民国元年至16年（1912—1927），汕头的出口商品仍以农副产品为多，但手工业产品已有较大发展。这个时期的抽纱，在汕头出口贸易中已经逐渐上升到重要地位，民国10年（1921），潮安、揭阳、潮阳、澄海等地农村妇女从事抽纱生产已达3万人左右，年制成品约100万元。民国14—15年（1925—1926）海关出版的全国贸易年册里开始记载抽纱的出口金额，这两年平均每年约135万关平

［1］ 中国海关学会汕头海关小组，广东省汕头市地方志编纂委员会办公室.潮海关史料汇编［M］.1988：205-212.

两，占当时汕头口岸出口总值的12%左右。这个时期汕头年出口值超过10万关平两的手工业产品，除了早期就有出口的瓷器和土纸外，还有在清代末期发展起来的渔网、纸伞、衣服鞋帽、爆竹、神香等。

民国17—28年（1928—1939），汕头出口商品结构的变化，主要是手工业品的出口值和比重快速增加，过去以农副产品为主的出口贸易，到民国24年（1935）以后已变成以手工业品为主。民国24年（1935）几种主要出口商品占当年出口总值的比重是：抽纱43.08%，纸伞4.97%，土纸4.39%，蜜柑4.33%，蒜头3.39%，渔网3.72%，菜脯1.94%，鲜蛋1.9%，神纸1.59%，竹制品1.09%，咸菜1.31%。民国27年（1938），汕头抽纱出口创历史最高水平，达到18697759元，占当年出口总值的49.79%。

民国28年（1939）6月汕头沦陷，日本侵略军占领汕头期间，是汕头进出口贸易的中断时期，特别是民国32年（1943）美国实行海上封锁之后，进出口贸易完全停顿，这个时期的进出口贸易极其有限，也缺乏统计资料可考。

民国35—38年（1946—1949）10月，这一时期，因民国货币贬值日甚，对出口统计数据进行比较没有意义。另外，国民党政府推行一套扼杀对外贸易的政策和外汇管理办法，加之出口商人和海关人员互相勾结，短报出口数量，低报出口价值，统计所列数字不能反映确实的出口情况。[1]

三、进出口国家和地区

康熙二十三年（1684）弛海禁，潮汕地区同南洋各地的贸易随即蓬勃发展。1860—1910年，初期汕头口岸进口商品大多数来自中国香港，差不多占汕头进口总量的90%；其次来自新加坡、暹罗（今泰国）和安南（今越南）。后期，香港仍居首位，除了新加坡、暹罗、安南之外，还有日本、中国台湾等，其进口值已赶上除中国香港外的其他几个国家。出口方面，初期以中国香港和英国为最多，各占当时汕头出口的40%左右，其次为新加坡，约占10%，其余为日本、美国和安南。后期，中国香港约占35%，新加坡占30%，安南和暹罗各占15%，其余为荷属印尼一带。

民国时期汕头的进口，初期还是以香港为最多，20世纪20年代中期进口

---

[1]　广东省汕头市地方志编纂委员会.汕头市志（第三册）［M］.北京：新华出版社，1999：288-292.

大米占进口总额的比重增大，从暹罗进口的大米约占汕头进口总量的1/4。第一次世界大战后，从美、日两国的进口逐年增加，20世纪20年代中后期两三年达到汕头进口总量各4%—6%，加上部分经香港转口输入汕头，实际上不止此数。民国17年（1928）汕头进口商品的国家和地区13个，前5名的比重是：中国香港52.5%，暹罗19.41%，印度6.26%，新加坡3.89%，安南3.17%。民国20年（1931）发展到26个，前5名是：中国香港45.76%，暹罗10.67%，英国10.07%，印度9.4%，日本7.62%。民国25年（1936）有较大的变化，主要国家和地区所占份额为：暹罗26.88%，英国22.89%，德国10.04%，缅甸8.1%，日本7.25%，美国5.21%，中国香港3.04%，安南2.96%，新加坡2.34%。抗日战争全面爆发后，不再进口日货。日本侵略军占领汕头以后，对外贸易处在瘫痪状态。日本投降后，进口以中国香港和美国为主。

民国时期汕头的出口国家和地区，初期同上期末期差不多，20世纪20年代中期则以新加坡最多，其次为暹罗、安南，中国香港已退至第4位。民国20年（1931）汕头出口贸易的国家地区增加到25个，前10名是：新加坡31.7%，中国香港25.93%，暹罗20.86%，美国11.23%，安南4.26%，日本1.58%，加拿大1.24%，澳洲0.78%，英国0.64%，印度0.54%。民国25年（1936）汕头出口贸易前5名是：美国34.43%，中国香港21.33%，新加坡20.46%，暹罗12.48%，安南6.65%。第二次世界大战，日本战败投降后，汕头商品出口的主要市场是中国香港和东南亚的新马、泰国等地，抽纱的主要市场为美国。[1]

四、对外贸易特点

（一）汕头开埠后对外贸易的快速发展与华侨密切相关

一是汕头的出口很大一部分是由东南亚华侨的需求而引致的。随着潮汕人民移民东南亚人数的增加，潮汕华侨对家乡土特产的需求也日益增长，促进了潮汕土特产的出口，如蔗糖、陶瓷、茶叶、潮汕水果、酱菜、土纸、神纸等的出口，说明潮籍华侨在异国他乡仍然保存原乡的生活习惯和文化习俗，并通过贸易保持与家乡的紧密联系。

二是潮汕华侨主导着汕头对外贸易。汕头开埠后，许多华侨到汕头开设贸

[1] 广东省汕头市地方志编纂委员会.汕头市志（第三册）［M］.北京：新华出版社，1999：307-310.

易行，开展与东南亚的贸易活动。如1889年新加坡华侨在汕头合资创办的福成行，越南华侨合资创办的和祥行等，均从事出口贸易活动。南商、暹商、酱园和果业四大出口行业的主要资本都是潮汕华侨资本。在缺乏商业安全保障的近代东亚、东南亚市场环境下，潮商往往以家族、乡土关系形成的团体力量参与商业竞争。分散于"汕—香—暹—叻"国际贸易圈各地的潮州商人，以同宗、同族、同乡商人为商业贸易伙伴，形成紧密的商业网络和内部信用关系，网络内商户间可以凭订单购货运出，也可以赊账销售对方商号商品，从而提高了商品流通速度与资本的使用效率，大量分散的小商户借助此种内部商业互信网络，得以成为"汕—香—暹—叻"国际贸易圈的购销转运主体。[1]

三是由于大量移民侨汇的持续流入，一定程度上弥补了汕头口岸进口货值远高于出口货值的缺口，保持着对外国商品的购买力，促进了潮汕经济的繁荣。

（二）近代汕头对外贸易已融入西方主导的世界经济体系之中

汕头开埠后，西方商人纷至沓来，外国洋行纷纷进入，美国、英国等西方国家成为潮汕地区进口的主要来源地和出口的主要目的地，汕头对外贸易融入西方主导的世界经济体系之中。一是19世纪下半期，西方国家利用汕头港进行大规模的鸦片贸易和苦力贸易，掠夺中国的白银和劳动力资源。二是利用不平等条约，向潮汕地区倾销商品，严重打击潮汕本土产业，迫使潮汕地区产业接受畸形的国际产业分工，抑制了潮汕近代工业和近代农业的发展，只能在国际商贸格局中扮演农产品供应地和商贸转运港的角色。三是部分潮汕产业与国际市场体系开始形成密切的产业供需关系。如潮汕和兴宁土布业的兴起，主要原因之一是19世纪60年代之后廉价的国外棉花和棉纱的大量输入。1900年之后，抽纱制品之所以能够逐渐发展为汕头口岸的主要出口商品，就是因为潮汕抽纱在制作工艺上，成功地实现潮绣技艺与西方抽纱技艺的融合；并以"来样、来料、来件"加工方式，形成了"两头在外"的产销链条，稳定地占领了欧美市场。

（三）香港是"汕—香—暹—叻"国际贸易圈的重要一环

在汕头对外贸易中，香港具有重要地位，香港是汕头对外贸易的中转站，也是侨汇的中转站和汇兑中心。1842年，《南京条约》将香港岛割让给英国，香港岛开始了国际自由港的建设，大批潮汕人涌入香港，经营中国与东南亚的转口贸易，开创并垄断了香港转口贸易行业——南北行。汕头开埠后在泰国、新加坡

---

[1]　林济.潮商［M］.武汉：华中科技大学出版社，2001：105-106.

从事中国与东南亚贸易的，主要也是潮籍商人。在"汕（汕头）—香（香港）—暹（泰国）—叻（新加坡）"国际贸易圈中，汕头口岸输出货物中的很大一部分，先集中于香港，再由香港转运至东南亚地区和欧美市场。反之，世界各地，包括东南亚地区输往汕头的商品，很大一部分也先集中于香港，再转运至汕头口岸。

五、行业组织

汕头开埠后，潮海关管理着货物和人员的出入口岸活动，清政府通过惠潮嘉兵备道在汕头设行署，署内设汕头洋务公所，除处理对外事务之外，尚未建立管治商业活动的行政机构。本地商人为了维护共同的商业利益，先后形成一些专事港口贸易的会馆、行会。从早期的漳潮会馆、八邑会馆，到同治六年（1867）成立的万年丰会馆，逐渐具有近代进出口行会组织的雏形。以进出口货物分类和以销售地域分类的商业组织，也同时出现。至19世纪末叶和20世纪初叶，万年丰会馆从行"保商局"职能，最终形成近代商会。20世纪10—20年代，汕头开始出现了商业和实业的同业公会。

（一）出口行业组织

随着汕头与东南亚贸易规模的不断扩大，目标市场不断细分，发展出许多相对独立的行业。清光绪十二年（1886），汕头市经营南洋线的进出口商的几家大户倡办南商公所，开始有会员20多家，这是汕头进出口业最早的行业组织。随着"汕—香—暹—叻"国际贸易圈的形成，汕头向东南亚的出口贸易规模不断扩大，形成各种独立的行业，清光绪年间，已有南商、南郊（后改为酱园）、和益（后改为果业）、暹商共4处公所，即专营出口土特产的行业组织。随着抽纱出口的发展，民国15年（1926）成立抽纱公会，会员20多家，1937年抽纱会员增加到180家。

1945年抗战胜利后，汕头各行业公会相继恢复活动。1946年，进出口行业各公会会员有：南商75家（其中21家同时参加暹商），暹商83家，酱园29家，果业35家，抽纱122家。此外，还有陶瓷、生蛋、萝卜干等同业公会一些会员经营出口，但规模较小。

（二）进口行业组织

汕头市的进口商又是内贸批发商。主要有米粮、百货、颜料、新药、铁业等十几个行业。

1.米粮行业

潮汕向外采购粮食历史很长，偶逢灾年，便有人放洋出海采购，以供需求。光绪三十四年（1908），汕头市经营进口的米粮行业有商号约50家，民国7年（1918）以后，米粮行业称为轮船行业（当时进口米粮的商号分别集合成小集团包租轮船运进大米、豆类、糁饼等，故称轮船行业）[1]，有60多家。民国20年（1931）行业改组；2月21日成立杂粮业同业公会，会员近100家；2月28日成立南北港货物运销业同业公会，会员70多家。民国35年（1946）从以上2个公会分摊出港沪出入口货业同业公会和台、浙、福国货运销业同业公会，部分会员有交叉。当年公会会员有杂粮54家，南北港43家，港沪96家，台浙福28家。

2.百货行业

民国6年（1917），汕头市经营进口香港百货的商号20家，进口实叻（现新加坡）百货的商号3家和门市批发5家，共28家组成汕头市苏广洋杂业公会。1939年汕头沦陷前夕，全行业包括批发零售商共达300多家。1946年有会员115家。

3.颜料行业

汕头市颜料业同业公会于民国20年（1931）2月28日成立，至民国35年（1946）有会员17家。

4.新药、铁业、纸簿行业

1951年经营进口商号分别为：新药18家（其中兼营进出口1家，出口17家）、铁业7家和纸簿2家。1952年全部转为内贸商。[2]

（三）外国洋行组织

鸦片战争以后，一些外国商人已经在汕头一带从事非法贸易。开埠前后，外国洋行开始进入汕头（如英国的得记洋行、怡和洋行）从事商业活动，成为汕头商业的重要参与者。

汕头开埠通商初期，西方国家以"洋药"名义大量输入鸦片以牟暴利。据同治三年（1864）海关统计，外国商品输入总额为390万元，其中鸦片一项就有291万元，占75%。后来西方国家又凭借特权大量输入日用工业品。1928年英、德、日、美、法、荷等国在汕头开洋行、商店、旅店等共有56家。

---

[1]　广东省汕头市地方志编纂委员会.汕头市志（第三册）[M].北京：新华出版社，1999：246.

[2]　广东省汕头市地方志编纂委员会.汕头市志（第三册）[M].北京：新华出版社，1999：245-247.

（四）行业组织管理

至19世纪晚期，万年丰会馆一直有效地发挥行业组织的龙头作用，1899年汕头成立保商局，保商局的办公地点就设在万年丰会馆内，保商局的董事如萧鸣琴、萧永声和薛开熙等人也是万年丰会馆的绅董，汕头保商局并未真正成为独立的机构。[1]1905年，万年丰会馆与保商局合并，改名汕头商务总会，后为总商会，总商会作为汕头商人权威性的自治机构，以谋求工商业公共福利为宗旨，是政府与工商界联系的桥梁，众多行业公会加入了总商会。

在商业行政管理机构缺位的情况下，汕头埠和潮汕各地的商会、公会组织，对内发挥着制定贸易章程、协调同业间的矛盾、解决贸易争端、规范行业行为的功能。早期的万年丰会馆还代行了汕头埠部分市政职能。出口行业公会还负责决定与轮船公司租船订载，安排会员配运，为会员出具产地证明等。对外则代表会员向有关部门争取合法权益。如民国13年（1924）传闻海关对抽纱出口要课征出口税，乃由代理美国美乐洋行的抽纱大户张固纯以汕头抽纱公会名义，向北京政府要求核免。[2]

第二节　侨务和华侨投资

明清两代潮汕海上贸易兴起，潮汕地区居民开始随船出国。潮汕地区人多地少，农民为生活所迫，下南洋谋生的越来越多。汕头开埠后，对外移民合法化，汕头很快成为中国最大的华侨出入口岸之一。潮汕华侨多数分布于东南亚，尤以泰国为最多，次之有新加坡、马来西亚、印度尼西亚等地。华侨离开家乡下南洋时多为少壮年阶段，都担负着赡养家庭成员的责任，出洋赚钱养家成为华侨出洋的主要动因。

一、潮人海外移民

（一）潮人海外移民总量

汕头开埠后，成为中国最大的华侨出入国口岸之一。每年有大批人民经汕

---

[1]　林济.潮商史略［M］.北京：华文出版社，2008：280.

[2]　林济.潮商史略［M］.北京：华文出版社，2008：285.

头港出国往东南亚各国谋生［表5-3（1）］。自光绪元年至民国28年（1875—1939），经汕头出国侨民共557万余人，归国侨民计391万余人，出国比归国多出约166万人。

表5-3（1）　1869—1946年从汕头口岸往东南亚出入境人数[1]

单位：人

年份	出国人数	回国人数	净出国人数	进出国人数	年份	出国人数	回国人数	净出国人数	进出国人数
1869	20824			20824	1905	93645	79298	14347	172943
1870	22282			22282	1906	102710	92704	10006	195414
1871	21142			21142	1907	144315	101635	42680	245950
1872	37013			37013	1908	112061	92292	19769	204353
1873	24284	20066	4218	44350	1909	84246	43078	41168	127324
1874	23046	17533	5513	40579	1910	104001	48131	55870	152132
1875	30668	30568	100	61236	1911	133667	38785	94882	172452
1876	37635	21813	15822	59448	1912	124673	42318	82355	166991
1877	34188	23593	10595	57781	1913	117060	38737	78323	155797
1878	37963	26875	11088	64838	1914	86796	39403	47393	126199
1879	36336	28048	8288	64384	1915	74343	36502	37841	110845
1880	38005	28013	9992	66018	1916	82400	29259	53141	111659
1881	30690	25687	5003	56377	1917	69375	20450	48925	89825
1882	67652	35025	32627	102677	1918	57416	32065	25351	89481
1883	73357	40929	32428	114286	1919	83518	54155	29363	137673
1884	62551	41212	21339	103763	1920	109318	68525	40793	177843
1885	59630	44907	14723	104537	1921	135675	98607	37068	234282
1886	88330	45025	43305	133355	1922	136680	112362	24318	249042
1887	68940	49368	19572	118308	1923	133122	102916	30206	236038
1888	65421	54520	10901	119941	1924	152064	131322	20742	283386
1889	74129	53658	20471	127787	1925	131092	105318	25774	236410
1890	65427	50062	15365	115489	1926	83947	105969	-22022	189916
1891	59490	54032	5458	113522	1927	222033	144902	77131	366935
1892	59247	46254	12993	105501	1928	211977	141861	70116	353838
1893	89700	51991	37709	141691	1930	123724	94726	28998	218450
1894	75068	50117	24951	125185	1931	80202	81962	-1760	162164
1895	85157	47618	37539	132775	1932	36824	70864	-34040	107688
1896	88047	55586	32461	143633	1933	44858	50722	-5864	95580
1897	67180	57729	9451	124909	1934	56293	40500	15793	96793

[1]　广东省汕头市地方志编纂委员会.汕头市志（第三册）［M］.北京：新华出版社，1999：545-546.

续表

年份	出国人数	回国人数	净出国人数	进出国人数	年份	出国人数	回国人数	净出国人数	进出国人数
1898	70716	54407	16309	125123	1935	130766	123768	6998	254534
1899	86016	65328	20688	151344	1936	91157	48739	42418	139896
1900	93460	71850	21610	165310	1937	68661	69474	-813	138135
1901	89538	74482	15056	164020	1938	59095	22658	36437	81753
1902	104497	70797	33700	175294	1939	21091	16729	4362	37820
1903	129539	99835	29704	229374	1946	48228	2555	45673	50783
1904	103202	86454	16748	189656					

注：1869—1872年回国人数无统计数字。1929年无统计数字。缺日军侵占汕头期间（1940—1945年）的数字。

汕头开埠后至民国时期，是潮汕人民出国谋生的高峰期。民国16年（1927）是最高潮，出国22.2万人，归国14.5万人。20世纪20—30年代，每月经汕头出国5000人以上，而回国也有3000人左右，汕头行驶南洋轮船航线平均每月36艘次。

民国16年（1927）7月，暹罗政府制定入国法，对华侨入境实行限制。1929—1933年发生世界性经济大危机，热带作物出口市场衰退，新加坡、马来亚首先受其影响，锡和橡胶跌价，大批工人失业，当地政府拨巨款遣送失业者回国。在经济危机的影响下，各国失业人数不断扩大，中国移民在东南亚各地受到抵制。民国19年（1930）8月，新加坡、马来亚宣布移民入口限制条例。从民国20年（1931）起，经汕头出国往南洋谋生的人数逐渐减少。从民国20年至民国22年（1931—1933），潮汕华侨每年回国人数都超过出国人数。民国28年（1939）日本军队占领汕头，封锁海港，人民乘船出国已不太可能。日军占领东南亚各地以后，又有大批华侨经陆路回潮汕。民国34年（1945）抗日战争胜利后，大批华侨和侨眷纷纷乘船往南洋各地。民国36年（1947）3月开始，南洋各地限制中国移民入境。同治八年至民国37年（1869—1948）的79年间，具有资料统计的58年推算，平均每年出国人数比回国人数多3万人。

（二）海外移民动因

第一，被动移民，做"苦力华工"。

19世纪中叶以后，西方殖民者大规模开发南美洲、澳洲以及东南亚殖民地，迫切需要大量劳动力，他们开始在中国东南沿海一带掠夺华人出国充当苦力。咸丰十年（1860），清政府在中英《北京条约》中被迫增加了"允许英国招募华工出国"等条款。汕头开埠后，西方人口贩子更是蜂拥而至，打着合法化招工的幌子，肆无忌惮地进行诱骗活动，进行"猪仔贸易"，即用诱骗、掳掠、招募等方式，把粤东沿海一带贫苦人民强制装船运到殖民地卖给种植园主做苦力，也称"苦力华工"。光绪二年至二十四年（1876—1898），从汕头口岸出国到东南亚各地共有151.2万人，其中从光绪十四年至二十四年（1888—1898）运往苏门答腊德里种植园的华工就有5.6万人，德里的华工几乎全是从汕头埠运出去的。"苦力华工"大都从事开荒种植工作，生活凄惨，往往终身不能自由。[1]

辛亥革命后，社会舆论群起痛诉出卖华工的流弊，迫使当局严禁贩卖"猪仔"，保护侨民。此后，契约移民逐渐移到香港。汕头历史上的自由移民继续盛行，主要是出洋到东南亚各地。"客头行"不再帮"卖猪仔"，只办自由移民业务。带新客出洋的人，叫"水客"。"客头"和"水客"一直延续到解放前夕。[2]

第二，自由移民，赚钱养家。

潮汕人下南洋，多以赚钱养家为目的，多数人并不作长期定居打算，侨居6—10年后回国者最多。侨居11—15年后回国者次之，侨居30年以上或3年以下者是少数。[3]

1934—1935年，陈达对汕头附近的一个华侨社区905个华侨家庭开展调查，华侨离国移居南洋的主要原因归纳为下表［表5-3（2）］。

表5-3（2）　南洋迁民离国的主因[4]

离国移居南洋原因	户数（户）	百分数（%）
1.经济压迫	633	69.95
2.南洋的关系	176	19.45
3.天灾	31	3.43
4.企图事业的发展	26	2.87
5.行为不检	17	1.88
6.地面的不靖	7	0.77
7.家庭不睦	7	0.77
8.其他	8	0.88
总计	905	100

[1] 汕头市人民政府侨务办公室，汕头市归国华侨联合会.汕头华侨志［M］.1990：6.

[2] 广东省汕头市地方志编纂委员会.汕头市志（第三册）［M］.北京：新华出版社，1999：542-544.

[3] 广东省汕头市地方志编纂委员会.汕头市志（第四册）［M］.北京：新华出版社，1999：542-544.

[4] 陈达.南洋华侨与闽粤社会［M］.北京：商务印书馆，2011：57-59.

从陈达的调查结果来看，"经济压迫"是潮人移居南洋的最主要原因，占了69.95%。"经济压迫"包括个人与家庭两方面。个人方面指个人因无业或失业，以致难以谋生，因此冒险出洋，在905家中有353家属于此类情形。家庭方面指家庭的经济困难，包括财产缺乏、收入微细、人口众多等，在905家中，有280家属于此项。可见"经济压迫"是逼迫许多人家迁移海外的一种重要的原动力。

"南洋的关系"是促成移民的第二个主要原因，包括家族在南洋有生意，或者有亲戚朋友在南洋者，通过亲人朋友的介绍，南洋较多的谋生机会吸引了有志青年进行移民。在905家中，有176家是属于此类的，占19.45%。

也有一部分人，或经营商业，或从事自由职业，资本比较宽裕，接受过较好的教育，愿意往南洋去得些经验，或发展事业。在905家中有26家是属于此类的，占2.87%。

华侨离开家乡下南洋时多为少壮阶段。1934年，太平洋国际学会在樟林港对500名男性移民离乡时的年龄进行调查时发现，16—30岁占80.8%，50岁以上一个也没有，15岁以下只占8.2%［表5-3（3）］。出国年龄在16—30岁之间的人最多，这个年龄段的人在乡间家中多有父母和妻儿，都担负着赡养家庭成员的责任，出洋赚钱养家成为华侨出洋的主要动因。另外，他们中有的人到侨居地后，如果环境许可便定居下来，招其家庭成员出国。

表5-3（3） 澄海县樟林港500男性移民离家时年龄统计[1]

年龄组（岁）	人数（人）	占比（%）
10岁以下	6	1.2
11—15	35	7
16—20	221	44.2
21—25	121	24.2
26—30	62	12.4
31—35	27	5.4
36—40	21	4.2
41—45	3	0.6
46—50	4	0.8
总计	500	100

---

[1] 陈国深，卢明.樟林社会概况调查［M］.国立中山大学社会研究所，1936：20.陈树森，张映秋.中国人口的国际迁移［M］//中国社会科学院人口研究所.中国人口年鉴.北京：中国经济管理出版社，1988：120.

二、潮籍华侨的海外分布

（一）地区分布

潮汕华侨多数分布于东南亚，尤以泰国为最多，次之有新加坡、马来西亚、印度尼西亚等地。同治八年（1869）出国至曼谷、西贡、新加坡有20824人，次年有22282人。自开埠至光绪二十一年（1895），每年从汕头出国逐渐增加至8万—9万人，其中一半以上到新加坡和英属各殖民地，其次是到西贡、曼谷和苏门答腊。进入20世纪20年代，出国高峰每年达14万—15万人，一般年份也有10万人，回归者每年只有6万—9万人。出国到曼谷者最多，往新加坡、西贡、苏门答腊的人次之。

第二次世界大战后，先后有一些潮籍华侨、华人从东南亚等地移居西欧和北美。故此，潮汕华侨在世界各国的分布更加广阔。

在泰国，据1953年出版的由谢猷荣编著的《新编暹罗国志》估计，泰国华侨369万人，潮州人（潮汕人俗称）占60%，应有221.4万人；1959年出版的《泰国华侨志》说，泰国华侨、华人369万人，其中潮州人占80%，295.2万人；根据厦门大学东南亚研究所1980年资料，泰国华侨、华人450万人，潮州人约占75%，337.5万人，其中保留中国国籍的华侨约17万人。

在马来西亚，据1921年及1931年的人口清查，1921年在马来西亚的潮州人为130231人，1931年为209004人。[1]据1947年《马来西亚人口统计报告》：潮州人364232人，占总人口的13.92%。

在新加坡，据香港《华人》月刊称，1931年新加坡有潮州人82405人，民国36年（1947）为157188人。

在印度尼西亚，据民国23年（1934）国民政府侨委会材料，1930年印度尼西亚有潮州人23265人，占该国总人口的10%。[2]

近代在其他地区的潮籍华侨，具体数量有多少，因缺乏相关的资料数据，因此尚不清楚。

中国人在南洋的地理分布具有两个特征：一是同乡聚居一处，二是同乡加入一业。已移民东南亚的华侨往往会支持亲戚朋友、同乡移民，并提供帮助。正

---

[1] 陈达.南洋华侨与闽粤社会［M］.北京：商务印书馆，2011：64-65.

[2] 汕头市人民政府侨务办公室，汕头市归国华侨联合会.汕头华侨志［M］.1990：14-16.

如陈达所述："迁民出国的路线，往往依照在南洋的同族或同乡的经验与协助。这些迁民前辈，对于后来者大致有血统、友谊或邻居的关系，或广义的同乡关系。以概况论，在南洋的迁民前辈，遇有适当的机会，援引家中人，或亲戚，或朋友，或邻居，前往南洋，因此后去的迁民，大致跟着迁民前辈所住的地域及所选的职业。经时既久，这就变成一般迁民的习惯。"[1]

同样，移民东南亚的潮汕华侨多是在同族或同乡的帮助下实现移民的，移民东南亚的华侨依然保留了原有在家乡的社会联系，同一乡族的人往往聚居在一起，如马来西亚西北的北根市，当地90%的华人为潮安县人。[2]早期旅居印度尼西亚的潮阳、普宁籍人多居住在苏岛东北部以棉兰为中心的亚沙汉、仙达、直民丁宜等地，揭阳人多居住在加里曼丹岛的坤甸地方，澄海人多聚居在泰国，一些则散居在爪哇岛的雅加达、泗水、三宝垄等城市。因此，潮籍同乡会、宗亲会在东南亚地区非常普遍。

（二）华侨职业分布

咸丰十年（1860）汕头开埠后，大批前往暹罗的潮侨，很多从事大米的收购、加工、包装、运输等职业，或在内地充当收购稻谷的小贩。随着生意发展，已有潮侨垄断泰国的大米贸易。至20世纪30年代，泰国曼谷最大火砻主是祖籍澄海的陈黉利家族，拥有7家大火砻。但是更多的潮汕人还是从事苦力劳动，参加修筑铁路、港口、街道、商店、住宅以至政府大厦。光绪十八年（1892）开始建设以曼谷为中心的铁路网，就有大量的潮侨受雇做苦力，数以千计的人在修筑铁道中丧命。有部分潮人受雇到山巴种胡椒、甘蔗、烟草、蔬菜、棉花，把在家乡种植和腌制蔬菜的技术带到泰国，甚至蔬菜种子也带到侨居地。[3]

马来亚的潮侨，部分居住在吉打、槟榔屿和威斯利省，种植甘蔗和硕莪；部分旅居新加坡、柔佛和苏岛，种植胡椒和甘密。18世纪马来西亚和新加坡森林深邃，当地政府鼓励华侨合作开垦荒地，许多潮侨开荒种植胡椒、甘密，著名潮籍甘密园主是新加坡的余有进和柔佛的陈旭年、陈开顺、林亚相。民国元年（1912）以后，从事椒、密生产的潮汕华侨转营其他行业。另外，也有一部分人分散在马六甲、森美兰、雪兰莪、邦喀和双溪大年等地从事商业和捕鱼，种植水稻、蔬菜、硕莪、树胶，以及酿酒、生产陶瓷器等。

[1] 陈达.南洋华侨与闽粤社会［M］.北京：商务印书馆，2011：61.

[2] 林济.潮商史略［M］.北京：华文出版社，2008：176.

[3] 广东省汕头市地方志编纂委员会.汕头市志（第四册）［M］.北京：新华出版社，1999：549-550.

印尼在荷兰的统治时期，大企业和出入口商行几乎都被殖民者所垄断，华侨只能从事中介商和小商贩，有部分人经营种植业，而大部分人则当店员或劳工。

在越南，潮侨主要集中在南部西贡、堤岸，也分散在南方各省，部分人居住中部的顺化、岘港。在法国殖民统治时期，堤岸及附近的潮侨大多数从事工商业活动，其经营范围主要是谷、米（包括碾米厂），还有茶叶、鱼干、蛋类、食油、柴炭、蔬菜、土产、海运等，有些大米商还拥有稻田、碾米厂和货船，从谷米的生产、加工运输直到销售，独揽经营。

柬埔寨的潮侨多数居住在农村，从事稻谷等农副产品的生产或加工贩卖，也有一些人居住在金边等城市经营商业。[1]

1934年，太平洋国际学会在樟林港对500名男性移民的职业进行调查时发现（表5-4），樟林华侨移民后，职业分布有了很大变化。从事商业的多了，从事农业的少了。华侨经商的占比为7.6%，从事小贩的也占7.6%，从事店员的人最多，占38.4%，总的来讲，樟林华侨从事商业的共占53.6%，超过一半。而在家乡时务农的有62人，到南洋后仅一人从事农业。不过，华侨的就业状况并不乐观，失业率达9.2%。

表5-4　1934年樟林华侨职业调查情况[2]

职业	在乡时人数（人）	占比（%）	在南洋时人数（人）	占比（%）
经商	22	4.4	38	7.6
务农	62	12.4	1	0.2
店员	106	21.2	192	38.4
工人	101	20.2	150	30
小贩	69	13.8	38	7.6
教师	7	1.4	3	0.6
读书	72	14.4	0	0
行医	2	0.4	0	0
其他	0	0	32	6.4
失业	59	11.8	46	9.2
总计	500	100	500	100

[1] 广东省汕头市地方志编纂委员会.汕头市志（第四册）［M］.北京：新华出版社，1999：549-550.

[2] 陈国深，卢明.樟林社会概况调查［M］.国立中山大学社会研究所，1936：20.陈树森，张映秋.中国人口的国际迁移［M］//中国社会科学院人口研究所.中国人口年鉴.北京：中国经济管理出版社，1988：120.

第二次世界大战后，泰国的潮侨纷纷加入泰籍。泰国的碾米业，大多数是他们所经营。其中祖籍澄海的黄作明最为著名，有"米业大王"之称。其他如粮食、汇兑、造船、渔业、木业、金融、五金杂货、皮货、典当、书报、塑料、金饰珠宝等行业，都占有重要地位。尽管如此，泰国潮州人占大多数的还是中小商人、小商贩、职员、店员、工人，相当一部分人在乡村和山地从事农业种植。

新加坡潮侨经营范围很广，包括金融、土产、地产、糖米、京果、金饰、钟表、绸布、药材、瓷器、电器、果菜、海货等。大坡的鱼菜商，大多是潮州人。经营餐馆、小饮食业的也不少。此外，还有很多人在政府机关、企业、学校当职员或工人。

马来西亚的潮州人除了从事工商经营外，很多人还养猪、种菜、经营胶园和菠萝园，一部分人进入文化艺术界成为教授、编辑、歌唱家、医生、律师，也有职员、工人、司机等普通劳动者。

印度尼西亚独立后，一部分潮侨用其辛劳积累的资金经营出入口贸易和开设各类工厂，不过大多数人还是以做工或种植为生。[1]

总的来讲，潮汕移民到东南亚的华侨从事的职业比较广泛，主要从事商业和农业种植，在不同国家职业的分布也有较大不同，这说明潮汕华侨有比较强的适应能力，特别能吃苦耐劳。还有，许多华侨如稍有积蓄，多数喜欢创业，从事商业活动。

（三）华侨社团

近代潮汕华侨社团主要有宗教团体、私会党、同乡会、宗亲会和行业社团。

早期旅居国外的华侨，身处异域，常面临灾害、野兽、当地土人的袭击和疾病的威胁，为了祈求平安，保持团结，以同乡或同宗共同信仰成立了以庙宇为中心的各种宗教团体。如泰国的老本头公、新加坡的粤海清庙，槟榔屿的韩江家庙等。华侨宗教团体的职能有：一是宣传和维护潮州人士所信仰之宗教及其仪式习惯；二是管理所属庙宇，主持祭祀；三是购置及管理墓地，供潮籍人士死亡殡葬；四是有的还创设学校，收容当地潮籍人士子女入学读书；五是调解纠纷，决议潮人公事，敦睦乡谊。移居海外的华人，身居异域，面对陌生的生存环境，渴望得到支持和安慰，而华人社团正好把这种支持和安慰给予了他们，满足了他们

---

[1] 广东省汕头市地方志编纂委员会.汕头市志（第四册）［M］.北京：新华出版社，1999：550-551.

心灵上的需要。[1]

　　私会党是有组织的帮派，是一种借助宗教或者以"慈善自助"为号召组织起来，并往往反抗朝廷统治的社团，如白莲教、天地会、三合会、洪门会等。在清代，私会党更是以"反清复明"为宗旨。在太平天国运动的影响下，潮汕地区会党也举义相应，但在短时间内被清兵剿灭。起义的余党，多出走东南亚。私会党作为一种社会团体，具有互助自救的慈善性质，起到帮助华侨谋生、处理华侨纠纷、维护侨众利益的作用，能够给刚踏上异邦的移民带来慰藉和力量，通过集结旧部，吸纳新成员，逐步形成东南亚地区华人社会私会党。1889年，英国殖民政府在马来半岛实施社团法令，私会党不能通过公开登记成为合法社团。于是，大部分私会党通过登记成为公司、会馆、互助会等公开同乡组织。公司、会馆延续了私会党慈善与互助的功能，履行各种宗教仪式，援助贫苦会员，解决会员间或会员与其他人士间纠纷等。

　　20世纪30年代中期后，东南亚各国家和殖民地陆续出台了限制华人自由移民的政策，政治上的限制使东南亚各地的华人感觉到团结自立的必要，依靠地缘、血缘和业缘关系，同乡组织、宗亲组织、商会和同业公会等海外华人社会团体的数量很快得到增加，组织机构也越来越完善。不过，由于东南亚各地区情况和移民社会本身构成的不同，这三种华侨社团组织在不同国家的发展情况并不平衡。根据陈烈甫的研究，菲律宾华人社会中，宗亲会特别发达；越南则多各帮同乡会馆和商会、同业公会；新马则同乡组织比较发达，远远超过宗亲会；同乡组织、宗亲会和商会在缅甸都有发展。[2]

　　二战以后，在东南亚地区，在政治、社会、经济种种压力下，移民经历了自身身份认同的转变，许多移民加入居留国国籍，成为居留国国民。为争取更有效地生存和自我保护，还有保存文化上的独立性，华人组建了许多社团，以互相扶持。在社团组建的基础上，社团之间的联系也日益紧密，形成社团网络，以更好地维护团体利益。

　　华侨旅居海外，虽聚集成为社区，却没有自己的行政系统可以治理内部，应付外力，因此他们必须组织各种团体，利用这些社团团结内部和应对外来压力，同时，华侨也通过社团加强与家乡的联系，甚至通过社团影响家乡的政治、经济政策，促进家乡的发展。在众多华侨社团中，最突出的是新加坡潮州八邑会

　　[1]　黄挺.潮商文化［M］.北京：华文出版社，2008：389.

　　[2]　黄挺.潮商文化［M］.北京：华文出版社，2008：431.

馆。会馆写信给南京国民政府反映潮州地区的盗匪问题，写信给广东省民政厅要求免收归国华侨的税捐，关注汕头地区商库证的问题等，表明会馆与中国国内的政治和经济发展有密切的关系。它们关怀家乡政治、经济、文化的发展，而且希望透过海外团体去影响家乡的政治、经济政策。它们代表了那些仍然和原乡、和中国骨肉相连的成员的声音。

三、侨务政策与侨务机构

（一）晚清时期的侨务政策和侨务机构

明确见诸官方文献的潮汕地区海外移民的记录，应不迟于明代初叶。[1]出于维护封建统治和海防安全的考虑，明清两代都曾采取严格的禁止海外移民的政策。清雍正之后，才稍有松动，允许出境经商留居南洋者回国后复出，华侨开始得到合法的身份。据载，清代开海（1684）至汕头开埠（1860）前的这段时间里，潮汕地区逐渐出现规模空前的海外移民浪潮，仅1782年至1868年，乘红头船移民暹罗的即达150万人。除暹罗外，潮人移民主要还分布在交趾、高棉、马来半岛、爪哇、婆罗洲等地。但一直到19世纪上半叶，不论朝廷还是民间，对海外移民基本上持不赞成甚至鄙视的态度，而华侨在海外受到的不公平待遇，特别是南洋和美洲华工的悲惨境遇，尚未引起社会的广泛关注。因此，第一次鸦片战争以前，国家并没有明确的侨务政策，也没有设立专门的侨务管理机构。

"清嘉庆二十一年（1816）荷兰人接管邦加岛后，到香港、澳门和汕头招募华工前往开采锡矿，包括潮人在内的'印尼泗水惠潮嘉会馆'的前身也于1820年成立。"[2]第一次鸦片战争以后，外国商人和船主依恃领事裁判权这一特权，违背清朝的移民禁令，在中国沿海地区招收华民出洋作工。"开始时，内地无业贫民争先恐后，及闻出洋华工每每被残酷虐待，甚至死伤，乃遂稍稍瞻顾，日渐冷落。西方殖民者为满足其源源不断的劳工需求，遂在各地搜罗人口贩子和拥客，以招工为名，行诱骗拐贩之实，肆意掠夺中国的劳动力资源，无数人民深受

---

[1] 《潮汕华侨史》认为，已知第一条可以明确潮人移居海外的文献记录，便是海禁政策的直接衍生物，移民目的地是南洋爪哇。据《明实录》记载，明正统九年二月己亥（1444年3月8日），广东潮州府民滨海者，纠诱旁郡亡赖五十五人，试下海，通货爪哇国，因而叛附爪哇者二十二人，其余俱归；复具舟将发，知府王源获其四人以闻。上命巡按御史同按察司官并收未获者户长鞠获，果有踪迹，严锢之。具奏处置。（李宏新.潮汕华侨史［M］.广州：暨南大学出版社，2016：79.）

[2] 李宏新.潮汕华侨史［M］.广州：暨南大学出版社，2016：125.

其害。道光、咸丰年间，拐风日益盛行。粤东一带'动辄明火执械，肆行劫掠，奸徒贩卖人口出洋之案，亦复层见叠出，凶悍狡诈，贻害闾阎'（《光绪朝东华录》第1册第56页）。[1]"汕头港是当时契约移民输出的主要港口，妈屿岛和南澳岛是当时华工出洋的集中点，清末林大川《韩江记》记载："咸丰戊午年（1858）正二月间，有洋船数十，买良民过洋者，名为咕哩（苦力）、初则平买，继则引诱，再则掳掠，海滨一带，更甚内地。沿海居民，无论舆夫乞丐及讨海搭虭者，亦被掠去。"[2]仅道光二十七年至咸丰八年（1847—1858），西方殖民主义者从汕头附近诱掠装船前往古巴、澳大利亚、秘鲁和英属西印度群岛的苦力就有4万人。

第一次鸦片战争失败后，清朝及地方官吏的闭关自主的观念已被外国炮舰攻破，早已松弛的严禁移民海外的政策也已无法贯彻。面对外国殖民者日趋猖獗的拐贩华工事件，清朝先是听之任之，后是默许。1859年10月，广东巡抚兼署两广总督劳崇光在英国胁迫下，同意英国在广州设立招工局，并"通饬阖省官吏布告军民人等一体知照"，规定：凡系自愿出洋作工，应先向招工局报告，经中西官吏查明，确系自愿出洋，并非被掳胁，经双方同意之后，订立合同，以保障出洋华工权益。这是清代地方疆臣首次同意外国在华设局招工，允许中国人民自由出洋。同时提出，严禁贩卖猪仔。不过，这项规定在广东以外还是没有法律效力的。[3]

第二次鸦片战争失败后，清政府在中英《北京条约》中被迫规定："戊午年定约互换以后，大清大皇帝允于即日降谕各省督抚大吏，以后凡有华民情甘出口，或在英（法）国所属各处，或在外洋别地承工，俱准与英（法）民立约为凭，无论单身，或愿携带家属，一并赴通商各口，下英（法）国船只，毫无禁阻。该省大吏亦宜时与大英（法、钦差大臣查照各地方情形，会定章程，为保全前项华工之意。"[4]1860年12月晚清政府设立了专门外交机构总理各国事务衙门，把管理华侨事务作为其一项重要职责。从这以后，在与一些国家缔结条约时，时有载明，中国商民等在各国享有侨居、保护身家以及营业、旅行等权利。

1860年3月，两广总督劳崇光宣布批准汕头按照已在广州施行的制度招募

[1] 杜裕根.论晚清侨务政策的转变［J］.学海，1995（5）：78.
[2] 广东省汕头市地方志编纂委员会.汕头市志（第四册）［M］.北京：新华出版社，1999：543.
[3] 杜裕根.论晚清侨务政策的转变［J］.学海，1995（5）：79.
[4] 杜裕根.论晚清侨务政策的转变［J］.学海，1995（5）：80.

华工出洋。西方人口贩子蜂拥而至，在汕头埠设立许多招工机构，至1876年，汕头埠已有咕哩行20—30家。光绪十四年（1888）荷兰政府专门派员到汕头，与清朝洋务委员廖维杰订立雇工章程，随后的1888年至1898年，从汕头埠运往（荷属）苏门答腊德里种植园的华工就有56025人。为制止非法贩卖华工，同治十一年（1872）七月，汕头设立洋务公所，对招聘华工实施检查监督。至光绪十年（1884），改为稽查汕头海口洋务局。宣统元年（1909），改为洋务保工局。[1]1873年、1874年，清政府两次处决诱拐华工的"拐匪"和开店私贩人口出洋的店主。[2]但当时汕头不少官吏已卷入贩卖华工的肮脏贸易中。"特别是名为负责稽查点验华工出洋是否合法的洋务委员，实际上已成了帝国主义在汕头掠买华工的帮凶。"在清末《赵尔巽全宗档案》中有南洋英、荷各岛华民为华工备受苛虐呈送赵尔巽的禀文多件，其中附有光绪三十三年（1907年）三月荷属文岛华民陈其愿等的禀文称："日里之猪仔，概由汕头各洋行、各猪仔馆购办，洋务委员尽知其情。""向来汕头洋务私利，每名猪仔过堂要三元有奇，洋务获利之厚，由此可知……查向来汕头洋务素称优差，温委员禀内已会详明、兹举其一，余可知矣。圣人云：既往不咎。前李大帅（指李鸿章）督粤时，汕头洋务之差愿悉系督署文案杨某，时有梁某，名孟梧者，亦大帅旧人也。因向杨某关说转委伊往，岁中所入一切均分；反三年耳，梁某除一切用费外，尚获十余万金。均分者尚如是，不均分者，可知矣。"[3]

光绪年间，从汕头出洋到东南亚各地华工的船票，广泛实行赊单制。"具体办法是：由船东在汕头给华工预先垫付船票的一半，或者五分之三，到达东南亚后，头几则要偿还船票而进行无代价的劳动。"[4]赊单制使出洋华工在海途中和上岸后，不得不依附于船主和雇主，变相失去了人身自由。光绪十五年（1889）两广总督张之洞宣布禁用赊单办法招雇华工出洋，还断然拒绝英国驻汕头领事的辩解。但晚清政府已无力解决相关问题，赊单制一直沿用至民国初年。[5]

[1] 广东省汕头市地方志编纂委员会.汕头市志（第四册）［M］.北京：新华出版社，1999：543.

[2] 广东省汕头市地方志编纂委员会.汕头市志（第四册）［M］.北京：新华出版社，1999：598.

[3] 徐艺圃.汕头地区早期华工出洋概论［J］.汕头侨史.1985（1）.转载自：林金枝，庄为玑.近代华侨投资国内企业史资料选辑（广东卷）［M］.福州：福建人民出版社，1989：29-30.

[4] 徐艺圃.汕头地区早期华工出洋概论［J］.汕头侨史.1985（1）.转载自：林金枝，庄为玑.近代华侨投资国内企业史资料选辑（广东卷）［M］.福州：福建人民出版社，1989：26.

[5] 徐艺圃.汕头地区早期华工出洋概论［J］.汕头侨史.1985（1）.

随着海外华人财富的增加，清政府为获得华侨在财政上的支持，逐步改变其对海外华侨的冷漠态度，转而施行对华侨的保护政策。1893年清政府颁布法令，要求地方官员保护归国华侨，并鼓励华侨回国探亲和投资，兴办实业。该法令正式承认华侨在国内外的地位和合法权益。为争取侨心，清政府还给海外某些华侨知名人士授予官衔，如原籍潮安县的泰国华侨刘继宾曾被清政府授予"钦差大臣太子太傅文华殿大学士会办海军事务"的官衔，赏紫缯戴三眼花翎。原籍潮安的泰国华侨赖渠岱，曾获清政府钦赐"奉直大夫"之衔。[1]

（二）民国时期的侨务政策和侨务机构

民国元年（1912）11月，洋务保工局奉令撤销，华工出国事务移交特派汕头交涉员公署办理。民国18年（1929）9月以后，交涉署裁撤，其职责由汕头市政府设立妇孺出洋问话处负责，主任为澄海人李次山。其后又改为汕头市政府侨务股。侨务股的职责是代外交部颁发出国护照，也管出洋问话处事宜。民国25年（1936）4月，广东省侨务委员会决议成立汕头侨务处，管理华侨出国事务。民国28年（1939）6月21日—34年（1945）9月。日本军队侵占汕头期间、日伪政府也在汕头设立侨务处（后改侨务局）。但由于当时日军封锁海港交通，华侨没有经汕头港出入境，该局除给汕头市各侨批局及其在澄海、揭阳、普宁和潮阳的联号签发一些来往通行证外，并无其他事务。抗战胜利后，民国35年（1946）3月开始在汕头设立侨务局，为民国政府中央侨务委员会设在汕头的办事机构。

民国时期，侨务政策仍由政府侨务机关实施。20世纪10—30年代中期，潮汕人民出国手续较为简单，普通男人出国谋生，可在汕头客栈购买船票，直接搭轮船前往；"为防止匪徒奸拐妇女、儿童，规定妇女、儿童须到市政府问话处问话，不属拐骗的，才可购票落船；官员或商人出洋，可向市政府侨务股签领出国护照。"民国35年（1946）9月，民国政府侨务委员会颁发《人民出国回国管理规定》，经汕头口岸出国的，须向汕头侨务局申请出国许可证，方能购买出国船票。

联络海外华侨组织，争取华侨对家乡的支持，帮助维护潮侨利益，是民国期间汕头侨务机构的重要职能。民国19年（1930）前后，汕头华侨联合会曾在汕头市张园、信安街设华侨收容所，安南（越南）七州府华侨团体在汕头商业街设立华侨医院及华侨寄居宿舍。这些收容机构都由华侨捐款维持。平常归国抵汕贫

---

[1]　广东省汕头市地方志编纂委员会.汕头市志（第四册）［M］.北京：新华出版社，1999：598.

苦华侨，多数由华侨捐款资助路费及向汕头市政府救济所请领路费及车船免费乘坐券，或由善堂施济衣食、资助路费。民国36年（1947），暹罗（泰国）政府实施限制中国移民赴泰政策，每年入口在1万人以内。事关潮梅人民赴泰谋生大计，汕头侨务当局和市政府也曾向上反映，并通过外交途径与暹罗（泰国）政府交涉，都未曾奏效。民国37年（1948）7月以后，侨务部门协助华侨调解财产纠纷，每月达十多宗，同时还协助介绍国外华侨学生，来汕头各个学校读书，答询侨胞来信来访有关原有侨居地居留证有效期、前往各地的入口手续及前往南洋的船期和票价等问题。抗战胜利后，汕头侨务局曾配合联合国难民组织，遣送有居留证而无钱购船票出国的难民回东南亚各侨居国谋生，民国37年（1948）共遣送1041名。[1]

四、华侨投资

华侨在潮汕地区投资始于19世纪90年代前后。20世纪初叶之后，汕头埠经济持续繁荣，吸引了众多海外华侨的关注，华侨成为汕头埠各项建设的积极倡议者和踊跃投资者。华侨投资推动了汕头工商业和城市建设的发展，是潮汕经济近代化的重要因素。

1959—1960年，林金枝、庄为玑对华侨比较集中的福建、广东等身份的华侨投资情况开展实地调查后认为，自1889年至1949年，华侨在潮汕地区投资企业4062家，投资金额折算为人民币约8000万元。[2]这个数字占华侨投资广东总额（3.86亿元）的20.70%，占近代华侨投资国内企业资金总额（7亿元）的11.39%。其中近代华侨在汕头市区的投资就达5300多万元，占整个潮汕地区华侨投资的66.62%。可见，近代潮汕地区华侨投资在广东和全国已占有相当

[1] 广东省汕头市地方志编纂委员会.汕头市志（第四册）［M］.北京：新华出版社，1999：598-599.

[2] 林金枝、庄为玑在《近代华侨投资国内企业史资料选辑（广东卷）》的"编辑说明"中称：本书所用的投资数字，一般以原始投资币值为准，无原始投资币值资料的，则折为人民币。因原始投资的货币极不一致，为使读者明了实际币值，我们参照中央工商行政管理局的办法，把原来币值折算为人民币。折算方法以上海、重庆等六大城市1937年1—6月基数指数100为准，则1955年为245，1956年为246。为便于计算，我们将"抗战前元"折为现在的人民币2.45元，如系银两或地方币（毫洋）或美金、港币等，则先折为"抗战前元"，而后再折为人民币。至于抗战以后到解放前夕的国币（法币、金圆券等），亦依上述1937年的指数折成"抗战前元"，再乘以2.45，折成人民币。林金枝，庄为玑.近代华侨投资国内企业史资料选辑（广东卷）［M］.福州：福建人民出版社，1989.

地位。

受当时的条件所限，林金枝、庄为玑等人的该项调查难以比较精确地反映近代华侨对汕头的投资情况，但所形成的《广东华侨投资企业调查报告》，仍能基本反映华侨投资的概略全貌、基本走势和行业差异，也为后人研究潮汕华侨投资问题打下了基础。

林金枝等学者认为，广东华侨企业投资的时间上限是19世纪六七十年代，当时仅限于珠江三角洲地区。1889年，越南华侨和新加坡华侨在汕头分别创办和盛行和福盛行。从投资数量上看，林金枝将1889—1949年共60年间潮汕地区的华侨投资分为5个阶段：1889—1919年为萌芽和初兴期，这30年间投资数额为1527.43万元（人民币），仅占60年总投资额的28.74%，每年平均投资额50.91万，仅为60年年均投资额的57.47%；1919—1927年为发展期，虽然仅有8年，投资数额达1163.33万元，占此60年投资总额的21.89%；每年平均投资145.42万元，是60年间年均投资的1.64倍。1927—1937年为全盛期，10年间投资数额为1589.49万元，占60年投资总额的29.90%；每年平均投资158.95万元，是60年间年均投资的1.79倍。1937—1945年因日军侵华，潮汕沿海沦陷，华侨投资为低潮和破坏期。1945—1949年为回升与崩溃期，这一时期因抗日战争胜利后，南洋等地积聚的侨资，形成了回乡投资的短暂高潮，这一时期4年间投资总额达894.51万元，占60年间投资总额的16.38%，年均投资223.63万元，是60年年均投资的2.52倍，但国民党政府发动内战和恶性的通货膨胀，使潮汕的侨资企业普遍陷于困境。[1]

表5-5　1889—1949年华侨在汕头市区投资的变化情况[2]

单位：人民币元

时期	投资户数	投资数额	每年平均投资数额
1889—1919	246	15274250	509146
1919—1927	211	11633346	1454168
1927—1937	701	15894884	1589488
1937—1945	88	1407460	175932
1945—1949	654	8945086	2236271
合计	1900	53155026	885917

---

[1]　林金枝，庄为玑.近代华侨投资国内企业史资料选辑（广东卷）［M］.福州：福建人民出版社，1989：63-67.

[2]　林金枝，庄为玑.近代华侨投资国内企业史资料选辑（广东卷）［M］.福州：福建人民出版社，1989：95.

（一）近代华侨对汕头市区投资的行业结构

表5-6系林金枝《近代华侨在汕头地区的投资》一文中的附表，该文发表于《汕头大学学报》1986年第4期。从表中可见，1889—1949这60年间，在华侨投资汕头市区各行业中，居于首位的是房地产业，共1426户，占这一期间投资总户数的75.05%，投资金额2111.60万元，占全市投资总额的39.73%。第二位是商业，共216户，占投资总户数的11.37%；投资金额1011.91万元，占全市投资总额19.04%。第三位是金融业，共178户，占投资总户数的9.37%；投资金额为808.53万元，占全市投资总额的15.21%。第四位是服务业，共44户，仅占投资总户数的2.32%；投资金额则为296.13万元，占全市投资总额的5.57%。工业和交通业分列第五、第六位，投资户数分别为20户、16户，投资金额分别占全市投资总额的6.25%和14.20%。

表5-6　1889—1949年汕头市区华侨投资的行业结构[1]

单位：人民币元

产业	投资户数	投资金额	每户平均投资数	各行业占总投资数（%）
工业	20	3324282	166214	6.25
交通业	16	7549029	471814	14.20
商业	216	10119082	46848	19.04
金融业	178	8085340	45423	15.21
服务业	44	2961293	67302	5.57
房地产业	1426	21116000	14808	39.73
合计	1900	53155026	27976	100.00

如果从不同行业的侨资企业规模结构上看，第一位是交通企业，平均每户投资47.18万元；第二位是工业企业，平均每户投资16.62万元；第三位是服务业企业，平均每户投资6.73万元；第四、第五位分别是商业和金融业，平均每户投资分别为4.68万元和4.54万元；第六位是房地产企业，每户平均仅1.48万元。相比之下，侨资交通企业、工业企业数量虽少，但单个交通企业和工业企业的投资金额都很高，交通企业尤甚。一方面说明汕头埠向近代商业城市的转化，已经形成了对航运、铁路、公路及供电供水等公用基础设施的强烈需求；另一方面也说明由于交通、工业企业单体投资规模较大，不易筹资运作，投资前景存在诸多不

---

[1] 林金枝，庄为玑.近代华侨投资国内企业史资料选辑（广东卷）［M］.福州：福建人民出版社，1989：96.

确定因素。因此，华侨投资汕头市区的交通企业和工业企业也比较谨慎。

（二）影响华侨对投资方向和趋势变化的因素

表5-7是在林金枝、庄为玑的调查资料基础上计算整理而成的。通过对1889—1949年汕头市区华侨投资分行业变化情况的比照，有助于分析华侨投资方向和趋势变化的影响因素。

第一，不同时期汕头市区华侨投资的分产业基本情况。

表5-7　1889—1949年华侨投资汕头市区产业情况[1]

单位：人民币万元

行业	投资情况	1889—1919	1920—1927	1928—1937	1938—1945	1946—1949
工业	户数（户）	4	6	10	3	23
	投资总额	68.09	220.92	131.10	7.90	20.49
	平均每年投资额	2.27	31.56	14.57	1.13	6.83
	平均每户投资额	17.02	36.82	13.11	2.63	0.89
商业	户数（户）	73	53	92	39	188
	投资总额	634.74	431.28	377.85	65.61	227.27
	平均每年投资额	21.16	61.61	41.98	9.37	75.76
	平均每户投资额	8.70	8.14	4.11	1.68	1.21
农矿业	户数（户）	4	1			
	投资总额	30.63	3.45			
	平均每年投资额	1.02	0.49			
	平均每户投资额	7.66	3.45			
服务业	户数（户）	11	27	22	3	17
	投资总额	23.44	89.47	216.74	6.30	42.34
	平均每年投资额	0.78	12.78	24.08	0.90	14.11
	平均每户投资额	2.13	3.31	9.85	2.10	2.49
交通业	户数（户）	1		15	4	55
	投资总额	735		158.30	6.85	118.19
	平均每年投资额	24.50		17.59	0.98	39.40
	平均每户投资额	735		10.55	1.71	2.15
金融业	户数（户）	94	33	34	23	97
	投资总额	424.47	428.87	210.97	87.70	69.47
	平均每年投资额	14.15	61.27	23.44	12.53	23.16
	平均每户投资额	4.52	13.00	6.21	3.81	0.72

[1]　原始数据来自：林金枝，庄为玑.近代华侨投资国内企业史资料选辑（广东卷）［M］.福州：福建人民出版社，1989：49-64.广东省汕头市地方志编纂委员会编《汕头市志》第四册整理成表。广东省汕头市地方志编纂委员会.汕头市志（第四册）［M］.北京：新华出版社，1999：588.

续表

行业	投资情况	1889—1919	1920—1927	1928—1937	1938—1945	1946—1949
房地产业	户数（户）	189	365	1499	222	855
	投资总额	263.75	365.75	1465.75	186.50	857.55
	平均每年投资额	8.79	52.25	162.86	26.64	285.85
	平均每户投资额	1.40	1.00	0.98	0.84	1.00
合计	户数（户）	376	485	1672	294	1235
	投资总额	2180.12	1539.74	2560.71	360.86	1335.31
	平均每年投资额	72.67	219.96	284.52	51.55	445.10
	平均每户投资额	5.80	3.17	1.53	1.23	1.08

按照林金枝的分期方法，对分行业投资金额进行比较，可分析不同时期影响华侨投资方向的主要因素。

1889—1919年的"萌芽和初兴期"，华侨投资汕头市区的前三类行业是交通业（735万元）、商业（634.74万元）和金融业（424.47万元），分别占该期华侨投资总额的33.71%、29.11%和19.47%。1920—1927的"发展期"，华侨投资的前三类行业分别是商业（431.28万元）、金融业（428.87万元）和房地产业（365.75万元），分别占该期华侨投资总额的28.01%、27.85%和23.75%。1928—1937年"全盛期"华侨投资的前三类行业分别是房地产业（1465.75万元）、商业（377.85万元）和服务业（216.74万元），分别占该期华侨投资总额的57.24%、14.76%和8.46%。1946—1949年"回升与崩溃期"华侨投资的前三类行业分别是房地产业（857.55万元）、商业（227.27万元）和交通业（118.19万元），分别占该期华侨投资总额的64.22%、17.02%和8.85%。从上表中可见，1920—1937年是华侨投资汕头市区的高峰期。这一期间各行业吸收侨资的规模、新开办的企业户数，均远高于历史上的其他时期。

第二，近代汕头市区商业形态变化对华侨投资商业的影响。

商业一直是华侨投资汕头市区的最主要产业，这是由汕头埠的"因港而生"和"因商而兴"的特质所决定的。汕头华侨商业投资的轨迹是与近代汕头市区商业形态的变化相对应的。相比起交通业和工业，商业投资资金周转快，运营方式灵活，成为华侨投资的首选。从汕头开埠至1921年汕头市政厅成立前，批发转口贸易是汕头口岸的主要商业形态，华侨投资经营的进出口商，在汕头埠占有重要地位。到20世纪初，汕头的南商、暹商、南郊、和益4个进出口贸易公所，南商、暹商与华侨资本最为密切。由于进出口批发转运企业的投资和运营金额均需要达到一定规模，因此，这一时期每户侨资商业企业的平均投资额达8.79万元，明显高于此后各个时期。

1920—1927年，汕头市政改造工程全面铺开，城区西部组团（小公园一带）大量连体骑楼马路正在开辟，市区人口的迅速增加，为零售商业和服务业大规模发展提供了土壤。因此，这一时期平均每年新创办的商业企业8.8家，多于1899—1919年的0.71家和1928—1937年的4.66家。而且平均每户商业企业的投资金额还保持在8.14万元的高位。

1928—1937年，汕头市区东部组团基本建成，零售商业网络已经覆盖全市，因此，这一时期新开办的商业企业除了个别是大型百货公司、大型进出口企业外，大多数是零售业或批零兼营企业，每年新增商业企业数量虽多（每年平均增加10.22家），但每户商业企业的投资金额仅有4.11万元。此后的1938—1945年、1946—1949年，华侨对每户商业企业的投资金额下降为1.68万元和1.21万元，说明1938—1949年间，华侨在汕头市区再没有投资兴办较大规模的商业企业。

第三，近代汕头市区城市形态变化对华侨投资房地产业的影响。

"顺商而变"是近代汕头市区城市形态变化的基本特征。从1860年汕头开埠至1921年初汕头市政厅成立这60年间，汕头埠人口已经逐渐增加至8万余人，城区面积从开埠之初的0.12平方公里扩大到近1平方公里，光新填海地段的面积就超过了50万平方米。为与当时汕头埠批发转运为主的商业形态相适应，大量的商民两用建筑在汕头埠西南角集聚发展。这一时期华侨投资汕头市区房地产业的总金额虽然略少于交通、商业和金融业，居第四位，但平均每户房地产企业的投资额为1.40万元，高于此后1921—1949年的各个时期房地产企业的平均水平。此种状况说明，在零售业未充分发展之前，汕头埠的房地产业主要与批发转运为主的商业形态和商业规模相适应。

1921年汕头市政厅成立后，汕头市城区布局由原来的自发演化转向有规划的拓展建设。1921年至1930年的10年间，汕头城区共辟建了30条主要干道马路，开始建设连体骑楼。如表5-7所示，1920—1927年，这7年华侨对房地产业的投资金额是原来近30年的1.39倍，但每户房地产企业的平均投资金额从1.40万元下降为1.00万元，说明这一时期汕头市区商业零售企业数量显著增加，对商业门店的市场需求也在扩大。

20世纪20年代末，汕头城区道路系统建设速度逐渐放缓，1931年至1935年，仅辟建了10条马路，主要集中于城区东部组团。1935年以后，汕头城区基本上未再新辟建马路。1930年前后，汕头城区西部组团和东部组团的主干马路已基本建完，城区框架已经大幅拉开，创造出很大的商业用地和住宅用地供给。为了将道路之便转化为实际的道路之利，这一阶段汕头市政改造的重心更多地转向修建商住楼宇（包括联排骑楼和独栋楼房）、疏通补密路网和公共空间建设。适逢1929—1933年世界经济危机，银两的国际汇价大跌，南洋华侨回乡投资购置房产剧增。1928—1937年，汕头城区出现了前所未有的房产投资热潮，近六成的华侨投资都流入房地产业。华侨投资的房地产企业增至1499家，投资金额增至1465.75万元，分别为1920—1927年的4.11倍和4.01倍。华侨平均每年投资房地产业的金额是1920—1927年的3.12倍，但平均每户房地产企业的投资额进一步下降为0.98万人民币。

按照林金枝、庄为玑的折算方式，0.98万元人民币，只能折算为4000"抗战前元（1937年）"。而1923年时，汕头市区新填海地段的预计地价每平方米已达18元（汕币），4000"抗战前元"估计只能购得汕头新填海地200余平方米，如若在小公园等商业中心地段，购得的可能就不足200平方米。可见，1928—1937年，汕头市区的房地产企业目标市场主要是一般的民宅和商用楼房。前一阶段汕头市区市政改造的成功，人口和商贸活动的进一步扩张，创造了这一阶段房地产市场的井喷式需求。尽管单个房地产企业的规模不大，但整体市场规模大，投资门槛低，建筑周期和资金周转快，还是吸引了许多华侨从事房地产业投资。当然，也不排除当时汕头市区的部分房地产企业是出于自建自用的目的而设立的。

第四，华侨投资是汕头市区近代交通业、金融业和工业的投资主体。

从表5-7中可见，1889—1949年华侨对汕头市区的投资数据中，交通业的数据显然不完整。1889—1919年，汕头市区肯定不止一家侨资交通企业，1920—1927年，交通业投资数据缺失，但大致可以推出：（1）1889—1919年，华侨对汕头市区交通业的投资规模较大，占这一期间华侨投资总额的1/3以上，可能主要与潮汕铁路的建设有关。（2）1928—1937年，侨资交通企业增至15户，单个侨资交通企业的平均投资规模达10.55万元，高于侨资对商业、金融业、房地产企业的平均投资额，此状况可能与这一时期潮汕地区的公路网建设和汽车运输业的普遍发展有关。（3）1946—1949年，汕头市区侨资的交通企业增至55户，每户的投资金额仅有2.15万元，单个企业投资额小但投资面广，可能与这一时期潮汕地区公路和内河运输业的初始复苏有关。

汕头开埠后，汕头埠逐渐成为韩江流域的金融业中心。表5-7中，1889—

1919年，华侨对汕头市区金融业的投资居各行业的第二位，市区的侨资金融业商户已有94家，平均每户投资额为4.52万元。1920—1927年是华侨投资汕头市区金融业的高峰期。7年间侨资金融企业只有33家，但投资总额与前30年基本持平，而每家金融企业平均投资额达13.00万元，是1889—1919年侨资金融商户的2.88倍。1928—1937年，汕头市区侨资金融企业34家，投资总金额却下降为210.97万元，不足前一时期的一半；每家侨资金融企业平均投资额下降至6.21万元，只及前一时期的47.81%。抗战结束后的1946—1949年，汕头市区侨资金融企业发展到97家，但平均每家企业的投资金额仅有0.72万元。

从近代汕头侨资金融企业发展轨迹看：（1）汕头市区金融业是"汕—香—暹—叻"贸易圈的有机组成部分，是潮汕本土经济、本土侨乡与南洋潮人经济和潮货市场的重要连通渠道。（2）1889—1919年，汕头埠近代银行业刚刚发展，但侨资金融商户数众多，似应包括大量规模不大的钱庄等。（3）1920—1927年，强有力的中央银行体系尚未建立，汕头市区金融体系仍继续保持相对独立的地位，内外金融、商贸活动又特别活跃，导致这一时期大量华侨资本进入金融业；这一时期金融商户数量显著减少，可能因为前一阶段的中小规模钱庄在竞争中逐渐被规模更大、运营更加规范的近代银行所取代。

本书第一章对近代汕头市区的工业发展时序进行了分析。1889—1919年，汕头埠已有4家华侨投资的近代工业企业，平均每户投资金额达17.02万元。这一时期汕头单个工业企业的华侨投资规模并不小，可能与华侨投资兴建汕头城区供水、供电企业等基础设施有关。1920—1927年，随着汕头市区贸易、居住环境的改善，人口迅速膨胀，华侨对汕头市区的投资进入高涨期，除了投向商业、金融业和房地产业之外，以服务汕头城区和潮汕各地居民为目标市场的日用消费品工业，如罐头厂、火柴厂、肥皂厂等，也相继出现在汕头市区。这一时期侨资工业企业的每户平均投资金额达36.82万元，是当时各行业侨资企业中平均投资数额最大的。1928—1937年，侨资工业企业增至10家，但平均每家投资金额仅有13.11万元，投资工业的总金额也只有131.10万元，远不如1920—1927年。至1949年，汕头市区华侨投资的近代工业企业已有20多家，投资数量不多，却是当时刚刚起步的汕头市区近代工业的支柱。林金枝认为，全市民族工业的50%—60%都是华侨创办或华侨投资的。[1]

---

[1] 林金枝.近代华侨在汕头地区的投资［J］.汕头大学学报人文科学版，1986（4）：111.

（三）华侨投资的来源结构、组织结构

第一，近代汕头市区的华侨投资资金绝大多数来自南洋地区的潮籍客籍华侨。

华侨投资额大小与所在旅居地的潮侨人数、华侨职业、国际经济周期、利率、汇率、家国观念等因素相关。林金枝、庄为玑对1949年以前汕头市474家侨资企业的调研资料表明：来自泰国的华侨投资企业200家；来自新加坡、马来西亚的华侨投资企业151家；来自越南的华侨投资企业39家；来自印尼的华侨投资企业31家；来自缅甸的华侨投资企业5家（见表5-8）。此种情况与潮籍华侨在南洋地区的分布基本对应。1889—1949年的各个不同时期，汕头市区华侨投资的资金来源地也相对比较稳定。

表5-8　1889—1949年华侨投资汕头市区资金来源[1]

单位：家

国别	1889—1919年	1919—1927年	1927—1937年	1937—1945年	1945—1949年	小计
泰国	52	28	32	10	78	200
新马	30	26	15		80	151
印尼	2	7	8		14	31
越南	11	4	7	1	16	39
缅甸			1	1	3	5
其他	8	3		3	34	48
合计	103	68	63	15	225	474

说明：本统计表不包括华侨投资房地产业。

在汕头投资的南洋华侨，原籍主要来自潮汕地区的澄海、潮安、潮阳、揭阳等县。还有众多的客籍华侨，如潮汕铁路、南生、平平、广发等百货公司，就是梅县华侨投资的。

第二，合资和独资是汕头市区侨资企业的主要组织形式。

股份公司、合资企业、独资企业是近代华侨在国内投资兴办企业的基本组织形式。如前所述，除了极个别交通基础设施、公共工程，华侨在汕头投资的企业规模普遍不大，兴办一家企业一般只要数万元甚至数千元就可以了。投资规模不大的金融、商行、零售和工业企业，大多数只要独资或者由几个人合股就可以

[1] 林金枝，庄为玑.近代华侨投资国内企业史资料选辑（广东卷）［M］.福州：福建人民出版社，1989：99.

组成。因此，汕头的华侨投资企业多采用合资和独资的组织形式，较少采用股份公司形式。只有投资规模较大的交通基础设施、大型综合性百货公司，才采取股份公司的组织形式。[1]

表5-9　近代华侨投资汕头企业组织形式统计[2]

组织形式	企业数（家）	所占比重（%）
独资	143	30.17
合资（合股）	316	66.67
股份公司	15	3.16
合计	474	100.00

第三节　对外贸易管理体制

近代潮汕地区的进出口关税、出入境查验，长时间由外国人控制的潮海关负责；进出口贸易主体间的协调、日常贸易秩序的维护，主要依靠同业公会。国家的对外贸易职能不甚明确，也比较有限。

一、外贸管理机构

潮州自汕头开埠之前，未被定为对外贸易港口，故没有外贸管理机构。汕头开埠后，于同治十一年（1872）7月始设汕头洋务公所，负责处理外事外贸工作。清光绪十年（1884）4月改为稽查汕头海口洋务局。清宣统元年（1909）2月又改称稽查汕头海口洋务保工局。宣统三年（1911）辛亥革命后洋务保工局奉命结束，11月代之成立汕头特派交涉员公署，在公署内设通商科，负责处理对外通商贸易事项。民国16年（1927）8月底特派交涉员公署撤销。

民国26年（1937），民国政府成立贸易调整委员会管理对外贸易。民国27

---

[1]　林金枝，庄为玑.近代华侨投资国内企业史资料选辑（广东卷）［M］.福州：福建人民出版社，1989：95-101.

[2]　林金枝.近代华侨投资国内企业的几个问题［J］//南洋问题.1978（1）：54.转引自：林金枝，庄为玑.近代华侨投资国内企业史资料选辑（广东卷）［M］.福州：福建人民出版社，1989：100.原"所占比重"数据不够准确，本表对原数据进行了修正。

年（1938）2月改称贸易委员会，没有于汕头设下属机构。民国29年（1940）2月16日成立广东省战时贸易管理处，因当时汕头市已沦陷，故没有设其下属机构。

民国28年（1939）6月21日，日本侵略军占领汕头后，半停顿的对外贸易由日本粤东派遣军政务部直接控制管理，签发进出口许可证。民国30年（1941）底太平洋战争爆发，对外贸易处于瘫痪状态，民国32年（1943）美国在海上封锁，汕头的对外贸易停顿。

民国36年（1947）7月，国民政府于永平路84号设汕头输入管理委员会，对进口商进行审查登记，管理进口，签发许可证。出口除申报海关外，没有专门管理机构。[1]

二、海关

清咸丰三年（1853）设立潮州新关，清咸丰十年（1860）设立潮海关。潮海关是按照外籍税务司制度进行管理的，受外国人操控，亦称洋关。潮州新关与洋关并存时被称为常关。

（一）机构

第一，常关。

乾隆二十一年（1756）清政府在妈屿岛设立常关（卡口），在此征收南北商运的常关税。[2]清咸丰三年（1853）在妈屿岛上设立潮州新关，取代原庵埠总口，管辖其属下各关卡。咸丰十年（1860）潮海关成立后，潮州新关称为常关，隶属粤海关，委员由粤海关指派。

光绪二十七年（1901）根据户部和总税司的指示，设在汕头的潮州新关总口被潮海关接管；民国3年（1914）11月1日潮海关接管汕头半径25公里各常关。1931年，根据财政部关务署命令，25公里外的15个关卡移交给潮海关。

第二，潮海关。

汕头港由于地理位置重要，自然条件优越，开港前，西方国家的船舶已驶到妈屿岛附近海面，进行倾销洋货（主要是鸦片）和贩运人口等非法活动。1858年6月，俄国、美国、英国和法国强迫清政府签订《天津条约》。《天津条约》

---

[1] 广东省汕头市地方志编纂委员会.汕头市志（第三册）［M］.北京：新华出版社，1999：242.

[2] 汕头市港口管理局.汕头开港150周年图像编年史［M］.北京：人民交通出版社，2010：22.

规定：增开汉口、九江、南京、镇江、牛庄、登州、台南、淡水、潮州（汕头为潮州属口岸）、琼州10处为对外通商口岸。1859年8月16日，清政府与美国公使华若翰在天津北塘互换《中美天津条约》批准书，并于11月15日批准美国先行开市。批文重点称："所有潮州、台湾两口，准美国先行开市，并照新章完纳船只吨钞……"经双方协商，定于咸丰九年十一月十九日（1860年1月1日）在潮州的汕头设关开市，称"汕头埠"，汕头就此开港。"潮海关"在汕头妈屿岛设关，美国人华为士担任潮海关第一任税务司，潮海关隶属海关总税务司署。[1]

民国3年（1914）1月1日，潮海关接管以潮海关为中心的25公里半径内的11个常关分卡，在汕头成立常关办事处，并设立常关验货厂。1931年，潮海关接管25公里外常关后，于6月1日成立分卡办事处，撤销常关办事处，同年成立民船管理处。

1939年6月21日，汕头沦陷。日本军队关闭了港口，征用了潮海关的缉私艇只和武器，占用了潮海关的办公用房，潮海关实际上已失去了作用。

1939年11月1日，伪汕头善后委员会设立了货物税务署，该署依据海关估价进行征税。1942年6月伪潮海关正式成立，由日伪政权的海关总税务司任命高桥明（日本人、原潮海关三等帮办）为代理海关长。

抗战胜利后，1945年9月25日曲江关代理税务司黄志骞受命接收了伪潮海关，1947年12月1日潮海关在汕头市韩江口设立民船管理处。[2]

（二）职能

第一，货物监管。

潮汕地区开展对外贸易活动，历史很长，明代柘林、东里、达濠等处都是出洋海口。粤海关于潮州设置总口后，雍正三年（1725）起，实行对外国商船出入汕头口岸、船主持船照申报进行查验。乾隆四十七年（1782），对外国船监管的程序，进口是申报、查验、完税、卸货，出口也要完税才发牌发行。

潮海关成立后，监管洋轮贸易，对进出口货物实行申报、查验、放行的货运监管基本制度。载运货物的外国船只抵港后，由船主把各项单据递交货主所属国的驻汕领事馆，由该领事馆把船名、吨位、船货性质向潮海关申报，由海关签发许可证，经查验、征税后，发给准运单据。

---

[1]　汕头市港口管理局.汕头开港150周年图像编年史［M］.北京：人民交通出版社，2010：24-25.

[2]　广东省汕头市地方志编纂委员会.汕头市志（第三册）［M］.北京：新华出版社，1999：393-395.

1939年6月21日汕头沦陷后，日本侵略军为了方便进行军事掠夺，采取军事管理形式直接垄断了汕头口岸的有限贸易，所有进出口贸易均凭日军当局许可证装卸，由日籍船舶载运，非日籍船只每周进出口一次，只准装载旅客、邮件和外国人给养，不准装载货物。

抗日胜利后，潮海关恢复正常工作。民国35年（1946）4月，潮海关执行中央银行垄断外汇办法。除禁止进口类货物外，所有货物需申领许可证才准输入，出口需向指定银行结售外汇，才可出口。

第二，船舶监管。

潮海关成立后，对外国船舶进出口管理，主要规定：外国船舶进港后海关即派员上船监管；船主将各项船单呈交该国驻汕领事馆，由领事馆将船名、吨位、船货性质报明潮海关；凭海关签发的许可证，船舶卸货、装货或货物换装船舶，纳税后，海关方可发给出口准单，领事馆也发还各项船单，船舶才可起航离港。清光绪四年（1878），总税务司下发《海关总规章》。自此，潮汕关对进出口船舶的申报、结关、货物装卸等有一套比较完整的管理制度。

民国28年（1939）6月，日军占领汕头后，伪潮海关规定汕头港通商的船只，应向伪潮海关注册登记，呈交民船航行凭证、吨税证书；其航运代理人必须与轮船一样申领年度保证书；船只进港后，需按照伪潮海关进行货物的报告、纳税等。

抗日战争胜利后，民国36年（1947）3月22日潮海关根据海关总税务司的通令发出布告规定，对未与我国订有互惠条约国家的商船，除装运联合国善后救济总署的物资或政府特别准许来华的船只外，一律不准驶入汕头口岸。[1]

第三，行邮监管。

1.旅客行李物品监管

潮州总口至潮海关设立初期，对旅客携带行李物品未有具体验放尺度，重点是查验违禁品。潮海关设立后即开始监管进出境旅客的行李物品。进出境的人员包括来往外洋、沿海通商口岸和江河内港的旅客。潮州总口时，在汕头港内配备武装船只作为验货厂查验货物；潮海关成立初，尚未设旅客行李物品检查专门场所，其检查在验货厂进行，民国9年（1920），潮海关建成新的验货厂，旅客行李在此接受检查。对进出汕头港载旅客的船只，需海关检查人员登船后，才可

---

[1] 广东省汕头市地方志编纂委员会.汕头市志（第三册）［M］.北京：新华出版社，1999：457-458.

起卸搭乘旅客所携带行李、物品。民国31年（1942）伪潮海关检查进境旅客时，先派驳船把船上旅客的所有行李运卸到海关仓库，在临时检查棚进行检查，应税物品交纳税款后给予放行。民国34年（1945）下半年，汕头光复，但海关码头被撤离的日本军队破坏未修，旅客行李物品的检查暂在轮船上进行。民国35年（1946），潮海关恢复正常的旅检工作。[1]

2.邮递物品监管

清光绪二十三年（1897）潮海关在汕头市设邮政局，对汕头口岸进出国际、国内邮递物品实行监管。潮海关对进口邮袋监管规定：对汕头邮局送交的收发邮件路单核签后，才准其提运，邮袋运抵邮局后，海关派员往邮局，根据邮件路单监视拆袋，监察邮袋内部邮包和清单是否相符，邮包有无溢短、残破，有无违禁物品。对出口邮袋，按清单核对，监视封袋，检查邮包有无漏检、漏装或错装。

潮海关于清光绪二十八年（1902）对邮包实施放行单制度，实行邮包的收寄监管。第二年奉总税务司令，潮海关对邮包的监管办法规定，各种包裹的收寄可以通过邮局办进海关手续。国内的邮包，一般在寄出地海关抽查。申报单上盖有"在目的地检查"字戳，收件人在汕头的邮包都要进行检查。由内陆经汕头寄转内陆的联运邮包，海关不予管理。民国19年（1930）起，潮海关对进出境、寄往沿海通商口岸的包裹，基本上要检查。民国24年（1935）7月，潮海关对国内邮包的管理是，寄件人在邮局只需把邮寄物品的详细情况填写在海关印制的邮寄表上，海关凭以核对检查，并监督邮局装封邮袋。

民国28年（1939）日军占领汕头，邮局封闭27天后，于7月18日开业。伪潮海关从民国33年（1944）开始实行"检查邮包及小件邮件原则"和"邮包统一检查实施细则"，所有的邮包必须经海关所主持的统一检查并验明已经盖有"统一检查讫"戳记后，邮局方得投发收件人，经加盖"统一检查讫"戳记的邮包，任何人和单位不得再施行检查。民国35年（1946），潮海关恢复对邮递物品监管的业务，监管的环节和程序如抗日战争以前。[2]

第四，征收关税。

征收关税包括货物关税和船舶吨税。货物关税分进出口税和常关税。清咸丰十年（1860）潮海关成立后，对主要进出口货物进行征税。汕头开埠后，汕头

---

[1]　广东省汕头市地方志编纂委员会.汕头市志（第三册）[M].北京：新华出版社，1999：473-474.

[2]　广东省汕头市地方志编纂委员会.汕头市志（第三册）[M].北京：新华出版社，1999：476-477.

埠成为潮州、惠州及福建省诏安地区货物集散地，从汕头港进口商品约三成在潮州府范围内消耗，七成由民船通过常关运载潮州范围外消耗，其货物按常关税则缴纳关税。1931年，潮海关停止征收各种常关税、规费和其他费，常关不再对船舶、货物实行监管。[1]

根据同治三年至宣统三年（1864—1911）共48年的统计，经潮海关监管共有16个国家（地区）的外轮47439艘次进入汕头口岸，船舶吨位6471万吨；进口货物共值67226万银圆，出口货物共值18642万银圆，出口贸易逆差48584万银圆，进出口贸易总值宣统三年（1911）在全国通商口岸列第七位。潮海关征收各种税款5080万关平两，在全国各关中经常列第五位，仅次于上海、天津、广州、汉口等关。

第五，查缉走私。

1860年潮海关成立至1930年，据潮海关1931年的总结，汕头口岸走私方式主要有以下五种：一是将走私货物装进轻便的容器（通常是麻袋），在香港混装在旅客行李中或藏于船上各个部位，当船舶进入汕头港前，将货物抛进前来接应的舢板；二是在香港凭仓单装运内有走私货物的箱头，在船舶进入汕头港前或卸至海关验货场地前，用同样的唛头、号码的箱头进行调换；三是用汽轮装运私货到海门等潮阳沿海地区，然后用其他船只转运到汕头或其他地方；四是走私货物在沿海岸卸下，然后由陆地或水路转运；五是旅客、水客、船员逃避海关监管征税的走私活动。这一时期走私物品，进口主要是鸦片、布料、煤油、白糖等；出口主要是银圆及当地一些土货。

1931至1939年，潮海关所辖关区范围内走私活动相当严重，沿海走私台糖、人造丝等活动十分猖獗，货运渠道利用伪报价格、数量、质量以及假发票、替换货物等方式走私漏税案件也急剧增加，进出口船舶船员的走私也很活跃。1930年前，潮海关每年查获的走私案件一般在百来宗至几百宗，1935年则查获1703宗，至1938年更增加至1922宗。走私物品，进口主要是白糖、人造丝、煤油、烟酒、高级食品、布料、鸦片等；出口主要是银圆、钨矿石、盐及其他土特产。

1939年6月日军侵占潮汕沿海地区后，潮海关及被占领地区的分支机构停止了工作，缉私工作由日本占领军军部负责；1942年9月至1945年9月，伪潮海关查

---

[1] 广东省汕头市地方志编纂委员会.汕头市志（第三册）［M］.北京：新华出版社，1999：482-483.

获的走私案件很少。

1945年9月至1949年9月，潮汕地区的走私活动十分严重。除了商人、船员、水客通过沿海、船舶和行邮物品进行走私外，国民党的军政官员以及官僚买办，也插手进行走私包私活动，甚至与潮海关税务司内部人员相勾结，大肆进行包私放私活动。[1]

（三）潮海关对近代潮汕外经贸活动的影响

近代中国海关名为清政府的一个职能部门，实际管理权握于以英国为首的西方国家之手。潮海关实行外籍税务司制度，管理的是洋税的征税，由总税务司署垂直管理。近代海关引进西方的人事管理制度、财会制度和统计制度，从而成为一个与清政府旧式衙门完全不同的新型行政机构，具有比较高的工作效率和成功的管理制度。[2]因此，潮海关对汕头对外经贸活动具有重要的影响。

一是促进了汕头对外经济活动的发展。自汕头开辟为通商口岸并设潮海关之后，汕头成为潮梅地区乃至韩江流域地区人员和货物进出口集散地，对外经济活动发展迅速。1864年汕头进出口贸易总额仅为408.19万银圆；1898年达1616.69万关平两；1911年为2253.03万关平两。在人员进出口方面，1875—1939年经汕头口岸出国侨民共557万余人，归国侨民计390万余人，人员的大量流动促进了汕头与东南亚地区的联系与贸易，促进了近代潮汕经济的繁荣。

二是由于西方国家掌握了中国海关行政管理权，通过协定关税等办法，一方面便利了西方国家向中国倾销商品和掠夺原料；另一方面降低了中国出口产品的竞争力。[3]如鸦片的进口导致中国大量白银外流，祸国殃民；洋糖大量进口导致了本地蔗糖出口的减少，而外资在国内设厂生产的英美卷烟、绍昌肥皂、亚细亚和美孚洋烛、桃唛线团等洋货倾销，几乎占领了潮汕市场，由于进口和洋货倾销，潮汕民族产业的发展受到影响。

---

[1] 汕头海关编志办公室.汕头海关志［M］.1988：239-241.

[2] 戴一峰.晚清中央与地方财政关系：以近代海关为中心［J］.北京：中国经济史研究，2000（4）.

[3] 刘俊生，吴二利.中国近代海关行政管理权的丧失及对社会经济的影响［J］.宁夏大学学报（社会科学版），1989（2）.

第六章
交 通

近代以来，随着中外经济文化交流的日益扩大，国外先进的交通技术和交通工具不断地传入中国，开启了中国交通运输近代化的进程。潮汕地区拥有韩江等众多河流和漫长曲折的海岸线，港湾众多，水运交通极为便利。汕头开埠以前，内外交通以水路为主，尤以韩江水道为重；陆路以西行前往广州及北行前往江西等地驿道最为繁忙。明代以后，海运逐步兴起，北上南渡皆可经由海路。汕头开埠后，随着轮船、铁路、公路、航空、通信的发展，潮汕地区的交通格局发生了显著变化。

第一节　近代航运业的发展变迁

航运作为水上运输事业的统称，可分内河航运、沿海航运和远洋航运。1949年以前，潮汕地区的水上运输大致可分为三个历史发展时期：原始社会独木舟与排筏时期；商代的木板船至清代汕头开埠前的木帆船运输时期；汕头市开埠后至民国期间逐步发展的机动船（电船）运输时期。[1]

---

[1]　广东省汕头市地方志编纂委员会.汕头市志（第三册）［M］.北京：新华出版社，1999：775.

一、晚清时期潮汕航运业的发展

（一）新式轮船的进入和远洋航运业的发展

汕头开埠前，潮汕地区的木帆船海上运输已有长足发展。"到清嘉庆年间（1796—1820年）航行区域已十分广阔，北到天津、烟台、上海、江苏、浙江、福建等省沿海各港，东至台湾，南至越南、泰国、爪哇、新加坡等。"1858年，"潮汕地区有民间海运木船400多艘，到汕头开埠时已增至1000多艘，并设有'船头行（也叫船仔行）'"。[1]1860年汕头埠正式对外开放，英、德、法、美、日、俄、荷等外国商船纷至沓来。清同治元年（1862），英国汽船进入汕头，这是汕头港最早出现的外国汽船。随后，各国汽船相继进入，航次不断增多，至清同治五年（1866），驶进汕头港的外国轮船（包括帆船和汽船）已达525艘，总运输量超过21万吨[2]。外国汽船抗风能力强，航行速度快，发展迅猛，清光绪以后，木帆船日趋减少，至光绪十三年（1887），外国航商已全面使用汽船来汕头埠。[3]

清同治六年（1867），渣甸汽船公司及德忌利士汽船公司到汕头设立英国汽船运输公司，这是外国公司在潮汕地区最早设立的船务机构。此后，印度支那航业公司（怡和）、中国航业公司（太古）、日本大阪商船会社、法国雷特公司等外轮公司的远洋汽船相继进入汕头，船舶代理业也随之逐渐得到发展。除部分在汕头设有机构的轮船公司其业务自理以外，其他船只多由船务行代理业务，当时汕头埠的轮船行和船务行多达60多家，原先的船头行则逐渐消亡。"汕头和（上海、牛庄等）那些中国港口之间的贸易主要是靠太古洋行的轮船进行的。由于这些船一般的吨位都很小，非常适合从事沿海贸易。它们逐渐赶走了帆船"。[4]潮汕地区的海洋运输逐渐为外国人所控制，一向由民间木帆船运载的北线"豆饼"（多作农用肥料或饲料）也被外国汽船所垄断，到光绪八年（1882）

[1] 广东省汕头市地方志编纂委员会.汕头市志（第三册）［M］.北京：新华出版社，1999：847.

[2] 汕头市地方志编委会办公室.汕头概况［M］.1987.转引自：王琳乾，吴膺雄.潮汕交通运输资料［M］.汕头：潮汕历史文化研究中心，汕头市文化局，汕头市图书馆，2003：243.

[3] 汕头水运史办公室.汕头水运史（稿）（第一册）［M］.1989.转引自：王琳乾，吴膺雄.潮汕交通运输资料［M］.汕头：潮汕历史文化研究中心，汕头市文化局，汕头市图书馆，2003：246.

[4] 聂宝璋.中国近代航运史资料第一辑（1840—1895）（上册）［M］.上海：上海人民出版社，1983：387.

全潮汕地区外海木帆船仅存110多只，至光绪二十年（1894）又减至20多只，而且只航行于闽、浙、粤近海各港。[1]"据1864年至清王朝覆灭的1911年共计48年的统计：共有16个国家（地区）的47439艘外轮进入汕头口岸（其中80%以上为英籍），船舶吨位达6471万吨。"

同治十二年（1873），中国轮船招商局在汕头设立分局，这是潮汕地区的首个官办轮船分局。1888年后，轮船招商局为进一步发展航运业务，又陆续在汕头建造了浮水码头、货运仓库等设施。清末旅居暹罗的华人张连三，经多方集资从国外购置4艘轮船，组成华暹轮船公司，开辟汕头至曼谷航线。[2]1999年的《汕头市志·交通志》称："民国年间，潮汕民间开始有少数富商购置外海轮船与外国人抗争，最先是新安人刘树德于民国10年（1921）购德国旧炮舰1艘，改建为'潮州号'货轮，航行于汕头至香港，由于航速比外国轮快，所以都是营运颇佳。民国13年（1924）民国政府将该船收归'招商局'经营。此后，私人（商人）购置外海货轮不断增多，并自成'船行'。"[3]

（二）内河航运业的发展

潮汕地区的内河航运在唐宋时就已十分兴盛，潮州府城是韩江流域货物集散和海盐集运的枢纽。至明天顺年间（1457—1464）官府已在广济桥设税收机构。清雍正三年（1725），清政府为进一步强化内河运输的税收管理，又专设盐运司驻潮州。汕头开埠前，潮汕各地内河航运以木帆船、木筏及竹排为主，集散于沿江城镇。汕头开埠后的清光绪十八年（1892），潮阳县棉城人萧鸣琴集资5万银圆，购置客轮（电船）4艘，创办了汕潮揭轮船公司，经营汕头—潮阳、汕头—揭阳等地内河客运，开拓了潮汕内河航运业。同年，潮阳县商人萧金泰等人开设汕头小火轮公司，购置4艘烧煤汽船，以载杂货为主，行驶练江、榕江各港口。光绪二十五年（1899），英国8艘内河汽船入汕，萧金泰等人恐利权外溢，又添置6艘内河电船（货船）与英国人竞争。英国人因对潮汕内河情况不熟悉，无法竞争而放弃[4]。

[1] 广东省汕头市地方志编纂委员会.汕头市志（第三册）［M］.北京：新华出版社，1999：847-848.

[2] 李宏新.潮汕华侨史［M］.广州：暨南大学出版社，2016：135-136.

[3] 广东省汕头市地方志编纂委员会.汕头市志（第三册）［M］.北京：新华出版社，1999：848.

[4] 参见1991年郑可华主编《汕头地方交通志》，转引自：王琳乾、吴膺雄.潮汕交通运输资料［M］.汕头：潮汕历史文化研究中心，汕头市文化局，汕头市图书馆，2003：299.

二、民国时期航运事业的曲折发展

（一）民国初期航运业的艰难前进

民国初期，潮汕的海上航运业几乎被外商侵夺殆尽。第一次世界大战前后，在汕头设立船务洋行的有英国的太古洋行、怡和洋行，日本的大阪商船会社，代理挪威的波宁公司，荷兰的大信洋行和丹麦的洋商等；本国的船行只有招商局、元亨公司和香安公司等[1]。1921年，新安人刘树德购德国一艘旧炮舰，改装为"潮州号"客货轮，航行于汕头与香港之间。这是本地航运业经营的第一艘铁质机械船，因其航速较快，抗风能力较强，刘树德又善于经营，故客货常满，营运颇佳。直至1924年由政府将其收归招商局经营。此后，民间购置外海货轮不断增多，并自成船行，经营外海航线。至民国22年（1933），汕头市进出口轮船达4478艘，6324468吨位，港口吞吐量占全国沿海各港口吞吐量的8.67%，仅次于上海、广州而居全国第三位。在进出本港的轮船中，英国轮船占70%，日本轮船居第二位，中国招商局本国轮船居第三位。[2]其时，汕头轮船行商号达70多家（船务行），年营运额约2亿元。[3]

1912年起，已有本地轮船行驶于潮州府城和三河坝之间。次年，大埔县旅居南洋的华侨，在潮州设立航运公司，置有"协和""同和"两只铁底小轮船加入潮州、大埔间行驶。民国三年（1914），又有梅县人购置"瀛洲""青州"两只木底小轮，航行于梅县、松口、潮州之间。民国4年（1915），航行于韩江中上游的电船和小汽船有10多艘。到民国10年（1921）前后，韩江沿岸已有11家轮船公司，共有小电轮20余艘，分别穿梭于潮州—松口、潮安—梅县、潮安—大埔3条主要航线。这一期间，榕江、练江航线也得到开发。1922年以后，航行于汕—揭间的轮船多为机动电船，经营者主要有汕潮揭轮船公司、公兴公司和揭阳通和公司等。1924年，潮阳县棉城人陈坚夫、陈毅夫兄弟购置小电船30多艘，创办潮汕电船公司，以载客为主，主要航行榕江、练江内河港口，两年后更换为17艘大客轮并发展近海客运。1933年，汕头市商会管理的载客300客位以上的大型

[1] 调查统计：我国航业被外商揽夺殆尽——来往汕头之中外轮船调查［J］.省商，1931（7）：37-38.

[2] 汕头市地方志编委会办公室.汕头概况［M］.1987.转引自：王琳乾，吴膺雄.潮汕交通运输资料［M］.汕头：潮汕历史文化研究中心，汕头市文化局，汕头市图书馆，2003：243-244.

[3] 广东省汕头市地方志编纂委员会.汕头市志（第三册）［M］.北京：新华出版社，1999：848.

客轮加入汕揭航线，紧随其后的还有和济公司、集益公司以及潮阳萧金泰经营的200个客位以上的大型客轮。这些客轮还兼货运，使汕揭航线成为潮汕地区最繁忙的内河重要航线之一。至抗日战争全面爆发前，汕头就有汽船86艘，帆船588艘，数目居全省第二位。

（二）抗战爆发后航运业的衰落

1937年抗日战争全面爆发，次年9月，日军进犯华南，10月，广州沦陷，汕头港成为国内与国际交通的重要孔道，几乎所有军用品及重要物资，皆从香港输入，再由汕头转运国内各省区。

广州沦陷后，广东省政府内迁到粤北的韶关。为维持物资供应，省府以韶关为中心，开辟了3条水路联运线。汕头是离韶关最近的出海口。为了便于物资运输，开辟了韶关至汕头的水陆联运线路。由韶关运出的货物，用汽车直运兴宁后，沿兴宁河以木船运抵梅县或松口，再由轮船转载直下潮州，再经潮汕铁路运至汕头（汕头沦陷前夕，潮汕铁路拆毁，货物则由潮安沿东溪、西溪运至汕头）；运往韶关的货物，则从汕头运至兴梅，再转汽车运抵韶关。这条交通线开通之后，大量货物经由汕头进出。1939年6月汕头沦陷前夕的5个月，进出汕头港的外轮有382艘，货物56万吨。与此同时，潮汕航商以小型汽船和机帆船冒险航行附近沿海，直至汕头沦陷才被迫断绝。[1]

1939年6月21日，日军进犯并占据汕头。潮汕沦陷之初，外国船纷纷回国，汕头埠各中小轮船公司和船务行陆续停业，海运由日本人控制，私人海轮多数到香港避难，仅存招商局汕头股份有限公司、太古、怡和3家，但也极少有船来汕。只有挂英国旗的商船每周一艘进出汕头港一次，但也仅得"载运邮件、旅客和日用食品而已"，汕头对外海洋运输几乎停顿。饶平、澄海、惠来等各县少数商人不得不冒险启用封存的破旧沿海木帆船行驶温州、厦门、香港、广州。1941年12月香港沦陷后，日伪随即接管汕头海关，行走汕头的外国轮船终于绝迹。

汕头沦陷后，大量民众被迫逃离家乡。航运员工为阻止日军顺江入侵，将较小船只转移到三江上游，较大的船只则凿沉于三江主航道。但当时退入各江中上游的船只多因吃水较深，不适应中上游的航道。为满足后方剧增的货运需求，急需生产适应浅水航道的船只。民国28年（1939），政府贷款给航商造船户，鼓励私人造船。于是，韩江中上游各地民办修造船厂纷纷设立，以梅江各地为

---

[1] 汕头水运史办公室.汕头水运志（油印稿）（第一卷）［M］.1989.转引自：王琳乾，吴膺雄.潮汕交通运输资料［M］.汕头：潮汕历史文化研究中心，汕头市文化局，汕头市图书馆，2003：250.

最多。

（三）抗战胜利后航运业的恢复

抗日战争胜利后，潮汕各轮船行和船务行相继开业，以汕头为中心的沿海航运业迅速恢复，旅居海外的华侨急着返归故里探亲访祖，且有不少潮梅人士往南洋谋生，旅客来来往往，川流不息。但因战时沿海水路多被日军布满水雷，大中吨位海轮尚未恢复行使，只有小型电轮往来于汕头、香港、厦门之间。直至汕头至香港及华南一带沿海水路的水雷被清扫后，大吨位海轮才重新进入汕头港。汕头市政府及驻军接管日本投降时移交的多艘轮船，也允许商人独资或合资向政府购买参加营运。

这一时期汕头市各轮船公司、电船船务行如雨后春笋，相继复设或新建，较之战前成倍发展。到民国35年（1946），汕头市共有各类船务行达52家之多。其中，经营轮船业的有21家，经营电船业的有31家。太古、怡和、波宁、渣华、和丰等外轮公司的轮船也经常航行于潮汕。此时潮汕的航运业出现了南洋各地航线畅通，国内南北线航线繁忙，内河客货繁多的昌盛局面。据《潮州志》载，仅民国37年（1948）汕头口岸就有出口客136779人，进口客167175人，已经超过战前的水平。

抗战胜利后，外逃的潮汕人都急于返乡，南洋各地的潮汕籍华侨，也都盼望早归乡梓探亲访祖。但因战时陆路交通遭到严重破坏，一时难于恢复，来往交通多靠水路。但水运船只缺乏，交通梗死，商旅艰难。为迅速恢复水路交通，内河航商一方面迅速将原沉存的汽船打捞维修恢复航行，另一方面赶造新船投入营运。因此，内河航运恢复发展较快，私营轮船公司逐年增加。至民国35年（1946年），汕头市的私营轮船公司达10多家，航线13条，轮船达117艘。《潮州志·交通志》载，民国37年（1948）潮汕地区的内河已有客货电船77艘、木帆船13792艘，出入汕头港的客运量达841528万人次（进462841万人，出378687万人），货运量134363万吨（进73899万吨，出60464万吨）。

抗日战争胜利后，潮汕内河运输各航商按船舶性质自发组成联营组织，如汕揭电轮联合维护营业处、韩江航业公会、汕头市电船业同业公会、汕棉机帆船联营处、汕揭拖渡联营处等。这些组织对内河客货运输进行统筹，共谋改进，对内河航运业的发展起到了积极的作用。1947年已有潮揭电轮（揭阳线、潮阳线）、汕澄电轮（东陇线、潮安线）、汕梅电轮（梅县松口线）、磊口达濠电轮（磊口线、达濠线）。其中，仅揭阳线就有"广州""利生""潮孚""锦生""安顺""玉川""大华"等轮航行[1]。

三、港口的建设与管理

（一）港口的建设

汕头开埠后，中国轮船招商局及外轮公司先后在此建设码头。至民国28年
（1939）汕头沦陷前，港内有码头6座，即怡和公司码头1座、太古公司码头4
座、招商局码头1座。但抗战期间，这些码头大部分被飞机炸毁。潮汕沦陷期
间，日军在毗邻老港区东侧新建东亚码头，本地人称军埠码头，后称为海关码
头。1948年9月，汕头港有集益码头、公共码头（两座）、东南码头、德兴码
头、怡和码头、太古码头（两座）、招商码头、海关码头、亚细亚洋行码头等，
共11座。[2]

在建设码头的同时，各航运公司还先后在汕头港施放系船浮筒（俗称水
鼓），供船舶抵港停泊使用。至1937年，港内固定系船浮筒共有18个；在亚细亚
油库前还有系泊油轮的浮筒4个；在石炮台有一个系留水上飞机的浮筒。这些系
船浮筒的泊位，除了国内的招商局占有其中的一个，其余的都属外国洋行。这些
浮筒在抗日战争时期多数遭受过破坏。抗战胜利后，汕头港只新装了一个供万吨
级船舶系泊的浮筒。

清末民初，汕头港建有200多间仓库，但大部分在抗战期间遭战火破坏。至
1949年仅剩约建于清光绪十六年（1890）的招商局仓库22间，建于1880—1918
年的英商怡和仓库5座、太古仓库50间等，海关有货物仓库92座（间），总面积
27480平方米，容量60.891吨。[3]

汕头港的导航设施主要有灯塔、浮标、导标、讯号杆、讯号台、潮水站
等。其中，灯塔的建设最具有代表性。近代汕头港建设的灯塔有两座，均建于清
光绪六年（1880），分别是位于德州岛东端的德州岛灯塔和位于达濠岛东南端的
表角灯塔。[4]

---

[1] 谢雪影.汕头指南［M］.汕头：汕头时事通讯社，1947.

[2] 广东省汕头市地方志编纂委员会.汕头市志（第三册）［M］.北京：新华出版社，1999：966.

[3] 汕头市港务管理局.汕头港口志［M］.北京：人民交通出版社，2010：69-70.

[4] 《汕头港建设史》编委会.汕头港建设史［M］.新华新闻发展公司，1998：11.

（二）港口航运的发展

汕头开埠后，国外航运商多以香港为基地，开辟连接汕头、厦门、福州等地的航线。到民国初期，汕头口岸的航线已得到较好开发。1928年时已开辟：基隆香港线，基隆—厦门—汕头—香港—海防；高雄广州线，高雄—厦门—汕头—香港—广州；上海广州线，上海—汕头—香港—广州；厦门西贡线，厦门—汕头—西贡；汕头暹罗（泰国）线，汕头—曼谷；汕头新加坡线，汕头—新加坡；香港福州线，福州—厦门—汕头—香港；汕头香港线，汕头—香港；汕头槟城线，汕头—新加坡—槟城。

这一期间汕头的所有外海航线几乎为外国航运商所控制。航行于上海及北部沿海各省的船舶，除4艘属于招商局外，其余都是英国的中国航业公司（太古）、印度支那航业公司（怡和）及日本日清汽船会社的船舶；航行于香港、汕头、厦门和福州之间的为英国德忌利士的船舶；航行于台湾地区至汕头之间的为日本大阪商船会社和山下汽船会社的船舶。民国20年（1931），航行汕头港的远洋轮船只有8艘属于国人经营，其他34艘均为外国人所经营。[1]

汕头开埠后，贸易运输得到快速发展，抗战全面爆发前，汕头港"有太古洋行堆栈（包括元亨栈）八十九处，怡和洋行堆栈五十三处，商人自行盖建于北海旁之大安栈、潮安栈、宏瑞栈、东丰栈等栈房共六十七处，皆货物山积"，沦陷后，货栈货物"悉毁弃无余，而市内店肆栈房陈设货品较前也差逊甚远"。[2]抗战胜利后，港口航运逐步恢复，但码头仓库多已被战火破坏，元气大损，生产设施一时难以恢复，贸易运输额远远不如20世纪30年代。1948年《潮州志·实业志·商业》载："运输方面，据中央社发表（民国36年11月24日）英属马来亚政府统计报告，由三十一年一月起至九月止，共由中国输入货件9925万元，五月尚有1650万元，九月竟不满600万元，此戋戋数字，在前期几为汕头一隅之数额，今则为全国所合有，输出入贸易之冷落可见矣。"[3]

近代汕头港的客运，一般都是从事远洋运输货船兼载，主要客源是移民、商人和劳工。清同治八年（1869），汕头输送到南洋各地的旅客有2.08万人。此后不断增多，至光绪二十一年（1895），年出口人数增至9.11万人。民国初期，汕头港出口旅客年均十四五万，经由汕头返乡的潮人，年均六七万。但客运业

[1]　广东省汕头市地方志编纂委员会.汕头市志（第三册）［M］.北京：新华出版社，1999：986.

[2]　饶宗颐.潮州志（第三册）［M］.潮州：潮州市地方志办公室，2005：1172.

[3]　饶宗颐.潮州志（第三册）［M］.潮州：潮州市地方志办公室，2005：1173.

的竞争也日趋激烈，各船行商纷纷以降低票价和改善服务招揽旅客。国内的轮船行因经济单薄，敌不过外国船行，多数不得不停止客运，只有刘树德经营的"潮州号"轮船以其速度快、周期短，香港有固定客户，故坚持每周2次往返汕头至香港之间。1939年6月汕头沦陷后，汕头港客运几近断绝，抗战胜利后潮梅人民往南洋谋生为数极多，来来往往，川流不息。据《潮州志》载，仅民国37年（1948），汕头港的出境客就超过13万人次，入境客超过16万人次。

晚清时期，作为对外通商口岸的汕头港，长期归属潮海关管理。清光绪二十七年（1901）始设理船厅，作为航政事务管理机构。民国2年（1913）2月，汕头设立航政分局，同年7月奉命裁撤。民国5年（1916）又设潮梅航政分局。民国16年（1927）12月改称为潮梅航政局。民国22年（1933），汕头设立潮汕港务管理分局，原潮梅航政局并入汕头港务管理分局。民国25年（1936），国民政府广州航政局设立，接收汕头港务局，改组为航政办事处[1]，潮汕港务管理分局改为潮汕船务管理所。汕头港的商检机构成立于1930年12月。1937年汕头商检分处开办商检业务，对进出港商品实施查验。1939年汕头沦陷，商检工作遂告停顿。1946年10月6日，才重新开办商检业务。汕头港卫生检疫工作创办于清光绪八年（1882），长期为英国人所把持，直至民国20年（1931）4月30日汕头海港检疫所正式成立后才收归国有。[2]

第二节　陆路交通事业的发展变迁

清光绪三十一年（1905）以前，潮汕地区陆路交通一直停留于传统驿路时代，陆上运输主要靠人力和畜力进行短途和就地搬运。清光绪三十二年（1906）10月开始修筑铁路，民国11年（1922）开始修筑公路后，才进入近代新式交通发展时期。1939年潮汕沿海地区沦陷后，潮汕铁路被拆毁，公路受破坏，陆上运输又以人力、畜力为主。抗战胜利后，交通事业再见生机，许多公路逐步恢复和延伸。但随之而来的内战使经济再度萧条，实际通车者寥寥。[3]

---

[1]　（航讯）汕头海口设航政办事处［J］.航业月刊，1936，4（3）：17.

[2]　广东省汕头市地方志编纂委员会.汕头市志（第三册）［M］.北京：新华出版社，1999：1004.

[3]　广东省汕头市地方志编纂委员会.汕头市志（第三册）［M］.北京：新华出版社，1999：775.

一、公路建设

（一）民国初期公路建设的起步

民国初期，广东开始筹划公路建设，几经反复后，于清宣统二年（1910）设立全省公路处，拟定开辟全省公路计划，其下设有潮属公路分处。但由于政局动荡、人才缺乏、财力不足，规划数年成效甚微。潮汕地区在此时期仅于民国11年（1922）筑成揭安路潮安段的数里路基。民国14年（1925）7月广州国民政府成立后，迅速完成全省的统一，结束了军阀混战不休的局面。同月，公路处改组为直隶建设厅的广东全省公路局。次年3月，又改为建设厅公路处，将全省划为东、西、南、北、琼崖五区，设立分处管辖，潮汕属于东区。民国17年（1928），东区善后公署成立后，经多番努力，安揭、揭普等路才得以陆续兴筑，这是潮汕地区公路建设的开端[1]。

此后，广东全省的公路建设规划虽几经反复，但基本形成以省会广州为中心，向四方放射为东、西、南、北四大干线的公路系统。潮汕地区属于东路干线。东路干线又分五线，其中与潮汕地区关系较为密切的有第一和第三干线。第一干线由广州沙河起经增城、博罗、惠阳、海丰、陆丰、惠来、普宁、揭阳、潮安、饶平至分水关；第三干线由揭阳起经丰顺、兴宁至平远。第一干线在潮汕境内又分为普陆公路普惠段、普揭公路、揭安公路、安黄公路、黄诏公路等路段。第一干线又有广汕公路普汕段（普宁池尾至汕头礐石）及普华公路（普宁池尾至五华安流）两条支线。

在全省筑路热潮的影响下，各界人士认为有利可图，加上华侨的热心支持，潮汕地区公路建设开始大规模兴起。据民国17年（1928）10月东路公路处处长张友仁的报告，当年筑路不下50里，安揭公路的深坑至枫溪段和马牙至深坑段，以及池揭公路揭阳至屯埔段等的路基均于是年筑成。同时，揭丰公路、安黄公路、汕樟公路、惠葵公路，普陆公路洪阳至池尾段、广汕公路池尾至潮阳段（普汕公路）等大批干线公路先后动工兴筑。民国20年（1931），陈济棠主粤期间，为巩固其统治而大办交通，因注入商民投资而逐渐形成高潮。1939年潮汕沿海地区沦陷，公路建设停顿，此间9年共筑成公路1169.8公里（包军路176公

---

[1] 饶宗颐等.交通志·陆运［M］//广东省地方史志办公室.广东历代方志集成潮州府部七：［民国］潮州志二.广州：岭南美术出版社，2009：1020.

里），占全省筑成公路14519公里的8%。[1]

　　由于官方的财力不足和民间人士的热情高涨，因此当时开筑的公路多是官商民合办或侨绅捐资买股兴筑，如澄海士绅陈少文等主筑的汕樟路，潮安下七都士绅组织筑路会修筑的护堤路等。这种情况一直延续到1949年以前，"据民国三十五年建设厅调查，计官办者，无，官民合办者八，民办者二十九，商办者三，其他者一，合共四十一"[2]。由此可见，潮汕民间投资公路建设的热情之高。

　　民国21年（1932）4月1日，揭丰公路首先通车，同年6月最早开筑的安揭公路也相继开通，11月安池公路池尾至河婆段通车，同时，普揭、普汕、安黄、洪棉、汕樟等公路相继筑成。总体来看，潮汕地区在汕头沦陷前修筑的公路数量可观，年均筑路100多公里。但因急于求成，加之政治腐败，技术标准低劣，带来很大后遗症。正如民国22年（1933）《广东建设月刊》所说："路线曲折迂回，任意弯曲，越岭经行山岗处，则坡陡险峻，平原则低陷非常，所有桥涵以木质建造者居多，建筑时既因陋就简，通车后又不加工修理，任其腐朽，路面年久失修，崩陷之处，触目皆是。"因此，尽管民国20年（1931）至民国28年（1939）筑成公路1169.8公里，但实际可通车者只有236.6公里[3]。

　　如表6-1所示，20世纪20—30年代，潮汕地区先后有10多家汽车运输企业投入客货运输业务，其中规模较大的运输企业有汕樟公路行车公司、普益行车公司、安荣（榕）行车公司、护堤公路行车公司、集丰行车公司、惠潮行车公司等[4]。

　　[1] 张章细.汕头公路志［M］.汕头公路局编史办，1988.转引自：王琳乾，吴膺雄.潮汕交通运输资料［M］.汕头：潮汕历史文化研究中心，汕头市文化局，汕头市图书馆，2003：99.另据《汕头市志》载，1928年至1937年6月，潮汕各地先后已筑公路路基993.8公里，可通车的达736.6公里，形成初期的公路网（广东省汕头市地方志编纂委员会.汕头市志（第三册）［M］.北京：新华出版社，1999：835.）。

　　[2] 饶宗颐，等.交通志·陆运［M］//广东省地方史志办公室.广东历代方志集成潮州府部七：［民国］潮州志二.广州：岭南美术出版社，2009：1027.

　　[3] 张章细.汕头公路志［M］.汕头公路局编史办，1988.转引自：王琳乾，吴膺雄.潮汕交通运输资料［M］.汕头：潮汕历史文化研究中心，汕头市文化局，汕头市图书馆，2003：99.

　　[4] 广东省汕头市地方志编纂委员会.汕头市志（第三册）［M］.北京：新华出版社，1999：835.

表6-1　民国时期潮汕部分行车公司状况

公司名称	创办	主要业务	拥有汽车	停业
汕樟公路行车公司	1931年成立		22辆（1938年）	1938年10月停业
普益行车公司	1932年试办	行驶普宁洪阳至揭阳马牙	客车3辆货车1辆	
安荣（榕）行车公司	20世纪30年代初	潮州至揭阳客货运输业务，同时负责公路的维修养护	12辆	
护堤公路行车公司	1935年成立		17辆	汕头沦陷后，车辆设备搬迁兴梅等地，但连年亏本而停业
集丰行车公司	1930年成立	蜈田至池尾的客运业务	34辆（1933年）	广东省东路行车管理处成立后，将该行车线路收归官办，遂宣告停业
惠潮行车公司	潮阳、惠来、南山局官资合办	总站设潮阳棉城，行驶后溪至惠来，后溪至达濠路段	客车7辆	1939年停业

（二）抗日战争期间公路的曲折发展

民国27年（1938）10月，日军攻陷广州，地方政府先后两次下令破坏公路，以图阻止日军进攻。广汕、汕汾、官汕、安池、葵和等干线路毁桥拆，破坏殆尽。同年冬，日军进犯潮汕的形势越来越严峻，汕头政府当局为适应战时疏散市民的需要，增辟了一条避难公路（后称鮀汕公路）。该路于民国27年（1938）冬兴工，次年春完成。路线由汕头市西北郊光华埠起，通澄海之鮀浦，全长5.5公里。

从公路运输方面看，民国26年（1937）后，潮汕地区的公路网络基本形成，汽车客运发展极快，当时的私营和合营行车公司达10多家，计有载客汽车122辆[1]。战前潮汕地区的公路由于筹款性质差异而不相统属，行车公司各自为政，公路运输混乱。为此，省府于民国26年（1937）成立东路行车管理处，后改设工务处负责养路，车务处管理行车，直接由公路处指挥监督。据民国27年（1938）2月公路处统计，东路共有大客车378辆，货车98辆，小包车30辆，合计506辆；潮汕地区共有17个公司从事公路运营，车辆172辆，其中客车134辆、货车35辆、小包车3辆。可见战前东路客运多而货运少，故公路利益只能及于士绅

[1]　郑可华.汕头地方交通志［M］.1991.转引自：王琳乾，吴膺雄.潮汕交通运输资料［M］.汕头：潮汕历史文化研究中心，汕头市文化局，汕头市图书馆，2003：50.

商贾之往来，而未能普及于农村出品之运输[1]（见表6-2）。

表6-2 民国27年（1938）潮汕地区车辆调查

县别	路段	道别	行车公司	客车	货车	小包车	车辆总数
直通东路各县	第一二三干线	省道	东路省道行车管理处	52	20	2	74
揭阳公路	潮安段	省道	安裕公司	5	1	1	7
安黄公路	安寨段	省道	安凤公司	2			2
安凤公路	安文段	省道	安凤公司	2		1	3
潮安护堤公路	潮安段	县道	丰乐公司	10	1	1	12
潮阳	惠潮公路	县道	惠潮公司	4			4
	汕达公路	乡道	惠潮公司	3			3
揭阳	揭安公路揭阳段	省道	安榕公司	5	1		6
鲤河安公路	河婆段	县道	东兴公司	3			3
澄海	汕樟公路	县道	汕樟公司	23			23
饶平	安黄诏公路黄九段	省道	南通公司	2			2
	饶黄公路	县道	广发公司	2	1		3
	饶钱公路	县道	利民公司	3	3		6
	饶和公路饶茂段	县道	广益公司	1	2		3
普宁	普揭公路	省道	普益公司	5	1		6
大埔	埔杭公路埔靖段	县道	联发公司	2	1		3
丰顺	丰揭公路	省道	揭成公司	7	1		8
	丰兴公路丰叶段	省道	惠民公司	2			2
	丰隍公路	县道	丰民公司	1	1		2

近代潮汕公路筑成之后均实行以路养路政策。民国28年（1939），除民营公路实行自修自养外，干线公路均实行统一管理，统一养护，养路费也实行统收统支，通行干线的营运车辆均由省公路处征收养路费。行政院颁发《公路征收汽车养路费细则》之后，省建设厅根据广东情况，订定本省养路费征收费率，于民国28年（1939）11月由公路处设站征收。民国30年（1941）7月1日，全省开征民营汽车营业税，财政厅将养路费与营业税合并征收，全省设25个征收站，其时因潮汕沿海县份沦陷，尚属潮汕管辖的丰顺县设有征收站，按当时的规定，每车公

---

[1] 饶宗颐，等.交通志·陆运［M］//广东省地方史志办公室.广东历代方志集成潮州府部七：［民国］潮州志二.广州：岭南美术出版社，2009：1024.

里小客车征收1角，大客车2角，货车每吨公里2角。[1]

民国28年（1939）6月，潮汕沿海县份相继沦陷，交通断绝，后来日军为适应其军运，先后修筑了潮汕、揭汕（炮台至庵埠段）、安东（涸溪至洪渡段及涸溪至新埔段）、复兴（潮安至浮冈段）、潮关（潮阳至桑田段）等公路，又将普汕路碧石蜞田段、隆澳路延长，6年间共修筑和恢复公路112.5公里[2]。另有多条公路本于战前就已有修筑之议，只是由于各种原因尚未实现。如潮关公路本于战前潮阳当局就有兴筑之议，只是由于经费原因而未能动工，揭汕公路更是议筑已久而未能实现。

日军入侵后，公路遭到破坏，公路运输每况愈下，许多行车公司不得不宣告停业，如汕樟公路行车公司于民国27年（1938）10月停业，惠潮行车公司于民国28年（1939）停业，护堤公路行车公司虽将车辆设备搬迁兴梅等地，但仍因连年亏本不得不停业。民间的运输便以自行车、板车和脚踏三轮车为主。

这一期间揭阳取代汕头成为潮汕地区交通的枢纽。不论是粤北、湘东、赣南、闽西货运，经兴梅进入本区，还是海外货物经澄海的东陇、潮阳的海门、惠来的澳角等港口内运，都以揭阳为重要中转站。此外，南山的两英、潮安的葫芦市、澄海的东陇等地也在抗战期间得到了快速的发展。

（三）抗战胜利后公路的修复与发展

1945年日本投降后，各地的交通事业都逐渐复苏，但在潮汕地区，除潮汕、汕樟、汕达（磊广）广汕线的碧石至和平等路段因战时仍有路基而迅速恢复通车外，其他公路皆无力重建。许多公路虽间断有路基存在，有的也修好了路基，但桥涵无法修通，只好由各行车公司集资以得路权，使公路得以逐步恢复和延伸。当时行政院规定凡联络首都各省省会，各重要港口，以及国际通路等运输价值普及全国，或跨及数省之公路，均应划为国道，由中央直接办理，并于民国36年（1947）7月公布全国。国道网划分为基线四、经线五、纬线六、经纬联络线二十二，共37线。其中自汕头经揭阳、丰顺、兴宁、平远、瑞金、赣县、吉安、温家圳、浮梁、安庆、六安、界首等地至周家口公路，即属于国道经二线。[3]

---

[1] 广东省汕头市地方志编纂委员会.汕头市志（第三册）［M］.北京：新华出版社，1999：890.

[2] 饶宗颐，等.交通志·陆运［M］//广东省地方史志办公室.广东历代方志集成潮州府部七：［民国］潮州志二.广州：岭南美术出版社，2009：1023.

[3] 饶宗颐，等.交通志·陆运［M］//广东省地方史志办公室.广东历代方志集成潮州府部七：［民国］潮州志二.广州：岭南美术出版社，2009：1046.

战后初期，潮汕地区就修筑了汕揭路炮台至曲溪段，安黄路，潮梅路，改善揭普路的罗古石至马牙等路段30.2公里。但直至民国37年（1948），总共只修复及增辟的公路共723.9公里，比民国26年（1937）的1169.8公里尚少445.9公里。其中可通车者只有426.9公里，不可通车者达297公里。民国38年（1949）7月间，国民党军逃经潮汕时，沿途焚桥毁路，公路交通又断，到1949年10月，尚可通车者只有潮汕公路40公里。[1]

公路运输方面，抗战胜利后原有的和新兴的行车公司陆续开业，恢复汽车运输，不过还是重客轻货，陆上货运发展仍旧缓慢。1945年，汕头的公商客货车只有48辆。此后，先后成立了多家具有较大规模的行车公司，如德兴行车公司、连通筑路行车公司、汕达利益行车公司、大通行车公司、南联行车公司等。其中以德兴和连通两家规模最大。德兴行车公司属军商合办性质，民国34年（1945）11月1日开始营业，拥有汽车19辆、电船3艘、磊口渡车船2艘，渡客船7艘，职工近百人。[2]民国35年（1946）年1月，省政府颁行新政，将路权与行车线路专利分开。同年12月13日，经广东省政府批准，侨商林连登独资创办私营的连通筑路行车公司，承领普汕路、普揭路、惠潮路、惠普路、普华路、隆览路、潮南路7段公路路权，从事修复公路、专利行车，筑路总投资港币228万元。公司地址设汕头市，总站设潮阳棉城北门，1947年开始营业，初期有9辆汽车，逐步发展到42辆，行车线路又逐步延伸至陆丰、海丰等地，总长337公里，职工360人。1947年以后，受内战影响，经济全面萧条，汽油价格暴涨。当年2月每桶10万元，4月涨到30万元，1年后物价上涨25倍[3]，汽车运输业每况愈下。

（四）公路桥梁的修建

民国时期，潮汕地区的公路桥多是木结构，汕揭、揭丰、护堤、安黄等公路全部桥梁均为木结构，较好者也只是石台木面的半永久式桥。潮汕地区可通行汽车的公路桥梁，始于民国21年（1932）筑成通车的揭丰公路和安揭公路，均为跨径3至5米、净宽4米、长15米、通行重量为3吨汽车的小桥。[4]公路永久式桥梁仅有汕樟公路下埔桥、广汕公路和平老桥及惠葵公路连丁桥等几座。

[1]　张章细.汕头公路志［M］.汕头公路局编史办，1988.转引自：王琳乾，吴膺雄.潮汕交通运输资料［M］.汕头：潮汕历史文化研究中心，汕头市文化局，汕头市图书馆，2003：45.

[2]　广东省汕头市地方志编纂委员会.汕头市志（第三册）［M］.北京：新华出版社，1999：841.

[3]　广东省地方史志编纂委员会.广东省志·公路交通志［M］.广州：广东人民出版社，1996：51.

[4]　广东省汕头市地方志编纂委员会.汕头市志（第三册）［M］.北京：新华出版社，1999：788.

下埔桥位于汕头与澄海交界的新津河，是民国17年（1928）汕樟公路开筑时筑成的首座公办公路桥，也是潮汕地区第一座钢筋混凝土公路桥，桥宽4米，长105米。1930年，该桥西段被水冲塌而未能通行汽车，直至民国29年（1940）协兴公司架设下埔桥西段木桥，桥面加铺火车铁轨，才恢复通车。

和平桥位于潮阳县和平镇，原为石桥，始建于南宋，全桥19孔（含引桥1孔），长32.6丈，宽9尺。1930年广汕公路筑成后，于民国22年（1933）将和平桥改建为钢筋混凝土，并将宽度增至6米，全长191米，由此开创了潮汕地区公路永久性桥梁的先例。民国28年（1939）秋，为阻止日军入侵，炸毁中央四孔桥面。民国27年（1938）夏，由连通公司出资修复通车。[1]

其他公路在修筑时尽管也有架设桥梁之需，但都因各种困难而未成。如位于饶平黄冈镇的黄冈大桥，本是潮汕地区通往福建等地的咽喉要地，但民国20年（1931）安黄公路、黄诏公路开筑后，由于建桥工程浩大而未能修建；位于达濠江上的磊口大桥，乃汕头通往广州等地的咽喉，民国22年（1933）广汕公路普汕段筑成后也因建桥艰难而未成。

抗战胜利后，连通行车公司为主修复的普陆路、普汕路、惠葵路等也建了一些钢筋混凝土桥，如大坝桥、连丁桥等，但其时公路桥梁仍以木结构（包括半永久式）为主。[2]

二、铁路建设

（一）潮汕铁路的兴筑、通车与拆毁[3]

铁路在近代中国社会的转型过程中，扮演着重要的角色。民营铁路的兴筑、收回铁路利权运动，促进了近代中国经济社会的发展。因资金、技术、管理上的困难，清末成立的民营铁路公司筹资方式复杂多样[4]。当时自办铁路的参与者既有国内绅商民众，也有海外富商侨民。闽粤侨乡华侨人数多、出国早、实力强，华侨成为当地民营铁路建设的核心力量。清光绪二十九年（1903）梅县籍华

[1] 广东省汕头市地方志编纂委员会.汕头市志（第三册）[M].北京：新华出版社，1999：791.

[2] 张章细.汕头公路志[M].汕头公路局编史办，1988.转引自：王琳乾，吴膺雄.潮汕交通运输资料[M].汕头：潮汕历史文化研究中心，汕头市文化局，汕头市图书馆，2003：134.

[3] 谢寿基.本路沿革史略[J].潮汕铁路季刊，1933（1）：15-36.

[4] 孙自俭.晚清的民营铁路运动[D].河南大学硕士学位论文，2003：9-15.

侨张煜南申办的潮汕铁路，成为中国第一条商办的铁路。

第一，潮汕铁路的筹建背景。

早在清光绪十四年（1888）和二十二年（1896）怡和洋行和太古洋行曾先后筹划潮汕铁路的修筑，后因各种原因而未成。[1]清光绪二十九年（1903）9月，清政府设立商部，兼管铁路。此后陆续颁布的《铁路简明章程》《公司律》等，明确民间资本可以参与铁路投资或自办铁路公司，从而在国内掀起一股修建民营铁路的浪潮。[2]祖籍广东梅县松口的印尼著名华侨实业家张煜南（1851—1911）与谢荣光（槟榔屿领事）、张鸿南（张煜南之弟，江西试用道）和梁廷芳（同知衔）等联名上禀商部，申请创办潮汕铁路[3]，并很快得到批准。商部尚书载振在《请准办潮汕铁路折》中说："此次请办潮汕铁路，专集华股，冀开风气而保利权，深能仰体朝廷兴商之至意……现在铁路由华商承办者，潮汕一路，实为嚆矢，自应切实维护，树之风声。"[4]

第二，潮汕铁路的建设过程。

潮汕铁路公司初创时期，由张氏兄弟、谢荣光、梁廷芳等4人合资，于清光绪二十九年（1903）9月报请商部备案。但后来发现实际建设所需费用远超原定股额，遂再申请增资，后由原籍福建安溪的林丽生投资。次年2月，潮汕铁路有限公司在香港成立（地址初在香港永乐西街，后移至汕头至安街），由张煜南任公司首创总理。[5]由于大股东林丽生曾为日本大阪轮船公司买办，又系跨籍台湾台北人，故日本报界称潮汕铁路属于日本势力范围，引起留日学生和潮汕地方绅商群起反对，清宣统元年（1909）5月发生收回日本股份运动，张煜南兄弟加价30万赎回林丽生股份，风波才告平息。[6]

潮汕铁路公司成立后不久，聘请时任北洋工程师的詹天佑为总工程师。次年，詹天佑经勘察设计出第一个方案，拟从汕头出发，沿韩江迂曲上溯至潮州府城（乙线），估价约需200万元。但大股东林丽生却将勘测路线及建筑铁路所需

[1]　陈海忠.从民利到国权：论1904—1909年的潮汕铁路风波［J］.太平洋学报，2008（10）.

[2]　徐华炳.近代侨资铁路研究：学术史与范式思考［J］.福州：福建论坛·人文社会科学版，2015（7）.

[3]　张煜南上商部察［J］.潮汕铁路季刊，1933（1）.

[4]　商部尚书载振请准办潮汕铁路折（光绪二十九年十月二十四日）［M］//宓汝成.近代中国铁路史资料（下册）.台北：文海出版社，1963：930.

[5]　潮汕铁路公司创办章程（光绪二十九年）［M］//宓汝成.近代中国铁路史资料（下册）.台北：文海出版社，1963：931.

[6]　陈海忠.从民利到国权：论1904—1909年的潮汕铁路风波［J］.太平洋学报，2008（10）.

设备介绍给日本人爱久泽直哉，并以公司名义与其签订草约。爱久泽直哉派日本工程师来汕勘测后选定一条由汕头沿庵埠、彩塘、浮洋一带直上郡城的路线（甲线），估价180多万元。最后在林丽生的影响下，交由爱久泽直哉的三五公司[1]承办。詹天佑以事无可为，辞职回津[2]。清光绪三十年（1904）6月，日本工程师开始进行全线勘测，至7月选定路线[3]。

潮汕铁路刚一选定甲线，就遭到沿途村庄百姓的反对，多处乡绅纷纷请求改用乙线，日人沿路勘测所插下的标识也屡遭沿途乡民破坏，但地方官府对各乡更改路线之要求一概不予支持[4]。然而乡民坚持改线的要求，怨恨情绪日增，终于在清光绪三十年（1904）年底修至庵埠的葫芦市时，发生攻击日本施工人员，酿成二死三伤的血案。铁路也因此暂停施工，直至次年3月7日事件处理结束后，才恢复施工[5]。

第三，潮汕铁路运营状况。

清光绪三十二年九月（1906年10月），潮汕铁路正式竣工通车。因几经周折导致成本大增，以致工程费多达302万元。铁路途经庵埠、华美、彩塘、鹳巢、浮洋、乌洋、枫溪至潮安，全线长39公里。清光绪三十四年（1908）延筑潮安城至意溪支线3.1公里，全路长42.1公里。轨道宽4.85市尺（1.6米），为窄轨单线铁路，由潮汕铁路有限公司经营客、货运输，初期有客座714个，日均载客3000人次（军人不计在内），后期客座发展到1152个，日均载客增至4000—5000人次；载货车厢47个，运载货物多以棉纱、水果和粮食为主，每日往返3趟。[6]总体而言，其营业收入以客运为主，货运只占营业收入的百分之十。

潮汕铁路的建成通车，促进了潮汕地区城乡交往和对外贸易的发展，使近代汕头的贸易和汕头港一度呈现繁荣盛况。抗日战争全面爆发后，潮汕铁路被日本战机滥加轰炸，前后达50余处，中弹六七百枚。1939年6月日军侵汕前夕，国

---

[1]　台湾三五公司是1902年爱久泽直哉得台湾总督後藤新平之授命以个人名义筹组的一个机构，但实质对外全权代表台湾总督府，目的在于拓展日本在华南地区的经济、文化侵略活动。参见：郑政诚.日治时期台湾的国策会社——三五公司华南事业经营之探讨［J］.台湾人文，2000（4）.

[2]　潮汕铁路公司广告［N］.岭东日报，1904-8-27.

[3]　纪潮汕铁路庵埠路线［N］.岭东日报，1904-11-16.

[4]　保护勘地之示谕［N］.岭东日报，1904-5-25.保护铁路勘工示［N］.岭东日报，1904-6-6.潮汕铁路公司总局告白［N］.岭东日报，1904-8-11.

[5]　潮汕铁路开工［N］.岭东日报，1905-2-11.

[6]　广东省汕头市地方志编纂委员会.汕头市志（第三册）［M］.北京：新华出版社，1999：834.

民党政府下令拆毁。汕头沦陷后，日军又再加破坏，潮汕铁路名存实亡。后为日军在其原有路基上改建为公路。

潮汕铁路的建设尽管遭遇种种困难，计划兴建的穗厦铁路未能兴筑，使其成为没有干线的支线，但全国第一条民间侨办铁路，其影响不可低估，引领和推动着当时全国的商办铁路建设热潮。此后，起始潮汕的惠潮铁路、汕石铁路等长途铁道的计划与筹建，一直没有间断，有些已经开始勘测，但终未成功。

（二）汕樟轻便铁路的兴废

汕樟轻便铁路由大埔商人杨俊如和肖秋林等于民国4年（1915）倡议创办。杨氏在呈交通部文中称，"我潮上通梅汀，自潮汕火车开通后，远商云集，汕头一隅遂为总汇之区。而近在澄海城，及澄海属之樟林，水陆梗阻，反形交通不便"，故决议仿照闽属安海及粤属东陇创办轻便铁路[1]。是年，募集资本22.5万元（光洋），大部分资金由南洋华侨投资。次年，汕樟轻便铁道公司成立。民国7年（1918）开工，至民国12年（1923）完工。全程共长16公里，设汕头总站和金砂、东墩、浮陇、鸥汀、下埔、外砂、澄海等8个分站。第二段路线计划延长至樟林，故称汕樟轻便铁路，但后来只延至莲河站埔尾新乡，全长18.5公里。

汕樟轻便铁路是一种特殊的人力推行小铁路，路上铺设铁轨，路轨宽19.5英寸，乘客坐用藤竹做成的藤轿，置于台车之上，用人力推行轻便车车厢在两轨上滑行。座位等级分为特别和普通两种，特别级客座左右各坐2人，普通级客座前后各坐4人。沿站效仿火车铺设交通路轨，特别级和普通级车厢合计200架，推车工人180人。

通车之后，公司每月收入国币7000元，除付推车工人的工资和其他费用外，年盈纯利仍有2万余元。但民国11年（1922）后，由于路政工人罢工，工人要求收入增至三成半，加上时局变化，军事骚动，士兵乘车常不给钱，各种苛捐杂税及内部人事纠纷，常常入不敷出。民国18年（1929），全线抵押给受日本人控制的台湾银行汕头支行。

汕樟轻便铁道汕头站周围的中山路同益市场北侧一带发展成繁荣地带后，市政府认为在市区内不宜设立车站，着令迁至郊外[2]。民国21年（1932），随着

---

[1] 交通部咨广东省长据杨国藩等呈称拟筑自汕头至澄海属之樟林镇轻便铁路等情请饬属查明见复以凭核办文（中华民国六年四月十二日）[J].政府公报，1917（452）：10-11.

[2] 训令：汕樟轻便铁路公司令饬将汕头车站迁设郊外以便交通由（九月五日）[J].汕头：汕头市市政公报，1930（61）：247.

汕樟汽车路修成通车，轻便铁道的营业大受影响，只作货运。又因车轨横越中山公园前，阻碍交通，市政府于民国22年（1933）8月限令拆除。当时日本领事署即提出抗议，称轻便车公司已由台湾银行作担保，如欲强制执行迁移，须对台湾银行有相当赔偿，故而未拆，但是此后路轨枕木自然风化，无人问津。至抗日战争爆发，其历史使命宣告结束。

（三）汕潮（阳）电车铁路的兴建运营

民国8年（1919），潮阳县绅陈坚夫、陈毅夫兄弟二人鉴于汕头到潮阳海道及练江水运迂缓，向政府申请兴筑汕潮铁路。铁路起自与汕头隔海的蜞田乡，经潮阳县城东沿练江北岸抵达贵屿镇，全长58公里。计划分三期完成，第一期资本预定100万元，资本大部分由陈氏兄弟负责，仅修筑后溪经东山至龙井一段，长5.8公里。

工程兴建于民国13年（1924），完成于民国16年（1927）12月。由潮阳县人、曾留学日本的工程师陈心余设计施工，铁路为狭轨式，后溪原为汕潮电船码头所在，故称汕潮电车铁路。第一期工程后溪至龙井段竣工通车，全长5.8公里，路基宽6米，铁轨宽1.2米，拥有汕头谦德洋行进口德国机车1台，客车12厢（可载600人）、货车6厢。后溪原为汕潮电船码头所在，至龙井之间河流比较淤浅，不便通舟楫。所以电车将行车时间与电船配合，发挥了较大作用。

汕潮电车铁路公司开始通车时每日收入平均300余元，收支平衡，后来由于广汕公路通车，行人旅客纷纷改道，铁路营业大受打击，连年亏损。民国22年（1933）不得已停业改为手推便车，由原公司员工自行维持。民国27年（1938），日军南侵逼近汕头，国民政府下令全路段拆除，枕木多供作燃料，一切器材运往贵屿，后迁兴宁。到中日战争结束仍无力恢复，全部余产变卖，悉数摊还各股东，路基租让给潮兴汽车公司，汕潮电车铁路的历史至此结束。

第三节 航空事业的发展

清宣统二年（1910）8月，清朝政府拨款在北京南苑虎甸毅军操场建筑厂棚，由刘佐成和李宝试制飞机一架，这是中国官方首次筹办航空。民国8年（1919）3月，北洋政府交通部成立筹办航空事宜处，不久国务院又成立航空办事处。次年5月8日，京沪航线的北京—天津航段正式开航，这是我国最早的民航飞行。[1]北洋政府时期的航空建设进展不大，连已开办的民航运输业务，到民国13年（1924）也陆续停办。南京国民政府时期，航空事业发展较快，[2]但总体而言，仍处于相对落后状态。

一、潮汕民航事业的发展

（一）民间航空活动的推进

在潮汕地区机场未建、航线未开时，潮汕民间的航空活动已陆续开展。在中华航空协会成立并加入国际航协的影响下[3]，热心航空事业的粤籍人士于民国14年（1925）在广州成立广东航空同志会[4]（后改名为广东航空救国同志委员会），并于次年在汕头成立第四分会。1929年，来自广州的珠江号水上飞机飞抵汕头，再次激发了民间对发展航空事业的热情。报称：（珠江号飞机）"今日（一月廿三日）上午九时，自广州飞行，十二时抵汕头……汕头市民，咸登高而望……机既下降海面，市民乃争趋海滨，或买舟前往观察，或于人丛中作一孔之窥，盖水飞机之来汕头，此为第一次，宜乎举市之若狂也。"在舆论高涨的形势下，潮汕有识之士疾呼："吾人而欲谋岭东商业之发达也，舍力求汕头之交通便利外，殆无他途矣，而欲求汕头之交通便利，尤非力谋航空事业之发展不为功。……主张汕头应速组航空分会……或曰：汕头之为航空分站，根据章腾载，已在政府拟议之中，吾人即不速组航空分会，亦不患飞机之不降临于汕头也。"[5]

潮汕商界一直关注民航事业的发展。在1929年潮梅商会联合会第一次代表大会上，汕头总商会代表许宛如在提案中将民用航空问题列为主要议题之一，"各国政府，年来图谋航空发达，特许商民组合股本，创设民用航空飞机……吾国政府，见机利导，近定南京、汉口、广州等处，为民用航空特别区域，以便运

[1] 潘银良.民国民航事业［J］.民国春秋，1998（2）.

[2] 吴亮，周建华.民国初期民用航空事业的兴建与发展［J］.西安文理学院学报（社会科学版），2014（6）.张帆.南京国民政府民用航空业研究（1927—1937）［D］.河南大学硕士学位论文，2007.

[3] 中华航空协会于1921年5月1日在北京成立，并于1922年10月加入国际航空协会。

[4] 该会有会员2000余人，出版过《航空月刊》和《航空周报》。

[5] 李鸣初.汕头应速组航空分会之我见［J］.潮梅商会联合会半月刊，1929：78-79.

输邮件货物，广州商人，早已多数加入航空救国会，辅助进行，将来扩充潮梅，想在意料中，祈由本会负责鼓吹，使潮梅商民，与广州商民，一致行动，庶商业竞争，以免落后，是否有当，仍请公决之。"[1]

（二）航线的开辟与营运

民国22年（1933）中国航空公司沪粤线开航，设汕头站。中国航空公司沪粤线的开航颇费周折。民国17年（1928）6月，国民政府交通部开始筹办民用航空，次年5月，成立沪蓉航空管理处。同月，国民政府铁道部与美国航空开拓公司合办中国航空公司。由于航线重叠所引起的利益纷争，民国19年（1930）7月沪蓉管理处并入新成立的中国航空公司。该公司性质仍是中美合办，由交通部与美商飞运公司合资经营，资本总额1000万，中方占55%，美方占45%。后来，该公司先后开辟了沪蓉、沪粤、沪平及重庆—昆明4条航线。[2]

汕头作为中国航空公司沪粤线的中转站之一，于民国22年（1933）10月24日开航，委托臣盛公司为代理，并于臣盛公司内设无线电台[3]，收发航空信息。其飞行路线为自上海经温州、福州、厦门、汕头直达广州[4]，全程共1623公里（每周两班次）。民国23年（1934），中国航空公司在汕头设立分公司，地址在中正路87号，经营汕头至广州、香港、厦门、福州及上海等8条航线。民国28年（1939）日军侵占汕头后，该航线随即停办。民国32年（1943），日本的中华航空株式会社，曾开辟汕头—广州线与国内外其他航线联通，专供日本军政要员乘搭，全程350公里。

抗日战争胜利后，潮汕的民航事业有所发展，多家航空公司到汕头设点营运。民国36年（1947）1月，中央航空公司在汕头设办事处，地址在汕头市中正路225号。西南航空公司在汕办事处设于至平路58号，专营客货邮运。国泰航空公司由设在元兴街12号的波宁轮船公司代理。不过该公司没有派机来汕载客，只代客在港订购机票而已[5]。除中国航空公司、中央航空公司等来汕营运

[1] 许宛如.本会会务纪要：第一次代表大会各地商会提案一览：汕头总商会代表许宛如提案：（丁）民用航空问题［J］.潮梅商会联合会半月刊，1929：226-227.

[2] 姚峻.中国近代航空史［M］.郑州：大象出版社，1998.

[3] 翟宗心.秘书：训令：训令公安局令知中国航空公司在本市臣盛公司内装设无线电台由（十一，十七）［J］.汕头：汕头市市政公报，1933（96）：52.

[4] 翟宗心.秘书：呈文：呈绥靖公署呈报中国航空公司飞机不日由沪开航到汕请察核由（七、十七）［J］.汕头：汕头市市政公报，1933（92）：39.

[5] 谢雪影.汕头指南［M］.汕头：汕头时事通讯社，1947：29.

外，改隶交通部民航局的善后救济总署空运队和空军的空运大队也分担了一些潮汕民航业务。[1]

民国35年（1946），中央航空公司"开办自上海飞南昌、厦门、汕头及台湾地区台北，台南五地之新航线"。[2]次年3月，中央航空公司中暹线试航成功，开辟上海—汕头—广州—香港至曼谷航线，全程3595公里，5月19日正式开航，班期每月2次。当时，"中央航空公司汕头站举办汕头至广州、香港特别班机，客位二十人。票价计由汕至广州六万二千五百元；由汕至香港八万元"。[3]同年4月，中国航空公司又新开上海—厦门—汕头—广州至香港航线，全程1485公里，但班期甚少。至民国38年（1949）4月，经停汕头的航线有10条，中国航空公司与中央航空公司各5条。

二、机场的建设

（一）水上停机站

民国时期，潮汕地区最早供飞机停靠的场地是利用大海建设的水上停机站，作为中国航空公司沪粤线水上飞机到汕头站的停靠点，地址在今汕头市安平路口至西堤潮阳码头的附近海面。

（二）汕头机场

汕头机场修建于民国18年（1929），选址在汕头崎碌尾长厦和龙眼村间，距市中心区2公里左右。该机场属军用机场，因此开始建筑后不久，"第六十一师司令部近为迅速完成起见，连日由师部派员督工赶建，并函请汕市公安局派出消防队司机驾同抽水机，前在建筑飞机场所协助建筑……日间即可竣工云"。[4]但是由于后来六十一师调离，导致"机场工作暂停，其工程虽告一段落，然于库机电油库及机场符号等，均未设备齐全，极感不便，月前第八路航空处，特派机师刘全赴汕头，完成筑机库等工程，并在于该场东南偏，加建水陆飞机场，以便

[1] 广东省汕头市地方志编纂委员会.汕头市志（第三册）［M］.北京：新华出版社，1999：883.

[2] 交通简讯［J］.粤汉半月刊，1946（12）：3-5.

[3] 交通简讯［J］.粤汉半月刊，1947，2（7）：19-20.

[4] 本国航空消息：汕头赶筑机场，六一师部派员督工［J］.飞行月刊，1929（15）：43.

水面机升降之用"。[1]因此，后来飞机库及电油库工程不得不重新招标修建[2]。到民国20年（1931），飞机场及飞机库、电油库、办公厅等项工程，才次第完竣，于5月15日上午10时，逐一点交管理员接管。[3]

日军侵占汕头后，毁澄海县的金砂、华坞两乡民田，将原机场进行扩建。（1945）日本投降后，机场由空军接收使用。至民国36年（1947）12月，才改由国民政府民航局接收，供中国航空公司、中央航空公司使用。1949年10月，国民党军队溃逃时，将机场跑道炸毁。

（三）潮安机场

民国23年（1934），当地政府在潮安县城（今潮州市）的西南马围与新乡间，收买民田辟建为机场[4]。据称，飞机场东至城西吉利村棺木沟，西至新乡仔、后沟村，南至还头埔，北至三利溪堘，总面积大约200亩。[5]抗日战争爆发后，机场奉令破坏，复耕为民田[6]。日军侵占潮安县城（今潮州市）后重建机场，但基本上没有使用。民国33年（1944），日军将机场改成军农场，名为"松井兵团经理处"。民国35年（1946），国民政府宣布机场田园归还原主。

除以上几处机场的建设外，普宁县曾于民国27年（1938）在城南开辟机场，但直至抗战爆发仍只辟成路基。同年夏，为了对粤东各县实施空袭，日军在南澳岛建成简易机场。[7]民国35年（1946），潮阳县奉省政府令在双科池村前开辟西郊机场，供时任广东省主席宋子文的直升机之用，但因宋调职离粤未曾使用。因此，民国时期潮汕地区尽管看似有多处机场，但实际上只有汕头机场可作民用运输。

[1]　国内琐闻汕头建筑水陆飞行场［J］.航空杂志，1930，1（9）：3.

[2]　许锡清.工务：布告：布告开投飞机场飞机库及电油库工程由（七月十八日）［J］.汕头：汕头市市政公报，1930（59-60）：122.

[3]　张纶.工务：公函：八路航空处长黄本市飞机场各项工程已竣于五月十五日点交温管理员接管由（五、十八）［J］.汕头：汕头市市政公报，1931（69）：64.

[4]　饶宗颐，等.交通志·空运［M］//广东省地方史志办公室.广东历代方志集成潮州府部七：［民国］潮州志二.广州：岭南美术出版社，2009：1081.

[5]　潮州市地方志办公室.新韩江闻见录［M］.汕头：汕头大学出版社，1995：156.

[6]　饶宗颐，等.交通志·空运［M］//广东省地方史志办公室.广东历代方志集成潮州府部七：［民国］潮州志二.广州：岭南美术出版社，2009：1081.

[7]　曾庆榴，官丽珍.侵华战争时期日军轰炸广东罪行述略［J］.抗日战争研究，1998（1）.

第四节　邮电事业的发展变迁

光绪年间，潮汕地区开始发展电信事业，近代意义上的新式邮政也在缓慢成长起来。

一、晚清邮政事业的发展

（一）从海关邮政到新式邮政的开办

清同治六年（1867），潮海关开始兼办邮政业务。初时，潮海关的邮政业务只为驻在汕头的外国人通信专用。后来才逐渐扩大服务范围，收寄公众邮件，但也只收寄本埠信件。清光绪二十三年（1897），清政府在汕设立汕头邮政总局，仍附属于海关，由潮海关税务司辛盛兼任局长。潮汕地区各县邮局亦先后陆续成立。光绪二十九年（1903），汕头邮政总局已设有21个地方分局，至光绪三十二年（1906），其下辖的邮局及信柜遍布粤东各地，邮局数量已增至69所（见表6-3）。宣统二年（1910），汕头邮政总局改为汕头邮政副总局。次年（1911）6月1日，汕头邮政副总局脱离海关，成为专门的邮政机构，归属邮传部邮政总局管辖，由英国人孟那士任局长。至1911年，潮汕地区的邮政机构已经发展到114个，其中总、分局16个，代办所98个（见表6-4）。

表6-3　光绪三十二年（1906）汕头邮政局辖境邮局及信柜[1]

类别	名称	数量（所）
潮州府内邮政局	潮州府、庵埠、揭阳、砲台、河婆、澄海、金石、彩塘市、樟林、达濠埠、潮阳、棉湖、普宁、黄冈、龙湖、浮山、蓬洲所、虎市、大埔、三河坝、湖寮、东陇、浮洋、高陂、榴隍、峡山、汤坑、丰顺、饶平、贵屿、葵潭、和平、五经富、惠来、靖海、鲤湖、店仔头、鸥汀、外砂、南洋、柏林	41
潮州府外邮政局	嘉应州、畬坑、丙村、兴宁、老隆、龙川、新铺、隆江、鹤市下、松口、岐岭、长乐、镇平、南口、永安、长蒲、横流渡、隆文、平远、河田、大安、和平县、公平、汕尾、碣石、甲子、海丰、陆丰	28
邮政信柜	镇邦街万成、永和街明丽、仁和街桂茂、福安街广和春、金山新街合裕、新码宫市亭合丰、老码宫树盛、荣隆街两兴	8

[1]　饶宗颐，等.交通志·邮电［M］//广东省地方史志办公室.广东历代方志集成潮州府部七：［民国］潮州志二.广州：岭南美术出版社，2009：1085.

表6-4   1904—1911年汕头邮政总局辖下机构统计[1]

年份	总计（个）	总、分局（个）	代办所（个）	年份	总计（个）	总、分局（个）	代办所（个）
1904	35	20	15	1908	86	16	70
1905	48	17	31	1909	87	16	71
1906	65	17	48	1910	104	16	88
1907	81	17	64	1911	114	16	98

（二）邮政代理机构（民信局）的管理

民信局是邮政开办前民间信件的传递机构，始创于明代永乐年间（1403—1424），发源于沿海各省，以宁波为中枢，清道光后，逐渐向内地发展。闽粤一带由于华侨众多，为适应需要，民信局多兼营或专营侨汇业务，尤以潮汕地区为甚。因以"回批"作为侨汇的收据，故又称"批局"或"侨批局"。

清光绪年间（1875—1908），潮汕地区有本地商号的民信局和外地商号的民信局两大类。光绪二十三年（1897），清政府开办大清邮局后，因邮局覆盖范围有限，仍允许民信局存在，但也加强对民信局的管理，将其视作"官局"的代理机构。规定：凡有邮局之处，各民信局应向"官局"（邮局）挂号；民信局所收信件若途经通商口岸由轮船寄送的，须装成总包交由邮局转寄，到达后再由接收的民信局自行分送；邮局所收信件如寄往未设邮局的地区，则交由民信局代递。是年2月20日，汕头邮政总局成立，首批被列为邮政代理机构的民信局有19家，其中属宁波信局的有全泰盛、福兴康、老福兴、董泰仁、郑和协、荣昌诚、沈昌盛等7家；属汕头信局的有钱昌仁、庄发、全泰洽、梁诚、泰和隆、源记、泰记、全昌仁、谢兴昌、茂昌、泰谷成、裕成12家。[2]

二、民国时期邮政事业的发展

（一）邮政体系的形成与邮区的调整

民国元年（1912），中华民国设交通部，通辖全国邮政。民国3年（1914），全国邮政改制，汕头邮政副总局遂改为汕头一等甲级邮政局，归广

---

[1] 广东省汕头市地方志编纂委员会.汕头市志（第三册）［M］.北京：新华出版社，1999：911.

[2] 饶宗颐，等.交通志·邮电［M］//广东省地方史志办公室.广东历代方志集成潮州府部七：［民国］潮州志二.广州：岭南美术出版社，2009.汕头市邮电局.汕头邮电志［M］.1989.广东省汕头市地方志编纂委员会.汕头市志（第三册）［M］.北京：新华出版社，1999：909.

东省邮务管理局管辖。在海关邮政时期，英、日、德驻汕领事馆曾先后在各自馆内设立"邮局"，通称"客邮"。民国11年（1922）撤销"客邮"后，汕头一等邮政局遂成为潮梅东区邮政通信的最高管理机构，管辖以下各局：汕头市区2个邮政分局；二等邮局有庵埠、潮安、梅县、兴宁、汕尾、老隆、河源、潮阳、揭阳、惠州、博罗、三河坝、大埔、松口、澄海、畲坑、黄冈17处；三等邮局有镇平、连平、丙村、长沙墟、横流渡、五华6处；还有邮局代办处67处。

民国18年（1929）4月邮区调整，广东省分为广东、汕头两邮区，汕头一等邮局升格为邮务管理局，下属分支局也从90个增至156个，其中汕头市区10个。民国20年（1931）1月1日，广东再次调整邮区，汕头邮区撤销，汕头邮务管理局降格为汕头一等甲级邮局，归广东邮务管理局管辖，所属局所减为94个。民国28年（1939）6月21日，汕头市被日军侵占。根据《国际公约》，汕头邮局保留原有机构，继续办理邮政业务。1947年，潮汕地区共有邮局23个，其中汕头为一等局，潮安、揭阳、大埔为二等局，其余为三等局，下辖256个邮政代办所（见表6-5）。1949年10月24日汕头解放，"中华邮政"至此结束。

表6-5 民国36年（1947）潮州境内邮局名称及代办所数量[1]

局名	等级	辖下代办所数量	局名	等级	辖下代办所数量	局名	等级	辖下代办所数量
汕头	一	3	南澳	三	2	三河坝	三	3
潮安	二	25	普宁	三	5	湖寮	三	6
揭阳	二	51	棉湖	三	10	百侯	三	5
大埔	二	6	汤坑	三	7	黄冈	三	8
庵埠	三	9	流沙墟	三	18	惠来	三	5
潮阳	三	10	丰顺	三	8	河婆	三	8
峡山	三	31	高陂	三	3	南山	三	11
澄海	三	20	大麻	三	2			

注：①丰顺属之径心、青潭二代办所归畲坑三等局辖，邮政信柜遍布各墟镇乡村未能尽录。
②惠来局辖下有1个代办所属陆丰；河婆局辖下有5个代办所属陆丰。

（二）民信局的发展波折

民国初期，潮汕地区纳入邮政管理体系的信局增至40余家。但因受邮政局业务及农村地区邮政信箱的冲击，民国9年（1920）部分民信局不得不关闭。至

---

[1] 饶宗颐，等.交通志·邮电［M］//广东省地方史志办公室.广东历代方志集成潮州府部七：［民国］潮州志二.广州：岭南美术出版社，2009：1086.

民国10年（1921），全区只剩下民信局16所。

民国17年（1928），全国交通会议议决取缔民信局。汕头、厦门一带的民信局联名以华侨批款的特殊情况为由，向政府要求保留其机构。汕头的民信局经获准另发批信局执照，继续营业并有所发展，至民国21年（1932）增至88家，其中兼营侨批的有66家，占广东省批局总数的70%。次年交通部要求"凡民信局，应即严令逐渐停止营业，至二十三年年底为止。其批信局，姑准通融补发执照，期限准延至二十三年年终，不得再请展延"。[1]

抗日战争期间，潮汕地区的侨批业务受到较大影响。民国28年（1939）汕头沦陷后，部分批局解散，部分搬迁兴宁、梅县等地继续营业。至民国31年（1942）批局降至38家，抗日战争胜利后逐年回升，民国36年（1947）汕头侨批汇兑有85家，至解放前夕尚有68家。

（三）邮政业务的拓展

潮汕地区开办邮政初期，只收寄本口信件，内地邮件仍由民信局转递。进入民国后，潮汕的邮政业务种类日趋丰富，覆盖范围也逐步在内地得到扩大。民国9年（1920）8月1日，汕头开办邮政储金业务；民国18年（1929）冬，又开办航空邮递业务。至民国25年（1936），汕头邮政业务已有保险信件及代收货价包裹类、开发汇票、联邮包裹、汽船来往零寄包裹和邮政储蓄等。

第一，邮递业务。

邮递业务主要包括函件业务和包件业务。从清同治六年（1867）开办的海关邮政至光绪二十三年（1897）设立的汕头邮政总局，其函件业务仅收寄本埠信件，内陆各地信件仍由民信局传递。光绪二十六年（1900）起，随着各地邮政分支机构和乡村邮政信箱的设立，邮政业务范围得到进一步扩充。从清光绪二十七年（1901）至宣统三年（1911），收寄的函件总量从13多万件增至600多万件，至民国18年（1929）收寄国内邮件有637.12万件。民国24年（1935）9月，汕头实行邮资改革和调整，又增办保险信件业务。

抗日战争时期，因交通遭到破坏，邮路受阻，通信极为不便，函件业务下降。抗日战争胜利后，邮政业务日趋正常，函件业务量逐日增加，民国35年

---

[1] 交通部指令：第一六三九四号（二十二年十一月二十二日）：令邮政总局：呈一件，为汕头侨批业公会请对于批局领照勿加限制，拟予准施，并拟具分别办理办法，呈请鉴核示遵由［J］.交通公报，1933（513）：7-8.

（1946）仅揭阳邮政局寄发的邮件达669286件[1]。民国36年（1947），汕头邮局奉令试办国内报值挂号函件，次年3月，又实行广告函件收取资费办法，同时又增办国际保价信函及箱匣业务。至解放前夕，汕头邮局经办的国内邮件有平信、平快信、挂号、报值挂号、双挂号、快信、快单、双明信片、新闻图纸、书籍、印刷品、贸易契据、货样等，国际邮件有信函、明信片、印刷品、小包、保价信函及箱匣业务。[2]

　　包件分包裹和快递小包两种。包裹初由民信局兼办，后随邮局的设立和邮务的推广，邮局才逐步受理包裹寄递。民国12年（1923），潮汕地区办理邮寄包件业务的有1家一等邮局汕头邮局、10家二等邮局和63家代办邮所。民国18年（1929）划分邮区时，汕头邮区国内包裹收寄已达3.77万件。民国25年（1936），汕头不仅有办理国内外包裹业务，也收寄代购货物包裹以及汽船来往能寄邮的包裹。抗战期间，包裹业务减少。[3]抗战胜利后逐渐增加，但各县的业务量不是很大，如民国35年（1946），揭阳邮局寄发的包裹数仅354件[4]；民国38年（1949），大埔邮政局（不含其他局、所）的包件（计费）量仅46件。[5]

　　第二，储汇业务。

　　清光绪二十四年（1898）1月，大清邮政局开办汇兑业务。至光绪二十七年（1901），已有开发汇票和收受他局汇款、储金。光绪三十四年（1908），汕头邮区辖下有汇票局14所，其中A类汇票局（有轮船通达，每张汇票限额50元）有汕头、汕尾、碣石、甲子、揭阳、潮阳、黄冈7所；B类汇票局（内陆仅有小船和信使通达，每张汇票限额10元）有潮州、老隆、兴宁、嘉应州、松口、大埔、畬坑7所。民国期间，普通汇款分为一般、高额、定额、小款4种。各邮局的汇兑额难以全面查考，据统计，民国26年（1937）1—6月，揭阳邮局开发小款汇票213张，3088元；兑付小款汇票96张，1169元。[6]

　　储金业务的开办相对较晚，"中华邮政"开办该业务始于民国8年（1919），汕头邮局则至次年（1920）8月1日方才开办。各二、三等邮局开办储

[1]　揭阳县志编纂委员会.揭阳县志［M］.广州：广东人民出版社，1993：317.

[2]　广东省汕头市地方志编纂委员会.汕头市志（第三册）［M］.北京：新华出版社，1999：919-920.

[3]　广东省汕头市地方志编纂委员会.汕头市志（第三册）［M］.北京：新华出版社，1999：922-923.

[4]　揭阳县志编纂委员会.揭阳县志［M］.广州：广东人民出版社，1993：317.

[5]　大埔县志编委会.大埔县志［M］.广州：广东人民出版社，1992：265.

[6]　揭阳县志编纂委员会.揭阳县志［M］.广州：广东人民出版社，1993：318.

金业务的时间不一，潮安邮政局始于民国10年（1921），揭阳邮政局始于民国19年（1930），大埔则至民国33年（1944）才设办事处。[1]民国18年（1929），汕头邮政储金存户1573户，存款额38.5万银圆，国内汇兑开发金额45585756银圆，收兑32.6万银圆。

民国时期，潮汕的邮政储汇业务经过了多次的分合。民国19年（1930），储汇分立，邮政亏损，储金盈利。民国24年（1935）7月1日，储、汇再度合并。民国35年（1946）1月1日，汕头储金汇业与邮政分设，自成一体，称"储汇局汕头办事处"，除办理货币汇兑和活、定期储金外，且兼办邮政寄发函件等一般业务，各二、三等邮局因邮储未分设，故储金汇兑业务仍然由其办理。

除邮递业务和储汇业务外，民国时期潮汕的部分邮政局还兼为读者代订、投递报刊，以及简易人寿保险等业务。如民国24年（1935），揭阳邮局兼办简易人寿保险，但收效甚微，民国35年（1946）年终投保仅有90户，民国36年（1947）以后，逐步减少至停办。[2]

（四）邮路的增辟

近代以来，由于传统交通方式与现代交通方式的交叠，潮汕地区的邮路类型日趋多样。根据交通工具的种类，可区分为航空邮路、铁道邮路、汽车邮路、轮船邮路、帆船邮路、自行车邮路、步行邮路等。其中，步行邮路又可根据时间上的不同，分为昼夜兼程步行邮路、逐日步行邮路、间日步行邮路，及每一二日或次数较少步行邮路等类。[3]

清光绪十六年（1890）初推广邮政时，汕头与国际及沿海各地之间的邮件委托轮船带运。光绪二十三年（1897）以后，邮政业务推广至内地，汕头与内地局的邮件由邮差挑运或委托内河小汽船、木帆船带运。光绪三十二年（1906），汕头邮运网路已扩展至汕尾、嘉应州（今梅县市）、惠阳等21个局，委办车船邮路和邮差步班邮路2028.5公里。民国10年（1921）增辟汕头市区至潮州意溪委办火车邮路43.4公里。当时，潮汕铁路设有汕头自办的火车邮局，专为汕头、庵埠、潮安3个邮政局交换邮件。民国18年（1929）冬，开办航空邮递业务。民国

[1] 潮州市地方志编纂委员会.潮州市志（上册）［M］.广州：广东人民出版社，1995：538.揭阳县志编纂委员会.揭阳县志［M］.广州：广东人民出版社，1993：318.大埔县志编委会.大埔县志［M］.广州：广东人民出版社，1992：266.

[2] 揭阳县志编纂委员会.揭阳县志［M］.广州：广东人民出版社，1993：318.

[3] 饶宗颐，等.交通志·邮电［M］//广东省地方史志办公室.广东历代方志集成潮州府部七：［民国］潮州志二.广州：岭南美术出版社，2009：1093.

19年（1930），汕头市区到礐石接送邮件开始用机动邮船。[1]民国26年（1937）以后，随着邮政的发展，邮路延至南洋群岛、中国香港和我国沿海的上海、厦门、广州等地，并联结内陆地区。除航空邮路及沿海部分轮船邮路外，潮汕地区的邮路总长度达2880.2公里（见表6-6）。

表6-6　民国26年（1937）潮汕地区各种邮路的长度[2]

邮路类别	铁路邮路	汽车邮路	轮船邮路	帆船邮路	逐日步行邮路	间日步行邮路	每三日或次数较少步行邮路
长度（公里）	43.4	673.8	488.8	13.9	1340.3	255.4	64.6

日军入侵潮汕后，邮路因战争阻挠不得不进行较大调整。汕头与潮安、兴梅互寄的邮件均由委办车船经庵埠转运。民国29年（1940），揭阳通汕头邮路改道揭阳至普宁转潮阳迂回至汕头，潮安来揭邮路则要绕道榴隍、丰顺转揭阳。民国30年（1941），揭阳邮局根据当时邮路通行状况，开设揭阳至浮岗、揭阳至蓬洲两条路线，均可转潮安；同时停办揭阳至关埠邮路[3]。

抗日战争结束后，潮汕沿海与内陆的邮路均逐步得到恢复。至1949年10月，汕头邮局在海路委办的邮路有汕头至香港、上海、厦门、广州以及南洋各地；内陆主要有汕头至潮阳、揭阳、松口、三河坝、潮安、澄海、饶平、普宁等委办车船邮路，汕头各区乡邮路则为自行车班或步班。

随着业务量的增加，各二、三等邮局逐步在城区采取分区投递，并增辟乡村邮路，增设信柜。如潮安邮政局的邮路可分为城区邮路、乡村邮路和代办邮路。在民国35年（1946）以前，潮安城区分为东南、西北、西南、东北及中区5个步班投递段；民国35年（1946）至1956年，划分为东、南、西、北、中5个投递段。乡村步班邮路在民国28年（1939）至民国34年（1945）期间共有8条，民国35年（1946）至中华人民共和国成立前夕共有6条。此外，民国24年（1935）至民国27年（1938）还设有46个信柜。[4]

---

[1]　广东省汕头市地方志编纂委员会.汕头市志（第三册）［M］.北京：新华出版社，1999：932.

[2]　饶宗颐，等.交通志·邮电［M］//广东省地方史志办公室.广东历代方志集成潮州府部七：［民国］潮州志二.广州：岭南美术出版社，2009：1093.（表中除铁道邮路是实测外，其他乃由俗称里程折合所得。）

[3]　揭阳县志编纂委员会.揭阳县志［M］.广州：广东人民出版社，1993：315-316.

[4]　潮州市地方志编纂委员会.潮州市志（上册）［M］.广州：广东人民出版社，1995：542.

三、近代潮汕电信事业的发展

（一）电报业务的发展

潮汕地区电报业务创办于清光绪九年（1883）。是年，架设沪、浙、闽、粤电报线路，由上海经汕头、普宁、海丰、惠州至广州，使用人工莫尔斯机通电报。同年，汕头成立电报局（设于衣锦坊）。次年，开放汕头至海丰、惠州、广州等地明线电报电路。清光绪十四年（1888），开通汕头至潮州电报电路，同年，海阳县电报局设立[1]。

清宣统三年（1911），增开汕头至广州、汕头至澄海明线电报电路。同年，澄海县商人高绳芝在汕头市创办第一家民用汕澄电话公司，利用电话明线，开通汕头至梅溪、汕头至澄海的电报电路。民国5年（1916）增开至饶平黄冈电路。民国7年（1918），商办莲汕电话公司利用电话明线，开放汕头至外砂、莲阳、樟林、澄海等地电报电路。同年，粤军援闽，在埔城、三河和高陂的蒲田三处地方，设电报临时收发站。军队撤离后，仍保留埔城和高陂两处，归交通部管理。[2]民国10年（1921），商办汕潮揭电话公司利用明线开放汕头至潮阳、揭阳电报电路。民国初年，广汕电路休整后，汕头电报局改用韦机快机，传递更加便捷，业务量大增。据统计，民国14年（1925），汕头有线电报局每月收入多达12000元以上，在广东境内仅次于香港分局。[3]

中国无线电报始于清光绪三十一年（1905），清末广东开始装设无线电，但仅限于军事或船舶专用。潮汕无线电报始于民国13年（1924）设立的汕头无线电台（招商街检察厅后），当时收发的电报也属军政范围。至民国15年（1926），渐次开放汕头至广州、香港、厦门的无线民用电报电路。民国18年（1929），汕头无线电台"改名称为广东无线电汕头第二分局，由一月份起，收发外省商电，以利商民"[4]。是年，开放了汕头至上海、汉口、南京等国内20多处重要都市商埠，并且首办汕头直通中国香港的国际无线电报电路[5]。

20世纪30年代初，汕头电报电路激增。汕头电报局、汕潮揭普电话公司、

[1] 潮州市地方志编纂委员会.潮州市志（上册）［M］.广州：广东人民出版社，1995：547.

[2] 大埔县志编委会.大埔县志［M］.广州：广东人民出版社，1992：267.

[3] 萧冠英.六十年来之岭东纪略［M］.广州：广州培英图书印务公司，1925.

[4] 经济要闻：汕头无线电台兼收商报［J］.潮梅商会联合会半月刊，1929，1（2）：166.

[5] 汕头香港设无线电台［N］.新闻报，1929-11-7.

汕潮澄饶电话公司、汕丰潮揭电话公司、汕樟澄莲电话公司等都进行了电报电路的拓展。民国25年（1936），全国电政统一后，潮汕地区电报局有9家，开放7条有线电报电路，总长达1764.2公里；无线电报电路有汕头至上海、广州、香港、厦门、汉口、天津、烟台、青岛等地。

1939年日军入侵潮汕，但后方各地电局仍能继续通信（汕头沦陷时电局机件迁设兴宁）。民国29年（1940），全区有15家电报局，8条有线电报电路，总长约847.2公里，但无线电报电路仅有普宁至曲江、兴宁、香港等地。因战时交通路线内移，设于民国30年（1941）的揭阳电报局（在中山路）曾盛极一时，不过民国33年（1944）冬，揭、普县治遭日军蹂躏，"电报局随军播迁靡定，残喘苟延，几等于停顿"。抗日战争结束后，潮汕交通逐步恢复，汕头重新恢复电政中心地位。[1]

抗战胜利后，因电报线路大多已被破坏，许多地方以无线通报。民国38年（1949）春，潮汕计有8条有线电报电路，但合计长度仅为704.9公里。无线电报电路有汕头至上海、广州、福州、厦门、龙岩、汕尾、台北、高雄、香港9条。

表6-7 抗战前后潮汕各地电信概况[2]

抗战前电报局名称	战时电报局名称	复员后电信局名称
汕头、潮安、饶平、黄冈、大埔、高陂、普宁、惠来、葵潭	隆隍（潮安迁设）、饶平、黄冈、大埔、高陂、普宁、惠来、葵潭、潮阳、峡山、关埠、揭阳、河婆、东陇、丰顺	汕头、潮安、揭阳、大埔

在业务种类方面，至20世纪30年代初，汕潮揭普电话公司、汕潮澄饶电话公司、汕丰潮揭电话公司、汕樟澄莲电话公司均收受普通民用电报。民国37年（1948），汕头电信局附设海岸电台，开放海洋船只电报业务。民国38年（1949）解放前夕，汕头电信局除了办理普通电报外，还有急电、官电、专送电报、特快电报、交际电报，业务种类分为甲、乙、丙、丁4种。

资费方面，电报历来按字计资收费。从光绪九年（1883）开始，汕头官办电报局最先开办的电报业务和各商办电话公司陆续经营的有线电报，先后收取资费繁杂不一，一般以25字或30字起算收银圆3毫左右，并依通达地点远近而有所

[1] 饶宗颐，等.交通志·邮电［M］//广东省地方史志办公室.广东历代方志集成潮州府部七：［民国］潮州志二.广州：岭南美术出版社，2009：1096.

[2] 饶宗颐，等.交通志·邮电［M］//广东省地方史志办公室.广东历代方志集成潮州府部七：［民国］潮州志二.广州：岭南美术出版社，2009：1101.

增减。民国初期，各公司自行定价，与上述价位相差不大。民国16年（1927）9月开始，汕头电报局实行政府核定的价目，计分五等电报，其他各公司收费不一。民国34年（1945），交通部汕头电信局按普通、加急、军务、新闻、国外等类别重新定价。后因法币贬值，电报资费调整频繁。

（二）电话业务的发展

第一，长途电话。

潮汕地区的长途电话始于清宣统元年（1909）。是年，潮汕铁路沿线就开通了长途电话电路，但仅供铁路系统内部使用。民国3年（1914），汕澄电话公司率先开放梅溪、澄海等地的营业性长途电话电路。民国7年（1918）汕樟电话公司开放汕头至外砂、澄海城、莲阳、樟林、隆都等地长途电话电路。民国9年（1920），汕潮揭普电话公司开放汕头至18个城镇的长途电话电路。同年，潮澄电话公司开通汕头至17个城镇的长途电话电路。至民国19年（1930），潮汕地区4家商办电话公司已基本完成计划敷设的多条长途电话线路。[1]

民国21年（1932），省府于汕头市政府东侧和中山公园内分别设立广汕无线电话的发话和收话台，并于次年10月20日正式开通汕头至广州的无线电话电路。[2]

至民国23年（1934），潮汕的有线长途电话电路已开通46条，总长达1089公里（见表6-8）。无线电话电路有汕头通广州、上海、汉口等城市。电话公司"收费标准，以远近为比例，亲自谈话，每次收费大洋三角至六角不等，用书面代为送达，每十字均收费大洋三角至四角，军政及自治机关多属半价"。[3]但其"用书面代为送达"之业务实乃变相电报，对国营电报局产生了冲击。因此，早在民国20年（1931），潮州电报局称其"违章拼字抄送"，转请省建设厅令饬取缔，而后省建设厅训令汕头严行禁止[4]。但各公司抄送电话之举并未完全停止。民国25年（1936），交通部整顿广东电政，因上述4家公司成立时"未经

[1] 张纶.呈建设厅呈缴本市长途电话调查表等件请察核由（四月廿三日）（附表）[J].汕头：汕头市市政公报，1931（68）：117-118，120，122，124，126，128，130，132，134.

[2] 饶宗颐，等.交通志·邮电[M]//广东省地方史志办公室.广东历代方志集成潮州府部七：[民国]潮州志二.广州：岭南美术出版社，2009：1100.

[3] 翟宗心.呈建设厅呈报详查汕潮揭普等电话公司办理情形请察核由（十二、廿九）[J].汕头：汕头市市政公报，1934（97）：158-159.

[4] 黄子信.训令各长途电话公司再奉令禁止电话抄送由（八，廿）[J].汕头：汕头市市政公报，1931（72）：189.黄子信.训令汕潮揭普电话公司奉建设厅令严行禁止电话抄送仰即遵照由（十，卅一）[J].汕头：汕头市市政公报，1931（73-75）：233-235.

部核准，而复私设跨数县之长途电话，且收发变相电报，实属违背法令"，故将其"全部机线，估价给偿，收归国有"[1]。上述4家公司由此先后并入汕头电报局。

表6-8 抗战前潮汕有线电话线路（即部办长途电话）[2]

电话公司	线路（条）	长度（华里）	折合公里
汕丰潮揭	7	418	235
汕潮澄饶	14	352	203
汕樟澄莲	10	288	166
汕潮揭普	15	843	485
合计	46	1901	1089

抗日战争期间，因日军入侵，汕头仅有揭阳至汤坑、丰顺至兴宁等为数极少的长途电话有线电路，全长仅155公里。抗日战争胜利后，汕头长途电话电路有汕头至潮安、揭阳，以及汕头至黄冈、诏安、云霄、龙溪、厦门等地，电路总长355公里。无线电话电路有汕头通广州、上海、香港、厦门、兴宁、福州、梅县等处。民国37年（1948）11月，开通汕头至广州3路长途载波电路。民国38年（1949）2月，又开放汕头至厦门载波电路3路。

汕头长途电话开通后，初期仅开放国内的叫人、叫号等电话业务。民国34年（1945）抗日战争胜利后，除了办理国内电话叫人、叫号业务外，还有无线电话通香港。民国38年（1949）汕头解放前夕办理长途电话业务有10种。

民国25年（1936）以前，汕头各商办长途电话公司收费的标准自定，但需经当地政府审批。民国25年（1936），汕头各商办长途电话公司收归国有，长途电话资费执行国家交通部统一规定标准。后因法币贬值，资费变动频繁。

第二，市内电话。

潮汕地区的市内电话始于民国8年（1919）。是年4月，装有300门共电式交换机的商办汕头市电话公司，开通长2.41公里的市内电话线路。资费方面，用户按月纳费，每一台机月6元，壁机5元。民国19年（1930），汕头市平均每月的电话用户数已达438户[3]。民国20年（1931），汕头市政府成立汕头市自动电话管

---

[1] 交通消息（民国二十五年十二月份）：接收汕头商办电话公司及整顿情形［J］.交通职工月报，1937，5（1）：124.汕头商办电话公司之接收［J］.交通杂志，1937，5（2）：114.

[2] 饶宗颐，等.交通志·邮电［M］//广东省地方史志办公室.广东历代方志集成潮州府部七：［民国］潮州志二.广州：岭南美术出版社，2009：1104.

[3] 民国十九年度汕头市电话统计［J］.汕头：汕头市市政公报，1931（71）：265.

理委员会，接管了商办汕头电话公司，并设汕头市自动电话所，建设1000门旋转式自动电话，次年建成通话，成为继广州之后广东第二个开通市内自动电话的城市。

民国26年（1937）4月，汕头市市内电话架空明线遍布35条街道，电线杆450条，线路长约14杆公里，用户900个。民国28年（1939）6月21日，日军侵占汕头，自动电话所暂归美商管理。民国30年（1941），太平洋战争爆发，自动电话所遂被日军接管。1945年8月日本投降时，自动电话所设备残缺不全，用户只剩600多户。9月该所由汕头市政府收回管理，并于次年（1946）底经维修后重新投入使用。

民国时期，揭阳的市内电话也有所发展。民国19年（1930）揭阳长途电话总局成立，民国21年（1932）有43个用户，民国38年（1949）增至50户。与此同时，揭阳农村电话的发展也相对较快，民国21年（1932），全县设有5条农村电话线路；民国33年（1944），增至12条；1949年，全县有农村电话线路17条。[1]

其他各县大多没有将市内电话和农村电话正式分开，民国17年（1928）由普宁电话局架设的县治洪阳市内电话线路，为长话、官用农话兼用。[2]由于时局所限，许多地区的电话事业发展十分缓慢，如大埔县直至1949年全县仅有茶阳—西河—湖寮—百侯—枫朗和茶阳—三河—三麻—高陂2条单铁线线路，且杆残线锈音质差，通话极为困难。[3]

---

[1] 揭阳县志编纂委员会.揭阳县志［M］.广州：广东人民出版社，1993：320.

[2] 普宁市地方志编纂委员会.普宁县志［M］.广州：广东人民出版社，1995：245.

[3] 大埔县志编委会.大埔县志［M］.广州：广东人民出版社，1992：269.

第七章

城乡建设

中国传统聚落可分为两大体系：传统城市和传统村落。中国古代城市是政权统治中心及军事重镇；中国古代村落是长期生活、聚居、繁衍在一个边界清楚的固定区域的、主要从事农业生产的人群所组成的空间单元。[1]不论城市建设还是乡村建设，都体现着古代传统的社会等级和宗法关系、人与自然和谐的"天人合一"思想。随着商品经济的发展，一些城市和乡村的发展，还考虑了商业因素。汕头开埠后，商业因素和社会因素直接影响着潮汕城乡的布局、形态和建设方式。

第一节　清代潮州府城与县城

清代潮州府辖下有九县，分别为海阳、潮阳、揭阳、饶平、澄海、普宁、惠来、丰顺、大埔，府治设于海阳县（今潮州市湘桥区）。潮州府城自宋代开始建设，元、明、清时期各县城陆续建筑，规划布局一般依照京城模式而定，除了不断修葺外，府城、县城格局大多不变。

---

[1]　马航.中国传统村落的延续与演变——聚落规划的再思考 [J] .城市规划学刊，2006（1）：102.

一、潮州府城（海阳县城）

宋元时期，大量福建移民进入潮州地区，人口激增，已有七万多户。这些移民大多是经过福建的中原人民，有的是在潮州做官后落籍，他们的文化素养相对较高，也带来了比较先进的生产技术和工具。人口增长，先进的生产技术与工具也大大推动本地区的农业、工商业发展，使潮州成为韩江流域经济区的中心。

潮州城自北宋年间始建，历经宋、元、明三代逐步增建而成。潮州原有的土城因修筑年代久远，大部分夷为平地，宋绍兴十四年（1144），潮州知州李广文开始筑城，随后知州王元应、许应龙、叶观等相继筑砌，至明代洪武三年（1370），指挥俞良辅再行增筑，设七个城门，分别为广济、竹木、上水、下水、安定、南门、北门，始称凤城。

清代潮州府城，北倚金山，东临韩江，西南壕沟环绕。城内三经（南北向街道）三纬（东西向街道），规制严整。三经为中部的大街（今太平路，又称牌坊街）、东边的东街（上、下东平路）和西边的西街（今西平路），南北走向的还有打银街、府前街（今义安路）等。三纬自北向南分别为，北：府巷（今昌黎路），中：汤厝巷（今汤平路）—开元后巷（今西马路东段）—佘府巷（今西马路中段）—西门街（今西马路西段），南：开元前街（今开元路）。各街道之间有大大小小街巷相连，形成府城棋盘式的道路网，蔚为壮观。

受政治因素与工商业发达的影响，潮州府城功能分区比较规整，形成"北贵南富、东商西工"的格局。城北为坐北朝南的金山子城，为官署之地，错落有潮州镇总兵署、潮州府衙、海阳县衙、金山书院、考院、孔庙、火药库等机构。城南甲第巷、辜厝巷等一带环境幽静，为城中富贵者的主要住宅区。城东临韩江，设有多个码头，交通方便，商铺行栈林立，为热闹的工商业区域。城西则为手工业作坊聚集之地，有铁巷、打银街、胶柏街、竹篾街等街巷。官府以四通八达的街巷为界，城内设坊，城外设厢。光绪《海阳县志》载，城内七坊，分别为厚德坊、和睦坊、里仁坊、艮极坊、生融坊、长养坊、仁贤坊。[1]

因人口众多，商业发达，城内逐步建成了有效的排水系统。毗邻韩江的东面城墙在战时是军事防御设施，平时则是防洪堤坝。各城门均设置有水闸、涵

---

[1]　清雍正五年（1727）知县张士连改并十一坊为七坊。

洞，韩江水涨即关门防洪，平时也可因韩江水入城冲污。城内中部有三大排水干渠，其一自上水门引韩江水，经府学、县署，迤北而西，再通过西湖排入城西濠；其二自竹木门引韩江水，经英聚巷等，迤南西折，在西门街出西关，注入城西濠；其三自下水门经开元寺等，最后循朱家花园后畔出水关注入城西濠。城北与城南则分别向北濠与佘厝涵排水，最终都汇入三利溪。

二、各县县城

潮州府辖下各县城多为该县工商业与人口聚集之地，县城建设历史长短不一，格局多参考府城规制，并结合地理环境修筑。兹按照建置时间先后略述如下。

（一）潮阳县城

潮阳县城初在临崑山，唐元和十四年（819）迁至棉城。元至正十七年（1357）开始筑土城，历元、明、清三代不断修筑而成。县城有七坊，其中城内四坊分别名为兴让、南桂、锦缠、归厚，城外三坊名为平和、淳化、南薰。由县署至文光塔有新、旧两条大街，各长一百丈，宽一尺二。另有十四条巷子，分别为县东巷、县西巷、教授巷、乡贤亭巷、察院巷、城隍巷、前池巷、娘宫巷、赵家巷、大盐巷、小盐巷、泰安巷、仙市巷、石狮巷。

（二）揭阳县城

揭阳县城始筑于元至正十二年（1352），历明、清两朝多次增砌，周围共一千六百丈，高二丈三尺，厚一丈六尺。有北门、南门、进贤门、东门、西门共五个城门，另有四个水门：北窖、南窖、马山窖、吴西窖。

（三）饶平县城

清代饶平县城在元歌都下饶堡（今三饶镇），明成化十四年（1478）开始建造，高一丈八尺，面广一丈，周围七百二十一丈，开辟东、西、南、北四门。

（四）惠来县城

惠来县原为潮阳县惠来都，明嘉靖四年（1525）设县筑城，原有周围七百丈，高一丈七尺。嘉靖二十二年（1543）拓建至七百四十丈。经嘉靖三十六年（1557）知县游之光修整，县城四门分别为斗山门（北）、葵阳门（西）、宾阳门（东）、文昌门（南）。至清雍正年间，城内有坊十一，巷八。

（五）大埔县城

明嘉靖五年（1526）设县，县城设于茶阳，茶山之麓，城墙周围五百一十九丈，高一丈七尺，下广一丈二尺，上广九尺。城门三个，东门叫朝阳，北门称拱辰，西门为通津。始建于嘉靖五年（1526），历时二年竣工，后又多次重修，在北门增建瓮城一座，城楼四座，炮台二座。

（六）普宁县城

普宁设县之初，首任知县赵钺借贵屿民居为治所。至明万历三年（1575）知县刘钝才在今洪阳修筑县城。清代普宁县城高二丈余，周围七百丈，开辟四门，名为凝和、阜财、迎薰、拱极。城内街路以县署为中心，连通各衙门、庙宇和城门，有县前左畔东街、县前右畔西街、县前直街等。

（七）澄海县城

明嘉靖四十二年（1563）澄海设县建城，至隆庆五年（1571）竣工，后又经清代多次修葺。县城周围九百二十五丈四尺，高二丈五寸，广一丈八尺；有东、西、南、北门和小北门共五门，城楼有四个，分别名为常春（东）、承明（西）、保义（西）、拱辰（北），楼前为过道。

（八）丰顺县城

县城原为海阳县丰政都明通判府旧城。隆庆年间初筑，城墙周围二百九十丈四尺，高一丈五尺，厚一丈三尺，开西、南、北三门。乾隆三年（1738），丰顺置县，将旧城展拓，增高三尺，增开东门，复建城楼四座，东为迎晖，西称揽秀，南为薰和，北称阜成。1932年拆毁城墙，城基改筑马路。

潮州府城建设肇始于宋代，在儒家礼制思想、地理条件与商业因素等多种因素的长时间共同作用下，形成了潮州府城与各县县城的建筑布局，至清朝，规制基本保持不变。直到民国时期拆城墙，修马路，城市的格局才发生变化。

第二节　近代汕头市区的规划与建设

1860年汕头开埠后，潮汕地区经济迅速发展。1921年汕头设市，受近代西方市政理念影响，潮汕开始有近代意义的城市规划。民国初期的汕头市政规划为后来主政者所遵循并实施，最终缔造了一个有别于传统府城、县城的新型近代化商业城市。

一、民国汕头市政规划

汕头古为滨海冲积地，宋时开始形成村落，旧称"沙汕头"。康熙二十四年（1685）粤海关庵埠总口下设有"汕头口"，康熙五十六年（1717）建沙汕头炮台，雍正年间，蓝鼎元撰《潮州海防图说》时简称为汕头。开埠后称"汕头埠"，至1921年与澄海分治，设汕头市政厅，开始称为汕头市。[1]

设市之后，根据广东省省长公署拟定的《汕头市暂行条例》，汕头开始制定市政发展规划，进行现代市政建设，开启近代潮汕城市建设新时代。至20世纪二三十年代，形成了被称为"四永一升平"的放射状市区格局。

（一）设市之前的汕头埠

近代汕头因海外贸易而兴，早期非法的鸦片贸易、苦力贸易与传统的农产品、手工业制品贸易一起，使汕头成为一个中外闻名的贸易港口。恩格斯在1858年10月写的《俄国在远东的成功》一文中有一句话形象地反映了其时西方对于汕头的认识，他说："而汕头这个唯一有一点商业意义的口岸又不属于那五个开放的口岸。"[2]或许正因为如此，汕头很自然地成为西方列强要求清政府开放互市的港口。

开埠之前的汕头有清代乾嘉年间形成的"老市"，店肆街道多为填海筑就。市集内主要道路是今升平路头的顺昌街、行街。其北部有住宅之间的巷道，南部和西南部有通往河、海的便道。至开埠时，道路范围西南沿海已扩建至今永平路；西北至北部已扩展至今福平路；东至东北已扩展至今民族路。市区道路以今升平路为界，划分为南北两种不同格局——北部沿"闹市"扩展，以东西向和南北向道路交叉成方格式；南部则以今升平路与民族路交叉口为轴心，向西南辐射呈扇形路网。建筑物多为低矮的棚屋，寥寥无几。1854年，由潮州与福建商人联合组织的漳潮会馆或许是这一时期汕头最显要的建筑。

开埠之后的汕头，洋商纷至沓来，贸易日渐发达，人口迅速增长。洋商与华商相继在汕头埠填海造地，市区形成西南部向海岸延伸的环形放射式格局。

首先，大量填海造地，扩充商埠。光绪年间，江苏巡抚丁日昌因丁忧回籍

---

[1] 饶宗颐.汕头释名［M］//黄挺.饶宗颐潮汕地方史论集.汕头：汕头大学出版社，1996：275-276.

[2] 中共中央马克思、恩格斯、列宁、斯大林著作编译局.马克思恩格斯选集第二卷［M］.北京：人民出版社，1972：38.

守制，有感汕头市场空间狭小，提倡潮汕商人填筑海坦，扩充商场。随后汕头商人向广东藩司申领执照，填筑周边海坦，构筑了汕头埠的"西社"。"西社"逐步发展成后来被称为"四永一升平"（即永泰、永安、永和、永兴四街和升平路）的汕头中心街区。怡和洋行买办、潮阳人萧挥五也出巨资构筑了汕头埠的"东社"（包括镇邦、至安、怡安、阜安等街）。东西两社商铺建成之后，汕头埠面积扩大了一半。[1]光绪三十三年（1907），惠潮嘉道沈传义禀请两广总督岑春煊，准予再填筑坦地6000亩，进一步扩充汕头埠。[2]在汕的外国人也相继在海滨修建起洋行、仓库、领事馆、别墅、教堂、学校与医院。

其次，逐渐形成了以沟通海运为目的、向西南海岸延伸的环形放射路网。起始于小公园的升平路和安平路，以约45度斜角向西南方海岸伸展。起始于升平路南沿的永泰路及杉排路、镇邦镇、怀安街、怡安街、万安街、棉安街，也以相应斜角通向南面海岸。而居平路、永平路、商平路以及为当时海岸线的海平路，则以自西北达东南的抛物线半圆形横贯于上述各路之间，市区西南沿海道路网有如张开的折扇，伸向海域。海边有10余座较具规模的码头，自西而南有公共码头、东南码头、连通码头、太古码头等。其中，太古洋行码头有四五处，国内开办的招商局和其他出口商行只占少量海岸用地。岸线边沿仓库货栈及洋行、商行等多属外国人产业，计有太古洋行及其货栈、渣甸洋行、德忌利士洋行、大阪商船株式会社、挪威波宁公司、荷兰渣华公司、美亚细亚洋行及其火油仓库、美孚洋行及其火油仓库以及德、法、英联合兴建的洋商会馆等。

最后，逐渐形成了分区比较明显的商业格局。环形辐射道路网范围内已成为当时的商贸中心。贸易行当货栈集中在靠近海岸码头的怀安、怡安、棉安、万安等街道；镇邦街则为零售商集中地；南北货运较为发达的永泰、永平、永安、永和及升平路多为二盘商所据。

开埠前的"老市"则延续原来的棋盘式格局从北至西北延伸，以沟通内陆河运、陆运为主要特征，主要围绕通向梅溪新溪及潮汕铁路而发展。清同治十二年（1873）开凿的洄澜新溪、光绪三十四年（1908）通车的潮汕铁路，有如两大动脉沟通汕头与潮州府城，进一步推动"老市"的发展。

1916年，已从妈屿岛迁入市区的潮海关铺筑了新关街，这是汕头市区最早的较完整铺筑的道路。随后，市区道路陆续铺筑。这一时期形成南北走向的同平

---

[1]　蔡文谟.汕头市通商纪要［J］.侨港潮汕文教联谊会会刊，1964（1）.

[2]　各省商务汇志［J］.东方杂志，1907，4（1）：31.

路、国平路、福平路、民族路、民权路通向梅溪上游及潮汕铁路，而东西走向的镇平、瑞平诸路横贯上述诸路之间，形成棋盘格局，通向西南梅溪下游内河船只停泊处。其时梅溪由北至西南沿岸已逐步形成内地土特产集散地。[1]至1921年，汕头埠内共有房屋建筑面积120万余平方米，其中民居、外国人别墅和枋篷屋占一半左右，其他多为商铺。[2]

（二）汕头市政的规划

第一，汕头设市。

"市"，在字面上的意思是"买卖所也"（《说文》），"日中为市，致天下之民，聚天下之货，交易而退，各得其所"（《易·系辞》）。"市"作为一级地方行政区划是近代地方社会经济发展到一定程度，并受西方市政观念影响的产物。

同治元年（1862）汕头开埠之后，贸易更趋发达，贸易总额逐年上升；到20世纪二三十年代，汕头已发展成为粤东、闽西南、赣东南的交通枢纽、进出港口和商品集散地。咸丰八年（1858）至光绪三十年（1904）的40多年间，贸易额每年平均二三千万关平两，至1937年达到1.4亿元，在全国各口岸中居第7位，仅次于上海、天津、大连、汉口、胶州和广州。[3]

商业的繁盛使汕头埠的人口快速增加。光绪三十四年（1908），汕头埠居住人口有五六万人。据当年日本《大阪朝日新闻》记载："汕头之人口，固和往例一样未整理户籍，是以无确实之户籍，但约有五万至六万人，其中英国人139人，德国人65人，美国人40人，法国人16人，葡萄牙人9人，日本人190人，另外台湾籍民120人。"[4]1921年底，汕头人口增长到8.5万人（见表7-1），且呈不断递增之势。在1931年，汕头人口达到了17.8万人，人口总数在海关统计的全国42处通商口岸中处于21位，占全国口岸人口总数的1.3%；在广东省内居第二位，仅次于广州（86万），远远大于琼州（4.6万）、北海（3.6万）、江门（3.2

[1] 汕头市地方志编纂委员.汕头市志（第三册）［M］.北京：新华出版社，1999：521-522.

[2] 汕头市地方志编纂委员.汕头市志（第三册）［M］.北京：新华出版社，1999：557.

[3] 饶宗颐.潮州志新编（第三册）［M］.潮州：潮州市地方志办公室，2005：1167-1172.

[4] 日本《大阪朝日新闻》第9427号，明治41年（1908）6月9日（5月13日），转引自：松浦章.清代台湾海运发展史［M］.卞凤奎，译.台北：博扬文化事业有限公司，2002：102.

万）、三水（0.9万），[1]被称为"潮梅出入口之门户""华南第二要埠"。[2]

表7-1　1904—1936年汕头市人口约数[3]

年份	人口数（人）
1904年	48000
1905年	60000
1906年	65000
1907年	67000
1908年	67000
1909年	缺
1910年	96000
1911年	66000
1912年	70000
1913年	70000
1914年	70000
1915年	75000
1916年	80000
1917年	85000
1918年	85000
1919年	85000
1920年	85000
1921年	85000
1922年	83000
1923年	82000
1924年	83000
1925年	93000
1926年	93000
1927年	93000
1928年	125000

[1]　人口数比汕头多的是上海（326万）、天津（138万）、广州（86万）、汉口（78万）、重庆（63万）、南京（63万）、温州（63万）、长沙（61万）、杭州（51万）、青岛（39万）、哈尔滨（33万）、福州（32万）、大连（28万）、苏州（26万）、厦门（23万）、宁波（22万）、万县（21万）、镇江（20万）、威海卫（19万）、蒙自（19万）。见《中国海关民国二十年华洋贸易总册》"各省及各通商口岸中国人口概数"，中国第二历史档案馆、中国海关总署办公厅.中国旧海关史料（1859—1948）第110册［M］.北京：京华出版社，2007：190.

[2]　谢雪影.潮梅现象［M］.汕头：汕头时事通讯社，1935：80.

[3]　数据来源：历年《华洋贸易总册》中"各省及各通商口岸中国人口概数"（中国第二历史档案馆，中国海关总署办公厅.中国旧海关史料（1859—1948）［M］.北京：京华出版社，2007.）；历年《汕头市市政公报》；1937年《星华日报》六周年纪念刊；《潮州志汇编》相关数据（饶宗颐.潮州志汇编［M］.香港：龙门书店，1965：930.）。

续表

年份	人口数（人）
1929年	141063
1930年	161087
1931年	178636
1933年11月	199158
1935年12月	201915
1936年12月	202205
1939年6月	194154

注：1933年后数字包括外国侨民。

因汕头商业的发展、人口的增多，加之华洋杂处，事务繁杂，宣统年间，民间即有把汕头与澄海县分治的呼声。[1]民国初期，潮梅镇守使公署、潮循道公署、潮梅军务督办署等军政衙门相继设立于汕头，也强化了汕头脱离澄海县管理的趋势。1919年冬，潮梅镇守使刘志陆仿照广州市政公所之例设立汕头市政局，直接管辖商埠市政事务。1921年4月16日，广东省政府参酌《广州市暂行条例》，颁布实施《汕头市暂行条例》，正式确认汕头市为地方一级行政区域，直接隶属于省政府，不入县行政范围；成立汕头市政厅管理市政，汕头商埠与澄海县自此正式分治。

根据《汕头市暂行条例》，汕头市政组织设行政委员会、市参事会和审计处。其中行政委员会由市长和各局局长组成，参事会由省长指定6名，全市市民直接选举6名，商界选代表2名，教育、工业、医生、律师各界各选1名等组成[2]。1921年3月9日，广东省省长陈炯明委派王雨若为首任汕头市政厅厅长[3]。1929年2月1日，根据国民政府《普通市组织法》，汕头人口未达到设市所规定的20万人口，但经广东省政府呈请，仍暂准设市，改市政厅为市政府，辖地502多平方里。[4]

第二，汕头市政规划。

1921年的《汕头市暂行条例》规定市政的范围为：（1）市财政及市公债；（2）市街道、沟壕、桥梁建筑及其他关于土木工程事项；（3）市公共卫生及

---

[1] 论汕头将来之位置［N］.岭东日报，1909-2-24.

[2] 汕头市暂行条例［M］//汕头市政厅编辑股.汕头市市政例规章程汇编.1928：1-9.

[3] 汕头市历任市长调查表［M］//汕头市政厅编辑股.汕头市市政例规章程汇编.1928：附录1.

[4] 汕头市市政调查统计表［J］.汕头市市政公报，1930（56）.

公共娱乐事项；（4）市公安及消防、火灾、水患事项；（5）市教育、风纪及慈善事项；（6）市交通、电力、电话、自来水、煤气及其他公用事业之经营及取缔；（7）市公产之管理及处分；（8）市户口调查事项；（9）中央政府及省政府委托办理事项。[1]

20世纪20年代，王雨若、萧冠英先后出任市政厅厅长，其间市政专家陈良士担任市政厅工务科科长，他们为民国汕头市政建设、城市规划作出了重要的贡献，奠定了今日汕头市区的基本格局。其中首任厅长王雨若提出割澄海、潮阳、潮安三县部分地域并入汕头市，同时规划建设公园。1923年与1927年两度出任汕头市政厅厅长的萧冠英制订并推动汕头市政改造计划，提出建设平民新村，规划中山公园建设。市政厅工务科科长陈良士则是市政规划、中山公园、平民新村建设与韩江治理工程的实际主持人。

1925年，已调任广东省立工业专门学校校长的萧冠英出版了《六十年来之岭东纪略》一书，详细记述了1923年他制订并呈请时任广东省省长廖仲恺批准的《汕头市政改造计划图》与"汕头市政之工务计划"，可视为汕头城市规划之开端，兹将其要点原文略述于下。

1.市域分区之计划

（1）扩充市区，割潮安县属的庵埠并入汕头。

（2）规划市区用地，全市分为工业地区、商业地区、住宅地区、行政地区与行乐（娱乐）地区：①划韩江西北部之将军滘、火车站、洄澜桥等为工业地区，取起水陆便利，风向相宜，且有河流为之隔离，四周隙地甚多，即他日发达扩张亦易也；②划旧日中英续约中所开之旧商埠及沿海而东至新填市区为商业地，亦取其交通转运之便利；③至住宅地区则在旧市区东北部；④行政地区则在月眉坞之东、华坞之西全市适中之空地；⑤行乐地区则取对面礐石天然之山水；于月眉坞设一中央公园，以供随时之游息。其地四面环水，地点适中，且有多少天然风景，果能先行整顿点缀，俾早告成，于发展市区，必可收无形效果。

2.道路之系统与联络水陆

3.街路之建筑与下水道之铺设

（1）路面划分车道与步道，车道宽十六英尺至四十英尺，车道两旁修步道，车道与步道之间设阳沟汇聚雨水。步道宽度为该街路宽度的十五分至二十分

---

[1]　汕头市暂行条例［M］//汕头市政厅秘书处.汕头市市政例规章程汇编.汕头市政厅公报编辑处，1928.

之一，每隔四十英尺种植落叶树一棵。街路路面斜度为四十分至百分之一，以便排水。

（2）街路转弯处均划成三十至六十尺半径的弧形，以利行人、车辆视线较远。

（3）用石砌或用混合土制作下水道水管，斜度为五十分至六百分之一，因经费关系，取放流式直泄河海，不另设清净工厂。下水道每一百尺预留沙井、检渣井各一，以便扫除积秽。

4.筑堤与浚海

（1）填筑自石炮台起至洄澜桥间海坦，堤岸全长一万六千一百英尺。预计填筑完毕可得新地基七万四千零三十四井。

（2）浚深妈屿港，使载重二万吨以内的轮船可以自由进出。[1]

这一工务计划根据当时汕头的特点，按照工、商、居住、娱乐等功能分工划分，街道以地形和行政区分系统，成为民国汕头市政建设最重要的依据。

规划提出的汕头规划市区范围为265平方英里，海域为327平方英里。规划对城市进行功能分区，分为居住区、商业区、工业区、行政区；对道路系统进行系统规划，部分旧区的道路拟拓宽，新区的道路网络规整，南北走向的道路直通海滨，符合海滨城市景观和功能特点，在南面拟建南堤连接西堤，同时打通南北向干道连接外马路并通向海滨；确定了道路等级，分小路、30英尺道路等8个等级，最宽道路断面为120英尺，规划将潮汕铁路结合道路延伸至南面海边和西堤；新区向东北方向发展居住区，东面发展商业区，北面乌桥地区发展工业区，行政区靠近月眉坞中央公园东侧、汕樟轻便铁路起点；第一公园利用原行署前的空地，中央公园规划在北面月眉坞附近，原址有水面池塘。在东面住宅区与商业区之间也安排了公园；岸线调整以向外对滩涂进行填筑，延长岸线。1925年，在原图上又增加了一些公共设施的内容，如市立中小学校、计划市场位置，道路级别简化为四级，最宽为100英尺。1930年制定了全市厕所的规划布局。几次规划基本按照1923年的版本规划道路系统和功能分区。总规划面积为6.89平方公里，其中行政区域0.13平方公里，工业区域0.8平方公里，商业和住宅区域5.06平方公里，中山公园0.23平方公里。1927年汕头重新规范街道名牌和居民号牌，1928年市政厅改组为市政府，礐石、崎碌也被划入行政区范围。[2]

[1] 萧冠英.六十年来之岭东纪略［M］.广州：广州培英图书印务公司，1925：122-127.

[2] 许瑞生.汕头市近代城区的历史演变回顾与保护体系的建立［J］.城市观察，2017（1）.

二、市政建设与近代化都市的形成

20世纪二三十年代，按照市政改造计划，汕头市政厅（府）陆续组织开展路桥与住宅建设等市政建设。数年之间，建立了中山公园、市场、学校等一批城市公共设施，开辟多条新马路和桥梁，市区不断向东扩展，形成了较大规模的小公园片区，汕头近代城市建设进入高峰期。

（一）市政道路、桥梁与住宅建设

道路方面。1928年1月，汕头市政厅工务科编制《西堤马路计划图》，西至杉排路，东至镇邦直街。主干道西堤路为100英尺宽，次干道海平路和永泰路为60英尺宽，南北支路延续原形成的南北道路直通海边。市区的西面空间得到较大拓展。1924—1928年开始铺筑外马路，宽20—27米，全长3.4公里，为当时较具现代功能的道路。至1928年，汕头筑成升平路、永平路、同济路、福平路、同平路、外马路、廻澜路、至平路、镇平路、中山路、安平路、公园路、澄海路、居平路、黄冈路等干道，总长11.64公里，总面积21.62万平方米。[1]1928年后，中山路（延伸）、新马路、新兴路、海平路、居平路、民族路、民权路、新兴路、海平路等路线铺筑，至1947年，汕头市内已筑成的马路有34条，总里程75496英尺（约23公里）。[2]从1948年的汕头市街图可以判断，政府拟在西堤路的西面向西扩展道路，延伸镇邦路、升平路等东西走向的干道。南面在潮海关前和向东石炮台方向继续填海，并形成海滨道路。[3]

桥梁方面。韩江支流之一梅溪横穿汕头市区，延伸马路需要修建新的桥梁。1921年至1924年，市政厅先后在梅溪新溪河道上兴建了外乌桥、内乌桥、洄澜桥、榕耀桥、耀华桥，沟通光华埠、西港以及火车路、潮汕路、汕樟路，后又兴建中山桥与月眉桥，连通市区与月眉坞。

商业与民居方面。市区路桥网络建设，为马路两旁的土地带来巨大的增值机会。但早期一万多名棚屋住户占据了沿海大量土地，土地业主虽拥有产权却无法开发利用，徒有望"地"兴叹。市政厅遂渐次实施平民新村建设，优先让篷寮贫民入住平民新村。市政厅在棚屋区原址建筑市政府大楼，汕头本地出口商沿海滨广建货物仓栈及简易工厂（场），开发商则沿现有与规划中的街路建设其他

---

[1] 汕头市政厅编辑股.新汕头［M］.1928：35.

[2] 谢雪影.汕头指南［M］.汕头：汕头时事通讯社，1947：13-14.

[3] 许瑞生.汕头市近代城区的历史演变回顾与保护体系的建立［J］.城市观察，2017（1）.

商业与民居建筑，楼屋格局多为3至4层骑楼式楼房，这种有浓郁南洋风格的建筑群成为民国汕头的时代标志。"四永一升平"（永兴街、永泰街、永和街、永安街、升平路）的城市格局也得以形成。比较著名的建筑是原籍梅县华侨李柏恒兴建的南生公司大楼，为当时汕头市最高、最大的经营百货、酒馆、旅社的综合性大楼，成为以小公园为商业中心的重要标志。

1947年的《最新汕头一览》载，根据1939年2月汕头市工务局编制地图，全市面积为10347.47亩，其中行政地区211.24亩，工业地区1332.26亩，商业住宅地区8428.37亩，中山公园375.6亩。[1]另据1958年城市规划资料统计，至1946年汕头市区有住宅总建筑面积1801608平方米。[2]

（二）平民新村的建设

民国时期，农村人口涌入城市，全国各大城市均滞留大批"上无片瓦，下无插针之地"的贫民。1928年至1937年，汕头市建设了设施完备、管理规范的平民新村，成为民国城乡建设史上一道靓丽的风景线。

第一，平民新村建筑缘起。

20世纪20年代是汕头人口急剧增长的时期。韩江流域地区农村人口大量进入汕头，市区人口从1921年的约7.5万人猛涨到1931年的17.8万人，平均每年增加1万多人，人口年均增长率9%。[3]急速涌入的人口使汕头市区濒海一带出现了贫民自行搭建的大片篷寮区，高低起伏，连绵不断。1931年，根据市政府粗略统计，汕头全市篷寮户约有2000户，人口1万多人，几占人口总数5.6%，[4]其中位于拟建市政府地址至群学会前一带，就有1000余户。[5]这些篷寮户有很大一部分是1922年8月22日潮汕遭受历史罕见的台风袭击后无处栖身的灾民。

1928年，萧冠英再次任汕头市政厅厅长，继续一度中断的市区改造计划，并经广东省政府同意，决定在厦岭港龙舌埔坦地建设汕头市平民新村，以安置贫民。但萧冠英在任时间较短，且无法解决建筑费用，任期内工程未能启动。

[1]　曾景辉.最新汕头一览［M］.汕头：汕头虎豹印务公司，1947：3.

[2]　广东省汕头市地方志编纂委员.汕头市志（第三册）［M］.北京：新华出版社，1999：558.

[3]　数据来源：《中国海关民国二十年华洋贸易总册》"各省及各通商口岸中国人口概数"。（中国第二历史档案馆，中国海关总署办公厅.中国旧海关史料（1859—1948）第110册［M］.北京：京华出版社，2007：190.）

[4]　公函市政府请转呈省府准予将湘福堂地召变之款拨第二平民新村建筑费由（1931年6月4日）［J］.汕头筹建中山公园平民新村报告书，1932（2）.

[5]　汕头市档案馆.汕头市政府公益事业股主任周钟煜签呈［A］.1929：102-104.

第二，平民新村建设。

1928年底陈国榘接任市长，奉广东东区善后公署训令继续建筑中山公园及平民住宅，并限期完工。陈国榘聘请汕头官商各界名流成立筹建中山公园委员会和筹建平民新村委员会，专责办理筹款与建设事务。

筹建委员会成立后，呈准抽收汕头市一个月房租捐为建筑经费，组织工程招投标。1929年8月，首期工程全部完工，共建成甲等住宅32套（每套内分4小间，可容12—16人），乙等住宅80套（每套内分2小间，可容6—8人），另配套建设市场1所（分为10间，拨作该村平民消费合作社之用）、消防所1所（内分停车场2间，消防队寝室6间、管理员办事处）。[1]后又陆续修筑道路、沟渠，增建学校、公共厕所，各种生活设施一应齐全。1929年10月15日，汕头市政府公布平民新村章程及管理细则，开始接受无地贫民迁入。[2]

1935年6月，鉴于汕头市区贫民有增无减，广东东区绥靖公署要求汕头市政府扩建平民新村，安置市内贫民，并指令筹建中山公园委员会继续兼办工程建设。[3]随后，汕头大陆建筑公司以19002元价格投得平民新村扩建工程，并于1935年12月，在原址北面和西面增建房屋35间。[4]1937年3月，汕头市政府得到东区绥靖公署拨款毫洋1016.872元，又在平民新村原址增建房屋2间及前后路面、水沟等。[5]以上三期工程共建成房屋149间（套），共有8条巷子。

根据《汕头市平民新村章程》，甲等住宅每套每月房租毫洋2元，乙等住宅每套每月房租毫洋1元。按照同期汕头普通工人平均收入水平，平民新村住宅允许数家合租一套，一般劳工均有能力负担。厦岭虽然地方偏僻，来往市区尚须搭渡或绕道火车站经中山公园木桥，平民新村建设后仍受到众多贫民的欢迎，平民新村扩建后房屋已被租居一空，各县转徙而来贫民求赁仍源源不绝。[6]。目前没有确切的资料显示入住平民新村的总人数，按照设计的最高居住人数计算，第一期可入住1152人。

---

[1]　汕头市市政府呈复民政厅筹建平民新村经过清洗并拟具平民新村章程及管理细则缴请察核由（1929年8月23日）[J].汕头市市政公报，1929（48）：115.

[2]　汕头市档案馆.汕头市政府布告［A］.1929：89-92.

[3]　汕头市档案馆.汕头市政府训令（秘字第103号）［A］.1935：31.

[4]　汕头市档案馆.汕头大陆建筑公司司理萧娱隐呈汕头市政府［A］.1935：48-50.

[5]　汕头市档案馆.案经派员查验该商承建平民新村房屋工程大致尚无不合准予验收工料费候饬科核发仰知照由（汕头市政府批）［A］.1937：52-53.

[6]　汕头市档案馆.广东第五区行政督察专员公署训令（第64号）［A］.1935：106-108.

第三，建设平民新村的启示。

近代西方市政理念传入中国后，政府与社会各界也认识到为城市贫民解决住房问题的重要性和紧迫性，在理论上把住房救济列入市公益行政的范围，使之成为现代社会救济体系的一部分。汕头平民新村是近代中国第一批平民住宅，解决了一大批城市贫民的住宅问题，但对于庞大的贫民阶层的需要而言仍属杯水车薪。根本原因是特定社会制度下平民住宅的供应，远远跟不上同期贫民数量的增长。

与北平、广州、南京等传统大城市不同，汕头平民新村的建设资金来自政府与商人的合作，这种合作模式依赖于官商双方利益的一体化，合作的亲密程度与双方利益的同化程度成正相关关系。建设平民新村安置篷寮区贫民，实际上维系着官商双方的共同利益。在平民新村建成之后，汕头随之进行市区大建设，足以反映商人阶层着力参与平民新村建设的内在原因。

20世纪30年代后，受南洋经济不景气波及，社会经济形势发生巨大的变化，1933至1934年汕头连续发生三次金融风潮，全市银根紧缩，地价惨跌。由于缺乏经济利益的驱动，商人在建设平民住宅上与政府已无共同需求。没有商人阶层的参与，地方政府在平民救济上竟也无所作为。政府与商人利益的分化使官商合作建设平民住宅的模式不能长久持续，这进一步证明现代都市平民住宅救济必须强行列入政府日常工作内容，让政府真正承担住房救济的历史责任，那些所谓调动社会各阶层建设平民住宅积极性的计划和方案，最多只能收一时之效，并不能真正建立起实施住房救济的长效机制。

（三）近代化都市的形成

20世纪30年代，汕头市已经建成基本功能齐全的近代化城市，表现在：具有水陆空立体性的对外交通运输体系；具有系统性的城市新区道路；包括供水、供电的城市公共基础设施基本齐全；影院、图书馆、公园、学校、市场等公共服务设施基本配套。

20世纪20—30年代是建设高峰期，1905—1937年汕头市建成房屋201.2043万平方米。至1939年，汕头市区建成面积约6.36平方公里，以商业住宅为主，约占80%，另有各类学校109所。1939年汕头沦陷，沦陷期间，民生凋敝，遑论城市建设；抗战胜利后，国民党政权又忙于内战，城市建设也未能推行，1939—1949年，全市新增建设面积仅约2.8万平方米。1948年的汕头市街图反映出城市的发展状态：道路布局按照1932年的规划基本完成80%，南岸正在修筑，向西堤和东面延伸。城市的发展空间在东南方向。北面的工业区域道路已经按规划完成。1949年市区道路密度为5.9公里/平方公里。1947年，汕头市重新划界，全市面积为30.5平方公里。1948年市区人口22.2万人。[1]

第一，以小公园片区为中心的功能分区明显的城市格局。

小公园及其附近地区为综合性商业中心。工商业地区与住宅地区，错综万状，互相混杂。商业最盛之区，为镇邦街旁、居平路上段、安平路上段、永平路上段、升平路上段及小公园附近一带。就各街道商业大体而言，旅业多在居平路、商平路，医院及诊疗所多在外马路，药材行多在永泰街、永泰路及永兴街，银庄多在永安、永和、大通三街，生果行多在金山横直各街。

市区西北乌桥一带为进出口货物集散地和出口土特产加工、堆放区。1933年，乌桥一带有太古洋行、元兴货栈80余处，有怡和洋行货栈堆场53处，有其他如大安栈、潮安栈、宏瑞栈、东丰栈等栈房70处之多；乌桥大片土地皆为出口商腌制咸杂场所；光华埠工业区其时有火柴厂等几家小工厂；杉排路、洄澜桥一带河海陆沟通地域，则为进出口木材、竹器等集散地。

住宅贫富分区明显。市区东南部外马路沿海崎碌及礐石一带多建洋房、别墅；而乌桥、涂坪、德记前等地则为工人、小贩居住的贫民区。

自市政府办公大楼兴建以后，行政区开始于外马路一带发展。[2]

第二，中西兼容的街道景观和建筑主体风格。

城区街道基本上由骑楼构成，骑楼增加了业主的建筑使用空间。在外马路沿线的建筑，招商路交界处骑楼基本消失。由于解决了众墙的问题以及房地产联片开发，街道建筑保持了立面的连续性。独立的单体建筑特点明显：宽阔的券廊，简化的西洋柱式，通透的栏杆并带装饰性的图案，注重主入口的装饰线条，檐口悬挑并在底面加以装饰，窗户加上窗楣、装饰线或泥塑花饰。高级建筑的建筑材料为混凝土、砖和石头。联排建筑主街道和内街有别。在主要街道以骑楼的方式联结形成步行通道，骑楼采用简化的西洋柱式，内街没有骑楼空间，但仍然注重装饰。联排民居采用下铺上居的空间安排，多设内天井。屋顶也使用潮汕民居的做法，有些改良形成局部天台可以晾衣被。为经济起见，建筑材料常采用贝灰沙与杉木结构，后期才逐步用混凝土。[3]

---

[1] 许瑞生.汕头市近代城区的历史演变回顾与保护体系的建立 [J].城市观察，2017（1）.

[2] 汕头市地方志编纂委员会.汕头市志（第三册）[M].北京：新华出版社，1999：523.

[3] 许瑞生.汕头市近代城区的历史演变回顾与保护体系的建立 [J].城市观察，2017（1）.

第三，多元化的城市建设投资。

汕头市城区建设的资金来源多元化，通过填海、滩涂造地出售获取资金，1922—1937年，通过围海造地50万平方米，获得了资金，也扩大了城市建设空间，同时吸引商家参与有回报的公共设施项目。从1889年开始有华侨在汕头置业，参与房地产和市政建设。1927—1937年，华侨在汕头的投资占全市的44.19%，包括许多客属华侨。1889—1949年，按行业结构分析，房地产占39.73%，商业占19.03%，金融占15.21%，交通占14.20%，工业占6.25%，服务业占5.58%。侨资在基础设施的建设和营运中发挥重要作用，许多项目侨资占50%。华侨投资既有抓住商机获取经济回报的原因，也有投资汕头商埠相对安全有保障的原因。不少华侨热心公益，出于对家乡的热爱进行投资，如在乡村公路建风雨亭、办学校等。[1]

（四）民国汕头市政建设成就原因分析

20世纪二三十年代汕头市政建设取得巨大的成就，使汕头成为国内外引人瞩目的沿海口岸城市，这主要有几个方面的原因。

首先，潮汕地区经济快速发展，汕头成为中国东南沿海重要的贸易商埠。开埠之后，汕头凭借辽阔的经济腹地，加上每年数千万元的南洋侨汇源源不断挹注，经济快速发展，人口不断增长，逐渐已发展成为粤东、闽西南、赣东南的交通枢纽、进出港口和商品集散地，通过上海、中国香港与新加坡与世界市场发生密切的联系，被称为"潮梅出入口之门户""华南第二要埠"。[2]强大的经济实力为近代市政建设奠定了坚实的基础。

其次，侨乡经济结构的缺陷，使大量资金投入地产建设中。近代潮汕经济缺乏足够的工业支持，出口主要依赖农产品和其他工业原料，进出口贸易长期处于巨额入超状态，每年靠南洋华侨的侨汇以保持贸易平衡。20世纪20年代，南洋经济兴旺，大量侨汇进入汕头，使汕头金融市场游资充足。缺乏实业投资出路的游资遂大量进入地产市场，这客观上使海外华侨成为近代汕头市政建设的主要力量。据林金枝教授研究，20世纪20年代，以泰国华侨为主的南洋华侨在汕头投资房地产的达到638家，投资额达1000万元，占总投资的60%。[3]如泰国华侨陈黉利家族于1929年至1933年投资购置大批地产，在永兴街、永泰街、永和街、永安

---

[1] 许瑞生.汕头市近代城区的历史演变回顾与保护体系的建立［J］.城市观察，2017（1）.

[2] 谢雪影.潮梅现象［M］.汕头：汕头时事通讯社，1935：80.

[3] 林金枝.近代华侨投资国内企业的几个问题［J］.近代史研究，1980（1）.

街、升平路、商平路、海平路、福合埕和中山公园前一带修建及购买房屋400间
（座）。新加坡华侨荣利源投资建设了荣隆街整条街道的所有楼房。高绳之家族
也在汕头填海造地，兴建房产，不断扩大市区面积。[1]

　　最后，"专家治市"模式确保汕头市政规划的科学化。20世纪20年代，一
大批从欧美、日本留学回国的技术专家成为当时中国各大城市市政建设的主导力
量。汕头设市之后，留学日本的潮安县人王雨若、大埔县人萧冠英先后出任汕头
市政厅厅长，担任市政厅工务科科长的陈良士则是留学美国康奈尔大学的土木工
程师，他们运用最先进的市政建设理念和技术，为民国汕头市政建设、城市规划
作出了重要的贡献，奠定了今日汕头市区的基本格局。

第三节　城市园林

　　中国有悠久的造园历史，但传统园林多属于皇家或私人园林。作为公共园
林的公园理念源自西方社会。20世纪初，以纽约中央公园为标志，欧美国家掀起
了影响深远的城市公园运动，纷纷建筑融休憩、游乐、运动于一体的新式公园。
城市公园运动随后也传到了中国，最早出现于上海租界，并为华界接受、模仿。
汕头是近代较早建设公园的城市，汕头市中山公园更成为近代中国名园之一，为
近代潮汕地区园林建设增色不少。本节将择要介绍此时期的中山公园与具有典型
潮汕特色的私家园林。

一、汕头中山公园

　　在近代中西文化碰撞、交融的过程中，中国很多城市出现了公园。近代公
园是一道别有韵味的人文景观，承载了近现代史上诸多喜怒哀乐，跌宕起伏，丰
富多彩。1925年，汕头市筹建中山公园。这个位于汕头月眉坞的公园，是近代汕
头市政建设的一大标志性成就，是潮汕地区经济迅猛发展的表现之一。

（一）早期的公园

　　大约在20世纪初，"公园"一词在潮汕地区的文献中出现。当时，潮州士

---

[1]　汕头市建设委员会.汕头市城乡建设志［M］.内部出版物，1988：43.

绅杨少山撰有竹枝词《汕头纪游》，记述其游汕头的情景，其中就提到公园：
"海岸新增日日填，又从葱陇起公园。市廛人厌尘嚣杂，到此楼居便是仙。"[1]
葱陇位于现在的汕头市红领巾路与大华路交界一带，其时德国驻汕领事馆就在这
个区域，杨少山提到的公园应该是1918年德国领事馆前的临时公园。

1920年，陈炯明率粤军自闽回粤驱逐桂军，占领汕头，仿其在漳州改府衙
为第一公园做法，在原惠潮嘉道汕头行署设第一公园，蕴含着将来市政发展还
有第二、第三公园之意。后来汕头人把这个公园称为"大公园"。1921年11月9
日，著名教育家黄炎培访汕，在其日记中为这个公园留下只言片语："午至汕
头，登岸便餐。至普益社见陈成文，导观社中事务。至公园。至市政厅，见市长
王雨若谈。"[2]

1931年，因汕头市区房地产发展，公园地皮被卖，建成了民居群落。该地
区目前尚有不少带有"公园"字眼称谓的地名，如旧公园左巷、旧公园右巷、旧
公园内街、旧公园前路。由于有"大公园"的存在，后来汕头百货大楼前的街心
花园便被称为"小公园"。

（二）中山公园建设

1921年，首任汕头市政厅厅长王雨若决意效法欧美国家改良市政，选择位
于汕头市郊的韩江淤积地月眉坞筹建公园，定名为中央公园。其时月眉坞地广
349亩，大部分为荒芜烂泥地，系清同治年间潮州总兵方耀疏浚韩江梅溪水道所
起淤泥堆积而成。1925年10月，国民革命军东征军进入汕头，决定把中央公园改
名为中山公园，以纪念孙中山先生，地点仍在月眉坞。

1926年，范其务继任汕头市政厅厅长，将筹建中山公园的议案，呈准广东
省省务会议通过，收用月眉坞全部为公园地址。范其务随后与东江行政公署科长
林修雍一起向汕头商界及市民发起募捐，建筑了公园园门，搭建一座沟通月眉坞
与市区的木桥。9月15日，范其务与国民革命军第一军军长何应钦联合举行汕头
市中山公园奠基仪式。

1928年8月28日，市长黄开山举行中山公园开幕典礼，连开游艺会3天，并
把游艺会门票所得10000元，用以开辟数条路基及修搭四五座竹木茅亭。随后，
接任市长陈国榘成立筹建汕头中山公园平民新村委员会（以下简称筹建委员
会），同时负责进行中山公园与平民新村建设。筹建委员会就原市政厅工务局技

[1] 杨少山.三渔集约钞［M］.民国手抄本：154.

[2] 黄炎培.黄炎培日记（第2卷）［M］.北京：华文出版社，2008：130.

师萧诚绘就的图式，详细设计，重绘新图，分西洋式花园区、东洋式花园区、游船区及南北酒楼茶室区等四个区域实施建设。

至1934年，公园建设已初具规模，风景甚胜，被誉为汕头八景之首，名为"中园晚棹"。[1]筹建委员会自豪地宣称：今也林木翁翳，道路四达。有凳可坐，有艇可划。晚间电炬通明，城开不夜。虽设备尚多未周，而雏形可谓略具。滨海商市得此稍可游息之去处，亦慰情聊胜矣![2]

（三）多元化的公园建设经费

近代汕头以商业发达闻名于世，商人积极参与地方社会各项建设，拥有较大的社会影响力。与国内诸多城市公园建设几乎全由政府投入的模式不同，汕头中山公园集合了政府与地方社会的力量建设而成，经费投入呈现明显的多元化特点。

1928年之前，汕头中山公园建设工程较少，资金主要来源于前市长范其务从潮梅财政处的拨款及募捐。之后，在筹建委员会主持下，公园建设资金筹措渠道渐趋多元化；还创造性地以发行公园彩票的形式募集资金，使公园建设在政府较少投入的前提下，顺利完成各项工程建设。

自1928年10月23日起至1933年12月止，筹建委员会前后5年多共筹得资金363903.4元，其中政府直接投入13140.28元，占3.6%；房租捐83233.42元，占22.9%；社会捐赠3000元，占0.8%；发行彩票余利251758.9元，占69.2%；公园经营所得12770.84元，占3.5%。支出344548.6元，结余19354.8元。除去第一期平民新村建设用款43000元，实际用于中山公园建设320903.4元。[3]

可以看出，公园建设过程中，发行中山公园有奖券为募集建设资金起到关键的作用。1928年12月16日，筹建委员会执行委员杨善培提议发行建筑中山公园公益票。[4]随后，经市政府、广东东区善后公署备案，中山公园有奖券于1929年7月推出，每月一期，受到社会热烈欢迎，商民竞相购买。汕头总商会还把奖券分别邮寄到上海、厦门等地劝销。由于销路极佳，连推8期获余利66000余元，占

---

[1]　《潮梅现象》称其时汕头八景为中园晚棹、香炉晓烟、草屿绿波、饶山仙洞、马屿观潮、鮀江晒网、鸡港樯林、礐风柱石，惟"中园晚棹"为人工建筑而已。

[2]　绪言［R］.汕头筹建中山公园平民新村报告书，1934（3）.

[3]　根据《汕头筹建中山公园平民新村报告书》1—3期刊载的《筹建中山公园平民新村委员会收支表》整理。

[4]　第三次执委大会会议决案（1928年12月16日）［R］.汕头筹建中山公园平民新村报告书，1930（1）.

同期公园收入的41%，大大缓解了公园建设经费的压力。然而中山公园奖券在发行8期后，受承办"潮州十属防务及潮梅各属十五字义会"彩票的东泰公司与广东省财政厅压力而暂停。1930年10月，中山公园奖券再获省财政厅批准，自11月起可以继续发行，每两月一次。公园奖券的继续发行，使公园建设获得了稳定的资金保障，各项工程遂次第完竣。

二、潮州西湖与潮阳西园

随着近代海外贸易的发展，潮汕各县经济也迅速发展，陆续开展城市园林建设，大大改善了近代潮汕地区的景观。其中潮州（潮安）西湖与潮阳棉城的西园是近代潮汕颇具特色的园林。从性质上看，潮州西湖属于公共园林，潮阳西园则是纯粹的私家园林。

（一）潮州西湖

潮州（潮安）西湖是全国36处西湖之一，是近代潮汕的第一座规模盛大的公共园林。西湖原为唐代放生池，唐贞元十二年（796），潮州刺史李宿建观稼亭于湖山南岩之巅。后经宋代多次浚辟，湖光山色，蔚为壮观。因其位于潮州府城西郊，故名西湖。民国时期，西湖总面积26.7公顷，其中山地20公顷，水域6.7公顷。

潮州西湖古迹、景点颇多。清代《岭海丛钞》载："潮州西湖旧有廿景，后人复广之为二十四景。"历代仕潮官师、文人骚客游览此地的湖光山色之外，留下了不少诗词杰作，其中潮州西湖的对联与石刻更是独放异彩的人文景观。清末民初，由于战乱，民生凋零，西湖曾一度荒凉破败，荒草萋萋，人迹罕至。1920年，陈炯明部属洪兆麟入据潮州，任潮梅善后处处长，秉承陈炯明修漳州公园的理念，主持重辟西湖工程，恢复西湖旧观并有所发展，新建碧涵楼、景韩亭、栖霞亭、伴云望月亭、方亭、四望楼等。

有感于主政者重辟西湖及对乡邦山水之热爱，潮州名流饶锷先生作《西湖山志》10卷，为西湖增色不少。整治之后，潮州西湖"墓者平，台者突，梁者横，艇者泳，古文铭字之埋没于蔓草芜墟间者出"，从一片蔓草芜墟间复原成一处风光极佳的园林，亭台楼榭，四时花木，古文铭字，点缀其中，是一处极具中国传统特色的园林。

在谢雪影看来,潮州西湖属"当局点缀性质"的公园[1],真正的、公众的公园则要俟汕头中山公园的出现。但潮州西湖作为潮州府城传统的休憩、游览之地,在经历民国初年的衰败之后,得到整治并重新向社会公众开放,虽然没有"公园"之名,却有"公园"之实。潮州西湖与汕头中山公园不同之处在于,潮州西湖是经历了宋、元、明、清四个朝代发展而来的传统中国园林,中山公园则是受西方近代市政理念影响下专门修建的、结合中西造园艺术的现代化公园。在西湖,更多的可以看到历史的陈迹和潮州府城的文化底蕴;在中山公园更多的是近代化的西方观念所呈现的景观。

(二)潮阳西园

明清两代是中国私家园林发展的高峰期,在造园艺术的地方特色上,形成了北方、江南、岭南三大体系。清代中后期,传统的"士农工商"的等级格局慢慢被打破,商人在社会中的地位日益提升,江浙、岭南一带的富商仿效贵族、官僚,在物资丰裕、文化发达的城市和近郊,大量建造以山水为骨干、饶有山林之趣的宅园,满足日常聚会、游息、宴客、居住等需要。私家园林在不大的面积内,追求空间艺术的变化,风格素雅精巧,达到平中求趣,拙间取华的意境,满足以欣赏为主的要求。

清代乾隆以后,潮汕商人也大量活跃于江浙一带,从事大米、蔗糖等的贸易。江浙一带建筑私家园林的风气也渐渐传入潮州,一些潮商仿效苏州园林的风格在家乡建造一大批私家园林,著名者有棉城西园、耐轩磊园、林园,澄海西塘,揭阳彭园,其中尤以西园为佳。

棉城西园是潮阳人萧钦(又名萧挥五、萧鸣琴,曾为怡和洋行买办,其子萧永声后任汕头万年丰会馆绅董、汕头商务总会总理)创建,萧眉仙设计。该园始建于光绪二十四年(1898),历10余载至宣统元年(1909)竣工。园区占地面积1330平方米,建筑面积1000平方米,分为书斋、房山山房及假山、天井及六角亭三部分。

园林大门西向,入门可见开阔宽敞的水庭,水面上修筑一座六角亭。庭院左侧为两层的居住区,平面为外廊式,进深较大。中间楼台采用天顶采光,楼房正面装饰有4条多立克柱式,多采用铁栏杆、铁扶手等西式建筑材料与形式。右侧为书斋,亭台楼阁,山山水水,花鸟杂处,甚为幽雅。假山部分模仿海岛景

---

[1] 谢雪影.潮梅现象 [M].汕头:汕头时事通讯社,1935:175.

观，弯曲的堤岸，以池水替代海水，峰峦起伏的叠石堆砌成悬崖峭壁。假山水底还设有水晶宫，可观赏群鱼。山顶另筑一亭，俯瞰全园。

西园继承了江南传统庭园的精髓，又对西方园林的形式美学有相当程度的模仿，其独特的空间布局、中西合璧的造园手法，以及先进的技术手段，使西园在岭南近代园林发展史中占有相当重要的地位。其建筑艺术特点是，园林建筑高度综合了中国传统与近代西方园林建筑艺术，亭与假山造型均为不规则的棱状体，石楼梯以力学原理构筑，全部以石板干砌。

园成之后，清末状元夏同龢为大门题写牌匾，且与爱国志士丘逢甲曾在此园多有唱和。然而西园为萧氏私家园林，少有人得以睹其风采。

（三）近代潮汕私家园林的建筑特色

近代潮汕私家园林整体建筑风格效仿苏州园林，再综合考虑本地区的气候地理环境、物料等条件建筑而成，具有鲜明的潮汕特色。

其一，充满生活气息，生活功能与玩赏功能相得益彰。根据本地区的气候特点，如日照时间长、气温高、雨量大、湿度大，潮汕私家园林在修建中，特别注意庭院的多功能设计，兼顾通风、采光、排水等日用功能，又以天井为中心，遍植花草，间以奇石等点缀。

其二，内部开敞，外部封闭。潮汕庭院大多规模较小，外部垒墙隔绝，仅留小门进出，但内部布局通透、开敞，自成一体。如厅堂前多用栏窗，也多采用敞厅、半敞厅，山石、花木也多用通透形式，常有门洞、漏窗花墙等，营造出一番宁静、幽雅的气息。

其三，本土文化与外来技术融为一体。受来自南洋的西方建筑技术影响，潮汕园林在坚持传统文化理念的基础上，大量使用西方技术与最先进材料。在园林平面与立体布局上坚守传统的造园理念，自由灵活，形散而神不散；建筑装饰上大量使用民间传统的戏剧题材和石雕、木雕工艺；建筑材料则就地取材，因地制宜，综合利用本地的贝壳灰、三合土、夯土墙等。同时，钢筋混凝土的建筑技术和材料、西方的柱子、外廊式建筑、地下室等也大量嵌入园林之中。

三、城市园林与经济、社会生活

公园是城市经济社会发展到一定阶段的产物。公园建设和发展要以城市经济为基础，没有雄厚的经济实力和安定的社会环境，城市公园建设也将付之阙如。反过来，城市公园对经济和社会的发展也并非被动而消极，而能促进经济和社会发展。近代潮汕城市园林，特别是中山公园的建成与开发，有力地促进汕头近代化城市的形成，推动潮汕城乡交流、吸引外来游客，提升近代汕头的城市品格。

（一）汕头中山公园改善了城市生态环境

改善城市生态环境，是汕头中山公园主政者的首要出发点。公园筹建委员会在其成立宣言中，开宗明义强调"公园为一般市民之肺脏机关，即为精神生活寄托之枢纽"，汕头"自开港迄今已达七十余年，毂击肩摩，日臻繁盛，蔚然为岭东国民生活之中心……一般市民在物质生活方面固然蒸蒸然求其完备，而在精神生活方面则久陷于枯燥烦闷之中"，应该建设一个现代化的公园。[1]

公园开办之初，月眉坞为淤泥堆积地，"居汀洼隰下之地，乏山林岩谷之观。一望平芜，寸木不长，潮水出没，泥土辛咸"[2]。公园不断增筑、搭建各种凉亭、水榭，修建花圃，种植各种树木、花草，为市民提供了前所未有的绿色空间。到1934年，公园绿化已颇有成绩，公园内树木蓊郁，育成苗木达百数十种，高者可达数丈。"因而鸟类栖集，成群飞舞，绕树回旋，鸣声上下，颇增游人之兴趣。加以湖泽之滨，水鸥成群，游泳往来，戏水成波，尤足骋怀游目，此所谓天然之点缀也。"[3]

公园生态环境的优化自然产生一种无形的张力，向社会辐射。这种张力使游园的市民意识到保护公园环境的重要性，促使市民行动起来关注并保护城市的公共生态环境。如1930年，华侨张奋生、蔡子通等回汕游览了中山公园，对公园规划、环境、设施赞不绝口。但是公园附近的灰窑产生的浓烟污染了公园的空气，为此他们专门致函公园筹建委员会建议予以制止，或饬令搬迁，进而改善全市的生态环境。[4]

可以说，中山公园的建设为近代汕头创造了一个良好的城市生态空间，发挥了作为"都市肺腑"的功能，整体上改变了原来逼仄、杂乱的城市格局。中山公园的出现，是汕头近代化进程中城市景观最大的变化。

---

[1] 宣言［R］.汕头筹建中山公园平民新村报告书，1930（1）.

[2] 汕头档案馆藏民国资料R36《汕头筹建中山公园平民新村报告书》第一期。

[3] 公函市政府请禁止游人在公园弹击鸟类由（民20年2月18日）［R］.汕头筹建中山公园平民新村报告书，1932（2）.

[4] 公函市政府关于华坞路一带灰窑应否迁徙有无妨碍游园卫生请查明办理由（1930年8月28日）［R］.汕头筹建中山公园平民新村报告书，1932（2）.

（二）中山公园促进了近代汕头体育事业、游览与娱乐业的发展

随着公园的景致日益优美，设施日臻完善，每天都吸引了大量的游客，到公园游乐成为市民及潮梅各地人民的乐事，促进了近代汕头体育事业、游览与娱乐业的发展。

公园开放之后，游人如织。成书于1935年的《潮梅现象》用优美的文笔给我们描绘了一幅盛夏时节市民公园夜游图："每当盛夏逼人，日间市民率多蛰居，至夕阳西坠，则群莅园散步。园中尤推东隅水榭为最热闹，或饮水，或划艇……迨及皎月东升，晶蟾焕彩；此时暑气全消，熏风南来，夜情尤为幽美。远树幢幢含烟，灯光碧叶掩映。士女成群，罗袂飘香，经纬团雪。倚栏湖际，则盈而笙歇，趋闹避静，各适其宜。水榭中有乐园，饮冰处，营业之盛，供不及求，游客每有向隅之叹。偕者伴侣，更择林隈树隙，石凳小谈，又感万虑尽消，心神怡旷，真夏日极乐之园林，解忧之场所。如是直至中宵之后，凉露沾衣，银河倒影，月落丛林，而迷乱之夜于焉结束。"[1]

公园建成之后，近代汕头娱乐业自小公园片区延伸而来。汕头开埠之初，妈祖庙、关帝庙一带是人民从事贸易、集会和交往的最重要公共空间。至清末，电影这一近代新兴的娱乐方式传入汕头，看电影逐步成为时髦的公共娱乐，主要的娱乐场所如高升电影场、大观戏院、真光戏院、永平天台戏院、光天戏院、中皇（后改为大光明）、中央戏院等都在妈祖庙一代。中山公园开放之后，公园内相继设立了茶室、游船、钓鱼、戏院、游乐场以及冰室等休闲娱乐设施，成为市民又一新的休闲消费场所。特别是1931年，大同公司在中山公园内创设大同游戏场，开演各种戏剧、放映电影，使中山公园成为民国汕头市的一大热门休闲娱乐场所。

公园的开放，促进了汕头体育事业的发展。中山公园修建了篮球场、足球场、排球场等体育设施，儿童运动场、动物园以及影室等的设置，使公园的功能更加综合化、多元化，满足了市民对体育运动、游乐休闲、学习的追求。中山公园在规划中预留了大片空地以发展体育运动，随着设施逐步完善，成为汕头最理想的体育运动场所。1934年，中山公园运动场建成，筑成了400米煤渣跑道、50米游泳池、篮球场、足球场、排球场。同年，汕头首届全市运动会在中山公园举行，有运动员数百人，分公开组和学校组，按年龄分级进行比赛[2]。公园还专

[1] 谢雪影.潮梅现象［M］.汕头：汕头时事通讯社，1935：176.

[2] 蔡述彪.汕头体育［M］.汕头：汕头市体育运动委员会，2000：7.

门建设了儿童运动场，添置了专门设施如秋千、旋转木马、玩具等。社会各种机关、团体也往往假公园运动场开办各类游艺会以及进行各种球类比赛。

（三）促进了近代汕头地产事业的发展

中山公园客观上改善了城市环境，为市民提供了一个优越的休闲娱乐场所。如果把中山公园建设置放于20世纪二三十年代的地方经济发展脉络中，它的意义并不止于此，还在于其极大地促进了汕头地产市场的发展，推动近代汕头市政建设。就如纽约中央公园建成之后，大大推高公园周边地价一样，中山公园犹如汕头城市的肺部，吸收废气，散发清新的氧气，一方面使中山公园周边的地产涨价，另一方面为全市房地产价格快速上涨创造了条件。1925年之后，特别是1928—1933年在进行公园建设的同时，汕头市政建设也在大规模进行之中，延伸、新开辟了20多条新马路，修建了多条桥梁，开工建成了市政府大楼及其附近大量住宅区，这一时期，汕头房屋建设总投资2100万元。[1]得到大量投资的近代汕头地产业迅速发展，大量的房屋供应市场，一直到1933年汕头金融危机之前，汕头市区的地产价格一直处于攀升状态。

（四）城市公园创造了一个新型的政治空间

汕头中山公园除着力建设满足市民休闲娱乐需要的各种设施外，还进行了大量的诸如造亭、立碑、塑像等充满政治色彩的人文景观工程，创造了一个民国时期新型的政治空间。主要有以下几个。

自由女神像：位于公园正门之后，现已废，原址上新建孙中山先生像。

绳之纪念亭：建于1930年6月，用以纪念捐巨资支持辛亥革命的澄海富商高绳之，亭为六角柱体，规模奇伟。现存。

济案纪念亭：位于公园南部，三层高亭，周围有铁链与石堤。此亭系纪念1928年5月济南惨案时殉国的国民政府特派交涉员蔡公时而建。20世纪30年代，历史学者梁方仲曾有诗《汕头中山公园》缅怀之："秋英憔悴草离离，斑驳苔衣蚀旧碑。一半楼台沉晚照，路人咽说蔡公时。"[2]1939年，日军占据汕头，该亭首先被毁。20世纪80年代初，汕头市在原址修建馆花宫。

宋少东烈士纪念像：建于1933年，由市长翟宗心提议，为纪念革命先烈宋少东而建。宋少东系清末革命志士，其像由揭阳榕城石雕艺人黄立坤（1901—

---

[1] 汕头市建设委员会.汕头市城乡建设志［M］.1988：43.

[2] 梁方仲.梁方仲文存［M］.中华书局，2008：209.原诗注：蔡公时碑已无法辨认。原诗未注明写作年月，据《文存》编者黄启臣、梁承邺说明，确定其成文大时间段为1922—1933年。

1975）雕刻，人物形神兼备，栩栩如生。[1]现已废。

浩然亭：位于园内九曲桥西北隅。据李修潮先生言，该亭初名为浩如亭，以表彰为公园建设"多年操持有方，成绩卓著"的筹建委员会常务委员林修雍，但林婉言谢绝，提议改为浩然亭。[2]1933年，林修雍去世，公园筹建委员会决定在浩然亭举行追悼会。[3]该亭后被废，于1989年重建。

七贤亭：1931年建于假山之上，纪念宋代潮州七贤刘允、王大宝、卢仝、许申、林巽、吴复古、张夔，刻有"高阁思魏晋，盛景点烟霞"一联。现存。

忠烈祠：由国民党闽粤赣边区司令部倡建，现为潮汕抗战纪念馆。

丁未黄冈革命死难烈士纪念塔：位于公园游船区东北面土山上。1929年汕头市政府奉省府令为纪念1907年饶平黄冈起义死难烈士而建。现已废。

民国时期的中山公园还是潮汕人民举办政治集会反对外侮的公共空间。1931年9月18日，日本关东军悍然发动"九一八"事变，侵吞东三省，全国各地掀起了轰轰烈烈的抗日救亡运动。9月28日，汕头各界3000人在中山公园大同戏院集会，抗议日军暴行，吁请国民政府立即对日绝交、宣战；同时为悼念在事变中牺牲的我国军民，全市商店、海关与邮局均下半旗，休业一天，停止娱乐三天。[4]1937年5月30日，汕头各中学学生在中山公园举行大规模集会纪念"五卅"惨案，高呼"打倒帝国主义""抗日救亡"的口号，并举行示威、游行，到市政府请愿抗日，掀起汕头市民的爱国热情。[5]

综上，在潮汕社会近代化过程中，城市公园的建设是可以与近代工业、近代交通、近代教育等媲美的大事。近代城市公园的建设，大大改善了城市生态，美化了城市，促进市民身心健康，成为潮汕社会近代化的重要标志。

---

[1] 广东省汕头市地方志编纂委员会.汕头市志（第四册）［M］.北京：新华出版社，1999：908.

[2] 李修潮.记林修雍先生［M］//政协澄海县委员会文史资料工作委员会.澄海文史资料（第5辑）.1990：85.

[3] 本届第二次常会议决案（1933年3月25日）［R］.汕头筹建中山公园平民新村报告书，1934（3）.

[4] 28日汕头电［N］.申报，1931-9-29（7）.

[5] 马光佐，吴普苏.林川同志回忆录［M］//政协广东惠来县文史资料征集委员会.惠来文史第5辑.1994.

第四节 城市公用事业

公用事业是近代城市文明发展的产物,是改善城市生产和生活环境的必要条件,对城市经济的发展有着积极的推动作用,是城市近代化的基础。汕头开埠后,经历了早期填海拓展之后,市区面积扩大,人口激增,电力、自来水、公共交通等各项公用事业开始发展,反映了近代物质文明已经深入城市经济生活的各个领域,改变了城市的经济结构,也改变了人们的生活方式和社会心态,加快了人们的生活节奏,增强了汕头作为韩江流域经济枢纽的功能。

一、城市自来水

汕头市自来水事业肇始于光绪三十三年(1907),澄海籍侨商高绳之发起投资100万元,在农工商部核准注册成立汕头商办自来水公司。宣统三年(1911)9月,定址于潮安、澄海交界的庵埠大鉴乡动工建水厂,铺设管道到汕头埠。至民国2年(1913)2月水厂竣工,开始供水。

水厂以韩江水为水源,建有沉淀池4个、滤水池4个、蓄水池1个。由美国进口净水炉机2座,每台基准蒸发量为1988公斤/时,带动2台1.07HP往复蒸水泵,配置沉淀池4个,每个容量为6300吨;慢滤池4个,面积均为795平方米,滤率为2244吨/24小时/平方米。于市区民族路建一水塔,高25米,容量900吨;水厂敷设至民族路水塔送水管长10940米,直径为300毫米。至民国后期,全市大小供水管总长48.4公里。

1939年汕头沦陷后,公司资产全被日军掠夺,被迫停业。抗战胜利后,公司经理林子明返汕接收自来水公司,次第建设,重新供水。至1947年,全市自来水用户有3500多户,为一般贫民服务的公共供水站由战前的30多处增加到50多处。1949年日最高供水量为5000吨,有4000余户用水。这一套设备一直使用到20世纪60年代。

二、城市供电

汕头市供电事业肇始于光绪三十一年(1905)10月。其时,普宁人方仰欧、方廷珍自德国购入直流蒸汽发电机2台，在汕头埠五福巷创办了近代潮汕第一家电力公司——昌华电灯公司。该公司注册资金14万元，发电能力为140千瓦。开业不久，因一台发电机遭雷击损坏，仅剩下一台发电机维持发电，亏损严重，无力维持。1908年昌华电灯公司宣告停业。

宣统元年（1909）4月，高绳之集资20万元买下昌华电灯公司的全部资产，新增一台200千瓦的直流蒸汽发电机，呈奉农工部核准注册设立开明电灯公司。公司地址设于金山街，占地面积4950平方米，当年10月开始营业。初期，公司有蒸汽发电机3台，蒸汽锅炉5座，发电能力340千瓦，主要供应商业照明之用。1914年，又新增200千瓦发电机1台，以适应汕头商业急速发展的需要。随后又不断新增发电设备，到汕头沦陷前，开明电灯公司共有发电机7台，锅炉8座，发电总容量2000多千瓦。

继开明电灯公司开办之后，潮汕各县的电气事业相继发展起来。1913年，澄海县樟林侨眷蓝春辉从新加坡购进小型柴油发电机，发电供蓝氏家庭大院照明。随后，潮州商人杨树潢于1915年在潮州发起创建昌明电灯公司，注册资金光洋8万元，装机120千瓦。后因故改由福建上杭人张得春另行组股开办，设备有低压锅炉2套，立式双缸蒸汽发动机2台，德国西门子、英国奇异发电机各1台，共480千瓦（昌明电灯公司于1930年易名为振光电灯公司）。到20世纪20年代，各地电厂建设逐步增多。1922年，潮阳县陈坚夫投资15万元，在潮阳县棉城开办光利电灯公司，安装德国西门子三缸柴油发电机2台共154.35千瓦，配套发电机2台160千瓦。同年，揭阳县林君博投资4万元，开办普益电灯公司，设备有内燃柴油发电机2台，发电容量125千瓦。1924年，潮州庵埠镇商人郑泓初、杨岳文等人，集资在庵埠开办光华电灯局，安装德国西门子双缸立式88.2千瓦柴油机1台，配80千瓦发电机1台（1935年用户积欠电费造成电灯局亏损而倒闭）。20世纪30年代，又有潮州枫溪商人吴桐泰在枫溪镇开办怀光电厂，主要设备有卧式双缸飞轮8.82千瓦柴油机，配套1台直流110伏8千瓦发电机。在澄海县，商人陈丙臣等人组建澄光电灯公司，安装1台"哈夫凡"88.2千瓦柴油机，配套1台德国西门子80千瓦发电机。[1]

抗战期间，潮汕各地发电事业均受到严重摧残。1938年，汕头开明电灯公司屡次遭日机轰炸，仅有2台交流柴油发电机损坏较轻，其余的直流蒸汽发电

---

[1] 广东省汕头市地方志编纂委员会.汕头市志（第二册）[M].北京：新华出版社，1999：141.

机、锅炉和办事处均被炸坏。同年12月，2台小型柴油机经修理后恢复发电；同时，另租汕头市永安街35号作为办事处继续营业。1939年6月，日本军队侵入汕头前夕，开明电灯公司的主要机器经由当地政府实施破坏后停止营业。潮州振光电灯公司在日军抵潮前夕也放火烧毁，其他各县的澄光、怀光、光利、普益等电灯公司也均先后拆机停业。日本军队侵占汕头后，开明电灯公司被掠夺，改名为台湾电力厂汕头株式会社。1940年，台湾电力厂汕头株式会社到潮州办电厂，在潮州昌明电灯公司旧址上安装3台柴油发电机组，容量共36.25千瓦，发电能力30千瓦。1941年，又在昌明电灯公司旧址上增装1台88.2千瓦柴油机，配套80千瓦发电机，1944年，因太平洋战争爆发燃料供应不上而停机。

抗战胜利后，开明电灯公司经理高伯昂回汕头接收开明电灯公司。同年，高伯昂向银行贷款，购买1部美国海军登陆艇上用的柴油引擎发电机，容量1000千瓦，安装在汕头市金山外街开明电灯公司旧址。1947年6月，开明电灯公司经整理后重新发电供电。到1949年，汕头开明电灯公司总装机容量为1820千瓦，年发电量267万千瓦时（另有1台176千瓦的发电机断轴未修复，没有计算在内），全市用户有2800多户。其他各地：潮安县10台共109千瓦，发电量17.1万千瓦时；澄海县1台50千瓦，发电量0.3万千瓦时；潮阳县1台30千瓦，发电量1.61万千瓦时；揭阳县1台75千瓦，发电量8.56万千瓦时。

1949年10月24日汕头解放后，汕头市人民政府于1950年12月10日正式接办开明电灯公司。

三、市内公共交通

在近代公共汽车投入使用之前，汕头埠没有陆路公共交通工具。人们以步行为主要方式，富贵者雇用轿子代步。光绪二十七年（1901），潮海关及洋行职员从上海、香港引进人力车（黄包车）这种新型交通工具，随后又出现了专门经营人力车客运生意的商号。1911年前后，汕头埠从事营运的人力车有60多辆。人力车商号通过向政府投标缴纳人力车捐，获得专营权，发包给人力车夫进行经营。汕头人力车发展至民国7年（1918）有200多辆，至民国27年（1938）有800多辆，分日夜两班不停地奔跑在汕头埠的大街小巷之中。

汕头在1921年设市后开始大规模建设市政道路，以公共汽车为标志的现代城市公共交通也随之发展起来。1924年初，汕头广华隆行车公司成立，有4缸福特牌汽车6辆，单线行驶于火车站至崎碌之间。不久，因乘客稀少，亏蚀10万银圆，遂停驶。

1933年，汕头市政府在工务局下设立长途汽车管理处，负责管理汽车客运，招标承办，收取承办费或行车捐。同年5月起，善利长途汽车公司获得行车专营权，市内公共汽车行车线路自永平路头起，经升平路至崎碌吴厝祠，全程1.5公里。翌年3月起，新辟行车线路1条：自火车站起，经新马路、升平路、永平路、外马路、小公园一带。

汕头沦陷后，市区公共汽车停驶，仅存人力车。抗战胜利后的1946年初，公共汽车恢复行驶，由通安汽车公司承办，有车5辆，行车仍循战前线路。这两条线路一直运营到新中国成立初期。

近代汕头市内公共交通事业发轫较早，公共汽车成为汕头近代化标志之一，在20世纪二三十年代成为城市一道靓丽的风景线。但由于汕头埠市区规模偏小，人力车营运发达；且城市人口偏少，最高时也仅为20万人左右，远远低于上海、广州等大商埠；加上民国时期，政府征收大量的苛捐杂税，公共汽车营运商不堪重负等因素，导致近代汕头市内公共交通事业长期处于小规模的发展阶段。

四、近代汕头公用事业的投资与管理

近代化的公用事业设施，是一座城市近代化的重要表征。汕头开埠之后，随着经济迅猛发展，人口倍增，在晚清实业建设的大潮中，广大华侨华人积极投资汕头的公用事业，使近代汕头市政公用事业建设跃居国内各商埠的前列。

（一）在近代汕头市政公用事业发展中，华侨民族资本发挥了主导作用

19世纪六七十年代，中国的民族资本主义在上海、广州、天津、汕头等沿海地区诞生，新生的民族企业以缫丝、棉纺、火柴等轻工业为主。1900—1911年，随着口岸城市经济的发展，中国民族资本开始大量投资近代城市公用事业，开始以城市日常所需的煤气、自来水、供电为主，经营内容比较单一。随着时代的发展，民族资本投资的近代城市公用事业日益完善，1911年以后，逐渐出现了民资资本投资的电车等公共交通工具，电话、电报、邮政等电信事业也日益普及开来。

潮汕是中国著名侨乡，华侨众多，近代潮汕地区的民族资本主要以华侨资本为主。由于近代地方政府缺乏投资公用事业的能力和动力，投资近代汕头公用

事业的都是华侨资本，或与华侨资本有关。其中，澄海籍泰国侨商高绳之的投资对推动近代汕头市政公用事业发展发挥了主导作用。

高绳之（1878—1913）原名高秉贞，生于澄海城镇城南。祖父高满华，又名高楚香，是著名的旅泰华侨，经营机械碾米业，在泰国、中国香港、新加坡、广州和汕头均有商号，又发起组织广东潮州八邑会馆与创办香港东华医院。高绳之的父亲高学能是泰国中华总商会的发起创办人之一。高绳之继承父业，致力兴办实业，扩大家族生意，在汕头先后兴办汕头自来水股份有限公司、汕头开明电灯股份有限公司，汕头绵发、昌发两间机器榨油厂，还集资架设汕头至澄海的有线电话，填筑汕头海坪。高绳之还先后捐巨资支持孙中山领导的革命活动，在1907年丁未黄冈起义、惠州起义以及1911年潮汕光复过程中，他都作出了巨大的贡献，故而在中山公园建设中，专门为他修建了纪念亭。

（二）近代汕头市政公用事业的管理模式及困境

公用事业是城市商业中的特殊行业，公用事业的本质是公益，其市场地位的确立，需要得到政府的特许，与地方政府、一般民众及其他行业的关系密切，利益息息相关。但如果没有盈利能力，公用事业也难以发展起来，因此公用事业的正常运转需要满足两大条件，首先需要早期大规模的基础设施建设，例如铺设自来水管、架设输电线路、开辟新马路等；其次需要建立与之相适应的管理模式。

在汕头近代城市公用事业发展中，采取了官倡商办、官管商办的管理模式。

商办的水电事业。汕头自来水股份有限公司、汕头开明电灯股份有限公司的创办得到中央政府农工商部（即后来的农工部）的核准，取得在汕头市场的垄断地位。两个公司虽然都是合股兴办，但资本均来自华侨资本，没有官方资本，是完全的私人企业。水电事业的前期基础设施也是完全由公司自行投入，地方政府只是发挥监管及收税的功能。

官管商办的公共交通事业。与水电行业不同，公共交通早期的投入主要是政府主导的市政干道建设，而且在技术含量上公共交通企业与水电行业不可比拟，政府在公共交通事业上管得更严，收的税也更重。从清末开始，政府就向人力车夫收取人力车捐，公共汽车出现后，政府也不断收取承办费或行车捐，以及其他杂税。

城市公共事业的发展毋庸置疑需要地方政府的支持与参与，在民国时期，即使政府没有投资公共事业的能力，水电等企业也需要政府协调参与解决企业与用户之间的关系。例如，在汕头近代公共水电事业发展中，长期存在的用户偷电偷水、欠费等问题，一直都无法得到有效解决。但由于民国地方政府管理缺失，甚至把公用事业当作压榨、索取的对象，最终严重限制了城市公用事业的发展。

第五节　村镇建设

近代潮汕经济的发展，推动了汕头埠成为韩江流域经济区的枢纽，造就了一个近代化的都市。在广大的农村，也进行着大规模的村镇建设，传统的民居与新式洋楼并存，呈现出新旧交替、由传统趋向近代化的复杂的过渡形态特征。

一、传统潮汕乡村

潮汕地处亚热带气候条件下的滨海地区，在自然地理环境与历史文化因素的共同影响下，潮汕人逐渐形成了聚族而居的生活方式，也形成了颇具特色的传统民居与村落。

（一）传统潮汕民居

潮汕村落民居最基本的形式为"下山虎""四点金"和堡楼。大型村落则以"下山虎"或"四点金"为基础，依地势的变化，横向或纵向扩大规模，称"三厅串""八厅相向""四马拖车""百凤朝阳"。

"下山虎"又名"爬狮"，是由三面房屋一面墙壁组成。正屋为三开间居中，中央开间是"大客厅"，两侧各一"大房"；正屋前为天井，天井两侧各为一开间的"厢房"（俗称"伸手"），与"大房"连接，形成"一厅二房二伸手"的平面格局。

"四点金"，以"前厅—天井—后厅"为中轴线，前后厅东西两旁各一房，占据整座大房的四角，故称"四点金"。正屋（大厅大房）和门楼间均为三开间居中轴，中间隔着天井，天井两侧各有厢房连接正屋和门楼间，形成围合。

"百凤朝阳"俗称"三座落""三厅串"，较大规模的称"八厅相向"。它们都是两座"四点金"纵向合并与扩充，整个平面系中轴线对称布局，主体建筑共三进三座（"八厅相向"为四进四座）三开间平行布置，相邻两座中间均隔着天井，天井两侧各有厢房连接形成围合整座的正门开于门楼间中央，门前有一大埕，大埕两侧均开有门，称"龙虎门"。

"四马拖车"也称"三落（进）二火巷一后包"，是一种大型复合单元，是"四点金"的复杂化。第一进有凹形门洞，俗称"门楼肚"。进大门，中间是过渡厅，左右各一间房子，称为"前房"。过了天井便是二进，二进有面阔二间的大厅，两边各有一间"大房"。三进的结构与二进相同。整个建筑格局像一架由四匹马拉着的车子，故名之。

堡寨（楼）是潮汕地区一种集屋式民居，形式上有"方寨""圆寨"两种。圆形楼寨较多，通常占地2—3亩，由24—36套二层房间环拱围合而成；较大的如道韵楼，共由56套三进堂屋和16套角屋组成大型聚落，是集防御等多种功能于一体的传统聚落。

（二）潮汕传统村落的特色

潮汕村落注重建筑的位置朝向、布局及其空间组合，注重民居细部处理和装饰装修等方面，蕴藏着深厚的传统文化内涵，透射出潮汕人的价值趋向、文化心理与思维方式。

第一，建筑布局一般采取外封闭、内开敞和密集、方形或圆形的形式。

无论是"下山虎""四点金""百凤朝阳"还是"四马拖车"式的民居都充分体现了这个特点，堡楼形式则为圆形居多。外封闭、密集的布局形式，既是出于防卫的需要，也是潮人文化内敛、聚族而居的反映。潮汕长期深受中原儒家文化的熏陶，民居建筑也受传统规制影响，外墙高耸、森严，一般不开窗户。为了适应地方湿润、炎热的气候条件，又必须使民居能够保持通透凉快，因而逐渐形成外封闭、内开敞的平面布局方式。为了追求内部开敞，一般在厅堂部分下功夫，如把厅堂作成开敞式或半开敞式，向前伸出，或向后延伸，使厅堂获得良好通风条件，保持前后通畅。

第二，空间组合体现崇宗睦族的文化传统。

潮人崇宗睦族的文化传统源远流长，反映在建筑上就是潮人"营宫室必先祠堂，明宗法，继绝嗣，崇配食，重祀田"（嘉靖《潮州府志》）。而在空间组合上，带有祭祖、敬神功能的厅堂、祠堂在空间中处无可替代的中心位置。潮州民居恪守对称的布局，有明确的中轴线，以厅堂为中心组织空间，左右对称、主次分明。规模大时则纵向延伸或横向发展，规模更大时则多厅堂组合，或并列数条轴线，形成由多院落组成的大型聚落。

村落以宗祠为中心进行布局。围绕宗祠，按尊者居中的原则，空间层层展开，主次分明、分区明显。从外部看，村落就形成这样的格局：大宗祠的左右是小宗祠，然后是火巷和厝包（包屋），它们从三面护卫着大宗祠，外围是一座座重叠相连的"下山虎"与"四点金"，最后就是坚固围合的寨墙。

在"百凤朝阳""四马拖车"式的大宅院，更加明显而直观地反映了潮州民居建筑主次分明、尊卑有序的礼制思想及崇祖敬宗的宗族观念。以"百凤朝阳"式庭院为例：屋子的格局扩展到三进，大厅的实用功能被分解了，门厅用于接待寻常宾客，后厅则置龛供奉祖宗牌位，是祭祖的场所。中厅是家人聚会之处，婚、丧、寿诞这类家中大礼，都在这里举行。中厅两侧的大房，是家长居住的地方。前院的房间，或作为客房。内眷居住在后院。火巷的排屋则是族人、佣工的住所。后包比较幽静，一般被主人用作书斋。门前的广场可供客人安顿车马。这种格局中，中厅占据着核心的位置，体现了礼制秩序在家庭里的重要地位，甚至后厅的功用，也是根据这种秩序来安排的。

二、海外华侨与潮汕乡村景观的变化

自宋元时期潮汕海外贸易发展后，开启了潮汕人移民海外的历史。清代以后，大量潮汕人陆续往东南亚一带从事贸易、农业及采矿等工作，19世纪60年代，华工出国合法化，华侨的身份得到朝廷的认可，遂有大批华侨光明正大地回乡置业、建屋与投资，使潮汕乡村景观发生了巨大的变化。

（一）潮汕侨宅

侨汇是近代潮汕农村家庭最重要的经济来源。侨汇主要用以华侨家庭中的老人、妇女与小孩日常生活所需，略有结余，购房或购地建房就成为不二选择。

华侨回乡及侨汇的注入，催生了农村的侨宅。潮汕华侨修建了很多略带南洋装饰风格的潮汕传统民居，俗称大厝；有一部分则修建了新式洋楼。潮汕华侨的新式洋楼并不像五邑地区华侨修筑的规模宏大、具备防御功能的碉楼，而是带有潮汕传统民居风格的、融于传统乡村聚落的西式洋楼。清末民国时期的侨宅，悄然改变着传统潮汕乡村的景观。

澄海樟林是潮汕著名的侨乡之一，樟林乡村景观的变化可以看作近代潮汕乡村的典型。陈达在《南洋华侨与闽粤社会》中描述了樟林几家华侨家庭的住宅。

其一：某在暹罗经商的华侨1930年代在家乡三次购买新屋，其中第二次购买的一座大厝，中座四厅六房，两从厝有二厅十房，另有新式洋楼一座，内有二厅四房，合共八厅二十房。建筑的质料全用灰、石、杉、瓦砖等，不用士敏土（注：水泥）。

其二：另一家旧式的大厝，屋甚大无楼，有三厅四房。屋脊高约二丈二尺，大厅两旁有大房各一，有棚可以堆物。厅内光线尚好，房内光线不足，湿气亦盛。家主信风水理气之说，不敢将其房间多开窗户，致漏屋内"灵气"。建筑的质料用贝壳类的灰沙筑墙，杉木作椽桷。椽桷之上铺瓦。地上则铺红砖及石条；企柱亦有用石者，四围与邻人的住屋相比连，无园地及空地，惟屋前有一宽埕为出入的门路。

其三：住屋为三层楼，系新式。三层楼上有天台，以便游息养花及藏物。占地约半亩，屋前有空埕，屋后有余地为园。最底层为客厅，后库有房。二楼有厅一房二，三楼与二楼同。建筑的质料，柱基棚面俱用三合土与铁条凝成，余用贝壳灰，木料极少见。屋之两旁，与邻居相毗连。屋内的光线与空气均合卫生。[1]

除了改善家庭生活条件之外，富裕的华侨也通过各种途径扩展在乡村中的社会影响力。华侨一方面借助传统的乡族社会权力结构，跻身乡土社会权力结构上层，参与乡族公共事务（治安、慈善等），竭力保持乡土文化传统，自身实现从"海外弃民"向"地方士绅"的身份转变。另一方面又为乡土社会文化传统注入新要素，表现在大量捐资修建祠堂、庙宇等公共建筑，在公共建筑与私人大宅中注入西方文化符号，兴办新式教育事业，使其又不同于传统的旧式士绅。

（二）"新村"的大量出现

与单体新洋楼比较，"新村"的出现是近代潮汕乡村景观变化的一大特征。

所谓新村，是一些华侨富商回乡之后，因故乡土地狭窄或位置不便等，在故乡的附近购地另立新村，改变了乡土社会地理景观。如《樟林乡土志略》"乡土变迁"载：

樟南，旧名头充。本为林畔田围，因犯案，乾隆时被没入官，故名头充。西社郑蟹，字瑞勋，旅暹发财。长子大忠，邑庠生。于光绪三十三年创建为新

---

[1] 陈达.南洋华侨与闽粤社会［M］.北京：商务印书馆，2011：115-125.

村，名曰樟南。

梅冈里，在塘西田下。池基进，土名池马。旅越南发家，于光绪三十四年创建为新村，名曰梅冈里，乡人但称池处。

南盛里，旧名布袋围，又名索铺。南社蓝鹄丑，字金升，旅叻成家，于宣统三年由园地创为新村。

植芝里，在蝤墩脚南畔，旧名埕仔。黄雪村旅汕发家，于民国三年亦由田洋创为新村。

元第里，在塘西田下，旧名田下，黄秩香，号俊发，旅香港发家，于民国五年由天洋创为新村。

张处内，在塘西，旧是风伯庙前堤内水田，东社张淑楷旅汕发家，于民国六年建大厦三间，七年建金鉴祠与堤外，并屋宇成村。

垂庆里，在东社砂墩脚，旧名河内田。东社黄得庆，字子清，任澄海高元发事，创业汕头发家，由田洋建成新村。

德和里，在塘西下围外，旧名李谷堤，黄冈陈欣木旅暹发家，购此地筑造祠堂大厦，移家来居。

常安里，在塘西下围外，原名李娘堤，塘西陈开河，字海秋，旅暹发家，于民国七年由田洋建成新村。[1]

类似的情况在潮汕各地乡村比比皆是。例如，在清道光中叶，潮州宏安乡的马来亚华侨有不少人因种植甘蜜、胡椒或经营进出口生意，成为巨富，回乡置业建屋。1870年至1872年创建了洋尾、旗地两新村。最先建过侨房的是新加坡的华侨巨商沈以成，此后，又有新加坡侨商沈庆副、沈联芳、沈佳趁和四海通银行董事沈嘉然、长兴号东主沈祥郡，以及哥打丁宜老纪港港主沈大炳等人，共盖建侨房达6.6万多平方米。其中仅和平里一处，面积就有8000多平方米。有的侨房建筑得规模宏伟，令人叹为观止。如曾任柔佛华侨侨长的陈旭年，在金砂斜角头所建的资政第；泰国华侨张君丁，在西坑劈山造屋，所建的梯形新村；新加坡华侨陈永锡，在王厝所建的占地1万平方米的新乡；新加坡华侨巨商刘喜日、刘玉田家族，在刘陇的中乡、新乡所建的成片屋宇，占地面积均多达1万多平方米；"二哥丰"郑智勇创建的淇园新乡，占地之大，更为突出。[2]

---

[1] 陈汰余.樟林乡土志略.乡土变迁（抄本），2005：8-9.

[2] 刘权.广东华侨华人史［M］.广州：广东人民出版社，2002：413.

（三）著名的侨宅、新村

在遍布潮汕各地的侨宅、新村中，从熙公祠、陈慈黉故居、淇园新乡三处最具典型意义。

第一，从熙公祠。

从熙公祠是典型的潮汕传统民居建筑，由华侨陈旭年修筑。

陈旭年（1827—1902），海阳县上莆都（今潮安县彩塘镇）金砂乡人。道光年间，贫寒的陈旭年只身前往马来半岛，历经多年艰辛，成为马来半岛上最大的港主，富甲一方。

1870年前后，陈旭年在柔佛的事业已经如日中天，柔佛苏丹授予他资政的头衔，使之成为当地华侨合法的领袖。这时，陈旭年衣锦还乡，斥资在家乡金砂斜角头建造了资政第新宅，"从熙公祠"是这座大院的一部分，光绪九年（1883）竣工。后来，陈旭年从柔佛移居新加坡，从潮州请去工匠并运去原材料，按从熙公祠的规格和式样，在克里门梭路和槟榔路间又建了一座"资政第"。

从熙公祠是陈旭年的生祠，是典型的潮州近代祠宇建筑，在群体组合的配置形式和构架系统上遵从传统的营造法式，在建筑装饰、色彩与结构的结合方面，则充分运用了潮州石雕、木雕及彩画的高超工艺技法，极富地方特色，是潮州近代祠宇建筑中的杰作。

从熙公祠面宽31.22米，进深42.25米，总建筑面积1319平方米。祠分前后两进，附有天井抱厦、两廊及后包。首进为九桁垂花门，门楼为双面镂空石雕屋架，门楼前埕分置精致石狮一对。

从熙公祠是传统建筑艺术和地方工艺美术完美结合的杰出范例，是独具地方特色的潮州石雕、木雕艺术的集中反映，尤以精美的石雕为人所称道。

门面及两侧共分布6幅凹肚石雕。其中4幅分别是以士农工商、渔樵耕读、花鸟虫鱼为题材的青石彩绘通雕，巧妙地运用了传统的"之"字形构图，在有限的空间表现了丰富多彩的故事内容，其艺术造诣之高，堪称石雕工艺中的罕见精品。

祠堂中大量使用颇负盛名的潮州金漆木雕装饰艺术。首进厝身、后厅抱厦、后厅廊步等处的屋架及后厅中槽屋架均饰以玲珑剔透的金漆木雕，配以黑漆装金、五彩装金等彩画，烘托出整体金碧辉煌的艺术效果。梁枋、析柱及各种穿插样件上，汇集了潮州木雕工艺的多种雕刻技法和不同的外观表现手法。全祠雕饰均衡分布，每一处均显示其精湛的工艺水平。

第二，陈慈黉故居。

陈慈黉故居是由华侨修筑的典型的中西风格交汇的建筑群。

陈慈黉（1843—1921）原籍广东澄海县隆都镇前美村，毗邻樟林港。陈慈黉的父亲陈焕荣是潮汕近代对外贸易和移民的先驱，年青时代到樟林港给人当红头船船工，后来自己购买红头船，自当船主，经营汕头至曼谷的航运。陈慈黉继承父业，把航运、米粮的生意做得更加红火，经营业务向银庄、侨批业等扩展，在汕头—香港—暹罗—新加坡之间形成了庞大的商业网络。

宣统年间，陈慈黉回乡修祠堂，造桥修路，创办成德学校。他还在老村附近倡建新村。现在的陈慈黉故居始建于1910年，历时近半个世纪，计有郎中第、寿康里、善居室、三庐等宅第，占地2.54万平方米，共有厅堂506间，被誉为岭南第一侨宅。

郎中第自1910年动工，历时10余年始建成。整座建筑物共四进，龙虎门内置舍南、舍北书斋各一座；两厢为平房，四周由骑楼、天桥连接。有房126间、厅32间。寿康里始建于1920年，格局与郎中第基本相同。有房95间、厅21间，门窗嵌各色玻璃。善居室建筑历时17年，堪称史诗式的家族建筑工程。善居室占地6861平方米，共计有大小厅房202间，是所有宅第中规模最大、设计最精、保存最为完整的一座。三庐，建筑风格形似书斋、别墅，用以接待客人及族内议事之所。

陈慈黉故居格局与装饰风格高度融合了中西方的建筑艺术。

格局上，以传统的"四马拖车"糅合西式洋楼，既保留潮汕民居"下山虎""四点金""四马拖车"的建筑风貌，分若干个小院落，构成大院套小院、大屋拖小房的住宅网络；又融进西方建筑艺术，使用了西式洋楼格局与西方建筑材料如彩色窗花玻璃、马赛克等，中西合璧。整座宅院外面又建起一围二层洋式楼房，以洋式楼房代替了围墙，形成了一个完整的独立结构。

装饰上更是中西合璧，有的饰以中式金漆木雕，名家书丹的石刻，典雅大方；有的饰以西式图案瓷砖，彩色玻璃，金碧辉煌。建筑材料汇集当时中外精华，其中单进口瓷砖式样就有几十种，这些瓷砖历经近百年至今，花纹色彩依然亮丽如新。各式门窗造型饰以灰塑、玻璃，华丽又雅致；木雕石刻多以花卉、祥禽为内容，表达吉祥、喜庆、富贵的美好愿望。斗拱、檐壁皆贴上进口彩瓷，嵌瓷则多为潮汕传统的花鸟虫鱼，也有西方的石膏泥塑、几何图形，通廊石柱梁上还巧妙地将拉丁字母点缀于花纹中。[1]

---

[1] 叶春生，林伦伦.潮汕民俗大典［M］.广州：广东人民出版社，2010：85-86.

第三，淇园新乡。

淇园新乡是由华侨郑智勇修建的典型新村聚落。

郑智勇（1851—1937）祖籍潮州淇园乡，是近代泰华社会中最著名的人物之一，为人豪放，在暹罗经营火砻、出入口等生意。后来他获得皇室的特许，包办花会大赌场，成为当时泰国首富和华侨社会最有权威的头人，人称"二哥丰"。1905年，郑智勇还组织创办华暹轮船公司，集资购置轮船8艘，航行于曼谷至汕头、中国香港、厦门、上海和日本、马来西亚、新加坡、印尼、越南、柬埔寨各地，其中4艘专行汕头。1911年，郑智勇在家乡淇园村附近新建一座村庄，名淇园新乡。

新建的淇园新乡位于淇园老乡东南面，占地140多亩，包括宗祠、洋楼、更楼、围墙等，有房屋300间。新乡南面以"荣禄第"为主体，附以"四马拖车"构成华厦巨宅。中座三进两天井，右护厝两列，格局完整。中座头门，面阔三开间，双凹肚。墙体青砖外抹灰，不同于潮汕民居一般的夯土墙体。大门匾额"荣禄第"，背面"遗爱家风"，彰显大家族气派。与南面住宅平行，建有罗马式拱门二层洋楼二座；新乡东面以"海筹公祠"为主体，公祠坐西朝东，前有前埕和池塘。这座建筑以祠堂为核心，左右各有一座三坐落加抛狮，并由一系列护厝、后包、天井和埕组成，形成巨大的建筑群。中欧结合的建筑风格，富丽堂皇，气派雄浑，别具一格。全乡双重围墙，并有更楼，结构严密。

淇园新乡建成后，郑智勇将房子分给其家族及近亲嫡系，还以土地和房屋换取外乡人改姓郑而入住该乡。每人给良田4亩、房屋3间。外乡的一些贫苦人家，纷纷投归淇园。随后，郑智勇又在淇园新乡附近，新建忠美、信美、铜锣和巷尾等数个村落，同样以优惠条件吸引周围贫苦乡民入住，从而成为"一方望族，雄视潮汕"。郑智勇还在淇园新乡兴办智勇学校，免费招收学童入学，供给校服，提供住宿。他从淇园新乡至潮州城和浮洋潮汕铁路火车站修筑了2条贝灰路，总长约50华里。

三、近代潮汕乡村建设的经济要素

在近代汕头城市化的过程中，近代潮汕乡村景观也日益发生变化，呈现传统与现代并存的特征，这是近代潮汕经济结构在乡村社会的显著表现之一。

（一）自给自足的小农经济与宗族社会是潮汕乡村景观的底色

明代中后期潮汕商品经济和海外贸易已有大规模发展，潮州商人在经历清初短期的沉寂之后，乾隆之后大量活跃于中国沿海与南洋各地，潮州商帮成为中国著名的商帮之一，但自给自足的小农经济仍在潮汕本土经济中占主导地位。宗族社会形态在明代潮州已经定型，在地方工商业兴旺、科举鼎盛、学术发达与山海啸乱的一片喧嚣之中，潮州社会完成了宗族化的历史过程，这也是潮州社会财富与文化底蕴积累到一定程度的结果。在宗族建构的过程中，建筑恢宏、装饰瑰丽的宗祠日益成为潮州一个靓丽的文化景观，敬宗睦族、恭敬桑梓的传统美德，滋养着潮人的民风民性。

在小农经济与宗族社会传统的共同作用下，潮汕乡村形成了固守传统的社会氛围和审美追求，大量的传统元素凸显于乡村景观的改造过程中。例如马来西亚华侨陈旭年花巨资修建的从熙公祠，虽然使用了一些南洋的装饰材料和技术，但从建筑规制、格局、审美品位上看，从熙公祠完完全全是传统的潮汕祠堂。因此，自给自足的小农经济与宗族社会渲染了潮汕乡村景观坚守中国传统文化的底色。

（二）华侨经济文化为乡村建设增添了新的元素

华侨文化是近代潮汕的主要特征之一。1860年，《北京条约》准许英、法等国招募华工出国，华工出洋合法化，广东、福建沿海开始出现移民高潮，并一直持续到民国时期。海外移民每年寄回的巨额侨汇，维持了近代潮汕经济区域的出入口平衡，也为乡村社会带来了新颖的南洋文化，促进了乡村社会的急遽变化。

"新村"的出现，是近代潮汕经济史上重要的现象，至少说明：其一，潮汕华侨经过了长期在外的拼搏，已积聚了足够雄厚的经济实力，涌现了一批富可敌国的富商，例如泰国的郑智勇、马来西亚的陈旭年、新加坡的沈以成等。他们不仅成为所在地华人社会的翘楚，也在整个环南海地区的商业网络中具有重要的影响力。其二，潮汕地区人口的迅速增长，康熙元年（1662）潮属人口仅10多万人，嘉庆年间潮州人口超过140万人，民国中期（20世纪30年代）已经达到460万人。原有的乡村土地狭窄，已没有足够的空间容纳更多的人口，整个乡村必须向外拓展建设用地。

（三）汕头都市化进程深刻影响着乡村社会

开埠以后的汕头迅速走上近代化的快车道，不但对口岸城市本身，也对广大腹地农村造成了强有力的影响。一方面城乡之间人口流动日益频繁，大量乡村人口进入汕头，平时在汕头埠或从商或从工，逢年过节则纷纷返回家乡。另一方面，城乡之间双向贸易日趋扩大。在传统社会，乡村为城市提供食品及其他日用品，经济活动以单向为主；近代以来，城市大量的工业品以及舶来品，物美价廉，大量进入农村，城乡之间的经济活动双向而行。可见，汕头的都市化过程影响了传统的潮汕城乡格局，城市文化、华侨文化广泛进入乡村社会，与传统乡村的文化要素耦合，共同改造着近代潮汕乡村社会的景观。

第八章

财政税收

财政是指为了实现国家职能的需要，以国家为主体，参与社会产品的分配和再分配以及由此而形成的国家与各有关方面之间的分配关系，包括财政收入和财政支出两个部分。税收是调节经济的重要杠杆，是国家为了实现公共财政职能的目的，参与国民收入分配，强制取得财政收入所形成的一种特殊分配关系，具有无偿性、强制性和固定性的形式特征。税收收入是国家财政收入最主要的收入形式和来源。早在中国古代的奴隶社会时期，税收就是国家取得财政收入的基本手段。

晚清和民国时期，潮汕地区的财政税收制度经历了从传统社会向近代社会转型的艰难历程，当局开征过的税种有田赋、盐税、关税以及其他杂税等，在构筑国家和地方财税体系的过程中，有过诸多曲折和困难。20世纪20—40年代中共潮汕党组织在革命根据地逐步建立的财政税收制度，也值得关注和研究。

第一节　1860—1911 年的潮汕财政税收

1860—1911年是潮汕地区财政税收的近代化转型时期。清王朝在面对严峻的外部挑战的同时，内部也开始了重大变革，中央政府对地方的管控能力逐步失控。潮汕地区的地方政府顺应大势，采取一系列扩大税源、缓解财政危机的措施。一是在田亩数量和人地关系问题上，继续鼓励山地和滩涂开发。二是将潮盐贸易作为官方税收的大宗，逐渐取代珠三角盐业生产地位和汀州盐业贸易地位，使潮汕成为新的盐业生产贸易中心。三是潮海关设立后，汕头口岸的进出口贸易规模不断扩大，源于潮海关的关税收入，已常年居于全国各通商口岸的第五位。但税赋冗重，杂税繁多，加之疾疫病、兵乱和社会动乱等因素的影响，潮汕地区原来的自然经济体系濒于解体，主要依赖田赋收入的潮属各县财政均只能维持日常周转。

一、户口、田亩与田赋

（一）清代的赋税制度

赋税，是国家运用的一种重要的经济调节手段，也是统治者为维护国家机器运转而强制收取的税收。中国古代社会的赋税制度含义很广泛，包括了人头税、财产税、土地税、徭役兵役以及其他苛捐杂税等。清代的赋税制度是在继承明代一条鞭法的基础上，做了新的改革措施，如废除了明代各种不合理的税捐，在雍正年间实行了"摊丁入亩"的赋税制度，即把历代相沿的丁银并入田赋征收，这不仅简化了赋税手续，而且减轻了无地或少地农民的丁役负担，有利于保持国家财政收入的稳定，适应了当时社会商品经济的发展。

鸦片战争后，清政府内外交困，大量对外赔款和军事开支使清廷财政不堪重负。挖掘新的税源，增加财政收入，成为统治者改革赋税制度的立足点。但是，随着中央集权财政体制的瓦解，财政重心已逐步从中央下移到地方，主要表现在地方在财政税收上有更多的自主权。在此背景下，清季潮汕地区的赋税制度有了新的变化。

在田赋上，自1871年之后，新的田税征率规定潮汕各县无论沙田、水田还是粮田，每亩均征银1钱5分。1903年，汕头的"丁米粮捐"按银杂正额带征三成，不再另加补水。在其他杂赋上，又设立了厘金、当税、牙税、河税、落地税、常关税、屠宰税、房捐、戏捐、赌捐、船捐、烟酒捐等项目。比如在房捐项目上，1901年，潮州府下属海阳、潮阳、揭阳、饶平、澄海、普宁、丰顺等7个县已征收房捐，对出租房屋，按租价征收5%，主佃各半；自住房屋，按正梁一条征银一毫。1903年，潮州府属各县依照房捐征收标准，加征铺商报效费，充作警务费用；[1]又如在戏捐一项中，1904年，潮州府奉省督部谕令，"按戏价提成抽收戏捐，充作警、学、清道经费，各县戏捐：有称戏捐警费，有称戏厘学费，还有称戏厘勇粮，等等，都承商认缴，也称商缴戏厘警费"。[2]

《广东财政说明书》录有光绪三十四年（1908）及宣统元年（1909）地丁银册及民米册，对于了解晚清潮汕地区的田赋情况可供参考。兹将潮州府部分内容整理如下。

表8-1 1908年、1909年潮属各县岁额及实收数[3]

县名	岁额（单位：两）		实收数（单位：两）	
	有闰	无闰	光绪三十四年	宣统元年
海阳县	19231.780	22145.723	19853.255	2306.757
潮阳县	24132.407	26604.581	20725.533	20900.820
揭阳县	19264.360	18906.572	16311.964	18560.852
惠来县	12066.733	11835.258	10378.531	10490.960
大埔县	5344.935	5147.814	3618.605	4361.494
澄海县	13864.256	13657.231	11911.347	11395.534
普宁县	13712.360	13440.712	10112.340	10550.069
饶平县	16565.360	16292.062	17067.902	17196.422
丰顺县	5109.677	4290.636	3622.444	3835.301

表8-2 1908年、1909年潮属各县民米[4]

县名	连耗折征银	岁额石数（两）	光绪三十四年收数		宣统元年收数	
			本色石数	折银（两）	本色石数	折银（两）
海阳县	4.8	9203.832		21187.193		28416.043
潮阳县	4.8	9331.731		26211.340		26052.039
揭阳县	4.4	14315.619		14997.623		30074.624
惠来县	4.4	1282.723		2283.468		3713.669
大埔县		1652.227	408.029		2933.671	
澄海县		448.560	417.987		149.104	
普宁县		6539.126		8621.667		7779.336

---

[1] 广东省汕头市地方志编纂委员.汕头市志（第三册）［M］.北京：新华出版社，1999：1137.

[2] 广东省汕头市地方志编纂委员.汕头市志（第三册）［M］.北京：新华出版社，1999：1142.

[3] 广东财政清理局，广东省财政科学研究所.广东财政说明书［M］.广州：广东经济出版社，1997：52-53.

[4] 广东财政清理局，广东省财政科学研究所.广东财政说明书［M］.广州：广东经济出版社，1997：47-48.

续表

县名	连耗折征银	岁额石数（两）	光绪三十四年收数		宣统元年收数	
			本色石数	折银（两）	本色石数	折银（两）
饶平县	4.0	5007.774		13426.430		14198.150
丰顺县	4.0	3136.309		4440.181		26052.039

从表8-1和8-2可以看到，1908和1909年间，海阳、潮阳、揭阳三县交替为潮州府各县田赋收入的前三位，饶平县的实力也不弱，实收田赋与揭阳县相去不远。在具体操作中，官府并不直接向纳税人收税，而是把许多税捐项目给予富商豪绅承办，每年从中收回年额指数。在官府看来，这种方法既可完成税收任务，又可节约征收成本。但是，一些不法官吏、商人从中牟利，使税捐额度一再上涨，最终受害的还是广大民众。

由于税捐项目五花八门，税制结构混乱，各县征收标准又往往存在很大差异，加之征收额度高，不断加重民众负担，引起了民众的抵制、甚至激烈反抗。1902年7月，潮阳县"徐大令自莅任以来，凡田园房屋属在粮业质业典业赴县投税者甚属稀少"，[1]1905年1月，省宪派专人前往潮阳调查和催款，原因是"税契自改行新章，虽经官迭次示谕催税，而各处民情不甚踊跃"。[2]整个光绪年间，潮州府城、澄海县城、揭阳县城等地因征收屠捐一事引起各方争执，结果爆发了屠户抗捐罢市的严重事件。

如上所述，清末改革赋税制度、扩大税源后，潮汕各县的财政税收额数明显提高，为推进社会各项公共服务事业建设（如创办巡警、兴办新式学校等）奠定了物质基础。与此同时，民众兴起的抗捐斗争此起彼伏，官商、官民矛盾进一步深化，社会更加动荡，削弱了清廷的地方统治基础，学者刘克祥对此曾指出，"总的发展趋势却是赋税制度日益混乱，原有的法规、制度和惯例被破坏殆尽。……这种正税外的附加、捐摊，为地方截留和官吏贪污中饱大开方便之门，反过来加剧了财政危机和吏治腐败，最后导致整个财政和政权根基崩塌"。[3]

（二）户口数量

户口，是住户和人口的总称，也是我国独有的一种人口管理方法。所谓"计家为户，计人为口"，对户口的统计与管理，适应了国家征收赋税、征发徭

---

[1]　示谕投税［N］.岭东日报，1902-7-28.

[2]　委员催收税契［N］.岭东日报，1905-1-21.

[3]　刘克祥.简明中国经济史［M］.北京：经济科学出版社，2001：95.

役、维护治安等方面的需要。历代统治者对此十分重视，均成立机构或任命官吏负责此事。故《潮州志》云："民惟邦本，故自古立国首重民数。民数周则赋役均，庶功所出莫不取正于是焉。"[1]

晚清以来，地方民政部门和巡警机构按不同职能分工管理潮汕各县的户政工作。如1906年1月，潮州巡警局奉令开始对辖区内编列门牌，调查户口，据当时报刊描述："日昨潮州巡警局奉岑督札饬略谓已办巡警处所，自必挨查户口，编列门牌，饬即详加复查，将某户若干丁口系何姓名，某丁现操何业，或为官吏，或举贡生监，或习技艺，或营生理，以及年岁籍贯，限两月内造具清册云云。闻该局奉札后，已定于十八日起，照前所编列各户，逐一调查实在人数，以备造册呈报矣。"[2]1908年，清政府民政部门颁布《调查户口章程》，进一步规范了户口登记、统计等工作。[3]

自汕头开埠以来，潮汕地区战乱较少，政治局势相对稳定，商品经济发展较快，对外贸易更加活跃，人口流动的规模也越来越大。从整体上来看，这一时期潮汕地区的人口增长速度特别快。清顺治十七年（1660）潮州府人口仅为339805人，至嘉庆二十三年（1818）为140万人，到宣统二年（1910）则上升到300多万人。[4]在潮海关1882—1891年和1892—1901两个十年报告中都估计汕头埠的人口大约有4万人，1911年在潮海关的报表中则出现了66000的人口数字。[5]但具体到某个时间段或某个区域，情况就会变得有所不同。1902年，春旱饥荒，鼠疫肆虐，潮州府城因疫而死两三万人，揭阳县因疫死亡6万多人，其中揭阳榕城域内疫前总人口有4.2万人，疫后仅余2.3万人。两年后棉湖又流行鼠疫，死亡1000多人；[6]在咸丰以后至清王朝灭亡，惠来县"先后发生了天地会陈娘匡部攻陷惠城，历时12年乌、红旗的联村派别械斗，连续24年的鼠疫流行等事件，在这一过程中，死亡率上升，困于生计的成丁男子大量出洋佣工，相对地造成了人口发展速度下滑"。[7]

[1] 饶宗颐.潮州志·户口志［M］.潮州：潮州市地方志办公室，2005：1599.

[2] 潮州巡警局调查户口［N］.岭东日报，1906-1-16.

[3] 广东省汕头市地方志编纂委员会.汕头市志（第一册）［M］.北京：新华出版社，1999：929.

[4] 李坚诚.潮汕乡土地理［M］.广州：暨南大学出版社，2015：73.

[5] 中国海关学会汕头海关小组，广东省汕头市地方志编纂委员会办公室.潮海关史料汇编［M］.内部资料，1988：92.

[6] 揭阳县志编纂委员会.揭阳县志［M］.广州：广东人民出版社，1993：21.

[7] 广东惠来县志办.惠来县志［M］.北京：新华出版社，2002：111.

值得一提的是，或受社会动荡和人口流动影响，官方在户口统计工作上，出现了许多新问题，比如：官方文书记载户口数量极不整齐，所载各年份的人口数多有错漏，部分区域甚至未见户口统计资料；部分官吏不重视导致执行不力，因此很难统计出清末潮汕各县的户口数量。民国《潮州志》对于这一时期潮州府县人口数量所载资料寥寥无几，见以下表格。

表8-3　清末潮州府县人口数统计[1]

府/县	年份	户数（户）	人口数（人）
潮州府	宣统二年（1910）	644668	
丰顺县	宣统元年（1909）		240000
揭阳县	光绪三十三年（1907）		660000
南澳县	宣统二年（1910）	4246	

表中仅有潮州府及辖属丰顺县、揭阳县、南澳县三县数量，《潮州志》数据来源并不是建立在完整的统计基础上，基本上属于概数。但相比较清代中期的人口数量，潮州府人口的增加是一个不争的事实。

（三）田亩数量

田亩，是田地的总称，具体指耕种庄稼的土地。潮汕平原水网密布，土地肥沃，"适于耕种，民多务农"[2]。清末至民国初年，除了主产水稻外，经济作物如柑橘、甘蔗、甘薯、萝卜、花生等也颇具规模，虽然人均耕地面积"仅一市亩"，有时仍有少量剩余可"输出香港南洋一带"，但人口的增加使人地关系十分紧张，"耕地不足分配"[3]。

清代以来，随着人口的增加、荒地的开垦以及水利灌溉工程的扩建，潮汕耕地面积逐步扩大，农业生产进一步得到发展。在粮食作物方面，潮汕地区水稻单产在同治十二年（1873）上升到1038斤／亩。[4]在非灾害年，潮汕地区的粮食收成一般维持在较好的水平，以同治四年（1865）为例，早稻海阳、潮阳、惠来"收成七分有余"，揭阳、饶平、澄海"收成七分"，普宁、南澳"收成六成有余"；晚稻海阳、潮阳"收成七分有余"，揭阳、澄海、普宁、丰顺"收成七

[1]　饶宗颐.潮州志·户口志［M］.潮州：潮州市地方志办公室，2005：1608，1620，1640，1642.

[2]　饶宗颐.潮州志·实业志［M］.上海：上海书店，1999：630.

[3]　饶宗颐.潮州志·实业志［M］.上海：上海书店，1999：630.

[4]　周肇基，倪根金.农业历史论集［M］.南昌：江西人民出版社，2000：68.

分"，惠来、饶平"收成六分有余"，在广东诸县都处于领先地位。[1]

实际上，这一时期关于潮汕的地区耕地数量记载非常少，其原因是非常复杂的。同治四年（1865），郭嵩焘给朝廷的奏折中写道："粤东民情犷悍，由地方吏治偷敝，酝酿太深之故，而其隐患尤莫甚于惠、潮、嘉三属。自顷数十年，地方官征求钱粮，动须募勇下乡。力胜则尚能催征三四成，力不胜则通县钱粮皆抗不完纳。总计各县征收，无能及五成者。委署人员必经严催赴任，始肯勉强就道。普宁一县，至由各府县津贴钱粮，并户口鱼鳞册亦无存者。"[2]可见，造成户口鱼鳞册的根本原因在于朝廷对地方社会的失控。

《潮州志·实业志》"农地"载："潮州土地面积，向乏精确调查。间有数字，多系估计，而农地数额更难探获……兹为略悉梗概。"[3]可见，由于缺乏精确的丈量，潮汕地区的田亩数量都难以有精确的数据。但是比较乾隆年间和民国29年（1940）全区耕地数量变化，则可以从一个侧面反映潮汕地区耕地面积的情况，1940年全区水旱田为3468463华亩，多于乾隆年间2956206华亩，增加512257华亩，这说明，从清代中期开始，潮汕地区的耕地面积呈现上升趋势。黄挺认为，其原因在于人口增长压力下，"山地和滩涂的开发利用"[4]。

潮汕一带本来多山多丘陵，人地关系的紧张促使山地进一步开发，甘蔗、甘薯、麻等耐旱经济作物成为农业产品的重要补充。此外，韩江流域和榕江流域的部分滩涂也被围垦成为农田。在晚清时期一个争夺沙田的案件中，一共涉及几处沙田，潮阳沙田总局丈量，面积颇大：陈花渡80亩，南潮坪269亩4分，新寨坪55亩2分，地美都围仔草坦28亩，土尾湾草坦132亩6分。[5]在晚清赋税的压力下，地方官府非常重视开发沙田，以此增加税赋，如榕江坛嘴水因河流淤塞，官府"护以堤岸，杂植树木""中垦为田"，招募耕民，可得岁租钱"贰十余千"。从已有的文献看，潮汕沙田的开发规模颇大。方耀为应付海防经费紧张，请以清剿沙田，增加税赋，补充经费，得到时任两广总督张树声的支持："潮属沙田收缴花息，及补抽膏厘两项，由职镇（方耀）会同道府督饬查办，

[1] 郭嵩焘，梁小进.郭嵩焘全集（第四册）［M］.长沙：岳麓书社，2018：475-476，602.

[2] 郭嵩焘，梁小进.郭嵩焘全集（第四册）［M］.长沙：岳麓书社，2018：655.

[3] 饶宗颐.潮州志·实业志［M］.上海：上海书店，1999：631.

[4] 黄挺.18世纪潮汕地区的人口、土地和粮食问题［J］.韩山师范学院学报，2014（1）：17.

[5] 李星辉.揭阳县续志卷一·书院［M］.清光绪十六年（1890）修，民国26年（1937）重印本：31.

抽缴银项，酌拨应用。"[1]其结果是"潮税岁增钜万"。[2]另一个值得关注的问题，方耀还组织较大规模的围垦沙田活动，包括潮阳县直浦、竹山二都沿海沙田，[3]1875—1879年，方耀还在揭阳地美都邹堂、钱岗一带围垦沙田约1500亩。[4]在晚清《广东财政说明书》中，也录有官方奏留充公的低洼埔租、屯地租等解额，如海阳县低洼埔租羡余72.159两，饶平县低洼埔租99.144两，惠来县赤洲地租2.654两，丰顺县低洼埔租152.139两等[5]。

由此推测，清代中期至晚期，潮汕地区的山地、沙田得以开发，且为数不少。虽然耕地增加了，但是过度开发也导致了自然灾害的发生，据统计，道光四年开始到清末（1824—1900），这76年间潮州就发生水祸53次。[6]

另外，官府控制的官田在清末耕地所占比重中处于不断下降的态势，反映地方政府干预土地的力量进一步削弱。为了满足各项经费开支，官府在省宪批准之下经常在各地张贴"招买官田"的告示，以吸引殷实之户前来投票承买，只可惜事与愿违。譬如：早在1883年，通过丈量土地，澄海县有官田3497亩[7]；到1904年6月，奉省宪札饬"清查官田变充学费"，澄海县沙田局牌列辖下官塭数处，"如石钉、南畔洲、韩祠围之类约共壹万余亩"，动员县属业户人等承买，但士民忧虑的是，"当今官场毫无信实且官钿承充历年已久，一旦被召，势必怀抱不平，恐日后难免纠葛"，结果无人问津。[8]

（四）田赋的危机

田赋，是指国家对拥有土地的人所征收的土地税。在清代，田赋被列为国家正供，内容包括地丁、升科、租课三个项目，统称为粮额，是国家财政收入最基本、最主要的来源。1860—1911年，潮汕地区的田赋遭遇了各种危机，其主要原因在于自然灾害、传染疾病、土地兼并和社会动乱。这些问题往往交织在一

---

[1]　数据来源：海防附录：《附方军门耀覆张制府垂询潮属海防事》。饶宗颐.潮州志汇编（第四部）［M］.香港：龙门书店，1965：911..

[2]　清史稿卷457［M］//列传244.北京：中华书局点校本，1977：12680.

[3]　广东省汕头市水利电力局.汕头市水利志［M］.广州：广东科技出版社，1994：380.

[4]　蔡汉铭.方耀、郭廷集围垦光裕塭始末［M］//刘理之.揭阳文史（第十集）.揭阳：揭阳县政协文史编辑部，1990：60.

[5]　陈凤.晚清财政说明书第七册"广东卷"［M］.武汉：湖北人民出版社，2015：68-69.

[6]　黄挺.18世纪潮汕地区的人口、土地和粮食问题［J］.韩山师范学院学报，2014（1）：17.

[7]　广东省汕头市地方志编纂委员会.汕头市志（第一册）［M］.北京：新华出版社，1999：83.

[8]　招买官田［N］.岭东日报，1904-6-24.

起，冲击着王朝国家的田赋。

近代以来，潮汕地区经常遭受各种自然灾害的侵袭，如台风、雨涝、地震、蝗灾等，很多地方田园被淹没，房屋倒塌，死伤者无数，给群众带来了严重的灾难。如同治三年（1864）正月爆发"百来年所罕见"的水灾，揭阳县城先有大雨、飓风袭击，随即暴发水灾，县城内外一片汪洋，桃山、地美两都因海洋塘湖堤溃，农田尽毁。[1]又如光绪二十九年（1903）6月间，飓风袭扰潮汕，导致潮阳县直浦、竹山二都坍田被淹，惠来县庄稼被风伤毁，海阳县西部田园多被淹没。[2]

传染疾病也是造成田赋危机的原因之一。据学者统计，1860—1911年，潮汕地区出现的瘟疫计97次，主要以鼠疫为多，一些起源于国外的极具传染性的疾病如霍乱也随着航运贸易传到潮汕，平民死亡情形时有发生。如光绪二十五年（1899），海阳县爆发鼠疫，龙溪都茂龙乡"以疫死者数百人"。[3]

田赋危机的另一个挑战是社会动乱。一是咸丰末年至同治初年，太平军南下袭扰大埔、饶平、丰顺等地，连年战事严重影响了韩江流域的生产和生活。二是会党土匪作乱，这些"匪乱"大多源于底层村民，如光绪三十年（1904）饶平黄冈双刀会；光绪三十一年（1905）揭阳、丰顺三点会"匪乱"；丰顺县的情形是"毗连各乡内山诱惑乡民拜会肆行劫掠"[4]；光绪六年（1880）揭阳凤棲楼李阿赐父子于4月间竖旗会众，"以谋不轨"[5]。这一时期，潮汕地区会党盛行，各举旗帜，相互杀戮，红白旗会、乌红旗会成为影响乡村秩序的主要因素，如光绪三十年（1904）间，汤坑乡徐陈二姓各举红白旗，"联合百数十姓"，杀伐相寻，地方官府毫无办法。[6]三是地方械斗。械斗和诉讼问题历来是潮州府突出的社会弊病，如光绪初年海阳县之枫洋、古巷二乡械斗，一直持续10余年。[7]除此以外，诉讼、赌博、劫掠等也常见于地方志记载。这个时期潮汕地区基层社会秩序处于失范状态，这些社会弊病往往发生在乡村的空间中，冲击着以农耕为基础

[1] 李星辉，等.揭阳县续志卷四·灾祥［M］.光绪十六年（1890）刻本：31.
[2] 饶宗颐.潮州志·大事志［M］.上海：上海书店，1999：508.
[3] 饶宗颐.潮州志·大事志［M］.上海：上海书店，1999：507.
[4] 刘禹轮，等.新修丰顺县志卷三"大事记"［M］.汕头：汕头铸字局梅县分局，1943：12.
[5] 李星辉，等.揭阳县续志卷四·事纪［M］.光绪十六年（1890）刻本：42.
[6] 汤坑暴党之剧斗［N］.岭东日报，1904-7-12.
[7] 刘禹轮，等.新修丰顺县志卷十二"物产"［M］.汕头：汕头铸字局梅县分局，1943：10.

的社会经济。需要指出的是，这些社会弊病往往交织在一起，相互发生。光绪年间，揭阳人谢炼《答夏邑侯论揭阳形胜利病书》就明确社会弊病对田赋的影响："赌博之禁未严，图诈之风继起，赛会之俗不绝，健讼之害未除。而其最为民生之病者，则莫如赔垫累户一事，械斗劫掠之风经数十载，差役不敢下乡征收，强邻僻壤有老死不识催租者。"[1]揭阳的情形只是当时潮汕社会的一个缩影，乡村秩序的崩坏严重影响了田赋的收缴。

在这种情况下，农民自然缴纳不起田赋，甚至还会发生抗租抗税的暴动。为了安抚人心，维护封建统治，政府在1862年豁免了咸丰九年（1859）以前民间所欠钱粮；在1875年豁免了同治十年（1871）以前所欠钱粮；在1881年新建义仓，通过官民捐献义谷来作为储积粮。这些案例都证实了一点：清末各级政府已很难在潮汕地区征收到额定的田赋了。

更为严重的是，随着一系列不平等条约的签订，清政府对外赔款猛增，各省都要分担赔款之责。为了完成摊派任务，满足日常各项开支，地方政府加重对田赋的征收。地主在田赋加重后，会用各种方法将负担转嫁给农民。以揭阳县为例，"清光绪二十八年（1902）加收'附加捐'（又称田捐）3成，每石米连附加杂费折银统征4.7两。其时分配揭阳地丁银岁额为有闰19264.36两，无闰18906.572两，而清光绪三十四年（1908）实收为16311.694两，宣统元年（1909）收18560.852两"[2]。尽管实行了加派，但揭阳县政府还是完成不了摊派到的田赋任务。在这个过程中，潮汕农民反抗斗争不断发生，迫使当局作了让步。1901年，官方开征沙田捐，要求每亩征银二钱，"农民抗延不缴，后酌减为每亩收银一钱四分四厘"[3]。

种种迹象表明，清末潮汕的田赋征收工作遇到了极大的危机。为最大限度弥补财政缺额，增加税收收入，政府积极开辟新的税种，如厘金、房捐、戏厘等。如此一来，民众承担的负担就更重了。

---

[1] 李星辉，等.揭阳县续志卷四·艺文志［M］.光绪十六年（1890）刻本：71.

[2] 揭阳县志编纂委员会.揭阳县志［M］.广州：广东人民出版社，1993：410.

[3] 广东省汕头市地方志编纂委员会.汕头市志（第三册）［M］.北京：新华出版社，1999：1064.

二、盐课

（一）潮汕盐场的分布

潮汕地处广东东南沿海一隅，海岸线漫长，盐资源尤为丰富，是著名盐产地。宋代时潮汕地区已有小江、招收、隆井三处盐场，行销已遍及潮州、循州、梅州等地。乾隆年间（1736—1795）潮汕已有盐场7处，分别是东界、海山、河东、河西、惠来、小江以及隆井，遍及饶平、惠来、潮阳、澄海四县，每年产量能达到3.75万多吨。就在这一时期，潮盐的贸易中心也从原来的长汀转移到潮州。[1]

进入近代以来，潮汕地区内忧外患，经济颓败，加之汕头开埠，使传统的盐场发生了很大的变化。据《汕头市志》记载："咸丰、同治年间，汕头开埠后，小江场的华坞、岐山、玉井场区，海水淡化，于光绪三十三年（1907）全场报废。其他盐场也不如以前景气，受主、商人和官僚盘剥，场课重、盐价低，盐场生产萎缩不振，盐民生活困苦。"[2]这则材料反映的是晚清时期潮属各盐场的生存状况。值得一提的是，历史上的小江场是有名的盐场，位于澄海县境及汕头埠后，所生产的盐"一路由韩江运上兴梅地区，转销赣南、闽西，另一路由海运输往广州，都是船运"。[3]但汕头开埠后，小江场南北两岸已荒废不堪，只能用来填筑街市，近代潮汕火车站就是在原来旧址基础上建设起来的。到1907年，小江场已经"并入隆井场，其原有征课于光绪三十四年附入隆井场带征"。不过这不意味着它就"全场报废"，而是还剩下三处规模小的盐田，具体是"岐山渡头港之半熟盐埕五""汕头栅四四一弓，公园栅七四三弓"。[4]在1911年，潮属各盐场年产量仅为3.68万吨，比乾隆时期的3.75万多吨还减少了约0.07吨，可见各盐场总体上已经走向了衰落。进入民国时期，"基本上没有围建新盐田，维持简单再生产的投入也不多，设备简陋，工艺古老"。[5]

尽管这一时期潮属各盐场日益萧条，但在各盐场中，潮阳产盐是最多的。

---

[1] 广东省汕头市地方志编纂委员会.汕头市志（第三册）［M］.北京：新华出版社，1999：691-692.

[2] 广东省汕头市地方志编纂委员会.汕头市志（第二册）［M］.北京：新华出版社，1999：3.

[3] 中国人民政治协商会议广东省汕头市委员会文史资料研究委员会.汕头文史（第4辑）［M］.内部资料，1987：72.

[4] 郑可茵，赵学萍，等.汕头开埠及开埠前后社情资料［M］.内部资料，2003：166.

[5] 潮汕百科全书编辑委员会.潮汕百科全书［M］.北京：中国大百科全书出版社，1994：675.

1904年3月的一份报纸曾这样描述："潮属产盐之区以潮阳为多。"[1]位于今天汕头濠江区的青州盐场，清末时隶属潮阳县，至1905年9月仍然是有名的盐埕官地，据记载："潮阳隆津溪中，有浮洲广数方里，名曰青洲，居民百数十家，出入皆用小艇，有田可耕，有鱼可捕，尤多产盐。"[2]另外，澄海县、饶平县也存在相当多的盐田，来自一份1904年7月官方文件的统计数据显示："一东陇港口土名金南围等处共盐田三百八十五亩，一东陇港口土名金东围等处共盐田四百一十六亩，饶平属土名油麻墩等处共盐田二百八十亩，一土名珠池肚白坪一围盐田七百亩，一土名金兴围共盐田六百二十亩，一土名金狮喉港红肉盐等处盐田草坪共三百七十三份计四百一十一亩四分八厘零五丝，一土名金北围等处共盐田六百零四亩，一土名红肉坦外共盐田三十三亩五分，一土名红肉坦等处共盐田共四十二亩，一土名红肉坦草淤共六十六亩，一土名红肉坦纸坪共盐田二十余亩。"[3]

（二）盐课的收取

盐课，在清代潮汕地区是重要税种之一。收取的项目具体分为场课、引课、杂课三项。

场课，一开始在顺治和康熙年间，潮州府"按灶地、灶丁和盐埕带盐就场课征"；到了乾隆年间改为"按漏池、灶丁数定年额，就场征收"。在1909年，潮州府"征收场课银2747.5两"。引课，分为渔引和菜引二种（即腌鱼、腌菜所需盐斤征税），在清朝初期"废明末官配民盐制，改为行盐引道，就埠课饷，发配运盐"；1889年引课一概称为"正饷"，"潮桥官运局年销盐82635809斤，缴饷银126415两"。杂课，即附引课征饷银，每引附征杂课包括了"平头银、珠引奏银、道库银、解费银、京饭食银、加价银、公费银、杂项银、盐价银、卤价银10种"。[4]

诚然，潮州府对盐课项目的收取做出了具体的规定，但在实践中却出现了诸多问题。两次鸦片战争之后，潮州内忧外患，民生凋敝，"至咸丰、同治，场私日盛，引地多废"，[5]加之盐税种类增加，不仅打击了盐民生产积极性，也影

[1] 密查盐务之消息 [N].岭东日报，1904-3-5.

[2] 令迁盐场墓 [N].岭东日报，1905-9-22.

[3] 招买官田之告示 [N].岭东日报，1904-7-14.

[4] 广东省汕头市地方志编纂委员.汕头市志（第三册）[M].北京：新华出版社，1999：1122-1123.

[5] 广东省汕头市地方志编纂委员会.汕头市志（第二册）[M].北京：新华出版社，1999：726.

响了潮汕盐业的发展。1885年10月，潮州候补运同江懋勋，"居心险诈，罔利营私，累商敛怨，并有缉获私盐，隐匿人己，及卖放漏厘私货情弊"。[1]1904年3月，潮阳"盐厂中人未免有办理不善之处，故去岁酿成截抢盐船一事"。[2]1905年8月，潮阳县龙井场余嵯尹罔顾事实，把盐课由原来的"二日一征"改为"一日一征"，结果"各晒户无从垫纳，皆为叫苦"，然而该场围长门阊等"又一味阿谀，并不代为回明"，致使各栅晒丁"集署哀求照章征收，以免苦累"。[3]12月，澄海小江场还发生了一起盐知事书办许某甲与人串卖盐田的严重案件。1906年5月，潮属各处盐价迅速上涨，"民间大受其害，汕头滨海产盐之地，每斤价钱数文者，现亦涨至六七十文，为从来未有之昂贵"。[4]

面对此种现象，潮州当局一度采取措施来整顿盐务。在清代，为了加强对食盐的生产、运销、纳税的管理，官方"在广济桥、汕头、东陇等水陆交通要道，运盐必经之地设置盘查隘口共13处，配备巡丁、捕快，开展稽查"。[5]光绪中期，潮桥盐制由原来的官收商销更改为官收官运。1886年，原潮州管理盐务运同由部选派，"不归运司调度，但其销额日亏"，粤督张之洞为此大力整顿潮桥盐务，使潮州知府兼署运同，"行之一年，加课3万，次年复正杂13万旧额"。[6]1887年，由于过去"潮盐销于福建汀州各属，因税额太重，商行无利可图，经营不力而使盐滞销"，因此，潮州当局与福建协商之后，"核减税额，并在盐起运时代为解缴"。[7]1889年，潮桥拨出运本6万两，试办设局委员运盐实行官运，"大河9埠由局赴场收盐回桥分拆各埠销售，为官运官销；小河（嘉应、赣州）12埠亦局运局销。但内有批商承办；桥下各埠亦为官运引地"。[8]1905年12月，续瑞分司鉴于"盐田既已抛荒，愚民徒相盗占"的事实，奉督宪谕令对潮属各盐场进行查勘荒埒，以备"召垦升租，给照营业"。[9]1911年，潮州府的盐课由官办各埠改为招商认饷承办，俗称"通纲包饷"，这一举措

[1] 陈历明.明清实录潮州事辑［M］.香港：香港艺苑出版社，1998：301.

[2] 密查盐务之消息［N］.岭东日报，1904-3-5.

[3] 潮阳盐场征收无度［N］.岭东日报，1905-8-31.

[4] 盐价飞涨［N］.岭东日报，1906-5-9.

[5] 潮汕百科全书编辑委员会.潮汕百科全书［M］.北京：中国大百科全书出版社，1994：576.

[6] 广东省地方史志办公室.广东省志（盐业志）［M］.广州：广东人民出版社，2006：11.

[7] 广东省汕头市地方志编纂委员会.汕头市志（第一册）［M］.北京：新华出版社，1999：84.

[8] 广东省地方史志办公室.广东省志（盐业志）［M］.广州：广东人民出版社，2006：11.

[9] 续瑞分司查勘荒埒示文［N］.岭东日报，1906-1-4.

意味着潮盐的官购官运性质发生了根本性的改变。

正所谓"利之所在，虽法令森严，有所不能禁止"，潮州当局采取的各项措施并没有带来明显的效果。譬如，随着时间的推移，官方对盐课的征收越来越重，"光绪二十九年（1903）加征潮桥官运局报效费3万两，光绪三十三年（1907）加征提埠银2万两，加征盐票盈银1.4万两。宣统元年（1909），潮州府的杂课，除各项加征银外，还有部饭、平头、添平、砝引奏、罚赎平头、潮桥铜觔水脚、潮桥解东房纸割等。年征杂课银28851.3两"。[1]

三、关税

（一）潮海关的设立及运作

在第二次鸦片战争中，清政府战败，被迫和列强签订了《天津条约》和《北京条约》等不平等条约。根据条约内容，清政府开放了包括汕头在内的11个通商口岸。在汕头正式开埠前夕，潮海关于1860年1月正式在妈屿岛开关。直到1865年才迁移到今汕头居平路口。美国籍华为士（William Wallace Ward）被海关总税务司任命为潮海关第一任税务司，俞恩益被清政府户部任命为潮海关第一任海关监督。这样一来，潮汕地区就出现了两个海关并存的局面，"一是中国人管理的潮州新关，也称常关；一是外籍人员操办的潮海关，也称洋关"。[2]在隶属关系上，潮海关在成立时候属中国海关总税务司管辖。1900年，即八国联军侵华战争期间，清廷下令粤海关税务司"暂行管理两广洋税事宜"，潮海关暂归粤海关管辖。1906年，潮海关才复归总税务司。[3]

为了划定海岸线的管理范围，实现以关管港的目的，从而更好地发挥海关功能，1864年6月中国海关总税务司下令，潮海关关区西起香港、东至南澳岛东部南澎岛；1883年7月，又调整为以大鹏角至南澎岛之间为限。

当时，潮海关的主要任务是制定港务章程、建设灯塔和避风塘、检查进出口船只、查缉走私等，以维护港区秩序和保障来往船舶的安全。1864年，潮海关制定了《海关章程》，明确了汕头港区以及船只停泊区的范围；针对英籍"赛

[1] 广东省汕头市地方志编纂委员.汕头市志（第三册）［M］.北京：新华出版社，1999：1123.

[2] 郑乙菌，赵学萍，等.汕头开埠及开埠前后社情资料［M］.内部资料，2003：219.

[3] 《中国海关通志》编纂委员会.中国海关通志（第四分册）［M］.北京：方志出版，2012：2756.

里"号和德籍"波丽"号先后在汕头关区触礁沉没的海难事故，潮海关当局下定决心在关区内建设灯塔，仅在1880年就建设了两座，当时的《申报》这样描述道："潮州府汕头口鹿屿地方，设有红色圆形铁镫塔一座，高八尺，自基至镫顶高一丈八尺，此镫于四月二十一晚开点。"[1] "潮州府惠来县赤沙澳地方，新设有圆形黑白二色横线相间铁镫塔一座，高七十七尺四寸，自基至镫顶高一百二尺，此镫于十一月初七晚开点。"[2]1890—1896年，经过总税务司的批准，潮海关在"海关填地的东南部修建了1个面积22.64亩的避风塘"。[3]1909年，惠潮嘉道吴煦奉督院严饬潮海关搜查军火，"以近有小轮船装载大帮军火经由，潮州海面偷运图谋不轨情事，饬潮海关及常关税卡严密搜查"。[4]

（二）关税的收取

关税的收取是潮海关的重要职能。潮海关征收的关税主要有8种：进口税、出口税、复进口税、内地子口税、船钞税、鸦片税、洋药厘金和常关税。

潮海关早期监管进口货物多为鸦片、布匹、粮食等，出口则以土糖、瓷器、土特产等为主，关税大致上执行"值百抽五"的进出口税率。由于西方列强凭借不平等条约所获得的特权，通过掌握潮海关这把大门钥匙，因而在潮梅地区从事各种违法的勾当。仅倾销鸦片一项，就掠走了大量的金银，"同治三年至宣统三年（1864—1911），输入潮汕地区的鸦片共283535司马担（1司马担折合为60公斤），输入金银共值1.4685亿关平两（1873年1关平两=1.114银两，1916年1关平两=1.5665银圆。1933年3月10日起废止使用关平两）；征收税款5080万关平两，约合7958万银圆，其中大部分用作战争赔款。"[5]

对于进出口船舶船员携带的物品，一开始潮海关并没有作出具体管理规定，因而逃税漏税的现象较多。对此，在光绪四年（1878），潮海关根据总税务司《海关总章程》修订12条货运监管的规定，要求"进出口货物在起卸查验前先纳税"。[6]在清光绪五年（1879）9月，潮海关还规定："船上人员携带的应税物品，应在船舶抵港后一小时内（所以要定一小时的原因是汕头港起卸旅客行李

[1] 新设镫塔示谕［N］.申报，1880-6-12.

[2] 新设镫塔示谕［N］.申报，1880-12-13.

[3] 汕头港建设史编委会.汕头港建设史［M］.内部资料，1998：41.

[4] 饶宗颐.潮州志·大事志［M］.汕头：潮州修志馆，1949：52.

[5] 广东省汕头市地方志编纂委员.汕头市志（第三册）［M］.北京：新华出版社，1999：385.

[6] 《中国海关通志》编纂委员会.中国海关通志（第四分册）［M］.北京：方志出版社，2012：2757.

一般需一小时），向船上的海关关员申报。超过一小时未申报的应税物品，船员带下船的，处以没收。"[1]到1911年，进出口货物总值居全国通商口岸第七位。

从1862年开始，潮海关征收洋船税钞，"三月一结，届期造具清摺，递送京师总税务司转呈总理各国事务衙门。查核溯自同治二年至今已历九十三结，刻下总署接到第九十四结"，经过核算，截至1886年，潮海关征收总数目为"十八万七千六百六十五两"。[2]

1886年，两广地区自然灾害频繁，粮食缺乏，人民生活艰辛。然而潮海关却接到"加米捐之举"的谕令："凡有米粮入口者皆须一律加捐，由香港往者，每担抽银一钱，由上海往者，每担抽银五分。"这种做法，不但引起了社会各界的普遍不满，而且带来了更严重的后果，正如时人对此评论道："则是欲以绝灾民之命也。"[3]

1897年，潮海关"鸦片课税达白银86.8万余关平两，占全年关税的51%。自1890年至1900年因鸦片的输入，每年在汕头这一通商口岸，外流的白银达300多万两"。[4]

1903年，针对"发给存票，曾有延搁"的现象，总税务司对潮海关存票作出改革，要求所有存票悉归粤海关发给，"自商人禀请之日起如查系应领者于二十一日之内发给，此等存票可用以抵出入口货税，惟不得用以抵纳子口半税。至洋货入口后三年之内再运出外洋，其存票可由该货入口纳税之海关银号领取，现银不得抵扣"，与此同时，官方对违反规定的客商船户人等作出相应的处罚，"倘请发给存票之人欲图混骗，一经海关查出须罚银，照其所骗不得逾五倍，或将其货入官等"。[5]

据史料记载，起初潮海关每年征收税收15万至30多万关两不等（当时每关两折合1.55银圆）。在1864—1911年，潮海关共征收"各种税款50651000关两，约合7850万银圆。其中大部分通过总税务司作为战争赔款奉送到帝国主义手里去了"。[6]1900年以后，潮海关税收约占全国关税总收入的4%，"年均约150万关

---

[1]　广东省汕头市地方志编纂委员.汕头市志（第三册）[M].北京：新华出版社，1999.：459-460.

[2]　洋税清册[N].申报，1884-7-13.

[3]　论潮海关谕加米捐事[N].申报，1886-6-22.

[4]　王琳乾，黄万德.潮汕史事纪略[M].广州：花城出版社，1999：62.

[5]　存票须知[N].大公报（天津版），1903-11-19.

[6]　广东省工商业联合会，民建广东省委员会.广东工商史料辑录6（综合）[M].内部资料，1987：32.

平两，在全国海关中常位列第五，仅次于上海、天津、广州、汉口等海关，是清末外贸较为活跃口岸"。[1]更有甚者，帝国主义于1901年攫取了常关实权，接管范围是50里内常关，收费范围扩展至揭阳县炮台地区。

四、杂税

清代最重要的税收分别来自田赋、关税和盐税。除此之外，民间还要承担各种杂税，如铁税、地租铺饷、渡船饷、河税地租、田房税契银、客店税银、菜盐银等。自两次鸦片战争清政府战败后，潮州府遵照清廷旨意，增加了民间所承担的杂税税负。"如盐税之外，还要加征报效费；正饷之外，附征的还有部饭、平头、添平、朱引奏、罚赎平头潮桥铜斤水脚、潮桥解东房纸札等。同时又先后开征一些新的税种，如厘金、屠捐、赌捐、船捐，等等，加剧对人民群众的盘剥"。[2]

1866年，汕头设立"洋药（鸦片烟）厘局（税务机构）"，同时潮州府城设立"稽查分局，征收鸦片烟税（稽查分局后废）"。[3]1899年，潮州总兵黄金福为了巴结省总督刚毅，"变相开抽厘金，名为报效费"，起初每年抽5万两，"到后逐年增加，1902年增抽至15万两。包括被官吏贪污中饱，共勒收达30万两之巨"。[4]

清政府在八国联军侵华战争中战败，被迫同各列强签订不平等的《辛丑条约》，在赔款方面规定中国连同价息合计9.8亿两白银。为了应付巨额对外赔款、大宗军费以及日常开支，1900年，清廷下令实行新的缴税形式——摊派赔款。按照这一要求，海阳县从当年起，"每年应认缴厘金15万两，其中5万两送国库以备赔还洋款"，这些款项都由潮州城内的行商承担。而实际上，潮州城缴交的厘金，"相当于海阳县原来的田赋、丁役以及其他各项杂税总和的3倍"，[5]这不但改变了原来以田赋、丁税为主要赋税的格局，而且大大增加了人民的负担。

---

[1] 《中国海关通志》编纂委员会.中国海关通志（第四分册）［M］.北京：方志出版社，2012：2757.

[2] 潮汕百科全书编辑委员会.潮汕百科全书［M］.北京：中国大百科全书出版社，1994：574.

[3] 潮州市地方志编纂委员会.潮州市志［M］.广州：广东人民出版社，1995：64.

[4] 广东省汕头市地方志编纂委员会.汕头市志（第一册）［M］.北京：新华出版社，1999：86.

[5] 潮州市地方志编纂委员会.潮州市志［M］.广州：广东人民出版社，1995：69.

1902年7月，揭阳县设局开办房捐，议定"城厢内外铺租项下抽缴"。8月，潮郡沙捐设局开办，"每亩捐洋银二钱，主八成，佃二成，所有主佃应捐银两，均责成佃户先行垫缴，准于业主租内扣除"，要求各绅耆做好表率作用，"晓以大义促令捐缴"。[1]同月，潮阳县"开设戏厘局，各乡均未之遵抽也。十四日有司马浦乡某甲往县购物，为戏厘局线人所得，戏厘局欲将此人送官追究。适有人出而缓颊，将所欠戏厘还清，而戏厘局始将其人释去"。[2]9月，潮郡奉两院宪批准设局开办戏班牌捐，其章程规定"各戏班赴局领牌，每演一台，准于戏价外加收公费银四钱，按月由该班缴银一十二两，每年以十个月为率，领牌之班悬挂抬前，俾众周知，如未领牌即属私班，不许演唱，倘另换班名，即赴局报明换领，有歇业者将牌缴销，违者扣箱禀究"。[3]与此同时，省督抚下令"汕头再从商号抽收报效费10万两，以充战败赔款之用。这样，连前认额共15万两"。[4]

1904年2月，省厘务局要求新任揭阳县及澄海等县实力劝谕民众，一律遵办鱼捐，以免耽误饷需。随后，潮州府开办屠捐，引起屠户的强烈反对并进行抗捐罢市，"聚集的群众抄抢了保安局绅黄占梅所开的千盛金铺，并抄毁了黄代办两广振捐实收的一切契据部册"。[5]

1906年4月，潮郡在原来"酌抽山票彩银"的基础上，向郡中80余间灯烟膏馆开抽烟馆捐，"分别大小，按月抽收"，以弥补巡警经费的不足。[6]

由于官府对人民进行勒索榨取，苛捐杂税多如牛毛，导致农民群众在天灾人祸的夹击之下被迫离开家园，沦为流民，甚至卖身当"猪仔"到国外做苦力的现象不计其数。"从1876至1898年，经汕头运往东南亚等地的'猪仔'及被迫弃家出洋谋生的共有151.2万人。据澄海县一些侨乡的调查，出洋人数中因生活所迫者占73%。"[7]

[1]　谕办沙捐［N］.岭东日报，1902-9-2.

[2]　戏厘近事［N］.岭东日报，1902-8-23.

[3]　戏厘述要［N］.岭东日报，1902-9-5.

[4]　广东省汕头市地方志编纂委员会.汕头市志（第一册）［M］.北京：新华出版社，1999：86.

[5]　广东省汕头市地方志编纂委员会.汕头市志（第一册）［M］.北京：新华出版社，1999：87.

[6]　巡警局开抽烟馆捐［N］.岭东日报，1906-4-13.

[7]　中共汕头市委党史研究室等.中共潮汕地方史（新民主主义革命时期）［M］.北京：中共党史出版社，1998：5.

第二节　1911—1949 年的潮汕财政税收

这一阶段的潮汕财政税收制度一方面随着中央政府和省政府的财税政策不断调整；另一方面，地方政府试图在国家的框架下设立地方财政管理部门，建立一套财税管理制度。潮汕作为当时广东的经济重镇，是军阀和各方势力反复争夺的对象，潮汕地区的财税制度也经常出现混乱状态。为了应付日益庞大的政府、军队开支，各种税收名目不断增加和混乱不堪的财税管理，对潮汕经济造成严重影响。

一、清末和民国的财政税收改革

（一）清末的财税改革

自1901年实行新政后，清廷为了筹饷，允许地方官自行筹集税收，中央集权财政税制迅速瓦解，财政税收大权呈现出从中央转移到各省地方的态势。各省督抚先后控制了藩、运、粮、关等库，同时大举借债，开征新税，铸造铜元；反之，原属户部的一些财政收入，如常关税、盐税等多被各省督抚截留，大大减少了户部的收入，加剧了中央和地方争夺财政税收大权的矛盾。为了改变现状，清廷除一方面催缴额定税收外，另一方面通过改革试图清除财政陋规、全面收回税收大权。1906年，清廷颁布法令，将财税划分为国家税和地方税。潮州各县属于国家税的有地丁钱粮、渔课、厘金、关税、盐课、沙捐、粮捐、契税、屠捐、房捐、赌饷、当饷等；属于地方税的有房铺警费、租课、戏捐、各项杂捐等。1910年，清廷正式启动编制宣统财政预算的步伐。但以上措施进展迟缓，效果不大，直至清朝灭亡也没有制定出统一的财政税收改革方案。

（二）民国对财政税收领域的改革

在税捐机构上，1912年，财政司通过考查或考试选用各县税务人员，派遣各县管理财政。到了1915年则由各县长陆续推荐任用，县长有总揽税收的权责。1926年，全省划分8个税务区，每区都设置一税务局。1938年，省取消分区税务局，以一县或数县设置一税务局。这一时期，各县财税机构在归属上时有变动，且撤置频繁，十分混乱。如揭阳县"民国18年县成立地方财政管理局，民国19年取消管理局，地方财政收支由县政府财政局（科）管理。民国26年财政局改称第二科（即财政科）"；[1]又如潮安县，"民国10年（1921年），潮安县财政课改设财政局，综理全县赋税事宜。……民国26年（1937年）7月，潮安县财政局裁撤，改为县政府财政科"。[2]1940年1月起，合并省税和县税征收机构，各县市建立税务局，下设稽征所和站，统一征收省各项赋税。1947年1月，执行行政院颁布的《县、市税捐稽征处组织规程（草案）》，把原来各县市税捐征收处改为税捐稽征处。至于各县税务机关的职责，要求其在制定各种税法时要明确规定纳税的税率、品目和范围外，还规定应纳税的厂商在开业前应当办理好缴税登记手续，往后如遇到厂商发生迁移、改组、转项、合并、歇业、停业等情形，应在规定时间内向各级税务机关办理换领新证或注销手续。

在税制上，民国时期多次发生变更重组。民国初，潮汕军阀割据，各自为政。为了筹集军饷，各军阀均四处征税，甚至连坟墓也抽税。1914年，执政的北洋军阀政府把税制划分国家税和地方税，实行将部分税捐招商承办，课征项目五花八门，税制不统一，有时一物缴纳数税，易地辗转贩卖还得上捐。1923年，在北京宪法会议上，同意把田赋、契税、牙税、当税、屠宰税、内河渔业税，船捐及房捐等9项列为地方税。

1928年，国民政府重新划分中央税和地方税，列为国家收入的税种分别是盐税、海关税、常关税、烟酒税、卷烟税、煤油税、厘金税及一切类似厘金之通过税、邮包税、印花税、交易所税、公司及商标注册税、沿海渔业税等。1929年，政府不断扩大统税范围，如卷烟统税、烟酒特许牌照税、商业牌税、印花税等，同时开征营业税和各种专税。据统计，这一年"潮汕各县市的税收收入1409752银圆（银圆，以下同），其中国税1049900元（计田赋507556元，契税252600元，杂税289744元）；地方税359852元（计县署收入186482元，警署收入173370元）"。[3]

1931年，国民政府进一步变革税制，宣布撤销厘金，另外开办营业税以抵充补足省库收入，开办统税以抵充补足国库收入。1932年，潮汕烟酒两税由省烟酒税局另行派员直接稽征。1934年，田赋被改征为临时地税，按各县呈报的田亩

[1] 揭阳县地方志编纂委员会.揭阳县志［M］.广州：广东人民出版社，1993：388.

[2] 潮州市地方志编纂委员会.潮州市志［M］.广州：广东人民出版社，1995：933.

[3] 广东省汕头市地方志编纂委员会.汕头市志（第三册）［M］.北京：新华出版社，1999：1116.

数和评定的地价收取税收。1935年，汕头市政府规定凡进口货物，如洋米，油，豆、豆饼、洋纸、旧报纸、海味、什货、布匹及人造丝等一切国内外货物，除海关抽正税外，另有专税特税。1936年，财政税收体制划分为中央、省、县三级，潮汕各县依靠的税收收入主要是土地税、房产税、使用牌照税、行为取缔税、营业牌照税等。

抗日战争时期，曾实行战时税制。在日本占领期间，潮汕税制更是混乱不堪，遇有牌子就抽捐收税，强行掠夺财物。1942年，实行国家和自治财政两级制。1945年抗战胜利后，又重新改回中央、省、县三级制，属于中央税四大体系的有关税、盐税、货物税和直接税。这一时期，潮汕各县通货膨胀，货币急剧贬值，税收名目繁多，形式多样，成为一些不法官吏收敛钱财的工具，《南洋报》就曾以"汕头税局花样百出"为主题进行报道，文中重点列举了该局卖官鬻爵、勒收陋规、分赃内哄、庇属贪污四大罪行。[1]1946—1949年，出现有史以来税制极端混乱的时期，这3年间潮汕征税额度年年暴涨，每年增长率是10倍以至10万倍，严重地破坏了正常的税收制度和金融市场秩序。

二、国家与地方的税种

（一）国家的税种

民国初期承袭清制，之后逐步改革旧税，创办新税。1912年中华民国成立后，属于国税类的是田赋、关税、盐税、契税、烟酒税、印花税、营业税、货物税。值得一提的是，财政总长担任田赋的督征官，各省财政厅厅长担任经征官，县知事总理田赋征收工作。其征收方法趋向官征官解，也就是花户自封投柜。1913年北洋政府改革税制，重新划分国家税和地方税，潮汕各县列入国家税的有关税、盐税、烟酒税、印花税、糖类税等。之后还颁布《国家税与地方税法草案》，重新划分国家税，具体有田赋、盐课、关税、常关、统捐、厘金、矿税、契税、牙税、当税、牙捐、当捐、烟税、酒税、茶税、糖税、渔业税等。

1928年，国民政府又划分中央税和地方税，省财政厅把盐税、烟酒税、印花税、常关税、卷烟税等9项划为国税。1929年，广东成立省财政部特派员公署，负责管理国家财政事务。1934年在南京召开了财政会议，规定烟酒税仍归中

---

[1] 汕头税局花样百出［J］.南洋报，1949（23）：6.

央，财政部要求各省按章执行，但广东以实施困难为由并未遵照办理。1935年，国民政府颁布《财政收支系统法》，但由于时局动荡未能实行。1942年，国民政府颁布《改善财政收支系统实施纲要》，把土地税、契税、关税、盐税、矿税、印花税、所得税、遗产税、营业税、营业牌照税、使用牌照税、行为取缔税、土地改良物税、货物出厂税、货物取缔税、战时消费税、特种营业行为税、特种营业收益税、非常时期过分利得税等划分为国家税。同年，实行国家与自治财政两级制，中央收回原有大部分各级税收，只把少数划归给县管理和支配。1949年，又把国税中的营业税划分为地方税种。

（二）地方的税种

民国时期，经过多次的国地税划分，初步建立起财政税收分级管理体制。1913年，北京政府公布了国家税与地方税法案，其时潮属各县列为地方税的有典当税、屠牛捐、屠宰税、牛皮捐、赌捐、房捐、戏捐、纸捐、营业捐、花筵捐、筵席捐、人力车税、出口纸锱捐、鸦片运销税、无轨电车月饷税、使用牌照等。之后在颁布的《国家税与地方税法草案》中，明确把田赋附加税、牲畜税、粮米捐、商税、土膏捐、油捐及酱油捐、杂货捐、船捐、戏捐、车捐、店捐、房捐、茶馆捐、饭馆捐、乐户捐、肉捐、鱼捐、屠捐、犬行捐等杂税杂捐划分为地方税。1923年，在北京召开的宪法会议把田赋、契税划为地方税。1928年，全国财政会议修正标准案，把田赋、牙税、契税、当税、船捐、房捐、屠宰税、营业税、宅地税、内地渔业税列为省地方税。

需要指出的是，南京国民政府成立后，田赋一度划分地方，各省财政厅厅长担任督征官，县长及财政局局长作为经征官，"依县组织法规定，县政府设财政局，负责整理税收，县长居于监督地位。财政局下设总务、经征、会计三课，经征课执掌一切税收。……各县均设田赋经征处于县政府所在地，以专责成，是为钱粮总柜，并为便利道远人民缴税，于四乡适中地点，设立分柜。但是实际运行过程中，包征、代收、义图等旧制依然存在。"[1]

1929年3月，改为广东省财政厅管理地方财政，但实质上国税与省税的划定仍处于模糊状态。1934年，在南京召开的财政会议把烟酒牌照税全部划归为地方税。1936年，划分国、省、县三级财政税收体制，潮属各县税收入是土地税、房产税、营业牌照税、使用牌照税、行为取缔税以及从中央分给的所得税、遗

---

[1] 赵兴胜，高纯淑，许畅.地方政治与乡村变迁［M］.南京：南京大学出版社，2015：185.

产税，从省分给的营业税等。三级收入的划分原则分别是税源各别法（分别税种）、附加法和补助金法参错互用。[1]

抗日战争全面爆发后，国民政府为满足战争供给，实行战时财政税收体制，税课收入划分为中央财政和自治财政两级，属于自治财政课收入的有屠宰税、土地改良物税、行为取缔税、使用牌照税、中央划拨土地税之一部、印花税三成、遗产税二成五、营业税三至五成，等等。1942年，国民政府颁布《改善财政收支系统实施纲要》，改为国家与自治财政两级制，属于地方税的有屠宰税、行为取缔税、土地改良物税、营业牌照税、使用牌照税。同时还有中央划拨的契税、土地税、遗产税、营业税、印花税各税之一部分作为地方收入。

1946年，重新恢复国、省、县三级制，又把契税、土地税和营业税划归地方税。其时潮属各县的税收收入包括"营业税（50%）、田赋（50%）、契税、房捐、屠宰税、营业牌照税、使用牌照税、筵席及娱乐税、其他杂税"。[2]整个民国时期，中央政府先后开征了大约40种正税，地方政府征收的各种正税附加和杂税杂捐更是不计其数。以1949年揭阳县为例，"揭阳地方税总收入为（银圆）5059365元，加其他工程受益，罚款等合计5162192元。其中营业税收入48000元，契税100元，房捐2800元，屠宰税3488390元，营业牌照税2667元，筵席税2500元，娱乐税700元。而上列地方税之收入，主要来自榕城。至于县岁支出项目计：政权行使、教育文化、经济建设、卫生、社会救济、保安及警察、公务员退休及抚恤等，总共5162332元"。[3]

（三）税收的危机

民国时期，潮汕政局不稳、经济凋敝、社会动荡，人民生活困苦。汕头开埠以后，潮汕逐渐融入世界贸易体系，世界性金融动荡对汕头社会也产生深刻影响。在此背景下，国家在征收税款方面遇到极大的危机，具体表现如下。

第一，开征杂税超越经济发展阶段。

1912—1936年，潮汕政权更迭频仍，各军阀任意科派赋税，税收制度陷入混乱之中。陈炯明割据潮汕后，为了筹集军饷，强行开征各种苛细繁重的捐税，

---

[1]　广东省汕头市地方志编纂委员会.汕头市志（第三册）［M］.北京：新华出版社，1999：1119.

[2]　广东省汕头市地方志编纂委员会.汕头市志（第三册）［M］.北京：新华出版社，1999：1119.

[3]　孙寒冰.榕城镇志［M］.榕城镇地方志编纂办公室，1990：236.

名目多达108种，当中某些税目已从1922年预征到1982年，跨越时间长达60年。潮汕人民的衣食住行、婚丧嫁娶，无一不在被征之列。在1922年发生的"八二风灾"，死亡人数34500余人，被称为20世纪潮汕最严重的一次台风灾害。在灾难面前，陈炯明"不但不加救济，反而照样横征暴敛"，旅沪的潮汕学生在致函《上海民国日报》社时对此强烈谴责，"此次潮汕飓灾，中外同悼，凡属人类，莫不恻然。而陈炯明不加赈恤，反事苛征，值此疮痍满目之秋，忍作横征暴敛之举，除收汕埠借款念（20）万元外，再勒各县缴45万，以充军饷""似此狂妄，人性何存"。当年12月，陈炯明对各项税收实行加五征收。[1]1928年后，汕头当局向人民强行征收苛捐杂税，据统计有多达百余种，居全省之冠，譬如有人头捐、户口税，甚至还有粪溺捐。[2]1929年，除缴纳各类杂税外，南澳县的每条渔船还必须分别承担15元的地方团体费和教会保护费，过重的负担使渔民过着"下海三分命，上陆低头行"的悲催生活。

1936年以后，广东政令重归中央，但为满足庞大的军饷和政费支出，民国政府不断在各种正税上层层加征，附加费名目繁多，又频繁开征新税，仅土地税一项，每改革一次就增加新的税额。据1936年《银行周报》报道，潮汕工商界除通电省府请求废止洋米税、洋糖、烟叶等专卖外，还组织一个商界代表团赴省请求废除房租捐、洁净捐、粪溺捐、筵席捐、鲜鱼捐等86种苛捐杂税，以期潮梅人民早日解除痛苦，同时还着重指出，"其他区会、乡会、殷富捐、临时派款，尚不在内。茶担捐、柴炭捐、百货捐、过境税、船舶捐等到处皆有。或言办警队、或藉名办学，地方兴办一种小事，则敛聚数十百种捐务而成之。又各项捐款，至少有三数项附加，如加三补水、加二军费、加三国防建设费、加一防空高射炮费、加二义学助捐各等，一重一层叠上去，比捐款原额多至数倍。至于省国税正当之捐税，亦比各省多几十倍。潮梅人民以前受恶势力压迫，无可申诉"。[3]

至1945年，普宁县先后开征的苛捐杂税就达50多种。潮安县在1946年征收法币2.8亿元，到1947年上升至19.8亿元，国民党当局还设立了7个田赋处和7支督征队，联合和勾结乡保长、强迫人民上缴各项税收。饶平县在"民国

[1] 中共汕头市委党史研究室等.中共潮汕地方史（新民主主义革命时期）［M］.北京：中共党史出版社，1998：8.

[2] 中共汕头市委党史研究室等.中共潮汕地方史（新民主主义革命时期）［M］.北京：中共党史出版社，1998：136.

[3] 汕头之苛税杂捐［J］.银行周报，1936，20（32）：7-8.

十年（1921）以前，应征年额大洋85119元；民国十九年（1930）起应征年额毫洋90621元；民国二十四年（1935）起应征年额毫洋201564元；民国三十一年（1942）起应征年额稻谷75800石；民国三十七年（1948）起应征年额稻谷171717石。除田赋外在本县开征的国税、省税有：盐税、关税、货物统税、烟酒税、烟酒牌照税、营业税、特种营业税、营业牌照税、筵席娱乐税、所得税、非常时期过分利得税、契税、遗产税、使用牌照税、屠宰税……此外，还有县地方团队、豪强自行科派的苛捐、杂税，数不胜数。本县解放初期，调查二个村镇民国末期的苛捐、杂税就有57种，农民负担的捐税，竟达到占农业收入的60%以上"。[1]

第二，严重的走私活动导致税收减少。

1910年第4季度，潮海关就缉获吗啡800盎司和可卡因495盎司。民国时期，潮汕是外国对华输出毒品的南方重要集散地。桂系军阀入住广东后，弛赌贩毒，中饱私囊，从1917年开始，潮汕口岸就有相当大量的鸦片走私。[2]1928—1938年，潮汕走私活动较为严重，潮海关作为潮汕重要的进出境监督管理机关，"虽然加强查缉走私的各项措施，可对沿海的武装走私和抢私行径，都无能为力。特别是对日本军舰在海上护其走私船只，更是不敢查缉。另外，对当局走私鸦片，予以'照顾放行'包庇"。[3]1936年2月，《申报》对潮汕走私活动做了详细的报道[4]：

潮汕农产专税局各项税收，以前每月有一百余万元，仅米豆而论，每月收入税饷亦有四五十万元。自去年六月受私枭漏税走私之影响，每月税收，只剩四五万元，此为过去之事实。……盖潮汕私枭，为某国浪人所组合，有绝大背景，此闻尽人皆知，其势力且深入潮梅内地各圩镇，分为明暗两种。明运者，系由商号洋行三十八家所组合，直接报关运入，凭借商约，不纳地方政府所设专税特捐附费等是也；暗运者，则为一切之重税品物，直接雇用汽船帆船，从外埠运到潮属沿海、转入内地各处是也。……盖私枭资本雄厚，每帮常有三四艘汽船帆船，满载火柴、酒精等重税物品、由外埠偷运进来，例如第一艘在外海被缉拿拖带回汕时，第二三艘即乘机驶进潮阳澄海腹地，使查缉者，不能兼顾。……然私

[1]　《饶平税务志》编写组.饶平税务志［M］.内部资料，1990：1.

[2]　连心豪.近代潮汕地区的走私问题［J］.北京：中国社会经济史研究，1996（1）：53.

[3]　广东省汕头市地方志编纂委员会.汕头市志（第三册）［M］.北京：新华出版社，1999：386.

[4]　潮汕私货进口纠纷［N］.申报，1936-2-1.

枭因利之所在，虽屡次破获，得失相比，仍有利可图，不因查缉之严密、断绝偷运之念。

材料中"私枭"原指私贩食盐的人，在这里是指走私各种货物的组织。私枭组织分明运、暗运两种，在潮汕地区从事走私活动，屡屡获利，造成国家税收收入蒙受损失。因为其势力十分强大，"有绝大背景""神通广大""到处亦有该组织细胞之存在"，致使潮海关缉私处的查缉行动大打折扣。

1945年抗战胜利后，一些不法官商打着"救济物资"和"战争剩余物资"的旗号大量进口物资，逃避潮海关的管理。统计显示：1946年进口"救济物资"的价值等于其他限额进口物资总值的1/8，潮海关缉获私货的价值为51701万元，居全国各海关的第八位。1947年1—6月，潮海关缉获私货的价值为92867万元，列全国各海关的第五位，出口私货的价值是5480万元，列第六位。从1946年6月—1947年12月，军政机构和团体的物资免征免税就被放行的共有22宗。到1945—1949年，潮汕地区走私活动极其猖獗，"除了商人、船员、水客通过沿海、船舶和行邮渠道进行走私外，官僚买办、国民党军政人员也插手进行走私包私活动，甚至与潮海关的税务司黄志骞为首的贪污集团相勾结，大肆进行包私放私活动"。[1]

此外，地方势力截留税款，政府推行法币受阻等因素造成税收制度紊乱。1929年，"当潮汕在徐景唐军势力下时，所有东江惠潮梅三属地方税及国税，被徐军截留殆尽，因此省库收入亦大受打击"。[2]1935年，国民政府放弃银本位制，实施法币政策。潮汕一度出现拒绝使用法币的现象，甚至出口纸料捐局在征收税款时，"向商人索五成现款，五成法币"，遭到商人拒绝，以致发生争执，"诸如此类之纠纷，连续发生，不一而足"。[3]

第三节　革命根据地的财政税收

土地革命、抗日战争和解放战争期间，粤东地区先后创建了多个革命根据

---

[1] 广东省汕头市地方志编纂委员会.汕头市志（第三册）［M］.北京：新华出版社，1999：386-387.

[2] 粤省最近之财政情形［N］.申报，1929-7-2.

[3] 潮汕推行法币实况［N］.申报，1935-11-25.

地，为了保障根据地民生和巩固根据地民主政权，在中国共产党潮汕地方组织的领导下，不断探索建立务实有效的革命根据地财政税收和金融体系。

一、革命根据地的财政制度

1925年，周恩来参与和领导了国民革命军东征，在他的直接指导和帮助下，潮汕地区中国共产党地方组织进一步发展壮大。1927年大革命失败后，中国共产党潮汕地方组织发动了工农武装暴动，积极开展游击战争和土地革命。土地革命战争时期，潮汕党组织先后开辟了八乡山、大南山、饶和埔诏等革命根据地，建立了工农民主政权。尽管处在动荡的战争环境下，但为了适应革命战争和建设革命根据地的需要，初步建立了新的财政体系：一是帮助农民解决购买农具的资金困难问题；二是建立粮食供给中心；三是多方筹资以救济死难红军战士家属和贫困孤寡；四是鼓励商人发展内外贸易，保护和扶助中小工商业的发展；五是支持农民成立耕牛合作社、供销合作社，开展变工合作活动。这些措施具有明显的战时经济特征，保证了军需民用，有利于促进革命根据地经济的恢复和发展。

抗日战争时期，潮汕党组织一方面联合坚持团结抗战与抗击反共逆流的斗争，一方面遵循中央提出的"发展经济，保障供给，是我们经济工作和财政工作的总方针"，在敌后抗日根据地进一步完善财政体制机制。1945年7月成立的普宁县流沙区抗日民主政府，在其颁布的施政纲领中，就提出要调整抗日各阶层的利益，通过减租减息改善工农群众的生活。

解放战争时期，潮汕党组织采取灵活的斗争方式和策略，除巩固原有根据地外，还先后创建了大北山、五房山、凤凰山等革命根据地，根据地的财政制度也随之建立和完善。

1947年6月下旬，潮汕地委在大北山粗坑村召开扩大会议，在财政方面要求以抗"三征"（反抗国民党当局征兵、征粮、征税）为行动中心，发动广大人民群众开展减租减息、改善生活的斗争。1948年下半年，潮汕党组织采取了一系列的财政方针：一是袭击与摧毁国民党的基层政权及地方反动武装，缴获枪支弹药、物资，补给军需；二是组织贫苦群众破仓分粮，既破坏国民党的经济给养，又分粮救援贫苦百姓，部分作军粮；三是打击土豪劣绅，没收其财产，或罚粮款作为军需，或分其浮财济贫；四是用说服劝募方式向地主、富农、士绅、殷户借募粮（款），在游击区和蒋管区，这方面是主要的财政来源；五是向大乡村的公尝派粮，把封建宗族的资产转为革命财政收入。"这些措施在创建根据地初期，或在新游击区是切实可行的正确途径。但是以这种办法作为根据地财政收入，还是不够稳定的。"[1]潮汕地委还根据上级的指示，按照"合理负担，保证财政"的原则，在筹集粮食过程中实行了征收公粮制度，从而使根据地的财政制度更加稳定。

1948年春夏之交，大北山革命根据地得到进一步扩大和巩固，已经普遍成立了乡一级的民主政权。八乡、良田、大洋、横江、南山、灰寨、龙江、新民、新联、龙溪、龙潭、河西12个乡都成立了乡政权。[2]根据地规模的扩大，需要经济基础支撑，大北山革命根据地的金融状况不容乐观。国民党政府因严重通货膨胀，金圆券逐渐失去了流通价值，根据地商品难以采用货币进行交易，"以谷米、棉纱作为支付手段，甚至还出现以其所有易其所无的原始交换形式"。为保障人民的利益和规范金融秩序，潮汕地委曾在1948年秋发行了一种"半年流通券"，短时间内发挥了一定作用，但因其不规范而影响了它的流通范围。

经过紧张的筹划，1948年底根据地的裕民银行正式成立并发行裕民券，票额有一角、二角、五角、一元、二元、五元、拾元等。裕民银行隶属于中共潮梅地委，初址设大北山南山圩，造币厂也在大北山南山圩内。1949年2月，河婆镇解放，裕民银行迁往河婆，并设立总行，今址揭西县河婆镇塘仔街。裕民银行在发行裕民券时，确立了"不滥发，不滥用"的原则，根据游击区各个市场的需要控制发行规模。同时，还采取措施保证裕民券具备足值的货币储备。裕民券由于可以与港币、叻币兑换，极大提升了裕民券的流通范围。因此，"裕民券一经印发就受到广大群众的欢迎。不光是在游击区流通，而且在国民党统治区市场也秘密使用起来，迅速地占领了潮汕、兴梅的金融阵地。人民不但乐意使用，而且乐意保存。个别缺少裕民券流通的地区，群众乐意以壹元港币换回一元五角的裕民券（原定比价是港币一元兑换裕民券二元）"。[3]1949年9月，裕民券在潮汕"已发行四百多万元"。此外，裕民券曾发放工农业贷款35万元、商业贷款223万元。

作为华南革命根据地建立的第一家银行，裕民银行的成立和裕民券的发

[1] 中共汕头市委党史研究室等.中共潮汕地方史（新民主主义革命时期）［M］.北京：中共党史出版社，1998：426.

[2] 贝闻喜，刘青山，等.潮汕半山客［M］.汕头：潮汕历史文化研究中心，2005：42-43.

[3] 刘化南.游击区钞票的故事［M］//方友义.血沃杜鹃红（第5辑）.北京：作家出版社，1999：273.

行，促进了解放区的经济发展，稳定了货币市场，不仅为解放区南下做了积极的准备，而且为后来南方人民银行的建设提供了经验。裕民券流通以后，游击区的外币，很大一部分吸收到银行里面。为了及时将外汇换回游击区群众需要的各种物资，潮汕党委决定迅速成立对外贸易公司，除对外贸易公司设在惠来甲子外，其他地方贸易公司，则依照银行营业所的分布而建立起来。贸易公司成立不久，很快就起到活跃市场、发展生产、繁荣经济的重大作用，而且对银行发行的货币，又起到巩固币值、稳定金融的作用。

随着解放战争的不断胜利，东江流域的根据地和韩江流域的根据地逐渐融为一片。为统一华南解放区币制，1949年7月8日，南方人民银行正式成立，总管理处设在河婆镇大新街，中共中央南方局直属管辖。印制的南方券主要包括主币和辅币两种。主币又分一元券、五元券和十元券三种；辅币又分一角券、二角券和五角券。随着南方券逐步在各解放区发行，潮梅人民行政委员会在8月底颁布《潮梅解放区外汇管理暂行办法》《潮梅解放区对外贸易管理暂行办法》《潮梅解放区金银管理暂行办法》，并且在8月23日解放区的《团结报》上刊行[1]。这些管理制度的实施，对于各分行的金融业务均有具体的规定，具有行业内部规范意义。

为稳定当地物价和扩大银行业务，1949年7月23日，南方人民银行将裕民银行改组为南方人民银行潮汕分行，行址仍设于河婆，并在棉湖等地设立办事处。一开始，为了大量收购物资以及满足市场需要，潮汕分行迅速发行了南方券并确立了它的合法地位。但鉴于裕民券在潮汕地区有着很大的影响，因而暂规定南方券和裕民券两种货币同时流通，两者币值相同。随着形势的变化，中共中央华南分局发布通告要求华南解放区必须使用统一的货币——南方券。随后，潮梅人民行政委员会发出布告："由南方人民币代替裕民流通券，裕民券逐步收回。"[2]在上述文件精神的指示下，总行先后拨款5162万元作为营运基金，潮汕分行"领到头寸后即陆续开张营业，通过银行的各项业务活动把南方券投放到市场流通使用，逐渐建立起解放区统一的货币市场"，[3]最终圆满地完成了这一历史性的任务。

---

[1]　潮梅人民行政委员会布告（财币字第十五号）［M］//中国钱币学会广东分会等.华南革命根据地货币金融史料选编.广东省怀集人民印刷厂，1991：336-337.

[2]　中共广东省委党史研究室.广东党史资料（第35辑）［M］.广州：广东人民出版社，2001：52.

[3]　广东省地方史志编纂委员会.广东省志·金融志［M］.广州：广东人民出版社，1999：105.

二、革命根据地的税收制度

潮汕党组织在潮汕开辟革命根据地后，为配合根据地的各项建设，逐步探索和建立起新型的税收制度。

大革命时期，普宁县农会在中共普宁支部的领导下，于1926年11月26日在塔脚召开全县农会临时代表大会，大会通过了"依照中央决议案，减租二成半"，同时结合减租运动扩大农会组织和农民自卫军的决议，并成立了以陈魁亚为主任的普宁县减租委员会。会后发表大会通电，发布减租宣言，发出《普宁县农民协会敬告田主书》，并张贴标语，广为宣传。县农会还把"二五"减租的决议呈报省政府、省农会核准通过，下达执行。经过与地主的多次斗争，于1927年11月取得了全县减租斗争的胜利，广大农会会员"除免受苛例剥削外，又可增加口粮，改善生活。仅林惠山村就可少纳方姓地主的铁租额500石谷以上"。[1]

土地革命战争时期，潮汕党组织在建设革命根据地的过程中，"实行征收累进税，主要由富农及商人负担，革除以往分派捐款，免除贫苦农民捐税"，[2]目的是保护和扶助当地生产发展，调动人民生产的积极性，适应革命战争的需要。由于当时战争环境恶劣，潮汕党组织必须根据现实情况开展税务工作。1932年1月，大南山革命根据地着手准备反围剿战争，在税收方面采取如下措施：动员苏区群众保卫土地革命成果，非苏区群众开展抗税、抗捐、抗租、抗债等活动。1933年，潮澄澳县委在开辟浮凤根据地的过程中，带领群众开展了抗债、抗租和没收地主豪绅财产的斗争。1932—1934年党组织在潮澄饶开展了游击战争，开辟出秋溪、上莆、浮凤、苏南、隆澄等主要赤色游击区。半山区、特别在平原地区的游击区坚持和发展，其根本原因在于潮汕党组织在坚持武装斗争的同时，积极开展了抗税、抗债、抗租、抗丁、分谷米等群众斗争，得到了潮汕人民的拥护支持。

在抗日战争时期，潮汕党组织建立抗日游击队，联合一切抗日民众开展游击战争，对国民党当局既联合又斗争，在新开辟的敌后抗日根据地实施减租减

---

[1]　中共普宁市委党史研究室.中共普宁党史（新民主主义革命时期）［M］.北京：中共党史出版社，1994：33-35.

[2]　中共汕头市委党史研究室等.中共潮汕地方史（新民主主义革命时期）［M］.北京：中共党史出版社，1998：155-156.

息政策，努力改善工农群众的生活。1947年，国民党政府全面发动反共反人民内战，潮汕党组织发动群众反抗国民党当局"征兵、征粮、征税"的"三征"政策，破仓分粮，组织群众开展退租退息斗争。当年11月5日，潮汕人民抗征队发布了《减租减息暂行办法》，规定十足收成者以二五减租为标准，按原租额75%交租；减息方面，规定了借谷以加三分利为标准，即借1石谷还1.3石计算。抗征队号召佃户、负债户参加减租减息斗争，深受贫苦的山村农民的拥护。[1]

为打破国民党的经济封锁，各根据地的党委和部队积极开辟财源，在发展新区的过程中逐步建立收税机构，将税收作为财政收入的主要来源。1947年12月，香港分局在《关于税收问题指示信》中强调，要建立正式的经常性税收，以保证部队的给养，支持解放区的财政。并对建立征收机关——税站的工作做了规定。[2]潮汕各革命根据地随之纷纷成立税站，以流动突击的形式收税，有的建立了税收武装力量，以保证部队的军需给养。1948年4月上旬，潮汕地委在大北山良田惹角丘村召开扩大会议，大会通过了《潮汕地委四月决议》，在财经方面提出要积蓄经济，合理征收公粮以及开展税收。4—6月，第六中队与潮揭丰边山后武工队配合，在韩江区域内建立新区，发动群众反抗国民党当局的三征政策，突击收税。凤凰山周边的老基点村也在党组织的领导下，发动群众开展抗三征和减租减息运动。年底，潮揭丰和潮普惠南行委先后公布了《减租减息条例》和《清债减息条例》，潮汕地委另公布了《当前行动纲领》，其中规定"在减租方面，评年成后实行二五减租；地主除主产物按减租额收取一定地租外、副产物概归农民所有，取消一切劳役、季节送礼（如田信鸡等）及超经济剥削；贫苦的革命军人家属、华侨及孤儿寡妇，因无劳力而出租少量土地以维持生活、生活水平不超过当地一般中农标准者，免减或少减；减息方面，以年利20%（或30%）计算清还；凡旧债交息已达原本一倍者，停息还本，已达原本二倍者本息停付"。[3]1949年4月，粤赣湘边和闽粤赣边区的领导人在陆丰县河田举行会议，会上着重讨论了减租减息、税收政策等问题。于此期间，潮汕党组织在革命根据

---

[1] 中共普宁市委党史研究室.中共普宁党史（新民主主义革命时期）［M］.北京：中共党史出版社，1994：289.

[2] 中共汕头市委党史研究室等.中共潮汕地方史（新民主主义革命时期）［M］.北京：中共党史出版社，1998：427.

[3] 中共汕头市委党史研究室等.中共潮汕地方史（新民主主义革命时期）［M］.北京：中共党史出版社，1998：424.

地相继建立裕民银行、南方人民银行，发行统一货币外，还建立了潮汕税局，制定了符合当时实际情况的税收制度，比如解除贫雇农一切陈租旧债，说服贫农和中农之间以团结互助的精神解决债务问题。

尽管各个历史时期潮汕革命根据地的税收制度差异很大，但根据地税收制度的建立和发展，对支持根据地军事斗争、发展经济、动员组织群众、巩固和发展人民政权，发挥了重要作用。

汕头开埠以来,韩江流域的经济中心逐渐由潮州府城南移汕头。结果自是:"潮梅金融,向以汕头为中心。而汕头之金融机关,则以银庄为枢纽。"[1]"汕头一隅,为潮梅十五属及闽边之汀杭乃至赣各地之经济事业。就事实上言,汕头即不缔各地经济之重心点也。"[2]汕头作为中国沿海商品经济比较发达的城市,新旧金融机构众多,借贷资本活跃,资金结算频繁。金融事业的先行近代化,加快了潮汕商贸活动的内外循环,带动了潮梅、闽西、赣南的经济社会发展。

第一节 货币流通

近代汕头市场上流通的货币数量众多,有本国币,也有外国币,有金属币,也有纸币。货币的繁杂程度影响了交易的便利进行,又衍生出新的货币形式,如七兑票等。国内外经济、政治局势的频繁动荡,又引致汕头的货币流通规则、规模、方式也在不断适应时代的变化而变迁。

汕头开埠后,对外贸易的发展促进了潮汕各地商品生产和商品流通的发展。其时,清代的银铸币及钱庄行号发行的

---

[1] 黄中天.潮梅经济界之新使命[J].潮梅商会联合会半月刊(创刊号):论著4.转引自:陈景熙.官方、商会、金融行会与地方货币控制权——以1925年"废两改元"前后的汕头为例[D].汕头大学硕士学位论文,2002.

[2] 潮梅经济界前途之危机[N].广州民国日报,1925-5-5(3).转引自:陈景熙.官方、商会、金融行会与地方货币控制权——以1925年"废两改元"前后的汕头为例[D].汕头大学硕士学位论文,2002.

信用货币、银行发行的大洋券，在商品交易、完粮纳税中混合流通。流通中虽铜钱、铜圆、中外银圆、纸币与银两杂相行使，仍以银两为本位货币。不过，银两制度因交收繁难，逐渐消减。民国14年（1925），汕头废除七兑票，实行"废两改元"，银圆成为本位货币。民国24年（1935）国民党政府进行币制改革，潮汕地区开始使用法币。民国28年（1939）汕头沦陷后，日军强迫市民行使"日本军用票"和日伪储备券。民国34年（1945）抗日战争胜利后，复以法币为市场流通货币。但由于民国政府滥发货币，造成恶性通货膨胀，法定货币信用殆尽。

一、银钱并用时期（1925年前）

（一）银两

清代采用的是明朝的币制，即实行银两与制钱并用的货币制度，采用白银和铜钱作为货币，但以白银为主，即大数用银，小数为钱，白银成为一种主要货币，银两是白银的单位。银两和制钱都是无限制使用的法定货币，彼此之间并没有固定的比价。

清朝政府对于铜钱的铸造和销毁，有比较严格的管理制度，私铸私毁都要被治罪，但对银锭的铸造，却采取放任的政策，由各地自行铸造。清朝初期，银炉须经户部许可发给执照才能开业，对其数量有一定限制。到了清末，朝廷法令日渐松弛，自设银炉者比比皆是，政府亦不加干涉。众多炉房铸出的银锭成色各有不同，形成千差万别的银两种类。

由于银两样式繁多，成色各异，交易时就要进行折算，使用十分不便。白银的使用要经过称量，宝银的重量标准是"平"，不同地区有不同的平码。据民国初年中国银行的调查，各地平码有170多种，尚不包括云南、甘肃、广西、新疆，其他各省也不一定完全。[1]全国主要的"平"有库平、关平、漕平和市平4种，分别适用于官府税收、海关税收、漕运和市场交易等。汕头使用的是直平，比广州使用的司马平每千两少3两，故也称为九九七平。在汕头流通的银锭，也是样式繁多，按其重量可分为元宝、中锭、小锞、福珠4种，使用时需称重评色计值，非常不便。

---

[1] 张家骧.中华币制史［M］.民国大学出版部，1925，第二篇：78-93.转引自：叶世昌，潘连贵.中国古近代金融史［M］.上海：复旦大学出版社，2001：158.

（二）银圆

潮州府于清光绪年间已有较多银圆进入市面流通。银圆俗称"洋钱""洋钿""花边钱""大洋"。潮汕流通的银圆大体可分为外国流入和本国自铸两类。

外国流入的大洋以日本的龙银和墨西哥的鹰洋最多。外国流入的除大洋银外，还有花边银和杂港银。花边银每枚都是七钱二分（即七二兑），交易时可按枚计算，不用过秤，比较便利，而且银圆的质量特别好，流通时有时每枚增值一二分。直至其他银圆流通之后，花边银才逐渐消失，至清末已经绝迹。杂港银，是由西班牙、菲律宾等地流入，款式复杂，每枚都是六钱七分（即六七兑），因此，又有六七银之称，这类银圆流通至民国8年（1919）便不复存在。[1]

1889年，清政府开始铸造第一批银圆，第二年开始流通，这是近代中国铸造银圆的开端。[2]这些银圆俗称"龙洋"（一面铸蟠龙一条，一面铸"光绪元宝"四字）。由于银圆是由各省自铸，标准不一，式样和成色参差不齐，且银圆上都标明本省省名，当时在潮汕地区流通的有吉林、奉天、湖北、湖南、福建、浙江、江苏、安徽、河南、广东等地铸造的银圆。[3]直到宣统二年（1910）清政府颁布《币制则例》，才将铸造权收归中央，开始铸造"大清银币"，称为国币。自铸银圆并没有取代银两，银两仍然存在。银圆在使用中也视同银锭，需要称重查色。[4]

（三）七兑银

无论是银两还是银圆，由于样式繁多，重量也不同，使用过程中均需称量查色，无形中增加了市场中交易的成本，随着市场交易规模的扩大，为适应市场需要和克服流通的地区性，出现了作为计算单位的虚银，作为当地通用的银两计算标准，虚银也是有重量和成色的。实银两是交易时收受的现银，虚银两则只是记账的单位。一锭实银要存入金融机构，例如银庄，先要根据银庄所在地的实银标准算出其升水或贴水，然后按照当地使用的虚银标准计算其应记的数额才能入账，计算方法十分烦琐。全国有影响的虚银有几种，如上海的九八规元、天津

[1] 潮州市金融志［M］.1987年版，2004年重印：38.

[2] 袁远福.中国金融简史［M］.北京：中国金融出版社，2005：34.

[3] 潮州市金融志［M］.1987年版，2004年重印：38-39.

[4] 袁远福.中国金融简史［M］.北京：中国金融出版社，2005：28.

行化银、汉口洋例银等。各地按习惯都有自己的虚银作为计算的单位，汕头开埠后，对外贸易快速增长，为满足市场交易需要，也出现了作为计量单位的虚银，即七兑银。不过，与一般虚银两不同，七兑银一开始是一种实银两，即清同治年间的"原封银"。

在潮汕地区，清同治年间为了方便市场交易，汕头商人在本埠以4枚重七钱二分五厘的银币（如墨西哥、日本、安南、中国香港等地银圆）和6枚重六钱七分的银币（如西班牙、葡萄牙、菲律宾等地的银圆）配合而成10元，重量约七两，故称为七兑银。商人用这一方法搭配银圆后用纸封固，标其重量，最初每封统一为50元，这就是"原封银"，[1]后来则有20元、30元不等。

商人在市场交易中使用七兑银时，不用再拆开银圆鉴定其成色和重量，每转一手，则加盖印章于封上以示负责，倘若发觉封内讹误，便逐手驳回，由原封人负责补回。如此商业交收大为方便，七兑银逐渐成为汕头市面上的通用银，成为地方交易的记账符号和汕头通用的地方虚位货币，并迅速推广到潮汕各地。

（四）七兑票

虽然原封银解决了鉴别成色和重量的麻烦，但毕竟需要使用现银，在频繁的交易中，特别是较大笔的交易中，使用现银还是不够方便。汕头开埠后，商业及贸易规模迅速发展，特别是鸦片的进口致使本埠多年处于逆差状态，大量现银外流，市面现银缺乏，对商业流通造成较大影响。加之原封银在市场交易中，银封日滥，印章斑杂，辨认极难。同时有人在银封内暗藏次银圆或铜圆，导致信用下降。为满足地方商业交易需要和便利交收，一些私人银庄，如汇安庄、德万昌、同吉庄等，发行与七兑银对应的凭票——七兑票。后来，森丰、巨源、太古、怡和等银庄先后设立，同样发行纸币，票额有1元、5元、10元、50元、100元数种。太古银庄还发行面额为25元兑票一种，取4票合为100元，易于交收。森丰庄发有每票2元的兑票，以便于华侨的批款分发。汇兑庄发行的七兑票有七兑银可以兑换，其作用与银票相同。在原封银消失之后，七兑银成为虚银两，七兑票即成为一种无相应实物银可兑现的信用货币，也仍以银两为本位。商人若持七兑票兑现，汇兑庄只能以大洋称足重量支付。[2]

七兑票其实就是现代的钞票，它的出现无疑大大便利了市场交易，降低了交易成本。《潮海关十年报告》称："所有较大的银行均发行钞票。这些钞票仅

---

[1] 萧冠英.六十年来之岭东纪略［M］.广州：广东人民出版社，1996：63.

[2] 陈海忠.近代商会与地方金融——以汕头为中心的研究［M］.广州：广东人民出版社，2011：146.

供当地使用，并按照汕头通行的兑换率，即每元值银7钱发行。在外观上，他们有点像外国钞票，在白色或者着色的纸上彩色印刷。其中有一些在本地印刷，尽管图案设计整洁有条理，却不能很好地防止伪造。其他的采用外国的方法印刷，虽然很难说他们在欧洲还是东方印刷。一家银行发行在伦敦制印的钞票，这种钞票采用最精心制作的式样，白线图版，图样十分细致，使最高明的伪造者也无所施其技。钞票发行的面值有10、20、25、50和100元等几种。在汕头，人们很乐意接受这些钞票，地区内有几个城镇把他们与硬币等同使用。"[1]

七兑票很受商民欢迎，不仅成为当时汕头埠的主要货币，同时也在周边城镇流通。

由于发行七兑票无须现金准备，也没有法定机构进行监督，银庄根据自身实际需要自由发行。随着地方银庄不断创设，发行七兑票日益泛滥。为防止滥发纸币，保证七兑票信用。汇兑公所对七兑票实现"换纸"制度，即："每日就行档内轮流一号为司事，其他庄号于收付终结后，将所存同业纸票提交司事，按号择分，以别存欠。"[2]通过"换纸"，银庄在每日收付终结后，将其所收到的七兑票交到汇兑公所，换回自家发行的七兑票。通过比较银庄收到的七兑票金额与同行收到该银庄发行的七兑票的金额，如果相等即为平，则换回自家纸币；如果多于即为欠，则银庄需付即日市价利息；如果少于即为存，则银庄可得利息。如果银庄经常收到的七兑票数量多于同行收到该银庄的七兑票，该银庄就要经常付给其他银庄利息，银庄就会选择少发纸币以免支付利息，从而维持七兑票的发行数量，七兑票的信用也就保持坚挺，人们很乐意接受使用，并成为汕头的通用货币，甚至出现了"纸贵银贱"现象，如1924年前后，七兑票的价格比大洋现银还贵。

1925年4月，东征军抵达潮汕，设"建国粤军潮梅海陆丰各属财政总局"（简称潮梅财政总局），东征军一切后勤补给均赖汕头供给，东征军以广东毫洋为主币，纸贵银贱导致东征军受到损失。再者，纸贵银贱导致上海潮汕商人运银到汕头无利可图，而潮梅内地货物多从汕头采购，需以七兑票为结算单位，货物运到内地销售，所收货款则为大洋和毫洋，从而造成潮梅内地物价上涨，影响百姓生活。因此，上海潮汕商人、潮梅内地各属商人团体与东征军一起推动汕头

[1] 中国海关学会汕头海关小组，广东省汕头市地方志编纂委员会办公室.潮海关史料汇编［M］.1988：58.

[2] 饶宗颐.潮州志［M］.潮州：潮州地方志办公室，2005：1354.

"废两改元"的金融改革。潮梅财政局以私人发行通货违背国家的法例，且汕头的币制复杂为由，下令废两为元，规定商场上银两数以7钱折为银圆，并以大洋、银圆为通行本位。1925年5月21日，在汕头召开金融大会表决废除七兑票事宜，大会决定废除七兑凭票，废两用元，采用大洋本位制。自1925年6月1日起，不论银庄、杂行、个人对于从前以七兑票计算的未了契约，一概以7钱折合大洋1元计算；对于持有的七兑票，自6月1日起可以向各银庄兑换大洋现银。1926年6月1日前暂时以袁头币及鹰洋、日本、实吻、七角、中国香港、美国、安南板鸟8种银圆为汕头市场通用银，截止日后一概以国币为标准。各银庄发出的七兑票由商会给予盖印，认为大洋票，照票面额以大洋行使。至此，行使汕头数十年的七兑票终被废除，终结了银庄无保证即可发行纸币的历史，开启了国家政权力量控制汕头地方货币的进程。[1]

在七兑票作为纸币流通的这一时期，还有一种白票纸币，是在年关季节为增加货币资金以供周转而发行的本票，每票在500元间，行使范围不广，由银庄会同各商店行使。市面上也流通着金属币，特别在潮汕内地，主要使用金属币，包括铜钱、银两、银圆、铜镭、毫子等。铜钱也是本位货币，钱银并没有固定比价，不过，大概1500文值纹银一两。后来有了七兑银之后，每一银圆兑换铜钱常在900—1000文之间。由于铜钱的质量日益下降，铜钱价格随之下降，至民国12年（1923），流行千年的铜钱停止使用，一切零用尽以铜镭代替，铜镭或称铜圆、铜仙、铜板，当时七兑银一元值铜镭120枚。毫子是银辅币的通称，每毫值90—100文。民国时期潮汕地区使用广东省造币厂铸的银毫2毫币较多，1毫币较少。毫子除缴纳税饷外，只用于零售买卖及凑足成尾数，由收找店逐日定价，买卖如同于商品。[2]

二、废两改元时期（1925—1935年）

汕头的废两改元要比全国实施废两改元（1933年）早8年。1925年6月1日，汕头废除七兑票，实行废两改元，同时通过《汕头发行保证纸币办法》，经当时建国粤军总司令部核准施行，由汕头总商会组织成立银业保证审查会，办理保证

[1]　陈海忠.近代商会与地方金融——以汕头为中心的研究［M］.广州：广东人民出版社，2011：189.

[2]　广东省汕头市地方志编纂委员会.汕头市志（第三册）［M］.北京：新华出版社，1999：1170-1173.

纸币事务，汕头地方货币进入保证纸币时期。[1]保证纸币发行总额计500万元，分1元、5元、10元、50元、100元5种，保证纸币很快取代了七兑票。[2]民国15年（1926）12月13日，中央银行汕头分行发行大洋券，种类分为1元、5元、10元三种。大洋券除用以缴纳捐税之外，一般交易用途远不如保证纸币广泛，中央银行汕头分行发行的大洋券并未能取得主导地位。[3]

面对当地银庄的竞争压力，1928年7月，为维护中央银行纸币权威，在省政府支持下，广东中央银行汕头分行出台《取缔汕头市及潮梅各属银庄发行纸币办法》（简称《取缔纸币法》），拟取缔保证纸币。但受到汕头总商会与汇兑、银业两公所以及各银庄的坚决抵制。

1933—1934年，在世界经济危机影响下，潮梅地区经济形势发生很大变化。侨汇锐减，银价上涨，现银流出，银根紧缩，进出口贸易冷淡，百业萧条，数百家商店、银庄倒闭。1933年，汕头就遭遇了三次金融风潮的冲击，汕头市商会已无力维持保证纸币制度，不得不转而向政府要求救济，并获准以收回银庄各种纸币为条件，发行商库证救济市面。存在不足10年的汕头保证纸币终于退出历史舞台，商库证作为另外一种形式的纸币开始在市面流通。[4]

商库证与保证纸币比较起来，两者均由商人自发组织发行，以汕头不动产为抵押品，其价值均取决于不动产价值。但又存在明显的不同：一是商库证虽以元为单位，与大洋对应，但规定行使期间不兑现，到期须由商家备款收回。二是商库证面额远远大于保证纸币，一般只能用于大宗交易，若用于零售则找换比较困难。

商库证发行期限原为1年6个月，期满后必须于6个月内全部收回。[5]自1934年7月开始发行算起，汕头市商库证于1936年1月到期，并须在7月之前收回。但因市面萧条，筹款困难，商库证一再延期收回。直至1937年2月，广东省政府、财政部批准了由汕头财政厅拟的《收回汕头市商库证办法》；1937年7月10日，广东省政府第八届委员会通过了省财政厅拟订的"整理汕头市商库证办法六项"

[1] 陈海忠.近代商会与地方金融——以汕头为中心的研究［M］.广州：广东人民出版社，2011：198.

[2] 广东省汕头市地方志编纂委员会.汕头市志（第三册）［M］.北京：新华出版社，1999：1174-1180.

[3] 陈海忠.近代商会与地方金融——以汕头为中心的研究［M］.广州：广东人民出版社，2011：208.

[4] 陈海忠.近代商会与地方金融——以汕头为中心的研究［M］.广州：广东人民出版社，2011：272.

[5] 修正汕头市商库证发行委员会章程，民国档案1-2-14，第1-5页，汕头市档案馆藏.转引自：陈海忠.近代商会与地方金融——以汕头为中心的研究［M］.广州：广东人民出版社，2011：291.

办法，1937年7月起开始收回商库证。后因日军侵略汕头，商库证整理工作暂告终止。抗战胜利后，1946年1月，省财政厅召集各银行、市商会等单位重新组织清理委员会，着手整理商库证。至此，迁延经年的商库证清理收回工作终告完成，商库证从此完全退出汕头金融市场，也终结了晚清民国时期汕头地方货币的历史。[1]

这一时期汕头以银圆为本位币，市面流通的纸币从七兑票换成了保证纸币，同时流通的金属币有银圆（大洋）、铜镭、毫子和镍币等。由于各省低质铜镭大量流入，铜镭价格逐渐下降，至1933—1934年，一度跌至360余枚，仅值大洋一元。受私铸毫子混合使用的影响，民国17年（1928）2毫币毫子使用改铸新银币，民国18年（1929）改用新铸1毫银币。[2]此前民国9年（1920），潮汕地方军阀也曾以每枚值半毫的镍币，强行人民使用，但在市场上难以流通，不久便消逝。

三、法币时期（1935年之后）

民国24年（1935），民国政府废止银本位制，实行"法币政策"，禁止银圆流通，白银收归国有。规定以中央、中国、交通三银行（后增中国农民银行）所发行的纸币为法币。取消外商银行的发行权，把法币的发行权集中于中央银行。在采用法币后，一般对法币仍沿称国币。

法币政策的实施，是中国近代金融史上的一件大事，在潮汕地区也具有重大的影响。一是法币政策有利于社会经济发展。法币流通之后，资金开始松动，利率下降，金融市场趋于安定；物价普遍回升，刺激了生产的复苏。汇率下降，促进了出口的增长。二是法币政策规定废除银圆，流通纸币，适应了发展商品市场的需要。三是法币的发行集中、准备集中，这对于统一混乱的货币有积极的意义。统一的货币流通市场能够促进商品交换的发展，能够促进商品流通的扩大，而统一的货币流通市场的形成，又有赖于发行的集中。法币政策的实施，一举改变了货币以往那种混乱的状态，也结束了分散发行的历史。

货币同时也是生产关系的体现。法币政策的实施，客观上固然有利于社会

[1]　陈海忠.近代商会与地方金融——以汕头为中心的研究［M］.广州：广东人民出版社，2011：298.

[2]　潮州市金融志［M］.1987年版，2004年重印：40.

经济的稳定和发展，也是国民政府官僚资本为了垄断货币发行权所采取的关键措施。由于发行集中和白银国有，国民政府加强了对地方银行、商业银行和钱庄的控制，集中了5亿盎司白银。其中，除了1.3亿盎司是政府银行原有的存银外，余下的3.7亿盎司是从民间收兑得来的。日后通货膨胀，法币贬值，人民财产遭受损失。

民国25年（1936）7月18日广东还政中央后，中国银行汕头分行首先运入法币行使，面额有1元、5元、10元三种，辅币有1角、2角两种。不久，交通、中央银行相继来汕设立分行，同样发行法币。[1]其时，大洋券加二值，银毫券加四四值，与国币同时流通。汕头、潮州沦陷期间，国币、银毫券、大洋券、港币、日本占领军的军票同时在市面流通。民国31年（1942）9月1日，日伪政权限制沦陷区人民仅准使用伪中央、中国、交通三行发行的货币，其他纸币不准流通，并以军票1∶2收回国币。

抗战胜利后，民国政府为了弥补财政赤字，大量发行纸币，"单以1947年6月份（法币）增加额来说，就比从1937年6月起到1945年12月止总增加额还要多"。[2]法币的超发导致法币的崩溃，民国政府于民国37年（1948）8月19日实行币制改革，发行金圆券，金圆券发行仅10个月，发行增65万倍，物价上涨120万倍，很快由膨胀而崩溃。

在解放区，民国36年（1947），中国共产党潮汕地委决定在党领导的潮汕解放区（含部分游击区）自己发行货币，排挤法币，兑换港币。民国37年（1948）以裕民银行的名义发行裕民券，作为解放区本位币进行流通，面额为1元、5元、10元和辅币1角、2角、5角。

南方人民银行成立后，民国38年（1949）8月，潮汕人民行政委员会曾先后颁布《外汇管理暂行办法》《对外贸易暂行办法》和《金银管理暂行办法》，禁止港币在市场上流通使用，发行南方人民银行币，简称南方券，建立南方人民银行的本位币市场。1935年汕头发行法币后，法币成为流通的主要纸币，对于已流通的纸币准其照常行驶。市面流通的金属币有铜镭、毫子、镍币等，民国26年（1937）通行法币时，每法币1元值300枚铜镭，广东大洋券1元值250枚铜镭。

---

[1]　广东省汕头市地方志编纂委员会.汕头市志（第三册）［M］.北京：新华出版社，1999：1174-1180.

[2]　中华民国货币史资料第二辑，第570页。转引自：叶世昌，潘连贵.中国古近代金融史［M］.上海：复旦大学出版社，2001：402.

民国28年（1939）汕头市被日军侵占后，铜镭尚续有行使，后逐渐脱离了货币地位，停止了流通。民国24年（1935），潮汕市面流行民国政府法币后，镍币曾一度作为辅币使用。

第二节　金融机构

近代汕头金融机构众多，不仅有数量众多的当地当铺、银庄，还有中央银行、省级银行的分支机构，国外银行的分支机构，保险公司分支机构，侨批局等。近代汕头商业的繁荣离不开金融机构的支持，而商业的繁荣也推动了金融机构的发展。

一、传统金融机构

（一）典当

潮汕地区的当铺有当、按、押3种。当期3年，按期2年，押期1年，期满清利，可延长3至4个月。该业初时城市有较多专营，较大村落亦多遍设。典当业的业务，除了借款以物做按外，也有低利吸收存款。民国期间，也有印发钞票，流通市面。

到20世纪二三十年代，潮汕地区典当业有了很大发展。1933年，汕头市区有典当铺23家，资本总额46万元，典当业盛极一时。1935年后，由于世界性经济危机影响，物价低跌，借款人多数有当无赎，当铺多数将断赎货削价发落，略有微利或亏本，当业遂趋衰落。[1]

（二）银庄

银庄，又称钱庄、汇兑庄、息庄、收找店，是旧式金融机构，其业务有汇兑（包括香港汇、上海汇、省内汇）、存款、放款、买卖汇票、来往存欠款之结算、收找国内外货币、发行以大洋为本位的纸币，在未设立银行之前，亦有称银庄、钱庄、汇兑庄等为"银行"者。

随着汕头与外地贸易的发展，商品流通范围的扩大，出现了不同地区债务

---

[1] 庄学斌，徐波，许毅哲.促进典当业转型升级助推汕头金融创新——关于汕头市典当业的专题调研报告［J］.潮商，2013（1）：70-75.

清算和现金平衡等新问题，于是需要汇兑专业化。在近代银行出现之前，经营汇兑业务的金融组织为汇兑庄，著名的山西票号即为山西人经营的汇兑庄。

汕头最早开展汇兑业务的是山西票号，开埠以前便在汕头老妈宫处开始接受汇单。此后，其他银庄相继成立，接收外汇、代兑批款、办量钱币的存找等业务，并与南洋各地银庄联网，转驳批款。[1]较先在汕头设立银庄的是澄海人开设的诚敬信庄，而后设立的银庄有汇安、德万昌、振大兴、同志、协兴昌、裕兴福、巨源、太古盛、恰和、增兴、连兴、泰安、培源、嘉发、新合顺、陈簧利、顺成庄等。部分银庄，除在汕头设立机构外，还在南洋分设机构，接受批信并代南洋侨批局转驳批款，自成侨批的收、汇、投网络，这些银庄有森丰、陈炳春、永德、有信、陈富通、郑钟记、茂昌、陈源记、金生等。由于银庄系资本雄厚的富豪所设，财势力足，在地方有一定的社会地位和威望，华侨寄侨批比较放心。因此，银庄兑批深受华侨欢迎和使用。[2]

银庄也多经营收找业，即经营货币收入、找出，调换不同货币种类。有两个因素促使收找业的兴起和发展：一是潮汕各地一向币制复杂，人们身上带有的货币有时不能适合行使，需找换适用的货币；二是汕头为华侨出入口岸，潮汕以及兴梅各地华侨众多，南洋各地华侨回国时常带有居留地零星的硬货币，抵汕时需换为潮汕通用货币，出国时又需换回外币。收找业的兴起稍晚于钱庄，发展很快。民国5年（1916）汕头市收找店有30多家，民国11年（1922）发展至216家，潮安、揭阳等县也有此行业。[3]民国前，收找店多属小本经营，与汇兑庄关系比较密切，"汇兑庄利用收找店为之推行纸票而得行驶纸票之利息，收找店利用汇兑庄纸票为资本以供营业运用，交得其益"。[4]民国以后，一些财力雄厚的收找店除经营传统的收找业务外，还经营汇兑业以及发行七兑票。[5]

随着业务的发展，汇兑庄业务范围不断扩大，有吸收定、活期存款和往来存欠款，买卖香（港）申（上海）等汇票，以及发行货币，汕头商民对内对外资金汇兑几乎均由本地汇兑庄经营。清光绪二十六年（1900），汕头汇兑庄已有

---

[1] 在近代，批款汇兑是银庄的一项主要业务，多数银庄兼营侨批业，也称为侨批局。

[2] 邹金盛.潮帮批信局［M］.香港：艺苑出版社，2011：44-45.

[3] 广东省汕头市地方志编纂委员会.汕头市志（第三册）［M］.北京：新华出版社，1999：1160.

[4] 饶宗颐.潮州志［M］.潮州：潮州市地方志办公室，2005：1418-1427.

[5] 陈海忠.近代商会与地方金融——以汕头为中心的研究［M］.广州：广东人民出版社，2011：158-159.·

12家，并成立行业组织，即汇兑公所，民国19年（1930），汇兑公所改称汇兑同业公会。随着收找业务的发展，1920年还成立了以收找店、中小银庄为主的银业公所。民国21年（1932）是汇兑庄的全盛时期，全市达60多家，发行纸币总数在500万元以上，是汕头首屈一指的行业，对地方公共开支有较大贡献。民国22年（1933）以后，因南洋商情的不景气，以及银行业的兴起，汇兑庄相继倒闭或自行收盘，转为他业。民国27年（1938），仅剩光益裕、有信、陈炳春、永安和陈簧利等7家。[1]

汕头银庄通过办理汇兑、存放款、收找业务等，解决了运送现银的困难，加速了资金周转，便利商民，对扶助工商业，搞活流通领域起到重要的作用，促进了汕头的对外经济活动；更是便利了华侨侨汇寄送，为潮汕地区提供源源不断的侨汇挹注，促进了潮汕商业繁荣。

二、银行机构

（一）清末银行

清末以降，为了在货币金融领域挽回利权，不少官方或半官方的新式银行纷纷设立，包括中国通商银行、大清银行、交通银行、广州官银钱局（见表9-1）。这些近现代银行大多成立未久即在汕头设立分支机构。不过，这些官方银行的业务范围，显然也局限于官方款项的收兑。《1892—1901年潮海关十年报告》中指出："汕头不同于中国大多数大贸易中心之处是这里的大部分银行业务掌握在本地人手中。当地商人之间的结合特别牢固，即使在实力雄厚已打进国内任何其他商业社会的山西银行帮中也仅有一家大蔚泰厚号，能成功地在这里占有一席之地。这家银行和属于广州银行支行的海关银行（专门从事政府税款的征收和汇解），以及另一家广州人开的银行是这里仅有的不纯属当地机构的几家银行。"[2]除了许多小银号（其中有18家成立于过去的十年里）以外，汕头有十家地位稳固、至少各拥有资金10万元的大银行。

《1902—1911年潮海关十年报告》指出："汕头本地金融制度的一个特点

---

[1] 广东省汕头市地方志编纂委员会.汕头市志（第三册）［M］.北京：新华出版社，1999：1159-1160.

[2] 中国海关学会汕头海关小组，广东省汕头市地方志编纂委员会办公室.潮海关史料汇编［M］.1988：57.

是：其业务主要有本省人办理。几乎在全国各省垄断了这个行业的山西银行帮也被排除在外。目前共有约20家本地银行，……'大清'和'交通'两银行也在此设立了分行。但它们的业务仅仅限于点收和保管海关税收和政府其他存款。"[1]这份报告继续批评汕头的金融制度："所有的当地银行都发行钞票，面值从1元到100元不等。标准价值为每元值银7钱，据估计，目前有价值达225万元的这种钞票在汕头流通，毫无疑问这原是一种方便之举。但事实上这些银行虽发行了纸币，却没有一个有充足的银储备。它们当中，破产者屡见不鲜。"[2]

表9-1　清末汕头银行简况[3]

银行名称	总行成立时间及地点	汕头分行（号）成立时间
中国通商银行	光绪二十三年（1897），上海	光绪二十四年（1898）
大清银行	光绪三十一年（1905），北京	宣统元年（1909）
交通银行	光绪三十三年（1907），北京	光绪三十四年（1908）
广州官银钱局	光绪三十年（1904），广州	不详

（二）民国时期银行

民国成立后的前10年里，汕头当地银行从1911年的20家增加到1921年的35家，其中有28家钱庄发行纸币。到1922—1931年，在汕头市场占有重要地位的地方银行数目从1921年的25家增长到1931年的大约60家。

民国期间，汕头的主要银行可分为以下几类（见表9-2）。

1.国家银行在汕头设立的分支机构

进入民国，共有7家国家银行机构到汕头设立分支机构。其中，中央银行、中国银行和交通银行都具有中央银行职能，具有货币发行权，它们在汕头的分行主要办理官方业务，包括货币发行、经收国库税款、机关存汇款项等。其他银行则按照其各自职能开展业务，如中国农民银行汕头支行主要办理农贷和农业建设投资；中央信托局汕头办事处则主要办理信托保险、储蓄、易货和购料。邮政储金汇业局汕头分局主要经营储蓄并办理小额汇兑，简易寿险及经收侨汇，小额贷

[1]　中国海关学会汕头海关小组，广东省汕头市地方志编纂委员会办公室.潮海关史料汇编［M］.1988：69.

[2]　中国海关学会汕头海关小组，广东省汕头市地方志编纂委员会办公室.潮海关史料汇编［M］.1988：69.

[3]　陈景熙.官方、商会、金融行会与地方货币控制权——以1925年"废两改元"前后的汕头为例［D］.汕头大学硕士学位论文，2002.广东省汕头市地方志编纂委员会.汕头市志（第三册）［M］.北京：新华出版社，1999：1161.

款；中央合作金库汕头支库则为谋求自身生存，经营一般银行业务，未能真正发挥合作金库以调剂合作事业资金为主的功能。

2.地方银行及分支机构

汕头地方银行及分支机构只有3家，地方银行为官方银行，主要办理官方业务。其中广东省银行汕头分行业务以收汇省税为主，后为便利侨汇，先后增加储蓄、信托和农村贷款业务。汕头市市立银行是市立公库性质，业务为公库之出入，对于市场金融调节尚未发生作用。广东省金库汕头分库则服务于厅行之间的现款收支。

3.私人银行

民国时期，一些私人银行也到汕头来设立分行，包括华侨联合银行、中国农工银行、金城银行、中国工矿银行、国华银行、中国实业银行等。这些汕头分行多数于抗日胜利后设立，主要开展商业银行业务，在汕头营业时间很短。

4.外国银行

台湾银行是日本侵占台湾后，于光绪二十五年（1899）创立的，总行设在台北。台湾银行于1907年在汕头设立分行，"九一八"事变后停业。至日本侵略军入侵汕头后其分行又开始办理业务。抗日战争胜利后，台湾归还中国，该总行被接管，汕头分行随之撤销。

1925年设立的一家荷兰银行（Nederlandsch Indische Handels bank），由于生意惨淡而于1928年关闭。1946年10月，英国汇丰银行汕头办事处设立，主要服务在汕的外商洋行，解放初歇业清理。

5.革命根据地银行

1948年底，潮汕解放区人民民主政府设立了裕民银行，发行裕民券在解放区流通。1949年7月，中共中央华南分局在广东省潮汕解放区成立南方人民银行总管理处，发行南方人民银行币，作为华南解放区统一的本位币。南方人民银行成立后，裕民银行结束并入南方人民银行。

表9-2 潮汕地区近代银行机构简况[1]

类型	名称	设立时间	业务	结束
中央银行分支机构	中央银行汕头分行	1937年1月	办理钞票发行、机关的存汇款项、经收国库税款、兑付公债本息、代拨发国民政府给汕头各机关的经费等业务	汕头沦陷前受命撤退，抗战胜利后复业。解放后被汕头市军事管制委员会财经接管部接收管理

---

[1] 汕头市金融志编纂小组.汕头市金融志（初稿）[M].1987：101-107，110-114.

续表

类型	名称	设立时间	业务	结束
中央银行分支机构	中国银行汕头支行	1914年11月	以收汇海关税款为主，也经营机关中的公私银钱寄存、委托解付汇款等业务；抗战胜利后受中央银行委托办理侨汇业务，使汇兑业有新的发展	汕头沦陷前受命撤退，抗战胜利后复业，业务没多大发展，解放后被接管
	交通银行办事处	1936年	国民政府定为全国发展实业银行，将轮、路、电、邮各局存款由其经营	解放时由人民政府接管
	中国农民银行汕头支行	1946年	办理农贷和农业建设投资	汕头解放前夕，该行奉命停业
	中央信托局汕头办事处	1947年	办事处的业务未能全面展开，只经营存款、放款、汇兑业务	汕头解放，被人民政府接管清理
	邮政储金汇业局汕头分局	1946年3月	经营储蓄并办小额汇兑，简易寿险及经收侨汇，小额放款	汕头解放，被人民政府接管清理
	中央合作金库汕头支库	1948年	经营一般银行业务，平常办理同业拆放、商业往来、汇兑以及农业合作贷款等业务，未能真正发挥合作金库以调剂合作事业资金为主的功能	1949年8月20日全面结束营业
地方银行及分支机构	广东省银行汕头分行	1924年12月	业务仍以受汇省税为主，对于工商业的发展在资金上给予一定的支持，先后增加储蓄、信托、农村贷款三项业务	至汕头解放，歇业清理
	汕头市市立银行	1947年	公库之出入业务，对于市场金融调节尚未发生作用	
	广东省金库汕头分库	1926年4月	奉厅令转知中行代为解管收支	
私人银行机构	华侨联合银行分行	1946年9月	商业银行业务	
	中国农工银行分行	1947年2月	商业银行业务	
	金城银行汕头分行	1947月	商业银行业务	
	中国工矿银行	1947月	商业银行业务	
	国华银行汕头分行		商业银行业务	
	中国实业银行		商业银行业务	
解放区银行	裕民行（裕民银行）	1948年底	在潮汕解放区发行货币（裕民券）	1949年7月并入南方银行属下的潮汕分行
	南方人民银行	1949年7月	发行南方人民银行币，作为华南解放区统一的本位币	

三、保险机构

汕头开埠之后，商贸、海运业的发展，亦带来了保险等行业的配套发展，汕头成为我国较早有保险业之地区。19世纪40年代即有外商洋行在汕头代理洋商保险公司业务，以英商为主。19世纪末期、20世纪初期，随着汕头经济社会的快速发展，上海、香港的人寿保险公司亦纷纷到汕头开设分支机构。"囿于汕头不具备上海、香港等金融中心地位，汕头并非保险公司总部所在地，保险公司多在汕头委托代理人代理业务，洋行及洋人开办的酒店，成为各种保险业务的代理人。"[1]

（一）清末汕头财产保险公司

汕头作为通商口岸，为保障海上运输、商业经营的风险，出现了运输险、水险、火险等以财产保险为主的主要险种。经营财产保险业务的公司有洋商和华商。

洋商方面：有英商太古洋行代理英商太古联合保险公司，荣安代理南英商保险公司，德记代理新西兰籍乌思伦保险公司及依仁保险公司，振顺行代理美商美亚保险公司等。业务以运输险为主，南洋线有暹罗（今泰国）、西贡（今越南胡志明市）、仰光、海防、新加坡、中国香港、广州等地，北行线有福州、厦门、上海、温州、芜湖、青岛、天津、宁波等地。鼎盛时在抗日战争前，战时几乎全部停顿，战后纷纷复兴。至解放初期仍有营业。每家每月保费收入以港币计有3万至5万元不等。水险费率往中国香港、厦门2‰，水渍险3‰，往暹罗、新加坡、中国上海等地3.25‰，水渍4.25‰，往青岛、天津4‰，水渍5‰。火险方面费率则有马路、内街洋灰兴建造及批发、零售、栈房之分。如内街批发行则每千元每年实收7元5角，经纪佣20%。水险收费则以目的地里程远近分别计算费率。惯例以六折半计算。

华商方面：开设多系抗日战争胜利后，设立过的机构有永安、中央信托局、太平洋、农业、太平、保平、南华、泰山、中国、联航等。业务有运输险、运输工具险及火险。一般商人除因押汇、押款、农贷等必须向中信局、太平洋、中国、农业四家国营银行附属机构投保外，余则都向其他公司投保。费率、回佣大体与洋商相同。[2]

---

[1] 曾旭波.汕头埠史话［M］.广州：暨南大学出版社，2018：52.

[2] 汕头市金融志编纂小组.汕头市金融志（初稿）［M］.1987：108.

（二）清末汕头人寿保险公司

随着汕头城市建设的发展和商业繁荣，人寿保险在汕头近代也有长足的发展。根据曾旭波对清末汕头埠报纸上刊登的保险业广告的考证，在汕头埠报纸上刊登过保险广告的人寿保险公司有6家（见表9-3），其中外国保险公司4家，中资人寿保险公司1家，中外合资1家，均在19世纪末20世纪初进入汕头委托代理机构或代理人开展人寿保险业务。

中外合资和中资人寿保险公司创办时间短，规模没有外资人寿保险公司庞大，资本也远没有外资人寿保险公司雄厚。在汕头设有办事处的中外合资人寿保险公司有上海华洋人寿保险公司，又名华洋永庆人寿保险公司，是光绪三十一年（1905）成立的英华合资保险公司，额定资本股银100万两。在汕头设有办事处的中资人寿保险公司有香港同益延寿火烛燕梳按揭汇兑积聚有限公司。该公司是一家集人寿和财产保险以及按揭、汇兑等金融业务于一身的中资公司，公司实备资本银100万元。[1]

表9-3 清末汕头人寿保险公司简况

委托代理保险名称	形式/国家	在中国总部	进入汕头时间	代理机构或代理人	险种
宏利人寿保险公司	外资/英国	上海	1897	德记洋行	寿险
永年人寿保险公司	外资/英国	上海	1898	福昌洋行	寿险
永明人寿保险公司	外资/英属加拿大		1906	总理人罗士	寿险
永平人寿保险公司	外资/美国		1903	代理人嘉米士	寿险
上海华洋人寿保险公司	中外合资	上海	1905	汕头德记洋行	定期寿险、终身寿险等
香港同益延寿火烛燕梳按揭汇兑积聚有限公司	中资			协昌行和协利行	人寿和财产保险以及按揭、汇兑等金融业务

（三）民国时期汕头保险公司

民国时期，汕头埠的保险业得以继续发展。据20世纪30年代有关资料统计，时汕头有保险公司49家，其中纯火险30家，水火险7家，纯人寿险4家，火烛洋面人寿等综合险8家。新中国成立前在汕头市的保险代理机构有29家，其中只有一种险种业务的公司有9家，包括寿险、产险、水险、火险，其他保险公司均经营两种以上保险业务，其中尤以运输险最多，经营运输险的多为外国保险公

---

[1] 曾旭波.汕头埠史话［M］.广州：暨南大学出版社，2018：52-57.

司。在汕头开展业务的保险公司总部均设在上海，在汕头设立代理机构开展业务。解放初，洋商、华商保险机构全部歇业。[1]

（四）近代保险机构对潮汕经济发展的作用

汕头开辟为通商口岸后，很快成为世界经济体系的一部分，进出口贸易和金融业的联动趋于成熟。保险业的发展对于汕头对外贸易和经济社会发展有着重要作用。

一是保险业大大促进了对外贸易和海上运输的发展。汕头开埠后，为应对船舶、货物等在水上运输过程中因遭遇海难或其他意外事故造成的损失，运输险、水险应运而生，用收取保费的方法来分摊灾害事故造成的损失，以降低风险，进而促进对外贸易和运输业的快速发展。

二是保险业为人民生命财产安全提供了保障。随着汕头城市建设的发展，汕头很快成为一个繁华的港口城市，商业发达，人们收入、生活水平较高，人们对人身安全、财产安全的需求也就出现了。加之近代潮汕地区自然灾害比较多，社会动荡，社会治安较差，为保障房屋、货物、人身安全，出现了火险、人寿保险等服务，这些险种发挥了保险、防灾、防损的功能，为人们的生命、财产安全提供了保障。

第三节　侨批业

侨批业又称侨汇业，是专门经营、传递华人移民侨批（信件及汇款）的私营商业性服务行业。侨批局即为经营侨批业的机构，是一种兼有金融与邮政双重职能的经济组织。清康熙二十三年（1684）解除海禁以后，潮汕地区移民东南亚等地谋生和经商的人数不断增加，潮汕地区与东南亚各地的交通和商业贸易不断发展。为适应广大潮侨寄侨批的需要，潮帮侨批局于道光年间以后在海内外陆续创立，潮汕侨批业于是应运而生。

一、近代侨批业的形成和发展

汕头开埠后，移居东南亚谋生和经商的人数快速增加，促进了潮汕侨批业

---

[1]　汕头市金融志编纂小组.汕头市金融志（初稿）［M］.1987：108.

的发展。近代潮汕侨批业的形成与发展可以分为以下几个阶段。

（一）潮汕侨批业兴起阶段（1860—1896年）

据统计，1875—1939年，从汕头港往东南亚各国的华侨华人净出口人数达165.5万人，其中多数为潮汕人。[1]随着东南亚潮侨的增加，汇款和寄信回家的需求不断增加，原来依赖水客递带信款已不能满足需求，遂先后出现信局、银号和商行等民间机构经营侨汇业务的侨批局。侨批局初期转送侨汇方法与水客递带信款方式相仿，但其金融周转和信用方面更胜于水客，深受华侨欢迎，因而得以迅速发展。潮汕地区最早创立的侨批局是于1835年在澄海东湖乡创立的致成批馆。[2]到1882年，汕头已有侨批局12家。[3]

汕头开埠后，开始出现钱庄行业。钱庄接收外汇、代兑批款、办理钱币的存找等业务，并与南洋各地钱庄联网，转驳批款。部分钱庄除在汕头设立钱庄外，还在南洋分设钱庄，接收批信并代南洋侨批局转驳批款，自成批信的收、汇、投网络。每笔侨批之中，包括银和信。交寄时，家信和银一齐交给侨批局，侨批局把款通过南洋钱庄划入汕头联号的钱庄，而家信却通过轮船信局寄至汕头联网的侨批局，汕头侨批局接到批信后，用随批信发来的清单，到联网钱庄兑款后，再把信和款合在一起投给侨眷。批信和批款分开寄运，提高了批款的安全性，加快了侨批寄送的速度，促进了侨批业的发展。

这一阶段是潮汕侨批业的兴起阶段，新侨批局不断创设，到1897年已累计创设36家，并大多持续经营。关于侨批数量，如封数和批款数额，尚未发现有相关统计。但从出洋人数和侨批局创办数量来看，本阶段应是潮汕侨批业开始成长的阶段。

（二）大清邮政总局成立后阶段（1897—1911年）

1897年，汕头大清邮政总局成立，并将侨批业纳入其管辖范围。汕头邮政总局的成立，意味着侨批业有了正式的管治机构，侨批局需到邮政机构登记注册。官方邮政局成立后，批信是其发展业务的对象之一。侨批局开始把收寄的"信"，通过邮政用总包寄递，"银"另通过钱庄及银行转汇，此后，"银"和"信"开始分道转递。如泰国批信局把批信装总包，交泰国邮政寄到汕头邮政局，再转投给设于汕头的侨批局中转站投出。批信经过邮政局邮寄改变了原来通

[1] 广东省汕头市地方志编纂委员会.汕头市志（第四册）[M].北京：新华出版社，1999：545-546.

[2] 王炜中，杨群熙，陈骅.潮汕侨批简史[M].香港：公元出版有限公司，2007：32-70.

[3] 陈礼颂.百数十年来的南洋侨汇[J].国际潮讯，1993（17）.

过侨批局递送的做法。

由于侨批需送达的地区多处于乡村，地处偏僻，邮政局业务未能企及，因此通过邮政局转递的批信仍为数不多。本阶段邮政机构对侨批局的经营和运作并没有产生很大的影响，反而是侨批局的批信业务在一定程度上支持了初成立的邮政局，邮政局通过批信转运费、回批航邮费等途径获得收益。而在跨国侨批递送环节，通过国家邮政系统降低了批信递送的费用，也提高了批信递送的效率，在一定程度上促进了侨批业的发展。

清代潮汕侨批业在大清邮政机构的管理和潮汕钱庄业的参与下，实现了批信的寄送与邮政联袂，改变了先前潮帮批信寄送不受限制的状况。

（三）民国成立至汕头沦陷阶段（1912—1938年）

20世纪30年代是近代潮汕经济发展的黄金时期，也是潮汕侨批业繁荣兴旺的阶段。1929—1932年，参加汕头市侨批业同业公会的侨批局达66家，占广东全省侨批局总数的70%，尚有30多家侨批局没有参加同业公会。到1935年，在汕头邮政局挂号并领有执照的批局共110家，其设立于海内外各地的分号共790家。[1]20世纪30年代潮汕各县的侨批局，大多数接受汕头市侨批局的委托派发侨批，形成潮汕的侨批局网络，潮汕侨批业进入鼎盛阶段，汇入批款不断增加。据《潮州志·实业志》记载："民国十年以前汇归国内批款，年在数千万元，十年以后在一亿元以上，至二十年又增倍数，可能达二亿以上。"[2]

民营侨批业的迅速发展，引起了当局的进一步注意。随着邮政机构和银行机构的普遍建立，民国政府逐步加强对民营侨批局的管制，甚至曾经决定取缔民间侨批局，企图逐步实现对侨汇的垄断。自大清邮政机构设立之后，晚清政府以至其后的民国政府，都认为民营侨批业有利可图，因而不断加以限制。1912年中国银行成立后，中国银行逐步介入侨汇市场，但成效甚微。直至1928年改组后的中国银行把开展海外华人汇款业务作为其重要经营目标之后，中国银行逐步建立了侨汇的经营体系。民国政府于1918、1928年两次明令取缔一直垄断侨汇业务的民间侨批局，以免它们与政府竞争。在侨批业公会的带领下，侨批业界据理力争，他们提出理由如下：

"批信局只接收国外侨民交寄之信款，国外侨民积累数百年的传统习惯，家书及安家费总赖批信局寄递，批信上书写的地址姓名又不尽详细，非土生土

---

[1] 广东省档案馆.批信局国内外分号开设地点名称一览表［A］.1935：22-34.

[2] 饶宗颐.潮州志·实业志［M］.潮州：潮州地方志办公室，2005：1312.

长的'批脚'不能投递，侨眷多住山村陋巷，远者数百里、近者数十里不等，为普通邮政投递范围所不及之地。批局却能以最快捷最稳妥之方法，投送给侨眷家中。村镇的公益事业，修桥造路、建学宇修祠堂，也多赖于华侨批款，国计民生，关系极大……"[1]

经过侨批业界的力争，民间的侨批机构始获保留，但在领取营业执照、缴纳邮费等问题上受到了某些限制。而民信局则不再兼营侨批业，退出侨批业，并于1934年停业，国内信件邮寄收归邮政经营，形成了私营侨批局与国营邮政共存的局面。在侨批局与政府当局抗争的过程中，侨批业公会及相关华侨组织（如新加坡中华商会）、侨领（如陈嘉庚、林义顺等）发挥了重要的作用，成为维护侨批局继续经营的主要力量。

这一阶段民国政府不断加强对侨汇的管制，逐步建立起官方的侨汇经营体系。到1936年，华侨银行、闽粤两省银行、交通银行、农民银行、邮政储金业务局已也先后成为经营侨汇的指定机构，并在国内外广设分支机构。尽管如此，这些银行机构的分布仍只限于县城和海外的主要城市，其侨汇的吸收力和分发范围还非常有限，与其业务相关的邮政网络也不完善，1940年，潮汕地区不通邮村镇仍高达91.6%。因此，侨批的递送仍然需要委托给民营侨批局。[2]

综上所述，本阶段民国政府对侨批业进行了限制，银行也参与经营侨批业务，民营侨批局、邮政机构和银行三者在经营侨批业务方面互相竞争，但也有一定程度的合作，侨批局、邮政、银行共同经营局面开始形成。邮政机构、银行逐步成为侨汇市场中的重要行动者。

（四）汕头沦陷阶段（1939—1945年）

1939年6月汕头沦陷后，日本侵略者和汪伪势力看到争夺侨汇的重要性，企图把潮汕的侨汇纳入其政治体系之中。为控制汕头市的侨批业，1940年春建立了伪汕头市侨批业公会。经汕头市日伪当局许可经营的侨批局有35家。1938年，汕头市注册的侨批局有85家，到1941年，汕头市侨批局仅存38家，且多数裁员减薪，经营业务衰落。潮汕各县的侨批局，也多数缩小业务或停业。[3]

沦陷期间，市场萧条，治安混乱，所有外汇交易多被日本银行揽办，海外

[1] 邹金盛.潮帮批信局［M］.香港：艺苑出版社，2001：50.

[2] 陈丽园.潮汕侨批网络与国家控制（1927—1949）［J］.汕头大学学报（人文社会科学版），2003：2-11.

[3] 王炜中，杨群熙，陈骅.潮汕侨批简史［M］.香港：公元出版有限公司，2007：32-70.

侨批局多通过香港汇丰银行，汇入汕头市台湾银行，由台湾银行负责批款统筹管理。太平洋战争爆发之前，潮汕的侨汇尚未完全中断，不少侨批局和邮政机构、华侨银行在十分艰苦的条件下，仍然通过一些渠道，千方百计为潮侨、侨眷提供递寄侨批的服务。

1941年12月，太平洋战争爆发后，中国香港、东南亚各地相继遭到日军侵占，整个亚洲和太平洋地区的政治格局发生急剧变化。东南亚各地的侨汇流通曾一度中断，潮汕侨乡凄凉破碎，侨眷生活更加痛苦。数月之后侨汇才陆续有所恢复，但侨汇的流通渠道发生重大变化。在抗日战争期间，由于邮路阻塞，为解救数百万侨眷于水火之中，侨批业者冒着生命危险开拓出侨批递送的秘密通道——东兴汇路。东兴汇路以越南芒街为突破口，以广西东兴为枢纽，将东南亚各国的侨汇线路由东兴沿广西、广东内陆地区秘密转到广东潮汕地区。东兴汇路等战时汇路成为当时潮汕部分侨眷的生命线，对纾缓他们的生活困境起到重要的作用。[1]

（五）抗战胜利后至潮汕解放阶段（1946—1949年）

1945年9月抗日战争结束后，邮路得以恢复。海外潮侨在历经战乱之后，迫切希望能够尽快向家乡寄送批信。海内外潮帮侨批局迅速恢复并发展，迎来了潮汕侨批业的一段短暂兴旺时期。1946年，潮汕地区的侨批局恢复和发展至131家，其中汕头市由抗日战争期间的30多家增至73家，至1948年，汕头市的侨批局有80多家。[2]

海外各地寄至潮汕地区的侨批封数大量增加。据汕头邮政统计，仅由汕头侨批中转局经办的侨批，1947年12月达14万多件，是1943年12月1.4万件的10倍。[3]

1948年之后，由于南洋各国对外汇的限制，国内货币的急剧贬值，侨批业经营转入黑市。侨批局从原来只收取批信的佣金转化为掌握侨汇头寸、炒卖侨汇的投机商。南洋侨批局多把批款汇往香港，套购港币，然后兑换国币，利用国币贬值及正常寄运批信、转驳批款的时间差，甚至部分批局有意无意拖延兑付批款，牟取暴利，使侨批业出现前所未有的畸形发展。国币贬值，批款以千万乃至以亿计，一斤纸币换不到一斤大米，侨眷利益蒙受很大损失，批局也多数

---

[1] 邹金盛.潮帮批信局［M］.香港：艺苑出版社，2001：68.

[2] 饶宗颐.潮州志［M］.潮州：潮州地方志办公室，2005：1312-1315.

[3] 王炜中，杨群熙，陈骅.潮汕侨批简史［M］.香港：公元出版有限公司，2007：32-70.

倒闭。[1]

二、侨批业的组织与业务

近代经营侨批业的组织为侨批局，侨批局是南洋各地与闽粤口岸间特殊的侨汇专业机构，其组织取自民信局，其经营则仿效水客，已有百余年历史。侨批局的名称，颇不一致，在国内多称民信局、信局、信馆或文书馆；在南洋称批信局、批局、汇兑信局、汇兑庄、信局或批郊。外国人大致称它们为汇兑商，或汇兑店。侨批局是南洋与汕头、海口、广州、厦门、福州、香港间特殊的侨汇机构。[2]

（一）侨批业的组织

第一，侨批局内部组织。

侨批局多为个人创办，也有合伙创办者，合伙创办人往往具有血缘关系，非亲即戚。

侨批局的内部组织，是管理部门与营务部门合一。旧的组织，只有一个司理人，几个临时性雇员，雇员称"送信人"，有批信到，叫他们来，没有船到，叫他们回去，节省开支。其比较新式的，稍具组织性，设司理一二人，仍称司理，下分设司库与司账，分掌会计事务，并有"买卖手"，掌理柜台及跑街，另有出纳，称"交收"，学徒多名，称"批脚"或"批件"，其最新式的，用银号制度。主管人，分经副襄理，复设顾问，聘有经验而富判断力的退休戚友担任，指导业务。其下分内勤与外勤，内勤有司账、司库、买卖手、书记、后生。外勤为跑街、交收，与银号一样。侨批局的营业地往往是家庭与商号合一，只在寓所挂一个招牌，或直以"张三寓"，或以"鸿雁斋"，代收转银信，有银信来，收转则先兑现，后托银行或银号转寄，转则原封转交。[3]

第二，侨批业行业组织。

据《潮州志》记载："批局既须按址送交批款，而携备巨额现金出入山谷野径，难免盗贼之虞，有需集合同业力量以维护，故清光绪中汕头已有南侨批业

---

[1] 邹金盛.潮帮批信局［M］.香港：艺苑出版社，2001：50-88.

[2] 西尊.批信局侨汇业务的研究［J］.广东省银行月刊，1947（7-8）：21-27.

[3] 西尊.批信局侨汇业务的研究［J］.广东省银行月刊，1947（7-8）：21-27.

公所成立。"[1]为保护批款安全，汕头埠在清光绪中期，已成立南侨批业公所，始后名称迭有变改，1919年改称汕头华侨批业公所，1926年又改为汕头华侨批业公会，1931年再改为汕头市侨批业同业公会。各县最先成立这类机构的是揭阳县，民国20年就有揭阳县批业公会设立；潮阳县则因解款关系，抗战中设有潮阳县批业公会，但全地区仍以汕头侨批业同业公会为总枢纽，负有全面保障潮汕批款安全的责任。为使公会真正起到应有的作用，订有保护、奖恤、追究等办法，如每年元宵节后，由汕头侨批公会立具赏格，报请当时专署所属各县市乡镇广贴告示保护侨批。凡遇侨批被劫，所在乡镇应负缉凶的安全责任；批工被劫，协助捉盗的乡民，死亡者的医恤费全部由侨批公会付给。此外，还规定该县侨批局半年内不准向肇事的乡镇派送侨批，所以各乡镇都以保护侨批为职责。"官厅民众皆乐协助，故失批之事尚少闻也。"[2]

由于侨批公会在侨批网络中有重要作用，几乎每个地区、每个华人帮派都有其组织，例如在泰国有暹罗华侨银信局公会，在新加坡有潮侨汇兑公会、闽侨汇兑公会、琼侨汇兑公会，在马来亚有槟城银信业公会、雪兰義中华汇业公会、马六甲中华汇业公会等，这些侨批公会又另外联合成立一个统领各地帮派同业组织的南洋中华汇业总会。

侨批公会的成立首先是维护侨批业务的安全，促进其经营网络内部的和谐统一。例如汕头侨批公会的章程说明："本公会以联络同业感情、保障公会侨胞银信及增进同业之公共利益、矫正营业之弊为宗旨。"并在章程中对保护银信有详细的规定，其中包括批伙在分批过程中遭遇盗贼或匪徒的枪杀，路人拔刀相助而致伤亡等种种情况有具体的奖赏和赔偿，而对于乡民在抢劫案中的漠视和纵容也有一定的惩罚。[3]侨批公会还张贴告示，向乡民宣传保护批款事项，其中有关惩罚的规定有："批款出发分送，遇有盗匪抢劫，附近乡村不行尽力救护，即由本会呈请官厅，就该乡村究追，治其庇众之咎，若在追究而未破获期间，该乡再有劫批事件发生，又仍旧不予救获，则除加紧究处外，并通知外洋批局停止收寄该乡批款，以至劫案皆行破获为止。"[4]

各地侨批局之间的协调和分工也是侨批公会的重要任务，由于海内与海外

[1]　饶宗颐.潮州志［M］.汕头：汕头艺文印务局，1949：74.

[2]　饶宗颐.潮州志［M］.潮州：潮州地方志办公室，2005：1310.

[3]　汕头市档案馆.伪汕头市商会档案［A］.卷270：23-41.

[4]　汕头市档案馆.伪汕头市商会档案［A］.卷412：9.

侨批局之间常常是通过代理关系来合作的，因此各地侨批公会需在代理问题上达成统一。有关资料显示，1946年，厦门市银信业公会属下的侨批局在代理海外侨批局时所取得的解付费用是解付额的4%，这是与新加坡闽侨汇兑公会商榷后的结果，当年后由于国内通货膨胀，厦门市银信业公会需要提高这项费用时，它便又与新加坡闽侨汇兑公会、南洋中华汇业总会重新来往函进行商讨。至于分发批款遭受盗劫损失的情况，汕头侨批公会也与海外各批业组织取得协调，"概由外洋负担"。[1]

汕头侨批公会通过联系海外同业组织、各地潮州会馆、汕头总商会等组织部门，一方面维护了侨批业内部的有效运转，另一方面使侨批网络在更广泛的社会网络中保障了其地位和利益。[2]

第三，侨批局经营网络。

1.侨批局经营网络概况

在南洋，批局从华侨手中收到侨批，然后通过国内的批局分发给侨眷，再从侨眷手里收集回批（即回信或收款凭证），通过南洋的批局发回原寄批人，于是侨批的流通过程即完成。汕头批局通过与海内外批局的合作，构成了一个连接海内外华侨侨眷的侨批经营网络，简化的网络模式如图9-1。众多的汕头批局、潮汕批局和海外批局，共同构成了覆盖海内外潮汕华侨和侨眷的侨批服务网络，为华侨侨眷提供有效率的侨批服务。在晚清和民国时期，潮汕侨汇和侨信的流通大部分是通过侨批经营网络进行的。平均每年有数千万乃至上亿元经批局汇入潮汕地区。[3]

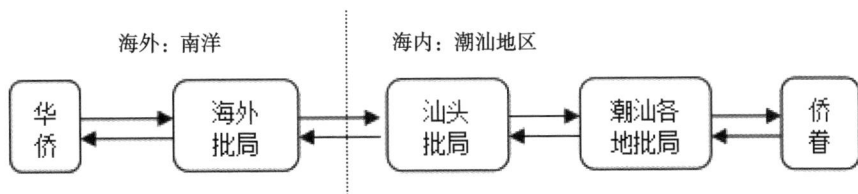

图9-1 潮汕侨批网络简图

潮汕侨批网络主要由海外批局、汕头批局和潮汕各地批局构成，海外批局

[1] 汕头市档案馆.伪汕头市侨务局档案［A］.卷49：46.

[2] 陈丽园.潮汕侨批网络与国家控制（1927—1949）［J］.汕头大学学报（人文社会科学版），2003：2-11.

[3] 饶宗颐.潮州志［M］.潮州：潮州地方志办公室，2005：1312-1315.

和潮汕各地批局分别联系海外华侨和本土侨眷，汕头批局是连接海内外批局的重要桥梁，因而也是潮汕侨批网络的枢纽。

2.侨批网络的关系构成

潮汕地区是一个地缘和血缘叠合的乡族社区，宗族文化发达。通过对"中华民国二十五年汕头侨批局登记详情表"的分析（见表9-4），在潮汕分号中，从宗族关系来看，分号营业人与汕头批局营业人同姓的批局有60家，占总合作分号477家的12.58%。从地缘关系来看，分号营业人与汕头批局营业人同籍贯的数量为147家，占总合作分号的30.82%。

在海外分号中，在有登记海外批局的51家汕头批局中，共登记海外批局134家。从宗族关系看，海外分号营业人与汕头批局营业人同姓达58家，占总合作分号的43.28%，从地缘关系看，海外分号营业人籍贯与汕头批局营业人相同者有101家，占总合作分号的75.37%。

可以看出，宗族关系和地缘关系是批局间构建合作的重要纽带。在潮汕分号中，分号地点为汕头批局营业人籍贯相同者达121家，占总分号数的25.37%。海外批局成立之初多为服务本县本乡华侨，随着海外华侨的增加和侨批市场的扩大，也开始承接家乡周边乡县华侨的侨批服务，不过，服务本县本乡仍是汕头批局的一大重任。

在海内外分号中，也有自设分号的情况，自设分号名称一般与汕头批局同名号，但也有不同者，分号营业人多为同姓族人，但也有委托他人管理的。在"中华民国二十五年汕头侨批局登记详情表"中，潮汕分号与汕头批局同名号的有10家，占潮汕总分号数的2.10%。海外分号与汕头批局同名号者有13家，占海外总分号数的9.70%。

表9-4　1936年潮汕侨批网络关系构成情况[1]

关系类型	潮汕分号		海外分号	
	家数	占比	家数	占比
分号营业人与汕头批局营业人同姓	60	12.58%	58	43.28%
分号营业人与汕头批局营业人籍贯相同	147	30.82%	101	75.37%
分号与汕头批局同一名号	10	2.10%	13	9.70%
分号地点与汕头批局营业人籍贯相同	121	25.37%		

---

[1] 胡少东，孙越，张娜.近代潮汕侨批网络构建与特征的量化分析［J］.北京：中国经济史研究，2017（5）：58-69.

自设分号的批局是比较少的，大多数汕头批局需要与海内外分号建立代理关系进行合作，而依托宗族关系、地缘关系建立合作是批局间合作的重要方式。宗族关系与地缘关系往往叠合在一起，在潮汕所有的合作批局中，分号营业人与汕头批局营业人同姓的几乎都是同籍贯者。侨批局之间的合作，通过乡族关系建立合作关系的约占分号总数的31%。

3.汕头批局与潮汕各地方批局的合作方式

南洋批局如果仅服务本县本乡华侨，那么侨批业务是有限的，不具有规模经济，即便是兼营也面临较高的营业成本。近代随着出洋人数的增加，南洋华人社会已逐渐从熟人社会向非熟人社会转变。[1]侨批服务需求亦日渐旺盛，侨批业成为一个盈利颇丰的行业，竞争也日趋激烈。南洋批局不再局限为本籍华侨服务，而是不断扩大市场，服务当地各籍华侨。因此，承接海外侨批的汕头批局，除了服务自己家乡外，自然需要向邻近乡县扩展。考虑到侨眷多住在穷乡僻壤或荒村陋巷，批信往往没有详细地址，侨批的递送非熟悉当地的人士不可，最好的选择是与当地人合作，比如当地已有的批局或商号等。因此，许多汕头批局通过委托代理与许多地方批局建立了合作，这种不以乡族关系为纽带的代理统称为市场型代理，汕头批局通过市场型代理建立合作约占总分号数的69%。

所以，汕头批局与分号建立合作有三种方式：一是通过宗族关系建立代理关系（包括自设分号）；二是通过地缘关系建立代理关系；三是通过市场关系建立代理关系。通过市场关系建立合作，也存在两种情况，一种是通过与原有商业合作伙伴建立合作；无论是在南洋还是在潮汕内地，部分侨批业者以经营商业起家，再受商业合作伙伴委托而兼营侨批服务。依托原有的商业关系建立合作，成为汕头批局开拓市场的重要方式。如揭阳魏启峰批局的创始人魏福罗与汕头森峰栈批局的经理黄松亭原有夏布生意来往，魏福罗因诚信获得了黄松亭的信赖，黄松亭委托他代理在揭阳、普宁、丰顺一带的侨批解付业务，同时继续兼营夏布生意。[2]另一种是通过市场选择合作伙伴。如揭阳魏启峰批局和潮阳刘喜合批局均因声誉卓著，成为众多汕头批局的合作对象。可以看出，批局间的合作关系也存在差序格局模式，即按照宗族关系、地缘关系和市场关系构建合作，从而形成覆

---

[1] 焦建华.近代跨国商业网络的构建与运作——以福建侨批网络为中心［J］.学术月刊，2010（11）：136-143.

[2] 杨群熙.潮汕地区侨批业资料（潮汕历史资料丛编第11辑）［M］.汕头：潮汕历史文化研究中心，2004：294-305.

盖潮汕华侨侨眷的侨批网络。

（二）侨批局业务

第一，承汇。

潮汕华侨在东南亚多聚族而居，可以说是故乡乡族关系在东南亚的复制，因此，一开始侨批局服务大都是同乡同宗，主要依靠乡族情谊保持与华侨的联系，承揽同乡同宗华侨汇款，并提供上门服务。华侨经济有困难时，侨批局也可为其提供协助，包括：一是垫汇，即先帮华侨汇付，三天后收钱；二是赊汇，老顾客可以赊汇，先汇付，半月后收钱，不另收利息；三是集体赊汇，批信局印有一种"汇款登录簿"，分送同乡同宗以及相熟的华侨商号、矿场、工厂、农园的主任，代揽侨汇，由老板担保负责偿还。簿子收回来，就按照登录先汇出，后再来收钱。这些经济协助方式相当于小额信用贷款，不需交文字契据，口讲为凭。

第二，解款。

批款的寄发，分三条途径。有直寄香港转发口岸，有直寄口岸分送内地，有直寄内地分派收款人。信用是侨批局的生命，侨批业有一个特色，即批信已到，批款还未来，亦照派不误，不像银行没有头寸而退票或搁延。批信与批款，须一齐送达收款人，办法分两种，凡主要营业区域的信款，因数量多，须分送联号或代理转派。外联的信款，委托联号转派，或委任邮局，或委托洽定的汽车公司，负责转到。分送仅是分送到联号或代理，直接到收款人手上的工作，还在派批。派批的工作，都由批脚负责，分区域，定几条途径，以步行为主，必要时才搭车或坐船，把信款送到侨眷亲收。

第三，回批。

回批是侨眷收到南洋华侨侨批的回信，寄回汇出侨批局，以备送回原汇款人，作为收款人妥收的凭据。此为侨批业"回批制度"，侨批业以"汇价从廉"与"手续简便"为标榜，而以"回文快捷"最重要，这是侨批业精髓所在，是侨批局竞争的关键。回批是侨批局预备好的，对侨眷来说，实在节时省事，非常方便。

第四，汇价。

侨批局收取的手续费并不多，手续费一般为汇款的1%左右，有的还不收手续费。侨批局对手续费并不在意，而看重汇兑率，而汇兑率往往有利于侨批局，利用汇差获利是侨批局的主要盈利来源。

三、侨批业与潮汕经济社会发展

（一）侨汇数额

潮汕每年由南洋华侨汇入批款数额，缺乏较为完整的调查统计。"潮州每年由南洋华侨汇入批款数字，国人前未注意，缺乏调查统计（查民国二十二年曾有大略调查，后数目揭载报端，时值各地排华风炽，新加坡华侨认为足以招惹居留地政府之嫉妒，请由侨务委员会通令各地批局，以后一概不准调查）。"[1]

汕头是广东东部华侨汇款的一个集散中心，经由此处分散侨汇的各地，计有潮安、揭阳、潮阳、澄海、饶平、大埔、惠来、普宁、丰顺、梅县、兴宁、海丰、陆丰、五华等。此数县的华侨，散布于英属马来、暹罗、安南、荷属东印度等地。其中尤以暹罗及英属马来的人数为最多，安南及荷属马来次之。

据汕头批业同业公会对各批局的调查统计（见表9-5），1930年侨批总金额达1亿元。其中，来自暹罗4000万元，马来西亚3000万元，越南1000万元，其他2000万元，乃后历年逐步减少。因汕头批业同业公会会员每年需将营业数额呈报公会以确定其需缴纳的会费，所以该调查数据是比较准确的。但有一点当加以说明，该会所供给的数字即未曾包括那种由海外直接经过汇兑庄或银行所直接转汇的款项，据吴承禧的调查，此项直接汇回款项即约10%。因此，比较准确的批款数额应该在批业同业公会调查数据的基础上增加10%。[2]

表9-5　南洋潮梅籍华侨汇款经汕头转入内地数额[3]

单位：千元

年份	暹罗	英属马来西亚	越南	由票汇来者	总计
1930	40000	30000	10000	20000	100000
1931	35000	28000	10000	17000	90000
1932	32000	25000	6000	12000	75000
1933	27000	25000	6000	12000	70000
1934	20000	18000	4000	8000	50000
1935	15052	10811	4610	4090	34563
1936	20430	12740	8170	8640	49980

[1]　饶宗颐.潮州志［M］.潮州：潮州市地方志编纂委员会，2005：1312.

[2]　吴承禧.汕头的华侨汇款［J］.华侨半月刊，1936（99-100）：11-14.

[3]　数据来源：汕头侨汇消长状况［J］.国际贸易情报，1937，二（三）：63-64.

　　从表9-5中可以看出，进入19世纪30年代后，华侨汇款日益减少，直到1936年才有所恢复。1929—1933年的世界经济危机中，初时南洋华侨经营种植园或商业尚未受到较大影响，一两年后，经济形势越发严峻，各商户知生意不可为，多汇款回国储存，1930年华侨汇款回国达1亿元。随着经济危机的发酵，影响日益加大，南洋工商业趋于衰落，许多华侨失业，华侨汇款日益减少，1935年侨汇降至5000万元以下，至1936年才有所回升。

　　抗战期间侨汇大受影响无法调查，估计抗战初期每月值港币200余万元，潮汕沦陷初期每月入口侨汇额值港币100余万元。至1941年，太平洋战争发生，英荷属殖民地侨汇中断，只剩暹罗、安南、中国香港由它地转入口，这一时期币值纷乱，而且经营者无集中一定地方，侨汇数额无从估计。1945年日本投降后，由于南洋各地政府多限制华侨寄款回国，侨汇比以前减少。从批局的批款数字估计，每年达六七千万元港币。由于国币不断贬值，物价飞涨，侨汇大部分流入黑市，数字更是难以估计。据1947—1949年邮局登记，三年来汕头市共收到侨批500余万封，按照平均每封港币60元计算，三年总计值港币3亿2千万元，平均年值港币1亿元以上。[1]

　　华侨汇款的来源分布，根据吴承禧的调查，各地汇款数额，似与各地的华侨人数悉成比例，据调查所得，以暹罗为最多，英属马来次之，安南又次之，荷属东印度最少，至于来自他处如美国等者可谓绝少。1930年至1934年5年间，来自暹罗的大致占侨汇总额的50%，来自英属马来的大致占30%，安南占10%，荷属东印度占6%，其他各地占4%。

　　汕头的华侨汇款在全国华侨汇款中占有相当比重，是粤东侨汇的集中地。根据吴承禧的估计，1931—1935年，汕头华侨汇款在全国汇款总数中所占的比重分别为：1931年占22%，1932年占21.9%，1933年占20.5%，1934年占20.2%，1935年占17.4%。

　　就汕头华侨汇款在全国华侨汇款总额中的变动情形看，1931—1935年逐年均有退落的趋势。在民国23年（1934）以前，汕头华侨汇款总额约占全国侨汇总额的20%，民国24年（1935）突降为17%左右。[2]

（二）侨汇对潮汕经济社会发展的影响

　　侨汇对潮汕经济社会发展的影响是巨大的，《潮州志》载："但潮人仰赖

　　[1]　汕头市金融志编纂小组.汕头市金融志（初稿）［M］.1987：121.

　　[2]　吴承禧.汕头的华侨汇款［J］.华侨半月刊，1936（99-100）：11-14.

批款为生者，几占全人口十之四五，而都市大企业及公益交通各建设，多由华侨投资而成，内地乡村所有新祠夏屋，更十之八九系出侨资盖建。且潮州每年入超甚大，所以能繁荣而不衰落者，无非赖批款之挹注。故当战时侨批梗阻，即百业凋敝，饿莩载道。"[1]

第一，赡养了侨胞眷属。

华侨出国的主要原因多数是迫于生计艰难，不得已向海外谋取生存，赚钱养家。华侨离国时多为少壮年阶段，他们的父母或妻儿大都留在家乡，他们都有赡养家人的责任。因而其汇款的主要用途多是用于养家糊口。而作为收汇对象的侨眷来讲，大多数是无地或少地的贫民，他们的生活来源主要是靠侨汇来维持。[2]据陈达在1934—1935年对潮汕地区100户非华侨家庭和华侨家庭的抽样调查，华侨家庭每月经济收入中来源于南洋华侨的汇款为国币53.9元（占总收入的81.4%），至于本地的收入（农、副业的收入等），平均每家每月仅有国币12.3元（占收入的18.6%）。华侨家庭每月生活费（房租在内）平均约64.68元，华侨汇款占了每月生活费的83.33%。可以看出华侨家庭依赖汇款收入的程度。[3]

与非华侨家庭相比，华侨家庭的平均收入，每家每月为国币66.2元，而非华侨家庭每家每月平均为国币19.25元，华侨家庭的收入是非华侨家庭的3倍以上。非华侨家庭对于食品每月用国币11.04元，或占生活费总数的65.13%。华侨家庭每月用32.67元，或占生活费总数的60.09%。以消费额来讲，华侨家庭的食品消费高出非华侨家庭不止两倍半。但食品费用在生活费总数中却占较低的比重，这表示华侨家庭对于生活费其他项目有较多的费用（如杂项，包括卫生、教育、娱乐、家具、烟酒、交通、拜神等），因此华侨家庭似占较高的社会地位。赡家性侨汇用于华侨家庭的日常开支，对于维护和改善侨眷的生活、活跃当地城乡经济都起到积极的作用。赡家性侨汇通过侨眷、侨属的消费活动，刺激了当地市场的繁荣。[4]

第二，促进潮汕地区的投资，推动潮汕经济发展。

投资性侨汇主要投资于以下几方面。

一是投资于建造房屋。那些从海外收取到比较大笔汇款的较为富裕的华侨

[1] 饶宗颐.潮州志［M］.潮州：潮州地方志办公室，2005：1312.

[2] 林家劲，罗汝材.近代广东侨汇研究［M］.广州：中山大学出版社，1999：124.

[3] 陈达.南洋华侨与闽粤社会［M］.北京：商务印书馆，2011：296-300.

[4] 林家劲，罗汝材.近代广东侨汇研究［M］.广州：中山大学出版社，1999：127.

家庭，把稍有盈余用于建造房屋，购买田产也是常有的事。诚如《潮州志》所载，"内地乡村所有新祠夏屋，更十之八九系出侨资盖建"。据统计，汕头市有侨房2000多座，绝大部分是在1929年至1932年间建造的。当时泰国华侨陈黉利公司就在汕头购置大批地产，并投资建设400多座新楼房，新加坡侨商荣发源（潮安人）当时也在汕头几条街拥有新楼房，其中整条荣隆街的新楼房都是荣发源投资建设，估计汕头市与20世纪二三十年代兴建的楼房，华侨投资的占了2/3。[1]

二是投资于工商业。据调查，自1889年新加坡华侨在汕头创办福成号至1949年为止，投资企业共4062家，投资金额约8000万元（人民币）。这个数字约占华侨投资广东总额（3.86亿元）的20.70%，占近代华侨投资国内企业资金总额（7亿元）的11.39%。华侨在汕头主要投资于商业，包括出口贸易、金融业（钱庄、侨批局和银行）以及服务业（旅馆、酒家、戏院）。华侨投资汕头工业的投资额不多，据调查，只有330万元，占全市投资额的6.25%。另外投资于公共事业及火柴厂、袜厂等日用工业。

三是投资于道路交通。近代潮汕地区的交通事业多依赖南洋华侨。潮汕铁路、汕樟轻便铁路、汽车路、轮船公司多系华侨投资建设，近代交通事业的发展，促进了潮汕地区农产品的对外销售，也进一步促进了乡村与市镇的联系，开阔了内地人们的眼光和智识。如潮汕铁路的建成，促进了潮汕等地的土特产的流通，正如陈达调查所指出的："韩江流域的谷米、蔬菜、林檎，都因铁路之便，销路更旺……据汕头生果铺的估计，每年出口，总计国币200余万元。上列各种产品，大致由铁道输往汕头，转运国内他市或南洋。"[2]

第三，促进近代潮汕金融业发展。

光绪二十五年（1899）以后，各种银行机构在潮汕陆续设立。而各地的银庄不断增加。近代潮汕的银行和银庄，其业务在很大程度上靠侨商、侨眷、侨属的存放款支持。有不少银庄兼营侨批业，侨汇的业务直接关系到银庄的生存和发展。如汕头有信银庄，后改称为有信批局，除经营银庄业务外，一直兼营侨批业务，并在新加坡、中国香港设立有信批局分号，负责收揽侨批等业务。近代潮汕各地较为著名的银庄，大多数与侨汇的揽注密切相关，大多在兼营侨批业中发展起来。[3]

---

[1] 林家劲，罗汝材.近代广东侨汇研究［M］.广州：中山大学出版社，1999：126.

[2] 陈达.南洋华侨与闽粤社会［M］.北京：商务印书馆，2011：180.

[3] 杨群熙.华侨与近代潮汕经济［M］.汕头：汕头大学出版社，1997：97-98.

第四，促进潮汕地区教育事业和其他公益事业发展。

捐献性侨汇指的是海外华侨捐资兴办文化教育、公益慈善事业、赈灾以及在各个历史时期支持革命、爱国救亡的捐款活动，等等，在培育英才、救死扶伤、救国图存等方面发挥了积极的作用。

早在清朝末年，潮安县籍的侨胞就开始捐资在自己家乡办私塾。光绪六年（1880）旅居新加坡的华侨吴庆腾就在家乡登隆都（今龙湖镇）银湖村的"指南轩"办起私塾。从辛亥革命后至抗日战争前，海外侨胞的事业兴旺，经济实力进一步增强，在家乡兴学育才的热情更高，陈慈黉的陈黉利行每年拨款约4000大洋作为家乡成德学校的办学经费。1916年，泰国侨胞郑智勇在家乡办学，校舍的建设费、教学设备费、学生的食宿和书籍费全部由他负责。晚清至民国期间，海外侨胞在潮汕各地创办和捐助了数以百计的中、小学校，有力地推动潮汕教育事业的近代化。

乐善好施是海外潮籍侨胞的一贯品格，故里乡亲遇到灾难，都愿意各尽所能，通过批局或银行寄款和筹集实物相助。如1922年农历八月初二的强台风，给潮汕地区带来巨大损失，泰国侨胞纷纷慷慨解囊，在1个多月时间里就募得救灾款泰币25万铢。新加坡、中国香港、越南等地华侨纷纷捐款支援家乡灾区。海外侨胞还慷慨捐资加固南北堤防，在家乡修桥、铺路、兴建医院、施医赠药等。辛亥革命时期，海外潮侨紧紧投入革命洪流，热情宣传革命、踊跃捐资、多方筹款，寄回国内支持孙中山领导的民族主义革命活动。日军侵略中国以后，包括潮籍侨胞在内的广大侨胞继续发扬这一优良传统，踊跃参加各种抗日救亡活动，募集大批钱款支援抗日前线。[1]

---

[1] 黄挺.潮商文化［M］.北京：华文出版社，2008：489-490.

第十章

公共服务

公共服务体系的建立是潮汕地区经济社会近代转型的主要标志。汕头开埠后，社会各界热心参与近代教育、医疗、文化、慈善体系的构建。1921年汕头置市，近代意义的公共财政体制随之建立，由政府主导的公共服务体系逐渐从汕头市向潮汕城乡各地铺延。

第一节　近代公共教育体系的形成与发展

"癸卯学制"是中国近代由国家颁布的第一个在全国范围内实行推行的系统学制。清光绪二十九年（1903），张百熙、张之洞、荣庆联名提出《奏丁学堂章程》，并获清政府批准实施。因制定颁布于旧历癸卯年，故又称"癸卯学制"。"癸卯学制"推行之前，潮汕的教育体系一直沿袭着明清以来儒学、书院、私塾与义塾相互补充的模式。这一时期潮汕地区的书院系统尤为发达，官、绅、民共同努力构建了以田赡学的模式，书院占有大量的田产和房产，成为规模庞大的经济实体。"癸卯学制"推行之后，形成了多层级"劝学"的教育行政管理体制。进入民国时期，潮汕地区的教育进一步发展，近代中等、初等教育开始在潮汕城乡普及，职业教育和高等教育缓慢发展。包括华侨、绅商、民众和海外人士在内的社会各界，和地方政府一起，共同支撑着潮汕近代学校教育事业的发展。

一、从汕头开埠到"癸卯学制"前的潮汕教育

"民俗强悍""民风犷悍"似乎是众多治潮官员对潮州民风的评价。清雍正年间，普宁知县蓝鼎元评述称："潮郡依山附海，民有杂霸之风，性情劲悍，习尚纷嚣，其大较也。"[1]希冀留下治潮政声的官员群体，大都努力筹集经费兴办学校，推行教化以正民风。以1904年"癸卯学制"为时间节点，此前潮汕的教育基本沿袭了以学田为主的经济运作模式；此后，潮汕教育的经济运作模式更为多样化。

（一）书院

潮汕地区最早的书院为南宋淳祐三年（1243）创办于潮州城外的韩山书院，经过地方官员和士民的努力，至1840年，潮州书院已经具有一定的规模，据统计，潮汕地区先后兴办了61所书院，其中1840年至1911年兴建的书院就有32所。这一时期新办的知名书院有海阳县的金山书院［光绪三年（1877）建］、潮阳县的六都书院［同治十二年（1873）建］、揭阳县兴道书院［同治十一年（1872）建］、普宁县的上社书院［同治十年（1871）建］等。

书院兴建和运作都需要殷实的经济基础来支撑。书院的经济收入主要来自地方政府和士绅的拨捐。创设学田和拨捐款成为书院经济收入的两种主要方式。

书院的运作主要以学田为基础。学田是用于赡学的田地，其地租作为祭祀、教师薪俸和补助学生及扶持贫士的费用。如建于崇祯年间的普宁县昆岗书院，经各时期官绅的努力，至光绪年间，共有旧学田3处，佃户23家，合计租谷31石、地租银一两六钱七分六厘；新学田4处，佃户4家，田租二百七十石四斗五升三分。[2]昆岗书院经济规模基本上可以视为同时期潮汕地区普通书院水平。实际上，潮汕地区的书院经济规模并不平衡。位于政治文化核心地区的书院显然更受到地方官员的重视，其规模则要大得多，加之地方望族也多集中于政治文化中心，地方士绅也更为重视。1877年兴建的海阳县金山书院，由时任潮州总兵方耀拨款倡建，该书院"为潮州九属生员肄业之所"，斋舍70余间。在方耀的努力下，金山书院共有澄海、饶平堰田9处，面积约4732亩；店业面积约8782井；栈地面积约1360井；水坦面积约1889井；鱼桁3排。其经济实力在潮汕地区最强，

---

[1] 蓝鼎元.鹿洲初集卷十四·潮州风俗考［M］.厦门：厦门大学出版社，1995：295-296.

[2] 赖焕辰.普宁县志续稿［M］.1888（光绪十四年）未刊本：21-23.

成为全省经费最为充裕的一个学校。[1]清代的土地权属沿袭私有土地管理方法，学田的租赁因而是书院经济最稳定和可承继的收入来源。大凡较为大型的宗族，都设立书田，"以助派孙秋闱春闱之费，又入泮及发科甲者。"[2]

书院的收入还来自地方官绅的直接拨款与捐款，这是书院经济收入的辅助手段，特点是时效性强、目的性明确，可以在较短时间内扩大书院办学规模。《潮州志·教育志》载，明清时期的书院"其经费多为公共产款拨给，更有私家出赀捐助而设者"。[3]按照经费来源，可分为官拨、民办以及官民合助三种类型。来自官方的拨款，由各级官员将款额拨给书院，如潮阳县的六都书院由潮州总兵方耀在1873年拨款创建；来自地方的殷商富户也乐于助学，参与到书院的建设中，又如1862年揭阳县宝峰书院的院舍扩建过程中，除了得到官方的拨款2000元外，"都内殷户"也出资襄助。

此外，书院的收入方式还包括息银。一些经济条件较好的书院，除去日常开支外，还将剩余银两放贷生息，增加经济收入。早在乾隆十四年（1749），揭阳县令顾彝就采用这种生息的方式为榕江书院增加膏火，将充公银55两交永盛当商号生息。又如光绪二年（1876），海阳知县温树棻为城南书院拨银1540两，交由当铺商人生息，约定利息为8厘，并立明簿据。可见，书院在经济运作过程中以投资为方式实现资产增值已经成为一种重要的辅助手段。

大多数书院获得的资产明确开支范畴。书院经费的支出主要分为常规性开支和临时性开支两种类型。常规性开支主要用于祭祀、修金、膏火费和卷资。清代书院一般设春秋二祭，揭阳县的宝峰书院所列田铺租金开支就包括了岁时祭奠。修金是书院支付给教师的酬金。潮阳县奎光书院在同治十三年（1874）获得的田租就指明为延师课士之用。光绪年间潮阳县令崔炳炎在《潮阳县民情》提道："教读则从前习惯，实分两种，课八股者俗称之曰大老师名，开大馆，束金在一百八十或二百之间。训蒙者，俗称谓之先生名，开小馆，束金不过四十、五十、六十耳，亦有仅十余元者。其聘定之期皆一年为度。"[4]饶平县琴峰书院掌教咸丰年间标准为每年116元，光绪年间为240元；莲峰书院光绪年间山长每年修脯银200元。除了支付教师修金外，书院也承担其他管理人员的薪酬。另一项

[1] 广东省汕头市地方志编纂委员会.汕头市志（第三册）[M].北京：新华出版社，1999：733.

[2] 崔炳炎.潮阳县民情[M].1909（宣统元年）石印本：12.

[3] 饶宗颐.潮州志·教育志[M].北京：线装书局，2012：54.

[4] 崔炳炎.潮阳县民情[M].1909（宣统元年）石印本：29.

开支是膏火费，主要是书院用于补助学生学习的膳金。大多数情况下，只有获得正课或副课的生员才能获得此项资助。因此，此项开支一般按照书院所核定的学生数量给予发放。如蓝田书院膏火费的标准为：正课每月每名钱800文，副课每月每名钱500文，外课则无膏火费。城南书院在光绪年间的膏火费为生徒每人每月给膏火银8钱。卷资是书院专门用于资助学子参加乡试的舆费，这一款项也属于书院的财务支出项目，如东山书院和登龙书院在1884年共同获得的学田和拨款，就指明为乡试卷资及正课生童膏火所用，宝峰书院的开支费用也包括"科举资斧之费"。[1]此外，书院的开支还包括成绩优异学生的奖励和诸如纳粮、贽仪之类的费用。

临时性的开支还包括以下几种：一是书院修建，如同治年间，潮阳县东山书院在方耀和知县张璇、樊稀元等人的努力下，筹集款项，得以重建；二是用于扩建房舍和扩大办学规模，如1862年，揭阳县宝峰书院在廪生谢炼、陈宝等人的努力下，得到方耀拨款2000元，"并募都内殷户"，最终完善院舍的修建；三是用于购置图书，如1894年广东巡道曾纪渠拨锾三千金，由知府方功惠购书，书楼藏书计7橱，由方耀置；四是购置产业，如1872年揭阳县兴道书院得到官绅共筹集2400元用于购置产业。

书院的资产管理方面一直有较为严谨的财务制度，一般都设直学一职，负责书院钱粮的管理。但清代的潮汕书院仅设立山长统摄书院事务，并没有设立直学这一职位，因此，书院的钱粮财产的管理职能也归属于山长。如丰顺县鹏湖书院获得的经费"发交生息为书院山长修伙、奖赏之需"。[2]但是，较大规模书院资产的实际控制权则由地方政府把控，如城南书院就规定："每月膏火银八钱由县官给发。"[3]说明城南书院的资产实际上由海阳县衙监管支配。因此，一些书院的资产也可以流动，1886年方耀在北京重建宣南郡馆时，为了维持该会馆的运作，从金山书院的租产收益中拨出部分款项给该馆，曰"都门旅费"。书院对于自身资产非常重视，每年进行资产甄别核实似乎是一种惯例。如建于1890年的上莆书院和建于1877年的三山书院都规定每年冬末年初需要随同韩山书院、城南书院一起进行院产的甄别。一些书院的资产管理也不仅仅控制在山长和地方官员手中，乡绅和地方机构也都可以成为书院某项专门经费的管理者，如同治十二

[1]　李星辉.揭阳县续志卷一·书院［M］.台北：成文出版社，1973：81.

[2]　许普济，吴鹏.丰顺县志卷二·建置志［M］.1888（光绪十四年）续修增刻本：6.

[3]　卢蔚猷，吴道镕.海阳县志卷七·建置略三［M］.1900（光绪二十六年）刻本：43.

年（1873），方耀在揭阳设立了一项专门用于文武秀才的补贴，名曰"方公印金"，这笔经费就委托保安局代管，并由"绅董生息"。甚至在一些书院资产管理中，优异的生童也可以成为管理者，如城南书院规定，温树菜所捐的钱款利息由"正课生童各前一名按年轮交经理"，以示公正。在书院经济的运作方式上，现有的文献描述较为模糊，但是考虑到田租、铺租、生息银等"岁费"收入均采用以年为周期的收益方式，而书院大额支出也是可以预算的，如膏火费一项与正副课生员配额有关，生员学习的时间也基本上是有明确规定的，因此，每年日常支出事实上可以进行准确预算。可见，书院在其资产运作过程中应是有章可循的。

晚清时期，潮州总兵方耀为潮汕书院发展作出了重大贡献。咸同年间，方耀凭借平定广东天地会起义的军功，于1868年底调署潮州镇总兵。在治潮期间，方耀非常重视地方教化，将其作为稳定地方社会的措施。这一时期，方耀直接或者间接参与建设的书院达16所、义学11所，他还专门为武营子弟学习开设义塾，积极推行乡学，饶宗颐称方耀在潮期间"设乡学数百所"。[1]方耀推动书院教育的资金主要源于办理基层积案中收缴的部分罚金，以及垦殖韩江下游三角洲沙田的田租。方耀将这些资金重新分配，以拨款捐资和开设学田支持书院实行免费教育的主要措施。潮海关税务司辛普森（C.Lenox Simpson）在《1882—1891年潮海关十年报告》中，曾这样评价方耀`："他也预见到，为了保证这一新创立的安全和繁荣局面持久下去，必须对这一地区普遍存在的极度无知与愚昧状况进行启蒙教育工作；为此他在潮州府创办了金山书院，聘请教授，资助充裕基金为任何渴望学习经典著作的人提供免费教育。他还发起全地区建立几百所免费教育学校的计划。由于他办了这些造福本地的事情，他荣获穿着'黄衣'的赏赐。"[2]

（二）私塾与义塾

晚清时，基础性的公共教育系统刚刚构建，传统的私塾与义塾依然扮演着重要的角色。私塾与义塾体系的建立依赖于经济殷实的宗族或家庭。宗族将族产的一部分分析出来作为学田来支撑私塾和义塾的运作。

晚清时，潮汕地区的私塾与义塾众多。斐姑娘的《天朝一隅》一书中这样描述私塾教育："没有任何公共教育系统，所有学习都是在私塾里进行。若是有

[1] 饶宗颐.潮州先贤像传［M］.1947（民国三十六年）刊本：20.

[2] 中国海关学会汕头海关小组等.潮海关史料汇编［M］.1998：20.

人想要让子孙念书，又或有人愿意站出来管事，便在亲朋当中招募人手，看有多少人愿意设立学堂，出钱让小孩上学，学费为每名学童相当于两三美元的银两，又一斗米，价值三十至五十美分，又100文铜钱，价值9美分。十到二十名学童便可维持一间私塾的开销。管事的请来先生，负责给他发工资，乃至发给米粟膏火、烟茶纸张等所需各物。除此以外，教书先生渴望每学年六次过节的时候，分别从每个学童获得一点点礼金，相当于三至五美分。乡村学堂教书先生的收入，每年甚少超过30美元，勉强糊口。考得科名的教书先生每年能挣到50到90美元，而这种人经常被请到城里去。"[1]这段史料大致勾勒出晚清私塾教育的经济运作情形：私塾是自发性的，宗族与教书先生之间存在着经济上的契约关系。学费分为货币、实物两部分，支付给先生。重大节日学生家庭所赠送的礼金也是教书先生的收入之一。私塾先生的收入水平与科名有关，一般的先生收入并不高，大约可以勉强糊口。教书先生也是一个流动群体，知名度较高的教书先生往往选择前往城市，以获得更高的收入。

光绪二十八年（1902）清王朝《钦定蒙学堂章程》颁布后，私塾逐渐被学堂取替。汕头市政机关从1930年起，先对私塾机构进行登记，先后颁布《改良私塾暂行规程》《布告改良私塾暂行规程及取缔私塾暂行规程定》《布告取缔私塾由》，逐步取消了私塾教育体系。但由于私塾教育体系成本较低，可以满足农村腹地村民的教育需求，私塾教育并没有彻底结束。据《汕头教育志》统计，1940年，潮汕地区的私塾还存在586所。[2]

潮汕义塾教育大约肇自明成化年间。晚清时期，义塾教育体系主要依靠政府拨款和地方商绅私赀得以运作，义塾由于其公益属性，一般不收学费。如普宁县的普东义学在同治年间由卓兴倡建，光绪二年（1876）方耀又复捐资增建，海阳县奋兴义塾则由黄姓族人于光绪二十八年（1902）创办。义塾的经济运作与私塾教育相仿，以普宁麒麟义学为例，据《麒麟古墟章程册》载，该义学学生规模为25人左右，教师的束金每岁50元，且学生节仪应送教师100文。[3]随着清政府对教育的改革，义学向学堂转制。

[1] 斐姑娘.天朝一隅：潮汕见闻一八七三［M］.香港：砚峰文化出版社，2016：75-76.

[2] 《汕头教育志》编审委员会.汕头教育志［M］.内部资料，1988：49.

[3] 饶宗颐.潮州志·教育志［M］.上海：上海书店，1999：553.

二、新式学校

清末新政对于教育的影响颇深，"癸卯学制"的推行，标志着中国近代学制开始正式确立。潮汕地区的传统教育也在这股浪潮中改制，从传统的书院向学堂转化。

晚清的学堂按照办学主体的不同，分为中办学堂和外办学堂。中办学堂主要是在原有书院体系的基础上进行改革，由官方和地方士绅进行主导的学堂体系，如光绪二十八年（1902）金山书院改为潮州中学堂，光绪二十九年（1903）韩山书院改为惠潮嘉师范学堂，光绪三十年（1904）榕江书院改为榕江中学堂等，改制大多是由地方官员主导，因此，在经济运作上能够继续得到政府的拨款，与原有的书院体系存在很大的沿袭关系。如清《广东财政说明书》所开列的光绪三十四年（1908）经费支出中就包含善后局拨付汕头同文学堂的办学经费840两和岭东中等商业学堂经费3000两[1]。以金山书院为例，其学堂改制由潮州知府惠昌召集乡绅及山长温仲和共议而成，办学经费承袭了原有金山书院的学产。[2]同样，惠潮嘉师范学堂的办学经费也承袭了原韩山书院的膏火，校舍、图书设备采购费用也由惠潮嘉兵备道拨款。[3]光绪二十六年（1900）新办的岭东同文学堂，其学堂用地由两广总督陶模批示惠潮嘉道办理，将外马路同庆善堂拨为校舍，部分办学经费则由学堂监督丘逢甲前往南洋募捐所得。但是，改制过程中，一些校产纠纷问题也继续存在。金山书院的校产构成颇为庞杂，在改制前已经存在诸多纠纷，改制后，时任惠潮嘉道台的丁宝铨不得不在学产问题上与地方富商与乡绅进行协商，抬升学产店铺的租金来保障潮州中学堂的办学需要[4]。至于学费，《同文学堂办学章程》的规定可作参考，"计学生一人每年收修金三十元，伙食三十元，共六十元"。[5]

这一时期，潮汕教育最大的变化是外办学堂的兴起。汕头开埠后，英属基督教长老会、美属浸信会和法属天主教会相继在潮汕开办具有传教目的的中小

---

[1] 广东清理财政局，广东省财政科学研究所.广东财政说明书［M］.广州：广东经济出版社，1997：616-617.

[2] 广东省汕头市地方志编纂委员会.汕头市志（第四册）［M］.北京：新华出版社，1999：24.

[3] 林英仪，吴伟成.韩师史略［M］.汕头：汕头大学出版社，2003：7.

[4] 增租助学［N］.岭东日报，1902-9-9.

[5] 徐博东.重印丘逢甲《创设岭东同文学堂序》（考）［J］.汕头大学学报，1987（1）：59.

学、聿怀学堂、道济中学堂、礐石小学、华英中学堂等陆续开办。这些教会学堂的办学经费大多数来自母会，"由于差会直接向英国长老会总部负责，且握有由母会捐助经费的支配权和本地布道人员的使用权"。[1]可见，大部分教会学堂的经费来自母会的拨款。此外，一些教会人士也参与到捐资助学的活动之中，如英国长老会会友陈雨亭捐资创办汕头华英中学堂，基督教浸信会耶琳夫人也为正光学校捐资兴建校舍。

民国建政后，中学堂改称"中学校"，小学堂改称"小学校"。由于潮汕时局混乱，灾害频繁，学政无力，总体上看，潮汕城乡学校教育的发展比较缓慢。

（一）高等教育

民国时期，潮汕地区始有高等教育。1938年10月，梅县人钟鲁斋于香港创办私立南华学院，开办经费由丘元荣、龚子宏、丘公治等华侨资助。1941年迁梅县，1946年7月迁至汕头崎碌办学。办学初始，受校董会委托，钟鲁斋等前往泰国、缅甸、马来亚、印尼等国，向华侨募捐，据统计，募得款额可建7幢大楼，因战事吃紧，侨汇不通，结果只能建一所综合性教学大楼。由于南华学院的私立性质，办学经费大多来自华侨和社会贤达的资助。院长钟鲁斋试图将学院改为"国立"或"省立"以解决学校办学经费困难问题，但始终未能实现。[2]1947年后，钟鲁斋经常奔走于香港、广州等地，为南华大学筹措资金。另一所高等学校是私立民治法政学院，1948年由李次温、蔡亚萍等创办，办学经费也得到社会力量的支持。

（二）中学教育

1949年，全潮汕已有中等学校84所，其中普通中学65所，中专、中师19所，比1945年的47所中等学校增加了80%，仅汕头市就有中学19所，中专4所。[3]地方政府办学经费实行统收统支财政制度，学生的学费等上交地方政府，学校按照办学所需申请经费。官办中学的教育经费主要来自政府拨款，用于学校建设、薪水、设备采购等。地方政府拨款中甚至有一些专门的税捐（如戏厘）拨付给官办中学。同时，一些由原有书院、学堂改设的中学，还继承了原有的校产，如民

[1]　胡卫.国家与教会：汕头基督教教会的自立与分离［M］//第五届潮学国际研讨会论文集.香港：公元出版有限公司，2005：538.

[2]　曾旭波.汕头埠史话［M］.广州：暨南大学出版社，2018：152.

[3]　陈朝辉，等.潮汕平原经济［M］.广州：广东人民出版社，1994：47.

国21年（1932）《揭阳县教育款产一览》中，就有学田92亩，"平均每亩租价大洋6元"，这些学产收入也归学校所有。对于少数经济困难学生，按照《汕头市市立中等学校免费学额规程草案》规定，则可以免除学费。民办中学在经济管理上，更多采用董事会管理的模式。学田租产和私人资助成为民办学校办学经费的重要来源。如民国7年（1918）由五都高等小学堂改办的潮阳五都中学，其学产实际上继承了五都高等小学堂学田租产，并设立董事会对学校运作进行管理。私立中学的经费也有赖于华侨的资助。如1926年，为了筹办河婆中学，蔡省三等到东南亚募捐，得款4万多元；1932年，黄勖吾到南洋募资得10万大洋建成汕头海滨中学。一些行业组织也参与创办中学教育事业，如惠来银河剧团于1948年创办私立诚信中学，其经费由剧团自筹。

（三）小学教育

1921年前，汕头市尚未有公办小学，1925年，汕头市区有市立小学4所，私立学校17所，教会小学9所；1928年，潮汕地区已有小学917所，1932年为1747所，1946年增至3278所。可见，这种增长趋势反映了民众对文化教育的渴望，公立和私立小学在民众教育体系中扮演着重要的角色。公立学校的经费主要来自地方政府财政的拨付，用于学校日常开支、场地维修、设备购置等。地方政府对学校财政支出具有监管权，1930年，汕头市第三小学校长因为吞没教薪而受到指控处理。至于学生的学费，1932年民国政府颁布《小学法》规定："小学不收学费，但视地方情形，酌情征收，在公立小学每人每学期初级至多不逾一元，高级至多不得逾二元，在公私立小学每人每学期初级至多不得逾三元，高级至多不得逾六元。学生无力缴纳学费者、小学校长应酌量情形免除其学费之一部或全部。"[1]但该法规并没有得以推行，1919年前后，美国学者葛学溥在凤凰村调查时，记录了不同类型学校的经费运作："四所学校（即私立新式、公立新式、公立旧式、私立教会）平均年学费3—8元一年，（教师）薪水40—200元一年。"[2]有些公立学校的办学则隶属于政府部门，如1947年创办的浦东盐民子弟小学，该学校隶属于潮桥盐务公署，经费来自盐工福利金，盐民子弟免费入学。除了公立学校外，私立学校办学更多样化，有乡立、保立、私立等形式。这些私立学校经费由所创办主体承担。以民国时期潮阳县的女子小学为例，1930年，成

[1] 常导之.教育行政大纲（上册）［M］.上海：中华书局，1934：70.

[2] 葛学溥.华南的乡村生活：广东凤凰村的家族主义社会学研究［M］.周大鸣，译.北京：知识产权出版社，2011：126.

田乡溪东村族众创办了私立启明女子小学；1932年，峡山乡人周武卿独资创办了私立武卿女子小学；1934年，旅泰归侨马淑辉、马岱侬姐妹出资创办潮阳私立启智女子小学。这些私立学校的运作基本上依靠出资主体的财力，带有一定的公益色彩。再如泰国潮侨郑智勇创办于1916年的智勇高等小学，面向旧潮州府属九县招生，由郑氏提供食宿、学费、书籍等，是当时驰誉遐迩的一所侨办学校。

政府教育经费短缺制约了民国时期官立学校的发展，因而促成了私立学校的繁荣和频繁兴替。

三、民众教育

民国时期，潮汕各地的民众教育事业有所发展。1935年的统计表明，汕头市"有民众夜校三七所，共六十九班，学生男一四九六人，女一八九九人，共三三九五人，此外有图书馆，民众阅报社，各分局之问字处"；潮安县"有县立图书馆设在中山公园，民众教育馆附设第一区城隍直街，及县立民校二所，民众茶园二所，民众问字处各校均有附设，通衢阅报所数十处"；饶平县"有公私立民众学校一十二间，民众阅报处七所"[1]，等等。以上教育经费主要来源于市县教育部门的财政拨款和社会各界的捐赠。

1934年3月，隶属广东省教育厅的省立民众教育馆成立，主要任务是开展各种民众教育事业，普及民众知识，指导各市县民教馆的施教方法。在此前后，潮汕地区的许多市县亦以地方政府为主体、联合社会团体和个人投入资金，成立民众教育馆。除了潮安民众教育馆外，1932年潮阳县创建民教馆，馆址位于一区城隍庙内，"设备颇为完善，经费每月六百六十元及二成五冥锣捐"。[2]同年，揭阳建置民教馆，馆址在县城考院内，首任馆长为张世本，"存有图书杂志近万册，设图书室、阅报室各1间，并有三轮书柜1架，巡回城区各地供民众阅览"；[3]1935年，饶平县成立民教馆，馆址位于县城中山公园内，收藏图书1800册。可见，潮属诸民教馆刚成立时，资金比较到位，馆内藏书较为丰富，其他设备亦颇为完善。

1935年，揭阳民教馆已分别设立了图书馆、儿童图书馆、乡村儿童图书

[1]　谢雪影.潮梅现象［M］.汕头：汕头时事通讯社，1935：135-136.

[2]　谢雪影.潮梅现象［M］.汕头：汕头时事通讯社，1935：137.

[3]　郑喜胜.民国时期潮汕地区图书馆事业发展概述［J］.潮州文化研究，2010（2）：70.

馆、巡回书库、阅书报社、娱乐室、学术演讲座、公共礼堂、问字处、问事处、民众学校、民众读书会等，每个专有机构都在推进工作，如图书馆"藏古今文书一万本，……最近又由谢县长定购四库备要一部，现拟添购万有文库第二集，及其他有关科学图书，充实其中"；阅书报社"定购中央，广州，上海，香港，汕头，及本县日报，十余种陈列其间，日夜开放，任民众自由浏览"。同时，该馆还编辑出版民众刊物，"每月出版新民众期刊壁报各一次，藉以报告馆务进行，宣传民众教育"。[1]此外，该馆为提倡民众健康教育，遵照省教育厅发展社教计划，特别制定章程开办国术训练班，聘请本县国术专家黄国荣先生为主任，面向社会招收学员。[2]1947年5月，大埔县民教馆联合海滨师范学校开办妇女夜校，"经于本月十五日假吴家祠正式上课，埔城妇女均以免费求学，不可多得，纷纷报告就读，教师方面则由海布男女师轮流负担"。[3]同年，汕头市立民教馆继续开拓业务，承担起图书出版工作，比如饶宗颐撰写的《潮州先贤像传》就在这里出版发行。1948年，棉湖乡中心国民学校有鉴于物价上涨、失学民众增多的现象，拟通过向社会筹集资金，建立民众教育馆，收容失学贫民。[4]

这一期间由于战乱、经费缺乏等因素，也制约了潮汕民众教育事业的发展。抗日战争胜利后，汕头市立民教馆"原借设于福平路正始中学内，因地方狭隘，不敷应用，工作未能开展。迨卅五年秋间，馆长文锡仁辞职，由市府另派吴长坡接长后，始奉令迁至现址（中正路中正图书馆内）办公，但仍因经费支绌，发展殊感困难。截至现在，该馆已设立者，仅有儿童阅览室，暨书报阅览室各一。瞻望前途，晨光衰微云"。[5]

四、华侨学校、教会学校和旅汕子弟学校

汕头建市以前，潮汕地区新式学校的创办主体除了地方绅商人士之外，主要办学主体来自华侨、教会、外国驻汕机构和国内旅汕各团体。

---

[1]　揭阳民教馆的事业［J］.民教半月刊，1935（13）：31-32.

[2]　揭阳县立民教馆开办国术训练班［J］.民教半月刊，1935（21）：41.

[3]　黄秀华，陈丽珠.中山日报妇运资料选辑（1937—1948）［M］.广州：广东省妇女联合会，广东省档案馆，1994：479.

[4]　棉湖乡筹办民教馆［J］.潮州乡讯，1948（5）：13.

[5]　谢雪影.潮梅现象［M］.汕头：汕头时事通讯社，1935：44.

（一）华侨学校

晚清时期，特别是科举制度废除后，海外潮人踊跃出资在潮汕地区建立许多新式学校。1909年，旅泰侨胞陈慈黉为了使家乡适龄儿童能够免费上学，独自出资在家乡隆都镇前美村建立成德学校。1916年，泰国华侨郑智勇在家乡潮安县凤塘淇园乡独立出资创建智勇高等小学校。1920年，旅沪潮人倡办汕头职业学校，在沪募捐钱款"已达六万元"，郭振鸣、郑严泉二君"已决心先凑足七万元，早行开办"。"[1]20世纪10—20年代在潮汕颇具影响的潮阳养正、桂山学校、饶平合溪华侨公学、揭西河婆中学等，都是由华侨办起来的。30—40年代由华侨所主办的揭阳南桥中学、普宁兴文中学等，更是蜚声海内外，为抗日救亡运动输送了大批人才。"[2]陈达教授1934年对澄海樟林侨乡28所学校开展调查，"其中由华侨倡办的有7所，部分日常运行经费的一部分每年由华侨捐助的有16所，华侨偶尔有捐款的有8所"。[3]

（二）教会学校

1850年，德国巴色城国外布道会黎力基牧师在澄海盐灶港头社会所设立蒙学，教授幼童，这是潮汕地区最早出现的教会学校。汕头开埠后，外国教会加快了传教办学的步伐。1873年，美浸会派旨师母在汕头礐石建立明道妇学院。1886年，英国基督教长老会在揭西五经富创办五育女学。1906年，由岭东基督教浸信会主办，首创人美国牧师师雅谷在揭阳建立私立真理学堂（今揭阳真理中学）。综观潮汕教会学校的分布概况，传教士办学的地点主要集中在汕头。1925年，萧冠英的《六十年来之岭东纪略》一书中记载了当时汕头市教会学校的发展情况。

表10-1 1925年以前汕头市教会学校概况[4]

校别	校长姓名	教职员数（人）	学生数（人）	常费额	成立时间
淑德学校	Brander	18	300		1873年
华英中学	华河立	25	300	宣道会津贴	1907年
福音高小学校	陈子龄	10	162		1913年

[1] 旅沪潮人热心桑梓教育［N］.民国日报，1920-1-8（11）.

[2] 李宏新.潮汕史稿［M］.汕头：汕头大学出版社，2016：655.

[3] 詹天庠.潮汕文化大典［M］.汕头：汕头大学出版社，2013：473.

[4] 萧冠英.六十年来之岭东纪略［M］.香港：培英图书务公司，1925：133-138.

校别	校长姓名	教职员数（人）	学生数（人）	常费额	成立时间
益社真光学校	王献建	13	310		1919年
若瑟中学	（法）和敬谦	18	256	教会弥补	1922年
华美高小学校	堪命	7	20		1923年
福音国民学校	杨鹤龄	5	155		
四育女校	萧灼华	6	98		
角石中学	（中）傅尚荣（西）贾斌	31	462		
角石高小	李楚生	10	154		
正光女学	丘美华	13	140		
明道妇学	宋罗文	9	72		
角石幼稚园	施淑宜	2	32		
真光女学	师雅谷	10	140		
普益社幼稚园	师雅谷夫人	4	132		
角石国民学校	陈建勋	4	83		
三科学校			42		
日理书院	汲多马	4	20		

从表10-1可知，截至1925年，教会在汕头市开办的学校、幼稚园共18所，其中女子教会学校5所，占教会学校总数量的27.8%，说明女子教育已成为教会教育的一个重要方面。各学校规模大小不一，招收学生数最多的是礐石中学[1]，最少的是华美高小学校和日理书院，这种现象的出现很可能与经费投入多寡有关。

其时，萧冠英对教会开办学校持否定态度，认为"以外人把持，实施其奴隶式的宗教教育。……反向新潮流而开倒车，是以发达其名，而敷衍其实耳。夫学校为陶铸人才促进社会之机关，尽人皆知，……及外人从中垄断，以致学生之所感应，亦呈混沌昏沉状态，从而此等学校愈多，则学生入于混沌昏沉状态之中亦愈显且众"，[2]这反映出当时中国社会民族主义情绪的不断高涨，要求收回教育主权的呼声日益强烈。1925年底，汕头市政厅公布收回教育权的规定：教会学校应在中国政府备案，受中国政府管辖，教会学校应由中国人任校长，不准教会学校开设宗教课程。1926年，汕头市礐石中学、正光女校、揭阳道济中学等教会

---

[1] 当时本地人按方言读音，常将"礐石"写成"角石"，故礐石中学亦为角石中学。

[2] 萧冠英.六十年来之岭东纪略［M］.香港：培英图书印务公司，1925：138.

学校停办。1927年将华英中学收归市政厅，并改名为汕头市立第一中学。此后汕头教会学校的发展多有起伏。

（三）旅汕各属学校与外国学校

汕头开埠后，吸引了众多海内外商贾和各业人士来汕头经商、工作。长期在这里居住之后，他们都希望自己的子女可以就地接受教育。由于本地教育资源短缺，加上语言、文化因素的影响，旅汕各属的社会团体和外国人自行筹集资金建立子弟学校。1911年，广州旅汕商人建立了广州旅汕学校，到1914年还创建了广州旅汕女校，至1925年，两校招收学生人数分别是389人和156人，教职员则分别是14人和12人，两校校长均由李耀宇担任。[1]1922年，普宁旅汕乡会成立了普宁旅汕学校；揭阳旅汕同乡会则开办南康高等小学，校长是吴笠严；至1925年，两校在校生人数分别是160人、80人，教职员分别是8人和4人。[2]1905年由南洋客属归侨在汕头设立正始学堂，初以汕头八属会馆部分馆舍为校址，招收旅汕客籍学童200余人。辛亥革命后采用新学制，定名私立正始小学，聘用海内外进步人士为校董或顾问及教师，南洋华商张荣轩、谢荣光、张弼士等捐建校舍及校产。20世纪30年代胡文虎兄弟捐建女校及礼堂、图书馆；始办幼儿园，聘用师范毕业生任教，改用普通话教学，学生增至千余人，教职工百余人。

汕头开埠后，在汕头开办的外国人学校，先后有英国童子部高等小学校、淑德女学校、美国角石小学校、角石中学、正光女学校、法国若瑟女学校、日本东瀛学校等[3]，与其他西方教会资助的学校不同的是，日本人所设学校，其教育经费由日占台湾总督府提供[4]。20世纪20年代末，地方政府开始重视对外国人学校的监督和管理。如1929年9月，汕头市政府奉教育部训令，笺函汕头日本领事府转饬该两校校长，要求根据本校实际情况如实填写"外人在华设立学校及教职员学生人数调查表"及"外人在华设立学校资产及基地调查表"各两张，完毕后送回市府。[5]

---

[1] 萧冠英.六十年来之岭东纪略［M］.香港：培英图书印务公司，1925：135-136.

[2] 萧冠英.六十年来之岭东纪略［M］.香港：培英图书印务公司，1925：134.

[3] 台湾总督官房调查课.南支那及南洋调查·新汕头［M］.1927：35.

[4] 安重龟三郎.南支汕头商埠［M］.台北：南洋协会台湾支部，1923：39.

[5] 笺函汕头日本领事府送外人在华设校调查表请饬日本小学及东瀛学校填报［J］.汕头：汕头市市政公报，1929（49）：155-156.

第二节 社会慈善与社会保障体系的发展

社会保障体系的建立是潮汕地区社会治理近代化的另一主要标志。海外潮籍华侨群体的壮大，本土慈善传统的彰扬，共同推动着潮汕本土慈善公益活动和社会保障体系的发展。最有特色的是以民间信仰为纽带的潮汕城乡善堂组织普遍出现，扎根于基层社会，服务基层社会，并积极参与政府的救助活动。汕头开埠后，市政当局通过兴建平民住房、医疗、社会救助等措施，初步搭建起近代社会保障体系的框架。西方教会则以西方医疗体系为样板，建立近代医院和救助机构，为地方政府和社会组织提供了示范。民间和政府的互动，一定程度上推动了这一时期社会慈善与社会保障体系的发展。

一、社会慈善活动

（一）社会公益活动

近代潮汕地区经济发展与社会建设相对滞后，已经具有一定经济实力的海内外绅商以多种方式投入潮汕的社会公益事业。

第一，捐助学校。

海外潮籍侨胞认识到"自己的教育不及人，以致被人轻视，因而深信教育一发达，即刻可以增高地位"。[1]因此，海外潮人对家乡教育发展非常重视，一直有捐资助学的历史传统。1907年，为了建筑新校舍以便广及学生教育，大埔县乐群学堂总办张六士到南洋各埠筹集资金，得到海外华人的热烈响应，"凡大埔绅商，皆踊跃捐题，计集款有二万八千元之谱，其中有非本邑绅商，如闽人胡君子春，亦慨捐巨款，尤为难得"。[2]1948年，由潮安县鹳巢乡民众发起筹建鹳巢学校，得到148位新加坡华侨的大力支持，其中捐款最多的是300元，总共捐叻币3167元，以此购置九亩三校田。[3]

---

[1] 杨群熙，吴坤祥.海外潮人对潮汕教育事业贡献资料［M］.内部资料，2005：10.

[2] 纪乐群学堂总办出洋劝捐与海外绅商助学之踊跃［N］.岭东日报，1905-7-17（4）.

[3] 潮安鹳巢乡志族谱编纂委员会.鹳巢乡志［M］.北京：中国艺术出版社，2010：244-245.

第二，修建桥路。

近代潮汕地区农村交通十分落后，不仅制约当地经济的发展，而且给人们的日常出行带来极大的不便。海外潮人把修建桥路视为回馈家乡的主要方式。1911年，韩江流域暴发洪水，潮安东津乡沿岸堤坝被冲决，造成地瘠人贫的后果。为修复堤防，翌年"廖君正兴首先倡捐，各议员赞助于前，各港绅商亦乐捐于后，俾得集成巨款，筑修告竣"，捐款方除了直接出现姓名和商会之外，还出现了商号，如"新加坡中华总商会捐一万元，廖正兴翁捐银一千元，荣丰宝益、金升翁，以上二条各捐银伍佰元"，[1]体现了海外潮商组织不忘桑梓亲情，急公好义的情怀。发家致富后不忘家乡情，积极反哺家乡建设。1936年马来西亚华侨林连登回惠来省亲时，捐出巨款建造一座从隆江到惠城桥埔路上的连登桥。1945年抗战结束后，他深感潮汕交通不便，"先后投资208万港元，开办了连通筑路行车公司，在潮汕各地修筑近10条公路，总长300多公里。他还捐助港币8万元修建和平桥，使当时潮汕地区的公路运输迅速得到恢复和发展"。[2]

第三，兴办医院。

近代潮汕地区缺医少药，其医疗条件十分落后。海内外潮人积极参与兴办医院，完善医疗设施，提高医疗水平。据《潮汕文化大典》记载："19世纪前期，境外潮籍乡亲就先后回家乡捐建多所医院，对贫苦民众施医赠药。1916年，泰国华侨郑智勇捐一笔巨款，建潮州福音医院；泰国侨领赖渠岱早年也多次为潮安红十字医院和集安善堂劝募捐款，华侨响应者甚多。1927年第七届香港潮州商会，筹募捐款以资助潮安育婴堂的建设。"[3]

晚清至民国时期，西方传教士建立的教会医院在救助病人、赈灾救荒方面发挥了重要作用，他们"主要是以创办医院为平台，对极其庞大的病患者人群实施免费或减免费用的治疗；同时又建立孤儿院、养老院等慈善机构对特定的人群进行救助；而在大灾之年上述两类机构又积极参与本地赈灾事务"。[4]

（二）社会救济

晚清以来，潮汕地区天灾人祸频繁，民众生活困苦，慈善救济应运发展。

---

[1] 该碑现存于潮州市湘桥区桥东街道虎头镇雨亭内，民国元年（1912）立。

[2] 汕头市委宣传部，汕尾市委宣传部等.潮汕华侨历史文化图录（上册）［M］.内部资料，2008：237.

[3] 詹天庠.潮汕文化大典［M］.汕头：汕头大学出版社，2013：518.

[4] 陈占山.西方教会在潮汕的医疗慈善活动与影响［J］.汕头大学学报（人文社会科学版），2011（6）：21.

一方面，潮汕自古以来就有行慈积善、赈灾救济的传统；另一方面，随着汕头的开埠，潮汕经济得到进一步发展，海外潮人生活境况有所改善，为开展本土社会救济活动提供了经济基础。潮商和善堂组织成为当时潮汕社会救济活动的两大主体。

海内外潮商在社会救济中发挥重要作用。

1918年，汕头发生大地震，这次地震使南澳全境几乎夷为赤地，潮汕各县市建筑物也多遭到破坏，造成严重的财产损失和人员伤亡。上海广肇公所和潮州会馆迅速行动，先是"电广东救灾公所自治研究社及汉口潮嘉会馆等各团体请求协力捐助，以惠桑梓"，同时向上海兴华机器制弸公司劝说募捐，"已蒙该公司允许，捐助鸡蛋弸五十箱，即日运赴灾地散放以济民食"，自开募赈捐以来经统计，上海广肇公所与潮州会馆"约计各集一万余金两共三万左右现尚极力劝募"。[1]

1922年，潮汕发生"八二风灾"，被水淹毙者有10万人之多，财产遭受损失者大约有3000万元之巨，如此浩劫为潮汕百数十年来未见之奇灾，面对此状，潮商纷纷发起爱乡救助活动，来自镇江的潮商"共捐助大洋二万元汇解汕头以资赈济"。[2]"上海潮州会馆筹款大洋14万余元救济灾民与修复堤围；泰国中华总商会挺身而出，组织泰国潮人的爱乡赈灾活动，筹款25万元救济灾区；香港潮州八邑商会正式成立于1921年，当时仅有会员251人，1922年的潮汕大风灾消息传到香港，香港潮州八邑商会'一面派代表驻汕施赈，一面分函海内外吁请募捐'，募捐达64万余元之巨，'是其功绩之留于潮汕者，不能磨也'。"[3]

1943年，潮汕发生严重的旱灾灾情，农业歉收，饿殍满地，尸体遍野，选择逃荒的人不计其数。此时海内外潮商纷纷伸出援手，爱国侨领郑子彬积极"发起组织旅暹乡亲，捐资购粮，组织潮州米业平粜公司，救助桑梓粮荒。郑子彬长子郑午楼承父志，于民国三十四年（1945）倡议组成暹罗华侨救济祖国粮荒委员会，任会长，在他带领下，募集到大米5万多吨，运到潮汕救济灾民"；[4]马来西亚华侨林连登则四处奔走，不遗余力，"动员潮籍乡亲为捐家乡灾区，并以身

---

[1] 潮汕地震之赈务［N］.申报，1918-3-26（11）.

[2] 地方通信·汕头［N］.申报，1922-8-15（22）.

[3] 林济.潮商史略［M］.北京：华文出版社，2008：517.

[4] 汕头市潮阳区地方志办公室.潮阳市华侨港澳台同胞志［M］.深圳：海天出版社，2009：338.

作则捐出大米10万斤，衣服2万件"。[1]

潮汕善堂是当时社会救助活动的主力军。

潮汕善堂是潮汕地区带有地域特色和宗教信仰色彩的民间慈善机构，主要崇奉大峰祖师。晚清以来，在地方绅商的支持下，潮汕地区善堂迅速发展，著名的有同济善堂、存心善堂、延寿善堂、永德善堂、揭阳善堂等。

民国初叶，潮汕善堂的内部组织与功能，已初步呈现出近代慈善组织的运营模式。1935年，谢雪影编著的《潮梅现象》对此有详细的描述："同济善堂位于新马路，前清光绪二十一年成立，现由市商会选举董事二十四人，成立董事会，再由董事会，推举张泽等为总理，总理以上，设司理一人，各股职员若干人，该堂专办理施送赠药等事项，每月支出约三千余元，又发给补助同济学校经费每月五百元，地基三千余井，全年租额达一万五六千元，房屋一间，年租一百元，塭地二处，年租六百二十元，全年收入仅租银一万五千元，不敷达二万万之钜。……存心善堂光绪二十五年成立，堂址外马路，办理赠医施药棺赠棉衣资遣等慈善事业，每月支出达七八千元，经费除社员每人认社金二元外，每由本市各行商号公会等认捐五千元，不敷之数，临时募捐，该堂有义塚三百余亩，办理颇著成绩，附设灭火局，救火机二架，扑火工作，亦堪赞许，堂务设董事会办理，设总理一人，马镜川为现任总理。……诚敬善社社址新马路，民国九年成立，办理赠医施药施棺，并附设灭火局，救火机一架，现在每月支出三千余元，经费由各界临时募捐，不动产计社址面积一百零一方丈二尺七寸，连屋估计值时价三万余元，灭火局地基面积七十八井二十八方尺，连建筑费值时价一万余元，此外吴田山地面积约五亩，值时价数百元，塔头山地面积一千九百三十四英井一十四方尺，约数千元，现经济亦感拮据，社务由董事李粟珊等措理之。……延寿善堂堂址延寿街，系嘉应州五属士商出资创办，组董事会，措理堂务，办理施医赠药等慈善事业，每月支出五六百元，由各界捐助，义山一所，面积三百余亩，每月收支不敷亦钜，董事长章公剑。……合敬善社设于同济一马路，以救火为专责，济贫为附，十一年九月成立，经费由善人捐助。"[2]

由此可见，以上善堂内部组织相对完善，设施建设与时俱进，社会职责明确，经费也有固定的来源。但众多善堂在运营过程中往往入不敷出，制约了业务工作的开展。

---

[1]　詹天庠.潮汕文化大典［M］.汕头：汕头大学出版社，2013：520.

[2]　谢雪影.潮梅现象［M］.汕头：汕头时事通讯社，1935：48.

全面抗战爆发后，1938年6月日军侵占南澳县，该县民众纷纷逃难，"汕头存心善堂每日施粥赈济难民，现乃继续办理。汕头救济离民分会，对救济难民工作，亦在努力进行中"。[1]1939年5月，日军大举轰炸潮汕各地，"汕头各界宣慰团出发灾区宣慰，各善堂掩埋队救护队则驰赴潮阳协助发掘及救护"。除了本地善堂，其他地区的善堂也在积极支持潮汕的救济活动。[2]如上海闸北永兴路福安坊广潮善堂，自1933年起，"由林文仪向施德之厂捐得济众水每年一千瓶，西门朋寿堂每年捐得七千瓶，迄今连续赠送三年，皆由该堂运至潮汕各善堂，分赠乡辟之贫病，活人无算，其功匪浅"。[3]

善堂除了饥荒和战乱时期给予百姓救助外，它们还在中外船难救援过程中，发挥着重要的作用，弥补了政府的不足。如诚敬善堂设有水上救生队1支，诚心善堂也设有水上救生艇队和陆上方便队，共有队员190人。据统计，1934年救护沉船4次，救出260人。[4]善堂在船难发生后，积极筹措经费和物资对幸存者进行救援，对亡者进行打捞。如1925年富陞（升）轮船难救援中，存心善堂积极组织救援，为遇险人员提供物资和经费："存心善堂又派善友二十余人，随带卫生衣服百数十套，并棉被、米菜、芽料、饼干等件以济。遇险者目前苦况，又带现金数百元，以备遭险者回籍之用。"[5]1921年，著名的丰茂轮惨案中，在了解到该船船头尚未沉没，还有四五百幸存者时，"存心善堂及岭东红十字分会各赁四益公司之小船南海安海二艘并购备物品药料前往营救。及七日午前，回汕计仅救得男女客四十五名男女小孩各一口"。[6]

二、住房保障体系

汕头建市以后，深圳当局逐渐认识到建立住房保障体系对于稳定社会秩序，改善民生的意义。"1923年，汕头市市政厅厅长萧冠英向省政府呈报市区改

---

[1]　亟待救济［N］.申报（香港版），1938-9-6（4）.

[2]　申报（香港版）［N］.1939-5-27（6）.

[3]　广潮善堂近讯［N］.申报，1936-5-30（15）.

[4]　中国人民政治协商会议汕头市升平区委员会文史委员会.升平文史第1辑"潮汕善堂专辑"［M］.内部资料，1996：5.

[5]　地方通信·汕头［N］.申报，1925-3-2（10）.

[6]　丰茂轮在汕遇难之惨剧［N］.申报，1921-3-16（7）.

造计划，后又拟具《筹办汕头市平民新村意见书》。1928年，萧冠英再次任汕头市市长，继续一度中断的市区改造计划，并拟筹建平民新村。"[1]

1929年2月20日，平民新村工程正式启动，当年8月，首期工程完工。10月15日，汕头市政府公布平民新村章程及管理细则，开始接受无地贫民迁入。至1937年3月，前后三期工程共建成房屋149间（套），"一般市民不论性别、籍贯，只要'向营正当职业，而确系贫穷，无力自营住房及搭盖席棚或草棚耆宿者'，都可以自由申请入村居住"。[2]

三、医疗体系和慈善事业

（一）清末的医疗体系

潮汕老百姓日常的卫生医疗常常借助于地方医师和中草药。"潮汕民间药用植物种类繁多，久为乡民及俚医所采用，以为治病疗伤，其效甚著，此皆先民于长久岁月身验积累所得，未容忽视者。"[3]

晚清时期的善堂开始普遍建立，对晚清时期潮汕地区的医疗卫生发展起到了很大的作用。善堂多以大峰祖师为尊，立堂行善，施医赠药（见表10-2）。聘请医师为病人诊病，病人凭药方到善堂药房拿药。

表10-2　清末潮汕地区善堂的设立与分布

名称	时间	地点	供奉祖师
报德善堂（系报德古堂十三社之一）	清光绪年间	潮阳市和平镇下寨乡上埠	宋大峰祖师
广惠善堂（系报德古堂十三社之一）	清代	潮阳市和平镇	宋大峰祖师
仁济善堂	清同治七年（1868）	潮阳市棉城	宋大峰祖师
仁德善堂	清光绪二年（1876）	潮阳市棉城	宋大峰祖师
存德善堂	1897年	潮阳市棉城	宋大峰祖师
棉安善堂	1899年	潮阳市棉城	宋大峰祖师
济德善堂	1864年	潮阳市棉城	宋大峰祖师
存仁善堂	清同治年间	潮阳市棉城	宋大峰祖师
建德善堂	1871年	潮阳市棉城	宋大峰祖师

[1]　陈海忠，黄挺.地方商绅、国家政权与近代潮汕社会［M］.广州：暨南大学出版社，2013：141.

[2]　陈海忠，黄挺.地方商绅、国家政权与近代潮汕社会［M］.广州：暨南大学出版社，2013：143.

[3]　饶宗颐.潮州志·物产三［M］.潮州：潮州修志馆，1949：1.

名称	时间	地点	供奉祖师
紫峰善堂	1908年	潮阳市棉城	宋大峰祖师
念敬善堂	1878年	潮阳市金浦	宋大峰祖师
林德善堂	清末	潮阳市峡山镇洋汾	宋大峰祖师
大德善堂	1876年	潮阳市峡山镇上东	宋大峰祖师
宏济善堂（系报德古堂十三社之一）	1875年	潮阳市峡山镇	宋大峰祖师
通德善堂（原为上盐汀茶社）	清末	潮阳市成田镇上盐汀	宋大峰祖师
祯祥善堂（系报德古堂十三社之一）	清光绪初年	潮阳市成田镇	宋大峰祖师
诚德善堂	清光绪年间	潮阳市陈店镇	宋大峰祖师
乐善善堂	清咸丰年间	潮阳市铜盂镇	宋大峰祖师
同济善堂	1874年	潮阳市司马浦镇	宋大峰祖师
义德善丰隆社	清光绪初年	潮阳市胪岗镇	宋大峰祖师
同安善堂（系报德古堂十三社之一）	清光绪初年	潮阳市胪岗镇	宋大峰祖师
崇善堂	1902年	潮阳市两英镇	宋大峰祖师
报德善堂	1898年	潮阳市海门镇	宋大峰祖师
同心善堂	1851年	潮阳市河溪镇	宋大峰祖师
同庆善堂	1888年	汕头市	宋大峰祖师
同济善堂	1895年	汕头市	宋大峰祖师
存心善堂（系汕头五汕头之一）	1901年	汕头市	宋大峰祖师
延寿善堂	1905年	汕头市	宋大峰祖师
遂心善堂（潮安县庵埠镇遂心善堂第一分社）	1907年	汕头市	宋大峰祖师
达濠普德善堂	1902年	汕头市	宋大峰祖师
觉世善堂	1901年	揭阳市梅云镇	宋大峰祖师
报德善堂	1879年	揭阳市炮台镇	宋大峰祖师
平德善堂	1905年	揭东县锡场镇	宋大峰祖师
仁德善堂	1863年	揭东县月城镇	宋大峰祖师
和德善堂	清光绪年间	惠来县靖海镇	宋大峰祖师
同心善堂	清光绪年间	惠来县靖海镇	宋大峰祖师
存德善堂	清光绪年间	惠来县靖海镇	宋大峰祖师
崇信善堂	清光绪年间	惠来县靖海镇	宋大峰祖师
诚敬善堂	清光绪年间	惠来县靖海镇	宋大峰祖师
存养善堂	清光绪年间	惠来县靖海镇	宋大峰祖师
永德善堂	1887年	惠来县神泉镇	宋大峰祖师
仰德善堂	1899年	惠来县神泉镇	宋大峰祖师
周德善堂	1856年	惠来县周田镇	宋大峰祖师

续表

名称	时间	地点	供奉祖师
普益善堂	1900年	惠来县周田镇	宋大峰祖师
修德善堂	1890年	惠来县仙庵镇	宋大峰祖师
宝寿善堂	1899年	惠来县仙庵镇	宋大峰祖师
报德善堂	1885年	惠来县仙庵镇	宋大峰祖师
同学善堂	1888年	惠来县隆江镇	宋大峰祖师
存福善堂	1905年	惠来县隆江镇	宋大峰祖师
振德善堂	清同治年间	惠来县华湖镇	宋大峰祖师
同奉善堂	1875年	潮州潮安县	宋大峰祖师
广济善堂	1899年	潮州潮安县庵埠镇	宋大峰祖师
太和善堂	1901年	潮州潮安县	宋大峰祖师
同奉外文善堂	1901年	潮州潮安县	宋大峰祖师
修德善堂	1902年	潮安县浮洋镇大吴村	宋大峰祖师
遂心善堂	1905年	潮州潮安县	宋大峰祖师
报德善堂	1905年	潮安县磷溪大码头	宋大峰祖师
济安善堂	1900年	潮安县东凤镇	宋大峰祖师
义安善堂	1889年	饶平县黄冈镇	宋大峰祖师
澳平善堂	1902年	南澳县	宋大峰祖师
深奥慈济善堂	1905年	南澳县	宋大峰祖师

晚清时期潮汕地区善堂的普遍建立，缓解了民众面临的生老病死压力，有助于稳定地方社会，一定程度上弥补了潮汕地方政府的职能缺失。[1]

这一时期西方教会的传教士也开始进入潮汕地区，通过建立医院医病救人来扩大教会影响力（见表10-3）。1856年，英国长老会和中国宣教会分别委派宾为邻（Willam Chalmers Burns）、戴德生（Hudson Taylor）到潮汕布道宣教。此前，宾为邻、戴德生已经从其他传教士口中得知潮汕布道宣教的困难，再加上到达潮汕后的亲身经历，他们最后选择通过治病救人来传播基督教。[2]

表10-3　教会在潮汕地区建立的医院[3]

名称	创建年份	创建人	地点	所属会派
汕头福音医院	1878	吴威廉	汕头外马路	长老会

[1] 刘桂仙.晚清时期潮汕地区慈善救济事业研究［D］.湖南师范大学硕士论文，2017：44.

[2] 胡卫清.苦难与信仰：近代潮汕基督教徒的宗教经验［M］.北京：生活·读书·新知三联书店，2013：26-34.

[3] 陈占山.西方教会在潮汕的医疗慈善活动与影响［N］.汕头：汕头大学学报（人文社会科学版），2011（6）：22.

续表

名称	创建年份	创建人	地点	所属会派
益世医院	1878	陈庆玲	岩石	浸信会
五经富福音医院	1884	李士洁	五经富	长老会
真理医院	1890	耶士摩	揭阳	浸信会
潮州福音医院	1892	贝理	潮安南门	长老会
汕头女医院	1903	陈雨亭	汕头外马路	长老会
潮光医院	1903	卢查理	潮阳	浸信会
华美医院	1906	陆亚当	潮阳棉城	浸信会
真道医院	1907	林雅各布	饶平黄冈	浸信会
大同医院	1921	汪竹亭	揭西河婆	浸信会
圣玛丽医院	1947	刘安瑞	汕头外马路	天主教

潮汕地区建立的教会医院，促进了潮汕城乡近代医疗卫生体系的形成。一批私人医疗机构、诊所开始出现。

（二）民国时期的医疗体系

民国时期，潮汕地区的医疗卫生体系继续发展。李华文的《民国后期潮汕地区的慈善救济与基层社会（1937—1949）》一文中，认为这一时期潮汕地区医疗卫生的成就值得肯定：一是设立了卫生管理机构，统筹境内医疗卫生事宜。二是支持私立医院和教会医院的发展。三是加大卫生医疗事业的经费拨款。四是由官员带领民众开展卫生防治和疫病防疫运动。[1]

民国17年（1928），汕头市区的主要医院已有13家（见表10-4）。是年出版的《新汕头》对汕头的医疗事业发展状况做如下记载："汕头地居半热带，气候适宜，居民甚为健康，水土病与流行病绝少，故卫生治疗事业不发达，人民对于内科心脏之病，多延用中医，外科皮肤病，则入西式医院。"全市的医生药房，（1）西医56名，曾在国内外医学校毕业者22名；未在医学校毕业者34名；曾在卫生局注册者4名，领照者14名。（2）中医生170余人，曾在卫生局注册者30人，第一次中医考试及格者80名，第二次中医考试及格者60余名。（3）牙科医生52名，曾在卫生局领照者18名。（4）产科医生9名，曾在卫生局领照者3名。（5）西药房41家。（6）中药店116家。[2]

---

[1] 李华文.民国后期潮汕地区的慈善救济与基层社会（1937—1949）［D］.湖南师范大学硕士论文，2017：74.

[2] 黄开山.新汕头［M］.汕头：汕头市政厅，1928：77-78.

表10-4 1928年汕头主要医院

院名	国籍	病者留医室	地点
益世医院	美国	有	角石
汕头博爱医院	日本	有	外马路
福音医院	英国	有	外马路
大和医院	日本	无	海关路
伍期龄	德国	无	海关路
嗹哼利	英国	无	至安横街
汕头市立医院	中国	无	内马路
汕头医院	中国	无	元兴巷
中国医院	中国	无	外马路
志人医院	中国	无	永平路
同济医院	中国	有	中山路镇帮街
广德医院	中国	无	怀安街
远东医院	中国	有	育善横街

民国时期，公立医院的医疗经费主要来自政府的财政拨款。1928年汕头市立医院成立之前，"汕市原有市立妇女医院及潮州产科学校各一，经常费每月共约一千一百元"，两所医院合并成立市立医院后，经费仍旧照例由政府拨款，但其收入则由内部统筹，"预算将来每年可收学费药费诊金留医费等共约三千余元，以之为陆续扩充院校，及添仪器用品"。[1]可见该医院在经费运作上具有一定的独立性。

除了汕头以外，潮汕其他县（局）卫生院的设置基本上是在1940—1943年完成的：惠来（1940年9月），潮阳（1940年10月），揭阳（1941年1月），普宁（1941），澄海（1941年9月），潮安（1941年11月），饶平（1942年9月），南山（1942）。[2]其经费也主要由地方政府承担。

（三）潮汕慈善福利机构的发展

外国教会除了在潮汕地区建立医院外，也积极地通过建立慈善福利机构推行传教（见表10-5）。

---

[1] 黄开山.新汕头［M］.汕头：汕头市政厅，1928：111.

[2] 李华文.民国后期潮汕地区的慈善救济与基层社会（1937—1949）［D］.湖南师范大学硕士论文，2017：74.

表10-5　民国时期外国教会在潮汕地区建立的慈善福利机构[1]

名称	创建年份	创建人	地点	所属会派
揭阳养老院	1916		榕城马牙	浸信会
普益社	1920	师雅各	汕头镇邦街	浸信会
孤儿院	1923		澄海盐灶	长老会
仁爱会	1925		汕头若瑟堂西北	天主教
百龄安老院	1946	王蕴山	汕头	长老会
孤儿院	1948	罗锡碬	潮阳	浸信会

随着公共财政的建立，这一时期潮汕各属地方政府比较注意发展社会救济事业。在1928年《新汕头》的调查报告中，记录了当时汕头市区慈善事业的发展状况："汕头市日趋繁盛，人事业颐，慈善事业，亦随而盛其重要。市厅公益局之社会课，对于慈善事业之管理，整顿，实为职务之重要部分。原前此慈善事业，殊不发达，黄市长凤具整理策进之决心，爰令社会课长先从事调查，以为着手进行之准备，现该课已将本市各慈善事业调查完竣，列表呈复，兹将各慈善团体现状，分别速其概要如左：（1）中国红十字会汕头分会。该会会长李叔椒，往沪来返，会务无人主持，完全于停顿状态。（2）中国红十字会岭东分会。该会会长陈道南，常不到会，表面虽尚维持，但实际已无会务进行之可言。（3）延寿善堂。该善堂与普通神庙无大差异，日间常有信女多人，长中跪诵红，且随处标贴种种之预言，谶语。近因违背禁令，仍设神方，为市厅严予查办，现已无人负责。（4）诚敬善社。该社由洪方斌、郭丽章为负责人，成立于民国八年，其经费概由捐助而来，其工作为赠医、施棺、殓葬。（5）汕头存心善堂。该善堂创办于光绪二十五年，经费概由本市各界捐助，并无善产，其工作为收殓尸骸，施赠医药，及救火灾等。（6）同济善堂。该善堂创于光绪二十二年，经常费系靠该常收入地租，其工作系赠医施药，资遣收埋，以及救火，赈灾，收拾字纸等事。（7）同济医院。此院于民国十五年，同济善堂所创办，常年经费一万二千元，由善堂拔来，专以赠医施药为工作。（8）益世医院。该医院为岭东基督教浸信会所立，经费向由美国女宣道会筹来，现因不足，向本地募捐，其工作为赠医施药，但限于一定时间，并非完全施赠。（9）汕头福音医院。此院为六十年前英国人所创办，经费由院中收入及捐题，并英国长老会之补助，其工作为赠医施药。（10）汕头区基督慈善股。该机关虽设于角石，其工

---

[1]　陈占山.西方教会在潮汕的医疗慈善活动与影响［J］.汕头大学学报（人文社会科学版），2011（6）：25.

作则在海、澄、揭、潮，内地各乡村，与市民无甚关系。（11）汕头基督教普益社。该社之组织，虽有医药之一部，但施赠甚少，多从事于演讲及活动电影等。（12）汕头华洋贫民工艺院。该院在本市各慈善机构中，当推为组织最完备者。其内容设养老，神经，残废，男人，妇女，孤儿六部，实施工作，分为教育，医药，卫生，工艺。……近日该院长黄廷宝，已有筹备癫狂院之进行，又该孤儿部，仅收六岁上之儿童，而六岁以下小孩，尚无收养之设备，现有人拟清捐助一万元，交该院为设癫狂院及育婴之费。将来成就其规模当更可观。至该院经费，由全埠商户按等认捐，及参观人士之自由乐助，市厅每月补助六百元，惟该院冠以'华''洋'二字，本无正常根据，丞应删改。"

该报告还指出："以上各慈善机构，除贫民工艺院及同济医院，具有相当之规模，尚待扩充外，其余或陷于停顿之状态，或迷信者流藉为神道设教之作用，其工作名为赠医施药，或收殓尸骸救灾等项，而对于慈善事业，毕竟偏而不全，且有导人误入殊途之危险。现市厅以慈善事业系基于人类社会共同生活上的正义之要求，亦为匡助政治力呈所不逮之重要事业，宜使之完全科学化，以造应实际之需要。故对利用人类卑鄙谬误之心理，藉为引导迷信之工具，或为宣传宗教之钩钮者，已准备从事纠正或取缔矣。"

总体上看，从汕头开埠至汕头建市前，潮汕地区的教会医院和教会、民间中西医医生、民间善堂，成为近代潮汕医疗卫生体系的三个主体。1921年汕头建市之后，潮属各市县政府开始运用所掌控的财政资源，统筹和参与部分公共医疗卫生和社会救济事业，成为潮汕医疗卫生体系的第四个主体。

第十一章

近代潮汕经济的"因商而兴"

近代潮汕经济是从汕头的"因港而生"走向"因商而兴"的。本章将通过对潮汕商业各领域融入国际国内两个市场过程的叙述，说明潮汕商贸网络、商品结构、商贸形态的近代化，是推动潮汕经济社会结构近代化的主要动力。

第一节　潮汕国内贸易结构的近代化

近代潮汕贸易通常被分为当地贸易（潮汕地区内部贸易）、国内贸易（不包括当地贸易的国内贸易）和国际贸易（包括境外贸易）三个方面。1948年，饶宗颐总纂的民国《潮州志》认为，汕头自开埠之后，"此九十年中其盛衰之迹，就海关出入口记载及各方资料综观，大略可分为初盛、极盛、衰落时期"。书中认为自咸丰八年（1858）至光绪三十年（1904）为初盛时期；自光绪三十一年（1905）至民国26年（1937）为极盛时期，自民国27年（1938）至1947年为衰落时期。[1]这一分期的依据是充分的。

一、关于潮汕城乡商业网络的发展

一直到19世纪末，潮汕地区的商贸网络基本保留着传统的农耕社会的形态，即大致分为府城、县城、墟、市4个层

---

[1]　饶宗颐.潮州志（第三册）［M］.潮州：潮州市地方志办公室，2005：1167-1173.

级，构成了覆盖城乡的商贸网络。乾隆中期周硕勋纂修的《潮州府志》载，当时各县尚存的较大墟市有125所。[1]汕头开埠以前，尽管已经存在相对活跃的海上贸易活动，潮汕的商业贸易基本上还是以韩江流域内部贸易为主，具有比较明显的内向型特征，这是与整个中国及广东城乡的生产力水平和流通水平相对应的。

（一）城乡商业网络的分布

汕头开埠后，潮汕乡村地带的商业网络和商业结构并未发生根本性转变，城镇贸易网络的中心则由潮州府城逐渐转到汕头市。[2]据不完全统计，1935年潮汕地区共有商行645家，其中农产、水陆畜产和林产贸易的商行300家，从事制造品贸易的商行300家，分别占46.51%，金融业和其他45家，占6.98%（见表11-1）。

表11-1　1935年潮汕地区各县市商行基本情况[3]

县市	行号数	农产、水陆畜产、林产类	制造品类	金融及其他类	农产、水陆畜产、林产类所占比重（%）
汕头市	124	44	62	18	35.48
潮安县	86	41	39	6	47.67
丰顺县	44	20	22	2	45.45
潮阳县	35	12	19	4	34.29
揭阳县	167	86	70	11	51.50
饶平县	22	12	9	1	54.55
惠来县	5	3	2	0	60.00
大埔县	72	38	33	1	52.78
澄海县	69	33	36	0	47.83
普宁县	18	8	8	2	44.44
南澳县	3	3	0	0	100.00
总计	645	300	300	45	46.51

1935年，潮汕地区11个县市的商行中，从事广义的农产品贸易的和从事制造品贸易的商行各有300家，一方面说明农业仍在潮汕产业结构中居于主体地位；另一方面，也说明随着潮汕农业商品化程度的逐步提升，本地农产品的加工业和贸易业已经有所发展。汕头、潮安、澄海、普宁、潮阳等县市制造品类和金融类

---

[1]　周硕勋.潮州府志卷十四·墟市［M］.1762（乾隆二十七年）刻本.

[2]　饶宗颐.潮州志（第三册）［M］.潮州：潮州市地方志办公室，2005：1270.

[3]　根据：饶宗颐.潮州志（第三册）［M］.潮州：潮州市地方志办公室，2005：1284-1285.《潮州各县市商行统计表（民国二十四年调查表）》整理。

的商行都已超过五成，表明潮汕地区部分沿海县市的对外贸易比内陆县活跃。

民国期间潮汕境内城乡网络的拓展，还表现于各市县墟市数量和结构的变化，随着潮汕地区商贸活动的活跃，部分原来的"墟"发展为"逐日市"，部分商品化水平提高较快的市县，商贸网络的覆盖面和营运质量也在同步提升。

表11-2　1947年潮汕地区各市县城的市墟数量[1]

县市	"市"（含县城）	"墟"（含小市、村市）	市墟总数	"市"在市墟数中所占比重（％）
汕头市	1	0	1	100.00
潮安县	25	6	31	80.65
潮阳县	13	13	26	50.00
揭阳县	30	33	63	47.62
饶平县	12	25	37	32.43
大埔县	11	35	46	23.91
澄海县	25		25	100.00
普宁县	10	6	56	17.86
丰顺县	2	16	18	11.11
南澳县	3		3	100.00
南山局	1		1	100.00
总计	133	134	307	43.32

表11-2中是根据民国《潮州志》中的《商业志》数据整理的。从表中可见，除了汕头外，潮安、揭阳、饶平、大埔、普宁等县的市墟数量较多，说明这些县的县城和乡村商贸活动已达到一定规模。但市墟数量的多寡，也可能与该县所辖县域面积和人口数量相关。因此，还必须对一县市的"市"在市墟数中所占比重进行比较。从表中可见，汕头、潮安、潮阳、揭阳、澄海"市"的数量明显高于"墟"的数量，所占比重分别达到100%、80.65%、50.00%、47.62%和100%，说明这5个市、县商贸活动的经常活跃程度和商贸网络的质量，高于饶平、大埔、普宁、丰顺等县。

（二）当地贸易结构的演化

囿于资料所限，从汕头开埠直至1949年，潮汕当地贸易的规模难以统计。饶宗颐总纂的民国《潮州志》中的《实业志》，对20世纪40年代末潮汕地区各县当地贸易额的构成做了如下概括：

----

[1]　根据：饶宗颐.潮州志（第三册）［M］.潮州：潮州市地方志办公室，2005：1285-1297.各县市城市墟表整理。

　　"各县城市墟镇之年贸易额中其对汕头之买卖当占大部分，而汕头除对各县买卖后所余贸易额则为：一，汕头商号之相互贸易，如上盘兑与二盘，二盘兑与三盘及牙家，商号为内地代购代兑等。二，汕头对潮属以外各地之贸易，如梅属各县惠属之海丰陆丰，闽属之漳汀二州各属市县。三，汕头直接对内地贸易，如生果、制果、生菜、咸菜、土糖等货，多有汕头商号直接向农村买卖，而不经由内地商号。四，汕头零售额，如售与汕头住民及内地人民迁至汕头购买者。五，转口贸易，如外地进口转以出口售之他一外地。"[1]

　　从民国《潮州志·实业志》的描述中，可大致了解潮汕当地贸易结构演化的轨迹。

　　一是至20世纪40年代末，韩江流域商业贸易网络的重心已经完全转到汕头市区，潮属各县之间和潮属之外的贸易，大部分须通过汕头市区来实现，汕头市区已经替代潮州府城成为韩江流域商贸网络的首位城市。

　　二是《潮州志》的《实业志》中录入了1935年调查各县物产品及年销量形成的三份重要表单（《潮州各县市运销大宗物产表》《各县商业贸易出入物品表》和《汕头运销各县物品约数表》），[2]通过这三份表单，可以看到20世纪30年代时，潮汕各县之间已基本形成稳定的市场供求互补关系，潮汕当地贸易通过汕头口岸与"北港"和"南港"诸重要市场地已形成较稳定的供求互动关系。[3]

　　三是由于1949年以前，潮汕各县城市墟的贸易额从未单独计核，也由于潮汕地区各县间的当地贸易和国内外贸易，大部分均通过汕头口岸输入和输出，因此，通过分析潮海关关于汕头口岸的进出口船舶数和吨位数、关于"出口往国外"和"出口往国内"的品种数量和价值，以及常关贸易数据，有助于大致推出潮汕各县当地贸易的活跃程度和交易商品的品种、数量、流向。

　　如上所述，推动近代潮汕当地贸易结构演化的动因，一方面是随着产业的转型和市场的扩大，各县农产品和手工业产品的商品化水平不断提升，成为潮汕地区出口增速快于进口增速的物质基础。另一方面，汕头的开埠、汕头港、汕头

　　[1]　饶宗颐.潮州志（第三册）［M］.潮州：潮州市地方志办公室，2005：1271.

　　[2]　饶宗颐.潮州志（第三册）［M］.潮州：潮州市地方志办公室，2005：1272-1281.

　　[3]　如潮安县的柑主要销往本省及上海，条丝烟主要销往四川、湖南等处，庵埠的土布主要销往本省和福建，布鞋主要销往厦门，锡箔主要销往陈村，抽纱和顾绣主要销往南洋和上海，瓷器主要销往本省及南洋，糖主要销往本省及上海。见《潮州各县市运销大宗物产表》，载：饶宗颐.潮州志（第三册）［M］.潮州：潮州市地方志办公室，2005：1273.

商埠的建设，以及潮汕内河、内陆交通改善，使潮汕当地贸易从相对闭环的自给
自足，开始转向与国内外市场对接融合。

二、关于潮汕对国内各地贸易输出与输入结构的演化

借助潮海关的统计资料，潮汕国内贸易结构可分为"对国内各地贸易输出
结构"和"从国内各地贸易输入结构"，并可据此对输出输入的主要货物结构和
地区结构分别进行比较，以梳理近代潮汕国内贸易结构的演化轨迹。

（一）近代潮汕国内贸易商品输出结构的演化

表11-3　1874—1937年部分年份潮海关对国内贸易输出按地区的分列情况[1]

单位：关平两，%

年份	牛庄	天津	芝罘	上海	福州	厦门	宁波	汉口	芜湖	镇江
1874	25643	486515	37463	2231656	32015	14819				
1922	211746	580275	474010	1911909	55107	2091	1568	1159289	8464	53460
1930	73203	398867	333924	2186126	113572	4533	5095	1336682	63109	456569
1935	377010	863547	535866	4011397	181654	22841	4120	1742362	96212	1552472
1937	216289	913666	575562	2680999	133503	2647	8023	1396199	46012	609592
1874—1922 年均增速	4.50	0.37	5.43	-0.32	1.14	-4.00				
1922—1937 年均增速	0.14	3.07	1.30	2.28	6.08	1.58	11.50	1.25	11.95	17.62

注：表中缺1922年汉口、镇江数据，代以1924年数据。

表11-4　1874—1937年主要年份潮汕货物输往国内地区情况[2]

位次	1	2	3	4	5
1874年	上海	天津	芝罘	牛庄	福州
1922年	上海	天津	芝罘	牛庄	福州
1924年	上海	汉口	天津	芝罘	福州
1930年	上海	汉口	镇江	天津	芝罘
1935年	上海	汉口	镇江	天津	芝罘
1937年	上海	汉口	天津	镇江	芝罘

---

[1]　根据：饶宗颐.潮州志（第三册）［M］.潮州：潮州市地方志办公室，2005：1248-1251.海关
对国内贸易移出按地分列表整理。

[2]　根据表11-3整理。

表11-5　部分年份潮汕国内贸易主要输出货物情况[1]

位次	1	2	3	4	5
1916年价值	杂货	糖类	棉纱布匹类	土纸	瓦磁类
	2888200	2384174	2252782	2167760	1641961
1920年价值	棉纱布匹类	糖类	土纸	瓦磁类	杂货
	4301004	3962541	3915811	3540498	3126511
1930年价值	糖类	纸箔	麻袋	蜜柑	刺绣品
	16315941	2110637	1074728	592296	592199
1937年价值	糖类	纸箔	蜜柑	钨矿	麻袋
	12300000	2185637	1294341	1094341	936085

注：上表中1916年、1920年货物价值单位为关平两，1930年、1937年货物价值单位为国币元。

表11-6　1936—1937年潮汕国内贸易货物输出主要目的地[2]

城市	项数	输出商品类别
上海	7	糖类、土纸、麻袋、刺绣品、纸箔、蜜柑、钨矿
天津	4	糖类、麻袋、纸箔、蜜柑
汉口	2	糖类、麻袋
青岛	2	糖类、纸箔
苏州	1	糖类
杭州	1	糖类

近代潮汕国内贸易商品输出结构演化具有以下特点。

第一，汕头口岸输往内地的货物基本是潮汕地产的农产品和手工业产品。

从汕头开埠到1920年汕头建市这一时期，输往内地的前五大宗商品是糖类、棉纱布匹类、土纸、瓦磁类和杂货，均为本地地产的农业、手工业制品，且前端产业链也基本在本地。仅1916年至1920年短短4年中，输往内地的瓦磁类货物每年平均增长21.18%，棉纱布匹类货物年均增长17.55%，土纸类货物年均增长15.93%，糖类货物年均增长13.54%（见表11-5）。可见潮汕地产的土布、土纸、土糖和陶瓷产品在国内市场具有比较稳定的竞争力。

1937年，汕头输往内地的前5位大宗货物中，除了糖类货物还居于首位外，纸箔、蜜柑、钨矿、麻袋已经分别替代了原来的土纸、土布和陶瓷。随着内地经

[1]　根据：饶宗颐.潮州志（第三册）［M］.潮州：潮州市地方志办公室，2005：1253-1257.《海关对国内贸易移出货物分类表》整理。

[2]　根据：饶宗颐.潮州志（第三册）［M］.潮州：潮州市地方志办公室，2005：1257-1258.《海关对国内贸易移出货物分类表》第二表整理。

济的发展和开放，进口商品的挤压，潮汕各县地产的土纸、土布、陶瓷、杂货的竞争力已经不如以前，正在形成的日用消费品工业和食品加工业，则主要服务于本地市场和海外潮人市场，也还不具备较大规模进入内地市场的能力。因此，即便在19世纪30年代潮汕商业的所谓"极盛时期"，销往内地的产品主要还是农产品和手工业制品，机器制造的产品仍较少。可见，当时潮汕近代农业和制造业发展比较缓慢，还提供不了国内市场需要的轻纺工业制品和更高质量的农产品。

第二，国家和地方经济政策的变化，是引致潮汕内销输出结构变化的重要因素。

直至1922年，上海、天津、芝罘、牛庄和福州一直是汕头口岸前5位的内销市场（见表11-4），这5个港口都是1840年以后较早辟为对外通商口岸的，也都是当时北方和东部沿海各省新兴的商业中心和贸易转运中心。如1874年，汕头销往牛庄的货物只有25643关平两，1922年已经达到211746关平两（见表11-3），每年平均递增4.5%。

19世纪下半叶，中国内河航行权和内河通商权的被迫开放，晚清时"自开商埠"政策，民初的若干保护工商实业的政策，[1]一定程度上推动了东北和内地，特别是长江流域的经济社会发展，潮汕与南京、苏州、九江、芜湖、武汉等沿江城市的往来越加密切。1924年，汕头输往汉口的货物总值为1334481关平两，仅次于上海（1935409关平两），超过天津（783463关平两），成为潮汕国内贸易的第二大市场。1930年，汕头销往镇江的货物总值也超过了天津。1937年，汉口和镇江居于潮汕国内贸易市场的第2位和第5位。

第三，潮汕的服务业和制造业与内地开始形成专业分工的产业链。

从表11-5可见，1916年，潮汕内销的棉纱布匹类货物已达2252782关平两，在所有内销货物中居于第3位；1920年，内销的棉纱布匹类货物已达4301004关平两，是1916年的1.91倍，每年平均递增17.55%，跃居潮汕内销货物的首位。1920年以后，刺绣抽纱品取代了土布夏布的内销和外销位置（很大一部分抽纱制品是通过上海销往海外的，即所谓"先内销转外销"）。1930年时，刺绣品内销已达592199国币元，位于当年潮汕内销货物的第5位，如果与20世纪10—30年代潮汕从上海、天津等地购入的棉纱、棉布数额一起分析，就可以看到，当时大量购入内地棉纱棉布，与潮汕各县土布夏布产业的衰退是同步的。表11-5显示，20世纪

---

[1]　朱英，石柏林.近代中国经济政策演变史稿［M］.武汉：湖北人民出版社，1998：75，82，176.

20年代以后,潮汕各县开始形成刺绣抽纱产业群、麻袋产业群,这一阶段汕头也扩大了从北方输入麻苎类原料的数额,汕头口岸已经成为连接本地产业群和海内外供应链、销售链的重要平台。

(二)近代潮汕国内贸易商品输入结构的演化

表11-7 潮海关的国内贸易输入按地区的分列情况[1]

单位:关平两,%

年份	牛庄	天津	芝罘	上海	福州	厦门	宁波	汉口	芜湖	镇江
1874	183306	13046	786149	1930707	13580	79135	1222			
1922	292376	57238	1044855	1892969	35550	4177	237	50465		
1931	2553249	229725	1025498	4355810	29392	8336	11775		1535066	14445
1935	2732655	368058	1733340	1995886	39527	3346	3791	769722	932588	236803
1937	3692284	477702	1486682	3633407	154263	46841	5505	2141796	5475543	370782
1874—1922 年均增速	0.98	3.13	0.59	-0.04	2.03	-10.35				
1922—1937 年均增速	18.42	15.19	2.38	4.44	10.28	17.49	23.33	28.39	23.61 (1931—1937)	71.75 (1931—1937)

表11-8 各主要年份潮汕国内贸易货物输入地情况[2]

位次	1	2	3	4	5
1874年	上海	芝罘	牛庄	厦门	福州
1922年	上海	芝罘	牛庄	天津	汉口
1931年	上海	牛庄	芜湖	芝罘	天津
1935年	牛庄	上海	芝罘	芜湖	汉口
1937年	芜湖	牛庄	上海	汉口	芝罘

表11-9 潮汕国内贸易主要输入货物情况[3]

位次	1	2	3	4	5
1911年 价值	米谷	豆饼	麻苎类	布匹类	棉纱类
	9450762	5985800	893802	561709	250128

---

[1] 根据:饶宗颐.潮州志(第三册)[M].潮州:潮州市地方志办公室,2005:1253-1257.《海关对国内贸易移入地分列表》整理。

[2] 根据表11-7整理。

[3] 根据:饶宗颐.潮州志(第三册)[M].潮州:潮州市地方志办公室,2005:1258-1261.《海关对国内贸易移入货物分类表》整理。

续表

位次	1	2	3	4	5
1920年价值	豆饼	棉纱类	米谷	豆类	麻苎类
	7310613	3962541	1531127	1356345	1267514
1936年价值	米谷	豆粕	棉布	棉纱类	大豆
	12159442	9492579	6541217	6332377	2339167
1937年价值	米谷	豆粕	棉纱类	棉布	大豆
	11334956	10996900	6629446	4691265	1982030

注：1911年、1920年计价单位为关平两，1936年、1937年计价单位为国币元。

近代潮汕国内贸易的商品输入结构演化具有如下特点。

第一，输入汕头口岸的内地货物基本是潮汕紧缺的生活资料和生产资料。

如表11-9所示，1911、1920、1936、1937年这4个年份里，输入汕头口岸的国内主要货物品种的前五位变化不大，其中米谷3次占据首位，1次名列第三。豆饼豆粕3次位列第二，1次位列第一。棉纱类第二、三、四、五位各1次。布匹棉布类和豆类均3次居于前五位。麻苎类两次居于前五位。

从国内各港输入潮汕地区的主要货物品种比较集中，指向性很强。1937年与1911年相比，布匹棉布类的货值增长了4.36倍，棉纱类的货值增长了16.02倍。豆饼豆粕类的货值增长了17.95%。1937年输入的米谷货值虽然仅为1911年的77.00%，但仍居输入货物总值的首位。[1]可见，潮汕地区对这几种货物一直存在较强劲的刚性需求：一是随着潮汕人口的增长，潮汕地区人多地少、粮食短缺的状况越发严重，长期需要从长江流域输入米谷和豆类。二是为了提高农业和畜牧业产量，需要扩大从北方各省输入的豆饼豆粕，作为肥料和饲料。三是为了发展本地的土布生产和刺绣、抽纱业，需要扩大从上海、天津等地输入的棉纱和棉布布匹。又如19世纪30年代前后，潮汕地区成为国内重要的麻袋产地，这一期间也相应扩大了内地麻苎的输入。

第二，潮汕市场与供货地之间已经通过港口运输形成较稳定的供求网络。

如表11-7和11-8所示，晚清和民国初年，上海、芝罘、牛庄、厦门和天津是输入潮汕货物的传统供应地，这些城市作为当时先行一步开放的"通商口岸"，已经分别成为东北、河北、山东和长江流域商业网络的枢纽。20世纪20—30年代潮汕商贸进入极盛时期，汕头城市化、工业化进程的加快，对中间产品和消费品

---

[1] 均按照1932年1关平两=1.558关平两换算。

的需求也日益多样化，长江流域和东南沿海诸港口，与汕头港的商贸往来也更加密切。1922—1937年，上海输入汕头的货物每年平均增长了4.44%。牛庄、天津、福州、厦门、宁波、汉口、芜湖和镇江等港口输入汕头的货物每年平均增速都达到两位数以上。可见，潮汕的各类市场与对应的供货地之间，已经通过港口运输形成了较稳定的供应链。

第三，上海是潮汕国内贸易网络的首要支点。

1925年，萧冠英所著《六十年来之岭东纪略》载："当咸丰八年汕头开港之初，各通商口岸之贸易，只限于江宁议定之条约（道光二十二）所开之上海、宁波、广州、厦门、福州及与汕头同时所开之台湾、琼州、芝罘、牛庄等九地。而汕头与长江方面之贸易，实以上海为枢纽。然自长江沿岸开埠通商以来，汽船既直接交通，遂使汉镇间与汕之贸易，亦骎骎有增进之势也。"[1]

如表11-6、11-8所示：（1）1933年以前，上海一直是内地输入汕头货物的首位港口，输入货物的价值大大超过其他港口。1934年之后才开始被牛庄略微超过，但每年仅少于牛庄数千至数万关平两。（2）从潮汕对国内各地贸易商品输出结构看，从1874年至1937年，上海始终是汕头货物内销的首位市场，许多年份汕头输往上海的货物价值甚至远超输往其他内地港口的总和。如果将汕头与上海之间输出和输入货物金额合并统计，1874年为4162363关平两，1922年为3804878关平两，1931年为7144428关平两，1937年为6314406关平两。（3）汕头口岸与上海之间的货物输出额和输入额之间比较均衡，[2]不似汕头对牛庄、芝罘、芜湖间的贸易一样，存在巨额的入超。此种情况表明，上海虽然不是汕头农业和手工业的原材料以及粮食、大豆的主要供应地，但上海是汕头大宗工业原料（如棉纱棉布等）和日用消费品的首要供货地，从上海输入的货物主要是工业制成品。所以，上海一直居于对汕头输入货物榜单的前三位。更为重要的是潮汕内销的几乎所有大宗货物，都选择了上海作为主要输出地。一方面通过上海转运到长江流域和华北、东北各地，另一方面，通过上海再出口到国外和境外。自汕头开埠以后，上海一直是汕头北向商贸网络（即所谓"北港"）的中心。

1930年，上海的对外贸易总额为1005550108关平两，上海埠际贸易（"约

---

[1]　萧冠英.六十年来之岭东纪略［M］.广州：广东人民出版社，1996：3.

[2]　1874、1922、1931、1937年4个年份汕头对上海输出与输入货物价值之比分别为：47.87：52.15、50.25：49.75、39.02：60.97、42.56：57.54.（根据：饶宗颐.潮州志（第三册）［M］.潮州：潮州市地方志办公室，2005：1249-1253.《海关对国内贸易移入地分列表》《海关对国内贸易移出地按地分列表》整理。）

开通商口岸""自开商埠"之间的贸易）总额为947839726关平两。二者之比为1：94.26。可见，上海在当时国内贸易网络的核心枢纽地位是无可置疑的，因而也是潮汕"北港"网络的核心。1931年，汕头对上海的贸易总额仅为7144428关平两，不足上海"埠际贸易"的1%，但对于潮汕产业结构和消费结构的升级而言，上海的作用却是举足轻重的。潮汕"南北向"海上商贸网络，就是一头以上海为枢纽连接国内商贸网络，另一头以香港为枢纽连接国际商贸和金融网络，从而使潮汕的商贸结构按照国际和国内市场的供求变化，融入东亚和东南亚的近代贸易体系。

第二节 "入超"与"抵补"：近代潮汕地区进出口贸易结构的演化

动态地研究潮汕地区进口贸易结构的形成机制与动力，有必要对近代汕头口岸入超现象、根源及抵补路径等问题进一步分析。

一、近代汕头口岸进出口贸易的入超现象

汕头开埠之后，进口货物价值大幅度高于出口货物价值的现象，一直受到关注。民国《潮州志·实业志》认为："观上海关对外贸易各表，逐年皆系入超，且入超之巨常在一倍以上。民国二十二年至达二倍有余。而实际数字既不仅海关之数字，故入超当为加大。"[1]

一个国家或一个独立关税区，才可以对国际贸易的平衡进行较完整准确的核算。从理论上看，汕头口岸既没有必要单独地计核外贸逆差或外贸顺差，也没有可能仅靠一个口岸就能够独立地实现外贸收支平衡。所谓关于汕头口岸长期入超问题的讨论，只是借用了"入超"这一概念，以便于观察汕头口岸的贸易结构

---

[1] 饶宗颐.潮州志（第三册）［M］.潮州：潮州市地方志办公室，2005：1245.此处的"海关对外贸易各表"，指"海关对外贸易输出入表"（1895—1921）、"海关对外贸易输入按国分列表"（1866—1929）、"海关对外贸易输出按国分列表"（1919—1931、1936）、"海关对各货估价表"（1919、1931）、"海关对外贸易输出货物分类表"（1916、1919、1920、1927—1931、1935—1937）、"海关对外贸易输入货物分类表"（1905—1937共五表）、常关对外贸易输出入表（1902—1923）。（饶宗颐.潮州志（第三册）［M］.潮州：潮州市地方志办公室，2005：1169—1245.）

演化趋势。

（一）近代汕头口岸进出口贸易结构的变动趋势

通过对汕头口岸重要年份进出口贸易结构的分析，可以了解不同时期进口与出口的变动趋势。

表11-10　部分年份汕头进口和出口在外贸总额中的比重[1]

单位：%

年份	进口额所占比重	出口额所占比重	年份	进口额所占比重	出口额所占比重
1864	95.87	4.13	1900	71.66	28.34
1865	97.46	2.54	1905	72.47	27.53
1869	92.04	7.96	1910	72.57	17.43
1870	91.72	8.28	1915	61.96	38.04
1875	92.08	7.92	1920	47.12	52.88
1880	87.36	12.64	1925	66.03	33.97
1885	80.73	19.27	1930	71.48	28.52
1890	84.96	15.04	1933	77.08	22.96
1895	81.42	18.58	1938	49.35	50.65

表11-11　1864—1938年汕头口岸进出口分期年均增速[2]

单位：%

时期	进口年均增速	出口年均增速	进出口总额年均增速
1864—1874	0.47	36.18	0.92
1875—1900	2.32	19.24	3.35
1901—1919	2.14	4.08	2.88
1920—1932	10.81	0.47	6.69
1933—1938	-9.35	16.12	-0.90

注：表中1864—1874年海关统计单位为银两，1875—1932年单位为关平两，1933—1938单位为国币元。

---

[1]　数据来源：《汕头海关志》。（中国海关学会汕头海关办公室，广东省汕头市地方志编纂委员会办公室.潮海关史料汇编［M］.1988.）

[2]　数据来源：《汕头海关志》。（中国海关学会汕头海关办公室，广东省汕头市地方志编纂委员会办公室.潮海关史料汇编［M］.1988.）

表11-12　1933—1938年汕头口岸进出口情况[1]

年份	进口额（国币元）	进口额同比增速（%）	出口额（国币元）	出口额同比增速（%）	进出口额之比
1933	59776306	53.79	17777903	32.01	77.08∶22.92
1934	26139885	-56.27	15859788	-10.79	62.24∶37.76
1935	28462649	8.89	17217516	8.56	62.31∶37.69
1936	29621161	4.07	23223975	34.89	56.05∶43.95
1937	36296919	22.54	33514706	44.31	51.99∶48.01
1938	36588534	0.80	37533020	11.99	49.35∶50.65

将上列三表一起分析，可以看出1864—1938年汕头口岸的进出口结构演化可分为4个阶段：

1.第一阶段（1864—1900年）。汕头口岸的出口年均增速远远超过进口年均增速，1864年，汕头口岸贸易结构中进出口之比为95.87∶4.13，1900年已变为71.66∶28.34。

2.第二阶段（1901—1919年）。汕头口岸的进口年均增速为2.14%，基本维持在前一阶段的水平；出口年均增速大幅下降为4.08%，1919年，汕头口岸贸易结构中进出口之比为59.95∶40.05，进口贸易的比重进一步下降，但下降速度开始趋缓。

3.第三阶段（1920—1932年）。汕头口岸的进口显著加快，年均增速达10.81%，至1932年，汕头口岸的进出口贸易结构中的进口比重又回升到74.27%。

4.第四阶段（1933—1938年）。汕头口岸出口明显加快，这一时期出口年均增速为16.12%，其中1933年为32.01%，1936年为34.89%，1937年为44.31%。这一时期汕头口岸进口额的年均增速则由前一时期的快速增长转为负增长，年均下降9.35%。至1938年，汕头贸易结构中进出口之比已转为49.35∶50.65，进出口贸易额基本平衡，入超现象不再存在。根据相关数据计算，1939年，汕头口岸的进出口之比仍维持在49.40∶50.60。1937年抗日战争全面爆发后，日军封锁汕头港，直至1939年占领汕头港，终结了汕头口岸进出口贸易开始趋于平衡的趋势，也终结了近代潮汕经济"因港而生""因商而兴"的历史。

---

[1]　数据来源：《汕头海关志》。（中国海关学会汕头海关办公室，广东省汕头市地方志编纂委员会办公室.潮海关史料汇编［M］.1988.）

（二）研究近代汕头口岸国际贸易入超现象的立足点

一是要立足全局性因素进行研究。进口贸易额长时间大幅高于出口贸易额，是近代汕头对外贸易总的基本走势，也是近代中国对外贸易的常见现象，并不是汕头口岸独有的。根据有关资料记载，自1868年至1948年间，除极少数年份（1872—1876）外，其余年份的中国对外贸易均为入超，且入超比例与年俱增。[1]为此，有必要分析研究哪些影响因素是全国性的或全局性的，哪些因素则是潮汕地区或韩江流域所特有的。

二是要立足时间维度和空间维度进行研究。表11-11将1864年至1938年这74年间汕头口岸进出口情况分为5个时期，贸易入超是这78年的总趋势，但每一时期的进口贸易和出口贸易的总额、增速是存在差异的，每一时期主要的进口或出口的货物种类、主要的输出或输入地区也都存在差异，这就需要通过结构分析来寻找不同时期影响汕头进出口的不同因素。

三是要立足对外贸易和国内贸易的互动进行研究。汕头口岸作为近代中国东南沿海主要的区域性转运港，潮汕地区的生产和商贸体系主要通过北向和南向两个航运网络，与内地市场和国际市场形成稳定的产业分工联系，许多潮汕地区所需的原材料、消费品，先进口到上海、香港等港口，再转运到汕头口岸。民国《潮州志·实业志》因而认为："实际数字既不仅海关之数字，故入超当为加大。"

上述关于研究近代汕头口岸国际贸易入超现象的三个视角，除了适用于对近代汕头口岸外贸入超原因的分析外，应也适用于对汕头口岸外贸入超抵补方式和抵补路径的研究。

（三）关于侨汇可以抵补国际贸易入超的观点

林金枝认为："长期以来，由于中国经济落后或处在发展阶段，对外贸易向来是进口多出口少，贸易长期处于入超态势。而贸易入超部分主要都是靠侨汇来弥补。因而侨汇成为平衡国际收入或对外贸易入超的主要法宝。""1868—1936年的海关关册统计，中国的对外贸易入超总数累计74亿海关两，折算美元为50亿元。而同一时期侨汇总数为24亿美元，相当于外贸入超数的50%。可见侨汇弥补外汇入超的重要作用，其对中国经济的贡献于此可见。"

[1]　林金枝.侨汇对中国经济发展与侨乡建设的作用［J］.南洋问题研究，1992（2）：21.

表11-13　1864—1938年汕头口岸部分年份的外贸入超数

年份	外贸入超数	年份	外贸入超数
1864	3744428	1900	7572585
1865	5887873	1905	8890238
1869	3256736	1910	11906538
1870	3272783	1915	6142820
1875	6458378	1920	-1384588
1880	7025238	1925	9273472
1885	4897763	1930	23093764
1890	7347712	1933	41998403
1895	7548973	1938	-944486

注：根据表5-1计算。表中1864—1874年海关统计单位为银两，1875—1932年单位为关平两，1933—1938年单位为国币元。

1925年，萧冠英的《六十年来之岭东纪略》一书中，在对此前60年汕头港进出口数据列表分析后指出："（汕头港）输出之类，远不如输入之多，比例以观，几有相差一倍之势。揆厥原因，盖以为岭东地方，山多地少，农业又不讲求。故资生食粮之米谷，不得不由外输入，由是金钱至外溢，与外资之吸入，遂构成上表相差之钜数。而此相差之救济方法，则全靠国家无保护、冒万险、九死一生、远涉南洋各地散处之华侨，手胼足胝，千辛万苦所积之血汗，辗转兑归，以稍弥其隙。查华侨年中兑归之类，虽依各人的本能及其环境有消长之差，然据银业行之统计，总有两千余万元左右之钜，其数盖亦可惊也。"[1]1948年，饶宗颐总纂的民国《潮州志·实业志》也注意到："且潮州每年入超甚大，所以能繁荣而不衰落者，无非赖批款之挹注。故战时侨批梗阻，即百业凋敝，饿殍载道。"[2]

如前所述，此处的入超仅是为易于讨论而借用的范畴。南洋侨汇对汕头口岸外贸入超的弥补，实际上是指侨汇被用于支付部分从汕头口岸进口货物的费用，从而可以完成从国际市场输入货物的行为。此种"弥补"不会在海关的进出口货值统计上反映出来。但研究南洋侨汇有多大规模、通过什么路径来支付购买潮汕本土进口商品的费用，对于分析海外潮人社会与潮汕本土侨乡之间的经济循环关系，对于分析近代潮汕产业结构和进出口结构之间联动的关系，却是有

[1]　萧冠英.六十年来之岭东纪略［M］.广州：广东人民出版社，1996：3.

[2]　饶宗颐.潮州志（第三册）［M］.潮州：潮州市地方志办公室，2005：1312.

益的。

二、对近代潮汕侨汇的数额和使用方向的估计

（一）近代潮汕侨汇数额的大致推算

民国《潮州志·实业志》认为："潮州每年由南洋华侨汇入批款数字，国人前未注意，缺乏调查统计。"况且1933年以后，"由侨务委员会通令各地批局以后一概不准调查"。所以，《潮州志·实业志》只能概述为："兹据老于此业者较准确估计，民国十年以前汇归国内批款年在数千万元；十年以后年在一亿元以上；至二十年以后又增倍蓰，可能达二亿以上。"[1]如表11-13所示，民国10年（1921）以前入超最多的一年不过1100余万关平两，民国10年至20年（1921—1931）入超最多的一年不过2300多万关平两，民国20年（1931）以后入超最多的一年不过将近4200万国币元。如果民国《潮州志·实业志》关于潮汕侨汇总数的估计大致属实的话，弥补汕头口岸入超是绰绰有余的，而且还可以通过多种途径外溢，平衡国内其他口岸的贸易逆差。

相关资料称，1931—1938年，全国侨汇总额分别为4.35亿元、3.35亿元、3.14亿元、3.38亿元、3.32亿元、3.44亿元、4.73亿元和6.44亿元，1939年至1940年因抗日战争全面爆发，侨汇数才剧增至12.70亿元和13.28亿元。[2]陈丽园的《论跨国侨批互动的双重性——以潮汕侨批为中心》一文认为："1911—1920年汕头侨汇的变化不大，除1917—1918年外，基本上是在2500万元上下浮动，1921年突增至4700余万元，此后虽有回落，但1926年后又开始猛增，直到1930年增至一亿元，为历年最高峰，1921—1930年的十年间，平均每年达5千万元。1931—1933年的侨汇额仍然很高，但已经不断下降，到1935年降到最低点，仅4千万元，此后又开始回升，到1940年再达历史最高峰，为1.66076亿元。1931—1940年的十年间，汕头侨汇平均每年达8354万元。"[3]

（二）潮汕侨汇使用的基本方向

究竟潮汕地区的侨批汇款中，通过什么方式弥补外贸入超？弥补了多少？

---

[1]　饶宗颐.潮州志（第三册）［M］.潮州：潮州市地方志办公室，2005：1312.

[2]　林金枝.侨汇对中国经济发展与侨乡建设的作用［J］.南洋问题研究，1992（2）：24.

[3]　陈丽园.论跨国侨批互动的双重性——以潮汕侨批为中心［N］.汕头：汕头大学学报（人文社会科学版），2014（3）：12.

需要对近代潮汕侨汇的使用方向进行分析。民国《潮州志·实业志》认为："但潮人仰赖批款为生者，几占全人口十四五，而都市大企业及公益交通的建设，多由华侨投资而成；内地乡村所有新祠夏屋更十之八九，系出侨资盖建。"[1]对此，1939年陈达指出："银行家或华侨经济研究者对于华侨汇款不肯轻易作估计，因问题内容复杂，不易得一可靠的结果。华侨汇款与华侨贸易有密切的关系，这两件事不能绝对的分开。"[2]陈达认为："本书的重要任务，不在研究汇款的总数而在对于汇款的用途，作为一种尝试的分析。"[3]

通过对潮汕农村100户华侨家庭的抽样调查，陈达推算出1934—1935年每户每月平均收入66.2国币元，其中来自侨汇收入53.9元，占家庭总收入的81.4%，占平均每月生活费支出64.68元的83.33%。可见，潮汕华侨家庭所获侨汇收入的大部分只能用于维持比非华侨家庭略高的日常生活支出，大多数华侨家庭还不具备进行企业和住房投资的能力。这是由潮籍华侨的侨居地、海外职业和经济能力，即潮汕侨汇的特点所决定的。[4]由于历史原因，潮汕地区华侨主要集聚于饱经战乱和政局动荡的东南亚地区，广府和五邑地区华侨主要集聚于相对稳定和发达的美洲地区，据林金枝的测算，1930年美洲侨汇占全国侨汇总数的52.2%，1933年占45.2%，1936年占45.9%，来自美洲的华侨投资也显著高于亚洲地区。1862—1949年，华侨投资广东地区的金额为3.86亿元人民币，约占全国华侨投资总额的55%。每年平均投资数为440多万元。这一期间，华侨在广州市投资企业共9125户，投资金额1.45亿元，占全省华侨投资总额的37.15%；在江门市投资企业5255户，投资金额为1.01亿元，占全省华侨投资总额的29.06%；在汕头投资企业4062户，投资金额为0.80亿元，占全省华侨投资总额的20.70%。[5]据此推算，1862—1949年的87年间，华侨在潮汕地区的投资每年平均约为91.7万元，投资总额和人均投资额均低于广州市和江门地区。

正因为潮汕侨汇所固有的汇款件数多、单件汇款额小、主要用于赡养家小

[1]　饶宗颐.潮州志（第三册）［M］.潮州：潮州市地方志办公室，2005：1312.

[2]　陈达.南洋华侨与闽粤社会［M］.北京：商务印书馆，1939：94.

[3]　陈达.南洋华侨与闽粤社会［M］.北京：商务印书馆，1939：100.

[4]　"广州基本上是美洲华侨、澳大利亚华侨以及东南亚华侨的投资综合区；汕头地区以及海南行政区所属各市县基本上是东南亚地区华侨的投资综合区。江门、佛山地区所属各市县基本上是美洲及澳大利亚华侨为主，东南亚华侨投资也占有一定的比例，梅县地区尤其是梅县基本上是印度尼西亚华侨的投资区。"林金枝.旧中国的广东华侨投资及其作用［J］.南洋问题，1982（2）：126.

[5]　林金枝.旧中国的广东华侨投资及其作用［J］.南洋问题，1982（2）：130，134.

等特点，陈丽园在《论跨国侨批互动的双重性——以潮汕侨批为中心》文中提出："从海外寄回侨乡的赡家性侨汇可分为两种：一是用以维持侨眷基本生活的维持性侨汇；二是用以改善侨眷生活的改善性侨汇。维持性侨汇受外界环境影响不大，具有相对稳定性，而改善性侨汇则要视乎外界环境的利害关系而上下波动。"陈丽园根据1935年陈达教授对潮汕农村华侨家庭收支状况的调查，以当时潮汕农村非华侨家庭月平均收入19.25国币元，测算出4000万元可视为潮汕地区维持性侨汇的底线，超过4000万元以上的部分便可视为改善性侨汇。按照陈文中对1911—1948年潮汕华侨汇款数额的估计，1921—1930年，潮汕的"改善性侨汇"从数百万元逐渐增加到三四千万元，1931—1935年逐渐下降，几乎跌至"维持性侨汇"的底线；1936年以后逐年回升，至1940年太平洋战争爆发前达到一亿元左右的峰值。当然，这一峰值只会出现于非常时期。

三、近代汕头口岸进出口贸易从入超到趋于平衡的趋势

（一）后发国家（地区）的外贸入超是国际性和结构性的

近代汕头口岸国际贸易的入超，是潮汕地区在当时中国和世界不平衡发展的大格局中，在特定的区位空间、港口资源、对外往来等内外条件的复杂影响下，非均衡推进潮汕经济社会近代化的必然表现。这一入超现象既是国际性的，也是结构性的。不单在汕头口岸，在近代中国东部沿海各口岸以至整个中国和后发国家（地区），都曾广泛地、长期地存在着垂直分工的国际产业体系、不平等的国际贸易体系、不稳定的国际经济周期，与当地的自然资源禀赋、区位条件、工业基础、政治制度等因素相互交织，导致后发国家和地区的外贸入超成为普遍现象。既然后发国家（地区）的外贸入超是国际性、结构性的，就必须从国际分工体系和诸多地方性因素中去寻找导致本地贸易入超的动因，立足于本地产业结构、贸易结构的调整，探求缓解入超的路径。换句话说，国际性、结构化的外贸入超问题，只能通过更广泛的经贸活动国际化、更深入的结构转型来解决。

（二）由大规模入超到外贸基本平衡，是1864年至1938年汕头口岸进出口贸易的总趋势

1864年至1938年的74年间，汕头口岸进口贸易和出口贸易间同时存在着两种趋势：一是大多数年份进口贸易和出口贸易都在持续增长，且进口贸易额大于出口贸易额，亦即处于所谓的入超状态；二是大多数时间出口额的年均增速

快于进口额年均增速，使汕头口岸出口贸易占进出口贸易额的比重从1864年的4.13%，提升到1938年的54.89%，从开埠之初的大规模入超转为外贸基本平衡（见表11-12、表11-13）。可以说，由大规模入超到外贸基本平衡，也是1864年至1938年汕头口岸进出口贸易的总趋势。

（三）潮汕地区产业结构的构成，是汕头口岸出现大规模入超的主要原因

1864年汕头出口额仅有16.87万两。10年后的1874年才增至51.82万两，1875年为60.81万关平两，43年后的1918年增至799.57万关平两，尽管增速不低，但绝对值还是偏低的。出口贸易额偏小的根本原因，一是当时潮汕地区整体上仍处于自给自足的农耕社会，潮汕地区自然资源，特别是土地资源和矿产资源严重匮缺，除了少量土糖、土纸、土布之外，可外销到国内外市场的矿产品和剩余农林产品较少。二是近代潮汕工业起步慢，规模小，汕头开埠后多是为港口商埠服务的维修建筑业和本地农产品加工业。19世纪末叶近代工业在汕头埠和潮州府城出现，产品多为满足潮汕城乡及韩江流域居民的日常消费，除了土布业和后来的抽纱业之外，缺乏大宗工业品加工出口的能力。三是当时国际贸易体系基本上是由西方国家主导的，潮汕地产产品在国际产业分工中所处的位置偏低，大多数潮汕本地制成品的品种、质量、价格还不具备与舶来品竞争的能力。

汕头口岸进口贸易额偏大的原因，一是在商业结构近代化的带动下，潮汕本地的农业、工业结构开始调整升级，持续扩大了对发展农业和工业所需原材料（如棉花、棉纱、锡块、苎麻等）、机器设备和化肥等生产资料的需求；二是近代意义的城市化在汕头、潮州等城镇和乡村开始启动，近代生活方式和近代城乡建筑的普及，日常生活消费品的升级，扩大了对进口粮食、食品、消费品（布料、火柴等）和建筑材料（水泥、钢筋等）的进口需求；三是海外潮籍华侨广泛的"改善性汇款"，一定程度上拉升了进口额；四是与西方国家之间签订的一系列不平等条约，使中国无法通过关税及其他手段抑制洋货倾销，支持国货出口。

（四）国内外市场牵领下的近代潮汕产业结构升级，是进出口贸易逐步实现基本平衡的内在动力

国内外市场牵领下的近代潮汕产业结构升级，使近代汕头口岸的进出口贸易活动呈现出不同的阶段性特征：

第一，1864—1900年，潮货小规模出口的起步阶段。

这一阶段汕头口岸出口贸易快速增长，1864—1874年年均增速为36.18%，

1875—1900年年均增速为19.24%，但与进口数额相比，或与以上海为主的"北港"内销额相比，数额都很小。这一期间可视为潮汕本地的蔗糖、柑橘和土布夏布等农特产品小规模涉足海内外市场的初始时期。

第二，1901—1919年，进出口贸易平稳发展阶段。

这一期间汕头口岸出口年均增速为4.08%，略高于进口年均增速1.94个百分点，出口额从489.82万关平两增至1031.21万关平两，进口额由1362.13万关平两增加至1510.24万关平两。这一时期出口增速相对减缓的原因，可能与第一次世界大战和当时中国国内政局的变化有关。

第三，1920—1932年，汕头口岸进口贸易急剧增加的阶段。

这一期间出口年均增速下滑至0.47%，进口贸易年均增速则高达10.81%，二者形成鲜明反差。1932年，汕头口岸进出口贸易总额比1920年增加了2826.85万关平两，其中2752.75万关平两是进口贸易贡献的。《1922—1931年潮海关十年报告》认为，"1922年的巨大风灾等自然灾害、国际市场的不景气、混乱的政治局势等因素，加之大量的走私等不合法贸易活动，严重影响了这一期间的出口贸易"。[1]而这一时期进口贸易的剧增，一方面，随着汕头市政厅成立，汕头城区近代城市化和近代工业化逐步展开，从国际国内市场输入大量的工业原材料、半成品、机器和近代城市建设必需的建材、汽车等交通工具；另一方面，这一期间银圆兑换率下跌，加之为规避20世纪20年代末期世界经济危机的影响，东南亚潮籍华侨汇回汕头的款项一直维持在3000万元至4000万元的高位，也间接拉动了汕头口岸的进口。

第四，1933—1938年，出口贸易大幅反弹，实现外贸基本平衡的阶段。

这一时期，汕头口岸进口贸易逐年萎缩，年均增速为-9.35%，从1933年的5977.63万国币元下降至1938年的3658.85万国币元。出口贸易年均增速为16.12%，从1933年的1777.79万国币元，增加到1938年的3753.30万国币元。出现这一态势的主要原因，一是国内沿海地区（包括汕头市和潮汕地区）的近代工

---

[1] "然而本地区的欣欣向荣，使人对汕头贸易的恢复和未来扩大的能力感到毋庸置疑，即使是在破坏性的不利因素影响下，仍然具有这种预想不到的恢复力的一个原因，或许在于出国移民的大量汇款对贸易的刺激，由于银价低落，他们近年来汇回的款项大过以往，这十年中某些洋货，如棉制品，因价格太高而逐渐消失，由此而来的是国内中国工厂的开办和本国产品的使用，目前十分明显的一种倾向是宁愿不采购完全制好的成品而只买进材料（不一定是原材料），然后再制成产品。例如，购进进口毛线制成毛线外衣。另一方面中国所喧嚷着大量需要的机器、电器和汽车正以不断增长的数量进口。十年初期，汕头市和汕头地区的汽车和公共汽车寥寥无几，而现在已是数以百计。"（中国海关学会汕头海关小组，广东省汕头市地方志编纂委员会办公室.潮海关史料汇编［M］.1988：112-113.）

业、近代农业有所发展，开始产生部分"进口替代"效应，加之"自主关税"政策的某些影响，逐步减少了对机制糖、棉纱、水泥、化肥、日用消费、谷物等的进口。二是潮汕地区的工业、手工业、农业制品的专业化程度和产品质量有所提升，抽纱、陶瓷、果蔬等产品开始具有基本的国际市场竞争力。三是19世纪下半叶以降，大量潮籍居民迁徙到东南亚地区和国内香港、广府、上海等沿海地区，至20世纪30年代形成了海内外的潮人社会，潮人社会的经济、文化、生活与当地社群的交融，客观上又推进了海内外潮货市场的生成，扩大了对潮汕地产产品的出口需求。

四、1920—1933年汕头口岸外贸入超的抵补路径

如前所析，近代汕头口岸的入超数额1864年为374.44万两，至1925年的61年间，缓慢增长为927.35关平两，每年入超额平均仅增长1.50%。1927年起汕头口岸入超额突破1000万关平两，1933年达到4199.84万关平两，1925年至1933年9年间每年平均增长11.90%。1933年后入超额一路走低，直至1938年实现小额出超。研究近代汕头口岸的入超抵补问题，重点要研究1920—1933年的外贸入超是通过什么路径实现抵补的。

1920—1933年是汕头近代城市化、工业化的起飞时期，需要从海外进口大宗生产资料、建筑材料和交通工具，导致入超剧增。而据《1922—1931年潮海关十年报告》记载，这10年间侨汇数字呈稳定小幅上升态势，除了1930年可能因世界性经济危机影响，汇入潮汕侨汇额比1929年剧增800万元，以规避风险之外，其他各年仅增加100万—200万元，并未大起大落。平均每年汇入约3280万元。可见，汇入的侨汇额并未与入超额同步急剧上升。

（一）潮汕侨汇不足以抵补汕头口岸的外贸入超

据《潮海关1865—1930年汕头口岸进口货物主要品种统计表》，这一期间汕头口岸进口的大宗货物主要包括：作为工业和手工业原材料的棉布、棉纱、缝线、铁条、马口铁等，企业和家庭均可使用的煤油、煤[1]，用于家庭消费的米、

---

[1]　1920年从海外进口总值为1134.41万关平两，除了大部分作为原材料使用的各色棉布、棉纱、缝线之外，进口的较大宗商品还有煤油436.27万加仑、煤2.86万吨、火柴19.16万罗等，进口米6578司马担、面粉7782司马担。（中国海关学会汕头海关办公室，广东省汕头市地方志编纂委员会办公室.潮海关史料汇编［M］.1988：203.）

面粉、火柴、纸烟、毛呢、海鲜干货等。除了1925年后进口米的数量增长较快外，其他消费品进口的数量都不大。可见，当时华侨家庭的食品和生活必需品主要还是依赖本地市场的供给。

华侨家庭用于购买进口的食品、衣服、建材等，这部分侨汇支出可视为对外贸入超的直接抵补。由于潮汕和福建侨汇收入的很大一部分主要用于赡养家小，大多数华侨家庭可用于投资企业或建设住房的侨汇并不多。[1]按前推算1920—1933年潮汕每年平均汇入侨汇约3280万元，依照陈达的抽样调查方法，按照上等、中等、下等、贫等户的比例及每户每月侨汇盈余额估算，每月维持基本生活之外约可盈余36.46万元，全年可盈余437.52万元。通常情况下，这些盈余会用于改善日常生活和住房、教育条件，首先用于购买国产的生活资料和生产资料，只有在别无替代的情况下，才可能使用进口产品。因此，用于购买进口品的潮汕侨汇数额每年估计不会超过200万元，远远不足弥补汕头口岸的外贸入超。

（二）抵补汕头口岸入超的多元路径

通常认为，一个国家抵补入超的主要路径，一是运用多种政策手段调整生产结构、调整内外销市场结构，扩大出口和控制进口，这是最根本的办法；二是国际借款；三是直接利用外资；四是本国居民的海外收入；五是外国机构和外国居民在本国的各种外汇支出（包括外事、旅游、商务、教育、慈善费用等）。

因此，这一时期汕头口岸对进口商品的需求主要来自以下五个方面：

（1）外国投资者、华侨华人、国内民族资本（包括本地工商业者）对潮汕企业的直接投资，包括对港口基础设施、仓储设施、商业企业、工业企业、交通企业的投资。（2）政府和民间机构对城市基础设施（供电、供水、道路、排水等）和城市公共建筑（邮局、海关、警察局、公园等）的投资。（3）部分华侨、侨属对房地产业和住房的投资。（4）社会机构（商会、行会、宗教机构、慈善机构等）对潮汕教育、医疗、慈善、宗教场所的建设费用和维持费用。（5）驻汕头和潮属各县的外国领事机构、外国商会、外国旅游者的日常开支费用。[2]

---

[1] 据陈达的抽样调查，潮汕华侨家庭平均每家每月各侨汇53.9国币元，占总收入的81.4%，平均盈余为11.76国币元。参加抽样调查的100户华侨家庭中，上等13户，中等21户，下等49户，贫等17户，上等家庭每户每月可盈余27.70元，中等家庭盈余12.12元，下等家庭盈余6.08元，贫等家庭盈余0.22元。

[2] "汕头开埠后，外国资本主义势力纷至沓来，英、美、法、德、日以及挪威、丹麦、荷兰、俄国等9个国家先后来汕设立领事馆，开办洋行、教会和航运机构，建设码头、仓库、开展海运贸易事业。"（汕头市港口管理局.汕头港口志［M］.北京：人民交通出版社，2010：18.）

在使用银两和银本位制度的条件下，支付上述五个方面购买进口原材料、消费品的费用，除了一部分来自"维持性侨汇"的溢出和"改善性侨汇"之外，其他来源是多方面的，共同构成抵补汕头口岸外贸入超的多元路径：（1）对工商企业和交通企业的投资主要由海外大笔汇款直接汇入，或向社会筹资和直接向国外借款（如潮汕铁路等）[1]。（2）对政府公共建筑和市政设施的投资主要来自上级机构拨付（如邮局、海关等），或由地方政府财政支出和民间集资承担。（3）近代潮汕的内贸活动与外贸活动是相互交织的，通过上海等"北港"外销的部分潮货获取的收入，也会用于通过内销渠道购买间接进入潮汕的进口商品。（4）东南亚地区汇入潮汕的部分侨汇中，在海外直接购买进口商品。[2]20世纪30—40年代之后，中国和南洋诸国（地区）逐渐加大外汇管制，袁丁等的《民国政府对侨汇的管制》一书指出："侨批局侨汇逃避的另一重要方式就是与进出口商汇拨款项。"[3]并且分析了侨批局与进出口商合作的必要性。[4]从这个角度看，确有部分侨汇用于在境外购买了输入汕头口岸的商品，也有部分侨汇用于在潮汕购买了输入汕头口岸的商品。但正如1948年民国《潮州志·实业志》所述，即便是批局与进出口商间汇拨款项，基本上仍局限于"国内潮人与国外潮人之贸易"，数额并不大，总体上还是进口额大于出口额。[5]

---

[1]　"清光绪二十九年，苏门答腊华侨梅县人张煜南榕轩倡办潮汕铁路，是年十二月，潮汕铁路有限公司奉准立案。张氏出资五十万元，谢荣光、吴礼卿、林丽生各集资五十万元，资本额合共二百万元，案张氏倡筑潮汕铁路曾至香港集股，日籍台湾人林丽生应之，前后共加入资本额合共一百万元。""潮汕铁路轨道宽四尺八寸半，为窄轨单线。购自英国机关车，俗称火车头，则为美制。其余车辆一等材料，均向日本购入。"饶宗颐.潮州志（第二册）［M］.潮州：潮州市地方志办公室，2005：764-765.

[2]　1938年，陈达的《南洋华侨与闽粤社会》一书中指出："自新加坡至汕头，有时候并无现款汇归，因总馆与分馆（指侨批批局——笔者注），既经营银钱业或进出口货业，彼此可以划账。或有时候由新加坡批馆利用收入的批款，买成南洋商品（例如米）运到汕头售卖，以资获利。汕头分馆虽未接到南洋总馆的现款，但亦按照'批信'中所述的数目，有'派批'分送各汇款的家庭。"（陈达.南洋华侨与闽粤社会［M］.北京：商务印书馆，2011：96.）

[3]　袁丁，陈丽园，钟运荣.民国政府对侨汇的管制［M］.广州：广东人民出版社，2014：242.

[4]　《民国政府对侨汇的管制》认为，侨批局与进出口商汇拨款项的必要性，一是突破南洋国家外汇管制，节省通过银行汇拨费用；二是方便进出口交易，规避中国对购买外汇的管制；三是兼营侨汇历来是进出口商的传统。（袁丁，陈丽园，钟运荣.民国政府对侨汇的管制［M］.广州：广东人民出版社，2014：242-243.）

[5]　"输出货除抽纱品及少数原料外，其余各货均以海外华侨为销售对象，因潮人侨居暹罗、马来亚、安南等处人数甚多，生活习惯仍不脱故乡风尚，故其所需或由汕头直接输出，或由香港转驳运往，土产出国后，复售诸国人。换言之，输出数字中大部分乃国内潮人与国外潮人之贸易。不足为输入数字之抵销，则入超之钜尤可慨矣。"饶宗颐.潮州志（第三册）［M］.潮州：潮州市地方志办公室，2005：1245.

综上所析，近代汕头口岸外贸入超不可能完全通过侨汇抵补来实现平衡。近代汕头口岸的入超额由小到大，从缓慢平稳增长到急剧增加，最后趋于进出口平衡的过程，是潮汕经济逐步向国际市场开放、产业结构和进出口结构不断转型升级的过程。在潮汕经济与国内国际经济的循环关系中，汕头口岸的国际贸易入超，一部分靠潮籍华侨的侨汇抵补，更多的是从投资者的直接投资、间接投资以及政府、社会机构和潮汕的国外消费者的开支抵补。

第三节　关于近代潮汕进口贸易结构的演化

近代潮汕对外贸易活动中，进口贸易一直居于主导地位。依据《潮海关十年报告》和民国《潮州志·实业志》附录诸表的数据，可整理出汕头开埠后各主要年份的主要进口商品种类（见表11-14）。

表11-14　1865—1946年部分年份汕头口岸主要进口商品[1]

位次	1	2	3	4
1865年价值	鸦片	棉布、棉纱、棉花	米	豆饼
	2411451	2126198	1933868	1659018
1880年价值	鸦片	棉布、棉纱、棉花	毛织品	锡块
	4379653	29911517	139841	111444
1900年价值	鸦片	棉纱、棉花	煤油	锡块
	3543834	2881646	709011	577521
1915年价值	布匹、棉纱、线	海味干果类	油类	粮食类
	6098752	1242802	1174717	1110407
1923年价值	粮食品	布类、棉纱	钢铁制品	油类
	13227578	4805304	1969493	1845320
1936年价值	米类	布类	肥田料	钢铁类
	10401947	5697012	3696655	747705
1937年价值	米类	布类	肥田料	钢铁类
	13499935	6660034	4361624	1023367

[1]　根据：中国海关学会汕头海关小组，广东省汕头市地方志编纂委员会办公室.潮海关史料汇编［M］.1988：193-204.《1865—1930年汕头口岸进口货物主要品种统计表》和饶宗颐.潮州志（第三册）［M］.潮州：潮州市地方志办公室，2005：1213，1239，1240.《海关对外贸易输入货物分类表》第一表、第四表、第五表整理。

位次	1	2	3	4
1946年价值	米谷、面粉	油类	肥田料	透明细麻布
	4279447000	3507038000	951407000	777460000

注：1865年进口货品计价单位为银两，1880年、1900年、1915年、1923年进口货品计价单位为关平两，1936年、1937年、1946年进口货品计价单位为国币元。

民国《潮州志·实业志》将近代潮汕贸易分为"初盛时期"（1858—1904年）、"极盛时期"（1905—1937年）和"衰落时期"（1938—1947年），"初盛时期"的大多数年份进口贸易额占进出口贸易总额的比重高达80%以上，"极盛时期"的大多数年份也高达60%—70%以上，直至1933年以后出口额的快速增长，进口额的比重才逐渐下降。即便到"衰落时期"的1946年，进口贸易额比重仍高达63.97%。可以说，潮汕经济的"因港而生"和"因商而兴"，很大程度上是"因进口而兴"。透过对汕头口岸大宗进口商品种类变化的分析，可以认识汕头港在当时国际贸易链条中的功能定位，可以厘清国际国内市场供求变化与近代潮汕产业结构演化的联系。

一、鸦片贸易从繁荣走向终结：汕头口岸进口贸易结构的重大转型

（一）鸦片货值长期居于汕头口岸进口商品货值结构的首位

从汕头开埠前后到1904年是汕头进出口贸易的"初盛时期"，这是潮汕经济刚刚开始融入国际和国内市场，产业结构和进出口贸易结构被动适应国内外市场的过程。"初盛时期"汕头口岸按货物价值排序的大宗进口货物的前两位是鸦片和棉布、棉纱、棉花。

表11-15描述了1860—1917年汕头口岸和广州口岸进口鸦片的数量；表11-16描述了1865年至1900年间部分年份汕头口岸鸦片进口货值占进口总值的比重；从表中数据可见，鸦片是汕头开埠直至1900年前后汕头口岸进口的最大宗货物，进口鸦片货值的比重一直占整个口岸进口总值的1/4左右，1870、1875、1880年的所占比重甚至超过50%。直到1909年之后，进口鸦片的数量才急剧下降，并在1917年结束了进口鸦片的历史。

表11-15 1860—1917年广州口岸、汕头口岸进口鸦片数量统计[1]

单位：司马担

年份	广州口岸	汕头口岸	年份	广州口岸	汕头口岸
1860	2340		1889	12268	7058
1861	1361		1890	11820	7760
1862	3914		1891	12786	7869
1863	3813	3743	1892	10819	7149
1864	2491	4290	1893	9215	6375
1865	2377	4050	1894	7601	5781
1866	3489	5082	1895	5991	4119
1867	2111	5602	1896	5325	3742
1868	807	4273	1897	5549	4228
1869	1101	4238	1898	5876	5051
1870	755	4840	1899	6909	5599
1871	1076	6840	1900	6914	5246
1872	948	7431	1901	8900	4838
1873	824	9105	1902	8497	4921
1874	973	9388	1903	9460	5891
1875	938	10184	1904	9451	4864
1876	450	11679	1905	10210	4129
1877	324	11622	1906	11146	4381
1878	770	9595	1907	10304	4304
1879	1194	10063	1908	10060	4233
1880	642	7760	1909	7560	4287
1881	211	4666	1910	5069	2656
1882	17	3667	1911	3907	1940
1883	530	4377	1912	3101	2063
1884	2999	4397	1913	2320	2121
1885	2774	3888	1914	1476	815
1886	1070	6714	1915	545	293
1887	7761	6339	1916	139	4
1888	13121	6863	1917	40	2

---

[1] 根据：广州市地方志编纂委员会办公室，广州海关志编纂委员会.近代广州口岸经济社会概况——粤海关报告汇集［M］.广州：暨南大学出版社，1995.中国海关学会汕头海关小组，广东省汕头市地方志编纂委员会办公室.潮海关史料汇编［M］.1988：193.《1865—1930汕头口岸进口货物主要品种统计表》的相关数据整理。

表11-16 1865—1900年部分年份汕头口岸进口鸦片占进口额比重[1]

单位：%

年份	1865	1870	1875	1880	1885	1890	1895	1900
进口鸦片比重	22.99	52.05	57.85	53.22	24.34	26.18	23.67	29.09

　　近代汕头港的开放是国际国内多种力量共同选择的结果，汕头开埠之前，汕头港的地理区位、港口条件，特别是闽、赣、湘三省作为韩江流域腹地所带来的广阔市场，使汕头进入渴望打开中国贸易门户的西方强国的视野，同样也成为国际鸦片交易商们重点觊觎的对象。汕头开埠后在鸦片交易中的表现，也证明了确实存在着此种独特的"商业意义"。开埠后不久的1873—1880年，汕头港就迎来第一个鸦片进口高峰期，每年平均进口鸦片10000担左右，完全取代了广州口岸的华南鸦片分销中心的位置。第二个高峰期出现于1886—1891年，每年平均进口鸦片约7000担。《1882—1891年潮海关十年报告》披露：这一期间的大多数年份潮海关收取的鸦片税与其他的进口税不相上下，1887年鸦片厘金归入海关征收后，鸦片税和鸦片厘金在每年关税总收入中的比重更是举足轻重（见表11-17）。

表11-17 1882—1891年汕头口岸关税总收入和鸦片税、鸦片厘金[2]

单位：关平两

年份	关税总收入	鸦片税	鸦片厘金	鸦片税、鸦片厘金占关税的比重（%）
1882	675050	110799		16.41
1883	753982	130887		17.36
1884	833208	131923		15.83
1885	791880	116598		14.72
1886	807577	201318		24.93
1887	1252375	191974	362600	44.28
1888	1427822	205887	549032	52.87
1889	1428864	212649	567064	54.57
1890	1572992	232673	620441	54.24
1891	1644573	236912	631668	52.81

　　[1]　中国海关学会汕头海关小组，广东省汕头市地方志编纂委员会办公室.潮海关史料汇编［M］.1988：236-237.

　　[2]　中国海关学会汕头海关小组，广东省汕头市地方志编纂委员会办公室.潮海关史料汇编［M］.1988：5-6.

　　因此，早期汕头港对于鸦片贸易的依赖是毋庸讳言的。汕头开埠的主要原因之一，就是当时汕头港已经成为中国鸦片贸易网络中不可或缺的沿海支点。[1]《1882—1891年潮海关十年报告》是这样评价鸦片贸易对于汕头口岸"本地利益"的意义的："回顾过去十年当地的发展历程，不仅对它的将来怀有希望，至少本地利益而言是这样。优越的自然环境，使汕头作为一个贸易中心具有非常牢固的地位。供应本省和毗邻省份大片地区的鸦片，必定进入本埠，再运销出去。既然不因地区间税负不平等而转移销运方向，外国鸦片贸易持续多久，本埠在这项贸易中的营销地位无疑也能持续多久。至于鸦片这项贸易究能幸存多长时间自然是一个未解决的问题。但是，不管怎样，目前就本埠而言，并无任何衰退的迹象。"[2]这份报告记录了汕头开埠后主动调低鸦片厘金税负，提升本地"鸦片市场竞争力"的过程，并且叙述了1887年清政府统一鸦片厘金制度对汕头口岸的影响，以及汕头对内地鸦片市场的枢纽辐射作用。"进口的公班土和喇庄土的五分之四在本地区消费，其余五分之一销往湖南和江西各地；白皮土只有四分之三留在潮州府和嘉应府，其余供应福建和江西市场；波斯土进口供应福建的平和和永定两个地区销售。据估计，每年有不足400担的四川和云南鸦片辗转进到潮州府和嘉应府。这两个州府是我们供应的鸦片的主要分销地方。"[3]据《1882—1891潮海关十年报告》中相关数据推算，1889—1891年汕头口岸进口鸦片总值达9782274关平两，占这3年汕头口岸进口总值（24786904关平两）的39.47%。其中留在潮州府和嘉应府当地销售的进口鸦片约7539160关平两，约占77%；销往湖南、江西、福建2243114关平两，约占23%。[4]

（二）1892—1901年：进口鸦片总量和货值开始下降

　　1892—1901年是汕头口岸贸易平稳发展的十年，这十年间汕头口岸关税总收入为13940272关平两，鸦片除外的进口税为2519728关平两，鸦片税1565940关平两，鸦片厘金为4171275关平两，鸦片税和鸦片厘金合计5737215关平两。与前

[1]　陈荆淮."鸦片贸易""苦力贸易"与汕头开埠［Z］.北京：中国近现代史及史料征集研究（二）——中国近现代史史料学学会学术会议论文集，2002.

[2]　中国海关学会汕头海关小组，广东省汕头市地方志编纂委员会办公室.潮海关史料汇编［M］.1988：29.

[3]　《1882—1891年潮海关十年报告》，中国海关学会汕头海关小组，广东省汕头市地方志编纂委员会办公室.潮海关史料汇编［M］.1988：7.

[4]　数据来源：根据《1882—1891年潮海关十年报告》中的《1882—1891各年征收的关税》《进口鸦片：1882—1891年》《商人成交的各年每担（鸦片）平均价格》三个附表计算。（中国海关学会汕头海关小组，广东省汕头市地方志编纂委员会办公室.潮海关史料汇编［M］.1988：5-9.）

一个十年相比，鸦片税减少了205676关平两，鸦片税与鸦片除外的进口税之比由前一个十年的0.96：1下降为0.62：1，但鸦片厘金比前一个十年增加了1440472关平两。鸦片税和鸦片厘金之和占关税总收入的比重仍高达41.16%，鸦片贸易仍是汕头口岸进出口贸易的半壁江山。

这十年也是进口鸦片总量和货值开始下降的十年，1892—1901年从印度进口鸦片数量平均每年5200多担，比1889—1891年的每年平均7500担减少了2300多担，鸦片税在潮海关关税总收入中的比重也开始下降。出现这一转折的原因，一是这一期间汕头口岸一般货物的进出口贸易较快增长；二是进口的印度鸦片大幅提价，1901年与1892年相比，白皮土每担价格上涨65.72%，公班土价格上涨42.02%，喇庄土价格上涨43.37%，波斯土上涨99.18%。土产鸦片价格仅上涨18.46%。且因"洋药"（进口鸦片）质地较优易于形成毒瘾，一定程度上抑制了对"洋药"的需求。[1]三是云贵川等地生产的"土药"（土产鸦片）价格只及进口鸦片的60%—75%，且不易成瘾，从而拉升了对"土药"的需求。"以前印度鸦片价格便宜，无人掺假任何饼料混合物或者土药，其强度令人产生嗜欲，使吸烟者很快就摆脱不了这个恶习。自从进口鸦片价格上涨促使掺假无法避免，以及味道较淡的土产鸦片更受欢迎以来，丢不开烟枪的瘾君子已经越来越少，但用鸦片款待客人，并作为一种消磨时间的奢侈品，则变得更加普遍了。"[2]1901年，土产鸦片进口数量已从1892年的43担增加到1459担，与进口鸦片之比由0.63：1上升为30.16：1。[3]四是由于清政府鸦片厘金制度的变革，部分原来由汕头进口的鸦片转回广州口岸进口，而云贵川产的"土药"可以更加安全快捷地从海路直接运到汕头，再分销到邻近各省，节省了陆路运输各种成本，使"土药"更具价格优势。

（三）1902—1917年：终结鸦片进口的艰难进程

1902—1911年这十年，汕头口岸的贸易仍在缓慢而稳步发展，"除鸦片外，其他所有项目下的税收，在这十年中一直保持上升的好势头，征收的鸦片税和厘金从1903年的648668关两的最高纪录下降到这个十年最后一年的344685关两，

---

[1] 中国海关学会汕头海关小组，广东省汕头市地方志编纂委员会办公室.潮海关史料汇编［M］.1988：48.

[2] 中国海关学会汕头海关小组，广东省汕头市地方志编纂委员会办公室.潮海关史料汇编［M］.1988：46.

[3] 中国海关学会汕头海关小组，广东省汕头市地方志编纂委员会办公室.潮海关史料汇编［M］.1988：46-47.

减少了三十多万关两。"[1]1900年、1905年、1910年、1911年汕头口岸的进口鸦片数量分别为5246担、4129担、2655担和2233担，1911年下半年停止输入土产鸦片。1915年进口鸦片下降为293担；1917年，进口鸦片完全停止。[2]

尽管此后还存在一定范围的吸毒和鸦片走私活动，但总体上看潮汕地区终结鸦片进口是成功的。取得成功的原因：首先来自国内和国际的对鸦片贸易的强烈反对；其次是清廷采取了一系列有效措施，如确定1917年禁绝土药的目标，较大幅度提高鸦片进口税和土产鸦片厘金，推行土膏统捐，通过外交努力减少洋烟进口数额，制定和实行较严厉的禁毒法规等。[3]最后是英国为首的西方列强出于长期向中国倾销工业制成品，谋求本国贸易利益最大化的战略目标，于20世纪初叶后逐步减少印度鸦片对中国的出口。《1902—1911年潮海关十年报告》认为："至于鸦片贸易，过去的十年，也将永远是中国历史上最引人注目的十年。它经历了一个民族自己发动的反对国民恶习的成功创举———件在任何其他国家的历史上根本无法比拟的事情。"[4]

（四）鸦片贸易对近代潮汕经济社会发展的影响

始于汕头开埠前，基本终结于20世纪20年代前后的汕头口岸鸦片贸易，对于汕头的开埠、汕头港和潮汕经济社会近代化的影响，是十分重大和深刻的。

第一，汕头口岸鸦片贸易的繁荣与终结，是近代中国鸦片贸易的缩影。

鸦片贸易是19世纪中国对外贸易最重要的内容，两次鸦片战争、中国被迫签订的一系列不平等条约，包括汕头在内的一批沿海、沿江口岸的开放，最终导致中国社会性质半殖民地化，都是缘起于对华鸦片贸易能否合法化而逐步展开的。

---

[1] 中国海关学会汕头海关小组，广东省汕头市地方志编纂委员会办公室.潮海关史料汇编［M］.1988：46-47.

[2] 中国海关学会汕头海关小组，广东省汕头市地方志编纂委员会办公室.潮海关史料汇编［M］.1988：200-202.《1865—1930年汕头口岸进口货物主要品种统计表》.

[3] "光绪三十二年八月，清廷颁布限十年禁绝土药上谕。十一、十二月，外务部、驻英公使分别向英国驻华公使和英国外交部发出禁烟照会，要求英国将运华鸦片岁减十分之一：派华官驻印核查烟土运华数量；提高印产鸦片进口税至220两；禁止香港烟膏运入中国境内，如有流入，将重征税饷；租界应查禁烟馆和烟具销售；严禁吗啡等毒品进口。三十四年二月，中英就鸦片问题达成协议：按年输五万一千箱计算，岁减运华印药十分之一，先试行三年；同意华官驻印查核输华鸦片实数、在租界禁设烟馆与烟具店；洋药加税事需待中国土膏统税115两普遍实行之后再议；禁止香港土膏进口；禁运吗啡、吗啡针入口，需俟有约各国全允实行。宣统三年四月，中英达成《中英禁烟条件》，英方同意如七年内中国每年减种，英方继续每年减运洋药，至1917年全行禁绝；英方得派员考查中国内地减种情形；英方允将洋药税厘每百斤箱加至350两。"周育民.清季鸦片厘金税率沿革述略［J］.史林，2002（2）：60.

[4] 中国海关学会汕头海关小组，广东省汕头市地方志编纂委员会办公室.潮海关史料汇编［M］.1988：68.

在中国人民反对鸦片贸易的斗争中，在清政府与英国等西方国家关于鸦片贸易合法化和鸦片贸易利益分配问题的抗拒和妥协中，汕头作为中国东南沿海的主要口岸，一直是各方力量激烈博弈的舞台。包括鸦片进口税和鸦片厘金的征收比率、进口鸦片和土产鸦片的输入比例、鸦片贸易中潮海关功能的界定、汕头口岸与周边的广州、厦门、惠州口岸的竞争[1]等。汕头仅是中央政府与英国等西方国家各项条约、章程和中央政府对内各项法令的执行者，不可能具有独立的鸦片贸易规则与政策。所以，汕头口岸鸦片贸易的繁荣与终结，与全国是基本同步的。

第二，汕头口岸的鸦片贸易经历了"不合法—合法—不合法"的过程。

第二次鸦片战争结束后，1858年签署的《中英通商章程善后条约》，已经约定允许鸦片进口，每百斤纳进口税银30两。1860年汕头开埠的真实意义之一，就是将汕头港早已存在的鸦片贸易，通过缴纳鸦片进口税合法化，并且透过汕头口岸扩大进口印度鸦片数量，拓展韩江上游的梅江汀江流域、东江流域以及赣南、闽西、湖南的鸦片市场，并与云贵川等土产鸦片产地连通，最终构筑起覆盖中国南方广大腹地的鸦片进口—分销—稽征网络。

《粤海关1871—1872年广州口岸贸易报告》称，"香港是印度和各地运来的鸦片的集散地"，仅1871年从印度等地进口的鸦片就达9万多担。[2]汕头开埠后，迅速成为除了广州之外广东省和中国南方的另一个进口鸦片转运和分销地。如表11-15所示，1864—1886年，所有年份汕头口岸进口鸦片数量都高于广州口岸，许多年份是十几倍、甚至数十倍于广州口岸。1875—1877年汕头口岸进口鸦片都超过1万担，最高峰的1876、1877年进口鸦片数量分别为11679担和11622担，这两年广州仅进口鸦片450担和324担。可见，随着在这一期间韩江、东江流域和闽赣湘诸省份鸦片市场的开拓，汕头口岸已经成为广东从香港进口鸦片最多的区域性分销中心。潮海关1879年的《汕头贸易报告》承认："与相邻省份开放港口比较，汕头已成为鸦片进口大港，简单的原因是对洋药征收了税率很低的厘

---

[1] 关于汕头口岸与厦门口岸、广州口岸、惠州口岸由于鸦片厘金税率的差异，导致各口岸之间在争取鸦片进口和分割腹地市场的竞争，可参见：广州市地方志编纂委员会办公室，广州海关志编纂委员会.近代广州口岸经济社会概况——粤海关报告汇集［M］.广州：暨南大学出版社，1995：110-111.中国海关学会汕头海关小组，广东省汕头市地方志编纂委员会办公室.潮海关史料汇编［M］.1988：7.

[2] 1871年进入香港的各类鸦片约91806担，出口给加利福尼亚州的约1550担，出口给澳门的约11567担，出口给中国其他口岸的约59765担，其中广州口岸进口1076担，汕头口岸进口6840担。（资料来源：广州市地方志编纂委员会办公室，广州海关志编纂委员会.近代广州口岸经济社会概况——粤海关报告汇集［M］.广州：暨南大学出版社，1995：70.中国海关学会汕头海关小组，广东省汕头市地方志编纂委员会办公室.潮海关史料汇编［M］.1988：235.）。

金税，而进口的鸦片大部分在相邻省份消费。"

1887年至1908年，汕头口岸的进口鸦片大致稳定在4000—7500担，而这一期间广州口岸的每年进口鸦片数量均反超汕头，有的年份甚至两倍于汕头。说明1887年清廷规范鸦片厘金制度后，在基本统一的厘金税率作用下，进口鸦片的流向重新趋于"合理"和"经济"，广州口岸"收复"了珠江三角洲和西江流域的"传统市场"，再次居于全省进口鸦片分销中心的首位。1906年，清廷颁布鸦片禁食令和10年禁绝目标后，广州和汕头口岸的"合法进口鸦片"呈迅速减少趋势。

必须看到的是，近代中国沿海鸦片贸易网络的形成和蔓延，一方面既是以英国鸦片商人为代表的西方殖民主义势力对中国经济的渗透和掠夺，又是中国封建统治者对本国人民的压榨和残害。晚清鸦片厘金制度的开征及演化[1]，长期对生产、吸食鸦片的纵容，就说明了这一点。另一方面，鸦片贸易活动和土产鸦片种植区的蔓延，又推动着沿海和近海腹地的生产贸易活动与国际国内更广阔的市场发生联系，中国近代商贸网络得以逐步形成和拓展。这一过程中，香港作为汕头南向国际商贸网络（即所谓"南港"）的核心地位便更加凸显；汕头作为中国东南沿海连接国内外市场的"双向门户"枢纽功能也更加强化。有的研究认为近代汕头口岸的辐射范围可远达湖南、江西两省腹地，应指汕头开埠后20多年间的鸦片贸易"鼎盛"时期。

1880年潮海关的《汕头贸易报告》曾经描述过以汕头口岸为枢纽的鸦片贸易内销线路："自从1877年以来，除淡水、惠州、岩下3条线路外，通往广东东部及邻近省份的鸦片运输线路有些变化，原因是避免被征收甚至比汕头更重的鸦片税。现我简单提一提熘隍（地名）开始的其他线路（熘隍距府城30公里）及途中经过的重要城镇。第一条线路从熘隍出发往北到达大埔，越过福建地界，接着进入韩江支流汀江，经汀州镇和连城，最后到达建宁。第二条路线是陆路经嘉应，那里有3个大鸦片行，然后经过江西东部地区进入会昌、瑞金和建昌，最后到达省会南昌府。第三条路线是经兴宁，即本地区的主要市场，那里建立了15个鸦片行。从兴宁经岩下，进入江西境内到达信丰，从这里再分为几条线路，其中一条是经赣州府，然后沿着赣江，最后到达鄱阳湖，另一条直线是越过湖南到桂东，接着沿湘江的支流洣江行进，到达省会长沙府，并到洞庭湖等地。"[2]范

---

[1]　胡维革.论鸦片贸易合法化对近代中国社会的影响［J］.东北师大学报（哲学社会科学版），1988（3）.周育民.清季鸦片厘金税率沿革述略［J］.史林，2002（2）.

[2]　杨伟.潮海关档案选译［M］.北京：中国海关出版社，2013：85.

毅军在《广东韩梅流域的糖业经济（1861—1931）》一文中认为："1880年代以后，由于汕头鸦片进口及转运税率日渐提高，甚至有高过其他港口的现象，因此，随着鸦片贸易的式微，汕头腹地乃缩小到以广东潮州府、嘉应府、惠州府东南共十六个县，以及福建省诏安、永定、汀州到江西南部为主的一个区域。"[1]

第三，鸦片贸易对近代汕头口岸和潮汕经济社会的危害。

一方面，汕头作为当时中国沿海为数不多的合法进口鸦片的口岸，是鸦片进口税和鸦片厘金的征收地，每年获得数以十万计关平两厘税收入的所谓"本地利益"；而作为鸦片集散地的鸦片购销、储运活动和就地吸食活动，也给汕头市、潮州府、嘉应州府及鸦片商路沿线乡镇，带来了畸形的经济繁荣。

另一方面，从1863年开始直至20世纪初叶，汕头口岸因进口鸦片每年流失白银少则两三百万两，多则四五百万两，造成了汕头口岸的长时间入超。1864年至1905年，汕头口岸的进口额在进出口总额中的比重从95.87%下降为72.47%；进口鸦片货值的比重一直占整个口岸进口总值的1/4左右，1870、1875、1880年的所占比重甚至超过50%。如果剔除进口鸦片货值，进口额在进出口总额中的比重将下降为68%左右。也就是说，进口贸易额与出口贸易额之比将下降为2∶1，而不是通常认为的3∶1。1914年起，汕头口岸鸦片进口逐年锐减，直至1917年完全终结，导致1914年间汕头口岸2064.16万关平两的进口总额，至1920年下降为1134.14万关平两。[2]鸦片贸易带来的白银外流灾难性地损害了潮汕经济的正常发展，既抑制了潮汕本土居民的消费水平，又削弱了潮汕地区进口必需的生产资料的能力，挤压了商贸服务业的发展空间，还带来一系列严重的社会问题和道德问题。所以，不论从经济发展上还是从社会进步上考察，汕头口岸的鸦片贸易都不可能具有任何积极意义。

二、土布业是潮汕地区最早具有完整形态的近代产业——纺织品进口与本土棉纺织业间关系分析

本节的"进口棉纺织品"指从海关进口的棉布（原色、白色等棉布）、棉

---

[1]　范毅军.广东韩梅流域的糖业经济（1861—1931）[J].近代史研究所集刊，1983（12）：130.

[2]　"汕头平均每年进口鸦片曾一度达到一万担的现象已不复存在，这是进口货清单上的一个主要特征。这项麻醉药品曾在每年进口总值中占400万关两。它的消失是导致1917年和1918年进口货值下降的部分原因。"（1912—1921年潮海关十年报告[M]//中国海关学会汕头海关小组，广东省汕头市地方志编纂委员会办公室.潮海关史料汇编.1988：88.）

纱（包括棉线、缝线）和棉花（包括带籽棉花）三大类。

（一）近代汕头口岸棉纺织品进口与潮汕棉纺织业的兴衰

第一，棉纺织品进口与汕头口岸进口的波动轨迹是基本一致的。

从1860年汕头开埠直至1880年，棉纺织品居汕头口岸进口货值的第二位。1880年汕头口岸鸦片货值为4378834关平两，棉纺织品进口货值只有2891157关平两。此后的1881、1882、1883、1884年鸦片进口货值下降为2347590、1618411、1834827、1796007关平两，1885年再降至1594530关平两，仅及1880年的1/3左右。而该年棉纺织品进口货值为3371709关平两以后，约为进口鸦片货值的2.15倍。可见从1881年起，由于棉纱进口量迅速增长，棉纺织品进口货值就开始超过鸦片进口货值，棉纺织品成为汕头口岸最大宗的进口商品。《1892—1901年潮海关十年报告》指出："长期以来与鸦片争夺进口最高价值商品位置的棉纱，在本十年结束时，成功地获得了这一地位。1891年棉纱进口数量是14200担，价值为2035486关两。但本十年的头五年都少于这个数字。然而，1897年取得了决定性的进展。1898年则达到从未有过的最高进口量192654担，价值为3894792关两。"[1]

表11-18   1865—1900年部分年份汕头口岸棉纺织品进口情况[2]

年份	1865	1870	1875	1880	1885	1890	1895	1900
进口总值	6055590	4102964	7066510	8214137	6344463	8928740	9731597	12525066
棉纺织品进口货值	2126198	1292370	2141420	2891157	3371709	3517880	3210263	2818070（缺棉布）
棉布进口货值	358138	600845	720554	863139	899808	1000674	891428	
棉纱进口货值	313810	471955	952386	1597847	2131857	2363564	2299932	2754494
棉花进口货值	1454520	219570	468480	430171	340044	153642	18903	63576
棉纺织品进口占进口总值的比重（％）	35.11	31.50	30.30	35.20	53.14	39.40	32.99	22.50

注：由于资料缺失，1900年数据不包括棉布进口货值。表中1865年、1870年货值单位为银圆，1875—1900年货值单位为关平两。

根据《潮海关史料汇编》提供的数据，表11-18整理了以货值计算的1865—

[1]   中国海关学会汕头海关小组，广东省汕头市地方志编纂委员会办公室.潮海关史料汇编 ［M］.1988：36.

[2]   根据：中国海关学会汕头海关小组，广东省汕头市地方志编纂委员会办公室.潮海关史料汇编 ［M］.1988：193-216.《1865—1930年汕头口岸进口货物主要品种统计表》中数据整理计算。

1900年这一期间汕头口岸棉纺织品进口情况。[1]以银圆作为计价单位的1865年至
1870年，汕头口岸进口总值从6055590两减少到4102964两，每年平均下降7.49%；
这一期间棉纺织品进口货值由2126198两下降至1292370两，每年平均下降9.48%。
以关平两计价的1875年至1895年，汕头口岸进口总值从7066510关平两增加到
9731597关平两，每年平均增长1.61%；这一期间棉纺织品进口货值由2141420关平
两增加到3210263关平两，每年平均增长2.05%。从1865—1895年，棉纺织品进口
占进口总值的比重一直维持在30%—40%，只有个别特殊年份（1885）才上升至
53.14%。可见这30年间棉纺织品进口与汕头口岸进口的波动轨迹是基本一致的。而
棉纺织品进口的增速或减速均略高于同期进口总货值的增速或减速，则充分证明
棉纺织品进口相对于汕头进出口贸易的支撑和引领作用。1900年以后直到20世纪20
年代初，棉纺织品进口货值仍继续居于汕头口岸进口商品的首位，20世纪20年代以
后，尽管棉花进口还保持相当规模，但棉纱进口量大幅减少。1925年，汕头口岸进
口棉纱仅有10866担，仅为1915年161909担的6.71%；1930年更下降到1185担。

　　棉花、棉纱、棉布既可以是纺织服装业的原料和材料，也可以作为居民的
最终消费品使用。"织布业是工场手工业的第一个行业"。[2]棉纺织品的全球贸
易和机器棉纺织业的兴起，是英国工业革命的出发点和归宿。18世纪到19世纪的
第一次经济全球化，其主要标志就是英国为主导的全球棉花和棉纺织品生产贸易
体系的形成与扩张。这一全球化的棉纺织品生产贸易体系席卷了欧洲、亚洲、美
洲以至非洲，对包括中国在内的世界上许多国家和地区的未来发展，特别是对其
在全球产业体系中的定位、对该国经济社会实现近代化的范式选择，都带来极为
深刻的影响。[3]因此，近代汕头口岸棉纺织品进口规模和货值迅速扩大的原因，
不单要在近代潮汕棉纺产业结构和消费市场结构的变化中寻找，还必须到19世纪
和20世纪上半期的国际国内市场体系上去寻找。

　　第二，棉纺织业是潮汕地区最早成型的近代产业。

　　广东基本上不产棉花，在漫长的农耕社会中，广东形成了广州、佛山、兴
宁三个织布生产中心，兴盛时年产量数百万匹，输出贸易额约为1500万元。"质

---

　　[1]　根据：中国海关学会汕头海关小组，广东省汕头市地方志编纂委员会办公室.潮海关史料汇编
[M].1988：193-216.《1865—1930年汕头口岸进口货物主要品种统计表》中数据整理计算。

　　[2]　马克思，恩格斯.马克思恩格斯全集第三卷 [M].中央编译局，译.北京：人民出版社，1960：62.

　　[3]　覃翠柏.英国工业革命为什么从棉纺织业开始 [M]//北京大学历史学系.北大史学4.北京：北
京大学出版社，1997：162.杨松.近代英国棉纺织业发展研究（1760—1860）[D].陕西师范大学硕士
论文，2016.

量首推广州，多运销湘桂及南洋；佛山次之，多运销省内西江及南路等地；兴宁布多运销赣闽及东北江各地。"[1]

潮汕地区纺织业也有着悠久历史，唐宋时期的蕉布、明清时的苎麻纺织，已是本地农村的主要副业，产品在国内小有名气，但在汕头开埠以前，所产布匹多为家庭自用。[2]汕头开埠后，随着社会消费习惯变化和消费能力的增长，也随着国内外棉纺织品市场的连通，潮汕地区的棉纺织业获得迅速发展。除了兴宁作为传统的土布生产地之外，生产土布的潮阳和澄海及生产夏布的揭阳、普宁，也逐渐形成了有别于机器制造的"进口洋布"的土布生产聚落。

进入20世纪之后，原来的手工纺织工具不断改进，在夏布和棉布生产中采用了较高质量的植物纤维和使用较高支数的棉纱，潮汕土布的生产质量有了新的提高。[3]20世纪10年代前后，潮汕地区开始出现使用进口织布机、采用近代管理方式并与周边众多织布作坊形成协作关系的织布厂。[4]由于生产效率提高，产品的品种、规格、质量进一步改善，企业和织工获得的回报也不断提升，潮汕土布、兴宁土布的传统市场得以巩固。1918年澄海已有织布厂70余家，年产值100多万元，是潮汕织布厂家最多、产量最高的县份。1919年"潮梅全属有大小织布工厂200余家，潮汕织布工坊也有百家左右"。"30年代初，澄海县潮阳县仍是潮汕最大的织布产地，民国20年（1931）前后，澄海成立织（布）业公会，有会员80—90家，每家多者有织布机数百架，少者亦有百架以上，不足百架者没有条

[1]　张晓辉.民国时期广东社会经济史［M］.广州：广东人民出版社，2005：95.

[2]　广东省汕头市地方志编纂委员会.汕头市志（第二册）［M］.北京：新华出版社，1999：411-413.

[3]　"近几年来，本地制造业出现了某些生机。用当地织布机生产出来的土布质量有一定的提高。""用苎麻、大麻或菠萝纤维，或其中两种或全部三种混合织成的布统称'麻布'。这种布的质地差别很大。从粗硬的黄色到酷似外国亚麻布的细布都有生产。近年来，质量较好的产品显著增加。""1906年色棉布的织制被介绍到潮州。开设了一个只使用手织机的小布厂，织出的布质地很差，每匹宽27英寸，长20码，海关估价每匹1.60关两。"（中国海关学会汕头海关小组，广东省汕头市地方志编纂委员会办公室.潮海关史料汇编［M］.1988：75-76.）

[4]　"1909年在离汕头约300里的嘉应州，开办了一家类似的织布厂，生产的布料的规格质量与潮州府产品相同。""同一年在汕头东南30里，有人口20万的澄海城，开办了一个规模较大的'建华织布厂'，从日本进口了55台织布机和一台电动机。每台织机每天能生产一匹宽26吋、长25码质量颇佳的布。据报道这厂雇佣工人100名，每人每月平均工资8元，每天工作八小时。此外该厂还有约150台手织机分布在全城，每天能生产30来匹布。加起来每天总产布85匹，或每年约30000匹。海关估值每匹为4关两。"（中国海关学会汕头海关小组，广东省汕头市地方志编纂委员会办公室.潮海关史料汇编［M］.1988：76.）"清宣统三年（1911），汕头埠出现织布厂，日籍台湾人林佶之在汕创办利强工厂，有工人40余人，并配有美国产的蒸汽机作动力，年产棉布2000匹，同时兼产袜、面巾等。"广东省汕头市地方志编纂委员会.汕头市志（第二册）［M］.北京：新华出版社，1999：413.

件加入公会。此外，该县置织机2—3架或10多架的个体织布小作坊则比比皆是，据当时估计，澄海县城一带，织布生产高峰期有织布机3万架以上，日产布达3万匹之多。按当时每匹布的价格高的为4元多，低者为2元多，平均3元计算，年产值达3000多万元。原材料大部分是经由上海、香港运进来的英国、印度棉纱以及少量的中国棉纱。"[1]

　　汕头的开埠，一方面使得质量优于国产棉的国外棉花和棉纱，以及部分化工染料可以直接从汕头口岸大量进口，运输成本的优势导致潮梅地区织布行业逐渐向汕头口岸靠拢。"由于地理上的不利因素，织布工业出现逐渐向条约口岸（指汕头——笔者注）转移的迹象，然而老纺织区兴宁继续保持着它作为一个大染织中心的地位。""在每年平均进口三万五千——四万包棉纱的总额中，有一半运往兴宁纺织区，四分之一往潮阳，八分之一往澄海，剩下的八分之一往潮安、普宁以及其他地区。"[2]另一方面，潮梅地区制成的布匹可以通过韩江流域从汕头口岸直接运抵国内外市场，汕头、潮州因而成为土布销售的重要窗口。"潮汕土布，除销于本地外，有部分由潮安县城销往韩江上游，而至福建峰市、上杭、连城等处；还有部分运销至厦门、福州，或出口香港、暹罗、新加坡等地。""在暹罗、新加坡，由于潮汕土布冷暖时节皆宜做衣服穿，为四季布。30年代以前，土布（不含夏布），是潮汕五宗大宗出口土货之一。土布在东南亚一带甚受欢迎，暹罗人尤爱潮汕产的浴巾，每年进口量很大。"[3]

　　从这个角度上看，正是汕头口岸的开放和发展，在国际国内市场的刺激下，作为副业的潮汕土布织制活动得以从传统农业中独立出来，原来处于闭环状态的"土棉—土纱—土布—土衣"生产活动，其前端和后端开始融入了国际国内棉纺织业的"原材料供给—产品生产—产品销售—棉纺织品消费"的链条之中，经营棉花纱布购销的棉业行商、固定从事棉纺织活动的家庭和织工群体得以形成。因此，棉纺织业可以被视为潮汕地区最早具有完整形态的近代产业。

　　第三，收入因素和价格因素共同促成了近代潮汕土布业的繁荣。

　　汕头口岸的棉纺织品进口，是近代潮汕棉纺织业兴起的重要支撑。而影响近代汕头口岸棉纺织品进口种类和规模变化的因素，一方面来自潮汕地区和广东

　　[1]　广东省汕头市地方志编纂委员会.汕头市志（第二册）［M］.北京：新华出版社，1999：413.

　　[2]　中国海关学会汕头海关小组，广东省汕头市地方志编纂委员会办公室.潮海关史料汇编［M］.1988：104.

　　[3]　广东省汕头市地方志编纂委员会.汕头市志（第二册）［M］.北京：新华出版社，1999：414.

等中国南方沿海地带消费水平的提升；另一方面，来自国际棉纺织产业空间布局的转移和拉动。

汕头开埠后，由于商业贸易开始繁荣，居民就业状况得到改善，个人收入有所提升，对包括衣着、食品等生活必需品的消费提出了新的要求。《1892—1901年潮海关十年报告》列举了1901年至1891年10年间汕头土货市场价格上涨情况：其中每担土布价格上涨了9%，细麻布价格上涨了23%，粗麻布价格上涨了28%，用于土布染色的液体靛蓝上涨了24%；蔬菜、鱼、猪肉等食品的价格也普遍上涨。该报告认为："这种价格方面的增长有种种原因，铜钱的缺乏虽然是一个重要的因素，但是本地区财富的增加或许是导致这一后果的最主要原因。各种劳动的报酬比过去高得多了，甚至连普通的搬运苦力也能纵情享受较好的食物，并付得起更多的钱。"[1] "1911这一年许多中国人开始穿上了西式或半西式的服装，这对进口商无疑是一个启示，对价格适度质量优良的外国服装制品及其材料的需求量正在增长，廉价毛织品在这方面的前景看好。"[2]所以，从汕头开埠始，机器织制的洋布就一直是汕头口岸的大宗进口货品。当然，大量进口洋布的现象不单发生在潮汕地区，在当时的广州地区以及整个中国沿海地带都普遍存在。[3]

然而，衣服消费毕竟还属于基本的生活必需品，潮汕地区大量中低收入人群不可能是进口洋布的主要消费主体。陈达在《南洋华侨与闽粤社会》一书中，通过对1934年至1935年潮汕、闽南农村华侨与非华侨家庭的抽样调查，得出的结论是"非华侨家庭的衣服消费，每家每月平均为国币1.27元，或占生活费总数的7.49%。华侨家庭的衣服消费为2.86元，或占生活费总数的5.26%"。2/3的华侨家庭"多用土织布料""唯衣服的裁缝皆是自己动手，其他的着物是买现成的""暑天以苎婆萝麻为衣料，寒天以棉布为衣料"，书中还进一步说明了华侨

---

[1] 中国海关学会汕头海关小组，广东省汕头市地方志编纂委员会办公室.潮海关史料汇编［M］.1988：50-51.

[2] 1902—1911年潮海关十年报告［M］//中国海关学会汕头海关小组，广东省汕头市地方志编纂委员会办公室.潮海关史料汇编.1988：65.

[3] 《粤海关十年报告（1882—1891）》载："本地区最受欢迎的布匹依次是，白色市布、本色市布、洋标布、擦光印花棉布。毛巾已普遍使用，并淘汰了国产品；据说较大的几种毛巾被广泛用来做内衣。现在大量印花布从日本进口，几乎已完全取代了德国产品。越来越多的广东人，特别是手工艺人，穿起了西式棉汗衫和棉短袜。"（广州市地方志编纂委员会办公室，广州海关志编纂委员会.近代广州口岸经济社会概况——粤海关报告汇集［M］.广州：暨南大学出版社，1995：856.）

家庭和非华侨家庭为什么会多用本地衣料，而少用进口衣料。[1]

对潮汕土布稳中有升的需求，既来自潮汕地区和周边地区，也来自长居在南洋地区的海外潮人与华人群体。"比如南洋为土布之一大销场，盖南洋为热带，工人以土布为衣，易于吸汗而透风，且日光不易侵入，故南洋群岛一带华侨，每年购买我国土布，数颇不少。"[2] "轮船公司不是从移民本身，而是从运载大量货物南下，以满足移居马来亚和其他南方港口的华人的需要中获得他们的利润的。中国人的消费口味很保守，不论在何处落户，他们对来自家乡的食物、衣服和其他商品存在有一种偏爱。"[3]因此，粤东土布相对低廉的价格，是吸引海内外中低收入潮人、华人消费的主因。

根据潮海关相关列表计算，1882年、1885年、1890年、1891年汕头口岸出口土布的每担平均价格分别为58、40.92、47.67、46.30关平两，1891年的价格只及1882年79.83%，出口土布的价格走势是下行的。而1865年、1870年汕头口岸进口洋布的每匹平均价格分别为2.60、2.28银圆；1875年、1880年、1885年、1890年、1895年进口洋布的每匹平均价格分别为1.97、1.92、1.70、1.97和2.55关平两。亦即进口洋布的价格一开始就是处于较高水平的。尽管19世纪80年代之后，白银价格多次向下波动，1906年潮州府第一家布厂生产的20码长、27寸宽的土布，潮海关估价才1.60关平两。直到1921年，潮海关对潮阳生产的12码长、12—13寸宽的粗土布的估价是每匹1元，15—16码长的每匹估价3元。只有澄海建华织布厂生产的"宽26寸、长25码质量颇佳的布"，每匹才估价4关两。[4]粤海关《光绪二十二年广州口华洋贸易情形论略》载："闻近来华民每多爱用土布，其价值较之运入内地之洋布为贱，布质又经久耐用。"[5]

[1] "华侨家庭对于衣服有较大的费用，同时我们应该注意家庭人口的性质，因华侨家庭，常有老妇及儿童，他们对于衣服都比较随便些。老妇因常在家，用不着讲究的衣服，儿童们大致不用很贵的材料做衣服。""非华侨家庭对于衣服虽费用较少，但其费用对于生活费所占的位置却较大，因此对于衣服的费用显然是不充足的，特别是家内除了老妇及儿童外尚有其他各人如长成的男女，衣服费较少的主因在：（a）多用布料，少用绸料，（b）多用本地货，少用外国货，（c）多用老式样，少用新式样。"（陈达.南洋华侨与闽粤社会［M］.北京：商务印书馆，2011：104，110，298-299.）

[2] 于新娟.长江三角洲棉业外贸及其影响（1912—1936）［D］.华东师范大学博士论文，2007：97.

[3] 1902—1911年潮海关十年报告［M］//中国海关学会汕头海关小组，广东省汕头市地方志编纂委员会办公室.潮海关史料汇编.1988：82.

[4] 中国海关学会汕头海关小组，广东省汕头市地方志编纂委员会办公室.潮海关史料汇编［M］.1988：11，51，77，103.

[5] 广州市地方志编纂委员会办公室，广州海关志编纂委员会.近代广州口岸经济社会概况——粤海关报告汇集［M］.广州：暨南大学出版社，1995：361.

滨下武志将进口洋布质量低劣，列为贸易停滞的主要外在原因："从1970年普法战争开始后，包括中国在内的世界市场出现新型关系。正如1886年英国外务省的杂录所记录的那样，银价下跌对外国贸易产生了以下的影响：金银比价的扩大对棉布出口非常不利，为了填补其损失就降低弥补自身的品质，更加剧了过度在棉布上'做手脚'。"因此，上海报纸《北华捷报》（The North-China Herald）上，刊载了1872年上海总商业会议所发给曼彻斯特商业会议所的信件："深思熟虑之后，我国认为，在中国因'做手脚'而发生的霉变事件是很严重的问题……不管产品价格多么便宜，（这种品质恶劣的商品）绝对不可能和结实耐用的土布竞争下去。"[1]相比之下，1882—1891年，汕头口岸出口土布与本色布为36716担，出口麻布为26927担；1892—1901年，汕头口岸出口土布与本色布为113298担，出口麻布为49765担，分别为前十年出口量的3.09倍和1.85倍。[2]

第四，近代潮汕土布业与汕头口岸棉纺织品进口的互动关系。

收入因素和价格因素对近代汕头口岸棉纺织品进口的影响是多重的。从需求角度看，如上所析，汕头的开埠和潮汕经济的"因港而生"，近代商业和手工业的发展，加之海外潮籍华侨的侨汇回馈，使潮汕居民获得更多的非农业收入。收入水平带来的衣着消费需求的扩大，既推动着洋布进口又推动着本地土布生产。而价格因素又迫使进口洋布的规模和结构保持长时间相对稳定，潮汕地区的土布织制业由此获得了一定的发展空间。如表11-19所示，1865—1895年进口棉布货值占进口棉纺织品总值的比重基本稳定在25%—30%的区间。从表11-20中可见，从1870年至1930年这60年间，除个别时段（1885—1890）之外，大部分年份的棉布进口量基本稳定在30万匹至40万匹的区间。

表11-19　部分年份汕头口岸进口棉纺织品的分类货值结构[3]

单位：%

年份	1865	1870	1875	1880	1885	1890	1895	1900
进口棉布比重	16.84	46.49	33.65	29.85	26.69	28.45	27.77	
进口棉纱比重	14.75	36.52	44.47	55.27	63.22	67.18	71.64	97.74
进口棉花比重	68.41	16.99	21.88	14.88	10.09	4.37	0.59	2.26

[1]　滨下武志.中国近代经济史研究（上）[M].南京：江苏人民出版社，2008：367-368.

[2]　中国海关学会汕头海关小组，广东省汕头市地方志编纂委员会办公室.潮海关史料汇编[M].1988：11，41.

[3]　根据：中国海关学会汕头海关小组，广东省汕头市地方志编纂委员会办公室.潮海关史料汇编[M].1988：193-216.《1865—1930年汕头口岸进口货物主要品种统计表》中数据整理计算。

表11-20　部分年份汕头口岸进口棉纺织品的品种和数量[1]

年份	进口棉布（匹）	进口棉纱（担）	进口棉花（担）	年份	进口棉布（匹）	进口棉纱（担）	进口棉花（担）
1865	64240	4483	58170	1900	（缺）	133463	4050
1870	263384	13360	17097	1905	420988	157734	
1875	365809	37295	68970	1910	323566	128454	
1880	449028	64752	38959	1915	378720	161909	
1885	528365	113141	43937	1920	250645	43416	
1890	508352	128301	13805	1925	296138	10866	
1895	349784	124653	1662	1930	348440	1185	

从供给角度看，19世纪下半叶之后国际市场上充足且价格不断走低的棉纱供给，是当时潮汕和中国沿海土布业获得较快发展的必要条件。从当时国际棉纺织业的大背景看，从18世纪下半叶到19世纪上半叶，英国通过殖民政策、不平等贸易和纺织技术革命，已成功地取代印度成为世界上最主要的棉布生产和出口大国，印度庞大的手工棉布织制产业基本上退出国际市场，开始沦为支撑英国棉纺织业发展的棉花生产及粗加工基地。[2]19世纪上半叶，英国所需棉花主要从西印度群岛、埃及和北美大陆进口，特别是美国南部。由于1860年美国爆发南北战争，英国从印度大量进口棉花，促进了印度棉花种植面积进一步扩张。此后印度和美国等主要棉花产地的棉纱业迅速发展，逐渐与英国的开普敦棉纱形成竞争态势。19世纪80—90年代国际棉纱生产相对过剩，价格普遍下跌。印度棉纱挟价格优势，扩大了对华出口份额。19世纪80—90年代印度棉纱大量通过汕头口岸进口的意义，不仅仅在于为近代潮汕土布产业的兴起提供了稳定的原材料市场供给，而且通过棉纺织品进口这一纽带，引领潮汕地区棉纺织产业的成长融入当时国际棉纺织产业布局的调整过程，因而使潮汕近代产业结构的演化开始带有鲜明的国际性和外向性特征。

首先，棉纺织业成为潮汕首个具有完整形态的近代产业，顺应了国际上工业化国家近代产业成长的一般规律。棉纺织业技术门槛较低、生产集约化程度不高、投资规模小、见效快、市场需求量大，手工棉纺织业在前工业化社会具有深

---

[1]　根据：中国海关学会汕头海关小组，广东省汕头市地方志编纂委员会办公室.潮海关史料汇编［M］.1988：193-216.《1865—1930年汕头口岸进口货物主要品种统计表》中数据整理计算。

[2]　"事实上，直到1775—1780年间，水力纺纱机和缪尔纺纱机问世，英国才能纺出与印度棉纱一样纤细而结实的棉纱，用于制造纯棉织物。从此以后，印度棉织品在市场上受到英国棉织品的强有力竞争，并在竞争中一步步地丧失了昔日的国际市场。而对英国来说，随着棉业工业化的完成，棉织业飞跃发展。"（覃翠柏.英国工业革命为什么从棉纺织业开始［M］//北京大学历史系.北大史学4.北京：北京大学出版社，1997：171.）

厚基础，这些特点导致几乎所有的工业国家都是从发展棉纺织业起步，来推进产业近代化的。英国、法国、德国、美国、日本的近代产业发展历程皆如此，潮汕近代土布业的兴起和繁荣也不例外。

其次，潮汕土布业发展的外向性，主要表现于大量依托从海外进口棉纱和棉花作为原材料，以及进口了部分化工染料和少量的近代纺织机械。[1]同时还表现于将本地土布作为大宗出口货物远销海内外潮货市场。仅1912年至1923年，从汕头口岸出口的土布数量就从2529担增加到73852担，每年平均增长35.90%；出口的花土布数量由8789匹增加到363045匹，每年平均增长40.25%。[2]

最后，此种国际性还表现于潮汕土布业的迅速发展，恰好瞄准了国际棉纺织业布局调整的两个窗口期。国际棉纺织业布局的重大调整始于17世纪下半叶至18世纪上半叶。第一次、第二次鸦片战争之后中国的门户开放，包括汕头的开埠，已刚好赶上国际棉纺织业布局调整的下半场，英国、美国等发达国家内部，以及与日本、印度之间的棉布、棉纱竞争日趋激烈，亟须向具有广阔需求的中国市场倾销。19世纪70年代中期至90年代中期，价格较低的印度棉纱大量进口，成为促进潮汕土布业发展的第一个窗口期。1914—1918年第一次世界大战发生，由于战争需要和亚洲航运吨位锐减，欧洲、美洲洋布大量减少对华出口[3]，包括潮汕土布在内的国内土布织制获得了迅速发展的第二个窗口期。第二个窗口期一直延伸到20世纪20年代上半期。第一次世界大战结束后，汕头口岸国际航运能力有所恢复，输往东南亚和国内其他口岸的潮汕土布数量显著增加。1910年汕头口岸出口的夏布和土

---

[1]   1895年，潮海关进口染料货值为25070关平两，1930年进口染料货值为139190关平两，为1895年的5.55倍。（中国海关学会汕头海关小组，广东省汕头市地方志编纂委员会办公室.潮海关史料汇编［M］.1988：197，204.）1919年和1931年从汕头口岸进口的日本纺织机货值分别为1389关平两和2063关平两，1930年从其他各国进口纺织机货值为2227关平两。（饶宗颐.潮州志（第二册）［M］.潮州：潮州市地方志办公室，2005：1235.）

[2]   萧冠英.六十年来之岭东纪略［M］.广州：广东人民出版社，1996：28.

[3]   即使在大战前，由于远东地区船只吨位短缺以及煤价和工资的提高，运费一直处于上升状态。上个十年（指1902—1911年——笔者注），汕头至马来西亚和暹罗之间的航线上，已有许多大轮船投入营运，因而航运吨位有稳步的增加。大战一爆发，两艘最大的"苦力"船停航，1915年运营船只继续缩减，小船代替大船。日本大阪Shosen Kaishe公司的轮船整整停航几年。然而这一年的船舶吨位据认为尚能满足港口的需要。1916年运费不正常，航运公司获利不小，1917年的运费稳步上升，因为航运吨位继续减少，1918年下降到最低点，反映到这一年征收的吨税只略多于1912年的一半。（1912—1921年潮海关十年报告［M］//中国海关学会汕头海关小组，广东省汕头市地方志编纂委员会办公室.潮海关史料汇编.1988：89.）

布共10396担，1920年已达44982担，1925年达50052担。[1][2]而原本的制约洋布进口的收入因素和价格因素继续存在，战后输入汕头口岸的洋布未见显著增加。1910年汕头口岸进口洋布已达323566匹，1920年和1925年只分别进口250645匹和296138匹，直到1930年进口了洋布348440匹，才略微超过战前1910年的水平。

（二）关于近代汕头口岸棉花进口和棉纱进口的消长关系

表11-19列出了1865—1900年部分年份汕头口岸进口棉布、棉纱和棉花货值占进口棉纺织品总值的比重；表11-20列出了1865—1930年汕头口岸进口棉布、棉纱和棉花的数量。进口棉花、棉纱数量和货值的变化，与潮汕土布业不同时期的发展规模和内部结构直接相关；进口棉布的数量和货值的变化，则如前所析，与国内外和潮汕地区的棉布需求直接相关。

第一，1865—1900年汕头口岸进口棉花数量的变化。

影响棉花进口的因素比较复杂。直接因素包括本地生产用棉和非生产用棉（居民生活、社会、卫生、政府、军事用的棉絮等）需求；国际棉花（"洋棉"）和国内棉花（"土棉"）价格；国际棉纱（"洋纱"）和国内棉纱（"土纱"）的供给及价格；运输成本、汇率变动等。间接因素包括消费习惯、产业投资方向、关税厘金、政治和战争等。

在上述因素的影响下，1865—1900年汕头口岸棉花进口的数量有过较大的起伏（见图11-1）。

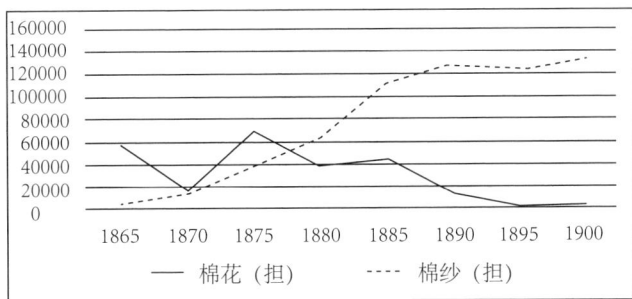

图11-1　1865—1900年部分年份汕头口岸进口棉花和棉纱数量[3]

[1]　《1865—1930年汕头口岸出口货物主要品种统计表》，1865—1900年数据来源：中国海关学会汕头海关小组，广东省汕头市地方志编纂委员会办公室.潮海关史料汇编［M］.1988：193-216，205-216.

[2]　中国海关学会汕头海关小组，广东省汕头市地方志编纂委员会办公室.潮海关史料汇编［M］.1988：104.

[3]　1865—1900年数据来源：中国海关学会汕头海关小组，广东省汕头市地方志编纂委员会办公室.潮海关史料汇编［M］.1988：193-216.

1865年，汕头口岸进口棉花已达58170担，货值为1454250银圆，占当年汕头口岸棉纺织品进口总值的68.41%。由此可以推知1860年汕头开埠之前，韩江流域的土布业已有相当规模，必须从外地输入"土棉"。"福建广东两省甚少。距离棉花产地亦远，农民纺织自给，只得使用远地的棉花。""特别是广东，因限于自然条件，植棉'花时多风，则尽落；收时多雨，则尽腐'，故产棉少。农民纺织用棉，来自远隔数省的湖广和江南，部分地区则来自江西。……到乾隆时，闽粤商人也是'秋则不买布，而止买花衣而归'。'盖彼中能自纺织也'。……在这些地区，尽管棉花经过远距离的营销，但买棉织布仍比买布有利，所以买棉织布自用还是能够发展。"[1]乾隆《澄海县志》也记载了地产潮糖与"北港"的棉花色布的交易："候三、四月好南风，租舶艚装货糖包由海道上苏州、天津；至秋东北风起，贩棉花、色布回邑。"又记："每当春秋风信，东西两港以及溪东南关、沙汕头、东陇港之间，扬帆捆载而来者不下千百计。"

徐新吾《江南土布史》中曾估计1840年全国人均消费棉布1.50匹，人均消费棉絮0.50关斤。[2]以此为基准，可换算为当时全国人均消费棉絮0.6665磅。根据清嘉庆二十三年（1818）到1928年潮汕人口平均增长率推算，1865年潮汕地区人口约为234万[3]，共需消耗棉絮156万磅，可换算为11681担左右。照此粗略推算，1865年潮汕地区居民、社会、卫生、政府消耗的棉絮约占汕头口岸进口棉花53170担的22%。也就是说，还有40000多担棉花用于韩江流域的土布织制。如果按照江南"标准土布"的耗棉量推算，约可织制土布380万匹，供250万人1年使用。

诚然，上述的推算是不严谨的，但大致可以认定：

汕头开埠前后，进口棉花已有相当数量，粤东土布产业的原料已经开始形

[1] 方行，经君健，魏金玉.中国经济通史·清代经济卷（下）[M].北京：经济日报出版社，2000：1484.

[2] 黄敬斌《评彭慕兰、黄宗智论争中的棉及棉布消费问题——以江南为核心的另一种估计》（《浙江学刊》2006年第三期）写道："徐新吾所谓的'标准土布'，是'以江南土布中的主要产品'东稀'布为标准：每匹……合关秤1.0914斤；幅阔1.2海尺，长20海尺（2丈），每匹含3.6337方码。'每匹标准土布，耗用棉花量约为1.0827关斤，合英制约1.44磅。""度量衡的折算标准为1关斤=0.6048公斤=1.2096市斤=1.3333磅。"本处将120关斤近似地折算为1司马担。

[3] 1818（清嘉庆二十三年）潮汕地区人口为1404180人，1928年为4618270人，1818—1928年潮汕地区人口每年平均增长率为10.88‰，推算1865年潮汕地区人口约为234万。（数据来源：《清嘉庆至民国35年（1946）户口数据表》，广东省汕头市地方志编纂委员会.汕头市志（第一册）[M].北京：新华出版社，1999：422.）

成对进口棉花的依赖，"洋经土纬"逐渐替代"土经土纬"，兴宁一带的土布，"细布"使用洋纱的比重已达2/3，仅1865年就进口了5万多担棉花。

1865年进口棉花中，除了供潮汕本地土布生产和消费所用外，很大一部分运销兴宁。就现有的文献分析，清代中叶前夏布织制是韩江流域上游和下游的特色产业，潮汕和兴宁的土布织制都是在汕头开埠后进口棉花大规模输入的刺激下，同步发展起来的。"现在这些洋纱已经进口到广东省东部，在过去那一带的纺织业并不多。"[1]兴宁后来迅速成长为与广州、佛山齐名的广东省三大土布出产中心之一，以至当时汕头口岸"棉纱进口旺弱，亦视兴（宁）之布畅滞如何"。[2]

在1865年汕头口岸进口棉纺织品总值中，进口棉花货值占68.41%，进口棉纱货值仅占14.75%，说明纺制土纱还是当时潮汕和兴宁地区的土布业的基础，土布业还未从农业中分离，农村还能提供大量的廉价劳动力从事纺纱劳动，就地纺制的土纱成本应比输入外地棉纱低。

1870年，汕头口岸进口棉花的数量跌至17097担，其中带籽棉花为5433担，不及5年前的1/3，占当年汕头口岸棉纺织品进口总值的比重降至16.99%。如果从价格上看，1865年平均每担进口棉花价格为25银圆。1870年平均每担进口棉花价格为10.70银圆，平均每担进口籽棉价格为3.43银圆。显然不是因为价格因素减少进口。可以推测1865年及其后几年进口的棉花中，也有部分被转为库存。而1870年输入汕头口岸的"洋纱"显著增加，由1865年的4483担增至13360担，1865年时每担"洋纱"的平均价格为70银圆，1870年每担平均价格仅为35.32银圆，纱价跌去几近一半，进口量增加到原来的2.98倍。可见，1865年之后，粤东本地的纺纱业开始受到外地输入棉纱的冲击。

近代汕头口岸进口棉花的峰值出现于1875年。1875年，汕头进口棉花剧增至68970担，其中籽棉37054担，货值为468470关平两，占当年汕头口岸棉纺织品进口总值的21.88%，平均每担棉花价格为10.70关平两，平均每担籽棉价格为

[1] 姚贤镐.中国近代对外贸易史资料（第三册）［M］.广州：中华书局，1962：1418.

[2] "鸦片战争以前，兴宁农民土布大部分自己消费，少部分剩余才出售，是典型自给自足的家庭副业。洋纱的大量输入，进一步刺激了兴宁土布业的兴盛。洋纱代替土纱用于手工织布，提高了织布的效率，新织成的棉布不但品质较优，品种亦较多，其对机制棉布的竞争力也因此得到增强。鸦片战争后，外国棉纱质优价廉，广东的纺织业大多改为直接用外国棉纱织布，洋纱销量大增，洋纱输入对兴宁土布业兴盛起到了刺激作用。"丁德超.试论近代兴宁土布业的兴衰［J］.嘉应学院学报，2014（10）：20.

3.43关平两。图11-1显示了1865—1900年汕头口岸棉花和棉纱进口量之间的消长关系。1875年汕头口岸进口棉花只比1865年增加了10800担，但当年进口了棉纱37295担，如果以常梳棉1.08担可纺纱1担换算，相当于耗费进口棉花34532担，也就是说，1865年从汕头进口的棉花、棉纱数量相当于10.3万担的棉花，是1865年的1.78倍。

1875年汕头口岸的进口棉花数量剧增的原因，一是在国内外需求的驱动下，韩江流域土布业发展规模进一步扩大，兴宁成为消耗汕头口岸进口棉花的主要地区。"来自印度孟买用机器纺成的棉纱在汕头售价低廉，让织布者看到有利可图。于是，孟买棉纱被送入一个大的织布业中心兴宁，在那里织成布匹。"[1]二是19世纪60年代国际棉纺织业布局调整后，美国棉花和棉纱再次大规模输入英国和欧洲，印度棉花转而大量输往中国、日本等亚洲国家和地区，印棉价格不断下落，1875年平均每担棉花价格为10.70关平两，即使按1关平两相当于1.10两行化银计算，也还不足12银圆，比1870年的每担进口棉花价格15.61银圆低了很多。三是进口籽棉自行加工成皮棉，比直接进口棉花经济。1875年进口籽棉每担平均价格为3.43关平两，不足1870年进口籽棉价格（9.64银圆）的40%，所以这一年进口了籽棉37054担，是1870年的6.82倍。按照通常籽棉的产出皮棉率38%左右计算，相当于实际上进口了1.4万担棉花，说明当时粤东还具有较大的籽棉处理能力。

1875年至1885年的10年间，进口棉花数量有所下滑，仍维持在4万担左右。1885年以后，汕头口岸进口棉花数量大幅下跌，1890年减少到13805担，1895年更跌至1662担，进口货值仅为18903关平两，占进口棉纺织品货值的0.59%。此后棉花不再是汕头口岸的大宗进口货物。与此形成鲜明对比的是，1875年以后汕头口岸棉纱进口数量急剧增长。

第二，近代汕头口岸棉纱进口数量的变化轨迹。

如图11-2所示，1865—1930年汕头口岸进口棉纱数量的变化轨迹，大致可分为3个阶段。1865—1885年为急剧爬升阶段，20年间，棉纱进口由4483担迅速上升到113141担，每年平均增长17.52%。1885—1915年为高位平稳增长阶段，30年间进口棉纱由113141担增加到161909担，每年平均增长1.20%。1915—1930年为急剧下滑阶段，15年间进口棉纱由161909担下降到1185担，每年平均下降

[1] 姚贤镐.中国近代对外贸易史资料（第三册）［M］.北京：中华书局，1962：207.

27.95%。1930年以后，棉纱不在潮海关统计的大宗进口商品之列。

图11-2　1865—1930年汕头口岸棉纱进口数量统计[1]（单位：担）

　　导致1865—1885年汕头口岸进口棉纱急剧爬升的主要原因，一是这一阶段潮阳、澄海，特别是兴宁的土布业蓬勃发展，对棉花和棉纱进口都提出了更多的需求。二是进口棉花价格从1865年平均每担25银圆，下降到1875年的平均每担10.70关平两，平均每年下降3.96%；同期进口棉纱价格从平均每担70银圆下降到25.54关平两，平均每年下降 5.48%。[2]进口棉纱价格的降幅比进口棉花的大，引致土布生产者大量使用进口棉纱替代棉花。三是更多地使用进口棉纱，可以节约土布生产中收购纺纱占用的劳动力和其他资源，节省棉花储运费用，织造更高质量的土布。由于土布生产规模的扩大，推动了一批熟练纺纱工转为织布工。

　　1885—1915年是汕头口岸棉纱进口的高位平稳增长阶段。这一阶段兴宁、澄海、潮安等地的土布业开始尝试织布机和织制工艺的改进，也需要使用支数更高的棉纱以适应市场的变化。此时价格平稳、质量稳定的印度棉纱已经全面取代了进口棉花和英国棉纱。[3]《粤海关十年报告（1882—1891）》指出："更加令人满意的是，棉纱进口和棉纱消费异乎寻常地同步增长。在粤海关统计表中，棉纱进口数量1882年为45803担，1891年为123974担。当然，这一显著的增长，主要是由于印度纺纱厂迅速发展及其生产棉纱的成本低廉。兰开夏（Lancashire，

---

　　[1]　1865—1900年数据来源：中国海关学会汕头海关小组，广东省汕头市地方志编纂委员会办公室.潮海关史料汇编［M］.1988：193-216.1905-1920年数据来源：饶宗颐.潮州志（第二册）［M］.潮州：潮州市地方志办公室，2005：1213，1230.

　　[2]　根据1关平两=1.558银圆的标准换算。

　　[3]　1885年汕头口岸每担进口棉花的平均价格为18.84关平两，1890年为18.42关平两，1895年为18.45关平两，1900年为20.64关平两，1905年为25.50关平两。（数据来源：中国海关学会汕头海关小组，广东省汕头市地方志编纂委员会办公室.潮海关史料汇编［M］.1988：2.）

英国地名）纱，基本上已被挤出市场，只有很少量的英国细纱尚有销路——据说主要是用来和丝带一类的丝织品混纺。"[1]该报告列出了1888—1891年通过汕头、广州、九龙、拱北、琼州和北海各口岸进口的棉纱总数。如表11-21可见，仅1888—1891年4年间，广东各口岸进口棉纱数量就增长了近20%，其中1889—1891年进口英国棉纱与印度棉纱之比分别为6.20∶93.80、7.02∶92.98和6.59∶93.41。1882年汕头口岸进口棉纱70832担，价值1698651关两；1891年进口142002担，价值2035486关两，数量增加超过了100%，已占广东各口岸进口棉纱的近1/3。《1882—1891年潮海关十年报告》指出："过去10年间。棉纱的主要供应来源已从欧洲转移到亚洲，早在1886年，就报告说，更低廉的印度棉纱几乎已排挤了英国原料。在1888年，它们之间的比例据说是3∶2，而1891年从孟买进口的棉纱是从兰开夏进口的四倍多。更为廉价的劳动力，以及更为靠近此地市场是印度货取得的成功的原因"。[2]1892—1901年，印度棉纱占汕头口岸进口棉纱的比重进一步提升："1891年以来，英国棉纱进口减少了约10%，从而使孟买棉纱进口增加了20%，印度产品和（英国的）兰开夏产品的比例，从1891年4∶1增加到现在的5.5∶1。"[3]

表11-21　1888—1891年汕头、广州等口岸进口棉纱统计[4]

单位：担

货品	1888	1889	1890	1891
英国棉纱	402432	24843	32731	31843
印度棉纱		375823	433270	451032
总计	402432	400666	466001	482875

[1] 广州市地方志编纂委员会办公室，广州海关志编纂委员会.近代广州口岸经济社会概况——粤海关报告汇集［M］.广州：暨南大学出版社，1995：856.

[2] 中国海关学会汕头海关小组，广东省汕头市地方志编纂委员会办公室.潮海关史料汇编［M］.1988：2-3.

[3] 中国海关学会汕头海关小组，广东省汕头市地方志编纂委员会办公室.潮海关史料汇编［M］.1988：36.

[4] 广州市地方志编纂委员会办公室，广州海关志编纂委员会.近代广州口岸经济社会概况——粤海关报告汇集［M］.广州：暨南大学出版社，1995：856.

表11-22　1912—1923年汕头口岸国内输入棉纱统计[1]

年份	1912	1915	1918	1920	1921	1922	1923
数量（担）	11913	21114	20670	87335	150527	180990	122831
价值（关平两）	250128	512846	703461	3809736	5305739	4909142	3510525
单价（关平两）	21.00	24.29	34.03	43.62	35.25	27.12	28.58

　　1915—1930年是汕头口岸进口棉纱的急剧下滑阶段。1915年汕头口岸进口棉纱161909担，1920年下降到43416担，仅及1915年的26.82%。此间固然有第一次世界大战、航运成本上升以及战后国际市场不景气的缘故，更主要的是上海和江浙一带的纺织工业利用一战的契机迅速发展起来。[2]如表11-22所示，1915年汕头口岸输入棉纱总计183023担，其中进口棉纱161909担，为历史最高点；从国内其他口岸输入棉纱仅21114担，为进口棉纱的13.04%。1920年汕头口岸从国内其他口岸输入棉纱87335担，进口棉纱仅43416担，占国内输入棉纱的49.71%。1922年汕头口岸从国内其他口岸输入棉纱已经跃升至180990担，超过了1915年进口棉纱数量。1922年汕头口岸输入内地棉纱数量为1920年的2.07倍，总价值则仅为1920年的1.29倍，两年间平均每担棉纱价格由43.62关平两跌至27.12关平两，跌幅几近38%。可见，价格因素也是潮汕土布业大量使用内地棉纱的重要原因。必须指出的是，直至1936年和1937年，汕头从内地口岸输入的棉纱总值仍分别达到6332377国币元和6629446国币元，总货值居于汕头口岸国内输入货物的第四位和第三位（第一、二位分别是米谷和豆粕）。如果按1932年1国币元=0.642关平两换算率计算，1936年和1937年汕头口岸从内地输入棉纱分别为4065386关平两和4256104关平两，虽不及1921年和1922年的水平，但高于其他年份。可见，直至20世纪30年代中期，粤东土布业仍保持着相对稳定的发展状态。

　　[1]　根据：饶宗颐.潮州志（第二册）［M］.潮州：潮州市地方志办公室，2005：1258.《海关对国内贸易移入货物分类表（第一表）》计算。

　　[2]　"正如上海海关（1922—1931年）报告中所作的总结：'进口棉制品的下降与中国国内棉纺织工业的蓬勃发展密切相关。'"（徐雪筠等.海关十年报告（1882—1931）［M］//上海近代社会经济发展概况.上海：上海社会科学出版社，1985：345.）"其时，长江三角洲是中国棉纺织业最为发达的地区，江苏省的棉纺织厂家主要集中于以上海为中心的长江三角洲。根据杜询诚的统计，到抗战前中国纺织企业数共有110家，其中上海35家，占全国总数约32%，长江三角洲其他地区无锡、宁波、杭州、苏州、南通等地共有37家，与上海棉纺厂数合计，共为72家，约占全国棉纺企业总数的66%。若以纺锤数量而论，长江三角洲地区亦居全国各区域之首。"于新娟.长江三角洲棉业外贸及其影响（1912—1936）［D］.华东师范大学博士论文，2007.

（三）近代汕头口岸进口棉布和地产土布间似不存在对应的消长关系

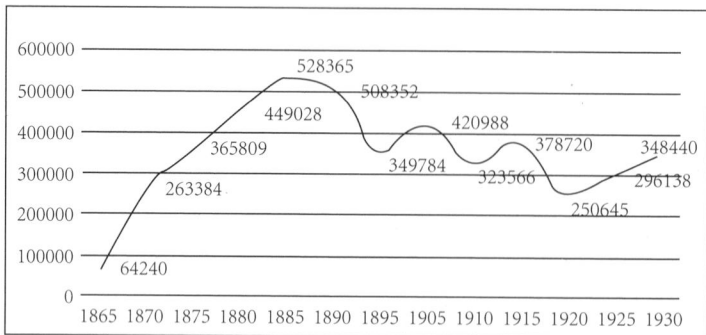

图11-3　部分年份汕头口岸进口棉布数量[1]（单位：匹）

从图11-3中可见，1865—1930年这65年间汕头口岸进口棉布数量变化轨迹，以1890年为拐点可分为两个阶段。第一阶段是进口棉布迅速爬升阶段，从1865年进口64240匹跃升至1890年的508352匹，每年平均增长8.63%。1870—1885年，每5年就增加进口8万—10万匹。第二阶段是进口棉布数量小幅波动下行阶段，从1885年的528365匹下滑到1930年的348440匹，还不及1875年水平。45年间每年平均仅减少0.92%。可以说，1885年至1930年，汕头口岸进口棉布的数量基本恒定，并呈缓慢减少趋势。以前有文章认为，1933年以后，潮汕土布和兴宁土布业的衰落，是西方国家大量向中国倾销洋布所致，就潮汕的情况看，汕头口岸进口棉布和地产土布间并不直接存在着此消彼长的对应关系。

汕头开埠后至1885年前后，虽然潮汕和粤东乡间已有土布和夏布生产，但基本上处于分散和附属于农业的状态，在粤东土布业尚未大规模发展的19世纪60年代，洋布进口数量迅速增长后趋于稳定。如表11-19所示，1870年棉布进口占汕头口岸棉纺织品进口货值的46.49%，1875年占33.65%。1880年后，棉布进口占汕头口岸棉纺织品进口货值基本稳定在27%—30%。反之，1870年棉纱进口占汕头口岸棉纺织品进口货值的36.52%，1875年就提高到44.47%，此后一路上升，从1880年的55.27%提高到1895年的71.64%。如前文所述，棉纱进口的迅速

---

[1]　数据来源：中国海关学会汕头海关小组，广东省汕头市地方志编纂委员会办公室.潮海关史料汇编［M］.1988：193-216.《1865—1930年汕头口岸进口货物主要品种统计表》，原统计表缺1900年数据。

扩大，印证了粤东土布业较成规模发展兴起的时间，应在1880年前后。或许可以认为，1885年之前洋布进口的迅速增长，成为催生近代粤东土布业聚落发展的诱因之一。

1885年至1930年，汕头口岸棉布进口呈现缓慢波动的下行态势，主要原因是：

第一，粤东土布业的兴起与发展。19世纪80年代之后，兴宁和澄海的土布业已经渐渐发展起来，《1882—1991年潮海关十年报告》认为兴宁的织造业和潮州府的染厂，"它们都属于自发的商业性企业，未受政府干预或者照管的阻碍"，都是"很有希望的工业和企业"[1]。必须说明的是，"土布"是相对于"洋布"而言的，习惯上的"洋布"指输入的外国布匹，而将中国旧式手织机的出品称为"土布"。在土布业大量使用进口洋纱作为原料之后，"土布已完全不同于旧式用手纺纱线作原料而织成的窄面土布，这个时期的土布在形式上和原料上均已无复旧观，其出品与机制布无甚区别，只是因为它是乡间以旧式的生产工具所制成的[2]"。

第二，收入因素和价格因素。潮汕本地居民的实际收入水平和洋布价格高于土布这两个因素，一直成为在潮汕地区洋布销售难以突破的障碍，本地所产土布质优价廉，依然得到潮汕和海内外消费者的青睐，继续保有一定的市场占有率，与进口洋布形成了两个目标市场[3]。1920年粤海关的《广州口华洋贸易情形论略》不得不承认，"外洋匹货，价值高昂，实为土布贸易发达主要缘因"[4]。

第三，洋布的市场适应性。进口洋布的花色品种较为简单，适应不了本地的消费习惯。《1892—1901年潮海关十年报告》提及，"这里引进了欧洲纺织品中的几个新品种，虽然到目前为止，大部分只是少量出现。1893年首次到达本口

[1]　中国海关学会汕头海关小组，广东省汕头市地方志编纂委员会办公室.潮海关史料汇编［M］.1988：29.

[2]　于新娟.长江三角洲棉业外贸及其影响（1912—1936）［D］.华东师范大学博士论文，2007：90.

[3]　"当时对于大多数中国人来说，选择布匹主要考虑的因素是布的坚实耐用程度和价格的高低。中国农民的衣服要穿到破烂为止，一件土布衣服经过补缀可以穿上三四年。尽管早在世纪上半叶西方就在研究中国的土布，但整体说来洋布的坚牢度不若土布。""比如南洋为土布之一大销场，盖南洋为热带，工人以土布为衣，易于吸汗而透风，且日光不易侵入，故南洋群岛一带华侨，每年购买我国土布，数颇不少。"于新娟.长江三角洲棉业外贸及其影响（1912—1936）［D］.华东师范大学博士论文，2001：97-98.

[4]　广州市地方志编纂委员会办公室，广州海关志编纂委员会.近代广州口岸经济社会概况——粤海关报告汇集［M］.广州：暨南大学出版社，1995：659.

岸的意大利棉布似乎深受消费者的喜爱。过去这一年的进口价值为30000关两。毛毯在这里直到1898年才为人所知，现在也同样颇受欢迎。1894年进口了一些印度棉布、标布和斜纹布，但从那以后消费者已不再需要这些产品，除了1895年进口的几匹斜纹布外，它们未在海关统计中再出现过"。粤海关的报告也指出，第一次世界大战期间，由于"进口洋货供应缺乏，刺激着本地制造业增加土布生产，在式样和图案方面，采用西式设计的国产土布占领了市场。尽管其价格在短时间内上涨了40%—60%"。[1]

第四，战争和政治因素。第一次世界大战和日渐高涨的抵制洋货运动，一定程度上影响了海外棉布进口。《光绪二十二年广州口华洋贸易情形论略》称："闻近来华民每多爱用土布，其价值较之运入内地之洋布为贱，又经久耐用。"[2] "（土布）这种布料一般称为爱国布，这一字眼已广为人知，贩卖者通常以此名招揽顾客。"[3]潮海关则认为，"使棉制品价格高涨的欧洲战争对澄海布业的繁荣起了作用。同时抵制日货的活动使这种布在海外移民中备受欢迎。即使没有抵制活动，它也以价廉物美成为日本的棉法兰绒和丝绒的有力竞争对手，近年来生意一直兴隆，每年都有大量出口，不断输往中国各口岸，而且运销新加坡和曼谷"。[4]

第五，国内机器织布业的发展和交通条件的改善。机器织布的效率约为人工织布的4倍，机制布相对于手织土布，不仅幅面宽阔花色多样，而且在通常情况下价格也相对便宜。第一次世界大战结束后，"英日对华贸易竞争激烈，棉制品输入增多。" "与此同时，西方国家对华棉纺业的资本输出扩大，民族纺织印染工业亦有发展，机制布产量逐步提高。"[5]1930年前后，汕头的"部分织布厂家，从上海、江西吉安以及中国香港、日本、英国引进或仿制少数现代纺织机器进行生产，如民国21年（1932）汕头织布厂多数改由电力做动力，提高织布生产

[1] 广州市地方志编纂委员会办公室，广州海关志编纂委员会.近代广州口岸经济社会概况——粤海关报告汇集［M］.广州：暨南大学出版社，1995：1049-1050.

[2] 广州市地方志编纂委员会办公室，广州海关志编纂委员会.近代广州口岸经济社会概况——粤海关报告汇集［M］.广州：暨南大学出版社，1995：361.

[3] 广州市地方志编纂委员会办公室，广州海关志编纂委员会.近代广州口岸经济社会概况——粤海关报告汇集［M］.广州：暨南大学出版社，1995：1050.

[4] 中国海关学会汕头海关小组，广东省汕头市地方志编纂委员会办公室.潮海关史料汇编［M］.1988：154.

[5] 于新娟.长江三角洲棉业外贸及其影响（1912—1936）［D］.华东师范大学博士论文，2007：100.

效率"[1]。由于交通条件的改善，上海一带的部分机制布和土布通过"北港"贸易网络运销至汕头口岸和南洋。1921年、1922年、1923年从内地口岸输入汕头口岸的棉布分别为518190关平两、788964关平两、423706关平两。1936年、1937年分别为6541217国币元和4691265国币元。上海、青岛等地机制布的输入和本地机制布的生产，一方面挤压了汕头口岸的棉布进口，另一方面也挤压了粤东土布业的市场空间。

汕头口岸从上海、青岛等内地口岸输入的棉布中，既包括民族资本的织布厂生产的，也包括日资、英资等外国资本的织布厂生产的，还包括从日本和欧美国家进口到上海等口岸再转运到汕头口岸的。从近代汕头口岸棉纺织品进口数据上看，棉布进口数量和粤东土布业的兴衰之间不存在直接的消长关系。但国外棉纺织品的长期倾销，是造成近代中国土布业瓦解的重要原因之一。1933年以后，粤东土布业日渐衰落的原因比较复杂：一是外地上海、广州等地布料大量涌入，挤压了本地土布业的利润空间。"民国22年（1933），潮汕布价频跌，对外销量锐减，加上上海、广州等地布料大量涌入潮汕，潮州土布生产一落千丈，民国24年（1935），几濒绝境，澄海县多数织布厂停产，潮安县也仅存1%—2%的厂家（工场）勉强维持生产，汕头市区在民国28年（1939）沦陷前只有织染厂11家，毛巾厂4家。"[2]二是土布生产成本居高不下，部分土布厂家和熟练织工转向当时正在兴起的抽纱业。三是当时社会消费和生活习惯发生变化，针织厂、袜厂、成衣厂的出现，抑制了本地土布的需求。最根本的原因，还是在于本地土布的生产技术方式落后，生产效率低下，产品规格和品种无法适应市场需要。

将潮汕棉纺织业，特别是将粤东土布业的整个兴衰过程放在国际视野和全局视野中考察，可以比较直观地分析国际和国内棉纺织品市场对粤东土布业成长所具有的拉动关系。汕头口岸是当时韩江流域联结国际市场和国内市场两个市场的主要枢纽，也是连通内外贸易和粤东土布织造业的主要渠道。国内外市场变化的信号，都会通过汕头口岸的棉纺织品的输入输出，传递给粤东土布生产者和销售者。作为土布业原材料供应链的进口棉花与长三角棉花、英国棉纱、印度棉纱与上海棉纱、欧美洋布、日本棉布与上海机制布，在每一不同的时期，都曾对粤东土布业的行业结构、空间布局、生产数量、外销方向产生直接和深刻的影响。从这个角度看，近代汕头口岸棉花制品进口和粤东土布业兴起的互动关系，印证

[1]　广东省汕头市地方志编纂委员会.汕头市志（第二册）［M］.北京：新华出版社，1999：415.

[2]　广东省汕头市地方志编纂委员会.汕头市志（第二册）［M］.北京：新华出版社，1999：415.

了当时潮汕经济的"因商而兴"。1933年以后，潮汕土布业逐渐萎缩，直接原因是传统市场被上海一带的机制布和日本洋布侵蚀。抗日战争全面爆发后，由于外地棉纺织品输入基本中断，土布业在汕头市区和潮阳、普宁等地有所恢复，但生产规模和布匹质量均无法与战前的鼎盛时期相比。《汕头市志》载："潮汕抗战时期，外货来源中断，部分织布厂家迁入内地，澄海县由于棉纱断绝，原仅存的织布厂均全部歇业，但汕头市及潮阳与南山一带的织布业却应运而兴，在汕头市区内，随处都有用木机或小型机器生产的小织布厂，潮阳一带则效法上海布厂的制造方法购置机器，利用电力进行生产。""这一时期潮汕织布厂大多由于缺乏棉纱，只能收购旧棉被和日军用过的旧布手套、蚊帐布、旧袜等，经拆线，翻纺等加工成纱后再进行生产，所产的布料质地低劣，不耐穿用，俗称'回纺布'。"[1]这也从另一个角度印证了潮汕经济的"无商不兴"。

三、由潮汕消费结构变化引发的汕头口岸进口结构变动

潮汕经济的"因进口而兴"，不仅体现于潮汕生产环节通过进口融入了国际和国内市场，而且体现于潮汕的生活方式和消费方式的变化，导致近代汕头口岸的进口货物结构也随之变化。

（一）关于汕头口岸米类进口的近代商业意义

1865—1946年，除了1885—1915年，其余大多数年份的粮食类（米谷、面粉等）进口货值，均居于汕头口岸前3位，1923年至1937年间，还超过棉纺织品，连续多年居于第1位（表11-14）。

潮汕地区从外地大量输入粮食以敷民食用，大致始于清代中叶乾隆年间。"乾隆元年，谕旨：凡遇外洋货物来闽粤贸易，带来一万石（粮食）以上者，免其船只税银十分之五。带来五千石以上者，免其十分之二，其米听照市价公平发售。"[2]李宏新主编的《潮汕史稿》认为，明清时期潮汕地区的粮食需求量越来越大的主要原因是：山多地少的地理环境影响了粮食生产；人口的迅速增长增加了粮食的消费；经济作物种植面积的增加导致粮食作物种植面积的减少；采矿业等手工业和海上贸易的发展增加了非农业人口的比例；潮人务商的传统在一

[1] 广东省汕头市地方志编纂委员会.汕头市志（第二册）［M］.北京：新华出版社，1999：415.

[2] 清高宗实录卷一二〇一［M］.北京：中华书局，1985.粤海关博物馆.粤海关历史档案资料辑要（1685—1949）［M］.广州：广东人民出版社，2018：286.

定程度上影响了粮食的生产。[1]直至清末民初，上述5个因素的影响越来越大。《1922—1931年潮海关十年报告》指出："据说稻田的面积已从可耕地总面积的75%缩减到40%。这一最重要的谷类作物，主要在饶平、揭阳、丰顺，潮安和澄海等县种植。""一个好年景的收获量，还不足以供应本地区人口的需要，因此必须从暹罗和中国其他省份进口大量大米。"[2]1925年萧冠英在《六十年来之岭东纪略》中记载："潮梅十五属除三阳兴宁梅县五属，当丰年时，米食有余可售出外，其他各属俱山多地少，米谷产出之数不足敷一县之用，而不能不仰外来之供给。各每年由长江安南暹罗各地买入之额，不在少数。此等采办之米，抵汕之后，多以民船分驳。转运各属，藉资补充。"该书中引用了当时的米业调查数据，认为"过去二十年间之输入额为最多"，1905年米入口约340万担，1913年减至74.5万担，平均每年输入总在100万担至200万担。当然，以上数据是包括境外进口和内地输入两个方面的。

表11-23　　1865—1931年部分年份汕头口岸米类进口数量表[3]

单位：担

年份	进口米类	年份	进口米类
1865	644621	1919	81480
1870	3654	1920	6578
1875		1921	1435613
1880	22902	1922	2290908
1885	80033	1923	3081524
1890	128388	1925	736896
1895	248752	1927	9676266
1900	72520	1928	14546097
1905	8521	1929	7172862
1910	1116936	1930	1397872
1915	391882	1931	9086168

---

[1]　李宏新.潮汕史稿［M］.汕头：汕头大学出版社，2016：459-460.

[2]　中国海关学会汕头海关小组，广东省汕头市地方志编纂委员会办公室.潮海关史料汇编［M］.1988：117.

[3]　根据：中国海关学会汕头海关小组，广东省汕头市地方志编纂委员会办公室.潮海关史料汇编［M］.1988：193-204.《1865—1930汕头口岸进口货物主要品种统计表》（原表缺1875年数据）和饶宗颐.潮州志（第三册）［M］.潮州：潮州市地方志办公室，2005：1213，1217.《海关对外贸易输入货物分类表》第一表、第二表整理。表中1919—1923年数据为"粮食类"。

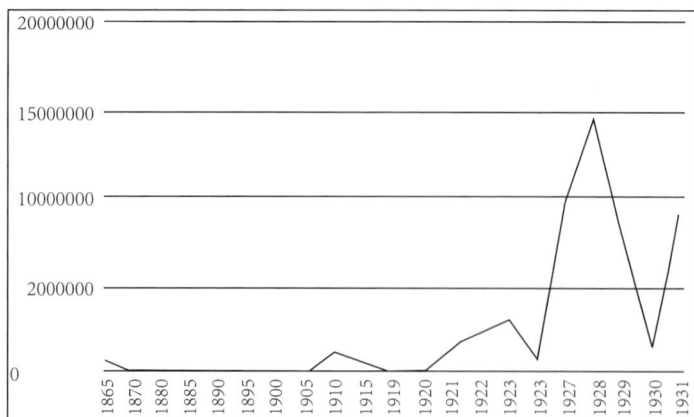

图11-4 1865—1931年部分s年份汕头口岸米类进口数量[1]（单位：担）

如表11-23和图11-4所示，近代汕头口岸米类进口数量的波动很大，1865—1910年，除了开埠后不久的1865年进口大米达64万担之外，大多数年份才几万担，个别年份十几二十多万担。1910年进口大米数量才突破100万担。随后又大幅滑落，直到1921年以后才在百万担上站稳。随后逐年攀升，至1928年达到1454.6万担的顶点，随后基本保持在数百万担的高位。

汕头口岸米类进口数量起伏很大的情况，一直受到各方关注。1892—1901年汕头口岸进口粮食比前一个十年有所增加，但仍达不到1865年的水平。《潮海关十年报告》是这样解读的："粮食进口的增加，并非由于谷物歉收，而是用于种植水稻的土地面积减少了很多。种植别的作物往往只花较少的钱和劳力，却可获得更多的收入，近几年来，最有利可图的是种植罂粟，柑、花生和蔬菜，面粉都从美国进口，其中有40%同（从国内）进口的小麦磨成的本地面粉混合起来，用于制作细面条和通心粉，每年都有大量的细面条和通心粉出口到（马六甲）海峡地区供应那里的中国籍居民食用，其余的面粉制成各种各样的糕饼在当地消费。约有10%的大米来自西贡和曼谷，进口的其余大米以及所有的小麦都来自长江各口岸。"[2]萧冠英在《六十年来之岭东纪略》中的分析则是："然外米输入，较之国内，有时亦反增加。如光绪二十八年（1902）及宣统元年（1909），外国米之来额，竟在百万担以上，其原因多由芜米歉收，价值高涨，故外米乘机

[1] 根据表11-23制作。

[2] 中国海关学会汕头海关小组，广东省汕头市地方志编纂委员会办公室.潮海关史料汇编[M].1988：40.

展拓其销路。汕头发卖之米，种类颇多，除附近地方出产外，芜湖之白米糯米与上海机制米，暹罗米赤米均属畅销，年来此等米价名将，以芜米为最高，每百斤卖至八元左右。次则暹米每百斤亦六七元不等。所谓价廉之下等暹米，亦百斤自五七元卖至六七元。西贡仰光近亦渐有采购运入者，然其价较低。"

从以上引述的"潮海关十年报告"和萧冠英的著作中，都可以观察到：土地资源匮乏、经济作物和非农产业的发展，特别是人口快速增加和城镇化进程加快，这些自清代中叶业已存在的因素，在清末民初进一步发展，导致潮汕地区的缺粮状态更为严峻。不断扩大从国内和国际两个市场输入粮食的规模，已成为维持潮汕经济社会正常周转的必然选择，这就是汕头口岸进口粮食的一般的商业意义。

显然，此种"一般的商业意义"在乾隆时期的官民中就已形成共识，清廷和地方政府专门为鼓励从暹罗输入大米制定了一系列特殊政策，包括免征米豆税、免征船货税银、给予物质和待遇奖励等，前后长达50年之久。[1]尽管18世纪70年代中叶之后潮汕与暹罗以及东南亚地区间的大米贸易渐趋衰落，但其开辟的贸易网络一直绵延到汕头开埠后，成为近代潮汕南向和北向商贸网络的基础。

汕头口岸是潮汕连接国际国内商贸网络的枢纽，汕头口岸米类进口贸易的近代商业意义，并不仅仅局限于输入粮食以满足本地市场需求，而是通过米类贸易创造了潮汕经济与国际市场、国内市场融合的渠道和桥梁。主要表现在以下几个方面。

通过汕头口岸建立了国际、国内两个米市之间的调节机制。

由于粮食是需求价格弹性较低的商品，一定区域内的粮食需求量会比较稳定。而粮食的供给量极易受到气候、自然灾害、运输条件和社会动荡等因素的影响，粮食价格的波动因而比较频繁。从图11-4可见，1865—1931年部分年份汕头口岸米类进口数量的变化很大，其主要原因就是潮汕米商可以视国内米市和国外米市的价格，以及潮汕和韩江流域的需求多寡，选择从何处输入多少粮食。从清代中叶开始，潮汕地区就从粤西的高州、雷州地区和福建、台湾等沿海地区输入粮食，后来东南沿海均不能满足需求，潮汕地区转向长江三角洲，特别是芜湖地区采购大米。"而雍正二年（1724）后，暹罗大米输入，由于进口米价较之本地更为便宜，各地农民减少产量，更导致潮汕地区从传统的粮食生产出口区变为粮食进口区。之后清政府继续鼓励大米入口，尤呈推波助澜之势。"[2]《1902—1911年潮海关十年报告》也指出："1902年和1910年汕头口岸进口大米剧增，其

[1]　李宏新.潮汕史稿［M］.汕头：汕头大学出版社，2016：847.

[2]　李宏新.潮汕史稿［M］.汕头：汕头大学出版社，2016：847.

原因多由芜米歉收，价值高涨，故外米乘机展拓其销路。"

据民国《潮州志·实业志》所载：1910年汕头口岸进口米类112万担，1911年汕头口岸从内地口岸输入米谷244万担。进口大米数量为内地输入大米担数的45.9%。1915年进口大米降至39万担，内地输入米谷97万担。进口大米数量为内地输入大米担数的40.2%。1920年进口大米剧减为6578担，同年从内地输入大米219万担。进口大米数量仅为内地输入大米担数的0.3%。1931年从芜湖输入汕头口岸的米谷货值为1535066关平两，芜湖居于汕头口岸输入货物的第三位。1935年芜湖向汕头输入米谷货值为932588国币元，芜湖居于汕头口岸输入货物货值的第三位。同年汕头进口米类货值为6211902国币元，为内地输入大米货值的15.0%。1937年汕头从芜湖输入米谷货值为5475543国币元，芜湖居于汕头口岸输入货物货值的第一位，同年进口米类1349935国币元，为内地输入大米货值的24.7%。可见，以芜湖大米为代表的长三角大米和以暹罗米为代表的进口大米存在着明显的相互替代关系，当长三角一带产粮区丰收，汕头口岸大米进口可以降至仅剩数千担的水平。当内地产粮区歉收，汕头口岸进口米类可超过100万担。

促进了基于比较优势的多点循环的潮汕商贸网络的形成。

"因港而兴""因商而兴"的发展路径，并不是潮汕地区所特有的，国内外近代濒海经济带的形成，几乎都是以依托港口从事国际国内贸易为起点，所谓"地理大发现"的实质是国际市场的发现与拓展。清代中叶潮汕与芜湖一带的大米贸易是当时潮汕海上贸易链条的一个重要链节。《潮汕史稿》认为：潮州商船海上贸易的突出特点，并不是单纯的以潮州为起始端的"点对点"交易，而是以韩江流域为依托，利用季风变化在中国大陆和东南亚沿海各口岸间多点穿梭的循环贸易形式。"每年春季，潮州商船装满潮糖、烟叶等潮地及梅汀赣州等南方特产，乘季风经台、厦、闽、浙、宁、沪，至山东、天津等，沿途贩卖。到秋季又借助季风满载津门、山东的北方特色的杂货、农产品如色布、棉花、花生、大枣、大豆、药材等，返航经苏、淞、宁、沪等到处贩卖，又购进苏、淞等处特产丝织品、生丝、布帛等类，或回潮州或直接往海南等地，直到暹罗等东南亚港口，贸易之后再装载大米、药材、香料、木材等东南亚特产运回潮州。"

此种充分利用季风转向，就近开展贸易，以提高海船运载效率和资金周转率的多点循环贸易方式，最早起源于红头船时代潮州对芜湖的大米交易中，以后广泛应用于与暹罗的大米交易中。乾隆二十九年（1764）的《澄海县志》认为，此种贸易方式"一往一来，获息几倍，以此起家者甚多"。汕头开埠后的数十年间，潮汕的海上贸易逐渐从篷船时代过渡到轮船时代，运输方式发生了变化，这一贸易方式也进一步得到强化。在长期的国际国内贸易活动中，北方诸口岸（天津、山东、牛庄等）、长江中下游诸口岸（上海、芜湖、南京、汉口等）、东南亚诸口岸以及汕头口岸四个"口岸组团"，都已经形成具有各自比较优势的生产供货能力和相对稳定的市场需求。在多点循环贸易方式不断发展的基础上，至20世纪30年代，以汕头口岸为枢纽、以上海为核心的北向贸易网络、以"汕—香—暹—叻"为支撑的南向贸易网络基本成型，使汕头的港口吞吐量和内外贸易额一度居于全国前列。

加快了海外潮人社会和潮货市场的发育。

早期潮籍华侨得以合法地移居暹罗，与中暹大米贸易直接相关。《潮汕史稿》引述了《清实录》中雍正同意96名从事中暹大米贸易有功的华侨继续留居暹罗的批示。[1]《潮汕史稿》指出，康乾年间"这一波持续了近50年的中暹大米贸易造成大量的潮人移居泰国，而至大米贸易渐呈衰落后，潮商又扩大了贸易领域和贸易规模，取得了辉煌的成就，移民也络绎不绝"。该书认为：中暹大米贸易，造就了暹罗在东南亚举足轻重的中心港口地位，西方文献称"曼谷事实上就是中国与东南亚贸易的中心口岸"，"曼谷是好望角以东仅次于加尔各答和广州的第三个重要港口"。[2]

泰国经济的主要支柱是大米、锡和柚木，碾米业是其重要的工业。许茂春编著的《东南亚华人与侨批》一书中，叙述了暹罗华侨如何以碾米业为中心，形成中暹大米贸易的产业链："1912年曼谷的机器碾米厂有50间，1930年有80间，几乎全由华侨经营，1939年全国的碾米厂发展到942间，其中曼谷地区102间，其他地区840间，全部由华侨经营，其从业人员也几乎全部是华侨。碾米厂加工的稻谷，多来自遍布暹罗农村的华侨杂货店及华侨收购商，碾出的大米则由华侨米商出口。以米业为中心，华侨经营的杂货业、林木业、渔业和内河航运业等也十分兴旺。除碾米业外，华侨在木材加工，火柴制造等方面占有垄断地位；在锡矿、橡胶和甘蔗生产中也占有一定的比重。"[3]李宏新的《潮汕华侨史》认为：

[1]　《清实录》载有雍正对广东奏报的批示："来船（指从暹罗运大米到中国的货船——引者注）稍目徐宽等九十六名，虽系广东、福建、江西等省民人，然住居该国历经数代，各有亲属，实难勒令迁归。著照所请，免令回籍，仍在该国居住，以示宽大之典。"（李宏新.潮汕史稿［M］.汕头：汕头大学出版社，2016：849.）

[2]　李宏新.潮汕史稿［M］.汕头：汕头大学出版社，2016：848，849.

[3]　许茂春.东南亚华人与侨批［M］.曼谷：泰国泰华进出口商会，2008：52.

"潮籍华商几乎包揽了泰国大米业的经营：除稻子种植这一生产过程由泰国当地人完成以外，从籽实的收购（中介商）、运载（运输商）磨碾（碾米商），直至出口贸易（出口商）和供应国内市场（米商）等，几乎都是由潮汕包揽。""在近代较长的一段时间里，泰国米业几乎由8个泰华家族的火砻垄断。其中，属于潮籍人士的有6家……泰国的许多潮籍米商还在中国香港开设泰国大米代销店，并发展成为独具特色的'香—叻—汕'贸易体系，即形成以大米销售为主的泰国—香港—新加坡—汕头的商业网络。""此外，大米的进出口生意，还带动了船舶运输、码头装卸等诸多行业，航行于中泰之间的运米商船更是以潮商为主。据统计，到20世纪初期从事中泰两国商贸运输的近百艘传统帆木船中，几乎全部为潮商所有。"[1]

汕头开埠后，汕头口岸成为中国东南沿海最主要的港口之一，韩江流域的进出口贸易主要由汕头口岸承担。"20世纪上半叶，泰国对华贸易输出市场方向主要是在广东地区，汕头港是最重要的输出目的港。1910—1941年，泰国对汕头输出值占对华输出总值平均为74.8%。"[2]大量粮食从汕头口岸进口和输入，同时又在汕头加工再转售到韩江流域和周边省份，形成了粮食业在汕头市区的集聚发展态势。据1947年出版的《最新汕头一览》统计，当时汕头市区已有粮食业商号132家，其中从事粮食批发的商号61家，火砻业14家，54家杂粮业。[3]

海外潮人社会的存在，已经成为目前海内外潮汕历史文化研究者的共识。海外潮人社会得以出现和发展演化的动因，与当时潮籍华侨在侨居国谋求生存发展的经济行为相关。近代潮汕与暹罗以及其他东南亚国家（地区）间的米类贸易，实际上是以潮籍华侨为主体，在暹罗建构了一个覆盖稻米的"生产—采购—销售—运输—分销"全过程，对接中国市场和国际市场的近代产业。这一产业体系的销售端主要是中国的汕头口岸。如果说，近代汕头口岸的棉纺织品进口贸易，促成粤东土布业成长为潮汕地区第一个近代产业，近代汕头口岸的米类进口贸易，则促成暹罗的稻米业成长为该国最早的近代产业之一。潮汕和暹罗的早期近代产业近乎同步出现，并不是偶然现象，蕴藏其后的主要推力就是传统的自然经济的解体和近代资本通过贸易网络对全世界的渗透。如果这一分析逻辑可以成立的话，我们就可以理解，由于清代中叶之后潮汕地区的土地资源及其他资源严

[1] 李宏新.潮汕华侨史［M］.广州：暨南大学出版社，2016：188-189.

[2] 张应龙.广东华侨与中外关系［M］.广州：广东人民出版社，2014：99.

[3] 曾景辉.最新汕头一览［M］.汕头：汕头虎豹印务公司，1947：145-149.

重短缺，因此为了解决基本生存问题，一方面要通过调整农业结构，扩大经济作物种植面积，发展土布业等副业，来提高本地有限资源的使用效率。另一方面，必须通过拓展北向和南向贸易网络，或向国外移民，利用国内外可用的市场资源、土地资源、粮食资源和商业机会，谋求生存发展的空间。因此，汕头口岸米类贸易的近代商业意义，在于提供了潮汕经济南北向两个贸易网络、内地和海外两个粮食市场、本土潮人和海外潮侨两个潮人社会的连接平台。和潮籍华侨在暹罗促成了该国米业的近代化一样，当时在东南亚的英属、荷属、法属诸殖民地的潮籍华侨也积极地参与推进当地工业、农业，特别是当地商业的近代化，与潮汕地区形成了人员、资金、货物的"多向循环"。此种人员、资金、货物的"多向循环"就是海外潮人社会和潮货市场得以生成和发展的经济基础。

（二）潮汕消费近代化带来的"新进口"

汕头开埠后，许多国外商品首次进入潮汕地区，给潮汕居民带来了更加丰富的消费体验。生活方式的变化，又推动了汕头口岸进口商品种类的增加和进口规模的进一步扩大。

第一，燃油进口。

燃油这一大项包括煤油、汽油、柴油和机油，煤油是近代汕头口岸进口货物中增长最快的。

《1882—1991年潮海关十年报告》中，记载了汕头口岸最早的煤油进口情况："俄国煤油在1889年的统计中首次出现，进口了4000加仑。在清帝国的这部分地区，煤油贸易的增长是比较新近的事。1872年这项商品首次被带进汕头，直至1887年年进口总值都在2万关两以下。然而在过去三年，发展极为迅速，这是由于内陆市场扩大，部分也由于财政负担不平等，与此地相比，在广州的此项负担更为沉重。1891年煤油进口达到1223712加仑的顶峰，价值185806关两。"

从表11-24可见，1885年以前煤油还未列入汕头口岸大宗进口商品。从1885—1937年的52年间，汕头口岸的煤油进口轨迹大致可分为三个阶段。1885—1905年为急剧增长阶段，20年间汕头口岸进口煤油数量由81704加仑剧增到6112500加仑，每年平均增长24.08%。1905—1925年为缓慢增长阶段。这一期间汕头口岸煤油进口数量的增速有所放缓，且数量起伏不定，但进口规模不断扩大仍是基本趋势。至1925年，进口煤油数量已达7986977加仑，平均每年增长1.35%。1930年前后至1937年为缓慢收缩阶段。1930年煤油进口数量跌至

5020060加仑，仅为1925年的62.85%，[1]1935、1936、1937年汕头口岸进口煤油的货值分别为908923国币元、738380国币元和516700国币元，如果以1930年每加仑0.440关平两的价格计算，1935—1937年汕头口岸进口煤油数量大约为321万加仑、260万加仑和182万加仑，大大低于1925年的水平。[2]

表11-24　1885—1930年部分年份汕头口岸煤油进口的数量[3]

单位：加仑

年份	进口煤油数量	年份	进口煤油数量
1885	81704	1910	4119114
1890	778192	1915	7440012
1895	3101997	1920	4362763
1900	4326238	1925	7986977
1905	6112500	1930	5020060

影响近代汕头口岸煤油进口数量发生变化的因素是多方面的。

1.韩江流域煤油消费规模和燃油消费结构的变化

1872年以后，煤油消费开始渗入潮汕城乡。1885年之后煤油进口规模的迅速扩大，给潮汕家庭和公共空间带来新燃料和新照明方式，煤油的广泛使用标志着潮汕的经济生活和社会生活开始进入了化石燃料时代。而汕头口岸作为近代中国煤油进口的埠际运销网络沿海主要节点，承担着进口煤油向韩江流域各埠头分销的功能。[4]1925年萧冠英所著的《六十年来之岭东纪略》中写道："汕头输入

---

[1]　"煤油进口增加171.7（美）加仑，汽油进口也大幅度增长，进口货车由1929年的28辆增至135辆，汽车由106辆增至130辆。"（广州市地方志编纂委员会办公室，广州海关志编纂委员会.近代广州口岸经济社会概况——粤海关报告汇集［M］.广州：暨南大学出版社，1995：1049-1050.）

[2]　根据：饶宗颐.潮州志（第三册）［M］.潮州：潮州市地方志办公室，2005：1194页《海关各货估价表》、1239页《海关对外贸易输入货物分类表》第四表整理计算。（1934年起海关货值以法币计算，为便于统计，沿用当时1关平两=1.55元法币换算。）

[3]　中国海关学会汕头海关小组，广东省汕头市地方志编纂委员会办公室.潮海关史料汇编［M］.1988：193.

[4]　"从华南各关贸易报告看，1894年以前，华南地区主要自香港和澳门（澳门比重较小，且逐渐下降）进口煤油，福建的厦门和福州也从上海进口少量煤油，琼州则从新加坡有少量进口，不过由民船报常关进口，海关没有统计数据。厦门和汕头也一度作为转运中心，只不过影响仅1—2个口岸，而且量值也很小。1894年以后，石油公司逐渐在沿海、沿江各地建造煤油池栈，并设立分行、支行及代理处，有些口岸开始出现国外产油地煤油直接进口，而不完全依赖香港；有些口岸，尚未建造油池，出现一种权宜之策，即油船停靠码头，直接用铁罐自船舱中罐装煤油（如1896年福州和1902年北海）厦门汕头作为最早建造煤油池栈的口岸，一度成为本地区转运的中心。"（常旭.中国近代煤油埠际运销与区域消费（1863—1931）［J］.北京：中国经济史研究，2016（6）：81.）

品，除米、豆饼、棉纱三类之外，以火水为大宗。"[1]由于内地各地区关卡煤油的厘税负担不一，个别年份汕头进口煤油的数量甚至接近于广州，直至粤海关采取相应措施，才扭转了（广州口岸）进口煤油下滑的走势。[2]1930年前后，汕头口岸和全国一样，煤油需求量的增速逐渐趋缓，进口数量减少，其根源也在于韩江流域燃油消费结构发生了较大的调整。

煤油进口使潮汕经济社会认识到化石燃料的力量。《1882—1891年潮海关十年报告》认为："从外国人的观点看，这十年间，最值得瞩目的改革是中国人自己使用蒸汽装置。"[3]因此，汕头口岸从19世纪80年代成规模进口煤油的同时，就已经开始进口煤炭，为船舶和工厂提供动力。进入20世纪之后，随着潮汕工业和交通近代化步伐的加快，柴油机和汽车的使用逐渐普及，柴油、汽油和机油的需求量也不断上升。"中国所喧嚷着大量需要的机器、电器和汽车正以不断增长的数量进口。十年（指1922—1931年——笔者注）初期，汕头市和汕头地区内的汽车和公共汽车寥寥无几，而现在已是数以百计。"[4]1936年和1937年，汕头口岸进口柴油的货值分别为326717金单位和229946金单位，进口煤油货值分别为194291金单位和860391金单位。[5]1935年、1936年、1937年汕头口岸进口汽油货值分别为413319国币元、282679国币元和301534国币元，进口煤油货值分别为908923国币元、738380国币元和516700国币元。至20世纪30年代初期，汕头、潮州市区、各县城区及部分大镇的镇区，电灯已成为公共空间和部分居民家庭的重要照明方式，进口煤油的需求量大致稳定，并逐步下降。

[1]　萧冠英.六十年来之岭东纪略［M］.广州：广东人民出版社，1996：8.

[2]　《光绪十七年（1891年）广州口华洋贸易情形论略》载"本年生意多以较上年见旺者，其故有四：一、本年商人多请子口半税单，此单自开关以来，独有本年畅行使用，所有棉纱、火油等货，因是概由轮船装载进口"。也就是说，粤海关通过"子口半税单"的使用，一方面有效地抑制了民船通过常关进口煤油的数量，另一方面由于减轻了内地关卡的煤油厘税，扩大了煤油进口。（广州市地方志编纂委员会办公室，广州海关志编纂委员会.近代广州口岸经济社会概况——粤海关报告汇集［M］.广州：暨南大学出版社，1995：322.）

[3]　中国海关学会汕头海关小组，广东省汕头市地方志编纂委员会办公室.潮海关史料汇编［M］.1988：22.金单位指的是民国政府时期中国海关收税的计算单位，简称"关金"。1930年1月采用，以代替过去的海关两。

[4]　中国海关学会汕头海关小组，广东省汕头市地方志编纂委员会办公室.潮海关史料汇编［M］.1988：113.

[5]　饶宗颐.潮州志（第三册）［M］.潮州：潮州市地方志办公室，2005：1194页《海关各货估价表》、1240页《海关对外贸易输入货物分类表》第五表。

2.煤油市场的竞争及煤油价格的波动

常旭在《中国近代煤油埠际运销与区域消费（1863—1931）》一文中分析了中国近代煤油进口价格与净进口量的关系。[1]汕头口岸煤油进口数量的变化轨迹与全国的情况是基本吻合的。1885年，汕头煤油进口价格为每加仑0.155关平两，此时进口数量为81704加仑；1890年，煤油进口价格为0.188关平两，进口数量增至778192加仑；1900年，煤油进口价格为0.1639关平两，进口数量为4326238加仑；1919年，汕头煤油进口价格为每加仑0.253关平两；1920年，进口煤油数量为4362763加仑；1931年，每加仑煤油价格已经涨至0.440关平两；1930年，进口煤油数量为5020060加仑，还不及1905年的进口数量。[2]

1872年至1900年间，煤油价格迅速下降的主要原因，与国际油品供应商之间的竞争有直接关系。如表11-25所示，近代汕头口岸进口的煤油产地先后来自俄国、苏门答腊、美国，极少量来自日本。俄国煤油运销商曾在汕头口岸早期的煤油贸易中居于主导地位，从1889年向汕头输入4000加仑煤油开始，至1892年，在汕头口岸总进口量200万加仑罐装煤油中，已有120.86万加仑来自俄国，占汕头口岸进口煤油数量的60%以上，1892—1899年的大多数年份，俄国产煤油均占汕头口岸进口煤油数量的40%—60%，1900年这一比重下降为31.86%，1901年仅从俄国进口煤油100加仑，俄国产煤油自此退出汕头市场。1892年至1895年，美国产煤油一直占汕头口岸进口煤油数量的30%以上。1896年以后，汕头口岸进口的美国产煤油数量开始下降，至1901年仅进口31万加仑，占汕头口岸进口煤油总量的4.37%，也基本退出了汕头的煤油市场。

---

[1] 常旭认为，中国近代煤油可分为三期：第一期为1863—1880年，煤油进口规模很小，这一时期每加仑价格最高时超过0.4关平两，1879年滑落至0.13关平两左右，进口额开始上升。第二期为1881—1914年，1885年每加仑煤油价格已跌至0.10关平两左右，进口快速增长。第三期为1915—1931年，1915年每加仑进口煤油价格已经涨到0.25关平两左右，虽然经过第一次世界大战后，煤油进口迅速恢复到战前规模，但直至1931年，大多数年份的煤油价格在每加仑0.4关平两上下波动，进口量不再像一战前那样持续增长，1928年以后开始减少。（常旭.中国近代煤油埠际运销与区域消费（1863—1931）［J］.北京：中国经济史研究，2016（6）：81-82.）

[2] 中国海关学会汕头海关小组，广东省汕头市地方志编纂委员会办公室.潮海关史料汇编［M］.1988：193-204.《1865—1930汕头口岸进口货物主要品种统计表》；饶宗颐.潮州志（第三册）［M］.潮州：潮州市地方志办公室，2005：1194页《海关各货估价表》。

表11-25　1892—1901年汕头口岸煤油进口情况[1]

单位：加仑，%

产地	美国产		俄国产		苏门答腊产		日本产		总计
年份	数量	比重	数量	比重	数量	比重	数量	比重	数量
1892	789256	39.51	1208576	60.49					1997832
1893	802680	38.42	1286424	61.58					2089104
1894	1639352	62.59	803648	30.69	176000	6.72			2619000
1895	972680	31.35	1342157	43.25	788160	25.40			3102997
1896	672340	19.33	1840730	52.91	965780	27.76			3478850
1897	465040	9.87	2007340	42.60	2239985	47.53			4712365
1898	286090	8.17	1320000	37.68	1897465	54.16			3503555
1899	735970	14.59	2843565	56.36	1465610	29.05			5045145
1900	380000	7.87	1537504	31.86	2883764	59.75	24970	0.52	4826238
1901	310000	4.37	100	0.0014	6776925	95.62			7087025

　　相比之下，苏门答腊生产的煤油1894年进入汕头口岸时17.6万加仑，仅占汕头口岸进口煤油总量的6.72%；1901年进口的苏门答腊煤油已达667.69加仑，占汕头口岸进口煤油总量的95.62%，1894—1901年7年间每年平均增长68.10%，苏门答腊产煤油凭借其较为低廉的成本优势，最终取得了近代汕头煤油市场的垄断地位。《1892—1901年潮海关十年报告》认为："这一年（1901）的主要特点是苏门答腊油的惊人增加，它从1900年的进口总额2883764加仑一下跃至1901年的6776925加仑。（苏门答腊油的）朗加产品能以本地最便宜的植物油的三分之一价钱买到，而这种植物油与它的竞争对手相比，几乎不能称作一种照明剂。如果说明这一点，朗加油的大量进口和日益受到欢迎就不难理解了。"相比之下，"本世纪的最后一年我们从日本进口的第一批煤油，计24970加仑，这些罐装油来这里寻找销路，但价格较高，每箱要2元。1900年年度报告的作者说：'俄国油正走下坡路，运费和运河税严重地妨碍了它的竞争能力。'1901年的数字说明了这一看法的正确性，这一年进口的巴统油没超过100加仑。"[2]

　　第一次世界大战爆发直至20世纪30年代，世界各国对汽油、柴油、航空煤油和化工产品的需求量不断上升，导致石油化学工业迅速发展。受国际油价影

　　[1]　中国海关学会汕头海关小组，广东省汕头市地方志编纂委员会办公室.潮海关史料汇编［M］.1988：38-39.

　　[2]　中国海关学会汕头海关小组，广东省汕头市地方志编纂委员会办公室.潮海关史料汇编［M］.1988：38.

响，汕头口岸进口煤油的价格从1919年每加仑的0.253关平两上升至1931年的0.440关平两，每年平均上涨4.72%。国际煤油价格的居高不下，也是抑制韩江流域煤油消费进一步扩大的原因之一。

3.储运和销售方式的改进

19世纪90年代以前，中国煤油进口基本上是通过海轮将箱装煤油运到沿海口岸，储存在货仓里再运销内地各埠头以供消费。因此，1895年之前汕头口岸进口俄国、美国和苏门答腊煤油，全是箱装的。箱装煤油一般是1木箱装2铁罐，每罐5加仑煤油，1箱共10加仑，在长途运输中往往会出现破损和泄漏。常旭在《中国近代煤油埠际运销与区域消费（1863—1931）》一文中，引用了《中国旧海关史料》的记载："现闻业此者，以煤油外装之铁木箱壳耗费殊多，议用大船（Tank Steamer）将油盛入柜舱，运之来华，于销售处择静僻地方凿成池井，以代栈房。船一到埠，用机管吸入，然后设法分售，如是既免装箱耗费，价值可减三成。"[1]1894年，"英商在礐石建火油池，可装散装火油46万加仑"。[2]"第二年，在港湾的南面，即礐石一侧，安装了储油罐之后进口了将近百万加仑的散装俄国油"。[3]随后，美商和英商分别在汕头崎碌建设了美孚火油池和亚细亚火油池。1898年苏门答腊煤油"首次以散装进口，储存在荷兰皇家石油公司新安装的储存罐"。据潮海关统计，1895年散装煤油仅占汕头口岸煤油进口总量的31.14%，1901年已占88.28%。

煤油以散装方式进口，大幅度降低了煤油的运、储存和分销成本，加之当时的煤油销售商也采取了一些适合本土特点的推销方式，直接促进了潮汕地区的煤油消费，使汕头口岸煤油进口在20世纪初之后保持了近20年的平稳增长态势。大量的散装煤油进口，客观上改变了中国近代煤油区域性网络的格局，一系列煤油和其他燃油储存设施在汕头市区的建设，进一步强化了汕头作为近代中国沿海枢纽港和重要外贸基地的地位；也间接推动了汕头市区的城市建设，特别是散装煤油的灌装和分销，促成了汕头市区制罐行业的迅速发展。《1892—1901年潮海关十年报告》指出："马口铁在1891年统计占222担，现在已上升到20402担，为

---

[1]　常旭.中国近代煤油埠际运销与区域消费（1863—1931）[J].北京：中国经济史研究，2016（6）：83.

[2]　广东省汕头市地方志编纂委员会.汕头市志（第一册）[M].北京：新华出版社，1999：85.

[3]　中国海关学会汕头海关小组，广东省汕头市地方志编纂委员会办公室.潮海关史料汇编[M].1988：37.

散装进口的煤油提供听罐。"至1915年，汕头口岸进口马口铁已达34897担。[1]

第二，毛纺织品的进口。

毛纺织品的使用，是近代潮汕居民衣着变化的标志之一，尽管进口规模和货值远不可与棉纺织品相比，但从其进口数量的变化，可以从一个侧面了解当时潮汕地区居民的生活水平。

粤海关在1868年的年度报告中，已经出现关于毛纺织品进口的记录。1867年，广州口岸进口了毛织品35302匹，其中棉毛混纺品9947匹，占28.18%；1868年进口了毛织品33623匹，其中棉毛混纺品11368匹，占33.81%。此后十余年，粤海关的年度报告均有关于毛织品进口的记载，19世纪90年代后就比较少见。可见19世纪60年代下半叶时，广州口岸的毛织品进口已有一定规模，但消费群体相对稳定，所以进口数量比较稳定。1878年粤海关的年度报告认为，从海关进口的毛织品数量下跌的原因，一是广东的气候条件不适宜长期穿着毛呢服装；二是毛织品价格比棉纺织品高，并不是中低收入家庭的生活必需品；三是运输行业竞争，民船直接从香港输入，绕过了海关的监管计核。[2]

粤海关对于近代毛织品进口状况的分析，也同样适用于汕头口岸，如表11-26所示，1865—1930年，汕头口岸的毛织品进口数量变化轨迹是马鞍形的。从1865年仅进口577匹，到1880年进口16780匹，1885年进口19266匹，1890年进口16321匹。这一数量已接近于广州口岸进口数量的一半。从1890年至1915年，汕头口岸进口的毛制品数量由16321匹剧降至1915年的1737匹。此后汕头口岸进口的毛织品数量开始回升，1920年为7693匹，1925年剧增至41633匹，1930年再次跃升为208014匹，其中棉毛混纺品84467匹，占40.61%。[3]从汕头口岸进口毛织品的货值看，1927年为705731关平两，1930年为625130关平两，1931年为319991关平两。1935年之后，毛织品进口未进入潮海关的大宗进口货物（50国币元以上）的统计。[4]

---

[1] 中国海关学会汕头海关小组，广东省汕头市地方志编纂委员会办公室.潮海关史料汇编［M］.1988：37，203.

[2] 广州市地方志编纂委员会办公室，广州海关志编纂委员会.近代广州口岸经济社会概况——粤海关报告汇集［M］.广州：暨南大学出版社，1995：50，124，180，211，237.

[3] 中国海关学会汕头海关小组，广东省汕头市地方志编纂委员会办公室.潮海关史料汇编［M］.1988：193-204.《1865—1930汕头口岸进口货物主要品种统计表》。

[4] 饶宗颐.潮州志（第三册）［M］.潮州：潮州市地方志办公室，2005：1215，1239.《海关对外贸易输入货物分类表》第二表、第四表。

表11-26 1865—1930年汕头口岸毛纺制品的进口情况[1]

单位：匹

年份	进口毛纺制品数量	年份	进口毛纺制品数量
1865	577	1900	8597
1870	16904	1905	3810
1875	14628	1910	3095
1880	16780	1915	1737
1885	19266	1920	7693
1890	16321	1925	41633
1895	9770	1930	毛料123547，毛棉84467

　　1870—1890年和1925年至20世纪30年代前半期，是汕头口岸毛织品进口的两个高峰期。1905—1925年是毛织品进口的低谷期。汕头口岸毛织品进口数量的变化轨迹和广州口岸近似。汕头开埠后，毛呢服装逐渐成为少数富裕家庭青睐的高消费商品。据陈达1934年末对汕头附近的华侨家庭调查中所载："上等华侨家庭，家中各人的衣服，其材料都属上等的丝羽及新鲜的棉制品。"此类的富裕华侨家庭约占华侨家庭的13%，其余的华侨家庭主要穿着本国或进口布料缝制的服装。陈达还专门记述进口毛织品的使用："外洋运入的衣料，种类甚杂，且式样亦常有变更、'羽布'向来是大宗的，由英、法、德、日诸国运来；生羽用于暑天，熟羽用于寒天。据说羽布是禽类之毛（如鸡、鹅、鸭），用机器织成布。好的羽布，价比丝绸还贵；但'冲'羽布价值便宜，穿用的人多些。""各种呢布以洋货居多，大致作为西式服装之用。"[2]《1902—1911年潮海关十年报告》载："1911这一年许多中国人开始穿上西式或半西式的服装，这对进口商无疑是一个启示，对价格适度、质量优良的外国服装产品及其材料的需求量正在增长。廉价毛织品在这方面的前景看好。"[3]

　　基于对近代汕头口岸毛织品进口情况的以上描述，大致可推出：

　　第一，汕头口岸毛织品进口数量的快速增长，客观上反映了汕头开埠后潮汕居民服装方式的变化，西式服装和进口毛料成为部分富裕居民群体的时尚追

---

　　[1]　根据：中国海关学会汕头海关小组，广东省汕头市地方志编纂委员会办公室.潮海关史料汇编［M］.1988：193-204.《1865—1930年汕头口岸进口货物主要品种统计表》整理。

　　[2]　陈达.南洋华侨与闽粤社会［M］.北京：商务印书馆，2011：106-107.

　　[3]　中国海关学会汕头海关小组，广东省汕头市地方志编纂委员会办公室.潮海关史料汇编［M］.1988：65-66.

求，促成了1870—1890年毛织品进口的高潮。

第二，由于毛织品的价格高于纺织品，毛料服装和毛毯的更新周期较长，加之气候因素的影响，本地的主要居民群体对毛织品的消费意愿并不强烈。1890年潮汕土布业兴起之后，此后长达30年汕头口岸的毛织品进口数量不增反减。

第三，1920年左右，汕头市区人口规模不断扩大，国内外交往也日趋活跃，对毛织品的需求因而也迅速增加。1920年汕头口岸进口毛织品7693匹，10年后的1930年，汕头口岸就进口了毛织品123547匹，每年平均增长32.0%。相比之下，1920—1930年汕头口岸进口棉布每年仅增长3.35%。可见这一期间潮汕地区居民的生活水平正在提升。

第四，1930年潮海关将"毛棉织品84467匹"列入了当年的进口货物统计，在粤海关的统计中，早就出现了"棉毛混纺制品"的科目，在粤海关和潮海关的报告中，多次出现关于"冲"毛织品的记录。可见，棉花和其他纤维混纺的毛织品，既保持了"纯毛织品"的基本优点，又降低了商品成本，很快得到本地消费者的青睐。

第三，水泥与火柴等杂货的进口。

1.水泥

广泛使用水泥，是近代城市文明和工业文明的重要标志。汕头市区何时开始使用水泥作为建筑物的胶凝材料，目前难以查考。在《1882—1891年潮海关十年报告》中，出现了关于水泥的记载：1887年11月3日晚，汕头的西南市区发生重大火灾，很大一片商业区被烧成平地，包括几家大商行的500栋房屋被完全烧毁，损失财产约100万元。"然而，受灾户中有几家主要布匹商遭受的损失倒是不大，因为他们贮存贵重物品的保险库抵挡了大火，这些保险库建筑采用混凝土墙和地板，坚厚的石头房顶，用水泥黏合得十分牢固；窗板和门都是铁框砖片结构，制作奇特。这是一种已查明具有防火效力的综合体。"[1]1887年，汕头市区使用的水泥很可能是从国外输入的，因为中国第一家水泥厂（启新细敏土厂）1889年才在唐山建成。由于进口水泥价格较高，近代潮汕地区的民用建筑还是普遍使用石灰和三合土作为建筑物胶凝材料。从1865年到1930年，水泥一直未进入汕头口岸进口货物主要品种的统计表。如表11-27所示，1919年，汕头口岸进口水泥货值仅27014关两，按当年进口水泥每司马担1.020关平两换算，1919年汕头

---

[1] 中国海关学会汕头海关小组，广东省汕头市地方志编纂委员会办公室.潮海关史料汇编[M].1988：17.

口岸仅进口了1589吨水泥。

随着汕头市区的发展，20世纪20年代下半叶，大量工商业建筑和公用设施开工建设，形成了巨大的水泥需求。如表11-27所示，1931年，汕头口岸进口水泥货值为407651关平两，按当年进口水泥每司马担1.585关平两换算[1]，进口水泥已达15431.58吨，为1919年的9.71倍，12年间水泥进口数量每年平均增长20.86%，其中1927—1931年4年间，每年平均增长33.89%。从进口水泥的来源地看，1919年94.9%的水泥来自中国香港，从日本和日据台湾进口水泥的数量仅有81吨，仅占5.1%。1931年从日本和日据台湾进口的水泥已达8392吨，占当年汕头口岸进口水泥数量的54.38%，从中国香港进口的水泥仅占20.63%。

表11-27　部分年份汕头口岸水泥进口货值[2]

单位：关平两

年份	中国香港		日本（含日据台湾）		其他各国		货值合计
	货值	比重（%）	货值	比重（%）	货值	比重（%）	
1919	25637	94.90	1377	5.10			27014
1927	23318	10.37	71382	31.74	130162	57.89	224862
1928	73859	34.76	36542	17.20	102107	48.05	212508
1929	75136	30.51	59126	24.01	112003	45.48	246265
1930	103782	33.39	139638	44.93	67395	21.68	310815
1931	84099	20.63	221698	54.38	101854	24.99	407651

2.火柴

和水泥一样，火柴的广泛使用和本土火柴厂的建立，是农耕社会向近代社会转型的标志之一。1885年潮海关的进口商品统计表中，出现了"火柴"的科目。这一年汕头口岸进口了11.75万罗火柴（见表11-28），货值为44057关平两。此后的火柴进口数量迅速增长。

---

[1] 进口水泥单价数据来自：饶宗颐.潮州志（第三册）[M].潮州：潮州市地方志办公室，2004：1192.《海关对各货估价表表》。

[2] 根据：饶宗颐.潮州志（第三册）[M].潮州：潮州市地方志办公室，2005：1221页《海关对外贸易输入货物分类表》第一表相关数据整理计算。

表11-28　1885—1930年汕头口岸火柴进口数量[1]

单位：罗

年份	进口火柴数量	年份	进口火柴数量
1885	117500	1910	1033736
1890	233423	1915	1235640
1895	674158	1920	191614
1900	755750	1925	394198
1905	756721	1930	1160796

　　如表11-28所示，1885年以后，汕头口岸火柴进口数量不断增长，至1915年达到123.56万罗的峰值，相当于1885年的10.52倍，每年平均增加8.16%。5年后的1920年，进口火柴的数量却大幅减少至19.16万罗，仅为1915年进口量的15.51%，1925年增加至39.42万罗。直到1930年才重新回到116.08万罗的水平。1915—1930年汕头口岸火柴进口数量的剧烈波动，1999年出版的《汕头市志》认为主要是当时抵制洋货运动的影响[2]。林刚在《1927—1937年间中国火柴工业发展研究》一文中认为："1915年至1919年，由于中国人民掀起了强烈的抵制外货爱国运动，原来对我国民族工业威胁最大的日本火柴势力被遏制，民族火柴工业'取日商地位而代之'，由此形成中国民族火柴工业的一个发展高潮。据统计，至1923年，国内火柴厂已达99家，而到了1928年，全国火柴厂竟达180家左右，5年之内新工厂增加近1倍。据1928年经济讨论处编制的中国火柴厂统计报告，国内火柴厂计184家，资本总额约合国币13225000元。平均每厂约131000元。"[3]因此，这一期间汕头口岸火柴进口数量的锐减和全国的情况基本相同：一是社会上抵制日本火柴的呼声比较强烈；二是从19世纪末开始，上海等沿海地区的本土火柴厂有所发展，尽管潮汕地区20世纪20年代初叶才建立火柴厂，此前应有相当部分的国产火柴通过海运到汕头，填补日本火柴退出后的市场空间；三是当时收入水平和消费水平有限，抑制了农村居民和城市贫民对火柴的需求。

　　1930年后，汕头口岸火柴进口数量再次回升到百万罗以上，主要原因应是

　　[1]　根据：中国海关学会汕头海关小组，广东省汕头市地方志编纂委员会办公室.潮海关史料汇编 [M].1988：193-204.《1865—1930年汕头口岸进口货物主要品种统计表》整理。

　　[2]　"民国初年，洋火柴在潮汕相当盛销，以瑞典、日本货最多。第一次世界大战期间，潮汕火柴市场几乎为日本所垄断。民国8年（1919）五四爱国运动传及潮汕，潮汕人民强烈抵制外货，曾一度复古使用刀镰火石。"（广东省汕头市地方志编纂委员会.汕头市志（第二册）[M].北京：新华出版社，1999：223.）

　　[3]　林刚.1927—1937年间中国火柴工业发展研究 [J].西北师大学报（社会科学版），2005（6）：52.

汕头市和潮汕地区经济社会处于稳定发展区间，居民扩大了火柴消费；另一原因则可能与大量的瑞典廉价火柴涌入中国市场相关。

3.钢铁类制品

1865—1890年，进口钢铁制品在潮海关进口货物主要科目中被列为"铁枝、铁条"，1895—1930年改称为"铁、铁条"。在《潮州志·实业志》中，1905—1923年的《海关对外贸易输入货物分类表》以"铜铁制品"归并统计；1919—1931年，"铁、生铁、钢类"单独统计；1935—1937年统计为"钢铁类"。由于统计口径不一，只能分开时段比照。

19世纪下半叶时的潮汕地区冶铁能力不强，当时进口的铁枝铁条主要用于家庭和个人消费，如用于建筑物门窗、日常家具用具等。由于近口的铁枝铁条价格不菲，潮汕城乡间使用铁枝铁条的需求遭到抑制。据《1865—1930年汕头口岸进口货物主要品种统计表》记载，1870年、1875年分别进口6380担（19141关平两）、14270担（35566关平两），每担价格分别为3.0关平两和2.49关平两。1885—1915年这30年间，汕头口岸进口铁枝铁条数量大致保持在2万担左右到3万担之间，只有1900年为41424担。[1]20世纪20年代以后，汕头和潮州城区的城市化进程明显加快，城乡收入水平有所提升，购买和使用铁枝铁条的愿望逐渐上升，1925年和1930年汕头口岸进口铁枝铁条的数量因而不断增加。1920年和1925年进口数量分别为43283担和78030担，1930年达到106446担。[2]

表11-29 1905—1923年部分年份汕头口岸铜铁物品进口货值[3]

单位：关平两

年份	1905	1910	1915	1920	1921	1922	1923
货值	836699	546738	914148	866974	1658215	1667393	1969493

---

[1] 中国海关学会汕头海关小组、广东省汕头市地方志编纂委员会办公室编《潮海关史料汇编》中《1865—1930年汕头口岸进口货物主要品种统计表》载，1880年汕头口岸进口铁枝铁条数量剧升至125050担，货值为26991关平两，每担价格为0.216关平两；1885年进口量为20005担（48119关平两），每担价格为2.41关平两。显然，上述1880年汕头口岸进口铁枝铁条数据有误。从1870年、1875年和1885年进口铁枝铁条的单价看，1880年的铁枝铁条的每担价格应在2.4—3.0关平两之间，据此推算，1880年汕头口岸进口铁枝铁条的数量应在8997—11246担之间。

[2] 中国海关学会汕头海关小组，广东省汕头市地方志编纂委员会办公室.潮海关史料汇编［M］.1988：193-204.《1865—1930年汕头口岸进口货物主要品种统计表》。

[3] 饶宗颐.潮州志（第三册）［M］.潮州：潮州市地方志办公室，2005：1213，1239，1240.《海关对外贸易输入货物分类表》第一表。

表11-30　1919—1931年部分年份汕头口岸铁、生铁、钢类进口货值

单位：关平两

年份	日本 （含日据台湾）	美国	英国	比利时	中国香港	德国	法国	其他 各国	合计
1919	2314	9113			354799			1654	367880
1927	10477	16299			414042	2314		14029	457161
1928	19091	6970			597026			12908	635995
1929	11317	1701			618397			24780	656195
1930	28696				659432			10632	698760
1931	27472	7845	12455	1482	906865	8849	243	9416	974627

从表11-29和表11-30中可见：

（1）1923年与1905年相比，汕头口岸铜铁制品进口货值从836699关平两增加至1969493关平两，每年平均增长4.87%。1919—1931年汕头口岸进口铁、生铁、钢类制品的货值从367880关平两增加到974627关平两，每年平均增加8.46%。而1870—1930年进口铁类制品（铁枝铁条）的数量每年平均增长4.80%。

（2）1920年汕头口岸进口铁条数量为43283担，货值为8万—9万关平两（参照1900年价格）。1919年汕头口岸进口的铁、生铁和钢类货值已达367880关平两，其中进口的生铁和钢的货值远超铁枝铁条。1935年、1936年、1937年汕头口岸钢铁类进口货值分别为1063939国币元、747705国币元和1023367国币元。如果按1932年以后1国币元相当于0.642关平两换算，则进口货值分别为683049关平两、480027关平两和657002关平两。可见，进入20世纪20年代以后，潮汕地区的产业近代化和城乡建设近代化步伐明显加快，扩大了生铁、钢材、钢筋的进口数量，为刚刚兴起的潮汕地区制造业提供了原材料和近代建筑用料。

（3）从表11-30可见，1919年和1927—1931年，除了1928年之外，汕头口岸进口的铁、生铁和钢类物品，90%以上是从香港进口的。但香港也基本上不生产钢铁，经香港输入汕头的钢铁主要还是来自欧美国家，少量来自日本。

（4）近代汕头口岸进口钢铁的数量和货值都不大，1935年汕头口岸进口钢铁货值为1063939国币元，可折算为683049关平两，仅及1894年全国进口钢铁2467590关平两的27.68%。这一状况表明，潮汕地区由于缺乏煤铁资源，近代黑色冶金产业近乎空白，在以棉纺织业兴起为标志的第一轮工业革命浪潮席卷全球之后，以重化产业兴起为标志的第二轮工业革命浪潮来临时，潮汕地区已明显落

后于时代。本地重化产业，特别是机械装备业的发展滞后，与汕头口岸钢铁进口数量互为因果，从而影响了此后潮汕地区制造业结构和整个工业化进程。

第四节   近代潮汕出口贸易结构的演化

本书第五章已经比较详细地描述了近代汕头口岸出口贸易主要品种结构的变化。和进口贸易结构一样，近代汕头口岸出口贸易结构变化的动因，既取决于汕头口岸周边韩江流域的产业构成，取决于本地产品的出口供货能力和市场竞争力，也取决于国内外市场对潮汕地产产品的需求变化状况。

一、1865—1900年汕头口岸出口商品主要品种的变化

从出口货值上看，1865—1885年汕头口岸的首位出口商品是赤糖、白糖；1890—1900年为土布、夏布和土布服装。这一更迭态势都是国内外市场需求先行拉动，潮汕本地产业随之调整，使本地产业供给能力与国内外市场相适应。

表11-31　1865—1900年汕头口岸出口货值前5位的商品品种

单位：%

位次 年份	1			2			3			4			5		
	品种	货值	比重	品种	货值	比重	品种	货值	比重	品种	货值	比重	品种	货值	比重
1865	糖类	3340366	78.94	杂货	297820	6.97	烟叶	237600	5.62	夏布	98825	2.34	纸扇	89722	2.12
1870	糖类	194730	7.14	纸类	41717	1.53	干菜咸菜	34484	1.26	陶瓷	26167	0.96	生柑	6663	0.24
1875	糖类	255268	5.41	茶叶	61866	1.31	纸类	44410	0.94	生柑	18827	0.40	夏布	14859	0.32
1880	糖类	684168	10.32	茶叶	104260	1.57	生柑	37447	0.52	陶瓷	27898	0.42	夏布	21603	0.33
1885	糖类	472291	7.89	茶叶	264241	4.41	纸类	96081	1.61	生柑	73342	1.23	夏布	69344	1.16
1890	布类、衣服	215432	2.76	纸类	189290	2.31	茶叶	171192	2.19	烟丝	147593	2.31	生柑	85445	1.09
1895	布类、衣服	267376	11.98	纸类	229318	10.27	烟丝	147593	6.61	糖类	128976	5.77	茶叶	126268	5.66
1900	布类、衣服	1252311	25.29	纸类	1105202	22.32	糖类	317588	6.41	烟丝	203071	4.10	生柑	181314	3.66

注：1.表中1865年、1870年货值单位为银两；1875—1900年货值单位为关平两。

2.表中"糖类"指赤糖、白糖；"布类、衣服"指夏布、土布和土布服装；"纸类"指土纸、神纸；"陶瓷"指粗瓷、陶器；"茶叶"指红茶、绿茶。

3.由于数据来源于潮海关《1865—1930年汕头口岸出口货物主要品种统计表》，1865—1890年汕头口岸出口货物总值及主要品种货值，均包括出口往国外和出口往国内其他口岸两个方面。1895年以后的数据仅为汕头口岸出口的货物数量和货值。

汕头开埠初期，潮汕土糖的生产质量在国内外市场一直颇受肯定。特别是1885年以后，由于四川等传统产糖区转种鸦片，潮汕土糖"与对外贸易的衰落相对照，国内需求却在不断增长。至1890年和1891年，它已垄断了我们的全部供应。北方和长江各口都增加了采购，其中起作用的基本因素看来相同"。[1]1890年以后，潮汕土布业在进口大量棉花、棉纱的基础上，获得长足发展，土布产量除了满足本地市场之外，以布匹和服装的方式成规模出口供应海内外潮货市场。

随着近代中国沿海沿江商业贸易网络的拓展，国内外仓储运输市场对于麻袋、麻绳的需求量日益增长，而潮汕地区历来也都有种植和加工苎麻的传统，使潮汕麻袋、麻线产业在1905—1925年获得迅速发展。1930年前后，由于内地机制棉布大量输入，潮汕土布业的发展受限。在国际市场的拉动下，将来料来样加工和本地刺绣技艺优势相结合的潮汕抽纱业迅速崛起，1935年、1936年、1937年，汕头口岸的刺绣品出口分别达7414698国币元、11175389国币元和16567215国币元，两年间出口额增长了1.23倍。[2]一跃成为汕头口岸的首位出口商品。

二、长盛不衰的潮汕生柑出口

（一）潮汕生柑常年居于汕头口岸出口商品货值的前列

表11-31列举的1865—1900年的8个年份的汕头口岸出口货值前五位的商品中，生柑有6个年份位居前五位，其中1次居于第三位，2次居于第四位，3次居于第五位。1900年以后，汕头口岸生柑出口还是维持在较高水平（见表11-32）。

表11-32　1870—1930年部分年份汕头口岸生柑出口数量[3]

单位：司马担

年份	出口数量	年份	出口数量
1870	5924	1905	89843
1875	16754	1910	229385

[1] 中国海关学会汕头海关小组，广东省汕头市地方志编纂委员会办公室.潮海关史料汇编［M］.1988：3-4.

[2] 饶宗颐.潮州志（第三册）［M］.潮州：潮州市地方志办公室，2005：1210.《海关对外贸易输出货物分类表》第三表.

[3] 根据：中国海关学会汕头海关小组，广东省汕头市地方志编纂委员会办公室.潮海关史料汇编［M］.1988：205-216.《1865—1930年汕头口岸出口货物主要品种统计表》整理。

续表

年份	出口数量	年份	出口数量
1880	50713	1915	189365
1885	89312	1920	237469
1890	74325	1925	193935
1895	65764	1930	235469
1900	118071		

从生柑出口数量的变化轨迹上看，1870—1900年为快速增长阶段，从1870年的5924担增至1900年的118071担，每年平均增长10.49%。1882—1891年共出口生柑1075787担，1892—1901年共出口1551666担，为前10年的1.44倍。《1892—1901年潮海关十年报告》认为：价格因素是当时潮汕地区扩大生柑生产和出口的重要诱因。这十年间汕头口岸进口粮食数量的增加，"并非谷物歉收，而是用于种植水稻的土地面积减少了很多。种植别的作物往往只花较少的钱和劳动力去获得更多的收入，几年来，最有利可图的是种植罂粟、柑、花生和蔬菜。"[1]

1900—1930年是潮汕生柑出口的平稳增长阶段。汕头口岸生柑出口数量从1900年的118071担增加至1930年的235469担，平均每年仅增长2.33%。《1912—1921年潮海关十年报告》载："生柑仍是这一期间汕头口岸出口的大宗商品。到1912年为止的前20年每年出口量在15万担上下，增加到这个十年的年平均22万担，1921年达到43.4万担。"[2]1929年至1932年期间，由于自然灾害以及国内外市场影响，"潮州柑运往海外的数量逐渐减少，从150335担减至109450担，运往内地的数量由1930年的106094担逐减为93625担，其价值也呈减少之势。"[3]1933年后，潮汕生柑出口数量有所回升。1935年、1936年、1937年汕头口岸出口柑的货值分别为735439国币元、881820国币元和1303454国币元，已分别居于出口大宗货物货值的第四、第三和第二位。如按照1932年以后1国币元等于0.642关平两，以1933年每担出口价格5.42关平两换算[4]，这三年出口的生柑货

[1]　中国海关学会汕头海关小组，广东省汕头市地方志编纂委员会办公室.潮海关史料汇编［M］.1988：41，510.

[2]　中国海关学会汕头海关小组，广东省汕头市地方志编纂委员会办公室.潮海关史料汇编［M］.1988：89.

[3]　苏新华.近代潮州柑的种植与贸易（1840—1949）［J］.农业考古，2018（6）：183.

[4]　苏新华.近代潮州柑的种植与贸易（1840—1949）［J］.农业考古，2018（6）：185.

值分别大致相当于47.22万关平两、56.61万关平两和83.68万关平两，基本上恢复到1930年左右的水平。

（二）近代潮汕生柑出口长盛不衰的主要原因

第一，潮州柑具有品种和品牌的相对优势，在当时的国内外市场具有一定的知名度。

1925年萧冠英所著的《六十年来之岭东纪略》认为："汕头蜜柑之大，几与日本之柚及橙相埒，分为凸柑、金柑、桶柑、招柑、雪柑五种，其味甘液多，允推全国特产。"[1]1948年《潮州志·实业志》称："潮州果类以柑橘为最著，实大而汁多。岁输出津沪南洋，数值至巨。且曾远销伦敦市场，饮誉欧西。昔日本人尝采州产柑苗回植台湾地区，唯收效不及斯土。本州所产则以潮安鹳巢彩塘一带为最佳。"[2]

《1922—1931年潮海关十年报告》载："以味道可口而著称的松皮柑或中国柑，正在广泛地受到人们喜爱。十年中这种柑的出口量在不断增加。'苦力'橙，虽然不及广州橙甜，但因耐于存放，销路很畅。"[3]与种植水稻和其他经济作物相比，种植蜜柑具有投入少、风险低、见效快的优势。《1922—1931年潮海关十年报告》指出："据估计每亩地可种植柑树1200至1500株。以每株产柑40斤计算，每亩的总产量约为52担。如每担售价7元，柑农的收益即可超过投资一倍以上。由于获利甚丰，近年来柑树的种植越来越广泛。"[4]

潮汕柑橘生产的收成情况比大米和蔗糖的收成情况稳定。1912—1921年的10个年份中，柑橘年收成属于"很好""好""尚好"的有8年，只有两年的收成是"差"；同期早造大米的收成有5年属于"差""坏""很坏"；蔗糖的收成情况有4年属于"差"和"坏"。[5]

第二，国内外市场需求一直比较旺盛，生柑出口价格持续上升。

1882年每担生柑出口价格为0.83关平两，1889年曾达1.07关平两，1891年又

---

[1]　萧冠英.六十年来之岭东纪略［M］.广州：广东人民出版社，1996：39.

[2]　饶宗颐.潮州志（第三册）［M］.潮州：潮州市地方志办公室，2005：946.

[3]　中国海关学会汕头海关小组，广东省汕头市地方志编纂委员会办公室.潮海关史料汇编［M］.1988：119.

[4]　中国海关学会汕头海关小组，广东省汕头市地方志编纂委员会办公室.潮海关史料汇编［M］.1988：119.

[5]　中国海关学会汕头海关小组，广东省汕头市地方志编纂委员会办公室.潮海关史料汇编［M］.1988：96.

跌至0.87关平两，10年间仅上升0.04关平两。而1901年与1892年相比，每担生柑出口价格由0.86关平两涨至1.61关平两，10年间上升了87%，在所有出口商品中价格上升最快，引致这一期间潮汕生柑种植面积迅速扩大。1924年"此项柑类，年约有五十万担以上之生产，除以二十万担内外（约值五六十万两）向上海南洋各地输出外，余则供本省及邻近各县之用"。[1]此时每担生柑的出口价格已由1901年的1.61关平两涨至2—3关平两。1933年汕头口岸出口生柑126518担，货值685098关平两，此时每担生柑出口的平均价格已达5.42关平两。[2]在日渐趋涨的出口价格拉动下，1935年潮汕地区生柑种植面积已达41840亩，其中潮安县20000亩，潮阳县10000亩，饶平县5000亩，普宁县3500亩，揭阳县2000亩。[3]

第三，潮汕生柑具有稳定的种苗和栽培传统优势。

与潮汕土布业的兴起一样，潮汕生柑的生产与出口的长盛不衰，同样是近代潮汕产业"因商而兴"的体现。但不同于土布业的生产原料主要依托进口棉花、棉纱，潮汕生柑的市场竞争力主要来自潮汕地区延续多年的潮州柑的种苗、栽培传统优势，整个生产链条基本上在本土完成，此种相对狭小封闭环境下的"唯一性"，一方面可以保持潮汕生柑的栽培技术和品种质量的稳定，生产和销售不太容易受到国内外市场波动的影响；另一方面，又使得潮州生柑的生产易于受到战争、制度、技术等非市场因素的影响，抑制了潮汕生柑生产的规模与质量。[4]1948年《潮州志·实业志》指出，潮州生柑因"惜遭倭祸，果树伐以为薪，摧毁殆尽，出产锐减"。潮安县的生柑种植面积由抗战全面爆发前的20000亩，锐减为5000亩。[5]

1902—1911年时，潮汕生柑虽然出口畅旺，但其产品质量问题已直接影响与中国南方其他柑橘产区间的市场竞争力，引起广泛关注。《粤海关十年报告》认为："关于柑橘生产，同样缺乏注意选种培植，影响了果实的质量。任何尝过

[1] 萧冠英.六十年来之岭东纪略［M］.广州：广东人民出版社，1996：39.

[2] 根据：苏新华.近代潮州柑的种植与贸易（1840—1949）［J］.农业考古，2018（6）：185页附表计算。

[3] 饶宗颐.潮州志（第三册）［M］.潮州：潮州市地方志办公室，2005：898.1935年广东省农林局调查估计，《各项主要农作物耕地面积统计表》。

[4] 饶宗颐.潮州志（第三册）［M］.潮州：潮州市地方志办公室，2005：946.

[5] "抗日战争时期，日寇入侵潮汕之后，把沿铁路线的柑树砍光，水果生产受到严重破坏，抗日战争结束后，全县（指潮安县）只存五千多亩。"（潮州市农业志编纂组.潮州市农业志［M］.1987：72.）

汕头柑橘的人就会对来自同一地区，甚至同一果园的橘子在质量上存在的差异而感到吃惊。海关一位职员亲自从生长在几株彼此相隔50英尺内同样土壤的柑树摘下来同样品种品尝，有的味道极好，有的几乎不能下口。后者从其外表上看，无疑属于低劣品种。[1]"该报告指出了当时忽视生柑生产质量的原因："目前还流行着'现挣现吃'的方法，很少考虑最后的成果。"并建议"如果能够建立一两个培育中心，根据不同市场选育不同树种，收获的水果质量定将大大改观"。[2]《1912—1921年潮海关十年报告》再次强调，这十年来"也未像上个十年报告所极力主张的为柑橘生产建立中心苗圃。倘若这些改革得以实施，我们可以坚信，这两项工业（指蔗糖和水果罐头工业）将会取得很大的进展。汕头的'苦力'柑橘质量甚佳。本地食糖含糖量高"。[3]

通过建立中心苗圃选种育苗来稳定生柑生产质量的思路是可取的，但见效周期长，全面推广难。20世纪30年代中期导致潮汕生柑生产和销售萎缩的主要的因素还不是种苗问题，而是黄龙病等柑橘病虫害的蔓延。民国《潮州志》载，1935年4月岭南大学农业考察团到潮安县考察柑业，"对育苗时之病虫害深加研究。盖以柑橘苗输出州外各地者为数极伙，后以不能根除病虫害致苗体弱易萎，不但外输减少，且内植亦受影响"。[4]20世纪30年代之后，广东省和潮汕地方的政府通过降低出口关税，设立柑橘病虫害研究机构，限制柑苗出口等举措，一定程度维持了潮汕生柑的出口产量，但根治柑橘病虫害的技术一直未取得突破，政府的扶持力度也相当有限。

三、近代汕头口岸糖类输出与潮汕糖业的市场竞争力

在潮海关的大宗货物出口统计中，"出口"有时指由汕头口岸输出境外的和境内已开放口岸货物的总和，即严格意义上的"出口"与"内销"的总和，有时仅指输出往国外部分。本章如未加说明，所使用的"出口"均指输出往境

[1] 中国海关学会汕头海关小组，广东省汕头市地方志编纂委员会办公室.潮海关史料汇编［M］.1988：74.

[2] 中国海关学会汕头海关小组，广东省汕头市地方志编纂委员会办公室.潮海关史料汇编［M］.1988：75.

[3] 中国海关学会汕头海关小组，广东省汕头市地方志编纂委员会办公室.潮海关史料汇编［M］.1988：95-96.

[4] 饶宗颐.潮州志（第三册）［M］.潮州：潮州市地方志办公室，2005：946.

外部分。近代潮汕蔗糖主要销往国内的长江市场和北方市场，外销出口的比重较小，本章重点分析汕头口岸糖类（简称"汕糖"）输出与潮汕糖业兴衰之间的关系。

（一）蔗糖是近代潮汕销往国内外市场的最主要农产品

谢雪影1935年出版的《潮梅现象》称："土糖为我国农产品之一，潮属每年产量亦极丰富，当未有洋糖入口时，全潮每年产量数达百余万包。"[1]汕头开埠以前，潮州府已是国内重要的蔗糖生产区和输出地，"甘蔗为榨糖原料，本州（指潮州——笔者注）糖业特盛，故农民植者亦众，于副业中首推巨擘，其产量之丰，为全国冠，诚州产出口物之大宗也。"[2]1857年，英国人已经注意到糖类出口对于汕头港的意义："一个未经条约承认的非常重要的港口就是汕头港。汕头为广东沿海北部位于韩江口的一个最好的寄碇港，距离重要的城市潮州不远。糖为该埠出口的大宗，其附近各县出产各种蔗糖，主要是取道上海运往北方各省；虽然也有运往海外各国的，包括美国东部的加利福尼亚在内，偶尔也运往英国。由于最近两年有了特别的发展，现在出口数量极大。汕头没有其他重要的出口货，但是有大量的豆饼、大豆之类由上海、宁波用外国船只及中国船只装运入口。"[3]

如表11-33所示，1865年汕头开埠之初，糖类出口量已为52.95万担，货值占当年出口总值的78.94%。1870—1885年，每年糖类出口在7万担至20万担之间，出口货值仍占据汕头口岸出口总值的首位，占比在5%—10%之间。此后急剧下降，再急剧反弹。1890年汕头口岸糖类出口仅6227担，只相当于1865年的1.18%；1894年出口量为零。1895年、1900年糖类出口分别缓慢回升为3.74万担和8.59万担。1905年糖类出口飙升至70.44万担，1910年为85.64万担。此后又迅速回落，1920年出口45.51万担，1930年跌至10.52万担，仅及1912年的1/10。1931年以后，汕糖出口数量才略微回弹。

[1] 谢雪影.潮梅现象［M］.汕头：汕头时事通讯社，1935：124.

[2] 饶宗颐.潮州志（第三册）［M］.潮州：潮州市地方志办公室，2005：943，962.

[3] 1857年10月1日渣甸（J.Jardine）致额尔金爵士函［M］//姚贤镐.中国近代对外贸易史资料（1840—1895）（第一册）北京：中华书局，1962：455-456.

表11-33　1865—1930年部分年份汕头口岸出口糖类数量[1]

单位：司马担

年份	数量	年份	数量
1865	529487	1900	85918
1870	69882	1905	704398
1875	71923	1910	856392
1880	218666	1915	508309
1885	171116	1920	455082
1890	6227	1925	
1895	37400	1930	105192

注：表中的"出口"指从汕头口岸输出往境外部分，不包括输往境内各口岸部分。

（二）近代汕头口岸糖类出口的三个重要转折时期

显然，1890—1903年、1904—1915年、1926—1930年是汕头口岸糖类出口的三个重要转折时期。造成这三个转折时期的原因，要到汕头开埠后国际糖业和国内市场需求和价格变动的大背景中去寻找。

第一，1890—1903年是汕糖出口的第一个低谷期。

《1882—1891年潮海关十年报告》指出："在汕头重要出口商品——糖的贸易史上，这十年间最显著的特点是：它的国外市场衰萎和本国市场的扩大。"[2]叶钊《晚清汕头港糖业贸易研究》一文，利用旧中国海关史料中潮海关的年度报告，整理了1864—1904年汕头口岸蔗糖输往国外和输往内地各口岸的货值数据。

自1864—1867年，汕头口岸出口蔗糖的货值（不包括内销部分）从8158关平两增至82396关平两。自1868年到1889年的21年间，除了1887年以外，汕头口岸各年蔗糖出口货值一直保持在10万关平两以上，其间1873年、1877年、1881年、1882年、1883年、1884年，出口蔗糖货值分别高达94.19万、129.16万、91.64万、102.50万、149.07万、144.75万关平两。此后逐年减少，直至1889年，蔗糖出口货值仍达35.14万关平两，1890年锐减为2.19万关平两（见表11-34）。

从汕头口岸输出糖类货值（即包括外销与内销的货值）的比重看，1864—

---

[1]　中国海关学会汕头海关小组，广东省汕头市地方志编纂委员会办公室.潮海关史料汇编［M］.1988：205-216.

[2]　中国海关学会汕头海关小组，广东省汕头市地方志编纂委员会办公室.潮海关史料汇编［M］.1988：3.

1871年，各年汕糖出口货值均占当年糖类输出总值的10%以下，这一时期应是潮糖被国际市场逐渐认识的阶段。1872—1885年，多数年份汕糖出口货值占当年糖类输出总值的比重在10%—30%之间，1877年甚至高达36.55%，这一时期是潮糖出口的高峰期。1886年以后，汕糖出口数量大幅下滑，各年出口货值占当年糖类输出总值的比重已在5%以内，这一时期是潮糖基本退出国际市场的阶段。[1]

表11-34　1890—1904年汕头口岸输出蔗糖货值[2]

单位：关平两

年份	出口货值	占比（%）	内销货值	占比（%）
1890	21867	0.47	4610696	99.53
1891	37841	0.74	5091284	99.26
1892	37386	1.03	3587201	98.97
1893	508	0.02	3104265	99.98
1894	0	0	2847745	100.00
1895	128976	3.18	3922836	96.82
1896	43383	1.02	4228619	98.98
1897	3151	0.06	5284675	99.94
1898	80884	1.32	6061305	98.68
1899	181221	7.89	5284075	97.66
1900	317588	5.51	5441233	94.49
1901	58797	1.01	5751486	98.99
1902	16741	0.37	4564389	99.63
1903	4703	0.10	4721027	99.90
1904	46221	0.76	6003841	99.24

关于汕头口岸蔗糖出口萎缩、内销畅旺的原因，《1882—1891年潮海关十年报告》曾给出这样的解释：海外对汕头蔗糖的需求是主要的影响因素。自1884年以后，当地政府的奖励政策导致欧洲大陆甜菜糖生产扩大，加之来自各个方面的蔗糖供应充足，国际糖价下跌，潮糖失去了国际竞争力。"自1884年起，与欧美两洲一直未再进行这项贸易。"1885年，由于供应价格低廉，马尼拉和爪哇糖开始取代汕头产品，香港市场也受到影响，1890年和1891年"两年合起来的出口总额不足20000担，还达不到1886年以前任何一年出口的十分之一"。[3]19世纪

[1]　叶钊.晚清汕头港糖业贸易研究［D］.暨南大学硕士论文，2016：79-80.

[2]　叶钊.晚清汕头港糖业贸易研究［D］.暨南大学硕士论文，2016：79-80.

[3]　中国海关学会汕头海关小组，广东省汕头市地方志编纂委员会办公室.潮海关史料汇编［M］.1988：3.

的最后10年，这些因素的影响更加显著。1882—1891年汕头口岸糖类共出口了14941075担，1892—1901年仅出口了13158944担，减少了178.21万担。《1892—1901年潮海关十年报告》认为："糖的出口量的下降主要是由于这十年的头三四年（1892—1894年——笔者注）糖的装运量减少。当时我们实际上失去了欧洲的市场，香港也不销这里的糖，与北方的贸易尚未完全发展起来。失去外国市场的原因是汕头的糖价比其他地方的产品高。同样的原因随后也限制了在长江和北方的销路。"[1]1902—1904年，是这一汕头口岸糖类出口下行周期中最为低迷的两年。1925年萧冠英的《六十年来之岭东纪略》言及："乃光绪二十八年（1902）忽反有外国白糖一万五千担、精制糖二万二千担之输入，于是生产界遂起变动，嗣后外国糖之输入，年有增加，而本地糖之销额，遂一落千丈。"[2]

1870年以前，汕头口岸内销输往国内其他口岸的糖类货值每年基本在200万至300万关平两之间；19世纪70年代，汕头口岸每年内销的糖类货值在300万—400万关平两；19世纪80年代，汕头口岸每年内销的糖类货值在400万—470万关平两；19世纪90年代，"至1890和1891年，它（指本地生产的土糖）已垄断了我们的全部供应。北方和长江各口都增加了采购，其中起作用的基本因素看来相同"。这些"基本因素"包括：四川"几乎放弃了制糖业"，改种更为有利可图的鸦片，"过去一贯从该省获取供应的地区现在不得不通过镇江和汉口接受汕头的供应"。牛庄、天津、烟台等北方口岸在当地自种鸦片。"一方面通过用一种更加低廉的麻醉药品取代较昂贵的产品以实现节约，一方面通过大种罂粟而增加财富——为购买其他奢侈品就是这种后果之一。"[3]

第二，1904—1915年是汕糖出口的第二个高峰期。

1904—1905年，汕糖出口出现强劲反弹。叶钊在其论文《晚清汕头港糖业贸易研究》中转引了1904年潮海关年度报告，称"本埠糖业甚佳，而爪哇收成荒歉，遂注意汕糖复来取售，故上年所有囤积之货，既已销脱，而糖商复因所求而利之。将黄糖每担值银五两者加至六两，将白糖每担值银七两者加至九两"。[4]可见由于国际市场的相互关联，爪哇甘蔗歉收成为1905年汕糖出口大幅反弹的机

[1] 中国海关学会汕头海关小组，广东省汕头市地方志编纂委员会办公室.潮海关史料汇编[M].1988：42.

[2] 萧冠英.六十年来之岭东纪略[M].广州：广东人民出版社，1996：9.

[3] 中国海关学会汕头海关小组，广东省汕头市地方志编纂委员会办公室.潮海关史料汇编[M].1988：3-4.

[4] 叶钊.晚清汕头港糖业贸易研究[D].暨南大学硕士论文，2016：71.

遇。当然第一次世界大战以前欧美大陆的平稳发展也可能使全球蔗糖需求维持在较高水平。但1906—1909年，汕糖出口数量仍出现较大波动。

第一次世界大战的爆发，成为这一期间汕糖出口再次复苏的主要原因。《1912—1921年潮海关十年报告》回顾道："蔗糖曾是大宗出口商品，甚至远销英国。后来由于以前供应北方食糖的四川省改种鸦片，北方对其他地区的食糖需求量很大。汕头的蔗糖虽不能与香港的上等蔗糖相比，但无论如何，十年前（指1905—1910年——笔者注）本口食糖贸易经历了一个复苏时期，前景颇有希望。大战期间，爪哇糖退出东方市场，刺激了这里的食糖贸易。"[1]

第三，1926—1930年是潮汕糖业迅速萎缩衰落的时期。

据范毅军《广东韩梅流域的糖业经济》一文统计，自1913年至1925年间的大多数年份，汕头口岸糖类输出（含出口与内销）在250万至300万关平两之间，其间1920年、1921年、1922年分别达396.25万、675.10万和418.37万关平两。而1926年、1927年、1928年、1929年这4年汕糖输出货值分别仅为198.81万、153.26万、164.17万、111.93万关平两，1930年跌至80.59万关平两，成为汕头开埠后糖类输出货值最低的年份，因而也可能是出口货物总值最低的年份。

范毅军认为，"以1867年为基期，赤糖出口量（此处的'出口'包括内销与外销——笔者注）从开港以来，大致呈长期增长趋势。1899年达到出口最高峰，是1867年出口量的2.9倍。此后出口量虽逐渐减少，但到1925年以前，仍多能维持在开港初期的出口水准以上。自1926年以后赤糖出口急剧受挫，出口量最低时，大致跌至只有开港初期的四分之一到五分之一而已。和赤糖相比，白糖出口呈现疲象的时间出现得较早。在1884年，白糖出口量即已达顶点。……到1909年以后，白糖出口终难挽回颓势，出口量开始大幅下跌，最低时竟只有开港初期的4.92%，衰退程度较之赤糖尤为剧烈"。1947年民国《潮州志》载："然昔糖寮多制白糖原料（即漏糖），今则以制青糖为多矣。五十年前糖寮多制漏糖入糖房，供制赤、白糖，占出寮糖产十分之八。今则反是制青糖者占十分之七，盖白糖受外糖所打击故也。"[2]

1926—1930年的汕头口岸糖类出口跌至历史低点，直接后果是潮汕糖业生产迅速萎缩，"在过去的十年中，甘蔗的种植面积逐渐减少到原来的十分之

[1]　中国海关学会汕头海关小组，广东省汕头市地方志编纂委员会办公室.潮海关史料汇编［M］.1988：89.

[2]　饶宗颐.潮州志（第三册）［M］.潮州：潮州市地方志办公室，2005：962.

一。……制糖行业曾经出现过好势头，但是由于缺乏鼓励，加之外国糖的激烈竞争，这十年中当地的制糖工业迅速衰退"。[1]压垮潮汕糖业的直接原因是汕糖输出的大幅萎缩，深层原因则是大量洋糖进口，20世纪20年代中期潮糖最终丢失了传统的北方市场和长江市场。谢雪影在1935年的《潮梅现象》中记载："自海禁开后，我关权旁落，洋糖乘机输入，价格倍廉，销路日广，土糖大受打击。益以国内捐税繁多，成本愈重，益于洋糖以发展机会，而土糖更一蹶不振。查民十九年间，出口统计，仅存六万余包，合计十余万元而已，农村经济，因之困乏崩溃。"[2]

直到1929年，民国政府在取得"关税自主权"之后，决定从1931年1月起将进口货物税率提高将近1倍，一定程度上抑制了洋货进口，保护了国内市场；同时还对一些大宗出口物品予以免税减税待遇，以鼓励国货外销[3]。谢雪影在《潮梅现象》中载："民国十八年，政府鉴于土糖市场，被洋糖揽夺无遗，为谋补塞漏，乃加意维护，实行洋糖征税，初每白包纳税四钱，继升八钱，及后再两度加税，由二元九角关金增至五元八角。以是洋糖始日就萎靡，土糖销途遂日畅旺。内地农民，纷纷重整旗鼓，再植蔗苗。两年以来，产额又见蒸蒸日上。""土糖出口，民十八年增至六万一千余包，民十九年增廿万二千余包，民二十年增廿八万余包，民廿一年增卅万四千余包，民廿二年增至卅八万五千余包，至民廿三年竟增至五十万零二百余包。预料廿四年各县植蔗较去年更盛。"[4]在"关税自主"政策的支持下，1931年汕头口岸糖类输出货值回升到1458035关平两，比1930年增长了81.13%，但仍不及20年前平均水平的1/3。

（三）近代潮汕糖业市场竞争力逐步衰减的原因

综观近代汕头口岸糖类出口和潮汕糖业之间的关系，似可窥见近代潮汕糖业市场竞争力逐步衰减的若干原因。

第一，潮汕糖业是近代潮汕经济中历史最长、规模最大、商业化程度最高的专业化生产销售部门。

民国《潮州志》载："蔗糖为潮州农产出口之大宗，明清之际已驰誉天

---

[1]　中国海关学会汕头海关小组，广东省汕头市地方志编纂委员会办公室.潮海关史料汇编［M］.1988：118.

[2]　谢雪影.潮梅现象［M］.汕头：汕头时事通讯社，1935：124.

[3]　石柏林.近代中国经济政策演变史稿［M］.武汉：湖北人民出版社，1998：351-353.

[4]　谢雪影.潮梅现象［M］.汕头：汕头时事通讯社，1935：24-125.

津、苏州诸地。"[1]从明代中叶之后，潮糖一直是以潮州为起始端，利用季风变化在中国大陆和各口岸间进行多点循环贸易的最主要货物。汕头开埠后，从1867年至1931年，从汕头口岸输出的糖类货值平均占汕头口岸输出货物总值的46.4%。[2]从这个角度上看，潮汕糖业的生产和销售是与当时国内食糖市场的需求同步变化的，是潮汕地区最早的"因商而兴"的产业部门；也是农耕社会中潮汕地区为数不多的立足本地自然资源禀赋条件，掌握了较成熟的种植、加工技术，具有较强市场竞争力的产业部门。

第二，潮糖的市场竞争力呈现出由强转弱的总趋势。

潮汕糖业的国内市场竞争力一直延续到汕头开埠初期，随着中国沿海口岸的逐渐开放，中国食糖市场的国际化程度的不断提升，潮糖的质量优势也逐渐被国际市场认识。潮汕糖业的竞争对手已不再是国内其他产糖区，而是全球的其他产糖地区。19世纪80年代至20世纪20年代，潮汕糖业的竞争对手先后是欧陆甜菜糖、爪哇糖、古巴和西印度群岛糖、中国香港精制糖、中国台湾糖和日本糖。在与这些国际产糖地区的竞争中，潮糖先后被迫退出欧美市场、日本市场、中国香港市场、中国东北市场，最终几近退出中国华北市场和长江中下游市场。

第三，潮糖与国际上其他产糖地区的市场竞争，一开始就是不公平的。

此种不平等竞争主要表现于进口洋糖和潮糖输出的不合理税率。由于鸦片战争以后中国各开放口岸海关主权的沦失，洋糖进口税率极低，可以毫无障碍地倾销到中国市场；反之，输出的汕糖税率高于进口洋糖。"以1873年为例，通常汕糖从产地到装运出口须缴纳内地税与出口税两种税金。内地税随各县及糖之品质不同，每担必须缴纳4.4—20分不等。出口税则最佳品质每担须缴纳2钱，普通缴付1钱。""由于过重的负担，迫使经营糖业者降低改善品质的意愿；或径自改为生产劣质糖，以便利用较低的税率出口。如此一来，汕糖一旦面临质高而价低的洋糖竞争时，无论在国内外市场都被逐渐取代以至销声匿迹。"[3]1935年《潮梅现象》载："当清季时，每年输出数量达千万元，潮州经济得以丰裕。自海禁开后，我关权旁落，洋糖乘机输入，价格倍廉，销路日广，土糖大受打击。益以国内捐税繁多，成本愈重，益予洋糖以发展机会，而土糖更一蹶不振。查民十九年间，出口统计仅存六万余包，合计十余万元已，农村经济，因之困乏

---

[1]　饶宗颐.潮州志（第三册）［M］.潮州：潮州市地方志办公室，2005：962.

[2]　范毅军.广东韩梅流域的糖业经济（1861—1931）［J］.近代史研究所集刊，1983（12）：131.

[3]　范毅军.广东韩梅流域的糖业经济（1861—1931）［J］.近代史研究所集刊，1983（12）：157.

崩溃。"[1]

第四，19世纪下半叶之后全球糖业布局的重大调整，是导致潮糖市场竞争力迅速衰退的深层动因。

19世纪下半叶之后，资本主义世界进入相对平稳发展的时期，国际资本在寻找第一次工业革命之后新的产业发展机会，西方殖民主义势力也从争夺和瓜分殖民地转向经营殖民地。这一全球糖业布局的重大调整进程中，相关产糖地区的政府或殖民当局都无一例外地通过保护政策对糖业经营者予以扶持。

1841—1869年，德国将甜菜进口税从二钱八厘提高至四十四钱八厘，以保护本国甜菜生产。1892年，德国废止征收糖原料进口税，转而对国民征收高额的外国砂糖消费税，并对国内制糖业者实行高额补助政策，德国很快由糖进口国变成出口国。英、法等国政府也采取了类似政策，最终欧陆各国形成了糖生产过剩的局面。由于供应季节和运输的原因，本来准备以潮糖作为精加工原料的美国，也停止了进口汕糖。失去欧美市场是潮糖进入国际市场的第一次挫败。此后的汕糖出口再也无法达到19世纪70年代的水平。

1809年始，荷属爪哇殖民当局废除了对种植甘蔗进行管制的措施，转为采取积极辅助当地糖业的政策。全国有1/3的土著耕地被划为甘蔗种植区，所需燃料、农具、牛畜由政府提供，蔗农免除赋役，由政府设立制糖厂，以预定价格收购甘蔗。此后爪哇糖业迅速发展，1911年爪哇糖产量比1840年增长了31倍多。由于价廉质高，香港的机器制糖厂大量采购爪哇糖浆进行精加工。1901年，汕糖白糖的价格为每担4.64关平两到6.56关平两，香港进口爪哇糖提炼后白糖每担售价4.90关平两到5.30关平两，香港精制糖直接挤占了潮糖的白糖市场；[2]加上为规避出口税，大量爪哇糖通过香港转口内地市场。这样，"爪哇糖先夺了汕糖的香港市场，继而逐渐取代国内各市场"。[3]此后数十年间，爪哇糖一直是潮糖在中国国内糖业市场的最主要对手。

日本原本不是产糖国，汕头开埠初期，日本是汕糖出口的最主要市场之一。1867—1871年的5年间，出口日本的汕糖货值，分别占汕糖出口总值的

[1] 谢雪影.潮梅现象［M］.汕头：汕头时事通讯社，1935：125.

[2] 中国海关学会汕头海关小组，广东省汕头市地方志编纂委员会办公室.潮海关史料汇编［M］.1988：42.

[3] 范毅军.广东韩梅流域的糖业经济（1861—1931）［J］.近代史研究所集刊，1983（12）：158-159.

82.37%、52.54%、82.73%、96.05%和66.33%。此后日本以国内转口贸易的名义，经上海转口输入大量油糖。1895年日本侵占台湾后，采取了设立台湾糖务局，出台《台湾糖业奖励规则》，开办近代化糖厂，引进和改良品种，补贴蔗糖生产经营等举措，着力将台湾发展为蔗糖生产基地。由于甘蔗品种、种植技术和榨糖技术的进步，台糖的竞争力逐渐赶上和超过潮糖，成为潮糖在中国国内市场，特别是东北市场的强劲对手。此外，日本还通过不平等的关税待遇，控制作为蔗田肥料的东北豆饼输入潮汕，间接加大了潮糖的生产成本。1931年中国实现"关税自主"之后，日本还通过多种方式，走私大量洋糖，进一步压缩了潮糖的市场空间。[1]

第五，关于潮糖市场竞争力逐渐减弱的内因。

如上所析，潮糖竞争力的丧失，主要体现于潮糖的国际和国内市场空间被逐步压缩，油糖的内外销数量和货值迅速下降。其原因来自两个方面，一是竞争对手越来越强，二是自身的综合实力越来越弱。

影响一个地区糖业经济发展的因素比较复杂，既有自然和资源禀赋因素，也有农业种植技术因素，还有蔗糖加工的技术和装备、甘蔗和食糖的流转储运因素。由于甘蔗种植周期长，蔗糖生产加工的季节性强、周期短等特点，在甘蔗种植、收购、储运、榨糖、销售、金融支持和技术支持诸环节，形成了自成一体的供应链和产业链。汕头开埠前后，建立于小农经济基础上的潮糖供应链和产业链是比较完整的，相对于国内的福建、台湾、广西、四川等产糖区而言，潮州甘蔗种植和榨糖技术的优势也是比较明显的。19世纪80年代之后，欧洲甜菜糖、古巴糖，特别是大量爪哇糖进入国际市场之后，潮糖就处于国际糖业资本的夹击之中，原本仅适合于国内市场和农耕社会的甘蔗种植制度、品种及种植技术、蔗糖加工技术等环节的弱点，或迟或早地显露出来。

关于改进潮汕糖业的意见，大致集中在以下几个方面：一是希望通过效仿国外的甘蔗种植制度，来降低潮糖的制作成本。《1882—1891年潮海关十年报告》提出，"既然汕头甘蔗比爪哇甘蔗的含糖量高，而爪哇岛上所雇用的绝大部分劳动力又都是从这里的邻近地区移去的，这里完全可能以比较低的成本生产出同样好甚至比之更好的糖。然而，要获得这个效果，就必要全面改变本地区目前的甘蔗种植制度。常常得到出口商的贷款，由自耕农民用粗糙的方法耕作的小块

---

[1] 范毅军.广东韩梅流域的糖业经济（1861—1931）[J].近代史研究所集刊，1983（12）：159-161.

土地，必须让位给按照有组织的体制和现代化的经济原则来耕作"。[1]二是希望加大资本投入，改良种蔗技术，采用机制糖技术。《六十年来之岭东纪略》批评潮糖生产"地质不讲究，肥料不选择，种蔗之方法已不及人。至于制糖又不集合大资本，改用机器制造法，以从事生产，则大势所趋，终难与舶来品争衡"。[2]三是希望政府进行干预，通过调整潮糖输出税率和洋糖进口税率等措施，鼓励本地糖业发展。1931年的《1922—1931年潮海关十年报告》指出："但是由于缺乏鼓励，加上外国糖的激烈竞争，这十年中当地的制糖工业逐渐衰退。从1931年的统计数字来看，由于取消沿海贸易口税，以及对外国糖实施高税率使这一工业受益匪浅。如果有较好的蔗种并通过采用现代化的榨糖机器以及官方对种植甘蔗的鼓励，制糖业将很容易恢复它原来的重要地位。"[3]四是希望吸引和培养制糖人才。"考潮梅留学美国、日本毕业之专工农业及制糖者，据予所知亦有数人顾皆从事他业。夫舍所长以骛艰瘁之作。不乘机邀集素业糖蔗之商农，急起图谋所以代兴之法。此亦失计之甚者也。"[4]

以上关于改进潮糖的众多意见，提出于不同时期，提出者的各自立场和关注点也不尽然一致。潮糖市场竞争力的丧失，关键是自身的种植制度、种植和制糖技术落后于时代。潮糖的国内外市场上各主要竞争对手实力的迅速提升，与当地政府和殖民地当局的积极扶持政策是分不开的。相比之下，晚清和民国的各级政府对于民族糖业发展的保护措施是微乎其微的。但在近代中国的社会制度下，期待软弱的中央政府和地方政府可以出台政策，有效地整合小农式经营的糖业产销活动，又是不现实的。希望效仿爪哇等殖民地的种植园制度来降低甘蔗生产成本，更是脱离潮汕实际和中国实际的。

————————

[1] 中国海关学会汕头海关小组，广东省汕头市地方志编纂委员会办公室.潮海关史料汇编［M］.1988：42.

[2] 萧冠英.六十年来之岭东纪略［M］.广州：广东人民出版社，1996：10.

[3] 中国海关学会汕头海关小组，广东省汕头市地方志编纂委员会办公室.潮海关史料汇编［M］.1988：119.

[4] 萧冠英.六十年来之岭东纪略［M］.广州：广东人民出版社，1996：10.

第十二章

近代汕头市区城市形态的"顺商而变"

从汕头开埠到1949年，在非均衡发展的产业体系和城乡体系的作用下，汕头埠的"因港而生""因商而兴"，也表现为汕头城区城市形态顺应着汕头港和汕头埠商贸活动的活跃繁荣而不断变化。

第一节　1860年前后至1921年，自发形成和发展的汕头埠城区布局

对谢湜、陈嘉顺、欧阳琳浩等主编的《汕头近代城市地图集》中的历年汕头城区地图进行比照，可以发现，如果以1921年汕头设立市政厅为时间节点，开埠后汕头城区街道走向和功能布局的变化大致可分成"自发形成发展"和"有规划建设拓展"两个阶段。

一、汕头开埠前的"市集雏形"

汕头开埠前的木帆船时代，沙汕头已有耕作和盐场，嘉庆年间，有了柴米药材店铺和修船作坊，形成了顺昌街、行街等聚集了200间店居的"闹市"。1999年版的《汕头市志·城乡建设卷》认为，"闹市虽属自由聚集，自发建设的市集雏形，但道路的横直相交，内外沟通，水路连接，已形成以集中、畅通为主要特征的方格式格局，且有着行业相聚，

行商坐贾有别，商居有分的雏形功能分区"。[1]

关于开埠前汕头埠"市集雏形"的文字记述甚少，大致只能做出如下推测：一是出于方便交易、搬运，降低运营成本，当时沙汕头的"市集"是紧靠着海岸边的货物装卸地形成的。以通向港口、码头的最便捷路线，来建设道路、货栈、住所，是中外所有近代港口城市发展的一般逻辑，汕头开埠后的街巷走向与功能布局，应该也是遵循这一逻辑而展开的。二是汕头开埠前港口和市集商贸交易的规模不大、品种不多，交易方式和业态比较简单，所以，海岸边的商贸区（"闹市"）和市集北部的民居区可以适当分开，自发形成的街巷的长度和宽度也比较有限。三是囿于当时汕头埠货物进出规模，开埠前汕头港使用的岸线可能局限于老妈宫南向海滩附近，因此，此时规模很小的市集区和民居区的数条小街就按照"横直相交"的习惯形成方格式的空间格局。[2]

1999年《汕头市志》"卷五十·城乡建设"称："至汕头开埠时，据市房管部门计算，城区面积已有12万平方米。"[3]《汕头市志》"卷五十三·房地产"则称："从嘉庆十九年至咸丰十年（1814—1860）时间跨度46年，这片沙滩填筑土地面积增至24万平方米，扩大5倍，年均造地4545平方米，以'老市'为中心呈扇形伸延街区，向西南伸延300米，向西北伸延600米，初具商埠雏形。"[4]从《中国东海岸广东省韩江口汕头港（1865）》[5]图中可见，1865年汕头埠的连片密集城区（"闹市"及其北部的民居区）呈不规则长方形，其时连片城区位于沙汕头这条沙脊的西南角，东南部和北部标出仍有大片沙滩浅滩未填用。1867年伦敦出版物中的《汕头手绘图》[6]中，已用虚线标出的当时汕头埠城区南部、西部的可供填用的海滩，面积几乎与当时的城区相仿。

二、汕头开埠初期的城区布局

汕头开埠20年后的《1882—1891年潮海关十年报告》附有《汕头口地

[1] 广东省汕头市地方志编纂委员会.汕头市志（第三册）[M].北京：新华出版社，1999：521.

[2] 广东省汕头市地方志编纂委员会.汕头市志（第三册）[M].北京：新华出版社，1999：521.

[3] 广东省汕头市地方志编纂委员会.汕头市志（第三册）[M].北京：新华出版社，1999：557.

[4] 广东省汕头市地方志编纂委员会.汕头市志（第三册）[M].北京：新华出版社，1999：668.

[5] 谢湜，陈嘉顺，欧阳琳浩，等.汕头近代城市地图集[M].北京：科学出版社，2020：4.

[6] 谢湜，陈嘉顺，欧阳琳浩，等.汕头近代城市地图集[M].北京：科学出版社，2020：8.

图》，图中的汕头埠连片密集城区已呈现出向西南和西面扩展的趋势，街道格局比较杂乱，尚未发现后来比较明显的扇形放射状格局。沿港口东部岸线和在海湾对面的礐石山北麓，散落着部分洋人楼宇。[1]图中可见，汕头埠的连片城区形状，已从1865年的矩形"闹市"，发展为半圆环状，城区扩展的主要方向是原"闹市"西南方向和原民居区的西方向填筑的海滩。此时汕头埠城区的南面、西面已经发展至所在沙脊的海边，北面已抵近19世纪70年代开挖的迥澜新溪，东面则以福合沟和海关马路的连线为限。图中的连片密集城区面积约为1865年地图标识面积的2.5倍，已粗略可辨"闹市"西南方向的放射状街道布局和西北方向的方格式街道布局。[2]

1909年《最新汕头地图》中，汕头埠连片密集城区的面积进一步扩大，外马路沿海和乌桥岛的建筑物显著增多，城区西南片区的扇形放射状街道格局已经形成，但福合沟东西两侧的大块土地（被标为"泥地"和"义冢地"）仍未被利用。[3]1919年的《汕头地图》显示，西南片的放射状街道布局已很完整，大马路（外马路）、新马路（福平路）开始修筑，福合沟以西直到西堤海边的地块已与以升平街以北的方格状街区连成一片，福合沟以东、外马路以北的广大地域已有零散街区出现。

三、汕头埠城区布局自发演化的动因

从1860年汕头开埠至1921年汕头市成立市政厅，这一期间汕头埠城区布局自发演化的轨迹表明：

（一）汕头埠城区的扩展与汕头口岸贸易活动的规模和水平直接相关

1860年汕头开埠时，汕头口岸进出口总额仅有617.63万银圆，与其相适配的是仅有12万平方米的微型"闹市"。1875年，汕头口岸进出口贸易额为1662.19万关平两。根据藏于英国国家档案馆的1876年Swatow地图，图中标出的北部埠区的商业区（Business side）形状，与1865年汕头港地图标出的城区形状基本相

---

[1]　藏于大英博物馆1902年出版的《汕头港》图，系在《中国东海岸广东省韩江口汕头港（1865年）》的基础上，"经过1898年的增补、更正，再于1902年增补炮台以西的汕头埠区域地物而成"。（谢湜，陈嘉顺，欧阳琳浩，等.汕头近代城市地图集［M］.北京：科学出版社，2020：22.）

[2]　谢湜，陈嘉顺，欧阳琳浩，等.汕头近代城市地图集［M］.北京：科学出版社，2020：18-19.

[3]　最新汕头地图（1909年），汕头文明商务书局出版。谢湜，陈嘉顺，欧阳琳浩，等.汕头近代城市地图集［M］.北京：科学出版社，2020：28-29.

同，可见，开埠后十余年，汕头商业区的面积未见显著扩张。

1902年，汕头口岸进出口贸易额增加到4509.81万关平两，为1875年的2.71倍，每年平均增长3.76%。从《1892—1901年潮海关十年报告》所附地图看，此时汕头埠的连片密集城区面积约为开埠时的2.5倍，主要是向西和西南方向填筑海滩所得。1904年，汕头口岸进出口贸易额突破5000万关平两，1914年突破6000万关平两，1919年，汕头口岸进出口贸易额为6003.97万关平两，是1865年的3.61倍，此时连片密集城区面积已扩大到开埠时的5—6倍。可见，贸易规模的扩大是汕头埠城区扩展的主要动力，20世纪后的前20年，则是汕头埠城区扩展最为迅速的阶段，反映了这一期间汕头埠的产业密度引致的人口密度和建筑密度的显著提升。

（二）贸易和运输成本对城区扩展方向的影响

基于贸易成本和运输成本差异，开埠后至1921年的这一阶段汕头城区空间形态的演化，主要表现为升平街以南的开埠"闹市"向西南方向扩展，并在20世纪初呈现出更为清晰的扇形放射状。"光绪十四年（1888）开发马路至商平路，光绪十九年（1893）新拓马路至海平路，以'老市'为中心向西南伸延500多米，平均每年造地1.5万平方米，开埠至清政府被推翻时，开发土地总面积约50万平方米。"[1]升平街以北的民居区则继续向北和向西扩展，仍为方格式格局；"闹市"北缘与福合沟之间的地块、福合沟以东的广大地块尚未开发。

汕头埠城区形态出现以上特点的主要原因，首先是当时汕头埠码头布点的影响。沙汕头这片沙脊西南角的岸线边缘呈天然凸出弧形，由于不断填海造地，新填地块使沙脊岸线向西南凸出的弧形更为饱满，开埠后的太古、怡和、招商局等机构都一次次沿着弧形岸线向外延伸建设码头栈桥，因此，早期汕头埠的7座主要码头栈桥一直是沿弧形岸线分布的。按照交易成本最低原则，呈弧状分布的各座码头与"闹市"商业区间以放射线构筑商业街道，成为专事港口转运贸易的商家们的共同选择。其次是当时汕头埠自然地貌影响。《汕头纪事》称："将汕头（指汕头埠西南角的连片密集城区——笔者注）、崎碌、铁道三地以线相连，可得一等腰三角形。其顶点即汕头，在西边。形成两腰的另外两点在东边，南为崎碌而北为铁道，此两点间无直路，须迂回绕路，乘渡船过韩江支流方得来往。"[2]正是由于福合沟及以南以东的大面积洼地、坟场和盐场的阻隔，汕头域

---

[1] 广东省汕头市地方志编纂委员会.汕头市志（第三册）［M］.北京：新华出版社，1999：669.

[2] 河西信.汕头纪事［M］.广州：暨南大学出版社，2019：15.

内各商住建筑聚居点之间的交通极为不便。"老市"北缘直至福合沟以东地块和福合沟以南极为狭窄的沙脊东岸线，都不可以建设直线连接码头的商业街道，原有的"老市"商业区也就顺理成章地成为西南方向扇形放射状街道布局的端点。

（三）汕头埠西南角扇形放射状的街道布局主要依靠商业力量自发形成

19世纪90年代之后的汕头埠地图已经基本可以辨认出商业建筑在沿海码头与"闹市"之间的放射状分布形态。但从东北向西南放射的纵向街道布局并不清晰，说明尚有若干建筑并不完全依街道而建。而与放射状街道交叉的横向街道纹理更不清晰。可以推测，当时虽然不存在行政当局的整体街道规划，但19世纪70年代末至90年代初承担向西南方向大规模填海造地的各家承建商，在其售卖地块时应已有比较粗略的街巷布局，包括外国洋行在内的商贸行铺间借助既有的惯例规则，突破地方政府用海规制，自发自主分期修建的。正如吴滔在《〈英国公共档案馆档案〉所见清末汕头两次争地始末》一文中所言："如汕头一样，街市扩展和码头外移，一直伴随着中国沿海大多数开埠港口的近代历程。出于种种考虑，这些口岸不断地划一条条'红线'加以禁止，又不断地突破这些'红线'。街市的规模，也因此一天天地扩大，与此同步的，是官海逐步地被蚕食。"[1]

进入20世纪之后，随着汕头埠商贸活动的繁荣，各类行会、商会等商业组织的自治能力随之成长，从20世纪10年代中后期的地图可以观察到，纵向各街道的街宽比较一致，更加顺畅贯通，挡街的建筑物似乎已经过整理，扇形放射状的街道格局因而也更为清晰；横向街道比以前密集，但街巷纹理仍比较模糊。可以推测，为了谋求更大的整体商业利益，汕头埠的商家开始自发组织起来优化街巷走向，拆建部分阻街的建筑物。

（四）19世纪末20世纪初汕头城区的功能分工格局开始出现

1860年开埠前后，沙汕头的沙脊西南角城区，已经粗略分为南部濒海的商业"闹市"和北部的民居区。19世纪末，汕头地域的居民点大致分为主要是中国人居住的、成为密集连片商住区的"汕头埠"，外国人聚居的"崎碌"和海湾对岸的"礐石"。外国领事机构及商务机构、教堂、教会医院、学校主要散见于崎碌沿线和礐石北麓。被称为"汕头埠"的连片密集城区，则继续以升平街为界，分为两个功能区：升平街以南的以"老市"（原"闹市"）为端点向西南扇形辐射的商业贸易区；升平街以北的方格式民居区和行政区。

---

[1]　吴滔.《英国公共档案馆档案》所见清末汕头两次争地始末［J］.清华大学学报（哲学社会科学版），2009（4）：38.

　　形成此种粗略的功能分区格局的根源仍在于贸易及交通运输因素。

　　一是当时汕头埠西南岸线的主要码头弧形布点最北端大致止于升平街，集中于升平街以南岸线的码头栈桥等港口设施，可能已基本满足汕头口岸海运贸易的需要，且出于自然地貌（升平街以北岸线靠近梅溪河入海处，可填筑的滩地有限，且水流较为湍急）和开发成本考虑，各港口运营商都将填海造地的重心转向汕头埠的南岸线。《1902—1911年潮海关十年报告》载："在汕头这边，很多公司的趸船（浮码头）已经两次进一步向港中延伸，以使轮船能够靠上。在港内同一边，大片海滩（岸坡）被填平成地。其中引人注目的有属于Messrs.Lauts&Haesloop公司或纽约标准煤油公司（三达行，以后称美孚煤油公司——译者注）的填地。"[1]《1912—1921年潮海关十年报告》又记载："这十年中在汕头港靠市区一侧，有大片大片的泥滩，被下列一些商行和单位所开垦，计：美孚石油公司260000平方英尺；亚细亚石油公司261579平方英尺；Messrs.E.V.S.Lim公司3150平方英尺；广东会馆10000平方英尺；学院滩地13280平方英尺；怡和公司（Messrs.JardineMalheson）9990平方英尺；德记行（Messrs.Bradley）3150平方英尺；潮阳汽船公司5000平方英尺；堤岸局大约20000平方英尺。"[2]升平街以北新填海地块因为与韩江出海口直角相交，且没有大型码头栈桥，因而也不会形成与"闹市"直线联通的商业街道。

　　二是19世纪60年代之后，惠潮嘉兵备道行署的衙门在升平路以北的地段建成[3]，和后来的警局等行政机构一起，形成了体量较大的矩形行台街街区，和升平街以北的民居街道共同构成了方格式街道布局。

　　三是升平街以南的扇形放射状商贸区又以当时的和安街（大致相当于后来的安平路）为界，逐渐形成被称为"四永一升平"和"四安一镇邦"两个专业分工比较明显的商业组团。根据《汕头纪事》统计，1914年汕头埠167家商家，从事棉纱业、粮食业、杂货业、绸缎、酒类、油类、西药、火柴业的批发和零售的商家，绝大部分分布在"四永一升平"。从事杂货、绸缎、火柴零售业务的商家主要分布在"四安一镇邦"地域。1989年《汕头市志》对清末民初汕头埠商业

---

[1]　中国海关学会汕头海关小组，广东省汕头市地方志编纂委员会办公室.潮海关史料汇编［M］.1988：70.

[2]　中国海关学会汕头海关小组，广东省汕头市地方志编纂委员会办公室.潮海关史料汇编［M］.1988：93.

[3]　"1867年，惠潮嘉巡道在汕头建惠潮嘉兵备道行署，共花去建筑费8000余两，次年春建成。"（广东省汕头市地方志编纂委员会.汕头市志（第一册）［M］.北京：新华出版社，1999：80.）

区布局的描述则是："在靠近码头之怀安、怡安、棉安、万安等街道，兴建诸多内外贸易行当货栈，镇邦街则为零售集中地。南北货运较为发达的永泰、永平、永安、永和及升平路乃多为二盘商所据。"[1]可见，1921年以前，汕头埠的大多数商家都主营批发业务，部分兼营零售业务，纯零售的企业较少。一方面反映了当时汕头埠居民的集聚规模和消费能力仍比较有限，另一方面也反映了汕头口岸一二盘贸易分工体系的发展，已经对整个商业贸易区的空间功能布局产生影响了。

第二节 1921年前后至1949年，汕头市城区布局的有规划建设拓展阶段

如表12-1所示，1921—1938年是汕头口岸进出口贸易的极盛时期。1921年汕头口岸进出口贸易额（含对所谓"通商口岸"的进出口，下同）从前一年的6549.80万关平两，猛增至8405.68万关平两，一年净增了28.33%；1931年，汕头市进出口额达到11174.98万关平两的峰值，此后一直维持在8000万至1.1亿关平两。1921年，广东省政府批准汕头市设立市政厅，为了适应商业贸易规模和城区人口数量的迅速扩大、近代工业及城市配套产业的迅速成长，1923年市政当局提出了较全面的市区改造计划，并绘制了《汕头市改造计划图》，呈报省政府审批并小作调整后，于1926年颁布实施。汕头城区建设自此进入了自觉规划和有序组织的快速发展阶段。

表12-1 1919年—1938年汕头口岸进出口贸易额（含对通商口岸进出口）[2]

单位：关平两

年份	进出口贸易额	年份	进出口贸易额
1919	60039679	1929	86092202
1920	65497958	1930	108879407
1921	84056791	1931	111749778
1922	75783714	1932	109949671

---

[1] 广东省汕头市地方志编纂委员会.汕头市志（第一册）[M].北京：新华出版社，1999：522.

[2] 根据：中国海关学会汕头海关小组，广东省汕头市地方志编纂委员会办公室.潮海关史料汇编[M].1988：184-189.《1860—1949年汕头口岸进出口货物价值统计表》整理，原表1933—1938年数据单位为国币元，按照1932年之后1国币=0.642关平两换算。

续表

年份	进出口贸易额	年份	进出口贸易额
1923	84484478	1933	103194598
1924	87661715	1934	80049319
1925	73044544	1935	83223623
1926	88388456	1936	96256894
1927	90589810	1937	96143621
1928	89569003	1938	84841929

一、关于1923年《汕头市政之工务计划》和1923年《汕头市改造计划图》的提出

萧冠英在《六十年来之岭东纪略》一书中，将《汕头市政之工务计划》作为该书的第十二章。这份计划只有六节，言简意赅地阐明了汕头城市改造的意义、方式，对全市功能分区、道路系统、水陆交通、堤防港口的建设，提出了基本概想，并附有呈报给省政府的报告和工务计划书、计划图各一份。

有规划地将汕头埠改造为近代商业城市，在汕头城区创造出更好的商贸、居住和交通环境，是《汕头市政之工务计划》的基点。这份计划认为，"夫工商之策源地，全在都市，都市不良，国民经济必受阻碍。东西先进国，其图富图强，皆以改造都市为先务，而收效之速且大，亦令人可惊"。[1]

（一）关于由市政当局统筹谋划城区改造的必要性

这份计划首先比较准确地揭示了原来自发形成的城市格局对汕头未来发展的诸多束缚，反复阐明由市政当局统筹谋划市区改造的必要性："溯汕市成立，原未经国家之规划，故一切均无所设施，所谓市政，向未梦见，水路不联络，街衢太淋溢，人口之密集，水道之淤塞，建筑之危险，种种不合，求世界各都市，殆无此恶劣。倘仍前放任，或取消极政策，则其生也自然而生，而其灭亦自然而灭。"该计划申明，"或念共同生活之必要，与文明进化之紧逼，对于汕市之根本改造，认为刻不容缓之图，盖为将来工商业与国民经济之健全发达计，不得不然也"。[2]在1923年呈省长的报告中，市长萧冠英再次阐明强调汕头城区改造汕头经济发展和社会进步的重要意义："汕市居民商店混杂无艺，不特工商之地点

---

[1] 萧冠英.六十年来之岭东纪略［M］.广州：广东人民出版社，1996：122.

[2] 萧冠英.六十年来之岭东纪略［M］.广州：广东人民出版社，1996：122.

不良，即市民家居亦陋，于是生产分配之地区，卫生审美之风俗，均不能有待于设备与改良。"[1]

（二）计划具有非常明确的前瞻性和导向性

起草者编制计划时，一方面使规划体现出汕头的开放商埠特性，努力使城市的建设和改造能够顺应商贸流通业繁荣发展的要求，但又不仅仅着眼于"商贸兴市"等经济功能，而是借鉴国内外港口城市近代化的成功经验，将汕头市的行政架构、市政设施、社会生活，以至文教事业等，都纳入统一的市政改造计划之中。如编制者所言，"譬尤举纲者必先提纲，而振衣者必先挈领，纲既举而目斯张，领既挈而衣斯整"。[2]这份计划此后确实成为民国期间汕头市城区发展的基本纲领，尽管多有挫折风波影响，汕头城区的总体发展格局，基本上还是按照这份计划逐步推进。另一方面，计划的起草者比较了解汕头埠当时的发展优势和不足，针对当时汕头城区布局分散、街道偏狭、城市功能混杂、内部交通不便、居住环境拥挤等短板，明确提出："查市政最要之点，奚如划定区域、开辟道路、取缔建筑、缩宽街道诸端。"将"市域分区之计划""路线之系统与联络水陆""街路之建筑与下水道之敷设""取缔建筑与缩宽街道""筑堤与浚海"五个方面作为城区改造计划的核心内容，勉力加以推进。而在全面规划的同时，又将工作重点放在通过拆建近代道路系统拉开城区框架上。《汕头市政之工务计划》提出："路线测定，全市规模于是乎粗具，可以从事于建筑矣。"[3]此后汕头城区的改造和拓展，正是按照先建路后建房的思路有序展开的。

（三）计划提出了差异化的城区改造方案

这份计划因应当时汕头不同区域的实际情况，提出了差异性的城区改造方案。许多研究者注意到，将当时汕头的规划市域按照不同功能划分为商业地区、工业地区、住宅地区、行政地区和行乐地区[4]，是该计划的颇具创意之处。更加值得重视的，应是当时的计划编制者先行确定的功能分区的若干原则。

一是立足于汕头长远发展，必须让政府发挥主导作用。"若官厅不因势利导，以求达于完全，则此后发达，不但不能充分，且将因此反无形退化。"

---

[1]　萧冠英.六十年来之岭东纪略［M］.广州：广东人民出版社，1996：127.

[2]　萧冠英.六十年来之岭东纪略［M］.广州：广东人民出版社，1996：127.

[3]　萧冠英.六十年来之岭东纪略［M］.广州：广东人民出版社，1996：123.

[4]　汕头市政改造计划图（1925年）［M］//谢湜，陈嘉顺，欧阳琳浩，等.汕头近代城市地图集.北京：科学出版社，2020：46.

二是必须为汕头未来发展预留空间，"其最紧要宜积极急进者，莫如扩张区域，以广容纳"。明确提出将北缘的潮安庵埠镇划入汕头市。

三是通过向南向东填海，扩大城区面积以疏解人口和商业，改善人居环境。"一面赶筑长堤，填平海坦，另辟新市域，加以之中新式适宜之设备，以为模范区域。使旧市场所有移入新市场，容积以宽，人口亦不至于过于密集，而有人满之患。从前居民对于日光空气，均有不足之虑者，至此可渐加改善。其有益于民族之健全、经济之发展、文化之进步，诚不可限量。"

四是按照工业最优区位原则，选择"铁路所经、火车往返、港汊错出、水陆交通"的"韩江西北部之将军滘、火车站、迴澜桥等"，规划为工业地区。"取其水陆便利、风向适宜，且有河流为之隔离，四周隙地甚多，即他日发达扩张亦易也。"

五是继续发挥汕头埠毗邻港口码头的优势，"划旧日中英续约中所开之旧商埠，及沿海而东至新填市区为商业地。亦取其交通转运之便利。"[1]

六是按照清幽雅静的要求规划住宅地区，认为住宅地区必须保留更多空地，"街路宜整洁"，房屋的外观和高度都应该多样化。可见，计划的编绘者相当熟悉欧美国家的城市规划编制原则和编绘方法。

二、关于汕头新旧城区道路系统的依规有序整合、改造与辟建

（一）汕头城区的"有规划改造"始于1921年之前

对汕头市城区的改造，并不是1926年广东省政府批复《汕头市政之工务计划》和《汕头市改造计划图》才开始的。汕头市设立市政厅以前，关于"自治"和推行"市政"一直是备受社会各界关注的重大议题。1908年汕头成立了自治研究会，1909年成立了汕头镇自治议事会，1918年北洋政府颁布自治法，1919年冬，"潮、梅镇守使刘志陆，仿广州市政公所组织，设汕头市政局，为汕头设市的萌芽"。[2]

刘璟彦的论文《20世纪20年代广州市政工程建设研究》提及广州市政公所："民国成立后，广东省成立工务司意图继续清末的城市改良工作，并计划拆

---

[1]　萧冠英.六十年来之岭东纪略［M］.广州：广东人民出版社，1996：122.

[2]　广东省汕头市地方志编纂委员会.汕头市志（第一册）［M］.北京：新华出版社，1999：95.

城筑路。但因民初广东政局动荡，变乱频发，工程建设几无进展。直至1918年10月，广东局面稍微稳定，军政府方才成立城厢市政公所，以'改良交通''提倡市政'。因市政公所是由原广东省警察厅与财政厅会同办理，建成后其日常职司大体延续了此两厅原先的惯例，除此而外的其他工作则主要围绕着拆城筑路进行。与后来的市政厅相比，市政公所职能范围要小得多，即使仅与市厅下辖的工务局相比，也有不备之处，例如只管建设、不管取缔等。"[1]可见，1919年冬，仿广州市政公所组织设立的汕头市政公所，其主要职能大体上还是通过筑路以改善交通，通过市域道路系统的整合、改造与辟建，衔接推进老城区的疏解和新城区的拓展，这一基本思路应在20世纪10年代之后已形成共识，并已编出初步规划，1919年设立的市政公所和原汕头埠警察厅开始实施推进。

1921年4月，汕头市市政厅工务局刚刚设立，4月25日，工务局就发布第三号布告："第一公园前一带路线及附近各铺户割拆长度，业经前警察厅测定规划在案，兹依据前定计划列表布告，仰各铺户人等依照表内应割尺寸，召匠量准拆卸，以免阻碍工程。"同日发出的第四号布告明确要求："第一公园前马路路线早经规划，前面一带铺户亟宜尅（克）日拆卸，以便兴工展筑马路利便行人。兹本局预定计划应由公园前面围墙中线起算，留十四英尺作为马路，路线外再由各铺户起造八尺骑楼。仰各铺户人等遵照办理。"[2]2021年4月至8月，汕头市工务局就福合埕直街和第一公园前街的马路辟建问题，在《市政公报》上先后发布布告、指令、批复等一系列文件，6月份专门出台了《福合埕建筑暂行规程》。这一期间的《市政公报》还记录了当时工务局按原定规划继续推进升平街、外马路、福平路、中马路、指南里一带的道路建设举措。可见，1923年的《汕头市政之工务计划》，是建立在1921年前后原来的城区改造和道路系统建设规划的基础之上的。否则，填平福合沟铺筑福平路，辟建永平路、升平路等这些规模较大且涉及面宽的复杂工程，也不可能在1921年市政厅刚刚成立的一两年后，就可以竣工通行。

（二）将辟建近代道路系统作为城区改造的首要任务

1919年出版的《汕头地图》中，当时汕头市区的道路仅标出大马路（今外

[1]　刘璟彦.20世纪20年代广州市政工程建设研究［D］.广东省社会科学院硕士论文，2020：16.

[2]　汕头市政厅总务处.汕头市市政公报［J］.1921-05（2）：30.广州：广东省立中山图书馆.

马路）和新马路（今福平路一段），其余的主要道路皆标为"街"。[1]萧冠英批评改造前的汕头马路："原由自然凑合而成。私人铺屋前后随意铺砌，并未经公共规划取缔。故平陂不同，广狭不一，甚或以讹于风水方面之说，各自为谋，绝无整齐划一之规划。"因此，市政当局将辟建近代道路系统作为城区改造的首要任务。《汕头市政之工务计划》强调，"为谋公共利益起见，必由市政府先定规划，公布遵守，逐渐设施。故街道之设计，尤不可缓"。据此，《汕头市改造计划图》将全市原有街道的缩宽和新辟道路的布局，进行了较详细的规划，并提出了路网建设的17个设计要点。[2]

汕头城区的近代道路系统进入有规划建设阶段，从20世纪20年代初开始，至30年代中叶基本完成。笔者整理了这一期间汕头市区建成的40条主要干道马路的竣工年份和实际路宽情况，如表12-2所示。

表12-2　1921—1935年汕头城区主要马路建设情况[3]

序号	竣工年份	路名	实际路宽
1	1921	福合路	9.8米/32.2英尺
2	1923	永平路	12.2—13.3米/40.0—43.6英尺
3	1923	升平路	12—13米/39.4—42.7英尺
4	1924	同平路	12.4米/40.7英尺
5	1924/1928/1932	外马路	18.3—40米/60.0—131.2英尺
6	1924	招商路	18—24.2米/59.1—79.4英尺
7	1924	招商横路	
8	1924/1934	同济二马路	6.67米/21.9英尺
9	1924	福平路	18米/59.1英尺
10	1925/1930	国平路	12.2—16.9米/40.0—55.4英尺
11	1925	至平路	11.5—19.5米/37.7—64.0英尺
12	1925/1934	韩堤路	19—20米/62.3—65.6英尺
13	1926	镇平路	13.3米/43.6英尺
14	1926/1936	利安路	24.4—50.3米/80.1—165.0英尺
15	1926	中山路	24.4—25米/80.1—82.0英尺
16	1926	公园路	18.3—25米/60.0—82.0英尺

[1]　汕头地图（1919年）[M]//谢湜，陈嘉顺，欧阳琳浩，等.汕头近代城市地图集.北京：科学出版社，2020：36.

[2]　萧冠英.六十年来之岭东纪略 [M].广州：广东人民出版社，1996：124.

[3]　数据来源：广东省汕头市地方志编纂委员会.汕头市志（第一册）[M].北京：新华出版社，1999：308-316.广东省汕头市地方志编纂委员会.汕头市志（第三册）[M].北京：新华出版社，1999：539.部分马路资料未注明路宽，部分马路系分段建设，分段竣工通行。

序号	竣工年份	路名	实际路宽
17	1926	安平路	14.3米/46.9英尺
18	1927	护堤路	7.3米/24.0英尺
19	1928	民权路	18.3米/60.0英尺
20	1928	民族路	18.5—24.4米/60.7—80.1英尺
21	1928	新兴路	18.5—26.5米/60.7—86.9英尺
22	1928	居平路	14.4米/47.2英尺
23	1928	海平路	18.3米/60.0英尺
24	1928	火车路	24.5米/80.4英尺
25	1929	商平路	14.3米/46.9英尺
26	1930	永泰路	14.3米/46.9英尺
27	1930	镇邦路	14.3—20米/46.9—65.6英尺
28	1930	杉排路	
29	1930	瑞平路	
30	1930	民生路	19.6米/64.3英尺
31	1931/1934	共和路	12.2米/40.0英尺
32	1932	五福路	14.5米/47.6英尺
33	1932	汕樟路	
34	1934	旧公园路	
35	1934	博爱路	18.3米/60.0英尺
36	1934	大华路	25—30米/82.0—98.4英尺
37	1934	华坞路	5.7—13米/18.7—42.7英尺
38	1934	德兴路	14.3米/46.9英尺
39	1934	西堤路	22—29.8米/72.2—97.8英尺
40	1935	同益路	18—35.3米/59.1—115.8英尺

　　汕头市政厅成立之后，关于汕头市域的范围，"东至金狮喉港，南至礐石山，西至海，北至大头西陇、浮陇，西南至浔洄上，西北至大场，东南至澳头"[1]。除了海湾南面的礐石山北麓之外，居民大部分居住在海湾北岸，主要分布在被称为"汕头埠"的密集连片商住区、被称为"崎碌"的带状居住与文化区，以及乌桥岛和厦岭光华片区。按照当时城区改造计划的编制者的想法，就是努力通过构筑近代道路网络，将上述三个片区连接起来，在疏解旧城区的同时发展新城区，使三个片区发展为功能分工更为明确的街区组团，进而融合为一个规模更大、功能更为齐备的近代港口城市。表12-2列举的40条主要道路的建设，就是按照连接、融合三个街区组团的要求而有序展开的。

---

[1] 谢湜、陈嘉顺、欧阳琳浩，等.汕头近代城市地图集［M］.北京：科学出版社，2020：41.

三、"西部街区组团"的道路系统建设

这一街区组团指位于沙脊西部到西南部，被称为"汕头埠"的密集连片商住区，即今"小公园开埠区"，当时也被称为"条约开埠区"。经过汕头开埠后60年的自发建设，这一街区组团街道拥挤，人口密集，已无法适应港口转运、批发、零售三者并重的新商业业态，拆街建路就成为疏解旧城区的必然选择。

（一）1923年升平路和永平路的同时竣工，是汕头旧城区道路建设的标志性事件

从表12-2中可见，1921年建成的福合路是这一片区最早竣工的，只有60米长、9.8米宽，可能是作为全面推开近代道路建设的试验段。此时刚刚成立的汕头市市政厅已经开始全面谋划城区街道布局，并已决定从升平街改造入手。1921年7月1日，第一任市长王雨若发布市政厅182号指令：要求工务局进一步落实"呈拟先从升平街着手改良街道并绘具路线测定图"的具体计划[1]。1923年升平路和永平路同时竣工，是汕头旧城区道路建设的标志性事件。

在老城区首先开辟升平路和永平路为近代马路的意义，一是升平路和永平路最靠近当时扇形放射状街区布局的端点；二是升平路纵向转横向的走向，有效地将"老市"、海关、港口、"崎碌"、道台街、老城西部民居区等重要街区连接起来；三是永平路的建成，实现了"四永一升平"和"四安一镇邦"两大主要商业街区的横向贯通；四是升平街自开埠后一直是"交通通衢"，而拆建为永平路的横向各小街（双和市横街、永泰三横、永和四横、永安二横、潮安一横、荣隆一横、杉排一横等），基本上都在《汕头市改造计划图》的道路规划线上，易于拆建拓宽。

1923年先行建成的升平路和永平路，可被视为汕头城区"西部街区组团"纵向与横向道路建设的基准线，此后西部组团的纵向马路，都是以升平路为轴，向北或向南辟建，先后是至平路（1925年）、安平路（1926年）、镇平路（1926年）、镇邦路（1930年）、永泰路（1930年）、杉排路（1930年）、五福路（1932年）和旧公园路（1934年）。横向马路则以永平路为轴，顺次向西或向东开辟。先后为同平路（1924年）、国平路南段（1925年）、居平路（1928年）、海平路（1928年）、商平路（1929年）、德兴路（1934年）、西堤路（1934

---

[1] 汕头市政厅总务处.汕头市市政公报［J］.1921-08（10）：16.广州：广东省立中山图书馆.

年）。至1934年底，西部街区组团以"小公园"广场为枢纽的"十纵八横"近代道路系统基本形成，原来"街衢湫溢"的老城区初步完成了向近代商业街区的蜕变。

（二）关于"拆街拆屋建路"与持续繁荣百业、改善民生之间的兼顾协调

西部街区组团是当时汕头市的商贸、金融、港务中心和主要的居住区，商业街道密集交错。如何保护原有的商业网络，协调好"拆街拆屋建路"与持续繁荣百业、改善民生之间的关系，是改造该街区组团道路系统不可回避的难题。从1923年《汕头市改造计划图》的规划思想和此后的实施效果看，汕头市的市政规划当局采取了以下措施。

一是老街区的道路系统重构必须适应近代交通工具、交通方式的新变化，服务于零售消费和服务消费迅速增长的新业态。市政规划当局试图通过开辟"十纵八横"的畅通路网，形成大量的临街商业楼宇，繁荣汕头城区的商贸、金融、船务业和饮食业、旅业。如改造计划中要求，新辟马路"各路面之中央，划为车道，转为车马往来之用。两旁另修步道，以便步行，而免冲撞之险"，"车道宽至十六尺，即足为普通汽车及对通过之用。但此外尚有货车人力车马车等散在，则非四十尺不可。若预备敷设电车之处，则非六十尺不可也"。[1]

二是充分考虑汕头埠"因商而兴"的特点，尽量照应原来的商业街道走势、规格，依先后缓急设定拆建方案和拆建次序。1924年先行打通升平路、永平路这两条主要交通干道后，其他纵向马路的路网规划，按照4—5条街道间拆建1条马路的原则设计，基本避开了当时商业、金融活动最为活跃频密的"四永一升平"街区和"四安一镇邦"街区。零售商业集聚度最大的、接近繁华"老市"的镇邦街和永泰街，其繁华的东北段一直照原样保留不改，其西南段至1930年才拆建为14.3—20米宽的镇邦路和14.3米宽的永泰路。

三是先行构筑和紧密依托核心商圈，自东（东北）向西（西南）稳步推进路网建设。西部街区组团的道路辟建以原"闹市"商业街区和"道台街"行政街区一线为东缘端点，1924—1926年迅速辟建了安平路、至平路、同平路、国平路南段、镇平路5条横向道路，和已经建成的升平路和永平路一起，构筑起后来被称为"小公园"的西部组团核心商圈。1928年至1934年，依托该核心商圈，再稳

---

[1] 萧冠英.六十年来之岭东纪略［M］.广州：广东人民出版社，1996：124.

步向外辟建了海平路、商平路、国平路北段、德兴路和西堤路5条横向干道和镇邦路、永泰路、杉排路、五福路等纵向马路。从1921—1934年，西部组团在原来的街巷式商铺格局中，辟建出近20条至少12米宽的近代马路，建筑起数以千计的骑楼式商业楼宇，大大地提升了汕头口岸的吞纳转运能力和城区的商贸、人口和文化等要素的集聚能力。

（三）汕头埠西南端的扇形放射状街道布局是"因港而生""因商而兴"的产物

汕头埠西南端的扇形放射状街道布局，其雏形在19世纪末已大致形成，有的著述中将汕头埠此种放射状街道布局，类比于巴黎的街区布局，甚至以为是国内唯一的放射状街区，其实不然。

以城市中心广场（通常集中了教堂、议会、政府和纪念物）为圆心，通过多条道路与多个同心圆对外放射的方式来组织城市道路系统，是古希腊、古罗马城市及后来的中世纪地中海城市的通例，目前在欧洲、美国以至部分中东国家的许多城市还很常见。中国的成都、大连、上海等城市，也都出现过此种环形放射状街区布局。

需要说明的是，第一，欧美一些城市的环形放射状街区布局，是按照比较精细的城区规划设计图来施工建设的；汕头开埠区放射状街区则是根据岸线和码头方位指向自发形成的。第二，欧美的环形放射状街区大多是完整的360°多圈圆环，汕头开埠区的放射状街区仅为约90°的扇形。第三，欧美的环形放射状道路和多圈环状道路纹理都比较明晰畅通，通常采用高密度低宽度的路网设计，因为如果没有多圈环状道路，仅有单圆心的放射状路网，其通行效率肯定不佳；而当时汕头开埠区的扇形放射状街区恰恰长时间不存在明确的圆心广场和多圈环状的道路系统，直到1934年中山纪念亭建成，才出现被称为"小公园"的圆心广场。

因此，1923年《汕头市改造计划图》针对以上实际情况，专门设计了横贯放射状街区的多圈环状道路，以建设横向马路为着力点，将业已形成的扇形放射状街道布局，优化为"中心—扇形放射—多圈环状"，贯通到汕头埠北部民居区，再通过开埠区外围新辟建的外马路、民族路、中山路、福平路，使西部街区组团的纵横道路系统与建设中的东部、北部街区组团的道路系统相对接，从而实现既疏解和继续发挥老城区的功能，又拉动新城区融合发展的预期目标。

四、关于"东部街区组团"的道路系统建设

（一）具有远见和胆识的东部街区组团规划

这一街区组团指位于西部街区组团以东的广大区域，包括"闹市"和升平路以东的被称为"崎碌"的沙脊南岸线地区、原福合沟东侧茭萣地及其以东、迴澜新溪以南的低洼地、盐场和坟场等。从历史地图看，1865年的《汕头港地图》已标出当时位于内海湾南侧礐石的英国领事馆位置和海湾北侧的"闹市"埠区，"闹市"以东的海岸边未见有建筑物标识。

33年后，在1865年《汕头港地图》基础上增补的1898年《汕头港》图上，被称为"崎碌"的沙脊南岸线地区已经标有医院、使馆区、临时灯塔、德国领事馆、油槽等建筑物。1912年进一步增补信息的新图上，崎碌海边一线被标出的建筑物更多，"在埠区以东，崎碌炮台东部的海港北部，相较于1902年地图，已有更多区域形成泥滩，并出现了一个浅水潟湖，可见汕头港北部泥沙淤积的速度较快"。[1]1922年日本出版的《汕头市街图》已经标出了外马路、内马路、新马路、中马路和一批街巷，外马路两侧已标出存心善堂、福音医院、省立甲等商业学校、广州街、商业街、联和里、山阴巷、联兴里等建筑片区，新马路两侧则标出了茭萣地、庆华里周边等建筑片区。但中马路盐埕头以西以东的墓地、以北的称为"新填地"的低洼地，仍未标出连片建筑物。

因此，东部街区组团道路系统建设的意义，在于通过规范拓宽原来外马路、新马路等干道，新建一批纵横交错的干道路网，使原来的分散建筑整合成片，将数倍于"汕头埠"面积的大片低洼地、墓地规划开发为城区，并与西部组团、北部组团相连接，从而快速扩大汕头市区。可见，1923年汕头城区改造计划中关于迅速扩大城区的思路是很有远见和胆识的，当然此种勇气是建立在对汕头口岸"因商而兴"的优势长期看好的基础之上的。

（二）在东部组团道路系统改造计划的实施中，市政当局采取了重点突破、稳步推进的务实做法

第一，以填平福合沟并新建福平路作为拓展东部新城区的突破口。

福合沟应是沙汕头这片沙脊浮出海面后自然形成的。1922年的地图显示，福合沟北端注入1879年开挖的迴澜新溪，沿道台街街区东缘南流至"郭厝祠前"

---

[1] 谢湜，陈嘉顺，欧阳琳浩，等.汕头近代城市地图集［M］.北京：科学出版社，2020：4-5，18-19，30-31.

东折，一直蜿蜒至贴近沙脊南岸线的原天主堂巷以东海滩消失。由于福合沟的阻隔，沙脊西部的开埠"老市"街区向东、外马路一线向北的发展都受到严重阻隔。因此，在西部组团的升平路、永平路建成前的1921年，市政当局就已经筹划将福合沟填埋建成近代马路，并于1924年4月完工。[1]福平路从沙脊西北一路转向东南的不规则走向，成功地将道台街行政区、升平路东的民居和商贸区、外马路的文化外事区串联起来，大大拓展了西部组团和外马路带状街区的发展空间。

第二，超前规划和建设东西向主干道，拉开城区布局的框架。

由于自然地貌的影响，汕头城区的城市形态只能从沙脊的西南端逐步向东扩张，而当时贯穿东部组团的东西向道路仅有沿着沙脊南岸线自然形成的外马路（曾称"崎碌路""大马路"）。从1924年开始，市政当局将宽窄不一、路面崎岖不平的外马路西段规划和改建为60英尺宽的近代马路，并在1928年、1932年分别完成外马路中段、东段的路面铺设。1926年建成了与外马路平行的第二条东西向主干道中山路，路宽约80英尺。1925年、1932年在东部组团北缘沿迴澜新溪和月眉溪分别辟建了韩堤路中段和东段，这样，东部组团就构筑起南、中、北三条东西向干道，与西部街区组团的道路系统对接贯通。

第三，由西而东推进南北向道路和街区建设，稳步扩展连片城区。

在1924—1926年搭建的东部组团东西向城区框架的基础上，1926—1934年顺次建成了可以联通外马路和中山路两条主干道的公园路（1926年）、新马路（1928年）、中马路（1928年）、新兴路（1928年）、大华路（1934年）、汕樟路（1932年）、博爱路（1934年）等南北向马路。这一期间还辟建了民生路（1930年）、瑞平路（1930年）、共和路（1931年）、华坞路（1934年）等7条东西向马路。在南部填海区建设了同益路（1935年）、利安路南段（1936年）。1933年的《最新汕头地图》显示，原来分布在外马路两侧、新马路、中马路的所有零散街区，全部被整合到纵横交叉的方格式城区格局中来，东部街区组团的面积（含中山公园），已经相当于西部组团的大约两倍[2]，基本实现了拉开城市框架、扩大连片城区的计划目标。

---

[1]　谢湜，陈嘉顺，欧阳琳浩，等.汕头近代城市地图集［M］.北京：科学出版社，2020：59.《汕头市志》则称，福平路系1925年筑建。（广东省汕头市地方志编纂委员会.汕头市志（第一册）［M］.北京：新华出版社，1999：313.）

[2]　谢湜，陈嘉顺，欧阳琳浩，等.汕头近代城市地图集［M］.北京：科学出版社，2020：92.

五、关于"北部街区组团"的道路系统建设

这一街区组团指迴澜新溪以北的乌桥岛和梅溪河以北的厦岭、光华等地区。在1923年的《汕头市改造计划图》中，这个地区被规划为未来的工业地区。

乌桥岛是规划中的工业地区的最主要的载体。1921年汕头设立市政厅时，迴澜新溪已是汕头港内河运输主要通道。当时乌桥岛已有民国初年修建的外乌桥和内乌桥，与西部组团的道台街区周边相连。靠近桥梁的岛上西南角北海旁、享祠一带，已经出现了十余条小街巷和零散的沿河栈房。岛上北半部是大面积的低洼地和水塘。岛的东北部已有浮桥与潮汕铁路连接，东南部的迴澜桥当时还未建成。《汕头市改造计划图》上的乌桥岛要构筑由"五横五纵"干道加一条环岛道路构成的道路系统，并建设永久性的桥梁，与开埠片区、厦岭光华片区连接。

1923年，乌桥岛东部连接老城区的迴澜新桥建成；1924年和1934年，分两段完成同济二马路的建设；1928年，建成连接潮汕铁路的火车路（迴澜路）；后又建成耀华桥，与光华埠连接。1937年的《最新汕头地图》显示，此时的乌桥岛仅修建了同济二马路、迴澜路、同济路和一小段同济三路，其余地域仍是洼地水塘和集聚了大量棚屋的杂乱街巷，距离原规划的"五横五纵"环岛道路系统和近代工业集聚区的目标相去甚远。与汕头城区的西部组团和东部组团相比，北部组团的发展最为薄弱。

第三节　"顺商而变"：1923年《汕头市政之工务计划》的实现机理

根据1999年《汕头市志》提供的资料，可以对汕头开埠至1949年市区几个时期新增建成房屋的面积做出粗略推算。开埠前，汕头市区建成房屋面积约9万平方米，其中住宅占66.67%，建筑结构多为贝灰砂杉木和半贝灰砂枋屋；非住宅占33.33%，多为商住混合使用房屋和祠庙宫堂。1861年至1949年间，新增房屋建成面积近260万平方米，其中住宅建成面积约176万平方米，占新增面积的68.39%；非住宅建成面积为813719平方米，占新增面积的31.61%。1905年至1937年是汕头城区扩张的极盛时期，32年间新增房屋面积约195万平方米，占1861—1949年新增面积的76%左右。1921年汕头城区设立市政厅之后，特别是

1923年制订《汕头市政工务计划》之后，拉开城区框架、迅速扩大城区的方向更为明确。至1934年，城区铺筑的干道已增至34条，总长度为23.01公里，总面积为39.57万平方米。1860年开埠之初城区建筑面积仅0.12平方公里，几条小街，200多间店铺，1949年城区面积已达3.63平方公里，拥有4144家工商企业。[1]市区干道增至47条，总长27.29公里。这一时期汕头市区的建设基本上按规划执行。许瑞生在《汕头市近代城区的历史演变回顾与保护体系的建立》一文中认为："1948年的汕头市街图反映出城市的发展状态：道路布局按照1932年的规划基本完成80%，南岸正在修筑，向西堤和东面延伸。城市的发展空间在东南方向。北面的工业区域道路已经按规划完成。"[2]

通过对1921年以后汕头城区"有规划改造"的目标、动因、结果的分析，可以观察到隐藏在汕头城区形态演化进程背后的"顺商而变"的逻辑力量。

一、"顺商而变"是汕头城区"有规划改造"的共识与合力

对于汕头这座"因港而生""因商而兴"的商业城市而言，城区改造的核心目标，就是使汕头市的经济、社会、文化、民生发展的所有方面，都能够顺应汕头口岸和汕头市区商贸业持续繁荣的要求。1923年《汕头市政之工务计划》的绪论中，计划编制者已经认识到，形成城区改造的共识与合力的重要性："惟时事业重大，经费浩繁，非得政府之补助，与地方绅民之协力，各具决心，积极规划，以促进行。"[3]显然，"顺商而变"既是城区"有规划改造"的目标和原则，也是凝聚政府和地方绅民的合力，使各方主体都愿意参与城区改造并从中获益的共识。

（一）《汕头市政之工务计划》和《汕头市改造计划图》的编制者们完全了解繁荣商贸业对于汕头城市发展的决定性作用

在改造计划划定的商业地区、工业地区、住宅地区、行政地区和行乐地区五类功能分区中，不单原来商贸、交运活动繁荣活跃的西部街区组团被划为商业地区，就连准备拓展为新城区的东部街区组团，以及外马路沿线新填海地区，全

---

[1]　广东省汕头市地方志编纂委员会.汕头市志（第一册）[M].北京：新华出版社，1999：539，557，1371.

[2]　许瑞生.汕头市近代城区的历史演变回顾与保护体系的建立[J].城市观察，2017（1）：160.

[3]　萧冠英.六十年来之岭东纪略[M].广州：广东人民出版社，1996：122.

部划为商业地区。在6.89平方公里的总规划面积中,行政区域为0.13平方公里;工业区域为0.8平方公里;中山公园0.23平方公里;商业和住宅区域划定为5.06平方公里,商业地区的规划面积占总规划面积的73.44%,[1]充分凸显了汕头城区"因商而兴"的商埠属性。

从汕头设立市政公所开始,到此后的市政厅、市政府,尽管行政首长频繁更替,历届市政当局都一直以巩固汕头城区的商业贸易中心地位为己任。不论是城区西部组团的拆街辟路,还是东部组团新建路网,都立足于适应汕头城市商业形态的新变化,将兴建尽可能多的商住两用联排骑楼建筑、不断改良市场环境和人居环境为目标,以充分满足当时汕头埠绅商快速提升土地商业价值,扩大市场容量的共同需求。

至1938年,规划中的商业地区道路系统和主要的商贸业、服务业建筑,已按规划基本建成,并且形成了小公园、双和市、三太市、福合沟、盐埕头、同益市、共和市、乌桥市等商业市集网络布局,进一步强化了进出口贸易和城区的消费能力,汕头口岸的区域性商贸流通中心地位不断巩固。

（二）通过示范效应,让拆街巷建联排骑楼马路,逐渐成为汕头城区社会各界的普遍共识

1915年《汕头纪事》的调查显示,当时汕头埠185家商户中,大多数从事转口及批发贸易。与此相适应,从汕头开埠至20世纪20年代初叶,汕头埠各街巷的"民居采用下铺上居的空间安排,多设内天井。屋顶也使用潮汕民居的做法,有些改良形成局部天台可以晾衣被。建筑材料为经济起见,常采用贝灰沙与杉木结构"。

1921年汕头设立市政厅之后,汕头城区人口规模和消费能力有所增强,市政当局已经开始要求新辟马路的临街铺户自己在步道上加盖骑楼。当然,1921年就开始谋划拆建的升平路和永平路,直到1923年建成通车时,临街还基本是三四层高的非骑楼联排楼房。1935年《潮梅印象》的调查显示,随着汕头零售商业的迅速发展,市区商号已有1113家,覆盖了20个商业门类,其中只有南北港（转运贸易）、生猪业、土油业、田料业共4个行业82个商号"概营躉售",仅有鲜鱼业一个行业24家商号专营零售,其余15个行业1007家商号均为"躉零售并兼",零售和批零兼售的商号已占汕头市区商家数的92.63%。[2]为了与转口贸易、批发

---

[1] 许瑞生.汕头市近代城区的历史演变回顾与保护体系的建立［J］.城市观察,2017（1）:153.

[2] 谢雪影.潮梅现象［M］.汕头:汕头时事通讯社,1935:50-52.

贸易、零售贸易三者并立的商贸新业态相适应，20世纪20年代初汕头城区新拆建的近代马路基本上"以骑楼的方式联结形成步行通道，骑楼采用简化的西洋柱式"[1]。

汕头城区骑楼马路的兴起、发展和式微，是观察汕头建筑形态与商业形态同步变化轨迹的窗口。汕头埠内街"下铺上居"的联排建筑形态，是与开埠初期直至20世纪初叶汕头转口贸易为主的商业形态相适配的。1924年之后西部组团近20条纵横干道，东部组团新马路、中马路、公园路、新兴路等多条纵向干道，基本上都建成联排骑楼马路，其动因则是这一时期汕头的商业形态转向大宗转运，一、二盘批发与就地零售三者共存，汕头城区零售商业迅速兴起，迫切需要更宽敞的马路和临路商铺与其相适配。

从早期新加坡殖民地强制推行带"五脚基"连廊的"店屋"，到1878年港英政府颁布《骑楼规则》，关于联排骑楼式建筑对于热带和亚热带城市的商业意义，19世纪中叶以前已被认识。

1912年《广东省警察厅现行取缔建筑章程及施行细则》规定："凡堤岸及各马路建造铺屋，均应在自置私地内留宽八（英）尺建造有脚骑楼，以利交通。"可见，拆街巷修联排骑楼马路，是当时东南亚地区和中国南部地区构筑近代商业城市的标准范式。商贸业越活跃，修建骑楼马路的条件就越齐备，出现联排骑楼建筑的时间也越早。新加坡、中国香港、广州兴建骑楼马路的时间早于汕头，汕头兴建骑楼马路的时间又早于江门、湛江以及潮汕各城镇。

19世纪末期，汕头旧城区已经开始拆缩挡街建筑，为了共同商业利益而规范个体行为、整治街巷格局。此种约定俗成的共识，成为1921年之后大规模拆街建路的思想基础。而城区商业业态的多样化，则是1923年之后城区改造中的新开辟马路，大多建成联排骑楼马路的物质基础。1923年《汕头市政之工务计划》中的"街路之建设与下水道之敷设"，要求在行车道两侧留出步道，"步道之宽，据欧美各国定例，比照该街路全宽，得十五分至二十分之一，本市仿之。"[2]虽然1923年"工务计划"中并未硬性要求新辟马路必须修建联排骑楼，但1921年4月汕头市工务局甫一成立，翌月发布的第三号布告中就希望第一公园前路拆路后两侧商住铺户在步道上自建8英尺的骑楼。[3]可见，1923年以后汕头城区骑楼马

[1] 许瑞生.汕头市近代城区的历史演变回顾与保护体系的建立 [J].城市观察，2017（1）：153.

[2] 萧冠英.六十年来之岭东纪略 [M].广州：广东人民出版社，1996：124.

[3] 汕头市政厅总务处.汕头市市政公报 [J].1921-05（2）：30.广州：广东省立中山图书馆.

路的迅速扩展，既表现为市政当局顺应汕头口岸日趋繁荣活跃的商贸活动，积极探求沿路建筑形态的多样化；又表现为此时汕头各界商民对联排骑楼马路的商业意义开始形成共识。

1923年之后，构成西部组团核心商圈的安平路、至平路、居平路、国平路南段等骑楼马路先后建成，市场容量扩大带来的贸易红利，成为西部组团拆街建路和东部组团辟建新路的示范，部分商铺由原来被动参与拆街建路，转为主动、积极地争取先拆先建。1928年就有国平路北段商户组成的筑路委员会，向市政厅陈述争取尽早拆路建骑楼的紧迫性："天空阔大，两旁铺户正东西对照，在住户则不堪其暑炎之酷热，在商户则不堪其货物之蒸变，遇淫雨斜吹则水汜，户铺其害有甚于烈日。受兹苦状，居住其间者势必有用亚铅或布篷，籍以遮盖。然篷之高下长短不一，于观瞻上殊不美观，此本市先筑各马路未见骑楼户铺既先有明证也。至行人至不利则往来其间者无不晓然矣。"[1]正是由于拆街巷辟建联排骑楼马路成为官民各界的普遍共识，并且转化为内生驱动的动力机制，"汕头自民国十五年（1926）以后，所有开辟马路皆一律建筑骑楼"。[2]

（三）社会各界共识与城区改造规划执行中的同步"顺商而变"

与广州、上海等其他的沿海工商业大城市相比，汕头的市政改造计划的编制、审批、执行似乎相对容易，商户参与甚至主导城区改造的意识更为充分和主动，市政当局多是顺势而为，主要扮演规范者、监督者、仲裁者的角色。此种状况与近代中国东南沿海城市的非均衡发展格局相关。汕头作为"因港而生"的区域性后起商埠，并不具备上海和其他沿海省会城市固有的政治、文化中心功能，经济体量和人口规模都不在一个量级上；外国租界一直未能在汕头设置，如上海、厦门一样多方势力相互掣肘的情况不算多；加之汕头市政当局的财政收入能力仅能满足日常运转，相形之下，商绅在汕头埠的发言权就显得较有分量。从另一个角度看，清末至民初潮州府城一直作为粤东主要的政治中心，也使得汕头的市政当局可以集中更多的资源推进城区改造。

1921年至1930年10年间，汕头城区共辟建了30条主要干道马路，1931年至1935年，仅辟建了10条马路，主要集中于东部组团。1935年以后，汕头城区基本上未再新辟建马路。20世纪30年代以后，汕头城区道路系统建设速度的放缓，同

[1]　郑莉.近代汕头城市建设发展史研究［D］.华南理工大学博士论文，2018.

[2]　汕头市档案馆馆藏民国档案12-12-024，关于国平路建筑文件2。（肖宗平.汕头小公园开埠区骑楼建筑研究［D］.广州大学硕士论文，2018.）

样体现出汕头市政当局和商民主体间"顺商而变"的默契。1930年前后，西部组团和东部组团的主干马路已基本建完，城区框架已经大幅拉开，创造出巨大的商业用地和住宅用地供给。为了将道路之便转化为实际的道路之利，这一阶段汕头市政改造的重心更多地转向修建商住楼宇（包括联排骑楼和独栋楼房）、疏通补密路网和公共空间建设。适逢1929—1933年世界经济危机，银两的国际汇价大跌，南洋华侨回乡投资购置房产剧增，至1937年之前，汕头城区出现了前所未有的房产投资热潮。[1]

20世纪20年代中期之后，随着联排骑楼马路在中国南方热带、亚热带城市的滥觞，其过于强烈的寸土寸金的逐利驱动、对人居环境和绿化环境的负面影响，也逐渐被社会各界诟病。1929年，广州城区已经建成了近40公里长的骑楼街，各种商店总数达2万多间，平均每50个广州人便有1间商铺，针对"广州是一个大商场"的批评，1932年的《广州市修订取缔建筑章程》，确定了市内不准建骑楼马路的名单，包括位于核心商圈的文德路、广卫路、广仁路、吉祥路以及外围的白云路、长庚路、盘福路、德宣西路等。20世纪30年代之后，广州再没有大规模兴建骑楼建筑了。[2]与广州相仿，汕头城区联排骑楼马路的建设高潮出于1924年至1930年间，主要集中于西部组团的旧城区和东部组团的部分马路。1926年以后，东部组团的外马路、中山路两条主干道的沿路，基本上不再建筑联排骑楼。1930年之后，东部街区组团新辟建的瑞平路、民生路、共和路、大华路、华坞路、同益路、利安路南段等马路，也只有零星的骑楼建筑，其余大多是联排非骑楼建筑和独栋洋房，门前均按规划要求留有较宽敞的步道，并种植行道树。

汕头市政当局似乎没有颁发市内不准建设骑楼马路的行政规章，联排骑楼马路从兴盛到式微，基本是立足市情"顺商而为"。

一是由于外马路沿线地带集中了较多的教育、医疗和行政外事机构，需要腾出空间建设城市公共服务设施。二是东部街区组团的人口密度和产业密度大大低于西部组团，西部组团大规模辟建的联排骑楼马路，基本上已经可以满足十几万城区人口的消费需求，城区东部不可能集聚形成汕头城区的另一个零售商业和消费中心；因此，外马路和中山路沿线也就不需建设更多的商住两用骑楼。三是

---

[1] 林金枝，庄为玑.近代华侨投资国内企业史料选编（广东卷）［M］.福州：福建人民出版社，1989：124-134.

[2] 严家恭.广州骑楼120年［EB/OL］.（2016-06-12）［2022-09-10］.https://gddazx.southcn.com/node_4a1d86d9c1/e735e5775b.shtml.

20世纪20年代末期以后，抽纱、油料、化肥等大宗商品进出口在汕头口岸贸易中所占的比重越来越大，电话、电报、机动车、人力车等近代通信方式和出行方式出现，促使部分大宗商品进出口商业机构分流到东部组团的独栋洋房及其他非骑楼商业楼宇。四是为了追求更为舒适的人居环境，部分市民不再愿意居住在密集嘈杂、商住一体的临街骑楼里；当时东部组团的地价、房价又低于西部组团，离开密集嘈杂的旧城区东移便成为部分市民的选择。

1930年，汕头市政府对1923—1926年拟定批准的《市政改造计划》又"顺商而变"做出局部调整。从1938年《汕头市区最新地图》可以看到，经过近20年的建设，汕头城区已经拉开了框架，但1923年计划拟定的功能分区计划并没能完全实现。除了被列为行乐地区的中山公园按规划初步建成外，位于规划城区北部的乌桥岛等工业地区、东北部华坞片的行政地区、西部黄岗—汕樟片的住宅地区进展迟缓。究其根源，在于上述几类地区的建设缺乏商业力量支撑。对汕头市行政当局和绅商们来说，在商业地区大规模辟建道路系统时，同步推进行政地区和住宅地区的建设确已力所不逮。因此，1930年后，只能选择在外马路新填海地块，新建汕头市政府。原先规划的商业地区中，特别是靠近码头的西部组团街巷中，散落着大量的新建住宅、小型工厂作坊和行政文化机构，这些非商业单位出于运营成本的考虑，宁愿散落在商业地区，也不愿意落脚到政府规划的工业地区和住宅地区。

二、"顺商而变"下汕头城区改造的经费筹募机制

经费问题是城区改造计划能否实施的核心问题。汕头和当时国内其他城市的做法一样，除了政府例常的征费之外，主要还是依靠商绅居民自筹和政府的土地收入。

（一）行政当局和投资者都有意识地借助"级差地租"来拉动投资需求

如上所述，1921年至1934年间，汕头市新辟建的20多条宽敞的骑楼马路，取代内街成为新兴业态的商业场所，大大提升了城区土地和道路的商业价值，汕头市区的商贸、消费的规模也随之迅速扩大，直接拉动了国内外工商机构、海外华侨和本地市民的投资需求。

1925年萧冠英在《六十年来之岭东纪略》一书中，已经关注城区道路系统建设与土地"级差地租"变化之间的关系："近以地价腾贵之故，报酬中人之

金，改为买卖主之双方各给百分之一（即一分）。表面虽无前此之多，实则获利更复为厚。汕头地价，年年增高，预料沿岸长堤竣工、马路筑城之后，地价腾高，较今为甚。"[1]书中记载，1920年汕头市区尚未大规模辟建马路时，位于"四永一升平"和"四安一镇邦"的商业中心区，每井（即每平方丈）的地价都在180—260元（汕币），其中镇邦街和至安街的每井地价高达300元，"闹市"（"老开埠区"）的行街、顺昌街、银珠街只有100元，南岸线新填海地段的广州街、商业街才70元，福合沟以东、以北地段的地价仅在30—60元。追求更高的级差地租，成为这座新兴商业城市绅民们积极参与辟建马路，进行城区改造的动力。

（二）汕头城区改造创造了旺盛的投资需求

汕头城区改造中，与20多公里新建马路同步开建的数千栋楼房，为汕头市区创造了旺盛的建筑业和房地产业需求。

如表12-3中所示，1949年汕头市区的房屋，75%以上是1905—1937年所建，其中大部分的骑楼、住宅、别墅，是在20世纪20—30年代城区"有规划改造"时期中建成的。建筑业和房地产业迅速扩张，使建筑建材贸易成为新的产业投资热点。据潮海关统计，1919年，汕头口岸进口水泥货值仅27014关两，按当年进口水泥每司马担1.020关平两换算，这一年汕头口岸仅进口了1589吨水泥。1927年，汕头口岸进口水泥货值已经增加至126862关平两，1931年剧增至407651关平两，按当年进口水泥每司马担1.585关平两换算，进口水泥已达15431.58吨，为1919年的9.71倍，12年间水泥进口数量每年平均增长20.86%，其中1927—1931年4年间，每年平均增长33.89%。[2]1919年，汕头口岸进口铁、生铁、钢类的货值仅为367880关平两，1928年增加至750995关平两，为1919年的2.04倍；1931年再增至974727关平两，为1919年的2.65倍。[3]1885—1915年的30年间，汕头口岸进口铁枝铁条数量大致保持在2万担左右到3万担之间。1920年和1925年进口数量

[1]　萧冠英.六十年来之岭东纪略［M］.广州：广东人民出版社，1996：44.

[2]　根据：饶宗颐.潮州志（第三册）［M］.潮州：潮州市地方志办公室，2005：1221页《海关对外贸易输入货物分类表》第一表相关数据整理计算。进口水泥单价数据来自：饶宗颐.潮州志（第三册）［M］.潮州：潮州市地方志办公室，2005：1192页《海关对各货估价表》。

[3]　中国海关学会汕头海关小组，广东省汕头市地方志编纂委员会办公室.潮海关史料汇编［M］.1988：193-204.《1865—1930年汕头口岸进口货物主要品种统计表》。

分别为4.3万担和7.8万担，1930年达到10.64万担。[1]1935年刊行的《潮梅现象》称："汕头为华南重镇，潮梅出入口门户，当前数年外汇高涨时，一般华侨纷纷汇款返国，投资购地，建筑楼屋，是以地价高涨。""据建筑工厂中人言，汕头前数年，全市每年建筑价值达六七百万元，距近年来，因市情不景，逐渐低减。廿三年（1934）全市建筑价值仅存五十万元左右。迨廿四年（1935）建筑更形冷落，查全市建筑工厂大小不下二百家，现在营业均形寂寞。"[2]尽管此时汕头城区的建筑业企业仅剩下"不下二百家"，就企业个数而言，仍居于全市各行业首位。

（三）政府积极主动通过拍卖筑堤填海地和部分公地，筹措城区改造经费

《汕头市政之工务计划》中明确指出："汕市最好之模范市场，全在现堤工计划、所填筑之海坦中，而市政之能否发达，亦概以此为命脉。盖自有此堤工，而后整顿市政之经费始有可希望。这份计划将'筑堤所需之经费，及堤成后所得新地之价值'，编制了预算。预计填堤费用一百零三万七千七百五十一元，所填成之新地基，共得七万四千零三十四井，除去堤岸及马路所占面积二万八千七百零九井外，实得面积四万五千三百二十五井，每井估值银二百元，共可得银九百零六万五千元。"[3]

《1922—1931年潮海关十年报告》指出：这十年间政府的堤工局就开垦了38044000平方英尺的海滩地，政府可得其卖家的60%。[4]亦即实际填地318096井，超过1923年计划的4倍多。如果按1923年地价计算，这十年堤工局卖地收入可得3600万元左右，如政府得其60%，亦有2000万元，远远高于1923年计划的960万元的预算收入。

[1]　中国海关学会汕头海关小组，广东省汕头市地方志编纂委员会办公室.潮海关史料汇编［M］.1988：193-204.《1865—1930年汕头口岸进口货物主要品种统计表》.

[2]　谢雪影.潮梅现象［M］.汕头：汕头时事通讯社，1935：56.

[3]　萧冠英.六十年来之岭东纪略［M］.广州：广东人民出版社，1996：126.

[4]　中国海关学会，汕头海关办公室，广东省汕头市地方志编纂委员会办公室.潮海关史料汇编［M］.1988：125.

表12-3　1862—1949年华侨投资汕头市房地产业的情况[1]

单位：人民币元

年份	1862—1919	1919—1927	1927—1937	1937—1945	1945—1949	合计
投资总户数	373	485	1672	294	1235	4059
投资总额	21801170	15397246	25607059	3608550	13353033	79767058
投资房地产户数	189	365	1499	222	855	3130
投资房地产总额	2637500	3657500	14657500	1805000	8575500	31333000
投资房地产户数占总户数（%）	50.67	75.26	89.65	75.51	69.23	77.11
投资房地产总额占总投资额（%）	12.10	23.75	57.24	50.02	64.22	39.28
投资商业户数占总户数（%）	19.57	10.93	5.50	13.27	14.86	10.96
投资商业总额占总投资额（%）	29.11	28.01	14.76	18.18	17.02	14.92
投资金融业户数占总户数（%）	25.20	6.80	2.03	7.82	7.85	4.23
投资金融业总额占总投资额（%）	19.47	27.85	8.24	24.30	5.20	11.39

（四）多个因素叠加，促成了20世纪20—30年代潮籍华侨投资汕头城区房地产业的热潮

林金枝、庄为玑在1958—1960年对广东、福建、上海等地调查所得的原始资料的基础上，于1989年出版了《近代华侨投资国内企业史资料选辑（广东卷）》。书中将1862年至1949年华侨在广东投资分为初兴期（1862—1919）、发展期（1919—1927）、全盛期（1927—1937）、低潮阶段（1937—1945）、新高潮和崩溃阶段（1945—1949），并对各阶段广东华侨投资各地区各行业情况进行了统计。表12-4根据书中数据，整理了华侨投资汕头市房地产业的情况。

从表中可见，1862—1949年华侨投资汕头市的房地产业具有以下特点。

---

[1]　数据来源：林金枝，庄为玑.近代华侨投资国内企业史资料选辑（广东卷）［M］.福州：福建人民出版社，1989：48-64.该书第2页对表中使用单位"人民币元"做如下说明："为使读者明了实际币值，我们参照中央工商行政管理局的办法，把原来币值折算为人民币。折算办法以上海、重庆等六大城市1937年1—6月基期指数100为准，则1955年为2.45，1956年为2.46。为便于计算，我们把'抗战前元'一元折为现在的人民币2.45元。如系银两或地方币（毫洋）或美金、港币等，则先折为'抗战前元'，而后再折为人民币。至于抗战以后到解放前夕的国币（法币、金圆券等），亦依上述1937年的指数折成'抗战前元'，再乘以2.45，折成人民币。"

　　一是投资房地产业的金额占总投资金额的42.63%，远高于对商业和金融业的投资。二是汕头城区房地产业的兴盛时期仅存在于1927年至1937年这10年间，这一期间华侨每年平均投资于房地产业的金额为146.6万元，高于初兴期的4.6万元、发展期的45.7万元、低潮阶段的22.56万元。虽然低于1945—1949年期间的214.4万元，但如表12-3所示，1938—1949年全市新增建筑面积仅为37400平方米，仅占1949年以前城区建筑面积的1.45%。可见，1945—1949年新增的房地产投资，绝大部分并不是由于新建房屋，而是用于修复被战争破坏的原有建筑物。三是1921年汕头城区开始拆街建路，南洋华侨随之扩大了房地产投资，但态度还是比较谨慎。1927年左右，西部街区组团的近代道路系统基本成型，东部组团的城区框架已经拉开，重点地段的地价不断上升，城区房地产业的投资价值更加充分地显露出来，才形成了华侨的房地产投资热潮。四是华侨对房地产的投资主要集中于建造或购买房屋，用于自住或出租。"据1959年汕头市房地产管理局提供的材料，当时汕头市房屋有4000多幢，其中华侨的产权约有2000多幢，占50%以上。"[1]1919—1937年华侨在汕头房地产投资户数虽然不少，但单笔投资额偏少，平均每户投资仅在1万元左右。

　　关于这一时期华侨乐于投资房地产的原因，林金枝、庄为玑认为，一是20世纪20年代汕头市政当局实行市政改革；二是"世界资本主义经济危机波及南洋各国，华侨返国日众"；三是农村不安宁，"只好停留汕头，另辟新居，或在汕头自谋生路"；四是在汕头城区投资房地产业的回报比投资其他行业可观。[2]

　　如果将这一时期华侨回汕头购置和投资房地产业的行为放到近代潮汕经济的运行范式中分析，似可得到以下推论。

　　20世纪20—30年代，潮汕地区的不平衡发展态势继续深化，汕头城区已经逐步取代潮州成为韩江流域经济、政治、文化中心，发展预期被普遍看好。1923年《汕头市政之工务计划》的提出和实施，正是顺应了这一非均衡发展态势，创造了上述4个因素可以在汕头城区改造中发挥叠加作用的条件。

　　正如本篇第一章第四节所分析，近代潮汕经济中的人流、物流、资金流，

---

　　[1]　林金枝，庄为玑.近代华侨投资国内企业史资料选辑（广东卷）［M］.福州：福建人民出版社，1989：102.

　　[2]　林金枝，庄为玑.近代华侨投资国内企业史资料选辑（广东卷）［M］.福州：福建人民出版社，1989：102，103.

均与每一阶段的国际、国内市场间形成了复合循环关系，华侨回到祖居地自建房屋或购置房产，是近代潮籍华侨实现顺畅的代际循环更替的重要链节，并不仅仅是叶落归根的文化惯性使然。

经过几代潮籍华侨的艰辛努力，20世纪初直至辛亥革命之后，潮汕地区前往南洋地区谋生的居民，已经在南洋地区站稳脚跟，由开埠早期的"强迫劳工"身份（"被卖猪仔"和所谓"契约劳工"），已经逐渐转为自愿为改变生存处境而下南洋。越来越多的潮籍华侨获得自由迁徙权，促成海外潮人社会和海外潮货市场发育成型，20世纪20年代之后，不论汕头口岸出口的地方特色产品，还是南洋华侨汇入汕头的侨汇，均出现快速增长，说明潮籍华侨已经有条件从南洋溢出资金、商品回哺潮汕。

这一时期汕头城区通过市政改造初步形成的近代商业城市雏形，相对于乡村地带更加优质的人居、交通、教育、医疗资源和公共治理环境，很自然地吸引着南洋华侨回馈的大笔资金，在汕头城区投资购置和建筑住房，就成为当时潮籍华侨高质量、低风险实现代际更替的首要选项。

三、"顺商而变"下汕头城区"有规划改造"的机制安排

（一）商业因素对汕头城区改造机制的直接影响

在近代中国首先向世界敞开大门的诸多沿海"条约开埠城市"中，与上海、广州、天津、福州，甚至与厦门相比，"顺商而变"对20世纪20年代后汕头城区"有规划改造"机制的影响，更为显著和直接。

第一，汕头埠"有市无城"发展模式的影响。

汕头开埠前只是一个只有几条小街、几百间小店铺的小口岸，不是省城、府城，连县城也不是。所以，汕头的城市发展从未遵循传统的方格状城郭建设的规制，没有建过城墙，大街小巷也极少见到用于区分"里""坊"社区的门楼牌坊，一切都服从于畅通陆海交通、繁荣商贸活动的整体目标。这就使得汕头的城区改造省却了"拆城墙""移牌楼"等种种麻烦。

第二，多元开放的人口结构和商贸主体结构的影响。

由于汕头埠早期的"居民几乎全是商人"[1]，汕头城区作为韩江流域最大的

---

[1]　中国海关学会汕头海关小组，广东省汕头市地方志编纂委员会办公室.潮海关史料汇编［M］.1988：23.

近代商业中心，南北港多点循环贸易网络的枢纽，已经形成开放包容的人口结构和商贸主体结构，在清末民初国家政权管治能力松弛的背景下，以商业伦理为内核的"弱政府、弱宗法、重绅商、重契约"的治理理念，很自然地浸润到汕头城区"有规划改造"的机制中来。

第三，主权意识和民族主义情结的影响。

1845年至1902年，西方国家在中国沿海10个所谓"条约开埠城市"，共设立了25块租借国单一租界、2块公共租界。在这些租界内，中国没有行政司法权，由租借国设立工部局，包揽市政、警务、工务等权能，俨然是国中之国。有些没有签约设立租界的口岸城市，如烟台也曾设立华洋工部局，规定了华洋双方共管和各自管理的边界。只有汕头和其他少数几个口岸城市，一直没有设立租界，地方行政机关仍可比较完整地行使城区建设与治理的主权。

关于设立租界对所在城市市政改革的影响是复杂的，国内不少著述认为，一方面可以向租界学习城市规划建设的理念、方法；"租界的出现也全方位地给近代中国带来了西方工业文明和完整的现代城市概念，全新的生活方式与理念，起到了示范作用。"[1]另一方面，由于城市治理主权的沦失，华界和租界之间的城市规划、道路系统、公共服务等方面协调难度相当大，"导致城市畸形发展和民族主义情绪的高涨。"[2]20世纪20—30年代上海市政改造的"大上海计划"迟迟未能落实，原因盖出于此。

从1860年汕头开埠直至20世纪初叶，汕头内海湾两岸的崎碌地区和礐石地区出现了较多的"洋人屋宇"，其间崎碌路沿线的洋行等外国机构也曾自主自筹整修马路，也试图谋求在崎碌设立类似租界的工部局，但清廷一直未允许。汕头没有设立租界，其原因可能与这一时期城区西部的"华人屋宇"扩张比较迅速、而"洋人屋宇"的分布相对孤立分散有关。狭长的崎碌地区很快形成了"华洋混居"状态，难以形成完整的外国人居住区。从更大的时代背景看，20世纪初叶之后，中国社会的民族意识普遍觉醒，对侵害中国主权设立外国租界的图谋更加警惕，1923年汕头市政厅厅长萧冠英主持编制的《汕头市政之工务计划》、1925年萧冠英出版的著作《六十年来之岭东纪略》中，字里行间都透露出当时中国社会强烈的民族主义情结。多方力量博弈下汕头城区未设立租界，使汕头得以由中国人自主编制市政改造计划，并将整个城区纳入统一的市政改造的计划图中。更

[1] 俞世思.现代性与民族性：1929年"大上海计划"研究［D］.华东师范大学博士论文，2017：29.

[2] 俞世思.现代性与民族性：1929年"大上海计划"研究［D］.华东师范大学博士论文，2017：26.

为重要的是，汕头市的行政、司法、治理主权相对完整地掌握在中国行政当局手里，汕头市行政当局可以继续获取和掌控填海造地、辟建马路带来的土地红利，从而实现市政改造经费的自我循环。

如上所析，20世纪20—30年代汕头城区"有规划改造"的机制安排，核心问题在于市政当局能否具有足够的权威性和合法性，按照"顺商而变"的要求，协调好城区改造相关各方的利益关系，主导城区改造的全过程。

（二）通过制度设计，构建统一、权威的市政改造工作体制

1921年3月9日，广东省政府制定的《汕头市暂行条例》，批准汕头市政厅设立财政、工务、公安、卫生、公用、教育六局和审计处，明确规定工务局掌理的事务为：（1）规划新市区；（2）建筑及修理道路、桥梁、壕沟、水道；（3）取缔各种楼房建筑；（4）测量全市共有及私有土地；（5）经理公园及各种公共建筑；（6）其他关于土木工程事项。在市域范围尚未最后确定，各机关工作分工和程序规则尚待协调的情况下，4月19日，汕头市政厅第三号布告称："本市业户建筑行店铺屋，应由工匠报勘领照，在本厅未成立以前向由警厅核发，现在本厅所属各局业已开办，各有权责。建筑一项属于工务范围，除由本厅令行工务局制备建筑勘图执照外合，亟布告仰各建筑工匠人等知悉。嗣后凡关建筑请领图照事项，应即迳赴工务局勘报，照章请领，以资信守。"[1]4月24日，汕头市市政厅的第4号布告再次明确："本厅成立伊始，百端待举，在市区未经划定以前，凡关于市行政之一切措施，自应暂以汕埠警察管辖区域为标准，以便进行。"[2]

随后，工务局先后出台了《汕头市工务局章程》《汕头市取缔建筑章程》《汕头市租赁铺屋取缔规则》《汕头市代拆房屋规则》《汕头市开辟马路收买民房办法》以及取缔沿街摆卖、取缔随意盖搭篷寮等城市建筑监管规章，以从权责制度安排上巩固工务局的统一管理地位。尽管如此，工务局的管理权威一直受到挑战。《汕头市市政公报》第32—33期（1928年8月）载：市长"训令公安局长张我东饬区，本市建筑工程须来局报领执照，各该警区不得擅自发给准条，以清权限"。[3]直至1934年，《汕头市市政公报》第104—107期称："查前据本府工务科签呈，以迩来小修案件，每每觉有由各公安分局擅自批准建筑工厂兴工。似

---

[1] 汕头市政厅总务处.汕头市市政公报［J］.1921-04（1）：12-13，51.广州：广东省立中山图书馆.

[2] 汕头市政厅总务处.汕头市市政公报［J］.1921-04（1）：12-13，51.广州：广东省立中山图书馆.

[3] 汕头市政厅总务处.汕头市市政公报［J］.1921-08（32-33）：1.广州：广东省立中山图书馆.

此情形，不独紊乱行政系统，抑于执行取缔，亦殊有妨碍，请令局转饬各公安分局嗣后关于报建案件，毋得，越权受理。"[1]

为保证工务局得以发挥城区"有规划改造"的统筹、决策和实施、监管功能，1921年以后，汕头市区逐渐形成了"市政厅（市长-行政委员会）—工务局—各马路'筑路委员会'（或'修浚委员会'）—承建者"的四层"决策—规划—建设—监管"体制。1921年7月，市政厅182号指令明确了行政委员会与工务局之间的关系："查建筑街道系属市行政范围，依例应先提交行政委员会议决。该局现将升平街测量完竣，拟即着手兴修。究竟施工计划如何，工程费用共需若干，应否收买民产，未据明晰声叙，仰即拟具详细办法，呈候提交行政委员会会议议决执行。"[2]至于筑路委员会最早出现的时间，至今尚不甚明确。1921年8月，工务局发布的《承办汕头市各种建筑工程之合同章程》中，签约各方分别为工务局、承建人和担保人，即由工务局直接向承建者发包并实施监管，竣工验收后直接向承建商支付建筑费用。1922年3月的第26—27期《汕头市市政公报》中，就已经出现"批居平路业佃户组织筑路委员会准予备案""批居平路筑路委员会呈请取消蔡合兴公司投筒案应毋庸议"的内容。1928年"承筑汕头市新兴街马路合同"第四条里则写明："承建人于开工后三日由该路筑路委员会先签给工料大洋三千元以后，每十天照工程计算给领，完工时然后全数发给。"第五条写明："改路筑路委员会如有不能将工料银照约按期发给承建人得呈报本厅核办。"而"新兴街筑路委员会章程"里表述："本会以全体业佃户为最高机关。"[3]1922年之后各期《汕头市市政公报》中，市政府多次指令要求各辟建马路的业佃户限期自行组织筑路委员会，或通过筑路委员会催收筑路浚沟摊派费用，催促业主依规自行拆除建筑物等。可见，1922年以后由道路两侧房屋业主和租户组织的筑路委员会，已成为汕头城区道路建设机制的重要基础。市政当局一方面通过对各马路筑路委员会审核备案、发布道路设计图纸和工程标准、发包道路水沟工程、检查施工进度、督促拨付工程款等办法，约束各马路的筑路委员会；另一方面，又运用行政手段，强制规划线内住户及时拆迁，追缴沿路住户的

[1]　汕头市政厅总务处.汕头市市政公报［J］.1921-07—1921-08（104-107）：5.广州：广东省立中山图书馆.

[2]　汕头市政厅总务处.汕头市市政公报［J］.1921-08（10）：16.广州：广东省立中山图书馆.

[3]　新资料来源：新兴街改造资料，藏于汕头档案馆民国资料.转引自：郑莉.近代汕头城市建设发展史研究［D］.华南师范大学博士论文：243.

筑路费，支持各筑路委员会的正常运转。

（三）以共同利益为基本取向，构筑相对均衡的"责任—利益"主体格局

20世纪20年代之后，市政改造的潮流席卷中国许多大中城市，由于各个城市的发展历程、模式的差异，其市政改造的主体格局也有很大不同。有的城市主要由地方政府负责城市建设和旧城改造，民间和国外资本少有参与，如福州、太原等省会城市。有的城市先从当地的租界启动，再扩张到华洋两界，当地政府和租界当局共同成为市政改造的推动者，如上海、厦门等城市。近代汕头城区"有规划改造"的动力主要来自市政当局和包括华侨资本在内的民间资本两个方面。

由于汕头市不是省会城市，因而不可能效仿广州、福州、太原等城市，从省级财政中得到更多的建城修路补贴，只能通过本级财政自筹和依靠绅商民众筹募。也由于汕头不存在"一市多治""越界筑路"的外国租界，不需花费更多的力量去协调复杂的华洋关系，汕头市反而是近代中国市政改造运动较早起步和进展较为顺利的城市。所以，妥善协调处理好地方政府与民间各利益相关方之间的关系，特别是重点处理好政府与商住楼宇的业主、租户之间的责任关系和利益关系，就成为汕头城区改造的关键。

1921年，汕头市政厅成立时就已明确宣示，将拆街建路作为汕头城区市政改造的首要着力点和突破口。1921年4月汕头市工务局发布第二号布告，专门阐述汕头城区市政改造的必要性和基本思路。该布告提出，汕头旧城区的改造必须走一条先破坏再建设的道路："我国普通民性多狃于旧习，安于目前。今以破坏而设建设，难保无怀疑观望之人，不知破坏者建设之地基、痛苦者安乐之代价。不有破坏何从建设，不经痛苦何得安乐，世界潮流所趋。忍受一时之痛苦，而谋永久之安乐趋，迟早必与俱赴牺牲局部之破坏，而图具体之建设。"[1]但通过破坏原有的狭窄街巷布局，来重新构建以近代道路系统为基础的城市形态和商业布局，这一理念一开始并不被广泛接受，市政厅成立后随即就有"福合埕公民呈请收回拆卸铺屋成命"。6月4日市长王雨若批复："呈悉，查开辟马路系属重要工程，断不能徇少数人之请求，而妨公共之利益，所请所谓收回成命，万难照准。此批。"[2]1923年的《汕头市政之工务计划》明确将这一思路定义为全市未来发

---

[1]　汕头市政厅总务处.汕头市市政公报［J］.1921-05（1）：57.广州：广东省立中山图书馆.

[2]　汕头市政厅总务处.汕头市市政公报［J］.1921-06（7）：32.广州：广东省立中山图书馆.

展的共同利益，市政厅及其工务局被赋予实现、维护公共利益的权力。[1]

市政当局所维护的公共利益实际上也是有着自身的政府利益的，在汕头城区的填海、填沟、拆街、筑路的改造工程中，市政厅获得了土地收益和建筑税捐，当然，政府的这部分收益除了返回到市政工程之外，也会用于补充政府对教育、治安等经费和临时项目开支的不足，从这个角度看，市政当局的"利益—责任"边界基本上是清晰的。对于因兴建城区近代道路系统受益或受损的沿路铺户，则通过制定章程，视其受益或受损程度，分别摊派筑路浚沟费用或拆迁补偿。所以，汕头市的近代道路系统建设，一开始就是"双轨制"的，分为市政当局出资建设的"公家所筑之路"和民间自筹资金的"两旁铺户所筑之路"。1928年10月《汕头市市政公报》第38期关于马路修补经费的"议决"称："公家所筑之路，由市库拨款修补。两旁铺户所筑之路，现在市库支绌，只得暂由两旁铺户集款修补，一俟市库充裕时，仍由市库负担修补。至何路应修，由工务局查勘计划办理。"[2]

道路两旁铺户自筹筑路费究竟始于何时，洪松森的《近代华侨在汕头地区的投资》一文提及，"开辟外马路、民族路、升平路、商平路、安平路、至平路等新式街道，所需费用94万银圆，概由汕头各商家和厂家按营业额摊派"。[3]估计1923年前后，向道路两旁铺户摊派筑路费已成为主要方式，欠费也为数不少。1928年5月，市长许锡清布告各马路各业户，催缴筑路费，要求"务自布告之日起，限五日内各应将应缴前项筑路费，依照规定数目，前赴本厅财政科清缴"。[4]至于筑路费摊派标准则与受益程度挂钩。1931年1月的第64期《汕头市市政公报》载，外马路第三段两旁住户，"按第一段成例，逐户摊派，至距离马路一百尺为止，以期众擎易举，减轻路旁业佃负担"。具体标准是：临街铺屋，每宽度1尺，派认大洋5元；距路30尺内为甲种面积，每井派路费16元；由31尺至60尺至，为乙等面积，每井派路费1元；自61尺至100尺为丙种，每井派路费6元。[5]

（四）商业和市场力量支配下汕头城区"有规划改造"的坚守与变通

城区改造中市政当局和市场之间的博弈与妥协，是通过对原定的"工务计

[1]　萧冠英.六十年来之岭东纪略［M］.广州：广东人民出版社，1996：122.

[2]　汕头市政厅总务处.汕头市市政公报［J］.1928-10（38）：32.广州：广东省立中山图书馆.

[3]　洪松森.近代华侨在潮汕地区的投资及其启示［J］.韩山师专学报，1995（1）：8.

[4]　汕头市政厅总务处.汕头市市政公报［J］.1929-06（32-33）：28.广州：广东省立中山图书馆.

[5]　汕头市政厅总务处.汕头市市政公报［J］.1931-01（64）：3.广州：广东省立中山图书馆.

划"及计划图、章程的坚守和调整来实现的。在汕头城区拆街建路过程中，部分沿路铺户，总会提出一些基于自身利益的诉求，如希望在马路全面开建前允许临时经营、延缓拆卸时间、缩窄马路宽度和湾线尺度、交换商铺用地位置等。从1921年以后各期《汕头市市政公报》看，市政当局和工务部门对沿路铺户的此类诉求，基本上以规划章程符合公共利益或已经上级批准为据，回复"碍难照准""应毋庸议"，以维护原定规划和工务图纸的严肃性。

对于商业和市场力量支配下城区改造规划和实施中的重大调整，则由工务部门提出，报请市政厅（市政府）批准。如1923年的《汕头市政之工务计划》就已经意识到，全面构筑新的道路系统，需要综合衡量建设过程对经济、社会的影响，以及道路建设自身的技术、成本等要求。考虑到原来商埠区的街道布局已基本成型，"各主要街路宽窄已不能强同，故路面之设备亦各有必要"。于是计划图将全市主干道路的宽度分为40英尺、50英尺、60英尺、80英尺等数种，建设施工中再根据现场实际情况加以取裁。如1921年最早建成通车的福合路，原设计宽度为30英尺，实际建成时最窄处仅有22英尺。1923年《汕头市政之工务计划》提出，"旧市区内为避免商人重大损失起见，暂定为四十尺，使合于五等马路，圆圈式路即夹杂其中。"因此，1923年至1926年间，西部组团新拆建的永平路、升平路、同平路、国平路、至平路、镇平路等，原1923年的计划草图路宽虽然均标示为50英尺，后来实际建成宽度均为40英尺左右。[1]1926年辟建的安平路、1928年辟建的海平路，拆建路宽标准才提高到45英尺。这样的灵活做法，既实现了规划目标，又降低了拆建成本和难度。

汕头市政厅成立后，城区改造思路的确立与1923年的城区改造计划的编制，都充分体现当时汕头市政当局和工务部门具有较开阔的视野，吸收借鉴了不少国内外近代城市规划建设的理论与经验，计划编制团队不少成员拥有丰富的专业经历，如1921年首任工务局长丘仰飞公开称："本局长久居海外，目击文明各国都市行政，观摩考察历有年。所居汕虽仅半载，对于社会生活状态研究颇具潜心。"[2]著名建筑设计师林克明曾被聘为工务科长。因此，当时国外比较前卫的"花园城"和功能分区、圆圈式、放射式、棋盘式街区等理念，均被写入改造计划中。1925年的《汕头市改造计划图》对居平路、安平路的走向进行调整，并简化了规划中住宅地区的放射状干道路网。1930年再次调整城区改造规划。随着

---

[1] 萧冠英.六十年来之岭东纪略［M］.广州：广东人民出版社，1996：123.

[2] 汕头市政厅总务处.汕头市市政公报［J］.1921-05（1）：57.广州：广东省立中山图书馆.

1931年年初新的市政府大楼在外马路落成启用，原定于城区东北的行政地区被调整为住宅用地。1932年，汕头市政府向广东省民政厅、建设厅呈报《辟建模范住宅区计划章程图样》时报告："查职市北隅，华坞路一带旷地，民国十五年六月廿八日，本奉核准定位行政区，该地北枕韩江，南通崎碌，西接中山公园，东临汕樟百尺大道，风景幽雅，交通便利，诚为本市一良好住场，且地多属生息甚微之善产，收用固无妨碍，填筑亦非甚难，现时市内行政机关，如东区绥靖公署，与职府等办公署，均已此地建筑落成，实无另辟行政区之必要，与其弃置不治，孰若辟为模范住场，既可改善民居，复助市政发展，此职府所认为有利无害，似应从速实行，以利便民居也。"[1]

1932年，汕头市政府报送省政府的模范住宅区计划、章程、图样都拟制得相当完整，但此后并未落实。回顾20世纪20—40年代末汕头城区"有规划改造"的整个过程，值得肯定的是，尽管政局动荡，市长更替频仍，对于1923年制订的《汕头市政之工务计划》的基本理念和道路系统规划图，以及道路建设的管理、财务各项原则，一直是予以坚持的。此种坚持使汕头城区得以拉开城市框架，把握住城市化所创造的商机，让汕头发展为中国东南沿海的重要港城。

但也必须看到，首先，构成1923年市政改造计划最主要内容的城区功能分区设想，直至1949年都未能实现。规划中的五类功能区中，商业地区迅速扩张、行乐地区的中山公园略具雏形，其余的行政地区、住宅地区、工业地区，除了修建了大华路、华坞路、二马路等几条马路，基本上停留在计划图中。其次，1923年市政改造计划中提出了，通过将庵埠地区划入汕头城区，通过大规模填海造地，来扩展城区范围的目标，也一直未能落实。最后，1923年市政改造计划中提出的许多先进理念，如在全市效仿西方的"花园式城区""圆圈式""放射式"道路系统等，基本上没有下文。原来计划中关于通过市政改造同步推进社会进步，如发展公共事业、教育、文化和公益医疗、住房等，以及通过重新租地和以商业方式处置"篷寮区"等举措，尽管屡次降低标准，仍举步维艰。

民国期间汕头市政当局推动城区"有规划改造"的努力，客观上受到以下因素制约。

一是受限于当时汕头市的商贸、产业发展水平和腹地范围。原计划图关于城区扩张范围、功能分区和未来远景的设想，包括试图采用的国外先进的城市规

---

[1]　汕头市政厅总务处.汕头市市政公报［J］.1932-05（89）：1.广州：广东省立中山图书馆.

划建设理念，由于超越了当时汕头的基础条件和发展需求而未能付诸实施。

二是受限于本级政府财力和海内外华侨投入财力。由于汕头内外贸商业一业独大，政府收入只能依赖商贸税费。商业贸易力量的主导，固然加快了汕头城区按照近代商业城市面貌进行改造的步伐，而过于强势的商业力量，又束缚着城区改造策划者全面落实预期规划的能力。

三是受限于城区近代工业发展水平。汕头埠具有"因港而生""因商而兴"的先天基因，工矿资源匮缺，近代工厂数量少、规模小。为贴近消费市场、方便海陆运输，厂房大多就近选择在西部城区组团的商民建筑中，因而不会有更多的工厂集中到乌桥岛和光华埠这些规划中的工业地区。加之国内外市场的不断波动，特别是20世纪20年代之后几次本土金融风波及1929—1933年世界性经济危机，导致30年代中期以后潮客籍华侨投资汕头，商民自筹筑路建房的动力减弱。

四是受限于当时政治和社会因素。1921年汕头城区"有规划改造"启动后，1924—1925年、1927年的政局动荡，都动摇了城区改造相关各方参与者的信心。在筹募城区改造经费的努力中，汕头市行政当局非常倚重南部岸线的填海造地工程，这一思路是可取的，但在当时的经济、政治局势之下，却又是脆弱的。"盖市政之开办经费，本极不足，仅恃旧警察厅所有收入，分作厅局八机关经费。支绌艰难，莫可言状。只取消极计划，尚属缺乏过甚。原拟照广州市成例请省政府拨助，而省库空虚，又无可拨，故前厅长任内即案准将堤工局归职厅办理，以一事权，而兼谋市政之发达。"[1]从事填海造地和卖地的堤工局，究竟是企业还是政府部门？是市政府的部门还是省政府的直属部门？各方力量一直在博弈。自1921年汕头市政厅设立至1922年底萧冠英任市政厅厅长之前，堤工局已归属于市政厅，成为支撑市政改造的主要财源。1923年上报省政府的《汕头市政之工务计划》中，萧冠英强烈要求必须由市政厅继续管理堤工局："忽奉徐前省长令将堤工局恢复，划为独立机关，委设督办专任人其事，脱离职厅范围。此与市政进行不独有所抵触，且大受打击，永无发展希望。职厅无米为炊，几成坐糜公帑之空闲机关。"[2]《1922—1931年潮海关十年报告》记载，这一期间堤工局开垦了3804000平方英尺的大片滩地，"另据报道，对这些开垦后卖掉的土地，政府得其卖价的60%，商人得40%。原来的堤岸开垦机构都不复存在了，堤工局曾一度是一个独立的企业，下面有很多办事机构，现在已经合并到市长办公

[1] 萧冠英.六十年来之岭东纪略［M］.广州：广东人民出版社，1996：126.

[2] 萧冠英.六十年来之岭东纪略［M］.广州：广东人民出版社，1996：126.

室"。[1]可见，堤工局还控制在市政府手里，才能继续成为撬动市政改造最得力的杠杆，但此种控制却是极不稳定的，因为省政府随时可以改变其隶属关系。

　　1937年抗日战争的全面爆发，特别是1939年6月之后，日军对汕头城区长达6年多的侵略掠夺，导致汕头城区的建设全面倒退，直至1949年仍未恢复到30年代的水平。从这个角度看，按照1923年《汕头市政之工务计划》的汕头城区的"有规划改造"，1939年就已经终结了。

---

　　[1]　中国海关学会汕头海关小组，广东省汕头市地方志编纂委员会办公室.潮海关史料汇编［M］.1988：125.

参考文献

1.饶宗颐总纂：《潮州志》，潮州：潮州市地方志办公室，2005年。

2.饶宗颐编集：《潮州志汇编》，香港：龙门书局，1965年。

3.中国第二历史档案馆、中国海关总署办公厅汇编：《中国旧海关史料（1849—1948）》，北京：京华出版社，2001年。

4.广州市地方志编纂委员会办公室、广州海关志编纂委员会编译：《近代广州口岸经济社会概况——粤海关报告汇集》，广州：暨南大学出版社，1995年。

5.中国海关学会汕头海关小组、汕头市地方志编纂委员会办公室编：《潮海关史料汇编》，1988年。

6.杨伟编：《潮海关档案选译》，北京：中国海关出版社，2013年。

7.广东省地方史志编纂委员会编：《广东省志》，广州：广东人民出版社，1998年。

8.汕头市地方志编纂委员会编：《汕头市志》，北京：新华出版社，1999年。

9.汕头市地方志编纂委员会编：《汕头市志（1979—2000）》，广州：广东人民出版社，2013年。

10.汕头市史志编写委员会编：《汕头市志（初稿）》，油印本，1961年。

11.汕头市地方志编纂委员会办公室编：《汕头概况》，1987年。

12.潮州市地方志编纂委员会编：《潮州市志》，广州：广东人民出版社，1995年。

13.潮州市地方志办公室编：《新韩江闻见录》，汕头：汕头大学出版社，1995年。

14.潮州市地方志办公室编：《潮州通览》，广州：花城出版社，1999年。

15.揭阳市志编纂委员会编：《揭阳市志（1992—2004）》，北京：方志出版社，2013年。

16.汕头海关编志办公室编：《汕头海关志》，1988年。

17.《汕头港建设史》编写委员会编：《汕头港建设史》，汕头：新华新闻发展公司，1998年。

18.汕头市港口管理局编：《汕头港口志》，北京：人民交通出版社，2010年。

19.汕头市港口管理局编：《汕头港引航史》，北京：人民交通出版社，2010年。

20.汕头市港口管理局编：《汕头开港150周年图像编年史》，北京：人民交通出版社，2010年。

21.汕头市侨办、汕头市侨联编：《汕头华侨志》，1990年。

22.汕头市金融志编纂小组编：《汕头市金融志（初稿）》，1987年。

23.汕头市建设委员会编：《汕头城乡建设志》，内部资料，1990年。

24.汕头市民政局编：《汕头民政志》，内部资料，1996年。

25.汕头市食品糖纸工业总公司编：《汕头市食品糖纸工业志（初稿）》，1988年。

26.汕头电力工业局编：《汕头电力工业志》，1989年。

27.洪松森撰：《潮汕经济史稿（初稿）》，油印本，1990年。

28.汕头二轻局、《二轻工业志》编写小组编：《汕头市二轻工业志》，1991年。

29.汕头市地方志编纂委员会编，王琳乾主编：《汕头市志·工业篇》，油印稿，北京：新华出版社，1999年。

30.汕头市金平区地方志编纂委员会编：《汕头市金平区志》，北京：方志出版社，2013年。

31.潮州市金融志编写小组编：《潮州市金融志》，2004年重印版。

32.潮安县地方志编纂委员会编：《潮安县志（1992—2005）》，广州：岭南美术出版社，2011年。

33.澄海县地方志编纂委员会编：《澄海县志》，广州：广东人民出版社，1992年。

34.揭阳县志编纂委员会编：《揭阳县志》，广州：广东人民出版社，1993年。

35.姚作良、陈丰强主编：《潮阳县志》，广州：广东人民出版社，

1997年。

36.惠来县地方志编纂办公室编：《惠来县志》，北京：新华出版社，2002年。

37.饶平县地方志编纂委员会编：《饶平县志》，广州：广东人民出版社，1994年。

38.大埔县志编委会编：《大埔县志》，广州：广东人民出版社，1992年。

39.普宁市地方志编纂委员会编：《普宁县志》，广州：广东人民出版社，1995年。

40.杨启献主编：《庵埠志》，北京：新华出版社，1990年。

41.榕城镇地方志编纂办公室编：《广东省揭阳县榕城镇志》，1990年。

42.广东潮安鹳巢乡志族谱编纂委员会编：《鹳巢乡志》，北京：中国艺术出版社，2010年。

43.潮安县彩塘镇志办公室编：《彩塘镇志》，1992年。

44.潮州市龙湖镇志编写组编：《龙湖镇志》上册，1989年。

45.萧冠英：《六十年来之岭东纪略》，广州：中华工学会，1925年。

46.谢雪影：《汕头指南》，汕头：汕头时事通讯社，1933年。

47.曾景辉主编：《最新汕头一览》，汕头：汕头图书馆，1947年。

48.项怀诚主编，陈光焱著：《中国财政通史·清代卷》，北京：中国财政经济出版社，2006年。

49.叶世昌、潘连贵：《中国古近代金融史》，上海：复旦大学出版社，2001年。

50.袁远福：《中国金融简史》，北京：中国金融出版社，2005年。

51.张家骧：《中华币制史》，北京：民国大学出版部，1925年。

52.陈达：《南洋华侨与闽粤社会》，北京：商务印书馆，2011年。

53.陈国深、卢明编：《樟林社会概况调查》，广州：国立中山大学社会研究所，1936年。

54.方行、经君健、魏金玉主编：《中国经济通史·清代经济卷》，北京：经济日报出版社，2007年。

55.赵德馨主编，马敏、朱英等著：《中国经济通史》，长沙：湖南人民出版社，2002年。

56.全汉昇：《中国行会制度史》，天津：百花文艺出版社，2007年。

57.全汉昇：《中国近代经济史论丛》，北京：中华书局，2011年。

58.张晓辉：《香港近代经济史（1840—1949）》，广州：广东人民出版社，2001年。

59.黄振位编：《广东革命根据地史》，广州：广东人民出版社，1993年。

60.蒋祖缘、方志钦主编：《简明广东史》，广州：广东人民出版社，1987年。

61.张晓辉：《民国时期广东社会经济史》，广州：广东人民出版社，2005年。

62.林金枝、庄为玑编：《近代华侨投资国内企业史资料选辑》（福建卷），福州：福建人民出版社，1985年。

63.林金枝、庄为玑编：《近代华侨投资国内企业史资料选辑》（广东卷），福州：福建人民出版社，1989年。

64.陈朝辉、蔡人群、许自策：《潮汕平原经济》，广州：广东人民出版社，1994年。

65.潮汕百科全书编辑委员会编著：《潮汕百科全书》，北京：中国大百科全书出版社，1994年。

66.黄赞发、陈桂源：《潮汕华侨历史文化图录》，济南：山东美术出版社，2008年。

67.黄挺、陈占山：《潮汕史》（上），广州：广东人民出版社，2001年。

68.黄挺：《潮商文化》，北京：华文出版社，2008年。

69.黄挺：《中国与重洋：潮汕简史》，北京：生活·读书·新知三联书店，2017年。

70.陈海忠、黄挺：《地方商绅、国家政权与近代潮汕社会》，广州：暨南大学出版社，2013年。

71.陈海忠：《近代商会与地方金融》，广州：广东人民出版社，2011年。

72.张应龙主编：《广东华侨与中外关系》，广州：广东人民出版社，2014年。

73.聂德龙：《近现代中国与东南亚经贸关系史研究》，厦门：厦门大学出版社，2001年。

74.李宏新主编：《潮汕史稿》，汕头：汕头大学出版社，2016年。

75.李宏新：《潮汕华侨史》，广州：暨南大学出版社，2016年。

76.李宏新：《先秦潮汕研究》，广州：暨南大学出版社，2019年。

77.谢湜、陈嘉顺、欧阳琳浩等主编：《汕头近代城市地图集》，北京：科学出版社，2020年。

78.曾旭波：《汕头埠老报馆》，广州：暨南大学出版社，2016年。

79.曾旭波：《汕头埠史话》，广州：暨南大学出版社，2018年。

80.吴二持：《潮史·潮人·潮文——吴二持潮汕文化研究论集》，汕头：汕头大学出版社，2020年。

81.林济：《潮商》，武汉：华中科技大学出版社，2001年。

82.林济：《潮商史略》，北京：华文出版社，2008年。

83.刘宏：《战后新加坡华人社会的嬗变：本土情怀·区域网络·全球视野》，厦门：厦门大学出版社，2003年。

84.刘琦、魏清泉编著：《广东省地理》，广州：广东人民出版社，1988年。

85.翁楚湘、宋升拱：《潮汕农业》，香港：天马出版有限公司，2011年。

86.王荣武、梁松等：《广东海洋经济》，广州：广东人民出版社，1998年。

87.张兴汉、陈新东、黄卓才、徐位发主编：《华侨华人大观》，广州：暨南大学出版社，1990年。

88.吴流生：《圩市小考》，载《普宁丛考》，揭阳：普宁县地方志编纂委员会办公室，1991年。

89.张道济：《潮汕文史探幽》，北京：中国文联出版社，2004年。

90.黄梅岑：《潮州街道掌故》，广州：广东旅游出版社，1991年。

91.《文史精华》编辑部编：《近代中国烟毒写真》上卷，石家庄：河北人民出版社，1997年。

92.中国人民政治协商会议汕头市委员会学习和文史委员会编：《汕头文史资料精选（工商经济卷）》，香港：天马出版有限公司，2009年。

93.陈景熙：《汕头工商业史话》，香港：天马出版有限公司，2011年。

94.潮汕铁路整理委员会编：《潮汕铁路整理之经过》，1929年。

95.宓汝成编：《近代中国铁路史资料（下册）》，台北：文海出版社，1963年。

96.聂宝璋编：《中国近代航运史资料第一辑（1840—1895）》（上册），上海：上海人民出版社，1983年。

97.姚峻主编：《中国近代航空史》，郑州：大象出版社，1998年。

98.林梃主编：《汕头建筑》，汕头：汕头大学出版社，2009年。

99.黄福永主编：《南粤新市——潮州》，广州：广东人民出版社，1994年。

100.林家劲、罗汝材：《近代广东侨汇研究》，广州：中山大学出版社，1999年。

101.王炜中、杨群熙、陈骅：《潮汕侨批简史》，香港：公元出版有限公司，2007年。

102.王炜中、杨群熙等编著：《潮汕侨批论稿》，香港：天马出版有限公司，2013年。

103.杨群熙：《华侨与近代潮汕经济》，汕头：汕头大学出版社，1997年。

104.邹金盛：《潮帮批信局》，福州：艺苑出版社，2001年。

105.梁英明、梁志明等：《东南亚近现代化》，北京：昆仑出版社，2005年。

106.陈文寿主编：《华侨华人经济透视》，香港：香港社会科学出版社，1992年。

107.潘醒农：《潮侨溯源集》，北京：金城出版社，2014年。

108.宋钻友：《广东人在上海（1843—1949年）》，上海：上海人民出版社，2007年。

109.陈骅：《潮人在马来西亚》，香港：天马出版有限公司，2009年。

110.陈焕溪著：《潮人在香港》，香港：公元出版有限公司，2006年。

111.中央党校文史教研室编：《中国近代史参考资料》，1980年。

112.广东省统计局编：《广东省小城镇资料汇编（1987）》，内部资料，1987年。

113.汕头市统计局编：《汕头市统计年鉴（1949—1992）》，1993年。

114.汕头经济特区年鉴编纂委员会编：《汕头经济特区年鉴（1992）》，广州：岭南美术出版社，1992年。

115.中国人民政治协商会议汕头市委员会学习和文史委员会编：《汕头文史》第十九辑，2007年。

116.王琳乾、吴坤祥辑编点校：《潮汕水产资源开发资料》（潮汕历史资料丛编·第8辑），汕头：潮汕历史文化研究中心、汕头市文化局、汕头市图书馆，2003年。

117.杨群熙辑编点校：《潮汕地区商业活动资料》（潮汕历史资料丛编·第9辑），汕头：潮汕历史文化研究中心、汕头市文化局、汕头市图书馆，2003年。

118.王琳乾、吴膺雄辑编点校：《潮汕交通运输资料》（潮汕历史资料丛编·第6辑），汕头：潮汕历史文化研究中心、汕头市文化局、汕头市图书馆，2003年。

119.王琳乾、吴膺雄辑编点校：《潮汕邮政电信发展史料》（潮汕历史资料丛编·第10辑），汕头：潮汕历史文化研究中心、汕头市文化局、汕头市图书馆，2004年。

120.郑可茵、赵学萍、吴里阳辑编点校：《汕头开埠及开埠前后社情资料》（潮汕历史资料丛编·第7辑），汕头：潮汕历史文化研究中心、汕头市文化局、汕头市图书馆，2003年。

121.杨群熙辑编点校：《潮汕地区侨批业资料》（潮汕历史资料丛编·第11辑），汕头：潮汕历史文化研究中心，2004年。

122.汕头市农业区划办公室编：《汕头市综合农业区划》，内部资料，1985年。

123.饶平县政协文史组编：《饶平文史资料专辑》总第六辑，1988年。

124.中国城市规划设计研究院、汕头市城市规划设计研究院：《汕头市城市总体规划（2002—2020）》。

125.中山图书馆藏《汕头市市政公报》。

126.何新华编：《中文古籍中广东华侨史料汇编》，广州：广东人民出版社，2016年。

127.肖文评、夏远鸣等编：《〈岭东日报·潮嘉新闻〉梅州客家侨乡史料汇编》，广州：广东人民出版社，2018年。

128.［日］滨下武志著，王玉茹、赵劲松、张玮译：《中国、东亚与全球经济：区域和历史的视角》，北京：社会科学文献出版社，2009年。

129.［日］滨下武志著，高淑娟、孙彬译：《中国近代经济史研究：清末海关财政与通商口岸市场圈》，南京：江苏人民出版社，2006年。

130.［日］滨下武志著，王珍珍译：《资本的旅行：华侨侨汇与中华网》，北京：社会科学文献出版社，2021年。

131.［新加坡］王赓武：《南海贸易与南洋华人》，香港：中华书局香港分局，1988年。

132.［美］斯文·贝克特著，徐轶杰、杨燕译：《棉花帝国》，北京：民主与建设出版社，2019年。

133.〔日〕河西信著，文铮宇译：《汕头纪事》，广州：暨南大学出版社，2019年。

134.〔日〕打田庄六著，文铮宇译：《汕头领事馆辖区纪事》，广州：暨南大学出版社，2019年。

135.〔泰〕许茂春编著：《东南亚华人与侨批》，泰国：泰华进出口商会，2008年。

136.〔日〕广田康生著，马铭译：《移民和城市》，北京：商务印书馆，2005年。

137.詹庆华：《中国近代海关贸易报告述论》，载《中国社会经济史研究》，2003年第2期。

138.林金枝：《近代华侨投资国内企业的几个问题》，载《南洋问题》，1978年第1期。

139.林金枝：《近代华侨在汕头地区的投资》，载《汕头大学学报》（人文科学版），1986年第4期。

140.刘志勇：《清末民初我国对"政治-行政二分"思想的初步探索》，载《秘书》，2021年第3期。

141.许瑞生：《汕头市近代城区的历史演变回顾与保护体系的建立》，载《城市观察》，2017年第1期。

142.陈鸿宇：《19世纪中叶至1949年广东经济的地域差异》，载《岭南学刊》，2001年第1期。

143.陈鸿宇：《近代汕头口岸棉纺制品进口与潮汕棉纺织业关系浅析》，载《岭南学刊》，2020年第6期。

144.钟佳华：《清末潮嘉地区警察的建置与团练的复兴》，载《潮学研究》第9辑，广州：花城出版社，2001年。

145.言麟渊：《经济增长互动机制研究——基于库恩范式理论视角》，载《科技与产业》，2020年第8期。

146.黄挺：《18世纪潮汕地区的人口、土地和粮食问题》，载《韩山师范学院学报》，2014年第1期。

147.黄挺：《城市、商人与宗族关系——以民国时期汕头市联宗组织为研究对象》，载《中国社会历史评论》第十卷。

148.黄挺、杜经国：《潮汕地区元明清时期粮食生产探估》，载《潮学研究》第3辑，汕头：汕头大学出版社，1995年。

149.广州市政协文史资料研究委员会编：《南天岁月：陈济棠主粤时期见闻实录》（广州文史资料第三十七辑），广州：广东人民出版社，1987年。

150.马光祖、方文韩：《爱国华侨林连登事略》，载《汕头文史》第六辑，汕头：政协广东省汕头市委员会文史资料委员会，1989年。

151.于新华：《罐头食品的历史、现状及发展对策》，载《食品与发酵工业》，2001年第2期。

152.金刃：《揭阳商会琐记》，载《揭阳工商经济史资料专辑》上辑，揭阳：揭阳县政协文史编辑部，1991年。

153.翁兆荣：《潮州商业与清末商会的建立》，载《潮州文史资料》第五辑，潮州：政协潮州市文史资料征集编写委员会，1986年。

154.翁兆荣、许振声：《百年话商会》，载《潮州文史资料》第十九辑，潮州：政协潮州市委员会文史编辑组，1999年。

155.林瀚：《潮客之间：经济视野下的汀韩流域地方社会及族群互动（1860—1930）》，福建师范大学硕士论文，2009年。

156.孙自俭：《晚清的民营铁路运动》，河南大学硕士学位论文，2003年。

157.张帆：《南京国民政府民用航空业研究（1927—1937）》，河南大学硕士学位论文，2007年。

158.吴昱：《从"置邮传命"到"裕国便民"——晚清邮驿与邮政制度转型研究》，中山大学博士学位论文，2009年。

159.陈海忠：《从民利到国权：论1904—1909年的潮汕铁路风波》，载《太平洋学报》，2008年第10期。

160.王炜中：《海外潮人文化初探》，载《闽台文化交流》，2010年第3期。

161.徐华炳：《近代侨资铁路研究：学术史与范式思考》，载《福建论坛》（人文社会科学版），2015年第7期。

162.郑政诚：《日治时期台湾的国策会社——三五公司华南事业经营之探讨》，载《台湾人文》，2000年第4期。

163.潘银良：《民国民航事业》，载《民国春秋》，1998年第2期。

164.吴亮、周建华：《民国初期民用航空事业的兴建与发展》，载《西安文理学院学报》（社会科学版），2014年第6期。

165.曾庆榴、官丽珍：《侵华战争时期日军轰炸广东罪行述略》，载《抗日战争研究》，1998年第1期。

166.戴一峰：《晚清中央与地方财政关系：以近代海关为中心》，载《中国经济史研究》，2000年第4期。

167.刘俊生、吴二利：《中国近代海关行政管理权的丧失及对社会经济的影响》，载《宁夏大学学报》（社会科学版），1989年第2期。

168.曾旭波：《清末汕头埠的保险业》，2016年，工作论文。

169.焦建华：《近代跨国商业网络的构建与运作——以福建侨批网络为中心》，载《学术月刊》，2010年第11期。

170.吴承禧：《汕头的华侨汇款》，载《华侨半月刊》，1936年第99—100期。

171.西尊：《批信局侨汇业务的研究》，载《广东省银行月刊》，1947年第7—8期。

172.佚名：《汕头侨汇消长状况》，载《国际贸易情报》，1937年第2卷第3期。

173.庄学斌、徐波、许毅哲：《促进典当业转型升级助推汕头金融创新——关于汕头市典当业的专题调研报告》，载《潮商》，2013年第1期。

174.周昭根：《潮汕地区宗族建构模式的转变——以泗水周氏为中心》，载《韩山师范学院学报》，2019年第1期。

175.杜裕根：《论晚清华侨政策的转变》，载《学海》，1995年第5期。

176.陈景熙：《官方、商会、金融行会与地方货币控制权——以1925年"废两改元"前后的汕头为例》，汕头大学硕士学位论文，2002年。

177.陈礼颂：《百数十年来的南洋侨汇》，载《国际潮讯》，1993年第17期。

178.陈丽园：《潮汕侨批网络与国家控制（1927—1949）》，《汕头大学学报》（人文社会科学版）2003年增刊。

179.吴滔：《〈英国公共档案馆档案〉所见清末汕头两次争地始末》，载《清华大学学报》（哲学社会科学版），2009年第4期。

180.胡少东、孙越、张娜：《近代潮汕侨批网络构建与特征的量化分析》，载《中国经济史研究》，2017年第5期。

181.傅舒兰：《传统、路径与影响——日韩近代城市规划体系发展与形成的比较研究》，载《国际城市规划》，2020年第4期。

182.欧阳琳浩：《近代汕头埠空间形态的塑造》，载《中国历史地理论丛》，2018年第33卷第3辑。

183.林星：《近代福建城市发展研究（1843—1949年）——以福州、厦门为中心》，厦门大学博士学位论文，2004年。

184.林星：《近代厦门人口变迁与城市现代化》，载《南方人口》，2007年第3期。

185.杨慧贤：《民国中前期汕头港及其腹地经济社会变迁之研究（1912—1939）》暨南大学硕士学位论文，2012年。

186.苏新华：《民国时期潮汕地区海洋渔业发展变迁析论》，载《汕头大学学报》，2016年第7期。

187.苏新华：《近代潮州柑的种植与贸易（1840—1949）》，载《农业考古》，2018年第6期。

188.赵国壮：《日本糖业在中国市场上的开拓及竞争（1903—1937）》，载《中国经济史研究》，2012年第4期。

189.李玉铭：《远洋航运与上海城市变迁（1850—1941）》，上海师范大学博士学位论文，2018年。

190.高幸：《新生与转型——中国近代早期城市规划知识的形成（1840—1911年）》，载《城市规划》，2021年第1期。

191.马航：《中国传统村落的延续与演变——传统聚落规划的再思考》，载《城市规划学刊》，2006年第1期。

192.刘琳璘：《清末维新运动与中国近代警察制度的生成》，载《河南警察学院学报》，2021年第2期。

193.易刚明：《东南亚华侨华人与中国关系——一种国际体系结构分析》，暨南大学博士学位论文，2012年。

194.曹正汉：《纵向约束体制——论中国历史上一种思想模型》，载《社会》，2021年第4期。

195.贺跃夫：《广东士绅在清末宪政中的政治动向》，载《近代史研究》，1986年第4期。

陈鸿宇／主编

陈汉初　廖小平／副主编

潮汕经济史稿 下

新华出版社

图书在版编目（CIP）数据

潮汕经济史稿.下 / 陈鸿宇主编. -- 北京：新华
出版社, 2023.5
　ISBN 978-7-5166-6804-7

　Ⅰ.①潮… Ⅱ.①陈… Ⅲ.①经济史—潮汕地区
Ⅳ.①F129.965.2

中国国家版本馆CIP数据核字(2023)第074968号

顾　问

陈春声　林伦伦

"潮汕文库"编委会

名誉主任：刘　峰

主　　任：罗仰鹏

副 主 任：陈荆淮　吴二持

"潮汕文库"序

我常常回忆三十年前，同样是"四厢花影怒于潮"的初春季节，在周恩来总理的亲切关怀下，老舍、曹禺、阳翰笙先生等一行十几人，专程来访潮汕。潮汕的山山水水和那古老独特的文化艺术，深深打动了客人们的心。在这里，老舍先生写下了满怀深情的诗：

> 莫夸骑鹤下扬州，渴慕潮汕数十秋。
>
> 得句驰书傲子女，春宵听曲在汕头。

我奉命来汕头迎候他们，老舍先生等回北京前，一再握别叮咛："要珍重潮汕的文化遗产，要好好发掘和整理呀！"可惜时隔不久，一场"史无前例"的大灾难铺天卷地而来，一切都无从说起了。

党的十一届三中全会后，改革开放政策的实行，使国家的经济从濒于崩溃的边缘走向兴旺发达的大道。弘扬中华文化、增强中华民族凝聚力已成为举国上下共同重视的课题。随着汕头经济特区的建立，潮汕地区的经济建设取得了有史以来所未有的繁荣发达。和全国一样，潮汕地区如何继承和发扬本地的优秀文化遗产，为社会主义的两个文明建设服务，也引起海内外各方面的重视。1990年11月，中国历史文献学会第十一届年会暨潮汕历史文献与文化国际学术讨论会在汕头大学召开。1991年9月，在法国巴黎召开的第六届国际潮团联谊年会，又议定着手筹建"国际潮人文化基金会"。与此同时，汕头大学成立了"潮汕文化研究中心"，汕头市也成立了"潮汕历史文化研究中心"。这两个专门机构密切配合，组织协调有关的研究工作。最近，他们商定了学术研究规划，决定推出"潮汕文库"，准备在今后若干年内陆续整理出版一批丛书，包括"潮汕历史文献丛编""潮汕历史文化研究"等十个项目，每个项目又分出若干细目和专题。这是一项浩大的工程，是一件很有意义、很有远见的工作。

　　潮汕地区的文化历史悠久,源远流长。古代特别是两宋以后的文化,内容十分丰富。它是浩瀚的中华文化中一支富有特色的细流。自唐、宋开始,潮州的陶瓷远销海外。随着岁月的迁移,潮州与海外的交往也愈加密切。潮人对开拓海上丝绸之路做出了不可磨灭的贡献。明末清初之后,大量的潮人移居东南亚。近几十年来,又散布到世界各地。数千万的海外潮人与当地人民和睦相处,把中华文化传播到五湖四海,又不断地把海外的先进文化引进桑梓故园。中外文化在潮汕融聚化合,经过历代潮汕人民的创造、探求和推陈出新,形成了具有鲜明特色的潮汕文化。海外潮人对传播和丰富中华文化做出了重要贡献。认真研究潮汕的历史和文化,对于增强中华民族凝聚力、增强与世界各国人民的友谊和文化交流,对于推动潮汕地区的两个文明建设、提高人民群众的思想和文化素质,都具有深远的意义。

　　在"潮汕历史文化研究中心"成立时,大家议定,研究潮汕历史文化一定要坚持实事求是的科学态度。为了坚持实事求是,严谨治学,使研究工作取得踏实丰硕的成果,首先应该做好历史资料的搜集、整理、考证和出版工作。现在准备出版的"潮汕文库",就是按这一要求迈出的第一步。

　　潮汕的历史文物、文献或记载,流传下来的为数不少,但得以完整保存的也不算多,这给研究工作造成了一定的困难。但是,现存还有相当数量的文物、文献,有待我们去整理、研究,埋藏在地下的还可能陆续出土,地方上熟悉掌故的老人们的口碑也相当丰富,散布在民间和海外的文物、资料和古籍也有一定的数量。只要各方重视,抓紧发掘、采集,一定会有可观的收获。

　　有一个很能说明上述观点的事例:1956年初,梅兰芳先生和欧阳予倩先生率领艺术团到日本访问,日本友人赠送了两份明代戏曲刻本的摄影本,不知是哪一个剧种的。当梅先生等全团经香港回到广州时,刚好潮剧团正在这里演出《荔镜记》。梅先生等观看演出后,一查对才知道两份刻本都是潮剧的古本。这两份刻本,一是嘉靖四十五年(公元1566年)的《重刊五色潮泉插科增入诗词北曲勾栏荔镜记戏文全集》(附刻《颜臣》),现藏于日本天理大学;后又发现,同一刊本的又一印本现藏于英国牛津大学。二是万历刻本《重补摘锦潮调金花女大全》(附刻《苏六娘》),此件无刊刻年份,可能是万历初年刊本,现藏于东京大学东洋文化研究所。在这之后又八年,即1964年,再发现有万历九年(公元1581年)潮剧刻本,卷一首题"潮州东月李氏编集"的《新刻增补全像乡谈荔枝记》,现藏于奥地利维也纳国家图书馆。更令国内外学术界瞩目的是,1958年在揭阳县明代墓葬中出土的嘉靖年间戏曲手抄本《蔡伯皆》（即《琵琶记》），戏文中夹杂潮州方言，现藏于广东省博物馆。1975年12月又在潮安县的明初墓葬中出土了宣德年间手写本《刘希必金钗记》，文中先后写明书写时间是"宣德六年六月十九日"和"宣德七年六月"（即公元1431年、1432年），这是我国目前所见最早的戏文写本，现藏于潮州市博物馆。这些都是稀世之宝。上面这些事例充分说明了潮汕文化有丰富的遗产，也说明了还有一定数量的宝贵文物、文献或埋藏在地下，或散藏在海内外，有待我们去发现。这方面，有大量的工作正在等待我们和后人去做。

显然，"潮汕文库"的出版，对于唤起海内外人士重视发掘、搜集潮汕文物、文献的热情，对于系统地积累潮汕历史文化资料，顺利地开展有关的研究工作，都将起到积极的作用。我想，这也是编辑出版"潮汕文库"的目的。

主办这项工作的同志们要我为"潮汕文库"写篇序言。我在历史文化研究工作的面前，只是一个渴望学习的小学生，说不出什么。但往事历历在目，老舍先生和历代众多的名贤学者们的期望，今天终于能够开始实现，我从心底感到高兴，因而乐于借这个机会，祝愿"潮汕文库"早日问世，祝愿研究潮汕历史文化的工作顺利进展，尽快取得丰硕的成果！

吴南生

1992年2月15日于广州

前　言

一、《潮汕经济史稿》是汕头市潮汕历史文化研究会、潮汕历史文化研究中心委托的课题，是《潮汕文库》的重点选题。全书分为上、中、下三册，按照学术界目前惯用的历史分期，上册为《潮汕经济史稿》的古代部分，叙事自先秦时期始，至第一次、第二次鸦片战争前后止。中册为《潮汕经济史稿》的近代部分，叙事自1860年汕头开埠始，至1949年止。下册为《潮汕经济史稿》的现代部分，叙事自1949年中华人民共和国成立始，至2010年止。

二、潮州是国家历史文化名城；汕头是中国最早的"条约开埠"口岸之一，是改革开放后设立的第一批经济特区；潮汕地区是中国著名的侨乡；潮汕经济是中国东南沿海与国内外经济联系最为密切的地域经济体。由于影响潮汕经济发展的内外因素错综复杂，文献资料汗牛充栋，就我们的研究基础和资料准备而言，尚不具备编撰一部较为规范、完备的潮汕经济史的能力。本书尽量按照历史时序简要叙述潮汕经济发展的背景、动因、过程，与国际、国内经济贸易往来及与周边经济圈之间的关系，并选择若干重要问题和重大事件进行专题分析。

三、本书系集体写作，书稿由多人撰写，最后由主编逐章修改定稿。各册及各章的主要观点力求一致，避免出现大的疏漏，个别观点可能存在分歧，个别资料数据也可能重复引用，有些重要问题还需要深入研究。书中缺点错误在所难免，期盼读者不吝指教，得以匡正。

四、本书的分工和执笔人如下：

全书主编：陈鸿宇

全书顾问：陈春声、林伦伦

上册著作者：李宏新

中册主编：陈鸿宇；副主编：陈荆淮、吴二持。执笔人：第一章，陈鸿宇；第二章，曾旭波；第三章，陈雪峰；第四章，陈雪峰；第五章，胡少东；第六章，吴孟显；第七章，陈海忠；第八章，欧俊勇；第九章，胡少东；第十章，

欧俊勇；第十一章，陈鸿宇；第十二章，陈鸿宇。

下册主编：陈鸿宇；副主编：陈汉初、廖小平。执笔人：第一章，陈鸿宇；第二章，陈嘉顺、倪晓奇；第三章，陈嘉顺、倪晓奇；第四章，谢也苍；第五章，谢舜龙；第六章，吴启铮；第七章，林遍青、李必豪；第八章，柯锡奎；第九章，柯锡奎；第十章，黄晓丹、廖伟南。

五、本书叙述的"潮汕地区"的地理范围和书中称谓：

上册（古代部分）和中册（近代部分）：一般指清朝时潮州府所辖地区，叙述中侧重于1992年后的汕头市、潮州市、揭阳市所辖行政区划范围，书中称谓为"潮汕地区""潮州府"或"潮州"。

下册（现代部分）：（1）1954—1965年的汕头专区所辖行政区划范围，包括海丰县、陆丰县、兴梅地区，一度包括河源县、紫金县、龙川县，书中称谓为"潮汕地区""汕头专区"。（2）1965—1983年的汕头地区所辖行政区划范围，包括海丰县、陆丰县，书中称谓为"潮汕地区""汕头地区"。（3）1983—1991年的汕头市所辖行政区划范围，书中称谓为"潮汕地区""汕头市"。（4）1992年后汕头市、潮州市、揭阳市所辖行政区划范围，书中称谓为"潮汕地区"。

目　录

　　《潮汕经济史稿》下册以1949—2010年潮汕地区经济社会发展为主线，沿袭方志编制"横排竖写"的基本体例形式，横向上分列十章。第一章为全书绪论，概述这一期间潮汕经济结构、经济活动空间布局、工业化与城镇化、与外部经济联系的演化过程；第二章至第十章分别介绍了潮汕工业、农业、商业、外经贸、交通、城乡建设、财政、金融、公共服务九个基本领域的发展概况。竖向上每章基本上依时间顺序记叙了该领域所发生的标志性事件和重要的数据资料，并对需要进一步研究的若干重点问题归纳介绍。

　　从经济运行的特征上看，1949年新中国成立至2010年的62年间，潮汕地区经济活动大致可分为三个大的时期：以建立和强化计划管理体制为主要特征的1949—1978年，以计划管理体制向社会主义市场经济体制过渡为主要特征的1978—1992年，以建立和完善社会主义市场经济体制为主要特征的1992—2010年。

第一节　1949—1978年：工业化的有计划推进和区域工业体系的初步形成

　　1860年汕头开埠后，潮汕经济沿着"因港而生"和"因商而兴"的轨迹前行，在商业先行近代化的拉动下，潮汕地区的近代工业和近代交通业开始萌发，汕头市区的城市形态不断"顺商而变"，发展成为中国东南沿海重要的消费性商业城市。1949年以后，潮汕地区港口和商贸活动的内外环境都发生了重大变化，围绕着将汕头市从"消费性城市"建设成为"工业城市"的目标，潮汕地区的工业化进程有计划地发展，逐步构筑起区域性的小型工业体系。

一、持续向上的发展趋势

表1-1　1949—1978年汕头地区工农业总产值统计表[1]

年份	工农业总产值（亿元）	农业		工业	
		总产值（亿元）	占工农业总产值比重（%）	总产值（亿元）	占工农业总产值比重（%）
1949	6.35	5.35	84.25	1.00	15.75
1952	8.42	7.1	84.3	1.32	15.7
1957	13.45	9.90	73.6	3.55	26.4
1960	14.31	7.62	53.2	6.69	46.8
1962	11.60	7.83	67.5	3.77	32.5
1965	17.27	11.74	68.0	5.53	32.0
1966	17.91	10.67	59.6	7.24	40.4
1967	17.60	10.43	59.3	7.17	40.7
1968	15.45	9.30	60.2	6.15	39.8
1969	16.80	9.74	58.0	7.06	42.0
1970	18.01	9.94	55.2	8.07	44.8
1971	20.71	11.48	55.4	9.23	44.6
1972	21.34	11.66	54.6	9.68	45.4
1973	22.85	11.88	52.0	10.97	48.0
1974	24.01	12.10	50.4	11.91	49.6
1975	25.96	12.37	47.7	13.59	52.3
1976	27.46	12.80	46.6	14.66	53.4
1977	29.53	13.69	46.4	15.84	53.6
1978	31.78	14.62	46.0	17.16	54.0

[1]　广东省汕头市地方志编纂委员会.汕头市志（第二册）［M］.北京：新华出版社，1999：10-15，29-30.

1949—1987年，由于潮汕地区的行政区划多次调整，经济社会发展的统计项目和统计口径也不断变动，表1-1、1-2和1-3均系从1999年版《汕头市志》中的相关数据整理而成。从各表中，大致可以对1949—1978年潮汕工业和农业的发展走势做如下描述：

1949—1978年，汕头地区工农业总产值从6.35亿元增加至31.78亿元，年均递增5.71%。1952年汕头地区社会商品零售额3.37亿元，1978年社会商品零售额为13.93亿元，年均增长5.61%。1953年汕头地区出口总值为1410.65万美元，1977年为8621.81万美元，年均递增7.83%。1950年汕头地区财政收入为2067.8万元，1978年为29203万元，年均递增9.92%。1950年汕头地区基本建设投资完成额为143万元，1978年为15189万元，年均递增18.13%。[1]

表1-2　1949—1978年汕头地区工农业总产值分期年均增速[2]

单位：%

分期	工农业总产值年均增速	农业总产值年均增速	工业总产值年均增速
1949—1957年	9.86	8.02	17.16
1957—1960年	2.04	−8.42	23.52
1960—1962年	−9.97	1.37	−24.93
1962—1965年	14.19	14.46	13.62
1965—1969年	0.69	−4.56	6.30
1969—1976年	7.27	3.98	11.00
1976—1978年	7.58	6.87	8.19

1949—1978年的30年间，潮汕经济的分期发展速度差异较大。从工农业总产值的年均增长速度看，1950年至1957年、1963年至1965年、1970年至1978年，是这一期间快速增长或正常增长的时期。1958至1962年、1966年至1969年，是这一期间缓慢增长和负增长的时期。从农业总产值年均增速看，1958年至1962年、1966年至1969年是这一期间缓慢增长和负增长的时期，其余时期均正常增长。从工业总产值的年均增速看，1950年至1957年、1963年至1965年、1970年至1978年

[1]　广东省汕头市地方志编纂委员会.汕头市志（第二册）［M］.北京：新华出版社，1999：10-43.

[2]　根据表1-1计算。

是这一期间快速增长和正常增长的时期，1958年至1960年是这一时期不正常的超高速增长时期；1961年至1962年，是这一时期不正常收缩时期，1966年至1969年，是这一时期缓慢增长的时期。总体上看，1949—1978年，潮汕经济和全国、全省经济运行基本同步，保持着基本向上的发展态势。但1958—1960年的大起大落以及随后的收缩调整、1966—1969年的经济运行失序，很大程度上阻滞了潮汕经济持续快速增长的势头。

二、潮汕地区工业化的全面启动

从表1-1中可观察到，潮汕地区的工业化是在工业基础极为薄弱的条件下起步的。1949年时，农业在潮汕地区工农业总产值结构中占比为84.25%，工业仅占15.75%。1949—1978年的30年间，汕头地区工农业总产值从6.35亿元增加至31.78亿元，年均递增5.71%，其中农业总产值从5.35亿元增加至14.62亿元，年均递增3.53%；工业总产值从1.00亿元增至17.16亿元，年均递增10.30%。这一期间工业总产值的年均增速是农业总产值年均增速的2.92倍，在这一期间潮汕工农业总产值的增量中，工业的贡献率为63.55%。

1975年，农业总产值在工农业总产值中的占比下降至47.7%，工业总产值的占比首次超过50%，表明潮汕地区工业进入全面启动阶段，农业和农村剩余劳动力开始转向非农产业。1949—1975年，农业总产值在工农业总产值中占比每年平均下降1.41个百分点。从时间分期上看，1949—1957年，农业总产值的占比每年平均下降1.33个百分点；1957—1965年的9年间，每年仅下降0.7个百分点，显然与1958—1962年工业总产值的波动远高于农业总产值相关；1965—1969年，农业总产值的占比下降最快，每年平均下降2.5个百分点；1969—1975年，农业总产值的占比每年平均下降1.72个百分点。可见，1949—1957年和1969—1978年，是潮汕地区工业化进程中较为稳定的两个时期。

○

表1-3 1949年、1978年汕头地区农业发展空间分布统计表[1]

地区	1949年		1978年			
	粮食总产量（亿斤）	占全区粮食总产量比重（%）	农业人口（万人）	占全区农业人口比重（%）	粮食总产量（亿斤）	占全区粮食总产量比重（%）
汕头地区	17.38	100	698.21	100	43.60	100
汕头市区、澄海、潮阳、南澳	5.30	30.49	222.90	31.92	13.49	30.94
潮州（潮安）、饶平	3.90	22.44	152.77	21.88	10.44	23.95
揭阳、揭西、普宁、惠来	8.18	47.07	322.54	46.20	19.67	45.11

新中国成立前，潮汕地区的近代工业主要是日用轻工业和纺织业。1950年以后，潮汕地区各级政府从巩固和发展轻纺工业起步，至20世纪60年代初期，初步形成了以汕头市区为中心、各县为依托的轻纺工业体系，生产能力大大提高。各县的手工业生产也普遍恢复了传统产区、传统名牌产品生产。20世纪50年代中叶，汕头市区和各县县城通过整合、重组、新建等办法，重点发展机械工业。至20世纪70年代中期，汕头地区已经形成了重型矿山机械、钢材、轧钢机、石油化工机械、通用机械、轻工业专用机械、机床模具、电机电控电材等门类比较齐全且各市县分布比较均衡的行业体系。

新中国成立前，潮汕地区的化学工业近乎空白。本地基本化工材料、化学助剂、化肥、农药的生产能力低下，成为制约机电产品、日用化工品和农业发展的瓶颈。20世纪60年代开始，汕头集中资源发展本地化学工业。至1975年前后，潮汕地区化学工业体系基本形成，这是在区域轻纺工业体系和机械工业体系形成后的第三个比较完整的工业行业体系。构成化工体系的30多家骨干企业中，汕头市区17家，潮州市区和潮安县4家，其余分布在各县。感光化学材料工业是当时潮汕地区化工行业中最具发展优势和发展潜力的行业，广东省和汕头地区一直将汕头感光化学厂的建设作为汕头市区实现工业化的重要支点，先后多次动迁扩建，国家在税收、留利、进出口等方面予以重点支持。至1978年，汕头地区的化学工业产值（不含汕头感光化学厂）已经达到4435.11万元，其中汕头市区直属各厂的化工产值为2177.50万元；1976年汕头感光化学厂的工业总产值已达

---

[1] 广东省汕头市地方志编纂委员会.汕头市志（第二册）［M］.北京：新华出版社，1999：53.

3261.89万元。[1]

新中国成立前，汕头市区仅有几家电器修理小作坊。1966年，汕头市成立仪表电子工业公司，下辖汕头超声电子仪器厂等3家企业，年产值仅238万元。1970年前后，在各级政府和行业主管部门的主导、规划和直接指挥下，投资兴建了一批骨干电子企业，包括一批轻纺、工艺企业转为电子企业。经多次调整整顿后，企业布局、产品结构逐步合理，产品质量和企业效益有所提升。主要生产超声波仪器、半导体器件、无线电组件、电子设备仪器和专用机械，其中超声波仪器在国内电子工业体系中具有显著的技术优势。至1978年，汕头地区的电子工业企业已经发展到41家，产值5614万元，利润467万元，职工7200多人。其中汕头超声电子仪器厂的产值就达2190.9万元，[2]成为汕头地区比较成型的第四个工业行业体系。

三、汕头市区一直是潮汕地区工业化的主核心区

1949—1978年，潮汕地区农业发展比较缓慢，粮食总产量每年平均仅增长3.22%。从表1-3可见，1978年与1949年相比，全区粮食生产和农业人口的空间分布相对稳定。可见，这一期间潮汕地区农业生产的结构和布局均未发生重大变化。1950年潮汕地区农业全员劳动生产率为218元/人，1978年为460元/人，每年平均递增2.70%，略低于这一期间农业总产值的增长速度，每人每年仅增加8.64元。1978年，汕头地区各地带各县的粮食产量与农业人口之间的比例关系都很相近（见表1-3）；1978年全区农村社员每人占有口粮从1957年的244.5斤下降为213斤，[3]说明1949—1978年潮汕地区各地带的农业生产效率普遍处于较低水平，推动这一期间潮汕经济发展的主要动力在工业，而工业发展的核心区在汕头市区。

———————————

　　[1]　广东省汕头市地方志编纂委员会.汕头市志（第二册）［M］.北京：新华出版社，1999：494-495，515.

　　[2]　陈正人.工业记忆［M］.广州：南方日报出版社，2019：36-40.

　　[3]　广东省汕头市地方志编纂委员会.汕头市志（第二册）［M］.北京：新华出版社，1999：80.

表1-4 1953—1980年汕头地区工业总产值空间分布统计表[1]

单位：亿元，%

年份	合计	汕头市区		汕头市区、澄海、潮阳、南澳		潮州（含潮安）、饶平		揭阳、揭西、普宁、惠来	
		产值	比重	产值	比重	产值	比重	产值	比重
1953—1957	13.68	4.38	31.6	7.13	52.12	2.95	21.56	3.60	26.32
1958—1962	26.74	10.31	38.6	14.25	53.29	5.97	22.33	6.52	24.38
1963—1965	24.46	5.93	24.2	17.76	72.61	3.31	13.53	3.39	13.86
1966—1970	32.22	13.38	41.5	17.79	55.21	7.10	22.04	7.33	22.75
1971—1975	49.46	19.99	40.4	26.60	53.78	11.03	22.30	11.83	23.92
1976—1980	79.78	30.33	38.0	40.52	50.79	21.55	27.01	17.71	22.20

表1-4显示，1953—1980年，汕头市区工业总产值占全区工业总产值的比重，从31.6%上升至40%左右，潮州市（潮安县）大致恒定于16%—17%，揭阳县从16.2%下降至10%左右，潮阳县从10.1%下降至7%左右，澄海县由8.9%下降至5.5%左右。可见，这一期间各类工业发展资源，包括港口交通、水电供应、商业贸易和工业投资等资源，主要向汕头市区集聚，汕头市区工业的发展速度明显高于全区其他市县，并且越来越快；潮州市区（潮安县城）和各县县城的工业也有所发展。因此，自1949年至1978年，近代以来形成的以汕头市区为主核心区、潮州城区为副核心区的潮汕区域发展格局维持了下来，并在全面启动的工业化进程中逐步得以强化。

第二节 1978—1992年：农业、工业的交替快速增长与"因商而兴"的回归

1978年12月，中共中央召开十一届三中全会，作出把党和国家工作中心转移到经济建设上来，实行改革开放的历史性决策。1984年10月，《中共中央关于经济体制改革的决定》提出，社会主义经济是公有制基础上的有计划的商品经

---

[1] 广东省汕头市地方志编纂委员会.汕头市志（第二册）［M］.北京：新华出版社，1999：52-55.

济，决定要求把增强企业的活力作为经济体制改革的中心环节，建立自觉运用价值规律的计划体制，发展社会主义商品经济。1987年10月，中共十三大指出，社会主义有计划商品经济的体制，应该是计划和市场内在统一的体制，社会主义商品经济和资本主义商品经济的本质区别，在于所有制基础不同；计划和市场的作用范围都是覆盖全社会的，新的经济运行机制，总体上来说应当是"国家调节市场，市场引导企业"。1992年10月，中共十四大报告明确指出："实践的发展和认识的深化，要求我们明确提出，我国经济体制改革的目标是建立社会主义市场经济体制，以利于进一步解放和发展生产力。"[1]

1978—1992年潮汕经济的发展，就是不断通过改革开放的实践探索，推动与原来计划管理体制相适应的产业结构、产业布局、流通体系，转向与"双轨制"相适应的、进而与社会主义市场经济体制相适应的变革过程。

表1-5　1978—1987年汕头地区工农业总产值统计表[2]

年份	工农业总产值（亿元）	农业		工业	
		总产值（亿元）	占工农业总产值比重（%）	总产值（亿元）	占工农业总产值比重（%）
1978	31.77	14.62	46.0	17.16	54.0
1979	32.50	15.03	46.3	17.46	53.7
1980	35.16	16.29	46.3	18.88	53.7
1981	42.81	22.29	52.1	20.51	47.9
1982	46.70	24.68	52.9	22.02	47.1
1983	39.87	18.94	47.5	20.93	52.5
1984	48.02	22.99	47.9	25.02	52.1
1985	58.91	27.11	46.0	31.80	54.0
1986	55.35	18.10	32.7	37.25	67.3
1987	70.16	21.95	31.3	48.20	68.7

[1]　本书编写组.中华人民共和国简史［M］.北京：人民出版社，2021：165-183.

[2]　广东省汕头市地方志编纂委员会.汕头市志（第二册）［M］.北京：新华出版社，1999：10-15，29-30.

表1-6 1978—1987年汕头地区工农业总产值同比增速[1]

单位：%

分期	工农业总产值同比增速	农业总产值同比增速	工业总产值同比增速
1978	7.59	6.79	8.33
1979	2.30	2.80	1.75
1980	8.18	8.38	8.13
1981	21.76	36.83	8.63
1982	9.09	10.72	7.36
1983	−14.63	−23.26	−4.95
1984	20.44	21.38	19.54
1985	22.68	17.92	27.10
1986	−6.04	−33.23	17.14
1987	26.76	21.27	29.40

1978—1987年，汕头地区工农业总产值从31.77亿元增加至70.16亿元，年均递增9.20%，比1949—1978年工农业总产值的年均递增速度（5.71%）高3.49个百分点。1978年社会商品零售额为13.93亿元，1986年为46.59亿元，年均增长16.29%，比1952—1978的年均增长速度（5.61%）高10.68个百分点。1977年汕头地区出口总值为8621.81万美元，1991年为110348万美元，年均递增19.97%，比1953—1977年全地区出口总值年均增速（7.83%）高12.14个百分点。1979年汕头市公共预算收入为25052万元，1991年为114121万元，年均增长速度为13.47%，比1950—1978年汕头地区年均增长速度（9.96%）高3.51个百分点。1978年汕头地区全社会固定资产投资总额为18990万元，1987年为223241万元，年均递增31.50%，比1950—1978年汕头地区基本建设投资完成额的年均增长速度（18.13%）高13.37个百分点。[2]

总体上看，1978—1992年是潮汕地区工业、农业、商贸、财政、投资快速增长的时期，但在不同的时间节点，各产业和各领域的增长速度有显著差异。

---

[1] 广东省汕头市地方志编纂委员会.汕头市志（第二册）［M］.北京：新华出版社，1999：29-30.

[2] 广东省汕头市地方志编纂委员会.汕头市志（第二册）［M］.北京：新华出版社，1999：31-55.

一、联产承包责任制和1980—1992年农业的快速增长

如表1-5、1-6所示，这一期间潮汕地区农业总产值从1978年的14.62亿元，增加至1987年的21.95亿元，年均增速为4.62%，略高于1949—1978年农业总产值年均增速（3.53%）。这一期间农业总产值的快速增长主要集中于1980—1982年、1987—1992年两个时期。1980年、1981年、1982年全区农业总产值的年增长速度分别为8.38%、36.83%和10.72%。这一时期潮汕农业的快速增长，与1979年潮汕农村开始实行联产承包责任制直接相关。联产承包责任制推行初期，承包期一般只限半年或1年，经营者的积极性未能充分发挥，所以1979年实现家庭联产承包的农户还不是很多。[1]潮汕各地随即进一步完善了承包办法，逐步延长土地承包期，土地承包期可以长达15年，山林、果园的承包期可长达30年，承包方式也更加灵活。这些政策的贯彻实施，大大增强了农民的经营积极性、主动性。至1983年末，全地区实行联产承包责任制的农户已占98.6%。

联产承包责任制的推行，有效地构筑起农业资源要素配置方式改革和农民经营收益之间的联动机制，迅速解放了潮汕地区的农业生产力，改变了农村的经济结构。1978—1987年，全地区农村总收入从136152万元增加至583185万元，年均递增17.54%；其中1979—1982年每年平均增长19.51%，1984—1987年每年平均增长23.20%。这一期间农民经营收入从55079万元增长到530428万元，年均递增28.62%；农民的人均收入从127元/年增加至488.6元/年，年均递增16.15%。全地区农业商品率从1983年的41.3%，提高到1987年的69.3%。[2]农村就业结构也发生了重大变化。以潮州市（潮安县）为例，1988年时全市农业总劳动力543924人，其中从事第一产业的劳动力274472人，占总劳动力的50.46%，比1978年的88.9%减少38.44个百分点，从事第二、三产业（即工副业和服务业）的劳动力共269452人，其中第二产业136357人，第三产业133095人，共占总劳动力的49.54%。

1983—1986年，汕头地区农业发展速度波动较大，总体趋于收缩。1982年汕头地区农业总产值已达24.68亿元，1983年下跌为18.94亿元，跌幅达23.26%。

[1]　1979年晚造，全县（潮安县）有386个生产队实行水稻包产到户，仅占生产队总数的6.1%，占大田作物总面积的17.9%。参见：潮州市地方志编纂委员会.潮州市志［M］.广州：广东人民出版社，1995：595.

[2]　广东省汕头市地方志编纂委员会.汕头市志（第二册）［M］.北京：新华出版社，1999：779.

1984年回升到22.99亿元，1985年再爬升至27.11亿元，1986年和1987年又下跌至18.10亿元和21.95亿元。1987年以后，方转为较稳定的增长状态。这一状况表明，1983年以后，全面推行联产承包责任制对粮食生产的直接拉动效应已得到较充分的释放，粮食总产量不再成为衡量农业发展的唯一标准，农村剩余劳动力被大量"挤出"，丰富的农业劳动力资源和稀缺的土地资源更多地配置到种植经济作物、发展养殖业和乡镇工商企业。[1]1976年汕头地区水稻种植总面积为528.24万亩，至1987年，已减为379.37万亩，减幅达28.18%。1978年全区水果种植面积为533024万亩，1987年增加至1629690万亩，增幅达205.74%，平均每年递增13.22%。1978年全区全部农业劳动力为318万人，1987年下降至241.6万人，减幅达24.03%。1976年全地区社队企业11575个，总收入35328万元；1987年，全地区乡镇企业已发展到97992个，乡镇企业的从业人数约104万人，总收入达到34.18亿元，占全市工农业总产值的37.9%，占农村经济总收入的50%左右。[2]

表1-7 1987—1992年汕头市、潮州市农业发展情况[3]

单位：亿元，%

年份	汕头市				潮州市			
	第一产业增加值	增速	农林牧副渔总产值	增速	第一产业增加值	增速	农林牧副渔总产值	增速
1987	8.70	18.97	12.35	23.75	6.84	29.06	10.21	32.84
1988	11.72	34.71	17.39	40.81	9.47	38.45	14.29	39.96
1989	14.21	21.25	21.46	23.40	11.09	17.11	16.80	17.56
1990	15.42	8.52	23.76	10.71	12.09	9.02	18.44	9.76
1991	16.68	8.17	25.85	8.80	13.56	12.16	20.35	10.36
1992	18.27	9.53	30.09	16.40	12.69	-6.42	25.62	47.86

经过了1983—1986年的"震荡期"，潮汕地区农业产业结构、农村就业结

[1] "1984年汕头市规划建设果蔬基地，各县都压缩一些水稻种植面积改种柑橘和香蕉。"参见：广东省汕头市地方志编纂委员会.汕头市志（第二册）[M].北京：新华出版社，1999：927.

[2] 广东省汕头市地方志编纂委员会.汕头市志（第二册）[M].北京：新华出版社，1999：1279.

[3] 数据来源：广东省统计局，国家统计局广东调查总队.数说广东70年（1949—2019）[M].2019：455，545."汕头市""潮州市"指1992年以后汕头市和潮州市的辖区范围，表中数据系当年价格。

构和农村管理体制基本稳定，1987—1992年潮汕地区农业进入新一轮快速增长期。按地区生产总值计算，这一期间汕头市（范围包括汕头市区、潮阳、澄海、南澳县）农业增加值年均递增16.00%，其中1987—1989年年均递增27.80%。潮州市（范围包括潮州市区、潮安、饶平县）农业增加值年均递增13.16%。其中1987—1989年年均递增27.33%。按农林牧副渔总产值计算，这一期间汕头市（范围同上）农业总产值年均递增19.50%；其中1987—1989年年均递增31.82%。潮州市（范围同上）农业总产值年均递增20.20%，其中1987—1989年年均递增28.27%。

二、1985—1992年潮汕工业的快速增长

根据表1-5，1978—1987年，潮汕地区工农业总产值的年均增速为9.20%，主要靠工业快速增长拉动。这一期间农业总产值的年均增速只有4.62%，工业总产值的年均增速为12.16%，是农业年均增速的2.63倍。

1980年、1981年、1982年全地区工业总产值的增长率分别为8.13%、8.63%、7.36%，基本上均处于正常增长区间；1983年汕头地区工业总产值同比下跌4.9个百分点，1984年增速为19.54%，工业增速的大幅波动，似与这一期间"双轨制"价格开始实施，企业的供产销网络开始重构，潮汕地区的原材料、能源供应比较紧张有关。1982年以后，国家为控制出口亏损，大幅削减外贸出口计划。1984年省下达汕头的出口计划13776万美元，相当于1983年计划19050万美元的72.31%，比1983年出口实绩减少8010万美元，降幅达36.74%。大幅度地压缩外贸出口计划，严重影响了潮汕的工农业生产和抽纱、陶瓷、渔网加工等行业的职工收入。1982年和1984年全区出口分别下降23.01%和4.9%。

1985年以后，潮汕地区工业进入持续高速增长阶段。1985年、1986年、1987年全地区的工业总产值增长率分别为27.14%、17.10%和30.52%。1987—1992年，潮汕地区工业继续保持高速增长的态势。这一期间，汕头市（包括汕头市区、澄海、潮阳、南澳县）工业增加值年均递增26.93%；工业总产值年均递增26.66%。潮州市（包括潮州市区、潮安、饶平县）工业增加值年均递增25.35%；工业总产值年均递增28.66%（见表1-8）。1985—1992年潮汕工业的持续高速增长，应与汕头经济特区工业渐成规模，潮汕城乡广泛开展"三来一补"业务，汕头、潮州市区部分公有制企业大量引进先进装备等因素相关。此外，外

贸出口额的大幅提升和乡镇企业、外资侨资企业和民营企业的迅速发展，也是拉动这一时期工业高速增长的重要因素。1980—1985年的6年间，汕头市（范围同上）的外贸出口额一直在2.06亿—2.68亿美元间徘徊；1986—1992年，汕头市外贸出口额从3.78亿美元增加至16.05亿美元，6年间年均递增27.25%。其中，1989年、1990年的第二产业增加值的增速稍降为12.90%和7.95%，应与1989—1990年国家实施"治理整顿"的宏观政策，加之前一阶段工业投资过急过猛，潮汕地区部分工业企业经营效益不佳相关。[1]

表1-8 1987—1992年汕头市、潮州市工业发展情况[2]

单位：亿元，%

年份	汕头市				潮州市			
	第二产业增加值	增速	工业总产值	增速	第二产业增加值	增速	工业总产值	增速
1987	12.20	41.70	42.47	44.61	7.03	33.14	17.82	36.87
1988	20.39	67.13	60.14	41.61	10.11	43.81	26.54	48.93
1989	23.02	12.90	72.64	20.78	12.30	21.66	33.69	26.94
1990	24.85	7.95	83.73	15.27	12.96	5.37	37.66	11.78
1991	32.23	29.70	106.82	27.58	16.38	26.39	47.42	25.92
1992	40.19	24.70	138.43	29.59	21.76	32.84	61.37	29.48

三、兴办汕头经济特区与"因商而兴"的复归

1978年以后，汕头市和潮汕地区成为国家改革开放的先行地。基于潮籍海外华侨华人和港澳同胞众多，历史上潮汕经济与东南亚、港澳经济已经形成密切的循环往来关系。为扩大对外开放，引进国外资金技术，借鉴国外先进管理经验，1980年8月，国务院决定设置汕头经济特区，1981年11月，汕头经济特区管理委员会成立。国家赋予汕头经济特区一系列先行先试的特殊政策。

[1] 广东省统计局，国家统计局广东调查总队.数说广东70年（1949—2019）［M］.2019：455，545.

[2] 广东省统计局，国家统计局广东调查总队.数说广东70年（1949—2019）［M］.2019：453，455，543，545.表中的"汕头市""潮州市"指1992年以后汕头市和潮州市的辖区范围。表中数据系当年价格。

（一）经济特区建设成为潮汕新一轮"因商而兴"的契机

1981年汕头设立经济特区时，汕头市区的港口、能源等基础设施落后，工业和住宅建设用地受限，商业网点布局和业态陈旧。为从根本上解决汕头市经济社会发展与城市建设规模、建设水平严重不适应的问题，汕头市紧紧抓住经济特区起步建设的契机，将经济特区设置于主城区东郊约2公里处，以顺应汕头城市形态不断向东扩张的基本走向。1984年11月，国务院批准汕头特区从原先的1.6平方公里扩大至52.6平方公里，并同意将汕头特区办成以工业为主、各业同时发展的综合性经济特区。1988年12月，广东省政府批准《汕头市市区城市总体规划说明书（1988—2010）》，确定把汕头市建成"以发展外向型工业和外贸经济为主导的海港城市，粤东地区的中心城市"。

这一期间，汕头市在城市规划中努力体现经济特区建设、东部新城区建设、工业和商贸业布局外扩三个方面目标的有机融合，有意识地立足特区建设，推进主城区向东扩展，拉开城市形态的框架。统筹集中资源，同步推进道路和公交系统、供电供水网络和教育、医疗等公共事业的施工，安排了深水港、铁路、道路、高速公路和跨海大桥等大型基础设施。由于汕头特区和东部新城区建设采取"设计一片、建成一片、再开发一片"的做法，每个新建片区都可以比较迅速地形成宜业、宜居的基本环境。1978年汕头市建成区面积仅有7.25平方公里；随着经济特区的建立和东部新城区的迅速扩张，1992年汕头市区建成区面积已达35.5平方公里，约相当于1978年的4.83倍。1992年市区人均居住面积已达10.2平方米，比1981年增加5.3平方米。汕头市区逐渐形成了以龙湖片区为中心，西连传统城区组团、东部新城区组团，东连深水港和广澳片区的滨海城市新格局，人民生活水平和消费能力不断提高，为潮汕地区"因商而兴"优势的复归创造了条件。

（二）"交通先行"是潮汕新一轮"因商而兴"的重要支撑

如前所述，1939年日军侵占汕头港之后，潮汕地区"因港而生""因商而兴"的条件不复存在。新中国成立后，由于国内外政治、军事和经济形势的变化，以及全面实行按统一计划配置资源体制的影响，潮汕地区和汕头市的港口设施、公路、航运、民航等一直未成为国家和省交通投资的重点地域。[1]因此，1978年以后潮汕地区的改革开放，包括兴办汕头经济特区，是在潮汕地区落后的

---

[1] 参见本书第六章"交通"第二节的相关内容。

交通状况一直未得到根本改善的情况下起步的，这也迫使1978年以后潮汕地区的改革和发展必须先行补齐交通落后的短板，才能与国内外市场建立最基本的联系渠道和网络，以相近的运输成本保证特区政策和沿海开放政策的落地。

1978年以后，随着改革开放的全面展开，潮汕地区港口、公路、航运、民航和邮电事业迅速发展，综合运输能力有了较大提高。这一期间汕头港一方面继续完善老港区的设施，改造扩建多个3000—5000吨级货运泊位码头，新建了客运站及联检大厅、一批趸船和浮筒，改变了多年来汕头港投入不足、码头设施落后的局面。另一方面努力开辟新航线，1991年已达354.8万吨，年均递增6.51%，结束了20世纪60—70年代货物吞吐量长期徘徊在150万—170万吨的历史。[1]1978年以后，潮汕地区的公路进入快速发展期，初步形成了以汕头市区为枢纽、覆盖整个潮汕城乡的公路网，促进了商品的流通和人员的往来，推动潮汕城乡真正进入"公路经济"时代。新生的乡镇企业、小微民营企业沿着公路布局，原材料和产品通过公路连接市场，公路两侧形成了带状产业园和村镇。各种生产要素沿着国道集聚流转，推动了潮汕地区众多"专业镇"和专业批发市场的成长。20世纪80年代以后，汕头外砂机场经过两期扩建提升等级；至1991年，汕头与国内外通航的城市增加到19个，完成旅客吞吐量75.86万人次，运输收入首次突破1亿元，汕头外砂机场被中国民航局列入全国民航系统中20个重点运输单位之一。[2]

1978—1992年，潮汕地区港口、航运、公路、空港和邮政电信的迅速发展，大大提高了潮汕地区资源要素的流转和配置能力，使潮汕经济得以更深入地融入国际市场和国内市场。至1992年，潮汕各市县的乡镇企业和专业贸易市场依托国（省）道沿线、沿海港口和机场周边地带蔓延生长，潮汕地区外贸出口已重新居于全省前列；汕头市区商贸服务业非常活跃，再度成为粤东最主要的商品集散地和消费中心。1979年至1991年，汕头的社会消费品零售总额从5.49亿元增长到43.91亿元，年均增长18.92%；人均社会商品零售总额1167元，为1979年的188元的6.2倍，年均增长16.43%。

（三）"放开搞活"是潮汕新一轮"因商而兴"的深层动因

1978年以后，流通体制"放开搞活"，商品的经营权逐步放开，市场机制

---

[1] 广东省汕头市地方志编纂委员会.汕头市志（第三册）［M］.北京：新华出版社，1999：997-998.汕头市港口管理局.汕头港口志［M］.北京：人民交通出版社，2010：127.

[2] 汕头经济特区年鉴编纂委员会.汕头经济特区年鉴（1992）［M］.广州：岭南美术出版社，1992：199.

和竞争机制开始发挥作用。1979年8月，汕头市开始发放"个体工商户"的营业执照，至1991年，全区社会消费品零售总额中，国有、集体企业占比下降为59.1%；从业人员中国有、集体企业仍占59.5%。前一阶段专业公司"独家经营"的模式已不复存在，多种经济成分、多条流通渠道、多种经营方式和少环节的流通体制逐步形成。

1980年开始，计划内的商品逐步减少。由于"双轨制"价格体系的形成，计划内外的商品交叉经营，各市县商业、外贸和物资部门都注意发挥市场作用，重视经营议价商品和进口商品，积极进行协作串换经营，以填补计划内市场的不足，客观上适应了人民群众需求增长、社会购买力增强的趋势，但双重价格也造成部分工业生产企业的经营困难。

1981年汕头经济特区建立伊始，利用国家特殊政策，设立了一批商业公司，经营进出口业务。部分特区商贸公司与汕头市区的工商业企业实行联营，与市区各专业贸易公司共享特区政策。1991年末，汕头特区再次扩大范围后，汕头市区60家实力较强的贸易公司被批准享有自营进出口经营权，从单纯内贸型转向内外贸结合经营。

流通体制的"放开搞活"，支撑着潮汕地区的城市化和工业化。20世纪80年代汕头市区快速东扩过程中，"设计一片、建成一片、再开发一片"，新开发片区可以很快形成人口、产业和公共服务的黏性。主要原因之一，就是地方政府对新开发街区的商业服务网点先期规划，先行统筹主管部门和大型商贸企业投资，因此能够与特区、新街区成片同步建设，较快形成新商圈。

1978年之后，汕头地区采用多渠道集资的办法，大规模恢复和兴建集贸市场，建设资金主要来自市场自筹和部门集资。至1987年底，汕头市（全地区）城乡集贸市场共370个，市场总面积115万平方米。集市贸易成交额16.37亿元，比1978年的1.15亿元增长13.23倍。全区初步形成了一个以城镇为中心、大中小型相结合、综合性与专业性相配套、批发与零售兼营的集市网络。

第三节　1992—2010 年：潮汕经济的多元发展和多点布局

1992年，中共十四大确立了社会主义市场经济体制的改革目标。1991年4月，国务院批准汕头经济特区扩大到整个汕头市区，总面积234平方公里。1991

年12月，国务院批准汕头、潮州、揭阳分设地级市。潮汕三市分设后，潮汕经济发展进入多点布局和多元发展的阶段。

一、全域竞发的新局面

表1-9 1992—2010年汕头市经济发展情况[1]

年份	地区生产总值（亿元）	第一产业增加值（亿元）	第二产业增加值（亿元）	第三产业增加值（亿元）	人均地区生产总值（元）	固定资产投资额（亿元）	社会消费品零售总额（亿元）	进出口总额（亿美元）	地方一般公共预算收入（亿元）	城镇居民人均可支配收入（元）	农村居民人均可支配收入（元）
1992	109.10	18.27	40.19	50.64	2840	39.68	54.39		9.33	2691	1557
1993	147.21	20.29	60.96	65.97	3745	73.52	66.20		13.77	3589	1984
1994	195.25	26.91	78.88	89.46	4854	97.83	91.13		12.03	4898	2598
1995	259.28	32.11	111.57	115.60	6299	124.33	108.20	43.72	14.53	6143	3445
1996	308.84	35.33	138.07	135.44	7333	129.07	129.85	47.77	13.15	6778	3756
1997	366.11	38.47	173.57	154.07	8494	131.05	153.27	76.56	14.58	7938	4011
1998	412.67	40.71	197.56	174.39	9357	126.18	178.10	66.10	16.47	8098	4190
1999	439.83	40.73	217.45	181.64	9746	132.57	209.41	43.91	17.86	8583	4279
2000	450.16	39.38	217.39	193.39	9741	112.48	218.99	42.06	18.94	8708	4343
2001	443.37	38.42	208.43	196.52	9376	102.97	224.16	27.31	20.56	8953	4090
2002	459.39	38.14	219.50	201.76	9570	108.12	250.53	28.91	20.07	8740	3894
2003	498.43	38.65	245.54	214.24	10296	119.24	254.46	33.47	20.78	9105	4064
2004	572.64	41.39	287.73	243.52	11700	132.01	294.70	41.79	21.40	9930	4089
2005	637.68	44.52	328.07	265.10	12919	155.75	345.23	49.60	29.44	10630	4321
2006	720.33	43.19	381.78	295.36	14491	176.77	401.60	54.13	34.93	10950	4405
2007	832.33	48.21	442.46	341.66	16540	206.96	474.98	61.10	42.49	11716	4581
2008	954.65	54.24	526.76	373.66	18690	261.36	572.01	62.98	41.22	12542	4885
2009	1024.73	56.57	557.99	410.17	19767	291.90	661.96	60.28	58.54	13651	5590
2010	1135.10	63.66	603.02	468.43	21384	361.68	825.31	73.65	72.65	15179	6518

[1] 数据整理自：广东省统计局，国家统计局广东调查总队.数说广东70年（1949—2019）[M].2019：453.

表1-10   1992—2010年潮州市经济发展情况[1]

年份	地区生产总值（亿元）	第一产业增加值（亿元）	第二产业增加值（亿元）	第三产业增加值（亿元）	人均地区生产总值（元）	固定资产投资额（亿元）	社会消费品零售总额（亿元）	进出口总额（亿美元）	地方一般公共预算收入（亿元）	城镇居民人均可支配收入（元）	农村居民人均可支配收入（元）
1992	49.06	12.69	21.76	14.61	2378	11.87	15.84	2.07	2.55	2150	1281
1993	66.47	15.01	30.42	21.03	3019	24.72	21.37	3.56	3.92	2797	1698
1994	81.24	18.21	37.26	25.77	3647	25.07	27.33	6.55	3.04	3781	2049
1995	103.00	20.61	48.46	33.93	4571	27.11	34.31	8.31	3.51	4280	2473
1996	122.45	26.94	57.27	38.24	5371	19.83	39.75	9.21	3.34	4721	2973
1997	142.93	28.64	67.24	47.06	62197	30.54	44.82	12.21	3.75	5220	3253
1998	158.66	28.72	77.19	52.75	6800	31.39	49.19	12.08	3.96	5376	3425
1999	169.96	29.13	83.59	57.24	7200	32.49	54.69	9.94	4.27	6662	3573
2000	177.87	28.76	86.52	62.59	7444	34.43	60.57	8.21	4.60	6904	3728
2001	188.90	28.00	92.66	68.23	7776	36.51	67.23	7.28	5.08	7231	3842
2002	200.51	28.91	99.33	72.27	8144	39.11	74.10	9.32	5.23	7262	3867
2003	211.36	30.55	110.20	80.61	8932	47.89	81.74	11.64	5.90	7764	3962
2004	252.01	33.60	128.74	89.66	10075	76.73	91.15	15.34	5.25	8351	4123
2005	283.44	32.64	151.68	99.12	11256	97.59	102.99	18.92	8.64	8946	4260
2006	321.83	25.45	184.86	111.52	12725	109.74	118.14	22.96	10.65	9575	4319
2007	374.87	29.20	213.56	132.11	14682	121.04	141.52	21.96	13.50	10391	4599
2008	439.85	34.37	248.42	157.06	17028	135.67	170.63	22.31	16.02	11320	5169
2009	482.28	35.41	265.70	181.17	18461	162.98	206.50	27.88	18.25	12398	5640
2010	561.87	39.96	311.49	210.42	21206	182.78	244.55	38.23	23.25	13669	6373

[1]   数据整理自：广东省统计局，国家统计局广东调查总队.数说广东70年（1949—2019）[M].2019：453.

表1-11 1992—2010年揭阳市经济发展情况[1]

年份	地区生产总值（亿元）	第一产业增加值（亿元）	第二产业增加值（亿元）	第三产业增加值（亿元）	人均地区生产总值（元）	固定资产投资总额（亿元）	社会消费品零售总额（亿元）	进出口总额（亿美元）	地方一般公共预算收入（亿元）	城镇居民人均可支配收入（元）	农村居民人均可支配收入（元）
1992	62.65	26.18	21.74	14.73	1446	10.54	17.09	2.46	3.00		1193
1993	87.39	33.57	34.40	19.42	1973	28.04	23.42	3.21	4.80		1468
1994	143.34	43.95	60.32	39.07	3165	49.744	32.21	5.25	3.98		2018
1995	192.84	50.47	91.10	51.27	4163	67.18	40.84	10.77	5.36		2521
1996	227.43	55.71	109.64	62.09	4802	57.20	47.56	18.74	5.44	4327	2937
1997	267.79	60.90	132.71	74.18	5529	54.24	56.46	24.84	7.00	5201	3260
1998	303.37	66.31	150.19	86.87	6125	53.62	65.27	24.32	7.71	5758	3417
1999	292.89	68.76	132.88	91.25	5783	62.83	73.76	17.83	8.78	6134	3424
2000	311.09	71.06	141.91	98.11	6001	68.43	82.38	7.82	9.24	6422	3511
2001	319.84	71.67	145.01	103.16	6026	71.00	91.37	4.69	9.83	6632	3581
2002	334.61	74.12	150.84	109.65	6199	78.66	101.17	5.97	9.91	6957	3713
2003	359.07	75.65	164.30	119.12	6584	85.52	113.40	9.28	10.58	7705	3834
2004	385.78	82.77	174.46	128.56	6893	87.81	136.07	12.32	8.12	8496	3949
2005	414.00	65.20	202.13	146.66	7417	116.25	144.80	13.92	11.19	9189	4126
2006	480.22	67.91	245.71	166.60	8552	152.20	171.40	16.88	13.76	9863	4336
2007	584.87	75.95	313.53	195.39	10321	201.29	215.20	20.87	17.32	10751	4561
2008	721.98	89.98	395.83	236.17	12626	165.79	275.60	24.63	22.37	11757	4926
2009	813.12	91.49	444.64	276.99	14107	393.50	341.45	29.82	28.87	13169	5433
2010	999.64	102.86	576.29	320.49	17126	564.07	446.62	36.27	38.65	14907	6128

　　如表1-9、表1-10和表1-11所示，1992—2010年潮汕经济的运行情况，具有以下特点。

---

[1] 数据整理自：广东省统计局，国家统计局广东调查总队.数说广东70年（1949—2019）[M].2019：453.

（一）从高开低走到平稳发展

表1-12（1）　　1992—2010年潮汕三市经济年均增速分期统计表

位：%

时间分期	汕头市				潮州市				揭阳市			
	地区生产总值	固定资产投资额	社会消费品零售总额	进出口总额*	地区生产总值	固定资产投资额	社会消费品零售总额	进出口总额	地区生产总值	固定资产投资额	社会消费品零售总额	进出口总额
1992—2010	13.90	13.06	16.31	3.54	14.51	16.40	16.42	17.59	16.64	24.75	19.88	16.12
1992—1998	24.82	21.27	21.86	14.77	21.61	17.60	20.79	34.18	30.07	31.14	25.02	46.50
1999—2002	1.46	−6.57	6.16	−13.00	5.66	6.38	10.65	−2.12	4.54	7.78	11.11	−30.56
2003—2010	12.48	17.18	18.30	11.93	14.23	21.09	16.95	18.52	15.75	30.93	21.63	21.50

注：表中*系1995—2010年数据，1992—1994年数据缺。

1992年，汕、潮、揭三市地区生产总值的总和为220.81亿元，2010年为2696.61亿元，19年间平均每年增长14.92%。这一平均增速显然高于1978—1992年潮汕地区的经济发展速度，也略高于这一期间粤东西北年均增速（12.94%）、西翼年均增速（14.72%）和山区年均增速（13.79%），但低于广东省全省的年均增速（17.78%）和珠江三角洲地区的增速（16.63%）。[1]1992年汕、潮、揭三市地区生产总值占全省的9.02%，2010年这一占比已经下降为6.77%。

从地区生产总值的增长速度波动的视角来看，1992—2010年潮汕地区的经济运行大致可分为三个阶段。

1992—1998年为快速发展阶段。这一期间汕头市、潮州市、揭阳市的地区生产总值的年均增速分别为24.82%、21.61%和30.07%。三市的固定资产投资额、社会消费品零售总额均以20%—30%左右的速度增长，其中揭阳市分别高达31.14%和25.02%。

1999—2002年为收缩发展阶段。这一期间汕头市、潮州市、揭阳市的地区

---

[1]　数据来源：广东省统计局，国家统计局广东调查总队.数说广东70年（1949—2019）［M］.2019：274，423，426，431，433.

生产总值的年均增速分别为1.46%、5.66%和4.54%。三市的固定资产额和进出口额均连续大幅下降。1999年汕头市固定资产投资额为132.57亿元，2002年下降至108.12亿元，每年平均下降6.57%；1999年进出口总为43.91亿美元，2002年下降为28.91亿美元，每年平均下降13%。潮州和揭阳两市的进出口总额每年平均分别下降2.12%和30.56%。

2003—2010年为稳定增长阶段。这一期间汕头市、潮州市、揭阳市的地区生产总值的年均增速分别为12.48%、14.23%和15.75%，虽然略低于同期全省16.52%的年均增速，但汕、潮、揭三市的固定资产投资额、社会消费品零售总额年均增长速度仍处于10%—20%左右的较快增长区间。其间揭阳市固定资产投资额的年均增速高达30.93%。

（二）收入水平的普遍提高

表1-12（2）　1992—2010年潮汕三市经济年均增速分期统计表[1]

单位：%

时间分期	汕头市				潮州市				揭阳市			
	人均地区生产总值	地方一般公共预算收入	城镇居民人均可支配收入	农村居民人均可支配收入	人均地区生产总值	地方一般公共预算收入	城镇居民人均可支配收入	农村居民人均可支配收入	人均地区生产总值	地方一般公共预算收入	城镇居民人均可支配收入*	农村居民人均可支配收入
1992—2010	11.87	12.08	10.09	8.28	12.93	13.06	10.82	9.32	14.72	15.26	9.24	9.52
1992—1998	21.98	9.93	20.16	17.94	19.14	7.61	16.50	17.81	27.20	17.04	15.36	19.17
1999—2002	-0.61	3.96	0.61	-3.09	4.19	6.99	2.92	2.67	2.34	4.12	4.29	2.74
2003—2010	11.01	19.58	7.57	6.98	13.15	21.64	8.42	7.03	14.63	20.33	9.89	6.93

注：表中*系1996—2010年数据，1992—1995年数据缺。

1992年潮汕三市分设后，财政税收体制和收入分配体制都随之调整。1992—2010年，汕头市地方一般公共预算收入从9.33亿元增至72.65亿元，年均递增12.08%；潮州市地方一般公共预算收入从2.55亿元增至23.25亿元，年均递

[1] 根据表1-9、表1-10和表1-11中数据整理计算。

增13.06；揭阳市地方一般公共预算收入从3.00亿元增至38.65亿元，年均递增15.26%。相比之下，这一期间揭阳市地方一般公共预算收入的年均增长速度高于潮州，潮州又高于汕头。1992年时，汕头市地方一般公共预算收入是潮州、揭阳两市总和的1.68倍，2010年时，汕头市一般公共预算收入仅为潮州、揭阳两市总和的1.17倍。

从时间分期上看，1992—1998年为潮汕经济高速增长期，汕头、潮州、揭阳三市的一般公共预算收入的年均增速分别为9.93%、7.61%和17.04%。揭阳的年均增长速度大幅快于汕头和潮州，也高于1952—1978年、1978—1992年这两个时期潮州市的4.51%和10.50%的年均增速。1999—2002年为潮汕经济收缩发展期，汕头、潮州、揭阳三市的一般公共预算收入的年均增速分别为3.96%、6.99%和4.12%。在地方生产总值、工业增加值和外贸出口总额大幅下跌的情况下，仍能维持小幅增长。2003—2010年，汕头、潮州、揭阳三市地方一般公共预算收入的年均增速分别为19.58%、21.64%和20.33%，再次处于高速增长状态，而且年均增长速度比1992—1998年时更高。可见，1992—1998年潮汕三市分设初期，由于地方财政体制的调整和分税制的实施，潮州、揭阳两市财政的自主性和积极性有所增强，开始培植地方税源。2003—2010年三市的地方一般公共预算收入年均增速均在20%左右，说明这一时期汕、潮、揭三市的经济运行财政体制已经具有一定的自我积累和自我发展能力。

1992—2010年，潮汕三市的城镇居民和农村居民的人均可支配收入均在持续增长，而且三市的年均增速比较接近。如表1-12（2）所示：（1）三市城镇居民和农村居民的人均可支配收入的年均增速均低于各市地区生产总值和地方预算收入的年均增速；（2）汕头、潮州两市农村居民人均可支配收入的增长速度均低于城镇居民人均可支配收入的年均增速，揭阳市农村居民人均可支配收入的增长速度略高于城镇居民人均可支配收入的平均增速；（3）汕头市和潮州市的城镇居民人均可支配收入的年均增速（10.09%、10.82%）高于揭阳（9.24%），揭阳、潮州的农村居民人均可支配收入年均增速（9.24%、9.32%）高于汕头（8.28%）。此状况应与汕头市的常住人口城镇化率高于潮州市，潮州市的常住人口城镇化率又高于揭阳市有关。（4）1999—2002年潮汕经济的收缩发展期，严重影响三市的城镇居民和农村居民的可支配收入，但对农村居民的影响高于对城镇居民的影响。与1992—1998年的高速增长期相比，汕头市这一时期城镇居民人均可支配收入的年均增速下降19.55个百分点，农村居民人均可支配收入的年均增速下降21.03个百分点；潮州市这一时期城镇居民人均可支配收入的年均增速下降13.58个百分点，农村居民下降15.14个百分点；揭阳市这一时期城镇居民人均可支配收入的年均增速下降11.07个百分点，农村居民下降16.43个百分点。

（三）多主体、多层次市场体系的形成

1992年，潮汕地区三市分设后，各市按照社会主义市场经济的改革方向，积极推进多主体、多层次的市场体系及商贸网点的建设。至2010年，潮汕地区的内外贸空间布局、经营业态、网络建设从业人数都发生了新的变化。

1992年以后，潮汕各市进一步改革，重组商业和外贸的行政管理机构、国有资产管理机构。各市的商业局、供销社、粮食局、物资局都分别转为经济实体，基本退出商品购销的主渠道，转为建立适应市场经济的管理机制和灵活的营销方式。国有商贸企业主要通过对营业门店实行承包租赁经营责任制，对部分门店改组、整合、重组，发展连锁经营、股份经营、代理营销等，为发展多种所有制商贸企业创造了条件。1995年时，潮州市个体私营经济零售额已达20.15亿元，占全市社会商品零售总额的58.73%，与1992年相比，年均递增36.67%。1995年揭阳市全市私营商业和个体有证商户已发展到近5万户，从业人员约11万人，商品批发零售总额超过30亿元，约占当年全市社会商品零售总额的73.7%。1998年汕头市社会消费品零售额中，非公经济已占72%，比1992年的43.4%提高了28.6个百分点。2004年，潮州市、揭阳市私营商业的营业收入总额分别达到77.68亿元和110.58亿元。

随着潮汕地区交通、道路的建设，城镇人口的聚集，潮汕各地出现了各具特色优势的大型专业批发市场，如潮州市的庵埠食品市场、枫溪陶瓷市场；揭阳市的普宁流沙布料市场、阳美玉器批发市场；汕头市区的消费品、金属材料、机动车、水果专业市场聚落等。为当地产业集群提供原材料、设备和展销服务的澄海玩具、外砂羊毛衫、和平音像、谷饶—两英内衣服装等专业批发市场也得到迅速发展。1996—2000年，汕头市东部新城区集中出现了6个超5000平方米的大型百货零售商场，在长平路—金砂东路建成潮汕地区第一个现代化商圈。

二、工业化的深化与产业结构的加快转型

（一）潮汕工业化进入快速增长期

表1-13　1992—2010年潮汕三市三次产业年均增速分期统计表[1]

单位：%

时间分期	汕头市				潮州市				揭阳市			
	地区生产总值	第一产业增加值	第二产业增加值	第三产业增加值	地区生产总值	第一产业增加值	第二产业增加值	第三产业增加值	地区生产总值	第一产业增加值	第二产业增加值	第三产业增加值
1992—2010	13.90	7.18	16.24	13.16	14.51	6.58	15.93	15.97	16.64	7.90	19.97	18.66
1992—1998	24.82	14.29	30.40	22.89	21.66	14.58	23.50	23.86	30.07	16.75	38.01	34.41
1999—2002	1.46	−2.17	0.31	3.56	5.66	−0.25	5.92	8.08	4.54	2.53	4.32	6.31
2003—2010	12.48	7.39	13.70	11.82	14.23	3.91	16.00	14.69	15.75	4.49	19.63	15.19

表1-14　1992—2010年潮汕三市三次产业结构的变化[2]

年份	汕头市	潮州市	揭阳市
1992	16.75：36.84：46.42	25.87：44.35：29.78	41.79：34.70：23.51
1993	13.78：41.41：44.81	22.58：45.77：31.64	38.41：39.36：22.22
1994	13.78：40.40：45.82	22.42：41.56：31.72	30.66：42.08：27.26
1995	12.38：43.03：44.59	20.01：47.05：32.94	26.17：47.24：26.59
1996	11.44：44.71：43.85	22.00：46.77：31.23	24.50：48.21：27.30
1997	10.51：47.41：42.08	20.04：47.04：32.93	22.74：49.56：27.70
1998	9.87：47.87：42.26	18.10：48.65：33.25	21.86：49.51：28.64
1999	9.26：49.44：41.30	17.14：49.18：33.68	23.48：45.37：31.16
2000	8.75：48.29：42.96	16.17：48.64：35.19	22.84：45.62：31.54

---

[1]　根据表1-9、表1-10和表1-11中数据整理计算。

[2]　根据表1-9、表1-10和表1-11中数据整理计算。

续表

年份	汕头市	潮州市	揭阳市
2001	8.67：47.01：44.32	14.82：49.05：36.12	22.41：45.34：32.25
2002	8.30：47.78：43.92	14.42：49.54：36.04	22.15：45.08：32.77
2003	7.75：49.26：42.98	13.80：49.78：36.42	21.07：45.76：33.17
2004	7.23：50.25：42.53	13.33：51.09：35.58	21.46：45.22：33.32
2005	6.98：51.45：41.57	11.52：53.51：34.97	15.75：48.82：35.43
2006	6.00：53.00：41.00	7.91：57.44：34.65	14.14：51.17：34.69
2007	5.79：53.16：41.05	7.79：56.97：35.24	12.99：53.61：33.41
2008	5.68：55.18：39.14	7.81：56.48：35.71	12.46：54.83：32.71
2009	5.52：54.45：40.03	7.34：55.09：37.57	11.25：54.68：34.07
2010	5.61：53.12：41.27	7.11：55.44：37.45	10.29：57.65：32.06

1992年潮汕三市分设之后，各市都明确提出"工业立市"的发展方向，在前阶段全面启动的基础上，进入全域深化发展阶段。潮汕地区工业化的主要空间载体，从汕头市区逐步转向潮汕各县城区和沿海、沿江、沿国省道干线的乡镇。大量乡镇工业企业和民营、外资工业企业迅速成长，使1992—2010年潮汕三市第二产业增加值的增长速度显著高于第一产业和第三产业。1992—2010年，汕头、潮州、揭阳的工业增加值年均增速分别为16.24%、15.93%和19.97%。至2005年前后，潮汕三市三次产业结构中的第二产业所占比重，几乎同步发展至50%以上，三市的三次产业结构已经形成较稳定的"二三一"比例关系，潮汕工业化进入快速增长期。

1992—1998年是这一期间三市工业增长最快的时期，汕头、潮州和揭阳三市工业增加值的年均增长速度分别高达30.40%、23.50%和38.01%；至1998年，三市工业增加值在各市三次产业结构中的占比，分别为47.87%、48.65%和49.51%，均居于各市三次产业结构的首位，这一时期潮汕三市地区生产总值的年均增长速度，均处于20%以上的高位。

1999—2002年潮汕各市工业增长乏力，这一时期潮州和揭阳的工业增加值年均增长速度分别为5.92%和4.32%，潮州、揭阳两市的地区生产总值的年均增速随即下降至5.66%和4.54%，与1992—1998年的高速增长形成很大反差。这一时期汕头市工业增加值平均每年增长0.31%，固定资产投资每年下降6.57%，尽管第一、第三产业仍保持正增长，汕头市地区生产总值的年均增速还是下降到1.46%。

2003年之后，潮汕三市的第二产业和第三产业重新提速发展，2003—2010年，汕头、潮州、揭阳三市工业增加值的年均增速分别达13.70%、16.00%和19.63%，且这8年间潮州的年均速度领先汕头2.3个百分点，揭阳领先汕头5.93个百分点。1992年时，潮汕三市工业增加值总和中，汕头、潮州、揭阳的占比是48.02∶26.00∶25.98；2010年时，这一比例已经转变为40.45∶20.89∶38.66。揭阳、潮州工业高速发展的数据表明，潮汕工业化的重心已经从汕头、潮州城区外扩和下移，形成了全域多点推进的工业化布局。

（二）潮汕三市三次产业结构演化轨迹的差异

由于近代以来潮汕地区城乡间、沿海平原与山区间经济社会发展的不平衡，潮汕三市分设后的三次产业结构演化的轨迹出现了差异。

1949—1957年汕头市（指1992年后的汕头市所辖区域）的三次产业结构呈现出农耕社会典型的"一三二"比例关系（41.81∶21.95∶36.24）；1962年汕头市第三产业增加值开始超过第一产业，三次产业结构转向"三一二"的比例关系（35.80∶27.47∶37.24）；1983年汕头市第二产业增加值开始超过第一产业，但仍低于第三产业，三次产业结构呈"三二一"比例关系（25.27∶31.21∶43.52），表现出工业化启动期的特征；直到1996年，汕头市的第二产业增加值首次超过第三产业，三次产业结构转为"二三一"（11.44∶44.71∶43.85），表现出工业化成长期的特征；至2010年，汕头市的三次产业的比例关系为5.61∶53.12∶41.27，第一产业在三次产业结构的比重已经下降到5%左右。但从1992年至2010年的19年，第三产业增加值在汕头三次产业结构中所占比重一直高于40%，只有2008年稍降至39.14%，但2009年、2010年又回升到40%以上。也就是说，1996年以后第二产业在三次产业结构中的占比虽然已经高于第三产业，但除了2008年，其他年份的占比始终在40%—50%的区间。[1]三次产业间似乎形成了较稳定的结构。

1952—1984年，潮州市（指1992年后潮州市所辖区域）的三次产业结构始终保持"一二三"的比例关系。1952年三次产业比例关系是52.87∶26.44∶20.69；1985年这一比例关系变为36.58∶38.81∶23.12，产业结构呈"二一三"特征。1992年，潮州市的第三产业增加值首次超过第一产业，三次产业结构的比例关系

---

[1]   2018年，汕头市三次产业增加值结构中三次产业的比例关系为4.40∶50.80∶44.80，数据来源：广东省统计局，国家统计局广东调查总队.数说广东70年（1949—2019）［M］.2019：453.

为25.87：44.35：29.78；1992年直到2010年，潮州的三次产业结构一直保持稳定的"二三一"特征，2010年三次产业增加值的比例为7.11：55.44：37.45。这一期间，潮州农业的占比已经从25%左右下降到7%左右，第三产业的占比多年在35%—37%波动，工业占比则从45%增加到55%左右。

1992年，揭阳设立地级市时，三次产业增加值结构仍呈"一二三"特征（41.79：34.70：23.51）；1993年，揭阳市第二产业增加值超过第一产业，三次产业结构呈"二一三"特征（38.41：39.36：22.22）；1995年，揭阳市第三产业增加值超过第一产业，三次产业结构呈"二三一"特征（26.17：47.24：26.59），且一直延伸到2010年（10.29：57.65：32.06）及以后。[1]

由于潮汕三市各自所处的地理区位、资源禀赋和原有产业基础存在差异，1992—2010年各市的三次产业结构演化轨迹也各有特点。

第一，第三产业在汕头市三次产业结构中一直占据重要位置。

近代以来，特别是20世纪20年代以后，汕头市区一直是韩江流域的国内外商贸中心和重要口岸；1978年以后，汕头经济特区设立，汕头市区再次"因商而兴"，第三产业的发展基础比潮州、揭阳两市厚实。因此，在汕头三次产业结构中，第三产业一直保有40%以上的份额。整个20世纪80年代，汕头市工业化远未进入成熟期，三次产业结构就已具有"三二一"特征。由于汕头市第三产业的发展时间长、规模大，直到1996年，第二产业增加值才超过第三产业，三次产业结构方呈"二三一"特征；而潮州和揭阳的三次产业结构则分别于1992年和1995年已经完成了向"二三一"的演化。

第二，第一产业占比与潮汕三市的城镇化率存在负相关关系。

1992年，汕头第一产业在三次产业结构中的比重仅为16.75%，非农产业已占83.25%，同期潮州和揭阳的第一产业在三次产业结构中分别占25.87%和41.79%；1990年，广东全省常住人口城镇化率为36.76%，汕头市（含揭阳市数据）为29.83%，潮州市为25.79%。2000年，汕头、潮州、揭阳三市第一产业占三次产业结构的比重分别为8.75%、16.17%和22.84%；这一年全省的常住人口城镇化率为55.00%，汕头市为67.00%，潮州为43.41%，揭阳为37.91%。2010年，汕头、潮州、揭阳三市第一产业占三次产业结构的比重分别为5.61%、7.11%和10.29%；这一年全省的常住人口城镇化率为66.17%，汕头市为68.46%，潮州为

---

[1] 2018年，揭阳市三次产业增加值结构中三次产业的比例关系为7.64：502.17：40.19，数据来源：广东省统计局，国家统计局广东调查总队.数说广东70年（1949—2019）［M］.2019：549.

62.75%，揭阳为47.31%。[1]可见，第一产业在三次产业结构中的占比，与常住人口城镇化率存在显著的负相关关系。1992—2010年，汕头市第一产业在三次产业结构中的占比从16.75%下降到5.61%，这一占比与珠江三角洲地区的水平相当。所以，2010年汕头市的城镇化水平（68.46%）也与珠三角地区将近，仅落后于深圳（92.46%）、珠海（87.65%）、广州（83.79%）和佛山（75.06%），居全省第5位，但也说明汕头市土地资源的匮缺制约程度比潮州、揭阳两市更为突出。

第三，揭阳市三次产业的非均衡发展。

相比之下，1992年揭阳第一产业占比高达41.79%，第三产业占比才23.51%，还是典型的农业地区。这一状况说明揭阳建市之初城镇化、商品化水平不高，所辖揭东、揭西、普宁、惠来4县基本上是农业大县、人口大县。1992—2010年，揭阳市工业增加值高速增长，实质上是开始将较丰富的土地资源和人力资源转化为非农产业优势。至2010年，揭阳第一产业的占比已经下降为10.29%，19年间下降了31.50个百分点，全市进入了以"二三一"为特征的工业化成长期。但2010年揭阳市第三产业增加值在三次产业结构中的占比仅32.06%，常住人口城镇化水平仅47.31%，这两个指标与汕头、潮州相比还有较大差距。一方面说明当时揭阳的农业劳动生产率还不高，第一产业的发展潜力有待发挥；另一方面也说明当时揭阳市的非农产业发展还不均衡，较边远城镇能创造的就业岗位还不多。

第四，第二产业长期居于潮州三次产业结构的首位。

自1985年以后，第二产业在潮州市的三次产业结构中的占比一直居于首位，且延续到2010年以后。[2]1992年潮州市升格为地级市后，下辖湘桥区和潮安、饶平两县。由于湘桥区历史上是潮州府城和潮安县城，1949年以后潮州市主城区（湘桥区）一直是潮汕地区经济社会发展的副核心区。1978年以后，大量乡镇企业和民营企业在潮安县城乡和饶平县沿海地区迅速发展。至1992年时，潮州市区和庵埠、枫溪、黄冈等镇已经集中了数千家陶瓷、食品、工艺、农机、服装等工业企业。由于下辖的潮安县和饶平县沿海地带的土地等资源都转向发展第二

[1] 广东省统计局人口和就业处.广东人口城镇化发展情况浅析［EB/OL］.（2014-10-30）［2022-10-5］.http://stats.gd.cn/tjfx/content/post_1435211.html..

[2] 2018年，潮州市三次产业增加值结构中三次产业的比例关系为7.14∶48.57∶44.29，数据来源：广东省统计局、国家统计局广东调查总队.数说广东70年（1949—2019）［M］.2019：543.

产业，潮州市的农业和市场交易发展规模一直不大，所以第二产业在潮州三次产业结构中的占比就显得很大，2006—2010年一直居于55%—58%的高位区间。

（三）三市经济结构的全面转型

1992年以后，潮汕三市的所有制结构、产业和行业结构、就业结构、流通结构，都按照市场化的改革方向，立足本市实际调整演化，以适应建立和完善社会主义市场经济体制的要求。

第一，所有制结构的变革。

1992—2010年是潮汕三市所有制结构迅速走向多种所有制经济共同发展的转型期。这一期间潮汕各市政府的经济综合管理部门逐渐实现"政资分离"，三市的"行政性"专业公司先后被撤销或转成经济实体。按照国家的部署，这一时期国有企业改革的主要任务是建立现代企业制度和推进国有经济战略性改组，潮汕地区三市政府坚持"抓大放小""一企一策"，对尚有前景的企业，通过深化企业改革，强化企业内部管理，促进企业经济效益；对长期严重亏损的企业实施关、停、并、转，通过公司制、股份制改造，资产重组，完善承包和关闭、破产等措施，采用多种形式搞活国有企业。

1992年之后，汕头市批准11家企业设立股份有限公司，潮州市陆续组建10家股份有限公司，揭阳市设立了14家股份制企业。1994年1月，汕头电力开发股份有限公司在深圳证券交易所挂牌上市，成为粤东地区首家上市公司。1995年，汕头市依照《公司法》登记成立的有限责任公司已达4289家，至2004年，全市1652家国企中采取不同改革措施的企业有935家，占56.60%。至2000年底，潮州市原411家国有中小企业中，已采取各种形式改制的企业269家，改制面达65.5%。[1]1999年，揭阳市500家国有企业中通过各种形式改革的有371家，改制面占74.20%。[2]

这一期间，潮汕地区乡镇企业、民营企业和外资企业快速发展。至2000年，汕头市全市规模以上工业794家，总产值342.09亿元，其中国有工业119家，总产值17.55亿元；集体工业270家，总产值98.09亿元；其他类型工业405家，总产值226.45亿元，国有、集体和非公经济占规模工业总产值的比重分别

[1] 潮州市地方志编纂委员会.潮州市志（1992—2005）（上）［M］.广州：岭南美术出版社，2014：358-359.

[2] 揭阳市地方志编纂委员会.揭阳市志（1992—2004）（上）［M］.北京：方志出版社，2013：155-156.

为5.13%、28.67%和66.20%。[1]1992年，揭阳市民营工业企业22819家，工业总产值43.21亿元。至2000年，揭阳全市已有民营工业企业23853家，工业总产值529.29亿元。9年间企业数增长了4.5%，总产值增长了11.25倍，平均每家工业企业的产值从18.94万元提高至221.90万元。全市乡镇工业企业从1992年的29660家，发展到2004年的43517家，工业总产值926.15亿元，占全市工业总产值的87.27%。[2]1991年，潮州市民营工业企业的工业产值仅占全市工业总产值34.4%。至2005年，潮州市的非公有制经济主体已达48432户，其中个体工商户43666户，私营企业4766户，从业人员67万多人。全市民营经济实现生产总值274.4亿元，占全市生产总值的93%；上缴税金23.4亿元，占全市税金收入的86.7%。民营经济已经成为潮州经济发展的主导力量。

据广东省统计局统计，2010年全省民营经济增加值占地区生产总值的比重为43.1%，东翼地带（汕头、潮州、揭阳、汕尾）的民营经济增加值占地区生产总值的比重为62.3%，高于全省平均比重，也高于珠江三角洲地区（39.2%）、西翼地带（51.6%）和北部山区（50.2%）。[3]这一状况与全省各市国有经济的原有发展水平相关。潮汕地区原来的国有企业数量少、规模小，1978年时，集体所有制的中小企业、区街社队企业已占潮汕工业总产值的50.2%。20世纪80—90年代，政策环境改善后，民营经济对于当地经济发展的贡献度很快凸显出来。由于当时汕头市经济总量约为潮州、揭阳两市的总和，潮汕地区投资大、回收期长的基础性产业和国有金融机构基本集中在汕头市区，汕头市的公有制经济创造的增加值在全市地区生产总值中一直保持30%左右的比重；潮州、揭阳公有制经济创造的增加值在全市地区生产总值的比重仅在10%～15%的区间。

第二，产业和行业结构转型。

1992年以后，宏观经济管理体制和运行机制的市场化取向改革全面铺开，潮汕地区构筑于20世纪50—80年代的"轻纺-机械-化工-电子"的地区性工业体系和"商业-供销-粮食-物资"地区性流通体系，已经不能适应国内外市场需求的急

[1] 汕头市地方志编纂委员会.汕头市志（1979—2000）（上册）［M］.广州：广东人民出版社，2013：543.

[2] 揭阳市地方志编纂委员会.揭阳市志（1992—2004）（上）［M］.北京：方志出版社，2013：297.

[3] 广东省统计局政策法规处.大力发展民营经济 提升广东经济发展后劲——"十一五"时期广东民营经济发展情况分析［EB/OL］.（2011-07-05）［2022-10-6］.http://stats.gd.gov.cn/115cjzl/content/post_1425960.html.

剧变化。当政策环境允许和多元化市场主体格局形成后，潮汕三市从本地实际出发，加快了产业和行业转型步伐。

20世纪90年代初期，汕头市各县区的民营企业已经分别形成了玩具、毛衫、服装内衣、光盘、化工材料等工业连片集聚带；至2010年，汕头市全市形成了以超声电子、化学原料、纺织服装、化工塑料、文体用品、食品加工、印刷包装为支柱产业的工业体系和服装、电器、食品、金属材料、机动车辆、玩具、音像等专业批发市场体系。[1]这一期间，潮州市按照"择优、扶强、育新"的原则，依靠科技创新和体制创新，改造陶瓷、食品、服装、机械、五金等优势传统产业，积极培育电子信息、新材料等高新技术产业。至2010年，全市基本形成陶瓷、食品、服装、不锈钢、塑料为支柱产业的特色工业体系。[2]揭阳市工业生产以轻工业为主，企业规模结构以村镇小微企业为主，所有制结构以民营企业为主。至2010年，揭阳市形成了纺织服装、五金机械、医药化学、食品饮料和电子信息为支柱产业的工业体系。

20世纪90年代是潮汕地区工业化的重心从汕头市区转向汕头市区周边各县市城乡的时期。这一期间汕头市区、澄海、潮阳、普宁、潮安等地建设了一批大型专业批发市场，与当时潮汕地区兴起的纺织服装、玩具礼品、食品、五金、电器音像、医药等产业集群相互支撑，创造了更多的就业岗位，促进了全区商贸服务水平的提升。

1992—2010年，潮汕三市的农业生产继续在稳定粮食生产的基础上，努力发展水果、畜牧、水产业，发展"三高"（高产、高质、高经济效益）农业。由于这一期间潮汕地区工业化进程进入快速发展期，三市的第二产业发展速度均不高，农业内部各业的结构优化的重点，转向在减少粮食播种面积和经济作物、水果蔬菜种植面积的前提下，通过加强农田水利设施建设，应用良种良法，提高单位面积产量。另外，通过发展农业龙头企业，建设"一乡一品""数乡一品"的商品化基地，形成区域茶叶、特色水果、家禽、花卉等商品化基地。

第三，产业集群的形成与发展。

1992年以后，潮汕各市乡镇工业企业迅速发展，带动了原材料供应、产品销售专业市场以及物流运输业，以"一镇一品""一村一品"的方式集聚于特

---

[1] 汕头市地方志编纂委员会.汕头市志（1979—2000）（上册）［M］.广州：广东人民出版社，2013：541-547.

[2] 潮州市地方志编纂委员会.潮州市志（1992—2005）（上）［M］.广州：岭南美术出版社，2014：356-371.

定空间地域，从而在汕头主城区"一小时交通圈"范围内形成了被称为"专业村""专业镇"的多个产业集群。

至2010年前后，潮汕地区比较典型的产业集群主要有：（1）潮阳-潮南-普宁的纺织服装业集群。这一集群跨越汕头、揭阳两市，依托潮阳区、潮南区的谷饶、两英、峡山、陈店和普宁市的占陇、流沙、军埠、池尾共8个镇街连片发展，内衣产品的销售额和市场占有率连续多年居于全国内衣行业前列。（2）澄海区的玩具创意产业集群。2010年时，澄海已拥有奥飞等20多家年产值5000万元以上的龙头企业，从事玩具礼品生产的厂家、贸易公司及相关配套企业3000多家，从业人员超10万人，70%的产品出口世界100多个国家和地区，玩具出口额达10亿美元，占全国玩具总产值的近两成。[1]（3）枫溪-古巷-凤塘的陶瓷产业集群。2009年，潮州市陶瓷生产厂家已发展到10000多家，形成了完整的产业链条。2010年全市陶瓷及其附属产品产值500亿元，出口额达20多亿美元，以枫溪镇和湘桥区为主产区的日用陶瓷、工艺陶瓷和以古巷镇、凤塘镇、浮洋镇为主产区的卫浴洁具，分别占全国的25%、30%和50%左右，出口量分别占全国的30%、40%和55%左右。[2]（4）庵埠镇的食品加工和印刷包装业集群。2007年，庵埠镇已拥有食品企业585家，印刷包装企业485家，年产值分别达到43.68亿元和40.32亿元，占全镇工业产值的52%和48%，食品加工业已经发展到涵盖15大类3000多个品种。[3]（5）彩塘镇的不锈钢业集群。2007年，彩塘镇全镇已实现工业总产值58.73亿元，其中不锈钢制品业的产值达41亿元；生产不锈钢制品的企业达830多家，形成了从设计、模具加工、生产制造到物流运输、员工培训的完整产业链。[4]（6）榕城及周边村镇的五金业集群。至2007年，位于榕城镇及周边村镇的五金生产企业已经发展到2600多家，固定资产总额147.8亿元，从事五金产业的从业人员超过20万人。其中年销售额超亿元的企业有17家，超5000万元的有36家，超500万元的有335家，配套和相关企业近千家。

---

[1]　许琳，沈静.共同演化视角下的产业集群发展路径——以汕头市澄海区玩具产业集群为例［J］.热带地理，2017（6）：835-843.詹建光."小玩具"做成了"大产业"［N］.中国国门时报，2011-09-28（8）.

[2]　潮州市地方志编纂委员会.潮州市志（1992—2005）（上）［M］.广州：岭南美术出版社，2014：371-372.从潮州特色经济看潮州陶瓷产业发展［N］.陶城报，2010-10-10.吴杰文.潮州"中国瓷都"迎来首次复评［N］.潮州日报，2011-04-25（A01）.

[3]　黄小桂.庵埠食品和印刷包装在改革开放中发展壮大［N］.中国食品质量报，2008-12-17（7）.

[4]　郑建玲.不锈钢叫响彩塘镇［N］.中国质量报，2008-08-28（6）.吴和群.打造现代五金不锈钢产业基地［N］.广州日报，2013-12-02（5）.

第四节 贯穿于潮汕经济运行中的深层矛盾及其演化

1949—2010年，是潮汕经济的发展方向、发展机制和发展动力发生多次全局性更迭的时期，也是潮汕经济在探索前行中不断发展壮大的时期。本节将对这一时期贯穿于潮汕经济各个历史分期的三组深层矛盾的缘起、演化和效应进行叙述。

表1-15 1949—1978年潮汕经济运行的主要特征

时间分期	基本方向	运行体制	所有制结构	产业结构	空间形态
1949—1978	工业立市，保农抑商抑城	计划经济管理体制	三大改造、公有制	从"一三二"到"一二三"	单核双层
1978—1992	"因商而兴"复归、工业大规模投资	半计划半市场、"双轨"运行	公有制和非公有制共同发展	从"一二三"到"二一三"	从单核向多核、多层演化
1992—2010	自下而上的"因工而盛"	不断完善的市场经济体制	多种所有制经济形式	"一三二"	多核多圈、错位发展

一、经济发展方向："工业为基"还是"商贸为基"

（一）近代潮汕经济"因商而兴"的鼎盛与退潮

汕头市区的"因商而兴"，是以1860年汕头的开埠为重要时间节点的。汕头开埠后，潮汕地区对外贸易额逐年上升，1864年，汕头口岸进出口贸易额为408.19万银圆；1898年已达到1616.69万关平两；1911年达到2253.03万关平两。1864—1911年的48年间，汕头港进出船只数增加1.6倍，吨位数增加约6.5倍。这一期间汕头口岸进出口贸易额的增长幅度，显著超过了厦门、福州、宁波等"条约开埠"城市。20世纪10—30年代，潮汕地区进出口贸易进入所谓"鼎盛时期"：1937年，汕头口岸对外贸易额达到1.4亿国币元，在全国各口岸中居第7位，居于上海、天津、大连、汉口、胶州和广州之后；从1932至1935年，汕头口岸外来外洋船舶吨数连年占全国第3位，仅居于上海和广州之后。[1]

汕头埠"因港而生"，又按照"顺商而变"的要求，使汕头城区从一个小规模的货物集散转运商埠，逐渐发展为近代化商业城市。汕头城区作为当时潮汕内外"双向开放"的窗口和平台，持续地吸聚和整合韩江流域经济、交通、政治、文化资源要素。随着以汕头市区为枢纽的内河、内陆交通网络的建设，潮梅各县的农产品和手工业产品的商品化水平进一步提升，韩江流域的土布、土糖、柑橘、酱菜以及抽纱和麻类、纸类制品，先后成为潮海关的大宗出口商品；潮汕地区紧缺的棉花、棉纱、油料、水泥、钢铁制品、化肥，先后成为潮海关的大宗进口商品。韩江流域的贸易与生产从相对闭环的自给自足状态，逐渐融入以上海为中心的国内市场和以"香港-暹罗-新加坡"为支点的亚洲区域市场。近代潮汕产业体系顺应和把握了对接世界性市场的机遇，一是内外贸商业活动更加深刻地依赖国际国内市场，汕头口岸的进出口商品结构和农业、手工业、工业较灵敏地随之调整。二是外国资本、华侨资本、官营资本和本地民族资本得以自由进入汕头埠，形成了多元商贸主体、港口建设运营主体和金融主体。三是汕头埠商业业态先行完成近代化转型，从转口贸易为主的商埠发展为近代商业中心城市，近代商业公司和金融机构兴起。四是近代生产性服务业和近代工业在汕头市区、潮州府城和各县城开始出现，如港口业、船舶业、水电公用事业等；由国内外市场需求拉动的土布织造、罐头食品、日用消费品、抽纱业等产业迭次兴起。这一期间，潮籍居民大规模向南洋地区移民，促成近代潮汕经济与南洋地区之间形成了海外移民、国际贸易、文化交融三个维度的复合循环关系。[2]

近代潮汕经济的"因商而兴"，是当时国内外多重因素共同作用的结果。本书中册第一章认为，汕头的开埠受到当时国际和中国发展格局不平衡、中国东南沿海港口区位不平衡、融入国际市场综合能力不平衡和流域间发展不平衡的综合影响。20世纪30年代中叶，经过长达20余年鼎盛时期之后，潮汕地区和汕头市区的"因商而兴"开始减速。汕头市区的华侨工业投资、交通投资逐年减少，城

---

[1] 中国海关学会汕头海关小组，汕头市地方志编纂委员会办公室.潮海关史料汇编［M］.1988：141.

[2] 关于近代潮汕经济"因商而兴"的问题，参见本书中册第一章"潮汕经济近代化的时代背景和基本特征"；第十一章"近代潮汕经济的'因商而兴'"；第十二章"近代汕头市区城市形态的'顺商而变'"。

区东扩和人口增长乏力，进出口贸易额也从1933年的峰值上下滑。[1]这一期间潮汕经济"因商而兴"开始"退潮"，直接原因虽然可归咎于1929—1933年世界性经济危机，它影响了潮货向东南亚的正常出口和潮人南洋移民的正常"代际更迭"。但20世纪30年代中叶，中国东南沿海"因港而生""因商而兴"发展起来的诸多"条约开埠"口岸城市，如厦门、福州、宁波等，也都同样遇到了发展瓶颈，共同原因在于"因商而兴"的区域产业体系内生的局限性。

从汕头开埠到20世纪30年代中期，潮汕经济近代化是以汕头港埠为中心，沿着"传统商埠—开放口岸—港口设施近代化—商业体系（商业形态、布局、主体、组织）近代化—农业市场化—近代工业萌芽"的逻辑展开的。20世纪初叶，潮汕地区已开始出现近代工业企业，但长达20多年的商业外贸的黄金发展期，并没能像上海、武汉、青岛等沿海沿江城市一样，将"因商而兴"的先手转化为"因工而盛"的长久优势。由于当时潮汕地区的自然资源、土地资源、市场腹地等条件的制约，加之西方资本的挤压、内外主权的沦失、"半殖民地化"带来的深刻社会危机，汕头市区以商业体系的先行近代化拉动的工业化是畸形和脆弱的。直至1949年，汕头市区的冶金工业、机械工业、化学工业基本上是空白的，制造业所需的原材料、能源和装备主要靠外部输入。1937年抗日战争全面爆发，1939年6月潮汕沿海地区沦陷，1945年以后国民党政府倒行逆施造成恶性通货膨胀和百业凋敝，加上1945年以后南洋地区诸国加强对居民和外汇出入境的管制，至1949年，潮汕经济再次"因商而兴"的外部条件已基本上不复存在。

（二）新中国成立后关于建设区域性工业体系的抉择

从汕头开埠至1949年，潮汕经济带有显著的"因港而生""因商而兴"特征。1949年，汕头市辖区内（即当时的汕头市区、澄海县、潮阳县和南澳县）的地区生产总值为1.18亿元，其中第一产业增加值0.62亿元、第二产业0.24亿元、第三产业0.31亿元，三次产业在地区生产总值结构中的占比为52.99∶20.51∶26.50。当时潮汕地区的"近代工业"主要集中在汕头市区和潮安县城。1949年，汕头市区工业总产值仅为2492万元，工业职工9607人，约占全市总人口的4%左右，商业职工约32000人，占市区总人口的14.4%，市区消费性商业畸形发展，人民生活极端贫困。

---

[1] 1914年至1930年前后是汕头市区人口增长较快的时期，1930年以后汕头市区人口增长速度显著放缓。抗日战争全面爆发后，汕头市区人口急剧减少。民国《潮州志·户口志》载："汕头二十年（指民国二十年，即1931年——引者注）人口为181073，二十六年为205011。地虽都市，然六年之间增加仅二万余人，其增进率可谓极滞。"

新中国的成立，使潮汕经济社会获得了和平稳定的发展环境。潮汕地区确立了"将汕头从消费城市转变为工业城市"的发展方向，在此基础上逐步构筑区域工业体系，这是当时必然做出的战略性抉择。

第一，潮汕经济"因港而生"的外部环境发生重大变化。

如前所述，从20世纪30年代中期开始直至1949年新中国成立前，潮汕经济赖以"因商而兴"的国际和国内环境基本上不复存在，战争等因素使潮汕地区近代工业的"萌发"进程被迫中断，潮汕经济没有能力从"因商而兴"迈向"因工而盛"。新中国成立伊始，帝国主义国家对新中国封锁"禁运"，盘踞台湾地区的国民党军队在汕头港布雷、派飞机对汕头市区和潮汕沿海轰炸骚扰，潮汕地区和汕头港成为海防斗争前线，海上运输和贸易往来备受影响。1949年汕头港货物吞吐量为23.65万吨，1950年为24.7万吨，1951年为38.5万吨，1952年为35.2万吨，远低于1933年的632万吨。港口的萎缩导致汕头这座"因港而生"的商埠失去了发展依托。

第二，国家的社会主义工业化战略和计划管理体制的确立。

1953年以后，"过渡时期总路线"成为整个国家的统一意志。实现社会主义工业化是总路线的主体，实行农业、手工业以及资本主义工商业的社会主义改造是总路线的两翼。"实现过渡时期总路线，就是要充分发展社会主义工业，并且把现有的非社会主义工业变为社会主义工业，使中国由落后农业国变为先进工业国，使社会主义工业成为在整个国民经济中起决定作用的领导力量。"[1]在经济非常落后，既缺乏资金又没有先进的技术装备和足够的建设人才的情况下发展中国的工业化。"考虑到我国几乎没有重工业，交通运输业极不发达，轻工业因能源、原材料的制约因素开工不足，而且得不到新装备的补充和技术改造等国情，中国共产党作出了优先发展重工业的战略决策。"[2]为开展大规模的工业建设，第一个五年计划期间，国家通过归口管理、统购包销、编制计划等方式，全面建立国家主导、自上而下、分专业管理的国民经济计划管理体制和工业管理体制，安排了大中型建设项目694个，实际施工达921个。[3]

1956年，潮汕城乡的农业、手工业以及资本主义工商业的社会主义改造完成后，国民经济的计划管理体制也同步在潮汕地区和汕头市建立起来。由于潮

---

[1] 本书编写组.中华人民共和国简史［M］.北京：人民出版社，2021：47-48.

[2] 本书编写组.中华人民共和国简史［M］.北京：人民出版社，2021：49-50.

[3] 本书编写组.中华人民共和国简史［M］.北京：人民出版社，2021：51.

汕地区缺少发展重工业所必需的矿产资源和原材料支持，周边严峻的政治、军事形势也使国家和省不可能将大中型重工业项目、港口及其他交通设施建设项目、城市建设项目安排在潮汕地区，而汕头市区又非走"工业立市"的道路不可。这些实际因素决定了1949年以后汕头市区工业化的推进，只能主要依靠潮汕地区极为有限的商业、农业和手工业的自我积累，并且必须尽量控制对商业和城市建设的投入。1950—1978年，汕头地区财政总支出为248166万元，其中经济建设费支出90507万元，为同期财政总支出的36.47%。[1]经济建设费中，基本建设投资仅32905万元，占同期财政总支出的13.26%。以1965年的基建投资为例，农业投资占37.7%，轻工业占32.5%，重工业占29.8%；而这一年汕头地区工农业总产值中，农业占63.1%，轻工业占32.5%，重工业仅占4.4%。[2]城市维护费投入也被控制在极低水平，1951—1952年汕头的城市维护费（市政建设费）支出仅28万元。1953—1957年，汕头地方财政该项支出的拨款为341.8万元，仅占同期财政总支出的1.4%；1958—1960年该项支出占同期财政总支出的比例下降为0.63%；1961—1965年，城市维护费占同期财政总支出再下降为0.52%。[3]商业、服务业的投入也被严格控制，1949—1956年汕头专区有饮食服务行业5602户，从业9784人。到1963年，汕头专区国营饮食服务业网点仅剩336个，从业4579人。1956年至1975年，汕头市区只新建了两家国营饮食店和两家旅社。

第三，潮汕人口的快速增长和严峻的就业压力。

1946年时，潮汕地区人口总数为4723663人，人口密度为289.88人/平方公里；居住在汕头市和各县城的人数为499942人，占总人口的10.58%。其中居住在汕头市区的人数为201159人，汕头市区的人口密度为25690.80人/平方公里。[4]至1949年，汕头市区人口为230548人，但失业和求业人数达5万多人，约占总人口的22%。

新中国成立后，动员部分进城农民返乡务农，汕头市区人口减少了3万多人。由于汕头城区商贸服务业、港口交运业发展速度减缓，人口自然增长又较快，1949—1958年汕头市区人口年均增长率为13.96‰。1958年，汕头市（含郊区）人口已突破40万人，中心城区求业和失业人员13999人；有1400户居民依赖

[1] 汕头市财政局.汕头市财政志（清代—1987）[M].内部资料，1990：345.

[2] 广东省汕头市地方志编纂委员会.汕头市志（第三册）[M].北京：新华出版社，1999：1075.

[3] 广东省汕头市地方志编纂委员会.汕头市志（第三册）[M].北京：新华出版社，1999：1077.

[4] 数据整理自：饶宗颐.潮州志汇编（第四部）[M].香港：龙门书局，1965：950.

政府按月救济，就业压力依然严峻。[1]发展工业自然就成为缓解就业压力、增加居民收入的主要路径。但潮汕地区缺乏发展大规模重化产业的资源、交通条件以及安全稳定的外部环境，汕头市区也就难以依托国家的大型工业投资项目安排就业。从20世纪50年代末至70年代初，大量的集体工业企业，包括城市区街工业企业和农村社队工业企业在潮汕城乡出现并快速成长，最后成为解决城乡就业的主渠道。

（三）制度性因素对潮汕经济发展方向演化的影响

第一，近代潮汕经济的"因商而兴"，主要源于非制度因素的影响。

从1860年汕头开埠到1949年新中国成立，潮汕经济基本是沿着"因港而生""因商而兴"的方向发展。从制度分析的视角看，近代潮汕经济选择此种发展方向主要受非制度性因素影响，即主要受潮汕地区所处的地理区位、资源禀赋、城乡布局和国际国内经济周期等因素的影响，如资源匮乏、人多地少、周边地区殖民地化和半殖民地化等。

这一期间制度性因素也在同步发挥着对"因商而兴"的促进和保障作用，如汕头的"条约开埠"、潮海关执行近代海关的通行规则、汕头埠商业"会馆"和行业组织发展、汕头市设立市政厅，以及中国与南洋地区的经济要素管制由宽松趋于严格等，表明近代潮汕已开始接受和运用新的市场运行规则，包括新的贸易制度、法律制度、政治制度和社会治理制度。这些制度性因素为潮汕地区的"因商而兴"和汕头市区的"顺商而变"开辟了通道，降低了潮汕地区人口、货物和文化与南洋地区间"多元复合循环"的交易成本。但近代潮汕经济的"因商而兴"，主要还是潮汕地区众多生产者、经营者的交易行为汇聚而成的，是在非制度因素的主导下自下而上形成的。可见，当时的制度性因素既没有能力也不可能试图去干预或改变潮汕地区的经济发展方向。

第二，1949年以后汕头市区从倚赖"因商而兴"完全转向"工业立市"，是在制度性因素的主导下实现的。

20世纪50—70年代，潮汕地区经济运行的地理区位、资源禀赋等非制度性因素没有发生重大变化，但潮汕地区工业化进程显著加快，汕头市区从倚赖"因商而兴"完全转向"工业立市"。

潮汕经济发展方向所发生的重大变化，是在制度性因素的主导下实现的。

---

[1] 汕头市史志编写委员会.汕头市志（初稿）（打印本）（第二卷）［M］.1961：6.

一是"一化三改"总路线，进一步坚定了将汕头市从消费性城市建设为生产性工业城市的决心。二是汕头市建立了资源要素集中配置的计划管理体制和工业、商贸业的行政性专业管理机构。三是确立和实行与计划经济管理体制相对应的生产资料和生活资料流转、核算、贸易规则，包括资源分配制度、统购统销制度、户籍管理制度、城镇劳动力管理制度、价格制度、对外贸易制度、财政拨付制度等。四是通过持续的生产关系变革，如20世纪50年代的土地改革、民主改革、公私合营、农业合作化、公社化等，建立起公有制占绝对主导地位的所有制结构。上述制度、规则的确立和公有制经济组织的壮大，共同构成了这一期间潮汕地区得以集中资源、加快工业化步伐和稳定农业生产的制度环境。

必须说明的是，1949—1978年，潮汕地区的工业区位、港口及交通条件、土地资源、人口增长等非制度性因素对快速发展工业的约束瓶颈没有显著缓解。因此，潮汕地区强化工业发展的各项制度、规则、管理体制、所有制结构，一方面必须与宏观层面保持一致，另一方面又因为潮汕地区不属国家重点投资发展的地区，只能主要靠自身力量发展经济、稳定民生。所以，潮汕地区和汕头市区计划经济管理体制的集中度和严密度会相对宽松一些。从20世纪60—70年代汕头市区和各县的区街工业、社队企业的蓬勃发展，到"公社化"热潮过后农村多次调整细分基层核算单位，继续坚持"三级所有、队为基础"，都说明了潮汕城乡经济组织的公有化水平确实无法追求"更大更公"，部分生产资料和消费品还存在着"计划外"串换调剂的空间。因此，这一期间潮汕经济的正常运行，包括汕头的"工业立市"，除了主要依靠自身各产业的自我积累之外，也必须积极争取宏观计划体制溢出的资源和资金。

第三，1978—1992年制度性因素"双轨"对潮汕经济发展方向的复杂影响。

1978年至1992年，随着农村实行联产承包责任制和城市体制开始改革，特别是汕头经济特区的兴办，汕头市区的"因商而兴"得以复归，潮汕地区的商贸活动和社会消费非常活跃。这一时期也是潮汕城乡工业化迅猛发展的阶段，汕头市区的化工、电子、轻纺和机械四大产业的上百家企业通过贷款、利用外资等方式，大规模引进设备和技术；潮汕各县和重点乡镇的工业企业，也立足自身实际发展工业，形成了多个专业镇和企业集群。

一系列放开搞活的政策举措的推出，成为20世纪80年代激发潮汕地区商贸活力和积极发展乡镇企业的制度性因素。潮汕地区原有的流通渠道和流通网络趋于瓦解，开始按照市场规则重新构筑。相比之下，这一期间潮汕地区工业管理体制的改革较为迟缓，汕头市区许多工业企业的投资与经营决策权，基本上仍掌握在各级工业行政主管部门手中。由于决策部门和决策者普遍缺乏市场经济条件下工业投资的经验，特别是缺乏对中长期市场走势和技术先进性进行评估分析的能力，缺乏资本运营和规避投资风险的能力，长期习惯于统购统销的企业也无法适应重构中新的流通体系，在带有计划经济色彩的制度性因素的影响下，这一时期汕头市区大规模投资引进的项目效益普遍低下，部分企业因资金周转不灵、债务包袱沉重，被迫停产或半停产。

第四，1992年以后，制度性因素的"单轨化"变革对潮汕经济发展的影响。

1992年以后，国家的微观企业制度、宏观经济调控体系、财政税收制度、货币金融管理体系、对外贸易管理体系，以及土地、劳动力、技术等要素的市场管理法规，都先后按照社会主义市场经济体制的要求重构和完善。随着潮汕三市政企职能的分开，工业专业行政主管部门被撤销或转为经济实体，部分国有和集体企业"转制"或采取股份制等多种经营方式，至20世纪90年代末期，行政主导的制度性因素完全让位于市场化取向的制度性因素，原有的公有制企业已经转变为自主经营、自负盈亏的市场主体。

因此，这一时期潮汕三市的企业基本可以根据市场需求的指引，自主决定从商还是从工，企业不必在"有商无工"或"抑商兴工"间被动地抉择，以往的工业和商贸业相互分离、此消彼长的状况开始改变。至2000年前后，在市场机制的引导下，潮汕城乡原已形成的连片工业专业镇（街），与原已形成的一批大型专业批发市场相互吸引、相互渗透，形成具有稳定供应链、产业链的纺织服装、玩具礼品、食品加工、五金机械、饮片制药等产业集群，潮汕经济出现了三次产业可以协同发展的局面。

从"双轨"的制度性因素走向市场取向的"单轨"制度性因素的过程，本质上是市场微观主体的行为从自发失序走向规范有序、地方政府的行政与政策干预走向营造公开平等营商环境的过程，也是潮汕经济的微观主体和行政主体自我约束和相互适应的过程。由于经济特区政策泛化、少数微观企业经营行为严重失序，从20世纪90年代末到21世纪初的几年，国家对潮汕三市的进出口贸易、地方税务和金融活动实行严格管制，导致这一期间外资企业和本地企业大批外迁。2003年以后，宏观层面的制度性因素进行调整，潮汕经济才得以正常发展。

二、经济发展机制："集中整合"还是"分散自主"

经济发展机制通常指经济资源配置的机理、组织和方式。一定的资源配置机理，要通过一定的经济组织和运行方式加以实现。潮汕地区自然资源匮缺，人均占有资源水平较低。如何更有效率、更有质量地配置和使用有限资源，一直是贯穿于潮汕经济运行各个时期的深层矛盾。

（一）"分散自主"曾是近代潮汕经济资源配置的主导机制

1860年汕头开埠时，中国已经进入半殖民地半封建社会，长期的内忧外患、农耕和手工业为主的产业结构、相对活跃的海上贸易，以及东南亚地区的殖民地化，使潮汕地区自觉与不自觉地将"自主分散"作为资源配置的主导机制。

第一，晚清和民国时期中央政府的管制非常薄弱。

明清两代，潮汕地区已经出现相对活跃的海上贸易，即使中央政府实行严厉的"海禁""迁界"，仍有不少沿海居民违禁从事海贸，甚至不惜以武装贸易方式对抗政府管制。一直到清代中叶，潮汕地区逐步形成了以澄海樟林港为枢纽的"南北港"多点循环贸易网络。可见当时的中央政府对潮汕货物和人口的出境，还无法进行稳定有效的管控。第一次鸦片战争以后的19世纪50年代，清政府疏于管理干预，汕头港和南澳岛才为中国东南沿海最大的鸦片走私转运港和苦力贸易出境港之一。

1860年汕头的开埠，特别是由外国人实际控制潮海关，并在汕头埠建立一系列外国领事机构和外国商会，实质上是中央政府在各"条约开埠口岸"管治权的软化；当时潮州府、澄海县虽然仍继续行使对汕头埠的行政权和司法权，惠潮嘉道也在汕头埠设立涉外管理机构，但都经常受到西方列强在华政治、经济势力的左右。另外，这一期间除了大规模的"苦力贸易"，潮汕和韩江流域也有大量居民以"代际更迭"的方式移居南洋地区，在南洋形成"潮人社会"；潮汕的糖类、柑橘、土布、腌制菜等土特产品大量出口到南北诸港，形成了海外"潮货市场"；潮汕地区金融活动随着与中国香港、暹罗、新加坡、爪哇和上海等地贸易规模的扩大，逐渐形成了相对独立的金融货币流通网络和运行规则。清末到民初，从汕头埠商会组织代行政府贸易、治安职能，到一定时期自主发行"七兑票"，多次抵制中央银行和省银行对潮汕金融体系、侨批体系的干预，表明这一期间中央政府对潮汕地区人员、货物、投资和汇款的出入境管制力度偏弱。潮汕经济和汕头埠的发展具有明显的"自主"与"分散"的特征。

从潮汕当时的国际环境看，汕头开埠前，东南亚地区已经是潮汕的海上贸易和潮人外迁的主要目的地。在全球殖民地化剧烈推进的19世纪，东南亚地区除了暹罗之外，其余地区被瓜分为法属、英属、荷属等殖民地，正如滨下武志指出的，这一时期欧洲的殖民资本和中国、印度的苦力贸易，促成了亚洲各通商口岸的区域性市场圈的形成。这一时期各西方国家的殖民地管理当局并未将长久培育各殖民地经济放在主要位置，所以，出于殖民地宗主国的利益考虑，这一时期南洋地区的进出口贸易、人员出入境、外汇进出基本上不加管制。潮人移居南洋的人数不断增长，海外潮人社会的发育，潮人深度参与侨居国的商业、金融活动以及公开设立侨批机构，都促进了潮汕本土与南洋地区的经济复合循环，也带动了潮汕侨乡和外贸生产体系的发展。

第二，20世纪30年代以后"集中整合"因素的增长。

近代潮汕经济配置资源的"分散自主"倾向，很大程度激发了潮汕地区多层次经济主体的活力，促成了20世纪10—30年代潮汕商贸活动和汕头市区的城市发展进入鼎盛时期。但长时间完全依赖微观市场主体自发、自主的配置资源，过于强势的商业资本又导致汕头市区和潮汕地区难以统筹整合资源，推进工业、交通业投资，建设城市交通、道路、公共服务等基础设施，也难以有效地形成国家和社会合力，保护和支持本土民族产业发展。

20世纪10年代末，汕头市政公所和巡警局开始代行统一的城市管理职能；1921年，汕头市政厅开始统筹全市资源，有规划地大规模推进新旧城区建设；1929年后南京政府开始"收回关权"。这一期间潮汕铁路、韩江治河、市区中山公园等大型工程以及民间商会主导的区域性金融化体系，都先后因"商办"难以维持而转为官办，表明潮汕经济分散自立发展的倾向正在减弱，集中整合发展的因素开始积累。1945年以后，东南亚地区各殖民地先后独立为多个主权国家，这些新独立的国家对与中国大陆之间的人员、货物、外汇的出入境采取了比较严格的管制措施，很大程度疏离了潮汕与南洋地区之间的经济往来。

（二）关于资源要素集中配置和整合配置的全面实践

20世纪50年代初期，国家全面实行社会主义工业化战略，同步建立集中统一的计划经济管理体制。潮汕地区这一时期已经确立了将汕头市从消费性城市建设为生产性工业城市，加快全区工业化步伐的目标。对于工矿资源匮乏、产业基础薄弱的潮汕地区而言，有限资源的集中配置和整合配置就显得很有必要。

第一，关于集中配置资源要素的机制。

1949—1952年国民经济恢复时期，潮汕地区和全国一样，通过军事管制和其他强制性管制手段，直接控制全社会的货币金融和粮食交易活动。1953年以后，潮汕地区、汕头市和各县人民政府按照各产业"归口管理"的原则，分别设立了主管工业、农业、商业、外贸和财政税收机构，开始对主要经济领域行使统一编制，下达计划权限和行政性管理权限。随着经济活动规模不断扩大，产业、行业门类日益增多，1955年前后，潮汕各地的商贸行政管理机构逐渐分设，出现了地区和市县两级商业局、供销合作社、粮食局、物资局、外贸局等机构。20世纪50年代后半期，随着工业化水平的提升，汕头地区和各市县的工业管理部门逐渐分设出机械、化工、电子、轻工业、第二轻工业等行政机关。至20世纪70年代，汕头地区工业、农业和商贸业的行政管理体制进一步扩展，地区和汕头市均设立农业、林业、牧畜业和渔业的行政管理机构，商业、供销社、粮食局、物资局、外贸局细分设立各专业商业贸易公司；各工业局也相应分设各专业工业公司。各县、区、镇（乡）、街道也分别设立工业、农业、商业的行政管理机构。至此，汕头地区和各市县的各主要产业形成了地区、市、县上下对口的三级经济管理机构。全地区的工业、商业企业生产、采购、销售、劳动力调配、投资等经营活动，均纳入相应层级的计划管理。

这一时期潮汕地区有限资源集中配置的机制，是按照全国统一的模式设计和运行的，即通过国家设立的物资部门按照计划管理和分配重要的生产资料；通过国营商贸机构控制所有微观主体的原材料供应和产品销售；通过政府的物价管理机构和劳动力管理机构，控制全社会物价与城镇职工实际收入的基本稳定适配；通过粮食和主要农产品征购制度以及主要农业生产资料的奖售制度，控制主要农产品的产销；通过城乡二元的户籍管理制度及城镇居民粮油、副食品、工业品凭证分配制度，控制城镇人口规模和消费水平。至20世纪50年代末，全国统一的有计划的管理体系和管理制度，已经覆盖了全社会主要的生产、流通、分配和消费领域，资源要素得以按照国家计划安排，在保证轻工业和农业基本运转的前提下，集中配置到重化工业和大中型工业、交通能源、水利等重大基础设施项目。这一集中配置资源的机制，一直沿用到20世纪80年代末。

20世纪50年代以后，潮汕地区按照全国上下对口的原则，构筑了地区和市县两级集中配置资源的机构和机制。作为国家计划经济体系的"末梢"，潮汕地区的产业结构、区位条件，使集中配置资源机制出现以下地方性特点：一是国家和省对潮汕和汕头市区重工业投资很少，潮汕地区工业化进程中主要依靠自身力量筹集资金，而且占全区工业企业产值一半左右的集体所有制工业企业，其原材料供给和产品销售很大程度游离在计划体制边缘。因此，汕头市的物资供应机构的职能及其实行计划调拨的重要生产资料的品种、数量，都不如省内外其他工业城市。二是由于潮汕地区缺乏发展重工业的条件，地方通过计划机制集中的资源只有部分配置到矿山及有色金属行业，大部分还是配置到机械、化工原料和日用轻工业，以及与发展农业相关的农田水利、化肥农药的建设等。虽然没有主要集中配置到重工业，但对于确保全区重点投资计划的落实、顺利形成区域性工业体系，还是十分有效的。三是这一时期潮汕地区的城镇化率相当低，即便在城乡分离的户籍制度下，潮汕城镇居民与农村居民之间的实际生活水平均普遍较低，但历史上潮汕农业和农村的商品化率一直较高，为了保证这一时期高密度人口的副食品供应，潮汕地区对农村和城郊农贸市场的管制一直比较宽松，农民可以通过农贸市场取得一些货币收入；而城镇人口中失业待业人群一直存在，加之潮汕固有的侨乡特色，1949年以后仍有大笔侨汇和物资，包括化肥等农业生产资料流入潮汕，这些因素使潮汕本地的计划物价体系、收入分配体系一开始就存在"计划外"的一定"自由度"。

第二，关于整合配置资源要素的机制。

计划经济体制下潮汕地区资源的集中配置，主要通过行政主管部门自上而下的生产计划和物资分配计划来实现；资源的整合配置，则主要是通过上下结合的经济主体间的组织重构来实现。

新中国成立后，根据"一化三改"的总路线，农业、手工业和资本主义工商业的社会主义改造（"三改"）被作为整合有限资源要素的必然路径。1950—1955年，潮汕地区各地政府在工业归口管理的基础上，引导各门类私营工业企业建立生产、价格协调组织。这一时期潮汕各地政府还着力培育和壮大国营工业企业和交易机构，使之成为整合配置工商业资源的主导力量，如成立棉布交易所，将汕头各私人纺织企业的生产、加工、订货等纳入国家计划管理，原材料由国家有关部门调配提供，产品由国家商业部门回收或收购。1952年，国营商业机构在汕头市区所占的批发业务量仅占总量的23.7%；1953年，潮汕国营商业机构发展壮大后，迅速从私商手中转移批发业务；1954年，国营商业机构在汕头市区批发业务中的占比已迅速上升至73.8%；1956年，商业系统批发业务基本掌握在国营商业机构手里。1954年底，汕头市成立私营企业管理局，将大部分私营工厂的加工、订货、统购、包销各环节纳入国家资本主义轨道，以加强对私营工厂的管理和改造。

1950年底，汕头市区大小工厂约500家，已开工工厂380家，10人以下手工业个体户（雇工1至2人及独立劳动者）占95%。可见，绝大部分"工厂"实际上是缺乏内部分工的手工业作坊或小工场。1953年以后，潮汕的工业、手工业的社会主义改造按照统一部署展开。1954年，汕头市区先后将棉纺织、针织、火柴、电池等主要工业部门全面纳入国家资本主义轨道；1956年初，汕头市工业43个行业、386户、资产1847357元全部实行公私合营，成立了5个工业专业公司。[1]全行业公私合营后，形成了合理的企业规模结构，构建起企业内部的专业分工关系，大多数工厂内部已经形成了供销、生产、技术、财务相分离的管理架构和按生产工序分工的车间、班组架构，提高了生产和管理效率。至1956年底，汕头市区合营工业总产值比1955年增长34.15%。[2]至1959年，市区已有大小工厂406座，其中500—1000人的工厂13座，1000—4000人的大厂7座。[3]

新中国成立初期，潮汕地区个体手工业以家庭为经营单位，生产工具简陋，技术较为落后，劳动生产率低，并且生产不稳定，限制生产力的发展。1953年起，潮汕各地为加强对个体手工业者的组织和引导，动员组织社会上失业的手工业工人和个体劳动者，成立生产合作小组，再进而逐步组建生产合作社。1956年，全市划归手工业改造共26个行业，组建了具有高级形态的144个制作社和11个合作组，覆盖了总从业人数的96.3%，另有6个家庭副业性质的抽纱渔网生产社，从业人员超过1万人。[4]1956年，潮汕各地的手工业合作化运动进入高潮，至年底，各县社、组总数达2195个。

1956年1月，汕头市区商业67个行业2317户，除侨批业外全部实行公私合营，按行业归口成立了5个专业公司、16个合营总店，全市摊贩9308户，其中组织起来的8795户，组织面达94.5%。1956年，潮州城区各行业全面实行公私合营，所有商号按行业分属20个公私合营总店。1958年7月，各公私合营总店按行

---

[1] 中共汕头市委党史研究室.建国初期潮汕若干历史问题研究［M］.深圳：海天出版社，2006：107-109.

[2] 中共汕头市委党史研究室.建国初期潮汕若干历史问题研究［M］.深圳：海天出版社，2006：111-116.

[3] 汕头市史志编写委员会.汕头市志（初稿）（打印本）（第二卷）［M］.1961：23.

[4] 中共汕头市委党史研究室.建国初期潮汕若干历史问题研究［M］.深圳：海天出版社，2006：93-94.

业纳入国营和合作社商业的改革经理部，统一管理、统一核算。

1951—1952年，潮汕农村开始组织季节性的临时互助组85700多个，长期性互助组4900多个，参加农户占农业总户口的23%。1953年12月，潮汕各地部署组建"土地入股，集体经营"方式的"初级农业生产合作社"（简称"初级社"）；1955年秋后，初级社全面转入"高级农业生产合作社"（简称"高级社"）。至1956年上半年，潮汕地区农村共办农业生产合作社12750个；年底经过升社、并社，共有高级农业生产合作社6560个，入社户数1261355户，占全区总农户数的88.6%。1958年8月，潮汕地区农村掀起人民公社化高潮。至年底，汕头地区（包括兴梅地区）共建立175个人民公社，平均每个人民公社7911户。

综上所述，20世纪50年代潮汕地区通过农业、手工业、资本主义工商业的社会主义改造，使公有制经济居于潮汕所有制结构中的主导地位。农业、工业、手工业资源的集中和重新配置，一定时期和一定程度上解放和发展了潮汕的社会生产力。如通过公私合营和手工业合作化，扩大了工业企业的规模，有助于集中力量进行大规模有计划的工业化建设。"三大改造"后的1957年，潮汕地区工业总产值达3.55亿元，比1952年增长170.0%，6年间年均递增21.9%；在工农业总产值中，工业所占比重从1952年的16.6%提高到26.4%。潮汕的农业合作化运动整合了原来农村分散的劳动力、土地等资源要素，对农村扩大粮食种植面积、提高复种指数、发展多种经营、应用先进农科技术和农业机械、兴建大中型农田水利基础设施，都发挥了积极有效的推动作用。

第三，内生于"集中整合配置资源"过程中的"分散自主配置方式"。

1949—1978年，集中、整合配置资源一直是潮汕地区配置资源机制的基本方式。如前所述，基于近代以来潮汕地区产业结构、就业结构和资源禀赋的特点，这一期间在按计划"集中整合配置资源"过程中依然保留着或萌发出一定的"分散自主"的资源配置行为。

1.关于手工业工人和从业者的"松散型"合作组织

潮汕地区历来人多地少，手工业比较发达，多种地方产品畅销国内外市场。而潮汕城乡的剩余劳动力，特别是大量潮籍妇女，希望在兼顾家务、种养、从学之余，在家庭从事土布、刺绣、抽纱、渔网、神纸等产品加工，以补贴家用。上述列举的诸多具有潮汕特色的手工业产品，为节省固定成本和管理成本，又必须先按统一规格、图样、材料将产品初加工环节分散到千家万户去完成；再将家庭手工完成的半成品，集中到绣品厂（行）、抽纱厂（行）、渔网行去拼接、染整、洗熨、质检、包装，最终完成后续加工，实现质量控制。此种一头连着厂商，一头连着分散的家庭手工业生产者的生产经营组织，潮汕城乡通常称为"花社"。

新中国成立后，手工业仍然是潮汕地区工业、外贸业、农村副业的支柱，也是潮汕城乡居民增加家庭收入的重要途径。因此，"花社"不但继续存在，而且成为基层社区治理组织（农村乡镇和城市的居委会）帮扶困难家庭的手段。1956年以后，随着资本主义工商业社会主义改造的完成，潮汕各地的"花社"随之转为集体所有制的抽纱、渔网、刺绣等"松散型"合作社，一头连着国有企业或集体企业，一头连着千家万户，此种独特的制度性安排，将分散的家庭劳动与集中的生产、外贸、原材料计划，进而与国内国际市场有效地连接起来。

对于人口众多、资源匮乏的潮汕地区而言，灵活而分散的就业机制尤为重要。1956年5月，汕头市区的手工业社会主义改造中，组建了6个家庭副业性质的抽纱、渔网生产社，共10515人。实际上汕头市区从事家庭抽纱或渔网初加工的，远不止这1万余人，因为"花社"分配给每位"社员"的"工作"，都可能与其他家庭成员或亲友一起完成。据统计，1948—1949年，潮汕地区从事抽纱生产的从业人员和女工达30多万人；1958年，潮安、揭阳、潮阳、澄海、普宁和汕头市等县市的抽纱女工达50余万人；1981年，全区抽纱女工107万人，当年汕头地区的总人口为863.5万人。[1]

2. 关于大量集体所有制企业的兴起

1956年"三大改造"全面完成时，潮汕地区的所有工业、商贸企业基本上已经被整合在各专业局和专业公司，集中配置资源的计划管理机制覆盖全区各市县和各产业、行业。1956—1957年，虽然工业发展加快，创造了一些新的就业岗位，但至1958年上半年，仅汕头市区求业和失业人员就达13999人，约1400户依赖政府按月救济。

1958年下半年，潮汕农村地区和城市街道在"公社工业化"的口号下，形成了"全民大办工业"的热潮。至1959年9月，仅汕头市区就兴建社办工厂184户和一部分民办工厂，安排到社办工厂的人员达17000多人，初步解决了长期遗留下来的失业问题，大批家庭妇女也从烦琐的家务劳动中解脱出来。20世纪60年代上半期，汕头市区各区、各街道均设立了工业管理机构，鼓励群众兴办自由组

---

[1] 广东省汕头市地方志编纂委员会.汕头市志（第二册）［M］.北京：新华出版社，1999：349-351.广东省汕头市地方志编纂委员会.汕头市志（第一册）［M］.北京：新华出版社，1999：426.

合、自筹资金、自找场地、自找业务、自负盈亏的"五自"企业。20世纪60年代末70年代初，汕头市区部分较具规模的街道工业企业被合并为厂（社），收归区统一管理。至1976年11月，汕头市区共有区办集体企业86家、街道办集体企业67家、街道生产组和服务组1100家、其他集体企业33家、校办工厂65家。[1]这一期间，潮汕地区各县及部分居民较集中的乡镇（公社）也都设立了工副业管理机构，鼓励乡镇（社队）工副企业发展。1958年，潮安县的社办企业产值已达2303万元，1965年发展到3787万元；1971—1978年，潮安社办企业工业产值从3438万元增加到9065万元，每年平均增长14.86%。

　　1957年汕头地区集体所有制工业总产值为8217万元，仅占当年全区工业总产值的25.0%。1978年，汕头地区共有工业企业3433家，工业总产值171564万元。其中全民所有制工业企业579家，占全部工业企业数的16.87%；工业总产值85218万元，占全区工业总产值的49.67%。集体所有制工业企业2854家，占全部工业企业数的83.13%；工业总产值86346万元，占全区工业总产值的50.33%。1978年与1957年相比，汕头地区工业总产值年均递增8.18%，国有工业总产值年均递增6.42%，集体工业总产值年均递增11.85%。[2]

　　这一期间潮汕地区集体所有制工业企业得到长足发展，以至撑起潮汕工业的半壁江山的机制，是比较特殊的。一方面，在垂直设置的集中统一的计划管理体制下，汕头市区和各县区、街道、乡镇（公社）还并行搭建本级的工（副）业行政主管机构，体现着潮汕各级地方政府挖掘、整合底层资源，包括劳动力、建筑物、技术、侨资、商业渠道等资源的努力。地方政府的工（副）业主管机构的整合管理功能，集中体现在人员管理、劳动力调配、工资管理、生产计划核准及检查汇总等。另一方面，这一期间潮汕地区大部分集体工业企业，特别是区街、社队集体企业的供产销诸环节，基本上不纳入国家高度集中的资源计划调配体制，企业运转主要依靠自筹资金、自找业务、自负盈亏。因此，从自上而下的垂直计划管理体制看，这一期间在地方政府鼓励下迅速兴起的集体工业企业，其资源配置机制显然带有分散自立的特性。从潮汕工业发展的历史过程看，此种自主分散配置资源的机制，发轫于汕头开埠后潮汕近代工业的起步时期，计划经济时期以新的方式得以复萌和发展，也为20世纪80—90年代乡镇企业、民营企业和工

　　[1]　汕头市金平区地方志编纂委员会.金平区志［M］.北京：方志出版社，2013：361.

　　[2]　汕头市乡镇企业管理局.汕头市乡镇企业志［M］.1989：3-6.广东省汕头市地方志编纂委员会.汕头市志（第二册）［M］.北京：新华出版社，1999：20-21.

业"专业镇"的广泛发展积累了经验。

3. 关于管理组织变革与资源配置机制的相互适应

从新中国成立至20世纪80年代初期，潮汕地区的所有制结构与经济社会组织发生了多次变革，基本方向是逐步建立完善按计划集中配置资源要素的体制机制。由于所有制结构和经济社会组织的变革涉及中央与地方、国家或集体与个人、城镇与乡村、生产与生活等复杂关系，这一期间，潮汕地区立足本地的实际，在集中整合资源配置过程中，注意兼顾和发挥基层集体组织、企业和群众自主分散使用资源的自主性、积极性，一定程度上使管理组织变革适应于资源有效配置的需要。

新中国成立之初，为了迅速改变潮汕工业企业规模小、技术落后、设备简陋的状况，潮汕各级人民政权从实际出发，按照劳资两利的政策要求，支持私营工业企业"规模化"发展。至1954年底，汕头市区就扩建了9家公私合营企业，职工892人，产值占市区工业总产值的14.96%。

1956年之后"三大改造"全面推进过程中，少数地方由于受到所有制结构"越大越公越好"的认识影响，存在要求过急、工作过粗、改变过快等缺点。在农业和手工业社会主义改造时，一些地方出现盲目办大社，或不顾实际情况升级为高级社，经济上实行统负盈亏，挫伤了社员的工作积极性，导致社员的收入减少等问题。1956年下半年至1957年上半年，潮安县及时采取分设生产队、落实生产责任制、制定劳动定额、建立财务管理和收益分配制度等措施，使农业社的生产得到新的发展，社员收入不断增加，平息了少数地方的析社、退社风波。1958年"大跃进运动"中，全地区手工业厂社实行"升级过渡"，从手工业分出并改变经济性质的企业达331个，人数11629人，分别占全区手工业企业总数的20.64%和职工总数的15.12%。合作社"转厂过渡"以后，退还社员股金，取消劳动分红，实行定级工资制，多劳不能多得，挫伤了职工的劳动热情，生产管理体制也出现了新的问题。1960年之后，潮汕各地手工业厂社重新实行入社自愿、退社自由、经济民主、自负盈亏的经营原则，逐步恢复了多劳多得的分配制度。[1]

1958年下半年，初期的人民公社实行"组织上军事化""生产上战斗化""生活上集体化"，原各农业社的一切土地财产公物均归公社统一调拨，澄海县甚至一度将全县合并为一个公社。1958年底，汕头专区（含兴梅地区）共有175个公

---

[1]　汕头二轻局《二轻工业志》编写小组.汕头市二轻工业志［M］.1991：2-8.广东省汕头市地方志编纂委员会.汕头市志（第二册）［M］.北京：新华出版社，1999：236.

社、1465个生产大队、11434个生产队，每个生产队户数为121户。1961年之后，潮汕各地针对"一平二调"的平均主义问题，对全区人民公社、大队、生产队的三级架构进行大幅度调整。1961年10月，全专区的公社数增加至392个，生产大队数增加到8677个，生产队增加到96613个，平均每个生产队的农户数减为17.8户。恢复以生产队为基本核算单位，是对脱离实际、片面提高资源配置集中度的纠正，也顺应了农村基层集体组织自主自立配置和使用资源的要求。

（三）关于协调使用集中与分散方式配置资源要素的机制

20世纪80年代初叶，国家开始探索建设有计划商品经济的资源配置方式，按照价值规律的要求，逐步放开高度集中统一的重要资源和产品的计划管制，分散自主的资源配置方式逐步占据主导地位，成为贯穿20世纪80年代中国改革开放过程的主线。

20世纪80年代是潮汕地区"集中整合"和"分散自主"两种资源配置方式并存的时期。由于这一时期政府和市场二者对于资源配置的作用定位尚不明确，当时宏观方面采取了以价格"双轨制"为特征的渐进式改革方式。潮汕地区的资源配置机制同样呈现"双轨"特征：汕头经济特区和潮汕地区的农业生产和流通领域（商业、外贸等）企业、部分中小型集体工业企业，较快转向市场化取向的分散和自主的资源配置方式；国有企业和部分规模较大的集体工业企业，依然按照国家计划和行政管理体制集中配置资源。这一时期"双轨"配置资源机制的效应，使获得国家政策支持的特区企业、流通企业和农业经营者率先把握了市场机遇，得以迅速发展；也有部分流通企业通过价格和政策的"双轨"套取商业利益，部分工业企业因而"弃工投商"。另外，也由于工业管理体制改革滞后，部分企业未能成为自主经营的主体，导致工业企业投资和经营效益不佳。

1992年以后，社会主义市场经济体制被确定为改革目标，"双轨"的资源配置方式逐渐让位于以市场为基础的资源配置方式。继续保留的集中配置资源的方式，主要作用于关系到国计民生的重要领域和少数大型国有企业。随着潮汕地区多元化市场主体的迅速成长，基于要素市场化的分散自主配置资源的方式，成为潮汕地区各市配置资源的主导方式；地方政府直接投资运营的交通、能源、城乡建设和公共事业等领域，仍采用集中整合配置资源的方式。

三、经济发展格局："单核多层"还是"多核多圈"

1860年"条约开埠"的汕头，仅是潮州府澄海县下辖的一个小型港埠。潮州府城是潮汕地区以至整个韩江流域无可争辩的经济、政治、文化中心。19世纪60年代至20世纪30年代，潮汕经济逐步由潮州府城的"单核"演化为潮州府城、汕头城区的"双核"格局，再进而演化为汕头市区"一城独大"的"单核"格局。20世纪50—80年代，潮汕地区的大部分投资、消费、贸易活动继续集中在汕头市区；这一期间，按照公共资源均衡配备的原则，汕头地区各县的城区和镇区也有所发展，"汕头市区—各县县城—乡镇（公社）所在地"的"单核多层"格局得到发展和强化。1992年以后，随着市场化取向改革的深化和潮汕地区分设为汕头、潮州、揭阳三市，潮汕各市、县的工业化、城镇化步伐显著加快，众多专业镇连接为带状、环状集群，"多核多圈、错位发展"成为潮汕经济空间布局的典型形态。

（一）近代潮汕经济从"双核"向"单核"格局的演化

汕头开埠前，潮州府城已是潮汕地区以至整个韩江流域的经济、政治、文化中心，乾隆中期"郡城居民不务农业，粒食四方的，已达十万户"。[1]作为韩江流域的主要商业中心，潮州府城（潮安县城）的商贸流通活动一直非常活跃。1935年潮州府城（潮安县城）仍有商号约3000家，[2]仅比汕头市区少数百家。[3]与潮州府城相比，汕头市区的贸易商号与近代国际国内市场的联系更为密切，每家商号的资本额也远超潮州府城。从近代商业城市到近代工业城市，再发展为近代工商业城市，是17世纪以来世界城市化进程的一般轨迹。潮汕地区城镇体系的近代化，同样也是从汕头埠成长为近代商业城市开始的，并以汕头城区为核心区，替代潮州府城重构覆盖韩江流域城乡的近代商业网络。

汕头开埠前，潮汕地区众多港埠都感受到来自国内外市场的巨大引力，唯有汕头埠具有成长为近代商业城市的条件。汕头开埠后国际贸易规则的引入与运作，晚清、民初时部分粤东区域军政机关建于汕头或从潮州府城迁至汕头，促成了人口、资本、产业、交通等要素持续而缓慢地流入狭小的汕头埠。1914年汕头

---

[1]　周硕勋.（乾隆）潮州府志［M］.台北：成文出版社，1967：1022.

[2]　《潮州市志》记载："据民国23年（1934年）调查，全城更有（坐商）2413户。"参见：潮州市地方志编纂委员会.潮州市志［M］.广州：广东人民出版社，1995：726.

[3]　饶宗颐.潮州志（第三册）［M］.潮州：潮州市地方志办公室，2005：1285-1297.

市区人口仅为3.68万人，1930年汕头市区人口已有16.34万人，1937年汕头市区人口达20.50万人。这一期间，汕头港的停泊、装卸和仓储能力在当时的东南沿海诸区域性港口中已经居于前列。近代商业公司和金融机构大量在汕头市区聚集，以汕头为枢纽的近海及内河"蒸汽船"运输网络的拓展，使汕头市区成为粤东与省内外公路网络、邮政、有线电话、电报相连接的中心，[1]并发展为当时中国沿海口岸城市中为数不多的，同时拥有公路、铁路、航空、航运的近代立体交通枢纽之一。此种产业、交通、人口资源的非均衡配置，强化了汕头城区作为粤东经济、文化、政治中心的地位。

1933年，汕头的年贸易额推算为6.92亿大洋元，占潮汕各县市商业贸易额9.02亿大洋元的76.72%，这一贸易数据不包括金融、侨批、保险业等，"由是推算汕头较各县总额多出一倍以上，骤视之似有可疑，实则汕头大宗贸易中之生果、鱼类等多自出产地直接输入，不经各县商号之手。而抽纱业亦由汕头行号径入内地放工制造。故合十一县之商业竟不及汕头一市之多也。"[2]可见，至20世纪30年代，汕头凭借口岸、金融、外贸的优势，一方面不断强化自身在粤东及韩江流域的经济核心区地位；另一方面，通过汕头开埠后所逐渐形成的近代产业体系和近代交通体系，承接并进一步拓展了下渗到潮汕各县镇和乡村地带的商业和生产加工网络。1948年，《潮州志》比较清晰地叙述了当时韩江流域的商贸格局："潮州当地贸易仍以汕头为枢纽，而潮安县城（原潮州府城）次之，各县城墟市又其次焉，大抵以汕头与各县城市为买卖之双方，既销出土货又输入外货，而各县土产亦多由出产地运销汕头，再以转售各市。"各县的土特产，只通过本县县城交易，"惟潮安县城贸易范围稍广，既与梅属各县发生联系，而潮属如大埔、丰顺、饶平、揭阳等县，亦直接与有贸易也"。正是由于汕头口岸的"既销出土货又输入外货"的优势，很自然地替代潮州府城（潮安县城），成为潮汕经济空间格局的核心区和主引擎。

（二）"单核多层"格局的发展与强化

从新中国成立到1992年潮汕三市分设，汕头市区一直是潮汕经济空间格局的核心区。作为汕头地区的行政中心、工业中心、商业贸易中心和交通中心，各类经济社会发展资源，包括港口交通、水电供应、商业贸易和工业投资以及教育、医疗卫生等资源，都向汕头市区集中配置，市区的工业化步伐显著加快。

---

[1] 饶宗颐.潮州志汇编［M］.香港：龙门书局，1965：781.

[2] 饶宗颐.潮州志（第三册）［M］.潮州：潮州市地方志办公室，2005：1307.

1953—1957年，汕头市区的工业总值占全区工业总产值的31.5%；1976—1980年，这一占比提高到40.2%。[1]而同期潮州市（潮安县）工业总产值的占比大致恒定于16%—17%，揭阳县从16.2%下降至10%左右，潮阳县从10.1%下降至7%左右，澄海县由8.9%下降至5.5%左右。

从1952—1958年汕头地区新增固定资产的情况看，1952年汕头市区新增固定资产仅22万元，1958年增至1331万元，6年间年均递增98.13%。1958年，澄海、潮安、饶平、揭阳新增固定资产则分别为160万元、605万元、104万元和825万元，1952—1958年的年均增长率分别为45.30%、27.63%、43.32%和39.91%。[2]可见，这一期间汕头市区新增固定资产的数额和年均增速仍居于全区各市县的首位，但潮安、揭阳等大县的新增固定资产的数额和年均增速也相当强劲。在确保汕头市区核心区地位的同时，通过均衡分配资源加快非核心区的发展，特别是非核心区的农业发展，当时已成为共识。

1958年以后实行的政社合一的人民公社体制，全面覆盖了县以下的农村地带，公社管理机构的地点分布是相对均衡的。公社的行政办事机构，包括公社管委会、派出所、中小学、卫生院、农村信用社、邮电交通机构等，都会相对均衡地配置到公社所在地。这些经济、行政和社会资源在"公社所在地"的集中配置，客观上加快了"公社所在地"的城镇化进程。至20世纪70年代中期，潮汕区域经济大致形成了以汕头市区为核心区，以潮州市区（潮安县城）、澄海、揭阳、潮阳、普宁县城为中间层，以饶平、南澳、揭西、惠来、陆丰、海丰县城及"公社所在地"为外围层的"一核多层"的空间发展格局。

（三）潮汕三市分设后多核多圈的空间发展格局

1992年潮汕三市分设后，潮州和揭阳两市提速发展，逐渐缩小了与汕头市的差距，潮汕地区经济形成多核多圈、错位发展的空间发展格局。[3]

第一，潮汕地区综合经济实力格局的变化。

1.地区生产总值的格局变化

1992年，汕头市的地区生产总值在潮汕三市生产总值的占比为49.41%，相当于潮州、揭阳两市生产总值总和的97.66%，2010年汕头市的地区生产总值在

---

[1]　广东省汕头市地方志编纂委员会.汕头市志（第二册）［M］.北京：新华出版社，1999：52-55.

[2]　广东省汕头市地方志编纂委员会.汕头市志（第二册）［M］.北京：新华出版社，1999：72.

[3]　本节以下内容所引用的数据，均整理自：广东省统计局，国家统计局广东调查总队.数说广东70年（1949—2019）［M］.2019：429，453，543，549.

潮汕三市生产总值的占比降至42.09%，仅相当于潮州、揭阳两市生产总值总和的72.69%。1992年时，汕头市的地区生产总值是揭阳市的1.74倍，2010年时仅有1.14倍。

2. 固定资产投资额的格局变化

1992年，汕头市的固定资产投资额占潮汕三市固定资产投资额的63.91%，相当于潮州、揭阳两市固定资产投资额的177.06%；2010年，汕头市的固定资产投资额为361.68亿元，揭阳市的固定资产投资额为564.07亿元，超过了汕头市；汕头市在潮汕三市固定资产投资额的占比降至32.63%，揭阳的占比增至50.88%，长期以来潮汕地区固定资产投资向汕头市区倾斜的状况已经改变。

3. 社会消费品零售总额的格局变化

1992年，汕头市的社会消费品零售总额在潮汕三市社会消费品零售总额的占比为62.29%，相当于潮州、揭阳两市社会消费品零售总额总和的165.17%；2010年，汕头市的社会消费品零售总额在潮汕三市社会消费品零售总额的占比降至54.42%，相当于潮州、揭阳两市社会消费品零售总额总和的119.41%。

4. 进出口总额格局的变化

1992年，汕头市的进出口总额在潮汕三市进出口总额的占比为69.62%，相当于潮州、揭阳两市进出口总额总和的229.16%；2010年，汕头市的进出口总额在潮汕三市进出口总额的占比降至49.71%，相当于潮州、揭阳两市进出口总额总和的98.86%。

5. 存贷款格局的变化

1992年，潮汕三市金融机构本外币存款余额为163.69亿元，贷款余额为155.49亿元，存贷比为1：0.95；汕头、潮州、揭阳三市的存贷比分别为1：0.94、1：0.99和1：0.92。2010年，潮汕三市金融机构本外币存款余额为3489.31亿元，为1992年存款余额的21.32倍；贷款余额为1281.61亿元，为1992年贷款余额的8.24倍；存贷比为1：0.37；汕头、潮州、揭阳三市的存贷比分别为1：0.35、1：0.34和1：0.42。

1992年，汕头市存款余额占潮汕三市存款余额的61.96%，贷款余额占潮汕三市贷款余额的61.58%。2010年，汕头市存款余额占潮汕三市存款余额的53.68%，贷款余额占潮汕三市贷款余额的51.62%，存款余额仅为当年潮州、揭阳两市总和的1.13倍。

第二，潮汕地区工业化重心的变化。

1. 工业增加值格局的变化

1992年，汕头市的工业增加值在潮汕三市工业增加值的占比为48.02%，相当于潮州、揭阳两市工业增加值总和的92.39%；2010年，汕头市的工业增加值在潮汕三市工业增加值的占比降至40.45%，相当于潮州、揭阳两市工业增加值总和的67.92%。1992年汕头市工业总产值是揭阳市的1.85倍，2010年汕头工业总产值仅为揭阳的1.05倍。潮汕工业化的重心已经从汕头、潮州城区外扩和下移。

2. 规模以上工业格局的变化

1992年，汕头市的规上工业增加值在潮汕三市规上工业增加值的占比为59.96%，相当于潮州、揭阳两市规上工业增加值总和的149.75%；2010年，汕头市的规上工业增加值在潮汕三市规上工业增加值的占比降至37.12%，相当于潮州、揭阳两市工业增加值总和的59.03%。1992年汕头市规上工业总产值是揭阳市的2.21倍，2010年汕头的规上工业总产值仅相当于揭阳的89.96%。

2010年，汕头市规上工业利润总额为173.28亿元，潮州的规上工业利润总额为62.34元，揭阳为189.75亿元，三市的规上工业利润率分别为37.59%、33.20%和37.03%。汕头市的规上工业利润率稍高于潮州和揭阳两市。

3. 全社会用电量和能源消费总量格局的变化

1992年，汕头市的全社会用电量在潮汕三市全社会用电量的占比为54.59%，相当于潮州、揭阳两市全社会用电量的120.22%；2010年，汕头市的全社会用电量在潮汕三市全社会用电量的占比降至45.57%，相当于潮州、揭阳两市全社会用电量总和的83.72%。1992年汕头市全社会用电量是揭阳市的1.76倍，2010年汕头的全社会用电量是揭阳的1.39倍。

1992年，汕头市的能源消费总量在潮汕三市能源消费总量的占比为43.10%，潮州为23.45%，揭阳为33.45%。2010年汕头市的能源消费总量在潮汕三市能源消费总量的占比为36.99%，潮州为29.14%，揭阳为33.87%。1992—2010年，汕头的占比下降了8.68个百分点，潮州上升了6.76个百分点，揭阳的占比上升了1.94个百分点。相比之下，2010年潮汕地区每单位地区生产总值和单位工业增加值所消费的能源量，汕头市最低，揭阳市次之，潮州最高。

第三，趋于均衡发展的潮汕公共财政和社会事业。

1. 地方一般公共预算收入格局的变化

1992年，汕头市的一般公共预算收入在潮汕三市一般公共预算收入的占比为62.70%，相当于潮州、揭阳两市一般公共预算收入总和的168.11%；2010年，汕头市的一般公共预算收入在潮汕三市地方一般公共预算收入的占比降至53.99%，相当于潮州、揭阳两市一般公共预算收入总和的117.37%。

2. 人口结构和就业结构的变化

1992年，汕头、潮州、揭阳三市的户籍人口分别为381.94万人、223.28万人和456.49万人，2010年分别为524.11万人、260.89万人和661.78万人，分别增长37.22%、16.84%和44.97%。

1992年，汕头、潮州、揭阳三市的常住人口分别为388.58万人、218.87万人和437.98万人，2010年分别为539.62万人、267.21万人和588.30万人，分别增长38.87%、22.09%和34.32%。

从户籍人口的增长幅度看，揭阳市增长最快，平均每年增长1.77%；汕头市次之；潮州最慢，每年仅增长0.87%。从常住人口的增长幅度看，汕头市增长最快，平均每年增长1.84%；揭阳市次之，年均递增1.65%；潮州最慢，年均递增1.11%。从户籍人口和常住人口的对应关系看，1992年和2010年汕头市的常住人口数量均略高于户籍人口数量，属于人口净流入城市，2010年人口净流入15.51万人。1992年，潮州市户籍人口数量高于常住人口数量，净流出4.41万人；2010年，常住人口数量高于户籍人口数量，净流入6.32万人。揭阳市1992年和2010年分别净流出18.51万人和73.48万人。

1992年，汕头、潮州两市的年末就业人员数量分别为197.23万人和115.59万人，分别占当年常住人口数量的50.76%和52.81%；2010年，汕头、潮州、揭阳三市的年末就业人员数量分别为237.91万人、138.48万人和259.62万人，分别占当年该市常住人口数量的44.09%、51.82%和44.13%。相比之下，潮州的"常住人口就业率"高于汕头、揭阳两市，但这一期间三市的就业率均呈下降趋势。

3. 公共事业和人民生活的提升

1992年，汕头、潮州、揭阳三市的小学在校人数分别为48.12万人、25.58万人和55.10万人，2010年分别为56.77万人、20.24万人和65.35万人，三市分别增长17.98%、-20.88%和18.60%。1992年，汕头、潮州、揭阳三市的普通中学在校人数分别为10.51万人、7.31万人和14.34万人，2010年分别为49.35万人、20.99万人和58.48万人，分别为1992年的4.70倍、2.87倍和4.08倍。1992年，汕头、潮州两市的普通高等学校在校人数分别为0.35万人、0.13万人，2010年两市分别为0.93万人和1.65万人，分别为1992年的2.66倍和12.69倍。揭阳市2000年普通高等学校在校人数为0.05万人，2010年增至0.85万人。

总体上看，1992年以前潮州市的小学教育普及程度高于汕头、揭阳两市，1992年以后重点发展普通中学教育和普通高校教育。汕头、揭阳两市则在努力补齐小学教育的短板，同步发展普通中学和中等职业教育。2000年揭阳市的中等职业教育学校在校人数仅0.05万人，2010年已经发展到14.07万人。

2010年，汕头市、潮州市、揭阳市的研究与试验发展经费支出（R&D）分别为636776万元、37217万元和36257万元，汕头市的研究与试验发展经费支出是潮汕、揭阳两市总和的8.67倍。

1992年，汕头、潮州、揭阳三市的卫生人员数量分别为1.06万人、0.57万人和0.77万人，汕头市的卫生人员数量为潮州、揭阳两市总和的79.10%；2010年，汕头、潮州、揭阳三市的卫生人员数量分别为1.62万人、0.64万人和1.26万人，汕头市卫生人员数量是潮州、揭阳两市总和的85.26%。

1992年，汕头、潮州、揭阳三市的医院及卫生院床位数分别为0.64万张、0.23万张和0.53万张，汕头市的医院及卫生院床位数为潮州、揭阳两市总和的84.21%；2010年，汕头、潮州、揭阳三市的医院及卫生院床位数分别为1.12万张、0.33万张和0.92万张，汕头市医院及卫生院床位数是潮州、揭阳两市总和的89.60%。总体上看，1992—2010年，汕头、揭阳市的卫生人员和医院及卫生院床位数增长较快，但医疗卫生资源存在向汕头市集中的趋势。

1992年，汕头、潮州、揭阳三市的民用汽车拥有量分别为2.28万辆、0.54万辆和0.58万辆，汕头市民用汽车拥有量是潮州、揭阳两市总和的2.04倍；2010年，汕头、潮州、揭阳三市的民用汽车拥有量分别为22.64万辆、11.14万辆和13.74万辆，汕头市民用汽车拥有量是潮州、揭阳两市总和的91.00%。

2010年，汕头市城镇居民人均住房面积为22.89平方米，是1992年的6.33平方米的3.62倍；潮州市城镇居民人均住房建筑面积为29.9平方米，是1999年的16.0平方米的1.87倍；揭阳市城镇居民人均住房面积为28.94平方米，是1996年的15.09平方米的1.92倍。这一期间，潮汕三市城乡居民的住房条件都在改善，潮州和揭阳的城镇居民的住房建筑面积高于汕头市的水平。1992年，汕头、潮州、揭阳三市的房地产开发投资分别为5.70亿元、2.68亿元和0.88亿元；2010年，三市的房地产开发投资分别增至49.31亿元、18.22亿元和33.25亿元，各市的年均增速分别为12.74%、11.24%和22.36%。揭阳房地产开发投资的增速最快，汕头市的房地产开发投资额相当于潮汕三市总和的48.93%。

（四）小结：潮汕全域走向多核多圈、错位发展的逻辑

近代汕头的开埠及此后的迅速发展，实质上是国内和国际市场发现了汕头的港口条件和商埠潜力之后，商贸、金融以及其他经济资源向汕头埠集聚配置的结果。20世纪20—30年代以后，汕头市区取代了潮州城区，成为粤东地区的经济中心和航运中心，市区的发展规模、产业结构、社会治理结构和城市形态等方面已远远领先于潮汕地区其他各县，进一步强化了农耕社会业已存在的城乡间、平原与山区地带间的发展不平衡格局。1949—1992年，汕头市区一直是潮汕和粤东地区的经济、文化、政治中心，潮汕地区有限的经济社会发展的资源和公共财力资源无论在计划管理体制下，还是在1978年以后的"双轨制"下，一直向汕头市区倾斜配置。1992年潮汕地区分设三市时，汕头市的各项主要经济指标在潮汕地区该项指标总和的占比，基本居于50%—65%的区间。

表1-16　1992年、2010年汕头市部分经济指标在潮汕三市该项指标总和的占比[1]

单位：%

序号	指标	1992年	2010年
1	地区生产总值	49.41	42.09
2	固定资产投资额	63.08	32.63
3	社会消费品零售总额	62.29	54.42
4	进出口总额	69.62*	49.71
5	工业增加值	48.02	40.45
6	规上工业增加值	59.96	37.12
7	地方一般公共预算收入	62.70	53.99
8	金融机构存款余额	61.96	53.68
9	金融机构贷款余额	61.58	51.62
10	全社会用电量	54.59	45.47
11	能源消费总量	45.68	36.99
12	房地产开发投资	61.36	48.93
13	民用汽车拥有量	65.14	51.71

注：*系1995年数据。

---

[1]　本表所引数据整理自：广东省统计局，国家统计局广东调查总队.数说广东70年（1949—2019）［M］.2019：453，543，549.

　　1992年潮汕三市分设之后，除了1999—2002年这几个比较特殊的年份之外，至2010年汕头市的经济社会发展各项主要指标的增长速度，大致均处于10%—15%的高速增长区间。而这一期间潮州与揭阳两市的实际发展速度更快，特别是揭阳市，大多数主要指标的年均增速均高于汕头市3—5个百分点。由于揭阳和潮州的固定资产投资、房地产投资、存贷款、消费、进出口、规上工业企业等以更高的速率增长并逐年累积，这两市多项主要指标在潮汕三市该指标总和的占比不断上升。2010年与1992年相比，汕头市该项指标在全地区所占份额中下降15个百分点以上的，有固定资产投资额、进出口总额、规上工业增加值3项；下降5—15个百分点之间的指标有地区生产总值、社会消费品零售总额、工业增加值、地方一般公共预算收入、金融机构存款余额、金融机构贷款余额、全社会用电量、能源消费总量、房地产开发投资、民用汽车拥有量等10项。

表1-17　2000年、2010年汕头市中心城区和非中心城区主要指标统计表

单位：万元，%

序号	项目	2000年					2010年				
		全市	中心城区		非中心城区		全市	中心城区		非中心城区	
		数量	数量	占比	数量	占比	数量	数量	占比	数量	占比
1	地区生产总值	4748228	2234601	47.06	2513627	52.94	1130.23	509.13	45.05	621.10	54.95
2	固定资产投资额	1029651	618334	60.05	411317	39.95	3093938	1219949	39.43	1873989	60.57
3	社会消费品零售总额	2189878	1064457	48.61	1125421	51.39	8141687	4401341	54.06	3740346	45.94
4	财政预算收入	383268	250451	65.35	132817	34.65	413877	153755	37.15	260122	62.85

　　这一期间汕头市的中心市区与其所辖的县（市）之间，也同样形成了多点推进、错位发展的空间格局。汕头市中心市区各项主要指标占全市该项指标总和的比重也在逐年下降。如表1-17所示，2000年汕头市中心城区（指金平区、龙湖区、濠江区）的地区生产总值、固定资产投资额、社会消费品零售总额和财政预算收入4项重要指标在汕头市的占比分别为47.06%、60.05%、48.61%和65.35%。1992—2010年，汕头市非中心城区（指澄海区、潮阳区、潮南区、南澳县）的

各县（区）发展速度显著快于汕头市中心城区。至2010年，汕头市中心城区上述4项重要指标在汕头市的占比分别为45.05%、39.43%、54.06%和37.15%。11年间，中心城区固定资产投资额在全市的占比下降20.62个百分点，财政预算收入占比下降28.20个百分点，只有社会消费品零售总额占比上升5.45个百分点。可见，这一期间非汕头中心城区的澄海、潮阳、潮南逐渐成为全市固定资产投资的重点地域，地方可支配财力也越来越多。

从汕头市区在潮汕全域的影响力看，2000年，汕头市中心城区的地区生产总值、固定资产投资额、社会消费品零售总额和财政预算收入4项重要指标在潮汕三市该项指标的占比分别为22.56%、31.66%、29.41%和34.01%；2010年，汕头市中心市区上述指标在潮汕地区的占比为分别为18.96%、12.49%、29.42%和20.06%，除了社会消费品零售总额上升了0.01个百分点，其余三项指标分别下降了3.60个、19.17个和13.95个百分点。可见，至2010年，汕头市区在潮汕地区经济运行中的"一城独大"局面已经改变，多核多圈、错位发展的空间格局基本形成。汕头、潮汕、揭阳三市主城区与周边的工业化镇街连接为各自的城镇集群，并开始为融合为范围更大、层级更高的"汕潮揭都市圈"积聚条件。

需要说明的是，尽管汕头中心城区"一城独大"的局面开始改变，但其对于潮汕全域的产业、交通、研发、金融、对外贸易的核心引领作用，一定时期内依然是无可替代的。"核心-边缘"理论认为，一地域工业化的起步和成长阶段，资源要素只能向核心区集聚，核心区由此产生极化效应。当区域核心区的工业化进入成熟期，基于边际收益约束，资源要素必然从核心区向边缘区扩散；原来的边缘区会因为融入区域的工业化进程，成长为新的核心区。随着核心区的扩大，产业集群和城市群的发育，经济一体化、城市间的"同城化"就成为区域发展的必然趋势。

将1949—2010年潮汕地区工业化的全过程放在"核心-边缘"理论的框架中审视，似乎可以作出以下描述：贯穿于潮汕经济运行中的三组深层矛盾，亦即潮汕经济的发展方向、发展机制和发展格局，在不同的发展时期会形成不同的组合。1949年以前，潮汕经济总体处于"前工业化"时期，经济运行呈现出"商业为基"为发展方向、"分散自主"为资源配置方式、汕头城区"一城独大"为空间格局的基本特征。1949—1978年，潮汕经济处于工业化起步期和成长期，经济运行呈现出"工业为基"为发展方向、"集中整合"为资源配置方式、"单核多层"为空间格局的基本特征。1978—1992年，潮汕经济的发展方向、发展机制、发展格局，处于从"单轨"到"双轨"，再从"双轨"到"单轨"的探索与过渡阶段。1992年以后，随着汕头中心城区的工业化进入成熟期，潮州、揭阳及各县、镇的工业化、城镇化提速发展，潮汕经济运行呈现出三次产业协同发展为方向、"自主分散"辅以"集中整合"为资源配置方式、"多核多圈"为空间格局的基本特征。

潮汕地区的近代工业萌发于汕头开埠后的晚清及民国时期。1949年中华人民共和国成立后,潮汕地区和全国一样,开启了全面工业化进程,兴办了数以千计的工业企业,逐步形成了相对完整的区域性工业体系。本章将对1949—2010年汕头市区和潮汕城乡的工业结构、工业布局、经营管理体制的演化及其动因进行叙述。

第一节 1949—1978年的潮汕工业

新中国成立后,潮汕地区通过归口管理、统购包销以及公私合营,较快建立起自上而下的工业计划管理体制。农业、手工业和资本主义工商业的社会主义改造的基本完成,促进潮汕地区工业进一步发展。从20世纪50年代至70年代,以汕头市区工业为代表的潮汕工业,在不断巩固提升原有的纺织、抽纱、日用消费品等轻工业的基础上,先后建立起机械、化工、电子等工业门类,区域性的工业体系逐步形成。

一、潮汕工业计划管理体制的形成

(一)新中国成立初期潮汕工业的管理

"将汕头从消费城市转变为工业城市"是新中国成立后广东省和潮汕地区所确立的重要战略目标。1949—1952年,潮汕地区努力将"国民经济恢复"的各项任务服务于、服从于建设"工业城市"的战略目标。

第一，掌握重点企业和重要物资，保证工业生产的正常运转。

在潮汕各地相继获得解放之时，潮汕地区各市县人民政权为保证工业生产的正常运转，一是直接控制关系到工业生产和人民生活的重点企业，派出专门队伍接管了汕头市和各县的电厂、水厂、粮食加工厂、糖厂，[1]将中型以上的矿山收归国有，保证国家重要物资和原材料的供应能力。二是保证工业生产的动力能源供应，1952年潮汕地区投资动工兴建汕头新发电厂、揭阳电厂、棉湖电力厂等；1954年4月奉政务院令，将英资亚细亚火油公司的财产和存油管制征用[2]。三是做好物资交流，组织重要物资进城，同时开展增产节约运动，打击投机、平抑物价，以保证工业生产的物资供应，活跃市场，引导私营工业企业生产恢复和正常经营。

第二，扶持和促进私营工商业的恢复和生产。

地方财政、银行、商业等有关部门分别在税收、贷款和产品销售等方面，为化工、织布抽纱、食品罐头、机械等行业的私营工商业企业提供优惠条件和加以扶持。对于资金不足、恢复生产有困难的工业户，政府给予贷款扶植。仅1950年8月，省人民政府批准拨给汕头市区工商业的贷款达人民币80亿元（旧币），织布、针织、榨油、机锯4个行业得到10多亿元的贷款。部分工业产品如感光材料、抽纱、陶瓷等，开始列入国家或地方计划。私营工商业企业生产所需的钢、铁、铜、棉纱、木材、纸张、苎麻等主要原材料由国家物资部门按计划供应。对需要特别扶持的地方新兴工业企业，如中央和地方政府的汕头公元摄影化学厂，扶持措施包括：限制进口相纸、原材料免税进口、产品免税出厂、产品纳入国家计划、实行统购包销等。[3]这些举措在国民经济恢复时期有力地促进了私营工商业的恢复和发展。

第三，加快城市公共基础设施事业的修复和建设，促进国民经济的恢复。

1949—1952年，针对战争破坏和常年失修的公共交通设施，政府动员人民群众修浚航道，兴筑公路，加快公共基础设施事业建设。先后修复广汕公路汕头路段、汕头经潮安至福建漳州公路、汕凤线、潮樟线、池揭线等重要交通道路，并在各大河渡口开设渡车船，结束了汽车分段行驶的历史。1952年，潮汕开通长途电话、市内电话业务。城市公共基础设施的修复和建设，促进了潮汕工商业与

---

[1]　揭阳县经济委员会.揭阳县工业志［M］.1990：4-9.

[2]　汕头市史志编写委员会.汕头市志（初稿）（打印本）（第二卷）［M］.1961：12.

[3]　汕头市史志编写委员会.汕头市志（初稿）（打印本）（第二卷）［M］.1961：11.汕头市感光材料工业公司编纂委员会.汕头感光材料工业志（征求意见稿）［M］.1988.

各地经济贸易往来。1950年，潮汕地区私营工商业23860户，其中汕头市区商业2689户、工业492户。至1952年12月，汕头市区私营工商业总户数已达13583户，其中商业10678户，资本额1801.5万元，从业25926人；工业2905户，为1950年的5.90倍，资本额721.4万元，从业15739人。[1]

（二）工业计划管理体制的构建

新中国成立前，潮汕地区的各市县政府均未设立专门从事工业管理的机构。第一个五年计划期间，按照全面建立国民经济计划管理体制的要求，逐步建立起国家主导、自上而下、分专业管理的工业管理体制。

第一，归口管理，整顿和管理地方工业。

这一期间，潮汕各级地方政府均设立了上下对口的工业领导机构和专管部门。日用轻工业品、纺织品、制糖、食品、造纸等厂划为轻工业（或第一轻工业）；手工业隶属于潮汕（后属粤东）合作总社（后为供销社）生产科管理。随后汕头市成立手工业管理局，专门管理市区手工业生产合作社和生产组。化工生产归口于1953年设立的行政公署工业处管理；1953年成立的粤东贸易公司专管潮汕陶瓷贸易等。

在工业归口管理的基础上，各地政府引导各门类工业企业协调关系，改善经营管理。如汕头市日用品工业公司成立"私营印刷业统一收件处"，统一调配、安排汕头印刷业各商号的生产。又如火柴业生产方面，成立了广东省火柴工业同业公会潮汕区分会，负责统筹分配全区（当时包括兴梅地区）56家大小火柴厂的生产配额；设立潮汕火柴工业议价委员会，执行议价制度，协调同业销售价格，防止出现同业互相倾轧、粗制滥造的现象。[2]

第二，统购统销，将私营企业纳入国家资本主义经济计划轨道。

20世纪50年代前半期，国家采取一系列措施，在扶持私营企业生产发展的同时，调整公私关系，对私营工商业实行利用、限制、改造，实行统购统销，将私营企业纳入国家资本主义经济计划轨道。

1. 生产原料由国家有关部门按计划实行配给和收购

1951年1月4日，中央人民政府财经委员会颁布《关于统购统销棉纱的决定》，同年本地人民政府先后通过成立棉布交易所，对私营布厂及布商的存布进行登记和颁布《汕头市棉布管理暂行办法》等，使本地纺织品销售逐步纳入国家管理。此后，汕头各私人纺织企业生产加工、订货等纳入国家计划管理，原材料

[1] 广东省汕头市地方志编纂委员会.汕头市志（第二册）［M］.北京：新华出版社，1999：10-11.

[2] 广东省汕头市地方志编纂委员会.汕头市志（第二册）［M］.北京：新华出版社，1999：213-226.

由国家有关部门调配提供，产品由国家商业部门回收或收购。1953年汕头部分私营机械厂开始纳入国家资本主义经济管理，主要原料与产品由国家有关部门按计划实行配给和收购。

2. 贯彻"利用、限制、改造"政策，扩大对各私营工业企业统购包销范围

国家贯彻对私营工业的"利用、限制、改造"政策，在这一时期加强统购统销工作，不断扩大统购包销的工业品的范围和种类，纳入国家计划管理体制中。如对私营企业生产的火柴、肥皂等实行委托加工、订货收购和包销，通过预付货款、协采原料、供给燃料等方式向企业收购产品。汕头公元摄影化学厂的产品于1953年12月由汕头百货站纳入国家统购包销，而后该厂生产又纳入国家指令性计划。企业生产纳入国家经济计划轨道后，企业管理的重心主要集中在内部生产管理及技术革新，以保证完成上级下达的产品、产值、品种计划任务，企业从生产经营型向单纯生产型企业转变。1954年底，汕头市成立私营企业管理局，主要任务是加强对私营工厂的管理和改造，将它们纳入国家资本主义轨道。[1]

第三，扶持国有经济，增强国营经济的主导作用。

以生产资料全民所有制为基础的国有经济，在当时保证经济发展的社会主义方向、使国家掌握国民经济领导权等方面发挥着重要作用。新中国成立初期，国营经济的大部分是在革命胜利后没收官僚资本、逐步收回国际垄断资本在华企业的基础上建立和发展起来的。这一时期，国有经济在国民经济中的比例较小。为提升国有经济在国民经济中的占比，进一步发挥国营经济的主导作用，1950年以后潮汕地区各地政府采取的主要措施包括：

1. 以指令性计划和行政办法管理国有企业的生产

新中国成立初期，政府接管了水厂、电厂、糖厂以及矿山等重点企业，这部分国有企业通过自上而下的行政体系进行计划管理。政府通过投资建设、计划生产、资源调配等方式，逐步扩大国有企业的生产规模，扩大国营经济的影响力。如1951年设立的统管粤东地区有色金属生产和收购的潮梅矿务局，对已收归国有的中型以上的矿山采用指令性计划进行管理。同时，按照已经确定的"以民窟为主，自办为辅"的方针，各县成立矿业社，归口管理大量小而分散的小集体和个体采矿矿点，将采矿生产纳入国家计划。[2]

[1]   汕头市史志编写委员会.汕头市志（初稿）（打印本）（第二卷）［M］.1961：15.

[2]   广东省汕头市地方志编纂委员会.汕头市志（第二册）［M］.北京：新华出版社，1999：132-134.

2. 通过公私合营壮大国有经济

潮汕地区按照国家的部署,有计划地对私营企业、手工业作坊实行社会主义改造,通过公私合营或合作化,再逐步过渡到全民所有制或集体所有制经济,从而形成国有公司统一生产经营的格局。1952年底,汕头市区地方国营工厂已达14个,职工1149人,手工业也组织了6个合作社,组织起来435人。1952年,潮汕地区开始在窑民和手工业陶瓷户中组织经营性的松散联合体,如饶平县窑民协会,潮安县、枫溪县陶瓷联销组等。1953年底,揭阳县河婆镇南和乡成立陶器生产合作社;随后,饶平县洞上联和生产合作社、潮安县枫溪陶器供销社、枫洋陶器社等相继成立。1954年,枫溪"潮瓷厂"成为潮汕地区陶瓷业最早的公私合营企业。至1957年初,潮汕陶瓷业的社会主义改造基本完成。[1]20世纪50年代初期成立国营潮汕抽纱公司,全行业公私合营后,国营潮汕抽纱公司成为潮汕抽纱生产及对外出口的唯一统管经营机构。1954年7月,汕头公元感光化学厂实现了公私合营。合营后,政府向工厂投资人民币10万元,支持工厂扩大生产能力,工厂增设了一条相纸生产涂布线,生产由一班制转变为三班制连续化生产,产量得到了大幅度增长。合营当年生产照相纸达7.34万标盘,年创值达146.80万元,为1953年的23.7倍。[2]

3. 实行并厂,增强国有企业实力

针对工业和手工业中规模较小的公私合营工厂,潮汕地区工业主管部门通过按行业并厂,扩大生产规模,再逐步转成规模化的国有企业。

20世纪50年代初,以原私营建中工程公司为基础组建起来的汕头农具厂(机械修配厂)是当时粤东地区最大的综合型机械生产企业。1961年《汕头市志(初稿)》载:"本市机械制造第二大厂——地方国营汕头通用机械厂,就是由28户小型五金机械修造厂和其他铸造作坊,通过私私合并、转业合并和公私合营之后,大力扩建而发展起来的。"[3]1955年底,汕头市已有20多户较大的私营工业改组合并为18个公私合营工厂,公私合营工业占全部工业总产值的17.2%。1955年,潮州市区成立机工生产合作组,经过扩社,成立合作社,人员增至71人。1957年,潮州市机工生产合作社转为地方国营潮州市农业机械厂,市政府投资138.74万元,建成总面积为13802平方米的厂房,生产经营实力不断增

---

[1] 汕头市陶瓷工业总公司.汕头陶瓷志[M].1990:10-14.

[2] 汕头市感光材料工业公司编纂委员会.汕头感光材料工业志(征求意见稿)[M].1988.

[3] 汕头市史志编写委员会.汕头市志(初稿)(打印本)(第二卷)[M].1961:40.

强。[1]1958—1960年，汕头地区机械行业中的一批经济实力较强的公私合营厂或合作社转为全民所有制，生产门类有重型矿山机械、通用机械、制糖机械、陶瓷机械、农业机械、运输机械配件以及电工器材等，全区机械工业已初具体系。[2]

（三）工业管理体制的运作

"一五"计划末期，潮汕地区形成了与国家计划经济体制相适应的工业管理体制。当时的工业管理体制主要包括企业生产经营体制、物资供应体制和产品销售体制。

第一，企业生产体制。

潮汕地区的各级工业主管部门（委、办、局）通过计划编制和计划管理制度，将国家（部、省相应主管部门）生产计划安排下达给下一级工业主管机构（局、公司）和各工业企业。企业的生产、销售由企业主管部门统一组织，各级主管部门通过生产管理机构执行生产计划，调度平衡各企业的生产、供应、销售活动，按时将旬、月、季生产运行情况综合上报，对企业的计划完成情况进行考核。[3]

一般情况下，工业企业必须按照上级主管部门下达的生产计划、经济技术指标和企业的实际情况，制定长远规划、短期规划及年度计划、季度计划和月作业计划，包括生产计划、劳动工资计划、物资供应计划、产品供销计划、财务成本计划、质量目标和控制指标计划、生产定销和消耗指标计划、节能计划、设备大中修计划、技术措施计划、基建计划等。厂级计划编制完成后，企业再根据本厂实际情况，将各项计划层层分解，下达到车间、班组。

第二，物资供应体制。

从1953年起，国家对工业的重要生产资料实行计划分配和供应制度。关系到国计民生的最重要的通用物资由国家计委平衡分配（即"统管物资"），对重要的专用物资由国务院各主管部门平衡分配（即"部管物资"），这两类物资属于国家一级计划分配。除上述物资之外，还有部分生产资料由地方（省、自治区、直辖市）政府主管部门负责分配和供应，即所谓"省管物资"。计划统配物资必须由下到上、逐级平衡，申报列入国家各级物资供应计划，再从上到下、逐级下达给企业。

如1978年以前汕头市轻工业机械厂所用的钢材、生铁、块煤等主要原材

---

[1]　潮州市经济委员会.潮州市工业志［M］.1988：289-300.

[2]　广东省汕头市地方志编纂委员会.汕头市志（第二册）［M］.北京：新华出版社，1999：169-170.

[3]　潮州市经济委员会.潮州市工业志［M］.1988：289-300.

料，均由国家轻工业部计划供应。汕头钟、挂钟生产用的部分进口材料也是由国家轻工业部直接供应。汕头自行车厂及各县自行车零件厂、汕头钟厂、汕头市挂钟厂和汕头钟表组件厂等所需钢材是广东省计委戴帽下达指标，由省轻工供销公司供货。汕头、潮州电池厂用的锌片、锰粉，汕头钟厂所用的部分铜材，也是由广东省轻工供销公司按计划供应分配。承担国家指令性生产计划的集体企业，所需的原材料也纳入相应的物资计划。如汕头市红阳区机械厂1977年承担了国家的出口炼胶机生产任务，所需钢材必须先向广东省化学工业厅物资供应公司申请，省化工厅全省汇总后向国家化学工业部物资供应局申请，化工部全国汇总后由国家计委综合平衡，确定下拨指标，再逐级下达到企业。

大型企业的物资管理工作更为复杂，如汕头公元感光材料厂物资管理工作由供应和储运两部分组成，物资实行定额计划管理和原材料供应管理。感光材料生产所用原材料品种繁多，仅各种化学药物便多达2000多种，原材料供应点遍布全国各地。供应部门根据厂年度生产计划、主要物耗指标及材料设备情况编制年、季、月材料采购计划，做好采购供应工作。此外，在全国各地建立健全定点供应单位，其中主要原材料供应点50个、包装材料供应点30个，对四大类原材料、大宗化工材料、燃料以及大宗包装材料分类配备采购人员1—2人，保证全厂物资供应与生产衔接。[1]

相关研究表明，一个大国满足工业生产所流通的物资大约需要30万种，20世纪60年代苏联的物资供应计划大概编制了其中的约3万种。我国1977年纳入指令性计划管理的"统管""部管"物资不足600种。这是由于当时的计划编制手段无法对如此庞大和瞬息万变的企业需求进行测算。加之计划经济体制下的国有企业和集体企业仍然具有相对独立的利益，企业申请调拨和库存节余的物资很难真实反映出来。因此，当计划分配的原材燃料不符合企业生产要求时，企业可以向上级要求补拨或与其他企业调剂串换。这样就在"指令性物资供应体制"之外，形成了计划体制外的"以物换物"的物资串换行为。[2]这部分"计划外"物资的流通，以及"计划外"的订单，成为20世纪60—70年代潮汕大量城市区街企业和农村社队企业生存发展的土壤。

第三，产品包销体制。

对主要工业品按计划实行统购包销和供应，是计划经济时期工业管理体制

[1] 汕头市感光材料工业公司编纂委员会.汕头感光材料工业志（征求意见稿）［M］.1988.

[2] 广东省汕头市地方志编纂委员会.汕头市志（第二册）［M］.北京：新华出版社，1999：303-304.

的重要特征。20世纪50年代前半期的工业和手工业的社会主义改造过程中，国家通过扩大工业品的加工订货和收购包销的比例，逐步掌握了大部分工业品的货源，通过统购统销，将主要工业品流通和销售纳入国家计划之中。

1956—1957年各行业全面公私合营前，潮汕地区"计划内"工业产品由国家负责收购，少部分计划外原材料及产品则由主管机关的供销部门协同企业组货或推销。公私合营后，工业企业生产所需的原材料，部分由国家按下达的计划提供；化工、机械、电池、火柴、肥皂等大部分产品由政府商业部门"统购"。国家对工业品的计划收购和统一销售范围不断扩大，至1960年，化工、机械、玻璃、火柴、电池、肥皂、自行车零件等工业品均列入国家、省、市各级计划，产品由原来的统购转为全部包销。

二、潮汕工业所有制结构的变革

（一）1949—1978年的潮汕工业所有制结构

1952年12月，汕头市区私营工商业总户数达13583户，其中工业2905户，资本额721.4万元，从业15739人；商业10678户，资本额1801.5万元，从业25926人。此时，私营和个体经济在国民经济中仍占大部分比例，国有经济和集体经济所占比例比较小。

1956年，汕头市区资本主义工商业108个行业共2611家企业实行公私合营。汕头市手工业全部实现合作化，全市1万多个手工业者组成约160个生产合作社。1957年，全民所有制工业产值23051万元，占工业总产值的70%，比1952年提高54.5个百分点，集体工业产值8217万元，占25%，比1952年提高18.3个百分点，其他工业产值1646万元，占5%，比1952年减少72.7个百分点。

从1958年至1978年，潮汕工业所有制结构长期以全民、集体两种公有制形式为主，个体和私营工业基本不存在。

由于潮汕地区缺乏发展大规模重化产业的资源、交通条件以及安全稳定的外部环境，国家一直没有在潮汕地区安排大型的工业投资项目，而汕头市区和各县城镇居民严峻的就业压力又亟须缓解。因此，从20世纪50年代末期至70年代初期，大量的集体工业企业，包括城市区街企业和农村社队企业在潮汕城乡出现并快速成长，最后发展成与国营工业企业并驾齐驱的局面。潮汕和汕头市区的资源禀赋和产业基础决定了当时的潮汕地区的大多数集体工厂只会是技术含量不高、劳动密集型的小型企业，如轻纺、工艺、土特产品加工等企业，其中部分还停留在手工业生产的水平。

1962年以后国家开展"三线"建设，潮汕地区的部分骨干企业内迁。仅汕头市区就迁走13家企业，包括迁出企业所有设备、技术、流动资金、职工及家属。[1]如表2-1所示，至1965年，工业总产值中，全民所有制占65.7%，集体所有制占34.3%；1975年，工业总产值中，全民所有制占52.7%，集体所有制占47.3%。1976年、1977年、1978年工业总产值中，全民、集体工业产值各占50%左右。[2]

表2-1   1951—1978年部分年份汕头地区工业总产值所有制构成[3]

单位：万元

年份	工业总产值	全民		集体		其他	
		产值	比重（%）	产值	比重（%）	产值	比重（%）
1952	11811	1855	15.6	791	6.7	9235	77.7
1957	32914	23051	70.0	8217	25.0	1646	5.0
1965	55433	36413	65.7	19020	34.3		
1975	135882	71558	52.7	64324	47.3		
1976	146594	73997	50.5	72597	49.5		
1978	171564	85218	49.7	81214	51.3		

注：1.工业总产值不包括农村工业，"其他"指全民、集体以外的私营、个体、合营等各种类型，1952年、1957年"其他"指私营和个体。2.数字统计范围：1952年、1957年、1965年不包括海丰、陆丰县，其他年份均与各年行政区域相同。

（二）工业、手工业的社会主义改造

第一，工业的社会主义改造。

新中国成立时，潮汕工业企业并不多，多是私营或个体手工业工场（作坊），生产规模很小，设备简陋。国民经济恢复和发展时期，潮汕各级人民政权

---

[1] 汕头市金平区地方志编纂委员会.金平区志［M］.北京：方志出版社，2013：360.

[2] 广东省汕头市地方志编纂委员会.汕头市志（第二册）［M］.北京：新华出版社，1999：18-21.

[3] 广东省汕头市地方志编纂委员会.汕头市志（第二册）［M］.北京：新华出版社，1999：21.

努力恢复生产、稳定市场，贯彻劳资两利的政策，促进私营工业企业的发展。1954年，汕头市区先后将棉纺织、针织、火柴、电池、肥皂、炼奶、碾米、制糖等主要工业部门全面纳入国家资本主义轨道。该年加工、订货、包销、收购等形式的产值已达1847万元，占市区私营工业总产值2375万元的77.77%。根据"巩固阵地、重点扩展、做出榜样、加紧准备"的方针，将资本主义工业中有关国计民生的重要大型工业逐个转为公私合营。国家通过加强对公私合营的工厂进行合并和加大投资更新设备，不断扩大工厂工业生产规模和生产能力。至1954年底，市区扩建了公私合营企业9个，职工892人，产值950万元，占市区工业总产值的14.96%。[1]

1955年，汕头市源生电机织布厂、大华纱线厂先行实行公私合营；12月，汕头市委成立对资本主义工商业改造领导小组办公室，在针织、毛巾、纱线、织布、印染等8个行业进行全行业公私合营和合作化试点。1956年1月制定了对资改造方案，调集干部分别搭建全市工业和商业的专业公司、合营总店及联社的架构。全市按照广东省委的要求，分"三步走"推进公私合营：第一步先批准合营；第二步清产核资；第三步人事安排，定股定息，清理债务，经济改组与商业网调整。1月20日，工业43个行业、386户，职工和资方从业人员5173人，全部实行公私合营，成立了纺织、建筑、文化用品、五金、工业类5个专业公司。1月23日，完成了对全部工商业户的清产核资工作，其中工业1847357元。[2]

汕头市区工业的全行业公私合营后，生产关系发生了根本变化。为进一步解放和发展工业生产力创造了条件。一是通过公私合营和组建国有企业为骨干的工业专业公司，大幅度地调整了汕头市区的工业行业结构。实行公私合营后，根据国家需要和可能，政府和工业主管部门对重要行业、重要企业进行投资、迁厂、新建或扩建，随着生产规模扩大，再逐步并入一些中小企业。[3]二是形成了合理的企业规模结构，构建起企业内部的专业分工关系，提高了生产效率。1950年底时，汕头市区大小工厂约500家，已开工工厂380家，10人以下个体手工业户（雇工1至2人及独立劳动者）占95%，绝大部分"工厂"实际上是缺乏内部分工

[1]　中共汕头市委党史研究室.建国初期潮汕若干历史问题研究［M］.深圳：海天出版社，2006：106.

[2]　中共汕头市委党史研究室.建国初期潮汕若干历史问题研究［M］.深圳：海天出版社，2006：107-109.

[3]　中共汕头市委党史研究室.建国初期潮汕若干历史问题研究［M］.深圳：海天出版社，2006：112.

的手工业作坊或小工场。经过公私合营，至1959年市区已有大小工厂406座，其中500—1000人的工厂13座，1000—4000人的大厂7座。[1]大多数工厂内部已经形成了供销、生产、技术、财务相分离的管理架构和按生产工序分工的车间、班组架构。三是在工作推进中，注意保持企业原有的经营制度、供销关系、人员职务的相对稳定，尽量利用原有企业的设备，挖掘企业潜力，充分发挥职工的积极性。至1956年底，汕头市区合营工业总产值完成35318250元，完成计划32895340元的107.37%，比1955年增长34.15%。[2]

第二，手工业的社会主义改造。

新中国成立初期，个体手工业以一家一户为一个经营单位，生产工具简陋，技术较为落后，劳动生产率低，生产不稳定。为此，各级地方政府积极参与引导个体手工业走社会主义合作化道路。一些生产有困难的个体手工业者开始联合，实行"生产自救"。

自1953年起，为加强对个体手工业者的组织和引导，在前期一些个体手工业者自发"生产自救"的基础上，各地动员组织社会上失业的手工业工人和个体劳动者成立生产合作小组，把分散的个体手工业经济转变为社会主义劳动群众集体所有制经济。此后，根据"自愿、互利"原则，对个体手工业者——独立劳动者和小型私营工业企业予以组织和改造，逐步组建生产合作社，对手工业生产合作社予以低息贷款、减税或免征税收；各国营贸易公司向合作社批发货物时，给予价格优惠，调动了个体手工业者走合作化道路的积极性。

1953年，汕头市区雇用工人10人以下的手工业从业户数为3628户，占全市区私营工业和手工业总户数的95.8%；从业人员11039人，占市区私营工业和手工业从业总数的71.3%；全年生产总值占市区私营工业和手工业生产总值的49.7%。1954年10月，汕头市铺开对手工业的社会主义改造，继续组建集体所有制的生产组、合作社。至1955年底，全市区共有20个生产社、20个供销合作社、67个生产组、从业者3886人，占总从业人数的28.2%。1956年1月，汕头市区采取"全部报名申请，一次性批准"的方法，组建了160多个高级形式的生产社。至5月中旬，建社全部完成，全市划归手工业改造共26个行业、2736户、从业11458人，组织为144个社11个组、2277户、共11032人，占总从业人数的96.3%。

---

[1] 汕头市史志编写委员会.汕头市志（初稿）（打印本）（第二卷）［M］.1961：23.

[2] 中共汕头市委党史研究室.建国初期潮汕若干历史问题研究［M］.深圳：海天出版社，2006：111-116.

另有6个家庭副业性质的抽纱渔网生产社，共10515人。[1]

1956年，潮汕各地的手工业合作化运动进入高潮，至年底，各地社、组总数达2195个，总人数75810人。1957年，潮州市94.4%的手工业工人和手工业劳动者走上合作化道路，共建立367个生产合作社（组）；同时，成立122家公私合营企业。[2]潮汕各手工业社改革经营制度，实现独立核算、自负盈亏，取得较好业绩。其中汕头市区各手工业社全年完成工业产值11516万元，约占全市工业总值的25%，实现利润399.9万元。[3]

第三，工业、手工业社会主义改造对潮汕工业发展的影响。

1. 全民所有制、集体所有制工业企业进一步发展，公有制经济居于潮汕工业所有制结构中的主导地位。1957年，潮汕地区全民所有制工业产值23051万元，占工业总产值的70%，比1952年时的比重提高54.5个百分点；集体工业产值8217万元，占25%，比1952年的比重提高18.3个百分点。

2. 扩大了工业企业的规模，有助于集中力量进行大规模有计划的工业化建设。"一五"时期潮汕地区基本建设投资共完成5268万元，比"恢复"时期增长2.5倍。地方政府兴建、扩建了汕头电厂、感光材料厂和汕头罐头厂等66家地方国营企业，这些企业成为潮汕地方工业的重要支柱。

3. 加快了全区的工业优化步伐。1957年，工农业总产值达13.45亿元，比1952年增长60.0%，年均递增9.9%。其中，工业总产值3.55亿元，比1952年增长168.9%，年均递增21.9%；在工农业总产值中，工业所占比重从1952年的15.7%提高到26.4%。职工人数达到14.34万人，比1956年增长4.0%；全民职工年平均工资达到507元，比1952年增加87元，年均递增3.8%。[4]

4. 潮汕地区和全国一样，在资本主义工商业的社会主义改造运动中，也曾出现过快、过急的苗头。在社会主义改造工作的后期，存在要求过急、工作过粗、改变过快等缺点。在手工业社会主义改造过程中，一些地方出现盲目办大社，不顾实际情况将手工业社升级为高级社，经济上实行统负盈亏，挫伤社员工作积极性，导致社员收入减少等问题。[5]

---

[1] 中共汕头市委党史研究室.建国初期潮汕若干历史问题研究［M］.深圳：海天出版社，2006：93-94.

[2] 潮州市地方志编纂委员会.潮州市志（上册）［M］.广州：广东人民出版社，1995：269.

[3] 汕头二轻局《二轻工业志》编写小组.汕头市二轻工业志［M］.1991：2-8.

[4] 广东省汕头市地方志编纂委员会.汕头市志（第二册）［M］.北京：新华出版社，1999：10-11.

[5] 汕头二轻局《二轻工业志》编写小组.汕头市二轻工业志［M］.1991：2-8.

（三）集体企业的兴起和国有企业的调整

1958年，潮汕农村地区和城市街道出现了兴办工业的热潮，在"公社工业化"的口号下，社队工副业被推上了一个发展的高峰，街道工业也蓬勃发展起来。[1]1961年版的《汕头市志（初稿）》载："1958年开始了全民大办工业，这是人民群众在党的领导下一个重大的创举，是迅速改变汕头这一消费性城市为生产性城市的重要标志。"在街道未办工厂之前，汕头市区求业和失业人员13999多人，有1400户要依赖政府按月救济。街道工业生产快速发展后，许多民办工厂进一步发展为"社（公社）办工厂"。"至1959年9月，汕头市区共有社办工厂184户和一部分民办工厂，就业人数空前增加，安排到社办工厂的人员达17000多人，不仅基本解决长期遗留下来的失业现象，还将大批家庭妇女从烦琐的家务劳动中解脱出来。"1958年汕头市区社办工业总产值达2543万元，超过了1952年全市的工业总产值。1959年发展到5454万元，为1958年的2.14倍，已占全市区工业总产值的1/5。

1958年，汕头地区手工业厂社实行"升级过渡"，全地区有62个社、组并入或转为地方国营企业；有35个社、组转为国社合营企业；另有234个社、组分别划归商业、外贸部门，或下放给农业社管理，所有厂房、设备、资金及其他集体资财一并无偿移交。全地区手工业分出并改变经济性质的企业达331个，人数11629人，各占总数的20.64%和15.12%。余下的社、组中，又有191个合作社、组因尚未具备"过渡"条件而"升级"为合作工厂，作为向全民所有制过渡阶段的一种经济形式。合作社"转厂过渡"以后，退还社员股金、取消劳动分红，实行定级工资制，多劳不能多得，挫伤了职工的劳动热情，生产管理体制也出现了新的问题。1960年之后，潮汕各地手工业厂社重新实行入社自愿、退社自由、经济民主、自负盈亏的经营原则，逐步恢复了多劳多得的分配制度。[2]

1958—1960年，由于各行各业用人规模迅速扩张，潮汕地区农村居民大量流入城镇，在城镇长期就业的达45772人，大大超过了实际需要和国家的负担能力。1962—1963年，汕头专区贯彻中央关于"调整、巩固、充实、提高"的方针，关、停、并、转了一些工业企业。全地区从国有企业中压缩回农村的职工10万余人，汕头市区精简工业职工10418人。对区办和街道办的集体工业企业规

---

[1] 汕头市乡镇企业管理局.汕头市乡镇企业志［M］.1989：3-6.

[2] 汕头二轻局《二轻工业志》编写小组.汕头市二轻工业志［M］.1991：2-8.广东省汕头市地方志编纂委员会.汕头市志（第二册）［M］.北京：新华出版社，1999：236.

模也进行了调整，1965年潮安县全县的国营工业企业从1959年的125家调整为71家，集体所有制工业企业调整为268家。[1]

1961—1970年的10年间，国家对汕头市区的投资仅有1753万元，主要为战备项目。这一期间潮汕地区的人均工业产值和国民收入远远低于全国、全省平均水平，城乡居民就业问题更加严峻。[2]因此，在城市区街和农村乡镇兴办工业企业，安置闲散剩余劳动力，帮助群众解决经济困难的做法，得以坚持和推广。20世纪60年代中期，汕头市区各街道设立了工业管理机构，鼓励群众兴办自由组合、自筹资金、自找场地、自找业务、自负盈亏的"五自"企业，仅万安、涂坪两个街道就组建了60多个生产组。60年代末70年代初，部分较具规模的生产企业被合并为厂（社），收归区统一管理。至1976年11月，市区的红旗、红卫、红阳三个区共有区办集体企业86家、街道办社队企业67家、街道生产组和服务组1100家、其他集体企业33家、校办工厂65家。1958年潮安县的社办企业产值已达2303万元，1961年下降到1782万元，1965年又发展到3787万元，1970年下降到2769万元。1971—1978年，潮安社办企业工业产值从3438万元增加到9065万元，每年平均增长14.86%。可见，20世纪50—70年代国家关于农村社队企业（乡镇企业）的定性和政策变化，很大程度上左右着社队企业的发展。

三、区域性工业体系的建设与形成

工业体系是指在一定区域内，工业产业结构相对较为完善，工业门类和工业企业间形成了相对稳定的经济技术联系工业生产的有机整体。20世纪50年代至70年代，潮汕地区的工业化步伐显著加快。50年代在继续巩固发展原有的轻纺工业基础上，建设形成机械工业体系，60年代重点建设形成化学工业体系，70年代重点建设形成电子工业体系。

（一）1952—1978年潮汕地区"农轻重"结构的变化

新中国成立前，为数不多的轻工业企业主要分布在汕头市区和潮安县城（潮州府城），重工业微乎其微。潮汕地区仍属于典型的农业地区。

---

[1]   汕头市金平区地方志编纂委员会.金平区志［M］.北京：方志出版社，2013：1170.汕头市史志编写委员会.汕头市志（初稿）（打印本）（第二卷）［M］.1961：23.

[2]   汕头市金平区地方志编纂委员会.金平区志［M］.北京：方志出版社，2013：361.

表2-2 1952—1978年汕头地区农轻重产值构成统计表[1]

单位：万元

年份	工农业总产值	农业		轻工业		重工业	
		产值	比重（%）	产值	比重（%）	产值	比重（%）
1957			67.6		28.3		4.1
1962			62.3		34.0		3.7
1965	165267	104311	63.1	53692	32.5	7264	4.4
1966	179081	106722	59.5	63130	35.3	9229	5.2
1967	175957	104307	59.3	62449	35.5	9201	5.2
1968	154473	92957	60.2				
1969	167933	97363	58.8				
1970	180052	99365	55.2	66347	36.8	14340	8.0
1971	207142	114804	55.4	74220	35.8	18118	8.7
1972	213482	116637	54.6	77927	36.5	18918	8.8
1973	228502	118807	52.0	89397	39.1	20298	8.9
1974	240080	120999	50.4	96749	40.3	22332	9.3
1975	259609	123727	47.7	108005	41.6	27877	10.7
1976	274577	127983	46.6	115451	42.0	31143	11.3
1977	295338	136905	46.3	125729	42.6	32704	11.1
1978	317724	146160	46.0	135834	42.8	35730	11.2

从表2-2中，可观察到1952—1978年潮汕地区的农轻重产业结构具有以下特点：（1）潮汕地区的工业化是在工业基础极为薄弱的条件下起步的。直到1952年，农业在潮汕地区工农业总产值结构中的比重占81.1%，工业仅占18.9%。其中轻工业占工业的93.65%。（2）1952—1957年，潮汕工业得到较快发展，6年间工业在工农业总产值中的比重上升了13.5个百分点，平均每年上升2.7个百分点，轻工业发展速度比重工业稍快。（3）1957—1965年，工业在工农业总产值的比重上升了4.5个百分点，平均每年上升0.56个百分点，工业增速明显低于1952—1957年。其间1957—1962年每年平均提升1.06个百分点，1962—1965年每年平均下降0.27个百分点，主要是轻工业增长速度下降。（4）1966—1975年，工业在工农业总产值中的比重从40.5%上升到52.3%，工业总产值的比重第一次超过了农业，平

---

[1] 20世纪60年代潮汕地区加快化学工业发展，主要聚焦于五个方面。

均每年提升1.31个百分点。这一期间轻工业总产值年均增长速度为6.15%,重工业总产值年均增长速度为13.07%,农业总产值年均增长速度为1.66%。其间1966—1970年工业总产值年均增长速度为2.76%;1970—1975年工业总产值年均增长速度为10.99%。(5)1976—1978年工业总产值年均增长8.18%,农业总产值年均增长6.87%,农业总产值占工农业总产值从46.6%下降到46.0%。

综上所析,1952—1962年潮汕工业发展速度较快,似与这一时期集中资源发展工业,特别是贯彻将汕头市区建设为"工业城市"的政策相关。1966—1975年潮汕重工业发展较快,似与这一时期国家和省加大对矿山、冶炼、机械工业的投资相关。1970—1978年潮汕工业稳定发展,似与这一时期工业企业的产供销状况逐步正常及大量集体工业企业兴起相关。

(二)轻纺工业的巩固和发展

新中国成立前,潮汕地区的近代工业主要是日用轻工业和纺织业。至20世纪30年代,汕头市区和潮州府城(潮安县城)已有印刷、火柴、电池、玻璃、针织、织布等工厂数百家。这些轻纺企业构成了潮汕地区近代工业的主体,也是将汕头市区从"消费性城市"转变为"生产性城市"的基础。轻纺工业大多属于劳动密集型产业,投资和技术门槛不高,吸纳劳动力能力较强。从1950年开始,潮汕地区各级政府都从稳定、巩固、发展轻纺工业起步,建设和完善工业体系。

20世纪50年代前半期,潮汕地区通过对火柴、肥皂、织布等私营轻纺企业实行委托加工、订货收购或包销的方式,将私营轻纺工业逐步纳入国家资本主义经济计划轨道,解决企业生产困难,保障工人就业。1954年,潮汕地区部分私营轻纺工业先行进行社会主义改造,随后,将日用轻工业品、日用化工品、纺织品、制糖、食品、造纸等公私合营厂纳入国有经济为主导的轻工业(一轻)计划管理架构。1957年汕头专区16个县、市的一轻行业系统254个公私合营厂实现工业总产值17066万元。1958年,汕头市一批较大的公私合营厂转为地方国营企业。1958—1960年,汕头市区一轻系统投资2307万元,新建和扩建了轻工通用厂、钟表厂、肥皂厂、饼干厂、罐头厂等30个企业,初步形成了以汕头市区为中心、各县为依托的轻纺工业体系,生产能力大大提高。其中干电池和肥皂1949年仅生产610万只和1000吨,至1960年时已经达到5250万只和2020吨。1961—1962年,潮汕地区压缩了战线过长的棉纺、食品等行业,充实、加强了塑料、感光材料、肥皂等的生产。各县的手工业生产也普遍恢复了传统产区、传统名牌产品、传统生产方法、传统供销渠道和经营方式,农具、民用剪、白铁水桶、挂锁、菜刀、皮鞋、塑料制品、布伞等大宗骨干日用品的产量不断提升。[1]

(三)机械工业体系的建设与形成

机械工业通常指机器制造工业,机械工业是其他经济部门的生产手段,是一切经济部门发展的基础。新中国成立后,机械工业的发展水平被普遍认为是衡量一个国家、一个地区工业化程度的最重要的标志。因此,从20世纪50年代开始,汕头市区和各县区都自觉地将发展机械工业作为经济工作的重点。

1949年,汕头市区金属加工工业的总产值为201万元(按1957年不变价计算),其中属于机器制造的仅有2万元。"一五"计划期间,潮汕地区积极扶持实力较弱的私营机械企业发展生产,部分企业的产品开始固定化,如生产简易的农具、蓄电池片、小五金工具等。为了解决当时机械企业小而分散、技术力量不平衡的问题,1954年以后潮汕各市县通过私私合并、行业合并和转业合并,改善机械工业的生产组织。汕头市区的28家小型五金机械修理厂合并为地方国营通用机械厂,规模一跃为全市机械行业第2位。1958年,潮汕各地的生产门类主要有重型矿山机械、通用机械、制糖机械、陶瓷机械、农业机械、运输机械配件等。汕头市区机械工业的基建投资达364万元,占市区工业基建总额的1/3以上,扩建了通用、动力、电机、机床等8家较大的机械工厂。

1961年以后,潮汕机械工业进行了"调整充实""合理布局",部分国营机械厂被"关、停、退(退回集体企业)"。1969—1971年,汕头农械厂、机床厂等部分机械企业因"三线建设"需要迁往山区或内地,潮汕机械工业仍保持了稳定发展的势头,至20世纪70年代中期,已经形成了重型矿山机械、钢材、轧钢机、石油化工机械、通用机械(泵、阀门、风机等)、轻工业专用机械(食品罐头、塑料加工、印刷装潢、制糖、陶瓷、橡胶机械)、交通运输机械(造船、汽车等)、机床(工具、模具等)、电机电控电材等门类比较齐全的行业体系。这一期间,除了汕头市区的机械工业不断壮大之外,汕头地区各县的机械工厂也逐渐成长为当地的骨干企业,生产出众多质量优良的产品。如揭阳铸造厂是当时全地区最大的铸铁企业;潮阳县通用机械厂生产的矿山液压支架,潮安县农业机械厂生产的小型氮肥设备、齿轮厂生产的立铣头和汽车变速器,榕城农机厂生产的钻井机配件,澄海农机橡胶制品厂生产的汽车密封件,饶平县机械厂生产的液压件,潮州农机厂生产的万能铣床,揭阳、潮安等县电机厂、机电厂生产的水轮发

[1] 广东省汕头市地方志编纂委员会.汕头市志(第二册)[M].北京:新华出版社,1999:211-212.

电机等，都曾列入国家的机械工业生产计划，形成较大的生产能力。

（四）化学工业体系的建设与形成

新中国成立前，除了潮州府城（潮安县城）、汕头市区有一些日用化工小厂，潮汕地区的化学工业近乎空白。1949年汕头市区的化学工业产值仅有27万元（1957年不变价）。20世纪50年代，潮汕地区集中资源支持轻纺工业、机械工业和农业的发展。至50年代末，本地基本化工材料（如"三酸二碱"等）、化学助剂、塑料和化肥、农药的生产能力低下，成为制约机电产品、日用化工品和农业发展的瓶颈。补齐化学工业的发展短板，是构建潮汕地区相对完整的工业体系的重点。

表2-3   20世纪50—70年代潮汕地区部分化工企业发展情况[1]

类别	序号	企业	产品（或用途）	建成时间
基本化工材料	1	汕头电化厂	盐酸、烧碱等	1968
	2	汕头市化工一厂	氧化镁等	1958
	3	汕头市化工二厂	制药原料	1957
	4	汕头氧气厂	氧气、氮气	1967
	5	揭西化工厂	双氧水	1967
	6	汕头市达濠青州盐场等	盐化工产品	1970
	7	各市县酒厂、食品厂、酱油厂	西药原料	1958—1978
化学助剂	8	汕头市溶剂厂	总溶剂、塑料助剂	1964
	9	汕头保险粉厂	保险粉	1959
	10	汕头市助剂厂	黏合剂、塑料助剂	1966
化肥农药	11	汕头专区星火氮肥厂、揭阳县氮肥厂、潮安县氮肥厂	化肥	1966
	12	海丰氮肥厂、普宁氮肥厂	化肥	1970
	13	潮阳化肥厂	化肥	1972
	14	饶平化肥厂	化肥	1976
	15	揭西县电解水合成氨厂	化肥	1978
	16	汕头农药厂	农药	1966
	17	潮州市农药厂	农药	1969
	18	揭阳农药厂	农药	1966

[1] 数据整理自：广东省汕头市地方志编纂委员会.汕头市志（第二册）［M］.北京：新华出版社，1999：477-575.

续表

类别	序号	企业	产品（或用途）	建成时间
日用化工、涂料颜料	19	潮州市造漆厂	油漆、合成乳胶	1959
	20	潮州市日用化工厂	油漆	1961
	21	汕头华侨橡胶厂	自行车胎、橡胶制品	1956
	22	潮州市橡胶厂	胶鞋	1956
	23	揭阳橡胶厂	三角带、传动带	1956
	24	揭阳鞋厂	胶鞋	1966
	25	汕头立德粉厂	立德粉	1956
	26	汕头市钛白粉厂	钛白粉	1967
感光化学材料	27	汕头感光化学厂	相片、胶卷等	1953

从表2-3中可见，至1975年前后，潮汕地区化学工业体系基本形成，这是在区域轻纺工业体系和机械工业体系形成后的第三个比较完整的工业行业体系。相比之下，潮汕化学工业体系的形成过程具有以下特点：（1）构成化工体系的30多家骨干企业中，汕头市区17家，潮州市区和潮安县4家，其余分布在各县。（2）只有3家是1971年以后建设投产的，其余的一半为60年代新建，另一半大多是50年代末"土法上马"的小化工厂经整顿合并于60年代扩建改造而成。（3）从潮汕地区实际需要出发，"缺什么补什么"。如对基本化工材料和化学助剂的生产，主要是围绕机械工业急需的"三酸二碱"、氧气和轻纺产业急需的纺织染整助剂、增塑剂来布局；又如对农药化肥的生产，主要是根据就近供应、方便储运使用的原则，在潮汕各县均衡布局。（4）感光化学材料工业是当时潮汕地区化工行业中最具发展优势和潜力的行业。从20世纪50年代初期至80年代中期，广东省和汕头地区都将汕头感光化学厂的建设作为汕头市区实现工业化的重要支点，先后经过两次大规模的动迁扩建，国家在税收、留利、进出口等方面政策予以重点支持。

至1978年时，汕头地区的化学工业产值（不含汕头感光化学厂）已经达到4435.11万元，其中汕头市区直属各厂的化工产值为2177.50万元，1976年汕头感光化学厂的工业总产值已达3261.89万元。[1]

（五）电子工业体系的形成与发展

新中国成立前，汕头市区仅有几家电器修理小作坊。1956年，汕头市区13家从事修理电器小店的32名职工，组成了市区第一家无线电修造合作社，开始仿

[1] 广东省汕头市地方志编纂委员会.汕头市志（第二册）［M］.北京：新华出版社，1999：494-495，515.

造上海产扩音机。1957年合作社转为全民所有制企业，更名为地方国营汕头无线电厂。1960年该厂成功试制宽频示波器。1962年、1965年先后研发制成多种型号的人体超声波诊断仪、金属超声波探伤仪、颅脑诊断仪。1965年汕头无线电厂改名为汕头超声电子仪器厂，成为国内第一家超声电子仪器生产的专业厂，产品在国内独占鳌头。1966年，汕头市成立仪表电子工业公司，下辖汕头超声电子仪器厂、汕头市无线电修造合作社和汕头市晶体管实验工厂，职工331人，年产值238万元。

20世纪60年代中后期，电子工业特别是半导体器件的生产，被各地视为发展新兴产业、抢占产业高地、带动传统产业转型的契机。1970年，汕头地区工交战线专门成立了"03办公室"（1973年改称"汕头地区第二机械工业局"），主管军工和电子工业，随后汕头地区各市县也先后设立了电子工业管理机构。在地区和各市县的组织推动下，1970年起，一批原来生产绣衣、五金、竹器、爆竹、电池的企业转产试制电子产品，建起了一批新厂。1971年时，全地区已经建起55家电子工业企业，职工5500多人。大多数企业由于缺乏相应技术支撑和办厂经验，产品质量较低，销售不畅，1974年全地区的电子工业企业进行整顿，全区电子企业调整为23家，职工减少至3700多人。由于企业布局、产品结构逐步趋于合理，产品质量和企业效益也有所提升。至1978年，汕头地区的电子工业企业已经发展到41家，产值5614万元，利润467万元，职工7200多人。[1]

表2-4 1978年汕头地区部分电子工业企业及产品情况[2]

产品类别	序号	生产企业	产品	建成时间
超声波仪器	1	汕头超声电子仪器厂	超声探测仪器、超声诊断仪器、超声换能器	1956
半导体器件	2	汕头半导体器件厂	晶体管等	1965
	3	汕头半导体器件二厂	晶体管等	1975
	4	潮州市无线电厂	晶体管等	1969
	5	澄海半导体器件厂	晶体管等	1970
	6	揭阳县半导体器件厂	晶体管配件	1971
无线电组件	7	汕头无线电组件厂	铝电解电容器	1970
	8	潮州市无线电瓷件厂	电阻瓷基体	1975

[1] 陈正人.工业记忆［M］.广州：南方日报出版社，2019：36-40.

[2] 数据整理自：广东省汕头市地方志编纂委员会.汕头市志（第二册）［M］.北京：新华出版社，1999：494-495，622-639.

产品类别	序号	生产企业	产品	建成时间
无线电组件	9	潮州市光电器件厂	光电器件	1975
	10	潮阳县无线电组件厂	电子配件	1977
	11	揭阳县无线电组件二厂	电阻器等	1976
电子设备、仪器、整机	12	汕头市无线电一厂	无线电整机	1976
	13	汕头市无线电二厂	电子医疗仪器等	1972
	14	汕头市仪表电子工业研究所	电子设备	1976
	15	潮州市电子仪器厂	电子仪器整机	1975
专用机械	16	汕头市无线电专用设备厂	塑封管、打印机等专用设备	1965

从表2-4中可见：

第一，表中所列的大多数骨干企业，是在1970年汕头地区"03办公室"（地区二机局）设立后兴建的。可见，20世纪70年代潮汕电子工业体系的建设，包括众多轻纺、工艺企业转为电子企业，是在各级政府和行业主管部门的主导、规划和直接指挥下完成的，这一点与此前潮汕轻纺、机械和化工体系的形成过程有很大不同。

第二，这一期间潮汕电子工业的主要产品包括超声波仪器、半导体器件、无线电组件、电子设备仪器和专用机械。超声波仪器在国内电子工业体系中具有显著的技术优势，其他的四大类产品，特别是晶体管，与国内、省内大部分电子工业企业的产品雷同，缺乏特色。

第三，由于潮汕地区大部分电子工业企业技术力量不强，产品质量一般，且主要由地方筹资兴建，得到的国家订单和国家投资不稳定，在当时的计划管理体制下，除了汕头市超声电子仪器厂外，大多数电子企业的经济效益不高。1978年，汕头市区电子工业产值为3672.24万元，除去汕头超声电子仪器厂的产值2190.9万元，仅剩1481.34万元，再加上系统外归口管理的区街级电子企业250.77万元，平均每家企业的产值仅为100万元左右。[1]

第四，企业研究试制能力以及满足国家需要能力的差异，仍是决定企业发展的关键因素。1961—1965年，汕头超声电子仪器厂在国内率先叩开了研制和生产超声仪器的大门；1966—1968年，该厂克服种种困难，3年间研制生产了9项填补国内空白的新产品，继续保持在国内同行业的领先地位。1972年该厂分设科研

---

[1] 广东省汕头市地方志编纂委员会.汕头市志（第二册）［M］.北京：新华出版社，1999：642.

实验科和技术科，1974年成立汕头超声仪器研究所。由于坚持科研先行，20世纪70年代，该厂的超声波探伤仪器从单通道手动发展到多通道自动化探伤，从定性探伤发展到定量探伤，医疗诊断仪从A型显示发展到M型显示，且先后承担了我国第一颗人造地球卫星、自行设计建造的核动力潜艇、葛洲坝工程等国家重大项目的会战。潮州市无线电瓷件厂则是由一家镇办小厂的电子试制组起步，1969年开始仿制生产配套设备，转产碳膜电阻器。进而采用潮州本地瓷土，在广东省内率先试制电阻瓷基体。1975年，该厂发展为地方国营潮州镇无线电瓷件厂，始终坚持以瓷基体和碳膜电阻器为主产品，自筹资金改造设备、扩建厂房、加强新产品研发，较快地扩大了生产能力，改善了生产条件，产品质量不断提升，成为国家电子工业部电阻瓷基体定点专业厂，为20世纪80年代初成功引进、吸收多条碳膜电阻和瓷基体先进生产线打下了厚实的基础。

第二节　1978—1991年的潮汕工业

中共十一届三中全会后，潮汕地区工业迎来了新的发展生机。工业体制全面改革，引进境外资金、技术和管理经验，多种所有制、多种经营方式的工业企业协同发展。从潮汕工业的行业结构上看，呈现出再轻型化的趋势；从潮汕工业的空间布局上看，县、镇工业和乡镇企业迅速兴起，出现了多点发展的态势。

一、潮汕工业体制的全面改革

1978年以后，农村改革取得突破后，城市经济体制改革主要围绕扩大国有企业经营管理自主权、推行工业生产经济责任制、发展多种经济形式等展开。[1]1984年10月20日，中共十二届三中全会通过的《中共中央关于经济体制改革的决定》提出，建立自觉运用价值规律的计划体制，发展社会主义商品经济，把增强企业的活力作为经济体制改革的中心环节，潮汕地区的工业管理体制随之开始全面改革。[2]

---

[1]　本书编写组.中华人民共和国简史［M］.北京：人民出版社，2021：143-144.

[2]　本书编写组.中华人民共和国简史［M］.北京：人民出版社，2021：165-183.

（一）价格"双轨制"和工业管理体制的改革

1984年底，根据"大的方面管住管好，小的方面放开放活"的原则，国家规定对关系国计民生的主要经济活动实行指令性计划，对大量的一般经济活动实行指导性计划，对饮食业、服务业和小商品业等实行市场调节。1985年起，国家放开属于企业自销和完成国家计划后的超产部分的工业生产资料的出厂价格自行定价，从此出现了同种产品计划内部分实行国家统一定价、计划外部分实行市场调节价的生产资料价格双轨制。1986年4月，国家下放了部分轻工业消费品价格管理权限，对于花色品种繁多、供求变化快以及地区之间成本、质量差别较大的商品，实行浮动价格。在价格体制改革迅速推进的同时，国家关于工业的投资体制、财税体制、金融投资体制改革也有所进展。

如前所述，1949—1978年，潮汕地区已经基本建成了地域性的轻纺、机械、化工、电子工业企业群。1977年工业总产值在社会总产值结构中的比重已经超过了农业。当时汕头工业企业的产品结构中，轻重工业之比为78.95∶21.05，绝大多数产品是生活消费品和农业生产资料。企业规模结构中，职工人数超过1000人的工业企业只有10家左右，其余的大多是劳动密集型的小微企业。企业所有制结构中，1978年3433家工业企业中，全民所有制企业579家，占企业总数的16.87%；集体所有制企业2854家，占企业总数的83.13%。1985年时，潮汕地区工业企业数已经增加到24656家，其中全民所有制企业551家，占2.23%；集体所有制企业2262家，占9.17%；城镇个体工业2926家，占11.87%；农村个体工业8883家，占36.03%；农村村办工业9996家，占40.54%，其他（多种所有制合营）企业38家，占0.15%。[1]

如上所述，1978年时，潮汕地区小型工业企业的产供销活动大多已是"两条腿走路"，既想方设法"挤入"国家的指令性计划，又习惯于千方百计寻找"计划外"的供应销售渠道。因此，20世纪80年代宏观经济调节机制开始改革时，大多数潮汕工业企业很快就适应了"双轨制"的生产资料价格体系。部分国营大中型企业除了继续执行指令性计划之外，也在努力扩大生产能力，生产更多"超计划"的"指导性"或"市场定价"产品。20世纪80年代，"双轨制"价格体制的不断扩展，为潮汕地区原有的集体城乡、镇街工业企业，以及新涌现的农村个体工业创造了前所未有的生存空间。"计划外"的工业品制造及其原材料

---

[1] 广东省汕头市地方志编纂委员会.汕头市志（第二册）［M］.北京：新华出版社，1999：20.

采购、产品销售活动逐渐形成了相对独立和完整的市场循环链条，并成为潮汕工业经济运行的主要方式。1980年起，汕头地区化工行业指令性计划分配的原材料越来越少；1983年起，汕头地区化工企业自行组织的原材料燃料占生产所需量从70%逐步增加到80%以上。[1]至20世纪90年代初，除了极少数国家直接定价的能源和生产资料外，全国的"双轨制"的价格体系基本转向市场调节价格和指导性价格为主。

"双轨制"价格体系的形成和逐步转向市场化定价，是20世纪80年代国家经济体制改革的重大突破。随着价格体系改革的展开和深化，潮汕地区工业管理体制也相应发生变革。20世纪80年代前半期，面对"双轨制"下国营、集体、乡镇工业企业迅速发展的局面，汕头地区（地市合并后为汕头市）的各级工业主管部门在市县两级设立工业各行业的行政性管理公司，对全行业各企业的重大经营、投资、人事、兼并分拆进行统筹管理；在乡镇一级普遍设立统管乡镇集体工业企业和联系农村个体工业的"经济发展总公司"等管理机构。20世纪80年代末，市场化改革的取向更加凸显，政企分开已经成为共识，市、县、镇三级多层次的工业行业行政管理架构逐渐成为政府职能改革的对象。

（二）扩大企业经营自主权和推行承包经营责任制

1981年10月、11月，国务院分别批转《关于实行工业生产经济责任制若干问题的意见》《关于实行工业生产责任制若干问题的暂行规定》。当时企业管理制度改革主要解决计划经济体制中管理制度僵化、权力过于集中，企业经济效益低下的问题。国家通过放权让利的制度改革，允许企业在完成国家计划之外，在生产计划、产品销售、劳动人事、技术改造等方面有一定的自主权，可以增产市场需要的产品，或是自销计划外的产品。

汕头市区从1979年起选择感光厂、轻工机械厂、超声厂、塑料二厂、酿酒厂5家地方国营骨干企业实行扩权试点，主要是在生产计划、销售、劳动人事、资金使用等方面逐步放权给企业。[2]1984—1986年，随着国家逐步放开生产物资市场，对大多数企业不再下达硬性的生产计划，原材料和产品不再实行统配统收。为适应新的经济形势，潮汕各地国营和市县集体工业企业先后实行厂长负责制，企业基本实行自主经营，按市场需要安排生产。政府主管部门对企业的管理主要是协调全行业计划，提供一些产前产后服务，协助企业引进新项目等。如

---

[1] 广东省汕头市地方志编纂委员会.汕头市志（第二册）［M］.北京：新华出版社，1999：511.

[2] 汕头市经济委员会.汕头工业四十年［M］.1990：14-22.

汕头地区化工系统1987年全系统销售总额13805.3万元中，90%以上的产品靠自销，18家企业中16家纯属自产自销。[1]

这一期间，潮汕各地工业企业通过多种形式，如厂长（经理）承包责任制、资产经营责任制等方式，推行企业向财政和企业内部承包责任制。到1987年，汕头地区经委系统预算内189家国营工业企业中，推行厂长（经理）负责制的占95.7%，推行任期目标责任制的占75.1%，推行各种承包经营责任制的占92.6%，实行工资总额同经济效益挂钩的占90%。[2]1984年起，汕头市区各区对区办集体企业实行以承包为主的多种经济责任制。1987—1989年，在区办企业中普遍推行厂长负责制，明确厂长在企业的生产经营活动中拥有人事安排权、生产指挥权、经营决策权和经济分配权，主管部门与企业承包者根据"包死基数、确保上缴、超收多留、歉收自补"的原则，签订任期目标承包经营协议书。[3]

（三）企业劳动人事制度改革

1981年起，汕头地区企业用工制度开始改革，全民所有制企业实行"面向社会、公开通知、全面考核、择优录用"的办法招工。1983年，开始在新职工中实行劳动合同制。1986年，取消了退休工人"子女顶替"制度。至1987年底，潮汕地区已经吸收劳动合同制工人38339人，占全民所有制职工总数的8.49%。用工制度的改革，营造了机会相对公平的就业环境。

1978年以后，汕头地区工业企业按照"按劳分配、多劳多得"的原则，普遍恢复和推行了企业内部奖金制度。在多次调整工资和最低工资标准的基础上，1983年开始实行企业工资总额同经济效益挂钩，职工工资同个人劳动贡献挂钩的"两个挂钩"办法。1985年，潮州宏兴制药厂和汕头超声仪器工业公司作为"两个挂钩"的试点，对工资制度进行改革。由于按劳分配原则得到恢复和发展，全区工业系统职工的收入和生产积极性都有了较大的提高。1986年汕头市人均工资1218元，比1976年的567元提高1.15倍；全员劳动生产率10498元，比1976年的8793元增长19.39%。1987年人均工资增加到1264元，增长3.78%；全员劳动生产率提高到13436元，增长27.99%。[4]

---

[1] 广东省汕头市地方志编纂委员会.汕头市志（第二册）［M］.北京：新华出版社，1999：209，511.

[2] 汕头市经济委员会.汕头工业四十年［M］.1990：1-13.

[3] 汕头市金平区地方志编纂委员会.金平区志［M］.北京：方志出版社，2013：379.

[4] 广东省汕头市地方志编纂委员会.汕头市志（第一册）［M］.北京：新华出版社，1999：209，1173.

这一期间潮汕各地企业管理体制的改革带来了积极的影响。一是通过放权让利，引导企业大胆改革经营制度，以适应现代化生产与外向型生产体系的发展趋势，适应市场化的新环境。二是企业管理基础工作进一步加强。各工业企业实行承包责任制、厂长负责制，落实了企业自主权，从基础工作抓起，建立健全以经济责任制为中心的各项制度，加强企业全面管理。三是企业经济效益逐步改善。企业通过深入开展双增双节运动，靠内部挖潜来消化多种增支因素，使企业经营的经济效益有所提高。1979—1988年，潮汕乡及乡以上独立核算工业企业完成产品销售收入、利税总额和利润分别从6.08亿元、7696万元、2776万元增长到39.5亿元、4.35亿元、1.9亿元。[1]

（四）多种所有制工业的共同发展

第一，继续保持全民所有制工业的主导力和支撑力。

1978年，汕头地区工业企业2633家，其中全民工业企业579家，产值85218万元，占49.7%。1987年，全地区工业企业3140家，其中全民工业企业647家，产值210666万元，占43.7%。1978—1987年的10年间，全民所有制工业产值每年平均增长10.58%，占全区全部工业总产值比重虽然有所下降，但每家全民工业企业平均每年创造的工业产值从1978年的133.37万元，增加到1987年的325.60万元，是1987年每家集体工业企业所创造工业产值的3.32倍。可见，全民所有制工业在潮汕工业体系中继续保持着主导力和支撑力。

第二，集体所有制工业迅速发展，为潮汕工业注入新的活力。

1978年，汕头地区市县及区街（镇）办集体所有制工业企业2054家，是当年全民工业企业数的3.55倍；在全地区工业总产值构成中，集体工业占50.3%，比全民工业所占比重仅略高0.6个百分点。1987年全地区市县及区街（镇）办集体工业企业发展至2414家，是当年全民工业企业数的3.73倍。集体工业产值236525万元，每年平均增长11.86%，比1978年增长1.74倍；在全区工业总产值中占49.1%，比当年全民工业所占比重高出5.4个百分点。农村集体工业发展速度更快。1985年，潮汕农村村办工业企业9996家，产值66632万元；至1987年发展到11763家，产值达100629万元，分别比1985年增长17.7%和51.0%。

第三，城乡个体工业和外商投资工业蓬勃发展。

1985年，汕头地区城乡个体工业企业9112个，产值（1980年不变价）22596

[1]　汕头市地方志编纂委员会.汕头市志（1979—2000）（上册）［M］.广州：广东人民出版社，2013：541-547.

万元。至1987年，城乡个体工业企业26964个，产值46426万元，分别比1985年增长1.96倍和1.05倍。

1984年，汕头地区的外商投资工业企业仅有9家，产值555万元，占当年全部工业总产值的0.2%。1987年，外商投资工业企业已经发展到58家，产值29331万元，占当年全部工业总产值的6.1%。[1]1988年至1991年，个体私营、"三资"企业发展速度显著加快，其工业总产值中所占比重由1988年的14.7%上升到1991年的40.8%。乡及乡以上全民所有制工业总产值占全市工业总产值的比重由1988年的40.05%下降到1991年的28.37%，集体所有制工业总产值所占比重由1988年的45.23%下降到1991年的30.8%，多种所有制工业共同发展的格局基本形成。

二、潮汕工业的开放发展

（一）汕头经济特区工业的兴起

汕头经济特区起步即集中力量发展工业，坚持以利用外资为主、以工业为主、产品以外销为主，通过减免关税等优惠措施，鼓励和吸引外商投资，引进先进技术和科学管理方法，努力将龙湖片区办成出口加工区。

1983年汕头特区建成第一幢工业厂房，至1986年经济特区投产的工业企业已有71家，年产值13040.03万元，产品品种近200个。主要行业门类有塑料制品、微电机、纺织品、陶瓷、食品、工艺、服装、玩具、钟表等。大多数企业是具有创汇能力的中小型劳动密集型企业，这些企业在国外有市场，在国内有资源，具有投资少、产出快、耗能低、用人多、应变灵的特点。1987年，汕头经济特区投产的工业企业175家，产值31000万元，比1986年增长了137.7%；产品外销比例81%以上，工业门类增加了塑料原料、钟表组件、制革、钻石、印刷包装等。1987年，汕头特区轻工业产值36.83亿元，占工业总产值的76.4%，重工业产值11.37亿元，占工业总产值的23.6%。重要的骨干工业产品有感光材料、超声仪器、电子元器件、包装机械、塑料、罐头食品、抽纱服装、陶瓷、钟表等50多种。

汕头经济特区工业的兴起，促进了潮汕地区外向型经济发展，来潮汕投资、设厂、办实业的外商日益增多。1979—1987年，汕头地区累计登记开办的

---

[1] 广东省汕头市地方志编纂委员会.汕头市志（第二册）［M］.北京：新华出版社，1999：18-21.

"三资"企业逾300家。利用外资规模不断扩大，1987年汕头工业实际利用外资6268万美元，1979—1987年累计达2.61亿美元。进入国际市场的工业产品200多个，远销106个国家和地区。年出口额超过500万美元的产品有抽纱、陶瓷、纺织、服装、罐头等10多种。

（二）积极开展"三来一补"，开拓国际市场

"三来一补"是来料加工、来件装配、来样加工和补偿贸易的简称。1978—1992年，潮汕工业借助中央给予广东"先行一步"的特殊政策和灵活举措，积极开展"三来一补"业务，陶瓷、电子、塑料、制革以及服装、鞋、帽等日用品行业的"三来一补"尤为活跃。

1980年起，潮汕电子工业系统先后有十几个企业开展来料加工，1980年至1985年6年间共收入加工费1343.81万元。[1]至1986年全地区二轻工业系统"三来一补"产值已逾亿元。[2]1986年汕头特区陶瓷公司成立，除自产陶瓷产品，也承接"三来一补"业务，当年陶瓷产品产量达1883.55万件。其中出口679万件，出口值557万美元。[3]

除"三来一补"外，潮汕工业企业还通过中外合资、中外合作等方式多渠道、多形式开展出口生产。1984年，汕头市塑料材料厂与港商合资，兴办了全市二轻工业系统的首家中外合资企业。此后数年，汕头市区、潮州等地二轻系统相继办起了中外合资合作企业9家。[4]抽纱、纺织、罐头等产业也开展自营出口贸易，产品远销欧美，拓展了潮汕地方工业的出口贸易市场。

（三）外引内联，构建外向型生产体系和合作网络

外引内联是对外引进和对内联合政策的合称，1980—1987年，汕头特区累计签订利用外资合同422项，合同规定外资额8622万美元。累计实际执行合同260项，实际利用外资5175万美元。其中中外合资经营903万美元，合作经营2105万美元，外商独资经营1239万美元，补偿贸易772万美元，加工装配156万美元。实际利用外资中，工业为第一位，共240个项目，占3148万美元。已注册的"三资"企业79家，经营行业以工业为主。1981—1987年底，直接利用外资工业项目

---

[1]　汕头市电子工业总公司编写小组.汕头市电子工业志［M］.1988：23.

[2]　汕头二轻局《二轻工业志》编写小组.汕头市二轻工业志［M］.1991：1-8.

[3]　广东省汕头市地方志编纂委员会.汕头市志（第三册）［M］.北京：新华出版社，1999：1433.

[4]　汕头二轻局《二轻工业志》编写小组.汕头市二轻工业志［M］.1991：1-8.

54个，占直接利用外资项目的76.1%；每年投入工业的外资额均高于其他行业，累计达3148万美元，占实际利用外资额的60.8%。

1984年，汕头经济特区开始兴办内联企业，当年签约的内联企业21家，协议投资总额3550万元。内联企业既有中央部属、省属企业，也有潮汕本土企业。至1987年底，汕头经济特区内联企业有299家，协议投资总额达29507万元，内联企业总产值7569.72万元，其中工业产值7564万元，横向经济联合有力地促进了内联企业的发展。[1]

（四）华侨、外资与潮汕工业

改革开放以来，海外华侨华人热心参与潮汕的经济建设，投资设厂。至1987年，汕头市利用外资金额达26565.91万美元。其中对外借款38家，10631万美元；合资经营企业87家，投资2331.84万美元；合作经营200家，投资5231.53万美元；独资经营29家，投资1225.67万美元；补偿贸易企业64家，投资2566.52万美元；办来料加工企业9420家，投资4579.35万美元。

汕头各地的归侨、侨眷利用侨汇和闲散资金集资举办各种企业，繁荣侨乡经济。至1987年，全市归侨、侨眷和港澳同胞家属兴办个体和集体企业7847家，海外亲人赠送小型生产设备862台（套），从业人员达12万人，固定资产约2亿元。1987年企业收入2.4亿元，利润2487万元。普宁县军埠镇有9600多户，共6万多人口，其中归侨、侨眷和港胞家属38000多人，1985年由侨眷、港属集资创办的企业就有168个，从业20000多人，1985年企业总收入5020万元，上缴国家税金155万元。[2]

三、潮汕乡镇企业的蓬勃发展

1979年7月，国务院颁发《关于发展社队企业若干问题的规定（试行草案）》，社队企业随后改称为农村集体企业，又再改称为乡镇企业。国家对乡镇企业的发展提出了一系列扶持、优惠的政策和措施。

---

[1] 广东省汕头市地方志编纂委员会.汕头市志（第三册）［M］.北京：新华出版社，1999：1422-1423.

[2] 广东省汕头市地方志编纂委员会.汕头市志（第四册）［M］.北京：新华出版社，1999：587-594.

（一）潮汕乡镇工业的行业布局

潮汕地区的乡镇企业是在农副产品初加工和分散的农村手工业的基础上产生的，多是劳动密集型工业。至20世纪80年代末期，全区乡镇企业已形成塑料制品、建筑材料、食品加工、纺织缝纫、机械五金、工艺美术六大具有本地特色的行业群体。

20世纪60年代初，乡镇塑料工业开始起步，当时生产工具较落后，产品单一，质量较低，但市场需求畅旺。20世纪80年代初，潮汕各地从海外引进较为先进的塑料注射机、不干胶机、凹袋生产线、各式塑料包装印刷机等生产设备，乡镇企业塑料产品种类日益增多，并逐步向中、高档发展。1986年，潮汕地区的塑料制品乡镇企业达1404个，从业人数86686人，年总产值2.45亿元，占乡（镇）村工业企业比重的18.8%。

20世纪80年代初，随着农村经济的发展与农民经济收入增加，潮汕农村出现了修建房屋热潮，刺激了建材行业的发展。至1986年底，全区砖瓦制造乡镇企业已经发展到987个，石灰和贝灰乡镇企业已发展到850个，企业人数分别为29830人和10205人。1986年潮汕各地的乡镇建材工业企业2623个，年总产值达20398.65万元。

农副产品加工业是潮汕地区的传统行业，1986年潮汕乡镇企业共有农副产品加工企业2621家，年总产值达到1.7亿元。乡镇企业的农副产品加工种类繁多，有米面制品、蔬菜腌制、凉果加工以及糖果糕点制作，调味品、饮料、罐头等。

1987年，汕头市工艺美术行业共有1434家，其中乡（镇）办199家，村办1235家，从业人数85806人，完成工业总产值19017.6万元，占乡（镇）村工业企业行业比重的11.9%。主要集中在抽纱、陶瓷、机绣、木雕等行业。

1983年全市乡镇纺织、服装行业只有140家，工业总产值为2062.41万元。1984年以后，各地乡镇企业充分发挥毗邻港澳和侨乡的优势，利用外资引进先进设备和技术。到1987年底止，乡镇纺织、服装行业已发展到1575家，从业人员112684人，工业总产值21986.53万元，分别比1983年增长了11倍、12倍和10倍。普宁、潮阳二县的服装行业发展最为迅速。随着服装行业的迅猛发展，服装专业市场也应运而生。

乡镇五金机械行业是从原支农机械工业逐步发展起来的。产品门类从单一的锄头、农机具配件，发展到生产各类汽车内外胎模具、农用机械、电器产品、医药器材、塑料模具、小型冲床及各种家具配件等。

（二）外向型乡镇企业的发展

潮汕各地外向型乡镇企业主要是外贸出口服务的企业、"三来一补"企业、与外商合资的企业三种类型。出口产品包括：日用陶瓷、服装纺织品、五金工具、抽纱、各式凉果、排米粉、腌制蔬菜等。产品远销日本、新加坡、泰国、美国、中国香港、苏联等三十多个国家和地区。

1987年底，全市乡镇企业中为外贸出口服务的企业1735家，从业人数121022人，年出口总产值39464万元，占全市外贸收购总值14.58亿元的27%，为国家创汇7880万美元；其中年创汇100万美元以上的企业有10家，创汇50万美元以上的企业有21家，创汇30万美元以上的企业有38家。"三来一补"企业有1149家，从业人员103401人，完成工缴费创外汇收入4377万美元，占全市"三来一补"企业工缴费收入8600万美元的50.9%；合资企业中方收入外汇68万美元。1987年市乡镇企业共为国家创汇1.23亿美元，占全市创汇收入6亿美元的20.5%。[1]

（三）潮汕乡镇企业的发展效应

1987年，汕头地区乡镇企业发展到97992个，乡镇企业的从业人数约104万人，总收入达到34.18亿元，占全市工农业总产值的37.9%，占农村经济总收入的50%左右，上缴税金9241万元，实现利润1.98亿元，对外出口总值达到3.94亿元。"三来一补"完成加工值1.93亿元，加上中外合作企业中方收入68万美元，共为国家创汇1.23亿美元，占全市创汇总额的20%。1987年，汕头地区就业于乡镇企业的从业人数约104万人，占农村劳动力三成多。

乡镇企业每年向乡、镇上交一定比例的企业利润，成为乡、镇推进农村建设的重要资金来源。1987年，潮汕地区乡镇企业上缴利润用于支持农业、兴办教育、繁荣文化及各种社会福利事业达5000万元以上。在兴修小型农田水利、增加农机具、加强乡镇企业的技术改造和开发、加大农村科技投入、兴办集体福利事业等方面，乡镇企业都发挥了重要作用。[2]

---

[1]　广东省汕头市地方志编纂委员会.汕头市志（第二册）［M］.北京：新华出版社，1999：1279-1307.汕头市乡镇企业管理局.汕头市乡镇企业志（打印本）［M］.1989：39.

[2]　汕头市乡镇企业管理局.汕头市乡镇企业志［M］.1989：3-6.

四、潮汕工业体系的成型与调整

（一）潮汕工业结构和工业布局的变化

第一，轻重工业结构。

1952年，轻工业产值占潮汕工业总产值的93.66%，重工业产值仅占6.33%。1957年以后，在"优先发展生产资料生产"的方针指导下，潮汕地区逐步加大对机械、化工、冶金等工业的投资，重工业的增速明显高于轻工业。1966—1975年，轻工业总产值年均增长速度为6.15%，重工业总产值年均增长速度为13.07%。至1978年，重工业产值已占全区工业总产值的20.83%。

1978—1984年，潮汕地区轻工业产销畅旺，年产值从13.58亿元增至19.78亿元，每年平均增长6.47%；重工业从3.57亿元增至5.25亿元，每年平均增长6.64%，重工业产值占工业总产值的比重为20.92%。重工业产值的比重继续提升，与这一期间加大对全民所有制重工业企业的投资有关。1979年，汕头地区全民企业的轻工业投资额为1830万元，占全民工业固定资产投资总额的35.32%；重工业投资3351万元，占全区全民工业投资的64.68%。1982年，汕头地区全民企业的轻工业投资额为1206万元，占全民工业固定资产投资总额的21.62%；重工业投资为4372万元，占全区全民工业固定资产投资的78.38%。1985—1987年，潮汕地区重工业产值从83290万元增加到113744万元，每年平均增长16.86%，1987年在全区工业总产值中的比重从1985年的26.19%下降至23.60%；这一期间轻工业产值年均增长速度为25.26%，1987年在全区工业总产值中的比重从1985年的73.81%增加至76.40%。1990年，全区乡及乡以上工业总产值中，重工业产值占26.55%，轻工业产值占73.45%。可见，1957—1978年是新中国成立后潮汕地区重工业发展迅速的时期；1979—1991年潮汕轻重工业的发展速度较为均衡，重工业产值在工业总产值中所占的比重稳定在20%—25%的区间，但在市场导向下，轻工业和重工业内部的行业结构都相应进行了调整。[1]

第二，行业结构。

20世纪80年代以后，随着潮汕地区工业进程的加快，各工业门类的细分也不断深化。到1985年，全市乡及乡以上工业总产值19.96亿元，主要分为35个工业行业。产值前十位的行业依次为化学工业、塑料制品业、机械工业、食品制

---

[1]　广东省汕头市地方志编纂委员会.汕头市志［M］.北京：新华出版社，1999：29-30，44.

造业、电子及通信设备制造业、纺织工业、电气机械及器材制造业、工艺美术品制造业、金属制品业、交通运输设备制造业。前十位行业产值合计14.06亿元，占同期乡及乡以上工业总产值的70.44%。20世纪80年代后期至90年代，塑料化工、纺织服装等基础较好的行业继续发展壮大。电子及通信设备制造业通过技术改造和产品开发，发展为工业中的主要支柱产业。在市场需求的拉动下，文教体育用品制造业、木材加工业、印刷业也得以快速发展 。[1]

第三，潮汕工业布局的多点扩散。

1978年以后，潮汕各区县工业生产进入新的发展时期。各区县乡镇集体、个体、"三资"工业企业不断增多，工业成为各县区的重要经济增长点，潮汕工业的空间布局呈现以汕头市区为核心，揭阳、潮安、澄海、潮阳等县区多点扩散的形态。

这一期间，揭阳县新办了棉纺、啤酒、轮胎、模具、花岗石板、石英手表等一批骨干企业。到1985年，全县已有地方国营和县镇办集体企业294家，全民和集体职工7.5万多人，固定资产15000多万元。全县工业总产值43877万元，比1949年增长32倍多。至1991年，全县各类工业企业11889家，其中乡镇以上工业企业366家，工业总产值达20.15亿元，形成了以塑料、服装、纺织、机械、电子、钟表等为骨干行业的工业生产体系。[2]

1982年后，潮阳县采取"少关停、多并转"原则，调整工业生产布局和产业结构，把工业发展重点转移到电子、轻纺、日用五金、建材及锻压设备、家用电器、塑料制品等行业。1984年提出"抓住骨干项目，搞好外引内联，整顿改造老企业，积极发展乡镇企业"，发展电子、机械、轻工、食品、纺织、工艺、塑料、建材等工业，逐步形成门类比较齐全的工业体系。1990年，潮阳县工业总产值达15.07亿元，乡镇企业和村办企业成为潮阳县重要的支柱产业，村及村以下工业产值达9.82亿元。[3]

这一期间，澄海县积极推行生产经营承包制和厂长负责制，不断优化产品结构，重点发展纺织、服装、五金制品、塑料制品、抽纱和工艺美术制品等行业。至1985年，全县共有工业企业1683个，职工总数63348人，全县工业产值

[1] 汕头市地方志编纂委员会.汕头市志（1979—2000）（上册）[M].广州：广东人民出版社，2013：541-547.

[2] 贺益明.揭阳县志：1986—1991续编[M].广州：广东经济出版社，2005：50-68.

[3] 潮阳市志编纂委员会.潮阳市志（1979—2003）[M].广州：广东人民出版社，2012：234-243.

24472万元；1986年，全县工业产值达29733万元，工业产值占工农业总产值的63%，由农业县开始变为工业县。[1]

1979年起，中共普宁县委、县人民政府投资改善能源、交通、通信等基础设施建设，为工业企业生产经营创造良好环境。至1988年，全县有工业企业6537家，其中国有企业24家，县集体企业10家，乡镇村办企业1721家，"三资"企业69家，个体、联户、私营企业4713家，从业156010人。1985年工业产值为62334万元，占工农业总产值的72.31%。其中轻工业58330万元，轻重工业比为93.58∶6.42，轻工业成为全县工业的支柱。[2]

这一期间，潮州市和潮安县对耗能高、原料缺的炼铁、轧钢、冶炼、氮肥、火柴、腰果等企业关、停、并、转，陶瓷、抽纱、工艺、纺织、医药等企业按行业归口，一批骨干企业引进的先进生产线相继投产，至1988年，潮州市（县）共实现工业总产值19.44亿元。[3]

1989—1990年，国家实施"治理整顿"的宏观政策，加之前一阶段工业投资过急过猛，潮汕地区的部分工业企业面临资金不足、市场销售疲软、产品积压等困难和问题，企业经济效益下降。1990年，全地区乡及乡以上独立核算工业企业实现利税总额2.88亿元，为1988年4.35亿元的66.21%；实现利润0.698亿元，为1988年1.9亿元的36.74%。[4]

（二）20世纪80年代潮汕工业的大规模投资

1978—1991年，是潮汕地区工业投资规模最大、最为集中的时期。这一时期工业企业的投资资金来源比较复杂，既有国家、省及地方政府的投资，也有来自外商、侨商、民间的投资，还包括企业自筹资金和向金融机构借贷等。投资领域遍及潮汕工业各主要行业，重点是纺织工业、电子工业和化学工业的国有企业；投资地域主要集中在汕头市区和潮州市区。

据1999年《汕头市志》记载，1983—1987年，仅汕头市石油化学工业总公司系统就完成技术改造大型工程50项，投资2148万元。1981—1986年，汕头市纺织工业系统共投资约2亿元，引进国内外先进的设备1500台（套）。1980—1987

---

[1]　澄海县地方志编纂委员会.澄海县志［M］.广州：广东人民出版社，1992：298-334.

[2]　普宁市地方志编纂委员会.普宁县志［M］.广州：广东人民出版社，1995：184-203.

[3]　潮州市方志编纂委员会.潮州市志［M］.北京：方志出版社，1995：268-269.

[4]　汕头市地方志编纂委员会.汕头市志（1979—2000）（上册）［M］.广州：广东人民出版社，2013：171-176.

年，汕头市第二轻工业系统累计投资2.23亿元，用汇2253万美元，引进国外先进缝纫设备2万台（套）。1983—1985年，汕头塑料制品行业引进国外先进设备435（台）套，投资10996万元，用汇2253万美元。1980—1989年，汕头市电子工业系统属下各企业共引进生产线36条，完成技改投资10869万元，用汇2572万美元。其中半导体器件厂连续引进5条生产线、270台（套）设备。[1]华汕电子器件公司投资2000多万元，引进美国、日本、西德等具有80年代初世界先进水平的设备多台（套）。[2]

1980年，汕头感光化学厂开始筹建彩色感光材料生产线项目。1986年3月，经经贸部批准，汕头市感光化学材料工业公司和中国机械进出口公司广东省分公司与日本富士写真胶片株式会社和日商岩井株式会社签订的技术和设备引进合同生效，该项目征地61327.2平方米，总投资91696万元，设计生产能力为年产彩色相纸2243万平方米和彩色胶卷320平方米。[3]

"六五"（1981—1985年）期间，潮州市全市工业技术改造项目89项，总投资6803.5万元，使用外汇828.5万美元。结转"七五"（1986—1990年）39项，再投资11231万元，引进25条生产线。1982年仅潮州市电子工业系统就引进设备382台（套）设备，投资2216万元，动汇358万美元。陶瓷工业、塑料皮革工业、音像制品行业都分别引进了德国、意大利、美国等的生产线和关键设备。

1987年与1978年相比，汕头地区工业产值从7.92亿元增加到72.40亿元，年均增长27.87%。可见，这一时期大规模地引进较为先进的技术和装备，和国家经济体制改革、企业扩大生产经营自主权、非公工业企业兴起等因素一起，加快了潮汕地区的工业化进程。1987年与1978年相比，汕头地区（汕头市）地方国营工业企业的固定资产总值从42423万元增加至59839万元，增长41.05%；工业总产值从171564万元增加至482036万元，增长180.97%；按照工业总产值计算的全员劳动生产率从9468元/人增加至13436元/人，增长41.91%。同期每百元固定资产生产产值从141.7元增加至182.0元，增长28.44%，每年平均仅增长2.82%；每百元产值耗用成本从80.0元上升至94.79元，增长18.49%；每百元产值提供利润

[1] 陈正人.工业记忆[M].北京：南方日报出版社，2019：40.

[2] 广东省汕头市地方志编纂委员会.汕头市志（第二册）[M].北京：新华出版社，1999：200，237，238，412.

[3] 广东省汕头市地方志编纂委员会.汕头市志（第二册）[M].北京：新华出版社，1999：200，237，514，541.

从2.7元提高到4.33元，增长60.37%，每年平均增长5.39%。[1]

　　总体上看，这一时期大规模的工业投资直接拉动了工业总产值的增长，但各项经济效益指标的改善并不显著。部分企业引进设备、技术后，提高了产品竞争力，拓展了市场，如汕头市半导体器件厂、塑料二厂、华能电厂、潮州无线电瓷件厂等引进项目，在20世纪80年代的前半期都取得很好的经济效益。也有部分行业和企业缺乏研究和适应市场急剧变化的能力，产品滞销、资金链断裂。如汕头市感光化学材料工业公司引进的日本富士彩色感光材料生产线，投产不到一年就被迫半停产。又如汕头市保险粉厂1986年引进了意大利年产树脂纽扣生产线，生产能力为1.5亿粒/年，1987年仅生产了304.19万粒。至20世纪90年代初，汕头地区化工系统在汕头市区的9家企业中，7家处于停产、半停产状态，其中2家被法院裁定破产。汕头市区纺织工业系统依靠贷款建设厂房或引进设备的企业，由于汇率的变化，企业债务包袱越来越沉重，大多数企业处于停产、半停产状态。[2]

　　20世纪80年代是国家经济体制和企业经营管理体制全面改革的时期，原有的国家工业计划管理体制和地方政府对工业的行政性管理体制仍在发挥主导作用，企业扩权、外资进入、民营企业兴起等市场化因素也在萌发。潮汕地区大规模的工业投资正是在此种复杂背景下展开的。20世纪80年代末至90年代初，"双轨制"经济运行体系逐渐朝着社会主义市场经济体制演化时，引进工业项目时被忽视的中长期市场需求分析和经济技术评估问题，逐渐凸显出来。

　　导致当时潮汕地区部分引进项目效益不佳的原因，归结起来大致是以下几个方面：

　　一是对国内外市场需求变化未做客观、细致的分析。如汕头感光化学工业公司引进富士彩色感光材料项目前，厦门已经引进了美国柯达彩色胶卷项目，两个企业加总的产能远超当时国内市场的容量，形成了同质竞争。又如当时上马的"小化肥""小火电"项目，汕头、潮州市区的日用轻工项目，各市县引进的半导体元器件生产线，后来都因市场需求萎缩而被迫停产。

　　二是对国内外大宗原材料的价格波动缺乏预判能力，引进项目时大多沿用计划价格体系上的静态成本分析。如汕头市黑白感光材料、半导体器件、电化产

　　[1]　广东省汕头市地方志编纂委员会.汕头市志（第二册）［M］.北京：新华出版社，1999：20-21，58-63.

　　[2]　陈正人.工业记忆［M］.北京：南方日报出版社，2019：14，41，144，180.

品的生产，大都因为国内生产资料市场逐步放开，一旦宏观经济剧烈波动，主要原材料价格大幅上涨超出了企业承受能力，只能停产止损。

三是企业不熟悉市场经济条件下的资金运作方式，引进项目时的市场预期过于乐观，大多数项目流动资金和配套资金准备不足，只能依靠产品销售收入来维持资金周转。20世纪80年代末90年代初，多数新建或扩建的企业已经进入偿债期，恰逢当时人民币的国际汇率发生重大变化，还债额大幅上升，外销创汇收入减少，企业只能不断追加投资，最后导致资金链断裂和债务违约。

四是未能准确把握所引进项目技术上的先进程度和发展趋势。如公元厂引进富士彩色感光材料项目不久，国际上数码影像技术已经开始实用化，此后国内外彩色感光材料市场迅速收缩。在全球影像行业发展方向发生重大调整时，汕头公元厂已经没有及时转产改行的能力。

五是这一期间的重大技术、设备引进项目布点，主要由国家、省的工业（专业）行政主管部门确定，资金主要来自国家、地方拨付或从银行借贷，原材料和产品基本仍纳入国家的计划购销订货体系，大多数生产企业还没有产品定价和外贸出口自主权。如汕头渔网线厂1979年投资159万美元，引进了日本尼龙线和尼龙渔网生产设备，当时省相关主管部门还在省内其他市县多处重复布点。在全省渔网产能相对过剩，产品又必须由省专业外贸部门统一定价、采购、出口的体制下，汕头渔网线厂只能仰赖省外贸专业部门分配的订单组织生产，靠所赚取的加工费维持企业运转，企业基本失去了自我发展的能力。

第三节　1992年以后潮汕工业的多点布局和多元发展

1991年12月，国务院批准汕头、潮州、揭阳分设地级市。潮汕三市分拆后，三市政府坚持社会主义市场经济的改革方向，继续推进"工业立市"战略，潮汕地区工业发展进入多点布局和多元发展的新阶段。

一、汕潮揭三市工业化的全面推进

（一）汕头市工业的发展

表2-5 1992—2010年汕头市工业发展情况[1]

年份	地区生产总值（亿元）	第二产业增加值（亿元）	工业增加值（亿元）	工业增长指数（1978年为100）	实际利用外资（万美元）	全部工业总产值（亿元）	全部工业总产值指数（1952年为100）	规上工业增加值（亿元）	规上工业增长指数（上年为100）
1992	109.10	40.19	34.56	1083.0	21938	138.43	13603.2		
1993	147.21	60.96	50.29	1493.5	59685	197.78	18909.7		
1994	195.25	78.88	63.19	1881.5	69771	294.84	26642.0		
1995	259.28	111.57	89.22	2560.2	80292	397.93	23525.3		
1996	308.84	138.07	112.95	3158.9	91589	491.19	41408.4		
1997	366.11	173.57	143.76	3885.7	93703	588.61	51507.0		
1998	412.67	197.56	166.19	4586.9	94104	699.92	52056.8	75.02	
1999	439.83	217.45	190.00	5280.0	66393	774.56	61480.3	81.89	112.4
2000	450.16	217.39	190.13	5720.4	19561	814.53	75282.1	88.56	109.0
2001	433.37	208.43	184.56	5502.4	17739	771.92	70980.6	84.13	94.8
2002	453.39	219.50	194.28	5912.6	15745	939.02	77243.7	93.00	110.0
2003	498.43	245.54	217.41	6677.1	20038	925.13	85017.4	119.23	130.1
2004	572.64	287.43	254.98	7631.6	7828	1101.70	96154.7	155.54	121.6
2005	637.68	328.07	292.98	8737.5	10237	1285.02	109520.2	184.80	108.0
2006	720.33	381.78	345.43	10100.1	13960	1474.95	123867.3	220.44	118.2
2007	832.33	442.46	407.61	11713.3	17162	1742.70	143933.8	264.19	116.2
2008	954.65	526.76	488.67	13649.5	19398	1976.36	165523.9	322.28	119.1
2009	1024.73	557.99	514.41	14651.1	20413	2238.60	183897.1	368.63	115.4
2010	1135.10	603.02	554.03	16167.0	25553	2652.30	214975.7	461.00	117.6

如表2-5，1992—2010年汕头市工业发展大致分为三个阶段。

第一阶段（1992—1998年）为快速发展阶段。这一期间汕头市一方面加强对企业的设备、技术引进和改造，推动工业结构调整和资产增值。重组改造国有

---

[1] 数据整理自：广东省统计局，国家统计局广东调查总队.数说广东70年（1949—2019）［M］.2019：453.

企业，大力发展乡镇工业，放开发展民营工业和"三资"企业，积极扶持优秀企业上市，初步优化了资本结构，全市工业规模快速扩大。1998年与1992年相比，工业增加值从34.56亿元增加至166.19亿元，每年平均增长29.92%；第二产业增加值占地区生产总值的比重从36.84%提高到47.87%；实际利用外资从1992年的21938万美元提高到1998年94104万美元，每年平均增长27.47%；工业总产值从138.43亿元增加至699.92亿元，增长了4.06倍。[1]

第二阶段（1999—2002年）为增长停滞阶段。2002年与1999年相比，工业增加值从190.00亿元增加至194.28亿元，每年平均增长0.75%，其间2001年工业增加值跌至184.56亿元；第二产业增加值占地区生产总值的比重从1998年的47.87%下降为48.41%。造成这一期间工业增长停滞的原因是综合性的，表层动因是1997—1998年的亚洲金融危机对国际贸易和国际投资的冲击。汕头市进出口贸易总额从1997年的76.56亿美元下跌到2002年的28.91亿美元，其中出口由42.32亿美元下跌为15.70亿美元，进口由34.24亿美元下跌至13.21亿美元；2002年全市实际利用外资15745万美元，仅相当于1997年的16.80%。深层原因一是潮汕地区原来的部分工业企业不适应市场经济迅速发展的大环境，产品滞销，企业亏损面大幅上升，停产、半停产的国有、集体工业企业显著增加，各县区刚刚兴起的民营工业还不足以扭转工业经济整体下行的趋势；二是地方的"优惠政策"、产销地差价等因素，引致潮汕工业企业部分经营者"弃工经商"，转向资金周转快的商贸流通业，或投向地方金融机构；三是市场经济的运行监管规则正在完善，"三角债""虚开发票""制假"等现象在一定地区集中出现，区域整体形象受损；四是宏观方面政策急剧调整，粤东地区工业企业的通关、退税、贷款审查等环节不畅，部分外资、民营工业企业外迁到珠三角或长三角地区。

第三阶段（2003—2010年）为稳定增长阶段。2003年汕头市工业进入恢复性增长，当年的工业增加值217.41亿元，比2002年的194.28亿元增长11.91%；至2010年，汕头市工业增加值达554.03亿元，与2003年相比平均每年增长14.30%。这一期间汕头市工业得以稳定、持续地增长，一是因为整体营商环境迅速改善，各项支持工业企业上市、上规模的政策措施频密出台，投资者对汕头工业的信心逐渐恢复。二是汕头主城区周边的澄海、潮阳、潮南等县区的民营工业迅速发展，形成了玩具、服装、光盘、化工材料等工业连片集聚带。2010年，汕头市全

---

[1]　广东省统计局，国家统计局广东调查总队.数说广东70年（1949—2019）［M］.2019：453.

部工业总产值从2003年的925.13亿元增加至2652.30亿元，年均增长16.24%；规上工业增加值从119.23亿元增加至461.00亿元，年均增长21.31%。第二产业增加值占地区生产总值的比重从2002年的48.41%上升到2010年的53.12%。全市初步形成了以超声电子、纺织服装、化工塑料、机械装备、食品加工、印刷包装等支柱产业，以一批大中型企业和名优产品为骨干，以轻纺型、外向型、民营型为特征的现代工业体系。[1]

（二）潮州市工业的发展

表2-6　1992—2010年潮州市工业发展情况[2]

年份	地区生产总值（亿元）	第二产业增加值（亿元）	工业增加值（亿元）	工业增长指数（1952年为100）	实际利用外资直接投资（万美元）	全部工业总产值（亿元）	全部工业总产值指数（1952年为100）	规上工业增加值（亿元）	规上工业增长指数（上年为100）
1992	49.06	21.76	18.09	7761.5	3880	61.37	11623.4		
1993	66.47	30.42	25.912	10339.9	21720	90.87	15855.9		
1994	81.24	37.26	32.93	12927.9	24255	125.50	21647.4		
1995	103.00	48.46	42.72	14885.2	16475	172.93	29212.8		
1996	122.45	57.27	51.17	18890.8	23987	215.65	35732.9		
1997	142.93	67.24	60.18	21762.2	16360	263.69	42947.6		
1998	158.66	77.19	69.70	24806.8	14202	304.16	49915.4		
1999	169.96	83.59	76.02	27590.1	14677	345.85	57153.2	17.59	
2000	177.87	86.52	79.00	29135.1	14900	311.54	58053.0	20.19	
2001	188.90	92.66	84.77	31701.9	14921	343.70	64080.8	22.32	
2002	200.51	99.33	91.01	34856.3	10513	376.69	70542.9	28.53	125.1
2003	211.36	110.20	99.91	38575.4	11928	408.91	76958.6	36.43	128.5
2004	252.01	128.74	115.43	44481.3	5825	485.00	90182.7	51.68	140.3
2005	283.44	151.68	139.46	52710.4	5986	544.77	99883.5	69.18	130.6
2006	321.83	184.86	173.29	63832.3	6810	649.12	119166.8	91.26	128.8
2007	374.87	213.56	202.49	74619.0	8229	774.36	142520.8	115.35	123.8
2008	439.85	248.42	236.22	83872.8	9187	866.59	164611.5	138.81	114.5
2009	482.28	265.70	251.95	92176.2	10119	915.09	183064.5	152.41	112.8
2010	561.87	311.49	295.73	106740.0	11233	1062.41	220098.4	187.77	126.0

[1]　汕头市地方志编纂委员会.汕头市志（1979—2000）（上册）［M］.广州：广东人民出版社，2013：541-547.

[2]　数据整理自：广东省统计局，国家统计局广东调查总队.数说广东70年（1949—2019）［M］.2019：543.

与汕头市工业发展轨迹相似，1992—2010年潮州市的工业发展也可以划分为三个阶段。1992—1998年为快速发展阶段，全市工业增加值从18.09亿元增加至69.70亿元，年均增长25.21%；1999—2002年为缓慢增长阶段，全市工业增加值从76.02亿元增加至91.01亿元，年均增长6.18%；2003—2010年为稳定发展阶段，全市工业增加值从99.91亿元增加至295.73亿元，年均增长16.77%。

1992年以前，潮州工业主要有陶瓷、电子、服装、医药、机械、五金等门类。潮州工业总体的特点是弱、散、小，大部分工业企业基础薄弱，小型分散，经济效益低。潮州升格为地级市之后，1994年提出并大力实施"工业立市"的发展战略，重点扶持发展陶瓷、服装、食品、电子机电、塑料、印刷包装和不锈钢等支柱产业，以先进适应技术、高新技术改造这些产业，提高市场竞争力，全市工业经济保持较为强劲的增长势头。1998年以后，潮州市工业与汕头市一样，受周期性、体制性、政策性因素的影响，部分国有、集体的规模以上企业经营困难，停产或半停产。2003年以后，潮州市按照"提高传统产业优势，建立发展支柱产业，培育高新技术产业"的思路，提出依靠科技创新和体制创新，改造陶瓷、食品、服装、机械、五金等优势传统产业，使传统产业的市场竞争力进一步提高。与此同时，也开始积极培育电子信息、新材料、生物技术等高新技术产业。至2010年，全市规模以上企业1145家、年产值超亿元企业106家，分别比2005年增加417家和58家。工业增加值187.77亿元，为2002年的28.53亿元的6.58倍，年均增长26.56%。全市第二产业增加值占地区生产总值的比重从1992年的44.35%提高到55.44%。优势特色产业加快发展，临港产业规模不断壮大，基本形成陶瓷、食品、服装、不锈钢、塑料等传统支柱产业，工业规模化、适度重型化的趋势更加明显。[1]

[1] 潮州市地方志编纂委员会.潮州市志（1992—2005）（上）［M］.广州：岭南美术出版社，2014：356-371.

（三）揭阳市工业的发展

表2-7　1992—2010年揭阳市工业发展情况[1]

年份	地区生产总值（亿元）	第二产业增加值（亿元）	工业增加值（亿元）	工业增长指数（1992年为100）	实际利用外资（万美元）	全部工业总产值（亿元）	规上工业增加值（亿元）	规上工业增长指数（上年为100）
1992	62.65	21.74	19.20	100.0	12053	64.35		
1993	87.39	34.40	27.55	137.5	20424	98.47		
1994	143.34	69.32	49.77	217.1	26935	185.90		
1995	192.84	91.10	75.51	315.9	32200	271.14		
1996	227.43	109.64	96.04	392.3	39599	407.95		
1997	267.79	132.72	119.41	469.1	40685	499.48		
1998	303.37	150.19	135.73	538.3	40799	399.43	34.42	128.9
1999	292.89	132.88	118.62	591.6	30453	468.58	37.10	107.8
2000	311.09	141.91	126.98	620.0	21017	460.52	39.09	105.4
2001	319.84	145.01	129.44	641.7	15034	505.62	41.53	107.5
2002	334.61	159.84	134.42	675.7	19933	551.29	46.01	119.8
2003	359.07	164.30	145.70	735.8	13615	618.27	56.28	121.8
2004	385.78	174.46	155.48	766.0	8393	685.79	61.41	106.7
2005	411.00	202.13	183.68	890.8	5592	799.88	77.62	124.4
2006	480.22	245.71	225.91	1083.2	9401	957.54	101.90	129.8
2007	584.87	313.53	290.55	1359.5	12606	1252.27	156.23	140.7
2008	721.98	395.83	368.71	1649.0	19124	1585.95	214.73	136.7
2009	813.12	44.64	412.42	1914.5	23726	1820.88	307.48	126.8
2010	999.64	576.29	538.30	2433.4	14857	2411.39	512.46	138.9

　　1992—2010年，揭阳市的工业化步伐显著加快。2010年与1992年相比，工业增加值从19.20亿元增加至538.30亿元，每年平均增长20.35%。除了1999—2002年每年平均增长速度下降为4.26%外，1992—1998年、2003—2010年的年平均增长速度分别为38.54%和20.53%，工业增加值增长速度高于汕头市和潮州市，也高于全省的平均水平。

　　1992年揭阳设立地级市以后，以大力发展工业为突破口，一方面对原有的优势产业实行技术改造革新。调整优化结构，开展"三来一补"业务，扩大生产

　　[1]　数据整理自：广东省统计局，国家统计局广东调查总队.数说广东70年（1949—2019）［M］.2019：549.

规模；另一方面，进一步放开搞活，支持"三资"、民营工业企业、乡镇工业企业发展。至1995年，全市各类工业企业已从23238家增至30303家，工业总产值从64.35亿元增至271.14亿元；其中乡及乡以上工业企业1191家，工业总产值62.77亿元。农村下"三级"工业单位29112家，占全市工业企业数的96.07%；工业总产值208.38亿元，占全市工业总产值的76.85%。至2000年，全市工业企业29060家，工业总产值（当年价）460.52亿元，其中规模以上工业企业455家，工业总产值136.46亿元，占全部工业总产值的29.6%。规模以上工业企业中，国有企业140家，工业产值9.0亿元；集体工业112家，工业产值28.92亿元；民营、合资企业293家，占规上企业数的44.62%，工业产值98.74元，占全市规上工业产值的72.43%。全市规模以下工业企业28605家，工业总产值324.06亿元。[1]

工业生产以轻工业为主，企业规模结构以村镇小微企业为主，所有制结构以民营企业为主，成为揭阳工业结构的主要特点。至2010年，揭阳市规模以上工业增加值512.46亿元，为2000年的13.11倍，每年平均增长29.35%。2006—2010年，新增规模以上工业企业1917家、上市公司2家，16家企业进入全省现代产业500强，五金机械、纺织服装产业被列为省市"共建支柱产业"，揭东经济开发区被列为国家新型工业化（装备制造）示范基地，形成纺织服装、五金机械、化工塑料、食品医药和电子信息五大传统支柱产业。[2]

二、公有制工业企业改革的深化

1992年以后按照中共十四大和中共十四届三中全会的要求，当时国有企业改革围绕两条主线展开：一是建立现代企业制度，二是实施国有经济战略性改组。潮汕地区三市政府从实际出发，积极探索、稳妥推进工业企业改革。这一时期，各市政府坚持"抓大放小""一厂一策"，对尚有前景的企业通过深化企业改革，强化企业内部管理，促进企业经济效益；对长期严重亏损的企业实施"关、停、并、转"，通过公司制、股份制改造、资产重组、完善承包和关闭、破产等措施，搞活公有制企业。

---

[1] 揭阳市地方志编纂委员会.揭阳市志（1992—2004）（上）［M］.北京：方志出版社，2013：290-296.

[2] 参阅揭阳市2011年政府工作报告。

（一）处置行政性公司

行政性公司是政府及其所属部门在一定行业内设立的集经营和管理职能于一体的公司。由于行政性公司集国有资产所有者、政府的行业管理、下属企业的部分生产经营权于一身，有的利用垄断地位直接干预下属企业的自主经营；有的靠行政权力收取下属企业"管理费"维持自身运转。行政性公司既增加了管理层次，又加重了企业负担。1992年以后，潮汕各市按照政企分开的原则，先后推动各行政性公司实现转轨。

1993年起，潮州市政府先后撤销电子、机电、工艺、二轻、皮塑等11家行政性公司，减少了重复的行政管理层次，还企业生产经营自主权。其中部分行政性公司完全取消，其余部分行政性公司与原下属企业完全脱钩后，转为独立经营、自负盈亏的实体，离退休人员的供养关系转给市财政承担。潮州市处置行政性公司方向明确、整体统筹、分类施策、措施稳妥，取得了较好的效果。

1992—1996年，汕头市工业系统根据市委、市政府的部署，对市经委系统的机械、电子、轻工业、陶瓷、纺织、石油化学等13家行政性公司（局）实施改革，先后将原行政性公司的行政管理职能划归汕头市经委，同时成立市电子工业总公司、汕头机械（集团）公司、市纺织工业总公司、市二轻企业总公司等，作为直接参与市场竞争的经济实体，部分转轨后的"公司"（总公司）仍继续"代行管理"原下辖企业。[1]

（二）公有制企业关、停、并、转

在计划经济体制向市场经济体制转轨的过程中，一些企业一时难以适应经济体制的变化。为优化工业结构、整顿企业，潮汕三市政府对长期严重亏损的企业实施"关、停、并、转"政策。

对长期处于停产状态、严重资不抵债的企业予以关闭停办。如1995年，汕头市华侨橡胶厂由于严重资不抵债，被汕头市政府列为第一家破产企业。随后，汕头保险粉厂、汕头立德粉厂、市华侨鞋厂、市华侨橡塑制品厂也相继破产。[2]1993年，受食糖市场影响，揭阳糖厂停产后将原厂房、场地切块承包及出租经营。各市政府在企业关闭、销号、破产后，将原有土地抵押物进行拍卖，

[1] 汕头市地方志编纂委员会.汕头市志（1979—2000）（上册）［M］.广州：广东人民出版社，2013：537-543.

[2] 汕头市地方志编纂委员会.汕头市志（1979—2000）（上册）［M］.广州：广东人民出版社，2013：568-575.

从拍卖收入中划出部分资金对企业职工进行分流安置，以此解决停产后的遗留问题。

对于一些长期无法扭亏为盈或者具备优势的国企，潮汕各市政府支持企业之间根据契约关系进行合并，扩大规模，实现优化组合。如1998年，潮州市宏兴集团兼并市医药总公司。1999年，省水电安装公司潮州电气设备厂兼并广东电气控制设备厂。[1]通过兼并，使各方优势互补，实现生产要素的优化组合。

对一些资不抵债或经营不善的企业，通过争取银行的支持，剥离债务，划出有效资产进行重组。如1997年潮州市彩釉砖厂通过资产重组，与台资企业合资组建新的陶瓷工业公司。[2]1998年，汕头市公元总公司由于企业经营困难，与美国柯达公司、厦门福达感光材料有限公司等共同成立柯达（中国）股份有限公司。资产重组后的汕头市公元有限公司继续生产经营公元牌黑白胶片和感光纸。2000年，企业完成工业总产值（1990年不变价）2334万元、销售额（净额）5003万元、利润180万元，生产黑白感光纸34.2万标盒、黑白感光胶片15.7万平方米。

（三）落实《公司法》，建立现代企业制度

这一期间，潮汕各市积极贯彻实施《公司法》，在国有企业的产权改革中推动政企分开，明晰产权关系，建立现代企业制度。

1992年，汕头市批准11家企业设立股份有限公司。1994年1月，汕头电力开发股份有限公司在深圳证券交易所挂牌上市。1995年，汕头市依照《公司法》登记成立的有限责任公司已达4289家，其中由国有企业改组而成的有限责任公司4家，中小型企业改组为股份合作制企业6户。1999年底，全市1652家国企中采取不同改革措施的企业有830家，占50.2%。这一期间，汕头的民营企业开始参与国企改革。汕头酿酒厂、汕头市青年旅行社、江南集装箱陆运公司整体产权被民营企业收购。2005年汕头市对国有资产管理体制进行改革，设置了国有资产监督管理委员会；2006年，市委、市政府出台《中共汕头市委汕头市人民政府关于加快国有企业改革的决定》，市国资委对市直239家国企（含企业化管理事业单位）履行国有资产出资人职责，涉及独立核算单位即二、三级国企1300家。全年

---

[1]　潮州市地方志编纂委员会.潮州市志（1992—2005）（上）［M］.广州：岭南美术出版社，2014：358-359.

[2]　潮州市地方志编纂委员会.潮州市志（1992—2005）（上）［M］.广州：岭南美术出版社，2014：358-359.

全市国企改革23家，安置职工2685人。至2009年底，由市国资委直接管理的直属一级国企192家，连同间接管理的二、三级国企共1247家，其中已改制国企181家，未改制国企1066家。[1]

自1992年开始，潮州市陆续组建三环、名瑞、金曼等10家股份有限公司，改变单一的股权结构，共吸纳社会资金10多亿元。1997—2005年，潮州市选择市电机厂、磁性材料厂等国有工业企业作为试点改造为股份合作制企业，试点企业的产值、销售、水利都有较大幅度增长。1999年，潮州市政府先后把三环、名瑞、宏兴3家企业的国有股权转让给企业员工。改制后三环集团强化内部管理，实施以高技术为主导的技术改造和创新，企业发展为全国最大的电子陶瓷产业基地。至2000年底，全市原411家国有中小企业中，已采取各种形式改制的企业269家，改制面达65.5%。[2]2007年，市政府印发了《潮州市市级国有资本经营预算办法》，国企改革继续深化。

1992年起，揭阳市针对乡镇集体工业企业生产规模小、产值低、效益差、负债重的现状，以产权制度改革为突破口，实行股份合作、拍卖、租赁、产权转让等多种形式，改革经营管理机制，进一步调整产业和产品结构。[3]1992—1995年，广东威达集团公司、广东电焊机厂改造为股份制企业，濒临破产的汕头啤酒厂（东山）将全部产权转让给加拿大公司，转让后输入外资1.3亿美元进行大规模改造。至1999年，揭阳市近500家国有企业中通过各种形式改革的有371家，改制面占74.60%。[4]至2004年，全市股份制公司14家，5家公司上市，总股本6.23亿股，筹集资金11.13亿元。[5]

总体上看，20世纪90年代之后，汕、潮、揭三市公有制工业企业进入了全面改革时期，改革面不断扩大，产权改革进展尤为迅速。债务包袱和制度性障碍的缓解，促进了现代公司制和现代企业制度的建立。从企业改革的制度保障上看，这一时期改革所必需的国有资产评估、交易、监管制度还很不完善，社会保

[1] 彭建伟.汕头国企改革30年的回顾与反思［J］.汕头社科，2011（3）.

[2] 潮州市地方志编纂委员会.潮州市志（1992—2005）（上）［M］.广州：岭南美术出版社，2014：358-359.

[3] 揭阳市地方志编纂委员会.揭阳市志（1992—2004）（上）［M］.北京：方志出版社，2013：296-297.

[4] 揭阳市地方志编纂委员会.揭阳市志（1992—2004）（上）［M］.北京：方志出版社，2013：155-156.

[5] 揭阳市地方志编纂委员会.揭阳市志（1992—2004）（上）［M］.北京：方志出版社，2013：298.

障制度，尤其是养老保险、失业保险等制度尚在设计建立，企业关、停、转中出现了员工下岗、失业问题，当时难以及时妥善地解决。从企业改革的实现路径上看，每一家企业的生产经营状况，包括企业的目标市场、研发生产能力、财务状况都完全不同，加之外部国际国内经济周期、技术周期和投资周期的影响，"一厂一策"地选择好特定企业改革的方式、时机、力度是比较困难的。实际操作中，有些地方政府片面追求"转制率"，或因急于卸去政府的债务、人员负担，未对转制企业的市场环境及持续发展问题进行深入研究，就匆忙拆解、并转、撤销企业，导致部分转制企业仍未能摆脱生产经营困境。

三、多元多点产业集群的出现和工业体系的重构

1992—2010年，潮汕地区乡镇工业和民营工业迅猛发展，在汕头市区周边县区逐步形成了以民营工业为主体的纺织服装、化工材料、五金、陶瓷、玩具、食品加工等产业集群，改变了潮汕地区原来以机械、化工、电子、轻工为支柱的工业行业结构和以汕头、潮州市区为主要工业集聚载体的空间布局。

（一）乡镇工业和民营工业企业的发展

1992年，揭阳市民营工业企业22819家，工业总产值43.21亿元。至2000年，全市已有民营工业企业23853家，工业总产值529.29亿元。9年间企业数增长了4.5%，总产值则增长了11.25倍，平均每家企业的产值从18.94万元提高至221.90万元。全市乡镇工业企业从1992年的29660家、企业总产值230.36亿元，发展到2004年的43517家、工业总产值926.15亿元，乡镇工业占全市工业总产值的比重从1992年的73.35%提升到87.27%。[1]

1991年，潮州市民营工业企业的工业产值仅占全市工业总产值的34.4%。潮州市升格为地级市以后，潮州市委于1995年出台了《关于进一步加快乡镇企业发展的若干意见》，把发展民营经济作为潮州经济的新突破口。至1997年，全市民营工业企业70636户，实现工业产值187.38亿元，占全市工业总产值的71.17%；从业人数62.2万人，占全市从业人口的55%；出口总值5.6亿美元，占全市出口总值的61.6%。2003年，潮州市委、市政府出台《工业加快民营经济发展的决定的实施意见》，提出促进有条件的民营企业逐步从家庭经营向现代企业制度转变；

---

[1] 揭阳市地方志编纂委员会.揭阳市志（1992—2004）（上）［M］.北京：方志出版社，2013：297，310-311.

从分散小规模经营逐步向规模化、信息化经营转变；从劳动密集型产业向技术密集型产业转变，从不规范经营向重质量、重信用、遵纪守法经营转变。至2005年，潮州市的非公有制经济主体已达48432户，其中个体工商户43666户，私营企业4766户，从业人员67万多人。全市民营经济实现生产总值274.4亿元，工业产值366亿元，上缴税金23.4亿元，海关出口额11.54亿美元，分别占全市的93%、94%、86.7%和78%。民营经济成为潮州经济发展的主导力量。[1]

1992年以后，汕头市的"三资"企业等非公有制企业迅速发展。至2000年，全市规模以上工业企业794家，总产值342.09亿元。其中国有工业企业119家，总产值17.55亿元；集体工业企业270家，总产值98.09亿元；其他类型工业企业405家，总产值226.45亿元。国有、集体和非公经济占规模工业总产值的比重分别为5.13%、28.67%和66.20%。[2]

（二）专业村、专业镇的出现与产业集群的初步形成

1992年以后，潮汕各市乡镇工业企业的迅猛发展，标志着潮汕地区乡村地带工业化进程开始启动。这一时期，脱胎于以前社队企业的村、镇民营企业逐渐成为乡镇工业企业的主体，因而带有显著的地域性、自发性以及宗族性的特质，使乡镇工业企业及配套的原材料供应、产品销售专业市场以及物流运输业以"一镇一品""一村一品"的方式集聚于特定空间地域，从而在汕头主城区周边50公里范围内形成被称为"专业村""专业镇"的多个产业集群。

第一，潮阳–潮南–普宁的纺织服装业集群。

潮汕地区纺织服装产业有悠久的历史传统，20世纪90年代初，各县市、村镇的民营纺织服装企业快速发展，逐渐形成了较为完整的产业链。至2010年前后，潮汕地区的近万家纺织服装企业已经集聚形成按照目标市场细分的产业集群。如潮阳区及潮南区的谷饶、两英、峡山、陈店4个镇的连片内衣产业集群，已是当时国内较大的针织内衣、家居服和内衣面辅料、内衣配件原产地。作为潮汕内衣的核心生产地和销售地，普宁市的占陇、流沙、军埠、池尾等镇街也已经凭借较完整的产业链、供应链和全省最大的单体服装批发市场，发展为著名的内衣贸易集散地。潮阳-潮南-普宁的内衣产品的销售额和市场占有率连续多年居于

---

[1] 潮州市地方志编纂委员会.潮州市志（1992—2005）（上）［M］.广州：岭南美术出版社，2014：359-360.

[2] 汕头市地方志编纂委员会.汕头市志（1979—2000）（上册）［M］.广州：广东人民出版社，2013：543.

全国内衣行业前列。此外,潮州市区的婚纱制作,潮安县江东、揭东县炮台、榕城等镇区的床上用品、童装、睡衣加工,汕头市的外砂、溪南等镇街的毛衫加工,也先后形成规模不一的产业集群。

第二,澄海区玩具创意产业集群。

1985年,澄海玩具礼品产业开始起步,初期主要生产以竹木等原始材料制作的礼品,或以来料加工的形式,采用手动、半自动塑料挤出机,生产一次成型的静态玩具。20世纪80年代中期至90年代中期,通过大量引进全自动注塑机,生产组合式动态玩具,玩具礼品的产量、质量有较大提高,在国内有了一定知名度。澄海区委、区政府因势利导,大力扶持玩具礼品行业的发展,一批原来从事纸制品、五金、毛织等的企业也转入玩具礼品生产行列。20世纪初叶,澄海玩具业及时调整发展方向,增加投入,更新生产设备,普遍应用电脑辅助设计、辅助生产,产品融入光、声、电新技术,产品大规模进入国际市场,在国内外市场享有较高声誉。

2003年4月,澄海区被中国轻工业联合会授予"中国玩具礼品城"称号,当地政府顺势进一步加大引导和扶持力度,持续制定出台一系列政策措施。2003—2010年,澄海玩具礼品业产值以平均每年14%的速度增长,至2010年前后,逐步形成原材料供应、造型设计、模具加工、零部件制造、装配成型、包装装潢和产品销售、运输等专业分工协作的生产体系,建成了以凤翔、澄华、广益、莲上、莲下和东里等专业镇为依托的产业集群。2010年,澄海拥有20多家年产值5000万元以上的龙头企业,从事玩具礼品生产的厂家、贸易公司及相关配套企业3000多家,从业人员超10万人,70%的产品出口世界100多个国家和地区,玩具出口额达10亿美元,占全国玩具总产值的近两成。[1]

2004年之后,澄海玩具业中的部分骨干企业开始向兼营动漫产业转型,开启了"玩具+动漫"的经营模式。2008年,澄海区与中央电视台央视动画有限公司就动漫与玩具的策划、制作、营销等方面的合作签订协议,建立战略伙伴关系,使澄海成为央视动画形象玩具产品的指定生产基地。当地政府每年安排专项财政资金扶持动漫文化产业技术创新和市场开拓,着力培育和打造一批具有较强实力、竞争力和影响力的创意文化企业。澄海区先后10多家玩具企业融入动漫合

[1] 许琳,沈静.共同演化视角下的产业集群发展路径——以汕头市澄海区玩具产业集群为例 [J].热带地理,2017,37(06):835-843.詹建光."小玩具"做成了"大产业"[N].中国国门时报,2011-09-28(008).

作领域，开发动漫作品及其衍生玩具产品，全区累计投资制作动漫超40部。2011年全国玩具行业5家上市公司中，4家是澄海的玩具公司，构成了中国资本市场的"澄海板块"。

第三，枫溪–古巷—凤塘的陶瓷产业集群。

陶瓷业是潮汕地区的重要产业，陶瓷生产已有1000多年的历史，明清时枫溪已形成陶瓷生产聚落。20世纪60年代，潮州市已经形成公有制企业为基础的陶瓷工业体系。20世纪90年代之后，潮州市的全民所有制、集体所有制瓷土矿、瓷泥厂和市县属陶瓷加工企业先后转制重组，和蓬勃兴起的乡镇企业、民营陶瓷企业一起坚持以市场为导向，不断推进生产工艺和产品创新，大幅度提升生产规模和产品质量档次，陶瓷研发、制造一体化雏形基本形成。2004年，中国轻工联合会和陶瓷工业协会授予潮州"中国瓷都"称号，国家科技部将潮州定为"国家日用陶瓷特色产业基地"。

2009年，潮州市陶瓷生产厂家已发展到10000多家，形成了完整的产业链条。2010年全市陶瓷及其附属产品产值500亿元，出口额达20多亿美元，产品花式品种数十万个，以枫溪镇和湘桥区为主产区的日用陶瓷、工艺陶瓷和以古巷镇、凤塘镇、浮洋镇为主产区的卫浴洁具，分别占全国的25%、30%和50%左右，出口量分别占全国的30%、40%和55%左右，产品畅销世界五大洲160多个国家和地区。潮州市还是全国陶瓷产业创新能力较强的产区之一，每年创新的品种上万种。潮州陶瓷产品已获国家级奖励的有150多种，居各大瓷区前列。潮州三环集团自主研发的一系列电子陶瓷产品具有很强的国际市场竞争力，集团成为全国领先的电子元件、先进材料产业基地。[1]

第四，庵埠镇的食品加工和印刷包装业集群。

1980年以后，潮州市庵埠镇食品加工业的兴起，带动了各镇印刷包装业的发展。食品加工和印刷包装两个特色产业相互促进，形成了"一镇两品"的特色专业镇。2007年，庵埠镇已拥有食品企业585家、印刷包装企业485家，年产值分别达到43.68亿元和40.32亿元，占全镇工业产值的52%和48%。2010年前后，庵埠食品加工业已经发展到涵盖凉果、糖果、饼干、饮料、奶制品、豆制品、腌制菜品等15大类3000多个品种，产品远销国内和东南亚、中东、非洲和欧美等30多

---

[1]　潮州市地方志编纂委员会.潮州市志（1992—2005）（上）［M］.广州：岭南美术出版社，2014：378-379.从潮州特色经济看潮州陶瓷产业发展［N］.陶城报，2010-10-10.吴杰文.潮州"中国瓷都"迎来首次复评［N］.潮州日报，2011-04-25（A01）.

个国家和地区。全镇食品企业拥有厂房面积达100多万平方米，引进国内外的先进食品生产线60多条，拥有各类先进设备8000多台。涌现出一批规模化、集团化的民营食品加工企业。[1]

第五，彩塘镇的不锈钢业集群。

20世纪90年代以后，潮州市彩塘镇利用本地不锈钢加工生产的经验和优势，积极参加市场竞争，不锈钢业获得快速发展。2007年，彩塘镇全镇实现工业总产值58.73亿元，其中不锈钢制品业的产值达41亿元；生产不锈钢制品的企业达830多家，产品主要包括厨房餐具、建筑饰品、水暖配件、小家电制品、医疗器械、汽车配件等七大类，上万种产品。[2]基本形成了从原材料的冷轧压延、处理加工到产品冲压、拉伸、抛光，从模具的设计制造到玻璃、塑料、印刷、包装等配件配套，从物流运输服务到员工培训服务等生产服务的完整产业链。[3]

第六，榕城及周边村镇的五金业集群。

揭阳生产五金已有数百年历史，20世纪90年代以后，揭阳市委、市政府制定了五金产业发展规划，着力营造一个促进五金产业发展的宽松环境，推进五金产业体制、技术、管理的创新，打造特色品牌，鼓励五金产业朝集约化、规模化、集团化方向发展。至2007年，位于榕城镇及周边村镇的五金生产企业已经发展到2600多家，固定资产总额147.8亿元，从事五金产业的人员超过20万人。其中年销售额超亿元的企业有17家，超5000万元的有36家，超500万元的有335家，配套和相关企业近千家。初步形成了日用五金、建筑五金、装潢五金、工具五金等十几个门类，近万个品种。五金工业产值以平均每年30%左右的速度递增，产品销往全国各大中城市以及全球150多个国家和地区，揭阳市被中国五金制品协会授予"中国五金基地"称号。[4]

（三）潮汕工业体系的转型

1992年潮汕地区分设为三个地级市，汕头、潮州、揭阳发展工业的主动性和积极性进一步提升。随着建设社会主义市场经济体制成为我国改革开放的基本目标，市场化取向改革全面铺开。在国家经济体制和地方行政体制的重大变革

---

[1] 黄小桂.庵埠食品和印刷包装在改革开放中发展壮大［N］.中国食品质量报，2008-12-11（007）.

[2] 郑建玲.不锈钢叫响彩塘镇［N］.中国质量报，2008-08-28（6）.

[3] 吴和群.打造现代五金不锈钢产业基地［N］.潮州日报，2013-12-02（5）.

[4] 全国不锈钢制品三成揭阳造［N］.南方日报，2007-11-02（A11）.

下，潮汕工业的所有制结构、产业结构和产业布局同步随之转型。

第一，民营工业企业成为潮汕工业的主体。

20世纪90年代是潮汕地区工业所有制结构发生急剧变化的10年。这一期间潮汕地区国有和集体工业企业发展速度减缓，有来自宏观方面工业管理体制、外贸体制改革和实行分税制的影响，但主要原因还在于企业自身经营管理体制改革滞后、缺乏应对市场变化的能力；加之80年代时大多数工业项目投资背离市场要求，回报不佳，引致企业资金周转困难。至2000年，潮州和揭阳两市的公有制工业比重已经下降到10%以下，汕头市公有制工业企业在工业总产值结构中的比重仍占1/3左右。出现这一状况，与各市公有制工业企业的原有发展水平相关，潮州、揭阳两市原来的国营工业企业数量少、规模小，稍具规模的糖厂、化肥厂等地方国营企业停产或半停产之后，民营经济对于当地工业发展的贡献度很快凸现出来。相比之下，1978年时汕头市的国营、集体工业企业已有相当规模，汕头市的工业总产值约为后来潮州、揭阳两市总和的2倍。潮汕地区投资大、回收期长的电力、供水、电讯、市政等基础性工业和国有金融机构基本集中在汕头市。直至20世纪头十年，这部分"关系到国计民生命脉"的国有企业一直由地方政府直接管理或控股运营；部分规模较大的集体所有制工业企业也借助汕头特区的政策优势，较快适应了市场竞争的新环境。因此，汕头公有制工业企业在全市工业总产值结构中一直保有一定比重，但市区周边各区县民营工业企业发展得更快。

从潮汕工业产业结构的演进时序上看，潮汕地区工业所有制结构中公有制成分与非公有制成分之间似不存在直接的相互挤压发展空间的关系。一是20世纪90年代潮汕地区发展快的民营工业企业，主体是分布在镇、村的乡镇企业；而当时的国有企业和规模较大的集体企业，主要集中在市县一级的城区。二是乡镇民营工业主要生产成衣、内衣、毛衫、玩具、光碟、金属制品、化学试剂等终端产品；而经营出现困难的公有制企业主要集中在化工、机械、电子、纺织等行业，产品大多是化工原料、电子元器件、专用设备和纺织业的化纤、纱、线、布等中间产品，二者少有交叉。三是这一期间大部分乡镇民营工业企业主要源于"洗脚上田"的农民通过自我积累、自我发展创立，部分源于原来"挂靠"在村镇集体的个体企业；市县城区的民营工业企业大部分来自个体工商户、被"承包经营"后"脱钩"的区街集体企业、生产组，以及部分外商投资企业；20世纪80年代通过上级拨款或贷款投资扩大生产规模的大中型工业企业，除了个别医药、陶瓷企业外，整体转为民营企业的并不多。

第二，构建市场导向的工业产业结构。

1949—1978年，不断提升机械、矿冶、化学工业的比重是潮汕工业结构演化的主要方向。1979年，汕头地区的重工业产值在工业总产值的比重已经从1952年的6.35%上升到21.79%。20世纪80年代，电力、机电、铸造、采矿、建材等重工业门类同样成为潮汕地区工业投资的重点。1987年，汕头地区重工业产值在工业总产值中的比重上升到23.55%，且主要集中在汕头市区。1990年以后，由于乡镇企业和民营工业企业的快速增长，汕头市区部分不适应市场要求的重化企业很快减产停产。至2000年，汕头市全市轻工业产值622.36亿元，占全市乡及乡以上工业总产值的77.72%；重工业产值178.37亿元，占全市工业总产值的比重稍降到22.28%。相比之下，潮州、揭阳两市以往的轻重工业结构中，轻工业的比重是较高的。1992年，潮州市的轻工业产值占工业总产值的比重为86.4%；揭阳市轻工业产值占工业总产值的77.4%。至2004年，潮州市2005年轻工业产值比重下降至67.33%，重工业比重上升到32.77%；揭阳市规模以上工业企业总产值中，轻工业占75.3%，重工业占24.7%。[1]

将潮汕工业各行业发展的出发点和落脚点，从原来主要依靠地方政府决策、审批、投资运营，转向基本由市场机制决定资源配置，是1992年以后潮汕三市工业产业结构大规模调整的共同取向。因此，这一期间潮汕工业产业结构的调整不再着眼于轻重工业比例的消长，而是根据国内外市场需求的变化，让轻重工业企业接受市场竞争机制的选择。至2005年前后，潮汕地区的重化工业结构中，市场紧缺的能源、电力、专用机械和化学材料企业进一步发展。20世纪初叶，潮州、揭阳两市重工业比重继续上升，应与这一时期两市的电力工业以及机械模具、钢铁企业建成投产有关；市场状况已经发生根本变化的化工基本原料、化肥、农药、小火电、小水泥、通用机械企业则基本退出市场。轻工业结构中，完全由市场需求牵引的内衣、成衣、毛衫、玩具礼品、光碟、小五金及不锈钢制品蓬勃发展，"双轨制"下汕头、潮州城区的大中型纺织、电子、日用工业品企业逐步退出市场。

第三，潮汕工业体系全面转型的深刻影响。

从国营、集体工业企业为主体，转向民营经济为主体、多种经济成分和形

---

[1] 揭阳市地方志编纂委员会.揭阳市志（1992—2004）（上）［M］.北京：方志出版社，2013：291-292.潮州市地方志编纂委员会.潮州市志（1992—2005）（上）［M］.广州：岭南美术出版社，2014：123.

式并举的企业产权结构；从自我循环的"小而全"地域性工业产业结构，转向市场需求为导向的开放型工业产业结构；从工业企业高度集中于汕头、潮州城区，转向多点、多集群的产业空间布局。1992年以后潮汕工业体系的全面转型，为潮汕三市的经济社会发展带来深刻影响。

一是更加广泛地推进潮汕地区的工业化进程。20世纪90年代之后，随着乡镇民营工业企业大规模发展，大批农村居民转为从事非农产业，土地、劳动等要素获得更高回报，从而大大解放了农村生产力，潮汕地区的工业化重心从汕头主城区及各县县城转向广大村镇，工业化的广度和深度不断提升。

二是全域多点错位发展成为潮汕工业化布局的新形态之后，众多的工业产业集群吸附、集聚了大量的本地农村人口，形成"专业镇"和"专业村"。此种离土不离乡的"就地城镇化"和"就近城镇化"，推动潮汕地区城镇化进程进入快车道。1990年时，潮州的城镇化率仅为25.79%，2000年已经提高到43.41%，2010年为62.75%，21年间提升了37个百分点。汕头市的城镇化率是潮汕地区最高的，1990年汕头的城镇化率为29.83%（含揭阳市），2000年已经提高到67%，2010年为68.46%，已经接近珠江三角洲地区的水平。揭阳市2000年的城镇化率为37.91%，2010年已经提高到47.31%。[1]

三是随着工业产业门类的拓展，乡镇企业的兴起，提高了潮汕地区创造就业岗位的能力。1988年，潮汕地区就业于乡镇企业的人员，已占农村劳动力三成。1992年末，汕头市的就业人员为197.23万人，2000年末为207.13万人，2012年末为239.04万人；潮州市1990年末的从业人员115.59万人，2000年末为127.63万人，2010年末为134.98万人；揭阳市2008年末从业人员255.23万人，2012年末为271.94万人。[2]

[1] 广东人口城镇化发展状况浅析［EB/OL］.（2014-10-30）［2022-11-01］.http://stats.gd.gov.cn/tjfx/content/post_1435211.html.

[2] 汕头市乡镇企业管理局.汕头市乡镇企业志（打印本）［M］.1989：3.广东省统计局、国家统计局广东调查总队.数说广东70年（1949—2019）［M］.2019：453，543，549.

农业是国民经济的基础，也是潮汕经济的基础。本章将概略叙述1949—2010年潮汕地区农业和农村发展中的产业结构、产业布局、生产关系及其实现形式、管理体制的重大变化情况。

第一节 1949—1978 年的潮汕农业

潮汕地区具有适宜农业发展的自然环境，悠久的农业种植历史以及珍惜耕地、精耕细作的农业传统。1949年新中国成立后，潮汕地区和全国一样，为探索解放和发展农业生产力的路径，对农村生产关系和农业的管理体制进行了多次变革，潮汕农业不断发展。

一、农业生产关系变革与农业生产

（一）农业生产关系的变革

第一，土地改革。

潮汕历来是广东省人口密度最高、耕地最少的地区。1817年，潮汕地区每人耕地尚有2.09亩，1946年仅剩1.26亩。在封建土地制度下，潮汕地区贫农人均占有耕地仅0.33亩，中农人均占有耕地仅0.78亩，地主人均占有耕地为2.77亩，富农占有耕地为1.39亩。还有大量耕地被官府、庵寺、学校等占有（见表3-1）。农村耕地占有情况的不平等，严重束缚了农业生产力。在农村进行土地改革，是继续完成民主革命任务的必然要求，也是经济和社会发展的密切需要。

1950年6月，中央人民政府公布《中华人民共和国土地改革法》，同年10月，揭阳县成为潮汕地区土地改革试点县。1951年6月，潮汕地区各县全面开展土地改革。经过"清匪反霸、退租退押""划分阶级、土改分田""土改复查"三个阶段，1953年3月18日粤东区党委会议宣布"圆满结束土地改革，稳健转向生产"。

土地改革后，潮汕农村各阶层土地占有情况发生根本变化。土改前的贫农、雇农和中农占有的土地亩数，从土改前占总耕地亩数的35.53%，增加至82.69%；地主阶层也与其他阶层的人一样，分得一份土地，成为自食其力的劳动者。1952年12月粤东区党委对潮安、潮阳、澄海等9个县的土改后土地占有情况进行的调查显示，土改后粤东部分县的贫农、雇农、中农人均土地分别为1.09亩、1.2亩和1.3亩，地主和富农人均土地分别为1.27亩和0.69亩。土改后农村各阶层的土地占有，已趋于基本平均合理。[1]

潮汕地区的土地改革从根本上铲除了封建制度的根基，第一次实现了"耕者有其田"。在土地改革中建立和巩固了潮汕农村基层政权，初步解放了农村生产力，为潮汕地区的工业化和农业社会主义改造创造了条件。

表3-1　潮汕农村各阶级土改前后耕地占有情况统计表[2]

单位：户，人，亩

阶级	户数（1951年）	占总户数（%）	人口（1951年）	占总人口数（%）	土改前		土改后	
					占有亩数	占总亩数（%）	占有亩数	占总亩数（%）
合计	676388	100	3067754	100	2928490	100	3326758	100
地主	30653	4.53	199966	6.52	585472	19.99	137549	4.13
富农	14145	2.09	106504	3.47	163066	5.57	135574	4.08
中农	136216	20.14	792283	25.83	484226	16.54	1028605	30.92
贫农	363493	53.74	1508382	49.17	546154	18.65	1646509	49.49
雇农	26158	3.87	63242	2.06	10259.6	0.35	75898	2.28
其他	105723	15.63	397377	12.95	1139312	38.90	302623	9.10

[1]　广东省汕头市地方志编纂委员会.汕头市志（第二册）［M］.北京：新华出版社，1999：770-773.

[2]　汕头市农业局.汕头农业志［M］.1988：93.

第二，农业合作化。

1951年，一些季节性的、尚未有固定组织形式的临时互助组开始组织起来，以6—10户组成互助组，通过"亲帮亲、邻帮邻"帮工、换工的方式共同劳动，个体经营，开展互助。互助组包括临时互助组、季节性互助组和常年互助组。至1952年底，粤东地区已组织起季节性互助组85700多个、长期性互助组4900多个，参加农户占农业总户口的23%。

1953年12月20日，粤东区党委召开第一次互助合作会议，部署各地着手组织农业生产合作社，合作化进入高潮。在农村中组建的是在互助组基础上发展起来的"土地入股，集体经营"的"初级农业生产合作社"（简称"初级社"）。这种经济组织保持土地私有，实行统一经营，以劳为主、劳地结合、比例分配，并有一定的公共财产和积累，具有半社会主义性质。

1955年秋后，初级社全面转入"高级农业生产合作社"（简称"高级社"）。一些初级社开始合并升级成为大社，扩大了规模。高级社是以土地等主要生产资料公有制、实行按劳分配为特征的社会主义性质的经济组织。取消了初级社时土地报酬和农具租用办法，耕牛、农具等主要生产资料折价入社，农具由劳动者自带；果树、山林、鱼塘等统归集体，只允许社员保留宅边、路旁的零星地作为自留地经营。[1]

至1956年上半年，潮汕地区[2]农村共办农业生产合作社12750个，入社户数1331262户，占总农户数的96%，平均每社104.4户。年底，经过升社、并社，共有高级农业生产合作社6560个，入社户数1261355户，占全区总农户数的88.6%，平均每社192.3户。[3]1957年初，潮安县共有510个高级社和10个初级社，入社户数占全县农户的98%，潮安县农村生产资料的社会主义改造基本完成。因为部分合作社未能很好坚持自愿互利的原则，1956年下半年至1957年上半年，潮安县等部分县出现了析社、退社风波。潮安县委及时采取分设生产队、落实生产责任制、制定劳动定额、建立财务管理和收益分配制度等措施，使农业社的生产得到新的发展，社员收入不断增加，析社、退社风波随之平息。1957年，潮安县农业总产值达12364.14万元，比1950年增长88.8%，8年间每年平均递增9.5%。

[1] 潮州市地方志编纂委员会.潮州市志［M］.广州：广东人民出版社，1995：591.潮州市农委编写组.潮州市农业合作化志［M］.1987：1-13.

[2] 1956年3月汕头专员公署成立，汕头专区辖属包括兴梅7县在内的16县市。

[3] 广东省汕头市地方志编纂委员会.汕头市志（第二册）［M］.北京：新华出版社，1999：773-775.

对118072户社员的统计表明，社员家庭收入比入社增收的占80.76%，持平的占9%，减收的占10.24%。[1]

第三，人民公社化。

1958年，"大跃进"运动催生了人民公社化运动。[2]8月，潮汕地区农村掀起人民公社化高潮。至年底，汕头地区（包括兴梅地区）完成公社化任务，共建立175个人民公社，平均每个人民公社7911户。初期的"人民公社是准备向全民所有制过渡的集体经济组织。公社既是基本经济核算单位，又是相当于乡一级的政社合一基层政权。人民公社基本特点被概括为'一大二公'"，即规模大和公有化程度高。[3]

初期的人民公社实行"组织上军事化""生产上战斗化""生活上集体化"。原各农业社的一切土地财产公物均归公社统一调拨，分给农民的"自留地"及私有农具、牲畜、果林等均归公，统一由公社使用，以前的生产资料入社（农业社）折价款也予以取消。人民公社普遍建立公共食堂、幼儿园、托儿所、敬老院。如潮安县共办了2096个公共食堂，64万名社员在公共食堂吃饭不用钱，共办2302个托儿所，973个幼儿园，108个敬老院。

1960年秋，中共中央确定国民经济的"调整、巩固、充实、提高"八字方针。同年11月，中共中央发出《关于农村人民公社当前政策问题的紧急指示信》（即"十二条"），要求人民公社实行三级所有，队为基础，至少7年不变；允许社员经营少量自留地和家庭副业。潮汕地区各县人民公社化中出现的问题，开始得到部分纠正。1961年夏，中共中央制定《农村人民公社工作条例（修正草案）》（即"农业六十条"），提出承认差别，纠正"一平二调"的平均主义。潮汕地区按照"一般以生产队为基本核算单位，只保留部分管理干部较强、生产管理较健全、生产搞得好的大队，保持大队核算"的原则，对人民公社、大队、生产队的三级架构进行调整。1958年底，汕头专区（含兴梅地区）共有175个公社、1465个生产大队、11434个生产队，每个生产队户数为121户；1961年10月，全专区的公社数已增加至392个，生产大队数增加到8677个，生产队增加到96613个，平均每个生产队的农户数减为17.8户，以生产队为基本核算单位。这一期间，汕头专区按照上级要求，全面开展整风整社，恢复高级社时期建立的管理规

[1]　潮州市地方志编纂委员会.潮州市志［M］.广州：广东人民出版社，1995：592.

[2]　本书编写组.中华人民共和国简史［M］.北京：人民出版社，2021：82.

[3]　本书编写组.中华人民共和国简史［M］.北京：人民出版社，2021：83.

章，农村经济情况有了明显好转。[1]

（二）农业生产发展

1949—1952年，潮汕地区在抓好生产备荒的同时，将土地改革与恢复和发展农村经济紧密结合。这4年间，农村经济稳步发展。1952年全区农业总产值为70986万元（按1980年不变价计算），比1949年增长29.7%；粮食总产量达到110万吨，比1949年增长29.5%；耕牛饲养量、生猪饲养量、水产品及其他经济作物也有较大幅度的增长。

1953—1957年，土地改革和农业合作化运动激发了潮汕地区农民的生产积极性，这一时期潮汕各地纷纷兴修水利、平整耕地，改良农业生产工具，农业总产值不断上升。1957年全区农业耕地面积418万亩，比1952年增加11万亩；全区农业总产值9.92亿元，比1952年增长39.7%，年均递增6.9%；相继出现了潮安、澄海、潮阳、揭阳等水稻年均亩产超1000市斤的县份，"千斤县"数量名列全国榜首。除了粮食增产，禽畜产品、水产品、花生等经济作物产量也大幅提高，农民生活得以改善。

1958—1960年，受"大跃进"和人民公社化运动的影响，全地区基建占用耕地44万亩，耕地大量减少；大量农村劳力被抽调到工、交、建系统，农村劳力减少。与1957年相比，1960年农业总产值下降23.2%。主要农作物中，粮食产量下降11.1%、花生下降26.3%、糖蔗下降42.8%、水果下降40.7%、生猪年末存栏量下降45.1%、水产品下降32.3%。

1961—1965年，由于"八字方针"和"农业六十条"的贯彻落实，农业生产开始快速回升。至1965年，全地区农业总产值11.74亿元，比1962年增长49.9%，年均递增14.4%。1965年主要农作物产量均超历史最高水平。粮食总产量17.605亿公斤，比1962年增长31.7%，年均递增9.6%；糖蔗113.6万吨，比1962年增长3.3倍，年均递增48.88%；花生5.71万吨，比1962年增长57.7%，年均递增16.4%。水果7.9万吨，比1962年增长1.1倍，未能恢复到1957年的水平。

1966—1977年，受"文化大革命"影响，农业生产长期处于缓慢发展的徘徊期。1975年全区农业总产值为12.96亿元，仅比1965年增加1.22亿元。1975年粮食总产量17.88亿公斤，比1965年增加0.175亿公斤；糖蔗63.1万吨，比1965年减产50.5万吨；花生产量3.76万吨，比1965年减产1.95万吨；水果6.725万吨，比

---

[1]　广东省汕头市地方志编纂委员会.汕头市志（第二册）［M］.北京：新华出版社，1999：776-777.

1965年减产1.175万吨。[1]

（三）农产品购销

中华人民共和国成立后，国家和地方政府出台农副产品购销的政策规定，由国家统一规定农民需要交纳的农副产品任务称为"统购"，由地方政府规定摊派的任务称为"派购"，由地方商业部门依照规定价格购买的产品称为"收购"。

1954年，全国实行粮食统购统销；农民收获粮食，需交纳农业税，即"交公粮"，另外部分应依照国家规定价格出售给国家。交给国家的公、购粮数量均需用稻谷，每年占粮食总产的20%—25%，最高达31%。

到1957年，国务院规定统购农产品和其他物资不准进入农村集市进行贸易；到1959年，把农副产品分成一、二、三类，规定农副产品在完成国家交售任务后剩余部分可以上市。

糖、油、麻、烟、茶、水果、蔬菜、畜禽等农产品，也有统购派购任务。统购派购农产品种类及数量，由省、地（区）、县、公社逐级下达任务到生产大队，其中粮、油、糖、塘鱼等由生产大队或生产小队负责完纳，而生猪、活鹅、活鸭、活鸡、蛋品等，则由生产小队把应交纳任务分别下达给农户，通常每人每年需交纳猪肉5—6公斤，每户交纳活鸡若干只、蛋品若干公斤，如不完纳，基层单位将予以农民处罚。

因国家规定收购价格较低，农民多不愿意交售。如农民交售给国家稻谷价格仅为当时市场价格的30%左右[2]为完成统购派购任务，在收购农副产品时，按国家牌价售给农民一定数量的工业品或其他紧缺物资，称为"奖售"。1961年，汕头专区农副产品收购开始实行奖售，收购奖售有计划内与计划外之分，通常计划内奖售物资较计划外少，奖售标准由收购部门制定出奖售指标，按国家牌价结算。奖售的物资多以氮肥为主，一切产品皆按国家规定价格购销。

二、种植业

种植业分为粮食作物生产和经济作物生产、蔬菜生产、果业生产。1949年至1978年之前，潮汕地区不断开辟新的农田，农业总播种面积不断扩大，1949

---

[1] 冯平.广东当代农业史［M］.广州：广东人民出版社，1995：425-434.

[2] 广东省汕头市地方志编纂委员会.汕头市志（第二册）［M］.北京：新华出版社，1999：780.

年潮汕地区农业总播种面积为744.6万亩，到1977年时农业总播种面积已经达到1011.6万亩。

（一）粮食作物生产

潮汕地区传统粮食作物以水稻、甘薯、小麦为主，尤以种植水稻为多。潮汕地区耕地复种指数较高，平均高达252%，最高者如澄海县达到274%。其中，在粮食种植方面，种植面积较多的水稻为一年两熟，绝大部分地区二季稻收获后，还种上其他作物，达到一年三熟。

第一，粮食种植面积、产量。

潮汕地区农作物栽种以粮食作物为主，粮食作物的播种面积占农作物总播种面积的比例较大。1949年潮汕地区粮食作物的播种面积为652.3万亩，1977年达到818.2万亩。尽管粮食种植面积不断扩大，由于农业经营渐趋多样化，加上一些新开发土地改种经济作物，粮食种植面积占总播种面积的比例趋于下降，从1949年的87.6%逐渐下降到1975年的77.3%。

1. 水稻

从新中国成立以来到1978年，潮汕地区的水稻常年种植面积占粮食作物的65%—70%，总产占75%—80%。1949年的水稻种植面积为488万亩，1977年增至524万亩。由于水利设施的兴建及肥料、农药的使用，潮汕地区的水稻亩产从1949年的281公斤，增长到1977年的609公斤；总产量从1949年的13.73亿斤，增长到1977年的31.91亿斤。

2. 番薯

番薯在潮汕地区的种植面积及产量仅次于水稻，是农村地区大宗副食粮和主要饲料。潮汕地区气候温和，全年均适合种植番薯，大致分为春种薯、夏种薯和冬种薯三造，以夏种薯产量较高，春种薯次之，冬种薯最低。番薯在潮汕地区可以全年种植，经常将番薯与水稻进行轮栽，或与其他农作物套种、间种，既改良土壤又增加农作物产量。

1949年后，潮汕地区的番薯种植面积虽没有增长，但由于新品种的培育、肥料和农药得到较多使用，番薯亩产不断提高，总产量也不断上升。1955年番薯种植面积约为160万亩，亩产为137公斤，总产量约为581.8万担[1]；到1977年，番薯种植面积下降为149万亩，但由于亩产较高，番薯种植总产量远超1955年，为720.8万担。

---

[1] 番薯亩产为折成稻谷数量，每10市斤番薯折稻谷1公斤，每担50公斤。

表3-2 潮汕地区各县（市）选年水稻面积及产量表[1]

单位：面积（万亩），亩产（市斤），总产（亿斤）

区县\数量\年份	1949 面积	1949 亩产	1949 总产	1954 面积	1954 亩产	1954 总产	1961 面积	1961 亩产	1961 总产	1963 面积	1963 亩产	1963 总产	1968 面积	1968 亩产	1968 总产	1977 面积	1977 亩产	1977 总产
合计	488	281	13.73	515.9	419	21.61	461	371	17.09	457.8	540	24.7	469.3	488	22.9	523.9	609	31.91
汕头	0.26	248	0.019	1.1	453	0.052	0.91	407	0.037	1.0	559	0.056	0.92	539	0.051	15.03	612	0.926
澄海	40.76	320	1.303	45.6	457	2.084	44.94	399	1.792	45.23	586	2.051	47.57	479	2.279	40.25	635	2.556
潮安	73.23	300	2.198	73.5	476	3.503	65.55	397	2.605	65.7	596	3.917	66.37	527	3.499	70.31	643	4.554
饶平	51.23	232	1.19	50.89	329	1.675	45.02	383	1.723	44.54	547	2.437	46.8	528	2.470	56.6	626	3.543
南澳	1.36	337	0.046	1.65	304	0.05	1.26	424	0.053	1.08	461	0.05	1.37	470	0.065	1.38	651	0.089
潮阳	87.99	304	2.675	97.24	442	4.298	88.49	400	3.539	81.8	536	4.388	84.52	544	4.601	88.6	677	6.002
揭阳	89.89	320	2.872	92.21	487	4.494	81.09	387	3.137	85.94	596	5.723	85.23	517	4.413	90	638	5.746
揭西	31.74	223	0.706	40.67	349	1.418	36.29	254	0.092	36.39	437	1.592	40.11	383	1.536	46.93	526	2.466
普宁	72.11	287	1.926	71.26	414	2.954	62.38	359	2.234	61.23	503	3.079	59.82	448	2.681	67.04	551	3.694
惠来	38.9	205	0.799	41.71	260	1.086	34.85	299	1.045	34.84	403	1.405	36.59	357	1.304	47.79	491	2.344

[1] 广东省汕头市地方志编纂委员会.汕头市志（第二册）[M].北京：新华出版社，1999：789.

3. 其他

除水稻和番薯之外，潮汕地区还种植小麦、大麦和马铃薯，以及高粱、玉米等粮食作物。其中，小麦种植面积仅次于水稻、番薯。

1949年潮汕地区种植小麦为15.8万亩，亩产46公斤。1970年以后冬种小麦面积逐年扩大，产量也进一步提高。1974年春收小麦面积82万亩，总产0.755亿公斤，为1949年的10倍；1978年春收小麦面积达到126.3万亩，总产1.335亿公斤，为历史最高水平。

1949—1977年，潮汕地区水稻播种面积占粮食播种总面积的比例不断下降，从1949年的74.8%下降到1977年的64%；小麦播种面积所占粮食播种总面积比例从1949年的2.4%上升到1977年的15.5%。

表3-3　1949—1977年潮汕地区各类粮食作物播种面积构成[1]

年份	总面积（万亩）	各类作物占比（%）			
		水稻	番薯	小麦	其他
1949	652.3	74.8	21.3	2.4	1.5
1952	679.6	75.3	19.7	3.2	1.8
1957	725.5	69.8	21.3	5.3	3.6
1962	711.6	66.8	23.9	5.3	4.0
1965	700.7	64.9	21.2	8.5	5.4
1970	701.6	71.0	19.5	6.7	2.8
1975	788.8	65.2	18.2	13.0	3.6
1976	793.6	66.5	16.4	14.5	2.6
1977	818.2	64.0	18.5	15.5	2.0

第二，各区县粮食种植分布。

潮汕地区粮食种植主要分布在汕头市区与潮州市区之外的区县，其中，揭阳、普宁、惠来、潮阳、澄海、潮安和饶平较其他区县的种植面积大，是潮汕地区重要的粮食生产种植地区。

1949年至1978年以前，潮汕各区县亩产和总产量呈不断增长的趋势。以水稻种植大县的潮安县为例，1949年，潮安县的亩产为300市斤，总产量为2.198亿斤；到1977年时，亩产增长到643市斤，总产量增长到4.554亿斤（见表3-2）。

番薯和小麦等粮食作物主要集中在潮阳、揭阳、惠来、普宁等区县。各县

[1]　汕头市农业局.汕头农业志［M］.1988：64.

番薯和小麦的亩产和总产量都呈现上升趋势。如1955年惠来县种植番薯的亩产量仅为94公斤，总产量约为60.2万担；至1977年，尽管种植面积下降，惠来县番薯的亩产量已提高到162公斤，总产量提高到73.2万担。[1]

（二）经济作物生产

潮汕地区栽培的经济作物类，以花生、甘蔗、黄麻、红麻为大宗，其次有油菜籽、芝麻、木薯、烟草、莲藕及中药材等。

1949—1977年，潮汕地区的经济作物播种面积不断扩大。1949年，经济作物播种的面积为47.6万亩；到1977年，经济作物播种的面积已经达到97.2万亩。尽管经济作物播种面积占农作物总播种面积的比例仅为5%—15%，但从1949年的6.4%上升到1977年的9.6%（见表3-4）。

第一，甘蔗。

潮汕地区种植的经济作物中，甘蔗为最大宗，不论水田、旱园、坡地皆可种植。据统计，种于水田的约占四成，种于旱园、坡地的约六成。澄海、潮州、普宁主要种植于水田，其余各县以旱园、坡地种植为主。

1949年潮汕地区甘蔗种植的面积为15.6万亩，1964年甘蔗种植面积达到最大，为30.1万亩。此后便逐年有所下降，至1975年甘蔗种植面积降为19.6万亩。1949年后甘蔗亩产和总产量呈上升趋势，1964年时达到高峰，亩产为8993市斤，总产量达到135.35万吨。此后有所下降，1975年时亩产为6453市斤，总产量为63.1万吨。

甘蔗种植主要集中在潮安、揭阳、普宁、惠来、饶平等县。1975年时，揭阳、潮安、饶平、惠来等县的甘蔗种植面积均超过2万亩，其中，揭阳县甘蔗种植面积达到了4万亩以上，是潮汕地区种植甘蔗面积最大的区县。

第二，花生。

花生在潮汕地区俗称"地豆"，本宜种于旱园。新中国成立后，随着水利条件的改善，潮汕地区水田种植花生渐多，产量也丰。1963年早造，澄海县用水田大面积改种花生，平均亩产165公斤。20世纪50—70年代，花生常与其他作物轮种，作为增加粮油产量和改良土壤的重要措施。70年代时，潮汕各地实行花生与水稻、甘薯、甘蔗等作物轮种，轮种面积占总种植面积的70%。

1949年以后，花生种植面积及产量逐年提高。1950年种植28.11万亩，亩产67.4公斤，总产37.89万担；1960年种植36.41万亩，亩产64.6公斤，总产47.04万

---

[1]　汕头市农业局.汕头农业志［M］.1988：279-320.

担；1970年种植46.33万亩，亩产97.6公斤，总产90.44万担。

第三，其他。

除甘蔗、花生之外，潮汕地区也种植大豆、麻类、油菜籽、芝麻等经济作物，其中大豆和麻类种植面积较大，而油菜籽、芝麻、棉花的种植面积并不大（见表3-5）。随着其他经济作物价值凸显，其他经济作物播种面积也逐年提高。

表3-4 粮食作物和经济作物播种面积及复种指数比较表[1]

年份	总播种面积（万亩）	其中		占农作物总播种面积		复种指数（%）
		粮食作物（万亩）	经济作物（万亩）	粮食作物（%）	经济作物（%）	
1949	744.6	529.9	47.6	87.6	6.4	191
1952	785.6	652.3	55.4	86.5	7.1	193
1957	868.1	679.6	70.5	83.6	8.1	207
1962	840	725.5	60.7	84.7	7.2	200
1965	869.6	711.6	101.9	80.5	11.7	226
1970	906.4	700.1	81.5	77.4	9.0	221
1975	1020.7	701.6	93.7	77.3	9.2	251
1976	1017.9	788.8	103.2	78.0	10.1	253
1977	1011.6	793.6	97.2	80.9	9.6	256

表3-5 1952—1975年潮汕地区各类经济作物播种面积构成[2]

年份		1952	1957	1965	1975
总面积（万亩）		68.3	82.6	110.8	121.4
各类经济作物占比（%）	大豆	18.9	14.6	8.0	22.8
	花生	39.6	41.9	49.4	37.1
	红、黄麻	2.3	5.2	5.6	12.8
	甘蔗	32.9	26.5	24.9	16.1
	其他	6.3	11.8	12.1	11.2

---

[1] 汕头市农业局.汕头农业志［M］.1988：63.

[2] 汕头市农业局.汕头农业志［M］.1988：65.

（三）蔬菜种植

潮汕地区气候适宜，全年均可露地种菜。蔬菜生长期短，菜农精耕细作，复种指数高。蔬菜种植是潮汕农民的重要收入来源，潮汕地区是国家蔬菜生产和出口基地。

第一，蔬菜生产。

潮汕地区种植较多的蔬菜品种是萝卜、芥菜、洋葱、椰菜、花椰菜、番茄、刀豆、黄花菜、菜心、蘑菇等，但1949—1977年蔬菜生产经历了多次起伏。

1950—1959年，潮汕地区的蔬菜生产逐年稳定上升，年均种植面积35.68万亩，年产51.44万吨。1959年在汕头市区、潮州市及各县的郊区分别建立蔬菜基地。全地区蔬菜种植面积扩大至49.15万亩，比1949年增长94.96%；总产量64.54万吨，比1949年增长99.19%。

1960年由于粮食紧缺，政府发动各地种植多种蔬菜度荒，蔬菜种植面积增至57.49万亩，产量达到81.09万吨，创历史最高纪录。1960—1968年蔬菜种植面积年均达45.07万亩，年均产量达64.58万吨。1968—1978年，受"以粮为纲"的农业生产方针影响，各地普遍压缩种植蔬菜面积，至1978年潮汕地区蔬菜种植面积减少至28.87万亩，产量减为48.77万吨，比前8年年均产量减少23.51%。

潮汕地区商品蔬菜产区主要分布于汕头市郊、澄海县、潮州市。1959—1966年，上述城市产量占全区的80.58%。1966年全地区共收鲜菜92946吨，澄海占42.02%，汕头市郊占20.28%，潮州市占18.28%。[1]

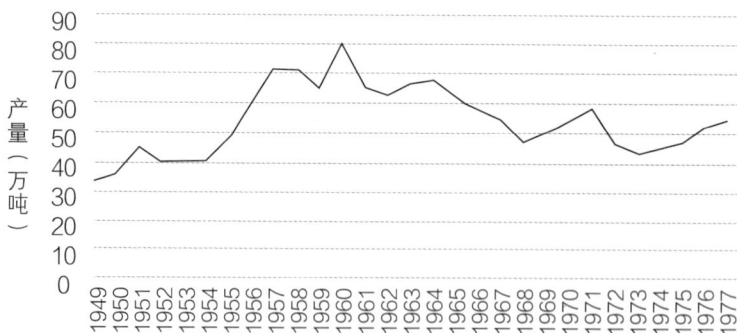

图3-1　1949—1978年潮汕蔬菜种植产量[2]

[1]　汕头市水果蔬菜发展总公司.汕头蔬菜志［M］.1989：3-46.

[2]　广东省汕头市地方志编纂委员会.汕头市志（第二册）［M］.北京：新华出版社，1999：1000-1001.

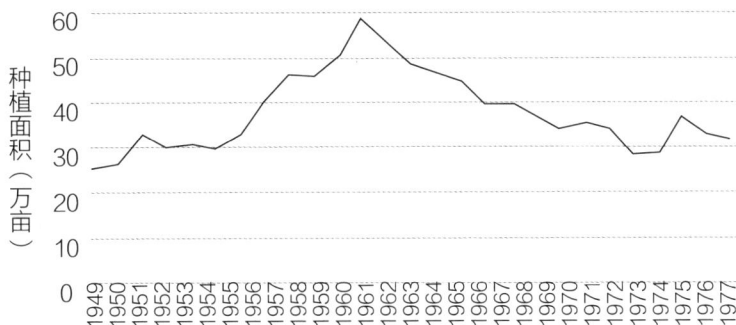

图3-2 1949—1978年潮汕地区蔬菜种植面积[1]

第二，蔬菜加工与销售。

1.蔬菜加工

潮汕地区蔬菜加工有晒干、腌制两类。晒干、腌制品种较多，以咸菜、贡菜、冬菜、菜脯（萝卜干）为大宗。新中国成立后，国营商业部门设厂（场）自腌"三菜"及杂咸，并根据市场需求量，与各产地区乡镇签订购销合同，充实销售货源。1964年汕头市蔬菜公司自腌"三菜"840吨，收购1959吨，收购的占总销售量的69.98%。1977年，汕头市蔬菜公司腌制"三菜"加工量达2318吨。

制成罐头也是加工蔬菜的重要途径。加工蔬菜罐头的品种，随国内外市场需求与蔬菜价格等变化而变化，20世纪50—60年代以加工酸黄瓜、番茄汁罐头为主，70年代以加工青豆、刀豆罐头为主。随着罐头厂不断兴建和生产技术的进步，蔬菜罐头生产量逐渐提高。1957年全区罐头厂仅有一家，生产蔬菜罐头仅有692吨；至1978年时，有4家罐头厂进行蔬菜罐头生产，生产蔬菜罐头达7882吨。[2]

2.蔬菜销售

潮汕地区的蔬菜销售分为内销和出口两部分。20世纪50年代初，蔬菜内销逐步纳入国家计划管理，其中蒜头列为国家二类商品统购统销，其他蔬菜由各地各级供销合作社果蔬公司负责购、销、调。城镇居民、驻军及集体单位所需蔬菜均由汕头市蔬菜公司设立网点供应。

汕头市区鲜菜销售量20世纪50年代年均24083吨，60年代年均19454吨，70

---

　　[1]　广东省汕头市地方志编纂委员会.汕头市志（第二册）［M］.北京：新华出版社，1999：1000-1001.

　　[2]　汕头市水果蔬菜发展总公司.汕头蔬菜志［M］.1989：47-51.

年代年均30876吨。杂咸（咸菜、贡菜、菜脯）销售量60年代年均2071吨，70年代年均2356吨，销售量占市区蔬菜消费量70%—80%。1956—1977年潮汕地区供销系统鲜菜购销量逐渐上升。1956年潮汕地区供销系统收购量为33484吨，内销量为19798吨；至1977年，收购量升到112004吨，内销量为64954吨。

潮汕地区干鲜菜出口历史很长。1949年之后，出口的干鲜菜品种增至数十种，其中以大蒜、椰菜、咸菜、蘑菇罐头、咸水蘑菇为最大宗，主销中国香港、新加坡，蘑菇则通过香港转销欧美和日本，蔬菜罐头销至24个国家和地区。

（四）果业

潮汕地区果树种植历史悠久，盛产柑橘、菠萝、荔枝、香蕉、橄榄、龙眼、阳桃、梅、桃、李等水果。潮汕地区宜果土地面积占全市土地面积一半以上；水资源丰富，地处亚热带气候，气温、雨量、热能适合热带果树生长。

第一，水果生产与产区分布。

1. 水果生产

潮汕地区种植柑橘、菠萝、荔枝、香蕉较多。1949—1977年，潮汕地区的水果产量经历5次起伏比较大的变化。

1949—1957年，土地改革使农民分得耕地，加上政府鼓励开荒种植，1950年调高柑橘等收购价，果农积极性较高。至1957年，潮汕地区柑橘种植面积扩大到99139亩，产量61531吨；全区菠萝种植面积94034亩，为1949年的5.36倍，产量9256吨，为1949年的2.82倍；荔枝种植面积9811亩，比1949年增加78%，产量1661吨，比1949年增长108%。

1958年之后，部分地方对果园入社处理不当，果树无条件归公后，果树折价赔偿未能兑现，导致一些地方的农民砍掉果树；加之果园生产管理较差，导致果树种植面积减少，产量急降。1962年水果产量比1957年减少71.28%。全地区柑橘种植面积降为33528亩，比1957年减少66.18%；产量1404吨，比1967年减少97.72%。菠萝种植面积120544亩，产量6041吨，与1957年相比，种植面积增长28.19%，产量却减少34.74%。香蕉种植面积有12395亩，产量1831吨，与1959年相比，种植面积减少65.25%，产量下降79.98%。

1962年以后，随着政策调整和生产管理体制下放，潮汕果业生产有所恢复。1963年，果产区推行果园包工、包产、包成本，或收益按户得七成、生产队得三成的做法，以及政府出台种柑补粮、收购柑补贴价格、奖售化肥等措施。至1968年，水果产量比1962年增长2.9倍。全区柑橘种植面积100276亩，产量75131

吨，分别为1962年的2.99倍和53.51倍，超过1957年的水平。荔枝种植面积达45885亩，产量6987吨，种植面积为1949年的7.32倍，产量为1949年的7.76倍。

1969—1972年，潮汕地区出现毁柑种粮、挖蕉种粮的情况，毁柑种粮面积达3.6万亩，加之果产区缺乏肥料，产量很低，1973年水果产量比1968年减少55.91%。1973—1977年，潮汕地区恢复果业供应化肥、奖售化肥、提高水果尤其是柑橘的收购价等措施，至1977年水果产量比1973年上升44.37%，但仍未能超过1968年前的产量。

2.产区分布

潮汕地区柑橘、香蕉和阳桃历来多种于平原地区的水田或江河两岸冲积地，菠萝、荔枝、橄榄、龙眼等果树多栽于山区的山坡丘陵地或五旁地。1949年后提倡"柑橘上山""果树上山"，一些山坡、丘陵地被开发种上柑橘或香蕉。

柑橘产区分布于潮阳、普宁和潮州3个县（市）。20世纪50—60年代，潮阳、普宁和潮州的柑橘产量占潮汕地区总产90%以上；20世纪70年代澄海县大量扩种柑橘，进入全国柑橘基地县的行列。菠萝多产于揭阳县和潮安县，1949年两县产量均各占全区的40%以上，后因种劣、产低、价差，逐步减少种植；普宁县则采用新的菠萝良种，充分开发南阳山和其他山系种植，发展为全地区的菠萝产县。荔枝主产地在惠来县、揭阳县和饶平县。香蕉产区多集中在韩、榕江下游，种植最多的是潮安县和揭阳县。

其他水果生产分布较广，枇杷、阳桃、桃、黄皮、李、龙眼多产于潮州市，橄榄（含乌榄）、梅、梨、余甘多产于普宁县，杨梅、柿多出自潮阳县，龙眼、杜果多产于饶平县，番荔枝多出于澄海县，番石榴、杜果多产于揭阳县，冰糖石榴则是南澳县特产。[1]

第二，水果保鲜加工与供销。

1.保鲜加工

潮汕地区对水果保鲜加工主要是制成罐头、果汁、果酒、凉果、干果等成品。1952年国家投资承赔原私营罐头厂组成的联营组织，合并扩建为地方国营汕头罐头厂。1959年，该厂职工人数达4100多人。1967—1972年，汕头罐头厂分别新建或扩建普宁、惠来和饶平县3家罐头厂，以生产菠萝、荔枝、柑片等水果罐头为主。1956—1970年，先后新建了汕头市、潮安、饶平、揭西棉湖、普宁、潮

---

[1] 汕头市水果蔬菜发展总公司.汕头市水果志［M］.1988：30-122.

州、潮阳、惠来等8家国营凉果厂，加工柑橘、橄榄、青梅、李、桃、杨梅、阳桃等水果。除此之外，潮汕地区还用传统工艺加工制成干果和腌制果，产品在国内外市场有一定影响。[1]

2.水果供销

水果供销有出口与内销两方面。1949年后，出口地区除中国香港和东南亚外，增加出口苏联和东德；内销则有外省（区）、本省和本地。出口产品除鲜果外，还有凉果、干腌制果、罐头水果；鲜果以柑橘为最大宗，其次为橄榄、梨、柿、香蕉等。内销水果以香蕉、柑橘、菠萝、荔枝、龙眼、桃、李、橄榄等为大宗。

新中国成立后，柑橘被列入国家二类商品管理，由汕头供销合作社的果菜副食品公司统一作价收购，报汕头计划委员会统一安排调拨出口、加工和市场销售。柑橘出口以20世纪50年代最多，年均出口21919吨，最多的一年1957年达36668吨，以后受省配额限制而逐年减少。计划经济体制时期，国家对潮汕地区的水果实行统购统销，每年水果平均收购量占总产量的95%以上。

水果也是汕头口岸出口的大宗商品。1952年出口的青橄榄高达870吨。1956年出口水果总值208.5万美元中，鲜果出口值占79.74%，干、凉果出口值占20.26%。1957年出口鲜柿480吨，柿饼368吨。1968年出口罐头菠萝2034吨，总值794700美元，占当年罐头水果总产量的38.26%。[2]

三、畜牧业、水产业、林业

（一）畜牧业

潮汕地区畜牧业生产历来以饲养猪、鸡、鹅、鸭为主，其次为牛、羊、兔、蜜蜂等。饲养畜禽是农民的主要副业，既是提供副业收入的重要来源，也是田园的重要肥源。随着人口的增长和人民生活水平的提高，人们对肉类和乳类制品的需求不断增长，潮汕地区的畜牧业也得到发展，饲养畜禽如猪、鸡、鸭、鹅的数量不断增长。畜牧技术与疫病防治也逐渐受到重视。

第一，畜禽饲养。

1949—1958年，牧业与粮食生产呈现同步上升趋势。1958年牧业总产值为14072万元，比1949年增长70.76%，生猪饲养量增长101.86%，耕牛增长4.24%，

---

[1] 汕头市水果蔬菜发展总公司.汕头市水果志［M］.1988：122-128.

[2] 广东省汕头市地方志编纂委员会.汕头市志（第二册）［M］.北京：新华出版社，1999：949.

鸡、鸭、鹅三禽饲养量增长17.55%。1962年牧业总产值为9802万元，比1958年下降30.34%，生猪饲养量减少40.83%，耕牛减少10.37%，家禽饲养减少1.5%。

1962—1965年，潮汕地区贯彻"公养私养并举"的养猪方针，实施"生猪向粮看齐，禽蛋向猪看齐，以队包干，超额自理，减售抵粮"的派购政策，鼓励私人养牛、养猪，同时开放城乡贸易市场，使牧业生产呈现同步上升趋势。1965年牧业产值为16947万元，比1962年增长72.89%，生猪饲养量增长108%，耕牛增长12.43%。

1966—1976年，由于限制私人饲养畜禽，各地兴起大型集体养猪做法，各地农村推广养猪样板大队。1967年，全地区28个样板大队全部公养猪头数达15295头，占当年全区大队公养猪头数的30.2%。1976年，潮汕地区牧业产值为15715万元，比1965年下降7.27%，生猪饲养量减少3.1%，耕牛减少4.84%。[1]

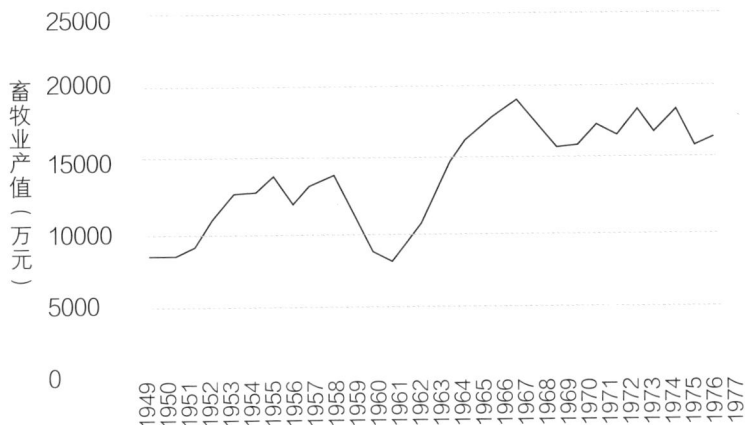

图3-3 1949—1977年潮汕地区畜牧业产值[2]

第二，畜牧科技和疫病防治。

新中国成立后，随着畜牧业的发展，畜牧疫病防治也逐渐受到政府的重视。20世纪50年代，汕头专区先后成立家畜防疫队、家畜配种站、兽医诊断室、兽医生物制药厂等业务机构。60年代初期，各县（市）普遍建立兽医站，专区成立交通兽医检疫站。1963年，各区镇普遍建立兽医站，使各乡各村都有不脱产防疫员。为培训基层兽医人员，加强畜禽疫病防治，20世纪60年代之后，汕头地区

---

[1] 汕头市畜牧局.汕头市畜牧志［M］.1988：10-18.

[2] 广东省汕头市地方志编纂委员会.汕头市志（第二册）［M］.北京：新华出版社，1999：968-970.

先后举办了兽医诊断、屠场检疫、牲畜育种、兽医站会计、新针疗法、中草药应用、饲养标准、防治牲畜五号病、肉品检疫等10多个专业学习班。

（二）水产业

潮汕地区面临浩瀚南海，海岸线长323.3公里，有柘林、三百门、洪洲、莱芜、汕头、达濠、广澳、海门等天然渔港；水深200米以内渔场面积53570平方公里，沿海滩涂面积近20万亩。境内河流密布，有韩江、榕江、练江、龙江及其支流31条，总长7397公里，以及星罗棋布的水库、池塘、河汊等淡水养殖面积28万多亩。海域日照充足，水温较高，温差较小，受各大江河入海淡水倾注，水质肥沃，浮游生物丰富，成为各种鱼、虾、贝、藻类繁殖、栖息的优良场所。潮汕地区一直是广东省水产业的重要产区。

第一，捕捞。

潮汕地区的海洋捕捞业历史较为悠久，海洋捕捞是汕头水产业的主体。20年代50年代中期，潮汕地区开始推行渔网具技术改革，60年代中期发展机帆灯光围网作业，以及加强渔民技术培训，促进海洋捕捞业的发展。

1950—1957年，由于渔船、渔具等捕捞工具的进步，如机帆船的广泛使用，以及普遍成立渔民生产合作社，潮汕地区海洋捕捞产量不断增长。如表3-6所示，1952年海洋捕捞产量30635吨，比1949年增长24.03%。1957年全市海洋捕捞产量52465吨，比1949年增长112.4%。1958—1965年，各级渔业社并入人民公社，实行农、渔统一核算和统一分配，代替原来的分配方式和以农并渔，海洋捕捞量有所下降，1962年海洋捕捞量23485吨，比1949年下降4.92%。1962年进行调整，渔、农分开核算，并实行"三级所有、队为基础"生产管理，国家对渔产品开始实行购七留三或购六留四的收购政策，渔业产量有所恢复。1963年起，因敲𦩊作业被禁止，海洋捕捞量下降。1965年海洋捕捞量下降为41675吨，比1957年减少20.57%。

1966年和1973年，潮汕地区两次实行渔、农合并，渔、农统一核算分配，渔业资金、劳力被抽调去建农田、修水利。政策不稳定使得全区海洋捕捞量发生较大波动，常年徘徊在30000吨至60000吨之间，1973年的32310吨为最低点，1977年达到最高的60050吨。[1]

潮汕地区淡水鱼类资源多集中在韩江、榕江以及练江等五大江河及其支流，以及普宁县白坑湖、揭西县云湖、潮州市梅林湖和东山湖等，淡水捞捕多集

---

[1] 汕头市水产局.汕头水产志［M］.1991: 6-37.

中于此。潮汕地区的淡水捕捞量仅占水产总量的5%以下。从淡水捕捞量来看，1949—1977年潮汕地区淡水捕捞产量总体处于增长状态。[1]

第二，养殖。

1. 海洋养殖

潮汕地区海洋养殖主要是在沿海地带利用滩涂投石养蚝、围塭捕养鱼虾、建养殖场放养泥蚶、红肉、薄壳等贝类。新中国成立后，因围海造田以及生产政策实施等原因，海水养殖出现起伏。

1949—1957年，潮汕海洋养殖生产发展较快，至1957年，有海水养殖渔船371艘，1549吨位；其中机动渔船210艘，930吨位。全区养殖面积10.36万亩，产量10105吨，分别比1949年增长43.9%和57.4%。1958—1965年，全区海洋养殖产量趋于下降，1963年海水养殖产量5965吨，比1957年下降41%。1965年产量为8495吨，有所回升，仍比1957年下降15.9%。

1966—1976年，潮汕沿海掀起围海造田热潮，全区有19.3万亩水产养殖场被改成咸塭田，其中包括鱼塭10.5万亩，蚝场5.4万亩，红肉埕3.1万亩，蚶场0.3万亩。各地围海造田导致水产业减产。饶平县洪洲因造田失去蚝场1.72万亩，年少收鲜蚝1100吨，1800多人被迫转产。潮阳县金浦围龟头海失去养殖场18000亩。汕头港因围垦牛田洋贝类养殖面积由46974亩减存19158亩。马山、澳头、大澳、碧州、海山、东里等港湾因造田失去蚶苗，养蚶业衰退，1966年无蚶供出口，连续中断10多年。1977年全市海水养殖面积6.8万亩，比1957年减少52.5%，产量3959吨，比1957年下降60.82%。[2]

2. 淡水养殖

潮汕地区有31条汇流入海的大小江河，以及星罗棋布的池塘、水库、湖泊等水域，其中可供淡水养殖面积31.2万亩，可供增殖鱼虾的江河水面积8.04万亩，养殖资源丰富。

1949—1958年，农村淡水渔业生产逐步发展；到1958年养殖面积达到10.9万亩，其中鱼塘增加1.1万亩，山塘水库增加48700亩，年产量11835吨，比1949年淡水养殖面积增长191.4%，产量增长123.1%。1959—1965年，潮汕地区填掉6000亩鱼池改为水田，1963年的池塘面积比1958年减少18%，使池鱼产量下降。1962年后全区淡水养殖面积恢复至125300亩，比1958年增加15%，但是养殖面

---

[1]　汕头市水产局.汕头水产志［M］.1991：76-78.

[2]　汕头市水产局.汕头水产志［M］.1991：38-55.

积增加的部分多数是产量较低的山塘水库，1965年淡水养殖总产8830吨，仍比1958年下降25.4%。1966—1977年，淡水养殖产量徘徊不前，到1975年养殖面积153400亩，产量10105吨，与1958年比较，面积虽然增加40.7%，但产量仍减少14.62%。1977年淡水养殖产量为11235吨，仍低于1958年的产量。[1]

表3-6　1949—1977年潮汕地区水产品产量

单位：吨

年份	水产品总产量	海洋捕捞	淡水捕捞	海水养殖	淡水养殖
1949	37270	24700	845	6420	5305
1950	37240	24145	740	6515	5840
1951	41875	27550	790	7100	6435
1952	45410	30635	790	7850	6135
1953	49640	33670	835	8720	6415
1954	62305	45945	835	8565	6960
1955	67365	49185	960	9655	7565
1956	68295	48460	1080	10735	8020
1957	73245	52465	1030	10105	9645
1958	65635	43920	1295	8585	11835
1959	66085	43210	1290	10405	11180
1960	49190	32250	1380	8210	7350
1961	37890	23755	615	7830	5690
1962	38210	23485	680	8590	5455
1963	52160	39025	930	5965	6240
1964	49580	33380	895	8055	7250
1965	60360	41675	1360	8495	8830
1966	65340	45440	1925	7900	10075
1967	58575	39935	1775	6490	10375
1968	57325	43800	810	4650	8065
1969	59500	43540	1600	6310	8050
1970	73500	56710	2310	6110	8370
1971	71105	53010	1910	5720	10465
1972	70945	54845	1620	3995	10485
1973	48000	32310	1830	3485	10375
1974	60560	43855	1755	4560	10390
1975	69165	52469	1876	4715	10105
1976	63941	48220	1546	3410	10765
1977	69648	60050	1544	4400	11235

[1]　汕头市水产局.汕头水产志［M］.1991：56-75.

（三）林业

第一，山林权属。

1949年后，潮汕地区造林事业有较大发展，林木资源不断增殖。其间1958年、1968年出现两次较大反复，总体上林业资源仍有较大发展。

1950年，潮汕地区根据《土地改革法》规定，在原来国有山林基础上创办国有林场，乡村公山仍划归村集体所有，将原来地主、富农的私山分给农户。农业合作化时期，林业经营体制尚处于过渡中。1955年以前，山林所有权除了公山为村集体所有外，其余山林均属私有；组织起来的互助合作组和初级社，仅在劳动力和资金方面互助合作，山权、林权和山林收益仍归山林占有者所有。1956年试办高级农业生产合作社后，各区乡山林普遍存在互助组、初级社、高级社三种组织形式并存的情况。

1958年的"人民公社化"，除国有林场外，所有山林归人民公社集体所有，山林折价、分成、还款等协议一律作废。1961年将林业体制下放，以队为基础，三级集体所有，把原来属于公社、大队集体所有的山林，原则上划归生产队所有；对于公社、大队办的林场，仍归公社、大队所有。按上级规定，一些山区社、队划自留山、自用树给农户。1969—1977年，山林权属再次收归集体，实行社队经营、集体所有的体制。[1]

第二，林场管理。

1949—1978年，国有林场经历了"跃进"、调整、发展三个阶段。国有林场大部分是"大跃进"时期创办的，由于当时建立林场不受数量和亩数限制，国有林场纷纷建立起来。1958年，潮汕地区在揭阳大北山、饶平黄坪、浮滨，惠来青坑、三清，普宁后溪等地建了6个林场。1959—1961年，先后在潮安草岚武、黄田山、普宁黄沙、南澳黄花山和揭阳五云等地再建5个林场。但当时部分国有林场未经勘测规划设计，生产方针不明确，人员配备不齐、劳力缺乏，资金紧缺，导致林场有造无管，造林面积不多，林木质量也比较差。

1962—1963年，潮汕地区的国有林场进行调整，撤销和下放面积小、土质差、发展前景差的7个林场，只保留黄坪（后改为韩江林场）、青坑、大北山、后溪4个林场。经逐年调整后，4个林场山地总面积从37万多亩降为20多万亩，仅存原来面积的56%。

[1]　汕头市林业局.汕头市林业志［M］.1989：48-54.

1963—1977年，国有林场的生产建设迎来新发展，造林面积逐年增加。1963—1975年4个林场共造林17.29万亩，其中杉树7.79万亩。韩江林场基本完成荒山造林任务。

第三，集体林场。

集体林场是由土地改革时期收归村所有的公山发展起来的。1958年人民公社化时，公社辖内所有的山林统归公社所有，由公社建立林场，范围大的公社则建立若干分场。公社林场的场员由各生产大队（村）抽调。1959—1961年，大多数公社林场被取消。1962年在贯彻《人民公社六十条》时，公社林场的山林按规定归还高级合作社时所有的单位，林木被公社无偿砍伐的则由国家拨款退赔。

1963—1965年，许多生产大队、联队（村）、生产队又恢复林场。揭阳和潮安两县没有山地的公社，还由县政府统一安排，从多山的公社中划出部分山地供这些公社办林（果）场。以后，社队林场不断发展，多种经营内容不断丰富，经营管理制度不断完善，1975—1978年是社队林场的全盛时期，社队林场经营面积占集体所有林业用地的66%左右。[1]

第四，林业资源。

潮汕地区属南亚热带常绿季雨林区，热量丰富，气候温和，雨量充沛。森林植被种类繁多，共有234科，1130多种。1949—1977年，中共汕头各级党委和政府制定和颁布发展林业的政策、法令，组织发动群众造林绿化和护林，造林绿化仍在不断发展。

据1975年资源清查统计，潮汕地区共有林业用地802万亩（含沿海沙地19万亩），但是分布不平衡。其中，潮州、惠来、饶平、揭西和普宁等县林业用地面积均超过100万亩；饶平县的林业用地面积最大，约为157.4万亩；林业用地面积最小为澄海县，仅有6.33万亩。全市林业用地的分布在海拔500米以上的山地面积有107.84万亩，在500米以下的低山丘陵、台地和沿海沙地面积则有694.16万亩。

采伐消耗，是林木资源消耗的主要部分，尤其是薪炭采伐。潮汕地区林木遭非正常破坏的主要有三个时期，即1958年、1968年和1978年。如普宁县1958年砍光山林4.5万亩，1968年破坏林木5.5万亩，1978年乱砍滥伐林木达10万亩。

1949—1977年，潮汕地区植树造林主要是种植用材林、经济林和防护林。

---

[1]　汕头市林业局.汕头市林业志［M］.1989：55-83.

潮汕林业资源的特点是幼林多、成材林少，森林资源正处于培育过程，活立木蓄积仍然比较紧张。1969年、1974年的森林资源普查统计数据显示，活立木蓄积量分别为238.11立方米和139.03立方米。[1]

（四）水利

潮汕平原河流众多，河道密集，境内集水面积1000平方公里以上的有韩江、榕江、练江、黄冈河和龙江5条河流，其中韩江是潮汕地区最大的河流。由于常年降雨时空分布不均，容易发生旱涝灾害，沿海地方也时常遭台风袭击，水利建设尤为重要。

第一，河道治理。

1949年后，潮汕地区韩江、练江、榕江、黄冈河和龙江五大水系的河道治理次数最多。其中，河道整治规模最大的是练江；韩江下游的水系分布变动最大，从17条出口河汊整治归并为5条河道出海。[2]

1970—1977年海门湾桥闸建成后，潮阳县重点整治下游自和平桥至出海口长18.3公里河段，普宁县于1973年12月，裁直龙秋湾、北山两处河段。1977年11月，浚深流沙大陂至洋尾山闸长16.3公里河段，拆除玉溪水闸，改建成四孔湖六闸，通畅行洪。1950—1977年，潮阳、普宁两县多次对练江主流分段裁弯取直和疏浚拓宽。共裁弯16处，其中普宁7处，潮阳9处，河长仅存72公里，比原河缩短23.4公里，支流归并减少4条。[3]

第二，治涝防洪工程。

1950—1953年，澄海县全县投工380万工日，修建大小涵闸424处；1959年冬，与潮安县联合兴建南溪反虹涵排水工程，隆都区、官塘区的渍水得以直排出海。1954年冬，潮安县整治韩江右峤内洋地区的排水系统，新开14公里的排水新溪，增设排水闸，使近10万亩农田改善排涝；1957年春建成北溪陂闸，改善两岸的河内、旸坑、坎下湖等涝区的排水条件。同时，整治江东、归湖等历史涝区。至1973年，潮阳、普宁、揭西、揭阳4个县共建成电排站35座，装机135台8758千瓦，治涝面积达12.38万亩。1974—1978年，潮汕地区安排截洪、电排、综合性治涝重点工程25宗，国家基建投资1004万元，占各县同期基建总投资的50.8%。

[1] 汕头市林业局.汕头市林业志［M］.1989：84-146.

[2] 广东省汕头市地方志编纂委员会.汕头市志（第二册）［M］.北京：新华出版社，1999：1117-1119.

[3] 广东省汕头市地方志编纂委员会.汕头市志（第二册）［M］.北京：新华出版社，1999：1120.

每年投入治涝的劳力都在1000万工日以上，5年间潮汕地区增加治涝面积27万多亩；至1978年潮汕地区累计治涝面积101.72万亩，占易涝面积77%，其中达到10年以上治理标准的有44.17万亩，比1973年翻了一番多。[1]

1953年，揭阳县开挖新亨区白石东沟，长3.2公里，截洪面积4平方公里，排洪流量88立方米/秒。60年代中期，揭阳、揭西、潮阳县相继在玉湖、梅云、金和、凤江、陈店、司马浦、谷饶等地开截洪渠18条。1975年春，潮阳县沿大南山北麓兴建长30公里的南山截洪渠，将216平方公里集水面积内7条支流的山洪全部拦截排出南海，排洪流量656立方米/秒，以治理练江流域14万亩农田内涝。1975—1977年，潮汕地区（含海陆丰）动工挖大小截洪渠215宗，截洪面积1300平方公里。其中规模较大的有潮安西山溪截洪和意溪截洪、潮阳南中港截洪、普宁洪阳东截流和广太东西切流、惠来邦山截流等工程。[2]

第三，堤防工程。

潮汕地区临江靠海，江海堤防工程是治涝防洪工程的重要组成部分。1950—1956年，潮汕地区经整修成围的江海堤防103条，总长903公里。至1975年，规划建设35条捍卫500亩以上海堤，逐渐实现石篱化。

新中国成立后，1950年对韩江北堤险段打桩抛石加固；1954年后，粤东行政公署成立韩江下游防洪灌溉工程指挥部，按抗拒"辛亥水"（宣统三年七月十日大水）标准对北堤加高和处理隐患堤段；1961—1962年，韩江北堤全线加宽子堤、培厚堤坡、筑导渗沟、建码头丁坝、砌石护坡、续灌黄泥浆等；1971年转入石篱化建设，至1976年全面完成。1961年大修时培厚韩江南堤子堤，1969年后转以干砌石扩坡和维修码头为主。1971—1975年完成堤防石篱化，此后保持年年维修，但仍以砌石工程为主。

榕江堤的修建主要集中在揭西、普宁和揭阳堤段。20世纪50年代前期，揭西堤段主要集中兴建一些小堤御洪。1955—1959年将各堤段连接成围，建起4宗捍卫万亩以上和15宗捍卫0.1万—1万亩堤围，总长达116.6公里。1952年冬，普宁堤段从金龙湖至鸭母潭段新建江堤，堤长6.5公里。1958年冬，榕江堤全面加高培厚。1965年冬，榕江堤全线按20年一遇防洪标准再次加高培厚。揭阳县在1950

[1] 广东省汕头市地方志编纂委员会.汕头市志（第二册）［M］.北京：新华出版社，1999：1124-1126.

[2] 广东省汕头市地方志编纂委员会.汕头市志（第二册）［M］.北京：新华出版社，1999：1134-1135.

年6月成立防洪复堤委员会，组织群众修复北河、玉湖等处决口堤防，逐步整理堤系，联围设闸，增筑新堤，砌石扩坡，陆续建成捍卫耕地万亩以上七大围。

20世纪50年代初，练江堤仅限于修建支流小堤和防潮堤，60年代前期结合流域治理进行干流筑堤，经四五年整理修筑形成堤系。1962—1963年，贵屿、铜盂、谷饶、陈店等新筑主流北港堤围，整理蟹窑、鲤鱼陂、官田等主流及配套涵闸。1964—1965年着手整理南岸各排水系统及主流社界段的兴建，塞支强干、分围治理，使练江中游南岸西部内涝区初步配套成围。1970年练江出海口建成海门湾桥闸，闸内防潮堤变成防洪堤。

20世纪50年代初潮汕地区仅有海堤38宗，总长363.6公里，捍卫耕地39.88万亩、人口46.5万人，堤身附设有小型涵闸411座。海堤堤身低矮薄弱。砌石护坡堤段仅22876米，且很简陋，抗拒风潮能力均在8级以下。20世纪50年代中后期，澄海、饶平整治韩江和黄冈河出口河道，联小围为大围，缩短了海防线。50年代末至60年代前期，饶平、澄海和潮阳等县大规模围海造田，不少地方堤线外移。至1965年潮汕地区有海堤26宗，长374.54公里。[1]

第四，灌溉供水工程。

1950年起，潮汕各地开始发动群众兴修旧水利灌溉设施，着手进行水利现状调查，计划新建小水库、山塘。此后，由上级拨款，地方政府和基层组织共同筹款，群众派工新建一大批蓄水工程。

1950年冬，潮汕专员公署拨款在潮阳县新建第一座库容量70万立方米小龙溪水库，于1951年7月建成。1953—1954年，粤东行署农业处水利科设计并协助揭阳县新建老虎陂和潮阳县新建蟹窑两宗小（一）型水库工程，推动普宁、潮阳、潮安、饶平等县新建一批山塘、小型水库工程。1957年冬在省水利厅设计和指导下，揭阳县新西河中型水库工程于1958年1月竣工。1950—1958年，潮汕地区新建的水库工程中型3宗、小（一）型46宗和一批小（二）型水库及山塘。有效总库容量27600万立方米，灌溉耕地面积97.91万亩。1961年起，集中力量续建配套设施和对部分工程进行改建、加固。至1966年，潮汕地区累计建成各类型水库、山塘2689宗，总库容146500万立方米，有效库容110500万立方米，灌溉耕地面积达144万亩。

1955—1956年，潮安县与揭阳县联合建成北关、安揭2宗中型引韩工程，又与澄海县合建东凤中型引韩工程，与澄海县联建急水引韩工程，引灌韩江西溪、北

---

[1] 广东省汕头市地方志编纂委员会.汕头市志（第二册）[M].北京：新华出版社，1999：1157-1168.

溪30多万亩面积。澄海县1959—1965年自建外砂、莲阳、东里、南溪、梅溪5座大桥闸，蓄淡水咸潮，基本实现全县引水灌溉。揭阳县于1952年在灰寨水和五经富水首建南乌和溪东西两宗小型工程，引灌面积3万多亩。1956—1959年，澄海在南河和北河干流先后建成三洲、罗山瓠岭3座大型挖河闸坝及引水配套工程，可灌面积17万多亩；普宁县在南河干流建成配有大型拦河闸乌石引榕工程，可灌面积11万多亩。揭阳、普宁、潮阳3县联建的三洲南岸引榕工程，受益面积8万多亩。[1]

第五，围垦。

1950—1959年，潮汕地区新建埭围工程9宗，总面积50810亩，通过对旧堤围加高培厚，兴建引淡灌溉和排涝配套设施，提高围垦地区的效益。1960—1965年，新的围海造田工程12宗，总面积74750亩。其中汕头驻军及市郊有牛田洋、新三围等7宗工程，总面积39990亩，占这个时期新围面积53.5%。1966—1976年，潮汕各地把开山造田、围海造田、向山向海要粮食作为重要任务。汕头地区农业战线革命委员会于1969年成立围垦办公室，负责规划、指导围垦工作。这一期间，新围垦的造田工程共24宗，总面积183254亩，不少围垦地区面积超过1万亩。这一期间的围海造田出现不少毁渔种粮现象，加之填地和水利设施配套能力不足，新围垦区利用率普遍较低。如饶平县所围面积5.15万亩，形成耕地面积16175亩，仅占31.4%。[2]

第二节　1978—1991年的潮汕农业

中共十一届三中全会后，农村生产体制迎来变革，家庭联产承包责任制在潮汕各地农村逐步推行，随着承包期不断延长，农民生产积极性得到提高。1978—1991年，各主要农产品单产不断提高，农业生产以及主要农产品，如粮食、经济作物、蔬菜、水果、肉类和水产品等的总产量稳步上升。

---

[1]　广东省汕头市地方志编纂委员会.汕头市志（第二册）［M］.北京：新华出版社，1999：1139-1152.

[2]　广东省汕头市地方志编纂委员会.汕头市志（第二册）［M］.北京：新华出版社，1999：1168-1175.

一、生产关系变革与农业生产结构调整

（一）家庭联产承包责任制

中共十一届三中全会后，潮汕地区最先在普宁县和揭西县推行承包责任制，并在此后普遍推广至潮汕各地。1982年后，潮汕地区在种植业、林业、果业、渔业、畜牧业等全面推行家庭联产承包责任制，进一步完善承包办法，逐步延长土地承包期。种植业家庭联产承包达15年，山林、果园的承包期更长些，有长达30年以上的。家庭联产承包责任制增强了农民经营积极性、主动性。至1983年，潮汕地区农村实行家庭联产承包责任制已占98.6%，取代了原来人民公社实行的"三级所有、队为基本核算单位"的管理体制。1984年，汕头地区落实中共中央关于延长土地承包期15年的政策，进一步扩大农民的生产经营自主权。

家庭联产承包责任制保持了基本生产资料的社会主义公有制，保留必要的统一规划经营，农民自行支配使用土地和产品销售，生产积极性大大提高，收益也逐年增加。1982年与1978年相比，汕头地区各县农村总收入从13.6152亿元，增至24.7848亿元，年均递增16.16%；其中集体经营收入从8.1073亿元增至14.1231亿元，年均递增14.90%；农民经营收入从5.5079亿元增至10.6617亿元，年均递增17.95%；农民人均收入从127元增至226.3元，年均递增15.54%。

（二）农业生产结构调整

1978年之后，潮汕地区推动农村生产体制改革，调整农业生产结构和农作物种植布局，农业生产得到较快发展。1982年，全区农业总产值从1978年的12.1665亿元增至20.8756亿元，年均递增14.45%。农业总产值在全区农轻重产值中的比重从46%提升到52.9%，重新超过工业总产值的比重。这一期间，潮汕地区大力发展林、牧、渔业，粮食种植面积与经济作物种植面积之比从86∶14调整为79∶21。林业方面，揭西、饶平、潮州等县（市）21个镇林场总面积205万亩，至1987年，年产商品木材30万立方米，林业总产值7418万元，占农业总产值的3.4%。渔业方面，1987年放养面积达15.15万亩，渔业总产量达到17.30万吨，产值1.58亿元，占农业总产值的7.20%。[1]

---

[1] 广东省汕头市地方志编纂委员会.汕头市志（第二册）［M］.北京：新华出版社，1999：778-779.

二、种植业

（一）粮食作物生产

1978—1987年10年间，潮汕地区的粮食播种面积减少67.5万亩，调减幅度16.25%，1979年粮食种植面积为764.3万亩，1985年种植面积为616万亩。其中水稻的种植面积从489.6万亩减至379.37万亩；番薯种植面积从149.27万亩减至140.53万亩。小麦种植面积从1978年的130.86万亩，减至1985年的62.98万亩；大麦从种植面积4万多亩减至1万亩左右。

这一期间，粮食单产量不断提高，至1987年，平均亩产已达864公斤，粮食总产量增长了85%，达39.835亿公斤；花生亩产从92公斤提高到126公斤，甘蔗亩产从4454公斤提高到5210公斤。[1]

（二）经济作物生产

1978—1983年，由于联产承包责任制改革首先在粮食种植领域展开，经济作物播种面积有所下降，1978年经济作物播种面积为118.7万亩，到1983年下降为80.9万亩，经济作物占农作物总播种面积的比例从12.6%下降为9.2%。1983年起，经济作物播种面积开始上升，1985年经济作物播种面积达129.1万亩，占农作物总播种面积的比例也上升到15.54%。

1985年潮汕甘蔗种植面积达17.47万亩，产量为94.36万吨；1987年种植面积减为10.10万亩，产量下降至52.6万吨。1981年花生种植约74万亩，亩产138.4公斤，总产约205.1434万担，为历史上最大种植面积和最高产量。1985年种植面积下降为约62万亩，亩产134公斤，总产约167万担。

1973年潮汕地区开始种植油菜籽，1978年种植面积达7万余亩，亩产量71斤。1983年以后，潮汕地区粮油部门不再收购油菜籽及菜籽油，全区种植面积锐减，仅剩0.17万亩。又如1979年麻皮收购价格较低，导致黄麻生产急剧下降；1984年调整了麻皮收购价格，麻籽价高，黄麻生产又回升。20世纪80年代中期，由于麻袋、麻绳被塑料织品大量取代，麻皮需求量减少，价格下跌，潮汕地区麻类种植面积和生产产量随之下降。[2]

[1] 广东省汕头市地方志编纂委员会.汕头市志（第二册）［M］.北京：新华出版社，1999：788-791.

[2] 广东省汕头市地方志编纂委员会.汕头市志（第二册）［M］.北京：新华出版社，1999：796-799.

（三）蔬菜种植

第一，蔬菜产量与产区分布。

1978年之后，潮汕地区城镇化步伐显著加快，不断增长的蔬菜需求带动了各市县城区周边蔬菜生产。1984年在汕头市收购的50467吨鲜菜中，汕头市郊占62.91%，揭阳县占15.17%，澄海县占8.58%，潮州市占5.22%，上述4县（市）基地菜收购量占全市91.88%。至1987年，潮汕地区蔬菜种植面积已达685312亩，产量1182176吨，总产值40355.77万元，占种植业总产值的21.35%。与1949年比较，蔬菜种植的面积增长171.84%，产量增长264.86%。按产量计，揭阳县占25.5%，潮州市占15.4%，澄海县占13.9%，潮阳县占13.5%，普宁县占8.2%，惠来县占7.4%，饶平县占5.4%，汕头市区（包括郊区、金砂区、达濠区、经济特区）占4.7%，南澳县占0.5%，揭西县占5.5%。[1]

第二，蔬菜加工与销售。

1978年以后，潮汕地区新建大批乡镇腌制厂（场），增加了不少腌制品种。1981年潮汕地区乡镇企业加工腌制菜4838吨，1987年潮汕地区腌制菜已增至16938吨。其中以澄海县、揭阳县最多，两县腌制量合计占全市乡镇企业腌制量的62.44%。

1978年以后，国家允许蔬菜多部门经营、多渠道流通，实行蔬菜价格面议，潮汕各地出现大批经营蔬菜的个体商贩，一些乡镇自建蔬菜生产基地，成为蔬菜生产"专业镇"。如普宁县南径镇1987年的种菜面积就达7500亩，蔬菜销量3.2万吨，创值844万元。同年，澄海县湾头镇种菜面积达1.19万亩，运销外地蔬菜2.3万吨，创值846万元，全镇人均蔬菜收入311元，占总收入的59.2%。

潮汕蔬菜外销，主要是加工成咸菜或菜脯出口，加工、包装技术比较传统。20世纪70年代末，台湾地区改用塑料桶包装咸菜，破损少，潮汕地区的咸菜在中国香港、新加坡、马来西亚市场面临较大的市场压力。1980—1985年年均出口减为2228吨，1985年仅为503吨。20世纪70年代，潮汕菜脯年均出口1442吨，1981—1987年减为472吨。1979年汕头市蔬菜罐头类产品出口6688吨，货值336.98万美元，为历史最高位；1987年出口4566吨，货值176.3万美元。[2]

[1] 汕头市水果蔬菜发展总公司.汕头蔬菜志［M］.1989：3-46.

[2] 汕头市水果蔬菜发展总公司.汕头市蔬菜志［M］.1989：66-88.

（四）果业

第一，水果种植。

1987年潮汕地区水果种植面积达1629690亩，比1978年增长2.12倍，产量425729吨，比1978年增长3.8倍。全区柑橘种植面积441213亩，产量186529吨，分别为1978年的4.98倍和3.23倍。菠萝种植面积179405亩，产量25797吨，分别为1978年的1.25倍和4.93倍。1986年荔枝种植面积1726755亩，产量15863吨，分别是同为"大年"的1978年的2.18倍和4.26倍。香蕉在1984年通过调整种植结构，成为产量仅次于柑橘的全区第二位水果产品；1987年种植面积151044亩，产量123745吨，分别为1978年的14.52倍和48.99倍。

1949年全市水果种植面积中柑橘占12.3%，菠萝占8.7%，荔枝占3.2%，香蕉占6.5%，其他水果占69.3%。1978年以后，潮汕地区的水果种植结构有了较大调整。1987年潮汕地区的水果种植面积1629690亩，为1949年170699亩的9.55倍；其中柑橘占27%，菠萝占11%，荔枝占10.5%，香蕉占9.3%，柑橘、菠萝、荔枝和香蕉的种植面积有所扩大，其他水果减少为42.2%。[1]

第二，水果市场与水果销售。

潮汕地区的水果销售历来以柑橘为大宗。1949—1983年，国家将柑橘列为二类商品，由各级供销合作社所属果菜副食品公司统一作价收购，报各级计划管理部门统一安排出口、内销或调拨加工指标。出口的按指标调给省或汕头经营出口的部门出口。1983年，广东省将柑橘改为三类商品管理，价格随行就市，国营商业和供销合作社部门每年收购量下降为占总产量的50%以上。由于开辟多处水果市场和开放水果市场价格，允许多渠道流通，因此，除国营与集体商业外，经营水果的个体商业户大量增加，国内水果市场更趋活跃，农民水果种植的积极性不断高涨，水果产量稳步上升。

1986年潮汕地区柑橘产量181793吨，出口仅占总量的5.5%，销外省占58%，销本省占11%，销本地占22%，果农自行处理占3.5%。香蕉产量99489吨，销外省的占79.4%，销本省的占17.6%。

这一时期，水果加工成凉果和罐头销售也得到较大的发展。1982年出口罐头荔枝990吨，总值943000美元。1983年出口水果总值877.7万美元中，鲜果出口值占68.96%。干、凉果出口值占31.04%。香蕉销往外省（区）最多，1986年全

---

[1] 汕头市水果蔬菜发展总公司.汕头市水果志［M］.1988：30-122.

市香蕉产量99500吨中，销外省（区）占79.4%，销本省（不含本市）占7.5%，销本市占10.1%，果农自行处理占3%。[1]

三、畜牧业

（一）畜牧饲养

1978年以后，潮汕地区的畜牧饲养不断发展。首先将过去的"见猪派购，比例购留"改为"级级包干，派购到户，超奖缺惩"。1985年1月，实行"生猪取消派购，实行议购议销"的政策。这一时期潮汕地区不断引进国内外优良猪种、肉用型鸡和珍禽，用于杂交改良本地品种。1984年，潮汕地区出现13种、17684户畜禽饲养专业户或重点户，占潮汕地区农户数的1.23%；家禽饲养量144.3万只，占家禽饲养量的5.4%。其中，出现了年养100头猪以上、年养1000只鸭以上和年养1万只鸡以上的专业大户。同时也出现一些专业村，如被称为"养猪专业村"的普宁县里湖镇大园寨村，被称为"百禽之村"的澄海县外砂镇五香溪村和揭阳县地都镇光裕村。[2]至1987年，潮汕地区的牧业产值已达33722万元，为1978年18588万元的1.81倍，每年平均增长6.84%。[3]

（二）饲料生产

1984年潮汕地区的种牧草面积为3910亩，1987年种牧草面积增至47955亩。种牧草已成为农户发展农副业、增加收入的新途径。1984年起，政府每年拨款支持农户种植牧草。1986年中央和省、市农业部门支持惠来县和揭西县建立年产5000吨和3000吨的草粉厂各1座。

1982—1987年，汕头先后建起生产饲料的工厂55间，专产或兼产适应畜禽、鱼虾的配合料，统称"全价日粮饲料"。据44间饲料厂统计，1987年生产畜禽、水产配合料、混合料共53586.9吨，其中年产超1000吨的有揭阳饲料厂、汕头食品进出口支公司饲料厂、饶平江鱼露厂、揭阳县粮所、汕头市粮油总厂和汕头经济特区正大康地有限公司等。正大康地有限公司生产的完全饲料有33个品种，占44间饲料厂总产量的40%。[4]

---

[1] 广东省汕头市地方志编纂委员会.汕头市志（第二册）［M］.北京：新华出版社，1999：944-949.

[2] 汕头市畜牧局.汕头市畜牧志［M］.1988：10-18.

[3] 广东省汕头市地方志编纂委员会.汕头市志（第二册）［M］.北京：新华出版社，1999：967.

[4] 汕头市畜牧局.汕头市畜牧志［M］.1988：41-60.

（三）品种改良与疫病防治

20世纪70—80年代，潮汕地区引进的国内外新的优良品种30多个，其中一部分良种猪通过二元杂交、三元杂交或四元杂交，改良本地品种，提高长膘率、瘦肉率、精肉率，减少耗料，降低饲养成本，获得较高的经济效益和显著效果。

1987年，潮汕各市县先后举办了兽医诊断、屠场检疫、牲畜育种等10多个专业学习班，参加学习或进修的学员达2766人。1987年全地区已有区、镇兽医站177个，兽医人员1071人，村乡防疫员3700人。1984—1986年全区举办8期兽医肉品卫生检疫员训练班，经考核合格发给兽医卫生检疫员证571名，经省考检合格发给兽医卫生监督员证63名，并建立兽医检疫执勤制度，加强对分散屠宰点、肉摊的检验。

四、水产业

（一）渔业生产

第一，海水捕捞。

1980年起，潮汕地区渔业开始推行经营承包责任制，实行定奖赔、按比例分成、大包干等几种形式，最先是在南澳县把小型船排折价下放，实行以作业单位核算的管理体制，后逐渐实行承包到船，将渔船和网具折价，由渔民承包，独立自主经营、自负盈亏。1985年，75%的渔队实行了以作业单位核算的管理形式，渔民承包渔船已占渔业队86%。渔民积极维修维护船网渔具等，开始合资购置船网渔具等，促进了海洋捕捞生产的发展。1987年，潮汕地区海洋渔船有7029艘，73519吨位；其中机动渔船5815艘，66889吨位，为家庭承包经营或合股经营的渔船占97.3%。1987年海洋捕捞量116543吨，比1949年增长371.83%，产量持续上升。

第二，淡水捕捞。

20世纪70年代后期，由于工农业生产发展，江河水域受工业废水和农药化肥的污染，淡水捕捞的产量大受影响，到1980年产量仅有1275吨。此后，由于渔船技术和捕捞工具的进步，尤其是小马力机动渔船的出现，向河口及海湾地区扩展了淡水捕捞的生产范围，使淡水捕捞有所发展。1987年，潮汕地区的淡水捕捞有渔船1557艘，1424吨位；其中机动渔船153艘，331吨位。淡水捕捞总量3347吨，占全市水产总产量的1.93%。

第三，海水养殖。

受前一时期大规模围海造田的影响，1979年潮汕地区海水养殖面积仅存6万亩，产量仅有3125吨。1980年以后，随着联产承包责任制逐步推行，准许渔民承包或投标，一些养殖场由联合体或专业户承包经营。各地开发滩涂，将改为塭田进行退田还渔，逐步恢复、扩大养殖面积，海水养殖的品种、产量回升。1987年全市海水养殖面积15.14万亩，产量21005吨，比1949年分别增长110.27%和227.18%。1985年潮汕地区养蚝面积为25179亩，年产量为1277吨。1985年潮汕地区养殖膏蟹面积已扩大到84亩，产量达100吨，产值200多万元。1982年潮汕地区开始养殖对虾，1987年全市对虾养殖面积增至29252亩，总产4051吨，平均亩产138公斤，亩均创值2891元，总产、单产均居全省前列。

第四，淡水养殖。

1979年全国召开水产工作会议后，潮汕地区积极发展水产养殖，养殖面积、产量逐年上升。1985年潮汕地区淡水养殖面积227263亩，总产量25791吨，占海水、淡水水产品总产量112117吨的23%。多种淡水养殖生产方式都得到发展，1987年鱼塘面积8.04万亩，总产量26757吨；山塘水库养殖面积12.91亩，产量2106吨。20世纪80年代以后，不少地方改涌为塘，开始在湖泊河涌养鱼，1987年，潮汕地区河涌养鱼面积20574亩，产量2688吨。[1]

（二）保鲜加工与销售

渔业迅猛发展带动了水产业保鲜加工的需求。1979—1991年，潮汕水产业的保鲜加工业蓬勃发展。1987年全市国营、集体或个体经营的冷冻厂共55个，生产能力达到日制冰587.7吨、次冷藏2207吨、日急冻32.5吨。1984年，渔船改装隔热冰舱被列为技术改造重要项目，至当年年底共有34艘渔船装置隔热冰舱，冰舱总容量293吨，带冰生产渔船达38艘，产冰鲜鱼达8355吨；1987年潮汕地区有隔热冰舱和带冰生产的机动渔船1266艘，产冰鲜鱼56438吨，占机动船产量的54.7%，提高了鱼货质量和经济效益。

制作鱼露和鱼类罐头都是潮汕地区渔业的重要保鲜加工手段。1987年，潮汕地区鱼露的产量达1.5万吨，出口量为1.96万吨，创汇518万美元，产品主要销往荷兰、日本、肯尼亚和东南亚等地区，内销至东北、华中、中南等各省市。其中汕头鱼露厂生产量最大，1981年为最高生产量，达11876吨鱼露；1987年该厂

---

[1] 汕头市水产局.汕头水产志［M］.1991：6-78.

产量7101吨，销售7204吨。1985年，饶平县柘林、潮阳县海门新建了两家乡镇罐头厂，专门加工鱼类罐头，当年产量达273吨，产值82万元。1985年1月，汕头市水产发展公司与香港客商签订梭子蟹肉罐头技术协作购销合同，在沿海7个渔港设收购加工点，加工取出熟肉保鲜运至汕头罐头厂，使用客商提供的技术、配方制成罐头供出口，当年该厂生产梭子蟹肉罐头583吨，出口306吨，创汇51.88万美元；1987年，该厂收购加工点遍布江苏、福建、广东沿海共17处，加工人员近6000人，出口1234吨，创汇246万美元。[1]

1979年起，广东省实行水产品派购政策，规定海洋鱼产品派购60%—70%；半渔农社队渔产品派购40%；塘鱼参照前三年收购平均数定每年派购数，一定三年不变，派购任务外产品可议价出售。1981年对按比例的派购任务改为按核算单位包干完成交售数与质量，一定三年不变。1984年，水产品被列为国家三类产品，放开价格，随行就市，水产市场出现多形式经营与多渠道流通。水产品价格的放开和供销体制的改革激发了渔民生产的积极性。

随着水产供销体制改革不断推进，1981年汕头市区开始取消水产品凭票定量供应。1985年，汕头市有营业牌照的个体鱼贩650家，其中有45家兼批发，可以直接与外地渔船挂钩议购议销。水产供销体制的改革促进了水产销售的发展，1985年汕头市区农贸市场上市销售的水产品14736吨中，国营、集体经营占57.14%，个体鱼贩占42.86%；1987年水产品上市量达29431吨，比1985年增长99.7%。

水产品出口销售也不断增长，至1985年共出口鳗苗30吨，创汇1341.25万美元。1985—1987年出口急冻对虾1771吨、活鳗鲡936吨、烤鳗402吨、梭子蟹肉罐头2473吨，创汇2990万美元。1979年，潮州市与香港签订第一个养鳗补偿贸易合同，至1987年全市水产业共引进项目36个，其中合作经营项目8个，补偿贸易项目26个，合作生产项目2个，共签订合同总额4024万美元，引进技术设备、运输工具及材料433.22万美元，偿还金额378万美元。[2]

（三）渔业技术的进步与推广

第一，渔船技术改革。

1979年后，渔民个人或集资购机船增多，渔船吨位和功率不断提高，至1985年潮汕地区有机帆渔船4466艘，功率99087.93千瓦，机船吨位占渔船吨位的74.3%。1987年有各类机动渔船5815艘，功率155119.54千瓦，机船吨位占全市渔

---

[1]　汕头市水产局.汕头水产志［M］.1991：79-83.

[2]　汕头市水产局.汕头水产志［M］.1991：96-125.

船总吨位的90.98%。渔船升级提高了水产业生产效率，捕捞产量从1982年起连续6年增产，1987年产量116543吨。这一时期渔船捕鱼技术不断提高，1980年帆船改装隔热冰舱、鱼舱，使鱼产品得到及时保鲜。1985年有35艘放莲船装上起网机，1987年又增加40艘，解决了过去起网靠人力的问题，减轻了劳动强度。

第二，应用现代仪器设备装置。

1984年起，随着建设水产基地开发台湾浅滩和外海渔场的需要，水下铊钢灯诱捕开始推广，雷达、卫星导航仪、探鱼仪、对讲机等现代先进设备在潮汕渔业日益广泛应用。1987年潮汕地区渔船已装有垂直探鱼仪488台、定位仪27台、雷达24台、水平声呐2部、彩色探鱼仪2部、电子自动显示水温计和盐度计各30套、对讲机1728部等现代仪器设备。

第三，渔场改造。

1981年，省水产厅定南澳为渔场改造试点，先后拨款7万元，营造占地13万多平方米的人工鱼礁。1982—1984年，南澳县在人工礁区钓捕到优质鱼9.4吨，总值9.39万元，相当于建礁投资7万元的134%。1985年，市水产局投资6000元购对虾苗350万尾，分别投放海门湾和莱芜湾，作增殖海区资源试验。1987年国家投资30万元，在南澳南部官屿海区投放80个大型钢筋混凝土礁体，投礁后礁区聚集了多种鱼类，起到建渔场的作用，有助于渔业发展。[1]

五、林业

1981年后，潮汕地区开展稳定山林权属、划定自留山、确定林业生产责任制的林业"三定"工作，同时开展林场管理改革，落实和完善各种生产承包责任制，开展多种经营，使林业得到稳定的发展环境。

（一）山林权属与林场管理改革

1981年，潮汕地区全面贯彻中共中央和国务院的《关于保护森林发展林业若干问题的决定》，开展了稳定山林权属、划定自留山、确定林业生产责任制的林业"三定"工作，以改变一些地方山林界限不清、权属不稳、责任不明的状况。

林业"三定"工作于1982年底基本结束。潮汕地区结合处理山林界限问题和颁发山林权证书，共划定各项山林面积779.5万亩，占林业用地97%。其中自留山150.1万亩，国有林场43.1万亩，集体山林承包各户经营或社队林场集体承包

---

[1] 汕头市水产局.汕头水产志［M］.1991：90-95.

经营的山林584.4万亩。

表3-7　1987年汕头市林业"三定"情况统计表[1]

面积单位：万亩

县区项目	林业用地面积	"三定"面积	占林业用地（%）	其中					其中已签订承包合同书	
				自留山	国有林场	社队林场	村集体	责任山	合同份数	承包面积
合计	802	779.5	97	150.1	43.1	144	89.6	352.7	92342	335.5
潮阳	73.9	73.9	100			30.9	11.6	31.4	5346	31.4
普宁	144.4	138	95	22.9	3.8	40.2	10	61.1	6500	41.3
惠来	101.4	98.5	97	27.9	10.2		18.7	41.7	5701	41.3
达濠	5.7	5.7	100				4.3	1.4		
揭西	127	127	100	19.3	9.7	12.8	22.4	62.8	20342	62.8
揭阳	58	57.1	98	2.5	2	18.3	3.2	31.1	16500	28.5
潮州	114.1	112	98	28.8	4.8	26.7	5.3	46.4	4957	46.4
饶平	157	147.8	94	48.1	10.2	14.9	11.6	63	32147	55.6
澄海	6.8	6.3	92			0.4	0.2	1	226	3.8
南澳	11.6	11.1	96	0.6	2			8.5	618	5.1
市郊区	2.1	2.1	100				1.5	0.6	5	0.6
备注	"社队林场"指保留队伍、独立核算的林场机构； "村集体"指不保留林场的村的集体林，由村组织专业人员管，没有承包户； "责任山"指分到户或联户承包的山林，有的签订承包合同书，有的没有签订合同书。									

至1987年，韩江（饶平）、大北山（揭西）、后溪（普宁）、青坑（惠来）4个国有林场共经营山地面积20.95万亩，其中有林地10.66万亩，占山地总面积的50.9%。蓄积量263426立方米，林木年总生长量16214立方米。

1981年潮汕地区进行林业"三定"时，从集体山林中划给农民作自留山150.1万亩，其余609万亩为集体所有山林。集体山林划出部分自留山给农民自行经营后，所存山林，有林场承包、分户承包、多户联合承包经营等承包经营制。原社队林场经营管理制度较健全的，由林场向社（乡镇）、队（村）承包继续经营；较大的社队林场则再分工区或专业队，如茶、果、林、牧等专业队承包经营。原社队林场划出

[1]　广东省汕头市地方志编纂委员会.汕头市志（第二册）［M］.北京：新华出版社，1999：862.

自留山后，山林面积不多或经营不善的，则撤销林场，把山林作为"责任山"，由山林权属单位分给社员承包经营。至此，集体林业以社队林场为主体的经营体制，变为社队林场承包经营和千家万户承包经营的多种承包经营体制。[1]

（二）林木资源增长

1981年后，潮汕地区开展稳定山林权、划定自留山、确定林业生产责任制的林业"三定"工作，颁发山林权证书。同时，开展植树造林的营林工作，林业逐步得到发展。据1987年统计，潮汕地区在用材林方面共营造杉、松、红椎、稠等用材林156.94万亩，活立木蓄积量205万立方米，其中国有林场14.45万亩，蓄积量34.21万立方米。在薪炭林种植方面，薪炭林种植面积达155万亩，占各林种林面积的31.7%。

多种经营方针也收到成效，1987年全区收成油茶籽363.9吨，比1986年的277.26吨增长31.25%；收各种青果产品18.61万吨，比1986年的17.14万吨增长8.58%；生产茶叶产品4363.95吨，比1986年的3576.63吨增长22.01%；1987年林产品总值2.4515亿元，比1986年的林产品总值增长15.28%；林业用地平均每亩创值30.55元，比1986年平均每亩创值增长15.2%。[2]

六、水利

（一）治涝防洪工程

1979年以后，潮汕地区继续兴建小型电排站以提高排涝标准。1985年潮汕地区达到10年以上治涝标准有83.43万亩，比1978年翻了一番；潮汕各县（不含饶平）已建成截洪工程79宗，截洪面积1219.51平方公里，渠线总长352公里，其中截洪10平方公里以上的有25宗；建成大小排涝闸598座、1569孔，排水能力达23661立方米每秒；建成电排站317宗，分设326个站，装机640台、44095千瓦，排涝面积48.74万亩。[3]

至1985年，潮汕地区建成江海堤围381宗，总长2137.02公里，捍卫耕地面积达243.09万亩，人口560.43万人（见表3-8）。其中江堤320宗，长1757.15公里，捍卫耕地212.1万亩，人口508.79万人，主要分布在韩江、榕江、练江、龙江、黄

[1] 汕头市林业局.汕头市林业志［M］.1989：47-83.

[2] 汕头市林业局.汕头市林业志［M］.1989：84-146.

[3] 广东省汕头市地方志编纂委员会.汕头市志（第二册）［M］.北京：新华出版社，1999：1117-1120.

冈河两岸。1976年起，省、地区开始安排专款建设，将海堤从干砌石改为浆砌石或半浆砌石结构，以提高抗冲能力，至1985年，潮汕地区20宗捍卫万亩以上海堤，已有113.57公里堤段基本实现石堤化。[1]

表3-8　1985年潮汕地区江海堤围统计表

县区	宗数（宗）	堤长（公里）	捍卫		已达设防标准				
			耕地（万亩）	人口（万人）	宗数（宗）	堤长（公里）	占总堤长（%）	捍卫	
								耕地（万亩）	人口（万人）
合计	381	2137.02	243.09	560.27	36	334.7	15.7	40.18	82.5
市郊区	4	61	9.45	16.33					
达濠	10	34.84	1.52	6.58	2	6.03	17.3	0.2	0.5
市区	1	10.54	1.07	38.16					
潮州	40	208.22	41.1	98.09					
澄海	13	209.7	23.25	65.24	6	108.9	51.9	6.56	16.63
饶平	16	177.21	19.14	37.53					
南澳	11	9.2	0.48	0.48	9	8.1	88.0	0.31	0.48
潮阳	60	557.24	49.32	108.53	9	129.4	23.2	19.94	41.86
揭阳	15	142.46	26.22	53.53	5	18.01	12.6	2.51	6.32
			16.45	41.4					
揭西	33	174.34	12.04	28.7	3	35.11	20.1	5.58	9.63
普宁	136	286.8	20.89	31.52	2	29.15	10.2	5.08	7.08
惠来	41	265.47	22.16	34.18					

（二）灌溉供水工程

1978年以后，针对电力供应紧缺的矛盾，潮汕地区兴建了一批中小型的、以发电为主的水库工程。至1985年，潮汕地区新建扩建的大、中、小型（注）水库工程738宗，山塘工程2262宗，总库容19207万立方米，有效库容141447万立方米，灌溉耕地面积157.8万亩，占全市耕地总面积的50%；加上由龙颈、横江水库补给水源的榕江水系灌区，蓄水工程的灌溉面积194万亩，占耕地总面积的61.5%，在防御冬春连旱方面发挥较大作用。

---

[1]　广东省汕头市地方志编纂委员会.汕头市志（第二册）［M］.北京：新华出版社，1999：1157-1168.

至1985年，潮汕地区已建引水工程485宗，有效引灌面积108.24万亩。其中，可灌1万亩以上的引水工程21宗（包括明建潮水溪工程），引灌面积达102.49万亩。小型引水工程多分布于山区或丘陵，潮州市、揭阳县较多，其次为普宁、饶平、揭西等县。至1985年，潮汕地区小型引水工程464宗，受益面积5.75万亩。

这一时期引水灌溉工程机械化程度有所提高，至1985年，潮汕地区机械排灌保有量2229台，33922千瓦，灌溉面积42.78万亩。其中固定站997处，装机1021台，28121匹马力，受益灌溉面积8.97万亩，排涝面积3.01万亩，有效地增加和改善了灌溉面积。[1]

表3-9　1985年潮汕地区各类灌溉工程统计表

县别	引水工程			蓄水（灌溉）工程				电灌站		
	宗数	引水流量（立方米/秒）	灌溉面积（万亩）	宗数	总库容（万立方米）	有效库容（万立方米）	灌溉面积（万亩）	站数（个）	装机（千瓦/台）	灌溉面积（实际/改善）（万亩）
合计	485	312.03	108.24	3000	190207	141447	157.8	1336	33914/1560	18.98/45.8
市郊	3	39.3	5.01	10	236	193	0.25	26	716/30	0.8/
达濠	1	0.1	0.02	64	835	626	1.04	1	40/1	0.08/
金砂		0.9	0.42					4	238/4	0.07/
潮州	95	52.15	26.59	188	8373	5189	6.94	151	1973/211	2.38/7.2
澄海	5	98.45	20.79	12	165	150	0.25	62	1009/71	0.08/3.54
饶平	120	5	1.75	781	50350	37634	23.84	130	3848/152	2.11/0.27
南澳	1	0.25		72	651	579	0.62			
潮阳	1	20.05	4.83	361	28714	22448	38.81	161	5223/193	2.54/3.67
揭阳	19	39.5	23.79	212	13863	9515	23.88	422	6806/474	3.4/28.96

[1] 广东省汕头市地方志编纂委员会.汕头市志（第二册）［M］.北京：新华出版社，1999：1139-1152.

续表

县别	引水工程			蓄水（灌溉）工程				电灌站		
	宗数	引水流量（立方米/秒）	灌溉面积（万亩）	宗数	总库容（万立方米）	有效库容（万立方米）	灌溉面积（万亩）	站数（个）	装机（千瓦/台）	灌溉面积（实际/改善）（万亩）
揭西	113	20.88	13.53	447	3799	3141	7.28	146	8093/179	2.06/0.03
普宁	96	22.84	10.95	629	18535	14869	26.23	127	2422/128	3.54/2.13
惠来	28	12.16	0.56	221	37454	27727	28.66	106	2546/117	1.92/
市直	3	（4.18）	（22.12）	3	27232	19376	（7.81）			
备注	市直工程所有加括号的数字均已分开计入受益县，属重复统计数；蓄水（灌溉）工程仅统计灌溉为主水库，潮汕地区共有9宗中型发电水库及12宗小（一）型发电水库（总库容共28387万立方米，有效库容共23532万立方米）未计入，加上这批水库，则潮汕地区大小蓄水工程为3021宗，总库量218594万立方米，有效库容164979万立方米。									

（三）围垦

1978年以后，潮汕地区围垦工作的重点逐步转向巩固、提高和开发利用，新增围垦面积不多。1978—1991年，仅有潮阳大头呈南围、汕头市郊棉花塭、澄海沙仔坪、揭阳神港围、惠来钓石新围等5宗，面积为6980亩。

至1987年，潮汕地区围海造田利用面积达21.13万亩，其中种水稻占46.24%，种甘蔗、莲藕等作物占3.94%，淡水养殖占8.62%，海水养殖占8.11%，未被利用面积占总面积的33.09%。澄饶联围是潮汕地区最大的围垦工程，总面积7.25万亩，其中饶平5.1万亩，澄海2.1万亩。[1]

第三节　1992—2010 年的潮汕农业

1991年底潮汕三市分立之后，潮汕各市在继续稳定农村经营体制的同时，努力调整农业产业结构，发展高产、高质、高效的"三高农业"，建成一批特色农产品生产基地，大大提高了潮汕地区农产品的商品率。

[1]　汕头市地方志编纂委员会.汕头市志（上）［M］.广州：广东人民出版社，2013：18-183.

一、潮汕农村经济体制改革的深化与农业的发展

（一）农村经济体制改革的深化

1992年以后，潮汕地区各市政府将农村经济体制改革的重点转向继续稳定家庭联产承包责任制，规范"经联社"的财务监督和管理，明晰社区经济组织的农村集体资产管理主体地位，以进一步完善统分结合的双层经营体制。

1992年3月，潮汕各市全面推行农村承包合同管理制度，在各级农业主管部门设立"农村承包合同办理处"，并于相关部门成立"农村承包合同仲裁委员会"，以明确经联社与农户之间的权、责、利关系，农村合同管理逐步走向规范化、法制化。[1]1998年农村第一轮承包期到期后，潮汕各地按照中央"大稳定、小调整"的原则，全面执行土地承包期再延长30年的政策。2004年潮汕各地借鉴外地经验，完善农村第二轮土地承包工作，积极探索建立农村股份合作制。

（二）潮汕三市农业的发展

1992年，潮汕三市分设时，汕头市农业总产值为18.27亿元，揭阳市为40.54亿元，潮州市为25.62亿元。2010年时，汕头市农业总产值增至117.76亿元，为1992年的6.45倍，年均递增10.91%；揭阳市农业总产值增至169.02亿元，为1992年的4.17倍，年均递增8.25%；潮州市农业总产值增至70亿元，为1992年的2.73倍，年均递增5.74%（如图3-4）。

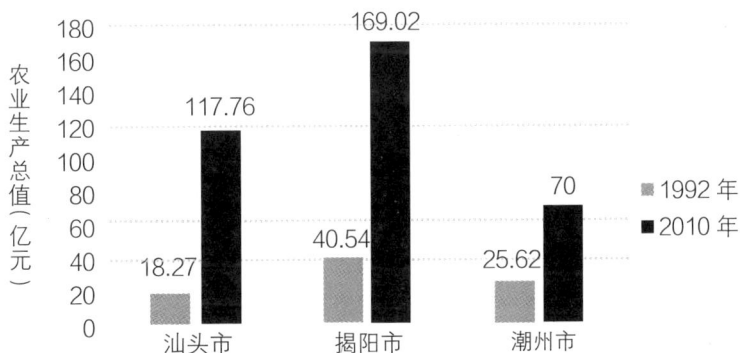

图3-4 1992年与2010年农业生产总值的比较图[2]

---

[1] 汕头市地方志编纂委员会.汕头市志（上）［M］.广州：广东人民出版社，2013：182.

[2] 整理自《汕头市志（1979—2000）》（上册）、《揭阳市志（1992—2004）》（上册）、《潮州市志（1992—2005）》（上册）中农业志部分及汕头市、揭阳市、潮州市2011年统计年鉴中数据。

1978—1992年，潮汕地区农业总产值的年均增长速度为13.35%；1992—2010年，潮汕三市农业总产值的年均递增速度为8.3%，显然农业增长速度已经开始放缓。出现这一情况的主要原因，一是20世纪80年代上半期农村推行联产承包责任制的效应开始减弱。二是农村工业化、城镇化步伐加快，乡镇企业兴起，有限的土地、劳动力等资源配置向非农产业倾斜。三是潮汕农业开始从上规模、上速度向优化结构、提高农产品质量、提升商品化率转变。

1992—2010年，潮汕各市均全力发展第二产业，不断加大对工业投资和基础设施建设投资。这一期间，潮汕地区工业总产值年均增速为19.08%[1]，比全地区农业总产值的年均增速高10.66个百分点。在潮汕地区的三次产业结构中，三大产业结构比例发生了重大变化，第二、三产业的比重不断上升，并逐渐占据主导地位；第一产业尽管在这一时期仍然不断增长，但比重迅速下降。表3-10的数据表明，至2010年，揭阳、潮州两市已经从1978年时的农业主导转向工业主导，整体迈进工业化上升期，大部分劳动力已经离开土地，从事非农产业。汕头市的非农产业在三次产业结构中的比重，已经接近于珠江三角洲地区的水平，开始进入工业化成熟期。

这一期间，随着农业、农村的发展，汕头市农村常住居民的人均可支配收入从1992年的1557元增至2010年的6518元，年均递增8.28%；潮州市农村常住居民的人均可支配收入从1992年的1281元增至2010年的6373元，年均递增9.32%；揭阳市农村常住居民的人均可支配收入从1992年的1193元增至2010年的6128元，年均递增9.52%。2010年汕头、潮州、揭阳三市农村常住居民人均消费支出分别为5960元、6027元和4745元。[2]

---

[1]　数据来源：广东省统计局，国家统计局广东调查总队.数说广东70年（1949—2019）[M].2019：455，545，551.

[2]　广东省统计局，国家统计局广东调查总队.数说广东70年（1949—2019）[M].2019：458，548，554.

表3-10 1992年、2010年潮汕地区三次产业结构的变化[1]

单位：%

	1992年			2010年		
	第一产业	第二产业	第三产业	第一产业	第二产业	第三产业
汕头市	16.8	36.8	46.4	5.7	53.0	41.3
揭阳市	41.8	34.7	23.5	10.9	57.4	31.7
潮州市	29.71	42.03	28.24	7.2	56.3	36.5

二、农业产业结构的调整和升级

（一）主要农产品生产的调整

1992年之后，全国统一、开放、竞争的农产品市场逐渐成型，潮汕各市城镇化进程显著加快，人民生活水平的提高和社会需求的多元化推动潮汕地区农产品生产结构不断调整。

历史上潮汕地区既是缺粮地区，也是粮食高产地区。1978年以后的潮汕农村体制改革，也是从解决粮食不足问题开始的。即使在农村经济作物种植和多种经营大力发展的20世纪80年代，潮汕水稻种植面积大幅减少，水稻总产量也略有增加。1979年，潮汕地区水稻种植总面积为489.61万亩，亩产为352.5公斤，总产量为172.6万吨。1991年潮汕地区水稻种植总面积减少为333.02万亩，比1979年减少31.98%；但亩产增加到438公斤，为1979年的124.26%；总产量为145.86万吨，为1979年的84.51%。1992年潮汕三市分设，当年汕头市水稻种植面积为106.15万亩，亩产为519公斤，总产量为55.1万吨；至2000年，汕头市水稻种植面积减少为97.67万亩，亩产增至550公斤，总产量53.72万吨，仅比1992年减少2.5%。[2]

进入21世纪之后，潮汕三市农业生产结构的调整步伐进一步加快。至2010年，汕头市水稻种植面积减少为76.70万亩，亩产412公斤，总产量31.60万吨，低于2000年的53.72万吨。2011年汕头市全年粮食生产总产量为44.92万吨，低于1992年的73.63吨；揭阳市粮食生产总量降为83.21万吨，低于1992年的117.26万

---

[1] 整理自《汕头市志（1979—2000）》（上册）、《揭阳市志（1992—2004）》（上册）、《潮州市志（1992—2005）》（上册）中农业志部分及汕头市、揭阳市、潮州市2011统计年鉴中数据。

[2] 汕头市地方志编纂委员会.汕头市志（上）［M］.广州：广东人民出版社，2013：381-382.

吨；潮州市2011年粮食生产总量为26.90万吨，低于1992年的52.71万吨。

在适当调低粮食种植面积的同时，潮汕三市因地制宜发展高附加值的经济作物和禽畜肉类生产。一是扩大蔬菜、水果业的产量。1992年汕头市蔬菜产量为83.08万吨，2010年为151.02万吨。1992年揭阳市蔬菜产量为80.73万吨，水果产量为30.86万吨；2010年蔬菜产量为171.46万吨，水果产量为49.47万吨。二是肉类产量不断增长。1990年汕头市肉类总产量为6.54万吨，2010年增长到11.87万吨。1992年揭阳市肉类总产量为9.46万吨，2010年增长到17.92万吨。三是水产品产量迅速增加。1992年汕头市1990年水产品产量为11.87万吨，2010年增长到39.94万吨；1992年揭阳市水产品产量为8.67万吨，2010年增长到14.52万吨。1992年潮州市的水产品产量为7.46万吨，2010年增长到18.43万吨。

1992—2010年，潮汕各市继续优化农业资源配置，发展高产、高质、高效"三高"农业。积极开发优质农业品种，加强先进农业技术的推广引用，创建地方优势农产品品牌。1993年以后，汕头市大规模扩大优质杂交稻的种植面积；到2000年，二级谷以上中优稻占51%，一级谷以上优质稻占42%。这一期间，汕头引进国外自动温室无土栽培蔬菜设施，自主培育并在全国推广种植抗锈高产花生品种"汕油"系列，引进种植一大批适宜本地发展的名优稀水果。1995年就已形成7万多亩的珍稀水果种植规模；到2000年，全市优质水果占水果总面积的1/4，反季节蔬菜播种面积占总播种面积三成。潮州则以茶叶、潮州柑和花卉为重点，培育区域性的优势产品。1995—2005年，潮州市的凤凰单丛茶获得多项国际国内名茶金奖称号，取得较好的经济效益。揭阳市实行"一县数业""一乡一品"，对各地名优产品进行规划和扶持，加快特色农业发展。至2005年前后，全市形成了普宁以青梅、青柑、蔬菜、花卉为主，揭东以龙眼、竹笋、香蕉、蔬菜、野鸭为主；惠来以荔枝、各种加工型蔬菜为主；揭西以茶叶、生猪、鹧鸪、反季节和无公害蔬菜、青榄为主；市区以蔬菜、香蕉、花卉为主的农业区域生产布局。[1]

（二）农业生产基地的建设和农产品商品化率的提升

农业生产基地是发展"三高农业"的载体。1996年，汕头市委、市政府提出，重点抓好粮食、蔬菜、果茶、水产、畜牧、花卉6个农业支柱产业，发展"一品"主导产品，建设一批大型生产基地。1997—1998年，汕头市政府先后授予16家企业为"汕头市农业产业化龙头企业"称号，认定30个"高产示范片"、

---

[1]　汕头市地方志编纂委员会.汕头市志（上）［M］.广州：广东人民出版社，2013：381-382.

种养业企业、农业研究机构为"三高农业示范基地"。

1992年以后，潮州市重点发展具有本地优势的特色农业，建立"一乡一品"或"数乡一品"的商品化基地，如凤凰、坪溪的单丛茶，新塘、钱东、磷溪的生柑，归湖、文祠的橄榄，金石的花卉等。至2005年，全市已有市级以上农业龙头企业24家，建设了5个万亩蔬菜生产基地、5个万头养猪场、5个良种场和5个加工基地。这一期间潮州市还大力扶持农副产品市场的建设，枫春、浮洋、江东、钱东、新圩等处的蔬菜、水产、肉类专业批发市场辐射范围远及汕头、海南、闽南。

1992年揭阳市建市之初，市委、市政府召开了第一次全市"三高"农业会议，1993年出台了相关规划和奖励办法，1995年，全市基本形成了10个农业商品基地，包括优质稻45万亩、荔枝21万亩、柑橘橙12万亩、蔬菜60.41万亩、水产养殖15万亩、畜禽饲养量4183万头（只）等。2004年，揭阳市已经形成了规模较大的荔枝、龙眼、青梅、橄榄四大水果生产带；企业化生猪生产线15条，饲养量33万头；年产值10万元以上的专业化养禽场132家，年出栏量2600只；水产养殖面积150亩以上的企业（专业户）57家。

（三）农业现代化的探索

第一，农业机械化较快发展。

20世纪80年代后，潮汕地区农业的灌溉、犁耙、加工、运输的机械化水平迅速提升，机械收割面积不断扩大。至1997年，潮汕农村拥有的农业机械总动力已经达到135.02万千瓦，大中型拖拉机318台，小型拖拉机21364台，机耕面积达188万亩，占耕地总面积的66%。农用机械排灌动力共达14126万台，农用载重汽车5359辆，机械机动船7842艘、9.32万吨位，农村的总用电量已经达到11.52万千瓦时。2010年，各地农业机械拥有量不断增加。汕头市全市有大中拖拉机146台、小型拖拉机4277台，联合收割机142台、自走式机动割晒机31台，渔用机动船4126艘，农用运输车2141辆，农业机械总动力为398880千瓦。潮州市全市有大中拖拉机21台、小型拖拉机2004台，渔用机动船1722艘，农用运输车3904辆，农业机械总动力为275255千瓦。揭阳市有大中拖拉机124台、小型拖拉机11697台，渔用机动船2168艘，农用运输车3617辆，农业机械总动力为597553千瓦。[1]

---

[1] 整理自《汕头市2011年统计年鉴》《揭阳市2011年统计年鉴》和《潮州市2011年统计年鉴》中农业部分的数据。

第二，农业科技的推广应用。

1992年后，潮汕三市不断加强农业科技的推广应用。

一是推广良种良法。这一期间，潮汕各地广泛推广饶平的杂交稻"特优524"、潮安的杂交稻"协优3550"的种植。"软枝大粒"梅、"古山二号"龙眼、"妃子笑""糯米滋"荔枝、"三棱"橄榄等优质水果品种也在这一时期被广泛种植。澄海、潮阳等水稻高产地的规范化栽培、固土配方施肥、植物病虫综合防治等技术，也得到总结、推广。

二是创办农业示范园。这一期间潮汕各市通过创办农业示范园，建设形成"名优特"蔬菜原种、禽畜原种科研生产和产业化经营基地、农业高新科技试验推广基地和现代农业示范基地，引导农民发展现代农业。1997年，汕头市依托汕头市白沙蔬菜原种研究所、白沙禽畜原种研究所，在澄海创办面积为2129.4亩的汕头市现代农业示范区；至2000年，已建成蔬菜生产示范区、蔬菜种子加工仓库、现代化种鸡场、现代化电脑孵化厂、狮头鹅种鹅场等项目。2002年，揭阳市创办揭东县和普宁市省级农业现代化示范区，同时办起揭东县砲台万亩水稻高产示范片、揭西县龙源高科技示范园等一批农科示范基地等。

第三，充实完善农业科研机构和服务机构。

1992年以后，潮汕各市通过充实完善农业科研机构和服务机构，构建起各市的农业技术推广网络。汕头市建有汕头市农业科学研究所、汕头市林业科学研究所、汕头市白沙蔬菜原种研究所、汕头市果树研究中心、汕头市水产研究所等农业科研机构。[1]潮州市的市级推广服务机构有潮州市农业科技发展中心、潮州市果树研究所、潮州市动物防疫监督所、潮州市植保站、潮州市种子公司等，县镇农业技术推广机构104个，其中县级17个、镇级87个。[2]

（四）农业气象预报工作现代化

气象对农业生产的影响最为巨大和直接，台风、暴雨及其引发的洪水、海潮历史上曾给潮汕农业生产和人民生活造成巨大的损失。建设气象现代化设施及做好气象预报工作至关重要。

———————

[1] 汕头市地方志编纂委员会.汕头市志（1979—2000）（上册）［M］.广州：广东人民出版社，2013：401-407.

[2] 潮州市地方志编纂委员会.潮州市志（1992—2005）（上册）［M］.广州：岭南美术出版社，2014：312-317.

三、扶贫开发与老区建设

1985年，潮汕地区38个贫困村和100个水库移民村被确定为省扶贫对象；1989年，全区贫困村319个，104894户，510010人。1986—1988年，汕头市委、市政府连续3年组织三批扶贫工作组下乡扶贫。1992年潮汕三市分设，汕头市贫困村为58个，18168户，99531人。汕头市直11个部门58个单位继续做好挂钩扶贫工作。1997年，汕头市按照当时省划定的人均年收入低于500元（1990不变价）的标准，实现基本解决全市绝对贫困人口231户、10091人的温饱问题，比全省提早3年实现国家扶贫攻坚计划。1996年1月，按照省第十次山区工作会议部署，汕头市被指定对口帮扶揭西县，3年内由汕头市财政安排扶持基金1200万元，汕头各区（市）对口帮扶揭西一个乡镇。1993年潮州市组织市直95个单位挂钩饶平新丰、上善、上饶和潮安县赤凤、凤南等8个镇，进行包干扶贫。至2005年，共组织挂钩扶持贫困镇3轮24个次，扶持贫困村210个，支持贫困镇财力和贫困村年集体收入分别超过30万元和5万元。[1]

1980年，汕头地区被确认的老区公社共29个，同年成立汕头地区革命老根据地建设委员会。1982年，省拨出专款362万元用于老区种养业和集体福利事业；汕头地区各级财政拨出专款422万元和大水泥、钢材、木材等物资支援老区建设，侨胞支援人民币100万元，建设学校和桥梁各一座。1986年，汕头市委、市人大将老区建设纳入市"七五"计划，每年从市财政中安排100万元以上扶持老区发展生产。[2]

1992年以后，潮汕三市各级财政、各部门、社会团体、侨胞继续以多种方式支持老区发展。至2000年，汕头市投入老区的建设资金约3.3亿元。潮州市的老区镇有31个，老区人口105.35万人，从1991年起实施了"八五""九五""十五"扶持老区建设工作计划。1995年潮州老区镇（场）基本实现了"四有"（有1所中学、1所卫生院、1个文化站、1个农科站）。1999年底，集体经济纯收入不足3万

[1] 汕头市地方志编纂委员会.汕头市志（1979—2000）（上册）[M].广州：广东人民出版社，2013：410-411.潮州市地方志编纂委员会.潮州市志（1992—2005）（下册）[M].广州：岭南美术出版社，2014：1199.

[2] 汕头市地方志编纂委员会.汕头市志（1979—2000）（上册）[M].广州：广东人民出版社，2013：413.

元的老区行政村全部超过3万元，97520人脱贫。[1]1992年，揭阳市评定老区村2106个、人口2588186人，分布于全市各县（区）86个乡镇（场）、903个村委会。1992—2004年，揭阳市各级财政及有关部门投入扶持老区建设资金5.2亿元，其中办工矿企业312宗、第三产业64宗，种果树、茶叶、造林及其他经济作物25078公顷，兴办水电站117宗、自来水工程289宗，修建公路2666公里、村道1889公里、校舍40.92万平方米、卫生院所6.92万平方米，培训人才37.55万人次。有老区的乡镇实现"四有"，老区农村人均收入3078元，行路难、照明难、饮水难、读书难、看病难的问题基本得到解决。[2]

[1] 潮州市地方志编纂委员会.潮州市志（1992—2005）（下册）［M］.广州：岭南美术出版社，2014：201.

[2] 揭阳市志编纂委员会.揭阳市志（1992—2004）［M］.北京：方志出版社，2013：929-930.

1860年汕头开埠后，潮汕商业的先行近代化，带动潮汕各产业和城乡发展形态的近代化，"因商而兴"和"顺商而变"成为近代潮汕经济运行演进的基本特征。1949—2010年，潮汕地区商业贸易的管理体制、组织形式、经营主体、购销方式和网点布局均发生了重大变化，深刻影响了潮汕地区的工业化、城镇化进程。

第一节　1949—1978 年的潮汕商业

1949年10月中华人民共和国成立之后，人民政府十分重视商业工作，汕头和全国一样，迅速设立地方商业行政管理部门，组建国营和合作商业经营管理机构，形成了商业局、供销合作社和粮食局三大系统的国内贸易格局。1959年，生产资料经营从国营商业公司分离，由新设立的汕头专区物资局统一管理和经营。[1]

一、潮汕商业管理体制的形成与变化

（一）地方商业行政管理部门和国营、合作商业经营管理机构的设立

1949年10月中华人民共和国成立之后，潮汕地区同全国

---

[1]　广东省汕头市地方志编纂委员会.汕头市志（第三册）［M］.北京：新华出版社，1999：7-9.

全省一样，迅速组建政府商业管理部门。1950年7月成立潮汕专署工商科，主管私营工商业和市场的管理工作。1952年11月，成立粤东行署工商处，主管全区工业、手工业、商业、饮食服务业及市场管理工作。1953年9月成立粤东行署商业处（即原工商处分为工业处和商业处），主管商业、饮食服务业和市场管理工作，分管下属花纱布、百货、食品、油脂、五金、煤建、石油、医药、糖业、文化用品等一批国营商业公司。[1]合作商业机构指供销合作社。1951年10月，潮汕专员公署设置合作指导科，管理全区合作社事业。1952年3月，成立"潮汕专区合作社联合总社"，统一领导全区的供销、消费社和手工业生产合作社。同年11月，改称"广东省粤东区合作社联合总社"。当时，辖属的合作社机构有市级总社2个、县级总社20个，基层供销合作社272个，消费社19个、手工业生产合作社51个，共有社员281.88万。[2]

1954年设立汕头市粮食局，接受上级粮食部门和市人民政府双重领导，负责供应全市居民人口、机关团体、驻汕部队、流动人口、生产单位的所有粮油（含杂粮）供应。直属单位是8个粮食供应站、59间私营粮食代销店、1间粮食加工厂和仓库等。[3]

随着广东省全省行政区划的调整以及汕头专署的改名和管辖范围的变更，商业处、供销社和粮食局的机构名称也几经易名，但负责城镇和农村商品流通和市场供应的职能没有改变。到1956年，商、供、粮三家机构的名称基本稳定下来，即汕头专署商业处、广东省供销合作社汕头专区办事处和广东省汕头专署粮食局。这三个机构存在至1968年。

国营、合作商业机构的建立，在当时市场流通中发挥着主体作用。国营商业系统主要负责城市的供应，供销社系统主要负责农村的供应。商业系统从1950年4月开始按商品和行业先后设立27家专业公司，实行专业经营。这种专营模式持续了30多年，直至1984年才逐渐放开。这些专业公司的经营管理按照省公司下达的业务计划和财务计划执行。经营工业品的公司同时挂有"批发站"的招牌。从1955年开始，各县也开始设立对口的商业公司（含批发站），正式形成省、专区（地区）和县三级批发和一级零售的"四级大流转"经营模式。

1953年第一个五年计划建设时期，潮汕国营商业机构发展迅速，逐步从私

[1] 广东省汕头市地方志编纂委员会.汕头市志（第三册）［M］.北京：新华出版社，1999：8.

[2] 广东省汕头市地方志编纂委员会.汕头市志（第三册）［M］.北京：新华出版社，1999：87.

[3] 汕头市粮食局.汕头市粮食志［M］.1988：39.

商手中转移批发业务。1952年，国营商业机构在汕头市区所占的批发业务量仅占总量的23.7%；1954年，已迅速上升至73.8%；1956年，商业系统批发业务基本掌握在国营商业机构手里。由于汕头的经商环境相对宽松，小商贩数量繁多，所以国营商业零售业务在市场中占比较低，1952年占6.58%，1957年发展到占21.58%[1]。这一阶段商业系统在市、县两级设有商业局，县以下的商业机构较少。至1975年，原汕头地区10个县（含海丰、陆丰）只有18个经济较发达的镇设有国营商业机构。可见，国营商业系统的门市大体只覆盖城市和县城，尚未延伸到农村。

1949—1958年，潮汕地区供销社迅速发展，已建立地区、县、基层（乡）三级合作社。地区供销社与县社对口设立农业生产资料、土特产品、日杂陶瓷、果菜副食品、废旧物资回收等专业公司，基层社则担负着农副产品采购、工业品供应、副食品购销等为农民服务的职能，经营网络遍布城乡各地，成为农村流通领域的主渠道。由于供销社网点密集，还承担部分农村金融职能，如代国家发放肥料贷款以及扶持农业生产资金等，深受农民欢迎。

1950年国营粮食公司成立后，开展粮食购销业务，迅速改变了解放初粮食购销主要由私商承担的局面。1950年国营粮食公司仅占市场面的20%，1953年已占近90%。1950年到1953年间，汕头粮食供应出现几次比较大的粮价升跌现象，国营粮食公司迅速采取有效措施稳定粮价，保证供应。1953年秋收后，粮食全面实行统购统销。收购方面按照国家下达的计划执行，销售方面重点保证非农业的供应（包括居民、工业、食品加工等）。1954年1月开始，所有非农业人口均由国家实行计划供应粮食。当年4月，汕头市公布"实行定人、定量、定点、定时计划供应粮食的暂行办法"。从此，汕头粮食供应走上定量供应的路子，平均每月每人都在22—26市斤之间（1959—1961年3年除外），劳动者根据劳动强度的不同适当增加。这种定量供应制度一直维持至1992年。[2]

（二）私营商业和摊贩的社会主义改造

1950年8月，汕头市区进行商业户数总登记，市区资本主义商业有99个行业，3577户，从业人员18358人[3]。1952年，潮汕专区（未包括兴梅、东江两专署）社会商品零售额中，国营商业占29.72%，合作商店、小组占0.35%，私营及

---

[1] 汕头商业志编写办公室.汕头商业志［M］.1988：75-79.

[2] 汕头市粮食局.汕头市粮食志［M］.1988：118.

[3] 汕头市商业志办公室.商业志［M］.1988：161.

个体商贩占69.93%。至1955年8月底，潮汕地区私营商业及饮食业64669家，从业人员89914人。[1]

1953年，国家开始资本主义工商业的社会主义改造，对私营商业实行"利用、限制、改造"和"发展生产、繁荣经济、公私兼顾、劳资两利"的方针，对私营商业采取代购、代销、经销、批购零销等国家资本主义的低级形式，把私营商业的经营逐步纳入国家计划轨道。随着粮食、食油、棉布、食糖等重要商品规定由国有公司收购，汕头市区各私营批发商号的业务逐渐转移到国营商业和国营粮食部门手中。

1955年，汕头城区和全国一样，开展公私合营工作。最初选择百货、纱布、水产三个行业先行推进。1956年1月，汕头市区商业67个行业、2317户、职工和资方从业人员7390人，除侨批业外全部实行公私合营，按行业归口成立了饮食、福利、蔬菜、食品、水产5个专业公司、16个合营总店和1个渔网商店。全市摊贩9308户，已组织起来8795户，组织面达94.5%，其中组织为国营摊贩的有507户，公私合营172户，其余则采取联购联销、联购分销、合作小组等组织形式。1956年汕头市区的全年社会商品零售总额达6116.5万元，完成年计划的106.9%，比全面社会主义改造前的1955年增长19.75%，其中合作及合作化经济占全市区总额的70.59%。[2]。1955年第二季度，潮州市区国营、合作商业的批发额已占整个市场的95.23%。1955年8月，潮州市商业科成立私商改造办公室，对城区213户私营商号的营业、费用和货源做了具体安排。1955年11月，城区以棉布、百货两个行业作为公私合营试点。1956年1月，城区各行业全面实行公私合营，所有商号按行业分属20个公私合营总店。1958年7月，各公私合营总店按行业纳入国营和合作社商业的改革经理部，统一管理、统一核算。[3]

二、商业和物资计划管理体制的运行

从"一五"计划开始，我国逐步建立计划经济管理体制。潮汕地区的生活资料和农业生产资料基本上由商业局、供销社、粮食局管理经营，主要生产资料

[1] 广东省汕头市地方志编纂委员会.汕头市志（第二册）［M］.北京：新华出版社，1999：25.

[2] 中共汕头市委党史研究室.建国初期潮汕若干历史问题研究［M］.深圳：海天出版社，2006：108.

[3] 潮州市地方志编纂委员会.潮州市志［M］.广州：广东人民出版社，1995：747-748.

由物资部门管理经营，"商供粮物"各成体系，门店齐全，分工明确，形成覆盖潮汕城乡的商贸网络。

（一）商业系统

潮汕商业系统主要设立在城市和县城，属下有百货、纺织、糖专、化五交等10多家国营专业公司。

第一，商业购进。

国营专业公司的商品购进有系统内购进、地方工业品购进、计划外采购和收购华侨产品4条渠道。系统内购进是工业品专业公司通过参加上级召开的供货会议，签订合同，落实购进计划，然后下调给所属零售公司和县级批发机构。这种形式的购进大约占总采购量的60%。地方工业品购进就是向潮汕当地的生产厂家购进居民日用工业品，如当时汕头的火柴厂、肥皂厂、电池厂、织布厂、酿酒厂、挂钟厂、铁钉厂、自行车厂、造纸厂等的产品中，相当一部分由国营商业部门收购。这部分占国营商业采购量的15%—20%。计划外采购是当时国有公司为解决市场需要而采取的辅助措施，一些是以交流会的形式对计划外商品进行采购，也有个别专业公司利用外地同意非计划外流的商品进行采购和调剂。如汕头市糖烟酒公司从20世纪70年代起就到省内外采购了大量计划外的香烟，大大缓和了市场货源紧张的局面。收购华侨商品是潮汕地区利用自身是侨乡的独特优势，配合海关收购华侨、港澳同胞携带进口的物品。这项业务设在汕头海关内，商品主要是衣服（包括旧衣）、棉布、香皂、手表、猪油、饼干、牛奶粉等。[1]

第二，商业销售。

批发和零售是当时国营专业公司的主要销售形式。批发是商品流通领域的中间环节，负责统筹安排商品在本市及毗邻地区之间的分配和供应，是商品流通的总枢纽。从1956年开始，潮汕地区的商品批发业务基本掌握在国有公司手里。当时经营工业品的国营专业公司垂直设一级站、二级站和三级批发店，负责各个系统的采购供应批发业务。在经营上，这些批发机构必须按计划从上到下逐级分货和从下而上逐级进货。这种按专业公司实行三级批发、一级零售的流通体制称为"四级大流转"，存在于20世纪50年代中期至80年代初。零售是国营商业的一项重要任务。从1959年到1982年前后，为保证人民生活的基本需要，凭证供应是当时零售商业的常态，国营专业公司是凭票供应物品的主渠道，因此这一期间国

[1] 汕头商业编写办公室.汕头商业志［M］.1988：61-68.

营商业的零售额也一直很稳定，每年的增幅很小。1978年，汕头市国合商业零售额（含饮食业）只有47284万元，与1952年的11187万元相比，27年间只增长3.23倍。[1]凭证供应的商品，根据各个年份的不同有所侧重。在供给紧张的年份，不仅数量少，而且家庭必需品几乎都要凭证供应；在经济状况较好的年份，个别商品可以敞开供应，或定量有所增加。[2]

（二）供销社系统

供销社系统主要服务农村市场，经营网络遍布城乡，具有"面广、线长、点多"的特点，采取购销到田头和统购、派购、代销、代储等多种经营方式，既做好国家要求收购上调的农副产品工作，又保证广大农民生产生活资料供应，是当时农村商业的主渠道。

供销社经营的农副产品包括农村种植业、养殖业、加工业的产品，以及野生动植物类产品。当时的农副产品分为三类：第一类（粮食、棉花、食油）实行统购统销，除按规定的自用数量外，均需交售给国家；第二类（烤烟、甘蔗、茶叶、生猪、牛、羊、鸡鸭蛋、蔬菜等20多种）通过合同形式进行派购，生产者按比例自留部分，余下交售国家，国家给予奖售；第三类（除一、二类之外的）实行议购议销。汕头地区供销社受地方生产属性的影响，主管经营的农副产品除少数是一、二类的之外，更多是经营第三类商品。对三类商品所采取的派购、议购、奖售等方式及相应的政策，从20世纪60年代初一直延续至80年代中期[3]。化肥、农药、中小农具和耕牛这些农业生产资料也一直由供销社系统专营（农业机械由物资部门经营）。农村市场的生活资料基本由供销社经营，主要有纱布、百货、化五交、副食品、糖烟酒、日用杂品和其他七大类。

（三）粮食系统

计划经济管理时期，粮食的供应都是国营粮店负责，部队、学生和生产用粮、特殊用粮等也都是在粮食局办理审批手续后，由国营粮店负责供应。汕头市区最初有8家国营粮店，后来根据不同时期居民居住地点的变化陆续增加。

国家对粮食一直实行统一调拨制度，即根据各地粮食产需的实际情况，统一安排货源，合理组织调运，实现全国各地粮食收支平衡，确保军需民食。汕头

---

［1］　参见《汕头市统计年鉴》（1949—1992）。

［2］　"商业系统"部分除已注明出处外，其余见：汕头商业志编写办公室.汕头商业志［M］.1988：62-68，72-79.

［3］　汕头市供销合作社.汕头市供销合作社志［M］.1988：44.

地区一直以来人多地少,属缺粮地区,产需不平衡。自1953年至1987年,除了揭阳县基本可以自给,其余各县(市)所需粮食长期以来靠国家从外地调入。在国内安排不足时,还接收省和中央调给的进口粮。粮食调入的品种主要是大米和小麦,两者占了95%以上。汕头地区盛产花生,1949年后一直是全省的食用油主产区,澄海是食用油调出量最大的一个县[1]。

(四)物资系统

第一,管理体制。

1949—1952年国民经济恢复时期,潮汕地区的物资基本由私商经营,货源大部分依靠进口。1953年国营商业企业逐步进入生产资料领域。1956年对私改造完成后,汕头的物资市场全部为国营物资部门掌握。1959年初,汕头专区物资局成立,尔后汕头市物资局和各县物资局也相继成立,经营生产资料的国有企业全部归属专区、市和县物资局管辖[2]。

从20世纪50年代初叶至80年代初,金属材料、机电设备、化工建材、燃料、木材等五大类的生产资料被称为"物资",不能作为商品自由流通。全社会物资流通不畅,可供量小,计划缺口大。1958年至1979年,全国95%以上的物资严格按指令性计划进行管理和调拨。具体分为国家统一分配物资("统管物资")、国务院各工业部主管分配物资("部管物资")和地方管理物资("省管物资")三种类型。1979年,全国物资计划管理品种达791种。

第二,物资计划。

通常由汕头地区(专区)物资部门参与地区计划委员会统一编制年度、季度物资分配计划,经省计委、省物资局审批下达后,汕头地区物资部门协助计划部门编造各个厂矿季度计划,按计划向省申请订货、统一签发合同、统一催运、安排物资供应。部分"部管物资"也可根据相关工业部下达的生产计划,通过部和省相应厅局的物资供应部门获得物资供应。

汕头地方计划内物资主要分为三个大项进行管理。一是生产使用的物资,由生产企业根据产品消耗的原材料定额逐级上报审定。二是维修使用的物资,由地区物资局或各专业公司汇总上报。三是基本建设使用物资,由基建单位主管部门申报,计委核准下达计划。

1958—1965年,潮汕地区物资分配按"农轻重和农业第一、市场第二"的

---

[1] 汕头市粮食局.汕头市粮食志[M].1988:171-173.

[2] 广东省汕头市地方志编纂委员会.汕头市志(第三册)[M].北京:新华出版社,1999:199-200.

次序进行组织和分配，重点支援农业生产。1966—1978年，物资分配按上级"保计划，保重点"的方针，继续支援工农业生产，重点是工矿企业，同时组织部分军工战备物资。对物资的使用采取核实需要、解决急需、保证重点、照顾一般的原则。[1]

第三，物资供应与储运。

1958—1964年，潮汕物资供应管理执行分级负责供应的原则，按"条条"隶属关系，垂直管理物资供应，即在潮汕地区的中央所属企业、省属企业、地市企业所需物资，分别由中央、省、地区的物资供销机构负责供应。汕头地区物资局只负责所属市、县企业的供应任务。企业之间的物资余缺，通过调剂、串换等方式解决，物资交流调剂会一般省每半年召开一次，地区每季召开一次，市、县每月召开一次。1965—1978年，物资计划供应原则改为"统一计划，归口安排，条块结合，块块供应"，变"条条"（隶属关系）为主的垂直供应办法为"块块（行政区域）为主、条块结合的物资供应办法，采取先中央后地方，先国家内后计划外，保证重点，照顾一般的供应次序"，就近组织物资供应。

1958年汕头地区物资局成立初期，物资运输主要借助社会运输力量。1960年设立储运调度室。20世纪60年代中后期，地市物资部门相继成立了运输队。为保证物资货源，汕头地区物资部门在广州、贵阳、大同、阳泉、兴宁等地建立常设的调运机构。20世纪60年代后期，汕头地区物资部门在汕头市火车路、汕樟路、光华埠建设综合仓库，储存金属材料、机电、建材等物资，1976年以后，在地都、珠池建设两座油库，并配套建设5000吨级专用码头两座。

（五）物价体系与凭证供应制度

1951—1978年，在国家工业化战略和把汕头市建设成为"生产性城市"的方针指引下，潮汕地区的商业贸易发展相对缓慢，物价比较平稳。这一期间，汕头市区职工生活费用价格指数只有个别年份的涨幅超过3.5%，其他年份都是略有下降或基本持平。零售物价指数的升降走向和幅度也很相似（见表4-1）。

---

[1]　广东省汕头市地方志编纂委员会.汕头市志（第三册）[M].北京：新华出版社，1999：199-227.

表4-1　1951—1972年汕头市区职工生活费用价格指数[1]

（以上年价格为100）

年份	生活费用价格指数	零售物价指数	服务项目价格指数	年份	生活费用价格指数	零售物价指数	服务项目价格指数
1951	93.05	96.43	64.5	1965	96.49	96.94	92.46
1952	99.46	99.99	94.95	1966	97.23	98.36	87.09
1953	98.24	98.07	99.72	1967	99.93	100.22	97.30
1954	97.83	97.87	97.50	1968	101.17	101.30	100.00
1955	100.94	101.96	92.28	1969	99.16	99.07	100.00
1956	103.74	104.32	98.83	1970	99.78	99.76	100.00
1957	105.10	105.25	103.56	1971	98.85	98.72	100.00
1958	100.84	100.95	100.05	1972	101.00	101.14	100.00
1959	100.28	100.68	97.38	1973	100.91	100.97	100.40
1960	101.46	101.64	100.00	1974	99.44	99.47	99.13
1961	104.95	105.45	100.92	1975	100.13	101.03	92.00
1962	101.36	101.39	103.19	1976	99.46	100.05	95.94
1963	97.61	97.34	100.00	1977	100.41	100.45	100.00
1964	98.55	98.44	99.50	1978	102.14	102.33	100.77

计划严格调控下城镇居民生活费用和零售物价的长期稳定，成为1954年以后在潮汕城镇居民中逐步实行日用品、副凭证供应的基础。

第一，棉布。

1954年棉布开始凭证定量供应，一直实行到1983年底。每年每人布票10—15市尺。最低年份是1962—1963年，非农人口每人4.5市尺（包括鞋子2双），农业人口2.6市尺（包括鞋面布0.5市尺）。1968年之后，城乡居民一律每年发放13.6市尺。

第二，猪肉。

1956年起猪肉开始定量供应，按人口发给购肉票。开始几年，每人每月1元

---

[1]　参见《汕头市统计年鉴》（1949—1992）。

左右，按肉质的不同有1市斤以上，重要节日有所增加。1959—1961年，供应量锐减，1961年市区居民全年只供应2.4元，之后逐步恢复。1980年至1984年，市区居民每年供应量达到30元左右（有30市斤以上）。1984年以后敞开供应。

第三，食糖。

1956年食糖开始凭证供应。由糖烟酒公司零售门店逐月挂牌公布，市区居民一般每人每月0.5市斤，1961年只有0.2市斤，定量供应一直到1983年底。1984年起敞开供应。[1]

（六）地方工业产品的收购

商业专业公司定向收购地方工业自产产品，是计划经济体制下协调工业和商业之间关系的重要内容。这项任务由各专业公司归口负责，汕头市区由商业包销的地产工业品主要有火柴、电池、肥皂、保险粉、元钉（俗称铁钉）、单车轮胎、铁丝等大类。如果商业经营亏损，或因为国家规定的收购价格较低导致工厂亏损，都由财政补贴。以肥皂为例，由于肥皂是居民必需品，必须保证凭证平价供应，所以商业每收购一箱肥皂，财政要补贴工厂4.97元。20世纪70年代潮汕地区每年对肥皂生产的补贴达到100万元左右，在当时是一笔不小的开支。地产工业品的包销从1956年一直维持到1985年才基本取消。[2]

（七）饮食服务业

1949—1956年公私合营之前，饮食服务业基本都是私商经营，当时汕头专区有饮食服务行业5602户，从业9784人。经过公私合营、"大跃进"时期的撤并，到1963年，汕头专区国营饮食服务业网点仅有336个，从业4579人。其中包含饮食、旅店、照相、理发四大类，还有极少量的洗染和浴池业[3]。

第一，饮食业。

1949年，汕头市区有较高级的酒楼10家。1950年经过清理有7家歇业，所存3家是永平酒楼、陶芳合记和桂芳园，均改为经营大众化经济饭菜；另外有一批小型饮食店。1951年陶芳合记歇业，1956年永平酒楼经过装修，改名汕头大厦[4]。1957年公私合营后，升格为国营的饮食店2家，即汕头大厦和公园餐室。另外有一大批纳入合营企业、合作商店和合作小组，还有一大批是遍布街头巷尾

---

[1] 汕头商业志编写办公室.汕头商业志［M］.1988：81-84.

[2] 汕头商业志编写办公室.汕头商业志［M］.1988：65.

[3] 汕头商业志编写办公室.汕头商业志［M］.1988：113.

[4] 广东省汕头市地方志编纂委员会.汕头市志（第三册）［M］.北京：新华出版社，1999：59.

和走街串巷的小商贩。合作机构是饮食业的主要力量，小商贩则根据不同时期的经济政策时而活跃，时而萧条。"自由市场"比较活跃的1963年，市区饮食小贩有500多户，1964年底实行"严肃取缔"，只剩46户。潮汕农村的饮食服务业以饮食业为主，大部分归口基层供销社。

1949年以后，国营饮食业发展相当缓慢。1956年至1975年，汕头市区新建的国营饮食店只有杏花饭店和广场餐室2家，另外改建修建5家，即汕头大厦、北方餐馆、飘香小食店、光华饭店和人民饭店。汕头大厦作为当时汕头最高档的酒楼，主要接待外宾和国内有代表性的人物。[1]

第二，旅社业。

1952年，汕头全市旅社共99户，床位1812个；1962年存21户，床位1521个。很多小旅社歇业。1956至1978年，全市新建2家旅社，即位于外马路的人民旅社和潮汕路的杏花旅社。当时的旅社设施非常简陋，有的没有蚊帐，有的没有厕所，草席、热水瓶、灯泡、木屐等大部分破旧不全；门窗破烂，因木材紧张无法维修。汕头是当时省内较发达的城市，出差住宿的人不少，经常出现供不应求的情况。价格一直保持稳定，好的房间每晚收费2元，散铺的每晚收费0.5元。[2]

第三，照相、理发、洗染、浴室业。

公私合营前汕头有照相业38户，到1961年只存下10户。由于照相属于消费性行业，生意一直不好。

公私合营后，汕头有理发业83户，455人；另外未纳入合营的有44户，182人。到1973年，全行业职工只有369人，严重供不应求，理发排长龙的现象经常发生。从20世纪50年代到80年代初，近30年理发业的收费基本维持不变，按照理发店的等级不同，男界理发价格最高0.5元，最低0.2元。

1956年公私合营时汕头有洗染业34户，从业76人，基本是独立劳动者，设备简陋，生意一般。1956年汕头有浴室业3户，从业6人，属夫妻小店。由于生意冷淡，经营亏损，1960年存1户。1969年该户被"7.28"台风刮倒，汕头的浴室业从此消失，再未恢复[3]。

---

[1] 汕头商业志编写办公室.汕头商业志［M］.1988：116-118.

[2] 汕头商业志编写办公室.汕头商业志［M］.1988：123-125.

[3] 汕头商业志编写办公室.汕头商业志［M］.1988：122-129.

三、游离在计划管理体制外的城乡商业

计划经济体制下，由于物资匮乏，市场缺口较大，相当一部分商品需要通过计划外调剂来解决，城市居民缺乏的副食品和没有定量供应的农民需要的日常用品都必须到自由市场购买。

（一）自由市场在城市的夹缝中生存

20世纪50年代中期至1978年，潮汕城乡自由市场一直存在。不同时期执行的政策不同，时而严格管理，时而放松管理，所以自由市场时而相当萧条，时而相对活跃。

1958年以前，工业品的批发业务和多数零售业务已经逐步转移到国营商业部门中来，不属国家计划管理的可以自由上市成交，副食品特别是生鲜商品的零售业务在"自由市场"中相当活跃。城镇居民所需的食品，大部分还是要靠农贸市场供应。因此，汕头市区和各县城镇以个体小商贩为主体的农贸市场相当热闹，鱼肉菜、豆腐、杂咸（潮汕小菜）等一应俱全。

1958年后，汕头市区设置商业网点，建立中心市场，流动小贩被固定化。调整后，市区副食品市场11个，小肉菜市场16个；商业零售网点5415个，比1957年减少2960多个，缩小幅度达35.3%。1959—1961年3年经济大调整期间，物资紧张，网点关闭，到1961年4月，市区商业零售网点只剩下769个，不足1957年的一成。市区街道两旁的商店，多数改为居民住宅[1]。

1961年后，按照中央的有关方针政策，潮汕地区又陆续开放自由市场。1966年以后，特别是20世纪70年代前期，自由市场的上市商品和人数都受到严格限制，市场冷清萧条。1971年，市区集市贸易成交额仅449万元，比1962年下降83%[2]。

（二）农村基本维持自产自销的模式

1978年以前，潮汕农村的农副产品供应多数是农民自产自销。当时农民的生活水平不高，较少到市场买菜，很多农村也没有市场。在经济活动较集中和交通较方便的地方设有墟市，作为附近农副产品和小手工业品的集散地。大的墟市还划分若干场所，具有商品专卖的雏形，如杂粮场、猪苗场、水果场、蔬菜场、竹木场等。每月有固定墟期，每逢墟期交易比较活跃。农民将自产的农副产品运

[1]　汕头商业志编写办公室.汕头商业志［M］.1988：59.

[2]　广东省汕头市地方志编纂委员会.汕头市志（第三册）［M］.北京：新华出版社，1999：1381.

到墟市摆卖。

从20世纪60年代初到80年代初，潮汕农村的猪肉一直属于派购商品，即由当地食品公司或供销社统一收购后，按20%—40%不等的比例留给养殖户。农民吃肉，只有靠养猪卖猪。农民的自留肉由收购单位以肉票的形式发给农民，可以分期购买，也可以拿到自由市场销售。农民卖猪留肉的政策没有完全兑现，后来逐步发展为奖售粮食和布票等[1]。

（三）计划外商品通过"物资交流会"的形式进行分配调剂

1950年之后，为了打开土特产销路，潮汕地区多次举办物资交流会。1951年8月，潮汕地区代表团参加了在广州举办的华南土特产物资交易会；1952年6月，在汕头市工人文化宫举办潮汕区土特产交流大会，除本地区各县参加外，还有福建、江西、兴梅、香港等22个代表团参加，之后几乎年年举办。到1959年，国家对商品流转实行严格的一、二、三类管理之后，交流会就成为三类商品的交易场所。当时一类商品（棉纱、棉布、汽油、煤油等10多种）、二类商品（猪肉、食糖、肥皂、香皂等200多种）纳入计划分配，其余为三类商品，不同年份一、二、三类商品的具体品种有所调整。三类商品作为当时地区和部门之间的分配和调剂品，是国家计划分配商品的补充，允许进入交流会。交流会经营形式是购销双方面议成交，签订合同，以批发为主，也兼顾零售。一些在基层举办的灯光夜市，也属于小型物资交流会，因基本是零售，受到当时众多市民群众的欢迎[2]。

第二节　1978—1991年的潮汕商业

1978年12月，中共十一届三中全会召开，开启了改革开放和社会主义现代化建设新时期。潮汕商业的机构设置、市场主体、商品供应、价格核定、经营业态、市场建设、购物环境、消费模式、消费理念等各方面，都发生了重大变化。1979年至1991年，汕头的社会消费品零售总额从5.49亿元增长到43.91亿元，增长7倍，绝对值增长了38.42亿元，1991年人均社会商品零售总额1167元，为1979年

---

[1] 广东省汕头市地方志编纂委员会.汕头市志（第三册）［M］.北京：新华出版社，1999：31，38.

[2] 汕头商业志编写办公室.汕头商业志［M］.1988：96，141.

188元的6.2倍[1]。

一、改革开放带来市场繁荣、物价稳定的局面

（一）商业结构朝着多元化方向发展，"商供粮物"一统天下的局面被打破

1978年以后，商品的经营权逐步放开，"三多一少"（多种经济成分、多条流通渠道、多种经营方式和少环节）的流通体制逐步形成，市场出现多家竞争的局面。商供粮三个主管流通的机构开始允许属下各专业公司以一业为主，开展多种经营。1984年，国家提出建立"有计划商品经济体制"的方针，潮汕地区工业部门、农业部门和商业、供销、粮食、物资等部门成立了很多贸易型公司和商场，过去专业公司"独家经营"的模式已不复存在。

1979年8月，汕头开始发放"个体工商户"的营业执照，一开始只限于从事修理、服务性行业，比如小饮食、小茶馆等[2]。此后，蓬勃发展。由于当时政策上、认识上所限，当时的个体户和私营企业还是"挂靠"在集体单位，或者注册一个"集体所有制"的企业，然后以全员承包或全额承包的形式自主经营。至1991年底，汕头地区企业的工商登记中，还是国有、集体企业占主导地位。从社会消费品零售总额来看，1991年，国有、集体企业所占比重达到59.1%[3]；从从业人员来看，同年从事商业服务业的人数国有集体单位也占了59.5%[4]。

（二）商品流通领域逐步从计划经济向市场经济转变

从1980年开始，计划内的商品逐步减少。到1984年，商业系统原来部管和省管的商品从149种调整为45种[5]；后来，逐步实行指令性计划和指导性计划相结合以及全部放开的商品购销形式，到1986年，商业系统指令性计划只有食糖、元钉和镀锌铁丝3种，指导性计划也只有生猪、棉布、涤棉布、中长布、呢绒、洗衣粉、胶鞋共7种。供销系统原来严格按计划布置种植的生柑、菠萝、萝卜籽、木茨片、黄红麻、毛竹、蔬菜等，从1980年开始逐步放开，到1985年全部取

---

[1]　参见《汕头市统计年鉴》（1949—1992）。

[2]　广东省汕头市地方志编纂委员会.汕头市志（第三册）［M］.北京：新华出版社，1999：1373.

[3]　参见《汕头市统计年鉴》（1949—1992）。

[4]　汕头市地方志编纂委员会.汕头市志（上册）［M］.广州：广东人民出版社，2013：623.

[5]　汕头商业志编写办公室.汕头商业志［M］.1988：77.

消计划[1]。

物资流通体制从1980年开始改革。部分生产资料被认为具有"商品属性"进入市场。物资系统改变单一计划分配的模式，逐步按照商品流通的规律组织供应，实行指令性计划和指导性计划相结合，从宏观上运用计划和市场统一调节物资的经济运行，物资流通领域日趋活跃。1985年国家统配物资的种类从1979年的256种减为23种，7年间减掉91%。[2]这一时期由于"双轨制"价格体系的形成，计划内外的商品交叉经营，双重价格给物资经营部门创造了较好的经济效益。

粮食是与人民生活关系密切的重要商品，放开的步伐比较慢。1978年后，粮食仍然是统购统销。1979年，开始允许部分粮店销售一些面制品，如面条、油条等，但不得跨界经营粮食类以外的商品。1983年之后，多种经营开始跨界发展，粮店可以经营百货、家电、糖烟酒等。各县（市）粮食部门开展多种经营的步伐比汕头市区快，潮州市、南澳县、饶平县、揭西县等地粮管所相继开设餐馆、茶座、旅社等，潮阳粮食局引进外资开设雨伞厂生产雨伞出口，成为全市粮食系统第一家引进外资的粮食企业[3]。汕头市区粮食局属下公司引进美国半自动面包生产线，是当时全省最先进的设备，日加工原料1吨以上，生产的"粤汕面包"成为当时市民喜爱的品牌[4]。

（三）凭证供应的商品陆续取消

1979年后，凭证供应的商品逐年减少，余下的也增加定量，比如猪肉从1980年开始定量增加到每人每年30元（按瘦肉价格可以达到30市斤），比20世纪70年代翻了一番。1985年，商业系统和供销系统原来凭证供应的商品全部敞开供应[5]。1985年至1990年前后，个别名牌商品如上海自行车、缝纫机、高档烟酒等还需要凭主管单位领导的批条特殊供应。

粮食供应一直到1992年4月才完全放开。1980年开始，全市非农人口的粮食定量稍有增加，人均定量从原来的月25斤以下增加到1983年最高为25.84斤[6]。1987年之后，国营粮食部门的议价粮（即不用粮票可以自由购买）逐步增多，小

---

[1]　广东省汕头市地方志编纂委员会.汕头市志（第三册）［M］.北京：新华出版社，1999：80.

[2]　广东省汕头市地方志编纂委员会.汕头市志（第三册）［M］.北京：新华出版社，1999：97.

[3]　汕头市地方志编纂委员会.汕头市志（1979—2000）（上册）［M］.广州：广东人民出版社，2013：630.

[4]　汕头市粮食局.汕头市粮食志［M］.1988：310-311.

[5]　汕头商业志编写办公室.汕头商业志［M］.1988：81-84.

[6]　汕头市粮食局.汕头市粮食志［M］.1988：126.

商贩也有粮食供应，所以，市民对粮簿和粮票已经不很重视。

二、汕头经济特区的设立对潮汕商业的辐射作用

（一）汕头经济特区成立大批商业贸易公司

1981年汕头经济特区正式设立后，成立了一大批商业公司，经营进出口业务。特区商业公司依靠优惠政策，民营、外资、中外合资商业全面发展。部分特区商贸公司与汕头市区的工商业企业实行联营，发挥特区有物资进出口权的优势，市区各专业公司有国内市场渠道的优势。至1991年末，汕头特区两次扩大范围，汕头市区的原商业、供销、粮食、物资等系统属下的各公司都成为特区企业，其中60家实力较强的公司被批准享有自营进出口经营权。这批企业也就从单纯内贸型向内外贸结合型转变，进出口业务从无到有，从小到大。1992年，这60家企业实现出口创汇4538万美元，直接间接进口商品10多亿美元。汕头市物资总公司居全国进出口额最大的500家企业前列，汕头市商业企业（集团）被列为全市出口创汇前10名。[1]

（二）国营、集体商业经营领域向国内外延伸

1978年以后，计划内商品逐步减少，市场竞争开始出现，国营、集体商业优势逐渐减弱，多年来习惯独家经营的国合商业部门感到市场压力较大。潮汕国合商业部门也开始尝试把经营领域向国内外跨界延伸。从1979年开始，潮汕各市县商业系统陆续成立了商业信托公司、商业贸易中心等新型经营机构，地市各专业公司也成立进出口部、综合经营部等。这些新成立的经营机构，发挥自身优势，积极参与市场竞争，经营门路比以前拓宽，经营渠道比以前通畅，取得不俗业绩。汕头市区在改革开放初期，由于与港澳台地区交往频密，很快就有进口商品流入，有些是正规进口，也有些是通过海门、广澳一些小码头走私进来，被海关罚没后拍卖，给商业部门带来新的机遇。1979年，汕头地区百货公司经营电视机、收录音机、电子计算器、尼龙布等进口商品，获利312万元[2]。市直与各县的商业各批发公司都注意发挥市场作用，重视经营议价商品和进口商品，积极进行协作串换经营，营业额的增长有效地填补了计划内市场的不足，客观上适应了人民群众需求增长、社会购买力增强的趋势。

---

[1]　汕头市地方志编纂委员会.汕头市志（1979—2000）［M］.广州：广东人民出版社，2013：626.

[2]　汕头市商业志编写办公室.汕头商业志［M］.1988：78.

20世纪80年代，国家经济体制改革正在不断摸索，流通领域为"双轨制"经营，当时社会的工农业生产、城市建设方兴未艾，市场对生产资料的需求非常旺盛，潮汕物资系统各专业公司大力拓展经营，有效地支援了工农业生产和特区建设。这段时间商业系统、物资系统各专业公司基本实现年年盈利。

1980年前后，潮汕各级供销合作社仍然沿袭国营商业的经营管理制度。1982年1月1日，中共中央批准了《全国农村工作会议纪要》，明确了供销社的地位、作用，并提出改革的方向。汕头市经过4年的整顿和改革，供销社从"官办"变"民办"，恢复了组织上的群众性、管理上的民主性和经营上的灵活性；清理和发放了社员的股份和股金。这一时间由于未能适应市场竞争的形势，全区供销社连续5年亏损。直到1986年，全面落实经营责任制，批发实行超额分成，零售实行全员承包，有效激发了员工的积极性，开拓国内贸易和开展为农服务，开始扭亏为盈。1987年，全市供销社系统实现利润746.6万元[1]。

（三）进口商品进入普通市民家庭

1980年前后，大批进口商品进入汕头。1983年，汕头经济特区对外商业总公司与一家香港公司合作，开办了汕头特区第一家中外合资的龙湖商场，零售以外汇兑换券结算。当时国家对零售商业控制严格，一般不准实行中外合作或者中外合资，汕头是以经济特区和著名侨乡的名义，以服务侨胞和侨属为理由向国务院申请并获特殊批准的。龙湖商场经营的商品绝大多数是当时国内市场非常紧销的名牌商品，如凤凰牌自行车、标准牌缝纫机、钻石牌电风扇、红灯牌收音机、高端手工艺品等。同时还经营一些进口家用电器、手表、高档烟酒、糖果。随着国内市场商品的逐渐丰富，这种需求逐渐减弱，龙湖商场的生意也就渐渐平淡下来。

1988年，为服务海外侨胞、港澳台人士回乡探亲、观光旅游以及在汕头投资的外商的日常生活需要，汕头经济特区在当时的龙湖综合楼成立了国营外币免税商场，以自选超市的形式销售，全部收取港币。当时商品丰富新颖，吸引了大批消费者。周边各县也有专程来汕头免税商场购物的顾客。由于没有其他限制，因此普通的汕头市民都会想办法换取港币到免税商场购物，这种热闹现象一直维持到1992年底。

---

[1] 广东省汕头市地方志编纂委员会.汕头市志（第三册）[M].北京：新华出版社，1999：86.

三、商业环境和业态的重大改变

（一）新商圈逐渐形成，新商场不断出现

第一，新网点形成新商圈。

20世纪80年代，汕头市区新型的商业服务设施随着城市建设不断向新市区延伸。80年代初期，金砂路、汕樟路陆续建起商业贸易中心、汕樟商场、京汕商场等。在汕樟路与金砂路交界的东南方向，大商场与专业商店以及小商品一条街，连成一个正方形的商业区域，成为80年代汕头人流最旺的商业街区。位于金砂东路的商业贸易中心，与隔壁的物资贸易中心、韩江百货商场、金三角五金机械商场等形成另一个商业街区。与汕头老城区的小公园等商业街区相比，这些新商业街区的特点是政府先期规划、主管部门和大型商贸企业投资，因此能够成片建设，较快形成商业热点。

第二，老网点出现改造热。

20世纪50—70年代，潮汕各地商业网点因缺少资金、原材料，很少进行新的建设和装修，已经非常残旧。1983年以后，潮汕各地商场出现装修热潮。1985年，汕头国营商业系统改造装修的零售门店达141个，面积2.97万平方米，投资总额866.7万元。修葺一新的门店给消费者带来新的感受，当年这批门店的营业额增长30%左右[1]。

第三，新设施带来新时尚。

1980年1月，当时汕头地区档次最高、规模最大的汕樟商场落成开业，楼高6层；1984年，汕头市京汕商场建成开业，零售商场面积4000平方米左右，比汕樟商场略大。两家大型商场建成时，适应了当时汕头市区东扩、人口大规模东移的走势，产生了较强的消费吸聚效应。1987年，汕樟商场的营业额2263万元，京汕商场3131万元。1989年，汕头经济特区对外商业总公司自筹资金兴建的万商楼开业，4000平方米的零售商场经营上万种国产和进口的名优新特商品，作为市区第一家安装自动扶梯的商场，吸引了汕头及各县的众多消费者。1990年2月10日，位于潮汕路头、主楼14层、建筑面积12500平方米的华联商厦正式开业。这是国家商业部在全国18个沿海开放城市和经济特区投资建设并统一命名、统一标志的全民所有制企业，有商场、酒楼、宾馆和配套服务设施。这些新的商业设施

---

[1]　汕头市地方志编纂委员会.汕头市志（1979—2000）（上册）［M］.广州：广东人民出版社，2013：622.

成为引领当时潮汕商业转型的标杆。[1]。

（二）超级市场、专卖店、小商品市场等新型零售业态陆续登场

1980至1992年，是汕头超市、专卖店和小商品市场这些新型零售业态兴起并持续旺盛的阶段。1984年，汕头首家自选商场在京汕商场一楼开业，带来商品零售的全新模式。当时不少消费者对这种模式感觉非常新鲜，开业之后，生意相当旺盛。随后陆续有商场划出一个相对封闭的场地开办超市，一些街边小店也尝试改为超市的模式经营。

1985年，专卖店出现，开始是一批国际品牌的服装、鞋类专卖店，比如苹果、金利来、耐克等，这些国际品牌店开始几年生意非常旺盛。后来，又有一些国产品牌和潮汕本地品牌在汕头市区和潮州等城镇开设专卖店。

20世纪80年代初，汕头市区第一家小商品市场在小公园附近的居平路开业。当时将不属交通要道的居平路改为步行街，经营商品几乎涵盖了所有百货大类，品种繁多，款式新颖，有些还是港货。这种经营模式在当时非常新鲜，吸引了大批的消费者。随后汕头市区出现了志诚后街的小五金市场、月眉路的百货市场、海平路的食品市场、金新路的副食品市场，等等。至20世纪90年代，由于占路为市，阻碍交通，这些小商品市场陆续关闭。居平路市场是最早关闭的。

（三）物资交流会的出现大受市民欢迎

1980年以后，潮汕地区的物资交流会规模更大、范围更广，除极少数统配商品外，其余全部放开进行交易。1980年12月5日至12日，汕头地、市联合在市工人文化宫举办改革开放后的首次物资交流会。这次交流会在国家计划指导下，突出市场调节，参会代表达到2000多人，单边成交额16374万元。1983年11月及以后几年在汕头商业贸易中心召开的几届物资交流会都是由市政府主持，汕头市商业、供销、经委、外贸等系统和各区、县都单独或联合设馆展销，还邀请全国20多个省、市的代表参加，也有部分有证商贩参加。另外，在市区的利安路、同益路、跃进路中段和人民广场，还搭建临时棚屋，设立零售展销部，时间从国庆前后到翌年元宵，历时100多天。大批个体经营者进场设点经营，受到广大市民的欢迎。[2]。

[1]　汕头市商业志编写办公室.汕头商业志［M］.1988：188.
[2]　汕头市地方志编纂委员会.汕头市志（1979—2000）（上册）［M］.广州：广东人民出版社，2013：630.

四、集贸市场的建设热潮

（一）集资兴建农贸市场

1978年，汕头地区逐步恢复和新办一批集市贸易市场。1979年开始，市场建设发展遵照"取之于市场，用之于市场"的原则，采用多渠道集资的办法，连续几年新建了一批集贸市场。仅1986年，全市共投入市场建设资金4129.97万元。其中财政投入290.3万元，仅占7%。主要资金来源是市场自筹和部门集资。至1987年底，汕头市城乡集贸市场共370个，市场总面积115万平方米。集市贸易成交额16.37亿元，比1978年的1.15亿元增长13.23倍。1986年至1990年，市场建设步伐继续加快，5年间地方财政拨款1298万元，工商部门自筹资金7747万元，个体户集资7463万元投入市场建设。1991年初，市政府制定"八五"期间市场建设规划，各级政府都将市场建设作为一件大事来抓，因地制宜、突出重点、继续多渠道筹资，全市出现市场建设的热潮。

（二）集市网络初步形成

20世纪80年代，潮汕地区新、改、扩建的市场，改变了以往市场露天、占路的状况，以永久性楼层式为主，既有综合集贸市场，也有日用小商品、家禽、水产、水果、农副产品批发、药材、茶叶、服装等各种专业市场，在全区初步形成了一个以城镇为中心、大中小型相结合、综合性与专业性相配套、批发与零售兼营的集市网络。这一期间，先后建成汕头市区大华市场、澄海县澄城中心市场、普宁县流沙中心市场、揭西县棉湖中心市场、揭阳县马牙中心市场等40多个楼层式规范化大型高级市场。位于汕头市区升平路的水产品集市拥有2500平方米的交易大厅，配套可停靠70艘船只的码头，每天进场人数1500多人，高峰期每天成交水产品160多吨，是当时全省销量最大、全国销量前列的大型水产市场。水产品来源除本地外，还来自珠三角、粤西、海南、福建及香港等地，产品供应市区及毗邻各地之外，还销往北京、上海、河南等省市。为方便城乡群众生活，促进社会主义经济发展发挥了很大的作用。棉湖中心市场投资1200多万元，面积11多万平方米，成为当时全省乡镇一级规模最大的楼层式大型市场。

1991年12月17日，位于汕头市金砂路中段（金砂公园对面）的金凤城商场开业。该商场占地面积2万平方米，建筑面积4.3万平方米，投资近亿元。商场拥有门店1128个，基本出售给个体户，产权单位只收取物业管理费。商场集商务、金融、购物、饮食、游乐、服务于一体，配备电动扶梯和升降式电梯，是粤东地区当时规模最大的楼层式专业市场。汕头市区较有影响的专业市场还有安平电器市场、中山布料市场、中山服装专业市场、汽车总站服装市场等。

这一期间，各县的专业市场发展也很快，最突出的是普宁县。普宁县发挥交通、区位、物产等方面优势，在地方政府的支持下，秉承"所出不如所聚"的理念，大力培育和发展专业批发市场。到1991年，当地已经建成闻名全国的烟草、中药、服装、布料、木材、水产等十大专业市场，吸引了大批来自国内外的客商到普宁采购，有力地带动了当地经济的发展[1]。

五、饮食服务业和旅游业发展迅速

（一）饮食业

饮食业由于进入门槛较低，因此1978年前后，潮汕地区饮食服务业迅速出现国营、集体、个体一起上的全面发展局面。一些老字号饮食店逐步恢复，集体、个体饮食业遍地开花。1980年底，汕头市区已发牌照的饮食个体和新集体有413户，还有几百户无证摊贩。到1987年，汕头市区已领营业执照的饮食个体户达到6000余户。在激烈的市场竞争面前，1982年以后，汕头市区国营饮食服务公司出现亏损，至1985年，市区的国营饮食网点仅存46个[2]。至1991年，高中低档的饮食店已经遍布潮汕城乡各地，潮汕名菜、传统小食得到迅速恢复和发展。

（二）旅社业

20世纪70年代末，侨胞回乡探亲人数快速增加，旅社业为满足市场需求，开始重视环境的装修和设备的更新。1983年，汕头大厦在部分客房增设卫生间。1987年，新华酒店开始配备彩电、热水器，部分房间安装空调。这段时间，尽管旅社业已经供不应求，经常客满，但价格控制还是相当严格。1985年，汕头大厦平均房价4元，1986年，经上级批准，接待华侨的房间价格才提高到8元。到1987年，装修后的新华酒店，客房收费每晚45元[3]。

（三）其他服务业

这一期间，摄影、洗染、美容美发、沐浴、娱乐等服务业得到长足发展。

[1] 广东省汕头市地方志编纂委员会.汕头市志（第三册）［M］.北京：新华出版社，1999：1382.汕头市地方志编纂委员会.汕头市志（1979—2000）（上册）［M］.广州：广东人民出版社，2013：625，837.

[2] 汕头市商业志编写办公室.汕头商业志［M］.1988：118.

[3] 汕头市商业志编写办公室.汕头商业志［M］.1988：125.

1980年起照相业借彩色照相兴起的契机，不断更新摄影场地和摄影冲印设备，不少港台企业进入潮汕地区开设照相馆和冲印店。20世纪80年代中期，洗染业随着人民生活水平提高、讲究衣着、西服流行而开始发展。1986年，全市第一家进口意大利设备的干洗店——新时代洗熨服务中心在金砂路京汕商场一楼开业，以后陆续出现一批店铺，很快形成产业。美发行业从理发业发展而来，1979年开始恢复烫发、染发、焗发等项目，以后不断引进设备，装修场地。一批档次较高、服务周到的美发场所吸引了大批消费者，这一行业几乎都是由个体户经营。娱乐业的歌舞厅、夜总会、卡拉OK厅、电子游戏室、棋牌室等在潮汕城乡出现。

（四）旅游业

1980年，汕头旅游市场开始发展。1984年，国际旅游船——耀华号首航汕头，共有美国、日本、加拿大等旅客200多人抵汕观光，开启了外国人来汕旅游的首航。1986年，汕头港建成当时国内唯一的水上平台客运站。1988年，汕头港客运站开通汕头—香港固定客运航线，由南湖、鼎湖、金湖三艘客轮营运，从汕头乘船"夕发朝至"往返香港，吸引了港澳和潮汕地区的大量客人。后来由于深汕高速通车，乘坐大巴更加方便，该航线于2000年3月停运。

随着潮汕地区客流量不断增多，一批中高档饭店相继建成。1981年，位于汕头东部新城区的鮀岛宾馆正式开业，楼高12层；1984年，位于汕头经济特区的龙湖宾馆开业；1988年，汕头市区8家新酒店开业。楼高23层的国际大酒店和楼高28层的金海湾大酒店相继于1988年和1991年开业，结束了粤东地区没有五星级酒店的历史。至1991年，汕头市游客人数总计112.73万人次，其中内地游客92.90万人次，境外游客19.83万人次，旅游创汇35379万元（外汇券）[1]。

第三节　1992—2010 年的潮汕商业

1992年，建立社会主义市场经济体制被确定为国家经济体制改革的目标，潮汕地区分别设置汕头市、潮州市和揭阳市，工业化、城镇化、市场化、国际化步伐显著加快，潮汕商业的空间布局、行业规模、经营业态、网络建设、从业人数，都发生了新的变化。

---

[1]　汕头市地方志编纂委员会.汕头市志（1979—2000）（上册）［M］.广州：广东人民出版社，2013：677-695.

一、汕头市商业业态的现代化

（一）东部新城区形成现代化商圈

1992年以前，整个潮汕只有汕头特区万商楼一家超5000平方米的大型商场。1992年以后，潮汕各市纷纷建设大型商场。1993年，汕头经济特区国营外币免税商场新址建成开业，面积1.5万平方米。品种繁多的中高档商品、良好的购物环境给消费者带来全新的感受。1996年和1997年，汕头市区相继出现南大友谊商厦、金银岛商业中心、明珠广场购物中心、金海湾国际名店、利鸿基时代商城和正大万客隆等6家超5000平方米的大型百货零售商场[1]。这些商场经营范围基本都是家电、服装、皮具、化妆品、百货、食品等，商场装修各具特色，功能配套先进，提升了汕头作为粤东中心城市的地位。

2000年12月，总建筑面积达8.3万平方米的大型购物中心——南国商城正式交付使用，商城引进了国际零售巨头沃尔玛超市，集零售、娱乐、超市于一体，成为粤东地区第一家初具规模的商业综合体。随后，全雅百货、百盛购物中心、岛内价超市、法宝连锁超市等商场相继在汕头市区开业。2000年11月，汕头首条商业步行街——华侨新村路步行街正式开放，沿街共有130多家商铺，主要经营服装、化妆品、小食品和旅游商品[2]。

一系列大型商场、大中型超市、商业步行街在汕头市区东部新城区密集布局，形成了长平路-金砂东路商圈，这是自1978年之后潮汕地区形成的第一个现代化商圈。

（二）专业批发市场的集聚建设

20世纪90年代初，汕头市老城区永泰路尾、安平路尾形成了被称为"电器岛""食品岛""香烟岛"的批发市场，广州、深圳、东莞，以及福建、浙江、云南等地的商家都前来进货，老城区的狭窄街巷影响了专业市场的发展。1994年，汕头市政府提出将把汕头建设成国际性物资批发中心和区域性购物中心的目标。当年8月，黄河路大型电器市场开业，随后，食品、机动车辆、布料、音像、服装、化工材料、建筑材料等20多个大型专业批发市场相继建成。至1999年，又有摩罗街市场、海港商城、水产市场、水果市场、火车站前市场、旧货市

---

[1] 汕头市地方志编纂委员会.汕头市志（1979—2000）（上册）［M］.广州：广东人民出版社，624.

[2] 汕头市地方志编纂委员会.汕头市志（1979—2000）（上册）［M］.广州：广东人民出版社，624.

场等陆续组建，很多流动商家迁到新址经营[1]。这些专业批发市场除了批发业务之外，也从事零售。由于生意畅旺，甚至一店难求，商铺"转让费"从开始的一两万发展到几十万元。

1994年到2000年，汕头市总共投资14.19亿元，在市区建成了黄河路一带的服装、电器、食品为主的消费品专业市场聚落；潮汕路一带的金属材料、机动车辆等生产资料为主的专业市场聚落；泰山路火车站一带以农副产品批发市场、水果中心市场、站前综合市场为主的专业市场聚落。[2]为当地产业集群提供原材料、设备和展销服务的澄海玩具、外砂羊毛衫、和平音像、谷饶—两英内衣服装等专业批发市场也迅速发展。

大型专业批发市场具有很强的互补性、替代性，通过共享交易平台和销售网络，可以节省企业、批发商和消费者的交易费用，形成具有竞争力的规模集聚效应。20世纪90年代至21世纪的最初10年，汕头市区及周边区县集聚建设了一系列大型专业批发市场，加之汕头市区长平路一带的现代化商圈逐渐形成，似乎使汕头市区回到了"因商而兴"的时代。汕头市究竟应该成为"区域性流通中心城市"还是成为"区域性工业中心城市"，再次成为社会各界普遍关注的话题。20世纪90年代正是汕头市区传统的机械、电子、化工、纺织企业深化改革和整合转型的时期，也是潮汕地区工业化的重心正以产业集群多元多点的形态转向汕头市区周边城乡的时期。因此，在汕头市区及澄海、潮阳、普宁等地集聚建设大型专业批发市场，一方面可以与当时潮汕地区兴起的纺织服装、玩具礼品、食品、五金、电器音像等产业集群共同形成相互支撑的产业链、供应链；另一方面，也可以创造更多的就业岗位，缓解企业深化改革的社会压力。也因为大型专业批发市场涉及仓储、货运代理、分装配送、长短途交通、停车场、展览中心多个流通环节，还需要银行、酒店、工商税务、报关等配套服务，客观上也促进了汕头市区的商贸服务水平转型升级，从而为汕头市区新一轮工业化创造较好的环境。

（三）政府帮助企业开拓国内市场，会展业初露头角

1996—2001年，由汕头市人民政府、汕头经济特区管委会主办、市贸易委承办的"汕头经济特区商品交易会"，以"政府搭台，企业唱戏"的办法，每年

---

[1] 汕头市地方志编纂委员会.汕头市志（1979—2000）（上册）［M］.广州：广东人民出版社，2013：837-838.

[2] 汕头市地方志编纂委员会.汕头市志（1979—2000）（上册）［M］.广州：广东人民出版社，2013：625.

分别在武汉、成都、石家庄、昆明、合肥和重庆举办。参展企业共819家，零售额1387.55万元，签订合同金额131.4亿元。2002年5月13日，汕头市政府在广州流花路的"中国出口商品交易会"会址举办"汕头经济特区商品交易会"，集中展示了近200家名优企业的产品。[1]

随着交通、通信、酒店、会展等硬件设施逐步完善，会展业开始落户汕头市区。1997年12月，汕头市林百欣国际会展中心建成投入使用。第一场展会是"第九届国际潮团联谊年会"，参加年会的嘉宾来自海外和港澳台23个国家和地区及国内20多个省、市（自治区），人数逾3000人。1997年开始举办"汕头经济特区国际食品博览会"，至2010年已经举办了10多届。1988年开始举办"潮汕美食节"，至2000年起改在林百欣国际会展中心南广场举行，至2010年已经举办了16届。

二、潮汕地区多种经济成分的商贸业迅猛发展

（一）"商供粮物"的机构改革和人员分流

1992年开始，汕头市商业、供销、粮食和物资四大从事国内贸易及饮食服务业管理的机关单位陆续改制。汕头市商业局改为汕头市商业企业集团公司。1993年，市供销社改为汕头市供销企业集团公司，粮食局改为汕头市粮食企业集团公司，物资局改为汕头市物资集团公司。1996年底，为稳定粮食供应，确保粮食安全，上级决定成立汕头市粮食储备局，粮食局不管理粮食集团。1996年，国家恢复成立"中华全国供销合作总社"，汕头于1997年恢复市供销合作总社，定为正处级事业单位，参照公务员管理，供销企业集团公司归属供销合作总社管理。改制之后，市商业企业集团公司还具备管理下属各公司的职能，各公司要向集团缴管理费。1997年9月，撤销商业企业集团公司，将原来属下的15家公司按照经营范围成立3个集团公司，即汕头市华联集团、汕头市五百纺集团和汕头市外轮友谊集团。原来集团行政人员以及退休人员的管理都分拆到这3个集团中去。市物资集团成立后，属下的国有公司未能适应市场经济的要求，经营逐步萎缩。[2]

[1]　汕头市地方志编纂委员会.汕头市志（1979—2000）（上册）［M］.广州：广东人民出版社，2013：630.

[2]　汕头市地方志编纂委员会.汕头市志（1979—2000）（上册）［M］.广州：广东人民出版社，2013：621-622.

1997年，潮州市商业局成建制转为经济实体，组建潮州市商业企业集团公司。集团公司成员由市直商业系统13家经营单位组成。集团公司受市政府委托行使集团公司及成员企业的全部国有资产的管理使用权，承担国有资产保值增值责任。1998年，潮州市政府发出《关于深化供销合作社改革的实施意见》，对市供销社的职能和任务战略作出规定，市、县联社逐步从行政管理型向经营管理型转变。1996年1月，潮州市粮食部门实施两条线运行改革，实行政策性业务和商业性经营财务分开，单独核算，扶持粮食企业转换经营机制。[1]

1996年起，揭阳市"商供粮物"四部门逐渐退出商品购销主渠道，建立适应市场经济的管理机制和营销方式。全市国合商业的行政机构改制为经济运营公司，实行企业管理。对营业门店实行承包租赁经营责任制，对部分门店改组整合重组，发展连锁经营、股份经营、代理营销等。[2]

（二）非国有经济商贸业迅速发展

1993年1月6日，汕头市政府在批转市工商局《关于深化工商行政管理，促进特区社会主义市场经济发展的意见》中提出，"取消在发展个体私营经济上的不合理限制，放宽个体工商户、私营企业登记条件，简化登记手续。凡国有、集体企业可以经营的项目，私营企业、个体商贩也可以经营"。至1998年，汕头市社会消费品零售额中，非公经济占72%，国有、集体经济占28%，比1992年的56.6%下降28.6个百分点[3]。

1995年，潮州市个体私营经济零售额20.15亿元，是1992年7.89亿元的2.55倍，年均递增36.69%。2004年，潮州市全市批发和零售企业中私营企业法人单位361个，就业人员2171人，全年水平销售额29.31亿元；批发和零售业个体经营户39544户，就业人员57818人，营业收入77.68亿元。[4]

1992年，揭阳市将发展私营、个体商业作为全市经济新的增长点。1995年，揭阳市全市私营商业3603家，从业人员39346人，商品批发零售总额3.33亿元；个体有证商户45899户，从业人员77852人，网点7017个，商品零售总额

[1] 潮州市地方志编纂委员会.潮州市志（1992—2005）（上册）[M].广州：岭南美术出版社，2014：414-423.

[2] 揭阳市志编纂委员.揭阳市志（1992—2004）[M].北京：方志出版社，2013：344-348.

[3] 汕头市地方志编纂委员会.汕头市志（1979—2000）（上册）[M].广州：广东人民出版社，2013：623.

[4] 潮州市地方志编纂委员会.潮州市志（1992—2005）（上册）[M].广州：岭南美术出版社，2014：421.

26.77亿元。2004年，揭阳市全市私营商业639家，从业人员1598人，商品批发零售总额35.57亿元；有证个体商户51286户，从业人员99614人，营业收入总额110.58亿元。[1]

三、潮州、揭阳城区成为区域性商业中心，商业格局错位发展

1992年，潮州、揭阳设立地级市之后，随着城市道路交通设施日臻完善，人口不断聚集，作为两市政治、经济、文化中心的湘桥区和榕城区逐渐发展为区域性商业中心。

（一）潮州、揭阳市区商业设施日益完善

潮州市城区历来经商氛围浓厚，商铺林立。长期以来因缺乏规划，多以沿路沿街的小商铺为主，较为散乱。1992年建市之前，潮州没有大型商场或购物中心，也没有大型超市。1992年升格为地级市之后，政府十分重视商业设施的规划建设。卜蜂莲花、新摩市、大福源等百货食品类超市相继在湘桥区出现。到2000年前后，潮州市区已经在牌坊街和新桥路形成人流相对集中的商圈。2001年，扩建后的新桥东路开辟为商贸步行街，集中了各类专卖店、名牌店，主要经营高中档服装、鞋类、皮具等。新桥东路-开元路-新桥西路一带形成了餐饮和夜市集聚区，西河路-潮枫路一带主要布局宾馆酒店[2]。

揭阳设立地级市之后，通过营造五金打铜街、毓秀女人街、榕湖药材街、同德摩托街等特色街区，重点建设进贤门生活日用品批发市场，构筑进贤门商圈。2000年前后，揭阳市规划建立一系列主题商业街，如玉都新城、东山广百商圈、宝德商圈、榕江一品风情街、岭南茶文化街、任港美食街、金城步行街等。2005年，东方康宁超市耗资3000万元，将超市改造成揭阳首座集购物、美食、休闲娱乐、影院和酒店于一体的综合性时尚购物广场，引进必胜客、格林豪泰等品牌。2007年，苏宁广场进驻揭阳，成为揭阳商业零售的新亮点。至2010年，揭阳市区已经形成进贤门、临江路和建阳路3个比较大型的商圈。

（二）各展特色优势的县镇专业批发市场

潮州众多专业批发市场中，最具特色的是庵埠食品市场和枫溪陶瓷市场。

———————

[1] 揭阳市志编纂委员.揭阳市志（1992—2004）［M］.北京：方志出版社，2013：350-351.

[2] 潮州市地方志编纂委员会.潮州市志（1992—2005）（上册）［M］.广州：岭南美术出版社，2014：436.

这两个市场依托当地传统工业形成，产业优势明显，国内外知名度高。1994年，庵埠食品批发市场开业，建筑面积3万平方米，居于当时潮汕地区镇级专业市场的前列。1998年，枫溪陶瓷专业市场由枫溪区管委会筹资兴建，占地6万平方米，总投资1.2亿元，首期工程于2001年元旦开业。市场分日用瓷、工艺瓷、建筑陶瓷、卫生洁具等专卖区，是当时华南地区规模最大的陶瓷专业市场，有力地促进了潮州陶瓷产业的发展，成为潮州市的主要旅游购物点。[1]

1992年，揭阳市政府出台《关于加快市场建设的意见》，制定市场建设6项优惠政策，从用地、用电、贷款等方面给予优先解决，并纳入各区县市政建设总体规划。至1995年，全市已经有各类集贸市场157个，遍布城乡，购销两旺，日均上市3万多人次。普宁市的流沙布料市场、服装市场，榕城区进贤门市场、揭西县棉湖市场都曾被评为"全国文明市场"[2]。1996年，普宁市继续投资建设流沙纺织品市场，占地300亩，面积16.5万平方米，铺位1180个，配套绿化、通信、消防、停车、闭路监控等设施，成为省内规模最大、档次最高的专业市场之一。2004年，揭阳市区建成省内最大的阳美玉器批发市场。2005年，普宁布料城、粤东（普宁）富民服装城开业，继续建设轻纺城和茶叶市场二期。2007年，广东烟草（普宁）物流配送中心建成开业[3]。同年，投资2.6亿元的揭阳（国际）金属材料市场和投资2亿元的玉都文化广场相继开工。至2010年底，揭阳已拥有"中国五金基地""中国玉都""中国纺织产业基地"和"中国药材名城"等称号。

（三）潮州市、揭阳市着手发展会展业

第一，政府搭台，到全国各地参加或举办会展活动。

潮州市十分重视开拓国内外市场，多次组织企业参加国内各类特色产品展销会。2002—2004年，潮州市在成都、武汉、北京分别举办了3届经贸展销会，展示了潮州工业的特色和水平[4]。1996年起，揭阳市也以"政府搭台，企业唱戏"的形式在国内多个城市举办经贸洽谈会。至2004年，由市政府牵头组织企

---

[1]　潮州市地方志编纂委员会.潮州市志（1992—2005）（上册）［M］.广州：岭南美术出版社，2014：435.

[2]　揭阳市志编纂委员会.揭阳市志（1992—2004）［M］.北京：方志出版社，2013：353.

[3]　揭阳市志编纂委员会.揭阳市志（1992—2004）［M］.北京：方志出版社，2013：361.揭阳年鉴编纂委员会.揭阳年鉴［M］.2006.

[4]　潮州市地方志编纂委员会.潮州市志（1992—2005）（上册）［M］.广州：岭南美术出版社，2014：442.

业在全国及省内各市举办或参加大型展销会52场次，商品总成交额177.15亿元。其中，1998年由市政府在乌鲁木齐市主办的"揭阳商品展销会"签订合同7亿多元；2001年，在南宁市举办"广东省揭阳市经贸洽谈暨产品展销会"，签订合同14.5亿元[1]。

第二，当地会展体现区域产业特色。

潮州市升格为地级市之后，多次在当地举办各种展销会。1994年12月，"潮安县首届全国食品展销会"在庵埠镇食品批发市场举办。展会期间共接待海内外客商6000多家18万人次，签订合同3000多宗，成交总额1.5亿元。2000年2月，潮州市政府在市区奎元广场举办"潮州美食节暨食品展销会"，集中展示潮州食品。2001年10月，潮州市人民政府和中国陶瓷工业协会联合主办的"首届中国枫溪国际陶瓷交易会"，会期长达19天，1600多名中外客商参加，签订合同1300多万美元。2005年4月，潮州再次在枫溪区举办"中国瓷都潮州国际陶瓷博览会"，全部采用敞开式、立体式、特装式布展，成交额达8.26亿元，对提高潮州作为"中国瓷都"的知名度和美誉度发挥了很大作用。

揭阳市主要根据地方工业产品的特色来举办会展。1997年，榕城区、东山区举办了轻工产品展销会，集中展示鞋类、服装、钟表等日用品。2002年之后，东山区根据阳美玉器产业的发展，每年10月定期举办"中华阳美（国际）玉器节"。首届有来自缅甸、中国香港、台湾地区和上海、辽宁、山东、江苏等的158家珠宝玉器企业参展。商贸签约和现场交易达252亿元；2001年开始，普宁市（县级市）举办一年一届的"国际衬衣节暨纺织服装交易会"，首届有来自国内外的1000多家知名品牌企业参加，总成交额5.2亿元。至2004年举办了4届，成交额达17.6亿元。2002年11月，普宁市举办"中国普宁首届中药交易会"，展会设置展位1000多个，广东康美、天津中美史克、北京同仁堂、香港联邦制药等知名企业参加，现场购销总额30多亿元[2]。

四、零售商业格局的深度调整

（一）中外合资商业零售企业进入潮汕

1997年11月17日，由泰国正大集团、荷兰SHV控股公司与汕头经济特区物产

---

[1]　揭阳市志编纂委员会.揭阳市志（1992—2004）［M］.北京：方志出版社，2013：373.

[2]　揭阳市志编纂委员会.揭阳市志（1992—2004）［M］.北京：方志出版社，2013：372.

总公司联合组成的中外合资企业——汕头正大万客隆有限公司正式开业。主要经营食品和百货，品种约2万种。开业之后平均客单价遥遥领先于汕头及粤东各大商场，日营业额最高峰达到300多万元。至2010年，该商场销售额还是位居汕头市零售业首位。

2000年12月21日，中外合作的深圳市沃尔玛珠江百货有限公司汕头南国分店开业。分店位于南国商城地下层，营业面积1.58万平方米，经营电器、家具、日用百货及新鲜蔬果和肉食、海鲜等[1]。

（二）部分大型商场和专业批发市场从兴盛到萎缩

20世纪80年代至90年代上半期，汕头市区大多数大型零售商场都采取由商场统一经营的模式。90年代下半期，生意逐渐难做，多数改为按经营类别出租档口，由承租者自主经营。2001年以后，汕头商场、京汕商场、汕樟商场、华联商厦、百货大楼等大型国营百货市场陆续关闭，南大友谊百货商厦、金银岛商业中心、万商楼、明珠广场、利鸿基商业中心等大型商场也相继歇业。2000年以后，汕头市区的部分专业批发市场，如国内小有名气的汕头电器专业商场和粤东规模最大的"金凤城"综合商城，经营都每况愈下，商户逐年减少，最后只能勉强维持。至2010年，只有正大万客隆和南国商城"沃尔玛"还能正常经营。

汕头市区部分大型商场和专业批发市场从兴盛到萎缩的原因是复杂的。一是受1999—2001年，汕头市的经济增长速度急剧下降的影响，由于工业和服务业增长停滞，本地居民消费能力下降，市场需求和市场供给都比较低迷。二是1997—1998年亚洲金融危机给潮汕地区进出口国际贸易和国际投资带来的冲击，汕头市进出口贸易总额和实际利用外资数额大幅下降。三是经过了近20年的平稳发展，更高质量、更加个性化的消费形态正成为主流，原来的大型零售商场业态难以适应消费者要求。四是当时市场规范运行相关制度尚未完善，"三角债""虚开发票""制假"等现象时有出现，或多或少使汕头市和潮汕地区的区域整体商誉受损。五是宏观方面政策出现重大调整，粤东地区的通关、退税、贷款审查等环节不畅，直接影响了专业批发市场的物流和资金流。

（三）连锁经营、货仓式自选商场出现

汕头的连锁经营始于1993年。是年年底，汕头市粮油中心商场筹资100万元，在汕樟路中段创办一家连锁分店，至1998年底，该商场已拥有5间分店，总

---

[1] 汕头市地方志编纂委员会.汕头市志（1979—2000）（上册）［M］.广州：广东人民出版社，2013：638.

营业额1994万元。1997年，本土企业家创办的大众平价购物中心开始开设分店，至2000年底已经有6家分店。此后，汕头市区连锁经营的形式发展很快，有正规连锁、特许连锁、加盟连锁等。连锁经营的范围包括眼镜、服装、医药、家电、化妆品、副食品、快餐、酒家、咖啡茶座、移动通信，等等。

（四）网上商场和电子商务开始进入零售领域

汕头市的网上商业从1998年开始。当年，全市首家网上市场——全国库存商品调剂中心市场汕头直属市场成立，汕头商品流通产业开始使用电子信息经营。1999年12月23日，位于汕头高新技术产业开发区的第一家网上超市开业，经营电脑、电脑零配件、电脑软件、数码相机及有关书籍等。至2000年，汕头已经出现网上商店31家，经营项目包括日用百货、食品、花卉、书籍、软件、电脑、影音设备、电子元件、通信器材、汽车、机械设备、复印机、传真机等[1]。规模较大的汕头电脑商场、汕头高新电脑中心、捷龙电脑世界都在2000年开业。

五、旅游服务行业全面发展

（一）旅游业从小到大，旅游成为居民家常消费

1992年后，潮汕地区的出省旅游包机业务快速发展。到1996年，汕头市旅游总公司的旅游包机业务进入鼎盛时期，线路达38条，上座率70.15%。1995年底广梅汕铁路通车之后，陆续开辟了潮汕至广州、梅州、庐山等旅游线路和往北京、桂林、张家界、黄山等地的旅游专列。1997年底深汕高速公路通车，进一步扩展了珠三角和港澳地区与潮汕地区之间的陆路旅游[2]。至2010年，潮汕已经开通了国内各省市和港、澳、台地区以及泰国、马来西亚、新加坡、美国、加拿大、澳大利亚、新西兰、韩国、日本等10多个国家的旅游线路。

1995年5月实行"双休日"制度之后，旅游需求日益旺盛。2010年，汕头已有63家旅行社，41座星级宾馆。当年的接待过夜游客人数达到782万人，旅游收入88.5亿元，分别比1992年增长8.7倍和24.3倍[3]。

2010年1月28日，投资10亿元兴建的大型科技娱乐园区——汕头市方特欢乐

[1] 汕头市地方志编纂委员会.汕头市志（1979—2000）（上册）[M].广州：广东人民出版社，2013：629.

[2] 汕头市地方志编纂委员会.汕头市志（1979—2000）（上册）[M].广州：广东人民出版社，2013：690.

[3] 参见《汕头市统计年鉴》。

世界·蓝水星主题公园项目正式开业。该乐园是当时粤东地区唯一一个以科幻为主题、以高科技文化和时尚游乐元素为主导的室内大型主题公园。[1]

潮州升格为地级市之后，高度重视其作为国家历史文化名城、旅游资源丰富的优势，全力加快旅游业的发展。1998年8月，潮州市委、市政府作出《关于加快旅游业发展的决定》，提出"旅游旺市"战略。至2005年，潮州共拥有文物古迹728处，包括潮州广济桥、宋代建筑许驸马府、潮州开元寺、韩文公祠等国家级文物景点，潮州话、潮剧、潮州音乐、潮州功夫茶、潮菜、潮州木雕、潮州陶瓷、潮绣为代表的潮文化影响深远[2]。潮州市利用这些宝贵的历史人文资源发展旅游业。2004年，潮州市被国家旅游局批准为"中国优秀旅游城市"。2005年，潮州全市共接待海内外游客164.3万人次，旅游业总收入23.82亿元，成为全市第三产业的重要组成部分。[3]

揭阳市倚山濒海，山川毓秀，名胜古迹众多。1992年建市之后发掘出一批高山、森林、海洋、江河、湖泊、海滩、温泉等自然旅游资源。如惠来海滨泳场，揭西黄满磜瀑布、漂流探险，普宁汤头温泉，等等。还新建和修复了一批人文旅游资源，如揭西大洋旅游区、京明茶园和一些寺庙。[4]

潮汕三市地域相近、人文相同，旅游商品没有很大的差别，抽纱、潮绣、木雕、石雕、玉雕、陶瓷、嵌瓷、剪纸等是潮汕三市的特色工艺品。

（二）餐饮、酒店、摄影、美容美发等传统服务业蓬勃发展

20世纪90年代之后，潮汕三市餐饮业利用侨乡优势，积极引进外资，吸纳民资，改善服务环境，提高服务水平，开拓服务领域。在经营规模、档次和质量上有很大的提升。2000年，汕头市餐饮业零售额达26.49亿元，比1988年增长19倍多。

这一期间，餐饮业网点遍布潮汕城乡。高档的如汕头市区的金海湾、帝豪、国际大酒店和龙湖宾馆，以及潮阳迎宾馆、潮州宾馆等；中档的有遍布各市城区、县城的大排档、食肆、酒楼、菜馆，以及渗透到大街小巷的小食摊档。主要经营潮菜、粤菜，也经营川菜、湘菜、徽菜等，既有品牌专营的，也有连锁

[1] 汕头年鉴编纂委员会.汕头年鉴［M］.2010：151.

[2] 潮州市志编纂委员会.潮州市志（1992—2005）（上册）［M］.广州：岭南美术出版社，2014：526.

[3] 潮州市地方志编纂委员会.潮州市志（1992—2005）（上册）［M］.广州：广东人民出版社，2014：527.

[4] 揭阳市志编纂委员会.揭阳市志（1992—2004）［M］.北京：方志出版社，2013：411-413.

经营的，不少饮食老字号得以恢复。[1]。

1992年后，汕头市高中档宾馆、酒店建设发展迅猛。帝豪、君华、澄海花园、潮阳迎宾馆都相继落成开业。大批商务宾馆进驻到潮阳和平、谷饶、潮南峡山、两英等工商活动活跃的乡镇。潮州、揭阳两市设市后也建成一批星级酒店，如潮州的金信大厦、金曼大酒店、金叶大酒店、潮州迎宾馆；揭阳的榕江大酒店、阳美国际大酒店、揭东金叶酒店、普宁金叶大厦等。

摄影、美容美发、洗熨、娱乐等服务业在这一阶段的发展相当迅速。摄影业的专业不断细化，适应了不同消费者的需求；美容美发行业高、中、低档并举，实力较强的企业开始发展连锁经营。1992年后，潮汕三市和部分县镇还出现不少KTV音乐厅，吸引了大批的消费者。

1991年7月，汕头首家拍卖行成立。1998年，全市已经注册成立拍卖行13家。拍卖物资从香烟、塑料、成品油等走私罚没物资到房产、交通工具、生产资料、艺术品等，范围不断扩大。委托人既有海关、法院等执法机关，也有企业或公民个人。[2]咨询、房产、婚姻、人才等中介机构也在潮汕三市的城区逐渐发展起来。

---

[1] 汕头市地方志编纂委员会.汕头市志（1979—2000）［M］.广州：广东人民出版社，2013：633.

[2] 汕头市地方志编纂委员会.汕头市志（1979—2000）［M］.广州：广东人民出版社，2013：635.

活跃的对外经济贸易活动，曾是推动近代潮汕经济运行的主要动力。本章将叙述1949—2010年的不同发展时期，潮汕地区进出口贸易、外贸管理体制、华侨与侨务工作以及引进利用外资、技术等方面所发生的多次变化、转型的过程。

第一节　1949—1978年潮汕地区的外经贸

中华人民共和国成立之初，几近停顿的汕头口岸进出口贸易逐步复苏，1951年变逆差为顺差。尽管1958—1961年、1966—1971年发生过大幅度震荡，但总体上仍呈向上发展态势。

一、进出口贸易

（一）1949—1957年的进出口贸易情况
第一，1949—1952年经济恢复时期的进出口贸易概况。

1949年新中国成立后，潮汕地区外经贸工作贯彻国家对外贸易统制和保护贸易的政策，按照"推广出口，管理进口，促进内外交流，以达到发展生产繁荣经济"的原则，实行进出口贸易许可证制度，制定进出口贸易税则、税目和税率。进出口商品分为准许、特许和禁止三种不同类别进行管理。潮汕地区的出口商品绝大部分是农副产品和手工业产品，多属鼓励大量出口的"丙类"。因解放初期物资紧缺，为调剂供求、支援前线（当时解放战争仍在进行）和生产，对进口商品的管理予以放宽。为配合禁止港币在市场的流通，批准自备外汇进口。1950年汕头批准自备外汇进口共4442102港元，占汕头口岸全年进口值的70.58%。抗美援朝战争爆发后，国家对外贸易管理政策发生重大变化，采取"大进大出，快进快出"方针，组织公私力量同西方国家的封锁禁运做斗争。

1951年3月6日，中央贸易部颁发了易货贸易暂行办法和实施细则，同年3月12日汕头成立易货交易所。易货贸易分为直接易货、记账易货、联锁易货和对开信用证易货4种，汕头只实行记账易货和连锁易货2种，各阶段进行情况：第一阶段，自1950年12月下旬至1951年2月底，为全面易货阶段；第二阶段，1951年3至4月，为易货贸易为主、结汇出口为辅阶段；第三阶段，1951年4月下半月至6月底，主要是由"易货为主，放宽结汇"到"以结汇为主，易货为辅"阶段；第四阶段，1951年7月至1952年底，是易货和结汇交叉进行阶段。

1952年起，对进口商品的管理逐步加强，对国计民生有利和国内无法供应或供应不足才争取进口；可以由国内产品代替的，如染料、化工原料、手工工具、西药成品等则限制进口；国内已有大量生产的和属于奢侈品的则禁止进口。

这一期间，潮汕地区国营进出口贸易逐步发展。特别是由于主要进口商品实行统购统销，国营进口业务发展比较迅速。1950年的进口贸易总额中，国有企业只占3.67%，1952年已经上升到27.82%。进口贸易总额中，国营进出口业务1950年只占总额的13.9%，1952年上升到占总额的89.04%。[1]

第二，1953—1957年出口贸易情况。

1953年，出口货源开始紧张，外贸管理工作主要贯彻执行中央"内销服从外销"的方针，人民生活必需品先内后外，出口地区则先苏联和东欧新民主主义国家后资本主义国家，一般货物节约内销，积极扩大出口贸易，创造更多外汇收入支援国家经济建设。除继续实行许可证制度外，对副食品（主要是鲜活商品）实行配额出口和主要商品按口岸分工的制度。对出口贸易的经营方式和成交条件采取了比以往较灵活的做法。1957年，汕头参加第一、二届广交会，共成交出口合同9033110美元。

第一个五年计划时期，汕头口岸出口实绩累计8253.07万美元。汕头出口商品结构也发生变化，前期农副产品出口比重逐年上升，1957年工矿产品出口比重超过了农副产品。[2]

---

[1] 广东省汕头市地方志编纂委员会.汕头市志（第三册）［M］.北京：新华出版社，1999：253-254.

[2] 广东省汕头市地方志编纂委员会.汕头市志（第三册）［M］.北京：新华出版社，1999：255.

表5-1 1953—1957年汕头口岸出口实绩[1]

单位：美元

年份	1953	1954	1955	1956	1957
出口金额	14106536	12625861	15080706	19496110	21221440

表5-2 1953—1957年汕头口岸出口工农业产品比重表[2]

年份	工矿产品	农副产品
1953	43.44%	56.56%
1955	37.55%	62.45%
1956	44.93%	55.07%
1957	52.11%	47.89%

表5-3 1953—1957年汕头口岸对各国（地区）出口金额统计表[3]

单位：美元

国家（地区）	1953年	1954年	1955年	1956年	1957年
香港	11321236	11939711	14466296	13236619	13632331
澳门				2923	28051
新加坡	4305062	3519133	16950	5157347	671723
马来西亚			3865951		4777080
泰国	1286611	502570	330678	617177	801575
南越	2511762	139015	87932	8378	911
北婆罗洲	4670		18901	23849	49387
缅甸			31796	168687	63849
锡兰			3994	24436	171012
柬埔寨				38398	221839
印度尼西亚				129091	234216
印度				151	560
黎巴嫩			70	4417	7880
叙利亚			97	583	736
伊拉克					536

[1] 广东省汕头市地方志编纂委员会.汕头市志（第三册）［M］.北京：新华出版社，1999：269-275.

[2] 广东省汕头市地方志编纂委员会.汕头市志（第三册）［M］.北京：新华出版社，1999：294.

[3] 广东省汕头市地方志编纂委员会.汕头市志（第三册）［M］.北京：新华出版社，1999：314-315.

续表

国家 （地区）	1953年	1954年	1955年	1956年	1957年
日本					4814
丹麦			2151	3480	6018
瑞士			647	4546	11976
英国			22330	16613	156938
比利时			436	687	8933
瑞典				6103	2066
联邦德国				39061	186961
法国				2284	4812
荷兰				3654	10473
芬兰					154329
意大利					1300
爱尔兰					50
南非					1334
尼日利亚				38	
加拿大			10500	7573	236
墨西哥					2298
澳大利亚					126
新西兰					7091
其他		5740			

第三，1953—1957年进口贸易情况。

1953年以后，国家对外贸易政策进行调整，非生产建设和人民生活必需的物资不再进口。进口萎缩，进口商品种类逐渐减少。第一个五年计划时期，汕头口岸进口额最高的1956年仅276.08万美元，其中抽纱布料268.49万美元，其他品类微不足道。

表5-4　1953—1957年汕头口岸进口商品种类及比重变化[1]

年份	1953	1954	1955	1956	1957
抽纱原材料	48.16%	44.02%	78%	93.63%	93.67%
化工类	13.25%	12.31%	11.80%		
汽车机械机件类	8.68%	6.39%			
医药	9.43%				
五金钢材	4.83%				

---

[1] 广东省汕头市地方志编纂委员会.汕头市志（第三册）［M］.北京：新华出版社，1999：288.

（二）1958—1965年进出口贸易情况

1958年在全国"大跃进"形势影响下，汕头专区组织了4次出口贸易高潮，当年出口总额达到2663.3万美元，比1957年的2122.14万美元增长25.50%，造成全区出口货源全面紧缺，原材料、包装、劳力和运力紧张。1959年，潮汕出口额急剧下降为1738.69万美元，仅及1957年出口总额的81.93%；1961年，出口额跌至1527.41万美元，大约相当于1955年的水平。这一期间进口主要以抽纱原材料为主，出口主要以农副产品（家禽、生猪、蔬菜、鲜蛋、罐头等）和工矿产品（抽纱、陶瓷）为主。

1962年后，随着"调整、巩固、充实、提高"八字方针的贯彻落实，潮汕地区的工农业生产开始恢复，外贸的出口货源开始有所增加，潮汕地区出口开始回升，1964年为2998.4万美元，1965年达3447.8万美元，比1958年增长29.5%，比1964年增长14.99%。其中抽纱达1327万美元，渔网168.16万美元，陶瓷145.07万美元，分别比1964年增加26%、11.17%和12.91%。

这一时期的进口贸易，继续执行"一五"期间严格控制进口的方针，进口总额从1958年的241.40万美元锐减至1964年的82.49万美元，仅为当年出口总额的2.84%。[1]这与19世纪60年代至20世纪30年代末汕头口岸进口一直高于出口的"入超"状况形成了鲜明对比。

表5-5　汕头地区1958—1965年进出口总量统计表[2]

单位：美元

年度	进口总额	出口总额
1958	2413989	26633000
1959	2091904	17386900
1960	1313657	15847700
1961	1399396	15274100
1962	824584	16637400
1963		21453000
1964		29084000
1965		34478000

---

[1]　广东省汕头市地方志编纂委员会.汕头市志（第三册）［M］.北京：新华出版社，1999：262.

[2]　广东省汕头市地方志编纂委员会.汕头市志（第三册）［M］.北京：新华出版社，1999：298.

（三）1966—1977年出口贸易情况

这一时期对外贸易遵循"独立自主、自力更生"的方针，处理内外销关系仍采用"内销服从外销"方针，省外贸局提出"加强出口工作，争取早成交、多成交，早出口、多出口、早收汇、多收汇"的口号。但在当时的形势下，一向以传统题材为内容的潮汕工艺产品停止出口，在一段时间内给外经贸工作造成巨大损失。直到国务院总理周恩来做出明确指示："除了反动的、丑恶的、黄色的以外，都可以生产和出口。"潮汕地区根据这一指示，保留了一些具有进步性的良好题材，扩充工艺品种类。

1966—1975年，潮汕外贸出口总体呈马鞍型轨迹。1966年、1967年下行，1968年开始回升，1971年出口超4174.65万美元，成为1949年之后出口最多的一年。1975年再翻一番，全区出口总额达8621.81万美元。

表5-6　1966—1975年汕头外贸出口情况表[1]

单位：万美元

年度	总值	农副产品及加工品		工矿产品	
		金额	比重（%）	金额	比重（%）
1966	3428.66	847.62	24.72	2581.04	75.28
1967	2935.25	893.97	30.46	2041.28	69.54
1968	3171.66	808.56	25.49	2363.10	74.51
1969	3504.76	680.85	19.43	2823.91	80.57
1970	3688.84	576.86	15.64	3111.98	84.36
1971	4174.65	824.08	19.73	3350.57	80.27
1972	5340.85	2078.47	38.92	3262.38	61.08
1973	7574.76	2430.75	32.09	5144.01	67.91
1974	8080.73	3023.39	37.41	5057.34	62.59
1975	8621.81	3191.89	37.02	5429.92	62.98

从1966—1975年的10年，汕头出口总值累计50521.97万美元。其中工矿产品占出口总值的69.6%，农副产品及其加工品占出口总值的30.4%。工矿产品以

[1]　广东省汕头市地方志编纂委员会.汕头市志（第三册）［M］.北京：新华出版社，1999：298.

手工艺品的比重最大，占出口总值的51.9%；其次为轻工业品，占出口总值的17.06%。汕头解放初期作为出口骨干商品的生猪、蛋品、蒜头、土纸等已为罐头、纺织品、松香、工艺品所替代。

二、进出口贸易体系的变化

（一）外贸企业所有制结构发生变化

新中国成立后，国营潮汕贸易公司设外贸部，下面分设进口股和出口股，经营进出口业务。1953年兼营外贸的还有粤东土产公司、粤东食品公司、粤东供销合作总社和汕头市贸易公司等企业。由于国营外贸专业公司先后成立，1954年上半年，各贸易公司撤销了外贸部，不再兼营进出口业务。

1953年后，国营外贸专业公司相继成立并迅速发展壮大，潮汕地区进出口贸易的公私比重发生了巨大变化。1954年后，汕头市区采取委托私营出口商代销、安排加工、成立专业小组、逐批公私联营出口、定期公私联营、固定公司联营和公私合营等方式，对私营外贸行业进行利用、限制、改造。1956年1月实行全行业公私合营，汕头市区的对外贸易由原来的分散经营转变为集中统一经营。

表5-7 1950—1955年汕头口岸公私营进出口比重变化情况表[1]

单位：%

年度	进口贸易		出口贸易	
	公营	私营	公营	私营
1950	13.91	86.09	3.67	96.33
1951	51.92	48.08	8.41	91.59
1952	89.04	10.96	27.82	72.18
1953	15.65	84.35	22.23	77.77
1954	56.99	43.01	57.66	42.34
1955	50.76	49.24	71.01	28.99

（二）联营小组的出现与成效

新中国成立初期，为冲破西方国家的所谓"封锁禁运"，潮汕地区组织公

---

[1] 汕头市对外经济贸易委员会.汕头外经贸志［M］.内部资料，1993：36-37.

私力量扩大进出口贸易，实行有计划地调节出口数量，保持国外售价稳定；对进口充分发挥私营进口商作用，完成抢运任务，保证供应国内需要。1950年第三季度开始到1951年上半年，对于重点商品或出口遇到困难的商品，先后按商品类别组织了一批专业小组、联购小组和联营店、社。

表5-8 专业小组、联购小组及联营店、社组织经营情况表[1]

出口方面			
名称	成员户数	经营方式	备注
生柑专业小组	56	自由经营，汇报情况，统一定价，集中调配出口	1951年底改为联营社
咸菜专业小组	55		1953年改为联营社
土纸专业小组	51		1956年结束
渔网专业小组	37		
陶瓷专业小组	68		
蒜头专业小组	75	联购、联运、联销	分为三个社，由市国营贸易公司领导，1951年改为联营社，1955年改为公私联营社
孵蛋联营处	3		
抽纱刺绣联营组 潮梅陶瓷联营社			1952年结束
田料联购小组	70	联购分销	1952年结束
铁业联购小组	7		
油业联购处	24		
油业第一联营店	6	联购、联运、联销	
水泰石油联营社	7		

（三）外贸管理体制的形成

1953年1月9日，政务院作出海关与外贸管理机构合并的决定。同年1月13日，海关总署归外贸部领导，外贸管理总局与海关总署合并，各口岸外贸局及分支机构与海关合并，统称海关。汕头关、局合并后，海关验估征税科的验估、征税两个股与外贸局的签证股合并，成立进出口科，并以外贸局行政管理科为基础，成立行政管理科，负责私营进出口商的组织领导和管理。

---

[1]　汕头市对外经济贸易委员会.汕头外经贸志［M］.内部资料，1993：32.

　　1953年，粤东行署决定在粤东行署财委下设立对外贸易小组，对汕头、汕尾、惠州三个口岸对外贸易工作统一领导。1954年7月30日，改设粤东行署对外贸易处，业务上受粤东财委和华南外贸局双重领导。粤东外贸处在汕尾和惠州两个口岸分别建立办事处。1955年9月5日，国务院发出关于调整各地海关任务和领导关系的通知，各地海关执行的签发许可证，对私营进出口商的登记管理和审价工作移交给各地外贸局。1954年8月，汕头海关已经开始逐步把外贸行政管理工作及有关人员移交给粤东外贸处。1956年3月汕头市对外贸易局成立，兼挂汕头专署对外贸易局牌子。同年11月，汕头市外贸局划归汕头专署领导。1957年1月1日，汕头市外贸局连同所属的汕头进出口商品检验处、潮汕抽纱公司、汕头土产出口公司、汕头食品出口公司、中国茶叶公司汕头办事处及归口外贸的公私合营各出口公司全部转由汕头专员公署直接领导。1958年8月，潮安、潮阳、揭阳等7个重点县设立对外贸易办事处。1959年7、8月间在县级成立外贸科、公社设外贸干事。1961年3月各县外贸科（局）撤销。1972年10月，又在汕头市和各县设立外贸办事处，1973年3月，各县市外贸办事处改为外贸局兼挂外贸公司牌子。

三、侨务和对外经济往来

（一）侨务工作

第一，机构和体制。

　　1949年10月，汕头市军事管制委员会接管原民国政府侨务委员会汕头侨务局。1950年3月，汕头市人民政府成立后，汕头市军管会侨务处改为汕头市人民政府华侨事务局。1950年12月，潮汕专署办公室设置侨务科。1953年，汕头市侨务局设立秘书室、生产救济科、招待联络科、宣教科、难侨处理科。1955年1月，粤东区党委把汕头市华侨事务局改为粤东行署侨务局，统一领导汕头市和各县的侨务工作。1956年3月，粤东行署改为汕头专区行政专员公署，汕头专署设置华侨事务局，汕头市也设立华侨事务局。潮安、澄海、饶平、揭阳、普宁、惠来、潮阳县人民政府先后设立侨务科。1963年，汕头专区行署设立侨汇物资管理处，汕头市、潮安、揭阳等各县的人民政府也先后设立侨汇物资管理科。1971年6月，侨务机构被撤销，地、市华侨事务工作先后由地、市革命委员会政工组统战办公室负责，各县也同时成立相应工作机构处理华侨事务。

第二，侨务政策的调整变化。

1950年，潮汕地区开始土地改革，各级人民政府执行中央对华侨土地财产的处理办法，反应较好。后来因华侨政策发生摇摆，部分侨眷对接受侨汇产生顾虑，侨汇汇入额有所减少。1955年2月，国务院颁布《关于贯彻保护侨汇政策的命令》，鼓励华侨汇款到国内，支援国家建设。侨务部门、中国人民银行和侨批局本着便利侨汇、服务侨胞的精神，经常派人深入侨户访问，协助侨眷与侨居国亲人建立联系。1961年初，国家照顾华侨、港澳同胞免税进口粮食、副食品，当年汕头地区华侨、港澳同胞进口粮制品达13154.20吨，副食品达5775.43吨，解决归侨、侨眷和侨生的许多生活问题。

1963年，中共中央发出《关于在农村社会主义教育运动中对待侨户问题的指示》。国家多次下达文件，制定了关于"争取侨汇，保护侨汇""对侨汇商品供应给予优惠照顾"的政策，作出了《关于争取侨汇问题的紧急指示》。

1966年之后，大部分侨务工作被中断。1971年，广东省召开全省侨务工作会议，开始落实侨务政策。1976年10月之后，侨务政策逐步恢复。[1]

（二）侨汇

第一，1949年以后侨汇机构的沿革。

潮汕的"侨批"，专指海外潮汕人通过民间渠道寄回国内，连带家书或简单附言的汇款。新中国成立初期，人民政府对侨批侨汇业实行保护、鼓励政策，汕头侨批行业继续营业。1951年间向汕头邮局注册的侨批行有60家，其中汕头友成、志成两家侨批行业送递批信日均达300多封。1952年"邮电合一"时，有侨批138.3万件，占计费函件79%，收入49.6万元，占函件收入76.6%，侨批收入仍是当时邮政的主要收入。1955年5月，汕头邮电局贯彻国家有关便利、保护侨汇的政策，与40家批局订立代解远地侨汇合同。

1973年，国务院指示"侨批业应归口银行"。1977年7月，潮汕地区撤销私营侨批机构，银行接办侨汇业务，所有侨批人员被吸收为银行职工，私营的侨批业机构自此消失。

第二，侨汇数额的变化。

1950—1951年这两年间，侨汇收入高达379万美元。1952年至1957年一般每年保持在300万美元左右。1958年及1959年，侨汇比1951年下降近一半，1960—

[1]　广东省汕头市地方志编纂委员会.汕头市志（第四册）［M］.北京：新华出版社，1999：599-602.

1962年3年经济困难时期，华侨进口粮油副食品赡养家属，其中1962年侨汇收入才56万元，是侨汇收入最少的一年。1966年以后侨汇减少，直至1976年之后侨汇又有回升。

第二节 1978—1991年潮汕地区的外经贸

1980年设立汕头经济特区，国家赋予汕头特区一系列优惠政策。汕头市一方面努力改善投资环境，不断增强对外商投资的吸引力；另一方面抓住国际资金转移和产业结构转型的有利机遇，积极开展对外经济贸易活动。

一、汕头经济特区的设立与外经贸工作的新发展

（一）汕头经济特区设立的过程

中共十一届三中全会召开后，1979年4月，汕头地区成立了对外经济技术联络领导小组，参与起草《充分利用广东有利条件、开展对外经济技术交流》的报告，请求中央考虑广东的特殊情况，让广东在四个现代化建设中先走一步，允许吸引外商来投资建厂，将深圳、珠海和汕头的一部分划为"对外加工贸易区"。1979年7月15日，中共中央、国务院批转广东省委、福建省委《关于对外经济活动实行特殊政策和灵活措施的两个报告》。汕头开始在外经贸领域采用一些引进外资、"三来一补"等办法。

1980年8月6日，第五届全国人民代表大会常务委员会批准公布了《中华人民共和国广东省经济特区条例》，确定在深圳、珠海、汕头三市分别划出一定的区域，设置经济特区。同年8月29日，广东省经济特区管理委员会汕头市办事处成立。

（二）汕头经济特区的外经贸政策

当时国家赋予汕头经济特区一系列税收优惠政策：（1）特区企业的所得税率为15%，经营期10年以上的生产性企业从获利年度起，可享受2年全免、3年减半征收企业所得税的优惠。减免期满后，如属产品出口企业（即当年出口产品产值达到当年企业产品总产值70%以上的），经申请批准可减免10%的税率缴纳企业所得税。（2）汕头经济特区的外商投资企业在1990年以前免收地方所得税。

（3）外商投资企业出口自产产品，除原油、成品油和国家另有规定的产品外，免征工商统一税。（4）外商投资企业应征收房产税的房屋，自购买或落成之月份起免征房产税3年；华侨或港澳同胞可免征房产税5年。（5）外商银行利息免税。外国银行、国际银行同业间拆放利率贷款给外国银行特区分行所取得的利息，免征预提税。（6）特区外资银行营业收入免税。特区内设立的外商投资和外国金融企业，来源于特区内的营业收入，自注册登记之日起，5年内免征营业税。（该项政策按财税〔2001〕74号文件规定从2001年5月1日起停止执行。但对以前已注册设立并享受上述政策的外资金融企业，凡免税政策执行未到原定期限的，继续执行到期满为止。）（7）企业出口产品免税。特区内企业出口本区生产的产品，除国家限制出口产品或国家另有规定的以外，免征出口关税等。

1981年，第五届全国人大常委会通过《关于授权广东省、福建省人大及其常委会制定所属经济特区的各项单行经济法规的决议》。被授予立法权的汕头经济特区，不断创新及完善法制法规。为了解决侨房问题，发挥侨乡优势，汕头制定了《汕头经济特区华侨房地产权益保护办法》，维护了华侨、归侨、侨眷在房地产方面的合法权益，在华侨、归侨、侨眷中产生了热烈反响，激发了华侨投资捐赠支持家乡建设的热情。

（三）汕头经济特区对潮汕地区外经贸的带动

汕头经济特区设立后，积极开展对外经济贸易活动，先后制定了鼓励外商投资的政策和实施细则，加强出口产品生产项目和先进技术设备的引进，1990年前后，基本形成了果蔬、水产、畜牧、加工业四大出口基地。

为充分利用经济特区的窗口作用，1981年起，汕头各外贸专业公司进入汕头经济特区创办子公司。为配合经济特区的外贸业务，1981年汕头的土产畜产、轻工业品、果菜、抽纱、纺织品等进出口公司先后组织了5个小组，分别赴中国香港、澳门、新加坡和意大利等国家和地区考察羽绒服装、渔网、果菜、抽纱等的市场情况。1982—1987年汕头外贸系统组织多批人员出国考察推销，派出驻外人员37人，建立起销售网络。

1984年至1990年，汕头经济特区进出口总额为23.61亿美元。在进口的13.31亿美元中，50%以上进口生产设备和原辅材料，其中包括具有较高技术档次的生产线33条（套），引进的急需短缺物资如机械设备、钢材、农药、化肥等，有力地支援了特区生产，促进一批企业较快发展，发挥了特区在汕头市对外经济贸易中的带动作用。[1]

二、进出口贸易

（一）出口贸易

汕头市1979—1991年对外贸易出口累计总额为57.58亿美元。除了1982年出口下降23.01%和1984年下降4.9%以外，其余年份出口总值均保持增长态势。1986年开始进入高速增长期，1987年全口岸出口突破5亿美元，比1986年增长40.72%，1991年出口总值达11.03亿美元。

表5-9 1979—1991年汕头市出口统计表[2]

单位：万美元

年份	出口总值	增速	其中		
			一般贸易	"三来一补"	"三资"出口
1979	19375		19363	12	
1980	25100	29.55%	24505	595	
1981	26810	6.81%	25438	1372	
1982	20642	−23.01%	19349	1293	
1983	23507	13.88%	21787	1720	
1984	22355	−4.90%	19773	2296	286
1985	25697	14.95%	21473	3277	947
1986	37843	47.27%	32579	3340	1924
1987	53251	40.72%	44525	3163	5563
1988	61943	16.32%	47415	5454	9074
1989	65796	6.22%	45071	5824	14901
1990	83131	26.35%	51789	7162	24180
1991	110348	32.74%	62158	7503	40687

---

[1] 广东省志编纂委员会.广东省志（1979—2000对外经济贸易卷）［M］.北京：方志出版社，2014：345-346，349.

[2] 汕头市地方志编纂委员会.汕头市志（1979—2000）（上册）［M］.广州：广东人民出版社，2013：641-642.

1979年以后，花生仁、罐头、蘑菇、芦笋等历史上年出口超千万美元的传统商品的出口逐步减少。汕头地区一般贸易年出口超千万美元的商品有抽纱、渔网、陶瓷，1980年和1981年抽纱出口超1亿美元。

（二）进口贸易

1990年以前，特区进口总量接近全市的进口总量，因为当时进口物资主要服务于特区建设。1984年，全市进口贸易额2580万美元；1991年，全市进口总额9亿美元。

表5-10　1984—1991年汕头市进口贸易统计表[1]

单位：万美元

年份	进口	
	金额	比上年增长（%）
1984	2580	
1985	6699	159.65
1986	4460	−33.42
1987	12532	180.99
1988	29993	139.33
1989	32066	6.9
1990	44812	39.7
1991	90000	100.8

1984年，汕头特区进口商品以汽车、摩托车、电视机、电冰箱为主，占进口总值的31%。基建物资进口值为142万美元，全部用于本区基础设施建设。1986年下半年，国家对特区市场销售物资的进口额度单列下达，拨给汕头特区半税额度2000万美元。当年直属公司进口总值3202万美元，比1985年下降47.3%。商品进口主要有钢材16539吨，水泥26653吨，纸张551吨，化肥12960吨，胶合板5213立方米，共计799.8万美元，占进口总值的25%。1987年，国家拨给特区市场销售物资进口半税额度5000万美元，当年直属公司进口总值9626万美元，主要进口物资有钢材7000吨，水泥25607吨，纸张6500吨，化肥164066吨，胶合板

[1]　汕头市地方志编纂委员会.汕头市志（1979—2000）（上册）［M］.广州：广东人民出版社，2013：647.

18172吨，共计3111万美元。

1985年，"三资"企业进口总值为621万美元，主要进口自用水泥、钢材、机械、设备、交通工具、办公用品等。1986年，"三资"企业进口设备1500台（套），进口值近1000万美元，占当年"三资"企业进口总值1257万美元的79.6%。1987年，"三资"企业进口总值2906万美元，比1986年增长131.2%，进口物品仍以自用建设物资、生产设备及原辅材料为主，占进口总值的83%。其中价值20万美元以上的生产设备共13条（套），共300多万美元，占进口总值的10.3%，如价值50万美元的梭子蟹肉罐头生产设备、价值30万美元的果蔬罐头生产设备等。

（三）体制与政策变化

1979年4月，汕头对外经济技术联络领导小组及其办公室成立，负责审批处理引进外资、技术、设备等事务。1981年实行外贸出口外汇以1978年实绩为基数，一定5年，增长部分上缴中央三成，其他各项外汇收入（包括加工装配、补偿贸易、合资经营及各种非贸易外汇）的增长部分全部留给广东，由省内综合平衡，包干安排和实行换汇成本包干、财政自负盈亏的政策。1981年根据以销定产的方针，按照出口需要和生产可能，开辟各种渠道解决原、辅料和动力燃料不足的困难。

1978年以前，汕头进出口企业只有10多家外贸专业公司，全市年出口超5000万美元的企业仅汕头抽纱进出口公司1家，年出口超1000万美元的企业8家。汕头设立经济特区后，国家准予特区成立工贸结合的进出口公司。1990年，出口额超1000万美元的企业15家。进入20世纪90年代，国家进一步下放企业进出口经营资格审批权。市政府批准成立一批特区范围内有进出口经营权的企业，组建一批集贸工、贸农、贸技于一体的进出口企业集团。

1982年，国内经济仍处在调整中，出口换汇成本上定得很紧，对出口亏损控制很严。当年汕头出口商品共400多种，其中盈利的64种，销售额占出口总额的8.41%；中低亏的288种，销售额占出口总额的77.93%，高亏的56种，销售额占出口总额的13.66%。1983年，汕头外贸实行任务包干、超亏不补的办法，由于美元升值，港币持续下跌，国内外贸易竞争激烈，外贸企业的经营主要是控制亏损、提高经济效益。这一年汕头出口的每一美元换汇成本比下达的计划节约0.09元，剔除客观因素，比1982年实际降低0.45元。1984年出口亏损仍很严重，国家大幅度压缩外贸计划，这一年省下达汕头的出口计划13776万美元，相当于

1983年计划19050万美元的72.31%，比1983年出口实绩减少8010万美元，降幅达36.74%。大幅度地压缩外贸出口计划，严重影响了潮汕的工农业生产和抽纱、陶瓷、渔网加工等行业职工的收入。汕头市成立专门机构，负责计划外出口商品代理出口业务，使当年出口实绩基本保持在1983年的水平。

1986年，由于国际油价下降，国际市场比较活跃，国家出台了"多出口、多创汇"的奖励办法，人民币对外汇比价下浮15.8%，进一步严格实行配额和许可证制度。汕头外贸及时把握机遇，在外贸价格上实行对内对外两个"随行就市"；采取对外贸公司出口亏损100%拨补、对工贸公司只拨补上缴中央70%的外汇部分、汕头经济特区企业外汇全额留用的措施，鼓励工贸公司和特区企业、专业外贸公司挂钩，积极组织货源，自找客户。当年全市出口实绩37843万美元，比1985年增长42.27%，比历史上出口最多的1981年增长41.15%。至1987年底，汕头市全口岸完成出口创汇53521万美元，比1986年增长40.72%。全年外贸收购14.34亿元，占当年工农业总产值85亿元的16.87%，为地方留得外汇3000多万美元，解决外贸控亏6500多万元，通过出口退税为地方增加收入近1亿元。[1]

1988年起，在全国推行以省、市、自治区为主的外贸承包责任制。即改革的方向是建立自负盈亏、放开经营、工贸结合和推行代理制的外贸体制。汕头经济特区的直属进出口企业中，有2家获经贸部批准享有全国进出口业务代理权，8家直属国有公司及3家内联企业获得省经委批准享有全省进出口业务代理权。1990年，汕头市出口额超1000万美元的企业15家。20世纪90年代，国家进一步下放企业进出口经营资格审批权，汕头市政府批准成立一批特区范围内有进出口经营权的企业，组建一批集贸工、贸农、贸技于一体的进出口企业集团。

三、利用外资与"三来一补"

（一）利用外资

1979年以后，汕头利用外资形式主要有外商直接投资、对外加工装配、国际租赁贷款、补偿贸易等，外商直接投资是汕头利用外资的主要方式。1979—1991年，全市累计审批外商直接投资项目1204宗，合同利用外资额13.27亿美元，实际利用外资7.42亿美元。

---

[1]　广东省汕头市地方志编纂委员会.汕头市志（第三册）［M］.北京：新华出版社，1999：265-268.

1979年底至1983年底，汕头利用外资主要是"三来一补"和公用服务行业的小型直接投资项目，起步最早的是以合作经营方式同港商合办小客车营运业务，其次是小型的服装加工项目，且中方出资比重大，外商实际投资只有597万美元。1984年至1987年底，合资合作项目明显增多，外商实际投资上升至3977万美元，比前4年有大幅度增长。到1987年底，汕头各地（除汕头经济特区外）还没有外商独资企业。

汕头经济特区引进外资工作取得了较好的成绩。至1989年底，汕头经济特区累计批准"三资"企业283家，其中独资经营108家、合资经营80家，已投产的"三资"企业239家，其中工业企业127家，占53.14%。"三资"企业工业产值5.89亿元，占全区工业总产值的65%，比1988年增长73.4%。

汕头在引进外资工作中，注意发挥侨乡优势，广开门路，降低有关收费标准，鼓励外商投资，保障外商投资者的合法权益，充分尊重"三资"企业的自主权，通过提高职工队伍的素质，为外资企业的发展和提高经济效益创造条件。1991年，为进一步改进对"三资"企业的服务与管理，汕头市为所有"三资"企业建立业务档案卡片，"三资"企业亏损面由1990年底的33.8%下降为21.9%，当年全市的外商直接投资为1.64亿美元。

（二）"三来一补"

1978年以后，以"三来一补"为主要形式的加工贸易是潮汕地区企业进入国际市场的重要渠道之一，从1978年10月到1989年10月，在汕头海关登记备案的加工企业有4568家。

1984年，汕头经济特区开始经营"三来一补"业务。1986年，汕头特区进一步完善"三来一补"的措施，在税收、土地使用费、产房租金、劳务费等方面给客商以优惠待遇，如劳务费、土地使用费比深圳低33%。1986年签订对外来料加工装配合同2078宗，比上年增长151.27%；执行1580宗，比上年增长150.4%；"三来一补"应收工缴费1372万美元，比上年增长10.8%。通过本区加工增值的陶瓷制品、抽纱制品、皮革制品、工艺品、服装、麻纺织品总创汇达700万美元。1987年来料加工、装配的工厂发展到200家，发外加工点300个。以补偿贸易方式引进的烤鳗生产线、梭子蟹肉罐头生产设备均发挥良好效益，当年两项出口创汇均在200万美元以上。全年新签对外来料加工装配合同2489宗，比上年增长19.78%；执行合同1849宗，比上年增长17.03%，"三来一补"业务应收工缴费2896万美元，比上年增长111.08%，加工品种有工艺美术品、医药器材、塑料制品、微电机、有色金属材料、珠绣品等近300种，客商仍以港澳为主，占94%，少数来自日本、泰国。1988年，"三来一补"业务发展趋缓。

汕头经济特区的"三来一补"业务有以下特点：一是规模小。1985年"三来一补"加工厂投资一般为20万—30万元，从业人员20—50人，产房面积一般为200平方米，工厂设备也较为简单。二是应变灵活。1986年以后，大多数加工厂生产经营范围较广泛，加工的品种、项目多样化，较能适应市场需求的变化。三是弹性大。1986年底，特区羊毛加工行业共在区外设立20个加工点，把一些加工序列放到区外完成。多数企业采取这种做法，发挥了特区龙头的作用。

四、对外交往、口岸工作的开展

（一）侨务外事工作

1978年恢复侨务工作机构，汕头地区和汕头市分别设立侨务办公室，各县也先后恢复侨务机构，与外事办公室合署办公。1979年6月9日，汕头地区革命委员会发出通知，要求各级党、政部门执行党的爱国统一战线政策，对待侨眷、归侨应一视同仁，不得歧视，根据特点适当照顾，团结广大华侨，充分调动侨眷、归侨的积极性。恢复侨眷侨汇物资供应，受理华侨、港澳台同胞捐资兴办公益事业。

为发挥侨乡优势，汕头市制定了《汕头经济特区华侨房地产权益保护办法》，维护了华侨、归侨、侨眷在房地产方面的合法权益，在华侨、归侨、侨眷中产生了热烈反响，激发了华侨投资捐赠支持家乡建设的热情。

1983年，汕头地、市合并，汕头地区侨务办公室与汕头市侨务办公室合并为汕头市侨务办公室，汕头市的安平、同平、公园、金砂、达濠、郊区6个市辖区也先后设立侨务办公室。1983年，中共汕头市委、市人民政府作出《关于坚决落实侨务政策，做好侨务工作的决定》，汕头城乡大张旗鼓地全面贯彻落实各项侨务政策。1985年6月，侨务、外事工作分开，重新设立汕头市外事办公室，汕头市侨务办公室独立建制，作为汕头市人民政府管理侨务工作的职能部门。同时成立汕头市落实华侨房屋政策办公室和落实归侨、侨眷政策办公室2个临时机构。[1]

---

[1] 广东省汕头市地方志编纂委员会.汕头市志（1949—1987）（第四册）［M］.北京：新华出版社，1999：594-595，601-602.

1979年以后，潮汕地区对外经济交流日益频繁，到潮汕参观访问的外国政府官员、外交官、外国商人、友好人士日益增多。1995年，汕头市成立人民对外友好协会（下称市友协），开展民间对外友好活动。市友协成立后接待了美国、加拿大、日本等多个国家和地区的代表团，如组派了代表团赴国外访问，推进经贸、科技等领域的交流和合作。1990年6月2日，汕头市与日本大阪府岸和田市缔结友好城市关系。

1979—1991年，潮汕各界人士积极参加历届国际潮团联谊年会。1989年和1991年，汕头市政府应邀参加分别在澳门、巴黎举行的第五届、第六届年会。1987年以后，汕头市连续举办了汕头迎春联欢节、汕头国际食品博览会、国际潮剧节等大型联谊活动，邀请海外潮籍侨领、实业家和知名人士前来参加，或到香港举行春茗联谊活动，增进乡亲情谊，促进对外经济文化交流和合作。

（二）海关和商检工作

第一，海关体制、政策的变化。

1980年1月1日，国务院决定成立海关总署，统一管理全国海关。2月9日，国务院下发了《关于改革海关管理体制的决定》。汕头海关根据国家进出口委员会、外贸部和海关总署的通知，恢复实行了进出口货物许可证制度和关于进出口货物报关单位向海关报关的规定，取消和停止使用"免领许可证验放凭单"和"进出口货物明细单"。1984年7月，汕头海关升格为局级海关。1985年3月10日开始执行新的《中华人民共和国进出口税则》和《中华人民共和国关税条例》。

为了加快汕头进出口贸易的发展，汕头海关适时给予进出口货物关税优惠，包括一般关税减免、特定减免、临时减免。1980年1月起恢复对外贸公司的进出口货物单独计征关税；对全部出口货物停征出口关税。1982年6月，汕头海关对34种出口商品开征出口关税。1986年11月，汕头海关结合口岸实际制定了《汕头海关征税管理办法实施细则》，对征税、减免税、退税与补税、税收的催缴入库等做了具体的规定。1979—1991年，汕头海关关税征收量不断增长（见表5-11）。

表5-11   1978—1991年汕头海关征收进出口关税情况[1]

年份	征收关税金额（万元）	年份	征收关税金额（万元）
1978	2.03	1985	9440.63
1979	15.86	1986	4917.16
1980	598.39	1987	10198.05
1981	2310.54	1988	17946
1982	2767.67	1989	26637
1983	1971.5	1990	31286
1984	4539.52	1991	51053

第二，缉私工作。

1979年到1987年，汕头海关查获走私案件5013宗，私货价值12362万元，与1950年到1979年的30年相比，查获私货货值增加了近7倍。这一时期，海上和货运渠道的走私为主，走私案件的私货数额大，涉及范围广，企业等单位走私比较突出。据1980至1987年的统计，汕头海关查获此类案件489宗，占案件总数的11.37%；私货价值达7330万元，几乎占总值的60%。在查获的走私物品中，尼龙布料排名第一，查获量近420万米，价值2857万元人民币；其次是录像机，查获近3800万台，价值2000多万元人民币。汕头海关的缉私工作预防和打击了潮汕地区走私及其他违规行为，维护国家利益，保护了合法进出口，保障当事人的合法权益。

第三，商检工作。

1982年4月，汕头设"广州进出口商品检验局汕头商检处"，实行由广州进出口商品检验局和地方双重领导，以广州商检局为主的管理体制。1984年1月更名为"广东进出口商品检验局汕头处"。1985年8月，汕头处调整内部职能部门。同时，组建驻果菜进出口公司和驻南澳口岸两个商检工作组。1985年12月4日，成立"广东进出口商品检验局汕头经济特区办事处"，负责全面管理特区的进出口商品检验工作。1987年2月，为适应潮汕地区经济发展的需要，汕头处易名为"中华人民共和国汕头进出口商品检验局"。年底，汕头经济特区商检机构

---

[1]   汕头市地方志编纂委员会.汕头市志（1979—2000）（下册）［M］.广州：广东人民出版社，2013：905-906.

易名为"汕头进出口商品检验局汕头经济特区办事处"。[1]

（三）口岸建设

1984年，汕头市政府转发汕头出入境边防检查站《关于当前登外轮管理情况和今后工作意见》，加强口岸和航行港澳小型船舶管理。1985年，市口岸办制定《关于汕头港客运口岸证件发放与管理问题的通知》。1988年，市口岸办制定《汕头机场控制区证件使用管理暂行规定》《关于汕头民航候机楼和客机坪有关安全的规定》《关于航空口岸包机计划管理的意见》。1990年，根据《广东省客运口岸管理暂行规定》精神，市政府先后制定《汕头港客运口岸边防管理实施办法》《汕头航空口岸管理实施细则》。同年，市口岸办批转汕头出入境边防检查站制定的《汕头航空口岸边防管理实施办法》，加强航空口岸现场的管理。1982年3月起，潮汕地区执行省政府颁发的《广东省进出口货物起运点、装卸点试行管理办法》，由汕头地区行署口岸办统一领导和管理地方口岸工作，在地方口岸设置口岸管理组收取口岸管理费。

1984年，汕头港口岸有关单位增编299人。1985年10月，增加口岸查验单位人员编制361人。1988年上半年，在三百门过驳作业点采取临时过驳减载的办法，解决万吨轮不能进汕头港的问题，提高了口岸通过能力。经省口岸办批准开设云澳和深澳两个临时起运点，并协调各查验机构派工作组进驻南澳，改进查验方法，推动发展当地渔业生产及货物出口。

1991年，汕头市口岸办积极支持运输经营单位拓展新的客货运输渠道。同年6月，汕头外运公司租用飞机运输一批鲜活鳗鱼，从汕头航空口岸经上海口岸出境飞往日本东京，开通了汕头市第一条鲜活商品直运国际市场的空中航线，解决原来必须通过香港转口，运输环节多、时间长、耗损大、费用高的问题。同年9月，市旅游总公司、海南中旅航空服务公司和香港国泰旅业公司联合包机，开通了海口—汕头—吉隆坡定期国际航线。

第三节　1992—2010 年潮汕地区的外经贸

1991年12月后，随着汕、潮、揭三市分设，潮汕地区对外经济贸易格局发

---

[1] 广东省汕头市地方志编纂委员会.汕头市志（1949—1987年）（第三册）[M].北京：新华出版社，1999：355.

生改变，潮汕地区外经贸经历了大的起伏后逐渐稳定发展。侨务、外事工作和平台建设取得新成效。

一、进出口贸易

（一）潮汕外经贸体系的变化

第一，三市分设后外经贸体制的重构。

1991年12月7日，《国务院关于广东省调整汕头、潮州两市行政区划的批复》批准了潮汕地区由汕头、潮州、揭阳三个地级市同级分治，潮汕地区外经贸格局随之发生重大改变。

1992年，汕头经济特区范围扩大。汕头市外经贸委协调管理汕头市贸促会和汕头市外商投资服务中心[1]。在外商投资优惠政策方面，规定汕头经济特区企业的所得税率为15%。经营期在10年以上的生产性企业从获利年度起，可享受2年全免、3年减半征收企业所得税的优惠。外商投资企业应征收房产税的房屋，自构成或落成之月份起免征房产税3年；如投资者为华侨或港澳台同胞，其房产税免征期为5年。

潮州市外经贸委提出，外经贸行业的经营策略要努力实现三个转变：从供货出口向自营出口和代理出口转变，从单一市场向多元化市场转变，从专业经营向综合经营转变。潮州外贸出口要继续立足香港、澳门，向东南亚、中东和西方国家等拓展新的外贸市场。

1992年5月，揭阳市设立了市对外经济贸易委员会，内设投资审批科、企业管理科、计划综合科等7个科室，负责揭阳市对外经济贸易的行政管理。

第二，潮汕三市外贸企业的改革和新外贸主体的壮大。

20世纪90年代以后，国家进一步下放企业进出口经营资格审批权，汕头市政府利用特区范围扩大到整个市区的契机，批准成立一批特区范围内有进出口经营权的企业，组建一批集贸工、贸农、贸技于一体的进出口企业集团。1997年以后，国家同意特区内生产企业申请自营进出口权实行自动登记，生产企业以外的其他企业申请进出口权实行总量控制、特区自批的办法。这些政策的实施，彻底打破了外贸专业公司独家经营的传统格局。2000年12月，汕头市原有进出口经营

---

[1] 汕头市地方志编纂委员会.汕头市志（1979—2000）（上册）[M].广州：广东人民出版社，2013：639-640.

自主权的企业已有746家（不包括外商投资企业），其中专业外贸公司17家（原23家，因人员、债务包袱沉重，关、停、并、转6家），省、部批企业157家，市批企业572家。[1]

1991年，潮州市有进出口权的企业只有10家。1992年，潮州市制定了《关于进一步发展对外经济的若干措施》等一系列优惠政策，优化外资项目审批效率，力争"从简、从快、从优"系统服务，为潮州外资企业发展提供更有利的环境。当年全市出口的主要企业约有18家。随着对外贸易的迅速发展，市、县区各级外经贸部门积极推荐具有出口生产规模的企业向上级申报进出口权，每年都有一批企业获批准取得进出口的资格，全市进出口企业逐年增加。至2005年，全市已有自营进出口企业344家，其中出口超3000万美元的2家，超2000万美元的5家，超1000万美元的27家。[2]

1991年到1994年，由于国际销售市场广阔和国内劳动力廉价等原因，揭阳市的"三资"企业以劳动密集型和加工型企业为主，以轻工、食品等生产企业为主开始发展，对外加工贸易企业不断有新发展，逐步形成区域性外向型产业集群。对于进出口企业，1992年后进出口经营权逐步放宽，私营进出口企业逐步成为全市外贸的生力军。1998年，自营生产性企业进入外贸领域，出口商品主要以纺织服装、鞋类、五金不锈钢制品为主，进口商品主要是食品土产、纺织原料、塑料及橡胶原料、电机设备等。2001年开始，揭阳市以扶持民营生产性企业为重点，大力鼓励企业开展进出口业务。至2004年，全市进出口企业303家，其中民营企业255家，初步形成国有、集体、私营、外商企业等多种所有制共同发展的新格局。[3]

[1] 汕头市地方志编纂委员会.汕头市志（1979—2000）（上册）［M］.广州：广东人民出版社，2013：672.

[2] 潮州市地方志编纂委员会.潮州市志（1992—2005）（上）［M］.广州：岭南美术出版社，2014：447-448.

[3] 揭阳市志编撰委员会.揭阳市志.［M］.北京：方志出版社，2013：395.

（二）汕头市出口贸易的情况和特点

第一，出口总额。

表5-12　1992—2010年汕头市出口情况表[1]

单位：万美元

年份	出口总值	增长率（%）	其中		
			一般贸易	"三来一补"	"三资"出口
1992	160502		106893	7230	46379
1993	169828	5.81	93152	6625	70051
1994	220244	29.69	129762	19043	71439
1995	212808	−3.38	119314	91885	1609
1996	230693	8.40	115981	112156	2556
1997	423177	83.44	246326	174016	2835
1998	344997	−18.47	133593	195902	15502
1999	269416	−21.91	189253	79714	449
2000	259612	−3.64	186649	72920	43
2001	134148	−48.33	68934	65199	15
2002	156979	17.02	92809	63950	220
2003	189244	20.55	122082	66510	652
2004	254491	34.48	165279	88435	777
2005	318205	25.04	210109	37858	70238
2006	348343	9.47	230518	39485	78340
2007	391208	12.31	256787	131760	2661
2008	432308	10.51	280002	150087	2219
2009	401624	−7.10	284685	115357	1582
2010	493450	22.86	357238	134734	1478

一般贸易是汕头市出口贸易的主要方式。1992至2010年，全市一般贸易出口总值从160502万美元增加到493450万美元。19年间出口货值合计5411277万美元，其中一般贸易出口合计3389366万美元，占同期出口货值总计62.64%。"三来一补"和"三资企业"出口仅占37.36%，潮州市和揭阳市的情况也基本如

[1]　1992—1994年为外贸业务统计数据，1995年以后为海关统计数据。参见：汕头市地方志编纂委员会.汕头市志（1979—2000）（上册）［M］.广州：广东人民出版社，2013：642.

此。同一时期，珠江三角洲大多数市县的出口货值中，却是加工贸易远高于一般贸易。可见，直至20世纪90年代和21世纪初叶，潮汕地区发展加工贸易的区位条件和工业基础确实不如珠江三角洲，基本上停留在劳动密集型的本地资源加工业，容易受到国内外市场大幅震荡的影响。2008年国际金融危机之后，珠江三角洲地区加快了加工贸易向一般贸易的转型，潮汕地区更加不可能发展加工贸易，只能努力促进传统加工业的升级。

第二，出口增速。

1992—2010年，汕头出口增速波动较大，大致分为3个阶段：第一阶段，快速发展阶段（1992—1997年）。6年间，全市出口总值从160502万美元增至423177万美元，年均递增21.40%。第二阶段，增长停滞阶段（1998—2001年）。出口货值从344997万美元减至134148万美元，4年间每年负增长27.01%。第三阶段，恢复性增长阶段（2002—2010年）。出口货值从156979万美元增至493450万美元，年均递增15.39%。从绝对值上看，直到2008年，汕头市的出口总值才恢复到1997年的水平，2009年又随即下跌，2010年才稳定增长。

造成1998—2001年汕头市和潮汕地区出口货值大幅下挫的原因，一是1997年亚洲金融危机爆发，潮汕出口最主要的香港、东南亚市场首当其冲，当地货币大幅度贬值，股票暴跌，市场凋敝，经济跌入谷底。亚洲金融危机给潮汕地区的外经贸带来很大的冲击，各市的外贸出口和利用外资遇到极大困难，出口合同减少，履约率降低，客户大幅压价，汇兑损失严重，企业经营受损，外贸出口态势逆转。二是1998—1999年，粤东一些地方出现虚开增值税发票、骗取出口退税现象。2000年国家在粤东地区开展打击骗取出口退税专项行动。经查处，涉及骗税的企业将近200户，补税罚款共计18.2亿元。国家对粤东地区的出口退税采取了严格规范的政策，客观上影响了企业的退税进度，部分企业资金周转困难，出口停滞。据统计，2000年，汕头全市外贸出口总值同比下降21.94%，实际利用外资同比下降35.6%；潮州市全市出口总值同比下降14.23%；揭阳市全市外贸出口总值同比下降62.51%。有的企业迁离汕头和粤东地区。[1]

为了尽快解脱一批基本守法企业，召回一些外迁企业，潮汕各市政府做出了一系列的补救措施，如优先退税、同步返纳、落实托管贷款的优惠政策等。汕头

[1] 汕头市地方志编纂委员会.汕头市志（1979—2000）（上册）［M］.广州：广东人民出版社，2013：643.潮州市地方志编纂委员会.潮州市志（1992—2005）（上）［M］.广州：岭南美术出版社，2014：444-449.揭阳市志编撰委员会.揭阳市志［M］.北京：方志出版社，2013：378.

海关也积极配合，加强自身基础建设，积极推进改革，清理各类规章制度796个，建立起新的业务管理体制，创立新的通关管理模式，提高通关管理的整体效能。在政府、海关和企业的共同努力下，2002年以后，潮州、揭阳两市出口贸易和利用外资逐渐恢复增长。潮州市2002年外贸进出口总值93151万美元，比2001年增长28%，合同利用外资5381万美元，比2001年增长191.65%，实际利用外资10513万美元，同比增长48.4%。揭阳市2002年全市外贸出口总额4.43亿美元，比增48.9%；实际利用外资2.02亿美元，比增31%。2002年汕头市新签直接合同外资金额9.92亿美元，为2002年的5倍。

第三，产品结构。

汕头传统出口商品多达2500多个，共计4万多个花色品种。1992年，全市一般贸易年出口超千万美元的商品共有17种，其中服装出口接近4亿美元，陶瓷9077万美元，抽纱8653万美元，电视机及音响设备5019万美元，其他轻工产品4192万美元，水产类3313万美元。1997年，汕头市出口总额达423177万美元，居历史较高水平。全市一般贸易出口超千万美元的商品共有19种，其中服饰类出口16.61亿美元，陶瓷出口1.41亿美元，塑料制品出口3.77亿美元。大宗商品出口总值16.29亿美元，占当年一般出口贸易总值的88%。

2000年后，汕头市逐渐形成以机电产品、服装、陶瓷、玩具、轻工产品、旅行用品和箱包、塑料制品、鞋类、纺织纱线织物制品等为重点的工业产品系列和以蔬菜、水海产品等为重点的农副产品系列。2005年，机电产品出口91429万美元，占全市外贸出口的28.73%。

表5-13　1992—2005年汕头市主要出口产品贸易值情况表[1]

单位：万美元

年份	1992	1993	1994	1995	1996	1997	1998	1999	2000	2001	2002	2003	2004	2005
服饰类	39994	37825	67232	71291	85976	166129	103227	131641	101501	22746	24549	33429	44623	63527
玩具	148	169	591	9628	11311	32245	30273	16649	25441	8856	10695	14109	20314	26790
水海产品	3313	3325	4752	3969	3088	2111	3309	1341	625	2241	3099	25729	27747	27811
塑料制品	1493	1487	1571	11676	16640	37682	30824	9383	11515	7203	7166	9280	13246	15318
陶瓷	9077	5350	6032	11015	9568	14095	8856	9185	8149	3480	2829	2480	2684	2743
纺织纱线织物及制品	7084	5150	5162	17032	23278	39261	30430	14711	12036	10897	9276	11931	10752	11777
鞋类	438	435	494	7792	6851	6454	6119	6130	6972	4155	3392	3917	6203	8383
旅行用品及箱包	227	620	429	12546	5216	9963	7545	5863	6543	3552	5670	9151	16804	23184
蔬菜	1530	1323	1265	1540	1668	1321	1320	702	516	1280	2360	1331	1095	1182
人造花	29	18	282	1525	620	909	942	1062	1459	620	764	1218	2174	3212
家具	16	26	23	108	530	3396	3072	910	1012	1085	3648	6634	7848	9965
机电产品				31619	34177	51219	44774	42627	38654	32966	39652	49032	73246	91429

[1] 结合《汕头市统计年鉴》补充整理，参见：汕头市地方志编纂委员会.汕头市志（1979—2000）（上册）［M］.广州：广东人民出版社，2013：643.

第四，市场结构。

表5-14　1992—2000年汕头市主要出口市场情况表[1]

单位：万美元

年份	1992	1993	1994	1995	1996	1997	1998	1999	2000
港澳	87502	72434	108863	109876	91865	202325	232123	171099	
香港	87420	72326	108808	109829	91837	202281	224488	170847	134696
日本	3989	4436	4244	5758	3387	2406	15133	15070	19648
新加坡	2862	2388	2408	4189	3630	3387	8204	5290	8979
泰国	444	432	553	695	775	811	3258	1175	1943
马来西亚	665	904	1000	1508	2018	1508	3461	2211	2492
英国	410	597	653	473	630	539	5645	4623	5853
德国	1200	820	427	825	898	727	2521	2846	3334
法国	435	417	470	739	647	731	1678	1366	1201
意大利	740	760	1081	792	614	868	2000	2403	2805
荷兰	371	426	426	576	534	474	5645	4623	5853
俄罗斯		92	274	33	178	18	85	139	309
美国	4070	3579	4108	3668	5960	5252	18986	18619	30468
加拿大	262	363	192	284	150	161	698	792	1133
澳大利亚	233	175	311	456	535	567	2908	3595	4135

　　1992年后，汕头市积极实施"走出去"和市场多元化发展战略，至2000年，汕头市与151个国家（地区）有贸易往来。1992—1997年，对香港一般贸易出口占全市一般贸易出口的比重在逐渐增长，1997年占比达89%；东南亚市场也占有一定比重。1997年后，香港的占比和东南亚市场的占比逐渐下降，日本、美国和欧洲市场的比重逐渐增加。

---

　　[1]　汕头市地方志编纂委员会.汕头市志（1979—2000）（上册）[M].广州：广东人民出版社，2013：643.

（三）潮州市出口贸易的情况和特点

第一，出口总量。

表5-15　1992—2010年潮州市出口情况表[1]

单位：亿美元

年份	外贸出口					
	出口值	增长率（%）	一般贸易出口		加工贸易出口	
			出口值	比重（%）	出口值	比重（%）
1992						
1993						
1994						
1995						
1996	5.65		2.97		2.68	
1997	7.17	26.9	4.5	62.8	2.67	37.2
1998	7.70	7.4	4.7	61.0	2.98	39.0
1999	8.09	5.0	6.48	80.1	1.61	19.9
2000	6.94	−14.2	5.6	80.7	1.34	19.3
2001	5.81	−16.3	4.67	80.4	1.14	19.6
2002	8.12	39.8	6.91	85.1	1.21	14.9
2003	9.40	15.7	8.14	86.6	1.26	13.4
2004	11.79	25.4	10.35	87.8	1.44	12.2
2005	14.80	25.5	13.2	89.4	1.56	10.6
2006	18.02	21.8	15.86	88.0	2.16	11.99
2007	17.7	−1.8	15.05	85.0	2.41	13.62
2008	17.8	0.6	15.87	89.2	1.70	9.55
2009	18.7	6.5	16.90	90.4	1.26	6.74
2010	23.4	25.1	21.68	92.7	1.28	5.47

[1]　根据相应年份《潮州市统计年鉴》整理。1992—1995年系业务体积数故未列入，1996年以后系海关统计数。

1992—2010年，潮州市外贸出口总值达181.09亿美元，其中一般贸易出口总值达152.88亿美元，占全市外贸出口的84.42%；加工贸易总值达26.7亿美元，占全市外贸出口的14.74%。2010年，全市外贸出口达23.4亿美元，为1996年的4.14倍，一般贸易的比重上升至92.65%。此后至2010年一直保持快速增长的态势。

第二，出口增速。

1992—2010年潮州市出口增速波动较大的2000年和2001年的出口货值分别负增长14.2%和16.3%；2002年出口增长率为39.8%，外贸出口总值是2001年的1.4倍。

第三，产品结构。

表5-16   部分年份潮州市主要出口产品贸易值情况表[1]

单位：万美元

年份	1992	1997	2005	2010
陶瓷	841	27184	74675	94100
服装及纺织品	6767	28620	22972	29600
机电产品		2624	16230	34300
鞋类			11232	22200
食品	6309	13403	7840	18200
家具			2887	
轻工	1710	10551		
高新技术产品			1858	

1992—2010年，潮州的出口商品结构不断调整优化，由原来传统的陶瓷、服装、水产、食品、抽纱、工艺品等，逐渐发展为现代工艺、日用陶瓷、服装、机电产品、食品、鞋类等为主导产品、多种类配套出口的出口结构。

2010年，潮州市外贸出口总值达23.4亿美元，其中，陶瓷出口9.41亿美元，机电产品出口3.43亿美元，服装及纺织品出口2.96亿美元。

---

[1]   潮州市地方志编纂委员会.潮州市志（1992—2005）（上）［M］.广州：岭南美术出版社，2014：446.

第四，市场结构。

表5-17　部分年份潮州市主要出口市场贸易值情况表[1]

单位：万美元

年份	1992	1997	2005
香港	10457	75819	21399
美国		1710	25920
欧洲共同体		880	29636
日本	6171	7067	8293
东南亚	109	599	7741
非洲		345	9534
拉美			7704
其他	3968	3967	6745

　　1992年，潮州市仅与28个国家和地区存在贸易往来；其中，进行一般贸易出口的有17个国家和地区，地方进出口企业自营出口销售6个国家和地区，香港占出口总额的56%。1997年，与潮州市进行贸易的国家和地区增加至96个，2005年增长至160多个。2005年，潮州市出口最多的市场是欧洲共同体，达到2.96亿美元，占全市出口市场比重的20%；其次是美国和中国香港地区。

（四）揭阳市出口贸易的情况和特点

表5-18　1992—2010年揭阳市出口情况表[2]

单位：万美元

年份	出口总值	比上年增长（%）	一般贸易出口	比上年增长（%）	"三资"企业出口	比上年增长（%）	加工贸易出口	比上年增长（%）
1992	24583	28	4164	43.7	18805	23.9	20419	25.26
1993	32128	30.69	5884	41.31	25665	36.48	26244	28.53
1994	52531	63.51	17019	189	27848	8.51	35512	35.31
1995	61625	17.31	20535	20.66	36355	30.55	42128	18.63
1996	116463	88.99	58987	287.25	42159	15.96	57476	36.43
1997	185616	59.38	133744	126.73	66342	57.36	51872	−9.75
1998	161738	−12.86	105562	−21.07	54471	−17.89	56176	8.30
1999	159524	−1.37	122549	16.09	36192	−33.56	36975	−34.18

---

　　[1]　潮州市地方志编纂委员会.潮州市志（1992—2005）（上）［M］.广州：岭南美术出版社，2014：447.

　　[2]　揭阳市志编撰委员会.揭阳市志［M］.北京：方志出版社，2013：388.

续表

年份	出口总值	比上年增长（%）	一般贸易出口	比上年增长（%）	"三资"企业出口	比上年增长（%）	加工贸易出口	比上年增长（%）
2000	59800	−62.51	44839	−63.41	16548	−54.28	14961	−59.54
2001	29731	−50.28	15680	−65.03	18125	9.53	14051	−6.08
2002	44264	48.88	29789	89.98	26670	47.14	14475	3.02
2003	68389	54.50	50823	70.61	41286	54.8	17566	21.35
2004	94778	38.59	71768	41.21	53660	29.97	23010	30.99
2005	113200	19.44	89800	25.20			23400	1.69
2006	142000	25.44	117000	30.29			24500	4.70
2007	177000	24.65	151000	29.06			26300	7.34
2008	208900	18.02	180596	19.60			29173	10.92
2009	252500	20.87	228707	26.64			23779	−18.49
2010	308049	22.00	279378	22.16			28688	20.64

第一，出口总量。

揭阳市出口总量在1992年到2010年呈波动增长状态，在1997年达到出口总值的小高峰。1998年到2001年，揭阳市出口总值连续4年下降；2002年开始恢复，此后保持较快增长。

第二，出口增速。

1992年到2010年，揭阳市全年出口总值从1992年的24583万美元增长到2010年的308049万美元，总体增长速度较快。1996年，出口增速达到最高峰，较上年增长88.99%。1998年到2001年，出口增速连续4年为负。2002年开始恢复，此后保持较快增长。

第三，产品结构。

1992年至2010年，揭阳市全市主要出口商品共十多种，包括纺织服装、鞋类、不锈钢制品、玩具、五金制品、塑料制品、通信设备、钢材、扬声器、机电产品、高新技术产品等。其中，出口量最大的产品为纺织服装。

第四，市场结构。

1992年至2010年，揭阳市商品出口地遍及世界各个国家和地区。2006年，揭阳市与143个国家和地区有贸易往来，出口主要国家和地区为：中国香港4.79亿美元，占比33.7%；美国1.32亿美元，占比9.3%；东盟1.27亿美元，占比8.9%；阿联酋1.27亿美元，占比8.9%；欧盟1.18亿美元，占比8.3%。

（五）潮汕三市进口贸易的基本情况

第一，汕头市进口贸易的情况和特点。

1. 进口总量

表5-19　1992—2010年汕头市进口情况表[1]

单位：亿美元

年份	进口总额	增长率（%）
1992	17.41	
1993	27.92	60.37
1994	29.71	6.41
1995	22.44	−24.47
1996	24.67	9.94
1997	34.26	38.87
1998	31.61	−7.73
1999	16.97	−46.31
2000	16.17	−4.71
2001	13.9	−14.04
2002	13.20	−5.04
2003	14.54	10.15
2004	16.34	12.38
2005	17.78	8.81
2006	19.30	8.55
2007	21.98	13.89
2008	19.75	−10.15
2009	20.12	1.87
2010	24.3	20.78

　　1992—2010年，汕头市累计进口总额402.37亿美元，年均增长率为1.87%。其中年进口额最大的是1997年，进口工业制成品占同年进口总额的87.3%；进口商品来自77个国家和地区，主要有韩国、日本、中国台湾、中国香港、俄罗斯、马来西亚、印尼、新加坡、泰国等，占同年全市进口总额的84.31%。

---

[1]　根据相应年份《汕头市统计年鉴》整理。

2. 增速变化

1992—2010年汕头市进口增速波动较大。1993年汕头市外贸进口增长率为60.37%，1993年全市外贸进口总值是1992年的1.6倍。1998—2002年汕头市外贸进口增长率分别为−7.73%、−46.31%、−4.71%、−14.04%和−5.04%。2003年之后，恢复增长态势。

第二，潮州市进口贸易的情况和特点。

1. 进口总量

表5-20　1996—2010年潮州市进口情况表[1]

单位：亿美元

年份	进口总额	增长率（%）
1996	3.55	
1997	5.04	41.97
1998	4.38	−13.10
1999	1.85	−57.76
2000	1.27	−31.35
2001	1.47	15.75
2002	1.19	−19.05
2003	2.24	88.24
2004	3.56	58.93
2005	4.12	15.73
2006	4.94	19.90
2007	4.27	−13.56
2008	4.76	11.48
2009	9.2	93.28
2010	14.8	60.87

1996—2010年，潮州市进口贸易出现较大波动，与国际形势变化、国家政策调整和潮州市外贸产业发展有关。1997—2000年，潮州市进口贸易总额逐年减小。2000年，全市进口贸易总额仅为1.27亿美元。2001年以后，政府鼓励企业扩大进口，积极引进新技术、新设备，改造潮州市的传统特色产业，促进了进口贸

---

[1]　结合《潮州市统计年鉴》补充整理，参见：潮州市地方志编纂委员会.潮州市志（1992—2005）（上）［M］.广州：岭南美术出版社，2014：450-451.

易的增长。2002—2010年，潮州市进口贸易总体呈快速增长。

2. 增速变化

1996—2010年，潮州市累计进口贸易总值为66.64亿美元，年均增速为10.74%。1998年至2000年，潮州市进口贸易增速为负。2001年以后，潮州市进口贸易增速逐渐转正，年均增速为29.25%。

第三，揭阳市进口贸易的情况和特点。

表5-21　1992—2010年揭阳市进口情况表[1]

单位：万美元

年份	进口总值	比上年增长（%）	食品土产	塑料及橡胶制品	皮革及其制品	木浆纸浆及其制品	纺织原料	金属原料	电机电器设备及其零件	医疗设备及其零件
1992										
1993										
1994										
1995	46063		961	5354	236	875	28129	3423	3720	243
1996	70926	53.98	1376	14934	167	1409	26151	16353	5023	75
1997	62823	−11.42	808	15669	273	837	18500	13626	3377	22
1998	81452	29.65	606	26754	341	832	21321	17799	3442	3
1999	18824	−76.89	469	2815	776	363	6299	3008	2233	50
2000	18413	−2.18	328	4605	1174	2036	3283	3467	1391	15
2001	17166	−6.77	444	3890	853	1281	3698	2706	2278	17
2002	15393	−10.33	403	2639	679	93	4335	3113	3115	252
2003	24451	58.84	398	4658	827	189	5960	3872	3164	55
2004	28450	16.36	513	6186	1424	78	7811	4912	4570	113
2005	26000	−8.61								
2006	27000	3.85								
2007	32000	18.52		1842		932	5246	3666	1403	
2008	36500	14.06								
2009	45700	25.21		11217			5934	3619		
2010	54641	19.56								

---

[1]　揭阳市志编撰委员会.揭阳市志［M］.北京：方志出版社，2013：393-394.

表5-22　1992—2010年汕头市利用外资情况表[1]

单位：万美元

年份	项目（合同）宗数				总投资金额				合同外资金额				实际利用外资金额			
	合计	对外借款	直接投资	其他投资	合计	对外借款	直接投资	其他投资	合计	对外借款	直接投资	其他投资	合计	对外借款	直接投资	其他投资
1992	1129	1	854	274	168783	500	165119	3164	113463	500	109799	3164	30664	6793	21938	1933
1993	1446		1254	192	223144		219923	3221	143009		139788	3221	68844	6852	59685	2307
1994	626	2	547	77	178831	1000	176765	1066	132274	1000	131168	106	77390	6510	69771	1109
1995	512	3	393	116	188588	3890	181526	3172	133529	3890	126467	3172	89579	8407	80292	880
1996	513	2	405	106	212908	450	212201	257	147440	450	146733	257	98652	6191	91589	872
1997	461	5	217	239	63986	3250	56172	4564	45975	3250	38161	4564	101126	6261	93703	1162
1998	302	5	215	82	73324	5209	63819	4296	49537	5209	40032	4296	103903	7729	94104	2070
1999	111	1	85	26	27565		27427	138	28566		28428	138	66871	230	66393	248
2000	91		81	9	28450	1000	27210	240	28232	1000	26992	240	17090	383	16561	146
2001	84	3	65	16					29686	1050	28337	299	18235	403	17739	93
2002	109	3	88	18					19833	600	19104	129	15820		15745	75
2003	78		64	14					99160		98903	257	5350		5198	152
2004	93		78	15					17561		17507	54	7901		7828	73
2005	108		86	22					22217				10999		10619	380
2006	105		77	28					22600				14435		13960	475
2007	48				56306				26571				17162			
2008	108								22193				19398			
2009	31		31						19416				20413			
2010	35								40673				25553			

[1]　结合《汕头市统计年鉴》补充整理，参见：汕头市地方志编纂委员会.汕头市志（1979—2000）（上册）[M].广州：广东人民出版社，2013：648-649.

1. 进口总量

1995年至2010年，揭阳市进口总值波动较大。1998年，出口总值达到最高峰81452万美元，较上年增长29.65%。全市进口商品主要有食品土产、塑料及橡胶制品、皮革及其制品、木浆纸浆及其制品、纺织原料、金属原料、机电电器设备及其零件、医疗设备及其零件等。其中，进口量最大的为纺织原料。

2. 增速变化

1996年至2010年，揭阳市全市进口总值年均下降1.85%。1999年，出口总值锐减，增长率为-76.89%，至2000年逐步恢复。2003年，增长率最高，达到58.84%。

二、利用外资

（一）汕头市利用外资的基本情况

1992—2010年，汕头市累计新批项目5990个，累计合同投资金额102.09亿美元，累计合同利用外资金额114.17亿美元，累计实际利用外资金额80.94亿美元。

外商直接投资的方式有中外合资企业、中外合作企业、外商独资企业，占比较大的是外商独资企业。对外加工装配业务在1992年达到业务高峰期，全市工缴费收入达5404万美元，从业人员多达7.2万人。后来，因大部分地区的工缴费免征增值税政策未能落实，业务总量开始萎缩。至2000年，全市有来料加工企业286家。按加工行业分类，有服装、塑胶、玩具、纺织；按资金来源则有香港、台湾、澳门。

（二）潮州市利用外资的基本情况

表5-23　1992—2010年潮州市利用外资情况表[1]

单位：亿美元

年份	审批项目个数	合同投资金额	合同利用外资	实际利用外资
1992	202	3.71	1.67	0.39
1993	522	8.21	7.62	2.17
1994	97	2.00	1.37	2.43
1995	152	3.71	2.13	1.65

---

[1] 结合《潮州市统计年鉴》补充整理，参见：潮州市地方志编纂委员会.潮州市志（1992—2005）（上）［M］.广州：岭南美术出版社，2014：453.

年份	审批项目个数	合同投资金额	合同利用外资	实际利用外资
1996	73	1.09	0.15	2.40
1997	66	1.29	0.75	1.64
1998	57	1.65	0.84	1.42
1999	44	0.68	0.21	1.47
2000	38	1.25	0.83	1.49
2001	54	0.33	0.18	1.49
2002	28	0.31	0.54	1.05
2003	45	1.37	1.20	1.19
2004	58	1.97	1.01	0.58
2005	62	3.43	1.18	0.59
2006	88	3.05	0.68	1.20
2007	37	1.95	1.34	0.82
2008	24	1.82	1.37	0.92
2009	23	2.13	1.44	1.01
2010	36	1.45	1.19	1.12

1992年至2010年，潮州市全市累计新批项目1706个，累计合同投资金额41.4亿美元，累计合同利用外资金额25.7亿美元，累计实际利用外资金额25.03亿美元。

1992年至1995年，"三资"企业得到国家政策的扶持，潮州市委、市政府致力改善投资环境，利用外资工作迅速发展。1993年，全年审批新项目数达522个，投资总额8.2亿美元，合同利用外资7.6亿美元。1996年至2000年，潮州全市共计审批278个新项目，总合同投资金额为5.96亿美元，总合同利用外资金额为2.78亿美元，总实际利用外资金额为8.42亿美元。

2001年至2005年，潮州市政府积极举办参加国家、省组织的各类招商会，将利用外资作为全市工作重点。5年间全市共计审批新项目247个，总合同投资金额为7.41亿美元，总合同利用外资为4.11亿美元，总实际利用外资为4.9亿美元。2006年至2010年，潮州市利用外资水平趋于稳定，5年间全市共计审批新项目208个，总合同投资金额为10.4亿美元，总合同利用外资为6.02亿美元，总实际利用外资为5.07亿美元。

（三）揭阳市利用外资的基本情况

表5-24　1992—2004年揭阳市外贸企业情况表

单位：个

年份	外贸企业单位数	所有制形式		进出口形式	
		国有、集体	私营	自营进出口	流通进出口
1992	13	13			13
1993	28	28		6	22
1994	32	32		10	22
1995	44	44		21	23
1996	49	49		25	24
1997	73	73		38	35
1998	102	102		52	50
1999	121	106	15	64	57
2000	136	95	41	69	67
2001	151	89	62	81	70
2002	148	41	107	87	61
2003	217	46	171	137	80
2004	303	48	255	199	104

　　1992年至2004年，揭阳市外贸企业单位数不断增长，至2004年达到303家，其中私营外贸企业255家，国有、集体企业48家，私营外贸企业数量增长迅速。1992年至1995年，全市批准利用外资项目1738宗，合同规定利用外资金额18.7亿美元，实际利用外资9.4亿美元，比"七五"期间增长15.5倍。其中，1993年批准利用外资项目达到738宗，合同利用外资接近7亿美元。"八五"期间，全市实际利用外资相当于全社会固定资产投资总额的51%。

　　2005年，全市外商直接投资项目43宗；合同外资金额17176万美元，增长31.77%；实际利用外资6728万美元，下降19.8%。2006年，揭阳市吸收外资的质量和水平稳步提高，加大了对欧、美、日、韩等发达国家、跨国公司大项目的招商引资力度，同时落实招商引资责任制，增强了全市各级各部门招商引资的责任感和紧迫感。2006年，全市外商直接投资项目110宗；合同利用外资金额23659万美元，增长33.5%；实际利用外资11624万美元，增长71.5%。2006年至2010年的"十一五"期间，揭阳市共引进项目1563个，计划投资总额4322.32亿元。

三、侨务与对外工作新局面

（一）汕、潮、揭三市的侨务工作

第一，汕头市的侨务工作。

1993年，中共汕头市第六次代表大会提出要根据有关政策尽快落实归还侨房工作。1994年，市政府发出《关于全面落实我市市区城镇侨房政策的通知》。1997年，经市人大常委会审议，通过《汕头经济特区华侨房地产权益保护办法》。1993—1997年，汕头市政府划拨专款用于落实侨房政策，划拨部分补贴住宅，安置侨房租住户，建设侨房腾退基地华新城，计划新建7000套补贴住宅用于安置侨房租住户。随着侨房政策的开展，许多侨胞回乡探亲、观光，并出资捐物资助家乡，引进技术、资金办来料加工企业或"三资"企业，兴办公益事业，促进城乡发展。

2008年开始，由广东省政府主办，省外经贸厅、省侨办、粤东四市（汕头、潮州、揭阳、汕尾）承办的大型文化经贸活动"粤东侨博会"在汕头首先拉开帷幕。粤东侨博会成为潮汕地区凝聚侨心侨力、增创侨乡优势、扩大招商引资、提升开放水平的主要平台。

第二，潮州市的侨务工作。

1992年，潮州市升格为地级市以后，继续落实侨房政策，清退归还对私改造中被政府没收、征收、经租、代管的华侨房屋，处理农村侨房的遗留问题。截至1995年，全市共落实归还侨房面积17.8万平方米，至2005年基本完成侨房退还任务。政府鼓励支持海外潮人在潮州创办侨属企业。潮州市对外交流活动增加，各种互访增多。潮港、潮澳等交流合作不断加强，与海外社团的联系更加紧密，在海外的影响力不断扩大[1]。

第三，揭阳市的侨务工作。

1992年5月，揭阳市政府设立市人民政府外事办公室、市人民政府侨务办公室。1996年8月，市人民政府外事办公室与市人民政府侨务办公室合并，并在2001年6月更名为市外事侨务局。1994年6月，揭阳市政府印发了《关于加快落实城镇侨房政策工作的通知》并成立落实城镇侨房政策领导小组，继续落实侨务政策的遗留问题。

---

[1]　参阅2011年潮州市人民政府工作报告。

（二）汕头海关和下属各海关的建设

1993年，汕头海关在4个海运监管部门实施联检制度改革，业务计算机网络化。至1995年底，汕头海关实现全关区报关自动化。1993年7月至1994年4月，汕头海关开展对汕头保税区仓库业务的整理和整改工作，有效控制了特区保税区仓库经营过热、盲目进口的现象。

1999年6月，汕头海关制定措施，支持关区外贸发展和扩大外贸出口，对关区内企业加工高科技含量、高附加值产品出口给予便利和支持。2000年，汕头海关对原税收切块下放方式作出调整，不再分列一般贸易和加工贸易。面对当时潮汕地区外经贸下滑低迷的现状，汕头海关提出努力融入地方发展，进一步完善自身建设，包括通关监管能力建设、打击走私能力建设、税收征管能力建设、加工贸易监管能力建设、风险管理能力建设，完善长期服务机制。

（三）口岸建设

1996年，国务院批准潮阳海门港对外国籍船舶开放，后者更名为潮阳港。1997年，省口岸办批准开放潮阳市关埠港。2010年，汕头市口岸通关环境进一步改善，开通国际集装箱航线11条，广澳港区通过国家一类口岸验收[1]。

1992年，汕头市将三百门港区移交潮州市管辖，它成为潮州市唯一的出口海岸。1994年，三百门港区更名为潮州港。2003年，潮州港作为独立口岸正式对外开放。潮州口岸自设立以来，积极服务地方经济建设，提升口岸工作效率，加快口岸通关速度。2000年至2005年，潮州口岸验放进出境交通工具共计510238辆（艘）次，验放进出境货物共计561.3万吨，验放进出境货物货值共计58.6亿美元。

（四）平台与投资环境建设

汕头保税区于1993年1月11日经国务院批准设立，区域面积2.34平方公里；同年12月22日监管设施通过海关总署验收，12月23日正式开关运作。汕头保税区管委会按照内外联动、滚动发展的工作思路，探索以出口加工带动保税仓储和对外贸易的发展路子，确立了"实业兴区"的发展战略。保税区管理委员会先后多次自行组织或参加各类经贸洽谈、科技交流活动。自设立至2000年底，汕头保税区累计批准外商投资项目258宗，投资总额5.15亿美元，合同利用外资3.14亿美元，实际利用外资1.48亿美元。

---

[1] 参阅2011年汕头市人民政府工作报告。

2003年，汕头行政区划由原来的龙湖、金园、升平、达濠、河浦5个区及代管的潮阳、澄海两个市调整为金平、龙湖、澄海、濠江、潮阳和潮南6个区。汕头以各种招商推介活动为契机，积极促进招商引资工作的开展，创新招商引资手段，为外商投资提供资料，方便外商进行投资。2006年，汕头获得"2006中国投资环境百佳城市"金牌，提振了海内外投资者对汕头发展的信心。

2001年至2005年，潮州市着力改善投资硬环境，拓宽市区通往市外以及市区内各交通要道。2002年，市政府成立利用外资工作协调领导小组，建立联席会议制度，研究招商引资工作，改善投资软环境。2003年，潮州市以新建的"潮州外经贸网"为平台，大力宣传潮州市投资环境和重点企业，改革创新招商方式，灵活招商引资。

揭阳市整合原有外贸资源，重组外贸经营结构，并在此基础上对一大批民营中小企业的外贸经营进行扶持。针对退税大量积压的现实，揭阳市政府贯彻落实出口退税的扶持政策，有效解决外贸企业资金困难问题，优化了投资环境。

2006年9月，广东省委、省政府在汕头召开促进粤东地区加快经济社会发展工作会议，会议通过了《关于促进粤东地区加快经济社会发展的若干意见》，出台了一系列支持粤东地区发展的政策。同年11月，国家税务总局下发了《关于印发〈出口货物税收函调办法〉的通知》，正式明确2000年5月下发的《关于严格加强广东省潮汕地区购进出口货物退（免）税管理的通知》停止执行。

（五）潮汕企业开始"走出去"

潮汕三市积极落实中央和省"走出去"战略部署，推动外经贸的持续发展。

2007年，汕头共有10家企业到泰国、香港、阿联酋等国家和地区投资设立了公司。其中，广东金万年文具有限公司在泰国合资设立金万年（泰国）有限公司；汕头华汕电子器件有限公司、广东金刚玻璃科技股份有限公司分别在香港设立有限公司；广东潮宏基实业股份有限公司在香港设立潮宏基国际有限公司和珠宝设计中心有限公司。2008年，汕头市境外投资创历史最高纪录，全年共有11家企业到法国、英国、阿联酋、坦桑尼亚、贝宁和中国香港等国家和地区投资设立了公司和商铺。到2008年底，汕头市共有境外投资的企业35家，其中民营、私营企业23家，国有企业11家，外商投资企业1家。2009年，汕头市境外投资领域从东南亚国家和香港地区延伸到日本、西班牙和美国等13个国家和地区，经营范围从纺织品、针织服装、玩具、礼品、洗涤用品、化妆品、办公用品、各类紧固件、五金等产品的批发零售、进出口贸易，到废旧资源回收再生等实业型生产。潮州市企业对外投资发展步伐加快，"十一五"期间，全市设立境外投资企业共12家。

第六章
交 通

1949年新中国成立后，近代潮汕经济"因港而生""因商而兴"的条件和环境发生了重大变化。本章将叙述1949—2010年潮汕地区的交通体系、交通方式、交通布局和交通管理经营体制，随着潮汕工业化、城镇化不断演进的过程和特点。

第一节 1949—1978 年的潮汕交通

1949—1978年，潮汕地区在迅速修复被战争破坏的港口等基础设施之后，将发展公路、内河运输和向乡村地带延伸交通、邮电网络，作为这一时期交通建设的重点。

一、港口及航运业的曲折发展

（一）20世纪50年代汕头港的恢复与建设

1949年10月汕头市区解放时，汕头港已经遭到了严重破坏，只有几十间破旧仓库，1个残缺不全的趸船码头和100余艘木驳船，港口吞吐量只有三四十万吨。[1]汕头市军管会接管了国民党统治时期的港口管理机构，建立新中国的港口管理机构和港口企业，着手恢复港口的生产运输，修复、增设相应的码头设施和机械设备，先行开通汕头港的内河与近海各

---

[1] 陆集源.汕头港创业史略［N］.汕头日报，2012-03-28.

线的航运，继而开通香港、北方、南洋等航线。

1950—1956年，汕头市先后挫败了台湾国民党军布雷封锁和军机袭扰汕头港的图谋。至20世纪50年代中期，汕头陆续修建了一些港口设施，包括浮趸船码头、浮筒、装卸机械、客运设施、仓库和堆场等，扩大了汕头港的通过能力。港口吞吐量由1953年的58.7万吨上升到1957年的130.3万吨。[1]1956年打捞了沉在海底的趸船2艘，经修复后配套引桥，作为可停靠1000吨级以下的浮趸船码头，这是汕头港20世纪50—70年代唯一的浮趸船码头，一直使用到1977年。

1952年，汕头港在制订第一个五年计划时，提出建设3000吨级泊位码头1座和960米海滨石堤，由于汕头港成为海防前线，汕头港的建港规划没有被批准。[2]1953年以后，国家的"一五"至"三五"计划都未能将汕头港新建码头泊位的规划列入其中。当时的汕头港就只能依靠原来的落后设施、设备进行生产，港口的贸易运输能力大大下降。

（二）汕头港口建设的停滞与缓慢发展

20世纪60年代前半期，国际国内形势相对稳定，汕头港开展了一些新的建设项目，但是规模不大。1965年，交通部广州海运局第三个五年计划工作组到汕头调查，拟订了《汕头港"三五"扩建方案初步意见》。[3]1968—1969年，汕头港受运动冲击，港口管理混乱，生产经营受到严重影响，两年共亏损79.4万元。20世纪60年代，汕头港自力更生，陆续修建了一些港航设施，包括1个3000吨级泊位客货码头、2个5000吨级泊位杂货码头以及3个仓库和港东堆场。[4]

（三）汕头港航运业的曲折发展

第一，航运业所有制和管理体制的变革。

新中国成立初期，汕头市军事管制委员会接管了航运业中的外国资本和官僚资本航行沿海线的11艘货轮，将其收归国有。[5]1949年10月，汕头市军管会公用事业接管部交通处接管广州航政局汕头办事处、招商局轮船股份有限公司汕头分公司，分别成立汕头航政局和潮汕运输公司，管理汕头港的航政业务和航运业

---

[1]　汕头市港口管理局.汕头港口志［M］.北京：人民交通出版社，2010：61-63，121-122.广东省汕头市地方志编纂委员会.汕头市志（第三册）［M］.北京：新华出版社，1999：975-979.

[2]　汕头市港口管理局.汕头港口志［M］.北京：人民交通出版社，2010：61.

[3]　广东省汕头市地方志编纂委员会.汕头市志（第三册）［M］.北京：新华出版社，1999：967-969.

[4]　广东省汕头市地方志编纂委员会.汕头市志（第三册）［M］.北京：新华出版社，1999：969-970，975-976.汕头市港口管理局.汕头港口志［M］.北京：人民交通出版社，2010：64.

[5]　汕头市交通委员会.汕头交通志［M］.1998：139.

务。[1]1956年，汕头港基本完成社会主义改造，港口的一切设施归汕头港务管理局经营。[2]

1956年，潮汕私营航运企业进行了社会主义改造。外海电船联营处并入1955年成立的公私合营潮梅轮船公司。1957年，公私合营潮梅轮船公司转为省属国有企业。经过调整后的国营沿海船舶为40艘，沿海运输已无私营船舶。[3]

汕头港航运业也被逐步纳入国家的计划经济管理体制之中。1951年取消了私营轮船公司和船务行，外轮进港业务由汕头海运分局统一代理。1952年改为中国外轮代理公司汕头分公司代理。1953年汕头港务分局与汕头海运分局合并，设立商务货运科，港口贸易运输由商务科招揽货源和组织货源。港口经济活动纳入国家计划。[4]

第二，航运业的恢复和发展。

1949年11月，开往香港的汕头籍轮船"捷丰号"和"开安号"成为恢复外贸运输的首航船舶。[5]1950年，汕头至南洋的客货运输恢复。1951年，汕穗线全面通航。1957年，西堤沿海船队成立，船队主要来往于广州以及华南各港。[6]

随着港口生产的恢复，外轮也恢复通航。1950年至1952年，英国、巴拿马、菲律宾、荷兰、洪都拉斯、挪威、丹麦、瑞典等国外轮靠泊汕头港。[7]20世纪50年代，在进出汕头港的外轮中，英国船舶的艘次最多，居第二位的是挪威船舶。进出汕头港的外轮的万吨总次处于稳步恢复的状态。

---

[1] 汕头市港口管理局.汕头港口志［M］.北京：人民交通出版社，2010：117.

[2] 广东省汕头市地方志编纂委员会.汕头市志（第三册）［M］.北京：新华出版社，1999：966-967.

[3] 汕头市交通委员会.汕头交通志［M］.1998：139.

[4] 广东省汕头市地方志编纂委员会.汕头市志（第三册）［M］.北京：新华出版社，1999：992.

[5] 汕头市交通委员会.汕头交通志［M］.1998：139.

[6] 广东省汕头市地方志编纂委员会.汕头市志（第三册）［M］.北京：新华出版社，1999：988.

[7] 广东省汕头市地方志编纂委员会.汕头市志（第三册）［M］.北京：新华出版社，1999：988.

表6-1　1950年至1958年汕头港外国船舶进出口情况[1]

年份	艘次	万吨总次	船舶国籍（艘次）
1950	243	37.1	挪威（5）、英国（180）、巴拿马（36）、荷兰（6）、菲律宾（15）、洪都拉斯（1）
1951	179	34.8	挪威（34）、英国（117）、巴拿马（19）、荷兰（4）、丹麦（5）
1952	175	31.4	挪威（27）、英国（147）、瑞典（1）
1953	246	46.8	挪威（40）、英国（203）、瑞典（3）
1954	212	49.4	挪威（45）、英国（165）、瑞典（2）
1955	184	46.4	挪威（32）、英国（152）
1956	192	39.4	挪威（36）、英国（156）
1957	268	42.2	挪威（42）、英国（221）、丹麦（2）、瑞典（3）
1958	185	48.9	挪威（44）、英国（130）、丹麦（2）、日本（9）

汕头港1949年的货物吞吐量仅为27.7万吨，1953年已恢复至58.7万吨，超过了1948年的40.83万吨。[2]1959年，汕头港的货物吞吐量达到了250.7万吨。

表6-2　1950年至1959年汕头港货物吞吐量情况表[3]

单位：万吨

年份	1950	1951	1952	1953	1954	1955	1956	1957	1958	1959
货物吞吐量	24.7	38.5	35.2	58.7	65.9	77.1	97.8	130.3	187.8	250.7

第三，航运业的徘徊与停滞。

20世纪50年代末期和60年代下半期，汕头港的航运业相当长的一段时间内在低位徘徊。从汕头港外贸物资进出口运量看，1958年为21.5万吨，1959年剧降为8.3万吨，此后逐渐回升，1965年达到42.5万吨的峰值。1966年、1967年分别为37.7万吨和37.5万吨，1968—1977年均在25万吨左右低位徘徊。直到1978年才微

---

[1]　广东省汕头市地方志编纂委员会.汕头市志（第三册）［M］.北京：新华出版社，1999：989.

[2]　广东省汕头市地方志编纂委员会.汕头市志（第三册）［M］.北京：新华出版社，1999：992.

[3]　广东省汕头市地方志编纂委员会.汕头市志（第三册）［M］.北京：新华出版社，1999：994.

升至31.5万吨，仍远低于1964年的水平。

表6-3　1959年至1978年汕头港外贸物资进出口运量[1]

年份	运量（万吨）	年份	运量（万吨）	年份	运量（万吨）
1959	8.3	1966	37.7	1973	28.6
1960	13.9	1967	37.5	1974	25.5
1961	14.0	1968	28.3	1975	23.5
1962	18.4	1969	23.9	1976	26.8
1963	29.4	1970	25.8	1977	26.4
1964	41.2	1971	23.5	1978	31.5
1965	42.5	1972	24.5		

从汕头港的货物吞吐量看，1959年吞吐量达到250.7万吨的峰值，1961—1978年的18年间一直在120万—183万吨之间的低位区间徘徊。

表6-4　1959年至1978年汕头港货物吞吐量情况表[2]

单位：万吨

年份	吞吐量	年份	吞吐量	年份	吞吐量
1959	250.7	1966	162.6	1973	164.3
1960	241.8	1967	142.5	1974	169.3
1961	154.7	1968	120.8	1975	177.1
1962	155.5	1969	160.6	1976	150.6
1963	124.0	1970	182.1	1977	141.1
1964	138.0	1971	155.2	1978	152.8
1965	180.9	1972	157.6		

在外轮进出口数据方面，1957年达到268艘次和42.2万吨总次，1958年达到

---

[1]　广东省汕头市地方志编纂委员会.汕头市志（第三册）［M］.北京：新华出版社，1999：994-995.

[2]　广东省汕头市地方志编纂委员会.汕头市志（第三册）［M］.北京：新华出版社，1999：994-995.

185艘次和48.9万吨总次，1959—1963年下滑到18万—29万吨总次的低位区间。1965年达到50.5万吨总次的峰值后，直至1977年一直在36万—48万吨总次左右徘徊，直到1978年才恢复到略高于1965年的水平。

表6-5　1959年至1978年汕头港外国船舶进出口情况[1]

年份	艘次	万吨总次
1959	148	28.1
1960	153	28.6
1961	164	25.5
1962	155	18.8
1963	178	22.4
1964	237	38.2
1965	335	50.5
1966	295	47.6
1967	198	39.4
1968	116	34.4
1969	114	33.1
1970	124	34.5
1971	76	26.3
1972	107	32.4
1973	110	31.9
1974	119	35.7
1975	114	33.5
1976	103	32.8
1977	142	36.6
1978	173	55.6

第四，旅客运输的发展变化。

潮梅地区均为著名侨乡，汕头开埠以来，大批潮汕人和客家人从汕头港出洋，前往香港、东南亚等地。汕头沦陷后，汕头港客运基本中断。1949年初，汕头港的客运航线只有"汕—香"线（汕头至香港）和"汕—叻—槟"线（汕头至新加坡、马来亚）。1950年以后，汕头港每年出入境的旅客由原来出境多于入境，变为入境多于出境。1961年至1962年，每年旅客进出口人数达6万多人次。[2]到20世纪60年代初期，汕头港的客运量骤然间上升，1962年达到69528人

---

[1]　广东省汕头市地方志编纂委员会.汕头市志（第三册）［M］.北京：新华出版社，1999：989-990.

[2]　汕头市港口管理局.汕头港口志［M］.北京：人民交通出版社，2010：125-126.

次，是1949—1978年汕头港客运量的最大值。

表6-6 1950年至1962年汕头港旅客进出口情况[1]

单位：人次

年份	人次	年份	人次	年份	人次
1950	37150	1955	16980	1960	50307
1951	34541	1956	29815	1961	63325
1952	9813	1957	30884	1962	69528
1953	14098	1958	12665		
1954	10914	1959	22255		

　　1963年，汕头港客运量骤然下跌一半，此后持续处于不景气的状态。1964年至1967年，每年的客运量均不足1万人次。1969年，汕头港务局根据运送知识青年上山下乡的需要，新开辟"汕—琼"（汕头至海口）客运航线。[2]

表6-7 1950年至1962年汕头港旅客进出口情况[3]

年份	人次	年份	人次	年份	人次
1963	32050	1969	32759	1975	48658
1964	6125	1970	67602	1976	50731
1965	5180	1971	38771	1977	57739
1966	7770	1972	58800	1978	54569
1967	6021	1973	61547		
1968	10147	1974	42665		

　　汕头港客运量的变化实际上是当时经济社会形势变化的反映。汕头港历史上是潮梅地区人民向东南亚移民的交通枢纽，除特殊年份外，大量人口通过海运前往东南亚务工和经商。20世纪50年代之后，汕头港旅客入境多于出境。既有二战之后新独立的个别东南亚国家抵制排华的原因，也有内地适当控制向海外移民的原因。1969年以后，汕头港客运量剧增，则与当时开通了汕头—海口航线有关。

---

[1] 汕头市港口管理局.汕头港口志［M］.北京：人民交通出版社，2010：125-126.

[2] 汕头市港口管理局.汕头港口志［M］.北京：人民交通出版社，2010：126.

[3] 汕头市港口管理局.汕头港口志［M］.北京：人民交通出版社，2010：127.

（四）其他沿海港口的建设

饶平县柘林港在20世纪70年代后，港口货物进出口逐渐回升，年均吞吐量2万多吨。[1]潮阳县海门港建有港务站码头和水产码头各1座，最大靠泊能力500吨。[2]惠来县靖海港航道逐渐淤浅，至1976年成为"死港"。[3]惠来县神泉港港外有锚地，2000吨以下货轮可自由锚泊，1977年前年吞吐量达4万至5万吨。[4]汕头市达濠港1977年港口货物吞吐量达32.3万吨，1976年旅客出口量升至22.31万人次。[5]南澳县的后江港和云澳港均由当地政府进行了改造。[6]

（五）内河港口及其运输

汕头港地处韩江和榕江的出海口，江海交汇，对于转运内地货物和旅客到海外或者由海外输入货物和运送旅客到内地，都十分便利。最重要的内河港主要位于韩江和榕江水系。

在韩江水系方面，20世纪50年代至70年代分别建设发展了潮州港、韩堤港、东里港和赤凤港。在榕江水系方面，20世纪50年代至70年代分别建设发展了榕城港、曲溪港和炮台港。其中，榕城港历来为揭阳、普宁、丰顺、五华、兴宁、梅县等地及江西部分地区的外贸货物集散地。练江水系还有棉城港、洋山尾港、流沙港和贵屿港。黄冈河水系的主要港口是黄冈港。

汕头港是海运和内河航运的枢纽，内河港口作为汕头港的转运港，其发展状况不仅受到本身地理条件的约束，而且受到汕头港运输情况的影响。这些内河港口的基础设施都比较简单，内河港的吞吐量和旅客运量都不大。

二、公路建设

中华人民共和国成立后，潮汕地区先后修筑了若干国道、省道、县道和乡道。至1978年，潮汕地区已初步形成公路体系。

---

[1] 具体的建设项目，参见：汕头市交通委员会.汕头交通志［M］.1998：105.

[2] 具体的建设项目，参见：汕头市港口管理局.汕头港口志［M］.北京：人民交通出版社，2010：84.

[3] 具体的建设项目，参见：汕头市交通委员会.汕头交通志［M］.1998：105.

[4] 具体的建设项目，参见：汕头市交通委员会.汕头交通志［M］.1998：105.

[5] 具体的建设项目，参见：汕头市交通委员会.汕头交通志［M］.1998：106.

[6] 具体的建设项目，参见：南澳县地方志编纂委员会.南澳县志［M］.北京：中华书局，2000：321.

（一）省养公路的建设

第一，国道的建设。

至1978年前，潮汕地区共建有两条国道，即烟汕线（国道206）和福昆线（国道324）。两条国道均始建于民国时期，1949年后继续进行了修筑并护养，构成当时潮汕地区公路主干线。

烟汕线（国道206）是汕头、揭阳通往兴梅、江西等地的重要陆上通道。1950年9月潮汕公路处成立后，11月即接养安揭段34公里，是第一条实行专业养护的路段。1951年1月，揭丰、安揭、护堤等线段定为国防干线，改称官汕线，并于1952年度接养全线。[1]

福昆线（国道324）是潮汕地区通往福建和珠江三角洲地区的陆上通道。潮汕地区的国道324由汕汾线和广汕线构成。1950年3月，广东省政府下令抢修广汕公路。1952年底接养全线，成立汕头渡口所，广汕公路成为汕头地区公路交通的大动脉。[2]

第二，省道的建设。

省干线公路称为省道。1949年至1978年，主要修复、建设和接养的途经潮汕地区的主要省道有：内隆线（523）、汕凤线（527）、磊广线（528）、葵和线（529）、池樟线（530）、潮安至汕头线（531）、揭阳至陆丰线（532）、环岛线（533）、黄冈至三饶线（534）、丰柏线（535）、茶阳至上善线（538）、五经富至华城线（540）、安流至前埔线（541）。[3]上述省道多数始筑于民国时期，抗战时多有损毁，20世纪50年代由政府修复通车，并在50—60年代陆续由省接养、改建，成为省干线公路。

第三，县道的建设。

1949年至1976年，潮汕地区所修筑的省养县道有：马白线、白新线、里坪线、崩高线、占其线、雨钟线、后金线、碧铁线、灰崎线、鹳蕉线、安丰线、榕环线、灰棉线、石钱线。[4]潮汕地区的省养县道几乎都修筑于20世纪50年代，多数是等外路。

---

[1] 广东省汕头市地方志编纂委员会.汕头市志（第三册）［M］.北京：新华出版社，1999：776.

[2] 广东省汕头市地方志编纂委员会.汕头市志（第三册）［M］.北京：新华出版社，1999：777.

[3] 关于这一时期省道的建设情况，参见：广东省汕头市地方志编纂委员会.汕头市志（第三册）［M］.北京：新华出版社，1999：777-780.

[4] 广东省汕头市地方志编纂委员会.汕头市志（第三册）［M］.北京：新华出版社，1999：780-781.

（二）地养公路的建设

这一时期，潮汕地区还修筑了一些较长的地养公路，并修筑了一些10公里内的较短公路。[1]这些公路大多数修筑、续建、修复于20世纪50—60年代，少数修筑于70年代。整体上看，这一时期潮汕地区的公路建设取得了较大的进展，初步形成了由国道、省道、县道和地养公路所构成的路网，建成了初具规模的陆路交通基础设施，适应了潮汕地区进入汽车运输时代的需要。这一时期所修筑的地养公路大多数是沙土路面，标准较低。

对于地处沿海的潮汕地区来说，港口作用的发挥与陆路交通有着密切的联系。港口物流需要公路的集疏运功能，这一时期汕头港建设的滞后和航运业的衰落导致公路为港口提供集疏运的功能难以充分发挥。

三、民用航空事业的重新起步

汕头的民用航空事业始于1933年。汕头原本是国内较早有机场和民航的城市之一。1949年，汕头原有机场被国民党当局炸毁。20世纪70年代外砂机场的重建，标志着汕头民用航空事业的重新起步。

1954年，政府在澄海县的外砂征地建设军用机场，1956年建成。1975年，经协商后将外砂机场作为军民共用机场使用。1974年4月15日，汕头民航在外砂机场复航。1974年3月，中国民用航空局在汕头建立航站，为民航广州管理局的直属航站。1975年，开始建造一座330平方米的候机楼。1978年12月26日，该候机楼竣工交付使用。1975年起，汕头航站使用安-24和伊尔-14飞机经营汕头—广州航线。[2]

四、邮政事业的发展

1949年10月26日，汕头市军事管制委员会接管了汕头邮局和储金汇业局汕头办事处。1950年1月9日，储金汇业局汕头办事处并入汕头邮局。1952年10月1日实行"邮电合一"，成立汕头邮电局，邮政电信走上统一经营管理的轨道。

---

[1] 潮汕地区10公里以上地养公路的修筑历程，参见：汕头市交通委员会.汕头交通志［M］.1998：23-50.

[2] 汕头市交通委员会.汕头交通志［M］.1998：120.

1952年邮电合一之后，汕头邮电局成为二等局。随着粤东地区的行政区划的不断调整，地（专）邮电机构也随之有所调整，汕头专员公署邮电局始终是潮汕地区邮电机构的领导机构。1965年，汕头专署邮电局下辖1市11县邮电局。1973年9月28日，汕头地区邮电局成立，负责管理汕头地区内1市11县的邮电通信工作。同日成立汕头市邮电局，负责领导和管理汕头市区及郊区邮电通信工作。1975年11月，汕头市为省辖市，汕头市局通信辖区也相应扩至达濠、蓬州、鸥汀和岐山等地，以上所设电邮支局、所划入汕头市邮电局领导和管理。1984年1月23日地、市邮电合并，实行市管县的邮电领导体制。[1]

（一）函件与包件

1950年，随着交通的恢复和全国邮政资费实行统一标准，汕头市函件和包件收寄量开始增加。1950年出口函件达389.1万件，收入75.8万元。1953年起，函件业务量逐年有所增加。[2]1950年至1978年，汕头市邮电局年度出口函件数量最多的为1959年的584.7万件，最少的为1969年的290.83万件。1978年，出口函件数量为448.36万件。[3]

1950年至1978年，汕头市邮电局年度出口包件数量从0.94万件增至8.51万件，收入从4.49万元增至61.01万元。1960年至1962年，进口包件增加，其中多为寄递食品和衣物。至1978年末，每年的出口包件数量均未超过10万件。[4]

（二）储汇

1950年1月，汕头邮政储汇恢复汇兑业务。1951年，汇兑业务改由银行委托办理，以邮局名义对外营业。1953年，银行和邮电局各自独立办理汇兑业务。邮电局以个人汇兑为主，每笔汇款最高限额折新人民币300元，银行只办理机关、团体、企事业单位的汇款业务。同年，汕头邮电局停办原代理的储金业务。[5]从1950年至1978年，汕头市邮电局的出口汇票由1.46万张、2.46万元增长至17.62万张、17.62万元。其中，1960年的出口汇票达23.67万元。[6]

---

[1] 广东省汕头市邮电局.汕头邮电志［M］.1989：27-29.

[2] 广东省汕头市邮电局.汕头邮电志［M］.1989：37.

[3] 广东省汕头市邮电局.汕头邮电志［M］.1989：38.

[4] 广东省汕头市邮电局.汕头邮电志［M］.1989：40.

[5] 广东省汕头市地方志编纂委员会.汕头市志（第三册）［M］.北京：新华出版社，1999：924.

[6] 广东省汕头市邮电局.汕头邮电志［M］.1989：44.

（三）报刊发行

1950年4月，中央人民政府决定全国实行"邮政发行合一"，汕头邮局正式承办报刊发行业务。1952年底起，由书店订销的杂志也改为邮电部门发行。[1]从1950年至1978年，汕头市邮电局的报刊发行量由1639661份增至19050408份。[2]

（四）侨批

中华人民共和国成立初期，人民政府对侨批侨汇业实行保护、鼓励政策，汕头侨批行业继续营业。1951年间向汕头邮局注册的侨批行有60家。1952年"邮电合一"时，有侨批138.3万件，占计费函件79%；收入49.6万元，占函件收入76.6%。侨批收入仍是当时邮政的主要收入。1955年5月，汕头邮电局与40家批局订立代解远地侨汇合同。1960年至1962年，因华侨居住国大多控制外汇流出，汕头市的侨汇减少。1970年，汕头侨批量708848件，收入仅9.3万元，此后逐年减少。1975年，侨批量仅存589145件。1976年，汕头侨批业归中国人民银行管理。[3]

五、电信事业的发展

（一）电报

汕头市邮电局是当时汕头地区电报通信网的中心局，有有线直达电报电路12条，分别通广州、厦门和潮汕地区各县；无线电报电路6条，分别通上海、广州等地。1978年，汕头市邮电局已有有线电报电路25条，无线电路12条。从业务量上看，1950年至1978年，汕头市邮电局电报出口量从21339份增至267699份，1978年的业务量是历年最多的。[4]

（二）电话

汕头市邮电局是当时汕头所属各县（市）长途电话业务的领导局。1949年汕头市邮电局的载波电话终端机总数只有2部，1978年已发展到21部。[5]1950年

---

[1]　广东省汕头市地方志编纂委员会.汕头市志（第三册）［M］.北京：新华出版社，1999：926-927.

[2]　广东省汕头市邮电局.汕头邮电志［M］.1989：48.

[3]　广东省汕头市地方志编纂委员会.汕头市志（第三册）［M］.北京：新华出版社，1999：931.

[4]　广东省汕头市邮电局.汕头邮电志［M］.1989：74.

[5]　广东省汕头市邮电局.汕头邮电志［M］.1989：81.

至1978年，汕头市邮电局的长途电话去话张数从44770张增至446628张。[1]

1931年，汕头市是当时中国第9个有自动电话的城市，线路长14杆公里，用户900号。1945年抗日战争胜利时，汕头市区自动电话设备已残破不全，用户只剩下600多户。1952年，汕头市内的电话设备主要有自动电话交换机1部（1000门），共电式交换机1部，架空明线21杆公里，电缆皮长13.5公里，用户单机688部。此后汕头市内的电话设备更新换代很慢。[2]1978年，汕头市邮电局采用国产JZB-1A型步进制自动电话交换机，取代7D旋转制交换机。汕头市邮电局的交换机总容量从1949年的1000门，发展至1978年的2200门。汕头市邮电局的市内电话年末用户数从1949年的509户，发展至1978年的1853户。[3]

新中国成立后，汕头各县、区（镇、乡）人民政府均设立了农村电话交换机，传输方式使用单线，交换方式使用人工交换。1953年11月，汕头邮电部门接管镇、乡电话，统称"县内电话"。1960年县内电话改称"农村电话"。1963年农村电话改为由省邮电系统统一经营、分级管理，其性质为地方国营。此后经过多年的改造和建设，潮汕农村电话传输方式从单一的架空明线，发展到电缆电路、无线（包括特高频、微波）电路等多种形式。[4]

第二节　1978—1991年的潮汕交通

1978年以后，随着改革开放的全面展开，潮汕地区出现了国家和地方、国营和集体、个体一齐办交通的新局面，港口、公路、航运、民航和邮电事业迅速发展，综合运输能力有了较大提高。

一、港口建设及航运业的新发展

（一）继续完善汕头港老港区的设施

1978年以后，在谋划建设新港区的同时，汕头港继续改造、完善老港区的

---

[1] 广东省汕头市邮电局.汕头邮电志［M］.1989：85.

[2] 广东省汕头市地方志编纂委员会.汕头市志（第三册）［M］.北京：新华出版社，1999：947.

[3] 广东省汕头市邮电局.汕头邮电志［M］.1989：88-93.

[4] 广东省汕头市邮电局.汕头邮电志［M］.1989：97.

设施，新建了2艘钢质趸船，更新了一批锚地浮筒，改造扩建了5000吨级和3000吨级泊位码头、客运站及联检大厅、礐石蜈田5000吨级煤炭码头、5000吨级泊位的粮杂兼集装箱码头、5000吨级泊位的粮杂兼集装箱码头、西堤和磊口客运码头、西堤货运码头、永泰货运码头、西堤四码头。[1]

（二）汕头新港区和深水港的规划建设

国内外航运科技的进步，使轮船越造越大，吃水越来越深，而韩江泥沙的多年沉积和内海湾的围海造田，又导致汕头港航道水深越来越浅，难以适应大型船舶进出的要求。1976年至1980年，汕头市政府已经会同汕头港务局着手规划建设深水港，但在选址问题上各方意见不统一，方案未能实施，国家在汕头投资4000万元建深水港的经费也因此搁浅。1986年6月，交通部在汕头市召开选址可行性研究审查会议，选址报告中包括珠池肚、广澳两个港址。1987年4月，国家计委批复同意汕头港深水港区选址珠池肚，并对深水港区的建设进行立项。1988年1月，交通部同意汕头港深水港区一期工程建设立项，位于港湾珠池肚。1990年8月6日，经国务院同意，国家计委发文批准在汕头港兴建深水港区。[2]珠池成为汕头港的第一个深水港区，广澳被选定为汕头港未来发展为外海湾型深水港的地点。

珠港港区一期工程规划在珠池南岸建1座3.5万吨级泊位煤炭专用码头；在珠池北岸建1座2万吨级泊位的多用途码头和1座1.5万吨级泊位的杂货码头，并配套2个1000吨级、3个500吨级驳船码头。设计年吞吐能力530万吨。另外，建1条外导流防沙堤，对内外航道进行疏浚。外导流防沙堤建设时逢国家压缩基建，汕头市政府自筹资金先建深水港前期工程，1994年10月全部竣工。整个珠港港区的一期工程于1996年6月竣工并投产。深水港区一期工程的建成，结束了汕头港没有深水泊位、万吨轮不能直接进港的历史，对改善潮汕地区的商贸流通环境有着重要作用。[3]

（三）汕头港其他码头的新建设

这一期间，汕头市在内海湾着手建设一批专业码头，承担各种货运功能。

[1] 广东省汕头市地方志编纂委员会.汕头市志（第三册）［M］.北京：新华出版社，1999：968-969.汕头市地方志编纂委员会.汕头市志（1979—2000）（上册）［M］.广州：广东人民出版社，2013：227.汕头市港口管理局.汕头港口志［M］.北京：人民交通出版社，2010：66-69.

[2] 汕头市港口管理局.汕头港口志［M］.北京：人民交通出版社，2010：74-75.汕头市地方志编纂委员会.汕头市志（1979—2000）（上册）［M］.广州：广东人民出版社，2013：228.

[3] 汕头市地方志编纂委员会.汕头市志（1979—2000）（上册）［M］.广州：广东人民出版社，2013：228.

表6-8　1979年至1991年汕头港建成的其他主要码头泊位[1]

建成或投产时间	码头地址	码头类别	泊位吨级	年吞吐能力（吨）	业主单位
1979年3月	珠池港区	油码头	5000	20万	市油料总公司
1985年8月	海滨路中段	多用途	3000	25万—30万	龙湖企业有限公司
1989年	海滨路中段	粮食码头	3000	25万	市粮油储运贸易总公司
1991年8月	珠池港区	化工码头	5000	30万	汕头海洋集团
1991年8月		石油码头	5000	25万	汉汕石油公司

（四）汕头港航运业的新发展

第一，货物运输。

1978年以后，汕头港航运业努力开辟新航线。至1987年底，汕头港与世界30多个国家和地区80多个港口有贸易往来，国内航线可通达厦门、福州、上海、青岛、烟台、天津、秦皇岛、大连、连云港、营口、黄埔、广州、港江、海口、八所、三亚、北海、香港等港口。国际航线可通达越南、新加坡、马来西亚、泰国、印度尼西亚、日本及欧洲各国。[2]

航运企业和海运业务方面，1983年成立汕头港货运公司，并与梅县航运局联合成立汕梅海河货运联营公司。1984年5月28日，汕头港开辟了国际集装箱运输业务，由香港明华船务有限公司"华胜"轮首次试航香港—汕头集装箱运输获得成功。1985年2月，汕头港务局正式成立了汕头港集装箱公司，专门经营集装箱装卸储运业务。[3]

[1]　汕头市地方志编纂委员会.汕头市志（1979—2000）（上册）［M］.广州：广东人民出版社，2013：230.

[2]　广东省汕头市地方志编纂委员会.汕头市志（第三册）［M］.北京：新华出版社，1999：988.

[3]　汕头市港口管理局.汕头港口志［M］.北京：人民交通出版社，2010：123.

表6-9 1979年至1987年汕头港外国船舶进出口情况[1]

年份	艘次	万吨总次	船舶艘次前三位国家（艘次）
1979	128	41.5	巴拿马（55）、新加坡（45）、日本（26）
1980	158	52.5	巴拿马（67）、新加坡（60）、日本（25）
1981	161	54.5	巴拿马（72）、新加坡（59）、日本（23）
1982	159	54.7	巴拿马（71）、新加坡（48）、日本（28）
1983	142	51.5	新加坡（32）、日本（23）（部分数据缺失）
1984	104	42.0	巴拿马（61）、新加坡（16）、日本（8）、泰国（8）
1985	71	22.8	巴拿马（46）、日本（10）、新加坡（5）
1986	88	34.6	巴拿马（43）、日本（13）、苏联（8）
1987	97	38.3	巴拿马（48）、苏联（16）、日本（7）

表6-10 1979年至1987年汕头港外贸物资进口运量[2]

单位：万吨

年份	运量	年份	运量	年份	运量
1979	36.8	1982	63.7	1985	36.8
1980	41.7	1983	49.6	1986	42.0
1981	47.0	1984	39.4	1987	66.1

表6-11 1979年至1991年汕头港货物吞吐量[3]

单位：万吨

年份	吞吐量	年份	吞吐量	年份	吞吐量
1979	175.3	1984	176.7	1989	282.1
1980	175.9	1985	201.1	1990	279.1
1981	180.2	1986	231.2	1991	354.8
1982	206.2	1987	250.9		
1983	210.2	1988	286.0		

[1] 广东省汕头市地方志编纂委员会.汕头市志（第三册）［M］.北京：新华出版社，1999：989-990.

[2] 广东省汕头市地方志编纂委员会.汕头市志（第三册）［M］.北京：新华出版社，1999：993.

[3] 汕头市港口管理局.汕头港口志［M］.北京：人民交通出版社，2010：156.

表6-12　1986年至1991年汕头港集装箱吞吐量[1]

单位：万标准箱

年份	1986	1987	1988	1989	1990	1991
吞吐量	0.1999	0.2221	0.3292	0.2121	0.5259	1.5707

如以上诸表所示，1979—1987年，汕头港的外轮进出情况、外贸货物进出口运量和吞吐量基本都呈逐年增长态势。汕头港开展集装箱业务虽然起步较晚，但1989—1991年出现了高速增长的走势。

第二，旅客运输。

1978年以后，汕头港的客运航线得以恢复拓展，新兴客轮投入运营，旅客运输量逐年增长。

随着国家的对外开放政策和华侨政策的贯彻落实，华侨和港澳同胞多回潮汕探亲访友，旅游观光、洽谈生意的旅客日益增多。1979年7月1日，汕头港恢复"汕—穗"定期航线。1980年1月24日，"鼎湖号"客轮首航汕头港，恢复了已中断28年的"汕—港"定期客运班轮。1980—1985年，年旅客接送量达20多万人次。1986年汕头港客运站建成投入使用后，从1987年至1991年，旅客接送量逐年大幅攀升，1992年接送量达47万人次。[2]

1980年1月24日，"鼎湖轮"（502客位）首次从汕头开往香港。此后先后有"龙湖轮"（621客位）、"潼湖轮"（710客位）、"南湖轮"（558客位）、"金湖轮"（800客位）投入"汕—港"线客运。1992年"汕—港"旅客接送高达27.75万人。[3]随着汕头民航的发展、"深圳—汕头"高速公路的建成，水路客运的优势逐渐减弱，汕头港客运于2000年末停业。

[1]　汕头市港口管理局.汕头港口志［M］.北京：人民交通出版社，2010：156.

[2]　广东省汕头市地方志编纂委员会.汕头市志（第三册）［M］.北京：新华出版社，1999：997-998.汕头市港口管理局.汕头港口志［M］.北京：人民交通出版社，2010：127.

[3]　汕头市地方志编纂委员会.汕头市志（1979—2000）（上册）［M］.广州：广东人民出版社，2013：225.

表6-13　1977年至1991年汕头港旅客进出口情况[1]

年份	总计（人次）	年份	总计（人次）	年份	总计（人次）
1977	57739	1982	204486	1987	220696
1978	54569	1983	259288	1988	236286
1979	124626	1984	201564	1989	284623
1980	265663	1985	212325	1990	331425
1981	241958	1986	161052	1991	363315

（五）1978年以后潮汕地区其他沿海港口的建设

第一，海门港。

1978年，海门港已拥有港务站码头和水产码头各1座，最大靠泊能力500吨。1983年，汕头航运局在海门港建成1座500吨级的货运码头。1984年，经省政府批准，海门港定为外贸集运点，恢复与香港通商贸易。1991年，潮阳市政府决定在海门湾东南面约2公里处的澳内湾建设新港区，规划港区起步工程是建设1个5000吨级多用途泊位，1996年竣工投产。[2]

第二，莱芜港。

1981年，广东省口岸办公室批准澄海莱芜为"鲜活商品起运点"，开放对外贸易，并在原渔业码头的基础上续建码头。1982年竣工投产，最大停泊能力150吨。1988年，经省计委、经贸委、交通厅决定立项，新建客货运码头，1992年末竣工，码头泊位2个，最大靠泊能力500吨级。[3]

第三，南澳港。

南澳县是广东唯一的海岛县，1986年以前全县只有3座军用小型码头。1986年，南澳县开工建设前江码头，1000吨级杂货泊位和500吨级客货两用泊位各1个，1990年完工。1994年在前江湾建设5000吨级杂货通用码头1座，1997年竣工使用，被国家列为二级口岸。1993年，在前江湾鹿仔坑开工建设油类专用码头，5000吨级、3000吨级泊位各1个，1996年竣工。1989—1997年，南澳县还开工建

[1]　汕头市港口管理局.汕头港口志［M］.北京：人民交通出版社，2010：127.

[2]　汕头市港口管理局.汕头港口志［M］.北京：人民交通出版社，2010：84-85.广东省汕头市地方志编纂委员会.汕头市志（第三册）［M］.北京：新华出版社，1999：825.

[3]　汕头市港口管理局.汕头港口志［M］.北京：人民交通出版社，2010：86.

设云澳湾外青山码头、长山湾车渡码头，均于1992年竣工。[1]

第四，三百门港。

饶平的三百门港原属汕头市航运总公司管理，1986年10月移交给汕头港务局管理。1987年，汕头港务局在柘林湾建成的2个1.6万吨级海轮过驳锚地投产后，扩大了三百门港的吞吐量。[2]

其它沿海港口，诸如饶平县的海山港、柘林港，惠来县的靖海港、神泉港，汕头的达濠港等，当时设施还较落后，客货运输量不多。其中，柘林港于1981年获批为活海鲜起运点，与香港、台湾地区进行贸易；靖海港于1984年获批为进出口物资装卸点。[3]

潮汕地区其它沿海港口的主要作用在于作为汕头港的补充，服务于县域经济。

（六）内河港口及其运输

由于地理地质条件的差异，韩江水系的内河港逐渐衰落，榕江水系的内河港仍有较大的发展，练江水系和黄冈河水系的内河港也因通航条件下降而衰退。

第一，韩江水系的内河港及其运输。

1978年，汕头市区韩堤港的杏花作业区建成投产。1987年，韩堤港年通过能力100万吨，旅客发送量24万人次。1982年，潮州港的吞吐量达125.13万吨，数倍于20世纪50年代。随着公路建设的发展，1983年以后韩江水运逐渐被陆上公路运输所替代，吞吐量一路下降，至1988年吞吐量只有33.48万吨。[4]

第二，榕江水系的内河港及其运输。

榕城港历来为揭阳、普宁、丰顺、五华、兴宁、梅县等地及江西部分地区外贸货物集散地。1982年，揭阳至香港航线通航后，榕城港定为汕头地区首批货物起运点。至1987年，榕城港有码头泊位34个。1987年货物吞吐量66.5万吨，旅客发送量16.08万人次。[5]

第三，练江水系的内河港及其运输。

棉城港是练江内河的最大港口。1987年有客运站1座，作业区8个，泊位36个，最大靠泊能力50吨。年货物吞吐量约50万吨，旅客发送量21.6万人次。

[1] 汕头市港口管理局.汕头港口志［M］.北京：人民交通出版社，2010：88.

[2] 汕头市交通委员会.汕头交通志［M］.1998：105.

[3] 汕头市交通委员会.汕头交通志［M］.1998：105.

[4] 潮州市地方志编纂委员会.潮州市志（上册）［M］.广州：广东人民出版社，1995：534-535.

[5] 广东省汕头市地方志编纂委员会.汕头市志（第三册）［M］.北京：新华出版社，1999：822.

第四，黄冈水系的内河港及其运输。

黄冈水系主要港口是饶平的黄冈港。1980年后，黄冈港的货物吞吐量逐年下降，1985年港口货物吞吐量不足6万吨。[1]

二、公路建设的新发展

（一）省养公路的建设

烟汕线（国道206）在这一时期得到了改造提升。其中，鮀浦至新乡段4.8公里称汕鮀线，1983年为连接汕头大学而修通行车。该段现在为汕头市的"大学路"。1987年全线已被改造为二级路以上，均为高级、次高级路面，全线均为永久性桥梁。[2]连接了潮汕沿海地区的福昆线（国道324）1987年全线已改造为二级路以上，均为高级水泥路面，全线均为永久性桥梁。[3]1991年，潮汕各地继续对国道324进行改造，[4]路面质量进一步提高。

这一期间，经过建设、改造之后通车的主要省道有：内隆线（523）、汕凤线（527）、磊广线（528）、葵和线（529）、池樟线（530）、潮安—汕头线（531）、揭阳—陆丰线（532）、环岛线（533）、黄冈至三饶线（534）、丰柏线（535）、茶阳至上善线（538）、五经富至华城线（540）、安流至前埔线（541）。[5]

进入20世纪80年代，省养国道的交通流量增长迅速。从70年代末到80年代初，多数县道的交通流量呈现出成倍数增长。而到了1987年，多数县道的交通流量已经数倍于1978年，[6]但省养县道的改造相对缓慢。至1987年，县道三级路只有1条、四级路8条、等外路15条，没有二级路。[7]

---

[1] 汕头市交通委员会.汕头交通志［M］.1998：101-103.

[2] 广东省汕头市地方志编纂委员会.汕头市志（第三册）［M］.北京：新华出版社，1999：776.

[3] 广东省汕头市地方志编纂委员会.汕头市志（第三册）［M］.北京：新华出版社，1999：777.

[4] 汕头经济特区年鉴编纂委员会.汕头经济特区年鉴（1992）［M］.广州：岭南美术出版社，1992：118.

[5] 关于这一时期省道的建设情况，参见：广东省汕头市地方志编纂委员会.汕头市志（第三册）［M］.北京：新华出版社，1999：777-780.

[6] 关于省养公路交通流量数据，参见：汕头市交通委员会.汕头交通志［M］.1998：9-10.

[7] 汕头市交通委员会.汕头交通志［M］.1998：17-21.

（二）地养公路的建设

潮汕地区的地养公路，无论是10公里以上的，还是10公里以内的，几乎都建成于1977年之前。1987年底，潮汕地区已接养地方公路2379.5公里，还有351.9公里未接养，实现镇镇通公路。地养公路以农村集镇为中心，连接国道、省道、县道公路，形成了四通八达的公路交通网。[1]

（三）公路网络延伸对潮汕经济的拉动

1978年以后，潮汕地区的公路进入快速发展期。筑通了一些之前未全线连通的公路，提高了公路的质量和等级，初步形成了一张覆盖整个潮汕地区的公路网，促进了商品的流通和人员的往来，推动潮汕城乡真正进入"公路经济"时代。新生的乡镇企业、小微民营企业沿着公路布局，原材料和产品通过公路连接市场，公路两侧形成了带状产业园和村镇。从饶平到汕头城区，直到普宁，"国道经济"的效应尤为明显。饶平的黄冈、钱东，澄海的东里、外砂，潮阳的和平、峡山、陈店，普宁的流沙、占陇等形成了长达近百公里的城镇连绵带。各种生产要素沿着国道集聚流转，推动了潮汕地区众多"专业镇"和专业批发市场的成长。

三、民用航空业的再出发

（一）汕头外砂机场的扩建

20世纪80年代初，汕头外砂机场原有的设施已经能满足汕头经济特区和潮汕经济日趋活跃的需要。1986年6月，经国务院批准，外砂机场停航进行扩建。首期工程于当年12月31日竣工并复航。扩建工程主要包括：主跑道长2500米，滑行道长2500米，达到国家二类机场标准，可供200座的波音757飞机起降；停机坪从8000平方米扩至24000平方米。外砂机场第二期扩建工程于1987年动工，建设国内候机楼、国际出境厅、国际货运仓库共3项，分别于1989年、1992年和1993年建成交付使用。[2]

（二）汕头民航业的快速发展

1979年至1986年，汕头外砂机场只有广州—汕头一条航线，由安-24和伊尔-14小型客机执飞，每周不足10个航班。1987年，航线有所增加，增开了汕

---

[1] 汕头市交通委员会.汕头交通志［M］.1998：23.

[2] 汕头市地方志编纂委员会.汕头市志（1979—2000）（上册）［M］.广州：广东人民出版社，2013：243.

头—香港、汕头—曼谷（不定期）、汕头—北京等航线；[1]1988年，开通汕头—新加坡定期直航包机航线。机场经过两期扩建提升等级后，通航飞机多为波音737、757客机，更多的航空公司前来汕头外砂机场开辟新的航线。至1988年底，汕头外砂机场已拥有8条航线，形成了连接北京、上海、广州、昆明、厦门、西安、香港、曼谷和新加坡等大中城市的空中交通运输网。[2]1991年，新开通汕头至福州、温州、成都、重庆、吉隆坡、海口、沈阳7个城市共5条航线，使汕头与国内外通航的城市增加到19个。每周发出航班从1990年的60多班次增加到110多班次。[3]

1979年，汕头外砂机场的发运旅客量和货物量仅分别为5.27万人次、846吨。[4]1987年，货物发送量1316吨，货物到达量1240吨，旅客发送量10.1173万人次，旅客到达量9.948万人次。[5]1990年，旅客吞吐量跃升为62.4万人次，其中始发量33.4万人次，到达量29万人次。[6]1991年，汕头民航完成旅客吞吐量75.86万人次，货物、邮报行李13057吨，运输收入首次突破1亿元，分别比1990年增长27%、48%和61%，创历史最好成绩。汕头外砂机场被中国民航局列入全国民航系统中20个重点运输单位之一，成为全国民航电脑联网售票的16个城市之一。[7]

四、邮电事业的新发展

1983年9月，汕头实行市管县地方领导体制，1984年1月，汕头地、市邮电局合并后成立汕头市邮电局，除负责管理市区邮电通信外，还负责领导管理汕头市下属9县（市）邮电局。[8]这一时期，邮政、电信仍然实行"邮电合一"的经

[1] 广东省汕头市地方志编纂委员会.汕头市志（第三册）［M］.北京：新华出版社，1999：874.

[2] 汕头经济特区年鉴编纂委员会.汕头经济特区年鉴（1989）［M］.广州：广东人民出版社，1990：190.

[3] 汕头经济特区年鉴编纂委员会.汕头经济特区年鉴（1992）［M］.广州：岭南美术出版社，1992：199.

[4] 汕头市地方志编纂委员会.汕头市志（1979—2000）（上册）［M］.广州：广东人民出版社，2013：244.

[5] 广东省汕头市地方志编纂委员会.汕头市志（第三册）［M］.北京：新华出版社，1999：874.

[6] 汕头经济特区年鉴编纂委员会.汕头经济特区年鉴（1992）［M］.广州：岭南美术出版社，1992：396.

[7] 汕头经济特区年鉴编纂委员会.汕头经济特区年鉴（1992）［M］.广州：岭南美术出版社，1992：199.

[8] 广东省汕头市邮电局.汕头邮电志［M］.1989：28.

营管理体制，汕头继续作为潮汕地区的邮电运营管理中心。

（一）函件、包件和储汇

20世纪80年代，汕头地区（市）邮电局调整和增加了邮电分支机构。1985年4月，增加特快专递业务，同年，先后开办与泰国、新加坡、马来西亚、印度尼西亚、瑞士、瑞典、联邦德国、英国、芬兰、法国、中国香港、中国澳门等国家和地区直接交换邮件业务，进出口函件量大规模增加。1986年，全市出口函件激增到2710.5万件，其中汕头市区742.9万件；1987年，全市办理函件收寄业务有10个邮电局，160个邮电支局，152个邮政代办所，435个邮票代办处，设用82个，信箱1011个，全年出口函件3196.63万件，区中市区出口函件872.92万件，收入78.56万元。[1]

20世纪80年代之后，市场活跃，商品丰富，邮政包件的构成从以前寄递食品为主的小包件，变为寄递以衣物用品为主的商品包件，多数为国有企业、集体企业、城乡个体户和专业户交寄包件。新需求促进邮政部门开展新业务。1985年4月，汕头市区开办快递小包业务，快递小包可在1至3天内送达。[2]

1982年，汇款最高限额从300元提高到5000元后，个人汇款尤其是个体户、专业户的高额汇款日渐增多。1986年，汕头市邮电局新办邮政储蓄，至当年底，全市储户达3263户，收储余额达226.67万元。1987年末全市储户达9874户，收储余额达875.227万元；其中市区储户4180户，收储余额401.02万元。[3]

（二）报刊发行与特快专递

1986年5月，汕头市邮电局成立了报刊发行分局，汕头市区报刊发行实行专业化管理和宣传、推广、收订、分发、投递（或零售）一条龙作业。该年汕头市邮电局发行国内报纸509种，占全国报纸发行种类84.1%，为1950年的42.4倍。发行杂志2402种，占全国杂志发行种类87.96%，为1950年的104.4倍。[4]

特快专递是邮电部门在20世纪80年代新发展的一项邮政业务。汕头市于1990年开办了国际、国内特快专递业务，并成立汕头邮政速递公司。[5]汕头邮政速递公司全面负责特快专递邮件的经营和进、出、转口处理工作。国内特快专递

---

[1] 广东省汕头市地方志编纂委员会.汕头市志（第三册）［M］.北京：新华出版社，1999：921.

[2] 广东省汕头市地方志编纂委员会.汕头市志（第三册）［M］.北京：新华出版社，1999：922-923.

[3] 广东省汕头市地方志编纂委员会.汕头市志（第三册）［M］.北京：新华出版社，1999：925.

[4] 广东省汕头市地方志编纂委员会.汕头市志（第三册）［M］.北京：新华出版社，1999：927.

[5] 《汕头邮电志》续集编写组.汕头邮电志（1987—1997）［M］.1998：35.

邮件包括信函类、文件类和物品类；国际特快专递邮件包括信函类和物品类。[1]

（三）电信事业继续发展

第一，电报。

1979年，汕头市邮电局有电报电路36条，至1991年，电报电路增加至45条。汕头市区的电报出口份数快速增长，1979年为29.74万份，1984年增至41.54万份，年均递增6.91%。1987年，全市出口电报227.87万份，收入49.84万元；其中汕头市区出口电报62.66万份，同比增长25.72%。[2]

第二，长途电话和市内电话。

1991年，汕头开始开通数字微波，在所有长途电路线路中，数字电路占了1260条。[3]1985年12月，汕头市邮电局开通长途数字程控交换机240回线，增办了长途自动电话业务。市内电话用户无须经长途台接续，就可直接拨叫国外、港澳地区及国内其他城市受话用户的电话。[4]

1978年，汕头市邮电局的市内电话交换机总容量为2200门，接入市内电话交换机的有2055部。1986年从新加坡引进7000门纵横制自动电话交换机，同时安装了国产5000门自动电话交换机。1986年市内电话实占装机10063门，同年再引进开通日本12000门的多功能程控电话交换机，市内实占装机容量16336门。至1990年，市话交换机总容量达到10万门，其中程控电话占90%以上。1991年市内电话增加至109988户，为1979年用户数的53.52倍。[5]

1987年，汕头市实现全市177个乡（镇）全部通电话，2544个行政村通电话，占行政村总数87%。汕头市郊区、达濠区全部镇、行政村和村民小组都通电话。[6]1988年12月21日，汕头市区的农村电话全部并入市话网。[7]

---

[1]   汕头市地方志编纂委员会.汕头市志（1979—2000）（上册）［M］.广州：广东人民出版社，2013：271.

[2]   广东省汕头市邮电局.汕头邮电志［M］.1989：74.《汕头邮电志》续集编写组.汕头邮电志（1987—1997）［M］.1998：48.广东省汕头市地方志编纂委员会.汕头市志（第三册）［M］.北京：新华出版社，1999：939，944.

[3]   广东省汕头市邮电局.汕头邮电志［M］.1989：78.《汕头邮电志》续集编写组.汕头邮电志（1987—1997）［M］.1998：52.

[4]   广东省汕头市地方志编纂委员会.汕头市志（第三册）［M］.北京：新华出版社，1999：944.

[5]   广东省汕头市邮电局.汕头邮电志［M］.1989：93.广东省汕头市邮电局.汕头邮电志（1987—1997）［M］.1998：73.

[6]   广东省汕头市地方志编纂委员会.汕头市志（第三册）［M］.北京：新华出版社，1999：949.

[7]   汕头市地方志编纂委员会.汕头市志（1979—2000）（上册）［M］.广州：广东人民出版社，2013：278.

无线寻呼通信在20世纪80年代末开通，并且得到了迅速发展。1988年，汕头无线寻呼系统正式开通。[1]

第三，移动通信。

1991年底，汕头开通模拟蜂窝移动电话网。[2]有模拟交换局一个，基站8个，建于金砂、外马、潮阳、揭阳、汕尾、普宁、潮州和澄海，共88个信道。[3]

第三节　1992—2010 年的潮汕交通

1991年底，潮汕地区三市分设为地级市，为潮汕交通的发展带来新的动力，使潮汕交通在20世纪90年代出现新的投资建设热潮。2000年前后，潮汕地区的港口、高速公路、邮政电信的建设进入周期性的调整升级阶段。

一、港口建设及航运业的发展与转型

（一）汕头老港区的建设

进入20世纪90年代，受港区自然条件和老市区场地缺乏的限制，汕头老港区越来越不适应船舶大型化的航运需要。老港区的建设只能通过"修修补补"来加以维持。这一时期，老港区的建设项目主要是：（1）3000吨级泊位杂货码头；（2）2个水上平台货场；（3）东海杂货码头，包括3个5000吨级和1个1000吨级杂货码头泊位及配套设备设施；（4）西堤四码头的进一步建设，先后建成共5个500吨级码头泊位以及护岸式驳船泊位。[4]

（二）汕头内海湾新港区深水港的建设

1991年至1995年，珠池港区一期工程先后建成南岸3.5万吨级煤炭泊位、外导流防沙堤、内外航道疏浚工程，北岸2个2万吨级多用途泊位、1.5万吨级杂货

[1] 汕头市地方志编纂委员会.汕头市志（1979—2000）（上册）［M］.广州：广东人民出版社，2013：278-279.

[2] 汕头市地方志编纂委员会.汕头市志（1979—2000）（上册）［M］.广州：广东人民出版社，2013：278.

[3] 《汕头邮电志》续集编写组.汕头邮电志（1987—1997）［M］.1998：79.

[4] 汕头市港口管理局.汕头港口志［M］.北京：人民交通出版社，2010：66-68.汕头市地方志编纂委员会.汕头市志（1979—2000）（上册）［M］.广州：广东人民出版社，2013：227.

泊位及配套驳船泊位。1996年，工程通过交通部竣工验收。[1]

珠池港区二期工程从1997年开始开工建设，至2003年总体工程基本完工，先后建成了先行开工的1万吨级和1.5万吨级2个深水泊位（年吞吐能力75万吨），续建的1.5万吨级杂货泊位、2万吨级钢铁泊位、2万吨级多用途泊位（年吞吐能力共165万吨）以及吹填造地和软基处理工程。二期工程于2004年10月投产，于2007年通过交通部竣工验收。[2]

1993年11月1日，汕头市政府与长江实业集团属下的香港国际货柜码头有限公司（HIT）签订了合资建设汕头国际集装箱码头的协议书。协议书约定：由HIT出资70%，汕头港务局出资30%，共投资9000万美元合资建码头。1995年3月，广东省交通厅主持了汕头国际集装箱码头工程初步审查设计会，会议审定建设规模为2.5万吨级集装箱泊位2个，年吞吐能力为40万标箱。1995年10月，码头主体工程正式开工。8号泊位和7号泊位均于1997年竣工投产，18个水工、土建单项工程于1998年竣工。整个工程于1999年通过工程竣工验收。[3]

汕头内海湾还于1994年建成马山港区1万吨级油码头；同年建成华能汕头电厂1万吨级重件码头。[4]

（三）汕头广澳港区的规划与建设

广澳港区建设的起步工程有2万吨级多用途码头和1000吨级驳船码头各1个，防波堤106米、堆场8万平方米和1条长1169米的疏港公路，设计年通过能力57万吨。1994年8月开工，于1996年7月竣工投产。[5]

广澳港区一期工程共建设2个2万吨级多用途泊位（结构按5万吨设计）。码头水工结构可停靠5万吨级集装箱船，年通过能力96万吨。工程于2002年11月18日开工建设。广澳港区一期航道工程为5万吨级集装箱船单向航道和2个泊位[6]；最终2个5万吨级集装箱泊位延至2013年4月通过交通运输部竣工验收，正式投产。码头可接卸第五、六代集装箱船舶，至2013年已开通CMA西非航线、PIL东南亚航线、

[1]　汕头市港口管理局.汕头港口志［M］.北京：人民交通出版社，2010：76-77.

[2]　以上汕头港珠池港区二期工程的建设历程，参见：汕头市港口管理局.汕头港口志［M］.北京：人民交通出版社，2010：77-78.

[3]　汕头市港口管理局.汕头港口志［M］.北京：人民交通出版社，2010：80-81.

[4]　汕头市港口管理局.汕头港口志［M］.北京：人民交通出版社，2010：81.

[5]　汕头市地方志编纂委员会.汕头市志（1979—2000）（上册）［M］.广州：广东人民出版社，2013：229.

[6]　汕头市港口管理局.汕头港口志［M］.北京：人民交通出版社，2010：83，94-95.

MSC汕头至香港至越南、CNC台湾至日本航线等多条集装箱班轮航线。[1]

加德士码头位于广澳港区，由汕头海洋（集团）石油化工有限公司与美国加德士（中国）有限公司合建。规模为5万吨级接卸码头1个，年接卸能力140万吨；5000吨级和2万吨级装船码头各1个，年装运能力100万吨；防波堤551米。码头和防波堤于1999年6月竣工。5万吨级码头于2000年4月竣工。[2]

广澳港区规划的规模比珠池港区更为宏大，是汕头乃至整个粤东地区未来港口群的核心，具有突出的枢纽地位。广澳港区的最终建成，将改变汕头港原来作为内海湾港口的历史，汕头港的硬件和运营条件均会有很大的提升。

（四）汕头市其他沿海港区的建设

第一，海门港区的快速发展。

海门港区起步工程包括建设1个5000吨级多用途泊位、1个500吨级杂货泊位。1996年11月竣工投产，年通过能力32万吨。1996年8月26日，国务院同意潮阳海门港对外国籍船舶开放。

华能海门电厂码头泊位是海门港区规模更大的深水泊位。工程建设内容包括5万吨级（结构为15万吨级）煤码头泊位1个、3000吨级综合码头泊位1个、南北防波堤等配套工程。工程于2006年12月开工，2009年竣工。[3]

第二，莱芜港的建设。

位于澄海的莱芜港的规模相对较小，1992年12月，500吨级的客货运码头工程竣工。续建的另一个500吨级货运泊位于1999年12月完工。[4]

第三，南澳县各码头的建设。

20世纪90年代以后，南澳县建成的主要码头有：杂货通用的5000吨级前江扩建码头、油料专用的300吨级外青山码头、长山尾车轮渡码头、油料专用的5000吨级和3000吨级鹿仔坑码头、5000吨级巨瀛水泥厂码头、通用泊位的5000吨

---

[1] 林馥盛.广澳港2个5万吨级集装箱泊位投产［N］.汕头日报，2013-04-17.

[2] 汕头市地方志编纂委员会.汕头市志（1979—2000）（上册）［M］.广州：广东人民出版社，2013：229.

[3] 汕头市港口管理局.汕头港口志［M］.北京：人民交通出版社，2010：84-86.海门港区接下来将升级为粤东煤炭中转基地。2011年3月14日，汕头市政府与华能集团签订了汕头港海门港区华能煤炭中转基地项目合作协议，并列入省、市重点建设项目。后续工程建成后，海门港区将成为粤东地区最大的能源港。

[4] 汕头市港口管理局.汕头港口志［M］.北京：人民交通出版社，2010：86.

级猴鼻尖码头。[1]

（五）汕头港货运量的扩张和调整

1992—1997年，汕头港货物吞吐量从459.8万吨提升到1360万吨；2002—2010年，汕头港货物吞吐量从1379.7万吨提升到3509万吨。1993年，汕头港的货物吞吐量突破1000万吨大关；2006年，吞吐量突破2000万吨大关；2009年，又突破3000万吨大关。1992—2010年，汕头港货物吞吐量每年平均递增11.95%。汕头港的集装箱吞吐量由1992年的2.81万标准箱，发展到2010年的93.5万标准箱，每年平均递增21.50%。

表6-14　1992年至2010年汕头港货物吞吐量[2]

单位：万吨

年份	吞吐量	年份	吞吐量	年份	吞吐量
1992	459.8	1999	1191	2006	2014.6
1993	1008	2000	1283.7	2007	2301
1994	1059	2001	1309.3	2008	2806
1995	1000	2002	1379.7	2009	3101.8
1996	1200	2003	1469.8	2010	3509
1997	1360	2004	1576.3		
1998	1290	2005	1735.9		

表6-15　1992年至2010年汕头港集装箱吞吐量[3]

单位：万标准箱

年份	吞吐量	年份	吞吐量	年份	吞吐量
1992	2.81	1999	11.5	2006	44.3
1993	7.86	2000	11.4	2007	59.4

---

[1]　上述南澳县各码头泊位的建设情况，参见：南澳县地方志编纂委员会.南澳县志（1979—2000）［M］.广州：广东人民出版社，2011：205-206.

[2]　其中，2010年的货物吞吐量，《汕头港口志》记载为3500万吨，而《汕头年鉴》等多份资料均记载为3509万吨，应为更具体的数字，本章采用3509万吨的记载。参见：汕头年鉴编纂委员会.汕头年鉴（2011）［M］.北京：新华出版社，2011：115.汕头市港口管理局.汕头港口志［M］.北京：人民交通出版社，2010：155.

[3]　其中，2010年的集装箱吞吐量，《汕头港口志》记载为90万标箱，而《汕头年鉴》等多份资料均记载为93.5万标箱，应为更具体的数字，本章采用93.5万标箱的记载。参见：汕头年鉴编纂委员会.汕头年鉴（2011）［M］.北京：新华出版社，2011：115.汕头市港口管理局.汕头港口志［M］.北京：人民交通出版社，2010：156.

续表

年份	吞吐量	年份	吞吐量	年份	吞吐量
1994	10.22	2001	15.8	2008	72.0
1995	13.57	2002	20.6	2009	82.06
1996	24.1	2003	22.3	2010	93.5
1997	36.6	2004	28.5		
1998	27.7	2005	36.8		

1998—2001年，汕头港的货物吞吐量从1290万吨增至1309.3万吨，年均递增仅0.50%；集装箱吞吐量从27.7万标准箱减少至15.8万标准箱，每年平均负增长17.07%。

导致1992—2010年汕头港货运量出现"马鞍形"发展轨迹的原因，一是20世纪90年代前半期潮汕经济基本处于上升周期，潮汕地区各产业产销畅旺，汕头港基础设施显著改善。特别是珠池港区一期工程的建成，吸引了更多航运公司前来汕头港开辟航线。二是1998年亚洲金融风暴严重冲击东南亚地区和香港地区经济，对外向度很高的潮汕经济和汕头港的货运量造成了很大影响。1998年，汕头市对外贸易出口总值为344997万美元，1999年下跌至269416万美元，2000年继续跌至259612万美元。三是2000年前后，国家对粤东各口岸的企业出口退税严格管制，部分生产企业和贸易企业出口不畅，有的将货物转到珠三角、闽南的其他口岸出口。四是2001年以后，亚洲金融风暴的影响逐渐消退，中国加入了世界贸易组织，国际经济形势强劲反弹，进入所谓"黄金发展期"；恰逢汕头港的珠池港区二期工程，汕头国际集装箱码头、多个煤炭和油品等专业码头竣工投产，大大提升了汕头港的货运能力，吸引了国内外船运公司前来汕头开辟新航线或加密船班，汕头港的货运量和集装箱吞吐量又大幅回升。[1]2011年，汕头港集装箱吞吐量110.1万标箱，比2010年增长17.8%，进入世界港口集装箱吞吐量100强行列。[2]

（六）潮州市的港口建设

1992年9月，三百门港移交潮州市管辖，成为潮州市最大的出海口岸。《港口法》实施后，按照"一城一港"原则，潮州市全部港口统一称为潮州港，韩江沿岸港口称为潮州港韩江港区。

[1] 刘伟.汕头港集装箱突破百万标箱［J］.港口经济，2012（1）：61.

[2] 汕头年鉴编委会.汕头年鉴（2012）［M］.北京：新华出版社，2012：103.

潮州港于2003年通过广东省政府组织的国家一类对外开放口岸验收。2005年5月,《潮州港经济区总体规划》通过国家、省有关专家的评审,提出按照"一港三区八大功能园区"的格局进行开发建设。"一港三区"的三区指三百门港区、西澳港区、金狮湾港区。[1]

2009年11月14日,潮州市首个大型多功能公用泊位——潮州港亚太通用码头正式动工,计划建设1个5万吨级通用泊位和1个3万吨级多用途泊位,设计年通过能力330万吨,其中集装箱通过能力为7万标准箱。[2]潮州港正朝着能源港的方向发展,其趋势是配合大唐发电厂等临港工业走大宗货物运输的道路。

三百门港的自然条件优越,有很大的发展空间。2010年,潮州港完成货物吞吐量635万吨,其中海港港区完成货物吞吐量624.9万吨,完成集装箱吞吐量3.08万标准箱。[3]潮州港货运量增长迅猛,但整体吞吐量仍较小。

(七)揭阳市的港口建设

《广东省港口布局规划》明确将揭阳港定位为地区性重要港口。揭阳港含有内港榕江沿岸港及外港惠来沿海港口两部分,形成"两港(港区)九区(作业区)"的总体格局。惠来沿海港口主要由神泉、靖海、前詹、仙庵作业区构成。2010年12月,国务院正式批准揭阳港神泉港区对外开放,成为一类口岸。惠来沿海前詹作业区通用码头使用岸线获交通部批准,拟建1个7万吨级通用泊位、1个3000吨级通用泊位及1个工作船泊位,设计年通过能力380万吨。2010年,揭阳港完成货物吞吐量1290.33万吨,主要货物为油气品、煤矿、建材、粮食、杂货及生产物资等,以进港为主。[4]

可见,揭阳港主要依靠惠来县的沿海港区,其发展方向也是能源、石化等专业港口,配合揭阳的大南海石化园区建设。

(八)内河港口及其运输

汕头市较大的内河港口主要集中在榕江南岸的潮阳关埠镇,且几乎都是油码头。关埠港区的油码头基本建成于20世纪90年代中期,包括1个5000吨级、2个3000吨级、1个500吨级的油码头,以及1个1000吨级的多用途码头。[5]

[1] 余映涛,等.做大港口经济实现跨越发展[N].南方日报,2006-06-21.

[2] 吴杰文.潮州港亚太通用码头开工[N].潮州日报,2009-11-15.

[3] 中国港口年鉴编辑部.中国港口年鉴(2011)[M].上海:中国港口杂志社,2011:192.

[4] 中国港口年鉴编辑部.中国港口年鉴(2011)[M].上海:中国港口杂志社,2011:193-194.

[5] 汕头市地方志编纂委员会.汕头市志(1979—2000)(上册)[M].广州:广东人民出版社,2013:230-231.

揭阳市的榕江内河港口资源丰富，自然条件较好，榕江南北河常年通航3000吨级海轮，乘潮可通航5000吨级海轮，自双溪咀以东到汕头出海39公里航道可通航10000吨级海轮。揭阳的内河港主要有榕城港、曲溪港、渔湖港、地都港、砲台港。2010年，榕江沿岸港口已拥有各类泊位46个。[1]榕城港先后建成3000吨级和1000吨级码头各1座。2004年，曲溪港有码头12座，可停靠2000吨级的海轮。渔湖港在20世纪90年代后期建有货运码头5座、油码头2座，是揭阳市及周边地区粮食、水泥、钢材、油料集散地。1995年，地都港建成液化气专用码头3座、油码头3座。1997年，砲台港的货运码头扩建，可停靠1000吨级海轮。[2]

韩江的航道条件并不如榕江，与汕头市、揭阳市相比，潮州市的内河港规模和运输量都较小，影响了潮州内河港的发展。

二、公路的快速发展、停滞与重启

（一）高速公路的出现与扩展

深汕高速公路是粤东首条规划建设的高速公路，起于深圳，止于汕头，串联起粤东和珠江三角洲东岸地区，是潮汕地区通往珠三角和香港的大动脉。深汕高速公路总长286.7公里，分为东西两段。1993年11月开工，1996年11月8日建成通车。全线贯通后，汕头与深圳之间的车程由原来的8小时缩短为3小时。[3]深汕高速公路开通，连接起深圳和汕头两个经济特区，促进了潮汕和珠三角及香港的经贸交流和人员往来，提升了运输效率，改变了人们的出行方式，分流了潮汕地区与珠三角地区间的海上和航空客流量。

汕汾高速公路建于1998年至2001年，成为连接深圳、汕头、厦门三个经济特区的交通要道，也是潮汕地区通往福建的重要干道。建成后，汕头与厦门之间的车程缩短到3个多小时。汕汾高速公路与深汕高速公路均为国家高速公路沈海高速G15的组成部分。

普惠高速公路全程位于揭阳市境内，是揭阳与深汕高速公路的连接通道。

[1] 中国港口年鉴编辑部.中国港口年鉴（2011）［M］.上海：中国港口杂志社，2011：193-194.

[2] 揭阳市志编纂委员会.揭阳市志（1992—2004）［M］.北京：方志出版社，2013：459.

[3] 汕头经济特区年鉴编委会.汕头经济特区年鉴（1997）［M］.香港：香港经济导报社，1997：88.揭阳市志编纂委员会.揭阳市志（1992—2004）［M］.北京：方志出版社，2013：436.

工程于1998年开工，2001年建成通车。[1]

揭普高速公路全程位于揭阳市境内，与普惠高速公路相接。工程于2001年开工，2003年建成通车。[2]

汕梅高速公路起于汕头，止于梅州，分为汕头至揭阳和揭阳至梅州两部分。其中，揭阳新亨至丰顺北斗段于2001年开工，2003年建成通车。[3]汕头至揭阳段为汕揭高速公路。汕揭高速公路属于国家高速公路汕昆高速G78的组成部分，起于汕头外砂，终于揭阳新亨。其中，揭阳段和潮州段分别在2006年底、2010年底建成通车。汕头段全线于2014年12月31日通车。[4]至此，汕昆高速与沈海高速这两条国家主干线在汕头外砂实现了互联互通。

（二）国道的建设与改造

1993年，汕头改造国道206线长11.206公里的路段。至2000年底，国道206线为一级路，高级混凝土路面。[5]揭阳于1993年建成庵曲线改造工程，1996年建成揭阳市区路段。国道206揭阳段至2004年6月全段有一级公路32.42公里，二级公路23.19公里。[6]

1993年12月至1999年12月，汕头共投资75718万元，先后扩建改造国道324线50多公里的路和桥。[7]2003年至2010年，又先后改造多个路段，扩建外砂、莲阳和东里三座大桥等。[8]

1991年至2002年，潮州先后改造了国道324线的汾水关至黄冈山霞管区等路段，完成饶平穿城路段改线，完成汾水关、九溪桥路段拓宽工程。[9]

---

[1]　揭阳市志编纂委员会.揭阳市志（1992—2004）［M］.北京：方志出版社，2013：436.

[2]　揭阳市志编纂委员会.揭阳市志（1992—2004）［M］.北京：方志出版社，2013：436.

[3]　揭阳市志编纂委员会.揭阳市志（1992—2004）［M］.北京：方志出版社，2013：436.

[4]　魏盼生.汕揭高速全线贯通［N］.汕头日报，2015-01-01.

[5]　汕头市地方志编纂委员会.汕头市志（1979—2000）（上册）［M］.广州：广东人民出版社，2013：234.

[6]　揭阳市志编纂委员会.揭阳市志（1992—2004）［M］.北京：方志出版社，2013：437.

[7]　汕头市地方志编纂委员会.汕头市志（1979—2000）（上册）［M］.广州：广东人民出版社，2013：234.

[8]　汕头经济特区年鉴编纂委员会.汕头经济特区年鉴（2004）［M］.香港：公元出版有限公司，2004：110.汕头年鉴编纂委员会.汕头年鉴（2007）［M］.香港：公元出版有限公司，2007：103.汕头年鉴编纂委员会.汕头年鉴（2009）［M］.呼伦贝尔：内蒙古文化出版社，2009：87.汕头年鉴编纂委员会.汕头年鉴（2010）［M］.北京：新华出版社，2010：116.汕头年鉴编纂委员会.汕头年鉴（2010）［M］.北京：新华出版社，2010：111.

[9]　潮州市地方志编纂委员会.潮州市志（1992—2005）（上）［M］.广州：岭南美术出版社，2014：132.

（三）省道的建设与改造

第一，汕头市的省道建设。

21世纪以来，汕头市境内改造提升的主要省道（路段）有：贵和线、省道234线（揭海公路）、省道237线（灰田线）、省道337线（磊广线）、省道237线和惠公路、省道336线南澳环岛公路。[1]完成新建的道路包括金鸿公路和陈沙公路。2006年7月，金鸿公路主线试开通[2]。2008年，陈沙公路主体工程建成通车。[3]

第二，潮州市的省道建设。

1992年以后，潮州市改造提升的主要省道（路段）包括省道221长上线、省道222坑海线、省道231凤湾线、省道232潮汕线、省道1931线、省道334柏丰线、省道335樟公线。[4]

第三，揭阳市的省道建设。

揭阳建市之后，组织改造的主要省道（路段）有：省道224坪五线、省道234揭海线、省道235司神线、省道236揭神线、省道237灰田线、省道338溪金线。[5]

（四）县道的建设与改造

20世纪90年代之后，潮汕三市继续新建、改造了一批县道，形成了较为密集的农村公路网。至2000年底，汕头市有县道公路16条，长226.5公里。[6]至2004年底，揭阳市共有县道27条，长579.64公里。[7]潮州市也新建改造了一批县道。

（五）跨海大桥的建设

20世纪90年代以后，汕头市先后建成海湾大桥、礐石大桥和南澳大桥三座

[1] 具体路段的建设情况，参见：汕头经济特区年鉴编纂委员会.汕头经济特区年鉴（2004）［M］.香港：公元出版有限公司，2004：110.汕头年鉴编纂委员会.汕头年鉴（2006）［M］.香港：公元出版有限公司，2006：97.汕头年鉴编纂委员会.汕头年鉴（2007）［M］.香港：公元出版有限公司，2007：103.汕头年鉴编纂委员会.汕头年鉴（2008）［M］.香港：公元出版有限公司，2008：133.汕头年鉴编纂委员会.汕头年鉴（2009）［M］.呼伦贝尔：内蒙古文化出版社，2009：75.汕头年鉴编纂委员会.汕头年鉴（2011）［M］.北京：新华出版社，2011：115.

[2] 汕头年鉴编纂委员会.汕头年鉴（2007）［M］.香港：公元出版有限公司，2007：103.

[3] 汕头年鉴编纂委员会.汕头年鉴（2009）［M］.呼伦贝尔：内蒙古文化出版社，2009：75.

[4] 具体路段的建设情况，参见：潮州市地方志编纂委员会.潮州市志（1992—2005）（上）［M］.广州：岭南美术出版社，2014：133.

[5] 具体路段的建设情况，参见：揭阳市志编纂委员会.揭阳市志（1992—2004）［M］.北京：方志出版社，2013：438.

[6] 汕头市地方志编纂委员会.汕头市志（1979—2000）（上册）［M］.广州：广东人民出版社，2013：235.

[7] 揭阳市志编纂委员会.揭阳市志（1992—2004）［M］.北京：方志出版社，2013：439.

跨海大桥，三座大桥成为潮汕地区公路连接成网的关键节点。

汕头海湾大桥位于汕头港东部出入口处，南起达濠区（现濠江区）与深汕高速公路东段连接，跨越汕头港南航道，上妈屿岛跨越北航道，北接龙湖区境内的汕汾高速公路。大桥全长2500米，其中悬索桥主桥长760米，可通5万吨级船舶。大桥按8度地震烈度设防，可抗12级以上台风。大桥按一级汽车专用公路与城市主干道一级标准设计。[1]汕头海湾大桥由广东省高速公路公司、香港长江和黄汕头海湾大桥有限公司、香港新峯企业有限公司、汕头高速公路公司联合投资建设管理。1991年12月12日举行开工典礼，1995年12月28日通车。[2]

汕头礐石大桥位于汕头市区西部，南接国道324线，跨越汕头港，北至市区西堤路，连接金凤路桥，延接国道206线。礐石大桥是我国第一座钢箱梁与PC箱梁混合结构斜拉桥。大桥全长2941米，主桥长906米，可通2万吨级船舶。大桥设计可抗12级以上台风，抗地震烈度8度。[3]礐石大桥由汕头市礐石大桥有限公司（占30%股份）与香港中国基础设施建设投资（汕头）有限公司（占70%股份）合作建设经营。1995年4月20日动工，1999年2月9日大桥主体建成通车运营。[4]

汕头南澳大桥的规划建设始于20世纪90年代。1994年，汕头市第一次规划南澳大桥的建设，当时计划于1998年建成。[5]因早期准备不足，第一次南澳大桥建设最终停工。进入21世纪，汕头市又重启南澳大桥的建设。新的南澳大桥于2009年1月20日正式开工建设。[6]南澳大桥起点位于澄海莱芜围，与省道S336线（莱美路）相接、跨海，终于南澳长山尾，接入环岛公路，路线长约11.08公里。[7]

经过了将近20年的建设，潮汕地区的公路里程和网络均有了很大的发展，取得了较大的成就。汕头市作为粤东地区的中心城市，至2010年底公路总里程为

[1]　汕头市地方志编纂委员会.汕头市志（1979—2000）（上册）［M］.广州：广东人民出版社，2013：235.

[2]　汕头经济特区年鉴编委会.汕头经济特区年鉴（1996）［M］.香港：香港经济导报社，1996：110.

[3]　汕头市地方志编纂委员会.汕头市志（1979—2000）（上册）［M］.广州：广东人民出版社，2013：235.

[4]　汕头经济特区年鉴编委会.汕头经济特区年鉴（2000）［M］.2000：107-108.

[5]　汕头经济特区年鉴编委会.汕头经济特区年鉴（1996）［M］.香港：香港经济导报社，1996：110.

[6]　汕头年鉴编纂委员会.汕头年鉴（2009）［M］.呼伦贝尔：内蒙古文化出版社，2009：75.

[7]　汕头年鉴编纂委员会.汕头年鉴（2015）［M］.北京：方志出版社，2015：143.南澳大桥于2015年1月1日正式建成通车，参见：陈健，魏盼生.广东最长跨海大桥南澳大桥昨建成通车［N］.汕头日报，2015-01-02.

3805.2公里，高速公路67.4公里，一级公路233公里，公路密度达到184.3公里/百平方公里，在全省居于前列。[1]

三、民用航空业的高速发展

（一）汕头外砂机场的改造和运营

第一，汕头外砂机场的改造。

1996年至1997年，汕头市政府投资1.8亿元对外砂机场进行了应急改造。改造后的停机坪面积扩至7.2万平方米，可同时停放5架波音757和7架波音737客机。机场旅客吞吐量可达300万人次。[2]通过此次应急改造，汕头外砂机场扩大了基建规模和运营能力，但作为军民共用机场，4D级标准几乎已经达到了当时汕头外砂机场硬件改善的极限。

第二，机场良好的运营状况。

1992年，汕头外砂机场每周发出航班近100班。[3]1995年，汕头外砂机场的通航点发展到42个境内城市和中国香港、曼谷、新加坡、吉隆坡、古晋等地。每周航班170多个，中国国际、东方、南方、北方、西北、西南6个骨干航空公司和厦门、武汉、浙江等近10家地方航空公司都竞相参与汕头民航的营运。[4]与1990年相比，汕头外砂机场的航线数量和航班数量翻了数番，在国际与地区航线上有了较大的突破。

20世纪80年代末到90年代中期，汕头外砂机场的旅客和货邮行吞吐量连续9年攀升。1992年达到110.8万人次、1.8万吨，两项居全国第12位。1995年创最高纪录，分别是196.2万人次、2.97万吨。[5]从1987年至1995年，汕头机场旅客、货物吞吐量分别以年均29.24%和34.06%的速度快速增长，汕头机场成为当时中国

[1]　汕头年鉴编纂委员会.汕头年鉴（2011）[M].北京：新华出版社，2011：119.

[2]　汕头市地方志编纂委员会.汕头市志（1979—2000）（上册）[M].广州：广东人民出版社，2013：243.

[3]　汕头经济特区年鉴编委会.汕头经济特区年鉴（1993）[M].汕头：汕头大学出版社，1993：265.

[4]　汕头市地方志编纂委员会.汕头市志（1979—2000）（上册）[M].广州：广东人民出版社，2013：244.

[5]　汕头市地方志编纂委员会.汕头市志（1979—2000）（上册）[M].广州：广东人民出版社，2013：244-245.

最繁忙的航空港之一。[1]1995年的汕头机场在全国重点机场中排名第13位。[2]

（二）民用航空业的衰退与回升

从1996年至2003年，汕头外砂机场的旅客吞吐量连续8年以年均递减13%的速度大幅下滑，2003年仅剩69万人次，航线由鼎盛时期的46条减少到仅10多条，在全国机场的排名跌至40多名之后，从全国民航20个重点运输机场降为支线机场。[3]

表6-16　1996年至2003年汕头外砂机场旅客吞吐量[4]

单位：万人次

年份	1996	1997	1998	1999	2000	2001	2002	2003
旅客吞吐量	183.83	149.86	125.59	112.81	111.98	87.00	80.66	69.19

表6-17　1996年至2003年汕头外砂机场旅客吞吐量增长率

单位：%

年份	1996	1997	1998	1999	2000	2001	2002	2003
旅客吞吐量增长率	−6.30	−18.48	−16.20	−10.18	−0.74	−22.31	−7.29	−14.22

从2004年开始，汕头民航业开始止跌回升。2004—2008年，汕头机场旅客吞吐量以每年平均13.06%的增长速度递增。

表6-18　2004年至2010年汕头外砂机场旅客吞吐量情况[5]

单位：万人次

年份	2004	2005	2006	2007	2008	2009	2010
旅客吞吐量	82.72	91.32	98.58	111.51	109.10	126.66	172.80

---

[1] 冯宇.汕头航空市场研究与发展前景分析［J］.空运商务，2009（9）.

[2] 冯宇.也谈汕头航空市场的发展与制约因素［J］.空运商务，2006（35）.

[3] 冯宇.汕头航空市场研究与发展前景分析［J］.空运商务，2009（9）.

[4] 冯宇.汕头航空市场研究与发展前景分析［J］.空运商务，2009（9）.

[5] 2004年至2008年的历年数据参见：冯宇.汕头航空市场研究与发展前景分析［J］.空运商务，2009（9）.2009年数据来源：汕头年鉴编纂委员会.汕头年鉴（2010）［M］.北京：新华出版社，2010：118.2010年数据来源：汕头年鉴编纂委员会.汕头年鉴（2011）［M］.北京：新华出版社，2011：121.

表6-19　2004—2010年汕头外砂机场旅客吞吐量增长率

单位：%

年份	2004	2005	2006	2007	2008	2009	2010
旅客吞吐量增长率	19.57	10.40	7.95	13.12	-2.16	16.10	36.43

2010年2月2日，捷星亚洲航空公司开通新加坡到汕头的直飞航线，汕头外砂机场开始对外籍飞机开放。[1]2010年2月，春秋航空开通每日一班的汕头至上海航线，成为第一家进入汕头外砂机场的廉价航空公司。2010年，汕头机场累计接送旅客172.8万人次、起降航班16615架次、运送货物和邮件10841吨，同比分别增长36%、25%和19%，客流增速在中南地区六省（区）百万以上吞吐量机场中排名第一。全年旅客运输量比2005年翻了一番。[2]

（三）民航企业的创建与发展

1993年10月，由南方航空（集团）公司控股的南航（集团）汕头航空有限公司成立，当月31日正式开航。[3]2008年3月，南航（集团）汕头航空有限公司名称变更为汕头航空有限公司。汕头航空有限公司是由中国南方航空股份有限公司与汕头航空投资股份有限公司合资组建的有限责任公司，是粤东地区的骨干航空运输企业。[4]汕头航空有限公司是原汕头外砂机场（现潮汕国际机场）和义乌机场的基地公司。

至2010年，汕头航空有限公司先后开辟了国内、国际和地区航线50多条，形成了以粤东为中心、面向全国、辐射东南亚的航线网络布局，成为潮汕和义乌地区连接国内外的纽带。[5]

（四）潮汕新民用机场的酝酿、规划与建设

第一，潮汕新民用机场的酝酿与筹建。

1992年，广东省政府在汕头市召开会议，认为应争取尽快在粤东建设一个大型的国际机场。1994年7月，潮汕三市政府报潮汕机场筹建领导小组，同意专家关

---

[1]　林馥盛，祝晓昌.汕头机场正式对外籍飞机开放［N］.汕头日报，2010-02-03.

[2]　林馥盛.汕头机场运输量创12年新高［N］.汕头日报，2011-01-04.

[3]　汕头市地方志编纂委员会.汕头市志（1979—2000）（上册）［M］.广州：广东人民出版社，2013：245.

[4]　汕头经济特区年鉴编委会.汕头经济特区年鉴（1994）［M］.汕头：汕头大学出版社，1994：201.

[5]　张路钢，巴佩娜.汕头航空：将以大开放姿态拥抱未来［J］.空运商务，2011（1）.

于将揭阳的砲台场址作为机场场址的意见。1999年3月8日，国务院、中央军委批复中国民航总局、广东省政府，同意新建潮汕民用机场。在批复中，场址确定在揭阳市揭东县砲台镇与登岗镇交界处，位于连接潮汕三市市域的中心位置。[1]

第二，潮汕机场的规划与建设。

2007年9月，国家发展和改革委员会发文，批复同意潮汕民用机场项目开工建设。潮汕民用机场性质为国内中型机场，飞行区按4E级标准规划。本期按4D级标准，满足B767型飞机的起降要求，以2020年为目标年设计。[2]

2009年6月16日，潮汕机场举行开工典礼。2009年9月29日，潮汕机场主体工程航站楼动工。[3]潮汕机场本期航站楼总建筑面积为54995平方米，是汕头外砂机场候机楼面积的3倍。设计目标年2020年，满足年旅客吞吐量450万人次（其中国内旅客385万人次、国际旅客65万人次）、高峰小时旅客约2000人次的使用要求。[4]

第三，潮汕机场的启用。

2011年11月，揭阳潮汕机场进入试运行阶段。[5]2011年12月14日22时15分，汕头外砂机场正式结束近38年的民航运输业务。15日上午，潮汕机场举行通航庆典，机场开始启用，航班开始起降。[6]转场之后，潮汕机场继续沿用汕头外砂机场的代码，IATA代码仍然为SWA，ICAO代码仍然为ZGOW。潮汕机场启用之后，潮汕民航业发展长期受自然地理条件限制的问题基本得到解决。

四、潮汕铁路事业的重生

自抗战期间拆除潮汕铁路之后，潮汕地区长期成为一个不通铁路的地区，严重妨碍了与内地之间的客货运输，很大程度上也影响了汕头港的发展。

（一）广梅汕铁路：潮汕铁路事业的重生

广梅汕铁路是自潮汕铁路拆除之后粤东地区建成通车的第一条铁路。1995

---

[1]　上述潮汕机场的筹建过程，参见：专记：筹建揭阳潮汕机场［M］//揭阳市志编纂委员会.揭阳市志（1992—2004）.北京：方志出版社，2013：479-481.

[2]　陈作成，林少敏.潮汕民用机场获准开工建设［N］.南方日报，2007-09-28.

[3]　汕头年鉴编纂委员会.汕头年鉴（2010）［M］.北京：新华出版社，2010：118.

[4]　陈作成.揭阳潮汕机场航站楼动工［N］.南方日报，2009-09-30.

[5]　谢思佳，陈作成.揭阳潮汕机场进入试运行阶段［N］.南方日报，2011-11-22.

[6]　钟啸，高国辉.揭阳潮汕机场今日投用［N］.南方日报，2011-12-15.2014年7月10日，潮汕机场航空口岸通过国家验收。2014年12月，通航3年的潮汕机场正式"升格"为"国际机场"，标志着潮汕机场自此迈入国际机场行列，成为潮汕国际机场。

年7月19日，广梅汕铁路全线铺轨完毕。铁路起于广（州）深（圳）铁路常平站（东莞境内），经惠州、河源、梅州、揭阳、潮州，止于汕头，全长479.323公里，总投资39.6亿元。广梅汕铁路在龙川与京九线接轨，也成为潮汕地区与中部地区的通道。[1]

广梅汕铁路在潮汕地区分为汕头段、潮州段和揭阳段，三市均配备有客货站，其中以汕头站为重点车站。汕头货运站（火车北站）年吞吐能力300万吨，汕头客运站年通过能力800万人，工程于1997年11月竣工。[2]

表6-20　2000年至2010年汕头站旅客吞吐量情况[3]

单位：万人次

年份	2000	2001	2002	2003	2004	2005
旅客吞吐量	149.8	147.5	125.1	118.3	119	116.93
年份	2006	2007	2008	2009	2010	
旅客吞吐量	118.5	110.5	119	115	110	

表6-21　2000年至2010年汕头货站货物吞吐量情况[4]

单位：万吨

年份	2000	2001	2002	2003	2004	2005
货物吞吐量	139.4	132.5	110.5	117.1	120	96.3
年份	2006	2007	2008	2009	2010	
货物吞吐量	99.7	93	87.4	80.7	69.4	

[1]　汕头市地方志编纂委员会.汕头市志（1979—2000）（上册）［M］.广州：广东人民出版社，2013：241.

[2]　汕头市地方志编纂委员会.汕头市志（1979—2000）（上册）［M］.广州：广东人民出版社，2013：241.

[3]　数据来源：汕头经济特区年鉴编委会.汕头经济特区年鉴（2002）［M］.北京：人民出版社，2002：123.汕头经济特区年鉴编委会.汕头经济特区年鉴（2003）［M］.香港：公元出版有限公司，2004.汕头经济特区年鉴编委会.汕头经济特区年鉴（2005）［M］.香港：公元出版有限公司，2005：96.汕头年鉴编纂委员会.汕头年鉴（2006）［M］.香港：公元出版有限公司，2006：99.汕头年鉴编纂委员会.汕头年鉴（2007）［M］.香港：公元出版有限公司，2007：104.汕头年鉴编纂委员会.汕头年鉴（2008）［M］.香港：公元出版有限公司，2008：132.汕头年鉴编纂委员会.汕头年鉴（2009）［M］.呼伦贝尔：内蒙古文化出版社，2009：77.汕头年鉴编纂委员会.汕头年鉴（2010）［M］.北京：新华出版社，2010：117.汕头年鉴编纂委员会.汕头年鉴（2011）［M］.北京：新华出版社，2011：121.

[4]　数据来源同表6-20。

　　20世纪90年代末之后，汕头货站的货物吞吐量逐年下降，2010年的货物吞吐量只有2000年货物吞吐量的约一半。潮州市火车站属铁路中间站（三等站）。到2005年，其货运量为18万吨，客运量为21万人次。[1]揭阳站为地级市规模客运站。1998年，揭阳站的客运量为72万人次，到2004年下滑至47.4万人次。[2]1996年，揭阳站的货物吞吐量为32.8万吨，到2004年发展至120.93万吨。[3]

　　总的来看，潮汕三市的广梅汕铁路车站的旅客和货物吞吐量并不大，广梅汕铁路对潮汕地区的经济拉动作用比较有限。原因包括广梅汕铁路的标准不高，其路线比较曲折，在布局上未能很好地融入全国铁路网，等等。

（二）汕头疏港铁路的建设

　　汕头疏港铁路是广梅汕铁路与珠池深水港区的重要配套工程。1997年11月7日汕头疏港铁路全线铺轨完成，1998年6月15日正式开通运营。[4]

（三）厦深铁路的规划与建设

　　厦深铁路的粤东段，一开始是作为汕樟沿海铁路和深汕沿海铁路进行规划的。从1995年至1997年，汕头先后委托铁路规划单位起草项目可行性研究报告。[5]到了2003年，漳潮汕铁路项目被铁道部列入厦深沿海铁路国家"四纵"客运专线通道，并被国家发改委列入中长期建设计划。[6]

　　2005年12月31日，国家发改委批复同意新建厦门至深圳铁路。[7]2006年，厦深铁路在潮汕地区线路走向最终确定为饶平—澄海隆都—潮安沙溪—潮阳谷饶—普宁。汕头火车站将进行改造并作为厦深沿海铁路的始发站和终点站。沿海铁路主线将分别在潮安沙溪和潮阳谷饶设中间站。根据当时的规划，广梅汕铁路潮安

　　[1]　潮州市地方志编纂委员会.潮州市志（1992—2005）（上）［M］.广州：岭南美术出版社，2014：165-167.

　　[2]　揭阳市志编纂委员会.揭阳市志（1992—2004）［M］.北京：方志出版社，2013：465.

　　[3]　揭阳市志编纂委员会.揭阳市志（1992—2004）［M］.北京：方志出版社，2013：466.

　　[4]　汕头市地方志编纂委员会.汕头市志（1979—2000）（上册）［M］.广州：广东人民出版社，2013：241-242.

　　[5]　汕头经济特区年鉴编纂委员会.汕头经济特区年鉴（1996）［M］.香港：香港经济导报社，1996：185.汕头经济特区年鉴编纂委员会.汕头经济特区年鉴（1997）［M］.香港：香港经济导报社，1997：189.汕头经济特区年鉴编纂委员会.汕头经济特区年鉴（1998）［M］.香港：香港经济导报社，1998：175.

　　[6]　汕头经济特区年鉴编纂委员会.汕头经济特区年鉴（2004）［M］.香港：公元出版有限公司，2004：111.

　　[7]　汕头年鉴编纂委员会.汕头年鉴（2006）［M］.香港：公元出版有限公司，2006：99.

至汕头段将增建第二条轨道线，作为与厦深铁路的联络线。[1]2008年1月6日，厦深铁路广东段工程正式开工，在潮汕地区设有饶平、潮汕、潮阳、普宁、葵潭5站。[2]

厦深铁路连接了中国经济最为活跃的长三角、海峡西岸和珠三角地区，有利于潮汕地区发展与沿线地区的商贸往来，吸引投资和旅游，配套产业园区，发展高铁经济区。

2008年，铁路部门计划建设厦深铁路汕头站联络线，当时计划同步建设和投入使用。[3]该项目延宕6年后，2014年动工建设，2018年底交付使用。

五、邮政事业的继续发展

1991年12月，由于潮汕行政区划调整，新设潮州市邮电局和揭阳市邮电局。1998年底，邮电机构实行"邮电分营"的改革，撤销汕头、潮州、揭阳三市的邮电局，三市分别新设邮政局和电信局。

（一）汕头邮政事业的发展

第一，邮政业务。

1992年，汕头市邮电局的出口函件2037.21万件。20世纪90年代，汕头市邮政部门大力发展商业函件，主要分为商业信函、企业明信片、邮送广告三大类。2000年12月，汕头全市的商业函件达1021.63万件，其中为电信、银行、供电、供水等部门制作了大量的对账单。[4]

这一期间，汕头市邮政部门拓展快递小包业务，对大宗批量邮件简化收寄手段。1992年，汕头市邮电局的出口包件有52.73万件，收入130.41万元；1997年减少至45.46万件，收入增至295.87万元。[5]

1992年12月28日，汕头市邮电局在市区开办国际邮政汇兑业务，成为广东

[1] 高丽.厦深沿海铁路潮汕设中间站［N］.广东建设报，2006-12-15.汕头年鉴编纂委员会.汕头年鉴（2007）［M］.香港：公元出版有限公司，2007：104-105.

[2] 庞磊成.厦深铁路广东段开工建设［N］.潮州日报，2008-01-07.

[3] 高丽.厦深铁路将同步建设汕头联络线［N］.广东建设报，2008-04-08.

[4] 汕头市邮政局，汕头市电信局.汕头邮政志（1998—2000）［M］.2001：9.

[5] 《汕头邮电志》续集编写组.汕头邮电志（1987—1997）［M］.1998：27.

省第一批开办国际邮政汇兑业务的9个通汇局之一。[1]1998年10月，开办了"代办保险"业务。2000年，汕头邮储开始代发部分省属、中央直属单位社会养老金业务。[2]2000年12月，汕头市区20个邮储网点全部实现全国联网，通存通取。[3]

1995年7月，汕头邮政部门成立了报刊快递服务公司。1999年3月，在市区设立40个邮政报刊亭。报刊发行量从1979年的1936.99万份发展到1999年的7057.96万份。2000年以后，随着报刊自办发行，汕头邮政报刊发行量降至6037.05万份。[4]

第二，邮政设施。

20世纪90年代以后，汕头市邮政部门逐步建设了实物传递网、邮政金融网和邮政综合业务计算机网三类邮政基础设施，实物传递网使汕头的邮政处理作业朝着机械化、自动化、电子化的方向迈进。汕头邮政金融网的第一期和第二期分别于1995年6月和2000年12月投入使用。[5]

2010年，汕头邮政实现业务总收入2.91亿元，同比增长20.1%。潮阳、潮南、澄海及南澳等县域邮政业务发展迅猛，增速均在两位数以上。[6]

（二）潮州邮政事业的发展

1992年，潮州邮政出口函件量701万多件，至2002年达到1058万多件，至2005年出口函件量降至633万多件。1992年，潮州全市邮政包裹收寄7.76万件，1996年全市包裹出口量达11.35万件，2005年的包裹出口量降至8.29万件。2005年底，潮州邮政储蓄机构代发工资户数2.5万多户，代发养老金户数突破5万户。

2005年，潮州市全市邮政部门订销报纸累计1652万份、订销杂志累计66万份、报纸期发数6.17万份、杂志期发数3.98万份、报刊流转额1019.07万元。1993年3月1日，潮州局邮政快递公司成立，同日开办特快专递业务。2005年，业务收入增至887.05万元。

[1] 汕头市地方志编纂委员会.汕头市志（1979—2000）（上册）［M］.广州：广东人民出版社，2013：271.

[2] 汕头市邮政局，汕头市电信局.汕头邮电志（1998—2000）［M］.2001：11.

[3] 汕头市地方志编纂委员会.汕头市志（1979—2000）（上册）［M］.广州：广东人民出版社，2013：270-271.汕头市邮政局，汕头市电信局.汕头邮电志（1998—2000）［M］.2001：10-11.

[4] 汕头市地方志编纂委员会.汕头市志（1979—2000）（上册）［M］.广州：广东人民出版社，2013：271.

[5] 汕头市地方志编纂委员会.汕头市志（1979—2000）（上册）［M］.广州：广东人民出版社，2013：273-275.

[6] 汕头年鉴编纂委员会.汕头年鉴（2011）［M］.北京：新华出版社，2011：122.

至2005年，潮州全市邮政业务总收入8542万元。[1]

（三）揭阳邮政事业的发展

1992年，揭阳市邮电局的函件业务量为1176万件。2004年，函件业务量增加至1558万件。1992年，揭阳的出口包件34.9万件。2000年，揭阳全市邮政实行市区包件直投到户，全年出口包件12.44万件。2004年，出口包件10.28万件。2004年，揭阳全市储蓄余额243260.54万元。至2004年12月，代收电信运营商话费达1.31亿元，代办工资、养老金、低保金等用户4.4万户，金额5.57亿元。[2]

1992年，揭阳市邮政报刊发行量积累数为3253.9万份。2000年起，发行量累计2916.52万份。2004年，发行量降至2158.02万份。[3]1994年，揭阳市邮电局开办特快专递业务。2004年，共收寄特快专递20.41万件。[4]

揭阳市邮政部门先后建成96200语音系统和96200金融网系统。至2004年，全市有邮政电子局（所）81处。[5]至2004年，揭阳的邮政业务总收入达10691.1万元。[6]

六、电信事业的突飞猛进

潮汕三市均在1992年底进行了"邮电分营"的改革，分别成立电信局。广东电信实业、广东电信、广东移动、广东联通等也分别在汕头、潮州、揭阳成立分公司。

（一）汕头市电信事业的发展

第一，电报、电话与数据通信。

随着电话的普及，传统的电报业务逐渐退出大多数人的日常生活。因此，汕头市电报业务交换量每年以20%至30%的速度下降，至2000年底仅有729824份。[7]

1991年，汕头开始敷设光缆。1994年，开通全国首条SDH长途干线。同

---

[1] 潮州市地方志编纂委员会.潮州市志（1992—2005）（上）［M］.广州：岭南美术出版社，2014：211-214.

[2] 揭阳市志编纂委员会.揭阳市志（1992—2004）［M］.北京：方志出版社，2013：486-487.

[3] 揭阳市志编纂委员会.揭阳市志（1992—2004）［M］.北京：方志出版社，2013：486.

[4] 揭阳市志编纂委员会.揭阳市志（1992—2004）［M］.北京：方志出版社，2013：486.

[5] 揭阳市志编纂委员会.揭阳市志（1992—2004）［M］.北京：方志出版社，2013：484.

[6] 揭阳市志编纂委员会.揭阳市志（1992—2004）［M］.北京：方志出版社，2013：486.

[7] 汕头市地方志编纂委员会.汕头市志（1979—2000）（上册）［M］.广州：广东人民出版社，2013：276.

年，开始使用卫星通信。1997年9月，汕头市邮电局结束长途电话由人工接续的历史，实现长途电话网络传输数字化、交换程控化，传输手段也转变为光缆、微波和通信卫星。[1]

1992年，汕头市区全面实现市内电话程控化。同年，澄海电话网并入汕头本地网。1993年11月1日零时，南澳市话网并入汕头本地网。[2]1993年，电话号码由6位升为7位。2004年6月26日零时，汕头电话网和潮阳电话网正式并网，采用汕头电话网"0754"的区号，统一了整个汕头市行政区划的长途区号。[3]2008年5月18日零时，汕头市本地固定电话网顺利升至8位。[4]汕头成为当时为数不多的本地固定电话网位数为8位的城市之一。

1998年以来，汕头市邮电局大力发展公用电话，建设卡式公用电话亭。2000年9月27日，公用电话的"万亭工程"全面提前完成。2000年，汕头市公用电话设置的密度为5.36部/平方公里，高于广东全省平均水平，其中市区的平均密度为21.47部/平方公里。[5]

汕头市区的农村电话至1988年12月21日已全部并入市话网。2000年末，农村电话仅在各县（市）存在。澄海、南澳的农村电话已与汕头本地电话网联网，潮阳的农村电话与潮阳本地电话网联网。[6]2000年，全市840个行政村实现"村村通电话"。[7]

20世纪90年代以后，汕头移动通信先后经历了模拟蜂窝移动电话网、GSM数字蜂窝移动电话网、2.5代移动通信技术CDMA、3G网络等发展阶段，移动通信得到了迅猛发展。1991年底，汕头开通模拟蜂窝移动电话网。1995年5月，GSM数字蜂窝移动电话网正式开通，覆盖潮汕三市。[8]

1992年，汕头全自动寻呼系统顺利通过验收投入使用，覆盖汕头市区和

[1]　汕头市地方志编纂委员会.汕头市志（1979—2000）（上册）［M］.广州：广东人民出版社，2013：277.

[2]　南澳县地方志编纂委员会.南澳县志（1979—2000）［M］.广州：广东人民出版社，2011：218.

[3]　汕头经济特区年鉴编委会.汕头经济特区年鉴（2005）［M］.香港：公元出版有限公司，2005：103.

[4]　汕头年鉴编纂委员会.汕头年鉴（2009）［M］.呼伦贝尔：内蒙古文化出版社，2009：80.

[5]　汕头市邮政局，汕头市电信局.汕头邮电志（1998—2000）［M］.2001：37-38.

[6]　汕头市地方志编纂委员会.汕头市志（1979—2000）（上册）［M］.广州：广东人民出版社，2013：278.

[7]　汕头市邮政局，汕头市电信局.汕头邮电志（1998—2000）［M］.2001：40.

[8]　汕头市邮政局，汕头市电信局.汕头邮电志（1998—2000）［M］.2001：41.

澄海、潮阳、南澳等县（市）。1993年8月邮电部将部分电信业务向社会放开经营。[1]进入21世纪，随着移动电话的逐渐普及，无线寻呼通信业务逐渐走向萎缩。

1994年，开通汕头本地DDN网（数字数据网）。1995年底，开始建设汕头因特网节点网络。1996年，开通汕头视聆通业务平台。[2]1999年，汕头宽带通信网VOD（交互式声像点播）系统和省公众高速多媒体通信网ATM（异步传送模式）汕头节点投入使用，汕头数据通信开始从窄带向宽带发展。[3]

第二，电信基础设施的巨大飞跃。

汕头卫星通信地球站于1994年动工兴建。1995年12月4日通过中国广播卫星公司入网测试，获得入网批准。1997年对卫星地球站进行扩容改造。[4]

汕头国际海缆登陆站位于汕头市企望湾龙虎滩。汕头国际海缆登陆站是亚欧国际海缆、中美国际海缆和亚太二号国际海缆三大海缆系统的主干站和唯一一个汇接站，是当时中国最大的海底光缆登陆站，也是国际最重要的登陆站之一。1998年亚欧国际海缆、中美国际海缆先后在汕头登陆。中美国际海缆1999年底建成投产。2000年6月，亚太二号登陆站机房土建工程动工建设。[5]

粤东信息大厦是"汕头信息港"的主体工程，为汕头及周边地区提供了一个与全国乃至世界信息市场相连接的高速信息网络。于1998年3月动工建设。[6]

这三大标志性基础设施的建成及相互配套，使汕头具有了一整套健全的电信基础设施和高速信息网络，汕头因而成为中国连接国际互联网的重要出入口之一，具备了一定的信息通信硬件优势。

（二）潮州电信事业的发展

潮州市城区电话交换程控化始于1991年1月，1995年6月全市实现电话交换

[1] 汕头市地方志编纂委员会.汕头市志（1979—2000）（上册）［M］.广州：广东人民出版社，2013：278-279.

[2] 汕头市邮政局，汕头市电信局.汕头邮电志（1998—2000）［M］.2001：85.

[3] 汕头市地方志编纂委员会.汕头市志（1979—2000）（上册）［M］.广州：广东人民出版社，2013：279.

[4] 汕头市地方志编纂委员会.汕头市志（1979—2000）（上册）［M］.广州：广东人民出版社，2013：280.

[5] 汕头市地方志编纂委员会.汕头市志（1979—2000）（上册）［M］.广州：广东人民出版社，2013：280.

[6] 汕头市地方志编纂委员会.汕头市志（1979—2000）（上册）［M］.广州：广东人民出版社，2013：281.

程控化和传输数字化。1995年6月25日，潮州市电话号码升为7位，全市统一使用长途区号"0768"并建成潮州电话本地网，至此全市农市话便融成一体。2000年9月27日，潮州市实现村村（行政村）通电话。

1992年前，潮州市本地电话用户拨打长途电话主要靠人工长途台。1992年后，潮州市本地用户可直接拨打国内长途和国际电话。1992年9月，潮州市新建独立长途局。

潮州市模拟移动电话网于1992年8月8日开通，基站归属汕头模拟电话交换局。1995年7月15日，潮州所属的基站从汕头网分割出来，单独组成移动电话网。2001年12月31日24时起，潮州的模拟移动电话网络关闭。

潮州市GSM数字移动电话系统于1995年1月建成开通，基站均归属于汕头数字移动电话交换局。潮州市数字移动电话交换局于1997年9月26日开通。2002年，GPRS于5月17日正式投入试商用。

潮州市邮电局于1990年初成立无线寻呼台并正式开办无线寻呼业务。1992年，潮州邮电局开通全自动无线寻呼台。2002年至2003年，全市各家无线寻呼公司先后停业。

1992年初，广东省电信局的省内分组交换数据网为三级结构，潮州局、饶平县局均通过汕头节点交换机进行数据的分组及交换。1992年6月1日，潮州市首个分组交换工程竣工。1994年9月，潮州市邮电局DDN网建成开通。[1]

（三）揭阳电信事业的发展

随着电话普及率的不断提高，揭阳的电报业务量大幅下降。2004年，广东电信揭阳分公司的国际、港澳公众电报出口业务量降为零。

1992年，揭阳全市有58%的乡镇仍然使用人工磁石电话。1994年，城乡实现电话交换程控化、传输数字化。1995年6月，揭阳全市电话号码升至7位，建成揭阳本地电话网。

1992年起，揭阳市开放长途直拨业务，用户无须经长途台转接就可直拨国内、国际长途电话。

1995年7月，揭阳市模拟移动电话交换局开通使用。1997年5月，揭阳建成第一个数字交换局，模拟网被数字网完全取代。2001年7月，所有用户全部转入数字移动网。进入21世纪，揭阳移动和揭阳联通分别完成GSM网和CDMA网的

---

[1]　潮州市地方志编纂委员会.潮州市志（1992—2005）（上）［M］.广州：岭南美术出版社，2014：217-221.

建设和扩容。

1992年，揭阳全市设市区、普宁、惠来3个无线寻呼台。此后无线寻呼用户一路增加。自1998年起，无线寻呼用户逐年下降，直至2004年终止发展。

揭阳市邮电局的数据通信业务起步于1994年，当时只能为用户提供分组交换专线。1995年，揭阳、普宁开通数字数据网。1996年，开办因特网业务。1998年，揭阳市电信局数字数据DDN节点开通至全市乡镇一级，形成揭阳数据通信网。

中华人民共和国成立后，潮汕地区城乡建设进入了由政府全面主导的有规划发展时期。从20世纪50年代开始，潮汕地区各市县先后编制城乡发展规划并开始实施，城乡建设发展严重失衡的状态初步得到改变。20世纪80年代之后，潮汕地区的城乡建设步伐进一步加快，在城镇布局、城镇功能定位、城市基础设施建设、城市管理、人居环境改善等方面，都发生了根本性的变化。

第一节　1949—1978 年的潮汕城乡建设

新中国成立初期，除了汕头市区和潮安等少数县城之外，潮汕地区的城镇和乡村建设水平普遍较低。从第一个五年计划开始，潮汕地区的城乡建设围绕着经济社会现代化、工业化和城市化的总体目标积极探索，逐步展开。

一、城乡布局的变化

（一）1949—1957年基层治理架构与城镇布局的调整

城镇的生成和城镇布局的演化，是社会经济、政治、文化、技术不断进步的产物。汕头开埠前，在漫长的农耕社会中，潮汕地区已经形成了以潮州府城为中心、以潮属各县县城和一批"大镇"为支点的多层次城镇布局。1860年汕头开埠后，在国内外市场的巨大引力下，汕头埠迅速成长为中国东南沿海重要的近代商业城市。以1921年汕头埠设立市政厅为标志，潮汕地区逐渐形成以汕头城区为中心、以原潮州府城为副中心的城镇格局。如表7-1所示，20世纪30年代时，潮属各县的乡镇数量较多，共有665个乡镇，其中有42个镇。1946年的统计表明，各县乡和镇的数量都明显减少，乡镇数减为351个，其中镇的数量减为26个。原来较小的乡被整合，如潮阳县1934年被划分为9区156个乡镇，1946年归并为8区71个乡镇，乡镇数减少了54.49%。另外，一些较大的县城分设的镇也被归并。如潮安县（原潮州府城）1934年就分设为"东关""西关""南关""北关"等8个镇，1946年整合为"在城镇"；揭阳县1932年分设为10镇1乡，1946年整合为"附城区"，下辖6个镇。

表7-1　民国期间潮汕各县（局）乡镇数量表[1]

县（局）	年份	乡镇数（个）	镇数（个）	年份	乡镇数（个）	镇数（个）
潮安	1934	63	8	1946	20	1
潮阳	1934	156	8	1946	71	5
揭阳	1932	86	10	1946	64	6
饶平	1940	38	3	1946	40	3
惠来	1940	49	7	1946	30	5
大埔	1941	45	2	1946	27	0
澄海	1932	119	2	1946	31	4
普宁	1937	38	1	1946	33	1
丰顺	1935	28	0	1946	20	0
南澳	1934	24	0	1946	4	0
南山	1935	19	1	1946	11	1
合计		665	42	1946	351	26

古代城市的产生既是手工业和商业从农业中分离的结果，也是国家管治职能不断演化的结果。显然，近代潮汕城镇布局的形成，以及汕头市区逐步替代潮州府城成为粤东经济、政治和文化中心，也同样是潮汕经济近代化和行政体系近代化的结果。潮汕地区人口多、密度高、交通条件较好、商业活动较活跃的圩市港埠，就从周边的乡村地带分离出来。如潮州市的庵埠，澄海县的樟林，揭西县的棉湖，揭阳县的曲溪、炮台，饶平县的三饶、黄冈，惠来县的葵潭等，都已有

[1]　数据整理自：饶宗颐.潮州志（第一册）［M］.潮州：潮州市地方志办公室，2005：42-136.

数百年的历史，甚至更早。因此，城镇布局的演化是一个漫长而缓慢的过程。

从新中国成立到1978年，潮汕地区的城市化主要是以工业化进程的推进而逐步展开的。

1950—1952年"国民经济恢复时期"，潮汕地区各县（不包括大埔、丰顺）共有64个区、8个区级镇，下辖206个乡和8个乡级镇、244个乡级行政村，乡下属行政村469个，有4785个自然村。如果不计算乡级行政村，则乡镇数目和镇数量略少于1946年的水平。这一时期各县的治理架构基本沿袭"县-区-镇、乡-村"的模式，但将"镇"分为"区级"和"乡级"，在"镇"之下置了"乡级行政村"，以有别于"乡下属行政村"。显然，给基层的镇、乡、村分别套上"区级"和"乡级""乡下属"，层级冗多且相互交叉，不利于提高行政效率。

1953—1957年第一个五年计划期间，潮汕地区的县以下治理架构进行了两次较大调整。

（1）1953—1954年将潮汕地区各县划分为91个区、4个区级镇，下辖1299个乡，27个乡级镇。与1952年相比，"区"增加了27个，"区级镇"减少了4个，"乡级镇"增加了19个，"乡"的数量则增加了1093个。显然，这一次调整的目标是试图理顺原来交叉层叠的基层行政架构，一头巩固和发展"区"和"乡级镇"，将原来的部分"乡"升格为"区"；一头将原来的部分"乡级行政村"和部分"行政村"设置为"乡"。[1]以潮安县为例，1951年时置9区、1区级镇，1954年潮安县已有13个区、5个乡级镇和188个乡，原城关镇（区级镇）和意溪镇等组建了"潮安市"（后改称"潮州市"）。[2]

（2）按照全国的统一要求，1956年潮汕各县的基层治理架构再次进行调整。1956年上半年，潮汕地区各县撤区设"大乡"。以潮安县为例，1956年2月，潮安县撤区，将原来的5个乡级镇和188个乡改设为3个乡级镇、54个大乡；潮州市（潮安县城）另设6个街道。该年12月，潮安县57个乡镇再次被合并为25个乡镇，1957年8月从赤凤乡分出凤南乡，至此，全县共设置26个乡镇。[3]至1957年下半年，潮汕地区的撤区并乡工作基本完成，共设214个乡和24个镇。与1954年相比，镇的数量大致稳定，乡的数目则减少了1085个。

1949—1957年潮汕地区的基层治理、基层架构的多次调整，直接影响当时

[1] 广东省汕头市地方志编纂委员会.汕头市志（第三册）［M］.北京：新华出版社，1999：519.

[2] 潮州市地方志编纂委员会.潮州市志［M］.广州：广东人民出版社，1995：252.

[3] 潮州市地方志编纂委员会.潮州市志［M］.广州：广东人民出版社，1995：254.

经济、行政资源的空间配置格局，也反映了新中国成立初期决策者对建立县以下基层治理模式的探索，特别是对县以下治理架构中如何合理确定管理幅度和管理层次的探索。

新中国成立初期，潮汕的基层治理架构基本承继了1949年以前的建置，一是县与乡镇之间设"区"，二是民国期间"乡"与"大村"（后来的"行政村"）的标准并不明确。这两个问题被带到1951年和1954年的两次基层行政区划的调整中，造成基层治理体制层级过多、职能交叉。另一个问题是，潮汕地区散布着3200多个村落，平均每个村落人口在2000人以上，每个村庄相距仅不到1公里，其中有许多万人以上的大村庄，有的还形成村镇连绵数公里的聚落连续区，这是潮汕地区人口和居民点分布的一大特色。新中国成立初期，这些"人口聚落连续区"基本上以农业人口为主，社会结构与非农人口占多数的"镇"不同，但又具有发展非农产业、发育成"镇"的潜力和可能。也就是这个原因，潮汕地区出现了"乡级行政村"。1956年的"撤区并乡"工作，首先撤销"区"一级建制，取消"乡级行政村"，建立起县直接管镇及大乡、镇及大乡直接管行政村的三层治理架构，大大简化了行政层次。其后又通过两次整合，将原来的小乡归并"大乡"，再将"大乡"归并为规范达标的"乡"。此时的"乡"已经具有原来的"区"一级的管理权限和发展空间，潮汕平原和沿海地带大多数"乡"政权的所在地，其产业结构和居住人口已经基本非农化，实际上已成为潮汕城乡网络的重要节点。

综上所述，1956年形成"县-镇、乡-村"的三级管理架构比较符合当时潮汕地区的实际和发展需要，基层政权组织的管理幅度和管理层次比较匹配，此后一直被长期沿用，再没有进行重大的调整。

（二）1958—1978年潮汕地区的城镇布局

1958年9月之后，潮汕地区根据中央实行政社合一体制的部署，将各县所辖各乡、镇合并设立人民公社。

表7-2　1958年9—11月潮汕各县设立人民公社情况[1]

县别	设立时间	设立人民公社数量（个）	原乡镇数量（个）	备注
潮安	1958年11月	15	26	撤潮州市建制，设城关公社
潮阳	1958年10月	13	47	
揭阳	1958年11月	18	36	丰顺县划入4个公社

[1]　广东省汕头市地方志编纂委员会.汕头市志（第一册）[M].北京：新华出版社，1999：277-281.

续表

县别	设立时间	设立人民公社数量（个）	原乡镇数量（个）	备注
饶平	1958年9月	8	27	
澄海	1958年9月	1	44	撤销乡镇建制，将全县编为4个支队、46个团、550个连、4130个排
普宁	1958年9月	8	30	
惠来	1958年9月	5	22	
南澳		1	6	1958年南澳县并入饶平县，设南澳公社
合计		69	238	

　　如表7-2所示，1958年9—11月开始实行人民公社体制时，大多采取几个乡镇合并组建为一个公社的做法。潮汕地区238个乡镇，最初只设立69个公社，但随后又逐渐将规模较大的公社拆分，到年底数量已经调整为255个公社（镇），与1957年全区乡镇数（238个）比较接近。经多次调整，1979年时，潮汕地区共有165个人民公社管理委员会、14个镇人民政府。[1]

　　管理范围宽窄、地理区位及交通条件优劣，是这一时期行政区划裁并引致人民公社数量变化的依据。如1965年7月19日，析揭阳县西部置揭西县，全县设置15个公社（镇）。又以潮安县为例，1958年9月设立的13个公社，1960年分拆为30个，1962年又合并为19个，1965年再分拆为21个，至1977年共有24个公社和4个镇。[2]

　　政社合一的人民公社体制一直实行至1983年底。作为当时中国计划经济管理体制的重要基础，人民公社全面覆盖了县以下的农村地带，公社管理机构的地点分布是相对均衡和不可遗漏的。公社管理机构的所在地因而成为连接城市与乡村的桥梁，成为公社发挥经济、政治和公共服务功能的综合性空间平台。除了行政及办事机构（公社管委会、派出所、农科农机站等），中小学、卫生所、农业信用社、商业供销粮食机构、邮电交通机构等，都会有计划地、相对均衡地配置到公社所在地。20世纪60年代中期以后发展起来的社办企业，也主要聚集在公社所在地。这些经济、行政和社会资源在"公社所在地"的集中配置，客观上加快了"公社所在地"的非农化进程。

（三）城镇布局的改善与潮汕地区的城镇化进程

　　潮汕地区城镇布局中，城镇的兴起及分布也随政权建制和行政区划的变动

---

[1]　广东省汕头市地方志编纂委员会.汕头市志（第三册）［M］.北京：新华出版社，1999：519.

[2]　广东省汕头市地方志编纂委员会.汕头市志（第一册）［M］.北京：新华出版社，1999：280.潮州市地方志编纂委员会.潮州市志［M］.广州：广东人民出版社，1995：254-256.

而发生新的变化。

　　1949年至1978年，潮汕地区县以下的镇、乡、村的空间布局大致稳定，县以上的城镇布局进行了调整。1949年7月1日，普宁县在流沙成立县人民政府，确定以流沙为县城，洪阳结束了作为普宁县城370余年的历史，成为乡级镇。1952年，饶平县县治从上饶迁往黄冈，全县政治、经济、文化中心从西北山区转移到东南沿海，原来作为县城474年之久的三饶转为乡级镇。1955年，粤东行政公署从潮州迁至汕头市，自此粤东的经济、政治中心全部集中在汕头市区。1965年经国务院批准建立揭西县，县治设于河婆，潮汕地区在西部山区增加了1个县和1个县城镇。1975年确定汕头市为地级省辖市，确定潮州市为地辖市。这些调整，总的趋向是地、市、县的经济和行政中心向区位优越、交通便利的地域迁移。

　　如普宁和饶平原来县城都在丘陵地带，尽管也有一定人口和商贸活动聚集，但新选县城流沙和黄冈均处在公路运输的主要干道上，与广州、汕头、厦门的联系更加方便快捷，商贸活动更为活跃，民国期间已逐渐取代县城成为全县经济中心。汕头市区地处韩江、榕江、练江出海口，1960年开埠后，港口贸易和城市规模迅速扩大。1921年置市后，工商业日趋繁荣，市政设施较为完善。至20世纪30年代中叶，汕头市区已经成为中国东南沿海的主要港口城市，粤东和闽粤赣边地区的首位城市。1955年9月，粤东行政公署从潮州迁入汕头市。行署所在地和县城迁移，以及1965年新设立揭西县、1979年恢复潮州市建制，客观上都促进了汕头市区、潮州市区、流沙镇、黄冈镇、河婆镇的发展，加快了潮汕地区的城镇化进程。至20世纪80年代初，潮汕地区形成了以汕头市区为端点，以韩、榕、练三江以及广汕、汕汾、汕梅等主要公路为脉络，以潮州、榕城、流沙、惠城、黄冈五市镇为节点，呈扇面辐射的格局，从而深刻影响了此后潮汕经济社会发展的进程。

表7-3　潮汕地区市、镇、县（不含镇）人口分布及增长情况[1]

地区	1964年普查人口数（万人）	1982年普查人口数（万人）	1982年比1964年		
			增加人数（万人）	增长（%）	年平均增长（%）
中国	72307	103188.3	30881.3	42.71	2.00
广东	4044.8	5929.9	1885.1	46.61	2.15

---

　　[1]　数据整理自：广东省汕头市地方志编纂委员会.汕头市志（第一册）［M］.北京：新华出版社，1999：430-431.

续表

地区	1964年普查人口数（万人）	1982年普查人口数（万人）	1982年比1964年		
			增加人数（万人）	增长（%）	年平均增长（%）
潮汕地区	612.7	869.2	256.5	41.86	1.96
市	65.67	88.69	23.02	35.05	1.68
镇	48.57	70.95	22.38	46.08	2.13
县（不含镇）	508.74	709.56	200.82	39.47	1.87

注：1. 表中的"潮汕地区"指1982年的"汕头地区"（不包括海丰县和陆丰县，即1992年后的汕头市、潮州市、揭阳市）所辖范围；2. 表中的"市"指1982年的汕头市和潮州市所辖范围；3. 表中的"县（不含镇）"指1982年潮汕各县不含市镇的各乡的所辖范围，这一范围的人口被视为"乡村人口"。

新中国成立后，几次人口普查数据表明，城镇布局的改善是潮汕地区城镇化的主要路径。表7-3中1982年与1964年的数据相比：（1）广东省的人口年平均增长率比全国的水平高0.15个百分点；潮汕地区的人口年平均增长率则比全省低0.19个百分点，比全国年平均增长率也低0.04个百分点。（2）这一期间汕头、潮州两市的人口增长速度较慢，汕头市只增加了18.61万人，年均增长1.67%，远低于1920—1930年汕头市区的人口增长速度；潮州市只增加了4.41万人，年均仅增长1.75%。这一期间潮汕"两市"人口年均增长速度既低于全国（2.00%）和全省（2.15%），也低于潮汕地区的镇（2.13%）和乡村（1.87%）。（3）相比之下，潮汕地区"镇"级行政区划的人口年均增长速度既快于汕头、潮州两市，也快于乡村地带。

通过上述比照大致可以推知：

一是1964—1982年对各县及乡镇人口流入汕头、潮州市区的控制是比较严格的，且"两市"城区的部分人口迁出（如知识青年上山下乡、企业和医院搬迁到山区各县等），汕头、潮州两市的人口增长因而极为缓慢，中心城市发展乏力，很大程度上影响了这两座城市此后对潮汕地区的支撑带动。

二是这一期间人口聚集速度最快的是"镇"一级的行政区划。1983年认定的"区级镇"包括潮州市的枫溪、庵埠、意溪；澄海县的城关、东里；潮阳县的棉城、海门；揭阳县的榕城；揭西县的河婆、棉湖；普宁县的流沙；惠来县的惠城；饶平县的黄冈、柘林、洪州；南澳县的后宅等。还认定了彩塘、浮洋、店市、两英、和平、峡山、炮台、曲溪、五经富、洪阳、里湖、隆江、葵潭、靖海等31个"乡级镇"。这些"区级镇""乡级镇"以及城市中的"区街",既是当时计划管理体系的"末梢",又是解决城镇待业人员和农村剩余劳动力出路的"前沿"。在具备了基本的交通、电力和设备设施后,诸多处于计划体制"边缘"的区街、乡镇小微集体所有制工业企业,就在潮汕平原各镇街(街道)普遍生长起来。从而也使率先活跃起来的区街经济、镇乡经济,成为此后20世纪80年代潮汕地区农村地带城镇化浪潮的先声。后来潮汕民营制造业的多点错位发展格局,都是以潮阳、澄海、潮安、揭阳各县的镇(乡)布局为依托的。

三是这一期间潮汕地区的城镇化尚未全面启动。从表7-4中可见,1964年人口普查时,潮汕地区的市镇人口为114.24万人,总人口为612.73万人。市镇人口占总人口比例为18.64%。1982年人口普查时,潮汕地区的市镇人口为159.64万人,总人口为869.20万人,市镇人口占总人口比例为18.37%。如表7-4所示,1964年潮汕地区的城镇化率略高于全国水平1.06个百分点,高于全省0.88个百分点。1982年潮汕的城镇化率比全国低1.65个百分点,比全省低0.32个百分点。

表7-4   1964、1982年全国、广东和潮汕地区的城镇化率[1]

单位:万人

地区	1964年普查			1982年普查		
	总人口	城镇人口	城镇人口占总人口(%)	总人口	城镇人口	城镇人口占总人口(%)
中国	72307	12710.3	17.58	103188.3	20658.9	20.02
广东	4044.8	718.5	17.76	5929.9	1108.2	18.69
潮汕	612.73	114.24	18.64	869.20	159.6	18.37

1964—1982年间,潮汕地区城镇人口仅增加了45.40万人,增长了39.74%;乡村人口增加了211.07万人,增长了42.34%。城镇人口增长速度与乡村人口增长速度非常接近。同期全国和全省城镇人口则分别增长了54.24%和62.54%。[2]可见,这一时期潮汕地区的城镇化进程是相对迟缓的。

---

[1] 数据整理自:广东省汕头市地方志编纂委员会.汕头市志(第一册)[M].北京:新华出版社,1999:430-431.

[2] 广东省汕头市地方志编纂委员会.汕头市志(第一册)[M].北京:新华出版社,1999:431.

　　造成这一状况的原因是复杂的。首先是潮汕地区的工业基础偏弱，缺乏自然资源支撑，产业结构仍以农业为主。至20世纪70年代末，略有发展的工业主要集中于汕头、潮州市区和少数县城，只能缓解城区严峻的就业压力，无力吸聚农村剩余劳动力向城市转移。其次是在计划管理体制下，潮汕城乡商业、服务业和经济作物种养销售网络不畅，乡村人口的"非农化"存在制度壁垒。再次是1982年开展第三次人口普查时，潮汕地区城乡经济已渐趋活跃，各县产业结构开始朝着工业化、市场化的方向转型，部分农民也已经"洗脚上田"到城市、乡镇从事工商活动，但户籍管理上仍一直将他们归入乡村人口，导致此时城镇化率未能反映出实际的城镇化水平。

　　1949—1978年潮汕地区的乡镇，有半数分布于土地面积只占1/3的中部平原。据1985年综合农业区划统计，全市187个区、镇，西北部丘陵山区有67个区、镇，占35.83%；中部平原区有90个区、镇，占48.13%；东南部沿海区有30个区、镇，占16.04%。[1]

二、汕头市区的建设

（一）汕头城区布局的规划与拓展

　　新中国成立后，1954年汕头市人民政府设立城市规划机构，1957年开始城市规划工作。1958年汕头市城市建设局提出"十年建设初步规划总图"，编制出"汕头市初步规划说明书"，并开展进一步讨论、收集基础资料和总图修改等工作。1966年规划工作中断，1972年11月重新恢复规划编制，由汕头市城建局负责，先后完成"汕头市城市规划资料汇编""汕头八年建设规划设想""汕头市总体规划简要说明"等基础工作，经多方讨论、修改，形成汕头市总体规划。1983年2月，经广东省人民政府批准实施。[2]

第一，道路网络的拓宽改造。

　　20世纪20年代至30年代上半叶，汕头市区已形成以小公园为中心的商业城市布局，市区道路范围东至饶平路，西至西堤路，南至外马路沿海，北至乌桥岛，干道48条，总长度27.29公里，总面积44.50万平方米。市区道路多就地形地

　　[1]　汕头市农业区划办公室.汕头市综合农业区划［M］.内部资料，1985.
　　[2]　广东省汕头市地方志编纂委员会.汕头市志（第三册）［M］.北京：新华出版社，1999：517.汕头市金平区地方志编纂委员会.汕头市金平区志［M］.北京：方志出版社，2013：252.

势布网，干道无明确分工。[1]

新中国成立后，汕头城区布局开始按照功能分区的要求，有规划地改造和拓展，城市规模逐渐扩大。1965年城市建成区面积达到5.2平方公里，城市人口增至31.62万人，分别比1949年增加了约1.6平方公里和6.4万人。

这一时期，汕头市着力修复、拓宽旧路网，并开辟一些主干道，以增强道路系统的通行能力。1959年已有一批干道拓宽至25—40米，其中有车行道11—14米，干道间距也调整为140—500米，全市区干道密度调整为5.70公里／平方公里，市区交通状况有了较大改善。1950年，在原耀华桥位置重建光华桥。1960年以后，先后改建和新建了下埔桥、梅溪桥闸、光华桥、杏花桥、解放大桥、洄澜桥、磊口大桥、乌桥、西港桥闸和大港桥10座交通桥梁。

1966年，汕头市区干道总数55条，共长35.68公里，面积78.73万平方米。比1949年增加干道7条，总长增加8.4公里，总面积增加34.23万平方米。其中高质量路面占总长度的75%、总面积的59.2%。1976年，汕头市区道路范围东部已延伸至石炮台，西至西港路，北至岐山、大窖、东墩。城区的干道58条，总长44.20公里，总面积94.18万平方米。其中，有高级路面道路长38.68公里，面积58.01万平方米。

第二，"工业地区"的初步形成。

1923年的"汕头市政工务计划"中，已经将汕头北部城区的乌桥岛、光华埠规划为"工业地区"。20世纪初叶以后，汕头埠开始出现的罐头厂、肥皂厂、火柴厂、袜厂等工厂基本是为韩江流域的生活消费服务的，数量少，规模小。为贴近消费市场、方便海陆运输，厂房大多就近选择在汕头埠西南部内海湾港口码头周边的商民建筑中，不会有更多的工厂集中到乌桥岛和光华埠等"规划工业地区"。

20世纪50年代以后，在中共汕头市委关于"争取在相当长的时期内变消费性汕头市为生产城市而奋斗"的战略方针指导下，城区的工业化步伐显著加快，城市功能分区和布局规划同步随之调整，城市基本建设和基础设施投资的重点也向工业企业集聚区倾斜。从50年代到70年代，汕头市新建的和中心城区需要扩建的工业企业，几乎都安排在中心城区以北和以东的周边地域，形成了乌桥岛、杏花-光华-护堤、汕樟-大华3个工业集聚区。

[1]　广东省汕头市地方志编纂委员会.汕头市志（第三册）［M］.北京：新华出版社，1999：539.

表7-5 1978年汕头市区工业企业的分布[1]

工业集聚区	乌桥岛片区	杏花-光华-护堤片区	汕樟-大华片区	中心城区
主要工业门类	罐头、食品加工、造船、塑料、化工、建材、日用品等	机械、专用设备、造纸、化工、感光化学、农药、电器、汽车配件、橡胶、电力等	制药、电子、通用机械、食品加工、制糖、文体用品、化肥、交运装备等	发电设备、超声、电子、抽纱、五金、纺织服装、工艺等

注："杏花-光华-护堤片区"包括西港和潮汕路沿线地区；"汕樟-大华片区"包括华坞、陵海地区；"中心城区"指大华路以西至西堤路的汕头市旧城区。

由表7-5可见：（1）1978年，汕头城区的"工业集聚区"不同于20世纪80年代以后按功能区或产业链规划建设的"工业园区"。这些"工业集聚区"内部各企业之间的产业关联度很低。如集聚于乌桥岛的罐头厂、电池厂、造船厂、保险粉厂、面粉厂、塑料厂、酱油厂等60多家工业企业，分属于近10个不同的工业门类；即便罐头厂、面粉厂、酱油厂同属于食品工业，彼此之间也不存在原料或产品的供求配套关系。（2）从工业集聚区的圈层看，与群众生活消费相关的轻纺、五金产业，以及占用土地较少、对周边环境影响不大的电子、抽纱、工艺企业，主要散落在传统的中心城区；专用机械装备、交运设备、制药、食品加工等产业，主要集聚于紧贴中心城区的城乡结合地带；用地规模较大的或对环境可能造成影响的感光化学厂、电化厂、农药厂、氮肥厂、火力发电厂等，则主要分布在离城区较远的郊区。（3）1978年，汕头市区的建成区已达7.25平方公里，比1949年的建成区面积增加了近1倍，新增加的部分基本来自3个工业集聚区。

1949—1978年，畸形的汕头工业体系逐渐补上了机械加工、部分重要化工材料（如"三酸二碱"、工业气体、溶剂等）生产、电子元器件生产等的结构性短板。由于汕头城区缺少发展原材料工业的自然资源和交通运输条件，尽管工业门类比以前齐全，大多数工业企业生产的是直接面向市场的最终产品，产品主要就近供给韩江流域消费。只有少数企业生产中间产品。此种情况下，汕头市各"工业集聚区"内部企业间的产业关联度也不高。因此，1978年以前汕头城区北部和东部大片工业集聚区的形成，主要还不是基于产业（行业）就近配套互补的需要，而是通过政府的规划，将郊区交通干线两侧地块开辟建设为工业用地，再

[1] 广东省汕头市地方志编纂委员会.汕头市志（第二册）[M].北京：新华出版社，1999：139-690.

由市、区两级分配给工业企业使用。

第三，行政区和文化区的调整完善。

1923年"汕头市政改造计划"中，曾经将中山公园以东地带规划为"行政区"。民国20年（1931），汕头市政府办公大楼在外马路落成后，原来的"行政区"规划实际上已被放弃。新中国成立后，中共汕头市委和汕头市行政、人大、政协机构的办公地址一直在外马路中段（利安路至大华路路段）。1955年9月，粤东行署从潮州市迁至汕头市区，外马路滨海地带的原美孚火油公司、亚细亚火油公司等建筑群，被作为潮汕地区党政领导机关驻地。至1978年以前，汕头地区、汕头市的党政领导机关及主要的委、办、局，均集中于外马路中段两侧街区，使外马路中段成为党政机构较集中的行政区域。

1921年汕头设立市政厅时，汕头城区西南部已经形成密集连片的商住区，这片街区当时被称为"汕头埠"，以有别于这一片区以东的"崎碌"地区和内海湾南岸的"礐石"地区。崎碌的濒海地带，亦即后来的"外马路"一线，已经出现近代学校、医院、教会和外国驻汕领事机构。20世纪20—30年代，汕头城区"东部街区组团"的近代道路系统基本建成，外马路沿线、民权路、饶平路以及中山公园周边一带，逐渐形成有别于"小公园"商业区的文教卫生功能区。

新中国成立后，外马路沿线的教育、文化、卫生功能进一步强化。位于饶平路的高级助产学校改建为广东第七卫生学校，1959年又改为汕头医学专科学校。1955年将外马路的原日本神社改建为汕头市图书馆。1956年动员干部群众，填海建成可容10万人集会的人民广场，成为市民新的集会和休憩场所。1958年，于人民广场西侧建造成工人文化宫，在人民广场东侧建设体育场馆。至1978年，全市一半以上的中学、最大的4家综合性医院及中医院、妇幼保健院，以及新华电影院、工人剧院、工人文化宫、市图书馆、文化馆、体育馆等公共文化建筑，全部集中在外马路沿线。

第四，生活居住区的变化。

从汕头开埠以后直至1921年汕头市设立市政厅止，除了少数港口仓储设施和部分公用建筑（政府、外事、教育、医院、宗教或祭祀场所等）外，汕头埠的绝大多数建筑是商住两用的。也就是说，1921年以前，汕头埠并没有单独设置的生活居住区。1921年后，汕头城区的"市政改造"开始启动，按照1923年市政厅"工务规划"的设定，城区"西南组团"（即所谓"小公园开埠区"）为"商业地区"，"东部组团"（招商路、民族路以东的外马路、中山路沿线直至汕樟路地带）也被定位为"商业地区"，"北部组团"（乌桥岛、光华埠等）为"工业地区"，中山公园以东地块为"行政地区"，"住宅地区"则被规划在"东部组团"以东的广阔地带，即现今的黄冈路、长平路、金砂东路一带。[1]

1939年日军侵占汕头，中断了汕头城区的"市政改造"进程。此时汕头城区的东缘已经扩展至汕樟路，"西南组团"经过大规模拆建骑楼马路，商业贸易中心的功能更加强化，"商住一体"依然是"西南组团"的主要形态。"东部组团"没能如规划预期发展为商贸集聚地区，反而成为住宅、政务外事和文化教育区。原来规划中的"住宅地区""工业地区"，则因力有不逮，毫无进展。至1949年，大量人口继续居住在"小公园开埠区"，也有大量人口居住在"东部组团"的外马路、中山路等干道周边的马路、街巷中。也就是说，"东部组团"虽然未能成为"商业地区"，却不自觉地发展为城区的"住宅地区"和"行政地区"。

新中国成立后，为集中资源推进国家的工业化建设，汕头市区"基本建设指导思想是'先生产、后生活'，基建投资比例向非住宅房屋倾斜。1950—1965年15年间，投资基建房屋47.07万平方米，其中住宅占22.37%，非住宅77.63%。1966—1977年，住宅建设投资有所增加，比例仍偏低"。[2]

这一时期汕头市区的"生活居住区"的整体布局虽然没有发生重大变化，但局部地区的居住环境有所改善。1951年以后，市政府和工商业联合会在光华埠兴建光华埠住宅100间，安置火灾灾民，建设4栋建筑工人宿舍；1953—1957年，交通部门和企业在春梅里一带新建搬运工人新村和商业宿舍；20世纪50年代后期起，由市政府拨款资助，在乌桥、德记前、涂坪等地改造贫民住宅，在汕樟路东侧建设了华侨新村，在旧城区的跃进路等地分散建设了一批公房。[3]20世纪70年代初叶，汕头市房管部门开始在东部城区边缘的汕樟路南段建设一批4—6层的公租房。

这一时期，汕头市区的人口不断增加，为缓解城区居民日趋紧张的居住压力，许多党政机关、学校、企业、医院利用自有空地和建筑物，自建或改建为员工宿舍。至1978年，除了城区"西部组团"的"小公园开埠区"仍呈"商住一体"外，"东部组团"和"北部组团"也都呈现出居民生活住宅混杂于"行政地

---

[1] 参见本书中册第十二章"顺商而变"的汕头城区的城市形态。

[2] 广东省汕头市地方志编纂委员会.汕头市志（第三册）［M］.北京：新华出版社，1999：666.

[3] 广东省汕头市地方志编纂委员会.汕头市志（第三册）［M］.北京：新华出版社，1999：705.

区""工业地区"的局面。

（二）市政公用事业

第一，供水。

1. 制水设备。清光绪三十二年（1906），侨商高绳芝发起集资筹建汕头自来水公司，1911年9月定址于庵埠大鉴乡并动工建水厂，1914年2月正式开机送水，这套设施一直使用至1968年。1968—1969年，使用50余年的蒸汽机泵改造为电动机泵。东墩水厂于1959年筹建，厂址在韩江东岸浮陇乡与东墩乡之间，征地44.90亩。首期工程投资132.91万元，于1963年1月底竣工试产。

2. 供水量与普及率。1949年，庵埠水厂铺设至民族路水塔输水管长10.94公里，直径300毫米，城区内大小供水管总长48.4公里。日最高供水量为5000吨，城区仅有4000余户用水。城区未形成有序的水管网络系统。新中国成立后，水厂制水规模逐渐扩大，供水量与普及率不断增长。1957年开始扩建、改建供水管网，庵埠水厂至潮汕路口东侧岐山中学的输水管长3.3公里，由300毫米直径管改为450毫米直径管，新铺设一条从岐山中学经公元厂至杏花桥头、直径为300毫米的供水管5.4公里。[1]1958年4月起，汕头市结束分区轮流供水制，实行全日供水。1964年，东墩水厂建成投产，平均日供水量提高到11877吨。1973年，平均日供水量为6万吨。1978年，居民每日每人平均生活用水为65.7公升。

第二，公共交通。

1. 公共汽车。民国13年（1924）市区已有公共汽车行驶，长期由私商经营。新中国成立后，市区公共汽车营运逐渐由公管私营向公管公营过渡。1960年，有汽车10辆，营运线路全长10.4公里。1976年底，汽车发展至40辆，营运线路6条，专车线2条，总长51.81公里。1977—1978年初，先后开辟茶厂和抽纱厂专车线。1978年9月，再开辟13.5公里长的城区至莲塘线路。

2. 轮渡。即内海湾北岸主城区与南岸礐石之间的海渡。1953年11月，市建设局接管了汕礐海渡，成立地方国营汕头轮渡公司。1965年共有渡轮5艘，557个客位，航行西堤至礐石航线，年客运量161.25万人次。20世纪60年代以后，逐步将木质简易码头改建为钢筋混凝土结构梯级式固定码头。1976年1月，增辟广场码头至礐石码头的轮渡航线。

---

[1] 汕头市金平区地方志编纂委员会.金平区志［M］.北京：方志出版社，2013：266.

（三）住宅建设

第一，居住区。

至汕头开埠时，据市房管部门计算，城区面积已有12万平方米。至民国10年（1921），全市区共有房屋建筑面积120万余平方米，其中民居、外国人别墅和枋篷屋占一半左右。20世纪20—30年代，是汕头市区建设的兴盛时期。随着市区的扩展，居住区点迅速向西、东南沿海发展，遍布于外马路、中山路、华坞和长厦、金砂一带。至1949年新中国成立前夕，市区建成区3.63平方公里，住宅建筑面积149万余平方米，主要集中于市区西南部和东部滨海地区。汕头市城建局1958年5月集编的城市规划资料反映，1957年底，市区建成区有街坊79个，划分为7个小区，用地总面积363.86公顷，居住着23.16万人。

第二，住宅建设与居住水平。

据汕头市基本建设委员会1981年编印的《广东省汕头市城市建设主要概况》统计，民国38年（1949），市区建成区面积3.63平方公里，人口23万人，住宅建筑面积149.35万平方米，每人平均居住面积为3.56平方米。住宅建筑质量方面，汕头开埠后至辛亥革命前，城区贝灰砂和半贝灰砂结构者占绝大多数。1949年至1966年，由于旧房的自然淘汰和建设需要拆除等原因，城区住宅减少的面积比新增的面积多12.66万平方米。因房屋减少和人口增多，出现了居住紧张的问题。1976年，市区人口33.85万人，每人平均居住面积下降为2.37平方米。房屋层数1975年以前平均2.8层，1976—1985年平均为3.8层。[1]

汕头开埠以后，随着人口的增加，在乌桥岛、涂坪、德记前、西堤等地形成了大面积的枋篷屋区，生活条件较差。1965年，中共汕头市委提出，市人民委员会决定，以"民建公助"办法，改造枋篷屋。"发动住户筹资，工作单位或街道办事处协助申拨建筑用材或给予补助或贷款借款，将枋篷屋改造为贝灰砂楼房。"至1965年底，市区有118间枋篷屋被改建为两层楼房，这些住户的人均使用面积从3平方米增至7平方米。汕头市人委会总结这一做法是"为消灭旧社会遗留下的枋篷屋指出了方向"。1966年1—7月，市、区人委会均成立民房改建领导小组工作机构，全面开展"民建公助"改造枋篷屋工作，有上千间枋篷屋得到改扩建。这项工作大大改善了枋篷屋区居民的居住生活条件，得到广大市民的积极支持和参与。

---

[1]　广东省汕头市地方志编纂委员会.汕头市志（第三册）［M］.北京：新华出版社，1999：706.

  1999年出版的《汕头市志》记录了根据汕头市房地产局房地产卡片整理的1861—1980年市区房屋建设情况（表7-6）。从表中可见，从汕头开埠直至1952年，住宅面积占建成房屋面积近60%；1953—1962年，住宅面积占建成房屋面积的比重下跌到20%左右；1963—1977年的15年间，除了1966—1970年住宅面积占建成房屋总面积达到55.08%之外，其余各年都在20%—30%。进一步分析看到，1966—1970年，平均每年建成住宅12365平方米，而1958—1962年、1963—1965年、1971—1975年、1976—1977年每年平均建成的住宅面积分别为10005平方米、11442平方米、24615平方米和24753平方米。可见，1966—1970年汕头市区建成的住宅面积与1958—1965年各年份建成的住宅面积差不多，显著少于1971—1977年。1966—1970年住宅面积占建成房屋总面积的比重偏高，不是住宅建多了，而是非住宅建少了，平均每年仅建成10082平方米，少于1958—1977年其他年份的水平。

表7-6 1861—1977年汕头市区房屋建设情况

时期	建成房屋 （平方米）	住宅建成面积 （平方米）	住宅面积 占总面积（%）
1861—1949	8772601	5239040	59.72
1950—1952	8461	4947	58.47
1953—1957	68859	15245	22.14
1958—1962	291521	50027	17.16
1963—1965	101751	34326	33.74
1966—1970	112237	61825	55.08
1971—1975	325027	123076	37.87
1976—1977	186222	49506	26.58

第三，建设形式与分配制度。

  新中国成立前，住宅建设与分配多为私建、私有、私用。20世纪20—30年代，曾出现房地产经营，这一时期华侨对市区房屋建设做了重大贡献，全市房屋建设总投资2100余万元中华侨投资达930万元，投资者600余户。新中国成立后，政府政策承认住房私有，并且多方鼓励、支持、资助私人建房，改善居住条件。1958年，对私有出租房屋进行改造，并停止私房交易。1964年曾恢复房地产交易所和私房买卖，1966—1978年又中止。长期以来，解决居住困难问题主要靠房管部门建造公房，以低租租给缺房户。20世纪70年代后半期以后，单位建设住宅增多，当时不存在房地产商品化经营。

（四）园林绿化

第一，公共绿化。

20世纪20年代，汕头市政厅实施市政改造计划，开始进行公共绿化，结合辟建铺筑马路，分别在外马路、中山路等几条主要马路种植榕树、合欢、木棉和刺桐等，但成活不多。1949年，城区绿化面积10.2公顷，各种树木合计仅剩2000余株，平均每百人才有1株。

1951年3月，汕头市建设局公布《汕头市区道旁树木保护暂行办法》。1954年，市政府公布《汕头市区市郊树木保护条例》。1956年，成立汕头市绿化工作委员会，市建设局相应地设立园林科，组成21个绿化队伍，负责公共绿化工作。1958年1月，中共中央发出"全国园林化"的号召，中共汕头市委通过了《一年绿化，二年成荫，花果满城》的决议，公共绿化出现新的高潮。自1959年起，市区绿化树种明确要求以常绿树、果树、香花树为主。至1962年，城区公共绿化面积增至30.22公顷，比1949年增加了1.96倍，共有树木56万余株，平均每人1.5株树。

1966—1976年，1515亩绿化地被占，改作他用，加之1969年"7.28"强台风影响，1970年全市仅存树木43122株，降至每10人1株树的水平。1977年和1978年两年共植树11.6万株。1978年统计，市区建成区面积7平方公里，人口35.87万人，绿化面积155.73公顷，每人平均4.34平方米，绿化覆盖率为6.97%，品种由10余种发展到500余种。[1]

第二，礐石风景区。

礐石风景区在市区南部，面积3.4平方公里，群山多姿，怪石遍布，岩洞清幽。自1952年开始，汕头市人民政府每年春季均组织植树造林，至1957年底止，共植树650余万株。1958年3月，市二届人大四次会议作出《发动群众建设礐石风景区的决议》，创办汕头市国营礐石农林场。同年5月，成立礐石建设委员会，加强了对风景区建设的领导和管理。1958—1960年，经过3年的努力，建成五大景区、18个景点和水库、湖泊、亭台、岩洞，以及6个旅游服务点，初步建成旅游区。[2]

---

[1]　广东省汕头市地方志编纂委员会.汕头市志（第三册）［M］.北京：新华出版社，1999：565-566.

[2]　广东省汕头市地方志编纂委员会.汕头市志（第三册）［M］.北京：新华出版社，1999：538-568.

三、县城和乡镇的建设

（一）各县县城

这一时期潮汕行政建制变动频繁，以潮州为最。潮州市区曾为潮安县附城区、城关镇，1953年7月升格为省辖市，1958年11月起，先后改为潮安县城关镇人民公社、潮州镇（县级镇）。1979年8月经国务院批准恢复市建制。潮阳、揭阳、澄海、惠来县城均为置县时所设县治，而饶平、普宁、南澳县城则从老县治迁移而来。揭西县为1965年设置，仍属新县城。潮州作为老府城且设过市，市政设施基础较好，其余县城相对落后。

1949年潮州城市建成区面积1.7平方公里，普宁县城仅0.01平方公里，南澳县城仅由7条短街组成。1949—1978年，各个县城市政建设有所发展，普遍改造拓宽道路，铺设水泥或沥青路面；建成自来水厂和发电厂，解决了居民饮用水和夜间照明问题；修缮和新建部分房屋，改善了居民居住条件。

第一，道路建设。

街巷的辟建延伸，是城区不断扩大、居民住宅区扩散的需要。潮州古城道路分街、巷两级，主要道路网络以棋盘式为基本格局。原有道路除太平路车行道宽9米、两侧人行道各2.7米外，其余10多条道路车行道宽6米、两侧人行道各1.8米。民国初年城区道路拓宽后，两侧相继建起了临街骑楼。1953—1957年，潮州市地方财政投资16万元，先后修筑道路16条、新辟道路1条，共计4163米，面积23678平方米。1958—1978年，再扩宽城区边缘的下水门外、西河、城基等16条马路。修建了桥东、东门、车站3个小型广场，减轻了过境车辆进入主市区带来的交通压力。[1]

澄海县城1951年拆除城墙，城墙基修筑环城路，整个道路系统基本上还是1949年之前形成的布局。几条主要商业街路宽仅6至8米，作为县城中轴线的中山路修建于20世纪30年代，路面宽4.5至6米，街两侧是两层骑楼式店居，骑楼下步行道宽1.8米、长500余米。1954年，中山路开始改造，往北打通原鞋街至水关这一段。填平三川溪、城隍池，建成小公园，使中山路延长至1223米。1958年，中山路铺筑为水泥路面，沿路建有旅社、新华书店、医院、百货大楼等，成为澄海县城的商业中心。

---

[1] 潮州市地方志编纂委员会.潮州市志 [M].广州：广东人民出版社，1995：1090.

潮阳县城1915年开始拆除城墙，至1925年完成。城区扩大至平东、龙井一带，街巷随之增加。1985年底城区范围扩展至约5平方公里。主干道中华路全长1524米，1968年拓宽至16米，1981年铺筑混凝土路面。揭阳县城在1949年后逐渐向东西两面延伸，东至埔上、下义和，西至仙窖，同时拓宽改建和新辟一批道路，道路状况得到较大改善。1965年，河婆定为揭西县城后加快建设步伐，新建、拓宽、修建街道工程数十宗。

桥梁也是道路建设的重要内容。黄冈大桥是汕汾公路饶平县城路段主要交通桥梁，1958年建木质桥，1978年改建为石拱桥，长296.3米，13孔，桥面宽12.5米。揭阳县城为榕江南北河所环绕，河渠纵横交错。这一时期先后扩建、新建主要交通桥梁22座，改建一批生活桥梁。1965年新建对外交通桥梁北河大桥，以后又续建北河西大桥和南河大桥。潮州广济桥（俗称湘子桥）始建于南宋乾道七年（1171），是我国著名的古石桥之一，1958年被改建为公路桥，方便了两岸交通，但有历史价值的古桥却未能同时得到保护。

第二，公用事业。

1. 供水

各县城居民饮用水源自古以来主要靠井水和河水，如潮州、潮阳县城饮井水，揭阳县城用榕江水，普宁县城靠流沙溪及少数水井。惠来县城1964年统计，全城5万余人口中，饮用河水的占55%。各县城从20世纪60年代至80年代先后筹建自来水厂，日产水2000吨至1万吨不等，初步解决了居民饮水难问题。

潮阳县城除护城河外别无河流，饮用水靠挖井取水，因此城区遍布水井。从前居民除自备水井外，还在城内挖有公用水井9口，号"九龙吐珠"。一直到20世纪80年代兴建自来水厂才结束水井取水的历史。潮州市区生活用水也主要靠井水，后来在集市地方挖掘许多公用水井。据50年代初统计，市区内有水井4750口。1970年9月筹建金山自来水厂，一年后建成投产，为0.3万吨/日的简易水厂，开始时日供水仅6小时，后经续建配套，日产水增加到1万吨。揭阳县城1959年10月动工兴建自来水厂，至1962年2月竣工投产，生产规模为0.3万吨/日。在取水水源地选择上，各地因地制宜，有的利用水库水，有的采用河水，有的则抽取地下水，如普宁、南澳分别利用三坑水库、黄花山水库，澄海自来水厂则选址于莲阳河桥闸上游。

2. 供电

早在1949年前，有些县城已办有小型发电厂，供主要道路照明。如潮州城区1916年已有福建人办电灯公司，开启古城用电照明历史，不过那时供电能力很低。20世纪50年代初，各县先后办起发电厂，各县城均有供电照明。

揭阳县城1950年始建火力发电厂，初期装机容量120千瓦，仅供主要街道及部分单位照明。以后随着电力资源增加，城区公共照明逐步改善。由于电源不足，供电时间较短，如饶平县城居民用电在晚上12点前停止供应，一直到1984年才实行日夜供电。

兴办发电厂供电，早期主要是为了道路照明，方便居民夜行。随着社会发展，逐步转到保障工农业用电为主。如1953年以前，潮州市的供电全用于照明，1954年开始有工业用电，1961年开始供农业用电。到1979年，工业、照明、农业用电量分别为2910.4万度、774.9万度和514万度。

3. 公共交通

以潮州市区较为完善，其他县城开行到主要乡镇或县外班车。潮州营运公共汽车始于1959年，但很快便停业。1977年9月成立潮州公共汽车公司，1978年4月正式开始行车，行车线路1条，自枫溪化工厂至岗山，全程17.2公里。同年11月增至两条车线，1路从西车站至岗山，全程14.1公里；2路从枫溪化工厂至堤头，全程10.4公里，方便了居民出行。

第三，住宅建设。

1949年至20世纪70年代末，多数县城的住宅状况没有大的变化，老房、危房占有较大比例。随着城区扩大，居民增多，住宅紧张问题显得十分突出。70年代后期，潮汕各县城人均居住面积约为3平方米，其中普宁最低，仅为1.06平方米。

潮州住宅建造年代较为久远，1949—1966年，共建筑住宅8.19万平方米，多由房管部门所建，单位建宿舍和私人建住房很少。1967—1976年，仅建住宅10.31万平方米，属房管部门建的1.31万平方米，私人建一些，多属乱搭乱建。1977—1978年房屋普查的数据表明，潮州市区人均居住面积3.57平方米，比1949年的5.28平方米下降1.71平方米。在普查的9869幢、156.8万平方米房屋中，属清代以前建的3627幢，占36.8%；属民国时期建的3506幢，占35.5%；1949年后建的2736幢，占27.7%。潮阳县的相应统计表明，1949年县城城区房屋建筑面积67.27万平方米，20世纪50年代所建7.27万平方米，60年代所建8.12万平方米，70年代所建31.22万平方米。上述两县统计数字表明，当时老房的比例相当高，大规模的住宅建设是从20世纪80年代之后才开始进行的。[1]

（二）主要集镇

潮汕地区县城与村庄之间还分布着规模不等的集镇、圩市，其中一部分被列入建制镇。1950年至1952年，潮汕地区县以下设区，全潮汕8县1市设64个区和8个区级镇；区下设乡，设乡政府206个，乡级镇8个，乡级行政村244个；乡以下设行政村469个；统辖4785个自然村。[2]1984年9月，政社分设工作结束时，全市设立47个建制镇，其中区级镇16个，乡级镇31个。这些集镇大都地处水陆交通要冲，占据地利优势，工商活动较为活跃，是当地重要的商品集散地，带动了周边农村的发展，规模较大的集镇的商贸功能，辐射到相邻市、县、县域乡镇。

第一，峡山镇。

明嘉靖时，峡山镇已初具规模，乡民素有经商传统，华侨众多。至民国期间，已成为商业贸易活跃，刺绣、锡箔、烟火、爆竹、石雕、木雕、油漆等传统手工业聚集的圩镇。新中国成立后，先后办起了农械厂、五金制品厂、火力发电厂等一批工业企业，商业农村集市贸易尤为兴旺，镇区人口规模、教育事业、道路建设都获得较快发展。1991年1月潮阳市拆分为潮阳、潮南两区时，峡山镇被确定为潮南区人民政府驻地。

第二，两英镇。

两英于清乾隆元年（1736）已成圩集，民国24年（1935）广东省政府设置"南山管理局"（相当于三级县政府机构），后管理局设在两英。1941年至1945年，潮阳县政府也从棉城迁往两英。1950年3月撤销"南山管理局"，两英又重归潮阳县管辖。两英镇是潮阳、普宁、惠来三县交界处的重要集镇。民国时期"南山管理局"由林招迁入后，两英先后修筑新英路、中山路、南京路、紫云路、雷英路等主要街道，路面铺筑贝灰三合土，两侧建造2至4层钢筋混凝土和混合结构楼房，当地轻工业、手工业和商贸较为发达。

第三，海门镇。

海门镇南临南海，为潮汕地区重要渔港。明、清以来，海门一直是人口密集、渔业商贸发达的滨海集镇，也是粤东沿海军事要塞之一。新中国成立后，先后建起渔业生产制品、水产品加工等厂场。

---

[1] 汕头市建设委员会.汕头城乡建设志［M］.内部资料，1990.

[2] 汕头市民政局.汕头民政志［M］.内部资料，1996.

第四，东里镇。

东里镇区与樟林古港相邻，樟林古港是明末清初粤东第一大港，有"通洋总汇"和"百载商埠"之誉，是当时潮汕"红头船"季风贸易网络的枢纽，北通福建、台湾、杭州、宁波、上海等地，南达越南、暹罗、马来亚、婆罗州、印尼等地。汕头开埠前，潮籍、客籍华侨多从这里漂洋过海到南洋地区谋生。东里圩集形成于明代，是周边乡村地带的集中交易场所。18世纪至19世纪上半叶樟林古港兴盛时期，东里也得到长足发展。1914年，东里已被确定为"镇"，是当时潮汕地区为数不多的"镇"之一。新中国成立后，东里长期是闽粤间水陆交通要冲。1959年建成东里大桥后，结束了陆路交通过河靠船渡的历史，东里也成为潮州、揭阳等内陆地带连接汕头沿海的重要交通枢纽。

第五，庵埠镇。

庵埠镇位于韩江西溪下游的河道西侧，地当海阳、揭阳、澄海三县之交，"北为南桂地，西北通上莆，西南迄揭阳，东南接澄海"，距韩江、练江、榕江三江出海口交汇处不远，周边是四通八达的内河网络，因而成为清代中叶以前潮汕各出海口与内河码头的重要中转站。康熙二十三年（1684），清政府正式开海贸易后，粤海关在庵埠设立总口收税，为通省海关六大总口之一，总管潮州府16个子口。庵埠港的兴起，带来了商业的繁荣，庵埠成为海阳地区的商业中心。19世纪上半叶，由于庵埠入海河道淤塞，庵埠以南10公里的汕头埠兴起，逐渐成为粤东沿海新的商业贸易中心，潮海关也从庵埠迁至汕头。但庵埠依托汕头市区和铁路、公路、水运优势，近代工商金融业和社会文化事业仍获得长足发展。新中国成立后，潮安县在庵埠镇投资建设了氮肥厂、酒厂、农机厂、南金厂、印刷厂等十几家国营及集体工业企业，至20世纪70年代末，庵埠已发展为潮安县仅次于潮汕市区的工业集聚地区。1992年，潮安县城从潮州市区迁至庵埠镇。

第六，枫溪镇。

枫溪镇是全国知名的日用陶瓷和工艺陶瓷生产基地。明代时，枫溪陶瓷已经形成较大的生产规模。清康熙年间已有陶瓷手工作坊30家。1950年产值102万元，产量2236万只；1956年产值323万元，产量4426万只；1978年产值3786万元，产量9298万只，是潮安县的工业重镇。

第七，炮台镇。

炮台镇位于汕头市与揭阳县城之间榕江水道的北侧，20世纪30年代末已建有5座水运码头，辟有鱼、菜、番薯、猪苗等市场。1949年后，炮台圩逐步扩大，商业活跃，逐渐形成商业为主，加工业、交通运输业等相互配套的重要集镇。

第八，洪阳镇。

洪阳作为普宁县城直至1949年，时间长达374年。洪阳镇从明代起，先后辟建东门大街、南门大街等街道，建起一批商铺民居，到新中国成立时已具有相当规模，成为本县及揭阳、揭西、惠来等县邻近乡镇的商品集散地。

第九，棉湖镇。

棉湖曾于清嘉庆年间设置佐堂，其职能相当于县衙，因此清代棉湖有半县之称。明清时期棉湖镇商贸已十分兴旺，其辐射面达揭西、普宁、揭阳诸县，纵横几十里。新中国成立以来，镇政府着力整顿改造原有市场，并于1953年至1980年先后新建了沙坝尾、竹园内、打铁池、东关等综合市场，以及猪苗、耕牛等专业市场。

第十，葵潭镇。

葵潭镇于清代渐成圩镇，原有大街、米街、茶街、布街等。20世纪30—40年代，广汕公路与葵和公路修通，葵潭凭借交通便利条件逐渐发展成为商品集散地，商业服务和运输业兴旺。[1]

（三）农村住宅

新中国成立至20世纪70年代末，农村住宅建设长期处于较低水平，危旧房屋比例较高，新建住宅的绝大多数为几间排列一行的"竹竿厝"平房。基本上是贝灰三合土墙体、杉木架瓦面结构，极少使用钢筋、水泥建房。20世纪50年代初期的土地改革运动，对农村住房进行了再分配，初步解决了部分最困难农民的住房问题。"一五"计划期间，生产有所发展，部分农民开始改善生活住房。1958年以后，部分公社制定了农民住房发展规划，有些也已付诸实施，一些祠堂、庙宇和较宽敞的民房被改为公共食堂、幼儿园、托儿所，以及工业、手工业厂场。1963年至1965年，农村经济逐渐好转，收入较稳定的农民又开始扩建、新建房屋。

潮州市在解放初期，有农房580.78万平方米，每人平均有11.5平方米。1966年至1977年，潮州农业人口增长32.9%，住房没有相应发展，每人平均面积下降到不足7平方米，低于解放初期的水平。

---

[1] 汕头市建设委员会.汕头城乡建设志［M］.内部资料，1990：519.

从农房建筑质量看，在山区，一般农民住宅多采用石灰、贝灰三合土夯墙体，杉木屋顶架瓦屋面；平原沿海地区农民长期只能居住土木房、枋篷厝。潮汕地区使用钢筋混凝土建房始于清末，从城镇扩展至农村，但都是富户人家。[1]据汕头市建设委员会统计，1965年底潮阳县农房总面积766.34万平方米。其中，"四点金"和"下山虎"面积355.95万平方米，占46.45%；"竹竿厝"及其他平房面积405.97万平方米，占52.98%；楼房面积4.42万平方米，占0.58%，楼房的比例极小。[2]

这一时期潮汕各县城乡面貌总的变化不大。由于缺乏建设资金，主要是对一些街巷、房屋进行修补，如铺设沥青路面、加固维修房屋。新建的几座自来水厂、发电厂，受限于资金、技术，规模都不大，未能满足生产生活基本需要。在当时的计划经济体制下，城乡建设投资水平继续拉开差距，形成了汕头市区—县城—集镇—农村村落的层级结构，城乡二元结构明显。

第二节　1978—1991年的潮汕城乡建设

1978年以后，潮汕地区城乡建设进入新的历史阶段。随着改革开放各项政策的推进，汕头市区和各县城制定了总体规划，农村制定了中心村和集镇建设规划。这一时期，汕头市重点加快东部城区建设，城市形态快速向东延伸。潮州市区和各县县城的道路、基础设施显著改善，农村住宅建设形成了高潮。这一时期，潮汕建筑业异军突起，成为发展城乡经济的重要支柱。

一、汕头市中心城区的拓展和转型

（一）住宅建设和住房制度改革

20世纪60—70年代，汕头市区新建住房制度趋向单一公有制，"政府包建房、包分配、包维修、包管理。政府所收公房租金一般占租户家庭收入的2%左右，职工群众依赖政府和工作单位分配住房，房屋长期供求紧张"。[3]1977年

---

[1]　汕头市建设委员会.汕头城乡建设志［M］.内部资料，1990：475.

[2]　汕头市建设委员会.汕头城乡建设志［M］.内部资料，1990：477-478.

[3]　广东省汕头市地方志编纂委员会.汕头市志（第三册）［M］.北京：新华出版社，1999：743.

底，汕头城区居民人均占有住房面积已经从1951年的约4平方米下降到约2平方米，市区无房、危房和人均居住面积2平方米以下的特别拥挤户有44782户，占居民总户数的47%。其中申请分配住房的有1万多户。住房问题成为当时汕头一个突出的社会问题。[1]

1980年以后，中共汕头市委和汕头市人民政府高度重视市民群众的意愿，及时调整"先生产后生活"的发展思路，正确兼顾社会生产与人民生活之间的关系，集中力量加快住房建设，改善群众的居住条件。1980—1991年的12年中，汕头市区新增住宅建筑面积733.48万平方米。至1991年末，实有住宅面积926.44万平方米，人均居住面积上升为6.07平方米。1979年后，汕头市中心城区迅速向市区东部和北部扩展。至1992年，中心城区建成区面积已经从1978年的7.25平方公里扩大到27.7平方公里，其中生活居住用地面积从1981年的4平方公里增至10.56平方公里。

1979年以后，汕头市根据全国城市住宅建设工作会议和全国基本建设工作会议的精神，取消了关于私人建房的禁令。鼓励企事业单位和居民利用原有的住房（包括枋篷屋）加高、翻盖为多层楼房。1979—1984年，除了市房管局开始在长平路统建平原片区的公租房，部分党政机关、企事业单位开始利用自有场地集资自建住房；部分企事业单位和居民个人采取与建筑企业合建的方式，将原来的低矮住房改建为钢筋混凝土框架结构的多层楼房，按照建六层可得二层的比例得到住房。这一期间，汕头市动员社会各界力量，努力提高旧城区住宅用地使用潜力。据统计，至1984年市区先后有100多个单位集资统建住房。1975年以前，汕头市区住宅层数平均为2.8层，1985年时住宅层数平均已达3.8层。[2]但此种在旧城区见缝插针的加高、翻盖住房的方式，不利于集中政府、企事业单位和社会的住房建设资金，不利于更为公平、有效地解决市民的基本住房保障问题；由于缺乏政府及规划部门的统筹指导，难以与当时汕头市区东部新区及汕头经济特区的建设规划相衔接，也不利于旧城区功能布局的优化。

1982年，汕头经济特区首先在机关干部中实行政府和职工单位出售补贴住房的办法。1984年2月，中共汕头市委和汕头市人民政府颁布《汕头市市区补贴

---

[1]　住房改革"汕头模式"饮誉全国［N］.汕头日报，2020-08-26.

[2]　广东省汕头市地方志编纂委员会.汕头市志（第三册）［M］.北京：新华出版社，1999：558-559.中国城市规划设计研究院、汕头市城市规划设计研究院承担，《汕头市城市总体规划（2002—2020）》，表2-18。汕头市统计局.汕头市统计年鉴（1949—1992）［M］.1993：421.

出售给无房户住宅试行办法》，计划1984—1986年在飞厦住宅区每年统建民房2000套9万平方米。[1]1984年初，首先在城区东郊废弃的旧飞机场开始连片建设"飞厦住宅区"解困住房。1984年底，建成了2054套住房，2000多个家庭、近10000人喜迁新居。1986年底，飞厦片区建成"三三四"补贴出售住宅楼197幢，共7000套，为当时全国规模最大的补贴出售住宅。

1986年底，汕头市区尚有缺房户5万多户，申请购买补贴租房的尚有1万多家。汕头市人民政府决定从1997年起5年内新建东厦住宅区，建造住房1.5万套，建筑面积75万平方米。同时将补贴比例由"三三四"改为"二二六"，即政府和单位各补贴20%，个人支付60%，工作单位补贴不起的职工和无单位居民则由个人支付80%。据统计，1984—1989年6年间，汕头市区补贴出售住宅建筑面积共744825平方米，出售给15242户住房困难户。至20世纪90年代初期，汕头市城市建设开发总公司已先后建成了飞厦、东厦、桃园等几十个大型住宅小区，配套建设了一批商厦、市场、学校、停车场等，解决了汕头市15万多低收入居民的住房问题。[2]

由市政府主导和统筹大规模连片住宅区的建设，是1921年汕头埠设立市政厅之后60多年来的第一次。将政府补贴的解困房出售给住房困难户，也是当时全国住房制度改革的重大突破，取得了显著的经济效果和社会效果。

第一，这一改革举措始终在中共汕头市委、市政府的主导下推进。1983年，中共汕头市委召开常委扩大会议，在听取市建委和市房管局关于改革住房制度汇报基础上，印发了《关于解决市区住房问题会议纪要》，明确提出"广开门路、广泛集资，统建民房6000套，解决无房户、严重拥挤和危房户，缓和市区住房紧张情况"。会议决定从1984年起试行统建民房，出售"三三四"（即按土建造价，地方政府和企业单位各补贴30%，个人出资40%，产权归个人）；同时积极建造商品房出售；改革公房低租金制度。随后专门组建"汕头市区统建无房户住户指挥部"，由两位副市长兼正副总指挥，下设办公室专门负责建房工作。

第二，顺应汕头城市形态不断向东扩张的走向，紧紧抓住汕头经济特区起步建设的契机，在城市规划中努力体现经济特区建设、东部新城区建设、工业布局外扩三个方面目标的有机融合。在东部新城区的建设中，统筹集中资源，同步推进道路和公交系统、供电供水网络和教育、医疗等公共事业的施工，"设计一

[1]　广东省汕头市地方志编纂委员会.汕头市志（第三册）［M］.北京：新华出版社，1999：743.

[2]　住房改革"汕头模式"饮誉全国［N］.汕头日报，2020-08-26.

片、建成一片、再开发一片"，使每个新建片区都可以比较迅速地形成宜业、宜居的基本环境，也使东部新区可以长久地保持较强的吸聚能力。

第三，自觉探索和构建良性循环的住房建设筹资机制。20世纪50年代中期以后，汕头市区实行的单一公有制的住房分配机制导致缺房户越来越多，大量公租房无钱维修。到1980年，汕头城区的缺房户已经普遍面临着"单靠个人买不起、单靠单位负不起、单靠国家包不起"的困境。汕头市创造和实行的"三三四""二二六"的住房筹资机制，将政府、单位和缺房户三方都设计为住房建设的投资主体，成功地将三方原本比较分散的住房建设资金集中到政府可以统筹使用的住房统建平台上。为了解决政府财政补助住房资金不足的难题，市政府设立汕头市城市建设开发总公司，作为市政府补贴出售住房的具体实施单位，向社会公开发行500万元住房建设债券作为启动资金，再通过分片建设和出售补贴住房来完成资金回笼，从而构建起实现良性循环的住房建设筹资机制。以1987年为例，这一年建成并出售"二二六"补贴住房2258套（户），建筑面积11.3592万平方米，总售价3127万元。其中政府补贴500万元，占15.99%；单位补贴531万元，占16.98%；个人出资2096万元，占67.03%。[1]

第四，对市场化取向改革中实现基本住房保障和体现公平公正的原则进行了初步探索。在1984年颁发的《汕头市市区补贴出售给无房户住宅试行办法》中，已经明确了"解困房"的商品属性，必须有价出售；在实际运作过程中，也遵循适当回收建设成本，实现滚动发展的市场法则。但当时汕头市区住房供给极度紧缺，解决无房户"居者有其屋"的问题又具有明显的公共属性，必须体现相对公平和公正的原则。对此，汕头市一是对补贴出售住宅的建筑面积和"户室比"进行控制，尽量让更多的住房困难户享受到公共福利。据统计，1984—1987年4年间，汕头市区出售的补贴住房共240幢9258套，建筑总面积为441587平方米，平均每套建筑面积为47.7平方米；其中"一房一厅"的1459套，占总套数的15.76%；"二房一厅"的为6064套，占总套数的65.50%；"三房一厅"的1735套，占总套数的18.74%。二是控制购买补贴住房的对象，尽量向特别困难户和一线劳动者倾斜。1984—1989年的6年间，市区共出售补贴住房15242户，其中人均居住面积2平方米以下的7830户，占总户数的51.37%；落实政策回迁户2081户，占总户数的13.65%；市政建筑拆迁户1712户，占总户数的11.23%；危房户

[1] 广东省汕头市地方志编纂委员会.汕头市志（第三册）[M].北京：新华出版社，1999：743-744.

861户，占总户数的5.65%；大龄青年结婚无房户1716户，占总户数的11.26%；征地劳动力安排补房1042户，占总户数的6.84%。在购买补贴住房对象方面，职工9847户，占总户数的64.60%；知识分子1071户，占总户数的7.03%；农户1042户，占总户数的6.84%；干部982户，占总户数的6.44%；居民1837户，占总户数的12.05%；个体户463户，占总户数的3.04%。[1]

1980—1987年，汕头市区除了建设补贴住房外，各级房地产开发公司还通过征地建房和老市区危房改造，建成商品房出售109.04万平方米。其中住宅占88%，即95.96万平方米。这部分商品房住宅大部分分布在东部新城区，各类生活服务配套设施比较完善，少部分散落在旧城区。旧城区无法如东部新规划城区一样，对道路系统、市政设施、公用事业设施整体进行更新改造，加之城市建设资源、居民、工商企业持续向东部新城区集中，导致新旧城区之间的人居环境、商业环境的差距越来越大，进一步加剧了东部新城区对旧城区的资源虹吸效应。

（二）市政建设

1979年，市区道路范围东至汕樟南路，西至西港路，南至西堤路，北至杏花东路。市区干道58条，总长44.20公里，总面积94.18万平方米。1979年后，汕头市区道路建设投资逐年增加，至1987年扩建、改建、新建道路57条（段），范围东至珠池路，西至西港路，南至南海路、跃进路、渔港路，北至岐山、大窖，总长160公里，总面积111万平方米。排水渠总长205公里，堤防总长127.98公里，路灯增加到5726盏。1988—1992年汕头市城建局再扩建、改建、新建道路25条（段），长31.17公里，面积94.47万平方米。

随着市区东扩，20世纪80年代，公共汽车行驶线路不断向东延伸或增辟，至1987年，市区公共汽车64辆，比1976年增加了24辆；营运线路7条，比1976年增加1条；总长84公里，比1976年增加32.19公里。供水量和输水能力也在不断提升。1979年，汕头市区自来水管道长度166公里，日生产能力8.5万吨，全年供水量2231万吨，人均生活日用水量88公升。1983年投资扩建庵埠水厂和东墩水厂，至1987年底，庵埠、东墩两个水厂生产能力已达21.1万吨/日。至1991年，市区自来水管道长度已达355公里，为1979年的2.14倍；日生产能力32万吨，为1979年的3.76倍，全年供水量10065万吨，为1979年的4.51倍；人均生活日用水量175公升，为1979年的1.99倍。

[1]　广东省汕头市地方志编纂委员会.汕头市志（第三册）［M］.北京：新华出版社，1999：745.

这一期间新辟的金砂东路、中山东路、长平路、东厦路、金新路、长江路、黄河路，扩建的海滨路、潮汕路、汕樟路，构筑起汕头市东部城区的道路网络，规模远超此前整个汕头城区，大幅度拉开了汕头市区的发展框架，全面改善了市区内外的交通运输能力。金砂东路作为贯穿东部新城区的最主要干道，道路两侧兴建了大批地标性建筑，如1981年建成的12层鮀岛宾馆、1987年建成的26层国际大酒店、1990年竣工的28层金海湾大酒店，都曾是当时汕头和粤东最高的建筑。金砂公园、龙湖乐园这两个大型公共活动空间，也相继于1985年和1987年在金砂东路落成开放。相比之下，这一期间汕樟路以西旧城区的市政建设也取得一定进展，如海滨路的延伸与建设，但建设力度偏小。[1]

（三）汕头经济特区建设

1981年11月14日，汕头经济特区管理委员会成立，特区面积为1.6平方公里，位于汕头市区东面龙湖村西北侧，距当时的市区东缘约2公里。1984年11月29日，经国务院批准，特区区域面积扩大为52.6平方公里，分为龙湖片区和广澳片区。龙湖片区面积22.6平方公里，广澳片区面积30平方公里，位于汕头内海湾南岸。1991年4月，特区范围扩大到整个汕头市区，面积234平方公里。

1980—1982年，龙湖工业区的道路、供水、供电、通信、排污、厨厂房等基础设施建设，是当时特区建设的重点。1982年3月，汕头经济特区的基本建设全面展开。为了较快形成良好的投资环境，特区采取大环境依托汕头市区，小环境自行配套的做法。至1987年，先后建成与汕头市公路连接的总长48公里的特区路网，建成连接省、市电网的4万千伏安变电站和6400千伏安变电站各1座，建成连接市供水系统的日供水2万吨的供水工程，建成与市12000门程控电话系统联网的特区2000门程控电话系统。至1987年底，累计完成基建投资50814万元，开发建设面积达3.65平方公里，房屋开工面积74万平方米，竣工面积49万平方米。全区已竣工的各类通用厂房15幢，总面积为18.48万平方米。[2]

汕头经济特区在开发建设过程中，坚持立足实际，量力而行，在做好总体规划的基础上执行"开发一片、建设一片、投产一片、获益一片"的方针。1983年以后，继续以开发建设龙湖工业区为重点，逐步开发建设与工业区相配套的金

[1] 广东省汕头市地方志编纂委员会.汕头市志（第三册）［M］.北京：新华出版社，1999：540，551，554，568。

[2] 广东省汕头市地方志编纂委员会.汕头市志（第三册）［M］.北京：新华出版社，1999：1413-1416。

融商业区、旅游区、住宅区。特区基本建设的建筑朝着开放型、多形式、多层次的方向发展。建筑物以条型、点式、高低层交错布设，努力体现现代化海滨花园城市的风貌。

1981至1991年，汕头经济特区的城市维护建设投资为7.06亿元。1992年建成区面积35.50平方公里，是1981年的4.55倍。园林绿地面积1496公顷，是1981年的7.26倍。公园5个，面积48公顷。下水道404公里，是1981年的2.79倍。城市道路266公里，面积241万平方米，是1981年的2.48倍，其中87%为高级路面。城市桥梁19座。公共汽车线路11条，营运车辆85辆，运行总长97公里。特区有自来水厂3家，日供水能力52万吨，是1981年的4.52倍。此外，龙湖区小型应急水厂日供水能力1.5万吨。供水网覆盖全特区，过海水管的敷设解决了特区南片供水问题。人均占有电量1130千瓦小时，人均生活用电339.5千瓦小时，分别是1981年的5.41倍和7.64倍。百户居民抽样调查资料表明，特区人民生活水平不断提高。1992年人均居住面积10.2平方米，比1981年增加5.3平方米，住房结构和厨房卫生条件日益改善。

1980年汕头设立经济特区时，市区基础设施落后、城市建设规模与人口规模不相适应。为从根本上解决上述问题，汕头市结合特区建设向东扩展拉大了城市的骨架，统筹安排了铁路、港口、高速公路和跨海大桥等大型基础设施。20世纪80年代，汕头特区建设的跳跃式规模扩张与主城区的分片改造联动，形成了由点及面的拓展趋势。特区的开发，对汕头中心城区的东扩发挥了重大的带动作用。

二、城乡规划的编制

城乡规划是政府在一定时期内对城乡建设的基本决策，是城乡建设的蓝图和管理的依据。1980年，潮州市区和饶平、南澳、澄海、潮阳、普宁、惠来、揭阳、揭西8个县城的总体规划开始编制，1985年全部完成，并先后经上级批准实施。1984年，在区、乡政府所在地开展村镇建设规划，至1986年8月，基本完成150个圩镇和2059个中心村规划编制工作。汕头市区总体规划由广东省人民政府于1983年2月批准实施。

（一）汕头市区规划

第一，规划制定。

新中国成立后，汕头市人民政府把市区规划列入工作日程，经酝酿准备于1957年正式进行，当年开始开展工程地质普查。1958年，汕头市城市建设局提出"十年建设初步规划总图"，编制出《汕头市初步规划说明书》。1966年以后，规划工作中断。1972年规划工作继续进行，收集自然条件及城市现状资料，并于1973年3月向革委会作了"关于汕头市历史、现状简况和初步规划设想报告"。1975年11月起，提出了总体规划草案，塑制出总体规划模型。1977年6月提出了《汕头市总体规划说明书》，1978年5月提出《汕头市8年建设规划设想》，1979年提出"汕头市总体规划简要说明"。尔后又经过多方讨论和修改形成汕头市总体规划，于1982年9月经市委、市政府讨论后向广东省城建局做了汇报。1981年12月，完成了"汕头市城市规划资料汇编之二"。1982年3月，在汕头市鮀岛宾馆召开"汕头市总体规划评议会"。1982年6月和8月，汕头市市长办公（扩大）会议和汕头市人大常委会第八次（扩大）会议审议了这个规划，上报省人民政府。1983年2月，广东省人民政府发文批准实施。1985年，市政府决定重新修订市区总体规划。1987年，聘请和委托中国城市规划设计研究院（简称中规院）深圳咨询中心对汕头市区总体规划进行修编。1988年7月，中规院完成《汕头市市区城市总体规划说明书（1988—2010）》，12月省政府批准此总体规划。

第二，规划思想。

规划思想反映了特定时代背景下对城市发展定位、发展路径的认识。1958年12月编制的《汕头市初步规划说明书》认为，旧汕头主要工业基础薄弱，是半封建半殖民地的典型消费城市。新中国成立后，由于贯彻党的社会主义工业化的总路线，工业生产发展很快，1957年工业总产值已达1.2亿多元。按照1958下半年市委关于"苦战三年力争二年把汕头市建设成为全区现代化工商基地"的要求，"汕头在近期必须以发展重工业为主，至1962年工业总产值要求超过15亿元，比1957年增加10多倍；出口贸易总值达6千万—7千万美元以上；为适应社会主义建设的需要，还要开办工学院、医学院及师范学院。这样，汕头在近期将成为现代化工业城市和具有一定规模的海港城市，也是国防城市"。

1978年5月《汕头市8年建设规划设想》提出，"考虑到汕头市的自然经济地理条件、历史形成的国民经济特点以及今后工业、港口发展趋势，汕头市的城市性质，拟定为社会主义轻工业海港城市"。关于城市规模，这份"规划设想"

还提出，"六五"期间人口由34万人发展到36万人，用地由6.7平方公里发展到10.5平方公里，逐步发展鮀浦、礐石2个小城镇和扩展达濠镇。1983年又确定发展鮀浦、珠池、达濠3个卫星镇。

1982年8月，汕头市人大常委会第八次（扩大）会议关于审议《汕头市城市总体规划》的总结发言中认为："按照当前的基本条件，总体规划比较准确地规定了我市的性质规模。汕头市是粤东的门户，是汕头地区政治、经济、文化、交通中心，又是全国四个经济特区之一。总体规划把汕头市的性质定为以发展轻工业和对外贸易为主的海港城市是有充分依据的，是一个比较准确的定性，在一定时期内，我市应坚决朝这个方向发展。"

1983年，汕头地、市合并，实行市管县体制，经济特区扩大范围，经济发展速度显著加快。1987年8月邀请中国城市规划设计院深圳咨询中心做规划设计，当年12月底完成了《汕头市城市建设总体规划纲要（1988—2010）》及规划方案。1988年7月，中规院完成《汕头市市区城市总体规划说明书（1988—2010）》。12月省政府批准此总体规划，省政府批复中确定把汕头市建成"以发展外向型工业和外贸经济为主导的海港城市，粤东地区的中心城市"。这是在城市规划中首次提出建设粤东中心城市的定位。

第三，规划概要。

《汕头市城市建设总体规划纲要（1988—2010）》（1988年版）提出城市的发展目标、发展规模和总体布局。

城市发展目标：当时提出，近期目标是争取1995年市区人均工业产值达到全国城市的平均水平，中期目标是争取2005—2010年人均生产和生活水平达到省内珠江三角洲地区城市的平均水平，跨入全国城市先进地区行列。

城市性质：汕头市被确定为"以发展外贸经济和外向型工业为主导的海港城市，粤东地区的中心城市"。

城市规模：汕头市区1987年底人口为51.33万人。当时提出，近期（1995年）发展到70万—75万人，远期（至2010年）为85万—100万人。1987年底建成区面积为26.1平方公里，规划期末（2010年）发展为84.8平方公里（其中北岸为60.2平方公里，南岸为24.6平方公里）。

总体布局：北岸采用指状伸展式与组团相结合的布局形式，形成轴向加放射环路的路网系统。城市主体部分由旧城区、新区、特区龙湖片、北轴、东北轴组成，西部为鮀浦和牛田洋两个组团。南岸采用分散组团式布局形式，由达濠、澳头、东湖、广澳、礐石5个独立组团和广澳大工业区组成，规划采用双环城市、公路交通系统。[1]

（二）潮州市和各县城总体规划

第一，潮州市总体规划。

1980年至1982年，潮州市编制了《城市总体规划》。1984年10月，经省人民政府批准施行。规划期限近期至1985年，中期至1990年，远期至2000年。确定城市性质为"以轻工业为主，发展传统产品，发挥优势，保护文物古迹，建设城乡联结，内外贸结合，设施配套，环境整洁，具有粤东文化古城风貌、侨乡特色，经济繁荣的社会主义现代化城市"。1986年12月，潮州由国务院批准为历史文化名城之后，城市规划部门对1980年编制的《潮州市城市总体规划》做了修改：城市性质确定为"以发展轻工、旅游业为主的历史文化名城"；城区人口至1990年控制在20万人，2000年控制在30万人；1990年城市建成区将由1985年的4.94平方公里增至9.8平方公里，2000年达到22平方公里。

1984年潮安县与潮州市合并，城市区域范围由原来的34平方公里增至1410.9平方公里。为适应新的形势，1987年11月广东省城市规划设计研究院与潮州市城市规划设计研究室协作，对《潮州市城市总体规划》进行全面编修。编修后的"总体规划"确定：至2000年，城市性质为"以发展轻工、工艺品、旅游业为主的历史文化名城"；城市人口规模为40万人；规划建成区面积32平方公里，规划控制区62.6平方公里；市域城镇化水平为45%，城镇人口63.5万人；将枫溪、意溪两个建制镇纳入城区，庵埠定位为"潮州市与现代化海滨城市汕头接壤的重镇"，浮洋、金石、彩塘、凤凰、磷溪发展为中心城镇。

第二，揭阳县城榕城镇总体规划。

榕城镇总体规划的编制始于1981年，1983年9月评议，汕头市人民政府于1985年12月批准。以1990年为近期规划，远期至2000年。主要内容：（1）城镇性质与发展方向："建设以发展轻工业和出口加工业为主、第三产业发达的社会主义现代化城市。"（2）人口规模：1990年为11.00万人，2000年为13.15万人。（3）用地规模：建成区面积为2.94平方公里，规划至1990年为4.4平方公里，2000年为6.08平方公里。

---

[1] 广东省汕头市地方志编纂委员会.汕头市志（第三册）［M］.北京：新华出版社，1999：526-528.汕头市地方志编纂委员会.汕头市志（1979—2000）［M］.广州：广东人民出版社，2013：288-290.

第三，潮阳县城棉城镇总体规划。

编制工作始于1983年5月，1986年10月由汕头市人民政府批准施行。规划期限近期为1983—1990年，远期至2000年。主要内容：（1）城镇性质和发展方向："全县政治、经济、文化中心和发展轻工业为主的工业、商业、外贸、旅游业相结合的多功能的具有侨乡特色的文明、整洁、繁荣的社会主义现代化城市。"（2）人口规模：1983年城市总人口为12.42万人，郊区人口为4493人。规划至1990年城市人口为14.03万人，郊区人口为4662人；2000年城市人口为17.28万人，郊区人口5258人。（3）用地规模：建成区面积为3.98平方公里，规划至1990年建成区面积为5.97平方公里，2000年控制区总面积10.69平方公里。

第四，普宁县城流沙镇总体规划。

编制工作始于1985年，1986年10月汕头市人民政府批准施行。规划期限近期为1985—1990年，远期至2000年。规划及控制区范围约10.5平方公里。（1）城镇性质和发展方向："全县政治、经济、文化中心，以发展轻工业、食品加工工业和商业服务业为主的第三产业为重点，建设具有侨乡特色的繁荣、整洁、文明、新型的社会主义现代化城镇。"（2）人口规模：至1990年城镇总人口为4.90万人，郊区为9134人；远期城区人口为7.00万人，郊区人口为9950人。（3）用地规模：建成区面积1.928平方公里，规划至1990年扩大为2.95平方公里，2000年为4.54平方公里。

第五，惠来县城惠城镇总体规划。

编制工作始于1982年，1984年评议，1985年12月经汕头市人民政府批准。规划期限近期为1982—1990年，远期至2000年。规划区面积9.8平方公里。主要内容：（1）城镇性质和发展方向：确定惠城为惠来县政治、经济、文化中心，为发展轻工业及农副产品加工业为主的城镇。（2）人口规模：1990年城区5.70万人，郊区1.37万人；2000年城区为6.79万人，郊区1.26万人。（3）用地规模：1982年城区用地1.16平方公里，规划近期建成区用地1.87平方公里，远期城区用地面积3.37平方公里。

第六，揭西县城河婆镇总体规划。

编制工作始于1981年，1985年8月由汕头市人民政府批准施行。规划期限近期至1990年，远期至2000年。主要内容：（1）城镇发展性质为"充分利用山区水电资源，发展以陶瓷、轻工业和农业产品加工业为主的文明、整洁、繁荣的社会主义山区县城"。（2）人口规模：规划至1990年总人口3.38万人，其中城镇

2.76万人，郊区6187人；2000年总人口4.12万人，其中城镇3.43万人，郊区6903人。（3）用地规模：行政区面积0.875平方公里，规划至1990年建成区面积为2.05平方公里，至2000年城镇用地控制在2.56平方公里以内。

第七，饶平县城黄冈镇总体规划。

编制工作始于1983年1月，1984年12月由汕头市人民政府批准施行。规划期限近期至1990年，远期至2000年。主要内容：（1）城镇性质和发展方向："全县政治、经济文化中心，是以发展农副产品加工业和出口加工业为主的社会主义新城镇。"（2）人口规模：1982年底全镇6.014万人，规划至1990年城镇人口6.09万人；至2000年城镇人口为7.42万人。（3）用地规模：全镇总面积18.84平方公里，其中建成区面积2.77平方公里，规划至1990年建成区面积达3.18平方公里，至2000年达4.71平方公里。

第八，澄海县城城关镇总体规划。

编制工作始于1981年，1985年5月由汕头市人民政府批准。规划期限近期至1985年，远期至2000年。主要内容：（1）城镇性质：发展以轻工工艺加工为主的城市。（2）人口规模：规划至1985年总人口为7.80万人，其中建成区3.55万人，郊区4.24万人；至1990年总人口8.43万人；至2000年为9.86万人。（3）用地规模：1980年底建成区面积1.51平方公里，规划至1985年建成区面积1.70平方公里，1990年达1.83平方公里，至2000年为2.28平方公里。

第九，南澳县城后宅镇总体规划。

编制工作始于1981年，1986年2月汕头市人民政府批准施行。规划近期至1990年，远期至2000年。主要内容：（1）城镇发展性质：规划近期将开发海湾浅滩，发展海水养殖业，调整农业种植结构，改善水陆交通；远期发展综合性工业，把海岛城镇建成开发东南沿海渔业后勤基地、对外贸易市镇、开发型旅游岛。（2）人口规模：1980年底人口3.24万人，规划近期县城总人口为3.60万人，远期3.87万人。（3）用地规模：县城规划范围7.6平方公里，1980年建成区为0.75平方公里，规划近期发展为1.10平方公里，远期为1.60平方公里。[1]

（三）乡镇规划

1984—1986年汕头市开始编制乡镇规划。这一期间，广东县以下治理体系已经调整为区、乡两级，并设有区级镇和乡级镇。乡镇规划范围为省确定的圩镇

---

[1]　广东省汕头市地方志编纂委员会.汕头市志（第三册）［M］.北京：新华出版社，1999：528-537.

和中心村，圩镇即区公所所在地，中心村即乡政府所在地。汕头市建委确定应进行规划的有150个圩镇、2059个中心村。各圩镇和中心村的具体规划范围，由当地政府确定。

乡镇规划分为近期和远期，从规划时间起至1990年为近期，至2000年为远期，以中共十一届三中全会前为现状期（澄海县以1984年为现状期起点）。在1982年下半年潮安县进行试点的基础上，1983年汕头市建委对全市乡镇规划工作进行统一部署，举办规划人员培训班，开展试点。1984年工作全面铺开，至1985年8月，全市150个圩镇、2059个中心村粗线条建设规划工作全部完成。1986年对村镇规划进行加深、加细、完善工作，全市选择45个圩镇为点。至1987年底完成加深、加细、完善规划的圩镇有78个，占全市圩镇数的54%。

乡镇粗线条建设规划，按要求均具有现状图、规划图和说明书，加深、加细、完善的圩镇规划多1份分析书，合称为2图2书。全市共绘制现状图、规划图2276份，编写说明书达225万字，完成测量面积138.5平方公里。圩镇规划按规定由县（市）人民政府审批，中心村规划由区（镇）人民政府审批。至1987年，全市圩镇规划已审批完毕。[1]

三、建筑业的突起

1978—1991年，为适应国家大规模建设需要，潮汕地区涌现大批建筑队伍，外出承揽工程，开拓外地建筑市场。潮汕地区建筑业逐步形成了全民所有制、集体所有制、亦工亦农、承包经营的多元多层级结构，并朝着纵向联营、横向联营、组成集团性企业以及一业为主、综合经营、建筑安装生产与房地产开发结合的方向发展。至1987年底，汕头市建筑企业共有339家。其中一级企业1家，二级企业3家，三级企业50家，四级企业134家，五级企业151家；在册人员总计13.924万余名。全市建筑业年完成的建筑安装工作量突破了10亿元大关，占全市工农业总产值的12%，建筑业发展为潮汕地区的重要经济支柱。

（一）建筑业生产

第一，建筑技术。

从现存明清时期的建筑物看，明清时潮汕建筑业已有相当发展，特别是宗

---

[1] 广东省汕头市地方志编纂委员会.汕头市志（第三册）［M］.北京：新华出版社，1999：537-538.

祠、民居的装饰工艺，已有相当水准。汕头开埠之后，钢筋、水泥等新建材和楼房建筑新结构形式的应用，使汕头建筑业的技术、工艺、产量以及"营造厂"数量有了新的提升。20世纪50—70年代，汕头市区建筑多在3—7层之间，各县县城的建筑物则多为2—4层。70年代末，汕头市区才开始建设8层以上建筑，县城也开始向5层以上发展。1978年兴建汕头市鮀岛宾馆，是汕头市区第一幢10层以上的楼房。随后，10层的金山宾馆、15层的华侨大厦等一批高层建筑相继建成。1986年兴建的揭阳县商业贸易12层中心大楼，是当时揭阳县城最高的建筑。这一期间潮汕地区建筑企业在省内外也承担诸多高层建筑的建设。1985—1987年，总部位于汕头市区的广东省第二建筑总公司，就先后承建了深圳市26层的金城大厦、32层的金融中心大厦；汕头市建筑安装总公司承建了深圳市33层的商住楼、江西省南昌市19层的武警总队综合楼，都显示出当时潮汕地区建筑企业的技术实力和市场竞争力。

第二，建筑装饰。

潮汕地区的建筑历来比较重视装饰工程，精细装饰是潮汕建筑的特色之一。20世纪20年代以后，连体骑楼、花园洋房、公共建筑以及侨乡民居建设的繁荣，促进了外形设计、线条、色彩配置等装饰工艺的创新。20世纪50—70年代，新建筑以简朴为主，装饰工程也较简单。进入80年代之后，高层建筑和高级装饰工程迅速增多。新材料、新工艺、新技术不断涌现，高级装饰工程的施工工艺也在不断发展。

汕头传统装饰工艺主要有雕刻、绘画、嵌瓷和泥塑、灰塑等，传统装饰工艺有着广泛的群众基础和深刻的社会文化渊源。许多精美的建筑装饰品，已成为潮汕历史文化的瑰宝，有的已成为独立的艺术品。

第三，建筑质量。

20世纪80年代，在多种所有制建筑企业蓬勃发展且大量承揽省内外建筑工程的情况下，汕头市和各市县的政府主管部门通过制定出台一系列规范、程序和各种经济技术考核指标，组织全行业创全优活动和安全质量监督，有效地提高队伍素质、改善经营管理，工程的优良品率逐年上升。1983年，全市三类建筑企业创优良工程158项，工程建筑面积254686平方米；四类企业创优良工程58项，工程建筑面积102232平方米。1988年起，全面贯彻国家建设部颁布的新的工程质量验评标准。按新标准统计，全市共创优良工程96项，工程建筑面积299554平方米。汕头在20世纪80年代被称为"广东省建筑行业创优大户"。

（二）建筑业的开放与建筑市场的拓展

1999年出版的《汕头市志》认为："建筑劳务输出和对外承建工程，是汕头建筑业的重要特征。"人口众多，土地等自然资源匮乏，腹地厌小，使潮汕经济形成了精细和开放两个特质。因此，潮汕建筑业的生存之道，一是保持相对精细的优势，重工艺，重装饰，重质量。二是走向开放，通过利用外部资源、开辟外部市场来发展自己。农耕社会中，潮汕的建筑业就具有奋力开拓外部建筑市场的传统和本领。汕头开埠前后，主要来自潮阳、揭阳，被称为"师头班"的众多建筑队，已经活跃在潮汕各县和各埠头，还常驻惠阳、兴梅等地承揽建设工程。清末民国时期，潮汕建筑业的传统优势得到进一步发挥，近代意义的"营造厂""建筑公司"以及搭篷、油漆、水电安装等专业建安机构应运而生，潮汕建筑企业的市场开始拓展到广州和福建、江西等省，潮籍建筑商也开始到泰国、新加坡、马来亚等地区开办营造厂。[1]

20世纪50—70年代，潮汕建筑业基本上没有走出去的机会，只有个别企业或能工巧匠按照国家安排支援外地的重点项目建设；或以劳务输出的名义，执行出国援建任务。潮阳县等地有一批以农民为主体的建筑队，以全民或集体建筑企业"城乡联合"吸收农村劳力施工的名义，一直留在外地承建工程，有的长达20年。

20世纪70年代末之后，汕头建筑业重新大规模进入国内外市场。潮阳等地的建筑企业和"省二建"等国有企业领头参与深圳特区的开发建设。1980年底，在深圳的潮汕施工队伍有20个，在册人员1330名。同年，汕头地区建委在深圳建立"汕头地区驻深圳基建办事处"，统领深圳地区队伍，接揽承建工程，组织向国外的劳务输出。

1983年，潮汕外出施工队伍纳入统计的有4.79万余人，完成建安施工产值26795万元，占全市全年建安总产值的60.93%。其中，在深圳的施工队伍完成建安施工产值10724万元。该年，潮阳县外出队伍在册人员3.3万名，占全市外出施工总人数的68.9%，完成建安施工产值17000万元，占全市外出产值的63.44%。

1984年，全市外出施工的在册人员5.87万余名，完成产值3.5亿元，占全市建安施工总产值的63.5%。这一年，汕头建筑业拓展了多个外地市场。同年，市建委在广州、厦门正式设立管理处和办事处。1988年，有5.5万余人外出施工，

---

[1]　广东省汕头市地方志编纂委员会.汕头市志（第三册）［M］.北京：新华出版社，1999：661.

承建工程1186项，建筑面积378万平方米，实现产值5.7亿元，占全市总产值的43.7%。广州、深圳、珠海等主要市场稳步发展，在省外承建工程有246项，建筑面积87平方米，实现产值1.21亿元，在海南、广西、陕西、福建等地也有所拓展。

直至20世纪80年代末，潮汕地区建筑劳务输出和对外承建工程流向遍及全国的13个省、市和世界7个国家和地区，人数最多时达7万余名。潮汕建筑企业和建筑工人以坚韧耐劳、文明施工和工程质量优良赢得了信誉，打造出一批优质品牌。汕头市建安（集团）公司承建的广州兰亭颖园、汕头市南华建筑工程总公司参建的三峡坝区接待中心、潮阳建筑工程总公司参建的广州市洲头咀海关高层住宅楼，分别获国家"鲁班奖"；汕头市达濠市政建设有限公司承建的深圳市新洲立交桥获中国市政工程"金杯奖"，承建的深圳深南大道改扩建华侨路段工程被建设部评为全国市政样板工程；汕头市建安（集团）公司、汕头市豪华装饰工程总公司、省二建公司在上海获"白玉兰杯奖"[1]。

20世纪80年代末至90年代初，潮汕建筑业部分向外开拓的队伍开始回流，原因一是受当时国际和国内投资周期影响，各地建筑市场需求比较疲软；二是国内各地对外来建筑企业的资质要求不断提高，市场竞争更加激烈；三是已在深圳、广州等地得到长足发展的部分潮汕建安企业，逐渐转为房地产企业。四是潮汕地区的工业化中心开始从城市转向乡镇和农村地带，农村剩余劳动力的就业选择更为多样。

第三节 1992—2010 年的潮汕城乡建设

1991年12月7日，国务院决定调整潮汕地区行政区划，设置汕头、潮州、揭阳3个地级市。潮汕地区城乡布局从以汕头市区为单一中心逐渐转变为"三足鼎立、多点竞发"。

---

[1] 广东省汕头市地方志编纂委员会.汕头市志（第三册）［M］.北京：新华出版社，1999：615-635，644-660.汕头市地方志编纂委员会.汕头市志（1979—2000）［M］.广州：广东人民出版社，2013：357，364.

一、三足鼎立、多点竞发的城乡布局

（一）布局调整

1991年12月，汕头、潮州两市行政区域调整为汕头、潮州、揭阳3个地级市。潮州市升格为地级市，辖潮安县、饶平县和湘桥区，面积3080.90平方公里，人口217万人。揭阳撤县设地级市，设立榕城区和揭东县，辖揭西、普宁、惠来县，面积5240.52平方公里，人口442万人。汕头市管辖潮阳、澄海、南澳3县和龙湖、金园、升平、达濠4区，面积2064.4平方公里，人口372.46万人。[1]

潮汕分设三市后，潮州、揭阳按照地级市的要求，加紧重新编制全域总体规划，推进中心城区和各县（市、区）城区及乡镇建设，潮汕地区逐渐形成以汕头、潮州、揭阳3个城区为核心、多座中小城市和小城镇环绕分布的城市群。为加快推进潮汕地区的城镇化和工业化进程，潮汕地区县区一级的行政区划进行了两次调整。第一次是"撤县设市"。1993年4月，普宁县、潮阳县分别撤县设市（县级）。1994年4月，澄海撤县设市（县级）。第二次是"撤市设区"。2003年1月，撤销县级潮阳市，分别设立汕头市潮阳区、潮南区；撤销县级澄海市，设立汕头市澄海区。2012年12月和2013年8月，又撤销揭东县、潮安县，分别设立揭阳市揭东区和潮州市潮安区。这些行政区划变动，对城市建设的目标、规模、布局都有着重要影响。

（二）潮州市的城乡建设

第一，潮州新城的规划建设。

1992年，潮州市由"副地级市"升格为地级市，中共潮州市委、潮州市人民政府提出了"建设新城、保护古城"的方针，在老市区的西面规划了十倍于古城的新城。1993年，潮州市人民政府委托上海同济大学城市规划设计研究院对1987年编制的"潮州市总体规划"重新修编。1994年，《潮州城市总体规划（1993—2015）》经广东省人民政府批准实施，潮州城区规划区面积从62.5平方公里扩大到174平方公里，城市建设用地控制在44平方公里。城市性质为国家历史文化名城；以轻型、高效、外向和具有地方特色的工业门类为重点，旅游业发达的城市。规划2000年市区人口规模为38万人，2015年为55万人；城市空间形态向西北、西南两个方向发展，以潮州大道、潮枫路、新春南路、新春北路为城市

---

[1]　汕头经济特区年鉴编纂委员会.汕头经济特区年鉴（1992）［M］.广州：岭南美术出版社，1992：104.

发展各轴向的骨架，沿主轴线布置主要公共建设和公共空间，以环状加放射路网解决各区片之间的交通联系。[1]

潮州城市建设以道路建设带动新区的开发和旧区改造，主要开发位于枫溪镇和旧城区之间的地带和旧城区南部地带及潮州火车站区。至2000年底，已形成城市布局的轴向形态。在建设广梅汕铁路、潮州至柘林湾的路段及潮州火车站的同时，建成潮州大道、新洋路、内环路等一批重要道路，拓宽、延长新风路、城新路等一批原有道路，初步形成"环状加放射"的路网骨架。整理原有道路系统，改造一批对交通有重大影响的道路节点。在内环路内发展城市居住用地，在工业区及潮州火车站附近也形成一定规模的居住区。在潮州大道和新春北路、新春南路之间布置城市行政办公中心和其他公共设施，形成新的城市中心区。

在城区北部和西北部（新春北路和潮州大道北端）形成两片规模较大的工业区，北部工业区以发展无污染或轻污染工业为主，西北部工业区适度布置一些有污染的工业项目，城市内部原有工业中除一些无污染、效益好的工业企业外，其余的逐步迁至集中的工业区内。建成中心区西郊富丽公园，完善西湖公园和东湖公园设施，扩大慧如公园设施，在主干道上布置较宽的沿街绿带，滨江地带结合旧城改造和风貌保护建成带状公园滨江长廊，形成较为完善的城市绿地系统。

随着城市建设和经济社会的快速发展，潮州市认识到，"城市与区域、城市与山水、新区与古城、城市与乡村、政策与开发的矛盾发生了变化"。2000年，潮州市规划勘测设计院再次与上海同济大学城市规划设计院联合组织对"总体规划"进行调整，经省政府同意后2002年1月由市政府批准实施。这一次调整仍然保持1993年总体规划的基本思路，规划期限、城市性质、城市规模、主要功能分区不变，但更加强调发挥历史文化名城的优势，突出城市的旅游功能，增加绿化用地，减少工业用地，重视韩江两岸的控制和开发利用等。2001年后，按照城市总体向西发展、适当向桥东发展这一思路，优先发展和充实潮州大道两侧，重点完善该地区的城市形态和城市功能，兼顾韩江以东省级旅游度假区的发展，对省级旅游度假区的发展在内容和强度上加以控制，保护其自然生态环境。总体布局上，沿潮州大道地区建成了配套较为完善、档次较高的居住区。潮州北片工业区和火车站区初步形成规模，二期工业园吸纳城市的高科技企业和陶瓷企业。建成潮州人民广场、南部滨江绿化带及依托城内山地形成的城市绿地，依托凤凰

---

[1]　潮州市地方志编纂委员会.潮州市志（1992—2005）［M］.广州：岭南美术出版社，2014：225-226.

洲公园扩大仙洲岛自然生态旅游区的范围，结合韩江水利枢纽工程建设建成韩江两岸景观带。

这一期间潮州市加紧古城保护和旧城改造步伐，重点放在古城整治、旧区企业的搬迁和人口的疏散上。一是进一步完善城市新旧区之间的路网结构，建设绿榕路、城新西路、泰安路等联系道路，联结湘桥、枫溪两区和潮州大道两侧的新区。二是解决好古城的污水处理和垃圾处理问题，扩建了城市污水处理厂和桥东水厂，建设了垃圾卫生填埋场。三是加快建设桥东省级旅游度假区，促进"旅游旺市"，2004年获"中国优秀旅游城市"称号。

至2010年底，潮州城区面积152平方公里，建成区面积42平方公里，城区居住人口35万人。基本建设年投资从1992年的18200万元增加到2009年的483348万元，人均生产总值从1992年的2378元增加到2010年的21663元。

第二，城镇体系与村镇规划。

2003年，潮州市规划局与中山大学城市与区域研究中心合作编制《潮州市城镇体系规划》。2005年12月，该规划经潮州市人大常委会审议通过。这是潮州市全域3613.9平方公里的第一个城镇体系规划，规划期限近期为2003—2010年，远期为2010—2020年。这个规划的显著特点是从全省和粤东区域发展的视角，审视潮州的区域定位和发展模式，对全市及各区县城市化水平及城镇人口进行了预测。

（1）区域定位：潮州市是广东省东部的门户城市，粤东城镇密集区的重点城市，潮汕都市区的副中心、潮汕文化中心；是广东省民营企业发达的重要区域，是传统型产业、新型工业、海洋产业以及旅游、商贸、海运、物流等第三产业发达的现代化区域，是广东省东部沿海经济带的重要组成部分。

（2）经济发展战略模式：在坚持实施可持续发展战略的前提下，重点实施经济高速增长战略，积极实施出口替代战略，辅助实施信息化战略，未来实施变通经济发展战略。

（3）人口与城市化：2001年潮州市全市人口为246.97万人，暂住人口12.934万人；规划2010年全市人口278万—285万人，暂住人口20万—22万人；2020年全市人口294万—311万人，暂住人口26万—28万人。规划2010年全市城市化水平为50%，2020年为60%。

（4）城镇体系发展目标：到2020年，将潮州建设成为以市区为中心，以潮安、饶平县城为副中心，以中心镇为区域增长极核，以一般镇为地方中心，职能分工明确，基础设施完善，空间结构优化，生态环境良好的城镇体系。

（5）城镇体系空间模式：近期采取点轴发展模式（增长极+交通干线），重点发展中小城市、次中心城市及中心城镇；中期采取城镇密集群模式，加快市区、县城周围城镇密集群的发展；远期采取网络式城镇的发展模式，完善城镇网络体系，全面实现均衡发展。[1]

在推进全域城镇体系建设的同时，1992年以后，潮州以提高农村居民的生活生产条件为重点，加强农村的基础设施建设。至2005年，潮州全市41个镇都修通二、三级水泥公路，894个行政村全部通机动车，其中764个行政村实现了村道硬底化；建设乡镇集中式供水工程130宗，村级供水工程110宗，解决了约140万农村居民的饮水难和饮水不安全问题；改造农村电网，实现城乡用电通网同价，全市行政村通电率和户通率均达到100%。农村交通、用水、用电、有线电视等设施的改善，创造了乡村文化生态旅游业兴起的良好环境，饶平、潮安出现了一批特色乡村旅游景点，2005年时，乡村游接待人数已占全市旅游人数的一半以上。[2]

第三，潮州古城的保护与建设。

1986年12月，经国务院批准，潮州市城区成为继广州之后广东省第二座国家历史文化名城。1987年，随着经济、社会的发展和城市居住人口的增加，为解决保护与建设之间的矛盾，潮州市提出"开发新区，保护老区"的方针，力图通过开发新区，疏散老市区的工厂和人口。但始辟的新区规模小，投入少，实际效果不够明显。"老市区"的拆建、改建仍在无序蔓延，古城的城市纹理和历史风貌继续受到损害。至1991年底，潮州城区规划区面积62.5平方公里，建成区面积仅为8平方公里，城区非农人口20.5万人。

潮州古城风貌是在特定的自然地理条件和人文、历史发展过程中逐渐形成的，具有历史的连续性和鲜明的个性，保护古城风貌的内容，既包括对自然风貌、古城风貌、传统布局、历史文化、建筑风格等固有特色的保护，也包括对文物古迹、古建筑和私家庭园的群体保护。1992年潮汕市升格之后，再次强调把城区建设重心放在新区，为古城保护提供了有利条件。

在处理保护和建设的关系上，《潮州市国家历史文化名城保护规划》明确

---

[1] 潮州市地方志编纂委员会.潮州市志（1992—2005）［M］.广州：岭南美术出版社，2014：235-238.

[2] 潮州市地方志编纂委员会.潮州市志（1992—2005）［M］.广州：岭南美术出版社，2014：232，274.

提出四个方面的保护内容，即：保护文物古迹；保护历史文化街区；保护和延续古城格局和风貌特色；继承和发扬优秀历史文化传统。[1]具体的保护规划是：

（1）古城传统格局的保护。潮州古城规划布局的特色是遵循方整规则，以城北衙署区为主体、太平路为主轴线，用棋盘式街道网加以联系，形成了外曲内方的城市平面。由于古城基本保留了明代以来的格局，因此，除因交通需要拓宽东西向的开元路、中山路外，古城内的其他道路只按自行车交通和救护、消防的要求，不做大的拓宽。（2）古城空间轮廓的保护。古城地处韩江三角洲平原向山地过渡地带，城西北以葫芦山、金山为天然屏障，城东南以韩江为自然天堑，笔架山隔江而立，形成"三山环拱一水绕"的优美自然环境。象形的笔架山、葫芦山，以及东门楼、古城墙、开元寺、广济桥和太平路牌坊街，是古城的标志和城市的艺术精华。规划按不同的景观要求，划定控制区，严格限制新的建、构筑物高度、体量和形式，对已有的影响观瞻的建、构筑物根据影响程度和使用价值，分别采取拆、迁、改、遮等办法予以处理，并重点制定古城建设高度、密度控制和风貌分区规划。（3）历史文化及地方特色的保护。潮州城具有历史渊源的"厅井空间"、桥市、石牌坊、五星脊和嵌瓷、石雕、木刻等艺术的广泛运用，以及传统小食经营店号，体现了地方特色，在规划思想中予以继承、发展、灵活运用，以保持历史的延续性。[2]

1992年以后，潮州市在保护历史文化名城中，注意挖掘传统文化因素，发展特色旅游。针对继续保护维修的文物单位，至2005年，共投入资金3亿多元，维修、重修文物景点近40处。潮州古城基本形成东部韩文公祠、西部葫芦山、南部凤凰台、北部北阁等四大文物景区。东西由广济桥、开元寺、海阳县学宫等连接，南北由古城墙和牌坊等连接，风格多样、内容丰富的潮州古城文物旅游区初步形成。[3]

（三）揭阳市的城乡建设

第一，城市建设规划的编制与实施。

1992—2004年，揭阳市组织编制规划11个，其中《揭阳市城市总体规划（1994—2010）》系1994年由中国城市规划设计研究院与上海同济大学修编，

[1] 潮州市地方志编纂委员会.潮州市志（1992—2005）［M］.广州：岭南美术出版社，2014：2.

[2] 潮州市地方志编纂委员会.潮州市志（1992—2005）［M］.广州：岭南美术出版社，2014：250-251.广东省汕头市地方志编纂委员会.汕头市志（第三册）［M］.北京：新华出版社，1999：531.

[3] 潮州市地方志编纂委员会.潮州市志（1992—2005）［M］.广州：岭南美术出版社，2014：251.

1996年经广东省人民政府批准实施。该总体规划重点研究了揭阳市建市后的城市性质、发展方向和空间结构。（1）城市性质：粤东地区中心城市之一，以轻工业为主，商贸发达、交通便利的河港城市。（2）城市规模：1993年末市区总人口53.19万人，近期规划2000年为64.93万人，远期规划2010年为87.27万人。2010年规划建成市区由揭阳建市初的30.44平方公里扩至181平方公里。（3）城市发展方向：向东、西两个发展方向逐步扩展，以构成未来大揭阳城市的构架。（4）城市空间结构：分别以榕江北河北岸的行政中心、商贸中心和榕江北河南岸旧城商业中心，构成两个不同功能的中心组合。（5）市域城镇体系布局：以榕城为中心，沿榕江及沿江公路作为今后城镇发展的主轴线，加上纵向的辅助轴线，形成"T"字形结构和4个城镇群。东部城镇群由榕城、曲溪、炮台等组成；中部城镇群由流沙、棉湖、洪阳、占陇等组成；西部城镇群由河婆、坪上、五云等组成；南部城镇群由惠城、东陇、神泉等组成。[1]

揭阳成为地级市后，揭阳城区迅速发展，1994年建成区面积已从建市前的12.04平方公里扩展到了27.3平方公里；城市规划区已扩大至181平方公里，规划建成区面积由建市之初的30.44平方公里扩大到了58平方公里。1992—2004年，市区先后投入市政及配套设施资金10多亿元，建成了横跨榕江的桥梁4座；市政道路从建市之初的11条16.2公里增加到103条124公里；新建和改造排水干道或箱涵总长度94906米；市区供水管网基本完成，自来水日供能力由原6万吨增至28万吨，供水人口达62万人；市区公共绿地115.6公顷，人均占有绿地面积5.03平方米，园林绿化覆盖率达32.04%；先后建成20多个配套齐全、功能完善、环境优美的住宅小区。

至2004年，全市累计完成固定资产投资600多亿元。除市区外，普宁市区建成区面积也迅速扩大到了22.2平方公里，仅次于揭阳市区。揭东新县城建成区面积从原来的0.6平方公里扩大到了9.7平方公里。一个以市区为中心，普宁市区为次中心，揭东、揭西、惠来县城为外围"卫星城"，16个中心镇为基本节点的沿榕江和省道1930线的"T"字状城镇群落已经形成。全市城镇化水平已达43.7%，非农人口占户籍总人口比重已由建市前的13.3%上升到了34.67%，12年上升了21.37个百分点。与此同时，全市城镇道路、交通、电力、电信、教育、文化、卫生等基础设施和市政公用事业设施配套进一步完善，城市品位得到了新

---

[1] 揭阳市志编纂委员会.揭阳市志（1992—2004）［M］.北京：方志出版社，2013：504-506.

的提升。

第二，市政建设和镇村规划。

1991年，揭阳县城道路总长仅16.17公里，到2010年道路总长285公里。1992年，揭阳市决定利用外资建设市第二水厂，1998年4月建成投产，至2010年2个水厂日生产能力30万吨，全年供水总量5068万吨，用水人口70万人。

1991年，揭阳县城绿化格调较为单一，仅有道路绿化及散生于庭院、街道小巷的零散树木。市区绿化面积1.2万平方米，种植乔木2752株。1992年起，市区绿化按照功能多元化、布局立体化、品种多样化的思路，配套建设道路绿化、带状公园、绿化广场、交通导流岛、花坛绿岛等。至2010年，园林绿化总面积2794万平方米，建成区绿化覆盖面2033万平方米。

1992年之后，揭阳市采取新区开发和旧城改造相结合的方针，以财政拨款、自筹资金、集资统建、引进外资和外资补偿等多种投资形式，加快住宅建设，搞活房地产业。1993年起，多层商品住宅陆续开始投入建设。在布局上，改变过去"见缝插针"的做法，由房地产开发公司按照城市建设总体规划的要求，实行统一征地，成片综合开发，使住宅建设布局逐步趋向合理。1991年建市前城区人均居住面积仅为3.97平方米，到2010年已达到35.8平方米。

1994年，根据《广东省实施〈城市规划法〉办法》的有关规定，揭东县砲台镇、地都镇，惠来县隆江镇、葵潭镇，普宁市洪阳镇、里湖镇，揭西市棉湖镇、灰寨镇等17个经济较发达、地理位置较优越的镇，作为全市城乡规划建设管理重点镇。1996年，基本完成重点镇新一轮的规划修编。1998年，全市共有412个中心村完成规划编制。[1]各镇、村按照规划实施建设管理。如普宁市至1994年，集镇建成区已达39.14平方公里，公共绿地面积38.04万平方米，自来水受益镇15个，用水普及率84.85%，全市各乡、镇、场实现道路水泥化，道路总长762.5公里，洪阳镇、占陇镇被评为全国重点镇。

（四）汕头市的乡镇城市化建设

1992年以后，随着汕头市各县区乡镇企业的崛起，全域范围内多点错位发展的格局逐渐形成，镇村经济活动日益繁荣，城市化步伐不断加快。至2000年，汕头市已有38个建制镇、135个社区（管理区）、595个行政村。建制镇中，人口

---

[1] 揭阳市建市12年：还给历史一个奇迹 [N].揭阳日报，2004-09-27.揭阳市志编纂委员会.揭阳市志（1992—2004）[M].北京：方志出版社，2013：508-523，529-530，560.

10万—18万的有11个，5万—10万的14个，3万—5万的8个，3万人以下的5个。[1]

1986年，潮阳县完成24个集镇和360个中心村的粗线条建设规划编制。1992年以后，各镇首先在镇政府所在地开展行政中心区、工业发展区、商业贸易区、居民生活区的建设，重点建设一批城镇基础设施。规模较大的峡山镇、两英镇、关埠镇按照次中心城市的规划进行建设。至2000年，潮阳市建成一批布局合理、配套较为完善、集镇道路宽敞、楼房林立的新镇区，以及一批具有地方特色的新型农村。峡山镇被建设部评为"全国小城镇建设示范单位"，峡山镇、两英镇被建设部批准为"全国小城镇建设试点镇"。

1993年时，澄海县12个建制镇建成区总面积已达28.79平方公里，非农业人口15.49万人，占全县总人口的20%，城镇化人口达到41%。1994年澄海市完成并实施12个建制镇总体规划，1996年完成并实施19个村庄规划。1997年各镇通过改造旧镇区，建设新镇区和新农村，年底实现了村村通水泥路，人均居住面积达到12.13平方米。2000年，全市城镇建成区面积58.86平方公里，其中镇区建成区41.26平方公里。全市非农业人口17.4万人，占总人口的20.9%。[2]

二、汕头市区建设的发展

（一）城市规划

1991年，国务院批准汕头经济特区范围扩大到汕头市区，总面积达234平方公里，设龙湖、金园、升平、达濠4个县级市辖区。1992年以后，汕头市根据新的形势发展要求调整了城市总体规划，加快重点区域建设。1993年通过《汕头市城市建设总体规划》，该规划以汕头内海湾为界分为南北两部分，形成一市两城、南北两区，面积均为155平方公里。1994年，制定《汕头市南区总体规划》，以港口为启动点，以保税区为龙头，以转口贸易、金融信息、仓储运输、出口加工、高新科技、旅游度假等产业为支柱的国际港口新城区。强化港口城市和区域中心城市的功能，城市空间布局在东扩的基础上跨海南拓，规划快速外环路贯穿南北两岸，在南部安排了大型港口和能源生产设施，构建"一市两城"的城市格局。1994年，国务院批准河浦划入汕头市区，进一步推进汕头城区南拓

---

[1]　汕头市地方志编纂委员会.汕头市志（1979—2000）［M］.广州：广东人民出版社，2013：313.

[2]　汕头市地方志编纂委员会.汕头市志（1979—2000）［M］.广州：广东人民出版社，2013：313-315.

发展。

20世纪90年代，汕头基本完成大城市格局的建构，建成区面积达到100平方公里左右；铁路、高速公路、港口、跨海大桥、大型发电厂等重大基础设施相继建成投入使用，城市对外交通和能源供应得到极大改善。

（二）市政建设

1978年，汕头市建成区面积仅有7.25平方公里。随着经济特区的建立和东部新城区的迅速扩张，1992年汕头市区建成区面积已达35.5平方公里。随着汕头中心城区继续向东、向南发展，至2010年，建成区面积已达175平方公里。

第一，交通、道路、文化等基础设施建设。

1992年市区道路总长266公里、面积241万平方米，2010年已增至1317.9公里、2492万平方米。连接中心城区两岸的海湾大桥和礐石大桥分别于1995年和1999年建成通车。市区金泰和中泰立交桥分别于1998年和1999年建成。汕头汽车总站和汽车客运中心站分别于1992年和2000年建成，火车客运站综合大楼于1997年11月竣工。汕头卫星通信地球站1995年建成并批准入网。1999年建成国际海缆汕头登陆站。1998年龙珠水质净化厂建成投产。1997年重建人民广场，1999年时代广场竣工。1995年兴建汕头市博物馆，1997年10月汕头市图书馆新馆竣工。1997年11月华侨公园竣工，1998年石炮台公园对外开放。

第二，公用事业建设。

随着城市规模的扩大和经济的发展，供电和供水加速发展，能力不断提升。1994年建成汕头经济特区燃机电厂和松山火力发电厂；1996年12月华能电厂（2×30万千瓦）正式投产；1997年建成由汕头电力工业局与香港万丰公司合资经营的万丰热电厂（2×50万千瓦）；1989年过海水管把自来水送到达濠半岛，解决中心城区南区的用水问题。第三座水厂新津水厂1994年5月竣工，1999年9月月浦水厂全面竣工。1992年市区总供电10.10亿千瓦时，发展到2010年增至136.81亿千瓦时；1992年市区日供水能力52万吨，年供水总量11363万吨，发展到2010年增至131.2万吨，年供水总量28500万吨。1992年城市维护建设投资17963万元，2010年增至53537万元。

第三，住宅建设。

1992—1995年是汕头房地产业快速发展期，"八五"后期国家对房地产实施宏观调控，市主管部门对房地产开发也实施"降温"。至"九五"中期的1998年，汕头房地产开发适度增长。1992年末实有住宅建筑面积1000万平方米，2010

年增至5148万平方米，人均居住面积由6.33平方米增至22.89平方米。

第四，环卫工作。

1992年，汕头市区清扫保洁面积241万平方米，2010年时，环卫专业队伍清扫的道路面积已达1418万平方米。全年垃圾清运量从1992年的27万吨增至2010年的67.63万吨，环卫专用车辆从1992年的168辆增至2010年的360辆。市区由环卫部门直接管理的公厕从1992年的75座增至2010年的650座。

第五，园林绿化。

1992年市区绿化面积1496公顷，公共绿地面积347公顷，是广东省第一批绿化达标城市。1994—1995年，市区建成金环平台、西堤绿岛、龙湖沟平台、迎宾交通广场、机场路三角绿岛。1997年，建成中山东路南侧平台、阳光花园前平台、汕汾路绿化平台。1998—2000年，市区绿化建设进入迅猛发展时期，绿化面积年平均增长20万平方米以上。继华侨公园建成后，又新建一批广场、公园、绿化带和道路绿化。1999年续建观海长廊东段。1999年改造市区西起天山路、东至中泰立交桥的中山东路绿化带，全长2公里。至2010年市区绿化面积达到6944公顷，公共绿地面积达到2819公顷。[1]

三、房地产业的发展

（一）房地产业的兴起

从20世纪50年代中期至70年代末，潮汕地区一直存在着规模不大且不连续的房地产交易行为，但没有房地产业。1979年，汕头市房管局在平原新村兴建住宅出售，这是1978年以后汕头市首次建造出售商品房。1985年7月，汕头市城市建设开发总公司成立，随后，汕头市区陆续成立育同、华侨、信托、旅游、青年和市辖6个区的住宅开发公司。至1987年，汕头市区已有13家开发经营商品房的企业。1980—1987年，市区出售商品住宅共134243平方米。

在这期间，各县（市）也陆续开始商品房经营。潮阳县于1981年11月在县第二建筑公司成立商品房办公室，率先开展房产经营。接着于1982年和1984年先后成立潮阳县房产公司和潮阳城郊商品房服务公司。1982年至1987年，潮阳房产开发经营企业建成626套住宅，总建筑面积51498平方米。澄海于1981年至1985

---

[1] 汕头市地方志编纂委员会.汕头市志（1979—2000）[M].广州：广东人民出版社，2013：295-364，335.

年营建商品住宅楼13幢，总建筑面积19020平方米，出售住宅279套。[1]潮州市住宅公司1983—1988年建成单元式住宅1636套。住宅建设总投资2936万元，建筑面积11.5916万平方米，分别相当于1950—1982年房管部门住宅建设总投资及建筑面积的14倍和2倍多。[2]1988年，汕头市区13家公司和潮州市2家房地产公司完成投资额3.1亿元，投入施工面积160.62万平方米，实际竣工面积97.01万平方米。1989年，汕头市13家、8个县（不含潮州市）10家国营房地产公司总计完成投资额3.09亿元，施工面积126.8万平方米，竣工面积91万平方米。[3]

（二）房地产业的蓬勃发展

1992年汕、潮、揭三市分设，各市城区建设显著加快，房地产业迎来了蓬勃发展期。1992年之后，按照建立社会主义市场经济体制的要求，逐步推行住房商品化，公有住房制度改革工作全面铺开。各市城镇住房供给总量中，由政府补贴出售困难户住房的比重逐渐减少，商品房的比重急剧增加，大批国有、集体、民营房地产企业和物业企业应运而生。

1990年以前，房地产的开发基本上是由政府拨地、国有企业开发建设经营的模式，带有显著的计划管理特征。进入"八五"时期，房地产开发更加强调由市场机制调节，逐步形成了企业自行选地、买卖土地开发经营的模式。政府通过规划、企业资质审查，严格审批发证手续，同步加强宏观调控和依法管理。

1993年，汕头市区各县（区、市）已有房地产公司68家，完成投资额30.66亿元，投入施工面积714万平方米，完成竣工面积200万平方米。至1994年底，市区积压各类商品房180万平方米，空置率超过10%，房产市场不景气。1995—1997年，汕头市政府采取调低商品房契税的计税基数、放宽商品房预售条件、允许预售商品房转让、清理整顿原有房地产开发公司等措施，使城区房地产企业得以健康有序发展。至2000年，市区房地产企业完成投资额16.43亿元，投入施工面积335.2万平方米，完成竣工面积106.17万平方米。进入市区房产市场的房产成交面积242万平方米，其中住宅为190.2万平方米，占总成交面积的78.60%。1992年，从房产市场征收的契税仅有290万元；2010年，从房产市场征收的契税已达2147万元。

1992年，潮州市房地产开发投资仅有0.81亿元，其中住宅投资0.73亿元；商

———————

[1]　汕头市地方志编纂委员会.汕头市志（1979—2000）［M］.广州：广东人民出版社，2013：334-335.

[2]　潮州市地方志编纂委员会.潮州市志［M］.广州：广东人民出版社，1995：1131.

[3]　汕头市地方志编纂委员会.汕头市志（1979—2000）［M］.广州：广东人民出版社，2013：334-335.

品房施工面积41.12万平方米，竣工面积18.12万平方米，其中住宅面积16.49平方公里。2005年，潮州市房地产开发投资2.62亿元，其中住宅投资1.68亿；商品房施工面积43.41万平方米，其中住宅39.08万平方米。[1]

　　1992年揭阳建市之初，房地产市场已具雏形，全市房地产开发企业77家，建筑面积5.62万平方米，竣工面积3.92万平方米，销售额2869万元。1995年，房地产企业已经发展到181家，建筑面积128.7万平方米，竣工面积31.50万平方米，销售额9520万元，商品房供过于求。2004年，全市商品房建设投资额4.62亿元，竣工面积25.92万平方米，销售面积47.54万平方米，销售额4.72亿元。1992—2004年，揭阳全市房地产开发公司完成开发投资额48.18亿元，竣工面积489.59万平方米，其中销售面积387.26万平方米，销售收入36.7亿元。[2]

[1]　潮州市地方志编纂委员会.潮州市志（1992—2005）［M］.广州：岭南美术出版社，2014：279.

[2]　揭阳市志编纂委员会.揭阳市志（1992—2004）［M］.北京：方志出版社，2013：562.

第八章

财政税收

新中国成立后，潮汕财政税收走过了一个探索、成长、发展的过程。随着国家各个时期的财税体制、政策和潮汕地区经济社会结构发生变化，潮汕地区财政经历了供给型、建设型到经营管理型的转变，税收工作也在发展中不断调整完善。

第一节　1949—1978年潮汕财政税收的探索发展

从1949年新中国成立到1978年，潮汕财政税收处于重建、调整和探索的发展阶段。这一时期地方财政的主要功能是为生产建设事业筹集和供应资金；地方税收的主要功能是通过征收税费，为社会主义建设提供充足的资金来源。为适应当时的政治经济形势，潮汕地区根据国家的财政和税收政策，1950—1978年，财政收入从2068万元增加到29203万元，年均增长9.92%；财政支出从511万元增加到16608万元，年均增长13.24%（见表8-1）；税收收入从2383.2万元增加到20844.7万元，年均增长8.05%。[1]

---

[1]　汕头市税务局.汕头市税务志（清代—1987）［M］.内部资料，1992：216.

表8-1　1950—1978年汕头地区（市）财政收支简表[1]

单位：万元

年份	财政收入	财政支出	年份	财政收入	财政支出
1950	2068	511	1965	22404	6235
1951	4139	678	1966	21594	6619
1952	9670	3333	1967	18578	7052
1953	13537	4748	1968	15711	6026
1954	16978	5529	1969	20843	9211
1955	16278	4933	1970	18860	9273
1956	12873	6639	1971	23412	10240
1957	14209	5589	1972	23479	10328
1958	20893	10489	1973	25444	10745
1959	25113	8953	1974	25042	13001
1960	20572	16405	1975	23683	13886
1961	15745	11320	1976	23334	11563
1962	18764	8041	1977	24343	12549
1963	18824	8619	1978	29203	16608
1964	21901	8714			

一、新中国成立初期潮汕财政税收的发展概况

（一）潮汕财政税收在曲折中发展

第一，国民经济恢复时期。

新中国成立之初，潮汕经济百废待兴。工农业生产遭到严重破坏，城乡百业凋敝，1949年潮汕地区农业总产值仅49765万元（按1990年不变价计算，下同），工业总产值仅9973万元；内外贸易滞塞，投机资本盛行，金融市场混乱，物资匮乏，物价飞涨；人民生活困苦不堪，生活境况非常困难。因此，无论是恢复和重建潮汕经济，还是巩固人民政权、保障人民生活，都必须有充足的财源和财力保障。

1950—1952年的国民经济恢复时期，中共潮汕地委、行署在民主建政、搞好治安的同时，致力于恢复生产，提出"发展生产、繁荣经济、公私兼顾、劳资

[1]　数据来源：广东省汕头市地方志编纂委员会.汕头市志（第三册）［M］.北京：新华出版社.1999：1112-1113.

两利、城乡互助、内外交流"的政策，迅速掌握人民生活必需的重要物资，打击投机，平抑物价，安定人民生活。1950年，工业总产值完成10352万元，农业总产值完成57626万元，财政收入也随之逐步增加。据汕头市、澄海县、潮安县和南澳县统计，财政收入共2067.8万元，1952年全区工业总产值完成13184万元，农业总产值完成70986万元，财政收入9670万元，按1950年三县一市口径计算，平均每年递增25.77%。这一时期，由于人民政权刚刚建立，有限的财政支出主要用于政权建设，用于经济建设的资金比较有限。[1]

第二，"一五"计划时期。

1953—1957年的"一五"计划时期，潮汕工农业生产有了较大发展，财政收入稳步上升。工业方面，工业企业逐步增加，至1957年潮汕地区的工业已有地方国营和公私合营企业235个，是年实现利润806万元，入库利润292万元（包括企业上缴基本折旧金）。农业方面，随着土地改革的完成，农村生产力得到了解放，农业生产迅速发展，又加上查田定产，进一步落实了征收政策，农业税收入逐年上升，至1955年收入达到3918万元，比1952年增加729万元。1956年由于经济作物加征的农业税缴省，各项减免增加，收入比上年下降1.98%。1957年，因普宁、潮阳、揭阳、惠来、潮州等县（市）农作物受灾，农业税收入进一步下降，共收入2490万元，比1955年下降9.81%。1957年与1952年相比，全区工业总产值每年递增21.94%，农业总产值平均每年递增6.91%，财政收入平均每年递增14.86%，达到14209万元。[2]

第三，1958—1965年。

1958—1960年，由于受"大跃进"的影响，国民经济比例关系严重失调，财政上主要表现为虚收实支和开支太大，浮夸风导致财源受到破坏，财政收入下降。1960年比1959年下降18.08%，减收4541万元。[3]1961年，全区工业总产值同比下降37.9%，农业总产值下降10.4%，财政收入下降23.46%，减收4827万元。潮汕地区认真贯彻中央关于"调整、巩固、充实、提高"的八字方针，实行新的财政体制和加强财政管理，及时扭转了国民经济急剧下降的局面，从1962年开始，工农业生产和财政收入全面回升。1965年与1961年相比，全区工业总产值平均每年递增7.41%，农业总产值平均每年递增14.55%，财政总收入平均每年递增

---

[1]　汕头市财政局.汕头市财政志（清代—1987）[M].内部资料，1990: 80.

[2]　汕头市财政局.汕头市财政志（清代—1987）[M].内部资料，1990: 80.

[3]　汕头市财政局.汕头市财政志（清代—1987）[M].内部资料，1990: 80.

9.22%，达到22404万元。[1]

第四，1966—1978年。

1966—1968年，因"文化大革命"运动的影响，潮汕地区税收部门正常制度被打乱；财政机构撤并，财政工作无法正常进行，财政收入下降。1968年，全地区财政收入降为15711万元，比1965年减收6693万元，平均每年递减11.16%。1969年以后，财政收入有所回升，但极不稳定，增长速度缓慢。1976年，汕头地区财政收入仅达23334万元。1965—1976年，全地区财政收入平均每年递增0.37%。这一期间，工业企业的生产受影响较大，经济效益下降。1976年，全地区国营工业企业仅实现利润661万元，与1973年相比，平均每年下降51.43%；亏损金额2413万元，亏损率平均每年增长24.81%；入库利润97万元，平均每年下降64.14%。1977年，全地区工业实现利润347万元，同比下降47.5%。由于燃料、动力供应不足，停工损失严重，1974—1976年汕头市区平均每年停工损失达211万元；相比之下，这一期间农业税收入的变化不大。[2]1977—1978年的经济调整时期，汕头地区的工农业生产和财政收入比较稳定。1978年全地区财政收入29203万元，比1976年平均每年递增11.87%。但当时财政支出的增长大大超过财政收入的增长，地方财政的压力也不断加大。[3]

（二）1949—1978年潮汕财政税收的主要措施

新中国成立以后，大力恢复国民经济，尽快恢复民力，不断巩固和维护新的政权，这是人民政府面临的重要任务。地方政府的各种财政手段成为实现国民经济计划、调节社会生产的重要经济措施。潮汕地区各级政府通过多种措施，完成潮汕地区一次分配和二次分配的计划。

第一，保证建立和巩固人民政权的经费需要。

新中国成立初期，潮汕财政的首要任务是保证人民政权建立巩固的经费需要。行政支出主要由行政机关经费、行政业务费、干部训练费、其他行政费4项组成，包括汕头地区各级人民代表大会常务委员会、各级党政机关、民主党派、人民团体以及由国家预算开支的乡、镇（公社）党政干部经费。当时，行政机关经费基本上按人员编制编造预算，实行定员定额管理。其经费分为人员经费和公用经费两大部分。人员经费部分包括工资、补助工资、职工福利、人民助学金、

---

[1] 汕头市财政局.汕头市财政志（清代—1987）［M］.内部资料，1990：80.

[2] 汕头市财政局.汕头市财政志（清代—1987）［M］.内部资料，1990：80.

[3] 汕头市财政局.汕头市财政志（清代—1987）［M］.内部资料，1990：81.

离退休人员费用；公用费用部分包括公务费、设备购置费、修缮费、业务费和其他费用。1950—1952年支出行政管理费1428万元，占总支出的31.58%。[1]新中国成立之初，行政机关正常性公用经费由省财政统一列支。1953年，汕头地区辖属各县市成为一级财政后，行政机关公用经费列入县（市）地方财政支出。潮汕财政对行政管理费支出执行"保证供给、厉行节约"的原则，逐步减少行政管理费支出占财政总支出的比重，体现了社会主义财政的生产性和"取之于民、用之于民"的本质特征。

第二，大力支持国营、集体经济发展。

在国家对私营工商业和个体经济的社会主义改造时期，汕头地区财政通过资金安排支持国营经济的发展壮大；同时运用财政税收政策，限制资本主义工商业不利于国计民生的经营活动，促进私营企业和个体经济接受社会主义改造。社会主义改造完成以后，地方财政继续支持国营经济的发展，努力处理好国家与国有企业之间的分配问题，完善社会主义经济内部的分配关系。1958—1978年，先后采取了设立企业基金、折旧基金及扩大企业自主权、利润留成等分配措施，兼顾国家、企业、职工三者利益，以有效地调动各方面的积极性。这一期间，潮汕地区预算内国营工业企业数从1952年的23个，年产值只有1855万元，发展到1978年的2633家，年产值达到85218万元。1978年集体所有制工业企业2054家，年产值135974万元。全地区初步形成以机械制造、化学工业、电子超声、轻工纺织为主的区域性工业体系。[2]

第三，重点支持农业生产发展。

在支持农业生产方面，为扶持生产、减轻农民负担，汕头地区对农业税的征收，实行稳定负担和"增产不增税"的政策，从1952年农业税收入占总收入的9.13%，到1978年只占总收入的7.26%。[3]

1950年征收稻谷折人民币1178.7万元，1951年通过调整计税产量，加强征管，共征收1689.7万元，比上年增长43.35%。1952年，贯彻"依率计征"，落实减免政策，减轻农民负担，共征收1300万元，比上年下降23.06%，减少389.3万元。1953年潮汕各县完成土地改革，农民成为农业税的主要负担者，农业税的征收税率调整为20级，最高25%，最低6%。农业税收入逐年上升，至1955年达到

---

[1] 广东省汕头市地方志编纂委员会.汕头市志（第三册）［M］.北京：新华出版社，1999：1060.

[2] 广东省汕头市地方志编纂委员会.汕头市志（第三册）［M］.北京：新华出版社，1999：1060.

[3] 广东省汕头市地方志编纂委员会.汕头市志（第三册）［M］.北京：新华出版社，1999：1060.

2029万元，比1952年增加729万元，平均每年递增15.99%。[1]

1958年，汕头专区执行地区差别比例税率，调整计税产量，最高税率不超过计税产量25%，最低不低于6%。其时最高的是揭阳县（13.81%），最低的是潮阳县（11.9%）。是年农业税收入3401万元，比1955年增长3.36%。1961年，汕头地区农业连年遭受自然灾害，加上"大跃进""人民公社化"的影响，粮食产量下降，农民生活困难，经省政府批准，汕头专区农业税平均税率由12.92%降低为10.73%。1962年以后，随着农业生产的回升，收入有所增加，1963年加上7%的特大自然灾害减免机动税额，收入比上年增加11.66%，1964年又比上年增长2.13%。1963年，省政府将汕头地区的农业税计征税额由1962年的2087万担增加到2229万担，提高了6.81%，平均税率相应由1962年的10.79%提高到11.46%。此后，农业税的税率一直未变。[2]

第四，合理调节不同经济成分的收入。

1950年潮汕专区执行《全国税政要则》，统一税政，在多种经济成分同时存在的情况下，按照兼顾国家、集体和个人三者利益及区别对待、合理负担原则，调节收入，处理各种经济成分的积累分配关系，各种经济成分税源所占比重在跨进第一个五年计划期间，起了初步的变化。1951—1953年，潮汕专区国营和合作社分别由14.6%和1.3%上升为22.5%和14.2%，私营成分由81.9%下降为62.4%。公私合营成分稍微下降。1953年，潮汕专区实施修正税制和试行商品流通税，保护国有、集体经济，利用、限制和改造资本主义工商业，引导个体经济走合作化道路。1956年各种经济成分的税源比重，国营、合作社、公私合营分别上升为24%、33%和30%，私营税降为13%。全市税收收入由1950年的2383.2万元上升为1957年的9528.5万元，每年递增幅度为21.9%。[3]

二、潮汕财政税收体制的调整

（一）调整完善财政预算管理体制

1950—1952年，潮汕专员公署及辖下各县没有建立一级财政，主要执行

---

[1] 1950年农业税收入数为征收年度数，1957年起为入库数。

[2] 广东省汕头市地方志编纂委员会.汕头市志（第三册）[M].北京：新华出版社，1999：1063-1064.

[3] 广东省汕头市地方志编纂委员会.汕头市志（第三册）[M].北京：新华出版社，1999：1117.

"统收统支"的预算管理体制，一切收支项目、收支办法与开支标准均由中央和省统一规定，财政收入全数上缴，支出由省审核下拨。1953年以后，随着国家财税政策的逐步规范，潮汕地区财政预算管理体制进行了一系列的调整完善。

第一，执行"划分收支，分级管理"预算管理体制。

1953年，我国实行中央、省、县（市）三级财政管理体制。当时潮汕行署属省派出机构，行署及其直辖事业单位收支列入省级财政；各县（市）建立一级财政，固定收入包括：利息所得税、印花税、屠宰税、交易税、城市房地产税、车船使用牌照税；公用事业附加，县（市）管理的地方国营企业利润及折旧，县（市）及乡（镇）的行政、事业公产、其他收入，"三反""五反"退赃收入，上年结余、省级预算补助收入等。支出范围包括：县（市）区政府行政经费，党派团体补助费，乡（村）镇行政费，县（市）区人代、农代会议费，乡村会议费，司法业务费，文教卫生经费，以及其他经批准列入县（市）预算内的开支。1956—1957年，中央财政进一步下放，地方财政体系逐步得到完善和巩固。[1]

第二，实行"以收定支"的预算管理体制。

1958年，汕头行署各县实行"以收定支，五年不变"的预算管理体制。其收入主要包括：地方固定收入，把原属于县（市）的企业、事业收入的7种地方税及县（市）的其他零星收入列为地方固定收入；上级补助收入，以县（市）每年正常支出为基数，按20%计算数额由省给予拨款，作为上级补助收入；省级企业分成收入，将省管和1958年以后下放给县（市）管企业各项收入的30%，划归企业所在的县（市）的财政收入；调剂分成收入，主要有工商营业税、工商所得税、商品流通税、货物税、农业税和公债收入。[2]

第三，实行"总额分成，一年一定"的预算管理体制。

1959年，汕头专署成立一级财政，省对专署实行"总额分成，一年一定"的体制，汕头专署财政局按省分配的指标，分配给所辖各县（市）及直辖单位。收支划定后，按收支计划实行包干，在预算执行中，超收部分按比例分成，上级补助款按原补助拨补，年终如有结余，归县市自行安排。1963年国民经济调整，财权集中，汕头地方财政只留少量机动。经中央批准，1963年汕头市的房地产税划归当地财政，作为城市维护费专款，列入地方预算，专款专用，不参与分成。1964年实行"收支下放，计划包干，地区调剂，总额分成，一年一定"的办法。

---

[1] 广东省汕头市地方志编纂委员会.汕头市志（第三册）［M］.北京：新华出版社，1999：1090.

[2] 广东省汕头市地方志编纂委员会.汕头市志（第三册）［M］.北京：新华出版社，1999：1091.

1965—1966年实行"总额分成加小部分固定收入"的体制。地方企业收入和工商统一税列入总额分成；商业企业收入列入省级预算，农业税全额上缴中央；房地产税收入留归地方；将地方屠宰税、文化娱乐税、车船使用牌照税、牲畜交易税、集市交易税、饮食服务行业收入及其他收入划作地方固定收入。在地方支出中，除基本建设，企业流动资金，特大防洪、抗旱、救灾、救济费4项费用仍由省、专署专项拨款外，其他各项支出均参与各县（市）的收入分成。[1]

第四，实行多种临时过渡办法的预算管理体制。

1966年地方固定收入大幅度下降，1967年开始实行"收入挂钩、总额分成"的办法。1968年实行"收归收，支归支，收支两条线分别算账"的体制，地方预算收入上缴中央财政，行政事业支出按国家分配的预算指标由中央财政拨款，年终结余全留地方。国家分配给地方的基本建设投资，年终按实际支出数列报决算，由中央拨款；结转到下年的续建工程（含已动工和尚未动工的结转项目）所需的投资，由国家在下一年度计划中统筹安排。

1969—1970年实行"收支挂钩，总额分成"。1971—1972年，汕头地区实行"定收定支，收支包干，保证上缴，结余留用"的体制。1973年采取"定收定支，总额分成，超收奖励，结余留用"的体制，收入实行总额分成。预算支出中，除小型农田水利、支援农村人民公社支出、基本建设投资、流动资金、特大自然灾害救济款、城市人口上山下乡安置费等由上级拨专款外，其余各项支出参与总额分成。超收部分50%留地方，50%上交省。年终结余，除国家统一规定的专款结转项目外，留归地方统筹使用，短收和超支地方自求平衡。

1974—1975年，实行"收入按固定比例留成，超收另定分成比例，支出指标包干"的办法，这个体制也称"旱涝保收"。财政收入按固定比例给地方留成，省确定汕头市区的留成为1.4%；汕头地区决定在省给1.4%的留成中，除南澳县全数给外，对其余各县（市），地区留0.6%，各县（市）留0.8%。地方财政支出按指标包干，除了基本建设投资、流动资金、小型农田水利及防汛岁修、农村人民公社支出、城镇知青下乡补助费、自然灾害救济费列作专款，由地区掌握拨款以外，其余各项支出参与收入分成。[2]

---

[1] 广东省汕头市地方志编纂委员会.汕头市志（第三册）［M］.北京：新华出版社，1999：1091-1092.

[2] 广东省汕头市地方志编纂委员会.汕头市志（第三册）［M］.北京：新华出版社，1999：1092.

（二）调整完善税收征管体制

自新中国成立至20世纪50年代中期，实行以"多种税、多次征"为特征的复税制，基本适应当时多种经济成分并存的情况，对促进潮汕地区国民经济的恢复和第一个五年计划的顺利完成起了重要作用。社会主义改造基本完成以后，国有经济和集体经济占绝对优势。税制建设指导思想强调简化，经过1958年和1973年两次调整和简并，税种越来越少。1973年开始，对国有企业只征收工商税一种，对集体企业只征收工商税和所得税两种。由于税收同经济活动许多环节不挂钩，影响了税收作为经济杠杆作用的发挥，也导致税收增长缓慢。第一次税制简并时期只递增2.3%，第二次简并期间只递增7.5%。[1]

第一，统一税政，建立新税制。

1950年2月开始，潮汕各级税务机关先后执行中央人民政府政务院1950年1月颁布的《关于统一全国税政的决定》和《全国税政实施要则》，征收管理的税种有货物税、工商业税、薪给报酬所得税、房产税、地产税、使用牌照税等11个税种，盐税和关税则分别由盐务部门和海关负责征收，并由海关代征进口商品货物税。同年7月，潮汕区税务机关根据政务院财政委员会发布的调整税收的决定，暂不开征薪给报酬所得税和遗产税，将房产税和地产税合并为房地产税，原来货物税的1136个征税品目简并为358个品目；印花税30个税目并为25个税目；降低盐税、利息所得税和货物税中的纸烟、毛织品、火柴的税率；提高工商业税中所得税的累进起点和累进额、增加累进级数和缩小累进幅度；其他税种也做了一些减轻税收负担的调整。[2]

第二，修正税制，试行商品流通税。

1953年，根据国务院财经委员会公布的《关于税制修正及实行日期的通告》和《商品流通税试行办法》，对原来的税收制度作了若干修正，对国家能够控制生产或收购的22个货物税目改征商品流通税，实行一次课征制。同时修订了货物税和工商营业税，经过税制修正，粤东区税务机关负责征收管理的工商税收有商品流通税、货物税、工商业税、印花税、屠宰税、城市房地产税、文化娱乐税、车船使用牌照税、牲畜交易税和利息所得税等共10个税种，盐税和关税仍分别由盐务部门和海关负责征收。[3]

[1] 广东省汕头市地方志编纂委员会.汕头市志（第三册）[M].北京：新华出版社，1999：1118.

[2] 广东省汕头市地方志编纂委员会.汕头市志（第三册）[M].北京：新华出版社，1999：1119.

[3] 广东省汕头市地方志编纂委员会.汕头市志（第三册）[M].北京：新华出版社，1999：1120.

第三，改革税制，开征工商统一税。

1958年9月，汕头专区各级税务机关根据国务院公布的《工商统一税条例（草案）》，把原有的商品流通税、货物税、营业税和印花税4种税合并为工商统一税。除关税外，汕头税务机关征收管理的工商税收有工商统一税、工商所得税、车船使用牌照税、城市房地产税、盐税等9种。1961年工商统一税税目和税率的调整以及盐税税额的调整等权限收回中央管理。[1]

第四，简并税制，试行工商税。

1966年之后，税收管理权进一步下放，汕头地区革命委员会有审批按照规定纳税有困难的县办"五小"（小电力、小农机、小煤窑、小钢铁、小化肥）工业和纳入国家基建计划由国家投资新建企业的减免税权限。1972年1月，在汕头市和潮州市范围内试行工商税。1973年1月全面实施合并税种，简化税目、税率，并对少数税率作了调整。汕头地区的多数企业简化到只用一个税率纳税，同时为了支持农业生产，适当调低了农机、化肥、农药、水泥等的税率，手表、缝纫机等的税率则适当调高，并取消中间产品的征税规定。通过这次调整，汕头税务机关征收、管理的工商税收有工商税、工商所得税、车船使用牌照税、屠宰税、城市房地产税和盐税6个税种，关税仍由海关负责征收。[2]

（三）加强财政税收管理

第一，加强税务管理。

1. 税务登记

新中国成立以后，潮汕地区的国营、集体和个体的所有经营者都要向所在地税务机关办理税务登记，并由税务机关发给税务登记证，始准营业；遇中途发生停业、转业、合并、改组、迁移、更改名称者，应持凭工商行政管理部门及有关部门批准证件，到当地税务机关办理变更登记或重新登记。1950年，潮汕专区对工商业户全面登记。全区共登记工商业户28886户，其中国营56户、合作社111户、公私合营1户、私营23860户、个体4858户。1961年对纳税户进行核对，工商业户增至30984户，其中国营2033户、供销合作社551户、手工业合作社2146户、合作商店2109户、农村人民公社企业3402户、城市人民公社企业1042户、其他19701户。1978年全区重新复查清理纳税登记工作，登记户数20384户，其中国有企业1174户、集体企业9621户、其他纳税单位119户。

---

[1] 广东省汕头市地方志编纂委员会.汕头市志（第三册）［M］.北京：新华出版社，1999：1120.

[2] 广东省汕头市地方志编纂委员会.汕头市志（第三册）［M］.北京：新华出版社，1999：1120.

2. 纳税管理

新中国成立后，潮汕专区根据有关税务各种征管制度，对企业进行纳税鉴定，内容包括企业经营项目、税种、税目、税率、纳税环节、计税价格、纳税期限等，并在税收政策有变更或企业生产经营项目发生变化时，及时修改纳税鉴定。1951年根据《工商业税暂行条例施行细则》规定，建立纳税申报制度。1975年起，重新健全申报制度并逐步规范。1951年3月，潮汕专区税务局根据中南税务管理局颁布的《中南区建立发票制度及建账实施办法》，开始建立发票管理制度。1963年7月开始，根据广东省税务局《关于加强对工商业户发票管理的通知》，进一步完善发票管理制度。1974年11月，汕头各县（市）先后制定统一发票管理试行办法，进一步细化发票管理制度。[1]

第二，加强财政管理。

这一时期财政管理主要包括预算管理、国有企业财务管理、行政事业财务管理、预算外资金管理等内容。潮汕地区的财政管理执行"统一领导，分级管理"的原则，做到办事按计划、收入按政策、支出按预算、追加按程序，组织财政收支活动。

一是加强国有企业的财务管理。20世纪50年代初，国家加强了对国有企业、供销合作社和公私合营企业公股的规范化管理，重点加强对企业资金、成本（费用）、利润分配、财务等的计划管理和日常管理。1952年6月，汕头地区成立清产核资委员会，对国有企业开展清产核资。1961年、1971年两次对全区地方国营企业开展了清产核资。1979年开展了第4次清产核资。对全区工业、商业、物资、供销、农林、文教等企业和行政事业单位进行了全面清查。通过清查，全区工矿企业和商业1978年末定额流动资产共56583万元，其中工业企业20903万元。清出多余积压物资7727万元，占1978年末定额资产的36.97%。清查单位1978年末固定资产原值52294万元，其中工业企业41418万元；清出未使用不需用的固定资产2745万元，占1978年末固定资产原值5.2%。通过清查财产和核定企业资金定额，提高了企业自有资金水平，改善了企业经营管理，加强了经济核算工作，提高了经济效益。[2]

二是加强行政事业财务管理。1950—1952年，汕头地区及所属各县、市的

---

[1]　广东省汕头市地方志编纂委员会.汕头市志（第三册）［M］.北京：新华出版社，1999：1146-1147.

[2]　广东省汕头市地方志编纂委员会.汕头市志（第三册）［M］.北京：新华出版社，1999：1098.

行政事业经费开支，作为单位预算被列入省级预算。1953年，汕头各县、市建立一级财政，1955年后，逐步建立健全了行政事业财务管理制度。对行政事业单位的财务管理分别采取了全额管理、差额管理、企业化管理、民办公助管理4种形式。其中，除报社、影剧院等收入比较稳定的单位实行企业化管理，集体所有制的卫生院等给予经费补助外，其余大部分单位实行全额管理和差额管理两种形式。[1]

三是加强预算外资金管理。预算外资金的管理范围，是国家根据财政经济情况和财政体制的变化统一规定的。主要包括地方财政部门管理的预算外资金、事业行政单位管理的预算外资金、国有企业及其主管部门管理的预算外资金。支出主要用于企业自身的挖潜、革新和改造，企业固定资产的大修理，兴办职工集体福利事业等。1951年，潮汕专区执行省政府对县（市）地方财政管理的规定，明确划分收支范围，全区开始按省统一规定征收各种附加项目，按规定的支出范围开支。各县、市的预算外资金开始编造决算，报专署审核，转报省财政厅核销。1959年以后，汕头地区颁布了一系列政策规定，逐步规范预算外资金管理。1962年，中央决定把地方各级财政预算外资金纳入国家预算统一管理，在地方预算收支总表中专门设置科目反映。预算外资金仍然是地方的机动财力，全区各县、市财政预算外资金均列入预算进行综合平衡。1977年开始，着手整顿和加强对预算外资金的管理，规定了各级财政部门必须把预算以外的财政收支，特别是预算外企业的收支，单独编制决算，随同各级财政总决算上报。[2]

第三，加强财税监督检查。

财政监察是履行财政监督的重要手段，贯穿在整个财政监督的过程之中。1952年11月14日，成立广东省人民政府粤东行政公署财政处，设财政监察科。1966年财政监察业务中断。[3]

1950年3月，由广东省潮汕区税务分局成立开始，所有基层税务机关都建立纳税检查制度。1951年潮汕专区各级税务机关通过纳税检查，补征所得税340万元，占全年全区所得税收入532万元的63.9%。社会主义改造基本完成后的纳税检查，采用发动企业自查互查、税务机关重点检查相结合的方法。1963年汕头税务机关共检查29188户次，发现有错漏的1383户次，错漏占检查面的4.74%，追

---

[1]　汕头市财政局.汕头市财政志（清代—1987）［M］.内部资料，1990：297.

[2]　汕头市财政局.汕头市财政志（清代—1987）［M］.内部资料，1990：317-320.

[3]　汕头市财政局.汕头市财政志（清代—1987）［M］.内部资料，1990：345-347.

收入库税款118万元。1977年8月，汕头地区各级税务机关根据广东省财政局《关于恢复和健全税务征管制度的通知》，重新健全纳税检查制度。[1]

三、保障潮汕经济社会建设资金的供应

新中国成立以后，潮汕地区各级人民政府的财政支出在"取之于民，用之于民"的前提下，本着"一要吃饭，二要建设"的原则，统筹兼顾，全面安排，主要用于5个方面：经济建设费，文教科学事业费，抚恤、社会救济和福利费，行政管理费以及其他支出。

1950—1978年，汕头地区财政总支出为248166万元，其中1978年财政支出16608万元，比1951年增长23倍。1978年支出中用于经济建设投资6673万元，占40.18%；文教科卫支出6368万元，占38.34%；行政管理费支出2347万元，占14.13%。[2]

（一）重点支持经济建设

新中国成立后，潮汕各级财政的经济建设费支出，主要用于发展工农业、科学技术、城市建设等方面。1950—1978年，汕头地区的经济建设费累计90507万元，为同期财政总支出的36.47%（不包括上解支出）。[3]

第一，基本建设投资。

1950—1978年，潮汕地区基本建设投资累计32905万元，占同期财政总支出的13.26%。1950—1952年国民经济恢复时期，基本建设投资共98.6万元，仅占同期财政总支出的0.03%。1953—1957年，潮汕地区基本建设拨款为2938.8万元，占同期财政总支出的9.83%。1958—1960年，财政上虚收实支，基本建设投资大幅度增加，3年间基本建设投资达11198.3万元，占同期财政总支出的31.24%。1961—1965年，潮汕地区贯彻执行"调整、巩固、充实、提高"方针，着重解决基建超过地方承受力的支出问题，紧缩财政支出，5年的投资下降为2081.6万元，仅占财政总支出4.84%，比1958—1960年减少26.4%。由于控制货币投放，基建投资的规模得到控制，农轻重投资比例趋于合理。1965年的基建比例中：农业占37.7%，轻工业占32.5%，重工业占29.8%，基本适合当时潮汕经济的发

[1] 广东省汕头市地方志编纂委员会.汕头市志（第三册）[M].北京：新华出版社，1999：1148.

[2] 根据《汕头市财政志（清代—1987）》（内部资料）有关数据整理。

[3] 汕头市财政局.汕头市财政志（清代—1987）[M].内部资料，1990：345.

展水平。1966—1976年，全区基建投资16493万元，为同期财政支出的15.28%。1977—1978年潮汕地区贯彻执行第二次国民经济调整方针，基建拨款仅94.6万元，主要用于解决行政机关用房及干部职工宿舍紧张问题。[1]

第二，企业挖潜改造资金和科技三项费用。

落实企业挖潜改造资金方面。1950—1967年，重点解决汕头地区国有企业"四项费用"（企业固定资产更新改造、技术组织措施、劳动安全保护措施、零星固定资产购买和新产品试制资金）。1971年开始，地方财政对为农业服务的县办"五小"企业（即小水电站、小煤矿、小水泥厂、小钢铁厂、小化肥厂）给予投资性的补助。预算中设置"五小企业投资"的支出科目，1971—1975年支出923.1万元。

地方科学技术三项费用方面，包括新产品试制费、中间试验费和重要科学技术研究补助费，1957年以前该费用列入基本建设支出项目。1958—1961年，国有企业实行利润留成，由其企业利润留成资金开支。1962年开始，潮汕各级地方财政每年均对科学技术费用拨款。[2]

第三，支援农业生产支出。

一是1960年开设小型农田水利补助费、水土保持费、抗旱经费和小水电补助费等，对减少洪涝灾害、有效提高抗旱能力起到很大作用。二是1960年开设支援农村人民公社投资。三是赔退支出。1961年开始，汕头地方财政对"大跃进"期间无偿调用的集体或个人的粮食、木材及其他生产资料，拆毁或占用的集体或个人的房屋给予分期退赔，共支出1931.6万元。四是农村开荒补助费、造林和林木保护补助费、水产补助费等。[3]

第四，城市维护费。

1951年，汕头地方财政的城市维护费称为市政建设费，分城市地籍整理费、城市消防费、城市环境卫生费和其他市政事业费，至1952年共支出28万元。1954年改为市政建设费和其他市政建设费两项。1956年又改为城市公用事业费支出，下分公共工程维护费、消防和交通设施费、公共卫生维护费、绿化及园林管理费、公共建设维护费、勘测设计费和市政规划费7项。1957年又简化为公共工程建设费和公共事业维护费。1953—1957年，汕头地方财政该项支出的拨款为

[1]　广东省汕头市地方志编纂委员会.汕头市志（第三册）［M］.北京：新华出版社，1999：1075.

[2]　广东省汕头市地方志编纂委员会.汕头市志（第三册）［M］.北京：新华出版社，1999：1076.

[3]　广东省汕头市地方志编纂委员会.汕头市志（第三册）［M］.北京：新华出版社，1999：1078.

341.8万元，占同期财政总支出的1.4%；1958—1960年该项支出为2226.5万元，占同期财政总支出的0.63%；1961—1965年，因紧缩财政支出，支出较前期下降，5年共支出223.9万元，占同期财政总支出0.52%；1966—1976年城市维护费为2247.7万元，占同期财政总支出的2.08%，呈上升趋势。[1]

（二）促进社会稳定发展

新中国成立后，潮汕的文教科学卫生等事业费支出是地方财政主要支出之一。1950—1978年，用于文教科学卫生事业发展的费用支出97301万元，占同期财政总支出的39.21%。1978年财政支出16608万元，其中用于文教科学卫生支出6363万元，占总支出的38.31%。[2]

第一，文化事业费。

1950—1952年先后设置文化事业费、戏剧事业费、电影事业费、科学文化普及事业费、群众文化经费、文化联络活动费、文物事业费、图书馆经费等支出项目。1957年，在其他文化事业经费中又增设文史馆经费和文化电影企业预算计划亏损经费。1976年，将图书馆经费以及其他文物事业费划出，另设"文物事业费"一款。1952—1978年，潮汕地区支出文化事业费2094.2万元（缺1950—1951年及1968—1969年数字），为同期财政总支出的0.84%。各个时期的具体情况：国民经济恢复时期（1950—1952年），新办文化事业不多，市区3年仅拨款2.5万元；1953年开始，文化事业有所发展，至1957年拨款为142.5万元，年平均支出28.5万元；1961—1965年共支出295万元，年平均支出59万元；1966—1976年共支出1088.2万元，年平均支出98.9万元。[3]

第二，教育事业费。

新中国成立后，1950—1978年汕头地方财政的教育事业费支出总计70156.9万元（缺1950—1951年及1968年数字），占同期财政总支出的28.27%，是全市财政总支出中数额最大的一款。其各时期的具体情况是：国民经济恢复时期的1952年（缺1950—1951年具体数字）支出581.7万元；1953—1957年支出12538.2万元；1958—1960年支出8945万元；1961—1965年支出14291.6万元；1966—1976年支出28099.4万元；1977—1980年支出19125万元。[4]

[1] 广东省汕头市地方志编纂委员会.汕头市志（第三册）［M］.北京：新华出版社，1999：1077.

[2] 根据《汕头市志（第三册）》有关数据整理。

[3] 广东省汕头市地方志编纂委员会.汕头市志（第三册）［M］.北京：新华出版社，1999：1080.

[4] 广东省汕头市地方志编纂委员会.汕头市志（第三册）［M］.北京：新华出版社，1999：1080.

第三，卫生、公费医疗、计划生育事业费。

一是卫生事业费。1953年卫生事业费支出327.3万元，为财政总支出的6.89%。1957年支出280.5万元，是年地、县、乡镇三级医疗服务网基本形成，卫生事业费却递增不多，主要原因是国家废除了对医疗单位"药物基金"按特种资金给予差额拨款的管理办法，将其改为"药材周转金"，并纳入医疗本身金额预算内，补助定额和药材储备定额的降低减少了财政支出。1958—1960年，支出694.9万元，占同期本费类支出的6.63%。1961—1965年，支出1522.4万元。1966年，国家调整降低药品价格，医疗机构的收入减少，支出增加；地方财政适当增加拨款，是年拨款达185.8万元，比1965年增加了49.24%。1966—1976年医院经费共支出5418.6万元（缺1968年数字），年平均支出492.6万元。1977年之后，调整提高了医护人员的工资，增拨了医疗设备购置费、修缮费，1977—1978年共支出1835.7万元，占同期本费支出15.7%。[1]

二是计划生育事业费。1964年，国家预算科目中开始设置计划生育事业费，是年支出12万元。1965年支出21.8万元，1971—1973年共支出219.6万元，1974—1978年共支出713.8万元。[2]

三是公费医疗经费。1958年开始单独列支，1958—1978年共支出3567.2万元。1962年，每人年平均支出33.17元。1976年人均支出35元。[3]

各级财政还负责拨付抚恤和社会福利救济经费，确保抚恤事业费、退休退职及离休费、社会福利救济事业费、自然灾害救济事业费的落实。

（三）确保行政管理正常运作

新中国成立后，潮汕地区的行政管理费主要是行政支出。1950—1952年，行政管理费支出1428万元，占汕头地方财政总支出的31.58%。此后，行政管理费支出呈现下降的趋势。1953—1957年支出7398万元，占26.93%；1958—1960年支出5157万元，占14.93%；1961—1965年支出7788万元，占18.14%；1966—1976年支出16664万元，占15.44%；1977—1978年支出4216万元，占14.46%。1950—1978年，潮汕地区行政管理费共计支出42651万元，占同期财政总支出的17.21%。其中1978年行政管理费支出2347万元，占当年总支出的14.13%。[4]

[1] 广东省汕头市地方志编纂委员会.汕头市志（第三册）［M］.北京：新华出版社，1999：1081.

[2] 广东省汕头市地方志编纂委员会.汕头市志（第三册）［M］.北京：新华出版社，1999：1081.

[3] 广东省汕头市地方志编纂委员会.汕头市志（第三册）［M］.北京：新华出版社，1999：1081.

[4] 根据《汕头市志（第三册）》《汕头市财政志（清代—1987）》有关数据整理。

新中国成立以后，潮汕财政在大多数年份保证了各级政府、工农业生产和文教卫生事业的资金需要，其间有8年出现财政赤字，金额达到5425万元（未经省调补平衡的数字），其中1966—1976年11年间就出现4年赤字。[1]

第二节　1978—1991年潮汕财政税收的改革与发展

中共十一届三中全会后，随着经济体制改革的逐步深入，潮汕地区的地方财政税收体制也在不断改革和完善。1979—1991年，潮汕地区的财政收入从25052万元增加到114121万元，年均增长13.47%；财政支出从18136万元增加到131915万元，年均增长17.98%（见表8-2）；[2]税收收入从20135.8万元增加到99856万元，年均增长14.28%。[3]

表8-2　1979—1991年汕头地区（市）公共财政预算收支表[4]

单位：万元

年份	公共财政预算收入	公共财政预算支出	年份	公共财政预算收入	公共财政预算支出
1979	25052	18136	1986	40456	55251
1980	26385	20010	1987	55914	64255
1981	27243	21391	1988	83174	90490
1982	28428	24390	1989	84785	90997
1983	26399	24520	1990	84084	102081
1984	27564	28898	1991	114121	131915
1985	30441	40988			

注：1.1988年数据包括潮州市；2.1988—1991年数据包括普宁、惠来、揭阳、揭西、饶平县。

[1] 汕头市财政局.汕头市财政志（清代—1987）［M］.内部资料，1990：11.

[2] 根据《汕头市志（第三册）》《汕头市财政志（1988—2012）》有关数据整理。

[3] 根据《汕头市税务志（清代—1987）》《汕头市财政志（1988—2012）》有关数据整理。

[4] 根据《汕头市志》第三册、《汕头市财政志（1988—2012）》有关数据整理。

一、改革开放后潮汕财政税收管理体制的改革

（一）财政管理体制的调整改革

1978—1991年，国家进行了一系列改革，打破了长期以来统收统支、高度集中的财政体制，一定程度扩大了地方政府在组织收入和安排支出上的自主权。

第一，实行"分灶吃饭"的财政管理体制。

1976—1979年，广东省对汕头地区所属各县（市）实行"定收定支，收支挂钩，总额分成，一年一定"的预算管理体制。收入按核定指标总额计算，不包括屠宰税、车船牌照税和城市房地产税；支出指标总额，除流动资金、小型农田水利费、水土保持费、防汛岁修费、支援农村人民公社投资、城市人口下乡安置费、自然灾害救济费及"体制分成"不计算留成外，其他各项支出参与收入分成。1980年实行"定收定支，收支挂钩，增收分成，一定二年"的体制，这个体制实际上只实行了1年。[1]

1981—1984年，广东省对汕头地区行署（后改汕头市）的预算和县（市）的预算分开，实行"定收定支，收支包干，超收和结余留用"的管理办法。1981年实行"划分收支，分级包干"的体制（即"分灶吃饭"的体制）。1983年规定，县办工业企业亏损负担比例改为同盈利企业的留成比例相一致，由县（市）财政承担一半。1983年，广东省对汕头经济特区实行特殊的预算管理体制，即特区收入全部留用，同时还拨给特区开放建设补助费。1984年，汕头市辖区升格为县级区，市对其实行"定收定支，总额分成，比例包干，一定二年"的办法。1985年省对汕头市实行"划分税种，核定收支，分级包干，一定五年"的预算管理体制。汕头市人民政府要求所辖各县市（区）安排收支预算及执行过程，如企事业单位的隶属关系改变，应相应调整（补贴）数额，或者单独进行结算，对由国家经济改革措施引起的财政收支变动，除省人民政府规定者外，不准调整上缴或补贴数额，不得截留国家财政收入。[2]

第二，实行"划分税种，核定收支，分级包干"的财政管理体制。

1985年1月，国务院颁布《关于实行"划分税种，核定收支，分级包干"财政管理体制的规定》，决定自1985年起，实行全国统一的"划分税种，核定收支，分级包干"的财政管理体制。

[1] 广东省汕头市地方志编纂委员会.汕头市志（第三册）［M］.北京：新华出版社，1999：1092.

[2] 广东省汕头市地方志编纂委员会.汕头市志（第三册）［M］.北京：新华出版社，1999：1093.

广东省对汕头市实行"划分税种，核定收支，分级包干，一定五年"的财政管理体制，并对汕头经济特区范围内的收入继续实行全部留用的办法。实行新的财政管理体制，主要是在1984年实行的财政管理体制基础上做一些变动，即财政收入范围的划分：海关代征的进口产品税和增值税，除国家规定的钟、表等17种产品的进口产品税、增值税以及各项调节税外，全额上交中央财政，其余产品的进口产品税和增值税作为市的预算收入，并以1984年实际收入为基数，实行核定比例分成，超过基数部分50%留作市财政预算收入。财政支出范围的划分：原属包干范围的城市维护费和按工商企业利润5%计提的城建资金支出指标，从包干基数中收回；原属于包干范围的增拨企业流动资金、人防经费，也从包干基数中收回。边防武装警察部队经费、防汛经费和支援穷队投资等，按规定上划，并相应划转支出基数，包干使用。汕头市实行这一体制至1990年。[1]

第三，实行新的财务管理体制。

1979年后，对行政事业单位的财务管理，着手理顺国家与单位的分配关系，改革单位预算管理方式，逐步改变"计划管理，全额拨款，年终结余上缴"的模式，普遍实行"经费包干，结余留用，超支不补"的模式。对有经常性事业费收入的单位，实行"核定任务，收入上缴（或由主管部门掌握），超收留用"的办法；对全额预算管理的行政事业单位的正常经费，实行"核定预算，年终结余收回"的办法，对公用经费、业务费、职工福利费实行"按标准定额包干，年终结算，结余收回"的办法；对有收费收入的事业单位，实行"核定收支，差额（定额）补助，超支不补，结余留用"的办法。对各项专款和临时性经费、大型修缮费、购置费、全市大型会议费及市领导批准的特殊性开支，实行专项编报、专款专用的办法。[2]

1987年，对企业财务管理制度进行了改革。汕头市全市117个大中型国营工业企业实行目标利润管理和承包经营责任制，扩大企业自主权。当年实现承包利润金额3224万元，超额完成承包基数788万元。[3]

1991年，汕头市由地方财政上缴省级和中央财政的收入达到55051万元，占

[1] 广东省汕头市地方志编纂委员会.汕头市志（第三册）[M].北京：新华出版社，1999：1093.

[2] 汕头市地方志编纂委员会.汕头市志（1979—2000）（上册）[M].广州：广东人民出版社，2013：710.

[3] 汕头市财政局.汕头市财政志（清代—1987）[M].内部资料，1990：10.

地方财政收入的51.29%。[1]

（二）税收管理体制的改革完善

中共十一届三中全会后，随着对内改革、对外开放政策的实行，汕头地区经济发生了深刻变化，多种经济成分、多种经营方式蓬勃发展，原来的单一税收制度已难以适应新形势的需要，不利于对外开放政策的执行。1978年开始全面推行税制改革。1980年起，国家陆续颁布了新的税收法律和行政法规，汕头地区按照国家统一部署，逐步规范税收管理。

第一，实施适应对外开放的涉外税收制度。

为适应对外开放的需要，汕头地区于1981—1982年先后实施了《中华人民共和国中外合资经营企业所得税法》《中华人民共和国个人所得税法》《中华人民共和国外国企业所得税法》《中华人民共和国工商统一税条例（草案）》《车船使用牌照税暂行条例》和《城市房地产税暂行条例》。1991年，国家将《中华人民共和国中外合资经营企业所得税法》和《中华人民共和国外国企业所得税法》两部税法合并为《中华人民共和国外商投资企业和外国企业所得税法》。这些税法的实施，有效地推动了汕头地区引进外资和扩大对外经济交往。

1981年5月，广东省财政厅收回原下放给地区掌握的县办"五小"工业和国家投资新建企业的减、免税审批权限，以及原下放给县、市掌握的工业企业综合利用本企业废品原料生产的产品减、免税审批权限。1984年，汕头市人民政府根据广东省财政厅（84）粤财税字第40号通知，按照税法规定需要给予减免税照顾的审批权限，对汕头地区各类经济性质企业和个体经营者生产销售工业产品（除烟、酒、糖、手表外）和经营业务收入应纳的工商税，属于经济特区内（不包括市区和所属县、市）的企业，全部由汕头市人民政府审批；属于汕头市区内的每户年减免税额在10万元以下的企业和汕头市所属各县（市）每户年减免税额在5万元以下的企业，也由汕头市人民政府审批。

第二，实施两步利改税。

1983年，根据财政部《关于国营企业利改税试行办法》和《关于对国营企业征收所得税的暂行规定》，汕头市对国有企业进行第一步利改税，把过去由企业向国家上缴利润的分担形式，改为国家征税的形式，并先后开征增值税、建筑税、资金税。1984年10月1日起，汕头市实行了国营企业第二步利改税，把过去

---

[1] 汕头市财政局.汕头市财政志（1988—2012）［M］.2016：90.

国有企业上缴利润改为征收所得税，把国家与企业的分配关系用税收法律的形式固定下来。

第三，全面改革工商税制。

根据国家的规定，从1980年起开始进行税制改革。1985年工商税制全面改革后，我国又陆续恢复和设置了部分新税种，调整了税目税率。汕头地区先后开征了增值税、建筑税、奖金税、房产税、城镇土地使用税等若干个税种，逐步形成了一个多税种、多环节、多层次征收的复合税制，基本上满足了经济发展的需要，强化了税收组织财政收入和宏观经济调控的功能，促进了地方经济建设的发展。

（三）开展税收财务物价大检查

1985年5月，国务院决定自当年起，每年在全国范围内进行一次税收财务物价大检查。汕头地区在当年9月成立税收财务物价大检查办公室，各区县均相应成立大检查办公室。大检查以财政、税务、审计等经济监督部门为主要力量，企业主管部门共同参与，代表国家对企业、事业、行政单位、社会团体和个体工商户执行财经法纪情况进行集中监督检查。在大检查中，对查出违纪问题的处理，坚持"自查从宽，被查从严，实事求是，宽严适度"的原则，边检查、边核实、边处理、边入库、边调账、边整改，避免国家财政收入流失。1988年，大检查以"治理经济环境，整顿经济秩序"为中心工作，全地区共查出违纪金额3901万元，应补交入库金额2246万元，已入库金额1819万元。1989年，全市共派出591个检查组、2353名检查人员，重点检查经济主管部门和有罚没收入的执法机关、国营中型企业和亏损大户、各类公司、经营收入较多的集体企业等。全地区自查户数28018户，占应查面100%，自报有违纪金额1143万元；重点检查9081户，占总户数的32.41%，查出违纪金额5885万元。应补交入库违纪金额2994万元，实际入库金额2652万元。[1]1990年以后，每年均开展税收财务大检查，通过自查、重点检查、查漏补缺等形式，及时发现问题、解决问题，对部分企业单位、个人在增值税发票、核算、缴纳等方面弄虚作假、偷漏税收，部分企业单位违反财会制度、乱挤乱摊成本、随意核销费用、截留财政收入、偷漏所得税，部分行政事业单位乱收费现象比较突出等违纪违法问题，及时做出处理。

二、改革开放与特区财税政策的调整

（一）汕头经济特区的税收状况

1983年起，汕头经济特区开始征收工商统一税和车船牌照税，数量很少。1984年，汕头特区开始发展内联企业后，税收明显增加。到当年底，税收收入119.03万元，比上年增加118.04万元。1985年特区税务局成立后，加强了税收征管工作，税收增长幅度较大。全年税收612.58万元，比上年增长414.6%，其中涉外税收（包括工商统一税、"三资"企业所得税、车船牌照税、增值税、营业税、所得税等）比上年增长811%。1986年特区工农业发展更快，商业购销两旺。加上中央开征几个新税种，这一年税收收入2546万元，其中涉外税收比上年增长167%（产品税增长80.9%，营业税增长150%，增值税增长423%，所得税增长320%，其他税收增长157.9%），全年总收入为上级下达征收任务的257%。1987年，特区换发税务登记证达1061户，纳税户的纳税鉴定率达100%；对个人收入调节税、车船使用税、房产税，以及个体户和其他零星税源的管理也得到加强，仅这些项目税收就达11.78万元。1987年度财务税收大检查后，税收工作有了新的进展，全年税收收入5283万元，比上年增长108%。其中涉外税收（包括工商统一税、个人收入调节税、"三资"企业所得税）年收入比上年增长76.3%（产品税增长101%，营业税增长121%，所得税增长40%，其他税收及补税增长2640%）。[1]

（二）适应汕头经济特区发展的财政政策

为加快特区建设步伐，使特区尽快形成良好的投资环境，广东省对汕头经济特区实行了"财政收支全留"的财政体制。汕头市采取各种措施，在财政上大力扶持特区发展。1981—1987年，汕头经济特区的财政收入主要靠省专项拨款、汕头市财政分成和税费收入，三项合计18104.3万元，占整个财政收入的97.5%。[2]

1981年省外经委拨款300万元。1982年汕头市财政分成626万元（含市"三防"拨款6万元）。1983—1987年，汕头市财政分成每年固定640万元。1984—1986年，广东省人民政府一定3年，每年给汕头经济特区专项拨款1000万元。这样，特区建设前6年，省专项拨款和汕头市财政分成共7099.3万元，占这个时期财政收入的54%。1985—1987年，特区财政收入以税收收入为主。这3年税收收入共10225.4万元，占同期财政收入的72.9%。从1984年开始，特区国有企业有了

---

[1] 广东省汕头市地方志编纂委员会.汕头市志（第三册）［M］.北京：新华出版社，1999：1459.

[2] 广东省汕头市地方志编纂委员会.汕头市志（第三册）［M］.北京：新华出版社，1999：1457.

利润，至1987年，国有企业上缴利润709.4万元。在拨补企业亏损方面，1985—1988年累计拨补亏损1564.3万元，其中拨补龙湖轮亏损1408.65万元，占整个拨补亏损数的90%。1981—1987年，汕头经济特区的财政收入达18586.65万元。[1]

基本建设方面，对特区实行"在计划指导下，谁经营谁集资贷款"的办法。从1981年底开始至1987年，特区基本建设投资累计63478万元，其中财政拨款5804万元。1988年，特区工业产值5.47亿元、出口总值2.98亿美元，比1987年分别增长74.31%和67.5%。1981—1987年累计回收资金50800万元，占特区开办7年来投入资金总额的56.5%。1981—1987年，汕头特区财政拿出较多资金用于基本建设投资和城市维护，仅这两项共支出9024.8万元，占整个财政支出的48.6%。1981—1987年，财政支出达18569.65万元，收支相抵，基本平衡，略有结余。[2]

（三）汕头经济特区的税收优惠政策[3]

根据国家有关政策，汕头经济特区对在特区内开办的"三资"（中外合资经营、中外合作经营、外商独资经营）企业、内联企业、内资企业和高新技术企业，出台了一系列税收优惠政策，主要有：

1. 外商在汕头经济特区投资办企业，其所得税率为15%，经营期在10年以上的生产性企业，从获利年度起，可享受2年全免、3年减半征收所得税的优惠待遇。减免期满后，如属当年出口产品产值达到当年企业产品产值70%以上的产品出口企业，可减按10%的税率缴纳所得税；属先进技术企业，可以延长3年减半缴纳企业所得税。

2. 外商在汕头经济特区没有设立机构而来源于特区的股息、租金、特许权使用费和其他所得，除依法免征所得税外，减按10%的税率征收所得税。

3. 外商将其所得利润在特区再投资扩建产品出口型企业或技术先进型企业，其经营期不少于5年的，可全部退还其再投资部分已缴纳的企业所得税款项。

4. "三资"企业应征收房产税的房屋，自购买或落成之月份起，免征房产税3年；如投资者为华侨或港澳台同胞，其房产税免征期为5年。

---

[1] 广东省汕头市地方志编纂委员会.汕头市志（第三册）［M］.北京：新华出版社，1999：1458.

[2] 广东省汕头市地方志编纂委员会.汕头市志（第三册）［M］.北京：新华出版社，1999：1458.

[3] 根据《汕头经济特区年鉴（1989·创刊号）》（广东人民出版社，1990）、《汕头市情与投资环境》（中共汕头市委政策研究室，1992）有关资料整理。

5. 外商投资企业作为投资进口的用于本企业生产和管理的设备、建筑器材，为生产出口产品而进口的原材料、元器件、零部件、包装物料，进口自用的办公用品和交通工具，以及进口供在特区工作居住的外商和国外技职人员使用的合理数量的家用电器和私人交通工具等，均免征进口关税。进口区内自用烟、酒等货物，可按照规定税率减半征税。

6. 外商投资企业出口自产产品，除原油、成品油和国家另有规定的产品外，免征工商统一税。

同时，对特区范围内的国内企业，除了给予全国统一的税收优惠之外，所得税按15%的税率征收，1986—1990年免予征收建筑税。

三、财政税收在潮汕地区经济社会发展中发挥重要作用

（一）经济建设投入

1979—1991年，汕头地方财政经济建设投入达到211705.2万元，占同期财政总支出的29.68%。

基本建设投资方面，1979—1991年，地方财政基本建设投资31181.8万元，占同期财政总支出的4.37%。1977—1980年，汕头地区基建拨款仅623.6万元。1981—1987年，汕头地方财政在偿还历史"欠账"的前提下，适当增加文教卫生城市建设的基本投资。7年间，全市通过地方财政预算拨款的基本建设投资16805.8万元。[1]

支持地方国营企业发展方面，1980年，汕头地方国营工业企业实行国家拨给流动资金有偿占有制度，至1983年，汕头各级财政的流动资金拨款1458万元，仅占同期财政总支出的1.6%。自1983年下半年开始，国有企业流动资金改由人民银行统一管理，企业所需的流动资金，由银行按信贷政策供应。财政部门已经拨给企业主管部门和企业的流动资金，仍然留给企业。1986年，为了搞活汕头经济特区，财政安排了流动资金支出1000万元。[2]

城市维护费方面，1979—1991年，地方财政共拨出城市维护费73295.7万元，占同期财政总支出的10.28%。在此期间，汕头市区新建、扩建了金砂、海滨、长平等19条马路，扩建桥梁1座，铺设下水道1863公里，服务面积10.5平方

---

[1]　广东省汕头市地方志编纂委员会.汕头市志（第三册）［M］.北京：新华出版社，1999：1075.

[2]　广东省汕头市地方志编纂委员会.汕头市志（第三册）［M］.北京：新华出版社，1999：1077.

公里，市区建成区面积（含经济特区）从1983年的8.9平方公里扩展至1987年的19.4平方公里。[1]

（二）社会发展投入

1979—1991年，汕头地方财政文教卫生科学事业投入达到231136.6万元，占同期财政总支出的32.4%。

文化体育事业费方面。1982年将文化馆、站经费改称"群众文化经费"。按1985年国家预算科目规定，文化事业费包括艺术表演团体经费、图书馆经费、群众文化经费、科学研究费、中等专业学校经费、干部训练费和其他文化事业费，共7项支出。中共十一届三中全会后，潮汕文化体育事业有所发展，1979—1991年，共支出21067.19万元，占同期财政总支出的2.95%。[2]

教育事业费方面。1983年增加高等学校业余教育经费及其他教育经费。1985年教育事业费下各项科目有高等学校经费、中等师范学校经费、职业教育经费、中学经费、小学经费、幼儿教育经费、高等业余教育经费、普通业余教育经费、教师进修及干部培训费、民办教师补助费、特殊教育经费、其他教育事业费等项目。1979—1991年，教育事业支出共142291.3万元，占同期财政总支出的19.95%。[3]

卫生事业费方面。1979—1991年，共支出卫生事业费42634.3万元，占同期财政总支出的5.98%。[4]

（三）促产培财

潮汕各级税务机关在税收工作中，加强促产培财，支持地方经济发展。早在20世纪五六十年代，汕头税务大力扶植蔗糖税这一地方重点税源，积极为蔗糖生产解决资金、工具、生产辅助材料不足等困难，确保各榨季完成榨蔗任务。

1978年后，汕头各级税务机关在实施税收优惠政策、促进特区建设发展的同时，充分发挥税收职能作用，支持企业改造革新，对企业实施"支、帮、促"。1987年与1984年比较，市区的66户国有企业产值增长43.03%，税收增长57.88%，固定资产增长75.06%；531户市级集体企业的产值也增长157.18%，利润增长510.31%，税收增长245.94%，固定资产增长221.14%。

为扶植乡镇企业发展，1986年6月，汕头市税务局制定了加快发展汕头市乡镇

---

[1] 广东省汕头市地方志编纂委员会.汕头市志（第三册）［M］.北京：新华出版社，1999：1077.

[2] 广东省汕头市地方志编纂委员会.汕头市志（第三册）［M］.北京：新华出版社，1999：1080.

[3] 广东省汕头市地方志编纂委员会.汕头市志（第三册）［M］.北京：新华出版社，1999：1080.

[4] 广东省汕头市地方志编纂委员会.汕头市志（第三册）［M］.北京：新华出版社，1999：1080.

企业、从税收上扶植和照顾等措施，对开办初期纳税有困难的乡镇企业、山区乡镇企业和贫困户组成的合作企业，以及生产销售直接为农业服务的产品等，都给予一定的扶植和照顾，促进了乡镇企业的发展。1987年，乡镇企业数达到97992户，比1981年增长675.71%；总收入341857万元，比1981年增长418.58%；纳税9241万元，比1981年增长304.59%；实现利润19844万元，比1981年增长200.71%。[1]

第三节　1992—2010年潮汕财政税收的发展

1991年，经国务院和广东省人民政府批准，当年11月1日起汕头经济特区范围扩大至234平方公里，随后撤并市辖区；12月，潮汕地区行政区划调整，分别设置汕头、潮州、揭阳3个地级市，财政税收体制也同步调整。汕头市财政局相应做好财政收支包干基数包括人员经费基数等财政各项划转工作，各市积极做好财政税收工作机构的设置和人员调整，确保了财税工作正常运转。

1992年以后，潮汕三市先后在财政管理体制、资金运筹形式、财务管理等方面进行了一系列重大改革，取得了较好的成效。从1992年至2010年，汕头、潮州、揭阳三市财政年收入分别增长6.79倍、8.11倍和11.87倍；财政年支出分别增长11.85倍、16.55倍和18.78倍。2010年，汕头、潮州、揭阳三市地方一般预算收入分别达到72.65亿元、23.25亿元和38.65亿元。从实行包干制到2010年，潮汕三市财政实现收支平衡，略有结余；税收收入也逐年得到发展。

表8-3　1992—2010年潮汕三市公共财政预算收支表[2]

单位：万元

年份	汕头市		潮州市		揭阳市	
	公共财政预算收入	公共财政预算支出	公共财政预算收入	公共财政预算支出	公共财政预算收入	公共财政预算支出
1993	137708	142134	39204	48220	48034	63535
1994	120309	181583	30435	68139	39780	88227

[1]　广东省汕头市地方志编纂委员会.汕头市志（第三册）［M］.北京：新华出版社，1999：1153.

[2]　根据《汕头市财政志（1988—2012）》《汕头统计年鉴2017》《潮州市志（1992—2005）》（上册）、《潮州统计年鉴2015》《揭阳市志（1992—2004）》《揭阳统计年鉴2017》有关数据整理。

续表

年份	汕头市		潮州市		揭阳市	
	公共财政预算收入	公共财政预算支出	公共财政预算收入	公共财政预算支出	公共财政预算收入	公共财政预算支出
1995	145321	221209	35148	75508	53553	110058
1996	131489	221326	33396	75401	54425	124033
1997	145777	245463	35594	80282	68664	147253
1998	164666	269184	39592	86998	77075	154865
1999	178647	268364	42654	93975	87785	169491
2000	189378	276990	45970	109121	92391	188950
2001	205597	301512	50810	125596	98304	208532
2002	200650	382812	52280	151241	99145	256059
2003	207785	447542	58959	173195	105821	309509
2004	214042	445431	52514	188779	81200	292664
2005	294434	501350	86442	213648	111929	309877
2006	349257	599268	106476	271352	137590	403513
2007	424883	728928	134987	335441	173237	514841
2008	512228	874279	160178	374330	223709	623369
2009	585353	993505	182457	442984	288656	767873
2010	726452	1217123	232514	559920	386506	946830

一、财政税收管理体制改革的深化

（一）分税制财政管理体制改革

1991—1993年，广东省对市县、市对县继续实行1985年的"划分税种、核定收支、分级包干"的财政体制。省对汕头市继续采取包干办法，但调整上缴的递增比例和基数，即以1990年上缴数为基数，将中央借款、压支借款、定额上缴

9%部分全部打入基数，重新核定体制上缴基数。从1992年起，省对潮州市实行"定额上交"的办法，潮州市对潮安县、湘桥区采用"划分税种，核定收支，分级包干，定额上交或定额补贴，一定三年"的财政管理体制。饶平县属定额补贴县，仍继续实行定额补贴办法，按省原核定补贴标准每年递增5%。此后又顺延到1993年。1992—1993年，省对揭阳市实行"核定基数，定收定支，定额上交，逐年递增，超收全留"的财政包干体制，并实行分级财政管理。随着经济体制改革的不断深化，财政体制从分级包干体制逐步向分税制的方向发展，潮汕三市公共财政体制框架在发展中不断趋于完善。

1993年12月15日，国务院颁布《关于实行分税制财政管理体制的决定》，自1994年1月1日起，全国实行统一的分税制财政体制。中央对广东财政大包干体制取消，但省对市仍然实行财政包干体制。汕头、潮州、揭阳三市实行的是包干制与分税制双轨并存体制。

第一，省与市县实行的分税制。

1995年12月18日，广东省人民政府印发《广东省分税制财政管理体制实施方案》，决定自1996年1月1日起在全省实行分税制财政管理体制，即省与市县政府事权和财政支出的划分、省与市县财政收入划分、各项上解和补助的确定，逐步建立科学规范的财政转移支付制度。其中省与市县共享收入包括：（1）增值税中央分享75%，地方分享25%。地方分享25%部分，除纳入省电力局总承包方案的电力企业缴纳的增值税划为省级收入外，其余全部作为市县共享收入。增收全部留给市县财政。（2）从1996年起，消费税、增值税每年增量中央按1∶0.3系数返还部分，全部留在省级财政。（3）营业税、企业所得税（不含市县国有企业和省属企业所得税）、个人所得税、土地增值税，省分享40%（基数返还各市县），市县分享60%。

2004年4月16日，省政府办公厅印发《关于促进县域经济发展财政性措施的意见》，要求对转移支付制度进行调整改革，建立激励机制，提高转移支付的效率，决定自2004年起，实行激励型一般性转移支付，将市财政一般性转移支付与县域经济财政发展挂钩，县域经济发展越快，财政增收越多，一般性转移支付补助奖励就越多。2007年12月29日，省政府办公厅转发省财政厅《关于继续执行促进县域经济发展财政性措施的意见》，要求进一步改进与完善激励型财政机制，并自2008年起继续执行，一定两年不变。确定省对县级财政补助，原则上通过与财政体制配套的财政转移支付方式规范进行。2010年12月23日，省政府印发《广东省调整完善分税制财政管理体制实施方案》，调整省级与市县共享收入比例：营业税、企业所得税、土地增值税地方收入部分，省级与市县分享比例由"四六"调整为"五五"。

第二，潮汕三市与所辖区县（市）实行的分税制。

1994年8月13日，汕头市政府印发《汕头市财政管理体制改革实施方案》，提出实行分税制后，按"稳定大局，适当集中，分解负担，共同发展"的原则，对区县（市）财政收入的上缴数、专项补助、原体制规定按比例分成收入、税收返还基数确定、预算资金调度、适当集中各区预算外资金等作出规定，执行至1995年。[1]潮州市根据省的要求，对各区县实行"分税包干制"的财政体制，按省调增潮州市上缴基数的任务，以1993年比1992年的财政增长中应上缴省的幅度下达至市直、县、区。[2]

1995年12月29日，汕头市政府印发《汕头市分税制财政管理体制实施方案》，决定自1996年1月起在全市实行分税制财政管理体制。规范市与区县（市）财政分配关系，在市与区县（市）之间建立起"分税分成，水涨船高"的新分配机制，促进各级经济发展和财政收入合理增长，共8项规定13项措施。2002年4月1日，汕头市财政局印发《关于2002年起市区调整税收征管关系后有关预算管理问题的通知》，确定市、区共享收入划解比例，市区国税系统征管的增值税25%部分和涉外企业等所得税30%部分，这两个税种的分享比例按市区内收入总数划分：市直占55%，龙湖区占12%，金园区占15%，升平区占10%，达濠区占6%，河浦区占2%。市地税各分局征管的营业税60%部分、土地增值税60%部分、国有企业所得税50%部分，非国有企业所得税及个人所得税这两个税种各30%部分，由市直与税源所在区分享，实行一区一率。[3]

从1996年开始，潮州市对市县营业税、土地增值税、个人所得税、非国有企业所得税按省与市县4：6分成。市级适当集中部分财力，对县区增值税统筹5%、省共享四税（营业税、土地增值税、个人所得税、非国有企业所得税）统筹20%作为市级收入，基数返还县区（返还基数3432万元，增量超基数部分为市统筹净额）。[4]

———————

　[1]　汕头市财政局.汕头市财政志（1988—2012）［M］.2016：90.

　[2]　潮州市地方志编纂委员会.潮州市志（1992—2005）（上册）［M］.广州：岭南美术出版社，2014：557.

　[3]　汕头市财政局.汕头市财政志（1988—2012）［M］.2016：93.

　[4]　潮州市地方志编纂委员会.潮州市志（1992—2005）（上册）［M］.广州：岭南美术出版社，2014：551.

1996年5月，揭阳市政府制定《揭阳市分税制财政管理体制实施方案》，建立市对县（市、区）"分税分成，水涨船高"的财政管理体制，全市财政完全实现从包干制向分税制的过渡。2004年12月，市政府制定《关于调整完善我市财政管理体制和加强财政管理的意见》，进一步理顺市与县（市、区）和县级与乡镇的财政收入分配关系。市级对县（市、区）实行"以奖代补"的体制；对区将原来按企业隶属关系分税收征管的办法调整为"属地征管，税收共享；一区一率，比例分成；确保基数，激励增收"。县级对乡镇实行确定基数、收支挂钩、超收奖励、鼓励先进的奖励型机制。[1]

第三，与新税制配套的征管改革。

1978年以前，潮汕地区和全国一样，长期实行传统的税收专管员管户制度，"一员进厂，征查统管"。随着税收制度的改革，税收征管形式也随之进行调整。1987年广东开始试行税款征收、管理服务、纳税检查相分离的征管形式。汕头市经过试点推广，1990年基本实现征、管、查相分的运作形式，部分边远地区或经济不发达地区因条件限制只实行征管与检查"两分离"征管形式。[2]1992年以后，汕头市在原有"三分离"或"两分离"形式的基础上，对税务系统内设机构、人员配置、职责范围、工作运作程序等按照新的征管形式要求进行全面调整，试行建立"以税务登记、纳税申报和优化服务为基础，以计算机网络为依托，集中征收，重点检查"的征收管理新形式。1997年1月，广东省地税局在各市上报的21个试点单位中，选定汕头市龙湖区地税局等4个具有分类代表意义的单位作为省局的工作联系点。1997年7月，新的征管形式在龙湖区地税局开始实施。[3]

（二）非税收入制度改革

第一，按不同性质实行分类管理和收缴分离。

根据省财政厅1992年12月印发的《关于广东省罚没许可证发证管理问题的通知》，汕头市财政局对依法行使执罚权的独立核算单位核发《广东省罚没财物许可证》。根据财政部1993年2月印发的《关于进一步做好预算外资金管理工作的通知》精神，汕头市按照预算外资金的不同类型和特点加强管理，完善财政专户储存工作。1994年，潮州市政府下发《关于印发〈潮州市市直单位第一批纳入

---

[1] 揭阳市志编纂委员会.揭阳市志（1992—2004）［M］.北京：方志出版社，2013：569.

[2] 本册编纂委员会.中国改革志·汕头卷［M］.北京：中国三峡出版社，2001：20.

[3] 本册编纂委员会.中国改革志·汕头卷［M］.北京：中国三峡出版社，2001：20.

预算管理的行政事业性收费项目〉的通知》，将市直33个行政事业单位的56项行政事业性收费纳入财政管理，实行财政专户存储和计划管理。[1]1994年开始，揭阳市对全市预算外收入及原本双外银行账户进行摸查和清理。

第二，由财政部门全面委托银行代收款。

1996年7月，国务院颁布《关于加强预算外资金管理的决定》，明确预算外资金的性质是国家财政性资金，不是部门和单位的自有资金。预算外资金管理实行统一政策、分级管理的原则。预算外资金收入应上缴财政专户，实行收支两条线管理。汕头市各级财政部门进一步加强预算外资金管理，对按规定收取的各项专项资金继续实行全额上缴财政，由市政府统一安排使用的管理办法；对暂未纳入财政预算管理的行政事业性收费统一纳入财政专户储存管理。至1996年底，全市有87个单位纳入财政专户管理，存入专户的资金超过3亿元。1997年后，汕头市陆续出台政策措施，进一步规范行政事业性收费、政府性基金、罚没收入委托银行代收款制度。[2]1996年，潮州市政府制定《关于进一步加强市直单位行政事业性收费、罚没收入和预算外资金财务管理有关问题的通知》，规定市直各行政事业单位按规定收取的行政事业性收费和罚没收入全额上缴市财政局，纳入财政预算管理。各单位通过各种途径取得的预算外资金收入，包括规定专门用途的专项收费和基金，一律实行财政专户储存。[3]

第三，实行收支脱钩，纳入综合财政预算。

为规范非税收入管理，潮汕各市加强收支两条线管理，进一步完善财政性资金的管理。2004年4月，汕头市出台《关于深化收支两条线改革进一步加强财政性资金管理的意见》，明确行政事业性收费等11项财政性资金必须按规定实行收支两条线管理；要求全面委托银行代收，严格执行"票款分离，缴罚分离"制度；理顺上下级或职能部门之间收支两条线资金分成缴拨关系；积极推行部门综合预算改革，强化收支两条线资金支出管理；加大监督、检查、处罚力度；保证各项收入及时足额上缴国库或财政专户。同时，按照综合财政预算管理的要求，把政府非税收入形成的可用财力纳入统一的政府预算体系，完善非税收入管理综

---

[1]　潮州市地方志编纂委员会.潮州市志（1992—2005）（上册）［M］.广州：岭南美术出版社，2014：561.

[2]　汕头市财政局.汕头市财政志（1988—2012）［M］.2016：117.

[3]　潮州市地方志编纂委员会.潮州市志（1992—2005）（上册）［M］.广州：岭南美术出版社，2014：561.

合预算编制。[1]2005年，潮州市印发《关于加强市直事业单位经营服务性收入管理的通知》，规定从2005年3月1日起，市直事业单位经物价部门批准收取的经营服务性税后收入全额纳入财政，实行"收支两条线"管理。[2]1996—2004年，市政府多次下发文件，规范收费和罚没资金的征收、存储、支出等各项"收支两条线"管理工作。至2004年底，市直77个征收单位348个项目全部纳入"收支两条线"管理，并全部实行委托银行代收款，全年实现非税收入36689万元，上缴预算3374万元。[3]

（三）政府采购制度改革

1999年底开始，汕头、潮州、揭阳市各级财政部门相继建立政府采购管理和运作机构，逐步推进政府采购制度改革，实行以公开招标为主要方式的政府采购。

2000年开始，汕头市各级财政部门相继建立政府采购管理和运作机构，逐步推进政府采购制度改革。2001年1月出台《汕头市政府采购管理办法》，对采购主管部门、采购方式、招投标程序、采购合同履行期限、采购监督以及责任人应承担的法律责任作出规定。2000年，对市游泳跳水馆专用设备、市税务系统和审计部门的计算机网络进行公开采购，资金节约率达30%。为加强政府采购管理和监督，2006年4月，汕头市财政局成立治理政府采购领域商业贿赂工作领导小组，开展治理商业贿赂工作。5月，汕头市政府采购网开通，政府采购协议供货型号、价格更新调整、采购法规、采购文件、采购结果、投诉渠道、治理商业贿赂等信息向社会公开，接受社会监督。2010年4月22日，汕头电子化政府采购平台试运行，采购人采购办公自动化设备可以在网上议价、订购、签订电子合同。当年，全市预算金额29559.48万元，实际采购金额27192.79万元，节约资金2366.69万元，节约率8.01%。[4]

潮州市政府于2000年3月出台《潮州市市直单位政府采购管理暂行办法》，市财政局也制发《潮州市市直单位政府采购资金财务管理规定》。这两个文件的颁布实施，推动政府采购工作走上制度化、规范化轨道。2000年，全市的政府采

---

[1]　汕头市财政局.汕头市财政志（1988—2012）[M].2016：124.

[2]　潮州市地方志编纂委员会.潮州市志（1992—2005）（上册）[M].广州：岭南美术出版社，2014：562.

[3]　揭阳市志编纂委员会.揭阳市志（1992—2004）[M].北京：方志出版社，2013：579.

[4]　汕头市财政局.汕头市财政志（1988—2012）[M].2016：135-137.

购只有51宗，预算金额2526.7万元。到2005年，全市政府采购共236宗，预算金额8346.83万元，比2000年增加2.3倍。[1]

（四）部门预算制度改革

2000年底以后，潮汕各市陆续启动部门预算编制改革。2000年11月，汕头市财政局印发《2001年市级部门预算编制工作方案》，选定市法院、市科委为2001年部门预算改革试点单位。按照"先试点，后推广"的原则，不断推进部门预算改革。汕头市每年按照预算管理的统一标准和要求统筹安排，做到一个部门一本预算，实行"二上二下"的编制程序，提高预算的科学性和透明度。部门预算编制坚持统筹兼顾、有保有压的原则，确保工资发放、政权运转、社会稳定；压缩一般性专项支出，调整优化支出结构，各项非税收入全部纳入部门预算统筹安排。部门预算编制范围扩大到市直行政机关、参照公务员管理单位、全额拨款事业单位、差额补助事业单位和自收自支事业单位共94个部门、267个单位。至2010年，汕头市本级、区县部门预算改革扩展到财政拨款的所有行政事业单位。[2]2002年，潮州市启动部门预算改革试点工作，选择具有一定代表性的试点部门5个，2003年为15个，2004年为30个。2005年，试点范围扩大到市直执行国家公务员管理和依照、参照国家公务员管理的单位共66个，占应纳入部门预算部门的100%。[3]

（五）国库管理制度改革

传统的财政国库管理制度，实行以预算单位设立多重存款账户为基础的分散支付制度。根据2001年7月财政部《关于贯彻落实全国财政国库工作会议精神的通知》精神，潮汕各市积极推进国库管理制度改革试点工作，先后出台财政国库管理制度改革实施办法、财政国库管理制度发展试点方案等一系列改革政策文件。

汕头市清理整顿行政事业单位（含下属二级独立核算单位）在银行及其他金融机构开设的所有账户，包括单位的预算内外资金、房改、基建、专项资金账户等，加强账户监督和管理，撤销预算收入过渡户。2006年1月1日起，汕头市对财政国库单一账户体系的构成、财政性资金银行账户的设立使用和管理、用款

[1] 潮州市地方志编纂委员会.潮州市志（1992—2005）（上册）［M］.广州：岭南美术出版社，2014：567.

[2] 汕头市财政局.汕头市财政志（1988—2012）［M］.2016：145.

[3] 潮州市地方志编纂委员会.潮州市志（1992—2005）（上册）［M］.广州：岭南美术出版社，2014：566.

计划、财政直接支付程序、财政授权支付程序、监督及责任等都作出明确、详细的规定。市级国库单一账户体系由市财政局在中国人民银行汕头市中心支行和经招标确定的商业银行（下称"代理银行"）开设银行账户构成。2010年，汕头市财政局按照"纵向到底，横向到边"的改革要求，加强对市直行政事业单位纳入国库的集中支付管理，并规定新设立市级预算单位以及市财政拨款项目资金全部纳入财政国库集中支付管理，还将纳入集中支付资金范围扩大到政府性基金等所有财政性资金和财政拨付民生、民安项目等资金。2010年底，全市共有267个市级预算单位纳入国库集中支付管理。全年集中支付资金440000万元，实际支出325000万元，占总用款额度74%。计划额度结余115000万元，比上年结余增加30%。累计办理国库集中支付业务44970笔，比上年增加3101笔，比增7.41%。[1]

潮州市国库管理制度改革按照"总体规划、分步实施、先试点、后推广"的原则进行，2000年将教育系统、行政机关的在职人员工资、离退休人员补充养老金以及单位大宗修缮、设备购置等项目纳入财政统发和直接拨付。2004年9月，设立市财政局国库集中支付中心，先后出台《潮州市市级单位财政国库管理制度改革实施办法》等一系列文件。包括通过招投标确定工商银行潮州分行为国库集中支付业务的代理银行，并在2004年11月正式开始试点，首批纳入试点的单位是市档案局、市法制局、市残联及市农机管理处4个单位。2005年9月，试点单位增至14个。[2]2010年，全市纳入国库集中支付资金13.63亿元。

（六）农村税费改革

2003年7月，省委、省政府颁布《广东省农村税费改革试点方案》，要求各地各单位结合实际，制订实施方案和配套改革措施。潮汕三市执行国家和省的要求，根据各市的情况逐步推进改革。

2003年9月16日，汕头市委、市政府办公室印发《汕头市农村税费改革试点实施方案》，按照省的要求，汕头市合并农业税和农业特产税，只征收农业税，不再征收农业税附加和农业特产税，农业税税率为6%。实行单一税种后，汕头市农民人均负担税费由100.09元降为15.84元，人均得到实惠84.25元，减负率为84.17%。税费改革前，全市征收农业税、农业特产税从2002年的3665万元减至2003年的2286万元。2004年1月1日起，农业税税率由6%降到3%。是年，全市征

---

[1]　汕头市财政局.汕头市财政志（1988—2012）［M］.2016：156-160.

[2]　潮州市地方志编纂委员会.潮州市志（1992—2005）（上册）［M］.广州：岭南美术出版社，2014：566.

收农业税1543万元。2005年起，省财政厅每年补助汕头市农村税费改革一般性转移支付资金10595万元。市本级财政也从2003年起每年相应安排5000万元专项资金，作为补助区县农村税费改革的转移支付资金。此项资金占省计算汕头市农村税费改革收支缺口的25.55%，比省财政厅要求的10%高15.55个百分点。

2003年10月25日，市财政局印发《汕头市农村税费改革转移支付办法》，对转移支付补助资金的分配，按照"统一规范，公正合理，公开透明"的原则进行测算，并要求区县从本级财力中安排不低于农村税费改革后收支缺口10%的资金支持农村税费改革，并制定相应的农村税费改革转移支付资金使用管理办法，确保专款专用。2010年起，对澄海、潮阳、潮南、南澳4个区县的村居党支部委员会、村民委员会成员实行岗位补贴，列入农村税费改革转移支付补助。[1]

2003年7月起，潮州市实施"取消乡镇统筹费、村提留、农村教育集资等专门面向农民征收的行政事业性收费和政府性基金、集资，取消屠宰税，取消劳动积累工和义务工，取消农业税附加；改革村级经费筹集和管理，实行村内事务一事一议制度；合并农业税与农业特产税，实行单一税种只征收农业税"的"五取消，一改革，一种税"改革。税改前全市农民负担总额20018.28万元，人均负担109.61元。其税改后农民总负担1899万元（主要是农业税），人均负担10.41元。税费改革后农民减负额18119.28万元，减负率90.5%。农村学生免交教育费附加，受惠面广，仅此一项每个农村学生每年少缴费200元左右，全市农民大约每年减负6718万元。[2]

二、财政税收管理在改革发展中逐步规范

（一）完善公共财政管理体制
第一，加强社会综合财力管理。
汕头市强化对财政周转金、行政事业性收费、预算外资金、专项基金、罚没收入等的管理和监督，确保专款专用。对各项专项资金分别实行统一管理、列收列支，采取"财政专户储存、计划管理、银行监督、财政审批"等管理形式，实行"收支两条线"，以抓好"两个控制"（控制投资规模、控制消费基金膨胀）

[1] 汕头市财政局.汕头市财政志（1988—2012）［M］.2016：187-189.
[2] 潮州市地方志编纂委员会.潮州市志（1992—2005）（上册）［M］.广州：岭南美术出版社，2014：568.

为重点，向引导资金流向、搞好综合财力平衡的高层次转变；从微观管理向宏观调控转变，从而使社会综合财力在服务能源交通重点设施、文化、科技、教育等各项事业，促进经济发展上发挥了较好的作用。[1]汕头市本级财政资金的拨付经历了一个不断规范的过程。1996年1月，市财政局制定《关于规范财政性资金内部管理的规定》；2004—2006年制定《汕头市本级财政资金拨付管理暂行办法》及《补充规定》，进一步规范财政资金拨付管理，保障财政资金使用安全。[2]揭阳市坚持全程监管、专款专用的原则，完善全程跟踪管理机制，对拨出的每一笔专项资金，事前严审核把关，事中勤跟进监管，事后强检查问效，从制度建设、制度执行、资金申报、资金分配、资金拨付、资金使用、会计核算、货物采购和基建管理等环节加强监督检查，严防资金截留、挪用，提高专项资金使用效益。[3]

第二，加强国有资产管理。

根据国家各个时期的财经政策、法令、规定和要求，潮汕三市结合本市的实际和行政事业单位、企业的业务特点，着力加强国有资产的管理和财产总监工作，促进财政事务管理各项改革不断向纵深推进。

一方面，强化产权登记和财产清查。从1992年开始，潮汕三市对国有企业和实行企业化管理的事业单位进行了产权登记。另一方面，加强对行政事业财产的清查，进一步完善管理制度，理顺关系，建立健全国有资产监督约束机制。

1994年2月，汕头市政府重点开展对国有企业的清产核资。历时3年，共完成国有企业清产核资982户（其中市直753户、区县229户），资产总值2607900万元，负债2459100万元，所有者权益148800万元，资产负债率94.29%，基本摸清汕头市国有企业的家底。1996年10月，汕头市国有企业清产核资工作顺利通过省清产核资办公室的检查验收。1997年，市清产核资办对全市国有企业进行清理，杜绝漏报、漏清企业的存在，共清理补报未清产核资的国有企业327户，全面完成全市国有企业清产核资工作。[4]

2002年5月，潮州市全面开展预算单位清产核资工作，参加清产核资的预算

[1] 吴銮珍.总结过去着眼现在开拓未来——汕头财政"八五"回顾与"九五"展望［J］.沿海新潮，1996（增刊）：36.

[2] 汕头市财政局.汕头市财政志（1988—2012）［M］.2016：379.

[3] 揭阳市志编纂委员会.揭阳市志（1992—2004）［M］.北京：方志出版社，2013：577.

[4] 汕头市财政局.汕头市财政志（1988—2012）［M］.2016：434-436.

单位有650户，市级预算单位150户。全市预算单位资产总额41.45亿元，净资产总额30.97亿元；市级预算单位资产总额16.69亿元，净资产总额13.18亿元。根据2004年国有企业决算报表，全市汇总户数205户，资产总额44.23亿元，负债总额35.84亿元，所有者权益8.39亿元；市级汇总户数66户，资产总额25.81亿元，负债总额19.92亿元，所有者权益5.89亿元。[1]1995年，揭阳市有464户国有企业参加清产核资工作，有861户企业参加国有资产产权登记年度检查。1996年以后，加强对清产核资资金的核实和重新评估。[2]

第三，促进管理和服务有机结合。

为使财政收入建立在坚实的经济发展基础上，潮汕三市注重促产培财，积极筹措资金，帮助企业缓解资金困难，促进财政与经济同步发展。以汕头市为例，为涵养财源、促进生产发展，该市积极筹借、筹集扶持生产周转资金，对财政资金的使用坚持产业政策原则、效益原则、规范化原则。一是选准项目。即选准能立足国内国际市场的产品，经营机制灵活、经济效益好的项目。重点扶持汕头的支柱产业、骨干企业、拳头产品以及外贸出口企业。对少数尚能焕发生机的困难企业注入启动资金，帮助其摆脱困境。二是大胆尝试财政资金运用股份投资的新形式。对工业发展基金，财政投入以股份制的形式择优投资，参股经营，滚动发展。

（二）加强税收征收管理
第一，推进征管体制改革。

1996年以后，汕头市国税局开展"以纳税申报和优质服务为基础，计算机网络为依托，集中征收、重点稽查"的税收征管改革。主要内容是取消税务专管员制度，按征管流程设置征收监控、管理服务、稽查稽核、后勤行政4个系列，将对纳税人的管理由"管户"向"管事"转变。1997年，市国税征管改革的试点单位汕头市龙湖区国税局改革基本完成，澄海国税局涉外分局的征管改革试点工作也取得成功。通过选点试行、总结推广，至1999年全市国税系统基本完成税收征管改革，共撤并原有的73个基层征收单位，重新组建15个中心分局和35个征收所，建成一批办税服务厅，成立各级稽查局，纳税申报方式和征管模式实现向集

[1]　潮州市地方志编纂委员会.潮州市志（1992—2005）（上册）［M］.广州：岭南美术出版社，2014：565.

[2]　揭阳市志编纂委员会.揭阳市志（1992—2004）［M］.北京：方志出版社，2013：579.

中征收、重点稽查的根本性转变。[1]

潮州市根据国家各个时期的经济方针政策，以促进生产、搞活经济、堵塞漏洞、实现增产增收为目标，逐步建立起一系列税务管理制度。从2005年开始，潮州市地税局全面实施科学化、精细化、规范化管理，以数据分析、分类管理、纳税评估、数据采集、税收管理员制度和执法责任制6项工作为重点，推进试点工作，夯实管理基础。同时，结合实际制定出台了饮食娱乐、房地产开发、陶瓷、服装、塑料等行业精细化管理办法。[2]

揭阳市国税局强化重点行业纳税评估工作，从2005年开始，抓好塑料制品、不锈钢制品和服装"三大行业"的税收征管，通过建立纳税评估体系，落实精细化管理，进一步规范了税收征管，堵塞了管理漏洞，增加了税收收入。[3]

第二，加强税务登记。

1995年，国税、地税机构分设正式运行后，潮汕三市切实加强和完善税务登记。汕头市国税局、地税局对税务登记采取合署办公、联合会审的形式，对新开业纳税户的税务登记实行共同管理审批，不论缴纳何种税种，只发一套税务登记证件。1996年1月1日起，市国税局、市地税局开始各自独立为纳税人办理税务登记。2000年起，汕头市国税部门对市区纳税人实行集中税务登记，税务登记证统一由市国税局征管科发放。市国税局结合调整增值税小规模纳税人的税收定额，在全市范围清理个体业户和各类经济户，清理出漏征漏管业户并进行补税罚款。同时，根据市政府的统一部署，按照"属地征管"的原则，理顺市直企业的税收征管关系。至2000年底，在汕头市国税局办理税务登记的业户共4万余户。[4]汕头市地税局完成1994年底前办理税务登记的纳税人征管档案、资料的移交工作。2000年起，在市区范围内实行集中税务登记管理。至2000年底，全市共登记工商业户40156户，其中国有企业4802户、集体企业16207户、股份合作企业511户、联营企业175户、有限责任公司5833户、股份有限公司30户、私营企业

[1]　汕头市地方志编纂委员会.汕头市志（1979—2000）（上册）［M］.广州：广东人民出版社，2013：733.

[2]　潮州市地税局.发挥税收职能，促进地方经济社会又好又快发展［J］.潮州调研，2007（6）：18.

[3]　陈学.强化重点行业纳税评估，落实科学精细化管理［J］.政研通讯（揭阳），2006（2）：14.

[4]　汕头市地方志编纂委员会.汕头市志（1979—2000）（上册）［M］.广州：广东人民出版社，2013：733.

1099户、港澳台投资企业1436户、外商投资企业448户、个体工商户8961户。[1]

潮州市国税局多次组织实地明察暗访，对漏管漏征、管理不到位现象及时清查整改；利用统计部门提供的经济普查数据，开展户籍专项清理整治，对漏管业户限期补办税务登记；落实税收管理员户籍管理责任，加强对辖管区域户口的动态监管，加强对注销、失踪、停业和"非正常户"的巡查和后续管理，有效遏制纳税人假注销、假停业、假失踪行为。2003年，分片落实管理责任，加强清理漏征漏管户，全市共清理1949户。2004年，应用纳税信息"一户式"管理系统，整合税务登记、申报征收等信息，加强经济户口管理。2005年，组织开展全市经济户口清理工作，全年全市新登记业户3939户，其中清漏1867户。至2005年底，全市国税系统累计正常营业户29399户。[2]

第三，加强发票管理。

汕头市税务部门结合税收大检查开展全市性的增值税专用发票专项检查活动。1994年，税务部门联合公、检、法等有关部门开展发票打假斗争，通过专项检查，全市共发现假发票、代开发票1196套，票面金额18.49亿元，发现并追回被偷骗税款565.36万元，破获发票违法犯罪案件54宗，抓获违法人员29人，由司法机关立案侦查、追究刑事责任的12人。1994年以后，汕头市国税部门对纳税户申购增值税专用发票实行"验旧供新、逐级审批、限量供应"及新业务户领购的专用发票由税务部门"代管监开"的制度，并明确专用发票保管要求。[3]潮州市国税部门结合实际，分类型、分行业、抓重点，对工业户推建账、推用票和实行查账征收，推进无建账户建立收支凭证粘贴簿和进货销货登记簿。[4]同时，潮汕各市加强退税管理，规范出口供货企业预征税款结算返还审核审批管理制度；加强增值税管理，对增值税一般纳税人企业申报的期初库存数量进行核实，防止企业虚报已征税款。

————————

　　[1]　汕头市地方志编纂委员会.汕头市志（1979—2000）（上册）［M］.广州：广东人民出版社，2013：741.

　　[2]　潮州市地方志编纂委员会.潮州市志（1992—2005）（上册）［M］.广州：岭南美术出版社，2014：573.

　　[3]　汕头市地方志编纂委员会.汕头市志（1979—2000）（上册）［M］.广州：广东人民出版社，2013：734.

　　[4]　潮州市地方志编纂委员会.潮州市志（1992—2005）（上册）［M］.广州：岭南美术出版社，2014：575.

（三）调整优化财政支出结构

潮汕三市分设后，各市积极调整优化财政支出结构，在千方百计抓好收入的基础上，各级财政部门集中财力保运转、保重点，将有限的财政资金集中投入经济社会发展的关键领域，投入维持社会稳定和关系国计民生的重点事业。1992—2010年，潮汕三市公共财政预算累计支出17646112万元，其中汕头市8412728万元，潮州市3506026万元，揭阳市5727358万元。[1]

第一，收支分类改革前的支出结构。

为适应市场经济条件下转变政府职能、建立健全公共财政体系的总体要求，完整、准确地反映政府收支活动，进一步规范预算管理、强化预算监督，财政部制定了《政府收支分类改革方案》，并据此制定了《2007年政府收支分类科目》，从2007年1月1日起执行。收支分类改革前，支出的主要项目有经济建设支出、文教卫生科学事业支出、其他部门事业费、行政政法管理费支出、抚恤和社会福利救济、社会保障补助支出、专项支出和其他支出等。

1. 经济建设支出

经济建设支出是财政一般预算支出的主要部分，包括基本建设、企业挖潜改造、支援农村生产、科技三项费用、城市维护费支出等。1992—2006年，汕头市经济建设支出1016021万元，年均支出67734.73万元，占同期财政一般预算支出的22.09%；潮州市经济建设支出401042万元，年均支出26736.13万元，占同期财政一般预算支出的22.36%；揭阳市经济建设支出515015万元，年均支出34334.33万元，占同期财政一般预算支出的17.92%。潮汕三市经济建设支出量虽有增加，但所占比重下降，反映出支出结构发生变化，建设型财政正逐步向公共财政转变。

2. 文教卫生科学事业费支出

文教卫生科学事业费，是保障文教卫生科学等部门开展业务工作的经费，包括各项文体广播、各类普通教育和卫生部门的事业费。1992—2006年，汕头市文教卫生科学事业费支出1486940万元，年均支出99129.33万元，占同期财政一般预算支出的32.33%；潮州市文教卫生科学事业费支出561637万元，年均支出37442.47万元，占同期财政一般预算支出的31.32%；揭阳市文教卫生科学事业费支出1035999万元，年均支出69066.6万元，占同期财政一般预算支出的36.04%。

---

[1] 根据《汕头市财政志（1988—2012）》《潮州统计年鉴2015》《揭阳统计年鉴2017》有关数据整理。

3.抚恤及社会保障支出

抚恤及社会保障支出，主要包括抚恤和社会福利救济费、行政事业单位离退休支出、社会保障补助支出。随着经济社会的发展变化，社会保障支出的范围不断扩大，总量增加。1992—2006年，汕头市抚恤及社会保障支出224540万元，年均支出14969.33万元，占同期财政一般预算支出的4.88%；潮州市抚恤及社会保障支出193129万元，年均支出12875.27万元，占同期财政一般预算支出的10.77%；揭阳市抚恤及社会保障支出248361万元，年均支出16557.4万元，占同期财政一般预算支出的8.64%。

4.行政管理及公检法司支出

行政管理及公检法司支出，主要包括行政机关经费、公检法司支出，支出用途分为人员经费和公用经费两部分。1992—2006年，汕头市行政管理及公检法司支出1068928万元，年均支出71261.87万元，占同期财政一般预算支出的23.24%；潮州市行政管理及公检法司支出337652万元，年均支出22510.13万元，占同期财政一般预算支出的18.83%；揭阳市行政管理及公检法司支出606044万元，年均支出40402.87万元，占同期财政一般预算支出的21.08%。

第二，收支分类改革后的支出结构。

2007年收支分类改革后，新旧科目进行衔接转换，支出功能分类科目主要有一般公共服务、外交、国防、公共安全、教育、科学技术、文化体育与传媒、社会保障和就业、医疗卫生、农林水事务、交通运输、资源勘探电力信息等事务、住房保障支出等。伴随着收支分类科目改革，潮汕三市不断推进公共财政建设，财政支出在逐年增加的同时，支出结构得到进一步优化。2007—2010年，潮汕三市公共财政预算支出8379423万元，其中，汕头市3813835万元，年均支出953458.75万元；潮州市1712675万元，年均支出428168.75万元；揭阳市2852913万元，年均支出713228.25万元（见表8-4、表8-5、表8-6）。主要出现几方面的变化。

1.一般性支出得到压缩，对民生领域的投入力度逐步加大。2010年，汕头、潮州、揭阳市的教育、医疗卫生、"三农"（农业、农村、农民）、社会保障和就业、环境保护、城乡社区事务等直接涉及民生的支出，占公共财政预算支出的比重分别达到50%以上。而一般公共服务出现支出增长、比重下降的趋势。2010年与2007年比较，汕头市支出增长21.45%，比重下降5.73个百分点；潮州市支出增长38.56%，比重下降2.92个百分点；揭阳市支出增长46.49%，比重下降

3.41个百分点。

2. 教育、科学、文化、卫生的支出比重增加。2010年，汕头、潮州、揭阳市教育、科学、文化、卫生支出分别为455910万元、181554万元、359182万元，各占同期公共财政预算支出的37.46%、32.42%和38.91%。

3. 社会保障和就业支出增幅较大。各市高度重视社会保障工作，切实解决民生、民安问题。2007—2010年，汕头、潮州、揭阳市社会保障和就业支出年均分别为71131万元、53765万元和78633万元，2010年与2007年相比，支出分别增长75.23%、80.93%和114.14%。这方面的支出，重点解决城乡居民最低生活保障资金、企业离退休人员基本养老金及补贴资金、再就业补助资金等。

表8-4 2007—2010年汕头市公共财政预算支出结构表[1]

单位：万元

预算科目	2007年	2008年	2009年	2010年
一、一般公共服务	153223	168143	168732	186095
二、国防	1941	2654	2876	4076
三、公共安全	80702	96437	101843	110196
四、教育	175944	211297	245168	303068
五、科学技术	10475	11529	13205	14491
六、文化体育与传媒	8822	10638	9616	20987
七、卫生	48048	69857	86758	117364
八、节能环保	13085	30750	37182	45089
九、城乡社区事务	49513	57189	64839	67614
十、农林水事务	66123	65874	76595	80423
十一、交通运输	9063	12026	34158	35019
十二、社会保障和就业	54988	59975	73208	96353
十三、工业商业金融等事务	18391	26670	39295	53813
十四、住房保障	1088	1396	1379	14769
十五、其他支出	37522	49844	38648	67766
合计	728928	874279	993502	1217123

---

[1] 汕头市财政局.汕头市财政志（1988—2012）［M］.2016：277.

表8-5　2007—2010年潮州市公共财政预算支出结构表[1]

单位：万元

预算科目	2007年	2008年	2009年	2010年
一、一般公共服务	57575	63234	68220	79778
二、国防	412	759	1111	1016
三、公共安全	20781	23747	24404	32600
四、教育	84186	88082	98958	113000
五、科学技术	3506	4282	5024	4434
六、文化体育与传媒	4509	4683	4310	8771
七、社会保障和就业	39650	49369	54302	71739
八、医疗卫生	23986	37681	41323	55349
九、节能环保	3070	5547	14598	14324
十、城乡社区事务	19668	14976	14789	18094
十一、农林水事务	39020	30956	43664	55193
十二、交通运输	579	645	19677	19155
十三、工业商业金融等事务	12943	14277	16889	28242
十四、其他支出	25556	36092	35715	58225
合计	335441	374330	442984	559920

表8-6　2007—2010年揭阳市公共财政预算支出结构表[2]

单位：万元

预算科目	2007年	2008年	2009年	2010年
一、一般公共服务	96076	107296	119600	140742
二、国防	1031	950	1162	1494
三、公共安全	39900	48156	55804	65608
四、教育	164424	196420	222658	247008
五、科学技术	4569	3063	4316	4781
六、文化体育与传媒	5588	6404	8004	10130
七、社会保障和就业	50704	64930	90322	108576

[1]　潮州市统计局，国家统计局潮州调查队.潮州统计年鉴2015［M］.2015：340.

[2]　揭阳市统计局，国家统计局揭阳调查队.揭阳统计年鉴2017［M］.2017：195.

续表

预算科目	2007年	2008年	2009年	2010年
八、医疗卫生与计划生育	39035	66394	81505	97263
九、节能环保	5240	5442	23460	66406
十、城乡社区事务	28153	28920	33693	43928
十一、农林水事务	51875	52619	55292	80235
十二、交通运输	2800	4205	33156	22082
十三、商业服务业等事务	15955	25894	30012	13081
十四、住房保障				16391
十五、其他支出	9491	12676	8889	5268
合计	514841	623369	767873	922993

三、财政税收监督不断强化

1992年，潮汕行政区划调整后，汕头、潮州、揭阳三市继续开展税收财务大检查。1998年，国务院决定不再开展一年一度的税收财务大检查，代之以规范的日常监督检查。

（一）专项资金检查和专项清理

2002年开始，潮州市各级财政部门监督检查机构不定期对各类专项资金的使用情况进行检查，并实行追踪反馈制度，确保资金专款专用。对在检查中发现的会计基础工作不规范、会计核算未按有关会计制度执行、资金结算手续不完备、专项资金被挤压，未能及时拨付、少数受款单位对专项资金未做到专款专用等问题，及时责令有关单位进行整改，对查出的违规问题做出调整有关账目的处理决定。[1]

为进一步规范政府非税收入管理，堵塞征管漏洞，确保非税收入依法征收、应收尽收，2009年汕头市在开展"小金库"专项治理的同时，积极开展非税收入征缴情况专项清理工作。市直自查自纠纳入清理的单位共508个，查出至2009年5月底，市直单位非税收入应缴未缴财政金额共计10604.45万元。市直重

---

[1]　潮州市地方志编纂委员会.潮州市志（1992—2005）（上册）［M］.广州：岭南美术出版社，2014：564.

点检查范围是2007年1月至2009年6月非税收入征收、上缴财政情况，重点检查单位户数56个（其中延伸检查单位2个）。至2009年6月底，查出单位应缴未缴财政的非税收入余额20836.01万元。[1]

（二）纳税检查和税务稽查

1994年，地方税务机构分设国税局和地税局后，潮汕三市国、地税各自成立稽（检）查部门，按照各自的职能和分工开展工作。

第一，纳税检查。

汕头市税务部门把增值税作为纳税检查的重点。1996年，汕头国税部门对全市加油站行业、水电行业、经营金银首饰行业、糖烟酒行业税收进行检查清理，将逃偷税款及时追补入库，并在检查清理的基础上，制定加强征管的措施，提高征管水平，仅水电行业税收就增加收入2000多万元。各级国税部门还采取人工稽核与计算机稽核相结合的方法，加强对增值税的进项审核，1997年共检查7056户企业，补税罚款988万元。[2]1995年开始，汕头地税稽查部门开展对房地产、企业所得税、个人所得税、印花税的专项检查，堵塞征管漏洞；开展建筑安装、饮食等行业性专项检查和税收财务大检查；针对全市饮食、娱乐行业用票出现的一些问题，对重点业户进行突击检查；依法对从事机动车检测、维修、销售的企业进行专项检查；加强对邮电服务、建筑安装、房地产开发、饮食娱乐、高收入行业和个人开展检查。2000年2月下旬开始，市地税局在全市范围内开展大规模的全面清查税收经济户口工作，清查行动历时2个多月，共清查税收经济户口34443户，清查出漏征漏管户5295户，发出《限期改正通知书》7920份，补税及罚款115.92万元，经清查新增业户4685户。[3]

1995年开始，潮州市地税局先后开展对建筑安装业、房地产业、金融保险业、饮食娱乐服务业、交通运输业等五大行业的税收检查。2003年，在全市开展企业所得税、个人所得税、金融保险及发票清理的四大税收专项检查。2004年，市各级稽查部门开展对交通运输、医药生产及购销、房地产开发三大行业的税收专项检查，共检查业户39户，查补地方各税费525.47万元；在全市开展为

[1]　汕头市财政局.汕头市财政志（1988—2012）［M］.2016：352.

[2]　汕头市地方志编纂委员会.汕头市志（1979—2000）（上册）［M］.广州：广东人民出版社，2013：737.

[3]　汕头市地方志编纂委员会.汕头市志（1979—2000）（上册）［M］.广州：广东人民出版社，2013：734.

期70天大规模、地毯式的经济户口清理行动，共清查税收、社保"两项经济户口"24149户，查出有问题者9992户，经济户口登记率提高近10个百分点。[1]

第二，税务稽查。

为保障税收收入，维护税收秩序，促进依法纳税，潮汕三市根据国家税收法律、法规，不断加大查处税收违法行为的力度。

1995年以来，汕头市国税部门稽查立案查处税收违规违法案件一批。1997年，市各级国税局成立稽查审理委员会，加强对税务稽查的指导和监督。为发挥稽查"重中之重"的作用，汕头市国税部门按照"选案不查案、查案不结案"的原则和选案、稽查、审理、执行"四分离"的要求，明确各级稽查局内设机构和工作职责，建立选案、稽查、审理和执行4个环节分工负责、互相制约的运行机制，并将流转税、进出口税收、涉外税收和金融企业所得税的检查统一归口稽查局。[2]1994年9月至2000年底，汕头市地税稽（检）查部门共查处各类税务违法违章案件2万多宗，查补入库各税、费、罚款7亿多元；在查处的税务违法违章案件中，按照相关规定对违法人员移交司法机关处理。[3]

潮州市国税稽查局在打击各类涉税违法活动、整顿和规范税收秩序方面，发挥了稽查的职能作用。2002—2005年，潮州市国税稽查部门共对1909户企业进行检查，其中有问题户数1490户，查补税款4525万元，罚款2113万元，收缴滞纳金254万元，查补罚合计6892万元，入库合计7507万元，平均罚款率46.7%，入库率109%。[4]

（三）配合打击骗取出口退税工作

2000年8月7日，中共中央、国务院派出工作组赴赴粤东地区的潮阳、普宁，开展打击骗取出口退税的专项斗争。汕头、揭阳两市税务部门积极配合这项行动。2000年，汕头市税务部门先后查处"4·20"案件、"03"案件、桂光案件、嘉利达公司利用电脑增值税专用发票偷税案件等一批大案、要案，开展

[1] 潮州市地方志编纂委员会.潮州市志（1992—2005）（上册）［M］.广州：岭南美术出版社，2014：596.

[2] 汕头市地方志编纂委员会.汕头市志（1979—2000）（上册）［M］.广州：广东人民出版社，2013：737.

[3] 汕头市地方志编纂委员会.汕头市志（1979—2000）（上册）［M］.广州：广东人民出版社，2013：743.

[4] 潮州市地方志编纂委员会.潮州市志（1992—2005）（上册）［M］.广州：岭南美术出版社，2014：576.

汽车、电子计算机、成品油等行业和专业市场的专项检查，全年查补税款入库15516万元。同年，汕头市配合国务院打击骗取出口退税工作组，开展专项斗争，严厉打击骗取出口退税违法犯罪活动。至年底，全市共检查发现涉嫌偷骗税企业464户，其他有问题企业143户，涉嫌骗税及骗税未遂金额3180.6万元，涉嫌偷税36445.9万元，其他有问题税额18677.1万元；其中，重点检查企业161户，清理"三无"企业34户，捣毁制假发票窝点1个，查处涉嫌骗税额100万元以上案件22宗，移交公安部门查处案件47宗，冻结银行账户14个，移交公安部门拘留的企业人员1人，刑拘3人，留置1人，取保候审2人。同时，配合国务院工作组开展协查工作，完成协查任务31批次，协查发票15854份，涉及税额10.69亿元。[1]

---

[1] 汕头经济特区年鉴编纂委员会.汕头经济特区年鉴2001［M］.2001：173.

金融是现代经济的核心。本章将对1949—2010年潮汕地区金融业的发展过程，包括金融机构重整、金融体系发展、金融业务拓展、金融市场发育、金融政策演化的轨迹、动因和效应，进行叙述和分析。

第一节　1949—1978 年的潮汕金融业

1949—1978年，我国实行单一银行制度下的高度集中统一的金融体制，全国只设一家银行即中国人民银行，既管货币发行，又办具体信贷业务；国家对银行业实行集中的行政控制和计划管理，信贷资金统收统支、统存统贷，计划与资金合一，银行附属于财政，处于"会计出纳"的地位。当时所有货币资金都由国家统一配置，不存在金融市场、长期贷款和直接融资活动，并对利率实行统一管制。

一、新中国成立初期的潮汕金融业

（一）基本概况

新中国成立初期，潮汕与全国一样，面临着经济崩溃、物价暴涨、国力衰微、民生凋敝、百废待兴的状况。潮汕银行业在稳定金融、统一货币，接管官僚资本银行、建立机构等方面做了大量工作。

一是接收官僚资本金融机构和建立人民金融机构。1949

年10月汕头解放，汕头军事管制委员会成立"金融接管组"，接管了当地的中央银行、商业银行分支机构等公私金融业。[1]通过接收官僚资本的金融机构、废除外国银行的特权，建立统一的银行体系和货币制度。1949年10月建立中国人民银行潮汕分行，后改称汕头支行，1950年9月又改称为汕头中心支行，是行使中央银行和一般银行双重职能的统一的国家银行，具有国家机关和经济组织双重性质，同时又是现金出纳中心、信贷中心和转账结算中心。1949年10月成立的中国银行汕头支行，先后于1958年和1959年并入汕头市、汕头专区人民银行，成为人民银行中的国外业务部。[2]1951年后，曾先后成立交通银行汕头办事处、中国人民建设银行汕头支行、中国农业银行汕头专区中心支行（与中国人民银行汕头专区中心支行合署办公）等。[3]1952年试点建立农村信用合作社。

二是迅速恢复金融业务。1949年10月26日公布发行人民币，统一换兑当时社会流通的各种中（南方人民券等）、外（港币等）货币。1950年6月15日全部收回流通中的南方券，并禁止金银外币流通，收回民国政府发行的各种货币。1951年，根据上级指示，逐步实行货币管理，开展私人业务，在城市开始增设分理处，在农村重要集镇建立营业所。1955年3月1日起，发行新人民币取代原面额较大的旧人民币，旧人民币1万元折合新人民币1元。[4]

三是重整侨批业。1949年10月30日，中国人民银行汕头支行与香港联系，用汕头批局凭保先支款项后，由汕头电委香港代收港币（转账数）的方式，并于11月5日即开始完成了第一笔接驳港汇业务。11月22日，中国人民银行将侨汇业务侨批业管理，交由中国银行汕头支行执行、办理。1950年，汕头市总工会成立了"汕头侨批业公会募委会"。1951年，根据中共中央华南分局提出的"华南侨汇业管理暂行办法"，加强对侨汇业的管理，鼓励积极收汇。据1954年12月登记，汕头市有甲种批局（即与国外有直接关系的）43户，从业人员346人，资本额人民币20.03万元。1958年，侨批业各批局组合成立了"汕头侨批联合服务部"（侨批业业务上统一，账务仍由各家批局独立核算），1960年改为"汕头侨批业管理委员会"，1968年改名为"汕头海外私人汇款服务社"。1973年，国务

---

[1]　汕头金融志编纂小组.汕头市金融志（1858—1987）［M］.内部资料，1991：2.

[2]　汕头金融志编纂小组.汕头市金融志（1858—1987）［M］.内部资料，1991：2138.

[3]　汕头金融志编纂小组.汕头市金融志（1858—1987）［M］.内部资料，1991：6-10.

[4]　汕头金融志编纂小组.汕头市金融志（1858—1987）［M］.内部资料，1991：99.

院指示"侨批业应归口银行",此项工作汕头延至1976年完成。[1]

(二)潮汕地区金融体系的初步建立

生产资料社会主义改造基本完成以后的大规模社会主义建设时期,我国对金融体制和银行信贷、结算、货币管理制度以及自身的经营管理进行了调整:将多种金融机构合并成统一的人民银行;取消了商业信用,集中信用于国家银行;取消了多种信用流通工具,实行服务于指令性计划的结算方式;改革了资金管理体制,把固定资产投资和流动资金定额部分划归财政拨款范围,银行只负责超定额、临时性的短期流动资金贷款;银行内部实行统收统支、统存统贷的资金管理制度,形成了高度集中统一的、以行政办法管理为主的金融体制。

一是银行机构的运作。在当时的体制条件下,中国人民银行作为国家金融管理和货币发行的机构,既管理金融,又全面经营银行业务,对专业银行和其他金融机构的管理主要采取经济办法,并辅以必要的行政手段和法律手段。1966年以后,金融业务停滞萎缩,金融管理分散混乱。1969年,人民银行与财政部合并,分支机构并入同级财政机构,银行体系失去了其完整性和独立性。这一期间,潮汕金融业的发展也受到了一定的限制。金融业务只有储蓄存款、贷款,服务对象只局限于国有企业或其他公有制的企事业单位,是全封闭式的运作。

二是信贷业务管理的加强。1976年,银行从财政部门分离出来,银行的独立性和基本职能得到恢复和加强,真正成为潮汕地方信贷、结算和现金管理中心。尽管在相当长的一段时间内,汕头金融活动走过曲折道路,但各金融机构按职能要求,在统一货币发行、开展各种结算、加强现金和资金管理、促进国民经济发展等方面,都取得很大的成绩。据统计,汕头地区银行存款余额1978年比1952年增长445倍。工商企业贷款、农业贷款等各种贷款也不断增长,1978年贷款余额123013万元,比1952年增长275倍,较好地支持汕头地方工农业生产和商品流通发展的需要。汕头市郊区和辖属各县信用社也不断壮大,成为农村金融工作的有力助手。[2]

三是保险业的发展。1950年5月,中国人民保险公司开始设立汕头支公司,由当地人民银行领导。其主要职能是:经营国内、国际保险、再保险业务;积聚保险基金;组织经济补偿和给付;防止灾害损失,增进社会福利;建立和完善社会主义的经济补偿制度。初时以中国保险公司名义签发保单。随着对外贸易扩

[1] 广东省汕头市地方志编纂委员会.汕头市志(第三册)[M].北京:新华出版社,1999:1220.

[2] 广东省汕头市地方志编纂委员会.汕头市志(第三册)[M].北京:新华出版社,1999:1158.

大，业务有较大增长，仍以进出口货物运输险为主，争取在国内保险，扩展业务承保面。1956年下半年，承保金额占出口贸易的88.69%，至1957年上半年，占出口金额高达90.51%。历年抽纱业进口原料都习惯在国外保险，也逐步通过外贸公司共同争取在国内投保，涉外保险业务随之扩展。随着行政区域的变迁和组织机构隶属关系的调整，1958年底，国家财贸会议决定停办国内保险业务，收缩国外保险业务，同时国务院第五办公室批示，国外保险业务归由当地中国银行领导（当时对内称人民银行国外业务部），对外保留"中国人民保险公司"，负责办理当地进口贸易涉外业务保险。[1]

二、扩大金融业务的主要措施

新中国成立后，基于当时潮汕经济薄弱、资金短缺，金融部门当务之急是解决资金来源的问题。潮汕地区作为全国著名侨乡，对外经贸往来比较频繁，扩大外贸信贷成为当时的一项重要业务。

（一）扩大储蓄与存款业务

新中国成立之初，潮汕地区各银行积极开展城镇储蓄业务，坚持"存款自愿、取款自由、存款有息、为储户保密"的原则，贯彻执行国家在法律上保障人民的合法收入和宪法规定的保护公民储蓄所有权及个人在银行的储蓄存款永远归私人所有，不得侵犯的政策。储蓄成为各银行吸收存款的主要业务之一。储蓄存款从大类来分，有定期储蓄、活期储蓄、定活两便储蓄三种。

随着国民经济的发展，储蓄业务也相应得到发展（见表9-1）。一开始只举办保本保值储蓄，1952年开始全面开办人民币储蓄。在国家经济建设第一个五年计划时期，开展"勤俭节约，爱国储蓄"活动和华侨储蓄、有奖定期储蓄。[2]1979年底以前，银行的城镇储蓄（含海丰、陆丰县）与农村个人储蓄没有划分，农村营业所绝大多数为了壮大信用社的信贷资金力量而从吸储工作上让路，因而农村个人储蓄余额占整个城镇储蓄余额不足19%。[3]

[1] 广东省汕头市地方志编纂委员会.汕头市志（第三册）［M］.北京：新华出版社，1999：1216.

[2] 广东省汕头市地方志编纂委员会.汕头市志（第三册）［M］.北京：新华出版社，1999：1181.

[3] 广东省汕头市地方志编纂委员会.汕头市志（第三册）［M］.北京：新华出版社，1999：1184.

表9-1 1952—1978年汕头地区城镇储蓄存款年末余额表[1]

单位：万元

年份	存款余额	年份	存款余额	年份	存款余额
1952	700.3	1961	2046.6	1970	2289.2
1953	799.9	1962	1981.7	1971	2627.1
1954	957.0	1963	2097.8	1972	3137.1
1955	978.7	1964	2170.2	1973	3366.8
1956	1147.6	1965	2207.0	1974	3639.1
1957	1453.7	1966	2318.8	1975	4013.4
1958	1755.7	1967	2225.7	1976	4141.1
1959	1829.8	1968	2241.5	1977	4610.2
1960	1822.0	1969	2166.2	1978	5282.4

为加强现金管理，1950年4月，汕头地区银行系统贯彻执行政务院《关于实行国家机关现金管理的决定》，汕头地方的公营企业、机关、部队及合作社等所有现金及票据，除规定限额外，其余必须按照中国人民银行存款办法存入当地中国人民银行或其委托机构，不得存入私营行庄。1962年9月，根据中国人民银行总行《关于对生产队不实行现金管理和转账结算问题的通知》，除了对人民公社一级仍按照中央规定，实行现金管理和转账结算外，对生产队和生产大队不实行现金管理。1977年11月28日，国务院重新颁布《关于实行现金管理的决定》，决定中规定了一切全民所有制单位、集体经济单位和农村人民公社、生产大队、生产队及其所办企业也应实行现金管理。国家现金管理制度规定了各单位之间的货币往来除国家规定可以使用现金的部分外，其余都要通过银行或信用社进行转账结算。潮汕地区各个时期的企业存款年平均余额：1952—1957年为1558.5万元，1958—1965年为3405.6万元，1977—1979年为8489.7万元。[2]

（二）加强国际贸易结算

新中国成立初期，汕头中国银行的进出口业务主要为私营出口土特产贸易结算。1951年对外贸易外汇收入1037万美元，1951—1962年这12年间，每年对外贸易外汇收入都在1000多万美元以上。这期间汕头的进出口业务主要采用易货的结算方式，在行内没有易货交易所，汕头中国银行及每家指定银行系交易员，易

[1] 数据来源：汕头市金融志编纂小组.汕头市金融志（1858—1987）［M］.内部资料，1991：148.

[2] 广东省汕头市地方志编纂委员会.汕头市志（第三册）［M］.北京：新华出版社，1999：1183.

货分甲、乙两类，甲类进口是货到付款，出口是先结汇后出口；乙类是先出口后结汇。此外还有寄售、托收、出口押汇（买入汇款）等结算方式。[1]

1954—1955年，汕头地区成立进出口公司，以后相继成立食品、土产、抽纱进出口公司，出口商品多是土特产、水果、罐头。1956年外贸也全面实行公私合营，汕头中国银行积极促进汕头口岸对外贸易，进一步开展近洋和远洋出口业务，使用商业购买证后，采用信用证结算，对外贸公司直接经营出口业务起促进和保证作用，如1956年近洋来证1501笔，24395832港元，98318马来亚元；近洋托收6348笔，45713675港元。[2]

20世纪50年代末至60年代初，汕头出口业务结算方式采用由外商开业的购买证，使用信用证结算，做好安全收汇，1958年出口来证就有1461笔，来证金额其中港元达20979765元。1958—1963年出口汇款每年在2482—3151笔之间。1965—1978年，汕头中国银行出口业务处在保持水平。1965—1971年每年贸易外汇收入只有3000万美元；1972—1976年每年贸易外汇收入略有增加，增至5000万美元到9000万美元；1977年、1978年的贸易外汇收入，分别为1.2亿美元和1.5亿美元。[3]

随着业务的不断发展，中国银行汕头分行与国外代理行的往来不断扩大。至1958年，与国外代理行的往来从28个国家和地区的117个行处，增加到33个国家和地区的163个行处。到1965年，与中行已交换密押的代理行有63家，比1964年增加11家；交换印鉴的有118家。由于业务发展的需要，与中行直接建立密押关系的代理行越来越多，到1979年已持有国外代理行、联行印鉴328家。[4]

三、支持地方工农业生产和商贸发展

新中国成立以后，潮汕金融业在促进地方恢复生产和城乡物资交流中发挥了重大的作用。新中国成立初期的主要经济工作是对工商业进行改造，确立国营经济的领导地位，对此，银行机构在信贷等方面积极配合、支持潮汕工商业的调整和改造，对工商企业贷款、农业贷款等各种贷款不断增长，1978年贷款总额达

---

[1]　广东省汕头市地方志编纂委员会.汕头市志（第三册）［M］.北京：新华出版社，1999：1225.

[2]　广东省汕头市地方志编纂委员会.汕头市志（第三册）［M］.北京：新华出版社，1999：1225.

[3]　广东省汕头市地方志编纂委员会.汕头市志（第三册）［M］.北京：新华出版社，1999：1225.

[4]　广东省汕头市地方志编纂委员会.汕头市志（第三册）［M］.北京：新华出版社，1999：1226.

到123013万元，比1952年贷款总额445万元增长275倍，[1]有力地支持了潮汕地区工农业生产和商品流通的发展。同时，加强对基本建设拨款和贷款的监督管理，降低工程成本，加快工程进度和提高质量。银行货币收入量，多数年份大于货币支出量。

（一）农业贷款

第一，国民经济恢复时期。

1949年10月下旬到1952年，根据当时潮汕广大农民分得土地之后还缺乏必要的生产工具，生活上也存在较多的困难等实际，国家银行对农民除发放个人生产贷款外，还发放了许多生活贷款。汕头人民银行执行总行1951年提出的"深入农村，帮助农民，解决困难，发展生产"的方针。1952年，全区各县人民银行累计发放农业贷款370.1万元，其中大部分是向个体农民发放的贷款。这个时期的银行贷款，对于帮助新分得土地的贫困农民克服生产生活上的困难、打击农村高利贷活动、支持农村生产的发展、促进国民经济恢复，都起到了重要作用。[2]

第二，农业社会主义改造时期。

在支持农业合作化运动中，潮汕银行机构通过举办贫农合作基金贷款，帮助贫农解决加入合作社交纳股份基金的困难，支持贫农走合作化道路，同时贯彻互利政策，增强贫农和中农的团结，促进农业合作化运动的发展。在巩固和发展农业互助合作组织、促进农业生产发展时期，农贷以支持半社会主义性质的农业生产合作社为主要对象，同时对个体农民也适当给予支援。1956年，全区累计发放农业贷款2489.9万元，比1955年增加2.18倍。1953—1957年共发放农贷6851.5万元，平均每年发放1370.3万元，1957年集体农贷余额1603.4万元，比1952年余额增加9.1倍。这一时期的农贷工作，对促进农业合作化运动的发展，使分散落后的个体经济走向集体化道路起了重要作用。[3]

第三，1958—1966年的潮汕金融。

这个时期潮汕城乡经济的体制变化急，问题多，困难大。社队信贷工作根据农村经济结构的变化和农业生产的需要，积极帮助社队解决农业生产中遇到的资金困难，同时还根据不同时期的新情况、新问题，组织和发展一些特定用途

---

[1]　汕头金融志编纂小组.汕头市金融志（1858—1987）［M］.内部资料，1991：244.

[2]　广东省汕头市地方志编纂委员会.汕头市志（第三册）［M］.北京：新华出版社，1999：1188.

[3]　广东省汕头市地方志编纂委员会.汕头市志（第三册）［M］.北京：新华出版社，1999：1188.

的贷款。1958年，农村"人民公社化"时期，银行举办社队企业贷款，用于改变农村经济结构，发展公社、大队两级经济。据1976年统计，全区银行发放的社队企业贷款累计607万元，比1961年发放的185.3万元增长2.3倍。1963年，我国进入了"调整、巩固、充实、提高"的国民经济调整时期，银行开始举办灾区口粮无息贷款，主要解决特大灾区返销粮多、群众购买口粮有困难等问题。据统计，1966—1967年，全区发放这项贷款共24.4万元。根据中共中央、国务院1962年8月《关于农业生产资金问题的通知》精神，银行部门举办了长期农业贷款。贷款对象限于人民公社生产资金确有困难的生产队。重点用于商品粮产区购买耕畜、大中型家具、农业机械和其他生产设备，适当照顾一般农业地区的生产设备和排灌设备的购置；同时以适当的比例用于渔区的生产性设备的购置。1964年底全区该项贷款余额469.2万元。[1]

1949—1978年潮汕地区对社队信贷的工作也曾出现不少问题，主要是在贷款的使用上，不按经济规律和信贷原则办事，不注意发挥信贷、利率的经济杠杆作用，只讲需要，不顾可能，只管放出，不看效果。如1958年及1959年曾盲目支持大办钢铁、大办水利、大办猪场，对不该由社队举办的事情，也盲目向社队发放贷款，投资兴办，增加了社队负担，这些贷款大多数成为长期呆账。直至1971年9月21日，汕头地区财贸战线根据省财贸革命委员会（71）粤财革字第248号文通知，才核销全区（含海、陆丰）1961年前银行农贷2303.75万元，信用社贷款287.46万元。1966年以后，有些地方单纯强调支持粮食生产而忽视发展多种经营；片面强调支持社队集体经济，忽视或不支持社员发展家庭副业。还有一些地方强令社队用贷款办了一些原料无来源、产品无销路、技术不过关的社队企业，加重了社队的额外债务负担，造成农贷资金的损失和浪费。[2]

（二）工商信贷

1950年，汕头银行机构陆续发放贷款，支持公营交通等事业发展。1951年4月以后，贯彻人民银行总行《关于开展小型工商业放款的指示》，在放款额中划出一笔专款，作为一种特殊放款。由于办理手续便利，简便保证，数额小，期限短，推动了对私放款业务，活跃了汕头城乡物资交流。为了集中资金，引导私营银行合法经营，汕头市人民银行组织金城、国华、中国实业等银行，成立汕头市联合放款处，由各行选派人员参与工作，具体办理接受申请、调查、审核放款等

---

[1] 广东省汕头市地方志编纂委员会.汕头市志（第三册）［M］.北京：新华出版社，1999：1188.

[2] 广东省汕头市地方志编纂委员会.汕头市志（第三册）［M］.北京：新华出版社，1999：1189.

工作，使其发挥人民银行的助手作用。1952年（国民经济恢复时期末），汕头国家银行工商信贷余额285.1万元，其中地方工业占9.82%、集体工业占6.66%、地方商业占29.32%、供销合作社占54.19%。当时国营工业尚处于初建，国营商业资金体制尚未下放，贷款重点在合作经济方面，对私贷款虽有发放，但为数很少。[1]

第一，工业信贷。

1951年1月开始，汕头市人民银行执行总行发布的《中国人民银行放款总则》《工业放款章程》，为以后的工业信贷工作奠定了基础。1955年6月，汕头市人民银行根据总行颁发的《国营工业生产企业短期放款暂行办法》，把工业放款具体分为5种：计划内超额放款、结算放款、大修理放款、特种放款、临时放款。1958年3月，在原有放款的种类上，又增加4种放款：定额放款、特准储备放款、新厂开工备料放款、四项费用放款。当时汕头仍以定额放款、超定额放款、结算放款为主。到1977年7月汕头市人民银行执行总行《中国人民银行国营工业贷款办法》，贷款种类分为4种：超定额放款、结算放款、大修理放款、物资供销贷款。在贷款办法中，还规定除结算贷款外，企业借款时应逐笔提出申请，银行逐笔核贷。企业的存款、放款分别开立账户。[2]

第二，手工业信贷。

1955年4月，汕头市人民银行执行总行和手工业合作总社联合发布的《手工业生产合作社短期放款试行办法》，放款分为4种：补充定额流动资金贷款、计划内超定额贷款、短期设备贷款、临时贷款。1955年6月，执行人民银行总行《中国人民银行对手工业合作组织短期放款暂行办法》，对手工业联社、主管部门批准的生产合作社、供销生产社、生产小组的短期放款，规定应有一定的自有资金参加周转，流动资金应随着本身积累的增加而逐步增加，银行不硬性规定放款与自有流动资金的比例，如在生产经营中因流动资金不敷周转时，可按财务收支轧差的实际情况向银行申请贷款。对经营管理不善，造成严重亏损，短期内又无法改变的，或物资严重积压而又不积极处理的，除有关部门妥善解决其供、产、销问题，并由上级社提供保证者外，银行一般不予放款。[3]

第三，商业信贷。

汕头市的商业信贷主要在国营商业。新中国成立初期实行贸易金库制度，

[1] 广东省汕头市地方志编纂委员会.汕头市志（第三册）［M］.北京：新华出版社，1999：1202.

[2] 广东省汕头市地方志编纂委员会.汕头市志（第三册）［M］.北京：新华出版社，1999：1203.

[3] 广东省汕头市地方志编纂委员会.汕头市志（第三册）［M］.北京：新华出版社，1999：1203.

其时只有潮汕贸易公司等少数单位与当地银行有信贷关系。1953年，改变以至停止执行贸易金库制度，对国有企业全面进行核定资金，实行经济核算，直接与当地银行建立信贷关系。商业放款随着国民经济和社会发展逐步分细，主要形成地方商业放款、粮食放款、供销合作放款、外贸放款、集体商业放款、其他商业放款等6个门类。[1]

（三）基本建设拨款

新中国成立初期，国民经济处于恢复和初始建设阶段，潮汕地区贯彻集中使用资金，保证重点建设需要的经济建设方针政策。1951年，汕头市人民银行执行总行规定：一切建设资金交由交通银行拨付及监督其使用。1952年8月，政务院财经委员会颁发《基本建设拨款暂行办法》，对基建资金采取一个资金渠道、一个计划、一个银行拨款、一个核算制度的管理办法，对基建资金实行限额管理，分级核算。1954年，政务院在《关于设立中国人民建设银行的决定》中规定："凡国家用于基本建设的预算拨款以及企业、机关等用于基本建设的自筹资金，均集中由中国人民建设银行根据国家批准的计划和预算监督拨付。"1958年6月，国务院发布了《关于改进基本建设财务管理制度的几项规定》，规定对基本建设投资，交由各有关部门和单位统一掌握，自行安排，包干使用。汕头地区在1958年9月开始试行投资包干办法。1963年12月，中共中央、国务院发出《关于加强基本建设拨款工作的指标》，强调严格"四按"拨款，即：按基本建设计划、按基本建设程序、按基本建设预算、按基本建设工程进度拨款。[2]

（四）外贸信贷

新中国成立初期，鼓励私商经营出口，银行发放贷款支持。当时的商品出口主要是港澳、新加坡、泰国，以寄售为主。汕头市对私营商品管理，主要是南商公会、暹商公会两个公会。中国银行开展业务与公会联系，办理买入汇款、出口押汇，将出口单据交与银行，由银行先付款给出口商，然后将单据寄往香港代收款；还有办理托收，由银行签证，私商所得的外汇通过中国银行汕头分行结汇。国家过渡时期总路线公布后，对私营进出口商实行利用、限制、改造的政策。1954年对私营进出口商组织联营，逐步纳入国家经济计划轨道，银行为对私改造服务，发放贷款收购出口农副产品，支持出口。1956年在社会主义改造高潮中，成立进出口公司，中国银行汕头分行对出口公司发放贷款，支持组织货源，

---

[1] 广东省汕头市地方志编纂委员会.汕头市志（第三册）[M].北京：新华出版社，1999：1204.

[2] 广东省汕头市地方志编纂委员会.汕头市志（第三册）[M].北京：新华出版社，1999：1206.

收购出口，使对外贸易得以发展，当年汕头市外贸收购总值达3681万元。根据上级规定，1965年对外贸收购一、二类农副产品出口所需的资金充分供应，中国银行汕头分行发放贷款支持外贸收购，多出口创汇，当年全市外贸收购总值16064万元。1978年4月，在贷款上实行择优供应资金的办法，中国银行汕头分行对外贸企业的贷款，采用分类供应的办法：对一类企业优先供应资金；对二、三类企业严格限制；对俏销商品，优先供应资金；对滞销产品，紧缩或不供应资金，督促企业清仓查库，处理积压商品，促进企业合理运用资金，提高经济效益。1978年底，全辖区贷款余额52068万元。[1]

第二节　1978—1991年的潮汕金融业

中共十一届三中全会后，按照"对内搞活、对外开放"的要求，国家对金融体制进行了初步的改革，指导思想上明确地把银行当作发展经济、革新技术的杠杆来使用；实践上，在金融机构方面，逐步建立中国人民银行汕头市分行为领导，各国有专业银行为主体，保险公司、信托公司和城市、农村信用社多种金融机构并存和分工协作的金融体系。人民银行行使中央银行职能，并与各专业银行一起，在宏观控制、微观搞活、发挥杠杆作用等方面，进行了有成效的实践。在信贷业务方面，改变只能发放流动资金贷款的原有规定，发放中短期设备贷款、技术改造贷款，并对旅游、公用服务、科技等事业以及个体工商户也发放贷款。在资金管理体制方面，变"统收统支、控制指标"为"统一计划、划分资金、实贷实存、互相融通"的资金管理办法，允许开展同业拆借，调节资金余缺；基本建设投资拨款改为贷款；破除以往把一切信用集中于银行的条框，开放商业信用；办理委托存放款、租赁、代理收付等多种信用业务；多次调整存贷款利率。同时，利用特区窗口，加强同各地区的横向联系，开放金融市场，这对潮汕地区发展生产、扩大流通、服务与支持地方经济社会发展都发挥了重要作用。据统计，到1992年末，潮汕地区金融机构存、贷款余额分别达到163.69亿元和155.49亿元。[2]

---

[1]　广东省汕头市地方志编纂委员会.汕头市志（第三册）［M］.北京：新华出版社，1999：1227.

[2]　根据《数说广东70年》有关数据整理。

一、潮汕金融体制的改革

随着我国经济体制改革逐步展开，城乡商品经济迅速发展，信贷收支规模不断扩大。1979—1991年，根据国家和省的有关政策，潮汕金融系统体制进行了一系列的改革。

（一）金融体制的改革和完善

第一，银行业机构的变革。

1979—1984年，是潮汕金融体制改革的初始阶段。1979年9月，中国银行汕头支行正式恢复机构，从人民银行分离出来，成为汕头地区、福建南部、梅县地区各口岸外汇专业银行，办理经汕头出口的贸易结算业务，1982年3月改称为中国银行汕头分行。1979年2月，恢复设立中国农业银行汕头分行，作为办理农村金融业务的国家专业银行，并负责领导农村信用合作社。1980年初，各县人行、农行也分开设立。建设银行原属财政管辖，几经分并，1983年8月，广东省建设银行批准撤销建设银行汕头地区中心支行、汕头市支行，成立建设银行汕头市中心支行，开始接受基本建设贷款业务，1984年11月，改名为建设银行汕头市分行。1983年9月，国务院决定中国人民银行专门行使中央银行职能，不再对企业单位和居民个人办理存、贷款业务。1984年10月，中国工商银行汕头分行成立，专门办理工商信贷和城镇储蓄业务。这一阶段金融体制仍保有银行管理机关化、资金计划指令化、业务品种单一化的特点，但信贷管理从"担差额包干"开始过渡到"实存实贷"。[1]

第二，金融组织体系初步形成。

1985—1988年，是潮汕银行业全面发展和非银行金融机构建立时期。1984年，汕头经济特区扩大范围，客观上需要有更多的金融机构向国外融通资金；地方财政和企业可供自己支配的资金有所增加，要求有相应的金融机构代为管理，提高资金收益。这一期间潮汕中小企业、个体私营经济也迅猛发展，需要有相应的货币市场和资金的横向融通。为适应经济发展的客观需要，1985年5月，成立了中国投资银行汕头市分行；同年8月，成立了汕头国际信托投资公司。1986年9月成立了汕头经济特区财务公司；1988年7月，升格为汕头经济特区国际信托投资公司（1997年更称为汕头华侨信托公司）。同年12月，成立了汕头金融业资金

---

[1]　本册编纂委员会.中国改革志·汕头卷［M］.北京：中国三峡出版社，2001：21.

拆借中心和广东发展银行汕头经济特区办事处（1990年升格为广东发展银行汕头经济特区分行，后更称为广东发展银行汕头分行）。

我国由计划经济向市场经济的转变，是我国中小金融机构产生的客观基础。潮汕民营经济成分比例较高，汕头地区的城乡信用社和区域性商业银行等中小金融机构也因而较多，种类较齐全。1987—1988年，先后设立汕头市区的安平、同平、公园、金砂区、职工、特区信用合作社，揭阳县的榕城、工商联、民兴信用合作社，澄海县、普宁县、饶平县3个县城镇信用合作社，共12家。[1]同时，进一步健全了农村信用社，在揭阳进行了农村民间合作金融组织的试点。[2]

至1988年前后，潮汕地区金融组织体系基本建立。各专业银行转向企业化经营，银行业务全面交叉；信贷资金可供量成倍增长，并为潮汕经济发展提供了多层次、多渠道的资金融通和多品种、多方位的金融服务。

从1989年开始，潮汕金融业按照国家的部署，开始了为期3年的治理整顿，对发展过猛、管理跟不上、问题较多的信托机构、城市信用社进行清理和整改。

（二）外汇管理体制的改革和创新

1979年以后，潮汕地区根据国务院颁发的《关于大力发展对外贸易增加外汇收入若干问题的规定》《调剂外汇暂行办法》等政策法规，不断适应对外开放和外贸体制改革的需要，积极推进外汇管理体制的改革创新。

第一，加强国际贸易结算。

随着改革开放的深入发展，潮汕地区对外贸易和经济来往日益频繁。1979—1987年，中国银行汕头分行每年收到国外来证都在1万笔上下，来证金额都在2亿美元左右。1979—1987年，议付单证合计为130361笔，平均每年达14484笔；出口托收单证合计为26727笔，平均每年2969笔。[3]

在国际贸易结算方式上，中国银行总行与外贸部签订第五次合同，支持外贸出口创汇，解决短期资金融通，实行定期结汇。出口公司提交的出口单据，经中国银行汕头分行审核，单证相符、单单相符可办理定期结汇，并缩减结汇天数。为了进一步方便外贸企业的资金融通，1985年根据国际金融市场汇率变动较大的情况，开办了代客外汇买卖业务；1986年11月，开办即期银行票据贴现

[1]　广东省汕头市地方志编纂委员会.汕头市志（第三册）［M］.北京：新华出版社，1999：1698.

[2]　杨鸿高.积极改革金融体制支持商品经济发展——汕头市十一年金融改革回顾［M］//汕头大走向.1991：60.

[3]　广东省汕头市地方志编纂委员会.汕头市志（第三册）［M］.北京：新华出版社，1999：1226.

业务，即只要公司所提交的银行票据符合规定，银行扣除利息费用后即可得到贷款，1987年共办理买入银行票据48笔，94万美元；1987年8月，开办银行承兑票据业务；为加速出口收汇，1987年11月与香港运通银行试办免费快邮业务。[1]

为支持"三来一补"（来料加工、来件装配、来样加工和补偿贸易）发展，1979年，中国银行汕头分行开立的来料加工户有46个，补偿贸易户1个，通过银行结算的有104笔，工缴费收入67.19万美元；到1985年，来料加工结汇发展到2082笔，收入工缴费达到946万美元，开立的来料加工专户达607个，补偿贸易户17个，银行手续费收入达24万美元。为加速三项贸易工缴费的解付，改变结算路线，中国银行汕头分行于1987年4月根据"先直后横"的原则，把以前委托工商行、农行解付的三项贸易工缴费改由中国银行下属分支机构解付，如当地无中行分支机构，则委托其他银行解付。这一做法改变后，加速了工缴费的解付，促进了"三来一补"业务的发展。[2]

第二，推进外贸信贷。

进入20世纪80年代，银行在信贷资金管理上将财政资金与信贷资金两类资金分开管理掌握。流动资金只用于生产流通需要，不准基建财政占用，对挤占资金的罚息50%；对有销路的商品，多收购，多出口，换汇成本低，给予充分供应资金。对外贸企业的贷款，这一时期也有了扩大，如对工贸、农贸、技贸进出口公司，外事企业、外商投资企业，以及商业、工业、交通、能源、通信、涉外旅游等行业凡有创汇能力的企业，发放贷款支持其出口创汇。如1980年9月25日，中国银行汕头分行发放的工贸贷款从外贸贷款指标中划出部分来使用，那些为出口服务的工厂得到生产周转金，完成出口产品的加工任务。为增加出口创汇，中行支持外贸的贷款至1987年底达150952万元。[3]为支持生产出口商品的企业进行技术改造、增添设备，中国银行还开办中短期人民币固定资产贷款，如1981年就批准出口商品生产的中短期固定资产贷款53笔473万元，支持49个工厂、企业购进各种设备1135台，扩建厂房7550平方米，实现产值1516万元，上缴税金95万元，换汇452万美元。[4]

---

[1] 广东省汕头市地方志编纂委员会.汕头市志（第三册）［M］.北京：新华出版社，1999：1226.

[2] 广东省汕头市地方志编纂委员会.汕头市志（第三册）［M］.北京：新华出版社，1999：1227.

[3] 广东省汕头市地方志编纂委员会.汕头市志（第三册）［M］.北京：新华出版社，1999：1227.

[4] 广东省汕头市地方志编纂委员会.汕头市志（第三册）［M］.北京：新华出版社，1999：1227.

第三，加强外汇贷款。

1973年5月，国务院转发中国银行以国家计委名义拟订的《短期外汇贷款试行办法》后，汕头地区金融部门开始发放短期外汇贷款，支持工厂、企业增添设备发展生产，取得了一定效益。起初，贷款以间接方式进行。中国银行汕头分行贷款给外贸进出口公司进口物资，由使用进口物资的企业用人民币买得物资使用，由外贸企业归还外汇贷款。进口的物资主要是用于进口关键性设备，扩大出口的短期周转外汇。在这期间外汇贷款的对象仅限于外贸公司，对引进先进技术和增创外汇都收到较好的经济效益。外汇贷款的借出与还本付息都在广州分行办理，汕头没有设立贷款账户。1980年以后，根据国务院关于《短期外汇贷款办法》规定，外汇贷款开始直接办理放款，使用贷款的企业用新增设备所创造的外汇利润、新增设备折旧费及更新设备基金来归还贷款本息。在贷款的币别、种类、利率上逐年增加和变化。外汇贷款从只有美元发展到日元、英镑、法国法郎、西德马克、港币等；在利率上从开始只有固定利率，后逐步发展到有优惠、浮动、特种和贴息贷款；贷款期限上也从1—3年的短期贷款发展到3—5年以上的中长期贷款。1979—1987年，累计发放外汇贷款19488万美元。1979—1987年，汕头市区有32家企业使用外汇固定资产贷款达14070万美元，生产线和设备达3934台（套），被用于64个项目技术改造。这些项目投产后，年增加产值94981万元，增加利润14583万元，增加税收8106万元，创汇3274万美元。至1987年底止，外汇贷款余额9633万美元。[1]

（三）保险业务的恢复和发展

第一，改革开放后潮汕保险业的体制沿革。

新中国成立后，国内保险业务经历了停办—恢复—再停办—再恢复的曲折发展过程。1979年9月，中国人民保险公司汕头支公司从汕头中国银行分设，成立独立的公司，经营国内外保险业务，归属广东省中国人民保险公司及中国人民银行汕头地区中心支行领导。1980年，在海丰县（当时属汕头专区）设汕尾支公司。是年9月25日，在揭阳县召开汕头所属各县首次保险会议决定：揭阳、澄海县为代理处试点。至年底，汕头专区各县（市）包括潮州市、潮安、饶平、潮阳、普宁、陆丰县均设立了保险代办处，在当地人民银行内办公。1981年2月17日，揭西县保险代理处成立；同年7月，澄海、潮阳、普宁代理处转为支公司，

---

[1] 广东省汕头市地方志编纂委员会.汕头市志（第三册）［M］.北京：新华出版社，1999：1227.

设独立会计部门。1982年下半年，海丰、惠来也相继在人民银行内部设立保险代理处。至此，初步形成全区保险网络。[1]

1984年2月，中国人民保险公司汕头支公司从人民银行汕头地区中心支行分出成立，称为中心支公司（1985年又改称为分公司），负责全区各保险机构的督导、综合。同年，海丰、陆丰二县划归惠阳地区管理，人保公司随之将机构人员划出。潮州市、揭阳县在同年第二季度，饶平、惠来县在第四季度均批准设立支公司，连同已设立的潮阳、普宁、澄海县3个支公司，汕头市属8个县（市）均有了支公司，南澳县仍设保险代理处。[2]

第二，国内保险。

随着汕头地区保险机构的成立和健全，国内业务开始以"企业财产险"为重点，工业、商业、供销、外贸各企业的承保面逐步扩大，进而组织力量开办"农业保险""各类人身保险""机动车辆保险""来料加工险"等。1985年，贯彻国务院《关于加快发展我国保险事业的报告的通知》，结合社会经济结构和渠道、经营方式的变化，保险公司做了新的探索，调整了内部业务机构，设立保险汕头经济特区支公司等，除"企业财产险"有扩大外，运输货运险等业务也有所发展。同时开办了"中小学生意外伤害险""家庭财产险""个体工商和联营组织财产险"。同年乡镇保险机构初步建立，从惠来县惠城站建立第一个保险站起，先后在全市的区镇建站11个。1986年汕头市政府转发了《关于加快发展我市保险事业的报告》，推动了保险事业承包面的扩大，发展了农村保险网络，保险承包与理赔质量也得到提高。农村保险站采取每站贴补经费300元，手续费包干。至1987年末，全市已有农村保险站150个，占全市区镇数的83.3%，出现了承包率达90%以上的一批"保险村""保险乡"。国内保险业务保费收入自1980年复办开始的全年63.89万元，增至1987年的4334.62元，增长近70倍；1987年国内保险赔款支出为1286.1万元。[3]

第三，国外保险。

1979年，中国人民保险公司恢复后，涉外保险业务有所扩展，随着进出口业务及涉外经济活动开展而承保面逐步扩大，保险品种增加。汕头经济特区建立后，保险业务由代理处进而建立支公司。保险服务改进，项目增多，由单一的

---

[1]　广东省汕头市地方志编纂委员会.汕头市志（第三册）［M］.北京：新华出版社，1999：1159.

[2]　广东省汕头市地方志编纂委员会.汕头市志（第三册）［M］.北京：新华出版社，1999：1210.

[3]　广东省汕头市地方志编纂委员会.汕头市志（第三册）［M］.北京：新华出版社，1999：1216.

"出（进）口运输险"发展险种至40多种，已开办的险种有15种，包括财产险、运输险、船舶险、建筑工程安装险、机动车辆险、雇主责任险、公众责任险、现金保险、展览会责任保险、人身险、责任险等；办理了引进成套设备保险，如汕头感光厂、汕头国际大酒店、汕头华能电厂等。这期间保险费率基本由上级公司决定。至1987年，全年国外保险费收入已达850.72万元，按率折美元312.25万美元，赔款支出33.66万美元。[1]

二、潮汕金融机构运行机制的调整

汕头金融部门在健全金融组织体系中，注意结合经济特区及侨乡特点，不断深化改革，在逐步完善金融组织体系的基础上，理顺金融机构运作机制。

（一）调整信贷管理模式

改革开放初期，汕头地区信贷管理由"供给制"转变为"存贷挂钩，差额控制""存贷挂钩，差额包干"，逐步改变以往的信贷资金统存统贷、单管贷款指标的做法。在坚持信贷资金使用"区别对待，择优扶植"的前提下，汕头的信贷投向集中在中小企业短期设备和"五小"（小电力、小农机、小煤窑、小钢铁、小化肥）设备上，重点支持老企业革新、挖潜、填平补齐。

1980年9月，中国人民银行解除对个体劳动者"一律不贷款"的禁条，试行"存贷挂钩，差额控制"的信贷管理体制，把中短期设备贷款纳入包干范围之内，使银行业务活动进入企业固定资产领域，支持老企业的技术改造和某些特定的项目建设，这对发展潮汕金融业、加速地区经济发展起到了良好的推动作用。在农村信贷管理体制方面，1980年实行"农贷小包干"，1981年起改为"统一计划、分级管理、存贷挂钩、差额包干"的管理办法。在国家预算内基本建设投资方面，1980年试行由拨款改为贷款（1985年全面推行），1982年开始实行"存贷挂钩"的管理体制。在外汇管理体制上，从1980年起，广东实行外汇收支包干的管理办法。汕头经济特区从1987年起，实行"信贷计划戴帽下达"办法。[2]信贷管理模式的调整，促进了金融业的快速发展。

---

[1]　广东省汕头市地方志编纂委员会.汕头市志（第三册）［M］.北京：新华出版社，1999：1216.

[2]　汕头市地方志编纂委员会.汕头市志（1979—2000）（上册）［M］.广州：广东人民出版社，2013：757.

（二）改革银行信用形式

为顺应搞活经济的需要，汕头地区金融部门进一步改革了单一的银行信用形式，建立和发展了金融市场。至1990年底，全市共有各类金融机构（网点）2200家（个），初步形成了以银行信用为主体，多渠道、多形式、多种金融工具聚集和融通资金的信用体系。

一是扩大了银行信用范围。在发展银行信用的同时，开始试办灵活多样的信用形式，促进银行信用业务种类的多样化。开办了固定资产贷款、第三产业贷款和集体、个体经济贷款，增办了一批适应居民和企业需要的存款种类。

二是开拓了金融市场。形成了跨地区、跨系统的拆借网络，积极利用外地资金为汕头经济服务。仅1990年汕头地区资金融通量就达到61.8亿元，其中系统外拆借资金17.1亿元，还创建了汕头市区金融机构同业头寸调剂基金业务。[1]

三是建立了证券的发行市场和转让市场。通过发行股票和企业债券，拓展多种集资形式。在发行大量国库券、保值公债等国家债券和金融债券的同时，还批准了部分企业发行中长期债券和短期流动资金融资债券。1987—1990年累计发行企业债券19350万元，缓解了企业资金紧张状况。为了增强证券的流动性和吸引力，还开办证券转让柜台业务。[2]

四是推行商业信用票据化。开办了票据的承兑、贴现和再贴现业务，加强对企业之间信用形式的引导。多种信用形式和金融市场的发展，适应了汕头地区以市场调节为主的格局，对搞活资金、引导资金流向发挥了积极的作用。

（三）完善信贷资金管理机制

一是改革了高度集中、统收统支的信贷资金供应体制，初步建立了直接调控和间接调控相结合的、分层次的金融调控体制。过去，银行内部存贷两条线，各级银行吸收的存款由总行统一支配，贷款的使用由总行下批指标办理。实行统一计划、分级管理、存贷挂钩、差额包干的办法以后，潮汕地区金融机构在不突破包干指标的情况下，实行多吸收存款、多回收贷款、多发放流动资金的贷款。中国人民银行专门行使中央银行职能后，从1985年起，对专业银行实行"实贷实存"的信贷资金管理，各专业银行则实行"统一计划、划分资金、实存实贷、相

---

[1]　杨鸿高.积极改革金融体制支持商品经济发展——汕头市十一年金融改革回顾［M］//汕头大走向.1991：60.

[2]　杨鸿高.积极改革金融体制支持商品经济发展——汕头市十一年金融改革回顾［M］//汕头大走向.1991：60.

互融通"的管理办法。1987年5月，农业银行汕头分行对经济特区、经济技术开放性贷款实行差别利率和贴息。同年11月，中国人民银行汕头分行对汕头经济特区实行"信贷计划戴帽"下达。1988年开始，根据中国人民银行有关文件精神，先后将部分临时贷款和专项贷款发放权、外汇调剂权及现汇账客户审批权下放到支行（支局）一级。

二是改革了国家银行内部收益统收统支的管理制度，积极探索专业银行企业化经营管理的路子。由于国家专业银行历来责、权、利脱节，影响了信贷资金的使用效益。1987年以后，潮汕地区大部分储蓄所都相继实行了承包经营责任制，一些银行实行了行长负责制和经营目标责任制。农行系统还试行了系统承包经营。这些改革举措增强了国家专业银行的活力。

三是改革了结算制度，增加了信用流通工具。潮汕地区各银行开办了同城票据清算业务，并在全地区实行银行结算区辖汇兑电子化，加速了资金周转。此外，还在揭阳和澄海进行县级金融系统归口人民银行管理的试点，探索进一步理顺人民银行和专业银行的关系。[1]

（四）不断扩大信贷规模

为更好地服务地方经济社会发展，潮汕地区金融部门努力加大信贷投放力度，全力扩大金融信贷规模。

第一，从对流动资金发放贷款扩大到对固定资产发放贷款。

银行过去是根据临时性、季节性需要，只对企业发放贷款。根据上级要求，潮汕金融部门改变只能发放流动资金贷款的原有规定，发放中短期设备贷款、技术改造贷款。1981年，中国人民银行汕头中心支行共批准中短期固定资产贷款53.473万元。1989年，人民银行短期贷款累计发放21.58亿元，重点支持农副产品收购、外贸出口收购、农业生产资料供应及工业骨干企业所需的资金，对推动全市信贷结构调整发挥较大的作用。[2]

第二，从主要对国有企业贷款扩大到对多种经济形式和个人贷款。

针对启动生产和市场的需要以及推动存款的增长，汕头市适当地扩大全市资金盘子。1990年，中国人民银行对专业银行累计投入短期贷款19.4亿元，其中

[1] 杨鸿高.积极改革金融体制支持商品经济发展——汕头市十一年金融改革回顾［M］//汕头大走向.1991：60.

[2] 汕头市地方志编纂委员会.汕头市志（1979—2000）（上册）［M］.广州：广东人民出版社，2013：758.

用于支持工业生产2.6亿元、商业1.4亿元、外贸出口3.8亿元、粮食调进13亿元、农副产品收购1.5亿元；此外，中国人民银行还累计发放地方经济开发贷款、特区开发贷款和外商投资企业贷款等1.18亿元，着重支持能源、交通、企业技术改造和外商投资企业的设备配套。1981年9月，执行总行《关于城镇集体、个体社会服务行业贷款暂行规定》，把贷款对象扩大到经汕头地方工商行政部门批准开业，持有正式营业执照的零售商业、饮食、服务、修理、交通运输以及文化、艺术、旅游、卫生等行业的集体单位和个体经营户。1980年末，汕头市各家银行个体工商业贷款余额仅4.3万元，到1987年末增加为2291.2万元。[1]

第三，发放贷款从生产流通领域扩大到各行各业。

改变过去只限于对物质生产领域企业发放贷款的状况，对非物质生产行业，如科技、文教、旅游、饮食、服务行业以及个体工商户也发放了贷款。1980年9月，汕头市人民银行执行总行《关于积极支持个人工商业适当发展的通知》称，对持有工商管理部门发给的营业执照、经营活动正当、符合政策的个体工商业者，在用自筹资金购置简单设备、工具或生产经营的原料、小商品有困难时，银行可给予适当贷款支持。1991年，工商银行汕头分行成立房地产信贷部，开办房地产信贷业务，为汕头市住房制度改革提供配套金融服务，先后开办单位集资购建房贷款、住房开发贷款、个人住房抵押贷款、危房改造贷款等多种住房信贷业务。[2]随着改革开放的进一步发展，中国银行汕头分行的外贸贷款也进一步扩大范围，逐步放宽贷款对象。到1990年，中国银行汕头分行支持外贸的贷款余额达人民币24.07亿元，贷款种类也从单一的外贸贷款发展到外贸、外事、"三资"企业贷款。同年"汕头过海水管"工程建设中，建设银行汕头分行调剂外汇贷款折合人民币3000万元支持该项目建设。[3]

---

[1]　广东省汕头市地方志编纂委员会.汕头市志（第三册）［M］.北京：新华出版社，1999：1205.

[2]　汕头市地方志编纂委员会.汕头市志（1979—2000）（上册）［M］.广州：广东人民出版社，2013：758.

[3]　汕头市地方志编纂委员会.汕头市志（1979—2000）（上册）［M］.广州：广东人民出版社，2013：758.

表9-2　　1979—1991年潮汕地区银行贷款余额表[1]

单位：亿元

年份	银行贷款余额	年份	银行贷款余额
1979	13.81	1986	48.42
1980	17.63	1987	58.35
1981	20.67	1988	77.01
1982	22.46	1989	62.30
1983	25.60	1990	114.46
1984	32.22	1991	152.24
1985	37.45		

注：1989—1991年数据为金融机构贷款余额。

三、汕头经济特区建立与金融政策调整

（一）汕头经济特区金融体制的特点

汕头经济特区设立后，汕头金融系统适应特区发展的要求，认真探索在特区开展金融活动的路径，不断开拓业务新领域，较好地发挥金融部门的经济杠杆作用。1983年10月，中国银行龙湖支行开始在特区营业。至1989年，中国人民银行汕头分行经济特区办事处、中国工商银行龙湖支行、中国农业银行汕头特区支行营业部、中国人民建设银行汕头特区支行、中国发展银行汕头特区办事处等金融机构先后进入特区。同时，在广澳片区开设中行、建行支行，各专业银行支行还相应在此设立办事处、营业所、储蓄所等机构。另外，部分市级银行也直接办理特区企业的存、贷款业务。汕头经济特区成立了外汇管理支局、保险支公司、发展银行办事处、国际信托投资公司、城市信用社、农村信用社等管理机构和金融机构，形成了一个以中央银行为核心，各专业银行为主体，其他金融机构为补充的门类齐全的多层次金融体系。

汕头特区设立初期，特区的人民银行办事处仅起联络、传递作用，人民银行汕头分行也还没有具体管理各专业银行支行的权限，加之当时汕头特区范围

---

[1]　根据《汕头市金融志（1858—1987）》（内部资料）、《汕头市统计年鉴（1949—1992）》《汕头经济特区年鉴（1989·创刊号）》《潮州统计年鉴2015》有关数据整理。

窄，与汕头市的管理体制相对"分离"，妨碍了特区银行突破特区边界，自主拓展业务。

（二）汕头经济特区金融体制改革

针对存在的问题，汕头经济特区和各金融机构密切配合，推进特区金融体制改革。

第一，灵活融通资金，拓展短期金融市场。

一是中行龙湖支行、工商行龙湖支行等特区银行广泛推广汇票承兑贴现业务。积极推广票据承兑贴现业务，减少信贷资金投放。二是建立金融同业拆借市场。各家银行和国际信托投资公司开展拆借业务，并同全国各大中城市建立固定拆借联系网。三是初步形成了外汇调剂网点，汕头特区成立了外汇调剂中心，在特区内公开调剂外汇余缺，实行调剂价格面议，搞活外汇市场。

第二，开展交叉业务，朝多功能银行业务方向发展。

原各专业银行都有自己的服务对象和业务范围，不能适应市场经济发展的需要。汕头特区银行打破原有框架的限制，注意逐步朝着多功能银行经营方向发展，形成在业务基本分工的前提下，城乡之间、本外币之间业务适当交叉和竞争的局面。工商行龙湖支行开办了外汇业务；建行特区支行突破只办理基建贷款的业务界限；农行龙湖支行针对特区实际，重点支持一些非农口的重点企业和重点项目贷款。

第三，改善信贷结构，用好用活资金。

特区各家银行及国际信托投资公司贯彻"区别对待，择优扶植"原则，采取措施改善信贷结构，合理安排资金的投量和投向，做到该支持的支持、该收回的收回、该压缩的压缩。中行龙湖支行在实践中总结了贷款投向上的"三个优先"和"三个控制"，即优先支持外贸企业出口创汇贷款，严格控制有不合理资金占用企业的借款；优先支持出口产品生产企业和技术改造项目的贷款，严格控制与出口创汇无关的非生产性项目贷款；优先支持外商投资企业生产及加工出口的贷款，严格控制自有资金严重不足的企业贷款。对经济效益差的企业，一律不发放新的贷款。

第四，改变职能，实施工程项目招标制度。

建行特区支行针对实行拨改贷制度，资金有偿占用，还本付息情况，积极参与特区基建主管单位实施的工程招标投标预算制度的活动，实行工程项目公开招标。通过施工单位之间的竞争，降低工程造价，1987年招标的21个项目中标造价就比预算造价降低了140多万元。[1]

（三）及时出台外汇管理的地方性政策措施[2]

根据汕头经济特区的实际情况，汕头市及时出台了外汇管理的若干政策措施，以鼓励多创汇、用好汇。

第一，对外商投资企业。

1. 汕头经济特区的外商投资企业，可根据业务需要，向特区内有经营外汇业务的中资银行、中外合资银行、外资银行或侨资银行开立外汇账户。外商调入汕头经济特区的外汇可不予结汇并允许在协议范围内调动、使用；可在汕头特区外汇调剂中心相互调剂外汇余缺；可向中国银行或经中国人民银行指定的其他银行办理外汇抵押贷款业务。

2. 外商的税后利润和外籍员工的税后工资及其他正当收入，均可通过特区内的开户银行自由汇出，也可按规定带出。

第二，对特区内金融机构。

特区内凡有经营外汇业务的银行和非银行性质的金融机构，均可与国际金融市场融通资金。特区银行对外商投资企业所需短期周转资金和其他所需的信贷资金，经开户银行或其他金融机构审核同意，优先放款。

第三，对出口创汇企业。

1. 特区内国营、集体企业出口产品结汇，按国家规定留成办法核拨外汇额度。经营进出口业务的企业和以进养出的生产性企业，经外汇管理部门同意，可保留部分现汇用于周转或以进养出再创汇。特区对企业实行预拨留成外汇，企业凭结汇银行水单向外汇管理局提出申请，经审查无误，即行核拨。内联企业的自留外汇分成，由内联各方按协议分配。

2. 高新技术产业开发区企业出口所创外汇，3年内全额留给企业；从第四年起，除按政策应上缴国家部分外，属地方外汇分成部分留给开发区，由开发区按照国家有关规定使用。企业分成外汇，由企业专项用于高新技术开发和生产的发展。

3. 特区内国营、集体企业及外商投资企业，其产品在国内买卖，经外汇管理部门批准，可以外汇计价结算。

---

[1]　张进谦.汕头经济特区金融体制改革的思考［M］//汕头大走向.1989：65.

[2]　中共汕头市委政策研究室.汕头市情与投资环境［M］.1992：69-70.

第三节   1992—2010年的潮汕金融业

　　1991年12月，潮汕地区分设为汕头、潮州、揭阳三个地级市。根据三市分设后的辖区范围，金融业也相应做了调整划分。各市金融机构继续发挥职能作用，在推动金融改革、加强金融管理、强化金融服务等方面做出努力，金融业务得到了进一步发展（见表9-3）。

表9-3   1992—2010年潮汕三市金融机构存贷款余额表[1]

单位：亿元

年份	汕头市		潮州市		揭阳市	
	人民币存款余额	人民币贷款余额	人民币存款余额	人民币贷款余额	人民币存款余额	人民币贷款余额
1992	101.43	95.75	34.90	34.63	27.36	25.11
1993	155.38	156.39	38.59	43.82	32.18	31.27
1994	215.97	205.59	50.88	51.52	34.51	33.71
1995	295.32	263.48	57.24	62.27	47.70	40.59
1996	375.69	331.12	89.61	86.49	62.67	46.19
1997	451.11	390.99	115.90	115.41	167.60	112.70
1998	535.51	452.24	140.76	130.93	200.10	129.78
1999	524.87	455.62	141.29	110.98	222.37	143.75
2000	525.99	406.30	151.60	113.12	229.83	145.13
2001	590.51	408.60	165.58	108.28	264.64	139.66
2002	638.20	419.20	194.64	117.38	294.54	155.69
2003	745.93	464.70	231.68	126.67	343.83	174.88
2004	838.43	419.53	275.33	131.11	407.18	171.17
2005	955.34	391.08	324.04	132.34	468.15	169.19
2006	1073.44	393.16	374.32	137.54	539.89	195.26

　　[1]   根据《汕头统计年鉴2017》《潮州统计年鉴2015》《揭阳统计年鉴2017》有关数据整理。

续表

年份	汕头市		潮州市		揭阳市	
	人民币存款余额	人民币贷款余额	人民币存款余额	人民币贷款余额	人民币存款余额	人民币贷款余额
2007	1135.83	411.30	393.76	160.13	569.32	216.01
2008	1344.62	410.90	476.78	160.07	723.66	233.14
2009	1601.72	530.65	556.31	192.71	813.31	326.02
2010	1852.36	637.75	653.27	219.41	963.01	400.68

注：1. 汕头市数据中，1992年为银行存贷款余额，1993—2010年为金融机构存贷款余额；2. 潮州市数据中，2005—2010年金融数据包括本外币；3. 揭阳市数据中，1992—1996年为银行存贷款余额，1997—2010年为金融机构存贷款余额。

一、金融体制的改革和深化

1993年12月颁布的《国务院关于金融体制改革的决定》，明确提出了金融体制改革的目标：建立在国务院领导下，独立执行货币政策的中央银行宏观调控体系；建立政策性金融与商业性金融分离，以国有商业银行为主体、多种金融机构并存的金融机构体系；建立统一开放、有序竞争、严格管理的金融市场体系。潮汕各市金融体制改革进入深化阶段。

（一）整顿发展阶段

1989年，国家开始了为期3年的治理整顿。汕头市金融部门把治理整顿与深化改革结合起来，从4个方面推进金融体制改革：一是从侧重"传统"的金融管理逐步转向金融国际化；二是从侧重信贷改革的管理转向贷款数量与质量并重的管理；三是从侧重机构审批逐步转向金融机构稽核监督和风险管理；四是从侧重间接融资逐步转向直接融资。

人行汕头分行运用再贷款（再贴现）、利率和存款准备金等经济手段调节银根松紧，动态调节企业资金需求、资金流向和居民消费、储蓄行为。[1]与此同时，交通银行在汕设立营业机构，并开办了保险业务，汕头保险业务领域开始出现竞争。

---

[1] 陈少斐.汕头金融"八五"回顾与"九五"展望［J］.沿海新潮，1996（增刊）：44.

潮汕行政区划调整后，汕头市人民银行针对不同层次经济发展的需要，对全市金融机构进行调整充实，批准设立各类金融机构60个。其中充实调整了33个国有商业银行分支机构，增设非银行金融机构信托网点1个，在空白的县、区增设城市信用社4个；设立信用合作基金会10个，同时引进了3家外（侨）资银行。

1991年，汕头特区范围再次扩大。同年5月，香港华侨商业银行汕头分行在汕设立，成为汕头首家引进的外资银行。1992年7月，汕头证券股份公司设立，汕头资本市场有了新的发展。1992年9月，设立了泰国盘谷银行汕头分行；同年12月，设立泰国泰华银行汕头总行（之后该总行迁往上海，汕头改为分行）。1993年4月，设立了香港廖创兴银行汕头分行。同年，还新设立了9家具有独立法人资格的城市信用社。

1992年以后，潮州市把信贷资金与控制规模成效、优化结构、盘活资金存量挂钩进行考核，控制信贷规模，盘活存量，提高效益。同时加大对"三角债"和违规占用资金的清还力度。鉴于潮州的金融运行受社会高息乱集资热、房地产开发热、炒股票热等影响，出现了存款下降、贷款扩张、现金超限额投放、银行备付能力下降、压单压票等现象，人行潮州分行以清理拆借资金为突破口，整顿金融秩序，抑制同业乱拆借行为，清理企业在专业银行开立的集资专用账户，清理农村合作基金会。同时，推广和使用票据结算，减少现金投放，规范金融机构经营行为，维护辖区的正常金融秩序。[1]

人行揭阳分行以整顿金融秩序为突破口，运用金融手段加强宏观调控，重点清理企业在专业银行的集资专用账户，清理农村合作基金会。同时，整顿规范金融机构经营行为，严肃结算纪律，清理压单压票、到期逾期贷款，对金融机构实施资产负债比例管理，推广和使用结算，减少资金投放。1993年，全市共清理违章拆借资金8000万元，查处乱集资11宗，撤销3家未经人民银行批准擅自设立的金融机构。1994年，取缔未经批准擅自办理金融业务的农村合作基金会5家。[2]

这一阶段的特点是治理整顿与开放发展交替进行。特别是在汕头，由于金融市场竞争加剧，金融电子化程度提高，汕头金融逐步形成了银行、保险、证券三大行业共同发展的格局。由于受泡沫经济影响，大量的金融不良资产也是从这

[1]　潮州市地方志编纂委员会.潮州市志（1992—2005）（上册）［M］.广州：岭南美术出版社，2014：475.

[2]　揭阳市志编纂委员会.揭阳市志（1992—2004）［M］.北京：方志出版社，2013：598.

一阶段开始形成。为此，人行汕头分行加强了对金融机构业务运作的规范和清理整顿，着力营造良好的金融秩序。

（二）改革攻坚阶段

20世纪90年代前半期，计划经济时期和改革开放以来累积的金融风险问题逐步暴露。1995年，全国人大和人大常委会先后通过了《中华人民共和国人民银行法》等四部法律，中国金融业进入了规范化、法制化发展的新阶段，金融资产由数量扩张向质量提升转变。

1995年3月，汕头市建立了外汇交易中心汕头远程站，与全国外汇交易中心联网。1996年末，农业银行汕头市分行与农村信用社脱钩，农业发展银行（政策性银行）汕头市分行从农业银行分设出来。1997年，由汕头市13家城市信用社组建为汕头市合作银行（后改称汕头市商业银行）。1997年12月，中国民生银行汕头分行设立。1998年，完成对农村信用联社的规范工作，撤销金融机构网点53个，关闭各县（市）资金拆借市场和停止外汇调剂业务。1999年，中国光大银行接收中国投资银行，并设立中国光大银行汕头营业机构，接收中国投资银行汕头营业机构。1999年1月1日，人民银行管理体制进行重大改革，跨省区设立大区分行，中国人民银行汕头分行改称中国人民银行汕头市中心支行，归中国人民银行广州分行直接领导。[1]

1993年，人行潮州分行根据潮州市升格扩大区域后金融机构的辖属变更情况，开展对金融机构审验证照和换发经营金融业务许可证的工作，批准新设立金融机构网点22家（个）；至年底，全市金融机构网点数达699家（个）。1997年，对辖区各金融机构进行换发新证工作，重新编码、采用新式样的许可证，区分法人与非法人机构的式样。1998年，按照机构规划管理制度，规范商业银行分支机构的层次和名称。2001年，共办理商业银行机构网点撤并15个、迁址2个、更名2个、升格15个、降格1个。[2]

1995—1996年，人行揭阳分行积极贯彻适度从紧的货币政策，深化职能改革，强化管理，加强金融业的基础建设，优化服务，维护辖区正常的金融秩序。1998年，取消贷款规模的限额控制，给商业银行充分的贷款自主权。[3]

[1]　本册编纂委员会.中国改革志·汕头卷［M］.北京：中国三峡出版社，2001：22.

[2]　潮州市地方志编纂委员会.潮州市志（1992—2005）（上册）［M］.广州：岭南美术出版社，2014：480.

[3]　揭阳市志编纂委员会.揭阳市志（1992—2004）［M］.北京：方志出版社，2013：599.

这一阶段潮汕金融业在依法经营、依法监管中发展，引进了市场营销经营理念，拓展了消费贷款领域，撤并了部分金融机构及其网点，规范了银行、保险、证券机构及其业务活动，加强了外汇管理与服务，全民金融意识大为提高。在化解和控制已经显露的金融风险中，新一轮的金融发展及其潜在的风险都在酝酿中。

（三）规范管理和稳定发展阶段

随着金融机构不断增加、金融市场逐步发展和金融竞争加剧，金融管理更加复杂，难度加大。2000—2010年，潮汕地区金融业经过治理整顿，开始进入强化监管和规范管理阶段。

2004年2月，中国银监会汕头监管分局正式挂牌运作。[1]2006年开始，进一步深化农村信用社改革工作，引导金融机构不断加强和改进"三农"金融服务。至2009年底，全面完成农信社统一法人产权改革工作，农村信用社存款业务稳步增长，支农主力军作用突出，资产质量不断提高，历史包袱逐渐消化。[2]2007年，积极配合推进农业银行改革，针对农村金融服务准入限制放宽、农村金融服务不断活跃的情况，加强对农村金融服务体系改革发展情况的跟踪监测。[3]至2009年，农业银行股份制改革顺利完成。为积极推进国有商业银行的改革工作，在省率先成立全国第一家邮政储蓄银行省级分行的背景下，2007年11月，中国邮政储蓄银行汕头市分行正式挂牌成立，辖下43家分支机构随后也着手开始组建工作。[4]2008年，根据省政府关于停业整顿城信社退出市场工作的总体部署，紧密结合汕头实际，认真研究制订27家城市信用社（营业部）退出金融市场工作实施方案和应急预案，组织协调城信社资产的清理、追收、处置工作，努力为退市创造有利条件。同时，根据省银监局关于对3家信托公司的撤销决定，及时成立工作机构，组织开展对3家信托公司的最终处置工作。[5]2009年，认真做好小额贷款公司试点工作。小额贷款公司贷款对象主要为农户和小企业，体现了小额贷款公司服务"三农"和小企业的宗旨。至2009年底，全市有小额贷款公司6家，

[1]　汕头经济特区年鉴编纂委员会.汕头经济特区年鉴2004［M］.香港：公元出版有限公司，2004：147.

[2]　汕头年鉴编委会.汕头年鉴2010［M］.北京：新华出版社，2010：155.

[3]　汕头年鉴编纂委员会.汕头年鉴2008［M］.香港：公元出版有限公司，2008：175.

[4]　汕头年鉴编纂委员会.汕头年鉴2008［M］.香港：公元出版有限公司，2008：179.

[5]　汕头年鉴编纂委员会.汕头年鉴2009［M］.呼和浩特：内蒙古文化出版社，2009：114.

累计发放小额贷款1791笔，贷款累计11.28亿元，贷款余额4.02亿元。[1]2010年6月，汕头保监分局挂牌成立，汕头市成为中国保监会在全国5个地级市设立保监分局的试点城市之一。汕头保监分局监管辖区包括汕头、汕尾、潮州、揭阳四市行政区域，职责是对辖区内保险机构经营活动进行监督管理；依法查处辖区内保险违法、违规行为，维护保险市场秩序，依法保护被保险人利益等。[2]

1999—2003年，潮州市金融监管体制经历三次调整：1999年，人行潮州市中心支行将社团基金会的审批和监管职责移交给潮州市民政局；2000年4月26日起，人行潮州市中心支行不再承担对保险业的日常监管工作；2000年11月16日起，人行潮州市中心支行把对典当行业的监管职责移交给潮州市工业委负责。至此，人行潮州市中心支行的金融监管对象是潮州市辖区的银行业金融机构，主要工作是运用金融行政稳定手段和中央银行"最后贷款人"的信用支持手段，对发生金融风险的机构实施控制和处置，金融监管以防范信用风险为主，开始实行严格、明晰的银行机构市场准入制度。2004年1月起，中国银行业监督管理委员会潮州监管分局根据上级银监部门的授权，独立行使对辖区银行业金融机构的监管职能，人行潮州市中心支行仍依法保留必要的检查监督权。2004年起，潮州银监分局严格银行业金融机构的市场准入监管，鼓励银行机构根据经济发展和服务存款人利益原则调整机构网点设置，支持商业银行尽快提升分支机构功能和层次，以增强其服务功能。2004年，潮州银监分局对潮安、饶平两县农信社12家法人社历年批准撤销和迁址的机构网点清理的彻底性进行实地勘查，杜绝撤点后保留原网点名称，借故拖延撤销网点时间、变相保留网点，或在已撤销或迁址的网点旧址悬挂原来牌子，继续办理金融业务等现象带来的风险隐患。[3]

2003年起，人行揭阳市中心支行认真落实"区别对待、有保有压"的调控政策，配合国家产业政策，限制对过热行业和高能耗、高污染企业的信贷投放，加大对中小企业、就业、助学、农民工和非公有制经济等的信贷支持，引导农村信用社扩大支农信贷投放。同时，配合地方政府做好对辖区农村信用社改革的资金支持，协助支持辖区5家农信社完成专项中央银行票据的申请工作。[4]

---

[1]　汕头年鉴编纂委员会.汕头年鉴2011［M］.北京：新华出版社，2011：155.

[2]　汕头年鉴编纂委员会.汕头年鉴2011［M］.北京：新华出版社，2011：161.

[3]　潮州市地方志编纂委员会.潮州市志（1992—2005）（上册）［M］.广州：岭南美术出版社，2014：480-481.

[4]　揭阳市志编纂委员会.揭阳市志（1992—2004）［M］.北京：方志出版社，2013：599.

二、不断规范信贷业务

（一）优化存贷款结构

1992年以后，随着金融市场的发展和商业银行资产负债结构多元化，为了更好地盘活存量，增加资金的有效供给，潮汕各市均着力优化存贷款结构。

第一，增加资金供应量。

汕头、潮州、揭阳市各金融机构通过上门服务、扩大储蓄网点、扩大开户面和增加集体定期存款服务项目等措施，多渠道筹集资金，促进存款量的不断上升。汕头市各金融机构的存款余额从1992年的101.43亿元增加到2010年的1852.36亿元，年均递增17.5%。潮州、揭阳市金融机构存款余额也分别从1992年的34.90亿元、27.36亿元增加到2010年的653.27亿元和400.68亿元，年均分别递增17.7%和16.1%。潮汕地区金融机构存款余额的急剧上升，反映了潮汕金融业蓬勃发展的态势，也反映了潮汕经济发展水平和潮汕城乡居民生活水平快速提高的态势。

第二，把握贷款投向。

潮汕三市各金融机构根据不同时期经济发展的要求，实行政策倾斜，大力支持地方经济建设。既支持交通能源等大型基础设施建设，又支持规模小、回收快的小型企业、乡镇企业和"三资"企业的发展；既支持高新技术产业发展，又支持老企业技术改造；既支持工业和创汇农业的发展，也支持住房的建设消费。1992—1997年，汕头市金融机构支持的重点项目和工程，主要有汕头市的变电站、火力发电厂、深水港二期工程、海湾大桥等。1997年之后，根据汕头市委、市政府提出的经济工作思路，加大对农业、商业、三资企业、乡镇企业和基础设施的投入，在办理贴现贷款和运用贴现资金时按轻重缓急，重点向国家产业政策和金融信贷政策优先支持的行业倾斜，为全市11家破产企业核销银行呆账准备金3亿多元，促进了国有企业的优化组合。[1]

（二）提高金融服务质量和效益

潮汕三市金融机构在支持地方经济社会建设中，不断加强金融服务水平，加快金融科技现代化步伐，金融业的经营观念、管理方式和手段发生了很大的变化。

一是扩大业务范围，增加金融服务品种，完善服务功能。金融业务种类和

---

[1]　汕头经济特区年鉴编纂委员会.汕头经济特区年鉴1998［M］.香港：香港经济导报社，1998：202.

工具手段大大增加，如开展代发工资、代理保险、代收电费、传呼机收费、路桥费等代办业务；适时开设按揭贷款、消费贷款、个人实盘外汇买卖、信息咨询、资产评估等业务；电子联行系统卫星传送、信用卡和电子转账等新型支付工具推广应用。汕头市开办外汇业务的营业网点，由改革开放初期的独家经营发展到多家经营。

二是推进征信系统建设，促进社会信用体系发展。汕头市积极推进企业和个人信用信息基础数据库建设，2008年全辖共发放贷款卡627张，其中企业申领贷款卡443张，自然人申领贷款卡184张，顺利完成2008年度中小企业信息征集工作。截至12月末，汕头市区纳入中小企业数据库企业7108户。同时，做好企业和个人征信系统数据质量核对工作，逐步提高征信系统入库率和准确率。非银行信用信息采集取得阶段性成果。[1]

三是加强金融服务创新力度。2008年，汕头市辖内银行业机构结合本地经济特点对业务创新进行有益的探索和尝试，先后推出小企业"速贷通""成长之路""优先贷"等针对小企业特点的信贷业务品种，以及动产质押、仓单质押、厂商银等业务模式，有效地支持地方经济的发展。

四是加大科技投入，推进金融电子化进程。随着改革开放和经济社会的发展，潮汕三市金融系统信用卡业务迅速壮大。到1998年，汕头市ATM自动柜员机达114台，POS销售终端机达602台，发行各类信用卡96533张。电子同城清单系统的试运行成功，IC卡贷款证制度的实施，都标志着汕头金融电子化进入一个新阶段。[2]1994年6月26日，中国银行汕头分行信用卡公司正式挂牌成立，成为粤东地区首家信用卡公司。[3]1994年6月27日，潮州市金融系统加入全国电子联行；2000年1月10日，电子同城系统在潮州市区正式运行。[4]1994年，人民银行揭阳分行正式运行单机版"中央银行会计核算系统"，会计核算开始进入电算化核算。[5]

[1]　汕头年鉴编纂委员会.汕头年鉴2009［M］.呼伦贝尔：内蒙古文化出版社，2009：112.

[2]　广东省汕头市地方志办公室.汕头改革发展历史风采录［M］.2000：41.

[3]　汕头市地方志编纂委员会.汕头市志（1979—2000）（上册）［M］.广州：广东人民出版社，2013：759.

[4]　潮州市地方志编纂委员会.潮州市志（1992—2005）（上册）［M］.广州：岭南美术出版社，2014：489.

[5]　揭阳市志编纂委员会.揭阳市志（1992—2004）［M］.北京：方志出版社，2013：600.

（三）实施开发性金融合作

为解决企业融资难的问题，潮汕三市的商业银行积极发挥支持地方经济的作用，加强银企合作，营造双赢局面。

一是争取国家开发银行贷款。1998年后，汕头市开始申请使用国家开发银行贷款和国债资金，投入重点基础设施和基础产业项目。2003年，汕头市与国家开发银行签订《开发性金融合作协议》。1998—2004年，汕头市共取得国债资金支持项目43项，总投资47.4938亿元，使用国债资金5.5582亿元。[1]

二是加强对地方重点企业和重点项目的支持。汕头市金融部门加强与优质重点企业续签银企合作协议，如2000年，中国银行汕头分行与超声、中信、联泰等6家优质重点企业续签协议，提供总授信额度13亿元，在授信、融资、结算、信息、咨询等方面予以全方位支持。[2]2001年，加强对地方重点企业和重要项目的信贷支持。至年底，各商业银行已向百户重点扶持企业新发放贷款9.85亿元；向市政府推荐的投资项目中的10个发放了3.16亿元贷款。全年全市各商业银行累计开出银行承兑汇票12.64亿元，余额4.41亿元；累计办理贴现业务7.71亿元，余额1.83亿元。[3]2002年，汕头市各商业银行认真对市政府推荐的优质企业投资项目进行调查、筛选，共对46个重点项目确定了16.6亿元的贷款意向。[4]2000年以来，人民银行潮州市中心支行协助潮州市政府组织召开贷款项目推介会，把一批批综合效益好的基础设施项目和产品技术含量高、市场前景好、经济效益高的工业项目推介给辖区各金融机构，由银企双方按市场经济规律自主选择借贷对象，力促银企建立效益双赢的新型银企关系。[5]

三是加强与地方政府的合作。为加强与政府部门的沟通联系，人民银行汕头市中心支行牵头建立银行行长联席会议制度，及时通报全市金融运行情况，协调解决有关问题，形成银行与地方经济互相促进、共同发展的会议协作机制。[6]2008年，汕头各金融机构与地方政府及有关企业共签订协议授信金额达

---

[1]　汕头市发改局.汕头市实施开发性金融合作简况与建议［M］.内部资料，2005.

[2]　汕头经济特区年鉴编纂委员会.汕头经济特区年鉴2001［M］.2001：176.

[3]　汕头经济特区年鉴编纂委员会.汕头经济特区年鉴2002［M］.北京：人民出版社，2002：2142.

[4]　汕头经济特区年鉴编纂委员会.汕头经济特区年鉴2003［M］.香港：公元出版有限公司，2003：134.

[5]　潮州市地方志编纂委员会.潮州市志（1992—2005）（上册）［M］.广州：岭南美术出版社，2014：493.

[6]　汕头年鉴编纂委员会.汕头年鉴2008［M］.北京：人民出版社，2008：178.

400多亿元。[1]2009年，人民银行汕头市中心支行牵头召开"汕头市中小企业融资"专题座谈会，邀请党政领导、职能部门以及金融机构讨论研究在国际金融危机背景下，政、银、企如何携手缓解中小企业融资难问题，充分保持危机时期的经济活力。至2009年末，全市中小企业贷款余额252.5亿元，比年初增加71.9亿元。[2]2010年，人民银行汕头市中心支行针对企业贷款难、银行难贷款的两难问题，出台"汕头市中小企业'增信融通'计划"，明确以"政府主导、人行牵头、部门参与、市场运作"为执行模式，依托人民银行征信系统，重点打造"金融服务政策整合、重点企业信用培育、金融产品创新展示"三个平台，持续为中小企业提供金融服务。[3]

三、开拓和发展金融市场

（一）资金拆借市场

1986年12月5日，汕头市成立金融业资金拆借中心，开始资金拆借运作，并逐步由汕头市区资金拆借发展到异地资金拆借，由同系统拆借发展到跨系统拆借。同年，建设银行汕头分行在全市系统内基本形成调度网，开展资金融通业务，并向其他专业银行拆借资金。1990年，全市资金拆借累计成交额达61.8亿元，其中系统外拆借资金17.1亿元。1991年，汕头市金融市场加入全国报价中心，同年市场融资总额达到173亿元。1992年，是汕头市金融市场发展高峰的一年，全市资金拆借总量为139.85亿元，比1991年同期增长24.83%，其中拆入66.5亿元。1993年10月，中国人民银行广东省分行批准设立了广东资金融通中心汕头办事处。1995年5月，为维护正常的同业拆借、杜绝违章拆借行为、发挥人民银行融资中心在同业拆借市场上的主渠道作用，北京、上海、广东等32家省市融资中心签订了《融资中心同业拆借业务公约》。汕头办事处按照省中心的要求，1997年10月至2000年共拆借成交资金98.8亿元，其中从外地拆入资金43.5亿元，向外地拆出资金0.8亿元。为解决制约汕头经济发展的资金紧缺问题，1998年中国人民银行汕头分行牵头并领导成立汕头融资（有限）公司和潮州市融资公司，在原有的资金拆借市场网络基础上，加强对拆借市场的引导，实现同城拆借票据

[1]　汕头年鉴编纂委员会.汕头年鉴2009［M］.呼和浩特：内蒙古文化出版社，2009：114.

[2]　汕头年鉴编纂委员会.汕头年鉴2010［M］.北京：人民出版社，2010：154.

[3]　汕头年鉴编纂委员会.汕头年鉴2011［M］.北京：人民出版社，2011：156.

化，以签发"远期支票"和"商业承兑汇票"等方式取代原来的"借据"。各级拆借市场以本区域调剂为主，发展同业拆借市场，促进资金横向融通。[1]

（二）外汇交易市场

1988年5月31日，汕头市外汇交易市场成立。1996—2000年，汕头分中心外汇交易业务量一直居全国各分中心的前10名，1998年在全国各分中心排名中名列第五。1995—2000年，外汇市场共运行1465场，外汇交易累计成交量折合美元64.24亿。1994年7月至1998年12月，外汇交易中心共办理外币清算业务488笔，累计金额1.85亿美元，为本地区增加了外向清算渠道，提高外汇资金周转的速度起到了积极作用。2000年，汕头市辖内银行间外汇市场主要进行人民币外汇即期交易；交易品种包括美元、港币、日元3种；交易方式为竞价交易。同年开场250场，成交金额折合3.36亿美元。至2008年末，全市涉外收入46.86亿美元，涉外支出16.11亿美元，收支顺差30.75亿美元；结汇收入38.21亿美元，同比增长3.6%，售汇支出11.77亿美元，同比增长27.8%，结售汇顺差26.44亿美元。[2]

（三）证券市场

1988年3月，汕头国际信托投资公司开办证券交易柜台，成为汕头市首家经营有价证券柜台转让业务的企业。1991年4月，交通银行汕头支行等8家金融机构先后设立"证券交易营业部"。1992年7月，汕头市政府批准筹建"汕头证券登记公司"，并于当年开始运作。1993年1月，经中国人民银行总行批准，汕头证券股份有限公司成立。同年3月，汕头经济特区证券报价交易中心批准设立。1993年3月和11月，汕头国际信托投资公司证券部先后开通深圳、上海证交所行情线路；接受股民委托异地买卖交易，成为汕头市首家代理委托买卖异地股票的证券经营机构。此后，外地证券公司纷纷进驻汕头证券市场，先后有国泰君安证券公司、海通证券公司、广发证券公司、沈阳北方证券公司等证券机构在汕头设立营业部，开展深沪市场证券交易业务，市场规模迅速壮大。1997年2月，中国人民银行总行决定由4家国有独资商业银行和中保（集团）公司所属信托投资公司（中国华融、东方、长城、信达和中保信托投资公司）分别转接本系统部分证券营业部，转接后，工行汕头信托投资公司证券营业部改称为中国华融信托投

---

[1] 汕头市地方志编纂委员会.汕头市志（1979—2000）（上册）［M］.广州：广东人民出版社，2013：761.

[2] 汕头市地方志编纂委员会.汕头市志（1979—2000）（上册）［M］.广州：广东人民出版社，2013：760.

资公司汕头证券营业部；中行汕头信托咨询公司证券营业部改称为中国东方信托投资公司汕头证券营业部。1998年11月，国务院办公厅转发中国证监会《清理整顿证券交易中心方案的通知》，汕头经济特区证券报价交易中心开始着手清理整顿工作。1999年12月，按省政府部署，实行信托与证券分业管理，汕头国际信托投资公司和汕头市信托投资公司属下（市区）6家证券营业部由广发证券公司实施托管并经中国证监会批准，于2000年转让其中5家证券营业部。[1]截至2010年底，汕头市共有证券机构7家、证券营业部19家，证券机构资产总额902.44亿元，投资者证券账户数67.35万户，全年累计交易额5866.77亿元，其中股票类交易额5627.25亿元。截至年底，全市共有A股上市公司16家，上市公司总数在全省排名第3位（不含深圳市）。[2]

潮州市的证券业是从1988年开始逐步发展起来的，作为一个新兴的高速成长的证券市场，潮州地区证券业在短短十几年的时间取得长足的发展。至2005年底，辖区证券业金融机构有：广东证券公司潮州管理总部、中信建投证券有限责任公司潮州市潮枫路证券营业部、广发证券股份有限公司潮州枫春路证券营业部，共有投资者开户51493户，市值达13亿元。[3]

（四）票据贴现与再贴现市场

1996年，国家正式对商业银行的贴现票据实行再贴现。中国人民银行汕头分行积极发挥中央银行的这一货币政策工具的作用，想方设法争取上级批准汕头为转授权窗口，并不断向上级申请贴现指标，解决汕头市在发展中资金紧缺的难题，通过运用再贴现、再贷款等手段支持专业银行搞活资金，推动地方经济建设。

工商银行汕头分行率先开办贴现和再贴现业务，1988—1991年为扩大资金可用量，向中国人民银行汕头分行办理再贴现借款业务，共计170笔，金额2.16亿元。1993年，中国人民银行颁发《商业汇票办法》后，拓展了资金相互融通的渠道。1995年末，中国人民银行下发了《进一步规范和发展再贴现业务的通知》，扩大商业汇票的使用范围，汕头市商业汇票的承兑、贴现和再贴现业务得到更大的发展。工商银行汕头分行把转贴纳入各支行贷款限额之内控制考核，再

[1]　汕头市地方志编纂委员会.汕头市志（1979—2000）（上册）［M］.广州：广东人民出版社，2013：198.

[2]　汕头年鉴编纂委员会.汕头年鉴2011［M］.北京：人民出版社，2011：154.

[3]　潮州市地方志编纂委员会.潮州市志（1992—2005）（上册）［M］.广州：岭南美术出版社，2014：515.

贴现期限不超过4个月，利率按中国人民银行同档次信贷利率下浮5%执行。

1994—2000年，工商银行汕头分行共向中国人民银行汕头市中心支行办理再贴现业务881笔，金额16.48亿元。仅1995年，中国人民银行汕头分行运用再贴现手段，支持专业银行搞活资金，办理贴现业务余额3.43亿元，累计发生额14.6亿元，再贴现资金投向基本符合国家的产业政策和信贷政策，没有出现再贴现资金收不回来的现象。1996年底，中国人民银行汕头分行办理再贴现余额3.9亿元，累计发生额15亿元。至2000年底，汕头市各专业银行办理贴现业务累计发生额17.37亿元。中国人民银行汕头市中心支行办理再贴现业务累计19.73亿元。中国民生银行汕头支行2000年把票据业务作为拓展市场的重点，大力开展票据承兑贴现业务。该行全年承兑汇票121笔，金额2.01亿元；贴现126笔，金额2.68亿元。[1]

（五）债券市场

1986年11月，建设银行汕头分行代理发行省电力建设有奖有息债券。1987年4月，中国银行汕头市分行首次发行金融债券；同年6月，该行代理发行汕头市首期公元债券（公司债券）。随着证券营业机构的设立，汕头市企业短期债券的认购逐步展开。为配合汕头股份制改革，1990年，中国人民银行汕头分行批准各类企业发行债券8950万元，其中一年期以内的流动资金融资债券5300万元，一年期以上中长期债券3650万元。截至1992年底，全市发行企业债券6.7亿元，批准企业发行内部股权证7.7亿元，发行可调换债券1.09亿元。1988—2000年，工商银行汕头分行共发售金融债券、累进债券、基本建设债券、企业短期融资券、可转让定期存单、实物券共计8799.55万元。在此期间，工商银行汕头分行代理发行的企业债券（短期融资券、内部债券）共9.82亿元，其中由中国人民银行汕头市中心支行批准发行的有9.53亿元，广东省人民银行批准发行的有2900万元（实物券）。外汇交易中心的债券回购业务量发展迅速，1997年10月至2000年，债券回购量达53.98亿元，成为汕头市融入外地资金促进本地经济的重要渠道。[2]

---

[1]　汕头市地方志编纂委员会.汕头市志（1979—2000）（上册）［M］.广州：广东人民出版社，2013：762.

[2]　汕头市地方志编纂委员会.汕头市志（1979—2000）（上册）［M］.广州：广东人民出版社，2013：762.

四、积极防范和化解金融风险

为规范金融运作、防范金融风险，潮汕三市金融监管部门及金融系统根据国家政策和银监会的要求，切实加强金融监管，妥善处置和化解金融风险，保持社会的稳定。

（一）不断加强金融监管力度

为了保持金融体系的稳健运行和金融体制功能的充分发挥，潮汕三市加强对金融业的监管，促进金融机构内部风险控制，积极推进金融业务有序健康发展，充分保护存款人和投资者的利益。

第一，多层次的金融监管体系逐步形成。

1998年后，中国人民银行汕头分行先后成立信贷管理大检查领导小组，开展全市信贷管理大检查，规范各金融机构的经营行为；严格把好金融机构市场准入和退出关，撤并44个效益差、重复设置的机构网点，迁址、更称或变更主要负责人56家；明确和规范金融机构高级管理人员任职资格审查工作秩序；清理整顿保险市场，对兼业保险代理机构进行限期整改乃至撤销；整顿社团基金会；开展信贷资产清分工作；开展对207家（次）金融机构的各种稽核活动，查处违规金融49.57亿元；协助市有关部门对非法集资活动进行清查。汕头市防范化解金融风险领导小组多次召开专门会议研究、解决金融风险问题；成立汕头市打击骗、套汇领导小组和清理银行账外账及违规经营工作领导小组，严厉打击逃套汇活动；发挥金融机构的自律作用，设立各类金融监督电话；开展普法教育和各项执法检查。[1]1992年以前，人行潮州支行对潮州市金融业实行领导、协调、稽核、监督和管理，主要是审批金融机构的设立和变更，监督管理财政性资金流动，制定和下达银行信贷经营计划和机构发展指标，稽核检查银行机构信贷管理。1993—1998年，人行潮州分行落实金融宏观调控、整顿金融秩序的要求，开展对金融机构和金融业务的逐项治理和整顿规范等一系列的金融监管工作，开始实行对金融机构高级管理人员的资格审查等。[2]

第二，综合性的金融监管机制逐步规范。

经过多年的努力，潮汕三市金融监管在数量和质量上，在广度或深度上都

[1]　广东省汕头市地方志办公室.汕头改革发展历史风采录［M］.2000：42.

[2]　潮州市地方志编纂委员会.潮州市志（1992—2005）（上册）［M］.广州：岭南美术出版社，2014：478.

有了较大的提升，金融管理理念也由"重批轻管"向"准入到退出"全过程监管，再到对金融机构高级管理人员的监管转变。监管内容由表及里，全面推行资产负债比例管理、内控制度管理和风险管理；监管对象由内资金融机构到外资金融机构，从本币到外币的全方位监管；监管模式由央行监管为主发展到法律规范、行业自律、内部监控、社会监督相结合；金融监管方式由定性考核为主向定量监测为主转变，建立了风险预警机制，加强了对货币、信贷监控和资金头寸管理，实施了金融监管责任制。同时，金融监管效果也十分明显：打击了骗购外汇行为，为全国加强外汇管理工作提供了一些有益的尝试；对各金融机构实施稽核检查；清理和查处了各种违规经营及经济案件；查处了非法设立的金融机构和取缔了非法办理的金融业务活动；妥善处理了金融机构的支付纠纷；防范、化解和控制了个别地方性金融机构的云集风险。

第三，现代化的金融监管手段不断完善。

汕头市在全国率先采用外汇IC卡电脑网络化管理，实现贷款证制度管理和外汇业务管理"一卡通"，及时掌握金融机构人民币、外汇业务运行状况，提高非现场金融监管的预警能力。对于突出的金融风险问题，人行汕头分行在地方党委政府的支持下，较成功地缓解和控制了汕头市华侨信托投资公司由经营性亏损、资金无法周转等引发的挤提态势；解决了汕头市商业银行建新营业部由账外账、违规经营所引发的支付纠纷问题；化解了汕头国际信托投资公司由省国投关闭而引发的挤提风潮；对一些有潜在金融风险问题的机构，尤其是地方性金融机构进行监控，防范化解了一些潜在的金融风险问题。

（二）大力整顿金融秩序

这一期间，潮汕三市金融系统治理整顿金融秩序，进一步加强账户管理，严肃结算纪律，取缔非法集资，严厉打击各种非法"标会""钱庄"及各类非法证券经营机构的诈骗活动。

1993年，汕头市金融部门从整顿同业拆借市场、整顿会计结算纪律、整顿同城票据交换秩序入手，逐步扭转了信贷资金紧张和金融秩序混乱的局面。1994年，开展大力打击非法金融活动，取缔省二建"内部银行"的非法经营金融业务，取缔潮阳市地下"私人钱庄"28家及其非法借贷金额8635万元，取缔带有明显诈骗性质的非法"标会"。1995年，开展了汕头市有史以来规模最大、时间最长、参与人员最多的外汇大检查，严肃制止银行售汇中的不规范行为，坚决打击伪造单证套购外汇，有效地抑制了汕头市贸易外汇逆差不正常的现象，维护了正常的金融外汇秩序。1996年后，中国人民银行汕头分行把加强金融监管、防止金融风险当作一项重点工作来抓，继续清理、纠正违规经营，同时开展对各有关金融机构的金融风险调查，深入开展外汇检查，打击非法套汇活动，加大金融执法力度，对发现的问题坚决查处和纠正，进一步规范了汕头市金融机构的经营行为，维护了正常的金融秩序。[1]1999年底，根据中国人民银行总行和广东省委、省政府的部署，汕头市委、市政府组织人民银行有关单位开展对汕头中小金融机构和农村基金会金融风险的处置工作，对辖内城市信用社实施停业整顿，处置地方中小金融机构的金融风险。[2]

1993—1998年，人行潮州分行贯彻落实关于加强宏观调控、调整经济结构、整顿金融秩序的决定，以清理拆借资金为突破口，规范同业拆借秩序、规范社会集资行为、严格审批企业债券和清理证券回购工作，开展银行信用卡和非银行金融机构开办业务情况调查，以形成良好的金融秩序。1997年，人行潮州分行对潮州市一些企业、单位高息集资活动的情况进行调查，对乱集资企业进行法制法规教育、对企业的集资款进行分类清理，为市政府和上级主管部门加强对社会集资的管理提供决策参考。1998年，配合市农委等有关部门对农村合作基金会进行整改、规范，控制滥批滥设现象，要求参与集资单位集中力量清偿到期集资本息。1999—2003年，人行潮州市中心支行加强对商业银行业务风险的管理，依法实施新业务准入制度。查处违法违规业务，对市各商业银行的账外账及违规经营进行清理整顿。[3]

（三）配合地方政府，处置地方金融风险

第一，潮州市城市信用合作社的支付风波及停业整顿。

1998年，潮州市辖区的城市信用合作机构业务快速发展，市区城市信用合作社、工商联城市信用合作社、韩江城市信用合作社、新潮城市信用合作社、城市信用合作社中心社5家城市信用合作社的贷款余额最高峰达到157642万元。由于这些城市信用合作社大部分规模偏小、缺乏风险承受能力，因受到亚洲金融风暴和广东省国际信托投资公司关闭的影响，当年10月起，部分城市信用社支付困难，出现部分地方中小金融机构个人支付风险。1999年10月中下旬，个别城市信

---

[1] 广东省汕头市地方志办公室.汕头改革发展历史风采录［M］.2000：42.

[2] 汕头市地方志编纂委员会.汕头市志（1979—2000）（上册）［M］.广州：广东人民出版社，2013：749.

[3] 潮州市地方志编纂委员会.潮州市志（1992—2005）（上册）［M］.广州：岭南美术出版社，2014：478.

用社的储户聚众上访。人行潮州市中心支行迅速向上级行和潮州市政府报告，配合市政府及时做好风险化解工作。市政府派工作组进驻部分城信社，协助做好支付工作，并对地方中小金融机构风险进行处置。12月7日，潮州市政府对14家城市信用社实施停业整顿，各城信社停业整顿工作组全面接管城信社，立即开展个人储蓄存款的登记、确认、移交和置换工作。12月19日，基本完成对个人储蓄存款的存单置换和兑付，城信社的个人储蓄存款存单（折）置换为在工商银行潮州分行的存款。据统计，停业整顿日，潮州市城市信用社资产总额30.9亿元，负债总额29.3亿元，不良贷款率80%，其中市辖5家城市信用合作机构的账面资产总额为人民币175508万元，应收资产总额为157642万元。2000年，城信社的支付风险化解工作基本完成，同年撤销37个城信社属下网点，停业整顿工作中心转移到金融资产的清收和保全。至2005年9月30日，潮州市停业整顿城市信用社追收资产总额9.97亿元，追收现金1.14亿元。[1]

第二，汕头市商业银行停业整顿与重组。

1997年3月，由汕头市区安平、同平、公园、金砂、特区、职工、建融、华融、天融、龙融、达濠、金券信用社和城市信用联社13家城市信用合作社组建的汕头城市合作银行挂牌开业。成立之初，拥有下属分支机构67个，职工1688人。汕头城市合作银行成立后，实行"一级法人、统一管理"的体制，并开辟了外汇业务和保管箱业务，开通全国城市商业银行联行通汇清算业务和广东省城市合作银行（信用社）网络清算业务，加入全国银行间拆借市场。1999年1月，汕头城市合作银行更称汕头市商业银行。汕头商业银行下设10家一级支行和48家二级支行，注册资本41141万元。[2]

1999年7月7日起，汕头市商业银行对公存款无法支付，个人储蓄存款只能限制小额支付，爆发支付风险。经国务院同意、中国人民银行批准，2001年8月10日起对汕头市商业银行实施停业整顿。这次整顿以"三个最大限度"（最大限度减少国家损失、最大限度维护债权人合法权益、最大限度减少对汕头社会稳定和经济发展的负面影响）为原则。在对汕头商业银行进行全面的债权登记、清产核资、资产评估和资产清收的基础上，做好最终处置前各项准备工作，展开资本

---

[1]   潮州市地方志编纂委员会.潮州市志（1992—2005）（上册）［M］.广州：岭南美术出版社，2014：510.

[2]   汕头市地方志编纂委员会.汕头市志（1979—2000）（上册）［M］.广州：广东人民出版社，2013：747.

重组、财务重组、资产重组、机构人事改革、负债重组等改革重组工作。同时，依法惩处一批金融违法犯罪分子，切实做好职工分流安置等相关工作。[1]

在国务院同意汕头市商业银行启动重组以后，汕头市加紧推进重组各项工作。至2010年底，完成处置一般性对公存款21.74亿元，占一般性对公款总额的93.03%。[2]委托有关中介机构开展重组前的审计和评估，做好重组的账务处理工作。2011年2月，汕头市商业银行重组为广东华兴银行股份有限公司的方案获得中国银监会批准，注册资本为人民币50亿元，注册地仍在汕头市，运营总部在广州。

---

[1]　汕头市地方志编纂委员会.汕头市志（1979—2000）（上册）［M］.广州：广东人民出版社，2013：747.

[2]　汕头年鉴编纂委员会.汕头年鉴2011［M］.北京：人民出版社，2011：157.

第十章

公共服务

公共服务领域主要包括教育、医疗卫生、社会保障、就业、扶贫、科技、公共安全、环境保护等。本章将对1949—2010年潮汕地区的公共服务体系的发展历程、基本特点、政府投入、运营状况等，展开叙述和分析。

第一节　1949—1978年潮汕公共服务体系的初步建设

中华人民共和国成立以后，潮汕各县市人民政府依据《中国人民政治协商会议共同纲领》所制定的方针，一方面接管及改造国民政府时期官办和私立的学校、医院、图书馆、文化馆、博物馆、慈善福利会等公共服务机构；另一方面建立新的各类公共服务机构，逐步建设县（市）、区、乡公共服务网络。同时，通过解决遗留的大批失业人员的就业出路，救济和优抚城乡困难群众，实行劳动计划管理，逐步建立劳动保险制度，保障了城乡人民生活和社会安定秩序。

随着国民经济的恢复，政府财政支付能力的提高，公共服务事业也同步发展，公共服务事业经费逐渐转入以国家拨款解决为主的时期。1953年，潮汕地区文教科学卫生事业财政支出经费达3112万元，相比1950年，增长了近30倍。

1956年，社会主义改造完成之后，潮汕地区公共服务体系的发展和运转主要由国家财政拨款、补贴和对社会人力、物力、财力资源的计划调配承担，少部分由国有企业、集体企业、事业单位和农村集体组织自行承担。

一、教育

（一）学校的接管、改造及教育事业的初步发展

第一，新中国成立后学校的接管、改造及初步发展。

新中国成立后，汕头市及潮汕地区7县军管会依据《共同纲领》所制定的方针，开始接管教育工作。1950年，潮汕各县市被接管学校共3180所，学生近34万人。[1]至1954年，潮汕各地的官立学校、教会学校、私立学校基本被改造为公立学校。同期，各县市贯彻人民政府提出的"教育面向工农"的方针，对工农子弟入学减免学费。此外，还大力发展职工业余学校、街道民众学校、乡村农民业余夜校、干部文化进修学校，全面开展工农扫盲、政治教育及干部文化补习教育。

新中国成立之初，百废待兴，国家拨款未能在实际上全部解决学校的办学经费，各地学校办学条件较差，许多乡村校舍还需利用公祠、庙宇，教学设备简陋，教师待遇低下。1949年至1950年，师范、省属中学校及扫盲事业经费由国家拨款解决，中小学、幼儿园的办学经费中，取自学生的学杂费及其他经费仍占较大比重。1952年上半年，按照预算标准计算，潮汕地区8县的中小学所需经费中，国家实际拨款补助只占1/3，大多数乡村学校的办学经费需地方自筹。1952年5月，广东省府颁发《关于整顿地方财政统筹乡村小学经费以发展乡村文教事业的决定》，提出乡村小学经费由县（市）统筹，省、专区调剂，列入乡镇地方财政预算，禁止摊派募捐。

随着财政支付能力的提高，从1953年起，各类教育经费均纳入国家统一计划，转为以国家拨款解决为主。1953年的潮汕地区教育经费实际支出中，师范支出全部由国家拨款解决，中学经费支出绝大多数由国家拨款解决；小学经费支出的来源中国家拨款占84.26%、地方附加占5.94%、学费及其他占9.8%。[2]1953—1956年，每年地方财政支出一半以上用于教育经费支出。与1949年新中国成立前的文教经费只占财政总支出16%相比[3]，财政投入大幅度增加。

这一时期的教育经费，主要用于学校基建及提高教师待遇。1950—1961

---

[1]　汕头教育志编审委员会.汕头教育志［M］.1989：69.

[2]　汕头教育志编审委员会.汕头教育志［M］.1989：38.

[3]　汕头市史志编写委员会.汕头市志（初稿）［M］.1961：9.

年，由国家拨款及各种集资，维修及增建了一批校舍，潮汕地区共新建校舍37万多平方米[1]。1953年，为稳定教师队伍，粤东行署决定，凡满4万学生的地方，由政府拨给1000名教师的工资。[2]同期，在教师中开展社会主义思想改造工作，举办学习会，贯彻党中央的文教方针。

1956年，国家布置制定和实施十二年（1956—1967年）教育事业长远发展规划。计划实施初期，潮汕各类教育均取得突破。师范教育方面，停办初师，发展中师，增办汕头市幼儿师范学校，部分县市设立教师业余进修师范学校，华南师院等院校在中小学教师中招收本科及专科函授生。普通基础教育方面，提出打破由国家办学的定式，为增加教育经费投入，落实归国华侨的教育问题，积极发展民办、侨办等类型的学校。1956年，全区中学发展至63所，另有31所小学附设初中班。1957年，小学发展至1303所，其中陆续增办的民办小学及侨办小学46所；幼儿园发展至64所，除南澳外，县县有幼儿园。同期，各县市陆续增设教研室、体育协会、扫盲协会等机构。通过各类教育的灵活办学，潮汕的教育事业取得了初步的发展。

第二，1958—1965年的潮汕教育。

1958年开始，教育贯彻"两条腿走路"的办学方针，全面加快教育事业发展。高等教育方面，创办汕头工专、韩山师专、汕头医专3所专科学校。1959年与1957年相比，中专学校从2所发展至20所，师范学校从4所发展至8所，中学从79所发展至197所（未包括农职业中学）。小学校数成倍增长，从1303所发展至2633所，学生总数达81万人，入学率达91.3%。其中民办小学1241所，达到每个生产大队有民办小学1所以上。幼儿园激增，从64所发展至4572所。成人教育方面，每个公社和大队均办起扫盲教育及业余教育。

1958—1959年，学校数量大幅增加，教育经费支出未能同比增长，占财政支出的比例不增反减。虽然学校的覆盖面广了，但办学质量普遍不高。此期间增速最快的民办学校，其办学经费"农村由公社或大队统筹支付；城镇由街道办事处负责筹集，有的由厂、社负责。政府按照民办教师人数，逐月给予补助"。[3]在办学规模猛增的情况下，大量民办学校的校舍比较简陋，乡村中的民房被改作校舍，或动员群众就地取材，献工献料自建校舍。这一期间教育管理权力下放，

---

[1] 汕头教育志编审委员会.汕头教育志［M］.1989：320.

[2] 汕头教育志编审委员会.汕头教育志［M］.1989：70.

[3] 潮州教育志编审委员会.潮州市教育志［M］.1990：262.

有些地方出现了挤占教育经费的现象。

1961年至1963年，对1958年以来的教育超常发展现象进行调整，包括精简调整部分教师，压缩部分在校学生，控制招生规模，调整学校布局，恢复了正常教学秩序。1963年省教育厅、广东省财政厅颁发了《广东省普通教育经费管理暂行规定》，加强了经费的集中管理。同时，对教育经费的来源和使用也做了补充："一是城市工商税附加和农业税附加中应安排一定数额，作为民办学校经费和公办小学校舍修缮及课桌椅补充购置的补助。二是城市中、小学的房屋修缮费，除了国家安排的修缮费，学杂费留成部分及房租收入中解决外，不足之数，各地在安排市政维护费时，可以酌情补助，统一列入全市计划。"[1]

第三，教育与生产劳动相结合。

为贯彻"教育必须为无产阶级政治服务，必须同生产劳动相结合"的教育工作方针，1958年，全潮汕地区中小学全面组织学生参加各型的生产劳动；同时开展中等教育结构改革，各地创办一批半工（农）半读学校，很多学校办起了工厂、农场。仅1958年，汕头市便创办农业职业中学411所，校办工厂119间。[2]教育与生产实践相结合，取得了一定的教育效益和经济成果，但也出现学生劳动过多、社会生产资源浪费、教育质量下降的情况。

1961年，为贯彻中央对国民经济实行"调整、巩固、充实、提高"的方针，克服当时的经济困难，潮汕地区大部分半工（农）半读学校停办。1964—1965年，随着国民经济好转，各类教育逐步回升。推行"两种教育制度"［即全日制学校和半工（农）半读学校同时存在的学校教育制度］，1965年，全市创办耕读小学占小学总校数的46%，恢复发展农业中学，达到社社有农中；半工（农）半读中等职业技术学校36所，劳动大学10所。除普教系统办学外，其他工厂部门办学更为活跃，36所职校中有28所是各行业工厂所办。至1969年6年间，潮汕地区职校及劳大毕业生4000多人，为各行各业建设输送了一批人才。

（二）1966—1976年的潮汕教育

1966—1968年，潮汕教育事业遭受严重挫折。学校普遍停课，教师队伍受到冲击。1968年，全日制大中专（含师范）学校停办。1973年及1975年，分别复办汕头医专及汕头农学院，但招生开课很不正常。1970年，省革委会规定每县必须举办4所中专。1973年，全区共办有全日制中专7所、县办中专10所，共

---

[1] 广东省地方史志编纂委员会.广东省志·教育志［M］.广州：广东人民出版社，1995：135.

[2] 汕头教育志编审委员会.汕头教育志［M］.1989：6.

17所（不含师范）。[1]这批中专学校的办学机制不健全，多数只能举办一些不完全教育的职业培训班。1970年起，各县市陆续办起1所师范学校，培育标准普遍较低。

1969年，贯彻省革委会提出的"小学不出村，初中不出队，高中不出社"的发展方针，完全中学办到各公社，侨中、农中改作普通中学，大批小学附设初中班，部分大队联合设立联中。根据"开门办学"的要求，各校广泛办起工厂、农场，与农村社队、工厂挂钩。1968年，鮀浦农场被改办为汕头市区11所中学的学农分校，各校师生轮流到该校劳动锻炼。1971年统计，市区13所中学共办工厂32个、农场13个，耕地691亩；并与32个工厂、16个生产大队挂钩，[2]学生"以劳代学"的情况严重，影响了正常教学秩序。

1975年起，各厂矿、机关事业单位广泛设立"七二一"大学。1976年，汕头市区便有"七二一"大学110所，多数有名无实。这一期间，农业职业中学、半工（农）半读中等职业技术学校及汕头劳动大学停办。

1966—1976年，由于人口增长，中小学招生、毕业生数量相比1950—1965年增长了几倍。但师资力量减弱，校舍建设陷于停顿，一部分校舍被挤占，教育经费支出的增长速度远远低于学生人数的增长速度。据统计，1972年全地区"三生"（指师范、中学和小学）共134.2万人，是1953年"三生"54.3万人的2.47倍，而1972年的经费支出仅为1953年的1.99倍。[3]

二、文化

（一）文化机构建设

民国时期，汕头市仅有民众教育馆、通俗图书馆之类社会文教单位，归属教育行政管理。新中国成立后，随着文化事业的发展，逐步建立健全文化行政管理机构，设立各种文化事业单位和文艺团体，如潮剧院、戏曲学校、画院、文化馆、图书馆、新华书店、电影公司、演出公司、话剧团、歌舞团、曲艺团、杂技魔术团等。这些文化机构和文化队伍的建设，有效地团结凝聚起潮汕地区的文化界人士和文艺工作者，初步满足了人民群众的多方面文化生活需求，成为发展社

---

[1]　汕头教育志编审委员会.汕头教育志［M］.1989: 7.

[2]　汕头教育志编审委员会.汕头教育志［M］.1989: 70.

[3]　汕头教育志编审委员会.汕头教育志［M］.1989: 319.

会主义文化事业的基础。

新中国成立后，各地市普遍设立群众艺术馆，县、区设立文化馆，企业和农村建立俱乐部，形成三级群众文化机构网络。1954年，汕头市文化馆成立。1960年，汕头地区群众艺术馆（文化馆）成立。随后，各县（市）、区先后设置文化馆。

20世纪50年代中后期以后，许多农村、工商企业和机关事业单位也纷纷建立俱乐部，开展业余学习、创作、演出、宣传等活动。有条件的县、镇及工会组织、共青团组织还设立了文化宫、俱乐部、青少年宫等群众文化工作机构，这些机构成为群众文化建设的重要阵地。

（二）图书、文博事业的初步发展

新中国成立初期，各级图书馆或图书室由市军管会接管，附属文化馆。1955年，汕头市图书馆独立建制，市政拨款改善图书馆设施，丰富馆藏。1958年、1959年，揭阳县、潮安县图书馆也分别独立建制，而后各县都相继成立图书馆。

1950年以后，私营书局、书店大多歇业，或由新华书店归口改造，组成公私合营或合作性质的集体书店。1956年起，由供销社负担农村图书发行工作。学校、机关、工矿、企业、部队也自办业余性质的书刊发行站。至此，以新华书店为主体的多成分、多形式、多渠道的城乡图书发行体系和网点初步形成。1963年，汕头专区新华书店移交专署文化局领导。汕头专区新华书店担负全专区的图书发行业务，属下有18个县级店。[1]

新中国成立后，汕头市各级政府逐步有计划、有组织地扶植文博事业，对土改和对私改造期间征收、没收的重要文物，由文化部门进行保藏管理。这一期间，汕头、普宁、潮安和潮阳县还分别公布市、县级文物保护单位共54处。至1965年，潮汕地区范围内重要考古发现有揭阳卅岭文化遗址、潮州北郊唐代窑址、潮阳仙城深溪水库新石器时期遗址、潮安陈桥村贝丘遗址等。对这批古迹的清理发掘和获得的实物资料，促进了潮汕地方文物保护及研究工作。

1958年9月，揭阳县博物馆成立，是汕头市第一座县级博物馆。1960年，汕头市博物馆成立，随后，汕头市所属各县相继成立博物馆。之后，各县逐步成立了文物管理委员会和文物管理站，形成文物管理网络。

---

[1] 广东省汕头市地方志编纂委员会.汕头市志（第四册）［M］.北京：新华出版社，1999：172.

新中国成立之初，中央人民政府多次颁布关于文物保护的工作命令。潮汕地区对潮州、汕头、揭阳、澄海等地古董摊店进行调查筛选，防止珍贵文物流失。社会主义改造时期，潮州经营文物的商贩纳入商业百货，汕头等地大多通过公私合营归入供销社系统。汕头珠宝店除经常在粤东地区购销外，还派员常驻福州、厦门、江西等地收购，并在汕头开设"华莹古玩玉器商店"，在百货商店设古玩专柜。1957—1958年，中国工艺进出口总公司广东省分公司在汕头地区设立华莹、庵埠、潮阳、东里珠宝文物代购站，提供一般文物出口商品，每年供货额收购价多达800万元。[1]1960年，《文物出口鉴定标准》颁发，为加强文物保护工作，防止珍贵文物流失，汕头市停止文物零售。

（三）文化事业的发展与挫折

新中国成立后，潮汕地区文化事业总体上取得了长足的发展。至1965年，覆盖汕头专区的多层级的文化管理体制已经形成，地、市、县上级均设立专业文艺团体、文化馆、文化宫、电影院、戏院、图书馆（室）。各市县财政对文化事业的拨款逐年增加。1950—1952年，潮汕专署财政就先后设置文化事业费、戏剧事业费、电影事业费、科学文化普及事业费、群众文化经费、文化联络活动费、文物事业费、图书馆经费等支出项目。1957年，在其他文化事业经费中又增设文史馆经费和文化电影企业预算计划亏损经费。1952—1978年，潮汕地区共支出文化事业费2094.2万元（缺1950—1951年及1968—1969年数据），为同期财政总支出的0.84%。汕头市区国民经济恢复时期（1950—1952年）新办文化事业不多，3年仅拨款2.5万元。1953年开始，汕头市区文化事业有所发展，至1957年拨款为142.5万元，年平均支出28.5万元。国民经济调整时期（1961—1965年）共支出295万元，年平均支出59万元。[2]

这一期间潮汕地区涌现了一批服务人民群众、配合中心工作的优秀文艺作品，体现潮汕和粤东文化特色的潮剧、潮州音乐、潮汕大锣鼓、汉剧、山歌剧、白字戏，潮州曲艺多次代表广东、代表中国走向海内外；创作了许多源于潮汕现实生活、体现时代风貌的文学、美术作品；培养了多层次、多领域的专业文艺队伍和业余文化宣传骨干。

1966年夏开始的"文化大革命"，使潮汕文化事业的发展遭到严重挫折，原来的文化管理机构和专业文艺团体被解散或停止活动，文艺工作者队伍受到冲

[1] 汕头市文化局.汕头市文化艺术志［M］.1999：87.
[2] 广东省汕头市地方志编纂委员会.汕头市志（第三册）［M］.北京：新华出版社，1999：1080.

击，图书馆藏书损失严重，不少社会文物和馆藏文物被破坏。1970年以后，少数专业艺术团体恢复重建，部分艺术骨干和艺人陆续归队。直到1977年以后，潮汕各项文化事业才逐渐恢复到正常的运行状态。

三、卫生

（一）各级医疗卫生机构的建立

第一，城乡医疗机构的建立和运营。

新中国成立后，潮汕各地人民政府在接管改造各医疗卫生机构的同时，着力建立新的医疗卫生机构。通过建立城市街道医疗联合诊所、区卫生院（所）、乡村卫生保健站、合作医疗站等机构，逐步建设起市、区（县）、乡三级医疗卫生网。

潮汕各县的乡镇农村卫生机构，民国时期是部分县区设卫生所。1953年后，区乡一级的卫生所逐步扩大，增设公费医疗门诊工作，人员增加。同时，鼓励个体医生成立联合诊所，看病收费，自负盈亏。1956年后，联合诊所与当地卫生所合并。1958年以后，原乡卫生所调整为人民公社卫生院。1968年底开始，全地区农村生产大队建立合作医疗站，到1976年已发展到3514个，占农村大队总数的97.8%。[1]至1978年底，潮汕地区先后建立县医院、公社卫生院（所）及大队卫生所（站）246个，病床7801张，医护人员12447人，[2]形成了覆盖全区的医疗卫生保健网。

这一时期潮汕地区地、市、县直属医疗单位属于全民所有制事业单位，人员工资及其他公用支出，国家给予一定拨款，其中防疫站、慢病站、妇幼保健院、卫生学校、药检所等实行全额拨款。各乡镇、街道卫生院（所）属集体所有制单位。医院、卫生院实行差额或定额、定项补助，补助定额县市按病床数计算，后改为按人员工资计算。全民所有制医院人员工资按基本工资50%—80%拨给，集体所有制卫生院按基本工资50%—60%拨给，个别偏远地区则按人员基本工资全额拨给。[3]全地区卫生院和县市一级医疗机构，在经济上主要靠业务收入，部分由国家补助。

---

[1] 广东省汕头市地方志编纂委员会.汕头市志（第四册）［M］.北京：新华出版社，1999：459.

[2] 广东省汕头市卫生局.汕头卫生志［M］.1990：383，389，478.

[3] 潮州市地方志编纂委员会.潮州市志（上册）［M］.广州：广东人民出版社，1995：249.

第二，疾病防治机构。

从1950年组建"潮汕卫生防疫队"开始，潮汕地区各级卫生防疫机构从无到有，从小到大，不断发展。1952年，潮汕反细菌战办公室发布《疫情报告暂行办法》，规定疫情报告范围，完善疫情上报网络，及时上报并处理。1956年以后，培训包括慢性病、精神病、传染病在内的各类专业防治人员，逐步建立健全疾病防治机构。

在慢性病方面，重点开展了麻风病、性病及结核的普查普治，推广卡介苗接种、组织结核病流行病学调查研究。相继成立麻风病人管理所、市结核病医院、汕头专区精神病防治所，加强对各类疾病患病者的管理和治疗。经广大防治人员的积极努力，全市慢性病的流行得到控制，麻风病、结核病、精神病及各种传染病的防治水平有所提高。

在全地区范围内，消灭鼠疫、天花，基本消灭地方性甲状腺肿、地方性氟中毒、狂犬病、丝虫病、疟疾等，其他传染病也较大程度得到控制。

第三，医疗卫生学校的创办。

新中国成立后，潮汕各地政府大力加强医学教育事业，逐步形成包括初等、中等、高等医学院校和毕业后不同层次教育的医学教育体系，培养了大量医疗人才。1958年，开办汕头市职工医学专科学校。1962—1966年，还曾开办汕头市业余医学专科学校。1959年，原汕头卫生学校升级为广东省汕头医学专科学校，这也是汕头大学医学院的前身。

1958年，潮汕各县都先后创办卫生学校。1966年后这些学校相继停办。1970年初又复办，至年底共办起12所，主要负责培训赤脚医生和生产队不脱产卫生员。1970—1972年底，全地区共培训赤脚医生7719名，生产大队不脱产卫生员33080名[1]，为地方医疗输送一批人员。

（二）环境卫生治理

1953年，潮汕地区成立各级爱国卫生运动委员会、除四害讲卫生指挥部。7月，汕头市人民委员会发起改善环境卫生的爱国卫生运动，各县市也先后组织除四害专业队伍。以后每年，各县、市除组织发动了节日前的卫生突击活动外，还在夏收前后重点开展灭鼠保粮、消灭蚊蝇等活动，预防肠道传染病以及"乙脑"等季节性传染病的发生和流行。

---

[1] 广东省汕头市地方志编纂委员会.汕头市志（第四册）［M］.北京：新华出版社，1999：366.

1958年1月12日，汕头组织10万人参加爱国卫生大突击。潮州市在除四害中研制毒蝇纸，先后在全国19个省市推广使用。潮州市因成绩显著，被评为"全国卫生先进单位"。1959年，汕头市被评为"广东省除害灭病卫生标兵"。潮汕各地的环境卫生有了较大的改观。

1957年，汕头市郊广兴大队首先兴建一座三级沙石净化池，解决全村生活饮用水问题。1965年上半年，潮阳县西二大队先后建成大型慢滤池12座、小型沙滤池7座、引蓄水池2座，基本实现全公社饮水清洁化，受益人口4万多人。1965年，潮安、澄海、潮阳、普宁、揭西等县农村也兴建了一批简单横滤或直滤式一次过滤的河边沙滤井（池），使饮用水源初步降低了浊度，其他水质指标也有所改善。至1976年，汕头专区各地累计挖水井12107个，建沙滤池或简易自来水工程372座（次），有636个大队改水目标实现，[1]改善了农村群众的饮水卫生条件。

四、社会保障及就业

新中国成立后，大批失业人员亟待安置。20世纪50年代，实行劳动计划管理，统一调配单位用工，逐步建立工人劳动保险制度。随着人口增长，待业人数达到高峰。1964年后，采取扶持生产组、发展家庭副业、动员待业青年上山下乡等方法安置劳动力。在社会福利、救济方面，逐步完善城乡福利机构建设，开展生产自救和社会救济。由于总体经济水平低下，此期的社会福利、救济的财政投入尚处于较低水平。

（一）劳动力安置和计划管理

新中国成立初期，潮汕地区有数以万计的失业人员亟待救济和安置。各县市人民政府采取"以工代赈""生产自救""转业训练""回乡生产""临时救济"和"长期救济"等办法，安置了大批失业人员。

1957年，随着社会劳动生产的发展，就业人员的增加，中央开始实行劳动计划管理，汕头地区规定一切用人单位招工都须经市、县劳动部门审批，统一调配。1958—1960年，各地盲目扩大生产建设规模，用工数量猛增。仅从1958年末到1959年末的1年间，汕头地区全民所有制企业的用工人数就由20.7万人增加到

---

[1] 广东省汕头市地方志编纂委员会.汕头市志（第四册）［M］.北京：新华出版社，1999：384.

25.5万人。[1]同时又有大批农村劳动力盲目流入城镇从事临时性工作，使得农业劳动力流失，加剧了经济生活的困难。1960年，不得不开始大规模精减职工，至10月底全区城镇就动员了44.8万劳动力回农村。1961—1963年又再次掀起精减职工的运动，压缩职工近9万人。

国民经济调整的3年间，企业人员有减无增，随着人口的增长，城市待业人员越来越多。1964年，待业人数达到新中国成立以来的第一个高峰。为了解决城镇劳动者就业问题，中共汕头市委和市政府把生产和就业工作一起抓，扩大就业门路。除对国营和县以上集体安排就业外，还大力扶持发展街道和工业生产组（社），提倡发展家庭副业，动员待业青年上山下乡以及组织生产服务队等临时性工作。至1965年末，大部分待业人员和新成长的劳动力得到安置。

1966—1972年，潮汕城镇大批知识青年上山下乡，农村一大批劳动力又流入城镇工矿企业。1972年底，全地区临时工转全民固定工2.6万多人。1977年开始，为解决劳动计划控制指标不能满足生产发展需要的矛盾，各地采取全民带集体、大厂带小厂办法，发展集体所有制企业，计划外用工大幅增加。1978年，全区全民所有制企业计划外用工达5万人，劳动生产率严重下降。

1966—1978年，汕头地区上山下乡的城镇青年和成户居民计23.3万人，其中10.8万人安置到海南、湛江、肇庆、韶关、惠州等地农场，12.5万人安置在区内各地农村。汕头地区知识青年上山下乡工作始于1964年8月，至1980年9月结束。17年间，动员组织了城镇知识青年25.2万多名下乡，耗资近3000万人民币。[2]每年动员组织大批知青下乡，加剧了农村住房、耕地、粮食供给等方面的矛盾。20世纪70年代下半期，大批下乡青年返回城镇，待业人数剧增。1977年汕头市待业人员总数达5.2万人，待业率高达12.7%，[3]形成第二次待业高峰。1978年以后，随着改革开放政策的执行和汕头市经济特区的创建，汕头地区及各县、市采取大力发展城镇、街道各种集体经济和适当发展个体经济的积极措施，以各种形式共安置城镇待业人员27万人，全社会关注的"就业难"问题基本解决。

（二）工人劳动保险

新中国成立前，汕头市只有邮电局、电讯局、招商局、海关、银行等官办企业有些残缺不全的劳动保险办法，绝大多数劳动者没有劳动保险福利。新中国

[1] 汕头市劳动局.汕头市劳动志［M］.1990：12.

[2] 广东省汕头市地方志编纂委员会.汕头市志（第四册）［M］.北京：新华出版社，1999：1181.

[3] 广东省汕头市地方志编纂委员会.汕头市志（第四册）［M］.北京：新华出版社，1999：1172.

成立后，劳动保险制度逐步建立，内容包括职工生、老、病、死、伤、残时的生活待遇和集体保险。

1951年，政务院颁布《中华人民共和国劳动保险条例》，规定有工人职员100人以上的国营、公私合营、私营和合作社营的工厂、矿场及其附属单位实行劳动保险。汕头市首先实行劳动保险的企业有6家，为电灯公司、自来水公司、耀昌火柴厂、潮汕农民报、邮政局、电讯局，职工总数1255人。1952年以后，陆续批准各单位建立劳动保险制度。1956年底，实行劳动保险的企业增加至11个，职工人数增加至3510人；12个单位实行劳保合同，职工人数有1630人。这些实行劳动合同的单位，职工保险福利均参照劳动保险条例规定办理。[1]

1957年，汕头市将劳动保险条例实施范围扩大到国营商业、外贸、粮食、供销合作社、物资、金融等部门所属企业。汕头市新华书店、影剧院、剧团也参照实施劳动保险条例。至此，汕头市国营和公私合营企业基本都推行劳动保险条例。截至1960年底，实行劳动保险条例的单位已有56个，享受劳动保险的职工共有3万人，占全部职工的37.3%，[2]劳动保险基金的结余上缴市总工会。

集体工人的劳动保险方面，1953—1965年，实行订立集体劳保合同的办法。1965年，汕头市手工业局对所属集体所有制生产合作社和合作工厂参照劳动保险条例制定施行办法，在所属114个集体单位试行职工退休、退职制度。劳保基金按职工工资总额的2.8%提取，另提取0.2%的教育基金。在劳保基金中退休待遇的55%—70%基金在企业营业外列支，实报实销，社会保险转为"企业保险"。

1966年以前劳动保险基金实行全国统筹，由企业按本企业职工的工资总额提取3%的劳动保险基金交给基层工会组织。其中30%逐级上缴至中华全国总工会作为调剂金，70%留本企业掌握使用。1966年下半年，全区工会系统相继停止活动。劳动保险工作的管理机构撤销，停止保险基金的征集、管理和统筹使用制度。同年11月，重新开始对退休职工的审批工作，退休基金和其他劳保待遇仍由企业支付。至1975年底，汕头市直单位退休（退职）职工人数共有6421人。[3]这期间由于许多企业生产不正常，企业发放退休金的负担越来越重，有的只能靠借、贷款来支持。

---

[1] 汕头市劳动局.汕头市劳动志［M］.1990：75.

[2] 汕头市劳动局.汕头市劳动志［M］.1990：77.

[3] 汕头市劳动局.汕头市劳动志［M］.1990：78.

（三）社会福利、救济、优抚的实施

第一，福利机构建设及福利生产。

1950年，汕头市政府接管慈善事业单位17个，接管收养人员1420人。1952—1953年，对接收机构进行了调整和合并。之后，各县陆续新建有保育院、生产教养院、儿童教养院、残老院、收容所、妇女教养所等11个单位，初步完善城乡福利机构建设。

各县市为了解决社会困难户、烈军属和残疾人的生活困难，减少国家的救济开支，开办了生产自救组（社）。据统计，1958年全市共有这类组（社）3899个，职工3万多人，至1959年增加到8729个[1]。1962年对生产自救厂（社、组）进行调整合并，归口各工业局管理。至年底，民政部门管理的仅汕头市有盲聋哑人福利工厂、潮安盲聋哑生产福利院和揭阳榕城聋哑教学工厂3家。共有职工130人。

第二，社会救济。

1950年，汕头等待救济的失业工人和贫民多达2.3万人，政府主要鼓励失业贫民回乡参加生产，组织生产自救，以工代赈。至1950年7月前，共发出救济粮21万多斤。[2]

1955年以后，汕头专署和汕头市人民政府先后成立了处理社会问题办公室、失业人员生产和生活安排就业委员会、生产渡荒办公室、移民垦荒办公室、剩余劳动力处理委员会等临时性机构，领导开展生产自救和社会救济工作。

1956年，实行农业合作化后，各地农业社、生产队根据中央规定，对老弱、孤寡、残、幼等人开始实行保吃、保穿、保烧、保教、保葬制度，享受"五保"家庭称"五保户"。1956年，潮汕地区普查评定入保的有8816户，入保率92%。[3] "五保户"供给标准视各社经济力而定，部分基础较差的合作社不能完全保证"五保户"生活的，由民政部门核准予以救济。"五保户"基本上接近当地一般社员生活水平。

1959—1961年，由于自然灾害和"大跃进"的影响，人民生活比较困难，营养状况下降。各地发动社员开荒扩种，种各种早熟作物自救；国家下拨大量生

---

[1] 广东省汕头市地方志编纂委员会.汕头市志（第四册）［M］.北京：新华出版社，1999：1098.

[2] 中国人民政治协商会议汕头市委员会文史资料委员会.汕头解放记事［M］.1989：76.

[3] 汕头市民政局.汕头民政志［M］.1996：187.

活贷款、预购款、救济款和救济药品，帮助群众渡过了难关。

1966—1976年，潮汕农业发展缓慢，春夏荒时有发生，部分群众生活困难。1976年春夏荒期间，全区下拨春夏荒救济款250万元，其中用于购救济粮193.23万元，购粮530万公斤，发给34.23万户、140.54万人，占全区农业人口的16.7%；用于治病52.87万元，发给6.46万人。[1]同时还将大批返销粮和议价高粱分配各县，控制荒情发展。

1978年之后，潮汕农村实行联产承包生产责任制，大多数群众解决了温饱问题。农村救济工作突出"互助互济"和"扶持"措施，发动村民集体帮助穷户，扶持贫困户发展生产，扶贫成为救济的新形式。

第三，优待与抚恤。

新中国成立后，各县、市根据国家规定，实行群众优待和国家补助相结合的办法。城镇优抚对象，主要由国家给予临时补助或定期定量补助；农村优抚对象，则依靠群众优待，辅以国家补助。

1952年，全市优抚对象享受困难补助5416人，发放优抚粮74万多斤，还拨750万元（旧币）补助其子女入学。1958年，国家补助逐年减少。1962年起恢复补助，当年享受定期补助的优抚对象7963人，发放补助款10万元，人均12.6元。[2]

新中国成立后，民政部门对革命残废人员进行抚恤。潮汕各地按国家规定做好残废抚恤，在乡二等以上残废军人可享受公费医疗，革命残废人员可优先看病，乘车、船半票，优先购影剧票等。1960—1962年经济困难时期，根据本地实际，供应残废军人一定数量的肉、油、糖等。1965年以后，根据国家规定，对三等残废军人由原来的一次性抚恤改为长期抚恤。

第二节　1978—1991年潮汕公共服务体系的发展

中共十一届三中全会之后，国家全面整顿、改革和发展公共服务事业，加大财政投入扶持，促进公共服务事业的恢复和发展。为配合经济体制改革，原有的单一公有制体制下的公共服务事业机制逐步发生变革，国办、合办、集体办、私人办各种不同经济形式的教育、文化、卫生机构并行运营，潮籍华侨华人积极

[1] 广东省汕头市地方志编纂委员会.汕头市志（第四册）［M］.北京：新华出版社，1999：1137.

[2] 广东省汕头市地方志编纂委员会.汕头市志（第四册）［M］.北京：新华出版社，1999：1106.

回乡，成为参与公共服务供给的重要主体之一。

一、教育

（一）全面落实知识分子政策及教育体制改革

中共十一届三中全会以后，各项知识分子政策全面落实，大大提高教师队伍的积极性，有力地促进了教育事业的发展。1983年，潮汕地区开始实行新的教育体制改革，逐步完善分级办学的管理体制，改革经费管理体制，多渠道集资改善办学条件。实行新的经费管理体制以后，民办学校自筹经费的主要形式有：乡镇（社队）的"公益金"收入（适用于农村民办学校）、"营业外收入"（适用于国有企业办学）、提留的"教育基金"（适用于二轻行业、银行等部站办学）、"预算外收入"（适用行政机关、事业单位办学）等。[1]集体自筹经费占有较大的比重，对发展农村学校教育起着重要的作用。

这一期间，潮汕地区教育系统贯彻执行"调整、改革、整顿、提高"方针，发展高等教育，创办汕头大学；改革中等教育结构，增设初中，调整中学布点，提高教育质量；发展职业技术教育及中专技工教育，加强师范学校建设。经过一系列改革，义务教育和高中教育的质量不断提高。1977年至1987年，全区考上高等院校的学生24067人，考上中专、技工学校的学生13179人（不含师范），考上中等师范学校的学生11735人，连续多年夺得全省高考升学率第一名。至1991年，汕头市（不含潮州）有高等教育学校2所，中专、技工学校14所，教师进修学校8所，普通中学442所，农业职业中学60所，小学2425所，幼儿园1146所，成人教育学校33所。潮州市有普通中学133所，职业中学9所，小学823所，幼儿园743所。[2]

（二）普及小学教育及"普九"计划

第一，普及小学教育。

1980年的中央84号文《关于普及小学教育若干问题的决定》中提出，普及小学教育是一项基本国策，必须从实际出发，因地制宜，采取多形式办学，要求经济、教育基础比较好的地区应在1985年前普及小学教育，其他地区也应于1990年前普及小学教育。汕头地区采取"各级财政拨款解决一点，乡镇、集体集资解

---

[1] 广东省地方史志编纂委员会.广东省志·教育志 [M].广州：广东人民出版社，1995：139.

[2] 广东省汕头市统计局.汕头市一九九一年国民经济统计资料 [M].1992：319-322.

决一点，华侨、港澳台同胞、集体、群众捐资解决一点，勤工俭学支持解决一点"等几个"一点"的做法，广泛筹措资金，兴建了一批"标准化、规范化"的高质量新校舍。至1984年，潮汕各县市全部实现小学教育普及。1984年至1987年，经省教育厅陆续验收，各县市基本解决校校无危房、班班有教室、学生人人有课桌凳的"一无两有"问题。潮阳、普宁、澄海三县及金砂、郊区、达濠三辖区被评为校舍建设特级单位，其余的被评为一级单位。

第二，计划普及九年义务教育。

潮汕地区在普及九年义务教育计划上在全省先走一步。1985年10月，汕头市委发出《关于认真贯彻〈中共中央关于教育体制改革的决定〉大力发展我市教育事业的意见》的文件，作出普及九年义务教育的规划，即汕头市区、潮州市、揭阳县、南澳县于1988年前普及九年义务教育，潮阳、揭西、普宁、惠来、澄海、饶平于1990年前普及九年义务教育。为了加强普及义务教育的领导，1986年汕头市教育局提出大力发展独立初中，逐步消除小学附设初中班，按照每13000人的地方建一所初级中学的标准，全市包括完全中学在内，应有751所学校举办初中，要增建初中290所。在增建学校时，必须注意扶持"老、少、山、边、穷"地区办学，力争于1990年（后改1991年）普及初中教育。

至1987年，全地区普通中学发展至608所，其中初中515所、高中88所、高级中学5所；兼办有普通初、高中班的职业中学46所，附设有初中班的小学129所。[1]1978年至1987年10年中，全地区普教基建总投资4.86亿元，维修校舍100万平方米，新建校舍260万平方米。[2]

（三）华侨、港澳同胞捐资办学

1978年以后，华侨政策的全面落实，激发了潮汕华侨、港澳同胞爱国爱乡的热情，调动了华侨、港澳同胞捐资办学的积极性。潮汕地区的大部分乡镇及农村几乎都有侨办学校。"1979—1990年底，潮汕普教系统校舍建设总投资人民币8.3亿元，其中各级政府拨款2亿元，华侨、华人捐资3亿元，群众、集体集资捐资3.3亿元。华侨、华人捐资用于潮汕各类教育事业，其资金总额折合人民币约6亿多元。捐资建校总额约占同期校舍建设总投资三分之一强。"[3]至1991年底，

---

[1]　汕头教育志编审委员会.汕头教育志［M］.1989：3.

[2]　汕头教育志编审委员会.汕头教育志［M］.1989：9.

[3]　肖效钦，甘观仕，阎志刚.潮汕华侨、华人捐资兴学的调查研究［J］.汕头大学学报（人文科学版），1991（3）：29.

香港同胞李嘉诚为兴办汕头大学累积捐资6.5亿港元。

这一时期，汕头市普教系统每年教育事业经费支出均占财政预算内收入20%以上，高于全国平均水平。其中80%用于支付教职工工资，用于改善办学条件的资金明显不足，"广大华侨华人捐资，仅在中小学校舍建设方面，总额约等于各级政府拨款的1.5倍"。潮汕华侨、华人捐资办学弥补了政府教育资金的不足，改善了办学条件，优化了潮汕地区的教育结构。[1]

二、文化

（一）公共文化设施的普及化

中共十一届三中全会后，党和国家工作重点转移到经济建设上来，提出物质文明和精神文明两手抓、两手都要硬的方针，潮汕地区的公共文化事业发展出现了新局面。通过提高农村公共文化设施普及化程度，农村文化事业得到大力发展。

1981年，中共中央发出《关于关心人民群众文化生活的指示》以后，潮汕地区各乡镇依靠集体经济力量，先后集资新建、扩建文艺演出场所。乡镇文化站深入农村基层，广布网点，开展戏剧演出、电影、球赛、音乐演奏、体育等活动，培养文艺人才，丰富了农村的文化生活。潮安县庵埠镇文化站成为全区文化站建设的标杆单位。1983年，汕头地区群众艺术馆与汕头市文化馆合并为汕头市群众艺术馆，主导全市群众文化活动。至1987年底，市、县（区）共有文化馆15个、乡镇文化站214个、文化中心39个、乡村街道文化室1287个、老年人文化活动室1063个。各类群众文化设施居于全省前列。[2]

1980年后，潮汕地区陆续新建配套县级、乡镇一级图书馆。至1987年底，全市已有市、县级图书馆12个，总藏书量70多万册；乡镇图书馆95个、村图书室1114个，藏书量近80万册，全市初步形成市、县（区）、乡镇三级图书网络。

（二）影剧演出事业的快速发展

20世纪80年代初以后，汕头市区新建或改建一批较为现代化的影剧院，如鮀岛、工人影剧院和新观、新华、群众、大光明电影院，实现多功能化。至1987年底，全市有县以上电影院和影剧院23家，集镇电影院和影剧院58家、影剧场

[1] 肖效钦，甘观仕，阎志刚.潮汕华侨、华人捐资兴学的调查研究［J］.汕头大学学报（人文科学版），1991（3）：35.

[2] 广东省汕头市地方志编纂委员会.汕头市志（第四册）［M］.北京：新华出版社，1999：156.

104个，城乡普及放映点1655个，全市176个乡镇都有影剧院。汕头市电影发行量和经济效益，连续多年居全省首位。1987年，全年放映电影24.8万场，观众2.67亿人次；放映总收入1870多万元，发行收入720多万元。[1]

在影剧创作扶持方面，20世纪80年代中后期至90年代，汕头市采用扶持多种体制艺术团体、改革国有团体人事制度和分配制度、开辟地方剧种的"广场戏"演出市场等措施，促进了戏剧作品的创作和演出。

（三）文博事业的复苏和发展

这一期间政府通过建立文物管理站、设置文化科，加强对文博事业的管理。1985年重新组建汕头市文物管理委员会。潮州、澄海、揭阳、潮阳、普宁5个文物较多的县（市）也相继成立文物管理委员会，市辖达濠区、郊区设立文物管理所。初步形成全市文物管理网络。

为加强文博事业建设，增建一批区县级博物馆。至1987年底，全市共有博物馆10座、文物商店1所，馆藏文物近10万件。经各级政府批准公布的文物保护单位200多个，其中省级10个。[2]潮州市投资900万元，对重点文物进行修建。[3]1986年，潮州市被列为全国历史文化名城。1991年，揭阳市被列为广东省第一批省级历史文化名城。

（四）文化企业和娱乐场所的经营

20世纪80年代以后，潮汕文化系统多种经营渐趋活跃，由文化事业单位投资主办的文化企业应时而生，潮艺发展公司（广东潮剧院附属）、汕头市文化服务总公司（市文化局管辖）、潮汕文化发展公司（市委宣传部管辖）、汕头市艺术广告公司（群众艺术馆附属）、韩江影视公司（合资企业）先后成立。这些公司经济上自负盈亏，经营方式灵活，活跃了社会文化生活。至1991年前后，汕头市形成了娱乐、演出、音像、美术品、电影、文物、对外文化、艺术培训、图书报刊市场9个类型的文化市场。[4]新的文化形式也进入潮汕城乡，如电子游戏厅、歌舞厅、录像放映、音乐茶座等。至1987年，全市城乡有录像放映点277个，音乐舞厅18家。1987年，汕头龙湖乐园建成，成为当时汕头地区最大的综合性游艺娱乐场所。

[1] 广东省汕头市地方志编纂委员会.汕头市志（第四册）［M］.北京：新华出版社，1999：175.

[2] 广东省汕头市地方志编纂委员会.汕头市志（第四册）［M］.北京：新华出版社，1999：173.

[3] 潮州市志编写组.潮州文化志［M］.1989：15.

[4] 汕头市文化广电新闻出版局.汕头市文化艺术志（1979—2000）［M］.2010：264.

三、卫生

（一）卫生体制改革

1978年后，潮汕地区医疗卫生事业机构开始改变过去"独家办""不核算""大锅饭"现象，通过逐步建立健全院所站长负责制，从经济技术责任制发展为综合承包责任制等多形式、多层次的管理体制。改革医疗收费管理制度，调整医疗收费标准。各级医疗卫生部门多方集资发展卫生事业。此外，以有偿和无偿服务相结合的形式发展卫生防疫与保健工作。

各项卫生改革给全地区医疗卫生部门带来生机和活力。1987年，全市医疗机构业务收入12452万元，是1979年的2.6倍。财政增拨卫生事业经费支出逐年增加，1987年，全市卫生事业经费支出1575万元，是1978年的2.5倍。

1987年与1978年相比，全市医疗卫生机构数量增长了17.5%，医院病床数增长了22.9%，卫生技术人员增长60%，乡镇一级均设立卫生院。至1987年，全地区已有医疗卫生机构687个，其中汕头市区200个，各县（市）487个，包括综合医院21个，中医院11所，妇幼保健院7所，精神病院2所，结核病院1所，麻风病院（村）7所、区镇卫生院179所，另有乡村卫生所（合作医疗站）5131个，[1]三级医疗保健网得到完善，群众缺医少药的状况有了明显改善，妇幼保健工作各项指标达到全国甲类地区保健质量要求。通过实施计划免疫等综合性防疫措施，传染病发病率和死亡率大大下降。

（二）公费医疗

潮汕地区的公费医疗始于1952年，1953年全潮汕地区行政、事业单位工作人员以及革命残废军人全面实行公费医疗制度。至1977年，公费医疗预算标准为每人每年30元，人年均支出56元。1981年，公费医疗费用实行地方财政包干，各县（市）公费医疗费除由财政局核定金额补贴外，超支部分由单位包干，汕头市直属单位实行由医院包干。

1987年，市公费医疗管理委员会根据广东省人民政府指示，结合本市实际情况，实行个人、单位、卫生医疗部门、财政部门"四个制约"。如有超支，实行三家分摊，即财政部门负担30%，医疗部门负担30%，单位分担40%。同时对公费医疗管理工作进行改革，实施"分级管理，包干使用，超支不补，节余留

---

[1]　广东省汕头市地方志编纂委员会.汕头市志（第四册）［M］.北京：新华出版社，1999：360.

用"政策。

（三）卫生基建投资与华侨港澳同胞捐资

1978—1991年，潮汕地区医疗卫生机构工作用房逐步扩建、新建，县以下的医疗卫生单位基本实现楼房化。卫生基建建设投资主要由国家拨款和地方财政以及单位（部门）自筹解决。

1979年5月1日起，开始执行省建设银行颁发的《基本建设拨款限额管理办法》。1980年，扩建修建医疗用房和职工宿舍，投资348万元，其中国家拨款37万元，其余由各级医疗单位在增加节支中自筹解决。[1]可见，当时卫生基建经费主要由单位自筹，来源为各医疗机构的业务收入。

1979—1986年，汕头地区（汕头市）卫生基本建设投资5118.4万元，建筑面积264727平方米。1987年，全市卫生基本建设总投资871万元，其中利用外资158万元，地方自筹381万元，单位自筹252万元，其他投资22万元。[2]

这一期间，华侨和港澳同胞积极捐资捐款，支援家乡的医疗卫生福利事业建设。1978年至1987年，华侨和港澳同胞捐资捐物折人民币达1.3亿多元[3]，其中用于修、建医院和扩充医疗设备27宗，2008万元，建设面积5.49万平方米，占卫生基建总面积的17%。

四、就业及社会保障

（一）多种方式就业与劳动力输出
第一，多种方式就业。

1979年，潮汕各级政府鼓励兴办区街集体企业和发展个体经济，安置待业人员。2013年《汕头市志》载："这一年全市新办各类集体企业350个，安置待业人员8000多人，占当年安置总数的25%。同时开始允许个体经营，全年新发证个体劳动者3500人，占当年安置总数的11%。"

1980年8月，按照国家新的就业方针，潮汕地区废除了就业安置中各种不合理的限制，汕头市及各区均建立了劳动服务公司，作为统筹安置、吞吐调节社会劳动力的机构。1979—1981年，汕头市区共安置待业人员7万多人，是历年

---

[1] 广东省汕头市卫生局.汕头卫生志［M］.1990：505.

[2] 广东省汕头市地方志编纂委员会.汕头市志（第四册）［M］.北京：新华出版社，1999：378.

[3] 广东省汕头市卫生局.汕头卫生志［M］.1990：506.

就业安置人数最多的一个时期。至1981年末，实存待业人员1.5万多人，待业率6.15%。一直很严峻的就业矛盾明显缓解。

1983—1987年5年间，汕头地区（汕头市）共安置城镇待业人员26.5万余人，其中安置在全民所有制单位4.5万人，占安置总数的16.99%；区县以上集体所有制单位5.5万人，占20.78%；其他各类小集体企业8.8万人，占33.20%；从事个体经营2.8万人，占10.72%；临时性工作4.85万人，占18.31%。待业人员逐年减少，1987年末实存待业人员2.6万人，待业率2.5%。[1]第二次待业高峰时期就业难的问题得到解决。

第二，农村劳动力输出。

1979年以后，潮汕地区农村实行联产承包责任制，劳动生产率大大提高，农村富余劳动力激增，全区约有200万人。这一期间，经济特区和沿海开放城市崛起，国内各地经济建设蓬勃发展，为劳务输出提供了有利的客观条件。1980年，开始有零星人员前往深圳特区做工，此后，潮汕地区外出务工人数逐年增加，从1981年的9000多人增到1987年的16万人，输出范围远至西安、北京、上海，以深圳、广州、珠海为多数。从事工种以建筑业、种养、厂矿临时工为主。

（二）劳动保险制度改革

1980年底，汕头市区退休、退职工人达到1.4万多人。由于退休人数逐年增加，退休费用支出成为许多企业的沉重负担，一些厂矿发不出退休金。随着经济体制改革的逐步深入，1984年，各县、市陆续成立社会劳动保险公司，对集体所有制企业退休基金进行统筹测算，按照不同经济类型，逐步推行退休制度，统筹退休基金。1985年起，潮汕地区全民所有制企、事业单位实现县、市一级的退休基金统筹。翌年，统筹范围扩大到实行企业化管理的事业和企业性质的公司，以及"三资"企业的中方固定职工和没有系统统筹的省属企业。全市列入统筹的项目有离、退休费，粮差、副食补贴，离退休职工的供养直系亲属救济费、死亡丧葬费等15个项目。全民所有制、集体所有制、劳动合同制工人实行不同的缴纳和发放标准。至1987年底，全市累计参加统筹的单位有1447个，在职职工21万多人，退休职工4.4万多人，筹集基金6975万元，发退休金6123万元。其中县以上集体所有制单位974个，在职职工15万多人，退休职工2.7万人；合同制工人参加

[1]　汕头市地方志编纂委员会.汕头市志（1979—2000）（下册）［M］.广州：广东人民出版社，2013：1554.

投保3.3万多人，投保率96.2%。[1]全市初步形成一个形式多样、项目不同、标准有别、分级管理的社会保险体系，养老保险社会化程度得到提高。

（三）社会救济

第一，社会保障、福利生产初步网络化。

1978年以后，潮汕地区各市县福利机构开始大规模建设和改造。汕头市各区民政部门配合街道、居委会，对散居孤、老、幼人员包干救济和护理。对包护对象，除政府给每人每月生活费20元外，在街道集体资金或福利生产收益中提取部分资助，使每人月供给提高到40元以上。1983年，汕头市公园区所属4个福利工厂为孤寡老人提供多种资助服务项目，使其基本生活得到保障。当年，公园区政府还拨款建立社会福利活动中心。其他区也从街道集体积累中拨款补贴孤老残幼救济对象，逐步形成了以市、区为主体，以街道、居委会为依托的社会保障网络。

开展福利生产自救仍是城镇扶贫扶困的主要方法。1980年，中央财政部、民政部发文规定对盲聋哑残人员占生产人员总数35%的福利生产单位，免交所得税；盲聋哑残占生产人员30%以上未达到35%的，减半交纳所得税。广东省民政厅还确定汕头市同平区国平街道为生产自救联系点。是年，公园区、安平区、郊区等都兴办了福利工厂。至1987年全市福利企业已从原1家增加到53家，职工2640人（其中残疾人员720人，占生产工人约30%），年创产值4176万元，税利331万元，初步形成了市、区、街道三级福利生产网络。

第二，农村社会救济

1. 规划扶贫

从1977年底开始，在农村有规划地开展扶持贫困户工作，实行救济与扶持生产相结合的办法。汕头地区民政局在揭阳县召开全区民政局局长会议，推广渔湖、炮台等公社的扶贫工作经验，制定扶贫规划。

1978—1979年，全区先后扶贫36911户16.58万多人，占农业人口的1.9%。用于扶持的金额达437万元，其中包括国家救济款（含地方财政）、社队补助和减免、银行贷款、供销社预购款、治病减免、学杂费减免等。1979年底，全区有9100户4.66万人脱贫，占列入规划扶持贫困户数的24.7%。

1980年以后，农村普遍实行生产承包责任制，农民生活水平明显提高。

---

[1] 汕头市劳动局.汕头市劳动志［M］.1990：11.

1982年统计，全区累计贫困户3.8万户，累计脱贫1.4万户，脱贫率只有37%。1984年，汕头市政府成立"双扶"（即扶贫、扶优）领导小组，对扶持贫困户的条件和脱贫标准作出新规定。实施分散扶持与办扶贫经济实体相结合、安排贫困户承包土地与解决剩余劳力出路相结合、部门扶贫与发动全社会支持相结合政策。至1985年底，全市累计扶持贫困户72363户，已脱贫的36192户，脱贫率达50%。其中1900多户成为专业户、重点户和富裕户。

1987年2月，中共汕头市委、汕头市政府提出，扶持贫困地区1989年人均收入达400元的目标，确定市、县两级财政每年筹集1000万元扶贫基金，农村脱贫工作深入开展。至1991年底，全市累计扶贫10万余户，先后脱贫8万余户，脱贫率80%。

2.农村五保户供养

1979年底，全地区集体供养的农村"五保户"4812户、5165人，各项供给折合金额100.3万元；国家救济7.54万元，人均14.6元。1983年地市合并后，市民政局再次对全市农村"五保"工作情况组织检查，提出要以区统筹粮款供养"五保户"；分责任田地给"五保户"的一律收回，改由集体供养；并明确规定"五保户"的供给标准，应保证不低于当地一般社员的实际生活水平。1991年，汕头市由集体供养的五保户5674人（不含潮州），人年供给款物785元。其中由敬老院收养的五保户968人。

第三节 1992—2010年潮汕公共服务体系的进一步改革完善

1992年，中共十四大明确建立社会主义市场经济体制的目标。潮汕三市在"属地化"原则下，深化公共服务体制改革，加大对公共服务的财政投入，逐步扩大基本公共服务投入范围，加大对区县的转移支付，鼓励和支持社会组织通过公益项目积极参与公共服务事业。

一、教育

1992年后，随着经济发展，人民对教育的需求也在增长，潮汕三市在教育经费财政支出上逐年增长。为多渠道解决"普九"资金，各市也采取了征收教育附加费、提高非义务教育阶段学生收费标准、建立各级教育基金会、鼓励社会力量办学等方法。1996年，三市基本完成"普九"任务。2005年后，三市在农村免费义务教育工作上投入相当力量，取得较大成效。

（一）深化教育改革

1993年，国家颁布《中国教育改革纲要》。1994年，广东省颁发《关于教育改革和发展的决定》，要求大部分县市应于1996年完成"普九"目标。2000年，大城市和经济发达地区普及高中教育。2010年，全省普及高中教育。[1]

1992年，汕头市人均教育事业费只有34.37元，低于全省平均39.67元的水平。[2]潮州市和揭阳市的人均教育事业费又低于汕头市，整个潮汕地区的教育财政投入相对不足。潮汕三市按照全省部署，加大财政的教育费支出力度。加快调整优化中小学布局，大力提高初中三年保留率和高中阶段毛入学率，改革中等职业教育，发展高等教育。2010年，汕头市财政教育经费已达30.4亿元，教育经费财政支出24.5亿元。加快普及高中阶段教育，5年新增学位10万个，毛入学率由44.72%提高至85.26%；潮州市教育经费财政支出11.3亿元；揭阳市教育经费财政支出24.7亿元。

表10-1　2010年潮汕三市学校教育概况[3]

	汕头市			潮州市			揭阳市		
	校数	在学人数	专任教师数	校数	在学人数	专任教师数	校数	在学人数	专任教师数
高等学校	2	22620	1282	1	16542	802	2	8494	643
普通初中	168	355589	15168	87	141575	7252	212	421558	17561
普通高中	92	137894	7482	35	68325		63	163242	6739
中职学校	24	105420	1695	13	39575	699	20	140743	2019
小学	798	567743	22819	682	202423	10329	1358	653521	28877
幼儿园	690	133284	6042	586	66761		551	151236	3984

[1] 广东省志编纂委员会.广东省志（1979—2000）·教育卷［M］.北京：方志出版社，2014：341.

[2] 汕头市地方志编纂委员会.汕头市志（1979—2000）（下册）［M］.广州：广东人民出版社，2013：1325.

[3] 据2011年《汕头市年鉴》《揭阳市年鉴》《潮州市年鉴》统计。

第一，"普九"义务教育。

1993年后，根据省下达的任务，潮汕三市为加快完成"普九"义务教育，制定相关政策规定，多渠道筹资解决"普九"资金。潮州市在《关于在全市普及九年制义务教育若干问题的决定》中提出多渠道筹集"普九"资金，在城市征收3%教育费附加，农村在原有农业税附加的基础上附加10%的教育费，个体工商户、乡镇企业按营业收入的0.5%征收教育费附加；向各区县和市直单位筹集专项教育资金，提高非义务教育阶段学生收费标准，建立各级教育基金会等方法。除此之外，规定在城市市政建设附加费中，拨出15%作为教育配套费，用于城市义务教育配套建设。

1996年，汕头市、揭阳市、潮汕市均完成或基本完成"普九"任务。汕头市普通中学181所，潮州市125所，揭阳市242所；三市普通中学在校学生约55万人。1996年以后，各市在"普九"成果基础上，进一步巩固和提高教学水平。潮州市在1998年启动薄弱学校改造工程，全市投资2.33亿元，建设28万平方米的新校舍，改造薄弱学校250所，调整合并学校69所；2002年开始调整学校布局，全市共投资1.46亿元，撤销、合并、扩建、改建学校182所。

第二，农村免费义务教育。

2001年，广东省开始实施"两免一补"，即对农村人均年收入少于1500元的家庭子女义务教育阶段免收书杂费和补助生活费，广东开始探索免费义务教育。由于受惠面窄，尚不能更有效地解决义务教育阶段适龄儿童少年失学、辍学问题。为统筹城乡协调发展和促进农村经济社会发展，2005年，广东省颁发《关于推进农村免费义务教育的决定》，提出"通过县（市、区）政府增加财政投入和省、市级财政增加转移支付帮助，鼓励社会力量捐资助学，确保所有适龄农村少年儿童免费接受义务教育"[1]。2006年，潮汕三市贯彻省政府要求，分别制定相关实施方法，在农村免费义务教育工作上增加支出。当年农村义务教育阶段免收杂费学生总数潮州市30多万人，揭阳市106多万人；年免金额潮州市1亿元，揭阳市3.4亿元。农村困难家庭学生免书杂费学生总数潮州市2.6万多人，年免金额1102多万元；揭阳市6.8万多人，年免金额8471多万元。[2]

实行"普九"义务教育，尤其是农村免费义务教育后，农村教育得到较快

[1]　广东省档案馆.改革开放三十年重要档案文献·广东卷（第5册）［M］.北京：中国档案出版社，2008：1669.

[2]　李学明.广东教育年鉴2007［M］.广州：广东高等教育出版社，2008：429-523.

发展。因为农村税费改革政策的实施以及其他多种因素影响，部分地区和小学的农村义务教育债务负担加重。如2010年底，潮州市有农村义务教育债务的中小学校200所，债务笔数285笔，债务余额6017万元。[1]

第三，加快普及高中教育。

2005年以后，潮汕各市进一步加快普及高中阶段教育。据三市的《国民经济和社会发展统计公报》统计，汕头市2005—2010年新增高中学位10万个，高中阶段在校学生由11.15万人增长到24.47万人，毛入学率由44.72%提高至85.26%；潮州市由4.82万人增长到9.87万人，揭阳市由8.65万人增长到15.08万人。

（二）社会力量办学

1992年后，潮汕地区民办教育逐年增长，成为各市基础教育的重要组成部分。

2000年，汕头市已有社会力量办学机构65个。2004年，全市共有民办学校42所，就读学生3.85万人。其中小学21所、初中2所，九年一贯制学校5所，十二年一贯制学校1所和完全中学5所。中心城区民办中小学相当一部分是以招收流动人口子女为主的简易学校，也出现一批办学规模大、效益好的优质民办学校。民办幼儿园逐渐成为学前教育主要力量，2008年，汕头市民办幼儿园达873所。

1995—1999年，潮州市湘桥区实验学校、潮安县实验学校、饶平师范实验小学、潮州市实验学校、金山实验中学等私立学校相继创办。2005年，通过改革办学机制，在新城区投资6亿多元，新建市金山中学、高级中学、城南中英文学校3个新校区，学位规模分别达到3600个、3000个和3000个。

2003年，揭阳市的潮汕职业技术学院被评为"广东省首届十佳民办高等院校"。2004年底，揭阳市民办中小学校80所，在校学生96706人。民办幼儿园56所，占全市幼儿园总数的82.8%；在园幼儿76078人，占全市在园幼儿数的50.3%。2010年，揭阳市有民办学校92所，其中小学65所、普通初中16所、普通高中6所、中职学校5所，在校生总计79915人。

这一期间，社会力量还通过基金赞助方式参与办学。1993年，汕头市成立教育基金会。在全市范围内推行教育"曙光计划"，10个月共汇集捐款1.3亿元。[2]全市各区、县（市）及不少镇、村、学校也相继成立了教育基金会。至

[1]　广东省教育研究院.广东教育改革发展研究报告·理论战略政策研究卷（下册）［M］.广州：广东高等教育出版社，2013：1008.

[2]　许金丹.建设教育强省［M］.广州：广东教育出版社，1996：387.

1997年，全市共建立了各级教育基金会224个，接受捐款总额2.8亿元。主要用于奖教奖学，奖励教育科研，资助贫困地区教育、老区学生入学，资助教改项目、出国留学、学术交流、学术著作出版等。

二、文化

1992年以后，潮汕三市的文化娱乐设施建设投入逐年增加，文化设施网络进一步得到完善。随着城市化进程加快，老城区文化设施更新和新城区文化设施不足的问题比较突出。

（一）公益性文化事业建设和发展

1992—2005年，潮汕各市图书馆、博物馆、档案馆、人民广场等市级公共文化设施基本上得到扩建和升级。潮州市先后完成文化艺术馆、市图书馆、市博物馆、市档案馆、饶宗颐学术馆扩建和太平路牌坊街修复工程，揭阳市的揭阳楼及其广场、市图书馆、揭东县人民广场、揭西县图书馆、周恩来同志革命活动旧址（揭阳学宫）等一批标志性文化设施相继完成建设。各市直文化系统单位在设备更新、资产购置、人才引进和培养以及艺术产品的开发上有明显进步。相比之下，农村基层文化设施建设投入相对不足，部分乡镇（街道）文化站、村居文化室空白。2006年，潮州、揭阳文化事业费占财政支出比重均低于0.5%。

2006—2010年的"十一五"期间，潮汕三市的文化事业投入有所加强。这一期间，汕头市文化事业投入年均增长29%，高于经常性财政收入增幅，投入总量比"十五"时期增加约2.5亿元，是"十五"时期的2倍。汕头市公共文化设施明显完善，市图书馆达到国家一级馆标准；汕头市文艺作品获得省级一等奖（金奖）以上奖项172个；特色文化遗产保护成效明显，"南澳Ⅰ号"古沉船被评为2010年度全国六大考古新发现之一，水下考古抢救性发掘被列为国家水下文化遗产保护中心2010年的"一号工程"。至2010年底，全市有各类专业艺术表演场所8个，县级以上文化馆和群众艺术馆8个；公共图书馆8个，公共图书馆藏书总量107.2万册；博物馆5座，档案馆10座，开放各类档案15583卷（件）；电台（包括县级广播电视台）4座，电视台4座。广播人口覆盖率和电视人口覆盖率都达到99.0%。全年地方报纸发行量5515万份，邮局杂志期发数20.5万份。

"十一五"期间，揭阳市文化事业快速发展。至2010年，全市拥有文化馆、站94个，博物馆5个，图书馆6个，影剧院3家和一批大型文化广场，文化载体功能得到进一步完善。成功申报省级非物质文化遗产项目29个，国家级项目9个，普宁市、榕城区入选"中国民间文化艺术之乡"。有2个乡镇被评为省级历史文化名镇。全市各级文物得到有效保护，启动并完成揭阳学宫首期修缮工程，登记文物点1714处，申报省级文物保护单位7处。阳美翡翠玉雕等5个项目入选第二批国家级非物质文化遗产名录，广播综合覆盖率达到97.65%，电视综合覆盖率达到97.61%，每万人拥有公共文化设施216平方米，公共图书馆藏书67.5万册。

（二）文化市场的经营和管理

20世纪90年代初，随着社会经济的快速增长及海外、港澳台文化的影响，社会娱乐业迅速发展。汕头市每年投入文化娱乐设施建设资金超亿元。全市逐渐形成门类齐全的文化消费新格局。1997年，汕头市新闻出版局成立，在规范管理文化娱乐行业的同时，着重扶持、引导、壮大行业经济实体，逐步形成良好的市场秩序。

1992年以后，汕头市的出版、印刷、发行、音像生产已形成行业规模。至2000年，全市文化产业从业人员达10万人。[1]2005年，全市文化产业实现增加值53.6亿元，占全市GDP的8.23%。包装印刷、音像生产成为汕头市经济的支柱产业之一。"十五"期间，全市文化产业民营和三资企业发展迅猛。其中，印刷业方面，全市共有各类印刷企业960家，民营企业占98%，从业人员近4万人，固定资产26亿元，投资总额36亿元，注册资本总额23亿元，年产值近50亿元。汕头市成为继温州、珠三角之后的第三个中国包装装潢印刷集散地。音像生产业方面，全市共有音像生产企业16家，全部是民营企业，固定资产总值超15亿元，年总产值近10亿元。2005年可录类光盘总产量6.5亿片，占全省60%，占全国30%。[2]"十一五"期间，汕头市的文化创意产业继续快速发展，文化产业增加值占GDP比重为8.76%，居于全省前列。

三、医疗卫生

1992年以来，潮汕三市以各级财政拨款为主，社会集资、自筹及港澳华侨同胞捐资为辅，发展城乡卫生事业，完善公共卫生三大体系建设。另外，深化医

---

[1]　汕头市文化广电新闻出版局.汕头市文化艺术志（1979—2000）［M］.2010：7.

[2]　汕头市人民政府.关于印发汕头市文化事业和文化产业发展"十一五"规划的通知［EB/OL］.（2007-10-08）.https：//www.shantou.gov.cn/gkmlpt/content/0/826/post_826003.html#59.

疗体制改革，完成公费医疗制度向医保制度的转轨，新型农村医疗合作基本实现全面覆盖。

（一）卫生事业机构及队伍建设

第一，城乡卫生机构建设。

1992年后，为贯彻落实中共中央、国务院《关于深化卫生改革与发展的决定》《关于城镇医药卫生体制改革的指导意见》，潮汕三市均制订了卫生事业发展计划，加快城乡卫生事业发展。

1992年，汕头市共有医院68所，揭阳市78所，潮州市48所，仅能低标准地满足群众需要。三市各级政府持续投入大量资金，围绕实现无危房和房屋、设备、人员配套的"一无三配套"，新建、重组、调整各类医疗机构，增加床位数，再努力过渡到医疗用地、设施、人才、管理"四配套"。至2000年，汕头市已有医院78个，揭阳市105个，潮州市69个，三市的医疗服务能力有所提升，服务范围不断扩大。

2000年后，潮汕三市继续加强医疗卫生体制改革，继续加大财政投入力度，精简卫生机构，提升医疗服务质量，成效明显。至2010年，汕头市全市共有医院37个，数量较前大幅减少，但基层医疗服务体系的健全、基本公共卫生服务均等化和公立医院改革试点等重点改革任务发展顺利，床位数和卫生技术人员数比2000年大幅增加。潮州、揭阳两市的情况也和汕头市相似（见表10-2）。

表10-2   1992—2010年潮汕三市医疗机构发展情况[1]

	1992年			2000年			2010年		
	汕头	潮州	揭阳	汕头	潮州	揭阳	汕头	潮州	揭阳
医院数（家）	68	48	78	78	69	105	37	67	103
床位数（张）	6421	2273	3483	7065	2251	5209	12173	3299	9172
卫生技术人员（人）	10556	5681	7655	12823	6345		16170	6364	12564

第二，社区卫生服务机构。

1999年，国家十部委联合下发《关于发展城市社区卫生服务的若干意见》，潮汕三市相继成立社区卫生服务中心、社区卫生服务站和社区卫生服务技术指导中心，开展全科医生的培训工作。至2010年，汕头市建立社区卫生服务机

---

[1] 据历年《汕头年鉴》《潮州年鉴》《揭阳年鉴》统计数据整理。

构35个（中心22个、站13个），覆盖全市37个街道中的30个，覆盖率达81%，其中19个已纳入医保定点医疗机构（中心14个、站5个）。镇卫生院32个，覆盖全市32个乡镇，覆盖率达100%。揭阳市建成、在建、计划建设的农村基层卫生机构共有20个，已设立社区卫生服务中心15个。

第三，汕头市创建"国家卫生城市"。

国家卫生城市是1990年由全国爱国卫生运动委员会办公室评选命名的国家级卫生优秀城市，是全国重要的城市品牌之一。创建国家卫生城市对于提升城市品位、改善市民生活环境、促进经济社会又好又快发展具有十分重要的意义和作用。1993年，汕头市召开"加强城市管理，创建国家卫生城市动员大会"，开始以"国家卫生城市"为目标进行卫生整改，开展"除四害"达标建设，建立健全健康教育网络，整治市区公共场所"脏乱差"问题，努力提高城市卫生总体水平。1993—1998年，汕头市根据创建国家卫生城市的要求和城市建设的总体规划，先后在城市基础设施和公共卫生设施建设等方面投资近50亿元，使城市配套设施更加完善，市容市貌大为改观。1998年4月，汕头正式获得"国家卫生城市"称号。

（二）公共卫生体系的建设

第一，疾控体系。

潮汕三市分设后，各市的防疫工作主要由各市、区各级卫生局下设的卫生防疫相关科室及卫生防疫站共同承担，由上至下组成疾控防疫网络。2001年，揭阳市作为省3个试点市之一启动疾病报告管理信息系统建设。2002年，潮州市和揭阳市撤销卫生防疫站建制，组建疾病预防控制中心。三市不断扩大疾病预防控制中心职能，建立疫情信息平台，开通疫情直报网络，逐级落实疫情报告责任制，对疫情预防控制及食品卫生、环境卫生、学校卫生等公共场所卫生进行量化管理，以更加有效地控制和预防疫情的流行。同时还开展计划免疫、慢性病防治、结核病防治等工作。

第二，医疗急救体系。

20世纪90年代，潮汕三市均建有120医疗急救指挥中心，但调度能力和设备配置相对较低。2002年，汕头市120急救指挥中心进行升级，建成集卫星定位、计算机系统、有线系统、无线系统和网络技术于一体的"调度型"急救指挥中心，负责全市医疗急救的指挥、协调和调度等工作。当年建成首期工程后投入运行。

2003年，汕头市及时总结抗击"非典型肺炎"斗争经验教训，初步建立起突发公共卫生事件应急处理机制。次年，组建了三支覆盖相关专业、由医疗和疾病预防控制专业技术人员组成的应急卫生救治队伍，配备和储备与突发事件的医疗救护、现场处置、卫生防护相适应的物质条件和技术力量。2010年，汕头市先后成立非典、人禽流感、手足口病、甲型H1N1流感防治专家组和由118名专家组成的汕头市突发公共事件应急管理专家组，组建由67名各专业专家组成的传染病、食物中毒、职业中毒、重大创伤事故4支应急救治队伍。2004年，揭阳市成立市卫生局卫生应急指挥中心（加挂120指挥中心）。至2007年，全面建成揭阳市、普宁市、揭西县和惠来县4家卫生应急指挥中心，市区新增急救网络医院3家，达到6家。

第三，卫生监督体系。

2002年，潮汕三市分别正式成立卫生监督所，落实卫生执法责任制和执法过错责任追究制。三市卫生监督所采取定期举办卫生法律法规培训班，开展食品、医疗市场整治专项活动等措施，规范食品市场和医疗市场秩序。

（三）医疗保障制度改革

第一，城镇职工医疗保障制度改革。

1992年以前，公费医疗实行"统包统付""吃大锅饭"的做法。1992年，公费医疗经费进一步细化，指标实行享受单位包干管理的办法，即实行公费医疗经费指标包干，由定点医院诊治、享受单位和医院共同管理的制度。此举虽降低了患者负担，但反过来增加了单位和医院的经济负担，一定程度上造成资源浪费。

为切实加强公费医疗支出的监管、合理利用资源，1994年，汕头市颁布了《汕头市直属机关公费医疗改革管理工作实施办法》，规定实行个人自负少量医疗费的办法；揭阳、潮州也纷纷进行改革，调整个人自负比例。此举既可保障干部职工的基本医疗，又有效抑制了公费医疗费用增长过快的势头。以汕头为例，1994年改革后公费医疗费用月均开支70.6万元，相比改革前降低了42.4%。

为进一步补充完善有关制度、加强管理监督、堵塞漏洞，向职工医疗保险平稳过渡，三市分别作出相应改革。1997年，揭阳市出台关于加强公费医疗用药管理，严格控制用药量、处方金额及审批手续的规定；汕头市颁布了《汕头市直机关公费医疗实行"记账单"管理实施办法》，规定公费医疗享有者患病时，需凭"公费医疗证"和"记账单"到指定医院诊治。

1998年起，全省各地陆续将公费医疗制度改为基本医疗保险制度，同时为确保国家机关公务员医疗待遇不降低，实施公务员医疗补助政策。1999年4月，省政府印发《关于全省城镇职工基本医疗保险制度改革的规划方案》，要求坚持"低水平、广覆盖"的原则。广东省行政区域内所有企业、事业单位、国家机关、社会团体、城镇个体经济组织及其所属全部员工都要参加基本医疗保险；基本医疗保险实行社会统筹和个人账户相结合。

2000年底，以"以收定支，收支平衡"为原则，三市先后启动机关事业单位职工基本医疗制度改革，逐步将参保范围扩大至中央、省属驻各市单位、各市直所、市辖区机关事业单位及市直部分企业。2001年，三市基本完成公费医疗制度向社会医疗保险制度的转轨。

第二，新型农村医疗合作制度改革。

20世纪90年代，传统的农村基层社区的合作医疗制度基本上由村一级自行操作，部分经济好的村能落实部分医疗费报销补助，但筹资标准、补助比例、报销方式各不相同，抵御风险能力较低。经济基础薄弱的村，患病农民因病致贫、因病返贫问题比较突出。2002年，中央政府明确提出，要积极引导农民建立以大病统筹为主的新型农村合作医疗制度。

新型农村合作医疗（简称"新农合"）是由政府组织、引导、支持，农民自愿参加，个人、集体和政府多方筹资，以大病统筹为主的农民医疗互助共济制度。采取个人缴费、集体扶持和政府资助的方式筹集资金。按照"十一五"规划的要求，新型农村合作医疗到2010年的覆盖面达到农村的80%以上。

2004年，潮汕三市开始大力推行新型农村医疗合作制度，各市均成立工作领导小组，制定相关工作意见，落实财政资金配套。当年汕头市安排507万元作为农村合作医疗专项资金。2006年，潮州市饶平县被列为省该项改革的试点县。2007年，汕头市新型农村合作医疗制度全面建立。2010年，汕头全市参加农村合作医疗325.36万人，参合率99.02%。潮州市192.02万人，参合率达99.89%；揭阳市422.86万人，参合率99.2%。三市的新型农村合作医疗基本达到全面覆盖的目标。

四、社会保障及就业

（一）社会保障体制改革
第一，扩大社会保险覆盖面。

1995年，由于宏观经济政策调整，企业经营环境变化，无力缴交职工社保费的企业增多，离退休人员亦逐年增加，潮汕三市养老保险基金开始出现收不抵支情况。1996年后，汕头市开展扩大养老保险覆盖面的工作，工作重点主要是外商投资企业、私营企业、个体工商户等非公有制企业，参保个人从原来仅集中于本地户籍职工扩大覆盖到外来流动就业人员、个体工商户和自由职业者。2000年，汕头市企业参加养老保险人数达到39万多人，比1999年底猛增14.6万人。[1]潮州市、揭阳市随后也推行社保制度"扩面减负"工作。

至2010年，汕头市全市企业参加职工养老保险46.9万人，城镇职工基本养老保险覆盖率、城镇基本医疗保险覆盖率分别为39.8%、86.6%。[2]潮州市社会养老保险参保人数39.1万人，基本医疗保险人数24.9万人，失业保险的职工31.4万人，工伤保险的职工30.3万人，生育保险人数19.1万人。全市参加养老保险享受待遇人数达到8.2万人。覆盖率和补偿标准在全省各市中都达到了较高水平。[3]揭阳市全市社会养老保险参保人数57.9万人，失业保险参保职工17.1万人，工伤保险参保职工14.7万人。[4]

第二，改组转制企业职工社会保险。

1995年以后，潮汕三市改组转制企业逐渐增多。为妥善处理好企业在改组转制中分流人员和离退休人员的社会保险问题，各市政府出台实施细则，规定企业对下岗人员不再采取一次性买断工龄做法，改为按其工作年限发给一次性安置费，妥善处理了一批改组转制企业职工的社会保险问题。1995年，宣告破产的汕头市保险粉厂、汕头市华侨橡胶厂、汕头钟表元件厂、汕头利业公司、汕头立德粉厂和汕头烟丝厂等，都发放其职工一次性安置费。至2000年底，汕头市共有19家企业宣告破产，办理提前退休职工1680人，加上原有离退休人员4320人，共有

[1] 汕头市地方志编纂委员会.汕头市志（1979—2000）（下册）［M］.广州：广东人民出版社，2013：1573.

[2] 汕头市统计局，国家统计局汕头调查队.汕头市统计年鉴2011［M］.2011：415.

[3] 潮州市统计局，国家统计局潮州调查队.潮州市统计年鉴2011［M］.2011：369.

[4] 揭阳年鉴编纂委员会.揭阳年鉴2011［M］.2011：294.

离退休职工6000人。

（二）社会福利事业

第一，社会福利事业基本情况。

潮汕地区社会福利事业继续发展，最低生活保障覆盖面逐步扩大。至2010年，汕头市全市用于最低生活保障资金支出12096万元，获最低生活保障人数10.9万人。潮州市有社会福利院3所，社会福利院床位数672个，镇办敬老院39所。全年共发行销售福利彩票1.25亿元，筹集社会福利资金3738万元；全市列入最低生活保障达7.08万人，占总人口的2.7%。揭阳市共有各类社会福利机构91个，床位8746张，收养1998人。城镇各种社区服务设施2634个，其中社区服务中心272个。全年发放最低生活保障资金12250万元，比上年增长51%；救助低保户5.7万户，计13.6万人；发放救灾款物4155万元，救济了38.5万人次。

从1987年到2010年，汕头市销售各类福利彩票超过26亿元，筹集的福利资金先后用于兴建社会福利基础设施和支持社会公益事业。彩票网点还解决了部分下岗职工、待业人员和残疾人的就业。

第二，民间慈善救济活动。

1992—2010年，潮汕三市民间慈善组织得到较大的发展。汕头市7个区（县）均依法成立慈善会，在其带动下，各地民间慈善团体、善堂得到发展壮大。2010年，全市慈善团体有100多个，基层村（居）几乎都有善堂或善社。各类慈善组织在募集善款、扶贫济困、发展公益事业中发挥了积极作用。其中，存心慈善会、蓝天义工协会等具有一定的社会影响力，珠浦社区慈善会在本乡募善款超7000多万元，成为后起之秀。汕头慈善总会自1997年成立以来，共接收捐赠3.5多亿元，救助困难群众60多万人次。汕头存心慈善会会员4.3万人、义工5000多人，探索以会员制为主体，多元化、实体化、长效化的"链式"救助途径。各区（县）、各街道（镇）和部分社区建立了捐助接收站（点），形成常态化的慈善捐赠接收网络。同时，全市社会志愿组织和志愿队伍得到发展壮大，长期参与志愿服务的志愿者有20多万人，已成为汕头慈善事业蓬勃发展的生力军。2003年，潮州市、揭阳市慈善总会及各基层慈善救济社会组织相继成立，也在灵活开展各种形式的慈善救济活动。

（三）就业与再就业

第一，就业管理。

1992年，汕头市首家职业介绍所成立。1996年，华南劳动力人才信息网汕头站开始运作，市劳动力人才市场信息初步实现电脑化管理。1997年6月，为劳力市场提供配套服务的市家政服务市场和职工档案寄存办公室设立。1999年，汕头市列入国家劳动和社会保障部全国100个劳动力市场"三化"（即科学化、规范化、现代化）建设试点城市。汕头市财政拨出专款370万元用于市级劳动力市场场地和网络建设。2000年，新型劳动力市场投入使用，为劳动力供需双方提供信息查询、就业指导、职业中介、面试洽谈。

2002年8月，潮州市设立劳动力市场。至2005年底，广东省、潮州市政府先后投入550万元完成场地的设施建设。2004年市职业介绍服务中心对外加挂"潮州市再就业服务中心"牌子，增加为下岗失业人员提供再就业服务，接受市劳动和社会保障局委托办理有关证件等工作。至2005年底，潮州市全市各县区均建立公益性的职业介绍服务机构。2002年10月至2005年底，共举办公益性的劳务集市198场次，有2996家次用工单位进场委托招聘，提供各类人才和普通劳动力86192个就业岗位，吸引下岗失业人员及求职者进场登记33525人次，求人倍率1：2.57。经现场洽谈撮合，达成就业意向的14349人次，其中推荐下岗失业人员再就业3658人次。

为解决农村剩余劳动力问题，1992年起，潮州市和揭阳市劳动部门分别在深圳设立驻深圳劳动管理站。揭阳市第一次派遣农民工近3500人。1994年，揭阳市举办首届劳动力集市，参加招聘的单位150多家。2004年，揭阳市举办城乡劳动力就业招聘大会，参加招聘的单位138家，全市劳动保障局和各培训基地同深圳、珠海、东莞等地19家大型企业和本市知名企业签订劳动力培新输出协议30宗，3年计划劳务输出14100人。1992—2005年，潮州市先后组织、指导全市输出剩余农村劳动力13万人次。

第二，下岗再就业。

1996年起，潮汕三市结合经济结构调整和企业改革，全面实施再就业工程。

1996年，汕头市成立再就业工程领导小组，建立各项工作制度。是年起，汕头市每年制定下岗职工基本生活保障和再就业工作方案，将分流安置、再就业培训和岗位开发任务指标量化，跟踪落实，确保全年再就业率达50%以上。大力发展就业弹性大的第三产业和非公有制经济，拓展社区服务领域，推行灵活多样的就业形式，扩大就业容量，鼓励下岗职工到非公有制单位就业，自己组织就业或从事个体经营。1996—2000年，共分流安置下岗职工16万多人。

　　1998年4月，揭阳市设立市再就业服务中心，全市各大型国有企业也成立企业再就业服务中心。同年，全市国有企业下岗职工3.8万多人，分流安置和再就业1.9万多人；建立再就业服务中心591个，未安置和再就业的下岗职工1.9万多人全部进入所属企业的再就业服务中心，领基本生活费1.7万多人。[1]

　　劳动服务企业是承担安置城镇待业人员任务，由国家和社会扶持，进行生产经营自救的集体所有制经济组织。潮州市自1990年底开始稳步发展劳服企业，并定期对劳服企业进行监察、年审。劳服企业生产经营中享受一定的政策优惠，至1999年底，全市劳服企业110户，安置城镇失业、下岗职工及企业富余人员6743名。至2005年底，全市尚存劳服企业2户，安置失业下岗职工29名。2003—2005年，全市共新增岗位近7万个，发放《再就业优惠证》1.2万多件，通过工商行政费、税费，免费职业介绍、免费培训，享受岗位补贴、社会保险补贴、小额担保贷款等措施扶持下岗失业人员再就业。2001—2005年，广东省财政拨给潮州市再就业资金13758万元，促进再就业工作的顺利开展和各项扶持政策的落实。全市70%以上的下岗失业人员实现再就业，城镇登记失业率连续几年控制在2.7%以下。

五、公共服务事业经费

　　1992年至2006年，潮汕三市的公共服务事业经费主要包括文教卫生科学事业费、抚恤和社会福利救济、社会保障补助支出、行政事业单位离退休经费几大项。随着社会经济的总体上升，三市社会性公共服务经费的财政性支出呈现逐年上升的趋势，总体占财政一般预算支出的40%—50%（参见表10-3）。其中文教卫生科学事业费约占财政一般预算支出的1/3，虽然每年支出总额都有所增长，但相比国内发达城市文教卫生科学事业费占财政一般预算支出一半左右的指标，比重相对不足，财政投入还有待加强。

---

[1]　揭阳市志编纂委员会.揭阳市志（1992—2004）［M］.北京：方志出版社，2013：918.

表10-3 2000—2002年潮汕三市社会性公共服务费财政支出情况[1]

单位：亿元

年份	地方财政一般预算支出			文教卫生科学事业费			抚恤和社会福利救济			社会保障补助			行政事业单位离退休费		
	汕头	潮州	揭阳	汕头	潮州	揭阳	汕头	潮州	揭阳	汕头	潮州	揭阳	汕头	潮州	揭阳
2000	27.7	10.9	18.9	9.1	3.3	6.6	0.56	0.20	0.61	0.64	0.17	0.22	0.06	0.71	0.84
2001	30.2	12.6	25.6	10.1	3.9	7.7	0.79	0.34	0.70	0.83	0.39		0.06	0.91	0.95
2002	38.3	15.1	20.9	13.2	4.9	10.1	1.25	0.41	0.82	2.52	0.37	0.36	0.06	1.28	1.21

2007年开始，潮汕三市的社会性公共服务事业经费主要分五大项目进行统计：教育、科学技术、文体与传媒、社会保障和就业、医疗卫生。除此之外，政府收支进行财政改革，财政支出开列一般公共服务费，主要是维护性的公共服务。三市财政直接投入基本公共服务领域的支出总额和比重逐年提高。在收支矛盾比较突出的情况下，调整和优化支出结构，加大保障和改善民生、民安投入力度。随着人民生活水准提高，三市社会民生支出占财政支出的比重逐年提高，基本公共服务支出增幅高于一般预算支出增幅，具体数据可参见表10-4。

表10-4 2007—2010年潮汕三市公共服务费财政支出情况[2]

单位：亿元

项目	2007年			2008年			2009年			2010年		
	汕头	潮州	揭阳	汕头	潮州	揭阳	汕头	潮州	揭阳	汕头	潮州	揭阳
地方财政一般预算支出	72.98	33.5	51.4	87.4	37.4	62.3	87.4	44.34	76.8	99.4	56.0	94.7
一般公共服务	15.3	5.8	9.6	16.8	6.3	10.7	16.8	6.8	12.0	16.9	7.9	14.1
教育	17.6	8.4	16.4	21.1	8.9	19.6	21.17	9.9	22.3	24.5	11.3	24.6
科学技术	1.0	0.35	0.46	1.2	0.43	0.31	1.2	0.50	0.43	1.3	0.44	0.49
文体与传媒		0.45	0.56		0.47	0.64		0.43	0.80		0.88	1.0
社会保障和就业	5.5	4.0	5.0	6.0	4.9	6.5	6.0	5.4	9.0	0.73	0.72	1.1
医疗卫生	4.8	2.4	3.9	7.0	3.8	6.6	7.0	4.1	8.2	8.7	5.5	9.7

[1] 据2001—2003年《汕头年鉴》《潮州年鉴》《揭阳年鉴》统计数据整理。

[2] 据2008—2011年《汕头年鉴》《潮州年鉴》《揭阳年鉴》统计数据整理，其中《汕头年鉴》统计资料"文体与传媒"未列项目。

这一期间的潮汕三市中，汕头市和揭阳市地方财政收入增幅较大，公共服务事业财政投入也随之有较大增长。2009年，揭阳市基本公共服务支出投入32.6亿元，占全市一般预算支出42.46%。[1]2010年，汕头市一般预算支出99.4亿元，为2003年的2.22倍，其中教育、社会保障和就业、医疗卫生、环境保护、文化体育、城乡社区服务等公共服务和社会事业支出51.7亿元，为2003年的2.52倍；六类支出占一般预算支出的比重由2003年的45.91%，提高到2009年的52.02%。[2]

受总体经济发展水平、国民收入分配状况、公共服务供给差距等多方面因素影响，潮汕三市基本公共服务领域在投入数量、公平程度等方面还有不少短板。以三市中发展速度较快的揭阳市为例，2009年，揭阳市人均基本公共服务类支出为563元/人，全省人均支出为1770元/人，人均基本公共服务支出水平与全省平均水平相差较远，是全省人均支出最低的市之一。揭阳市各县区间基本公共服务投入也不均衡。大南山侨区为最高，人均基本公共服务支出为1088元/人，最少为普宁市454元/人。[3]

2010年，广东省对全省基本公共服务均等化规划纲要实施工作情况进行考评，全省均等化系数为0.9624，粤东地区的均等化系数为0.9493，低于珠三角、粤北、粤西地区。2010年底，潮汕三市政府分别出台《推进基本公共服务均等化实施意见（2010—2020年）》，要求市各级财政部门在收支矛盾比较突出的情况下，努力调整和优化支出结构，加大保障和改善民生、民安投入力度，使公共服务机构在设备更新、人才优配、服务项目上有明显进步。总体上看，潮汕地区保障和改善民生、推动基本公共服务均等化的任务还十分繁重。

---

[1] 揭阳市人民政府.关于印发《揭阳市基本公共服务均等化实施意见（2010—2020年）》的通知［EB/OL］.（2011-09-30）.http://www.jieyang.gov.cn/zfgkmlzl/content/post_190849.html.

[2] 汕头市人民政府.关于印发《汕头市推进基本公共服务均等化实施意见》的通知［EB/OL］.（2011-03-23）.https://www.shantou.gov.cn/cnst/gkml/zwgk/gzwj/content/post_779439.html.

[3] 揭阳市人民政府.关于印发《揭阳市基本公共服务均等化实施意见（2010—2020年）》的通知［EB/OL］.（2011-09-30）.http://www.jieyang.gov.cn/zfgkmlzl/content/post_190849.html.

参考文献

1.广东省地方史志编纂委员会编:《广东省志》,广州:广东人民出版社,1998年。

2.广东省汕头市地方志编纂委员会编:《汕头市志》,北京:新华出版社,1999年。

3.汕头市地方志编纂委员会编:《汕头市志(1979—2000)》,广州:广东人民出版社,2013年。

4.汕头市史志编写委员会编:《汕头市志(初稿)》,油印本,1961年。

5.汕头市地方志编纂委员会办公室编:《汕头概况》,1987年。

6.潮州市地方志编纂委员会编:《潮州市志》,广州:广东人民出版社,1995年。

7.揭阳市志编纂委员会编:《揭阳市志(1992—2004)》,北京:方志出版社,2013年。

8.潮州市地方志办公室编:《新韩江闻见录》,汕头:汕头大学出版社,1995年。

9.潮州市地方志办公室编:《潮州通览》,广州:花城出版社,1999年。

10.汕头市地方志编纂委员会办公室编:《汕头大事记(1949年10月—1978年12月)》下册,内部资料,1989年。

11.汕头市金平区地方志编纂委员会编:《汕头市金平区志》,北京:方志出版社,2013年。

12.汕头市《龙湖区志》编纂委员会编:《汕头市龙湖区志(1979—2003)》,广州:花城出版社,2013年。

13.潮阳市地方志编纂委员会编:《潮阳县志》,广州:广东人民出版社,1997年。

14.潮阳市志编纂委员会:《潮阳市志(1979—2003)》,广州:广东人民出版社，2012年。

　　15.澄海县地方志编纂委员会编：《澄海县志》，广州：广东人民出版社，1992年。

　　16.揭阳县志编纂委员会编：《揭阳县志》，广州：广东人民出版社，1993年。

　　17.贺益明编：《揭阳县志：1986—1991续编》，广州：广东经济出版社，2005年。

　　18.南澳县地方志编纂委员会编：《南澳县志》，北京：中华书局，2000年。

　　19.普宁市地方志编纂委员会编：《普宁县志》，广州：广东人民出版社，1995年。

　　20.惠来县地方志编纂办公室编：《惠来县志》，北京：新华出版社，2002年。

　　21.饶平县地方志编纂委员会编：《饶平县志》，广州：广东人民出版社，1994年。

　　22.大埔县志编委会编：《大埔县志》，广州：广东人民出版社，1992年。

　　23.饶宗颐总纂：《潮州志》，潮州：潮州市地方志办公室，2005年。

　　24.饶宗颐编集：《潮州志汇编》，香港：龙门书局，1965年。

　　25.中国第二历史档案馆、中国海关总署办公厅汇编：《中国旧海关史料（1849—1948）》，北京：京华出版社，2001年。

　　26.广州市地方志编纂委员会办公室、广州海关志编纂委员会编译：《近代广州口岸经济社会概况——粤海关报告汇集》，广州：暨南大学出版社，1995年。

　　27.中国海关学会汕头海关小组、汕头市地方志编纂委员会办公室编：《潮海关史料汇编》，1988年。

　　28.杨伟编：《潮海关档案选译》，北京：中国海关出版社，2013年。

　　29.杨启献主编：《庵埠志》，北京：新华出版社，1990年。

　　30.榕城镇地方志编纂办公室编：《广东省揭阳县榕城镇志》，1990年。

　　31.汕头市经济委员会编：《汕头工业四十年》，1990年。

　　32.汕头市地方志编纂委员会编，王琳乾主编：《汕头市志·工业篇》，油印稿，北京：新华出版社，1999年。

33.潮州市经济委员会编：《潮州市工业志》，1988年。

34.揭阳县经济委员会编：《揭阳县工业志》，1990年。

35.汕头市电力工业局编：《汕头电力工业志》，1989年。

36.汕头市感光材料工业公司编纂委员会编：《汕头感光材料工业志（征求意见稿）》，1988年。

37.汕头市陶瓷工业总公司编：《汕头陶瓷志》，1990年。

38.汕头二轻局《二轻工业志》编写小组编：《汕头市二轻工业志》，1991年。

39.汕头市乡镇企业管理局编：《汕头市乡镇企业志》，1989年。

40.汕头市电子工业总公司编：《汕头市电子工业志》，1988年。

41.汕头市石油化学工业总公司编：《汕头化工志》，1988年。

42.汕头海关编志办公室：《汕头海关志》，1988年。

43.《汕头港建设史》编委会编：《汕头港建设史》，汕头：新华新闻发展公司，1998年。

44.汕头市港口管理局编：《汕头港口志》，北京：人民交通出版社，2010年。

45.汕头市港口管理局编：《汕头港引航史》，北京：人民交通出版社，2010年。

46.汕头市港口管理局编：《汕头开港150周年图像编年史》，北京：人民交通出版社，2010年。

47.汕头市侨办、汕头市侨联：《汕头华侨志》，1990年。

48.汕头市金融志编纂小组：《汕头市金融志（初稿）》，1987年。

49.汕头市建设委员会编：《汕头城乡建设志》，内部资料，1990年。

50.汕头市民政局编：《汕头民政志》，内部资料，1996年4月。

51.汕头市食品糖纸工业总公司编：《汕头市食品糖纸工业志（初稿）》，1988年。

52.汕头市金融志编纂小组编：《汕头市金融志（1858—1987）》，1991年。

53.潮州市金融志编写小组编：《潮州市金融志》，2004年重印版。

54.汕头市农业局编：《汕头农业志》，1988年。

55.潮州市农委编写组编：《潮州市农业合作化志》，1987年。

56.汕头市水果蔬菜发展总公司编：《汕头蔬菜志》，1989年。

57.汕头市水果蔬菜发展总公司编：《汕头市水果志》，1988年。

58.汕头市畜牧局编：《汕头市畜牧志》，1988年。

59.汕头市水产局编：《汕头水产志》，1991年。

60.汕头市林业局编：《汕头市林业志》，1989年。

61.广东省志编纂委员会编：《广东省志》（古代—1987，对外经济贸易卷），广州：广东人民出版社，1996年。

62.广东省志编纂委员会编：《广东省志》（1979—2000，对外经济贸易卷/侨务卷/海关卷），北京：方志出版社，2014年。

63.汕头市对外经济贸易委员会编：《汕头外经贸志》，内部资料，1993年。

64.广东省汕头市邮电局编：《汕头邮电志（1987—1997）》，1998年。

65.广东省汕头市邮电局编：《汕头邮电志》，1989年。

66.汕头市邮政局、汕头市电信局编：《汕头邮电志（1998—2000）》，2001年。

67.广东省地方史编纂委员会编：《广东省志·财政志》，广州：广东人民出版社，1999年。

68.汕头市税务局编：《汕头市税务志（清代—1987）》，1992年。

69.汕头市财政局编：《汕头市财政志（清代—1987）》，1990年。

70.汕头市财政局编：《汕头市财政志（1988—2012）》，2016年。

71.汕头市财政局编：《广东省汕头市1949—1965年财政预算执行情况统计资料》，内部资料，1966年。

72.广东省地方史编纂委员会编：《广东省志·金融志》，广州：广东人民出版社，1999年。

73.广东省地方史志编纂委员会编：《广东省志·教育志》，广州：广东人民出版社，1995年。

74.广东省志编纂委员会编：《广东省志（1979—2000）·教育卷》，北京：方志出版社，2014年。

75.汕头教育志编审委员会编：《汕头教育志》，1989年。

76.潮州教育志编审委员会编：《潮州市教育志》，1990年。

77.潮州市志编写组编：《潮州文化志》，1989年。

78.汕头市文化局编：《汕头市文化艺术志》，1999年。

79.汕头市文化广电新闻出版局编：《汕头市文化艺术志1979—2000》，2010年。

80.广东省汕头市卫生局编：《汕头卫生志》，1990年。

81.汕头市劳动局编：《汕头市劳动志》，1990年。

82.国家统计局国际统计信息中心编：《长江和珠江三角洲及港澳台统计年鉴（2009）》，北京：中国统计出版社，2009年。

83.广东省统计局、国家统计局广东调查总队编：《广东统计年鉴2011》，北京：中国统计出版社，2011年。

84.广东省统计局、国家统计局广东调查总队编：《数说广东70年》，2019年。

85.广东年鉴编纂委员会编：历年《广东年鉴）》，广东：广东年鉴社。

86.福建年鉴编纂委员会编：《福建年鉴（2011）》，福州：福建人民出版社，2011年。

87.汕头市统计局编：《汕头市统计年鉴》（1949—1992年合一册，1993—2011年各一册）。

88.汕头年鉴编纂委员会编：历年《汕头年鉴（2008）》，北京：新华出版社，北京：方志出版社，香港：公元出版有限公司，呼伦贝尔：内蒙古文化出版社等出版。

89.汕头经济特区年鉴编纂委员会编：历年《汕头经济特区年鉴》，广州：岭南美术出版社，香港：香港经济导报社，北京：人民出版社，香港：公元出版有限公司等出版。

90.中国港口年鉴编辑部编：《中国港口年鉴（2011）》，上海：中国港口杂志社，2011年。

91.潮州市统计局编：《潮州市统计年鉴》（2003—2004）。

92.揭阳市统计局编：《揭阳市统计年鉴》。

93.1992年以后历年汕头市人民政府工作报告。

94.1992年以后历年潮州市人民政府工作报告。

95.1992年以后历年揭阳市人民政府工作报告。

96.本书编写组：《中华人民共和国简史》，北京：人民出版社，2021年。

97.贾康、赵全厚：《中国财政通史（当代卷）》，北京：中国财政经济出版社，2006年。

98.王诚尧：《中国社会主义税收》（增订本），哈尔滨：黑龙江人民出版社，1986年。

99.孙健：《中华人民共和国经济史稿（1949—1957年）》，长春：吉林人民出版社，1980年。

100.刘鸿儒等：《中国金融事业的发展和金融体制改革》，北京：中国金融出版社，1986年。

101.路建祥：《新中国信用合作发展简史》，北京：农业出版社，1981年。

102.林雨如主编：《中国经济特区简志》，广州：广东人民出版社，1990年。

103.陶一桃、鲁志国：《中国经济特区史论》，北京：社会科学文献出版社，2008年。

104.广东百科全书编纂委员会、中国大百科全书出版社编辑部编：《广东百科全书》（下卷），北京：中国大百科全书出版社，2008年。

105.《辉煌的二十世纪新中国大纪录·广东卷》编纂委员会编，于幼军主编：《辉煌的二十世纪新中国大纪录·广东卷（1949~1999）》，北京：红旗出版社，1999年。

106.胡国民、彭建新：《广东六十年代初的经济调整》，广州：广东经济出版社，2000年。

107.《广东经济特区十年》编辑委员会编：《广东经济特区十年》，广州：广东科技出版社，1990年。

108.深圳市经济学会、学术研究编辑部编：《中国经济特区货币金融研究》，1984年。

109.广东省档案馆编：《改革开放三十年重要档案文献》（广东卷第5册），北京：中国档案出版社，2008年。

110.冯平主编：《广东当代农业史》，广州：广东人民出版社，1995年。

111.中共汕头市委政策研究室编：《汕头市情与投资环境》，1992年。

112.赵玲玲编：《广东工业经济简史》，广州：华南理工大学出版社，1998年。

113.陈朝辉、蔡人群、许自策：《潮汕平原经济》，广州：广东人民出版社，1994年。

114.潮汕百科全书编辑委员会编著：《潮汕百科全书》，北京：中国大百科全书出版社，1994年。

115.潮汕历史文化研究中心编：《潮汕侨批集成》第一辑，桂林：广西师范大学出版社，2007年。

116.黄赞发、陈桂源：《潮汕华侨历史文化图录》，济南：山东美术出版社，2008年。

117.黄福永主编：《南粤新市——潮州》，广州：广东人民出版社，1994年。

118.林梃主编：《汕头建筑》，汕头：汕头大学出版社，2009年。

119.黄挺、陈占山：《潮汕史》（上），广州：广东人民出版社，2001年。

120.黄挺：《潮商文化》，北京：华文出版社，2008年。

121.黄挺：《中国与重洋：潮汕简史》，北京：生活·读书·新知三联书店，2017年。

122.陈海忠：《近代商会与地方金融》，广州：广东人民出版社，2011年。

123.张应龙主编：《广东华侨与中外关系》，广州：广东人民出版社，2014年。

124.李宏新主编：《潮汕史稿》，汕头：汕头大学出版社，2016年。

125.李宏新：《潮汕华侨史》，广州：暨南大学出版社，2016年。

126.李宏新：《先秦潮汕研究》，广州：暨南大学出版社，2019年。

127.聂德龙：《近现代中国与东南亚经贸关系史研究》，厦门：厦门大学出版社，2001年。

128.陈正人主编：《工业记忆》，广州：南方日报出版社，2019年。

129.萧冠英：《六十年来之岭东纪略》，广州：中华工学会，1925年。

130.谢雪影：《汕头指南》，汕头：汕头时事通讯社，1933年。

131.曾景辉主编：《最新汕头一览》，汕头：虎豹印务公司，1947年。

132.项怀诚主编，陈光焱著：《中国财政通史·清代卷》，北京：中国财政经济出版社，2006年。

133.袁远福：《中国金融简史》，北京：中国金融出版社，2005年。

134.张家骧：《中华币制史》，北京：民国大学出版部，1925年。

135.陈达：《南洋华侨与闽粤社会》，北京：商务印书馆，2011年。

136.陈国深、卢明编：《樟林社会概况调查》，广州：国立中山大学社会研究所，1936年。

137.方行、经君健、魏金玉主编：《中国经济通史》（清），北京：经济日报出版社，2007年。

138.赵德馨主编，马敏、朱英等著：《中国经济通史》，长沙：湖南人民出版社，2002年。

139.肖文评、夏远鸣等编：《〈岭东日报·潮嘉新闻〉梅州客家侨乡史料汇编》，广州：广东人民出版社，2018年。

140.张晓辉：《香港近代经济史（1840—1949）》，广州：广东人民出版社，2001年。

141.黄振位编：《广东革命根据地史》，广州：广东人民出版社，1993年。

142.蒋祖缘、方志钦主编：《简明广东史》，广州：广东人民出版社，1987年。

143.林金枝、庄为玑编：《近代华侨投资国内企业史资料选辑》（福建卷），福州：福建人民出版社，1985年。

144.林金枝、庄为玑编：《近代华侨投资国内企业史资料选辑》（广东卷），福州：福建人民出版社，1989年。

145.《中国改革志·汕头卷》编辑委员会编：《中国改革志·汕头卷》，北京：中国三峡出版社，2001年。

146.谢湜、陈嘉顺、欧阳琳浩等主编：《汕头近代城市地图集》，北京：科学出版社，2020年。

147.吴二持：《潮史·潮人·潮文——吴二持潮汕文化研究论集》，汕头：汕头大学出版社，2020年。

148.林济：《潮商》，武汉：华中科技大学出版社，2001年。

149.林济：《潮商史略》，北京：华文出版社，2008年。

150.刘宏：《战后新加坡华人社会的嬗变：本土情怀·区域网络·全球视野》，厦门：厦门大学出版社，2003年。

151.翁楚湘、宋升拱：《潮汕农业》，香港：天马出版有限公司，2011年。

152.王荣武、梁松等：《广东海洋经济》，广州：广东人民出版社，1998年。

153.吴流生：《圩市小考》，载《普宁丛考》，揭阳：普宁县地方志编纂委员会办公室，1991年。

154.黄梅岑：《潮州街道掌故》，广州：广东旅游出版社，1991年。

155.中国人民政治协商会议汕头市委员会学习和文史委员会编：《汕头文史资料精选（工商经济卷）》，香港：天马出版有限公司，2009年。

156.陈景熙：《汕头工商业史话》，香港：天马出版有限公司，2011年。

157.林家劲、罗汝材：《近代广东侨汇研究》，广州：中山大学出版社，1999年。

158.王炜中、杨群熙、陈骅：《潮汕侨批简史》，香港：公元出版有限公司，2007年。

159.王炜中、杨群熙等编著：《潮汕侨批论稿》，香港：天马出版有限公司，2013年。

160.梁英明、梁志明等：《东南亚近现代化》，北京：昆仑出版社，2005年。

161.中央党校文史教研室编：《中国近代史参考资料》，1980年。

162.广东省统计局编：《广东省小城镇资料汇编（1987）》，内部资料，1987年。

163.中国人民政治协商会议汕头市委员会学习和文史委员会编：《汕头文史》第十九辑，2007年。

164.汕头市农业区划办公室编：《汕头市综合农业区划》，内部资料，1985年。

165.王琳乾、吴坤祥辑编点校：《潮汕水产资源开发资料》（潮汕历史资料丛编·第8辑），汕头：潮汕历史文化研究中心、汕头市文化局、汕头市图书馆，2003年。

166.杨群熙辑编点校：《潮汕地区商业活动资料》（潮汕历史资料丛编·第9辑），汕头：潮汕历史文化研究中心、汕头市文化局、汕头市图书馆，2003年。

167.王琳乾、吴膺雄辑编点校：《潮汕交通运输资料》（潮汕历史资料丛编·第6辑），汕头：潮汕历史文化研究中心、汕头市文化局、汕头市图书馆，2003年。

168.王琳乾、吴膺雄辑编点校：《潮汕邮政电信发展史料》（潮汕历史资料丛编·第10辑），汕头：潮汕历史文化研究中心、汕头市文化局、汕头市图书馆，2004年。

169.郑可茵、赵学萍、吴里阳辑编点校：《汕头开埠及开埠前后社情资料》（潮汕历史资料丛编·第7辑），汕头：潮汕历史文化研究中心、汕头市文化局、汕头市图书馆，2003年。

170.杨群熙辑编点校：《潮汕地区侨批业资料》（潮汕历史资料丛编·第11辑），汕头：潮汕历史文化研究中心、汕头市文化局、汕头市图书馆，2004年。

171.中国城市规划设计研究院、汕头市城市规划设计研究院编：《汕头市城市总体规划（2002—2020）》。

172.汕头市农业区划办公室编：《汕头市综合农业区划》，内部资料，1985年。

173.饶平县政协文史组编：《饶平文史资料专辑》总第六辑，潮州：广东省饶平县政协文史组，1988年。

174.中山图书馆藏《汕头市市政公报》。

175.何新华编：《中文古籍中广东华侨史料汇编》，广州：广东人民出版社，2016年。

176.［日］滨下武志著，王玉茹、赵劲松、张玮译：《中国、东亚与全球经济：区域和历史的视角》，北京：社会科学文献出版社，2009年。

177.［日］滨下武志著，高淑娟、孙彬译：《中国近代经济史研究：清末海关财政与通商口岸市场圈》，南京：江苏人民出版社，2006年。

178.［新加坡］王赓武：《南海贸易与南洋华人》，香港：中华书局香港分局，1988年。

179.［美］斯文·贝克特著，徐轶杰、杨燕译：《棉花帝国》，北京：民主与建设出版社，2019年。

180.［日］河西信著，文铮宇译：《汕头纪事》，广州：暨南大学出版社，2019年。

181.［日］安重龟三郎著，文铮宇译：《华南汕头商埠》，广州：暨南大学出版社，2019年。

182.［日］打田庄六著，文铮宇译：《汕头领事馆辖区纪事》，广州：暨南大学出版社，2019年。

183.［泰］许茂春编著：《东南亚华人与侨批》，泰国：泰华进出口商会，2008年。

184.［日］广田康生著，马铭译：《移民和城市》，北京：商务印书馆，

2005年。

185.詹庆华：《中国近代海关贸易报告述论》，载《中国社会经济史研究》，2003年第2期。

186.林金枝：《近代华侨投资国内企业的几个问题》，载《南洋问题》，1978年第1期。

187.林金枝：《近代华侨在汕头地区的投资》，载《汕头大学学报》（人文科学版），1986年第4期。

188.许瑞生：《汕头市近代城区的历史演变回顾与保护体系的建立》，载《城市观察》，2017年第1期。

189.陈鸿宇：《19世纪中叶至1949年广东经济的地域差异》，载《岭南学刊》，2001年第1期。

190.陈鸿宇：《近代汕头口岸棉纺制品进口与潮汕棉纺织业关系浅析》，载《岭南学刊》，2020年第6期。

191.黄挺：《18世纪潮汕地区的人口、土地和粮食问题》，载《韩山师范学院学报》，2014年第1期。

192.黄挺、杜经国：《潮汕地区元明清时期粮食生产探估》，载《潮学研究》第3辑，潮汕历史文化研究中心、汕头大学潮汕文化研究中心编，汕头：汕头大学出版社，1995年。

193.于新华：《罐头食品的历史、现状及发展对策》，载《食品与发酵工业》，2001年第2期。

194.王炜中：《海外潮人文化初探》，载《闽台文化交流》，2010年第3期。

195.徐华炳：《近代侨资铁路研究：学术史与范式思考》，载《福建论坛·人文社会科学版》，2015年第7期。

196.陈景熙：《官方、商会、金融行会与地方货币控制权——以1925年"废两改元"前后的汕头为例》，汕头大学硕士学位论文，2002年。

197.陈丽园：《潮汕侨批网络与国家控制（1927—1949）》，载《汕头大学学报》（人文社会科学版），2003年增刊。

198.欧阳琳浩：《近代汕头埠空间形态的塑造》，载《中国历史地理论丛》，2018年第33卷第3辑。

199.林星：《近代福建城市发展研究（1843—1949年）——以福州、厦门为中心》，厦门大学博士学位论文，2004年。

200.林星：《近代厦门人口变迁与城市现代化》，载《南方人口》，2007年第3期。

201.杨慧贤：《民国中前期汕头港及其腹地经济社会变迁之研究（1912—1939）》，暨南大学硕士学位论文，2012年。

202.高幸：《新生与转型——中国近代早期城市规划知识的形成（1840—1911年）》，载《城市规划》，2021年第1期。

203.崔宝军：《宁波产业结构演进历程及启示》，载《湖北经济学院学报》（人文社会科学版），2007年第1期。

204.马航：《中国传统村落的延续与演变——传统聚落规划的再思考》，载《城市规划学刊》，2006年第1期。

205.曾牧野：《正在起步的汕头经济特区》，载《中国经济特区年鉴（创刊号）》，香港：中国经济特区年鉴出版社，1984年。

206.李庄容：《产业集群在县域经济向城区经济转变中的应用分析——以汕头市潮南区为例》，载《特区经济》，2006年第4期。

207.广东省统计局人口和就业处：《广东人口城镇化发展状况浅析》，广东统计信息网，2014年10月30日：http://stats.gd.gov.cn/tjfx/content/post_1435211.html。

208.广东省统计局政策法规处：《大力发展民营经济 提升广东经济发展后劲——"十一五"时期广东民营经济发展情况分析》，广东统计信息网，2011年7月5日：http://stats.gd.gov.cn/115cjzl/content/post_1425960.html。

209.许琳、沈静：《共同演化视角下的产业集群发展路径——以汕头市澄海区玩具产业集群为例》，载《热带地理》，2017年第6期。

210.潮州市经济贸易局：《潮州市陶瓷产业集群》，载《现代乡镇》，2006年第1期。

211.冯宇：《汕头航空市场研究与发展前景分析》，载《空运商务》，2009年第9期。

212.冯宇：《也谈汕头航空市场的发展与制约因素》，载《空运商务》，2006年第35期。

213.何问陶、王金全：《广东百强县社会经济发展分析与思考》，载《南方农村》，2005年第5期。

214.刘伟：《汕头港集装箱突破百万标箱》，载《港口经济》，2012年第1期。

215.王飞：《汕头港"转身"之痛》，载《珠江水运》，2011年第7期。

216.张路钢、巴佩娜：《汕头航空：将以大开放姿态拥抱未来》，载《空运商务》，2011年第1期。

217.赵令蔚：《全力支持积极推进厦深铁路规划建设》，载《汕头日报》，2005年7月16日。

218.陈健：《大力支持厦深铁路在莲塘谷饶设站》，载《汕头日报》，2006年2月22日。

219.余映涛等：《做大港口经济 实现跨越发展》，载《南方日报》，2006年6月21日。

220.林馥盛：《促进汕头航空事业更大发展》，载《汕头日报》，2006年7月22日。

221.潮州市地税局：《发挥税收职能，促进地方经济社会又好又快发展》，载《潮州调研》，2007年第6期。

222.陈学：《强化重点行业纳税评估，落实科学精细化管理》，载《政研通讯》（揭阳），2006年第2期。

223.田凤香、许月明、胡建：《土地适度规模经营的制度性影响因素分析》，载《贵州农业科学》，2013年第3期。

224.林伦伦：《"潮人文化"与"潮人"的身份认同》，载《韩山师范学院学报》，2017年第2期。

225.陈蕊：《关系邻近性视角下的海外华商与侨乡经济——以改革开放后广东潮汕地区为例》，载《华侨华人历史研究》，2020年第2期。

226.胡朝举、李迎旭、苏彦、郑銮娟：《地域文化非正式制度约束下的潮汕经济发展》，载《韩山师范学院学报》，2016年第4期。

227.郑銮娟：《改革开放以来潮汕地区行政区划调整的经济效应分析》，载《太原城市职业技术学院学报》，2018年第12期。

228.傅晓岚、李升高：《亚洲金融危机对汕头市外经贸的影响与对策》，载《对外经贸实务》，1998年。

229.余盛珍：《潮汕地区农业合作化运动与农村社会研究（1953—1957）》，华南农业大学硕士学位论文，2016年。

230.杨鸿高：《积极改革金融体制 支持商品经济发展——汕头市十一年金融改 革回顾》，载《汕头大走向》，1991年第1期。

231.张进谦：《汕头经济特区金融体制改革的思考》，载《汕头大走向》，1989年第1期。

232.山人：《关于汕头特区金融体制问题的调查》，载《汕头大走向》，1990年第1期。

233.陈少斐：《汕头金融"八五"回顾与"九五"展望》，载《沿海新潮》，1996年增刊。

234.张辉：《新中国金融波澜60年：从大一统到国家银行制》，载《瞭望》，2009年第34期。

235.郭春丽：《改革开放30年我国金融体制改革述评》，载《经济要参》，2008年第57期。

后记

　　《潮汕经济史稿》从2016年确定选题，经过著作者们近7年的努力，终于完稿付梓。

　　潮汕经济是中国东南沿海较早与国内外市场发生紧密经济联系的地域经济体之一，其发展演化过程集合了近现代中国沿海经济的结构变迁、制度变革以及与周边经济圈的多层互动关系，对于区域经济史研究具有比较典型的样本意义。从区域史研究的角度看，目前国内潮学（潮汕学、潮州学）的研究成果主要集中在潮汕文化、社会、政治发展史等领域，关于潮汕经济发展历史的系统性著述，特别是关于潮汕工业史、农业史、外经贸史、城市史、财政史、金融史的系统著述似较少见。故此，首先感谢潮汕历史文化研究会、潮汕历史文化研究中心和《潮汕文库》编委会对编撰《潮汕经济史稿》的现实意义和学术价值的深刻洞察，对编撰出版全过程的统筹组织和关心支持。

　　2016年7月，我受聘为《潮汕经济史稿》主编，随即建立了由汕头、潮州、揭阳以及广州、上海、北京等地专家学者组成的写作团队。在广泛收集和初步研究文献资料的基础上，主编和各册副主编经反复讨论，2017年底确定了全书三册的基本框架及写作大纲。2019年2月至2021年7月，全书先后完成了各册的一稿、二稿和三稿的写作和修改，各册副主编参与审稿并提出修改意见。2020年7月至2021年12月，主编完成《潮汕经济史稿》上册（古代部分）、中册（近代部分）的统稿，2022年9月，主编最终完成下册（现代部分）的统稿。

　　本书顾问陈春声教授、林伦伦教授多次对全书提出指导性意见，认真审阅了全书书稿，对于本书质量的提高起到了非常重要的作用。

　　本书的撰写得到黄挺、杨方笙、张应龙、林锐等教授、专家的指导帮助，参考引用了国内外学者的大量研究成果。政协汕头市委员会、汕头大学、韩山师范学院、揭阳职业技术学院、广东省中山图书馆，以及汕头、潮州、揭阳三市的档案馆、地方志办公室对本课题的研究编撰给予了很大支持。潮汕历史文化研究会、潮汕历史文化研究中心的工作人员，特别是先后承担具体编务工作的江建安、曾旭波、黄晓丹、林志达等同志，都为本书做出了积极贡献。江妍莹、翁夏、黄怡然、黄泰然等同志也在资料搜集方面做出努力。新华出版社及编辑同志们对书稿的文字、数据进行了严格校核，在此一并表示衷心感谢！

陈鸿宇

2023年3月